北京农村年鉴

2003

中国农业出版社

北京农村年鉴

2003

江泽民总书记视察房山区韩村河村

市委书记贾庆林、市长刘淇指导南磨房乡新村建设规划

市委副书记强卫视察郊区农村

市人大副主任赵凤山、副市长刘志华指导农业博览会工作

市农委主任李进山深入乡镇企业调查研究

小汤山农业园蔬菜大棚

小汤山观光采摘

小汤山蔬菜种植：彩色大椒、黄瓜

人工培育灵芝

小汤山农业园花卉种植

顺义区北郎中农工贸集团：实行产业化经营，到2002年已建成“市级定点”规模种猪场和年出栏10万头的“生态养殖园”，以及年产5 000吨的肉食品厂、饲料厂、生物有机肥厂、动物营养液厂等，使北郎中村形成了以养猪专业化村为主体的集生产、生态、生活、观光四位一体的现代化新农村。

绿色经济篇

BEI LANG ZHONG CUN

[北郎中肉联厂办公楼外景]

[年产5000吨的肉食品加工车间]

[年屠宰、加工商品猪50万头的“市级定点屠宰厂”生产车间]

顺义雄特良种奶牛育种中心：2002年向社会提供了500头澳大利亚纯种荷斯坦奶牛及4 000枚胚胎，是市级农业标准化生产示范基地。中心以胚胎生物工程为先导坚持高科技、高投入、高产出、高效益的经营方针。

顺义雄特良种奶牛繁育中心一角

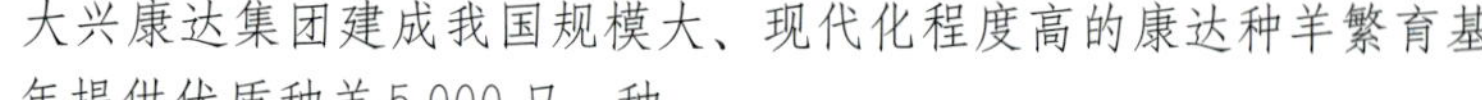

大兴康达集团建成我国规模大、现代化程度高的康达种羊繁育基地。年提供优质种羊5 000只，种羊50 000只。并运用胚胎移植技术进行杜泊、萨福克、波尔山羊等的纯系繁育。

房山区童英种火鸡场是目前国内存栏多，规模大，品种优的火鸡养殖场。2002年孵化雏鸡4万只，出栏成品鸡3.6万只，产品远销青岛、大连、新疆等地。

房山区陆广奶牛基地，拥有30栋牛舍、两座自动化挤奶台。2002年共产鲜奶7.3万吨，并以2 300头澳系荷斯坦奶牛位于北京市单体存栏之首。

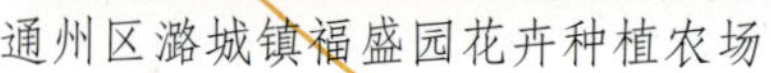

通州区潞城镇福盛园花卉种植农场

大运河农产品配送中心，是京东最大的农产品加工企业，2002年投入生产，年生产加工蔬菜5万吨，并出口到20多个国家和地区，出口量达6 000吨，创汇14万美元。并建有鸡场、鱼场、采摘园、花卉中心等。

大兴区三绿农产品质量检测中心

大兴区万福喜食品配送有限公司

通州区漷县工业区

房山区长沟镇新世纪工业园区占地规划2万亩，2002年被列为北京市55家重点扶持的工业区之一。园区分为：绿色食品产业区、新型建材产业区、生物制药产业区等九大园区。

北京丰收葡萄酒有限公司拥有从意大利引进的除梗破碎机、真空气囊压榨机、冷冻机、除菌过滤机和全套自动生产流水线等世界先进设备。2002年获得“北京名牌产品”称号及“国家产品质量免检”称号。

北京丰收葡萄酒有限公司

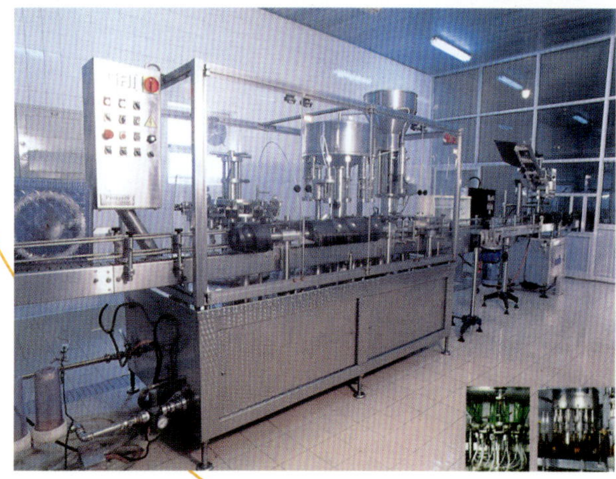

顺义区泛美服装有限公司产品出口到欧美及东南亚等国

天竺空港工业区及出口加工区

北大软件学院

康森阿姆斯壮

协和制药

滕氏制衣

多元电气

大兴区工业区

密云县石城镇梨树沟塘坝

怀柔区青龙峡旅游度假区水利富民综合开发

延庆县水利富民综合开发

截水工程

集雨工程

湿地公园

治沙工程

密云县北庄镇清水河治理工程

密云县巨各庄镇集雨工程

延庆县形成23个民俗旅游专业村400余户，共接待游客22.64万人次，旅游收入767.14万元，取得了良好的富民效果。

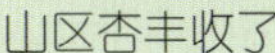

山区杏丰收了

山区樱桃丰收了

山区流水养鱼（密云县新城子镇花园村农民养鱼合作社）

鲟鱼

房山区十渡镇西庄民俗旅游专业村，共有民俗旅游专业户140户，占全村户数的66%。其中37户被定为市级民俗旅游接待户。2002年民俗旅游收入567万元，占全村经济总收入的82%。农民人均纯收入达到6 873元。

昌平区小汤山文化广场

小汤山污水处理厂

峪口镇菜坨村整齐的街道和完备的健身设施

平谷区峪口镇街道

平谷峪口镇中心广场

大兴区黄村卫星城迎春灯展

大兴区西红门镇九龙家园

位于延庆县可以承接各种国际、国内会议的国际会展中心。

房山区城关街道办事处2002年改造了南北大街，使南大街成为商、饮、服务业聚集之地，促进了城关地区商业的繁荣。

平谷区峪口镇领导班子学习三个代表

农民艺术节（春节联欢会）

怀柔区北房镇向村民宣传《村民自治章程》

农民艺术节歌手赛

密云县旅游文化节

农民有了自己的白河公园。白河治理工程的新景象

区委书记：刘晓晨

区长：李士祥

三间房乡千亩套种中草药片林

四环路朝阳段绿化样板工程

全区规模最大的食用菌生产基地——北京玉雪阿魏菇科技开发公司

创汇农业

区委书记：朱善璐

区长：周良洛

深池浮板蔬菜栽培技术

北部地区“黄土不露天”工程

苏家坨乡西小营村街心花园

组培苗郁金香

凤凰岭生态旅游

区委书记：王子生

区长：张大力

南宫高效农业园

世界地热博览园夜景

南宫村农民新居

南宫温泉水世界

新建成的玉泉营环岛家居城

区委书记：陈文占

区长：侯玉兰

刘娘府村域的新生活中心市场

阿尔西制冷组装车间

北京环绿地塑料加工厂车间

西黄村社区卫生服务站

北京十大精品公园之一——玉泉公园

区委书记：李建华

区长：董瑞龙

建设中的潭柘寺小城镇

滨河公园

东山梨花园

西胡林鹿场

龙泉镇健身广场

灵山西藏风情节

区委书记：杨德宏

区长：张效廉

京郊小城镇建设先进镇——长沟镇

韩村河村智能温室蔬菜大棚内的西红柿树

金鸡台村民代表审议村务

蒲洼小流域
综合治理

区委书记：崔君乐

区长：卢晓明

马驹桥工业星火密集区

张家湾镇工业园区内的北京市北泡轻钢建材有限公司

北京铜牛股份有限公司

塘改湖工程——潞城镇水梦园

改造后的新华南北街

区委书记：夏占义

区长：李　平

北京市金牧草业有限公司

空港人区企业之一——北京皇冠制罐有限公司

每年一届的顺义甜瓜观光采摘月

建新南区一角

大孙各庄镇英特种羊有限公司
优良种羊

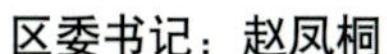

区委书记：赵凤桐

区长：佟根柱

修复后的居庸关长城古客栈

中关村科技园区昌平园入驻企业——263网络集团

小汤山现代农业科技示范园特菜生产车间

东小口镇经济适用房文化居住区——天通苑小区

昌平街心公园

区委书记：牛有成

区长：郭普金

黄村卫星城“青岛嘉园”

西红门镇——京南明珠广场

大兴庞各庄西瓜丰收

北京奥宇模板有限公司

建国初期建成的规模较大的完全中学采育中学喜迎五十周年校庆，历届校领导在主席台上致祝词

区委书记：雷德才

区长：戴景珠

怀北镇百泉山生态建设工程

坐落在怀柔区的北京福田汽车股份有限公司北京欧曼重型汽车厂

山吧旅游景点

椴树岭村分水岭南集雨工程

枣树林村南集雨水窖工程

坐落在庙城镇的新新小镇

椴树岭村紫云山浆砌石连拱式拦砂坝工程

区委书记：赵克忠

区长：史贵升

中国桃乡——平谷

平谷建设大厦

位于兴谷开发区的“北京健天雷昂信息技术科贸有限公司”数据处理中心

“党的光辉照万家”主题文化广场活动

阿迪力在金海湖挑战“高空生存”吉尼斯世界记录

县委书记：王洪钟

县长：张　文

在密云建成的伊利集团产业基地

北京高校创业股份有限公司入驻密云

现代化奶牛养殖场

县城鼓楼大街夜景

中科软件集团在密云落户

十里堡镇创建工程

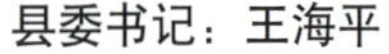
县委书记：王海平

县长：李长栓

通过农业部验收的万亩无公害蔬菜示范基地

国家马铃薯高科技产业园区的原种繁育基地

县城内第一条步行街

被评为2002年京郊亮丽工程之一的妫水公园

奶牛养殖中心的现代化挤奶平台

以生物制药为主的北京九龙制药厂

党组书记、局长：
程贤禄

蔬菜生产车间

肉品市场检查

京郊蔬菜在新
加坡超市热卖

党组书记、局长：
宋希友

城市隔离片林朝阳区将台乡段

荒山彩叶工程建设
西山百望山秋景

“五河十路”绿色通道建设京沈通州段

林果产业基地昌平区崔村镇苹果基地

党组书记：刘宝善

局长：焦志忠

郊区水环境治理工程

山区水利富民工程
梯级蓄水连拱坝

山区水利富民
公路集雨工程

党组书记、局长：谢璞

GEF(L)1 型二次测风雷达

开展高炮人工防御冰雹灾害作业，为京郊农业生产服务

气象员开展特殊观测，为北京2008年奥运会气象保障收集资料

市气象局获得"首都文明行业"，布置创建工作新任务

党委书记：陶铁男

院长：李云伏

农业远程呼叫中心

利用天敌昆虫进行生物防治

利用天敌昆虫进行生物防治

五彩花生

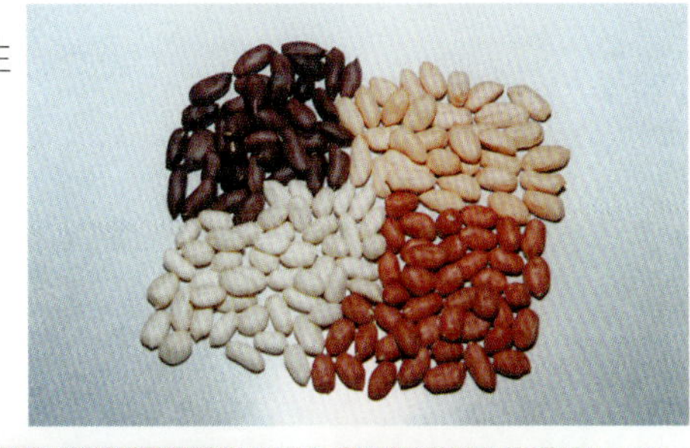

园区新景——番茄树

党组书记：张凤福

主任：焦守田

2002年出版的各类刊物

农村管理信息化工作会议

职工健身活动

北京农村经济月刊

党委书记：周文济

院长：聂玉藻

北京农业职业学院成立大会

院图书馆

院办饲料厂

教学改革试点汇报会

中日学生插花比赛

院组培室

党组书记、局长：
夏连生

重组引进使北京安美尔纸业落户平谷

北京前鲁鸭场烤鸭出口日本

全市60个乡镇工业小区建设，加快了郊区工业化进程

乡镇企业每年安置5万农民就业，增加了农民收入

董事长：赵黎明

总经理：张立昌

高湿物料烘干机

肉鸡加工厂——分割车间

华都肉鸡——祖代鸡场

良种蛋鸡

华都京红－B98

华都京红－C98

华都京粉－D98

华都京白－A98

董事长：包宗业

总经理：张福平

花卉基地

公牛场

鸭基地

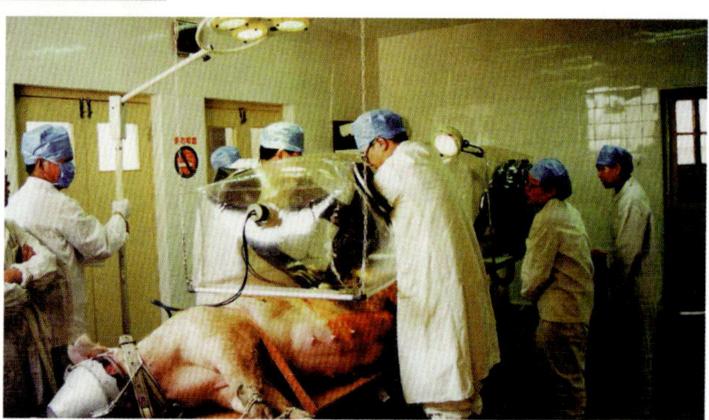
猪剖腹产

出租车公司

党委书记：张世光

总经理：张连印

渔业科技园区

万泉新新花园

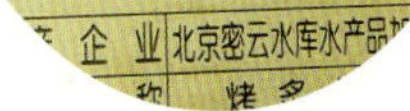

北水系列产品获奖证书

玉都山冷水鱼基地

四道口水产品交易市场

京渔远 901 金枪鱼钓船

党委书记：李庆余

总经理：尹彦勋

年产 20 万吨无抗生素优质饲料的工厂

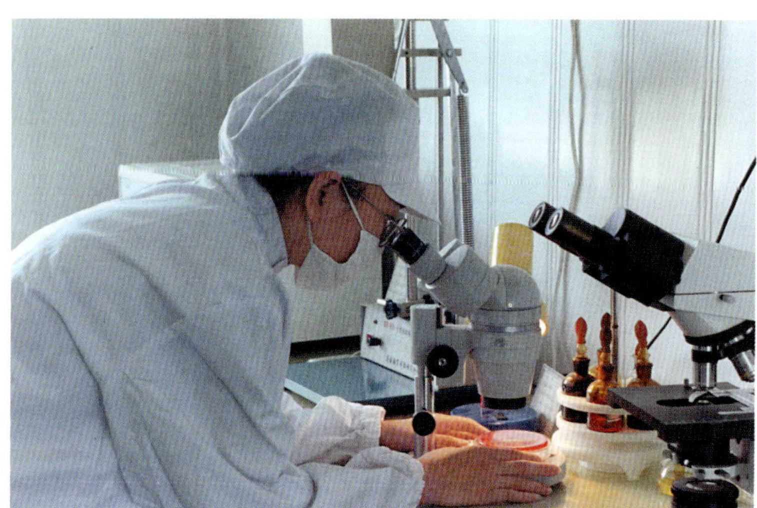

所有出厂的食品均经过严格检验

“北京·艾维茵”2024品系肉种鸡

遍布京城的“双大”食品专卖店

党委书记：张　耕

总经理：吕振清

高效节能日光温室

聚碳酸酯板（PC板）温室

高床培育栏

屠宰车间

工厂化畜牧成套设备

配合饲料机组

9JNC—Ⅱ型移动式挤奶车

北京嘉源易润工程技术有限公司引进德国、荷兰、意大利等国的先进技术研制生产的“大都林”牌系列牛场挤奶设备

北京嘉源易润工程技术有限公司开发的“易润”牌节水灌溉产品

党委书记：姜立贵

总经理：聂玉河

永定河引水渠沿线环境整治工程

中科院红楼群体住宅工程（竣工长城杯）

华威小区商住楼（结构长城杯）

同仁堂药店（鲁班奖）

中国广播音像资料馆（全国科技示范工程）

党委书记：陈瑞钧

总经理：熊万华

北京正大贸易公司经营化肥56 000吨

海文大厦写字间年出租率85%以上

北京野生动物园接待游客60余万人

承建商住楼11 200平方米

总经理：周和平

城乡华懋店庆

城乡仓储大超市志愿者送货服务

大兴建兴家园小区建成入住

新华国际旅游公司
举办学生夏令营

党委书记、主任：
王云峰

德清早园笋基地

批发市场一角

中央批发市场商住区

银地家园一角

党委书记、董事长：
刘福海

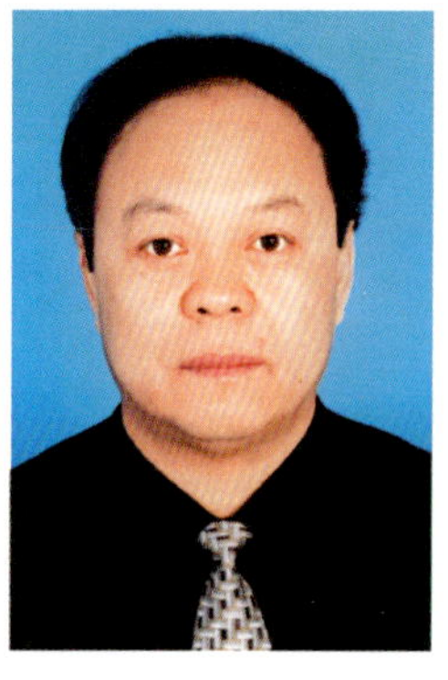
总经理：赵玉和

一渡河渔场

怡禾生物工程有限公司

怡禾房地产景观图

湖光山舍蓝图

《北京农村年鉴》编辑委员会

《北京农村年鉴》编辑部

凡　例

一、《北京农村年鉴》系由中共北京市委农村工作委员会和北京市农村工作委员会编纂，各郊区县和农口局、总公司及有关单位供稿。

二、《北京农村年鉴》以马列主义、毛泽东思想、邓小平理论为指导，遵循党的基本路线和方针政策，贯彻落实“三个代表”重要思想，实事求是、全面系统地反映郊区社会和经济发展情况，为社会各界了解郊区提供重要资料。

三、《北京农村年鉴》以条目体为主，并选载适量文章，辅以必要的图片、图表。

四、《北京农村年鉴》栏目设计相对固定，并依据形势和情况变化作适当调整。

五、《北京农村年鉴》所载内容均经过权威部门的核实，有关数据以国家和北京市统计局正式公布的数字为准，未列入国家和市统计范围的，采用部门（系统、地区）经过核实并可公布的数字。

六、本年鉴反映2002年1月1日至12月31日期间的情况，其中部分内容依据实际，时间略有延伸。

目 录

领导视察

专　文

调研报告

综　述

农业发展

农村二、三产业发展

郊区村镇建设

农村环境建设与基础设施建设

山区建设

农业投入

科技进步与人才培养

农民生活与社会保障

农村经济体制改革

精神文明建设

法制建设

维护社会稳定

党的建设

区县经济社会发展

市农口国有企业

市农口行政、事业机构

市农口社会团体

北京市郊区经济工作先进集体、先进个人

大 事 记

统计资料

领 导 重 要 讲 话

温家宝同志在中央农村工作会议上的讲话

（2002年1月6日）

这次会议的主要任务是，以江泽民同志“七一”重要讲话和党的十五届五中、六中全会精神为指导，贯彻落实中央经济工作会议精神，分析当前农村形势，研究部署2002年农业和农村工作。党中央、国务院对这次会议十分重视，政治局常委会和总理办公会分别对会议文件进行了讨论。我们要认真贯彻中央指示精神，开好这次会议。

前不久召开的中央经济工作会议，深刻分析了当前国际政治经济形势出现的新情况及其影响，确定了经济发展的目标任务和政策措施，对今年的经济工作作了具体部署。会议强调，千方百计增加农民收入，提高农村购买力水平，是当前农业和农村工作的中心任务。为此，党中央、国务院提出了《关于做好2002年农业和农村工作的意见》（讨论稿），制定了增加农民收入的政策措施，对今年的农业和农村工作作了全面部署。

新阶段增加农民收入，要有新的思路，采取综合措施。当前和今后一个时期，要坚定不移地推进农业和农村经济结构的战略性调整，提高农业整体素质和效益，促进农民收入持续稳定增长。我着重就这个问题讲几点意见。

一、继续推进农业和农村经济结构调整，努力增加农民收入

对农业和农村经济结构进行战略性调整，是我国农业和农村经济发展的必然要求。改革开放二十多年来，我国农业综合生产能力连续迈上几个大台阶，农产品供给实现了由长期短缺到总量基本平衡、丰年有余的历史性转变。90年代后期以来，随着农产品供求关系的变化，农业的发展由于更多地受到市场的影响，出现了农产品卖难、价格下跌、农民收入增长缓慢等新问题。根据这些新的情况，中央在部署1999年农村工作时，作出了农业和农村经济发展进入新阶段的重要判断。

新阶段发展农业和农村经济，必须适应变化了的新形势，转变农业增长方式，由过去主要追求产量增长转到在保持总量平衡的基础上，更加突出质量和效益，更加注重全面发展农村经济。因此，中央在部署2000年农村工作时，进一步作出了对农业和农村经济结构进行战略性调整的重大决策，并对结构调整的内涵作了深刻的论述。2001年中央更加明确地提出，推进农业和农村经济结构战略性调整，要把努力增加农民收入作为基本目标。

农业和农村经济结构的战略性调整，是在新的历史条件下进行的一次重大调整，与以往相比有很大不同。这次结构调整，不是单纯农产品数量的增减，而是稳定总量，保障供给，全面优化农产品品种质量；不是局部地区的封闭式调整，而是发挥比较优势，优化全国农业的区域布局；不是原有生产能力的简单扩张，而是以先进技术改造传统农业，努力提高农业的劳动生产率和土地产出率；不是单纯调整农业的生产结构，而是在发展农业生产的基础上，大力发展农产品加工业，发展二、三产业，促进城乡经济社会协调发展。因此，农业和农村经济结构的战略性调整，是我国农业发展过程中的一次深刻变革，是农业结构、农业科学技术与农村经济管理水平的全面升级，是关系农业和农村经济长远发展、关系国民经济全局的重大部署。

近几年，各地按照农业发展新阶段的要求，围绕增加农民收入，积极探索结构调整的有效途径和办法，积累了丰富的经验，取得了明显成效。主要体现在四个方面：

一是种植业结构进一步优化。各地在注重保护粮食生产能力的同时，积极发展高效经济作物和饲料作物。2000年与1998年相比，全国共调减粮食面积532.5万公顷，增加经济作物和饲料作物面积592万公顷，经济作物和饲料作物种植面积占农作物总播种面积的比重达到了30.6%，增加了3.7个百分点。种植业开始形成粮食作物、经济作物和饲料作物协调发展的基本格局，尤其是蔬菜、水果、花卉发展迅

速，成为农民收入新的增长点。

二是畜牧业发展步伐加快。各地抓住粮食供给充足的有利时机，加快发展畜牧、水产养殖业。2000年与1998年相比，全国肉类产量增加了401万吨，增长7%；禽蛋产量增加了222万吨，增长11%；水产品产量增加了373万吨，增长9.5%。在近几年种粮效益下降的情况下，畜牧、水产养殖业的快速发展，为保证市场供应、增加农民收入发挥了重要作用。

三是农产品质量明显提高。各地把提高农产品质量、发展适销对路的优质专用农产品生产作为结构调整的重点，淘汰了一批劣质品种，发展了一批优质专用品种，培育了一批名牌农产品。目前全国优质稻种植面积已经达到0.17亿公顷，超过水稻总面积的一半，早籼稻积压卖难的状况有所缓解；优质专用小麦达到600万公顷，占小麦总面积的25%，初步扭转了加工专用小麦多年来主要依靠进口的局面；"双低"油菜籽种植面积达到400万公顷，占油菜籽总面积的56%；高油、高蛋白专用玉米从无到有，迅速发展，2000年种植面积达到520万公顷；畜禽、水产、果菜等鲜活农产品的优质率也有很大提高。农产品的安全卫生越来越受到各方面的重视，无公害食品、绿色食品和有机食品发展很快。

四是主要农产品生产进一步向优势产区集中。各地在结构调整中突出本地农业发展的优势，确立区域发展重点和支柱产业，农业区域化布局、专业化分工的趋势逐步显现。长江流域的水稻面积已经占全国的65.7%，黄淮海平原的小麦面积占全国的60%，东北地区和冀、鲁、豫三省的玉米面积占全国的55%。油料作物也初步形成了长江流域油菜、黄淮海地区花生、东北地区大豆的生产布局。在区域布局调整中，各地还特别注重因地制宜发展特色农业，山东的蔬菜、陕西的苹果、海南的反季节瓜菜、山西的优质小杂粮、黑龙江的绿色食品等，都已成为当地的支柱产业。

结构调整工作不仅使我国农业生产发生了很大变化，而且对整个农村经济发展产生了深刻影响。结构调整优化了农产品品质，丰富了品种，提高了质量，使农业生产更加适应市场需求；拓宽了农业的发展空间，促进了农业资源的优化配置，提高了农业的综合效益；促进了农业增长方式的转变，改善了农业经营机制，增强了农村经济活力。经过多年的探索，农业生产市场化程度大大提高，政府的管理和调控不断改进。结构调整对农民增收起到了实实在在的作用。去年农民人均纯收入比上年增长4%以上，扭转了农民收入增幅连续几年下降的势头。虽然这个增长还是恢复性的，但在连续发生严重自然灾害、农产品价格持续低迷的情况下，能取得这样的成绩很不容易。这得益于近几年的结构调整，得益于各地千方百计拓宽农民增收渠道的艰苦努力。

尽管结构调整取得了初步成绩，农民收入有了恢复性增长，但从总体上看，当前农业和农村经济的发展仍然步履艰难。对这种情况，要进行客观的分析，有一个全面正确的认识。第一，农业和农村经济结构的战略性调整不仅涉及到区域布局、产业结构和产品结构的调整，还涉及到农业生产力的提高、农业经营机制的转变，这需要一个较长的过程。第二，目前整个国民经济正处于结构调整的重要时期，居民的就业、收入和消费结构发生较大变化，农产品尤其是食品的需求增长缓慢，对农业发展的制约越来越明显；城市就业压力加大，增加了农村劳动力转移的难度；乡镇企业进行体制创新和技术创新，实现节约资源、减少污染和安全生产，提高发展水平，需要一个过程。第三，从根本上说，我国人多地少，农业人口比重大，农业经营规模小，这一基本国情决定了我国农民收入的提高和农业现代化的实现，要比先行工业化国家付出更大的努力，经历更艰难的过程。还要看到，由于农产品的特殊性，农业承担的保障农产品供给和增加农民收入两大任务，往往是一对矛盾。当供给大于需求时，农产品的价格就会下跌，就会影响农民收入，导致增产不增收。因此，调整农业结构，增加农民收入，只能是一个循序渐进的过程，不可能一蹴而就，只有坚持不懈地抓，才能见到成效。

我们是发展中的社会主义国家，总体消费水平还不高，农民的生活水平更低，必须始终把发展生产、保证供给和增加农民收入作为重要任务，把增加农民收入摆在更加突出的位置。中央对增加农民收入问题非常重视，多次认真研究，采取了一系列政策措施。总的指导思想是"多予，少取，放活"。多予，就是要增加对农业和农村的投入，加快农村基础设施建设，加大扶贫开发力度，扩大退耕还林规模，直接增加农民收入。今年国家将重点增加与农民生产生活密切相关的农村小型基础设施建设投资，退耕还林的投资规模将达到140亿元，中央安排财政扶贫资金106亿元，信贷扶贫资金预计可达180多亿元。农村信用社新增贷款可超过1 800亿元，并在全国普遍开办农户小额信用贷款。对农业产业化经营特别是龙头企业，也从财政、税收、信贷等方面加大了扶持力度。少取，就是要推进农村税费改革，切实减轻农民负担，让农民休养生息。今年税费改革将扩大到全国三分之一以上的省区，中央在去年实际支出30亿元财政转移支付资金的基础上，今年又新增150亿元。对农村教师工资和中小学危房改造也安排了专项资金。去年安排了50亿元用于灾区和贫困地区的农业税减免，今年将根据受灾情况继续安排。放活，就是要认真落实党在农村的各项政策，把农民群众的积极性、主动性、创造性充分发挥出来，进一步活跃农村经济，拓宽农民增收渠道。鼓励社会力量参与小城镇和农村基础设施建设，合理引导农村劳动力进城务工和有序流动，加快发展农村二、三产业。各地和有关部门要认真研究落实这些政策措施，力争使今年农民收入有明显增长。

二、当前调整农业和农村经济结构、增加农民收入的主要任务

今后一个时期农业和农村经济结构调整的目标是：通过农业区域布局调整，优化资源配置，发挥各地的比较优势；通过农产品结构调整，全面提高农产品质量和安全水平，加快实现我国农产品的优质化和专用化；通过农村产业结构调整，加快发展农产品加工业，大幅度提高农产品的附加值；通过农村就业结构调整，加快转移农村劳动力，拓宽农民增收渠道。达到这个阶段性目标，我国的农业发展将提高到一个新的水平，农民收入将保持持续稳定增长，整个农村经济将出现一个新的局面。

当前调整农业和农村经济结构，增加农民收入的主要任务是：

（一）调整农业生产布局，充分发挥区域比较优势 从大的区域布局上对农业生产进行调整，是农业结构战略性调整的重要方面。农业是一个与自然条件密切相关的产业，不同的农产品只有在适宜的土壤气候条件下才能得到理想的品质和产量。我国幅员辽阔，自然条件、生物资源具有丰富的多样性，各地在长期的生产实践中也积累了许多独到的生产技术和传统工艺。过去很长一个时期，一些地方为了做到粮食自我平衡，搞了许多围湖造田，毁林毁草开荒的事情，这是在当时粮食供给严重不足的特定历史条件下出现的。这种作法违背农业自身的发展规律，甚至破坏生态，浪费资源。现在要调整思路，让农业生产在最适宜的条件下进行，使资源得到合理利用，生聚有方，提高农产品的产量和品质，发挥各地的优势。

东部地区和大中城市郊区要大力发展高科技农业、高价值农产品和出口创汇农业，沿海地区要率先基本实现农业现代化。这些地区经济比较发达，农业和农村经济结构调整的潜力较大，要积极参与国际竞争，努力扩大我国农产品在国际市场中的份额。中部地区要发挥粮食生产优势，优化粮食品种和品质结构，发展加工转化和产业化经营，把粮食产业做优。粮食主产区耕地质量好，人均耕地多，把粮食生产搞好，不仅对增加农民收入有重大作用，而且对稳定全国粮食生产有重大意义。要加强商品粮、加工专用粮和饲料粮生产基地建设，发展优质专用和无公害农产品，实现农业增效，农民增收。西部地区要加大退耕还林步伐，发展特色农业、生态农业和节水农业。这些地方土地多，单产低，易受灾，在建设好基本农田的基础上，把广种薄收的农田和山坡地退出来，封山绿化，植树种草，不仅可以改善生态环境，还可以发挥生物资源和气候资源多样性的优势，发展畜牧业和林果业，使当地经济加快进入良性循环；不仅可以为粮食主产区腾出市场空间，还可以通过以粮代赈，直接增加农民收入。经过两年多的试点准备，退耕还林已经取得明显成效，现在要加快推进。有关省区要从当地实际出发，切实加强领导，认真落实政策，精心组织实施，保证退耕还林质量。

（二）发展优质、专用、无公害农产品，全面提高农产品质量 这是提高农业素质和效益的关键，也是适应国内需求变化和国际市场竞争的要求。过去为了解决温饱，农业生产的主要目标是高产，对优质化重视不够。今后要适应人民生活水平不断提高的要求，在提高农产品质量方面多下功夫。大宗农产品要压缩普通品种，发展适应加工需要的专用品种，促进农产品深度开发，提高附加值。要建立科学、完备的农产品质量标准体系，逐步改变农产品无标生产、无标上市和无标流通的状态，尽快做到与国际标准接轨。要十分重视农产品的安全卫生，改变单纯依靠多施化肥、多施农药提高产量的做法，切实解决目前普遍存在的农畜产品疫病较多、农药化肥残留较高等问题。加入世界贸易组织大大拓宽了我国农产品出口的空间，但是出口的最大障碍还是农产品质量尤其是卫生标准不符合国际市场的要求。必须狠抓优化品种，提高质量，确保安全，只有这样才能增强我国农业的竞争力。

（三）发展农产品加工业，提高农产品附加值 这是结构调整的一个主攻方向。随着人们收入的提高，食物消费占收入的比重是不断下降的。单纯依靠扩大人们对初级农产品的消费需求来增加农民收入，潜力相当有限。必须发展农产品精深加工，提高农产品的附加值，开拓食品市场，创造新的需求。这几年，我国农产品加工业发展很快，对带动结构调整，促进农民增收起了重要作用。但是从总体上看，我国农产品加工业的发展水平还不高，仍处在起步阶段，与发达国家相比还有较大差距。我们这样一个大国，人口众多，应该有发达的食品工业。今后，乡镇企业应重点发展农产品加工业，适应市场的不同需求，提高产品质量和档次。农产品加工业既要面向城市市场，又要注意满足农村要求，既要发展大规模的现代加工业，又要发展各种地方风味和特色产品的传统产业和作坊。这些企业分布面广，能够带动就业，促进农民增收，应当积极支持它们发展。

（四）推进农村就业结构调整，加快农村劳动力转移 改革开放以来，我国农村出现两次大的分工分业：一是发展多种经营，农林牧副渔全面发展；二是发展乡镇企业和小城镇，使大量农村剩余劳动力找到了出路。农村劳动力转移较快的时期，也是我国农民收入增长较快的时期。近几年农村劳动力转移速度明显放慢，而且务农劳动力的绝对数还在增加。我国人多地少，农民人均经营耕地只有2亩，东部地区人均只有1亩多。大量剩余劳动力滞留在土地上，是农民收入难以增加的根本性制约因素。提高我国的现代化水平，解决农民的就业和增收问题，必须走工业化、城镇化的路子，把农民尽可能多地转移出来。这是世界各国走向现代化的共同规律，是一个大的方向。我们必须坚定不移地走这条路。但是，中国的城镇化只能是一个长期的和渐进的过程。我国不仅人口众多，

农业人口比重大，而且目前所处的阶段与工业化初期西方国家的情况完全不同。西方国家工业化初始阶段，劳动密集型产业占主导，需要大量的劳动力。我们现在处在工业化与信息化并行的时代，资本和技术替代劳动的趋势越来越明显，对一般劳动力的需求也在逐步下降。目前我国国民经济正在进行结构调整，城市企业在减员增效，农村乡镇企业吸纳劳动力的能力下降，城乡就业都面临很大压力。对于这一点我们要有清醒的认识。

加快农村剩余劳动力转移，努力探索适合中国国情的城镇化道路：一要继续发展乡镇企业和农村二、三产业。加快乡镇企业的技术改造和结构调整，提高发展水平。坚持所有制结构的多样性和生产力水平的多层次性，发展劳动密集型产业和小企业。随着农村生活环境的改善和农民生活水平的提高，农村居民对各种社区服务的需求会逐步增加，要加快发展农村服务业，增加农村就业，扩大农村消费。二要积极发展小城镇。以县城和少数具有发展潜力的中心镇为重点，引导乡镇企业向小城镇合理集聚，大力发展二、三产业，健全小城镇的居住服务、公共服务和社区服务功能，增强吸纳劳动力就业的能力。三要正确引导农村劳动力有序流动和到城镇就业。这是发挥城市带动作用、沟通城乡经济、发育要素市场和缩小城乡差别的必然要求。各地要顺应这一趋势，对农民进城公平对待，合理引导，完善管理，搞好服务，不能采取歧视性限制政策。一些地方采取的人为限制措施既不公平，实际也行不通，反而加重农民负担，甚至造成新的社会问题。各地要认真清理对农民进城务工的不合理限制和乱收费，规范对农民工的管理办法，纠正随意清退农民工的做法，维护进城农民的合法权益。

三、调整农业和农村经济结构、增加农民收入要重点抓好的几项工作

各级政府要从本地实际出发，针对当地结构调整中的突出问题，围绕优化市场环境、搞好指导服务、加强基础设施建设等重点工作，扎扎实实地把结构调整引向深入。当前要突出抓好以下几项工作：

（一）加大扶持龙头企业的力度 产业化经营是农业和农村经济工作中一件带全局性、方向性的大事。发展产业化经营，龙头企业是关键。龙头企业要加快科技进步，提高产品质量，改善经营管理，增强竞争能力。当前要特别注意两点：一是不要盲目扩张，搞低水平重复建设；二是要突出主业，把有限资金集中用在农产品加工、销售和生产基地建设上。龙头企业承担着带动农户生产、帮助农民增收的任务，龙头企业的兴衰关系大批农民的生产和收入。从这个意义上说，扶持产业化就是扶持农业，扶持龙头企业就是扶持农民。这次会议提交大家讨论的文件提出了在财政、税收、信贷等方面加大对龙头企业扶持力度的政策措施。主要有，中央和省级财政专门安排资金支持农业产业化基地建设、科研开发和技术服务，对重点龙头企业的贷款给予贴息；适当提高农产品加工和流通企业购进农产品原料的增值税进项抵扣率；把重点龙头企业技术改造纳入国债支持的范围，把农产品加工企业作为全国中小企业信用担保体系的优先扶持对象。各地和有关部门要认真研究并制定具体实施意见，促进龙头企业健康发展。

（二）积极推进农业技术创新 农业的根本出路在于科技。农业技术创新是新阶段农业结构调整的重要支撑。推进农产品的优质化，发展农产品的加工增值，实现农业的可持续发展，都必须建立在技术进步和提高劳动者素质的基础上。要继续推进农业科技体制改革，加快建立新型农业科技创新体系。当前，要在加强基础研究的同时，支持和鼓励应用型农业科研机构改制为科技型的龙头企业，加速科技成果的转化。在继续稳定和支持农业技术推广机构的基础上，突出抓好公益性技术推广工作，逐步建立起分别承担经营性服务和公益性职能的农业技术推广体系。要增加农业科技投入，抓好优良品种的引进、培育和推广，加快品种更新换代。进一步扩大“种子工程”、“畜禽良种工程”的实施规模，搞好良种繁育基地建设和扩繁推广，走产业化经营的路子。要搞好农民科技培训，建立多渠道、多层次、多形式的农民技术教育培训体系，组织农民学习先进实用技术，提高农民的科技文化素质和致富本领。

（三）加强农产品质量标准和检验检测体系建设 确保农产品质量安全，是市场经济条件下政府的一项重要职责，是新阶段政府推动结构调整的一项基础工作。必须看到，我国的农产品质量和食品安全形势还非常严峻，蔬菜、水果、茶叶、畜产品、水产品的质量安全问题还比较多。近来连续发生食用含有瘦肉精猪肉和农药残留超标蔬菜中毒事件。一些出口农产品由于不符合相关国家和地区的食品安全标准，屡屡引发贸易纠纷，有的不得不减少出口甚至被迫退出国际市场。这些问题已经到了非解决不可的时候了。

抓好农产品质量和食品安全，必须在完善农业和农产品质量安全标准的基础上，重点加强农产品质量检验检测体系建设。要切实抓好“无公害食品行动计划”，从搞好农产品检验检测入手，在生产、流通等各个关口严把质量安全关，建立农产品市场准入制度，不让有毒有害的农产品上市流通，确保人民吃上放心食品。去年这项工作在京、津、沪和深圳市进行试点，有了一定进展，今年要总结经验，完善方案，逐步推广。解决农产品质量安全问题，必须关口前移，从生产源头抓起。要结合农产品基地建设，推行标准化生产示范，推广和实施质量安全标准。加强对农用生产资料的质量监管，引导农民科学施肥，合理用药，从生产上保障农产品质量安全。建立健全优质农产品认证和标识制度，促进无公害农产品、绿色食品和有机食品发展。加强农产品质量安全的宣传，提高全社会的质量安全意识，形成社会监督机制，引导农户和企业生产优质安全农产品。

（四）切实加强畜禽疫病防治工作 发展畜牧业是农业结构调整的一项重要任务，当前首先要做好畜禽疫病防治工作。畜禽疫病的暴发和流行，不仅严重影响畜牧业的发展，给农牧民造成经济损失，而且关系食品的卫生安全，危及消费者健康，甚至引起人们的恐慌，带来严重的社会和政治问题。搞好畜禽疫病防治，要突出抓好几件事：一是制定和完善疫病防治标准，健全动物疫情测报网络；二是建立口蹄疫、禽流感、蝗虫等重大病虫害的快速扑灭机制；三是加快"无规定疫病"畜产品出口保护区建设，完善区域封闭制度，严格按国际标准组织生产、加工、运输，扩大畜产品出口。

（五）加强农业信息体系建设 信息充分和畅通是市场机制充分发挥作用的前提条件。加强农业信息体系建设，是政府在新阶段推动农业结构调整的一项基础性工作。农业信息体系建设要把信息服务作为重点。现在的问题，一是对各种信息缺乏规范的收集、整理和发布，没有建立起有效的高质量的信息处理系统，信息到了企业和农户那里，往往是滞后、失真甚至是扭曲的，起不到正确的引导作用；二是信息传递渠道不畅通，农户和企业往往难以根据市场需求变化及时调整生产经营决策，造成不应有的损失。要加强农业信息体系的基础设施建设，提高信息的处理和传输能力。尽快建立和完善信息的收集、整理和发布制度，提高信息的准确性、权威性。运用卫星网络、广播电视、报刊杂志等多种手段，普及农村教育，传播文化知识，推广科学技术。要加快县乡两级信息服务网络建设，逐步向重点乡镇、农业产业化龙头企业、中介组织、经纪人队伍延伸。建立农民信息员队伍，发挥他们连结广大农户的作用，用各种方式使信息真正到农民手里。

（六）深化粮棉流通体制改革 当前正在进行的粮改，有利于发挥不同区域农业的比较优势，让粮食主销区多发展高价值的经济作物和养殖业，同时为粮食主产区腾出市场空间，促使粮价合理回升，这对于加快农业结构调整、增加农民收入具有重大意义。各地要加强对这项工作的领导，积极稳妥地向前推进。今年要重点抓好以下工作：一是逐步建立统一、开放、竞争、有序的粮棉市场。二是加快国有粮食收储企业和棉花企业的改革，鼓励不同所有制的粮棉企业参股、兼并、联合，实行跨地区重组。三是鼓励粮食收储企业扩大销售，引导和鼓励产区与销区建立长期稳定的购销关系，鼓励产区粮食企业到销区设点、加工和销售。四是在放开粮棉市场后，要研究财政补贴农业的方式和途径，提高财政支持农业政策的效率，探索对农民直接补贴的途径。五是进一步加强政府对粮棉市场的宏观调控，灵活运用进出口和国家储备等手段，稳定市场和价格。现在国外不少粮商正在跃跃欲试，准备在我国加入世界贸易组织后大举向我国出口粮食。各地特别是主销区的政府要从大局出发，保护国内粮食市场，保护农民利益。

（七）加强农业和农村小型基础设施建设 这是推进结构调整的基础条件，也是增加农民收入的重要措施。近几年国家实施积极的财政政策，大幅度增加了对大江大河治理、农村电网改造、储备粮库建设和生态环境建设等大型基础设施建设的投入，办成了一些多年想办而没有能力办的事，有效地改善了农村生产生活条件和生态环境。在加快完成这些在建项目的同时，调整农业投资结构，进一步增加农村小型基础设施建设的投入。重点支持节水灌溉、人畜饮水、农村沼气、农村水电、乡村道路和草场围栏等。这些小型项目不仅是大型基础设施的重要补充和延伸，而且建设周期短、见效快、覆盖面宽，能大量使用农村富余劳动力和当地建筑材料，促进农民增收的效果更显著，各地要高度重视，抓紧抓实。同时，按照"谁投资、谁所有、谁经营、谁受益"的原则，鼓励农户、联户和其他社会力量投资建设小型基础设施。国家、集体投资建设的小型基础设施项目，也要探索市场化的管理和运行机制，努力实现可持续利用。

四、用"三个代表"重要思想统揽全局，加强党对农村工作的领导

党管农村工作，是我们的传统，也是一个重大原则。完成新阶段农业和农村工作的各项任务，巩固农村改革、发展、稳定的大好形势，必须进一步加强党对农村工作的领导。当前，要紧密结合农村"三个代表"重要思想学习教育活动，认真贯彻落实党的十五届六中全会精神，切实加强农村干部的作风建设，帮助广大农村干部牢固树立全心全意为人民服务的宗旨，确立解放思想、实事求是的思想路线，以奋发有为的精神状态和扎实有效的工作，推进农村各项事业的发展。

正在农村进行的"三个代表"重要思想学习教育活动，是农村政治生活中的一件大事。各地按照中央部署，精心组织，深入发动，紧密联系农村工作实际和干部的思想实际，扎扎实实开展学习教育活动，取得了明显成效，受到广大农民群众的欢迎。今年的农村"三个代表"重要思想学习教育活动，主要在村一级进行。要以发展农村经济、增加农民收入、保持农村稳定为主题，坚持以正面教育、自我教育为主，认真解决当前村一级存在的突出问题，努力提高农村基层干部队伍的整体素质，真正使干部受到教育、农民得到实惠。

贯彻落实六中全会精神，解决好作风建设中存在的突出问题，各级干部必须在思想上切实加深同农民群众的感情，尊重农民，爱护农民；在作风上更加扎扎实实，深入农村，了解农村；在工作上真正把农业放到重要位置，关心农业，支持农业。

一要尊重农民，爱护农民。农民问题是中国革命和建设的根本问题。中国农民占人口的80%，这是我国的基本国情，要把中国的事情办好，必须首先解决好农民问题。中国农民不但在革命战争年代是我们

最可靠的同盟军，为革命的胜利作出了巨大的牺牲，而且在社会主义建设时期是重要的依靠力量，为实现国家的工业化作出了巨大贡献。我国的改革是从农村开始的，很多好的经验就是农民创造的。我们任何时候都不能忘了农民。农民群众中蕴藏着无限的创造力，只要我们始终注意尊重他们的首创精神，善于保护和调动他们的积极性，就一定能迈过新阶段农村经济发展这个坎。要看到，农民群众中存在的一些陈旧观念和落后的东西，是长期的历史条件和农村艰苦的环境造成的，随着社会的进步，是可以逐步改变的。各级干部必须从思想上和感情上端正对农民的认识，切实改变对农民的一些偏见，真心实意地把农民当作我国社会主义现代化建设的重要力量；切实纠正忽视甚至歧视农民的错误做法，真心实意地尊重农民的物质利益，保障农民的民主权利。

二要深入农村，了解农村。领导干部经常深入农村，加强与农民群众的交流，有利于从群众中汲取营养，增强做好农村工作的主动性；有利于密切党同农民群众的联系，改善党和政府在农民群众中的形象，使农民群众主动支持我们的工作。农村地域广大，农村的事情千头万绪，如果光坐在城里，是肯定做不好农村工作的。现在一些地方决策之所以脱离实际，往往与我们的干部深入基层不够、没有弄清农村的真实情况有关。广大干部要把深入实际、调查研究作为一项基本功。干部深入农村，一是要真正沉下去，进行深入细致的调查研究，不能走马观花，浮光掠影。农村的情况经常在发生变化，只有真正了解农民群众的想法，才能在决策中体现农民的意愿和利益。二是要经常化和制度化。各级党委和政府要把干部深入基层作为一项工作制度，长期坚持。这既有利于推动农村工作，也有利于培养干部。

三要关心农业，支持农业。农业是国民经济的基础，这个道理已经讲了多年，但是在一些干部的思想和实际工作中并没有真正解决，忽视农业的现象还比较普遍。要真正解决这个问题，还必须加深对农业重要性的认识。农业是安天下的产业，在我们这样有12亿多人口的大国，解决人们的吃饭穿衣问题，是头等大事，这一点必须始终牢记。不能因为农产品出现了阶段性的供大于求，就以为我国农业已经过关了，而放松对农业的重视。农业是关联全社会的产业，解决农业中的问题，光靠农业部门是远远不够的。各部门都要把支持农业作为自己义不容辞的责任，增强服务意识，采取切实措施，支持农业和农村的发展。农业的效益不仅体现在农民收入上，还体现在对整个国民经济发展的支撑上；不仅体现在经济效益上，还体现在社会效益上，不能因为农业的比较效益低，就忽视对农业的投入和支持。随着工业化和城镇化的发展，农业在国内生产总值中的比重会逐步下降，这是一个经济规律。但只看到这一个规律是不够的，因为还有一个规律更为明显，就是无论经济、社会发展到什么程度，人们都要吃饭，都离不开农业，农业在国民经济中的基础地位不会改变。经济、社会发展越快，越是要有巩固和发达的农业作为基础。各级领导干部要从全局的、战略的高度看待农业问题，自觉关心和支持农业。市（地）、县领导干部，一定要把主要精力放在农村工作上。

思想作风建设要紧密结合农村实际，针对农村中的主要矛盾和突出问题来进行。当前要特别强调在干部中加强坚持实事求是的思想路线教育，坚决反对形式主义和虚报浮夸。这里有一个正确估计农村经济发展水平和农民富裕程度的问题。一些地方随意向基层下达各种“达标升级”任务，一些干部为了个人政绩，盲目上项目、铺摊子，造成乡村负债累累，农民负担沉重。这些都与过高估计农村经济发展水平和农民富裕程度有关。要教育基层干部，既要对上负责，更要对下负责。即使是上级布置的任务，如果不符合当地农村实际，没有条件完成，也要主动向上反映，做到量力而行，珍惜民力。必须指出，农村基层干部作风中存在的许多问题，同上级机关的官僚主义和形式主义有很大关系，有些就是上面逼出来的。领导机关和领导干部要结合贯彻落实六中全会决定，解决好自身存在的问题。上级部门在给基层布置任务时，一定要从农村实际出发，体谅基层的困难。要关心和爱护农村基层干部，为他们创造良好的工作条件，保护好他们的积极性。

要全面加强农村基层组织建设、精神文明建设和民主法制建设。坚持“两手抓，两手都要硬”，这是农村工作的一条坚定不移的方针。要深入开展创建“五个好”村党支部、“六个好”乡镇党委和农村基层组织建设先进县活动，制定和完善“三级联创”的配套措施，形成常抓不懈的工作机制。要妥善处理村党支部与村民委员会的工作关系，明确职能分工，加强团结协作，不断完善以党支部为核心的村民自治运行机制。严格实行村务公开和乡镇政务公开，健全基层民主管理制度。认真贯彻《公民道德建设实施纲要》，传播先进文化，弘扬社会正气，倡导科学文明的生活方式。加强农村社会治安综合治理，深入开展严打斗争，依法严厉打击各种违法犯罪活动，维护农村社会稳定，让群众安居乐业。

在农村社会发展方面，我要专门说一下农村教育和卫生问题。要加大对农村教育的投入，继续普及和提高农村义务教育，进一步落实地方负责、分级管理、以县为主的管理体制，教师工资由县统一发放，教师由县统一管理，结合学校的合理调整，加强学校的危房改造。已经进行农村税费改革试点的地区，政府要确保办学经费；尚未进行税费改革的地区，原来的资金渠道不能取消，确保农村教育的正常运转。要按照“以防为主、防治结合”的方针，加强农村医疗卫生工作，健全疾病控制特别是传染病和地方病控制体系；加大对农村医疗设施的投入，改革运行机制，研究和实施新形势下的合作医疗制度，改善农村的医疗服务。这些都是关系群众利益的事情，凡是关系群众切身利益的事情，都不可掉以轻心。

最后，我再讲一讲加入世界贸易组织后农业如何应对的问题。我国加入世界贸易组织，是中央在全面分析国内外形势的基础上，为加快改革开放和社会主义现代化建设作出的重大战略决策，符合我国的根本利益和长远利益。入世对我国农业改革和发展也将产生重大而深远的影响。从长远来看，我国加入世界贸易组织，有利于充分利用两种资源、两个市场，促进我国农业比较优势的充分发挥和农业资源的合理配置；有利于改善农产品出口的国际环境，逐步取消一些国家对我国出口农产品的歧视性限制，扩大优势农产品的出口；有利于调整农业结构，提高农产品质量，提高产业化水平，从整体上提高我国农业的国际竞争力；有利于吸引国外资金、技术和管理经验，加速传统农业改造，推进农业现代化；有利于加快建立健全农产品市场体系和国家对农业的支持保护体系，带动农业和农村经济管理体制以及外贸体制的改革和完善。

入世也给我国农业带来了严峻的挑战，我们对此要有足够的估计。从近期看，由于国际市场农产品的成本和价格较低，我国农业经营规模小，土地密集型的大宗农产品生产，如小麦、玉米、大豆、棉花等，会受到较大冲击；而其他具有比较优势的劳动密集型产品，如园艺产品和畜禽产品，由于质量、卫生安全水平不高，市场开拓能力不强，近期内不仅大规模出口面临不少困难，而且国内市场也可能被国外农产品占领。当前我国农业正处在供大于求、相对过剩的时期，如果国外农产品大量涌入，势必加剧国内农产品的卖难。这些问题如果处理不好，就会影响农业生产和农民特别是主产区农民的增收，甚至影响社会稳定。我们要未雨绸缪，扎扎实实地做好各项应对工作。加快推进农业结构的战略性调整，优化产业结构和区域布局，推动农业生产标准化、农产品优质化；积极推进各项改革，尽快建立适应国内外市场需求变化的农村经济体制和运行机制；广泛运用农业先进适用技术，努力降低生产流通成本，提高国内农产品的竞争力；充分利用世界贸易组织允许的政策，强化和完善对农业和农民收入的支持体系，使农业的整体效益在竞争中得到提高。

关于农业如何应对入世，最近国务院专门进行了研究。总的思路是，趋利避害，减少冲击，善用权利，扩大出口。按照这个思路，国务院制定了缓解进口农产品冲击、扩大农产品出口的政策措施，建立了协调农产品进出口的工作机制。各地各部门要从大局出发，按照中央的统一部署，认真抓好各项应对措施的贯彻落实工作。同时要根据自己的实际情况，在符合世界贸易组织规则的前提下，研究制定具体的对策。

加入世界贸易组织是我们面临的一个新课题，只有加强学习，加强对策研究，才能做到正确应对。当前，要重点加强五个方面的学习和研究：一是加强世界贸易组织知识的学习普及，帮助各级干部了解农业谈判的主要内容，全面掌握世界贸易规则和对农业的支持政策，以便结合本部门、本行业和本地区实际，有针对性地研究提出有关产业政策和应对措施，做好农业法律法规的修改和新的立法工作。二是要研究在国家财力允许的情况下，如何进一步加大对农业的支持和保护，尤其是要着手研究适合国情的直接补贴农民的做法。要把这些问题与农村税费改革、粮棉购销体制改革以及各项扶持农业的政策措施一并考虑，统筹谋划。三是研究如何加快市场化取向的改革。当务之急是要研究农产品的流通体制、进出口体制，以及如何提高农民在市场竞争中的组织化程度。四是研究如何加快实施农业“走出去”战略，培育有国际竞争力的贸易企业，引导有条件的企业到国外创办农业企业。五是加快人才培训，要抓紧培养一批熟悉我国国情、具有较好外语水平和丰富专业知识、适应解决国际贸易争端要求的专门人才。

同志们，做好今年的农业和农村工作，意义重大，任务艰巨。让我们在以江泽民同志为核心的党中央领导下，认清形势，坚定信心，顽强拼搏，扎实工作，以优异成绩迎接党的十六大召开。

贾庆林同志在北京市农村工作会议上的讲话

（2002年1月19日）

这次农村工作会议，主要是贯彻中央农村工作会议精神，总结、研究北京市农村工作，并表彰先进。志华同志对郊区农业和农村工作进行了全面安排，我完全同意，希望大家认真贯彻执行。

前几天，市委召开了八届十次全会，总结和部署了全市各项工作。总的看，去年全市改革与发展的势头很好，郊区的工作也取得了很大的成绩。农村经济结构调整有了新的突破，郊区城市化水平有了新的提高，农民收入有了新的增加，农村基层组织建设、民主与法制建设、精神文明建设也有了新的进步，实现了经济发展、农村稳定、农民增收的目标。这些成绩，是郊区广大干部群众认真贯彻中央和市委的决策，解放思想、开拓进取、艰苦奋斗、顽强拼搏的结果，也是全市各行各业支持农业和农村工作的结果。我代表市委、市政府向郊区的同志们表示衷心的感谢和诚挚的问候。下面，我就如何贯彻中央农村工作会议精神，抓好郊区的各项工作再强调几点意见。

一、高度重视农业和农村工作，加快郊区现代化步伐

农业和农村工作事关党和国家的全局，中央始终高度重视农业和农村工作。党的十五届三中全会专门研究了农业和农村工作，提出了要从全局和战略的高度来认识并做好农业、农村、农民工作，这是保证改革开放和现代化建设顺利进行的一条极为重要的经验。今年元旦后召开的中央农村工作会议，认真分析了农业和农村工作面临的新形势，提出当前和今后一个时期，要坚定不移地推进农业和农村经济结构的战略性调整，提高农业整体素质和效益，促进农民收入持续稳定增长，对增加农民收入还提出了“多予，少取，放活”的工作指导思想和各项具体措施。我们要认真学习、深刻领会、全面贯彻中央农村工作会议精神，紧密结合郊区农村实际，把农业和农村工作放在更加重要的位置，切实抓紧抓好。

近年来，市委、市政府高度重视农业、农村和农民问题，认真落实党在农村的各项方针、政策和工作部署，把做好农业和农村工作作为把握全市改革、发展、稳定全局的重要内容，作为做好全市工作的一个基本立足点，作为推进首都经济发展的重要增长点。对北京未来发展，市里描绘了“新三步走”的战略构想，确定了建设现代化国际大都市、在全国率先基本实现现代化的工作目标，提出了“十五”期间国民经济保持年递增9%左右的速度，2010年实现人均国内生产总值6 000美元；对郊区工作提出了2010年率先基本实现农业现代化，使农业和农村现代化建设达到中等发达国家的水平。实现这些构想，落实这些任务，工作十分艰巨，需要全市各条战线上的同志们共同努力。

郊区工作在首都现代化建设的全局中具有特殊重要的作用。北京全市1.68万平方公里面积，规划市区1 040平方公里，城区面积只占全市的6%左右。郊区农村地域广阔，建设空间宽，发展余地和潜力大。郊区的这些优势，恰是人口拥挤、交通堵塞、大气污染、空间狭窄的城区所不及的。所以郊区农村不仅仅是首都的菜篮子，还承担着分流城市人口、调节城市功能、改善城市环境、增强首都经济实力、维护社会稳定等方面的重任。只有把郊区工作做好了，首都率先实现现代化的任务才能扎扎实实地推进。

近年来郊区工作成绩很大，经济发展很快，郊区的面貌发生了巨大变化。但必须看到城乡之间差距仍然十分明显，有的方面还有加大的趋势。从经济发展水平看，全市人均国内生产总值去年实现了3 000美元。而郊区10个区县按440万人口计算，去年人均国内生产总值大约只有1 700美元，比全市的平均水平相差近一半。从群众的生活水平看，去年全市城镇居民人均可支配收入接近1.2万元，郊区农民人均可支配收入只有5 099元，与城镇居民相差6 000元左右。这几年，随着城乡用电同网同价等条件的改善，城乡之间消费水平、生活差距在缩小，但城乡居民收入差距的绝对数却在加大。另外，基础设施建设水平，环境建设水平，社会管理水平以及人的文明素质程度等方面，城乡之间都存在着相当大的差距。

我们应当充分认识到，首都实现现代化，不仅城区要现代化，郊区也必须实现现代化。郊区作为首都北京的重要组成部分，同样需要有现代化的基础设施，现代化的管理，现代化的生产生活方式。郊区也要绿化、美化，也不允许有脏乱差的现象，郊区群众的生活质量也必须提高。因此，坚持发展是硬道理，加快首都城市现代化建设与管理的步伐，不仅要抓城区的发展，更要抓郊区的发展。对郊区存在的相对于城区的薄弱环节，更要下大力气抓好。要在全市发展的大背景下审视和制定郊区的发展，要顺应趋势，抓住机遇，因势利导，北京有条件也必须使郊区发展得更快，把郊区建设得更好。农业是关联全社会的产业，解决农业中的问题，光靠农业部门是远远不够的，各部门、各单位都要把支持农业作为自己义不容辞的责任，增强服务意识，积极采取有效措施，在思想上重视，工作上支持，投入上倾斜，支持农业和农村发展，以郊区的发展推动城区，又以城区的发展支持郊区，实现郊区与城区的相互促进、协调发展。

二、在更大空间和更高层次上调整结构，切实增加农民收入

推动农业和农村经济结构调整，增加农民收入，是现阶段农村工作的中心任务和基本目标，也是一项长期的任务，要坚定不移、坚持不懈地抓下去。

要把调整结构与增加农民收入紧密结合起来。调整结构是推动郊区农业农村现代化的必然要求，也是增加农民收入的根本途径。这几年郊区农业结构调整成效明显，粮食作物与经济作物的比例，种植业与养殖业的比例都发生了很大变化。但调整结构不能光看比例，关键还要看农民在结构调整中是否增收。要用增加农民收入这个主线为标准，分析问题，制定措施，安排工作。从郊区农民的收入情况看，去年农民人均可支配收入为5 099元，其中工资性收入就有3 356元，占总收入的三分之二以上；家庭经营收入只有1 415元，不到总收入的三分之一。可见，增加农民收入既在农业之内，更在农业之外。所以，增加农民收入，要在两个方面下功夫。一方面要利用首都的科技优势，进一步提高农业的科技含量，大力发展现代农业。近几年，我们在实践中总结创造出的现代农业的六种形式，效果很好，要加大推动力度。要继续推进农业技术创新和科技体制创新，鼓励科技工作者到农村发挥聪明才智，加快用新技术、新品种改造传统农业，加强对农民的培训，全面提高农民的科学素质。另一方面要在农业之外下功夫。要下更大的力量，合理规划布局，用好用足政策，加快农村产业结构调整，大力发展郊区二、三产业，发展符合城市需要和郊区特点的加工组装业、加工制造业、新型建材

业、现代物流配送业和各类服务业等，改变二、三产业总量不足的状况，促进农村剩余劳动力的转移。政策研究室的同志做过调查，农村人口减少一个百分点，农民人均增收200元，减员增效也适合于农村。因此，实现农民富裕、农村现代化，必须把农业人口降下来，把非农产业搞上去。此外，还要贯彻“多予，少取，放活”的精神，采取有效措施，清理、规范各种收费，切实减轻农民负担。北京有条件将农民个人承担的费用减到零，村提留、乡统筹完全可以由乡村集体经济来承担，减少负担就等于增加了收入。扶贫济困是农村工作的永恒主题，解决农村最低生活保障问题已经列入了政府工作的议程。今年80%的低收入村要达到或超过2 500元的最低收入线，缩小地区之间，农民之间的收入差距。

大力发展绿色产业，加快生态环境建设，是实施可持续发展战略的要求，是郊区农村结构调整的目标，也是提升郊区乃至北京城市生态环境水平的重大战略措施。这对于提高郊区经济质量、促进经济增长、实现富裕农民具有重要意义。这几年，我们抓住难得的机遇，结合种植业结构的调整，动用“退耕还林”的政策，极大地推动了“三道绿色生态屏障”建设。建设了一大批规模大、水平高、效益好的绿色产业。去年，平原植树1.65万公顷，其中城市绿化隔离带0.29万公顷，“五河十路”造林0.7万公顷，治沙造林0.4万公顷。新种苗木1.3万公顷，花卉0.2万公顷，山区人工造林1万公顷，飞播作业面积1.3万公顷，新发展果树1.92万公顷。从以上数字看，郊区林业的发展已经成为产业结构调整的主体，绿色产业受到了广大农民的欢迎，充满了生机与活力。今年要继续加大这方面的工作力度，加快绿化美化建设步伐，提高绿化美化水平。要继续搞好绿化隔离地区的绿化建设，实现超额完成100平方公里的绿化目标；尽快筹划和启动第二道绿化隔离带建设；加快郊区水系治理，加强水源保护，改善水环境。为了提高绿化水平，我们要求每个区搞一个1万平方米的绿地，每个街道搞一个500平方米的绿地，花了大量的人力物力，用了两年多的时间，全市林木覆盖率达到44%，城区绿化覆盖率达到36.5%，才提高了1.6个百分点。取得这样的成绩很不容易，维护起来也很困难，1平方米草地，一年的维护费用要30多元。但城区的绿化潜力还有，拆违建绿的任务还有，我们提出城区要达到40%，全市达到45%，完成这个目标城区要努力，郊区也要充分利用面积大、拆迁量小、成本低、见效快的有利条件，抓住结构调整的机遇，应用退耕还林的政策多植树，发展绿色产业。要向群众宣传种树的好处。顺义有个生物技术企业，他们算了一笔账，在国外一棵树通过涵养水源、保持水土、防止污染、产生氧气、提供蛋白质等等，总共价值可以达到16万美元。数字的准确性可以研究，但说明了一个问题，种树确实效益好。有关专家对北京1995年林业资源总价值的评估为2 313亿元，包括林地价值、林木价值、环境价值、社会价值，按照这个指标体系，现在北京的林业资源总价值达到了4 600多亿元，这是很大的一笔财富。所以，各级领导要提高认识，高度重视，要让郊区农民多种树、爱种树，科学种树，使郊区成为首都的“氧吧”、“绿屋”。在政策上，要有利于种树，有利于绿化，把大家盖楼搞房地产的积极性变成绿化的积极性，大力植树造林，大力发展特色林果业，实施兴绿富民、林果富民工程。要以绿引资、以资建绿，使绿色产业快速健康发展。

加强水源保护，加快水系治理，改善水环境。要加大环境整治工作力度，不断改善农民的生产和生活环境。同时，要按照生态环境的要求积极发展绿色养殖业。北京郊区科技优势强，种鸡、种猪都有优势，应当多搞种业，发展种畜。但发展养殖业要注意污染问题，特别是城乡结合部地区、水源保护区，必须控制好养殖业的污染问题。近郊区宁愿少发展一些养殖业，也不能污染环境，可以向远郊转移，延庆、平谷、密云、房山等区县养殖业发展势头都很好，容量还很大。

加快农产品结构调整，全面提高农产品质量，是郊区农业适应国内外市场竞争所必须采取的措施，也是农业发展的一项基础工作。今年要继续推进绿色安全食品体系建设。抓好生产环节的规范，减少化肥、农药的使用量，大力发展无公害农产品、绿色食品和有机食品生产。进一步加强农产品质量标准和检验检测体系的建设，提高检验检测手段。建立农产品的市场准入制度，建立健全认证、标识和公示制度，逐步改变农产品无标生产、无标上市的状态，尽快与国际市场接轨。要在生产、流通等各环节，严把质量安全关，杜绝有毒、有害农产品流入市场，确保首都人民吃上放心食品。要创我们自己的绿色安全品牌，延庆的菜食用放心，在香港已小有名气，北京在这方面要走在前头。

继续抓好第二阶段山区水利富民综合开发工程，山水林田路综合开发，水是关键。全市每年用水40亿立方米，农村20亿，城市20亿。要继续压缩农村用水总量，结构调整本身就可以起到节水作用，一亩树只相当于一亩粮用水的1/3。水利富民综合开发，要继续搞积雨工程，搞“五小”工程，解决水的问题。郊区旅游业的发展还有潜力，旅游资源很多，但吃旅游饭的人还太少，手段、设施也还太落后，在这方面要下功夫。

三、适应入世形势，深化农村改革

积极应对加入世贸组织的挑战，必须深化农村改革。我们国家加入世界贸易组织，从长远看，有利于我们农业比较优势的充分发挥，农业资源合理配置；有利于改善农产品出口的国际环境，扩大优势农产品的出口；有利于调整农业结构，从整体上提高农业的国际竞争力；有利于吸引国外资金、技术和管理经验，推进农业现代化；有利于加快建立农产品市场体系和国家对农业的支持保护体系，带动农业和农村经济管理体制及外贸体制的改革和完善。但是从近期看，入世对北京郊区农产品的冲击和挑战决不可低估。降低农产品的生产成本，提高生产的标准化水平，增强农业的组织化程度，都必须克服农业生产中的体制、机制和政策上的种种不适应。因此，当前适应入世需要，一要加大改革力度，尽快建立和完善适应国内外市场变化的农村经济体制和运行机制。二要认真分析加入世贸组织后出现的新情况、新问题，按照中央提出的趋利避害、减少冲击、善于用权、扩大出口的要求，积极应对，冷静观察，捕捉信息，发现机遇，用好政策。三要发挥乡镇企业劳动密集、生产成本较低的优势，加快发展符合首都要求、体现郊区优势的产业、企业和产品。四要抓住入世后国别歧视和技术贸易壁垒将大大减少的机遇，大力发展农村外向型经济。同时，要利用好入世后产业准入政策宽松、各方面服务质量提高的机遇，积极向新的领域、新的行业进军。

今年，郊区农村改革还要继续稳定和完善土地承包关系，规范和健全保持农村稳定的制度基础，从制度上保障农民权益，促进农业的发展。要认真落实中央《关于做好农户承包地使用权流转工作的通知》精神，积极稳妥地做好土地使用权流转的规范工作。以家庭承包经营为基础、统分结合的双层经营体制，是我国农村的基本经营制度。土地问题是农业和农村工作的核心，是农村稳定的基础。稳定和完善承包关系，是党的农村政策的基石。落实党的农村政策，最根本的是落实土地政策。在稳定家庭承包经营制度的基础上允许土地使用权合理流转，是农业发展的客观要求，反映了生产要素合理流动和优化配置的需要，也符合党的一贯政策。推动土地使用权合理流转，一是必须明确土地使用权流转的基本前提是认真落实中央关于土地承包期再延长30年不变的政策，确保家庭承包经营制度长期稳定。必须按照中央的要求，切实把土地承包期再延长30年不变的政策落实到具体农户和具体地块。按照规定与农户签订承包合同，发放承包经营权证书。二是土地流转必须坚持“依法、自愿、有偿、规范”的原则。必须明确，在承包期内，村集体组织无权单方面解除土地承包合同，也不能用少数服从多数的办法强迫农户放弃承包权或改变承包合同。必须保证承包期内农户对承包土地的使用权、收益权和流转权。三是规范企事业单位和城镇居民租赁农户承包土地。要按照中央的规定，清理租赁承包土地情况，切实加以规范。这项工作由农委牵头，要搞好调查研究，摸清底数，掌握动态，加强领导，使中央的政策在北京得到贯彻落实。通过规范土地流转政策，促进农业结构调整，推进产业化经营，保护农民的利益。

在农村改革方面，有许多问题需要我们认真研究和探索。比如，费改税的问题，农村集体资产管理问题，农村社会保障问题，近郊区的农转居问题，新村建设、土地置换问题以及农村社会管理体制问题等等，需要研究、需要突破，请大家加强调查研究，制定和完善措施，通过试点，总结经验，使农村改革既积极又稳妥地不断顺利推进。

四、搞好卫星城和小城镇建设，进一步推动郊区城市化

郊区城市化是首都率先实现现代化的重要内容。郊区城市化要解决的根本问题是，通过提高郊区农村基础设施、生活设施的建设、管理和运行水平，实现郊区农村生产方式和生活方式的转化，达到缩小以至消除城乡差别、提高农民生活水平的目的。近几年，郊区城市化的进展很快，郊区的面貌有所改观，形势喜人。特别是卫星城和小城镇的建设日新月异，年年都有新变化。今年仍然要加大这方面的工作力度，重点是积极引导郊区二、三产业向卫星城、小城镇合理聚集，健全卫星城、小城镇的居住服务、公共服务、社区服务功能，增强卫星城、小城镇的吸引力，提高吸纳劳动力就业的能力。

要提高卫星城建设的档次。卫星城是北京城镇体系的重要组成部分。随着城市建设步伐的加快，卫星城的作用越来越重要。郊区城市化应当把卫星城的建设放到更加突出的位置，充分发挥卫星城对郊区经济和社会发展的带动作用。要加快卫星城的基础设施和公共服务设施建设。提高卫星城的公共交通、文化教育以及医疗服务等设施的水平。壮大卫星城的经济实力，形成特色，增强活力，提高水平，支撑卫星城的发展。鼓励名牌学校、名牌医院到卫星城落户或采取多种形式办分校分院。保持卫星城的环境优势，加强污染治理，改善环境状况。理顺卫星城的建设与管理体制，不断提高管理水平。

要认真搞好小城镇的试点。全市确立了33个镇作为小城镇建设的试点，数量已经不少了，关键是要突出重点，加快建设，形成规模，提高水平，发挥示范效应。试点小城镇要抓好规划、建设、管理三大工作，在科学规划、科学建设、科学管理上做出示范。坚持建管并重、管理优先，从建立完善有效的管理体制和管理机制入手，逐步形成符合郊区实际，与首都现代化建设相适应，又切实可行的小城镇管理模式。要提高郊区城镇绿化美化水平，建设环境优美、设施齐全、生活方便的小城镇，逐步改变落后的生活方式、生活习惯，改变郊区村镇脏、乱、差的现象，提高农民群众的生活品质。

五、加强基层党的建设，推进农村社会进步

抓好农村工作，要切实加强和改善党对农村工作的领导，努力提高农村基层党组织的凝聚力、创造力和战斗力，切实加强社会主义精神文明建设，维护农村的社会稳定和推进农村社会的全面进步。

一是加强农村基层党组织建设。去年，郊区农村开展的“三个代表”重要思想学习教育活动，取得了

明显成效，实现了“干部受到教育，农民得到实惠”的目标。今年要深入开展“三个代表”重要思想学习教育，以作风建设为切入点，认真完善和落实整改措施，巩固发展学习教育活动成果。以“三个代表”重要思想为指导，紧密围绕农民增收、农村稳定的主题，进一步解决当前农村党组织和干部队伍中存在的突出问题，努力提高农村基层干部队伍的整体素质，增强农村基层组织的战斗力。

要组织农村广大党员干部认真学习“三个代表”重要思想，用“三个代表”重要思想统一党员干部的思想认识，要通过各种有效的方式组织党员干部弄清“三个代表”重要思想的科学内涵，弄清“三个代表”重要思想对农村工作和农村党组织提出的新要求，弄清农村工作和党员干部队伍出现的新情况和新问题，进一步提出改进工作的措施，通过扎实的工作把“三个代表”重要思想落到实处。党的十六大召开后，要组织广大党员、干部认真学习贯彻十六大的精神和各项工作取得新进展。

要深入贯彻落实十五届六中全会精神，加强基层干部队伍作风建设。村委会换届选举工作刚刚完成，要注意处理好村党支部与村委会的关系，切实加强村级班子建设，市委办公厅、市政府办公厅下发的《关于充分发挥村党支部领导核心作用、进一步推进村民自治的意见》，是经市委常委会讨论通过的，各区县要认真贯彻落实。郊区基层干部工作在农村的第一线，直接与农民群众打交道，作风好坏直接影响着党和政府在农民群众中的形象，关系到一个村、一个乡镇的发展与稳定。农村基层干部转变作风，要关心群众的疾苦，为群众办实事，解决群众的困难；也要紧紧抓住密切同群众联系的核心问题，要全心全意为群众服务，带领和帮助群众增收致富，要充分发扬民主，坚持有事同群众商量，实行民主决策，民主管理，杜绝少数人说了算和简单生硬的工作作风；要廉洁自律，自觉地避免和纠正各种不正之风。

要按照“巩固基础、丰富内容、提高标准、增强实效”的要求，继续深入开展“五个好”村党支部、“六个好”乡镇党委、基层组织建设先进区县的“三级联创”活动。进一步落实农村基层组织建设工作责任制，尤其是要强化区县委书记第一责任人和乡镇党委书记直接责任人的责任，充分发挥区县委和乡镇党委的作用。要把创建活动与经济发展、农民增收和农村稳定更加紧密地结合起来，更有效地促进农村各项工作。

二是抓好农村精神文明建设。申奥成功和加入世贸组织，给农村精神文明建设提供了新的机遇，也提出了新的要求。近几年来，郊区农村精神文明建设取得了很大成绩，农村的文明程度和农民的文明素质不断提高。同时也要看到，在改革日益深入、开放不断扩大、各种思想文化相互激荡的背景下，农村精神文明建设面临大量新情况、新问题。有的地方封建迷信活动抬头，有的地方出现“黄、赌、毒”等社会丑恶现象，加强精神文明建设仍然是农村一项长期的重要任务。郊区精神文明建设要紧贴农民群众的需求。要总结各区县开展“文化科技大院”的经验，帮助群众解决文化生活场所问题。要积极组织科技文化的宣传普及活动，用科学的思想、先进的文化占领思想文化阵地。帮助和引导农民改变落后的生活习惯。要组织农民学习科技知识，学会致富本领。使农民不仅靠勤劳致富，更会靠科技致富。还要加强对农民的法制教育，向农民宣传和普及有关法律法规，引导农民自觉地遵法守法。

三是大力维护农村的安全稳定。确保农村安全稳定是郊区各级党委政府第一位的政治任务。当前，郊区总体上是稳定的。但是刑事案件仍处于高发期，集体上访增加，安全生产事故时有发生，“法轮功”邪教顽固分子的捣乱也没有停止。这些不仅影响农村的发展稳定，而且对首都安全稳定产生了影响，必须引起高度重视。

今年要认真总结经验，把维护农村安全稳定的工作抓得更紧、更好。要坚持不懈地严厉打击各种刑事犯罪和经济犯罪活动，进一步完善和强化保持稳定的各项措施，切实加强社会治安综合治理。要继续深入开展与“法轮功”邪教组织的斗争，搞好“打、控、转、揭”四项工程，防止出现反弹。要加大人民内部矛盾排查调处工作力度，坚持领导干部信访接待日制度，健全乡镇工作机制，正确处理涉及群众利益的各种问题，做好群众的思想政治工作，努力把矛盾解决在萌芽状态，化解在基层。要狠抓安全生产，落实安全生产责任制，及时消除各种隐患，确保人民群众的生命财产安全。

今年郊区农业和农村工作任务十分繁重，我们要坚持以邓小平理论和党的十五大精神为指导，紧密团结在以江泽民同志为核心的党中央周围，按照“三个代表”重要思想的要求，坚定信心，扎实工作，努力开创郊区农业和农村工作的新局面，以改革开放和现代化建设的新成绩，迎接党的十六大胜利召开。

强卫同志在全市山区水利富民综合开发总结表彰会议上的讲话

（2002年10月31日）

北京市的山区水利富民综合开发工程已经进行了两个阶段，五年的时间了，今年是第二阶段的第二年，也是关键之年。通过这项工程的全面展开和深入实施，确实有力地推动了北京山区的发展和农民的致富。实践证明山区水利富民综合开发工程确实体现了“三个代表”重要思想，符合北京山区的实际，也深受群众欢迎。所以我们通过今天的会议就是要认真总结今年山区水利富民综合开发工作完成的情况，同时提出明年的目标和任务，以保证我们能够全面实现山区水利富民工程各项目标任务。

刚才，志华同志已经作了深入的总结分析和全面的安排部署，我同意志华同志的意见，希望大家回去以后根据各自的实际，采取切实有效措施，认真抓好落实。

在过去的一年中，涌现了一大批为山区建设和发展做出突出贡献的先进单位和个人，今天我们进行了总结表彰，在此，我们向他们致以热烈的祝贺！

近半年来，我到各区县、包括山区进行了一些调查研究，感受特别深的，就是各级领导认真贯彻“三个代表”的重要思想，把加快发展、富裕农民作为工作的出发点和落脚点，坚持干实事，目的性明确，思想和工作方法正确，决策科学，山区建设取得了明显效果，山区面貌发生了巨大变化。一是山区已初步形成特色林果业、绿色养殖业、休闲旅游业三大主导产业，山区农民从三大主导产业获得的收入占农民人均可支配收入的 50%。二是水利富民综合开发工程使山区农民生产、生活条件有了较大改善。在实现了山区百万农民人均 1 亩抗旱灌溉果园、1 亩抗旱灌溉粮田的“双一”目标的基础上，通过第二阶段“五小”工程网络化的推进，山区正在完成由工程水利向资源水利的转变，并且在山区初步确立了一种良好的投资建设机制，农民真正成为投资、经营的主体。这对山区农民进入市场、提高竞争能力，特别是面对入世的挑战起到了积极作用。三是增加了农民收入，消除低收入村工作取得了较好成绩。2000 年底，我们已经消除了年人均可支配收入 1 500 元以下的村，今年又完成了消除年人均可支配收入 2 500 元以下低收入村 80%的任务。

在看到成绩的同时，我们要清醒地意识到，山区建设还存在一些急需研究解决的问题。比如，山区的功能需要重新定位，山区搬迁工作仍然任重道远，山区资源的合理配置利用以及适应市场经济发展的山区投入机制尚未有效形成，山区主导产业还需要进一步加快发展等等。这些问题，都需要我们在工作中认真研究解决。

下面，我就山区建设工作强调几点意见：

一、要充分认识新形势下加快山区建设与发展的现实意义

当前，山区建设正处于关键时期，山区发展进入了一个重要阶段。1998 年联合国就已向世界郑重申明 2002 年为国际山区年；前不久，江总书记在中央人口资源环境工作座谈会上发表的重要讲话，对我们山区工作具有极其重要的现实意义和指导意义；市第九次党代会对首都未来改革开放和现代化建设事业作出了战略部署，确立了首都率先基本实现现代化的宏伟目标，对山区工作提出了新的要求。各级领导要高度重视，深刻领会精神实质，提高对山区工作的认识，进一步增强加快山区建设与发展的紧迫感和压力感，积极主动地做好山区各项工作。

加快山区建设与发展，是实践“三个代表”要求的具体体现。目前山区经济社会还比较落后，山区群众生活水平总体上还比较贫困，而且水资源缺乏，并已成为制约山区发展的主要矛盾。实践江总书记“三个代表”重要思想，贯彻“立党为公、执政为民”的方针，必须坚持把加快发展作为第一要务，把实现好、维护好、发展好群众的利益作为根本出发点，强化发展意识，理清发展思路，落实发展措施，在加快山区的建设与发展上下功夫。

加快山区建设与发展，是首都现代化建设的重要内容。山区建设是首都现代化的薄弱环节和突出难点，山区经济快速健康发展和社会不断进步是关系首都现代化建设全局的重大战略问题，也是郊区率先基本实现农业农村现代化的关键所在。必须继续大力推进水利富民综合开发，积极实施山区搬迁工程，加快走出山区建设山区步伐，缩小与平原地区的差距，努力实现山区与城市、平原同步现代化的目标与要求。

加快山区建设与发展，是推进山区可持续发展的迫切要求。山区是首都的重要组成部分，是首都的第一道生态屏障，是主要的水源涵养和供给源地，是居民休闲旅游度假的胜地和分流城市人口的理想居住地。彻底改变山区的生产、生活条件，建设生态环境良好、基础设施完善、绿色产业兴旺、社会事业发展、山川景色秀美、人民生活安康、令人向往的现代化新山区，发挥山区的生态性、生活性、生产性功能，是山区可持续发展的重要任务。

加快山区建设与发展，是实现山区农村稳定的重要保证。随着山区建设的大力推进，山区经济社会活动日趋活跃，新的矛盾也将不断出现。特别是山区资源开发的市场化运作和山区农民搬迁活动，围绕资源的合理利用和农村集体资产的规范化管理，还有许多非常细致的工作要做，处理不当就可能出现农村不稳定的情况。只有加快山区经济发展和社会进步，提高规范化、民主化、法制化管理水平，才能实现山区农村的稳定发展。

二、要坚持与时俱进，积极探索和实践山区现代化的现实途径

通过多年来的努力，北京山区建设取得了巨大进展。特别是自 90 年代以来，市委、市政府在山区实施的三个发展纲要和规划，在解决和改善山区生产、生活条件和农民脱贫致富等方面取得了显著成效，为山区的进一步发展奠定了重要基础。从山区现代化进程分析，可以认为，水利富民综合开发，奠定了山区现代化发展的现实基础和必要条件；“走出山区、建

设山区”则是目前山区建设与发展的必由之路和根本途径；在不久的将来，随着山区资源状况和外部环境的进一步优化，山区的吸引力将得到极大增强，必将迎来一个持续发展的新高潮。

基于上述判断，我们在认真做好当前各项工作，确保山区水利富民综合开发第二阶段目标任务顺利实现的同时，要着眼未来，立足实际，积极探索和实践建设现代化新山区的具体形式和途径。基本的原则是要深入贯彻落实“走出山区、建设山区”的方针，全面加快山区农业现代化、农村工业化、农村城市化、农民知识化进程，推进山区可持续发展。要深入调查研究，及时总结推广在平原地区建设山区工业园区、通过产业带动移民搬迁等典型经验，积极探索平山合作推进山区农村城市化的具体形式和途径，认真做好山区农户搬迁后资源配置利用和山区农村集体资产管理的合理有效办法，努力实现山区经济社会跨越发展和农民增收致富。

另外，为进一步深入认识山区的功能、地位，发挥山区的作用，落实好贾书记在九次党代会报告中提出的发展都市型郊区经济的要求，市农委已经组织市和区县有关部门，开展制定《北京市边远山区“五五八”绿色生态富民工程纲要》的调研，各有关部门要积极支持，大力配合，出台更加有效的政策，制定出一个适应首都现代化国际大都市建设、振奋人心的山区跨越发展工程规划。

三、要加强领导，创新机制，努力开创山区工作新局面

山区建设是一项综合性、政策性很强的工作，各级党委和政府要高度重视，进一步加强组织领导工作，加快山区建设步伐，推进可持续发展。

首先，要切实加强组织领导，形成推进山区现代化的强大合力。实行区县党委、政府负总责，乡镇党委、政府抓落实，工作到村、到户的工作方针。市有关部门要把加快山区建设作为本部门的重要工作内容；区县政府要认真履行职责，坚持把山区建设与发展工作列入重要议事日程，认真研究制定并贯彻落实好山区建设的规划方案和阶段目标、扶持政策以及具体的行动措施，加强协调配合，及时解决建设发展中的重大问题。同时要继续鼓励社会各界积极支持、帮助山区建设和发展。

其次，要深化改革，创新机制，进一步提高山区自我发展和可持续发展能力。山区建设与发展，要以提高自我发展和可持续发展能力为目标，建立政府管理与市场运作相结合的资源优化配置新机制，全面加强资源调查、规划和管理，不断提高对资源的保护和合理利用水平。特别是山区建设投入不足的问题，要以重点工程、重大项目为载体，克服等、靠、要等消极畏难情绪，拓宽投资渠道，积极吸引民间资本和社会各界投资，通过市场化运作加大对山区的投入。

第三，要积极进取，扎实工作，务求山区建设和发展的实际效果。郊区各级领导干部要从讲政治的高度，坚持重实干、办实事、出实招、求实效，大力提倡实事求是、脚踏实地、求真务实的工作作风。要强化管理监督，特别是对规划的落实情况，要实施量化考核，纳入各级主要领导的重要考核内容，促进山区工作的扎实顺利开展，努力使北京山区建设的总体水平有一个较大提高，为建设首都现代化国际大都市做出更大的贡献。

同志们，山区工作任务艰巨、责任重大。我们要按照江总书记“三个代表”的要求，认真贯彻落实市第九次党代会精神，进一步增强使命感和责任感，统一思想，振奋精神，开拓进取，扎实工作，努力开创山区工作新局面，以山区现代化建设的优异成绩迎接党的十六大的胜利召开！

赵凤山同志在全市乡镇人大换届选举工作会议上的讲话

（2002年9月13日）

按照宪法、选举法和地方组织法的规定，北京本届乡镇人民代表大会即将任期届满，将要依法进行换届。市委对这次乡镇换届工作十分重视，常委会专门进行了研究，同意并批转了市人大常委会党组提出的关于全市乡镇人大换届选举工作的意见，决定成立了由德印副书记为组长的市委乡镇换届选举工作领导小组，加强对全市乡镇换届工作的领导。9月4日，市人大常委会对这次乡镇人大换届选举已作出了决定，根据这个决定，在今年年底前要选举产生新一届乡镇人大代表，并通过召开新一届乡镇人民代表大会选举产生新一届乡镇人大、政府领导班子，这是全市郊区人民群众政治生活中的一件大事。

一、关于这次乡镇人大换届选举的指导思想、主要任务和大体时间安排

按照中央和市委的要求，这次全市乡镇人大换届选举工作的指导思想是：要高举邓小平理论伟大旗帜，坚持党的基本路线，以“三个代表”重要思想为指导，在市委领导下，认真贯彻《中共中央关于转发〈中共全国人大常委会党组关于全国乡级人民代表大

会换届选举工作有关问题的意见〉的通知》和《中共北京市委关于加强人大工作的决定》，把坚持党的领导、充分发扬民主和严格依法办事有机地结合起来，周密安排，精心组织，严格依照法律规定的程序，切实保障选民的民主权利，选好乡镇人大代表和乡镇人大、政府领导人员，推进基层民主法制建设，促进乡镇经济和社会的全面发展。

这次乡镇人大换届选举的主要任务有两项，一是要选举出新一届乡镇人大代表，全市共将选出新一届乡镇人大代表1万余名；二是通过召开新一届乡镇人民代表大会，选举产生新一届乡镇人大主席、副主席和乡镇长、副乡镇长。关于时间安排，市人大常委会第三十六次会议作出的《关于乡、民族乡、镇人民代表大会换届选举的决定》确定，乡镇人大代表的换届选举在今年12月底前完成，选举工作的时间比较紧。这项工作涉及全市13个郊区县192个乡镇、400多万人口，正是年底年初，郊区县农村各项工作任务十分繁重，同时市人大、市政府、市政协也将要进行换届选举，各区县选举市人大代表的任务也很重。所以，在工作安排上要统筹兼顾、全面安排。全市乡镇人大换届选举的工作步骤，经市委常委会研究同意，大体分为五个阶段进行：一是准备工作阶段。9月下旬至10月下旬各郊区县做好调查摸底、确定代表名额、建立各级选举机构、制定详细工作计划、抽调和培训选举干部、划分选区等各项准备工作。二是选民登记阶段。11月底前各乡镇按选区完成选民登记工作，要在选举日的20日以前公布选民名单。三是确定代表候选人阶段。12月上、中旬进行提名推荐、酝酿协商和确定代表候选人的工作，在选举日的15日以前公布初步代表候选人名单，在选举日的5日以前公布正式代表候选人名单。四是投票选举阶段。为保证全市选举工作协调有序进行，选举乡镇人大代表的投票选举日，统一安排在12月24日（星期二）或25日（星期三）两天进行，具体时间请各郊区县结合实际确定。五是召开新一届乡镇人大一次会议。根据地方组织法规定，乡镇人大代表选举产生后的两个月内，应召开新一届乡镇人民代表大会第一次会议，选举产生新一届乡镇人大、政府领导人员。考虑到2003年1月要召开市人民代表大会，全市乡镇人民代表大会可以安排在2003年春节后召开，换届选举工作在2003年2月底以前完成。各郊区县可按照这一时间要求，结合本地区实际情况，进行具体安排和部署。

二、要充分发扬民主、严格依法办事

充分发扬民主，严格依法办事，是搞好选举工作的基础和基本原则。在工作中我们要重点抓好以下环节：

第一，要做好代表名额的确定和分配工作。按照选举法和《北京市区、县、乡、民族乡、镇人民代表大会代表选举实施细则》的规定，乡镇人大代表的名额基数为40名，每1 500人可以增加1名代表名额。乡镇人大代表的总名额经确定后，不再变动。如果由于行政区划变动或者由于重大工程建设等原因造成人口较大变动的，代表总名额依照选举法的规定重新确定。1999年北京乡镇人大代表换届以来，有相当一部分乡镇进行了区划调整，初步统计，全市乡镇总数共减少32个。凡是由于行政区划变动或者由于重大工程建设等原因造成人口较大变动的乡镇，应由所在的区县人大常委会重新确定其代表名额，并报市人大常委会备案。除此之外，各乡镇应当严格依法按照上届确定的代表名额执行，一般不再变动。在实际工作中，由于区划调整等原因，部分乡镇人大代表名额相应减少，给选区划分和代表名额的分配将带来一定困难。各区县人大常委会要认真分析研究这一情况，结合实际提出切实可行的解决办法。选区代表名额的分配，按照选举法规定，城镇各选区每一代表所代表的人口数应当大体相等，农村各选区每一代表所代表的人口数大体相等。

第二，要做好选民登记工作。要在法律规定的范围内，不断改进选民登记的工作方法，提高登记工作的质量和效率。在工作中要千方百计做到不重登、不漏登、不错登，这是做好选举工作的关键。要保证本地区有选举权的选民，包括外出务工经商人员、行动不便人员，以及有选举权的服刑和劳教人员，都能登记在册。这次选民登记工作比较突出的问题有两个，一个是确定参选人员范围问题，另一个是人户分离问题。关于参选人员范围的问题：选举乡镇人大代表和选举区县人大代表，在选民登记上是有区别的。选举区县人大代表时，选区内的选民都应当参选，而选举乡镇人大代表，在同一个地区内的中央和市属单位职工可以不参加乡镇的选举，区属单位哪些职工应当参加，哪些职工可以不参加，需要根据具体情况，有的要由区县人大常委会，有的要由乡镇选举委员会确定。确定参选范围是几个阶段中最基础的一项工作，是非常重要的。由于乡镇经济的发展，城乡一体化进程加快，迁入乡镇别墅区、花园区以及33个中心镇的居民很多，对此需要认真研究，提出界定的意见。有一些乡镇和地区办事处在地域上是重合的，对选民登记来说，情况也比较复杂，要在充分调查研究、摸清情况的基础上，妥善处理好，保证该参选的一定要通知到，不能漏。关于人户分离问题：据各郊区县的初步统计，192个乡镇人户分离所涉及的人口数约为41万余人，占郊区县人口的十分之一左右，比往年有较大的增加。因此，如何把这些人的登记工作做好，需要各郊区县认真研究和下大力解决。在以往的换届选举中，针对人户分离的情况，广大选举工作干部发扬不怕疲劳，连续作战的精神，以高度的政治责任感，千方百计采取各种措施做好登记工作，并且总结出了一套行之有效的工作方法，这种精神应当继续发扬。

第三，要做好代表资源的调查摸底和预测工作。这是提高代表素质、优化代表结构的一项基础性工作。既要把优秀的代表人物选为代表，又要在总体上保证方方面面的代表占有合理的比例，真正做到提高代表素质与优化代表结构的统一，这是一个需要认真解决好的课题。解决好这个课题，需要在选举工作一开始就做好代表人选的素质和结构的调查摸底和预测工作，做到心中有数，在分配代表名额时，就要考虑代表的总体结构，并有针对性地去做引导工作。当然，搞好调查摸底，不是内定代表，这是要严格区别开来的，代表候选人必须依法提出，代表必须依法选举产生。

第四，要做好提名推荐和民主协商确定代表候选人的工作。按照北京市的选举实施细则规定，各政党、各人民团体联合或者单独推荐的候选人，一般不超过应选代表名额的 15%。换句话说，代表候选人中 85%以上都应当是由选民 10 人以上联名推荐的。要充分尊重选民依法提名的权利，只要选民 10 人以上经过合法程序联名提出的候选人，都必须列入初步候选人名单。不论是政党、团体推荐的，还是选民 10 人以上联名推荐的，都要一视同仁。要做好对代表候选人的民主协商工作。随着选民民主意识的提高，提名推荐代表候选人的积极性也逐步提高，各选区普遍存在初步候选人提名数大大超过法律规定的差额比例的状况，因此，要依法进行民主协商确定正式候选人。这里有两条要注意：一条是要防止少数人说了算，克服“图省事、怕麻烦”，搞包办代替，甚至个别领导人和工作人员独断专行、简单化行事的错误做法。第二条是要增加工作的透明度，应该向选民说清楚的没有说清或没有去说，往往造成选民的误解，影响协商候选人工作的顺利进行。这两种情况在民主协商确定正式代表候选人时一定要加以注意，要有透明度，不可包办代替。对于经过民主协商仍无法确定正式代表候选人的，依照北京市选举实施细则的规定，应当依法进行预选。同时，要认真做好代表候选人的介绍工作，组织上介绍时一定要准确。选区可以根据选民的意见安排候选人和选民的见面活动，以便使选民了解候选人的情况，选出自己满意的代表。

第五，要认真组织好投票选举工作。投票选举是对各阶段工作的最后检验，非常受关注，也容易发生问题。一是在程序上容易发生问题，比如委托投票超过法律规定的每一选民接受委托投票不得超过 3 人的情况。二是干预选民自主投票，选举工作人员在代写或指导选民写选票时，不尊重选民的意愿，甚至要求选民选谁或者不许选谁。选民填写选票时，工作人员指手画脚，干预选民自主选举，有的工作人员为图省事甚至私自代替填写选票。三是有的领导干部或者选举工作人员不尊重投票选举的结果，甚至涂改选票或编造选举结果。这些都是违法行为，要坚决禁止。在方法上，设立投票站，既要方便选民，又要严格监督。对于行动不便的选民，可以设流动票箱以方便投票，但设流动票箱的同时必须制定相应的严格的监管制度。对于选举日不在本地的选民可以委托投票，但一定要严格依法委托。要尽可能地让已登记的有选举权的选民，行使投票权利，应努力做到不漏、不重、不错，力争高比例的参选率。选举只要程序合法，对选举的结果就应该依法承认。选举中如遇得票数相等不能确定谁当选或代表没有选够，可以依法组织再次投票或另行选举；非正式候选人当选，只要没有违法的行为，就应依法确认并予以公布。不得以任何借口否定合法选举结果或私自改动选举结果，更不得追查选民的投票情况，对选民进行打击报复。

第六，做好新一届乡镇人代会的选举工作。一是要制定好大会日程。新一届乡镇人大一次会议，既要选举人大和政府的领导人员，又要审议通过各项工作报告。对乡镇人代会日程安排和选举议程，各区县要加强检查与指导。二是要制定好大会选举办法。大会选举办法是大会选举工作的依据。地方组织法对代表大会的选举作了严格的规定，在选举办法中应有所体现。如差额选举及应选人数，大会主席团和代表联合提名的候选人人数均不得超过应选名额，代表联合提名推荐候选人的程序和截止时间，要有足够的酝酿协商候选人的时间等等，都应让代表清楚明白。三是要严格依法办事，坚持差额选举。比如，正职候选人，只有在代表没有提出其他人选时才可以等额选举，但副职一定要差额选举。如果提名的候选人人数超过了大会选举办法规定的差额数，还要进行预选。大会主席团提名的候选人和代表联名提名推荐的候选人要一视同仁。要尊重代表的民主权利，尊重大会的选举结果，充分体现大会选举的民主性和依法办事的严肃性。四是选好乡镇领导班子。选好乡镇人大主席、副主席和乡镇政府的领导人员是换届选举的一项重要任务。要按照市委组织部和市委农工委《关于 2003 年乡镇领导班子换届人事安排的意见》，进一步加强乡镇政权班子建设。要及早做好人事安排，需要交流、调整的干部应提前到位，注意防止出现人事安排滞后的被动现象，以保证换届选举工作的顺利进行。换届选举后乡镇人大、政府的领导干部要保持相对稳定，在任期内一般不做变动。乡镇人民代表大会是最基层的国家权力机关。为了加强乡镇人大工作，市委关于加强人大工作的决定和《北京市乡、民族乡、镇人民代表大会组织条例》都规定了乡镇人大主席、副主席至少有一人为专职，这次换届选举应当为乡镇人大配备好专职的主席或副主席。

三、要坚持“党委领导、人大主办、各方配合”的原则，保证各项选举工作的顺利进行

乡镇人大换届选举是郊区农村广大群众参加民主政治的实践活动，是坚持和完善人民代表大会制度、加强基层政权建设的重大措施，是一项法律性、政治性、群众性、时间性都很强的工作。坚持和加强党的领导是搞好换届选举的根本保证。最近，市委已经批转了市人大常委会党组关于全市乡镇换届选举工作的意见，我们一定要按照市委的要求，把这项工作列入重要议事日程，统筹安排，各郊区县人大要认真履行法律赋予的职责，精心组织。实践证明，只有坚持和依靠党委的领导，才能够广泛发动群众，调动各方面

的力量，共同把选举工作搞好。所以，各郊区县人大要积极争取和依靠党委的领导，主动请示汇报，提出工作建议和方案，在区县党委的领导下开展工作。各有关部门密切配合、做好工作，是选举工作顺利进行的一个重要条件。按照市委要求，各郊区县的组织、纪检监察、宣传、公安、民政、法院、检察院、财政等部门，要根据各自职能，围绕选举工作的总体目标和任务，各尽其责，各司其职，做好各自应做好的工作，要根据不同阶段的任务要求，有针对性地对乡镇人大换届选举工作分别提出具体要求。

同志们，我们一定要在市委的统一领导下，充分发扬民主，严格依法办事，以饱满的政治热情，扎扎实实地把换届选举的各项工作任务落到实处，以做好乡镇换届选举工作的实际行动，迎接党的十六大的胜利召开。

刘志华同志在北京市农村工作会议上的讲话

（2002年1月19日）

今年的农村工作会是在北京成功申办2008年奥运会，我国加入世界贸易组织，对外开放进入新的历史阶段的形势下召开的。这次会议的主要任务是：贯彻落实中央农村工作会议、市委八届十次全会、市经济工作会议精神，认真总结2001年的农业和农村工作，分析形势，明确目标和任务，确定今年的工作重点和措施，全面推进郊区农业农村现代化。下面，我就去年郊区农业农村工作情况和今年的具体部署，讲几点意见。

一、2001年郊区工作的回顾

过去的一年，在市委、市政府的正确领导下，郊区上下紧紧围绕富裕农民这个中心任务，奋发进取，共同努力，农业结构调整取得显著效果，乡镇企业二次创业再掀高潮，山区水利富民综合开发进入新阶段，小城镇建设初具规模，郊区经济持续快速增长，主要经济指标均完成或超额完成了年初计划，各方面都取得令人鼓舞的显著成绩。据统计：2001年，郊区国内生产总值预计完成615亿元，增长12.3%；第一产业增加值93亿元，增长4.5%；乡镇企业总收入1 129.3亿元，增长17.7%；利润75.4亿元，增长18.8%；远郊区县财政收入达到40.33亿元，增长28.2%；农民人均可支配收入5 099元，实际增长8.9%。在经济加快发展的同时，农村基层组织建设、民主法制建设、精神文明建设也都取得了明显成效。总结去年郊区农业和农村工作，有以下几个特点：

（一）农业结构调整取得阶段性成果，并开始向纵深推进 一年来，我们把农业结构调整作为实现产业升级、提高竞争能力和经济效益、加快农民增收致富的战略性举措，以发展“六种农业”为切入点，重点在调整内部结构、培育主导产业、大力发展农业产业化经营上进行了全力推进，取得了明显成效：种植业粮经饲三元结构初步形成，种植面积比例达到3:6:1；养殖业由传统散养向舍饲和科学饲养转变。养殖小区和规模畜牧场在郊区养殖业总产出中的比重已经达到了80%以上，养殖业在农业总产出中的比重达到52%，对农业增长的贡献率达到69%；顺义种业、昌平肉羊、怀柔冷水鱼、平谷大桃、大兴西甜瓜等十三个区域主导产业初具规模；农业产业化经营方式日益成为拉动郊区农业结构调整的主导力量，已形成通州雨润、顺义汇源、大兴顺兴葡萄酒等农产品加工龙头企业900多家，以锦绣大地、小汤山、顺义三高为代表的高效农业园100多家，培育各类农民专业合作组织2 030个；郊区农产品开始向优质、安全、高效方向发展。目前，郊区已有30%的生产基地和企业达到了食用农产品安全生产暂行标准，有40多个农业生产经营单位获得了质量标准体系和环境管理体系认证。北京已被农业部列为“无公害食品行动计划”首批4个试点城市之一。在举办的第三届北京农业博览会上，郊区农业结构调整的成果得到了充分展示，绿色安全食品成为博览会的一大亮点，在广大市民中引起了强烈反响。

（二）郊区二、三产业增速加快，综合经济实力显著增强 一年来，我们继续深入实施资本引进和资本跟进两大战略，加大乡镇企业二次创业的工作力度，郊区的投资环境得到进一步改善，郊区集聚生产力要素的功能得到了更好的发挥，乡镇企业整体实力和竞争能力有了明显增强。乡镇企业增加值达到248.3亿元，出口产品交货值61亿元，均保持了15%以上的增长速度。二、三产业在郊区经济总量中的比重提高2.2个百分点，以市级工业区、区县工业区和乡镇工业小区为主体集中发展的格局正在形成，集聚效应明显增强。全年重组引进投资千万元以上的二、三产业项目217项，合同投资总额66.5亿元。加大淘汰落后生产力的工作力度，重点对一批影响郊区生态环境的小水泥、小玻璃、小采石、小采砂、小矿山进行了清理整顿，关闭了200多家小煤矿。去年，二、三产业新增加农民就业5万多人，乡镇企业为职工提供可支配收入87亿元，增长13.7%，成为郊区农民增收的主要途径。同时我们还正式启动了中关村高科技园区与郊区农村的合作，达成了“两村”合作的框架协议，这预示着郊区经济的发展后劲将大大增强。

（三）小城镇建设取得新进展，农村城市化水平不断提高 按照郊区四级城镇体系建设目标，确定了

33个中心镇进行重点建设，实施了以工业小区建设为重点的强镇工程，以完善小城镇功能为重点的基础设施工程，以绿化、美化、净化、硬化为重点的环境工程，使一批中心镇的基础设施、经济实力和环境面貌发生了根本性变化。去年，33个中心镇共完成固定资产投资58亿元，增长25%，占郊区农村固定资产投入的60%；共吸引项目650项，比上年增加50项，引进到位资金33亿元；实现增加值102亿元，增长18%，比郊区经济平均增长速度快5.7个百分点，对郊区经济增长的贡献率达到22%，起到了区域经济的辐射带动作用和对农村劳动力的吸纳作用，已经成为郊区经济发展新的增长点。

（四）山区水利富民综合开发取得新成效，带动了山区经济发展和农民增收　一年来，共完成“五小”水利和集雨工程1.2万处，完成井站、塘坝、截流等工程1 339处，新增蓄水能力166万立方米，形成水面120公顷，解决抗旱灌溉面积2.67万公顷。在全年降雨不多的情况下，共拦蓄雨水390万立方米，在抵御去年持续干旱中发挥了重要作用，为综合开发创造了条件。全年新发展果树1.13万公顷，建成高效果园3.3万公顷。新建养殖小区427个，累计达到861个，入区农户1.7万户。山区共接待游客650万人次，旅游收入达到4.1亿元，同比增长43%。特色林果业、特色养殖业和特色旅游业逐步成为山区的主导产业，在山区农民增收致富中起到了至关重要的作用。去年，山区农村经济总收入和农民人均可支配收入均比上年增长13%以上，山区50%以上的低收入村越过了2 500元的低收入线。

（五）农民收入快速增长，物质文化生活水平持续提高　去年郊区农民人均可支配收入比上年增加574元，在全国处于领先水平。在农民人均可支配收入中，工资性收入达到3 356元，比上年增长14.3%,这是多年未有的现象；家庭经营收入达到1 415元，增长5.5%；工资性收入和家庭经营收入已经成为农民增收的主要来源。农民收入的提高，促进了农村消费市场的进一步活跃，拉动了农村消费的快速增长，去年，北京农村商品零售额预计达到839.3亿元，比上年增长10.4%，彩电、冰箱、空调等大型家电拥有率大大提高，电脑、小汽车开始进入农民家庭，拉动了内需。农民艺术节已连续举办12届，农民文化生活进一步丰富。

（六）郊区党的建设、精神文明建设和民主政治建设成效显著　一年来，郊区各级干部认真学习贯彻江泽民总书记“七一”讲话和十五届六中全会精神，按照市委的统一部署，在农口直属单位和农村分别开展“三讲”教育和“三个代表”重要思想学习教育活动，继续开展创建“基层组织建设先进区县”、“六好乡镇党委”、“五好村党支部”的“三级联创”活动，顺利完成了村委会换届选举工作。通过这些活动，进一步转变了各级领导干部的工作作风，提高了实践“三个代表”的自觉性，增强了农村基层党组织的凝聚力和战斗力，强化了广大干部群众的民主法制意识。同时，注意做好农村社会稳定工作，狠抓社会治安综合治理和人民内部矛盾排查调处，坚持与“法轮功”邪教组织做斗争，保持了郊区的社会稳定，为郊区经济的健康发展创造了良好的环境。

同志们，在过去的一年中，郊区经济和社会发展取得了令人瞩目的成绩。这些成绩的取得，是市委、市政府正确领导的结果；是郊区广大干部群众团结拼搏、共同努力的结果；也是社会各界对郊区农业和农村工作关心和支持的结果。在这里，我代表市委、市政府对郊区广大干部群众的辛勤劳动和无私奉献以及社会各界的大力支持和帮助表示衷心的感谢！

在总结成绩的同时，必须清醒地看到我们工作中存在的问题和不足，有些问题还很突出，主要表现在：

一是农业结构调整有待进一步深化。农业结构调整还存在相当程度的趋同性和盲目性；对农民的服务不到位，农民了解市场信息的渠道还不够畅通；农业的产业化水平不高，特别是农产品的加工转化能力较弱，郊区农产品的市场竞争能力还不够强，遇有较大的市场波动，还存在着调整受阻的隐患。

二是郊区二、三产业总量不足。实现郊区农业和农村的现代化，主要取决于郊区二、三产业的发展程度和农村剩余劳动力的转移程度。这是增加农民收入，实现郊区经济跨越式发展的重要途径。近几年，郊区二、三产业虽有较快发展，但与上海、苏南等发达地区相比还有很大差距。面对新的形势，加快郊区二、三产业的发展是一项紧迫而又艰巨的任务。

三是农民增收形势不容乐观。突出表现在城乡之间、山区与平原之间、郊区与发达地区之间收入水平的差距有逐步拉大的趋势。特别是按照入世和承办奥运新形势的需要，郊区将加快淘汰落后生产力的步伐，关闭影响环境的小企业，对五环路以内的养殖企业进行搬迁，短期内将不同程度地影响部分地区经济发展和农民增收，需要加快发展新的产业，拓宽农民增收的途径。

四是领导方式、工作方法有待进一步改进。面对入世的新形势，各级党委和政府的领导方式、工作方法在一定程度上还存在诸多的不适应，缺乏WTO的相关知识和应对入世挑战的有效手段，政府职能、工作方式方法等都需要进一步转变。

以上问题，各级党委、政府一定要给予高度重视，并采取切实有效的措施，下大力气在今年认真加以解决。

二、2002年郊区工作的总体安排

2002年是我国加入世贸组织的第一年，也是实施《奥运行动规划》的第一年，还将迎来党的十六大胜利召开。今年的中央农村工作会议指出，当前和今后一个时期，要坚定不移地推进农业和农村经济结构的战略性调整，提高农业整体素质和效益，促进农民收入持续稳定增长。会议强调，中央对增加农民收入非常重视，多次认真研究并采取了许多措施，下一步工作总的指导思想是："多予、少取、放活"。会议提出了今年工作的主要任务：调整农业生产布局，充分发挥区域优势；发展优质、专用、无公害农产品，全面提高农产品质量；发展农产品加工业，提高农产品的附加值；推进农村就业结构调整，加快农村劳动力转移。对于中央精神我们一定要不折不扣地认真贯彻落实。举办奥运会和加入世界贸易组织，将全方位地促进首都现代化建设事业的发展，北京的对外开放将提升到一个新水平。这既为郊区的经济发展和社会进步提供了更加广阔的空间，也使郊区面临着严峻的挑战。郊区是首都的重要组成部分，具有首都城市发展的腹地、食品供应的生产基地、生态环境的屏障和城乡居民旅游休闲的胜地等重要功能。我们认为，在新的形势下，郊区广大干部必须树立强烈的发展意识、牢固的全局意识、勇于探索的改革开放意识和积极主动的服务意识，跳出自我封闭的小圈子，主动打破城乡分割的格局，在总体规划、基础设施、产业布局、市场建设、生态保护、社会保障等各个方面，积极争取有关部门的支持，按照城乡一体化的要求，主动把区域经济发展纳入首都现代化建设的总体战略中去。

2002年的郊区工作，要把主要精力集中在如何应对和适应入世挑战上，集中在更好地落实《奥运行动规划》上，集中在农民增收致富上，集中在农村社会稳定上。总体思路是：以邓小平理论和江泽民同志"三个代表"重要思想为指导，认真贯彻执行中央和市委、市政府关于农业和农村工作的一系列方针政策，适应入世和举办奥运会的新形势，与时俱进，扎实工作，加快农村经济结构的战略性调整，提高郊区经济的整体素质和适应市场竞争的能力，全面推进农业现代化、农村工业化和农村城市化进程，加强农村基层政权建设，以良好的精神状态和优异的工作成绩，迎接党的十六大胜利召开。

2002年郊区经济发展的主要目标是：国内生产总值达到676亿元，增长10%；一产增加值达到95亿元，增长3%；二、三产业增加值占郊区国内生产总值的比重达到86%；乡镇企业总收入达到1 300亿元，利润总额达到87亿元，分别增长15%以上；远郊区县财政收入增长20%以上；农民人均可支配收入达到5 500元，实际增长5%以上。

实现今年的郊区经济和社会发展目标，要紧紧围绕一个中心，突出两个重点，培育三种竞争力，实现六项创新，夯实基础，确保稳定：

（一）紧紧围绕增加农民收入这个中心任务，全面拓宽增收渠道　大力发展高科技农业、高附加值农产品。继续加快农业结构调整，优化区域布局、培育具有比较优势的主导产业，全面提高农产品质量，运用市场机制，搞活农产品流通，通过提高农业比较效益，增加农民收入。

千方百计增加农民非农就业。提高郊区现代化水平，解决农民的就业和增收问题，必须走工业化、城镇化的路子，把农民尽可能多地转移出来，这是世界各国走向现代化的共同规律，是一个大的趋势，我们必须坚定不移地走这条路。要继续大力推动郊区二、三产业发展，保证年增长速度在15%以上，向二、三产业转移农村劳动力5万人以上。

切实解决农村低收入面的问题。按照"立足开发，突出重点，制定政策，分步推进，注重实效"的思路，兼顾近期增收和长远致富，建立农村社会救济和最低生活保障制度，逐步缩小低收入面。

继续减轻农民负担。认真落实中央、市委和市政府减轻农民负担有关政策，抓好昌平区农村税费改革试点工作，规范农村各项收费，防止出现反弹。要认真清理并逐步减少农民直接负担的各项收费，通过发展壮大集体经济实力，解决农村原本由个人负担的公益事业建设问题。

（二）突出两个重点　一是大力发展生态环保型经济。这是举办"绿色奥运"和实现郊区经济可持续发展的必然要求。要结合农业结构调整，大力发展花卉、苗木等绿色产业；加大退耕还林的步伐，继续推进绿化隔离带、"五河十路"和山区绿色生态屏障建设；抓好首都水系治理，使京城的河流更清，尽早实现"三环绿水绕京城"的目标；积极发展绿色养殖业，加快五环路以内养殖业的搬迁，搞好畜禽养殖的粪便处理。要进一步抓好现有企业污染源的治理，做到废气、废水达标排放，大力发展具有可持续发展能力的高新技术产业和都市型工业。

二是大力发展外向型经济。充分发挥首都优势和我国加入世贸组织带来的机遇，进一步扩大农业出口创汇的品种和规模，重点发展蔬菜、果品、畜禽、果汁饮料和传统特色产品等优势出口产业。在发展二、三产业上，要学习发达地区发展"外来经济"的经验，实施高起点、宽领域、大规模地招商引资，以开放型的"外来经济"带动外向型经济的发展，使郊区经济尽快融入全国和世界经济的体系中去，形成高度开放的外向型经济格局。今年，郊区出口供货额计划完成70亿元，增加10亿元，增长16.7%；其中农产品出口要增长30%以上。

（三）培育三种竞争力　面对激烈的市场竞争，核心问题是提高竞争力。今年要在三个方面加大力度：一是转变政府职能，改善投资环境，提高区域经济的竞争力；二是发挥比较优势，培育主导产业，提高主导产业的竞争力；三是通过招商引资、资产重组，培育大企业或企业集团，提高企业的竞争力。

（四）实现六项创新

1. *农业结构调整要有新突破*。郊区农业结构调整已经进入了一个新的发展阶段，其标志是从过去注重数量调整转向注重质量的提高。具体来说，就是以实现农业现代化为目标，推动农业经营方式的产业化、生产方式的集约化、产业布局的区域化和产品市场的国际化，要注重在科技体系、市场体系和为农业的服务体系上有所创新。

在发育主导产业上，重点抓布局调整。按照比较优势原则，扬长避短，对郊区农业资源进行整合。要继续调减粮田面积，大力发展经济作物、饲草作物和林果业，粮食生产要向籽种粮和专用粮转变。在坚持发展“六种农业”的基础上，以大型骨干农产品加工企业为龙头，在更大空间、更高层次上调整农业布局，使大宗农产品集中发展，形成种业、畜禽、水产、果品、瓜菜、药材等六大主导产业和农产品集中产区。在发育主导产业过程中，要有长远的战略眼光，充分利用首都科技优势和市场优势，瞄准高档消费品市场，重点发展农业精品。农业结构调整是一个复杂的系统工程，完全靠农民自发地进行，就会产生很大的盲目性和趋同性，就会走许多弯路，因此各级政府要根据地区优势和产业方向，加强指导和服务，通过典型示范，教育农民、引导农民，使结构调整逐步变为农民的自觉行动。

在推进农业产业化上，重点抓龙头企业建设。培育一批规模大、科技含量高、辐射带动力强的农产品加工、贸易龙头企业。按照政府引导、市场运作的思路，进一步建立和完善科技体系、服务体系和市场体系。实施“155工程”：今年要指导抓好100个区县级农产品加工企业，扶持发展50个市级重点农产品加工企业，再推荐5个农产品加工企业进入国家级重点龙头企业行列，使北京市国家级重点龙头企业达到9个。积极扶持龙头企业扩大经营规模，做大做强，增强市场竞争能力，辐射郊区，带动周边。屠宰业要在合理布局的前提下，通过资本运营的方式，加强合作和联合，提高规模效益。同时，要结合发展区域经济和主导产业，筛选一批发展前景好的农民专业合作组织和中介服务组织进行重点培育和扶持，扩大发展规模，引导更多的农户参与到合作组织中来，帮助农民解决销售、信息、技术、信贷等各种困难，提高农民进入市场的组织化程度。

在农产品流通上，重点发展现代物流配送业。要围绕拓展北京农产品市场空间，扩大销售渠道，狠抓市场建设，着手在郊区规划建设4～5个规模较大、功能完善的物流配送园区，使农产品生产基地与大型商业连锁集团建立以经济为纽带的合作关系，使更多的郊区农产品进入城市超市。同时，积极支持郊区农产品通过物流配送、产销直挂等多种形式进入城市社区，使郊区农产品与社区便民店有机对接，实现居民受益、农民增收的目标。

2. *绿色安全食品体系建设要有新举措*。生产绿色安全食品关系到首都人民的身体健康，是北京举办“绿色奥运”的基本要求，是郊区农产品进入国际市场的前提条件，是郊区农业未来发展的根本出路。为此，要从生产、加工、销售等各个环节全面加大工作力度，紧紧扭住不放。

建立标准化生产体系，全面提高农产品质量。解决农产品质量安全问题，必须关口前移，从生产源头抓起。要从加强管理入手，结合龙头企业和农产品基地建设，推行标准化生产示范，推广和实施质量安全标准，狠抓生产环节的规范。郊区农业生产标准化的起点要高，有关部门要提供和完善各类食品安全与质量标准，要面向国际市场，与国际标准接轨。一方面，加强对产地环境的管理，各区县和农业行政管理部门要组织力量对农产品产地，特别是重点生产基地的土壤、水源、大气进行监测，对环境状况做出评估，对存在的问题要研究改进方案和措施，限期整改。另一方面，加强对农用生产资料的质量监管，引导农民科学施肥，合理用药，加大生产投入品管理工作力度，全面禁销禁用高毒、高残留农药和有害饲料添加剂及药品，继续控制和减少化肥施用量，大力推广生物肥料和生物农药。

建立农产品质量标准和检验检测体系，加强市场监管。按照不同生产水平、消费层次和市场需求，分别制定市场准入性标准、优质专卖性标准和出口标准。按照不同的质量标准，农业行政管理部门、技术质量监督部门、工商行政管理和商业管理部门要统一协调，相互配合，加强对首都市场农产品的监督检测，定期公布检测结果，发现问题及时查处，更好地引导生产、指导消费和规范市场。逐步实行农产品市场准入制度，杜绝有毒有害物超标的农产品进入首都市场。着手规划建设无规定动物疫病示范区，完善区域封闭制度，严格按国际标准组织生产、加工、运输，扩大畜产品出口。

建立农产品质量认证体系，实施品牌战略。近年来，郊区已发展了一批生产水平较高、产品质量较好的农业生产基地，创出了一批优质名牌产品。为了更好地保护先进，要制定一套切实可行的办法，积极开展优质安全农产品生产基地和优质名牌农产品的质量认证工作，实施品牌战略，推动郊区农产品整体水平的提高。

要加紧研究制定绿色安全食品的法规，全面规范农产品生产系统和流通体系，为首都绿色安全食品体系建设提供法律保障。

3. *农业科技含量要有新提高*。加入世界贸易组织以后，郊区农业和农村经济面临的国际市场竞争，实质上是科技和人才的竞争。郊区必须坚持以科技进步和科技创新为基本动力，实现技术跨跃，推进高新技术产业化和经济社会信息化，以信息化带动产业化，为促进农村经济结构的战略性调整，推动农村经济发展，增加农民收入提供强大动力和技术支撑。

组织农业科技攻关，力争取得一批农业高新技术成果。要紧紧依靠首都科技和人才优势，以项目为切入点，以创一流水平和一流效益为目标开展科技攻关。今年，要针对郊区农业和农村经济发展中的一些重点和难点问题，特别是那些瓶颈性制约难题，由市、区县政府和生产企业多渠道筹资，通过招投标的方式，面向国内外科研机构和人才开展协作攻关，力争取得新的突破，保持北京农业科技水平在全国的领先地位，并不断向世界农业高科技前沿靠拢。

加快高新技术产业化进程，发展以农业高新技术为依托的高效农业园区，拉动郊区农业整体素质的提高。加快农业科技进步的关键，在于推动高新技术的产业化，发挥农业科技企业在经济发展中的示范和带动作用，提升郊区农业的整体素质。今年，要继续遵循“发展高科技，实现产业化”的思路，通过政策引导和扶持，推动农业科技企业进行产业化开发工程，以企业为媒介将一批市场前景好、技术成熟、科技含量高的农业高新技术成果向广大郊区农村扩散，在提高企业经济效益的同时，促进农业高新技术的推广应用，带动农民致富和产业发展，把郊区农业的整体素质提高到一个新的水平。

加快农业科学技术示范推广。提高农业科技含量，非常重要的一条就是要把高新技术应用到生产实践，为农民所掌握，增强农民的整体素质。今年，要紧紧围绕农业结构调整和农民增收，一方面加大农民技术培训的力度，在继续推动“绿色证书”培训的基础上，深入开展“农民现代化素质教育工程”，使更多的农民掌握科技知识，成为农业生产的技术骨干。另一方面，大力推广农业实用技术。今年重点推广果树高接换优、果菜生物保鲜等10项农业科学技术，明确技术推广的目标、任务、标准、手段和奖惩办法，落实资金和责任人、责任单位。要高度重视农业节水技术的推广和应用，扩大喷灌、滴灌等节水设施的使用面积，提高水资源利用效率，进一步减少农业用水量。

4. 二、三产业要上新水平。郊区要充分利用建设首都国际化大都市和承办奥运的集聚优势，大力发展符合首都经济特点的郊区二、三产业，构筑新的产业基地。今年工作重点是“两个加大，三个调整”。

“两个加大”：一是加大改善投资环境的力度。以市、区县和乡镇三级工业区为重点，加快基础设施建设，改善投资硬环境。以转变政府职能为重点，减少行政审批，提高办事效率和服务水平，按市场经济规律和国际惯例办事，改善投资软环境。以合理规划产业布局，搞好环境保护，节约土地和水资源为重点，改善生态环境。要把北京郊区建设成为全国投资环境最好的区域之一。

二是加大招商引资力度。在经济全球化的大背景下，“地区经济”不再仅仅限于本地的资源和资本，它同时包括有关协作资源和资本。因此，要继续实施资本引进、资本跟进战略，抓住入世和申奥成功的历史性机遇，高起点、全方位、宽领域地引进外资，特别是要吸引跨国公司和国内知名民营企业到郊区落户，建立地区总部，进行实业投资，增强郊区经济的发展后劲。

“三个调整”：一是抓好产业结构调整。把培育优势产业、优势企业，淘汰落后产业、落后企业作为重点，坚持有所为、有所不为，大力发展接受中关村辐射、为高新技术产业服务的加工组装业，为城市大工业转移配套服务的加工制造业，为城市建设服务的建筑和新兴建材业，为城市生活消费服务的现代物流配送业，带动农业结构调整和农民致富的农产品加工业，以及以休闲旅游为主的各类服务业。坚决淘汰小水泥、小玻璃、小采石、小采砂、小矿山等破坏郊区资源和生态环境的落后生产力。大力发展以绿色农业、生态农业等休闲旅游业为主的第三产业，使更多的自然资源、农业资源转化为旅游资源，提高水平，办出特色。

二是抓好企业组织结构调整。通过招商引资引进一批大企业，通过资产重组培育一批大企业，运用高新技术改造一批大企业，积极组织郊区中小企业进入跨国公司或大企业的产业链，从中获得与“巨人同行”的关联效益。积极帮助具有发展前景的大企业进入资本市场。已经进入资本市场的上市企业，要加快融资的速度，以利于市场的占有和扩张。

三是抓好企业布局的调整。重点抓好市级工业区、区县工业区和乡镇工业小区，引导郊区二、三产业向三级工业区和小城镇集中，逐步使三级工业区和小城镇成为具有较强可持续发展能力的新型经济体，改变郊区二、三产业布局分散的状况。

5. 小城镇建设要出新亮点。从首都现代化建设事业的全局出发，加快小城镇建设对于郊区农业和农村经济结构战略性调整，对于富裕农民，率先基本实现农业农村现代化，对于实现北京城市总体规划、完善首都城市功能，都具有十分重大的战略意义。郊区小城镇建设要始终坚持吸引城市人口及产业分流、缓解城区压力和聚集农村人口的功能，逐步缩小城乡差距，实现城乡一体化。

突出小城镇建设重点。市政府已经确定了33个中心镇，今年要改变平行推进的办法，市和区县两级分别确定重点，集中精力，重点突破。按照市委、市政府30号文件精神，市里集中抓好昌平区小汤山镇、顺义区后沙峪镇、通州区宋庄镇、大兴区西红门镇、怀柔县杨宋镇和海淀区温泉镇等六个中心镇建设；各区县也要确定1～2个中心镇进行重点建设。通过政府引导和市场化运作，加快小城镇基础设施建设，使其成为郊区农村城市化进程中的新亮点，带动中心镇建设整体水平的提高。

认真搞好小城镇规划。要按照《北京市城市总体规划》的要求，立足于小城镇功能定位和发展方向，确立“城市建筑设计”的理念，使建筑与周围环境景观相协调，把民族传统、地方特色和时代精神有机结合起来，精心塑造各具特色的小城镇形象。已经完成并获批准的小城镇规划，要结合举办奥运会和加入世界贸易组织的新形势，进行必要的调整；未完成规划的，要结合新的形势，加快规划工作，抓紧报批。

增强小城镇经济实力。庆林书记指出：“小城镇的经济应该是这个地区最发达的，必须在经济最发达的地区建设小城镇。”要从资源条件和经济基础出发，对小城镇进行功能定位，确定主导产业，逐步形成特色经济，大幅度增强小城镇的经济实力。要把小城镇建设与乡镇工业小区建设有机地结合起来，大力加强基础设施建设，依靠完善的基础设施、优越的投资环境吸引企业入区、农民进镇。

坚持可持续发展战略，合理利用土地资源。土地资源是不可再生的宝贵资源，在推进城市化进程中，一定要注意节约和充分利用有限的土地资源，搞好土地一级开发。土地一级开发是指政府指定开发商在所有权不变的前提下，先做规划，再把生地变成基础设施完备的熟地，然后按照总体规划公开拍卖，调动多方积极性进行建设。土地的一级开发是政府控制土地资源、加快基础设施建设的必要措施，也是一个必然趋势。今后，郊区土地资源要掌握在区县一级政府手中，从严控制各类建设用地，使建设用地与经济发展规模相适应，尽力提高每一寸土地的利用率，严禁无规划乱占耕地。在土地征占过程中，要把解决农民就业问题放在突出位置，优先给予考虑；要在农民失去土地等生产资料后，解决好他们生产、生活和今后的发展问题。

进一步加大环境整治工作力度，全面提高郊区环境建设水平。近年来，郊区环境整治力度不断加大，取得了阶段性的成果，但也存在着标准不高、制度不健全、发展不平衡等问题，一些地方尚未把这项工作做为经常性的任务来抓，存在许多“死角”，有些地方“反弹”现象较为突出，影响了北京作为国际化大都市的形象。今年，各区县要进一步提高环境整治重要性和紧迫性的认识，按照刘淇市长提出的“深化环境整治，消灭脏乱死角，提高生活质量，美化首都形象”的总体要求，进一步加大环境整治工作力度，认真落实“五个一”，建立经常性的工作制度，以“绿化、美化、硬化、净化”为标准，创建1 000个高水平环境整治村；加快卫星城和中心镇的基础设施建设，逐步建成现代化与生态型相结合的绿色城镇；加大城乡结合部拆违建绿的力度，要做到垃圾不露天；继续实施“进京第一印象”工程，着力塑造精品，突出景观效果，尽快全面实现郊区环境的根本性转变。

适应城市化要求，推进体制创新。城乡结合部、卫星城周边和小城镇地区要适应城市化的要求，在认真进行清产核资的基础上，推进集体经济产权制度改革，按照“撤村不撤社、转居不转工、土地变资产、社员当股东”的思路，发育社区股份合作经济，建立新的管理体制和运行机制，实现集体经济的体制创新，使新型的集体经济成为地区经济发展和农民转居后稳定就业的主要载体。在这类地区，要积极进行试点，在农民转居的同时，由集体和个人共同出资补交一定数量的社会保险金后，纳入全市职工养老保险和医疗保险体系，从而打破城乡二元结构，彻底解决农民转居的后顾之忧。

6. 山区水利富民要出新成果。山区建设是郊区工作的难点，也是加快农业农村现代化进程的重点工作之一。没有山区的现代化，就不可能实现郊区农业农村现代化。要全面深入地分析北京山区的资源条件，发挥区域经济优势，集中发展林果业、养殖业和休闲旅游业，大力培育山区经济主导产业，努力构筑适应市场经济要求的山区经济结构。

继续抓好山区水利富民综合开发。今年是山区水利富民综合开发第二阶段的第二年，也是攻坚之年、关键之年。按照山区水利富民工程规划，今年要更加重视截流蓄水，进一步加大集雨、集泉工程建设力度，再建“五小”工程4 000处，使60%以上的“五小”工程实现网络化，达到节水灌溉的标准。山区小流域治理要突破乡村行政区域界线，进行统一规划，山、水、田、林、路综合治理，高标准建设。发展山区林果业的当务之急是尽快提高果品品质，搞好果品深加工。山区养殖业要充分发挥现有养殖小区的作用，实现满负荷生产，发展生产与环境保护并重，提高经济效益和环境效益，严禁放养，走舍饲禁牧之路，实现可持续发展。山区休闲旅游资源丰富，发展潜力巨大，要加大规划力度，合理开发利用，以旅游业带动山区二、三产业的发展。

实施林业富民工程。要认真落实退耕还林、还草的各项政策，逐步完善配套措施，进一步扩大退耕还林、还草规模，加快宜林荒山荒坡造林步伐。对于各类沙荒地，要引入市场机制进行公开招标，依法进行土地使用权流转，加快沙地治理。

坚持走开发增收之路，积极做好低收入村和低收入人群的增收工作。目前，郊区特别是山区有一部分群众收入较低，生产生活相对困难。要按照庆林书记的指示，把解决低收入人群的增收问题作为当前郊区农业和农村工作的重点，坚持扶贫与开发相结合，改善山区农民的生产生活设施条件，为山区农业及二、三产业的发展创造条件，提高综合经济效益，增加农民收入。对生存条件较差的山区险村险户，要继续采取政府安置、合作搬迁等形式加以解决，引导农民迁出山区，异地致富。7个山区区县要统筹安排，搞好组织协调和培训，提高农民的素质和技能，做好劳务输出工作，创造更多、更稳定的就业岗位，增加农民收入渠道。今年要确保山区农村经济收入和农民人均可支配收入分别增长10%以上，80%以上的低收入村越过2 500元的低收入线。继续高度重视民族乡、民族村的工作，特别是对于那些低于全市平均发展水平的民族乡村，要采取特殊政策予以扶持。

继续加大支持山区建设的工作力度。市、区县各有关部门要继续强化各自在山区建设方面的职能，从人财物上加大对山区的投入，切实搞好以水利、道路、通讯为重点的山区基础设施建设，促进科教、文化、卫生、社会保障体系等各项社会事业的发展。社会各界要一如既往地关心和支持山区建设，充分利用各自优势，加大支山力度，进一步促进山区建设整体水平的提高。

（五）夯实基础，确保稳定

1. 进一步落实党在农村的基本政策，完善农村土地制度，发展壮大集体经济实力。稳定土地承包关系，建立土地流转机制。稳定农村土地承包关系是党的农村政策的基石，是保障农民权益，促进农业发展的制度基础。最近，中央印发了《关于做好农户承包地使用权流转工作的通知》，对农户承包地使用权流转提出了明确的政策要求。郊区要认真贯彻落实中央精神，对农户承包地使用权流转情况进行全面调查，摸清情况，研究制定有关政策，及时解决问题。在二、三产业比较发达、农民具有稳定的非农就业渠道和收入来源的地方，在充分尊重农民意愿的基础上，坚持"自愿、有偿、依法、规范"的原则，建立土地流转机制，依靠政策引导和市场机制的手段，提高农业的专业化、规模化、集约化水平。土地流转是经济发展到一定阶段的产物，不能刮风、不能下指标、不能强制推行。要从严控制农村集体土地对外租赁，加强监督管理，依法保护农民的合法权益。引进社会资本发展农业高新技术企业，确需占用农民承包土地的，要依法履行民主程序，运用土地流转机制，使农民土地承包权得到合理的补偿，同时要解决好放弃土地农民的就业出路问题，确保农民稳定增收。

加强农村集体资产管理，壮大集体经济实力。加强农村集体资产管理、发展壮大集体经济是推进地区经济发展、保持社会稳定、实现共同富裕的需要。郊区各级党委和政府要进一步统一思想、提高认识，高度重视农村集体经济发展，增强责任感和紧迫感。要进一步完善集体经济内部经营机制，健全资产管理、财务公开、民主管理、审计监督等基本制度，实现集体经济管理创新，增强其发展经济、聚集资本、开展服务和调节利益关系的能力。加强土地承包费及其他土地变现收入的管理，制定政策，完善制度，强化监督，提高集体资金使用效率，切实防止集体资产流失。要继续大力发展集体企业，使农村集体资产进入具有较强竞争力的生产领域，建立现代企业制度，不断发展壮大集体经济。

2. *加强党的建设、精神文明建设和民主法制建设，为农村经济发展和社会进步提供坚强的思想、组织和政治保证。*全面完成今年的各项任务，必须加强和改进党的建设，进一步增强各级党组织的凝聚力和战斗力；必须以强有力的思想政治工作来统一思想，凝聚力量，为完成各项任务提供思想保证和精神动力；必须加强民主法制建设，为经济发展创造稳定的社会环境。

巩固提高"三个代表"学习教育成果，进一步增强基层党组织的凝聚力、战斗力。要结合学习贯彻十五届六中全会《决定》，以转变作风为重点，对"三个代表"学习教育活动中查摆出的问题，认真健全各项制度，努力使各项整改措施制度化、经常化。进一步加大培训工作力度，提高基层干部素质。要把后备力量培养作为加强基层干部队伍建设的一项基础性工作，认真抓好。继续深化"三级联创"活动，探索新的机制和办法，不断提高农村基层组织建设的整体水平。进一步完善党风廉政建设责任制，健全完善各项制度，坚决查处违纪违法案件，加快反腐倡廉工作进程。

以提高农民素质和城乡文明程度为核心，推动农村精神文明建设上水平。从农民需求出发，采取多种形式和手段，开辟更加广泛的阵地，对农民进行有针对性的培训。认真贯彻落实《公民道德建设实施纲要》，在郊区形成良好的社会风气。广泛开展群众文化活动，丰富群众的精神文化生活。不断改善基层文化设施条件，加强农村文化阵地建设，今年再建设200个村级文化科技大院，使郊区农村文化科技大院达到1 200个以上。以农民艺术节为龙头，以农村系列文化活动为载体，开展丰富多彩的群众性文化娱乐活动。

以理顺农村"两委"关系为重点，进一步推进农村民主法制建设。要健全和完善党支部领导下的村民自治运行机制，切实解决好部分村"两委"关系不协调的问题，增强村级组织的整体合力；完善村级议事和决策程序，健全村级工作制度，促进村级管理的规范化、法制化；落实基层民主制度，进一步推进民主决策、民主管理和民主监督；深化村务公开和乡镇政务公开，预防和化解干群矛盾，提高基层干部依法行政水平。

坚持不懈地抓好社会稳定工作。郊区要普遍建立领导干部信访接待制度和人民内部矛盾定期排查调处制度，进一步落实大矛盾不出乡镇、小矛盾不出村的要求，做到早发现、早介入、早解决，关口前移，努力把矛盾化解在基层，解决在萌芽状态。要认真关心和解决涉及群众切身利益的问题，密切党群、干群关系。各级党委、政府要认真贯彻"三个代表"要求，切实做到"立党为公、执政为民"，把人民群众的根本利益维护好、发展好。对贫困地区和灾区群众，要切实安排好他们的生活；积极主动热情地做好下岗职工的再就业工作。对征占土地过程中矛盾突出的问题，要进行重点研究，严格执行政策，认真解决好土地征占后群众的安置和补偿问题。要认真做好信访工作，凡群众反映的合理问题，各级领导和有关部门要积极采取措施帮助解决。与"法轮功"邪教组织的斗争是长期、复杂而艰巨的，各级组织和干部要从讲政治、保稳定的高度，进一步提高认识，克服麻痹思想，落实一级抓一级、层层抓落实的工作责任制，巩固并扩大打击和教育转化的成果，夺取这场斗争的彻底胜利。继续扫除"黄赌毒"等社会丑恶现象，进一步净化郊区社会环境。

3. *切实转变领导方式和工作作风，积极推进郊区农业和农村现代化进程。*重实际、求实效、办实事，切实转变工作作风。党的作风建设，关系党的形象，关系人心向背。党的十五届六中全会作出了《中共中央关于加强和改进党的作风建设的决定》，明确提出了党的作风建设的指导思想、主要任务和具体要求。市委八届八次全会专门讨论了党的作风建设问题，提出了明确要求，郊区上下一定要认真学习，深刻领会，坚定不移地贯彻执行。要继续大力提倡实事求是、脚踏实地、求真务实的工作作风，反对浮夸、反对形式主义，少说空话大话，多办实事；少行政命令，多搞服务，把郊区各项工作扎扎实实地推向前进。

深入开展调查研究，不断提高决策水平。中央要求，要把今年作为转变作风年、调查研究年，郊区各级领导干部都要把调查研究作为科学决策的前提和基础，坚持从群众中来、到群众中去，通过调查研究了解农民群众需要什么、拥护什么、反对什么，真正为农民群众办实事、办好事、排忧解难。调查研究必须紧紧抓住发展中出现的新情况、新问题，比如土地制度问题、农村城市化过程中集体资产处置问题、农村社会保障问题、基层组织建设问题等等，要组织力量，开展深入细致的调查研究，制定有关政策，解决实际问题。

转变政府职能，加强服务，简化审批手续。要在区县机构改革顺利进行的基础上，进一步理顺政府部门职能，明确职责分工，实行政企分开、政事分开；继续减少行政性审批，加快清理行政审批事项，对没有法律、法规依据，或可以用市场机制代替的行政审批，坚决予以废止。提倡推广“一站式”办公、网上审批、“首问负责制”和行政执法公示制，增强工作的开放度和透明度，建立行政审批责任追究制度，提高办事效率和服务水平。

同志们，当前形势很好，机遇难得，让我们紧密团结在以江泽民同志为核心的党中央周围，在市委、市政府的领导下，奋发努力，扎实工作，努力完成全年工作任务，为率先基本实现农业农村现代化而努力奋斗！

刘志华同志在全市农口政治工作会议上的讲话

（2002年1月22日）

农口每年召开一次政治工作会议，对于贯彻落实中央和市委关于加强党的建设、精神文明建设以及民主法制建设的要求和部署，切实落实“两手抓，两手都要硬”的方针，推动郊区两个文明建设协调发展，起到了很重要的作用。刚才，凤山同志对2001年农口党的建设和思想政治工作做了总结，提出了今年的工作目标和任务，我完全同意，请各区县、各单位结合实际，认真贯彻落实。

我分管农村工作以后，感到农口各级党组织对党的建设和思想政治工作是高度重视的，坚持了“两手抓、两手都要硬”。我想这是我们郊区能够实现两个文明建设协调发展、经济社会全面进步的一个可靠的保证。从去年的情况看，党的建设和思想政治工作力度很大，成效也很明显，主要有这么几个方面：一是党的建设切实得到了加强。各级班子和干部通过学习江总书记“七一”重要讲话，通过贯彻十五届六中全会《决定》和市委八届八次全会精神，进一步增强了贯彻“三个代表”要求的自觉性，促进了作风转变；国有企业领导班子、领导干部通过开展“三讲”教育，精神面貌发生了很大变化；农村基层干部通过开展“三个代表”重要思想学习教育，素质有了新的提高。二是精神文明建设取得了新成果。各级党组织加强宣传思想工作，积极开展对农民的教育，深化精神文明“五创建”活动，狠抓环境综合整治，使农民素质和郊区文明程度有了新的提高。三是民主法制建设继续向前推进。结合村委会换届选举，加强了民主法制教育，健全完善了各项民主制度，干部群众的民主法制观念进一步增强，基层民主进一步得到落实；通过清理违法占地、落实对农民的补偿安置政策、定期开展矛盾排查、狠抓社会治安综合治理等等，化解了不少农村矛盾，维护了郊区社会稳定。此外，还深入开展了与“法轮功”邪教组织的坚决斗争，取得了新的阶段性胜利。

总之，去年农口党的建设和思想政治工作与其他工作一样，都取得了不少新的成绩。各区县、各单位要认真总结经验，巩固成果，乘势而上，在新的一年里，把各项工作提高到新水平，抓出新的成效。

借这次会议的机会，我就如何围绕郊区工作的中心任务，进一步加强党的建设和思想政治工作的问题，讲三点意见：

一、认清形势，进一步强化发展的意识和紧迫感

当前，全市总的形势是非常好的。一方面，去年的各项工作都取得了很大成绩，这为今年以至今后一个时期各项事业的发展奠定了良好基础。庆林书记在1月15日召开的市委八届十次全会上，对去年全市工作概括了六个方面的成绩，这个概括是非常准确的。另一方面，入世和申奥成功，为首都现代化建设提供了千载难逢的机遇，全市人民为此而欢欣鼓舞。只要我们抓住机遇，加快发展，首都的现代化建设事业必将迎来一个新的飞跃。

但是，我们也应当清醒地看到，当前经济工作中还面临着一些新的困难、矛盾和问题；入世虽然给我们带来了良好机遇，但也提出了严峻的挑战。不认清这一点，思想准备不足，我们的工作就会陷入被动。

首先，郊区经济发展虽然总体上比较快，特别是财政收入和农民增收步伐迈得较大，但农村经济的结构性矛盾仍然是很突出的，农业的产业化水平和农民的组织化程度还不够高，面向市场的能力仍然有限；农民增收的渠道还比较狭窄，仍存在着一部分低收入

村和低收入人群。

其次，加入世贸组织，从全局上看符合我国的根本利益和长远发展。但入世也给我国的经济和社会生活带来了某些冲击，其中，对农业的冲击和影响将是最大的。这主要表现在：由于我国农业经营规模小，土地密集型的大宗农产品成本较高，在国际市场上缺乏竞争力，而其他具有比较优势的劳动密集型产品，如园艺产品和畜牧产品，由于生产质量标准没有与国际接轨，卫生、安全水平不高，因此市场开拓能力不强。所以，从近期看，入世以后，一开始我国农产品的出口形势将很不利，并且由于当前我国农业正处在供大于求的相对过剩时期，如果国外农产品大量涌入，势必加剧国内农产品的“卖难”，这会给农村经济的发展和农民增收带来新的困难。因此，就北京的实际看，我们必须进一步加大结构调整的力度。各级党组织一定要把握好这个方向，绝不能听之任之，要加强对农民的培训和帮助，引导和指导农民下决心搞好结构调整，以拓宽致富增收的渠道。

再有，当前国际形势的发展变化对我国的经济建设也将产生直接或间接的影响。去年，世界经济和贸易出现了近十年来最缓慢的增长。受9·11事件的重创，去年美国的经济增长由放缓滑向衰退；欧洲经济增长乏力；日本经济已经连续十年低迷。据权威部门分析，9·11事件的滞后影响，在今年会显现得更加明显，我们将面临着比亚洲金融危机时更加严峻的国际经济形势。

对当前的国际国内形势，我们必须有清醒的认识和准确的把握，把思想切实统一到中央和市委对当前形势的分析、判断上来，既要看到有利的条件，也要看到不利的因素，居安思危，趋利避害，牢牢掌握工作的主动权。

抓住机遇，迎接挑战，归根到底还是要抓发展。只有进一步加快发展，不断壮大经济实力，我们才能应对来自各个方面的挑战，抵御住各种各样的风险。各级组织和广大干部一定要进一步增强发展的意识和迎接挑战的紧迫感，牢固树立发展才是硬道理的思想，采取更加有力的措施，加快发展的步伐，做好应对挑战的各种准备，进一步开创郊区现代化建设的新局面。

二、从全局的高度充分认识加强党的建设和思想政治工作的重要性

党组织要牢牢地把握一个地区经济和社会发展的总目标和总方向，这是加强领导的根本性问题。前面我首先讲了当前形势，目的是为了使大家增强忧患意识和发展的紧迫感，把各项工作做在前面。而要真正抓好发展、实现发展，需要从多方面努力，做好各方面的工作，这其中就包括要加强党的建设和思想政治工作，切实发挥党的建设和思想政治工作对经济工作的保证和促进作用。

党的建设和思想政治工作是我们党的一大优势。没有党的领导和强有力的思想政治工作，我们的改革、发展和稳定就不会有今天这样好的形势。当前，经济发展的任务十分繁重，不少困难和问题还摆在面前。克服困难，迎接挑战，加快发展，关键在于加强党的领导，在于提高党员干部的领导水平，并且要调动起各方面的积极性。这就需要大力加强党的建设和思想政治工作。比如，入世以后，我国的经济建设将与国际全面接轨，我们在经济建设中将会遇到许多新的课题，这就迫切地需要各级干部提高驾驭市场经济的本领，特别是要提高参与国际市场竞争的能力。党员干部要带头学习新知识，懂得入世后我们可以做什么，不可以做什么；了解什么是“黄箱”政策，什么是“绿箱”政策；明白什么是入世后的国际通行做法，什么是我们的弱势等等，这样，党员干部才能带领群众积极开拓发展的新途径。再比如，面对入世和迎接奥运的新形势，我们必须做好统一思想的工作，教育和引导广大干部群众解放思想，更新观念，抓住机遇，迎接挑战，积极投身到应对入世和迎奥运的各项工作中来。总之，加强党的建设和思想政治工作，是新形势的要求，是加快经济发展、应对各种困难和挑战的迫切需要。我们一定要从全局和战略的高度来认识加强党的建设和思想政治工作的重要性、必要性，把党的建设和思想政治工作摆到更加重要的位置上来，高度重视，加大力度，全面提高水平。

三、正确把握党的建设和思想政治工作的指导思想和工作重点

党的建设和思想政治工作是为党的中心任务服务的。我们党的中心任务是经济建设，在农村就是让农民致富。而使农民致富的前提则必须保持社会安定，这就是我们的中心工作。所以，一切有利于这个中心的，各级组织和干部都要努力地去作好，为实现这个中心任务提供强有力的思想和组织保证。党的建设和思想政治工作要为经济工作、农民增收和农村稳定服务，就必须坚持正确的指导思想，即党的建设和思想政治工作必须紧紧围绕改革、发展、稳定的大局来进行，脱离了这个大局，就党建抓党建、就政治工作抓政治工作，党的建设和思想政治工作就不会有好的效果，就会失去生命力。

具体来说，当前党的建设和思想政治工作，必须围绕以下三个方面的工作来进行：

一是要紧紧围绕应对入世和迎奥运来进行。应对入世和实施《奥运行动规划》，是今年以至今后几年全市工作中的重中之重。党的建设和思想政治工作必须为此而服务。比如，要通过加强宣传教育和思想引导，使广大干部群众充分认识机遇与挑战，增强发展的紧迫感和信心，动员各级干部认真研究新情况，解决新问题；要通过强化培训，提高各级干部的领导水平，提高应对能力；通过对群众的宣传教育，做好解放思想和统一思想的工作，在全郊区大力营造应对入

世和迎奥运的浓厚氛围，动员和带领广大群众投身到应对入世和迎奥运的各项工作中来。

二是要紧紧围绕农民增收来进行。加快农民增收步伐，是农村工作的中心任务，对这一点我们必须反复强调和牢牢把握。这个中心任务明确以后，所有农民增收中的问题就都应成为党的建设和思想政治工作研究解决的问题，只有这样，党的建设和思想政治工作才能真正为农民增收服务。比如，加快农民增收，必须有一个能够带领群众致富的好的领导班子，有一支能够为农民办事的好的干部队伍。这就需要认真研究如何建设一个好的基层班子，如何选拔一支好的干部队伍的问题，尤其是要研究解决如何提高干部带领群众致富能力的问题，同时还要教育和帮助干部切实转变作风，强化服务意识，努力为群众办实事。当前农民的科技文化水平偏低，面向市场的能力弱，是制约农民增收的一个重要因素。因此，政治工作必须研究如何提高农民的素质和致富本领的问题，帮助农民解放思想，更新观念，提高科技文化水平，增强市场经济意识和进入市场的本领。总之，这些都是党的建设和政治工作应当积极主动地出击的地方。

三是要围绕农村稳定来进行。当前，农村还存在一些不稳定的因素和隐患，并且随着改革的深化，结构调整力度的加大以及进一步推进农村城市化，还很有可能引发出一些新的矛盾。预防和化解农村矛盾，努力维护农村稳定，是郊区各级党组织的一项政治任务。特别是党的十六大将于下半年召开，这给首都保稳定的工作提出了更高要求。郊区各级党组织、政府部门和广大干部都必须从首都稳定的大局出发，进一步增强政治责任感，把维护农村稳定的工作提到更加突出的位置上来，采取更加有力的措施，确保郊区社会稳定。当前，围绕保持郊区稳定来开展党的建设和思想政治工作，就要努力化解消极因素，调动积极因素，解决好群众反映强烈的问题，理顺群众情绪。特别是对群众来访，一定要有人耐心地接待，凡是群众反映合理的问题，要马上加以解决，凡是我们有能力做到的，就要坚决去办，而绝不能一推了之或敷衍塞责。只有这样，才能确保小矛盾不出村、大矛盾不出乡镇。对解决好群众反映的问题，化解农村矛盾，乡、村一级干部负有重要责任。乡镇党委、村党支部都要建立责任制和责任追究制，并要实行严格的考核奖惩，以确保责任制的落实。各级干部如果都把这项工作做稳妥，就可以预防不稳定因素的产生，确保农村社会的稳定。

以上我讲的这三个“围绕”，主要是指党的建设和思想政治工作要坚持一个什么样的指导思想或按照一个什么样的思路来抓的问题，当然，这里面也包括了今年应着力做好的一些工作。除了这些工作以外，我再强调以下几点：

第一，要深入学习江泽民总书记“七一”重要讲话，进一步贯彻落实“三个代表”重要思想。

江泽民总书记的“七一”重要讲话，是一篇马克思主义的纲领性文献，为我们党在新世纪迎接新考验，赢得新胜利，提供了强大的思想武器。《讲话》发表近半年来，各级党组织和广大党员、干部认真学习，坚决贯彻，广泛宣传，积极落实，收到了良好的效果。现在的任务是要巩固成果，乘势而上，把这一学习不断引向深入，以进一步用“三个代表”重要思想统一党员干部的思想，为迎接党的十六大召开做好思想准备。各级党组织要采取多种形式组织党员干部紧密联系思想和工作实际，深入学习《讲话》，切实做到把握基本内容，领会精神实质，用《讲话》精神武装头脑，指导工作，推动党的建设各项任务的落实。

第二，要狠抓干部队伍作风建设，进一步密切党群、干群关系。

贯彻六中全会《决定》和市委八届八次全会精神，前段已经做了大量工作，也取得了初步成效。但干部队伍的作风建设是一项长期的任务，必须常抓不懈。今年，要把转变干部作风继续作为党的建设的重中之重，以此来促进干部队伍素质的提高，密切党群、干群关系。要组织干部深入学习六中全会《决定》和市委八届八次全会精神，进一步增强干部转变作风的自觉性。要把学习理论与解决实际问题紧密结合起来，帮助干部对照“八个坚持、八个反对”，深入查找思想作风、工作作风、领导作风、学风以及生活作风方面存在的突出问题，并切实搞好整改。要继续以“立党为公，执政为民”教育和开展“便民工程”为载体，发动干部积极为群众办实事、办好事，以实际行动来密切党与群众的血肉联系。

第三，要加大环境综合整治的力度，推动郊区环境建设再上新水平。

面对举办2008年奥运会的新形势，面对加快农村城市化进程的新要求，各级党委、政府和广大干部，要进一步提高对环境建设重要性的认识，深刻理解环境也是生产力，加强领导，加大力度，完善措施，健全机制，推动郊区环境建设上水平。我想重点强调的是，远郊区县要用两年的时间，大力实施“垃圾不露天”工程。各级政府要在年度预算中，拿出一笔专款来推动这项工作，切实解决好垃圾的清扫、存放和运输等各个环节的问题。今年要在县城周边、重点城镇周围和旅游风景区的周围，实现“垃圾不露天”，明年所有村都要做到“垃圾不露天”，以切实推进郊区的环境面貌有一个大的改观，为农村经济发展提供一个良好的区域环境。另外，春节期间党员干部要带头狠刹陈规陋习，不允许大办婚事、丧事；要克服烧垃圾、烧树叶和满山放牧等不良习惯，防止环境被污染和生态被破坏。

第四，要加强农村基层组织建设，进一步巩固党的农村工作基础。

农村基层党组织是党在农村全部工作和战斗力的基础。党的农村政策最终要靠它们去落实，农村工作的各项任务也最终要由它们来完成。因此，一定要加强基层基础工作。近年来，农村基层组织建设不断加强，但基层干部整体素质不高，少数基层班子软弱涣散、党员队伍老化、群团组织不健全等问题还依然不同程度地存在。因此，要继续把农村基层组织建设作为农村党建的重点，落实责任制，进一步深化“三级联创”活动，把这项工作抓出新的成效。

对上述几个方面的工作，请各区县结合实际，认真研究，抓好落实。我再强调一下，党的中心工作是以经济建设为中心，在农村就是以农民致富为目标，而农民致富的前提是社会稳定。因此，各级党组织一定要紧紧围绕这个中心来开展党的建设和思想政治工作，以此为出发点和落脚点，有所创新，有所突破，以更加优异的成绩迎接党的十六大召开！

刘志华同志在北京市农业标准化工作会议上的讲话

（2002年6月17日）

同志们：

今天我们在这里召开北京市农业标准化工作会议，目的是贯彻今年中央农村工作会议精神和年初市农村工作会议精神，以邓小平理论和江泽民“三个代表”重要思想为指导，进一步加快农业经济结构的战略性调整，与时俱进，扎实工作，提高郊区经济的整体素质，增强北京农业参与国际市场竞争的能力。在市委九届党代会上，庆林书记提出了“发展都市型郊区经济，促进农业增效、农民增收、农村稳定”的要求，这对已取得阶段性成果的北京农业结构调整下一阶段发展提出了新的要求。实施农业标准化，是北京现代农业发展与国际接轨的需要，是促进北京农业提档升级结构调整向纵深推进的必然要求，是提高郊区广大农民素质，使其增收致富的需要。刚才梦龙同志代表市农委、市技术监督局等有关部门就如何开展我市的农业标准化工作，作了一个很好的报告，平谷区政府刘军同志也作了一个很好的典型发言，很有说服力。下面，我想就实施农业标准化这一工作再强调几点意见。

一、实施农业标准化是农业发展新阶段的战略选择，必须予以高度重视

几年来，北京农业和农村经济结构战略性调整取得了阶段性成果，农业经济素质整体水平不断提高，随着经济全球化的推进和国际农产品市场的变化，北京农业发展面临着新的市场环境，也面临新的挑战，尤其是在中国加入WTO和北京申奥成功后，北京农业采取哪些措施，有效地规避风险，抓住机遇，迎接挑战，更好地为奥运服务，更快地抢占国际市场先机，作为一个现实的课题摆在了我们面前。而实施农业标准化，就是按照“统一、简化、选优、协调”的原则，通过制定和实施农产品的质量标准，把农业生产的产前、产中、产后全过程纳入标准生产和标准管理的轨道，生产出符合国际标准的农产品，这无疑具有十分重要的意义。因此，实施农业标准化是北京农业发展新阶段的战略选择，是北京农业结构调整不断横向拓展和纵深推进的重要举措，也是北京大力发展现代化的都市型郊区农业的一个重要方面，全面实施这一战略之举需要我们对其作用引起高度重视：

实施农业标准化，是提高北京农业国际竞争力的重要途径。中国加入WTO后，地方性和全球性经济活动之间的差别将越来越小，生产经营活动将越来越多地受到全球市场的影响及其标准的制约。而标准化是紧紧围绕消除贸易技术壁垒、实现商品的自由流通、提高产品竞争力而展开的，竞争的取胜之道很多，但其中最为重要的一条，没有合格标准的农产品是进不了国际市场的。实现农业标准化特别是积极参照国际的先进标准，尽快缩短京郊农产品在产品质量、产品品位和科技含量方面与国际水平的差距，既是取得农产品进入国际市场参与竞争的“绿卡”，也是在国内市场迅速构筑我们的“防御工事”，培植能够与“洋货”抗衡的名牌农产品的需要。因此，制定和实施与国际接轨的农业标准是增强国际市场竞争能力的有效途径。

实施农业标准化，是农业产业结构提档升级的必然要求。在完成数量上的增长之后，北京农业开始实现数量型农业向质量型农业转换，这种转换，首要呼唤的是农业标准化。农业标准化的内涵就是指农业的生产经营活动要以市场为导向，建立健全规范的工艺流程和衡量标准。美国、以色列等发达国家在现代农业建设中，从一开始就非常重视标准化工作，注重从产前的生产资料供应，到产中的几乎每个环节和技术服务，再到产后的农产品分级、加工、包装、储运等各个环节，都制定有标准系列，并在生产过程中严格规范进行，从而有力地促进了这些国家现代农业的快速发展。京郊实施农业标准化起步比较早的大桃、北京鸭等也取得了较好的成效，这些成功的经验告诉我们，质量是通向市场、通向品牌的第一关。质量，既是现代农业赖以生存的物化指标，又是农产品满足社会对使用价值需要的程度。纵观北京农业发展的现状，最为迫切需要解决的基本问题是农产品的质量问题。没有标准就没有质量，没有质量就没有市场，没有市场就没有生存的资格。农业标准化作为一项上联农业科研单位、大专院校，下联农户的基础性工作，可以把农业生产技术和科研成果、生产经验综合组装，变成浅显易懂的技术规范，准确地传授给农民，从而加快科技成果转化，充分发挥北京农业科技的资源优势，促进北京农业产业结构的提档升级。可以毫不含糊地说，农业标准化实在是推动北京农业产业升级过程中一项必不可少的工作。

实施农业标准化，是大力推进我市农业产业化经营的客观需要。随着市场经济的不断发展，发展高产优质高效农业，逐步形成农产品的生产、加工、运输、销售的有机衔接，进而实现农业的商品化、专业化生产，都必须运用标准化的手段，统一管理，选优协调，简化操作，跟踪监测。几年来，我市产业化取得了很大成绩，但我们的产业规模还不够大，产业水平还有待提高。我市农业龙头企业一定要带头实施标准化，并用标准化来带动农民合作组织的发展，要大幅提升我市农业产业化的水平，关键之点在于推进农业标准化。任何一个农业产业化的形成，都离不开标准化的连接。任何一个环节的无标生产，都可能导致整个产业链的断裂。完善有效的标准体系，贯穿于产前的种子、农药、化肥等生产资料的选用，产中的栽培管理技术和产后的产品分等分级及贮藏、保鲜、包装等，可以把农业生产的全过程纳入规范化的管理轨道，从而有利于推进产加销一体化，加快农业产业化速度。总而言之，标准化就是农业工厂化。

二、农业标准化是北京现代农业的基础工程，必须采取有效措施积极推进

农业标准化是一个系统工程，也是一个基础工程，是一个长期动态的、需要循序渐进的过程，北京前一阶段实施农业标准化工作，促进了农业生产向高产、优质、高效农业发展，取得了明显成效。但是，北京农业标准化水平距离北京现代农业的发展要求还有一定的差距，还存在诸多的问题，如标准化知识尚未普及，广大群众对农业标准化还不了解，实施标准还不能成为农民的自觉行动，标准的制定与实施，还没能完全与国际市场接轨等等。为此，我们要有高度的责任感和紧迫感，要有所作为。

实施农业标准化，必须科学、完整地建立三个体系，实现五项创新：

一是要建立农业标准体系，把农业生产的产前、产中、产后诸环节纳入标准化管理轨道，逐步形成与国际、国家和行业相配套的标准体系；二是建立农业监测体系，形成较为完善的农业资料、农副产品和农业生态环境等方面的监测网络；三是要建立农产品评价体系。通过制订和完善质量认证标准和产品评价标准，实施农业品牌战略，扶持和培育优质农产品，创评出一批品质好、规模大、效益高的名牌农产品，提高农产品的市场知名度和市场占有率。

必须做到“五个创新”：

一是种子质量标准要创新。通过它来改变过去良种和非良种界线不明，真品种与假冒品种混淆不清的状况，并通过实施种子质量标准，在种子精选、加工、包装等诸环节规范操作，推进种子、种苗工程建设。

二是操作规程要创新。目前在所制定的标准中，绝大多数是产中技术操作规程。在这些操作规程中，往往又只注重技术操作的一面，而对于操作环境、安全过程控制方面就很不注重。随着人民生活水平的提高，农产品的安全、卫生、健康问题越来越凸现出来，这将成为严重制约农产品市场流通的瓶颈。农口要与中关村加强联合，中关村有很多生物工程公司，农业上有什么要求，要提出来，要在国内、国际上找解决方案。因此，今后实施农业标准化过程中，在制（修）订操作规程标准时，既要注重操作规程的技术含量，更要注重操作规程的操作环境和安全控制。

三是产品标准要创新。我国农业标准化水平还不高，致使难以实行农产品优质优价和实施品牌农业战略。必须认识到，创造性推行农产品质量等级标准，是实施农业名牌战略，实现农产品优质优价的重要基础工作，特别是作为国际化大都市的北京农业，在制订标准的过程中，要坚持高起点，做到尽快与国际标准接轨。

四是农产品的加工和包装要创新。加工和包装是实现农产品多次增值的有效途径。没有加工标准，加工出来的农产品就质次价廉。包装不仅是农产品进入市场的需要，也是激发人们购买欲望的有效做法。许多有一定知名度的农产品很少有其精美的包装，农产品难以进入超市，没有包装或包装不符合标准正是一个重要的原因。

五是实施标准要创新。制订标准和实施标准的严重脱节，是我们农业标准化工作进展缓慢的重要障碍。因此，标准的实施必须与现代农业示范园区建设相结合，与标准化生产示范基地建设相结合，真正起到示范带动作用；必须同先进实用农技推广相结合，从而使农民真正学习标准、掌握标准、实施标准；必须同实施农业品牌战略相结合，使广大农民在实施品牌农业中增效增收，尝到甜头。要鼓励支持以龙头企业为核心的农产品产销专业协会，依靠行业自律组织推行标准化生产，寻找市场，打出品牌，从而使实施农业标准化成为广大农民的自觉行动。

三、对实施农业标准化工作提几点要求

第一，必须明确一个指导思想。实施农业标准化，必须紧紧围绕北京农业结构战略性调整，以发展农业产业化经营和农业增效、农民增收为目的，立足发展首都都市型郊区经济这一新要求，加快北京农业与国际接轨的步伐，为京郊农业健康、稳定、有序地发展保驾护航。制订和实施农业标准，必须以质量为中心，以市场为导向，以科技为动力，以生产为基础，为推进农村科技进步，全面提高农产品质量，促进农产品市场流通，增加农民收入发挥基础保障作用。

第二，要加强领导，各部门要密切配合，通力合作。农业标准化工作是一项系统工作，涉及到的部门比较多，相关环节也比较复杂，这就需要我们各级政府、相关部门加强领导，做好协调、指导、服务工

作。郊区各区县要成立相应的农业标准化实施指导小组，至少要有一名主管区县长挂帅负责具体工作，从组织上保障这项工作的开展。同时，各部门结合本部门的职能，从不同的环节入手抓这项工作，团结协作，共同把这项工作抓实、抓好。

第三，重点抓好典型示范，带动标准化整体水平的提高。今后一段时期，市里农业政策的调整将从追求农产品的数量增长转向追求质量提高，从解决基本需求转向增加农民收入奔富裕，从粗放型增长方式转向注重经济效益和可持续发展，从高度重视国内生产转向积极参与国际分工。今后要重点建设一批种养业不同品种的标准化生产示范基地，通过这些示范基地带动这一行业、这一地区的农业标准化生产，不断扩大京郊实施农业标准化的覆盖面，不断提高北京农业标准化的整体水平。

同志们，北京实施农业标准化工作还只是起步阶段，可以说，任重而道远，需要我们以积极的态度，科学的方法，扎扎实实地把此项工作落在实处，我相信，通过我们的积极工作，北京的农业标准化一定会再上一个新的台阶，这是关系我市农业今后几年、十几年、几十年生存、发展的头等大事，希望同志们共同努力。

特　载

中共中央　国务院关于做好2002年农业和农村工作的意见

（2002年1月10日）

2001年，各地区和有关部门认真贯彻中央关于加强农业和农村工作的方针政策，努力调动农民群众的积极性，农业和农村经济取得新的发展。农业生产克服严重旱灾平稳发展，结构调整初见成效，农民收入有了恢复性增长，农村社会保持稳定。

当前农业和农村经济发展中的突出问题，仍然是农民收入增长困难。应当看到：去年农民收入虽有恢复性增长，但基础很不牢固，影响农民增收的一些长期性、根本性因素并未消除；今年是我国加入世界贸易组织的第一年，农业可能受到较大的冲击，农民增收的难度更大。增加农民收入，不仅关系到农村经济发展、农民生活改善和农村社会稳定，而且关系到扩大内需方针的落实，关系到国民经济全局。全党务必高度重视这个问题，把增加农民收入作为农业和农村工作的重点任务，放在整个经济工作的突出位置。

新阶段增加农民收入，要有新的思路，采取综合措施。要适应加入世界贸易组织的新形势，切实加强国家对农业的支持和保护，为农业发展、农民增收创造条件；切实减轻农民负担，增强农民自我积累、自我发展的能力；不断完善农业管理体制，使农村经济更加活跃起来。当前和今后一个时期，要坚定不移推进农业和农村经济结构的战略性调整，促进农民收入持续稳定增长。要大规模开展退耕还林，扩大农村税费改革试点，深化粮棉流通体制改革，促进农民直接增收，力争今年农民收入有明显增长。

一、继续推进农业结构调整，促进农民收入持续稳定增长

调整农业结构是一项长期任务，今年要着重在调整农业区域布局，扶持农业产业化经营，发展畜牧业和保证农产品质量安全方面下功夫，争取有大的进展。

按照区域比较优势的原则，因地制宜，分类指导，加快农业区域布局的调整。粮食主销区要认真落实深化粮食流通体制改革的措施，在保护好基本农田的前提下，多发展高价值农产品的生产和加工，努力增加农产品出口。粮食主产区要抓住主销区腾出部分粮食市场的机遇，发挥自身优势，优化品种，降低成本，扩大粮食销售。主产区特别是主销区一定要从大局出发，做好粮食产销衔接工作，保护好国内粮食市场。中西部地区要利用目前我国粮食供给充足、库存较大的有利条件，进一步扩大退耕还林规模，加快宜林荒山荒地造林步伐，因地制宜发展特色农业、生态农业和节水农业，改善生态环境，增加农民收入。

发展农业产业化经营，关键是尽快培育一批辐射面广、带动力强的龙头企业。要充分认识龙头企业对调整农业结构、增加农民收入的重要作用，进一步加大扶持力度。各级财政都要增加投入，中央和省级财政要专门安排资金，支持农业产业化基地建设、科研开发和技术服务，对重点龙头企业的贷款给予贴息。适当提高农产品加工和流通企业购进农产品原料的增值税进项抵扣率，促进农产品加工和出口。农业银行要安排一定的规模和资金，优先支持符合贷款条件的龙头企业。安排国债资金支持技术改造，要把国家重点龙头企业纳入支持范围，把农产品加工企业作为全国中小企业信用担保体系的优先扶持对象。扶持农业产业化龙头企业，要着眼于提高竞争力和带动力。龙头企业要深化改革，加强管理，加快技术改造，提高经济效益，增强带动能力。

加快发展畜牧业是新阶段推进农业结构调整的一项战略任务。要调整和优化畜牧业结构，在努力提高牧区畜牧业生产水平的同时，重点发展农区特别是粮食主产区的畜牧业；增加名特优新畜产品生产，突出发展奶牛和优质细毛羊生产。实施“畜禽良种工程”，扩大优良种畜引进规模，在重点地区建立畜禽良种繁育基地。建设无规定动物疫病示范区，完善区域封闭

制度，严格按国际标准组织生产、加工、运输，扩大畜产品出口。建立高效安全的饲料生产和监督体系，强化兽药管理和动物疫病防治工作，为畜牧业持续健康发展提供基本保障。加强草原保护和建设，合理利用草地资源，促进牧区经济发展。

确保农产品质量安全是当前的一项紧迫任务。要抓紧建立健全农业质量标准体系和检验检测体系，加快实施“无公害食品行动计划”，逐步在大中城市实行农产品市场准入制度，杜绝有毒有害物超标的农产品流入市场。整顿和规范市场经济秩序，重点打击生产和销售假冒伪劣和有毒有害农产品的违法行为。大力发展无公害农产品、绿色食品和有机食品生产，建立健全认证、标识和公示制度，尽快使优质、安全的农产品形成品牌。加快农药生产企业的技术改造，淘汰剧毒和高残留农药的生产。

二、促进农业富余劳动力转移，拓宽农民增收渠道

以农产品加工业和农村服务业为重点，加快发展农村二、三产业。农产品加工业既要面向城市市场，又要注意满足农村需求，既要发展大规模的现代加工业，又要发展各种生产地方风味和特色产品的传统产业和作坊。要积极发展为农民生产生活服务的各种社区服务业。农村小型农产品加工业和社区服务业，是转移农业富余劳动力、增加农民收入的重要渠道，也是目前农村经济发展中的薄弱环节，尤其是中西部地区应放手发展。乡镇企业要加快结构调整、技术进步和体制创新，不断提高发展水平。

搞好规划，突出重点，促进小城镇健康发展。把小城镇建设同引导乡镇企业合理集聚、完善农村市场体系、发展农村服务业结合起来，充分发挥小城镇增加农村就业、带动经济发展的功能。推进户籍制度改革，创新小城镇投资、建设机制，鼓励社会力量参与小城镇基础设施建设。对中西部地区的小城镇基础设施建设，国家基本建设投资要适当予以安排。

农村劳动力跨地区流动和进城务工，不仅有利于农民增加收入，而且可以方便城市居民生活，增强城市经济的活力和竞争力，促进城乡协调发展。对农民进城务工要公平对待，合理引导，完善管理，搞好服务。各地区要认真清理对农民进城务工的不合理限制和乱收费，纠正简单粗暴清退农民工的做法。要积极发展各种劳务中介组织，逐步形成城乡统一的劳动力市场。健全进城务工农民的劳动合同管理，维护他们的合法权益。

三、推进新的农业科技革命，加快农业科技进步

适应农业结构战略性调整的要求，大力推进农业技术创新和科技体制创新。重点扶持具有一定优势的科技创新主体，建设一批高水平的农业科技园区。继续推进农业科研体制改革，支持和鼓励应用型农业科研机构改制为科技型的龙头企业，加速科研成果转化。实行产学研、农科教结合，鼓励产业化龙头企业、大专院校、科研机构、民营企业以多种形式联合进行农业科技开发。

继续推进农业科技推广体制改革，逐步建立起分别承担经营性服务和公益性职能的农业技术推广体系。公益性技术工作，特别是农作物病虫害和动物疫病的测报、预防等，应有专门的机构和队伍承担，所需经费由财政供给，对大范围的农作物病虫害和畜禽疫病，特别是口蹄疫、禽流感和蝗虫，要建立快速扑灭机制。一般性技术推广工作，要依托现有乡镇科技推广机构，在国家扶持下逐步改制为技术推广、生产经营相结合的实体。有关部门要抓紧制定农业科技推广体制的改革方案，选择部分地区进行试点，总结经验，逐步实施。

加大农业科技推广力度。进一步搞好种子工程建设，计划、财政、科技等部门要大幅度增加投入，抓紧良种繁育基地和良种加工设施建设。粮、棉、油等大宗农产品要逐步建立良种推广补贴制度，今年先在东北大豆生产基地试行。加强种子市场管理，严厉打击制售假冒伪劣种子的行为。继续实施“丰收计划”、“星火计划”，加快重大实用技术推广，提高良种覆盖率、饲料报酬率、化肥和灌溉水利用率。各级农业部门要从实际出发，确定本地区农业实用技术推广的重点。办好农村职业学校和成人学校，加强农民的农业技能培训和文化教育，广泛开展农村科技普及活动。

四、加强农业和农村基础设施建设，改善农民的生产生活条件

扩大退耕还林规模。这是改善生态环境的重大措施，也是增加农民收入的有效途径。今年要全面启动退耕还林工程，有关地区党委、政府要切实加强领导，明确责任，落实政策，完善配套措施，搞好种苗供应，规范工程管理，强化检查监督，保证退耕还林质量。尤其要做好粮食和现金补助的发放工作，及时足额兑现到户，严禁截留、挤占和挪用。结合农业结构调整，培植后续产业，实现生态效益和经济效益的统一。

增加农村小型基础设施建设投资。今年要继续加大农业基本建设投资力度，并适当调整投资结构。在确保在建项目及时竣工投产的同时，把农村小型基础设施建设放在更加重要的位置，重点支持节水灌溉、人畜饮水、农村沼气、农村水电、乡村道路和草场围栏等项目。这些项目周期短，见效快，覆盖千家万户，促进农民增收的效果更显著。地方各级政府要把加强农村小型基础设施建设作为为农民群众办实事的重要职责，制定规划，列入预算，增加投入，切实抓好。

农村小型基础设施建设要更多地引入市场机制，调动各方面投资和建设的积极性。按照谁投资谁所有、谁经营谁受益的原则，鼓励农户、联户和其他社

会力量投资建设，地方各级政府可以适当给予补贴。国家、集体投资建设的项目，要探索新的管理体制和运营体制，努力实现基础设施的持续利用。农村小型基础设施建设引入市场机制后，地方政府要加强对收费标准和服务质量的管理和监督。

大力发展节水农业。当前要集中力量抓好大型灌区续建配套和节水改造、建设农业节水示范县、旱作农业技术推广、农业节水技术创新、集雨节灌和重点地区农业节水生态保护综合治理。要根据水资源承载能力调整农业布局和生产结构，严重缺水地区要限制发展高耗水作物，坚决改变大水漫灌等粗放经营方式。加强对农业用水的管理和调度，逐步建立合理的水价形成机制和收费办法，促进节约用水。

五、改善农村金融服务，加大金融支农力度

农村信用社要牢固树立为农业、农村和农民服务的宗旨，集中资金，扩大农业信贷投放，增加农户贷款，真正发挥农村金融主力军的作用。积极推行农户小额信用贷款和农户联保贷款方式，适当简化对农户贷款的业务手续，提高业务效率。对农户和农村个体工商户的生产、生活及投资等方面的合理资金需求，要给予贷款支持。

各国有商业银行要适当提高对农村、农业及其相关行业的贷款比重，尤其要优先支持各类农产品经销、加工企业的收购资金贷款。农业银行要进一步加大对农业产业化龙头企业、农村中小企业和小城镇建设的支持力度。国家开发银行要扩大对农业基础设施和重大农业开发项目的贷款，提高对农业的信贷投入比重。

人民银行要根据农村资金分流及其供求变化情况，支持农业信贷投放，改善农村金融服务。要进一步管好用好对农村信用社的支农再贷款，实行台账监控、定向使用、封闭运行、按期收回的管理办法，保障资金安全。

六、继续搞好扶贫开发，加快贫困人口脱贫步伐

要将贫困人口集中的中西部少数民族地区、革命老区、边疆地区和特困地区作为扶贫开发的重点，尽快解决剩余贫困人口的温饱问题。坚持扶贫到村、到户，帮助贫困农户发展种养业项目，搞好信息、技术、销售服务，确保增产增收。鼓励农产品加工企业到贫困地区建立原料生产基地，发展农业产业化经营。对极少数居住在生存条件恶劣地区的特困人口，要结合实施退耕还林，做好自愿移民搬迁试点工作。加强贫困地区的义务教育和农民实用技术培训工作，努力提高贫困人口素质。

从中央到地方都要逐步增加扶贫投入，扩大以工代赈规模，加强资金管理，提高使用效益。继续实行机关定点扶贫和东西部协作扶贫，广泛发动政府组织、民营企业参与扶贫开发，进一步做好城市居民向贫困地区捐赠物资的工作。

做好农村贫困地区和受灾地区的税费减免工作。切实加强监督检查，确保税费减免和救灾粮款及时足额落实到受灾和贫困农户。因地制宜地组织好灾区生产自救，有针对性地落实扶持措施，帮助灾区农民发展生产。

七、认真落实党的农村政策，保护和调动农民积极性

要认真落实农村土地承包政策，做到承包地面积、地块全部落实到户，为期30年的承包经营合同全部签订到户，土地承包经营权证书全部发放到户。按照依法、自愿、有偿的原则，加强对农村土地流转的引导和管理，严禁强行收回农户承包地搞土地集中。鼓励工商企业采取公司加农户和订单农业等方式投资农业，带动农户发展生产。

农村税费改革试点已取得明显成效，今年要扩大试点范围，主要放在中部地区的粮食主产省和农业大省。其他省份继续在部分县市进行试点，中央和省级财政要在预算内安排相应资金予以支持，确保农村教育和基层政权正常运转的合理开支。进一步落实农村义务教育地方负责、分级管理、以县为主的管理体制，坚持教师工资由县统一发放，教师由县统一管理。加强学校危房改造，确保农村办学经费。要严格执行中央的有关政策，科学制定改革方案，精心组织实施。积极推进乡镇机构、农村教育和县乡财政等配套改革，精简机构、人员和经费开支，化解乡村债务，巩固农村税费改革成果。

坚持不懈地做好农民负担的监督管理工作。要认真开展农村电价和农民建房收费等专项治理，实行贫困地区农村义务教育阶段收费“一费制”、村级订阅报刊费用限额控制、涉农价格和收费公示制，切实减轻农民负担。当前要特别注意防止在农村税费改革前突击收费和人为抬高收费基数的错误做法。对随意加重农民负担，甚至引发群体性事件或恶性案件的，要追究领导责任，严肃处理。

八、深入开展农村“三个代表”重要思想学习教育活动，促进农村经济社会全面发展

农村“三个代表”重要思想学习教育活动，今年要着重抓好村级和乡镇站所的学习教育。地方各级党委特别是县（市）委，要按照中央的统一部署，切实加强领导，搞好分类指导。要坚持以正面教育、自我教育为主，加强基层干部的思想和作风建设，解决存在的突出问题，真正做到干部受教育、农民得实惠。

组织农村基层干部认真学习党的十五届六中全会精神，自觉对照六中全会《决定》关于“八个坚持、八个反对”的要求，查找差距，改进思想和工作作风。农村基层干部要带着感情做农村工作，不

脱离群众。真心实意为农民谋利益，不以权谋私。真抓实干，不搞“花架子”。善于同群众商量办事，不简单粗暴。严格执行党的农村政策，不另搞一套。改进干部作风，既要加强教育，又要形成制度规范，针对存在的突出问题，制定切实可行的规定，并严格执行。

加强农村基层组织建设、精神文明建设和民主法制建设。切实搞好以党支部为核心的村级组织建设，不断提高凝聚力和战斗力。认真贯彻《中国共产党农村基层组织工作条例》和《中华人民共和国村民委员会组织法》，建立健全坚持党的领导、发挥农村党支部核心作用、保障农民当家作主、切实依法办事的村民自治运行机制。严格实行村务公开和乡镇政务公开，健全基层民主管理制度。认真落实《公民道德建设实施纲要》，加强公民道德教育，开展创建文明村镇活动，形成良好道德风尚。按照“以防为主、防治结合”的方针，加强农村医疗卫生工作，改善农村医疗服务。坚持抓好计划生育工作，实行优生优育，稳定低生育水平，提高人口素质。努力繁荣农村文化，组织开展丰富多彩的群众性文化活动，用积极向上的精神文化产品占领农村思想文化阵地。加强民主法制建设，深入开展“严打”整治斗争，搞好农村社会治安综合治理，维护农村稳定。

做好今年的农业和农村工作，意义重大，任务艰巨。全党同志一定要从战略高度重视农业和农村工作，在以江泽民同志为核心的党中央领导下，按照“三个代表”的要求，坚定信心，扎实工作，以优异的成绩迎接党的十六大召开。

国务院关于进一步完善退耕还林政策措施的若干意见

（2002年4月11日）

两年多来，按照党中央、国务院的部署，长江上游、黄河上中游等地区认真开展了退耕还林的试点工作。各级党委、政府高度重视，组织得力，退耕还林试点工作进展良好，取得了一定经验。实践证明，党中央关于退耕还林的决策和“退耕还林、封山绿化、以粮代赈、个体承包”政策措施是完全正确的，深得广大干部和群众的拥护，是加强西部地区生态环境建设和保护的重要举措，也是贫困山区农民脱贫致富的有效途径。为了加强对退耕还林试点工作的指导，国务院下发了《关于进一步做好退耕还林还草工作的若干意见》（国发〔2000〕24号），对确保退耕还林的顺利实施和健康发展起到了重要保证作用。但是，在试点期间也出现了一些需要研究和解决的问题，有些政策措施也要进一步完善。为把退耕还林工作扎实、稳妥、健康地向前推进，现就进一步完善退耕还林政策措施作出如下规定：

一、退耕还林必须遵循的原则

（一）退耕还林要坚持生态效益优先，兼顾农民吃饭、增收以及地方经济发展；坚持生态建设与生态保护并重，采取综合措施，制止边治理边破坏问题；坚持政策引导和农民自愿相结合，充分尊重农民的意愿；坚持尊重自然规律，科学选择树种；坚持因地制宜，统筹规划，突出重点，注重实效。

（二）实施退耕还林要认真落实“退耕还林、封山绿化、以粮代赈、个体承包”的政策措施，坚持个体承包的机制，实行责权利相结合。必须切实把握“林权是核心，给粮是关键，种苗要先行，干部是保证”这几个主要环节，确保退耕还林取得成功。

二、科学制订规划，加快退耕还林进度

（三）进一步明确退耕还林的范围。凡是水土流失严重和粮食产量低而不稳的坡耕地和沙化耕地，应按国家批准的规划实施退耕还林。对需要退耕还林的地方，只要条件具备，应扩大退耕还林规模，能退多少退多少。对生产条件较好，粮食产量较高，又不会造成水土流失的耕地，农民不愿退耕的，不得强迫退耕。

（四）因地制宜，科学制订规划。各省（自治区、直辖市，下同）要依据国家退耕还林工程规划编制省级退耕还林工程规划，明确工程建设的目标任务、建设重点和政策措施。

要根据不同气候水文条件和土地类型进行科学规划，做到因地制宜，乔灌草合理配置，农林牧相互结合。在干旱、半干旱地区，重点发展耐旱灌木，恢复原生植被。在雨量充沛，生物生长量高的缓坡地区，可大力发展竹林、速生丰产林。

各地在确保地表植被完整，减少水土流失的前提下，可采取林果间作、林竹间作、林药间作、林草间作、灌草间作等多种合理模式还林，立体经营，实现生态效益与经济效益的有效结合。退耕后禁止林粮间作。

（五）及时下达退耕还林任务。为了抓住造林最佳季节，保证工程建设质量，从今年起，国家将根据退耕还林总体规划在10月31日前下达下一年度计划

任务。各省要根据国家下达的年度任务，对水土流失严重的坡耕地、沙化耕地优先安排退耕还林，并按照轻重缓急的原则确定实施退耕还林的工程县（市、区、旗，下同），在接到计划一个月内将年度任务分解下达到各县。要组织编制县级退耕还林工程实施方案，特别是要做好乡镇作业设计，把工程任务落实到山头地块，落实到农户。

根据气候条件，在确保完成整地的条件下，允许国家退耕还林年度任务实行滚动安排。

（六）退耕还林要以营造生态林为主，营造的生态林比例以县为核算单位，不得低于80%。对超过规定比例多种的经济林，只给种苗和造林补助费，不补助粮食和现金。

三、认真落实林权，调动和保护农民退耕还林的积极性

（七）实施退耕还林后，必须确保退耕农户享有在退耕土地和荒山荒地上种植的林木所有权，并依法履行土地用途变更手续，由县级以上人民政府发放权属所有证明。

（八）在确定土地所有权和使用权的基础上，实行“谁退耕、谁造林、谁经营、谁受益”的政策。农民承包的耕地和宜林荒山荒地造林以后，承包期一律延长到50年，允许依法继承、转让，到期后可按有关法律和法规继续承包。

（九）采取多种形式推进退耕还林。有条件的地区可本着协商、自愿的原则，由农村造林专业户、社会团体、企事业单位等租赁、承包退耕还林，其利益分配等问题由双方协商解决。鼓励在有条件的地区实行集中连片造林，鼓励个人兴办家庭林场，实行多种经营。

四、切实抓好粮食补助兑现，确保农民口粮供应

（十）国家无偿向退耕户提供粮食、现金补助。粮食和现金补助标准为：长江流域及南方地区，每亩退耕地每年补助粮食（原粮）150公斤；黄河流域及北方地区，每亩退耕地每年补助粮食（原粮）100公斤。每亩退耕地每年补助现金20元。粮食和现金补助年限，还草补助按2年计算；还经济林补助按5年计算；还生态林补助暂按8年计算。补助粮食（原粮）的价款按每公斤1.4元折价计算。补助粮食（原粮）的价款和现金由中央财政承担。

在粮食和现金补助期间，退耕农户在完成现有耕地退耕还林后，必须继续在宜林荒山荒地造林，由县或乡镇统一组织。

（十一）国家在下达年度计划的同时，核定各省的粮食补助总量，并下达到各省。对退耕农户只能供应粮食实物，不得以任何形式将补助粮食折算成现金或者代金券发放。

（十二）退耕还林补助粮食的调运组织由省级政府负责，原则上以地方国有粮食购销企业的商品周转粮为主，必要时可动用地方储备粮或申请动用中央储备粮。粮源缺口较大时，由国家根据实际情况帮助协调解决。当地政府要统一组织粮食的供应，就近调运，组织到乡，兑现到户，减少供应环节，降低供应成本。

（十三）粮食购销企业按顺价销售、不发生新亏损的原则供应粮食。农业发展银行据实收回贷款后，应适当返还粮食企业合理费用。粮食调运等有关费用，由地方政府承担，纳入地方财政预算，不得转嫁到供应粮食的企业和退耕农户。

（十四）对退耕农户供应的粮食品种，由省级政府根据当地口粮消费习惯和种植习惯以及当地粮食库存实际情况合理确定。各地可根据退耕户需要供应成品粮。对供应给退耕还林农户的粮食必须进行认真检验，补助粮食必须达到国家规定的质量标准。凡不符合口粮标准的，不得供应给退耕农户。

（十五）按报账制办法发放补助粮食。退耕还林第一年，粮食补助可分两次兑付。第一次在完成整地并经县级人民政府指定的主管部门检查验收后，可以预先兑付部分补助粮；第二次待退耕还林成活率验收合格后再兑现补助粮余额。每次兑现补助粮的数量由地方政府确定。以后每年要及时对退耕农户的幼林抚育、管护进行验收，验收合格的要及时发放验收卡，农户凭验收卡到粮食供应点领粮。承担粮食供应任务的企业要根据县级人民政府指定的主管部门的检查验收凭证，按国家确定的补助标准，向退耕户发放粮食。有关补助费用的结算办法，由省级财政部门会同粮食部门和农业发展银行进一步修改完善。

五、必须做到种苗先行，保障种苗供给

（十六）国家向退耕户提供种苗和造林费补助。退耕还林、宜林荒山荒地造林的种苗和造林费补助款由国家提供，国家计委在年度计划中安排。种苗和造林费补助标准按退耕地和宜林荒山荒地造林每亩50元计算。尚未承包到户及休耕的坡耕地，不纳入退耕还林兑现钱粮补助政策的范围，但可作宜林荒山荒地造林，按每亩50元标准给予种苗和造林费补助。干旱、半干旱地区若遇连年干旱等特大自然灾害确需补植或重新造林的，经国家林业局核实后，国家酌情给予补助。

退耕还林种苗和造林补助费发放方式，由各省根据实际情况确定。在尊重退耕农户意愿的前提下，退耕农户与种苗供应方签订书面合同，并在造林验收后，由种苗供应单位与退耕农户结算种苗补助费。任何单位和个人不得为退耕农户指定种苗供应商。种苗和造林补助费，只能用于种苗、造林补助和封育管护等支出，不得挪作他用。

（十七）种苗的数量充足、质量优良、品种对路，是实施退耕还林的必要前提和基础条件，必须先行建设，超前准备。各地区和各有关部门都要提前做好种

苗的生产培育，组织好种苗的供应。

（十八）林业主管部门负责做好种苗建设规划，切实抓好种苗和采种基地建设。种苗生产供应要从实际出发，采取多种形式，走产业化经营的路子，积极鼓励农户育苗，促进农业结构调整的农民增收。要发挥国有苗圃龙头企业作用，组织和带动农民发展苗木产业，扩大种苗生产能力。

（十九）林业主管部门要负责提供种苗调运、栽培管理方面的技术指导和技术服务，加强种苗质量和疫病检验检测工作，确保种苗供应单位和育苗专业户按规定的树种、数量、质量提供退耕还林所需的合格种苗。

（二十）有关部门要加强种苗市场、价格的规范管理和监督检查。对生产、销售的种苗必须有林业部门出具的标签、质量检验证和检疫证，凡是不具备“一签两证”的种苗，不准进入市场。坚决制止垄断经营种苗和哄抬种苗价格的行为，严厉打击种苗销售中的不法行为，维护农民合法权益。

六、落实退耕还林各项配套措施，巩固退耕还林建设成果

（二十一）关于退耕还林的农业税征收减免政策。凡退耕地属于农业税计税土地，自退耕之年起，对补助粮达到原常年产量的，国家扣除农业税部分后再将补助粮发放给农民；补助粮食标准未达到常年产量的，相应调减农业税，合理减少扣除数量。退耕之前的常年产量，按土地退耕前五年的常年产量平均计算。补助给农民的现金不计入补助粮食标准。退耕地原来不是农业税计税土地的，无论原来产量多少，都不得从补助粮食中扣除农业税。

农业税征收机关要按照退耕的农业税计税土地常年产量和当地补助粮食标准确定退耕土地应征收的农业税税额，并通知补助粮食发放单位从补助粮食中代扣农业税。退耕地的农业税只能从补助粮食中扣除，不得向农民征收。在停止粮食补助的年度，同时停止扣除农业税。

实施退耕还林的县，其农业税收入减收部分，由中央财政以转移支付的方式给予适当补助。

（二十二）为了加强生态保护和建设，要结合退耕还林工程开展生态移民、封山绿化。对居住在生态地位重要、生态环境脆弱、已丧失基本生存条件地区的人口实行生态移民。对迁出区内的耕地全部退耕、草地全部封育，实行封山育林育草，恢复林草植被。中央对生态移民生产生活设施建设给予补助。地方政府要搞好迁入地的生产生活设施建设，对生态移民的农户给予妥善安置，解决好他们的生计问题。有条件的地方，要把生态移民与小城镇建设结合起来。

（二十三）为保护好现有林草植被，巩固生态环境建设成果，各地区要结合退耕还林及天然林资源保护工程的实施，积极开展农村能源建设，从各地实际出发，大力发展沼气、小水电、太阳能、风能以及营造薪炭林等。沼气池建设要逐步标准化、规范化，走产业化发展道路。中央对农村能源建设给予适当补助。

（二十四）退耕还林后必须实行封山禁牧、舍饲圈养。退耕还林的农户，要保证造林的成活率、保存率，管护好林地和草地不受破坏。要彻底改变牲畜饲养方式，实行舍饲圈养，严禁牲畜对林草植被的破坏。要根据当地实际情况，制定切实可行的管理办法，加大执法力度。禁止采集发菜、滥挖甘草等人为破坏林草植被行为。

（二十五）加强川地、缓坡耕地的农田基本建设，提高粮食单产，解除农民退耕后吃粮的后顾之忧，扩大陡坡耕地的退耕空间，切实做到“树上山，粮下川”，实施退耕还林的地区，要将扶贫开发、农业综合开发、水土保持、生态环境综合治理等不同渠道的资金统筹安排，综合使用。

（二十六）退耕还林的地区，要结合生态建设，大力调整农村产业结构，发展龙头企业和支柱产业，开辟新的生产门路。要制定优惠政策吸引企业及社会各界参与生态环境建设，积极推广“公司加农户”，“工厂加基地”等做法，为农产品建立稳定的市场渠道，努力增加农民收入。

七、加强组织领导和监督检查，确保退耕还林工作顺利进行

（二十七）退耕还林是一项十分复杂的系统工程，广大干部特别是基层干部必须切实转变作风，深入基层，不折不扣地贯彻落实国家有关退耕还林的政策，组织群众做好退耕还林工作，要加强监督检查，务必注重实效，反对形式主义，及时发现和解决存在的问题。

（二十八）要进一步提高认识，统一思想。各级领导干部要进一步提高对退耕还林重大意义的认识，本着实事求是、因地制宜的原则，正确处理好生态效益与经济效益的关系，当前与长远的关系，真正把退耕还林这项“功在当代，利在千秋”的大事抓紧抓好。

（二十九）退耕还林实行“目标、任务、资金、粮食、责任”五到省，省级政府对工程负总责。各省级政府须确定一位省级领导同志具体负责，并认真组织实施好退耕还林工作。各级政府要切实把退耕还林工作列入重要议事日程，加强领导，及时研究解决实施中的重大问题。各省级政府要层层落实工程建设的目标和责任，层层签订责任状，并认真进行检查和考核。

（三十）各省西部开发办和计划、财政、林业、粮食等部门，要在本级政府的统一领导下，按照各自的职能分工，各司其职、各负其责，密切配合，充分发挥部门优势，共同做好工作。

（三十一）退耕还林工程的规划、作业设计等前

期工作费用和科技支撑费用，国家给予适当补助，由国家计委根据工程建设情况在年度计划中安排。前期工作费用和科技支撑费用的有关管理办法，由国务院有关部门另行制定。

退耕还林地方所需检查验收、兑现等费用由地方承担，国家有关部门的核查经费由中央承担。

（三十二）各省级政府、各县级政府要认真组织好县级自查、省级抽查工作，县级验收结果作为补助政策兑现的直接依据。有关部门要加强对退耕还林补助资金拨付、使用情况的监督检查，特别是要充分发挥审计等监督部门的作用。退耕还林粮食、现金补助兑现情况，要纳入乡村政务公开的内容，张榜公布，接受群众监督，防止冒领，杜绝贪污。要建立退耕还林举报制度，公布举报电话、设立举报箱，接受社会监督。对违法违纪现象，一经核实，要按照有关规定对责任人做出处罚，并奖励举报有功人员。

（三十三）本意见所称退耕还林，包括退耕地还林、还草、还湖和相应的宜林荒山荒地造林。本意见由国务院西部地区开发领导小组办公室负责解释。国务院有关部门按照职能分工，在本部门主管范围内，根据实际需要进一步制定具体实施意见。

中共中央办公厅　国务院办公厅
关于进一步做好村民委员会
换届选举工作的通知

（2002年7月14日）

村民委员会制度是社会主义民主在农村最广泛的实践形式之一，村民委员会换届选举是其中的一个重要环节。近年来。各地深入贯彻党的十五届三中全会精神和《中华人民共和国村民委员会组织法》（以下简称村民委员会组织法），认真组织开展村民委员会换届选举工作，选举制度日益完善，选举活动不断规范，农民群众的民主法制意识显著增强，有中国特色的社会主义民主政治建设得到较大发展，为维护改革发展稳定大局做出了贡献。2002年，全国农村许多地方正在或将要进行新一轮村民委员会换届选举，从目前情况看，选举工作总体上是健康有序的，但也有一些地方程度不同地存在着思想认识不足、依法办事不力、发扬民主不够等问题，个别地方甚至引发了群体性事件，影响了农村社会稳定。为进一步做好当前和今后一段时间的村民委员会换届选举工作，依法维护农民群众的民主权利，为党的十六大召开创造良好的环境，经党中央、国务院同意，现就有关事项通知如下：

一、按照“三个代表”要求，切实提高对村民委员会换届选举重要性的认识

搞好村民委员会换届选举，实行村民自治，扩大农村基层民主，是党领导亿万农民建设有中国特色社会主义民主政治的伟大创造，是贯彻落实江泽民同志“三个代表”重要思想的体现。做好这项工作，有利于把村民公认的、真心实意为群众服务的人选进村民委员会；有利于调动广大农民群众当家作主的积极性、主动性，增强自主意识、竞争意识、民主法制意识，促进农村先进文化的发展；有利于坚持党的全心全意为人民服务的根本宗旨，密切党同农民群众的血肉联系，巩固党在农村的执政基础，更好地实现最广大人民群众的根本利益。

各地区、各有关部门要从战略和全局的高度，按照“三个代表”重要思想的要求，进一步提高对做好村民委员会换届选举工作重要性的认识，认真贯彻执行村民委员会组织法，研究解决选举工作中存在的问题，把村民委员会换届选举这一关系亿万农民群众切身利益的大事办好。

二、着眼于增强农村干部群众的民主法制观念，扎实有效地做好宣传教育工作

地方各级党委和政府、各有关部门要按照中共中央、国务院转发的《中央宣传部、司法部关于在公民中开展法制宣传教育的第四个五年规划》的要求，广泛深入地宣传与村民委员会选举有关的法律法规、方针政策、程序步骤，做到经常性宣传和阶段性宣传相结合，正面宣传和典型教育相结合，一般性宣传和疑难问题解答相结合，不断增强干部群众的法制观念，把干部群众的思想认识真正统一到村民委员会组织法上来，统一到党的方针政策上来，保证村民委员会选举沿着健康有序的轨道进行。

要增强宣传教育工作的科学性和时效性。在选举前，当地党委、政府要组织宣传、民政、司法行政等部门认真制定宣传教育工作方案，大力宣传有关法律法规和政策，使农村干部群众了解村民委员会换届选举的重要性，熟悉选举工作的原则、方法和步骤；在

选举期间，要重点宣传村民选举委员会成员推选程序、村民委员会成员候选人条件、提名方式、正式候选人确定办法以及具体投票程序；在选举后，要做好落选人员的思想工作，教育当选人树立正确的权力观，教育、引导村民特别是党员积极支持、配合村民委员会开展工作。

要增强宣传教育工作的多样性和针对性。对农村基层干部，要采取分级分批培训等方式，消除其模糊认识，增强认真贯彻村民委员会组织法等有关法律法规的自觉性，提高组织指导换届选举工作的能力和水平。对农民群众，可利用广播、电视、报刊、宣传手册、宣传画、黑板报、村务公开栏等进行宣传，帮助他们消除家族、宗族、派别等的不良影响，熟悉选举的程序和要求，掌握必要的投票方法，按照自己的真实意愿投票，真正把那些公道正派，能依法办事，带头实干，热心为群众服务的人选进村民委员会。

三、充分尊重农民群众的意愿，保证村民委员会直接选举制度落到实处

由村民直接选举村民委员会，是法律赋予村民的一项基本民主权利，是基层民主的重要体现。搞好村民委员会换届选举，必须充分发扬民主，切实保障广大村民在选举各环节中的权利，使村民委员会选举真正体现农民群众的意愿。

在村民委员会选举中，要特别注意做好以下关键环节的工作：一是要做到由村民会议或各村民小组民主推选产生村民选举委员会，保证村民的推选权。村党支部领导班子成员按照规定的推选程序担任村民选举委员会成员，不能硬性规定或由组织指定、委派。村民选举委员会成员被依法确定为村民委员会成员候选人的，即失去其在村民选举委员会中的任职资格，村民选举委员会所缺名额从上次推选结果中依次递补。二是要做好选民登记工作，不能错登、重登、漏登，保证村民的选举权。要认真研究城镇化、户籍制度改革、人口流动等给选民登记工作带来的新情况、新问题，保证广大村民群众都能依法行使自己的选举权利。有选举权和被选举权的村民名单，应当在选举日的20日以前张榜公布，接受群众的监督。三是要做到由村民直接提名确定村民委员会成员候选人，不能用组织提名代替村民提名，保证村民的直接提名权。正式候选人的名额应多于应选名额，并通过预选或按村民提名得票数多少确定，不能由少数人甚至个别人说了算。在提名候选人时，各地要做好引导工作，真正把思想好、作风正、有文化、有本领，真心实意为群众办事，受到群众拥护的人提名为候选人。候选人确定后必须张榜公布。有条件的地方，村民选举委员会应组织正式候选人与村民见面，介绍治村设想，回答村民提出的问题，四是要做好选举日的投票工作，保证村民的投票权。要坚持“选举村民委员会，有选举权的村民的过半数投票，选举有效；候选人获得参加投票的村民的过半数的选票，始得当选”的原则，积极动员、组织群众亲自投票。选举时，要设立秘密写票处，实行无记名投票、公开计票，选举结果应当场公布。要严格控制流动票箱的使用，依法办理委托投票手续。五是要完善罢免程序，保证村民的罢免权。对不称职的村民委员会成员，要按照法律法规的规定，依法进行罢免，任何组织或者个人不得直接撤换村民委员会成员，不得以“停职诫免”、“离岗教育”等方式变相撤换村委会成员。

四、严格依法办事，坚决纠正和查处村民委员会选举中的违法行为

村民委员会组织法和各地颁布的地方性法规是开展村民委员会换届选举工作的基本依据，各地要严格遵守，做到法定的程序不能变，规定的步骤不能少，不能怕麻烦、图省事，更不能走过场。在村民委员会选举中，任何组织或个人都必须依法办事。各地制定的有关村民委员会换届选举工作的方案、意见、规则等，凡与村民委员会组织法和有关地方性法规不一致的，必须尽快修改或废止，以维护社会主义法制的统一。

要坚决依法查处侵犯村民民主权利的违法行为。未经县（市、区）委批准，无故不组织或拖延村民委员会换届选举的，要追究乡（镇）党委、政府和村党支部、村委会主要负责人的责任。对在推选村民选举委员会成员、提名确定村民委员会成员候选人、组织投票选举、罢免村民委员会成员过程中，有违法行为的单位或个人，当地党委、政府要及时责令改正，并对有关责任人给予党纪、政纪处分。对以暴力、威胁、欺骗、贿赂、伪造选票等违法手段破坏选举或者妨碍选民依法行使选举权和被选举权的，以及对控告、检举选举违法行为的人进行压制、迫害的，要根据情节轻重分别给予查处：情节较轻的，由乡（镇）人民政府或县（市、区）民政部门进行批评教育；构成违反治安管理行为的，由公安机关依法处理；构成犯罪的，由司法机关依法追究刑事责任。对假借选举活动，打着宗教旗号从事非法活动、民族分裂活动和刑事犯罪活动的，要坚决依法予以打击。要建立健全重大事件报告制度，及时上报由选举引发的重大事件。

五、从维护农村社会稳定大局出发，认真做好群众来信来访工作

认真做好村民委员会选举方面的群众来信来访工作，是党和政府体察民情、了解民意、改进工作的重要渠道，也是化解农村社会矛盾、保障村民民主权利的重要环节。各地、各有关部门特别是信访、民政、司法行政部门一定要尊重农民群众的申诉权、信访权，高度重视并正确对待群众的来信来访，切实有效地解决农民群众反映的问题，依法维护农民群众的民主权利。

要坚持及时、就地依法解决问题和思想教育疏导

相结合的原则。对群众反映属实，确实存在违法、违纪行为的，应及时对有关单位和人员予以查处；对群众反映与实际情况有出入的，要向群众说明情况，澄清事实，消除误解；对群众反映的问题一时解决不了的，要耐心解释，说明原因，争取群众的谅解。对群众来信来访，不能上推下卸，敷衍了事，更不能简单地采取强制措施，人为激化矛盾。

要建立健全来信来访登记和复信回访制度，把来信来访内容摘要登记，并把调查处理结果告知当事人。要建立信访工作责任追究制度，对因处理群众来信来访不及时或敷衍塞责、压制打击造成不良影响的，要通报批评；造成严重后果的，要依法追究有关单位和人员的责任。县（市、区）、乡（镇）党委、政府及有关部门要帮助那些村情复杂、管理薄弱的“难点村”、“重点村”，制定有针对性的选举工作方案，派出得力干部包村入户，帮助化解矛盾，保障选举工作顺利进行。

六、恪守为民之责，切实加强对村民委员会换届选举工作的组织领导

村民委员会换届选举是农村的一项基础性工作，涉及方方面面，必须切实加强领导和指导。

各地在开展换届选举工作时，要层层建立强有力的选举工作领导机构，形成党委领导、人大监督、政府实施、各有关部门密切配合的工作体制和运行机制，并按规定保证换届选举工作的经费。要把村民委员会换届选举与加强党在农村的工作结合起来，通过换届选举，全面推进农村基层组织建设，提高村级干部整体素质，促进农村各项事业发展。

地方各级人大和县级以上地方各级人大常委会在本行政区域内要切实保证村民委员会组织法的实施，保障村民依法行使选举权利。要认真研究村民委员会选举中出现的带有普遍性的问题，如选民资格、候选人资格、罢免程序等，不断完善有关法规制度。要加强监督检查工作，及时制止和纠正不符合法律、法规规定的做法。

县（市、区）、乡（镇）党委和政府要切实加强领导，建立健全党政领导工作责任制。县（市）党委组织部门对搞好村委会换届选举担负重要责任，要按照县（市）委的统一部署，切实加强指导。尚未开展选举的地方，要精心部署，做好选举前的宣传教育、骨干培训、村级财务清理审计等准备工作，加强对撤并村村民委员会选举工作的指导。已经完成村民委员会换届选举的地方，要认真检查验收，监督新老班子及时进行公章、财务等交接，及时建立人民调解、治安保卫、公共卫生等委员会，保障新班子依法履行职责，巩固选举成果。要注意研究新情况、新问题，制定和完善乡（镇）人民政府指导村民委员会开展工作的具体规则。

党在农村的基层组织要充分发挥领导核心作用。选举前要做好宣传动员工作；选举中要把握正确的方向，充分发挥党员的先锋模范作用，带领广大村民正确行使权利，自觉抵制各种违法行为；选举后主动支持、保障新一届村民委员会依法开展工作。要保证妇女在村民委员会选举中的合法权益，使女性在村民委员会成员中占有适当名额。提倡把村党支部领导班子成员按照规定程序推选为村民委员会成员候选人，通过选举兼任村民委员会成员。提倡党员通过法定程序当选村民小组长、村民代表。提倡拟推荐的村党支部书记人选，先参加村委会的选举，获得群众承认以后，再推荐为党支部书记人选；如果选不上村委会主任，就不再推荐为党支部书记人选。提倡村民委员会中的党员成员通过党内选举，兼任村党支部委员成员。要注重在优秀村民委员会成员和村民小组长、村民代表中吸收发展党员，不断为农村基层党组织注入新生力量。

民政部门是负责村民委员会选举工作的职能部门，要在各级党委、政府的领导下，认真进行调查研究，精心制定工作方案，当好党委、政府的参谋和助手。要配合人大及其有关部门搞好村民委员会换届选举的检查监督工作，保证选举质量。要全面掌握选举动态，及时纠正违法行为。要有计划地培训新一届村民委员会成员，提高他们的整体素质。选举工作结束后，要及时统计、汇总、上报选举结果，建立健全村民委员会选举工作档案，使选举工作逐步走上制度化、规范化的轨道。

国务院办公厅转发农业部、国务院纠风办、财政部、国家计委、国务院法制办等部门关于2002年减轻农民负担工作意见的通知

（2002年2月10日）

2002年是我们党和国家历史上具有重大意义的一年。我国加入世界贸易组织后，调整农业结构、深化农村改革、增加农民收入的任务更加繁重，需要进一步维护农民利益，做好减轻农民负担工作。2002年减轻农民负担工作总的要求是：认真贯彻党的十五届六中全会、中央经济工作会议和中央农村工作会议

精神，按照综合治理、标本兼治的工作思路，坚持减轻农民负担的政策不变，坚持农村税费改革的方向不变，深化改革，完善制度，强化监督，狠抓落实，使农民负担的税费水平进一步减轻，把涉及农民负担恶性案件和严重群体性事件的数量坚决压下来。今年要重点做好五个方面的工作：

一、继续执行“一项制度、八个禁止”，对提留统筹费的收取和使用情况进行一次专项审计

继续抓好“一项制度、八个禁止”规定的落实。严格执行提留统筹费的预决算制度。未进行农村税费改革试点的地区。2002年提留统筹费一律不得超过2001年农民人均纯收入的5%和1997年的预算额，也不得改变提留统筹费的比例结构。继续落实好“八个禁止”的规定，禁止平摊农业特产税、屠宰税；禁止一切要农民出钱出物出工的达标升级活动；禁止一切没有法律、法规依据的行政事业性收费；禁止面向农民的集资；禁止各种摊派行为；禁止强行以资代劳；禁止在村里招待下乡干部，取消村组招待费；禁止用非法手段向农民收款收物。对违反“一项制度、八个禁止”规定的，必须追究责任，严肃查处。

进一步加强农民负担监督卡的发放和管理工作。农民承担的提留统筹费及“两工”，必须通过农民负担监督卡分解落实到户。凡未将监督卡发放到户的，农民有权拒绝缴纳款物和出工。要维护农民负担监督卡的严肃性，规范卡内项目，严禁加项加码或在卡外乱收费。

在认真落实农民负担预决算和监督卡制度的基础上，由农民负担监督管理部门会同有关部门对提留统筹费的收取、管理和使用情况进行一次专项审计。审计的重点是：提留统筹费的数额是否超过2001年农民人均纯收入的5%和1997年的预算额；使用中有无平调，挪用现象；财务收支、预决算方案制定与执行是否符合有关规定等。对审计出来的突出问题，要依法或按有关规定严肃处理。对提留统筹费管理混乱的乡村，上级有关部门要组织力量帮助整顿，制定规范化管理制度。

进一步抓好村务公开和乡镇政务公开。要将村提留的预决算方案、使用情况作为村务公开的主要内容，统筹费的收取和使用情况作为乡镇政务公开的主要内容，定期向农民公开，接受群众监督。

二、做好农村税费改革试点地区农民负担的监督管理

进行农村税费改革试点的地区，要始终把减轻农民负担作为改革的基本出发点。不得在改革前突击收费和集中清欠，不得通过人为抬高收费基数加重农民负担。在确定计税土地面积、常年产量、计税价格时，应张榜公布，征求农民意见，得到农民的认可。同时，抓紧乡镇机构、农村教育体制、乡镇财政体制、农业税收征管、村级筹资筹劳等配套改革。

加强对农村税费改革试点地区农民负担的检查监督。检查监督的重点是：农业税、农业特产税及两税附加是否按规定征收，其他违反国家规定专门面向农民的收费是否一律取消，村级范围内筹资筹劳是否符合“一事一议”的规定，农民负担是否真正减轻。农民负担监督管理部门要按照《中共中央　国务院关于进行农村税费改革试点工作的通知》（中发〔2000〕7号）和《国务院关于进一步做好农村税费改革试点工作的通知》（国发〔2001〕5号）的规定，加强对农业税附加、农业特产税附加、“一事一议”筹资等集体资金的监督管理。抓紧建立健全农民负担监测、信访举报、检查监督、案件查处等项工作制度，尽快建立适用新的农村税费制度的、有效的农民负担监督管理机制，防止农民负担反弹，巩固农村税费改革成果。

三、深入开展专项治理，逐步规范农民负担管理

继续抓好对农村中小学乱收费、报刊摊派、农村用电乱收费、农民建房乱收费等专项治理。要按照已有的部署，进一步抓好各项专项治理的实施、检查、督促工作。没有进行专项治理的地方和部门，要限期开展。已经开展专项治理的地方和部门，要进一步抓好整改工作，完善制度，规范管理。

扶贫开发工作重点县应全面实行农村中小学义务教育收费“一费制”。2002年实行“一费制”的学校不得超规定标准收费，也不得再向学生收取其他任何费用。未实行“一费制”的地区，除国家统一规定的杂费、借读费和必须由学校统一订购的课本费以外，学校不得向学生收取其他任何费用。坚决取消一切通过学校代收的费用。禁止向学校摊派各种费用。

全面实行村级订阅报刊费用“限额制”。各省、自治区、直辖市要根据本地实际情况，尽快制定村级订阅报刊费用的限额或占村级管理费的比例，向社会公布并严格执行。上级各部门不许以任何形式、任何名义向农村下达报刊征订任务，搞层层摊派。村级订阅报刊限额内的经费，要优先用于中央党报党刊的订阅。

普遍推行农业税收和涉农价格、收费“公示制”。凡是向农民收取的农业税收，按照中央和省两级审批权限和程序批准的涉及农民的行政事业性收费和重要商品及服务价格，均应向社会公示。通过公示栏、公示牌、公示墙、价目表等形式，向农民公开税收、价格、收费的文件依据、项目名称、征收标准、对象范围、举报电话等内容。凡是按规定应该公示而没有公示的，农民有权拒绝缴纳。“十五”期间，继续停止审批新的专门面向农民的行政事业性收费，原批准的收费项目也一律不得提高收费标准。

规范农村电价和农民建房收费。要坚决纠正农村用电超标准收费和借农网改造之机搭车收费的行为。凡是农网改造和农电管理体制改革已经完成的地区，必须实行城乡用电同网同价，同时有关部门要加强农村电价监督管理。对农民利用农村集体土地建设自用住房，要严格按照国家的有关规定收费，除依法颁发的证照可收取工本费外，一律不得再向农民收取其他行政事业性收费。

四、强化减轻农民负担工作责任，实行违反减轻农民负担政策“一票否决”制

继续强化减轻农民负担党政一把手亲自抓、负总责的领导责任制和专项治理的部门责任制。各地区、各有关部门要以江泽民同志“三个代表”重要思想为指导，从政治的、全局的高度充分认识做好减轻农民负担工作的重要性和紧迫性，采取切实有效措施，加大工作力度，抓好减轻农民负担方针政策的贯彻落实。要把减轻农民负担政策是否落实、农民负担是否减轻、农村社会是否稳定作为考核干部，特别是县、乡两级干部的一项主要内容和重要依据。各有关涉农部门在执行中央减轻农民负担的政策规定上要作出表率，对违反规定加重农民负担的，要按照部门专项治理责任制的要求，追究有关部门主要负责人的责任。

全面实行违反减轻农民负担政策“一票否决”制。对违反减轻农民负担政策，引发严重群体性事件、恶性案件或造成重大影响的其他事（案）件的县、乡，要按照有关规定和程序，取消其在一定时间内获得综合性政治荣誉和奖励的资格，同时取消其负有责任的党政领导在一定时间内晋职、晋级的资格，并给予党纪、政纪处分。要采取多种形式，加强正面宣传和引导。通过实行违反减轻农民负担政策“一票否决”制，调动各级党委、政府及其工作人员的积极性，改进思想作风和工作作风，提高依法行政的自觉性，真正形成齐抓共管的局面。同时，注意抓住典型案件，区别不同类型，分别予以通报或公开曝光，举一反三，以儆效尤。

五、继续抓好农民负担的监督检查，加大对违规行为的查处力度

规范对农业税收的征管，防止违反规定平摊税收，落实好灾区和贫困地区农业税费减免政策。从严审核涉及农民负担的收费项目和标准，从低核定农村收费标准。加强对农业生产资料、经营性服务价格的监督检查。

加强农民负担执法检查。按照中央的规定，地方各级人民政府每年要组织两次农民负担执法检查。应根据群众来信来访的线索，确定检查的地区和内容，着重解决群众反映的突出问题，防止走过场。检查情况逐级上报，上级政府应对正反两方面的典型及时予以通报。

2002年各地要对扶贫开发工作重点县农村中小学收费“一费制”、村级订阅报刊费用“限额制”、农业税收和涉农价格收费“公示制”实施情况进行一次全面检查。国务院减轻农民负担联席会议将组织有关部门对各地检查的情况进行抽查。

切实做好农民负担信访的接待、处理、检查和督办工作，把这项工作作为保持党和群众血肉联系的纽带。各级政府及有关部门要认真接待和处理农民负担来信来访，倾听农民群众的意见和要求。按照谁主管、谁负责的原则，及时解决反映的问题。加强对农民负担来信来访的督办、做到事事有回音，件件有着落。

进一步加大对农民负担案件和违规行为的查处力度，加强对农民负担案件上报、查处工作的监督检查，不得以一时难以定性为由而拖延上报时间。凡是隐瞒不报、未按规定时限及时上报、查处不力，致使案情恶化甚至引发严重事件的，要追究有关领导和部门的责任。

减轻农民负担工作是各级政府的重要职责。各地要进一步加强对减轻农民负担工作的领导，强化农民负担监督管理部门的职能，采取切实措施，稳定队伍，保证工作经费。各级农民负担监督管理部门要认真履行职责，努力改进工作，不仅要与有关部门一起搞好农民负担项目审核、来信来访、案件查处等日常监督管理，还要在当地党委、政府的领导下，加强对基层干部的政策培训工作。特别是农民负担较重、连续发生农民负担严重群体性事件和恶性案件的地区，要定期组织基层干部进行农民负担政策培训，促使他们增强群众、政策、法制和全局观念，做好减轻农民负担工作，切实维护农民利益。

国务院办公厅印发关于促进农产品加工业发展意见的通知

（2002年11月6日）

近年来，我国农产品加工业得到了较快发展，成为国民经济中发展颇具潜力的增长点。但就总体而言，还不能适应整个经济和社会发展的需要，尤其是农产品加工水平和质量较低，专门用于加工的农产品

不足，产加销各环节联结不紧密，农产品质量安全标准不健全、加工业布局和产业结构不尽合理等问题仍比较突出。为促进农产品加工业持续健康发展，现提出如下意见：

一、充分认识发展农产品加工业的重要意义

发展农产品加工业，实现农业产业化经营，是促进农业和农村经济结构战略性调整的重要途径，具有十分重要的意义。发展农产品加工业，可以促进优化农产品区域布局和优势农产品生产基地的建设，延长农业产业链条，提高农产品的综合利用、转化增值水平，有利于提高农业综合效益和增加农民收入；通过扩大农产品深加工，提高产品档次和质量，促进农产品出口，有利于提高我国农业的国际竞争力；通过发展农产品加工业，以农业产业化经营为基本途径，吸纳农村富余劳动力就业，提高技术装备能力和水平，有利于推进农业现代化。

二、发展农产品加工业的指导思想和目标

（一）指导思想　当前和今后一个时期，要紧紧围绕农业和农村经济结构的战略性调整，因地制宜，科学规划，合理布局，依靠科技进步发展农产品加工业；在避免重复建设、提高农产品综合加工能力的同时，逐步实现农产品由初级加工向精深加工转变，由传统加工工艺向采用先进适用技术转变；推进农产品加工原料生产基地化，产加销经营一体化，加工制品优质化，促进农产品加工业持续健康发展。

（二）发展目标　经过5～10年发展，形成与优势农产品产业带相适应的加工布局，建成一批农产品加工骨干企业和示范基地；建立农产品加工业的技术创新体系，健全重要农产品加工制品质量安全标准；使农产品加工业增加值占国内生产总值、工业增加值的比重有较大提高。

三、发展农产品加工业的主要原则和重点领域

（一）主要原则

1．*以市场需求为导向。*遵循市场经济规律，发展优质、安全、方便、营养的农产品加工制品，巩固城市消费市场，开拓农村、小城镇和国际市场，不断适应和满足市场需求。

2．*发挥区域比较优势。*因地制宜，充分发挥其资源、经济、市场和技术优势，依托优势农产品专业化生产区域，发展优势、特色农产品加工业，逐步形成农产品生产和加工产业带，实现农产品加工与原料基地有机结合。

3．*适度规模经营。*发展农产品加工业，要与原料基地的规模和市场需求相适应，既要发展大中型龙头骨干企业，又要发展有市场、有特色、有潜力的小型企业。

4．*采用先进适用技术。*保护和发展具有民族特色的传统工艺，选用先进适用的技术装备，鼓励有条件的农产品加工企业积极引进和开发高新技术。

5．*发展和保护相结合。*坚持高标准、严要求，采用先进工艺和技术，切实推行清洁生产，保护生态环境，有利于可持续发展。发展农产品加工业，要特别注意不能上污染严重和危害生态环境的项目。

6．*加强宏观指导。*通过制定和实施农产品加工业发展规划、政策，引导农产品加工业合理布局，防止盲目铺摊子和低水平重复建设，新上项目一开始就要做到高起点、高水平，提高农产品加工的现代化水平。

（二）重点领域

1．*大力发展粮、棉、油料等重要农产品精深加工。*粮食加工以小麦、玉米、薯类、大豆、稻米深加工为主，配套发展粮食烘干等产后处理能力。发展各类专用粮油产品和营养、经济、方便食品加工。

2．*积极发展"菜篮子"产品加工。*肉类重点发展猪、牛、羊、鸡、鸭、鹅、兔等产品深加工；奶业要优先提供优质、营养的学生饮用奶；水产品发展优质鱼、虾、贝类、海珍品等水产品精深加工；积极发展有机蔬菜产品和绿色蔬菜产品加工，搞好蔬菜的清洗、分级、整理、包装，推广净菜上市，发展脱水蔬菜、冷冻菜、保鲜菜等；注重发展干鲜果品保鲜、储藏及精深加工。

3．*巩固发展糖、茶、丝、麻、皮革等传统加工。*鼓励发展精制糖，发展名优茶、有机茶和保健茶；发展丝和麻加工系列制品；积极开发牛、羊等皮毛（绒）深加工制品；合理利用和开发食用菌等农业野生资源，发展特色农产品加工。

四、促进农产品加工业发展的重点工作

（一）制定和实施发展规划　各省、自治区、直辖市人民政府要根据《全国主要农产品加工业发展规划》和《全国优势农产品区域布局规划》等有关规划，结合本地实际情况，制定本地的农产品加工业发展规划并认真组织实施。要重点做好对市、县两级农产品加工业发展规划编制和实施的指导，防止盲目发展和重复建设。

（二）建设原料生产基地　在现有农产品生产基地的基础上，加强优势农产品良种繁育、技术推广、运销服务等基础设施建设，建设和形成布局合理、专用、优质、稳定的优势农产品原料生产基地。

（三）建立生产经营新机制　鼓励农产品加工企业通过定向投入、定向服务、定向收购等方式，发展产业化经营，与农民建立稳定的合同关系和利益联结机制，形成真正的利益共同体。

（四）鼓励和扶持龙头企业　支持农产品加工骨干企业实行优质农产品基地建设、科研开发、生产加工、营销服务一体化经营。要重点培植一批有自主知识产权、产业关联度大、带动能力强、有国际竞争力的大中型农产品加工龙头企业。支持农产品加工龙头企业引进国外资金、技术和管理经验，提高农产品加

工水平，增强农产品加工制品国际市场竞争力。

（五）推进技术进步和科技创新　国务院农业和科技行政主管部门要抓紧制定农产品加工业的技术发展政策措施。优先开发大宗农产品的精深加工工艺、技术和装备。支持科技成果转化和推广先进适用的农产品加工技术。鼓励农产品加工骨干企业与大专院校、科研院所联合组建科学技术研究与开发中心。各地有关部门和农产品加工企业，要重视对职工的技能培训。

（六）健全质量安全体系　参照国际标准，抓紧制（修）订和健全农产品加工制品的质量安全标准和技术规范。完善农产品加工制品质量安全检验检测手段，抓好质量认证工作。加强对农产品加工质量安全的监督、检测和检查，完善有关法规并严格执法。

（七）扶持和发展中介组织　加强农产品加工业行业协会、专业技术服务等中介组织建设。发挥各种专业化中介组织在提供社会化服务、开展行业自律、防止无序竞争、协助解决国际贸易争端等方面的作用。

五、发展农产品加工业的政策措施

（一）加大国家投入力度　提高农产品加工业基本建设投资占整个基本建设投资的比重，增加对农产品加工骨干企业的技改投入。各级财政支农资金和农业综合开发有偿资金等，要重点支持农产品加工企业的基地建设、科研开发、技术服务、质量标准和信息网络体系建设。科技、农业、乡镇企业等行政主管部门的科技开发资金、教育培训资金，应有一定比例用于农产品加工业发展。外经贸部门应加大对农产品加工制品出口的支持和协调服务。

（二）给予相关的金融支持　商业银行要将支持农产品加工企业发展作为信贷工作的重要内容，及时满足农产品加工企业合理的资金需求。对农产品加工企业向农户收购农产品和完成国内外订单生产所需流动资金，有关银行应积极予以支持。对农产品加工企业申请贷款，应视项目用途与实际需要，适当放宽担保抵押条件，合理确定贷款期限。应把中小型农产品加工企业列为中小企业信用担保体系的优先扶持对象。符合股票上市条件和市场开拓能力强的大型农产品加工骨干企业，可申请公开发行股票并上市。

（三）落实税收支持政策　对农产品出口实行与法定退税率一致的退税政策，出口退税率尚未达到法定征税率的农产品，应优先考虑适当提高出口退税率。企业研究开发新产品、新技术、新工艺所发生的各项费用，在缴纳企业所得税前扣除。农产品加工企业引进技术和进口农产品加工设备，符合国家有关税收政策规定的，免征关税和进口环节增值税。对重点农产品加工骨干企业从事种植业、养殖业和农产品初加工所得，要落实免征3～5年企业所得税的政策。

（四）其他配套措施　各级国土资源管理部门在编制土地利用总体规划和计划时，要对农产品加工企业用地进行统筹考虑，合理安排。农产品加工企业特别是骨干企业生产经营需征用土地应依法报批，各项费用按合理标准收取。电力部门要保证对农产品加工企业的供电。

六、切实加强对发展农产品加工业的组织领导

地方各级人民政府要把发展农产品加工业作为繁荣农村经济的重点，统一规划，统筹安排，将其纳入本地区经济社会发展计划。对不同地区、不同特点的农产品加工业要实行分类指导，注重实效，避免“一刀切”、“一哄而起”或搞重复建设。有关部门和地区，要在巩固、提高东部地区和城市农产品加工水平的同时，积极促进资金、技术和人才等要素向中西部地区和小城镇流动。

国务院农业行政主管部门要牵头研究和制定促进农产品加工业发展的政策措施，计划、经贸、外经贸、国土资源、财政、科技、卫生、金融、税务、环保、工商、质检等行政主管部门要各司其职，加强协作，转变职能，改善服务，共同推动农产品加工业持续健康发展。

中共北京市委转发《中共北京市人大常委会党组关于全市乡镇人民代表大会换届选举工作的意见》

（2002年9月5日）

根据宪法、地方组织法和全国人大常委会办公厅《关于乡级人民代表大会代表选举时间的通知》要求，我市本届乡镇人民代表大会的任期即将届满，需要选举产生新一届乡镇人民代表大会代表，并通过召开新一届乡镇人民代表大会选举产生新一届乡镇人大、政府的领导人员。为切实做好这项工作，现提出如下意见。

一、指导思想

这次全市乡镇人大换届选举工作，要高举邓小平理论伟大旗帜，坚持党的基本路线，以“三个代表”重要思想为指导，在市委领导下，认真贯彻《中共中央关于转发〈中共全国人大常委会党组关于全国乡级

人民代表大会换届选举工作有关问题的意见〉的通知》和《中共北京市委关于加强人大工作的决定》，把坚持党的领导、充分发扬民主和严格依法办事有机地结合起来，周密安排，精心组织，严格按照法定程序，切实保障选民的民主权利，选好乡镇人大代表和乡镇人大、政府领导人员，推进基层民主法制建设，促进乡镇经济和社会的全面发展。

二、工作步骤和时间安排

这次乡镇人大换届选举，在工作安排上要统筹兼顾、紧凑合理、适当集中。其工作步骤和时间安排大体分五个阶段进行：

1. *准备工作*。9月上旬由市十一届人大常委会第三十六次会议做出《关于乡、民族乡、镇人民代表大会换届选举的决定》；9月中旬市委召开全市乡镇人大换届选举工作会议，进行动员部署；9月下旬至10月下旬各区县做好调查摸底、确定代表名额、建立各级选举机构、制定详细工作计划、抽调和培训选举干部、划分选区等各项准备工作。

2. *选民登记*。11月底前各乡镇按选区完成选民登记工作，于选举日的20日前公布选民名单。

3. *确定代表候选人*。12月上、中旬进行提名推荐、酝酿协商和确定代表候选人，在选举日的15日前公布初步代表候选人名单，在选举日的5日前公布正式代表候选人名单。

4. *投票选举*。为保证全市选举工作协调有序进行，参照上届乡镇人大代表换届选举的做法，全市乡镇人大代表的投票选举日，统一定为12月24日（星期二）或25日（星期三）。

5. *召开新一届乡镇人大一次会议*。根据地方组织法规定，乡镇人大代表选举产生后的两个月内，召开新一届乡镇人民代表大会第一次会议，选举产生新一届乡镇人大、政府领导人员。全市乡镇人大换届选举工作于2003年2月底以前完成。

三、代表名额和构成

按照选举法和《北京市区、县、乡、民族乡、镇人民代表大会代表选举实施细则》的规定，乡镇人大代表的总名额经确定后，不再变动。如果由于行政区划变动或者由于重大工程建设等原因造成人口较大变动的，代表总名额依照选举法的规定重新确定。区划调整的乡镇，应由所在区县的人大常委会重新确定其代表名额，并报市人大常委会备案。除此之外，各乡镇应当严格依法按照上届确定的代表名额执行，一般不再变动。预计全市新一届乡镇人大代表总名额为10 000余名，比上届有所减少。

为使乡镇人民代表大会有效地行使法律赋予的各项职责，这次换届选举要在提高代表素质、优化代表结构上下功夫，注重代表的广泛性和代表性。推荐的代表候选人，应拥护党的基本路线，模范遵守宪法和法律，密切联系人民群众，努力实践“三个代表”要求，具有较强执行代表职务的责任感和能力。代表中的中共党员比例以不超过65%为宜（上届全市平均为63%）；妇女代表的比例应不低于上届（上届全市平均为33%）；少数民族代表所占比例，应高于少数民族占本地区人口的比例。代表中乡镇级领导干部所占比例不宜过多，适当增加教育、科技和新经济组织等方面的代表所占比例。要注意改善代表的年龄、文化结构。

四、乡镇领导班子的配备

选好乡镇人民代表大会的主席、副主席和乡镇人民政府的领导人员是换届选举的一项重要任务。要按照市委组织部和市委农工委《关于2003年乡镇领导班子换届人事安排的意见》，进一步加强乡镇政权班子建设。要及早做好人事安排，需要交流、调整的干部应提前到位，注意防止出现人事安排滞后的被动现象，以保证换届选举工作的顺利进行。换届选举后乡镇人大、政府的领导干部要保持相对稳定，在任期内一般不做变动。

乡镇人民代表大会是最基层的国家权力机关。为了加强乡镇人大工作，根据《中共北京市委关于加强人大工作的决定》和《北京市乡、民族乡、镇人民代表大会组织条例》的规定，乡镇人大主席、副主席至少有一人为专职，建议区县党委在考虑新一届乡镇政权班子人选时，应当为乡镇人大配备好专职的主席或副主席。

五、换届选举工作的组织领导

保证乡镇人大换届选举工作的顺利完成，加强党委领导是关键。今年下半年的各项工作任务十分繁重，在乡镇换届的同时，还要进行市人大代表的换届选举。要坚持“党委领导、人大主办、各方配合”的原则，把乡镇换届选举作为当前一项重要任务，在各级党委的领导下，统筹安排，周密部署，精心组织，把工作抓紧、抓实、抓细、抓好。为了加强对全市乡镇人大换届选举工作的领导，市委专门成立乡镇换届选举工作领导小组，由市委一位副书记担任组长，市委、市人大常委会、市政府等有关部门领导为成员，下设北京市乡镇换届选举工作办公室，同时作为市人大常委会指导乡镇换届选举工作的具体办事机构。

各区县人大常委会要在党委的领导下，依法履行职责，做好换届选举的具体领导工作。各乡镇要依法成立选举委员会，主席由同级党委主要负责人担任。各选区设立选区工作组，办理选举工作的具体事宜。要组织好选举工作人员队伍，加强对工作人员的培训，组织他们学习有关的法律法规，熟悉选举工作程序。要教育选举工作人员尊重选民的民主权利，充分发扬民主，严格依法办事。在选举过程中要加强各方面的联系，保持信息渠道畅通，及时妥善处理可能发生的各种问题，尽可能把影响选举工作顺利进行的矛盾和问题解决在选举之前。要注意防止和及时处理各种违法行为，杜绝违法事件的发生，保证选举工作的顺利完成。

要高度重视和加强换届选举的宣传。各级党委宣传部门要按照乡镇人大换届选举的总体要求，充分利用各自的优势，组织新闻媒体和文化单位，运用群众喜闻乐见的形式，在选举工作的各个阶段，有针对性地开展广泛、深入的宣传教育活动。市属各新闻单位要根据选举的不同阶段，围绕选民广泛参加选举活动、踊跃推荐代表候选人、积极参加投票选举等，有重点地进行宣传，形成宣传高潮，提高宣传实效。

按照选举法的规定，各级选举工作机构所需经费应当列入同级财政开支，专款专用。

附：中共北京市委乡镇换届选举工作领导小组成员名单

中共北京市委乡镇换届选举工作领导小组成员名单

组　　长：杜德印　　市委副书记
副 组 长：赵凤山　　市人大常委会副主任
　　　　　刘志华　　副市长
成　　员：游广斌　　市委办公厅副主任
　　　　　孟秀勤（女）　市委组织部副部长
　　　　　肖　培　　市委宣传部副部长
　　　　　慕　平　　市委政法委副书记
　　　　　白仙畔（女）　市委农工委副书记
　　　　　杨心辉　　市人大常委会人事室主任
　　　　　徐仁发　　市人大常委会农村委员会主任
　　　　　刘宝成　　市民政局局长
领导小组下设办公室
办公室主任：杨心辉　　（兼）
　　副主任：孟秀勤（女）　（兼）
　　　　　　肖　培　　（兼）
　　　　　　白仙畔（女）　（兼）
　　　　　　高岩辉　　市人大常委会人事室副主任
　　　　　　张　杨　　市人大常委会办公厅副主任

市政府令
北京市食品安全监督管理规定

（2002年12月31日）

第一条　为保障人民群众身体健康和人身安全，加强食品安全监督管理工作，根据有关法律、法规，结合本市实际情况，制定本规定。

第二条　本市行政区域内从事食品生产经营的单位和个人应当遵守本规定。

第三条　本市对食品实行市场准入制度。

第四条　市人民政府统一协调食品安全监督管理工作。

市工商行政管理、卫生、质量技术监督、商业、农业等行政管理部门在各自职责范围内，按照市人民政府的统一规划和部署，依法履行职责，共同做好食品安全监督管理工作。

第五条　本市对食品安全实行区、县人民政府责任制。区、县人民政府应当统一协调本区（县）有关行政主管部门做好食品安全监督管理工作。

第六条　本市建立食品安全专家评估制度。

第七条　在本市生产、加工、销售的食品应当符合安全标准。不符合安全标准的食品，不得生产、加工和销售。

本规定所称食品安全标准是指国家标准、行业标准或者本市地方标准中涉及人体健康和人身安全的强制性标准。

任何单位和个人不得限制符合安全标准的食品进入本市。

第八条　市人民政府根据本市食品安全管理的需要，公布实施重点监督管理的食品名录（以下简称重点名录）。

本市对列入重点名录的食品制定统一的抽查计划，统一向社会发布检测结果。

第九条　本市实行向社会公布畜禽和畜禽产品、蔬菜等食品生产企业推荐名单的制度。列入推荐名单的条件和程序，分别由市商业、农业等行政主管部门按照职责分工规定并公布。

推荐名单中公布的企业违反本规定，生产、加工、销售的食品不符合安全标准的，公布部门应当将该企业的违法情况通知企业所在地的政府和有关主管部门，并将该企业从推荐名单中取消，通报与上述企业签订定向供货合同的单位，建议其解除合同。

第十条　本市食用农产品市场的开办者应当与定点屠宰厂、蔬菜生产基地、水产品养殖场建立规范的定向进货渠道，并对进货情况进行查验。

第十一条　列入本市重点名录的食品及其生产者的下列信息，由市工商行政管理部门统一汇集和公布：

（一）品名、品种、规格、商标；

（二）生产者的名称、地址、联系方式；

（三）生产者获得生产许可证、卫生许可证及其他专项许可的情况。

列入重点名录食品的生产经营者已依法向有关行政主管部门备案的，由有关行政主管部门向市工商行政管理部门提供前款规定的信息；未向有关行政主管部门备案的，由生产经营者直接向市工商行政管理部门申报备案，提供前款规定的信息。

第十二条　本市建立食品安全信用监督管理系统，记载并向社会公示下列信息：

（一）列入重点名录的食品名单；

（二）定点屠宰厂、蔬菜生产基地、水产品养殖场名单；

（三）获得驰名商标或者省级以上安全食品、无公害食品、绿色食品、有机食品、名牌产品称号的食品名单；

（四）生产经营的食品不符合食品安全标准，受到有关部门查处、限期追回的情况；

（五）责令暂停购进或者禁止销售的食品名单。

第十三条　有关行政管理部门在对销售的食品进行监督检查时，可以对食品进行简易或者快速检测，检测应当使用经检定合格的检测设备和列入国家标准的测定方法，依据检测结果可对认为不符合安全标准的食品实施临时控制措施；实施临时控制措施后，应当及时将被控制的食品交由国家认证的检测机构复测，并依据复测结果作出处理。

第十四条　豆制品、熟肉制品、调味品等以散装形式销售的食品，自2003年7月1日起，在出厂时和零售前，应当具有符合安全卫生要求的包装。

销售散装食品应当向消费者明示品名、产地、生产企业、出厂日期和保质期。

预包装食品标签应当符合国家法律、法规和强制性标准的规定。

第十五条　蔬菜在本市零售市场销售前，应当有包装。包装可以采用大宗简易包装、小包装或者其他包装。

包装应当附着标签。标签应当标明品名、生产基地或者经销单位的名称和地址、采摘或者包装日期、净重等。有商标的可以标明商标。

第十六条　生产经营的鲜、冻畜禽产品应当使用冷藏车冷藏运输。蔬菜应当封闭运输，使用敞篷车辆的应当采用遮盖和保护措施。

第十七条　鲜、冻畜禽产品进入市场时，应当出具检疫合格证明，猪、牛、羊胴体应当加盖检疫合格章和货源基地编号章，按不同供货人、不同批量分别签封。直接进入各类食品市场销售时，应当经动物防疫监督员或者市场内的监督检验人员启封、验证、验章。

外地畜禽和畜禽产品进入本市销售的，应当经由市人民政府公布的检疫通道，经动物防疫监督机构启封、验证合格，重新签封后方可进入本市。用汽车运输的，车辆应当经检疫消毒，取得北京市动物防疫监督机构的消毒证明。

第十八条　经营列入重点名录食品的，应当建立进货检查验收制度。经营者应当向初次交易的供货人索取、查验相应的营业执照、生产许可证、卫生许可证、商标注册证并保存复印件，以后每年核对一次。对购进的货物应当按批次向供货人索取食品质量检验证明、检疫证明、销售凭证、外地畜禽产品进京车辆消毒证明等与食品安全有关的证明并保存复印件。经营者对购进的食品应当记载产地、加工厂家、进货渠道、购进日期和数量、供货人等事项，查验供货人备案公示情况。

第十九条　经营食品的市场开办者应当做到：

（一）引导市场内的商户经营列入推荐名单的企业、基地生产的食品；

（二）指导并督促经营者执行进货检查验收、索证索票等与保障食品安全有关的制度；

（三）制止不符合本规定第十四条、第十五条规定的食品、非定点屠宰厂加工、生产和未经检验、检疫的畜禽产品以及没有取得北京市动物防疫监督机构消毒证明的车辆进入市场；

（四）协助有关行政管理部门执行临时控制措施、对不合格食品实施无害化处理或者予以销毁；

（五）在市场显著位置设立警示牌，公示场内食品经营者的良好和违法行为。

食用农产品批发市场应当配置与其经营品种、数量相适应的设施和检测设备，对经营的蔬菜、鲜活畜禽产品进行自检。

第二十条　食用农产品生产基地应当具备保证产品质量的生产环境、生产设备和相关辅助设备以及生产、加工、贮存的场所，规范生产工艺，严格按照标准组织生产。

第二十一条　食用农产品生产过程中应当采取下列措施：

（一）建立投入品使用以及防疫、检疫和无害化处理等生产记录；

（二）畜禽实行计划免疫后，佩带免疫标识；

（三）建立畜禽检验检疫制度，提供产品合格证明。

第二十二条　本市实行安全食用农产品标志制度，向符合条件的单位和个人核发《安全食用农产品标志使用证书》。具体办法由市食用农产品安全生产体系建设办公室另行制定。

第二十三条　食品经营活动中禁止下列行为：

（一）加工注水或者注入其他物质的畜禽和畜禽产品；

（二）销售注水或者注入其他物质的水果、蔬菜、畜禽和畜禽产品或者非定点屠宰厂生产、加工的畜禽产品；

（三）加工、销售无法追溯来源的动物及其产品；

（四）收购不符合安全标准的产品。

第二十四条　食用农产品生产活动中使用农药、兽药、饲料添加剂应当符合国家规定，不得超限量使用允许使用的农药、兽药、饲料添加剂，不得违反农药使用安全间隔期、动物用药休药期的规定。

第二十五条　有关行政管理部门对经检测确定为不符合安全标准的食品，应当责令生产经营者停止生产经营，立即公告追回。未销售或者已追回的食品，应当根据其不同属性进行无害化处理或者予以销毁。

生产经营者发现自己生产经营的食品不符合安全标准，应当立即主动采取有效措施追回或者收回。生产经营者主动追回或者收回的，可以减轻或者免予行政处罚。

第二十六条　有关行政管理部门在市场上发现对人体健康和人身安全造成严重危害或者具有潜在严重危害的食品，应当实施临时控制措施，责令停止购进、销售。实施影响较大的临时控制措施应当按照食品安全专家评估制度组织评估。

具有潜在严重危害的食品在潜在危害消除后，应当及时解除临时控制措施。

第二十七条　鼓励社会公众举报生产经营不符合安全标准食品的行为。

有关行政主管部门收到关于食品安全问题的举报，属于本部门职权范围的，应当及时依法调查处理；不属于本部门职权范围的，应当及时移交有管辖权的行政主管部门，并通知举报人。

第二十八条　食品生产经营者有下列行为之一的，给予以下行政处罚：

（一）违反第十四条、第十五条规定，未对食品进行包装或者包装不符合安全卫生要求的，未附着标签或者标签标示内容不真实的，销售散装食品未向消费者明示或者明示内容不真实的，由卫生行政管理部门或者工商行政管理部门责令限期改正，逾期不改的，处3 000元以下罚款。

（二）违反第十八条规定，未建立进货检查验收制度的，由工商行政管理部门责令限期改正，逾期不改的，处1 000元以下罚款；不执行已建立的检查验收制度的，由工商行政管理部门责令改正，并处200元罚款。

（三）违反第二十一条第一款第（一）项规定，未建立生产记录的，由市农业行政管理部门予以警告，责令改正。

（四）违反第二十三条规定的，由工商行政管理、商业、农业行政管理部门予以警告，并处3 000元以下罚款。

（五）违反第二十四条规定的，由市农业行政管理部门处1 000元以上1万元以下罚款。

（六）违反第二十五条规定，对不符合安全标准的食品应当追回而不追回的，由卫生、工商行政管理或者质量技术监督部门处5 000元以下罚款。

第二十九条　违反第十六条规定，鲜、冻畜禽产品未使用冷藏车冷藏运输的，由工商行政管理部门处1 000元罚款。蔬菜未封闭运输的，由工商行政管理部门处500元罚款。

第三十条　违反第十七条第二款规定，外地运输车辆未经市人民政府公布的检疫通道进入本市的，由农业或者工商行政管理部门责令补检，并对承运人按每辆车1 000元处以罚款。

第三十一条　违反第十九条规定的，由工商行政管理部门对市场开办者予以警告，并在市场显著位置挂牌公示；其中违反第一款第（三）项、第（四）项规定的，并处1万元以上3万元以下罚款；违反第（五）项规定的，责令限期改正，逾期不改的，处1 000元罚款。

第三十二条　食品生产经营者不执行有关行政管理部门依据第二十六条实施的临时控制措施的，由工商行政管理部门予以警告，责令改正，并处1 000元以上5 000元以下罚款。

第三十三条　从事食品生产经营的单位和个人违反《中华人民共和国食品卫生法》、《中华人民共和国产品质量法》、《中华人民共和国动物防疫法》等法律、法规规定的，由有关行政主管部门依法处理。

第三十四条　本市各级人民政府及其工作部门应当采取措施，维护食品生产经营者的合法权益，引导食品生产经营者提高产品质量，生产经营合格食品。

第三十五条　工商行政管理、卫生、质量技术监督、商业、农业等行政管理部门的工作人员不履行法定职责，侵害食品生产经营者的合法权益，造成不良后果的，对直接负责的主管人员和其他直接责任人员依法给予行政处分。

第三十六条　本规定自2003年2月1日起施行。

北京市人民政府批转市公安局关于推进小城镇户籍管理制度改革的意见

（2002年9月28日）

为加快本市小城镇经济发展和城市化进程，促进城乡经济协调发展，探索建立适应社会主义市场经济体制的新型户籍管理制度，根据《国务院批转公安部关于推进小城镇户籍管理制度改革意见的通知》（国发〔2001〕6号）精神，结合本市实际情况，提出如下意见。

一、工作目标和原则

本市小城镇户籍管理制度改革工作，应坚持既要积极又要稳妥，因地制宜、协调发展的原则。要有利于小城镇健康发展，有利于加快农村富余劳动力的转移；也要充分考虑小城镇发展的实际需要和承受能力，不搞“一刀切”。小城镇户籍管理制度改革要符合本市经济和社会发展的要求，并与加快小城镇发展总体规划相衔接；要使人口增长与经济发展、基础设施建设、就业和社会保障能力相协调，防止一哄而起，盲目扩大规模，大量占用耕地，削弱农业的基础地位。

二、改革范围和内容

在本市14个卫星城和33个中心镇（名单附后）的规划区范围内，有合法固定住所、稳定职业或生活来源的人员及其他共同居住生活的直系亲属，凡持有本市农业户口的，均可根据本人意愿办理城镇常住户口。对经批准在小城镇落户的人员，根据本人意愿，可保留其承包土地的经营权，也允许依法转让。

本市小城镇户籍管理制度改革自2002年7月1日起开始实施，具体条件和办理程序参照《北京市人民政府办公厅关于印发北京市郊区小城镇建设试点城镇户籍管理试行办法的通知》（京政办发〔1997〕41号）和《北京市人民政府办公厅关于转发北京市郊区小城镇建设试点城镇户籍管理试行办法实施细则的通知》（京政办发〔1997〕74号）的有关规定执行。由各实行小城镇户籍管理制度改革的地区根据实际需要提出拟转数量，由市公安局统一向市计委提出申请，经批准后分期、分批办理。

三、工作要求

（一）加强领导，确保本市小城镇户籍管理制度改革工作顺利进行　这项工作涉及面广政策性强，关系到群众的切身利益，有关区县政府和市政府有关部门要成立专门机构，切实负起责任，及时了解掌握改革进展情况，妥善解决工作中遇到的问题。市公安局和市农委共同负责小城镇户籍管理制度改革的各项准备工作。

（二）严格履行各项审批手续　进行小城镇户籍管理制度改革地区的公安机关，要在当地政府的统一领导下，严格按照国务院和本市有关规定，受理有关“农转非”的申请。公安机关要切实负起责任，严格按照群众自愿申报、居住地登记户口、人户一致等原则审核把关。对符合条件的申请要及时审批，凡不符合条件的，一律不予办理。对弄虚作假、违法违纪的要追究责任，严肃处理。

（三）切实保障在小城镇落户人员的合法权益　经批准转为城镇户口的人员与原有城镇居民享有同等权利，履行同等义务，按照国家和本市有关规定参加社会保险。各有关地区和部门不得借改革之机，向群众收取增容费和其他类似费用，对违反规定的，要坚决追究有关人员的责任。

（四）加快研究解决小城镇建设中征用集体土地问题　市国土房管局要尽快研究制定小城镇建设中的集体土地转为国有土地、集体土地流转和集体土地上房屋权属登记的管理办法，保证小城镇户籍管理制度改革工作顺利进行。

附件：14个卫星城和33个中心镇名单

14个卫星城和33个中心镇名单

一、14个卫星城

通州区通州镇卫星城，大兴区亦庄卫星城、黄村卫星城，房山区燕房卫星城、良乡卫星城，门头沟区门城卫星城，昌平区昌平镇卫星城（南口、埝头）、沙河卫星城，延庆县延庆镇卫星城，怀柔区怀柔镇卫星城（雁栖、庙城），密云县密云镇卫星城，平谷区平谷镇卫星城，顺义区顺义镇卫星城（牛栏山、马坡），丰台区长辛店卫星城。

二、33个中心镇

海淀区温泉镇，丰台区王佐乡，门头沟区斋堂镇、潭拓寺镇，房山区窦店镇、长沟镇、琉璃河镇、韩村河镇，通州区宋庄镇、马驹桥镇、永乐店镇、漷县镇，昌平区小汤山镇、北七家镇、阳坊镇，顺义区杨镇、后沙峪镇、北小营镇、高丽营镇，大兴区榆垡镇、西红门镇、庞各庄镇、采育镇，平谷区峪口镇、马坊镇，怀柔区杨宋镇、汤河口镇，密云县太师屯镇、溪翁庄镇、十里堡镇，延庆县永宁镇、康庄镇、旧县镇。

北京市人民政府办公厅转发市农委等部门关于加快本市绿色养殖业发展的意见

（2002年2月1日）

近年来，本市养殖业发展取得了很大成就。在郊区农业发展的新阶段，必须实施可持续发展战略，高度重视食品安全和生态环境建设，抓住有利时机，加大郊区养殖业结构调整的力度，加快绿色养殖业的发展，推动郊区经济社会和生态环境的共同发展。现就加快本市绿色养殖业发展提出以下意见：

一、基本原则和发展目标

本市绿色养殖业发展的基本原则，一是以市场为导向、以科技为依托、以效益为中心，突出首都特色，合理调整布局，优化产品结构，注重生态环境建设，综合平衡资源可供量，养殖规模要与环境的承载力相适应。二是建立合理利用资源、保持生态平衡、持续高效的养殖生产体系。三是生产安全、优质的畜牧产品，保护生态环境，使生产、生活、环境相协调，社会效益、生态效益和经济效益相统一。本市绿色养殖业的发展目标是，树立绿色理念，强化绿色意识，创造绿色品牌，大力发展绿色养殖业，提高畜牧产品质量，保证畜牧产品安全，继续增加畜牧产品总量。经过3至5年的时间，使郊区养殖业产值占农业总产值的比重达到60%以上。

二、科学合理地制定郊区养殖业的发展规划

本市郊区养殖业要按照发展首都经济、实现可持续发展的战略要求，按照养殖业与种植业相结合、近期目标与长远目标相结合、局部利益与整体利益相结合、经济发展与环境建设相结合的原则，以市场为导向，充分考虑区位优势与环境容量，科学合理地制定发展规划。本市郊区各区（县）要结合自身特点和优势产业，制定辖区内养殖业的发展规划，因地制宜地发展绿色养殖业，促进区域经济的发展。

三、合理有序地调整郊区养殖业的布局

“十五”期间，本市养殖业要逐步退出近郊，向远郊和山区转移。各区（县）要按照环境优先的原则，合理安排养殖小区和加工企业的布局。从现在起，本市新建养殖、加工企业一律远离水源保护区和城镇居民区。现有水源保护区和城镇居民区内构成污染的养殖、加工企业，要逐步转移出去。郊区养殖业的布局要求，一是近郊区主要发展对环境无污染的特种养殖和观光养殖品种；远郊区结合本地区资源优势，突出发展适合区域经济发展的主导产业，形成集中连片的养殖产业带；山区重点发展对粮食依赖程度低的牛、羊等草食家畜和特种养殖。二是五环路以内原则上不再发展新的养殖、加工企业。除特种养殖外，现有养殖企业必须在3年内逐步转移出去。三是区（县）级以上公路两侧100米内和地表水源一级保护区、地下水防护区内禁止新建养殖企业，现有养殖企业必须在3年内逐步转移出去。四是新建养殖、加工企业必须远离城镇居民区。养殖企业与村庄要保持一定的距离，现有距离居民区较近的养殖企业要逐步转移或关闭。

四、进一步转变养殖业的生产和经营方式

郊区养殖业必须尽快改变庭院散养的生产方式，进入养殖小区实行规模化、集约化饲养，从根本上改善农民的生活居住环境，提高动物防疫水平。要从单纯的饲养环节向深加工、产业化的方向发展，提高畜牧产品的附加值。建立畜牧产品安全生产和标准化生产的规范体系，积极参与国际市场的竞争。在增长方式上由数量型向质量效益型转变，在养殖品种上以草食家畜为主，在生产方式上以养殖小区和舍饲养殖为主，在经营形式上大力发展以大型加工企业为龙头的产加销一体化经营，加快郊区养殖业生产的市场化进程。本市郊区养殖业的发展重点，一是大力发展畜禽良种产业。要充分依托人才和科技优势，把良种产业放在突出和重点位置，全面提高郊区畜禽良种的覆盖率，提高生产效率，增加经济效益。二是大力发展节粮型畜牧业。限制发展对环境影响较大的养殖品种，重点发展草食家畜和特种养殖。三是大力发展产业化经营。鼓励大型加工企业与农民专业合作经济组织进行联合，通过发展产业化经营，提高综合实力和竞争力，逐步进入国际市场，在更大领域内参与竞争。各区（县）养殖加工企业要加强与大型商业企业的联合与合作，特别是要与大型超市、连锁店建立购销关系，将安全优质的畜牧产品送上市民的餐桌。四是大力发展创汇农业。抓住我国加入世界贸易组织的有利时机，尽快与国际市场接轨，鼓励和扩大本市畜牧产品的出口创汇。

五、加强和完善动物防疫检疫监督体系

建立健全完善的动物防疫检疫监督体系是养殖业健康发展的重要保证。各区（县）政府和各级兽医卫生监督部门要高度重视，认真负责，切实做好动物防疫检疫工作，确保机构健全、职责明确、设施配套、工作到位。实行外埠进京动物及动物产品准入制度，

防止动物疫源传播。按照农业部等部门的要求，重点加强和完善本市无规定疫病区建设，提高疫病免疫、诊断、监测、控制、扑灭的能力，使全市动物防疫规范化，有计划、有目标、有重点地扑灭和控制特定动物疫病，使疫病的防治技术达到国际水平，改善本市动物防疫环境，确保食品安全，保障市民吃“放心肉”，保证养殖业健康发展。

六、加快畜禽粪便的无害化处理和利用

养殖业的畜禽粪便是造成环境污染的原因之一。畜禽粪便中含有有机物质和植物营养素，经过无害化处理后可以进行资源化利用，有利于防止环境污染和促进生态农业发展。要严格执行国家关于畜禽养殖业的法律、法规、标准和技术规范，按照“资源化、无害化、减量化”的原则，对郊区畜禽粪便进行科学处理和综合利用。一是新建规模养殖企业必须采取先进的饲养生产管理工艺，配套建设粪便污水处理设施，做到环保设施与生产设施同时设计、同时施工、同时使用。二是现有工艺不合理的养殖企业要逐步改造。凡采取水冲式清粪的养殖企业必须逐步停产，养殖企业要采取人工清粪、沉淀池沉淀、生物工程等多种处理方式，用3年的时间完成对郊区400多个规模猪场、鸡场的治理。各类养殖企业都要对畜禽粪便妥善收集，合理利用和处理，实现达标排放。三是根据自然资源和绿化条件，进一步限制放牧饲养，有条件的地区要禁止放牧饲养。逐步引导农民家庭养殖向养殖小区集中，实行集约化舍饲养殖，减少对环境的污染。四是结合畜禽粪便的治理和综合利用建立有机肥厂，大力推广使用有机肥，提高有机肥的利用率，促进郊区农牧业的良性循环。

发展绿色养殖业，既是推动郊区农业结构战略性调整的重要措施，也是新阶段郊区农民增收的重要途径，对于郊区经济社会的可持续发展具有重要意义。各区、县政府和市政府各职能部门要充分认识加快绿色养殖业发展的重要性、紧迫性，切实解决绿色养殖业发展中存在的突出问题，全面促进郊区养殖业的持续、健康发展。

北京市人民政府办公厅转发市农委、市计委关于贯彻落实《北京市国民经济和社会发展第十个五年计划纲要》，“十五”时期郊区农村经济发展的实施意见

（2002年6月14日）

按照党的十五届三中全会的精神，市委八届二次全会提出到2010年率先基本实现农业农村现代化，使农业和农村现代化建设达到中等发达国家水平。这一目标体现了首都现代化建设对郊区农村的客观要求，反映了农村生产力发展的趋势，代表了郊区农村广大群众的根本利益。“十五”时期，是率先基本实现农业农村现代化的关键时期，是首都实施现代化建设“新三步走”战略第一步战略的重要时期，郊区农村作为首都经济发展的重要组成部分，根据《北京市国民经济和社会发展第十个五年计划纲要》，结合农村经济发展实际，总结成绩，认清形势，明确目标，确定重点，特制定贯彻落实全市计划纲要的《“十五”时期郊区农村经济发展实施意见》。

一、“九五”期间郊区农村经济发展取得的成就

“九五”期间，郊区农村认真贯彻落实党的十五大、十五届三中全会和市委八届二次全会精神，坚持以经济建设为中心，以富裕农民为主线，认真落实党在农村的基本政策，进一步深化农村改革，积极推动经济结构调整，努力加强基础设施建设，郊区农村经济发展取得了令人瞩目的新成就。

综合经济实力显著增强，农民生活实现小康。“九五”期间郊区经济保持了年均8.7%的增长速度，到2000年，郊区实现国内生产总值548亿元，人均国内生产总值超过万元，农民人均纯收入达到4 687元，农民物质生活条件明显改善，总体上达到小康水平。

产业结构调整成绩突出。现代农业初具规模，种植业由粮食、经济作物二元结构向粮食、经济作物、饲料饲草三元结构转变，养殖业发展速度加快，精品农业、设施农业、籽种农业、创汇农业、加工农业、观光农业“六种”农业迅速兴起。乡镇企业二次创业全面推进，区县工业区、乡镇工业小区等建设加快，促进了工业结构调整。旅游业蓬勃发展，农村消费市场活跃，第三产业保持快速发展。

农业增长方式转变加快，科技成为经济增长的主导性因素。大批农业优良品种和先进技术得到推广和应用，一批农业高新技术项目落户郊区，一批

现代农业示范园区建成或正在建设。2000年，农业科技贡献率达到54.7%，比1995年提高了7.1个百分点。

水利基本建设开创新局面，生态环境建设掀起新高潮。在抓好重点防洪工程建设的同时，加强了灌溉、节水设施建设，兴建橡胶坝32座，节水设施控制面积达到400万亩。生态环境建设力度明显加大，山区、平原、城市绿化隔离地区三道绿色生态屏障建设加快，全市林木覆盖率达到43%。

山区生产生活条件改善，经济发展步伐加快。三年水利富民综合开发工程圆满完成，山区农民实现了人均拥有1亩抗旱灌溉粮田、1亩抗旱灌溉果园的目标。2000年边远山区乡镇农村经济总收入达到88亿元，全面消除了人均劳动所得1 500元以下的低收入村，山区农民生活基本进入小康。

农村改革进一步深化，以家庭承包经营为基础、统分结合的双层经营制度进一步健全。土地延包等党在农村的基本政策得到贯彻落实，农民正在成为农业生产领域的投资主体，农民专业合作经济组织和农村非公有制经济得到快速发展。

二、“十五”时期郊区农村经济发展面临的形势

展望新世纪，经济全球化趋势增强，科技革命迅猛发展，国际国内产业结构调整步伐加快，首都现代化建设进入新阶段，郊区农村经济发展既面临挑战，又有着难得机遇。

一是奥运带来的历史性机遇。举办2008年奥运会将激发北京加快经济发展的步伐，迅速提升首都现代化国际大都市的地位。伴随首都现代要素的扩散与推动，特别是产业结构优化升级、经济持续快速发展和城市现代化建设日新月异，对郊区农村经济发展将产生巨大推动和促进作用。郊区农村作为首都城市发展的腹地，将接受以中关村科技园区为核心的高新技术产业辐射和现代生产要素的扩散，同时吸引国内外现代生产要素的集聚，成为首都的现代工业基地。依托首都巨大消费市场，郊区农村也将成为城市居民休闲度假的场所、鲜活农产品的生产基地。

二是国际市场的机遇与挑战。我国加入世界贸易组织后，一方面，郊区农村可以发挥优势，主动参与国际分工和市场竞争，提高郊区农业综合生产能力和农业现代化水平，利用WTO提供的广泛的市场准入条件，扩大国际销售市场，加快内部结构调整，提高经济效益。另一方面，郊区农业也面临市场从价格竞争向品种竞争、质量竞争、服务竞争方向提升的形势和农产品进入国际市场高质量、安全性、标准化的更高要求。必须把“十五”时期作为入世的过渡期和准备期，加快郊区农村经济增长方式从粗放型转向集约型的步伐，大力推进产业升级和技术创新，调整产业、产品结构。

三是资源约束与环境压力。北京属于严重缺水地区，人均水资源不足300立方米，仅为全国人均占有量的1/8，世界人均占有量的1/30，水资源供需矛盾不断加剧将是郊区经济发展主要的制约因素；土地资源数量有限，后备资源不足，农用地日趋减少；农村劳动力素质难以满足经济快速发展的客观需要。同时，郊区农村作为首都的生态屏障，生态环境基础仍然比较脆弱，在经济发展过程中建设和保护生态环境、实现可持续发展面临着艰巨任务。

面对新的形势，郊区农村经济发展还存在着一些矛盾和问题，主要表现在：经济总量和结构与首都地位、经济运行机制与市场经济要求、工业化水平与现代化战略、小城镇发展与建设国际化大都市、农民收入增长速度与缩小城乡差别等方面还存在不适应的地方。如何充分发挥郊区农村的区位、科技、信息等优势，进一步解决这些矛盾和问题，是“十五”期间加快郊区农村经济发展步伐、提高农业和农村现代化水平所面临的重要课题。

三、“十五”时期郊区农村经济发展的指导思想和目标

根据十五届五中全会和市委八届六次全会精神，“十五”期间，郊区农村经济发展的指导思想是：坚持以邓小平理论和党的基本路线为指导，认真贯彻江泽民同志“三个代表”的重要思想，抓住申奥成功大好机遇，以“新北京、新奥运”为主题，以结构调整为主线，以改革开放和科技进步为动力，以富裕农民为根本出发点，努力提高郊区农业现代化、农村工业化、农村城市化和农民生活水平，把郊区农村建设成为首都的现代农业基地、现代工业基地、生态屏障、休闲胜地和市区人口疏散基地，培育成为首都经济发展的重要增长区，逐步形成结构合理、功能完善、生态良好的都市型郊区经济。

“十五”期间，要坚持以农业农村现代化统率郊区农村工作全局，在指导方针上着力把握以下几个方面：

第一，坚持以富裕农民为根本出发点。按照以人为本原则，以增加农民收入为重点，在巩固现有农民增收渠道的同时，不断挖掘潜力，开辟新的增收门路和更多的就业岗位，促进农民收入稳定增长。加快推进农村税费改革，减轻农民负担，关心低收入人群的生产与生活。努力提高农民科学文化素质，加强农村基础设施和社会保障体系建设，切实提高农民生活水平。

第二，坚持加快农村工业化进程。以结构调整为主线，在进一步加强农业基础地位、积极发展郊区第三产业的同时，大力发展现代工业，加快农村工业化进程。抓住经济结构战略性调整的机遇，进一步改善投资环境，吸引和优化配置现代生产要素，加快对现有传统工业的改造，大力引进和发展高新技术产业，建设适应首都经济要求的现代工业。

第三，坚持走城乡一体化道路。加快培育体现郊区优势、适应首都经济发展要求的主导产业，促进城

市经济向农村扩散和城乡经济融合。以郊区卫星城、中心镇为重点，加强基础设施建设，促进城乡建设同步，加快农村城市化进程，吸引城市居民向郊区分流。

第四，坚持实施科教兴国和可持续发展战略。充分发挥首都的科技优势，营造良好的内外环境，聚集优秀的科技与管理人才，加强科研与应用，增强科技成果转化能力，提高科技进步对郊区农村经济增长的贡献率，切实增强科技在经济发展中的主导作用。深入贯彻可持续发展思想，把经济建设与生态环境建设结合起来，在生态环境建设中保护、发展生产力，保持经济效益、社会效益和生态效益的统一，实现经济、社会与环境的协调发展。

第五，坚持深化改革和对外开放。必须适应改革开放特别是加入世界贸易组织的新形势，把体制创新摆在突出位置，勇于突破影响生产力发展的体制性障碍，深化市场取向的改革，切实转变政府职能。充分利用国际国内两个市场、两种资源，实施“走出去”战略，主动融入全球经济一体化的格局之中。在进一步加强国外资金、项目和管理引进的同时，积极发展外向型经济，不断增加产品的外贸出口。

第六，坚持因地制宜建设各具特色的区域经济。按照郊区功能特点、资源优势和区位条件，按“三圈三带”布局郊区农村经济，即以都市型产业为主的近郊经济圈、以现代农业和现代工业为主的远郊平原经济圈、以生态产业为主的山区特色经济圈和以中关村科技园区为中心沿八达岭高速公路、京密路、京津塘高速公路辐射的三条产业经济带。

“十五”时期，郊区农村经济发展的主要任务是：大力发展第二产业，积极发展第三产业，调整加强第一产业，促进郊区农村经济快速稳定发展，增强综合经济实力；坚持可持续发展，合理利用和节约、保护水、土地等资源，加强生态环境建设，构建首都三道绿色生态屏障；加强小城镇基础设施建设，培育小城镇经济，加快推进农村城市化进程；积极增加农民收入，提高农民生活水平；加快农业农村现代化建设，为2010年基本实现农业农村现代化奠定坚实基础。主要预期目标是：

1. 加快郊区农村经济发展，促进全市国内生产总值年均增长9%左右；

2. 农业增加值年均增长3%以上，2005年超过100亿元；

3. 郊区二、三产业比重达到87%以上；

4. 农业总产值中养殖业比重达到58%；

5. 农业科技进步对经济增长的贡献率达到60%；

6. 农产品全面实现标准化生产，安全食品达到100%；

7. 平原地区全面实现农业节水灌溉；

8. 郊区城市化率达到45%以上；

9. 林木覆盖率达到48%以上；

10. 农民人均可支配收入年均实际增长6%以上。

在此基础上，再经过五年努力，即到2010年，郊区基本实现农业农村现代化，经济实力接近或达到中等发达国家水平，农业普遍采用现代技术、设备和科学管理，科技进步对农业经济增长的贡献率达到65%；与首都城市功能相适应的郊区城镇体系基本形成，郊区城市化率达到50%；农村环境优美宜人，林木覆盖率超过50%；农民生活初步富裕，农民人均可支配收入接近10 000元。

四、“十五”时期郊区农村经济发展重点

（一）以率先实现农业现代化为目标，加快发展现代农业

1. *大力发展农业产业化经营。*建设龙头企业联合合作组织、合作组织带动农户的农业产业化体系。以农业产业化经营促进农业结构调整向深度发展。重点培育带动能力强、具有竞争优势的大型龙头企业，和一批能够带动农业产业升级、结构优化的农产品加工龙头企业，提高生猪、肉鸡、牛奶、果品的加工水平，加快发展肉牛、肉羊、蔬菜、药材以及其它特色农产品的加工。积极培育和扶植农民专业合作经济组织，探索和创新农村社区合作组织，加强农产品运销、加工、储存、保鲜等环节的合作。继续加强产地批发市场建设，完善农产品市场体系。

2. *加强农产品安全生产销售体系建设。*大力发展与国际标准接轨、在国内外市场有较强竞争力、具有生产优势的名牌产品，重点加强符合安全生产标准的基地建设和绿色食品基地建设，扩大推广生物农药、生物肥料的使用，提高安全绿色食品上市量。加快发展绿色养殖业。在依靠科技提高生猪和蛋鸡生产水平的同时，加快发展肉牛、肉羊、奶牛等草食家畜和肉鸡、肉鸭及特种养殖。水产业重点调整养殖品种结构，加快发展优质水产品和山区流水养鱼，积极发展远洋捕捞。

3. *推进种植业由粮经二元结构向粮经饲三元结构的转变。*在保护粮食综合生产能力的同时，重点发展优质、专用粮和制种业，扩大山区有条件地区的粮食制种。继续大力发展蔬菜、瓜类、花卉、药材等经济作物，加快发展饲料饲草种植。蔬菜生产以设施菜、优质蔬菜和无公害蔬菜为主，重点发展大兴、通州、顺义、平谷、延庆蔬菜带，瓜类生产以名优产品为主，重点发展大兴、顺义西甜瓜等，花卉生产重点发展优质种苗种球、鲜切花、干燥花、花灌木、草坪草等。林果业在优先发展生态公益林的前提下，大力发展商品林，围绕建设高标准生态林和高效益商品林，积极发展速生丰产林，加快建设名特优新果品生产基地，同时加快发展绿化苗木基地。

4. *积极发展农业高科技产业。*充分发挥科技优势，大力推进农业科技成果的产业化，把郊区建设成为农业高新技术产业的窗口。一是加强良种繁育体系建设，加快培育籽种产业，重点发展蔬菜种籽种苗、果树苗木、种畜种禽等商品种业。二是依托农业科技创新工程，着力培育以家畜胚胎、新型肥料、生物农

药、畜禽疫苗、生物制剂、农业设施装备为重点的农业高新技术产业。三是以农业高新技术示范园区为基地，加快引进和培育农业高新技术企业，重点建设昌平小汤山现代农业科技示范园、锦绣大地农业示范园、顺义三高农业示范区等。四是加快农业信息技术的开发应用，扩大智能化专家决策系统和地理信息系统、全球定位系统及遥感技术在农业资源管理和生产管理中的示范与应用，加快发展以畜牧兽医应用软件开发、管理信息系统、营养与饲料配合系统等为重点的畜牧兽医科技信息产业。五是促进农业技术服务的产业化，以农业科技推广机构、农民专业合作经济组织、民营企业为依托，加快发展农业技术服务业。

（二）以高新技术为依托，大力发展现代工业　加快工业结构调整，积极发展高新技术产业，改造提高传统产业，形成高新技术产业、都市型工业和用先进技术改造升级的传统产业并举的产业结构。着力培育电子信息、新材料、生物工程和新医药、光机电一体化等新兴行业，加快改造和提高农产品加工业、新型建材、轻纺服装、机电、印刷、家具、机械制造等行业。

郊区工业原则上向以昌平、空港、密云等21个开发区和漷县、榆垡等重点乡镇工业小区集中。北部以昌平科技园区、延庆八达岭开发区为主，重点发展生物制药、机电一体化、新材料、电子等产业；东部以顺义空港开发区、林河开发区、密云开发区、怀柔雁栖开发区、平谷兴谷开发区为主，重点发展通讯工程、生物工程、软件工程、汽车、电子、食品饮料、机电一体化、环保、轻纺服装等产业；东南部以通州开发区、大兴开发区等为主，重点发展机械、仪表等产业；西部以门头沟石龙开发区、房山良乡开发区为主，重点发展石化、新型建材、新医药等产业。

与全市工业结构和布局调整相结合，围绕北京软件产业基地、北方微电子产业基地等十项高新技术产业基地和首钢优化改造工程、燕化百万吨级乙烯扩建改造工程等十项产业升级改造工程，加快郊区配套产业基地建设；积极把握全市工业布局调整和三、四环路内工业企业搬迁的契机，吸引适应首都经济发展需要的企业到郊区落户。

（三）以培育新型服务业为重点，积极发展第三产业　进一步发展郊区旅游业，建立以名胜古迹为龙头、山水景观为主体、田园风光为特色的旅游景点体系，形成以旅游为龙头，以吃、住、行、娱乐和购物为一体的郊区旅游产业化体系。全面发展观光农业，以北京郊区农业文明和农村文化为主线，以农业景观、农业生产活动及农村文化习俗为主要内容，建立一批不同类型、不同档次、不同特色的，具有观赏、品尝、体验、休闲、度假、教育等多种功能的观光农业景区（点）。

围绕郊区工农业生产，积极发展咨询、租赁、科技服务、金融保险、中介等新型服务业。按照卫星城、中心镇、一般建制镇以及中心村四级体系，优化布局，加快发展郊区文化娱乐、医疗保健、体育健身等。结合卫星城、中心镇以及新村建设，以住宅建设为龙头，重点培育郊区房地产业和社区服务业。鼓励兴办民营学校和合作办学，吸引城区大中专院校到郊区设立分校和教学部，努力培育郊区教育产业。适应城乡居民生活需求，积极发展郊区养老、疗养产业。

结合郊区农村经济结构调整和农村小城镇建设，加强对郊区商业、饮食服务业等传统第三产业的改造提高，积极发展连锁经营、配送等新型业态。逐步规范郊区城镇集贸市场的发展，优化配置郊区县城大型商场，加快发展中心镇、一般建制镇和中心村商业、饮食服务业等。继续建设专业批发市场，加快物流中心建设，并以此为依托大力发展交通运输业和服务业。

（四）以推进农村城市化为目标，加快发展卫星城、中心镇经济　按照科学规划、合理布局、设施配套、环境优美、增强特色的原则，加强郊区城镇建设，重点发展通州、昌平、亦庄、黄村、良乡、顺义六个卫星城，使之成为现代加工业和高新技术产业发展的基地，分担全市科技、教育、文化、卫生、物流集散等方面的功能，成为市区人口转移的主要地区。加快延庆、怀柔、密云、平谷、门城镇等卫星城发展，着力培育成为本地区的综合经济中心和旅游服务基地。以昌平小汤山、顺义后沙峪、通州宋庄、大兴西红门、怀柔杨宋等33个中心镇为重点，明确城镇的功能定位，培育主导产业，积极发展有特色的小城镇经济，形成一批综合型、工业型、贸易带动型、服务型等各具特色的城镇。加快发展依托工业小区的中心镇，培育以现代工业为主导产业的中心镇经济。

（五）围绕生态环境建设，积极发展生态产业　结合山区水土保持工程和水源涵养林建设，大力推进山区经济沟的综合开发。结合平原绿化和绿色通道工程建设，以“五河十路”为重点，发展速生丰产林。结合城市绿色隔离地区建设，大力发展绿色产业。进一步发展绿色安全农产品，增加绿色食品的品种、数量，壮大绿色食品龙头企业。积极推广农业废弃物无害化处理和资源综合利用及有机肥、生物防治等技术，逐步减少化肥、农药、农膜等的使用量，加强农业污染防治，加快畜禽粪便、秸秆等资源化利用，积极发展生态农业，到2005年，农作物秸秆综合利用率达到95%以上。

（六）加强城乡结合部地区的建设与管理，发挥近郊对远郊经济的连接和辐射作用　“十五”时期是近郊城乡结合部地区迅速从农村经济走向城市经济的重要转变时期。这一地区承担着扩展城市、美化城市、服务城市和对远郊经济的连接与辐射作用。要加强绿化隔离地区建设、产业结构调整、旧村改造和经济社会管理，保持稳定、健康和可持续地发展。

绿化隔离地区建设要按照环境优美、秩序良好、经济繁荣、农民致富的目标，根据奥运规划和全市总体规划，全面完成第一道绿化面积125平方公里建设任务，加快规划并建设第二道绿化隔离带。

经济发展要以绿色产业为主导，做好规划，积极扩展三产规模，优化二产结构，拓宽一产功能，重点发展高新技术产业、休闲服务产业和都市型农业，保持吸纳当地人口就业的能力。

在绿化建设和经济建设的同时，要加快基础设施建设，积极推进旧村改造和新村建设，改善农民的居住条件和生活质量。各级政府要加大投入，加快水、电、气、热、环卫、道路等基础设施建设，同时要支持农民合作建房和共同出资进行开发建设。

在城乡结合部地区的发展和建设中要加强经济管理和社会管理。经济管理要切实维护农民利益，妥善处理好农民与集体经济组织的关系，充分发挥农民在绿化和新村建设中的积极作用，做好绿化补偿、就业安置、社会保障等方面工作，促进经济发展。社会管理要理顺管理体制，加强环境综合整治，加大执法力度，确保社会稳定。

（七）加强出口创汇基地建设，全面发展外向型经济　发挥区域优势，积极培育出口主导产业和产品，进一步发展创汇农业，重点建设好蔬菜、畜产品、花卉和传统特色产品等出口基地，到2005年农产品出口额达到5亿美元以上。实施外向带动战略，培育乡镇企业和区县工业出口产业和产品，建设以天竺出口加工区为龙头、以机电产品为重点的乡镇企业和区县工业出口基地。积极培育自营出口企业，继续扩大“三资”企业出口。以郊区工业区和主要工业小区为重点，吸引更多外商投资公司、海外基金、跨国公司地区总部、研究开发机构、教育培训机构落户。

五、保障措施

为保证“十五”时期郊区农村经济的快速发展和目标的实现，需要采取以下措施：

（一）深化改革，扩大开放，创造良好的发展环境

1. *稳定土地承包政策，积极稳妥推进农村税费改革*。依法保护和合理利用土地，保持土地承包关系的基本稳定，确保农民的土地承包权、生产自主权和经营收益权，调动农民投资和生产经营的积极性。严格土地使用管理制度，严格审批转变土地使用性质，确保农业综合生产能力。建立土地使用权依法、自愿、有偿的流转机制，加强政策引导，发展多种形式的土地适度规模经营。继续坚持和稳定党在农村的基本政策，加快农村土地制度法制化建设，积极稳妥地推进农村税费改革，切实减轻农民负担，确保农业增效，农民增收和农村稳定。

2. *改革投融资体制，形成多元化投资机制*。完善农民家庭经营配套政策，进一步促进农民成为农业生产经营的投资主体。研究探索投资回报机制，吸引各种社会资金包括外商投资投向郊区水利、生态环境、小城镇基础设施等，加快郊区基础设施建设，鼓励中小企业充分利用担保制度和国有资产抵押制度申请贷款，鼓励企业上市从资本市场直接融资，鼓励企业实行股份制改造拓宽融资渠道。积极调整政府投资方向和方式，政府投资主要投向公共公益性领域。

3. *加强对农业产业化经营的引导，形成利益共享、风险共担的经营机制*。制定促进农业产业化经营的政策，确定一批有优势、有特色、有基础、有前景、带动能力强的市级重点龙头企业，打破部门和所有制界限，择优予以扶持。引导龙头企业与农户建立利益共享、风险共担的组织形式和经营机制，规范农业产业化各环节的利益关系，积极推行产销合同制，稳定购销关系；鼓励和提倡龙头企业通过建立风险基金、确定保底收购价、按出售产品数量返还利润等方式，与农户建立紧密的利益联结形式；鼓励和提倡农民利用土地使用权、资金等要素入股，与龙头企业形成利益共同体；鼓励和提倡建立以农民为主体的农业产业协会或农民专业合作经济组织。

4. *为非公有制经济创造公平竞争的发展环境和条件*。清理非公有制经济发展的有关限制性政策和制度障碍，进一步放宽投资领域的限制和市场准入，在企业开办、土地使用、资金融通等方面实行与公有制经济同等待遇，并在技术、管理、培训等方面提供必要帮助，鼓励非公有制经济参与郊区水利、生态环境、小城镇等基础设施建设。积极鼓励和支持非公经济与国有、集体经济的融合，通过参股、联营、承包、租赁、合作等多种形式，参与国有企业和乡镇企业的资产重组、产权流动和结构调整。

5. *转变政府职能，提高管理效率*。按照社会主义市场经济要求，进一步解放思想，切实转变观念。积极推进区县和乡镇政府的职能转变，围绕管理公共事业、提高服务水平、监管国有和集体资产等方面，积极推进经济管理职能转变，强化服务意识，减少审批环节，提高办事效率。在全市统一规划、统一指导下，让区县有更多的因地制宜的灵活性和创造性，充分调动区县政府的积极性，增强郊区经济的生机和活力。建立健全民主管理和民主监督制度，规范乡村政务公开制度，提高依法行政能力，认真解决新时期农村各种矛盾，确保农村稳定和社会安定。

6. *积极应对加入世界贸易组织的挑战，进一步扩大开放*。深入研究和尽快熟悉世界贸易组织规则，根据规则要求和我国的对外承诺，加快制定郊区各次产业参与国际竞争的对策措施，提高国际市场竞争力。充分利用世界贸易组织规则允许的空间，构筑包括绿箱政策在内的产业保护体系和经济安全体系。积极创造条件，以吸引外商直接投资为重点，引导外资参与郊区产业结构调整、基础设施建设等。努力实现外贸市场多元化，推动外贸主体多元化，减少外贸风险。

（二）大力推进乡镇企业二次创业和农村城市化

1. *以明晰产权为核心，深化乡镇企业改革，促进产权合理流动，调动所有者、经营者的积极性*。加快产权制度的改革，通过招股、扩股或转股等形式，对乡镇集体企业实行全面的股份制和股份合作制改造，允许股份的自由转让，实现产权流动。对于小、微、亏和部分大而亏、大而困、资不抵债的集体企业进行公开拍卖。为进一步激活企业经营管理者积极性，探索实行经营管理者年薪制和期权期股办法。

2. *实施高起点、大范围、宽领域的资本引进战略，引进增量，盘活存量，扩大总量，彻底改变乡镇企业资本结构单一的状况。*按照国家产业政策，淘汰和关停一批污染环境、水平低下的企业。

3. *以技术进步为核心，加快企业技术改造。*充分发挥首都的科技优势，逐步建立乡镇企业科技创新体制，加强企业技术开发和技术创新。通过建立技术入股制度，吸引和支持大专院校、科研机构的科技人员以合作、联营、入股等形式，发展一批高新技术企业，改造一批传统产业，为农民就业创造有利条件和机会。

4. *加强小城镇基础设施建设。*安排一定规模的专项资金，对中心镇的基础设施和公用事业建设给予支持，并按照“谁投资、谁所有、谁受益”的原则，建立以政府投资为导向、主要依靠社会资金建设小城镇的多元化投资体制。鼓励本市农民和居民带资进镇自建或合作建房。切实搞好小城镇环境整治，加强绿化美化，增加人均公用绿地，提高小城镇绿化覆盖率，创造优美、舒适、安全的生产、生活环境。

5. *完善小城镇发展的政策。*建立土地置换和存量调整机制，简化审批手续和环节，在严格规范土地使用的基础上，妥善解决小城镇建设用地，逐步实施土地一级开发。继续执行中心镇的户籍政策，注意提高引进人口的素质。降低本市农民进入小城镇的门槛，对在卫星城、中心镇内有合法固定住所、稳定职业或合法收入来源的本市农民，可根据本人意愿转为城镇户口，并享受与城镇居民同等待遇，建立健全社会保障体系。鼓励山区人口向小城镇聚集。积极探索适合小城镇特点的新型城镇管理体制，实现由单一的农村管理向城乡综合管理的转变。完善小城镇的财政管理体制，培育自我积累、自我发展的良性循环机制。

（三）加快农业科技进步，提高科技对经济增长贡献率 逐步建立具有国内先进水平的农业科技创新体系，高效转化科研成果的技术推广体系，不断提高农民科学文化素质的农业教育培训体系。

1. *加强农业科学研究，组织农业科研力量联合攻关，在生物技术、农业信息技术、农业设施装备技术、农产品储运加工等方面取得突破。*

2. *创新农业科技体制，完善科技推广体系，促进科技成果转化。*鼓励有实力的农业企业或农业相关企业开展农业科技研发，鼓励有开发能力的科研机构转化成企业，鼓励科技人员领办、创办民营科技企业。深化农业科技推广体制改革，加快建立包括政府推广机构、龙头企业、民营企业、科研单位在内的多元化农业科技推广体系。现有政府科技推广机构要以市场为导向，加大改革力度，有条件的要逐步实现企业化经营。改革政府对农业科技推广的扶持方式，建设由政府资助、按专业、分区域的农业科技服务组织。

3. *加强人才引进和专业技术培训，提高劳动者的科学文化素质。*采取有效政策，鼓励高级科技和管理人才向郊区流动。跟踪新产品、新技术、新行业、新领域的发展，及时开展相关知识技能的短期专门性培训。继续搞好农民“绿色证书”培训工程，实行持证上岗。继续开展农民技术职称评定工作，调动农民学习技术的积极性。

4. *加快郊区信息化进程，提高农业和农村的信息化水平。*加强信息化基础设施建设，初步建成覆盖市、县、乡、村四级具有较强功能的农口信息服务网，实现行政管理信息化和企业市场信息化。加快普及信息知识和计算机应用。加快信息资源开发，提高信息化服务水平。

（四）进一步增加农业基本建设投资、财政支农资金，确保农业投入依法增长，加强以水利和生态环境为重点的农业和农村基础设施建设，推动郊区农村经济的可持续发展

1. 针对水资源紧缺的严峻形势，逐步实现水利建设由工程水利向资源水利、环境水利、生态水利的转变，以开源、保护、节水为主题，坚持开源节流并举、保护与利用并重，优化水资源配置，兼顾防洪除险，加强水资源的保护与合理开发、综合利用。完成永定河滞洪水库工程的建设，抓好温榆河、潮白河、北运河等河系的综合治理；结合农业结构调整，完成重点大中型灌区续建配套改造，加快雨洪和再生水的利用，大力发展农业节水，全面实现郊区农业的节水灌溉；进一步建设主要河道的拦蓄工程；加强城乡水环境综合整治，做好城镇生活污水和农业生产污水的处理。继续实施山区水利综合开发，鼓励集体、个人以多种方式建设和经营小型水利设施。同时加强气象基础设施建设，建立健全农业气象灾害预警系统，大力开发空中云水资源，完善人工影响天气作业系统，重点搞好以新一代多普勒天气雷达为主要内容的气象监测系统和以新一代计算机为主体的中小尺度天气数值预报业务系统等工程。

2. 按照《北京市生态环境建设规划》，以加强水源保护、天然林保护、中幼林抚育管理、风沙区综合治理、市区和卫星城镇绿化美化、水土流失和山洪泥石流防治、平原生态与节水农业建设、生态环境预防监测和保护管理系统为重点，进一步增加投入，充分利用首都科技优势，组织实施好城市隔离地区绿化、“五河十路”绿色通道、京津风沙源治理、水源涵养林、水库上游水土保持、前山脸爆破造林、农村环境综合治理、国家生态环境建设重点县综合治理等重点工程。加强宣传教育，严格执法，依法建设、保护和治理生态环境。制定科学规划和具体政策，有计划、分步骤地推进山区退耕还林、还草工作，探索生态效益补偿机制，促进生态环境建设投资多元化。

3. 进一步加强农业科研教育和农业良种繁育体系、农产品加工与出口创汇龙头企业建设。努力增加小城镇和山区基础设施建设等的投入。

4. 加快农产品市场体系、质量标准和安全生产销售体系建设。建设一批现代化的农产品批发交易市场和农产品物流中心、配送中心，加紧制定和实施农产品质量标准，完善检测手段，为扩大农产品出口积极创造条件。加强农林水行政执法体系建设，加快制定有关行业标准和规范，完善农产品安全生产销售体系。

市委农工委、市农委文件

中共北京市委农村工作委员会关于认真学习宣传贯彻党的十六大精神的通知

（2002年11月25日）

为认真学习、深入宣传、全面贯彻党的十六大精神，按照《中共北京市委关于认真学习宣传贯彻党的十六大精神的通知》(京发[2002]16号)要求，结合郊区农村工作和农口局、总公司工作实际，特作如下通知：

一、深刻认识十六大的重大意义

党的十六大是我们党在新世纪召开的第一次全国代表大会，是在我国开始实施第三步战略部署、改革开放和现代化建设进入一个崭新的历史阶段的新形势下召开的一次十分重要的会议。大会高举邓小平理论伟大旗帜，全面贯彻“三个代表”重要思想，以与时俱进、开拓创新的精神，站在世界的高度、世纪的高度、历史的高度、发展的高度，提出了新世纪新阶段党的奋斗目标和行动纲领，描绘出实现中华民族伟大复兴的宏伟构想，吹响了全面建设小康社会的进军号角，并在经济、政治、文化建设、体制改革以及党的建设等方面作出了全面部署，具有重要的现实意义和深远的历史意义。

当前，深入学习十六大报告、全面贯彻十六大精神，是摆在各级党委和领导干部面前的首要任务。农口各级党组织特别是领导干部要着眼大局，增强责任感和使命感，充分认识十六大的重要意义，把学习、宣传、贯彻十六大精神作为当前和今后一个时期的政治任务和中心工作，迅速行动起来，抓紧抓好十六大精神的学习、宣传和贯彻，把干部群众的思想统一到十六大精神上来，把干部群众的智慧和力量凝聚到新的目标和任务上来，调动大家全面建设小康社会的积极性，为率先基本实现农村现代化而奋斗。

二、准确把握十六大的精神实质

学习十六大精神，重点是学习江泽民同志代表党的十五届中央委员会所做的《全面建设小康社会，开创中国特色社会主义事业新局面》的报告。报告高瞻远瞩，高屋建瓴，全面、科学地总结了党的十三届四中全会以来十三年我国改革开放和现代化建设以及党的建设的基本经验，分析了我国改革发展面临的新的国际国内形势，进一步阐述了“三个代表”重要思想和全面贯彻“三个代表”重要思想的总体要求，制定出我国改革开放和现代化建设新的战略目标和任务，描绘出我国改革开放和现代化建设的美好前景，催人奋进，令人鼓舞，为我们今后的各项工作指明了前进的方向，提供了强大动力。

深入学习十六大精神，重在深刻领会报告的精神实质。“三个代表”重要思想是十六大的灵魂，确立“三个代表”在全党的指导地位是十六大的历史性贡献；高举邓小平理论伟大旗帜，全面贯彻“三个代表”重要思想，继往开来，与时俱进，全面建设小康社会，加快推进社会主义现代化，为开创中国特色社会主义事业新局面而奋斗，是十六大确立的主题；坚持解放思想，实事求是，与时俱进，是我们党始终保持先进性和增强创造力的决定因素，也是十六大报告的精髓。要抓住灵魂，进一步领会“三个代表”重要思想的科学内涵，牢牢把握贯彻“三个代表”重要思想的根本要求，充分认识“三个代表”是对马克思列宁主义、毛泽东思想和邓小平理论的继承和发展，是加强和改进党的建设、推进我国社会主义自我完善和发展的强大理论武器，始终做到“三个代表”是我们党的立党之本、执政之基、力量之源，贯彻“三个代表”重要思想，关键在坚持与时俱进，核心在保持党的先进性，本质在坚持执政为民；要围绕主题，深刻理解十五大以来我们党领导全国各族人民在改革、发展、稳定等方面取得的巨大成就，十三届四中全会以来党领导人民建设中国特色社会主义的基本经验，全面建设小康社会的奋斗目标，本世纪头二十年我国社会主义物质文明、政治文明、精神文明建设的各项任务和战略部署；要把握精髓，引导党员干部与时俱进，开拓创新，从不合时宜的观念、做法和体制的束缚中解放出来，从对马克思主义的错误的和教条式的理解中解放出来，从主观主义和形而上学的桎梏中解放出来，善于在解放思想中统一思想，用发展着的马克思主义指导新的实践。

三、迅速掀起学习贯彻十六大精神的热潮

认真学习、深入宣传、全面贯彻党的十六大精神是当前一项重要的政治任务。各级党组织要以高度的责任感和历史使命感，抓紧布置，精心安排，制定学习计划，切实抓好领导干部的学习和对广大干部群众的宣传，迅速掀起学习贯彻十六大精神的热潮，并不断把学习引向深入。要坚持理论联系实际，在学风上进行引导；做好解惑释疑工作，在思想观点上进行引导；搞好新闻宣传，在舆论上进行引导。

要以学习江泽民同志的报告和新党章为重点，各级党委要利用理论学习中心组等形式，集中一段时间，组织干部深入学习，结合实际开展座谈研讨，提高认识，统一思想。特别是领导干部要身体力行，带头学习好、领会好、掌握好、贯彻好十六大精神，坚持用时代发展的要求审视自己，以改革的精神加强和完善自己，努力成为勤奋学习、善于思考的模范，解放思想、与时俱进的模范，勇于实践、锐意创新的模范；要利用各级党校，对乡处级领导干部、农村支部书记进行培训和轮训，帮助其提高思想认识，全面领会十六大精神；要把十六大精神传达到全体党员、干部，为广大党员干部所了解、掌握；要利用各种媒体、阵地、报告团、宣讲团等形式，向群众进行广泛宣传，用十六大提出的新的思想、观点、目标、任务来鼓舞和凝聚广大干部群众，激发干部群众全面建设小康社会、追求美好幸福未来的热情和希望，增强建设中国特色社会主义的坚定信念。同时，要组织开展知识竞赛、经验交流等活动，展示学习成果，形成浓厚的学习氛围，不断把学习引向深入。

四、以十六大精神为动力努力开创农村工作新局面

十六大报告从战略高度对新世纪新阶段我国经济、政治、文化建设以及党的建设作出了全面部署，提出了新的要求，对一些重大的理论和实际问题作出了明确回答，为我们提供了强大的思想理论武器，对各地区、各部门的工作都有很强的指导意义。各区县、各单位在学习贯彻中，要善于运用报告提供的新思想、新观点、新论断、新概括，围绕全面建设小康社会的目标，结合市第九次党代会提出的首都现代化建设的各项任务，按照“发展要有新思路，改革要有新突破，开放要有新局面，各项工作要有新举措”的总体要求，积极研究新情况，思考新问题，努力推进郊区改革、发展、稳定的各项工作。

农村是全面建设小康社会的关键所在，也是首都率先基本实现现代化的重点、难点所在。十六大报告再次强调了做好农业农村工作的极端重要性，提出了“全面繁荣农村经济，加快城镇化进程”的新要求，并强调指出建设现代农业，发展农村经济，增加农民收入是全面建设小康社会的重大任务。要按照十六大和市第九次党代会要求，推进郊区的改革和发展，加快郊区农业农村现代化进程。要把提高农民收入作为农村工作的出发点和落脚点，进一步加快郊区农业科技化步伐，提高农业的科技含量，继续深化农业结构调整，以龙头企业为纽带，提高农业的产业化水平；以绿色安全为目标，大力加强绿色安全食品体系建设，确保郊区农业可持续发展和快速增长，推进农业现代化进程。要坚持公有制为主体、多种所有制经济共同发展的基本经济制度，大力发展二、三产业，推动农村工业化进程。要加快卫星城、中心镇基础设施建设，努力增强城镇发展的产业基础，培育支柱产业，加快郊区城市化进程。要加快开发开放步伐，全面推进山区水利富民综合开发工程，大力发展山区支柱产业，为加快山区农民增收致富步伐、全面消除山区低收入村创造条件。要推进两个文明建设协调发展，大力加强农村精神文明建设，推动农村思想道德、文化阵地、环境建设，提高农民的文明素质，提高郊区的文明程度。要毫不放松地加强农村基层组织建设，增强各级党组织的战斗力，为全面建设小康社会提供坚强的组织保证。

各区县、各单位要把学习十六大精神与实际工作结合起来，以十六大为动力，在总结经验、看到成绩的同时，要看到差距，看到不足，进一步明确发展思路，完善发展措施，以新的观念、新的思路、新的举措谋求地区经济的新发展，推动农村社会的新进步，以与时俱进、开拓创新、奋发有为的精神，努力开创郊区改革开放和现代化建设的新局面！

中共北京市委农村工作委员会关于深入学习贯彻市第九次党代会精神的通知

（2002年6月6日）

中国共产党北京市第九次党代会已胜利闭幕，大会高举邓小平理论伟大旗帜，以江泽民“三个代表”

重要思想为指导，全面回顾并实事求是地评价了过去五年首都改革开放和现代化建设取得的辉煌成就，科学总结了首都改革发展的基本经验，勾画出今后五年首都经济、社会、文化发展的奋斗目标和宏伟蓝图，是全市各项工作的行动纲领。为深入学习贯彻市第九次党代会精神，切实领会和把握会议的精神实质，全面推进郊区的改革和发展，现就有关事项通知如下：

一、充分认识市第九次党代会的重要性，把思想统一到大会精神上来

市第九次党代会是在首都改革开放和社会主义现代化建设进入新世纪、新阶段召开的、具有承上启下作用的一次重要会议，贾庆林同志所作的题为《全面贯彻“三个代表”重要思想，为首都率先基本实现现代化而努力奋斗》的报告，高屋建瓴，实事求是，是动员全市共产党员和各族人民为首都率先基本实现现代化而努力奋斗的纲领性文件，也是我们做好郊区农村工作的重要指南。《报告》提出，今后五年，首都要以“新北京、新奥运”为主题，以改革开放和科技进步为动力，以提高人民生活水平为根本出发点，以加强和改进党的建设为保障，乘势而上，开拓奋进，抓住筹办奥运会和加入世贸组织的历史机遇，加快信息化、城市化、市场化、国际化进程，不断开辟首都未来发展的新境界，实现首都城市发展的新跨越。《报告》对郊区工作提出了战略性要求，指出要高度重视农业、农村和农民问题，继续深化农村改革，推进农业产业化经营，健全社会化服务体系，加快发展以六种农业为方向的现代农业和乡镇企业、郊区二、三产业，逐步形成结构合理、功能完善、生态良好的都市型郊区经济，促进农业增效、农民增收、农村稳定。《报告》还把卫星城、小城镇、工业区的开发建设以及山区水利富民工程等项工作纳入到首都现代化建设的总体规划中，为郊区今后的改革发展和现代化建设指明了前进的方向。

郊区各级党委要充分认识市第九次党代会的重要性，积极组织干部党员深入学习，认真领会，吃透精神，着眼于新的任务、新的跨越，在总结实践经验的基础上，认清形势，明确要求，把思想统一到市第九次党代会精神上来，把干部群众的智慧和热情集中、凝聚到首都改革开放和现代化建设的总体目标上来。要以与时俱进、开拓创新的时代精神，积极研究和探索新形势下做好郊区各项工作的思路、途径和办法，把党代会对郊区提出的目标、任务和要求落到实处，为首都率先基本实现现代化做出积极贡献。

二、深刻领会和把握市第九次党代会的精神实质，着眼首都发展大局，进一步明确郊区今后五年的发展重点和方向

市第九次党代会就今后五年首都的经济发展、改革开放、城市建设、精神文明建设、民主法治建设和党的建设作出了全面的安排和部署。各级党组织特别是领导干部要认真学习，结合实际，狠抓落实。在学习贯彻中要重点围绕以下基本问题提高思想认识：

1．要把郊区经济社会发展融入到首都发展的总体格局和架构中来认识，进一步明确郊区农村工作面临的新任务和新要求。要按照《报告》提出的首都经济布局和城乡一体化的发展方向，积极调整和优化产业结构，努力把郊区建设成为首都城市发展的腹地、副食品供应的生产基地、生态环境的屏障、城乡居民旅游休闲的胜地。

2．要从首都经济现代化的总体要求和郊区的特点出发，认真研究、深刻认识都市型郊区经济的特点和内涵。本次党代会明确提出，未来五年北京郊区要逐步形成结构合理、功能完善、生态良好的都市型郊区经济，这是对郊区经济的新的概括和提升，也是对郊区农村工作提出的新要求。要进一步提高认识，深化农村改革，努力在提高郊区的“信息化、城市化、市场化、国际化”程度上下功夫，以“六种农业”为重点积极发展现代农业，推进农业产业化经营，努力开发郊区农业的生产性、生态性和生活性等多种功能，提高农业的综合效益，促进农民增收；依托首都科技和资金密集的优势，接受城市科技和工业的辐射和扩散，同时积极引进符合首都建设要求的科技和工业项目，提高郊区工业的质量和档次；大力发展为城乡经济服务、为城乡居民生活服务、与城市服务业相配套、具有农村特色的第三产业，特别要加快旅游休闲产业的发展。

3．要从首都城市现代化发展的总体战略中认识加快农村城市化进程的重要意义和所处的有利条件。在首都城市现代化建设上，《报告》阐明了首都城市建设的格局，并明确提出了要实现“两个转移”，即“实现城市开发建设的重点逐步从市区向郊区转移，市区建设从外延扩展向调整改造转移”，这对郊区城市化建设非常有利。要认清形势，抓住北京举办2008年奥运会带来的商业机会，加快小城镇发展和旧城改造，推进郊区城市化，为郊区工业化、农村现代化创造更加有利的条件。

4．要以农民增收为根本出发点，认真解决山区群众和农村低收入人群的增收问题。这次党代会对山区建设给予了很高重视，《报告》明确提出要“加大边远山区的开发建设力度，推动生产要素合理流动和优化配置，逐步实现各地区协调发展”、“加大山区扶贫开发力度，着力改善山区农民生产生活条件”。按照这些要求，要进一步推进山区水利富民工程，改善山区生产和生活条件，加大消除山区低收入面工作力度，促进山区跟上首都现代化建设步伐。

5．要适应首都社会现代化建设的要求，认识加强郊区精神文明建设的紧迫性。按照先进文化前进方向的要求，适应首都政治文化中心地位，在首都社会现代化建设上本次党代会提出了“四个一流”的目标，即“努力培育和创造一流的市民素质、一流的人

文环境、一流的服务水平、一流的社会风气”。在今后几年，要结合“新北京、新奥运”的主题和郊区现代化建设的实际，以人为本，进一步加强郊区环境建设、农民教育和农村文化建设，坚持开展精神文明创建活动，努力提高郊区的文明程度。

6. 要适应改革开放和市场经济发展新的形势和任务，认识加强和改善党的领导、推进党的建设的重要性。顺利推进郊区的改革发展，必须保证党的核心作用在各个领域的充分发挥。要引导各级党组织，适应市场经济要求，讲究领导艺术，改进领导方式和领导方法，提高驾驭市场经济和解决复杂问题的能力。要继续深入开展“三级联创”活动，加强农村基层党组织建设，巩固党的领导核心和党组织的战斗堡垒作用。

三、认真搞好市第九次党代会精神的学习、贯彻和宣传，进一步激发干部群众建设首都、发展郊区的热情

当前，抓好市第九次党代会精神的学习、宣传、贯彻是各级党组织的一项重要任务，郊区各级党组织要组织党员干部认真学习会议文件，领会会议精神，明确报告对农口工作提出的任务和要求，结合实际搞好贯彻落实，调动大家的积极性，凝聚力量，共同为首都和郊区的现代化建设而努力奋斗。

1. 要逐级召开会议，把会议精神传达到每个党员。各级党组织要切实负责，及时召开会议，将大会精神原原本本地传达到每一名党员，同时要做好解惑释疑工作，帮助党员深刻认识、深入了解会议精神。要发挥党员的模范带头作用，引导和教育党员模范实践“三个代表”，努力做到“四个当好”即“当好走在时代前列的尖兵、当好爱岗敬业的模范、当好促进改革发展稳定的中坚、当好实践党的宗旨的模范”。

2. 要利用多种形式，向广大群众宣传会议精神。各级党委宣传部门要组织协调力量，利用广播、电视、报刊等媒体对党代会精神进行专题宣传，对学习贯彻情况及时进行报道，营造良好氛围，让群众广泛了解首都改革开放和现代化建设的成就、经验和今后发展的目标和任务，进一步激发广大群众发展的信心和热情。

3. 各级领导干部要结合本地区、本单位实际开展深入的学习、座谈和研讨。各级党委要利用理论学习中心组等形式，按照党代会提出的新的目标、任务和要求，与当前工作有机结合，认清当前的形势和任务，认真总结过去工作的成就和经验，深入分析本地区的优势和特点，找出存在的差距和不足，完善和补充本地区、本单位第十个五年发展规划，以与时俱进的精神，把经济和社会发展提高到一个新的水平。

4. 组织干部开展培训、辅导，加深对会议精神的理解和把握。要利用党校对各级领导干部开展系统培训，有针对性地进行辅导，联系实际开展座谈讨论，引导干部认清形势，立足本职，把握大局，增强责任感和紧迫感，自觉为首都的改革开放和现代化建设作出应有贡献，以实际行动迎接党的十六大召开。

中共北京市委农村工作委员会
北京市农村工作委员会
关于认真做好《农村土地承包法》
学习宣传和贯彻实施工作的通知

(2002 年 11 月 11 日)

《中华人民共和国农村土地承包法》(以下简称《农村土地承包法》)已经全国人大常委会第二十九次会议审议通过，将于 2003 年 3 月 1 日起实施。这是国家为促进和保障农业发展、农民增收和农村稳定而采取的重大举措，是农村政治经济生活中的大事。为确保《农村土地承包法》在我市的贯彻落实，现就有关问题通知如下：

一、充分认识贯彻实施《农村土地承包法》的重要意义

土地是农村最基本的生产资料，也是农民最可靠的生活保障。实行以家庭承包为基础、统分结合的双层经营体制，赋予农民长期而有保障的土地使用权，是党在农村的基本政策，是我国农村的基本经营制度，符合广大农民的根本利益和生产力发展的要求。《农村土地承包法》的颁布和实施，对于保持党在农村基本政策的连续性和稳定性，更好地保护农民的合法权益，进一步调动农民的积极性，推进农业农村现代化进程，具有重大而深远的意义。

近年来，我市按照中央和市委、市政府的部署，认真做好土地延包工作，进一步确立了家庭承包经营制度，农村土地承包关系总体上是稳定的。同时，也存在一些比较突出的问题。比如，

一些地方土地延包工作不到位，承包权没有落实到户，承包期没有延长到30年；一些地方随意调整、收回农民的承包地或者强制农民将承包地流转给集体；一些干部以增加集体收入为理由，将集体土地大量出租，租金胡花乱用。特别是随着郊区城市化进程的加快，一些地方尤其是城乡结合部地区、卫星城周边地区、小城镇地区在土地权属关系变动较大的情况下，如何保障农民对集体土地的承包权、收益权，在经济较发达地区如何确保农民家庭承包经营的主体地位等问题，都需要认真地研究解决。各区县党委、政府必须充分认识到，贯彻实施《农村土地承包法》，进一步落实好土地延包政策，完善基本经营制度，保护好农民利益，加快城市化、现代化进程就有了重要保障。各级领导干部都要以“三个代表”重要思想为指导，增强贯彻实施《农村土地承包法》的自觉性，进一步完善土地承包关系，加快经济发展，促进农民增收，保持农村稳定，确保郊区农业和农村现代化建设的顺利进行。

二、深入学习和宣传《农村土地承包法》

各级干部全面准确地掌握《农村土地承包法》，是确保《农村土地承包法》在全市正确实施的前提。《农村土地承包法》的内涵十分丰富，许多条文的规定都有深刻含义，而且涉及民法、刑法、行政诉讼法、国家赔偿法、合同法、仲裁法等相关法律。各区县都要把《农村土地承包法》列入干部培训内容，在广大干部尤其是农村基层干部中全面开展《农村土地承包法》学习培训活动，要在相关单位，特别是农村经营管理部门和乡镇培养一批精通《农村土地承包法》的骨干。学习中，要特别注意准确领会法律的基本精神。要使广大干部认识到，以家庭承包经营为基础、统分结合的双层经营体制，是我国农村的基本经营制度，它不仅适应传统农业，也适应现代农业。赋予农民长期而有保障的土地使用权，保障农民的经营自主权和收益权，促进农村经济发展和农村稳定，正是《农村土地承包法》的立法宗旨之所在。各级干部要从实践“三个代表”重要思想的要求出发，破除把稳定土地承包关系与促进农村经济发展、加快城市化进程、巩固壮大集体经济对立起来的错误观念，切实增强保护和尊重农民合法权益的自觉性，做到知法、懂法、守法，依法办事。

认真做好《农村土地承包法》的宣传普及工作。要采取群众喜闻乐见、生动活泼、通俗易懂的形式，广泛深入地宣传《农村土地承包法》，把法律原原本本地交给农民。广播、电视、报纸、杂志等媒体要积极进行《农村土地承包法》的宣传。通过宣传，使广大农民了解法律精神，掌握法律的基本规定，依法维护自身的合法权利，强化守法意识，履行应尽的义务。

三、摸清情况，找准问题，积极稳妥地予以纠正

由于各地经济发展水平不同，面对的主要矛盾不同，工作力度不同，在落实土地延包政策上也存在一定的差别。《农村土地承包法》的实施增强了完善农村土地承包制度的严肃性和紧迫性。各区县要抓住当前学习贯彻《农村土地承包法》的大好时机，对前段土地延包情况进行认真全面的检查，逐村逐队地摸清土地延包情况、合同执行情况、土地流转情况、土地使用情况、土地承包租赁收入使用情况及干部心理和农民的要求。并对照《农村土地承包法》，找准存在的问题，分析产生的原因。对明显存在农民又迫切要求解决的问题，要按照《农村土地承包法》和中央有关政策的精神，积极稳妥又实事求是地予以解决。检查和解决问题的情况，市委农工委、市农委将在12月底听取各区县的汇报。

四、研究新情况，开拓新思路

当前，郊区城市化、现代化的进程很快。认真研究新形势下如何正确贯彻执行《农村土地承包法》，是摆在各级党委、政府面前的新课题。总的思路是：既要不折不扣地贯彻《农村土地承包法》，又要积极探索农民对农村土地承包权的有效实现形式。做到既保证 农民对集体土地的承包权、收益权，确保农民的利益不受侵害，又有利于郊区的城市化、现代化。农民自愿又有条件的地方，可以试行承包权和经营权的分离，通过土地承包权作股、承包权作价、承包地出租、联户经营、农民与企业合作开发、产业化经营等办法，在保证农民对集体土地的承包权、收益权的前提下，以有偿流转为手段，解决农民既希望有承包权又不愿经营土地的问题，加快农民向二、三产业转移。实现既保障农民的承包权和收益权，又不把农民拴在土地上，逐步实行农业的集约化、规模化经营的目标。不管采取哪种方式，都要确保农民自愿，绝不可强迫命令，强制推行。要尊重农民的首创精神，注意发现那些农民的土地承包权、收益权落实得好，又有效地推进了城市化、现代化进程的典型。适当时候，市委农工委、市农委将组织经验交流。

中共北京市委农村工作委员会
北京市农村工作委员会
关于2002年全市农口系统贯彻落实
党风廉政建设责任制的情况报告

（2002年12月12日）

市贯彻落实党风廉政建设责任制领导小组办公室：

按照北京市贯彻落实党风廉政建设责任制领导小组的部署，我们组织对农口系统所属单位贯彻落实党风廉政建设责任制情况进行了全面检查。从检查结果看，各单位对贯彻落实党风廉政建设责任制工作高度重视，都列入了党委重要议事日程，工作思路清晰，责任主体到位，各项制度健全，贯彻措施得力，工作细致扎实，效果比较明显，较好地完成了全年党风廉政建设和反腐败工作的各项任务。现将有关情况报告如下：

一、学习贯彻党的十六大精神的情况

党的十六大闭幕后，市委农工委、市农委及农口各单位党委（党组）及时组织党员干部传达了十六大精神。同时，就学习贯彻十六大精神做出了安排部署。

（一）研究部署，广泛掀起学习十六大精神的高潮　十六大闭幕后，市委农工委及时下发了《关于认真学习贯彻党的十六大精神的通知》，对农口各级党委学习贯彻十六大精神做出了明确部署。11月19日—21日，市委农工委举办了农口局、总公司、事业单位局级领导干部和农工委农委处以上干部学习十六大精神学习班。学习班上，请中央党校、中央党史研究室的教授做了辅导报告，市委副书记强卫同志与参加学习班的领导干部交流了学习体会，并就学习问题提出了明确要求。学习班后，农口各区县、局、总公司、事业单位按照市委、市委农工委的部署，制定学习计划，下发文件，组织广大基层干部开展了深入的学习活动。一是采取多种形式开展学习。各单位普遍采用了领导班子理论学习中心组、举办培训班、报告会、研讨会等形式开展了学习。学习中，广大干部牢牢把握十六大的主题，全面领会“三个代表”重要思想的根本要求。通过学习，统一了思想，明确了方向，激发了斗志，振奋了精神。二是以务实的精神有针对性地学习，着力解决工作中的突出问题。各单位在学习中，认真对照十六大提出的各项要求查找本单位工作中存在的问题，全面制定了改进工作的措施。三是结合实际进行学习。把学习十六大精神与落实本单位经济和社会发展的各项工作结合起来，真正把十六大精神落到实处。如大兴区提出了与本区率先基本实现现代化的目标，与落实民心工程，与保持农村稳定、增加农民收入、解决群众生产生活中的突出问题结合起来。通过几个结合，促进了对十六大精神的理解，为落实十六大精神奠定了基础。

（二）采取切实可行的措施落实十六大精神，开拓思路，加快发展　农口各级党委，在学习贯彻十六大精神过程中，强调要联系实际，解放思想，开拓思路，加快发展。按照这一要求，各单位根据报告提出的主题，明确工作方向；按照报告提出的目标，修订发展规划；按照“发展要有新思路、改革要有新突破、开放要有新局面、各项工作要有新举措”的要求，研究具体落实方案。据检查，各单位在贯彻落实十六大精神方面，都从实际出发形成了具体的实施意见。如通州区提出了把通州区打造为北京新城的新目标；怀柔区提出了全力打造“三大基地”的新思路；顺义区提出了在京郊率先基本实现现代化的新措施；昌平区提出了建设三个“首选之区”的新举措。目前，农口上下都在结合实际，开展贯彻落实工作。

二、党风廉政建设责任制贯彻落实情况

在贯彻落实党风廉政建设责任制工作中，农口各单位突出抓了四项工作。

（一）抓制度延伸，确保党风廉政建设责任制得到全面落实　实行党风廉政建设责任制几年来，农口各单位的工作重点主要是处级以上单位，而乡镇所属的村、科队站所以及国有企事业单位的三级单位则是个薄弱环节。为使党风廉政建设责任制全面得到落实，今年各区县、局、总公司、事业单位按照市纪委的要求，认真抓了党风廉政建设责任制向基层延伸工作。各单位在试点的基础上，通过总结、宣传推广典型经验、开展研讨和经验交流、到基层调研指导等方式，帮助在基层建立健全责任制和相关配套制度。如延庆县委在全县机关955个科队站所和356个行政村推行了党风廉政建设责任制；水利水电第二工程局党委，针对工程分包多，分包的分散性、流动性强的实际情况，采取了《保廉合同》的方法，对所有项目部发生的工程分包或劳务分包事项，都在签定分包合同的同时签定《保廉合同》。据不完全统计，远郊区县

到目前为止，责任制已延伸到了3316个行政村，占远郊行政村总数的89.8%；延伸到了6570个科队站所，占科队站所总数的95.7%；总公司、事业单位向三级单位延伸率达到了70%以上。通过延伸，进一步形成了从上到下比较完整的责任体系，确保了党风廉政建设责任制的全面贯彻。

（二）落实责任目标，形成压力传递机制 各单位从三方面着手构筑了责任目标体系：一是按照一级抓一级的原则，建立了分级负责制。各单位在制定党风廉政建设责任目标时，紧密围绕经济建设中心，结合本系统、本单位反腐倡廉工作实际，将责任内容细化，并将具体任务、标准和目标分解到所属下一级和部门，作为责任履行和责任考核的依据。二是按照“条块结合”的原则，建立了分线负责制。把党政齐抓共管作为重要原则贯彻到责任目标体系建立过程中，对党政领导班子正副职按照工作分工明确分线，一岗双责。三是按照“谁主管、谁负责”的原则，对党风廉政建设和反腐败的工作任务实行分工包片负责制。明确牵头部门、协办部门，对各项重点工作标准、时限统一要求。责任目标体系的建立，使各单位基本形成了一级抓一级，一级带一级的局面，党风廉政建设的机制格局进一步巩固。

（三）加强检查监督，确保责任主体到位 今年在这方面，各单位重点落实了三项措施。一是进行经常性检查。各单位领导都充分利用到基层调查研究、参加下属单位民主生活会的机会，加强了对基层党风廉政建设责任制工作的检查监督。许多区县还通过建立巡查制、督查制、聘请党风廉政建设监督员明察暗访等方式，加强对基层单位落实责任制情况的检查监督，对责任制落实不力的单位进行谈话，督促整改。如房山区坚持每季度一次的巡视制度，区委领导班子听取情况汇报，及时掌握工作动态，及时发现问题和解决问题。二是开展专题检查。今年各单位对党风廉政建设责任制中涉及的多项有影响的工作，诸如落实中央《关于党政领导干部选拔任用工作条例》、《地方党委工作条例》情况、领导干部作风建设情况等都进行了专项检查。三是开展全面检查。各局级单位对基层落实党风廉政建设责任制情况、反腐倡廉各项任务完成情况和责任主体职责履行情况，在年底都进行了全面检查。通过检查，强化了责任主体的责任意识，使各级党政领导干部、各级组织、各个部门，都时刻明白自己的任务和责任，促进了责任制各项制度的落实和各项任务的完成。

（四）强化责任追究，维护党风廉政建设责任制的严肃性 责任追究是把党风廉政建设责任制落到实处的关键。各单位都把责任追究作为落实责任制的一项工作重点，加大了工作力度。通过严格考核、分清责任、强化追究、兑现奖惩，使得责任主体进一步从思想上、行动上重视党风廉政建设和自己分管的工作。如华都集团公司等多数单位将责任制列入了“双文明”的重要考核内容，考核结果直接同单位评优以及领导干部的收入和任免挂钩，大大增强了责任主体的责任意识。据不完全统计，今年农口共有46名领导干部因落实责任制不力或违反责任制等原因受到追究。通过责任追究，维护了责任制的严肃性，确保了党风廉政建设责任制的实际效果。

三、党风廉政建设和反腐败斗争各项任务的完成情况

从各单位自查和农村工委的检查情况看，各单位都较好地完成了今年党风廉政建设和反腐败斗争的各项任务。概括起来主要体现在以下五个方面：

（一）认真开展党风廉政建设宣传教育活动，党员领导干部思想道德防线进一步巩固 各单位在教育方面，突出开展了两项活动。一是按照市纪委要求，以树立正确的利益观为主题，深入开展了党风廉政建设宣传教育月活动。教育中开展了主要领导讲党课、民主生活会、宣传勤政廉政典型、开展作风建设大讨论和“树立正确利益观征文”五项具体活动。宣传教育在各单位引起强烈反响。据统计，区县局级党政领导及所属二级班子正职共1600名干部讲了党课，90%以上的党员接受了教育；共树立580个党风廉政建设先进典型；组织收看方工先进事迹报告会录像200余场次，受教育党员干部55000余人；所有处级以上领导班子都召开了专题民主生活会；组织征文稿件6780余篇。二是认真组织国有企业领导人员开展执行廉洁自律规定情况“回头看”活动。整个活动严格按照“学习重温，提高认识；听取意见，自查自纠；民主评议，落实整改”三个阶段实施。企业领导干部认真对照近些年中央、市委、农工委及本单位制定的领导干部廉洁自律规定，逐条对照检查，特别是有关领导人员职务消费、利用权力为配偶子女经商办企业提供便利和优惠条件问题及执行“三重一大”制度方面存在的问题重点检查。通过上述教育使领导干部廉洁自律意识明显增强，思想道德防线进一步巩固。

（二）严格制度，推进改革，领导干部廉洁自律工作得到进一步深化

1. *加大检查监督力度，促进了领导干部认真落实廉洁自律各项规定。*年内，农口各单位对领导干部贯彻落实中纪委四次全会提出的“四项规定”、中纪委五次全会提出的“五项规定”和中央关于国有企业“四条八不准”及“五条规定”、北京市提出的困难企业“五条五不准”规定以及中纪委七次全会提出的领导干部廉洁自律六条规定情况进行了检查，重点对奢侈浪费和可能影响领导干部公正廉洁履行职务问题进行了专项清理。通过检查、清理，及时发现问题，促进了落实工作，收到了较好效果。例如通州区对全区党政机关、企事业单位今年以来购车情况开展了专项检查，对违纪单位进行了通报批评，并进行了责令书面检查、没收车辆和补办手续的处理，重申了调剂车辆和购置新车的有关规定。据统计，今年农口系统

共纠正领导干部违反规定购车24起；压缩或制止出国（境）团33个、72人次。与此同时，针对检查中发现的漏洞，还健全完善了有关廉洁自律方面的制度116个，使领导干部从政行为更加规范。

2. *严格领导班子民主生活会制度，检查纠正了工作中存在的问题*。按照市纪委、市委组织部关于开好廉洁自律专题民主生活会的通知精神，农口各单位党委（组）及所属二级单位领导班子于6月底、7月初普遍召开了民主生活会。生活会上，领导班子成员认真对照中纪委七次全会提出的领导干部廉洁自律六项规定，围绕如何树立正确的利益观和公仆意识，认真自查自纠了班子及个人在思想作风、工作作风、廉洁自律等方面存在的问题；各单位领导班子结合群众提出的意见，进行了认真研究，制定了整改措施和工作方案。例如大发畜产公司结合职工意见，针对公司内部干部亲属过多的问题开展了专项治理活动，制订了亲属回避制度，采取调动、重新考试录用、解除劳动关系等方法进行了调整。通过认真检查、开好专题民主生活会，促进了厉行节约制止奢侈浪费八条规定、严格控制会议、严格公务活动接待管理、严格管理公费出国（境）各项规定在各单位的落实。

3. *深化改革，进一步规范了领导干部职务消费行为*。规范职务消费是推进领导干部廉洁自律工作的一项重要措施。各区县、局总公司事业单位，从本地区、本系统、本单位实际情况出发，积极探索领导干部职务消费改革，完善相关制度，加大检查监督力度，取得了一定的成效。昌平区在去年试点的基础上，今年全面推行了乡镇公务用车改革，副职以上领导干部取消公务用车费用实报实销制度，依照领导干部的实际工作量，所配备公车型号、新旧程度和油耗等，确定交通费包干总额，实行交通费按年包干使用。一些企业对领导配备的通讯工具实行限额补助，有的对招待费制度、领导收入分配进行了改革，在制止奢侈浪费方面建立了新的制度。改革和制度创新，促进了领导干部廉洁自律。

（三）进一步深化案件检查责任制，加大监督检查力度，查办案件工作取得新进展 今年，农口各单位认真贯彻市委农村纪工委《关于加强纪检监察机关案件管理工作的意见》精神，按照“查办一案、教育一片，着眼治本、举一反三、扩大办案效果”的工作思路，完善制度，加强领导，继续深化了案件检查责任制。工作中，坚持认真处理人民来信来访，及时掌握线索，扩大案源；坚持实行挂帐制，提高成案率；坚持纪委、执法执纪部门间的密切合作，提高办案效率和质量；坚持加强对基层办案工作的指导、督促和检查，加大案件查处力度。据统计，截止11月底，农口各级纪检监察机关共查处案件362件，立案总数同比增长2.3%；新立案328件，其中大要案101件，占新立案总数的30.8%；结案280件，结案率77.3%。乡镇纪委办案工作，在乡镇机构改革和纪检干部调整面大等情况下，继续得到了巩固和发展，并获得明显成效。一是实现了五个转变。即由要我办案向我要办案转变；由不想办案向主动办案转变；由不会办案向独立办案转变；由不敢办案向大胆办案转变；由办一般案件向查办大要案转变。二是数量质量提高。前11个月有95个乡镇纪委有自办案件，占乡镇总数的61.3%，共查处党员干部违纪案件183件，同比上升13%。三是办案效果增强。绝大多数区县局总公司纪委对查办的每一个案件，都坚持从体制机制制度管理等方面查找产生问题的原因，分析薄弱环节，加强制度建设，严格管理，对暴露出的苗头性、倾向性问题进行专项清理，同时利用反面典型开展教育，有效地促进了源头治理工作，扩大了办案效果。通过查办案件，为国家和集体挽回经济损失604万元。

（四）从广大群众反映强烈的热点问题入手，推进纠风工作持续发展 农口各单位，坚持标本兼治、纠建并举的方针和谁主管、谁负责的原则，针对群众反映强烈的不正之风认真进行纠正，取得了较好效果。

一是减轻农民负担工作取得了新的成效。各区县进一步加强了对村提留、乡统筹和“两工”的管理，各乡镇、村普遍依照法定程序，通过召开乡镇人代会、村社员代表大会或村民代表会议等形式，审议通过了2002年度村提留、乡统筹和“两工”预决算。通过发放监督卡的形式，将2002年度农民应承担的村提留、乡统筹和“两工”分解落实到户。目前，全市除城乡结合部和已经进行农村税费改革的昌平区以外，已有80多万户农民领到了监督卡，占应发放到户的95%。年内，农口组织开展了农村中小学收费、农村电费、农村生产资料价格和农机管理收费、集体土地征占过程中加重农民负担问题等多项治理工作，组织了春冬两季农民负担监督管理执法检查，查处和纠正涉农案（事）件25起，退回农民各种钱物折合150万元。同时协调有关部门制定了《北京市对涉及农民负担案（事）件实行责任追究的实施意见》，在郊区全面实行了涉及农民负担案（事）件责任追究制、村级报刊订阅费用限额制、农村中小学收费一费制和涉农收费公示制等制度，使农民负担监督管理工作更加规范化，农民负担进一步减轻。据统计，年内中小学规范收费、免除杂费等减轻农民负担4 300万元；电网改造减轻农民负担1 800万元；电话费同网同价减轻农民负担8 600万元，减轻村集体经济组织负担3.6亿元；清理拖欠农民土地征占补偿款达26.71亿元。

二是纠正医药购销领域中的不正之风工作取得新进展。各区县对医药购销领域的不正之风深入进行了清理，通过剖析医药购销领域中不正之风的根源，普遍建立和完善了相应制度，堵塞了漏洞，严格了管理，特别是在执行医疗机构药品集中采购、医药分开核算、分别管理等项制度上取得了良好成效。据统计，2002年药品集中采购金额达26 282万元，中标药品的零售价格平均下降约 20%，有效遏制了药品购销中的不正之风，减轻了患者负担。

三是加强行风评议工作，部门和行业风气继续好转。今年，各区县加大了对行政执法部门、垄断性行业、窗口单位的行风评议。一年来，各区县对 247 个单位开展了行风评议工作，并得到了广大干部群众支持和参与，参加评议人数达 75 150 人。通过开展行风评议工作，促进了被评单位工作作风转变，把“三个代表”重要思想落到了实处。

（五）关口前移，进一步加大了从源头预防和治理腐败工作的力度

1. 积极推进干部人事制度改革，强化了对干部选拔任用工作的监督。今年，各单位进一步加大了贯彻落实中央关于《深化干部人事制度改革纲要》和《党政领导干部选拔任用工作条例》等各项制度的力度，规范了干部选拔任用程序，完善了干部管理监督的相关制度，强化了民主推荐、民主测评、民主决策等关键环节，扩大了任前公示制、公开选拔制和竞争上岗制度的使用范围。较好落实了干部交流、回避、重点岗位轮换、届中考核考察、廉政谈话等制度，有效地减少了用人中的不正之风和干部管理中的以任代管现象。

2. 加快行政审批制度改革，加强了对权力的制约。今年，远郊各区县和农口局继续推进了行政审批制度改革，积极减少审批环节和审批项目数量，对保留的行政审批项目公开审批程序，提高审批工作的透明度，加强了监督和制约。各区县进一步落实了经营性土地使用权出让招标拍卖、建设工程项目招投标、政府集中招标采购、产权交易进入市场等制度，有效规范了权力的运行，减少了权力腐败。据统计，今年各单位共精简行政审批事项 1 939 项，政府集中采购金额 44 663 余万元，节约资金 4 573 万元。

3. 深化财政制度改革，加强了对资金的监管。各区县积极推进了部门预算、国库集中收付制度、“收支两条线”管理各项规定的落实工作，对“小金库”、“帐外帐”继续进行了清理。一些区县在财政体制改革方面，还进行了新的尝试。大兴区结合解决群众信访、加强干部监督和正确考评使用干部，加大了对领导干部经济责任审计和任期经济责任审计，完成了对 35 个单位 52 名领导干部的审计，延伸审计 100 余家。房山区等四个区县对部分行政事业单位实行了会计集中核算制度。通州区全面推行了村级财务“双层审计、村帐托管、电算管理”制度，规范了管理。目前，远郊各区县实行村帐双审的村有 2 624 个，占行政村总数的 71.1%；实行村帐托管的村有1 347个，占行政村总数的 36.5%；实行电算化管理的村有 500 个，占行政村总数的 13.6%。通过加强财务管理，堵塞了资金漏洞，减少了问题的发生，密切了党群干群关系，促进了农村稳定。

4. 农口国有企业继续健全和完善制度，强化了管理。农口各国有企业，注重将党风廉政建设的各项要求融于企业管理、生产、经营的各个环节，从制度建设入手，规范了各项管理。据检查，各企业在认真落实市委农工委制定的《关于国有企业重大决策、重要事项安排和重要人事任免管理的暂行规定》、《国有企业大额资金 使用监管的暂行规定》等制度的同时，都结合自身实际，制定和完善了许多管理方面的制度，诸如对企业资产、资金、物资、项目管理制度，企业民主管理制度，领导人员廉洁自律制度等等。通过制度建设，既规范了企业领导人员的行为，也规范了企业的管理，在一定意义上减少了职务违纪，防止了国有资产流失。例如，北京城乡建设集团有限责任公司，分别制定了监事会、董事会、经理《工作暂行规定》和《关于改制企业建立法人治理结构若干问题的暂行办法》，使企业的各项工作在制度规范下，在民主监督下得到了有效运转。同时，各企业围绕效益、效率、质量、安全等经营管理中存在的问题，进一步深化了效能监察工作。今年，各企业共确定效能监察选题立项 145 个，通过效能监察发现违纪线索 2 件，增收节支、挽回经济损失 3 673.3 万元，追缴应收款 8 980 万元。

5. 建立预防职务犯罪网络，构建社会大预防格局。为了抓好预防职务犯罪网络建设，多数区县都成立了主要领导或分管领导牵头，相关单位主要领导参加的领导小组，设立办公室；将重要的机关行政单位、国有企业和金融部门纳入网络之中；建立相关工作制度，并积极开展了工作。延庆县预防职务犯罪领导小组多次召开工作协调会，积极推进工作；结合本县案例编印了“预防职务犯罪案例教育”读本，发给全县处以上领导干部进行学习；举办了“延庆县预防职务犯罪展览”，万余党员干部参观了展览；组织全县处级单位 4 000 多名党员干部参加了预防职务犯罪知识竞赛，收到了很好的教育效果。目前，农口各国有企业、事业单位，也在积极探讨，建立预防职务犯罪网络，构建社会预防的大格局。

四、工作中存在的问题及今后的改进措施

在市委、市政府的领导下，农口各单位贯彻落实党风廉政建设责任制取得了新的明显成效，但工作中也存在一些问题和薄弱环节：一是少数基层领导干部对党风廉政建设认识上还存在差距，主体意识不够强，抓工作主动性、自觉性不够；二是少数单位党风廉政建设责任制向基层延伸工作在某些方面没有完全到位；三是一些单位对责任追究工作重视不够，执行追究制度不够严格，有的应该追究的而没有追究。

针对存在的问题，在 2003 年工作中，我们将从以下几个方面加以改进，以促进党风廉政建设责任制进一步深入扎实地得到落实：一是进一步强化宣传教育，提高各级领导干部对党风廉政建设的重要意义的认识，增强责任感、紧迫感，树立大局意识，自觉履行党风廉政建设责任；二是与时俱进，继续深入抓好责任制向基层延伸工作，紧密结合基层实际，研究改

革和发展市场经济条件下，党风廉政建设的特点和规律，针对出现的新情况、新问题，创新领导体制和工作机制，着力构建落实责任制的体系工作，完善保障措施，确保责任落实。三是严格检查监督制度，推进责任追究工作。通过责任追究，维护党风廉政建设责任制的严肃性，推动反腐倡廉各项工作不断深入地开展。

中共北京市委农村工作委员会
北京市农村工作委员会
印发《2002年郊区环境综合整治工作方案》

（2002年3月15日）

按照市委、市政府的统一部署，为首都成功承办绿色奥运、为郊区入世快速发展经济创造和提供更加优美、优质的环境，2002年，各区县要不断深化环境整治，加快郊区环境建设进程，逐步提高郊区环境管理水平，使农村的环境尽快、全面实现根本性转变，以优异的成绩迎接党的十六大召开。

一、指导思想

2002年郊区的环境综合整治工作，要以邓小平理论和江泽民同志“七一”讲话为指导，深入贯彻落实市委八届十次全会、市农村工作会议和市环境综合整治会议精神，全面落实《奥运行动规划》和《北京市2010年基本实现农业农村现代化发展纲要》，按照“三个代表”重要思想和市政府提出的“深化环境整治，消灭脏乱死角，提高生活质量，美化首都形象”的总体要求，以“新北京、新奥运、新机遇”为主题，以“建首善、创一流”为目标，与时俱进，乘势而上，深入开展郊区环境整治活动。

环境整治活动要坚持以人为本，大力开展城市绿化，加快卫星城和中心镇的基础设施建设，进一步优化人居环境，提升城镇综合水平；坚持和落实好“五个一”，加强农村小型环卫基础设施建设，着力改善村镇环境；坚持高标准、严要求，加强绿色产业和生态建设，树立农村新形象。广泛动员，全民参与，提高广大群众的积极性、自觉性，推动农村城市化、农业现代化的进程。

二、工作目标

按照市农村工作会议的部署和市环境整治工作大会的要求，2002年郊区环境整治工作的总体目标是：通过深化郊区环境整治，加快农村环境整治步伐，要使郊区环境有明显的进步。经过一年的努力，初步建成一批现代化与生态型相结合的绿色城镇，卫星城和中心镇的基础设施建设得到明显改善，基本实现“黄土不露天”、“垃圾不露天”；进一步落实“五个一”、“门前三包”等制度，建立健全科学、长效的环境卫生管理运行机制，实现90%以上的村真正落实“五个一”；在2001年的基础上，再创建1 000个高水平环境整治的村，使50%以上的村达到绿化、美化、硬化、净化“四化”标准，山区村的环境整治要有新突破，基本实现绿化、净化；大力实施“进京第一印象”工程，营造一批赏心悦目的精品景观，彻底改善公路沿线的环境状况。从2002年起，争取用三到五年时间彻底改变郊区农村面貌，全面实现农村环境根本性变化，初步实现郊区生态系统良性循环的战略目标。

三、工作任务

2002年环境整治工作主要有四项任务：

1. *继续实施“进京第一印象”工程，彻底改善公路沿线的环境状况。*进京公路（5条高速路、10条国道）、进京铁路（主要车站）、主要旅游景区（点）沿线两侧视野范围内的所有卫星城、乡镇、村，都要按照《2001年郊区“进京第一印象”工程实施计划》要求，营造景观，改善环境。

——以治脏治乱为重点，全线进行绿化美化。清理公路沿线的垃圾、柴草和白色污染，做到垃圾随时清运填埋，柴草、秸秆及时移入村里院内，防止白色污染满天飞；全面拆除、清理重点地区仍未拆除的违法建设，关闭、拆除有碍观瞻的煤场、灰矿和废品收购点；清理占路市场、马路游商，拆除乱设的广告招牌；大力进行公路绿化美化，结合植树造林，实施拆墙透绿，疏浚排水沟；公路穿行的村镇要对破旧的墙壁、房屋进行修缮、粉刷，使其整齐一致；加强交通安全管理，做好车站、市场规划，规范停车点，逐步将占路进行集市交易的农村市场迁至固定场所。

——抓好15项重点工程的实施，营造一批精品景观，提升绿化美化的景观效果。对列入市重点工程的15个项目，市里将重点进行监督，随时掌握建设进度，各区县争取在2002年前基本完成，彻底改善这些地区的环境面貌。15项工程包括：京开高速公路进京入口处“第一印象”工程、八达岭高速路昌平段“第一印象”工程、潮白河沿岸整治工程、龙泉宾馆至滨河路亮丽工程、107国道琉璃河段“进京第一印象”工程、京石高速路口至韩村河绿色旅游通道工程、十渡风景区生态建设工程、京哈公路通州段“第一印象”工程、110国道张山营段绿化长廊建设工程、延庆古木化石国家地质公园周边整治工程、平谷（平三路、平蓟路）公路扩建绿化工程、平谷旅游景区“形象工程”、101国道密云明珠生态休闲乐园工程、司马台长城综合整治工程、怀柔主要旅游线路“第一印象”工程。

2. *加快卫星城和中心镇的基础设施建设，提升城市综合管理水平。*加快14个卫星城和33个中心镇的基础设施建设，科学规划，突出特色，提升城市功能，提高绿化档次，改变能源结构，推广清洁能源和清洁生产，建设一批现代化与生态型相结合的绿色城市、园林城市和旅游城市。

——坚持高标准，强化卫星城和中心镇的综合整治和建设。依照现代化都市标准，拆除违法建设，撤销占路市场，规范各类经营行为，取缔道路两侧的非法占道修车、洗车、加工铝合金（塑钢）门窗、乱设招牌等行为，规范路边广告和各类棚亭的设置，解决影响市容观瞻的脏乱差问题，全面清理城市中的“死角”。整修道路，更新改造市政和环卫基础设施，增设夜景照明，户外广告设置规范，与城市景观和谐统一。整顿交通秩序，治理乱停乱放，停车入位，不挤占人行步道、盲道。逐一落实“门前三包”责任制，加强日常保洁和城管执法，随时保洁，定期对各类公用设施进行清洗、粉饰、维修和更新。

——实施“黄土不露天工程”。坚持全面绿化与重点绿化、平面绿化与立体绿化、公共绿化与庭院绿化相结合，大力开展城市绿化建设，各种道路两侧、街头闲地及河道、沙滩等，都要进行绿化，有条件的要利用这些区域建立公园或经济速生林基地等。合理划定绿化用地，拆墙透绿，不断拓展公共绿地，提高单位、庭院绿化水平，改善街道绿化植被造型、色彩和层次搭配，逐步恢复城市的生态功能，努力实现“黄土不露天”。

——抓好15项重点基础设施建设项目工程，创造一流水平。各区县要对列入市重点基础设施建设的15项工程，保证资金的落实，保证工程的建设进度，15项工程预计总投资8.36亿元，包括：大兴区兴丰大街改造工程、大兴区金星公园建设工程、顺义区新顺大街改造工程、顺义区减河改造工程、昌平区崔昌路二期工程、门头沟区门城主要大街改造工程、房山区城关南北大街改造工程、通州区新华南北路改造工程、延庆县湿地生态公园建设工程、延庆县郊野公园建设工程、平谷县卫星城步行街建设工程、平谷县新平北路改造工程、密云县伊斯兰大街改造工程、密云县长城环岛工程、怀柔县水库周边环境治理工程。

——启动10项污水、垃圾处理厂建设工程，根治城市污染源。10项工程预计总投资4.55亿元，包括：大兴区垃圾处理厂工程、大兴区污水三干线工程、昌平区污水处理厂工程、良乡污水处理厂工程、房山区垃圾处理厂工程、通州区污水处理厂工程、怀柔县垃圾处理厂工程、怀柔县污水处理厂二期建设及配套工程、延庆县垃圾处理场扩建工程、灵山旅游区垃圾处理场工程。

——广泛开展“环境整治精品项目创建活动”。卫星城大街、居民小区、综合市场要规划一流、建设一流、管理一流，创建一批环境整治的精品大街、精品工程和精品小区。中心镇建设要突出重点，营造一些标志性街头景观，创建出新亮点。

3. *狠抓“五个一”落实，加强小型基础设施建设，加快农村环境建设步伐。*所有乡镇和村都要认真落实和深化“五个一”，长期坚持。平原地区的乡镇和村要加强饮水、集中供暖、卫生厕所、污水处理、垃圾填埋、公共绿地等小型基础设施建设，达到“四化”标准；山区的村镇要因地制宜，多植树，以绿治脏，加快道路建设，保持生态建设，通过整治，达到绿化、净化标准。

——90%以上的村要全面落实“五个一”。“五个一”是农村环境实现根本性变化的基础保证，也是郊区环境长期保持良好状态的重要措施。2002年要在去年的基础上，再抓落实，平原村要100%落实“五个一”，山区村也要努力达到基本落实。各乡镇、村要建立台账，对主管领导、实施的制度、保洁队伍的人数、责任范围、保洁车辆的数量、垃圾填埋场的位置及容积等都要登记造册，区县要定期检查落实情况，使“五个一”真正落实到实处，夯实基础。

——实施“垃圾不露天工程”。在落实“五个一”的基础上，全面实施“垃圾不露天工程”，要彻底清除小街小巷、村边、路边、河边的积存垃圾和白色污染，切实解决农村垃圾的收集、清运和卫生处理；对村镇内的垃圾楼、站、池、桶的设置、形式要有设计，对清运、处理垃圾的方式要有方案，做好填埋场的防渗漏及覆盖处理，及时复耕绿化；认真解决农村的乱堆乱放问题。对农户的柴草存放要制定管理办法，逐步规范和取缔；要克服烧垃圾、烧树叶、禽畜散养和满山放牧等旧俗，从根本上解决农村脏乱差的现象，长期保持村镇干净、清洁。

——以绿化、美化、硬化、净化为标准，再完成1 000个村的建设任务，并培育创建1 000个高水平环境整治的村，实现郊区50%以上的村达到“四化”标准。每个乡镇、村都要制定“四化”实施方案，首先是搞好村镇的绿化，全面整修、整备公路和村内街道、胡同、户前的绿地，清理村头闲地和农田边沟，拆除村镇所在地的违法建设和影响观瞻的破旧房屋，多栽植花草树木，增加公共绿地面积，形成村村有特点，镇镇有特色；硬化要按照乡镇、村域总体规划，制定完成时间表，加快村镇道路硬化进度，硬化要从入村路、主街道向小街小巷延伸，向农户庭前延伸，中心镇、中心村要按照规划加快道路网络建设，山区的村要平整路面、修补坑洼；美化要请有专业知识的人士做出方案，要和谐、完美、统一，彻底清除农户墙壁、电线杆等上边的非法小广告、乱涂乱写和过时的标语口号；加快农村改水改厕进度，加强村镇小型基础设施建设，有条件的村要进行污水处理，山区村要在绿化、净化上有新突破，努力营造郊区村镇新形象。

——深入开展环境建设示范镇、示范村典型创建活动。继续推广杨宋、马坡、小汤山等示范乡镇的经验，重点培育一批功能设施齐备，与环保生态型建设相结合的乡镇，开展生态示范村创建活动，努力建成一批青山、绿水、秀美、农民安居乐业的村庄。有条件的镇、村要高标准进行规划、高水平地进行环境整治，率先成为郊区环境一流、标准一流、管理一流的示范。

——积极发展绿色产业，改善生态环境。大力推进绿色、环保和生态型产业发展，促进产业结构调整，使郊区生态恢复与生态农业建设结合起来，走可持续发展之路。加快花卉、苗木、速生林等绿色产业的发展，继续推进绿化隔离带、五河十路和山区绿色生态屏障建设，发展生态环保型经济；积极发展绿色养殖业，搞好畜禽养殖的粪便处理；大力开发有市场前景的生态旅游和农业旅游，开辟更多的观光、休闲、度假的农业生态园和民俗文化村；坚决淘汰“五小”等影响和破坏郊区资源和生态环境的落后生产力，防沙治沙，退耕还林，提高绿化率，改善生态环境，保护水土资源。

4. *开展对重点地区的综合整治和专项整治活动*。重点地区综合整治的范围主要是旅游景区、城乡结合部等地区，专项整治活动主要包括“拆违拆旧”、市场秩序、交通秩序等专项整顿。

——加强对旅游景区的环境整治与管理。凡是正式对外开放的旅游景区（点），都要按照有关规定加强对旅游景区的管理。增加必要的卫生基础设施，及时清理景区内外乱倒、乱扔的垃圾和废弃物；取缔无照摊商，整顿旅游市场秩序，规范景区管理，依法查处“黑车”和强买强卖；节假日高峰时期要加强车流管理，确保安全运营，冬季要铲除路面冰雪，保证游人安全；树立良好服务形象，努力提高旅游景区的文化蕴含和档次。

——加强对城乡结合部的综合治理。城乡结合部的乡镇，特别是与朝、海、丰、石相接壤的乡镇，要强化管理，加强协调，实施综合治理，不允许存在管理上的“真空”。环境整治要与旧村改造、城市建设相结合，重点是要控制违法建设，拆除私搭乱建，清理积存垃圾，取缔占路市场，待拆迁地区的环境也要保持清洁。结合外来人口管理，清理“三无”人员、非法出租房屋，坚决取缔和打击那些环境差、秩序乱、无证照的小作坊式生产、加工、贮运、销售食品和日常生活用品等非法制售窝点。

——要定期开展专项的“拆违拆旧”、市场秩序、交通秩序等整顿活动。各区县可以根据实际存在的某一方面突出问题，确立一些地区和内容作为专项整治的主题，集中一段时间进行专门整顿。“拆违拆旧”仍要作为一项专门的任务，所有的乡镇政府所在地、中心村以及干线公路穿行的村镇，都要组织对现有的违法建设和有碍观瞻的破旧房屋、残墙断壁进行拆除；实施“拆墙透绿”，对影响城市容貌和农村整体形象的封闭式围墙，凡可以拆除的要全部拆除，植绿建绿，必须要围起来的一律改为通透式围墙，少数确实需要保留的可以通过垂直绿化、绿化遮挡或粉刷达到整治要求。对综合市场、季节性农贸市场、早市、夜市和农村定期集会市场也要专项进行整顿，禁止占路经营，加强卫生检查，打击欺行霸市。开展对城市“黑车”、“摩的”的治理，采取措施，规范城市运营秩序。

四、工作步骤

2002年，郊区环境整治工作分为三个阶段：

第一阶段，从现在起到6月底，全面实施阶段。制定整治方案，明确整治目标，分解整治任务，落实责任制，各项工程全面开工，专项整治全面开展，各项措施落实到位，保证四项任务顺利实施。广泛宣传动员，充分调动广大干部、群众和学生，主动参与整治。

第二阶段，从7月初到国庆节，全面攻坚阶段。全面深化郊区环境整治，各项工作进入攻坚阶段，资金、人员调剂充沛，检查、考核行之有效，重点工程建设、专项整治取得初步成效，基本实现郊区面貌的较大改观，以优异的成绩、崭新的面貌迎接十六大召开。第三季度，拟召开一个郊区环境整治现场会，总结经验，推动工作。

第三阶段，从国庆节到年底，整体提高阶段。巩固、扩大整治成果，完成各项工作的扫尾，完善各种制度，加强日常管理，探索先进的管理理念，总结长效的管理机制，进行全面的检查考核，推广先进经验，学习先进典型。

五、工作要求

2002年郊区的环境整治工作，任务明确，要求具体，责任重大，为了抓好这项工作，提出以下工作要求：

1. *加强领导，提高认识*。北京面临着承办绿色奥运的使命和加入WTO后的新的发展机遇，环境问题日趋重要。各区县要进一步提高对环境建设和环境整治的认识，着重解决好部分基层干部思想上对环境建设片面的认识和农民群众对环境保护认识不够两方面问题，高度重视，把环境整治作为各级政府的一项重要职责、作为农村落实和开展“三个代表”教育活动的一项重要内容、作为建设“新北京，新奥运”的一项重要工作、作为维护人民群众根本利益的实事来对待。牢固树立“保护环境就是保护生产力，发展环境就是发展生产力”的意识，切实加强对这项工作的领导，理清思路，转变政府职能，完善机构配置。各区县要成立以书记或区县长为组长、有关部门参加的环境整治领导小组，主管区县长具体负责，下设办公室（即整治办），代表区县委、政府负责本地区环境整治工作的组织、协调、检查和督办，整治办主任要设专职人员，集中精力搞好环境建设。各区县要建立环境整治工作联席会议制度，协调解决出现的各种问题。各区县要结合市里的工作方案，制定相应的实施方案和工作计划，做到组织到位、措施到位，各级党委、政府要坚持代表最广大人民群众利益的宗旨观念，把解决事关人民群众生活质量的环境问题作为工作重点，让更多的人民群众在目前的发展阶段享受最大的环境舒适度。

2. 落实责任，量化管理。郊区环境整治的目标已非常明确，任务也非常具体，区县、乡镇、村三级都要建立和落实责任制。继续实施“一把手”工程，各级党政一把手都要直接联系一个镇或村的环境整治工作，农村基层干部要主动出击，狠抓工作的落实。精心组织，分级实施，区县、乡镇要建立本地区环境整治重点任务的台账，层层包干，谁的辖区、谁的地段、谁的任务就由谁负责，达到什么样的标准都要明确到位，落实到人，每月通报工作进度。每个区县都要确定100个左右重点整治的村，量化管理，促其上水平。区县要把环境整治工作作为考核乡镇政府的一项重要内容，进行专项考核，对那些屡次督促检查后脏乱问题仍得不到解决、工作仍得不到改进的村镇要追究主要领导的责任。

3. 加大投入，加快步伐。各区县、各乡镇要不断增加对环境整治和环境建设的投入，广开渠道，多方筹资，财政倾斜，重点扶持，加快农村环境建设的步伐，促进郊区环境全面出现根本性转变。市里将对郊区环境建设给予全面的支持，继续对33个中心镇的基础设施建设按投资比例给予支持；对上账的30项重点工程予以一定的支持。区县也要拿出专项资金对重点的乡镇和村予以投入，对重点的工程和重大的项目予以扶持，对经济确实存在困难的村也要予以一定的资金支持，作为为群众排忧解难的一项具体措施，帮助其搞好道路、饮水、改厕等小型基础设施建设。

4. 典型示范，突出特色。各区县、各乡镇要注重典型的建设，充分发挥典型引路作用，以点带面，推动农村环境整治水平的提高。在整治建设中，要坚持因地制宜，分类指导的原则，保存风格，突出特色，有自己的特点，不搞“一刀切”，克服形式主义和教条主义，避免千篇一律、千村一面的模式。应根据经济发展水平，以“以人为本，群众满意”为前提，加强管理，不断提高标准，走功能现代化、设施配套化、建筑特色化、环境生态化的多样化、多元化发展之路，努力创建一批不同类型、不同层次的能反映首都经济、郊区特色的典型。

5. 完善制度，长期坚持。环境整治工作要高标准、严要求，长期坚持，打“持久战”。一方面要加大力度，保证其连续深入的开展，不能满足现状，出现停滞和“反弹”；一方面要健全制度，工作实现规范化，变“突击作战”为“长效管理”。各区县、乡镇和村要进一步落实和完善“门前三包”、“五个一”等根本制度，建立健全日常管理和保洁制度，严格考核和奖罚制度，通过不断引进先进的理念来改革和完善管理的方式，创新管理的机制。各级政府要结合各个阶段的工作任务，加大检查力度，依法治理，严格执法，巩固整治成果，督促工作落实。市里也将不定期的对区县、乡镇整治工作进行暗查和突击检查，并通报检查情况。

6. 全体动员，全民参与。各区县、各乡镇要充分调动广大群众参与环境整治的积极性，继续坚持开展群众性的整治活动，全体动员，全民参与，发动一场改变农村人居环境的“环境卫生革命”，使广大群众在参与中受到教育。继续发挥各级共、青、团、妇的先锋模范作用，开展军民、警民共建活动，搞好身边的环境卫生。结合“绿色奥运”的实施，加强新闻宣传，大造舆论声势，开展各种形式的保护环境和全民公德建设的宣传和教育活动，增强群众环境意识，同时，要充分利用新闻媒体和群众的舆论监督作用，对脏乱问题和不文明行为进行曝光，逐步形成人人重视环境、人人为改善环境做贡献的良好社会氛围。

中共北京市委农村工作委员会
北京市农村工作委员会
转发《通州区委区政府关于进一步做好
农村劳动力就业工作的意见》

（2002年1月24日）

为合理开发利用农村劳动力资源，切实加强城乡劳动力统筹管理，建立城乡统一的劳动力市场，促进本区农村劳动力就业和农民增收致富，结合我区实际情况，经区委、区政府研究决定，就进一步做好农村劳动力就业工作提出如下意见：

一、从贯彻落实江泽民总书记“三个代表”重要思想的高度，充分认识做好农村劳动力就业工作的现实性、紧迫性

近年来，我区农村经济发展与农村劳动力就业工作相互促进，同步发展。在农业结构调整、乡镇企业二次创业和小城镇建设过程中，各乡镇及区有关部门把富裕农民作为工作主线，坚持不懈地引导农民向二、三产业转移，努力拓宽农民就业渠道，积极开展农村劳动力的就业管理和服务工作，使农村劳动力的就业状况得到了明显改善。2001 年我区农民人均纯收入达到 5 220 元，比上年增长 10.1 个百分点，12.5 万个农民从事二、三产业，农民增收致富的步伐进一步加快。

但要清醒地看到，我区农村劳动力就业工作还面临着许多困难和问题。从农民增收面临的形势看，增收新的支撑点还不多，增收的渠道还不宽；从农村劳动力的供给量看，农村劳动力供大于求的矛盾比较突出，外地劳动力同我区劳动力竞争所形成的压力较大；从劳动力管理的角度看，管理工作偏重城镇忽视农村管理的现象普遍存在，乡镇就业服务机构的基础工作薄弱、管理机制不完善；从农村劳动力的素质、技能方面看，部分农村劳动力就业观念陈旧，文化水平低，技能素质不高，很难适应市场就业竞争的需要。

当前，千方百计增加农民收入，进一步做好农村劳动力就业管理和服务工作，是落实江泽民总书记“三个代表”重要思想和十五届六中全会精神的具体体现，是党在农村工作的根本出发点和落脚点。做好我区农民就业的管理和服务工作，是保护和发展先进生产力的必然要求，是建设社会主义先进文化的重要内容，是维护广大农民群众利益的直接体现，也是改进干部作风、发展我区经济、维护社会稳定的一项重要而紧迫的任务。全区各级干部要从这个高度，充分认识做好农村劳动力就业工作的现实性和紧迫性，采取积极而有效的措施，实现城乡劳动力统筹就业，促进农村劳动力就业，不断提高就业质量，切实加快农民增收致富的步伐。

二、大力发展二、三产业，不断拓展农村劳动力就业空间

解决农村劳动力就业的根本途径，在于不断发展农村经济，特别是大力发展二、三产业，加快城镇建设，优化劳动力布局，增加就业岗位。

一产仍然是农民就业的重要途径。以市场为导向，以富裕农民为出发点，调整和优化农业结构，通过示范和引导，促进农民更多地从事蔬菜、林果花卉、中草药材、牧草和养殖业的生产，并积极鼓励农民进行农副产品深加工，延伸农业产业链条，扩大农业的就业容量。

二、三产业是今后农民就业的主要途径。适当发展劳动密集型企业，重点发展一批知识密集、资金密集、技术密集与劳动密集相结合的企业。特别是通过对部分有市场、有潜力的传统劳动密集型企业进行改造，提高其科技含量，扩大其规模，更多地吸纳劳动力就业。对中小企业，扶持它们向“专、精、特、新”方向发展，同大企业建立密切协作关系，增强市场竞争力，增加就业容量。

大力发展第三产业，创造新的就业岗位。第三产业具有发展潜力大、投资小、吸纳劳动力多的特点，是安置劳动力就业的重要渠道。以服务首都市场为宗旨，构筑大市场、大流通的新格局，积极发展现代物流业和农产品配送业，吸纳农村富余劳动力就业。发展适应农村生产、生活的服务业，大力支持发展信息咨询、科技服务、营销、建筑、运输、商饮、家政等服务产业。发展社区服务业，扩大社区服务就业空间，为农民进城从事与居民生活密切相关的餐饮、托幼托老、房屋修缮、家庭保洁等服务提供便利。发展适合街道社区的商业服务网点，组建家政服务队等就业组织。区民政、劳动和社会保障部门、乡镇和街道、居委会等部门负责做好社区服务政策的宣传和社区服务实体的组建和服务工作，促进社区服务业的快速发展。有关部门在农民发展服务业的手续办理、费用收取等方面给予必要的支持。

大力发展个体、私营、民营等非公有制经济，吸纳劳动力就业。鼓励农民个人开办个体、私营企业；鼓励现有个体、私营企业扩大规模，提升层次；鼓励个体私营企业以承包、购买、租赁、兼并、入股等方式参与国有企业改革；鼓励外地个体、私营业主到通州投资兴办企业，多层次吸纳劳动者就业。区有关部门和乡镇对个体、私营企业一视同仁，加强服务。对于农民自愿脱离一产，从事农副产品加工、贩运、小商品生产加工、工艺品生产加工和建筑材料生产等农户，乡镇和村在用水、用电等方面可给予一定的支持，对于从事二、三产业致富的典型大力给予宣传和表彰。

发展农村二、三产业，吸纳劳动力就业必须与发展小城镇有机结合。小城镇的发展要和农村城镇化及农民非农化一并规划，同步发展。发展小城镇的关键是繁荣小城镇的经济，使小城镇的发展具有强有力的产业支持，以求在更大的范围内、更高的层次上促进农村富余劳动力的合理流动和优化组合，从根本上改变农村劳动力的布局，加快农村城市化的进程。

三、建立、健全区有关职能部门、乡镇党委、政府和村级组织分工负责、共同管理的农村劳动力就业责任制，切实加强就业服务机构的基础建设

实现农村劳动力充分就业，加快农民致富步伐，是各级党政组织和领导干部义不容辞的责任。区有关职能部门，乡镇党委、政府和村级组织要明确责任、

分工负责，形成合力，建立、健全三级共同负责、共同管理的农村劳动力就业责任制，真正做到一级抓一级，层层抓落实。

区劳动和社会保障局负责全区农村劳动力培训与就业的宏观管理、指导检查和执法监察工作。区乡镇企业局负责制定和下达安置农村劳动力的指导性计划，并检查督促计划的完成和落实；宣传、广播部门负责加强对农村劳动力就业政策和先进典型的宣传，帮助农民认识就业形势，转变就业观念；教育部门加强成人学校建设，把培训农村劳动力作为一项重要职责抓紧抓好；区财政部门对就业服务机构和劳动力培训所需资金给予支持。

各乡镇党委、政府把农民就业纳入本地区经济和社会发展的总体规划，把农民就业的指标列入经济和社会发展总体目标之中，统筹考虑，真正做到同时布置，同时检查，同时考核。乡镇党委书记是本乡镇劳动力安置的第一责任人，对农民劳动力就业工作负总责；主管劳动就业工作的副镇（乡）长是本乡镇劳动力就业的直接责任人，具体组织落实本乡镇农民就业目标的完成。村级支部书记是本村农民劳动力就业工作的第一责任人，对本村劳动力就业工作负全责。各乡镇党委书记、乡镇长、主管乡镇长要各联系一个村或一个企业，切实指导村、企业做好农民劳动力就业工作，增强工作的针对性和实效性。

各乡镇根据实际情况，把安排劳动力就业的任务指标细化到村。年初明确责任，年终作为考核的重要内容之一，并与村级班子成员的报酬挂钩。对工作成绩突出的村党支部书记，乡镇党委、政府给予表彰奖励。

区职业介绍中心作为全区劳动力管理、调配机构，负责全区农村富余劳动力人数、劳动力转移、劳动力闲置状况的调查和统计工作，帮助农民获取就业信息，向农民提供就业咨询、职业介绍、职业培训等服务，监督企业规范用工制度，切实保障企业和农民的合法权益。各乡镇的就业服务所，具体负责本乡镇农村劳动力就业的日常管理与服务工作。根据实际情况切实加强区职业介绍中心和乡镇就业服务所自身的建设，区和各乡镇在工作人员配备、办公条件和经费等方面给予保障。

积极支持和鼓励组建各种所有制形式的劳动力开发、培训机构，鼓励有关单位和个人、社会组织建立各种形式的自主经营、自负盈亏、具有独立法人地位的农村劳动力开发经营机构，通过市场调节机制，在更大范围、更高层次上合理开发农村剩余劳动力。区政府将择优对此类机构给予奖励。

四、建立多种形式的、适应性较强的劳动力就业培训体系和培训基地，切实改善培训薄弱这一环节

农村劳动力素质较低是造成农村劳动力就业困难的重要因素。从根本上看，采取有效措施，鼓励农民增加智力投资，增加对人力资源开发的投入，这是解决我区农村劳动力充分就业和形成就业新格局的战略思路和基础性工作。

逐步形成“市场引导培训，培训促进就业”的新机制。强化职业培训，切实改善培训这一薄弱环节。一是采取政府部门和社会力量办学相结合的方式，举办各种类型的农民实用技术培训班，依托有关职能部门，如劳动、农业、教育等建立长年性的、专业性的职业学校、培训中心等，形成社会就业培训体系的骨干。二是形成以技术培训和业务培训为重点、以素质培训和岗位培训并重为特点的长短结合、高中低层次相配套的培训模式。三是坚持职业培训与技能鉴定相结合，使求职务工人员具有技术等级证书及上岗证，以增强就业竞争能力，提高劳务收益。四是支持工会、共青团、妇联组织，依据各自特点，开展多种形式的就业培训工作。

五、建立和完善劳动力就业的各项制度，形成科学、有效的管理机制，切实加强对劳动力的就业管理

为了使每个新就业的农村劳动力都得到应有的培训，切实加强对劳动力就业的管理，建立起科学、有效的管理机制，在全区建立健全就业登记、招聘备案、预备培训、素质准入和有序流动等五项基础性管理制度。

完善农村富余劳动力就业登记制度。凡本区有劳动能力、在法定劳动年龄内、有在二、三产业就业意向的农村富余劳动力应当持本人身份证（或户口本）到乡镇职业介绍所进行求职登记。乡镇职业介绍所应当建立农村富余劳动力台账和劳动力资源信息库。

实行招聘农村劳动力备案制度。用人单位招用农村劳动者，应当到区职业介绍服务中心办理招聘备案手续，按照有关规定，依法与劳动者签定劳动合同，参加各项社会保险。

实施劳动预备培训制度。对未能升学并准备进入二、三产业务工的农村初、高中毕业生和即将在二、三产业从业的农村富余劳动力，以通州区职业技术学校为骨干和依托，按照劳动力市场供求信息和职业介绍服务机构提供的岗位需求，开发相应的培训项目，进行职业资格培训，促进农村富余劳动力就地、就近安置和城乡间有序流动。

全面实行农村富余劳动力素质准入制度。在本行政区域内，实行技术工种从业人员持职业资格证书上岗。凡在国家及北京市规定就业准入职业（工种）范围内从业的农村富余劳动力，应取得相应的《职业资格证书》；在国家、北京市规定就业准入职业（工种）范围以外的农村富余劳动力，可取得相应的《职业资格证书》或《北京市就业转业训练结业证书》。

建立农村富余劳动力区域间有序流动的机制。建立城乡间的劳务协作关系，实现劳动力就业的城乡统筹。建立开发、培训、输出及跟踪服务“四位一体”的农村富余劳动力劳务管理基地，引导和组织农村富

余劳动力向城区二、三产业流动。

六、认真总结实践经验，坚持行之有效的工作措施，强化党委、政府在农民就业工作中的硬性约束

近年来，我区在安排农村富余劳动力就业方面，从实际出发，形成了劳动者自主择业、市场调节就业和政府促进就业的工作思路，创造了一些行之有效的实践经验和工作措施，在认真总结这些经验和措施的基础上，必须进一步强化党委、政府在农民就业工作中的硬性约束。

坚持引进项目协议与劳动力安置协议一同谈判、一同签约、一同生效。凡在我区占用土地资源投资建立企业的，原则上安排一定数量的当地劳动力就业。所安排就业的人数根据企业占地面积与本乡镇、本村人均土地面积的比例确定。安排当地劳动力就业的数量在征地协议中作为必要条款写明，对于企业占用或租赁其他资源或资产的，也必须在资源、资产占用或租赁协议中规定安排劳动力的数量，并严格执行。

坚持优先使用本地劳动力。在我区投资建设的各类企业要优先使用本区劳动力。严格企业的用工制度，企业使用劳动力必须到有关部门办理规定的手续。有关部门在加强对企业服务的同时，加大执法力度，加强对企业用工制度的监督、检查，确保企业用工制度的规范化。

坚持农村劳动力就业工作联席会议制度。继续坚持农村劳动力就业联席会议制度，及时沟通情况、掌握信息、解决问题。坚持每季度专题研究一次农村剩余劳动力的安置问题，就阶段性工作提出具体措施。形成共同研究农村经济和劳动者就业问题的相互配合、紧密衔接、齐抓共管的工作机制。

坚持定期举办农村劳动力招聘洽谈会。区有关部门和各乡镇总结已有的经验，每年精心组织1～2次大型劳动力招聘洽谈会，为农村劳动力就业提供更多的渠道和信息。招聘洽谈会坚持从实际需要出发，选择适当时机，突出实际效果，不搞形式主义。

坚持乡镇党委专题研究农民劳动力就业问题的工作制度。每半年乡镇党委、政府听取一次工作汇报，专题研究农民劳动力就业工作中出现的问题，研究解决对策。

坚持区委对农民劳动力就业工作的督查制度。每半年，区委对各乡镇、各有关部门在农民就业工作中履行责任的情况进行一次专项督查。每年12月下旬，各乡镇党委、政府向区委、政府书面专题汇报一次农民就业的情况。

坚持保护农村劳动力的合法权益。大力宣传和贯彻落实《中华人民共和国劳动法》、北京市劳动法规和我区农村劳动力就业方面的有关规定。区劳动和社会保障局对农村富余劳动力就业规范管理，监督用人单位依法用工，依法与劳动者签定劳动合同，按规定为其交纳各项社会保险。劳动监察部门对用工单位的用工情况进行监督检查，使劳动力的合法权益得到切实保障。

七、加强领导，加大投入，树立典型，为农民就业创造良好的外部环境

全区各有关部门和单位要进一步提高认识，把安置农村劳动力工作摆上重要的议事日程，切实加强领导，狠抓落实，加大投入，齐抓共管，形成合力，统一协调，有序运行。

加强职业介绍服务机构的建设，加大对职业介绍服务机构的投入。强化以区职业介绍服务中心为中心，以乡镇就业服务所为主体，以村为基础的三级就业服务组织建设。加强就业服务组织建设，完善功能，重点帮助乡镇理顺工作关系、规范工作程序。自2002年开始实行乡镇就业服务机构由乡镇党委、政府与劳动和社会保障局共同管理的体制。各乡镇就业服务所要按照2～3人的标准配备工作人员，而且必须专职专用，确保此项工作有足够的人力投入。对各级职业服务机构要加大投入，改善工作条件，运用现代化的信息设备和手段开展工作。区和乡镇政府要保障其办公和人员的基本经费开支。

加大对农村劳动力就业工作的宣传和舆论的引导。充分利用广播、电视、报纸等媒体，宣传农民就业的有关政策、法规；把宣传工作落实到乡镇村，采取灵活多样的形式广泛宣传有关农村劳动力有序流动自主就业的方针、政策，引导农民树立市场意识，帮助农民树立正确的择业观念。以每年开展一次的评选“通州区农民就业带头人”活动为载体，大力宣传在农民就业工作中出现的先进典型，形成关心农民就业、重视农民就业、促进农民就业的良好的舆论氛围。

中共北京市委农村工作委员会
北京市农村工作委员会
关于加强调查研究工作的意见

（2002年3月14日）

为认真贯彻落实《中共中央关于加强和改进党的作风建设的决定》和《中共北京市委关于贯彻〈中

共中央关于加强和改进党的作风建设的决定〉的意见》精神，进一步加强调查研究工作，提高领导决策的科学化、民主化水平，加快推进京郊农业农村现代化进程，特提出如下意见：

一、进一步提高对调查研究工作重要性的认识

坚持调查研究，是我们党的优良传统，是坚持辩证唯物主义和历史唯物主义世界观、方法论的必然要求，是贯彻解放思想、实事求是的思想路线和党的群众路线的重要途径。中央和市委、市政府历来十分重视调查研究工作，并提出了明确要求。郊区各级干部必须认真贯彻这些精神，深入基层、深入群众开展调查研究，认清和把握事物本质，取得工作的主动权，创造性地开展工作。

调查研究是科学决策的基础和重要组成部分，是基本的工作方法和领导制度，是领导干部的一项基本功。在新的历史条件下，各种新情况、新问题不断出现，影响决策的因素增多，因此，必须把调查研究贯穿于决策的全过程，从而提高决策的针对性和科学性。

加强调查研究工作是实践“三个代表”重要思想的必然要求。实践“三个代表”的重要思想，应对新情况、解决新问题，必须开拓进取、与时俱进，不断总结新的实践经验，勇于回答、解决现实生活提出的重大理论和实际问题。当前，京郊农业和农村现代化进程已经进入了一个新的发展阶段，尤其是实施奥运行动规划和加入世界贸易组织给我们带来了更加复杂的外部环境，承担的任务更加艰巨。郊区各级干部必须强化实事求是、与时俱进、务实创新、争创一流的意识，坚持深入基层、深入实际、深入群众，积极主动地做好调查研究工作，出真知、出良策、出成果、出人才、出动力，更好地为京郊农业农村现代化服务，更好地为加快农民增收服务。

二、明确调查研究工作的指导思想

调查研究工作要坚持辩证唯物主义的认识论和方法论，遵循客观规律，探索事物本质，倾听群众呼声，确保调研成果的真实性和准确性。

坚持把解放思想、实事求是贯穿调查研究活动的全过程。解放思想、实事求是是我们党的思想路线，是引导社会前进的强大动力，也是调查研究必须遵循的科学态度和根本方法。调查研究活动要始终坚持一切从实际出发，形成的结论要建立在对客观事物进行周密调查和科学分析的基础上，能够反映事物的全貌、本质和发展的规律。对调查了解到的真实情况和问题，有一说一、有二说二，“不唯书、不唯上、只唯实”，为领导决策提供真实信息。

坚持从群众中来、到群众中去，认真贯彻党的群众路线。人民群众的社会实践，是获得正确认识的源泉，也是检验和深化认识的客观依据。要有眼睛向下、脚步向下、甘当小学生的自觉性，向群众学习、向实践学习，把调查研究的过程作为深入了解民情、充分反映民意、广泛集中民智的过程，作为密切联系群众、深入做好群众工作的过程。

坚持对上负责和对下负责的一致性。调查研究工作向上级领导负责，是通过反映真实情况、提出正确建议，为上级作出符合人民利益的正确决策及其有效执行服务来实现的。在调查研究工作中，要努力从全局出发，从客观实际情况出发，不先入为主、不随风倒，反映真实情况，把党的路线方针政策落在实处。

三、坚持和完善调查研究工作制度

做好调查研究工作，要靠制度来保障。推进调查研究工作制度化、规范化建设，要努力落实以下五项制度。

1. 坚持和完善决策调研制度。凡是重大决策都必须经过充分的调查研究，充分听取各方面的意见。对没有经过调查研究的决策议题不上会讨论，没有经过咨询论证和可行性研究的不决策。对没有经过充分调查研究出现决策失误、造成重大损失或影响的，要追究有关领导的责任。

2. 坚持和完善分层次确定调研课题制度。每年年初，各区县、各部门要认真制定调研计划，分层次确定调研课题。调研课题要做到“三定”：定牵头领导、定责任单位、定完成时间。重点调研课题完成以后，要及时报送上级有关部门，为决策提供依据。

3. 坚持领导干部调查研究责任制。每个领导干部都要结合分管工作，每年确定一两个重点课题开展调查研究，亲自组织力量，自己动手写出有情况、有分析、有见解、对指导工作有意义的调查报告。区、县、局党政主要领导干部，每人每年用于深入基层调查研究的时间不少于2个月，每星期一般不少于一天；要固定联系一两个基层单位，善于从宏观与微观的结合上观察问题、指导工作。

4. 健全完善调研成果转化机制。坚持边调研、边转化，把调查研究的阶段性成果及时交流、提供给有关部门；积极推进调研成果转化为决策机关形成的建议、意见、决定、决议、规定、政策等文件以及领导讲话、报告、制度、措施、办法等；认真做好跟踪调查，不断提高调研成果转化应用的实际效果。

5. 建立健全调查研究考核奖励制度。各区县、各部门要把调查研究工作列入领导班子责任制，将调研成果质量和转化情况作为考核政绩的内容之一。要把是否亲自做调查研究，作为考察各级领导干部的重要依据。定期开展调研工作总结评比表彰活动，对优秀领导干部、优秀调研报告、调研工作先进单

位和先进专兼职调研人员给予精神和物质奖励。

四、重视和加强调查研究队伍建设

做好调查研究工作，关键在于培养一支高素质的专兼结合的调查研究干部队伍。

各级党委要关心调查研究工作，关心调查研究系统干部的使用和培养。各级领导要选择政治素质好 、作风正派、思想敏锐、具有较高文化水平和文字表达能力的干部从事调查研究工作。要积极创造条件，鼓励支持调查研究人员学习培训、外出考察交流等活动，开拓视野、拓宽思路，更好地发挥参谋助手作用。要关心调查研究人员的生活，帮助他们解决后顾之忧。要逐步建立健全专职调研人员合理流动机制，出人才、出动力。要加大投入、完善设施，大力提高调研工作信息化水平。

调查研究系统的干部要加强学习，全面提高自身素质。调研工作的性质和职责要求专职干部努力适应形势和任务的需要，自觉地加强学习、加强党性锻炼，树立实事求是的精神和严谨的科学态度，不断提高马克思主义理论水平、政治洞察力和全面准确把握党的路线方针政策的能力，丰富科学文化知识，丰富调研方法和手段，增强解决实际问题的能力。

整合人才资源，加强调研网络建设。加大兼职调研员队伍建设力度，努力实现每个兼职调研员每年参加一次业务知识学习、参加 一个以上课题的调研、参加一次以上调查研究工作交流会。重大决策研究课题要尽量组织有关单位联合攻关，发挥好群体优势；比较复杂的课题要充分发挥专家学者等的作用，综合运用多学科方法，确保调研成果的质量和效果。

五、切实加强对调查研究工作的组织领导

各级党委和政府要把深入开展调查研究作为实践“三个代表”的具体体现，坚持大兴调查研究之风。要进一步加强对调研工作的领导，做到调查研究工作与中心工作同规划、同部署、同落实、同检查、同验收，实现调研有规划、课题有人员、实施有措施、协调有组织、成果有应用。各单位党委至少每年听取一次调研工作汇报，每年召开一次调研工作座谈会，总结部署调研工作，推动调查研究工作的深入开展。

认真落实党政一把手负责调查研究工作的 责任制。各单位的党政主要领导对本单位、本地区的调查研究工作承担主要责任，要采取切实有效措施，一级抓一级，一级带一级，加大调查研究工作的落实力度，努力做到对调查研究工作的思想认识到位、精力投入到位、组织力量到位、制度措施到位、贯彻落实到位。

充分发挥各区县、各部门研究室的职能作用。各单位应明确一名党政主要领导分工负责研究室工作，关心和重视调研队伍建设，经常向研究室通信息、交任务、出题目、提要求，尽力改善工作条件。各研究室也必须围绕大局，贴近实际，练好内功，多出成果、出好成果，更好地为领导决策服务。

积极探索调查研究工作的客观规律。认真开展研究室系统的学习交流活动，总结推广先进经验，弘扬敬业、求真、务实、创新的精神，不断提高调查研究工作质量和水平，努力开创调查研究工作新局面。

北京市农村工作委员会
关于推进农村经济结构调整
加快农民致富步伐若干政策意见

（2002年1月17日）

今年是实施“十五”计划的关键一年，是加入WTO的起始年，是奥运规划的启动之年。为了发挥财政支农政策的引导作用，推进郊区经济发展和社会进步，特制定本意见。

指导思想：以农业、农村经济结构调整为主线，以科技创新为动力，以增加农民收入、改变农村面貌为中心任务，以加快郊区农业现代化、农村工业化、农村城市化步伐为目标。

遵循原则：有利于发展区域经济、发挥比较优势、加快土地流转、推进农业产业化经营的原则；有利于改善农村基础设施、农民生活条件、保护环境和可持续发展的原则；有利于遵守WTO规则，促进市场投资和运作机制的形成，调动社会力量，集中资金办大事、实事的原则；有利于支农资金制度化、规范化、法制化、公正、公开、透明使用，向山区贫困乡镇和低收入人群倾斜的原则。

调整方向：一产要在稳定的基础上进行调整，加强安全食品体系建设，种植业要加强区域整体规划；养殖业要对现有小区进行整合，适应环境保护要求。推动产业化经营，在农业 产业化经营中重点鼓励发展农产品加工龙头企业+合作组织+农户的模式，鼓励跨区域发展现代化物流配送中心等；二、三产业要

在发展中加强技术改造，同时继续支持乡镇企业二次创业，推动产业升级换代，加大农村剩余劳动力的转移力度。

一、关于农业结构调整

（一）种植业主导产业 种植业主导产业是指在一定区域内，充分利用当地资源发展特色经济，具有较大规模、较高经济效益的种植类产业。

1. 扶持条件。①基地具有明显的区位优势和区域特色，资源配置优化，土地集中达到相当规模，产业知名度高；②基地与农民专业合作经济组织、龙头企业联系紧密，能提供较完善的产前、产中、产后服务；③基地实行标准化生产，设施完备、品种优良、技术先进、管理规范，达到安全产品标准。

2. 扶持办法。对符合条件的主导产业基地择优给予扶持，扶持资金主要用于基础设施建设，先进技术推广，标准化生产等。

此外，择优扶持一批带动结构调整、专业化生产、产业升级的重点项目。

（二）养殖业主导产业

1. 继续鼓励山区县发展养殖小区，促进农民增收。山区县要充分依托自身资源优势和区位特点，因地制宜兴办养殖小区，发展规模养殖，增加农民收入。

（1）扶持条件。①养殖小区建设要以龙头加工企业带动，以农民专业合作经济组织为依托，形成区域主导产业；②要结合山区优势，大力发展草食家畜、流水养鱼和特种养殖；③养殖小区要建立健全兽医卫生防疫制度，并配备相应的防疫设施和人员；④养殖小区要与公路、城镇、主要干线保持一定距离。

（2）扶持办法。对达到安全食品标准，择优选择不超过100个符合条件的养殖小区给予扶持，重点用于水、电、路等基础设施建设。

2. 实施养殖小区规范化、标准化管理。养殖小区规范化、标准化是指在养殖品种、生产规模、饲养工艺、生态环境、饲料、渔业水质、防疫及废弃物处理达到安全食品生产标准。

（1）扶持条件。①养殖小区符合规模化、专业化的商品生产要求，品种生产性能优良；②严格按照国家无公害食品标准中的养殖技术规范和准则组织生产，达到本市食用安全农产品生产基地标准；③生产工艺和养殖技术先进，各项生产指标达到国内先进水平，商品产量达到设计规模，实现满负荷生产；④建立完善的防疫制度，按照疫病综合防治措施进行防疫，全年无一、二类传染病发生；⑤养殖小区环境整洁、卫生，搞好环境绿化美化；⑥建有废弃物处理或消纳设施，畜禽粪便和污水实现资源化、无害化利用。

（2）扶持办法。对达到规范化、标准化管理的养殖小区择优给予扶持，扶持资金重点用于配套完善基础服务设施、设备和环境改造工作。

3. 养殖业专业乡、村。

（1）扶持条件。养殖业专业乡、村的主导产业必须具有较大生产规模，且规范化、标准化管理，养殖业收入占该乡、村一产总收入比重分别达到60%以上。

（2）扶持办法。对符合条件的养殖业专业乡、村择优给予扶持，扶持资金重点用于基础服务设施建设。

4. 继续扶持奶牛合作社的建设。继续采取政府招标采购、实物扶持的办法，择优扶持30个以下经营机制好、生产规模大、带动能力强的奶牛合作社，帮助配备和完善机械化挤奶、冷藏和运输设备，强化奶牛合作社的服务功能。

（三）农业科技推广和攻关 结合我市农业结构调整和主导产业建设，推广一批技术含量高、覆盖面广，社会、经济和生态效益显著，市场潜力大的农业实用技术；确定一批科研攻关项目，采取科技招标方式，组织有关部门联合攻关。

（四）籽种产业和良种繁育体系建设 发挥北京科技优势，结合郊区资源优势，大力发展籽种产业，引进一批名、特、优、新品种；加强籽种产业化建设和种畜、种禽良种繁育体系建设。择优扶持一批籽种产业化项目和良种繁育体系重点项目。

二、关于农产品加工、流通企业和农民专业合作经济组织

1. 农产品加工企业。农产品加工企业是指使用农业生产的动、植物产品及物料，采用机械、化学、生物等加工工艺进行加工的企业。包括粮食加工、饲料加工、果品加工、蔬菜加工、畜禽加工、油脂加工、食品加工、酿造、工艺品加工和工业原料加工等。

（1）扶持条件。①企业成长性好，发展潜力大，竞争力强。企业年销售收入2000万元以上，年递增10%以上；企业设施先进，加工工艺处于领先水平，具有开发新产品能力；产品质量达到国内优质产品质量标准，出口产品达到国际市场准入标准。②企业销售收入未达到上述规模，但企业已获得ISO9001国际质量标准体系认证，主营产品获得高新技术产品证书或绿色食品证书，并用合同契约关系或产权联结等多种形式，带动基地和农民从事专业化生产。

（2）扶持办法。对符合条件的农产品加工企业择优给予扶持。扶持资金主要用于企业技术改造、新产品开发、宣传推介、信息服务和培训交流等活动。

2. 农产品流通企业。农产品流通企业是指以农产品为物流对象，以农民专业合作经济组织、基地为依托，以超市和连锁店为销售网络，采取股份合作方式经营的企业。

（1）扶持条件。①跨地区性经营，按现代企业制度组建，销售收入达到一定规模；②带动农民专业合作经济组织（农户、基地）达到一定规模；③企业吸

纳本市农民就业达到60%以上。

(2) 扶持办法。对符合条件的物流配送中心择优给予扶持。

3. 农民专业合作经济组织。

(1) 扶持条件。①按照市政府办公厅转发市农委《关于发展本市农民专业合作经济组织意见》(京政办发〔2001〕13号)要求组建,有相对规范的组织章程和管理办法,切实保护农民利益;②具有较大规模,采用合同契约关系或产权联结等多种形式,下连农民,上连龙头企业或各大市场、物流配送中心等。

(2) 扶持办法。在坚持扶大、扶优、扶强的前提下,对符合条件的农民专业合作经济组织择优给予扶持。扶持资金主要用于农产品加工、储运、技术咨询服务和公共宣传、产品推介、信息服务、培训等活动。

三、关于安全食品体系建设

市里将继续安排专项资金用于加强安全食品标准体系、检测体系、生产体系、认证体系建设。择优扶持对安全食品生产环境、生产投入品、产品质量三方面进行检测的市级检测机构;制定21个尚没有国家标准品种的北京市地方标准和相关管理规程;扶持通过国际质量体系认证安全食品生产单位。

四、关于山区水利富民五小工程网络化和农业节水

1. 山区水利富民五小工程网络化。山区水利富民五小工程网络化是指在山区一定流域内,充分利用大气降水、科学拦蓄地表水、适度开采地下水,以五小工程、拦蓄工程和集雨节灌工程为重点,实现山区水资源高效配置的工程体系。扶持重点是以农民为主体的五小水利网络化工程,对于较大规模的拦蓄工程,适当给予扶持。

(1) 以小流域为单元,路、水、田、林、山统一规划,以农民为主体,因地制宜建设五小工程和集雨工程,市里按新增蓄水能力给予补助;对联户和集体修建的较大型拦、蓄水工程,市里按规模和效益,对材料费给予适当补助。

(2) 以小流域为单元,以截流、井站塘坝、五小集雨工程为水源,以已建灌区为骨干,形成网络化配置水资源,田间、果园达到节水灌溉标准,市里给予一定支持。

(3) 对小流域内的小(二)型水库、塘坝维修加固,形成五小网络化的稳定水源的工程,按增加灌溉蓄水量,市里给予适当补助;对拦蓄工程,在沟道利用雨洪、河流拦蓄,增加蓄水,形成水面,改善生态环境,优化水资源配置,市里按新增蓄水量给予支持。

2. 农业节水。农业节水是指农用机井安装水表,群井联网,统一调度配置水资源,发展节水灌溉工程。重点对水资源计量手段和提高灌溉效率两个环节给予支持。

(1) 农用机井安装水表,市里给予适当补助。

(2) 群井联网,统一调度配置水资源,发展节水灌溉面积1000亩以上,田间达到节水灌溉标准,市里择优给予支持。

五、关于乡镇企业二次创业

乡镇企业二次创业扶持的重点是区(县)、乡(镇)工业小区、重组引进大项目和二、三产业专业村。

1. 工业小区。

(1) 扶持条件。①工业小区经区县级以上政府部门批准,符合区域规划。②基础设施建设完善,符合环保要求。③区内注册并投资建厂的企业10家以上,吸纳本市农民就业达到用工人数的60%以上,年实现销售收入5 000万元以上。

(2) 扶持办法。对符合上述条件的乡镇工业小区择优给予扶持;列入"511"工程的乡镇工业小区可以连续扶持。

2. 重组引进大项目。

(1) 扶持条件。重组引进大项目:总投资5 000万元以上,其中引进资金到位3 000万元以上,或总投资1 000万元以上,新增本市农民就业100人以上;在当地注册、建设、纳税。

大型骨干企业技术改造项目:列入年度乡镇企业营业收入百强、利税百强、出口供货额百强名单中工业企业的技术改造总投资1 000万元以上项目。

(2) 扶持办法。对符合上述条件的项目,择优选择不超过100个给予支持。其中引进国际知名企业、国内知名民营企业到郊区建总部、地区总部或实业投资的,规模较大的劳动密集型企业优先予以扶持。

3. 二、三产业专业村。

(1) 扶持条件。①从事农副产品加工、运销;合理开发利用当地资源,从事制造业或旅游服务业;依靠能工巧匠,发展具有专业化水平的小商品生产;建设标准的工业园区等,并形成产业特色。②从事主导产业的农户占本村总农户的60%以上,劳动力占全村劳动力的80%以上,总收入占农村经济总收入的80%以上,农民人均可支配收入1万元以上。③主导产业符合国家产业政策,产品有市场,符合环保要求,农户成为投资和经营主体,经济效益好。

(2) 扶持办法。对达到标准的二、三产业专业村,择优给予支持。

为适应WTO的国际规则,加强对财政支农项目和资金的规范化管理,在资金使用上坚持科学、高效、公开、公正的原则,提高支农资金的使用效益;在资金使用方式上要按照市场机制运作,在支农政策中安排一定资金,采取担保、银农合作、贴息、政府采购和社会招标等方式支持。

1. 建立项目申报制。各区县于3月底前将项目报市农委和市财政局。

2．建立项目验收审批制。由市农委和市财政局及业务主管局组成项目验收审定小组，分别对区县上报的项目进行审定，择优给予扶持。对同一个项目，不重复支持；结合解决山区低收入村问题，对49个边远山区乡镇和少数民族乡的项目加大扶持力度。

3．建立资金检查监督制。市、区县行政业务主管部门要在做好规划和协调的同时，对支农资金的使用情况进行年度审计、检查，逐步建立起行政监督与社会监督，日常监督与重点检查相结合的监督检查机制。

各区县要按照《农业法》的规定，保证农业总投入的增长幅度高于财政经常性收入的增长幅度和支农资金的足额到位。市支农政策性资金按照《市财政支农资金实行滚动项目管理暂行办法的通知》（京财农字〔2001〕316号）实行项目管理，同时要加强支农资金使用效益评价。

各区县要结合实际，制定相应的政策和意见，充分发挥政策的引导拉动作用，推动郊区经济持续快速健康发展。

北京市农村工作委员会
关于学习宣传贯彻《中华人民共和国安全生产法》的通知

（2002年8月8日）

今年6月29日，九届全国人大审议通过了《中华人民共和国安全生产法》（以下简称《安全生产法》），将从今年11月1日起实行。7月4日，国家安全生产管理局和国家煤炭安全监督局下发了《关于学习宣传贯彻中华人民共和国安全生产法的通知》，市安全生产委员会进行了转发，并提出宣传贯彻意见，为了做好《安全生产法》的学习宣传贯彻工作，现通知如下：

一、高度重视，充分认识贯彻实施《安全生产法》的重要意义

《安全生产法》是我国第一部全面规范安全生产的专门法律，是我国安全生产法律体系的主体法，是各类生产经营单位及其从业人员实现安全生产所必须遵循的行为准则，是各级人民政府及有关部门进行监督管理和行政执法的法律依据，是制裁各种安全生产违法犯罪行为的有力武器。《安全生产法》的贯彻实施，有利于依法规范生产经营单位的安全生产工作，有利于各级人民政府加强对安全生产工作的领导，有利于安全生产管理部门依法行政，加强监督管理，有利于保障职工的劳动安全权力和提高从业人员的安全素质，有利于制裁各种安全生产违法行为。各局总公司必须从依法治国、加强社会主义法制建设、实践江泽民总书记“三个代表”重要思想、搞好安全生产、促进经济发展的高度，充分认识《安全生产法》的法律地位，了解《安全生产法》的重大意义，掌握《安全生产法》的基本法律制度，提高学习宣传贯彻《安全生产法》的自觉性和政治责任感，把学习宣传贯彻《安全生产法》当作一项政治任务和重点工作，切实抓紧抓好。

二、采取各种措施，掀起学习宣传《安全生产法》的热潮

广泛深入宣传学习《安全生产法》是保证《安全生产法》有效实施的基础。要大张旗鼓、理直气壮、广泛深入地宣传《安全生产法》颁布实施的意义和特点，充分利用广播、电视、黑板报、宣传栏等媒体，把宣传《安全生产法》作为今后一个时期的宣传重点，广泛深入、扎实有效地进行宣传。要采用讲座、举办知识竞赛、演讲比赛等多种形式，把《安全生产法》的学习宣传深入到各个行业和各个生产经营单位。要利用工作会、专题会、研讨会等多种会议宣传贯彻《安全生产法》。另外，还要组织好有关学习资料、宣传品的发行工作。总之，要形成全方位、多角度、多渠道的宣传态势，使《安全生产法》深入人心，让广大干部职工了解、熟知《安全生产法》的有关内容，充分认识自己在安全生产中的权利、义务和承担的责任，为《安全生产法》的实施创造良好的社会环境。

三、积极创造条件，抓紧做好《安全生产法》实施前的准备

从现在到《安全生产法》的正式实施，还有近三个月的时间，在认真抓好《安全生产法》宣传学习的同时，要抓紧做好有关实施前的准备工作，以保证《安全生产法》的有效实施。要结合本企业实际，做好与《安全生产法》配套的内部规章的制定和修订工作，凡是不符合《安全生产法》的规章制度，要及时修改完善。要采取培训班的形式，对领导班子、企业法人代表、广大职工和安全生产监督人员进行法律培训，通过请专家讲解、研讨、座谈等多种形式，把学习引向深入，培训要精心组织、周密安排、注重实效。要按照《安全生产法》规定的内容，检查在安全生产制度、生产设备设施、职工安全教育、生产作业环境等方面存在的问题，对不符合《安全生产法》规定的，要指定专人制定整改措施，认真进行整改。

四、加强组织领导，切实搞好《安全生产法》的学习宣传贯彻工作

《安全生产法》的贯彻工作，涉及面广、政策性强，工作量大，各局总公司必须高度重视，切实把这项工作纳入重要议程，认真进行部署。为了保证学习宣传贯彻工作的效果，各局总公司要成立领导小组，具体指导安全生产的宣传贯彻工作。主要领导要亲自抓，分管领导要具体抓，做到分工明确，责任落实，不走过场，不流于形式。要及时总结推广学习贯彻《安全生产法》的典型经验，发现和解决存在的问题，使这项工作全面推进，取得实效。

北京市民政局 北京市农村工作委员会 北京市财政局 印发《北京市农村居民最低生活保障制度实施细则》

(2002年4月29日)

为认真贯彻落实《北京市人民政府批转市民政局关于建立和实施农村居民最低生活保障制度意见的通知》(京政发［2002］15号)，推动农村居民最低生活保障（以下简称农村低保）制度的顺利实施，切实保障农村低收入群众的基本生活，制定本实施细则。

一、关于农村低保标准

(一) 农村低保标准，根据当地维持农村居民基本生活所必需的衣、食、住等费用，并适当考虑水电、燃煤（柴）及未成年人的义务教育费用确定。

(二) 农村低保标准由区县民政局会同财政、农委、统计、物价、经管等部门研究拟定，经本级人民政府批准后公布执行，并报市民政局备案。

(三) 区县人民政府应当根据当地经济、社会的发展、人民生活水平的提高以及物价指数的变动，对本地区农村低保标准作适时调整。

二、关于农村低保范围

(一) 凡具有本市正式农业户口，家庭年人均收入低于户籍所在区县当年农村低保标准的农村居民均属保障范围。

(二) 下列人员也可纳入农村低保范围：

1. 夫妻一方持有本市农业户口，其配偶及子女为外省市或本市其他区县农业户口，在现居住地定居一年以上、家庭年人均收入低于所在区县当年农村低保标准的人员；

2. 其他符合享受农村低保待遇的人员。

(三) 具有正常劳动能力，无正当理由拒绝劳动而造成生活困难的人员，以及采取规避法律（法规）行为造成无经济来源、生活困难的人员不属于农村低保范围。

(四) 在农村定居、非农业户口与农业户口混合的家庭，符合本市当年城市居民最低生活保障（以下简称城市低保）条件的非农业户口家庭成员，享受城市低保待遇；符合农村低保条件的农业户口家庭成员，享受农村低保待遇。根据本市有关规定，因特殊情况已享受城市低保待遇的农业户口家庭成员，不再享受农村低保待遇。

三、关于农村低保资金

实施农村低保制度所需资金，按照市人民政府财政管理体制改革的有关规定，由区县财政负担，列入区县人民政府财政预算，纳入社会救济专项资金支出科目，专账管理，专款专用。

(一) 每年年底前，由区县民政部门在核定农村低保对象所需资金的基础上，提出下一年度用款计划，经同级财政部门审核后列入财政预算，并于年终根据实际支出情况编制决算。

(二) 区县财政部门按审核后的用款计划，提前做出预算，按时拨付，确保农村低保资金足额支付到位。同时，加强对保障资金的管理和监督，严禁挪用、挤占、保证合理、有效使用。乡镇和村民委员会（以下简称村委会）也应建立农村低保资金往来专账，严格财务管理制度。

(三) 市财政将实施农村低保制度因素纳入市对区县的转移支付办法中，保证财政困难地区的基本需求。

区县和乡镇不得以任何理由降低农村低保标准，将应保对象排斥在外。同时，应广泛动员社会和民间组织以及个人为农村低保工作提供捐赠、资助，逐步建立多元化投入机制，增强保障实力。乡镇和村委会可通过各种帮扶措施，增加对农村低保对象的生活补贴。

四、关于申请、审批程序

(一) 申请享受农村低保待遇，按属地管理原则，

以家庭为单位，由申请人向户籍所在地的村委会提出申请，同时提交以下材料：

1. 申请书（见附件三）；

2. 户口簿、居民身份证；

3. 家庭收入情况的有关凭据（出售农副产品所得票据等）；

4. 相关证明材料：

(1) 夫妻一方为外省市或者外区县户口，需提供结婚证和户口证明，有子女的，同时提供子女户口证明。

(2) 夫妻离婚的，需提供离婚证和离婚判决（调解）书。

(3) 优抚对象需提供能够确认其身份的证明材料。

(4) 残疾人需提供残疾证。

(5) 享受城市低保待遇的家庭成员，需提供享受城市低保待遇的证明。

(6) 在外务工人员，需提供有关收入证明。

(7) 民政部门认为需要提供的其他有关证明材料。

（二）家庭成员户口不在同一乡镇人民政府的申请，要向家庭主要成员户口所在地（家庭长期生活地）村委会提出。其他不在此地的家庭成员，由其户口所在地的村委会提供有关证明材料，并登记备案。

（三）村委会受区县、乡镇人民政府委托，承担受理本辖区农村低保待遇的申请、日常管理及服务等工作。

1. 对提出申请的家庭进行登记，填写《北京市农村居民最低生活保障待遇申请登记表》（见附件四），核实其家庭基本情况，并成立由村委会成员、村民代表及其他人员参加的评议小组进行评议，必要时提交村民代表大会讨论。

2. 对认为符合条件的申请家庭，填写《北京市农村居民最低生活保障待遇申请审批表》（见附件五），并提出具体意见，将申请材料上报乡镇人民政府审核。

3. 对经乡镇人民政府审核后，不符合享受农村低保待遇条件的申请人做出解释。

（四）乡镇人民政府负责对村委会上报的申请材料进行审核。通过入户调查，邻里访问等方式，对申请人的家庭经济状况和生活水平进行核查，并根据实际情况填写《北京市农村居民最低生活保障待遇申请人员家庭情况调查表》（另行印制）；主管领导签署意见后将申请材料上报区县民政局。

（五）对符合享受农村低保待遇条件的家庭，由区县民政局负责审批，核发《农村居民最低生活保障金领取证》（另行印制）并填写《北京市农村居民最低生活保障金领取（停发）登记表》（见附件六）备案。

（六）在乡镇敬老院或区县光荣院集中供养的五保户和优抚对象等特殊人员，由区县民政局审核，集中办理享受农村低保待遇的相关手续。

（七）对符合享受农村低保待遇条件的家庭，村委会应当在正式受理申请（申请人提供相关材料齐备）之日起7个工作日内完成初审；乡镇人民政府应当在25个工作日内完成审核工作；区县民政部门应在7个工作日内办结审批手续。对不符合条件的，区县民政部门应在正式受理申请后35个工作日内向申请人说明不予批准享受农村低保待遇的理由。对因特殊情况造成生活困难的家庭，可视情况随时受理申请和审批。

（八）农村低保待遇的审批实行公示制度。对批准享受农村低保待遇的家庭，乡镇人民政府应采取适当形式，在其户口所在地村委会张榜公布，接受群众监督。村民对享受低保待遇家庭持有异议的，可以向乡镇人民政府或者区县民政局提出。乡镇人民政府或区县民政局应当在接到异议之日起进行核查，并在30个工作日内核查完毕，情况属实的予以纠正。

五、关于家庭收入的核算

（一）家庭成员是家庭中具有法定赡养、扶养或者抚养关系的人员。主要包括下列人员：

1. 配偶；

2. 未成年子女；

3. 已成年但不能独立生活的子女；

4. 与父母户口所在地相同的未婚子女；

5. 父母双亡且由祖父母或者外祖父母作为监护人的未成年或者已成年但不能独立生活的孙子女或者外孙子女；

6. 民政部门根据本条原则和有关程序认定的其他人员。

（二）家庭收入是指共同生活的家庭成员通过农副业生产及其他合法劳动经营，全年所获得的纯收入的总和。包括下列内容：

1. 家庭所有成员从事种植、养殖等农副业生产劳动获得的纯收入的总和；

2. 家庭成员就业及在外务工获得的工资、奖金、津贴、补贴、退休金和各种劳动收入等；

3. 家庭成员的储蓄存款、有价证券及孳息；

4. 参加各类养老保险领取的养老保险金；

5. 法定赡养人、扶养人或者抚养人应当支付的赡养、抚养或者抚养费；

6. 继承的遗产、遗赠等；

7. 出租或者变卖家庭资产所获得的收入；

8. 其他应当计入的家庭收入。

（三）以下内容不计入家庭收入：

1. 优抚对象、见义勇为人员享受的抚恤金、补助金、护理费、保健金及对国家、社会和人民做出特殊贡献，政府给予的一次性奖励金和市级以上劳动模范退休后享受的荣誉津贴；

2. 在校学生（非择校生）获得的奖学金、助学金、生活津贴、困难补助等；

3. 社会各界和个人给予的临时性捐助款物；

4. 各级政府给予的临时性生活补贴；

5. 发生自然灾害时，各级政府给予的临时性救灾款物；

6. 经民政部门确认的其他特殊收入。

（四）家庭年人均收入，根据申请享受农村低保待遇家庭申请前12个月家庭收入总和及家庭人口确定。计算公式为：

$$\text{农业户口家庭成员年人均收入}=\frac{\text{家庭上年收入}}{\text{家庭人口}}$$

1. 有劳动能力的家庭成员，因特殊原因（如妇女哺乳期、照顾重病亲属等）而确系无法劳动或就业的，按实际收入计算。

2. 长期在外务工的家庭成员，如提供不出相关的收入证明，按本村劳动力上年度人均收入的平均值计算。

3. 已婚且有独立生活能力的子女因某种原因（离婚或丧偶等）而与父母同住的，其收入按分户原则与父母分开计算。

4. 原系本市农业户口，现在外地就读的学生及超过16周岁的在校学生视为家庭抚养人口。

（五）在农村定居、非农业户口与农业户口混合家庭，计算年人均收入时，首先应确定家庭年人均收入比例。计算公式如下：

$$\text{家庭年人均收入比例}=\frac{\text{家庭上年收入}}{\text{非农业人口}\times\text{本市当年城市低保标准}\times 12+\text{农业人口}\times\text{本地当年农村低保标准}}\times 100\%$$

按以上公式，家庭年人均收入比例小于1的家庭，非农业户口成员享受城市低保待遇；农业户口成员享受农村低保待遇。其中，农业户口家庭成员的年人均收入按以下公式计算：

$$\text{农业人口家庭成员年人均收入}=\text{家庭年人均收入比例}\times\text{当年本地农村低保标准}$$

（六）家庭赡养、扶养或者抚养关系的确定。

1. 未经法律程序解除双方关系的家庭成员，其相互之间的赡养、扶养或者抚养关系、应尽义务等，按《婚姻法》第三章“家庭关系”（见附件一）及《北京市老年人权益保障条例》第二章“家庭保障”（见附件二）的有关条款执行。

2. 有赡养能力的子女应当向生活困难的父母提供赡养费，具体数额由村委会评议小组征求村民意见后确定。

3. 夫妻离异家庭，成人及子女的扶养费或者抚养费按照离婚判决（调解）书或者离婚协议书的规定执行。

（七）区县人民政府可根据本地区的实际，制定具体的农村居民家庭收入计算方法。

六、关于农村低保待遇及发放

对符合享受农村低保待遇条件的家庭，按下列不同情况享受低保待遇。

（一）对尚有一定收入的农村居民，批准其按照家庭年人均收入低于本地当年农村低保标准的差额享受。

（二）下列人员批准其全额享受农村低保待遇：

1. 农村五保对象；

2. 孤老烈军属等特殊优抚对象困难户；

3. 原民政部门管理并负责发放定期定量救济的60年代初精减退职老职工，国民党起义投诚、宽释及特赦人员等特殊救济对象；

4. 无劳动能力的重残人员；

5. 其他特殊生活困难人员。

以上人员享受民政部门发给的定期定量救济金低于本地当年农村低保标准的，只享受农村低保待遇；高于农村低保标准的，按原标准执行。农村五保对象除享受农村低保待遇外，附加保障金的10%作为生活补助费，并按照北京市《关于实施〈农村五保供养工作条例〉办法》（京政办发〔1995〕22号）的有关规定，确保其供养标准不低于当地乡镇上年人均收入的65%，不足部分由区县和乡镇财政予以补足。

（三）对享受农村低保待遇的家庭，由乡镇人民政府委托村委会，以货币形式每月发放一次；交通不便地区也可每季度发放一次。享受农村低保待遇人员可持有关证件按期到指定地点领取。行动不便的可由村委会代领，并负责发放到位。农村低保金发放和领取手续应当齐备，严禁冒领，确保发放到位。

七、关于农村低保待遇的复审、变更及迁移

（一）农村低保工作实行动态管理。村委会或者乡镇人民政府对享受农村低保待遇家庭人口和收入状况等，应当每年复审一次，必要时可随时进行复审，做好记录。

（二）享受农村低保待遇家庭的人均收入情况发生变化时，应当及时通过村民委员会告知管理审批机关，办理停发、减发或者增发保障待遇的手续。终止享受农村低保待遇的，收回《农村居民最低生活保障金领取证》。

（三）农村低保对象户口迁移时，应随时办理迁移手续。市内迁移的，由迁出地区县民政局收回《农村居民最低生活保障金领取证》，并出具迁移证明（见附件七），将迁移对象的档案材料和有关情况介绍等封装在档案袋内，交其本人到迁入地的区县民政局办理迁移手续。迁出本市的由所在区县民政局办理注销手续，收回《农村居民最低生活保障金领取证》。

八、关于政府部门职责

农村低保制度实行各级人民政府负责制。市民政局是本市实施农村低保工作的主管部门。财政、农委、劳动、卫生、统计、物价、审计、经管等部门应当分工负责做好相关工作。

（一）区县人民政府应加强对民政部门、乡镇人

民政府和村委会的领导，为其开展工作提供必要的人员和经费保证，解决必要的办公条件，建立健全农村基层低保管理服务网络，确保农村低保制度的顺利实施。同时，要对有劳动能力的农村低保对象给予劳动生产扶持，鼓励其通过生产劳动脱贫致富。

区县和乡镇人民政府应当采取措施，积极开展邻里互助、社会帮扶、领导干部联系贫困户、送温暖等社会互助活动。对五保户及生活不能自理的特殊困难人员，提倡实行集中供养；本人不愿意集中供养的，由村委会确定帮扶对象，实行包户服务。

（二）各级民政部门应加大管理工作力度，精心组织，周密安排，确保农村低保制度的落实。

1. 加强规范化管理，建立健全各项规章制度，坚持公开、平等、民主的原则，做到保障对象、保障资金、保障标准三公开，接受社会和群众的监督；

2. 加强动态管理，按家庭建立农村低保对象档案，并加强信息化建设，提高工作效率，切实做好农村低保待遇的审批、发放及保障标准调整等相关工作；

3. 加强与有关部门的协调和联系，制定和落实帮困措施，完善低保政策，确保农村低收入群众的基本生活；

4. 加强农村低保政策指导和调查研究，随时解决工作中出现的问题；及时抓好业务培训和总结交流经验工作，提高工作质量和执行政策的准确性；

5. 及时受理群众的来信、来访、咨询等事宜，向社会宣传、解释有关政策。

（三）各级财政部门应落实农村低保资金，制定农村低保资金管理制度，定期督促、检查区县农村低保资金的拨付和使用情况，为民政部门落实农村低保制度提供必要的经费保证。财政和审计部门要依法监督农村低保资金的使用情况，定期进行审计。

（四）农委、统计、物价、经管等部门要积极支持、密切配合，做好农村低保标准的测算、调整和农村家庭收入计算等工作。

（五）卫生部门要保证劳动能力鉴定及有关证明材料的科学性、真实性。

（六）相关单位、组织和个人应当接受有关农村低保工作的调查，如实提供有关情况。

九、关于依法行政和行政处罚

实施农村低保制度过程中，基层管理部门和工作人员应认真履行职责，积极主动、认真负责地开展工作。

（一）从事农村低保管理和审批工作的人员应依法办事，接受社会监督。有下列行为之一并造成严重后果的，给予行政处分直至依法追究其刑事责任：

1. 对符合条件的家庭，拒不签署同意享受农村低保待遇意见的；或者对不符合条件的家庭，擅自签署同意享受农村低保待遇意见的；

2. 滥用职权、徇私舞弊、优亲厚友，擅自改变农村低保范围和保障标准的；

3. 贪污、挪用、扣押、拖欠农村低保金的；

4. 玩忽职守，影响农村低保制度正常进行的。

（二）享受农村低保待遇的家庭有下列行为之一的，民政部门按有关规定予以教育、警告直至追回保障金并视情节轻重，予以处罚：

1. 采取虚报、隐瞒、伪造等手段，骗取享受农村低保待遇的；

2. 因家庭经济状况好转，不按规定告知户口所在地村委会或乡镇人民政府办理变更手续，继续享受农村低保待遇的。

（三）农村居民对申请享受农村低保待遇而未得到答复，或者对区县人民政府民政部门作出的不批准享受低保待遇，以及对降低、终止保障待遇的决定或者行政处罚不服的，可依法申请行政复议；对复议决定仍不服的，可依法提请行政诉讼。

十、关于解释和其他

（一）本实施细则由市民政局负责解释。

（二）本实施细则自2002年度起施行。各区县可结合本地实际情况，制定相应的实施办法。

附件一

《中华人民共和国婚姻法》（节录）

第三章　家庭关系

第十三条　夫妻在家庭中地位平等。

第十四条　夫妻双方都有各用自己姓名的权利。

第十五条　夫妻双方都有参加生产、工作、学习和社会活动的自由，一方不得对他方加以限制或干涉。

第十六条　夫妻双方都有实行计划生育的义务。

第十七条　夫妻在婚姻关系存续期间所得的下列财产，归夫妻共同所有：

（一）工资、奖金；

（二）生产、经营的收益；

（三）知识产权的收益；

（四）继承或赠与所得的财产，但本法第十八条第三项规定的除外；

（五）其他应当归共同所有的财产。

夫妻对共同所有的财产，有平等的处理权。

第十八条　有下列情形之一的，为夫妻一方的财产：

（一）一方的婚前财产；

（二）一方因身体受到伤害获得的医疗费、残疾人生活补助费等费用；

（三）遗嘱或赠与合同中确定只归夫或妻一方的财产；

（四）一方专用的生活用品；

（五）其他应当归一方的财产。

第十九条 夫妻可以约定婚姻关系存续期间所得的财产以及婚前财产归各自所有，共同所有或部分各自所有，部分共同所有。约定应当采用书面形式。没有约定或约定不明确的，适用本法第十七条、第十八条的规定。

夫妻对婚姻关系存续期间所得的财产以及婚前财产的约定，对双方具有约束力。

夫妻对婚姻关系存续期间所得的财产约定归各自所有的，夫或妻一方对外所负的债务，第三人知道该约定的，以夫或妻一方所有的财产清偿。

第二十条 夫妻有互相扶养的义务。

一方不履行扶养义务时，需要扶养的一方，有要求对方付给扶养费的权利。

第二十一条 父母对子女有抚养教育的义务；子女对父母有赡养扶助的义务。

父母不履行抚养义务时，未成年的或不能独立生活的子女，有要求父母付给抚养费的权利。

子女不履行赡养义务时，无劳动能力的或生活困难的父母，有要求子女付给赡养费的权利。

禁止溺婴、弃婴和其他残害婴儿的行为。

第二十二条 子女可以随父姓，可以随母姓。

第二十三条 父母有保护和教育未成年子女的权利和义务。在未成年子女对国家、集体或他人造成损害时，父母有承担民事责任的义务。

第二十四条 夫妻有相互继承遗产的权利。

父母和子女有相互继承遗产的权利。

第二十五条 非婚生子女享有与婚生子女同等的权利，任何人不得加以危害和歧视。

不直接抚养非婚生子女的生父或生母，应当负担子女的生活费和教育费，直至子女能独立生活为止。

第二十六条 国家保护合法的收养关系。养父母和养子女间的权利和义务，适用本法对父母子女关系的有关规定。

养子女和生父母间的权利和义务，因收养关系的成立而消除。

第二十七条 继父母与继子女间，不得虐待或歧视。

继父或继母和受其抚养教育的继子女间的权利和义务，适用本法对父母子女关系的有关规定。

第二十八条 有负担能力的祖父母、外祖父母，对于父母已经死亡或父母无力抚养的未成年的孙子女、外孙子女，有抚养的义务。有负担能力的孙子女、外孙子女，对于子女已经死亡或子女无力赡养的祖父母、外祖父母，有赡养的义务。

第二十九条 有负担能力的兄、姐，对于父母已经死亡或父母无能力抚养的未成年的弟、妹，有抚养的义务。由兄、姐扶养长大的有负担能力的弟、妹，对于缺乏劳动能力又缺乏生活来源的兄、姐，有扶养的义务。

第三十条 子女应当尊重父母的婚姻权利，不得干涉父母再婚以及婚后的生活。子女对父母的赡养义务，不因父母的婚姻关系变化而终止。

附件二

《北京市老年人权益保障条例》（节录）

第二章 家庭保障

第十条 老年人在家庭生活中依法享有受赡养扶助的权利。

赡养人必须履行对老年人经济供养、生活照料和精神慰藉的义务，保障老年人的生活标准不低于家庭其他成员，并照顾老年人的特殊需要。

赡养人不得强行将有配偶的老年人分开赡养，不得以放弃继承权或者其他理由，拒绝履行赡养义务；不得要求老年人承担力不能及的劳动。

赡养人与老年人不在一起生活的，应当对老年人的生活给予妥善安排。

第十一条 赡养人有义务耕种、照管老年人的口粮田、自留地、林木和牲畜等，收益由老年人支配。

第十二条 赡养人对患病的老年人有提供医疗费用和护理的义务。

第十三条 老年人可以与赡养人就如何履行赡养义务签订协议，居民委员会、村民委员会和基层老年人群众组织监督协议的执行。

第十四条 老年人的婚姻自由受法律保护。子女或者其他亲属对老年人再婚不得阻止和歧视，不得干涉老年人再婚后的家庭生活和对自有财产的处置。

第十五条 老年人的房产权、房屋租赁权和居住权受法律保护。

产权属于老年人的房屋，未经老年人同意或者授权，子女或者其他亲属不得强占、出卖、出租、转让或者拆除。经老年人同意由子女或者其他亲属出资翻建的，应当明确老年人享有的产权和居住权。

老年人承租的住房，子女或者其他亲属不得挤占，不得擅自改变租赁关系。

第十六条 老年人的财产依法由老年人自主支配，子女或者亲属不得向老年人强行索取。

第十七条 老人有依法继承配偶、父母、子女及其他亲属的遗产和接受遗赠的权利。

北京市农村工作委员会
北京市农村信用合作社联合社
关于信贷支持农业产业化的实施意见

（2002年4月9日）

农业产业化经营是农业经营机制的创新，是实现农业现代化的基础和保障。为了全面贯彻落实市农村工作会议精神，促进京郊经济跨越式发展，经市农委和市信用联社研究，决定进一步加强对北京市农业产业化经营的引导和扶持，在确保贷款质量的基础上，逐步调整信贷投向结构，支持农村经济结构的优化升级，把北京市农业产业化经营提高到一个新水平。

一、在推进农业产业化上要突出重点，加大信贷扶持力度

今年在推进农业产业化上，要把龙头企业建设作为扶持的重点，按照市政府提出的“155”工程，今年重点扶持市级50家农产品加工龙头企业。对于各项经济指标在同行业名列前茅，产品科技含量高、信用程度好的龙头企业，市农村信用社将依据企业正常经营周期和资金需要，在资金安排上给予倾斜，授信额度和贷款额度在去年的基础上力争提高10%～20%，确保龙头企业的资金需求。同时，市农村信用社将根据企业需要，确定专门的客户经理，定期上门服务，推出包括存款、贷款、结算、现金、票据承兑贴现、提供市场信息、投资理财等全面优质的金融服务。市政府对龙头企业也将给予一定比例的贷款贴息政策，以减少企业的利息负担。

二、在推进农业产业化上要根据地区实际情况，逐步拓展信贷扶持范围

根据今年北京市农村工作会上提出的“重点培育和扶持一批发展前景好的农民专业合作经济组织”、“大力推进绿色食品体系建设”工作重点，在积极扶持龙头企业的基础上，还将进一步拓展银农（龙）合作范围，对那些效益好、信用佳、带动面大的农产品加工业、农业合作经济组织、农产品加工园区、农业主导标准化基地、绿色安全食品体系及新兴的以农产品为主的物流配送企业进行重点扶持，以促进京郊农业经济持续、快速增长。

三、在信贷支持农业产业化过程中要“抓大放小、以大带小”，通过对龙头企业的扶持，促进当地农民增产增收

市农村信用社在扶持京郊农业龙头企业过程中，注重选择优势企业，发挥首都科技优势，加快农业科技成果向现实生产力的转化，带动北京市农业产业升级，实现农副产品的增值增效和农民的增产增收。同时，通过实力雄厚、市场应变能力强的龙头企业作为载体，把千家万户的小生产与千变万化的大市场有机地连结在一起，引导、组织和带动农民有序地进入市场，发展与之相配套的种养业，积极发展户营经济，提高农民的社会化和组织化程度，提高农产品的专业化生产效率和市场竞争力，增加农民收入。

四、在信贷支持农业产业化上要扶优限劣，确保信贷资金的安全性

在信贷扶持农业龙头企业的过程中，要根据实际情况重点支持、积极引导，在保证贷款安全性的基础上，积极调整信贷结构，提高信贷资金的使用效益。一是由区县农委、财政、联社共同协作，建设“龙头企业信息平台”，详细记录企业的相关资料，便于为市农村信用社在贷款决策时提供信息参考；二是对贷款企业进行信用等级评估，划分类别，明确支持重点；三是对优良客户给予一定的优惠政策，增强企业发展后劲，促使其长期、稳定发展，使信贷资金在确保安全的基础上发挥更大的效益。

五、在信贷支持农业产业化运作方式上要补充完善、逐步创新

在扶持农业龙头企业工作中，各区县要根据当地经济发展的特点因时制宜、因地制宜，在运作方式上要补充完善，逐步创新。一是在财政保证金的运作方式上，进一步规范、完善，将由财政资金直接担保逐步转变为由区县政府成立专门担保公司对银农（龙）项目进行贷款担保。如果区县暂时不具备条件，也可将风险金注入操作规范、信用程度高、规模较大的担保公司，由专业担保公司对相关项目进行担保，以确保担保方式的合规性；二是对农业龙头企业的贷款，要强化市场化运作意识，采取由贷款企业首先提供抵押担保或保证担保，财政扶持资金提供风险补偿的方式。贷款一旦出现风险，信用社首先向贷款企业和担保单位追偿贷款本息，抵偿不足部分再由风险金补偿，以保证财政风险金能够滚动使用。

北京市农村工作委员会
北京市信息化工作办公室
关于建设农口综合信息平台的意见

(2002 年 7 月 4 日)

为适应首都信息化建设迅速发展的新形势，充分利用现代信息技术为郊区经济结构调整、郊区农民增收致富和农口各项管理工作服务，根据《首都信息化1998—2010 年发展规划（纲要）》（京办发［1999］35 号）和《北京市农口信息化 2000—2010 年发展规划（纲要）》（京办发〔2000〕19 号）的规划部署，现提出市农口综合信息平台（以下简称农口平台）建设意见如下。

一、建设农口平台的意义

在市委、市政府的正确领导下，经过市农口各单位的共同努力，农口信息化建设步伐不断加快。信息化在促进郊区经济发展、社会进步中所起的作用越来越显著。但是农口信息化在不断发展的同时，也表现出建设分散、资源共享度不高的不足，制约着农口信息化整体水平的提高。按照国家和首都信息化的建设原则，以及市农口信息化规划的要求，应该通过综合信息平台建设，进行适当统筹和协调。

通过农口平台建设形成农口平台与各单位信息化建设之间的统筹协调、互相促进、共同发展的机制，符合农口信息化建设的实际。首先，农口各单位加强各自的信息化建设，是合理的和必要的，这是各单位的机关办公自动化和从中央到基层的行业信息化的发展要求；其次，农口各单位信息化建设构成了整个农口信息化建设的基础，各单位信息化水平的提高将促进农口信息化整体水平的提高；第三，分工是工业时代财富的基础，融合是信息时代财富的基础。农口信息化建设水平的进一步提高要求农口各单位按照统筹规划、资源共享的原则，重点建设与本单位、本行业、本地区密切相关的信息化工程，突出特色才能有所创新、有所发展。

（一）农口综合平台建设是完善和改进政府管理方式的积极举措 按照北京市电子政务工作会议的精神，结合市农口实际，建设包括政务公开在内的农口平台，可以有效提高整个农口的政务运行效率和信息化水平。

（二）农口综合平台建设是促进郊区发展、富裕农民的迫切要求 通过专门为农业、农村和农民服务的综合信息平台建设，一方面起到利用现代信息技术和手段提升传统农业产销方式的作用，让郊区企业和农民与信息高速公路接轨；另一方面，在为基层提供丰富的具有针对性信息内容的同时，可以促进现代信息技术在农业领域的普及和提高，有利于通过信息化带动产业化、朝着实现跨越式发展的方向努力。

（三）建设农口综合平台是提高农业和农村现代化水平的有效途径 目前农村经济正在形成大生产、大流通、产业相互交织的新格局，我国进入 WTO 又进一步加速这一状况的形成和发展。原有的农业产销模式面临挑战，加快率先基本实现农业现代化的步伐是客观要求。现代农业将不但具有先进的生产技术和管理模式，而且应有先进的产品交流、技术交流、物资交流手段。建设农口综合信息平台，以政府搭台、企业唱戏、农民参与的形式，通过信息网络，可以建立起首都农业的新形象，建立起企业、农民联系国际、国内市场的桥梁。

（四）农口综合平台是宣传北京农业和农村工作的重要窗口 北京是首都，应该在农业现代化建设上走在全国的前列，在建立“数字农业”、“数字京郊”方面进行积极的探索和努力。农口平台的建立，有着比举办宣传周、开招商会、办展览更为广泛和持久的宣传效果，可以成为郊区永不落幕的形象展台和博览会。随着时间的推移和信息高速公路的发展，农口平台的地位和作用将更加明显，可以起到一个龙头带动和窗口示范作用。

二、农口平台的功能定位和建设原则

农口平台是根据首都信息化的总体要求，在农口各单位信息化建设的基础之上，通过信息网络互通互联、信息资源共建共享而形成的为农口各项工作服务的综合统一的信息网络系统；具有政务公开、信息查询、信息发布、远程教育等总体功能；是农口通过网络及时传达中央和市委、市政府有关指示精神，实现市委农工委、市农 委以及农口有关部门的行政领导、组织协调、综合服务职能，反映农村经济社会发展情况，为各界重点是为郊区企业和农民提供全方位信息服务的网上窗口；是农口信息化建设的基础和重要组成部分。

农口平台建设必须坚持以下基本原则：

（一）整体性 根据首都信息化建设和郊区经济发展的实际需要，对农口局、相关单位以及区县的信息资源进行整合，充分发挥农口信息资源的总体效益。各局、相关单位发挥优势，分工负责，共同搭建这一能够充分反映农口全貌的综合统一的信息平台。各局、各相关单位在农口平台上拥有相应的登录通道，其网上政务公开、信息发布和公共服务，都通过该窗口进行。实现农民、企业进入农口平台，就能总揽农口全局情况，得到全方位服务的目标。

（二）权威性 农口平台发布的政务信息、服务信息等，必须经过严格把关，确保准确、可靠；所提供的市场信息、科技信息等，应该经过认真筛选和深度分析，确保较高的准确度和导向性。

（三）先进性 农口平台必须充分运用先进的技术手段，以首都公用信息平台为依托，充分利用其宽带、高速、安全、大容量的技术优势。同时，农口平台自身要采用性能优良的软件技术、硬件设备和领先的信息处理方式。

三、农口平台的建设内容和基本目标

农口综合信息平台由互联网、政府专网和内部局域网三个网络构成，功能平台以基于互联网的农口平台政务版（即首都之窗市农委网站）、基于互联网的农口平台服务版和基于政府专网的农口数据资源中心三个部分为主。同时，农口各单位的信息网站和信息资源也是农口平台的重要基础和组成部分。从总体上看，农口平台的建设内容和基本目标包括以下几个主要方面。

（一）主要建设内容 农口平台的建设内容包括物理平台建设和功能平台开发等，任务量大，建设内容丰富，是一个长期的建设过程。主要的建设内容包括：

1．建设统一的农口信息网络。以正在建设并不断完善的首都信息网络体系为依托，建设综合统一的农口应用信息网络体系。农口应用信息网络体系包括局域网、政府专网和国际互联网三个部分，每个网络都有自己相应的应用功能。各单位内部局域网主要为各单位的办公自动化服务，以规范行政和业务管理工作流程、提高工作效率为基本目标；政府部门在国际互联网上的网站，是面向公众进行权威和公益信息发布、开展网上办公的专门窗口，是适应市场经济形势、提高社会效率的重要举措；政府专网是市政府各职能部门和各郊区县政府的专用信息网络，是介于国际互联网与各单位局域网之间的城域网，以职能部门之间的信息资源共享和电子政务为基本目标。

根据市政府要求，除少数行业的特殊应用之外，其他职能部门原则上不再单独向下建设专门网络，其行业应用需求主要通过从市政府公用信息平台到各区县政府综合信息平台之间的宽带网络实现。

2．建设运行基于互联网的农口平台。基于国际互联网的农口平台，是市农委和农口职能部门在互联网上的窗口和形象，包括市农委和市农林系统各单位在首都之窗的互联网网站，以及各郊区县政府的互联网网站。其中，以市农委网站的政务版（网址：www.bjnw.gov.cn）和服务版（网址：www.bjaginfo.gov.cn）为集中代表。

3．建设运行基于政府专网的农口数据资源中心。以市农口的统计数据、业务资料和其他各类经济信息的采集、传输、存贮、交换和分析利用为基础，向三维可视化界面和数据仓库相结合的方向迈进，通过3S技术、数据仓库、视频点播、在线洽谈、视频会议的应用，为郊区经济发展和农口的宏观调控提供强有力的知识和技术支持。

（二）基本建设目标 农口平台建设所要达到的基本目标包括：

第一，作为政府专网中农口虚拟子网的网络中心，支持农口政务信息化的运行，满足农口内部各单位对各种信息的存贮、交换、查询和分析利用的需要。支持农口与各涉农综合部门之间的数据交换的需求，满足市财政局、市计委、市科委等市政府综合职能部门对农口信息和相关信息的采集、交换、存贮、查询和分析利用的需要。

第二，作为农口的数据资源中心，开展农口各种数据资源的海量存贮和管理工作，支持不同物理网络之间的数据的安全交换，满足国际互联网、政府专网和内部局域网之间有需要的数据交换需求。

第三，作为面向基层企业和郊区农民的农口综合信息服务平台，重点为郊区工商企业、产业化龙头、专业合作组织、农民专业大户查询和发布科技、市场信息服务。满足国际、国内对北京郊区各类信息的查询需要。

（三）2002年的建设重点 2002年是整合信息资源，实现网络互联互通、资源共建共享的关键年份，在各单位做好自身信息化工作的同时，建设农口平台的主要工作任务包括以下三个方面：

1．农口综合信息平台基础建设。包括农口信息平台中心机房建设、平台硬件和基础软件购置以及农口各单位与首都公用信息平台之间的宽带接入等工程。

2．开发业务数据库，启动农口信息资源整合工程。近期农口数据库开发的重点，包括郊区农业精品、产业化龙头企业、旅游观光休闲农业、招商引资项目、京郊城镇建设、农口重点企业、农口政策法规、农产品市场和科技信息等数据库，农口各局、各相关单位要根据自身业务特点，分工合作建设，成果有效共享。

随着首都信息化建设和郊区经济的发展，农口数据库要坚持良好的运行维护并不断进行深度开发，实现农口数据资源开发建设的有效和有序发展。

3．农口政务信息化建设。第一，根据市政府电子政务工作会议的具体要求，进一步完善农委和农口各职能局在首都之窗电子政务网站的系统结构，丰富栏目，充实内容，力争在今年全市政府网站评比中取得较好成绩。第二，根据市政府关于电子政务的工作要求，建设相应的应用信息系统，实现农口各职能部门之间及其与政府综合管理部门之间的数据存贮电子化、信息管理数据库化和政务运行网络化，提高农口经济管理和政务运行的规范化水平与运行效率。

四、农口平台的建设管理与运行维护

农口信息化建设应该按照市政府信息化工作办公室的总体安排和工作部署进行。农口平台是首都公用信息平台的组成部分和延伸，由市委农工委和市农委主办和建设，并负责平台建设维护的组织和领导工作。

市委农工委、市农委办公室是农口信息化建设管理的主管处室。市城乡经济信息中心为农口平台的专业主管部门，负责农口平台的具体建设和运行维护，并负责有关农口平台运行的技术组织和协调工作。

市农口局、各相关单位应确定一名领导同志主管信息化工作，并明确具体工作部门和专门工作人员，负责农口平台相应栏目的信息采集、分析、发送、更新和运行维护等工作。

领 导 视 察

中共中央总书记、国家主席江泽民同志到北京市郊区考察工作

1月30日，中共中央总书记、国家主席、中央军委主席江泽民到北京市考察工作，看望企业和农村的干部群众。他强调，今年是我们党和国家发展史上非常重要的一年，我们党将召开十六大。这对于我们继往开来，与时俱进，全面建设小康社会，加快推进社会主义现代化，具有重大而深远的意义。全党、全国上下必须认清国际国内形势变化带来的新机遇新挑战，保持奋发有为的精神、艰苦奋斗的作风、百折不挠的斗志，加紧做好各方面工作，以优异的成绩迎接党的十六大召开。

江泽民强调，春节将至，各级党委和政府要深入实际，关心和解决好本地区、本部门、本单位群众的生活，特别是要安排好下岗职工、困难企业职工、城乡贫困人口的生活，让大家都欢欢喜喜、平平安安地过好年，共度新春佳节。

冬季的北京，天寒地冻。江泽民和随行的中共中央政治局候补委员、书记处书记曾庆红，在中共中央政治局委员、中共北京市委书记贾庆林和北京市市长刘淇的陪同下进行考察。

在考察途中听取贾庆林的汇报后，江泽民表示，北京改革发展稳定的工作取得了新的成绩。去年，北京人均国内生产总值达到25 300元，成功举办了世界大学生运动会，又赢得了2008年奥运会的举办权。这些事情说明，北京市的综合实力大大增强，作为首都没有辜负中央和全国人民的期望。

中国人民的传统节日春节即将来临，江泽民惦念着广大职工群众。他代表党中央、国务院、中央军委，向广大干部群众，向人民解放军驻京部队、武警部队的全体官兵和公安民警，表示亲切的问候，祝大家春节快乐。

江泽民先来到中国石化集团北京燕山石油化工有限公司。燕山石化是国内最大的乙烯生产企业之一，自1969年建成投产至2000年，累计加工原油1.75亿吨，实现利税387.2亿元，实现利润174.24亿元。从适应市场经济要求和企业长远发展的需要出发，燕山石化正稳步深入地推进各项改革。江泽民考察了化工一厂裂解车间控制室，向生产一线的职工干部表示慰问。了解到这个车间去年11月成功完成从45万吨到66万吨生产能力的改造，江泽民勉励他们再接再厉，不断取得新成绩。

随后，江泽民乘车来到燕山石化公司住宅区燕化星城，看望职工家庭。在职工李清潮家，江泽民和他一家亲切地聊起家常。听说他的老伴、女儿都在燕山石化工作，江泽民称赞他们为燕化的发展作出了贡献。

离开燕山石化，江泽民又来到房山区韩村河村考察。改革开放以来，在村党委带领下，这个村走出了一条“以建筑业为龙头，带动集体经济全面发展，村民共同富裕”的成功之路。江泽民兴致勃勃地考察了这个村的大棚菜种植基地，看望了农户、参观了韩村河展览。农户田国杰一家住着二层小楼，40多平方米的大客厅窗明几净，蝴蝶兰盛开，厅内摆放着彩电、音响和各种工艺品。江泽民看着客厅的陈设，十分高兴。田国杰说，韩村河的发展处处体现着“三个代表”重要思想，我们今天富了，是党的政策好。江泽民说，希望你们发展得更好。

江泽民强调，北京是我们伟大祖国的首都，是全国的政治文化中心，也是向世界展示我国改革开放和现代化建设成就的重要窗口。北京有比较雄厚的物质技术基础，有科技、人才、智力和信息等方面的独特优势，应当而且完全有条件发展得更快、更好一些。希望北京市抓住新机遇，应对新挑战，创造新经验，赢得新发展，力争率先基本实现现代化，把北京建成具有时代特征、中国特色的世界历史文化名城和现代化国际大都市。

江泽民指出，要始终集中精力把改革和发展的事情办好，努力提高综合实力和国际竞争力。我国加入世贸组织，给我们提出了一系列新情况新挑战，必须沉着应对，趋利避害，开拓创新，继续坚定不移地坚持以经济建设为中心，深化改革，扩大开放，聚精会神把我们自己的事情办好。要继续以发展为主题，以

结构调整为主线，以改革开放和科技进步为动力，以信息化带动工业化、现代化，努力实施一批拥有自主知识产权的重大高技术项目，加快电子信息、软件技术、生物医药、环保工程等高新技术产业的发展，尽快形成具有自己特点和竞争优势的高新技术产业群，为我国技术的跨越式发展作出贡献。要抓住当前全球范围内正在进行新一轮产业结构调整和重组的机遇，进一步整合各种资源，积极采用高新技术和适用先进技术，改造一批重点产业和骨干企业，增强企业技术创新能力，努力形成一批现代先进制造业。要充分发挥广大农民的积极性，进一步深化农村改革，推进农业结构调整，加强农村基础设施建设和生态环境建设，加快农村现代化步伐，推动城乡经济社会协调发展。

江泽民指出，要始终维护和发展好人民群众的利益，努力提高城市现代化建设管理水平和文明程度。努力实现、发展和维护最广大人民的利益，是我们党一切工作的根本出发点，也是正确处理改革发展稳定关系的结合点。各级领导干部必须从巩固党的执政地位的高度和维护社会稳定的大局出发，千方百计地为人民群众谋利益。搞好城市规划、建设和管理，是广大市民的利益和愿望所在。要围绕筹办 2008 年奥运会，大力实施“科技奥运、绿色奥运、人文奥运”，加强环境综合整治，抓好城市绿化美化，提高市民文明素质，努力使全市人民生活得更方便、更舒心、更幸福。要按照科学规划、科学建设、科学管理的原则，充分考虑历史，立足现实，着眼未来，在加快现代化建设的进程中，努力使城市现代化建设与历史文化遗产浑然一体、交相辉映，向世界展示北京这座世界名城文化悠久、经济繁荣、环境优美、生态良好的现代化国际大都市的崭新面貌。

江泽民强调，要始终全面贯彻“三个代表”的要求，努力提高领导水平和为广大人民群众服务的水平。把进入新世纪的各项工作做好，关键是抓好党的建设。要进一步加强学习，发扬理论联系实际的学风，深入研究党的建设面临的重大问题，深入研究现实生活中提出的重大理论和实践问题。这是在新世纪把我们的事业不断推向前进的迫切需要，也是始终保持党的先进性的根本要求。贯彻落实党的十五届六中全会精神，是当前全党的一项重要任务。我们党要经受住长期执政、改革开放和发展社会主义市场经济的考验，就必须抓住并切实解决好保持党同人民群众血肉联系这个核心问题。各级党组织要按照六中全会的要求，扎扎实实地抓好作风建设，以新的精神风貌，带领广大人民群众继续推进党和国家的各项事业。各级领导干部要深怀爱民之心，恪守为民之责，善谋富民之策，多办利民之事。要时刻把人民群众的利益放在心上，做一切工作都要优先考虑服务群众、方便群众，不断密切党和人民群众的联系。

市委书记贾庆林同志到郊区考察工作

贾庆林 1 月 12 日到延庆县调研时强调
深化结构调整　推进产业化进程

1 月 12 日，市委书记贾庆林到延庆县调查研究，察看了旅游设施，听取了县委、县政府的汇报，贾庆林强调，延庆县要充分发挥自身区域优势，大力发展休闲旅游业，抓好绿色食品系列基地建设，加快农业和农村经济结构调整，积极推进产业化进程。

贾庆林和市委常委、秘书长杜德印，副市长刘志华等来到康西草原、石京龙滑雪场，察看了这里的旅游设施。康西草原是本市塞外的一处自然风景区，冬季推出了采冰帆、冰爬犁、冰车、跑冰橇等冰上娱乐项目。石京龙滑雪场占地 33 公顷，可同时容纳 3 000 人滑雪。

贾庆林与游客们亲切交谈，询问大家对服务项目、安全保障等方面的意见。许多游客兴奋地说，严冬时节，不出北京市就有这么好的冬季休闲去处，令人很高兴。贾庆林说，延庆县地处塞北，冬季旅游资源很有潜力，要努力增加适合冬季的旅游项目，丰富市民的文化娱乐生活。随后，市领导察看了夏都公园的雕塑群。

市领导听取了延庆县的工作汇报。去年延庆县国内生产总值完成 27.62 亿元，同比增长 14.3%；地方财政收入完成 2.158 亿元，同比增长 21.8%；农村经济总收入完成 47.8 亿元，同比增长 15.3%，经济发展步入良性循环轨道，社会发展有明显进步。

贾庆林讲话说，延庆县和全市一样，国民经济快速稳定健康发展，生态环境建设达到了新水平，旅游等第三产业增长速度较快，各项社会事业全面进步。

贾庆林强调，延庆县环境优美、空气清新、水质较好，要充分发挥自身区域优势，继续大力发展旅游业，特别是发展各种形式的家庭旅游、民俗旅游，适应各阶层人士的需求。农村家庭旅游要相对集中，管理规范，带动农村其他相关产业的发展。要抓好绿色食品系列基地的建设，打好生态示范区的品牌，在这方面闯出一条新路。市里有关部门要重点支持、指导。要靠竞争创市场，扩大出口，使延庆县成为北京绿色食品、有机食品和无公害食品的生产主产区。

贾庆林指出，要深化农业和农村经济结构的战略性调整，全面提高郊区经济整体水平。要建设具有区域经济特色的农业主导产业和农产品生产基地。政府要抓好典型，让农民感到产业结构调整带来的实惠和好处，引导农民加快结构调整的步伐。在实现产业化经营等方面，要继续向纵深推进，实现规模经营，提高科技含量，发展和规范农民专业合作组织，培育和发展特色蔬菜、特色养殖业、特色畜牧业等主导产业。

贾庆林强调，江泽民总书记在全国政协新年茶话会上的讲话中指出，毛泽东同志在全国解放前夕关于“务必使同志们继续地保持谦虚、谨慎、不骄、不躁的作风，务必使同志们继续地保持艰苦奋斗的作风。”的教导，至今对我们仍然具有重要的警示作用。我们要按照江总书记的指示，在全体党员干部中广泛开展坚持“两个务必”的教育，全市党的各级领导干部要深怀爱民之心，恪守为民之责，善谋富民之策，多办利民之事，脚踏实地、真抓实干。

贾庆林3月23日到房山区调查研究时强调充分调动农民的积极性　加快山区农民致富步伐

3月23日，市委书记贾庆林等驱车上百公里，来到房山的深山区察看农业和农村工作。贾庆林强调，山区农民致富是郊区农村工作的重要内容，政府要积极扶持，加强引导，充分调动农民的积极性，因地制宜，发挥优势，走出一条适合山区的致富之路。

在房山区河北镇半壁店，贾庆林和市委常委、秘书长杜德印，副市长刘志华察看了这里的小流域综合治理情况。市领导仔细询问了小流域的规模、集雨、灌溉、种植等情况。这个小流域总面积12.6平方公里，实现了集、引、提、蓄、节一体化，新增蓄水能力3 000立方米，已形成观光采摘休闲、特色养殖、磨盘柿三大主导产业。贾庆林说，搞好山区水利富民工程，是促进农村经济发展和增加农民收入的重要措施，小流域综合治理在水利富民方面发挥了重要作用，凡有条件的山区都要搞小流域综合治理，使宝贵的水资源得到充分利用。

在地处深山的霞云岭镇四马台村，市领导了解了农户开办家庭旅馆的情况。这个村地处著名风景区白草畔，全村有20多家家庭旅馆，每家都有餐厅、电话、娱乐设施和整洁的客房，有正式的批准手续。贾庆林说，山区旅游资源丰富，办好家庭旅馆可以促进旅游业发展和农民致富。

虽是阳春三月，但大山深处仍是春寒料峭，市领导登上初创时期的白草畔风景区主峰。这里有成片的落叶松、白桦树和茂密的灌木，高山草场开阔。贾庆林说，这里的风景很优美，要加强管理，完善设施，在保护好生态环境条件下发展旅游业。

市领导兴致勃勃地察看了四马台村万亩仁用杏基地。这个村原来以办煤矿为主，近年来，他们“以黑养绿”，在对煤矿实行规范化管理的同时，大力兴办绿色产业，根据山区特点发展果木种植，垒起数千亩梯田，栽种了35万棵仁用杏，春季杏花满山，夏季满目绿色，秋季果实累累。贾庆林高兴地说，山区要因地制宜，培育和发展林果业，这样既绿化了荒山，保护了生态，又找到了致富之路。

下午，市领导又驱车来到长沟镇三座庵，察看了小流域综合治理工程，还到石楼镇坨头村察看了雨露润田公司的苗木生产情况。

贾庆林在调查研究中一再强调，不久前闭幕的全国“两会”上，加快农业和农村经济发展，努力增加农民收入，是十分重要的话题，也是北京市今年的一项重要工作。从根本上说，增加农民收入必须加快农业和农村经济结构调整，大力发展农业产业化经营，积极推动传统农业向现代化农业转变。山区农民致富是郊区农村工作的重要内容，全市人均年收入2 500元以下的贫困村也主要在山区，搞好山区农民致富，一方面政府要积极扶持，认真落实相关政策，加强规划和管理；另一方面，关键是要充分调动农民的积极性，引导农民因地制宜，发挥优势，靠山吃山，靠水吃水，既保护环境，又发展经济，走出一条适合山区的致富之路。要深入开展山区水利富民、林业富民综合开发，扩大退耕还林、还草规模，培育和发展特色林果业、特色养殖业和休闲旅游业等山区主导产业和绿色产业。切实搞好山区基础设施建设，改善山区生产和生活条件。

贾庆林强调，北京已经连续多年干旱，今春的旱情也比较严重，京郊山区一定要进一步搞好“五小”水利富民工程建设，积蓄雨水，增强抗旱能力。要抓住春季大好时机，开展植树造林，绿化荒山荒坡，保护好生态环境，加快实施山区造林工程。各级政府要积极做好抗旱工作，想方设法确保山区人畜饮用水供应。

贾庆林3月30日察看温榆河流域部分地段绿化美化情况时强调加快温榆河绿色生态走廊建设

3月30日，市委书记贾庆林察看了温榆河流域部分地段绿化美化情况。贾庆林强调，要抓住今年春季绿化大好时机，加快温榆河流域整治步伐，使温榆河成为最适合人居住的绿色生态走廊。

温榆河绿色通道建设工程涉及海淀、昌平、顺义、朝阳、通州等五区，全长47.4公里，规划绿化造林面积1 748公顷。贾庆林等市领导十分重视温榆河流域的治理工作，多次听取汇报，并实地考察，要求切实搞好温榆河的生态环境建设。

贾庆林和市委常委、秘书长杜德印，副市长刘志华等首先来到通州区皮村大桥，听取了通州区关于温榆河通州段绿化美化情况的汇报，察看了两岸由垂柳、洋槐、毛白杨等10多个树种组成的沿河绿化带。贾庆林仔细询问了种植、养护等情况，要求充分把农民的积极性调动起来，由农民去种，农民去管，探索建立一种长效的管理机制，鼓励农民和社会各方面都来参加绿化，区、乡政府要给予鼓励。

在朝阳区金盏乡，市领导察看温榆河朝阳段绿化美化情况，并听取了朝阳区的汇报。温榆河在朝阳区境内总长度为22.82公里，沿线200米绿化带范围内，共有土地面积453.67公顷，已绿化面积128.67公顷，动土方20万立方米，栽植树种包括毛白杨、垂柳、洋槐、油松、华山松、碧桃等15个品种。贾庆林要求，在绿化中要多树种、多色彩、多层次，做到好种、好活、好管、好看。在听取了朝阳区关于温榆河周边水系的治理情况后，贾庆林说，亮马河、坝河、小月河、北小河等要同时治理，先截污，再清淤、绿化，使宝贵水资源得到充分利用。

市领导来到顺义区万柳园，察看了温榆河顺义段绿化美化情况。万柳园位于温榆河东岸，今春，北京日报3 000余名读者在此挥锹洒汗，栽植了黄金柳、苏柳、沙柳、樟河柳、银芽柳等各种柳树15 000棵。贾庆林仔细询问了万柳园的柳树品种、景观布局。有关负责人回答，总面积46.67公顷，一期18公顷，今年共栽植了各种柳树21个品种，采用自然式布局。全国共有86个柳树品种，我们将在专家、教授的指导下，尽快把适合北方生长的品种全都在万柳园种植。贾庆林高兴地说，万柳园意境很好，各种各样、多姿多彩的柳树在这里都能见到，将形成独特的景观。北京日报的读者在这里种了柳树，将来还可以带着自己的家人、孩子来这里观赏、休闲。

贾庆林在调研中一再强调，要抓住今年春季绿化大好时机，加快温榆河流域整治步伐，要统一规划，分级落实，实行包括各支流在内的综合治理，使温榆河成为最适合人居住的绿色生态走廊。他指出，今年春天来得早，植树期长，各单位、各部门要抓紧时间，多种树，多造林，绿化首都，美化家园，为奥运添绿。

贾庆林6月3日在门头沟区调研时指出
加快京郊山区农民全面建设小康生活的步伐

6月3日，市委书记贾庆林等驱车近百公里，来到门头沟区调研。贾庆林强调，要加快山区资源综合开发，发展山区特色经济，努力增加农民收入，加快京郊山区农民全面建设小康生活的步伐，走一条适合山区经济发展的致富之路。

素以“古刹、奇松、怪石”而闻名的妙峰山，主峰海拔1 291米，是集人文景观、自然景观、历史民俗文化等为一体的京西风景名胜区。贾庆林、强卫和市委常委蔡赴朝、副市长刘志华等登上妙峰山镇阳山，察看了山上的植被生长和水土保持情况。贾庆林说，这里的风景很好，要加强管理，在保护好生态环境的条件下发展旅游业。在当地农民种植的花香怡人的千亩玫瑰园，贾庆林、强卫等边走边与村干部们聊起了玫瑰园的经营管理情况。这片玫瑰园占地7 000亩，村中有110户农户种植玫瑰，单玫瑰这一项，去年人均年收入就达1千元。贾庆林还仔细询问了玫瑰的生长期、产量、品种以及病虫害防治等情况，并与一位正在采摘玫瑰的农民亲切地攀谈起来，当得知这里的玫瑰不仅供应本市的食品企业，外地企业也抢着定货，目前已是供不应求的情况时，他连连点头说，发展山区特色经济，是富裕农民的有效途径，要引导农民既保护环境，又发展经济，改善山区生产和生活条件。

初夏时节的樱桃园内，红玛瑙似的樱桃挂满枝头。樱桃树下，贾庆林、强卫等与村支书及村民们围坐一起，亲切交谈。村支书介绍说，樱桃沟是一处集名人古迹、樱桃采摘、池塘垂钓、科普教育于一体的旅游观光农业园区。90年代发展为樱桃种植基地，现在已发展为樱桃科普农业基地。这里的樱桃色泽鲜艳、味甜芬芳，具有很好的食用和药用价值。贾庆林询问了果园的规模、果树的品种以及农民收入情况，他鼓励村民们，要把种植樱桃的经验推广出去，带动周边地区经济的发展。当听说村里种植樱桃的农户年收入已达5 000元时，贾庆林高兴地说，要扩大经济作物种植面积，培育发展特色产业，使农民真正得到实惠。

在调研中，贾庆林指出，京郊山区农民致富是郊区农村工作的重要内容。要加强山区资源综合开发，充分调动农民的积极性，引导农民因地制宜，发挥优势，培育和发展特色林果业、特色养殖业和休闲旅游业等山区主导产业和绿色产业，努力增加农民收入，提高农民生活水平，加快京郊山区农民全面建设小康生活的步伐，走一条适合山区经济发展的致富之路。

贾庆林6月13日到朝阳区调查研究时强调 高质量建设维护绿化隔离地区

6月13日，市委书记贾庆林等到朝阳区调查研究时强调，要高质量地建设和维护绿化隔离地区，使首都的绿化美化再上新水平。

在豆各庄乡，贾庆林、杜德印和副市长刘敬民等察看了“青青家园”的建设情况。万科青青家园由低层、低密度住宅楼组成，社区绿化面积达35%以上，社区周围是满目葱绿的田园风光。市领导察看了一期工程模型和两套住宅，并观看了豆各庄乡农民新村。贾庆林询问了住宅楼的绿化、销售及购买群体等情况，他嘱咐有关负责人，绿化隔离带周边地区住宅建设要严格科学地规划、管理，突出绿色，注意保持田园风光。农民新村建成后，要按照城市社区的办法进行管理，引导农民尽快适应城市化进程。

在朝阳区体育健身休闲中心工地，市领导察看了主场馆建设情况。贾庆林仔细询问了体育健身休闲中心的规模、功能、绿化等情况，有关负责人回答，中心占地24公顷，以绿为主规划了群众健身区、竞技训练区、竞赛表演区、体育文化区，一期的主体育场由东西两个看台组成，可容纳12 000人。贾庆林说，绿化隔离带周边地区的各项建设，都要与绿色产业发展相结合，注意保持优美的生态环境。

随后，市领导来到朝阳公园“欧陆风韵”三层平台，察看了周边绿化隔离带建设情况。贾庆林强调，这几年，全市绿化隔离地区建设取得了很大成绩，已全面完成100平方公里的绿化任务，并规划了第二个绿化隔离地区。要高质量地建设和维护绿化隔离地区，以种树为主，乔灌草结合，注意种植花卉和适当设置园林小品，保持空气清新、环境优美、生态良好，使首都的绿化美化再上新水平。

市领导还察看了莱太花卉交易中心和潘家园旧货市场。贾庆林要求，潘家园旧货市场的改造要完善功能，保持特色。

贾庆林6月15日到延庆县调查研究时强调 京郊旅游区建设要高度重视环境保护

6月15日，市委书记贾庆林等到延庆县调查研究山区旅游资源时指出，京郊旅游区的建设要高度重视环境保护工作，旅游开发要保护好现有的天然植被、水源，保持好大自然的天然美景，创建京郊一流的旅游生态环境。

贾庆林、杜德印和市委常委蔡赴朝以及胡昭广等首先来到延庆县城西北的玉渡山自然风景区，这里峰峦秀丽，流水潺潺，景色宜人，自然生态环境保存完好，是一处即将对外开放的自然景观。市领导沿着崎岖的山路，察看了沿路的景观、旅游设施等情况，贾庆林仔细询问了风景区的自然植被、气候、历史遗迹的保护利用情况。玉渡山景区南临后河、古城河河谷，西起海坨峰，东至龙庆峡，方圆百余公里，海拔580～1 589米，植被覆盖率100%，具有典型的山地气候特征。贾庆林嘱咐县里负责同志，玉渡山自然生态环境优美，动植物种类丰富，是天然的动植物园，一定要保护好这里的生态环境。

市领导还察看了龙庆峡水系源头和玉渡山水库自然生态情况。这个水库海拔856米，水域面积12万平方米，是华北地区海拔最高的人工湖泊。湖区四周峰峦环绕，丛林蔽日，空气清新。贾庆林说，玉渡山风景区的旅游资源的利用可以和龙庆峡风景区联动起来，使到龙庆峡的人穿过山路来玉渡山游览，沿路建一些符合自然景观的休息点儿，给游人提供方便。市领导还察看了正在建设的山戎博物馆。

贾庆林在调研中强调，京郊旅游区的开发要高度重视环境保护工作。延庆县环境优美，旅游资源丰富，要充分发挥自身区域优势，在保护好生态环境的情况下，继续大力发展旅游业。在旅游业开发中，不要搞过多的人为景观、人工雕饰，要保护好现有的天然植被、水源，保持好大自然的天然美景。景区的一些必要建设，如修路，设休息点儿、服务点儿，都要与自然环境相协调，旅游开发绝不能以破坏生态为代价。他说，要借鉴国内外保护风景旅游区自然生态环境的好经验、好做法，结合自身优势，创建京郊一流的旅游生态环境。

贾庆林7月2日到平谷区调查研究时强调
保护生态环境　发展区域经济

7月2日，市委书记贾庆林到平谷区调查研究时强调，要加速发展区域经济，培育、壮大郊区特色经济，要引进资金和技术，发展科技含量高的新兴产业，同时把原有的特色产业做大做强。在加快郊区经济的开发中，一定要保护好生态环境，保护好郊区广袤大地上的绿色植被，使区域经济走上可持续发展的轨道。

老才臣食品有限公司是平谷区挖掘本地土特产，引进资本与技术创立的一家特色食品企业。贾庆林、杜德印和市委常委、宣传部长蔡赴朝，副市长刘志华兴致勃勃地参观了“老才臣”生产线。贾庆林仔细询问企业规模、产品市场和卫生管理等情况。这家京港合资企业，把民间传统工艺与现代生产技术相结合，开发出腐乳、酱油、食醋、料酒、味精等系列产品。贾庆林叮嘱，食品卫生关系到老百姓的切身利益，一定要严格执行卫生标准，强化管理。

在岐黄制药有限公司，市领导察看了胶囊生产线。该公司挖掘民间中草药资源，利用先进工艺开发新产品。贾庆林对公司的负责人说，发展中药产业关键在于实现中药生产的现代化，形成中药产品开发的产业链，要建立稳定的原料供应基地，确保医药产品质量，面向广大消费者开拓市场。

市领导来到平谷区山东庄镇鱼子山村察看这里山区旅游发展的情况。贾庆林要求，一定要保护好自然植被，不要过多建设人工项目。市领导高兴地来到鱼子山村旅游专业户郑启洪家。在这座农家小院里，贾庆林等同郑家老少聊起家常，询问他家年收入多少、客源如何。现有11口人的郑家腾出45张床位，凭着这农家小院的经营，年收入达到7万多元。贾庆林高兴地说，你们的旅店干干净净，管吃管住，睡火炕、烧柴锅，很有山村农家特点。市领导还参观了鱼子山抗日战争纪念馆和上宅文化陈列馆。在鱼子山抗日战争纪念馆，贾庆林说，京郊有很多革命传统纪念地，要充分发挥它们作为爱国主义教育基地的作用。

贾庆林在调研中强调，京郊各区县要发挥各自优势，加快发展区域经济和特色经济的步伐，要注意培育区域经济的增长点，一方面结合本地特点招商引资，引进先进的科学技术和管理，发展新兴产业群；另一方面，要通过引进资本和技术开发本地的特色产业、特色产品，培育特色经济。在发展和加快郊区城市化和现代化的进程中，要特别注重生态环境保护工作，绝不能以破坏生态环境为代价发展经济。只有保护好自然生态环境，才能更好地促进区域经济增长，才能培育和发展特色林果业、特色养殖业和休闲旅游业，才能形成京郊山区主导产业，通过可持续发展提高郊区经济整体水平。

贾庆林8月13日到通州区顺义区调研时强调
加快现代制造业基地规划建设

市委书记贾庆林8月13日到通州区、顺义区调查研究时强调，要按照江总书记“三个代表”重要思想的要求，认真贯彻落实市第九次党代会精神，按照市委、市政府提出的振兴北京现代制造业的决策，高标准、高水平搞好北京现代制造业基地的规划，同时要为工业园的发展留足空间。

贾庆林、强卫和副市长刘志华等首先来到具有135年历史的北京市首批国家级示范高中——潞河中学，察看了学生公寓、图书馆、电子阅览室、闭路电视主控室等设施。在占地22万平方米的学校内，古槐翠柏参天，鲜花绿草覆地，碑、亭、湖、山散落其间，世纪初建成的风格古朴独特的建筑群与新建的教学楼、实验楼、信息中心等错落有致。百余年来，潞河中学培育了黄昆、侯仁之、王洛宾等数以万计的优秀学子。贾庆林对学校负责人说，要坚持正确的办学方向，培养学生艰苦奋斗的作风，锤炼学生独立自主的生活能力。要引进现代化的教学手段，不断提高学校的教学水平，使学校成为学生健康成长的摇篮。

在通州工业区内的北京通美晶体技术有限公司，市领导察看了砷化镓、超薄高强度锗晶片的生产加工工艺后，鼓励这家外商独资高新技术企业负责人要不断进行科研开发，生产技术含量高、具有国际先进水平的光电通讯材料和产品，满足国内外市场的需要。

市领导还来到张家湾葡萄高产示范园和大运河农产品配送中心，察看了8月4日通州区遭受严重冰雹袭击后两单位的生产情况。在大运河农产品配送中心的蔬菜基地，农民们正在及时补种芹菜、盖菜等。贾庆林要求，要积极采取措施，展开生产自救，最大限度地减小人民群众的损失。要早做准备，为明年的生产打好基础。

当市领导来到通州区新华北街如意小区时，受到了居民们的热烈欢迎，三年级的小学生李甜甜为市领导献上了精心编制的如意中国结。市领导先后来到社区文化活动室、老年学校、卫生保健室、社区警务室等，与基层治安巡逻员、居委会工作人员和社区居民亲切交谈，向他们致以问候，对他们为社区工作付出的努力表示感谢。

下午，市领导在顺义宾馆听取了顺义区负责人关于全区上半年经济发展情况及顺义区争创“全国文明区”的情况汇报。顺义区在区委、区政府的领导下，大力实施信息工业化发展战略，全区经济继续保持持续、快速发展。今年上半年，全区实现国内生产总值59.1亿元，属地财税收入11.7亿元，地方财政收入3.8亿元，同比分别增长12.3%、24.2%和17.8%。

贾庆林在讲话中指出，通州区、顺义区今年上半年区域经济发展迅速，经济运行质量和效益明显提高，基础设施建设和环境建设取得明显成绩，人民群众的精神面貌有了崭新变化，人民生活水平获得了新提高。

贾庆林强调，市第九次党代会上，市委、市政府做出了振兴北京现代制造业的重要决策。顺义区要高水平、高标准搞好加快现代制造业产业基地的规划建设，要留足工业园的发展空间。随着城市产业结构的调整，原有的相当一部分工业企业要搬迁郊区、搬迁到顺义，在搬迁重组中，实现异地改造，技术升级，产品换代。抓好现代制造业产业基地的规划建设迫在眉睫。顺义区在考虑规划用地时，首先要把工业用地留足。在发展汽车产业的同时，要规划好微电子、数控机床等基地。北京汽车产业基地的规划，要兼顾房地产开发、娱乐休闲等相关配套设施和服务设施。

贾庆林强调，要抓紧论证京承高速路与首都机场连接线的建设方案，最大限度地发挥京承路的效益。要立足长远发展，在顺义区的新城发展中，为首都机场的发展和道路交通用地留下发展空间。

贾庆林等市领导还到顺义汽车城，察看了冲压车间、涂装车间和总装车间，并观看了北京现代汽车样车。贾庆林指出，一个多月来，中、韩双方工作人员紧密团结合作，战胜酷暑高温，昼夜奋战，为加快合资公司的组建做出了很大的努力，打下了良好的基础。他说，在北京现代汽车项目的合作中，中韩双方拥有共同的目标，要互相尊重、共同努力，中方生产人员要虚心向韩方学习好的经验，多听取韩方专家的意见。北京现代汽车要以高质量、高水平的汽车品牌赢得市场。在时间紧、任务重的情况下，大家要团结一致，密切合作，确保实现年底出车2 000辆的目标。

贾庆林10月10日到丰台区调研时强调
全市四季度重点抓好四项工作
南城要用环境建设带动发展

10月10日，市委书记贾庆林到丰台区调查研究时强调，全市第四季度要重点抓好四项工作：要继续搞好城市环境综合整治，全力维护首都的政治稳定和社会安定，完成或超额完成今年各项经济社会发展的任务，做好明年各项工作的准备，以各项工作的优异成绩迎接党的十六大。

贾庆林、强卫和副市长刘志华等首先来到东方家园建材城，这里的家居建材商品琳琅满目，应有尽有。贾庆林仔细询问了商品的进货渠道和销售情况等，他说，要充分学习和借鉴国内外同类企业的先进经营理念和管理模式，把企业做大做强。

在马草河治理工程现场，贾庆林、强卫等察看了治理工程方案图，听取了水利局负责人的汇报。贾庆林指着马草河两岸的护堤说，要加快马草河的治理，多种沙地柏等植物，绿化美化河道两岸，以优美的水环境带动两岸经济的发展。

在怡海花园的老年培训中心，贾庆林、强卫等与正在学习英语的老人亲热地打着招呼，称赞他们积极参与市民学英语活动的精神很值得学习。在墨香四溢的老年书法室，几位老人正挥毫泼墨，贾庆林说，练习书法是一种很好的活动，既锻炼了身体，又陶冶了情操，对老年人非常有益。怡海花园八中分校宽阔平坦的操场上，一群上体育课的学生以热烈的掌声欢迎市领导的到来，贾庆林一边与同学们热情招手致意，一边与学校负责人谈起了学校的发展，他说，应当鼓励名校到郊区建立分校，这样既推动了旧城改造，也有利于学校自身的发展，对于名校未来的发展是一种有益的尝试。

数字化写字楼、数字化火车站、数字化社区，数字化逐渐向人们的日常生活延伸，这就是北京贝尔通讯设备制造公司的远景规划。贾庆林察看了贝尔公司的实验室和生产间，他说，要实现数字北京的目标，需要你们这些高科技企业的积极参与，希望你们充分发挥自身科技优势，让高科技真正融入日常生活，使百姓的生活更加快捷、方便。贾庆林、强卫等还察看了北京北方天鸟智能科技股份有限公司。

贾庆林、强卫等听取了丰台区今年九个月以来的工作情况汇报。今年，丰台区围绕建设一个中心、五个区域，重点发展五个产业，加快城市化进程，最终建成现代化新城区的战略构想，推动区域经济和社会事业的发展，各项工作取得了可喜成绩。截至9月底，全区实现国内生产总值92.6亿元，完成财政收入7.78亿元。

贾庆林在讲话中充分肯定了丰台区今年九个月以来各项工作所取得的成绩。他说，丰台区委、区政府按照"三个代表"重要思想要求，全面贯彻落实市第九次党代会精神，克服了任务重、资金少等诸多困难，带领全区人民团结奋斗，以发展为主题，以城市化为主线，加快现代化新城区的建设，各项工作取得了显著成绩，推动了南城经济的发展。

贾庆林强调，今年全市的各项工作已进入最后一个季度，全市各部门、各系统、各单位在第四季度要重点抓好四项工作：一、要继续开展城市环境综合整治。喜庆祥和的国庆节刚刚过去，全市大规模集中整治市容市貌工作已进入第二阶段，要继续搞好城市环境治理工作，巩固前一段时间的成果，建立长效机制，消灭影响城市环境的死角，进一步扩大第一阶段工作成果，保证影响市容市貌的不文明现象不发生反弹。二、全力做好维护首都政治稳定和社会安定的工作。积极开展全市治安集中整治行动，努力把首都安全稳定的各项措施落在实处。要关心困难群众的生活，开展深入细致的思想政治工作，及时排查和化解社会矛盾。同时，要抓紧安全生产工作。三、确保完成或超额完成今年经济和社会发展的各项任务。进入第四季度，全市要将两个文明建设、卫生、体育等各项事业的发展继续推向深入，各部门、各单位要结合实际工作，检查今年各项工作指标的完成情况，保障经济持续快速健康发展，保证完成或超额完成今年各项经济社会发展的指标。四、要做好明年各项准备工作，明年的各项工作要早做准备，抓紧谋划，提早规划。要继续重点解决一批群众关注的热点、难点问题，为群众办实事。要做好明年即将实施的重大工程的规划，为明年的各项工作奠定良好的基础。全市各条战线广大干部群众要以各项工作的优异成绩，迎接党的十六大胜利召开。

贾庆林指出，要以重点环境项目工程带动南城经济的发展。要加快凉水河治理工程的进度，推动丰台及南城地区水系治理工程，以水系治理推动周边地区区域经济的发展，依靠大型环境建设项目带动南城的整体发展。水利部门要实现职能转变，由过去服务于农村，转变为服务于城市发展，变水害为水利。所有新建小区必须自建污水处理设施，将生活污水自行处理后，以中水的形式排放到河流中，逐步实现零排污的目标。通过一区、一镇、一河的污水处理设施，最终形成全市污水处理体系。

贾庆林最后指出，丰台区面积大，发展有余地，要充分发挥自身优势，利用宝贵的土地资源，吸引外商，利用外资，多渠道、多种方式的筹措资金，使全区各项事业取得更大发展。

贾庆林10月12日到怀柔区调查研究时强调
发展区域经济　增强整体实力

10月12日，市委书记贾庆林等到怀柔区调查研究时强调，郊区要大力发展区域经济，建设具有区域经济特色的主导产业，增强整体实力和竞争力。

贾庆林、强卫、杜德印等市领导察看杨宋镇小城镇建设情况后，来到北房镇西洋参基地察看。西洋参是药用价值很高的草本药用植物，目前怀柔区有西洋参533公顷，带动农户3 000多户，去年实现销售收入3 300万元。贾庆林仔细询问了西洋参的种植规律、应用和市场情况。他说，郊区要培育和发展特色农业，种植西洋参就是一个好的方式，可以带动更多农民致富，关键是开拓市场，提高效益。在察看了北房镇小城镇建设情况后，市领导来到这里的顺思童服装有限公司，察看了制衣车间的生产流水线，这里厂房宽敞，800多员工在20多条生产线上紧张工作，井然有序。市领导了解了产品的质量、销售和职工待遇等情况后叮嘱，作为劳动密集型产业，要确保产品质量，安排好职工生活。

市领导察看了雁栖工业开发区，听取了开发区管委会的汇报。这个开发区位于雁栖湖畔，总规划面积9.6平方公里，设施上达到"七通一平"，目前区内生产企业已达65家，形成了以食品饮料、包装印刷、机械电子、生物制药等几大行业为主的高效环保型工业区。贾庆林说，开发区发展一定要服从于环境生态建设，对入驻企业要严格把关，不能搞有污染的企业。现有的企业要通过建立污水处理系统，做到零排放，确保怀柔实现净水、净土、净天。市领导还察看了意大利刮拉瓶盖有限公司，仔细观看了样品，询问了产品的市场占有情况。贾庆林还与该公司的外方负责人亲切交谈，欢迎他们到北京投资发展。

市领导还察看了北汽福田欧曼重型卡车制造厂，参观了欧曼新型重卡总装生产线和新厂房，并嘱咐企业在发展中一定要重视环境建设。

贾庆林10月19日到北京经济技术开发区和通州区对水系治理调研时强调 加快治理北京水系 为古都风貌添灵气

10月19日，市委书记贾庆林到北京经济技术开发区和通州区调查研究时强调，水系是北京古都风貌的关键，要加快北京水系治理的步伐，沿岸小区、企业、区县要向污染水零排放的目标努力，要尽快疏浚河道，使北京水系早日还清。

贾庆林、杜德印和副市长刘志华等首先来到北京经济技术开发区，察看了金源经开污水处理厂。这个厂是开发区为治理凉水河污水而修建的，目前日处理污水2万吨。市领导观看了污水处理过程和处理前后的水样比较，处理前的河水浑浊味臭，处理后的河水透明度提高，达到国家城市污水排放标准。随后市领导乘船察看了凉水河开发区段的治理情况，这里的河水主要是金源经开污水处理厂处理过的。整治后的河面更加开阔，碧波荡漾，两岸是绿色植被，100米宽的绿化带正在建设中。贾庆林对在场的领导说，要加快凉水河的治理，几个有关的污水处理厂都要加快建设，使凉水河尽早还清。在治理凉水河上游的过程中，有条件的地段也要尽可能地拓宽河面和两岸绿化带，形成水清岸绿的景观。开发区要抓住当前的大好时机，抓紧重大项目建设，以开发区建立十周年为契机，各项工作要有新的突破。

市领导来到通州区，乘船察看了经过治理的大运河通州段。大运河在通州境内有42公里，经过高碑店污水处理厂治理的河水已形成12公里长的宽阔河面。河水波光粼粼，两岸田园景色。贾庆林高兴地说，北运河真正成了名副其实的河，过去有的地方有河无水，有的地方有水是污水。水是北京古都风貌的关键。治理北京水系是功在当代、利在千秋的大事。要加快温榆河、通惠河、凉水河三大河流及支流的污水治理，加大力度，加快步伐。一方面加快建设污水处理厂，一方面流域内的居民社区、大的企事业单位都要建设污水处理设施，实现污水零排放。要统一规划，采取严格措施截污。北运河通州段两岸绿化带要高标准建设，要多种芦苇，多种大树，保持野趣风光，形成自然形态的生态走廊。

市长刘淇到郊区视察

刘淇4月12日在石景山区调研时强调 促进区域经济的发展 提高城市现代化水平

4月12日，市长刘淇到石景山区调研时强调：要以与时俱进，开拓创新的精神状态，抓住机遇，以促进区域经济发展为中心，加快石景山区城市化进程，进一步提高城市现代化水平。

刘淇首先来到石景山区东部社区中心察看社区服务工作。该社区中心集便民服务、社保基金发放、教育培训、文化娱乐、休闲健身于一体。在中心的政务服务大厅，刘淇走到“低保社救人员保障金”发放窗口，请工作人员调出社区“低保”人员名单，详细询问了“低保”基金发放情况。当了解到该社区能够做到“低保”领取者随来随发的情况后，刘淇市长表示满意。随后，刘淇等来到古城公园，察看这里的社区环境建设和园林绿化，同正在这里休闲娱乐的群众亲切交谈。

刘淇还来到石景山区经济服务中心，察看“一站式”办公情况。经济服务大厅设立了注册登记、行政审批、招商引资和综合服务4个区域以及工商、房地、公安、税务等23个开放式办公窗口，为纳税人、投资者提供“一站式”全方位服务。

在首钢日电电子有限公司，刘淇察看了芯片生产线项目及北方微电子基地规划建设情况。他对在场的石景山区负责人和首钢负责人说，要紧紧抓住建设北方微电子基地这个目标，以统一规划，共同发展为原则，各方协调，进一步改善投资环境，加速北方微电子产业基地的建设。

刘淇等认真听取了石景山区负责人的工作汇报。

今年一季度，石景山区国内生产总值完成20亿元，财政收入同比增长18.6%。全区今年确定了“三快一好”的工作重点，即：加快城市化进程、加快区域经济发展、加快社区建设，做好人民群众普遍关心的实事好事。

刘淇在讲话中充分肯定了石景山区在经济发展、环境改善、社区建设等各项工作中取得的成绩。刘淇说，要加快石景山区城市化进程，以与时俱进、改革创新的精神状态，搞好发展规划。

刘淇指出，城市建设、社区服务、环境建设的基础是区域经济的大发展。石景山区要紧紧抓住北方微电子基地建设的机遇，快速形成配套的发展规划，快速发展新产业，形成区域经济的坚实基础。

刘淇说，要按照首都经济的发展目标，推进高新技术发展与传统产业改造，要积极引进规模大、科技含量高的企业。同时要大力发展本区的商业服务业，抓好一批重点工程，进一步完善城市基础设施建设。

刘淇强调，全市各级政府部门要从维护稳定的大局出发，关心困难群众的生活，多吸纳下岗职工参与社区服务，开展扶贫济困行动，为群众多办实事，让暂时有困难的群众更多地享受到改革开放的成果。

刘淇4月25日在丰台区调研时指出
加快城市规划　促进南城发展

4月25日，市长刘淇到丰台区调研时强调，丰台区要抓住南城发展的机遇和北京举办2008年奥运会的机遇，加快城市规划步伐，推进丰台区的城市化进程，加快城市建设和危房改造，全面推进绿化隔离带建设，从而促进城市协调发展。

刘淇首先来到位于丰台区右安门外、凉水河北侧的东庄风景园区建设现场，听取了丰台区有关负责人对东庄整治和绿地建设的情况汇报，详细询问了东庄风景园的建设及先行绿化情况。总面积173 600平方米的东庄风景园区，绿化面积将达139 206平方米，园区将种植红枫、广玉兰、白玉兰、水杉等110余种植物，计划在今年5月份竣工。

在小屯片林，刘淇察看了卢沟桥绿化隔离地区规划及片林绿化建设情况。刘淇说，要鼓励和支持第三产业的发展，引导农民向二、三产业转移，大力改善农村基础设施建设，推进城市化进程。深入开展林业富民综合开发，扩大退耕还林，培育和发展绿色产业，进一步改善农村人民的生活条件。

刘淇来到青龙湖公园，认真听取了王佐镇负责人对青龙公园绿化情况和青龙湖自然条件、环境美化等情况汇报，并与他们亲切交谈。

刘淇还认真听取了丰台区负责人的工作汇报。

去年丰台区全面完成了“十五”计划确定的各项年度计划任务，实现了“十五”规划的良好开端。今年一季度，实现国内生产总值10亿元，财政收入增长14.9%，全区确立了“一个中心、五个区域、五大产业”的发展思路；加速科技园区、中国国际汽车博览会展中心的建设，加快危旧房改造和新村建设步伐。

刘淇在讲话中充分肯定了丰台区在经济发展环境建设、城市建设方面取得的成绩。刘淇说丰台区要抓住促进南城发展的机遇，大力发展高新技术产业和第三产业，抓好环境建设和基础设施建设，加快改变丰台面貌的步伐。

刘淇指出，城市建设要按照市场经济的方式运作，土地开发要引进竞争机制，坚持公开、公平、公正的原则，实行招标，充分运用市场机制和国际化运作模式，广泛吸引社会投资和境外投资、参与开发和建设。要加快推进绿化隔离带建设，在绿化隔离带的建设和新乡镇建设中，要认真研究相关政策的衔接。

刘淇强调，要加快丰台区城市规划步伐，市委、市政府大力支持南城发展，要利用这一机遇规划好丰台的发展格局。要加快南部地区的危旧房改造及城市基础设施建设，大力发展经济适用房。

刘淇还来到北京十二中学，察看了学校办公楼、参观了电子阅览室、“人与自然”生态动物园、运动场和游泳馆，听取了校领导对学校教学工作、体育设施配备及校园环境建设的情况汇报，并关心询问了学生们的学习、生活情况，对该校近年来在各方面工作中取得的成绩给予了充分肯定。

刘淇8月10日到门头沟区调研时强调
强化小城镇卫星城开发建设
增强远郊区县实力和竞争力

8月10日，市长刘淇到门头沟区调研时强调，要认真贯彻实践江总书记“三个代表”重要思想，全面落实市第九次党代会和全市经济工作会的精神，坚持科学规划、突出重点，强化小城镇、卫星城的开发建设，进一步优化首都城乡经济结构和布局，促进城乡一体化。要解放思想，抓住机遇，大力发展区县经济，增强远郊区县的整体实力和竞争力。

刘淇和副市长刘志华等首先来到108国道潭柘寺路口，察看了潭柘寺路段一期工程建设，听取了镇有关负责人关于小城镇市政基础设施建设情况的汇报。潭柘寺路段一期工程全长3公里，宽27米，总投资2 600万元，预计今年9月下旬完工。

市领导随后来到永定碧琨设施农业园，饶有兴致地察看了网纹甜瓜和迷你黄瓜种植大棚。这里建有现代型日光温室41.2公顷，年产名优特菜1 400万千克。在迷你黄瓜种植大棚，刘淇指着鲜嫩油绿的黄瓜，向农业园的工作人员询问亩产量和价格。当听到每亩能够产1.5万千克迷你黄瓜，价格最便宜也要3元一斤，春节前后可以达到10元左右时，刘淇高兴地说，要大力发展设施、观光等现代农业，切实使农民增加收入。

在万佛建材有限公司，市领导察看了煤矸石粉煤灰空心砖生产，仔细了解了生产线建设、产品销售以及安置村民就业等情况。刘淇说，要合理利用山区资源，保护环境，促进新型建材业健康发展。市领导还在石龙汇丽饮料有限公司，察看了核桃露饮料生产线。

在石龙工业开发区管委会，刘淇等市领导听取了门头沟区负责人全区上半年工作的汇报。今年以来，门头沟区各项工作进展顺利，特别是经济工作有了较大发展。全区按照建设首都西部绿色生态屏障的功能定位，牢牢抓住发展这个主题，加快城市建设步伐，推动全区经济的持续快速健康发展和人民生活水平的提高。今年1至7月，全区国内生产总值13.7亿元，财政收入2.56亿元，农村经济总收入21.23亿元，同比分别增长13%、24.8%和24.8%。

刘淇在讲话中指出，在门头沟区委、区政府的领导下，全区区域经济发展迅速，经济运行质量和效益有了较大提高，基础设施和人民群众的精神面貌有了崭新变化。今年上半年，门头沟区地方财政收入和城镇居民、农民人均收入都有了较快增长，这充分说明门头沟区在加快经济发展的同时，人民群众的生活水平获得了新提高。

刘淇说，门头沟区是老区、山区、矿区，地理环境特殊，要进一步解放思想，抓住机遇，按照江总书记“三个代表”重要思想的要求，深入贯彻落实市第九次党代会精神，以旧城改造和“四区”建设为重点，加快小城镇、卫星城建设，加快农村城市化进程，促进城乡一体化。

刘淇强调，要高水平、高标准规划小城镇、卫星城，加快旧城改造步伐，大力提高城市管理水平。要加快经济结构调整，继续深化农村改革，推进农业产业化经营，加快发展现代农业、环保农业、乡镇企业。门头沟区要结合自身实际，切实以农民增收为主线，调整优化第一产业；要以市场为导向，强化发展第二产业，特别是大力发展符合本区实际情况的现代制造业、新型建材业；要以生态旅游为龙头，振兴繁荣第三产业。

刘淇最后强调，要巩固煤炭和砂石业综合治理成果，继续严厉打击私挖乱采等违法行为。要强化社会治安综合治理，确保社会安全稳定。要加强城市管理水平，加大城市市容环境的综合整治，切实改善城市环境面貌，以一流的、优美的环境迎接党的十六大召开。

刘淇8月17日到海淀区调研社区建设工作时强调
完善社区管理服务体系　切实为人民群众办实事

8月17日，市长刘淇到海淀区调研社区建设工作时强调，要按照“三个代表”重要思想要求，认真贯彻市第九次党代会精神，继续深化城市管理体制综合改革，完善“统一领导、各司其职、规范管理、强化基层”的城市管理格局。进一步规范、促进社区建设，完善社区管理和服务体系，切实为人民群众办实事，谋利益。

刘淇与市委常委朱善璐、副市长翟鸿祥等首先来到万寿路8号院，察看社区建设情况。万寿路8号院社区在小区治安、绿化、保洁、消防以及车辆管理工作都达到全国先进，1997年被建设部评为全国优秀示范住宅小区，被首都文明委评为文明安全居民区。市领导先后察看了该社区监控中心、便民售菜站、文化活动室、健身中心、居委会办公室等社区服务设施建设情况。在社区售菜站，刘淇等市领导在仔细询问了蔬菜、水果进货渠道、价格后，叮嘱道一定要保证绿色蔬菜水果的进货渠道安全可靠，确保质量，切实让绿色安全食品进入社区，让百姓吃上放心菜、放心肉。在居委会办公室，刘淇认真察看了社区外来人口登记表和房屋出租登记表，刘淇说，要进一步做好外来人口管理工作，把这一工作扎扎实实落到基层，为居民创造一个治安良好、服务完善、环境优美、生活便利的现代化社区。

在万寿路街道社区服务中心，刘淇充分肯定了万寿路街道办事处在社区党建、社区服务、社区治安、社区文体卫生及社区环境等方面工作取得的成绩。

刘淇等市领导与本市部分街道办事处及海淀区六个居委会负责人进行了座谈，听取了他们对加强社区建设的意见和建议。座谈会上，东城区和平里街道、西城区月坛街道、宣武区广外街道和海淀区万寿路街道办事处负责人，及海淀区部分居委会主任先后发言，畅谈了搞好社区建设的经验。

刘淇在讲话中指出，市委、市政府高度重视街道、社区建设，近年来，北京市以加强街道、社区建设重点，不断推进社区管理体制和运行机制的改革创新，已初步确立了适应现代化大都市发展需要的城市管理新格局，海淀区在社区建设上取得了喜人的成绩。

刘淇强调，要按照“三个代表”重要思想的要求，认真贯彻市第九次党代会精神，继续深化城市管理体制综合改革，把社区建设与转变政府职能紧密结合起来，切实为人民群众办实事，解决人民群众的热点、难点问题。要进一步推动管理重心下移，健全市、区、街（镇）相互衔接、合理分工和规范高效的城市管理框架。

刘淇强调，要进一步加强社区综合执法力度，建立社区长效管理机制。要加强社区物业管理水平，完善社区自治功能。要进一步加强城乡结合部社区以及一些老旧社区的建设，合理配置现代管理手段和设施建立先进的社会安全维护系统，全面提高社区管理的科技含量和公共服务水平。

刘淇最后强调，要加强社区党的建设和精神文明建设，大力发展社区的文化建设，开展丰富多彩的文化活动。要把连锁经营的小超市、便民店引入社区，在社区中形成安全食品、绿色食品配送通道，让广大居民吃上放心菜、安全肉，从整体上提高社区的综合服务水平。

刘淇9月25日在大兴区调研时强调搞好卫星城与小城镇建设　加快农村经济发展

9月25日，市长刘淇到大兴区调查研究，他强调，要加快郊区区域经济发展和卫星城建设，迅速增加郊区经济总量，进一步推动郊区城市化，大力发展二、三产业，加强高新技术产业和振兴现代制造业的发展，以优异的成绩迎接国庆节和党的十六大。

刘淇等仔细察看了科技部与中国预防医学科学院所属单位投资兴建的三元基因工程有限公司制药生产车间、研发基地。当得知这里研制的干扰素非常适合中国人的体质，而价格只有国外同类产品的1/3时，刘淇高兴地说，要扩大生产规模，提高产品质量，使更多的中国百姓受益。

兴华路南起林校北路，北至北环路，全长6公里，是南北贯穿大兴黄村卫星城的重要交通干道。刘淇对兴华绿色精品路的设计规划表示满意，他说，绿色精品路提升了卫星城的整体形象，美化和丰富了卫星城居民的生活，这种好的经验值得推广。

刘淇等参观了魏善庄精品梨园，详细了解了今年精品梨生长和销售的一些情况。刘淇称赞这里的特色农业搞得好，他说，要大力发展观光、精品等农业，切实使农民增加收入。

大兴区委、区政府汇报了今年1至8月份大兴区经济发展的情况。上半年，大兴区国内生产总值完成35.7亿元，工农业总产值实现52.3亿元，1至8月份全区财税收入实现12.2亿元。

刘淇在讲话中充分肯定了大兴区上半年经济发展取得的成绩。他说，近年来，大兴区各项事业发展很快，城乡面貌焕然一新。区委、区政府在发展经济和富裕农民方面，工作思路清晰，政策切合实际，取得了显著成效。特别是大兴区在解决发展资金问题上勇于探索，创造了一些有启发的经验，既遵循市场规律，又富有自身特色。

刘淇强调，要认真贯彻落实江总书记“5·31”重要讲话精神，按照市第九次党代会确定的目标和任务，加快农村经济的发展。要加快卫星城和小城镇建设，进一步推动郊区城市化，提高郊区农村的基础设施、生活设施的建设、管理和运行水平，提高农民的居住与生活条件，增加农民的直接消费，实现郊区农村生产方式和生活方式的转化，使大兴区的亦庄、黄村等卫星城在南城经济发展中起到示范带头作用。京郊要大力发展二、三产业。要把高新技术项目和现代制造业引入郊区，建设好项目，尽快实现产业化。大兴区在发展生物医药方面有很好的产业基础和空间，具备建设生物医药基地的科技优势，要尽快使生物医药等现代制造业发展形成产业化格局，带动农村经济发展的步伐。与此同时要发展农产品的深加工，深化第一产业；要重视消费对区域经济的拉动作用。

刘淇最后强调，国庆将至，全市人民正以昂扬的精神面貌迎接党的十六大的召开。要高度重视节日期间的安全工作，尤其是食品安全，保证市民吃上放心粮、放心菜、放心肉。要切实抓好安全生产，进一步搞好城市环境整治和市容市貌美化，努力营造欢乐的节日气氛，以一个干干净净、漂漂亮亮的城市面貌，让广大市民过一个喜庆祥和的国庆，迎接党的十六大的召开。

刘淇11月30日到通州区深入调研基层学习贯彻十六大精神情况时强调抓住战略机遇加快发展步伐推进郊区工业化城市化进程

11月30日，中共中央政治局委员、北京市委书记、市长刘淇到通州区调查研究时强调，广大郊区各级党员干部要把学习贯彻十六大精神作为当前和今后一个时期首要的政治任务和中心工作。要以十六大精神统一思想，坚持与时俱进，以十六大精神为动力，加快郊区工业化、城市化进程，促进区域经济发展。

刘淇、强卫和市委常委、秘书长孙政才，副市长刘志华等首先来到梨园镇曹园村，市领导仔细询问了这个村党员干部学习十六大精神和村务公开情况、党支部发挥战斗堡垒作用及党员发挥先锋模范作用情况。村支书回答，全村党员干部都认真学习讨论了十六大报告，并对村民进行了宣讲，我们要按照十六大要求，加快曹园村的发展。

市领导来到北京通美晶体技术公司，察看了解了这个公司主产品研发、生产、销售情况。这家公司是外商独资企业，年生产能力100万片单晶片，产品99%以上出口。刘淇对公司负责人说，希望你们抓住北京举办奥运会的机遇，加快企业的发展。在大运河农产品配送中心，市领导饶有兴趣地观看了这里分类包装、成箱成袋、琳琅满目的农副产品，还察看了净菜加工、食品消毒、配送包装等工艺流程。

市领导听取了通州区委、区政府学习贯彻十六大精神和工作情况的汇报。十六大闭幕后，通州区迅速掀起了学习贯彻落实十六大精神的热潮，各级党政领导以十六大精神统一思想，联系实际，理清发展思路，加快发展步伐。

刘淇在讲话中肯定通州区近年来经济社会发展取得很大成绩。他说，当前，全市上下正在掀起学习贯彻十六大精神的高潮，学习贯彻十六大精神是当前和今后一个时期全市首要的政治任务。郊区各级党员干部要静下心来，认真研读原文，把思想统一到十六大精神上来，真正领会十六大报告的精神实质。要按照十六大报告的要求，解放思想、实事求是、与时俱进，联系自身的思想实际，解决思想观念中存在的问题。要密切联系京郊发展的实际，研究规划，加快发展步伐。

刘淇强调，全市上下要有抓住战略机遇期，增强加快发展的紧迫感，紧密结合发展中的热点、难点和战略性问题，按照十六大精神的要求，进行深入思考，形成解决问题、加快发展的思路和方案。

刘淇指出，贯彻党的十六大精神，全面繁荣农村经济，要统筹城乡经济社会发展，建设现代农业，发展农村经济，增加农民收入。要按照城乡一体协调发展的方向，加快京郊工业化、城市化进程。首先要充分认识挖掘自身优势，对区域经济进行准确定位。通州区距城市中心区近，地处CBD东端，要从全市发展的布局上考虑自身的发展定位和优势。通州要发挥区位优势，卫星城建设要坚持高标准，工业化要坚持高速度，注重引入高新技术和现代制造业等重大项目。按照郊区工业化、城市化的各项指标发展自己。在首都率先基本实现现代化的过程中，通州要在工业化、城市化的进程中率先发展。刘淇特别强调，城市和郊区的规划要适应首都率先基本实现现代化的要求，适应加快发展的要求，适应农村工业化、城市化的要求，促进城乡一体协调发展。

刘淇强调，郊区发展要广泛吸引人才，要引导大学毕业生到京郊创业，发展自己；要引导青年干部到农村基层锻炼，建功立业，从而使郊区形成支撑加快郊区工业化、城市化进程的人才群。

刘淇12月7日到海淀区调查了解学习贯彻十六大精神情况时强调牢牢树立机遇意识 用好用足发展机遇 发展首都经济要发挥首都资源的作用

12月7日，市委书记、市长刘淇到海淀区调研时强调，要认真学习贯彻落实十六大精神，切实把思想和行动统一到十六大精神上来，把力量凝聚到实现十六大确定的各项任务上来。处在战略机遇期，要牢牢树立抓机遇的意识，把机遇用好用足。要建立与首都经济相一致的首都经济发展的资源观念，大力支持在京的国家和各类企业、高校和科研院所的发展，迅速发展区域经济，全面推进首都现代化建设。

刘淇、孟学农和市委常委、教育工委书记、海淀区委书记朱善璐，市委常委、秘书长孙政才，副市长刘志华等首先来到中关村园区服务中心，察看了海淀区外商投资服务绿色通道规划建设情况。这一绿色通道为外商和外商投资企业提供高效投资服务，是一个一站式综合服务体系。在这里，政府各相关审批部门实行“一站受理、联动审批、时限控制、责任追究”的新型审批方式。今年9月绿色通道正式开通以来，受到外商的好评。

在西北旺新村，刘淇等市领导听取了西北旺镇的小城镇规划情况汇报，察看小城镇建设情况。刘淇指出，十六大提出，要加快农村城镇化进程，推进农村经济结构调整。海淀区要认真贯彻这一要求，加快农村新村建设，把实现城市化和工业化的目标有机结合起来。

在联想集团神州数码控股有限公司，刘淇、孟学农等市领导与中科院副院长杨伯龄一起听取了公司学习贯彻十六大精神和研发情况及战略发展规划的汇报，并饶有兴致地参观了开放实验室和网络计算机展示大厅。刘淇说，神州数码公司在电子商务基础建设、产品开发、销售等方面，在国内市场占有重要地位，为首都的经济发展做出了贡献。市委、市政府将继续全力支持企业的发展。希望神州数码公司紧抓机遇，按照十六大报告的要求，加快知识创新的步伐，在网络计算机建设等方面提供一流的产品和服务。

市领导还察看了万泉河路、圆明园东路改造通车情况。

刘淇等市领导听取了海淀区负责人的工作汇报。海淀区认真学习贯彻十六大精神，在组织广大党员干部通读十六大报告、听取宣讲团讲课、组织学习讨论的基础上，以十六大精神为指导，研究规划海淀区的发展。今年以来，海淀区广大干部群众在区委、区政府的领导下，始终保持高昂的工作热情，同心同德、开拓进取，积极投身中关村科技园区建设和全区各项事业的发展，全面完成了全年各项工作任务。全区经济持续快速发展，预计今年全区国内生产总值将首次突破700亿元，同比增长17.1%，人均国内生产总值达到5 000美元，财政收入41.43亿元，同比增长18%。

孟学农在讲话中说，海淀区委区政府带领全区人民真抓实干，工作扎实，取得了很大发展。发展是我们党执政兴国的第一要务，发展经济始终是我们的中心工作。要以学习贯彻落实十六大精神为动力，紧密结合海淀区实际，振奋精神，突出重点，加速发展，扩充经济总量，形成区域经济优势。要加快环境建设，树立精品意识，创造优美环境，为区域经济发展创造条件。要大力发展服务业，扩大就业。要重视发挥海淀区的人才优势，调动科研院所、高校和各类专业人才的积极性，促进海淀区发展。

刘淇在讲话中指出，在区委区政府的正确领导下，海淀区面貌发生了巨大变化，道路、环境及软环境建设取得了很大进展，经济持续、快速发展。海淀区认真学习贯彻党的十六大精神，对明年的规划抓得早，有前瞻性，相信海淀区今后的发展会更快。

刘淇指出，当前，全市要深入学习贯彻十六大精神，认真领会十六大精神实质，切实把全体党员干部的思想和行动统一到十六大精神上来，把力量凝聚到实现十六大确定的各项任务上来，凝聚到首都率先基本实现现代化目标上来，发挥大家的积极性、创造性，加速发展。

刘淇强调，全市上下要树立抓机遇的意识。十六大报告明确指出，综观全局，21世纪头20年，我国面临着必须紧紧抓住，并且可以大有作为的重要战略机遇期。海淀区要紧紧抓住这个重要战略机遇期，紧紧抓住首都率先基本实现现代化、办一届最出色奥运会的机遇，紧紧抓住把中关村建设成为世界一流的科技园区的机遇，毫不松懈地抓发展，用好机遇，用足机遇，以中关村建设发展为龙头，高标准建设科技园区和海淀区，把海淀区建设成为全国知识创新基地。中关村园区的发展要立足于把高科技企业、现代制造业的优势企业做大做强，推动以神州数码等为代表的产业链的发展。

刘淇指出，要进一步深化改革，开拓创新。要勇于突破，靠机制创新为知识创新服务。要深化中关村的管理体制改革，吸引高新技术企业的企业家们参与园区管理。要进一步解放思想，大胆进行体制创新，改进管理方式，提高行政效率，建立服务型政府，使管理体制符合高科技企业的发展要求。

刘淇强调，要在首都资源的运用上不断创新，建立适应首都经济发展的首都经济资源观念，要调动区域内一切有利于发展的要素。支持在区的国家和各类企业的发展，支持在区的高校及其产业的发展。要把各类发展的资源整合起来，为一切可以促进生产力发展的资源发挥作用创造条件。

刘淇强调，要加快海淀区城市化、工业化进程，加快广大农村地区的小城镇建设。要扩大固定资产的投入，扩大建设规模，把村镇集中起来发展。同时要按照高新技术产业链发展的要求，推动农村企业发展，推进工业化。要抓紧人才建设，在基层乡镇要加大人才使用力度，在园区管理、小城镇建设上提高人才水平。

市委副书记、市人大主任于均波陪同全国人大代表北京团到郊区视察

10月21日至22日，20余位全国人大北京团代表视察本市农业工作。全国人大常委会副委员长何鲁丽，全国人大教科文卫委副主任委员汪家镠，市委副书记、市人大常委会主任于均波等参加视察。在视察中，代表们听取了市政府和大兴区政府关于本市及大兴区农业发展情况的汇报。据了解，本市今年郊区经济发展势头强劲，1至9月份，郊区增加值完成513.2亿元，同比增长12.2%；郊区农民人均实际现金收入4 956元，同比增长14.7%。今年以来，本市重点培养了一批规模大、科技含量高、辐射带动力强的农产品加工、贸易龙头企业，实施“155工程”：即抓好100个区县级农产品加工企业，扶持发展50个市级重点农产品加工企业，再推荐5个农产品加工企业进入国家级重点龙头企业行列，使本市重点龙头企业达到9个。目前，已经对现有企业进行了筛选，并列为市重点项目予以扶持。代表们对本市农业工作所取得的成绩给予了充分肯定，他们提出，要加快农业结构调整的步伐，大力推进农业产业化，构筑现代

农业经营方式，使广大农民走上富裕之路。冒着飒飒秋风，代表们深入京郊农村，走村串户访问村民，实地考察了京郊农业发展和农民生活情况。代表们察看了大兴区康达集团种羊繁殖基地、人地科技发展有限公司、留民营村的生态农场、农业观光公园等，所到之处，代表们一一详细询问发展概况、未来规划，并认真了解发展中有无需要解决的困难等等。代表们建议，要进一步推动农村生态农业的发展，走可持续发展之路。在农户郭俊清家，何鲁丽与农户亲切交谈，关切地询问他们家的生产和生活情况，她鼓励郭俊清一家，要因地制宜，发展特色经济。在昨天的视察中，代表们还来到大兴区野生动物园参观。市人大常委会副主任段柄仁、王维城等参加视察，副市长刘志华、市人大常委会秘书长刘正民陪同视察。

（以上摘自《北京日报》）

专　文

关于北京市农业结构调整与农业产业化经营情况的调研报告

市委农工委书记、市农委主任　李进山

一、北京市农业结构调整的历程及其效果

上世纪 90 年代中后期，我国农产品市场实现了从供不应求到供大于求的历史性转变，特别是在新世纪我国加入了世贸组织。应对这些变化，北京市从 1997 年开始，围绕农民增收、农业增效和率先实现现代化，提出以发展“六种农业”为起点，展开了对农业结构的新一轮战略性大调整。目前，以无害化与绿色农产品为主，以养殖业为主、种养协调、粮经饲全面发展，具有一定区域化规模和专业化程度，具备一定加工、出口和带动能力的首都郊区特色农业格局正在形成。

（一）经过调整，农业的产业结构和产品结构发生了全局性的变化，原来的“保供型”农业已经逐步转变为市场型、效益型、生态型农业　在农业总产出中，从 1997—2001 年，种植业所占份额从 52.4%下降到 45.0%，养殖业从 45.6%上升到 50.9%。种植业大幅度调减了粮食作物生产，粮食生产占耕地面积的比重从 80.5%调整到 58.5%；蔬菜、瓜果等重点产业迅速发展，饲料、中草药等新兴产业初具规模。蔬菜生产占耕地面积的比重从 13.4%增加到 23.1%，其中特菜产量最近 3 年增加 1.7 倍，目前占蔬菜总产量的比重达到 6.7%；蔬菜出口生产基地面积由 666 公顷扩大到目前的 1 万公顷，出口量从 3.7 万吨增加到 39 万吨，列直辖市之首。饲料作物生产从小到大，饲草面积已经超过 3.8 万公顷，进入了平稳发展阶段。中草药种植自 1999 年起步，由 846 公顷急剧扩大到目前的近 1 266 公顷，已经成为全国第 10 大中药生产省（市）。

养殖业改革了以国有和集体畜禽场为主的所有制形式，调整了区域布局，改变了传统生产方式和生产格局，调动了农民和企业的积极性，增加了养殖效益，初步完成了养殖业向技术密集型、高附加值、高效益、低污染产业和产品的转型，逐步形成了一批有地区特色的区域性主导产业，出现了产品向多元化、高效型发展，生产向区域化、专业化、规模化发展的良好局面，特别是草食家畜和名优水产品取得了突破性进展。2001 年畜牧业产值首次突破了 100 亿元，成为支撑农民增收致富的重要产业。肉类总产以年递增 12.8%的速度继续增加，2001 年达到 65.2 万吨，同时，生猪比重明显下降，禽肉和牛羊肉迅速上升，养殖品种从传统大宗食用品种的肉蛋奶扩展到皮、毛、绒、羽、药、观赏等多功能，特种养殖达到 60 多个品种，年出栏特禽 1 146 万只，特种动物 342 万头（只）；牛奶生产快速增长，从 22.2 万吨增加到 42.9 万吨；水产品在缩减总产的同时大幅度增加了名优产品生产，名优产品达到 2.7 万吨，占水产品产量的比重从 14.1%提升到 36.5%。

农业在调整生产功能的同时，还向生态、生活等功能延伸，全面发挥都市型农业对城市现代化建设的多种作用。在为城市改善生态环境方面，近郊的绿色产业、远郊平原的农田和林网、山区的林业建设，成为构造首都三大生态圈的重要载体，全市林木覆盖率达到 41.9%，其中平原为 21.8%，山区为 57.2%，分别比 1994 年提高了 5.64、1.02 和 8.73 个百分点。在为城市人民生活服务方面，1997 年以来全市大力倡导观光休闲农业，促进一产向三产延伸，目前观光休闲农业项目达 2 246 个，接待人数 3 186 万人，直接收入 22.8 亿元。

（二）经过调整，农业的生产方式发生了显著的变化，现代农业产业体系正在形成　以家庭承包经营为基础、统分结合的双层经营制度进一步健全，农民成为农业生产领域的投资主体；集体土地流转机制的初步形成，促进了农地资源的集中和生产效率的提高；农产品加工企业初具规模，农业专业合作经济组织崛起，增强了农业的增值能力和市场进入能力；设

施化、工厂化农业和园区农业由点到面、由示范到推广，大大提高了农业运用现代科学技术、抵抗自然灾害的能力，提高农业的现代化水平和经济效益。从生产环节看，设施农业面积已经达到2.6万公顷，其中菜田面积中设施面积已经占到31.4%；设施农业的产值已经相当于农业总产值的26%和种植业产值的65%以上。从加工环节看，农产品加工产值1998—2002年以年均27%以上的速度增长，目前达到177.4亿元，占农业总产值的比重提高到68.1%，深加工率超过30%。农产品加工企业中固定资产100万元以上的畜产品加工企业达到130多家。特别是一些大型企业、名牌产品已经成为带动农业发展的“龙头”。三元奶业占有北京牛奶市场的70%，华邦饮料、鲲鹏肉食在市场上享有较高声誉，怀柔西洋参在国内市场占据了一定份额，国有、股份制、民营、外资等多种所有制农产品加工企业不断涌现，给农产品加工业带来了活力。通过农产品精深加工，大大提高了市场竞争能力，拉动了出口创汇农业的发展。目前全市有40余家农产品加工企业获得了ISO9000质量体系认证和ISO14000环保体系认证。农产品直接出口达到1.82亿美元，其中加工产品占70%以上。在农产品加工领域中，多元化投资、开放型经营的体系已具雏形。从产销服务看，以农产品销售、技术服务等为主要功能的农业专业合作经济组织迅速发展，2002年上半年各类专业合作经济组织达到2030个（已经登记备案的1595个），吸收农户34.2万户（占农户总数28%），带动了40多个专业乡镇、500多个专业村。据不完全统计，通过专业合作经济组织销售的农产品所占比重，鲜奶达到80%以上，蔬菜达到46%，果品达到40%，瓜类达到35%，水产品达到30%，出口蔬菜达到95%以上。以“龙头企业+合作组织+农户”的农业产业化经营体系正在形成。

（三）经过调整，政府对农业支持的调节方式正在发生重大的变化，在农业制度创新上进行了许多新的尝试　从资源配置的调节看，1998年下发了“关于建立北京市农村集体土地承包经营权流转机制的意见”，并相继制定了具体措施，对土地流转的范围、原则、形式、规模和程序等都作了明确的规定。各区县在农业结构调整的过程中创造出一些非常富有创造性的土地流转制度和办法，把土地流转机制与农业结构调整结合起来，既保证了农民的利益不受损害，又促进了土地流转，使土地流转形式多样化，运转机制市场化，流转过程平稳，从而奠定了农业结构调整的基础，成为京郊农业领域改革最重要的创新之一。从支持的内容看，1997年市政府提出以发展六种特色农业带动结构调整；1998年提出从种养比例、粮经比例两个层次上加大调整力度，发展养殖业、形成粮经饲三元结构，使结构调整进入了更深层次；1999年突破了粮食面积和总产“双稳定”的长期制约，实现了由市场配置农业生产资源的大转折；2000年开始，逐步由“撒芝麻盐”式的支持转向有重点地扶持主导产业，培育产业组织；2001年以来，通过鼓励实行产业化经营把农业结构调整引向深入；近年以来，进一步加强了对安全食品体系建设和农产品加工、流通企业、农民专业合作经济组织的支持。从支持的方式看，近年来除了在原有的政府投资渠道上实行政策倾斜支持农业发展以外，各级政府采取各种方式大力改善投资环境，采取各种政策手段和激励措施，鼓励农民和企业家进行农业投资，逐渐建立一套能够保障投资人利益的机制和政策制度。由于消除许多障碍和投资体制的创新，使得投资增加，实现经济的高速、高效的增长，促进了农业产业结构的调整。在投融资体制改革中，政府尽可能地退出直接投资领域，通过建立相应的基金，以担保的方式推动“银企合作”。这是北京郊区农业投资体制改革的一个创新。大兴区通过“存一贷十”的方式筹集贷款，解决了发展资金短缺的瓶颈问题，既规避了投资风险，又支持了企业，推动了农业产业结构调整。

（四）经过调整，北京农业走出了90年代中期的徘徊状态，农业经济效益提高，农民得到了实惠　1997—2001年，全市的农业总产值从170.9亿元增加到214.1亿元，按不变价格计算，平均每年增长7%以上；农业增加值从84.9亿元增加到93.1亿元，平均每年增长2.3%。农业总体上进入了一个新的稳步发展期。经过结构调整，农业经济效益明显提高。据典型调查分析，一亩地种两茬（小麦和玉米）的年利润是73.5元，种紫花苜蓿的年利润是306.4元，牧草生产比普通粮食作物生产的效益高出3倍以上。在农产品价格水平长期走低的情况下，农民人均纯收入从3 762元增加到5 274元，平均每年增加8%以上，其中从家庭经营一产得到的收入保持了增加的态势。

二、北京市农业结构调整的主要经验

在世纪之交的农业结构调整，是北京农业发展的一个转折时期，对于如何进行调整取得了一些经验。

（一）实现农业结构调整必须勇于创新　北京农业是地处我国较发达大城市地区的都市型农业。在率先实现现代化的进程中，需要以与时俱进的精神，解放思想，大胆探索，勇于创新，有所突破。“九五”期间，市委市政府出台了“关于推进农业现代化加快农民致富步伐的若干建议”的九项政策，突破了长期以来农业生产“以粮为纲”的约束。因此，在“九五”的后期，北京郊区种植业、养殖业、林果业、渔业才有一个全面的、较为协调的、超越式的发展，农民收入也有了较大幅度的增长。没有这样一个创新作为基础，北京郊区的农业是很难取得像今天这样大发展的。

（二）实现农业结构调整必须抓住机遇，发挥比较优势　上个世纪末期，我国城市人民生活基本达到小康，粮食供需基本平衡，丰年有余，而高端农产品以及水果、肉、蛋、奶、休闲服务业等仍处于相对短缺状态。以市场为导向，及时地抓住机遇，提出了发展六种农业的战略措施，充分发挥了北京科技力量雄厚、资金相对充裕、贴近市场以及各区县的比较优势，以具有很强的竞争力的农产品，打通了农业结构调整后农业的发展通道，确立了农业健康、快速的发展道路。

（三）实现农业结构调整必须依靠科技创新 “九五”以来，通过科技创新，奶牛、肉羊的胚胎产业化生产、冷水鱼受精卵生产等高科技项目进入实用阶段；果树和优质蔬菜的标准化栽培技术、名优水产品养殖技术、优质牧草标准化栽培技术等科技含量高的使用技术的大面积推广，有力地促进了农业结构的调整，增加了农民的收入，调动了农民的生产积极性。例如，科技含量高的果品的价格提高大约2～60倍；特种养殖产品的价格比普通的大约提高3～20倍；优质种羊、种猪也大约是一般良种的10倍以上，特菜、瓜等的价格也远远高于一般品种。科技进步在农业结构调整中发挥了巨大的作用，成为发展农业必不可少的手段。

（四）实现农业结构调整必须多层次、全方位地进行配套调整 在调整之初，北京农业所追求的目标、市场、产品、产业、投入主体、调节方式等多层次上实现大的转变。随着结构调整的不断深化，在调整农业产出结构的同时，进一步配套调整了农业资源配置结构，积极探索农业资金的多渠道筹措方式，探索农村劳动力的多样化转移和就业方式，探索农村集体土地的多种流转方式。实践证明，在调整农业结构中，必须大力发展郊区二、三产业，实现农村劳动力大量向非农产业就业的转移，这是增强农业竞争力的根本途径。

（五）实现农业结构调整必须培育龙头企业 龙头企业具有开拓市场、技术创新、引导和组织基地生产与农户经营的能力，在一定程度上有利于稳定农业生产、减少农民经营者的风险和费用，是推进农业和农村经济结构战略性调整的重要力量。因此，通过扶持龙头企业就可以扶持农业、扶持农民。通过几年大力培育，龙头企业有了较大的发展。各区县以龙头企业为中心，逐渐形成一些主导产业。龙头企业的带动作用也大见成效，有力地促进农业结构调整和农业专业化、社会化、商品化的发展，提高了农产品的附加值，促进了农民向二、三产业转移，提高农业的整体效益，增加了农民的收入。

（六）农民专业合作经济组织是农业产业化经营的基础 根据世界农业发展的经验，农民专业合作经济组织最终将成为按计划生产，以规避经营风险的主体组织。因此，在农业产业化过程中，农民专业合作经济组织是农业产业化获得成功的必要条件。经过大力的培育，北京现有农民专业合作经济组织2 000多个，而且由以前的单纯数量增加型转变为规模与数量逐渐增大型，在推进农业发展方面起的作用越来越大。这一现代农产品生产经营体系的形成，使农民逐步由原料供应者转变为最终产品供应者，有效地降低了生产成本，增加了产品销售收入，经营利润增加，农户的经济活力与可持续发展能力增强。

（七）在政府的引导下，通过市场力量优化资源配置，调动农民和企业的积极性，是实现农业结构调整的关键 这首先表现在农业经济制度方面。从计划经济体制向市场经济的转化过程中，市委、市政府及时改革一些阻碍农业发展的旧规章制度，制定一些促进生产力发展的新制度，通过重新配置行政资源，奠定农业的发展基础；其次，通过几年来不断对龙头企业和农户的资金、技术扶持和政策倾斜，壮大了市场力量，企业逐渐有能力按照市场经济的要求优化资源配置，农户也逐渐成为专业生产大户，逐渐成为农业产业化经营中的主导力量；第三，农业作为一个较为特殊的生产领域，政府掌握着一定的资金、自然资源配置权和一些行政审批制度，作为全社会的稳定、健康、快速的发展的基本保证。几年来，通过各种方式和渠道，在基础建设、公共设施和推动企业发展等方面投入了大量的支农资金和贷款，有力地促进了农业的发展。随着社会主义市场经济的确立和我国入世承诺的履行，政府调节农业的方式将会发生进一步的深刻变化。

三、推进北京农业结构调整的思路和措施

经过几年来的探索，北京农业结构调整的走向已经逐步清晰。这就是：①按照我国农业发展区域布局对东部沿海地区的要求和北京农业的各种有利条件，应当大力发展开放型的、出口创汇型的农业，积极实施“走出去”发展战略。②为了适应人民生活质量不断提高和开拓国际市场的要求，应当大力发展安全农产品和绿色食品生产，发展农业标准化生产，发展农产品加工制造业，提高农业的科技含量。③为了提高农产品的安全质量，应当大力改善郊区农业的生态环境和生产条件，抓好农业生产全过程的质量控制。④为了进入国内外市场，除了要做好生产领域的工作以外，还应当加强流通领域的工作，疏通贸易渠道，建立贸易网络，加强产后设施建设，形成产销一体管理。⑤为了增强北京农业在国内外市场的竞争力，应当逐步减少农民的数量，扩大经营规模，提高农业劳动生产率，这就必须把农业结构调整与整个农村经济结构调整、乃至全市经济结构调整紧密结合起来，推进郊区的工业化和城市化进程，为农民进入非农产业就业和进入城镇生活创造更多机会。⑥为了增强北京农业在国内外市场的竞争力，应当把留在农业的劳动者组织起来，提高农业的专业化和组织化程度。⑦为了增强北京农业在国内外市场的竞争力，应当进一步调整对农业的支持和保护政策，按照世贸组织的规则，构造适应新时期发达地区都市型农业发展的配套政策。⑧在结构调整中必须考虑北京郊区各种资源和环境的约束，特别是水资源严重匮乏，耕地资源稀缺，而人口大量增加，劳动力大量过剩，又承担着维

持农村稳定、生态安全的重要任务，政策导向要有利于低耗、高效、安全、优质生产的发展。

推进农业结构调整，需要抓好以下工作：

（一）优化农业区域布局，培育区域主导产业　郊区的农业结构调整要在搞好农业资源调查，分析气候、土壤等资源条件的基础上，尊重自然规律和市场规律，面向国内外市场，认真研究首都大市场，进行定位、定量分析，按照市场细分有所侧重，加强对农业区域化布局的研究。重点围绕已经初具规模的大桃、板栗、苹果、西瓜、种猪、牛奶等特色优势农产品，按照优质、高效、高产、生态、安全的要求，在保证首都绿色生态屏障的前提下，稳定郊区的农业生产布局，同时调整支农资金使用方向，推动优势农产品和特色农产品向优势产区集中，发展出口创汇农业，形成一批优势产业带。

（二）大力扶持发展龙头企业，推进农业产业化经营　通过产业化经营把农业结构调整引向深入。在农业产业化经营中，重点培育一批带动能力强、具有竞争优势的大型龙头企业，积极培育和扶持农民专业合作经济组织，注意调整产业化经营各当事人之间的利益关系。依托优势产业和优势产品，组建跨地区的专业协会或行业协会，行业协会实行社团法人、行业自律、自主决策、民主管理。加大对农民专业合作经济组织的规范化管理工作，实现分散的农户与市场的有机对接。

（三）加强农产品安全生产体系建设，大力发展绿色安全食品和名特优新产品　在全面做好土壤检测的基础上，进一步加强农业标准化工作，通过对农业产前、产中、产后全过程标准化管理，迅速推广先进农业科技成果，确保农产品的质量和安全，带动农产品品种、质量结构的改善。加强绿色安全农产品标准化基地建设，扩大绿色食品生产，增加品种的数量，壮大绿色食品龙头企业。加快发展绿色养殖业，推广生物农药、生物肥料，改善农业生产环境，加强农业生产全过程的质量控制。建立包括检验、认证、执法、仲裁、宣传培训等职能组成的支撑体系。在流通领域全面实施绿色壁垒政策，建立高标准的农产品检测检疫制度，改善农产品检测手段，加强对超标污染产品的监督。加大对安全农产品和绿色食品的管理、保护和宣传，保持质量的稳定性和品牌的影响力，使消费者认识安全农产品和绿色产品的价值、特征和标志。

（四）继续推进养殖业向技术密集型、高附加值、高效益、低污染产业和产品转型　重点发展良种产业和草食家畜，加强种畜禽管理。大力发展名优品种和深加工产品，加强标准化养殖小区建设，加强标准化生产体系和动物及动物产品安全保障体系建设，加强畜禽粪便综合治理，加强龙头企业和生产基地建设，积极拓展国际市场。

（五）加快发展农业高新技术产业，大力推进农业科技成果的产业化　充分发挥首都科技优势，实行农科教相结合，组织农业科研力量联合攻关。围绕主导产业的产业化发展设立科研项目，鼓励科研院所直接参与产业化建设，鼓励企业建立研发机构，组织好科技储备。加强良种繁育体系建设，加快培育籽种产业，重点发展蔬菜种子种苗、果树苗木、种畜种禽等商品种业。依托农业科技创新工程，着力培育以家畜胚胎、新型肥料、生物农药、畜禽疫苗、生物制剂、农业设施装备等为重点的农业高新技术产业。以农业高新技术示范园区为基地，加快引进和培育农业高新技术企业。农业园区是都市型农业的重要载体，也是城市社会反哺农业的重要途径。高效农业园区在实现技术创新的同时，应当实现功能、机制、规划等方面的创新。就功能创新看，在农业的生产功能和园区建设初期的示范功能的基础上，应逐步向二、三产业延伸，向种植、养殖、加工、营销、科研、推广、旅游、教育等多链条结合发展，使园区逐步发展成为贸易、信息、科研、示范、推广中心。着重完善向农业生产单位特别是农户推广高新技术和名特优新品种的功能，向市民提供了解和体验农业的功能，开发旅游休闲、构造农业景观、实现农游合一的功能，带动农产品加工、销售、创汇和提高经济效益的功能。

（六）加强农产品市场体系建设　农产品市场体系是农业产业化经营的重要龙头，是发挥北京农业市场优势的主要载体。北京农产品市场发育大体处于从传统市场的初级阶段向高级阶段发育的时期。要按照开放、统一、竞争、有序的目标，以完善批发市场功能为重点，加强农产品市场体系建设，形成符合首都特点、功能健全、机制有效、布局合理、交易有序的体系。对不同农产品市场分类指导，使产地集散、近郊批发、城镇零售各环节协调发展。重点抓好蔬菜和肉类等鲜活产品市场体系建设。要全面规划建设近郊大型批发市场、远郊集散市场和乡村集贸场三层交易市场体系。加强设施建设、组织管理和功能扩展，引进新的交易方式和管理方式，逐步规范农产品等级标准，制定农产品交易和市场法规。加强批发市场的物流集散、信息发布、质量监测等功能。

（七）完善郊区农业功能，推进一产向二、三产业延伸，鼓励农业劳动力向非农产业就业转移　在加强农业生产功能的同时，要进一步强化农业的生态和生活功能。要进一步延长、完善产业链，大力发展农产品深加工和休闲观光农业，提升农业整体价值。要积极创造农民进入非农产业的就业机会，积极探索建立适合农民的社会保障制度，在农民有了比较稳定的非农就业及社会保障以后，鼓励他们通过有偿转让的方式放弃土地，脱离农业经营。

（八）积极构筑新的农业政策体系　我国进入新的发展时期以来，农业政策从主要是稳定、完善和落实，转向了制定一些新的政策措施。在农业生产与经营体制、农产品流通与贸易、农业投入与基础设施建设、农村小城镇建设、区域开发与可持续发展等方面都出台了一些新的政策措施。北京农业作为我国较发达地区的都市型农业，既面临着我国农业的一般问题，也面临着许多特殊的问题，需要进行一些超前性的系统探索。特别是加入世贸组织以后，需要考虑国际规则，对原有政策加以清理和调整。政策制定方式上，应当逐步改变一年一订、缺乏稳定性、延续性的做法。为此，建议组织专人对美国、日本、欧盟等国家和地区的农业政策体系做系统、深入的研究，认真吸收发达国家在相当于北京郊区目前发展阶段时，农业政策的经验与教训，提出农业政策调整的方案性建议。

抓住中心　改革创新
努力把农村“三级联创”活动提高到新水平

市委农工委副书记　白仙畔

2002年是郊区开展创建活动的第四年，也是创建活动全面推进、深化提高的一年。一年来，郊区各级党组织以“三个代表”重要思想为指导，紧紧围绕改革发展稳定的大局和农民增收的中心任务，继续加大工作力度，积极开拓创新，使创建活动进一步深化，农村基层组织建设的整体水平有了新的提高，有力地推动了农村三个文明建设协调发展。

一、2002年度农村“三级联创”活动不断深入推进，取得了新的明显进展

2002年度创建活动所取得的成效，主要体现在六个方面：

第一，落实“三个代表”学教活动的整改措施取得新进展。2002年我们提出，要把完善、落实农村“三个代表”学教活动的整改措施，作为开展创建活动的重要内容和举措，以此来巩固和发展学教活动的成果。各区县按照这一要求，结合实际做了大量工作，进一步解决了班子和干部队伍中存在的突出问题，并把“三个代表”学教活动的一些成功做法制度化，初步建立起了“干部经常受教育、农民长期得实惠”的长效机制。

第二，以村党支部书记为重点的基层干部队伍建设取得新进展。各区县普遍把基层干部队伍建设作为农村基层组织建设的重中之重，采取了一系列新措施，尤其在拓宽选人渠道、创新选拔方式、建立激励机制以及加强培训教育等方面，取得了许多新的进展。2002年，各区县还通过乡镇换届选举，进一步改善了乡镇班子的结构，提高了整体素质。

第三，后进乡镇党委及后进村党支部的整顿转化工作取得新进展。各区县继续把解决班子软弱、经济薄弱、不稳定的问题作为整顿转化的重点，采取了多种行之有效的措施，使这项工作取得了新的突破。2002年全市确定的18个后进乡镇党委有13个实现了转化，212个后进村党支部有119个实现了转化，转化率分别达到72%和56%。

第四，农村党员队伍的教育管理工作取得新进展。各级党组织普遍加强了对党员的理论、政策和党性党风教育，进一步增强了广大党员的党性观念和组织意识；积极探索新形势下农村党员发挥先锋模范作用的有效载体和途径，创造了不少新做法、新经验；注意做好发展党员的工作，全市共发展农村党员2 838名，其中35岁以下的占50%，高中、中专以上文化的占53%，有效地改善了党员队伍结构，增强了党员队伍活力。

第五，探索基层党组织在创新农村经济组织和基本经济制度中发挥作用的途径、方式上取得新进展。郊区各级党组织适应农民专业合作经济组织发展和对传统社区集体经济产权制度进行改革的需要，积极探索基层党组织和党员发挥作用的途径与方式，通过宣传引导、服务扶持、组织协调、统筹规划等手段，把基层党组织的领导核心作用落实到了促进农村改革发展和农民增收致富的具体实践中，使党的政治优势、组织优势和密切联系群众优势在新的平台上有了新的发展和创新。

第六，农村基层民主政治建设取得新进展。一年来，各级党组织深入落实京办发〔2001〕26号文件，结合本地实际，认真制定和完善贯彻实施的具体办法，进一步推动了民主决策、民主管理和民主监督的落实，广大基层干部的民主意识明显增强，村务、乡镇政务公开继续深化，村“两委”关系进一步协调，党支部领导下的村民自治运行机制更加健全。

总之，通过各级组织和广大干部的辛勤工作，2002年全市的“三级联创”活动进一步深化，农村基层组织建设的整体水平有了新的提高，有力地促进了农村的改革、发展和稳定。到2002年底，全市共有96个乡镇党委进入“六好”行列，占总数的49.7%；1 797个村党支部进入“五好”行列，占总数的45.4%。

回顾一年来的创建工作，呈现出以下四个特点：一是机制更加健全，力度进一步加大。各区县委进一步完善组织领导机制、检查督促机制、考核评价机制和奖惩激励机制，有效落实了区县委的领导责任、各乡镇的直接责任和有关部门的配合责任，确保了创建活动的深入开展；二是与中心任务结合得更紧，实效进一步增强。各级党组织始终坚持把促进农村经济发展和农民增收致富作为开展创建活动的出发点和落脚

点，注意围绕本地区改革发展的中心任务，研究新情况，探索新路子，解决新问题，总结新经验，发挥新作用；三是坚持与时俱进，工作方式和活动载体不断创新。适应新的形势和任务给郊区党的建设带来的新情况、新问题，各级组织和广大干部不断解放思想，与时俱进，积极进行创建活动具体载体和方式、方法的创新，使创建活动增加了新的动力和活力，推动了各项工作的深入开展；四是重视调查研究，对创建活动的指导更加有力。各级领导干部、特别是区县委主要领导把调查研究作为创建活动的谋事之道、成事之基，深入基层、总结经验，发现问题、提出对策，有效地指导了创建活动的开展。

二、适应统筹城乡经济社会协调发展的新形势，明确新时期创建活动的思路和任务

“三级联创”活动作为加强和改进农村基层组织建设的有效载体，必须适应郊区农村改革发展稳定的新形势、新情况、新任务，在实践中不断创新和发展。当前，郊区已进入推进城乡一体化的新阶段，农业产业化、农民非农化和农村城市化的进程将进一步加快。因此，要努力适应郊区这一新的变化，大力创新，扎实工作，把“三级联创”活动进一步提高到新水平。因此，今后一段时期创建活动的总体思路是：以邓小平理论、“三个代表”重要思想和党的十六大精神为指导，以全面建设小康社会、加快郊区现代化为目标，以推进农村经济组织的创新和基层党建工作的创新为重点，解放思想、与时俱进，提高水平、增强实效，把基层党组织真正建设成为贯彻“三个代表”重要思想的组织者、推动者和实践者，切实为郊区改革、发展和稳定提供更加坚强的组织保证。

提出这样一个总体思路，特别是把推进农村经济组织的创新和基层党建工作的创新作为今年创建活动的重点，是由郊区党组织所面临的新形势、新情况、新任务所决定的。春节前，胡锦涛总书记视察北京工作时指出，希望北京市要“认清使命，加紧工作，在实现十六大提出的奋斗目标的伟大征程中努力走在全国的前列。”并特别强调，要统筹城乡经济社会协调发展，积极探索农业和农村经济发展的新思路、新办法和新途径，使郊区成为首都新的经济增长点和可持续发展的重要支撑点。市九次党代会、市人大会和郊区工作会议也都对统筹城乡经济社会发展、推进城乡一体化和郊区现代化，作出了部署，明确了要求。因此，加快郊区的发展，就成为当前和今后一个时期郊区基层组织的主要任务。而要真正实现郊区的快速发展，就必须冲破一切阻碍郊区经济社会发展的思想、体制、制度和机制上的束缚，大力进行各个方面的创新，切实激活郊区生产力发展的诸多要素。事实上，对农村经营体制、基本经济制度和生产组织形式的创新，已经在京郊大地上孕育发展并初见成效。进入20世纪90年代中后期，随着社会主义市场经济的逐步建立和完善，市场要素越来越活跃，由于一家一户的生产经营无法与大市场有效对接，“增产不增收”的问题越来越突出，农民逐步演化为社会弱势群体。与此同时，农村传统社区集体经济产权不清、所有者虚位等新矛盾越来越突出，影响了农民的积极性，直接制约着农村生产力的再发展，在初步完成城市化的局部地区，集体资产的处置已成为经济发展的瓶颈，且有从经济矛盾演化为社会矛盾的迹象，对农村稳定形成了潜在的威胁。适应这一新的情况，农民专业合作经济组织和对传统社区集体经济的股份合作制改造发端于农民、成长于基层，呈现了良好的发展态势，正在形成农村新一轮经济改革的大潮。基层的实践表明，农民专业合作经济组织、社区股份制经济组织是适应农村城市化、农业产业化和农民增收致富的现实需求，通过自下而上的制度变革和劳动智慧，激活农村生产力要素而进行的制度创新、机制创新和生产组织形式的创新，是农民在实践中的又一次伟大创造。因此，推进农村经济组织创新，提高农民的组织化程度，增强进入市场、抵御风险的能力，实现农民增收致富；推进传统社区集体经济产权制度改革，实行现代企业制度，明晰产权关系，整合生产要素，调动干部经营积极性，激发农民参与热情，促进农村经济发展，就成为新时期郊区农村基层党组织工作的重要内容。这就给农村基层党组织有效发挥领导核心作用提出了新的课题，基层党组织只有适应这一变化要求，勇敢地站在改革与发展的前列，领导改革、推进改革，加速发展、富裕农民，才能赢得民心，体现执政为民，巩固党在农村的执政地位；广大党员干部只有支持改革、投身发展，做改革的促进派，当发展的领头羊，才能发挥自身作用，赢得群众拥护，体现共产党员的先进性。

党的建设要紧紧围绕党的中心任务来开展，并在完成党的中心任务中得到加强和改进，二者之间是一种相互作用、相辅相成的辩证关系。以推进改革发展带动党建创新，以党建创新促进改革发展，党的中心任务才能顺利完成，党的建设才能充满活力。实践表明，基层党组织只有以改革创新为动力，通过改革创新经济组织、经济制度和经营方式推进经济发展，才能使党组织在改革发展中加强自己，促进自身建设的创新；只有通过创新党的领导方式、组织活动方式、工作方式和作用途径，介入并驾驭新型经济组织，才能促进农村各项改革，推动经济发展。可以说，推进农村经济组织的创新和基层党建工作的创新，是一个问题的两个方面，其出发点和落脚点都是为了促进农村改革发展和农民增收致富。因此，推进这“两个创新”，既是当前郊区农村基层组织建设的中心任务，也是“三级联创”活动的重点。

按照上述总体思路，今后一段时期创建活动的主要任务是：

（一）积极推进农村经济组织的创新　农村经济组织的创新，要紧紧围绕有利于农村经济发展和农民

增收致富的目标要求，坚持因地制宜、讲求实效的原则，按照农民的意愿和选择，着重从以下两个方面来进行：

一是大力培育发展农民专业合作经济组织。各级党组织要深入开展调查研究，总结农民创造的新鲜经验，通过典型引导和示范，大力培育发展农民专业合作经济组织。经过努力，要使全市农民专业合作经济组织达到“六个新”，即数量有新的增长、规模有新的突破、覆盖面有新的扩大、档次有新的提升、管理有新的规范、效益有新的提高。

二是加快对传统社区集体经济产权制度的改革。要适应社会主义市场经济发展的需要，大力创新农村基本经济制度，着力解决农村集体经济所有权虚位的问题，积极推进农村集体经济产权制度改革，大力发育社区股份合作经济组织，采用现代企业制度建立新的管理体制和运行机制。到今年年底，近郊区、远郊区县所在地、中心镇等城市化进程较快的地区，集体经济产权制度改革要努力走在全市的前列，其他乡镇也要取得明显进展。

（二）积极推进农村基层党建工作的创新　农村基层党建工作的创新，要紧紧围绕农村改革发展的中心工作和推进农村经济组织创新的具体任务，以引导农民、组织农民、服务农民、富裕农民为着力点，从以下四个方面来推进：

第一，大力进行基层领导班子建设的创新。要紧紧围绕增强班子凝聚力、战斗力的总目标，以学习贯彻“三个代表”重要思想为主要任务，创新领导班子思想政治建设的手段；以坚持民主集中制为重点，创新增强领导班子整体合力的措施；以增强带领群众致富的本领为着力点，创新领导班子执政能力建设的途径；以转变职能为突破口，创新领导班子的领导方式和工作方法。通过创新，使基层领导班子切实增强领导改革、组织改革、推动改革的意识，提高推进农村经济组织创新和带领农民增收致富的领导能力和水平。

第二，大力进行基层干部队伍建设的创新。要紧紧围绕提高素质的总目标，创新基层干部培养选拔的方式方法，进一步优化队伍结构；创新基层干部教育培训的方式方法，进一步提高干部的能力水平；创新对基层干部激励的方式方法，进一步调动干部的积极性；创新对基层干部监督约束的方式方法，进一步转变干部的作风。通过创新，使基层干部进一步增强群众观点和服务意识，提高发展经济、服务农民的能力，自觉地为农民加强专业合作、谋求增收致富提供支持和帮助。

第三，大力进行农村党员队伍建设的创新。要紧紧围绕保持先进性的总目标，创新党员教育管理的有效形式，增强党员的党性观念和宗旨意识；创新党员开展活动的有效载体，为党员发挥先锋模范作用搭建舞台；创新发展党员的有效办法，增强党员队伍的生机和活力。通过创新，使农村党员成为带领农民致富和创新农村经济组织的模范，在各类经济组织中切实发挥先锋模范作用。

第四，大力进行农村基层民主政治建设的创新。要紧紧围绕建设社会主义民主政治的总目标，创新基层民主选举、民主决策、民主管理和民主监督的各项制度，提高干部的民主意识和依法办事水平，增强村民代表会议的决策功能，深化以村级财务管理为重点的村务公开，积极推行“村账托管”、“村账双审”管理办法，健全完善村党支部领导下的村民自治机制。通过创新，使农村基层民主政治建设不断推进，干部、群众的民主法制意识不断增强，依法办事、按章理事的水平不断提高，为农村改革发展和经济组织的创新提供良好的民主法制环境。

总之，要通过“两个创新”，使农村基层党组织的创造力、凝聚力、战斗力不断增强，“三级联创”活动的整体水平进一步提高。到2003年底，全市达到“六个好”标准的乡镇党委和“五个好”标准的村党支部要分别达到50%以上。

三、以“三个代表”重要思想为指导，努力把“两个创新”抓出明显成效

按照上述思路和任务，推进“两个创新”要切实做好以下工作：

（一）提高认识，增强推进“两个创新”的紧迫感和责任感　提高郊区各级组织和广大干部的认识，是深入推进“两个创新”的前提。实践证明，农村新型经济组织是当前最能满足农民增收致富需要、最富有生机活力和发展潜力的生产组织形式。但一些基层干部在认识上仍存在偏差，有的对新型经济组织这一新生事物不敏感，没有认识到它对农村经济发展和农民增收致富的重要作用；有的认为新型经济组织是市场经济的产物，应该让市场这只看不见的手起作用，存在与己无关的思想；还有的觉得新型经济组织如果搞不好就会出现经济上的风险，存在怕担风险、怕负责任的心理。正是由于思想认识上的偏差，导致了行动上的迟缓，影响了农村经济组织创新的进程。因此，要切实加强教育引导，使基层党组织和广大干部不断提高认识，主动适应改革发展的需要，自觉地推进“两个创新”，在带领农民增收致富的过程中体现和发挥基层党组织的领导核心作用，实现党的建设和经济建设的有效结合。

（二）加强调研，制定推进“两个创新”的工作规划　推进“两个创新”，既是今年“三级联创”活动的重点，也是今后一段时期的重要任务。各区县要认真落实市委要求，对本地区新型经济组织和基层党建工作的现状进行普遍调查，总结经验，分析问题，挖掘优势，依据统筹城乡经济社会发展的总体规划、区域经济发展的总体布局、农业产业化的总体要求和基层党组织、基层干部队伍、基层党员队伍发挥作用的实际，系统思考，统筹安排，制定科学的工作规划，为深入推进“两个创新”奠定基础。

（三）明确责任，完善“上下联动、齐抓共管”

的工作格局　推进“两个创新”是一项系统工程，必须有效调动各方面的积极性。要把“两个创新”纳入“三级联创”的运行机制和考评体系中。各级党组织要充分发挥统揽全局、协调各方的作用，做好组织协调工作，明确各有关部门的职责，有效整合各方面的力量，共同推进“两个创新”。要建立一级抓一级、层层抓落实的工作责任制，制定具体工作措施，保证各项任务的有效落实。市和区县有关部门要研究制定有关政策措施，给予资金扶持、信贷支持，为创新农村经济组织提供保障；乡镇党委、政府要充分发挥在基层组织建设和本地区经济社会发展中的“龙头”和枢纽作用，在主导产业培育、技术培训、人才引进和组织管理等各方面加大工作力度，为创新农村经济组织创造条件；村级组织要积极做好基础设施建设、技术服务、组织协调、宣传引导等工作，为创新农村经济组织解决实际困难和问题。

（四）狠抓关键，增强干部、党员参与“两个创新”的能力　推进“两个创新”，关键在人。只有不断提高干部、党员的素质，增强他们的能力，“两个创新”才能深入推进、取得实效。要着眼于解决实际问题，深入学习贯彻“三个代表”重要思想，进一步加深对“三个代表”重要思想的时代背景、实践基础、科学内涵、精神实质和历史地位的认识，努力把“三个代表”的要求转化为全体干部、党员的自觉行动。要加强对干部、党员的培训，切实增强培训的针对性、系统性和实效性。要坚持分类指导、按需培训的原则，对基层干部，重点是进行领导科学知识、市场经济知识、新型经济组织知识和政策法律知识的培训，切实提高他们推进“两个创新”的领导水平和组织推动能力；对农村党员，重点是进行宗旨观念、新型经济组织知识和适用技术的培训，切实提高他们参与“两个创新”和带头致富、帮民致富的意识和能力；对新型经济组织的负责人，重点是进行经营管理、政策法律和适用技术的培训，切实提高他们的经营、管理能力和水平。要坚持分级负责、全面培训的原则，区县一级负责乡镇和村主要干部以及新型经济组织负责人的培训；乡镇一级负责乡镇和村一般干部的培训；村一级负责党员的培训，通过采取集中办班、派出去学习考察、举办技术“沙龙”、发放书面资料、现代远程教育等多种办法，确保培训工作落到实处、取得实效。要在干部、党员中大兴学习之风，帮助他们牢固树立“知识为本”、“能力为本”的观念，增强我要学习、我能学习、终身学习的意识，切实把让我学、不会学、间断学，变为自觉学、善于学、终生学，使他们努力成为学习型的人才，全面提高综合素质，自觉、积极地参与到“两个创新”中来。

（五）典型引路，推动“两个创新”的顺利进行　典型示范、整体推进，是我们一贯坚持的行之有效的工作方法。各区县都要注意培养总结、宣传推广典型经验，发挥典型的示范、辐射和带动作用，促进“两个创新”的顺利进行。在实施典型引路的工作中，要注意典型的广泛性，培养各方面的先进典型；要注意挖掘典型的内在特点和推广价值，发挥典型的普遍指导意义；要注意运用报刊、电视、网络、橱窗宣传，印发材料，编写书籍，开现场会等多种手段，加强典型的宣传推广，通过典型示范切实推进整体工作的开展。

因势利导　因地制宜
把北京农业结构调整推向新阶段

市委农工委副书记、市农委副主任　聂玉藻

世纪之交，我国的改革开放和各项建设事业都取得了巨大成就，各方面都发生了重大变化，农业和农村经济发展进入了一个新阶段。2001年，作为“十五”计划实施的头一年，北京农业和农村经济发展态势良好，为“十五”计划的顺利实施开了一个好头。中国加入WTO和北京申奥成功两件大事，在经济全球化进程加快的大背景下，使得国内外经济环境发生了重大变化，产业结构变动加剧，对北京农业结构调整和农业区域经济发展产生了重要影响。这些变化迫使北京农业面临日益迫切的结构调整压力，也为其加快结构调整步伐注入新的动力。北京农业和农村经济发展在扩大开放条件下形成的新型产业结构，必须是能够适应国内外市场变化的产业结构。可以说，北京农业和农村经济的发展在取得突破性进展的同时也出现了许多新情况、新问题，面临许多新挑战，北京农业结构战略性调整在取得阶段性成果的基础上，又到了一个关键时刻。要解决农村经济发展中出现的一些重大问题，加快农业产业结构调整不断横向拓展和纵深推进步伐，深化农村改革，仅仅依靠过去的经验显然是不够的，这就需要我们不断总结过去，开拓未来，在工作中深刻领会、贯彻江总书记“七一”讲话精神，按照“三个代表”思想的要求，实事求是，解放思想，与时俱进，锐意创新，不断推动农村经济的新发展。

一、北京农业面临全国乃至全球农业产业结构不断革新的大环境

世纪之交的中国农业正处在重要的转折时期，进

入了一个新的历史阶段。正确把握当前形势，全面分析发展趋势，抓住机遇，迎接挑战，对实现北京农业和农村经济新世纪跳跃式大发展任务具有十分重要的意义。

经过20年的改革与发展，目前我国农业已经进入了一个新的发展阶段，出现了一些重要的变化特征，这些变化特征在北京农业的发展过程中体现得尤为突出：农产品产量大幅度增长，实现了总量基本平衡、丰年有余，大多数农产品供求关系已由卖方市场向买方市场转变；农产品市场需求日益多样化和优质化，农业发展正在由受资源约束向受资源和市场的双重约束转变；科学技术加速发展，农业正在由传统农业向现代农业转变；农民生活水平明显改善，正在由温饱型向小康型转变；国民经济持续增长，国家工业化进程明显加快，正在从农业支持工业的阶段向工农业平等发展的阶段转变。21世纪的中国农业，面对科学技术加快发展，国民经济结构加速调整和经济全球化的挑战，世纪之交的中国农业日益呈现出新的发展趋势，其主要表现是：市场化程度进一步提高；国际化趋势日益增强；农业工厂化、农业产业化、农业标准化进展加快；农村工业化和城乡一体化进程不可逆转；人口增长与资源衰减的矛盾日趋突出。展望新世纪，我国农业发展继续肩负着支撑国民经济持续增长，满足人民生活基本需要的重任。必须从我国社会主义初级阶段农村尤其是不发达的实际出发，继续稳定和完善党在农村的各项基本政策，深化农村经济体制改革，坚持农村改革和农业结构调整的市场取向，始终把发展生产力作为农村工作的中心，把促使农民增收致富作为工作的目标，发挥首都资源优势，确保北京农业有新的发展、大的跨越。

2001年，中国入世和北京申奥成功，给中国经济发展带来了新的亮点，中国经济发展与国际经济发展距离一下子拉近，中国经济日趋与世界经济接轨，北京农业经济发展面临前所未有的机遇和挑战，这一经济发展大环境要求北京农业加快传统农业产业结构调整、优化步伐。面对全球经济一体化的浪潮，在全国大流通的经济格局形成以后，北京的农产品在激烈的市场竞争中受到了严重的冲击，尤其是中国加入世界贸易组织后，京郊农业面临新的严峻挑战，这种挑战源于贸易壁垒打破后新树起的技术壁垒，让农业标准化落后于现代农业发展的北京农业面临大规模进军国际市场的阻力。一方面是来自国际市场标准的提高，另一方面是周边省市农产品的大量涌入，现实的情况要求北京农业经济结构调整和优化迫在眉睫。

二、前一阶段北京农业结构调整的特征

北京农业经济结构调整是以提高农业经济整体素质为目的，涉及农业经济格局中的产业结构调整、农业内部结构调整、品种和品质结构调整、农业区域结构调整、农业科技体系结构的调整等，是一项复杂的系统工程。几年来的实践，北京农业经济结构调整并没有拘泥于农业的范畴来开展，而是坚持以农民为主体，广泛谋求与农业关联密切的亲缘行业的支持与参与，充分汇集社会各业资源优势，形成了投资结构的多元性。并协调、兼顾了产业结构调整过程中的短期利益与中长期利益，以中长期目标为主，科学、理性地确立了农业经济结构调整的中长期目标，通过强调面向市场、突出特色、优质高效、龙头带动、加工增值、抓基地建设、科技支持等，着力推进农业向产前、产后延伸，以支持主导产业发展来配置资源，经过主导产业扩张——带动相关产业发展——再扩张——再发展，形成生产、加工、销售纵向一体、有机结合、相互促进及利益关联的体制，推动农村经济向区域化、专业化、商品化、一体化、有序化发展转变，着力解决农业经济发展中的瓶颈问题，实现系统资源的最优耦合，提高了农业经济整体素质。

1. *农业经济总量的增长较快，实现了数量型农业向效益型农业的转变。*自1997年以来，北京把农业经济结构战略性调整作为优化农业资源配置，增加经济总量，实现产业升级，提高经济效益，加快农民致富的战略举措，全力推进，取得了明显的成绩。几年来，通过实施以市场为导向、以效益为中心、以科技为依托、以农民为主体的农业经济结构战略性调整，郊区经济发展速度明显加快，达到了“九五”期间的最高增速。据统计，作为“十五”计划头一年的2001年，郊区经济发展赢得了“开门红”。2001年郊区国内生产总值达到615亿元，增长12.3%，其中一产增加值达到93亿元，增长4.5%，保持了持续增长的良好态势。京郊农民在农业结构调整中获得了实惠，农民人均可支配收入达到5 099元，实际增长8.9%，也是“九五”期间增速最高的年份，居全国前列。

在农业经济结构调整并不是简单意义上数量的增减，也不仅仅只是平面上的横向拓展，而是在走横向拓展与纵深推进相结合、内涵得到不断扩大的产业发展道路，农业产业通过主导增长部门的更替与演进，发生了一系列的质变，导致农业和农村产业的高附加值化、高技术化、高集约化和高加工化，改变了过去以效益低下的初级农产品打市场的被动局面，取而代之的是加工增值后的农业精品出击国际国内两大市场，满足了市场需求，提高了农产品参与市场竞争的能力，效益明显增加。

2. *农业产业结构转换能力明显增强，在产业结构优化升级过程中出现跳跃式前进。*产业结构的转换能力，是指产业结构适应市场变化和经济增长而优化升级的可能性和条件，反映了一个地区产业结构的综合素质和潜力。通常，经济发展水平较高、综合实力雄厚的地区，其内部推动产业结构优化升级的能力也比较强。北京实施农业结构调整以来，农业产业结构转换能力明显增强，随着农业工厂化、农业产业化进程的加快，带来了农业产业结构优化升级的跳跃式前进。大力发展设施农业是我们积极推进农业结构调整

的重要举措，近几年北京设施农业的发展取得了长足的进步，设施面积不断增加，2001年达到2.13万公顷，设施生产种类由单一的蔬菜扩大到了果品、西甜瓜、花卉、药材、水产、畜禽等。我们应该看到，北京具有包容性极强的首都市场，具有庞大的优质农产品需求群体，应该说，北京发展设施农业还有很大的发展空间。设施农业的生产摆脱了传统农业生产过程中环境、气候、时空等因素的制约，有利于生产优质高产高效的农产品，满足了市场周年需求，提高了土地利用率和土地产出率，提高了农业工厂化生产水平，设施农业是世界农业发展的大趋势，完全符合北京郊区实际。

随着经济一体化趋势的加剧，单一产业的发展已不适应市场的需要，农业突破了仅提供初级原料的局限性后，产业化经营成为必然趋势。发展农业产业化经营，对于促进农业和农村经济结构调整具有重要意义，可以有效解决千家万户进入市场、扩大经营规模等问题。推进农业产业化经营，关键是搞好龙头企业建设，龙头企业建设情况的好坏，关系到农业结构调整的成败。发达的农产品加工业，是现代农业的重要标志，也是增强农业竞争力、促进农业结构调整向纵深发展的必由之路。

围绕主导产业的培育实施的农业结构调整，通过加大扶持力度，培育了一大批加工龙头企业，如大发正大公司、华都集团、金苜蓿集团、绿富隆公司等，这些企业都成为带动一项或几项产业发展的龙头。据统计，全市有一定规模的农业加工企业共1 000多家，农产品加工率达到30%，农产品加工增值率达到64%。在农产品加工企业数量增长的同时，加工领域也已开始呈现向多行业、多品种不断拓展，加工产品日渐丰富，加工数量不断增多。传统的肉、奶、粮行业的加工在原有的基础上有了新的发展，随着郊区蔬菜走出国门和果品面积的不断扩大，瓜菜果品的加工不断增长。特别是郊区养殖业的大发展为农产品加工企业提供了良好的发展契机，全市资产值100万元以上的畜产品加工企业达到130多家，加工畜产品品种达到16大类。随着近几年北京市农业中一批新兴产业的出现，相关的加工企业应运而生，食用菌、药材、牧草、干花等加工企业已在郊区涌现，京郊农产品加工领域不断拓宽。京郊农业呈现向生产、加工、销售纵向一体、有机结合、相互促进及利益关联发展的良好态势，农业产业化进程不断加快。

现代农业的国际竞争不仅取决于初级农产品的质量，更取决于整个产业链条、整个生产体系的发达程度。没有农业产业链条的延长以及产品在各个生产环节的多次升值，农业经济效益就难以从根本上提高。农业产业化龙头企业重点是加工企业和贸易组织，不论是哪种形式，只要能与农民形成稳定的购销关系，能够带动农民发展生产，增加收入，都应积极予以扶持，以促进产业链条的不断完善。

3. *农业产业结构革新过程明显加速，尤其是农业结构整体专业化水平都有不同程度上升。*郊区农业产业结构不断优化，种养结构更趋合理，养殖业产值比重占到了50%以上，种植业粮经饲三元结构初步形成，效益较高的经济作物发展势头良好，饲草业的比重2001年再增长一倍，达到了12个百分点；通过前一阶段的农业结构调整，郊区农产品品质得以明显提高，参与国际国内市场竞争能力显著增强，据初步统计，郊区各类农业精品突破2 000个，已有1 000多个正式注册品牌，北京农产品进入市场的安全性信誉度大大增强，已有240多个品种获得了绿色、安全食品标识；创汇农业不断拓展国际市场空间，呈现强劲发展势头，出口创汇额近两年每年以150%的速度递增，2001年全市农业出口供货额达40亿元人民币；各具特色的区域经济主导产业得到了新的发展，在结构调整中初步呈现区域化布局、集约化经营的现代农业格局；一批具有较大产业规模、较高科技含量、较大市场前景、较强辐射带动能力的基础农业产业，在加工龙头、贸易龙头、科技龙头企业等各种龙头贸易组织的带动下，蓬勃发展；京郊农民在农业结构调整中获得了实惠，在农产品市场持续低迷的大环境下，北京农民人均纯收入仍然保持了8.9%的增长速度，居全国前列。

当前国际国内农产品市场的竞争，要求农业规模化发展、专业化生产。有规模才有市场，有市场才有效益，有效益才有竞争实力。在实施农业结构调整过程中，通过对主导产业和产品实行区域化布局、专业化生产，建立适度规模生产的农产品生产基地，引导带动农户进行规模化生产，形成较大规模的产业链、产业群，实现分散的家庭经营与规模经营的有机结合，形成了一批种养业专业乡镇、专业村和产业化经营龙头基地。种养业主导产业中，种植业七项主导产业集中连片千亩以上规模基地511个，种养业专业乡镇达到50个以上，专业村100多个，这种规模化发展、专业化生产，增强了生产基地的辐射示范作用，增加了农产品的种养效益，提高了农产品市场占有率，形成了规模优势，扩大了规模效益。通过以培育区域经济主导产业为切入点的农业结构调整，构筑了北京农业区域化布局、专业化生产、规模化发展、动态可调的现代农业格局。

4. *比较优势产业格局基本形成。*经过几年来农业结构调整的实施，京郊农业产业状况均有不同程度的改善，尤其是通过连续几年培育农业区域经济主导产业，种养业主导产业格局基本形成，主导产业优势日益显现，形成了有一定比较优势的行业，资源开发型和资源加工型行业的比较优势明显。在前一阶段的农业结构调整过程中，郊区县通过充分发挥比较资源优势，面向市场、发挥优势、多点发展、重点突破、搞出特色、形成规模、种养加贸协调发展，着力培育各具特色的农业区域经济主导产业，基本具备了区域化布局、专业化生产、集约化经营、规模化发展的主导产业格局，打破了单一领域的自求平衡，实现广泛地域上的产业结构均衡，促进区域产业结构优势的发挥。郊区涌现出一批各具特色的主导产业，运用区位商指标（指某地区某行业增加值占全国该行业比重/该地区该行业增加值占全国比重，也称为比较优势系数，凡区位商大于1的行业均被视为具有相对比较优势的行业）来衡量，有比较优势的产业有平谷的大桃产业、通州的肉牛产业、顺义的种猪产业、昌平的肉羊产业、延庆的出口菜产业、房山的食用菌产业，怀柔、密云的山林综合开发、特色林果产业等。这些主导产业由专业生产提高技术水平，形成特色产品，降低生产成本，由规模化发展提高比较规模效益，抢占市场，使北京农业向效益型农业转变的进程不断加快。2001年，种养业十三项主导产业收入农业总产值的比例突破50%，带动从业农户70万户以上，可以说，主导产业成为农民直接有效的收入来源。

5. *农业发展过程中的功能定位不断变化，环保生态功能和可持续发展日益重要*。随着社会的不断发展，北京农业的功能定位也在不断变化，而农业产业结构正是在不断满足这种需求的过程中得到不断调整、优化。农业功能定位主要表现在三个方面：其一是郊区农业不仅要为首都居民直接需求的生活品，即提供新鲜、时令的农产品产品，还要为其提供具有丰富文化内涵的精神产品，以满足人民日益增长的物质文化生活需要，这种首都居民的多元化、多层次的物质、文化生活需要，也给北京农业经济结构调整带来了发展的契机；其二是产品贡献从侧重于数量贡献向侧重于品种和质量贡献转变，农业由数量型向效益型提升，产值贡献功能和资本积累功能在不断弱化，而市场贡献的功能日益凸现，如何使农民的收入更稳定增长，为农民发挥其市场贡献提供条件，这是新形势下经济增长对农业提出的新要求；第三，当前农业结构调整都存在受地区资源制约的问题，但北京农业经济结构调整还受到生态环境因素的制约，尤其是申奥的成功，农业的环境贡献地位得到空前的强调。京郊农业结构调整与构筑首都三道“绿色生态屏障”相结合，坚持把经济可持续、生态可持续、社会可持续看作一个有机整体来进行农业经济结构调整，坚持以经济可持续为前提，生态可持续为中心，社会可持续为目的，以保持北京农业的可持续发展，突出了北京农业的社会效益。北京郊区的农业结构调整，不仅受到市场需求因素的制约，而且受到土地资源少、生态环境要求高等多重因素的制约，特别2008年奥运会提出的“绿色奥运”的宗旨对郊区生态环境建设提出了更高的要求。因此，在具体调整过程中，更注重了把保持郊区农业的可持续发展放在突出位置，坚持环境优先、生态优先、效益优先的原则，按照举办“绿色奥运”的要求，充分发挥首都科技密集的优势，大力发展高附加值农产品，努力实现社会效益、生态效益和经济效益的统一。北京奥运工程的实施，为北京农业的发展提出了新的发展要求，也给北京农业的发展提供了新的机遇，因而北京农业经济结构调整制约因素更多，面临的挑战更严峻。

三、下一阶段农业结构调整的取向

按照党的十五届三中全会确定的跨世纪目标，本世纪初叶，我国农业发展面临的主要任务是：一是确保农业生产稳定增长，保障食物安全。实现粮食等主要农产品供需基本平衡，依然是我国农业发展的首要任务。要确保有效供给，满足国民经济持续发展、人口增长和生活改善的需求。二是确保农民收入大幅度增长，生活质量不断提高。农民收入事关国民经济和社会发展全局，是农村工作的一项长期战略任务。要采取多种有效措施，千方百计增加农民收入，确保农民人均纯收入增长幅度高于城镇居民，逐步提高农民耐用消费品支出比重，改变农村落后面貌，使农民生活质量提高到一个新阶段，农村全面实现小康，逐步缩小城乡、工农差距。为到本世纪中叶实现人民生活水平由小康型向富裕型的跨越奠定坚实的基础。三是实现农村产业结构的进一步优化，提高农村城镇化发展水平。粮食生产要在稳定总量的前提下，合理规划生产布局，着力优化品种结构，逐步实现粮食总量平衡、布局合理、品种优化、品质优良、效益提高。优化畜牧水产业生产结构，在稳定生猪生产和传统水产品生产的同时，大力发展草食型、节粮型畜禽业和名特优新水产品生产，提高品质和效益。大力发展乡镇企业，使之继续成为推动国民经济新高潮的重要力量，进一步提高农村非农产业在农村经济中的比重。把小城镇建设与推进农业产业化经营、发展乡镇企业结合起来，加快农村剩余劳动力转移步伐，提高农业劳动生产率，加速农业现代化进程，逐步推进农村城镇化发展水平。四是保护和合理开发利用农业资源，实现可持续发展。继续加快土地、水等农业资源的保护、管理和可持续利用，协调农业发展与人口、资源、环境的关系。通过坚持不懈地开展植树种草，治理水土流失，防治荒漠化，建设生态农业，努力遏制生态环境恶化的趋势，力争到本世纪中叶，使全国适宜治理的水土流失面积基本得到整治，适宜绿化的土地种上林草，退化、沙化和碱化草地基本得到恢复，建立起适应国民经济可持续发展的良性生态系统，使全国大部分地区的生态环境明显改善，实现生态效益与经济效益、社会效益的协调统一。五是促进地区协调发展，努力实现共同富裕。要按照因地制宜、各展所长、优势互补、共同发展的原则，建立和发展地区间农村产业的合理分工。促进地区农村经济协调发展，逐步实现全国农村共同富裕，社会全面进步。

就北京农业发展而言，通过前一阶段的农业结构调整，基本上完成了面积数量上平面的调整，下一步的工作重点是促使农业结构调整不断横向拓展和纵深推进，要抓住申奥成功和入世后的契机，通过实施北京农业的社会化、标准化、国际化、科技化战略，促使农业经济实现跨跃式发展，继续保持农业经济总量的持续增长态势，确保农民收入的稳步增加。

1. 坚持走开放型、多元化发展之路，实施北京农业社会化战略。可以说，传统农业的概念在我们有些干部群众的思想中根深蒂固，一提农业就是指粮食种植，一提农业就是农村，就指农民，似乎与现代文明丝毫不相瓜葛，在下一步农业结构调整过程中，我们要革新观念，要以新的理念跳出农业抓农业，要把农业推向社会化。农业经济结构调整不能拘泥于农业的范畴来开展，而要在坚持以农民为主体的基础上，广泛谋求与农业关联密切的亲缘行业的支持与参与，充分汇集社会各业资源优势，坚持走开放型、多元化发展之路，实施北京农业社会化战略。

申奥成功后，北京经济面临一次难得的发展机遇，农业经济也不例外，我们要充分利用北京得天独厚的资金优势、人才优势、技术优势、信息优势、市场优势，通过打破区域、行业界线，大胆吸收和借鉴一切符合社会化生产要求的经营方式和管理方法来发展北京农业；要以优惠的政策，优越的投资环境，千方百计吸引法人、民营科技企业等多方面的社会资金到郊区投资农业、兴旺农业，通过积极引进资金、技术和管理经验，开展全方位、多层次、宽领域的对外开放与合作，不断扩大利用外资领域，提高利用外资质量，进一步促进郊区开放型经济和农业投资多元体系的形成。

中国加入世界贸易组织后，北京面临引进更多资金、技术和管理经验，促进农业产业结构优化升级，以及扩大出口等新的发展机遇，也面临国际激烈竞争的严峻挑战。而目前北京农业一体化体系的组织化程度还不高，存在着技术层次较低，产业规模较小、资金缺乏、自我积累能力较弱和组织体系不稳定等问题。解决这一问题的有效途径就是坚持走开放型、多元化发展之路，引导有条件的大中型工商企业进入农业领域，融入农业一体化体系，由它们来充当一体化体系中的龙头企业。在下一步农业结构调整中，将大力引导工商企业进入农业开发领域，并努力把其中的大型企业培育成为推进农业产业化的龙头企业。

2. 加快农业标准化体系建设步伐，实施北京农业标准化战略。近年来，随着经济全球化进程的不断加快，农产品的竞争重点由关税壁垒向技术壁垒转变，国际市场对农产品的标准要求越来越高，对于农业标准化工作来说，既带来了难得的发展机遇，也面临着严峻挑战。农业标准化工作受到了中央和国务院领导的高度重视，在中央的有关会议上和批示中，多次强调农业标准化工作的重要性。近几年来，在有关部门的共同努力下，北京市的农业标准化工作取得了一定的成绩，农业标准化在促进高产、优质、高效农业发展，增加农业科技含量，保障农产品安全等方面起到了积极的作用。但是，北京市的农业标准化工作还存在着一些问题和差距，还不能满足农业经济发展的需要。北京农业具有一定物质资源和人才资源优势，以及作为农产品消费大都市的区位优势，这些也是北京开展农业标准化工作的优势。我们应当充分认识本市农业经济结构调整和入世的新形势，研究解决农业标准化工作存在的问题，使农业标准化工作紧贴首都经济，紧贴本地农业主导产业，全面提升农业标准化水平。

农业标准化，是指在农业生产和管理的各个环节，运用标准化的手段选择最佳技术方案，在一定范围内制定和贯彻标准的全部活动过程。农业标准化以农业科学技术和实践经验为基础，运用标准化“统一、简化、选优、协调”的原理，把国内外先进的农业科技成果同生产实践相结合，并转化为标准加以实施，通过在农业生产中采用标准化的耕作栽培技术、养殖技术、生产管理技术，合理选种、耕地、施肥、浇水、用药，合理饲养、卫生防疫，对农作物（畜禽养殖）生产因素和环境因素实行规范化、科学化控制和管理，进而达到提高农产品的产量、质量和经济、生态、社会效益的目的。农业标准化作为发展农业的一项重要技术基础，对于促进农业增长方式的转变，加快农业科研成果和高新技术转化为优质、高产低耗、高效农业现实生产力的步伐，提高农业生产者、经营者、管理者的素质和农业生产的科技含量，具有不可替代的作用。因而，大力开展农业标准化工作，加快我市农业标准体系和农业监督体系建设，实施北京农业标准化战略，对于贯彻中央农村经济工作会议精神，加速我市农业经济发展，提高产品质量，保障农产品的安全，扩大农产品出口，实现农民收入稳定增长具有重要意义。

3. 重点研究市场，搞活流通，实施北京农业国际化战略。市场决定结构，结构决定功能，功能决定效益，有无市场，是检验结构调整是否成功的惟一标准，没有市场，就没有效益。调整结构，首先要树立市场观念，全面搜集分析国内、国际市场信息，充分利用两种资源、两个市场，实施农业国际化战略，使北京农业走上一条由农业产业化向农业国际化发展的新路子。

在世界经济全球化趋势不断增强的大背景下，农产品贸易一体化的趋势越来越强，尤其是中国加入WTO，我们应该看到北京农业面临更广阔的空间和更好的发展机遇，但我们更要清醒地认识到国际贸易壁垒的门打开了，但门槛更高了，所以要扎扎实实做好基础工作，尽快实现北京农业经济与国际经济一体化的对接。实施农业国际化战略要重点做好以下三点工作：一是要加快农业标准化体系建设步伐，让北京更多的农牧企业尽快达到ISO9000、ISO9002、ISO14000等国际统一标准，使其农产品获得国际准入，同时要进一步完善农产品评价体系和农业监测体系；二是要尽快培养一批熟悉和掌握国际贸易规则的专门人才，以期在未来国际贸易中寻求更多的贸易合作伙伴和处理相关的贸易事务；三是要把规定无疫区的建设抓紧抓好；我们要在下一步的农业结构调整中，以大力发展安全食品、绿色食品为契机，通过不断提高京郊农产品品质来提高农产品参与市场竞争的能力，重点发展有比较优势、有特色的农产品，在创汇农业取得长足进步的基础上，进一步扩大出口种类和拓展出口范围，提高出口创汇能力。要抓住入世的机遇，扬长避短，利用我们有利于出口的劳动密集型产品，包括水果、蔬菜、水产品、畜产品、园艺盆景等具有比较优势且比较效益高的农产品来抢占国际市场，积极发展创汇农业，积极探索农业从产业化到国际化的发展新路。

农业产业化经营的实质是农业市场化，只有紧紧围绕市场，抓住市场这个关键，农业产业化过程中的基地、农户、加工企业等诸环节才能活起来。农业产业化经营真正的“龙头”应该是市场，而不是龙头企业，或者说，市场才是龙头企业的“龙头”。市场经济条件下，农业产业化经营的发展应该确立明确的市场经济导向，树立“以需定销，以销定产”的市场意识。市场是遵循供求规律的，市场是发展的，在下一步农业结构调整过程中，要加强对市场竞争手段、营销策略的研究，要加强对市场供求变化趋势的研究，不仅要研究当前市场，还要研究和预测市场潜在的、未来的市场需要，按照市场的供求规律确立产业导向，构建主导产业，进行商品基地的建设和龙头企业的建设。这样的主导产品、商品基地和龙头企业才具有旺盛的生命力和强劲的竞争力，北京延庆的出口菜、朝阳楼梓庄乡何各庄村出口菜就是通过先研究市场后，把握好市场需求后成功打入国际市场的，他们成功的经验很好地说明了这一点。要大力发展农产品专用运输业，要充分发挥国有、合作商业和农民购销队伍三路大军的作用，并组建实力强、信息灵、渠道畅、网络广的营销实体，使之成为化解农产品“卖难”问题的有效载体。要大力发展无形市场，适应信息化、网络化趋势，加快发展电子商务，推进网上交易。

4. 努力把科技优势转变为效益，实施北京农业科技化战略。现代农业是建立在现代高新技术基础之上的，下一步农业结构调整中，我们应该坚持把科技进步和提高劳动力素质作为加速农业现代化的首要推动力，坚定不移地走科教兴农的路子，努力把北京农业科技优势转变为效益，实施北京农业科技化战略。

21世纪的农业，不仅是以资源为基础的农业，而且更是以科技为基础的农业。农业发展由过去的资源约束变为受资源和市场的双重约束之后，对农业科技发展提出了新的、更高的要求。世界农产品的市场竞争，正从以价格竞争为主的单一竞争，转变为以质量、科技含量竞争为主的全方位竞争。科技进步和创新，是推进郊区经济结构调整的基本动力，也是郊区率先基本实现农业农村现代化的决定性因素，结构调整必须紧紧依靠科技，把科技进步贯穿于结构调整的全过程，如果不能在农业科技进步上取得突破性进展，就难以提高农业综合生产能力和农业竞争能力。实施农业科技化战略，重点要做好三方面的工作：一是要加强以改良品种为主的农业科技攻关；二是进一步建立健全农业科技推广网络，加快科技成果的推广应用；三是全面提高农民的科技素质。

2001年作为承前启后的一年，北京农业结构战略性调整工作也基本完成了由此消彼涨式的初级平面调整向纵深推进的过渡，应该说，京郊农业结构调整还任重而道远，这就需要我们不断地探索、创新，开拓具有北京特色的现代农业发展之路。

与时俱进 开拓创新
为实现郊区快速发展做好宣传思想工作

市委农工委副书记 崔砚青

贯彻十六大精神，实践“三个代表”重要思想，落实市郊区工作会议确定的各项发展目标和任务，郊区宣传思想工作要积极适应全面建设小康社会的新要求，适应统筹城乡经济社会发展、推进城乡一体化的新形势，适应北京举办奥运的新任务，努力提高干部群众与时俱进、开拓创新的思想意识，提高农民的文明素质，提高郊区的文明程度，为实现郊区经济快速发展提供有力的舆论支持和思想保证。

一、按照“四新”要求，狠抓学习成果转化，增强干部与时俱进、开拓创新的意识

加快郊区发展，关键是推进干部的思想解放，从而实现区域经济发展思路、发展模式、发展措施的创新。要按照党的十六大报告提出的“发展要有新思路，改革要有新突破，开放要有新局面，各项工作要有新举措”的要求，紧密围绕市郊区工作会提出的统筹城乡经济社会发展、推进城乡一体化、优化发展环境、实现郊区经济快速发展的主题，努力引导干部群众树立新的思维方式、强化开放意识，树立新的领导方式、强化效率意识，树立新的工作方式、增强效益意识，树立新的生活方式、强化文明意识。

在领导干部中，要进一步深化十六大精神的学习，围绕主题，把握灵魂，抓住精髓，在开拓创新、力求实效上下功夫。要以理论学习中心组为主要形式，围绕市郊区工作会提出的统筹城乡经济社会发展、推进城乡一体化、优化发展环境、实现郊区经济快速发展的主题和各项目标任务，深入开展学习研讨，兴调研之风，破发展之题，探改革之路，引导

干部认清发展方向，理清发展思路，明确发展措施。要重点组织好十六大精神学习体会交流活动，促进学习成果的转化，并集中对处级干部进行一次“实践‘三个代表’，增强发展意识、创新意识和宗旨意识”的主题教育，以学习党的十六大精神为重点，适应城乡一体化新形势，引导领导干部提高理论素质和领导水平，与时俱进、开拓创新，转变思维方式、领导方式、工作方式，促进地区经济发展思路、发展模式、发展措施的创新。同时，要适应新形势、新任务的要求，加强宣传干部理论素质培训，深入学习“三个代表”重要思想，学习党的十六大精神，学习有关的经济、政治理论和国际、国内形势，并组织到先进地区学习考察，帮助宣传干部认清形势、把握大局、提高素质，提高做好新时期、新阶段宣传思想工作的能力和水平，努力开创宣传思想工作的新局面。

二、启动农民素质教育新规划，着力提高农民的文明素质

针对全市优化发展环境、举办奥运以及郊区经济快速发展的新要求，应进一步加强农村的社会教育。要深入贯彻《公民道德建设实施纲要》，以“新北京、新奥运”为主题，以提高农民的思想观念、道德素质、科技素质为基本内容，在总结前三年农民现代化素质教育经验、做法的基础上，实施“深化农民现代化素质教育工程”，努力实现教育目标具体化、教育阵地网络化、教育手段信息化、教育载体多样化、教育主体社会化，形成比较完备的农民素质教育体系。

一是推进农村社会教育的基础设施建设，形成农民教育阵地网络化。教育阵地是开展农民教育、提高农民素质的依托，因此要把教育阵地建设摆在农村社会教育的基础地位来抓。各区县要因地制宜，把成人教育、市民教育和科技教育结合起来，在农村地区逐步建立健全、普及农民素质教育的阵地网络，教学条件要做到“四有”，即有设施、有制度、有机构、有安排。争取利用五年时间，村级教育阵地覆盖率要达到100%，即在现有的1 700个农村教育网点的基础上，每年递增20%。市、区（县）两级每年都要抓好一批“农村教育阵地示范点”。

二是在郊区推行电化教育、网络教育，促进教育手段信息化。适应郊区改革发展和现代化建设的需要，要在农村教育的手段上进行创新，充分利用广播、电视、多媒体、网络等开展教育，乡村要逐步普及电教、电脑设备。要利用宣教信息资源，就农村思想道德、政策法规、科技知识、文明礼仪等内容，制作农村教育系列教材，同时利用网络强化农村思想政治工作。

三是多形式开展农村教育，实现教育载体多样化。围绕今年市郊区工作会议提出的城乡一体化、优化发展环境、加快郊区经济发展的主题，在农村开展“强素质、促发展、奔向小康社会”系列教育活动，对农民广泛宣传十六大精神，开展道德诚信、市场观念、政策法规知识教育，进一步提高农民的现代化素质，引导农民摆脱小农意识，提高城乡一体化的意识，树立开放观念，增强发展意识，以适应郊区经济快速发展的要求。特别要在城市化进程较快的地区，要加强农民的文明素质教育，着力解决农民“人上楼思想上不了楼”、“富而土”、“穷而土”的问题，引导农民提高素质，树立现代文明新观念，从而达到“思想进城，素质上楼”的目的。

三、打造阵地抓“精品”，推动农村文化建设上水平

着眼农村群众的精神文化需求，文化事业与文化产业并举，推进农村文化的发展和繁荣，用先进文化占领农村阵地。启动“构建农村文化阵地网络工程”，努力形成政府引导、集体支持、企业兴办、骨干带动、群众参与的农村群众文化发展格局，满足农村群众日益增长的文化需求，为郊区经济社会发展创造良好的文化环境。

要进一步推进镇、村两级文化基础设施建设，鼓励和支持乡村建设文化服务中心、科技文化大院、文化广场等基础设施，每年命名表彰一批“文化建设先进乡镇”和“农村文化大院示范点”；推动群众文化的蓬勃开展，每年树立一批“文化品牌队伍”。要加强对群众文化活动的组织和引导，加强指导和服务，发挥好群众文艺骨干的作用，推动群众文化的普及开展。要依托文化中心、广场、大院等基础设施，组建群众文化队伍，开展文化活动。要突出特色，打造一批有特色的文化活动队伍。在卫星城、小城镇等人口积聚、经济发达地区，引导发展文化产业。在广大农村地区，普及新秧歌等健身娱乐于一体的文化活动，新秧歌队伍要在目前1 700支的基础上每年增加20%，最终达到“村村有队伍”。要办好以农民艺术节为重点的大型群众文化活动。今年的农民艺术节要本着“特色与创新”的思路，在坚持重在基层的原则下，力求在组织机制、活动形式、活动内容等方面进行探索和创新，推动群众文化活动上档次、上水平，扩大群众文化的影响力，营造良好的文化氛围，满足郊区群众的文化需求。

四、以企业文化建设为载体，加强和改进农口国有企业的思想政治工作

针对农口国有企业改革转制、调整结构的新形势，将思想政治工作融入企业的改革发展中去，使其为企业的中心工作服务，作用于企业的奋斗目标、价值观培育、形象树立、产品创新、现代管理等中心环节上，发挥思想政治工作凝聚人心、鼓舞士气、调动积极性的优势，克服思想政治游离于经济工作之外的“两张皮”现象。一是要加强企业文化建设的调研，认真分析农口局、总公司思想政治工作的现状，积极

探索国有企业思想政治工作的新途径。二是组织开展企业文化知识培训，组织部分企业有关人员到先进企业、先进地区学习考察，并在农口国有企业中抓2～3个试点单位，组织开展学习交流活动，提高对企业文化内涵及重要性的认识，认清企业文化力与核心竞争力的关系，明确如何以人为本推进企业文化建设。三是组织开展农口企业文化建设经验交流活动，加强学习借鉴，引导企业文化建设健康发展。

五、以点带面抓创建，提高郊区精神文明建设的整体水平

文明村镇是农村两个文明建设的综合体现，要进一步丰富内容，提高标准，加大工作力度，提高创建工作水平。实施"推进文明村镇创建活动工程"，与农村经济建设相结合，与农村环境建设相结合，与提高农民素质相结合，与基层文化建设相结合，以人为本，促进人与环境的协调发展、物质文明和精神文明的共同进步。要力求每年推出一批高质量、高水平的文明村镇，以点带面，使其在农村两个文明建设中发挥辐射示范作用。为推动创建活动的深入开展，2003年将在全郊区启动星级文明村创建活动，以经济发展水平为基础，将农民素质教育、群众文化建设、农村环境建设、农村社会风气统一于一个整体，"四位一体"，整体推进，分类指导，分层表彰，引导群众广泛参与，形成争创局面，扩大创建工作的覆盖面。在此基础上，配合首都文明办，抓好首都文明村的评比，争取到2008年使郊区80%的村达到首都文明村的标准。

六、加大新闻宣传力度，展示迈向现代化的北京郊区新形象

新闻宣传工作要围绕城乡一体化、农村现代化建设，适应郊区优化环境、加快发展的需要，深刻宣传反映郊区现代化建设的新成就，反映都市型郊区经济发展的新特点，反映郊区社会进步的新气象，为郊区改革发展把握正确的舆论导向。

一是突出"主题"形成舆论强势。围绕今年郊区工作会议提出的推进城乡一体化、优化发展环境、实现郊区经济快速发展的主题，加大宣传力度，形成舆论强势，塑造整体优势，让社会广泛了解郊区改革开放和现代化建设的新形势。要重点宣传市委、市政府推进城乡一体化、加快郊区发展的总体思路和重大举措；优化郊区发展"硬环境"的措施和力度；在城乡对接、优化郊区发展"软环境"中市各有关委、办局出台的政策和措施；各区县落实郊区工作会议精神、按照城乡一体化要求，实现经济快速发展的新思路、新模式、新措施。

二是围绕"三化"展示发展成就。推进郊区工业化、农业现代化、郊区城市化进程，是实现郊区经济快速发展的首要任务、重要基础和重要途径，对外新闻宣传要以此为切入点，深刻反映郊区经济工作的进展和成就，推进郊区新型工业化的思路、举措以及体制、机制、政策的创新；郊区的区位优势、资源优势、产业布局调整和基础设施建设进展情况；区域经济的特色和区县招商引资的政策措施；推进城市化的措施和成效，发展卫星城、中心镇的配套政策、基础设施建设力度；推进农业产业化经营和现代农业发展的新成效，特别是农业龙头企业的发展壮大和对农户的覆盖带动作用。

三是抓住"亮点"扩大社会影响。把握新闻宣传的"特点"，抓住市民、农民关心的"热点"，反映郊区发展的"亮点"，及时发现、捕捉一些线索，巧妙地宣传郊区经济社会建设的成就，为郊区发展扩大社会影响。要满足市民旅游休闲的需要，宣传郊区旅游资源的优势和特色，反映观光休闲农业、民俗旅游的特点，吸引市民到郊区旅游休闲，拉动农民就业和增收。同时要展示现代农业、生态农业发展状况和郊区安全食品、农业标准化生产基地建设成效，农民就业新特点、农民增收新成效、农民生活新变化，非公经济的发展状况以及郊区城市化与农民市民化进程等。

解放思想　开拓创新　扎实工作　努力开创农口国有企业改革与发展新局面

市农委副主任　张凤福

一、关于2002年工作的简要总结

2002年，农口国有企业坚持以邓小平理论和"三个代表"重要思想为指导，以深化改革为动力，以结构调整为主线，以加快发展为目标，解放思想，真抓实干，取得了近年来少有的好成绩。10个总公司共完成营业收入105.9亿元，比上年增长17.6%；实现利润2.9亿元，同比增长18.2%；上缴税金3.6亿元，同比增长18.4%。农口国有企业总体态势良好，各项工作都取得了新的进展，主要呈现以下特点：

1. 企业改革、改制取得了实质性进展，为发展注入了新的生机和活力。1999年，市委、市政府提出，利用三年的时间基本完成国有大中型企业的产权改革。2002年是完成任务的最后一年，各总公司推进的力度加大。1999年末，农口共有823家企业，

经过三年的努力，到2001年底，有805户企业进行了多种形式的改制，完成了98%，其中实行公司制改革的266户，占33%。

通过改制，企业产权结构和经营机制发生了深刻变化，增强了活力。郊旅公司城乡汽车出租公司改制后建立了法人治理结构，加强了内部管理，如在投资审批权上由过去一人说了算，改为10万元以下由经理审批，10万元至30万元由董事会审批，30万元以上的，由董事会报股东大会审议批准，从而避免了企业的盲目投资和财务支出上的漏洞。峪口鸡场在1998年改制的基础上，2001年又进行了二次改制，国有资本不再控股，职工集体股占60%，社会法人股占9%，企业活力进一步增强，全年盈利1 400万元，成为华都集团第一盈利大户。

另外，各总公司机关的改革力度也比较大，机构与人员数量大幅度缩减，办事效率大大提高，人浮于事和推诿扯皮的现象得到有效遏制。

2. 结构调整取得了阶段性成果，一批新的主导产业正在形成。近年来，各总公司把结构调整作为培育主导产业、实现产业升级、提高竞争能力和经济效益的战略性措施来抓，取得了明显成效。兴东方公司为适应农村产业结构调整的需要，大力进行了产业创新，新发展的几个项目已经成为公司的主营业务。农机研究所由过去主要生产传统的农业机械转为生产设施农业机械，市场销售形势较好，今年底在西藏中标“国家高原科技园”项目，已拿回了2 700万元定单；嘉源公司的挤奶设备占北京市场80%的份额，并已打开云南、内蒙古、新疆等15个省市的市场，新建的“节水超市”在山东寿光、山西太原建立了直销中心，受到了消费者的欢迎。农工商开发公司兴建的野生动物园，今年累计接待游人60万人次，实现收入4 000万元，利润1 000万元。继2000年被评为北京“新八景”之后，今年在全市34家主要景区、景点的测评中，又名列第8，游客的满意度达到97.4%，成为北京及周边地区颇有名气的一个新景点。

通过几年的调整，农口已经有了一批知名品牌。在食品领域，拥有“三元”牛奶、“华都”食品、“双大”肉鸡、“北水”牌水产品；在畜牧业领域，有“北京艾维茵”种鸡、“华都”种猪；在农业装备领域，有“京鹏”和“大都林”牌温室；在建筑领域，有“城乡品牌”；等等。

3. 企业和资产重组成效明显，企业小、散、低的状况有所改观。经过三年的调整和改革，农口国有企业总数已由1998年末的823家减为454家，减45%，初步解决了国有企业多年来的“小、杂、散、低、重”的问题。近两年，三元集团在企业和资产重组上的力度比较大，坚持“聚大放小”方针：一是在全系统范围内，以资本为纽带，实施跨地区、跨部门、跨所有制的资源整合，对下属公司及农场的优势资产进行重组，先后组建了三元食品等12个专业性公司。这12个专业公司的总资产仅为集团公司的47%，2002年实现利润8 000万元，却占集团公司的67%。二是实施低成本扩张和强优战略，成功收购了广东麦当劳、美国卡夫、上海全佳和爱莱发喜食品公司，转让吉百利公司，并购朝阳商务区写字楼。通过几年的调整、整合，三元集团公司基层法人企业也由1998年的520家缩减到今年的288家，压缩45%，企业平均规模增大，市场竞争能力增强。

4. 市场开拓的意识和能力增强，对外开放水平进一步提高。2002年，国家宏观经济形势总体来说有好转，但是就某部门、某行业来说，竞争还是很残酷的。城乡建设集团在建筑市场竞争十分激烈的情况下，奋力开拓，开复工面积实现历史性突破，达到456万平方米，比上年增加100万平方米，同比增长54%；实现收入23亿元，同比增长45.6%；实现利润5 382万元，同比增长39.5%。同时还成功打入外埠市场，在澳门、西安、黑龙江、珠海、兰州等地承接了工程。城乡贸易中心，在普通商品市场疲软的情况下，及时调整了经营策略，按照“高档名牌引路、中档品牌为主”的思路，调整了商品结构，并大力开展促销活动，今年仍实现销售收入15亿元，盈利1亿元，在全市同行业中继续处于领先水平。华都肉鸡公司在巩固国内市场的同时，奋力开拓国际市场，目前已经成为北京地区惟一一家全部产品通过日本药残检验合格并向日本出口的肉鸡企业，今年出口创汇2 668万美元，同比增长91.9%。同时还成功引进日方投资2 000万元，双方合作兴建了出口加工基地，产品全部销往日本，双方也从过去单纯的买卖关系变成了利益共享的长期合作关系。另外，三元集团、北农集团、中央批发市场产品的出口也有增加，农口国有企业的对外开放水平明显提高。

5. 与郊区的联系更加紧密，农业产业化经营结出新硕果。大发和华都集团已经成为全国农业产业化龙头企业，对郊区的辐射带动作用非常明显。大发家禽育种公司是亚洲唯一、规模最大的“艾维茵”肉用种鸡基因库，在全国市场占56%。正大公司采取“公司+中介组织+农户”的组织形式，通过与农民签订肉鸡养殖合同、让农民入股等做法，与农民形成利益共同体。今年通过这种产业化方式连接中介组织100多个，带动农户4 600户。华都集团的养殖基地已覆盖10个远郊区县，带动养殖农户8 000多户。三元集团金星鸭业中心在大兴、通州建立成鸭养殖小区，由农民养成后回收加工。城乡建设集团通过参与郊区小城镇建设和旧村改造，今年在郊区开发了76.5万平方米房地产。水产总公司在实施水产系统产业化中，把扶持郊区农民养鱼作为产业链的重要一环，汇赢中心、北水养殖公司等一批企业已通过了认证，被确定为标准化生产基地。实践进一步证明，农口国有企业把根扎在郊区，不仅农民从中受益，而且还可以实现企业的超常规发展，做到双赢。

在肯定成绩的同时，也不能忽视农口国有企业存在的一些矛盾和问题：一是企业的规模较小，抵御市场风险的能力较弱。目前10个总公司，平均资产规模仅22亿元，有4个总公司在10亿元以下。2001年平均营业收入仅10亿多元，有6个公司在10亿元以下。如果我们把二、三级企业都算进去，那规模就更小得可怜。这样的规模很难在一般性竞争行业中站住脚。二是改制不够彻底，产权多元化的格局远未形成。目前很多企业虽然改了制，但仍是一股独大的比较多。总公司一级的改革没有破题，不符合现代市场经济的要求，这不利于提高企业的市场竞争力。三是亏损企业较多，有些公司经营仍然面临一定的困难。目前农口454家企业，亏损达205户，占45%。有些总公司近年运行状况有所好转，但由于历史包袱较为沉重，资产负债率高，经营仍然困难，再发展的后劲不足。对这些矛盾和问题，我们必须给予充分的重视，并采取有效措施加以解决。

二、解放思想，开拓创新，促进农口国有企业更快、更大发展

解放思想，更新观念，是推进企业改革发展的基础。十六大报告的精髓就是要解放思想，与时俱进，开拓创新。各公司一定要用十六大精神统一企业全体干部职工的思想，来指导我们的工作。

首先，要进一步解放思想，更新观念。近年来，农口国有企业在破除计划经济观念上有很大突破，但是按照十六大精神来衡量，我们还有许多观念需要更新。一是在改革产权结构上，要破除僵化的产权观念，逐步实现投资主体多元化。现在农口企业国有资产所占份额较大，这样不利于经营机制的转变，必须以十六大精神为指导，坚持以资产重组为突破口，逐步改变国有股一股独大的状况，实现投资主体多元化，为增加企业的竞争能力打下良好的制度基础。二是在开拓市场上，要破除旧有的市场观念，努力提高企业在市场竞争中的生存和发展能力。现在的市场是开放的市场，随着我国加入WTO，外国企业的进入，市场格局已经发生了很大变化，竞争更加激烈，如果谁还躺在过去固有的进货、销售、购置渠道上，那将是死路一条。就是现在经营好的企业，也不会有前途。三是在改革经营机制上，要改变过去的行政管理方式，建立充满活力的企业制度。现在我们有些企业虽然改了制，但很多机制并没有根本转变，管理方式仍保存了传统的东西，这对企业发展非常不利。企业要更快地发展，首先管理者必须转变观念，使企业真正成为自主经营、自负盈亏、自我约束、自我发展的市场主体。

第二，要有强烈的发展意识，加快发展。发展是硬道理。好的企业要加快发展，否则不进则退；目前比较困难的企业更要发展，不发展会使差距更大。只有通过发展，才能解决历史遗留问题；只有通过发展，才能赢得更大的生存空间；只有通过发展，才能不断提高产品的市场占有率和品牌的知名度。所以各公司一定要把发展作为第一要务，有意识地多拿出时间，在认真分析市场和发展环境的基础上，深入研究影响企业发展的主要矛盾和障碍，理清今后的发展思路。总之，要按照十六大的要求，一心一意谋发展，加快企业发展的步伐，使2003年成为昂扬奋进的一年，蓬勃发展的一年，农口国有企业各项工作取得重大突破的一年。

第三，要树立强烈的机遇意识，抢抓机遇。目前，农口国有企业面临着良好的发展机遇。从国际形势看，今年世界经济将呈恢复性增长，美国经济将走出低谷，欧盟、俄罗斯经济开始复苏，日本经济走出阴影，这为农口国有企业的出口和引进外资创造了条件。从国内形势看，党的十六大提出我国将继续坚持扩大内需的方针，实施积极的财政政策和稳健的货币政策，加大基础设施建设和农村城镇化进程，并明确国债资金向农村倾斜，这为农口国有企业的发展提供了广阔的空间。再从北京市看，市委第九次党代会提出北京要率先基本实现现代化，到2008年人均国内生产总值达到6000美元。2003年奥运工程将全面启动，投资环境将进一步改善，企业的发展环境将更为宽松。

所有这些都为农口国有企业的发展提供了难得的机遇。但机遇稍纵即逝，必须及时抓住，才能赢得发展优势。机遇只是发展的良好时机和条件，只有抓紧落实，才能转化为发展的实际成果。我们一定要牢固树立强烈的机遇意识，在把握未来中抓住机遇，在研究解决新问题中把握机遇，在开拓进取中用足用好机遇，加快农口国有企业的改革与发展。

三、关于2003年工作的思路及安排

2003年，农口国有企业发展的总体思路是：以党的十六大精神为指导，以入世和举办奥运为契机，以发展为第一要务，以走新型工业化道路、做大做强企业为目标，解放思想，与时俱进，开拓创新，全面提高企业整体素质和综合竞争能力，努力开创农口国有企业改革发展的新局面。各公司一定要按照“发展要有新思路，改革要有新突破，开放要有新局面，各项工作要有新举措”的要求，切实做好各项工作，为全面建设小康社会，为北京市率先实现现代化做出贡献。

（一）按照新型工业化道路的要求，积极推进产业产品结构的战略性调整，加快实现产业升级 大力进行产业创新，推进产业结构的调整，是一项长期的战略任务。2002年农口国有企业之所以能够保持这样持续、快速、健康发展的速度，主要是各公司近年来不断根据市场的需要大力调整结构的结果。各公司一定要按照走新型工业化道路的要求，加大产业创新的力度，力争在结构调整上取得新的突破。结构调整的关键是要选好突破口和切入点。从农口国有企业的实际出发，可以从以下几个方面进行考虑：

第一，坚持以技术创新能力强的项目为切入点，发展科技含量高、附加值高的高科技产业。开发高科

技项目，有助于占领市场的制高点，延长盈利周期，其他企业也不容易模仿。高科技项目除有条件自己开发外，还可通过参股、控股、引进其他高科技企业或项目。城乡贸易中心1998年利用第二次配股的机遇，通过转让部分股权，使北京航空航天大学所属北京北航天华有限公司成为城乡第二大股东，双方共同组建了北航城乡科技实业有限公司和大用软件有限公司。目前这两个高科技企业开发的产品具有很强的市场竞争实力，再过二三年，可望再造一个新“城乡”。各公司在发展新项目时，一定要把产业的科技水平、产品的科技含量、企业的科技手段摆到重要位置来考虑。

第二，坚持以发展奥运经济为切入点，培育新兴产业和知名品牌。2008年的奥运会在北京举行，这将给我们农口国有企业带来无限商机。为了参与奥运经济，从中分得一杯羹，现在很多外国企业想方设法来北京寻找商机。我们农口国有企业具备天时、地利、人和的优势，决不能无动于衷。城乡建设集团瞄准2008年前期的市政建设，最近注册成立了北京城乡地铁建设有限公司，准备参与地铁5号线、4号线及其他市政工程的招标。三元、华都、大发公司也都想做奥运食品这篇大文章。其他公司也要积极行动起来，加强对奥运经济的研究，制定出本公司的“奥运行动计划”。争取利用奥运，培育出新兴的产业，壮大企业的实力，打造出我们自己的品牌。

第三，坚持以目前市场占有率高的主导产品为切入点，延伸产业链，造就“小巨人”。我们调整结构不能只抓大的，不抓小的。关键要看这个产品是否有市场，是否有潜力。从目前看，各公司都有一个或几个市场占有率较高、品牌具有一定知名度、资质较好的产品或项目。农机研究所的京鹏温室近年来发展很快，国内销售第一。嘉源公司的挤奶机占北京市场的80%，在全国也有很高的知名度。北农集团的紫杉醇项目在国内处于领先水平，产品在国际市场上销售也很好。这些项目虽然目前规模不大，但销售很好，前景广阔，希望各总公司认真研究自己一些产品的前景，对一些有发展前途的产品或项目，有意识地进行包装，加大投资力度，精心进行培育，让这些项目尽快“长大”。

第四，坚持以发挥郊区资源优势为切入点，发展农业产业化龙头企业。郊区有很多优势，包括资源优势、区位优势、人才优势、信息优势等，我们必须抓住当前郊区产业结构大调整的机遇，利用我们企业的优势，加强与郊区的合作。目前，郊区对于农口国有企业来说，是一个重要的原料基地，但对于外地企业来说，则是一个潜力巨大的销售基地。他们看中的是京郊良好的区位优势。这从伊利、光明等奶业巨头，健力宝、汇源等饮料大亨不惜代价进军京郊等实例中，可见一斑。因此，在这场没有硝烟的战争中，我们能否与郊区紧密结合，不仅关系到对郊区原料资源的利用，而且关系到对北京市场的争夺。对这个问题，我们不仅要算经济账，看眼前利益，而且要算战略账，看长远利益。各公司一定要根据自己的优势和条件，进一步深化与郊区的合作，争当郊区产业化龙头企业，在利用郊区资源的同时，发展自己，带动农村，实现双赢。

（二）按照建立现代企业制度的要求，进一步深化产权改革，为加快发展提供制度保障 改革是国有企业发展的动力。各公司一定要坚持以建立现代企业制度为目标，以产权改革为重点，大力推进股权结构多样化和投资主体多元化。只有通过改革，才能建立先进的制度平台，激发企业快速发展的内在活力。只有通过改革，才能充分调动一切积极因素，让一切劳动、知识、技术、管理和资本的活力竞相迸发，让一切创造社会财富的源泉充分涌动。

第一，要继续在企业改制上下真功夫。目前农口还有18家企业没有改制，其中多数资产质量不高，债务负担较重，人员安置困难，有的企业经营性资产不多，有的已经成为空壳。对这些企业，如果现在不改，将来难度更大，我们要继续坚持有进有退的指导思想和抓大放小的原则，该关的关，该放的放，该破的破，该转的转，没有改制的企业2003年都要争取完成改制。

已经完成改制的企业要进一步深化内部改革，要在提高改制质量上下功夫。要采取多种措施，大力吸收非国有资本特别是民营资本的进入，尽量做到单个企业国有资本不绝对控股，加大非国有经济在企业中的比重，真正实现投资主体多元化。要进一步完善法人治理结构，规范企业内部运行机制，建立、健全股东会、董事会议事规则，股权管理办法，重大问题决策程序，切实增强活力。

第二，总公司一级的改革要起步。我们的总公司很多都诞生于计划经济时期，多数是由行政局演变而来的，因而保留了不少计划经济的烙印，具有明显的行政公司的色彩。虽然进行了多次改革，但在思想观念、工作方法、产权体制、分配机制、用人机制、决策机制、管理体制等诸多方面与建立现代企业制度的要求还有较大的距离。只有通过改革，才能废除一切束缚发展的规定和制度，才能革除一切影响发展的体制障碍和机制弊端，进一步加快发展。

总公司该怎么改，目前很多公司都在进行探索。城乡建设集团提出在产权改革上要“大胆地退”、“大胆地引”的思路，认为建筑企业的国有股退到15%较为合适。三元集团公司今年更名挂牌后，健全了法人治理结构，也在开始研究集团公司改制的意见。要结合中央和北京市国有资产管理体制改革，来研究总公司的重组问题。经过几年的努力，争取培育几个主业突出、在全市乃至全国有影响的大企业、大集团，提高在国内、国际两个市场的竞争能力。

第三，把改革改制同企业和资产重组有机结合起来。近年来，各公司在内部资源整合和资产、企业重组上做了很多工作，有的通过资源整合，着力营造在资源、人才、技术、市场上有相对优势的行业，培育和壮大主导产业。有的按照行业接近、扬长避短、有利于发挥优势的原则，对总公司内部的企业进行合并同类项。应该说这都是必要的，它有利于增强企业的竞争能力，但是在资源整合和资产重组中只是简单地相加，人为地垒大是不够的，应该引进新的体制和机制，这样才更有生命力。如果没有一个好的体制、机制做保障，即使规模大了但也不能做强，一加一并不能等于二。如果体制、机制好，就能收到事半功倍的效果。因此，我们在资源整合和企业重组中，一开始就要探索如何按照建立现代企业制度的要求来组建、来运作，使它保持旺盛的生命力。

（三）大力推进科技创新，实施人才战略，为企业发展构筑人才高地　科技创新是企业的生命，是企业发展的不竭动力。科技创新是靠人来实现的。各公司要通过引进和培养，造就高素质的人才队伍，为企业的长远发展提供智力支持和人才保证。

首先，要大力推进科技创新。企业要想在竞争中立于不败之地，必须提高产品的科技含量，必须把科技创新作为当务之急。我们的产业和产品只有与先进的科技相结合，才能形成自己的核心竞争力，才能占领市场的制高点。因此，各公司要高度重视科技创新对企业发展的推动作用，重视科技人才，在资金、工作条件、分配上向科研人员倾斜，为科技创新工作摇旗呐喊。有条件的公司要建立自己的研发中心，加大投入，开发具有独立知识产权的新产品，增强核心竞争能力。暂时不具备自己搞研发条件的，可通过与大专院校、科研单位合作，采取课题委托、项目合作、联办企业等多种形式，引进技术、引进成果、引进专利，为我所用。

第二，坚持以人为本，积极实施人才战略。搞好国有企业的改革与发展，关键在人。江泽民同志指出："人力资源是第一资源"。由于历史的原因，农口国有企业普遍存在着人才素质不高、数量不多、结构不合理、拔尖人才奇缺等问题，这已经成为再发展的障碍。各公司一定要制定和实施人才战略，逐步扭转这种状况。要抓住当前人力资源供应较为充裕的有利时机，引进、储备一批高素质的人才。要立足当前，着眼长远，把吸引、培养和用好人才作为一项重大战略任务，切实抓紧抓好。要根据企业发展的需要，切实加强三支队伍的建设，即：一是建立一支开拓能力强、能征善战、能驾驭市场的职业经理人队伍；二是建立一支基础雄厚、具有创新思维的专业技术人才队伍；三是建立一支业务精、技能优、敬业精神强的员工队伍。

第三，要创造引进人才、留住人才、用好人才的机制和良好氛围。要建立奖惩分明、充满活力的用人机制和激励机制，创造宽松的发展环境，用好的机制和优良的环境吸引人才、留住人才，让他们贡献聪明才智。要建立以分配制度改革为主导的人才激励机制。按照十六大确立的劳动、资本、技术和管理等生产要素按贡献参与分配的原则，完善按劳分配为主体、多种分配形式并存，效率优先，兼顾公平的分配制度。我们农口国有企业大多属于初次分配，应注意向为企业做出突出贡献的人员倾斜。对特殊人才，可以奖励期股，可以试行谈判工资，也可搞年薪制。要打破原有的论资排辈的观念和做法，根据能力大小选人用人。积极营造人才脱颖而出、健康成长的良好环境，切实把那些开拓创新意识强、懂经营、善管理的优秀人才选拔到领导岗位。引入竞争机制，坚持能上能下，做到人尽其才，才尽其用。总之，要通过实施人才战略，加快构筑人才高地，使企业在日趋激烈的市场竞争中取胜。

抓住机遇　开拓进取
努力把郊区小城镇建设成为精品小城镇

市农委副主任　赵根武

小城镇建设要按市委、市政府的要求，从建设国际化大都市和北京率先基本实现现代化的目标出发，遵循城镇建设的客观规律，解放思想、提高认识、加强领导、突出特色、优化布局、完善功能、立足当前、面向未来、统筹兼顾、综合发展，以全面促进郊区经济、社会、环境协调发展，加快郊区农村城市化步伐。

一、从实践"三个代表"的高度，充分认识加快郊区小城镇建设的重要意义

小城镇作为一定区域内的政治、经济和文化中心，对于带动和促进农村经济和社会发展，加快推进郊区城市化步伐，具有十分重要的战略意义。加快发展小城镇既是实践"三个代表"重要思想的具体体现，也是实现郊区城市化，提高郊区城市化发展水平，促进农村经济社会发展，富裕农民的现实选择，同时也是各级政府义不容辞的责任。把城镇建设好、管理好，为当地经济和社会发展提供良好的投资环境和发展环境，不断改善人民的生产、生活条件，是经济社会发展的出发点，也是广大人民群众的根本利益所在。坚持以"三个代表"重要思想统揽郊区村镇建设的全局，坚持把加快小城镇的建设与发展作为实践"三个代表"的基本切入点和有效载体，通过对"三

个代表"的学习和理解，指导小城镇建设的具体实践，不断把小城镇建设工作推向前进。

市委九届全会提出，北京要实现"城市开发建设的重点逐步从市区建设向郊区转移"。因此，郊区农村要牢牢把握这一难得的建设发展机遇，面对新世纪、开辟新境界，实现小城镇建设跨越式发展，为首都率先基本实现现代化作出新的贡献。

二、科学规划，突出特色，着力培育小城镇的发展优势

市委九届全会提出："要充分发挥规划的龙头作用，进一步提高规划的前瞻性、科学性和权威性"。在小城镇建设中，必须紧紧抓住规划这个龙头，做到高水平规划，统筹部署，协调发展。要在《北京城市总体规划》和各区县域总体规划、土地利用总体规划的指导下，做好与土地利用、交通网络、环境保护以及社会发展等各方面规划的衔接与协调。小城镇的规划要突出超前性、科学性，坚持高起点、高质量、高水平。编制规划的眼光要远，定位要准确，要勇于创新，使所编制的规划跟上时代的潮流，并应略有超前，经得起历史的检验。在小城镇规划中，要适应新形势，不断更新规划理念，注重经济、社会和环境的协调发展，合理确定人口规模与用地规模，既要坚持建设标准，又要防止贪大求洋和乱铺摊子，不能为了规划而规划。在编制规划的过程中，一定要尊重科学，相信专家，广泛听取群众的意见和建议，让群众参与，尊重群众的意愿，集思广益。规划一经批准，就具有法律效力，任何人不得随意变动，彻底改变规划跟着领导走的现象。对规划的实施，一定要实事求是，不要脱离或超越本地区经济发展水平，按照规划锲而不舍，一年一年地干下去，确保规划的顺利实施。

特色是一个城市的生命，没有特色，就没有个性，也就没有吸引力，就难以有大的发展。要结合当地实际，着眼未来发展，努力挖掘小城镇的地理、历史、文化、性质，突出民族传统、地方特色和时代精神，坚持建筑美与自然美相结合，综合运用建筑学、地景学、规划学和人文科学知识，使建筑物和城市景观有机地结合起来，精心塑造富有特色的小城镇形象。在规划、建设中，一定要充分体现"以人为本"的指导思想，要让人成为小城镇建设发展的中心，为居民提供良好的生产、社会环境，方便农民的生活，让农民有归属感和亲近感。在小城镇规划设计上，要聘请高水平的规划、设计专家参与工作，考察论证。建筑设计方案，要坚持公开招标，竞争投标，公开定标。

在编制小城镇规划时努力处理好以下几个关系：一是必须站在服务首都、服务郊区、城乡一体化的高度，合理确定小城镇的发展规模、用地规模、路网、基础设施以及生态环境保护规划；二是把握好小城镇的规划组织结构，使小城镇自身有一个科学合理的功能构成，为郊区"城市化"奠定基础；三是要因地制宜，各具特色，提高小城镇的单体设计水平，充分挖掘小城镇的文化内涵，提升小城镇的韵味。

三、调整结构，优化布局，繁荣小城镇经济

充满活力的经济是小城镇繁荣的前提和基础，也是小城镇持续健康发展的根本保证。繁荣小城镇经济，要以市场为导向，立足当地优势，挖掘自身潜力，大力发展特色经济，培育自己的主导产业，加快小城镇支柱产业的形成和快速发展，只有这样，才能培植小城镇稳定的财源，增强小城镇的内在活力。在小城镇发展中，开发什么样的产业，必须从当地实际出发，作到以下几点：一是有利于充分利用当地资源，带动相关产业发展；二是有利于促进农村经济结构调整，带动农民增收；三是有利于培植财源，带动财政增收；四是有利于城乡资源互补，提高郊区城市化水平。

繁荣小城镇经济要做到五个结合：一是要与农村产业结构调整相结合，发展符合首都经济特点的二、三产业。小城镇要依据本区域市场、资源特点，选准主导产业，合理规划产业结构和产业布局，提升和完善经济服务功能，积极拓展城镇在聚集人口、产业、资金、技术、信息等功能方面的优势，引导当地产业结构向二、三产业转移。二是与农业产业化相结合。要在小城镇积极培育农副产品加工企业、专业市场、中介组织等多种类型的产业化龙头，把小城镇建设成为农副产品加工和销售的中心，农业产业化的信息、金融、技术服务中心。三是要与乡镇企业发展壮大相结合。要充分发挥小城镇聚集产业、资金、人才的优势和基础设施共享的便利条件，引导乡镇企业向小城镇集中，使乡镇企业利用小城镇相对优越的经营环境，调整结构，完善机制，创新技术，增强活力，解决乡镇企业发展中的深层次矛盾，改变郊区二、三产业布局分散的状况。四是要与加入世贸组织、筹办奥运会，以及北京四级城市体系布局、统筹城乡经济的发展机遇和发展思路相结合。抓住城市工业和其他经济资源向郊区转移的有利时机，大力发展符合首都经济要求的二、三产业，增强小城镇的经济功能。五是要与个体私营经济的大发展相结合。个体私营经济资金来源广泛，投入成本低，吸纳劳动力多，是小城镇经济发展中不可缺少的组成部分。小城镇要敞开城门，降低门槛，放宽政策，积极鼓励和吸引广大农民和社会各界进镇投资兴业。

四、配套设施，完善功能，提高小城镇的建设和管理水平

小城镇建设，一定要有超前意识。在建设中要加大基础设施建设力度，在水、电、气、热、路、通信、商贸市场、居住小区的建设上下功夫，提高小城镇建设的科技含量。在绿化、供水、排污、道路铺

设、路灯安装等方面的配套和完善上花力气，不断完善小城镇的服务体系，强化小城镇的吸引力和辐射力，改变小城镇设施落后的面貌。在建设中一定要实事求是，量力而行，防止不顾条件，相互攀比，一哄而起。各级政府要加大中心镇建设的支持力度，保障市政府基础设施专项资金和区县配套资金的足额到位，防止挪用和挤占。对列入中心镇的小城镇，其建设用地新发生的土地出让金及其他有偿使用收益，要全额留给镇级财政，统一用于小城镇基础设施和公共服务设施的建设。

在小城镇建设中，要注重建筑物的艺术质量，做到“高质量建设”，不能再搞那些千篇一律的火柴盒式或“克隆”式的建筑。要搞艺术家的建筑，不搞泥瓦匠建筑。建筑物是否与小城镇整体设计、环境布置相协调是衡量建筑物艺术质量高低的重要标志。建筑物的艺术品位是百年大计，特别是标志性建筑更要讲究艺术品位和风格。同时，我们要进一步强化小城镇建设项目的管理和监督，所有项目都要纳入建设市场统一管理，确保工程质量，坚决杜绝“豆腐渣”工程。

管理水平的高低，直接关系到城市运行效能的优劣。因此，各级政府要加强对小城镇的管理，做到建管并重，依法管理。通过管理促建设，通过管理促发展，通过管理树形象。搞好小城镇的环境综合整治工作，按照“净化、绿化、亮化、美化”的要求，切实改善小城镇的整体形象，努力提高小城镇的运行效能。

五、解放思想，拓宽渠道，建立多元化投融资机制

资金不足是制约小城镇建设与发展的主要因素之一。要进一步解放思想，转变观念，按照市委九届全会提出的“积极探索、科学确立‘经营城市’的新理念，努力开辟市场经济条件下城市发展的新路子”的要求，大力推进小城镇经营机制的创新。要改变目前主要依靠政府投资搞建设，转移到主要依靠政策、面向市场筹措资金，逐步建立起以市场筹措为主、国家扶持为辅、企业和个人积极参与、利用外资等多元化的投融资机制。要大胆尝试和积极探索将小城镇建设当作一项新兴产业，把城镇当作一笔巨大的资产来经营的市场化运作思路，走“经营城市”的路子，靠租赁、拍卖、招商生财，靠政策、机制聚财，多方面筹措资金，来加快小城镇建设的速度，解决小城镇建设资金不足的矛盾。小城镇的公共基础设施建设，可以按照“谁投资、谁受益”的原则，实行有偿使用。

同时，小城镇政府也要适应加入世贸组织的挑战，转变政府职能，渐渐地从政府大包大揽中解脱出来。要用社会主义市场经济发展的原则指导我们的规划、建设和管理，避免“小而全”、政府办社会的现象。要不断解放思想，拓宽筹集资金的渠道，走市场化运作的路子，下大力气组织搞好基础设施和公共服务设施的建设，为招商引资、发展经济、改善居民的生产、生活创造良好的条件，推动小城镇建设的良性循环和可持续发展。

六、下大力气切实抓好小城镇的生态建设和环境保护工作

环境也是生产力，它关系着小城镇能否实现可持续发展。小城镇的优势从某种意义上讲就在于环境。近年来，随着本市农村经济的快速发展，郊区小城镇建设取得了长足的进步，特别是在基础设施建设、招商引资等方面效果十分明显。但是，在小城镇的建设发展过程中，也不同程度地存在着污水和垃圾等环保治理设施建设滞后于其他基础设施建设的情况。为了贯彻落实市委30号文件精神和市政府领导关于加快小城镇环保设施建设的指示精神，根据北京市“十五”发展规划和生态保护、生态建设规划，郊区33个中心镇到2005年，生活污水基本实现达标排放；绿化覆盖率要达到50%以上，人均公共绿地面积达到20平方米。今后各中心镇每年都要建设一项环保基础设施，位于北京市水源保护区的中心镇（试点镇），力争在2004年前建成污水处理设施，并因地制宜的做好污水处理后的回用工作。同时，各区县政府要加强对中心镇环境保护工作的领导，制定计划，明确责任，落实任务，以实现小城镇可持续发展。

小城镇建设工作，任务繁重，责任重大。要进一步增强使命感和紧迫感，认真贯彻党的十六大和市委九届会议精神，切实转变工作作风，认真研究解决小城镇建设发展中的新情况、新问题，适应入世和筹办奥运会新形势的要求，统一思想，振奋精神，不断增强我们的创新意识和开拓精神，经过3～5年的努力，到2008年，将一批规模适度、规划合理、功能健全、环境优美，具有较强辐射和带动能力的中心镇建设发展起来。

围绕发展主题 创建一流环境

市农村纪律检查工作委员会书记 高 华

发展是党执政兴国的第一要务。市委九届二次全会把“加快发展作为今年全市工作总的基调”，市郊区工作会议对统筹城乡经济和社会发展，推进农业现代化、郊区工业化、农村城市化，全面建设小康社会做出了全面部署。落实市委的指示精神，农口各级纪检监察机关必须紧紧围绕发展这个执政兴国的第一要

务，把优化发展环境作为履行职能的突出方面来抓。按照党中央确立的反腐败指导方针，在各级党委的领导下，以新思路开拓新领域，以新突破开创新局面，以新举措夺取新成效，以优良的党风、政风和社会风气为郊区经济快速发展，创造一流的环境，为率先基本实现现代化提供政治保证。

一、强化干部管理监督，努力建设高素质的干部队伍

高素质的干部队伍，对优化郊区发展环境具有决定性作用。提高领导干部素质，改进领导干部作风，是优化发展环境，率先基本实现现代化的重要保证。各级纪检监察机关必须围绕把干部队伍建设成为勤政爱民、廉洁自律，开拓创新的队伍这一目标要求，创新举措，大力加强干部队伍建设。

（一）创新教育监督　要以自律意识教育为基础，强化自我监督。在农口广大党员干部中深入开展以“优化发展环境，当好人民公仆”为主题的党员先进性教育和传统教育，使各级党政干部做到“两个务必”，严守思想防线，做到执政为民。要以讲政治为基点，强化组织监督。开展廉政谈话、廉政宣誓、廉政述职、廉政考察和诫免谈话，倡导领导干部做“八个坚持”的模范，“八个反对”的表率。要以民主集中制为主要形式，强化班子内部监督。建立健全领导与群众相结合的决策机制，逐步完善民主科学决策制度，确保重大事项、重大问题、重要人事任免由集体决策，防止独断专行，权力个人化。要以畅通渠道为切入点，强化群众监督。要建立健全群众对干部管理监督的参与机制，并落实群众对权力配置、权力运行、权力使用等情况的知情权、参与权、选择权和监督权，防止干部脱离群众。要以经济责任审计为手段，强化财经纪律监督，对领导干部行使的事权、财权进行监督和审计，防止有法不依，以权谋私，为政不廉问题的发生。

（二）创新机制制度　在完善领导干部重大事项报告、任期经济责任审计的基础上，要进一步规范党政领导干部和企业领导人员行使权力的行为，形成有效的制约机制，确保党政机关领导干部的公务活动、国有企业领导人员的业务活动在各项制度的约束下、在公开透明的监督下得以健康进行。特别是要积极推进“阳光工程”，防止权力暗箱操作。做到凡与群众生产生活密切相关的公共服务、公益事业和重大项目实施听证、论证、公示制度和社会服务承诺制度，重大政策调整和重大服务决策定期向社会公布信息，加大公开力度。凡可公开运行的权力，都要公开操作，凡与群众密切相关的事情，都要公开办理，凡应接受社会和群众监督的问题都要公开到位。

（三）创新监察工作　要紧紧抓住领导干部行政行为中群众反映强烈、损害政府形象、影响发展环境的突出问题，深入开展行政监察。突出解决行政审批中滥用职权、刁难企业，不给好处不办事，给了好处乱办事等违纪违法行为；解决行政执法中的随意性、以权谋私、不文明执法等问题；纠正有令不行、有禁不止、执法不严、政纪松弛的现象，促进行政机关领导干部及其他工作人员在行政审批、社会管理、市场监管和公共服务工作中依法、廉洁、务实、高效地履行职能。要围绕整顿和规范市场经济秩序、经营性土地使用权出让招标拍卖、建设工程项目招投标、政府采购、产权交易进入市场、投资软环境综合整治等专项工作认真开展执法监察，督促领导干部严格约束经济行为，带头执行中央、市委关于严格自律的各项规定。要围绕重大决策的贯彻落实和政府的中心工作，积极开展效能监察，确保政令畅通。严肃查处因官僚主义、失职渎职造成的重大安全事故问题。

二、采取有效措施，坚决纠正部门和行业不正之风

行业风气事关地区形象，事关发展大局。全力建设人气旺、风气正、景气足的郊区社会环境，是实现郊区快速发展的迫切要求。各级纪检监察部门必须把行风建设作为促进发展的前奏曲吹好。紧紧抓住损害群众切身利益，严重影响发展环境的突出问题，加强专项治理。

（一）扎实做好行风“双评”工作　要以经济管理部门、行政执法部门、公用事业单位和垄断性行业的基层窗口为重点评议对象，把“工作作风、服务态度、办事效率、依法行政、勤政廉政”作为行风评议的重点，深入开展企业评政府、市民评政府、网上评政府等多种形式的行风评议活动，评议最好、最差的部门和个人，同时，建立实施“查实处理”和“末位淘汰机制”，以切实解决一些部门和单位“门难进、脸难看、事难办、效率低、不作为”的问题，促进其转变职能，改进工作作风，创新行政管理，提高工作效率，降低行政成本。使广大干部真正树立起“立党为公、执政为民”的思想；树立起“人人都是环境，党风政风行风也是环境，环境就是生产力的观念”；“每一个公务员都代表政府形象，每一个部门都是投资环境的观念”，自觉做优化发展环境的倡导者、推动者、实践者，以更周到、更细致、更人性化的服务，为国内外各类投资者创造一个良好的投资环境，构建一个有竞争力、亲和力的平台，为郊区发展实现新跨越做出自己的贡献。

（二）深入治理教育乱收费　教育涉及广大群众的切身利益，同时也影响一个地区的投资环境。要坚决治理教育乱收费，落实中小学实行义务教育“一费制”，严格规范学校的收费行为，坚决禁止和纠正中小学擅自设立的收费项目，提高收费标准和扩大收费范围的收费行为；严格执行公办高中招收择校生“限分数、限人数、限钱数”的政策，严肃查处巧立名目收取赞助费、建校费和捐资助学费等违反规定的乱收费行为，要进一步落实教育收费公示制度，通过强有力的措施，把人民群众和投资者多年反映的这一老大

难问题解决好。

（三）做好减轻农民负担工作　减轻农民负担是实现城乡一体化协调发展的基础性工作，是实现郊区经济快速发展的必要条件，是优化发展环境，全面提升郊区综合竞争力的重要举措。为此，必须把此项工作落实好，以最大限度的把农民群众发展生产的积极性调动好、发挥好、保护好。一是要全面推进农村税费改革，从根本上理顺国家、集体和农民的利益分配关系。二是要严格执行减轻农民负担的各项政策规定。三是要加强对农村用电收费、农民建房收费、农村生产经营过程中的收费、土地征用中拖欠农民补偿费问题进行专项治理。四是坚决纠正和取消面向农民工的不合理收费。五是全面实行农村报刊费用限额制、涉农税收、价格和收费公示制、涉及农民负担案（事）件责任追究制。

三、深化三项改革，积极推进源头预防和治理腐败工作

权力腐败是优化环境的大敌，是加快发展的最大障碍。要营造一流的发展环境，加快郊区经济发展，必须把环境治理与源头预防和治理权力腐败紧密结合起来。

（一）加快行政审批制度改革，加强对审批权的制约　一是要以转变政府职能，改善行政管理，优化投资环境为目标，进一步清理和精简审批事项。要坚决冲破一切妨碍发展的思想观念，坚决改变一切束缚发展的做法和规定，坚决铲除一切影响发展的体制弊端，坚决取消一切没有审批依据的、影响市场开放和公平竞争、影响投资和消费环境的行政审批项目。凡能够用法律、法规来规范的都要依法行政；凡能够用市场机制运作的，都要用市场机制运作；凡能够由中介组织承担的技术性、服务性、协调性工作，都要交给社会中介组织和社会公共服务组织。二是要以巩固完善区县行政审批服务中心和加强街道（乡镇）便民服务中心建设为抓手，优化行政审批服体系。积极推行全程办事代理制和网上审批，减少办事环节，提高工作效率。要继续健全和完善行政审批投诉制度，对乱设审批项目、违反审批程序的行为，要严格进行责任追究。三是要强化用市场手段配置资源的作用，按照公开、公平、公正的原则，进一步完善建设工程项目招投标、经营性土地使用权出让招标拍卖、产权交易进入市场和政府集中采购四个市场。各级纪检监察机关要加大监督检查力度，与有关职能部门形成合力，为上述改革的健康推进创造良好条件。

（二）深化财政管理体制改革，加强对财权的监管　要坚持该进入的必须进入，暂时不能进入的要加快进入的原则，进一步落实“收支两条线”规定，把所有行政事业性收费全部纳入财政预算；积极推进地区会计服务中心建设，实行会计集中核算制度。扩大国库集中支付范围，认真清理和规范政策外补贴，严禁设立“小金库”。要切实加强农村财务管理，围绕农村经济的发展，确立农村集体资产与财务管理工作的目标；要适应农村公有制新的实现形式，探索农村集体资产与财务管理的有效方式；要用改革创新的精神，解决农村集体资产与财务管理的突出问题；要结合管理手段的改进，提高农村集体资产与财务管理的工作水平。在这方面郊区县有条件的农村要结合实际，大力推进“村账双审”、“村账托管”及农村财务电算化管理。农口各总公司要认真贯彻落实《国有企业大额资金使用监管的暂行规定》，严格资金管理，有条件的企业要建立内部财务结算中心，将分散的规模较小的企业的财务集中管理，以防止资金滥用。

（三）积极推进干部人事制度改革，强化对干部选拔任用工作管理　要认真贯彻《党政领导干部选拔任用工作条例》，规范干部选拔任用程序，深化干部人事制度改革，强化民主推荐、民主测评、民主决策等关键环节；要继续扩大任前公示制、公开选拔制和竞争上岗制度的使用范围。要建立干部选拔任用工作的监督制度和用人失察失误责任追究制，要逐步推行干部考察预告制度、差额考察制度、考察结果预报制度和领导干部引咎辞职、责令辞职等制度。建立由组织、纪检监察、审计等部门参加的干部监督工作联系会制度，全面推行处级以下党政干部经济责任审计，把审计结果充分运用到干部任用和奖惩中，通过落实上述干部人事制度改革，保证以好的作风选人，选作风好的人，切实解决用人上的不正之风和腐败现象。

深化集体经济产权制度改革和管理体制创新　增强集体经济实力

市委农工委委员　张　新

北京市现有198个乡镇集体经济组织，4 000多个村经济合作社。近年来，在郊区农村城市化进程不断加快的新形势下，市委农工委、市农委全面贯彻“三个代表”重要思想，大力推进郊区集体经济产权制度改革和管理体制创新，激发集体经济活力，增强集体经济实力，进一步发挥了集体经济促进郊区城市化进程、增加农民收入、维护社会稳定的重要作用。

一、不断深化集体经济产权制度改革

改革开放以来，郊区集体经济发展很快，到目

前，全市集体资产总额达到 1 300 多亿元，集体经济总收入达到近千亿元，分别比 1995 年增长了 1 倍多和 50%以上。但是，随着市场经济的建立，农村城市化进程的加快和多元化投资主体的不断形成，集体经济产权不明、运行不灵、监督不力、利益分配不合理的问题日益突出。一些地方民主决策与民主管理流于形式，集体资产流失严重；一些地方集体经济萎缩，基层组织的凝聚力下降。城市化进程较快的城乡结合部地区，农民要求分集体家底，上访不断，严重影响社会稳定。郊区在集体经济发展上存在的这些问题，原因是多方面的，但根本原因是尽管近些年来我们也注重了集体经济的产权制度改革，注重探索市场经济条件下农村集体经济的新的实现形式，但由于产权改革不到位，广度深度不够，集体经济产权不清、所有者不明、农民没有真正成为集体经济主人等弊端还没有得到真正的解决。农村集体经济在市场经济新形势下继续生存和发展，就必须对现行产权制度进行彻底改革。通过改革，健全集体资产所有者主体，明晰集体资产所有权，变集体共同共有为社员按份共有，建立起适应郊区城市化进程和社会主义市场经济要求的、充满生机和活力的集体经济产权制度。

改革中要求必须坚持五项原则：一是保护和发展生产力的原则。改革的目的是促进地区经济的快速发展和农民的尽快富裕。因此明确，不能以改革为名，将已经形成的集体资产分光吃净，凡是有条件的地方都要走股份制或股份合作制路子，实现既明确农民对集体资产的所有权，又能使集体资产集中起来办大事，不断拓展投资领域，实现集体资产的保值增值。二是保护所有者权益的原则。集体资产是本集体经济组织成员共同劳动积累的成果，集体经济产权制度改革一定要在现有核算单位的基础上进行，不要打乱现行的所有制，坚决反对以改革为名平调集体资产、剥夺所有者权益。三是尊重和保护集体经济组织成员民主权益的原则。改革是农民自己的事，各级党委政府要积极引导、大力帮助，但不能强迫命令、包办代替，更不能少数干部说了算。改革中，要充分听取广大农民群众的意见，做到公开、公平、公正，不能搞暗箱操作。四是实事求是因地制宜的原则。郊区既有城乡结合部地区，又有平原地区，还有大面积的山区，各地区经济发展水平差别很大，集体经济实力很不平衡，存在的矛盾问题和农民的要求很不一样。因此，在集体经济产权制度改革中，要求采取不同的形式和办法，允许各乡各村改革政策和办法有所区别，各地互不攀比，不搞“一刀切”。而且改革要从试点入手，取得经验后再逐步推开。五是维护社会稳定的原则。要求在改革中稳妥处理各种矛盾和问题，协调好各方面的利益关系，对重大政策性问题要在认真调查研究的基础上提出解决办法，确保改革平稳进行。

在坚持上述原则的前提下，郊区的农村集体经济产权制度改革大致采取了以下五种形式：一是社区股份合作制。一般设置集体股、个人基本股和劳动贡献股。个人基本股，以现有农业户籍人口进行部分集体净资产的量化。个人劳动贡献股，根据自农业合作化以来，社员在集体经济组织从事生产劳动的年限进行部分集体净资产的量化。二是社区型企业股份合作制，采取社员集资入股的方式或者集资入股与集体配股相结合的方式设立或者改制设立股份合作制企业。三是土地股份合作制，在明确社员土地承包经营权的基础上，进一步将土地承包权转化为土地股权。四是股份制，按照《公司法》的规定，将原集体经济组织改建为股份有限公司或者有限责任公司。五是社区集体经济组织与其他社会法人或者个人共同投资组建跨地区、跨所有制的新型经济组织。在进行产权制度改革过程中，注意解决农民的就业问题和社会保障问题，以确保农民的利益和社会的稳定。

二、进行集体经济管理体制的创新

郊区农村集体经济不但需要建立明晰的产权制度，同时还要建立科学的管理体制。这几年，郊区认真抓了集体经济组织的制度建设，建立了民主选举制度、村务公开制度、民主决策制度等等，在使农民真正成为集体经济的主人上有了一定的进步。就郊区来说，农村集体经济财务管理一直是社员群众关心的热点问题。近年来，随着集体经济经营范围的扩大，集体资产经营方式的变革，集体财务管理中暴露出的问题越来越多。特别是城市建设征地后，集体土地大量变现，土地征占、出租收入管理薄弱，引发了一系列矛盾。因此，各地把进行财务管理制度的改革，作为农村经济管理体制改革的重要内容。

一是建立健全民主理财制度。村合作社管理委员会定期向社员代表大会报告财务收支情况，并张榜公布，接受监督。村合作社普遍建立了民主理财小组，对村内各项开支或随时逐项审定或集中审定，经理财小组审定后的开支才得到认可。

二是实行村账托管。在不改变村经济合作社资产所有权和经营权的前提下，经村经济合作社社员代表大会民主讨论决定，将村经济合作社的财务会计工作委托给乡镇会计服务中心负责。村内经民主理财小组审查后的单据，再经乡镇会计服务中心审查合格后方可正式入账。截止到 2002 年底，郊区已有 8 个区县的 54 个乡镇对 1 025 个村实行了村账托管，占全市村合作社的 25.5%。

三是建立健全集体经济审计监督体系。市人大颁布了《北京市农村集体经济审计条例》。去年市农委下发了《关于进一步加强农村集体经济审计工作的通知》。全市建立起由市、区、乡和村四级农村集体经济审计机构组成的农村审计监督体系。仅 2002 年就对 9 000 多个集体经济组织和集体企业进行了审计。

三、进行农村集体经济经营管理手段的创新

在加快城市化的进程中，不但要实行集体经济产

权制度、管理体制的改革，还要创新现代化的管理手段。因此，自2001年以来，郊区在深化改革的同时，把信息化手段应用到农村集体经济管理中去。市经管站组织力量，研制开发了《北京农村管理信息系统》。这个系统以集体经济财务管理为切入点，遵循郊区农村经济、社会的内在联系，共设置了经营管理、人口管理、资源管理、党群管理、社会事务管理、档案管理以及村务公开等八个模块，可以实现农村基层组织对人、财、物进行全面综合管理。这套系统已经通过中国软件评测中心测试鉴定，并在昌平区北七家镇试运行成功。市委农工委、市农委已经下发了文件，召开了现场会，要求在全市范围内扩大试点范围。现在各区县对这项工作高度重视，试点工作进行得很顺利。到2002年底，全市已有805个村的集体经济管理基本实现了电算化。

虽然郊区农村集体经济改革还不够深入，但效果已经显现出来。一些地方的实践已经证明，通过改革，激发了集体经济活力，壮大了集体经济实力，增加了农民收入，保持了农村社会稳定。以改革较早的丰台区果园村为例，集体净资产2002年超过8亿元，比改革前的1995年增长了7倍；昌平区北七家实行村账乡管并实行信息化管理后，农民因财务管理引起的上访下降了91%。下一步郊区下力量推进农村集体经济产权制度改革的管理制度、手段创新工作，扩大试点范围，不断总结经验，一定把这件大事抓好，为全民建设小康社会创造条件。

实施山区搬迁工程的重要性及政策建议

市农委委员　刘春广

根据刘淇市长“对山区贫困户，可能还有个‘下山’问题”的批示，市农委、市财政局对边远山区农民搬迁情况进行了调研。通过此次调研，我们认为在山区实施新一轮的搬迁工程是新时期北京山区建设的战略性决策，对加快山区农民增收致富步伐、推动山区城镇化进程、保护首都生态环境、实现山区跨越式发展具有重要意义，在山区实施搬迁工程势在必行。

一、京郊山区的基本情况和三次搬迁工程回顾

1. 京郊山区的基本情况。北京山区面积1.04万平方公里，占全市国土总面积62%。西部为太行山脉、东北部为燕山山脉，两条山脉交汇于昌平区南口镇关沟。山区外围线从房山区十渡镇到平谷区金海湖全长710公里，呈扇状半环京城。

全市有7个区县、89个乡镇、1 673个村委会地处山区，有45万农户、129万人。市委、市政府根据地处偏远、经济和社会发展水平落后等条件，从89个山区乡镇中选定49个为市定边远山区乡镇，作为山区工作的难点和重点。市定49个边远山区乡镇辖7 211平方公里，占整个山区面积的69.33%。辖区内有行政村920个、20万户、55万人。

在市委、市政府的正确领导下，山区经济和社会都取得了较大发展，山区农民的生活已经基本步入小康。但是由于受地理、环境、资源和农民自身因素的影响，部分山区的经济和社会发展与郊区整体发展水平相比，差距越拉越大，甚至发展出现停滞状况。通过调查我们发现，造成这部分地区发展落后和停滞的主要原因是缺乏生产、生活所必须的基本条件。如果对这部分人和地区采取常规的扶助措施，常常是久扶不富。通过实践，市有关部门和区县负责同志一致认为，对这些地区的农户搬迁是一项解决发展的根本性措施。

2. 山区搬迁工程回顾。从1994—2000年，山区已实施了三次搬迁。第一次是1994—1997年实施《北京市边远山区“四四”奔小康攻坚计划》中对泥石流一类险区险村险户和生产生活条件的恶劣农户的搬迁，有2.04万户、6.42万人；第二次是1995—2000年对密云水库移民的搬迁，有4 268户、1.25万人；第三次是1996—1998年对房山、门头沟两区采空区农户的搬迁，有2 419户、7 273人。

三次共计搬迁2.71万户、8.4万人，涉及69个山区乡镇、580个行政村、980个自然村（其中整建制搬迁的有28个行政村、77个自然村）。政府对搬迁累计投入资金4.22亿元，其中市财政设立专项搬迁资金，投入3.44亿元，占82%，区县匹配资金7 822万元，占18%（市级投入补助标准是：对山区险村险户或生活恶劣农户每户补助4 000元，对密云水库搬迁每人补助1万元，对采空区补助1万元）。

已经实施的山区搬迁工程取得了较好效果。据统计，搬迁使8.4万农民得到了“安居”，山区人口机械减少了10%，山区农民人均土地资源占有量增加了11%，山区搬迁农民收入提高了50%，搬迁对山区农民收入提高的贡献率达到40%以上。

因客观原因，已实施的三次山区搬迁工程主要是以安全、避险为目标，没有把山区农民增收致富、产业调整、城镇化建设和生态环境保护等作为重点，搬迁工程的重要作用没有得到充分体现。

二、实施山区新搬迁工程的重要性

面对新世纪、新奥运、新北京，实施山区新的搬迁工程具有重要意义。

1. 实施山区搬迁工程有利于促进山区农民增收致富。据2001年统计，郊区116个年人均可支配收

人2 500元以下的低收入村全部在边远山区乡镇，市定49个边远山区乡镇农民人均可支配收入3 783元，比全郊区农民人均可支配收入5 099元低四分之一，比全市城镇居民可支配收入11 578元低三分之二。经测算，实施新的搬迁工程，可使山区这些欠发达地区的农民迅速溶入相对发达地区的经济发展中，实现发展和致富。浙江省的搬迁经验表明，通过搬迁可由“山上几百年贫困”实现“搬迁三五年致富”。

2. 实施山区搬迁工程有利于保护首都生态环境。山区是首都第一道绿色屏障，防风、固沙及水源涵养是山区的首要功能。保护好山区的生态环境，是北京城市建设发展的需要，是北京举办2008年绿色奥运的保证。据中国林科院测算，山区一亩林地可以拦截泥沙0.8吨、保土1.3吨，保护山区林地面积，对于调节气候条件、改善水环境和减少泥石流都有重要作用。实施新的山区搬迁工程，可以使3 000多平方公里的山场和林地得到更好利用，可以使山区547条小流域和70多条二级河流得到有效保护，将对首都生态环境、水源涵养、绿色屏障等方面产生深远影响。

3. 实施山区搬迁工程有利于加快山区城镇化进程。新的山区搬迁工程涉及786个自然村，这些村基础设施条件差、缺乏发展空间。通过搬迁对这些村进行撤并，依托山区中心村镇建设，走人口聚集、资源聚集、资金聚集、产业聚集跨越式发展的路子，加快山区小城镇的发展。同时，在保护山区生态环境的前提下，科学规划一批最佳人居环境居住区，可以满足城市居民对第二居住所的需求，合理分流城市人口，缓解城区人口压力。

4. 实施山区搬迁工程有利于整合优化资源配置。通过搬迁使山区按生态、生产、生活、休闲等不同功能进行重新整合，资源配置进一步优化，作用得到更充分的发挥。怀柔区雁栖镇西栅子村地处黑驼山自然风景区，全村146户，与北京一家公司合作，进行搬迁，把原村开发建成了“民俗旅游村”，实现经济和环境的协调发展。房山和门头沟两区因国家关闭“五小”矿点和环境保护政策的影响，采空区的农民生活、生产难以维持。实施搬迁，不仅可以彻底改变这些地区的现状，而且国家的产业政策将得到更好地执行，生态环境得到更有效的保护。据市统计局调查，有60%的市民愿意到京郊山区休闲旅游，搬迁对这一市场的开发将起到积极的推动作用。

5. 实施山区搬迁工程可以提高政府对山区建设投入资金的使用效率。为解决山区存在的人畜饮水难、出行难、通讯难、看病难、上学难、看电视难、安全保障难等“七难”问题，政府投入了大量资金，但成效不大。在1996年和1997年为解决山区人畜饮水困难问题，投入6 000万元打了168眼岩石井，因山区旱情严重，大部分井水位降低，提水成本太高而吃水仍有问题。面对这些困难，许多干部和群众已经深刻认识到，在对特殊地区的发展措施选择上，“修一条路、打一眼井，不如搬一个村”，“扶贫经济不如移民开发经济”。

三、实施山区搬迁工程的政策建议

山区搬迁工作要以江总书记“三个代表”的重要思想为指导，按照首都率先基本实现现代化的要求，充分发挥山区在首都经济建设中的功能和作用，并坚持可持续发展战略，进一步拓展山区发展思路和渠道，整合优化资源配置，促进山区绿色产业发展和生态环境建设，加快山区小康社会建设步伐。制定的搬迁政策要坚持“五项原则”：一是坚持政府扶持，农户为主体的原则。政府要加强搬迁工作的政策引导和协调服务，搬迁所需费用和投入要坚持农民为主，鼓励农户自力更生。二是坚持统筹规划，公正公开的原则。认真做好搬出、迁入规划，确认搬迁户和所扶持政策要公开、公正。三是坚持形式多样，因地制宜的原则。区县要根据实际情况制定搬迁的办法和细则，因地制宜，鼓励多种形式搬迁，防止一刀切。四是坚持合同管理，依法办事的原则。搬迁户与区县和乡村要签订搬迁协议，明确搬迁中所涉及的问题及政策，确定山区资源与集体资产处置办法。五是坚持加快发展，富裕农民的原则。要把搬迁作为富民工程来抓，进行全程管理和服务，使搬迁农户搬得出、稳得住、能致富。

1. 明确搬迁工作范围和目标。搬迁对象是指生活在山区的险村、险户和生产、生活条件恶劣的农户。目前险村险户主要指生活在采空区、泥石流易发区的农户，生活、生产条件恶劣的农户是指生产资源严重不足，人畜饮水困难，缺乏致富产业的农户。山区搬迁工程的目标，就是通过实施搬迁，要彻底改变采空区、泥石流易发区和生产生存条件恶劣地区农民生活条件，基本解决边远山区生存险恶、缺乏资源和居住分散而出现的生活、生产困难。

按上述目标，我们通过对市定49个边远山区乡镇调查统计，需要搬迁的共有461个行政村的21 500户，65 774人。其中，采空区搬迁3 814户，10 609人；泥石流易发区搬迁13 274户，39 175人；生产生存条件恶劣地区搬迁4 412户，15 990人。

2. 搬迁工作的方式和时限。搬迁在各自区县范围内进行。对采空区、泥石流易发区等影响群众生命财产安全的地区的农户采取整建制搬迁，对生产、生活条件恶劣地区的农民，采取政府组织搬迁、合作开发搬迁和自愿分散搬迁等办法迁移。

考虑到搬迁成本随时间上涨和2010年首都率先实现现代化的紧迫性，整个搬迁计划用3年（2003—2005年）完成，每年搬迁7 167户，21 925人。

3. 制定搬迁工作的相关政策。

（1）市设立边远山区搬迁专项资金。参照全国搬迁平均每人5 000元的标准，以及山区农户户均资产的现状，建议市政府对搬迁农户每人补助6 000元，按三年搬迁计划，预计每年安排资金1.32亿元，共需安排资金3.96亿元。此项资金作为农民搬迁安置费，由市财政局编入预算列支，一部分争取国家京津风沙源治理工程中生态移民专项资金的支持。

（2）努力创造条件帮助搬迁农民就业。通过调查发现搬迁人群的文化程度平均小学水平，受教育程度平均不到7年，就业技能缺乏。帮助农民“乐业”是此次搬迁工作的主要目的。因此，我们建议市财政安排一定的资金扶助搬迁农户搬迁后发展主导产业、乡镇工业小区基础设施建设、人员就业技能培训、科学技术推广等项目，保证搬迁农户的就业和增收。此项资金建议每年安排4 000万元，连续安排3年，其中市支农资金安排2 000万元，市计委安排2 000万元。

对搬迁农户从事个体经营的，按照《国务院办公厅关于下岗失业人员从事个体经营有关收费优惠政策的通知》的规定，减免有关税费。

（3）搬迁农户现有的资源性资产（如耕地，林场，山地）处置可采取多种方式进行。由于资产处置涉及农民和搬迁乡镇的切身利益，因此我们建议区县制定本区县搬迁资产处置的详细办法，办法要保证搬迁农民的利益。要运用市场手段，实现资源合理置换。如：实行有偿流转的开发性搬迁。建议对在搬迁地实施经营性的绿色产业项目，绿化建设用地面积在6.67公顷（100亩）以上的，允许有8%～10%的土地用于与绿色生态建设相适应的建设项目。流转获得的收入必须用于搬迁农户平衡搬迁。搬迁涉及的山场、林地，已列入国家和市、区县产业发展扶持项目及退耕还林工程计划的，搬迁后继续享受原政策。

（4）实施搬迁工程要同小城镇发展相结合。对搬迁到卫星城和小城镇的农户，可享受小城镇“农转非”户籍政策。对搬迁农户购置的商品房，可实行成本价，并按搬迁农户购买的面积减免（退还）开发商有关税费。对农民自建房屋用地或集中兴建的搬迁农民居住区用地，接收迁入的乡镇要参照当地农民的宅基地用地标准安排建房用地，用地指标由区县规划和土地部门通过置换、周转等办法合理安排。对需要新征地建房的，政府减免耕地开垦费、防洪费、耕地占用税、超转补助费等相关税费。

（5）区县政府要成立组织，安排一定搬迁资金，研究制定相关政策，确保完成搬迁的任务。区县财政要安排搬迁资金，重点用于搬迁户安置费补助、加强基础设施建设和扶持农户增收等项目，对搬迁户就业和子女入学等问题，要制定优惠政策给予照顾。

此外，为保证搬迁工作的顺利实施，建议市和区县政府成立边远山区搬迁工作领导小组，建立政府主管、部门参与、社会协助的工作机制。区县政府对搬迁中涉及的土地流转、搬迁农户就业、资源重新配置、合作开发等问题，结合本区县的实际，制定出规划和意见，确保边远山区搬迁任务顺利完成。

农民专业合作经济组织发展与探索研究

市农委委员　张贵忠

如何发展农业农村经济、增加农民收入，这是我们必须面对的农业农村工作主题。为此，我对郊区农民专业合作经济组织发展的进展情况进行了调研，对农民专业合作经济组织的发展情况与成效、发展模式与方向、扶持引导的政策措施与办法等进行了研究探索。

一、郊区农民专业合作经济组织建设进展情况

农民专业合作经济组织的发展过程大体经历三个阶段：一是自发组织阶段。80年代末90年代中期，随着农业和农村经济的发展，京郊农村涌现出一批专业户，他们为了发展商品生产，产生了互助合作的需求，组织起各种服务组织，以各类专业协会提供技术服务为主。二是起步阶段。90年代中后期，为适应市场经济发展，解决大市场与农户分散经营的矛盾，在总结实践经验的基础上，市政府提出提高农民组织化程度，发展专业合作经济组织，各区县积极进行扶持，特别从1999年开始，市委农工委、市农委每年召开一次全市农民专业合作经济组织工作会，从而使农民专业合作经济组织得到进一步发展。三是初步发展阶段。2001年，在总结各地经验的基础上，为进一步规范农民专业合作经济组织，推进农民专业合作经济组织健康发展，市政府下发了13号文件，把提高专业合作经济组织质量与发展专业合作经济组织数量摆在同等重要位置。市和各区县大力加强农民专业合作经济组织建设，相继出台了一些扶持政策，加大了推进力度，调动了广大农民开展专业合作的积极性。据统计，截止到目前，全市相对比较规范、已纳入区县登记备案管理的农民专业合作经济组织1 595个。入社农户34.2万户，占全市农户总数的28%。资产总额达40亿元。

通过几年来的蓬勃发展，农民专业合作经济组织在郊区经济发展中的作用日益明显，成效日益显著。主要体现在以下几方面：

1．提高了农民的组织化程度，促进了农业结构调整，增强了农产品的市场竞争力。农民专业合作经济组织是同类生产者之间的联合，它按照市场需求，把农民组织起来从事专业生产，形成一定规模，集中进行产前、产中和产后服务，提高了农民的组织化程度。农民专业合作经济组织打破了社区的界限，较好地实现了资金、技术、劳力、设备等生产要素的优化

配置，带动专业生产区域化的逐步形成，促进了农村产业结构调整，促进了我市十大主导产业的形成。现郊区由农民专业合作经济组织销售的农产品，蔬菜占到全市销售量的46%，果品占40%，瓜类占35%，水产品占30%，牛奶销售占80%以上。实践表明，农民专业合作经济组织发展快的地方，农业产业化经营就搞得好，农业结构调整就主动，就能够真正做到调得动、调得准、调得深、调出成效。顺义区大孙各庄镇农业结构调整成效显著，种植业实现了粮经饲三元结构布局，养殖业由食粮型向食草型转变。通过大力发展农民专业合作经济组织，相继成立了牧草、种羊、奶牛等26个农民专业合作经济组织，使全镇形成了瓜菜、果品、牧草、葡萄、猪、牛、羊七大主导产业。

2. *解决了农产品的销售，保护了农民利益，增加了农民收入。*农民专业合作经济组织以农民为主体，农民通过专业合作经济组织参与市场竞争，解决了农产品销售难的问题，强化了市场主体地位。通过发展农民专业合作经济组织，使农户与合作经济组织形成"利益共享、风险共担"的联结机制，把农业"后续车间"的利润返还到"第一车间"，参加组织的农民不但从种养业生产中获益，还可以分享加工、流通环节的利润，增加农民收入。各地的实践都证明，凡是农民专业合作经济组织搞得好的地方，那里的农民收入就会有明显的增加。平谷区镇罗营乡桃园果品运销合作社由70多户农民组成，通过对核桃、苹果、桃进行包装，采取直销、网上订购等方式，去年销售果品100多万千克，人均纯收入达6 000元，是镇罗营乡人均纯收入的2倍。

3. *加快了农业科技成果的推广应用，提高了农民素质。*农民专业合作经济组织通过不断向农民提供良种和技术服务，开发新兴产业，推动了农业科技成果的快速转化。顺义区农民专业合作经济组织结合新项目开发，引进人才，聘请大专院校、研究机构的300多位教授、研究员，帮助农民发展农业产业化经营和推广新技术。该区新特新葡萄产供销合作社不断引进葡萄新品种，举办技术培训班120多期，培训农民上万人次，不仅培训了本社农户，也吸引了周边农户参加。科学技术的传授不仅提高了农民生产技术水平，还培养了农民重视科学、依靠科学的新观念。

4. *促进了农业产业化经营的发展。*农民专业合作经济组织在农业产业化经营中，发挥了重要的中介和桥梁作用，它把千家万户的农民组织起来，通过专业化、规模化生产，有序地引入农业产业化经营中，改变了龙头企业原料供应分散和不稳定的状况，调节了生产、加工、销售等环节的利益分配关系，形成"公司+专业合作经济组织+农户"的产业化经营模式。大发正大有限公司是以肉鸡加工出口为主的大型龙头企业，年宰杀肉鸡6 000万只以上，其中80%的商品鸡由各地养鸡协会提供。顺义区张镇养鸡协会上联大发正大公司，下联养鸡农户，每年为公司提供700万只商品鸡，解决了龙头企业面对千家万户的困难，又提高了经济效益。昌平区盛世富民养羊合作社由盛世富民清真食品公司牵头兴办，合作社依托加工企业，建立了48个养殖小区，带动1 540个养羊专业户，去年农户户均纯收入达7 000元。

总体看，郊区农民专业合作经济组织呈现出良好积极的发展态势，发展势头很好，取得了一定成绩，但由于农民专业合作经济组织尚处于初步发展阶段，仍存在组织规模小，带动能力弱，内部运行机制不完善，利益联结不够紧密，法律地位仍不明确，市场主体的权益还缺乏有效保护等许多深层次的问题，需要在以后的工作中认真进行探索和研究。

二、郊区农民专业合作经济组织的发展方向和现实选择

目前，郊区农民专业合作经济组织的发展模式主要有："龙头企业+专业合作组织+农户"、"农民专业合作组织+农户"和"专业合作组织+企业+农户"三种模式。经过认真的调查研究和深入分析，我认为"龙头企业+专业合作组织+农户"模式符合下阶段农民专业合作经济组织的要求，具有明显的先进性。又通过与专家座谈探讨、请学者研究分析等办法，最后确认郊区农民专业合作经济组织将逐步朝以下三个方向发展：

1. *合作领域将由以生产为主转向以加工、销售为主的方向发展。*在我国加入WTO的新形势下，国际国内农产品市场进一步开放，农产品竞争更加激烈。在这种情况下，发展加工、销售型农民专业合作经济组织，是实现农业产业化和农业现代化的关键，只有发展此类专业合作经济组织，才能解决农民进入市场难的问题，使入社农户不但从种养业生产中获益，还可以分享加工、流通环节的利润，进而增加农民收入。

2. *专业合作经济组织内部的利益联结机制将由松散型为主转向紧密型为主。*紧密型专业合作组织与农户之间是以资产为纽带连结成的利益共同体，相对于松散型的专业合作组织来说，对农民具有更强的吸引力。加入利益联结紧密型的专业合作经济组织，将成为越来越多的农户的必然选择。

3. *一部分农民专业合作经济组织将在不放弃为成员服务这一宗旨和原则的前提下，转向企业化经营方向发展。*专业合作经济组织为了自身生存，增强对农民的吸引力，必须提高经营效率和竞争力，而转向企业化经营是专业合作经济组织提高经营效率和竞争力的关键。目前，部分专业合作经济组织已具有转向企业化经营的可能性：龙头企业有积极性，因为龙头企业如果没有专业合作经济组织，它要面对的是千家万户，生产难调控，交易费用高，契约关系不牢固，农户与企业的利益都得不到保证，因此迫切需要农民专业合作经济组织来协调；农民有积极性，并有购买

交货权的实力。

根据北京郊区现实生产力发展水平、农业农村经济发展的趋势，在合理吸收和借鉴国外合作社发展的有益经验的基础上，要培育和扶持一批有首都郊区特色的农民专业合作经济组织的现实选择是：

一是在组织形式上：以流通合作为主导，专业性和综合性相互交融，行政性和区域性协调并存，多样化、多形式共同发展。

二是在组织体系上：以合作制原则为基础，内连社员，外连市场；自下而上，相对独立，开放联合。

三是在运行机制上：以合作制企业运营为基础，服务与盈利相结合；系统内相互合作，系统外联合竞争；上下连动，规模发展。

四是在管理体制上：政府依法管理，行业照章自律；宏观协调指导，微观统一管理。

三、加快郊区农民专业合作经济组织发展的政策措施

现阶段发展农民专业合作经济组织的基本思路是：以全面建设小康社会为目标，以增加农民收入为目的，以培育有竞争优势和带动能力的农民专业合作经济组织为重点，以提高农民的组织化程度为基础，紧密结合城乡经济一体化、农业结构调整和发育主导产业工作，通过示范、引导和扶持，整体推进、重点突破，全面提高农民专业合作经济组织发展水平。目标是：进一步做大做强一批农民专业合作经济组织，不断提高农民的组织化程度，力争在三年之内把郊区所有的农民都吸收到专业合作经济组织中来。进一步增强农民专业合作经济组织的市场预测能力，搞好基础设施的升级换档，把郊区的农民专业合作经济组织建设成市场竞争能力强、有统一的产品品牌、达到绿色安全食品标准的产、加、销一体化的新型合作经济组织。为实现北京郊区农民专业合作经济组织发展目标，应当采取以下战略措施：

1. *积极鼓励和大力发展农民专业合作经济组织。*各级党委、政府通过创造良好的舆论和政策环境，鼓励、引导和推动农民专业合作经济组织的发展，要在深化农村改革，调整经济结构，增加农民收入过程中，切实把“三个代表”重要思想落实到农村基层，体现执政为民的根本要求，做到“搭台不唱戏、献策不决策、参与不干预、服务不增负”。

2. *解放思想，更新观念，统一认识，在创新中求发展。*发展农民专业合作经济组织，必须一切从实际出发，解放思想，更新观念。当前，解放思想、更新观念，就是要树立农民专业合作经济组织发展的市场意识和全局意识，并从自身实际出发，建立新型的农民专业合作经济组织。在建立农民专业合作经济组织的过程中要统一思想，统一行动，要在规范中求创新，在创新中求发展。

3. *依托农民，树立农民的市场经营主体地位。*建立农民专业合作经济组织要讲群众基础，依托广大农民群众。要依托广大农民群众，确立农民在发展农民专业合作经济组织中的基础地位。一是要让尽可能多的农民参与进来，使农民成为专业合作经济组织的主人，对农民专业合作经济组织的生产经营进行组织管理；二是服务农民，以农民为主体建立和完善利益分配机制，确保农民收入的增加，使农民把专业合作经济组织作为自己的组织和服务工具，充分利用农民专业合作经济组织，主动追求市场利益。

4. *结合资源优势，培育优势产业，调整产业结构，推动农业产业化发展进程。*农民专业合作经济组织的发展要讲求特色，不仅组织要有特色，而且在生产经营的内容上也要有特色。一是要结合自身的资源条件，使资源得到充分利用；二是要充分发挥资源禀赋优势，生产特色产品；三是在现有资源优势的基础上，使特色产品向多品种、高品质、错季节方向拓展。多品种就是在“名、优、特、新”上下功夫，就是打名品、讲外观、求质优；高品质就是要求营养和口味一流；错季节即是开发适应不同季节的农副新产品，实现产品错季供给。要围绕这些优势资源、特色产品和优势产业，建立农民专业合作经济组织，形成支柱产业，进而实现调整农业产业结构和推进郊区农业产业化发展进程的目标。

5. *突破区域和行业限制，发展跨区域和行业的农民专业合作经济组织，促进农民专业合作经济组织强强联合。*农民专业合作经济组织应进行行业联合、协作，利用行业优势，形成互补合力。要通过对农业的产前、产中和产后的一系列服务，使生产资料供应、农业生产、农产品加工、运输、储存以及购销等环节相扣，形成各专业合作经济组织大联合、大运营的局面，把骨干农民专业合作经济组织做成精品名品。当然，农民专业合作经济组织能不能成为精品名品，不在于产业的大小，而在于产业的优势；不在于对小地区发展的经济控制能力，而在于组织整体的市场竞争力。因此，农民专业合作经济组织要突破区域和行业的界限，做大做强以适应市场经济发展要求。

6. *搞好统一规划和空间布局，做好农民专业合作经济组织发展的示范工作。*农民专业合作经济组织的发展要有目的、分步骤进行。特别是在发展的初步阶段，单纯的民办、民营，农民是不能受益的，它必须要政府重视，涉农部门统一协调和相关的财政税收政策等的支持。所以，政府对农民专业合作经济组织的发展要做好统一规划，形成合理的空间布局，使每个农民专业合作经济组织在农村经济发展中都能够发展一域，带活一方，加快农村的城市化进程。要坚持边发展边规范的原则，当前要重点进行农民专业合作经济组织的示范工作，示范工作应着重抓好三个方面的内容：一是以主导产业为基础，组织农民专业合作经济组织；二是引进新科技，加快新技术试验进程，提高主导产业产品质量，创造在市场上有竞争信誉的品牌；三是抓产品的保鲜、加工和销售。

7. 制定、颁布《北京市农民专业合作经济组织条例》，进行法制化管理。当前，农民专业合作经济组织蓬勃发展，已具有相当规模。因此，农民专业合作经济组织的建立和完善不能再是无序发展，需要一些既定的组织目标和相应的规范程序。通过制定、颁布《北京市农民专业合作经济组织条例》，明确农民专业合作经济组织的建立目的、目标、作用和意义，要进行法制化管理，包括建立农民专业合作经济组织的准入制度、组织结构、管理制度以及监督约束机制等，使其在承担责任、履行义务、利益分配和违约处罚等方面都有法可依，进一步加快农民专业合作经济组织的发展步伐。

8. 加强对外交流，吸收国外有益经验。在发展农民专业合作经济组织的过程中，要有借鉴地吸收国外先进的合作社发展经验和科学的合作社经营管理方法。由于各国的自然基础、历史文化及社会政治、经济制度等的差异，合作经济在各国发展的具体组织形式、规模、主导力量各有侧重，合作经济在各国的发展道路和模式也各不相同，具有多样性的特点。因此，要立足本地实际，与实践紧密结合起来，走有北京郊区特色的农民专业合作经济组织发展道路。加强对外交流，有利于开阔视野，拓宽思路，认识差距，进而不断丰富和完善自身的实践，从而促进农民专业合作经济组织的不断向前发展。

调 研 报 告

加快建设现代化生态山城
打造首都城市西部边缘标志性山水生活社区

——关于加快门城卫星城开发建设的调查与思考

门头沟区区长　董瑞龙

门城卫星城地处北京城市中心区与西部山区的过渡地带，是门头沟区的政治经济文化中心，是首都经济发展和城市建设的重要组成部分，也是全区“十五”发展的重中之重。加快门城卫星城的开发建设步伐，全面提高其经济和社会承载力，对于门头沟区全面建设小康社会，跟上全市率先基本实现现代化的发展步伐具有重大意义。为尽快实现卫星城建设“一年一个样，五年大变样”的发展目标，我们围绕门城卫星城开发建设问题进行了专题调研。

一、门城卫星城在首都城市化进程中的职能分工

长期以来，门头沟区是北京市主要的煤炭产地，是首都生产和生活的重要能源基地。20 世纪七八十年代，门城地区以煤炭生产为依托，城市发展迅速，成为首都郊区典型的工矿型城市，其城市建设、产业构成、人口聚集和社会发展等方面，在远郊区县各卫星城中居于领先地位。90 年代后期，随着首都经济结构的战略性调整，全区基本功能定位由原来的能源基地转化为生态屏障，门头沟区以采矿业为主导的产业结构已经不能适应首都现代化建设的需要，煤炭企业逐步关停并转，全区经济进入全面调整时期，门城卫星城的功能作用也随之发生根本变化。进入新世纪以来，以建设现代化国际大都市为目标，北京城市建设步伐明显加快，城乡面貌发生很大变化。反观门城卫星城，由于基本功能定位不确定，城市发展的经济和社会动力严重不足，城市建设总体上已远远落后于京郊其它卫星城。加快门城卫星城建设，已成为全区经济和社会发展的紧迫任务。党的十六大确立了未来二十年全面建设小康社会的奋斗目标，北京市第九次党代会提出全市要在 2008 年率先基本实现现代化。面对首都经济和城市发展步伐不断加快的紧迫形势，全区上下必须进一步明确门城卫星城在首都城市化进程中的职能分工和基本定位，把门城卫星城的建设作为全区经济和社会发展的龙头工程来抓。

（一）门城卫星城应该成为首都现代化国际大都市西部边缘的主要标志景观　按照北京城市建设总体规划的要求，未来北京城市布局的总体趋势是以西北部山区为依托逐步向东南延伸。门城卫星城地处北京西部浅山地区，是连接首都城市中心区与西部山区的过渡地带。从区位条件分析，门城卫星城位于长安街西端，距城市中心区仅永定河一河之隔，其中相当一部分地区已与城市中心区域连为一体。遵照世界城市规划建设的一般规律，中心城市的边缘地带一般都会建设一些标志景观。从北京城市建设的总体布局考虑，门城卫星城和长安街东端的通州卫星城应该成为北京城市东西轴线上的两个重要标志景观。从交通状况分析，作为北京市的西大门，京兰公路（109 国道）、京原公路（108 国道）及丰沙铁路都经过这里。根据北京道路发展规划，未来的六环路将穿城而过，如果西长安街再延伸至门城卫星城，阜石路进一步拓宽，莲花池至门城卫星城的快速路能够修通，将大大缩短门城卫星城与城市中心区域的距离。从发展环境分析，这里依山傍河，有山有水，生态环境独具特色，旅游资源丰富多彩，对城市居民具有较大吸引力，适合建设具有山水特色的高质量生活社区。综合分析这些因素可以看到，门城卫星城与北京市郊区其他卫星城有很大的不同，它不是一个功能完备、相对独立的卫星城，而更像是一个城市边缘组团。基于这些考虑，我们认为门城卫星城作为北京城市中心区在西部的“收山之作”，是连接城市中心区与西部生态区的过渡区域。这一区域的规划建设应该充分实现古

都风貌、现代都市和山水特色的有机融合，努力建设成为首都现代化大都市西部边缘的一个亮点和长安街西端的主要标志景观。

（二）搞好门城卫星城建设是加快实现山区农村现代化的主要依托 推进山区现代化进程必须坚持以市场为导向，走城镇化、生态化、工业化和信息化综合发展的道路。门头沟区地处北京西部山区，全区98.5%的面积是山，仅有的一点点平地主要分布在门城卫星城靠近石景山区的边缘地带。根据北京郊区在北京城市建设中的功能定位，门头沟区主要承担着首都西部生态屏障的功能。大力加强生态治理，保护好这一地区的生态环境，实现生态富民，是加快推进山区现代化建设步伐的重要措施。搞好这一地区的生态建设，要求我们必须对这一地区的产业结构、村镇布局和发展重点等进行新的调整和定位。门城卫星城是全区的经济、政治、文化中心，居住着全区2/3以上的人口，承担着全区80%以上劳动力的就业问题。2001年全区国内生产总值中82%来自于门城镇。搞好门城卫星城的规划建设，既可以吸纳和疏散城市人口，减轻城市压力，拓展城市空间，又可以引导山区人口向城镇迁移，实现区域资源的优化配置，改善山区人口的生存条件，加快山区小康建设步伐，提高山区现代化程度，还可以充分展示全区良好的投资环境，吸引国内外资本参与全区资源开发，带动“四区”建设向纵深发展。可以说，门城卫星城的开发建设，是山区群众增收致富的主要依托，是推进山区农村城市化进程的主要动力，是加速实现山区农村现代化的根本出路。

（三）建设现代化生态山城是促进地区资源优化整合的重要举措 作为曾经为北京市经济和社会发展做出重要贡献的主要能源基地，门城卫星城的建设和发展一直服从和服务于首都能源基地的需要。但随着煤炭资源日益减少，煤炭生产已经不再是这一地区经济发展的主导产业，像其他资源相对枯竭地区一样，我们在大力进行经济结构战略调整的同时，也必须对门城卫星城的功能作用、产业构成和城市布局重新进行定位。从首都城市发展的总体格局看，门城卫星城的优势在于濒临城市中心区，生态环境较好，旅游资源丰富，人文特色明显，具备开展休闲度假的良好条件。不利的因素主要是门城卫星城地处太行山和永定河之间的夹缝地带，这里沟谷纵横，管线交织，人口稠密，缺少较大腾挪空间；地下采空面积大，相当一部分地区不适合建设高层建筑，发展空间受到很大限制；经济基础相对薄弱，经济支撑能力不足，用于城市改造的资金十分有限。特别需要提出的是，大批煤炭企业关停并转后，与煤炭开采相关联的生产能力大量闲置。如何优化整合这些闲置生产能力，实现区域经济和社会的协调发展，要求我们必须跳出门城卫星城原有的发展模式，重新确立一条符合地区特点的发展思路。综合分析上述有利和不利条件，可以看到门城卫星城的发展模式不可能也没必要像其他卫星城那样走综合发展的道路。门城卫星城的规划建设必须充分考虑这一地区的环境特点，尽可能把城市功能与中心城市配套，坚持走大市政带动的路子，不重复建设，不求小而全。要充分利用这里的山水优势，走专业化发展道路，突出山水特色，建设现代化生态山城；要坚持可持续发展，工业企业必须强调环境保护，区域发展，集约经营，凡是影响环境质量的生产项目必须坚决关闭。卫星城内人口规模不宜过大，劳动力在满足卫星城基本需要的基础上，应该主要考虑到城市中心区去就业。

综上所述，门城卫星城位于首都城市中心区与西部山区的过渡地带，应紧紧依托首都城市中心区，充分发挥西部山区生态和旅游资源优势，把卫星城建成为首都城市中心区西边的一个边缘组团，建设成为首都市民休闲度假和居住生活的现代化生态山城。

二、门城卫星城开发建设中存在的突出问题

门城卫星城经过多年的开发建设，达到一定规模，但与京郊其他卫星城迅猛发展的势头相比，还存在着一定的差距，许多矛盾和问题亟待解决。

（一）对门城卫星城功能认识不统一，缺乏高标准规划体系 一是门城卫星城的功能定位还不够明确。对门城卫星城在首都城市化进程中的功能作用和在全区现代化进程中的带动作用认识不一致，在要建设什么样的门城卫星城和怎样建设门城卫星城方面认识不够统一。二是门城卫星城建设总体规划亟待出台。20世纪90年代初期门头沟区曾经编制过一个有关卫星城建设的初步规划，但这个规划未经有关部门审定，几乎没有约束作用。最近，区规划部门正在抓紧制订门城卫星城建设的总体规划，但至今尚未出台。由于缺乏总体规划，门城卫星城各功能区和主要道路、街区等专项详细规划也无法制定。特别是门城卫星城及周边乡镇的经济功能、产业发展、区域布局、用地规模等方面还缺乏通盘考虑。三是门城卫星城建设存在很大随意性。城市建设中不按规划进行建设，擅自更改规划、行政干预规划的问题时有发生，造成门城卫星城建设存在很大随意性，对城市总体风貌的形成产生了一定的负面影响，急需深化城市规划，强化规划管理。

（二）城市基础设施落后，历史欠账较多 一是在技术性基础设施建设方面，门城卫星城的城市给排水、污水处理、垃圾消纳、道路桥梁建设、城市道路照明、城市停车设施、天然气供应等城市发展必需的大型市政设施还十分缺乏，有些还是空白。特别是长期的煤炭开采，留下相当一部分危旧建筑和采空区，基础设施十分落后，道路狭窄不畅，安全隐患较多，改造难度很大；二是在社会性基础设施建设方面，门城卫星城还缺乏高档次的文化、体育设施和大型商业设施，不能充分满足城市居民的精神文化需求和购物

需求；三是大市政对门城卫星城支持不够，长安街向西延长、快速路建设、地铁入区、天然气入区等事关门城卫星城发展的重大项目长期得不到落实，成为制约门城卫星城快速发展的主要瓶颈。

（三）投资融资渠道单一，建设资金严重不足 一是政府投资能力明显不足，运作方式相对落后。区财政总体上是吃饭财政，不可能拿出大笔资金用于城市建设。政府投资的范围和职能不够确定，在如何使政府有限资金发挥最大效益方面研究不够，投资的监督和管理有待进一步规范；二是城市开发建设融资渠道单一，投融资机制不够健全。全区投融资规模小、投资主体单一、融资渠道狭窄、投融资力度不够，缺乏市场化、社会化的投融资体制；三是政策导向作用不强，融资能力相对较弱。缺乏经营城市的理念，城市建设开发的投融资尚未与城市资源，特别是土地等经营性资源充分结合，没有形成城市建设投资融资与城市资源开发的良性互动关系。

（四）经济结构不尽合理，综合实力相对较弱 一是经济总量明显不足。全区经济近年来虽有较大发展，但经济总量仍然偏低，不足以形成对城市建设的有力支撑。二是产业结构相对落后。第一产业规模小，质量差，吸纳劳动力的能力有限。据统计，全区农村劳动力主要从事第一产业的不足1/5，大部分闲置劳动力需要到卫星城去就业。第二产业比重大，效益差，缺少龙头企业和拳头产品。目前，在门城地区工业结构中，重工业所占比重仍然过大，2001年达到68.7%，从业人员占70%，但企业效益普遍较差，职工收入很低。长期以来，门头沟区工业企业主要围绕采煤、采石和采沙所谓“黑白黄”三道展开，由于这些产业通常都是高能耗、高污染的产业，势必会对门城地区的环境质量、能源供应以及水资源的供应带来不利影响。随着环境保护问题对工业发展的限制不断加强，工业结构中传统重工业比重过大的情况已不适应门城地区经济发展的需要，也不符合产业结构的递进规律。第三产业潜力大，档次低，对经济发展的拉动作用有限。生态旅游作为一项新兴产业，是未来门头沟区经济结构调整的主要方向，但其在全区经济中的支柱产业地位尚未形成。在门城地区第三产业排行中，代表传统第三产业的国内贸易、社会服务业所占比重依然过大，而代表产业发展方向的新兴产业比重较小，不足以对门城卫星城建设形成强有力的带动作用。三是经济布局比较凌乱。斋堂和潭柘寺两个小城镇发育不足，经济实力较弱，辐射带动作用不强，大量人口不得不向卫星城集中，造成门城地区人口过度稠密，就业压力加大。石龙工业区作为全区经济发展的主要支柱，对地区工业发展的拉动作用不强，门城卫星城内企业布局零散，很多企业坐落在农村和居民区内，既影响城市景观，又给城市建设和管理带来很多矛盾。四是人口素质普遍偏低。受经济发展水平的制约，门城地区优秀人才外流比较严重，造成这一地区人口结构很不合理，各项建设人才严重不足。

（五）城市管理体制条块分割，管理水平亟待提高 一是从行政区划来看，门城卫星城由龙泉、永定两镇和三个街道办事处组成，这里工农混杂，管理层次多，缺乏统一有效的协调机制。二是京煤集团的资产、员工、所辖地域面积在门城卫星城中占有相当大的比例，但由于它与区政府在行政和资产关系上互不隶属，造成城市统一规划难、规划落实和执行难、城市资源特别是土地资源整合难、开发建设随意性大、城市管理效率低等问题。三是门城卫星城建设本身没有一个统一的行政领导机构。门城卫星城的规划建设分属区各部、委、办、局，这些部门之间职能交叉问题突出，在城市开发建设中，容易形成各自为政、重复开发、盲目建设、资源难以高效整合利用等弊端。

由于这些问题的存在，使卫星城目前难于进行统一领导、统一规划、统一建设和统一管理，其开发建设的速度也必然会受到很大制约，全区上下必须下决心切实加以解决。

三、加快门城卫星城开发建设的对策措施

当前，门城卫星城开发建设正面临着难得的历史机遇，北京申奥成功为我们提供了强大动力，中国入世为我们开辟了更广阔的发展空间。全面建设小康社会，加快推进现代化建设步伐为我们提供了有利条件。面对首都现代化建设步伐不断加快的有利形势，我们必须进一步增强紧迫感和责任感，按照高标准规划城市、高质量建设城市、高水平经营城市、高效能管理城市的要求，举全区之力，全面加快门城卫星城的开发建设步伐。

（一）以大型市政设施建设为拉动，进一步明确门城卫星城开发建设的指导思想 加快门城卫星城开发建设，是新世纪全面推动门头沟区经济社会快速发展的现实选择，也是门头沟区“十五”发展和全区工作的重中之重。要进一步加快门城卫星城的建设步伐，必须在一些重大问题上统一思想。一是要在建设一个什么样的卫星城上进一步统一思想。做到三个明确：即要进一步明确门城卫星城在首都城市化进程中的功能定位，根据门城卫星城的地缘特点，尽可能把门城卫星城的建设与城市中心区的规划建设联系起来，使门城卫星城真正起到连接山区和城区的桥梁和纽带作用；要进一步明确门城卫星城的建设目标，解放思想、开拓创新，力争用五年时间，把门城卫星城基本建设成为城市特色鲜明、功能完善配套、二三产业发达、环境整洁优美、吸纳辐射能力较强的现代化生态山城；要进一步明确门城卫星城的建设重点，根据门城卫星城在首都城市化进程中的职能分工，不求大而全，把有限资金集中用在环境治理、旧城改造和小型市政设施建设上来。二是要在怎样建设门城卫星城上进一步统一思想。要坚持走大型市政设施拉动的路子，争取市大型市政设施向门城卫星城延伸。卫星

城规划布局和基础设施建设要尽可能与城市中心区相配套，不求自成体系，不搞重复建设，这是解决门城卫星城发展空间狭小和建设资金不足的根本出路。三是要在由谁来建设门城卫星城上进一步统一思想。要充分利用市场机制，树立经营城市的理念，建立社会化融资体系，能够通过市场机制解决的事情坚决通过市场来解决，逐步建立起社会力量广泛参与的多元化投资新机制。

（二）充分发挥规划的龙头带动作用，着力构建适合门城特点的城市格局 一是按照高标准规划城市的要求，加快制定门城卫星城建设总体规划。要坚持从门城卫星城的实际出发，充分考虑这一地区的环境特点，科学确定门城卫星城的城市性质和功能定位，确保规划的科学性和可操作性。要坚持以人为本，树立城市品牌，规划城市概念，努力营造具有时代气息的城市人文环境。要坚持走大市政拉动的路子，充分考虑长安街西延和六环路建设这些特殊因素，坚持超前规划，努力提高规划的前瞻性。要坚持节约用地的原则，充分考虑门城地区空间狭窄的不利因素，不求最大但求最佳，正确处理好大与小的关系，适度确定城市规模。要坚持功能优先的原则，打破地区、所有制等各种界限，合理扩展规划面积，科学规划卫星城及周边乡镇的经济功能、产业发展、区域布局、基础设施和用地规模。要坚持专家、领导、群众共同参与，实行公开竞争，择优选用国内外高水平规划设计机构参与设计，提高规划设计的整体质量和水平。二是大力优化门城卫星城的空间结构，加快构建城市发展总体框架。要以建设现代化生态山城为目标，突出山水特色，合理安排城市分区布局，科学预测城市人口规模，严格控制城市用地总量，充分考虑卫星城的景观特点，营造良好的城市风貌。要以圈门至三家店的东西轴线，以长安街延长线至城子地区的南北轴线来构建城市发展的基本框架，重点搞好以河滩地区为中心的门城老区，以永定地区为中心的门城新区，以三家店地区为中心的门城北区三大组团的规划建设。三是坚持规划一张图、审批一支笔、管理一个法，努力做到发展一盘棋。要正确处理好功能区规划与行政辖区的关系，特别是要妥善处理好卫星城建设与京煤集团之间的关系，做到统一规划、分块实施。当功能区规划与行政辖区发生矛盾时，行政辖区必须服从功能区规划。严格实施规划管理，加强规划项目的监管，建立跟踪评价制度，对违反规划的行为要坚决依法查处。

（三）加大经济结构调整力度，进一步繁荣城市经济 按照门城卫星城的总体功能定位要求，门城卫星城产业发展的总目标是以生态化为突破，以市场化为取向，以产业化为重点，进一步调整优化第一产业，加快发展第二产业、第三产业，大力推进产业布局调整，培育区域经济主导产业，引导资源合理配置和产业梯度发展，逐步形成“一城带四区”的产业布局体系。一是全面提高石龙工业区的辐射带动能力，大力培育门城卫星城的产业支柱。石龙工业区要突出生产、科研、服务功能，重点发展高新技术产业和出口创汇型企业，发展以新材料、新能源、生物工程、电子产品制造等科技含量较高的产业，发挥好示范带动作用。二是大力整合城市资源，优化门城卫星城经济布局。门城老区要以发展现代服务业为重点，进一步加大城市资源整合力度，加快危旧房改造和路网建设，关、停、并、转不利于城市功能发挥的传统工业企业。大力发展各类知识密集型服务业和金融保险、商品流通、医疗卫生、邮政电信、教育文化等服务业；积极发展档次较高的餐饮、娱乐业，以连锁、专卖店和超市等新型商业业态为方向，组建较大型商业企业集团，逐步形成相对完善的商业服务体系。三是大力加强生态治理，提升门城卫星城的城市价值。门城北区要以发展旅游休闲产业为重点，紧紧围绕永定河开发，大力加强生态治理，增值城市无形资产，适度发展现代中高档别墅居住区，吸引高收入、高消费人群入住。

（四）牢固树立经营城市的理念，加快投融资体制改革步伐 城市既是一个社会载体，又是一个经济载体。充分发挥市场机制，综合运用城市土地资本、地域空间和其他经济要素，广泛吸引社会资金进行城市建设，最大限度地盘活存量，引进增量，从总体上运作城市经济，以实现城市资源配置在容量、结构和效益上的最大化、最优化，是进一步加快门城卫星城建设的必由之路。一是要经营好城市土地资源。土地是城市最大的存量资产。对城市建设用地，要实行政府统一规划、统一开发、统一管理，按照控制总量，盘活存量，用好增量的原则，进一步强化区政府垄断土地一级市场的职能，成立区土地储备中心，除国家特别规定外，所有城市建设用地一律实行有偿转让。要运用级差地租原理向社会公开拍卖土地使用权，努力创造竞争热点，实现国有土地资本化经营，提高土地收益水平。二是经营好城市基础设施、社会公用设施和城市无形资产。成立区城市建设投资开发公司，由区政府授权具体运作基础设施的建设、经营和管理。推行业主制、合同制、招投标制和监理制，鼓励社会力量投资兴建学校、道路、医院、娱乐场所等基础设施。同时实行“有进有退”的方针，对供水、供热、供气等现有基础设施能够拍卖的抓紧资产变现，以缓解基础设施建设资金不足的问题。三是进一步搞好危旧房改造。要把危旧房改造与城市布局调整、基础设施建设和环境综合治理结合起来，鼓励运用资本置换方式进行危旧房改造。要进一步规范房地产开发市场，严格审批管理程序，加强监督检查，切实保证有序开发。四是不断深化投融资体制改革。要积极推进银行、政府和企业之间的合作，逐步建立投资主体多元化、融资渠道多样化、政府管理规范化的符合市场经济要求和国际规范的新型投融资体制和运作机制。要开放社会资本的投资领域，除国家有特殊规定的以外，凡是鼓励和允许外商投资进入的领域，鼓励和引导民间投资以独资、合作、联营、参股、特许经营等方式，参与经营性的基础设施和公益性基础设施建设。要积极推行 BOT、TOT 融资方式，鼓励社会资本投向基础设施建设。要以提高政府投资效益为中心，改革政府投资管理的传统模式，在政府投资项目管理中引入竞争机制，加强政府投资监管力度，探索建立适合不同项目特点的投资管理新体制。

（五）大力推进城市管理体制改革，努力营造良好的城市发展环境 一是要营造良好的体制环境。管理体制是整个城市管理的核心，也是推进城市管理现代化的关键。建设门城卫星城，必须从改革创新入手，按照首都建设现代化国际大都市的要求，以建立高效运转的城市管理体制为突破，加快建立门城卫星城统一、规范、系统、科学的现代化管理体系。要针对当前门头沟区城市管理中存在的突出问题，下决心改革现行领导体制。要建立门城卫星城开发建设的专门工作机构，具体负责门城卫星城的组织领导工作；要下决心改革现行的行政管理体制。按照“权力下放、重心下移、政企分开、政事分开、财随事走”的原则，调整政府职能部门的管理权限，结合机构改革，进一步转变职能、简化程序、减少环节、提高效率。要改革现行事业单位的管理体制。按照行业管、社会办的原则，分期分批将供水、供热、供气等事业单位改制为企业，建立政府调控市场、市场引导企业、企业参与竞争的运行机制，走社会公共产品企业化生产经营的路子。二是营造良好的社会环境。大力推进绿化、美化、净化、亮化工作，防治环境污染，树立门城卫星城良好形象。进一步加强宣传教育和社会治安综合治理，提高市民素质，维护社会稳定，努力创造人民群众安居乐业、城市建设和经济发展健康进行的良好社会人文环境。三是营造良好的政策环境。要尽快研究制定有关门城卫星城建设的政策意见，重点搞好门城地区土地开发、危旧房改造和特许经营等项政策，充分发挥政策的带动作用，加快卫星城的建设步伐。

（六）大力创新各项工作机制，动员全社会积极参与门城卫星城的开发建设 加快门城卫星城开发建设，是当前和今后一个时期全区工作的重中之重。全区上下要进一步强化大局意识、政治意识和责任意识，正确处理好个人、部门与整体利益的关系，坚持全区一盘棋，打好总体战，举全区之力，全面加快门城卫星城开发建设。一是要进一步解放思想，更新观念，大胆创新，狠抓落实。围绕门城卫星城开发建设的总体目标，搞好任务分解，落实到有关部门和责任人，实行目标责任制，定期进行督促检查，确保落实到位。二是要坚持集中力量办大事，把有限的人、财、物投入到关键的基础设施和重点工程当中。三是要进一步加强调查研究，及时解决门城卫星城开发建设中遇到的新情况、新问题。四是要大力发扬脚踏实地、埋头苦干、知难而进、拼搏进取、真抓实干的优良作风，抓住北京举办奥运的有利时机，努力把门城卫星城的开发建设提高到一个新的水平。

实施品牌战略　提高区域经济核心竞争力

中共房山区委书记　杨德宏

中共中央关于制定国民经济和社会发展第十个五年计划的建议指出：“二十多年的改革开放和发展，使我国的生产力水平迈上了一个大台阶，商品短缺状况基本结束，市场供求关系发生了重大变化”。据国家经贸委统计，2001 年，我国 600 种主要商品中有 518 种商品供大于求，占商品总数的 86.3%，表明我国消费品市场在经历了近半个世纪的短缺经济时代之后，已经转入买方市场。随着买方市场的形成，人们对消费品的要求越来越高。目前，在我国居民消费商品的总量中，前十名的品牌商品占 70%～80%，标志着“品牌消费”时代已经来临。“品牌消费”时代的市场竞争突出表现为品牌的竞争，谁拥有知名品牌，谁就拥有市场竞争力，就拥有更高的经济效益。知名品牌是衡量一个地区综合实力的重要标准，实施品牌战略成为提高区域经济核心竞争力的重要环节。就房山来说，推进品牌战略的实施，不断提高区域经济的核心竞争力，对于实现全区经济的跨越式发展尤为关键。

一、房山区实施品牌战略的基本情况和存在的问题

（一）基本情况 改革开放以后，特别是近年来，为实现全区经济的快速健康发展，我们立足房山实际，发挥自身优势，积极实施品牌战略，打造培育出一批具有房山特色和较强市场竞争力的行业、企业和产品品牌。通过实施品牌战略，增强了全区经济的市场竞争力，扩大了房山的知名度，在经济结构调整、增加税收、促进就业、富民增收等方面发挥了重要作用，推进了全区经济的持续健康快速发展。在实施品牌战略中我们重点做了三方面工作：

1. 打造行业品牌，强化支柱产业的优势地位，有效促进了全区经济结构的调整。房山区是资源型为主的经济，实现经济增长方式的根本性转变，必须加快经济结构的战略性调整。基于这种考虑，我们围绕支柱产业的培育壮大，实施品牌战略，培育出一批行业品牌，带动了支柱产业和优势行业的发展。建筑业

创出了“鲁班奖”、“国家优质工程”、“成品长城杯”、“结构长城杯”等一批国优、市优工程，多年在北京建筑市场保持10%左右的份额，在京郊一直处于领先地位，打出了房山“建筑之乡”的品牌。建材业以改造升级为重点，加快高标号水泥、新型墙体材料、新型化工建材和石材四大基地建设。产自房山区的汉白玉等优质建材，用于天安门广场改造、中华世纪坛和澳门回归塔等国家重点工程，使“建材之乡”的品牌优势得到巩固和发展。房地产业创优争先，发展活力不断增强。北潞园小区列为建设部试点小区，在全国住宅小区评比中获得四项金牌和两项大奖。建筑、建材、房地产三大业，通过打造品牌、创新发展，形成了优势产业链，对全区经济增长的贡献率进一步提高。2001年，三大业上缴税金4.3亿元，占全区税收31.5%。旅游业整合资源，打造品牌，实施综合开发，行业整体水平明显提高。目前，全区获国家A级以上的旅游景区已达9个，其中石花洞为国家4A级景区、国家地质公园和国家级重点风景名胜区，云居寺为国家4A级景区，韩村河、十渡风景区为国家3A级景区。2001年，共接待游客383.3万人次，完成旅游综合收入4.8亿元，同比增长20.4%和29.3%。同时，我们以工业区和工业小区开发建设为载体，以良乡高科技园区建设为重点，大力发展高新技术产业，引进了一批像四环制药、天维康、利特福等具有品牌带动力和竞争力的项目，初步形成了以生物医药、新型建材、精细化工为主体的产业群体，经市科委认定的高新技术企业达13家，有效聚集了生产要素，推动了园区建设。区乡两级工业区完成的税收占全区税收总量的45%。

2．*打造企业品牌，培育企业主导集团和龙头企业，为经济发展提供了有力支撑。*在实施品牌战略中，我们在打造培育企业主导集团和龙头企业上下功夫，取得了明显成效。区四大建筑集团、房地产开发总公司、商贸集团等重点企业和农业产业化龙头企业，通过打造品牌，核心竞争力和带动力明显增强。建筑业形成了以韩建、房建、龙建、城建和房地产开发总公司为主体的优势企业群。在资质等级评定中，韩建集团获国家特一级企业资质，1999年和2001年被中国乡镇企业协会评为“中国建筑行业最大经营规模乡镇企业100家第一名”；房建、龙建、城建集团和房地产开发总公司获国家一级企业资质，为房山区建筑业拓展国内外市场奠定了良好基础。商贸集团所属企业华冠商贸公司已发展连锁超市21个，2001年销售额在“全国连锁协会百强连锁超市”排名第74位。餐饮业在数次国际烹饪大赛上屡获金牌，打出了房山餐饮业的知名度。城关地区引进麦当劳、同仁堂、张一元、华联集团等12个国内外名店，形成了精品名店一条街。在农业产业化建设中，一批具有一定品牌带动力的龙头企业不断发展壮大，北京卓宸畜牧有限公司年生产加工量达2.6万吨，“卓宸”牌优质牛羊肉等产品80%出口中东和东南亚；北京神州绿普果蔬产销合作社，发展生产基地2万亩，2001年销售优质蔬菜1.7万吨，产品主要销往香港和深圳等地。

3．*打造产品品牌，依托品牌闯市场，增强了全区经济的市场竞争力。*打造产品品牌是确立区域经济市场竞争优势的基础和保证。在实施品牌战略中，我们结合全区经济结构调整和培育壮大优势企业，积极打造产品品牌，依靠品牌闯市场，有效提升了全区经济的市场竞争力。建材业在积极改造提升水泥、石材等传统产品的同时，大力开发新型建材产品，新型门窗、墙体材料、建筑砌块等产品已初具规模。其中，“房云”牌和“华实”牌玻璃钢门窗等系列产品在国内同类产品中属于领先水平，年销量达8万吨；煤矸石、页岩砖等新型建筑砌块，年产量24万立方米，占全市总产量的30%。农业加大了打品牌的力度，培育出一批突出房山特色、具有一定规模的农副产品。目前，全区已注册66个农产品品牌，其中磨盘柿获得“中华名果”称号；食用菌、鲟鱼等产品在首都市场有较高知名度；山岗农艺有限公司生产的紫苏叶获国家安全产品证书，年产上亿片，产品全部销往日本，亩效益5万元。

（二）存在的主要问题

1．*品牌意识不强，发展规划需进一步深化。*通过调查，我们感到相当一部分单位，品牌意识不强、理念滞后，个别单位甚至弄不清商标和品牌的关系，没有把品牌上升到增强经济核心竞争力的高度来认识。还有一些单位虽然对品牌的重要性有一定认识，但缺少品牌战略规划或规划不够完善，品牌发展目标、市场定位、具体措施的可行性、操作性不强。

2．*单体规模小，缺少名牌。*目前，房山区的各类品牌已经有了一定的数量积累，从总量上看并不少。但是，大部分品牌只是在本区内有一定的名气，品牌单体规模小，带动能力弱，处于小、散、低、重的初级发展阶段。投资规模、生产能力、产品销售量、经营效益等方面与国家或省部级认定、确定的相关标准还有较大距离，尤其是缺少对地区经济有重大影响力和带动力的名牌。

3．*引进品牌不够。*引进品牌特别是引进名牌的力度不够。城关的葡萄酒项目、良乡工业区的四环制药、青龙湖与周口店的2000吨水泥项目，称得上是全区引进的大项目，但是这样的项目不多，项目规模也不够大，远不能适应全区经济快速发展的要求。与其他区县相比，我们在引进名牌上也有明显差距。

4．*体制机制不活，对品牌的发展扶持力度不够。*当前，房山区在实施品牌战略中的体制性问题，突出表现为“统”与“分”的矛盾。例如，品牌战略规划、品牌资源管理权限的划分等，都需要区政府进一步深入研究，并制定相应的政策措施；同时，在规划的实施和品牌经营等方面，需进一步放手、放权、让利，由实施主体按市场规律运作。机制性问题突出表现为机制缺位，引进名牌、创立名牌的激励机制不完善，品牌投入机制、利益分配机制关系有待进一步理顺。

二、房山区实施品牌战略的有利条件和不利因素

目前，房山区实施品牌战略，既面临难得的历史机遇和有利条件，同时也面临严峻的挑战和不利因素。

（一）机遇和有利条件 一是外部环境极为有利。加入世贸组织、北京举办奥运会，有利于发挥房山的比较优势，加速品牌战略实施。入世后，充分利用国际国内两种资源、两个市场，实施“走出去”战略，可以增强优势品牌的市场竞争力，发展壮大已有的品牌；实施“请进来”战略，可以加速区外优势资本与区内优势资源的有效对接，在合作双赢中开发培育新的品牌。借助举办奥运会，国内外的资本纷纷抢滩北京市场，使北京成为世界性的投资良港。发挥建筑、建材、房地产、旅游业等品牌优势，采取可行的对策措施，必将促进房山区支柱产业的新发展，提高优势品牌的影响力和竞争力。现代奥运会既是体育名牌的摇篮，也是经济名牌巨型推进器，每届奥运会都会催生一批世界级的知名品牌。房山区区位优势明显，研究“奥运经济”发展对策，认真抓好组织实施，必将获得新发展、创出新品牌。此外，随着首都经济发展战略的实施，北京产业布局调整步伐进一步加快，一批国家和市级名牌企业逐步外迁，涉及印刷、纺织、服装、食品加工等多个城市朝阳产业，具有较强的品牌带动能力，是我们引进名牌企业的难得机遇。

二是自身条件具有较好基础。一方面，房山区具有得天独厚的资源优势，开发利用潜力大。房山拥有享誉海内外的世界级人类文化遗产——周口店北京人遗址、北京建城的标志——西周燕都遗址、“北京的敦煌”佛教圣地——云居寺、华北第一溶洞——石花洞等知名的人文和自然资源；拥有储量大、品位高的大理石、石灰石等矿产资源；拥有国家级特大型企业燕山石化公司、中国原子能研究院等 50 多家驻区中央、市属单位。另一方面，我们拥有一批具有品牌带动力和市场竞争优势的行业、企业和产品。在打造品牌、经营品牌的实践中，积累了丰富的经验，这些都是加速实施品牌战略的宝贵资源和基础。

（二）挑战与不利因素 一是市场竞争加剧，实施品牌战略的难度加大。入世以后，随着统一大市场的形成，北京市场不仅对国内开放，而且要对国外开放，房山区已有的品牌将面临国内外市场同类产品的双重挤压，生存发展空间趋紧。随着品牌竞争的加剧，创品牌、打名牌的门槛也在提高，开发、维护、拓展品牌的成本和风险加大，增大了我们实施品牌战略的难度。

二是产业结构调整的任务艰巨。按照国家和北京产业结构调整政策和北京启动奥运行动计划的有关要求，房山区将进一步加大关“五小”和生态环境建设的力度，依托资源优势形成的具有品牌带动力的传统支柱产业将面临巨大压力。传统支柱产业如何通过调整创新形成新的品牌竞争优势，是摆在我们面前的重大课题。此外，房山区品牌经营中现存的思想认识、规划、体制机制等问题，也需要在今后的工作中逐步加以解决。

三、围绕提高区域经济的核心竞争力，加快实施品牌战略

实现房山区经济的跨越式发展，建设现代化的新房山，必须继续大力推进品牌战略的实施，立足房山实际，重点采取以下措施：

（一）提高认识，更新观念，树立品牌就是竞争力的新理念 品牌作为商品市场知名度、美誉度和顾客忠诚度的标志，已经跨越了区分产品生产厂家的初级阶段，成为代表商品质量、服务和商家素质、信誉、实力甚至文化的综合性载体。品牌不仅代表商品的形象，更是企业的形象，对知名品牌来说，她还是一个地区甚至一个国家的“形象大使”，是一种文化和竞争力的象征。例如，我们一提到海尔，就会想到她是中国家电业的龙头老大，是“诚信”文化的倡导者和实践者。品牌也是最重要的无形资产。可口可乐公司的老板曾经自信地说，即使现在的可口可乐公司被一场大火烧掉，单凭可口可乐这个品牌的信誉度就可以向银行贷到足够的资金，重建一个可口可乐公司。商家不仅可以借品牌推销产品、拓展市场，还可以对品牌进行销售、许可生产、特许经营等商业运作，最大限度地挖掘品牌价值。品牌还是商家保护自己，战胜竞争对手的最有力武器。在技术、信息高度发达的今天，产品可以很快被对手仿效、超越，而品牌却是独一无二的，是竞争对手无法逾越的障碍。所以，真正持久的竞争优势往往来自于强势品牌，谁掌握了品牌，谁就掌握了未来市场竞争的主动权。

加速实施品牌战略，首先要解决好思想认识问题。牢固树立品牌就是竞争力的新理念，在全区形成创名牌、爱名牌、学名牌的浓厚氛围，使品牌战略的实施有一个深厚的文化基础和群众基础。其次要有针对性地对领导干部、经营管理者进行培训。定期组织实施品牌战略的研讨交流活动，通过聘请专家讲课、外出考察等形式，提高对品牌战略的认识水平，跟踪国内外先进的品牌经营理念和管理技术，培养一批本土的品牌战略经营及策划专家。

（二）理清思路，搞好规划，整体推进品牌战略的实施

*1. 唱响房山区域品牌，不断扩大房山区的影响力和吸引力。*品牌战略可分为区域、行业、企业和产品品牌战略等几个层次，它们既是一个紧密联系的统一体，又有相对独立性。实施品牌战略，首先要搞好品牌战略总体规划。规划的编制应立足房山实际，发挥房山优势，体现房山特色。从区域品牌到产品品牌要协调一致，互相支撑，整体推进，这样才能以最小

的投入获得最大的品牌效益，品牌战略才能立得住、打得响。“新世纪、新房山、新发展”体现了全区人民与时俱进、开拓创新的精神风貌，它是新时期房山的整体形象，也是房山的最大品牌。我们要充分调动一切力量，树立这个品牌，唱响这个品牌，使其在区内外产生最广泛的共鸣，取得最广泛的共识与认同。行业品牌、企业品牌和产品品牌战略的策划与实施，也应体现“新世纪、新房山、新发展”的精神，塑造房山整体形象。

2. *实施行业品牌战略，做强做大支柱产业和优势行业*。按照国家和北京市产业结构调整的政策，坚持调整、巩固、提高的方针，整合全区品牌资源，推动产业结构的战略性调整。对建筑、建材、房地产等传统支柱产业，在扩大规模、提高质量、增加效益的基础上，充分利用三大业联动发展的综合优势，扩展延伸经营领域，增强全行业的持续赢利能力和抗风险能力。要痛下决心，加大关“五小”的力度，加快相关替代产业的发展，重点抓好青龙湖、周口店两条2 000吨水泥生产线，煤矸石、页岩砖等新型墙体材料，名品石材加工，玻璃钢、塑钢、PPR塑料管材等新产品的开发和市场营销。加大旅游业综合开发力度，加快以石花洞、云居寺、十渡等六大精品景区，北京—韩村河—周口店—上方山—云居寺—十渡精品线路和山、水、林、洞、寺、蹦极、狩猎等精品项目为重点的黄金旅游圈的建设、开发和宣传推介，打造房山旅游的整体品牌，努力建设旅游强区。对高新技术产业、高等教育产业、以物流配送为龙头的现代服务业等朝阳产业，要举全区之力，超常规运作实施，尽快使良乡高教园区、现代仓储物流区、良乡工业区三期等重大项目的运作取得突破性进展，形成房山区新的名牌支柱产业。农业要继续深化“抓定位、扶龙头、打品牌”的发展战略，大力推进产业化建设，培育扶持品牌龙头企业，打造绿色安全品牌农副产品，巩固扩大市场占有率。通过实施行业品牌战略，使全区在“十五”期间，实现支柱产业的扩张发展，支柱行业、优势产业的品牌总量更加丰富，结构更加合理，带动全区经济快速发展。

3. *实施企业品牌和产品品牌战略，增强全区经济的核心竞争力*。企业是实施品牌战略最重要的市场主体，产品是实施品牌战略的最终落脚点。增强区域经济的核心竞争力，需要名牌企业、名牌产品的支撑和带动。按照房山区的产业发展规划，要确定每个产业的名牌企业、名牌产品，对不符合全区产业发展规划的企业和产品，通过限、转、并、联等多种方式，使资源逐步向名牌企业、名牌产品聚集，切实解决好房山区企业和产品发展中的小散低重等问题。首先要培育扶强已有的具有品牌带动力的重点企业、重点产品。韩建集团、房建集团、房云盛玻璃钢有限公司、房地产开发总公司、旅游行业等具有一定规模实力和品牌带动力的骨干企业，要以资产为纽带，以品牌产品为龙头，加快兼并重组，组建大型企业集团，形成特色明显、优势突出的龙头企业和名牌拳头产品，增强市场竞争力，形成规模效益。“卓宸”、“四环”等优势产品，要扩大生产规模，大力开发新产品，扩大市场覆盖面和市场占有率。其次要大力培育新的品牌企业和品牌产品。根据房山区建设“三区三基地”的目标，努力打造一批具有品牌带动力的新企业和新产品，形成新的竞争优势。通过实施企业和产品品牌战略，力争在“十五”期间，使全区每个支柱行业都拥有1～2家市级以上的名牌企业，并分别拥有市级以上的品牌或名牌产品，形成合理的企业品牌和产品品牌结构，增强全区企业和产品的市场竞争力。

（三）坚持走“引进强区”之路，引进名牌，增强发展后劲 入世以后，随着市场竞争的加剧，知名品牌主导市场竞争的格局已基本形成。从房山区实际情况看，由于资金实力、现有品牌基础和品牌经营经验等因素的制约，开发培育本土名牌的成本和风险相对较高，而且名牌的产生不仅要耗费巨大的人力、物力、财力，更需要时间的铸造。因此，尽快提升房山区经济的市场竞争力，实现经济的跨越式发展，必须坚持走“引进强区”之路，大力引进名牌，以牌扩业、以牌聚资、以牌引人，锻造大品牌，实现大发展。引进名牌要做到四个结合：一要把引进名牌与房山区的产业规划、资源优势相结合。形成以名牌为龙头的新的支柱产业，使房山区的资源优势在名牌带动下，形成实实在在的经济优势和发展优势。二要把引进名牌与房山区现有企业及产品的改造升级相结合。通过与本土企业、本土产品的嫁接，形成“引进一个带活一片”的发展格局。三要把引进名牌与招商引资相结合。瞄准国内外名牌，高质量地做好项目包装策划工作，提高招商引资的成功率。四要把引进名牌与配套完善相关政策相结合。制定完善推进实施品牌战略的扶持奖励政策，切实发挥政策的引导作用，通过引进名牌，使房山区走出一条时间短、投资少、效益高的品牌兴区之路。

（四）理顺体制，创新机制，为实施品牌战略提供可靠保障 加快体制创新，正确处理“统”与“分”的关系，充分发挥政府和市场“两只手”的作用。一方面，把应由政府统一管理的事项坚决统一起来，避免各自为政和发展的趋同化。主要包括全区性的品牌战略规划、产业发展规划的编制，品牌资源管理权限的划分，名牌扶持奖励及相关政策的制定等。另一方面，把应由部门、企业独立运作的事项坚决分离出去，把可经营性的项目推向市场。如，品牌资源的经营、招标与投融资、品牌的开发生产与市场开拓等，使经营者具有相对独立的自主权，在市场竞争中发展壮大。

加快机制创新，着力解决机制缺位问题，增强打品牌、闯市场的活力。建立引进名牌、创立名牌的激励机制，特别是品牌投入机制和品牌收益分享机制。对一些区域标志性品牌和集体品牌，如周口店北京人遗址、石花洞、磨盘柿、御塘贡米等品牌，由谁来投资注册、维护、营销？产生的品牌收益由谁来分享？怎么分享？都要形成合理的投入和收益分配机制，保证这些品牌发挥最大的效益，并实现可持续开发利用。对引进名牌、创立名牌的有关行业单位及有功人员进行必要的奖励。同时，在规划、土地、资金、税收、技术、人才、信息等方面实施全方位倾斜，使名牌企业、名牌产品能够迅速成长壮大。

（五）为实施品牌战略营造良好的外部环境 品牌的成长和发展需要良好的外部环境。从房山区的实际出发，营造实施品牌战略的良好环境，最主要是要抓住基础设施和服务这两个关键因素。基础设施环境是品牌成长的载体，落后的基础设施环境就像贫瘠的土地一样是培育不出“名牌”的。同样，服务环境就像对禾苗的田间管理一样重要，服务跟不上也不会获得“好收成”。

在基础设施方面，要重点加快工业园区、重点区域的道路、水、电、气、热、通讯和生态环境建设，营造一个设施配套、功能完善、环境优美的良好氛围，为引进名牌提供必要的物质载体。在改善服务方面，要在强化“三服务”活动的同时，启动对名牌的特殊服务项目，建立台账，挂牌跟踪服务。实行区主要领导联系名牌企业的服务制度，开通为名牌企业服务的“直通车”。加强品牌的商标注册，加大市场整治力度，严厉打击假冒伪劣等侵害名牌企业、名牌产品的行为，使房山区成为名牌企业、名牌产品的“放心家园”，最终达到“用一流环境吸引一流名牌入区”的发展目标。

（六）加强组织领导，采取得力措施，把品牌战略落到实处 品牌战略是一项复杂的系统工程，需要强有力的组织领导和过硬的工作措施。要适时建立全区专门的组织领导机构，由区主要领导和各职能部门组成综合领导班子，统一负责全区品牌战略的实施。建立实施品牌战略的工作责任制，任务分解到部门、单位和人头，把完成品牌战略任务的情况作为干部考核的一项重要内容，与其奖惩和升迁调转相结合，促进品牌战略的落实。

昌平区可持续发展问题研究

中共昌平区委书记　赵凤桐

人类对经济社会历史变迁的认识经历了从增长到发展，再从发展到可持续发展的过程。可持续发展思想的产生是人类发展观的一次巨大革命。这一思想源于人们对环境问题的逐步认识和热切关注，是人们在不断反思传统的“严重浪费资源”和“先污染、后治理”发展模式的基础上，对如何高质量、高效率地发展经济社会等各项事业逐渐形成的科学认识。

我们认为，可持续发展涉及诸多方面，是指人口、资源、环境与经济、社会的协调发展。其核心就是要保证经济的持续发展，在发展中消灭贫困，提高人们生活质量；在发展中实现发展与环境资源的协调，并以发展促进环境资源的开发、保护，又以环境资源的开发、保护进一步推动经济发展。把发展放在首位，通过发展实现可持续，是实现可持续发展的重要途径。任何发展都是有代价的，关键是要追求一种低成本、低代价的循环发展。

一、“三个首选之区”与可持续发展

近几年，在“科教文可持续发展战略”和“强二、兴三、优一”产业发展思路的指导下，昌平区的产业结构不断优化，初步形成了以“三园三区”（即：中关村科技园区昌平园、生命科学园、小汤山现代农业科技示范园、十三陵旅游区、沙河高教园区、回龙观东小口文化居住区）为支撑的产业发展格局，经济实力明显增强，各项事业全面进步。但随着现代化建设的深入，原有的发展战略需要进一步延伸、拓展。“可持续”作为发展追求的最高目标，必须结合新的实际，付诸新的实践。昌平是首都北京的重要组成部分。适应首都率先基本实现现代化和建设现代化国际大都市的要求，结合昌平的实际，我们提出了要把昌平建设成为“投资创业首选之区、旅游休闲首选之区、生活居住首选之区”的目标。“三个首选之区”是我们立足现有的基础、条件和潜能，着眼于新世纪之初昌平内在发展要求提出的，符合时代特征、首都特点和昌平区情，是昌平实现可持续发展的直接体现，是昌平的目标、昌平的形象。

投资创业首选之区，就是区域产业结构和空间经济结构优化，基础设施完善，发展空间广阔，政策环境、人文环境、生态环境良好，服务高效周到，市场体制比较健全。昌平以明显的比较优势，更能吸引资金、技术和人才，形成强大的区域聚集效应。

旅游休闲首选之区，就是明十三陵等历史文化遗产保护完好，自然风光优美，具备一批知名度较高的旅游景点和场所，交通便捷，设施配套，服务规范。昌平以比较完备的旅游体系，更能吸引区内外和国外的人们旅游、休闲，满足人们更高的、精神的、心理的、文化的需求。

生活居住首选之区，就是环境优美、空气清新、生态良好，社区建设和管理先进，出行方便舒适，教育医疗水平上乘，文化氛围浓郁，人口规模适度，人际关系和谐，服务业繁荣发达，就业比较充分，人民群众生活殷实、安居乐业。昌平以友好的人居环境，更能提高人们的生活品质，实现人们的居住理想。

从“三个首选之区”的内容看，只有坚持可持续发展，才能实现“三个首选之区”的目标。也只有坚持按照“三个首选之区”的目标建设昌平，才能更好地坚持走可持续发展道路。

二、昌平区发展和可持续发展面临的主要问题

（一）市场化程度还不能适应经济快速发展的要求 市场化是我国改革的方向。理论和实践都表明，市场化程度越高，越有利于经济发展。目前，昌平的市场化程度还不高，不能适应经济快速发展的要求。主要表现在企业改革的步伐还不快，民营经济的比重还不大，农村集体资产还没有形成有效的市场化管理方式，少数干部的思想意识仍然受计划经济体制的束缚，办事效率和服务质量还有待进一步提高。

（二）生产要素的质量、数量及利用效率还不高 一是劳动力素质不高、人才数量仍然不足；二是基础设施供给不足，制约了昌平经济进一步快速健康发展；三是区域内的自然资源特别是土地的有限性与经济快速发展的矛盾日益突出。昌平的平原面积约为541平方公里，两条绿化隔离带占地近240平方公里，再除去道路、河流、城镇和农业用地，昌平的发展空间已经非常有限。另外从现有的土地利用情况看，也存在一些问题，如企业占地后受效益影响，单位面积产出率参差不齐，缺乏有效的退出机制等等。

（三）三次产业的结构还不尽合理 2002年，一、二、三次产业占GDP的比重分别为6.6%、44.3%、49.1%。“三、二、一”的产业分布格局是由于北京特殊的区位优势形成的，并不表示昌平已经实现了工业化。我们还缺乏二次产业充分发展的阶段，这直接影响了第三产业的发展壮大。此外，农业生产的规模化和产业化程度还有待于进一步提高。

（四）城乡建设和生态环境建设还有许多薄弱环节 在城乡建设方面：一是规划的龙头作用还没有充分发挥出来，城市建设缺乏特色；二是城乡发展不平衡。以东小口镇、北七家镇、回龙观镇为代表的南部地区，处于城市边缘，受市区经济的带动影响，经济发展迅速，城市化水平已接近市区，而以流村、长陵、十三陵为代表的西部、北部山区，经济发展水平较低。在生态环境建设方面：一是京、津风沙源和大气污染治理工作还需要进一步加强；二是污水垃圾的处理能力还有待进一步提高。

（五）人文环境建设还需要进一步加强 昌平的高校多、科研院所多，但是科技的优势还没有充分发挥出来，科技的支撑作用还不明显。昌平的基础教育和医疗水平与市区比较还有很大差距。境内虽然有以明十三陵为主要代表的一大批历史文化遗产，而且多年来昌平也为此做了大量保护工作，但是进一步的开发、挖掘和利用还远远不够，其优势和潜力还远没有完全发挥出来。昌平的城市文明程度和人们的文明素质还需要进一步提高。

三、昌平区可持续发展的战略重点和战略措施

昌平实施可持续发展的战略重点是：壮大经济实力、区域协调发展、科学规划建设、永续利用土地、大力种树治污、构筑人才高地、做强科技支撑、提高文明程度。这些重点是在认真研究分析昌平发展实际的基础上提出的，既反映了昌平经济社会可持续发展面临的薄弱环节和主要矛盾；又充分体现了我们所理解的区域可持续发展观。不断壮大经济实力、促进区域协调发展的目的是夯实经济基础，妥善解决发展问题。科学规划建设、永续利用土地和大力种树治污的核心是创造一流的自然生态环境，为实现自然生态的可持续发展奠定基础。构筑人才高地、做强科技支撑和提高文明程度的核心是创造一流的人文环境，目标是实现人文环境的可持续发展。综合起来，共同反映了昌平可持续发展的战略规划。

为此，应从经济基础、资源环境、人文环境、动力机制四个方面入手，构造可持续发展的平台。

（一）构建可持续发展的经济基础

1.构造可持续发展的空间经济结构和城镇体系布局。经济发展从一定意义上说，就是产业结构不断优化，空间经济结构日趋合理，城镇体系不断完善的过程。产业结构、空间经济结构和城镇体系布局之间存在密切联系。产业结构是核心，空间经济结构是产业结构的空间表现形式，空间经济结构决定城镇体系布局。妥善协调三者关系对于加快区域经济发展非常重要。可持续发展的空间经济结构和城镇体系是指在区域经济内，空间布局遵循由“点”到“轴”，由“轴”到“面”的基本规律逐步展开，形成城镇、乡村等各种类型、不同等级的城镇群体组织，它们之间物质、人员、信息和能量的相互作用日益增强，最终形成核心强大，网络通畅，外围接受辐射能力强、经济运行效率高的布局体系。

重点推进中关村科技园区昌平园、生命科学园、小汤山现代农业科技示范园、十三陵旅游区、沙河高教园区、回龙观和东小口文化居住区的建设。“三园三区”既反映了三次产业结构优化、发展的方向，体现了昌平特色，又反映了昌平可持续发展空间经济布局和城镇体系布局的发展趋势。从产业结构看，“三园三区”带动了全区高新技术产业、现代制造业、旅游业、房地产业、服务业和现代农业等相关绿色产业的发展，不仅有利于加快工业化进程，而且有利于从源头上降低污染，提高治污能力，增强发展的后劲。从空间结构和城镇布局看，“三园三区”建设有利于强化聚集功能，形成特色鲜明、主业突出的产业带。有利于辐射作用的发挥，进一步带动空间经济结构向纵深发展，最终形成布局合理、功能协调、特色突出的空间经济结构和以此为基础的城镇体系。

镇级工业小区是完善空间经济结构的重要组成部分。不能“遍地开花”，应有重点地建设，对于马池

口、南口、沙河、小汤山等发展比较好的工业小区，应适度扩大其规模。工业小区建设应以发展现代制造业为目标，全面接受昌平园和生命科学园的辐射，形成“三园三区”的发展腹地。它们之间在产业分布上应该有所差别，避免产业结构雷同，最终形成分工明确、产业协调的良性运行格局。

2. 推进可持续发展的城乡结构调整。调整城乡结构的核心内容是推进城镇化进程。城镇化水平的提高有利于聚集经济和规模经济的形成。经济研究表明，聚集经济对于可持续发展具有非常重要的意义。一方面，人口聚集形成的城镇化，提高了人们的生活成本，使计划生育成为家庭的理性选择。这有利于形成控制人口，提高人口素质的自动平衡机制。另一方面，各种生产要素聚集为人们采用集约方式建设污水处理厂和垃圾处理厂，降低控制、治理污染的成本提供了现实可能性。

对于昌平而言，建设可持续发展的城乡结构，主要有两方面的内容。

(1) 提高城镇化水平。城镇化水平是指城镇人口占总人口的比例。目前昌平基本达到了50%～60%，在北京郊区县中，属于较高水平。提高城镇化水平要解决的核心是转移农村剩余劳动力、解决劳动力安置就业的问题。这一问题的解决必须满足两方面的条件，一方面是待业人员的素质要能够满足工作岗位的要求；另一方面是区域内能够提供相应的就业岗位。理论和实践都表明，不断提高工业化水平，促进第三产业的发展是解决就业问题的根本途径。从全区范围看，推进工业化进程必须抓好昌平园和生命科学园的建设，充分发挥它们的带动作用，促进全区产业结构不断升级、优化，形成规模化和专业化的大工业格局。在此基础上，积极发挥镇级工业小区的作用，着力发展劳动密集型产业，为解决农民就业创造条件。借助工业化水平的提高，积极发展服务业，努力为闲置劳动力提供广阔的就业空间。

(2) 重点建设“两城四镇”。“两城四镇”是指昌平卫星城、沙河卫星城以及北七家镇、小汤山镇、阳坊镇和南口镇。它们是昌平城镇建设的重点，也是各种生产要素的主要聚集地。南口镇和阳坊镇地域广阔，地价相对便宜，具有一定的工业基础，有条件发展现代制造业；北七家镇和小汤山镇距离市区较近，具有地热资源，发展房地产业具有得天独厚的条件；两个卫星城的工商业基础较为雄厚，可以重点考虑工业和服务业。“两城四镇”建设应该坚持“高标准规划城市、高质量建设城市、高效能管理城市、高水平经营城市”的原则，到2007年，基本完成昌平卫星城旧城改造和沙河卫星城的改造任务，使昌平卫星城东区和沙河卫星城初具规模，昌平卫星城的区域规划达到30平方公里以上。“四镇”在用足、用好各项政策的前提下，较好地解决基础设施薄弱的问题，使“四镇”的面貌发生根本改观。

推进城乡结构调整必须进行政策与制度创新。一是认真研究制定符合区情的农村拆迁办法，合理界定国家、集体、农民的利益，在切实保护农民利益的前提下，保证各项拆迁建设工作的顺利进行。二是逐步建立完善农村社会保障制度，在资金来源、资金分配、保障标准等方面制定详细办法，妥善安排农民、农转居人员的最低生活保障、医疗保险、养老保险，切实减少他们的后顾之忧。

3. 营造可持续发展的区域协调关系。实现区域协调发展是可持续发展的一项十分重要的内容。从长远看，昌平西部山区、半山区长期落后，会对自然生态造成越来越大的压力，不利于可持续发展。解决昌平西部山区、半山区经济发展落后的问题，决不仅仅是几个项目的问题，关键是要形成一整套促进区域共同发展的机制，核心是形成各种生产要素在城乡之间、平原与山区之间合理有效配置的良好局面。生产要素是按照收益率高低流动的，它总是从收益率低的地区流向收益率高的地区。以现在西部山区、半山区的条件，单纯靠市场调节，很难吸引生产要素。因此，除了鼓励社会各界支持山区建设，因地制宜发展养殖业、林果业、民俗旅游等山区特色经济外，更重要的是加大政府调节的力度，为生产要素流向山区、半山区创造条件。一是加快西部地区工业小区基础设施建设，使这些工业小区具备接受“三园三区”辐射、带动的条件。二是抓住机遇，充分利用中关村科技园区昌平园的税收减免、财政奖励等优惠政策，适度扩大零地价工业小区面积，为建设一定规模的现代制造业基地创造条件。各种优惠政策将大大降低企业的进入和运行成本，为企业提供稳定的收益预期，极大地方便生产要素的流入。三是在不影响全区特别是东南部发达地区经济发展的前提下，尽快建立区域内的财政转移支付机制，拓宽西部地区的资金来源渠道，加快西部地区以道路建设为重点的基础设施建设，提高这些地区基础设施的供给水平。目前最为紧迫的是加快颐南路的改造拓宽。四是积极鼓励房地产商在开发东南部热点地区的同时，参与西部旧村改造、镇域基础设施等项目的建设。

(二) 保护可持续发展的资源、生态环境 昌平的目标是建立京郊一流的绿色生态区。必须采取积极有效的措施，制定和完善生态规划、污染综合防治规划、自然保护规划及环境科学技术应用发展规划，以此为保障，充分发扬优点、努力克服不足，最大限度的循环利用资源，高效建设生态环境。

1. 保证资源的可持续利用。土地是昌平发展的重要战略资源，其稀缺性将随着发展越来越强。永续利用土地资源，一是要严格按照规划管理房地产业，正确引导房地产业的发展。房地产业是积累资金、加快城市化建设的重要途径。对于昌平而言，意义非常重大。关键是要强化规划的约束力。对于符合规划地点、标准的项目应该积极促进其建设；对于不符合规划的必须严格控制。

二是要重视提高企业用地的产出效率，建立企业占地和退出的良性运行机制。目前，昌平企业用地的供需矛盾日渐突出，建立这种机制非常迫切。在这方面，要进一步建立和完善企业评价制度，严格按照有关规定控制土地闲置。尽快建立土地储备开发制度，提高土地的利用效率。积极尝试政府以土地参股企业，与企业共同发展的方式，这样，既有利于降低企业的进入成本，提高政府调控土地的流动能力，还有利于增强各工业园区管理服务机构的责任意识和工作积极性。

水资源的可持续利用包括两方面的内容。一是通过大力发展节水型灌溉农业和工业，推广运用各种节水设备，加大节约用水力度。二是加大污水的回收利用力度，降低排污量，提高循环利用水平。对于金、锰等矿产资源，由于不具备规模开采价值，应该逐步取消，以利于保护环境。

2．建设可持续发展的生态型城市。生态型城市就是运用城市生态学原理进行城市及周围区域的规划、建设和改造，建立起一个以人的全面发展为目标，人与自然和谐统一，经济、社会、生态协调发展的现代化绿色城市。其核心一是现代化的绿色城市，二是经济、社会、生态的协调发展。生态城市是建立在包括自然生态、经济生态和社会生态的城市生态系统之上的。自然生态环境是建设生态型城市的坚实基础，也是建设“三个首选之区”的主要内容。建设一流的自然生态环境，应抓好以下工作。

（1）切实把保护环境作为经济发展和城镇建设的重要条件，加大对“环境是生产力”观念的宣传力度，努力形成全区广大干部群众的共同认识。深入开展环保教育，积极创造条件，鼓励公众以各种方式参与各项改善生态环境的活动。

（2）造林绿化。建设“三个首选之区”，必须在城乡环境治理和改善方面，执行更高标准，创造更新特色。重点是抓好“主题绿化”和“绿化造景”。“主题绿化”是赋予植树种草以更多的人文色彩。对于昌平特定的地理环境，应该区别对待“山区绿化”和“平原绿化”，“山区绿化”着重把退耕还林、退耕还草、治理风沙源和废弃沙坑与农民致富结合起来，进一步提高林木覆盖率，使昌平的山更绿，水更清。“平原绿化”的重点是高标准完成绿化隔离带和京张路、立汤路、温榆河的绿化工程建设。“绿化造景”是把景观建设与绿化结合起来，通过绿化提高景观的价值，它是城市绿化的重点和发展方向。

（3）大力治污。污染问题在昌平虽不是很突出，但从建设“三个首选之区”的要求看，必须提上重要议事日程。要制定严格的生态环境标准和系统的保障制度，大力发展低能耗、无污染的企业。通过科技推广、技术改造、清洁生产、严格执法等措施，降低现有企业的排污水平。加强污水处理厂等环保基础设施建设，实行治污单位企业化、企业经营集约化、专业化，逐步做到污水统一处理、垃圾统一消纳。重点整治北沙河、东沙河、南沙河以及受它们影响的沙河水库，2008年以前，达到2类水体并完成垃圾处理场搬迁。

（4）提高居民住宅绿地建设标准。为了突出“生活居住首选之区”的特点，新开工建设的住宅小区，绿化面积应高于全市统一标准。

（5）努力避免开采砂石对环境带来的破坏。鉴于市政建设的大量需求，在昌平境内完全杜绝开采砂石是不现实的，必须采取疏堵结合的办法加以解决。一方面，可以考虑重新颁发采砂许可证，对开采范围、开采方式、砂石采集厚度以及治理办法做出统一规定，加强政府对采砂的协调管理力度。另一方面，考虑新的砂石来源渠道。在自然、生态、技术等各方面条件允许的情况下，可以考虑在西部山区选址挖砂，最大限度保护现有的土地资源，避免乱挖乱采。

（三）建设可持续发展的人文环境　人文环境是一种软环境，体现的是一个地区的文化底蕴、文明程度、现代气息和居民的精神风貌。昌平必须正视人文环境建设中存在的问题，立足昌平现代化建设的实践，紧紧围绕提高公民素质和环境改造建设的工作重心，坚持“两手抓，两手都要硬”，促进社会全面进步和人的全面发展。要以文化教育提高人，以优美环境影响人，以现代文明生活方式引导人，努力培育和创造一流的市民素质、一流的人文环境、一流的服务水平、一流的社会风气。

1．建设可持续发展的历史文化生态。对于昌平而言，以明十三陵为代表的自然文化遗产不仅仅是历史文物和中华民族历史的沿革，更重要的是促进昌平经济发展的潜在增长点。基于这样的认识，必须坚定保护十三陵的信念，全面加强十三陵特区的工作，加大对明文化的挖掘、整理、保护和宣传的力度。以申报世界文化遗产为契机，把对明文化的研究和十三陵的保护提高到一个新水平。明文化的挖掘、宣传、利用必须把历史、文化和旅游紧密结合起来，其传承、拓展要有一定的载体作为支撑。目前，除了利用开放的定陵、长陵和博物馆等人文景观，对外展示明朝悠久的历史文化和风土人情外，昌平境内还没有以宣传明文化为主题的参与性旅游项目，也没有把明文化渗透到社会生活、城市建筑等各个方面。鉴于此，可以考虑坚持“古为今用”的原则，强化明文化的实用研究，力争在餐饮、旅游产品开发、建筑装饰等方面有所突破。

2．营造可持续发展的城市文明。现代文明的核心是促进人的全面发展。营造昌平的现代文明必须紧紧围绕这一核心展开。通过教育和医疗卫生条件的改善，提高人口素质；通过精神文明创建活动，培育良好的文化生活环境；通过加强思想道德建设，塑造共同的社会理想，创造友好的人际关系。

（1）努力提高教育水平，这既是实现“生活居住首选之区”战略目标的突破口和重大任务，也是体现和培育现代文明的重要渠道。提高基础教育、职业教育和培训的水平，一靠教师、二靠投入、三靠改革。

要大力引进和培育名校、名师；深化教育改革，加大教育布局调整的力度，优化资源配置，推进素质教育，努力形成基础教育、职业教育和培训布局合理、质量上乘的大教育格局。切实加强对农民、下岗职工的培训，提高其素质，为其就业奠定基础。

（2）改善医疗卫生条件。这是建设“生活居住首选之区”的必然要求。一方面，下大力气引进一所三级甲等医院，提高昌平的整体医疗水平；另一方面，积极推进医疗体制改革，引入市场机制，推动区镇医疗机构上水平。另外，要继续加强社区医疗服务体系建设，方便群众就医。

（3）策划大型品牌文化活动。以此为龙头，带动区域文化建设，提升区域文明程度。昌平在文化建设方面面临的一项重要任务，就是要在区域内开展一系列思想健康、特色鲜明、影响广泛的文化品牌活动。要结合昌平实际，以迎接2008年北京奥运会和强化昌平的对外宣传和扩大昌平知名度为动力，策划一两项具有国际水准的品牌文化活动，全面提升全区的文化品位和文明程度。

（4）全面推进城市建设和管理上台阶、上水平。城市建设的重点要以“三个首选之区”为目标，抓住首都建设历史文化名城的机遇，重点抓好社区建设。提高城市管理水平的突破口是整治城乡环境，从目前情况看，城市管理还缺乏长效机制，也缺乏足够的人手。鉴于此，可以考虑整合现有行政事业单位的人力资源，将那些还从财政领取工资的富余人员，充实到社区工作中，协助有关部门做好各项工作。

（四）创建可持续发展的动力机制　昌平可持续发展的持久推动力，主要来源于体制改革深化、人力资本改善、技术支撑加强、干部素质提高。

1. *创新可持续发展的体制环境*。体制改革的目的是营造良好的制度环境。昌平的制度建设应该遵照“效率、稳定、协调”的原则，着重抓好以下几个方面。

（1）整合行政、事业单位固定资产资源，扩大资金来源渠道。昌平的公共投资面临着严重的资金短缺问题。我们认为，解决资金短缺最直接、最有效的方法，就是加大改革力度，盘活固定资产。可以通过剥离行政事业单位固定资产中的部分可经营性资产，用于贷款担保、抵押，有利于获得银行的支持；贷款直接用于基础设施建设的先期投入。

（2）深化农村集体资产改革，把村级集体资产全部落实到人。农村集体资产规模较大，存续时间较长，涉及范围较广，矛盾比较集中，因此改革的难度较大。从理论研究和各地的实践看，社区股份制是推动农村集体资产改革的主要形式。昌平可以根据实际，积极探索股份制在农村集体资产改革方面的具体实现方式，最终明确集体资产的归属，实现村委会和集体资产管理者职能的分离，建立市场化基础上的新型委托代理关系。

（3）积极推进企业产权制度改革。改革的目标就是使国有经济全面退出竞争领域，建立投资主体多元化的产权制度，避免国有股占大头。坚持“靓女先嫁”，从目前经营状况较好的企业改起，采用资产重组、职工持股等方式，为这些企业的持续发展提供制度保障。对比较差的企业，一要坚决停止财政注资和以政府信用做担保的银行贷款，二可以尝试拍卖、租赁甚至是赠与的方式，优化产权制度，把企业完全推向市场。为了进一步提升区域经济活力，还要努力创造公开、公平、公正的竞争环境，大力促进非公经济的发展，明显提升非公经济在全区经济中的比重。深化产权制度改革，必须积极引导企业规范和完善法人治理结构，使企业真正具有独立的行为能力。从可持续发展的角度看，产权制度的明确和完善，有利于逐步确立企业排污收费、排污权转让等制度，使外部成本内部化，强化企业保护环境、减少污染的意识，逐步在企业内部形成较强的激励和约束机制，把坚持走可持续发展道路转化为企业的自觉行动。

（4）转变政府职能，建立小政府、大服务的行政体制。其核心是提高政府的运行效率。转变政府职能，一方面要明确政府与市场的分工，以提供公共服务、促进市场经济良性运行为标准，确定政府的职能范围。坚决从越位的职能中退出来，从错位的职能中正过去，从缺位的状态中补进去。另一方面，制定完善各项规章制度，坚持工作流程明确化、信息发布公开化、部门服务规范化、服务到位及时化，切实提高服务水平，努力维护、稳定政府的信誉。用制度保证服务意识的提高和服务观念的不断更新。此外要加强执法力度，切实保护市场主体的权利。

2. *构筑支撑可持续发展的科技体系*。科学技术是第一生产力，是可持续发展的重要支撑。昌平的可持续发展离不开科技的支持和推动。

（1）充分利用各种科技手段，开展清洁生产、生态建设、环境治理。清洁生产是指通过产品设计、原料选择、工艺改进、技术管理、生产过程内部循环利用等环节的科学化与合理化，最大限度地减少污染，生产“绿色产品”。其实质在于以技术进步为媒介，使企业主动将保护环境纳入到生产经营中。开展清洁生产在昌平已经具备了条件，传统工业企业应该抓住“三园三区”建设和企业产权制度改革的有利时机，将这项工作推向深入。为了把“三个首选之区”对建设生态环境提出的要求落到实处，必须尽快建立全区生态环境监测系统，以便于掌握生态环境的第一手资料，及时采取改善生态环境的各项措施。

（2）抓好科技示范工程。开展示范工程建设的目的是在一定范围和领域内取得示范的效果，以便于推广。在昌平，可以选择一定区域，充分发挥科技的作用，进行以污水回收利用、垃圾消纳、生态建设、环境综合治理、城市建设等为主要内容的可持续发展试点。通过示范，强化科技的支撑作用，逐步形成利用科技推动可持续发展的有利局面。

（3）创新科技体制。首先，企业是技术创新的主体，必须提高企业的创新能力，通过加强企业孵化器建设，积极发展、引进风险投资机构，建立中小企业贷款担保公司，促进高科技中小企业的发展。其次，充分发挥昌平高校和科研院所多的潜在优势，加强产学研联合，整合科技资源，创造有利于发展的环境，形成以科研机构、高校、中介服务机构、企业和政府相互连动的可持续发展创新体系和运行机制。

3. 打造促进可持续发展的人才平台。昌平的发展已经越来越受到人才匮乏的制约。从长远发展看，必须把“引才、惜才、爱才、用才、富才”摆上重要的议事日程。一是树立大人才观，建立有利于人才自主创业、来去自由、公平竞争的良好环境，积极为引进人才创造条件，充分利用更大范围内的智力资源。二是实施引进人才计划，重点引进高科技人才、名师、名医等，逐步改善待遇，切实解决人才的后顾之忧。

4. 建设推动可持续发展的干部队伍。昌平干部队伍的整体意识、素质和能力是建设“三个首选之区”、高效率落实各项工作的关键。必须通过理论宣讲等形式，使广大干部牢固树立可持续发展观，把坚持可持续发展转化为各级干部的自觉行动。首先是完善干部录用、淘汰机制。根据《党政领导干部选拔任用工作条例》的精神，在坚持“公开、平等、竞争、择优”原则的基础上，逐步建立完善干部考核录用和淘汰制度。一方面要把那些德才兼备、勇于创新、实事求是的干部选拔到领导岗位上；另一方面要将那些不适应领导岗位，工作能力和素质不强，工作积极性不高的干部撤换下来，不断优化干部队伍结构。其次是采取多种形式，抓好干部培训。重点是加强对领导干部思想理论、现代知识、实践才能的教育、培训，努力培养造就一支具有理论素养、战略思维和世界眼光，符合昌平现代化建设需要的干部队伍。再次，抓好制度建设，强化制度对干部的激励和约束作用。

营造良好人才环境
促进全区经济社会发展

顺义区区长　李　平

进入新世纪，人类社会正在经历着一场深刻的变革，这场变革的一个显著特点，就是经济社会发展所依靠的战略资源发生了根本性变化，人才已经成为一个国家、地区经济社会发展最重要的战略资源，成为决定一个国家、地区综合实力的主要因素。江泽民总书记在 2002 年“七一”讲话中明确指出：“时代在前进，事业在发展，党和国家对各方面人才需求必然越来越大。要抓紧做好培养、吸引和用好各方面人才工作，进一步在全党、全社会形成尊重知识、尊重人才，促进优秀人才脱颖而出的良好风气”。江总书记这一科学论断，充分表明了人才资源在经济社会发展中的重要作用。从顺义实际出发，当前，全区正处在加快推进现代化建设的新的发展阶段。按照顺义区“十五”计划，大力实施信息工业化发展战略，加快构建空港国际化、全区空港化、发展融合化的运行机制，全力打造“绿色国际港”新形象，实现社会生产力跨越式发展，率先在北京郊区基本实现现代化，迫切需要有大量的高素质的人才资源作为支撑。那么，政府在人才资源开发中如何定位，如何营造良好的人才环境，建立一套有效的人才培养、引进、使用和管理机制，确保如期实现“十五”计划确定的目标，推动全区经济社会加快发展，是我们必须高度重视和认真研究解决的课题。

一、全区人才资源现状

近年来，区委、区政府在加快推进全区发展过程中，高度重视人才资源开发工作，将其纳入重要议事日程，不断加大工作力度，全区人才市场建设切实加强，人才资源总量持续增长，综合素质不断提高，结构不断优化。2001 年，全区人才资源总量从“八五”末期的 15 480 人增长到 22 647 人，年均增长 7.8%。具有大专学历以上的 13 814 人，占 61%。其中，研究生学历以上的 180 人，占 0.8%；大学本科学历的 4 684 人，占 20.7%；大学专科学历的 8 950 人，占 39.5%。

（一）公务员队伍结构不断优化　全区机构改革后，公务员总量下降，公务员队伍日趋年轻化，整体学历水平得到提高。2001 年，全区公务员编制总数 2 080人，实际在岗人数 1797 人，同比降低 24.7%。从学历层次看，研究生以上学历人员达到 89 人，占 4.95%；大学本科生 463 人，占 25.76%；大专生 966 人，占 53.75%。从年龄结构看，35 岁以下公务员 571 人，占 31.8%；36～45 岁的公务员 610 人，占 33.9%。强化了对公务员电子政务、MPA 等方面知识的培训，深入开展了“优化政务环境，人人争当人民满意公务员”活动，公务员队伍依法行政能力、管理和服务水平显著提高。

（二）专业技术人员队伍初具规模　2001 年，全区专业技术人员从“八五”末的 13 500 人增长到 19 150人，增长 42%。从职称层次看，高级专业技术人员由 527 人增长到 820 人，增长 56%，中级专业技术人员由 3 150 人增长到 5 278 人，增长 67.5%。

从学历层次看，具有研究生学历以上人员达到 91 人，占 0.48%；大学本科学历专业技术人员 4 021 人，占 21%；大学专科 7484 人，占 39.1%。

（三）企业经营管理人才队伍不断壮大 随着市场经济体制改革的不断深入，政府职能的调整转变，国有集体企业改革的日益深化，高新技术企业和民营科技企业迅猛发展。2001 年，全区共有高新技术企业 24 家，民营科技企业 236 家。高新技术企业和民营科技企业中的经营管理人才达到 1 000 人。燕京啤酒、顺鑫农业等上市公司，空港工业区、林河工业区、三高农业示范区等科技园区吸引和培育了一批懂经营、擅管理的经营管理人才。

（四）人才市场建设切实加强 2001 年，全区共举办人才招聘洽谈会 29 次，入市招聘单位 581 家次，求职个人 2 万余人，达成意向 6 700 人。建成顺义人才网站，基本形成了网上市场与有形市场的有机结合和相互补充。人事代理工作成效显著，解决了民营企业、高新技术企业存档单位与个人的后顾之忧。人才市场在非公经济人才资源配置中发挥了主导作用，国有经济组织和事业单位人才配置主要依赖于人才市场，市场配置人才作用显著增强。

尽管全区人才资源开发工作具备了一定基础，但着眼于全区发展面临的新形势，谋求全区经济社会的新发展，仍有一些矛盾和问题亟待解决。一是人才资源总量不足，人才闲置现象不同程度地存在。2001 年，全区人才资源总量为 22 647 人，其中专业技术人员 19 150 人，人才资源总量占全区人口比例仅为 4.2%，专业技术人员占全区从业人员总量比例仅为 7.1%，低于北京市平均水平，尚不能适应全区经济社会发展的需要。此外，由于全区人事制度改革正处在起步阶段，市场配置人才资源的基础性作用发挥不够充分，人才激励机制还不够完善，人才流动还不够充分。二是现代化建设所急需的高、精、尖、复合型人才短缺，人才资源分布的产业结构不尽合理。2001 年，全区高级专业技术职务人员 820 人，仅占专业技术人员总数的 4.3%。专业技术带头人主要集中在教育、卫生、农业等少数领域，且年龄偏大，潜在的断层危机日益显露，专业技术队伍发展后劲明显不足。人才资源分布的产业结构不尽合理。在农业方面，从事精品、创汇、观光农业及农产品深加工方面的人才和从事技术推广的农村一线人才短缺。在高新技术领域，从事电子信息、光机电一体化、生物工程和新医药、新材料等方面的人才不足。在城建方面，精于城市管理、环境保护等方面的人才缺乏。在经贸领域，通晓国际贸易、投资管理、金融运作和市场营销方面的专门人才缺乏。三是人才资源开发的机制不够健全，人才发展环境有待于进一步改善。在人才资源开发的机制方面，尚未形成一套系统、有效的人才培养、引进、使用、管理的机制。人才培养缺乏科学规划，人才引进缺乏有效措施，人才竞争机制和激励机制尚未完全建立，人才管理上科学评价和考核体系尚未形成。在人才资源发展环境方面，软环境、硬环境和政策环境需进一步提高和完善。以感情留人、以待遇留人、以事业留人的环境还不能满足要求，“重管理、轻服务，重引才、轻引智”的问题还有待于进一步探讨。人才的考核、奖励、评价，人才的引进、选拔、培养等相关政策尚需完善。

二、人才资源开发面临的形势

从国际形势看，经济全球化进程不断加快，现代科技突飞猛进，产业结构调整步伐加快，综合国力竞争日趋激烈。这种竞争，说到底是人才资源数量、质量的竞争，也是人才资源开发水平和人才选用机制的竞争。世界各国正在纷纷采取措施，加大培养、吸引人才和开发人才资源的力度，增强其核心竞争力，国际间人才争夺十分激烈。从国内发展形势看，当前，我国的人才资源能力建设与经济社会发展要求很不适应，人才资源潜在优势还没有转变为现实的人力优势，特别是在全球性激烈的人才竞争中，还处于明显的劣势地位。从全区发展形势看，一方面，实现“十五”目标，需要一支数量充足、结构合理、素质优良的人才队伍。另一方面，全区人才资源体制和机制性矛盾尚未彻底解决，人才资源总量不足，整体素质不高，高层次专业技术人才和高级经营管理人才短缺，产业结构分布不够合理。

在看到面临的挑战的同时，也应看到顺义区人才资源开发的三大优势。一是区位优势。北京市的科技和人才优势，可以转化为顺义区吸引人才、留住人才、引进智力的优势。二是经济优势。全区综合实力居于远郊区县前列，天竺出口加工区、空港工业区、林河工业区、空港物流园区、三高农业示范区等一批国家级、市级高新技术开发区的建立和发展，为各类人才在顺义区创业和施展才华创造了平台。三是政策优势。就全区来看，吸引人才投资创业的政策较为开放、宽松，必将增强对人才的吸引力。

面对新形势，应对新挑战，谋求新发展，实现新跨越，迫切要求将人才资源开发工作摆在突出位置，做到“三个结合”，将人才资源开发工作不断引向深入。一是将人才资源开发工作与实施区“十五”计划，特别是区“十五”人才发展计划紧密结合、协调一致，服务于全区经济社会发展。二是将人才资源开发工作与全区经济体制改革，特别是事业单位人事制度改革紧密结合，通过改革，深入推进人才资源开发工作，逐步建立起政府宏观调控，社会共同参与，人才市场配置的整体性人才资源开发机制。三是将人才资源开发工作与全区环境建设相结合，着力营造人才脱颖而出、人尽其才的良好社会环境。

三、人才资源开发对策

人才资源开发的总体思路是实施“五四三”工程，即抓紧完善五个机制，营造四大环境，抓好三项工程，促进全区经济社会加快发展。

（一）建立健全适应市场经济和人才自身发展规律的新的人才机制

1. 建立完善人才教育培养机制。一是要加快构建全方位、高质量的现代化教育培训服务体系。要按照国家公务员、专业技术人员和经营管理人员应达到的素质标准，分类制定继续教育培训计划和方案，明确培训工作内容、目标、任务和措施，形成专业教育领导小组负责、继续教育基地承办、用人单位和各类人才积极参与的继续教育格局。二是要完善人才教育培训备案和质量监控评价制度，加大对培训教育的监督和检查力度，并将培训教育同考核、定级、任职、奖惩、晋升挂钩，确保人才教育培训质量。三是要完善人才评价选拔机制。改革高层次人才培训选拔办法，通过建立以业绩为主要标准的评级指标体系和制定相应的选拔管理办法，对急需的高层次人才实行滚动培养，动态管理。

2. 建立健全人才智力引进机制。一是要完善人才智力引进的优惠政策和配套措施，鼓励和支持用人单位制定、落实具有自身特点的人才智力引进办法，增强全区对人才和智力的整体吸引力。二是要创新人才智力引进方法，千方百计吸引高素质紧缺人才。要通过经贸、科技、文化交流、旅游观光、讲学、咨询等政府或民间渠道，开展国内外人才智力交流。要借助全区招商引资活动，举行大型人才智力招聘洽谈会，加大引才引智力度，使招商引资和引才引智有机结合起来。三是要制定人才智力引进计划，做好人才和智力引进的服务和宏观调控工作。要强化人才引进的服务和管理，将企业无序引进转变为在政府的引导、协调和服务下，企业运用市场机制，有计划、有组织、有重点的引进。要切实加强对用人单位引进人才使用情况的监督，做好跟踪服务工作，营造尊重人才、尊重创业的良好社会氛围。

3. 建立健全人才使用机制。一个好的用人机制，至少包括以下几个方面：一是要能充分体现人才的价值和技能；二是要有利于优秀人才脱颖而出；二是要能够给人才施展才华提供空间和机会；四是要能够满足人才在工作和生活上的正常需求。因此，要改变官本位、论身份、唯资历、唯文凭、唯职称等过时的用人观念，树立重能力、重实绩、重贡献，鼓励创业、鼓励创新、鼓励竞争的用人新理念。改变管理中重视物质资源轻视人才资源等传统习惯，改变人才能进不能出、职务能上不能下的落后用人制度，建立流动配置、合同聘用、竞争上岗、科学评价、严格考核、强化监督等新的用人机制。

4. 建立健全人才竞争激励机制。面对人才竞争激烈的社会形势，针对优秀人才引不进、留不住等突出问题，要抓住全区推进人事制度改革的有利时机，建立符合单位性质和工作特点的岗位管理制度，科学合理设置岗位，明确不同岗位的职责权利和任职条件，实行岗位管理，以岗定酬；改革和完善专业技术职务聘任制度，实行评聘分开，破除专业技术职务聘任终身制；按照绩效优先，兼顾公平，按劳分配与按生产要素相结合的原则，积极探索和推行按劳分配与按生产要素分配相结合，知识、技术成果、专利、管理等生产要素参与分配的各种有效分配制度和分配模式，逐步扩大单位内部分配自主权，建立形式多样、自主灵活的分配激励机制；健全奖励制度，完善奖励办法，加大对人才的奖励力度，对有重大科技发明和突出科技成果的人才实行重奖；鼓励人才在不影响本单位工作的前提下兼职从事专业技术工作，合法领取报酬。

5. 建立健全人才合理流动机制。人才合理流动是市场经济发展的必然要求，是人才资源优化配置，避免人才闲置和浪费，提高人才效能的关键所在。一是要破除人才流动壁垒，降低人才流动成本，落实企事业单位用人自主权，使其成为人才资源开发主体。二是应加快培育与其它要素市场相贯通的人才市场，切实发挥市场配置人才的主渠道作用，确立企业和人才平等的市场地位，形成政府宏观调控、单位自主用人、个人择业自由的人才管理新体制。三是要强化政府对人才流动的宏观调控功能，加大对区内人才资源开发力度。要做好人才资源的统计分析和预测规划工作，以调整全区经济结构和促进产业优化升级为导向，大力引导科技人才向第三产业和高新技术产业流动。

（二）着力营造人才资源开发的良好环境

1. 优化人才开发的政策体制环境。一是制定并不断完善全区整体性人才资源开发的政策和配套措施。抓紧研究制定、出台和完善人才引进、流动配置、培养选拔、竞争激励、分配使用等方面的具体政策和措施，为人才集聚、成长、创业和发挥作用提供良好的政策和制度保障。二是加大对人才资源开发投人力度，为各类人才的创新活动提供支持，为人才定期进行理论与学术研讨、交流活动创造条件。三是要加大整体性人才资源开发力度，强化对各单位人才开发计划和任务完成情况的评估、考核和监督，并将考核结果纳入全区年度考核指标体系，与奖惩挂钩，确保人才资源开发的计划、政策措施落到实处。

2. 优化人才工作创业环境。加强人才创业载体建设，通过深化产业结构调整，加快形成全区支柱产业，加强空港高新技术孵化基地建设，加强林河工业区和区镇工业区孵化器建设，为高层次人才特别是技术创新人才提供施展才华的载体。鼓励以技术入股的投资方式创办高新技术产业，并转让、转化科研成果。实行重点项目与工程向国内外招标，为国内外人才智力群体来顺义区创业提供公平竞争的环境。

3. 优化人才社会生活环境。要加快构建人才社会化服务体系，对各类人才提供优质快捷服务，切实解决各类人才的实际困难，真正在政治上爱护他们，生活上关心他们，人格上尊重他们，工作上支持他们，让他们有名、有利、有位，从而使人才、用人单位和社会结成真正的利益共同体，以实现人才获利、单位增效、社会发展的多赢格局。

4. 优化人才舆论环境。充分利用各种舆论宣传工具，大力宣传人才资源是第一资源的理念和人才资源开发工作，大力宣传优秀拔尖人才的先进事迹，在全区范围内强化人才意识，营造尊重人才、尊重知识的良好社会氛围。

（三）抓紧抓好“三项重点”工程建设，努力开拓人才资源开发工作新局面

1. 围绕培养造就高、精、尖和复合型人才，大力实施“1+1”人才工程。高层次人才是科学技术和管理活动中最富有活力的因素，是人才队伍的关键。加强高层次人才队伍建设，既是迎接知识经济时代的挑战、提高区域整体竞争力的必然要求，也是推动全区经济结构调整和产业升级的客观需要。以培养造就高层次人才为龙头，充分发挥其带动和辐射作用，对全面推动全区人才资源开发，具有决定性意义。全区要重点做好学术技术带头人等高层次人才的选拔、培养工作，大力实施“1+1”人才工程，即培养、造就区级学术技术带头人100名，45岁以下的优秀中青年技术骨干1 000名，并建立业绩档案，实行滚动式管理，逐年调整。对列入“1+1”工程的技术人员，要加大培养培训力度，每年有计划地选送一批骨干到高校学习深造；组织他们参加各种高级研修班和学术技术交流活动；对开展科研工作的由区有关部门根据立项情况给予一定的科研启动经费；对专业成绩突出的可破格晋升专业技术职务；对学术技术带头人和优秀中青年人才实行政府特贴制度，凡完成科研学术任务，取得成就的，给予项目人一次性补贴；进一步完善有关政策措施，为人才迅速成长创造良好的工作生活环境。

2. 围绕全面提高行政管理水平，大力实施公务员队伍能力建设工程。一是要完善公务员考试录用制度，严把“入口”关。坚持凡进必考的原则，创新考试方法，完善考试内容结构，特别是要加强对公务员工作能力的考评和心理素质的测评，增加计算机操作和外语水平测试，提高公务员队伍的整体素质。

二是严格考核制度，加强职位管理。应探索建立针对不同层次和不同类别公务员以工作实绩为核心的考核要素指标体系，科学界定考核内容，细化考核评价标准，推进分类分级考核；要简化考核程序，逐步推广定性与定量相结合的考核方法；要充分发挥考核结果的激励作用，实现考核结果与奖惩、任用有效对接；要继续规范公务员职位管理工作，实现职位职数管理的规范化和制度化。

三是要创新公务员选用方式。采取聘用制的方式，面向全市，从应届、往届优秀大学毕业生和高层次人才中引进、聘用一部分优秀人才，组建全区人才库，并将人才资源逐步充实到党政机关，通过几年努力，使全区公务员队伍储备大量的人才资源，逐步改善公务员队伍年龄结构和知识结构。

四是要切实加强公务员培训。抓住中国加入WTO和北京筹办2008年奥运会的新机遇，面对全区加快构建学习化社会的新形势，面对全区机构改革后对公务员队伍素质提出的新要求，强化公务员队伍培训，改善公务员知识结构，提高公务员队伍的整体素质，已经成为一项重要而紧迫的任务。要在做好常规培训的基础上，按照经济社会发展的客观要求，突出抓好公务员办公自动化知识和技能的培训；抓好行政管理、市场经济、现代科技等专业知识培训。要建立健全公务员培训的考试考核制度，完善落实培训与使用相结合制度，把培训成绩作为提拔使用的重要条件之一，把培训结果记入本人档案，使培训与考核、任职、定级和职务晋升等结合起来，以增强培训的吸引力和实效性。

3. 充分发挥人才市场配置人才资源的主渠道作用，大力实施人才市场体系建设工程。随着社会主义市场经济的发展，人事制度改革的深化和各项配套政策的健全，人才市场配置人才资源的主渠道作用越来越突出。为此，加快全区人才市场的专业化、现代化建设步伐，尤为重要和紧迫。一是要加快人才市场建设步伐，提高人才市场管理水平。根据建立首都人才市场信息化体系要求，尽快建成京郊具有一流现代化服务设施和服务水平的区级人才市场，建立起运转规范、服务周到、功能完善并符合市场运行规律的经营机制。要加快网上人才市场建设，提高人才信息网站的使用效益，开展网上招聘，实现网上人才市场与有形市场有机结合，以加快全区人才市场信息化体系进程。要依法管理人才市场，规范人才中介服务机构、用人单位与人才的市场行为，努力创造公平竞争、规范有序、有利于人才资源合理配置的市场环境。二是不断拓宽人才服务领域，提高人才服务水平。进一步拓展人才服务领域，积极与北京市人才中介机构合作开发服务项目，不断提高服务水平。要在巩固提高现有人才服务业务的基础上，重点推进人事代理、人才素质测评、职业指导、职业培训等新型人才服务项目。要注重细化市场，开发新的商机，强化深度服务，打造品牌，形成特色业务和较强的社会影响力。

整合乡镇资源　加快区域经济发展

中共通州区委书记　崔君乐

如何保持通州经济持续、快速、均衡地发展，是近年来通州区委、区政府一直在考虑的问题。通州区作为北京重点发展的卫星城，乡镇经济在全区经济中有着举足轻重的作用，2001 年 12 月，通州区将原有的 19 个乡镇合并成 11 个，在整合乡镇资源，加快区域经济发展方面迈出了重要一步，取得了一定成效，但由于各种因素影响，也存在一定问题。近期，我带领区委研究室、区委办的有关同志对全区的乡镇进行了问卷调查，并分别召开座谈会，全面了解和掌握了全区各乡镇整合资源的措施和存在的问题，对进一步加快区域经济发展有了新的认识和思考。

一、整合乡镇资源的提出

通州区原有 19 个乡镇，其中市级中心镇 4 个，包括国家级小城镇 2 个。近年来，各乡镇经济和社会各项事业有了长足发展，但有的乡镇发展速度较快，有的乡镇却相对落后，其中有区位因素，有政策因素，也有人的因素，而关键在于乡镇规模偏小，人口聚集密度低，整体布局不尽合理，各种资源得不到充分有效的利用。2001 年初，市政府提出要解决区划调整问题，区委区政府经过反复论证，达成共识，认为调整乡镇行政区划、合乡并镇，对于整合通州区乡镇资源，实现乡镇资源优势互补，扬长避短，高效率地发挥资源优势，促进通州区的乡镇，尤其是相对落后的乡镇得到较快的发展有着重要的作用。

1. *有利于充分发挥政策资源优势*。一是有利于充分发挥小城镇政策优势。乡镇行政区划调整，合乡并镇可以使享受小城镇政策的乡镇得以增加，地域面积成倍扩张。可以大范围利用小城镇政策解决城镇建设资金紧张问题，克服规划建设低标准、低水平的现象。有利于按照统一标准高起点实施新镇的规划与建设，使小城镇的路、绿化、水、热、气等与通州卫星城的规划相衔接、相统一。为吸引更多的生产要素到通州兴业置产，更多的高素质人才向通州聚集创造更为宽松的环境和发展空间。二是有利于充分发挥市级工业区政策优势。通州区原有市级工业开发区 3 个，镇村级工业园区 26 个，乡乡建园、镇镇招商使得工业园区尤其是市级工业区规模小，特色不明显，发展空间有限，乡镇区划的合理调整，可以更好地发挥三个市级开发区在吸引资金、项目合作、技术引进等方面的优势，可以优化乡镇工业布局，促进产业的适当集中和结构整合，可以提高基础设施的利用率，降低开发成本，从根本上解决通州区工业布局分散、基础设施重复建设、整体效益偏低等问题。与此同时，通过工业区的集中开发建设，节约大量的土地资源，为乡镇的经济发展拓宽发展空间。

2. *有利于发挥区位资源优势*。通州区在发展经济上有着得天独厚的区位优势，但由于乡镇规模偏小，各乡镇发展极不平衡，整体区位优势并没有得到充分利用，一些区位好、基础雄厚的乡镇发展势头强劲，但已没有较大的发展空间，而一些交通条件差，基础薄弱的乡镇虽有强烈的发展愿望，但由于客观条件制约，发展相对缓慢。如原马驹桥镇，六环路和京津塘高速公路穿境而过，区位优势相当明显，按照市、区的规划方案，将发展成为京东重要的物流集散基地，而相邻大杜社镇虽然地理位置也很好，但经济基础相对薄弱，发展较慢，通过乡镇区划调整，可以实现这两个镇资源的合理配置和优势互补，增强乡镇经济的发展后劲。

3. *有利于人力资源的优化配置*。经济的快速发展需要有一支熟悉政策、了解区情、业务精干、廉洁高效的干部队伍作保障。通州区原来的 19 个乡镇都各有一套党委、政府和人大班子，有的乡镇规模虽小，其机构设置、人员配备一点也不比大乡镇少。截至 2001 年 12 月，乡镇机关总人数达到 1 541 人，其中高中以下文化水平的占 40.3%，50 岁以上占 11.3%，机关干部队伍庞大且总体素质不高。乡镇行政区划的合理调整，有利于精简机构，减少乡镇行政人员和财政开支，提高机关工作人员的整体水平，有利于调整干部队伍结构，优化乡镇干部素质，增强乡镇干部的责任感、使命感，形成竞争向上的工作局面，此外，还可以从根本上扭转乡镇一级机构庞杂、人浮于事的状况，建立起运转协调、精干高效的乡镇管理体制，实现人才资源的优化配置。

4. *有利于发挥资源规模优势*。通州区原有的乡镇中，镇域面积最大为 65.7 平方公里，最小为 24.8 平方公里，人口最多的为 3.40 万人，最少的仅为 1.31 万人。乡镇规模过小，承载能力低，辐射带动能力弱，难以产生集聚效应，譬如在招商引资上，虽然所有乡镇、村都在招商，但真正引进有影响力的、有规模的企业并不多。区划的合理调整，一方面可以使各乡镇有条件在更大的区域和范围内集中人力、财力、物力，把有限的资源投入到小城镇和工业区的基础设施建设和软环境改善，集中力量办当前急需的大事，另一方面可以增强小城镇对二、三产业和从事非农产业人员的吸纳能力，促进农村人口向小城镇集中，产业向工业区集中，从而促进农村城市化和工业化进程。

二、乡镇行政区划调整主要步骤

1. *制定调整方案*。按照市民政局等七单位下发的《关于乡镇行政区划调整工作的指导意见》文件要求，区委区政府经过认真研究决定，拟定了调整的基本方案：撤销徐辛庄镇，并入宋庄镇；撤销次渠镇，并入台湖镇；撤销牛堡屯镇，并入张家湾镇；撤销郎府镇，并入西集镇；撤销大杜社镇，并入马驹桥镇；撤销觅子店镇，并入漷县镇；撤销柴厂屯镇，并入永乐店镇；撤销甘棠镇和胡各庄镇，合并成立潞城镇。并上报市政府批准。

2. *成立领导机构*。区里成立了乡镇区划调整工作领导小组，具体领导乡镇行政区划调整工作。重新任命了 8 个乡镇的党政领导，全面负责辖区内的并镇工作。各乡镇按照区委区政府统一部署，成立了专门工作小组，认真研究调整方案，把区划调整的工作落到实处。

3. *召开动员大会*。2001年12月，区委区政府召开了全区乡镇领导干部会议，就并镇的意义、区委区政府的基本想法以及并镇以后的主要工作进行了通报，深入剖析了区、市以及国家的经济形势与特点，同时，安排区领导进行电视讲话，传达有关精神，统一干部群众思想。

4. *推进乡镇机构改革*。按照《通州区机构改革方案的实施意见》文件要求，在行政区划调整的同时，适时推进了乡镇机构改革。根据乡镇政府的主要职能定位，重新设置职能部门。裁减机关人员，通过实行竞争上岗，全面推行国家公务员制度等措施，优化机关公务员队伍结构。

三、乡镇区划调整后发生的变化

乡镇区划的重新调整，积极推进了各乡镇产业规划，有效解决了经济发展各自为政，产业发展重复、小而全的现象，资源实现了优势互补，1+1大于2的效益逐步显现。

1. *资源得到合理配置*。一是政策资源得到充分利用。原有的4个乡镇享受小城镇建设政策的面积仅为224.2平方公里，人口少，优惠政策用得不多，合乡并镇后，享受小城镇政策的区域面积扩大了94.2%，达到435.5平方公里。二是基础设施分割严重问题得到有效解决。如原宋庄北寺变电站为22万伏，充裕的电力资源没有得到合理利用，并镇使得变电站可以给平家疃村工业园等提供用电，使得电力资源得到充分利用。又如原徐辛庄有高等级的赛马场但没有休闲场所，而距此不远的运河苑度假村缺少相关的娱乐设施，由于行政分割，使得两场所相对独立，并镇使得它们有机结合一起，有效实现了资源的优势互补。三是区位资源优势进一步凸现。永乐店镇位于通州区东南部，由于这里处在北京边缘地带，交通不发达。与之相连的柴厂屯镇，有京津塘高速公路路过，交通十分便利，两个镇的合并，使得区位优势进一步凸现。今年以来，已有12家企业到镇工业区入驻，总投资额10.2亿元。

2. *发展空间得到新拓展*。一是镇域面积得到调整。原张家湾镇是通州的一个经济强镇，有两个工业开发区，经过多年的开发，除去工农业用地之外基本上已经没有发展空间，而相邻的牛堡屯镇却是通州的一个“内陆镇”，地多是这里的优势，并镇使得张家湾的镇域面积扩大到105.8平方公里，发展空间得到进一步拓展。二是小城镇布局趋于合理化。各乡镇在认真分析自身情况下，重新调整小城镇布局，制定新的小城镇建设规划，并按照新的定位加以设计，如合并后的潞城镇，小城镇面积由原来的31.9平方公里扩大到70.8平方公里，该镇着力发挥既是长安街延长线的东起点，又是大运河源头的优势，立即着手调整产业布局，将全镇划分为四大功能区，提出了围绕城市规划、建设、管理、经营的“四高”要求建设河东新城的方案，小城镇的城市功能得到进一步体现。

3. *经济结构得到新调整*。工业主导产业发展方向进一步明确。按照工业发展有取有舍，合并同类项的思路，各乡镇工业园区逐步向“特色化”发展，如2001年6月份建成的西集镇轻纺服装服饰园区，不到半年就吸引了北京左田雷蒙服装有限公司、北京达美纺织集团等9家企业来园区投资办厂，投资额超过2亿元，截至2002年8月份，该镇服装行业实现产值1.4亿元，销售收入1.2亿元，利润1 250万元，出口创汇1 100万美元。经过一年多的努力，通州区初步建成了光机电一体化产业园区、物流产业园区、环保产业园区、轻纺服装服饰园区等9个特色工业园区。

农业特色经济进一步发展。各乡镇在已有产业的基础上，进一步扩大规模，打出品牌，形成了一批特色乡镇。如永乐店结合本镇镇域面积大、人均占有耕地多的特点，打出了发展速生林，打造绿色乡镇的牌子，目前已发展速生林3万余亩，林木180余万株，“绿色产业”基本形成。张家湾镇充分发挥“张家湾”葡萄优势，发展旅游观光农业，葡萄已占北京市场近三成。潞城、宋庄镇的绿色无公害蔬菜在北京已小有名气。各乡镇都基本形成各自的特色产业。

以房地产为龙头的第三产业发展迅速。乡镇资源整合使得房地产开发空间进一步扩大，以房地产业为主的第三产业迅速崛起，如宋庄镇依靠区位优势和小城镇政策吸引，以六环路为中心的小城镇中心区和温榆河沿岸将开发六个房地产项目，开发面积将超过600万平方米。2002年1至10月份，新批各乡镇房地产项目16个，面积58万平方米，分别占全区的89%和88%，房地产业已经成为一些乡镇的主导产业。

4. *农民致富途径得到新拓宽*。农业产业链条进一步延伸。各乡镇充分发挥农产品龙头加工企业和农民专业合作经济组织的作用，推进农业产业链条进一步延伸，如漷县镇利用合并后几家农产品加工企业，建立起了产加销一体的生产经营体系，同时发挥原觅子店蔬菜配送中心的辐射带动作用，为农民提供产前、产中、产后服务，在安置农村劳动力就业的同时，改变了单一销售初级农产品的状况，增强了农产品的市场竞争力，也增加了农民的收入。

劳动力就业途径不断拓宽。小城镇和工业园区的建设，解决了大量劳动力的就业，如马驹桥镇作为全市33个中心镇之一，利用并镇后地理位置和交通便利的优势，大力发展物流产业园区，扩大二产就业岗位，2002年共引进高科技企业和劳动密集型企业48家，其中30%为劳动密集型企业，先后为该镇解决劳动力就业500人。永乐店镇利用镇域布局和产业调整之机，先后投资8 000万元用于道路拓宽，市政基础设施和商业用房扩建，先后解决600余名劳动力就业。

四、整合乡镇资源后尚需进一步解决的问题

在乡镇资源整合工作中，尽管我们采取了许多措施，做了不少工作，取得了一定的成效，乡镇的经济社会发展都呈现出良好的发展势头，但与首都经济的高速发展相比我们仍存在相当大的差距。

1. 乡镇资源优势和发展潜力尚未得到充分挖掘，镇域发展距特色小城镇要求还有一定差距。一是对本镇的资源优势和发展潜力认识不足。合乡并镇以后，各级干部的思想解放程度有了很大变化，但和首都经济的快速发展相比，对本地区的有利条件到底在哪儿，资源到底在哪儿，还没有一个深刻的发掘和充分的认识，很多发展思路仍仅仅局限于本地区、本部门，没能和区里的市里的发展思路相吻合。二是小城镇功能定位不明确。从总体上看，各乡镇发展相对缓慢，经济结构雷同、单一，功能不全，基础设施和社会服务设施尚不完善。三是规划相对滞后，小城镇形象设计缺乏特色。通州区是京杭大运河北起点，具有悠久的漕运文化史，很多乡镇至今仍保留着元明清时期的许多名胜古迹，但是这些文化题材在城镇建设中并没有得到充分挖掘，同时，新的城镇特色也没有建立起来，有的镇如永乐店镇近年来投入了大量的人力物力进行小城镇规划设计，修建占地7万平方米的永乐广场，对镇政府周边的几条街道进行了精心设计，镇域形象有了较大改观，但总的来说，各乡镇在城市规划、镇域形象设计方面力度还远远不够，缺乏高层次、高品位的城市设计。

2. 基础设施建设水平与经济快速发展的要求比还有一定的差距。基础设施是经济建设的重要组成部分，是经济发展的重要环境条件。从通州区来看，一是基础设施不配套，档次低。已建成的基础设施，高标准、高档次的少，大部分基础设施建设仍然停留在较低水平，缺乏整体性和超前性，在小城镇和工业区基础设施建设中，区政府提出了“统一”，即统一供水、供电、排污、污水处理、供热燃气和“九通一平”的标准，而目前大部分的乡镇及工业区仍然存在的是一户一眼井，一家一个锅炉，雨水、污水排不出去，设施不配套的现象。二是基础设施建设融资渠道单一，资金缺乏。目前，基础设施建设主要以政府投入为主。据有关资料，2002年1至6月，全区11个乡镇仅工业园区基础设施就投入3.3亿元，其中绝大部分来源于政府投资，由于基础设施建设投资大，日常管理维护费用高，仅以乡镇现有财力难以承担。在筹措基础设施建设资金过程中，我们提出了政府投入，市场化运作和政府适度举债的“三条腿”走路的方针，在市场化运作方面迈出了第一步，如梨园和永顺镇吸引民间资本5 000万元修建的东方花卉路和珠江大道，但大部分乡镇在市场化筹集资金方面还没有切实可行的方案或设想。争取国家和市专项资金支持力度不够，市场化运作资金进展不大。2001年全区共争取到专项资金为26 754万元，与巨额的基础设施投入需求比仍杯水车薪，由于项目库建设滞后，造成基础设施配套不完善，投资效率不高，甚至丧失招商引资机遇。

3. 产业发展与特色乡镇的要求比还有一定的差距。主导产业是小城镇经济进一步发展的支撑。从通州区来看，一是产业发展思路不清晰。在确立主导产业时，首先要考虑的因素是乡镇的资源情况，譬如昌平区的小汤山镇，具有丰富的地热资源，多年来已形成以地热开发为主的产业群，于是该镇在定位主导产业时紧紧围绕地热作文章，明确提出利用地热温泉水种植反季节蔬菜、绿色食品等特色农业，而通州区的乡镇只是近年来才意识并开始挖掘自身的自然、区位等资源，培育新兴主导产业，目前基本上还没有形成支柱性的产业，传统产业仍占相当比重。二是产业结构不合理。2001年，通州区乡镇三次产业的比重分别为18.7:33.9:47.4，第二产业基本上为传统产业，投入高、产出低，整体实力不强，产品缺乏特色，第三产业仍以传统的商业、服务业为主，新兴第三产业尚未得到充分发展。三是缺乏有力的支持和引导政策。有的乡镇虽然确立的自己的主导产业方向，但是在实际落实过程中，还没有一套完善可行的招商引资、优惠扶持政策，对于在本地区鼓励发展什么，限制发展什么，还没有明确的要求，有时还存在为了眼前利益，盲目上与主导产业无关，甚至背道而驰的项目，以致形不成自己的特色，甚至失去经济发展的原动力。

五、进一步整合乡镇资源，加快区域经济发展的对策

为更好地整合资源，推动通州区乡镇快速发展，针对存在的问题，我认为应采取以下对策。

1. 进一步提高对资源的认识，找出自身资源优势和增长点。所谓资源整合，就是在特定的区域范围、空间范围和时间范围内，以市场机制为主导，优化投资环境，合理动员利用和科学有效配置资源，增强相互之间的关联程度，使之在市场竞争过程中动态调节，相互补充、相互作用、相互协调，从而达到优化配置状态，产生整体聚合能动效应的行为过程。

首先，要树立资源意识。各乡镇领导干部要充分认识到，一个地区经济的发展，不仅取决于其所拥有资源的数量与质量，而且取决于其对资源的利用效率，发展区域经济必须依靠市场配置资源的主导作用，使各种资源要素有机联系，通过市场整合达到资源配置的最佳状态，使资源优势转化为竞争优势；充分认识到区域经济、文化、社会等各方面资源的广泛性、可利用性、效益性，把资源集中起来进行管理和利用，通过经营资源来发展经济，扩大经济总量，提高经济质量和经济效益。

其次，要找出自身资源的优势和增长点。要深入实际，开展调查研究，摸清本乡镇自然资源、经济资源、社会资源、区位资源等各类资源状况；对资源进

行综合分析，分析资源时，眼界一定要放宽，要树立大市场的大观念，注意突破自然条件，历史条件和本区域的限制，考虑一切可以利用的资源。要结合市场需求，结合区里的市里的发展思路，深刻发掘和充分认识本乡镇资源优势。在此基础上，围绕全区经济发展目标和结构布局，确定具有本地优势和特色的产业结构和产业群体，优化配置资源。

2. *高标准做好城镇功能定位和城市设计。*地区城市设计水平直接反映领导者的发展思路。高标准的城市设计和城镇功能定位可以避免资源的浪费，可以增强一个地区吸引力，促进经济持续快速健康发展，欧洲许多小城镇都设计建成城市一样，正因如此，雀巢这样的国际知名大公司才落户在小城镇。高标准地进行城市设计和城镇功能定位，一是要破除城市设计就是简单的弄个政策、来点钱、盖点房的观念，牢固树立小城镇建设必须是功能齐全、设施完善的完整的概念。二是各乡镇尤其是小城镇和中心镇，要高度重视、高标准做好城市设计和城镇功能定位这项工作，要成立专门的领导机构负责，提上领导议事日程。三是要以人为本，设计出独具特色的镇域形象。如永乐店镇新修的几条路加上永乐广场已经开始有点规模，在这个基础上再做一些高层次的城市设计，把功能分区布好，现在是工业区包围着镇行政中心，要再考虑一下从规划、布局的角度怎么发展。四是多途径学习外地区成功经验，不断开拓思路。要组织相关干部向周边地区、城市学习城市设计的先进经验，更要结合本地实际，突出特色，灵活应用；在聘请专家学者参与本乡镇城市规划设计过程中，要让专家学者充分了解本乡镇资源的优势、劣势及今后发展的思路，以便科学合理做好城市设计和城镇功能定位，更深入、更进一步提高本地区发展的水平和层次。

3. *解放思想，开拓思路，多渠道解决城镇发展资金来源问题。*资金短缺是制约我区城镇发展的重要因素之一，充分利用好地区的资源就是解决好发展基础设施的资金问题。我们要进一步解放思想，开拓思路。要打破一搞什么就朝上要，就指望着政策的想法，坚持从只靠政府投入搞建设转向靠政府投入、靠市场运作和政府适度举债等多元投融资机制搞建设的“三条腿”走路方针，开辟多种融资渠道。政府适度举债，就是要积极推进银政合作，在把握好财政承受能力的前提下，维护良好的商业信誉，积极利用信贷资金进行环境和基础设施建设。市场运作，就是要树立、大胆实践以地变钱、以物变钱、以权（经营权、冠名权等）经营理念，充分挖掘本乡镇可利用的各种有形资源和无形资源。要学会用别人的钱，学会用市场的办法，掏别人兜里的钱发展自己，在法律许可范围内，运用政府承诺制融资、土地一级市场、采用 BOT、采用土地补偿金作价入股等市场办法融资。

在开辟多种融资渠道的同时，要用好可用之钱。和别的区县相比，通州区对乡镇的政策是非常好的，这两年是放水养着乡镇，促进乡镇发展起来，各乡镇要树立“敢花明天的钱、巧用今天的钱、会花昨天的钱”的用钱观念和方法，研究如何用好钱，要分清哪些方面的钱该花，哪些方面的钱可不花或少花，哪些方面的钱现在必须花，哪些方面的钱可缓一缓再花，把有限的资金用在经济发展最需要的地方。

4. *加大环境建设力度，抓好基础设施和软环境建设。*环境是决定资本投向的重要因素，是招商引资的资本。2002 年，各乡镇围绕区“环境建设年”的主题，在环境建设上取得了非常好的效果，下一步，要继续深化环境建设，力争使通州区的环境有一个质的提高。

第一，进一步深化基础设施等硬环境建设。我们现在的环境是一个大的环境建设，如路、水、电、绿化、美化等基础设施，要继续加大投入的力度。在硬环境建设中，要注意两个方面的问题。一是把环境建设融入到小城镇和开发区规划建设的指导思想上。如小城镇的建设，怎样和产业结合好，怎样和田园生态环境结合好等，都要从规划开始就要融入到各项工作中。二是环境建设要突出以人为本，为人服务的原则，如在开发区的建设，要从植树、修路、造绿转移到满足企业员工休闲、娱乐等需求，做好配套服务设施的建设上来。

第二，优化服务，创造良好的经济发展软环境。各乡镇职能部门要加快政府职能转变，积极推行政务公开，转变工作作风，强化服务意识，狠抓服务规范，对投资者做到一视同仁；进一步提高乡镇公务员队伍的素质。加强公务员队伍尤其是从事招商工作人员的培训，确保我们的服务水平、服务质量能让客人满意；最大限度地扩大通州区工业发展的政策空间。只要不是国家法律法规明令禁止的，能放宽的坚决放宽，能优惠的坚决优惠，对重大项目一事一议、特事特办，最大限度地把政策放宽到投资者满意的程度，最大限度地吸引各方投资者。通过软环境的改善来增强亲和力和吸引力，加快发展。

5. *加大招商引资力度，力争引进一部分有知名度、有规模、有实力的企业。*工业是通州区的支柱产业，工业的发展要坚持工业园区带动战略，发展一批有特色的工业园区，把优势做强，把特色办好，把品牌叫响，这就需要我们实实在在的引进一部分有知名度、有规模、有实力的企业。

围绕品牌企业的引进，一是要进一步拓宽招商途径。招商的面要宽一点，层次要高一点，办法要多一点，既要通过推介、网上、委托等方式招商，更要走出去直接与国内外著名的大企业、大公司和大集团进行接触，面对面沟通感情，面对面进行招商，提高招商引资成功率，着力引进一部分投资规模大、科技含量高的国内外知名工商大企业、大公司和大集团，尤其是大的民营企业。二是狠抓落实。对盯上的品牌企业必须实实在在的一个企业一个企业地谈，一个一个地抓落实，要用长远的发展的眼光看，在地价等方面适当让步，不计较眼前的得失，以求更大的效果。譬如说最近潞城镇引进的蒙牛集团，我们在近期的投入上是看不到什么效益的，可是蒙牛投产后一年八个亿的产值，对整个经济的拉动和品牌宣传效应是不可估量的。与此同时，对引进的项目，必须强化跟踪管理和服务，落实责任制，保证引得来，留得住，见效快。

加快大兴区现代化进程的对策研究

大兴区区长　郭普金

北京市第九次党代会提出“到2008年，率先在全国基本实现现代化”的目标。根据市委提出的目标，通过对大兴区基本实现现代化的目标定位、现代化实现程度的总体评价、实现现代化的条件等进行比较、分析，提出进一步加快大兴区现代化进程的对策和建议。

一、率先基本实现现代化——北京的目标选择

（一）现代化——内涵与认识　一般地讲，现代化是指人类社会以科学与技术的应用为推动力，加快传统农业社会向现代工业社会转变，进而对经济、政治、文化、思想以及社会组织与社会行为产生深刻影响的社会变革和历史发展过程。对欠发达国家来讲，现代化就是如何利用后发优势，选择符合自己实际的高效率的发展途径，加快推进工业化、城市化进程，加速缩小与发达国家的差距。

从现代化已经完成的发达国家的实践过程看，现代化的发展大体要经历初级、中等发达和完成三个阶段。衡量现代化实现程度，大多采用具有普遍的实用性和可比性的指标体系和标准。

基本实现现代化是指其主要经济和社会发展指标已进入和接近现代化，而经济、社会发展和城市建设的某些内容还没有进入现代化，但从总体上判断已进入现代化初始阶段。

（二）率先基本实现现代化——北京的总体目标　北京提出率先基本实现现代化，是市委、市政府按照“新三步走”的发展战略，面对新时期的发展特点和发展要求，立足现阶段的发展基础和发展水平，对北京经济、社会发展提出的总体目标。

北京市现代化实现程度如何？由北京市计委、北京市政府研究室和北京市统计局组成的“北京市现代化水平及比较研究”课题组从经济现代化、社会现代化、城市现代化三方面，采用15项指标进行了量化和测算（见表1）。

表1　2000年北京市现代化实现程度测算表

	基本现代化标准	现代化标准	2000年实际值	基本现代化实现程度（%）	现代化实现程度（%）
现代化总水平				85.3	73
一、经济现代化指标				86.9	70.5
1. 人均GDP（美元）	6 000	15 000	2 700	45.0	18.0
2. R&D占GDP比重（%）	1	2	4.3	100.0	100.0
3. 服务业增加值占GDP比重（%）	65	70	58.3	89.7	83.3
4. 进出口总额占GDP比重（%）	50	60	165.4	100.0	100.0
5. 信息化指数（%）	100	300	153	100.0	51.0
二、社会现代化指标				92.3	84.9
1. 平均预期寿命（岁）	75	77	74.3	99.1	96.5
2. 高等教育毛入学率（%）	50	55	40	80.0	72.7
3. 恩格尔系数（%）	30以下	20以下	36.3	82.6	55.1
4. 万人拥有医生数（名/万人）	20	40	46.6	100.0	100.0
5. 基尼系数（%）	35～35	35～35	33	100.0	100.0
三、城市现代化指标				76.6	63.5
1. 非农化水平（%）	90	95	88.2	98.0	92.8
2. 城市人均道路面积（平方米/人）	8	10	6.5	81.3	65.0

（续）

	基本现代化标准	现代化标准	2000年实际值	基本现代化实现程度（%）	现代化实现程度（%）
3. 城市人均住房面积（平方米/人）	20	25	16.2	81.0	65
4. 城市人均公共绿地面积（平方米/人）	10	12	9.7	97.0	80.8
5. 空气中总悬浮颗粒物年平均浓度(微克/立方米)	90以下	50以下	35.3	25.5	14.2

注：表中基本现代化实现程度＝2000年实际值/基本现代化标准；现代化实现程度＝2000年实际值/现代化标准。信息化指数＝（千人拥有计算机数＋千人拥有电话数＋千人拥有移动电话数＋千人拥有因特网主机数）/4；恩格尔系数指食物消费占收入支出的比重，50%～59%为温饱型、40%～50%为小康型、20%～40%为富裕型；基尼系数是反映收入分配程度和社会公平程度的指标，介于0～1之间，0.2～0.3为相对平均，0.3～0.4为中等不平等，0.4以上不平等程度较大；非农化水平指农业劳动力从事二、三产业的人数占总就业人口的比重。

从表1可以看出，2000年北京基本现代化实现程度为85.3%，经济、社会、城市建设三方面的实现程度分别为86.9%、92.3%、76.6%；现代化实现程度为73%，经济、社会、城市三方面的实现程度分别为70.5%、84.9%、63.5%。表中显示，北京社会领域现代化的进程最快；经济领域现代化的基础较好；城市建设领域现代化实现程度较低，是北京现代化建设的重点内容。

二、大兴区现代化实现程度评价

（一）实现程度 参照北京现代化实现程度测算指标和标准，结合大兴自身实际情况和易于对比，对R&D占GDP比重、服务业增加值占GDP比重、进出口总额占GDP比重、高等教育毛入学率、城市人均道路面积等指标进行了调整，对大兴区2001年现代化实现程度进行了测算（见下表2）。

表2 2001年大兴区现代化实现程度测算表

	基本现代化标准	现代化标准	2001年实际值	基本现代化实现程度（%）	现代化实现程度（%）
现代化总水平				67.8	55.8
一、经济现代化指标				36.8	26.1
1. 人均GDP（美元）	6 000	15 000	1 421	23.7	9.5
2. 第一产业增加值占GDP比重（%）	10	5	19.5	51.3	25.6
3. 第二产业增加值占GDP比重（%）	50	50	33.6	67.2	67.2
4. 出口交货额占GDP比重（%）	50	60	14.4	28.8	24.0
5. 信息化指数（%）	100	300	12.9	12.9	4.3
二、社会现代化指标				96.06	81.02
1. 平均预期寿命（岁）	75	77	75	100.0	97.4
2. 普通高考升学率（%）	90	95	82.6	91.8	86.9
3. 恩格尔系数（%）	30以下	20以下	33.9	88.5	59.0
4. 万人拥有医生数（名/万人）	20	40	24.7	100.0	61.8
5. 基尼系数（%）	35以下	30以下	29.9	100.0	100.0
三、城市现代化指标				70.8	60.3
1. 非农化水平（%）	90	95	44.2	49.1	46.5
2. 全区道路密度（公里/平方公里）	1.5	2	1.84	100	92
3. 卫星城人均住房面积（平方米/人）	20	30	11	55.0	36.7
4. 卫星城人均公共绿地面积（平方米/人）	10	12	7.89	78.9	65.8

1. 从基本现代化标准看。大兴区基本现代化的总体实现程度为67.8%。其中，经济现代化实现程度为36.8%，社会现代化实现程度为96.06%，城市现代化实现程度为70.8%。社会现代化和城市现代化虽然实现程度较高，但在标准确定和选择上，个别的是黄村卫星城的发展数据，不能反映全区的发展水平，也有的标准值可能偏低。

按评价指数大于90%，已基本达到相应的现代化标准，平均预期寿命、普通高考升学率、万人拥有医生数、基尼系数、全区道路密度单项指标已达到。通州区主要经济指标实现程度较低，而社会现代化、城市化较高，这是“大城市、小郊区”的一个特征。

我们在研究加快基本实现现代化时，应把发展的重点放在经济现代化上。

2. 从现代化标准看。大兴区现代化的总体实现程度为 55.8%。其中，经济现代化、社会现代化、城市现代化实现程度分别为 26.1%、81.02%、60.3%。虽然有的个别指标不低，但整体来说，距离现代化有较大差距。

（二）横向比较 为了准确定位，明确目标，加快发展，特选取了几个主要指标，与顺义、通州、昌平、房山进行比较（见下表 3）。

表 3

	大兴		顺义		通州		昌平		房山	
	2001 年实际值	基本现代化实现程度	2001 年实际值	基本现代化实现程度	2001 年实际值	基本现代化实现程度	2001 年实际值	基本现代化实现程度	2001 年实际值	基本现代化实现程度
人均 GDP（美元）	1 421	23.7	2 593	43.2	1 345	22.4	1 829	30.5	1 518	47.2
一产增加值占 GDP 比重（%）	19.5	51.3	16.6	60.2	17.1	58.5	7.7	100	10.2	98
二产增加值占 GDP 比重（%）	33.6	67.2	48.1	96.2	37.2	74.4	39.4	78.8	43.5	87
出口交货额占 GDP 比重（%）	14.4	28.8	53.3	106.6	15	30.0	10	20	5.8	11.6
信息化指数	12.9	12.9	14.5	14.5	14.1	14.1	16.1	16.1	14.1	14.1
普通高考入学率（%）	82.6	91.7	84.0	93.3	80.3	89.2	84.6	94	80.6	89.6
万人拥有医生数（名/万人）	24.7	100	26.1	100	26.2	100	35.9	100	15.8	79
非农人口比重（%）	30.8	44	23.7	33.9	33.5	47.9	43.7	62.4	37.3	53.3

由表 3 可知，人均 GDP，通州区基本现代化实现程度为 23.7%，位居第四位，与最高的顺义区差近 20 个百分点；一二产增加值占 GDP 比重的现代化实现程度均为第五位；普通高考入学率、出口交货额占 GDP 比重同居第三位；非农人口比重列第四位。

三、大兴区实现现代化的条件分析与目标定位

（一）条件分析

1. 有利条件。

——具有良好的发展环境和态势。随着北京产业发展政策的重点南倾、北京经济技术开发区扩区、城乡一体化发展，将对大兴产生极大的辐射和带动作用，有利于发挥产业基础广、产业发展空间大、产业间互动性强的后发优势。

——具有良好基础设施，区位功能趋于完善。已基本形成 104、106、京津塘三条国道贯穿南北，四环、五环、六环横贯东西的“三纵”、“三横”的交通网络。京九、京沪铁路穿境而过。通信基础设施及网络不断完善，电子政务系统基本建立，开通了部分局域网，信息化水平逐步提高。

——初步形成比较合理的产业布局和产业基础。第一产业已初步形成农业产业化，涌现出带动能力强的“公司＋农户＋基地”的龙头企业近 100 家，形成了产业链条。二产已建成以北京经济技术开发区配套协作区、大兴工业开发区、北京生物工程与医药产业基地、北京服装产业园区、北京精细化工基地为主导，以 7 个区级工业园区和 7 个镇级工业园区为支撑的工业发展格局。并已初步形成电子信息、生物医药、新型建材、食品加工等支柱产业。

——城镇格局初步形成，具有良好发展基础。建设了黄村、亦庄 2 个卫星城、4 个国家和市级小城镇、10 个建制镇，其中西红门被联合国定为中国可持续发展小城镇试点，基本形成了“卫星城—小城镇—建制镇—中心村”的城镇体系。

——教育、文化、卫生、体育等社会事业发展已具有良好的基础。通过加大投入，教育事业取得了一定成绩，就医条件进一步改善。文化设施的建设，为群众开展丰富多彩的文化活动提供了条件。以养老保险、农民大病合作医疗统筹、失业保险等为主的社会保障体系已初步建立。

2. 制约因素。

——人才制约。全区人才总量不足，高层次、高素质、复合型人才短缺，人才资源在区域间、产业间分布不尽合理，人才开发的机制不够健全。公务员队伍整体素质还不适应现代化管理的要求，创新能力不足。

——资源制约。工业的发展、城市绿化、公路建设、房地产等的快速发展，使土地供求矛盾突出。工农业及农业用水逐渐加大，水资源供应也日趋紧张。

——环境制约。尚未形成整体政策优势，缺乏有效的协调、整合；政府职能转变和社会化服务不能很好适应经济发展和社会进步的需要；人居环境上城镇建设缺少特色，功能配套不完善，整体形象不突出，城镇污水和垃圾处理设施不完善。

——人口制约。农村人口多，整体素质较低，农村劳动力技能不能适应产业发展要求，就业难度大，转移速度慢。流动人口增速快，管理和服务难度加大。

（二）目标定位 通过分析大兴在实现现代化进程中出现的新情况、新问题，我们对总体情况的判断是：经济总量不足与结构需要提升并存；低水平的城镇化与城镇功能的不够完善并存；城乡差异较大与城

乡一体化趋势并存。

在定位时，要从三个角度来把握：一是要对全区经济和社会发展整体水平进行全面分析，充分认识大兴在首都经济发展中的地位和作用，发挥比较优势，实现跨跃式发展。二是从有利条件与制约因素看，需要把握有利条件，坚定信心，同时也要抓住主要矛盾，着力突破制约瓶颈。三是着眼于打破城郊二元经济结构，实现城郊发展一体化，确定自身的目标和实现的途径。

经济现代化：经济发展要稳居京郊前列。一产产业结构优化，产业化程度高，建成绿色安全食品生产基地和现代化农业区；二产建成经济规模大、科技贡献率比较高、劳动力就业比较充分的高新技术产业基地和现代化工业区；三产构建业态丰富、服务高效、具有特色的综合物流基地和现代商贸区。

城市现代化：城镇布局合理、城乡一体化水平高。卫星城要成为基础设施完备、功能齐全、品位高雅、管理高效的一流国际大都市现代化新区。小城镇要建成布局合理、功能完善、规模适中、独具特色、环境宜人的整体风貌和形象，具有吸引各种生产要素聚集的能力。

社会现代化：健全城镇社会保障体系，完善农村社会保障体系，提高人民生活水平和质量。完善医疗卫生、文化教育、体育等公益设施配套。提高思想道德水平，建首善、创一流，创建成首都和全国文明区。

四、思路与对策

（一）提速经济发展　十六大报告提出了全面建设小康社会的目标，同时强调有条件的地方可以发展的更快一些，在全面建设小康社会的基础上，率先基本实现现代化。北京市提出2008年要在全国率先基本实现现代化。对此，我们要认清形势，解放思想，更新观念，切实增强加快发展的紧迫感、责任感、使命感。进一步科学谋划，理清思路，找准工作的着力点和突破口，通过不懈努力，率先在郊区基本实现现代化，使大兴加速成为首都新世纪发展空间。

实现跨越式发展，是北京及全区总体发展目标的要求。要以“新北京、新奥运”为主题，以加快发展步伐为总体基调，以改革创新为强大动力，以提高人民生活水平为根本出发点，解放思想，勇于开拓，推进经济持续快速健康发展，促进全区社会主义物质文明、政治文明、精神文明的协调发展，为率先基本实现现代化打下坚实基础。

实现跨越式发展，必须坚持全面创新。

一是思想观念和思维方式的创新。要破除轻视农村、忽视农民的“城乡分治”倾向，努力实现经济发展、城乡建设、规划管理、社会服务等多方一体化；要破除四平八稳，按部就班的思维定式，树立打破常规，敢于竞争进取的观念；要突破观念性障碍，以战略头脑和眼光应对快速变化的客观形势，提出新的发展思路和规划，在跨跃式发展上迈出坚实的步伐。

二是体制和政策要创新。推进现代化进程，对政府驾驭区域经济的管理能力提出了更高的要求，要打破体制制约，积极研究市场经济条件下政府的职能定位和实现途径，突破现行的不合理的政策性和体制性障碍，解决城市化建设中的农民安置、建立城乡一体的社会保障制度、户籍制度改革、农村集体经济组织产权制度改革等瓶颈问题。

三是坚持技术创新。抓住首都大力发展现代制造业的有利时机，选择装备制造、农产品深加工、资源综合利用等领域，加快引进开发能够推动传统产业升级的先进技术。进一步在政策、资金、法律等方面提供支持，使企业成为科研开发和技术创新的主体，成为带动全区经济增长的主导力量。

（二）优化发展环境　环境问题已日益成为一个地区或城市提升竞争力的重要内容和关键因素。对此，要努力从多方面为经济发展和社会进步创造一个富有活力的、服务高效的发展环境。

——优化硬件环境。坚持“基础设施先行”，加快工业化、现代化建设，基础设施必须进一步加强，要重点建设和改造一批关系全局的重点项目，使基础设施建设与全区经济持续发展相适应。要加大改革步伐，健全完善基础设施投融资机制和符合市场原则的利益分配机制，加快大市场运作力度，运用企业化、市场化、社会化运作的方式，调动一切力量和各方积极性，加快城镇建设步伐。要强化经营城市理念，由政府主导向市场主导转变，由“管理型”向“经营型”转变，推动城市建设良性循环和可持续发展，构筑起国际化大都市现代化新区的基本框架。

根据城市规划，严格标准和完善基础设施功能，按照布局合理、设施配套、环境优美、具有地方特色的要求，突出城镇建设，使人口、教育、资源、环境、公用设施、城市管理等社会各方面协调发展，逐步缩小城乡之间生活条件、生产条件等方面的差别，提升卫星城、小城镇的“聚集效应”，实现农民入城、城市人口居住的双重吸引力，加快城乡一体化步伐。

——优化信用环境。全面打造社会主义市场经济的信用环境，建立严格的信用监督机制，形成守信者得利，失信者失利的良性机制，促使公民诚实守信、企业重视信誉、政府依法行政，不断提高全区信用水平。

——优化服务环境。发挥政策的引导、带动作用，创造公开透明、平等互利、公平竞争，一视同仁对外开放的政策环境；围绕发展主体，公务员队伍要整体“提素”，创新工作方式、服务方式，提供规范、高效、便捷的各类社会化服务；依法治区，加强综合治理，为企业生产和投资者提供安全的社会环境；加强改革力度，营造专业化水平高、配套功能强、关联度大、各种要素市场比较齐全的产业发展环境。

——优化生态环境。结合南水北调工程、城镇污水处理、中水利用，建立大兴水系。大力发展节水农业、节水工业，建设节水型社会，使水资源确实得到保护。广泛推行清洁生产、文明生产方式，发展绿色产业。注重城镇公共绿地建设，强化城乡环境治理，加快绿色通道工程建设，扩大绿化面积，提升品位，强化生态功能，形成特色。有效控制风沙危害，降低尘量，实现生态环境的良性循环。

（三）提升产业结构

——强化工业主导。用信息化推动、提升工业化。坚定工业主导、工业立区的思想，是实现区域经济跨越式发展，提高经济实力的必然的、现实的选择。要从北京整体发展格局和本区实际出发，调整发展格局，制定完善有利于工业快速发展的政策体系。正确处理发展高新技术产业和发展传统产业、资金技术密集型产业和劳动密集型产业、发展虚拟经济和实体经济的关系。积极运用高新技术和先进适用技术改造传统产业，增加科技含量，促进产品更新换代，提高产品质量和经济效益。切实采取措施，培育、壮大电子信息、生物医药、食品制造、新型材料四大产业的支柱地位，不断改进产品质量，创新名牌产品。要抓住重点，集中精力，加快北京生物工程与医药产业基地、北京服装产业园区、北京精细化工基地建设，并带动相关产业的发展，使之成为形象工程，提升全区工业化的整体水平，带动区域经济的发展。

——调控、优化房地产业。房地产业的发展在推进城市建设，积累发展资金、改善居住条件等方面具有积极意义。但同时也存在无序发展、低水平开发、配套不够等较多问题。因此要树立长远意识，把房地产业纳入理性发展轨道，进行现代化都市圈的前瞻性规划和建设。根据自身的发展环境和市场需求，适当调整投资规模，控制开发总量，调节开发结构。整合房地产开发企业，实施强强联合，优化开发主体，改变无序竞争的局面。重视房地产开发中的配套设施建设，规范物业管理，尽快走上良性循环的发展道路。

——加速农业产业化。一要坚持择优发展战略。根据资源优势，抓好区域布局，使优势产品、优势产业向优势地区集中，构建一批有区位品牌的农业产业带和产业区，形成特色的专业化、规模化生产的格局。二要大力开发农业的各种功能，发展以科技、精品、观光为特点的都市型农业，全面发挥都市型农业的生态环保、文化教育、观光休闲和就业等多种功能。三要大力发展农产品加工龙头企业和各类农产品协会，完善和落实各项扶植政策措施。建立和完善企业与农户之间的利益机制，结成“利益共享、风险共担”的共同体。通过龙头企业和农民专业合作组织带动无公害农产品的规模生产和管理现代化。四要用现代工业提供的技术装备农业，用现代生物科学技术改造农业，用现代经营理念和组织方式管理农业生产和经营，加快传统农业向现代化转变的步伐。

——大力发展服务业。采取“政府引导、企业投资、市场运作”的发展模式，制定出中长期的发展规划。按照现代物流发展的特点和规律，整合资源，打破部门分割，行业分割，鼓励生产、运输、流通企业之间的联合，形成整体，将资源优势变为产业优势。

建立开放型的商品流通体系，调整商业规模结构、网点布局和经营业态，继续引进连锁经营、电子商务、专卖店等新型业态，扩大农村消费市场，实现消费方式的转变。

优先发展现代服务业和新兴服务业，提速大兴经济。重点发展通信、网络、咨询等各类知识密集型服务业，在资金、政策等方面给予支持。根据农业和农村经济转型的客观要求，顺应首都城乡经济统筹发展的要求，通过对各类资源的整合、开发和利用，建设一批休闲观光、文化娱乐、教育示范等具有特色的旅游项目。

（四）实施“素质工程” 坚持以人为本，构建学习型社会，树立终身学习的理念，全面提高全区人民的综合素质。要进一步完善普教、职教、成教、幼教四个层次的教育体系；统筹、协调、整合、优化教育资源，提高区域教育资源的开发应用程度，加强政策引导和扶持社会力量办学；通过实施教育设施现代化工程，加大基础设施的投入，改善教育手段，推进教育信息化建设。

健全完善人才教育培养、人才智力引进、人才竞争激励机制，着力营造人才资源开发的良好环境，制定并不断完善全区整体性人才资源开发的政策和配套措施，为人才集聚、成长、创造良好的创业环境、生活环境。加快人才市场体系建设工程，形成有效的人才培养、引进、使用和管理机制。

要把加大职业教育和农民的专业技能培训作为预防失业、稳定就业和促进再就业的重要措施，针对企业和社会用工需求，以掌握实用技能为目标，举办各类培训班，提高劳动力的文化素质，提升人力资本的质量，尽快适应用工单位对劳动力素质需求，加速农村劳动力向非农产业转移。

深入持久地开展精神文明创建活动，大力推进社会公德、职业道德和家庭美德教育，以满足群众日益增长的文化需求为目标进一步加强文化设施建设，为群众开展丰富多彩的文化活动提供良好的场所。通过推动先进文化建设，使全区随着基本实现现代化进程的推进，在价值观念、行为方式、生活方式等方面实现由传统向现代的转变，使大兴成为经济发达、科教进步、文化繁荣、风气良好、社会安定、秩序优良、服务优质、群众富裕的市级文明区和全国文明区。

（五）建设信息平台 以信息化推进工业化和现代化，加强信息资源的开发和利用，政府行政管理、社会公共管理，企业生产经营都要尽快实行网络化，加快信息资源共享，促进工业化发展和改善社会管理水平。

要着力建立农业信息服务体系，充分发挥体系服务内容的广泛性、服务范围的开放性、服务手段的先进性、服务性质的公平性、服务对象的互动性等传统手段无法比拟的独特优势，实现小规模与专业化、小生产与大市场、分散与组织化的对接。企业是信息化带动工业化的主力军，要鼓励企业创造条件，加快企业信息化步伐，在企业管理、经营、研发人才等方面探索适应新的信息环境机制。积极推进政府信息化，加快政府对企业和社会服务的数字化、网络化进程，健全完善政府信息公开制度，发挥政府信息的导向作用。促进金融、财税、贸易等领域的信息化，发展网络信息和各类专业信息咨询服务，不断提高服务质量。

（六）构建保障体系 农村富余劳动力向非农产业和城镇转移，是工业化和现代化的必然趋势。要按照公平对待、合理引导、完善管理、搞好服务的原则，采取有效切实措施，全面做好农民进城务工就业管理和服务的各项工作。积极探索和推进城乡劳动力就业统筹的政策和机制，建立起以政府为主导、以社会化服务为支撑、以市场化为主体的劳动力就业服务、管理体系，加大政策引导和扶持力度，全面实施劳动力就业工程。

构建以政府为主导，以制度建设为核心，资金来源多元化、保障制度规范化、管理服务社会化、多层次的社会保障体系。特别是在城市化快速发展，土地保障功能逐渐弱化情况下，积极研究制定农民转居和经济条件较差地区农民的保障问题，要加快健全和推行农村农民养老保险、合作医疗、最低生活保障制度。在进一步完善失业、工伤保险制度等内容的城镇的社会保障体系的同时，逐步建立起全区城乡统一的社会保障体系，达到保障制度、保障政策、基金征缴办法、监督管理“四统一”。

构建生态平谷　打造绿色经济

中共平谷区委书记　赵克忠

实现可持续发展已经成为当今全球性的课题，引起了党和国家及各级政府的高度重视。作为首都郊区，如何实现经济和社会的可持续发展？我们认为，实施生态战略，发展绿色经济，是实现可持续发展的必由之路。

一、实施生态战略的基础条件

1. *自然资源相对丰富，生态环境优美*。平谷不仅是全国能源开发、山区综合开发示范区（县），也是全国69个生态示范区（县）之一，生态环境质量良好。一是植被和林木覆盖率高。平谷2/3是山区，天然植被好，多年来狠抓绿化，使全区林木覆盖率达到55.68%，其中山区高达75.3%。在山区，植被覆盖率已达到90%；二是大气环境质量好。各项污染指标均低于本市远郊区的平均值，空气十分清新；三是水资源较充足而且水质优良纯净。平谷水系独立并为北京市富水区之一，年均地表径流量1.36亿立方米，有3座大中型水库，年均总储水量1.46亿立方米。地下水储量较丰富，一次性补给量为3亿立方米。全区水资源总量多年平均为4.96亿立方米。生产和生活用水有可靠保障。且水源基本无污染，多处泉水和部分地下水达到直接饮用水标准，十分有利于发展无公害蔬菜、鱼类、果品等生态食品和发展酒酿造业以及矿泉水等饮料工业；四是全区蕴藏有金、铜、铅、锌、花岗岩、大理石等20多种矿产资源，近年又探明蕴藏丰富的富钾矿，马坊地区拥有良好的地热资源。此外平谷还有丰富的动植物资源和物产。

2. *生态农业初具规模*。农业是平谷区域经济发展中的重要基础产业，以种植业和牧业为主，其中蔬菜、林果类又是种植业的主体。自1995年实施生态示范区建设区试点工作开始，平谷区即全面启动了农业标准化生产，推行《北京市食用农产品安全生产暂行标准》，先后出台了《关于严禁经销和使用剧毒、高毒、高残留农药的规定》等一系列文件。目前，全区通过认证安全食品、生态食品生产的生产基地面积已达1.51万公顷，有44个从事果品、蔬菜、畜禽、水产经营的企业或基地通过了安全食品认证，有6个产品取得了生态食品认证。全市第一个有机食品大桃基地在小峪子村建成，得到农业部和市有关部门的高度评价，吸引国外客商多次来此考察，洽谈合作事宜。

目前，全区林果生产初步实现了产业化。林果生产基本形成了布局区域化、生产专业化、经营一体化、服务社会化的产业化发展格局，建成了八大果品基地和北部较大面积的果粮间作区，建成了以后北宫为龙头的一批果品产地批发市场和以泰华、平乐等为龙头的一批果品加工企业。关上和万庄子等村荒山租赁开发取得了较大成效，涌现了小峪子村经济沟开发的样板。这些开发山场、发展林果经济的经验，已在全市范围初步推广。

其次，蔬菜生产实现规模化。平谷区在成为北京市重要“菜篮子”基地的同时，突出发展新、奇、特品种，具有较大的竞争优势。其中东高村镇的高科技蔬菜示范园，是北京市“菜篮子”工程的重要对外“窗口”；以大旺务村为中心的万亩地膜豆角，其销售半径已远及东北三省、内蒙古并出口俄罗斯。

第三，特色养殖发展迅速。经过多年摸索，平谷初步走出了一条发展特色养殖之路。如蓝狐、蓝孔雀、獭兔、七彩山鸡等的养殖，都已初具规模，有的已在全市范围内形成较大优势。其中蓝孔雀养殖场，已成为具有相当规模的养殖基地和育种基地。

3. 生态工业建设步伐加快。近年来，平谷区在工业发展方面，一直坚持走生态之路，严格控制污染源型企业的引进，充分利用自身优势，大力发展生态工业。

一是充分发挥林果业优势，发展生态食品、酿造、饮料业。现在，依靠丰富的果品、蔬菜、鲜蛋、猪、鸡等产品，平谷已经成为首都市场重要的农副产品生产和供应基地。同时，丰富的水源，优良纯净的水质，清新的生态环境，为开发生态无公害食品，提供了得天独厚的自然条件，奠定了食品酿造饮料行业发展的深厚基础。“泰华”、“平乐”、“华邦”、“怡美”、“丽都”等农副产品加工、酿造饮料企业，正是在此基础上发展起来并形成了行业优势。二是利用原有良好基础与优势，大力发展服装、毛织行业。目前，平谷区的服装年产量已达到了 3 000 万件（套）。多年来的发展，培养造就了一批这方面的管理、技术、营销人才和熟练工群体，创出了像“探戈”这样的在国内外市场上具有较高知名度的品牌，为平谷进一步发展这两大行业奠定了良好基础。此外，平谷区在引进企业方面，注重引进低污染、无污染企业。目前，机电行业已经具备了较大规模。区、镇（乡）、村三级机电企业已发展到上百家，占全区三级工业企业总数的 20% 以上。巷道式孵化机、森杨覆铜板、“长吉”加油机、威克瑞电线电缆等一批名优机电产品，市场竞争力强，是平谷二产中具有特色的重要产品，为进一步发展具有高科技含量的机电一体化产品奠定了良好基础。

4. 生态旅游业发展迅速。平谷区的旅游优势较为明显，而且发展潜力很大，是全国生态环境建设示范区，生态环境优美、空气清新、山清水秀，以自然景观取胜，并具有独特的人文景观。目前已形成东（贯穿京东大溶洞、京东石林峡、湖洞水、京东淘金谷、梨源滑雪场、飞龙谷等景区的旅游线）、中（贯穿京东大峡谷、井台山、峨嵋山、四座楼旅游线）、西（贯穿丫髻山、松林山庄、老象峰、西峪水上乐园旅游线）三条旅游线以及金海湖旅游度假区和卫星城会议度假区的“三线两区”旅游发展格局。平谷旅游业的核心市场为京、津、冀三省市，并在北京、天津、唐山三大中心城市形成了较好的市场基础，尤其是“四色旅游”活动、“四季四节”已在三大市场初步形成了品牌效应，平谷旅游业在华北区域旅游市场具有了一定的影响力。2001 年，平谷区旅游业直接收入首次突破 2 亿元大关，年接待游客 351 万人，分别比上年增长了 35.5% 和 8.4%。

二、平谷区生态经济的发展方向

实施生态战略是指平谷区产业经济发展的生态化，建立产业生态系统，发展绿色经济，以实现平谷社会、经济、环境协调一致的可持续发展。

（一）关于生态农业 近年来在农业生产上，由于我们采用了农药和化肥等生产手段，有效的减少了农业生产中病虫害的发生，提高了产量，增加了农民收入。但与此同时，由于生产中化肥和农药大量施用，使土壤中亚硝酸盐等有害物质严重超标，不仅污染了土壤，同时地下水的水质也受到了不同程度的污染。农产品普遍存在农药残留超标问题。经有关部门检测，个别地区出产的叶类菜中，有机磷或氨基甲酸酯类的农药残留超标率最高达到了 33.3%。入世后，我国与世界经济更加紧密地联系在了一起。如果我们不能解决农产品的安全问题，出口的农产品就无法打破发达国家设置的“绿色技术壁垒”；内销的农产品，也将会在日益激烈的竞争中失去市场。因此，发展绿色生态农业是平谷的现实选择。

1. 推广农作物病虫害生物防治技术，降低农产品的药物残留。在全区推广抗病性强农作物新品种，加强保健栽培，采用轮作、间混作措施，保护和利用天敌，贯彻“预防为主、综合防治”的方针；控制化学农药的使用，开辟以虫制虫、以菌制菌、以虫制草、以菌制草的生物防治新途径。大力推广和使用生物农药，禁止使用剧毒、高毒、高残留的化学农药。生物农药使用率年递增 10%，2005 年全区生物农药的使用比例要达到 40%。

2. 推广平衡营养施肥技术，降低土壤药物残留。坚持用地与养地相结合的原则，科学养地，积极采用测土施肥技术和植株营养诊断技术，大力推广配方施肥和平衡营养施肥技术。采取轮作、间作技术，提高绿肥播种面积，减少化肥用量，减轻化肥对农村生态环境的污染。到 2005 年，全区化肥使用量减少到 60%，2010 年配方施肥率达到 80% 以上。现阶段，要加强土壤质量的监测工作，对土壤药物残留超标的地区，积极采用生物解毒措施，使其变成安全生产土壤。引导农民施用有机肥，实现有机土壤改良。

3. 加快绿色蔬菜、果品设施基地建设。一是要在西南部蔬菜基地现有基础上，调整蔬菜品种结构，进一步加快蔬菜专业镇、村建设，加大对蔬菜的生产投入力度，建立保鲜库，建设蔬菜高科技园和以日光温室为主的保护地群。在扩大规模的基础上，提高标准化程度，增加科技含量，每年设施蔬菜面积增加 333公顷，到 2005 年设施蔬菜面积达到 3 333 公顷；二是要坚持大桃一品带动战略，调整和优化果品产业结构，积极推广果品栽培技术，力争 2005 年实现大桃种植发展到 1.33 万公顷，设施桃发展到 2 000 公顷。

（二）关于生态工业 工业发展坚持走无污染清洁化之路。在新上工业项目方面，严格执行国家《环境影响评价法》，坚持建设项目“三同时”，严禁污染源企业的引进，对区内不能达到国家环保排放标准的企业，坚决予以关停。同时，强化市场配置资源的基础性作用，通过制度创新推进技术创新，在加快现有产业改造升级的基础上，加快发展高新技术产业。

1. *优化工业产业布局，加快工业发展步伐*。为了将实施生态战略与实现工业兴区目标有机的结合起来，平谷在充分调查研究的基础上，制定了《关于加快工业发展的若干政策意见》，对工业发展布局作出了“两点一线”的整体规划，重点突出了对兴办高新技术企业的政策扶持力度。国家级小城镇——峪口镇重点发展轻工业、纺织业；市级小城镇——马坊镇重点发展现代重工、化工业；马昌营镇工业小区重点发展高新技术产业和现代制造业；兴谷和滨河两个工业开发区重点发展高新技术产业。

2. *优先发展绿色产品深加工和运销企业*。一是积极引进国内外知名的食品加工企业，以带动相关企业及广大农户的产业化经营，并通过大企业的知名度树立平谷绿色食品的新形象。二是重点培育区内绿色食品加工企业，组建大型农产品加工企业集团，大力发展蔬菜、果品、花卉、水产、冷冻食品等高值高效绿色农产品的生产、加工、销售，积极开拓国内、国际市场。到2010年，平谷区的“安全食品”率力争达到100%。其中，“绿色食品”要达到80%，有机食品要达到20%。为了加快发展，平谷区将积极培育扶持龙头带动型企业。计划用5年时间，扶持发展10家龙头企业和20个以销售为主的农村合作经济组织，带动并加快全区农业标准化生产的发展。

3. *发挥资源优势，大力发展服装、毛针织业*。抓住加入世贸组织的机遇，主动适应市场变化和竞争需要，按照建设“服装名城”的总目标，对平谷区现有服装、针织企业进行优化组合，组建一至两个大型企业集团，争取早日上市，实现规模效益。同时，积极引导大企业实施“走出去”战略，努力扩大国际市场份额，提高市场竞争力。

4. *大力发展电子、机电一体化等新兴产业*。近年来，新兴产业已经有了一定的基础，如长吉加油机、麦可林精密电路等机电产品已具有了一定的生产规模和品牌效应。今后主要应在提高工艺水平上，在带动相关配套企业的发展上下功夫，形成一个有强劲市场竞争力的产业群体，从而形成新的产业门类和区域经济的重要增长点，进一步优化全区的工业结构。

（三）关于生态卫星城建设 生态卫星城建设，就是走城市建设山水园林化之路，创建一座良好人居环境的绿色城市。

1. *科学规划，合理布局*。目前，平谷卫星城建成面积已达17.25平方公里，人口10万。按照北京市委、市政府提出的城市化发展规划，制定了卫星城“跨河发展”建设规划，提出了按照“四高”标准，建设“花园式”城市的目标。平谷卫星城扩建方向主要在洵河、泇河之间。2010年规划建设用地25平方公里，常住人口达到20万。在建设过程中，严格按照规划，对主要街区的城市功能进行合理划分；适当建设城市文化娱乐场所和标志性建筑，如平谷世纪广场、商业中心区等，提高城市文化品味和吸引力。

2. *城市建设突出“绿都”特色*。作为远郊卫星城，相对而言，平谷区城市建设用地比较宽松，为创建“花园型”城市打下了良好基础。一般城市人均占地80～90平方米，而平谷目前人均占地达到130～150平方米。因此在城市建设中我们应充分发挥这一优势，将城市绿化美化与小区建设相结合，突出景观区、景观带的建设，高起点、高档次地绿化、美化城市，建设生态社区。建立以公园、绿地、花园式机关单位为“点”，以沿路、沿边、沿河绿化为“线”，以广大城市居民住宅的屋顶、阳台、庭院为“面”的点、线、面相结合的城市绿化系统。

3. *城市建设与环境保护同步进行*。重点是加快污水处理厂建设，建立生活用水、工业用水和商业用水系统的使用、排放、净化和回归江河的生态经济水循环管理体系；建立城市生活垃圾、工业垃圾和商业垃圾的分类收集、人工及机械分选系统，实现垃圾的无公害处理，提高循环再利用率。与此同时，要通过广泛的宣传教育工作，提高广大市民的环保意识。

（四）关于生态旅游 平谷发展生态旅游的目标旨在形成一个良性的生态旅游系统，突出发展绿色生态旅游、高文化含量旅游，提高旅游产品档次，升华旅游整体形象，打出平谷特色。

1. *统筹规划，科学管理*。我们的旅游发展定位是打造“京津休闲之都”，功能布局是建设“两区两环带，整体休闲园”。“两区”即卫星城会议度假区和金海湖旅游度假区。“两环带”即贯穿万庄经济沟—丫髻山（松林山庄）—老象峰—大华山—西峪山庄—镇罗营（熊耳寨）—四座楼—飞龙谷旅游观光环带；贯穿乐政务—轩辕台—大峡谷—峨嵋山—大溶洞—将军关—金海湖—北盘山的旅游观光环带。整体休闲园就是把平谷整体建设成一个环境优美、功能设施齐全的旅游休闲之地。同时，通过加强对旅游工作的领导，制定旅游总体规划，监督和规范旅游开发行为，协调各部门的利益关系，将眼前利益与长远利益有机地结合起来。

2. *加快生态旅游项目建设力度*。一是增加资金投入，加强原有自然生态景区建设，使各景区向多功能、多风格的方向发展。进一步扩大金海湖、京东大溶洞、京东大峡谷、丫髻山和老象峰等景区旅游服务领域，不断增加并适时变换更新吸引游人参与的大型娱乐活动项目。二是将“两环带”旅游进一步向纵深延伸，不断挖掘和开发深山区新的旅游景点，满足游人求新求异的需要。三是积极开发农业观光、采摘和垂钓等旅游项目，充分利用山区果林、农业基地及庭院池塘等，建立树木、果林、花草和鱼虫等有较高经济价值和观赏价值的生态旅游系统。

3. 以“六园”建设为重点，提高旅游整体形象。自然生态园。就是要努力为客人提供最佳的适合观光、度假、会议、疗养、休闲、娱乐的生态环境。一是继续加大植树造林的力度。二是建设治理主要交通线，实施平谷环境形象工程。旅游观光园。就是要凭借平谷旅游资源价值，开发更多的有特色的观光旅游产品。度假会议园。重点是把金海湖建设成具有国际水平的、北京一流的度假休闲、商务会议、养生健体之地。同时大力发展旅游房地产业。扶持引导旅游宾馆饭店提高规模和档次，提高接待大型会议的能力。娱乐休闲园。就是要让平谷成为一个放松心情的地方。建设独具特色的大型主题公园，丰富旅游景区和宾馆饭店的娱乐设施，组织大型的旅游文化娱乐活动。健体养生园。挖掘和利用中华养生文化和现代健体养生理论，建设专业的档次较高的设施和园区。同时，实行体旅结合，举办大型体育赛事。文化修学园。就是突出旅游产业繁荣文化内涵。充分满足青少年旅游者对修学功能的需要，建设具有修学功能的科普基地，推出具有修学性的旅游活动。

4. 合理利用当地资源，搞好旅游制品的开发。开发旅游制品须充分发挥本地资源优势，才能使旅游制品突出地区特色。平谷旅游制品的开发优势包括：桃木资源，可用于制作桃人、桃板和桃印等工艺品。年资源量为 1 000 立方米；刺藜（俗称麻藜）资源，可用于制作各种造型的烟斗或烟口，年资源量数亿株；蓝孔雀羽毛，是极好的装饰品。平谷拥有华北地区最大的蓝孔雀养殖基地。此外，山核桃、奇石也是极具开发潜力的资源。计划以圣林工艺品厂为带动龙头，加快本地生态资源的开发力度，打出自己的品牌，通过旅游制品的生产销售，不断提高平谷生态旅游的知名度。

落实奥运行动规划
加快生态怀柔建设步伐

中共怀柔区委书记　雷德才

《北京奥运行动规划》提出，到 2008 年北京要“实现青山、碧水、绿地、蓝天和建设生态城市的目标”。怀柔区虽然没有奥运场馆的建设任务，但是各方面工作尤其是生态环境建设自觉地服从和服务于“新北京、新奥运”的主题，却是我们义不容辞的责任。怀柔是首都北部的绿色生态屏障，98%以上地区为北京饮用水源保护区。切实维护和建设好怀柔的青山绿水，是首都人民、全国人民交给我们的一项严肃而光荣的政治任务，是实现党的十六大提出的全面建设小康社会的客观要求。

改革开放以来，怀柔的生态环境建设取得了长足的进步，特别是 1999 年以来，随着“做足山水文章，雕塑精品城镇，创造良好人居和发展环境，建设首都绿色生态屏障、环保型产业基地、高新技术成果转化园地、会展休闲旅游胜地，构建可持续发展的生态经济体系”这一全区社会经济发展总体思路的逐步确立，生态环境建设更是被提到了前所未有的战略高度。我们先后启动了河道治理、绿色通道、“播世纪种、造世纪林”、山区小流域综合治理、水利富民及河道拦蓄、百公里生态一条川等一批重点生态建设工程，进一步改善了区域生态环境质量。但是，与首都建设生态城市的要求相比，我们在生态环境建设上的任务仍然比较重，比如宜林荒山绿化、水土流失治理、农村面源污染控制、工业及旅游景区点源污染根治等，特别是各级领导干部抓生态建设的自觉性还有待进一步提高，生态环境建设对经济发展的促进作用有待进一步挖掘。未来 6 年内，我们要在“绿色奥运、科技奥运、人文奥运”理念的指导下，大力突破生态建设的薄弱环节，加快生态怀柔建设步伐，为实现“承办一届历史上最出色的奥运会”的战略目标贡献力量。

所谓建设生态怀柔，就是运用生态学原理和系统工程方法，遵循生态规律和经济发展规律，以保持和增强怀柔环境资源优势，实现可持续发展为前提，把环境保护、资源合理开发利用和高效生态产业发展有机结合起来，促进全区经济持续快速健康发展和社会文明进步，为城乡人民创造健康、安全、殷实的生活环境，全面推进怀柔区的现代化建设进程。

生态怀柔建设的内容涵盖了社会经济发展的各个方面，不单纯是传统意义上的环境保护与生态建设的简单结合，而是一项综合性、开拓性、前瞻性的系统工程，必将对全区的经济社会发展和环境保护产生深远的影响。这一理念的核心，是既不为发展而牺牲生态环境，也不为单纯保护环境而放弃发展。建设生态怀柔我们将重点做好五个方面的工作：

一、研究制定生态建设规划，构建生态怀柔建设的新格局

全方位、大规模推进生态怀柔建设必须抓紧研究制定全区生态环境建设的总体规划。该规划要不同于常规的生态环境保护规划或发展规划，而应是一个把生态环境与经济发展统筹考虑实施的可持续发展战略规划，并将作为今后我区制定社会经济发展中长期计

划、年度计划和其他有关计划的重要依据和基础。规划应遵循的原则：

一是生态环境建设与经济发展相结合的原则。坚持与产业开发、农民增收、区域经济发展相结合，在优化生态环境的前提下，实现生态效益、社会效益与经济效益的有机结合。

二是治、建、保并重原则。严禁边治理、边破坏的行为，明确保护责任，落实保护费用，切实保护好生态环境。

三是统筹规划、突出重点、分步实施原则。从实际出发，量力而行，尽力而为，处理好局部与整体、长远与当前的关系。同时要点面结合，抓住重点生态问题，实现重点突破，分步实施。

四是谁投资、谁经营、谁受益原则。在政府投资主体引导下，深化生态环境建设的投入、管理机制改革，积极推行租赁、承包、股份制和其他合作形式，建立生态怀柔建设 的多元开发、投资、管理模式。

依据怀柔的地理特点和生态环境的差异，在规划中要将全区划分为若干生态环境建设类型区。

一是北部自然生态区（主要是指分水岭以北的深山区）。本区域是密云水库来水的主要涵养区。主攻方向是以营造水源涵养林和水土保持为核心，以开展中幼林抚育、自然保护区建设、封山育林、小流域综合治理和非煤矿山治理等生态环境建设工程为重点，保持和完善山区良性自然生态系统。

二是南部浅山开发控制区（包括分水岭以南的前山、丘陵地带及南北两沟）。本区域位于怀柔水库、北台上水库、大水峪水库上游，林木覆盖率较高、水土资源综合开发利用和保护较好，旅游资源丰富。随着各种开发建设的增多，本区域的水源保护和生态环境面临一定的威胁。主攻方向是本着统一规划、合理开发、综合利用的原则，严格控制区域内建设规模和不合理的人为活动，建设以生态旅游、观光农业、特色林果业为基础的景观生态体系。

三是平原耕地保护区(包括京密引水渠以南、北房郑家庄村以西的平原地区)。本区域是怀柔粮食、蔬菜及牧草的重要生产区。主攻方向是全面实现农田林网化和村镇四旁绿化,逐步减少化肥的使用量,防治土地沙化,严格执行秸秆禁烧制度,推进生活垃圾集中处理,形成点、片、线、网相结合的生态治理体系。

四是城镇综合治理区（主要指城区、开发区及其他卫星城镇）。本区域人口密度大，潜在污染源比较集中。主攻方向是提高污水处理及达标排放率，提高生活垃圾集中处理和分级消纳水平；减少扬尘、汽车尾气和锅炉排放烟尘对大气的污染；降低噪声污染；抓好街道、居住区、公共场所、城镇片林绿化建设，提高绿化覆盖率。

二、全面启动三大工程，培育生态怀柔建设的新亮点

一是“生态川”建设工程。在总结“百公里生态一条川”建设工程经验的基础上，继续启动天河、雁栖河、怀九河、怀沙河、琉璃河等重点“生态川”工程。工程应结合每条川优势和特点，制定切合实际的建设方案。以促进山区资源增值为目标，围绕山搞“彩林”，围绕水搞“拦蓄”，围绕坡搞“水保”，围绕路搞“集雨”，围绕平地搞“观园”，围绕拦蓄搞“景点”，改善农民的生产生活环境，增强山区发展的优势。

二是林业生态工程。力争到2008年使全区林木覆盖率由现在的69.7%提高到75%。大力实施山区造林，主要包括爆破造林、水源涵养林和彩叶林种植，加快现有2.23万公顷宜林荒山的绿化步伐，增强防风固沙能力，改善治理区内土质，提高水源涵养能力，在怀丰公路沿线形成曲径通幽、层林尽染的自然景观。积极推进退耕还林，主要是在公路、河流两侧第一层山坡地、坡台地及沟谷河川地重点推广板栗、大枣、大扁、速生林等经济树种，从而有效控制区域内水土流失，增强抵御自然灾害的能力，增加当地农民的收入。加快平原绿化美化，结合“五河十路”和农田林网建设工程，统筹规划，相互依托，遏制土地沙化，减少扬沙。同时以建设园林式城镇为目标，通过垂直绿化、拆墙透绿、见缝插绿等措施，形成乔、灌、花、草相结合的绿化景观，提高城镇环境建设水平。

三是环境保护工程。在生态怀柔建设中解决环保问题不能只是被动地采取行政、法律、经济手段治理末端污染，而要采取积极主动的对策和措施，实现由单一治理到综合防治，由局部治理到区域规划防治的转变。重点做好以下四方面工作：

防治水污染。加快怀柔污水处理厂二期工程和开发区、小城镇污水处理厂建设，健全和完善城镇污水管网，逐步实现雨污分流和中水资源化再利用。

防治大气污染。继续推广集中联片供暖，加快取缔2吨以下的小型锅炉，同时对所有锅炉进行除尘除硫改造，减少污染气体排放；加强对本地机动车尾气检测，实行环保标志管理，未取得环保标志的机动车不得上路行驶，并规范汽车维修市场，确保机动车尾气治理到位；推广代用天然气等清洁能源，推行秸秆还田，坚决取缔露天烧烤。

推广垃圾分类化处理。在全区实行垃圾分类收运处理制度，建立区域分类处理体系，推进垃圾处理的无害化、资源化。可按区域组建城市生活垃圾收集、运输、处理公司，并将城乡结合部和镇村生活垃圾纳入区域治理范围。

三、着力发展环保型产业，丰富生态怀柔建设的新内涵

生态怀柔建设的最终目的是促进全区社会经济发展。发展生态产业是生态怀柔建设的必然要求。

一是加快农业的标准化进程，促进传统农业向生

态农业转变。依托良好的自然生态环境，近年来怀柔的生态农业发展很快。今后要在进一步拓展优质特色农产品的基础上，加快农业的标准化进程。农业标准化是对传统农业经营理念、运行机制、生产手段、经营模式等进行的一次重大变革，其核心是建立一整套质量标准和操作规程，建立监督检测体系，建立市场准入制度，使农产品有标生产、有标上市、有标流通，提高农产品特别是食品的品质和安全性。要紧紧围绕业已形成的板栗、西洋参、冷水鱼、大扁、牧草、奶牛等主导产业，建立全区农产品标准体系、农产品质量认证和检验检测体系、农产品质量标准体系。其中重点是建设以农产品质量安全标准为核心的标准体系，下大力量控制农药残留，化肥污染，确保农产品的质量和安全，为市场提供安全绿色的“放心食品”。同时，推广各种生态农业适用技术。应充分发挥首都的科技优势，加强农业新技术、新材料的应用，高效利用农业资源，促进农业生产和生态环境的良性循环。结合怀柔的实际应重点推广精准灌溉，平衡施肥和科学育种等先进技术，以提高农业经济的效益，保护农业生态资源，构筑我区生态农业技术体系。

二是发展旅游社区，促进观光旅游向生态旅游转变。目前，全区已建成正式对外开放的旅游景点26个，宾馆饭店及各类培训中心百余家，其中星级宾馆47家，各种旅游娱乐项目近百种。但由于各景点相互分割、各自为战，不仅严重削弱了怀柔旅游的整体优势，而且不利于生态环境和旅游资源的保护。发展旅游社区，就是站在全区的高度，依据自然环境的承载力，统一规划和整合旅游资源及已建成开放的景点，优化配置旅游各种要素，培育壮大名牌旅游产品，实现经济效益、社会经济和生态效益的最大化。重点规划和建设好红螺山（总面积186.8平方公里，包括红螺寺、慕田峪、雁栖湖、青龙峡等景点）、黄花城（总面积314.9平方公里，旅游开发刚刚起步）、琉璃庙（总面积109.9平方公里，主要景点是云蒙山自然风景区）、喇叭沟门（总面积226.9平方公里，主要景点是原始次生林）四大生态旅游社区。同时要紧紧依托已开发的旅游景区，设计开发长城、红螺寺文化遗产游，雁栖湖、青龙峡水上娱乐游，云蒙山探险游，喇叭沟门原始次生林科考游等旅游产品，建设一批主题突出、特色鲜明、档次高、生命力强的生态旅游项目和拳头产品，进一步提升怀柔的知名度。各旅游社区在开发建设中要充分体现旅游者、当地居民、自然环境三者的相融性，切实抓好旅游配套设施特别是环保硬件建设，实现旅游业的可持续发展。

三是建设环保型产业集，促进传统工业向环保型工业转变。处理经济发展与环境保护的关系，关键是要处理好发展工业与控制污染的关系。首先是继续坚持工业的集中发展。进一步建设好雁栖、杨宋、北房、富乐等区级工业区，新建企业原则上都要进入开发区。其次是发挥环境优势，大力发展食品饮料、汽车配件、包装印刷等符合怀柔功能定位的环保型产业。同时，坚持“环保一票否决”和“三同时”制度，对于那些无法满足环保要求的项目一个也不上，有些项目即使经过治理可以达标，但如果潜在的威胁很大，也仍然要拒之门外。第三是推进清洁生产。应用现代环保技术，改造传统产业，促进产业升级和资源利用合理化、废物减量化。

四、大力发展生态文化，营造生态怀柔建设的新氛围

生态文化既是生态怀柔建设的重要组成部分，又是推动生态怀柔建设的强大精神动力。要把生态文化建设纳入全区精神文明建设总体规划之中，纳入落实《公民道德建设实施纲要》的具体部署中，夯实生态怀柔建设的思想基础和群众基础，营造生态怀柔建设的良好社会氛围。

一是加强宣传教育，提高全民的生态意识。报纸、电视、广播等新闻媒体要大力宣传改革开放以来怀柔生态建设取得的成就及其对全区社会经济发展所起的巨大推动作用，大力宣传保护怀柔生态环境对于首都承办2008年奥运会及现代化建设的重大政治意义，引导全区人民牢固树立“保护环境就是保护生产力，改善环境就是发展生产力”的观念，以观念的转变带动行为的跟进。领导干部生态意识的强弱对于生态怀柔建设起着十分重要的作用。要把生态理论知识作为党政领导干部知识结构的必备内容，纳入各级各类干部培训规划之中，逐步提高各级领导干部的综合素质和科学决策水平。要高度重视对青少年的环保知识教育，进一步开展好“爱鸟周”、“周末清洁日”、“环保一条街”、“绿色学校”等实践活动，从小培养他们“爱自然、爱家乡”的情感。各旅游景区要在抓好自身环保硬件建设的同时，广泛深入地开展以“带走的是照片、留下的是脚印”为主题的宣传教育活动，引导和制止游人乱丢废弃物，乱涂乱画、乱采乱摘等不良行为。要把节约水资源作为宣传教育的重点内容，改变许多干部群众存在的“怀柔是水资源富集区，水是取之不尽、用之不竭”的观念。

二是结合城乡环境综合整治，倡导健康向上的生活方式。要充分调动广大群众提高自身生活质量的积极性，发动他们自觉参与到街道硬化、绿化、美化等环境整治的活动中来，通过亲身体验，激发他们保护自身生存环境的主动性。在此基础上，大力推进环保进社区、进乡村活动。对于城镇居民，要以节水和垃圾分装为重点，不断强化他们的绿色消费行为。对于乡村群众，要以改圈、改厕、改善燃料结构、减少薪柴用量为重点，逐步改变传统落后的生活习惯。要在全民中积极推广无磷洗衣粉、可降解塑料袋及其代用品、再生物品等绿色环保新产品的使用，减轻生活垃圾的面源污染威胁。

五、健全生态建设保障机制，增强生态怀柔建设的新动力

生态怀柔建设是一项复杂而艰巨的系统工作，必须建立和健全领导机制和工作机制。要建立区长为组长的，由计委、农委、林业、水利、财政、审计等有关部门主要领导组成的生态怀柔建设领导小组，统筹规划、协调、决策全区生态环境建设中的重大事项；各专业主管部门要全面加强专业指导和工程管理，严格检查监督；各镇乡要因地制宜，在全区生态环境建设总体规划的指导下，科学制订本地区生态建设的具体计划，精心组织实施，从而形成上下协调、分工负责、权责分明的生态建设组织、领导、协调机制。要建立健全生态环境建设领导干部任期责任制，把生态环境建设纳入领导干部政绩考核指标体系，严格执行项目建设公示制度，提高领导干部抓生态建设的自觉性和主动性。要探索建立重大建设项公开论证、听证制度，吸收社会各界参与建设项目对环境的影响评估。要加强环境执法，对破坏生态环境的行为进行严厉查处。同时，通过设立投诉中心和举报电话，发挥电视、广播和报刊等媒体的监督作用，建立公众参与的环境监督网，加快环境信息的反馈速度，对破坏生态的行为予以及时处理。要制订以生态环境为导向的经济政策，定期公布生态产业、环境保护等优先发展项目目录，运用产业政策引导资源向有利于生态怀柔建设的方向流动、聚集。要用足、用好中央、市里提供的生态建设资金，区财政部门要设立生态建设专项预算，科学合理地安排生态建设支出。同时，按照“谁投资、谁经营、谁受益”和“谁受益谁补偿、谁破坏谁恢复”的原则，探索建立社会投资主体参与生态环境建设的投资机制和生态效益补偿制度，以全面加快生态怀柔建设步伐。

密云县实施环境立县的对策研究

中共密云县委书记　王洪钟

多年来，密云人民按照江泽民同志“绿山、净水、富民”的题词精神，积极寻求保水、富民、强县的高度统一，在不断实践、认识、再实践的过程中，解放思想，开拓创新，走出了一条具有密云特色的发展道路。县委、县政府从服从和服务于首都发展全局出发，紧密结合本地区实际，制定了密云县国民经济和社会发展第十个五年计划，明确提出了首都水源区发展战略，为密云在新世纪第一个五年的发展指明了方向。该战略提出：要着眼首都未来发展对水源和环境的高标准要求，切实履行高质量保护水源的特殊职责，走环境立县、引进强县、科教兴县、依法治县之路，努力建设清洁优美的自然环境、先进完善的设施环境、高效规范的体制环境和健康和谐的人文环境。

近两年来，密云县大力实施这一战略，尤其是抓住“环境立县”这个大前提不放松，创造性地运用经营城市理念促进城市建设，通过城市建设带动经济发展，使县域经济步入了快速增长的轨道，社会各项事业呈现出蓬勃发展的良好势头，实现了新世纪和“十五”计划的良好开局。2001 年实现国内生产总值 43.3 亿元，同比增长 20.7%；税收总额 8.76 亿元，增长 26.2%；财政收入 3.58 亿元，增长 71.8%；农村经济总收入 67.6 亿元，增长 25.7%；农民人均纯收入 4552 元，增长 22.8%。国内生产总值、税收总额、财政收入、农村经济总收入、乡镇企业总收入等主要经济指标增长率打破了长期徘徊不前的局面，一举跃居京郊前列，实现了超常规发展，为密云经济的快速腾飞奠定了坚实的基础。

密云的发展与变化，最主要的经验就是大力实施宽领域、多层次、全方位的环境建设，“环境立县”这一指导思想在密云的发展实践当中得到了很好的体现。

一、主要做法及成效

（一）积极转变政府职能，努力创造良好的服务环境　首先是强化服务意识。在全县范围内尤其是在政府机关干部队伍中深入开展“人人都是投资环境”大讨论，增强大家对提高服务质量和服务效率的认识；同时支持县人大在各政府职能部门中开展“为经济服务最佳单位”评议活动，认真听取人大代表对政府工作的意见和建议，不断提高政府的服务水平；注重全民公德意识和文明素养的提高，以“人人都是投资环境”和“建精品卫星城，做文明密云人”为主题，积极推进精神文明建设。

其次是完善服务体系，拓宽服务领域。根据密云县经济发展现状，“引进强县”仍然是当前乃至今后相当长时期解决密云发展主要矛盾的根本途径。为更好地实施这一战略，2001 年初，组建了密云县招商局，各乡镇也成立了招商机构，全县上下形成了较为完善的招商服务网络。同时制订了招商引资责任制，为招商引资网络功能的充分发挥提供了动力和保障。针对招商引资新的形势，组建了“一站式”服务中心，计委、工商、规划、土地、税务等 26 个职能部门入驻服务中心联合办公，为投资者提供一条龙服务，大大缩短了行政审批的时间，提高了工作效率。充分利用互联网络，推行政务公开，2001 年密云网站实现了第三次改版，县直四十多个

委办局、乡镇实现网上政务公开。《密云县人民政府公报》和政务公开栏及时刊登和发布政府决策、文件和通知，成为人民群众了解掌握政务、有效实施外部监督的窗口。

（二）构建科学完善的政策体系，营造良好的政策环境 从2000年下半年开始，我们根据形势要求，开始着手对一些事关全局发展的政策进行调整和完善。先后制定颁布了《给予引进企业财政扶持政策的实施办法》、《鼓励和吸引科技人才从事农业开发与服务的暂行规定》、《关于鼓励支持乡镇企业二次创业的补充奖励办法》、《鼓励支持私营企业发展的若干规定》等一系列优惠政策。同时，针对加入世界贸易组织这一新形势，对与入世相抵触或不符的政策规定进行了清理，共清理360件，其中废止142件，修改30件。特别是从2000年下半年到今年7月，三次调整引进企业财政扶持政策，使县里的政策与市政府对区县政策之间实现了衔接，不仅确保了县级财政安全平稳运行，也有效避免了泡沫经济的形成。

（三）构建首都绿色生态屏障，全方位打造良好的生态环境 一是掀起了生态精品卫星城建设的热潮。全县共实施城市建设项目615项，累计投入建设资金210亿元，市政基础设施建设、危旧房改造、河道治理、灯光明亮、绿化美化等项工作全面铺开，一大批精品建筑、道路、灯饰、雕塑等展现在市民面前，县城面貌发生了巨变。

累计新建改造道路44条，总长44.5公里，全县“四横十二纵”的城市道路框架已经形成，城市交通更加便捷。以改善办公条件和人民居住条件为重点，大规模实施旧城改造工程，共拆除危旧房屋100多万平方米，完成总建筑面积500多万平方米。一批高档次建筑拔地而起，一批精品住宅区相继开工建设，部分工程已竣工投入使用。以全民体育健身公园为代表的城市20余座公园陆续建成并对社会开放。全长近15公里的白河河道整治和排水改造工程全面完工，2001年，白河整治工程被评为市级精品工程。

二是大力清理污染源，从源头上治理污染。从2000年下半年开始，关闭了县内最大的污染源双龙水泥厂、化工厂，对全县境内所有小采选矿点全部实施关闭，在克服巨大的困难和阻力后，不到一年时间，县域内135家小铁矿采选矿点以及所有小金矿、小灰矿全部关闭，基本上制止了浪费资源、破坏环境的行为。同时大力推广天然气等清洁能源，采取集中供热措施，减少使用燃煤，新开公交线路均使用环保车辆，城市大气环境得到有效改善；结合畜牧业发展，大力推广使用有机复合肥，生物有机肥加工厂已经发展到19个。2001年，经国家环保总局批准，密云县被列为全国生态示范区创建单位，这标志着全县环境建设实现了从单纯保水观向大环境观的重要转变。

三是在全县范围内掀起大规模绿化美化的热潮。2001年全县共完成生态造林200公顷，封山育林补植补造66公顷。实施了“密云水库流域保护和经营”中德林业技术合作二期项目，同时启动了“密云水库水源保护林”中韩合作造林示范项目以及“中日合作密云水库水源保护林造林项目”。去年以来，有210个单位、10余万人参加全民义务植树活动，共栽植油松、侧柏等20多种常绿树木50万株。到2001年底，全县林木覆盖率达到了70%，县城绿化覆盖率达到47.04%，城市人均公共绿地23.75平方米。

（四）强化信用道德教育，切实创造良好的诚信环境 为了在密云县创造一个良好的诚信环境，我们一方面实行德治，利用媒体广泛加强全民道德教育，增强全民的诚信意识，党委、政府带头讲诚信，从而在全社会树立了诚信为本、操守为重的良好风尚。另一方面实行法治，依照有关法律法规大力整顿市场经济秩序，严厉打击制作、贩卖假冒伪劣产品行为，对社会上存在的种种有悖于诚信的违法行为重拳出击，大力整治。2001年上半年，我们在全县范围内开展拉网式工商税收普查，此外，打击假冒伪劣产品，欺行霸市、坑蒙拐骗现象的战役也在全县各商场、各个集贸市场打响，有力地打击了不法经营行为，市场经济秩序明显好转，群众的诚信意识得到了加强，为在全社会弘扬诚实守信的良好风气创造了有利条件。第三方面是健全社会信用体系。今年初，我们组建了云创担保公司，以政府资产作为抵押，向金融机构贷款扶持有发展前途的中小企业发展，充分发挥专门扶持非公经济发展的“兴云担保公司”的作用，积极为非公经济人士提供担保。

二、存在的问题

（一）政府部门服务内容应进一步拓宽，服务质量和效率亟待提高 一是工作人员的服务意识还有待于进一步加强，一些部门“门难进、脸难看、话难听、事难办”以及互相推诿扯皮的现象依然存在。二是服务范围太窄，不能很好地满足公众要求。三是服务质量和服务效率有待进一步提高。

（二）针对新的形势，政策体系应进一步完善，各项优惠政策的落实力度要进一步加大 目前，密云在从国民经济和社会各项事业总体发展出发，构建全面完善的政策体系方面做得还不够，表现在具体工作中，一是政策出现盲区，一些本应该纳入政策覆盖范围之内的未纳入政策体系，影响了一部分人的积极性和一部分工作的有效开展；二是政策重合，有些政策在制定过程中缺乏全面深入的调查研究，从而导致该政策与其他政策之间出现“交集”，形成不必要的政策支出；三是一些政策的制定缺乏科学合理的测算，扩大了政策支出成本，影响了政策实施的效益；四是政策兑现不彻底，一些部门、一些乡镇存在“部分兑现”的现象，拖欠老百姓的“政策钱”，影响了政府的信用。

（三）良好的环境资源优势有待于通过多种形式

的经营手段，更快、更多地转化为经济优势 相对于密云几十年营造的良好生态环境而言，依托这种生态优势所形成的经济优势还显得有些薄弱。目前这种生态优势转化的主要途径就是旅游业发展，但即使在旅游业发展中，仍有许多极具开发价值的自然资源未得到有效开发利用。此外，在把这种独特的环境优势有效衍生到房地产开发、绿色农业发展等方面还是空白，而且依托于这种自然资源而存在的无形资产也未得到有效的发掘和利用。

（四）全社会尤其是在市场领域，“诚实守信”的良好氛围还未真正形成，有悖于道德约束和市场规则的行为还较普遍地存在 近几年，我们加强了市场管理力度和城市管理力度，使有悖于“诚实守信”的现象有所减少，但这种现象的多寡仍然与管理力度的大小呈明显正相关关系，一旦管理有所放松，这种现象必然抬头。这说明“诚实守信”的大环境在密云仍未真正形成，欺行霸市、坑蒙拐骗、偷税漏税等现象在一些特殊群体、特殊领域甚至表现得较为严重。

三、对策建议

（一）硬件、软件一齐抓，努力创造全面、规范、高效、优质的服务环境

1. 积极推进政府职能由“管理型”向“服务型”转变，强化服务意识，提高服务水平。一是利用各种途径加强宣传，在全县营造为经济发展服务的浓厚氛围。二是加强监督检查，继续配合人大深入开展“为经济建设服务创佳单位”评选活动，充分发挥纪检监察部门监督作用，强化责任制考核，完善考核体系和考核办法，为实现“能者上、平者让、庸者下”提供客观有力的依据。三是加强公务员队伍培训，要使全县公务员队伍的培训制度化。

2. 依托“数字密云”工程，全面推行电子政务，加快推进政府办公自动化进程，为政府服务效率明显提高奠定坚实基础。

（1）加快建设现代化的信息网络基础设施。要完善宽带多媒体信息网络，建成联通各行各业和居民家庭的广域网络体系，实现网络线电视光缆由乡到村入户工作，提高计算机普及率和有线电视普及率。

（2）重点建设一批关系全县经济与社会发展的信息化应用项目。市政府已经在加紧建设空间信息、数字绿化带、社会保障、社区网络、危房改造、城市运行监控、领导辅助决策、应急指挥等信息系统，我们也应当结合密云实际着手进行一些项目的建设，这些是“数字密云”的重要组成部分。

（3）积极探索信息化项目市场化、企业化运作方式。县政府和乡镇、县直单位在信息化项目的运作上，要采取市场化、企业化方式，将系统建设、运营维护管理和筹资等授权企业进行，授权后机关承担业主的责任，负责采集数据，协调工程建设中的有关问题，监督检查工程的质量和进度，并向企业支付合理的费用。

（4）继续建设好“密云寻访”网站。在现有基础上，要进一步突出政务功能，使网站真正成为政务公开、为民服务的窗口。

3. 强化“一站式”服务中心职能，使之成为政府形象的良好窗口。一要继续加大投入。年底前，新建的“一站式”服务大厅要投入使用，并增加先进的现代化办公设备，为更好地开展服务提供有效的硬件支持；二要继续拓宽“一站式”服务中心网络，扩大审批范围。要尽可能地把各职能部门的审批程序纳入“一站式”服务中心，对于一些重要的审批程序，通过扩充服务中心网络来实现，即实现各职能部门与本单位联网，并进一步通过政府网络实现网上审批。三要培养一支具有战斗力的“一站式”服务队伍。

（二）加强政策研究，构建完善的政策体系，为县域经济快速健康发展提供动力和保障 一是进一步加强政策研究。把各项政策的制定建立在广泛深入的调查研究基础之上，科学、系统地对政策实施可能带来的影响、效应、效果进行评价，使政策更符合密云发展实际，确保预期的经济和社会效益的实现。

二是对新政策落实情况进行跟踪反馈。把社会各界、尤其是相关利益群体的反映及时反馈上来，同时建立政策落实监督机制。

三是妥善处理好政策稳定性和灵活性之间的关系。在政策制定过程中，要在确保“大政方针”不频繁、不轻易变动的基础上，针对新的形势，不断对有关政策进行必要的“微调”。

四是构建政务公开网络体系，提高政策透明度。目前，制定统一的政务公开标准，加强政务公开的监督检查，充分利用各种有效措施保证政务公开。

五是明确当前政策扶持重点。目前的政策扶持重点应当包括：招商引资，在立足当前高新技术的产业定位的基础上，侧重于向规模大、知名度高、外向型企业倾斜；城市建设，应当由较为单一的房地产开发向商业、现代服务业、餐馆娱乐业等多元化开发发展；绿色品牌开发，侧重于支持绿色食用农产品基地和具有一定的知名品牌的大型农产品加工企业，强化产加销一体化链条，密切与市场之间的联系；旅游建设，侧重于生态旅游开发和新奇特型旅游项目开发，以进一步突出密云旅游特色；农村城镇化，鼓励投资者到乡镇工业小区投资，尤其是到重点小城镇开发建设；老大难企业改革改组，通过破产、拍卖等多种形式进一步加快老大难国有集体企业改革，对于一些长期效益不佳的企业，果断改革，最大限度地减少国有集体资本比例。

（三）运用经营城市理念，加快环境优势向经济优势的转变

1. 继续全面推进生态精品卫星城建设和农村城镇化步伐。首先是生态精品卫星城建设。在建设中，一要保证质量；二要继续运用经营城市理念，加快土地等资本运作；三是道路建设、公园建设、旧城旧村改造拆迁、新建和改造住宅小区等重点工程要整体推进。

其次是缩小城乡差距，大力推进农村城镇化步伐。以大师屯、溪翁庄、十里堡、河南寨、西田各庄这五个小城镇为重点，以大力发展七个乡镇工业小区为依托，加强城镇基础设施和功能设施建设，完善道路、学校、医院、商业等设施功能。大力发展城镇第三产业，加快农村劳动力向二三产业转移，加快人口向中心镇聚集，推动小城镇开发步伐。

2. *切实履行好保水重任，采取多种形式植树造林涵养水源，争创全国生态环境示范县。*在绿化的观念上要实现四个突破：一是要突破“一排树，一条路”的小绿化观念，敢于瞄准建设国际一流园林城市的目标，提高绿化美化的文化内涵，积极探索“人文绿化”、“文化建园”新思路；三是突破常规绿化方式，开发特色绿化、精品绿化领域，做到“人无我有、人有我精”；四是突破传统技术手段，大力推进“科技兴绿”。

重点工作包括：一是大力实施城内道路绿化美化工程。二是完善公园绿化美化，以公园为载体，大力推广艺术绿化、人文绿化，提升绿化美化档次。三是加强县城规划区内机关厂矿等单位的庭院绿化美化。四是结合环境综合整治，大力推进城镇绿化美化。五是加强县城规划区内公园、绿地、道路的管理，保护好绿化成果，使密云城市绿化管理逐步走上以绿养绿的可持续发展道路。六是以密云水库、潮白河、101国道为重点，加快水源涵养林、风景林、经济林建设。

3. *大力打造绿色产业，全面实施绿色品牌战略，营造首都绿色品牌优势。*一是立足密云良好的绿色资源优势,依托中国绿色经济联盟(CGEU),通过绿色资本运营,全面建设中国密云绿色经济产业园区。2002年力争完成10家绿色企业、华夏绿色文化园、绿色学校、华夏养生院、奥运绿色度假村等项目招商引资工作,争取到2006年,绿色经济产业区初具雏形,为借绿色奥运东风实现密云新一轮腾飞奠定基础。

二是实施绿色品牌战略。进一步完善食用农产品安全生产体系建设，加快无公害蔬菜基地建设。有计划地控制绿色农产品品牌数量，打破当前品牌多、数量少的局面，通过资本经营方式组建较大规模的绿色食品运销公司。争取利用2～3年时间，建成最完善的食用农产品安全生产体系，把密云建成京郊最大的绿色果林、绿色蔬菜生产基地，为有效满足首都国际化大都市的绿色需求提供保障。

三是继续全力推进争创无煤城、无化肥县的步伐。有计划地发展有机肥、有机复合肥、生物肥厂，为密云三年争创无化肥县奠定基础，力争把密云建设成为京郊最大的有机肥生产输出基地。

（四）德治、法治双管齐下，全力打造良好的诚信环境 第一，利用各种媒体加大宣传教育力度，在全社会树立诚信观念和规则意识，培育以诚信为核心的与社会主义市场经济相适应的道德规范。

第二，要不断加大整顿和规范市场经济秩序力度，营造良好的诚信环境。严厉打击偷、逃、欠、骗税行为，严厉打击欺行霸市、制假贩假行为，建立起有效的监督检查机制。

第三，要建立规范的社会信用体系和失信约束惩罚机制，为社会信用水平的提高提供制度保障。

第四，强化政府信用，树立良好的诚信形象。一是要通过立法等途径推进市场秩序的法制化、规范化建设，奠定信用大厦的基石；二是努力建设信用政府，积极转变政府职能；三是严厉打击“形象工程”、“政绩工程”、“数字造假工程”，严厉打击执法不公、执法不严的现象。

关于资本运作对县域经济发展作用的思考

中共延庆县委书记　王海平

延庆近年来把推进产业化作为富民强县的重要途径，重组整合现有的资源和资产，本着把产业做大、做强，具备相当的市场竞争力的目标，不断推动产业向更高水平发展。推进产业化，我们立足生态资源的优势，大力发展生态农业、生态旅游和生态工业等产业，迅速树立延庆产业的市场形象和社会形象。在推进产业化的过程中，我们针对产业发展中区域龙头企业的经营实力和资本实力不强，资金投入的规模还不能满足产业结构升级和企业规模化经营的需要，高级经营管理人才匮乏，企业的管理体制和治理结构还不能完全有效地适应激烈的市场竞争的需要等制约因素，首先在旅游业、农业领域以资本运作为突破口，推进了八达岭A股上市和绿富隆菜蔬公司组板上市工作，此外，在促进延庆县国家马铃薯产业高科技园区发展和小城镇招商引资等方面，资本运作也迈出了步子。目前，绿富隆菜蔬公司的股份制改造工作已经完成，八达岭的整体改制工作稳步进行，有望年内挂牌融资。

市场经济条件下，区域经济成熟与否要看资本运作的程度。在我国，资本运作是在经济体制改革过程中，随着社会主义市场经济体制的建立逐渐形成的一个新的经济范畴，资本运作日渐显现出了其对区域经济的强大推动作用。县域经济作为区域经济的重要单元，作为社会主义市场经济条件下比较活跃、各具特色又密切联系的地域经济综合体，随着经济体制改革的逐步深入和我国加入世界贸易组织，县域经济市场化乃至国际化的进程成为必然的趋势。从本质上讲，县域产业结构的调整也就是培育、发展和壮大优势产业，促进产业技术升级的过程。县域优势产业的培育和发展，不仅取决于本地资源禀赋的优势，也取决于以企业竞争力为核心形成的竞争优势强弱。

八达岭作为世界著名的旅游资源，早在1990年就接受了联合国教科文组织世界遗产委员会颁发的世界文化遗产证书。八达岭地区是延庆经济发展的龙头和对外交往的窗口，对于展示延庆改革开放的形象和带动全县经济社会发展极为重要。为了最大限度地发挥八达岭这一世界级旅游品牌效应，推进延庆经济发展以及相关产业发展，提升地区产业化水平，我们根据国内的融资市场和A股上市的形势比较看好的判断，加紧推进八达岭A股上市工作。绿富隆莱蔬公司是延庆种植业的龙头企业，搞资本运作，是为了把优质的蔬菜、果品企业组成股份上市公司，融资上市以后，我们的再生产能力将会大大提高。八达岭与绿富隆的资本运作，均是以利润最大化和资本增值为根本目的，以价值管理为特征，通过生产要素的优化配置和产业结构动态调整，对企业的全部资产进行综合有效利用的一种经营方式。通过推进资本运作，我们有以下几个方面的体会：

一、资本运作促进了所有制形式的变化，这也是更大范围的产权制度改革

对于县域经济的运行或者单个国有企业的运作，产权清晰是条件，资本流动与重组是手段，资本增值是目的、是结果。产权改革的最终目的就是推进经济体制的改革。企业的资本运作有许多模式，主要有资产重组、兼并、参股、合资合作、租赁转让、运营无形资产等形式，具体到一个县域的经济来说，企业资本运作的这几种模式往往不是独立存在的，而是以交叉的形态出现。八达岭发展公司以前主要股东为北京控股和八达岭旅游总公司，所有权主体比较单一，通过转让股权，增加3个以上股东。绿富隆莱蔬公司上市后，产权主体由一家变为5家，两家公司都由过去相对独立的所有权主体变为多元的所有权主体。企业改制上市以后，推动了资产的战略性调整和重组，而且在产权分散化、社会化、多元化的基础上，构建产权清晰的现代企业法人治理结构，培育富有竞争力的市场主体。

二、资本运作是区域经济中资源优化的手段，是资源优化配置的有效形式

在县域经济开发过程中，由于资本市场的作用，潜在的优势会逐步转化为现实的优势。资本是第一推动力，没有资本，县域的生产要素就不可能形成生产力。资本按照投资收益率的高低，经由资本市场在区域间进行配置，从而促进了县域间按各自的比较优势进行分工合作、协调发展。

延庆根据生态优势和旅游优势，着力通过推进八达岭旅游企业A股上市和绿富隆蔬菜公司股份上市来解决资本的流向问题。同时，我们推进延庆县国际马铃薯产业高科技园区建设工作，就是对国内、国际马铃薯产业资源资本的整合，把北京的知识资本、东部的金融资本和西部的资源优势进行合理配置，目前科技园区已经同甘肃、内蒙古乌蒙、呼伦贝尔盟、重庆等地方达成资本整合协议。国际方面，借助引进马铃薯种植资源建立具有国际先进水平的种植资源库，将加快国际马铃薯高科技园区的跨越式发展步伐。从大的方面讲，通过资本运作，进行资源优化配置，可以使园区资产总值迅速增加，有利于全国马铃薯产业从总体布局上更加合理配置资源，最大程度地发挥整体效益。

随着改革的不断深入，市场经济体制的日益完善，县域经济发展就是资源的不断的优化配置过程。它不仅需要集结和调动县域内的一切可动用资源，而且需要吸引和调动县域外的富裕资源，并将其有效地配置到县域内的高收益项目上。市场经济体现的是合理实现资源的优化配置，其中资本的流向是关键问题，资本是否流到了优势产业中，资本流向的产业是否有潜在的价值，对县域经济发展至关重要。

三、资本运营促进了县域经济市场主体内部经营管理体制的转变

绿富隆莱蔬公司上市，包括自然人在内的5家股东，将推动新的运行机制和管理体制的注入。八达岭A股上市，通过股权转让增加股东，有利于建立公司约束机制，对于公司建立适应市场经济的企业法人治理结构和企业经营机制，进而建立现代企业管理制度，具有深远的意义。

现代企业管理制度是一种适合社会化大生产和市场经济要求的依法规范运行的企业制度，是公有制与市场经济相结合的有效途径。资本运作可体现资本的透明度，这样企业的内部管理必须向现代企业制度转变。要求形成股东会、董事会、监事会和经理层新的公司领导体制，在这个框架基础上，要求转换企业经营机制，包括理顺产权关系，使公司法人治理结构能规范运作，形成权责明确，有效的激励和约束机制，企业最终成为市场竞争主体。

四、资本流通带动人才的流动，也带动了知识经济在更大范围内的流通

在推动八达岭和绿富隆改制和上市中，我们聘请专业技术人才来做这件事情。八达岭和绿富隆的改制和上市，无疑会吸引一批专业技术人员参与其中，同时可以为延庆培养大批既熟悉旅游产业又懂得现代公司管理和资本运作的优秀人才，又会培养大批熟悉绿色农业产业、农产品外贸以及懂得现代公司管理和资

本运作的优秀人才。

资本运作使地区之间的要素流动进一步加快，最显著的表现是人才、资金等生产要素会加快向优势地区和优势企业集聚。对县域经济来讲，主要是指要素流向县域内的优势产业，就是能够在市场上表现出很强竞争力和市场占有率的优势产业。在开放的市场经济条件下，县域经济的优势定位或者说县域内优势产业群体的选择和形成，是在市场力量作用下众多投资者的群体选择，是由市场选择、竞争定位的。发挥县域经济比较优势，是我们资本运营吸引外资的一个重要条件。

总之，资本运作对县域经济发展来说，进行了产权改革，培育了市场主体，产权改革引起市场主体内部经营体制的变革，资本流通促进了市场要素的变化。由于县域经济发展和资本市场的相互促进态势，这种态势不断强化了县域经济与资本市场的内在联系。通过资金、产品、人才、信息的流动，将其经济动力传导到广大的腹地，从而带动整个县域的经济发展。因此可以看出，资本运作把区域经济的发展推向了一个新的历史发展阶段。

农村城市化进程中劳动力就业对策研究

朝阳区副区长　宋连娣

按照《北京市城市总体规划》要求，到2010年，朝阳区农村区域将全部成为北京市城区，届时，朝阳区农村将全部实现城市化。北京市第一道、第二道绿化隔离带的建设和朝阳区温榆河生态走廊工程的推进，使朝阳区农村城市化的步伐明显加快。在城市化全面提速过程中，农村劳动力就业困难成为重点和难点问题。如何解决好农民就业问题直接关系到农民增收和农村社会稳定，甚至关系到朝阳区农村改革和发展的成败。对农民，怎样尽快转变角色，在思想观念和生产生活方式上尽快进行转变，实现自身城市化，也是一次巨大的挑战。为此，对全区农村劳动力就业情况进行了调研。

一、朝阳区农村劳动力就业的基本情况

朝阳区区域面积470.6平方公里，其中农村面积375平方公里，占78.6%。24个乡，农村总人口47万人。截止到2001年底，全区农业人口总数为18.4万人，其中劳动力为11.4万人，占总农业人口的62%，就业总人数为8.9万人。

1. *劳动力就业产业间分布情况*。8.9万就业劳动力中在第一产业中就业的有2.1万人，占就业总人数的23.6%；第二产业中就业的有2.4万人，占就业总人数的27%；第三产业中就业的有4.4万人，占就业总人数的49.4%，非农化就业的比例为76.4%，在三大产业中的分布比例为1:1.1:2.1。说明农村劳动力已逐步从传统的农业生产中脱离出来，正在向第二、三产业转移，尤其是第三产业。

2. *劳动力就业区域分布情况*。在区域流动就业状况中，本乡域内就业人员有6.3万人，本区其他区域就业人员有2万人，合计本区内就业8.3万人，占就业人数的93.3%，跨地区及外埠就业的劳动力仅占6.7%。说明农村劳动力就业市场化程度还很低，流动性差，农民就业还受到地域观念的限制。

3. *劳动力就业类型情况*。农村8.9万就业劳动力中，在乡村自身中就业的有2.6万人，集体企业中就业的有3万人，从事个私经济的有2万人，外出务工的有1.2万人，其中在集体经济组织中就业的总人数为5.6万人，占就业总人数的62.9%，说明目前的劳动力就业渠道仍然以集体经济安置为主，集体企业在接收、吸纳劳动力方面起到了积极作用。从事个体经营的人员有2万人，占就业总劳力的22.5%，说明有相当一部分劳动力随社会主义市场经济的发展逐步拓展了自身创业的空间。

4. *建设征地转居转工人员就业情况*。朝阳区农村城市化是一种外力推动型的城市化类型，这种外力主要是缘于北京城市建设的扩张，迫使农民转居转工和“转业”。朝阳区最早从1970年开始有建设征地农转工，历年因国家或企业建设性征占农村土地而农转居的人员有6万多人（注：建设征地中只转居的人员为学生、残疾人和退休人员），农转工的有4万多人，其中自谋职业人员近2万人，再加上转工人员被企业安置后又选择辞职自谋职业的，目前将近有70%～80%的农转工人员自谋职业。自北京申奥成功，加快了北京城市建设速度，出现了大量的开发建设项目和国家基础建设项目，有住宅项目及四环、五环路建设及奥运公园场馆等项目，近2～3年内涉及朝阳区的农转工人员约2万人，这部分人也大部分在自谋职业。

二、劳动力就业问题及其产生的原因

农村城市化进程中，劳动力就业呈现的突出问题是：农民就业日益艰难，农民失业或隐性失业现象更加明显。截止到4月份，农村出现富余劳动力2.5万人，比2001年底增加了3 000人，增长了14.3%，表明当前的劳动力失业现象快速增加。同时，由于存在较高失业率，各乡村确保农村稳定还普遍采取了超需安置、拿钱安置等为安置而安置的方式来解决劳动力就业，农民隐性失业的现象也大为增加。超需安置劳动力方式给本来就发展艰难的集体企业无异于雪上加霜，集体企业效益水平进一步降低。用发放生活补

贴的方式安置农民，容易助长农民懒惰，不思进取的“恶习”，且农村经济长期背负重担，一旦农村经济无力支撑，将成为农村经济生活中重大问题。各乡村目前采取的这些不得已的安置方式，已经显示出弊端：一些集体经济组织已不堪重负。如小红门乡牌坊村，自2000年承担绿化隔离带建设任务以来，因耕地大部分绿化种了树，只有养护等费用支出，而没有收益，劳动力数量达3 700人，该村集体企业10多家，仅能安置几百人，村集体在尽力拓展就业空间、甚至是超需安置的情况下，仍有近1 000名劳动力实在是无处安置，村只好采取了拿钱安置的办法，每人每月发放150元，到了今年4月份，村集体花光了历年的积累，再也无力负担这笔安置费用，只好请求乡政府给钱，乡政府也只好暂时拿出来100万元，安置该村劳动力。长此以往，将会拖垮集体，成为更大隐患。

造成目前劳动力就业困难的主要因素有：

（一）农民就业观念陈旧落后、综合素质偏低 快速推进农村的城市化步伐，使农村传统经济模式也在快速地向城市经济模式转变，农村劳动力最终在城市经济中就业成为必然趋势，但是，农民身上所固有的落后的思想观念和较低的综合素质与这种发展形势出现了巨大反差。由于地处首都近郊，号称“天子脚下的臣民”，长期以来形成了一些根深蒂固的思想观念，包括就业观念，过分依赖集体。长期以来，在全国农村实行分田到户形成一片热潮的时候，朝阳区农民却偏向于选择集体经济，在改革开放以来，直到1998年，朝阳区农村经济经营形式，仍然是以集体经济为主体，集体也经常采取大包大揽的做法，使得农民形成了更为浓厚的“发展集体经济，依靠集体经济”的思想。另一方面，农民的综合素质偏低，在就业竞争中处于劣势地位。综合素质偏低表现之一是文化水平低，农村劳动力中初中以下文化程度的9.4万人，占劳动力人数的82.5%，高中以上文化的2万人，仅占17.5%。表现之二是年龄结构偏大，全区劳动力从年龄结构上看，35岁以下的3.8万人，36～45岁的4.4万人，46岁以上的3.2万人。中年劳动力数量较多，并且46岁以上人数比例较大，城市化后将很快面临退休及养老等社会保障问题。表现之三是专业技能欠缺，具有各种专业技能证书的人员总数仅达1.7万人，占劳动力总数的14.9%。表现之四是缺乏吃苦耐劳精神。调查中乡村干部普遍反映，农民就业时挑三拣四，既要干活轻省体面，又要高工资、高福利。

（二）绿化隔离地区建设时间紧任务重、集体安置就业困难大 政策因素，是农村城市化进程中农民就业困难的直接原因。2000年开始北京市绿化隔离带建设，要求10年任务3年完成，朝阳区农村承担了大量的绿化建设任务，为此需拆掉几千家企业，减少大片耕地，甚至要拆迁大片村庄，几万农民短时间内失去了赖以生存的空间。甚至还将失去生活居住的空间，而绿化带建设运行资金有限，要求各乡村“以绿引资，引资开发，开发建绿，以绿养绿”，却由于难以找到合适的3%～5%开发用地的配套项目等各种原因，实际上根本难以在近几年中实现，农村土地大片绿化的结果是乡村发展无空间，收入大量减少，支出显著增多，农民无处就业。农村集体新村建设等工程项目又存在巨大的资金缺口，集体经济发展因资金缺乏、企业搬迁等原因遇到了前所未有的挑战，农民就业压力空前增大。1994年实行的市政府7号文件中规定绿化隔离带建设“只转居不转工”，由各乡自身安置，预计今后几年绿化建设将引发大量农村劳动力需要重新安置，使得短时间内农村劳动力就业问题成为朝阳区农村经济生活中的突出问题，而且即使是产业用地项目得到批复，能引资建企业后，也难以把新产生的富余劳动力全部吸纳，并且经济开发周期长，在绿化隔离带开发过程中还会不断产生更多的农村富余劳动力，凭乡、村办企业目前的经营情况根本再无法安置。并且现在政企分开力度加大，乡政府下属的农工商公司已经取消，乡政府没有向集体企业安置劳动力的权利，乡政府安置劳动力困难很大。

（三）征地转工安置办法不完善，农民自谋就业存在后顾之忧 农转工人员自谋职业后，随国民收入逐步提高，原自谋补助费已不能满足转工人员的需要，并且现行社会保险体系不能保障自谋人员享受农转工人员待遇，即缺乏失业、养老等相关保障待遇，同时自谋人员不能成为民政部门规定的低保对象。使得农民转居时不愿意选择自谋职业，而要求集体安置工作，从而进一步增加了农村就业的压力。自1993年市政府颁布16号令已有9年时间，政策已严重不适应现在劳动力就业形势，从安置费用、安置渠道，尤其是社会保障方面，都应做调整，以适应现在社会劳动力的就业环境的变化。随着新土地承包法和工资、保险等制度的出台，应根据新法规制度制定新政策，在人员安置问题上应符合新形式的变化。并且不应采取行政干预，强行安置的办法。有关工资定级及核定基础工资工作应做改变，应以不违反现有法规为原则，社会保险办法和退休规定也应与城市现有政策进行衔接。

（四）农村劳动力与城镇居民的相关就业政策难以衔接，加大了农民就业的难度 原“二元”的经济结构，造成目前的城乡二元的就业保障管理体系，从现有就业政策，到管理方式、管理机构、社会保障体系的建立等等方面，在农民转办居民的同时矛盾会马上呈现出来。现有的乡级管理没有专门机构和专门人员从事农村劳动力管理工作，就业管理服务体系几乎是一片空白，也缺乏农村劳动力的相关就业政策，其结果一是现有的农民进城务工困难，或待遇差距太大，制约了农村富余劳动力向城市中转移；结果二是农民转居转工以后，有关政策执行不衔接，农民相关待遇、基本保障等问题难以解决，使得农转居人员在劳动力就业市场中处于不公平的竞争地位。

三、农村城市化后农民就业实现的目标及思路

朝阳区农村城市化后，劳动力就业的最终目标是：实行市场化自主择业。在过去的农村就业工作和农转工工作过程中，经常采用安置就业的方法，缺少农村劳动力的参与和选择，劳动力非常被动，因此养成了“凡事依靠政府”的习惯。但是，效果并不理想。采用市场化的方式扶持就业，要求农村劳动力自主选择和积极参与，通过市场操作形式，通过竞争作用，有助于农村劳动力市场意识的培养，激发自主就业能动性。

同时，鉴于农村劳动力将是城市就业中弱势群体的事实，实行自主择业与政府适当扶持就业的结合是短期内的必然选择。相对于城市的下岗职工和失业人员而言，被动转居的农民更是就业的弱势群体，不仅是因为农民的就业意识和纪律行为与工业化、城市化的要求有一定的距离，而且他们过去具有的劳动技能在城市化后也失去用途。朱镕基总理最近在《政府工作报告》中强调“对弱势群体给予特殊的就业援助”，同样适用于在陌生的劳动力市场上处于弱势地位的农村劳动力。因此，各级政府要站在维护改革、发展、稳定大局的政治高度，实行积极的“就业保障”政策，解决农村劳动力的就业问题。

随着朝阳区农村城市化的实现，农村就业应尽量向城镇就业管理模式转轨，并应建立起完善的社会保障体系。尤其在农村劳动力向城市转移的过渡期间应出台相应的农村劳动力促进就业政策及其他社会保障政策(如：免费技能培训、职业介绍、完善社会保险、对企业使用农村劳动力实行低息贷款、贴息及工资性补助等)，解决区域内突然增加的富余劳动力，并可利用现有的城镇人员安置的促进就业办法促进就业，还应鼓励在企业用人方面置换外地工岗位，这样也有助于农村劳动力逐渐转变就业观念、增加职业技能。

四、促进农村劳动力就业的对策

农村城市化一般是一个随着经济发展而产生的过程，但朝阳区提出农村城市化这一大课题，并力争在短期内完成，是明显的政府推动行为，它与经济发展自然带来的城市化过程有较大的区别。对农民的冲击非常大。我们必须把做好就业工作作为推动农村城市化进程的关键，从战略高度充分认识解决就业问题的重要意义。

还应当看到，目前北京城市也面临一定的就业压力，城市化进程中农村劳动力的就业问题将会使全市就业形势更加严峻。截止今年2月朝阳区城镇登记失业率1.2%，人数达9 572人，北京市城镇登记失业率1.54%，人数达102 900人。这些大量增加的富余劳动力在转成城镇居民后将会给城镇劳动力的就业工作带来巨大的压力。但是，农民进入城市后，与城镇劳动力的就业既有竞争性也有互补性，而且一定程度上互补性还远大于竞争性，关键看政府如何协调和统筹城乡劳动力，做好就业服务工作。

（一）政府应采取积极主动的就业服务措施 在农村城市化进程中，要坚持把促进就业放在首位。在制定经济和社会发展战略和政策时，坚持就业优先的原则，通过实现劳动力同生产资料的合理配置来促进经济增长。为此，政府需要在宏观经济层面确定有效的就业政策，实行以就业服务、培训为主要内容的积极的劳动力市场政策。

成立区乡两级就业服务中心是解决农村快速城市化进程中劳动力就业问题的当务之急。无论采取何种举措，都有一个相对缓慢的过程，我们认为，当前在朝阳区农村有必要仿效城市中为国有企业下岗职工服务采取的一个具体举措，即成立一些相应的就业服务机构（如社保所），以保障失去就业机会的农村劳动力的基本生活和促进其实现尽快就业。这些机构的建立程序可以是乡级普遍成立社保所，区级成立一个相关机构。具体负责为本乡或本区域内失业农村劳动力发放基本生活费和代其交纳养老、医疗、失业等社会保险费用，组织参加职业指导和就业培训，引导和帮助他们实现就业。这些机构用于保障失业农民的基本生活和缴纳社会保险用的资金来源可以来源于区乡财政、集体经济积累、社会筹集、个人等几方面。这些机构的管理费用和工作人员的工资福利等不能从上述资金中支取。

（二）拓宽就业的范围和领域，适时组织农村劳务输出 农村劳动力的就业问题，如不开辟新的转移渠道，仅靠在原乡地区、依靠乡镇企业吸纳农村劳动力这一种方式，就会使本来就经济效益走下坡路的乡镇企业状况更加恶化，对提高农民收入和保持农村稳定都极为不利。因此，我们要运用战略的眼光，扩大视野，寻求城乡、市区统筹，力争把城乡统筹就业纳入政府经济社会发展规划中，通盘考虑，解决农村劳动力的就业问题，避免因乡镇企业安置压力过大，拖垮集体经济，避免解决就业问题的短期行为，避免虚就业、实保障的问题再出现。目前在城市，劳务派遣组织已经成为下岗失业人员实现再就业的一个重要途径，在农村城市化过程中也可以借鉴这种方式，适时地组织农村劳务输出。协调相关的劳务输出输入手续，为其他区域输送本区域富余劳动力，协调劳力资源。

（三）采取有效措施全面提高农村劳动力素质

第一，建立一支责任心强、业务能力好的职业指导员队伍，加强对农村劳动力的职业指导。帮助农民正确认识和评价自己，提高他们适应城市就业和市场就业的能力，让他们感受到政府具体的关怀，增强城市就业的信心。

第二，以提高农村劳动力的技能为重点，逐步提高农村劳动力素质。政府必须认识到提高农民自身的技能是最终解决就业问题的出发点，所以一定要舍得

花资金建立培训体系，沿用城市劳动力非常正规的培训方法培训农民，不一定会收到好的效果，可以考虑运用灵活的培训方法，不拘泥于地点、时间和形式，完全以农村劳动力的需要为出发点，使培训与就业活动紧密联系，做到有的放矢。

第三，增强职业培训的针对性和选择性，大力发展中等职业技术教育。

第四，重视"创业培训"，鼓励农村劳动力成为资本经营者。鉴于朝阳区农民相对富裕，手中握持大量货币的基本事实，应加强对农村劳动力中有创业意识者的"创业培训"，尽管这部分劳动力的比重很低，但他们的创业不仅可以解决自身的就业问题，还可以为其他劳动力创造就业机会。

(四) 建立并落实促进就业的优惠政策 第一，建立促进就业的小额贷款制度。第二，综合运用税收和保障政策促进就业。如对从事个体经营的转居人员实行一定时期的减免税费政策；实行鼓励转居人员自谋职业政策，提高补偿标准，在补偿的同时为其上齐相关失业、养老社会保险；解决使用中年及以上农村劳动力的社会保险问题，降低用人单位的用工成本；对雇佣劳动力增加的企业特别是小型企业，或雇佣农村劳动力达到一定比例的单位，实行社会保险费补贴、减免税费等优惠政策。

(五) 组织和帮助就业相对困难群体从事社区服务 第一，努力拓展社区公共服务。以社区为平台，构建社区社会企业和非营利组织。第二，制定促进社区就业的优惠政策。第三，建立政府托底机制的社区公共服务。由政府出面直接创造公益性就业岗位如保洁、保安、保绿等工作不失为一项十分有效的措施。

(六) 采取有效举措促进农村乡镇企业的持续发展 第一，大力推进改制工作，明确投资主体。对那些集体经济中政企不分、产权不明的企业，发展缓慢的企业，分类进行改制，除宜于拍卖、租赁的外，切实以股份制或股份合作制等形式，明晰产权，为建立新的经营机制和管理制度奠定基础。

第二，通过政府介入，促成乡镇企业和实力雄厚的大企业的合作。以建立高科技生态农业或环保产品为目的，由大企业扶持，输出管理、技术及资金，原乡集体经济提供劳动力的方式，寻求乡镇企业的振兴与发展。

第三，发挥区域特色与优势，加快进行农村经济结构调整。通过经济结构调整激活农村乡镇企业。努力倡导以增大就业弹性、增强环保意识、提高生活质量为目的的招商引资，大力发展都市型农业和体育、休闲、旅游等服务类绿色产业，实现产业结构调整优化与农民就业的双目标。

海淀区加快农村城市化的对策研究

海淀区副区长　伊欣欣

长期以来，海淀区的城市化主要由政府通过征地转工转居有计划地推进，但是随着市场经济的逐步确立，尤其是随着中关村科技园区规划的实施，海淀区原有的城市化模式不仅阻碍了经济发展，还使农民的增收问题、就业问题、社保问题以及征地安置问题一次次成为社会矛盾的焦点，这些问题虽然都有其不同的背景和原因，但是归纳起来不外乎原有的城市化模式造成了农村城市化滞后和城市化政策不配套，如果解决不好将严重影响中关村科技园区的建设。因此为了中关村科技园区的建设，也为了广大农村地区经济发展和社会稳定，海淀区必须开拓创新，调整思路，加快农村城市化的步伐。

一、海淀区城市化存在的问题及分析

改革开放后，海淀区的城市化进入了一个发展较快的时期，城市化率由 1978 年的 78% 发展到 2001 年的 93%，但城市化过程中却存在着种种问题，因此重新认识我区的城市化道路已成为当务之急。

(一) 海淀区城市化存在的主要问题是农村城市化严重滞后，而农村城市化严重滞后的主要表现是城乡差距拉大 通过对海淀区城市化进程较快的近 20 年城乡人均可支配收入的研究发现，海淀区城市化过程却是城乡差距拉大的过程。1982—1991 年农村的人均可支配收入高于城市，从 1992 年开始，城市高于农村，而且差距逐年拉大。1982 年城市是农村的 0.9 倍，而到 2001 年达到1.9倍。从人均可支配收入的增幅来看，80 年代城市为 13.8%，而农村为 15.4%，城市比农村低 1.6 个百分点。而进入 90 年代，城市为 21.6%，农村为 13.4%，城市比农村高 8.1 个百分点。当前海淀区的高城市化率完全可以和世界上发达地区相比，但区内经济发展失衡，山后还有一大片传统落后的农村。农村地区的消费、教育、文化、卫生和基础设施等条件都与城市无法相比，这种城乡差距拉大的现实却和世界上发达地区无法相比。以上事实无可争议地表明我区高城市化率的背后存在着农村城市化严重滞后的问题。

(二) 海淀区农村城市化严重滞后的原因分析 海淀区农村当前城市化滞后表面上看是农村和农民城市化动力不足，而背后更深层次的原因就在于城市化制度安排上存在缺陷。

1. *单向发展的农村城市化使城市化主体缺乏动力是造成农村城市化滞后的根本原因。*农村城市化应是农村和城市双向互动的过程。然而几十年来，政府主导一直是推动海淀区农村城市化进程的核心动力。海淀区农村的城市化主要是靠征地和大规模基本建设实现的。随着首都经济的日益发展，北京城区不断向外延伸扩张，在这个过程中海淀区靠近城区的大片农村在经历了农村—城乡结合部—城区这个固有的发展模式后逐步消失了，大批农民随着征地转居，这几乎成了海淀区农村城市化的唯一模式。据统计，建国以来由于城市的扩张海淀有 0.53 万公顷土地被征用，3.4 万人被转为居民。因此我区农村的城市化只能讲是城市的扩张，农村只能是被动的城市化，农村城市化的主体——农村却被排斥在外。

另外农村由于二元经济的束缚走了一条分散发展的工业化道路。80 年代由于我国处在短缺经济阶段，乡镇企业对发展农村经济和提高农民收入做出了巨大的贡献。但进入 90 年代以后，经济结构趋于合理，乡镇企业原本缺乏统一规划而分散发展的弊病使农村各种生产要素难以聚集，达不到集聚效应和规模效应，影响了农民的就业和收入。再加上过重的农民负担损害了集体经济的实力和抑制了农民积极性，从而使农村城市化动力不足。

*2. 现行户籍和土地制度是造成农村城市化滞后的外在因素。*传统的户籍制度制约了城乡间劳动力的自由流动，阻断了城市化的微观运动。农村征地转非由就业安置逐渐转变为货币安置，由于社会保障制度及用工制度的不完善，转非后的农民并不能享受城市居民的同等待遇。山前有的农民转居后并没有真正获得城镇居民待遇，山后的农民也受户籍制度影响，无法进入城市的就业体系，无法在城镇找到体面的工作。在社保、低保、就业、培训、孩子上学方面遇到的困难以及农龄不算工龄的待遇，不仅使已转非农民缺乏对城市的归属感、认同感，而且使未转和待转的农民产生对进入城市的种种顾虑，从而抵制和排斥转居。这种情况下，对农民再继续执行现有的户籍政策，反而使转居成为讨价还价的筹码，增加征地的难度，从而延缓城市化进程，甚至阻断城市化进程。

现有的土地制度也阻碍农村城市化进程。首先农民转居意味着他们丧失了对土地的权力。其次农民转居后宅基地依然是集体所有，无法出让。再次已城市化的农村地区都保留了大批的非农用地，无论是乡镇企业用地还是公益性用地，都是集体所有，这些资源受政策的制约，无法在市场上流动，造成土地资源的闲置和浪费。另外由于征地价格偏低，一方面农民得到的补偿不足以支付进入城市的必要成本，影响了农民转居的积极性，另一方面土地的增值并没有用于农村建设，又延缓了农村的城市化进程。

*3. 农村经济体制改革滞后是阻碍农村城市化的内在因素。*首先农村集体经济长期执行的是政社合一或政企合一的经济体制，这种体制的弊端就是强化了乡村行政和集体经济的利益关系，这种对利益的追求直接阻碍了生产要素通过市场配置向城市转移。这样既造成了乡镇企业的分散发展、资源浪费，后劲不足，也造成了农村社会化程度偏低和农村城市化进程的滞后。其次农村集体经济采用的是社区所有的劳动合作制度，一方面使社区成员产生了对集体的依赖思想，不愿转移，另一方面劳动力转移意味着他们将失去本属于自己的集体资产份额。因此经济体制改革滞后必然束缚农村劳动力的转移。另外传统的集体经济由于产权制度的缺陷，缺乏激励，效率低下，所以近年来集体经济发展缓慢并呈下滑趋势，这在一定程度上也延缓了城市化进程。

二、海淀区已经具备加快实现农村城市化的条件

当前，随着海淀区经济的飞速发展和中关村园区建设规划的实施，加快农村城市化进程的条件已基本成熟。

从劳动力结构看，海淀从事种养业的劳动力只有 8 000多人，占现有的农村劳动力 6 万人的 13.3%，占全区劳动力的 1%。也就是说在农村城市化过程中需要从一产中转移的劳动力无论是绝对值还是相对值都相当少，这为海淀区的农村城市化提供了良好的劳动力结构基础。

农业的基本功能为生产功能、生活功能和生态功能。随着城市化建设总体规划的推进和中关村科技园区建设的实施，土地的生产功能已经消失了，农民也不以土地为生活的主要来源。山前四乡几乎所有的土地被建成城市绿化隔离带，成为城市绿色屏障。山后的大部分耕地种树，走的是林业产业化道路。而且根据北京市规划，山后几乎所有的耕地将被纳入城市第二道绿化隔离带建设范围，也就是说，为城市和中关村科技园区创造优美环境的生态功能已成为农业的主要功能。所以土地功能的变化也为农村城市化提供了条件。

随着中关村科技园区的建设，海淀区的经济发展处于历史最好时期，并且发展势头强劲。2001 年海淀区的国内生产总值为 598 亿元，比上年增长 21.9%，且连续七年的平均增长速度为 36.7%；地方财政收入 35.11 亿元，比去年增长 24.5%，且连续七年平均增长速度为 28.8%。从海淀产业结构情况看，一产产值占国内生产总值的比例为 0.5%，农村经济总量只占全区的 3.3%。因此不管从经济实力还是产业结构看，海淀已具备加快农村城市化的潜力。同时，海淀区的城市化面临着前所未有的四大机遇，即：中关村科技园区的建设、大发展现代制造业、加快小镇建设和第一道、第二道城市绿化隔离带的建设。如果抓住机遇，在政策上加以引导，体制上加以创新，将会大大加快农村城市化进程。

三、海淀区农村城市化的思路和目标

单向的城市化发展模式和农村生产要素不能自由流动造成了农村城市化滞后，因此加快海淀区农村城

市化的主要思路就是要通过制度创新逐步消除固化的二元模式的制约，促进农村生产要素按照市场规律向城镇流动，鼓励农村城市化模式的多样性。同时要制定切实可行的引导措施，"筑巢引凤"，为加快农村城市化创造条件。要用市场经济的观念认识问题、处理问题，用经营城镇的理念来建设城镇、营运城镇，避免资源浪费。政府应在加强基础设施建设，完善社会服务功能，营造先进城镇文化上下功夫。

海淀农村城市化目标是山前实现城市化，山后地区通过城镇化，最终实现城市化。从现在起经过六年的努力，加快户籍、土地、财政和经济体制方面的创新，要彻底改变城乡二元结构。科学规划，加快小城镇建设的步伐，逐步建成设施配套完善、生态环境优美的现代化城市体系，大力提高城市现代化水平，努力实现区域国际化。城市化过程共分为三个阶段：到2004年山前农村完全实现城市化。到2006山后建成几个高起点的小城镇。到2008年，海淀区全面实现农村城市化，将农村建设成田园式生态型的高科技园区和现代化新区。

四、主要措施

为加快海淀区农村城市化，针对海淀区农村城市化进程中存在的问题，我们提出以下措施：

（一）规划先行，加快行政管理体制改革并抓紧相应区划调整　要在北京市总体规划和中关村科技园区总体规划的指导下，进行整体设计、统一制定海淀区农村城市化规划。规划要做到科学性、时代性、可行性、综合性和权威性相结合，要有前瞻性，要突出区域特色，尤其要体现海淀的文化特色，加强横向联系和职能互补，要避免重复建设、资源浪费。

在总体规划下，首先要解决海淀区城乡结合部行政管理多元化和山后地区缺乏集散地的局面，并根据山前山后的不同情况，相应调整区划。总的思路是山前城乡结合部加快撤村并街工作，彻底改变多头交叉行政管理为单一管理；山后加快撤乡建镇工作，将行政管理体制全部由二元管理改变成一元管理，将农村地区的各项社会管理职能全部纳入城市管理系统，费用由各级财政承担。为此山前四个乡中，玉渊潭乡要加快撤乡并街工作，海淀、东升两个地区办事处要尽快向街道办事处职能转化，加快四季青撤乡建镇的步伐。山后要统一制定小城镇建设规划，撤消东北旺乡、永丰乡，合并设立西北旺镇；撤消上庄乡，设立上庄镇；撤消苏家坨、北安河、聂各庄乡，建立苏家坨镇，争取在2004年完成农村的区划调整工作。目前海淀已经按照市政府批复撤消了8个建制村，在海淀和东升两个乡建立了地区办事处，但是在管理体制上还没有完全和城市接轨，因此我们一方面要加快区划的调整，另一方面还需认真研究，从措施和手段上保证管理体制改革到位。

（二）加快小城镇建设　小城镇建设是促进农村城市化的载体，也是引导农村和农民主动参与农村城市化的重要措施。因此我们要争取政策，创造条件加快小城镇建设。

要在规划布局上处理好小城镇与中关村科技园区的关系。园区的发展要为小城镇提供产业支撑，吸纳农村的剩余劳动力，促进小城镇的发展。小城镇的发展要为园区提供完善的配套服务，要与园区相互促进，共同繁荣。要处理好小城镇建设与新村建设的关系，小城镇的发展应该能带动和促进新村建设，新村建设要成为小城镇建设的补充。各镇间在布局上和功能定位上也要充分体现海淀科技文化特色，建设相互补充和交通便利的城镇体系，要用几年的时间将小城镇建设成充满活力的新城区。

做好产业布局，促进支柱产业发展，大力发展现代制造业，依托中关村发展IT、生物等高新技术产业，发展房地产、旅游、饮食服务、教育、观光休闲农业等产业，使每个小城镇都形成有力的产业支撑。

要本着占补平衡的原则扩大土地置换政策的使用范围，不仅镇域内适用，新村建设也适用该政策。要赋予海淀区一定的土地规划审批权，允许置换出的土地流转、出让或统一用于小城镇的镇域建设。置换指标一次性发给区里，并且不占用年度建设占用耕地指标，由区里按政策统一调剂使用。

加快已经批准的温泉镇和西北旺镇的建设，在市总体规划和控制规划下，允许区乡自主开发建设。要吸引高科技人员入户小城镇，争取小城镇人口机械增长指标，同时还要控制小城镇人口规模。

加强小城镇基础设施建设，加快山后地区三纵三横道路骨架的建设，加大投资力度，建立起以政府投资为主导、民间资金为主体的小城镇多元化投资和建设机制。以经营小城镇的市场观念，创新城镇建设的路子，本着"谁投资、谁受益"的原则，引导入股合资，拓宽居民参与城市规划决策和公益事业决策的渠道。

加快城市第一道、第二道绿化隔离带的建设。第一道绿化隔离带的建设不仅促进了农业功能的根本改变，而且山前各乡都抓住了这个机遇加快了新村建设，拆违建绿工作，大大加快了山前城市化进程。目前北京市正规划城市第二道绿化隔离带，按照设想山后绝大多数地区均在第二道绿化隔离带建设之列，因此山后各乡村要提前准备，抓住机遇，充分享受市里优惠政策，加快小城镇建设和新村建设。

（三）对现行户籍制度进行改革　现行的户籍制度是计划经济的产物，随着市场经济的不断完善，越来越不适应新形势的需要，所以必须加大对户籍制度的改革，由审批制改为准入制，减少或消除户籍制度对城市化进程的阻碍作用。因此应争取市里的政策，允许根据推进农村城市化进程需要自主决定转居规模。南部农村用2～3年的时间将绿化隔离带和新村建设完成地区的农民全部转居。山后首先把各镇域范围内的农民逐步转居。要用足中央及北京市有关小城镇建设中城镇户籍管理的政策，凡在小城镇镇域范围内有合法固定住所、稳定职业或生活来源的农民，均可转为城镇户口，争取到2008年海淀区全部农户转居。要减少农龄和工龄在各项待遇上的差别，将农龄在一定条件下视为工龄，做到农龄和工龄在待遇上的统一。

（四）改革非农用地流转出让政策 通过农村集体非农建设用地流转的试点工作，制定集体非耕地流转和出让的有关政策。建立土地的流转机制，允许集体所有的非耕地参与市场配置，实现土地资源的合理配置，促进农村城市化进程。

山前的集体土地和山后的非耕地一次性转为国有土地，其合法土地使用权人和用地功能性质不改变。山前原农用地承包关系不变，承包人继续享有国有农用地的承包经营权，对转制后的土地使用权人核发国有土地使用权证。转制后的原村建设用地，按历史用地办理建设用地手续和土地登记手续。如果该土地进入市场或改变用途，或发生扩、加、改建时，则按规定补交国有土地使用权出让金及有关税费。因城市建设需要收回的转制土地的使用权，按有关规定办理相应的手续后给予合理补偿。允许企业购买小城镇规划区内的土地使用权，用于厂房、住宅或其他商业用房。

对于转居农民的宅基地，鼓励其在本行政村范围内有偿转让。转让宅基地的村民不能重复享受宅基地的优惠政策，坚持一户一宅的审批制度。

（五）建立完善的就业服务指导体系 解决农民就业问题是城市化过程中的核心问题之一，它也是农村社会长期稳定发展的基础。农村城市化过程改变了农民的生产方式，从种地及拆迁企业中走下岗位的农村劳动力面临就业转岗问题。但由于受到思想观念、就业习惯、年龄结构、文化技能水平等因素的制约，农村劳动力综合素质偏低。加上长期以来他们习惯于依靠集体经济组织寻求就业岗位，短期内难以适应新的就业形势，难以实现自身的城市化。

为了全面提高农村劳动力的素质，提高他们适应市场就业的能力，区乡（镇）政府要将农村劳动力全部纳入就业服务指导体系，建立统一、竞争、开放、有序的劳动力就业市场，建立起布局合理的培训网络，各级具有教育培训职能的部门都要积极介入。有计划、有步骤地为有劳动能力和就业要求的农民开设专门的经营、技术、技能方面的培训，转变农村劳动力就业观念，加强对农民的职业指导和就业服务。

建立培训基金制度，培训基金由政府、征地单位、集体积累和个人四方负担，征地单位负担部分可以在征地时将培训资金计入土地成本。

（六）完善社会保障制度 要抓紧制定有关农转非人员的社会保障政策。允许农转非人员将缴纳的农保保费转入城保。已经缴纳城镇社会保险的农转非人员，其未转出的农村社会养老保险费，如果停止续缴，则保留其账户，直至领取养老金时办理有关领养手续；允许农转非人员补交1992年以后在农村劳动期间的城镇社会保险费，以满足城镇职工退休时按月领取养老金所需的缴费年限。允许有条件的集体经济组织成员进入城镇社会保险范畴，按照城镇社会保险政策缴费。允许有条件的农民在自愿的条件下按照城镇职工标准缴纳社保费用，无条件或不愿缴纳社保的农民也可根据政策继续缴纳农保。对于为绿化隔离带建设做出贡献的农转居人员，在养老保险方面实行优惠政策。将农转非人员尤其是自谋职业人员纳入最低生活保障范围，调动农民转非的积极性，促进农村城市化进程。农民在转为城镇户口后，可纳入城市居民失业保障体系，在子女上学、就业等方面与城市居民同等待遇。

按规定按月领取基本养老金的农转居退休人员缴纳基本医疗保险费的，可享受基本医疗保险待遇。不满足条件的农转居人员，可以补缴并一次性补足基本医疗保险费，补足后，可享受退休人员的基本医疗保险待遇。

（七）加快农村经济体制改革 乡镇企业的社区所有阻碍了农村的人财物按照市场需要向城镇流动，也阻碍了农村资源的优化整合和乡镇经济能力的扩张。加快经济体制改革有利于人财物的流动更有利于实现政企分开。山前农村经济体制改革的核心是资产处置，要通过乡村的合作社来决定并主持资产处置工作，通过集体资产处置明晰集体资产产权，通过股份合作制改造构建新的企业运行机制。山后地区要加快适合自己特点的经济体制改革，通过社区股份制改革促进资源流动，农用地使用权在自愿基础上鼓励在集体经济组织内部进行流转。农民进镇、进城或转居后可继续保持其原属农村集体经济组织的成员身份，并享受其合法权益。这样有利于农村的长期稳定，也解除进城人的后顾之忧，促进农村城市化。

（八）实行有利于要素流动的财政体制 海淀新的财政体制在山后已经启动，还需不断完善，要加快四季青财政体制改革的步伐。新的财政体制将从利益需求上切断乡镇政府同乡镇企业的直接经济联系，既有利于生产要素的跨社区流动，又有利于树立税源建设的思想。新的财政体制应坚持财权与事权的统一，促进全区财政收入持续稳定增长，在调动乡镇积极性的同时增强区政府的宏观调控能力。这有利于区域经济、有利于新城区建设和小城镇建设，为加快实现农村城市化提供体制保障。

（九）加快城市化过程中要切实减轻农民负担 一般情况下，农民在上交了国家各项税费后，还要通过交乡统筹和村提留的方式承担社区内社会管理的各项费用，比如计划生育、优抚、修建乡村道路、农村社会管理等费用。这些费用是农民承担的高于城镇居民的税费项目，是典型二元结构的体现。因此在城市化条件下，当社会管理职能由二元转变为一元时，应该下决心逐步降低或取消农民的村提留和乡统筹，这样既有利于管理体制的顺畅，更有利于农民增收。在加快城市化过程中，土地征占和公用绿地占用土地速度加快，因此，要加强拖欠征地费的清查力度；制定并完善公益绿地占用农民土地的补偿政策，尽量减少由此给农民带来的损失；农业税要据实征收，土地征占后要及时核减，切实减轻农民负担，促进农村城市化。

海淀区农村城市化离不开中关村科技园区建设这个宏观背景，要始终坚持处理好园区建设、城市化进程和提高人民生活水平之间的关系，要统筹兼顾，协调发展。要积极主动地研究、解决城市化过程中出现的新情况和新问题，不断完善或创新相关政策，充分发挥政策的支撑作用，消除城市化的障碍。现在行政管理体制、集体资产处置、小城镇建设等方面工作已全面展开，其他相关工作也要抓紧落实。农村城市化是一项复杂的社会系统工程，要想顺利推动这个进程，我们要周密部署，加强领导，成立加快农村城市化领导小组，调动和发挥各级政府、各个部门及广大群众的积极性，整合各部门的资源优势，尽快把海淀农村建成服务于中关村科技园区的新型的、现代化的、生态型的、田园式的新城区。

丰台区物流发展情况的调研报告

丰台区副区长　沙松平

物尽其用，货畅其流，掌握物流即掌握市场，物流业是全球最具发展潜力的新兴行业。随着全球经济的一体化和信息技术的发展，国家之间、区域之间、城市之间、企业之间的合作日益加强，在这些合作中，大量的物资和信息在频繁地交换和转移，供应商、生产商、分销商、零售商及用户通过供应链形成一个复杂的网状结构，为了使这个结构得以顺畅地运作，建立社会化的区域性物流中心是必不可少的。

北京市已经认识到现代物流业广阔的发展前景，将物流业的发展确定为国际化大都市进程中必不可少的组成部分，并制定了《北京市商业物流发展规划》，下决心要大力发展北京的现代物流业。丰台区在发展现代物流业上有很大的优势，也具有了一定的基础，完全有能力把丰台区建设成为首都西南的物流中心区。

一、丰台区物流产业的发展优势及现状

（一）发展优势　丰台区自古以来就是北京南北交通的咽喉，素有“首都陆上码头”的美誉，现已成为铁路、公路网络最为密集的区域之一，为物流业的发展奠定了良好的基础。

铁路优势：京九、京广、京沪、京原、丰沙等铁路干线交汇于此，连通北京西客站、丰台站、丰台西站及若干卫星站，构成了四通八达的铁路枢纽。

公路优势：北京市的二环、三环、四环路及正在建设中的五环路和六环路穿行丰台，与京津塘、京开、京石高速公路衔接呼应，形成了首都最为发达的公路枢纽。

航空优势：南苑机场已在全国26个大中城市开辟了47条固定航线，架起了通达全国各地的空中走廊。

物流容量优势：根据北京市各个商业场站、仓库和节点的适占量（物流最大容量）分析，东南、西南、正南三个方向的适占量分别为541万吨、432万吨和324万吨，分别占全市的25%、20%和15%，即：经过丰台区的货运场站适占量为1 297万吨，占全市的60%。

物流空间优势：丰台区作为传统意义上的城乡结合部地区，在城市建设用地性质许可范围内，具备大量的开发空间，尤其是沿各大交通要道、铁路枢纽和货运场站附近，尚有连片发展余地。土地开发成本比城区低，货运成本更为经济；土地升值空间比远郊区县大，经济聚集效益高，尤其是距消费市场和配送目的地更为方便。

物流市场优势：目前，全市商业中心的整体布局在二环以内的占15%，二环至三环占18%，三环至四环占13%，四环以外至卫星城地区占32%，其他地区占22%。丰台区大部分处于三环至卫星城之间，在这个范围内已经形成了较为成熟的市场区域和商业氛围。同时，北京市加快南城开发的整体战略，将进一步促进南城地区第三产业尤其是现代服务业的发展，大量的消费需求和商品供应将为物流业的发展提供广阔的市场前景。

（二）发展现状　作为特大型综合经济中心城市，近年来，北京市同环渤海地区及国内外的经济交往不断扩大，物流量一直维持在较高水平，到2000年底，北京市全社会货运量和物流周转量分别为3亿吨和300亿吨公里左右。同时，北京市的物流还表现出方向性明显和分类流向差别较大的特点。在全市物流总流量中，京南方向物流量所占比重较大，其中发送量占全市80%以上，到发货物总量占全市63%左右。北京市属于典型的消费型城市，对能源、日用消费品需求量很大，到达北京的货物量远远大于从北京发出的货物量，造成大量到发货物在北京南城的聚集，使得大规模开通北京市同周边省市主要城市之间直达货物和班车式的直达专列成为必然，从而为首都物流中心区的建立提供了强大的市场需求。

同时，由于北京缺乏集公路、铁路、航空、延

伸内陆园区口一体的物流节点，不同运输方式难以有效地联结，因而多式联运推广不快，物流合理化水平不高。北京市未来物流产业的发展除按照现代物流发展要求整合多种运输方式，做到物流系统协调、分工合理外，还应致力于建设完整的物流节点系统，构筑北京市物流发展“综合物流基地——物流中心——专业配送中心”的结构模式。这三个层次的物流节点合理配置、合理分工、合理衔接，对整个物流系统起到优化和支持作用。目前，北京市商业委员会、北京市发展计划委员会制定的北京市商业物流发展规划（2002—2010年）确定的物流布局中，王佐物流基地是北京市三大物流基地之一，大红门、久敬庄、玉泉营、五里店分别列为专业配送中心，丰台区区域范围内的物流结点占全市17个点的30%。

据统计，2001年底，在丰台注册的物流企业达到87家，规模较大的公铁联运和公路货运物流企业主要有5家。这5家企业总占地面积120万平方米，总建筑面积23.6万平方米，其中仓储设施15.8万平方米，年货物吞吐量390万吨，位居全市各区县前列。据统计，全区现有仓储设施近80万平方米，约占全市仓储总面积的10%。其中10万平方米以上的仓储设施3个，1万平方米以上的仓储设施7个，广泛分布于规划五环路以内地区。孕育了一批专业化第三方物流企业，目前，在全区主要货运服务厂站中，专业从事第三方物流的企业287家，物流配送品种以轻工业品、食品、蔬菜和图书为主。这些企业创造了良好的经济效益和社会效益，体现了第三方物流的良好发展前景。

目前，北京市拥有各种公路货站、货场、装卸点6 000余个，总建筑面积7.8平方公里，其中，铁路货站近80个，铁道专用线连接的工厂货站、货场、仓库几百个。这些设施大多处于散、小、乱的局面，绝大部分规模过小，技术水平较低，管理水平较差。同时，各个物流系统自成体系，缺乏综合性较高的物流结点。而丰台区历史上就是首都主要的铁路物流枢纽，长期的物资计划调配使得丰台区建立起了以丰台铁路编组站为核心，以铁路货运场站为结点，以公路运输为辅助的铁路物流配送体系。1997年以来，公路运输以其灵活、快速、方便的特点获得快速发展，一些物流配送企业迅速发展壮大，并初具规模。其中有宛平物流园区、汉龙物流园区、榆树庄物流配送中心、白盆窑物流配送中心等物流区域和组团。

由上述分析可以看出，丰台区物流网络已初具规模，为物流业的发展奠定了良好的物质基础，物流企业的规模不断发展壮大，档次也逐渐提升，而且丰台区的货物发送量总体上也在呈上升起势，经济的持续繁荣也使丰台区物流需求增长明显。不过我们在看到这些优势的同时，也应该清醒地认识到发展物流业的不足。

二、丰台区发展物流产业的不足

（一）各运输方式比例失衡 从各种物流方式的特点看，铁路适宜于大宗货物的省级干线运输，公路在省内短途运输、城市配送中占绝对优势，航空运输主要适宜于小批量、附加值高的物品运输。科学的物流体系应当是对这些物流方式进行合理的集成，实现优势互补，协同共进，从而提高整个物流系统的效率和效益。整合各运输方式的优势，合理分配运量，有利于城市资源的合理利用，利于城市经济的可持续发展。

丰台区公路、铁路、航空虽然已经初步形成体系，但是随着货物总量的不断增长，各种运输体系各自分立发展，无序竞争的问题日益严重，更谈不上各种运输体系相辅相成、形成一体化的高效物流运输体系。

因此，我们必须尽快提高丰台物流基础设施的技术水平，按照各种物流运输方式的特点协调其主要服务类型，合理规划和布局各种物流运输方式，以达到各种物流运输体系的协调与共同发展。

（二）储运企业还未转化为现代物流业 改革开放以来，相关的运输、信息、通信、仓储、包装和配送等各行业有了较快的发展。但真正意义上的物流企业还没有，对物流的概念也仅仅是刚刚接触，在总体上丰台区物流业还不能适应经济发展的需要；存在着物流效益不高，与国际、国内先进水平相比有较大差距等方面的问题。

纵观丰台区传统运输、仓储、配载企业现状，存在如下问题：

1. 配载站分布散乱，管理水平落后，设备陈旧，仓库利用率低，不仅占用了大量土地资源，还阻碍了城市的合理规划。

2. 运输车辆穿行于市，阻碍了正常交通秩序，破坏城市总体形象，也带来一系列城市问题，如噪音污染、环境污染。

3. 仓储业观念落后，仓库功能单一。现有仓库功能就是单纯为储存产品，不具备承担商品分类、挑选、整理、加工、包装等职能。

4. 仓库管理粗放、技术水平低。大部分仓库设备陈旧落后，仍然处于人工作业为主的状态，人抬肩扛，无管理信息系统等先进物流技术的应用效率低下。与自动化仓库、智能仓库等国际、国内先进水平相距甚远。由于不能及时了解商品在仓库情况，造成商品滞留时间过长而失去竞争力，或保管不善而破坏、霉变，损失严重，同时也加大了货物流通的成本。而物流发展的基本动力却恰恰来自于物流技术的更新与换代。要提高物流的生产作业效率，对现有的物流设施、设备进行改造、新建、重新规划已迫在眉睫。

（三）物流信息化进程缓慢 物流信息化已成为当今经济发展的必然趋势，各国政府对物流信息化均给予了高度重视，发展我国的物流产业是使我国经济进入世界经济市场，参与全球竞争不可避免的选择。传统的物流体系严重制约了丰台经济的发展，因此，发展信息化、自动化、现代化的新型物流体系对丰台未来经济和社会的全面发展具有重要作用。加快技术进步的步伐，建设相应的信息网络。目前，丰台区传统的物流产业及技术装备等方面还比较落后，不能满足发展物流业的需要，政府和企业都必须加大资金投入，加快更新改造。只有先进的物流理念、完善的信息系统及相关的技术装备，才能保证物流产业的可持续的、高速度、高效率和服务质量的高标准发展，以适应丰台区发展物流产业的根本性发展。

（四）市政设施的不足严重影响了我区物流产业的发展 虽然丰台有众多铁路、公路运输网络，但这都是市政的主要干道，至于区内其他次要道路的建设还不够完善，道路狭窄、路面不平、断头路较多，还有许多桥洞高度不够，限制了一些大型集装货物的运输，这些都在很大程度上阻碍了物流产业的发展。因此，我们必须大力抓基础设施建设，搞好市政配套，进一步为物流业的发展奠定基础。

（五）物流人才奇缺，严重阻碍物流业的发展 中国物流的学历教育和科研，起步都比较晚，特别是物流应用型人才尤为奇缺。丰台作为北京的一个物流基地，要形成同行业中的优势地位，除了培养物流应用型人才外，还要引进一批现代物流规划理论与方法的研究生、本科生，形成物流规划的技术优势。

三、发展丰台区物流产业的整体布局和相关政策措施

（一）发展目标 丰台物流产业发展虽然形成了基本业态，但从现代物流角度来看，这些物流业态还只停留在全程物流的个别环节，许多企业仅仅是从事仓储、配送等方面的服务，专业化和信息化程度都很低，流通成本还较高。另外，由于缺少统一规划，物流设施建设还存在相当大的盲目性和重复性，因此，我们必须加大对物流产业规划和引导的力度，根据物流发展的现状和趋势，可以按以下步骤予以布局。

到2005年，初步建立以王佐物流基地为核心、三大物流园区（宛平物流园区、汉龙物流园区、南苑物流园区）为支撑、五大物流配送中心（榆树庄物流配送中心、白盆窑物流配送中心、赵辛店物流配送中心、东河沿物流配送中心、中国国际汽车博览会展中心）为节点的物流体系框架。并在此基础上，初步形成京石物流产业带和京开物流产业带。依托京石高速公路、107国道、京广线、京原线、京九线和北京西五环、西六环的对外交通枢纽优势，充分发挥王佐中心镇、长辛店卫星城广阔的开发空间，在王佐、长辛店、宛平、榆树庄等地区择址建设一个物流基地、一个物流园区和三个物流配送中心，形成京石物流产业带（包括：王佐物流基地、宛平物流园区、赵辛店物流配送中心、东河沿物流配送中心、榆树庄物流配送中心）。依托京开高速公路、丰台站、丰台西站、大红门站、南苑机场和北京南四环、南五环的对外交通枢纽优势，合理利用面向城区、辐射华北的市场潜力。

在白盆窑、新发地、南苑等地区，择址建设一批物流园区和物流配送中心，形成京开物流产业带（包括：汉龙物流园区、南苑物流园区、白盆窑物流配送中心、中国国际汽车博览会展中心）。

到2010年，在物流设施完善、布局合理的基础上，以信息技术为突破口，全面提升第三方物流的规模和档次，引进20～30家国际知名物流企业集团，基本实现首都物流中心区的功能，使全区物流产业增加值占国内生产总值比重达到20%以上。

宛平物流园区 宛平物流园区分为东西两区，西区位于京周公路与京石高速公路交汇处，东临永定河，西靠京周公路，南面京石高速公路，北抵规划六环。东区位于永定河东岸地区，北临石景山南站，南到抗日战争纪念馆，西靠规划五环路，发挥现有基础和濒临铁路沿线、公路运输的优势，建设集传统运输与现代物流相结合的大型物流园区。

汉龙物流园区 汉龙物流园区背靠南四环，南抵南五环，京开高速公路纵贯南北，西面与白盆窑物流中心相邻，东南紧邻南苑机场和南苑物流园区。汉龙物流园区充分发挥距离城市环路、京开高速路和大红门火车站等交通枢纽优势，在整合东区汉龙货运中心和西区新发地批发市场的基础上，集大型货物仓储、运输、配送于农副产品批发零售等各种物流方式于一体，以仓储运输辅助批发零售，以批发零售带动仓储运输，形成功能齐备的综合性物流园区。

榆树庄物流配送中心 榆树庄物流配送中心在东抵四环、丰台科技园区和丰台火车站、西靠五环、北临京石高速、南抵丰台西站区域范围内。以“定位——瞄准首都、服务首都；特色——图书、汽车；渐进——传统仓储至机械化、信息化、智能化物流和生产加工产业链；服务——全方位服务网络和体系”为经营理念，立足配送功能，辅以仓储和加工。将在现有仓储物流设施的基础上，建设仓储保管中心、物流输送中心、信息网络中心、批发零售中心、采购供应中心和流通加工中心。

白盆窑物流配送中心 白盆窑物流配送中心北抵南四环，南至京九线，西与世界公园紧邻，东靠汉龙物流园区和京开高速公路。充分利用科技园区、南四环路、住宅小区等交通枢纽、科研基础等优势，建设形成以汽车图书为主的物流配送中心。除此之外，王佐物流基地、南苑物流园区、赵辛店物流配送中心、东河沿物流配送中心、中国国际汽车博览会展中心正在建设当中。

王佐物流基地 王佐物流基地位于北京五环路、六环路之间，京石高速公路和京良公路联接处西侧，距北京市中心20公里，属于北京市三大物流基地之一。按照北京市商业物流发展规划的总体部署，把王

佐物流基地建设作为重点，建设现代化的基础设施条件，健全现代化的物流配送网络，为北京市进出货物的集散和大型厂商在全国及亚太地区采购和分销提供物流平台，实现北京市西南内陆口岸的功能。该基地预计总占地91公顷，建筑规模60万平方米。由展示交易中心、信息服务中心、物流文化交流中心、仓储加工配送中心、观光休闲中心、综合服务中心等六个部分及其他会展配套设施组成。

南苑物流园区　南苑物流园区东临南苑机场，西靠京开高速，北抵大红门特色商业区，南至规划五环路。充分发挥紧邻南苑机场、京开高速、大红门特色商业区等交通枢纽优势、消费市场优势和配送流通优势，以轻工产品为主导，建设形成城南地区最大的物流加工与配送园区。总占地100公顷，规划建设20万平方米轻工产品加工区、30万平方米仓储区和20万平方米现代化商贸服务区，以此带动南苑地区的第三产业发展。

赵辛店物流配送中心　赵辛店物流配送中心位于长辛店镇，东靠京石高速，西临京周公路，紧邻京原铁路和京广铁路。充分发挥沿高速公路、铁路沿线和大面积货场的优势，建设以长途、大宗货物为主的物流仓储、集散中心。总占地40公顷，规划建设20万平方米仓储区、10万平方米办公区和5万平方米配套服务区。

东河沿物流配送中心　东河沿物流配送中心东临永定河西堤，北临规划六环路，南临京石高速，西临长辛店工业园区。结合该地区广阔的发展空间和便利的交通优势，规划建设以建材、轻工产品为主导的货物仓储、集散物流中心。规划建设20万平方米仓储区、5万平方米办公区、5万平方米展示区和5万平方米配套区。

中国国际汽车博览会展中心　中国国际汽车博览会展中心的建设地点位于花乡四合庄村、六圈村。充分利用交通优势、地理优势和南四环北侧的旧机动车交易市场的商机，建设形成集汽车博览、会展、贸易、科普、研发、物流、商务及旅游服务等功能于一体的亚太地区最大的汽车博览和物流中心。

规划占地60公顷，建设规模45万平方米，预计总投资35亿元。项目由汽车博物馆、会展中心、技术研发区、汽车贸易区、配套服务区五部分组成。

（二）相关政策措施

1. *物流投融资政策*。发展现代物流需要有现代物流设施，物流设施的建设需要投入较大规模的资金。虽然对于物流服务需求方来说，物流活动的合理化将成为“第三利润源泉”，但是，物流服务并不是利润丰厚、日报率高的领域，加之物流设施建设需要投入较大规模资金，资金的回收期较长，如果没有投融资政策的支持，难以吸引企业资本的参与。由于面向社会提供物流服务的物流设施带有一定的基础性和公益性，它所形成的社会效益不容忽视。丰台区发展现代物流遇到的重要问题之一就是如何解决物流设施建设所需的资金。一些企业和部门对于发展现代物流有积极性，但苦于没有资金，难于启动。现在的问题是，一方面物资系统企业经营业绩大幅度滑坡，职工下岗严重，另一方面，资产闲置，利用率低，亟待开发利用。因此，在解决物流设施建设资金方面的问题时，要注意以下几个问题：

（1）要充分利用土地资源。商贸物流基地用地中，位置比较好的土地可以用来搞房地产开发，得到的资金一部分支持物流中心建设，所谓“以城养城”。同时，运用行政法规的方式明确规定，以后凡是新建企业和商品集贸市场的大型物流设施建设，应该纳入城市物流规划之中，避免重复建设和分散布点，以便集中资金建设商贸物流基地。

（2）采用股份制方式。多元化投资，通过股份制方式创建新的物流企业，成为物流中心的建设或提供运营服务的主体。不同的企业可以共同出资组建物流公司，物流公司为股东企业提供物流服务，但在经营上保持独立，也可以同时面向社会提供物流服务。

（3）吸引民间等外部资金。通过招商方式吸引民间资本或外资建设物流设施。

（4）在融资上予以优惠。政府要制定具体的扶持政策，在土地使用、税收以及融资等方面支持物流产业的发展。

（5）政府应承担基础设施建设费用。

2. *物流产业政策*。发展现代物流业是一个长期而艰巨的系统工程，需要各级政府、企业、研究机构共同努力。对于现代物流产业的扶持政策主要体现在三个方面：一是创造良好的、完善的市场环境；二是提供必需的公共物流设施；三是给物流企业经营和物流设施建设必要的优惠政策。在物流发展初期，政府都要加强指导力度，并且在组织上予以保证。物流是一项综合性很强的事业，涉及到经济的各个行业和部门，必须有一个综合性强的机构负责协调。

政府要加大基础设施建设的力度，为发展现代物流提供物质保障，对于物流设施建设和运营，在土地使用，银行贷款和税收等方面要予以一定的支持。

区政府对首都西南物流中心区的选项已经确立，符合北京市经济发展战略要求，也符合全区人民、企业迫切发展丰台区经济建设的愿望。物流产业的建设是一个艰巨而复杂的系统工程，在建设这个产业的过程中，需要我们付出辛勤的劳动和汗水，为了丰台长远的发展，我们必须要把发展现代物流业的基础打好，克服各种困难，把我们的物流中心区建设成为功能多元化、设施现代化、管理科学化、服务优良化的品牌物流中心区，形成服务于首都、服务于市场，连接四方宾客、吸引四海嘉宾的桥梁和纽带，形成首都经济建设和发展的一个两点，提升丰台区的社会知名度，为丰台增光添彩。

推进我区农村集体经济再发展的思考

石景山区副区长　祁　红

在石景山区实施整建制农转居后，农村行政建制将被撤销，社会行政工作将全部纳入属地管理，农民转居后的养老、医疗等纳入城市社会统筹，但在农村城市化进程中，仍保留原农村集体经济组织并且继续经营管理农村土地，农村原有的生产方式和生活方式尚未改变，因此形成农村向城市过渡的新的社会形态特征。农村城市化是一个客观的发展过程，解决农村城市化中的诸多矛盾和问题均需要以经济的发展做支撑。所以在由农村向城市的过渡中，如何推进农村集体经济的再发展是我们研究的重要课题。

一、农村集体经济发展的现状

1. *农村集体经济已成为我区区域经济的重要组成部分。*党的十一届三中全会以后，农村开始了由传统自然经济向完全商品化的生产发展过程。随着改革开放的深入发展，农村逐步摆脱计划经济的束缚，经过大力调整产业结构，乡镇企业得到快速发展，农村集体经济发生了巨大变化。经过十年的发展，1990年与1980年相比，农村集体资产增长1.5倍，经济总收入增长9.1倍，上缴税金增长6.1倍，人均分配增长3.2倍。1992年邓小平同志视察南方重要讲话之后，党的十四大提出了加快改革开放和现代化建设步伐的决策部署，党的十五大提出了建立社会主义市场经济体制改革目标，在新的思想路线指引下，农村加快了改革开放发展经济的步伐。经过第二个十年发展变化使农村集体经济又登上新台阶。2001年与1990年相比，农村集体总资产达194 634万元，增长4.4倍，经济总收入达244 678万元，增长9.6倍，上缴税金5 447万元，增长2.6倍，农民人均分配达6 868元，增长3.9倍。其中国内生产总值占全区的30%，在总体上农村集体经济已成为我区区域经济的重要组成部分。

由于农村集体经济的发展，农民群众的生活水平有了很大提高；农村基础设施得到较大改善；村容村貌有了明显改观；在客观上推进了农村城市化进程。20年来，农村为全区城市建设提供了大量的土地资源，为我区的城市现代化做出了重要贡献。

2. *农村生产力资源具备经济再发展的基础条件。*总结改革开放20年的发展变化，石景山农村社会生产力得到巨大发展。据统计到2002年初，乡村两级企业达206家，其中一产企业22家，二产企业100家，三产企业84家，其总资产达19.5亿元，这一企业群体表现为现实的生产力，而在大部分企业中其厂房、场地有较大的潜在生产发展空间，若充分利用仍可形成一定的再生产能力；三年来，在乡镇企业二次创业中，经过实施经济定位发展，产业结构和布局进一步得到调整，经济总量稳步增长。今年1～9月份农村经济总收入19.2亿元，同比增长40%，经过改善企业经营管理工作，集体资产开始步入良性运行；最近几年，部分农工商公司分别引进开发了一批具有较高科技含量和规模的合资合作企业，形成了新的经济增长点；据统计到今年6月农村尚有土地1 668公顷，其中耕地813公顷（包括耕地、绿化用地、果林地），建设用地855公顷（包括企业用地、农村宅基地），除黑石头和刘娘府有部分坡地外，大部分土地处于平原地区，开发价值巨大，若要做到合理规划，科学开发利用，实现土地开发收益最大化，将成为推动农村集体经济再发展的重要资源；上述经济要素构成了农村社会生产力，是推进集体经济再发展的重要基础。

3. *农村集体经济发展中存在的矛盾和问题。*研究农村集体经济再发展问题，必须看到当前农村经济发展中存在的矛盾和问题，以使我们理清发展思路，选择好发展方向，制订好发展措施，取得预期改革效果。概括分析，农村经济发展中主要存在以下6个方面的矛盾和问题。一是传统的二、三产业居主导地位，多数企业设备技术水平较低，企业规模有限，形成简单扩大再生产的发展格局。二是在总体上企业仍呈现粗放型经营管理，从多数企业占用资源情况分析，未能实现资产经营效率最大化。三是企业投资主体的单一性，导致企业体制僵化、机制不活、竞争力差、抗风险力不足。四是人才严重匮乏已成为制约农村经济快速发展的重要原因之一。五是部分单位因债务过重经营困难，经济发展缓慢。六是农村社区间经济发展的不平衡性制约着整体发展步伐。

二、推进农村集体经济再发展的基本思路

1. *与时俱进，加快由传统农村经济向现代城市经济经营理念的转变。*在实施整建制农转居后，标志着农村城市化已进入实质性发展阶段，农村生产方式、管理方式和生活方式将进一步加快转变步伐，实现农村社会形态向城市社会形态的历史性变革。因此研究农村经济再发展问题，最根本的是要在思想观念上加快由传统农村经济向现代城市经济经营理念的转变。在转变中要自觉地从传统农村经济模式和在计划经济体制下形成的被动发展的思维方式中解脱出来，树立市场经济和城市经济的新观念。也就是说要在思

想转变中积极寻求新的发展，按照城市功能要求确定经济再发展的方向和目标。

当前要充分认识和理解市九次党代会提出的要率先基本实现现代化的发展思路，敏锐把握生产力的发展要求和知识经济的发展趋势，紧紧抓住加入世贸组织和北京筹办2008年奥运会的历史机遇，认真研究分析我们推进经济再发展的条件和优势，以新的视角确定自身发展的切入点。关键是要在转变中树立信心，在转变中勇于进取。古城和八角两家农工商公司在经营理念上转变早，思路宽，发展快，成果显著。我们应认真研究学习他们的经验做法。

*2. 广泛开辟就业渠道，促进群众致富，保持社会安定。*据调查，农民群众对农转居农村城市化抱有诸多期望，而他们最关心的是稳定就业并继续致富，希望转居后的生活水平有新的提高，实现安居乐业。因此各级干部要充分认识到，当前农村就业形势比较严峻，在推进农村城市化过程中，广泛开辟就业渠道，安排好群众就业，使群众能够继续致富是落实“三个代表”重要思想的体现，也是顺利推进农村城市化和社会安定的保障。

首先要看到农转居后，解决群众就业的途径多了，群众择业的路宽了，关键是要确立新思路、开辟新渠道。基本思路是：第一要努力经营好现有的206家各类企业，这些企业应构成群众就业的主要载体，要最大限度地稳定就业岗位。第二按照城市功能要求，大力发展为城市建设和为城市生产生活服务的新兴行业或产业，除原有的商业、餐饮、饭店等服务业外，要开辟城市绿化养护、公园管理与服务、城市保洁、保安、家政服务等多种服务业，扩大第三产业经营项目，以适应更多的人群就业。第三利用现有的工业企业基础，积极发展劳动密集型加工工业或仓储、运输业等，扩大就业空间。第四充分发挥社会企事业吸纳劳动力的积极性，同时要大力扶持发展个体私营企业，鼓励群众自主择业。政府部门要认真研究相应的政策措施支持发展，农村集体经济组织要做好协调服务工作。

*3. 构建投资主体多元化的多种所有制经济共同发展的新经济体制。*石景山农村集体经济的单一投资体制，是在计划经济条件下形成的，近年来随着社会主义市场经济体制的建立，市场竞争日趋激烈，农村经济单一投资体制的弊端逐步显露出来，在很大程度上制约着集体经济的快速发展。因此研究农村集体经济投资体制改革问题，要努力克服各种不良的思想障碍，牢固树立“不求所有，但求发展，不求所在，但求所得”的发展观念。通过合作、联营、“嫁接”、股份制等多种方式的改革发展，在客观上形成多元投资主体相互融合，多种所有制经济共同发展的混合型经济体制新格局。

*4. 改革经营管理方式，建立现代企业制度。*在我区农村管理企业的干部绝大多数是从管理农业生产中分离出来的，又因缺乏系统的学习培养，因此长期沿用粗放型的经营管理方式，导致在众多企业中虽然占用的资产量很大，但投入产出比较低，经济发展长期处于低水平运行状态。如何推进农村集体经济的再发展，认真研究现行经营管理方式的改革是十分重要的环节。改革经营管理方式的思路和方向仍然要从更新观念入手。重要的是要克服不良的思想障碍，树立正确的权利观和人才观。要充分认识只有发展才是硬道理。要下决心下大气力引进吸纳懂科技会管理的人才为我所用。要把德才兼备的人才大胆充实到企业领导班子中委以重任，努力改变企业领导层和管理层的人才结构。逐步建立起科学的企业管理体系和管理制度，推行现代企业管理方法。全面提升企业管理水平。同时要在农村城市化进程中，积极创造条件推进社区型股份制或股份合作制改制工作。按照“产权清晰、权责明确、政企分开、管理科学”的原则建成现代企业制度。

三、推进农村集体经济再发展的主要措施

*1. 努力加快由农村经济向现代城市经济过渡发展的步伐。*在石景山实施整建制农转居后，客观上废除了农民身份，解体了农村建制，社会管理工作和社会保障工作与城市接轨。但农村土地所有权没有变，农村现行的生产方式没有变；农村集体经济组织仍然是农民转居后的主要就业载体，因而形成了新的社会形态特征。在全面推进农村城市化的过程中，实质上存在着由农村经济向现代城市经济的过渡发展阶段。研究如何推进农村集体经济再发展问题，就是要在实质上加快由农村经济向现代城市经济过渡发展的步伐。其主要做法：一是要在思想上努力促进干部经营理念的转变，改变传统的思维方式，树立发展现代城市经济的新观念。二是推进经济再发展要定位在现代城市经济的发展方向，努力从原有的农村经济的模式中摆脱出来，建立现代城市经济的新框架。三是按照城市功能特点和要求，制订经济再发展的措施。只有经过从思想转变到实际转变的发展过程，才能实现向现代城市经济的过渡。

*2. 按照“三区”目标的发展要求，实施农村经济结构战略性调整。*我区实施“三区”发展目标，是区委区政府为了实现我区跨越式发展所做出的重大战略决策，是对我区在新世纪初经济和社会发展方向的科学定位。与市九次党代会提出的首都要率先基本实现现代化奋斗目标相一致，是贯彻落实“三个代表”重要思想的具体体现。在实施整建制农转居全面推进农村城市化的新形势下，研究农村集体经济的再发展问题，必须按照“三区”目标的发展要求，确定新的发展方向和目标，实施经济结构的战略性调整。主要措施是：第一，大力发展城市绿色产业。要从体现现代城市特点要求出发，珍惜有限的土地资源，淘汰传统的种养业，大力发展具有城市休闲、观光功能的果品、特菜、花卉等绿色产业，以及为城市绿化、美化

服务的产业，赋予第一产业以新的内涵。第二，发展高新技术企业与改造传统企业并重，全面实现工业企业优化升级。要集中财力人力引进高新技术产品项目，建成农村的龙头产业。为成功引进高科技高投入的产品项目，可以打破社区所有制界限集中财力物力共同开发建厂。根据我们的资金和人员素质状况，对设备技术条件较好的企业，通过引进技术或产品实施“嫁接”改造，实现产品升级换代。对于一般企业应以发展来料加工产品或生产初级产品为主。条件稍好一些的企业，可以发展成为大企业生产配套产品的定点企业。第三，构建第三产业发展新格局。与城市功能相适应，确立第三产业在经济再发展中的主导地位。要着力改造传统的商业服务业，大力发展资金密集型的商业服务性企业。以及大力发展仓储、物流、运输业。为适应年龄偏大文化偏低的职工就业，要积极发展城市保洁、道路维护、保安、家政服务等新兴产业。在调整经济结构工作中，要充分发挥政府宏观调控的功能，政府职能部门要发挥好协调服务的工作职能。

3. *改革农村集体经济单一投资体制，实现企业投资主体多元化。*改革农村集体经济单一投资体制，实现企业投资主体多元化，关键是要解放思想，加大改革开放力度，勇于开拓创新，充分运用市场经济的规则才能取得实质性效果。主要措施：一是调整改变部分集体资产（主要是出租的厂房、场地、设备等）的经营方式，把有型资产变成股本投入到合资合作企业中，建成股份制企业。实现资源利用效率最大化。二是积极引进国内外大财团大企业来我区农村投资联营办厂，组建成大型的公司制企业，可允许合作方控股，经过发展使其成为我区区域经济的骨干企业，带动相关产业的发展。三是以老企业为载体，通过引进资金、设备技术等改造成新企业，企业的资本组织形式可以是股份制或股份合作制，在企业技术构成上实现优化升级。四是发挥集体的土地等资源优势，广泛吸纳民营企业及个体私营企业参与城市新兴产业的开发经营，其资本组织形式可以多种多样。通过一系列改革措施，在农村集体经济再发展过程中，切实实现企业投资主体多元化，转换企业经营机制，增强企业抗风险能力。

4. *大力扶持发展非公有制经济，使其成为农村经济的重要组成部分。*多年来，石景山农村非公有制经济发展缓慢。据调查 2001 年，在农村经济总收入中，个体（家庭）私营经济收入仅占 12%。由于缺乏统一的发展规划和有效的扶持措施，非公经济的发展存在不规范、层次低、效益差、不稳定等问题。近两年来个体从业人员向集体企业反流情况增加。然而在农村民间生产力资源并未得到充分利用，群众对从事非公经济活动积极性较高，因此在农村发展非公经济具有一定潜力。实施整建制农转居后为非公经济的发展提供了良好的发展机遇。所以要在调查研究的基础上，由政府部门制订相应的政策和有效措施，支持鼓励个体私营经济发展。农村集体经济组织可将闲置的厂房、场地、生产设备、原附材料等廉价地提供给群众使用，并积极为他们做好协调服务工作。在发展中可组建为非公企业提供服务的专门机构，促进其快速健康发展，经过三五年的努力使非公经济成为农村经济的重要组成部分。

5. *实施人才工程，努力改变企业领导及管理人员结构，提高企业管理水平。*回顾农村集体经济的发展过程，各级干部应充分认识到，农村人才长期匮乏的状况严重制约着集体经济向高质量发展。因此推进农村集体经济再发展的一个重要环节是实施人才工程。要牢固树立科学技术是第一生产力的观念，没有人才就不能发展先进生产力。我们要充分利用首都知识人才密集的优势，不惜重金以不同方式招聘高科技人员和高级管理人员为我所用。下决心改变企业领导人员及管理人员结构，实现高水平管理企业。可以接收一部分大中专应届毕业生到集体经济组织落户就业，经过实践锻炼使他们成为各业的骨干力量，以改变职工队伍结构。在实施中要解决好农村请不起、用不了高级管理人员的认识障碍，要研究有效方法，使科技人员能留的住并真正发挥作用。对在职职工要有计划的进行专业技术培训，提高他们的文化水平和生产操作技能，使之能胜任本职工作。

6. *推进产权体制改革，建立现代企业制度。*农村集体所有制是一种模糊的产权体制，因为体制的原因在经济运行中产权主体和经营主体都不到位，不利于调动经营者和劳动者的积极性。因此在企业法人治理结构很不健全，科学管理方法很难推行。造成运营机制不活状况。在农村城市化进程中，为了推进农村集体经济再发展，必须建立一种新的产权体制与其相适应。我们要积极创造条件，本着先试点后推广的原则，加快推进农村社区型股份合作制改造工作。实施产权体制改革，要通过界定集体产权，量化职工股权，建立法人治理结构等一系列改制措施，彻底改变农村旧的产权体制和管理制度，真正建立起“产权清晰、权责明确、政企分开、管理科学”的现代企业制度。

运用经济规律　推进企业发展

北京华都集团有限责任公司党委书记、董事长　赵黎明

2002 年，华都集团在“三个代表”重要思想的指引下，认真遵循市场经济条件下的各种市场规则，

按照经济规律办事，各项工作取得了新的成绩。新的一年，我们又面对着新的形势和各种新的任务，要做好2003年的各项工作,我们一方面必须深入领会并落实胡锦涛同志提出的新的历史时期坚持“两个务必”的要求,另一方面,要认真思考和总结过去一年所取得的经验,扬长避短,再接再厉,与时俱进,开拓创新,开创集团公司十五规划第三年新的经济局面。

华都集团在过去的一年中之所以在思想政治、经济效益、企业文化、职工收益等方面，比过去又有了进一步地提高，除了集团公司各级领导干部认真贯彻落实“三个代表”重要思想，高举十六大旗帜，将集团公司的各项工作始终与市委、市政府的要求保持一致外，一个重要因素便是经过多年来市场经济的摩练，使我们更进一步地认识和把握了市场经济规律，自觉运用经济运行的客观规律来引导企业的发展，从而取得了一定的成绩。那么，对于我们来说，市场经济规律究竟与企业的生存和发展有着怎样的关系？经济规律对于企业各级领导干部究竟意味着什么？随着社会经济的不断发展，随着企业在市场经济大潮中的艰苦拼搏，我们对这个问题的认识和体会越来越深刻。

华都集团在计划经济环境和市场经济条件下，已经运行了20多年。在这20多年的历程中，集团公司经历了无数的探索与成功，挫折与失败。正是这样一条充满了坎坷与曲折的发展道路，使我们在实践中对企业发展的一般规律以及对企业发展起主导作用的特殊规律有着逐步深刻的认识，积累了大量正反两方面的经验和教训，形成了集团公司一笔巨大的精神财富。随着认识的不断深化，丰富的感性认识不断地上升为理性认识，这些理性认识反过来又成为今天我们用以推动企业经济发展的指导思想。20多年来，尤其是进入市场经济体制以来，我们正是在企业发展的实践中不断地探索与思考，不断地认识和研究经济规律对企业发展的影响与作用，坚持辩证唯物论的认识论，认真而系统地总结经验与教训，并且在总结这些经验和教训的过程中，强调和突出对实际经济运行指导的有效性、系统性和科学性，以使这些理性认识能够更好地指导集团公司的经济运行。多年来的实践证明，通过不断地认识和总结集团公司发展历程中的经验和教训，不仅有利于促进我们对经济规律的认识与把握，而且也有利于提高集团上下各级领导干部科学判断形势的能力、驾驭市场经济的能力、应付复杂局面的能力、依法行政的能力和总揽全局的能力。

从华都集团20多年的发展历程来看，对我们集团公司的生存与发展产生影响与作用最大的经济规律，有以下几条：

1. 企业的基础管理必须夯实。集团公司20多年尤其是近些年来的实践证明，企业的基础管理必须夯实，这是企业生存和发展的一个基础性要素。在我们学习海尔经验的时候，曾遇到海尔提出的“抗斜坡球”理论。深入分析之后发现，这个“抗斜坡球”理论对开启我们的思维很有意义。如果把我们的企业看作斜坡上的那个球，那么要保证这个球不往下滑并始终向上前进，必须保有强大的推力，而这种推力绝非是一种单一的力量，它是由多种力量形成的合力。在这个合力中最重要也是最基本的力量，应当是企业的基础管理工作。总结2002年集团公司的管理经验，我们对“抗斜坡球”理论在企业中的运用已经收到了积极的效果。这使我们进一步清晰地认识到，在新的一年里以及今后的工作中，强化企业基础管理工作，将是我们一切工作的重中之重。比如，2002年我们的种猪之所以能够打好“健康牌”，就与我们有严格的基础管理、严格的防疫程序紧密相关。正是由于这种扎实的基础性管理工作，使我们的种猪成为全国首例健康种群。要搞好基础管理，前提是要有一个具体的、科学的、合理的管理形式，因为一定的管理形式会影响管理目标。只有将二者很好地结合起来，管理才会体现出有效性和可靠性。集团下属种猪繁育公司提出的“第一次就做对”的管理目标，充分体现了对基础性管理工作的重视与强化，为集团公司各行各业在狠抓基础管理工作方面做出了表率。又如，2002年集团公司在食品业上取得的长足发展，同样与我们狠抓基础管理工作分不开。在集团公司食品业发展过程中，除了进行结构调整、产业投入以及其他相关因素外，其中最重要、最根本的因素是我们坚持了食品安全体系这一基础性管理。如果没有这个因素，食品企业的规模、产量和国内、国际两个市场的扩展都不可能实现，更不可能持续发展。

关于企业基础管理的重要性，不仅可以用以上成功的例子来说明，也可以用以往的一些教训与失败来说明。比如1984年9月以前，集团下属种禽公司曾一度红红火火，全国各地来参观取经的人们络绎不绝，人数最多的时候一天可达400多人。但是，由于当时没有充分重视基础管理工作，没有深入认识和遵循客观规律，短短几天时间，一个曾经如此红火的企业，由于发生特大疫情而遭受重创，使企业和职工均受到了极大的损失。至今回想起来还让人痛心不已。这个教训深刻地反映了这样一个道理，一个企业不管一时有多么红火，如果不尊重客观规律，不按照经济规律办事，企业人不保持清醒的头脑，不重视和加强日常管理和基础性工作，迟早会被市场所淘汰。又如前两年发生的南京“冠生园”事件。也是由于企业内部对质量管理这一基础性工作的松懈，导致了一个百年老字号的破产。这两个事例所给予我们的深刻启示在于：不同企业的基础性管理工作可能不同，质量目标也可能不同，但其重要性却是一致的。基础管理的内容都是非常具体细致、实实在在、容不得半点马虎和懈怠的，尤其是在风云莫测的市场经济大潮中，稍有不慎就可能满盘皆输。尽管我们的畜牧业、食品业、建筑业和兽药业等各行各业的具体质量目标不同，但却有一个重要的共同点：质量是企业的生命。如果不珍惜这个生命，我们的企业就会在市场中丧失自己的生存之地。因此，集团公司各个企业，必须紧紧围绕质量目标，随时检查自己的质量管理和质量保证工作，把握这些工作的动态，采取切实有效的措施。需要着重强调的是，在企业的各项基础管理工作中，环节管理——即过程管理尤为重要。我们反复强调产品质量与安全的重要性，然而质量与安全仅仅是一个结果，而结果却是通过无数个环节来实现的，最终的质量和安全性如何，是由一个复杂的过程来形成和决定的。因此，只要其中任何一个环节出了问题，那么，最终的质量和安全性都无法保证。而过程管理的依据是数据和事实以及与其相联系的管理群状况，只有把这些情况了如指掌，心中有数，才能管理有方，才能管到点子上。

总之，随着我国市场经济的深入发展，随着我国加入WTO，市场竞争只会越来越严峻，越来越残酷。在这种情况下，我们必须保持清醒的头脑，扎扎实实抓好基础管理，对于我们已经认识到的、定下来的、必须做和答应做的基础管理工作，都要认真去做，持之以恒地做，决不能在工作中打折扣。我们必须学会在业务结构比较复杂的情况下提高经营效率，这才是真正的管理。2003年，集团公司各行各业要在深入总结的基础上，进一步夯实基础管理工作，尽快建立起ERP内部系统，运用信息化管理手段，促进集团公司管理思想和行为模式向现代企业模式转变，把抓紧抓好基础管理工作作为一项经常性的工作来抓，从而进一步增强企业在市场经济中抗拒风险的能力和实力。

2. *只有开放型企业才能赢得生存和持续性发展*。2003年，集团公司要积极发展开放型经济，要通过规范、创新、调整和学习，继续整合集团公司的经济质量。整合集团公司经济质量，就是要根据优胜劣汰的市场法则，对集团公司各个经济实体进行优胜劣汰，进一步优化集团公司的经济质量环境。从去年集团公司的财务分析报告可以看出，要想从根本上解决集团公司的经济质量问题，还有许多艰苦细致的工作要做。对于这些工作，一方面需要加快现代企业制度的建立，另一方面需要进一步加大企业的改制力度。要想真正成为开放型企业，集团公司下属各企业还必须增强改革的主观能动性，把集团推动与企业的主动性紧密结合起来，上下配合，协调一致，尽快实现集团公司整体经济质量的提高。今年，我们定下了90%亏损企业扭亏为盈的工作目标，只要我们立足搞好开放型企业，进一步深化企业改革，加快建立现代企业步伐，2003年我们就有希望实现集团公司不仅90%而是全部消灭亏损企业的目标。

3. *企业的生命力在于创新*。创新就是要走“人无我有、人有我优”的道路。创新，不仅是对技术的创新、产品的创新，也包括体制的创新、机制的创新、管理的创新和制度的创新等等。对于华都集团来说，目前我们的创新一方面应当集中在继续加大产品结构的调整力度，面向国内国际两个市场，加快产品结构调整的步伐，提高产品的附加值。为了搞好这项工作，我们仍然要在认真总结经验教训的基础上进一步建立健全技术创新机制，解决好信息渠道和有效利用人力资源等问题。在这项工作上，2002年集团公司已进行了一些有益的尝试，今年要进一步加大创新的力度，尤其是技术创新机制的完善与调整。要继续根据比较优势和比较利益的原则，加快企业内部和社会资源的优化配置与组合，不仅要对集团内部的各种优势进行整合，而且要有效利用社会优势资源来加快集团经济的发展。另一方面要在制度上创新，建立起与市场经济相适应的分配机制和制度，使我们的经营者、劳动者同时也成为所有者。在完善按劳分配制度的同时实现按生产要素分配，这要成为今年集团公司深化企业改革的主要目标之一。此外，在市场运作方面，要在总结近几年经济工作的基础上积极创造条件，深入探索和实践低成本扩张的方式和途径，力争在2003年取得一些新的尝试和突破以加速集团经济的发展。要搞好创新，首先是我们的每一位领导干部要不断地学习，不断地更新知识，要成为终生学习型的干部。要使自己的思维与视野跟上不断变化的市场经济新形势，才能带领集团公司全体员工走上创新之路。我们要认真学习国际国内的先进经营理念，认真研究和把握世界经济与贸易的发展趋势，通过各种信息渠道关注世界市场的竞争格局和发展趋势，进一步了解和把握市场经济运行的新趋势和新规则，在学习中创新，在创新中学习，从我们自身做起，通过不断创新来增强企业的生命力。

4. *诚信是企业立身之本*。综观国内外企业发展史，凡是那些经历由盛到衰的企业，在其衰败的过程中，都具有一个共同的误区，那就是在经营企业中只注重“造名”，不注重“造实”。他们不注意如何提高企业的实力，热衷于虚张声势，不讲诚信，玩弄欺诈，其结果搞垮的不是市场而是自己。世界上许多成功的企业人士，其成功的秘诀首推诚信。也就是说，无论企业大小，无论身居何位，“诚信”是其成功的前提。进一步说，无论是个人还是企业，真正能够使其自身持久发展的一个最基本的条件，就是对人、对社会讲信用。尽管诚信的实现需要各种主、客观条件，但是，对于我们华都集团来说，要实现企业的可持续发展，要赢得消费者和社会的承认和信赖，讲诚信就必须成为我们企业经营的基本理念和企业文化的基本内核，这是企业得以长期占领市场的根本前提。尽管从当前的社会风气来看，讲“诚信”的企业可能会在一定程度上、一段时期内吃“亏”，在坚持我们的理念过程中会付出相当的代价，但是，应当看到：这些代价都将成为企业今后发展的坚实基础和丰厚的无形资产。因此，无论从市场经济的精神本质来看，还是从整个人类社会对企业的责任与道德的要求来看，只有讲“诚信”的企业才能够真正在市场中站稳脚跟，才能够建立起坚实的市场资本，而市场资本则是任何一个企业持续发展的可靠平台。2002年，集团公司在抓“诚信”建设工作中，通过信誉档案制度的建设，使这项工作的整体发展情况呈现出较好的势头，大家在制度建设中自觉地提高了自我约束能力。在今年的整体工作中，集团公司要把“讲诚信”作为一项重要内容，贯彻和渗透到各项工作中去。与此同时，这项工作要从集团领导班子做起，各级领导干部都必须进一步自觉遵守各项诚信规则，人人带头落实。对个别企业反复出现的一些问题和现象，一定要有组织、有措施，全力以赴加以解决。要通过严格的制度规定，在集团公司各企业内部建立起一个良好的讲“诚信”的环境，把讲“诚信”作为企业文化的重要内容加以弘扬。

5. *市场需求是企业可持续发展的核心*。近几年来，通过集团上下共同努力，我们基本实现了从“生产什么就销售什么”向“市场需要什么就生产什么”的转变，并从中获得了积极的经济效益和社会效益。这进一步证明，市场需求是企业可持续发展的核心。因此，集团企业要实现可持续发展，必须要有清晰可见的市场目标，然后围绕这些目标发展生产。没有市场目标的企业生产是盲目的，而这种盲目性带来的风险是巨大的，甚至是惨痛的。这是我们这些年来总结出的一个非常重要的经验。今后，我们还要进一步运用这一基本经济规律，善于将市场需求的外部性转化为企业的内在收益。要达到这个目的，就要求我们每做一件事、每上一个项目、每走一步棋，都必须要有严格的市场分析，通过分析产生我们清晰的目标市场，然后才能量力而行。比如我们的蛋鸡种鸡应该是没有市场问题的，因为中国是一个蛋鸡饲养大国，对蛋鸡种鸡的需求量是客观存在的。但问题是怎样把这种外部市场的客观性转化为企业的内在收益？现在看来，光靠质量与服务还是不够的，还需要具备对市场需求的敏感性。这就是为什么 2002 年华都峪口禽业公司抓住了蛋鸡发展的“特殊时期”这么一个机遇，而同样是蛋鸡种鸡业的一些外埠同类企业却没有获得长足的发展呢？这就充分说明，外部市场的客观需求不会自然而然地成为企业内部的实际效益，有市场需求并不等于企业就一定能顺利发展。现在有一个新的概念叫“市场生态”，其含义就是将企业与外部的各种联系，诸如：供应商、客户、金融机构、媒体、甚至社区，以及同行业的竞争对手等等之间的关系，形象化为一种“生态环境”。这种复杂的社会关系，也就是企业所处的社会环境和市场环境，构成了企业的“市场生态”。既然是一种“生态”，那彼此间就不仅仅只是竞争关系，也包含有共生共荣、相互依存、相互合作的关系。不尊重和承认这样一种“生态环境”，一个企业就不可能健康地发展下去。从这个角度看，有了市场需求并不等于就有了企业生存与发展的保障，还必须认真遵守“市场生态”的客观规律，在这个生态环境中寻找企业的最佳生长点。因此，我们在对既有的经济规律认知的基础上，还应当不断拓展眼界，以广阔的视野实现从狭义经济规律到广义经济规律认识上的飞跃，实现从微观经济环境到宏观经济环境的跨越。可喜的是，我们的各个企业正在积极地向这一认知领域探索，并自觉运用这一规律发展企业，我们已经看到了它们的发展潜力和远景。

6. *人才是企业的决定因素*。现代经济的人才观究竟是什么样的人才？众所周知，在当今世界，所有竞争中最为激烈的竞争莫过于对人才资源的竞争。因为在企业的核心竞争力中，唯一不可模仿的要素就是人才。也就是说，企业核心竞争力的灵魂实际上是那些能够创造并运用企业核心竞争力的人。因此，人才应该是能在实践中应用丰富的知识和经验，不断地解决具体问题并能取得成果的人。这样的人才能为企业的建设与发展注入生机与活力，才是企业生存与发展的决定因素。我们之所以年年、月月、天天都在强调干部队伍的建设和人才资源的培养，就是为了使广大干部职工不断地学习新知识，学习新技术，掌握新方法，做出新贡献，成长为适应新形势要求的新型人才。只有这样，才能打造出具有创新能力的现代化新型企业。以上所阐述的五条基本经济规律的运用都离不开人去实施，如果没有一支实力雄厚的企业人才队伍，一切经济规律都难以得到正确的运用。

总而言之，企业的本质决定了企业首先要讲现实主义。所谓企业的现实主义，就是指所有企业都是为了利润而生存、为了利润而发展的。而且只有获得了利润才可能发展。但是，用什么方式获取利润，如何可持续地获取利润，这需要我们在实践中去不断地总结、不断地思考、不断地实践，在实践中不断地解放思想，开动脑筋，不断地认识和把握经济运行的规律，按照经济运行的规律办事，我们就能够获得集团公司思想政治和经济工作的双丰收，我们的企业就能够健康、持续地向前发展。

入世后北京三元集团公司的基本对策

北京三元集团有限责任公司总经理　张福平

入世标志着中国改革开放进入了一个新的发展阶段，我国经济将更深地融入世界经济，同时也必将给我国企业带来新的机遇与挑战。

WTO 虽然规范的主要是政府，但竞争的主体还是企业。我们的机遇是潜在的，而挑战则是现实的，要把潜在的机遇变成现实，要克服各种现实的挑战，我们必须付出加倍的艰苦和努力。对于正处在调整发展中的北京三元集团来说，入世带来的最大挑战就在于由于关税下降，国外优质农畜产品、乳制品以及部分工业制品大量涌入，将对我们的优势企业农牧业、乳制品加工业以及相关的制造业产生强烈的冲击，与发达国家和著名的企业相比，我们管理落后，尤其是企业的成本管理、质量管理、营销管理等方面，很难适应全球化的激烈竞争。因此，入世后，面对日益全球一体化的市场和更加激烈的竞争，市场环境对我们的生存条件提出了更高的要求，我们企业如何在有限的入世过渡期内早作准备，积极制定出入世后的应对措施，在加大经营创新力度，不断提高我们企业的国际竞争力，是企业面临的重大课题，为此我们集团公司也采取了相应对策。

对策之一：按照现代企业制度要求，加快体制创新的步伐。

体制是职能的载体，是一个社会单元或经济单元体现其功能的实现形式，什么样的职能决定着采取什么样的体制。随着中国的入世，最大的挑战应是对体制的挑战，最大的机遇应当是改革的机遇。WTO首先是一个体制概念，它对企业制度的要求只有一个，就是建立现代企业制度，而建立现代企业制度，核心又是建立现代产权制度。即产权的清晰性、产权结构的多元化、产权的可流通性和交易性以及产权制度的设置必须要调动人力资本的积极性。只有建立了现代企业制度，才能参与国际市场竞争。从这一意义上说，WTO对中国企业来说首先是一个体制问题，然后才是一个产业概念。加入世贸组织后，要求我们无论是在思想观念上，管理体制上，经营模式上和运营机制上却要与国内国际的市场环境全面接轨。为此，应对入世最关键的是要理顺体制关系，建立起符合市场经济规律、有竞争力的体制。近年来，我们按照现代企业制度的要求，加快了集团化重组与改制的步伐。一是把集团母公司建成投资决策中心、财务结算中心、国有资产管理中心、人力资源开发中心、发展战略策划中心和企业文化六大中心。围绕六大中心的职能定位，先后进行了两次机关改革和职能调整。二是以资本为纽带构建起责权利明确的母子公司体制。近些年，在成功尝试组建三元食品公司、三元金星鸭业的基础上，又加大力度先后组建了三元养猪育种中心、三元奶牛育种新技术有限公司、三元石油有限公司、三元出租车有限公司、三元绿荷奶牛养殖中心、三元农业有限公司、三元绿化工程公司、三元建设集团公司和三元置业公司、三元创业投资有限公司共12家集团控股子公司，并统一冠以“三元”字号。使北京原来农垦的体制发生了深刻的变化，即由从前的以农场区域经济为主转向以专业化公司为主的新型集团公司体制。去年无论在经济规模、企业效益等指标上，专业化公司都超过了农场，在市场竞争中的作用越来越明显。同时，对已经组建完成的由集团母公司控股的专业性子公司、区域性子公司（农场）和其他二级公司进行公司制改造，广泛引入社会资本，理顺产权关系，做到产权明晰，权责明确，实现投资主体多元化，并逐步建立起规范的法人治理结构。三是对非主导产业的169家基层企业我们将按照国家及北京市有关改制的十一种模式实行改制，实现国有资本的有序退出，做到有进有退，进而有序，退而不乱。

对策之二：建立健全自主创新机制。

北京三元集团“条块结合，以条为主”新的管理体制框架虽然已经基本形成，但传统的机制还在继续发挥主导作用。就机制而言，经营层的管理权责、激励与约束机制不健全，管理水平低的问题仍很突出。制约经济发展的机制性矛盾还没有得到根本解决。一个建立好体制的企业不等于就是好企业，体制只是一个前提与基础，关键是如何在新体制下，充分发挥灵活、高效的企业运行机制。因此，我们将以“三个有利于”，即有利于生产力的发展、有利于北京企业综合经济实力的增强、有利于职工收入稳步提高为原则，大胆改革旧的经营机制，无论是专业化公司，还是其他二级企业都要切实推进机制改革，要建立面向市场的经营机制，不断深化劳动、用工、分配制度改革，努力构造符合市场经济要求的新机制，以增强企业的创新能力。

建立责、权、利明确的分配机制——引入激励和约束机制，积极鼓励资本、技术等生产要素入股并参与企业生产经营与效益分配，鼓励经营者持大股，管理、技术骨干多持股，积极尝试实行年薪制、期股期权等多种分配方式，明确每一个员工的责任、权利和义务，健全绩效考评体系，对经营管理者实行严格的年度考评。建立按劳分配和按生产要素分配相结合的分配机制，适当拉开员工的收入差距，调动经营者和员工的积极性，最大限度地挖掘人的潜能。

建立以市场为中心的营销机制——按照市场经济的要求，推行从市场—技术开发—生产—销售—售后服务—市场的全过程的市场营销机制。我们将尽快建立起一套既能对市场变化做出快速反应、又能有效协调各个环节，并能充分发挥整体优势、系统化的营销机制，包括市场营销网络体系和营销队伍。

建立优胜劣汰的用人机制——企业成败的关键就在于是否拥有一支高素质的经营管理者队伍。入世后，我们集团加快了企业干部人事制度改革步伐，建立开放式的选人用人机制，打破部门封闭，近亲繁殖，面向社会引进市场竞争机制、激励机制、流动机制、引进和造就一支高素质的职业经理人队伍，健全企业上下内外结合的监督机制，建立经营者业绩考核制度和决策事物追究制度。坚持日常审计和离任审计制度，充分维护经营者的正当权益，同时把物质奖励、精神奖励和行为约束有机结合起来，实行经营者的优胜劣汰。把企业的人变成社会的人，使社会的人能真正成为企业的人。

对策之三：积极推进管理创新，全面提升企业管理的现代化水平。

加入WTO后，来自外部的强大竞争压力将迫使我们必须把管理问题提升到关乎企业生死存亡的高度上来认识。一是我们抓了标准化体系建设。标准化体系建设，是企业向现代科学管理迈进的必由之路，是一种管理理念的革新，是从工厂化管理向公司制管理的跃进。推进标准化体系建设是我们参与社会化大生产，提高市场竞争力的基础条件。推进标准化体系建设，是我们应对入世挑战、参与国际市场竞争并取得成效的重要资本，也是产品进入国际市场的通行证。因此，我们把以推行标准化管理及标准化体系建设为突破口，全面提升集团公司管理的现代化水平。首先，集团公司总部已按照入世的要求，依据有关的法律法规即将完成37件管理标准文件的修订工作；其次，我们将在12家专业化公司中按照管理标准、技术标准、岗位标准的内容，全面开展标准化体系建设工作。目前，我们已选取其中5家单位进行试点，涉及标准总数600余项。对有行业标准的专业化公司实行标杆管理，并将在2～3年内完成质量标准体系的认证，达到与国际市场接轨。生产型企业要进一步建立和完善产品质量标准、生产管理标准、工艺标准体系建设，与国际惯例和国际化市场标准对接，按照ISO9000标准开展质量认证工作，并按ISO14000系列标准进行环境管理体系认证。按照国际化标准组织生产，练好内功，努力提升企业核心竞争力和产品质量，从源头和根本上创设突破技术壁垒的条件，大力增强产品的国际市场竞争力，在激烈的市场竞争中，比对手赢得更大的胜利。二是在一批条件相对成熟的专业性公司逐步实行企业资源的计划管理（ERP）；供应链管理（SCM）；客户关系管理（CRM）以及完成企业信息系统建设等等，并以此为基础建立企业高效的反应和决策系统。此外，我们还从规范基础性管理工作（计划统计、财务资金、投融资管理方面）入手，加大“严管”力度，使管理工作逐渐步入正轨化、标准化、系列化的轨道。以适应集团化运作与管理的需要。

对策四：加速科技进步和创新。

一是加快科技体制改革，促进科技成果转化。世界500强和中国上市公司50强的成长过程表明，核心竞争力是引导企业成功的关键要素。放眼世界500强，几乎无一不在技术诀窍、创新能力、管理模式、市场网络、品牌形象、顾客服务等方面具有独特专长。核心竞争力来自技术创新和管理创新。我们从实践中认识到，一个企业要持续发展，必须有较强的科技势能，评价一个企业的优劣，资产总量不是重要指标，关键是创新能力、研发能力。要加强对国际一流技术的研制、跟踪、吸收、转化，最终将科技成果转化为市场竞争中的优势。通过科技创新为集团经济的持续发展提供强大的支撑力。为此，我们按照“科技与经济结合，科研机构与企业结合，科技人员与科研项目、科技人员收入与成果产业化结合”的原则，遵循市场经济规模，充分发挥系统内外科研机构和大专院校的科研优势，采取多种形式与之对接联合，使之多出成果，多出人才，多出效益，并向教学、科研、产业一体化方向发展，形成具有一定区域特点的科研中心和投资主体多元化的企业研发中心，以提高科技成果的转化率（由目前的30%～40%，力争提高到65%～80%）。同时，建立健全以企业为中心的科技创新体系。按照优势互补，利益共享，科技进步与经济建设紧密结合的原则，引进科学技术，加快消化吸收，实现自我创新，加强我们企业的原始性创新能力，尽快缩小与国际同行业和其他行业的差距。与此同时，加快中关村农林科技园的建设步伐，努力将其打造成为集团公司高科技的孵化器，让科技真正成为经济发展的“发动机”。

二是全面实施人力资源规划，努力提高员工队伍的素质。科学技术是第一生产力，人才作为科学技术的载体，承担着将科学技术转化为现实生产力的作用。离开了人才，第一生产力就会成为无源之水、无本之木。当前市场竞争趋势发生了一个显著转变就是由货币资本投资的竞争转向对人力资本、知识资本获取的竞争。随着全球经济一体化和中国入世，企业人力资源的开发被认为是赢得竞争优势的有效途径。我们已经编制和着手开始实施《三元集团总公司人力资源规划》，通过人力资源规划的实施，力争在集团公司内部建立以开发为主导的人力资源吸引机制；建立以教育培训为主导的人力资源积累机制；建立以分配制度改革为主导的人力资源激励机制；建立以内部人力资源市场为主导的人才资源配置机制。建立四个机制和造就三支队伍，即：一支高素质、高境界、适应现代企业产业发展和专业化经营需要的经营者队伍；一支具有高学历、高职称、在重点产业和领域属于技术带头人的专业人员队伍；一支高素质、高技能、在主导产业一线岗位操作技能处于同行业领先水平的员工队伍。通过“十五”期间的引进和培养，到2005年，使集团公司的人才队伍在规模、层次、结构、作用发挥上居国内同行业领先地位。同时，积极吸引国内外、市内外的优秀科技、经营管理人才，以及熟悉世贸组织规则、国际农业标准体系和惯例的人才到集团公司来共同发展创业。以适应我国加入世界贸易组织后的新形势，适应当今和未来激烈的国际国内市场竞争，进一步推进集团公司战略性结构调整和优化升级，全面提升集团公司的核心竞争力，为集团公司的快速成长和高效运营提供人力资源保障。

对策之五：发挥比较优势，迎接挑战。

今后全球将是一个统一的市场，仅仅面向一个地区或国内市场，我们的许多产品已显得过剩，但在国际市场上却可能具备一定的竞争力，我们必须树立为国内、国际两个市场生产的意识，在全球市场上寻找自己的比较优势。发挥我们的比较优势，既是我们发展的立足点，也是迎接WTO挑战的基本对策。我们具有多年积蓄和发展的优势产业、龙头企业、特有的技术与资源、已开发的市场、专业人才和区位优势。

目前，我们企业奶牛存栏3万头，占全市的35%，牛奶产量为1.5亿公斤，约占全市的47%，在全市具有行业垄断地位，已初步形成了生产基地的规模化、生产管理的集约化、加工产品的多样化、产加销一体化较为完整的产业链。在瘦肉型猪、北京鸭、花卉、蔬菜以及小麦、玉米籽种等方面，具有国内一流的良种优势和技术优势，拥有中以示范农场、中以示范牛场、中荷畜牧示范培训中心，北京市奶牛胚胎产业化基地和北京市养猪育种中心等一批农牧业高科技示范基地，对京郊农业现代化发挥着巨大的科技示范和辐射作用。在种植、养殖及乳品加工等方面形成了一批大型龙头企业，具有市场开拓能力强、生产加工技术水平高、对农产品吞吐量大等一系列比较优势。这些龙头企业与北京郊区农业进行对接，可以起到示范和带动农产品专业基地发展，实现农产品加工增值和农民增收。目前通过龙头企业的带动作用，已使郊区近万名农民走上了脱贫致富之路。近几年，我们经过多年的结构调整和经济发展，逐步形成了新形势下的三大主导产业，即以种畜、种禽、籽种为基础的高效精品农业、以名牌产品为支撑点的食品加工业和以地产房产运营为龙头的社会服务业，构成复合型的优势产业。我们通过大力加强精品、籽种、设施、观光、创汇、订单多种高效农业建设，取得了良好的经济效益和社会效益。

在畜牧业方面，我们已建成目前全国最大，质量最优的种公牛站，年生产冻精135万剂，畅销全国各地，市场占有率连续数年居全国之首；国家高新技术奶牛胚胎产业化项目已全面竣工投产。已初步建成具有年产5000枚胚胎生产能力的全国奶牛优秀良种生产基地，同时我们还建成了设备功能最全、规模最大、品种最多的优秀种猪生产基地，以及目前国内唯一的北京鸭原种场等，这些都是我们的比较优势。要从容应对WTO的挑战，关键在于我们要掌握准入的标准，按照国际标准来组织生产，使我们的农副产品达到国际标准，增强与国外农产品的竞争力。

著名经济学家厉以宁指出，入世以后，怎样做到既应付外国农产品的进入，又提高农民收入，唯一的办法是走农产品结构调整和农产品质量提高的道路，要做到这一点就要实现农业产业化。在“十五”计划产业中，我们把公司加农户的模式作为应付国际竞争的最好办法。为此，我们加速推进六种农业产业化的进程，即积极推进奶业产业化；北京鸭产业化；SPF种猪产业化；奶牛良种胚胎移植产业化；积极推进绿化工程产业化；粮菜种子产业化。以农业产业化为抓手，强化工业对农业的反哺作用、大力发展农产品加工业和流通业，从延伸农业产业链寻求利润最大化，通过这种形式来改造传统农业，提升畜禽产品的科技含量。

在加速推进上述农业产业化进程的同时，我们把开拓市场放在更加突出的位置，按照市场需求，把握消费趋势，利用垦区农牧业及食品生产技术相对密集、组织化程度高的特点，大力发展安全、健康、优质的绿色食品和有机食品，抢占市场制高点，把我们的自身发展与京郊乃至全国农村经济结构调整进行对接，延伸产业链，更好地发挥我们在资源、产业规模、组织化程度、农业科技等方面的优势，这些都是企业整合市场资源的磁吸力。把生产交给农民，把技术和市场留给自己。这样既能按市场经济规律的内在要求在全社会合理配置资源，尽快占领国内市场；又能利用京郊农村的资源优势，使我们农牧企业优势社会化，有利于促进生产成本的下降，提高我们农产品的国际竞争力。通过上述农业产业化的实施，可以形成我们的比较优势，增强我们农业加入WTO后，与国外农业相抗衡的砝码。这样做，不仅优化了我们的资源配置，拓展企业发展空间，提高企业竞争力，还能达到企业增收、农民致富的双赢目标。

对策之六：继续推进经济结构的优化与提升，构筑经济竞争新优势。

经济结构的战略性调整是近年来我们北京三元集团经济工作的轴心与主线，也是我们抢占未来发展制高点的必然选择。随着北京城市半径的扩大和辐射功能的增强，加上中国入世，北京申奥成功，城市建设的步伐必将大大加快，国外大批商社入驻北京，这些都将为我们以地产房产经营、仓储物流业、商业、饮食业、服务业、物业管理为主的社会综合服务业，赢得大量商机，拓展广泛的发展空间。我们除继续紧密围绕业已确定的三大主导产业加大调整力度，还要完成产业链条向流通领域的延伸，我们要利用产业之间密切联系的需求，结合现代新技术，对传统产业进行重组，从而产生一些新兴的产业，如商业、运输、仓储等传统流通部门通过信息技术重组产生物流业，农业和花卉业结合起来可以形成观赏性农作物产业等，不断丰富第三产业的内涵。围绕服务首都、搞好城市配套建设，加速发展第三产业，使一、二、三产的比重有明显改观，争取到“十五”末实现15∶40∶45，不断提升产业层次，优化产业结构，同时要把产业结构调整同空间布局结构调整结合起来。

根据北京奥运规划和城市建设的需要，结合北京新的规划布局，我们重新调整了在六环路以内的经济发展布局：即大力发展房地产业及其配套的商业、物业管理、仓储物流等服务业；巩固和发展该区域内允许保留的具有发展前景的食品加工企业和工业企业；利用绿地，重点发展绿化苗木、花卉及安全、有机农产品。

通过调整，实现资源优化配置、产业优化升级，促进经济运行质量和企业综合素质全面提高。

加入世贸组织以后，企业将面临更加激烈的市场竞争，风险在前，我们别无选择，唯有继承和发扬北京农垦的优良传统、资源优势，进一步深化改革，主动迎接挑战，发挥自身优势、扬长避短，三元集团将在市场经济的大潮中大有作为。

关于北京市水产总公司水产产业化发展的思考

北京市水产总公司总经理　张连印

我国加入WTO后，水产业全面放开，本市水产业开始步入一个崭新的发展阶段。根据全国渔业工作会议提出“努力构建健康的捕捞业、发达的养殖业、先进的加工业、活跃的流通业、新兴的休闲渔业”及“北京市国民经济和社会发展第十个五年计划纲要”要求，北京市水产总公司作为全市最大的水产龙头企业，如何根据自身资源的优势和现状，根据国际国内发达渔业的经验，寻找出一条适合北京市市情的水产产业化发展道路，进而将企业培养成为产业结构合理、综合实力强大的大型企业，近几年在这方面，我们进行了积极的探索和思考。

一、公司概况及产业现状

北京市水产总公司是国内五大水产集团公司之一，是一家以水产业为主、多元化发展的集团性国有独资公司。公司成立于1983年，20年来，水产总公司经营的宗旨是：以保证首都水产品供应，丰富首都市民菜篮子，让首都市民吃上安全、绿色、放心水产品；同时，增加水产总公司全体干部职工的收入水平，提高生活质量。经营范围涉及远洋捕捞、水产品加工、饲料生产、海淡水鱼的养殖、科研、仓储运输、批发市场、观赏动植物等近十大行业。总公司拥有总资产11亿元，年经营交易额近40亿元，在首都的水产品市场占有率达到60%。

近几年来，水产总公司围绕水产产业化目标，做了许多基础性的工作，已初步建立了科研、捕捞、加工、养殖、销售一条龙的产业链，创出了“北水”品牌，培育了五个带动能力强、创利能力高的产业。这五个产业是：

1. 水产品批发物流业。公司拥有四道口、岳各庄、新发地等4万余平方米的水产批发市场，年交易量13万吨，交易额16.8亿元，其中本市生产的80%水产品在市场中交易。

2. 水产品加工业。公司拥有现代化的水产品综合加工厂一个，再建的一个，现有年生产能力6 000吨，生产的“北水”牌冰鲜、薰制、烤制、鱼糜等系列产品远销日、韩等国，成为带动京郊渔业出口创汇的窗口，也成为公司新的经济增长点。

3. 种苗业。公司拥有国内一流的现代化水产种苗繁育基地和8座工厂化养殖厂，年产鲑鳟、鲟鱼、罗非鱼等名优种苗4.5亿尾，锦鲤等高档观赏鱼苗种1.2亿尾。

4. 饲料业和生物制药业。已通过ISO9002质量体系认证的友谊饲料公司，从美国引进先进的饲料生产设备，年产五大类无公害水产动物饲料6万吨。公司鱼病防治机构研制开发的疫苗、生物制剂、新型无公害鱼药等各类产品年产值达到2 500万元。

5. 渔业高新技术产业。经国家科技部、农业部批准建立的“国家淡水渔业工程技术研究中心北京中心”，具有科研、开发、示范、推广、服务、培训等功能，是我国北方地区最大的渔业高新技术成果孵化器和现代渔业科技成果产业化基地。

但是，我们在取得这些产业化成绩的同时，也暴露出一些问题，主要表现为：一是现有产业发展现状、发展水平与拥有的资源优势还不适应，水产主业产业化仍处于摸索阶段；二是产业链条连结不紧，链条上各企业规模小、专业化程度不高，资源配置不合理，没有形成互利互惠的经济共同体，没有形成规模效益；三是产业化人才缺乏，现有产业从业人员素质不高，表现在：养殖技术、养殖模式上仍较陈旧，而且缺乏市场调研，甚至存在跟风现象；四是产品销售、上市的瓶颈问题没有彻底解决，现有的产品名气不够大，市场占有率不高；五是产业化的融资渠道少，周转资金不足，限制了企业扩大再生产。

二、水产产业化发展的构想

（一）坚定不移地走水产产业化经营之路　实现水产主业产业化是水产总公司第一届党代会提出的跨世纪的发展战略，是企业“十五”期间发展的主题，是迎接入世机遇和挑战的需要，也是企业实现可持续稳定发展的需要。一方面我国加入世贸后，随着经济全球化进程的加快，市场竞争日益激烈，农产品生产经营的产业化已成为不可逆转的发展趋势，水产业作为农业的一个组成部分，也必须要实行产业化经营，否则，企业就难于在激烈的市场中有立足之地。另一方面水产总公司在水产领域具有得天独厚的优势，并且在长期的经营实践中积累了丰富的经验，培养了一批具有水产品开发、经营专业知识的干部和专业技术人才，换而言之就是干别的我们是外行，干水产我们是内行。随着社会的不断发展，企业的运行方式、经营机制以及企业发展所面临的主要矛盾也发生了根本性的变化。当前，水产总公司要想把企业做大做强，提高企业竞争实力，我们只有立足水产，发展水产业，不断调整企业的经营战略，增强实力，走水产产业化经营之路。

（二）水产产业化的指导思想和总体目标　我们要深入贯彻党的十五届四、五、六中全会精神，坚持以水产业为主、多元经营的战略方针，以市场为导向，以渔业高新技术研发与应用为手段，以实现利润最大化为目标，突出“北水”绿色健康产品的品牌优势，利用公司现有资源，大力发展水产品加工，延长产业链，实现从资源性渔业向效益型渔业的转变，使公司成为国内最大的渔业高新技术示范基地、水产品深加工基地、绿色水产品生产基地。

到“十五”末，总公司所属企业、控股企业年利润及参股企业分成总额达到1亿元以上。形成“主业实现生产基地化、经营一体化、产品系列化、销售网络化、管理现代化，辅业呈现多元化”的经营格局，把水产总公司打造成水产为主，多种经营共存的大型企业。

（三）实施水产产业化的工作原则 经过近几年的摸索，我们总结出在实施产业化过程中必须坚持以下原则：一是必须坚持以市场为导向，各类生产、经营以及产业化链条的连接模式都要面向市场，遵循市场的规律；二是必须坚持以品牌为旗帜，品牌产品的生产，要具备凝聚各种生产要素的能力。品牌要叫响，产品要形成规模，要通过打造品牌，给消费者以信誉，给生产经营者以利润；三是必须坚持以加工为龙头，要通过狠抓加工这个关键环节，使弱质产业变为高利润产业；四是必须坚持以科技为信托，要把先进的科技手段运用到产品的研发、生产和企业经营管理的各个方面；五是必须坚持以基地为保障，根据加工和销售的需要，建立自己的和可控制的生产和原料基础，为品牌产品的生产提供可靠的保障；六是必须坚持以次主业为配套，次主业要形成一个体系，实现与主业相关的一条龙社会化服务；七是推进产业化必须坚持与企业的体制创新、企业的改革同步进行，避免把国有企业的通病带入新的企业；八是实施产业化必须坚持战备上积极推进、战术上谨慎从事，切忌盲目冒进，避免决策失误。

（四）水产主业产业化发展方向

1．*大力发展加工业，以加工为龙头，以品牌为核心，推进水产产业化发展。*水产品加工是推进水产产业化的关键，也是促进捕捞和养殖发展，提高水产综合实力，增加郊区农民收入的重要途径。为了实现水产品加工由小规模试生产向具有一定规模的生产转变，我们制订实施了水产品加工业的四步发展战略步骤：第一步，试生产，出自己的产品；第二步，批量生产品牌产品，以产品创品牌；第三步，以品牌带动扩大生产规模；第四步，最终实现以品牌、技术、销售的优势进行社会化生产。根据上述步骤的要求，我们重点抓好以下工作：

（1）确定产品品牌，并使其商标化。以“北京水产”为题，现已设计出“北水”、“北洋”、“京水”、“京洋”、“首水”、“首洋”商标图案，并已申请注册成功。“北水”产品现已初步进入北京各大超市。

（2）加大新加工产品的开发力度和新加工产品项目的产业化力度。进一步提高主导加工产品的科技含量、拓展公司主导加工产品品种及其市场范围，围绕主导加工产品的产业链向行业纵深发展，形成以池沼公鱼、鲟鱼、金枪鱼、鲑鳟类、罗非鱼五种加工产品为龙头，以水产主业为主体，以多元化发展为特征的经营格局。

（3）加大“北水”品牌的宣传力度，通过电视、报刊等媒体，继续提高和发挥“北水”品牌优势；加大国际国内市场的开发力度，通过境外注册企业、国内开办连锁店，继续巩固和扩大现有五大类产品的市场占有率。

（4）进一步完善现有密云加工厂的条件，提高年生产能力和产品质量；加快通州廊府加工厂生产设备的安装工作，争取尽快投入生产，使年生产能力达到10 000吨。

2．*加快市场建设，积极筹建高档次的现代化的水产品专业市场，提高水产品流通速度，同时为“北水”产品走向市场搭建新的平台。*我公司拟对四道口水产品批发市场进行开发，利用开发资金在新发地新建一个占地为约13.3公顷、建筑面积为6万平方米、面向国际和国内两个市场的现代化水产品交易市场。该市场集市场、储存、加工、配送、办公、商住为一体，主要布局分为商务办公区、水产品交易区、水产调料交易区、仓储区、加工配送区、动力后勤区和生活区等七大功能区。加快水产品配送中心建设，积极开拓“北水”品牌的专营市场，逐步建立专营店、连锁店，并使“北水”产品尽快进入超市和餐饮业。

3．*加快养殖业的结构调整，建立新的“公司＋基地”的产业化运营模式，为水产品加工提供优质的原材料。*养殖业的结构调整成功与否直接关系到水产产业化的进程，根据产业化发展需要，重点调整三个方面：

一是针对北京水资源短缺、水电费逐年递增和国内外水产品生产成本降低、市场竞争激烈等情况，加快养殖品种结构调整，退出一般品种养殖，重点发展种苗业和高档品种。

二是调整经营思路，改变过去坐等客房上门的老传统销售方式，树立市场化经营理念，进一步强化养殖业的市场营销，充分利用首都市场优势，挖掘总公司养殖业在首都及国内外无形资产优势，千方百计拓展各种销售渠道，以销定货，以销定产，不断抢占首都及国内外市场份额，争取利润最大化。

三是调整养殖模式，积极发展工厂化养殖。

4．*加快远洋渔业的结构调整，实现可持续健康快速发展。*加大投入，大力发展大洋性公海渔业，加快捕捞结构调整，除捕捞品种要向高档鱼——“金枪鱼”发展外，经营结构也要调整，由过去单纯的“捕捞—销售”向“捕捞—收购—加工—销售”转变，并积极探索金枪鱼的产业化经营。

5．*加强科技工作，为水产主业产业化提供技术支撑。*科技是第一生产力，是水产主业产业化发展的基本保证。针对制约生产发展的瓶颈问题，加大科技投入，开展生物技术育种、种苗繁育、节水型工厂化养殖、水产动物病害防治、环保型无公害饲料、水产品检疫检验等项目的科技攻关，利用行业协会等形式，对养殖农户进行技术咨询和服务，加快成果转化，推动绿色安全渔业生产。

企业开展效能监察工作的调查报告

北京市大发畜产公司总经理　尹彦勋

开展企业效能监察工作是个系统工程，涉及企业的方方面面，不是企业纪委单枪匹马就能做好的。纪委与企业其他部门工作性质不同，属党群工作部分，企业其他部门都是行政或生产经营部门，这两部分本来就容易出现“两张皮”的问题；企业以经济效益为中心，中心工作是生产经营，容易产生与纪委的工作“不合拍”问题；在效能监察工作中，纪委的作用是组织和协调，是牵头部门，而要求唱主角的是行政人员和部门。上述这些问题都在一定程度上增加了纪委在开展效能监察工作的难度。带着这些问题，我们在公司系统内就效能监察工作进行了大胆摸索和尝试，并对实施效果进行了调研总结。

我们的主要做法有以下三个方面：

一、找到认识结合点，形成共识，提高抓好效能监察工作的自觉性和主动性

认识是行动的先导，效能监察工作的好坏，关键在领导特别是主要领导的认识。认识不到位，在效能监察工作上缺乏共识，行动上必然缺少合力，甚至形成反力。在开展效能监察工作中，我们一是用市委、市农工委纪工委关于企业效能监察工作的意见和指示统一认识；二是用兄弟单位的先进经验启发认识；三是认真学习上级文件，弄清效能监察工作的内涵悟出认识；四是公司主要领导先学一步，引导认识。

大发畜产公司是以合资企业为主体的公司，合资企业的总经理均由正大集团派员出任，包括其下属的28个厂（场）长、经理，他们起初对企业效能监察工作的认识并不高，少数人员对效能监察的内涵不大清楚，概念陌生；个别管理人员甚至认为效能监察是国有企业的事，与合资企业关系不大，不适用合资企业；部分干部认为效能监察是纪委的工作，针对的是违法乱纪，与自己和行政以及经营管理工作无关。这些模糊认识不仅是认识上的错误，而且影响了企业效能监察工作的开展。

通过不断的学习和宣传，尤其是公司党政一把手的引导，公司上下包括中外双方在效能监察认识上找到了以下结合点：

一是从效能监察的性质和目的看，效能监察是企业管理问题，其目的是降低企业成本，防止资产流失，提高企业效益，并防止企业工作人员利用手中的财权、物权，损害企业利益，产生腐败问题，这与企业管理的目的是完全一致的。这些事情不仅是企业党委纪委管，更主要的它是所有企业管理者共同的责任；不但是党的干部要管，就连外商投资者也非常注意管，因为这是管理的基本功能，这方面出了问题，往往是因为管理不到位。例如前几年，下属合资公司的一个场长，利用废弃物的收入私设小金库，资金达十几万元，而且随意开支，给公司造成损失，影响很坏。不许设小金库，所有经理、厂长都知道，公司也有明确规定，但是监察工作跟不上，管理有明显漏洞，对废弃物处理规定不细，控制不力。这个问题不但中方领导重视，外方总经理也很重视，不但处理了这名场长，而且健全了废弃物处理管理规定，并加强了对这项规定执行情况的审计监察工作，使公司废弃物收入每年增加了100多万元。

二是从企业中心任务看，企业以生产经营为中心，找不到这个“结合点”，效能监察工作就会偏离工作方向。搞好企业生产经营，企业健康发展是目的，管理和效能监察工作是方法和手段，二者是目的和手段的关系，不可颠倒。这就要求要围绕企业生产经营开展效能监察工作，结合企业管理抓监察。只有紧密结合企业生产经营工作，效能监察工作才有生命力。围绕企业中心任务抓监察，不光是纪检监察人员去“围绕”，企业行政管理者要唱主角，纪检干部“抓”不等于效能监察工作都由纪检干部去“做”，纪检人员不能代替行政管理者抓管理、开展企业监察工作。

三是从总公司的管理功能看，总公司不直接负责下属公司具体的生产、销售、财务、人事和研发工作，而主要是履行计划、组织、用人、指导、控制的管理功能。管理就是要发现问题，分析问题，解决问题，从这个意义上说，总公司的基本功能就是进行企业效能监察工作。

二、找到组织结合点，统一领导，共同抓好效能监察工作

找到组织结合点，是解决效能监察工作谁来抓、谁领导、怎样组织实施的问题；仅有认识上的提高还不够，还必须解决组织领导这个根本问题。企业监察工作是一项长期的日常工作，需要建立一个符合本企业实际，便于开展效能监察工作组织领导体制。

首先，成立行政一把手为组长的效能监察领导小组，统一协调指挥企业监察工作。效能监察工作涉及到企业所有部门和各项工作，涉及到党、政、纪的主要领导，如果没有一个组织统一协调指挥，工作将很难到位，没法开展有效的工作。我们这个领导小组的

特点是：一是增加领导力度，能推动这项工作。由总经理尹彦勋同志任组长，党委副书记、纪委书记任常务副组长，两个总公司副职同时又是两个主体合资企业的中方常务副总任副组长。在十名领导小组成员中，有总公司副职以上领导五人，占50%；二是党、政、纪（委）、工（会）一体化，便于协调工作。在小组领导成员中，总公司党委领导成员和合资公司及国有企业党委书记占50%，企业行政领导占70%，总公司和下属企业纪委副书记以上职务的占70%，工会主席占40%。三是将主要行政领导纳入效能监察领导小组，企业主管生产经营的领导唱主角。在10名领导小组成员中，有主要行政职务、主管生产经营工作的领导占七成，这些成员有的是总公司行政一、二把手，有的是合资企业中方常务副总，有的是国有企业和总公司行政部门的一把手，在职务、职位和权力上，能够保证企业监察工作的落实。四是有明确的和可操作的职责，便于开展工作。其职责主要有五个方面，主要内容是：认真贯彻落实市委、市政府和市农工委纪工委关于效能监察的指示，结合本企业实际开展效能监察工作；全面领导和指挥全公司效能监察工作的开展；协调公司党委、纪委以及合资企业外方领导共同做好企业效能工作；按照分工抓好分管单位的效能监察工作；确定和审查本企业效能监察项目及立项。

其次，理顺纪委与行政的关系，建立配合互动的合作机制。阳安江同志说："企业效能监察工作涉及企业管理诸多方面，没有企业各业务部门的紧密配合与积极参与，这项工作就很难顺利进行，也很难取得实效"。因而不但要解决认识上的问题，更主要的是在组织上理顺纪委与行政的关系。我们的主要作法是：

一是纪委在效能监察工作中的作用要明确定位。纪委不能包打天下，其主要作用有四个方面：第一，牵头组织和协调作用。这个作用的载体主要为效能监察领导小组，纪委应作好穿针引线的工作；第二，在监察专项工作中，给党政一把手当好参谋的作用。因而在这项工作上应当学习好一些，懂得多一些，并且有符合企业实际的工作思路，善于提出好的建议，并多与一把手沟通；第三，计划宣传作用。根据上级指示和要求，有一个包括立项在内的年度计划，有明确的监察目标和内容，掌握工作进程，并按市纪委和市农工委纪工委文件精神结合本企业实际，向各级管理者进行效能监察的宣传，提高他们的认识和工作自觉性；第四，追踪督察作用。对上级领导和企业监察领导小组决定的问题及监察立项的落实情况，通过监察处和纪委办进行追踪检查，及时提出改进意见；第五，总结提高作用。认真掌握效能监察工作中正反两个方面的典型，总结和推广好的作法和经验，提出奖励或惩处建议，进一步指导效能监察工作的开展。

二是实行一套班子两块牌子，人员精简，功能不减。效能监察工作的好坏，不在于设立多少专职人员。企业由于市场竞争的需要，管理机构在实行"扁平化"，不大可能也没有必要一人、一职、一事。从纪委与行政在效能监察工作上的关系和工作的广泛性看，两者需要"融合"，这样有利于减少管理环节和协调的难度，顺利有效的开展效能监察工作。在这方面我们作了三项工作：第一项工作总公司成立监察处，与综合处合署办公，综合处处长兼任监察处长，同时他也是公司效能监察领导小组的成员。一个人员没有增加，但增加了对全公司行使企业监察权力的职能，并发文向全公司公布，经过运行，监察工作与原来综合处的工作没有矛盾，只是工作多了，担子重了，有了这个处及其职能，效能监察工作就能在领导小组的统一领导下，纪委系统和行政系统共同行动。按照互动配合机制的要求，公司还发文明确了监察处的六项职责，主要内容为：负责协调党办（纪检办）下属企业和相关部门共同作好效能监察工作；指导合资企业监察室和监察人员的工作；负责总公司监察领导小组的日常工作；对公司所辖企业经营绩效达成情况、生产效率、产品质量、法规法律和企业制度执行情况进行监督检查；对企业员工的重大违法违纪行为进行监察，并向领导小组提出处理意见等。第二项工作，根据合资企业的性质特点以及在我公司的特殊重要性，在两个合资企业成立监察室分别与法制办和行政部合署办公，把企业法律和审计工作纳入效能监察工作的轨道，并与总公司监察领导小组及监察处形成一个较完整的企业效能监察工作系统。第三项工作是在人员精简的条件下，注重提高直接从事效能监察工作人员的素质，选择党性强、熟悉党的纪检工作，懂经营会管理的干部从事纪检监察工作，提高效能监察的效率和领导力。从领导小组的人员构成到监察处处长和监察室人员的选择，不凑数，不走形式，从素质的方方面面进行细致的研究确定。

三、找到工作结合点，融于管理，在企业生产经营中做好效能监察工作

效能监察工作要围绕企业生产经营等经济工作来进行，融汇于企业管理和各项生产经营任务之中，只有这样，纪检监察工作才能有生命力，工作才能有效果。

1. 效能监察与厂务公开工作相结合，利用厂务公开进行效能监察，利用效能监察开展厂务公开。厂务公开是纪检委与工会共抓得一项工作，实际上是利用民主公开的方法对企业进行民主监督和监察，因而效能监察与厂务公开的目的是完全一致的。我们这两项工作完全是一套班子、共同的工作计划，具体工作中互相促进、紧密结合，在工程招投标、企业经营绩效和经营目标、大宗物资采购、劳动合同制定及解除劳动合同等重大问题上实行厂务公开，同时也进行了效能监察。

2. 效能监察与生产采购相结合，大宗物资采购实行公开、透明、制约的机制。大发共有28个生产厂（场），每年玉米、煤炭、包装物等采购额5亿元人民币，从市场情况看，大都是买方市场，如果监察管理工作跟不上，最容易出现漏洞，受贿、吃回扣就会成风，不但给企业造成巨大损失，而且会毁掉一批干部，在党风廉政上出现问题。在监察工作中，企业有针对性的制定了系统、严谨、可操作性强的采购制度。一是实行采购委员会制度，各级领导干部和一般采购人员个人无权决定采购的重大问题，形成上下和相互之间的良性制约。采购委员会分为两级：一级为公司级，二级为事业处级（管若干个厂（场）），两级采购委员会按采购额大小物资类别划分职责，为领导被领导关系，两级委员会均分别由领导、财务、采购、生产、品管、行政监察等方面10人以上组成，主要作用和职责是决定采购政策和办法；决定和控制大宗物资采购数量和价格；审查每月采购议案和上月采购计划和执行情况等。采购委员会每月召开一次会议，会上要报告并完全实行采购计划、采购数量、采购价格、采购行情（价格）、供应商情况、结算情况“六公开”。二是制定严格的采购控制程序。第一是计划程序，采购计划由采购部门、生产部门、品管部门共同制定，不能随意改变采购计划“紧急采购”；第二是签订采购合同程序，通过合同避免暗箱操作，保护企业利益；第三是招标采购程序，能够招标的物资采购一定招标，通过招标确定价格，减少人为的价格和质量因素；第四是采购全程的监察程序，由监察领导小组牵头，对采购进行稽核和审计工作。

通过生产采购的效能监察，企业降低了生产成本，基本堵住了企业漏洞，没有出现严重的吃回扣、受贿问题。今年1～8月份比预算共节省资金1 925万元，约占全年采购额的3.8%。其中，仅饲料原料采购比预算节省资金1 915万元，与去年同期比较节省资金1 582万元，肉品包装箱、包装袋等包装物采购价格下降6.58%至13.08%。

3. 效能监察与产品销售相结合，提高企业经济效益。销售是企业的“龙头”，对提高产品市场占有率，增加企业效益有着至关重要的作用。大发今年抓住影响企业效益和发展的关键问题进行效能监察，找出了产品和市场以及销售工作存在的问题，制定切实可行的措施，取得成效。销售效能监察主要针对销售策略、销售产品、销售渠道、销售价格和销售队伍管理五个问题开展，并且有了明显的改善。比如家禽育种公司是亚洲最大的肉用种鸡育种公司，种雏鸡没有“货架期”，产品数量很大，必须在24小时内销出去，市场压力较大，去年因市场及产品结构组合问题影响了销售和企业效益。他们首先从产品创新入手，培育出北京艾维茵2000父母代种鸡，提高了产品竞争力并推向市场；同时他们加强了对销售队伍的管理和市场开发工作，今年1～10月的产品市场占有率在全国达到56%，祖代种鸡销售比去年同期增长102%，父母代种鸡比去年同期增长了189%，获得利润1 500万元，比去年增加3倍以上。

4. 效能监察与盘活国有资产、减员增效相结合，国企大幅减亏。大发三个国企均处于停产状态，企业负担较重，在年初效能监察立项时，经党委研究把国企改革作为立项重点，总经理提出了具体的监察计划。经过近一年的努力，在盘活国有资产减员增效方面有了很大的突破。一是济发实业公司与房地产企业联合，联手进行房地产开发，企业实现了减亏；二是广发公司将国有资产全部实现租赁经营，企业实现大幅减亏；三是在盘活资产的同时，依法对部分员工解除劳动合同，特别是与73个占地农转工解除了劳动合同，解决了十年来没有解决的问题。由于依法操作，透明度高和工作细致，没有出现上访事件；四是总公司机关进行人事机构改革，通过内部休养、解除劳动合同和与下属企业交流等方法，从根本上解决了机关干部的年龄结构、知识结构和思想观念问题，在保证管理功能完善的前提下，总公司实现了裁员68%，提高了工作效率，领导和管理力度明显增强，通过以上这些效能监察管理工作，1～10月份国企实现减亏731.2万元，减轻了企业负担。

今年企业效能监察工作共立项8个，1～10月份，这些立项基本完成，明显的提高了企业效益，促进了党风廉政建设和反腐倡廉工作的开展。

关于兴东方公司发展战略及其定位的思考

北京兴东方实业有限责任公司总经理　吕振清

近年来，我国农机事业的发展面临着新的形势。温家宝同志明确指出：“农机发展的关键，在于适应市场需求开发新产品，提高质量、降低成本、搞好售后服务，增强竞争力。随着农业结构调整，农机企业势必要进行改革、改组和改造。当前，农机制造业存在许多困难，也遇到许多新情况，需要认真研究长远规划和扶持政策”。如何贯彻总理批示和落实65号文件精神，振兴农机事业，发展兴东方公司，我们认为，等不是办法，干才有出路。我们要在创新中寻求生存与发展，关键是找到一条符合经济规律和企业实际情况的路并选一双合适的鞋，走出发展（农机行业）国企，全面建设小康社会的新路子。

一、创新图存

面对新世纪全面建设小康社会的奋斗目标，当前和今后一个时期应首先在三个方面去创新。一是要更新观念。要跳出传统农业的发展视野，立足“大农业”发展大农机，以增量调整带动存量优化、以存量优化促进结构升级，做到量效并重、协调发展。在实现粮食生产机械化的同时迅速转向高效经济作物和畜牧生产机械化。在已有产中机械化的同时进一步向产前、产后延伸。从狭义的种植业农机生产向农林牧副渔广义的农机生产领域拓展；由传统的农机生产技术向高新技术发展，不断拓宽农机生产的发展空间和市场。特别要随着农业结构调整的不断深化，把目光投向外部，面向全国调结构、立足市场兴产业、走出家门谋发展，在新的层次上构筑农机生产的新体系。

二是更新知识。围绕农业科技含量的增加和农业生产水平提升的需要，要调整农机生产、研发人员的知识结构，主动紧缩传统专业，发展充实新专业，把科研、生产等部门组织起来，针对农机化发展中的重点、难点问题进行科技攻关，不断提升农机科技创新与知识创新的能力。特别要加快农机生产研发与大农业配套跟进的步伐。

三是更新机制。解决改制不到位的问题，采取有效措施，促进干部职工进一步转变观念，以市场为导向，深化改革，转换企业经营机制，加快建立现代企业制度以不断提高市场应变能力和整体竞争力。我们认为，造一双合适的鞋，走起来脚下生风。“脚”可视为生产力，“鞋”就是生产关系或说为所有制。因此，必须通过改革，改制和改造，鼓励、吸引不同所有制的农机企业及其相关行业的法人单位组建大型农装集团，形成农机龙头企业，参与国内外市场竞争，并争取通过规范上市吸引社会资本，依法改制成为多元股东结构的有限责任公司或股份有限公司。大力欢迎民营企业、外资企业等通过投资、兼并、重组多种方式进入农机制造业。对严重资不抵债、技术装备落后、产品无市场的企业通过依法实施破产等途径退出市场。

二、深刻品味授权经营

国有资产授权经营是一种体制创新。国有资产经营公司如何发挥授权经营的优势，实现企业快速发展是崭新课题。第一，必须明确国有资产经营公司的职能定位，应该是通过资本经营的方式，以调整结构为主要手段，以提高企业核心竞争力为目的，把优势产业和企业做大做强，从总体上壮大国有资本的控制力。因此，要从授权经营范围内的优势企业和优势品牌入手，加大内部资源整合力度，加强与国内外优势企业合资合作，通过资本联合与扩张，实现跨越式发展。根本地，资本经营应当实业化。第二，在资本经营中，不求所有，只求所得；不重控股，只重发展。真正以出资人身份出现，重视投资收益。因此，对不同的企业采取不同方式，有的要控股，有的参股即可。关键是以存量带增量、以增量促发展，实现资本的持续成长。

三、产业定位与目标选择

农业机械化是推动农业实现现代化，加快我国农业结构调整的一个重要的不可替代的力量，尤其是农业产业化更离不开农业机械化。从郊区近年的实践看，调整产业结构、发展支柱产业离不开农业机械化的促进；发展农业拳头产品，建龙头企业，必须用农机设备来武装；农村市场、运销网络的建立离不开农机化牵引；农业科技的广泛采用和大面积实施也离不开农机这个载体。一句话，农业产业化为农业机械化拓展了广大的市场空间，是大有作为的。就是北京市，近年来对于能够促进农业产业化的项目从各种渠道支持力度也是逐年加大的。兴东方公司一直从事农机生产与销售，对这个行业是熟悉的。现在的关键是要根据“三农”经济发展、农业产业化的需要，拓宽视野，以市场为取向，跳出农机抓农机，并借力造势，借助外部环境有利条件，抓住机遇，实现产业结构的升级优化。这方面，应当说已经有了一定基础。温室工程经过近几年研发和市场开拓，产品已拥有五大系列 30 多个品种，2002 年实现销售收入近8 000万元，市场占有率居国内首位；挤奶设备占到北方地区 70％的市场，与国内知名奶业集团均有密切合作关系；节水设备从代销入手，现已向生产领域拓展。“京鹏”日光温室和“大都林”牌挤奶机在各自业内已成为国内知名品牌。专家指出，设施农业是未来农业发展的方向。根据宏观经济形势和市场要求，以及我们自身的实际，兴东方公司把主导发展产业定位于设施农业装备的生产经营是适宜的。此外，针对首都城市功能特点，利用现有的地理资源优势积极发展物流业和房地产业（物业），实现综合经营。我们现在要做的就是：对内部资源进行整合，使有效资产向主导产业集中。同时加强对外合资合作，吸引社会资源使主导产业快速膨胀、裂变。对与主导产业关系不大的企业或资产进行剥离，通过改组改造独立走向市场，不适应市场的坚决淘汰。

初步设想，把兴东方公司建成以服务两化（农业产业化、农村城市化）为宗旨，主营业务突出；以资本为纽带，聚合一定规模资源、集科工贸为一体的现代较大混合型农装集团公司。公司核心层资产不低于 2 亿元，通过控（参）股合资，联营等方式，吸引社会资源，形成紧密层、半紧密和松散层，使公司控制资产总额迅速达到或超过 20 亿元。

四、保障目标实现的措施

1. 紧抓改革调整。

(1) 产业结构调整。加大资产重组力度，使有效资源向优势企业集中，壮大优势企业的规模。支持优势企业“走出去、引进来”，利用社会资源作强作大。主导产业形成规模、造就名牌，发挥规模效益。近期形成与郊区农业产业化相对应的新格局，即五项工程：一是保护性耕作农业，旱作节水农业设备生产工程。二是畜牧业机械即牧草播收加工及农作物秸秆饲料转化工程。三是设施农业（智能温室、微耕机、播种机、育苗移栽机）工程。四是山区杂粮生产小农机具生产引进工程。五是林果业机械化（挖坑、育苗、植保、采摘环节机械）工程。

(2) 所有制结构调整。通过改革改制，打破国有资本“一股独有”、“一股独大”，实现投资主体多元化。要使股权趋于合理，建立规范的法人治理结构，形成有效的激励和约束机制。使企业真正成为独立法人实体和市场竞争主体。

(3) 资本结构调整。积极寻求有效方式，重组债务，化解历史包袱，优化资本结构；加强财务监控，提高经济运行质量和效益；落实出资人制度，强化资本功能；借助资本市场，放大资本功能。主业三至五年内要争取上市，以提高直接融资比重。

(4) 人员结构调整。坚持以人为本，加快人员结构优化的步伐。妥善分流安置富余职工并积极帮助其实现再就业。着力于用人机制的营造，建立起有效的引人、用人、留人的运行机制，形成用事业吸引和留住人，广纳群贤，人尽其才，充满活力的用人机制。

(5) 推进技术创新。重视科技对产业的推动作用，培育和形成自己的核心竞争力，提高产品的科技含量，提高市场竞争能力。建立起自己的研发中心，加大投入，开发新产业，形成企业的梯次竞争能力，逐步投放市场。加强与大专院校、科研院所实行产学研相结合的开发创新，注重引进国外先进技术、管理经验，开展跨国合资、合作，促进跨越式发展。

2. 建立有效的管理控制体系。兴东方公司要真正成为企业集团，建立有效的管理控制体系是目标实现和工作顺利开展的关键。

一是总部组织机构设置与权责定位。明确集团公司法人治理结构、集团公司决策参谋机构、集团公司职能部门、集团公司业务单元的具体构成及其主要职责，同时确定子公司在集团中的定位与功能。

二是母公司对子公司管理控制的主要途径及手段。从人事控制、权限控制、财务控制、信息控制四个方面共同确立集团公司对子公司进行控制的重点与保障措施。

三是通过集团战略管理系统、经营计划管理系统与财务预算管理系统实现对子公司业务运营过程管理和监控。战略管理系统与经营计划管理系统保证集团公司从业务运作角度实现对子公司的过程管理与监控。财务预算管理系统保证集团公司从价值管理角度或财务管理角度实现对子公司的过程管理与监控。

国有企业在产权改革上应“大胆地退”、“大胆地引”

北京城乡建设集团有限公司党委书记　姜立贵

一、在产权改革上还要进一步解放思想

在计划经济下国有企业干了若干年，所受的思想教育和由此产生的若干观念，不是靠一两次会议就能解决的，更不是靠三、五年或十多年能解决的，而是要靠一大段空间与时间才能解决。实践已经证明这一点。产权改革喊了这么多年，动真的有多少？屈指可数。因此，从这个意义上说，千百万人形成的观念与习惯势力是最可怕的。改革搞急了不成，这样会出现“全军覆没”的局面；改革搞慢了也不行，这样会出现“受穷挨欺侮”的局面；改革不搞更不行，这样会被世界发展所淘汰。总之，在产权改革上还存在如下错误的概念。

第一，高级经营管理者怕丢官。一直在国有企业里说话算数，受人尊重，甚至有些人呼风唤雨，天马行空，独往独来。经过优良资产重组，投资增股与扩股，花钱买股参股，资产与资本发生了重大变化，随之经营结构也发生了变化，根据股本大小重新组合新的高级企业经营管理者。有的人失去所谓“以往的辉煌”，受人管理与领导总觉得不舒服。这种荣誉观和名利观存在很多人的脑子中，他们想不通就什么事都干得出来。这些所谓“上层建筑性人物”还不可忽略，往往最大的阻碍来自他们。

第二，很多同志怕被人家吃掉。国企过去做过“老大”，现在要与民营拴在一起。一叫不舒服，二叫有担心，三叫怕被吃掉。总觉得辛辛苦苦干起来的企业就这样没了。这种心理来自于“国有企业至上”，来自于“全民所有制”荣耀，来自于“国企有保证”的保守观念。这种观念虽然不是少数，但一经讲清，一经实践出效果，就很快可以解决，他们不像群体高级经营管理者那样复杂，那样多变，那样不好解决。

第三，有相当一部分同志怕搞资本主义。在计划经济时期，搞点副业还称之为搞资本主义，全党共诛之，全民共讨之。现在，国有股要退，甚至让民营控股想不通。过去讲社会主义不能搞市场经济，但是我们创造了，有了社会主义市场经济，而且搞得不错，人民有饭吃，过得更好了。此外，过去的理论中也没有说社会主义的股份制，现在也创造了，国有企业大胆地往后退，让民营大胆地进，形成的多元股份化的

所有制，它仍然是多个法人共有的，是公共的大众性经济所有制。这不叫资本主义，而是社会主义初级阶段需求的所有制的一种形式。

第四，广大群众怕受“资本家”的奴役。过去国有企业虽然有这样和那样的弊病，但在尊重人权方面还是有一点的，注意让员工当家做主人，其实实现只是表面的。现在的多元化的企业被认为是“个人”企业，这是观念与现实上的误区。根据国家《公司法》要求，根据共产党的条例要求，结合现代企业制度的实际，应该建立健全工会或职工持股会，仍然注意发挥民主作用；应该建立健全党的组织，注意党对企业发展的监督、保证作用，做到有效地实施“三个代表”；应该坚持依法经营企业，依法管理企业。让经营管理者和广大员工各自发挥聪明才智，荣辱与共在这个新的所有制里。一句话，员工不是“奴隶”，仍然是企业发展的主人。

这些观念就是阻碍产权改革的思想大敌。它不但不愿自觉地退出历史舞台，而且会借各种理由在不同时期发起一浪高过一浪的反攻。它在人们脑海里存在着空间、时间如此之大，如此之顽固是难以想像的。因此，做好准备，一步步进攻，一步步消除。哪怕有点身子跨进多元股体中去，思想还停留在改革初期阶段，我们也要前进，用实践成功的效果，不停顿地教育大家，直到动机与效果达到一致为止。为此，在这个意义上讲，产权的改革是一场深刻的思想与经济腾飞的革命。

二、在产权改革上应该注意的几个问题

产权改革动的是真东西，它涉及到方方面面的利益。不良资产要从优良资产中剥离出去，重组的资产和增股、扩股谁多谁少，新员工管理者的安排与使用，老退休员工的生存资产的划拨，所有法人的旧债处理，等等。处理这些问题既不能急，又不能太慢。急了出大矛盾，慢了误大事。唯此，实践证明在处理产权改革上应该注意以下几个问题。

第一，一定要造正面舆论，端正观念。首先，要向骨干讲清，重点是为什么要产权改革，不改行不行，从正反两个方面要分析出点道理来，统一骨干的思想。其次，要通过工会向员工讲清楚，重点还是从正反两个方面去分析产权改革的必要性，解决大家的思想顾虑。再次，上下不但要在思想认识上统一，而且在主要矛盾主要问题上还要统一，做到产权改革重要性清楚，目标明确，主要问题解决的方法明白，特别是在特殊利益问题上更要一致，如，花钱买资产不白花，政策不会变，不要怕当大股东，发展企业的大船有奔头，不怕丢铁饭碗，职工不是奴隶而是主人，不会走资本主义之路，社会主义会越来越强大，闯市场的力量更强了，等等。这些观念正是大造舆论而想方设法要解决的实际问题。这就叫好事做足、做成，让广大经营者和员工基本拥护。

第二，反对假改，或蚕食国有企业。产权改革上有假。第一步，公司现代企业制度改革，一翻牌就得了，其实是假的；第二步，将资本一般做大，假联合上市，其实更是假的。原因很多，但中国未经过的社会主义初级阶段震荡（没有经过资本主义初期发展阶段的阵痛）恐怕是主要原因。这个时期乱规和逐渐走向有“制”是重要特点。认识这一特征很重要，就会给同志们带来一种克服困难的勇气与信心。因此，把一个多种社会政治、经济形态的民族带入社会主义，真是体现共产党的气魄，把一个初步形成的国有企业带入市场经济，真是再现共产党人的伟大气魄。但是，带就要带好。带好的标志就是在产权改革上要真改，不要假改，更不要将国有企业化公为私。应该带领广大员工真正进入新企业，应该真正按新的公司要求进行规范运转，应该让广大员工得到实惠，为国家做出应有的贡献。坚决反对为了图名，为了好看，为了欺骗市场，而坑害国家，坑害员工的假改。

第三，在产权改革上应坚持“三步走”的发展思路。实践证明三步走思路适应产权改革。太急了，容易引起“赤壁鏖兵”，或“四面楚歌”；太慢了，企业会失去发展机遇，“萧和再追韩信”，恐怕已是亡羊补牢；太晚了，企业会破产。急与慢是相对的，但它们又互为条件、互相转化，它们的核心是早晚得变。有的条件成熟，可以快一点，配套工作跟上，效果也不会差。有的条件不成熟，但可以促成熟，效果也会不错。惊人之处在于偶然性。因此，从常规上看，三步走的思路是符合企业改革需要的。一是，先选择项目、贸易、产品等方面的合作，从中加深认识，建立深厚的交往关系，达到既在项目上合作成功，又有彼此深交的意向，这就叫做“米丘林”式的选择。二是，加大合作范围，优势互补，甚至可组建新的小型公司，做出小型股权式的探讨，达到既有真正经济意义的经营合作，又有彼此更高更深层次的合作意向。这就叫改革向纵深探讨。三是，在选择好伙伴，不断取得合作成功，不断取得信任的基础上，大胆进行优良资产的重组、增股与扩股，甚至实投资产的方式组建有限责任或股份有限公司，以一个崭新的强大的经济法人实体展现在市场上。说是好说，做起来那是真难呢？一公司、二公司、五公司都是这样搞的，在彻底上还是一公司胆量大，有气魄，做出了城乡集团变强变大的亮点，它的成功不在于简单的组合，而在于不但使资产与资本扩大，而且在发展内容上之广泛，增强市场竞争能力之强都是少有的。

第四，高级经营管理者和高级科技人员要敢于大胆投入买股和当大股东。让一部分人先富起来是社会主义初级阶段的特殊政策，它与“三个代表”不矛盾。事物发展本来就是不平衡的，甚至在不同阶段有不同主要矛盾一样。如果社会财富还没有像泉水一样涌流出来之前，分配和每个人的贡献始终是紧紧相连

的，不可能是平均主义的。平均主义不是马克思主义，马克思主义从来不认为分配必须是平均主义。因此，现代企业制度，社会主义初级阶段，马克思主义的不平均主义的分配方式都给高级经营管理者与高级科技人员提供了广阔生存、发展、贡献的空间，尤其是为敢于大胆地投入买股、当大股东的“两高者”创造了前提条件。今后，从发展的总方向看，敢于投入买股和当大股东的人们应该成为当代社会经济发展的时尚。小心翼翼、小手小脚的经济行为，怕承担风险的金融行为应该成为年轻一代的反面。

第五，国有企业产权最好是退到15%左右，建立起真正的股份公司或有限责任公司。一般性的国有企业和竞争性很强的国有企业应该“大胆”地往后退，有人说退到51%，非控股不可；有人说退到30%～40%，非占大股不可；有人说退到30%以内为好，还是要占大股，实践证明国有企业股份上既不一定控股，又不一定占大股，15%左右最合适。为什么要这样呢？一是，控股就不能彻底地引进新机制或改变旧机制；二是，占大股就不能有效地发挥多元化体制的作用，甚至出现过去的“政治老大”；三是，股太大，容易保持计划经济那一套，市场经济这一套难以落实，新的人才使用率低，对各项工作创新是一种束缚。国有企业可以占小股，但人员可以用，关键性的位置可以占，但其标准是为这个企业的发展，为了适应市场，为了保证广大员工的根本利益，为了对国家贡献更大。因此，我们说“只要符合四为标准”，一个崭新的新型而又有迸发力的有限责任公司就会驰骋在祖国或乃至世界的市场上。

三、“退”是一场革命，“引”还是一场革命

辩证唯物主义认为，“退”和“引”是一对矛盾，而且还是对立统一的矛盾。“退”是引的前提，退的好，才有可能引的好；退不好，引就不可能好。“引”是退的根本，引的好，退的就成功；引不好，退的就不会成功。虽然它们是对立统一的矛盾，但在企业的发展中又相互依存，相互帮助，在一定的范围内还相互发挥优势的转化。有人说，国有企业往后退就是“卖国”，“引”就是引狼入室，其实真正懂得引导企业发展出路的人，或懂得社会主义初级阶段的市场经济的人，他不会说出这样肤浅的话，而且会为退与引拍手叫好。马克思主义认为，退的目的是进，引的目的还是进，退与引之合是为了更大前进。从实践上看，一、二、五等公司，在所有制多元化上稍微退一点、引一点就有着鲜明的变化，如果像一公司那样大胆的退大胆的引，我们就会有更大喜人之变，社会主义不但没有削弱反而增强。

然而，一个国有企业在产权改革上应怎样退，怎样引呢？这既是一个理论问题，又是一个实践问题。经过一段研究与探讨，我认为：第一，国有企业在产权改革上应有计划的退。从一个企业的实际出发，做到有计划的退，不是瞎退，更不是盲目地退。首先，从转变观念的实际出发，解决了经营者的糊涂认识，解决了广大员工的后顾之忧，解决了彻底告别“铁交椅”、“铁饭碗”的观念，提供企业发展壮大必须走所有制多元化之路的认识。其次，做到有计划地由控股变为大股东，由大股东变为一般股东，让每一次退都产生了应有的效果，用效果去说服人，影响人。再次，最后使多元化所有制走向正轨，建立新机制，实行新管理，科学运行起来，同时，还可进一步增股、扩股，最终退到15%的股权为当。这一条实践思路的总结，又是哲学规律——否定之否定的探讨。第二，国有企业在产权改革上应有计划地引。这还是一个理论与实践问题。从引进民营或其他所有制的实际出发，做到有计划的引，不是瞎引，更不是盲目地引。首先，两家可在不同项目上的联合，相互体察，增进感情与了解，创立重组与相互参股的基础，彼此在合作项目上尽心尽诚尽责。其次，从过去合作方中选择最佳最优的股东，做到一旦合作能在新体制上思路一致，都想优势互补，都想将“蛋糕”做大，这样就可以择优选择，但股东还是不易太多为好（一般3～5家）。再次，抓机会该组则组，该扩则扩，不要过分地徘徊，丢掉机遇。要搞则起步就高一点，费点事值得。一公司二次重组的好、成功，它就可以由单一的建安，扩展到装饰、房地产、教育、物业等方面。新的经济结构产生了，这个企业才会有生命力。第三，退与引都是一场革命，这场革命不是简简单单的，它涉及到所有制的改变，经营机制的转变，分配机制的变化，企业经营理念的变革，经营管理结构的转换，总之，涉及到人的思想观念、物质利益得失、名利官位取舍。这些既是实际问题，又是理论上难以划清的矛盾，不做好，不做细，不照顾到方方面面，人要出乱子，企业要出乱子。

然而，做一个辩证唯物主义者，既看到问题，并想方设法处理好，同时又不能怕，缩手缩脚，像小脚女人走起路歪歪扭扭，停滞不前。应该做到：在国有企业产权改革上大胆地创新，明确“退中有引，引中有退”，退的目的是为了企业更好地竞争于市场，引的目的也是为了企业更好地竞争于市场。两者之和的根本是保员工之收入，保企业之发展，保对国家之贡献。谁早认识这一点，谁早做到这一点，谁就是社会主义市场经济的主人。城乡集团范围内的企业应不甘落后，今后在一段时间内应有以广泛吸引民营资本和扩大企业资本为前提，学会把民营资本与人才吸收到企业中来，形成强大的资本优势之合力，这是大本事，真本事，争取在三到五年内实现这一宏伟蓝图。这一蓝图的基本实现之日，应是基本“上市”的开始。到那时，一个发展日盛的真正充满活力与生机的新城乡将傲然北京与中国。

明确发展思路 加快北京野生动物园主导产业建设

北京市农工商开发贸易公司经理 熊万华

建设北京野生动物园是我公司适应国内外日趋激烈的市场竞争形势，充分发挥自身优势，对公司系统经营结构实施战略性调整的重大举措。公园坐落在大兴区榆垡镇永定河畔的万亩森林内，紧邻京开高速路，距北京市区38公里，交通便利，自然环境优越，公园从2000年11月开始筹建，2001年8月建成开园。园区占地240公顷，建有步行观赏区、散放动物观赏区、动物表演娱乐区、儿童动物乐园等30多个主题场馆，饲养和展出动物200余种，一万余头(只)。经过两年多的建设和发展，初步形成了集野生动物科研、保护、科普教育、旅游观光、休闲娱乐为一体的生态旅游公园。北京野生动物园以其独特的观赏方式、优美的环境和优质的服务，树立了良好的企业形象，取得了很好的社会效益、经济效益和生态效益，标志着我公司的产业结构调整取得了重大突破，为今后大力发展旅游产业和野生动物相关产业打下了良好的基础。

一、建设北京野生动物园，培育和形成具有自身优势和特色的主导产业

北京市农工商开发贸易公司自1983年成立以来，始终坚持以“服务首都，富裕农民”为宗旨，按照市委、市政府确定的职能任务，在支持郊区农业生产，搞活流通，发展郊区经济等方面发挥了重要作用，公司自身也获得了较快发展，并形成了以农牧业生产资料为主要经营对象的农口国有流通企业。但是，随着计划经济向市场经济的转变，公司所处的外部环境发生了巨大变化，公司系统内部存在的“空、虚、散、重”问题也暴露出来，严重影响和制约了公司发展。为了解决公司生存和发展问题，公司曾下了很大力量进行调整和改革，虽然取得了一定成效，但由于没有自己的主导产业，问题一直没有从根本上得到解决。正是在不断探索的实践中，公司领导班子进一步深化了对市场经济和自身优势的认识，把目光集中在了下属企业北京濒危动物驯养繁殖中心。

北京濒危动物驯养繁殖中心成立于1987年。在十余年的时间里，先后承担了国内外野生动物的展览、交流、馈赠、检疫、救护和课题研究等项工作，繁育、收留和驯养的野生动物共有五十余种，一千余只，绝大多数是国家级保护动物。其中金丝猴、绿尾虹雉、褐马鸡等的饲养规模已成为世界最大的人工繁育种群之一；中国特产的十多种雉类中悉数尽有；麋鹿、白唇鹿、扭角羊、藏野驴、雪豹、大鸨、丹顶鹤等珍禽异兽以及一些引自国外的动物——黑猩猩、黑天鹅、节尾狐猴等在中心都得到了精心保护，成活率达90%以上；许多举世公认的极难繁育的珍稀动物都在这里生儿育女，在动物科研成果上取得了三项世界第一；金丝猴人工繁育成功并形成了子二代、绿尾虹雉人工繁育成功获得了国家科技进步二等奖、大鸨在人工饲养条件下孵化蛋成功，为世界首例。在这里，许多珍、濒、特物种迁地保护获得成功，为我国自然保护事业建立了一个稳定的物种群，被中国野生动物保护协会授予全国野生动物保护先进单位称号，因而这个中心在国内外享有很高的知名度。

由于这个中心一直从事的是野生动物保护的公益事业，而国家林业局在1992年和1993年停止了划拨有关经费，于是在1994年公司陆续投资300余万元，改善动物饲养环境和接待条件，建立了科普教育厅，根据动物生态环境建成了森林生态区、山地生态区、水禽生态区和荒漠生态区，把动物放在散养和半散养中，对青少年和社会开放，对广大中小学生进行野生动物保护和环境教育，因而被中国野生动物保护协会、北京市科协和世界环境组织WWF相继确定为教育基地，成为青少年认识、了解大自然，进行科普教育的好课堂，受到人们的好评，同时也吸引了大批游人，只一年时间就接待了二十余万人，取得了一定的社会效益和经济效益。因而市领导多次提出，濒危动物中心是北京市的资源，在国际上有知名度，培养了不少人才，要扩大它的功能，扩大规模，要把它留住。

上述情况说明，北京濒危动物驯养繁殖中心有着得天独厚的动物资源优势，人才优势和科技优势，充分合理利用这些优势，在原有的基础上扩大其功能和规模，实现资源的优化配置，这是建设北京野生动物园的依据和基础。同时国家对野生动物保护的特殊的行业政策，旅游市场的巨大需求，首都作为全国政治文化中心和对外交流中心的特殊地位和作用等，都为北京野生动物园的建立和发展，形成主导产业提供了极为有利的条件。

二、发扬艰苦创业精神，六个月建成一流的野生动物园

按照规划设计，北京野生动物园的项目要以“保护动物，保护森林”为宗旨，以“创新、精品、一流”为指导思想，在建设和发展中要考虑和突出“动物、地域、游人”的需求，保持野趣。要博采众长，起点高，方便游客，功能全。建成既具首都特点和北方特色，又有自身个性的一个现代野生动物园。全园的建设，应体现出“动物与人、动物与

森林”的回归自然主题，拉近人与动物的距离，以现代的无屏障全方位立体观赏，取代传统的笼舍观赏方式。园区建筑精美别致绿树环抱，草木扶疏，景色宜人。

为了搞好北京野生动物园项目，总公司给予了高度重视，主要抓了三项工作：一是在领导班子和公司系统内反复进行宣传和动员，统一思想认识。二是提出了“举全公司之力，建设野生动物园”的口号，积极筹措资金，集中用于野生动物园建设。三是组建强有力的领导骨干队伍，总公司委派副总经理王廷森同志全权负责建园工作，同时吸收经验丰富的野生动物专家和公司中得力干部，共同组成了领导骨干队伍。

建园工程从2000年11月正式开工，克服了冬季施工的重重困难，按照“创新、精品、一流”的要求，在领导班子的精心组织下，发扬艰苦创业的精神，团结战斗，采用技术创新，昼夜加班，连续苦干，到2001年5月初一座既现代又野趣天然的野生动物园初步建成，基本具备了开园条件（因申办奥运，市领导要求推至8月开园），建园工作只用了6个月时间，是常规所用资金的三分之二，所用时间的三分之一，创造了动物园建设的奇迹，受到了各级领导，国内外动物界同行以及广大游客的普遍好评。

三、抓好园区建设，狠抓经营管理，提高企业经济效益

北京野生动物园2001年8月开园后，获得了游人的极大认可。从8月8日开园到年底，共接待游客20多万人，经营收入1 000多万元。中央和市一些领导同志先后来园检查指导工作，对野生动物园的建设给予了充分的肯定，并提出指导性意见。在当年10月北京晚报举办的“我最喜爱的北京新八景”评选活动中，北京野生动物园与中华世纪坛、大运村、四环路、东方广场、朝阳公园、中国科技馆和皇城根遗址公园一起，成为北京新八景之一。2002年公司继续把野生动物园建设作为公司经济工作中的重中之重，按照“创新、精品、一流”的发展思路，加大工作力度，在以下四个方面取得了新的进展：

一是园区建设再上新台阶。为了满足游客求新、求变的心理和观赏需要，“五一”旅游黄金周期间，新增了鳄鱼表演和鸵鸟园，在动物散放区推出了笼网式观赏车；“十一”旅游黄金周期间，又引进首次进京的国宝——黔金丝猴，并进一步推出了笼网式投食观赏车。这些新亮点，吸引了大量游客。为了使园区布局和游线更趋合理和方便游客，增建了近万平方米的第二散放区停车场及附属走廊，增加了运营车辆，对部分景区场馆的分布和动物数量进行了调整充实。为给游客提供一个资源品位优良，秩序井然规范、游览舒适，出入便捷，安全清洁的旅游环境，进一步完善了各项环境设施。通过以上措施，使园区建设跨上了一个新台阶。继2001年10月被评为北京“新八景”之后，2002年“十一”前夕在市旅游局对全市34家主要景区、景点的测评中，北京野生动物园的游客满意度达到97.4%，环境秩序综合得分114分，总排位由第二十位跃升到第八位。

二是市场营销成效显著。野生动物园分别与新闻媒体和有关部门建立了良好的合作关系，通过新闻报道、广告、科普教育等多种方式，加强宣传工作，提高了游客的认知度。在市场开发方面，加强营销队伍建设，细分营销市场，分别与300多家旅行社签订了合作协议。为了扩大影响吸引客源，组织精干人员赴京南周边地区开展路演推介活动。为了解决散客交通不便的困难，开设了三条节假日旅游专线车。根据“团队为主，散客为辅，主题公园，假日经济”的市场定位，制定了既规范又灵活的票务政策等，从而使来园的游客大幅度增加，全年累计接待游人近60余万人次，实现收入4 000万元，实现利润1 000余万元。

三是对动物的饲养繁殖和保护取得重要成果。开园一年来，园内各种动物不但生态良好，而且繁殖成活率达到了95%以上。据统计，开园以来累计繁殖金丝猴等珍贵兽类动物70余头，绿尾虹雉、丹顶鹤等珍贵鸟类600余只，创造了国内同类动物园开园初期动物成活和繁殖的最好成绩，得到了国家和北京市主管部门、国内外动物界同行的肯定，同时也为开展动物交流，提高动物产值和效益，打下了基础。

四是建立并形成了一套符合自身实际和特点的管理模式。主要包括建立接待咨询和投诉处理制度，人身安全和动物安全的管理制度，财务、票务、营销、动物饲料进出库、劳动用工、奖罚制度，对员工培训、考核制度等，从而形成了有序高效的运行机制。

四、妥善处理结构调整过程中出现的矛盾和问题

调整产业结构，建设野生动物园主导产业，是一项牵动公司经济全局的工作，在调整过程中不可避免地会出现各种矛盾和问题，主要表现在目标与条件之间的矛盾、不同认识之间的矛盾以及全局与局部之间的矛盾等方面。针对存在的上述矛盾和问题。公司主要采取了以下几项措施：一是统一思想认识。通过“三讲”的教育，理论联系实际，使领导班子成员的思想认识统一起来，在此基础上，提出了“举全公司之力，搞好野生动物园建设”的口号，为搞好公司产业结构调整，奠定了坚实的思想基础。二是领导带头克服和解决结构调整中带来的困难和问题。为了支持野生动物园主导建设，总公司和一些主要二级公司几乎投入了能够调动的全部财力和物力，同时也给总公司和部分二级公司带来了沉重的债务压力，在一定的程度上影响了一些经营业务的开展。特别是总公司机关，从公司领导成员到一般科级干

部，已经连续两年未发奖金，但是由于公司领导带头，大家都无怨言，表现了很高的思想觉悟和奉献精神。三是面对沉重的债务负担，不躲避、不推托，主动地与债权单位进行沟通，积极筹措资金还款付息，树立讲求诚信的企业形象，为企业发展营造了良好的外部环境。四是妥善处理好一些特殊的矛盾和困难，如对公司离退休干部、下岗分流职工、停业企业职工等，在生活上尽量给予照顾。正是我们高度重视并较好地解决了企业结构调整中出现的各种问题和矛盾，从而有力地保证了公司产业结构调整工作的顺利进行。

五、明确发展思路，继续加强北京野生动物园主导产业建设

北京野生动物园是在充分合理利用和发挥公司所属企业北京濒危动物驯养繁殖中心得天独厚的动物资源优势、人才优势和科技优势，扩大其功能和规模，实现资源的优化配置的基础上建立和发展起来的。自身特有的优势和国家对野生动物保护的特殊行业政策，决定了北京野生动物园具有独特的核心竞争能力；旅游业是包括吃、住、行、游、购、娱的综合产业，作为特色旅游业的北京野生动物园，可以为相关行业的发展搭建平台，对地区经济和公司所属企业提供新的发展机遇和条件，具有很强的拉动作用。由于北京野生动物园把公司优势与产业政策、市场需求有机结合起来，具备了形成主导产业的基础和条件，因而在建设和发展过程中得到了市主要领导、大兴区各级领导和有关部门的大力支持帮助。北京野生动物园从开始筹建到目前仅两年时间，已经走过了筹建、管理、经营三个阶段，建设速度之快、质量水平之高、社会影响之广、经济效益之好、发展潜力之大，都有是超常规的，实现了跨跃式的发展。这一切说明，经过公司上下的共同努力，公司的主导产业已经调整出来了，标志着公司的产业结构调整取得了重大突破，虽然公司在资金筹措等方面仍然存在很大的困难和压力，但形势在好转，特别是当前和今后一个时期，北京野生动物园面临着一个极好的发展机遇期，北京作为全国政治文化中心的优势，2008 年北京举办奥运会的优势，北京率先实现现代化的优势等，为北京野生动物园提供了一个良好的发展环境。我们必须抓住这一机遇，继续坚持“放水养鱼”，加强野生动物园的建设，使之进一步完善和提高，拉动相关产业的发展。2003 年野生动物园的主要任务目标是：接待游客 100 万至 150 万人次，经营额达到 8 000 万元至 1 个亿，实现利润 4 000 万元。重点抓好以下四项工作：

一是实施绿化改造工程。计划用三年时间，绿化改造园区面积 229.1 万平方米，增加植物品种 97 种，解决目前园内植被品种单一，色彩单调，三季无花，与野生动物园整体功能不相匹配的问题。在实施绿化改造工程，增换植物品种的同时建立完善的节水灌溉系统，使园区景观得到根本改善。

二是建立、完善灵长类、雉类和救护中心，力求形成科研、救护、展示三位一体的格局。在濒危动物驯养繁殖中心的基础上，充分利用在野生动物保护、繁育、科研和科普教育等方面的优势，向国家林业主管部门申请建立灵长类、雉类中心以及救护中心。其中灵长类中心在已拥有川金丝猴、黔金丝猴的基础上，引种滇金丝猴，使北京野生动物园成为唯一全部拥有三种金丝猴的动物园。同进引种黑长臂猿、白颊长臂猿、白掌长臂猿、白眉长臂猿等全部八种长臂猿；在现有黑猩猩、黄猩猩的基础上，引种大猩猩，做到猩猩品种齐全。雉类中心是在现有基础上继续引种雉类，扩大种群规模；在原有“北方鸟林”展馆的基础上，建设三种虹雉和三种马鸡的专门展馆。救护中心主要是加强对野生动物的保护、管理和服务工作。通过三个中心的建立，一方面巩固和发展我们在灵长类和雉类人工驯养繁殖领域的领先地位，扩大和国内外同行的交流与合作，另一方面扩大动物展出规模，通过集中、系列展示、提高展出效果，突出科普效果和自身特色，形成自己的“拳头产品”。

三是完善条件，通过 4A 景区评审，提升园子的档次和形象。在 2002 年的基础上，按照 4A 景区的要求进一步完善软硬件建设。主要包括做好园区发展规划；取得有关部门的质量、环境、安全认证；建立客户服务中心；设立双语说明牌；健全、完善各项管理制度等项工作。

四是积极寻求合作，创造“大旅游圈”环境。结合自身的优势和特点，在现有三个动物表演场、31 个主题场馆的基础上，紧紧围绕野生动物的展示、观赏等，提高馆舍动物展现的丰富度，开拓新游览项目，培育新的效益增长点。与大连洋信鳄鱼综合开发有限公司合作，在景区内共同投资设立西班牙式斗牛场，主要从事西班牙斗牛、大型马戏表演及其他综合表现异域风情的歌舞表演等，使北京野生动物园由地区景区提升为国际景区。积极寻求与国际大公司的战略合作，通过整合方式调整野生动物园的资本结构，减轻债务负担，同时为二、三期投资奠定基础。

北京城乡仓储大超市经营情况调查

北京市郊区旅游实业开发公司总经理　周和平

北京城乡仓储大超市，是北京市郊区旅游实业开发公司控股的城乡贸易中心股份有限公司投资建设的

企业。建筑面积10 000平方米，经营面积6 000平方米，1998年1月18日建成开业。我在对该企业经营管理过程中，始终贯彻落实“三个代表”重要思想，坚持以人为本抓好经营班子建设，坚持建立和完善现代企业制度，坚持改革创新，不断满足广大消费者物质和文化需求，取得了良好的经济效益。1998年开业当年实现销售额1.5亿元，利润674.6万元；1999年销售额2.3亿元，利润1 073.2万元；2000年销售额2.8亿元，利润1 165.4万元；2001年销售额3亿元，利润1 222.6万元；2002年，在超市门前修路、市政施工的客观影响下，仍实现销售额2.6亿元，利润1 059万元。成为“北京城乡”新的效益增长点。

该企业成功的前提，首先是正确决策选择仓储超市业态。该企业原方案按中型百货商场设计。但1997年正是北京百货商场竞争激烈，经济效益普遍滑坡之时，而做为新兴业态的仓储超市，犹如雨后春笋，表现出强大的生命力。做为一个企业的领导，我观察和分析了市场的变化，看到了仓储超市业态的发展前景，果断决策按仓储超市业态筹备开业。当时，决策的基本思路：一是企业决策必须符合先进生产力的发展要求，适应市场变化，坚持与时俱进；二是在全局上，以城乡贸易中心商场为主体，以城乡华懋为依托，全面实施品牌化经营，全力打造公主坟商业区的核心地位。三是以城乡仓储超市为试点，探索并实践新业态的管理方法，形成百货商场的购物环境和优质服务，仓储的低价位，超市自选的开放购物，为发展连锁经营积累经验。其次，企业成功的关键，是配备一个好的经营班子。为此我按照仓储超市业态的客观要求，以“勤奋、务实、管理经验丰富”为标准，选派一名副总经理兼任城乡超市经理，组建了经营班子，并提出了有关经营管理方面的具体要求。几年来，这个班子按照上级领导的决策和要求，以企业经营工作为中心，认真贯彻落实“三个代表”重要思想逐步，形成了一套具有本企业特色的思路和方法，做到了“三个坚持”，实现了“三个创新”，使企业在改革中创新，在创新中发展。

一、坚持“薄利多销，让利于民”的经营策略，实现成本管理创新

江泽民同志指出：“全党同志无论在什么岗位上，都要对自己所从事的工作经常加以检查和总结，看看是不是符合先进生产力的发展要求，符合的就毫不动摇的坚持，不符合的就实事求是的纠正。”

城乡超市在经营工作中，紧密围绕建立和完善现代企业制度，加强和完善企业管理的主题，以人为本抓好企业各项工作。在思想观念上，坚持面向市场深入调查研究，时刻保持永不满足，不断进取的奋斗精神。坚持超前意识，做到了“领先一步路见宽”。根据企业实际情况，制定了“薄利多销、让利于民”的经营策略，努力塑造“价位低、质量优、品种全、服务好”的企业形象。

“薄利多销、让利于民”的经营策略，是站在消费者的角度，充分考虑了商圈范围内居民的生活成本，符合广大人民群众的根本利益。是从仓储超市的业态特点出发，符合行业发展的客观要求。为社区居民提供质优价廉的商品，满足社区居民的生活需求，是城乡超市的立足点和出发点。

实施“薄利多销、让利于民”的经营策略，对企业成本管理提出了更高的标准。薄利多销，意味着商品周转速度必须保持快速状态，表现为企业劳动量的加大和效率的提高。让利于民就是要通过严格的成本控制，把降低成本的利润空间给予消费者，使之在购物中得到实惠，从而吸引更多的顾客。为此，城乡超市认真研究商品流通环节，从进货谈判，供货商管理和费用管理上做文章，创造了“五步压价法”、“优胜劣汰法”和“费用责任制”等管理新方法。

1. *五步压价法*。在商品进货中，从商品数量的多与少，结款方式的长与短，促销折扣，运输费用，商品损耗五个环节中，精打细算，总结创造了“五步压价法”，一步一锁定。对全体进货人员进行谈判技巧培训。同时对每一批量商品从进货到销售全程跟踪，与周边其他超市进行横向比较，发现进价高于其他超市，则认真分析原因，加强管理，追究责任，有效降低进货成本。

2. *优胜劣汰法*。一是优化商品结构，按“二八”比例原则进行调整，减少重复经营，增加适销对路商品，商品品种由原来的六万种减少到四万余种；二是整顿供货商队伍，清理中间商等二手货厂家20%，让有信誉，有规模，有实力的供货商成为主流；三是对供货价格加强管理，下浮调价商品4 000余种，进货价格总体降低2%；四是对供货商在超市的销售情况，实行计算机动态管理，每月按销售额列榜排名，对排名后十名的供货商予以淘汰，自动清除。优化了供货商队伍，优化了商品结构。

3. *建立费用责任制度*。企业内部降低各项管理费用，建立了费用控制责任制度，将水电费、电话费、包装费、办公费等各项费用分解定责、分级控制，收到了显著效果，2002年度减少费用200余万元。

二、坚持抓好企业文化建设，实现文化促销创新

随着商品的不断丰富，人民生活水平不断提高，人们的消费需求客观上发生了很大变化。一是对商品知识深度了解的需求；二是对商品文化的需求。做为零售企业，不仅要销售商品满足人们的物质需求，而且也应成为商品知识和文化的传播者。如何从文化角度重新审视市场，如何将企业文化与商品文化相结合，使企业的价值观和企业文化成为社会主义精神文明建设的重要组成部分，使商品营销促进提高消费者文化品味，传播先进文化，成为我们面临的新课题。在这方面，城乡超市的做法是：

第一，向社会推出“城乡仓储不仅仅物美价廉”的广告语，给顾客购物留下充分的想像空间；

第二，将中国传统文化与西方文化相结合，每年2月14日推出“红豆节”；阴历端午节大力宣传屈原的爱国主义精神；同时推出宣传新时尚的“化妆节”，以宣传酒文化为主题的“酒饮节”；

第三，向社会推出专题有奖征文比赛，如：《我心中的奥运》、《忆恩师》(教师节)；

第四，创立文化广场。如：“七一”举办“党在我心中”文艺晚会，举办以宣传环保为主题的“绿色风”文艺晚会；

第五，将格言、警句、座右铭、名人名言布置于超市，创造文化氛围；

第六，开展商品知识进社区活动。定期与居委会联系，到社区宣传商品知识和商业文化。

文化促销的创新，提高了商品的文化含量，消费者学到了商品知识，传播了先进文化，促进了企业的营销工作。

三、坚持为人民服务的宗旨，实现服务管理创新

代表最广大人民的根本利益，就是要坚持为人民服务的宗旨，全心全意为顾客服务，为顾客提供最好的商品，舒适的环境和满意的服务。因为，顾客永远是市场的第一要素，是企业利润的来源，是企业各项管理的评判者和监督者，正是顾客的消费需求给企业带来机遇。因此，研究顾客的消费趋向，实施服务管理创新，是把握市场机遇的切入点。

1. 健全服务体系。一是全员服务，干部为基层，二线为一线，全员为顾客服务。全方位服务，店内店外，硬件软件，立体交叉服务。全过程服务，按商品流程过程跟踪服务。二是推出六项承诺，张榜明示，按服务承诺一丝不苟。三是按照“星级服务”的管理要求，执行统一服务规范，结合超市业态与加强班组服务，选树服务品牌相结合，与强化培训，开展大练兵、大比武相结合，健全规章制度，加大考核力度，提高全员服务水平。

2. 实施服务创新，向社区服务延伸。为了迎接挑战，必须在服务上更新观念，敢于探索和创新。超市周边居民小区建设的发展带来了新的启示：居民社区化管理将是一种必然的趋势。如何适应这种趋势，树立扎根社区、亲和社区的思想，进而在服务上走出店堂，向社区服务延伸，是摆在超市面前的重要课题。只有扎根社区，超市才有生命力。只有与社区居民建立一种亲和关系，企业才能不断发展。基于这种认识，超市从服务观念和服务方式上，实施向社区服务延伸的系列活动。一是与周边150余个居委会建立关系。年节假日，将居委会负责同志请来，以茶话会的形式，征求意见，对提出的问题给予整改，坚持高标准抓服务。二是让社区居民参与服务管理，请25名社区居民担任监督员，发现服务问题举报或提出建议，对查证属实的举报或有价值的建议，给予奖励。三是组建志愿者服务队，对社区孤寡老人或残疾人实行一帮一，结对服务，代购商品送货上门。超市统一制定服务章程，开展积分制竞赛，月月讲评，评出前10名最佳志愿者。志愿者队伍自2001年3月5日成立以来，到2002年底，由最初的30人已扩大到242人，服务对象161人。2002年送货上门2 651人次，志愿者靠肩扛手提义务送货28.3万元。这种亲情式的社区延伸服务，体现了对弱势人群的关心和帮助，弘扬了雷锋精神，受到了社区居民的赞扬，感人的事迹和动人的场景层出不穷，使城乡超市树立了良好的社会形象。被北京市总工会授予“服务创新工程奖”。

四、几点体会

第一，企业的重大决策，必须符合先进生产力的发展要求，做到与时俱进。企业决策是在两个以上方案取其一的过程。在方案的选择上，是否符合先进生产力的发展，是权衡取舍的标准。而市场又是生产力发展的载体，企业的重大决策，必须符合市场变化，做到与时俱进。城乡超市主体建筑，在规划设计上完全是百货业态的建筑格局。但在建成后，市场已经发生了变化，如果继续按照百货业态经营，就与市场变化相背离。而业态选择又是零售行业的重大决策，直接关系到企业的成败。实践证明，城乡超市在决策上是一个成功事例。

第二，企业改革创新，必须符合最广大人民的根本利益。中国加入WTO后，零售业处于改革开放的前沿，最先受到冲击和挑战。随着国际零售巨头的进入，竞争日益激烈。国内零售业要想生存和发展，必须改革创新。广大消费者是市场的主体，是企业改革创新的评判者。企业每一项改革政策，每一项创新项目，是否具有客观的真理性，都要接受消费者的检验。城乡超市各项管理创新，正是符合了消费者的需求，把“为民、便民、利民”做为制定企业政策的出发点和归宿，所以，“唯有源头活水来”，才使企业人气旺盛，销售增长，名气上升，才能取得良好的经济效益和社会效益。

第三，服务管理创新，是零售行业永恒的课题。服务，是零售行业的基本特征，是企业获得利益必须付出的劳动代价。如何为广大顾客提供最好的商品，舒适的环境和完美的服务，不断满足顾客物质和文化需求，是零售行业永恒的课题。城乡超市在服务创新工作中，在实施关于星级服务规范上，在做好店堂服务的同时，向社区服务延伸，以扶助社区孤寡老人，残疾人为突破口，为社区居民服务。逐步扎根社区、亲和社区，这种近距离的、亲情式的服务方式，是对服务管理新的探索。

通过城乡超市经营管理工作实践，再次证明“三个代表”重要思想，对企业管理工作具有极其重要指导意义，是企业各项工作的灵魂。做为企业领导，一

定要以“三个代表”重要思想统领全局，自觉地在实践中贯彻落实，紧紧抓住改革发展的主题，探索改革的新思路、新方法，努力做“三个代表”的忠诚实践者。

关于所有制问题的几点认识

北京农业集团有限公司党委书记、董事长　刘福海

所有制问题，曾经是个敏感问题。改革开放，亿万人广泛的社会实践，人们对这个问题的认识有了很大变化，视野越来越宽，共同语言越来越多。社会实践，正在书写着新的所有制理论。

一、股份制是共有制，不是私有制

即使是若干个人资产相加组成的股份制，也是姓“公”，而不姓“私”。理由主要是私人资产一旦进入到股份制的法人治理结构中后，资产的私人所有的性质就起了变化，从私人所有变成众多出资者的共同所有。比如一辆汽车，我个人私有时，我对汽车有决策权、处置权、收益权，我可以随意处置。但汽车一旦折价入了股，我对汽车的这几个权力就没有了，由个人决策变成共同决策，由个人处置变成共同处置，由个人独享收益变成大家共享收益，构成所有权的这几个具体权力没有了，私人的所有权就变成空的了，从而变成了大家共同所有。因此，股份制是共有制，是出资者共同占有的所有制。它属于公有制的范畴，是公有制的一种实现形式。

50年代初，在农村曾经搞过三种合作经济组织即：生产合作社、供销合作社、信用合作社。这三种合作经济组织，大多数是由个人出资组建起来的，资产的前身是私有，但一旦组织起来了，成为一种新的经济实体后，还能说它是私有吗？当然不能。

二、发达国家企业股份制多，私有制少

1. *私有制企业的经济总量是少数*。有消息说，美国按企业户数说，业主制即我们通常说的私有制企业，占73.7%，合伙制企业占7.7%，股份制企业占18.5%。但按销售收入计算，股份制企业占销售收入的90%，业主制占6%，合伙制占4%。

农业领域早已实现合作化。考察过发达国家农业的人会发现，发达国家农民的合作化程度很高，几乎所有的农民都参加了各种合作组织，大多叫合作社，很少有农民游离于合作社之外。农民是按专业组建专业合作社的。养猪的农民组建养猪合作社，种植苹果的农民入苹果合作社，如果一个农民既养猪，又种苹果，很可能入两个合作社。

2. *合作社的规模和所有制形式，概括起来是一“大”二“公”，“三制”并存，资本相连*。以澳大利亚奶牛业为例，澳大利亚有两万多养奶牛的家庭农场，大部分参加了全国五个大的奶牛合作社，最大的合作社澳大利亚合作食品公司，有5 500个养牛农场，在全国有20个牛奶加工企业，资产6.6亿澳元，年营业额13亿澳元，合人民币60多亿元。奶牛的数量80万头，相当于北京郊区的十倍多。这么大的规模还不算“大”吗？这么多的资产统一经营管理，还不算“公”吗？

所谓“三制”并存，资本相连就是农业的生产环节，是家庭农场，是私有制。农产品的运销、加工、储存、保鲜环节是合作制。合作社干不了的投资大、技术含量高的农产品深加工、精加工，是公司制由合作社吸收社会大公司承担。农场主既是私人业主，又是合作社成员，又可能是公司的股东。三个所有制，既相对独立又以资本相联系，都是建立在个人资本基础之上的。

三、私有制“化”不了，没有那么可怕，股份制势不可挡，将成为主体与主流

如果认真研究发达国家的所有制结构，就会发现，私有制是股份制的前身，是个过程。在某些产业的某些环节上，它可能有优势并且可以做得很大很好，但从经济总量上看，它是少数。众多的私有制企业要通过联合、购并，将部分或全部资产溶入到股份制，在农业溶入到合作制中来。这是它势单力薄的缺陷和求生存求发展的内在要求决定的。股份制是对私有制的扬弃，扬了私有制业主积极性等优点，弃的是它势单力薄的缺陷。它有变零为整把各种生产要素整合起来的功能。因此，股份制就成为私有制自发调整的必然选择和走势。担心私有制会渗透到每个领域并大而“化”之，甚至谈“私”色变把它看作是洪水猛兽，是没有根据的。从我们自己的实践看，改革开放初期成长起来的个体户私营企业主，其中不少已由单干变成合伙干，变成了股份公司。有的虽然已有了不少资本，但为了干更大的事业，却深感个人势单力薄，智力精力都不足，需要寻找合资合作的伙伴。从他们身上，可以嗅到一些股份制即共有制的魅力，可以预感到他们终将走向股份制。股份制在改造着私有制，也在改造着传统的公有制。这两个改造是不以人的意志为转移的历史进程。

四、用小平同志认识计划与市场的思维方式，对待所有制问题

1992年邓小平同志说：“计划经济不是社会主义，资本主义也有计划；市场经济不是资本主义，社会主义也有市场。……计划和市场都是经济手段。”简短的几句话，破解了困扰我们多年的谜团，使我们

在计划与市场问题上顿时洞开茅塞，豁然开朗。从此，市场经济的大潮滚滚而来。今天，我们同样应当用小平同志这样的思维方式，对待所有制问题，以便更好地落实我们的基本经济制度。

所有制是生产力发展过程中的一种资产组织形式。它是个过程，是手段，是方法，不是目的。实行什么样的所有制，是由生产力的水平决定的。发达国家不仅创造了很高的生产力也创造了与之相适应的丰富多彩的各种所有制。前面说的农业方面的三制并存，资本相连就说明了这一点。各种所有制之间互相渗透，相互依存，你中有我，我中有你。因此，不能把发达国家的所有制简单地说成就是私有制。更不能简单地以公和私划线来区别两个“主义”。是否可以说，公有制不是社会主义，不是我们的专利，因为发达国家也有公有制；或者说公有制的因素越来越多；私有制不是资本主义，也不是他们独有，因为我们也有私有制。传统的教科书给我们留下的概念是，资本主义就是私有制。然而经过长期的演进，那里已是股份制、公司制的汪洋大海。社会财富中，共有的“公”有的因素，公众性的公司越来越多，不少领域资产已经高度社会化。应当承认，在劳动者占有生产资料方面比我们早，比我们好，比我们多。我们应当重新认识发达国家的所有制结构和实现形式。这是人类共同的文明成果，我们应当分享。应当学习他们经济运行的制度体制与管理，包括道德、文化、理念等等。

五、乡镇企业兴衰中的体制现象与教训

80年代初，乡镇企业崛起，回顾20年来的发展演变过程，可以看出一种明显的体制现象，这就是乡镇企业总量在不断增长，但各种体制兴衰不同。凡是按照传统所有制模式组建的企业，即乡村集体融资并经营的企业包括规模猪场、规模鸡场、规模农场，大都逐步由盛到衰，现在已所剩无几。个体私营企业、合作企业、股份制企业、中外合资企业、有个人资产权的混合所有制企业，由少到多，由弱到强，已成为主体。

乡镇企业所有制结构变化的这种结局，主要教训是：乡村集体企业基本重复农村传统公有制，即乡村传统经济的模式。人民公社解体，是这种模式在种养业的失败；乡村集体企业走向覆灭，是这种模式在二、三产业的重蹈覆辙。

为什么会出现这种“重复”呢？主要是因为当时没能从所有制的高度，总结人民公社的失败和家庭承包制的成功，当时理论上只说到了干活上的“大拨轰”，分配上的“大锅饭”，农民“联产为联心”，至于这些现象背后的所有制改革问题，因为当时很敏感被回避了，没能触及。

人民公社体制，传统公有制模式在农村有被“复制”的现象，在其他行业，有没有被“复制”或以改制为名被“包装”“打造”的现象呢？

六、解“缘”并解“结”，认真贯彻落实党的基本经济制度

多年来，出于建设人类最美好社会的崇高目标与愿望，我们举全党全国之力，以百折不挠的精神，搞社会主义公有制。可以说，对公有制“情有独钟”，结下了不解之“缘”。然而，我们选择的公有制理论与模式，基本上是前苏联那一套。它的致命伤是没有个人资产权，是纯而又纯的“公”。经营者没有一分钱的出资，可以实际支配巨额的资产，这样的产权体制，缺少个人资产权的激励与约束，这就从根本上失去了动力的源泉。即使配备再“标准”的法人治理结构，也无济于事。经过近半个世纪实践的检验，这种公有制的理论与模式，在农村早已以人民公社解体，家庭承包制的成功为标志，宣告它的失败。在城市，国有企业集体企业的步履艰难，纷纷落马，也预示着它如果不改制也很难有回天之力。纵观几十年我们的成功与失败，最大的成功莫过于改革开放这个总政策，它受益的人最多，延续时间最长，产生的社会财富最多。最大的失败或者最大的教训，是办前苏联模式的公有制。它在经济上的损失可以计算，也能在一定的时间内弥补，而在道德、文化、信用上造成的不良后果，没有办法计算，不知道要多少年才能恢复如初。这样大的失败至少应当换回一个理论上的“明白”以免重蹈覆辙，我们与它结下的不解之“缘”该了断了。同时，我们对私有制结下的不解之“结”也该解开了。我们应当义无反顾地告别“独木桥”，走向多种所有制经济共同发展的“阳关道”。

北京农业发展的根本任务和目标

北京市农业局党组书记、局长　程贤禄

进入新世纪以来，特别是在我国加入世贸组织、筹办奥运会和建设现代化国际大都市的新形势下，北京郊区农业如何按照市第九次党代会提出的新要求，加快发展步伐，确保率先基本实现农业现代化，促进农业增效、农民增收、农村稳定，是我们面临的重大课题。我们从率先基本实现农业现代化的目标出发，根据首都的功能定位和总体发展规划，在认真分析北京郊区农业发展所面临的主要问题、北京郊区的资源特点和区位优势的基础上，对新形势下北京郊区农业如何实现结构合理、功能完善和生态良好做了认真的

调查研究，提出了我们的一些基本看法：

一、以优势农产品区域化布局为重点，推动农业结构调整纵深发展，实现农业结构的优化升级

农业的合理结构是促进农业持续、稳定、健康发展的前提和基础，经过几年来结构调整的实践，我们认为实现合理的农业结构必须坚持以下五项原则，抓好五个调整：

第一，按照市场导向的原则，进行农业结构调整。农业结构调整是由市场需求引起的，是市场合理配置生产要素的一种表现。所以，农业结构调整应首先研究市场需求和市场规律，以市场结构来引导产业和产品结构的调整。纵观国内外农产品市场建设，北京的农业生产主要面临三类市场：一是要适应首都高价位农产品消费市场的需求；二是要适应观光休闲消费市场的需求；三是要适应国际市场安全优质鲜活农产品和加工食品的需求。

第二，按照提升产业的原则，调整农业的产业结构。种植业应继续优化粮、经、饲三元结构，加快发展牧草的多元化和产业化，实现农牧联动，协调发展。开发绿色和有机蔬菜，推进品牌战略，形成产业。养殖业以培育优良品种，形成种业为主导，大力发展草食家畜、特种养殖，尽快形成对全国有影响力的优势产业。大力发展农产品加工业，尤其是农产品的精、深加工，延长产业链，提高产业化经营水平。

第三，按照突出特色的原则，调整农业产品结构。全面调整和优化农产品品种和品质结构，提高农产品优质率和市场竞争能力，确保食用农产品的安全和质量。农业产品结构的调整总的发展方向应是外向型、无害化、高科技、高价位。要大力发展市场知名度高的名牌产品、附加值高的特色产品、科技含量高的新兴产品、营养性能好的优质产品以及无污染、无公害、安全性好的绿色食品和有机食品。在农产品流通上加大现代物流配送业发展力度，推动农产品进入城市超市和社区。

第四，按照科技领先的原则，调整农业的技术结构。通过加大农业科研开发力度，促进科技成果向现实生产力的转化，促进传统农业向现代农业的转变，促进农业增长由数量型向质量效益型转变。农业技术的发展方向，应主要围绕新兴产业和产品，用先进实用的农业技术改变传统的耕作和种养方式，实行水、土地资源节约型和环保型技术的开发思路。重点在动植物品种选育、农业资源高效利用、现代集约化种养技术、食用农产品安全、农产品储运加工等方面尽快取得突破。

第五，按照产业化的原则，调整农业的区域布局。城近郊要充分发挥农业的多种功能，发展以科技、精品、观光为特点的都市型绿色产业。远郊平原地区和部分浅山区，作为主要的农业生产加工基地，要以优质、高产、高效为目标加快农业现代化建设，形成规模化生产和集约化经营的产业布局。山区要在保护生态平衡的前提下加快资源综合开发，努力改善生产和生活条件，大力发展特色产业，形成旅游观光休闲农业。

二、按照城乡一体化发展的原则，努力拓展和完善郊区农业功能

京郊农业作为城市的重要产业，在首都建设现代化国际大都市的进程中，应全面发挥对北京市现代化建设的多种作用，实现从生产功能向经济、社会、生态即兼具生产性功能、生活性功能和生态性功能的方向发展。

第一，做好农业发展和建设的总体规划。要在城市总体规划、区域规划、土地利用规划、城镇（村镇）建设规划、经济社会发展规划的基础上，按照郊区农业的功能搞好农业的产业规划和生态建设规划。农业资源要转化为满足人们精神生活需求的产品，就要按照农业、文化、旅游等多领域的规律性进行农业项目的规划和设计，以现代化、标准化、规模化、国际化的方式建设与国际接轨的现代高效农业企业、现代休闲与观光农业。

第二，坚持按照集约化的原则发展农业。现代农业最突出的特点是集约化。即以现代工业和科学技术为基础，充分采用现代工业装备和现代经营管理方式，实现高产、优质、高效、低耗的农业综合体系。它包括多样化的种养技术，平面与立体的空间组合生产技术，多种农业技术的综合与集成等。实现从技术和劳力密集型为主，向技术、资金密集型转变。

第三，大力推进农村市场化建设。推进农村市场化是发展现代农业的关键性举措。要以实现农业现代化为目标，以完善农村市场经济体制、有机连接国内外农产品市场为重点，着力培育和提高市场主体的整体素质，充分发挥市场调节和政府宏观调控两方面的作用，健全和完善农村市场体系和运行机制，扩大农业的对外交流与合作，切实增强农产品的市场竞争力，积极拓展政府对市场的宏观调控和对农民的引导服务职能。

第四，抓好农业服务体系和支撑保护体系建设。首先要加强农业社会化服务体系建设。重点发展由农民或农民联合体作为投资主体的社会化服务组织，在实行家庭经营和专业化生产的基础上，积极引导和支持农民发展农产品运销、加工、储存、保鲜等环节的专业合作。其次是抓好农业支撑保护体系建设。农业补贴的对象应该是农业生产者，其补贴方式要从间接补贴转向直接补贴；补贴的环节要从后期转移到前期，包括农业的科研、教育、技术推广、农业基本建设和技术服务等。利用价格政策刺激名特优新农产品的生产，实现优质优价；同时开办农业保险、建立农业风险的补偿机制等。

三、按照可持续发展的原则，大力发展生态效益型品牌农业，带动京郊农业迈上新台阶

根据首都的功能定位和经济发展要求，北京郊区农业应紧紧依托北京的区位、资源和人才技术等优势，大力提高京郊农业生产的水平和档次，推动农产品质量升级，形成农产品品牌优势，走高效益、可持续的生态农业发展道路。

第一，大力推进生态农业建设。要对农药、化肥、地膜等投入品、畜禽排泄物和城乡生活废弃物三大污染源进行综合治理，实现郊区城镇和乡村环境的绿化、净化、美化。配合农村结构调整优化资源和生产要素组合，鼓励发展有利于保护环境和节约资源的技术、产品和行业。大力发展生态农业，逐步净化农业生产过程，实现安全农业产品生产。结合首都三道"绿色生态屏障"建设，抓好绿地、草业和林果业的发展，建设以生态旅游和观光农业为特点的景观生态环境。

第二，抓好绿色食品生产基地建设。要将绿色食品生产基地建设纳入到整个郊区农业发展战略的高度，加大扶持引导力度，提高发展水平。要以国际市场和国内高档消费市场为市场定位，大力开拓绿色食品的国内外市场，率先以绿色食品为农业主导产品，实施绿色食品工程，围绕发展绿色食品进行农业的科技开发、结构调整、现代化建设和产业化经营，在生产、流通、管理等方面采取配套战略性措施，实现绿色食品的品牌化。

第三，严格保护耕地，加强水土保持，全面完成大气污染治理任务。要采取经济、法律、行政手段切实保护与合理利用耕地，严格执行基本农田保护区制度，依法限制农用地转为建设用地。要努力增加土壤有机质含量，改善土壤理化结构及保肥保水能力。大力发展节水农业，推广应用喷灌、滴灌等节水灌溉技术，提高水资源利用率。切实采取多种措施，认真进行相关技术研究，重点抓好保护性耕作农业技术的推广应用，做好防治扬尘污染等有关工作。

第四，加强农业和农村环境保护的立法、执法和监督工作。制定农业环境管理法规，建立健全农业环境法制体系，为生态农业的发展提供法律保障。进一步理顺管理和运行体制，建立有利于生态农业发展的组织管理体系和监督机制，加快农业环境监测网建设，实现监测工作常规化。加强生态农业评价指标、管理认证等生态农业技术标准研究，逐步建立和完善生态农业的生产资料、生产基地标准，生产技术标准体系和产品标准体系，为生态农业建设和科学管理提供全方位技术支撑。

办绿色奥运　建生态城市
全力推进新世纪首都绿化林业建设

首都绿化办主任、北京市林业局党组书记、局长　宋希友

以"绿色奥运、科技奥运、人文奥运"为理念，把2008年北京奥运会办成历史上最出色的一届奥运会，对生态环境提出了明确要求。作为绿色奥运的重要组成部分，首都生态环境建设的主体，北京绿化林业建设迎来了千载难逢的历史性发展机遇。

一、北京绿化林业建设概况

北京市总面积1.68万平方公里，其中，山区面积1.04万平方公里，占62%；规划市区面积1 040平方公里，占6.1%；平原面积5 360平方公里，占31.9%。

北京的生态环境建设和绿化林业工作，在党中央、国务院的关怀下，在国家林业局的大力支持和指导下，市委、市政府坚持以人为本、可持续发展战略，以办绿色奥运、建生态城市为目标，确定了北京绿化林业建设三大体系（即高标准的林业生态体系、高效益的林业产业体系和高水平的森林资源安全保障体系），构筑三道屏障（即山区、平原和城市隔离地区绿色生态屏障），加快绿化造林步伐，全面提升质量管理水平，实现跨越式发展，率先基本实现首都林业现代化，建设"空气清新、环境优美、生态良好、人居和谐"的一流国际生态城市的指导思想。

近年来，北京市把绿化造林作为改善首都生态环境建设的战略措施，作为实践"三个代表"的重要内容，坚持以发展为主题，坚持生态优先、景观优美、产业优化、高质高效的原则，以大工程带动大发展。特别是"九五"以来，造林速度加快、质量明显提高，林木资源增长迅速。到2002年，全市林地面积已达80万公顷，林木覆盖率达到了45.5%。城市绿化覆盖率达到了39%，人均绿地达到40平方米；平原地区林木覆盖率达到了25%；山区林木覆盖率达到了62%，90%的规划宜林荒山荒地实现了绿化。目前，林业三大体系基本建成，三道绿色生态屏障已经形成。

（一）城市隔离地区绿色生态屏障建设取得显著成效　2000年初，市委、市政府决定"用三至四年的时间实现城市隔离地区绿化面积100平方公里，实现绿化达标、环境优美、秩序良好、经济繁荣、农民

致富的目标”。经过近四年的努力，该地区共实现绿化总面积 102.3 平方公里，造林 6 800 公顷，植树 2 000多万株。形成了 7 块万亩以上的绿色版块，创建了一批森林公园、文化体育公园共八种类型的绿色产业。目前，这一地区绿化隔离效果极为显著、环境面貌焕然一新。

按照首都城市建设的总体规划，2003 年又启动了第二道绿化隔离地区建设工程。目标是到 2008 年，在第二道隔离地区内再增加绿化面积 412 平方公里，实现绿化覆盖率翻一番达到 50%，把第二道绿化隔离地区建成生态区、绿色产业区和旅游休闲区。目前已完成 2 000 公顷。

（二）以“五河十路”绿色通道为重点的平原绿色生态屏障建设基本完成 2001 年，我市启动了以通向外埠的八条公路（京开、京石、京张、京承、京沈、京津塘、六环路、顺平路）、二条铁路（京九、大秦线）和市域内的五条主要河流（永定河、潮白河、大沙河、温榆河、北运河）为重点的“五河十路”绿色通道建设工程。总长度约 1 000 公里，通道两侧绿化带宽度各 200 米，规划绿化总面积 2.33 万公顷，其中内侧 30～50 米为永久绿化带，在永久绿化带外侧发展经济林、速生丰产林和林木种苗等绿色产业。到今年，“五河十路”绿色通道建设工程基本完成，共实现绿化总面积 2.4 万公顷，栽植各类树木 3 100多万株，超额完成了规划的绿化任务。与此同时，其它市级以上公路、河道 1.2 万公里，90%基本实现了绿化。在京郊平原，初步形成了色彩浓重、气势浑厚的绿色生态走廊。

（三）山区绿色生态屏障建设步伐明显加快 我市七个山区县全部列入了国家生态环境建设综合治理重点县，规划造林总面积 15.3 万公顷。通过退耕还林、荒山造林等方式共营造水源涵养林、水土保持林等 7 万多公顷。近年来，为了进一步改善林分质量，增强景观效果，在西起房山区十渡、东到平谷区金海湖 230 平方公里的前山脸地区，结合爆破整地造林实施“彩叶工程”，大量增加了阔叶树种混交比例和彩叶乔灌木树种的栽植。营造各种景观林 6 500 公顷。到 2002 年底，全市 90%以上的宜林荒山实现了造林绿化，形成了环抱京城的绿色生态屏障。

（四）以植树造林为主体的防沙治沙工作进展迅速 北京有永定河、大沙河、潮白河、康庄、南口五大风沙危害区，沙荒地面积约 8 万多公顷。“九五”以来，治沙造林实行投资机制多元化，80%以上的工程采取了租赁、拍卖、承包、股份合作等形式，收到了较好的成效。共营造防风固沙林 7 万公顷，“播草盖沙”3 333 公顷，1 万公顷沙质土地得到有效治理，五大风沙危害区得到全面治理。

（五）城市中心区绿化成果显著，郊区城、镇园林化进程明显加快 在北京城区，已建成明城墙遗址、黄城根、金融街等万米以上大型集中绿地 51 处，绿化面积达 200 多公顷。共完成新建和改造居住小区绿化 400 多个，扩大绿化面积 500 多公顷。全市共累计创建花园式街道办事处 43 个、花园式单位 2 664 个，城市中心区少绿状况得到改善，为市民创造了优美舒适的工作和休憩环境。

在郊区，为进一步加快改善卫星城、中心镇的环境面貌，广泛开展了园林城镇达标活动。市政府提出了“郊区中心城镇绿化覆盖率要达到 50%，人均绿地达到 50 平方米”的建设标准。怀柔、顺义、昌平、平谷、房山、密云、延庆和大兴 8 个区县，已建成园林卫星城。33 个中心镇园林化进程明显加快。

（六）中幼林抚育工程全面展开 北京市现有中幼林 32.7 万公顷，约占现有林地的 40%。由于栽植密度大、树种单一，亟需进行抚育。为了改善林木生长环境，调整林分密度，优化林分结构，促进林木生长，更好地发挥其生态、社会和景观效益，2002 年市政府决定“要利用 3 年时间，完成本市山区主要公路、铁路、河流两侧和重点风景区 20 万公顷的中幼林抚育”工作。到今年，已完成 14. 9 万公顷的抚育任务，林分质量得到显著提高。

二、主要做法

近年来，首都绿化林业建设始终保持了持续、快速、健康发展的良好势头，城乡环境面貌发生了巨大变化，生态环境质量得到明显改善。主要做法是：

（一）坚持高标准规划，提升绿化美化整体水平 北京绿化林业建设始终按照建设国际生态城市的要求，瞄准世界一流标准，吸收和借鉴国内外先进经验，进行科学规划。

一是从首都现代林业的长远发展出发，以“建首善、创一流”为目标，先后编制了《北京市林业建设总体规划》和“十五”林业发展计划，把绿化林业纳入全市国民经济发展计划。根据举办“绿色奥运”的要求，又编制了《2008—绿色奥运生态环境建设行动计划》，明确提出了“以绿色奥运为主题，加快造林步伐，全面提升质量水平，建设三大体系，构筑三道屏障，实现首都林业的跨越式发展，建设生态城市”的发展思路。

二是在总体规划的基础上，制定全市重大工程项目规划。1997 年以来，先后制定了《北京市京津风沙源治理工程规划》、《北京市三北防护林体系建设四期工程规划》、《北京市太行山绿化工程二期规划》、《北京市平原绿化工程二期规划》等一批国家和市级重点绿化工程规划。《北京市城市绿化隔离地区绿地系统总体规划》、《北京市“五河十路”绿色通道建设规划》、《北京市前山脸爆破整地造林工程规划》、《北京市中幼林抚育规划》、《北京市退耕还林规划》等市级规划方案，经过市政府批准，在全市贯彻执行并收到良好效果。

（二）坚持高质量建设，以大工程带动大发展

近年来，北京市坚持和贯彻“质量第一”的指导思想和“质为先”的原则，强化工程质量管理。集中力量，狠抓了城市绿化隔离地区、“五河十路”绿色通道、城市中心区万米大绿地、郊区卫星城、中心镇，以及防沙治沙、天然林保护、风景区爆破造林、中幼林抚育等一批对首都生态环境产生重大影响的绿化造林工程。

工程建设按照“五多”（多林种、多树种、多植物、多色彩、多层次）、“四好”（好种、好活、好管、好看）的原则，优化配置，优选种苗。实行乔灌花草相结合和植物材料的合理搭配，注重高大乔木、亚乔木、花灌木的空间立体配置和植物色彩的季相变化。良种使用率已由1995年的13%提高到50%，林木种苗产地检疫率达到97%以上，确保了绿化造林质量。近几年，在国家林业局组织的年度造林实绩核查工作中，人工造林的面积核实率、造林合格率、造林面积保存合格率分别达到了100%、98%、96%。

（三）坚持高水平经营，不断推进绿化林业机制创新 近几年来，北京市在大力推进政策创新、机制创新方面进行了有益的尝试和探索，取得了可喜的成绩。

一是政策创新，实施林业富民工程。把生态建设与发展经济、农民致富紧密结合，树立“绿起来、活起来、富起来”的新理念，各项工程在优先保障生态效益的前提下，充分利用区位优势，大力扶持和发展绿色产业。果树、林木种苗、速生丰产林、花卉和森林旅游休闲等绿色产业迅速崛起。全市果树面积发展到近15万公顷，果品产量突破了6亿千克。林木种苗、花卉产业发展迅猛，苗圃面积已达2万多公顷，花卉种植面积达到2 200公顷。全市22个森林公园、30条森林游线、200多处旅游景点构成的森林旅游产业，已经成为郊区新的经济增长点。

二是机制创新，推进绿化林业社会化。按照“谁造谁有、谁经营、谁收益”的原则，在防沙治沙、平原绿化、退耕还林等工程建设上，积极推行承包、拍卖、租赁经营和联营、合作开发、股份合作制等多种形式，使造林者真正成为林地、林木的主人，享有自主经营权和林木所有权。充分调动了经营者造林、营林的积极性。在城镇普遍开展了林木、绿地的认建、认管、认养活动，实行以绿引资、以资建绿、以绿养绿新机制，建设了一批休闲娱乐、文化体育公园。

（四）坚持高效能管理，确保首都森林资源安全 随着林木、绿地总量的迅速增长，依法治林，高效能管理，巩固绿化造林成果，已成为北京生态建设的重要任务。

近些年来，北京市认真贯彻并严格实施新《森林法》、《北京市森林资源保护管理条例》、《北京市城市绿化条例》、《北京市古树名木保护管理条例》等法律法规。对涉及使用林地和伐移林木的项目始终坚持了严格的审批制度。对乱砍滥伐，损毁侵占林木绿地的行为进行了坚决的查处和有力的打击，仅“九五”期间，就查处各类毁林案件1 137起。为巩固城市隔离地区绿化成果，对规划实施的125平方公里绿地进行确界钉桩，并设置标示牌。依法治林使规划绿地和林木神圣不可侵犯，有效地保护了林木绿地和造林成果。

转变管理方式、实行工程质量的全面管理，是实现高效能管理的核心。在工程建设管理中，坚持实行项目法人责任制、规划设计审批制、工程检查验收制，积极推行资金报账制、工程监理制、政府采购制，严格执行造林质量责任追究制度等一系列制度。在绿化造林工程质量管理中，从注重结果管理向全面过程管理的转变，实现了由传统的计划经济管理模式向市场经济管理模式的转变。

以专业化、正规化、现代化为目标，以现代科技为支撑，不断加强森林防火基础设施建设和队伍建设。目前，全市重点林区基本实现了自动监控，并组建了1 000人的市森林消防总队，有8个区县建设了现代化的森林消防指挥中心，山区瞭望监测面由1997年的30%提高到60%以上。形成了空中监控、山头瞭望、地面巡逻相结合的全方位、全天候、立体式的林火监测和预报体系，基本实现了林火的预测预报、接报警、扑火指挥手段的现代化。同时，制定了以监测和预测预报为基础，生物防治为重点的综合防治技术措施，建立了反应灵敏，高效可靠的防灾控灾体系，严防主要危险性病虫害的侵入。

（五）切实加强领导，坚持实行领导目标责任制和检查评比制度 北京市多年来坚持实行领导目标责任制和检查评比制度。市长与区县长签定绿化造林目标责任书，把责任落实到了各级领导的肩上，把绿化造林目标和任务落到了实处。市委、市政府主要领导坚持每年带队检查绿化，并多次视察绿化林业工作。有力地促进了首都绿化美化林业建设事业的健康发展。一年一度的首都绿化美化总结评比工作，对调动首都各行各业积极投身绿化造林建设，发挥了重要作用。

党的十六大提出了“全面建设小康社会，开创中国特色社会主义新局面”的奋斗目标。“新北京、新奥运”赋予了首都绿化林业工作新的内涵，提出了新的任务和要求。

首都的绿化林业事业任重道远，我们有信心，在党中央、国务院的关怀下，在市委、市政府的正确领导下，坚持以生态建设为主导的林业可持续发展道路，建立以森林植被为主体的国土生态安全体系。以“绿色奥运”为主题，加快推进林业三大体系建设，不断完善三道绿色生态屏障，加大城市绿化美化力度，进一步提升首都生态城市建设水平。

首都绿化林业建设的目标是，到2005年，北京基本达到“双五十”和“四无”的标准。即全市林木覆盖率达到50%，市区人均绿地面积达到50平方米；完成隔离地区绿化，实现五环路以内城区无裸露地面；完成山区宜林荒山绿化，实现山区无宜林荒山；完成沙区造林和播草盖沙，实现沙区无裸露沙地；实施平原绿化和保护性耕作，实现平原无扬尘土地。到2008年奥运会，首都将形成城市青山环抱、市区森林环绕、郊区绿海田园的优美景观，成为山川秀美、生态文明的新北京。

城近郊区水系水污染情况的调查及对策研究

北京市水利局局长　焦志忠

北京是依山傍水的城市，相对完善的城市水系是北京城市重要的基础设施。80年代以来，随着城市规模迅速扩张和经济快速发展，城市河湖污染问题不断加剧，对城市生态环境造成恶劣影响。全社会对城市河湖环境现状给予巨大关注，要求改善城市水环境，还京城碧水蓝天。1998年市政府投资11亿元对中心区水系进行了大规模治理，已治理河段初步实现了"水清、流畅、岸绿、通航"的目标。但从总体上看，城市水系现状仍滞后于城市现代化进程，下大力量解决城市河湖水污染问题，已成为水利、市政建设和管理的重要任务。

一、北京市水资源的基本情况及城市水系环境用水分析

北京地区平水年可利用水资源量41.8亿立方米，其中地下水26.33亿立方米，地表水15.45亿立方米。经济和社会迅速发展，导致水资源供需矛盾越来越突出。20多年来，人口由800多万增加到1 500万(含300多万流动人口)，人均水资源量已不足300立方米，是重度缺水地区。

北京市区坐落在永定河冲积平原上，但市区没有可以满足城市用水需求的自然河流。城市用水一是靠地下水，二要靠从外流域引水。市区现有河道，多是为适应城市发展人工开挖的供排水河道和护城河。我们现在所称的城市水系，既是指北京规划市区及周边的人工开挖或自然形成的河道、湖泊。市区及周边河道共有373公里，其中中心区河道214公里，湖泊26个。骨干河道由南向北分布有凉水河，通惠河、坝河、清河，这些河道在通州汇入北运河。元代从永定河引水和白浮引水废弃以后，数百年间，北京城主要靠每秒1～2立方米水量的玉泉水系补水。

建国前城市河湖基本处于干涸状态，许多河道或排放污水成为龙须沟，或成为垃圾堆积的场所或开辟成稻田。建国初期北京市政府为提高人民生活水平，对城市水系进行了大规模的疏浚治理。本着由消费型城市向生产型城市发展的要求，开始进行大规模水利建设。1954年建成官厅水库，1957年开挖永定河引水渠将官厅水库水引入市区。1960年建成密云水库，1966年开挖京密引水渠将密云水库水引入市区。此后，城市水系用水完全依靠官厅、密云两大水库供给。此间，对城市河道、湖泊进行了多次治理，形成了蓄、引、供、排功能相对完善的城市水系。北京市区1 040平方公里，占全市面积6%，用水量占全市总量的45%，约为16亿立方米。

自80年代初期遭遇水危机后，大力开展计划用水、节约用水，年用水量一直在40亿立方米左右，这其中最根本原因是可供水量不可能继续增长，经济社会发展只能在提高用水效率和调整用水结构上作文章。按照多次利用，梯级开发的规划思路，高井、二热、一热电厂和首钢等工业企业，沿永定河引水渠布设。80年代前，两大水库年均为全市供水10亿立方米，工业用水大户基本采用的是贯流水方式，同时还兼顾下游朝阳、通州等地的农田灌溉，每年通过城市水系的水量约8亿立方米，除冬季外，河湖维持每秒10立方米左右的流量。大量的新水补给客观上改善了城市河湖水环境。

经过20多年以节水为重点导向的产业结构调整和节水技术改造，电厂等工业企业改变了浪费水的贯流水方式，两大水库也停止向朝阳、通县等地提供灌溉用水。供水方式发生变化，导致城市河湖的新水补给量不断减少，目前维持城市河湖运行的新水量已不足每秒2立方米。同1980年相比，我市用水结构发生重大变化，农业用水比例由65%下降到2000年的43%；生活用水的由7%增加到29%；工业产值由同期的200多亿元增加到1 800亿元，但用水量却实现了负增长，环境用水一直维持在较低水平（见图1)。据对从1995年到2001年城近郊区污水量排放量分析，这些年的污水日排放量大体在250万立方米左右，但生活污水所占比例却由50%增长到61%。

这里所指的城市环境用水，主要由两部分水量组成，一部分是给公园湖泊补给的消耗水量，另一部分是减轻河湖污染，用于冲洗河道的水量。原有为工业、农业供水发生的过境水量，虽然在客观上改善了城市水环境，但并不计入环境用水量之中。事实上，近些年间接用于环境的水量比80年代前要少得多。1999—2002年，北京市遭遇连续四年特大干旱，降水量仅为多年平均的70%，造成水库蓄水和地下水入不敷出。全市加强计划用水和节约用水，各类用水进一步减少，近两年经过两大引水渠引入城市的新水每年已不足2亿立方米，而进入河湖的污水每年4至5亿立方米，远远超过城市河湖的纳污能力。

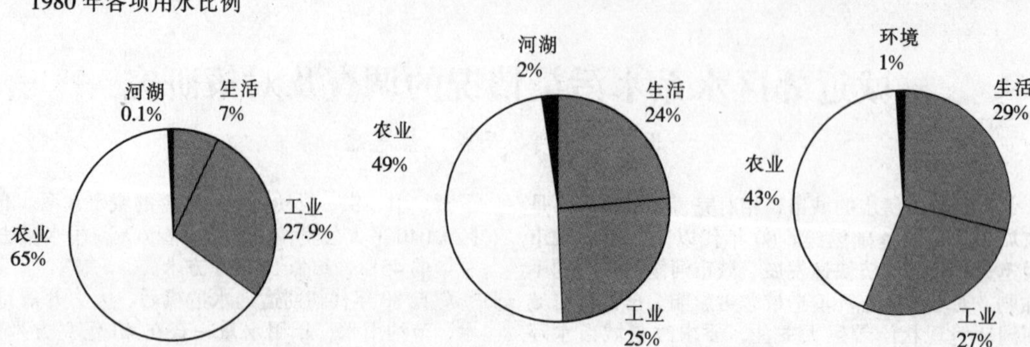

图1　1980年、1998年、2000年北京市用水构成对比

二、城市水系存在的主要问题及原因分析

城市水系污染主要原因是大量工业、生活污水，直接或间接排入河道。市区污水管网系统十分复杂，从历史沿革上说，有明清时期遗留下来的古代排水管网，也有建国后不同时期建设的排水管网。从功能上说，有雨水管线、污水管线、雨污合流的管线。排污管线和雨水管线关系混乱，由于一些用户私接乱排，有些雨水管线也在排放污水。从管网覆盖上说，有些地区干支户线齐全，有些地区却干支户线不配套，有些地区根本没有铺设管线；也有些地区是铺设了管线却长期没有利用。

20多年来，北京城市建设速度加快，城市住房面积由50平方公里迅速发展到260平方公里。由于市政污水管网建设滞后，进入城市河湖的工业和生活污水不断增加。入河污水中洗涤剂等化学合成物增加，使水体污染程度不断加剧。溶解在水体中和沉积在河底的污染物，使水体混浊发臭，不仅严重影响了河湖景观，还对两岸居民生活带来恶劣影响，每到夏天河边居民都不能开窗换气。

据市环保局发布的2001年水环境公报，在检测的79条河段中，只有20条河段的水质达到标准；本市郊区的地下水水质也呈现明显的两极分化，水质较差和极差的占55.9%。城市水系年接纳污水量近5亿吨。2002年上半年，水利管理单位对市管河道调查结果显示：市管河道排放污水口总计有1332个，其中由市政部门管理的约占60%，企事业单位或其他个人擅自将污水向河道排放的约占30%，还有一部分是原来农业灌渠改变性质，承担了两岸新建小区向河道排污任务。

据分析测算，市政管理的60%排污口，入河污水量占市管河道污水总量90%以上。市管凉水河水系河道40公里，有污水口490个，其中连续排污的210个，间断排污的280个。年排放污水1.2亿吨。是四条水系排污量最大的。通惠河水系全长89公里，现有污水口431个，其中连续排放的181个，间断排放的250个，年入河污水量4 000吨。坝河水系6公里，有污水口61个，其中连续排污的35个，间断排污的26个。年排污水470万吨。清河水系有3条河，全长34公里，有污水口350个，连续排污的100个，间断排污的250个。年排放污水量1.2亿吨。城近郊区区管河道20条，总长196公里，基本上没有进行截污治理，年排放污水1.2亿吨。坝河、亮马河、土城沟等都有大量的排污口，据对温榆河调查，这条河有排污口790个。

市政排污管网和污水处理厂建设严重滞后。北京市污水排放、处理设施规划和建设存在不少问题，有投资不到位、管理不到位的原因，也有认识不到位的原因，忽视城市水系的环境景观功能，不考虑城市水系的纳污能力，使城市水系蜕变成为排污河道。

*1. 污水管网和污水处理厂建设滞后，管网普及和服务远远赶不上城市发展速度。*目前市区三环以内管网覆盖率约为60%，三环以外管网覆盖率为30%。污水管网共有4级，分为干线、次干线、支线、户线。按管理责任划分，干线和次干线由排水公司建设，支线和户线由用户建设（区政府、开发商、企事业单位等）。由于缺少管理层次间的合理衔接，污水处理厂同管网建设不配套，骨干线同支户线也不配套。有的敷设了管网，但污水处理厂还没有建，有的建了污水处理厂，但污水收集系统不健全；有些地区敷设了干线，但支户线没人建，有的地区建设开发建设规模很大，但污水干线建设远没有着落。

*2. 布局不合理，造成污水收集、处理和再生水利用有很大难度。*由于污水处理需要大规模投资、大量占地和除臭工艺等难度大，原有污水处理规划的思路是集中、下游、大型，这种方式一是造成污水管网成本加大，四级管网齐全，同其他市政设施交叉，使

老城区配套管网建设难以实施。二是处理后的再生水难以重复利用，需要建设泵站、管线返回城市利用，加大利用成本。三是污水截流后，河道既没有清洁水补充，又没有污水汇入，中上游会出现无水可流的局面。

3. 严重影响城市河道的景观功能。污水收集、处理设施建设滞后，最直接的结果就是把城市河道作为排污水道利用，直接向河湖直排污水。就是已建成的污水管线，大多采用的也是雨污混流方式，在向河道排水口处设置拦污坎，平时污水进入干管排入污水处理厂，一旦遇有 10 毫米以上的降雨，雨水、污水和长期积存在排污管线中的污物会越过拦污坎，一起排入河道，造成河道内污水横流，污物漂动，严重影响了河湖水质和周边市民的正常生活。

4. 水污染导致的土地污染后患无穷。大量工业和生产污水随意排放，以及前些年部分地区采用的污水灌溉，对土壤、地下水以及农作物造成再污染。我市南部平原区，东部平原区有一些地方，表层地下水受到了较为严重的污染，已不能作为饮用水。更为严重的是，有些城市水源区的地下水也受到污染，如水源八厂的有些井区已采不到合格的地下水，威胁到城市的供水安全。

三、还清河湖水体的基本原则、实施主体和工作步骤

加大截污、治污力度，创造清洁、优美的城市水环境，已成为城市基础设施建设刻不容缓的任务。2002 年初市领导在听取水利工作情况汇报时明确要求要加快城市水系治理，水利部门要做出截污、治污规划，把任务落实到各部门和区县政府。

完成城市水系截污、治污，要制定出可行城市水系截污、治污实施计划。这个计划必须遵循以下原则：一是清污分流的原则，新建排污管网要设施齐全，污水收集系统、输送系统、处理系统建设和管理协调一致。城市水系改造要做到治河必先截污，实现清污分流。二是分类管理原则，针对老城区、新建区管网建设和收集系统、输送、处理的不同特点，提出分类计划。老区改造能实现清污分流的一定要分开，不能实现的也要采取雨水开发利用、小区污水处理再生利用等技术改造措施，减少污水入河量。新建区必须建设雨污分流、收集、输送、处理配套的处理设施。管网不能覆盖地区，必须建设分散的小型污水处理设施。三是责任区划原则，要把各级排污管网建设、河道截污、排水管理、污水处理统一纳入计划，分出不同的责任范围，明确责任主体，分级分类负责，分级分类实施。四是突出重点的原则，"先中心，后外围，先上游，后下游"，遵循水利运行的规律提出治理计划。五是"注重成效"的原则，要干一处，成一处，以点带面，多头并进，积小胜为大胜。

今后几年河湖治理和截污、治污的任务量大，需要分年度、分层次实施。分年度是指排出总的计划，按轻重缓急每年建设一部分，到 2005 年底基本完成所管河道治理，实现清污分流，河湖水体还清，改善生态水环境的目标。分层次是指由市和区县两级实施，实行的是两级财政管理体制，市管河道由市级财政统一安排，区县管河道由区县财政统一安排，市里根据实际情况给予适当支持。

1. 市政管理部门负责污水截流管网覆盖地区从市政部门管理的排水口（雨水口）排放污水的截流工作，负责河道沿岸污水截流管线的建设工作。同时按照大中小结合，集中和分散结合，城市上中下游结合的方式，加快污水处理厂建设，使污水有去处，及时处理，及时利用。

2. 环保部门按照《北京市实施＜中华人民共和国水污染防治法＞办法》，按照预防为主，防治结合的原则，对通过雨水口排放污水的排放主体和雨水口管理部门的违法行为进行管理；负责对超标排放单位的处罚，加大执法力度。

3. 沿河区县政府负责市政管网覆盖地区截污支线、户线的建设；结合城市建设负责河道两岸违章建设的拆除，为市政截污管网建设创造条件；按照分散处理、达标排放的原则，解决无市政截污管网地区或市政管网不能覆盖地区的污水处理、达标排放工作。按照河道管理的分工，全面负责城市中心区区管河道的截污工作。

4. 水利部门负责入河雨污水口的监督、管理工作，随时掌握排水口排放水体的水质、水量。按照截污进度安排，在向社会公告的基础上，负责截污管线完成地区的入河污水口的封堵工作，负责对分散处理、达标排放试点推广和技术指导工作，负责城市河流水质的监测工作。

5. 排出计划，加快市管河道治理。2003 年进行昆玉河、双紫支渠、长河、南护城河、小月河、西土城沟、清河上段、东土城沟、万泉河等 9 条河道污水截流工作，启动北护城河、永定河引水渠、凉水河水系污水截流工作。2004 年完成永定河引水渠、北护城河、通惠河上段、二道沟、泄洪道、亮马河、北小河、坝河等 8 条河道污水截流，继续实施凉水河水系截，启动南旱河截污。2005 年基本完成清河下段、仰山大沟、南旱河、北旱河和凉水河水系河道截流工作。2006 年完成其他河道扫尾工作。

五、完成城市水系截污、治污的保障措施

《北京市环境治理规划》和《21 世纪初期首都水资源可持续利用规划》，确定了改善生态水环境、加快河湖截污、治污的规划和目标，具体落实规划任务需要各方面的保障措施，水利发展的各项工作要服从、服务于"保护水资源、保证水安全，建设生态水环境，实现水利现代化"这个中心。具体到城市水系治理，总的要求是用四年的时间，全部完成城市河湖的综合治理，用五年的时间实现"三环绿水绕京城"

的目标。

1. 加强的截污、治污工作的组织领导，各级、各部门要形成合力，各负其责。要确定责任主体，明确各级、各部门的截污、治污责任。城市河湖、排水管网、污水处理分属不同的管理部门，也有着各不相同的排污责任单位。做好截污、治污工作需要这些部门、单位的团结协作，要明确各自的责任，在统一的组织领导下推进这项工作。

2. 当前最关键的是要严格执法，改变有法不依的管理软弱状态，依法推进城市水系截污、治污工作。经过几年八个阶段的大气污染治理，这项取得了决定性成果。要借鉴大气治理的经验，在确保成果的基础上，把环保工作的重点从治理大气污染转到治理水污染，在资金投向、管理力度上向治理水污染倾斜。

3. 确立有利于城市水环境建设的政策。要确定不同类污水不允许排放、达标排放、限量排放、超量排放加价罚款的不同要求。提高超标排放收费标准，使收费额大于治理投资额，一方面通过惩处对排放单位的行为进行引导，另一方面调动企事业单位治理水污染的积极性。

4. 狠抓节约用水，源头消减污水。污水是用水过程中形成的，污水形成率约为80%，节约用水客观上就可以减少污水，实现源头消减。节约用水要突出重点，一是以水为生产手段和生产产品的企业，如洗车、洗浴、纯净水、饮料等；二是生活用水中的公共用水部分，如机关、学校、餐饮、绿化等；三是生产工艺落后，耗水多、污染重、缺少比较优势的冶金、化工、热电等行业。

5. 制定支持鼓励建设污水处理设施和利用再生水政策。要按产业化发展的方向，建设大中小各类污水处理和利用设施，并按国家制定的标准运行管理。小区和企事业单位自建污水处理设施，不再向外排放污水，经有关部门审验后，可按国家规定标准，收取污水处理费作为运行管理费。允许建设小型污水处理设施的单位向其他单位出售剩余的再生水。

6. 制定建设小区雨水利用设施政策。要明确规定新建小区，无论是企事业单位还是居民小区，均要设计雨水利用设施。凡按标准建设雨水利用工程并保证正常运行的新建小区，将雨水留在地面，回补地下或利用，因不增加排洪量，应免收其防洪费，所免费用用于设备维护。建设雨水利用工程，但未达到标准的单位，可适当减收防洪费。

7. 提供技术支持和保障。下大力量加深研究和推广节约用水技术、城市到雨水开发利用技术、小型污水处理再生利用技术、排水设施雨污分流技术、河湖水污染生物修复技术等实用技术。提高科技成果在节水、雨水利用特别是在截污、治污中的贡献率。

8. 保证城市河湖合理水量，提高环境用水效率。在水资源严重紧缺的情况下，不可能向城市水系提供更多的环境用水。制定城市水环境保护预案，确定不同条件下环境用水方案，通过科学调度和治理等方式，以较少的水量保障城中心区和重点区域的水环境安全。

开展广泛科技合作　积极筹备北京奥运气象服务

北京市气象局党组书记、局长　谢　璞

2008年夏季奥运会将在北京举行，届时北京市气象局将承担直接为奥运会提供气象服务的光荣任务。目前在奥运筹备工作中时间紧任务重，我局始终贯彻落实中国气象局和市委、市政府对新时期气象事业发展提出的新要求，坚持把广泛开展科技合作当作重要工作来抓，使科技合作从数量和质量上都有了新的发展。目前新的科技合作氛围正在形成，并已深深影响到首都气象事业发展的速度、规模、方向和效率。

一、奥运气象服务需要广泛的科技合作

首先，奥运气象服务科学和技术问题具有明显的广博性、多学科性和综合性，以及基础研究、应用研究和技术开发紧密结合的特点，规模大，投入大，如果没有广泛的科技合作，任何一个单位单独完成这一非常国际化的任务，并赶超先进国家奥运气象服务水平几乎是不可能的。在新世纪初，大气科学发展的一个显著特点是突出学科交叉，提出了全球气候系统的概念和地球系统科学的概念，使我局在制定奥运气象服务科研与行动计划时，必然要充分考虑如何通过与交叉学科的合作与交流，赋予奥运气象服务一些新的形式和内容。也就是说，奥运气象服务面临的一些重大和前沿的气象及相关科学问题，需要科技界的共同努力来应对。例如，由于气候变化和北方干旱，加速环境恶化，北京及周边地区生态环境变化预测、大气污染物的跨界输送、环境调控等，作为热点问题，直接关系到“绿色奥运”目标的实现。而这些问题的解决已远远超出了地区或部门的范围，因此必需通过多地区多部门进行合作加以解决。

其次，经过初步评估，目前我们可能使用的一些气象服务的技术和方法等与发达国家的奥运气象服务相比水平明显偏低。因此，有必要引进和借鉴奥运举办国气象服务理念和模式等崭新的技术思路和开发研究方法。

二、广泛的科技合作已有良好开端

目前，我局的科技合作活动从形式到内容都有了很大的变化，已从一般性邀请专家进行专业讲座，发展到合作探讨科研问题、联合培养人才，由纯学术的交流，发展到技术上的广泛合作与研究。在合作对象的选择上，除了广泛与国内大专院校、科研单位的合作外，在国际交流与合作方面，我们分别选择了在中小尺度数值模式、大气污染数值预报、奥运会综合气象服务几个主要方面的国内国际合作对象，有针对性的开展科技合作，使科技合作真正成为业务科技工作的重要组成部分。

1. *广泛开展合作与交流*。为顺利启动奥运气象服务研究任务，我们积极开展了广泛合作与交流活动。例如除了继续与国家气象中心、北大、大气所等合作伙伴继续开展更深入的合作与交流之外，我们还聘请了美国国家大气研究中心科学家郭英华兼任北京城市气象研究所名誉所长和奥运气象服务科学与技术研究项目的科学指导；围绕奥运气象服务筹备工作，邀请了悉尼奥运会气象服务总策划人 Spark 女士，美国 NCAR 和 NSSL 曾经参加过奥运气象服务的高级专家、学者等来我局交流奥运会气象服务经验；就空气质量预报模式的开发等与负责悉尼奥运会空气质量预报服务的澳大利亚科工贸组织研究机构签定了合作协议；同中科院资源环境所共同创办中德城市环境与气候研讨会，并就有关项目达成合作意向；近期派有关人员随中国气象局代表团考察了希腊奥运气象服务筹备情况等。

为了解奥运气象服务的需求，我们走访和联系了国家体育总局、奥组委体育部、工程部，十几个奥运场馆等有关单位。

2. *通过科技合作，促进奥运气象服务科研目标的凝练*。在制定奥运服务科研计划时，我们感到，所谓凝练目标问题，主要是解决“有所为、有所不为”的问题，或者说真正要做到凝聚科学目标，关键是否准确提出对哪些问题我们要“有所不为”。为此，我们借助国内外专家客观公正评价我们的目标和计划，取得了很好的效果。通过评估，我们认真吸取了国内外专家的意见，首先在确定城市气象研究所新的研究领域时，缩减了原定的五个研究领域，明确了以气象探测技术与应用技术、城市精细预报技术、城市生态及灾害防御技术为北京四个主要研究领域。与之相适应，在市科委支持下将 2002—2007 年间的奥运气象服务研究计划浓缩为三个研究课题，主要是利用在北京及周边地区布设的探测网，以及高性能计算机等关键设备，围绕世界一流奥运气象服务总目标开展应用研究，力争在五年内预期形成一些可直接用于 2008 年奥运会的研究成果。

3. *提高引进和吸收技术的能力*。通过确定城市气象研究所研究领域的讨论，我局科技人员达成了共识，要真正提高科研和技术开发能力，就要把引进和吸收技术的能力摆到重要议程，改变过去只靠自己力量完成“力所能及”工作的运做方式，围绕奥运气象服务的大目标，在城市气象研究的三个领域，与国内外的专家广泛范围合作，适时的研究具体工作方案，这样，不但可以“洋为中用”，同时也充实和发展了在北京城市气象研究方面的科学技术体系和研究队伍，提升城市气象服务能力，我们认为这应该是一个非常国际化的作法。

4. *吸引相关专业人才参与奥运气象服务筹备工作*。我们在研究广泛开展科技合作问题时，有一个非常重要的标准是，能不能把包括相关专业优秀的科技人员吸引到我们的计划里，长期地、稳定地做一些研究或开发工作。因为，如此复杂的气象科研和技术问题，必须充分利用现代化的科学技术手段，例如，利用卫星遥感等现代化探测手段以及超大型计算机等先进的计算工具；应用先进的数学、物理、化学和生物等学科成果和先进的信息网络通讯，GPS 技术等。要通过国际合作，吸引相关专业优秀科技人员参与到奥运气象服务计划里做研究或开发工作。

5. *通过高水平的科技合作，稳定和培养人才队伍*。目前，我局通过中国气象局外事司以及北京市智力引进等部门的大力支持，已开始定期选派科技骨干到国外研究机构参与相应的研究工作，接受高水平的培训，并计划采取多种形式，加强国外智力的引进和人才培养工作，使人才交流真正成为能力转移的重要方式，让更多有才华的年轻科技骨干能看到在这样一个国际化的氛围里，有目标、有前途。我们已把这一工作列为稳定和培养年轻科技人才的一项重要措施。

与此同时，我们对管理和科技人员分别提出外语学习的具体要求和强化培训计划，使相当数量人员具备国际交流所需的英语水平，以良好的外语素质和形象参与国际化的奥运气象服务，用以努力提升我局科技人员在科技合作当中的地位和实力，逐渐形成与我局业务应用结合紧密的科技合作项目，促进科技合作向更高层次发展。

6. *保证科技合作项目的资金投入*。要开展高水平的科技合作，就必须对有基础、有优势的科技合作项目给予资金保证。例如，启动奥运场馆微气候观测项目，北京地区 7 月下旬、8 月上旬的中小尺度强暴雨系统形成机理的研究项目等，都是针对奥运气象服务的必选项目，应该尽快与有关单位协同攻关。为此，我们集中有限经费向合作项目进行前期资金投入，用于和高水平研究机构合作，共同研究这一课题，并将其列为我局有前景的项目重点扶持，以此把经费和相关设施向这些方面进行当量凝聚式的配置。

三、进一步加强科技合作，增强活力和竞争力

在奥运科研计划中，已经提出了一系列比较明确

的题目，这是一个在有限时间内要解决的气象科学技术的大题、难题。我们在这方面应该还有很长一段路要走。目前我们正计划进一步围绕奥运气象服务的需求，积极主动保持和发展国内外多层次的科技合作，在优势互补的基础上，与国内外著名的研究机构和著名科学家等建立长期的、稳定的合作关系，这样就有可能把北京奥运气象服务准备工作推向一个新阶段、一个新的水平。例如，我局正在研究如何主动与国内外有关部门合作，针对夏季奥运项目，有的放矢地获取气象条件对竞赛项目以及相关活动影响的数据，研究开发一系列体育气象、城市环境气象等服务产品制作技术和方法，不但为运动员适应不利气象因素的能力和寻求应对不利气象因素的技术和方法，而且为奥运会期间的城市环境气象服务打下坚实的基础，为充分体现“人文奥运”中气象服务的真正价值。

总之，一方面，我们要对奥运气象服务共同关注的问题加强研究，提高自身的科研能力和科技竞争力；另一方面，不能总是局限在自己的领域里从事科学研究，要扩展我们的视野，要重视国内外相关问题发展动态研究，扩大目前我局已经建立的科技合作渠道，广泛收集并在工作中参考国际气象科技信息，有了更广阔视野，才有说话的权利，否则在探讨有些问题的时候，就可能连话都说不上。作为更高层次的合作，首都气象工作者应该在城市环境气象方面有所奉献。

在开始启动和实施奥运气象服务科研与业务行动计划之日，通过加强科技合作，为我们自身的科技发展提供真正的动力，已经成为我局无论作为管理还是科技人员非常关注的焦点。紧紧围绕奥运气象服务主题，用更大的气魄来组织高层次的科技合作，用以解决我们自身很难解决的科学技术难题，有利于全面实施奥运气象服务行动计划，有利于向2008年北京夏季奥运会提供世界一流的气象服务。

京郊现代农业科技园区建设与农业产业化经营

北京市农林科学院党委书记　陶铁男

农业科技园区是沿用国家科技园区的发展模式建立起来的主要在农业领域应用的农业科技密集区。是指“在现代农业高新技术的支撑下，通过筹措社会支农资金，以服务三农为根本宗旨，以示范、应用、推广、普及、生产为基本目标，充分调动社会各方面的力量，建设具有较强示范带动作用的现代农业科技示范区或现代农业科技企业的密集区”。其核心包括两点，其一，农业科技园区的主要功能是以农业高新技术的试验、示范、推广为主要目的；其二，园区具备的农业高新技术必须处在不断的更新中，是一个动态发展的过程。按照这个基本标准，我们可以把北京农业科技园区划分为二类，第一类是真正意义上的农业科技园区，主要包括顺义三高、小汤山、延庆农业科技园区和锦绣大地、朝阳农艺园、翠湖农业高新技术园区、通胜、大兴特莱等136个（缺农口局）；第二类包括其余的300多个科技园，或者叫做高效经济单元。

一、京郊现代农业科技园区发展现状

到90年代中后期，北京市农业得到快速的发展，比其他省市提前进入了农业发展的新阶段。同时，农业中的各种矛盾也突显。从1997年开始，北京市委、市政府提出了发展具有北京特色的都市农业，开始进行农业结构的战略性调整，建设农业科技园区是其中的一个重要方面，从1997年开始京郊部分高效农业企业、工厂化场所逐步转制成为农业科技园区开始，北京市农业科技园区发展如火如荼，并逐步形成规模优势。

到2001年底北京市郊区已经建立了面积在50亩以上的各类农业科技园区485个，其中重点农业科技园区136个。在重点园区中，既是市级又是国家级的农业科技园5个，市级农业科技园20个，区县重点111个（不包括农口局建立的园区）。投资规模在5 000万元以上的农业科技园有12个，其中国家级2个（顺义三高、小汤山），市级3个（朝阳农艺园、锦绣大地、朝阳通胜）；区（县）级7个（海淀翠湖高科技园、北京盛世富民清真有限责任公司、绿健现代农业发展有限公司、北京御香苑肉类有限公司、北京步步高饮料有限公司、北京通州农产品开发有限公司、顺义区农业高新技术示范区）、投资规模在1 000万～5 000万元的农业科技园有70多个。“九五”期间的总投资达到了49亿元，其中1999年投资5.9亿元，创造产值9 900万元；1999年资产净增率达到了10%。

（一）组织基础　北京市农业科技园区建成的基础包括：一是基层科技站、科技所转制后形成农业科技园；二是社会投资者或者农民兴办的养殖小区、果园等上升为农业科技园区；三为股份制或者由企业投资兴办。这些园区中，有些园区的单项农业技术在全国处于领先地位，具有较强的示范带头作用；有些园区具有科技孵化器作用；有些园区引进国外先进技术设备、机械化程度高。

（二）区域分布　边远山区（门头沟、房山、延庆、怀柔、密云、平谷）等区县共有216个，占总数的44.54%，远郊区（县）共计400个，占总数的82.5%。

（三）所有制形式　有37%左右属于集体、集体控股、国有和国有控股性质，如顺义三高、昌平小汤山、朝阳朝来农艺园等；有63%属于私营或私营控股性质。

（四）投资主体 京郊现代农业科技园区的投资主体包括：家庭农场、社会力量投资兴办、科技服务组织创建、科技园转制、国有集体企业转制以及多元投资主体等多种类型。统计资料显示，京郊现代农业科技园区中投资主体呈多元化趋势，其中投资主体为家庭农场的占总数的24.4%，国有集体企业转制占7.2%。

（五）园区的功能和级别 第一，国家级农业科技园区5个；主要发挥示范、展示、教育、孵化器、旅游休闲等功能。第二，市级农业科技园区20个；主要承担技术辐射、推广、生产流通等功能。第三，区县重点农业科技园区111个（不包括农口局建立的园区）；主要承担生产流通、推广和技术辐射等功能。第四，其他园区349个。主要承担生产流通功能。

（六）投资规模 从园区的投资规模分析，投资规模在5 000万元以上的农业科技园有12个，其中国家级2个，市级3个；区（县）级6个、投资规模在1 000万～5 000万元的农业科技园有70多个。投资规模在1 000万～5 000万元的70个，投资规模在500万～1 000万元的80个，投资规模在100万～500万元的223个占总数的45.9%，投资规模在100万元以下的90个。

（七）产业结构 重点园区中，以瓜菜为主的园区有47个，占34.56%；以养殖业为主的园区有32个，占23.53%；以花卉为主的园区15个，占总数的11.03%；以水产为主要业务的8个园区，占总数的5.89%，以林木为主的园区4个占总数的2.94%；以种苗为主的37个园区，占总数的13.24%；以果品为主的37个园区占总数的27.21%；其他，包括综合、实用菌、加工、中药材、饲草等领域在内的合计18个园区，占调研总数的13.24%。

（八）管理模式分析 从136个京郊重点农业科技园的管理模式我们可以看到，只有3个园区属于管委会的管理模式，实行公司制的管理模式的园区有6个；实行股份制和股份合作制的管理模式的有23个园区，仍然属于国有或集体经营的管理模式的有56个，属于家族式管理模式的有46个。

（九）科技人员的比例 所谓农业科技园的科技人员的比例是指园区中具有高中以上文化程度的科技人员的比例，或者接受过绿色证书培训的人员的比例。在有数据的88个园区中最高的比例达到85.7%，最低的只有2.6%，平均每一个园区的科技人员的比例为27.6%。

（十）经济效益分析（该经济效益是指销售收入，不是纯利润） 通过对京郊117个重点农业科技园的经济效益分析结果表明，平均每一个农业科技园的经济效益达到973.22万元，而中间值为227万元，有56个园区的经济效益少于227万元，而年经济效益高于5 000万元的有7个，比如：北京御香苑肉类有限公司的年效益达到11 200万元，顺义区农业高新技术示范区的年经济效益达到10 000万元，锦绣大地的年经济效益为6 700万元。

（十一）带动农户分析： 我们对北京市106个重点农业科技园区对农户的带动情况分析结果表明，每一个园区对农户的带动达到592户，而中间值为120户，其中最少的为0户，而最多的可以达到6 000多户。

二、京郊现代农业科技园区的主要功能及特征

1. 京郊现代农业科技园区具备的主要功能。从调研中我们确定北京农业科技园区主要具备展示功能、旅游观光功能、流通生产功能、辐射功能和孵化器的功能。

（1）展示功能。展示功能是建立现代农业科技园区的基本功能。

（2）休闲旅游功能。在展示功能的基础上，旅游观光和休闲已经逐步成为现代农业科技园的一个重要功能。

（3）流通生产功能。流通生产功能也是园区的一个重要功能，其实质就是要实施产业化经营。从园区目前的发展看，带动周边农户致富和周边经济的共同发展已经成为了园区的一个重要目标。

（4）辐射功能。

（5）科技孵化器功能。随着北京农业科技园功能的逐步增加和完善，园区逐步具备了先进技术的孵化器功能。

（6）生态功能。随着北京对生态环境建设重视的加强，园区也逐步适应结构调整的步伐，开始具备生态功能。

2. 京郊现代农业科技园区的基本特征。从实践中我们还可以得出北京农业科技园区具备的基本特征，这些特征是区别外省市农业科技园区的重要特征。

（1）密集型资源。从北京都市农业的实践出发，北京农业科技园区是资金密集型、人才密集型和技术密集型的资源密集型组织结构。这个特征是区别于以前北京农业和外省市农业的基本特征。对比外省市和过去的北京农业，北京发展的是都市型农业，都市农业要求将农业资源进行合理优化利用，在北京土地是稀缺（产物）资源，而人才、技术和资金是相对富裕的资源，为了能够在有限的范围内产生最大的经济、社会和生态效益，通过建立北京现代农业科技园区把这些资源集中起来，对资源进行重新的配置和组装是一条捷径。而分析目前北京现代农业科技园区，这是它们的基本特征。

（2）集约化生产。从北京农业科技园区的生产组织形态分析，北京农业科技园是在工厂化农业的基础上建立起来的工厂化生产，工厂化的生产组织方式是

一种集约化生产方式，代表了现代农业生产发展的方向，在当前的技术条件下，是一种资源的最佳配置。比如锦绣大地的水培蔬菜，上层是特菜种植，下层是水产养殖，这种立体化的集约型生产方式最大限度的利用了有限的资源，可以生产出最大的经济效益。每亩可以生产水生蔬菜十几万千克，是目前国内平均蔬菜生产水平的几十倍。

(3) 产业化经营。农业科技园区发展的最终落脚点是富裕农民，园区走产业化的道路是富裕农民的一条途径。通过发展产业化链条来达到农民富裕的目的，比如锦绣大地发展的观光农业带动了种养业的发展，同时带动了第三产业的发展，比如加工业、包装业、服务业等等，最终会吸纳农村剩余劳动力，富裕农民。目前许多园区正在向这个方向发展，实现产业化经营。不但富裕农民，而且壮大自身。

(4) 企业化管理。管理是一种重要的生产要素，园区作为一个发展经济的单元，必然要实现经济效益的最大化，企业化管理是必然的选择。锦绣大地、顺义三高、昌平小汤山等园区实行的企业化管理或者园区内部的企业化管理为园区发展提供了保障。

三、京郊现代农业科技园区建设及产业化经营的基本经验和问题

1. 基本经验。总结京郊现代农业科技园区建设及农业产业化经营的经验，我们认为京郊现代农业科技园区经营要取得较好成效，所必须具备的条件可以归纳为五条，即“正确的政策引导、准确的功能定位、先进的科技支撑、产业化经营方式、现代企业管理制度”。

(1) 正确的政策引导。农业科技园区的发展离不开政府的正确指导和扶持。从国家来说，不但在资金，而且在人才、政策上为农业科技园区的发展提供了非常优惠的保障。国家科技部建立了扶持农业科技园区发展的专项基金、并制定了一批扶持农业科技园区发展的优惠政策，同时国家在火炬计划、星火计划中也有专门的资金板块给予扶持。北京市政府对北京的农业科技园区给予了政策支持和保障，在政策上，顺义三高、小汤山等园区不但可以享受区县的扶持政策，而且也同样享受市政府的政策扶持。

(2) 准确的功能定位。目前北京市有不同层次的农业科技园区485个，包括国家、市级、县级和乡镇级各个层次，每一个层次的园区在区域中都有不同的定位。

(3) 先进的科技支撑。北京现代农业科技园区的发展离不开先进的科技支撑，目前在农业科技园区中应用的技术主要有三类，一类是可以代表国际水平的先进技术；二是得到大量推广的成熟实用技术；三是具有区域特色的独特技术和成果。

(4) 产业化经营方式。北京农业科技园区实行产业化的经营方式主要有三种，即形成“市场＋基地＋农户”的产业化链条；形成“市场＋协会＋农户”的产业化链条；形成“公司＋农户”的产业化链条。

(5) 现代企业管理制度。现代企业管理制度的核心是实行政企分开，具有产权关系清晰、责权明确、自我发展、自负盈亏的法人特征的管理方式。大量北京市农业科技园区的成功也说明采取现代企业管理制度的重要性。

2. 园区建设及产业化中的主要问题。

(1) 缺乏统一规范和标准化规程。这里的统一规范包含两个方面内容。第一方面是指农业科技园区的划分标准不规范，认定单位不明确。另一个方面是指园区的产品缺乏标准化规程，这也是加入WTO之后北京农产品面临的一个巨大挑战，其结果是造成农产品品质同国外同类产品存在巨大差距。

(2) 缺乏自主创新能力。目前园区存在的一个重要问题就是重引进，轻研究。尤其是那些由国家集体为投资主体的园区，由于有充足的资金进行引进国内外先进技术，因此对研究和创新缺乏足够的热情。

(3) 高新技术在农业科技园区的应用有限。485个京郊农业科技园区中具有体现现代农业科技发展或技术水平的园区少而又少，多数发展的是常规技术。

(4) 部分园区科技人员所占比例不高，缺乏有效的科技支撑。

(5) 园区对农户的带动作用不明显，没有形成稳定的利益共同体。根据我们所统计的资料，在京郊106个农业科技园区中，共带动农户69 024户，平均每个园区仅带动592户。需要说明的是，这是各个园区上报的数据，由于众所周知的原因，实际的数量肯定还要低不少。即便每个园区确实带动了592户，而每个园区的平均投资额为2 408万元，也就是说，每带动一个农户所需的投资为40 676元，一个园区就是一个龙头，可以说，这样的带动力度是不够的。

(6) 园区在产业选择上存在重复，特色不突出绝大多数园区之间的主导产业是大致雷同的。

(7) 部分园区内部经营品种过多，优势产业不突出目前京郊部分农业科技园区的产业化经营中，内部经营品种过多，每个品种的经营规模因而均较为狭小，由此造成了优势产业不突出，其后果则是难以形成真正的产业化。

(8) 存在重生产、重建设、轻营销的倾向。

(9) 部分园区的经济效益难以令人满意。

3. 园区建设与产业化经营中所存问题的原因分析。从运行机制来说，农业科技园区建设的类型主要是国家有关部门立项建设、地方政府主办、企业创办这三大类。在主要由地方政府和集体投资兴建的园区中，其管理体制和运行机制的模式基本是按照计划经济运行体制和管理方式进行操作，管理制度不健全，经营管理效率较低，运行缺乏活力。其现实表现是：园区投资盲目、贪大求洋；以追求政绩为主要目标而在很大程度上忽视经济效益的提高；经营者缺乏主动性、积极性，使生产难以正常进行；此外，大部分园区受上级政府的行政干预过多，注重政绩展示的功

效，而对园区的新技术示范、扩散以及园区生产的产品市场、成本效益不太关心，许多园区难以建立起与市场经济相适应的企业经营管理体制，园区很难实现自主经营，独立发展，以获得良好经济效益。部分农业科技园区未能充分体现高技术、高效益的生产经营效果。这些均将影响到园区的产业化经营成效。

从园区定位来说，目前许多园区实际上是私营的公司，其目的是为了追求利润，并没有带动农户的动力和义务；许多园区实行的是高技术、资本密集的生产，难以实行“公司+农户”的经营模式；有一些园区的功能侧重于旅游休闲，也难以与带动农户挂钩。只有那些需要大面积原料基地或具有很强实用技术示范作用的园区，才有可能较大面积地带动农户。

四、园区建设与产业化经营的对策

——政府在对园区的管理上要摆正位置，要当好裁判。合理规划，制订农业科技园区规范或标准；研究制订农产品标准化生产规程；为园区良性发展制订相关发展和扶持政策；建立农业科技园区科技人才的创新体系，建立知识产权保护体系；通过各种形式加强园区的技术推广和技术培训功能。

——园区要积极应对 WTO 挑战，建立科技创新体系。积极适应国际市场的挑战；建立农业新技术的创新机制；坚持带动周边农户，发展农业产业化经营；把发展生态效益作为重要的功能。

——走多样化经营的产业化经营之路。鼓励产业化经营，尤其是重点发展企业（园区或者基地）+农户的模式；建立农业科技园区带动农户的鼓励机制，包括鼓励实行定单农业、鼓励吸收农业剩余劳动力、鼓励松散型的农业科技园区产业化等多种形式。在农业科技园区的内部，要鼓励发展实现农业科技园区内部产品的产业化经营。建议各个农业科技园区在实现农业科技园区生产功能的过程中要选准几个重点产品实现规模效应，千万不能以面带全。鼓励多方投资、开拓资金筹措渠道。

加快以乡镇工业园区为重点的“三项工程”建设　推进京郊农村工业化进程

北京市乡镇企业局党组书记、局长　夏连生

近年来，北京乡镇企业在中央和市委、市政府的正确领导下，认真贯彻党的十五大以来的文件精神和市委市政府的一系列重要指示，调整发展思路，大规模地推进重组转制和动员农民进入二、三产业，推进乡镇企业的二次创业，特别是加快以乡镇工业园区为重点的“三项工程”建设，极大地推进了郊区农村工业化进程，乡镇企业各项经济指标保持快速增长势头。二次创业在更高层次上展开。

一、“三项工程建设”的发展过程和基本做法

回顾近年来北京乡镇企业的改革与发展进程，大体经历了这样一个过程：一是资产重组和企业转制。自 1997 年开始，北京市乡镇企业从郊区实际出发，调整改革与发展的思路，以重组转制为切入点和突破口，加大解决制约京郊乡镇企业发展的结构性和体制性两大矛盾，开始了全市有领导、有组织、有部署地全面推进乡镇企业资产重组和企业转制。通过实施高起点、大范围、宽领域的资产重组，引进了增量，盘活了存量，进而打破了单一的投资和经营模式，培育了适应市场经济需要的多元投资主体。二是乡镇企业二次创业的提出。1998 年 11 月中共北京市委八届二次全会通过的《中共北京市委关于贯彻党的十五届三中全会精神，进一步加强农业和农村工作的意见》，在认真总结乡镇企业重组转制实践经验的基础上明确提出了要大力发展二、三产业，努力实现乡镇企业第二次创业。2000 年 2 月，市委、市政府又以京发［2000］6 号文件正式下发《关于大力推进乡镇企业二次创业的意见》，这些文件成为指导乡镇企业二次创业，统揽乡镇企业改革与发展的基本目标和重大方针，由此，乡镇企业二次创业开始层层展开，全面推进。三是开展以乡镇工业园区建设为重点的“三项工程”，加快农村工业化进程，深化乡镇企业二次创业。2000 年 1 月的北京市农村工作会议上，正式提出要加紧实施乡镇工业小区、村级工业园区和专业村重点工程建设。2002 年市委、市政府将“继续推进乡镇企业二次创业，加快郊区 50 个重点乡镇工业园区的基础设施建设，为农村剩余劳动力创造不低于 5 万个非农就业岗位”作为北京市 2002 年在直接关系群众生活方面拟办的 60 件重要实事之一，列入了市政府折子工程。在这期间，市委、市政府的主要领导多次视察京郊乡镇企业，明确提出要突出抓好以乡镇工业园区建设为重点的“三项工程”建设，推进农村工业化进程。京郊乡镇企业确定的工作重点是：以加速实现农村工业化为目标，大力发展郊区二、三产业，突出抓好以乡镇工业园区为重点的“三项工程”建设。

“三项工程”建设的基本做法是：

1. 明确“三项工程”建设的定位和基本内容。一是坚定不移地大力兴办重点乡镇工业园区。乡镇工业园区是加快布局结构调整，促进乡镇企业集中连片发展的载体，是重要的经济增长点，也是“三项工

程”建设的重中之重。按照总体规划要求，加快水、电、气、路、通讯和环境建设，力争经过几年的努力，使一批重点乡镇工业园区形成规模，提高对城市产业转移的吸引力和增加农民就业的容纳力。二是加大重组引进大项目力度。重组引进大项目是利用京郊特有的地域、区位优势，与国内外知名大企业资产重组，使一批知名企业、知名品牌落户京郊。它既增加了郊区经济总量，也推进了乡镇工业园区的建设，同时，也增加了农民就业。三是大力发展二、三产业专业村。专业村是形成区域经济特色的基础，是组织农民家庭实行专业化生产、提高经营水平、增强市场竞争力、加快农民致富步伐的有效途径。按照区域化布局、专业化生产、规模化经营的思路，立足本地优势，围绕主导产业的系列开发，发展各种类型的二、三产业专业村。

2. *科学规划，合理布局，明确功能，坚持可持续发展*。第一是科学规划，合理布局。“三项工程”建设，决不是新一轮的“圈地运动”，为了防止和避免新一轮的村村点火，户户冒烟，在一开始，就明确提出工业园区建设必须坚持统一规划，合理布局。要求乡镇工业园区和村级工业园区建设要规划先行、充分论证、符合区域规划并且得到区县规划部门的正式批准，否则视为违章违规；通过建设乡镇工业园区，促进布局结构调整。要打破自我封闭的格局，积极引导乡镇企业向园区集中。凡新办规模大、水平高的乡镇企业，优先到园区落户。同时，要面向社会广泛招商引资，吸引更多的外来企业入区。二、三产业专业村要按照区域化布局、专业化生产、规模化经营，立足本地优势，围绕主导产业的系列开发。第二是明确功能定位。乡镇工业园区在建设之前，就要明确功能定位，确定主导产业，突出产业特色。第三是坚持可持续发展的方针。入区项目要符合环保要求，防止污染，保护环境，搞好小区的整体形象建设。

3. *优化乡镇工业园区建设的“硬”、“软”环境*。一是加快乡镇工业园区的基础设施建设，创造“硬环境”。2002年，各区县对乡镇工业小区的基础设施建设的投入达到空前水平，55个重点工业园区新增投入10.5亿元，较去年增长了62.5%。为了改善乡镇工业小区的“硬环境”，北京市大力开辟资金筹集渠道，主要采取市级财政政策奖励引导，区县财政扶持，乡镇财政筹集与市场化手段运作相结合的办法，发挥多方面的积极性，在短时间内使乡镇工业小区的基础设施建设迅速达到企业入驻标准。大兴区黄村镇运用市场手段，吸引民营企业投资基础设施建设，风险共担，利益共享。通州区西集镇工业小区以土地换设施的做法，取得很好效果，为多方筹资拓宽了思路。

二是努力营造“软环境”。为了搞好招商引资，为入区企业做好服务，全市加快了“软环境”的建设。2002年，各区县先后成立了招商局及经济发展服务中心。各乡镇纷纷建立招商队伍，对入区项目实行一条龙服务或手续代办制，极大地促进了招商引资工作的开展，为入区企业创造了良好的发展环境。

4. *制定市级认定标准*。为了加强对“三项工程”建设的领导和引导，北京市已经连续三年制定下发“三项工程”建设和重组引进大项目的市级认定标准。

——乡镇工业园区标准。①经区县级政府部门批准，符合乡镇区域规划。②基础设施建设完善，符合环保要求。③区内注册并投资建厂的企业10家以上，吸纳本市农民就业达到用工人数60%以上，年实现销售收入5 000万元以上。

——二、三产业专业村标准。①从事农副产品加工、运销；合理开发利用当地资源，从事制造业或旅游服务业；依靠能工巧匠，发展具有专业化水平的小商品生产等，并形成产业特色。②从事主导产业的农户占本村总农户的60%以上，劳动力占全村总劳动力的80%以上，总收入占全村经济总收入的80%以上，农民人均纯收入1万元以上。③主导产业符合国家产业政策，产品有市场，符合环保要求，农户成为投资和经营主体，经济效益好。

——重组引进大项目标准。①总投资5 000万元以上，其中引进资金到位3 000万元以上，对区域经济有重大带动作用。②总投资1 000万元以上，新增本市农民就业100人以上。③在当地注册、建设、纳税。

在上述标准中，特别注重强调了农民就业和农民增收。

5. *加大政策扶持力度*。从1999年开始北京市连续4年安排落实1.7657亿元财政资金，对乡镇企业二次创业和“三项工程”建设给予政策扶持。其中，1999年，市级财政下拨资金4 317万元；2000年下拨3 260万元；2001年下拨4 890万元；2002年下拨5 190万元。这些资金全部通过乡镇企业系统进行申报，市乡镇企业局初定，市农委、市财政局、市乡镇企业局共同组成的审定小组审批，专款用于扶持奖励符合上述市级标准的项目单位和引进单位。另外，各区县也都制定了相应的资金扶持政策、引资奖励政策、投资优惠政策等，加大对本地区乡镇企业二次创业和“三项工程”建设财政扶持力度。如大兴制定了乡镇工业小区土地出让金70%的返还政策，区财政拿出1 500万元专项资金作为二次创业的奖励资金；通州区财政安排3 000万元扶持资金；顺义区每个重点小区奖励200万元，专门用于基础设施建设。

6. *发挥典型示范的带动作用*。典型引路，以点带面，发挥典型的示范带动作用是一种行之有效的工作方法。几年来，我们始终注意发现、培育新典型，及时总结推广了一大批二次创业和“三项工程”建设中的典型经验、典型做法。如通州区、大兴区、怀柔区、密云县、积极建设乡镇工业园区并取得实际效果的经验；顺义镇、金盏乡、马驹桥镇、北房镇、沙河镇、榆垡镇、闫村镇等一批深入开展乡镇企业二次创业的典型乡镇的各具特色的好做法好经验；平谷桃园村果品运销贮藏专业村、大兴瀛海镇中兴庄毛纺织专业村、顺义后鲁建材专业村、密云曹家路旅游专业村等一批二、三产业专业村的典型以及大中富乐、小堡等村级工业园区典型。这些典型经验的推广在全郊区引起较大反响，各区县纷纷走出去到这些地方参观学习，很受启发。

去年以来共召开全市性经验交流会6次，3次对“三项工程”建设进行拉练观摩，范围由主管副市长到乡镇党委书记。我局每年编发《二次创业动态》130多期。典型经验的总结、推广、交流和宣传，使北京郊区上下对二次创业和“三项工程”建设统一了思想，达成了共识，受到了启发，学到了方法，促进了面上工作的开展。

二、“三项工程”建设取得的成效和存在的问题

近年来，在深入推进以“三项工程”建设为重点的乡镇企业二次创业过程中，京郊乡镇企业发生了深刻变化。对于这种变化，综合今年以及5年来京郊乡镇企业二次创业的实践，可以得出的基本结论是：京郊乡镇企业经过5年二次创业的积累，成效已经凸显，已经实现了阶段性跨越，层次性提高，已经进入了历史性的新阶段。这个新阶段的基本特点是：

（一）主要经济指标自1998年以来持续保持两位数强势增长 2002年，京郊乡镇企业完成总收入1 407.9亿元，同比增长22%；增加值309.8亿元，同比增长21.8%；其中工业增加值153.2亿元，同比增长21.2%；利润总额98.4亿元，同比增长29.3%；出口产品交货值76.3亿元，同比增长21%。主要经济指标继续保持1998年以来两位数高速增长的态势。作为反映经济发展综合状况的经济指标连续5年保持两位数高速增长表明：京郊乡镇企业经济发展已经彻底扭转了低速低效、波动徘徊的局面，真正步入了高速高效、健康运行的快车道。

（二）工业园区建设格局形成，规模和水平不断提高 加强工业园区建设，促进乡镇企业的合理布局一直是京郊乡镇企业二次创业的重点内容。经过几年的努力，一批重点乡镇工业小区已经形成规模，对城市产业转移、吸引投资和增加农民就业发挥了重要作用。工业园区建设格局的形成及其规模水平的不断提高，表明乡镇企业的发展已经走出了经济的粗放布局的时期，进入了企业集中布局、产业区域定位、积聚效益突出的集约化布局的新阶段。

（三）强乡、强镇、强村的涌现加快了郊区工业化、城镇化的进程 2002年，营业收入超10亿元的乡镇35个，收入超亿元的村141个。强乡、强镇、强村的涌现，促进了生产要素和人员向这些区域的进一步集中，促进了工业文明的形成及其向周边的辐射，促进了区域二、三产业的发展，促进了社会经济文化的进步。这表明，乡镇企业的发展对京郊农村工业化、城镇化、现代化的促进作用已经从无形的规律性的理论阐述阶段进入了有形的实践实施阶段，从潜在作用变成了现实作用。

（四）多元化的投资主体已经形成，知名企业、大项目提升了京郊乡镇企业的总体实力和产业水平 2001年，全市乡镇企业股本金总额增长到352.2亿元，比1997年增长107%。股本金中，集体所占比重下降到34.1%，从1997年的将近2/3下降到约1/3,下降31.1个百分点；个人股本金占31.6%，增长22个百分点；法人股占23.4%，增长10.4个百分点；国家股占2.3%，下降1.3个百分点。

近几年的招商引资和以乡镇工业小区为重点的载体建设，吸引了不少的知名企业和大项目落户京郊。据初步统计，1997年以来，京郊乡镇企业重组引进投资千万元以上的知名企业共100家。

（五）外向型经济稳步增长，利用两种资源、两个市场形成强势 几年来，京郊乡镇企业积极实施外向带动战略，培育出口规模企业和新的增长点，不断提高利用外资的规模和水平，促进了京郊乡镇企业有效利用两种资源、两个市场。一是出口保持了较高的增幅。二是培育了新的出口增长点。三是打造了一批出口规模企业，这些企业表现出了较强的市场竞争能力和出口潜力。四是利用外资不断取得新进展。

（六）乡镇企业科技进步机制的建立取得突破，依靠科技和人才的意识普遍增强 一是以“彩虹工程”为主体的科技合作渠道建立并取得阶段性成果。在市农委、市教委、市科委、市财政局等有关部门的支持下，包括咨询策划、人才引进、技术攻关、职工培训、课题研究等多项内容的“彩虹工程”正式实施以来，全市各区县共申报合作项目116项，截止到目前，已有40个项目和北京科技大学、北京理工大学、北京工业大学等20所大学对接成功。二是乡镇企业人才教育培训工程“5211”工程启动并全面组织实施，乡镇企业专业技术职称评审体系建立。三是技术引进和新产品开发日益受到重视，投入加大，成效明显。四是企业人才意识增强，管理者和员工的素质提高。上述情况表明，京郊乡镇企业发展已经转入依靠科技和人才的轨道，乡镇企业的科技进步的意识和能力，管理者和员工素质，乡镇企业科技进步机制、渠道的建立等方面都进入了新的阶段。

（七）乡镇企业在扩大农民就业增收中的作用进入了新阶段 一是市里对扩大就业、富裕农民提出了要求，明确了目标，并在有关的扶持政策中具体体现。如对重组引进大项目的扶持、对二、三产业专业村的扶持，都有明确的劳动力指标。二是许多区县做了关于农民就业状况的专题调研，为制定增加农民就业的政策提供依据。三是将增加农民就业列入有关扶持政策的重要内容，通州区、怀柔区、顺义区、密云县、门头沟区还出台了扩大农民就业、促进农民增收致富的专门政策。四是正确处理发展高新技术企

业和发展劳动密集型企业的关系，正确处理产业结构调整与增加农民收入的关系，通过发展劳动密集型项目为农民就业提供新的产业空间；五是在引进项目的具体谈判中，将使用本地劳动力作为谈判的一项重要内容，甚至作为项目入区的必要条件；六是积极探索农民就业的新途径。一些区县成立了专门的农民就业服务机构，负责将农民的就业、素质状况建档，摸清底数；向农民提供就业信息，推荐工作；协调与企业的关系，将企业吸纳农民就业与享受优惠政策联系起来；培训农民，增加农民的就业能力等。

目前，乡镇企业发展中还存在着一些问题。二、三产业经济总量不足的矛盾仍很突出，与发达地区比较差距还很大；虽然收入超亿元的企业数量不断增加，但收入能达到十几亿、几十亿收入的工业企业还没有，龙头企业的带动作用不突出；知名企业、知名产品、知名企业家少；农产品加工业的管理体制有待理顺；乡镇工业园区与先进地区比较存在规模小，亩效益低，入区企业规模水平、产业特色差，规划、土地制约大等问题。

积极开展农业保险　保障农民增加收入

北京市农村经济研究中心主任　焦守田

农业生产“总是同一个自然的再生产过程交织在一起”。它既离不开光、热、水、气这些自然资源，同时也面临着灾害天气的破坏，有时甚至造成颗粒无收。早在1791年，德国就出现了世界上第一个开展以雹灾为对象的保险机构。200多年来，世界多国开展农业保险已十分普遍，已成为政府稳定农民收入、促进农业投资的重要政策措施。当前无论从北京郊区农业产业化发展的要求看，还是从增加农民收入出发，都需要认真借鉴国内外开展农业保险的经验，积极推进京郊农业保险。

一、郊区农业生产的风险分析与投保现状

20世纪90年代以来，北京郊区农业生产开始朝规模化、产业化方向发展，农业结构也发生了重大变革，种植业由过去“以粮为纲”初步形成经、粮、饲三足鼎立的格局，养殖业也由过去的猪鸡为主发展为“六畜兴旺”，这种新的生产格局再加上中国入世后北京农业面临的新环境，农业生产的经营风险明显加大。首先是自然风险：北京郊区地处大陆性季风气候区，旱涝、连阴雨、暴雨、冰雹和风灾对农业危害很大，其中春旱出现的频率为80%～90%，年平均降雹日数为28.7天。常常在几分钟或十几分钟时间内把农作物或即将收获的收成砸光。据有关部门的统计和文献记载，从1949—1990年的41年间，我市年年有灾情，大旱灾11次，较大洪涝灾害7次。1995年北京郊区成灾面积9.33万公顷，绝收0.32万公顷，造成直接损失6.4亿元。产业化经营、规模化生产，虽然收入高了，但首先是投入多了，使农业风险强度加大。过去每户经营三五亩地生产性投入只有一二千元，现在经营几十亩，投入就上升到几万元，如遭不测会使经营者倾家荡产。其次是由于农业结构调整，经济作物种植面积加大，特种养殖比重提高，带来投入大幅度提高，农业风险也就加大了。其三是由于技术进步，大量新技术、新品种的引进推广，使农业面临的技术风险增加。其四是由于中国入世后，农产品市场环境有改善的一面，也有风云变幻、竞争激烈加剧的一面，市场风险明显加大。其五是由于经济转型期国家政策调整幅度大，特别是入世后，政策调整对农业的影响，使其加大了制度风险。总之今天的农业生产面临的自然风险、市场风险、技术风险、制度风险都明显加大，因而保护农业的需求也必然更强烈。

面对农业经营风险的不断加大，我市农业保险的投保状况却不尽人意，近十年来呈逐年萎缩的状况。(见表1)。

表1　北京市农业保险投保情况

单位：万元

年 份	国内保费	其中：财产险小计	其中：农业险小计	农业险占财产险比重	农业险占国内保费比重
1989	33 792	22 657	556	2.50%	1.67%
1990	40 584	26 011	625	2.40%	1.54%
1991	49 365	29 894	1 045	3.50%	2.12%
1992	74 622	48 185	1938	4.02%	2.60%
1993	100 994	66 920	607	0.91%	0.60%
1994	83 398	52 637	523	0.99%	0.63%
1995	225 184.6	128 341.4	331.1	0.26%	0.15%
1996	386 712	176 239	228	0.13%	0.06%
1997	796 683	181 021	198	0.11%	0.02%
1998	819 012	217 088	154	0.07%	0.02%
1999	864 954	270 963	79	0.03%	0.01%
2000	880 328	299 734	54	0.02%	0.01%

注：根据《北京经济统计年鉴》数据整理。

从表上数据我们可以看到，到2000年底，全市农户平均农业险投保费仅为0.42元，而全国为户均2.6元，是北京郊区投保水平的六倍。究其原因首先是政府推动不够。前表显示农险最多投保额是1992

年的1 938万元，户均15.25元，就是由于当时在农业规模经营形成后，政府将农业保险作为对农业的支持手段来推进的结果，而这些年则没有再抓。其次是多年来配合政府承担农业保险的人保公司调整了内部核算考核办法，使他们不愿再干无利可图的农险。第三是从生产者角度看仍存在侥幸心理，没有政府补贴，自己拿钱投保有些舍不得，保险意识有待进一步增强。

二、国内外开展农业保险的主要作法及经验

国外开展农业保险的时间较长、保险制度也较完善，但作法却各具特色。

1. 从投保方式上分可分为强制投保和自愿投保二种，以美国、加拿大、智利、墨西哥等少数国家实行在政府补贴下的自愿投保。其余多数国家则实行通过法律强制实行统保。

2. 承保农险的机构形式可划分为三类：①国家建立专门经营农业政策性保险的机构。如美国、加拿大。美国依法由官方农作物保险公司（隶属于农业部）提供农作物保险服务。政府认捐农作物保险公司相当数额的资本股份，并支付一切经营管理费用，对其资本、存款、收入和财产免征一切赋税。②由政府监督下的农民保险合作组织承保（如日本），中央政府农业再保险基金和国家保险协会为农民保险合作组织提供再保险，同时政府对农业保费和农险管理费进行补贴。对农民投保费用政府补贴一般不少于50%。③政府支持下的商业保险经营。

国内目前农险开办比较好的有新疆生产建设兵团和上海市。他们的作法有所区别。

1. *新疆兵团模式*。1986年7月经中国人民银行总行批准成立新疆生产建设兵团农牧业生产保险公司，是目前我国唯一的经人民银行批准成立的农牧业保险公司。经过20多年发展，农业险种从单纯棉花种植发展到目前经济作物、粮食作物、养殖业，从生产环节发展到加工、储运多环节的风险保障体系。2001年农业保险费收入达9 511.2万元。赔款支出7 737.8万元，赔付率为81.4%。他们开展农业保险有三个特点：①从1986年开办农业保险起，对兵团范围内农业种植粮、棉、油、糖等主要作物实行统保，增强了保险抗风险的能力。②政策上积极扶持。农业保险的结余全部留给当地建设农业保险风险基金，专户存储，逐步积累。对连续二年以上保费结余的单位，可以从第三年起提取当年结余保费的40%，用于改善生产条件、防灾设施项目和农业科技试验费用。③为使农户经济上承受得起，还实行非足额承保。即低保费，低保额，遇灾后可通过理赔获得维持和恢复简单再生产的基本保障。

2. *上海模式*。上海的农业保险从1982年试办，主要特点是政府推动、保险公司代理、节余留地方。政府推动反映在三方面：一是上海农委曾先后与市财办、市体改委联合发文，提出农业保险意见；二是地方政府财政对农业保险的所有险种免征营业税、所得税，并逐步加大对农业保险的财政补贴。目前水稻、生猪、淡水养殖、家禽、蔬菜、经济林、奶牛7个险种，补贴标准在30%～40%。三是市县二级政府建立农业保险风险基金管理委员会，由政府部门主管领导担任委员会主任。到2001年底，上海市农村种、养业和农村建房保险累计收入保费60 847.33万元，赔款22 415.15万元，扣除管理费、手续费、无抵赔款支出等，累计节余16 195万元，取得了良好的社会效益和经济效益。

综合国内外农业保险事业的发展情况，有以下几点经验可供我们借鉴：

一是政府支持。因为农业保险与其他险种相比有收费低、战线长、理赔确损难、承保风险大、经营费用高的特点，如果没有政府的支持，商业保险公司是不愿经营的，农民也缺乏必要的承受力。政府支持表现在财政支持、立法保护上。在财政支持上包括出资建立专门保险机构，补贴农业保险的管理费和保险费。政府向农民补贴保险费是普遍现象，补贴标准美国30%、加拿大50%、日本50%～60%、瑞典66%、西班牙20%～50%、墨西哥60%，菲律宾56%。反之，如果没有政府支持补贴，农业保险就难以为继。1993年的农业保费收入广州市曾达到1 000万元，但自1994年省里取消支持，农业保险就无法开展，陷于停顿。虽然1996年起部分地区又自发恢复农业保险，但经营收入仅及1993年的10%。

二是强制性统保。除少数国家外，大多数国家对农业保险都采取以法律规定强制保险。保险实际是在大数法则作用下的风险分散机制，只有投保主体达到较大数量情况下，才能使保险真正“保险”。统保就可以扩大风险分散的范围，增强分担损失的能力。

三是在农民对保险认识不高，政府支持力度不强时，可采取新疆的非足额承保的灵活方式，以扩大保险覆盖面，获得受灾后恢复生产的基本保障。

四是要调动基层政府的积极性，扩大风险基金的积累，在经营节余的地方，可从节余中提取部分用于地方建立保险基金，或改善农业生产条件，提高抗灾能力。

三、当前开展农业保险的有利条件及不利因素

有利因素：一是“增加农民收入，保障农村稳定”的大政方针，为开展农业保险提供了政策基础。二是农业保险的作用和意义，已得到官方与社会的认同，开展农业保险的呼声越来越大。三是中国入世后，政府对农业的投入、支持政策也要求与国际接轨，而支持农业保险则是“绿箱政策”所允许的，也是国际惯例，这可增强决策层对开展农业保险的选择性。四是最重要的是郊区农业结构调整、农业生产经

营规模的扩大，使农民投保的要求增强了，农保的市场需求扩大了。

但也有两个不利因素：一是农险的公益性与人保公司的商业性体制的矛盾。从1994年开始财政部对人保公司实行了以上缴利税为主要目标的财务新体制，一切与经营效益挂钩，使他们代理农业保险有心无力。二是原来代办农险业务的经管站系统，在机构精减中人员减少很多，力量已明显不够。

四、加强和完善农业保险事业的对策与建议

1. 进一步提高认识。农业保险是各国政府保护农业发展、保护农民利益的重要手段。当前郊区经济发展已进入一个新阶段，农业面临的风险加大，各级政府应该以落实“三个代表”的责任感，以面对国际化浪潮的紧迫感推进农业保险事业的发展。

2. 调整财政支农政策，把对农业保险的支持作为重要项目。对全市农业保险的保费给予补助，可以采取“三·三制”：即农民投保费三元钱，市里出一元、区县政府出一元、农民自身出一元。税务对农险业务的税收免征。

3. 推进制度创新、组织创新。由于多年前形成的体制早已不适应今天的具体情况，必须进行制度创新、组织创新。所谓制度创新，就是通过地方立法对郊区所有农业生产经营保险实行统一保险。所谓组织创新，就是借鉴新疆兵团的经验成立专门从事农业保险的机构，属农口管理，市、县两级设分、支公司，乡镇设所，并按自收自支的事业单位对待，不占乡镇编制。业务上以农业保险为主，有条件的可开展农业以外的险种，但开办农外险应照章纳税。

4. 适应北京郊区的实际需要，设计多种保险产品。目前可以考虑开设农业的种、养、加的险种，先解决农业自然风险、技术风险问题，待条件成熟、政府财力许可时，再增加到销售环节的价格保险，以对应农业生产面临的市场风险。

5. 尽快出台农业保险的法规。政府推动农业保险，开始可以政策文件的形式开展，经过几年的摸索，再以地方法规的形式，以提高农业保险的规范性、强制性、连续性。法规要对农业保险的经营原则、保险责任、保险费率及赔偿办法等给予明确规定并保证实施。

努力办好农业职业学院　为京郊全面建设小康社会服务

北京农业职业学院党委书记　周文济

党的十六大提出了全面建设小康社会的奋斗目标。刚刚组建一年的北京农业职业学院，肩负着为京郊全面建设小康社会培养人才的重任。因此，必须深入学习领会这一奋斗目标的科学内涵和本质要求，并以此为动力，把学院建设成全市乃至全国一流的职业学院。

一、全面建设小康社会与农村发展的形势和要求

在我国胜利实现了现代化建设“三步走”战略的第一步、第二步目标，全国人民的生活总体上达到小康水平的时候，党的十六大根据我国现代化建设的客观进程和社会经济发展的实际情况，适时提出了全面建设更高水平的“小康社会”奋斗目标。这一奋斗目标为新世纪新阶段我国的经济社会发展描绘出了宏伟蓝图，为实现现代化建设第三步战略制定了具体目标，为全党全国人民指明了继续前进的方向。目前，它已深入人心，得到了全国各族人民的赞同和响应。

“小康”虽是我国古代的一个特有概念，但它今天作为邓小平理论中的一个非常重要的概念，被赋予了全新的时代内涵。《诗经》中讲到“民亦劳止，汔可小康”。意思是说，人民劳苦够了，渴望稍微得到安康。改革开放之初，邓小平同志汲取中华民族的思想精华，推陈出新，将“小康社会”确立为我国现代化建设的一个重要发展目标。随后，以江泽民同志为核心的党的第三代中央领导集体，继承并发展了邓小平同志的设想，并在2000年10月召开的十五届五中全会上明确指出：从新世纪开始，我国将进入全面建设小康社会，加快推进社会主义现代化的新的发展阶段。党的十六大又郑重而庄严地提出，在本世纪头20年，集中力量全面建设惠及十几亿人口的更高水平的小康社会，并规定了它的具体内容。党的十六大关于全面建设小康社会的理论和纲领，实现了现代化建设第二步战略目标与第三步战略目标的有机衔接，相信经过20年的努力，我们必将迎来“经济更加发展、民主更加健全、科教更加进步、文化更加繁荣、社会更加和谐、人民生活更加殷实”的美好明天。

面对农民收入增长缓慢，城乡工农差距、东西部地区差距、农民之间的差距逐年拉大，特别是加入WTO后我国农业和农村经济所面临的挑战，我们必须清醒认识到，全面建设小康社会的宏伟目标，最繁重、最艰巨的任务在农村。随着市场经济的日益完善、经济结构的战略性调整和产业的升级，经济与社会对劳动者的文化、技能、知识结构等要求越来越高，务农以及农村劳动力转移就业将由过去的简单体力劳动向技能型、知识型转变。因此，必须大力发展

农村职业教育，加强对农村现在和未来劳动力的教育培训，以不断提高农村劳动力的素质，提升其就业技能和对科学技术的吸纳能力。

二、京郊农村发展呼唤高素质的职业人才

北京郊区农村作为北京市的重要组成部分，其农业与农村经济发展在全市经济社会发展中处于重要地位，是北京市全面建设小康社会、率先实现现代化的关键所在。改革开放以来，在北京市委、市政府的正确领导下，随着我国经济社会的全面发展，京郊农村取得了历史性的发展成就：农业与农村经济实力不断增强，农村面貌发生了深刻变化。和全国一样，京郊农村已提前实现小康目标。目前，京郊农业与农村发展水平不仅在全市具有举足轻重的地位，而且在全国也名列前茅。特别是全市的农业经济水平、农业科技水平和农民教育水平在全国处于领先地位。但是，北京同全国一样，农业与农村发展也出现了诸如农民收入增长缓慢、山区扶贫开发和农村富余劳动力非农就业等问题。党的十五届三中全会指出，农业的根本出路在科技、在教育，要把农业与农村经济增长真正转移到科技进步和提高劳动者素质的轨道上来。因此，实现农业与农村经济发展目标，全面建设京郊农村小康社会，关键是加强农业与农村人才队伍建设，开发农村人力资源，即根据京郊农业与农村经济社会发展的需要，建设一支以农业科技为重点的高素质的农业与农村经济专业技术人员队伍，培养数以万计的农民技术人员，全面提高广大农民的科技文化素质。

世界经济发展的历程表明，同物质资源相比，人力资源作为第一资源是经济发展的关键。目前北京农村专业技术人才缺乏，农村劳动力素质亟待提高。虽然京郊农民受教育的平均年限为9.6年，位居全国之首，但山区农民人均受教育不足8年，不及全市国民受教育的平均年限12年，与发达国家的差距就更大。北京市目前有农林牧渔专业技术人员8 202人，仅占全市各类专业技术人员总数（136万人）的0.6%；具有职称的农民近7 000人，占农民总数的0.9%，其中高、中级农民技术员2 143人，占具有职称农民总数的1/3。此外，北京市农村干部共有1.05万人，其中大专学历686人，占6.5%；中专及高中3 898人，占37.1%；初中4 379人，占41.7%。村干部中有2 072人获得绿色证书，占村干部人数的19.7%。另一方面，京郊青年农民数量一直以来呈下降趋势，农业劳动力趋于老龄化和妇女化的态势，出现了农业劳动力后继乏人的局面，影响了农业整体素质的提高。

据我国一些地区的调查，农民户均收入依其文化水平不同而不同，文化水平越高，收入越高，文盲户最低。另据抽样调查，获得“绿色证书”的学员年收入比没有参加培训的农民平均高出30%，开展“绿色证书工程”培训的村年收入比没有开展培训的村高出24%。这些情况表明，农民的收入水平与其所接受的教育呈正相关关系，而且其在京郊也有着同样的表现。即职业教育在农业与农村经济发展中具有“点石成金”的作用。

因此，要实现京郊农业与农村经济增长方式的转变，全面建设京郊农村小康社会，使全市率先实现现代化，就必须高度重视农村人力资源开发，大力发展农业与农村职业教育，为京郊培养大批实用型人才，切实提高京郊农村劳动者的科技文化素质，实现“人”的现代化，使之能够自如地从事现代化农业与农村的生产经营活动。

三、努力办好北京农业职业学院，为京郊培养大批实用型人才

在我国加入世贸组织和经济全球化迅速发展的新形势下，京郊农村经济的发展已经进入到一个新的历史时期。随着郊区农村经济结构调整的不断深入，农业现代化和农村城市化的步伐将不断加快。因此，不断提高郊区经济的科技含量、发展水平和产业档次，加速农村人才培养，全面提高郊区农民素质的工作将更加迫切。

1. *为郊区统筹城乡经济发展服务要有新思路。*党的十六大提出了统筹城乡经济发展的总体要求，市委、市政府也制定出城乡一体化协调发展的战略措施。这就是说，京郊的发展将跳出“以农为笼”的传统发展模式，步入农业产业化、农村工业化和城镇化的快车道。因此，其对人才的需求将是全方位的，特别是对高级“蓝领”的需求将是迫切的。我们要抓住机遇，乘势而上，以为京郊城乡加快发展培养大批实用人才为已任，大力发展高等职业教育，拓宽专业设置，优化专业结构，深化教育教学改革，探索学分制、弹性学制、学分银行等有效形式，扩大办学规模，积极为京郊城乡发展培养大批用得上、留得住、干得好的实用型人才。

2. *为京郊农业结构调整服务要有新举措。*中国加入世贸组织以后，农业获得了新的发展机遇，也面临严峻挑战。要应对“入世”，必须对农业产业结构进行调整和优化。农业产业结构的调整优化是个动态过程，这就要求从事农业生产的劳动者，随着产业结构的变化，掌握新的生产知识和新的专业技能。我们要下大力气通过科技大集、“大篷车”、专家热线等有效形式，抓好各种实用技术培训，把农业生产的新知识、新技术及时送到田间地头、送到农民手中。

3. *为京郊二、三产业发展服务要有新突破。*我市郊区以二、三产业为主的乡镇企业要以“二次创业”、建立现代企业制度、改善人才结构、全面提高经营管理者及劳动者素质为根本目标，努力造就一支掌握现代企业管理知识的经营者队伍、具有较强技术创新能力的技术人才队伍和具有较高劳动技能的职工队伍，使京郊二、三产业得到健康协调发展。积极开展创建学习型企业的活动，全面提高劳动者素质和经

营管理水平，推动乡镇企业及京郊二、三产业的持续快速发展。学院要切实转变办学思想，把各种形式的培训作为一项重要任务，切实为京郊发展服务。一要大力开展在岗职工和新增劳动力的技能培训；二要对技术工人特别是高级技工加强培训；三要进一步加强下岗、转岗、待岗人员的再就业培训，使其转变就业观念，提高就业能力，帮助他们尽快实现再就业；四要积极开展创业培训，提高下岗失业人员的自主创业本领。积极从经济发展的宏观背景中和区域经济的特殊性中研究人才需求，从就业和再就业的趋势中探索人才需求的新的增长点，从区域经济发展的新要求中探索职业教育改革的突破口，切实为乡镇企业和京郊二、三产业发展服务。

4. 为京郊农业、农村、农民服务要上新水平。随着农业与农村现代化的推进，农业生产力水平的不断提高，特别是郊区城市化进程的加快，农村将不断有大批劳动力从第一产业转移出来，到二、三产业创业和就业。学院要努力探索新时期京郊农民的新需求，主动适应并服务于郊区建设的重点工作。以市农委、市教委和市科委《关于大力发展农村职业教育，全面实施农业现代化培训工程，加速农村人才培养，提高农村劳动者素质的意见》为指导，全面参与京郊农民现代化素质教育、科教兴村、小城镇建设等项目，尤其要加强京郊农村富余劳动力转移培训工作，使其由体力型向智力型转变，提高其就业能力。在实施培训的过程中要结合职业技能鉴定，让农民获得相应专业的职业资格证书。此外，还要积极探索职业培训与劳动力转移的衔接机制，努力把技能培训、就业推介、跟踪服务融为一体。本着实用、实际、实效的原则，因地制宜地研究针对性，突出实效性，注重带动性，切实提高培训的质量、效益和水平，为京郊农业增效、农民增收和农产品竞争力增强服务。

5. 学院自身的改革与发展要有新亮点。要切实加强学校自身的改革与发展，以增强服务能力，提升服务水平。一是继续加强“双师型”师资队伍建设。二是力求通过建立产学研有效结合的机制以产生三个效益——教学效益、社会效益和经济效益，培养三个名牌——通过科研，造就名牌教师；通过教学，培养名牌学生；通过生产，开发名牌产品。三是要构建与学生素质相兼容的教学模式，全面提高学生的职业道德、职业能力、就业能力、创业能力和终身学习能力。加强对学生的就业及创业教育，引导学生树立正确的职业观念，使其在适应社会、融入社会的同时得到进一步的发展。四要积极优化专业结构，力求将专业调整到经济结构和产业结构调整的“焦点”上，将专业设置在区域经济发展和行业发展的“热点”上，使学院与社会之间形成“提前培养，同步使用”的良好局面。五要积极改进和完善招生就业办法，拓展以就业带动招生的有效途径。大力推进校企合作，创立政府主导、行业指导、社会参与、产学研结合的主动、灵活、适应社会需要的办学机制。要积极推进国际交流与合作，使学院的发展融入世界职业教育发展的大潮之中，以跟上时代发展的步伐。

随着我国社会和经济形势的变化，我国农业职业教育也进入了一个新的发展阶段，我们要研究新阶段农业职业教育面临的新形势、新任务和农业职业教育改革发展的新特点，以发展为第一要务，按照十六大提出的“发展要有新思路，改革要有新突破，开放要有新局面，各项工作要有新举措”的要求，依托行业，扎实工作，创新机制，为京郊经济建设和精神文明建设服务，为全面推进小康社会做出新的贡献。

综　　述

2002年郊区经济发展综述

中共北京市委农村工作委员会研究室

2002年是我国加入世贸组织的第一年，也是实施奥运行动规划的第一年，同时还迎来了党的十六大和市第九次党代会的胜利召开。一年中，在市委、市政府的正确领导下，郊区广大干部群众的共同努力下，2002年的农业农村工作取得了较好的成绩，各项经济指标和具体工作均完成或超额完成了预定任务，经济发展步入了持续、健康、有序的良性轨道。纵观全年工作，郊区上下围绕富裕农民这个中心任务，大力推进农业结构战略性调整，加快了农业科技推广与应用步伐，乡镇企业和二、三产业实现了新发展，山区水利富民综合开发取得新成就，小城镇建设对郊区经济的贡献率进一步加大，郊区经济发展速度进一步加快，经济运行质量进一步提高，各方面工作继续保持了良好的发展态势。据初步统计：2002年，郊区国内生产总值预计完成708亿元，增长13.1%；第一产业增加值95.5亿元，比上年增长5%；二产增加值288.5亿元，增长11.8%；三产增加值324亿元，增长17.8%，二、三产业对经济增长的贡献率为97.6%。农民人均纯收入达到5880元，扣除物价因素实际增长12.3%，增长速度再创历史新高。回顾2002年郊区农业和农村经济工作，可以归结出以下几个特点：

一、结构调整取得新进展，农业产业全面发展

2002年郊区农业结构布局更趋合理，农业的生产、生活、生态功能日益完善，呈现出社会、经济、生态资源协调发展的良好局面。种植业从规范生产行为入手，推进农业生产标准化；从提高基地产业化水平着手，大力培育主导产业；从生产源头着手，抓食用农产品安全生产体系建设；从裸露农田治理着手，抓农业生态环境治理，保持农业可持续、健康发展，并取得了一定成效。养殖业占大农业的比重持续提高，2002年全市累计实现养殖业产值129.6亿元，比去年同期的114.8亿元增加14.8亿元，增长12.3%。养殖业产值占农业总产值的比重达到55%，比去年同期提高1.4个百分点。

1．以“六种农业”为切入点，农业结构调整继续向纵深发展。农业生产格局实现了从数量型向质量效益型的初步转变，结构布局更趋合理。经过近几年的农业结构调整，农业产业结构进一步优化，郊区粮田面积11.44万公顷，比上年调减了2.28万公顷。优质专用型小麦、玉米等面积增加，达7.66万公顷，比上年增加了1.71万公顷。其中，优质小麦2.8万公顷，专用玉米2.76万公顷，优质专用大豆1.17万公顷；全年新增经济作物2.6万公顷，郊区经济作物总面积达到17.4万公顷。全市菜田面积稳定在6万公顷左右，其中新建设保护地约0.13万公顷，保护地设施总面积达到1.8万公顷。2002年全市蔬菜播种总面积达到12.6万公顷，比上年增加0.8万公顷；商品菜总产量约45亿千克；蔬菜总收入35亿元。饲草面积已达3.78万公顷，其中，紫花苜蓿由1999年的0.23万公顷发展到了1.73万公顷，青贮玉米由1999年的0.9万公顷发展到了1.76万公顷；药材面积由1999年的0.08万公顷，发展到了0.72万公顷。药材主栽品种日趋明朗，居前十位的是：甘草、黄芪、板蓝根、西洋参、黄芩、白芍、桔梗、白芷、知母、柴胡。到年底，全市粮经饲三元结构比例达到35:55:10，粮经饲比例与经济规律的要求进一步贴近。种植业产值达105.9亿元，同比增长6.8%。养殖业继续保持较快增长，在郊区部分地区主导产业的地位进一步巩固。草食家畜取得了前所未有的大发展，畜禽良种水平迅速提高。水产养殖面积稳定，名特优品种数量大幅度增长。全市出栏生猪、肉牛和肉羊分别比2001年增长了1.7%、15.5%和35%。肉类总产量达70万吨，同比增长8%。畜禽养殖产值达到125亿元，同比增长10%。渔业总产值10.7亿元，同比增长5%。贯彻落实国务院新一轮“菜篮子”会议精神，组织实施“食品放心工程”，新认证108家安全食品生产达标单位，使郊区安全食品生产

单位达到 329 家。高效农业园 420 家。各类农产品加工贸易企业 1 000 多家，其中固定资产 500 万元以上的 340 家，食品加工业实现产值 30 多亿元；农民专业合作经济组织达到 1 613 家。

2. *农业标准化工作开始起步，农业生产行为不断规范。*为进一步增强农副产品参与国际市场竞争的能力，加快北京农业与国际接轨的步伐，2002 年全市农业标准化工作开始起步。组织召开了农业标准化工作会议，对全面实施农业标准化工作进行了整体部署。并于 2002 年 12 月，正式成立了北京市农业标准化技术委员会，负责本市农业标准化技术工作。下设种植业、养殖业、农机、果林等四个分技术委员会，具体负责组织开展相关方面的农业标准化工作。2002 年，围绕主导产业培育和农产品安全生产基地建设，重点建设完成了 110 个涵盖牧草、蔬菜、药材、粮食、果品、花卉、苗木、瓜类等产业的标准化生产基地。生产基地严格按照相关行业标准组织生产，带动了郊区农业标准化生产的开展。2002 年还制定或修订了 5 大类果品、16 种蔬菜、小麦种子的生产标准，累计制修订市级农业标准 91 项，完成培训标准化基地生产技术人员 2 000 多人次。2002 年 11 月 20 日，《强筋、中筋、弱筋小麦》北京市地方标准正式出台，红小豆地方标准也已经起草完成。在养殖业方面，市农委下发了《关于养殖小区（场）实施规范化管理的意见》，对全市 100 个生产规模大、基础设施建设好、养殖品种集中的专业化养殖小区（场），从品种、满负荷生产、饲养工艺、兽医防疫、饲料和兽药使用以及生产环境等方面全过程实施规划化管理。还择优扶持了 60 个养殖业标准化生产示范基地，重点健全了各项管理规章和记录，加强了对饲料和兽药等投人品采购和使用环节的管理，使郊区养殖业的生产水平和产品质量得到全面提升。加强生产监管，推行市场准入，健全农产品质量安全标准和检验检测认证体系等方面工作，我市走在了全国前列。2002 年，除认证和验收本市安全食用农产品生产基地和农业标准化生产示范基地外，还有 343 个外埠蔬菜生产基地通过认定，280 多家牛、羊、禽、水产养殖基地在我市申报。经认证的安全蔬菜生产企业和基地的产品检测合格率达到 97.1%，农产品中农残合格率保持在 90% 以上，瘦肉精检出率下降了 17 个百分点。

3. *形成主导产业区域化布局，整体水平明显提高。*一方面种植业的主导产业发展健康有序，规模化水平有了明显提高。新增经济作物 2.67 余万公顷，新增饲草面积 0.53 万余公顷，新增药材面积 0.06 万多公顷，新增蔬菜面积 0.67 万余公顷，新增西甜瓜面积 0.1 万余公顷，新植果树和更新改造果树面积近 1.13 万公顷，新增苗木 0.26 万余公顷。2002 年主导产业基地的专业化生产进程进一步加快，种植业专业乡新增 5 个，总数达到 56 个，种植业专业村新增 50 个，总数达到 560 个，有一定规模的种植加工企业达 117 家。另一方面养殖业区域生产布局得到进一步调整。2002 年五环路以内的规模养殖场已经由年初的 31 个减少到 19 个，近郊区的生猪、蛋鸡、奶牛的养殖数量大幅下降。到年底，符合当地实际，发挥自身优势的养殖业区域主导产业带初步形成。特别是大兴、延庆、密云等七个区县为主的奶牛产业带共存栏奶牛近 10 万头，占全市奶牛存栏总数的 70% 以上。山区县发展养殖业步伐明显加快，7 个山区县新发展肉牛、肉羊和流水养鱼等市级养殖小区 30 个，新增畜禽出 74 万头（只），使远郊区县的市级养殖小区累计达到 283 个，占全市一级养殖小区总数的 97.6%，以远郊为主的生产格局正在形成。

4. *农业法制工作得到加强，农业生态环境建设已见成效。*为了强化农业方面的法制工作，2002 年出台了《北京市农作物种子条例》，修订完善了《北京市家畜家禽检疫条例》、《北京市农业机械管理条例》等地方性法规，制定了《进京动物及动物产品检疫监督管理办法》和《北京市畜禽定点屠宰管理办法》等 19 个规范性文件。为适应加入世贸组织的新形势，清理了 627 项与世贸组织规则不相适应的政策措施。加大了农业行政执法力度，开展了种子、农药、肥料、兽药、农机、肉品和有害生物入侵的专项整治，查处了一批非法制售生物制剂等大案、要案。2002 年，全市累计出动执法人员 1.1 万人次，查处各类违法案件 7 000 多件，为农民挽回经济损失 1 亿多元，进一步整顿和规范了首都北京的市场经济秩序，保护了郊区农民利益。同时，针对 2008 年北京市将举办奥运会的新形势，以及《北京市第八阶段控制大气污染措施》对郊区农村提出的要求，郊区上下从裸露农田治理入手，通过签订了《北京市裸露农田治理责任书》的形式，狠抓了农业生态环境建设。全市共落实“留茬免耕”等任务面积 9 万公顷，其中“留茬免耕” 8.3 万公顷，新增冬春季节覆盖作物 0.65 万公顷，并完成了这些农田季节性裸露的整治工作，消减裸露农田粉尘污染 1.1 万吨，全面完成了第八阶段裸露农田治理任务；“三夏”、“三秋”秸秆全面禁烧，仅“三夏”就有 4.73 万公顷小麦全面实现秸秆禁烧，综合利用率达到 49%；拖拉机尾气检测工作在全市铺开；畜禽场环境治理与粪便资源化利用步伐加快，推进了绿色养殖业的发展；京津风沙源治理工程的人工种草项目在六个区县全面展开，增加了植被，保护了环境，促进了经济发展；农药、化肥、农膜等面源污染得到有效控制，为安全食品、绿色食品的生产提供了良好条件。在全国率先建立了北京市农业生态环境状况报告制度，实施了农业环境和食用农产品基地环境定点监测，完成了《畜禽场环境质量评价准则》和《种畜禽场环境卫生标准》两个国家标准的制定任务。国家级生态农业示范县建设顺利实施；生态农业园区建设进一步扩大，逐步向规模化、规范化发展；“生态家园富民计划”示范工程试点工作取得成功，改善了农村环境，有效促进了农民增收；农村能源新技术的推广应用，改善了农民的用能结构、生活质量和卫生环境，取得了良好的生态、经济和社会效益。

5.郊区农民的组织化程度得到了提高。2002年，以提高农民组织化程度为基础，以增加农民收入为目的，以培育有竞争优势和带动能力的农民专业合作经济组织为重点，通过示范、引导和扶持，采取整体推进、重点突破等具体措施，全面提高农民专业合作经济组织发展水平。一是加强政策扶持力度，促进规范化发展。对那些效益好、信用佳、带动面大、较规范的农民专业合作经济组织加大扶持力度，采取点线面结合方式，重点扶持一个区县（顺义）、一个协会（北京市果树行业协会）和一批（40个）基层农民专业合作经济组织规范化试点，并给予相应的资金支持。同时，下发了《北京市农民专业合作经济组织示范章程》（试行），促进了农民专业合作经济组织的规范化发展。二是总结经验，推广典型。召开了农民专业合作经济组织经验交流会，对顺义大孙各庄、北京市出口菜协会等典型经验进行了交流、总结和推广，在认真总结交流经验的基础上，进一步深化了认识，开阔了思路。三是积极探索，努力促进行业协会的发展。随着农业商品化、市场化、国际化发展进程的加快，特别是我国加入WTO之后，大力发展行业协会，对转变政府职能、完善农业社会化服务体系、提高农民组织化程度、加快农民与市场对接的步伐具有重要作用。同时，行业协会在农产品贸易中应对反倾销、反补贴等纠纷有其不可替代的作用。在政府有关部门引导下，以会员为主体，相继成立了全市性的果品协会、外贸菜蔬协会、谷物协会、奶业协会等多个专业化协会。四是加强培训，提高经营管理水平。举办了"北京市农民专业合作经济组织培训班"，组织赴浙江考察农民专业合作经济组织建设等。通过培训、考察，使大家学到了新知识，开阔了视野，更新了思路，坚定了信心，解决了平时工作中遇到的一些疑难问题，提高了经营管理水平。到年底，全市纳入规范化管理的各类农民专业合作经济组织达1 613个，资产总额达40亿元，其中：北京市新特新葡萄产供销合作社、北京市顺义区高丽营镇张喜庄发达苗木协会、顺义区赵全营镇北郎中生猪产销合作社、房山区长阳奶牛合作社、大兴区庞各庄西甜瓜产销联合体等5个合作经济组织被列为农业部全国农民专业合作经济组织百家试点名单中。全市已发展药材、饲草专业合作组织30多个，蔬菜专业合作组织130多个，畜牧专业合作组织800多个，乡级以上农机化作业服务组织90个，其中：庞各庄西甜瓜产销联合体、北郎中生猪产销合作社、北京新特新葡萄产供销合作社、长阳奶牛合作社、通州区梨园敖凤乌鸡养殖合作社、河南寨镇荆栗园村农民蔬菜协会、大柏老奶牛合作总社、北京仙潭珍禽养殖合作社、北京昌平鲜绿安林果协会和平谷区大桃产销协会等10家被评为市级先进农民专业合作经济组织。北京市外贸菜蔬协会赴新加坡举办"北京蔬菜新加坡推介会"取得圆满成功，提高了北京蔬菜在东南亚市场的知名度，促进了蔬菜的出口，探索了海外招商活动的新模式。2002年7月18日，成立的"北京市谷物协会"。在"谷物协会"的努力工作下，全市有2.3万公顷优质强筋小麦、0.2万公顷专用玉米实现了"订单生产"。据不完全统计，在农民专业合作经济组织帮助下，2002年全市粮食、饲草、药材等定单面积达7万公顷。

二、郊区二、三产业实现了新发展，国有企业、乡镇企业效益良好

2002年，市委、市政府为了加快农民致富和率先实现农村现代化的进程，进一步加大了国有企业和乡镇企业改革与发展的工作力度。全年，农口国有企业共完成销售收入105.9亿元，同比增长17.6%；实现利润2.9亿元，同比增长18.2%；上缴税金3.6亿元，同比增长18.4%，这个增长幅度是近几年少有的。年内，农口国有企业的改革力度不断加大，到年底有805户企业实行了多种形式的改制，占农口国有企业总数823家的97.8%，其中266户企业实行了公司制改革。国有企业产权结构和经营机制的深刻变化，为企业发展注入了新的生机和活力。乡镇企业系统广大干部职工按照市委、市政府的要求，结合入世的新形势，开拓进取、奋力拼搏，经过不懈的努力，乡镇企业步入了持续、稳定和快速、健康的发展阶段。郊区的投资环境得到进一步改善，充分发挥了郊区集聚生产力要素的功能，乡镇企业整体实力和竞争能力有了明显增强。到年底乡镇企业总数已达134 025家，同比增长了0.5%。乡镇企业职工总人数达到113.6万人，同比增加7.2万人，增长6.8%，占郊区从业人员的68%。其中新吸纳农村富余劳动力5.5万人，各项经济指标均超额完成了年度计划，二三产业在郊区经济总量中的比重稳步提升，使乡镇企业在富裕农民、加快农村现代化进程方面发挥出不可替代的重要作用。主要表现在：

1.乡镇企业已成为农村经济的重要支柱。随着乡镇企业的持续、快速发展，乡镇企业在首都农村经济中的地位和作用越来越重要。2002年，全年实现营业收入1 407.9亿元，同比增长22%；其中：集体企业804.4亿元，同比增长9.1%；私营个体企业603.5亿元，同比增长44.6%。增加值309.8亿元，同比增长21.8%，占郊区GDP的43.8%。其中：集体企业178.5亿元，同比增长13%；私营个体企业131.3亿元，同比增长36%。利税总额136.1亿元，同比增长32.4%，其中：集体企业72.8亿元，同比增长20.9%；私营个体企业63.3亿元，同比增长48.7%。利润总额98.4亿元，同比增长29.3%，其中：企业集体47.8亿元，同比增长18.8%；私营个体企业50.6亿元，同比增长40.8%。出口产品交货值76.3亿元，同比增长21.1%。主要经济指标继续保持1998年以来两位数高速增长的态势。其中，重组引进大项目拉动作用显著，骨干企业保持较高的增

长势头，个体私营企业对经济增长的贡献继续加大。乡镇企业在农村经济中的作用越来越明显，地位越来越重要。

2. *乡镇企业已成为吸纳农村剩余劳动力的主要载体*。乡镇企业吸纳农村劳动力就业不仅是农村剩余劳动力的简单转移，更是提高农民素质、增加农民收入、直接致富农民的重要途径。市委、市政府始终鼓励和支持，并采取多种措施扶持农民自愿放弃土地进入二、三产业，发展非农经济。二、三产业专业村发展到573个，从事二、三产业的农户18.8万户，二、三产业劳动力达27.9万人，占专业村劳动力的86%，实现总收入380亿元，占专业村总收入的91%。农民人均纯收入超万元的专业村达268个，比上年增加92个。2002年，农村劳动力的结构和乡镇企业职工的素质都发生了显著变化，新吸纳农村劳动力就业达到7.2万人，职工总人数达到113.6万人，增长6.8%，占郊区从业人员的68%。农村剩余劳动力向乡镇企业转移，不仅解决了农村就业问题、保持了农村的稳定，还为提高他们的自身素质提供了机遇。

3. *乡镇企业结构调整力度加大，规模化发展趋势明显*。乡镇企业的发展由于历史原因，造成了先天不足：企业规模小、独立产品少、产品质量差、产品档次低，没有规模优势，缺乏竞争能力。近几年，乡镇企业充分发挥首都的人才优势和区位优势，加大了重组转制和结构调整的力度，使乡镇企业的结构发生了根本的变化。2002年京郊乡镇规模以上企业达到2 392家，同比增加328家，同比增长15.9%，占乡镇企业1.8%；职工人数40.7万人，同比增加2.9万人，增长7.7%，占35.8%；实现营业收入677.2亿元，同比增长21.9%，占全部乡镇企业的48%；利润总额36.8亿元，同比增长26%，占37.4%；增加值134.4亿元，同比增长14.2%，占43.4%；劳动者报酬44.5亿元，占43.3%；固定资产原值280.6亿元，同比增长24.7，占49.8%。在13.4万家乡镇企业中，营业收入超亿元的企业110家，比上年增加26家，仅占乡镇企业的0.8%。而110家企业的营业收入达到245亿元，同比增长28.3%，占乡镇企业的17.4%。在197个乡镇中，营业收入超亿元的乡镇83个，占42%，比上年增加9个；83个乡镇实现营业收入1060亿元，同比增长27.3%，占全部乡镇企业的75.3%。营业收入亿元以上的村141个，比上年增加56个；实现营业收入295亿元，同比增长66.7%，占全部乡镇企业的20.9%。乡镇企业不仅具备了一定的规模，有了自己的独立产品，而且产品质量、档次和竞争能力都有了显著的提高。出现了一批电子信息制造、新医药、新材料、光机电一体化、环保等高新技术企业和名牌产品，并打入了国际市场。截止到2002年底，乡镇企业出口产品交货值达到76.3亿元，同比增长21%。经过重组转制带动结构调整，彻底结束了乡镇企业规模小、产品“傻、大、黑、粗”的历史。

4. *乡镇企业投资力度加大，总体实力增强*。乡镇企业固定资产投资项目1 882项，同比增加了364项；本年实际完成投资110.5亿元，比上年增长了近一倍。平均每个项目投资587万元，比上年增加了198万元，同比增长了50.9%。乡镇企业拥有总资产1 274.5亿元，同比增长25.4%。其中净资产533.9亿元，同比增长4.6%。乡镇企业固定资产原值达到562.9亿元，同比增长18.5%。企业平均拥有固定资产42万元，同比增长16.7%。资本金409.7亿元，同比增长16.3%。从资本金的构成看，集体资本金比重为30.3%，比上年下降3.8百分点；个人资本金比重为39%，比上年提高7.3个百分点。乡镇企业资产总额达到1274.5亿元，负债总额617.7亿元，资产负债率48.5%，同比下降1.3个百分点。

5. *国有企业新的主导产业正在形成，企业小、散、低的状况有所改善*。在2002年度中，各国有企业通过结构调整来培育主导产业、实现产业升级，并努力提高企业的竞争能力和经济效益，取得了明显成效。目前，已经形成了一批知名品牌，在食品领域，拥有“三元”牛奶、“华都”食品、“双大”肉鸡、“北水”水产品；在畜牧业领域，有“北京艾维茵”种鸡、“华都”种猪；在农业装备领域，有“京鹏”和“大都林”牌温室；在建筑领域，有“城乡”建设等等。新的主导产业也正在逐步形成，如农工商开发公司兴建的野生动物园，2002年累计接待游人60万人次，实现收入4 000万元，利润1 000万元。继前年被评为北京“新八景”之后，去年在全市34家主要景区、景点的测评中，又名列第8，游客的满意度达到97.4%成为北京及周边城区颇有名气的一个新景点，也成为农工商开发公司的新兴主导产业。2002年内，国有企业的资产重组力度加大，成效也比较明显，国有企业数已由1998年末的823家，2002年底减到了454家，企业数量下降了45%，初步解决了国有企业多年来的“小、杂、散、低、重”的问题。如三元集团以资本为纽带，在全系统范围内，实施跨地区、跨部门、跨所有制的资源整合，对下属公司及农场的优势资产进行重组，先后组建了三元食品等12个专业性公司，2002年实现利润8 000万元，占集团公司的67%，而这12个专业性公司的总资产仅为集团公司的47%，可见这12个专业性公司的优势非同一般。三元集团还成功地收购了广东麦当劳、美国卡夫、上海全佳和爱莱发喜食品公司，转让吉百利公司，并购朝阳商务区写字楼等，通过几年的调整、整合，三元集团公司基层法人企业也由1998年的520家，缩减到2002年的288家，压缩了45%，企业平均规模增大，市场竞争能力增强。

6. *国有企业对外开放水平进一步提高，与郊区的联系更加紧密*。在2002年度内，各国有企业积极开拓国际和国内两个市场，在外埠的市场占有率逐步提高，开拓意识和能力不断增强，各企业均取得了比较理想的成绩。城乡建设集团在建筑市场竞争十分激烈的情况下，奋力开拓，开复工面积实现历史性突破，达到456万平方米，比上年增加100万平方米，同比增长54%；实现收入23亿元，同比增长45.6%；实现利润5 382万元，同比增长39.5%。同时，还成功打入外埠市场，在澳门、西安、黑龙江、珠海、兰州等地承接了工程。城乡贸易中心，在普通商品市场疲软的情况下，及时调整经营策略，按照“高档名牌引路、中档品牌为主”的思路，调整了商品结构，并大力开展促销活动，2002年仍实现销售收入15亿元，盈利1亿元，在全市同行业中继续处于领先水平。华都肉鸡公司在巩固国内市场的同时，奋力开拓国际市场，目前已经成为北京地区唯一一家全部产品通过日本药残检验合格并向日本出口的肉鸡企业，去年出口创汇2 668万美元，同比增长91.9%。同时还成功引进日本投资2 000万元，双方合作兴建了出口加工基地，产品全部销往日本，双方从过去单纯的买卖关系变成了利益共享的长期合作关系。另外，三元集团、北农集团、中央批发市场产品的出口也有增加，国有企业的对外开放水平明显提高。大发和华都集团已经成为全国农业产业化龙头企业，以这两家企业为首的大部分郊区国有企业对郊区农村的辐射带动作用明显。大发正大公司采取“公司+中介组织+农户”的组织形式，通过与农民签订肉鸡养殖合同、让农民入股等做法，与农民形成利益共同体，2002年中连接中介组织100多个，带动农户4 600户。华都集团的养殖基地已覆盖10个远郊区县，带动养殖农户8 000多户。三元集团金星鸭业中心在大兴、通州建立成鸭养殖小区，农民养成后回收加工。城乡建设集团通过参与郊区小城镇建设和旧村改造，去年在郊区开发了76.5万平方米的房地产。水产总公司的汇赢中心、北水养殖公司等一批企业，把扶持农民养鱼作为产业链的关键一环，已通过了认证被确定为标准化生产基地。

7. *郊区农村房地产业、金融保险业等第三产业发展趋势明显*。2002年郊区农村国内生产总值中一、二、三产的比重分别为13.5%、40.7%和45.8%，其中一产在国内生产总值中所占比重比上年下降了1.6个百分点；二、三产业的增加值分别比上年增长了11.8个百分点和17.8个百分点。其中第三产业增势明显，据市农村社会经济调查队统计，2002年，全市国内生产总值3 212.71亿元中，第三产业占1 998.13亿元，占62.2%，比2001年增加了276.16亿元，增长了1.7个百分点，是三个产业中增长比例最高、增长速度最快的。第三产业中各业所占份额和比重分别为：交通运输、仓储及邮电业的国内生产总值为235.56亿元，占7.3%；批发和零售贸易、餐饮业的国内生产总值为256.32亿元，占8.0%；金融、保险业的国内生产总值为469.44亿元，占14.6%；房地产业的国内生产总值达到163.12亿元，占5.1%；社会服务业的国内生产总值为322.6亿元，占10.0%。在郊区720.46亿元的增加值中，第三产业占到了45.7%，数值达到328.93亿元，同比增长了19.6%。第三产业中各业的增加值和同比增长分别为：交通运输、仓储及邮电业为49.68亿元，同比增长20.6%；批发和零售贸易、餐饮业为63.73亿元，同比增长12.6%；金融、保险业为22.88亿元，同比增长9.7%；房地产业65.43亿元，同比增长51.1%；社会服务业47.45亿元，同比增长7.6%；教育、文艺及广播电影电视业为23.73亿元，同比增长26.7%；科学研究和综合技术服务业为8.39亿元，同比增长188.3%，是三次产业中增长幅度最高的，增长了近两倍，科学技术也是生产力在郊区农村得到了充分的检验；卫生、体育和社会福利业为8.46亿元，同比增长了6.7%。在郊区农村第三产业的增加值中，房地产业所占比重是最大的，几乎达到了五分之一，占到了19.9%；其次是批发和零售贸易、餐饮业，占到了19.3%，与房地产业相差仅为0.6个百分点。在农村社会经济调查队有统计的165.6万从业人员中，在第三产业就业的达到52.8万人，占从业人员总数的31.9%。其中在交通运输邮电通讯业的就业人数达到15.3万人，占29.0%；在批发零售贸易、餐饮业就业的人数为14.5万人，占27.5%；在这两大行业就业的人数分别同比增长了10.1%和11.5%。而且从近几年看，在第三产业就业的人数呈逐年增加的趋势，1995年在第三产业就业的人数为41.7万人，到2000年就增加到48.7万人，增长了7万人，平均每年1万多人。2001年在三产就业的人数达到了50万人，又增长了1.3万人，2002年是增长最快的一年，一年内增长了2.8万人，就业人数总量达到了52.8万人。其中贡献比较大的乡镇企业，以增加地方经济实力、解决当地农民就业、富裕百姓为主线，大力加强产业结构调整的力度，使为城市、城镇服务的第三产业得到快速发展，这在城近郊区和中心小城镇尤显突出，部分区县、乡镇以服务业为主的房地产业、金融保险业等第三产业已成为当地的主导产业。

8. *郊区各种工业园区建设水平逐步提高、速度逐步加快*。2002年，郊区10个市级工业开发区共实现总产值318.7亿元，比上年增长44%；销售收入469.2亿元，同比增长19%，其中产品销售收入286.3亿元，占61%，产品出口收入61.6亿元，占13%，技术收入10.2亿元，占2%；实现利润21.3亿元，同比增长68%；应缴税金22.3亿元，同比增长34%。市级工业开发区已成为远郊区县税收的重要来源。2002年，在市级工业开发区就业的人数达9.71万人，比2001年的7.68万人增加了2.03万人，增长了26.4%。截止到2002年底，10个开发区累计入区企业达3158家，项目总投资467亿元，其中2002年当年招商331家，总投资64.6亿元；项目的平均单体投资规模1952.6万元，同比增长38%。最大的项目是林河开发区引进的现代汽车项目，总投资达100亿美元。空港工业区去年引进投资2亿元以上的项目5个，跨国公司参与投资的10家，世界500强企业3家。年内，市级开发区共开工66个项目，已完成总投资25.8亿元，同比增长76%，其中基础设施投资4.2亿元，同比增长24%。各开发区还根据自身的产业定位和资源优势，积极策划、研究制定园区品牌战略，利用各种媒介对外宣传，提高了开发区的知名度与竞争力。大兴开发区从创建优美人文环境入手，投资480万元在B区修建企业公园，绿化面积达11.4万平方米，种植花木8万余株，增设了喷泉、射灯等设备，形成了开发区内的园林景观。通州开发区拍摄了反映园区风貌的系列专题片，并在新闻中播放；投资100万元在高速路两侧设置宣传旗和大型广告牌，形成了良好的投资氛围。到年底郊区农村共有乡镇工业园区150个，入区企业达到2 284家，职工14.7万人，实现营业收入220.7亿元，利润总额15.4亿元，出口产品交货值15.4亿元，累计完成投资150.2亿元。园区内企业协议利用外资1.27亿美元，实际利用外资7 382万美元，占58.1%。累计利用外资达到2.5亿美元。150个园区中的55个重点乡镇工业小区完成基础设施投资47.2亿元，其中当年新增投资10.5亿元；入区企业1 530家，其中当年入区企业330个；入区企业总投资266.3亿元，已到位资金180.5亿元。2002年实现销售收入189.8亿元，增加28.5亿元，利润15.6亿元，税金8.5亿元。乡镇工业园区建设格局的形成及规模水平的不断提高，对城市产业的转移，吸引投资和增加农民就业增收发挥了重要作用。

9. *非公经济蓬勃发展，成为拉动郊区经济的一支力量*。由于市委、市政府的大力支持，广大农民脱离土地，积极投资兴办各类企业，直接参与市场竞争。个体私营经济的发展，不仅增加了乡镇企业的经济总量，成为吸纳农村剩余劳动力的重要载体，也成为国家财政收入的重要来源。2002年，乡镇企业总数134 025家，其中个体私营企业123 184家，占企业总数的91.9%，一年内净增1 091家。2002年郊区经济的发展，主要靠非公经济的拉动。私营企业的各项经济指标占全部乡镇企业的比重，均已接近或超过50%，比上年提高了4～8个百分点，截止到2002年底，私营企业职工占全部乡镇企业的43.1%，营业收入占42.9%，增加值占42.4%，利润总额占51.5%，劳动者报酬占41.4%。到年底，郊区个体工商户累计达到255 815户，同比增长18.41%；注册资金累计31.13亿元，同比增长20.8%；从业人员达352 512人，同比增长15.99%。全年实现总产值达17.31亿元，销售总额133.74亿元，社会消费品零售额106.72亿元，同比增长44.73%、18.49%和20.17%。年内，个体工商户实力也不断增强，户均注册资金达1.22亿元，同比提高2.52%。在个体工商户中第三产业占主导地位，其中，个体工商户累计达到23.8万多人，占郊区总户数比重达到93.2%；注册资金累计25.01亿元，所占比重达80.34%；从业人员近31.6万人，所占比重达89.56%。私营个体经济的增长，为郊区经济的发展作出了重要贡献。

三、中心镇建设取得了新成绩，郊区农村城市化进程加快

2002年，在推进农村城市化进程中总的指导思想是：深入贯彻落实市第九届党代会和市农村工作会议精神，按照建设部的部署，以“三个代表”重要思想为指导，全面落实市委、市政府30号文件精神，加快郊区村镇建设步伐，提高郊区农村的城市化水平。年内，郊区的中心镇、一般建制镇、一般建制乡、村庄建设，都取得了可喜的成绩，郊区面貌发生了显著变化，城镇建设步入健康、有序的发展轨道。按照市委、市政府的要求，郊区上下重点抓了中心镇基础设施建设和产业发展。对33个中心镇特别是对市里确定的6个重点中心镇进行了集中建设的同时，又批准了房山区城关镇、延庆县城关镇、顺义区马坡镇、怀柔区北房镇等4个镇也享受中心镇的优惠政策，使城镇发展布局更加合理有序。

一是城镇基础设施建设力度加大。为了加快城镇招商引资步伐，改变城镇基础设施落后的现状，促进地区经济、社会的全面发展，2002年，市财政安排基础设施专项资金5 000万元，重点支持了40个基础设施建设项目。全年共投资小城镇基础设施资金11.1亿元。年内，33个中心镇共完成固定资产投资68亿元，增长36.6%，占郊区农村固定资产投入的52%，其中生产性固定资产投资48.7亿元，增长39.9%，占投资总额的71%，基础设施进一步完善，集聚效应日趋增强。

二是产业带动效果显现。把中心镇建设与工业小区建设有机结合起来，形成了相互促进，共同发展的良好态势，涌现出榆垡、后沙峪等一批二、三产业较为发达，经济基础雄厚的小城镇建设典型。

三是坚持小城镇建设与环境整治相结合。组织开展了创建全国环境优美乡镇活动和创建1 000个高水平环境整治村活动，加大了对10个小城镇绿化美化的支持力度，改变了小城镇的面貌。

四是积极探索“银政合作”的具体方式。2002年，为争取国家开发银行的支持，拓宽小城镇的融资渠道，提高小城镇建设的整体水平，研究探讨了利用开发银行贷款进行小城镇建设的试点办法。国家开发银行与大兴区确定了合作的基本原则，即：以土地整理储备为龙头，与土地一级开发相结合，确定以黄村卫星城、大兴工业开发区、念坛工业开发区和西红门镇、庞各庄镇、采育镇、榆垡镇等为合作范围给予项目贷款，即“一城两区四镇”，总面积约25平方公里。在评审的基础上，该项目在3年内可获得国家开发银行贷款12个亿。年前，第一批3亿元贷款已经到位。在大兴区试点工作的基础上，市政府也与国家

开发银行确定了小城镇建设金融合作的基本框架。2002年12月29日，国家开发银行和北京市人民政府共同签署了100亿元小城镇建设金融合作协议。这是国内银行界签署的第一份关于小城镇建设的金融合作协议。

五是数字化试点示范镇建设取得阶段性成果。在数字北京的总体规划下，2002年，市有关部门确定顺义区后沙峪镇为我市第一个数字化试点建设示范镇，并制定的《数字后沙峪总体建设方案》，经过一年的努力与运作，一期建设工程已经完成，共计投资630万元，铺设政务光纤主干网15公里，布设光纤节点45个，培训人员500人次，16个村的农村管理信息系统全部安装完毕，实现了行政村与镇政府、镇政府与区政府的专网互联，极大地提高了镇政府机关的办事效率和信息化水平。

通过一年的建设，33个中心镇在基础设施、经济建设、环境建设上都有了较大程度的提高，聚集产业、人口的功能日趋增强，共立项项目520项，同比增长11.3%，引进到位资金53亿元，同比增长8.1%，为中心镇的发展注入了新的活力。33个中心镇国内生产总值达到135亿元，增长28.3%，比郊区经济增长速度快15.3个百分点，对郊区经济增长的贡献率达到36.6%，起到了区域经济的辐射带动作用和对农村劳动力的吸纳作用，已经成为郊区经济发展新的增长点。经济的发展，促进了社会事业和精神文明建设步伐的加快，许多中心镇在全国的各项评比中取得了较好的成绩。其中：怀柔区北坊镇、平谷区峪口镇、密云县太师屯镇、延庆县康庄镇被评为2002年度全国精神文明创建工作先进镇；顺义区马坡镇、昌平区北七家镇、密云县太师屯镇、延庆县康庄镇被评为2002年度全国体育先进乡镇；昌平区小汤山镇被评为2002年度全国环境优美小城镇等。

四、农业科技创新与推广取得了新成果，农业信息化建设起步

2002年，郊区农业科技工作以“三个代表”重要思想为指导，以富裕农民为主线，围绕农业产业结构战略性调整，紧抓“绿色奥运、科技奥运、人文奥运”的发展机遇，充分利用WTO的“绿箱”政策，组织实施了“科教兴农四项工程”，突出科技的先导力量，为郊区农业和农村现代化提供了强有力的技术支撑，使农业科技工作再上新台阶。在安全蔬菜、种猪遗传评估、草食家畜良种产业化等方面设立综合性的重大科技攻关项目，为我市绿色食品工程、畜禽良种工程的推进，提供了强有力的技术支撑。在郊区种养联动、优质农产品生产、动植物重大疫病防治、生态环境保护等方面组织实施了一批农业科技示范推广项目，解决了很多生产中的关键性重大问题，提高了郊区农业整体科技含量。

2002年，主要工作特点有：一是加大了农业实用技术的推广和普及力度，直接带动农民增收致富，通过一批农业实用技术推广，共培训各级技术人员和农民21万人次，涉及农户14.8万户，郊区农民因此可增加经济收入13.4亿元；二加强了农业科技攻关和试验示范工作，农业科技产业化进程加快，启动了一批重大农业科技攻关项目，包括鲟鱼全人工繁殖技术、动物产品药物残留快速检测技术、桃采后产地保鲜技术等，这些项目的实施，大大提高了郊区农业科技产业化水平，同时为首都食用农产品提供了安全保障；三是大力实施“跨世纪青年农民培训”、“农民绿色证书培训”、“农村远程教育服务体系”、“科教兴村”试点等工程，紧紧围绕农村经济结构和农民致富的需求，通过各种媒体、采用多种形式向农民宣传科技知识，普及实用技术，大大提高了农民的科技文化水平和生产经营能力，为农民增收致富提供了有力支撑。

按照“抓住资源、打好基础、丰富内容，建好窗口”的指导思想，京郊农业信息化建设迈出了坚实的步伐。建立了以电视、广播、报纸、网络、热线电话和《市场简报》等多种渠道构成的信息发布体系，特别是在10个远郊区县通过电视台发布农产品行情信息，受到了农民的普遍欢迎。北京市农村信息服务体系建设初见成效，全市共建立了54个符合农业部“六个一”要求的农村信息服务站；各基层信息服务站根据自身实际，采取灵活多样的形式进行信息服务，填补信息覆盖盲点，取得了很好的效果。加强了市、区（县）、乡（镇）三级信息员的培训工作，全市共登记注册农村信息员1 235人。建设并完善了北京市兽医卫生监督、种子管理、蔬菜服务信息等专业网站，实现了网上咨询、网上投诉和资源共享，为提高我市农业的现代化管理水平迈出了坚实步伐。

五、山区低收入人群进一步减少，水利富民综合开发取得新成效

2002年，山区建设面临着前所未有的发展机遇，我国已经入世和北京申奥成功，为京郊山区实现跨越式发展提供了千载难逢的良机。同时，山区开发建设所取得的成绩为山区与时俱进、实现跨越式发展也奠定了坚实基础。按照年初制定的发展思路和工作目标，2002年边远山区乡镇经济持续稳步发展。乡镇增加值实现55.8亿元，比上年47.7亿元增长17%。地方财政收入5.1亿元，比上年3.9亿元增长31%；上缴税金4.8亿元，比上年3.7亿元增长28%。农民人均劳动所得4250元，比上年3 700元增加550元，增长15%。综观2002年边远山区经济发展，呈现出以下几个明显特点：

1. 山区三大主导产业优势明显，经济发展速度明显加快，各项主要指标增幅均高于郊区增长速度。 山区以特色果林业为重点的高效种植业、以牛羊等草食家畜为主的养殖业和以休闲旅游为重点的户办二、三产业是山区的三大主导产业，是几年来山区调整产业结构的成果，也是加快山区经济、社会发展的方

向。2002年山区特色林果、绿色养殖、休闲旅游三大主导优势产业进一步发展，截止年底，特色林果面积累计达到13.3万公顷，其中新增果品2万公顷；养殖小区890个，养殖户达到12万户，其中新增比例达到20%；民俗旅游村260个，市级民俗旅游达标户1520户。对已被确定为市级景区的密云县云蒙山等8个景区，进行了山区旅游的深度开发。对达到国家A级景区和市级民俗旅游专业村标准的，市支农资金对其基础设施建设给予了专项扶持。山区全年共接待游客902.9万人次，比2001年增加游客253万人次，增长39%；旅游综合收入实现8.4亿元，比上年5.3亿元增长了58%。三大主导优势产业对山区农民增收贡献率达50%以上。年内，还与市财政、金融信贷部门协商决定，在京郊山区启动了“银山合作”工程，市和区县共同向边远山区乡镇注入担保资金，推动山区主导产业的发展。在三大主导产业的带动下，2002年边远山区乡镇增加值、地方财政收入、农民人均劳动所得分别比上年增长17%、31%和15%，均高于全郊区13%、25%和12%的增长速度。其中地方财政收入比上年增长1.2亿元，增幅比上年增加了15个百分点。

2. *结构调整速度加快，产业结构逐步趋于合理。*2002年边远山区乡镇第一产业增加值12.5亿元，比上年11.6亿元增长7.6%；第二产业增加值20.2亿元，比上年16.6亿元增长21.4%；第三产业增加值23.1亿元，比上年19.4亿元增长19.3%。一、二、三产业增加值比重为23:36:41，第一产业占乡镇增加值比重比2001年有所下降，而二、三产业所占比重正逐年上升，山区正在向工业化、城市化方向迈进，产业结构逐步趋于合理。山区种养业总产值25.7亿元，比上年23.2亿元增长11%；其中养殖业产值15.7亿元，所占比重达到61%。山区乡镇企业总收入124.2亿元，比上年103.5亿元增长19.9%；利润总额9.6亿元，比上年7.7亿元增长24%。

3. *水利富民综合开发工程进展顺利，全面完成了2002年任务。*山区水利富民综合开发工程重点面向边远山区乡村，2002年重点在那些十分缺水、而又十分需要兴办水利推动主导产业发展，但因条件差、农户收入低、实施水利富民工程难度较大的山区乡村，大搞了水利富民工程。市里继续对五小工程和截流工程给予了政策支持，在全市上下的共同努力下全面完成了2002年度山区水利富民工程任务。共完成五小工程1.1万处，截流及井站塘坝1571处，利用集雨场面积68.3万平方米，新增蓄水能力380万方，新增改善灌溉面积38.7万亩，解决了2.9万人、7 600余头大牲畜的饮水问题。

4. *山区农民人均劳动所得继续大幅度增长，消除低收入工作进展顺利。*2002年，市定边远山区乡镇的农民人均纯收入达到4 250元，增长14.9%，超过了计划10%的增长速度。消除低收入面工作取得明显进展，在49个边远山区乡镇中，农民人均劳动所得最高的是怀柔区雁栖镇6 250元，5 000元以上的有6个乡镇。2002年，低收入人群的劳动力就业率比上年提高1.3个百分点，就业率达到98.8%。同时二三产业劳动力就业率也由上年的36.5%提高到46%，推动了其生活水平的提高。人均消费支出达到2 116元，增加181元，增长9.3%，都快于全市平均增长速度。在生活消费支出中，人均食品支出836元，增长1.6%，恩格尔系数39.5%，比上年降低3个百分点，低收入人群的生活状况在逐步好转。山区全年消除农民人均纯收入2 500元以下低收入村70个，累计消除271个，仅有12个村在2 500元低收入线以下，消除低收入村工作已完成了总任务的96%。房山区、门头沟区、昌平区、延庆县、密云县已全部消除了2 500元以下低收入村。

5. *山区退耕还林工作进展顺利，首都第一道绿色生态屏障发挥作用。*市委、市政府决定把绿化美化山区作为首都三道绿色生态屏障的第一道，同时绿色奥运也是北京申奥成功的主题之一，建设山区绿色生态屏障意义重大。2002年，按照首都整体生态环境建设规划，结合农业结构调整，在山区实施了退耕还林（还果、还草）工程。到年底，不但门头沟、昌平、延庆、怀柔、密云、平谷等6个山区区县已完成退耕还林1万公顷和荒山造林1万公顷任务，而且房山区将市政府另行安排的0.2万公顷退耕还林和0.2万公顷荒山造林任务也如期完成，在山区形成了首都的第一道绿色生态屏障。与此同时，山区还抓了防护林建设和中幼林抚育工作，加强水土保持生态工程建设，对密云、怀柔水库水源进行了保护。按国务院通知及有关规定精神，坚决关闭了一批破坏植被和生态环境的山区小煤窑、小矿点。在全市推广了门头沟区火村关闭小煤矿，发展特色果园，农户集资办休闲旅游的经验。

6. *多种渠道增加投入，社会支山工作有新进展。*山区工作的一个重要任务就是加强山区基础设施建设和社会事业发展，但山区以水利、道路、通讯等为重点的基础设施薄弱，以科技、教育、卫生、文化、社会保障体系等为重点的社会事业发展滞后。对这一情况，市委、市政府高度重视，并给予了许多优惠政策予以支持，全市上下各有关部门也给予了许多扶持。2002年，市计委安排专项资金400万元，重点支持低收入村发展休闲旅游和养殖业等农民增收见效快的项目；市财政局9名局级领导各联系一个边远山区乡镇，深入调查研究，指导山区建设工作；市工商联和光彩促进会为山区引进项目3个，总投资近1亿元；市公路局安排专项资金140万元，重点支持边远山区乡村公路建设；市计生委、市财政局对市定49个边远山区乡镇近1 000个村计生干部发放补助金；市水产总公司为房山区十渡镇出资50万元，作为农户增收致富风险担保金等。年内，对21个支山先进单位进行了表彰。

六、党在农村的政策得到落实，农村管理体制改革得到深化

2002年，围绕富裕农民这个中心任务，认真落实了党在农村的基本政策。通过深入研究农村经济社会发展中存在的主要矛盾和问题，下大力气减轻农民负担，促进了郊区经济和社会的快速发展。重点围绕以下几个方面展开了工作：

一是贯彻落实党的农村土地政策，切实保障农民的利益。年内，加强了对《中共中央关于做好农户承包地使用权流转工作的通知》精神的贯彻落实，将其作为保障农民权益的重要工作抓紧抓实，工作中加强对落实情况的检查，对发现的问题及时进行深入研究解决，切实保障农民对土地的使用权利。《中华人民共和国农村土地承包法》发布后，研究起草了北京市《关于认真做好〈农村土地承包法〉学习宣传和贯彻实施工作的通知》，要求郊区认真学习领会《土地法承包法》的精神实质，加强宣传力度，制定具体方案进行实施，使党的农村土地政策落到实处。

二是以农村集体资产管理为突破口，不断促进农村集体经济的体制创新。按照市委、市政府的要求，明确了推动四个近郊区村级集体经济组织体制创新，使实行社区股份合作制改革的村达到20个，采取深入到乡和村，总结推广改革经验，开展理论研究，指导郊区县制定政策性文件，对基层干部进行培训，帮助具备条件的村集体经济组织开展产权制度改革。目前，丰台、海淀、石景山等三个近郊区已发布了进行社区股份合作制改革的政策性文件，24个村将村经济合作社产权制度由社员共有变为社员按份共有，另外还有2个乡和10个村已经启动了改革进程，彻底摆脱了集体经济组织产权制度改革徘徊不前的局面。

三是认真实行“四个制度”，继续深化“税费改革”，减轻农民负担工作取得实效。按照全市的统一部署，认真组织了“四个制度”的贯彻落实工作，与市纪委、市监察局联合制定下发了《北京市实施〈关于涉农民负担案（事）件实行责任追究的暂行办法〉的意见》，明确了区县、乡镇党政一把手、涉农部门、农支部（委）和村经济合作社主要负责人在减轻农民负担工作中的责任；向农民发放了《北京市村级报刊订阅费用监督卡》、《农民负担监督卡》等，大大提高了涉农价格和收费的透明度，主动接受农民的监督，有力地保证了“四个制度”的贯彻落实。

根据市委、市政府的要求，2002年的农村税费改革工作，在进一步完善昌平区试点的基础上，在全市范围内开展了精减乡镇机构、完善农村义务教育体制、健全乡村两极集体资产管理体制、建立农村社会保障体系和核实土地面积等与农村税费改革相配套的各项改革，使减轻农民负担工作取得明显成效，为今后全面实行农村税费改革打下了良好的基础。经审计，2002年北京市农民实际直接承担的提留统筹两项合计11 759.9万元，人均负担36.8元，仅占11个区县上年农民人均纯收入的0.8%，远远低于国务院5%的比例限额。

通过上述工作，党在农村政策得到贯彻落实，农民的生产积极性得到极大的提高，逐步摈弃了“等”、“靠”、“要”的依赖思想，树立起了靠劳动致富的信念，并成为农村经济发展的主力军。目前我市有契约型、出资型和会员型等农民专业合作经济组织2 030家，入社农户34.2万户，占全市农户总数的28%。

2002年，郊区经济和社会发展取得了较为可喜的成绩，但郊区工作中也存在着矛盾和问题，概括起来是：“不足、不强、不活、不深”。“不足”是指郊区经济总量不足，二、三产业基础比较薄弱，工业化水平还不高；农民就业增收的压力较大。“不强”是指区域经济竞争力、主导产业竞争力和企业竞争力不强，产业布局分散、产业特色不明显和主导产业不突出的状况尚未从根本上得到扭转。“不活”是指郊区经济发展的体制、机制和政策环境偏紧，缺乏创造性、突破性的活力。“不深”是指以市场为取向的经济体制改革，包括乡村集体经济组织、产权制度、户籍制度、农民社会保障制度等改革，有待于进一步配套和深化。

郊区经济发展中存在的诸多矛盾与问题是前进中的问题，产生这些问题的深层次原因既有客观的，也有主观的，主要是在发展思路上，由于受城乡二元结构传统思维方式的束缚，缺乏对城乡统筹发展的整体谋划和统一指导；在制度和政策上，基本执行的是城市与农村、居民与农民两种不同的制度安排和政策取向；在资源配置上，偏重城市而对农村有所忽视。在2003年中，按照刘淇同志提出的统筹城乡经济的发展思路，采取切实有效的措施，努力解决率先基本实现现代化进程中存在的问题和矛盾，郊区农村会建设的更加美好。

（王　东）

2002年郊区社会发展综述

中共北京市委农村工作委员会研究室

2002年，在市委、市政府的正确领导下，北京郊区农村坚持以邓小平建设有中国特色社会主义理论

和“三个代表”重要思想为指导，认真贯彻中央的路线、方针和政策，以及中央对北京工作的一系列指示精神，深入学习领会党的十六大精神，坚持大力发展都市型郊区经济的正确方向，不断加强和改进党的领导，抓住机遇，开拓创新，加快发展，实现物质文明、精神文明和政治文明的协调发展，圆满完成了各项年度计划任务，取得了“十五”计划良好开局，向率先基本实现农业农村现代化的目标又迈进了一大步。

一、以“三个代表”重要思想教育活动为核心，全面加强郊区农村基层组织建设

党的十六大是我们党在新时期召开的一次重要的代表大会。在市委的领导下，郊区广大干部群众通过深入学习、宣传、贯彻十六大精神，统一了思想和行动，高举邓小平理论伟大旗帜，全面贯彻“三个代表”重要思想，与时俱进，开拓创新，全面开创郊区现代化建设的新局面。通过学习教育活动，牢固树立了“发展是党执政兴国第一要务的观念，努力实现发展要有新思路，改革要有新突破，开放要有新局面，各项工作要有新举措”的思想，把宣传十六大精神作为北京郊区思想政治工作的首要任务，使十六大精神在郊区家喻户晓、深入人心。

一是农村“三个代表”重要思想教育活动得到深化。郊区各级党组织继续抓好“三个代表”重要思想学教活动整改措施的落实，逐级制定了周密的落实方案。郊区区县党委把整改措施的落实同创建“六个好”乡镇党委和“五个好”村党支部及后进乡镇党委和村党支部的整顿建设紧密结合起来，使落实整改措施的责任更加具体、力度明显加大，形成了一级抓一级、层层抓落实的良好格局。把落实“三个代表”整改措施同干部转变工作作风、为人民群众办好事、实事紧密结合起来，进一步建立健全了基层干部联系群众制度、及时化解农村矛盾制度，通过开展多种形式的民心工程，落实贴近群众需要的便民措施，有效解决了长期困扰农民生产生活的热点、难点、焦点问题，进一步密切了党群干群关系，使“三个代表”重要思想在全市农村焕发出了勃勃生机与活力。通过落实“三个代表”整改措施，郊区农村基层党组织的创造力、凝聚力和战斗力明显增强，党员干部执政为民意识、群众意识明显提高，党群、干群关系进一步融洽，“三个代表”学教活动成果得到了进一步巩固和发展，初步形成了“干部经常受教育，群众长期得实惠”的长效机制。

二是农村基层组织建设“三级联创”活动取得新进展。2002 年是北京市开展农村基层组织建设“三级联创”的第四年，也是创建活动继续深化提高的重要一年。郊区各级党组织以“三个代表”重要思想为指导，紧紧围绕改革、发展、稳定的大局和农民增收这一中心任务，加大工作力度，积极开拓创新，使创建活动不断深化，取得了明显成效和新进展。认真解决班子和队伍中存在的突出问题，并把一些好的做法制度化，初步建立了“干部经常受教育，农民长期得实惠”的长效机制。各区县按照“优化结构、提高素质、改进作风、增强活力”的目标要求，大力加强村党支部书记的培养选拔、培训教育、管理监督、激励约束，通过面向社会公开选拔，建立区县、乡镇、村统筹党支部书记报酬，实行养老保险等制度，使村党支部书记队伍建设得到有效加强。通过郊区各级党组织的努力工作，去年全市确定的 18 个后进乡镇党委有 13 个实现了转化，212 个后进村党支部有 119 个实现了转化，转化率分别达到 72% 和 56%。各级党组织普遍加强了对党员的理论、政策和党性党风教育，进一步增强了广大党员的党性观念和宗旨意识，积极探索了新形势下党员发挥先锋模范的有效途径和载体，通过开展无职党员设岗定责、党员素质工程等活动，为党员发挥作用提供了舞台、创造了条件。通过宣传引导、服务扶持、组织协调、统筹规划等手段，把基层党组织的领导核心作用落实到了促进农村改革发展和农民增收致富的具体实践中，使党的政治优势、组织优势和密切联系群众优势在新的平台上有了新的发展和创新。各级党组织结合本地实际，认真制定和完善贯彻实施的具体办法，进一步推动了民主决策、民主管理和民主监督的落实，广大基层干部的民主意识明显增强，村务、乡镇政务公开继续深化，村“两委”关系进一步协调，党支部领导下的村民自治机制更加健全。总之，通过各级组织和广大干部的辛勤工作，2002 年全市的“三级联创”活动进一步深化，农村基层组织建设的整体水平有了新的提高，有力地促进了农村的改革、发展和稳定。

三是通过抓好乡镇换届选举工作，充实和强化了农村基层干部队伍，为郊区农业农村现代化建设提供了组织保证。按照市委的统一部署，郊区进行了乡镇换届选举工作。本次换届选举紧密结合学习贯彻党的十六大和市九次党代会精神，按照“三个代表”重要思想和新时期、新任务对乡镇干部队伍的新要求，对换届选举工作加强领导，精心组织实施，广泛宣传发动，充分发扬民主，严格依法办事，保证了换届选举地正常顺利进行，13 个郊区县 191 个乡镇全部圆满完成换届选举，在新当选的 1 399 人中，平均年龄 41 岁，比上届降低了 1.6 岁，其中 35 岁以下（含 35 岁）的青年干部从上届的 181 人增加到 252 人。具有大专以上学历的 1 307 名，占 93.4%，其中大学本科以上学历的由上届的 42.9% 提高到 52.6%。学党政管理专业的占总数的26.2%，财经专业和企业管理的占 37.3%，法律专业的 11.7%。其中妇女干部占到了总数的 13.7%，少数民族干部占 3.6%，均比上届有所提高。通过换届选举活动，广大基层干部和党员的民主意识得到强化，群众观念进一步增强；新一届乡镇党委的发展思路更加明晰，工作热情更加高涨，形成了团结统一、奋发向上，开拓进取、学习创新，脚踏实地、求

真务实的良好工作氛围，为郊区农村改革、发展和稳定提供了更加坚强有力的组织保证。

二、郊区农村民主法制建设不断取得新的进展

2002年，郊区各级党组织按照市委、市政府的部署，积极探索，大胆实践，大力推进农村民主法制建设，取得了明显成效。

一是切实维护广大农民的基本权益，保证了各项政策的顺利实施。各级党委在调查研究的基础上，结合实际，对村民代表会议制度进一步进行了规范和完善，各镇乡党委切实加强了对村民代表会议的指导和监督，规范了会议决策程序和内容，强化了决议的落实，有效地提高了村民代表会议质量，使民主决策落到了实处。各区县委普遍加强了对"两个公开"工作的督促检查，规范了公开的内容、程序和时间，创新公开的形式，强化监督组织和监督机制的建设，深化了"两个公开"的开展。区县普遍对《村民自治章程》进行了修订和完善，入户率基本达到了100%，修订后的《村民自治章程》针对性和可操作性都明显增强，真正起到了监督和引导干部群众照章办事的作用，提高了约束力，把自我管理、自我教育、自我约束落到了实处。通过采取加强教育、明确"两委"职责和权限、完善村级议事规则和决策程序、健全相关制度等措施，强化了农村党支部的领导核心作用，增强了村级班子整体合力，切实建立起了党支部领导下的村民自治运行机制。

二是采取多种形式的宣教活动，提高农民的法律素质。结合农村实际，选择与农村生产生活密切相关的法律法规开展宣传教育活动，注重针对性、实效性。针对农民群众文化水平普遍不是很高、居住分散、学法受农时限制等因素，采取了利用村民代表会、村民大会学法、送法下乡入户、设置法制宣传栏、利用有线广播宣传、法制文艺、有奖竞赛、集市学法等多种形式进行普法。发挥司法、行政执法机关及法律服务机构的职能作用，利用党校、干校和文明市民学校讲授法制课程，开展专家咨询、短期培训班等，向农民传授有关法律知识。

三是加大了有关农业生产经营、农产品市场监管等相关政策、法规的制定和完善，优化了郊区经济社会发展的法制环境。围绕广大人民群众关心的食品安全问题，在市委、市政府的领导下，制定并出台了《北京市食品安全监督管理办法》，进一步规范食品生产和经营行为，维护食品生产者、经营者和消费者的合法权益，加大惩处力度，提升我市食品质量安全水平。完成了市人大、市政府交办的关于《中华人民共和国农业税征收管理暂行条例（征求意见稿）》、《中华人民共和国清洁生产促进法（草案）》、《中华人民共和国农业机械化促进法（草案框架）》、《北京市农作物种子条例》等20余项法规、规章草案的征求意见工作。适应我国加入WTO的要求，对截止2000年底以前以市委农工委、市农委（市农办）名义下发的现行有效的7 450项文件进行了清理，对其中188项作出了废止决定并上网公布，大大提高了审批、审核的工作效率。

四是不断提高郊区领导干部依法行政、依法决策水平。郊区各区县高度重视领导干部学法用法工作，注重提高领导干部学法的计划性、系统性和针对性，将领导干部学法用法工作规范化和制度化。通过组织为广大领导干部举办有关依法行政、依法治农的法律讲座；定期举办专题培训，普及法律知识；建立理论中心组学法制度等方式，对领导干部学法的要求、内容、考核等作出明确规定，从根本上保证了各级领导干部学法用法落到实处。对增强各级领导干部的法制观念和法律意识，提高依法行政、依法决策能力起到了积极的作用。

三、农村文化生活进一步繁荣，广大农民的精神文化生活进一步丰富

2002年，在市委、市政府高度重视下，京郊农村基层文化建设在基本设施、基本队伍、基本活动内容和方式方面取得了显著成绩，为今后进一步加强京郊文化建设奠定了坚实的基础。

一是农村基层文化设施建设速度加快，文化活动条件显著改善。各郊区县建成文化馆13个，公共图书馆15个，总建筑面积达到8.8万平方米；乡镇、村的文化设施和文化广场建设发展迅速，乡镇基本都建有基础文化设施（文化站），其中综合性设置的有102个，单独设立的有91个，总面积达到11.6万平方米；全市4 039个行政村建有农村文化室1 315个，总面积达到22.2万平方米。这些基层文化设施的建成，为广大群众就近参加文化活动创造了条件，促进了基层文化活动的蓬勃开展。

二是农村基层文化队伍不断壮大。以基层文化工作者、文化志愿者、业余文艺团队三支队伍为重点的基层文化队伍网络，在基层文化建设中发挥了重要的作用。基层文化工作者队伍有3 000多人。近年来通过完善培训、考核、持证上岗等项制度，采取鼓励论文和文艺创作的措施，有效地提高了基层文化队伍的业务水平和活动组织能力。通过开展健康有益、自娱自乐的文化活动；积极参加文化广场、"五月的鲜花"歌咏活动的演出，活跃了基层文化。为提高秧歌的艺术水平，正在开展"北京新秧歌"的创作、推广、比赛活动。基层文化队伍的不断壮大和水平的提高，带动了群众业余文艺创作的繁荣，涌现出一大批业余文艺创作的精品。

三是农村基层文化活动蓬勃开展，成为首都亮丽的文化景观。春节花会、庙会，"五月的鲜花"群众歌咏活动，"文化广场"活动等，已经成为北京市的品牌活动，规模大，导向性强，在郊区群众中有较大影响。各郊区县结合本地区社会经济的发展，开展了具有地区特色的文化活动，文化下乡、农村电影放

映，以及老年人、少年儿童、残疾人等特殊群体的文化活动也得到发展。

四是全民健身运动向郊区农村延伸，活跃了农民体育活动。按照《全民健身计划纲要》的要求，以“三个代表”重要思想为指针，以乡镇体育为重点，以活动与健身并举、重在建设为原则，京郊开展了形式多样、丰富多彩的农民健身活动。在郊区农村地区广大农民积极参加晨晚练，农村体育人口从1998年的30%增加到40%，有的区县已经达到45%以上，利用节假日或者农闲时间，在农村组织开展了多项体育赛事，既有现代竞技项目，又有当地特色项目，广大农民积极参与。大兴等9个区县在争创全国体育先进县活动中全部达标。全市有52个乡镇被评为市级“亿万农民健身活动”先进乡镇。累计有39个乡镇经过国家体育总局、中国农民体育协会检查、验收，被评选为全国“亿万农民健身活动”先进乡镇。

四、郊区农村各项基础设施得到加强，逐步缩小城乡差距

基础设施是提高区域经济承载能力的根本，公共设施则是提高城镇生活水平的基础。按照立足现代化、优先超前建设的要求，2002年，郊区农村加快了以主干道为重点的路网建设，改善交通结构，切实解决城市与郊区之间交通不畅的问题，加强了城乡联系。同时，完善郊区卫星城、小城镇和乡村的供水、供气、供热体系，加快农村电网改造，正在建设的污水处理厂、垃圾处理厂得到重点加强，努力实现了污水、垃圾的资源化、无害化。郊区基础设施的加强进一步夯实了农村经济社会发展的基础。

郊市、郊区（县）间和郊区（县）到乡镇通信传输都实现了光缆化，京郊农村已实现村村通程控电话。在配合首都经济圈的建设中，率先打造“数字郊区”，并为之做出不懈努力，先后与怀柔、昌平、密云、门头沟等区县签定建设宽带网络协议；与北京市教委合作在京郊校园进行“校校通”宽带工程，实行网上教学，远程电化教育。

郊区公路网络建设得到加强。郊区公路总里程比上年新增468公里，总里程达到14 359公里；其中：新增高速公路128公里，一级公路38公里，二级公路26公里。从而使高速公路里程达到463公里，一级公路里程达到331公里，二级公路里程达到1 822公里，三级公路里程达到4 618公里，四级以下公路里程达到7 125公里。高等级公路（二级以上）占总里程的18.2%，比上年增加0.7个百分点。全市公路密度达到85.43公里/百平方公里。北京市已经基本形成了以干线公路为骨架，县、乡公路为支脉，纵横交错、四通八达的公路网。公路局完成郊区公路投资7.93亿元，完成计划113.5%。新改建工程先后完成了通顺路改建工程、京周路改建工程、康张路新建工程、张凤路改建工程和玉海路新建工程等项目。2002年北京市公路局加大了对农村公路建设的力度，充分调动各区县、各乡镇和地方企事业单位的积极性，按照北京市县乡道路总体规划的要求，实行“民办公助，扶助贫困，集资修路”的原则，对县乡道路按轻重缓急逐年进行修建改善。

五、加大郊区环境整治力度，努力创造一流的人居环境

2002年，按照市委、市政府对郊区环境建设的统一要求，围绕“办绿色奥运”和改善群众人居环境这一中心，按照“深化环境整治，消灭脏乱死角，提高生活质量，美化首都形象”的总体要求，郊区完成了31项重点整治工程，实施了农村“垃圾不露天”工程，加快了郊区卫星城精品建设和农村“四化”建设的步伐，郊区环境建设取得了明显的成效。

一是继续实施环境整治工程，彻底改善农村环境脏乱状况。以治脏治乱为重点，清理公路沿线的垃圾、柴草和白色污染，全线进行绿化美化；全面拆除违法建设，关闭、迁除有碍观瞻的煤场、灰矿和废品收购点；抓好京开高速公路进京入口处“第一印象”工程等16项重点工程的实施，营造一批精品景观，提升绿化美化的景观效果。2002年，远郊区县共发动319万多群众参加了环境整治活动。集中整治脏乱点4 000多处，完成各项整治工程800多项，清运垃圾、渣土240余万吨，拆除各类违法建设、破旧房屋195万平方米，撤销、取缔、规范各类市场400多个，新建综合市场33个，关闭路边废品收购站、煤场、灰矿等858个，拆除不规范的广告、牌匾2.21万块，没收、查缴小广告100余万张，“垃圾不露天”工程初步得到实现。农村环境面貌进一步改善，约1 800个村初步达到绿化、美化、硬化、净化的“四化”标准，占远郊区县行政村总数的50%左右，典型带动效果明显。

二是加快卫星城和中心镇的基础设施建设，提升城市综合管理水平。加快14个卫星城和33个中心镇的基础设施建设，抓好顺义区减河改造工程等15项重点基础设施建设项目工程，启动昌平区污水处理厂等10项污水、垃圾处理厂建设工程，提升城市功能，改变能源结构，推广清洁能源和清洁生产；大力开展城市绿化建设，不断拓展公共绿地，提高单位、庭院绿化水平，改善街道绿化植被造型、色彩和层次搭配，逐步恢复城市的生态功能，努力实现“黄土不露天”；广泛开展“环境整治精品项目创建活动”，建设一批现代化与生态型相结合的绿色城市、园林城市和旅游城市。

三是狠抓“五个一”落实，加强小型基础设施建设，加快农村环境建设步伐。90%以上的村要全面落实“五个一”，长期坚持；全面实施“垃圾不露天工程”，要彻底清除农村的积存垃圾和白色污染，切实解决农村垃圾的收集、清运和卫生处理，长期保持村

镇干净、清洁；以绿化、美化、硬化、净化为标准，再完成1 000个村的建设任务，平原地区的乡镇和村要加强饮水、集中供暖、卫生厕所、污水处理、垃圾填埋、公共绿地等小型基础设施建设，山区的村镇要多植树，以绿治脏，保护生态建设，在此基础上，培育创建1 000个高水平环境整治的村，力争33个中心镇的村率先达到“四化”，实现郊区50%以上的村达到“四化”标准；深入开展环境建设示范镇、示范村典型创建活动，重点培育一批功能设施齐备与环保生态型建设相结合的乡镇，开展生态示范村创建活动，努力建成一批青山、绿水、秀美、农民安居乐业的村庄；大力推进绿色、环保和生态型产业发展，改善生态环境，使郊区生态恢复与生态农业建设结合起来。

四是开展对重点地区的综合整治和专项整治活动。加强对旅游景区的环境整治与管理，树立良好服务形象，努力提高旅游景区的文化蕴含和档次；加强对城乡结合部的综合治理，城乡结合部乡镇的环境要与旧村改造、城市建设相结合，实施综合治理；要定期开展专项的“拆违拆旧”、市场秩序、交通秩序等整顿活动。郊区生态建设有了新发展，义务植树、村镇绿化、退耕还林、播草覆沙、荒山造林、河道绿化、果品基地及农村小型公益林建设等都取得了明显的成效，共完成绿化植树4 400余万株，退耕还林40余万亩，绿色养殖业和生态种植业快速发展，在36个养殖场开展了粪污治理的试点工作，对130余万亩农田推广了“留茬免耕”技术，环境整治与绿色产业形成了有机的结合。各区县、各乡镇，不断引进先进理念来改革和完善管理方式、创新管理机制、强化市场运营，形成了一批不同特色、不同类型的新典型，如密云县运用“经营城市”的理念，打造出一个全新精品卫星城。基层干部认识进一步提高，广大群众思想进一步统一，农民群众逐渐成为郊区环境建设的一支主力军，绿化首都、美化家园、为奥运添绿活动成为群众发挥创造力的主战场。

六、加大了郊区农村社会保障和扶贫救济工作

为贯彻落实党中央、国务院关于农村工作和加大扶贫帮困工作力度的指示精神，切实推进农村社会保障体系建设，保障农村居民的基本生活，在建立农村社会救助制度的基础上，经过充分的调研和论证，2002年北京市政府转发了市民政局《关于建立和实施农村居民最低生活保障制度的意见》（京政发［2002］15号），在全市正式建立实施了农村居民最低生活保障制度。

制定并实施了《关于建立和实施农村居民最低生活保障制度的意见》。2002年4月27日，北京市政府批转市民政局《关于建立和实施农村居民最低生活保障制度的意见》，文件下发后，各郊区县党委、政府十分重视，把抓好农村低保工作作为实践“三个代表”和为人民服务宗旨的重要任务，迅速组织贯彻落实。许多区县在资金保障上特事特办，不遗余力，保证了资金及时到位。各级民政部门及时组织乡镇、村委会低保干部业务培训，熟悉掌握相关政策，并开展申请、受理、审批工作，保障了各项工作的顺利进行。目前，全市13个郊区县都经政府批准出台了本地区农村低保实施办法，民政部门会同农委、财政、统计、物价、经管等有关部门根据本区实际情况，共同研究确定了农村低保的标准、保障对象范围、资金负担方式、申请审批程序等内容。目前，保障标准最高的海淀区、朝阳区每人每年补助2 160元，最低的延庆县为每人每年补助800元，全市郊区县平均保障标准为年1 256元。农村低保资金由区县财政负担，以现金形式按月或季度发放。截止到2002年底，我市农村保障人数已从原来的传统民政对象2万余人发展到近6万人。

加大了农村救灾工作力度，切实保障了受灾群众的基本生活。2002年，各级党委、政府在市委、市政府的领导下，以“三个代表”重要思想为指导，紧密围绕救灾工作要点，开拓思路，抓住重点，狠抓各项抗灾救灾政策的落实，稳步推进救灾各项工作，切实保障了受灾群众的基本生活。2002年，我市气候异常，上半年高温、少雨，旱情较为严重，进入汛期后，风雹、洪涝等灾害性天气频繁发生，致使农作物大面积受灾，经济损失比较严重，造成部分灾民生活困难。全年，全市农作物受灾面积12.5万公顷，成灾面积9.32万公顷，绝收面积2.10万公顷；受灾人口119万人次，成灾人口78万人次，共有4.38万人和2.26万头大牲畜出现饮水困难；因灾损坏房屋3 200余间。因灾造成直接经济损失9.79亿元，农业直接经济损失8.82亿元。针对严重的灾情给人民群众的生活和工农业生产带来的影响，市委、市政府高度重视抗灾救灾工作，采取有效措施，加强领导，周密部署，投入大量人力、物力和财力保障灾区开展生产自救、恢复生产，并妥善安置灾民生活。一年来，市和区县安排救灾经费预算971万元，其中，市级财政预算630万元，区县级341万元。全市救灾经费实际支出1 050万元。加强了救灾款物的投入使用和管理，保证了救灾款物及时足额兑现到灾民手中。去年，各级民政和财政部门采取有力措施切实加强救灾款物的使用和管理，保证了所有救灾款物的分配、使用均需按规定完成严格的报批和反馈程序，并按照统筹安排、专款专用、重点使用的原则，不搞平均分配，不作救济费使用，及时有效地保证了灾民、特别是重灾区、重灾户的基本生活，全年累计11.3万因灾生活困难户、28.29万人次得到口粮、衣被等生活救济，修缮住房600余间，救治伤病人口1.36万人次。根据国家民政部救灾减灾工作的总体要求，结合实际情况，积极着手做好专项救灾预案制定准备工作。民政部门主要承担调配和发放救灾物品、保障灾民的基本生活；负责选择疏散场地和临时避难场所，并在有关部门配合下组织灾民的疏散和安置

工作等。为增强抗灾减灾能力，提高灾害紧急救援能力，连续第二年以政府招标采购的形式，安排100万元的救灾物资预算，制作加工救灾棉帐篷431顶，用于重大自然灾害发生后受灾地区群众的临时安置，妥善解决灾民因灾造成的生活困难。

七、全面落实社会治安综合治理的各项措施，保证了郊区的社会安定和政治稳定

2002年，郊区以确保十六大和市九次党代会的安全稳定为重中之重，统一了思想，增强了搞好社会治安的政治责任感和工作紧迫感，明确提出了实现农口社会治安明显进步的具体任务，积极开展多种基层安全创建活动，分解并落实了维护农口系统社会稳定、加强社会治安综合治理和安全生产责任制层层，有力保证了农口社会治安综合治理工作，维护了郊区社会稳定。

一是深入推进严打整治工作，加强对重点地区的检查和防范，基层创安工作取得明显进步。保持严打声势，进一步加大对严重影响群众安全感的抢劫、抢夺等街头犯罪和其他刑事犯罪的打击力度。强化了重点地区整治，严密对重点地区、场所和部位的控制。对在全市挂账的治安重点整治地区进行专项整治，治安混乱的一些重点地区得到显著改观。在节日庆祝场所、繁华地区、环城乡结合部、旅游景点、宾馆周边地区等重点场所，以及交通、通讯、水电气热等重点部位，加强了防范和检查，消除一批治安隐患，狠抓了科技创安典型示范带动作用。召开了“远郊区县社会治安综合治理暨基层科技创安经验交流会议”，明确提出了提高和丰富基层创安手段的战略构想和具体做法，有效推动了郊区科技创安工作的开展。

二是有效化解了一些重点矛盾，遏制、控制了越级集体访上升趋势。按照市委、市政府提出的“三不出”工作目标和要求，大力开展了人民内部矛盾排查调处工作。把信访排调任务层层分解，逐步完善了“一级抓一级，层层抓落实”的工作格局和责任体系。全年，处理郊区10个区县及各局、总公司到市以上集体访194批4 261人次；办理各种来信217封；区县局级领导干部参加领导接待日246人次，共接待群众来访2 761批、12 157人次，处理重点、难点问题417余件，领导接待日受访办结率达到90.3%。针对郊区自身特点和一些单位在控制化解越级集体访的一些做法和经验，积极探索处理各种矛盾问题的新方式、新方法。

三是狠抓了典型示范带动作用，基层创安水平得到不断提高。积极构筑技防人防物防相结合的郊区治安防范保障体系，在有条件的和重点地区大力推广高科技防范设施、技术。科技创安作为主要出发点，放在重要位置予以考虑，采用了一些新的科技产品和科学技术，如道路监视系统、红外线报警系统、楼宇对讲监视报警系统、巡更系统等等，依靠科技促进创安工作取得明显成效，产生了很好的社会效益和经济效益。如顺义区认真建立完善科学规范的管理防范体系，加强科技防范网络的建设和整合，为打造绿色国际港新形象发挥了积极作用。通过科学示范带动，郊区综治工作水平得到全面提高，科技防范能力得到普遍增强，基层创安手段的战略构想得到明确和丰富。

四是同法轮功邪教组织的斗争成果得到不断巩固。在各敏感时期对重点人员、重点部位采取强有力的监控措施，确保了春节、全国两会、市党代会、十六大等敏感时期实现“零指标”；加大对“法轮功”失踪人员的追逃力度，将一批躲避进转化班的练功人员追回，并尽快送进转化班接受教育转化；对农口系统的“法轮功”一般练习者进行了全面排查，将一般练习者纳入视线之内，及时掌握他们的动向，确保这些人员不发生任何问题，巩固了已有的教育转化成果。

（杨武林）

农业发展

概　述

2002年，北京继续实施农业结构战略性调整，全面推进农业标准化建设，农业现代化进程不断加快，农业科技水平显著提高，形成了与北京建设国际化大都市地位相适应的现代农业格局。北京农业结构和区域布局更趋合理，产业结构加速提升，资源配置不断优化，农业的经济效益、社会效益和生态效益全面提高，绿色、高效、可持续发展的现代化都市型农业特征基本形成。2002年是农业标准化实施的第一年，也是北京农业经济结构调整不断横向拓展和纵深推进的一年，随着农业标准化的实施，北京农业由数量型增长向效益型增长转变的过程进一步加快。

1. 农业结构调整拉动了经济总量的增长。实施农业结构战略性调整主要成效集中表现为农业资源配置不断优化，农业经济总量明显增加，经济效益明显增强，郊区经济运行质量有较大提高。2002年郊区实现国内生产总值708亿元，比上年增长13.1%。总量占全市国内生产总值3 130亿元的22.6%，比上年提高0.6个百分点。其中第一产业增加值95.5亿元，按可比价格增长5%；第二产业增加值288.5亿元，增长11.8%；第三产业增加值324亿元，增长17.8%，三项产业占郊区国内生产总值的比重分别为13.5%、40.7%和45.8%。二、三产业占产业总量的比重达到86.5%，比上年增加1.4个百分点。农业结构调整促进郊区经济运行质量明显提高。

2. 农业结构调整增加了农民收入。在实施农业结构调整中，按照农民既是行为主体，又是受惠主体的原则，把调整的主动权交给农民，充分尊重农民的意愿，尊重农民的选择。政府和各级干部的责任主要是指导、协调和服务，以帮助农民增收，让农民从农业结构调整中真正获得实惠。市委、市政府所确立的农业结构调整的政策措施，极大地调动了农民生产投入的积极性，使新一轮农业结构调整成为农民自觉自愿的行为，农民真正成为结构调整的主体，也是农业结构调整过程中真正受惠的主体。2002年郊区农民人均纯收入达到5 880元，比上年增加606元，扣除物价因素的影响，实际增长达到12.3%，是“九五”时期以来郊区农民收入增加数额最多和增长幅度最大的一年，是农业结构调整在经济增长相对缓慢的大环境下拉动了农民收入的增长。

3. 农业结构调整促进农业经济结构不断优化。2002年进一步加快农业结构调整步伐后，传统农业的内涵不断丰富，农业产业构成不断分化和整合，基本实现了农业产业结构的多元化和合理化。

一是结构调整构筑起确立了主导产业的京郊现代农业格局。主导产业的培育，打破区域内自求平衡的状态，实现专业化分工，实现广泛地域上的产业结构均衡，促进区域产业结构优势的发挥。郊区涌现出一批各具特色的主导产业，如平谷的大桃产业、通州的肉牛产业、顺义的种猪产业、昌平的肉羊产业、延庆的出口菜产业、怀柔、密云的山林综合开发、特色林果产业等。同时，北京郊区的一批新兴产业如牧草产业、药材产业、花卉产业、苗木产业、籽种产业等迅速崛起，这些主导产业是郊区农业结构调整最具活力的因素，是农民最直接的收入来源。

二是结构调整激发了养殖业发展的活力。按照“三退三进”原则，郊区养殖业发展迅速，养殖业产量、产值、专业户收入都呈明显上升趋势。养殖业产值129.6亿元，养殖业产值占农业的比重达到55%，比上年提高1.3个百分点。

三是结构调整优化了种植业内部结构。随着种植业结构调整的深入进行，经济效益低下的普通商品粮面积进一步调减，经济效益较高的经济作物面积不断增加，以苜蓿为主的饲草种植面积迅速扩大，传统的粮经二元结构向粮经饲三元结构转变。粮经饲三元结构比例达到35∶55∶10。饲草面积的大发展，带动了草食家畜的大发展，促进了种养联动。

围绕主导产业的培育实施的农业结构调整，通过加大扶持力度，培育了一大批加工龙头企业，成为带动一项或几项产业发展的龙头。

4. 结构调整加快了农业产业化进程。围绕主导产业的培育实施的农业结构调整，通过加大扶持力度，发展和培育了一大批加工龙头企业，如大发正大公司、华都集团、金苜蓿集团、绿富隆公司等。据统计，全市有一定规模的农业加工企业88家，各类依托生产基地建设的保鲜储藏库228个，库容18.6万立方米，形成市级种养业专业乡镇50余个，市级种养业专业村510个。这些规模生产基地、加工基地、专业乡村的形成，大大提高了主导产业的规模效益，增加了农产品的附加值。京郊农业呈现向生产、加工、销售纵向一体、有机结合、相互促进及利益关联发展的良好态势，农业产业化进程不断加快。

5. *结构调整建设了郊区开放型、多元化的农业经济*。在实施农业结构调整过程中，充分发挥北京的资金优势、人才优势、技术优势、信息优势、市场优势，积极引进资金、技术和管理经验，开展全方位、多层次、宽领域的对外开放与合作，广泛谋求与农业关联密切的亲缘行业的支持与参与，充分汇集社会各业资源优势，跳出农业而抓农业，建设了郊区开放型、多元化农业经济。通过打破区域、行业界线，大胆吸收和借鉴一切符合社会化生产要求的经营方式和管理方法，不断改善投资环境，积极引资、引智，扩大利用外资领域，提高利用外资质量，极大地促进了郊区开放型经济和农业投资多元体系的形成。北京小汤山现代农业科技示范园区的建设在2002年取得了新的突破，在政府投入2 000多万元的情况下，带来了社会资金16亿元的投入，一座汇集最前沿农业科技水平，集生产、研究、推广、贸易、观光、展示于一体的现代农业科技园迅速建成。

6. *结构调整提高了京郊农产品品质*。以大力发展绿色食品、安全食品为契机，通过不断提高京郊农产品品质来提高农产品参与市场竞争的能力；通过组织建立健全农产品质量标准与安全监测体系，使北京农业生产标准尽快与国际标准接轨，获得国际市场准入；通过实施农业优质名牌战略，大力发展农业标准化生产，北京农业国际竞争力明显提高。北京安全食品工作走在了全国前列，农业部2001年开始实施的“新世纪无公害食品行动”计划将北京列为首批4个试点城市之一，在2002年农业部组织的5次检测中，本市食用农产品安全状况在全国居前列。到2002年底，有近2 000家生产经营单位申报安全农产品生产认证检测，已有329家生产单位获得了安全食品认证。安全食品在消费者中引起了很大反响，受到了消费者的青睐，市场销量普遍增加20%以上，经济效益有明显提高。此外，还有78家单位获得了ISO9000系列质量标准体系认证、ISO14000环境管理体系认证、HACCP认证等系列国际认证，农产品质量标准化建设工作开始起步，优质食用农产品已经打进了国际市场。北京农产品质量标准化体系建设工作走在了全国前列。

7. *结构调整提高了农民组织化程度*。在调整优化农业经济结构中，鼓励发展多种形式特别是农民自办的流通中介组织、外销网络、民间运销大户、经纪人队伍等，突破了农业部门分割、生产经营分散的局面，提高了农民组织化程度，增强了农民抵御市场风险的能力，到2002年年底，郊区农民专业合作经济组织已经发展到1 855个，其中2002年新发展的有583个，入社农民达到22.3万户，郊区农民组织化程度明显提高。

8. *农业结构调整增强了北京农业科技实力*。北京农业科研紧密围绕农业和农村经济中带有全局性、基础性、关键性、方向性的动植物育种技术、病虫害防治、节水农业、改土培肥等重大问题进行攻关研究，取得了一系列重大突破。随着一大批先进实用技术得到推广，农业科技贡献率大大提高。到2002年年底，北京农业科技进步贡献率高于全国平均水平10个百分点，农业科技人员的比重达1.23%。科技为农业生产和农村经济发展做出了重要贡献，北京科技的优势正逐步转变为效益。

（寇文杰、蔡新颜）

种 植 业

【种植业发展特点】 2002年郊区种植业发展重点进行了四项工作：一是从规范生产行为着手，推进农业标准化工作；二是从提高基地标准化生产水平着手，培育主导产业工作；三是从生产源头着手，抓食用农产品安全生产体系建设工作；四是从裸露农田治理着手，抓农业生态环境建设工作。2002年正式启动了郊区农业标准化工作，郊区种植业结构调整在前一阶段基本上完成了量的扩张，形成了一定的规模效益和专业化生产的能力之后，开始向质的提高方向转变，实现了数量型农业向效益型农业的转变。

【大力推进农业标准化工作】 中国入世后，为进一步增强种植业产品参与国际市场竞争的能力，加快北京农业与国际化接轨的步伐，2002年，郊区重点推进农业标准化工作。

1. *组织召开全市农业标准化工作大会*。为全面实施农业标准化工作，整体提高京郊农产品标准，2002年5月，组织召开了全市农业标准化工作会议，对下一步全面实施农业标准化工作进行了整体部署。

2. *重点建设110家种植类标准化基地*。围绕种植业主导产业培育和食用农产品生产基地建设，重点建设了110个种植类标准化生产基地，涵盖了牧草、蔬菜、药材、粮食、果品、花卉、苗木、瓜类等产业，这些标准化生产基地严格按照相关行业标准组织生产。到2002年11月底，种植业标准化生产示范基地全部建设完成，并通过考核验收。52个种植业标准化基地列入市级农业标准化生产示范基地。这些标准化生产示范基地起到了典型示范作用，带动郊区农业生产基地标准化水平的提高。

3. *积极开展农业地方标准制订工作*。紧紧围绕北京农业结构调整和主导产业培育对标准化工作的实际需要，积极开展了农业地方标准制订工作，在执行行业标准的同时，根据北京的实际情况制定、修订了部分农产品的生产标准。组织完成了5大类果品、16种蔬菜、小麦种子的生产标准的制定、修订工作，已累计制定、修订市级农业标准91项。

4. *加大行业标准培训力度*。2002年，分别组织蔬菜、粮食、果品标准化生产基地负责人、基层标准化工作人员进行培训，共培训人员2 000多人次，为有效实施农业标准化工作打下了基础。

【培育种植业主导产业】 2002年，郊区县充分利用春耕生产和“三夏”、“三秋”等农时，大力调整种植业结构，着力培育区域经济主导产业，取得明显成效，体现在三个方面：一是主导产业生产规模化。全年新增经济作物2.67余万公顷，其中新增饲草面积0.37万余公顷，新增药材面积0.06万多公顷，新增蔬菜面积0.67万公顷，新增西甜瓜0.1万公顷，新植果树和更新改造果树面积近1.3万公顷，新增苗木0.26万余公顷，作为种植业主导产业的饲草、药材、出口菜、西甜瓜、果品、苗木、花卉等七项产业仍占经济作物的主体。二是主导产业基地标准化。围绕培育七项种植业主导产业，重点抓了52个种植类基地的标准化生产示范基地的建设，以培育种植业主导产业为主的110个种植类基地的标准化建设，全面完成了农委承担的市政府办实事任务，带动了郊区种植业标准化生产水平的提高。三是基地生产专业化。全年主导产业基地的专业化生产进程进一步加快，集中连片千亩以上的标准化规模基地总数达到513个，规模效益明显提高，种植业专业乡总数达到56个，种植业专业村总数达到560个，有一定规模的种植加工企业117家，贮藏保鲜库255个，库容近25万立方米，主导产业带动从业农户近50万户。由此大大提高了主导产业的规模效益。

【安全食品工作取得显著成效】 2002年重点是完成市政府60件实事任务和农业部“新世纪无公害食品行动计划”试点工作，即认证100个安全食品生产单位、100个农业标准化生产示范基地。主要完成了以下几点工作：一是开展“双百创建”工作，落实政府实事任务。以新创建100个安全食品生产基地为目标，在各郊区县生产单位自愿申报的基础上，确立了112家农业标准化生产示范基地，召开全市农业标准化生产示范基地建设工作大会，对建设任务进行具体部署，与区、县政府签订了责任书。以认证100个安全食品品牌为目标，全面开展安全食用农产品认证、检测工作，按照年初对全年安全食用农产品认证、检测工作的部署，对400多家提出申报认证的生产单位进行筛选、检测，新认证了108家安全食品生产单位，并在媒体上予以了公布，使安全食品生产单位总数达329家。同时，为保证已认证单位的农产品品质，加强对已认证单位产品质量的监管，完成了对12个区、县的67个经过认证的安全食品生产单位的抽检、复检工作，全面完成了年初制定的工作任务。二是进一步规范了安全食品生产管理。为尽快使安全食品生产管理步入法制化轨道，2002年加大了安全食品立法工作力度，下发了《北京市安全食用农产品标志使用办法》，进一步规范安全食用农产品标志使用行为。在2002年12月31日，经市政府第57次常务会议审议通过，以第117号政府令的形式颁布了《北京市食品安全监督管理规定》，使北京市安全食品管理工作逐渐步入规范化、法制化管理轨道。三是抓了安全食品流通环节的配送和专营市场的建设。年内农商联手出台了安全食用农产品配送意见，加强了食用农产品由农田到餐桌的监管。同时，继锦绣大地绿色安全食品专营市场、延庆八达岭绿色安全食品专营市场启动后，北京八里桥农产品中心批发市场绿色安全食品专营区正式启动，实现了安全农产品生产与市场的对接。四是配合市政府实施了“食品放心工程”。一方面抓了外埠基地的认证工作，另一方面从生产源头着手提高北京农产品质量，确保首都市场农产品的安全卫生。在外埠认评了343家蔬菜生产基地，涉及河北、山东、天津、河南、山西、内蒙古、辽宁、黑龙江等9个蔬菜生产规模比较大的省、区市，认评的外埠生产基地规模达到70.27万公顷。

【治理裸露农田】 市政府《北京市第八阶段控制大气污染措施》中，市农委承担的任务是：推广8.67万公顷“留茬免耕”技术，完成8.67万公顷季节性裸露农田的整治，消减裸露农田的尘污染1.1万吨。为此，下发《关于做好春耕备耕工作的通知》和《关于做好“三夏”工作的通知》等文件，与各区县签订禁烧责任书，成立专项检查小组在“三夏”期间组织了巡查。实现了“三夏”期间小麦秸秆100%禁烧。狠抓裸露农田治理责任制层层落实，9月下发《关于抓好冬季裸露农田治理工作的通知》，召开全市裸露农田治理工作会，同区、县政府签订《裸露农田治理责任书》，郊区县分别成立相应组织机构，同乡、镇签订《裸露农田治理责任书》，层层落实目标责任制。广泛宣传农业生态环境建设的重要性，对农民进行技术培训，提高农民环保意识，使他们从思想上接受了这项技术并积极支持实施。年内，对冬季裸露农田进行调查，摸清基本情况，绘制成地块图，确定了面积。全市共落实“留茬免耕”等任务面积9万公顷，其中“留茬免耕”8.3万公顷，新增冬春季节覆盖作物0.65万公顷，超额完成市政府下达任务指标0.3万公顷。全面启动裸露农田治理规划编制工作。主要包括两方面内容：一是有关新增覆盖面积的规划；二是京郊主要农作物保护性耕作试验示范推广规划。到年底完成了作物及其面积的初步规划方案。围绕“土壤尘”源治理，2002年主要组织了以下几项科技攻关、调研和试验。一是新越冬作物的筛选。在郊区不同土壤、生态类型区安排了150余个有关小黑麦、多年生饲草、药材等新品种试验。二是积极探索新的高效立体种植模式。三是保护性耕作技术研究。针对季节性裸露农田治理，《京郊季节性裸露农田对大气污染的影响及对策研究》调研工作已经启动。通过查阅气象资料，了解天气动态；通过实地考察研究分析裸露农田与沙尘天气相互作用现象，测定不同地面覆盖处理对防止起尘的效果。在对全市裸露农田治理任务进行统一部署后，年内对八个郊区县进行了检查，督促了任务的完成。

（寇文杰　蔡新颜）

【种植业结构调整取得新成效】 经过农业结构调整，全市菜田面积稳定在6万公顷左右。其中新建设保护地约0.13万公顷，保护地设施总面积达到1.8万公顷。2002年全市蔬菜播种总面积12.6万公顷，比上年增加0.8万公顷；商品菜总产量约45亿千克；蔬菜总收入35亿元。郊区粮田面积11.44万公顷，比上年调减了2.28万公顷。郊区饲草面积达到4.13万公顷、药材面积0.726万公顷，经济作物17.4万公顷，粮经饲比达到35:55:10。

【粮食品种结构进一步优化】 以京9428、京9507、高油115、农大115等优质专用型小麦、玉米等面积增加，面积达7.66万公顷，比上年增加了1.71万公顷。其中，优质小麦2.8万公顷，专用玉米2.76万公顷，优质专用大豆1.17万公顷。

【饲料、药材生产持续稳步发展】 全市饲草面积已达3.78万公顷，其中，紫花苜蓿由1999年的0.23万公顷，发展到了1.73万公顷；青贮玉米由1999年的0.93万公顷，发展到了1.76万公顷；药材面积由1999年的0.084万公顷，发展到了0.726万公顷。药材主栽品种日趋明朗，居前十位的是：甘草、黄芪、板蓝根、西洋参、黄芩、白芍、桔梗、白芷、知母、柴胡。

【订单农业发展方兴未艾】 据不完全统计，2002年全市粮食、饲草、药草订单面积达7万公顷。2002年7月18日，成立了"北京市谷物协会"。在"谷物协会"的努力工作下，全市有2.3万公顷优质强筋小麦、0.2万公顷专用玉米实现了"订单生产"。

【粮经作物标准化工作启动】 2002年11月20日，《强筋、中筋、弱筋小麦》北京市地方标准正式出台，红小豆地方标准起草完成。房山区凯达恒业有限公司的0.13万公顷红小豆标准化基地，产品出口日本，创汇额达120万美元，比上年增加了100万美元。

【16个农产品商标被评为北京市著名商标】 为进一步培育农产品牌意识，培育名牌，市农委和市工商局联合召开了北京市争创农副产品著名商标工作会，重点培育50个农产品品牌，争创北京市著名商标，进一步提高北京农产品参与市场的竞争力。2002年有16个农产品商标被评为北京市著名商标，主要有：北京天惠参业有限公司（天惠牌西洋参系列产品）、北京卓宸畜牧有限公司（卓宸牌肉、牛肚、腌肉等）、北京市小汤山地区地热开发公司（小汤山牌新鲜蔬菜）、北京大兴三绿菜蔬有限责任公司（三绿牌鲜水果、新鲜蔬菜）、北京锦绣大地农业股份有限公司（大地牌新鲜蔬菜）、北京市绿富隆菜蔬公司（绿富隆牌新鲜蔬菜、鲜水果等）、中牧实业股份有限公司（华罗牌动物饲料）、北京顺鑫农业股份有限公司（顺鑫图形商标的蔬菜、种子等）、北京正大饲料有限公司（B.C.T牌饲料）、北京市京南庞各庄西甜瓜销售中心（京庞牌西瓜、甜瓜等）、北京市沿滨果树种植基地（宝岛牌鲜水果、新鲜蔬菜等）、北京市顺义区北务农工商联合总公司（绿中名牌新鲜蔬菜）、密云县食用菌试验站（生茂牌鲜食用菌）。

【种植业行业协会组建工作取得新进展】 2002年成立了谷物协会、果品协会、蔬菜外贸协会，并开展了大量有益的工作。蔬菜外贸协会在新加坡组织了北京蔬菜推介会，扩大了京郊蔬菜的国际市场份额。

（寇文杰　蔡新颜　于寒冰）

畜 牧 业

【郊区畜牧业持续健康发展】 2002年郊区畜牧业紧紧围绕促进农民增收这一主线，按照增加产品总量、提高产品品质、实施产业化经营、促进产业升级和增加经济效益的要求，进一步调整生产布局，优化产业结构。通过实施养殖小区（场）规范化管理和标准化生产、加快畜禽良种繁育体系建设、强化兽医卫生防疫和饲料管理、实施扶持奶牛合作社以及规模畜禽场粪便资源化利用工程等一系列措施，全面加速畜牧业由数量型向质量效益型的转变，促进郊区畜牧业持续健康发展。

【畜禽产品产量和产值继续保持较快增长】 2002年郊区畜牧业继续保持较快发展。全市累计出栏生猪474.7万头，同比增长4.8%；出栏肉牛26.8万头，同比增长16.9%；出栏羊263.9万只，同比增长31.2%；出栏肉鸡1.27亿只，同比增长5.8%；出栏肉鸭4 626.9万只，同比增长24%。全年肉类总产量达到73.55万吨，同比增长12.8%；生产牛奶55.1万吨，同比增长28.4%，生产鲜蛋15.2万吨，与去年基本持平。全年实现畜牧业产值119.3亿元，同比增长13.4%，畜牧业产值占农业总产值的比重首次突破50%，达到50.7%，比上年提高1.5个百分点。

由于畜牧业的快速发展，使郊区养殖业占大农业的比重持续上升。2002年全市累计实现养殖业产值129.6亿元，比去年同期的114.8亿元增加14.8亿元，增长12.3%。养殖业产值占农业总产值的比重达到55%，比去年同期提高1.4个百分点。

【养殖业区域生产布局得到进一步优化】 2002年继续加大郊区养殖业区域生产布局的调整力度，重点加快远郊的发展，畜牧业由近郊向远郊转移的步伐明显加快。截止到2002年末，五环路以内的58个规模畜禽场已经全部转移或关闭，近郊区生猪等畜禽的出栏数量大幅度下降，畜牧业产值占全市的比重由上年的3.3%下降到2.5%。在近郊区压缩畜牧养殖规模的同时，远郊区县特别是山区县通过大力发展养殖小区，进一步提高郊区畜牧业的规模化、集约化和专业化生产水平，扩大生产规模，使得远郊区县畜牧业产值占全市畜牧业总产值的比重继续上升。到2002年末，远郊区县畜牧业产值占全市畜牧业总产值的比重由上年的96.7%提高到97.5%，已经成为郊区畜牧业的生产主体。

在调整畜牧业生产布局中，各区县充分结合本地资源优势和区位特点，发挥当地传统产业优势，进一步加快畜牧业区域经济主导产业的发展，在郊区形成了各具特色的畜牧业区域经济主导产业带。到2002年底，已基本形成了大兴、顺义、房山、通州、延庆、密云、怀柔和三元集团构成的奶牛产业带；昌平、房山、门头沟等区县的肉羊和绒山羊产业带；顺义、通州、大兴等区县的肉鸡、肉鸭产业带等。特别是大兴等七个区县和市三元集团的奶牛产业带存栏已经达到13.26万头，占全市奶牛总存栏的88%，成为郊区奶业的主产区，促进了全市奶业的快速发展。

【草食家畜和肉禽业保持快速发展】 2002年通过政策引导，进一步加大畜牧业内部结构调整力度，把对粮食依赖程度低的草食家畜和生产周期短的肉禽生产作为发展重点，使郊区草食家畜和肉禽生产继续保持快速发展，特别是奶牛和肉羊的生产呈现出高速发展的势头。2002年全年出栏肉羊263.9万只，比1999年的88.2万只增长2倍，出栏肉牛26.8万头，比1999年的13.5万头增长近1倍；奶牛存栏达到15.1万头，比结构调整前的6.4万头增长1.36倍。呈现出肉羊三年翻两番，肉牛、奶牛三年各翻一番的可喜局面。

由于草食家畜和肉禽业的快速发展，进一步优化了郊区畜禽产品结构，猪肉比重继续下降，牛羊肉和禽肉比重持续上升。2002年全市累计生产牛肉4.92万吨，同比增长22.7%；生产羊肉4.24万吨，同比增长40.4%；生产鸡肉19.32万吨，同比增长5.8%，生产鸭肉9.9万吨，同比增长24%。在全市肉类总产中，牛、羊肉的比重由上年末的10.8%提高到12.5%，增加1.7个百分点；禽肉比重由上年末的39.7%提高到40.1%，增加0.4个百分点；猪肉比重由上年末的47.8%下降到45.5%，下降近2.3个百分点。

【良种繁育体系建设进一步加强】 结合郊区养殖业结构调整，进一步加大畜禽良种繁育体系建设力度，特别是重点加快了奶牛和肉羊的良种化进程，在郊区已基本形成了门类相对齐全、设施相互配套、种质资源优良的畜禽良种繁育体系。到年末，全市市级以上种畜禽场达到107个，其中国家级重点种畜禽场达到7个。郊区畜禽良种业的科技含量和知名度进一步提升。一是肉羊良种产业取得突破性的进展。2002年在加强种羊场建设的基础上，顺义区兴绿原、高特等一批种羊场从国外引进无角道赛特、萨福克绵羊和波尔山羊等优良肉用种羊2 000多只，使全市优质肉用种羊存栏达到1万只以上，基本上扭转了郊区肉羊良种匮乏的局面。同时，结合种羊场建设，扶持肉羊生产集中、出栏规模大的地区配套建设了15个羊的人工授精站，在郊区大力推广和普及羊的人工授精技术，加快了良种肉羊的扩繁和本地山、绵羊的改良速度。二是应用胚胎移植技术提高畜群质量。结合农业部万枚奶牛胚胎移植富民工程的实施，在全市30多个奶牛养殖小区移植高产奶牛胚胎3 000多枚。此外，还移植肉羊胚胎4 121枚、肉牛胚胎363枚，有效地提升了草食家畜的畜群质量。三是种猪的联合育种工作取得新的进展。2002年通过联合育种，进一步加强良种猪的选育工作，猪的人工授精技术得到进一步推广，各育种场间遗传联系的建立和遗传性能评估工作均取得较快进展。四是顺义区在5月份举办第二届种猪拍卖会的基础上，又于10月份成功地举办了首次种羊拍卖会。通过拍卖活动，扩大了宣传，提高了郊区畜禽良种在国内同行业的知名度。

【养殖小区（场）规范化管理和标准化生产全面展开】 2002年2月，市政府办公厅转发市农委等部门《关于加快本市绿色养殖业发展的意见》，明确了本市加快发展绿色养殖业的原则、目标和措施。结合安全食品放心工程的实施，6月份市农委出台《关于养殖小区（场）实施规范化管理的意见》，在全市养殖小区和规模养殖场全面组织实施规范化管理和标准化生产，从饲料和兽药等投入品、养殖品种、养殖规模、满负荷生产、生产工艺、养殖环境、兽医防疫以及废弃物治理等多个环节，全面加强管理，实行生产全过程监控，并重点在全市开展了100个养殖小区（场）规范化管理的试点工作，共带动郊区3 900多户进行规范化生产。在此基础上，从中选择了60个养殖规模大、基础设施好、管理水平高的养殖小区（场）进行标准化生产示范基地建设。通过规范化管理和标准化生产，改善了养殖小区的生产环境，提高了生产经营管理水平和产品的安全卫生水平，增强了产品的竞争力，提高了经济效益。特别是市华都肉鸡公司通过在全部养殖基地实行标准化生产，减少了疫病，降低了肉鸡产品中的药物残留，改善了产品质量，产品的国际竞争力明显增强。2002年共出口肉鸡制品1.08万吨，同比增长90.2%，实现出口创汇2 496万美元，同比增长1.05倍，在肉鸡出口受到严峻挑战的情况下，稳定了本市肉鸡产品在国际市场上的份额。

【畜牧业产业化步伐加快】 郊区养殖业产业化进程明显加快。华都、大发、三元、光明等大型龙头加工企业的带动作用进一步加强，畜牧养殖基地不断扩大，农户的组织化程度进一步提高，特别是一些饲料企业也与郊区养殖业相联合，加快向农牧一体化、集团化方向发展。大兴资源集团的安全猪肉产业化工程和康达饲料科技集团的清真安全肉羊产业化已在大兴区全面投入生产运行。2002年全市又有北京资源亚太饲料科技有限公司、北京御香苑畜牧有限公司、北京大北农饲料科技有限公司、北京华都集团、北京大发正大有限公司5家企业被确定为国家农业产业化重点龙头企业。这些大型龙头加工企业，充分发挥科技、人才管理和产品销售优势，普遍采取公司+农户的组织形式带动农户从事养殖业生产，带动农民进入市场。如：大发、华都两大肉鸡公司，均采取统一供雏、供料、统一技术服务和统一回收商品肉鸡的“四统一”服务，带动郊区农民发展肉鸡产业化生产。截止到年末，以大发、华都为龙头的肉鸡产业化，以三元、光明等为龙头的奶业产业化，以昌平盛世富民公司和大兴康达公司为龙头的肉羊产业化，以卓宸为龙头的肉牛产业化，以鲲鹏、资源为龙头的生猪产业化及以顺义前鲁和北京金星鸭业中心为龙头的肉鸭产业化等均已初具雏型，带动了郊区肉鸡、肉羊、奶牛和肉鸭的快速发展。

【奶牛合作社服务功能进一步增强】 2002年通过政府招标采购、实物扶持的办法，共为郊区36个存栏规模大、经营机制好的奶牛合作社完善配套了27台挤奶机、20个制冷罐和9辆奶罐车。截止到2002年底，已为郊区76个生产规模大、带动能力强的奶牛合作社，统一配套机械化挤奶机45套、鲜奶制冷罐45个、奶罐运输车23辆，强化了奶牛合作社的服务功能，使郊区150多个奶牛养殖小区的5 000多个农户共计4.4万头奶牛实现了机械化统一挤奶，鲜奶贮藏和运输全部实现了冷链化运行，改变了传统落后的、分散的手工挤奶和手推车式挤奶。通过奶牛合作社的有效组织，减少了挤奶、贮存和运输环节的污染，降低了细菌指数，使户养奶牛的乳品质量得到明显改善，提高了农户的牛奶等级，增加了农民收入。同时，由于鲜奶质量的提高，也为乳品加工企业提供了合格的原料奶，降低了加工环节的成本，减少了生产与加工环节的矛盾，促进了奶业产业化的发展。

通过扶持，郊区奶牛合作社迅速发展。到年末，郊区奶牛合作社达到160多个，入社奶牛养殖户7 000多户，占奶牛养殖总户数的74%。奶牛合作社已经成为我市奶业产业化的重要桥梁和纽带。

【兽医卫生防疫工作进一步强化】 一是全面加强动物疫病防治工作。2002年在全市建立市、区(县)、乡三级动物防疫责任制，市农业局下发《关于实施免疫登记和防疫明示制度的通知》，采取程序化免疫和季节免疫相结合的方式，在养殖场（户、小区）全面实现防疫公示和免疫登记制，使郊区猪、牛、禽的免疫率达到100%。二是全面加强检疫和监督工作。对各区县产地检疫工作实行任务到岗、责任到人；在养殖场和养殖小区建立了检疫监督责任公示制度；在各屠宰加工企业严格了屠宰检疫索证登记备案的兽医卫生制度，实现了产地检疫持证率100%和上市动物产品检疫持证率100%的双百工作目标。同时，进一步强化了对各公路、铁路、航空港站点以及市场环节的管理，出台了进京动物及动物产品检疫监督管理办法。

【兽药监督执法工作力度加大】 按照农业部[2002] 1号文件《关于发布〈食品动物禁用的兽药及其他化合物清单〉的通知》的要求，全面加强兽药监督检查工作，大力开展打击非法生产兽用生物制品的活动，全市共出动执法人员1 047人次，执法车辆177辆次，检查兽药生产企业132个（次），检查兽药经营单位138个（次），检查养殖场、养殖小区1 594个（次），宠物医院30个（次），乡兽医站80个（次），饲料销售点49个（次），发放宣传材料3 300余份，有效打击了非法生产兽用生物制品的行为。

【饲料生产持续健康发展】 通过重组、合股、兼并等办法，进一步深化郊区饲料企业改革，提高企业经营规模，使郊区饲料行业上档次，上水平。截止到2002年底，全市建档、备案的饲料企业为580家，比上年减少57家，其中：饲料加工企业470家，减少20家，经营企业110家，减少37家。全市饲料总产量242万吨，比上年增产5万吨，增长2.1%，其中：配合饲料180万吨，浓缩料35万吨，预混料27万吨，饲料销售额达55亿元，利税1.2亿元，从业人员1.5万人。饲料工业已经成为保障郊区畜牧业生产，加快农业结构调整，促进本市农村经济发展的一项重要产业。2002年全市有中牧实业股份有限公司、北京大北农饲料科技有限责任公司、北京大发正大有限公司、北京正大畜牧有限公司、北京九州大地生物技术公司、北京伟嘉饲料科技公司和北京资源亚太饲料科技有限公司7家饲料企业被评为全国饲料百强企业。

【饲料监督管理工作进一步规范】 2002年，依据国务院《饲料和饲料添加剂管理条例》，本市进一步加强了饲料监督管理体系建设，形成由市农委负责，市饲料监察所和市饲料工业协会密切配合的“三位一体”的行业管理和产品质量监督体系，全面加强饲料监督管理工作。一是全面开展饲料质量监督检测。根据农业部下达本市的年度饲料质量监督检测任务，市农委下发《关于2002年度北京市饲料和饲料添加剂质量监督检测工作安排的通知》，对全市592家饲料和养殖企业的1 602个样品进行了检测，下达给本市检测任务圆满完成。二是制定和完善北京市饲料行政审批手续。根据《饲料添加剂和添加剂预混合饲料生产许可证管理办法》及有关规章，按照《北京市人民政府批转市监察局关于进一步建立健全行政审批程序性规定和责任追究办法意见的通知》精神，2002年市农委制定了北京市饲料添加剂或添加剂预混合饲料产品批准文号（审批类）、饲料添加剂或添加剂预混合饲料生产许可证（审核类）和饲料企业登记证（备案类）三项程序性规定，并通过政府网向社会公布，增加了饲料行政审批的透明度。三是开展饲料添加剂和添加剂预混料企业的审核和年检工作。全年共对41家新办饲料添加剂和添加剂预混合饲料企业进行审核，并报请农业部为其中的39家颁发了生产许可证；全年共核准并发放饲料添加剂及添加剂预混合饲料产品批准文号930个；对全市已经取得生产许可证的147家添加剂及预混料生产企业进行了年检，并对16家企业进行了实地核查，报请农业部注销了10家不合格企业的生产许可证。四是加强企业登记备案。全年共对109个新办登记备案的企业进行了注册备案登记，建立企业档案并发放登记证；为256个已登记注册发给登记证的配合料、浓缩料、饲料原料、牧草加工和饲料经营企业办理了企业名称、法人、厂地等变更手续及有效期延期手续。五是饲料企业质量认证工作加快。截止到年末，全市共有25家饲料企业通过了ISO9000国际质量体系认证，使郊区饲料业迈上了一个新台阶。

【有效遏制非法使用违禁药物行为】 2002年重点加大了对饲料和养殖环节非法生产、经营和使用违禁药品的查处力度。年初出台《关于加强饲料和养殖企业管理，依法查处非法使用盐酸克伦特罗行为的规定》，严厉查处非法使用盐酸克伦特罗等违禁药物的行为，并依法对被农业部和本市查出的违规企业进行了处罚。根据农业部开展饲料及畜产品中使用“瘦肉精”等违禁药品专项整治工作的安排，下发《关于开展饲料及畜产品中“瘦肉精”等违禁药品专项整治工作的通知》，于11～12月份在全市集中开展了饲料及畜产品中“瘦肉精”等违禁药品的专项整治活动，对2002年被农业部和本市检测出现问题的企业全部进行了复查，共检测了115家饲料、养殖、屠宰和市场的245个样品，样品合格率达到98%以上。

按照国家《动物和动物源性食品残留物质监控计划》的要求和规定，积极开展动物产品的药物残留监测工作。2002年完成了农业部下达的850批次样品的兽药残留检测任务。此外，结合本市食用农产品安全认证工作，还对郊区养殖企业报送的393批畜产品进行了药物残留检测。通过一系列的整治活动，有效地遏制了非法使用违禁药物的行为，提高了饲料及畜产品的安全水平。

【畜禽粪便资源化利用工程全面启动】 按照奥运行动规划和《关于加快本市绿色养殖业发展的意见》提出的“环境优先、生态优先、效益优先”和“经济发展与市民生活相协调”的原则，2002年本着“减量化、无害化和资源化”的原则，在全市组织实施规模畜禽场废弃物的资源化利用工程，加快郊区绿色生态畜牧业的发展。在要求各区县结合本地实际制定畜禽粪便治理规划的同时，市农委、市计委、市农业局、市环保局等部门联合，在全市36个规模较大的规模畜禽场和养殖小区，开展了畜禽粪污治理工程，已取得积极成效，有效地改善了养殖场及周边环境，推进了绿色养殖业的发展。

（赵玉荣　侯书江）

水　产　业

【总量稳定　产值增长】 2002年郊区水产养殖业在养殖水面略有下降的情况下，产品总量仍保持基本稳定，产值稳步增长。全市养殖水面为2.18万公顷，同比下降3.3%，其中：大中小水库面积1.47万公顷，湖泊400公顷，池塘养殖面积0.66万公顷，流水养鱼面积106公顷。全市水库网拦达到149公顷，网围达到133公顷，网箱达到8.46公顷。稻田综合养殖0.07万公顷，莲藕及水产花卉种植0.12万公顷。由于城市建设用地及保护城市水源等原因，造成池塘养殖面积下降400公顷，稻田综合养殖减少266公顷。与此相反，山区流水养鱼面积呈现出较大幅度的增长，由上年的86公顷增加到106公顷，增长23%。全年淡水鱼总产量7 368万千克，与上年基本持平，其中：池塘产量6 409.7万千克，水库捕捞产量592.4万千克（包括三网养殖产量182.9万千克），流水养鱼产量365.5万千克、稻田养殖产量25万千克。莲藕及水生花卉种植产量1 525万千克。在养殖水面有所下降的情况下，由于“三网”养殖和山区流水养鱼等精品养殖的较快增长，使得全市渔业总产值仍保持稳步增长，全年实现渔业总产值10.7亿元，同比增长5%。

【精品养殖成为郊区渔业新的增长点】 根据北京大都市、大市场的特点，在大幅度压缩温水性鱼类等常规品种的同时，各区县充分利用山区冷水资源、地热资源，加快发展冷水鱼和热水鱼养殖，在郊区重点推广鲟鱼、淡水大马哈、金鳟、彩虹鲷等名优品种，使名特优新品种的养殖比重显著增长。2002年全市名优品种的养殖已达0.3万公顷，比去年同期增长21%；名优品种产量达到2 865万千克，增长8.7%，占全市淡水鱼总产量的比重由上年的36%提高到38.9%，上升了2.9个百分点；名优品种产值达到6.2亿元，同比增长24%，占渔业总产值的比重达到56.4%。名优品种的养殖已经成为郊区渔业新的增长点。顺义区全区共有水产养殖面积1 590公顷，占全市池塘总面积的23.5%，2002年草鱼、鲤鱼、鲢鱼等大路品种养殖面积由上年的1 114公顷减少到924公顷，下降17%；名特优品种养殖面积由上年的520公顷增加到665公顷，增长28%。随着精品渔业的快速发展，适合本地资源的地域性渔业产业带在郊区已初步形成。已形成了平谷、密云、怀柔、房山、延庆等远郊山区的冷水鱼产业带；以昌平为主的中远郊热水鱼产业带；以朝阳、通州、大兴为主的观赏鱼产业带；以丰台、海淀为主的甲鱼、鳄龟养殖带；以怀柔、密云、房山为主的山区流水养殖带等等。郊区渔业生产区域布局更加合理，资源优势得到进一步发挥。

【渔业产业链条进一步延伸】 2002年郊区渔业产业突破了仅局限于养殖环节的传统生产格局，加快了向二、三产业的延伸。以水产品加工为代表的第二产业，在水产品加工品种、加工技术和加工能力等方面均有新突破，到年末，全市淡水鱼加工能力达到3 400吨，实现产值0.5亿元。到年末，由加工或销售龙头企业带动的郊区鲟鱼产业化、观赏鱼产业化、池沼公鱼产业化、彩虹雕产业化和鲑鳟鱼产业化等五大渔业产业化工程进一步完善，形成规模，经过产、加、销一体化经营，大大增强了京郊渔业市场的竞争能力。同时，以垂钓、餐饮等服务业为主要形式的第三产业继续保持快速发展，全年休闲渔业累计实现产值2.1亿元，同比增长10.5%，共接待垂钓、观光游客200多万人次，促进了京郊旅游服务业的发展。特别是怀柔区的渔业观光旅游位居全市前列，到2002年底，全区观光、垂钓、餐饮场所达到317处，水面33公顷，全年接待垂钓、观光游客80多万人次，实现综合收入6 000万元，创效益3 000万元，观光渔业收入超百万元的场所达到15个。

【渔业出口创汇势头良好】 2002年充分发挥郊区渔业品种资源优势，努力开拓水产品出口渠道，使郊区水产品出口创汇继续保持较快增长。全年渔业共实现出口创汇1.2亿元，同比增长5.3%，特别是以朝阳、通州、大兴为主的京郊观赏鱼产业带已初具规模，并逐渐发展为京郊的主导产业。

【良种场建设和标准化生产步伐加快】 2002年水产良种繁育体系建设取得较大进展，截止到年末，全市水产养殖良种场达到14个，其中，认证市级水产良种场4个，并有1个良种场被认定为国家级名优品种良种场。2002年市水产总公所属良种场和怀柔水产良种场从国外引进了一批名、特优新品种，为郊区精品渔业的发展提供了保障。此外，郊区渔业标准化生产全面展开，渔业生产的标准化水平大幅度提高，到年末，郊区水产标准化生产示范基地达到14个，目前，郊区水产品安全体系建设已经完成了中级实验室和部分初级实验室的选址、土建和改造装修工作，水生动物防疫检疫和水质监测、鱼病网络等工作也已起步。

【渔业科技攻关取得成功】 2002年，《鲟鱼养殖技术的推广》、《全人工鲟鱼繁育技术的研究》等科技项目取得了突破性的进展，汇瀛水产良种场采用包埋激素和干法受精技术人工繁殖西伯利亚鲟和水科院十渡基地人工繁殖史氏鲟相继获得成功。经过多年的驯养和试验，淡水大麻哈、金鳟、淡水鲨鱼、南美白对虾、彩虹鲷、鳄龟、白须公等8个新品种在全市范围内成功地得到推广，促进了精品渔业的发展，提高了京郊渔业的科技水平和经济效益。

（赵玉荣　杜英杰）

林　　业

【首都林业建设取得突破性进展】 2002年首都绿色生态体系基本建成，三道绿色生态屏障已经形成。全市郊区完成造林4万公顷，植树5 800多万株，绿化造林的面积和植树株数是历史上最多的一年。全市林木覆盖率达到45.5%，比上年增加1.5个百分点。其中，山区造林2.7万公顷，植树3 264万株，山区林木覆盖率达到62%；平原地区造林1.33万公顷，植树2 510万株，平原林木覆盖率达到25%；城区植树100多万株，城市绿化覆盖率达到39%，人均绿地达到42平方米。

【绿化造林十大重点工程全面完成】

1.城市绿化隔离地区绿化任务提前完成，拆迁各类建筑200多万平方米，实现绿化面积1 665公顷，植树656.4万株。从2000年开始的三年来，城市绿化隔离地区新增绿地64.3平方公里，绿化总面积已达102.3平方公里，提前实现市委、市政府提出的“用三年时间完成100平方公里绿化任务”的预定目标。形成了10块面积在5 000亩以上的大型绿色版块，其中有7块达到万亩以上。

2.以“五河十路”绿色通道建设工程为重点的平原绿色生态屏障建设再创佳绩。共绿化716公里，增加绿地面积1.2万公顷。“五河十路”绿色通道建设工程拆迁各类建筑40多万平方米，实现绿化366公里，绿化面积9 700公顷；全面完成了首都机场路两侧绿化带的提高改造工程；完成县级以上公路、河道绿化350公里，植树158万株；高标准建设农田林网790公里，植树500多万株；更新改造过熟林380公顷。

3.山区绿色生态屏障建设继续推进。在密云、怀柔水库上游营造水源涵养林5 333公顷，新增封山育林面积2万公顷，飞播造林1.3万公顷；完成爆破整地造林1 386.8公顷，植树184.3万株。营造彩叶树3 333公顷，栽植黄栌、火炬等彩叶树木400多万株。中幼林抚育全面展开，完成抚育4.7万公顷。

4.城市中心区绿化美化建设取得新的进展。拆房建绿、拆违还绿、见缝插绿取得实效。高标准建成了菖蒲河公园、顺城公园、明城墙遗址公园、长椿街绿地、太阳宫绿地、柳浪庄公园、东庄绿地、北京玉泉公园等万米以上大型公园绿地16处，总面积达110公顷，成为京城新靓点；以二环路绿化改造为主的城市道路绿化取得明显成效；以居住小区、单位庭院绿化美化为主体的花园式单位创建活动成效显著，新创建花园式单位334个。

5.卫星城、中心镇绿化美化步伐加快，水平明显提高。远郊卫星城和密云太师屯、顺义后沙峪等10个中心镇，新增绿地897公顷，有效地改善了郊区卫星城和中心镇的环境面貌。

6.“三北”防护林体系建设进一步完善，防沙治沙工程有了新的突破。五大风沙危害区（康庄、南口、永定河、潮白河、大沙河）营造防风固沙林2 667公顷，全市沙区播草盖沙3 341.2公顷，植树367.3万株。

7.退耕还林工程全面启动。全市共完成退耕地造林1.53万公顷，配套荒山造林1.5万公顷，植树1 000多万株。

8.全民义务植树运动健康发展。2002年，全市有300多万人参加义务植树活动，新植树木540多万株，抚育170多万株。中直机关、中央国家300多位部级领导和机关工作人员参加植树劳动；驻京解放军、武警部队先后出动25万余人次参加首都绿化美化建设（共植树10万余株，整地100多万平方米，种草50万平方米），军委、四总部和驻京部队各大单位的80多名将军参加了海淀区四季青乡的植树绿化劳动；首都的大、中、小学生踊跃参加了植树护绿活动；数万名由市民和社会各界组成的绿化志愿者队伍在京郊28个义务植树点参加了义务植树劳动。

9. 科技支撑力度进一步增强。2002年全市共组织林业科技推广示范项目35项，推广实用技术50多项，应用科技成果的年获直接经济效益超亿元；大力引进新优品种，引种了美国红栌、黄金槐、香花槐等优新品种及柠条、花棒、沙柳等耐寒抗旱沙生植物；规范了林业有关技术标准，已初步建立起与国际规则接轨的标准化质量管理体系，顺义宝岛牌新世纪梨、门头沟东山京白梨已通过ISO9001等国际质量体系认证；加强了与中国林科院、北林大等科研、院校的合作；政府绿化林业网站功能进一步完善，绿化综合数据库已基本建立，市重点生态工程信息管理系统也已经正式启动。

10. 国际合作交流进一步加强。2002年，本市已与20个国家建立了绿化林业技术交流与合作关系，与6个国家正在进行合作项目7个，引进资金550万美元。

【林业富民工程有了新的进展】

1. 果品产业发展势头持续高涨，果品生产实现增产增收。全市共发展果树2.76万公顷、2 718万株，累计兴建观光果园533个。其中新植2.29万公顷2 353.4万株，分别比上年增长43.4%、60%。果品产量达6.9亿千克，出口果品4 639万千克，分别比上年增长7.8%、17%。果品收入14.6亿元，比上年增收1亿元，创历史最好水平。

2. 种苗产业健康发展。北方国家级林木种苗示范基地通过了ISO9001－2000国际质量体系认证，发挥了辐射带动作用。全市累计育苗总面积达到2.47万公顷，比上年增加22%。其中新育苗6 000公顷3.1亿株，出圃苗木1.2亿株，产值达9.6亿元。

3. 花卉产业取得新进展。目前，全市花卉种植总面积达3 067公顷，花卉生产基地和企业已达550多家，高效生产园20个，产值达到4.4亿元。京郊蜂业生产稳步发展，全市蜜蜂饲养量达14.5万群，总产值5 000多万元，出口创汇300万美元。

4. 速生丰产林快速发展，共营造速生丰产林3 667公顷，植树242万株。

5. 森林旅游业已经成为郊区经济新的增长点。全年共接待游客210万人次，实现总收入8 000万元。

【森林资源安全保障体系建设日趋完善】

1. 森林防火基础工作明显加强。全市已建成1 000人的森林消防总队，在8个区县建成了比较现代化的森林防火指挥室，正式启动直升飞机灭火工作。山区新建及改扩建31座防火瞭望塔（目前全市共有瞭望塔88座），在重点林区增加了7套电视自动监控系统（全市现有自动监控系统18套），自动监控面占山区林地面积的1/3。2002年全市没有发生重大森林火灾和人员伤亡事故，发生一般森林火灾1起，森林火警3起，比上年度防火期分别减少1起。

2. 森林病虫害防治工作完成“四率”指标任务。共防治森林病虫害2.72万公顷，防治率为91.84%；实施监测覆盖53.46万公顷，监测覆盖率为95.72%；实施种苗产地检疫1.62万公顷，检疫率为97%；病虫成灾面积140公顷，成灾率为0.25‰，全面完成了国家林业局下达本市的“四率”指标任务。

3. 林政资源管理工作扎实有序。林地管理和林木采伐审批工作进一步加强，共审核同意征占用林地55件、77.92公顷，减少征占用林地35件、80.25公顷。全市审核林木采伐4 149件，审批发证2 754件，批采林木8.547万立方米，比上年同期减少7.863万立方米。加大对2001年度征占用林地项目需恢复林地的监督管理，全市已恢复林地114.51公顷。深入开展林权登记发证、古树名木养护和对全市木材经营（加工）单位的清理整顿工作，并取得实效。湿地保护工作有了新进展，全市共建成湿地保护区6个，面积达2万公顷。

（张云飞）

“六种农业”

【精品农业增长迅猛】 2002年郊区精品农业创造产值109.3亿元，比1999年增长2.4倍，占郊区农林牧渔总产值的46.7%。其中种植业精品产值占种植业总产值的54.1%，养殖业精品产值占养殖业总产值的40%。农业精品数量已达数千种。

【设施农业效益明显】 2002年郊区设施农业占地面积达到2.6万公顷，比1999年增长了70.3%，其中温室面积达到近0.6万公顷，大棚面积达到0.6万余公顷，分别占设施农业总面积的25.5%和25%。在设施农业中，蔬菜设施面积已发展到1.75万公顷，占郊区整个菜田面积的31.4%；瓜果设施和花卉设施面积发展迅速，瓜类设施面积达到0.45万公顷，比1999年增长89%；果类设施面积发展到近0.13万公顷，增长3.3倍；花卉设施面积达到0.1万公顷，比1999年增长1倍多。蔬菜、瓜果和花卉已经成为郊区设施农业发展的主要对象，发展面积占其总数的95%以上，三类分别占设施农业面积的67.1%、19.9%、3.56%和4.3%。设施农业产生了明显的经济效益。2002年设施农业产值达到61亿元，比1999年增长1.3倍，占郊区全年农林牧渔总产值的26%，占种植业产值的65%以上。其中设施蔬菜所创产值达到36.7亿元、瓜类产值达到6.4亿元、果类产值达到2.2亿元、花卉产值达到9亿元。设施蔬菜产量达到208.1万吨，设施瓜产量达到25.2万吨，设施果产量达到2.3万吨，分别比1999年增长93.4%、85.3%倍和5.8倍；设施鲜切花6 900万株，盆花3.5亿盆，分别比1999年增长94%和2.6倍。

【籽种农业迅猛发展】 良种繁育作为一项产业在京郊各区县迅猛发展，已成为顺义、大兴、昌平等区的主导产业。2002年北京籽种农业产值达到64.2亿元，比1999年增长4倍多，占农业总产值的比重高达27.4%，其中销往外埠的籽种销售额达到21.7亿元，比1999年增长2.8倍。

【加工农业带农致富】 北京的加工农业在2002年完成产值177.4亿元，比1999年增长1.2倍。其中瓜菜制品加工21.7亿元；果及果制品加工27.2亿元；畜禽制品加工45亿元；水产制品加工1亿元。农产品加工增值58.1亿元，比1999年增长93.7%，加工增值率达到48.7%。加工农业具有辐射面广、带动功能强的特点，2002年带动基地面积9.3万公顷，比1999年增长69%；带动农户47.2万户，增长84%；实现户均纯收入6 025元。

【观光农业促农增收】 2002年郊区观光农业项目数量达到2 246项，比1999年增长1.6倍，其中本年新增项目558项，新增项目投资达到10.9亿元。全年观光农业接待人数达3 186万人次，直接收入达到22.8亿元，比1999年增长3.2倍，其中门票收入达到4.3亿元，增长4.5倍；采摘收入3.4亿元，增长4.9倍；垂钓收入3.3亿元，增长2.4倍；出租农家客房、农家饮食收入达到3.2亿元，增长6.8倍。京郊通过开发采摘、垂钓鱼场、森林旅游、休闲农场、科学旅游、教育基地、都市农业公园及农家小院等形式的观光项目，为郊区农民提供了多种就业机会，增加了收入。观光农业的发展，带动了郊区经济的发展，促进了一、二、三产业的融合，推动了北京农业融入都市现代化的进程。

【创汇农业又创新高】 2002年郊区实现农业创汇2.3亿美元，比2000年增长1倍多。其中种植业产品创汇10 840万美元，增长46.7%，占农产品创汇总量的61.7%；畜产品创汇5 690.4万美元，增长1.3倍，占总量的24.6%；水产品创汇721.9万美元，增长3.8倍；农产品加工创汇5 253.6万美元，增长91.8%。2002年郊区大宗农产品出口主要是瓜菜，出口创汇9 697.3万美元；干果594万美元；活禽、活畜类4 084.4万美元；肉类制品910万美元；水产品721.9万美元。

（赵　乐）

农业产业化

【农业产业化发展】 2002年继续坚持“龙头企业+合作组织+农户”的发展模式，多种措施并举，大力推动农业产业化经营。一是结合实施“155”工程，大力培育龙头企业。积极培育国家级重点龙头企业，包括中央在京企业在内全市已有17家国家级重点龙头企业。直接扶持了一批市级产业化龙头企业。引导企业与农户（基地）建立紧密的利益联结机制，充分发挥龙头企业在农业结构调整和农民致富方面的带动作用。指导区县抓好100家区县级龙头企业的培育工作。以此带动郊区农业主导产业的形成和发展。二是围绕实施“155”工程，重点扶持一批农产品加工龙头企业。2002年加大了对农产品加工龙头企业和农产品加工园区的扶持力度，通过市级财政支农资金的扶持和引导，带动了区县财政和社会资金的投入，有效推动了本市农产品加工业健康持续地发展。三是扶持农产品加工园区和基地建设，增强依托辐射力。有选择地扶持一批区县农产品加工园区和基地，如大兴青云店农业加工园区、顺义北郎中绿色农产品加工园区等，通过扶持改善这些园区的基础设施和招商环境，支持其向生产专业化、集约化、规模化、服务系列化方向发展。同时，对农产品加工业的区域化布局和规模化、专业化生产形成起到了积极的促进作用。四是应对入世挑战，提高龙头企业管理水平。帮助龙头企业加强管理，严格按照国际标准组织生产和加工，实现产品质量与国际市场需求的对接。组织举办了农业产业化龙头企业经理人员ISO系列培训班，100多家龙头企业按照国际通行规则，相继实施通过了ISO9000、ISO9001、ISO9002质量管理体系认证，HACCP（危险分析和关键控制点）、ISO14000环保认证和GMP（良好生产规范）品质管理，国内安全食品认/验证。龙头企业在国内、国际市场竞争力有了明显提高。

【第二批农业产业化国家重点龙头企业被认定】 共7家：北京汇源饮料食品集团有限公司、北京御香苑畜牧有限公司、北京锦绣大地农业股份有限公司、北京华都集团有限责任公司、北京大发正大有限公司、北京大北农饲料科技有限责任公司、北京八里桥农产品中心批发市场有限公司。

【全面提高农民专业合作经济组织发展水平】 以增加农民收入为目的，以培育有竞争优势和带动能力的农民专业合作经济组织为重点，以提高农民的组织化程度为基础，紧密结合农业结构调整和培育主导产业工作，通过示范、引导和扶持，整体推进、重点突破，全面提高农民专业合作经济组织发展水平。全市纳入规范化管理的各类农民专业合作经济组织达1 613个，资产总额达40亿元，其中5个合作经济组织列入农业部试点。一是加强政策扶持力度，促进规范化发展。通过支农资金，对效益好、信用佳、带动面大、较规范的农民专业合作经济组织加大扶持力度，采取点线面结合方式，重点扶持一个区县（顺义）、一个协会（北京市果树行业协会）和一批（40个）基层农民专业合作经济组织规范化试点。下发《北京市农民专业合作经济组织示范章程》（试行），促进农民专业合作经济组织的规范化发展。二是总结经验，推广典型 。召开了农民专业合作经济组织经验交流会，对顺义大孙各庄、北京市出口菜协会等典型经验进行了交流、总结和推广。三是积极探索，努力促进行业协会发展。在政府部门引导下，以会员为主体，建立了全市性的果品协会、出口菜协会、谷物协会、奶业协会等，这些协会在激烈的市场竞争中发挥了重要作用。四是加强培训，提高经营管理水平。举办了“北京市农民专业合作经济组织培训班”。组织赴浙江考察农民专业合作经济组织建设。通过培训、考察，学习新的知识，开阔视野，更新思路，坚定信心，提高经营管理水平。

【加大农业产业化宣传力度和信息服务】 一是应对入世挑战，在农委政务网基础上建立北京市农业产业化专栏。提高农业产业化组织，特别是龙头企业和专业合作经济组织的信息化水平，切实推进农业产业化进程。通过对龙头企业和专业合作经济组织提供有效的信息化服务、扶持帮助龙头企业和专业合作经济组织推动自身信息化建设（建设企业网上主页等）。二是扩大对北京市农业产业化政策和重点龙头企业、合作组织的宣传力度。在《市场报　农业产业化》版内开辟北京农业专栏，连续宣传报导本市农业产业化工作和农业产业化重点龙头企业，编印《北京农业产业化简报》，成为宣传农业产业化政策、重点龙头企业和农民专业合作经济组织的窗口。

【京郊进入全国100个农民专业合作经济组织试点名单】 全国农民专业合作经济组织示范县：顺义区。全国农民专业合作经济组织试点：北京市新特新葡萄产供销合作社、顺义区高丽营镇张喜庄发达苗木协会、顺义区赵全营镇北郎中生猪产销合作社、房山区长阳奶牛合作社、大兴区庞各庄西甜瓜产销联合体。

【召开北京市农民专业合作经济组织经验交流会】 2002年10月11日召开。平谷区大桃产销协会、北京外贸菜蔬协会、通州区梨园乌鸡养殖合作社、房山区经管站在会上做了典型发言，市农委副主任聂玉藻作《整体推进，重点突破，规范管理，全面提高我市农民专业合作经济组织发展水平》的工作报告，市农委主任李进山讲话，农业部产业化办公室副主任林定根参加了会议。

【北京市农业产业化领导小组成立】 为进一步加强对我市农业产业化的领导。经市编办批准，成立北京市农业产业化领导小组。领导小组主要职责：研究制定北京市有关农业产业化经营的规划政策；制定扶持北京市农业产业化重点龙头企业的政策意见，联合认定北京市农业产业化重点龙头企业；按照“全国农业产业化联席会议”的部署，做好农业产业化国家重点龙头企业推荐监测工作；协调北京市有关部门，共同指导推动北京市农业产业化工作。

（赵　乐）

民族乡、村经济工作

【做好民族乡村、经济工作】 2002年，北京市少数民族乡、村经济工作以“三个代表”重要思想为指导，进一步加大了《北京市少数民族权益保障条例》的贯彻实施力度。第一，举办了第二期少数民族乡村干部培训班。培训班邀请市政府专家顾问团成员、北京农学院、中国人民大学、中国农业大学的专家、教授以促进民族乡村经济发展为主题，进行了种、养殖业等方面的专题讲座。第二，民族乡村经济稳定健康发展。2002年，民族乡乡镇增加值实现42 854万元，比上年增长12.5%。地方财政收入实现5 775万元，比上年增长19.7%；上缴税金6 591万元，比上年增加40.1%，农民人均劳动所得4 840元，比上年增长5.5%。民族村加快推进二、三产业的发展，带动了经济总量的增长，2002年民族村农村经济总收入实现37.12亿元，比上年增长31%；民族村人均劳动所得为5 281元，比上年增长5.3%。北京市民族乡村经济取得一定成绩，但经济发展还十分不平衡、多数民族乡村经济基础薄弱，生产生活基础设施条件落后，农民人均收入水平有待于进一步提高。第三，为扶持少数民族经济的发展，“十五”期间，市政府每年设立1 000万元少数民族经济发展专项资金。为加强对少数民族专项资金的管理、使用，制定了《北京市少数民族经济发展专项资金管理办法》。成立了由市民委、市农委、市商委、市财政局等部门组成的专项资金领导小组。2002年，在充分调研基础上，600万元用于扶持民族乡村经济发展。

（市民委沙丽）

农村二、三产业发展

概 述

2002年，北京郊区充分利用建设首都国际化大都市和举办奥运的集聚优势，大力发展符合首都经济特点的郊区二、三产业，构筑新的产业基地。在加大改善投资环境和招商引资力度的同时，注重产业结构调整，大力发展接受中关村辐射、为高新技术产业服务的加工组装业，为城市大工业转移配套服务的加工制造业，为城市建设服务的建筑和新型建材业，为城市生活消费服务的现代物流配送业，带动农业结构调整和农民致富的农产品加工业，以及以休闲旅游为主的各类服务业。坚决淘汰破坏郊区资源和生态环境的落后生产力。大力发展以绿色农业、生态农业等休闲旅游业为主的第三产业，使更多的自然资源、农业资源转化为旅游资源，提高水平、办出特色。其次，还注重企业组织结构调整。力争引进、培育、改造一批大企业，获得与"巨人同行"的关联效益，进入资本市场，加快融资速度，以利于市场的占有与扩张。再次，注重企业布局的调整，重点抓好市级工业区、县级工业区和乡镇工业小区，使二、三产业不断集中，改变分散的状况。

乡镇企业

【乡镇企业经济指标持续增长】 2002年京郊乡镇企业，紧抓机遇，开拓进取，采取多种措施，调整产业、行业结构，加大招商引资力度，总收入、增加值、利润总额、出口产品交货值等主要经济指标在连续五年保持两位数增长的基础上，持续、健康、稳定、快速的发展。各项主要经济指标增长幅度首次全部超过20%，税金总额增幅超过了35%。

【乡镇企业数和职工人数增加】 京郊乡镇企业数达到13.4万家，比上年同期增加664家，增长0.5%，其中：集体企业1.1万家，同比减少427家，下降3.8%；私营个体企业12.3万家，同比增加1 091家，增长0.9%。

按照工商登记注册类型划分：京郊乡镇企业共有内资企业133 658家，港、澳、台商投资企业156家，外商投资企业211家。内资企业中集体企业6 500家，占内资企业的4.9%；私营企业7 508家，占5.6%。个人投资企业115 676家，占86.5%。

按国民经济行业划分：农业企业3 598家，占2.7%；工业企业21 962家，占16.4%；建筑业4 223家，占3.2%；交通运输仓储业42 000家，占31.3%；批发零售业33 927家，占25.3%；住宿及餐饮业8 810家，占6.6%；社会服务业15 341家，占11.4%；其他企业4 164家，占3.1%。

职工人数达到113.6万人，同比增加7.2万人，增长6.8%，占郊区从业人员的68%。其中：集体企业64.6万人，同比减少0.8万人，下降1.2%；私营个体企业49万人，同比增加8万人，增长19.5%。

按照工商登记注册类型划分：京郊乡镇企业内资企业职工人数108.1万人，港、澳、台商投资企业2.1万人，外商投资企业3.4万人。内资企业中集体企业39.4万人，占内资企业的36.4%；私营企业15.7万人，占14.5%；个人独资企业33.3万人，占30.8%。

按国民经济行业划分：农业企业2.6万人，占2.3%；工业企业57.1万人，占50.2%；建筑业17.9万人，占15.7%；交通运输仓储业7.9万人，占7%；批发零售业10.8万人，占9.5%；住宿及餐饮业4.1万人，占3.6%；社会服务业10.9万人，占9.6%；其他企业2.3万人，占2.1%。

【主要经济指标和效益指标实现同步增长】 京郊乡镇企业营业收入1 407.9亿元，同比增长22%，比1997年增长135.9%，年平均递增18.7%。其中：集体企业804.4亿元，同比增长9.1%；私营个体企业603.5亿元，同比增长44.6%。增加值309.8亿元，同比增长21.8%，比1997年增长141.1%，年平均递增19.2%。占郊区GDP的43.8%。其中：集体企业178.5亿元，同比增长13%；私营个体企业131.3亿元，同比增长36%。利税总额136.1亿元，同比增长32.4%，比1997年增长182.4%，年平均递增23.1%。其中：集体企业72.8亿元，同比增长20.9%；私营个体企业63.3亿元，同比增长48.7%。利润总额98.4亿元，同比增长29.3%，比1997年增长212.4%，年平均递增25.6%。其中：企业集体47.8亿元，同比增长18.8%；私营个体企业50.6亿元，同比增长40.8%。出口产品交货值

76.3亿元，同比增长21.1%，比1997年增长93.2%，年均递增14.1%。

乡镇工业企业营业收入646.6亿元，同比增长20%，其中：集体企业408.7亿元，同比增长3.4%；私营个体企业237.9亿元，同比增长65.3%。工业增加值153.2亿元，同比增长21.2%，其中：集体企业98.7亿元，同比增长6.9%；私营个体企业54.5亿元，同比增长59.6%。利润总额37.6亿元，同比增长9.9%，其中：集体企业21.9亿元，同比增长10.1%；私营个体企业15.7亿元，同比增长9.8%。

【经济运行质量进一步提高】 营业收入利润率为6.98%，同比提高0.3个百分点。人均营业收入12.39万元，同比增长16.3%；人均增加值2.73万元，同比增长15.7%；人均利税总额1.2万元，同比增长24%；人均利润总额8 660元，同比增长22%。乡镇企业资产总额1 274.5亿元，同比增长25.4%。负债总额617.7亿元，同比增长22.2%，低于资产总额的增长速度。资产负债率为48.5%，同比下降1.3个百分点。

【乡镇企业对扩大农民就业、增收作用增强】 京郊乡镇企业二次创业把增加农民就业、富裕农民的工作放在首位。为郊区剩余劳动力提供广阔就业空间，增加就业，富裕农民。2002年乡镇企业就业人数达到113.6万人，占京郊农村劳动力的比重达到68%。其中新增就业岗位7.2万个，超额完成2002年市政府60件实事之一规定的乡镇企业提供不低于5万个非农就业岗位的目标。劳动者报酬为102.7亿元，同比增长16.2%。职工人均可支配收入9 048元，比上年的8 304元增长9%。其中工资总额99.9亿元，同比增长20.5%。人均工资8 797元，比上年的7 792元增加1 005元，增长12.9%。乡镇企业提供的可支配收入2 840元，占农民人均可支配收入5 541元的51%。

【非公经济发展成为拉动郊区经济的重要支柱】 2002年郊区经济的发展，主要靠非公经济的拉动。个体企业的各项经济指标占全部乡镇企业的比重，均已接近或超过50%，比上年提高了4～8个百分点，截止到2002年底，私营个体企业职工占全部乡镇企业的43.1%，营业收入占42.9%，增加值占42.4%，利润总额占51.5%，劳动者报酬占41.4%。私营个体经济的发展，为郊区经济的发展做出了重要贡献。

【企业向规模化发展】 2002年京郊乡镇规模以上企业达到2 392家，同比增加328家，同比增长15.9%，占乡镇企业1.8%；职工人数40.7万人，同比增加2.9万人，增长7.7%，占35.8%；实现营业收入677.2亿元，同比增长21.9%，占全部乡镇企业的48%；利润总额36.8亿元，同比增长26%，占37.4%；增加值134.4亿元，同比增长14.2%，占43.4%；劳动者报酬44.5亿元，占43.3%；固定资产原值280.6亿元，同比增长24.7，占49.8%。在13.4万家乡镇企业中，营业收入超亿元的企业110家，比上年增加26家，仅占乡镇企业的0.8%。而110家企业的营业收入达到245亿元，同比增长28.3%，占乡镇企业的17.4%。在197个乡镇中，营业收入超亿元的乡镇83个，占42%，比上年增加9个；83个乡镇实现营业收入1 060亿元，同比增长27.3%，占全部乡镇企业的75.3%。营业收入亿元以上的村141个，比上年增加56个；实现营业收入295亿元，同比增长66.7%，占全部乡镇企业的20.9%。

【整合资源 合理布局 向二、三产业转移】 以乡镇工业园区、二、三产业专业村为载体，推进乡镇企业向二、三产业转移。2002年，京郊乡镇企业完成增加值309.8亿元，其中第一产业完成6亿元，同比增长了15.4%，占乡镇企业总量的1.9%，同比下降0.2个百分点；第二产业完成202.2亿元，同比增长23.9%，占乡镇企业总量的65.2%，同比提高了0.3个百分点；第三产业完成增加值101.6亿元，同比增长22.4%，占乡镇企业总量的32.9%，与上年基本持平。在第二产业内部，其中工业完成增加值153.2亿元，同比增长23.6%，占乡镇企业总量的49.5%；建筑业完成增加值49亿元，同比增长24.7%，占乡镇企业总量的15.8%。

【投资力度加大】 京郊乡镇企业固定资产投资项目1 882项，同比增加了364项；本年实际完成投资110.5亿元，比上年增长了近一倍。平均每个项目投资587万元，比上年增加了198万元，同比增长了50.9%。乡镇企业拥有总资产1 274.5亿元，同比增长25.4%。其中净资产533.9亿元，同比增长4.6%。乡镇企业固定资产原值达到562.9亿元，同比增长18.5%。企业平均拥有固定资产42万元，同比增长16.7%。资本金409.7亿元，同比增长16.3%。从资本金的构成看，集体资本金比重为30.3%，比上年下降3.8个百分点；个人资本金比重为39%，比上年提高7.3个百分点。乡镇企业资产总额达到1 274.5亿元，负债总额617.7亿元，资产负债率48.5%，同比下降1.3个百分点。

【百强企业营业收入达237亿元】 京郊乡镇百强企业实现营业收入237亿元，比上年的214亿元增加23亿元，增长10.7，占全市乡镇企业营业收入的16.8%。营业收入超亿元的共110家，比上年的84家增加26家，百强企业营业收入均超过了亿元。其中：超10亿元的企业1家，比上年减少1家；5亿～10亿元（含10亿元）的8家，比上年增加1家；2亿～5亿元（含5亿元）的26家，比上年增加7家；1亿～2亿元（含2亿元）的63家，比上年增加7家。平均每个企业实现营业收入比上年增加2 271万元，增长10.6%。列入百强的企业，实现利税总额26.6亿元，比上年增加5.1亿元，增长23.7%，占郊区乡镇企业的19.5%。进入前100名的企业利税总额均超过1 000万元，比上年同期的84家增加16

家。最高的达到15 194万元，最低的达到1 080万元。其中：亿元以上企业 2 家；5 000～1亿元的企业 7 家，比上年增加 3 家；3 000 万～5 000万元的 13 家，比上年增加 1 家；1 000 万～3 000万元的 76 家，比上年增加 11 家。利税总额规模最大的是北京韩建集团有限公司，利税总额为15 194万元，比上年第一名增加2 114万元，增长 16.1%；第 100 名的企业是怀柔区下元综合贸易批发市场，利税总额为1 080万元，比上年第 100 名增加 190 万元，增长 21.3%。平均每个企业利税总额为2 664万元，比上年增加 515 万元，增长 23.9%。出口百强企业实现出口产品交货值 46.3 亿元，比上年增长 14.3%，占郊区乡镇企业的 61.2%。其中：超亿元的企业有 8 家，比上年同期增加 1 家；5 000万～1 亿元的 20 家，比上年同期增加 6 家；3 000～5 000万元的 32 家，比上年增加了 9 家；2 000 万～3 000万元的 40 家。出口规模最大的是北京顺美服装股份有限公司，出口产品交货值为 20 628万元，比上年同期有所下降；第 100 名的企业是北京雷力化学农用有限公司，交货值为2 040万元，比上年第 100 名增加 658 万元，增长 47.6%。平均每个企业出口交货值4 634万元，比上年增加 579 万元，增长 14.3%。

【农产品加工企业快速发展】 京郊乡镇企业充分利用本地资源优势，大力发展农产品加工企业，加快了农业产业化的进程。截止到 2002 年底，郊区乡镇农产品加工企业达到 527 家，比上年增加了 68 家；企业职工 4.6 万人，比上年增加7 343人；实现销售收入 96.5 亿元，比上年增长了一倍多；利润总额 5 亿元，比上年增长了近 2 倍；增加值 19.5 亿元，比上年增长了一倍多。带动农户 20 万户。其中：规模以上的企业 288 家，比上年同期增加 66 家，职工 3.6 万人，比上年增加了6 581人，拥有资产 64.8 亿元，分别比上年同期增长 21%、16.9% 和 43.5%。完成营业收入 88.2 亿元，比上年增长 46.9%；利润总额 8.6 亿元，比上年增长 54.9%；增加值 18.9 亿元，比上年增长 55.2%。形成了朝阳玉雪阿魏菇、海店锦绣大地、丰台花乡花木、通州雨润食品、顺义汇源果汁、大兴顺兴葡萄酒等一批辐射能力强、带动农户多的农产品加工龙头企业。

【“彩虹工程”取得阶段性成果】 2002 年 6 月，市乡镇企业局会同团市委、市科协等有关部门，出台《关于开展“首都高校专家博士帮助郊区农村发展二、三产业活动”（简称“彩虹工程”）的实施意见》。彩虹工程实施以来，全市各区县共申报合作项目 116 项，截止到 2002 年底，已有 40 个项目和北京科技大学、北京理工大学、北京工业大学等 20 所大学对接成功。取得了以下主要成果，一是通过专家博士的工作，为乡镇企业发展提供了全新的思路；二是密切了乡镇企业与首都高校的联系，形成了一批生产联合体，促进了科技成果的转化；三是培训了一批干部职工，引进了一批专业技术人员；四是解决了一批企业想解决又没有能力解决的问题。

【实施名牌战略取得新成效，质量认证工作取得新进展】 在 2002 年的北京市名牌产品评选中，郊区乡镇企业有 19 家企业的 20 种产品被评为北京市名牌产品称号，比上一年评选多了 9 家，占全市 132 家企业 138 种产品的 13%。其中：大兴区北京顺兴葡萄酒厂的“丰收牌”葡萄酒被评为中国名牌产品，有 11 种产品是新被评选的名牌产品。有 5 家企业被评为农业部创名牌重点企业，累计达 22 家；局级创名牌重点企业 8 家，累计已达 42 家。今年又有 203 家企业通过 ISO9000 体系认证，累计已达 694 家，有 7 家企业通过 ISO14000 环保体系认证，累计达 12 家。

【“5211”工程全面实施】 2002 年京郊乡镇企业继续开展“5211”乡镇企业教育培训进程。到年底，大中专以上学历教育培训18 119人，专业技术人员职称培训和继续教育18 531人，职工全员培训243 911人次。特别是在市农委、市人事局大力协调与支持下，建立了乡镇企业高级职称评委会，开展了乡镇企业高级专业技术职称的评审工作，从而健全了乡镇企业技术职称评审体系。全年，共有 59 人通过了第一次高级技术职称评审，其中，高级经济师 14 人，高级会计师 5 人，高级工程师 40 人。另外，组织评审经、统、会、工程类中级职称 218 人，190 人通过评审，通过率 87% 。

【外向型经济继续稳步增长】 一是出口保持较高的增幅。截止到 2002 年底乡镇企业出口产品交货值达到 76.3 亿元，同比增长 21%。二是培育新的增长点和出口产品基地，拉动出口稳步增长，加快结构调整。农产品出口同比增长达到了 100%，占全部出口的比重达到 10% 以上。三是打造了一批出口规模企业，千万元以上规模企业出口规模比上年提高 14%，这些企业表现了较强的市场竞争能力和出口潜力。四是利用外资不断取得新进展。2002 年，共批准乡镇“三资”企业 195 家，协议总金额 3.6 亿美元，其中外商投资额 1.8 亿美元，与去年基本持平。截止到 2002 年底，郊区乡镇“三资”企业累计达到2 426家，协议总金额 41 亿美元，其中外商投资额 19.6 亿美元。

【乡镇工业园区达到 150 个】 截止到 2002 年底，乡镇工业园区发展到 150 个，入区企业达到2 284家，职工 14.7 万人，实现营业收入 220.7 亿元，利润总额 15.4 亿元，出口产品交货值 15.4 亿元，累计完成投资 150.2 亿元。园区内企业协议利用外资 1.27 亿美元，实际利用外资7 382万美元，占 58.1%。累计利用外资达到 2.5 亿美元。乡镇工业园区建设格局的形成及规模水平的不断提高，对城市产业向郊区转移，吸引投资和增加农民就业增收发挥了重要作用。

【绿化隔离带地区经济发展成效显著】

1. 乡镇企业关闭、拆迁力度加大，保证了绿化用地的需要。截止到 2002 年底，累计搬迁、关闭企业2 385家，腾退绿地1 553公顷。

2. 启动产业用地，安置农民就业。截止到2002年底，朝阳、丰台、海淀、昌平、大兴、石景山六个区累计已批控制性详细规划743.4公顷，为老企业搬迁、招商引资、资产重组，大力发展符合绿化隔离地区经济发展要求的新兴产业和企业创造了条件。以上六个区2002年共新建企业63家，累计安置农民就业21 264人。

3. 由北京市规委、市环保局、首绿委复审，经市领导批准，同意149家保留企业予以实施保留改造。这149家保留企业拥有本地职工2.5万人，资产总额38.1亿元，收入49.1亿元。

4. 落实首批1 134家搬迁、关闭企业的市级补偿资金2 358.5万元，并已拨付到有关区县。

（吴晓平、范馥芳、史建普、刘万民、彭其贵）

区县工业

【工业经济运行良好】 2002年区县工业有2 152个企业，较上年2 282个减少130个企业；从业人员年平均341 104人，较上年343 858人减少2 754人；资产总计704.98亿元，较上年676.17亿元增加4.26%；完成工业总产值560.14亿元，较上年496.62亿元增长12.8%；完成工业增加值172.03亿元，较上年163.20亿元增长5.4%；产品销售收入564.99亿元，较上年495.99亿元增长13.91%；实现利润28.93亿元，较上年的25.65亿元增加12.79%。工业部产值、产品销售收入和实现利润均保持2位的增长。

【技术改造投资继续增加】 据对7个区县不完全统计，全年新开项目259项。海淀区全年实施技术改造和技术引进项目28项，其中结转项目11个，新开项目17个，项目主要集中在IT、新材料、印刷、生物医药、建材等高新技术企业。朝阳区全年新开技术改造项目43项，计划总投资4.15亿元，同比分别增长104%和57.25%。培育和扶植了北京泰德制药有限公司、北京华东开关有限公司等一批优势企业和利税大户。怀柔区全年区属工业新开技改项目45个，竣工投产项目42个，完成投资6.4亿元，技改引进资金3.2亿元，引进项目9个，其中，怀柔汽车厂重型卡车生产线二期建设项目基本竣工，实际投入资金2.6亿元，完成三大平台、四大车身系列的产前技术准备。爱芬食品（北京）有限公司糖果生产线改造工程、北京海爵食品有限公司引进TBA/21果汁生产线项目、北京欧陆太平洋制罐有限公司500毫升罐生产线二期改造项目、北京红星股份有限公司葡萄酒夜光杯过渡生产线和配电室改造项目、北京天惠参业股份有限公司天惠工业园建设项目等5个重点项目累计投入资金2.55亿元。

【企业改革和重组转制取得重大进展】 据对5个区县的不完全统计，全年有1 703户企业改制。朝阳区全年完成企业改革814家。其中有限责任公司161家，股份合作制企业113家，出售25家合资合作1家，承包租赁2家，兼并销号445家，其他67家。昌平区全年共有107家国有、集体企业进行了产权制度改革。其中改为有限责任公司的48家，改为股份合作制企业27家，出售29家，破产3家。通过产权改革盘活存量资产2.3亿元，引进增量产1.2亿元。一批规模较大的区属国有、集体企业的产权制度改革相继完成。

【招商引资工作取得新突破】 全年各郊区县积极采取各种有力措施，不断扩大招商引资工作的力度，改善投资环境，提高办事效率，据6个区县统计，全年工业共引资项目1 299个，合同总金额272.3亿元，到位资金106.59亿元。新批合资项目434个。新批投资项目具有规模大，投资结构优化的特点。通州区招商引资取得新的进展，各级工业园区投入基础建设资金5亿元，提高了规划标准和建设标准，投资环境明显改善。全区引进1 000万元以上的企业147家，协议金额115亿元，到位资金10亿元，企业平均单体投资规模达到7 900万元。其中引进投资总额在亿元以上的企业24家，投资总额超过3亿元的企业5家。中美CMI控股公司、中科镓英有限公司等一批科技含量高、市场前景好的企业落户通州。光机电一体化产业基地一期起步区市政配套设施实现“十通一平”。顺义空港出口加工区、空港工业区、林河工业区和区镇工业区累计招商项目169个，合同金额282亿元。

（市经委李振兴）

市级工业开发区

一是入区企业经营状况较好。入区建厂项目已陆续投产，并产生效益，经营状况较好，主要经济指标增幅较大。2002年，郊区10个市级工业开发区共实现总产值318.7亿元，比上年增长44%；销售收入469.2亿元，同比增长19%，其中产品销售收入286.3亿元，占61%，产品出口收入61.6亿元，占13%，技术收入10.2亿元，占2%；实现利润21.3亿元，同比增长68%；应缴税金22.3亿元，同比增长34%。市级工业开发区已成为远郊区县税收的重要来源。2002年，在市级工业开发区就业的人数达9.71万人，比2001年的7.68万人增加了2.03万人，增长了26.4%。市级工业开发区成为吸纳郊区劳动力就业的一个新渠道。

二是入区项目单体投资规模大，各开发区重视大项目和高科技项目的引进。到2002年底，10个开发区累计入区企业达3 158家，项目总投资467亿元，其中2002年当年招商331家，总投资64.6亿元；项目的平均单体投资规模1 952.6万元，同比增长38%。最大的项目是林河开发区引进的现代汽车项目，总投资达100亿美元。空港工业区2001年引进投资2亿元以上的项目5个，跨国公司参与投资的10家，世界500强企业3家。

三是基本建设投资力度加大。年内市级开发区共开工66个项目，已完成总投资25.8亿元，同比增长76%，其中基础设施投资4.2亿元，同比增长24%。密云开发区投资增长最快，共开工38个项目，完成总投资19.4亿元，其中基础设施投资达到3亿元。各开发区在搞好园区内基础设施建设的同时，逐步将重点转移到生活区及其配套设施的建设中。密云开发区在开发区内引入公安、工商、税务、电信、银行、保险等职能部门，还加快建设快餐、洗浴、超市等服务设施。雁栖开发区投资2 600万元建了2万平方米的住宅楼、购物中心和饮食配送中心。通过建设生活区，不仅基本满足了园区内员工的日常生活需要，促进园区周边第三产业的发展，而且产生了集聚效应，初步形成小城镇的雏形。

四是开展对外宣传，树立开发区形象。各开发区根据自身的产业定位和资源优势，积极策划、研究制定园区品牌战略，利用各种媒介对外宣传，提高了开发区的知名度与竞争力。大兴开发区从创建优美人文环境入手，投资480万元在B区修建企业公园，绿化面积达11.4万平方米，种植花木8万余株，增设了喷泉、射灯等设备，形成了开发区内的园林景观。通州开发区拍摄了反映园区风貌的系列专题片，并在电视新闻中播放；投资100万元在高速路两侧设置宣传旗和大型广告牌，形成了良好的投资氛围。

（范子文）

郊区商业、旅游业

【农村消费市场对全市零售额增长的贡献率提高】 年内，农村市场实现社会消费品零售额272.3亿元，比上年增长13.6%，高于城镇市场增幅4.8个百分点。占全市社会消费品零售额的比重比2002年提高0.6个百分点，对市场增长的贡献率达到21.6%，比去年提高9.3个百分点。

【农民消费开始进入转型期】 随着农业产业化水平提高，农民生活逐步向商品化、市场化转化，吃穿用等满足基本生活需要的商品90%以上从消费品市场上购买，对商业服务的依赖性也逐渐增强。

【疏通产销渠道取得收效】 年内，各郊区县充分发挥基层供销合作社在流通中的作用，继续扩大农副产品的流通能力，组建以流通为龙头的“公司+农户”的经济合作组织，从技术、信息、市场、产品等环节帮助农民解决一家一户生产者解决不好又迫切需要解决的困难和问题，变郊区的资源优势、产品优势为商品优势、市场优势。房山区供销社与乡镇联手建立地区性产销协会、分会2个，组建村民服务站22个。以流通企业带动的各类经济合作组织达到13个，入会农户2 660户，带动周围农户25 000户。联系大柿子、核桃、花椒等产品基地0.25万公顷。

【各类市场发展】 产销搭桥、沟通流通渠道，在城区兴办地产优质农产品专柜（专店）70余个，为地产优质农产品打开了市场。怀柔区商业部门加强对农业生产的引导作用，与农业部门密切配合，围绕市场的需要，打造出雁栖镇柿子村、李子村、杏村、桃乡等6个特色鲜明的果品专业村，实现了一村一品，促进了农业生产结构的调整。到年底，农村现有各类商品交易市场268个，实现商品成交额95.8亿元，占全市商品交易市场成交总额的比重为16.1%。

【连锁经营向小城镇（乡镇）延伸】 随着小城镇建设步伐加快，乡镇一级的商业发展已经承担起地区性的社区商业中心的功能。昌平区供销社系统的新世纪商城已在6个镇开设了分店，小白羊连锁总店继平谷店开业以后，又在顺义北小营开设了第58号店。到年底，综合超市、大卖场等新型商业业态都已在各区县安家落户，通糖公司70家连锁店全方位的与物美集团合作。据不完全统计，全市已有物美、小白羊、超市发、亿客隆、国美、大中、张一元、大明眼镜等连锁企业在郊区开店设点达到130家，郊区连锁店的发展为整合郊区商业资源，扩大经营规模，丰富和活跃郊区市场起到积极的推动作用。

【郊区消费市场新的流通格局正在形成】 随着社会主义市场经济的发展和农村改革调整步伐的加快，农村的商品流通体系、市场供求关系、商品流通体制和企业的经营机制、组织结构、经营结构、所有制结构等方面均发生重大变化。原有的基层社、分销店、代销店已被多种成分参与的大流通所替代。全市郊区市场从功能上划分，已逐渐形成区县城（包括卫星城）、小城镇、乡村三级消费品市场，构成了新的市场格局。一是以区县城市（包括卫星城）为中心的区域性购物中心零售商业体系，形成了一批代表区县商业水平的标志性的大型商业企业。在郊区商业的主导地位基本确立，新兴业态快速发展。百货商店、仓储超市、专业店、专卖店等各种新型业态在各郊区县都有了很快的发展，业态结构和经营组合初步配套，基本满足了农民对大件耐用消费品、选择性较强的商品和时尚商品的需求，方便了郊区居民的生活；集中的商业区域基本形成。各区县城区不仅形成了重点的商业街，有的区县还有了自己的商业步行街和休闲广场，顺义区供销社隆华购物中心发展的为农综合服务站，标志以村一级便利店为主的消费品市场正在启动。

【远郊区县具有一定的物流资源】 年内，全市物流业专项调查数据显示，10个远郊区县拥有各类仓库6 592个，占全市拥有量的49.1%；仓库面积539.7万平方米，占全市的39.8%；仓库容量1 525万立方米，占全市的25.1%；具有装卸设备2 964台，占全市的35.3%；货运车辆5 807辆，占全市的28.4%；拥有铁路专用线113条，占全市的30.1%。其中，大兴区在10个远郊区县中物流资源具有比较优势。

远郊区县社会消费品零售额

单位：万元

区　县	2002 年	同比增加（%）
门头沟	220 998	9.6
房山区	535 401	2.4
通州区	407 385	8.6
顺义区	424 780	7.3
昌平区	311 989	6.1
大兴区	328 932	9.5
平谷区	165 328	9.3
怀柔区	175 358	13.7
密云县	222 380	11.5
延庆县	284 053	11.6

（市商委张沙宁）

【新昌平新形象全国电视媒体推介会】 10 月 24 日，由市旅游局和昌平区委、区政府主办，全国电视旅游节目协作会、昌平区委宣传部、昌平区旅游局和区广播电视中心承办的“旅游胜地、投资热土、生活乐园，新昌平、新形象”全国电视媒体推介会在昌平军都旅游度假村举行。推介会邀请全国各省市、自治区近 40 家电视媒体及部分报业媒体到昌平区进行为期 4 天的专题采访。采访中各媒体通过观看昌平旅游专题片，现场专访各级领导，实地拍摄特色景区等多种形式，浓缩昌平旅游之精品。向全国充分展示昌平旅游特色产品，精品线路以及集行、吃、住、游、购、娱六要素齐备的旅游基础设施。

【新北京、新形象、新感觉——新北京一日游】 3 月 5 日，由市旅游局和北京电视台共同主办，北京 9 家区县旅游咨询服务站和国际旅行社总社国内旅游公司、中国青年国际旅行社总社、北京春秋国际旅行社承办的“新北京、新形象、新感觉”——新北京一日游活动启动仪式在丰台区王佐乡举行。北京电视台在《北京新闻》等栏目中对活动进行了跟踪报道。市民可以通过北京 9 家区县旅游咨询服务站查询特别为此活动编制的 10 条旅游新线路及具体安排。

【中关村科技旅游节】 8 月 8 日，由中关村科技园区管委会、市旅游局和海淀区政府主办，海淀区旅游局承办的“中关村科技旅游节”活动开幕式暨首游式在中关村科技园区主题公园举行。副市长张茅、刘志华，市旅游局及海淀区有关领导出席了首游式。百名少年儿童参加了以“科技旅游”为主题的绘画活动，来自中关村地区部分中小学校的师生、社区居民、团员青年等各方代表作为科技旅游节的首批客人参加了首游式。

【活动在京郊——“驻京外国朋友逛逛咱北京”】 8 月 24 日，来自 38 个国家的外交人员、驻京商社代表、专家学者共 156 名外国朋友参加了由市旅游局、北京电视台主办，北京对外文化交流服务中心、中青旅总社承办的“驻京外国朋友逛逛咱北京——欢乐在留民营一日游活动”。

【第五届北京国际旅游文化节】 9 月 21 日至 24 日，由市人民政府、国家旅游局主办，市旅游局、首旅集团、中国国际航空公司承办的北京第五届国际旅游文化节开幕式暨盛装行进表演在平安大街举行。全国人大常委会副委员长何鲁丽宣布“北京第五届国际旅游文化节开幕”，张茅副市长致辞，国家环保总局局长解振华、中共北京市委副书记龙新民、国家旅游局党组成员王军等领导以及来自日本、德国、夏威夷的外国贵宾和部分国家驻华使节观看了盛装行进表演。46 个国家和地区、国内 15 个省市自治区的 60 个表演团体，国内外演员近5 000人在市内和郊区县活动场所进行演出。

【“中日友好万人友谊林”纪念碑揭幕暨植树活动】 9 月 22 日，“中日友好万人友谊林”纪念碑揭幕暨植树活动在八达岭长城举行。中国国家主席江泽民为活动亲笔题写了“中日友好万人友谊林”。国务院副总理钱其琛，中共北京市委书记贾庆林，国家旅游局局长、中日友好旅游交流促进委员会主任何光暐，日本自民党前干事长野中广务，日本国国土交通大臣扇千景，日本前首相小渊惠三的女儿小渊优子等共同为纪念碑揭。中日双方代表 5 000 余人参加了纪念碑揭幕仪式和植树活动。

【首届靓丽朝阳旅游节】 9 月 21 日至 10 月 7 日，由市旅游局、朝阳区政府主办，朝阳区旅游局承办的首届“靓丽朝阳旅游节”在朝阳公园开幕。来自 18 个国家的 21 个表演团体，共 437 名演员佩戴世界各民族头饰参加开幕式。活动推出中秋狂欢夜、旅游咨询进社区、珍品花卉展、金秋菊花展、东岳文化游、蓝岛精彩秀和金港汽车游等七大创新内容。

【“共建周口店，关爱北京人”活动启动】 12 月 11 日，是周口店北京人遗址列为世界文化遗产清单 15 周年的日子，“共建周口店，关爱北京人”系列活动在周口店北京人遗址启动。启动仪式上，首都文明工程基金会设立了“共建周口店，关爱北京人”专项基金，丰台六中的王欣同学向全国青少年发出倡议：“我为周口店北京人遗址保护献爱心”，并成为第一个捐款人。

【门头沟第二届银冬冰雪节举办】 12 月 18 日，由市旅游局和门头沟区政府共同举办的“北京门头沟第二届银冬冰雪节”在主会场龙凤山冰雪乐园开幕。

【“手拉手、心连心、城乡人民大结亲”活动】 12 月 19 日，市旅游局与 18 个区县旅游局联合举办的“手拉手、心连心、城乡人民大结亲”活动开幕。活动是将城市与郊区家庭结成对，尝试新型旅游方式。城里人通过到农村回归大自然，体验郊区旅游产品；郊区人通过来城里看新北京，体会高科技和现代化，感受首都改革开放的成果。具体活动形式有：亲情链接——城乡家庭结亲联谊活动，走进新家园——城乡学生交流活动，追忆青春年华——知青返乡观光活动，寻觅流金岁月——援建人员回乡活动，包括颁发荣誉村民证书、乡村里有我种的一棵树等系列风情参与活动及精品线路游览。

【首批民俗旅游接待户颁牌】 7月16日，北京市首批民俗旅游接待户颁牌仪式在昌平区长陵镇麻峪房子村举行。首批民俗旅游接待户有1 520个，其中昌平区418户，密云县300户，房山区234户，怀柔区194户，平谷区151户，延庆县138户，大兴区31户，门头沟区30户，通州区17户，海淀区7户。

【北京首家五星级度假村挂牌】 位于密云县的瑞海姆田园度假村被国家旅游局评为五星级度假村，9月28日举行了挂牌仪式。瑞海姆田园度假村是由金飞民航经济发展中心、中盛科技投资发展有限公司共同投资近3亿元人民币，按19世纪英国乡间别墅风格兴建的。

【2002年第一批国家4A级旅游区（点）】 2月20日，雁栖湖旅游区、居庸关长城风景区、九龙游乐园、陶然亭公园、石花洞风景区等5家旅游区（点）被国家旅游局评为2002年第一批国家4A级旅游区（点）。

【2002年第二批国家4A级旅游区（点）】 7月17日，位于海淀区的中央广播电视塔被国家旅游局评为2002年第二批国家4A级旅游区（点）。

【2002年第三批国家4A级旅游区（点）】 10月25日，银山塔林景区和龙庆峡风景区被评为第三批4A级旅游区（点）。

【2002年第二批国家3A级旅游区（点）】 7月17日，密云司马台长城、十渡风景名胜区、北京太平洋海底世界博览馆、中国民兵武器装备陈列馆等4家旅游景区（点）被国家旅游局评为2002年第二批国家3A级旅游区（点）。

【2002年第四批国家3A级旅游区（点）】 12月12日，紫竹院公园被国家旅游局评为2002年第四批国家3A级旅游区（点）。

【2002年第一批国家2A级旅游区（点）】 2月20日，门头沟灵山自然风景区、门头沟百花山自然风景区、门头沟珍珠湖风景区、门头小龙门风景区、密云白龙潭自然风景区、密云清凉谷自然风景区、怀柔百泉山自然风景区、平谷老象峰旅游景区、北京莲花池公园、丰台万方亭公园、丰台鹰山森林公园、中国印刷博物馆、北京石京龙滑雪场、怀柔响水湖自然风景区、怀柔神堂峪自然风景区、平谷湖洞水自然风景区、石景山妇女儿童活动中心、石景山希望公园、北京国子监、北京大葆台汉墓、中国古代建筑博物馆等21家旅游区（点）被国家旅游局评为2002年第一批国家2A级旅游区（点）。

【2002年第一批国家A级旅游区（点）】 2月20日，门头沟爨底下村景区、门头沟龙门涧风景区、北京云峰山自然风景区、昌平虎峪自然风景区、昌平碓臼峪自然风景区等5家旅游区（点）被国家旅游局评为2002年第一批国家A级旅游区（点）。

【延庆建成京郊最大城市生态公园】 7月26日，京郊最大的城市生态公园——妫水公园举行了落成仪式。妫水公园位于延庆县城西部，东与夏都公园紧密相连，向西一直延伸到延庆农场，绵延8公里长。公园面积近400公顷，其中水面面积达到333公顷，湖面平均宽度在0.5公里左右。公园东部的园林绿化采用意大利台地园林式设计风格，绿化面积8.93公顷。种植的树种以黄栌、火炬树、藤萝等彩叶树为主，春夏观花、秋冬观叶，一年四季色彩缤纷，是典型的彩叶公园。

【八达岭长城安装SOS报警系统】 为完善景区设施，提高警防功能，八达岭长城在景区内安装电视监控镜头30个，建报警对讲点29个。覆盖了景区119万平方米的所有开放地段。这是北京旅游景区首次安装SOS电子报警系统。

【十三陵景区主要路段铺满青砖】 9月，十三陵特区办事处为恢复皇家陵寝的肃穆景象，将长陵、定陵、昭陵和神路两侧大小24个花坛拆除，总面积达2 450平方米，并在空出的地面上补铺了青砖。

【中华文化名人雕塑纪念园落成】 10月，由中国作家协会中华文学基金会倡议策划的“中华文化名人雕塑纪念园落成典礼”在八达岭水关长城举行。纪念园坐落在八达岭水关长城西南侧的北京长城华人怀思堂内。园内安放着我国现代著名的文化名人茅盾、叶圣陶、夏衍、田汉、徐悲鸿、曹禺和冰心、吴文藻夫妇的巨型雕塑。

【国家旅游局审核验收农业旅游示范点七处】 根据国家旅游局《全国农业旅游示范点、工业旅游示范点检查标准（试行）》，经北京市旅游局初评，10家申报工、农业旅游示范点单位基本达到评定标准。于2002年底向国家旅游局提出申请予以审核验收。①工业旅游示范点有3处（首钢总公司、北京燕京啤酒集团公司、北京经济技术开发区）。②农业旅游示范点有7处（北京锦绣大地农业股份有限公司、北京南宫世界地热博览园、北京小汤山现代农业科技示范园、北京韩村河旅游景区、北京留民营生态农场、北京朝来农艺园、北京蟹岛绿色生态度假村）。

（市旅游局胡　方）

对外经贸

【外贸出口继续增长】 2002年北京郊区共完成外贸出口供货额76.87亿元，首次突破70亿元大关，比上年增长16.6%，创历史最好水平。出口供货超过10亿元的区有3个，其中大兴122 686.7万元，平谷104 747.4万元，通州103 240万元；超过5亿元的区县有4个，其中顺义98 597.1万元，房山78 132.4万元，密云64 925.5万元，昌平57 138万元；超过2

亿元区县有3个，其中朝阳42 507.1万元，怀柔34 275.6万元，延庆33 553万元。出口供货额增幅较大的是海淀区，比上年增长126%，还有8个区县出口供货增幅保持在15%以上，其中房山增长42.7%，怀柔增长37.4%，大兴增长35.2%，平谷增长27%，延庆增长23.3%，昌平增长28.3%，丰台增长27.8%，朝阳增长15.6%。农产品出口保持稳步增长，出口已涵盖了粮、菜、果、禽等10大类100多个品种，并由初级农副产品单一模式，过渡到初级产品、加工产品、高科技产品并举的多元化出口产品结构。纺织服装出口33.8亿元，同比增长12.6%；轻工产品出口12.1亿元，同比增长52.8%；机电及技术型产品出口10.6亿元，同比增长17.3%。在机械、电子、通讯、制药等行业，高新科技、高附加值产品发展势头良好，高科技出口产品1.15亿元，形成新的出口规模。

【乡镇出口企业保持快速增长势头】 京郊乡镇百强企业出口总额46.5亿元，占全市乡镇企业出口产品交货值的61.4%；乡镇企业出口平均规模4 636万元，与上年相比提高了14.8%；进入出口百强企业的出口规模由1 382万元提高到2 040万元，同比增长47.6%。年内，有20家乡镇企业投入近4亿元资金进行了技术改造，100多家企业通过ISO9000国际质量体系认证，40多家企业通过参加国际展览、电子商务、国外注册公司、注册商标等手段开辟了新市场。

【直接出口企业增加】 在巩固和发展原有出口企业的同时，郊区大力鼓励各类投资主体兴办农产品及其加工生产出口企业，鼓励具备条件的生产企业积极申办自营进出口权。年内获得自营进出口权企业185家，到2002年底郊区自营进出口企业累计突破500家，其中农业企业79家。

【龙头企业带动出口发展】 在2002年全市619家乡镇出口企业中，出口规模超亿元的企业8家，5 000万～1亿元的企业20家，1 000万～5 000万元的企业151家。出口超千万元的企业已达179家，比上年增长35家。其中年出口在亿元以上的工业龙头企业有7家，分别是：北京顺美服装股份有限公司、北京鹏达制衣有限公司、北京市东方叶杨纺织有限公司、北京市顺义城关服装厂、北京华阳服装厂、北京奔驰服装集团公司、北京市瑞驰钻石厂。农产品龙头企业年出口超过1 000万美元的企业有5家，分别是：北京华都肉鸡公司、北京市绿富隆菜蔬公司、北京三绿蔬菜有限公司、北京神州绿普果菜产销合作社、北京锦绣大地农业股份有限公司。北京鹏达制衣有限公司是1992年在昌平区注册的贸易、生产出口加工企业，公司坚持以市场为导向，积极开拓海外市场，2002年生产出口成衣450万件，产品远销世界30多个国家和地区，各项经济指标比2001年增长50%以上。北京华阳服装厂从1985年建厂以来，经过不懈的努力，现已成为行业内具有相当规模的大型工贸企业，年生产能力320万件，产品远销日本、美国、澳大利亚等十几个国家和地区。北京华都肉鸡公司通过不断地市场开拓，国际市场基本形成了以日本为主，以中东、东欧等国家为辅的分布态势，全年出口肉鸡熟食6 954吨，生食5 130吨，出口创汇2 668万美元，同比增长91.9%，创历史新高。房山区的北京神州绿普果菜产销合作社，是以生产出口创汇蔬菜、水果为主导产品的农产品深加工企业，通过与香港财通有限公司合作，联合经营蔬菜加工出口。企业在房山经营土地66公顷，总资产500万元，带动1 000户农民，户均增收5 000元，企业直接出口达到1亿多元。

【大型出口企业推行地方标准和企业标准】 为应对关税壁垒松动后各国树立起来的技术壁垒和绿色壁垒，年内北京市启动了农业标准化示范工程，并列入市政府要办的60件实事之一。按照国家标准，参照出口目的国标准，共修、制定了35个地方标准，并有111个标准化农业生产基地通过了验收，增强了农产品的出口能力。同时，结合北京市食用农产品安全体系建设和农业部"无公害食品行动计划"的试点工作，2002年对全市100个生产规模大、基础设施建设好、养殖品种集中的专业化养殖小区（场），实施规范化管理，并重点将郊区养殖业出口企业纳入到标准化示范基地建设之中，对大型出口企业重点推行地方标准和企业标准。为确保出口产品的安全，市各有关部门积极采取有效措施，进一步加强对重点出口企业的监管。如市兽医卫生监督所对华都、大发两大肉鸡出口企业实行了派驻管理，由派驻厂检疫监督员对养殖和屠宰加工实行全过程监管。在养殖环节上，一是严格按照动物防疫条例进行审核、验收，并定期检查；二是由公司对生产基地实行"五统一管理"，即统一放养、统一用药、统一饲料、统一收购和统一屠宰，坚决杜绝违禁药物；三是对养殖场（户）实施严格的产地检疫。在屠宰环节上，从鸡毛宰前检疫、宰后检疫、运输车辆消毒、冷库监管、病死鸡无害化处理和出厂检疫六个环节进行全过程监控。在派驻管理的同时，实施全年大规模抽样检测，保障了出口产品的质量安全，促进了农产品的出口创汇。

【全国首家外贸菜蔬协会成立】 6月28日，北京外贸菜蔬协会成立，并在延庆召开了第一次代表大会。会议通过了协会章程，选举了理事会成员，这是全国成立的首家外贸菜蔬协会。从此，北京菜蔬出口将以统一的"北京蔬菜"品牌走向国际市场。北京外贸菜蔬协会现有50个单位会员和30名个人会员中，既有北京绿富隆菜蔬公司、北京怀昊伟商贸中心等外贸蔬菜出口企业，也有北京市蔬菜研究中心、北京农学院、农业技术推广站等科研及技术推广单位。该协会成立后，将着眼于中国加入世界贸易组织后国际市场的新规则，对出口蔬菜的产、供、销进行全过程的管理和监督，把出口到国际市场的蔬菜统一打出"北京蔬菜"的品牌。同时协会还将提供技术信息服务，向会员推广新品种、新技术，沟通产销信息，并接受委托，处理贸易矛盾。此外，昌平也成立了外贸出口企业协会，以适应入世形势，加强职能部门与出口企业的联系，指导企业用好用足国家的鼓励政策，促进出口企业间的国际市场信息交流，进一步开拓出口渠道。

【外商投资项目继续增长】 新批准外商投资企业761家，项目总投资14亿美元，合同外资6.9亿美元，分别比上年增长28%、40%和38%。实际利用外资7.7亿美元，比上年增长28%，其中增资占了很大比重。在新批外商投资企业中，合资企业279家，项目总投资6.71亿美元，合同外资2.35亿美元；合作企业48家，项目总投资3.83亿美元，合同外资1.90亿美元；独资企业434家，外商投资2.62亿美元。独资企业个数在历史上首次超过合资企业，占新批项目的50%以上。截止到2002年底，北京郊区累计批准外商投资企业6 886家，投资总额159.1亿美元，合同外资额69.6亿美元，实际利用外资50.6亿美元。其中合资企业4 125家，项目总投资103.6亿美元，合同外资38.3亿美元；合作企业493家，项目总投资31.9亿美元，合同外资14.0亿美元；独资企业2 264家，外商投资17.2亿美元。按行业划分，第一、二产业4 875家，其中：大农业企业687家，项目总投资20.3亿美元，合同外资10.6亿美元；第三产业2 011家。

【外商投资领域进一步拓宽】 在新批外商投资企业中，第一、二产业382家，其中农林牧渔业26家，项目总投资5 853.2万美元，合同外资2 291.5万美元，规模较大的企业有：万象生态产业有限公司（朝阳区，总投资1 690万美元）、华顺昌北芪技术开发有限公司（顺义区，食用菌生产，总投资1 000万美元）、长城维京牧业有限公司（顺义区，总投资1 000万美元）、东方诚信农业高科技有限公司（房山区，总投资1 000万美元）；食品加工、制造及饮料制造业28家，总投资1 883.8万美元，合同外资1 045.6万美元。第三产业共有379家，占企业总数近50%，其中信息咨询服务业和计算机应用服务业273家，占到三产的72%，投资金额达到1.52亿美元。除了传统产业外，2002年郊区还出现了第一家合资医院——北京伟益心血管疾病医院和第一家外资幼儿园。高科技产业投资额加大。

【外资项目平均规模进一步扩大】 项目总投资平均规模为184万美元，外商投资平均规模为90万美元，分别比上年增长36%和17%。项目总投资达到或超过1 000万美元的企业有41家，其中17家为房地产企业，其余24家所涉及的行业包括：农业、机械设备制造、电子及通信设备制造、建筑材料制造、纸制品制造、医药制造和信息咨询服务业、旅游业、旅馆业、医疗卫生等各行各业。今年投资额最大的一家企业是香港唐人酒店管理公司与北京首都旅游国际酒店集团合作建立的北京如家和美酒店（朝阳区，总投资8 300万美元）。

【外商投资的国家和地区更为广泛】 香港的投资仍居首位，共有131家，港商投资额为2亿美元；韩国的投资迅速上升，年内已达103家，名列第二，外商投资额0.46亿美元；美国第三，共91家，外商投资1亿美元，英属维尔京群岛本年的投资加大，企业49家，外商投资额0.65亿美元。而塞浦路斯、伊朗、刚果等国则是首次来京郊投资。

【外商投资企业经营情况良好】 到2002年底，郊区已开业投产的外商投资企业达2 588家，当年实现产值363.5亿元，销售收入541亿元、出口10.3亿美元，与上年相比，分别增长1.45%、6.9%、10.5%、30.4%，标志着郊区外商投资企业的发展已逐步进入成熟期。

【优化投资贸易环境】 为促进郊区外向型经济的发展，各区县积极采取措施，优化投资贸易环境。朝阳区加大行政审批制度改革力度，减少政府行政审批事项，精简行政审批程序，对不涉及基建和特殊行业的项目，减少了立项审批程序。同时缩短审批时限，对外承诺材料齐全后10个工作日审批完毕，如遇特殊项目，特事特办，3个工作日之内办结审批手续。9月8日，海淀区正式开通了外商投资“绿色通道”，在区内实行“一站受理，联动审批，时限控制，责任追究”的新型审批方式，为外商和外商投资企业招商引资、快速审批和企业运营提供多功能的一站式服务。年内昌平区也开通了一站式办公。为更好地提高办事效率，各区县普遍建立和完善了投资信息网络，宣传投资环境及政策，建立和完善投资项目库，方便投资者，并对电子网络进行了更新，开展网上审批工作，实现了真正意义上的网上办公。海淀区实现了表格在线填写，在线提交、在线审核、在线查询，从而大大提高了政府的办事效率，使企业享受快速、高效、优质的服务。昌平区升级了网上审批系统。各区县普遍注重加强了与海关、工商、税务、外管、质检、银行等相关部门的配合，改善投资贸易环境。昌平区根据海关要求，为报关行办理了新的报关企业电子认证，为报关员配备了IC卡，完善了通关系统，并建立了首都机场昌平报关行办事处。平谷区与海关签署了关贸协作备忘录，建立了协调、协作机制，使企业享受便捷的通关政策，大幅度缩短通关时间，降低了企业的国际贸易成本。

【加大招商引资力度】 围绕农业产业结构调整、乡镇企业二次创业、农业出口创汇和郊区小城镇建设等方面，由市农委组织各区县和市农口局、总公司统一对外发布了95个重点招商项目，总投资7亿美元。同时采取“走出去、引进来”的招商方式，扩大招商引资。顺义、怀柔、昌平等区县和局、总公司，组织有关单位和企业参加了2002年北京国际博览会、京港经济研讨会、京台科技合作研讨会等有关经贸洽谈活动。在整个国际博览会期间，市农口总计签订国内外经贸合作项目87个，总投资43 594万美元，其中外方投资18 900万美元。有22个郊区企业和乡镇参加了10月在法国举办的国际食品展览会，签订合同1个，达成初步意向16个，其中怀柔富亿农板栗有限公司的板栗现在已向英国出口。

在积极参加市里组织的经贸洽谈活动的同时，各区县还结合自己的特点，开展了各类经贸洽谈活动招商引资。海淀区于9月6日～11日成功举办了第五届中关村电脑节，期间共有559个项目签约，总金额425.83亿元人民币，其中外商投资项目总额6.97亿美元。朝阳区先后举办跨国公司高级管理人员座谈会、跨国公司游朝阳等活动。顺义区举办了第11届燕京啤酒节投资项目推介会，组织空港、林河等开发区到台湾开展招商活动，并邀请台湾中小企业家协会代表到顺义参观、考察，并加大宣传，打造“绿色国际港”。昌平区召开了外商驻京机构代表联谊会，宴请了日本欧姆龙株式会社、北京控股高科技有限公司等16家世界知名企业、驻京机构代表参加，并举办了2002年昌平经济技术洽谈会。平谷区举办了国际烟花节暨经贸洽谈会，来自香港、台湾、加拿大、法国、澳大利亚等国家和地区的100多客商对平谷进行了实地考察。会议期间共签约125个，协议投资总额81.9亿元，其中投资总额在亿元以上的项目有8个。平谷区外经贸委还主动与越南、朝鲜、印度、加拿大、蒙古等驻华使馆商务机构联系，由区位、区政府领导带队前去拜访外方国商务官员，了解相关政策、投资环境和境外市场情况，探讨广泛开展贸易的途径。2月底，平谷区组团赴台招商，现已有几批台商到平谷考察，并达成了合作意向。4月，平谷再次组团到越南参加河内国际展销会。丰台区坚持以大资本、大项目、大企业入区为重点，分别举办了“第五届北京科博会·丰台区重点引资项目发布会”和“第六届京港洽谈会·丰台区重点投资说明会”。怀柔区举办了2002年投资信息发布会，签订合作协议4个，总投资9.6亿元。门头沟区通过小型走访、座谈等形式，与联合国开发署、外国驻华代表处以及一些驻华使建立了良好的联系，并利用本区旅游、庙会等活动，拓展招商引资渠道。

【应对入世加强学习培训】 为应对我国加入世界贸易组织后的新形势，提高郊区出口创汇企业的素质，促进郊区对外经济贸易的发展，市和各区县积极组织有关部门和企业，开展了有关世界贸易组织规则和国际经贸知识的学习培训。市农委会同市贸促会于2002年10月举办了为期3天、有150多人参加的北京郊区创汇农业企业培训班，邀请国家和市有关部门的专家学者，围绕国际农产品贸易规则和我国农产品出口现状及对策进行授课。市乡镇企业局先后举办了“WTO政策报告会”、“外贸政策说明会”、“入世与政府职能转变”等专题讲座和专题培训。平谷等区县外经委组织企业负责人参加国家和北京市组织各类学习培训活动。怀柔区举办了两期针对企业的WTO培训班。门头沟区组织了全区处级干部的WTO知识讲座、农口干部的外经贸知识培训及有关部门机关干部的电子政务培训。

（庄蓓薇）

郊区村镇建设

概述

2002年，郊区村镇建设总的指导思想是：坚持以邓小平理论和党的基本路线为指导，认真贯彻“三个代表”重要思想，全面贯彻落实市委、市政府《关于进一步加快郊区小城镇建设推进郊区农村城市化进程的意见》，从郊区的实际出发，紧紧抓住申奥成功大好机遇，以“新北京、新奥运”为主题，以结构调整为主线，以体制创新和制度创新为动力，以富裕农民为根本出发点，努力提高郊区农村城市化水平，全面推进郊区农村城市化进程，与时俱进，开拓创新，坚持科学规划、合理布局、分类指导、协调发展的原则，进一步加强郊区村镇建设与管理，使之逐步形成经济繁荣、生活富庶、环境优美、功能齐全、设施完善、特色鲜明的生态型精品小城镇。

卫星城规划发展

【卫星城发展】 1983年7月，中共中央、国务院正式下发《关于对北京城市建设总体规划方案》的批复，确定要重点建设黄村、昌平、燕山、通县四个卫星城。建设卫星城的工作在本市被正式确定下来。1993年10月，国务院正式批复同意《北京城市总体规划》。该规划确定了14个卫星城的建设方案，进一步明确了卫星城的功能、规模和发展方向。确定的14个卫星城是：通州镇、亦庄、黄村、良乡、房山（含燕山）、长辛店、门城镇、沙河、昌平（含南口、埝头）、延庆、怀柔（含桥梓、庙城）、密云、平谷、顺义（含牛栏山、马坡）。

卫星城是《北京城市总体规划》确定的四级城市体系的重要组成部分之一，承载着市中心延伸出来的部分综合功能，是所在区县的政治、经济、文化中心，具有相对的独立性，其发展对于整个郊区经济的发展具有巨大的辐射和带动作用。目前各卫星城已经成为分担市区功能、聚集人口和产业、带动地区经济社会发展的主要环节，部分卫星城正在向现代化中等城市发展。

1. *卫星城逐步明确了分担市区功能的定位*。在卫星城的建设与发展过程中，其分担市区功能的定位越来越明晰。如：昌平卫星城建设中关村科技园昌平园区和吸纳高等院校，分担了中心市区的教科文功能；黄村卫星城作为吸纳市区人口和企业搬迁的功能近年来正愈益得以显示；顺义卫星城及其空港城一带地区正在成长为新的制造业和物流业基地；延庆卫星城作为旅游、休闲、度假基地的功能正在逐步成型；密云围绕首都饮用水源保护区的基本功能，加快了生态精品卫星城的建设。

2. *卫星城正在成为人口聚集的主要地区*。据初步调查测算，除长辛店和亦庄两个卫星城以外，其他12个卫星城的总人口已达到180万人。多数卫星城的非农业人口占绝大多数。如门城地区非农业人口占80%，密云卫星城占84%，顺义卫星城建成区占68%，怀柔卫星城较少，也占到42%。在卫星城的总人口当中，外来人口一般都在10%～20%。

3. *卫星城已经成为首都郊区经济聚集和增长的重要地区*。各卫星城的经济总量一般在区县经济中占有相当大的份额。如：怀柔卫星城2001年实现GDP为25.9亿元，相当于全区GDP的60%；其中第二产业增加值占全区63.5%，第三产业增加值占全区73.9%。良乡卫星城2002年实现国内生产总值22.8亿元，比上年增长19.3%。燕房卫星城和4个市级中心镇大力培育主导产业，实现国内生产总值42.1亿元，比上年增长51%。

各区县也都把卫星城作为城市化建设的重点地区。如：顺义区2001年卫星城区的全社会固定资产投资总额达到12.9亿元，其中基本建设投资额4.3亿元，分别相当于全区的41.6%和22.1%。黄村卫星城从1996年以来基础设施建设投入累计20.5多亿元，占全区基础设施建设投入的2/3。良乡卫星城2002年开复工面积达到125万平方米，完成投资10亿元，“一街两区”建设取得重大突破，高教园区与北京理工大学等6所院校签订了入园协议。燕房卫星城2002年完成了东沙河一期治理和文化广场等重点建设工程。目前，卫星城基础设施建设水平逐步接近了市区，城市功能进一步完善，为更大规模地吸纳人口和发展经济创造了有利的条件。

【卫星城总体规划编制】 到2002年底，14个卫星城总体规划的编制和审批工作进展顺利，其中已经有8个卫星城的总体规划得到了市政府的批复，分别是：黄村、亦庄、燕房、良乡、怀柔、延庆、沙河、长辛店；其他6个正在进行总体规划的编制工作，分别是：顺义、昌平、通州、密云、门城、平谷。

中心镇建设

【中心镇基本情况】 市委、市政府在郊区选择的33个中心镇及4个享受政策镇的名单是：通州区：宋庄镇、马驹桥镇、永乐店镇、漷县镇；房山区：窦店镇、长沟镇、琉璃河镇、韩村河镇；门头沟区：斋堂镇、潭柘寺镇；昌平区：小汤山镇、北七家镇、阳坊镇；顺义区：杨镇、后沙峪镇、北小营镇、高丽营镇；大兴区：榆垡镇、西红门镇、庞各庄镇、采育镇；延庆县：永宁镇、康庄镇、旧县镇；怀柔区：杨宋镇、汤河口镇；密云县：太师屯镇、溪翁庄镇、十里堡镇；平谷区：峪口镇、马坊镇；海淀区：温泉镇；丰台区：王佐镇。另外，房山区城关镇、延庆县城关镇、顺义区马坡镇、怀柔区北房镇等4个镇也享受中心镇的优惠政策。享受优惠政策的镇总计为37个。

到2002年底，33个中心镇总人口为141.73万人（平均每个镇4.29万人），镇区人口37.5万人（平均每个镇1.14万人），从业人员74.1万人（平均每个镇2.25万人），其中二、三产业的从业人数为55.2万人，占从业人员的74.5%。33个中心镇的镇域总面积为3 098.4平方公里（平均每个镇93.9平方公里），镇区总面积169.8平方公里（平均每个镇5.15平方公里）。

【中心镇经济和社会各项事业发展】 2002年，33个中心镇国内生产总值达到134.7亿元，比上年增长28.1%，对郊区经济增长的贡献率达到36.6%。其中：第一产业增加值28.4亿元，同比增长29.1%；第二产业增加值57.6亿元，同比增长32.9%；第三产业增加值48.6亿元，同比增长22.1%。33个中心镇共完成财政收入14.5亿元，同比增长29.3%；上缴税金19.8亿元，同比增长46.7%；完成固定资产投资额68.4亿元，同比增长36.6%，占郊区农村固定资产投入的52%，其中生产性固定资产投资48.7亿元，增长39.9%，占总投资的71%。基础设施进一步完善，集聚效应日趋增强，一年来，共立项项目520项，引进到位资金45亿元。消费品零售额达到31.3亿元，同比增长15.7%。农民人均纯收入6 135元，同比增长11.8%，比郊区农民人均纯收入5 880元，高出251.5元。全年农业人口比2001年减少2.6%，共迁入镇区人口1.7万人。

在33个中心镇中，顺义区后沙峪镇、昌平区小汤山镇、大兴区榆垡镇、通州区漷县镇、怀柔区北房镇、平谷区峪口镇、门头沟区潭柘寺镇、房山区长沟镇、密云县太师屯镇，被评为2002年度京郊小城镇建设先进镇。怀柔区北坊镇、平谷区峪口镇、密云县太师屯镇、延庆县康庄镇被评为2002年度全国精神文明创建工作先进镇。顺义区马坡镇、昌平区北七家镇、密云县太师屯镇、延庆县康庄镇被评为2002年度全国体育先进乡镇。昌平区小汤山镇被评为2002年度环境优美小城镇。

【基础设施建设投资力度加大】 为加快小城镇招商引资步伐，改变小城镇基础设施落后的现状，促进地区经济、社会的全面发展，自2000年以来，市财政每年安排一定数量的资金，重点支持小城镇非盈利性的基础设施建设。

2002年，市财政安排基础设施专项资金5 000万元，重点支持了40个基础设施建设项目。年底市农委会同市财政局对扶持项目进行了逐个检查，各区县基础设施配套资金为1.2亿元，高出市政府要求的配套标准，小城镇自筹用于基础设施建设的资金达到9.4亿元。全年共投资小城镇基础设施资金11.1亿元。另外，2002年市计委安排专项资金2 000多万元，重点支持了昌平区北七家镇等10小城镇搞集中上水和工业小区建设，并争取国家计委补助资金200万元，用于王佐镇物流园区建设；市公路局投资13 775万元，完成了通州区宋庄镇等19个小城镇镇域内道路、桥梁建设及改造工程；市水利局安排资金550万元，支持了海淀区温泉镇等4个小城镇的集中供水工程。

【公共服务设施建设加强】 2002年，33个中心镇公共服务设施投资完成额达到15.6亿元，同比增长75%。实有公共服务设施面积达到900.9万平方米，学校、医院、养老院以及商业、文化、体育等设施的建设得到进一步加强。在住宅建设和销售方面，全年住宅施工面积219.8万平方米，同比增长55.7%，住宅竣工面积191.7万平方米。商品房销售面积96.6万平方米，其中本市居民购房面积为56万平方米，同比增长11.1%，外埠进京人员购房面积40.7万平方米，同比增长21.6%；在本市居民购房中，中心镇居民购房面积26.7万平方米，同比增长69.2%。

【二、三产业发展】 截止到2002年底，33个中心镇共有企业24 600个，其中二、三产业的企业达到22 985个，占到企业总数的93.4%。一年来，中心镇共吸引项目520项，引进到位资金53.3亿元，中心镇经济规模进一步壮大。大兴区榆垡镇工业区目前已引进企业22家，其中民营企业达到20家。在引进的企业中，超过亿元的有2家，5 000万元以上的有4家，2 000万元以上的有7家。通州区漷县镇，几年来吸引入区企业80家，总投资17亿元，到目前有50多家企业投产，上年实现销售收入近4.5亿元。怀柔区北房镇，几年来引进项目57个，项目总投资达到4.6亿元。

【拓宽了农民就业渠道】 在33个中心镇中已有55.2万劳动力在非农产业就业。平谷区的峪口镇，通过招商引资，引进项目，解决当地劳动力就业

3 085人，职工年人均工资达到6 000～8 000元。通州区漷县镇通过发展二、三产业，解决当地劳动力就业8 000人，到上年底安排劳动力就业的人数达到了1.2万人。顺义区北小营镇，仅15个服装加工厂就安排劳动力就业5 000多人。33个中心镇农民人均纯收入达到6 131.5元，比郊区农民人均纯收入5 880元，高出251.5元。

【出台进一步改革户籍政策意见】 年内，市政府印发《北京市人民政府批转市公安局关于推进小城镇户籍管理制度改革意见的通知》。文件规定，户籍制度改革的具体范围和内容是：在本市14个卫星城和33个中心镇的规划区范围内，有合法固定住所、稳定职业或生活来源的人员及其他公共居住生活的直系亲属，凡持有本市农业户口的，均可根据本人意愿办理城镇常住户口。对经批准在小城镇落户的人员，根据本人的意愿，可保留其承包土地的经营权，也允许依法转让。此项户籍管理制度改革自2002年7月1日起开始实施，由各实行小城镇户籍管理制度改革的地区根据实际需要提出拟转数量，由市公安局统一向市计委提出申请，经批准后分期、分批处理。另外，市政府下达给小城镇外埠进京指标为5 000人。经过市公安局的大量基础性工作，全年又有7个镇的“户改”工作正式启动。全市已有34个镇启动了“户改”政策。到年底，5 000外埠进京指标全部使用，极大地促进小城镇招商引资、提高地区人口素质和镇域经济的发展。

【召开郊区小城镇工作会议】 6月26日，市农委召开北京市郊区小城镇建设工作会议，丰台、海淀及10个远郊区县的主管区县长、村镇建设主管部门负责人、37个镇的主要领导及市有关部门的主管领导参加会议。大兴区西红门镇、通州区漷县镇、密云县太师屯镇及顺义区作了典型发言。市农委主任李进山在工作报告中提出了继续加强小城镇“三项工程”建设的下一步工作意见。要求进一步解放思想，拓宽小城镇发展思路；坚持与时俱进，努力塑造精品小城镇；调整结构，优化布局，夯实小城镇工作基础；走经营城市之路，建立多元化投资体系。小城镇工作会议的召开，为小城镇上规模、上档次、出精品，进一步提高小城镇的辐射和带动力，较好地发挥中心镇的作用，指明了工作方向。

【研究旧村改造新村建设问题】 2002年下半年后，市农委按照市委、市政府主要领导同志指示精神，会同市政府研究室、市计委、市规划委、市房地局，对郊区旧村改造和新村建设工作进行了研究，形成了《关于推进旧村改造和新村建设若干问题的意见》，上报市政府，建议成立“北京市旧村改造和新村建设协调小组”，得到贾庆林、刘淇、孟学农、刘志华等领导同意，年底经市编办正式批准建立，为本市郊区旧村改造和新村建设提供了组织保障。

【“银政合作”加快小城镇基础设施建设】 为进一步加快小城镇投融资体制改革，2002年，市农委积极争取国家开发银行的支持，共同研究探讨利用开发银行贷款进行小城镇建设的试点办法，解决小城镇基础设施建设资金不足的矛盾，拓宽小城镇的融资渠道，提高小城镇建设的整体水平。市农委与国家开发银行以大兴区为试点，就小城镇建设金融合作事宜进行了深入研究和探讨。市农委和国家开发银行的领导及有关负责人首先对大兴区小城镇土地一级开发和基础设施建设情况进行了实地考察，充分肯定了大兴区近年来在土地整理储备方面所做的探索和取得的成绩，认为共同合作开发建设郊区小城镇前景广阔，是加快小城镇建设的一项战略性合作。经过反复研究及论证，国家开发银行与大兴区确定了合作的基本原则，即：以土地整理储备为龙头，与土地一级开发相结合，确定以黄村卫星城、大兴工业开发区、念坛工业开发区和西红门镇、庞各庄镇、采育镇、榆垡镇等为合作范围给予项目贷款，即“一城两区四镇”，总面积约25平方公里。

为做好金融合作试点工作，大兴区专门成立“大兴区土地开发融资工作领导小组”，组织区规划局、区财政局、区房土局、区经委等部门参加，具体负责与国家开发银行的土地开发融资工作。同时，经向市土地整理储备中心申请，成立了北京市土地整理储备中心大兴分中心，并委托北京市工程公司编制土地开发项目可研报告，保证了金融合作试点工作的顺利进行。在评审的基础上，该项目在3年内可获得国家开发银行贷款12个亿。年前，第一批3亿元贷款已经到位。

在大兴区试点工作的基础上，市政府也与国家开发银行确定了小城镇建设金融合作的基本框架。2002年12月29日，国家开发银行和北京市人民政府共同签署了100亿元小城镇建设金融合作协议。这是国内银行界签署的第一份关于小城镇建设的金融合作协议。

【数字化试点建设示范镇取得阶段性成果】 2002年，市农委会同市有关部门确定顺义区沙峪镇为本市第一个数字化试点建设示范镇，并制定《数字后沙峪总体建设方案》，经过一年的努力与运作，一期建设工程已经完成，共计投资630万元，铺设政务光纤主干网15公里，布设光纤节点45个，培训人员500人次，16个村的农村管理信息系统全部安装完毕，实现了行政村与镇政府、镇政府与区政府的专网互联，极大地提高了镇政府机关的办事效率和信息化水平。

【召开经营城市现场会】 2002年7月，市农委组织10个远郊区县主管城建工作的副区县长、卫星城（城关镇）及部分中心镇的党委书记共计50多人，在密云县召开了经营城市现场会，对密云县经营城市工作进行了考察和学习，进一步开阔了工作思路。

郊区一般建制镇建设

【一般建制镇总体规划】 到2002年底，本市远郊区县共设有122个建制镇。有37.57万户，103.98万人，其中有非农业户13.74万户，35.79万人。按照市委、市政府《关于进一步加快郊区小城镇建设推进农村城市化进程的意见》文件的要求，各区县加大了乡镇域规划的编制和修编工作的力度。到年底，远郊区县的121个镇的镇域总体规划，已全部编制完成。

【住宅建设】 到年底，郊区建制镇镇区面积，由上年的20 552公顷上升为20 678公顷，增长0.6%。竣工建筑面积由上年的159万平方米上升为193万平方米，增长17.6%；其中楼房由上年的141万平方米，上升为153万平方米，增长7.8%。到年底，建制镇实有建筑面积由上年的2 339万平方米，上升到2 458万平方米，增长4.8%，其中楼房由上年的649万平方米，上升到803万平方米，占到32.7%，同比增长19.2%。到2002年底，住房使用面积由上年的1 928万平方米上升到2002万平方米，增长3.7%；住房居住面积由上年的1 725万平方米上升到1 810万平方米，同比增长4.7%。人均使用面积19.3平方米，人均居住面积达到17.4平方米。

【设施建设及投资】 2002年，公共建筑当年竣工面积为77万平方米，年末实有量由上年的759万平方米上升为809万平方米，增长6.2%。2002年，生产性建筑当年竣工面积，由上年的66.5万平方米上升为136万平方米，增长51%。到2002年底，郊区建制镇共有水厂173个，自来水厂日供水能力达到188 113吨，达到193 516吨，同比增长2.8%，其中自备水供水能力为677 149吨。供水管道总长度由上年的3 034公里，上升为5 080公里，增长40.3%。人均日生活用水量由上年的62.4升，达到67.72升。到年底，郊区自来水普及率，由上年的99.9%达到100%。到2002年底，郊区建制镇实有道路总长度，由上年的4 266公里上升为4 368公里，增长2.3%。到年底实有道路面积，由上年的4 000万平方米上升为4 973万平方米，增长19.6%；其中高级和次高级道路由上年的2 155万平方米达到3 081万平方米，同比增长30%。到年底，有环卫机械1 440辆，建有公共厕所1 862座。路灯总数由37 864盏达到41 682盏。排水管道的长度由上年的4 705公里，上升为4 828公里，增长2.6%。

2002年，用于建设的投资总额度，由上年的232 367万元，达到301 597万元，同比增长23%。其中，住宅建设投入由上年的129 888万元，达到133 160万元，同比增长2.5%；公共建设投入由上年的49 594万元，达到57 637万元，同比增长14%；生产性建设投入由22 039万元，达到71 807万元，同比增长69%。全年，用于公用设施建设的投入由31 964万元，达到38 994万元，同比增长18%。其中用于道路建设的投入由17 915万元，达到29 478万元，同比增长39%。

【绿化工作力度加大】 2002年，郊区各区县把绿化美化建设作为改善生态环境、投资环境和促进经济发展，提高人民生活水平重要的基础设施建设来抓，明显加大了工作力度，使得村镇环境面貌有了很大改观。到年底，郊区建制镇绿化覆盖面积由上年的2 948公顷，上升为3 077公顷，增长4.2%。园林绿地面积由上年的1 088公顷，达到1 294公顷，同比增长16%；公共绿地面积由上年的497公顷达到890公顷，同比增长44%。全年共完成人工造林由上年的1 582万株，达到1 853万株，增长14.6%。到年底，各类公园由上年的82个，上升为100个，增长18%，面积由上年的227公顷，上升为266公顷，增长14.7%。公共厕所达到1 862座。

【管理工作得到有效加强】 到2002年底，郊区各建制镇共设有村镇规划建设的管理机构122个，由一名主管镇长主抓。各镇均配备了村镇规划建设的助理员，村镇建设助理员及其他管理人员，由上年的488人，增加到507人。其中，村镇建设助理员有234人，增加到249人；其他管理人员由254人，增加到258人。同时，对乡镇域范围内的所有建设项目，严格了建设审批的管理，减少了违法建设项目的产生，使得城镇发展布局更加科学、合理、有序。

郊区一般建制乡建设

【乡域总体规划编制完成】 到2002年底，本市远郊区县建制乡总数，由上年的38个乡调整为28个。建成区面积达到2 138公顷。总人口2.79万户、8.67万人，其中有非农业人口0.61万户、1.95万人。到年底28个乡的乡域总体规划已全部编制完成。

【住宅建设】 本年竣工建筑面积，由上年的3.8万平方米上升为12.35万平方米，其中楼房为0.56万平方米。到年底，建制乡实有建筑面积达到290万平方米。年末住房使用面积为183万平方米，年末住房居住面积为158万平方米。人均使用面积由上年的17.27平方米，上升为18.2平方米；人均居住面积由上年的15.44平方米上升为15.7平方米。

【设施建设及投资】 2002年，公共建筑当年竣工面积达到2.92万平方米，年末实有量达到48.43万平方米。2002年，生产性建筑当年竣工面积达到10.51万平方米，年末公共建筑实有面积达76.47万平方米。到2002年底，郊区建制乡共有水厂29个。供水管道总长度由上年的455公里，上升为464公里。年供水量由上年的978万吨，达到1 274万吨，其中生产用量615万吨，生活用量397万吨。人均日生活用水量由100.85升上升为125.45升。到年底，郊区自来水普及率由上年的99.9%，上升为100%。到年底，郊区建制乡实有道路总长度由上年的546公里，上升为884公里，其中高级和次高级道路由上年的309万平方米，达到了405万平方米。到年底实有道路面积由上年的380万平方米，上升为713万平方米，其中，高级和次高级道路由上年的192万平方米，达到了384万平方米。到年底，有环卫机械64辆，建有公共厕所317座。有路灯5 530盏，排水管道的长度由上年的73公里，上升为222公里。

2002年，用于建设的投资总额度由6 203万元，达到16 470万元，同比增长达62%。其中，住宅建设投入由2 852万元上升到5 810万元，同比增长51%；公共建设投入由1 512万元上升到2 717万元，同比增长44%；生产性建设投入由550万元上升到4 404万元，同比增长86%。全年，用于道路建设的投入由上年的1 126万元增长到2 579万元，增长56%。

【绿化工作力度加大】 2002年，郊区各区县把绿化美化建设作为改善生态环境、投资环境和促进经济发展，提高人民生活水平重要的基础设施建设来抓，明显加大了工作力度，使得村镇环境面貌有了很大改观。到年底，郊区建制乡绿化覆盖面积由上年的386公顷，上升为626公顷，增长38.3%。全年共完成人工造林由上年的69万株上升为131万株。到年底，公园数目由上年的3个，上升为16个。公共厕所由上年的280座，上升为317座。环卫机械数量由32辆上升为64辆。

【管理工作得到有效加强】 到2002年底，建制乡共设有村镇规划建设的管理机构28个。村镇建设助理员及其他管理人员已达到72人。其中，村镇建设助理员有32人；其他管理人员40人。

村庄规划建设

【村镇规划进展情况】 到年底，10个远郊区县共设有4 962个村。有人口108.61万户、308.2万人，其中有非农业人口18.31万户、34.48万人。有规划的中心村为1 514个。村庄规划用地面积由64 219公顷，上升到64 328公顷。郊区中心村的规划始终坚持适应土地规模化经营和农业现代化发展的需要，努力安排好农业生产设施、基础设施、农民住宅和生活设施，为农民的生产生活创造良好的环境。2002年，远郊各区县都加大了对村庄规划编制的工作力度，到年底，远郊区县已完成3 804个村的规划编制工作，完成比率达到76.66%。另外，有2 019个村调整完善了规划。村庄规划的编制，有利地促进了郊区村镇建设和社会经济的发展。

【农民居住水平得到进一步改善】 农民的住房条件和居住环境的改善是实现农民奔小康的重要内容之一。加强中心村的规划建设和管理，努力使广大农民的住房条件和居住环境逐步达到小康水平，是郊区村镇建设工作的一项重要任务。到2002年底，郊区村庄现状用地面积由上年的64 219万平方米，上升为64 328万平方米。本年度，楼房竣工面积为113万平方米，年末农民住房实有建筑面积由上年的7 813万平方米，上升为7 983万平方米，增长2%，其中楼房的建筑面积由上年的510万平方米，上升为618万平方米，增长17.5%。到2002年底，农民住房使用面积由上年的6 600万平方米，上升为6 822万平方米，同比增长3.3%；年末农民住房居住面积由上年的5 609万平方米，上升为6 009万平方米，同比增长6.7%；农民人均使用面积由上年的21.7平方米，上升为22.1平方米，同比增长1.8%；农民人均居住面积由上年的18.47平方米，上升为19.44平方米，增长5%。

【农村设施建设投资力度明显加大】 引导郊区农民住房建设在保证结构安全、布局合理、经济适用的基础上，将有限的资金用于发展经济和室外居住环境的改善上。2002年，村庄公共建筑竣工面积由上年的16.22万平方米，上升为31.13万平方米，同比增长47.9%；村庄生产性建筑竣工面积由14.18万平方米，上升为50.23万平方米，同比增长72%。到年底，村庄公共建筑面积累计量由394万平方米，达到425.24万平方米，同比增长7.3%。生产性建筑面积累计由517.8万平方米，达到568万平方米，同比增长8.8%。到年底，村庄道路实有长度由上年的12 060公里，上升为13 349公里，同比增长9.7%；实有道路面积由15 658万平方米，上升为17 798万平方米，同比增长12%。

2002年，村庄建设投资由120 977万元，上升为215 627万元，同比增长44%。其中，用于住宅建设的由74 488万元，上升为127 180万元，同比增长41%；用于公共建筑的由9 898万元，上升为20 100万元，同比增长51%；用于生产性建筑的由15 711万元，上升为35 460万元，同比增长55%；用于公用设施由20 880万元，上升为32 888万元，同比增长36%。

（胡建华）

农村环境建设与基础设施建设

概　　述

2002年，郊区进一步加大环境整治工作力度，全面提高郊区环境建设水平。各区县进一步提高环境整治重要性和紧迫性的认识，按照市长刘淇提出的“深化环境整治，消灭脏乱死角，提高生活质量，美化首都形象”的总体要求，认真落实“五个一”，建立经常性的工作制度，以“绿化、美化、硬化、净化”为标准，创建1 000个高水平的环境整治村，加快了卫星城和中心镇的基础设施建设，努力建成现代化与生态型相结合的绿色城镇；加大了城乡结合部拆违建绿的力度，尽量做到垃圾不露天；继续实施“进京第一印象工程”，着力塑造精品，突出景观效果，实现郊区环境的根本性转变。农村水利、力电、通讯等基础设施建设加大了投入，都取得显著成绩。

环 境 整 治

【全年郊区环境整治工作基本情况】　按照市政府对郊区环境建设的统一要求，围绕“办绿色奥运”和改善群众人居环境这一中心，深化环境整治，消灭脏乱死角，提高生活质量，美化首都形象，确定了31项上账的重点整治工程，实施了农村“垃圾不露天”工程，加快了郊区卫星城精品建设和农村“四化”建设的步伐，郊区环境建设取得了明显的成效。

2002年，远郊区县共发动319万多人参加了环境整治活动。集中整治脏乱点4 000多处，完成各项整治工程800多项，清运垃圾、渣土240余万吨，拆除各类违法建设、破旧房屋195万平方米，撤销、取缔、规范各类市场400多个，新建综合市场33个，关闭路边废品收购站、煤场、灰矿等858个，拆除不规范的广告、牌匾2.21万块，没收、查缴小广告100余万张，“垃圾不露天”工程初步得到实现。重点工程项目效果突出。延庆县妫水公园、密云县长城环岛工程、大兴京开高速公路“第一印象”工程等重点工程相继完工，郊区环境整治不断出现新的亮点，密云、延庆、顺义、大兴、平谷等精品卫星城格局进一步形成。农村环境面貌进一步改善，约1 800个村初步达到“绿化、美化、硬化、净化”标准，占远郊区县行政村总数的50%左右，典型带动效果明显。郊区生态建设有了新发展，义务植树、村镇绿化、退耕还林、播草覆沙、荒山造林、河道绿化、果品基地及农村小型公益林建设等都取得了明显的成效，共完成绿化植树4 400余万株，退耕还林2.6万多公顷，绿色养殖业和生态种植业快速发展，在36个养殖场开展了粪污治理的试点工作，对8.6万多公顷农田推广了“留茬免耕”技术，环境整治与绿色产业形成了有机的结合。各区县、各乡镇，不断引进先进理念来改革和完善管理方式、创新管理机制、强化市场运营，形成了一批不同特色、不同类型的新典型，密云县运用“经营城市”的理念，打造出一个全新精品卫星城。绿化首都、美化家园、为奥运添绿活动，成为群众发挥创造力的主战场。

【部署冬季环境整治工作】　市委农工委、市农委于2001年底下发《关于开展冬季环境整治活动，干干净净迎接“两节”的通知》，要求：一是要按照“深化环境整治，消灭脏乱死角，提高生活质量，美化首都形象”的要求，高度重视，切实采取有力措施，加强对冬季环境整治活动的领导。二是集中力量，大力整治公路沿线城镇、农村和冬季旅游景区的环境。紧密结合实施“进京第一印象工程”，5条高速公路、10条国道和通往冬季游乐景区的公路沿线及视野范围内的村镇都要有明确的责任，做到垃圾随时清运填埋，防止白色污染满天飞；全面拆除、清理公路沿线和重点地区仍未拆除的违法建设，迁除有碍观瞻的煤场、灰矿和废品收购点，拆除乱设的广告招牌，着手做好春季的绿化美化准备；加强对冬季旅游景区的管理，清理乱倒垃圾，铲除路面冰雪，取缔无照摊商，整顿旅游市场，规范景区管理，保证游人安全。三是加强检查，保证郊区环境整治工作深入持续开展。各级政府要加大检查力度，严格执法，全面考核，对近一时期出现的环境脏乱差问题要认真对待，逐一检查，限期整治。

1月11日，市委农工委、市农委、市环境整治办又召开了远郊区县冬季环境整治工作会，对郊区冬季的整治工作提出要求，明确了冬季整治的三项任务。一是提高认识，高度重视。上至领导，下至群众，都要提高认识，重视环境建设。二是加强领导，全面动员。各级领导都要把环境整治作为一项主要任务来抓，亲自部署，层层动员，区县、乡镇、村要做到三级联动。三是全面整治，突出重点。这次整治的重点主要是结合实施的“进京第一印象”工程，全面清理公路沿线、冬季旅游景区周边的垃圾和白色污染，拆除仍未拆除的违法建设。四是落实制度，明确责任。严格责任制，要通过这次集中整治督促“五个一”和“门前三包”制度的进一步落实。五是加强检查，注重实效。春节前，市里将对各区县的整治情况进行一次突击检查，对脏乱地区进行曝光，各区县也要加大检查力度。

【2002年远郊区县环境综合整治工作会议】 3月15日，市委农工委、市农委召开郊区环境综合整治工作会议。市委农工委书记、市农委主任李进山同志部署了工作。市环境整治办、市绿委、市文明办等部门领导出席了会议，10个远郊区县的主管区县长、环境整治办主任、城管监察大队队长、小城镇办主任和33个中心镇的党委书记参加了会议。

会议指出：2002年郊区环境整治的任务主要有四项：一是继续实施“进京第一印象”工程，彻底改善公路沿线的环境状况。以治脏治乱为重点，清理公路沿线的垃圾、柴草和白色污染，全线进行绿化美化；全面拆除违法建设，关闭、迁除有碍观瞻的煤场、灰矿和废品收购点；抓好京开高速公路进京入口处“第一印象”工程等16项重点工程的实施，营造一批精品景观，提升绿化美化的景观效果。二是加快卫星城和中心镇的基础设施建设，提升城市综合管理水平。加快14个卫星城和33个中心镇的基础设施建设，抓好顺义区减河改造工程等15项重点基础设施建设项目工程，启动昌平区污水处理厂等10项污水、垃圾处理厂建设工程，提升城市功能，改变能源结构，推广清洁能源和清洁生产；大力开展城市绿化建设，不断拓展公共绿地，提高单位、庭院绿化水平，改善街道绿化植被造型、色彩和层次搭配，逐步恢复城市的生态功能，努力实现“黄土不露天”；广泛开展“环境整治精品项目创建活动”，建设一批现代化与生态型相结合的绿色城市、园林城市和旅游城市。三是狠抓“五个一”落实，加强小型基础设施建设，加快农村环境建设步伐。90%以上的村要全面落实“五个一”，长期坚持；全面实施“垃圾不露天工程”，要彻底清除农村的积存垃圾和白色污染，切实解决农村垃圾的收集、清运和卫生处理，长期保持村镇干净、清洁；以绿化、美化、硬化、净化为标准，再完成1 000个村的建设任务，平原地区的乡镇和村要加强饮水、集中供暖、卫生厕所、污水处理、垃圾填埋、公共绿地等小型基础设施建设，山区的村镇要多植树，以绿治脏，保护生态建设，在此基础上，培育创建1 000个高水平环境整治的村，力争33个中心镇的村率先达到“四化”，实现郊区50%以上的村达到“四化”标准；深入开展环境建设示范镇、示范村典型创建活动，重点培育一批功能设施齐备与环保生态型建设相结合的乡镇，开展生态示范村创建活动，努力建成一批青山、绿水、秀美、农民安居乐业的村庄；大力推进绿色、环保和生态型产业发展，改善生态环境，使郊区生态恢复与生态农业建设结合起来。四是开展对重点地区的综合整治和专项整治活动。加强对旅游景区的环境整治与管理，树立良好服务形象，努力提高旅游景区的文化蕴含和档次；加强对城乡结合部的综合治理，城乡结合部乡镇的环境要与旧村改造、城市建设相结合，实施综合治理；要定期开展专项的“拆违拆旧”、市场秩序、交通秩序等整顿活动。

李进山在报告中从六个方面对郊区的环境建设提出了要求。一是加强领导，提高认识；二是落实责任，量化管理；三是加大投入，加快步伐；四是典型示范，突出特色；五是完善制度，长期坚持；六是全体动员，全民参与。结合“绿色奥运”的实施，加强新闻宣传，大造舆论声势，发动一场改变农村人居环境的“环境卫生革命”，逐步形成人人重视环境、人人为改善环境做贡献的良好社会氛围。

会上，市委农工委、市农委联合下发《2002年郊区环境综合整治工作方案》。

【确定31项重点工程】 按照市政府的统一要求，郊区共确定了31项重点整治项目，各区县按照高标准设计、高质量建设的原则，建成了一批环境整治的新亮点，有力地推动了郊区形象的改善和提高。其中15项属于国道和公路沿线的整治工程，即：京开高速公路进京入口处“第一印象”工程、八达岭高速路昌平段“第一印象”工程、潮白河沿岸整治工程、龙泉宾馆至滨河路亮丽工程、107国道琉璃河段“进京第一印象”工程、京石高速路口至韩村河绿色旅游通道工程、十渡风景区生态建设工程、京哈公路通州段“第一印象”工程、110国道张山营段绿化长廊建设工程、延庆古木化石国家地质公园周边整治工程、平谷（平三路、平蓟路）公路扩建绿化工程、平谷旅游景区“形象工程”、101国道密云明珠生态休闲乐园工程、司马台长城综合整治工程、怀柔区主要旅游线路“第一印象”工程。另外16项是基础设施类改造建设工程，即：大兴区兴丰大街改造工程、大兴区金星公园建设工程、顺义区新顺大街改造工程、顺义区减河改造工程、昌平区崔昌路二期工程、门头沟区门城主要大街改造工程、房山区城关南北大街改造工程、通州区新华南北路改造工程、延庆县湿地生态公园建设工程、延庆县郊野公园建设工程、平谷县卫星城步行街建设工程、平谷县新平北路改造工程、密云县伊斯兰大街改造工程、密云县长城环岛工程、怀柔县水库周边环境治理工程、灵山旅游区垃圾处理场工程。

【推进农村环境“四化”建设】 2001年，市委农工委、市农委在农村“五个一”建设的基础上，进一步提出了农村环境整治的“四化”建设标准，按照这一标准，2002年，郊区约1 800个村初步达到绿化、美化、硬化、净化的“四化”标准，占远郊区县行政村总数的50%左右，其中1 000余个村达到较高的整治水平，典型带动效果明显，有力推动了整个郊区环境建设水平的提高。

【举办郊区村镇环境建设培训班】 为引导和推动郊区环境整治工作不断深入，进一步提高村镇环境建设与管理水平，6月10日至14日市委农工委、市农委举办一期郊区村镇环境建设培训班。郊区县整治办主任和部分乡镇长70余人参加了培训。市农委副主任赵根武进行开班动员，市委农工委副书记崔砚青做关于郊区环境整治情况的报告。培训班学员系统学习了全市环境整治总体规划、村镇规划、绿化美化、土地利用与保护、环境建设与可持续发展、垃圾处理、中心镇建设、郊区环境建设情况等8个专题的内容，实地参观了密云卫星城、顺义卫星城、太师屯镇"进京第一印象"工程、天竺镇"第一印象"工程和杨宋、北房、后沙峪、马坡等城镇和村，学习了密云卫星城经营城市、杨宋等镇"四化"建设、马坡镇白各庄村改善农民生活环境等先进理念和典型经验。各乡镇长通过学习找到了存在的差距，增强了整治信心。

【开展郊区环境拉练检查】 9月12日～14日，先后对延庆、怀柔、顺义、通州、大兴、房山6个区县的环境进行了拉练检查。此次检查行程500余公里，共检查项目62个，包括21项重点工程、14个乡镇、18个村和9条公路，其中山区和平原地区的整治项目各占了一半、被检查的一般建制镇占了检查乡镇总数的2/3以上、重点工程都是当年新建项目，基本上反映出了郊区环境整治的水平。综合对密云、平谷、昌平、门头沟四区县的抽查情况，整治效果好的工程有19项：延庆县妫水公园建设工程、延庆县硅化木国家地质公园周边整治工程、怀柔区百公里生态一条川建设工程、顺义区新顺大街改造工程、顺义区污水处理厂工程、通州区新华南北大街改造工程、通州区垃圾卫生填埋场工程、大兴区金星公园建设工程、大兴区榆垡"进京第一印象"工程、房山区琉璃河镇古桥公园建设工程、房山区十渡镇生态景区建设工程、房山区大石窝镇石雕艺术园工程、密云县十里堡生态乐园建设工程、密云县长城环岛建设工程、密云县司马台长城景区整治工程、平谷区平蓟路整治绿化工程、平谷区新平北路改造工程、昌平区十三陵景区周边整治工程、门头沟区门支路拆迁改造工程。整治效果较好的乡镇有12个：延庆县千家店镇、顺义区南法信镇、怀柔区汤河口镇、怀柔区琉璃庙镇、通州区宋庄镇、房山区长沟镇、房山区十渡镇、门头沟区妙峰山镇、平谷区夏各庄镇、密云县十里堡镇、昌平区北七家镇、大兴区长子营镇。整治效果突出的公路有2条：顺义区京密公路段、大兴区京开公路段。

【召开郊区环境整治工作现场会】 9月15日，市委农工委、市农委在房山区十渡镇召开郊区环境整治现场会议。崔砚青同志首先对2002年以来郊区环境整治工作进行了总结。一是重点工程建设进度快，实施效果好，郊区环境整治出现新亮点。二是中心镇建设再上新水平，一般村镇整治有了新突破，"垃圾不露天"工程在农村初步得到实现。三是生态环境建设力度不断加大，郊区初步为首都"大环境"建设和首都经济发展提供和创造了一个"绿色平台"。四是突出特色，一批不同做法的好经验和不同类型的新典型正在形成。目前，郊区环境整治存在的问题主要是整治工作开展不平衡，短期行为在一些地区还较为突出，制度化和规范化的机制还未建立起来，管理跟不上劲。崔砚青同志对下一阶段的工作进行了部署：下一步，郊区的环境整治工作要按照市委、市政府的统一部署，紧紧围绕为十六大胜利召开营造良好环境这一中心，加大整治力度，加强环境布置。一是要再动员，再部署，从现在起，大干50天，把郊区的环境整治工作再提高一步。各区县要广泛动员郊区广大干部群众，积极参与清洁郊区行动的各项活动，重点是对卫星城、中心镇、旅游景区、城乡结合部和公路沿线的镇村开展大规模的整治行动，美化村镇环境、优化人居环境、改善生态环境，做好国庆节期间和十六大前的环境布置工作，展现郊区城镇建设的风貌。二是要抓好各项上账任务的落实，确保今年整治工作的圆满完成。组织好31项上账重点工程的考核验收，力创一流水平；抓好1 000个高水平整治村的考核，各区县要按照"四化"标准，力争年底前各抓出100个左右较高水平整治的村；抓好各类典型培育和推广，进一步推广更多的能代表村镇整治不同类型、不同层次的新典型、好典型。三是树立品牌意识，把城镇建设成果转化为投资环境新优势。抓住举办2008年奥运会这个大的机遇，把城市、镇当作品牌来经营，主动与中心城区互动、对接，接受其辐射，积极、主动创造良好的投资环境。把高标准建设作为城镇环境建设与环境整治的重点，逐步走精品化之路，建设设计一流、建设一流、管理一流的新型城镇，全面提高城镇发展质量，打造生态、环保、绿色的郊区。四是更新观念，提高认识，真正把环境整治变为郊区多数干部群众的自觉行动。广泛动员，调动各方面的积极性投入到郊区环境的建设与保护中来，不断提高基层干部管理和建设村镇的水平，切实以"三个代表"的思想来指导环境整治工作，让群众在环境整治中得到实惠。五是在总结经验，相互学习借鉴的基础上，着手研究明年环境整治的任务和目标。

【郊区环境建设先进村镇】 按照达到"四化"标准、基础设施较好、管理制度健全、环境整治效果明显并有一定的代表性四个标准，市委农工委、市农委评出了2002年度郊区环境建设10个先进村镇，并在2003年的郊区工作会议上进行了表彰。郊区环境建设先进村镇：顺义区南法信镇、房山区十渡镇、昌平区南邵镇、怀柔区喇叭沟门满族乡、延庆县千家店镇、门头沟区妙峰山镇上苇甸村、通州区梨园镇曹园村、大兴区榆垡镇西黄垡村、平谷区峪口镇蔡坨村、密云县密云镇李各庄村。

【表彰郊区环境整治先进单位和先进工作者】 为

了表扬先进，推动郊区环境建设再上新水平，市委农工委、市农委、市环境整治办决定，对顺义区南法信镇等11个样板乡镇、房山区琉璃河镇等10个优秀乡镇、延庆县妫水公园等28项精品工程、怀柔区桥梓镇北宅村等101个示范村及大兴区市政管委主任李文影等50位先进工作者进行表彰。

（魏惠东）

水利建设

【水利建设取得新进展】 2002年是北京水利改革、创新、发展取得突破的一年。全市水利系统职工更新观念，求真务实，真抓实干，按照“保护水资源，保证水安全，建设生态水环境，实现水利现代化”的目标要求，圆满完成了全年水利发展的各项任务，调整治水思路、更新治水观念取得新突破。三项改革取得新成果。一是实现政企分开。二是完成事业单位人事制度改革，21个单位3 338名职工签订了聘用合同。三是推进水资源统一管理体制。市政府成立了由主管副市长为组长的水务协调领导小组，统一协调、管理全市涉水事务。14个郊区县实现了节水工作统一管理，9个区县按流域组建水务站，全市流域水务站已达到71个。全面落实《21世纪初期首都水资源可持续利用规划》，水资源保护、节约取得新成效。以“保住密云，挽救官厅”为重点的水资源保护工作取得重要进展。制定严格的供水计划，强化节水管理。2002年度供水34.72亿立方米，比计划少供3.52亿立方米，实现了连续四年用水负增长。全面实施取水许可制度。继续上调水价，每立方米综合水价由3.43元提高到4.07元。全面征收水资源费。2002年防汛工作局部地区发生了暴雨灾害，由于各级防汛部门准备充分，处置得当，没有造成人员伤亡。各部门、各单位顾全大局，服从水资源统一调度，在压缩供水指标的基础上继续狠抓节水和用水结构调整，保证了大旱之年的供水安全。5万多座“五小工程”连成网络，在抗旱中发挥了效益。同时组织了10万人次，1 600余辆拉水车参加抗旱服务，解决了1.2万人的饮用水困难。重点工程和郊区水利建设取得新业绩。区水利建设本着与农业产业结构调整相结合，与农村城市化建设相结合，与农民致富相结合，与建设生态屏障相结合的治水新思路，各项工作都取得了新进展。各区县启动建设一大批水环境工程。丰台区治理的马草河，东城区治理的菖蒲河、密云县治理的白河、延庆县治理的妫河、亦庄开发区治理的凉水河等，都取得了很好的效果。

【水利规划前期工作】 2002年全面启动北京市水资源综合规划。成立了以市计委和市水利局牵头的规划领导小组及办公室，明确了任务分工；完成了北京市水资源综合规划工作大纲；召开了两次动员会，部署了区县水资源综合规划工作；举办了一期区县水资源规划培训班。继续完善和修正南水北调中线工程北京段的规划设计等前期工作。重点对总干渠、南干渠路水源分配等工作进行了深入研究。初步完成了南水北调中线一期工程永定河至团城湖段项目建议书和永定河倒虹吸工程初步设计等工作。各项应急水源工程前期工作进展顺利。

【城市河湖水系治理】 工程的规划设计工作继续推进。北环水系转河段初步设计完成审批，北护城河段可研编制完成；凉水河治理工程规划完成，下游亦庄段及马草河完成各项前期工作和审批工作，已经实施，上游新开渠已经完成可研报告的编制。同时积极执行奥运行动计划，完成奥运水系规划和进退水工程的规划，参与奥运场馆的基础设施的雨洪利用建设，为绿色奥运奠定水利条件。

【潮白河、温榆河和永定河规划】 进一步完善和完成潮白河、温榆河和永定河三条河流规划。在2001年完成了潮白河规划的基础上，2002年市规委组织了两次审查后已正式批复。市水利局会同市规委、市规划院等单位编制了温榆河水系总体规划，并获市政府批准。沿河各区县已开始编制控制性详细规划。永定河综合规划包括防洪、水环境治理和数字永定河三个部分，数字永定河规划已经完成，防洪规划和水环境治理规划正在进行。《21世纪初期首都水资源可持续利用规划》执行情况良好。2002年共完成8项工程的可研立项工作，11项基建项目可研报告的编制，完成14项工程项目建议书和规划工作，全面推进了规划项目的前期工作，为规划的实施创造了前期条件。

【水利建设“多元化”投资体系】 全年累计从中央补助及市财力两个层次、国债等六个投资渠道，落实水利建设投资12.06亿元。其中：中央专项（国债）2.74亿元，占23%；市非经营投资1.61亿元，占13%；土地批租等筹措资金3.83亿元，占32%；水利基金3.88亿元，占32%。水利现代化建设项目投资有所增加，通过基建投资安排一批现代化项目。先后安排清河整治一期工程、滞洪水库工程、永定河治理工程、北环水系转河段等工程的现代化投资2 000多万元。中央水利建设基金、市水利建设基金水利设施维护管理费，安排密云水库—市防办通信系统、雨水情自动测报系统、防汛指挥服务系统、水利网络等项目建设，共筹措资金2 000多万元。

【山区水利富民工程建设】 2002年度山区水利富民工程共完成“五小水利工程”1.1万处，截流及井站塘坝1 571处，利用集雨场面积68.3万平方米，新增蓄水能力380万方，新增改善灌溉面积38.7万亩，初步形成了水资源调配网络化系统。山区有6.7万余户、25万农民投入水利富民工程建设中。累计投入机械台班5万余个，投入资金近2.3亿元，其中农民自筹1.23亿元，占总投资的54%。经过五年连续建设，水利富民工程基本构建了山区水资源网络化调配的框架。整个山区以547条小流域为单元，以中小型水库为水源，5 000多处井站塘坝补充调配，通过20处灌区的干支斗渠配套，连接沿线5万多处五小水利工程，优化了山区有限的水资源配置，保证了山区百万群众人均一亩果树、一亩粮田的灌溉用水，加快了以特色林果、绿色养殖、休闲旅游为主的山区三大主导产业的形成。

【水资源状况】 2002年是继1999年之后的第四个连续干旱年。全年降水特点是降水量偏少，时空分布不均。汛期6～9月降水量334毫米，占年降水量的81%。6月份降水最大，降水量为107.8毫米，占整个汛期降水量334毫米的32.3%，7～9月三个月降水总量为225.9毫米，占汛期降水量334毫米的67.6%，在汛期雨势平稳，局部小面积暴雨历时不长。最大日降水量是密云水库白河为195.9毫米。降水量的空间分布极不均匀，房山区最大，年降水量达到560毫米，顺义区最小，年降水量只有347毫米，两地区相差213毫米；从流域分区看，大清河流域最大，为482毫米，潮白河流域最小，为374毫米。降水中心区位于三家店、房山、张坊山前地带，降水量500～560毫米。8月3日，密云溪翁庄局部为小面积暴雨，历时短，强度大，日降水量195.9毫米，年降水量为589.3毫米。由于四年连续干旱，全市各主要河道无明显洪峰过程，基流很小，潮白河苏庄站以下、永定河三家店站以下河道全年河干。全年平均降水量仅413毫米，比2001年的462毫米减少10.6%，仅为多年平均595毫米的69.4%。密云水库潮河入库河道已连续三年出现断流。2002年6月6日～25日断流20天。官厅水库入库河道继2001年首次出现断流后，2002年7月12日～8月1日断流共21天。2002年官厅水库年末蓄水量2.55亿立方米，密云水库年末蓄水量9.72亿立方米，两库总蓄水量为12.27亿立方米，比2002年减少5.14亿立方米。

2002年全市地表水资源量为6.05亿立方米，比2001年7.78亿立方米减少22.2%，比多年平均21.80亿立方米减少72.3%；地下水资源量为14.15亿立方米。全市水资源总量为16.36亿立方米，比多年平均36.29亿立方米少54.9%。截止到2002年末，全市16座大、中型水库蓄水总量为14.21亿立方米，比2001年的19.74亿立方米少28.0%。可利用来水量为5.18亿立方米，比2001年的6.48亿立方米减少20.1%。

【水质状况】 2002年北京市废污水排放总量为13.79亿立方米，其中工业废水5.65亿立方米，生活污水8.14亿立方米。2002年全市地表水水质监测站点共99个，实际监测点89个，监测项目44项。依据GB3838—2002《地表水环境质量标准》进行评价。通过监测资料分析，主要污染物为耗氧有机物、氨氮、总氮等。主要饮用水源地密云和怀柔两大水库及京密引水渠水质基本符合Ⅱ类，水质良好。官厅水库水质仍不符合饮用水源地要求，水质劣于Ⅴ类。从水系来看，潮白河水系水质较好，污染较重的是北运河水系。

【郊区水环境建设加强】 围绕“三环碧水绕京城”目标，大力推进节水防污型郊区水利建设，编制并开始实施《郊区水环境“碧水田园”十百千工程建设规划》，新建设了一批乡村水环境工程。开展了“一镇、一村”水环境综合治理试点工程，怀柔北房镇、顺义北郎中村建设了污水集中处理利用示范设施。将近郊河道治理纳入水环境治理中，完成中小河道治理65公里，疏挖沟渠1 459公里，建成橡胶坝等蓄水工程5处，乡村水环境工程10处，新增蓄水能力65万立方米。

【小城镇供水工程】 组织制定了《北京市郊区小城镇供水“515”工程建设规划》，开始实施小城镇供水工程。2002年新开工供水工程16处，新增日供水能力9万立方米，郊区集中供水累计建成38处，供水能力达到31万吨/日，可解决70多万人及主要乡镇工业企业的城市化供水问题。

【农业节水工作】 按照《北京市“十五”期间节水灌溉发展规划》，因地制宜推广先进的节水技术和设施，建设节水示范区、节水村18个，全年建成工程节水面积2.67万公顷。使用旱地龙、保水剂、激活剂等为农田保墒近5.33万公顷。推行了机井装表、一户一表、以量计征的管理模式。

【水土保持生态环境建设】 全年完成小流域综合治理44条，治理水土流失面积335平方公里，完成投资8 100万元，其中国家投入5 600万元，进一步改善了山区生产和生活条件。配合京津风沙源治理项目和退耕还林还草计划，开展节水网络化配套。建设水土保持生态村21个，完成1万公顷退耕还林和1万公顷荒山造林任务。全年累计收缴水土保持设施补偿费210余万元，市、区县两级审批开发建设项目水土保持方案110个，落实水土流失防治费8 000余万元。建立水土保持恢复与返还治理示范工程12处，全市开展水土保持预防保护面积800平方公里。

【郊区水务体制改革】 2002年1月24日，全市第一个水务站——平谷区峪口镇水务站成立。到年底，9个区县按流域成立了水务站（所），全市水务站（所）总数达到71个，在岗人数811人。14个郊区县实现了节水工作统一管理。水务站的管理职能由防汛抗旱、农业灌溉为主，向水资源管理及可持续利用转变，将城镇供水、排水、污水处理、再生水利用、水环境建设纳入管理职责。

【防汛抗旱】 2002年北京市以旱为主，局部地区出现风雹、暴雨洪涝灾害。春旱严重时，全市农作物受旱面积7.33万公顷；有3万人、8 000头大牲畜出现饮水困难，全市近三分之一的水库、大口井、机井干涸或出水不足。干旱造成部分山区农作物减产。汛期局部风雹、暴雨洪水造成了一定灾害。8月1日密云、怀柔交界的云蒙山地区突降特大暴雨，致使山洪、泥石流暴发。全市防汛抗旱工作战胜了局部暴雨、山洪、泥石流及风雹灾害，抗御了连续四年的干旱，确保了首都防洪安全，确保了城市供水和郊区人、畜饮水。

【节约用水工作】 2002年全面完成26项节水措施确定的年度任务。全年实现节水1.2亿立方米，超额完成0.2亿立方米，新增蓄水能力350万立方米，增加水源涵养能力1 500万立方米。通过连续三年实施26项措施，完成高碑店中水回用工程以及酒仙桥、清河、吴家村、密云、怀柔、昌平、大兴污水处理厂等一批重大工程；完成了城镇园林绿化节水灌溉893万平方米，发展小城镇集中供水30处；调整压缩了水稻种植面积1.53万公顷，修建五小水利工程近1.9万处，安装农用机井水表4.5万只；制定发布了《北京市主要行业用水定额》，全面开征水资源费。三年累计增加节水4.37亿立方米、增加蓄水4 000多万立方米、增加水源涵养能力近5 000万立方米。开展节水型单位、企业和居民小区创建活动。制定并发布了创建标准和考核办法，全市310个单位、小区达标，其中已有208个通过验收。

【水利工程建设】 2002年市区重点水利工程40多项，投资规模达到13.4亿元。按照基本建设的要求把建设任务分解落实到项目单位，全部实行项目法人责任制。已经完成的重点工程有清河整治工程、官厅水库清淤应急工程、官厅输水泄洪洞改建工程3项，完成竣工验收并移交管理单位。永定河滞洪水库工程、温榆河治理工程是两项续建项目。2002年新开工的项目有北环水系治理工程（转河段）、怀柔应急备用水源在工程、凉水河综合治理工程（含马草河治理工程）、密云水库自动化监测系统工程4项。

【清河综合整治工程】 完成干流治理10.16公里，总投资47 500万元。截止到年底，清河河道工程，跨河15座闸桥，滨河道路铺设和闸站管理房已全部完成；小月河工程也已全部完成，年底前进行了验收。

【官厅水库清淤应急供水工程】 工程由连通渠疏挖、挡泥坝填筑和永定河主河槽开挖三部分组成。疏挖连通渠宽15米，长4 480米。2002年7月20日连通渠挖通，共完成连通渠疏挖103万立方米，永定河疏挖15万立方米，挡泥坝填筑8万立方米，保证了妫水河水量及时调用。年底进行了验收。

【官厅水库输水泄洪洞改建工程】 总投资3 030万元。完成了新建闸门井开挖支护工程、输水泄洪洞压力钢管制作安装工程和坝体回填、闸门井混凝土浇筑和交通桥等工程，共完成土石方开挖17 100立方米，混凝土浇筑9 241立方米，钢管制作和安装364吨。

【永定河滞洪水库工程】 包括两库、四堤、四闸和引水管线工程，总投资83 215万元。进水闸、连通闸、退水闸、小清河分洪闸扩建工程的主体、闸门安装已经完成。其中小清河分洪闸扩建工程的启闭机已经安装就位，具备了蓄滞洪能力。小清河河道整治也基本完工。完成主要工程量：土方开挖4 300万立方米，水工建筑物工程累计完成砼及钢筋砼浇筑110 838立方米，完成总量的93.96%；金属结构制安3 495吨，浆砌石60 599立方米，完成总量92.89%。

【温榆河治理工程】 2001年冬至2002年春，沿河昌平、顺义、朝阳、通州4个区县对温榆河进行了断堤修复、堤防贯通、穿堤建筑物建设及和上游蓄水工程，修复断堤4处，共完成土方550万立方米。治污工程开展了马坊水污染治理试验工程，通州段结合污水处理厂建设，开始截污施工，年底完成南岸截污工程。温榆河规划区内799个排污口情况逐一清查并进行实地调查，已完成调查统计。

【北环水系转河段工程】 工程5月份正式开工，治理长度3.7公里，投资6.26亿元。按照生态景观河道的要求，“宜弯则弯、宜宽则宽、人水相亲、和谐自然”，河岸叠石、特色桥梁陆续兴建。2002年4月开工进行公开招标。动物园闸以下河道水下部分已完成并通过验收；通航船闸主体结构工程完成。完成主要工程量：土方开挖：14.44万立方米，浆砌石4 162立方米，浇筑混凝土6 558立方米。

【怀柔应急备用水源工程】 包括42眼井、10眼观测井，投资4 200万元。已完成23眼井，完成进尺7 832米，占工程量的80%。

【凉水河治理工程】 两个单项工程已开工建设。马草河治理工程河道长13公里，投资9 964万元，已完成下游4.7公里河道治理，投资完成6 850万元。凉水河（亦庄段）治理工程，治理河道10公里。投资11 024万元。水下工程已完工，正在进行绿化和滨河路工程。

【密云水库自动化监测系统工程】 总投资5 078万元，包括7个子系统和3 995平方米的指挥中心。已开始工程招投标及系统的设计工作。

【水利工程管理】 2002年水利管理工作以防洪、供水安全为核心，强化水利工程管理，进一步加强了水环境管理。完成了十三陵水库大坝安全鉴定工作，并经水利部大坝安全管理中心审查通过。基本查清了河湖沿岸排污口，建立了台账。编制了城市中心区水系截污规划，完成了小月河、西土城沟的截污，实现了在中雨以下污水不入河的目标。截流污水口200多个，完成了永引渠4个主要排污口的截污，同时在永定河引水渠及北海采取了生物防治措施，试种水生植物，确保了内城河湖和中南海未发生水华。加强对城区河道的保洁工作，建立了岗位责任制。

2002年度全市重点水利工程共计安排各类维修加固资金1.414 7亿元，安排维修加固项目100多项，消除了水利工程存在的隐患。其中：水利建设基金维护管理费安排4 140万元，水费安排9 463万元，市财政安排防汛岁修费544万元，对保证水利工程的安全运行、面貌的改善发挥了重要的作用。

绿化、美化工程配合滞洪水库建设，改善周边环境，2002年春对滞洪水库中堤和右堤进行了绿化，绿化面积77.07公顷，植树5.81万株，并完成库区整体绿化方案。配合五河十路工程，完成永定河、潮白河、温榆河三条河管理范围内绿化，永定河植树 36 万株，潮白河植树 47 万株，温榆河植树 2 万株。水利系统有林单位完成抚育管护林 83.33 公顷，病虫害防治 906.7 公顷。

【水政执法及法规建设】 以制定《北京市实施〈中华人民共和国水法〉办法》为起点，编制了《未来五年水利立法计划》。起草《北京市水资源费征收管理办法》。修订、废止与新《水法》精神不一致的现有地方性水法规、规章。进一步理顺了水政监察队伍，提高了水利管理和执法水平。2002 年 3～7 月，市属 8 个水利管理单位相继成立水政监察大队，区县已成立了 11 家水政监察大队，全市水政队伍建设的基本框架基本完善，执法队伍体系已经连成网络。2002 年狠抓了乱倒垃圾渣土、非法排污和乱设集贸市场、违法建设等，维护了首都水环境和水利工程设施。全年共发生各种水利违法违章案件 3 750 起，查处 3 572 起，查处率为 95%。拆除各种违法建设和设施 9.38 万平方米，清运垃圾渣土近 7.7 万吨，罚款近 52.4 万元。

【河道砂石禁采工作】 2002 年继续组织开展了永定河、潮白河流域砂石禁采联合执法活动以及密云水库、京密引水渠水源保护的联合执法活动。加强了河道砂石禁采力度，与各有关单位抽出专人巡视和检查。全市共组织联合执法检查 45 次，罚款 19.5 万余元，扣留偷运砂石机械 35 部。河道管理范围内没有发生砂石厂反弹现象，河道砂石禁采工作取得了阶段性的成效。同时，集中对一级保护区内的养鱼、承包山场、禽畜养殖点、餐饮点、非法旅游经营、旅游景点、各种建筑物情况进行了调查，制定了取缔方案，并且与密云、怀柔、昌平等区县有关部门组建了联合执法小组，进行了沿库、沿渠综合执法大检查。全年拦截无证上坝车辆 4 万余辆，游人 10 万多人次，清理流动商贩和商业网点 503 起，制止拉马载客旅游 953 起，查处乘船娱乐 4 000 多起，劝阻游泳 6 万多人次，查处和制止向库渠排放污水 4 起，查处和制止在库渠旁边从事畜禽养殖活动 3 起。城市河湖水环境执法以制止违法施工，监督配合河道工程、取缔沿河非法集市、沿河周边乱倒垃圾渣土、非法设置拦河渔具、非法捕鱼、控制监测向河道排污等为重点，共拆除违章建筑 13.9 万平方米，撤消集贸市场 2 个，清除垃圾渣土 2 015.7 立方米，制止违章施工 48 起，罚款 6 万余元。

【水资源管理工作】 全面实施取水许可制度，完成用水户登记取证工作。2002 年主要对新增用水户、地表水用水户、城市节水办管辖的用水户进行取水许可登记。全年新登记的取水户 1 126 个，发放取水许可证 1 069 个。全市累计已有 7 732 个用水户填报了取水登记表，共发放取水许可证7 675个。按照行业用水定额实施计划供水，实现全市总供水量连续四年负增长。全市 2002 年度供水为 34.72 亿立方米，比计划减少 3.52 亿立方米，比 2001 年减少 3.75 亿立方米。继续上调水价，每立方米综合水价由 3.43 元提高到 4.07 元。全面征收水资源费，全年共征收水资源费 4.2 亿多元。全市水资源综合规划工作已起步，水资源评价工作全面开始。严格供水调度制度，规范供水合同。加强了对密云水库供水系统的统一调度，将白河堡、半城子、遥桥峪、北台上、大水峪等水库纳入市水利统一调度范围，并对其他中型水库出库水量进行监控。

（王民洲）

电力　电信　公路建设

【农村电网建设与改造】 2002 年，在国家计委、国家电力公司、华北电力集团公司等方面的关怀与支持下，在市政府的领导下，通过北京供电公司职工、乡镇供电所、村电工的辛勤工作，北京第二期农网建设与改造工程顺利实施。

1998 年 6 月，国家发展计划委员会部署在全国进行农村电网建设与改造工程。1998 年北京开始实施第一期农网建设与改造工程，总投资 12.47 亿元，到 2001 年底工程基本结束，完成了 14 个区县 4 086 个行政村 144 万户的 1/4。国家计委批准北京二期农网工程总投资 25.6 亿元，于 2002 年开工，计划新建 110 千伏变电站 11 座，改造 110 千伏变电站 13 座，新建 35 千伏变电站 5 座，改造 35 千伏变电站 35 座，新建 110 伏输电线路 206 千米，改造 4 千米，新建 35 千伏线路 221 千米，改造 8 千米，完成 2 952 个行政村的低压电网改造，112 万农户实现一户一表，总投资的 70%用于 10 千伏及以下中低压电网的建设与改造工程。二期农网工程投资规模是一期的 2 倍，10 千伏以下工程是一期的 3 倍，工作量远远大于一期，工期紧、任务重、难度大、要求高。

北京第二期农网 10 千伏及以下工程，计划总投资 17.4 亿元，分为三批进行，第一批工程包括 975 个村、41 万户、2 368 个配变及台区、380 千米 10 千伏线路，投资 4.8 亿元；第二批工程包括 1 224 个村、39 万户、2 624 个配变及台区、1 200 千米 10 千伏线路，投资 5.2 亿元；第三批工程包括 734 个村、24 万户、3 840 个配变、20 582 个台区、3 391 千米 10 千伏线路，投资 7.4 亿元。到 12 月底，二期农网 10 千伏及以下工程主体已经全部完成，累计完成 2 907个村、105 万户，计划 2003 年 1 季度完成工程扫尾工作。

二期农网 35 千伏及以上工程（新建 16 项、改造 51 项），计划总投资 6.63 亿元。通信工程（151 项），计划总投资 1.22 亿元。

二期农网建设与改造工程完成后，有力地改善了北京郊区的电网结构，增加供电能力，提高供电可靠性，满足地区 5～8 年的用电负荷增长需要；解决了现在电源布点少、结构不合理、供电能力差、供电可靠率低以及现有输变电设施急待改造等问题。改造后的农村低压电网加装、更换了8 832台10千伏配电变压器，将10千伏线路延伸进村，配电变压器迁移至村用电负荷中心，加装无功补偿装置，将低压供电半径控制在500米以内，使配电台区功率因数≥0.9，10千伏线损率≤10%，低压线损率≤12%，村民到户电压在220伏的合格范围之内，有效的改善了村民用电质量，满足京郊农村今后8～10年的用电负荷增长需要。

【农村电力体制改革】 北京二期农村电网建设与改造工程顺利实施，农电管理体制、运行机制和服务水平不断提高，农村电价大幅度降低，用电质量大幅度提高，有效地减轻了农民负担，使农民群众得到了实惠。260个电管站全部改制成为供电所，推进供电所规范管理。对乡镇供电所改革后人员、资产等突出问题提出解决方案和措施，制定实施《北京供电公司乡镇电力体制改革实施方案》、《北京供电所资产接收实施意见》。制定《供电所工作标准》、《供电所规范化窗口管理标准》、《供电所体制机构人员管理暂行办法》和《供电所财务管理暂行规定》等规章制度贯彻执行。投入近2 000万元进行供电所和营业厅改造，共建营业厅98处，为农村用户提供必要的业务服务窗口，统一标准建立对农村服务体系，实现微机供电所办公自动化管理、电费管理、专业管理，同时完善各种考核制度和社会监督机制。

在北京市城乡同价电价0.44元/千瓦时出台后，严格执行新电价，做到电费账目清楚，无价外的乱收费及搭车收费。全市已对一期农网完成的36万农户全部实现一户一表抄表收费的管理，二期农网的105万户在改造完后逐步实行一户一表抄表收费的管理，做到“五统一、三公开、四到户”。

（市供电局何志勇）

【郊区建成现代化通讯网络】 到2002年，郊市、郊区县间和郊区县到乡镇通信传输都实现了光缆化，京郊农村已实现村村通程控电话。在配合首都经济圈的建设中，率先打造“数字郊区”，先后与怀柔、昌平、密云、门头沟等区县签订建设宽带网络协议；与北京市教委合作在京郊校园进行“校校通”宽带工程，实行网上教学，远程电化教育。郊区电信已经建成了大容量、高质量、遍布京郊城乡的现代通信网络。交换机容量达到2 058 713端口；实占率达到1 576 919端口；数字容量608端口；实占率达32.57%；电话用户到达156万户；宽带用户到达22 377户；来电显示电话用户49万户；公用电话用户13 222部；电话普及率每百人32部。装、移机平均等待时限4天，同时，根据郊区具体情况，整合资源，加大投入力度，进行线路网络优化工程，在郊区各区县开办IP电话超市，受到社会普遍认同。

（市郊区电信局苏素梅）

【郊区公路建设】 到2002年底，公路总里程达到14 359公里，比上年新增468公里。其中：新增高速公路128公里，一级公路38公里，二级公路26公里。从而使高速公路里程达到463公里，一级公路里程达到331公里，二级公路里程达到1 822公里，三级公路里程达到4 618公里，四级以下公路里程达到7 125公里。高等级公路（二级以上）占总里程的18.2%，比上年增加0.7个百分点。全市公路密度达到85.43公里/百平方公里。远郊区平原县区通州、顺义、大兴公路密度分别达到242公里/百平方公里；163公里/百平方公里和165公里/百平方公里。居全国城镇水平前茅。在总里程中，县乡道路达到11 289公里，占我市公路总里程的比重达78.6 %，其中：县道通车里程达到3 448公里，乡道通车里程达到7 841公里。1986年北京市在全国率先实现村村通公路，1991年又实现了乡乡通油路。北京市已经基本形成了以干线公路为骨架，县、乡公路为支脉，纵横交错、四通八达的公路网。

2002年公路局完成郊区公路投资7.93亿元，完成计划113.5%。其中：新改建工程计划11项，竣工9项，完成投资3.16亿元；大、中修工程计划开工57项，竣工55项，完成2.46亿元。2002年新改建工程先后完成了通顺路改建工程、京周路改建工程、康张路新建工程、张凤路改建工程和玉海路新建工程等项目。另外平谷区政府在公路局资金紧张的情况下自筹资金2.1亿元对密三路（密云—平谷—河北）进行了改建，将原来的平原三级路改建为一级路。路基宽度为32.6米，路面宽度为26.6米。道路横断面为三快板，中间快车道为16.6米，两侧设隔离带及非机动车道。该路横贯平谷区南北同时也是国道G101和G102的一条重要联结线，是平谷通往河北省三河市的重要通道，该路的建成对平谷区的经济发展起到了巨大的推动作用。开创了郊区干线公路地方自筹融资修路的先例。

2002年北京市公路局加大了对农村公路建设的力度，充分调动各区县、各乡镇和地方企事业单位的积极性，按照北京市县乡道路总体规划的要求，实行“民办公助，扶助贫困，集资修路”的原则，对县乡道路按轻重缓急逐年进行修建改善。

（市公路局刘卫清）

【高速公路建设】 2002年高速公路建设里程128公里，概算投资129.36亿元，建设范围涉及朝阳、海淀、石景山、通州和大兴、顺义、昌平等7个近远郊区。工程征占土地1 095.93公顷，拆迁房屋80万平方米，移改管线300多项1 000多处。有大型互通式立交桥13座，500米以上特大桥8座，分离式立交桥、跨线桥等构筑物500座，桥梁面积达67万平方米，土方施工总量2 190万立方米，有各种桩基8 591棵，各种T梁7 231片，空心板4 949片，绿化面积达512万平方米。工程建设高峰期，参施队伍劳动力总数近5万人，打桩机械、运输车辆、碾压摊铺筑路机械等各种设备4 200多台，总功率近100万马力。

五环路　在北京市城市总体规划中，五环路（原为公路一环）路线全环约100公里，位于北京市城区边缘，距市中心10～15公里，其走向是沿市区和远郊区之间的环形隔离带，主要连接北苑、望京、东坝、定福庄、垡头、南苑、丰台、石景山、西苑、清河10个边缘集团及奥运场馆、科学城等重点地区。五环路将首都机场高速公路、京沈高速公路、京开高速公路、京石高速公路、八达岭高速公路等重要放射线联系起来，是一条截流、疏导市区过境交通、连接市区边缘集团的全封闭、全立交的环形高速公路。五环路设计行车速度为100千米/小时，双向6车道加连续停车带，路基宽度35米；其中22公里为双向六车道无连续停车带，路基宽度为28.5米。桥梁设计荷载汽—超20，挂—120。有大型互通式立交桥13座，特大桥8座，一般互通式立交桥12座，分离式立交桥37座，桥梁总面积67万平方米，绿化面积315万平方米。工程概算投资批复为136.44亿元。2002年建设的五环路二期B段工程：京原路—八达岭高速公路，全长22.85公里；三期工程：首都机场高速公路—京津塘高速公路，全长23公里。该工程于2002年11月2日建成通车。到2002年底，五环路建成通车61.05公里，占全环总里程100公里的61%。全部工程将于2003年建成贯通。

六环路　在北京市城市总体规划中，六环路（原为公路二环）是一条联系郊区卫星城镇、疏导市际过境交通的高速公路，是规划中的国道主干线的组成部分。路线全长约200公里，环的平均半径为30公里。六环路位于城市规划区（总面积16 800平方公里）的中心，沿线经8个区，即大兴区、通州区、顺义区、昌平区、海淀区、门头沟区、丰台区及房山区。六环路为全封闭的高速公路，设计行车速度为100千米/小时，双向4车道加连续停车带，路基宽度26米。桥梁设计荷载汽—超20，挂—120。2002年建成的六环路一期工程（胡各庄到高丽营段）全长38公里，本段工程位于通州、顺义、昌平三区，连接了京哈高速公路、京顺公路、京承高速公路，2001年9月开工建设，2002年9月28日建成通车。六环路二期工程（高丽营至西沙屯段）全长22公里，本段工程位于昌平区，连接了京承高速公路、八达岭高速公路，2002年4月25日开工建设，2002年10月26日建成通车。2002年六环路概算总投资35.94亿元。到2002年底，六环路建成通车107.75公里，占全环总里程200公里的56%。

京承高速公路（一期）　京承高速公路是国道101线（阿荣旗至广州）的重要组成部分，也是北京市整体规划中的一条对外放射线。京承路（一期）工程起点为四环路望和桥，向北跨北小河，经来广营与五环路相交；跨城市铁路及铁路环线，经奶子房、黄港、沙子营，跨清河和温榆河经高丽营与六环路相交，全长21公里，概算总投资225 356万元。该工程于2002年10月26日建成通车。

（首发公司李杨）

气　象

【气候评价】（2001年12月～2002年11月）

全年北京地区气候主要特点为：全年降水偏少，气温偏高。其中冬季降雪特少，气温特高，创建国以来冬季气温最高记录；春季降水偏少，气温高，大风沙尘天气较多；夏季降水偏少，气温略偏高；秋季降水略偏多，气温偏低。

年度内本市所有测站平均气温均高于常年，大部分地区平均气温在11～13℃之间，比常年偏高1℃左右。其中冬季（2001.1～2002.2）全市各站平均气温大部分在1～－3℃之间，均比常年明显偏高。平均气温最高的是通州和海淀站，气温为1.2℃，分别比常年偏高了3.7℃和3.0℃；观象台平均气温为0.4℃，比常年偏高2.4℃，是新中国成立以来50多年中最暖的一个冬季。该台2001年12月份平均气温为－2.4℃，比常年偏低0.9℃；1月份为0.1℃，比常年偏高3.8℃；2月份为3.4℃，比常年偏高4.1℃。春季（3～5月）各站平均气温大部分在13～15℃之间，均明显高于常年。其中平原地区平均气温为15.2℃，比常年偏高2.1℃；3月份平均气温为9.5℃，4月份为14.1℃，5月份为22.1℃，均分别比常年同月偏高了4.1℃、0.1℃及2.3℃。夏季（6～8月）平均气温在23～26℃之间，比常年略偏高。其中6月份平均气温比常年偏低，7、8月份平均气温比常年偏高。秋季（9～11月）平均气温在9～12℃之间，均比常年偏低。其中9月份平均气温比常年略偏高，10月、11月份平均气温比常年偏低。

年度内本市大部分测站的降水量在350～550毫米之间，比常年偏少二至三成；降水最多的是霞云岭站，年度降水量为594.1毫米，仍比常年偏少近一成；延庆站降水最少，年度降水量为290.4毫米，比常年偏少三成多；全市所有测站降水量均少于常年。其中冬季降水特少，测站降水量大部分在1.0～3.0毫米之间，比常年明显偏少，降水主要出现在12月份，1月份和2月份基本无降水。春季全市各站降水量大部分在40～60毫米之间，仅通州站为67.6毫米，降水比常年偏多一成，其他各站均比常年偏少一至四成。夏季全市各站降水量大部分在230～370毫米之间，降水比常年偏少一至四成。其中6月份大部分测站降水量多于常年；7月份偏少三至五成；8月份偏少二至三成。秋季全市各站降水量大部分在70～100毫米之间，少数测站降水量比常年偏少，其他测站降水量均接近或多于常年，其中9、10月份大部分测站降水比常年偏多，11月份基本无降水。

日照　本年度观象台在总日照时数为2 627.7小时，比常年偏少43.6小时。其中冬季接近常年；春季偏少21.4小时；夏季偏少59.2小时；秋季偏多

37.9 小时。

【重大气候事件及其影响】 ①降雪天气：虽然2001—2002 年冬季降雪比常年明显偏少，但主要集中在 2001 年 12 月上旬。12 月 7 日从中午前后开始降雪，由于气温低，降雪量较大，时间相对集中，到17 时前后地面积雪 2～3 厘米，正逢下班高峰时间，因为没有思想准备和相应有效的防范措施，造成全市地面交通大瘫痪，使广大市民都体会到了这次降雪给人们的生活、出行所带来的严重影响。②暖冬：观象台冬季平均气温距平为 2.4℃，气温之高是新中国成立以来 50 多年中最暖的一个冬季。特别是 1 月、2 月气温之高也创新中国成立以来同期平均气温的最高记录。暖冬气候使得冬小麦田表墒失散多，冻融频繁，造成冬小麦返青比常年提早 10～15 天，河、湖提早化冻，不少公园的游船比往年提前下水。③大风、沙尘天气多：由于春季降水偏少，气温高，3、4 月份本市大风、沙尘天气较多，观象台出现大风日 8 天，扬沙日 13 天，浮尘日 7 天。海淀、怀柔、门头沟、石景山、通州、汤河口等测站春季大风日数都在 10 天以上，其中通州和汤河口大风日数分别为 14 次和 17 次，均比常年偏多，对保护地蔬菜生长极为不利，对环境造成了一定影响。④连阴雨：6 月下旬本市出现了连续性降水，降水量分布不均匀，东南部平原地区降水较多，比常年同期偏多 5 成以上；21 日～26 日观象台出现 6 天连续降水日，门头沟降水量最多达 216.6 毫米，是该站建站以来同期最多值。⑤局地暴雨冰雹灾害：夏季里局地性的暴雨、冰雹等强对流天气时有发生，较为严重的冰雹、大风天气有 3 次，局地大暴雨 1 次。7 月 1 日下午，房山、怀柔两区的 15 个行政村遭受冰雹袭击，直接经济损失 300 万元；8 月 1 日夜在密云、怀柔的部分地区出现了局地大暴雨或特大暴雨，石城地区 4 小时降雨量 280.2 毫米，6 个村庄和 4 个旅游点受灾，直接经济损失2 000多万元；8 月 4 日夜间，通州区出现了较严重的雷雨、大风、冰雹天气，造成房倒屋塌，树木被刮倒，部分供电、供水、通讯设施遭破坏，死亡 3 人，造成直接经济损失 2 亿元。8 月 11 日下午怀柔区 6 个村遭受冰雹袭击，直接经济损失 270 万元。⑥高温闷热天气：夏季出现了两段高温闷热天气，观象台 7 月 11～16 日连续 6 天日最高气温均在 35℃ 以上，14 日最高气温达 41.1℃，是 1915 年以来 7 月中旬日最高气温的最高值；当日平原地区各站日最高气温都在 40℃ 以上，均为各站历史同期最高值。7 月 29～8 月 5 日出现高温、高湿的闷热天气，日最高气温在 30℃ 以上，由于相对湿度大，使人们感觉闷热难耐，心脑血管疾病、哮喘和肺炎及高热腹泻的患病人数增多。在高温闷热天气时期里，本市用水用电均创新高，尤其城市电网一直处于高负荷运转状态。

纵观全年，冬小麦产量与 2001 年基本持平，夏玉米丰产，农业生产属于一般略偏好年景。

2002 年气象资料

月份	降水量（毫米）	平均气温（℃）	日照时数（小时）	平均风速（米/秒）	平均气压（百帕）	大风日数（天）
全年	370.4	13.2	2 588.4	2.3	1 012.7	15
1	0	0.1	206.7	2.0	1 020.7	1
2	0.5	3.4	207.6	2.1	1 020.5	1
3	6.0	9.8	259.9	3.2	1 012.7	3
4	37.7	14.1	218.8	3.2	1 009.4	5
5	12.3	21.9	267.1	2.4	1 007.6	0
6	103.5	23.6	181.8	2.3	1 002.0	3
7	54.9	27.5	249.4	2.1	999.7	0
8	74.3	25.7	206.9	2.0	1 004.4	0
9	50.7	20.5	231.2	2.0	1 012.4	0
10	22.6	10.7	225.8	2.1	1 016.1	1
11	0	3.4	220.4	2.6	1 020.0	1
12	7.9	−2.9	112.8	1.8	1 026.6	0

无霜期：199 天

年极端最低气温：12 月 31 日 −12.8℃

年极端最高气温：7 月 14 日 41.1℃

（王桂田　曹冀鲁）

山区建设

概　述

2002年京郊山区工作的奋斗目标是：面向89个山区乡镇，以市定49个边远山区乡镇和395个低收入村为重点，在水利富民工程推动下，加快调整产业结构，培育发展三大主导产业，重点抓好五项工作，实现山区乡镇农村经济营业收入和农民人均劳动所得分别增长10%以上，完成消除80%以上低收入村任务。要求山区各级领导和广大群众振奋精神，抢抓机遇，迎接挑战，进一步理清思路，完善政策，深入调整产业结构，大幅度增加农民收入，扎扎实实把山区水利富民综合开发工程引向深入，为率先实现首都郊区现代化做出更大贡献。

2002年的重点工作是：第一，深入开展山区水利富民综合开发，培育发展山区三大主导产业。深入广泛地开展水利富民工程，重视截流蓄水，进一步加强集雨、集泉工程建设，结合结构调整，将节水灌溉作为一项革命性措施努力实现，提高现代化水平。培育发展山区三大主导产业。特色果林业建设，在提高果品品质、进行果品深加工下功夫，选用优质苗木，实现节水灌溉，加强科学管理，提高果林业效益。大力发展果品加强龙头企业，加快山区特色果林业产业化进程。推进绿色养殖业的更大发展，发展以牛羊等草食家畜和特养为重点的绿色养殖业，扩大规模，增加总量，提高水平，实现由传统养殖业向现代养殖业转变。充分发挥山区养殖小区作用，进一步培育养殖业专业村，实行舍饲、半舍饲。保护改善山区生态环境。大力发展山区休闲旅游业，搞好提高和管理，科学规划，进行山区旅游的深度开发。建设一批山区民俗休闲旅游专业村。第二，全面推进山区开发建设，重点抓好消除低收入村工作，对市定49个边远山区乡镇工业小区的基础设施等方面给予扶持。继续鼓励山区人口合理流动。

2002年边远山区乡镇经济持续稳步发展。乡镇增加值实现55.8亿元，比上年47.7亿元增长17%。地方财政收入5.1亿元，比上年3.9亿元增长31%；上缴税金4.8亿元，比上年3.7亿元增长28%。农民人均劳动所得4 250元，比上年3 700元增加550元，增长15%。综观2002年边远山区经济发展，呈现出几个特点。第一，经济发展速度加快，各项主要指标增幅均高于郊区增长速度。2002年边远山区乡镇增加值、地方财政收入、农民人均劳动所得分别比上年增长17%、31%和15%，均高于全郊区13%、25%和12%的增长速度。其中地方财政收入比上年增长1.2亿元，增幅比上年增加了15个百分点。第二，结构调整速度加快，产业结构逐步趋于合理。2002年边远山区乡镇第一产业增加值12.5亿元，比上年11.6亿元增长7.6%；第二产业增加值20.2亿元，比上年16.6亿元增长21.4%；第三产业增加值23.1亿元，比上年19.4亿元增长19.3%。一、二、三产业增加值比重为23∶36∶41，第一产业占乡镇增加值比重比2001年有所下降，而二、三产业所占比重正逐年上升，产业结构逐步趋于合理。边远山区乡镇旅游业发展呈现出强劲势头，2002年接待游客902.9万人次，比2001年增加游客253万人次，增长39%；旅游综合收入实现8.4亿元，比上年5.3亿元增长了58%。第三，农民人均劳动所得继续大幅度增长，消除低收入工作进展顺利。2002年边远山区乡镇农民人均劳动所得增长15%，超过了计划10%的增长速度。在市定49个边远山区乡镇中，农民人均劳动所得最高的是怀柔区雁栖镇6 250元，5 000元以上的有6个乡镇。山区仅有12个村在2 500元低收入线以下，消除低收入村工作已完成了总任务的96%。房山区、门头沟区、昌平区、延庆县、密云县已全部消除了2 500元以下低收入村。

整体工作

【京郊山区工作汇报会召开】 5月15日，市农委组织7山区区县主管区县长及有关部门参加的京郊山区工作汇报会。市委农工委书记、市农委主任李进山同志讲话。汇报会上解决的主要问题：一是充分认识北京山区的优势。北京市山区面积1.06万平方公里，占全市国土总面积的62%，一个国家的首都拥有这么大比例的山区面积，在国内外大城市和世界各大国的首都中少有。这是北京一大特点和潜在优势。对全市经济、社会发展具有十分重要的意义。二是充分发挥山区独特优势。随着全市经济社会的飞跃发展，面对我国入世和北京申奥成功的新形势，北京山区的资源优势将进一步显现，北京山区的潜力将得到充分发挥。山区最大的优势在于良好的绿色生态环境，最大的潜力在于如何把丰富的资源变成可利用的资本，实现人口、资源、环境合理配置，实现山区可持续发展。会议要求着手研究今后5年山区工作规划。在总结工作的基础上组织力量，搞好下一步工作的调查研究，在广泛听取各方面的意见后，着手制定今后5年的山区发展规划。各山区区县、市各有关部门在总结以往山区工作经验的基础上，打破原有的框框和束缚，学习借鉴外省市、乃至国外好的做法、好的经验，结合自身实际情况，进一步解放思想，开动脑筋，为山区如何进一步加快发展，如何使农民尽快富裕起来提出意见和建议，为市委、市政府决策出谋划策，进一步推动山区经济、社会的跨越式发展。

【部分边远山区乡镇进行区划调整】 密云县北庄乡列入市定边远山区乡镇，享受边远山区的有关优惠政策。怀柔区怀北镇列入市定边远山区乡镇，享受边远山区的有关优惠政策。怀柔区宝山寺乡、碾子乡合并成立宝山镇，琉璃庙乡、崎峰茶乡合并成立琉璃庙镇。宝山镇、琉璃庙镇原行政区域均属于市定边远山区，建制调整后，继续列入市定边远山区乡镇，享受边远山区的有关优惠政策。区划调整后，有市定49个边远山区乡镇，行政村953个，自然村1 856个，镇域面积7 660平方公里，耕地面积139 742公顷，总户数241 680户，总人口641 000人，其中农业户数199 304户，农业人口559 522人。

【开展制定“北京市边远山区‘558’绿色生态富民工程纲要”调研】 市农委牵头共组织25个部门开展调研工作，拟制定《北京市边远山区“558”绿色生态富民工程纲要》，与水利富民综合开发工程规划相衔接，作为今后山区工作的指导性意见。《纲要》初步计划分为序言、指导思想、奋斗目标和任务、基本原则、重点工程、政策保障、组织领导等六部分。

【开展在边远山区乡镇实施搬迁工程调研】 市农委组织有关单位开展边远山区乡镇实施搬迁工程调研。主要对搬迁工作的对象和范围，搬迁工作的指导思想和原则，搬迁工作的方式和时限，搬迁工作的政策和要求进行了调研。并对山区已实施的搬迁工程情况和效果进行评价。

【关于利用山区煤矸石等废弃资源发展环保建材产业的调研】 近年来，为贯彻落实国务院办公厅《关于进一步做好关闭整顿小煤矿和煤矿安全生产工作的通知》精神，北京山区关闭了“小煤窑”、“小矿山”、“小水泥”等企业1 000余家，涉及7个山区区县的38个乡镇、360个村产业结构的调整，3.5万山区农民的转岗就业。为了使山区尽快适应新形势，加快产业结构调整步伐，尽快找到增收致富的途径，市农委对山区的资源进行了调研。认识到，应积极引导利用煤矸石等废弃资源发展环保建材产业。第一，把煤矸石等废弃资源变废为宝前景广阔。一是山区煤矸石等废弃物存量大，可开发时间长；二是市场需求量大，商业前景看好；三是已经具备一定产业基础和技术水平。第二，利用煤矸石等废弃物发展环保建材产业意义重大。一是有利于生态环境建设，解决部分地区安全隐患；二是节约能源，保护耕地；三是有利于促进就业，促进农民增收。发展煤矸石产业，需要政府大力推动。一是制定发展山区环保建材产业规划；二是解决产业融资困难和确保落实相关税收政策；三是确定山区环保建材业发展重点乡镇；四是建立山区环保建材产业的专项扶持资金。

【市政府顾问团对山区产业发展开展调研】 2002年，市政府顾问团顾问对山区生态产业可持续发展模式进行调研。调研首先对京郊山区功能进行定位，论述了京郊山区产业可持续发展模式，最后提出了实施山区产业化经营模式的支撑条件和建议。调研还分别对京郊山区林业可持续发展模式、京郊山区果业的发展格局及经营模式、京郊山区蜂业发展前景及对策、京郊山区畜牧业发展模式、京郊山区工业发展模式、京郊山区农家民俗旅游业发展模式、京郊山区科教兴村模式进行了调研，并对京郊山区经济社会发展政策体系进行了研究。

水利富民工程

【水利富民工程列入市政府为民办60件实事及折子工程】 2002年山区水利富民综合开发是市政府为群众办的60件实事之一，市委、市政府领导高度重视，多次深入山区调研指导工作，山区区县各级政府、广大干部群众狠抓落实。水利富民工程大力发展集雨节灌，突出流域网络化配置水资源，统筹解决生产、生活和生态用水，推动结构调整和主导产业发展，山区生产、生活条件得到进一步改善和提高。山区发展向资源增值的可持续方向迈进，生态环境建设力度加大。全年超额完成折子工程任务，成效显著。

【扶持山区水利富民五小工程网络化政策出台】 2002年1月，市农委、市财政局联合发出《关于推进农村经济结构调整加快农民致富步伐若干政策意见》。其中“关于山区水利富民五小工程网络化”规定：山区水利富民五小工程网络化是指在山区一定流域内，充分利用大气降水、科学拦蓄地表水、适度开采地下水，以五小工程、拦蓄工程和集雨节灌工程为重点，实现山区水资源高效配置的工程体系。

【2002年度山区水利富民工程特点】 第一，三水联调，网络配套。水利富民工程以小流域为单元，将五小集雨工程与灌区、塘坝截流、地下水统筹规划，综合治理，形成三水联调，网络配套，实现了水库水、雨洪水、泉水、井水联调，一年四季供水，达到一水多用，零水整用，小水大用，重复利用的目标，保证了农业、生活、企业、环境四项用水。山区形成以中小型水库为水源，20条灌区为支撑，5 102处井站、塘坝、截流为调蓄，5.5万处五小工程连接田间，发展集雨节灌的框架。流域网络化水资源配置

体系的初步形成，充分发挥了水资源的基础性作用，更加巩固了水利富民综合开发第一阶段百万山区群众人均一亩抗旱灌溉果园和一亩抗旱灌溉粮田“双一”目标的建设成果，成为山区群众建设美好家园的载体和手段。第二，科学治水，资源增值。科学治水使山区水多了、山绿了，山区面貌发生巨大变化，加快了首都绿色生态屏障建设步伐。为推进流域网络化，优化配置水资源，利用“3S”技术将北京山区划分为547条小流域，削流域内山、水、林、田、路统一规划，拦、蓄、灌、排、节综合治理，部分区县成立流域水务站，统一管理水资源。在流域网络化配置水资源中，大力推广怀柔区连拱闸拦蓄技术、V字型路面集雨技术、自吸式水窖出水技术、深埋式泵表一体技术，延庆县组装蓄水窖技术，昌平区一树一库保水技术，平谷区干渠集雨技术、流域网络化技术，密云县公路集雨技术、五小工程网络化技术，房山区防渗膜集雨技术，门头沟区坡面集雨技术等12项实用技术，科学技术的应用已成为推进水利富民工程走向深层次的载体和手段。随着水利富民工程科技含量的提高，水资源的优化配置，使区域资源迅速增值。各区县在山区中小河道上建成拦蓄工程，形成一处工程、一个旅游点、一个致富村、一个水源回补区，不仅推动了产业结构的提升，而且极大地改善了生态环境，推动了休闲旅游业的发展。山区走向了一条清水河，一道风景线，一个产业链。春天有天鹅光临，夏天有野鸭追逐嬉戏，青山、绿水、天鹅、野鸭，四季成趣。老百姓说，水利富民也为2008年绿色奥运贡献了一份力量。第三，环境水利，农民致富。统一规划配置水资源，由单纯解决抗旱用水向生态、旅游用水方向延伸，推进山区涵养保护水源，建立生态屏障，带动生态旅游和休闲产业发展，有力地推动了山区经济结构的调整和支柱产业的形成。水利富民带动农田水利向资源水利的转变，形成了有水就有果，有水就有绿，有绿畜牧旺的格局。以水为纽带，初步形成观光农业水利工程、农庄高效水利工程、股份制水利工程和碧水田园水利工程等具有山区旅游休闲特性的新模式，水利富民工程已经成为山区农民脱贫致富的强有力手段，取得了显著的综合效益。2002年第一、二季度，市定49个边远山区乡镇实现增加值23.9亿元，比去年同期增长28%，边远山区乡镇农民人均可支配收入1 997元，比去年同期增长22%，新建高标准果园48个，新栽果树1.47万公顷；山区养殖业新建养殖小区73个、累计达到480个，入区农户超过8万户，边远山区养殖业专业村已发展近400个，实现产值7.1亿元，同比增长30%；山区旅游收入超过2.7亿元，同比增长89%，边远山区乡镇接待游客351万人次，同比增长40%，“绿水、净水、富民”在山区得到充分展示。第四，发挥功能，山川秀美。按照绿色奥运理念，水利富民工程结合山区饮用水源保护、绿色生态屏障和休闲产业基地建设等三大功能，加大水利富民综合开发建设力度，突出资源水利、生态水利对首都优美环境及可持续发展的贡献。水利富民工程促进了区域水资源的优化配置，各区县在治理、开发、利用、配置、节约、管理、保护水资源中很好地处理了水与经济发展、生态环境建设的关系。2002年度，全市山区已完成综合防治水土流失面积300平方公里。经过治理的小流域，削减洪峰在50%以上，各类水土保持措施年保水能力达到1 500万立方米。按照“空气清新、环境优美、生态良好”的首都环境要求，水利富民围绕山水做文章，让青山披绿，碧水长流，促进了区域经济的可持续发展。

【京郊山区险村防汛防护情况】 据原地质部遥感中心统计，本市发生过泥石流的沟道共518条，其中古代泥石流沟道290条，现代泥石流沟道228条，其中在一级预测区2 044平方公里，分布3大块6个区，3块是怀柔区与密云县的北部山区、门头沟区和房山区山区，内有310条沟道；在二级预测区1 920平方公里，分布5大块7个区，5大块是房山、门头沟、延庆、昌平、密云与怀柔北部山区，内有144条。据统计，全市新中国成立后发生较大的泥石流13次，死460人，重伤近百人，冲毁房屋6 000余间，耕地1.33万余公顷。市有关部门对山区山洪、泥石流易发区近4 000平方公里内受山洪、泥石流威胁的村庄分布状况进行了调查，其中对受10～20年一遇洪水威胁需用工程防护措施解决，596处，23 866户，94 847人，超额完成规划需防护解决的任务。2002年，本市按照组织系统要求，小水库和存在险情隐患的塘坝明确了防汛责任人，制定了运行方案。各区县对山洪、泥石流易发区逐村逐户落实防汛责任制，对在汛前检查中发现的问题及时进行处理，对事关防汛抢险的人员、设备、物资优先安排，对存在隐患的部位严加防范，遇有险情，做到能够及时组织，按照避险转移预案进行撤离，力争做到不死人。对于山洪、泥石流，山区采取了四项防治措施。第一，小流域综合治理。北京市山区以小流域为单元，全面规划，因地制宜，因害设防，实行山、水、林、田、路综合治理。在坡面分水岭两侧采取封山育林育草为主；在坡面修建水土保持林；在坡角建高标准的梯田、条田；在沟道内兴修谷坊。做到一般工程和骨干工程相结合，形成从上游到下游，从支沟到主沟，从坡面到沟道各层次的拦、蓄、淤、排、灌结合，乔木、灌木、草皮互补的综合防护体系。山区林木覆盖率达到62%，水土流失治理达标面积2 751平方公里。第二，对山区险村险户进行搬迁。1994—1997年，北京山区实施“四四”奔小康攻坚计划的搬迁工程，对地处泥石流危险区的险村险户，市政府安排专项资金，采取搬迁的措施，累计搬迁1.84万户、5.4万人。第三，建立北京市山区泥石流预警报警系统。对全市山区泥石流沟道逐处调查，摸清不同地区、不同类型泥石流地质地貌、水文气象、人类活动情况，研究发生泥石流的各种临界条件及避险措施，采取“四包”、“七落实”组织转移避险，每年上汛前要求山区所有险村村委会主任，都参加一次区县防汛办组织的避险实战演习，所有险村都自行组织一次避险实战演习，以确保安全度汛。第四，进行宣传教育，增强全民防灾意识。市和区县运用多种形式，对不同层次的人员进行泥石流防灾、抗灾和救灾的科技知识的教育，提高全民防灾意识。认真贯彻执行《防洪法》、《水土保持法》、《河道管理条例》等法规，保证行洪河道、沟道的畅通，搞好退耕还林还草，恢复植被，振兴经济，提高防灾抗灾能力，减少泥石流灾害。

【2002年度北京市山区水利富民综合开发先进单位】 2002年10月15日，中共北京市委农村工作委员会和北京市农村工作委员会印发"关于表彰2002年度北京市山区水利富民综合开发先进单位的决定"。授予怀柔区、平谷区、房山区、密云县"2002年度北京市山区水利富民综合开发优秀区县"称号；授予延庆县、昌平区、门头沟区"2002年度北京市山区水利富民综合开发先进区县"称号；授予北京市水利局、北京市林业局、北京市农业局、北京市农林科学院、北京市水产总公司、北京华都集团有限责任公司、北京兴东方实业公司、北京市大发畜产公司、北京市农村经济研究中心、北京农业职业学院、北京市公路局、北京市发展计划委员会农村经济发展处、北京市财政局农业处、北京市广播电视局社会管理处、北京市工商业联合会光彩事业办公室、北京市农村信用联合社计划信贷部、北京农学院科教兴农办公室、怀柔区电信局、北京市移动通讯公司平谷分公司、北京东方鑫瑞房地产开发公司、北京市顺天通房地产开发公司、北京地球村环境文化中心等22家单位"支援山区建设先进单位"称号；授予房山区长沟镇、房山区青龙湖镇、房山区十渡镇、门头沟区永定镇、门头沟区斋堂镇、门头沟区王平地区办事处、延庆县千家店镇、延庆县康庄镇、延庆县香营乡、昌平区流村镇、昌平区长陵镇、昌平区兴寿镇、怀柔区喇叭沟门满族乡、怀柔区琉璃庙镇、怀柔区渤海镇、密云县巨各庄镇、密云县大城子镇、密云县北庄镇、平谷区靠山集镇、平谷区大华山镇、平谷区镇罗营镇"2002年度北京市山区水利富民综合开发先进乡镇"称号；授予房山区史家营乡金鸡台村、房山区霞云岭乡四马台村、河北镇半壁店村、门头沟区清水镇小龙门村、门头沟区妙峰山镇上苇甸村、门头沟区龙泉镇龙泉务村、延庆县八达岭镇里炮村、延庆县四海镇海子口村、延庆县珍珠泉乡八亩地村、昌平区南口镇羊台子村、昌平区长陵镇北庄村、昌平区十三陵镇万娘坟村、怀柔区喇叭沟门满族乡孙栅子村、怀柔区宝山镇宝山寺村、怀柔区渤海镇渤海所村、密云县河南寨镇荆梨园村、密云县古北口镇汤河村、密云县高岭镇上甸子村、平谷区南独乐河镇峨嵋山村、平谷区靠山集镇东上营村、平谷区刘家店镇刘店村"2002年度北京市山区绿色生态富民先进村"称号；授予怀柔区水资源局常志来"北京市山区水利富民综合开发科技贡献奖"。

【2002年度北京市山区水利富民综合开发总结表彰大会召开】 10月31日，召开"2002年度北京市山区水利富民综合开发总结表彰会议"。市委副书记强卫、副市长刘志华出席会议并讲话。市各有关单位领导，7山区区县委书记、区县长，有关单位及山区乡镇党委书记参加会议。会上，怀柔区、延庆县领导作了典型发言。副市长刘志华同志作"与时俱进，开拓创新，为建设山川秀美的新山区而努力奋斗"的工作报告，总结了2002年度山区水利富民综合开发工作并部署2003年度工作意见。强卫副书记在讲话中对山区建设需要加强研究解决的问题做了阐述。

【2002年度山区水利富民综合开发工程成效显著】 2002年度是山区水利富民综合开发的第五年，市委、市政府领导高度重视，多次深入山区调研指导工作，要求从绿色奥运理念出发，水利富民工程建设与发挥山区功能相结合，与农民致富相结合，采取有力措施，广辟抗旱水源，大力发展节水灌溉，努力推进流域网络化，积极调整产业结构，确保人畜饮水，促进农民增收。2002年一年来，水利富民完成五小工程1.1万处，截流及井站塘坝1 571处，利用集雨场面积68.3万平方米，新增蓄水能力380万立方米，新增改善灌溉面积2.58万公顷，解决了2.9万人、7 600余头大牲畜的饮水问题。山区有6.7万余户、25万农民投入水利富民工程建设，累计投入机械台班5万余个，投入资金近2.3亿元，其中农民自筹1.23亿元，占总投资的54%。有限的水资源统筹服务于生活、生产和生态，水利富民工程与时俱进地推动了山区结构调整、水源保护和生态屏障建设。第一，水利富民综合开发工程基本构建了山区水资源网络化调配的框架。第二，水利富民综合开发工程促进了山区农业结构调整，三大主导产业的形成，带动了农民增收。第三，水利富民综合开发工程改善了山区生态环境，增强了山区作为首都第一道生态屏障的功能。第四，水利富民综合开发工程激发了社会支持山区建设的热情，促进了山区科技水平的提高。

【北京市山区水利富民综合开发经验交流会召开】 2002年12月4日，召开北京市山区水利富民综合开发经验交流会。会上，各山区区县分别汇报情况，交流经验，并组织参观了密云县太师屯、穆家峪、北庄等乡镇小流域综合治理、果树发展和节水灌溉工程，7个区县农委主任、水利局长参加会议，汇报了认真贯彻落实10月31日市水利富民综合开发总结表彰会议精神，及时召开水利富民综合开发专题会议，传达市会精神，部署2003年任务，山区水利富民综合开发又有新进展。

产业结构调整

【2002年山区结构调整工作重点】 2002年山区结构调整工作树立产业化经营观点，加快山区特色产业的发展。

第一，抓好山区六大绿色养殖业产业化项目建设，养殖业产值实现15亿元。一是重点抓好以盛世富民清真食品有限责任公司（昌平区）、祥云食品有限公司（密云县）、龙凤山食品公司（门头沟区）为龙头，以昌平区兴寿镇、密云县高岭镇、门头沟区清水镇、延庆县千家店镇等乡镇为基地的肉羊产业化建设。目标是：出栏商品羊达到25万只，比上年增加2万只，带动农户1.2万户。二是重点抓好以卓宸畜牧有限公司（房山区）、利康肉食品有限公司（平谷区）为龙头，以房山区蒲洼乡、平谷区韩庄镇、怀柔区汤河口镇、密云县石城镇、延庆县四海镇等乡镇为基地的肉牛产业化建设。目标是：出栏肉牛4.5万头，比上年增加1万头，带动农户4 500户。三是重点抓好以三元食品有限公司、伊利实业有限公司为龙头，以延庆县永宁镇、密云县太师屯镇、房山区周口店镇等乡镇为基地的奶牛产业化建设。2002年目标是：奶牛存栏3.3万头，新增加5 000头，带动农户6 000户。四是重点抓好以华都集团公司、大发正大有限公司为龙头，以延庆县井庄镇、怀柔县宝山镇、平谷区靠山集镇等乡镇为基地的肉鸡产业化建设。目标是：出栏商品鸡5 000万只，比上年增加500万只，带动农户1万户。五是重点抓好以京密水产公司（密云县）、顺通养殖中心（怀柔区）为龙头，以怀柔区琉璃庙镇、房山区十渡镇、密云县古北口镇等乡镇为基地的水产品产业化建设。目标是：水产品产量450万吨，新增加50万吨，带动农户1 000户。六是重点抓好以市蜂业公司、夏都蜂业公司（延庆县）为龙头，以昌平区流村镇、延庆县大庄科镇、房山区佛子庄乡、平谷区黄松峪乡、密云县不老屯镇等乡镇为基地的蜂业产业化建设。目标是：养蜂总数达到14万箱，新增1万箱，带动农户6 200户。

第二，抓好山区六大特色果品产业化项目建设，果品产值实现7亿元。一是重点抓好以华邦食品公司（平谷区）为龙头，以平谷区韩庄镇、靠山集镇、镇罗营乡等乡镇大桃为基地的产业化发展。新发展大桃666.67公顷，累计大桃果园面积1万公顷。二是重点抓好北京富亿农板栗有限公司（怀柔区）为龙头，以怀柔区渤海镇、怀北镇、九渡河镇、密云县不老屯镇、石城镇、冯家峪镇等乡镇板栗为基地的产业化发展。新发展0.33万公顷，累计板栗果园面积2.67万公顷，带动40 000户。三是重点抓好以延庆县四海杏核厂为龙头，以延庆县大庄科乡、千家店镇、四海镇等乡镇仁用杏为基地的产业化发展，新发展0.13万公顷，累计仁用杏果园面积0.33万公顷，带动农户5 000户。四是重点抓好以房山区农副产品产销协会为龙头，以房山区河北镇、周口店镇、十渡镇、佛子庄乡等乡镇磨盘柿为基地的产业化发展，新发展666.67公顷，累计磨盘柿面积0.33万公顷，带动农户6 000户。五是重点抓好以昌平中日友好观光果园为龙头，以昌平区长陵镇、兴寿镇、流村镇等乡镇苹果为基地的产业化发展，新发展666.67公顷，累计苹果面积0.33万公顷，带动农户5 000户。六是重点抓好以门头沟核桃实验站为龙头，以门头沟区清水镇、斋堂镇、雁翅镇、房山区霞云岭乡等乡镇核桃为基地的产业化发展，新发展666.67公顷，累计核桃果园面积0.2万公顷，带动农户4 000户。结合山区水利富民综合开发，围绕安全农产品生产体系建设，提高山区果品标准化生产水平，加强技术推广和品牌建设，49个边远山区乡镇果树再增加1万公顷，山区果品达到绿色食品的要求，果品上市60%有品牌，现代化高效果品园区突破3.33万公顷。

采取有效措施，推进山区主导产业发展。第一，抓好山区农民经济合作组织建设。重点扶持房山区十渡镇流水养鱼产销合作社、门头沟区妙峰山镇鸵鸟养殖协会、昌平区流村镇肉鸡养殖协会、延庆县井庄镇肉鸡养殖协会、怀柔区汤河口镇西洋参种植协会、密云县冯家峪镇柴鸡养殖合作社、平谷区镇罗营镇桃园果品运销协会等20个对山区特色产业发展具有带动和促进作用的农民经济合作组织，协调解决加工、贮运、技术培训、市场开拓等问题，辐射带动农户1万户。第二，推行农户小额信用贷款，促进山区农户自我发展能力。协调市农村信用联社安排专项农户小额信用贷款，争取市定边远山区乡镇农户使用贷款规模达到2亿元。协调市、区县、乡镇筹集1 000万元农户贷款风险担保资金，加大对边远山区乡镇和低收入村扶持力度。第三，树立科教兴农观点，提高山区科技文化水平和农民素质。重点解决山区农业结构调整、产业升级存在的技术问题，认真抓好果品套袋、嫁接、舍饲养殖技术、疫病防治、品种改良等五项实用技术的推广应用，在边远山区乡镇覆盖面突破50%。积极开展科教兴农活动，有1 000人获得绿色培训证书。

【解决农户发展主导产业资金问题】 进一步提高京郊山区农民的收入水平，促进山区经济跨越式发展，经市农委和市信用联社研究，决定在确保贷款质量的基础上，在市定边远山区和少数民族乡镇全面推行农户小额信用贷款，充分解决农村工作中存在的中、低收入农户增收致富担保难、贷款难问题，进一步简化手续，方便农民借贷，扩大农户贷款的受益面，2月19日，市农委、市农村信用社联社制定《关于开展农户小额信用贷款的实施意见》，对贷款对象及扶持原则、贷款方式和组织管理做了具体规定。2002年，对边远山区乡镇发放贷款证5 080个，向5 659户低收入农户发放小额信用贷款总额1.1亿元。

【京郊山区旅游业发展迅速】 山区旅游业已经成为京郊山区发展最为迅速的主导产业。2002年“五一”黄金周期间，全市7个山区区县共接待游客441万人次，比上年同期增加200万人次；旅游总收入突破2亿元，同比增长48%；民俗旅游收入达到1 850万元，同比增加850万元；旅游景点共到机动车24.8万辆，非机动车47万辆，再次创下历史同期的最高水平。

【山区主导产业发展成效显著】 第一，山区种植业发展。2002 年边远山区乡镇种植业产值 10 亿元，基本与上年持平。其中果品产值 3.5 亿元，比上年 3.6 亿元减少 4%。干鲜果品产量 16 万吨，比上年 15.4 万吨增长 4%。新发展果树面积 0.93 万公顷，累计达到 9.33 万公顷。更新改造果园面积 0.22 万公顷，累计达到 4.23 万公顷，比上年 3.28 万公顷增加 29%。其中标准果园 1.47 万公顷，观光果园 0.38 万公顷。第二，山区养殖业发展。2002 年边远山区乡镇养殖业产值 15.7 亿元，比上年 13.2 亿元增长 19%。农副产品出口供货额 9 289 万元，比上年 8 288 万元增长 12%。出栏肉牛 3.1 万头，比上年 2.5 万头增长 25%；出栏肉羊 54.9 万只，比上年 50.9 万只增长 8%；奶牛存栏 1.2 万头，比上年 1 万头增长 13%；牛奶产量 3 万吨，比上年 2.2 万吨增长 35%；出栏肉鸡 2 857 万只，比上年 2 445 万只增长 17%；水产品产量 8 406 吨，比上年 5 919 吨增长 12%。第三，乡镇企业发展。2002 年乡镇企业总收入 124.2 亿元，比上年 103.6 亿元增长 20%；利润总额 9.6 亿元，比上年 7.7 亿元增长 24%；出口供货额 6.8 亿元，比上年 5.4 亿元增长 24%。边远山区工业小区 19 个，入区企业 177 家，比上年 137 家增加 40 家；销售收入 27.1 亿元，比上年 18.5 亿元增长 47%；利润总额 1.6 亿元，比上年 1.1 亿元增长 49%；出口供货额 2.2 亿元，比上年 1.5 亿元增长 45%；上缴税金 1 亿元，比上年 0.7 亿元增长 56%。第四，旅游业发展。边远山区乡镇有国家 A 级以上景区景点 24 个，2002 年旅游收入 8.4 亿元，比上年 5.3 亿元增长 58%；接待游客 903 万人次，比上年 650 万人次增长 39%。市级民俗旅游专业村 63 个，民俗旅游专业户 1 844 户；旅游专业村收入 2 亿元，比上年 1.2 亿元增长 73%。

【召开北京市 2002 年京津风沙源治理工程退耕还林工作会议】 2 月 27 日，2002 年京津风沙源治理工程退耕还林工作会议召开。会议主要是贯彻落实中央、国务院关于实施退耕还林、加强生态环境建设的精神，部署本市 2002 年京津风沙源工程退耕还林工作。

【退耕还林工作的指导思想及原则】 退耕还林的指导思想是：全面贯彻党中央、国务院关于加快环北京地区防沙治沙工作建设、保护和改善首都生态环境的指示精神，以建设高标准的生态体系为目标，按照生态优先、景观优美、产业优化、高质高效的原则，全面规划，分步实施，突出重点，稳步推进；遵循自然和经济规律，采取生物、工程、农艺等综合措施，提高退耕还林工程的质量水平，确保“退得下、还得上、稳得住、能致富、不反弹”，把改善首都的生态环境与促进农村经济社会的发展和全面进步相结合，为实现 2008 年北京“绿色奥运”的承诺、建设一流国际大都市做贡献。退耕还林工程建设原则：一是坚持全面规划、分步实施的原则。二是坚持生态效益优先、兼顾经济效益、突出景观效益的原则。三是坚持集中连片、突出重点、注重实效的原则。四是坚持政府投资扶持、农民建设管护的原则。

【退耕还林的主要政策】 为实施好全国退耕还林还草工程，国务院印发《关于进一步做好退耕还林还草试点工作的若干意见》，国家计委等有关部门也正在制定京津风沙源治理工程管理办法，为抓好本市退耕还林工作，市有关部门研究制定了具体政策：第一，列入国家退耕还林计划，经市林业局、财政局验收、核准的退耕农户，每 666.67 平方米退耕地每年补助粮食（原粮）100 千克，粮食补助年限为经济林 5 年，生态林 8 年。第二，为鼓励农民退耕还林，国家在一定时期内给退耕户适当的现金补助。现金的补助标准按退耕面积每年每 666.67 平方米 20 元计算，补助年限与粮食补助年限相同，经济林补助 5 年，生态林补助 8 年。第三，退耕地造林的种苗费补助费标准为 100 元/666.67 平方米，其中：中央补助 50 元/666.67 平方米，地方配套补助 50 元/666.67 平方米。配套荒山荒地人工造林的种苗费补助费标准为 300 元/666.67 平方米，其中：中央补助为 50 元/666.67 平方米，地方配套补助 250 元/666.67 平方米。以上地方配套补助资金，由市、区县两级财政按 1:1 配套解决。第四，在确定土地所有权和使用权的基础上，实行“谁退耕、谁造林、谁经营、谁受益”的政策，农民承包的耕地和宜林荒山荒地，植树造林以后，承包期一律延长到 50 年，允许依法继承、转让，到期后可按有关法律和法规继续承包。第五，退耕还林后，及时依法确认林地权属和发放林权证，办理土地变更手续，落实管理责任。对于退耕地的农业税和还林后林权等具体问题，市有关部门将根据国家有关政策另行规定。

【退耕还林安排和计划】 依据《环北京地区防沙治沙工程规划》，我市退耕还林工程涉及列入京津风沙源治理工程的门头沟、昌平、延庆、怀柔、密云和平谷 6 个区县，退耕还林工程总面积 4.75 万公顷，主要是 25 度以上的坡耕地、国家级、市级公路、河流两侧的坡耕地和土层薄、灌溉困难的坡台地、沟谷川地和风沙危害区的沙化土地。规划从 2001 年开始试点，2002 年全面展开，到 2010 年全部完成京津风沙源治理工程范围内的六个区县的 4.75 万公顷退耕还林任务。根据国家计委、国家林业局联合下达的计划，2002 年我市京津风沙源治理工程退耕还林任务为，退耕地造林 1 万公顷，配套荒山荒地造林 1 万公顷，全市退耕还林完成总造林任务 2 万公顷。

【山区退耕还林工作要求】 第一，退耕还林还出高标准、还出高效益。坚持高标准、高质量一是科学制定退耕还林规划，因地制宜搞好作业设计；二是选择优良树种，确保苗木质量；三是严格按照规划设计组织施工；四是要加强抚育管理，确保苗木成活，促进林木生长。坚持高效益是林业建设的重要内容，以建设高标准的首都绿色生态体系为目标，坚持生态优先、景观优美、产业优化、高质高效，因地制宜，分类指导。一是突出生态效益，注重景观效果；二是发展绿色产业，实施林业富民工程。

第二，依靠科技，强化培训，努力提高退耕还林的科技含量。一是坚持把科技贯穿于退耕还林工程建设的全过程，根据国家和市有关规定，结合本区县的实际制定科技支撑实施方案，成立科技支撑领导小组，聘请专家做顾问，指导退耕还林工程建设；二是加强现有成熟科技成果的组装配套、推广应用。每个区县在退耕还林工程区建立一批示范区、示范点，发挥辐射带动效应，推动全市的退耕还林工程建设；三是加强技术培训，建立分级技术培训制度。市、区县、乡镇都制定切实可行的科技培训计划，分期、分批地对技术管理人员和农民进行培训，培养一批有文化、懂技术、善经营的农民技术队伍，提高广大农民实施退耕还林工程的建设水平；四是因地制宜，积极探索退耕还林建设模式。各区县、乡村根据不同自然、社会、经济条件和当地的种植习惯，积极探索总结多种退耕还林工程建设的典型模式，突出特色，突出水平，突出效益。

第三，加强领导，精心组织，明确责任。市政府按照国家的要求，退耕还林实行目标、任务、责任、粮食、资金“五到”区县，区县政府是退耕还林工作的责任主体，认真贯彻《国务院关于进一步做好退耕还林还草试点工作的若干意见》和市委、市政府的要求，把退耕还林工作列入各级党委、政府的重要工作议事日程，层层分解退耕还林任务，切实把任务落实到农户和地块；成立相应的组织协调机构，负责组织领导、协调退耕还林工作，及时研究解决实施中的重大问题；实行目标管理，层层签订责任书，明确退耕还林的任务、目标和责任，各有关部门在各级政府的领导下，根据职能分工，各司其职，各负其责，密切配合，确保退耕还林工作的有利实施。

【退耕还林成效】 山区林木覆盖率52%，其中边远山区乡镇林木覆盖率达到69%。区县级以上自然保护区面积达到450平方公里。本市已完成2000年和2002年工程，共计退耕地造林1.33万公顷，配套荒山荒地造林1万公顷。

【大力推广科技项目】 2002年北京市科技致富计划根据《北京市现代农业科技工程纲要》和北京市发展山区经济的总体要求，以调整产业结构为主线，以增加山区农民收入为最终目标，围绕“农民实效增收、农业产业结构合理调整、加快山区农业产业化建设”，本着农业资源的可持续开发利用，利用山区的区域经济优势和自然资源优势，依靠科技，推动山区整体经济健康有序的发展，努力实现“科技兴山、科技互助、科技致富的新思路”。2002年全市7个远郊区县共安排科技致富计划项目40项，其中延续项目25项；新列项目15项，市科委共拨出扶植资金150万元，分2002年、2003年两年拨出。其中延续项目25项，新增产值52 935万元，利税11 667万元，创汇35万美元，开发新产品118项，引进高级人才48人、中级人才63人、初级人才67人，培训人员42 398人次，45 994课时。新列项目15项，新增产值5 141.4万元，利税924万元，开发新产品41项，引进高级人才23人、中级人才27人、初级人才31人，培训人员24 531人次，2 510课时。

消除山区低收入工作

【关于扶持农村计划生育低收入农户增收致富的意见出台】 2月4日，市计生委、市农委、市财政局、市农村信用联社共同出台《关于扶持农村计划生育低收入农户增收致富的意见》，主要贯彻落实《中共中央国务院关于加强人口与计划生育工作稳定低生育水平的决定》中关于“把计划生育工作与发展经济、帮助群众勤劳致富、建设文明幸福家庭有机结合起来”的精神要求，扶持计划生育低收入农户增收致富，引导和带动更多的农村育龄群众自觉实行计划生育，确保本市农村地区人口计划的完成。《意见》对扶持计划生育低收入农户的贷款对象及审核办法、贷款数额及方式、贷款资金使用的检查与评估做了规定。扶持计划生育低收入农户贷款总金额为2 000万元，市政府进行贴息扶持。

【消除低收入人群的措施】 消除低收入人群工作的方针是：立足开发，突出重点，政策引导，稳步推进，注重实效。立足开发，就是立足本地区资源优势，大力进行结构调整；突出重点，就是紧抓低收入人群集中的乡村不放，加快经济、社会发展和农民增收步伐；政策引导，就是针对低收入地区发展中存在的问题，按照WTO规则，建立对边远山区乡镇为地理界线的低收入人群政策支持保护体系，在各区县建立最低农村社会救济保障办法的基础上，建立全市对残疾人、民政救济对象、农村五保户等低收入人群社会救济制度，制定切实可行的政策措施；稳步推进，就是近期抓增收，远期抓致富，面向近期和长远目标，进行战略部署和攻坚；注重实效，就是突出效益和成效，以消除市定49个边远山区乡镇低收入村为重点，加快产业结构调整步伐，大力发展主导产业经济，加强基础设施建设，提高综合能力水平。到2005年，以市定49个边远山区乡镇和5个少数民族乡镇为重点的低收入人群在基础设施、经济发展和社会事业有较大变化，基本消除年人均可支配收入3 500元以下的行政村；到2008年，边远山区乡镇和少数民族乡镇为重点的低收入人群在基础设施、经济发展和社会事业接近郊区平均发展水平，基本消除年人均可支配收入5 000元以下的行政村；到2010年，与郊区同步率先基本实现农业现代化，基本消除年人均可支配收入6 000元以下的行政村。

【召开消除低收入村工作会】 9月4日，市政府在延庆县召开了消除山区低收入村工作会。7个山区区县主管领导各自介绍了在消除低收入村工作中的做法、经验以及存在的问题，市委农工委书记李进山充分肯定了山区干部联乡包村，实行责任制考核等行之有效的办法，思路清晰，成效显著。要求山区各级政府、各部门对山区消除低收入村的工作还继续给予高度重视，并及时提出今后的工作计划，为山区农民的致富制定长远计划。

【消除低收入面工作进展迅速】 2002年，边远山区乡镇有127个村越过人均劳动所得2 500元的低收入线，已完成全部任务的95%，超额完成计划任务。各区县都把消除低收入面工作列入重要日程，加强领导，大力帮扶，落实政策，工作大见成效。

社会各界支援山区建设

【市七家农口局、院、总公司抓山区乡镇试点】 为认真贯彻市委八届八次会议精神，进一步加强山区建设，市农口7个局、院、总公司做好山区水利富民综合开发抓试点乡镇工作。第一，认真抓好试点，培育典型。第二，加强指导，大力推进山区结构调整。第三，加大山区科技推广和培训力度。第四，坚持山区经济的可持续发展。第五，加强对山区试点乡镇工作的领导。各农口局、院、总公司把抓试点乡镇工作作为实践“三个代表”重要思想的载体，列入本单位重要议事日程，成立领导小组，主要领导任组长、主管领导任副组长，明确业务处室直接负责，安排专人具体负责。试点工作有效地推动了边远山区乡镇的经济社会发展。

【市计委加大山区基础设施及生态建设力度】 2002年市计委加大山区建设力度。第一，加大山区节水工程建设。一是继续建设大型灌区节水配套改造工程，促进山区水利工程网络化。在抓好白河堡等5大续建灌区节水改造工程的基础上，又安排了房山南尚乐、平谷西峪、延庆佛峪口灌区节水改造以及昌平半壁街骨干输水工程，工程建成后可新增、改善灌溉面积2.67万公顷。二是继续支持山区节水增效示范项目，在建设高岭镇、周口店镇400公顷节水增效示范项目基础上，2002年又在平谷等区县新建了3个节水增效示范项目，带动了山区节水农业的发展。第二，加大生态环境建设的力度，积极支持发展山区特色林果业。认真抓好京津风沙源治理工程建设，落实退耕还林、荒山造林任务，并结合工程建设，发展特色林果业，2002年山区退耕地造林1万公顷，配套荒山荒地造林1万公顷，不仅改善了山区的生态环境，而且促进了种植结构的调整。第三，集中力量支持低收入村的特色养殖业和休闲旅游业，重点扶持投资少、见效快的短平快项目，同时兼顾长远，加强经济增长点的培植。重点支持山区贫困村发展肉羊、肉鸡、肉牛和特种鱼的养殖，以及观光农业园、民俗旅游村基础设施的建设。

【农村信用社支持山区经济发展】 市农村信用社系统认真贯彻落实全国和北京农村工作会议、金融工作会议精神，进一步发挥信用社联系农民的金融纽带，成为支持山区经济发展的金融主力军作用。2002年，农村信用社系统明确工作目标，大胆探索，勇于创新，采取一系列行之有效的措施，不断加大支山力度。按照农户自主申请、自主使用、自主还贷的原则，采用灵活多样的贷款方式，初步解决了农户贷款难、担保难的问题。在全市7个山区区县全面推行农户小额信用贷款，建立农户信用评定制度和建立一批信用村（镇），进一步简化手续，扩大贷款范围，增加贷款投入，规范贷款管理。

【山区实施广播电视“村村通”工程】 根据广电总局提出的“十五”期间完成自然村广播电视“村村通”指示精神，落实市政府确定2002年为群众办的60件实事之一，即在7个山区区县实现50个自然村“村村通”广播电视信号。在市委、市政府的领导下，市广电局加强组织协调工作，调动各方积极性，克服各种困难，加紧施工，于2002年10月2日前完成了71个自然村覆盖任务。市广电局一是为得到各级领导支持，由市委宣传部向各区县党委有关部门转发了市广电局制定的自然村“村村通”工作方案，要求各区县加强组织领导工作；二是各有关区县按要求成立了领导小组，明确了牵头单位和落实部门；三是积极筹措资金。向市财政请款70万元，为使缺口资金（约100万元）得到落实，市广电局主管领导几次与歌华有线公司领导协商。得到了歌华有线公司的大力支持。张矛副市长亲自听取了工程进度汇报，2002年5月底到怀柔考察工作时，还到农民家察看电视收看情况，指导工作。要求加强协调，积极组织力量，确保完成任务。市广电局主管领导带队到门头沟、密云、平谷等区县逐个落实牵头部门工作任务，查看村村通工作进展情况。为早日完成2002年自然村“村村通”任务，市广电局积极组织技术力量强，有丰富施工经验的设计施工单位支援覆盖任务重的区县，确保了自然村“村村通”覆盖工程提前超额完成任务。

【山区信息化试点】 2002年边远山区进行信息化试点。2002年投入70万元，在房山区佛子庄乡、门头沟区斋堂镇、昌平区流村镇、延庆县永宁镇、怀柔区汤河口镇、密云县太师屯镇、平谷镇罗营镇等7个乡镇进行了信息化试点，进行网站和局域网建设，并配备电脑等信息化设备。

【非公企业积极支持山区建设】 在市工商联的组织和推动下，2002年非公有制经济积极参与京郊边远山区建设，继续组织开展“携手闯市场，同心奔小康”活动。一是建立帮扶关系。有47家非公有制企业与47个京郊山区乡镇（村）建立了帮扶关系。二是组织招商洽谈会。4月份组织22家非公有制企业在昌平区召开了招商引资洽谈会，达成了10个项目总投资22.6亿元的合作意向。三是积极协调外埠非公有制经济参与京郊山区建设。河北千喜鹤集团投资1.5亿元在平谷区经济开发区建立副食品加工基地，光明圣洁木制品公司在延庆县投资1亿元建立中草药种植基地，两家外埠非公有制农业产业化龙头企业参与京郊山区养殖、种植业，促进了当地农民的增收和社会经济发展。四是组织非公有制企业参与培训1 000名农民“绿色证书”活动。在2001年完成100人培训任务的基础上，2002年又组织非公有制企业捐资7.2万元资助农民“绿色证书”培训工作，现正在昌平、延庆两区县实施。此外，还组织广大非公有制经济代表人士捐资山区教育事业，向7个边远山区21所学校捐赠学生使用软件5 000张，价值10万元。非公有制企业参与京郊山区建设，累计实施项目63个，投资总额3.85亿元，捐资教育等公益事业3 496万元。

（齐　智）

农 业 投 入

概 述

2002年，市区县政府、集体、农户都加大了对农业的投入，投资主体多元化的格局正在形成。

支 农 资 金

【2002年支农资金安排】 2002年市级财政支农资金实际支出为12.727 5亿元（含中央财政追加0.7万元）。其中："支持农村生产支出"6.53亿元，包括：支农政策性资金支出2.185亿元、水利支出1.002亿元、林业支出1.2亿元、中央项目配套、救灾、小城镇建设等其他支出2.145亿元；"农业综合开发支出"2.724 7亿元；"农林水气事业费支出"3.470 8亿元。另外，从财政"其他支出"科目中支出支持郊区小城镇建设资金0.3亿元。 （赵 乐）

集 体 投 入

【集体经济组织固定资产投资】 由于北京特有的经济与社会环境，使北京市集体经济组织在农业投资的三类主体中占有很重要的地位。截止到2000年底，集体经济组织固定资产投资达到234亿元，其中对农业的生产性固定资产投入达46亿元；到2001年底，集体经济组织固定资产投资达257亿元，其中对农业的生产性固定资产投入达54亿元，分别比上年增加23亿元和11亿元，增幅为9.8%和23.9%。2002年由于撤乡并镇和企业改制等多方面因素影响，集体经济组织的固定资产投资仅比2001年增加10亿元，增幅为3.9%；而集体经济组织对农业的生产性固定资产投资减少到35亿元，减幅为35%。

（吴新生）

农 户 投 入

【总体情况】 2002年北京郊区农户的人均生产性投资总额为845.25元。其中人均购置生产性固定资产支出68.19元，占人均投资总额的8.1%；人均经营费用性支出777.06元，占91.9%（见下表）。

北京郊区2002年农户生产性投资统计表

指标名称	单位	汇总	户均	人均
合计	元	7 919 128.00	2 922.19	845.25
（一）家庭经营费用支出	元	7 280 257.00	2 686.44	777.06
1. 农业生产	元	1 682 767.00	620.95	179.61
其中：种植业	元	1 654 632.00	610.57	176.61
2. 林业生产	元	119 755.00	44.19	12.78
3. 畜牧业生产	元	2 044 257.00	754.34	218.19
4. 渔业生产	元	121 406.00	44.80	12.96
5. 工业生产	元	521 227.00	192.33	55.63
6. 建筑业生产	元	412 594.00	152.25	44.04
7. 交通、运输业和邮电业	元	1 760 408.00	649.60	187.90
8. 批发和零售贸易、餐饮业	元	434 915.00	160.49	46.42
9. 社会服务业	元	89 768.00	33.12	9.58
10. 文教卫生业	元	39 081.00	14.42	4.17
11. 其他家庭经营支出	元	54 079.00	19.96	5.77
（二）购置生产性固定资产支出	元	638 871.00	235.75	68.19

人均经营费用性支出中，一产423.54元，占54.5%，二产99.67元，占12.8%，三产253.84元，占32.7%；从行业情况看：农业179.61元，占23.1%，其中：种植业176.61元，22.7%；林业12.78元，占1.6%；畜牧业218.19元，占28.1%；渔业12.96元，占1.7%；工业55.63元，占7.2%；建筑业44.04元，占5.7%；交通运输和邮电业187.9元，占24.2%；批发和零售贸易、餐饮业46.42元，占6.0%；社会服务业9.58元，占1.2%；文教卫生业4.17元，占0.5%；其他家庭经营性支出5.77元，占0.7%。

（刘学军）

科技进步与人才培养

概　述

2002年，郊区农村科教工作以富裕农民为主线，围绕郊区农业产业结构战略调整，紧抓“绿色奥运、科技奥运、人文奥运”的发展机遇，充分利用好WTO的“绿箱”政策，组织实施“科教兴农四项工程”，突出科技的先导力量，为郊区农业和农村现代化提供强有力的技术支撑。主要工作特点：一是加大农业实用技术推广和普及力度，直接带动农民增收致富，通过一批农业实用技术推广，共培训各级技术人员和农民21万人次，涉及农户14.8万户，郊区农民因此可增加经济收入13.4亿元；二是加强农业科技攻关和试验示范工作，农业科技产业化进程加快，启动了一批重大农业科技攻关项目，包括鲟鱼全人工繁殖技术、动物产品药物残留快速检测技术、桃采后产地保鲜技术等，这些项目的实施，大大提高了郊区农业科技产业化水平，同时为首都食用农产品提供了安全保障；三是大力实施“跨世纪青年农民培训”、“农民绿色证书培训”、“农村远程教育服务体系”、“科教兴村”试点等工程，紧紧围绕农村经济结构和农民致富的需求，通过各种媒体、采用多种形式向农民宣传科技知识，普及实用技术，大大提高了农民的科技文化水平和生产经营能力，为农民增收致富提供了有力支撑。

科技进步与科技成果

【农业实用技术推广带动农民增收成效显著】 2002年，根据郊区农业产业结构调整的需要，在全市范围内确立了优质专用小麦高产栽培技术、设施蔬菜高效栽培技术、苹果新树型高光效技术、农作物秸秆资源综合利用技术、板栗标准化生产技术、鲟鱼养殖技术、果树高接换优技术、奶牛高产优质生产技术、畜禽主要疫病诊断和防治技术、冬春裸露农田防风固土技术十项综合性的市级推广项目，另外还结合各郊区县的特点，确定了樱桃丰产高效技术、中草药高效栽培技术、优质薄皮核桃丰产技术等20项区县级推广项目。共安排支农资金600万元，县、乡配套1 519万元，农户投入达5 000多万元。共培训各级技术人员和农民21万人次，涉及农户14.8万户，建立各种示范点300多个，发放各类技术资料近30万份，郊区农民因此可增加经济收入13.4亿元。

【高效农业科技园区建设步入快行道】 据统计，全市共有农业科技园区375个，占地面积1.57万公顷，从业人员约4.2万人，年产值38亿元，占全市农业总产值的18%，利润16.8亿元，带动农户9.4万户。按照合理规划、重点突出的原则，2002年扶持顺义三高科技园、朝阳水产科技园、南宫高效农业园、通州农机示范园等20个市级高效农业园区，扶持资金500万元。各区县也结合当地的主导产业，重点培育了1～2个高效农业科技园区，并逐步使其成为全区（县）农业科技示范中心、示范窗口，带动整个区（县）的农业技术创新和技术进步、科技成果转化。目前这些园区建设进展顺利，并取得预期效果。

【现代农业关键技术攻关项目对外公开招标】 2002年充分发挥首都科技优势、人才优势，根据京郊现代农业和农村经济发展的需要，组织多学科、多部门联合攻关，解决郊区农业经济发展过程中的难点和关键农业技术的突破。2002年进行的“桃采后产地保鲜配套技术研发”、“鲟鱼全人工繁殖及规模化育种技术的研究与开发”、“畜禽、水产品药物残留快速检测技术及产品研发”科研攻关项目招标工作已全面完成，这几项攻关项目分别由中国林科院、平谷大桃研究所、北京农学院、北京水产科研所等单位承担，目前各项目进展顺利，并取得了阶段性成效。

【农业新技术的试验示范效果明显】 根据农业新技术发展的趋势和郊区农业发展的需要，近几年来，市里每年都安排一批农业实验示范项目，为近一步在郊区大规模推广应用提供技术储备，效果十分明显。2002年共筛选了25项技术含量较高、实用性较强、具有一定前瞻性的新技术进行试验示范。具体分为农业新品种、新产品引进与试验示范、高效种养技术试验示范、农产品加工贮运技术试验示范、绿色环保生态技术试验示范、农业高新技术试验示范等几个方面，通过一到两年的试验示范，使这些技术达到技术上先进、经济上合理、生产上可行。各项目已在郊区全面展开。

【举办第五届现代农业科技与产品展】 2002年5月23日～28日，由市农委组织、锦绣大地股份有限公司承办的第五届科博会“现代农业科技与产品展”，在锦绣大地展览中心举行。“现代农业科技与产品展”是“中国北京高新技术产业国际周”的分会展，展会的主题是：“科技与创新、发展与合作、绿色与健康”。入驻展商总计412家，北京市展团参展总面积4 800平方米。展示的产品和内容涉及农业生物工程、农业智能信息技术、设施农业技术、精准农业技术、农业远程教育网络、绿色农业及农业安全食品生产技术、农业标准化生产技术等十几个方面的内容，全面反映了近年来北京市在农业科研体制改革与创新、高新技术产业化、农业技术推广体系建设等方面所取得的丰硕成果。展会期间还安排了一些形式多样的技术交流会、产品推介会、经贸洽谈会等项活动。此次展会紧扣国际主题，吸引了来自美国、加拿大、新加坡等近20个国家的30余家外资企业前来参展，其中不乏国际知名企业。据不完全统计，展会期间平均每天参观人数突破万人，总计近10万人参观了展览，其中41.2 %为专业观众。展会成交额约0.58亿元；农业高新技术项目洽谈210余项，交易金额约0.56亿元。

【北京市农业标准化技术委员会成立】 经市质量技术监督局同意，北京市农业标准化技术委员会于2002年12月成立。该委员会是在本市农业领域内，从事农业标准化工作的技术工作组织，负责本市农业标准化技术工作。北京市农业标准化技术委员会挂靠在北京市农村工作委员会，下设种植业、养殖业、农机、果林等四个分技术委员会，种植业、养殖业、农机分技术委员会挂靠在北京市农业局，果林分技术委员会挂靠在北京市林业局。组建北京市农业标准化技术委员会，是为了充分发挥北京市各有关部门和农业专业技术人员在标准化工作中的作用，更好地开展农业标准化工作，对北京市农业和农村经济的发展将会起到积极的推动作用。

【北京杂交小麦工程技术研究中心成立】 2002年3月北京市农林科学院杂交小麦工程技术研究中心正式挂牌成立。该中心以“立足科技创新、发展高新种业”为指导思想，以“开放、流动、竞争、协作”为运行机制，充分发挥北京市二系杂交小麦研究与应用的领先优势，加速杂交小麦种业发展，为率先将杂交小麦应用于大面积生产而努力。中心拥有国内外小麦光温敏不育性资源5 000余份，包括短日低温敏感型和长日高温敏感型二类；拥有优良光温敏不育系约500份，其中20余份骨干不育系已进入大规模“中试”制种及生产应用。同时，还拥有国内外各类亲本种质近万份，初步筛选出高配合力父本种质材料280份。选育出8份超高产二系杂交小麦新组合，并参加省市级区试。1999—2001年新组合累计试验示范面积达680公顷，大面积生产平均增产14.8%；大面积“中试”制种产量突破200千克/666.67平方米水平，制种纯度达94%，初步形成了一套较完善的高产制种技术体系。拥有完整的具有我国独立知识产权的二系法杂交小麦应用技术体系，正申报国家发明专利8项，围绕优良光温敏不育系及其强优势父本的创新与改良，高产优质制种技术及二系杂交小麦的应用理论与技术等方面，均开展了较深入系统的研究，整体研究处国际领先地位，并为今后杂交小麦新组合的选育和杂交小麦种业的产业化奠定了重要的基础和实践保证。

【2002年农业科技成果奖励评审揭晓】 2002年北京市农业科技成果共评定62项奖励成果，其中：国家科技进步奖2项（即：一等奖1项、二等奖1项），北京市科学技术奖26项（即：一等奖2项、二等奖9项、三等奖15项），北京市农业技术推广奖34项（即：一等奖4项、二等奖11项、三等奖19项），共有449名科技人员受到表彰奖励。

2002年北京市农业科技获奖项目

序号	项目名称	获奖等级	主持单位
1	优质玉米新品种农大108的选育与推广	国家科技进步一等奖	中国农业大学
2	桃、油桃系列新品种育种与推广	国家科技进步二等奖	北京市农林科学院
3	中国西门塔尔牛新品种选育	北京市科学技术一等奖	中国农业科学院畜牧研究所
4	蔬菜种质资源收集评价利用创新	北京市科学技术一等奖	北京市农业科学院蔬菜研究中心
5	蔬菜有机生态型无土栽培体系与技术开发研究	北京市科学技术二等奖	中国农业科学院蔬菜花卉研究所
6	以利用白蛾周氏啮小蜂为主的生物防治美国白蛾技术研究	北京市科学技术二等奖	中国林业科学研究院森林保护研究所
7	应用生化遗传标记选育北京黑猪瘦肉系的研究	北京市科学技术二等奖	北京市北郊农场
8	智能化水产养殖业信息技术应用系统	北京市科学技术二等奖	北京市水产总公司
9	洛岛红型纯系鸡自别雌雄及其相关基因的研究	北京市科学技术二等奖	北京市华都峪口禽业有限责任公司
10	森林资源与生态环境3S技术应用基础研究	北京市科学技术二等奖	中国林业大学
11	植物适应养分胁迫的根际效应机理研究	北京市科学技术二等奖	中国农业大学
12	京郊粮田提高化肥利用率研究与示范	北京市科学技术二等奖	北京市农林科学院植物营养与资源研究所

（续）

序号	项目名称	获奖等级	主持单位
13	植物病毒运动蛋白（MP）与寄主之间关系的研究	北京市科学技术二等奖	北京市农林科学院植物保护环境保护研究所
14	利用现代生物技术把簇毛麦抗白粉病基因导入小麦的研究	北京市科学技术三等奖	中国农业科学院作物育种栽培研究所
15	应用绿僵菌防治蟑螂研究及其制剂百澳克的开发	北京市科学技术三等奖	中国农业科学院生物防治研究所
16	小麦—玉米连作智能决策系统研究	北京市科学技术三等奖	中国农业科学院科技文献信息中心
17	官厅水库疏浚整理的可行性研究	北京市科学技术三等奖	中国水利水电科学研究院
18	柿树专用复配肥生产技术与推广	北京市科学技术三等奖	北京市房山区林业科技服务中心
19	夏播玉米新品种“怀育七”选育及应用	北京市科学技术三等奖	北京万农种子研究所有限公司
20	草鱼环保型饲料的研究	北京市科学技术三等奖	北京市友谊配合饲料厂
21	北京地区高分辨率数值预报产品释用技术研究	北京市科学技术三等奖	北京市气象科学研究所
22	永定河防洪减灾业务运行系统	北京市科学技术三等奖	北京市水文总站
23	月季自育品种的研究与开发	北京市科学技术三等奖	北京市园林科学研究所
24	一串红种子工程系列化研究	北京市科学技术三等奖	中国农业大学
25	观赏林木资源引选及应用研究	北京市科学技术三等奖	北京市农林科学院植物营养与资源研究所
26	系列授粉蜂种在农业中的应用	北京市科学技术三等奖	北京市农林科学院农业科技信息研究所
27	鸡大肠杆菌 traT 基因扩增及 traT－DIG 基因探针的应用	北京市科学技术三等奖	北京市农林科学院畜牧兽医研究所
28	北京市科技示范园区蔬菜病害无公害综合防治研究	北京市科学技术三等奖	北京市农林科学院植物保护环境保护研究所
29	北京市农区鼠害持续治理技术推广	北京市农业技术推广一等奖	北京市植物保护站
30	桃树冠瘿病防治技术示范推广	北京市农业技术推广一等奖	北京市林业保护站
31	LW—4 型连栋日光温室推广	北京市农业技术推广一等奖	北京市农业机械研究所
32	山区水利富民五小工程推广	北京市农业技术推广一等奖	北京市水利局郊区水利处
33	优质兼用型、菜粮间作玉米新品种及配套技术推广	北京市农业技术推广二等奖	北京市农林科学院玉米研究中心
34	麦蚜防治新技术研究与推广	北京市农业技术推广二等奖	北京市南郊农场
35	出口创汇蔬菜主要害虫——小菜蛾的发生为害和综合防治技术推广与应用	北京市农业技术推广二等奖	延庆县植保站
36	梨树高接换优技术与提早丰产栽培配套技术开发与应用	北京市农业技术推广二等奖	大兴区林业局
37	柿树专用复配肥生产技术推广	北京市农业技术推广二等奖	房山区林业科技服务中心
38	“新世纪水梨”引进与推广	北京市农业技术推广二等奖	北京梨山果品有限公司
39	板栗疏雄技术推广应用	北京市农业技术推广二等奖	北京市农林科学院植物营养与资源研究所
40	蛋鸡新型高效饲料添加剂“增蛋剂”系列产品的研发与推广	北京市农业技术推广二等奖	北京农学院动物科学技术系
41	林（果）机械化栽培技术的应用与推广	北京市农业技术推广二等奖	通州区农机服务中心
42	小麦半精量播种机械化技术	北京市农业技术推广二等奖	房山区农机服务中心
43	通州区农业节水灌溉技术推广	北京市农业技术推广二等奖	通州区水利局
44	平谷区优质麦中优 9507 示范推广及产业化开发	北京市农业技术推广三等奖	平谷区种植业服务中心
45	京 9428 优质小麦的应用与推广	北京市农业技术推广三等奖	大兴区种子公司
46	密云县旱作农业综合技术示范推广	北京市农业技术推广三等奖	密云县农业技术推广中心

（续）

序号	项目名称	获奖等级	主持单位
47	设施蔬菜配方平衡施肥技术推广	北京市农业技术推广三等奖	密云县种植业服务中心
48	农工一体资源综合开发利用系统工程的开发与推广	北京市农业技术推广三等奖	平谷区农村能源服务中心
49	PC透光板温室引进创新及推广应用	北京市农业技术推广三等奖	北京市巨山农场
50	应用集成技术培育高产奶牛群的研究与推广	北京市农业技术推广三等奖	北京奶牛中心
51	绒山羊繁育体系及产业化基地建设	北京市农业技术推广三等奖	房山区科学技术委员会
52	采用综合防检措施消灭马鼻疽病	北京市农业技术推广三等奖	延庆县畜牧兽医总站
53	常绿阔叶林木新品种在北方地区应用推广	北京市农业技术推广三等奖	北京市农林科学院植物营养与资源研究所
54	灭幼脲Ⅲ号在林果病虫防治上的应用推广	北京市农业技术推广三等奖	怀柔区林业局
55	红地球葡萄和栽培技术的推广应用	北京市农业技术推广三等奖	延庆县果品生产经营办公室
56	移动式小型柴油机配套高山泵提水技术推广	北京市农业技术推广三等奖	密云县农机服务中心
57	北京市土壤侵蚀遥感调查及水土流失重点防治区划分	北京市农业技术推广三等奖	北京市水利局
58	土工膜在坝体防渗中的应用	北京市农业技术推广三等奖	昌平区水资源局
59	“3S”技术在昌平区水土保持工作中的应用与研究	北京市农业技术推广三等奖	昌平区水资源局
60	组装式连拱闸的研制与应用	北京市农业技术推广三等奖	怀柔区水资源局
61	海淀区雨情自动遥测系统	北京市农业技术推广三等奖	海淀区防汛办公室
62	集雨蓄水节灌增收技术的研究与应用	北京市农业技术推广三等奖	房山区水资源局

【蔬菜种质资源收集评价利用创新】 由北京市农林科学院蔬菜研究中心承担的市科委重点项目，是一项对蔬菜育种等应用技术研究有深远影响的基础性研究成果。该成果广泛搜集国内外品种资源，拓宽了我国蔬菜种质资源基础，研究提出了经济贮存蔬菜种子的新技术，评价筛选出一批优异种质资源，系统开展了蔬菜防癌保健功能及有效成分的研究，在番茄红素的提取工艺方向取得突破。此外，应用分子生物技术系统地进行了代表性蔬菜作物的遗传多样性、亲缘关系等方面的研究，在国内外首先提取克隆了 PDS 等三个基因，取得原创性成果。该成果不仅具有重要的学术意义，而且应用于蔬菜生产，产生了显著的社会、经济效益，“九五”期间新增产值 7 570 万元，优异种质和营养评价分子标记等技术应用于主要蔬菜十余个新品种的选育，并累计推广 1.33 多万公顷。该成果获得了 2002 年北京市科技进步一等奖。

【京郊粮田提高化肥利用率研究与示范】 该项目由北京市农林科学院营养资源研究所和北京市土肥工作站共同承担。通过 5 年努力，在对我市粮田化肥利用率现状的调查和分析基础上，查明了氮肥损失的三条途径及各条途径所占比例、反硝化潜势、土壤磷素的组成及其动态变化，并提出了提高化肥利用率的综合配套技术体系，研究内容具有创新性。该成果通过市、县、乡三级农化服务系统的推动和示范，取得了巨大的社会、经济效益，累计推广 65.56 万公顷，覆盖了本市冬小麦、夏玉米 70% 左右的面积，应用本项成果的地区其氮肥、磷肥利用率分别提高 5 个和 2 个百分点以上，共节省化肥投入 3 334 万元，增加总收益 3.55 亿元。该成果获 2002 年北京市科技进步二等奖。

【植物病毒运动蛋白（MP）与寄主之间关系的研究】 该项目由北京市农林科学院植保环保研究所承担的市自然基金项目。以黄瓜花叶病毒（CMV）为研究对象，运用植物病毒研究技术，深入探讨了 CMV 运动蛋白（MP）与其寄主烟草之间的关系。通过 3 年的研究，成功地获得了 CMV - Fny 株系基因组 RNA1.2.3 的全长基因，并构建了缺失运动蛋白基因的 RNA3 突变体及运动蛋白缺失不同部位的 4 个突变体；系统研究了运动蛋白在转基因烟草中的表达情况及对病害症状的影响，证明转基因植株中的 MP 基因或部分缺失的 MP 基因能替代外援 CMV 接种物 RNA3 - MP 基因功能，同时还获得了一套新的病毒病防治技术。该技术不仅可用于黄瓜花叶病毒的研究，还可推广应用于其他严重发生的植物病毒病上，具有创新性，在理论和应用上具有重要意义。该成果获得了 2002 年北京市科技进步二等奖。

【观赏林木资源引选及应用研究】 该项目由北京市农林科学院营养资源研究所承担的市科委项目。成果首次在国内提出了华北地区常绿阔叶林木和美国紫叶黄栌引种成功与否的关键限制因子，成功地在世界范围内引进 8 个目的树种，在区域试验和各项生理生化指标测定的基础上，选育出 4 个适应性强、性状优良的树种，同时提出新品种类型时期鉴定的技术方法，并依据中选树种的生物学特性、生理特性，形成一整套栽培及快繁技术管理体系，为华北地区常绿阔叶林木和观赏林木新品种选育提供了技术基础，丰富了同类林木品种资源，此项成果在应用过程中取得显著的经济效益、社会效益和生态效益，具有广阔的应用前景。该成果获得了2002年北京市科技进步三等奖。

【系列授粉蜂种在农业中的应用】 该项目由北京市农林科学院农业科技信息研究所承担，是农作物生物授粉和生物资源利用领域的一项创新研究。该成果利用驯化的自然传粉昆虫（蜜蜂、壁蜂、熊蜂等）为各种异花作物授粉，取代人工辅助授粉和激素蘸花授粉，通过对不同蜂种、蜂具、人工饲养繁育和授粉推广方式等的研究，开发了蜜蜂、壁蜂、熊蜂系列授粉蜂种和配套服务技术，并能以销定产，根据不同季节、不同作物提供相应授粉蜂种，提高作物产量和质量。年产授粉蜂达3.5万群，壁蜂50万头以上，已在北京及河北部分地区大面积示范推广，累计推广面积2.63万公顷，新增效益1.35亿元，生态效益和社会效益明显，应用前景广阔。该成果获得了2002年北京市科技进步三等奖。

【鸡大肠杆菌 traT 基因扩增及 traT－DIG 基因探针的应用】 主持该项目的北京市农林科学院畜牧兽医研究所的科研人员在国内首次建立起鸡大肠杆菌人工感染模型，并对分离菌株进行致病力评价，在此基础上利用致病力菌株质粒为模板扩增出 traT 探针，经纯化后转入大肠杆菌工程菌，并比较致病力的变化；研制出检测大肠杆菌致病力的 traT－DIG 基因探针，用此探针对分离菌株进行了快速致病力检测，明确生产中大肠杆菌的感染类型，指导大肠杆菌病的防治，该探针对鸡大肠杆菌流行病学的研究也具有重要意义。该成果已应用于生产实践，筛选出菌株，制备出大肠杆菌灭活苗，并成功用于鸡大肠杆菌病的防治，在控制大肠杆菌病方面取得了良好的经济、社会效益，在近5年的时间内为数十个集约化鸡场共增加产值2 000余万元。该成果获得了2002年北京市科学进步三等奖。

【北京市科技示范园区蔬菜病害无公害综合防治研究】 该项目由北京市农林科学院植保环保研究所承担。成果明确了京郊冬瓜大面积枯死和芹菜烂心死秧的病因、发病规律及防治关键技术，解决了重茬冬瓜和夏播芹菜种植的两大疑难问题，研制出植物源抗病毒剂 VA 和新型杀菌剂“斑清”，制定出茄果类病毒病等几种蔬菜病害无公害综合防治技术规程，3年累积推广面积0.2万余公顷，累计增加经济效益8 980万元，蔬菜产品达到了无公害标准，农药用量降低50%以上，获得明显的生态效益和社会效益。该成果获得了2002年北京市科学进步三等奖。

【优质兼用型、菜粮间作玉米新品种及配套技术推广】 该项目是由北京市农林科学院玉米研究中心主持完成的，成果利用两种不同的作物优势互补的科学性，发展并示范了蔬菜—玉米、西瓜—玉米、药材—玉米、豆类—玉米等多种行之有效的种植模式，并培育出与这些种植模式相配套的大穗型玉米新品种“京科2号”和“京科4号”等新品种。该成果在延庆、顺义、通州、大兴、房山、平谷等区县建立了蔬菜、西瓜、药材、大豆、甘薯等与优质大穗型玉米间作种植示范基地6个，示范田种植面积0.132万公顷，辐射面积0.67万公顷以上，获得了巨大的经济效益，直接推广面积的产值达4 000多万元，间接推广面积的产值为20 000多万元，平均666.67平方米纯增效益近400元，较普通菜田增加效益近20%，是普通玉米平播田效益的5倍以上。该项目获得了2002年北京市农业技术推广二等奖。

【板栗疏雄技术推广应用】 板栗疏雄剂是用来解决板栗树雄花多，消耗树体营养45%左右，影响产量问题的有效途径。北京市农林科学院营养与资源研究所自1998年实施以来，已在北京的怀柔、密云、昌平、平谷等板栗主产区迅速推广，推广面积达0.22万公顷，累计增产达49.785万千克，净增产值597.42万元，板栗一级果率提高6%，减少了空棚率。同时根据我市板栗产区气温、地势、品种的特点进行了疏雄剂对不同品种、混合花穗不同长度、疏雄剂不同浓度等试验，摸清并制定了北京地区板栗产区化学疏雄剂施用技术要点。该成果获得了2002年北京市农业技术推广二等奖。

【常绿阔叶林木新品种在北方地区应用推广】 该项目由北京市农林科学院营养与资源研究所承担，成果在常绿阔叶林木本身的遗传性及其适应能力与引入地区的环境对植物的制约条件的关系上做了大量的工作，为北方地区常绿阔叶林木科学引种奠定了理论基础。通过对引进的8个目的树种进行植物学特征、生物学特性的深入研究，选育出具有较强适应性、抗逆性、较好观赏效果和重要推广价值的北海道黄杨树、皱叶荚迷、地毯常春藤品种，并建立了一套常绿阔叶林木栽培技术体系及快繁技术体系。该成果获2002年北京市农业技术推广三等奖。

【优良玉米自交系综3和综31的选育与利用】 1974—2001年，中国农业大学的戴景瑞、谢友菊、苏胜宝完成“优良玉米自交系综3和综31的选育与利用”项目。

其主要特点是：①立足已有种质基础，实现育种材料创新。选用了属于国内四大杂种优势群的优良自交系组成综合种作为进一步改良选系的基础群体，同时运用充分的随机交配和表型轮回选择，提高优良基因型的频率和积累相当多的加性基因，再用系谱法和测交等常规方法选育自交系，选出了不属于原有四个杂种优势群的全新的自交系——综3和综31；②突破传统理论局限，创造出新的杂优模式。该项目突破了杂种优势群间不宜进行基因交流的传统组群观念，首次明确提出采用多个杂种优势群的试材组配基础群体，经过充分的基因交流之后再进行群体改良和创造新的杂种优势群材料，选出的新自交系综3和综31经采用多种遗传距离进行分析，均证明属于新的杂种优势群，而且两个自交系同原有的四个杂种优势群都有强优势组合出现，表明构成了新的杂优模式。

该项目育成的自交系综3和综31同国内公认的四个杂种优势群都有较强的杂种优势，而且遗传基础广泛，综合性状好，自身产量高，在我国主要的玉米种子生产基地均能正常生长发育，获得高产，应用范围广。二者先后参配育成6个杂交种，其中农大60、农大3138和豫玉22是全国性广泛栽培的高产、优质、多抗性杂交种。6个杂交种迄今累计推广已666.67万多公顷，增收玉米50多亿千克，增收人民币50多亿元，种子系统增收6亿多元。

【猪优质高效饲料产业化关键技术研究与推广】 1990—2000年，中国农业大学的李德发、谯仕彦、蒋宗勇等完成“猪优质高效饲料产业化关键技术研究与推广”项目。该项目取得的重大创新性成果有：①探明了“理想蛋白质”促进猪体蛋白质沉积的机理，开发出理想蛋白质配制猪平衡日粮技术，建立可消化氨基酸平衡模式；②建立了蛋白态氨基酸与单体氨基酸测定体系，对测定猪饲料氨基酸生物学效价的方法进行了标准化，在此基础上测定了7种猪典型饲粮组分，60种常用饲料的氨基酸回肠消化率，初步建立了中国猪饲料氨基酸回肠消化率数据库；③系统研究了3～8千克、8～20千克、20～50千克、50～90千克体重阶段猪的消化能、回肠表观和真可消化氨基酸需要量。通过对华北、华南、东北、中南和西南五地区典型商品猪瘦肉生长指数的测定，建立了我国第一个猪营养需要动态模型，结合前期研究成果，修订了第一版“中国猪饲养标准”；④提出了泌乳母猪和仔猪抗应激营养调控技术，系统研究了原料粉碎粒度、混合均匀度、制粒工艺和膨化工艺对饲料产品质量的影响，确立了适合不同类型产品的加工工艺参数。

其主要技术性能指标为：①研制出高效超早期断奶乳猪料和泌乳母猪料配方技术7套，其中乳猪三阶段配合饲料使仔猪60日龄体重达23.2～23.8千克，29～60日龄饲料增重比达1.55～1.69∶1，仔猪成活率98%以上。②研制出猪预混料、浓缩饲料和全价饲料配方技术98套，使生长肥育猪20～90千克体重阶段饲料增重比达：华北地区2.91∶1；华南地区2.85∶1；中南地区2.88∶1；西南地区2.91∶1。同时使粪、尿中氮的排出量减少25%～30%。

教育部组织同行专家进行鉴定后认为，该成果达到国际先进水平，并具有很强的实用性，技术成熟度高。研究成果已经推广到30个省、市、自治区的278个饲料和养猪企业，累计推广各类饲料2521.6万吨，实现直接经济效益15亿元，社会效益显著。

【小麦病虫草害防治技术推广】 1999年1月至2000年12月，北京市植物保护站等单位的金晓华、李国强、杨建国共同完成了“小麦病虫草害防治技术推广”项目。该项目针对90年代以来京郊小麦病虫草害发生趋重，防治不利的现状，通过吸收、改进和对现有技术的组装配套，提出适合北京地区的综合防治技术。该项目累计示范面积5.17万公顷，累计辐射面积12.67万公顷。平均减少损失6%～8%，增收节支6 000余万元。有效的减少了农药使用量，提高了农药使用的利用率，降低了高毒农药对农产品及环境污染，保护了农田生态系统，增加了天敌数量。同时为推广该技术，加强了示范培训力度，两年共举办培训28期，培训技术人员1 500人次、农民2万余人次，通过广播、电视、报刊等媒体宣传11次，发放技术资料1万余份、小麦病虫预报30期。

该成果获2001年度全国农牧渔业丰收二等奖。

【以应用蝗虫微孢子虫为主的蝗灾可持续治理的对策及其配套技术体系】 1998—2000年，中国农业大学的严毓骅、张龙、朱恩林等完成了“以应用蝗虫微孢子虫为主的蝗灾可持续治理的对策及其配套技术体系”项目。

其主要内容有：①在蝗虫虫口密度中等或偏低时，可单独使用蝗虫微孢子虫，人工促发蝗虫微孢子虫疾病在蝗虫种群中较长期流行，成为蝗虫种群数量的抑制因素，减少高密度蝗虫暴发的频率。蝗虫微孢子虫防治草原土蝗的使用剂量为5×10^8孢子/666.67平方米，农田飞蝗防治使用剂量为2×10^9孢子/666.67平方米。防治适期为蝗虫发生的2～3龄盛发期；②蝗虫虫口密度高时，协调应用微孢子虫与昆虫蜕皮抑制剂，可迅速压低蝗虫的密度在经济受害水平以下，使蝗虫微孢子虫疾病能够较长的流行于蝗群中，同时保护了蝗虫的其他天敌。两者协调使用的面积比为1∶1条带并列使用。防治草原土蝗，蝗虫微孢子虫使用剂量为2.5×10^8孢子/666.67平方米，昆虫蜕皮抑制剂为2.5毫升/666.67平方米，飞蝗防治中，蝗虫微孢子虫使用剂量为2×10^9孢子/666.67平方米，昆虫蜕皮抑制剂为5毫升/666.67平方米；③完善了田间施药技术和技术评价体系指标，明确了微孢子虫的感染谱，改进了微孢子虫大量生产技术。

其主要特点：①防治效果良好，当年防治效果可达70%左右；②防治效果持久，一次防治可持续多年；③不污染环境；④不杀伤天敌；⑤防治成本低廉，与化学农药防治相当；⑥防治方法简便易于实施。

三年来共防治农田飞蝗4.4万公顷，防治草原土蝗16万公顷，创经济效益6 568万元。

【蔬菜生产信息技术的研究与应用】 1996—2000年，中国农业大学的沈佐锐、杨铭华、李志红等完成“蔬菜生产信息技术的研究与应用”项目。该项目研制开发了适于北京市蔬菜生产应用的7个信息技术系统。首次提出“昆虫数学形态学”的概念和技术体系框架，并开发出国内外第一个昆虫图像处理及计算机视觉系统，对棉铃虫、玉米螟、黑哎猎蝽等三类昆虫图像自动识别的准确率可达到100%，对白粉虱自动计数的准确率达91.99%。首次提出“温室生态系统健康”技术框架体系，并开发出我国首例针对日光温室蔬菜生产的温室环境数字式监控系统，可以通过Internet进行环境参数监测和语音报警，同时监控30多个温室。BJ-Farmknow是我国首例报道的基于Web数据库的地区性蔬菜生产信息咨询远程网络系统，提供了从产前种植计划到产中生产管理和植物保护乃至产后市场价格等较为全面的信息服务，其中关于鼠害的内容是国内外首次在网上以多媒体的形式出现。BJ-CabbaGIS是基于GIS的地区性蔬菜生产管理多媒体信息系统，可为北京市农业管理部门提供有关蔬菜生产的辅助决策服务。PestDiag是专用于蔬菜害虫的辅助识别与防治咨询多媒体专家系统。CN-Vegepest是专用于蔬菜害虫信息管理的多媒体数据库等。

该项目在蔬菜生产设施的数字化监测与控制、信息的管理，多媒体信息的采集、处理和应用，以及多方面的信息分析，图形图像的分割、边缘检测、涉及多领域的相关算法等有许多创新。这些系统在北京市各县及河北、辽宁等省进行了大面积推广应用，明显改善了生产管理，使蔬菜品种的选择、种植、植保有了更科学的指导，同时能够及时了解市场行情，并根据市场需要安排生产。通过两年的实际使用，经济效益显著。

【无公害蔬菜栽培综合配套技术的推广】 1999年1月至2000年12月，北京市农业技术推广站等单位、赵山普等人完成了“无公害蔬菜栽培综合配套技术的推广”项目。该项目通过建立试验示范点和示范方，采取技术培训、现场观摩、科技赶集、典型引路等有效措施，大力推广抗病、丰产、优质杂交一代良种；冬季日光温室黄瓜等蔬菜嫁接育苗；低毒高效系列粉尘剂防病虫；化肥控量平衡施肥等无公害蔬菜栽培综合配套技术。制定推广了9种蔬菜无公害栽培技术规程。该项目两个年度累计实施0.4万公顷，增产蔬菜714万千克；累计增收节支3 618万元，为市场提供无公害蔬菜6.4亿千克（实施区+辐射面积）。通过项目的实施，实施区A级绿色食品的产品达到16个，种植面积915.33公顷（辐射区A级绿色食品面积已达至2 200公顷）。

【蔬菜无土栽培技术研究与开发推广】 1997年8月至2000年12月，北京市农林科学院蔬菜研究中心的刘增鑫、李武、刘伟完成了“蔬菜无土栽培技术研究与开发推广”项目。该项目开发出适合我国目前经济水平的蔬菜无土栽培设施、DFT水培设施和立柱设施，实现了设施部件规格化、工业品化和商品化，并便于安装；研究开发出适于北方地区水质的营养液配方，并实现了肥料商品化；研究确立了50多种蔬菜的无土栽培技术包括适宜品种、栽植密度、营养液配方和浓度管理等，使其管理标准化，促进了无土栽培技术在我国的发展。该成果在北京推广面积达33.33多公顷，其中立柱式无土栽培推广面积在北京地区占80%以上。在全国其他14个省市40多个地区也建立了无土栽培蔬菜工厂周年生产示范基地，取得了较大的经济效益和社会效益。

【马杜霉素和阿维菌素等15种兽药在动物组织中残留的研究】 1992—2000年，中国农业大学的沈建中、朱蓓蕾、肖希龙等完成了“马杜霉素和阿维菌素等15种兽药在动物组织中残留的研究”项目。该项目结合我国畜牧生产实际，对广泛应用、并具代表性的15种兽药（含饲料药物添加剂）在动物组织中的残留及其中的马杜霉素、阿维菌素、氯羟吡啶和新霉素4种兽药在动物体内残留的消除规律进行了研究。

该项目采用免疫亲合色谱技术，首次分别制备了马杜霉素和阿维菌素特异性高容量的IAG柱，并建立了检测马杜霉素残留的ELISA方法和IAC-ELISA方法以及阿维菌素残留的IAC-HPLC-UVD方法；采用固相萃取和荧光衍生化技术首次建立了检测阿维菌素残留的SPE-HPLC—FD方法。在我国首次建立了同时测定磺胺二甲嘧啶等7种常用磺胺类药物的多残留快速检测方法和莫能菌素和盐霉素、金霉素、土霉素、氯羟吡啶残留的HPLC检测方法，以及新霉素残留的微生物学检测法。

此项研究为农业部主持的国家兽药残留研究和制标工作提供了科学依据。其中，8种兽药残留检测方法已被农业部1998年颁布的“兽药及其他化学物质在动物可食性组织中残留检测方法”标准采纳，并在兽药残留监测方法中已被采纳。江苏省和山东省兽药监察所等7个单位采用了该成果总计已检测数千余例残留样品，取得了显著的社会效益。

【“SPF鸡微生物学质量控制”国家标准】 1989—1997年，中国农业大学的陈德威、赵立红、张学琴等完成“‘SPF鸡微生物学质量控制’国家标准”项目。该项目包括10个系列标准，主要用于SPF鸡生产管理。随着我国兽医与医学生物制品的迅速发展，迫切需要大量高质量的SPF鸡（胚）作为实验动物和原材料。制定“SPF鸡微生物学质量控制”国家标准，以规范SPF鸡生产，对确保SPF鸡的质量，提高疫苗质量和相关科研水平，迎接我国加入WTO后的挑战有着十分重要的意义。

该标准在编制时，参照了大量国内外有关资料，结合我国鸡病实际流行情况及生物制品发展的需要，确立我国SPF鸡应排除19种病原微生物的感染；确立HI、AGP、SPA（TA）、SN、EISA、EST、IA及IFA为SPF鸡微生物学监测方法。通过大量的对比验证，重点对以下几种SPF鸡病监测技术进行了研究：①对禽白血病监测技术进行了研究，成功制备了ALV-ELISA试剂盒；②用“全胚双氟碳法”制备的禽脑脊髓炎琼扩抗原，质量达到进口AE-AGP-Ag标准；③“鸡白痢、鸡伤寒沙门氏菌和鸡毒支原体、滑液囊支原体染色平板险”均已成为农业部试行规程，被广泛应用；④“鸡传染性贫血CIA-IFA”简便、快速，填补了我国SPF鸡CIA监测的空白。

在以上技术支撑下制定的该标准达到国际先进水平。经有关单位多年来对SPF鸡监测实际应用表明：此标准切实可行，检测方法特异性强，重复性好，简便可靠。

【人乳铁蛋白基因工程菌株的研究】 1999—2001年，北京市三元食品股份有限公司张列兵、贾士乾、佘国庆等10人承担了“人乳铁蛋白基因工程菌株的研究”项目。该项目提供了通过基因工程技术获得重组人乳蛋白的有效途径，以解决从现有天然产物中大规模提取纯化人乳铁蛋白的可行性。该项目利用毕赤氏酵母作为目的基因受体菌，获得了重组hLF蛋白的高效表达，表达量达到625毫克/升，具有潜在的重要经济价值和社会效益。同时，进行了工程菌小试发酵工艺及条件的优化实验，初步建立了高密度工程菌体的诱导发酵工艺参数及最佳培养基配方，并对表达的人乳铁蛋白产物进行了生化分析鉴定，并初步证明具有相应的生物学活性。

该成果于2002年1月5日通过北京市科学技术委员会组织的成果鉴定，认为该项目的总体达到国际先进水平，为我国重要功能性乳制品的产业化发展奠定了基础。

【经济型农业专家系统系列软件开发与应用推广】 该项目是由北京市农林科学院农业信息技术研究中心承担的市重点农业科技示范推广项目。该项目开发的农业专家系统涵盖了蔬菜、果树、花卉、畜牧、水产等种植和养殖领域，涉及18个植物、动物品种，并以网络、单机、HPC、PDA等多种形式表现，开发的产品（软件）多达70个，符合当前农业产业结构调整的需要，适应了不同领域、不同层次的用户需求。同时采用计算机硬软件主流平台和WWW技术，基于PC机开发的网络版和单机版农业专家系统具有智能化、可视化的特点，界面友好，操作简单，易于维护；基于HPC和PDA开发的农业专家系统集数据查询、专家决策、数据管理通讯等功能于一体，保证信息丰富的同时，又突出了便携和现场诊断决策的优势，既方便又实用，开发的农业专家系统可根据用户的实际农业问题进行智能推理决策，知识来源可靠，决策结果可信度较高。该项目在8个区县、20多个乡镇的30多个示范基地和50多个规模化农场或养殖小区进行了试验示范和推广应用，具有很好的增产、节支、增效作用，单位面积的经济效益提高10%～15%以上，取得明显的经济效益。

【非滞育性瓢虫防治温室害虫的理论和实践】 该项目是由北京市农林科学院植保环保所承担的北京市科技新星计划，共采集到北京产瓢虫44种，完成了北京地区瓢虫名录的编写；对南方的瓢虫种类进行调查并确立了可供选择利用的6种瓢虫，记述了59种香港地区的瓢虫，其中包括2个新种和21个新记录种；初步探索出了一套瓢虫饲养繁殖方法；明确了在北方温室内利用瓢虫防治害虫的可行性，利用非滞育性瓢虫防治温室害虫具有应用价值；初步研究了异色瓢虫防治温室蚜虫的应用技术。

【污水稻田改造及综合养殖技术推广】 2000—2001年，北京市水产技术推广站针对我市东南郊区长期采用城市生活污水作为农业灌溉用水的现状开展了“污水稻田改造及综合养殖技术推广”研究。通过两年的实施，使我市东南郊区的水稻种植全部改用了机井水或经过处理的再生水，同时还在这一地区累计推广稻田综合养殖近0.2万公顷。2000年主要项目区共落实稻田养蟹816公顷，稻田养鱼66.67公顷，稻藕轮作124公顷。稻田养蟹总推广面积110.53公顷，总产成蟹49.8万千克，平均666.67平方米产26.9千克，平均规格均在100克以上，总产值达2 688万元，平均666.67平方米产值1 614元，平均666.67平方米效益在1 000元左右。稻田养鱼总产可达10万千克，平均666.67平方米产100千克。稻藕轮作平均666.67平方米产1 500千克，平均666.67平方米产值2 100元，666.67平方米效益1 400元。2001年项目实施区共推广稻田养蟹566.67公顷，稻田养鱼100万公顷，鱼藕间作6 000亩，总产成蟹32万千克，鱼8万千克，莲藕900万千克，总产值2 260万元，总利润可达668万元。

【环保型鱼用饲料的开发与推广】 2000—2001年，北京饲料公司的薛敏等进行了“环保型鱼用饲料的开发与推广”的研究。该研究根据近年来养殖动态及市场需求，选择三类有代表性的鱼包括温水植食性——草鱼、温水植食偏杂食性——团头鲂、冷水肉食性——虹鳟为代表，对这三类饲料进行减轻对水体养殖环境压力和鱼品卫生安全的研究，旨在利用多种植物蛋白源进行营养平衡，并结合先进的饲料膨化加工工艺，开发利用低质动、植物蛋白源，增加油脂添加能力，从而提高饲料消化利用率，降低饲料成本，减少氮、磷排泄对水质的污染，改善鱼肉品质，以期开发出环保、节水、高效的绿色饲料。该项目主要进行如下工作：对膨化饲料的消化率进行研究，草鱼膨化饲料消化率比硬颗粒料提高了10%～20%（$P<0.05$），达到81.72%以上；蛋白含量减少2%的低蛋白膨化饲料其养殖效果与对照组相比没有显著差异（$P>0.05$）；三类环保型鱼用饲料的饲料系数均比对照组大大降低，其中草鱼饲料降低0.99，鲂鱼饲料降低0.27，虹鳟饲料降低0.48；对草鱼试验池和对照池水体氨氮、亚硝酸盐两项指标进行监测，根据淡水鱼类对这两项指标的急性中毒范围，确定氨氮含量不得超过0.5毫克/升，亚硝酸盐含量不得超过0.1毫克/升。在监控过程中试验池水质一直很好，从未超标，而对照池氨氮超标两次，亚硝酸盐含量超标三次，不得不经常换水。该课题通过了农委组织的专家鉴定。专家一致认为该项目技术路线正确，组织管理规范，试验手段先进，数据可靠，实用性强，达国内先进水平。

【南美白对虾引种淡化养殖】 2001年，北京市水产技术推广站潘勇等完成了“南美白对虾引种淡化养殖”研究。该项目主要是把通常在海水中养殖的南美白对虾这一优质品种通过淡化，在池塘中进行养殖，在我国北方地区属首创项目。项目实施期间，在项目区虾池平均666.67平方米放虾苗2.8万尾，平均规格0.8～1.0厘米，总产成虾223 300千克，平均666.67平方米产133千克，成虾出塘规格平均105尾/千克，成活率50.2%，共投饲料213吨，饵料系数为0.95，平均666.67平方米产值6 550元，平均666.67平方米效益可达4 450元。项目实施结果表明，南美白对虾在北京地区进行土池淡化养殖，具有生长速度较快、耐盐范围广、适应能力强、养殖周期短，且肉质细嫩、经济价值高等优点，对推动北京市特种水产品养殖的发展，促进我市水产养殖品种结构的调整，丰富北京水产品市场，富裕农民将起到积极推进作用。该项目共在我市推广南美白对虾淡化养殖136.6公顷，并在此基础上又进行了工厂化车间养殖试验，引进了虾苗65万尾，放置于20个20平方米的水泥流水养殖池中，为北方地区首创，2001年底该项目已通过专家验收，获得了成功，预计可获产值20万元，利润在10万元左右。

【南美白对虾的饲料及其添加剂的研究】 2000—2001年，北京友谊饲料公司进行了“南美白对虾的饲料及其添加剂的研究”。南美白对虾属杂食性动物，池塘中的鲜活饵料、配合饲料都可被其利用，但当前一般的配合饲料稳定性及诱食性不够，存在对水体的污染问题及虾的适口性问题。该课题针对南美白对虾的营养需求，采用优质鱼粉、乌贼粉、虾粉、小麦精粉、啤酒酵母、豆泊、复合氨基酸、维生素、矿物质添加剂等原料，采取熟化挤压工艺研制成营养全面均衡的对虾沉性膨化饲料。其工艺可充分糊化原料中的淀粉，无须添加黏合剂且稳定性高，既可以提高虾对饲料的消化利用率，又大大减轻了残余饲料对水体的污染。另外，饲料中添加了优质诱食剂，有效提高了饲料的适口性及利用率。此外，饲料中的免疫刺激剂可以提高南美白对虾的免疫抗病力，对于虾病的预防起到关键作用。该项目中试结果表明，666.67平方米产南美白对虾456.25千克，饵料系数0.90，每666.67平方米纯利润达21 687.5元，利润率为2.12。

【智能化水产养殖信息技术应用系统】 2001年，北京市水产研究所马莉、丁文、苏建通等完成了国家高科技发展计划（863计划）信息领域智能计算机主题智能化农业信息技术应用专题重点资助项目“智能化水产养殖信息技术应用系统”项目。该系统以当今世界上主流的Internet技术为核心技术，采用先进的Client/Server/Server（C/S/S）多层体系结构，以Visual InterDev、FrontPage98、IESDK、NMSDK、Visual J++、Visual C++、Visual Basic以及Photoshop 5.0等软件和语言为开发工具，以Windows NT4.0/Windows98为服务器/客户端应用软件平台，对水产养殖、网上专家、信息咨询、渔业环保、市场商情、观赏鱼6个子系统进行了系统集成，基本实现了“网上养鱼、网上防病、网上卖鱼、网上观鱼”。智能水产专家系统研究制做出了“智能水产专家系统光盘”，全面介绍我国主要淡水水产品的养殖技术和相关的各类配套技术及知识，涵盖了品种、养殖、繁育、营养、饲料、鱼病等多方面的水产技术及水产法规方面的信息；汇集了众多养殖和鱼病专家多年来积累的实践经验和知识，具有可模拟鱼病专家进行病害诊断的专家系统以及青虾养殖专家资讯系统，受到广大养殖生产单位和养殖户的热烈欢迎。

【提高淡水鱼品质技术研究】 2001年，北京市水产技术推广站完成了“提高淡水鱼品质技术研究”项目。该项目主要有两个部分：①淡水鱼异味与浮游植物关系的研究。通过在北京市昌平区、通州区和海淀区几家养殖场采样、定量分析并结合对鱼类异味的品尝，经筛选确定颤藻、鱼腥藻两个浮游植物与鱼类异味有关，另外针杆藻、舟形藻、蓝纤维藻、蓝球藻、席藻、平列藻和小球藻也有可能产生异味，但还需要进一步分析才能确定。可以肯定的是鱼类异味与池塘中浮游植物生物量较高有关。②鱼类异味去除方法的研究。将有异味的鱼转入清水，经过10～15日可明显的去除异味；改变池塘中浮游生物组成，降低浮游植物生物量也可以去除异味。

【白须公鱼的引进与繁育技术研究应用】 2001年，北京市水产技术推广站完成了“白须公鱼的引进与繁育技术研究应用”课题。该项目内容：一是从马来西亚引进白须公种苗进行养殖试验，提出成鱼养殖技术规程（包括放养密度、饲料、鱼病防治、捕捞、管理等方面）。二是从马来西亚引进白须公亲鱼，进行亲鱼培育。3月引进亲鱼4 000尾，1 000组，4月25日引进苗种50 000尾，规格3～4厘米，在本站海南基地经50天强化培育后，于6月中旬陆续运至本市进行养殖，成活率63%。至12月底，平均规格达372克，总产8 202千克，按每千克120元计，总产值98.4万元，总利润在60万元左右。另外培育中的白须公亲鱼存活800组，平均体重达750克/尾。

【9SJLT－5型饲料计量搅拌机】 1994—2001年，北京大都林技术发展公司（现改为北京嘉源易源工程技术有限公司）邵继祥、刘英华、顾元英等研制成功“9SJLT－5型饲料计量搅抖机”。该搅抖机是国内首次开发的用于养牛场进行饲草和精饲料搅拌的设备。可一次完成饲料配料计量、搅拌、运料和向饲料槽撒料的全过程，节约劳动力；能够使饲料草中的秸秆细化、变软、便于消化吸收；使饲料和各种精料得以充分混合，实现均衡吸收营养，提高饲料的适口性和利用率，增加牛的采食量。该设备采用电子计量装置进行计量，可选定多种配方配料，当装料达到一定重量时，计量器发出声、光警示。使用该产品搅拌饲料喂养奶牛，可提高牛肉产量、牛奶产量5%～10%，社会经济效益显著。该产品在试验中无故障运行连续5个月，且比国外同类产品价低40%左右，故障率低、

维护方便，可利用廉价电力，并能简化机组结构，节约饲养场地面积，提高劳动生产率，替代进口设备。该产品已达到批量生产能力。

【北京城市水系中心区综合治理技术研究】 1998—2000年，由北京水利规划设计研究院完成了"北京城市水系中心区综合治理技术研究"。该研究主要是清淤、整治约41公里长的长河、昆玉河等渠道及198万平方米的北海、中南海等10处湖泊。本设计的主要特点是：

河道平面设计合理。设计中为保护文物和原有的自然景观，采用复合式断面，使其既具有防洪、供水、排水各项功能，同时体现了以人为本（亲水）、美化环境（尽可能扩大水面）的时代要求。

船闸形式多样。为了满足渠道通航的要求，渠道水工建筑物大胆创新，长河闸采用了液压启闭弧起平面钢闸门，净宽20米，没有中墩，需要挡水时直立拦截洪水，正常使用时闸门全开至水平，锁定后门下可以行船，门上可作为人行通道；紫御湾船闸为了保证游船安全通航，巧妙地加大了输水管道的过水断面面积，有效地消除了输水管道下游水的能量，同时跨河桥造型随环境而异，使桥与周围景观浑然一体。

在六海清淤中采用的"干河疏挖与远距离管道输送相结合"的环保清淤技术，处于国内领先地位。

该工程取得了很好的社会效益和经济效益，不仅提高了水系的防洪标准，美化了环境，也为水系的全面通航打下了基础。

【北京山区水利富民五小工程】 1997年至2000年底，由北京水利水电技术中心、水利科学研究所、水利水电学校和有关山区县在北京山区共同组织实施了"水利富民五小工程"。该工程包括小水池、小水窖、小渠道、小塘坝、小泵站等五类，共完成抗旱灌溉面积14万公顷，3.5万处。其中：小水窖7 133处、小水池9 863处、小塘坝342处、小泵站4 576台套、小水渠12 992处，长度900千米，共计新增蓄水能力240万立方米，效益面积3.33万公顷；蓄水保墒工程推广旱地龙保水剂100吨，农民购置流动泵5 000多台，解决抗旱面积5.33万公顷；井站塘坝工程完成2 000余处，新增改善灌溉面积3.13万公顷；灌区改造工程完成13处，新增改善灌溉面积1.53万公顷（其中骨干工程、五小工程与田间工程相连接发挥了巨大作用）。该工程共投入资金4.6亿元，其中农民个人投入2.6亿元，农民参与覆盖面达到90%。水利富民工程实施三年来，在山区共引进推广种植新品种270个，养殖新品种100个，新发展菜田0.4万公顷，更新果树2.33万公顷，发展粮果、粮菜、果草间作套种7.33万公顷次。全市7个山区县种植、养殖、能源三位一体的生态农业有了很大发展，农民养殖收入占第一产业收入的比例提高到70%左右。山区连续三年人均增收300元以上。

【北京地区高分辨率数值预报产品释用技术的研究】 1998年10月至2000年11月，北京市气象局的王迎春、张小玲、孟燕军等人完成了"北京地区高分辨率数值预报产品释用技术的研究"项目。其主要研究内容是：采用比较先进的技术对北京地区高分辨率数值预报产品进行解释和应用，开发了几种特殊天气的预报方法和专业预报产品，制作了人机交互页面和实时业务预报。主要研究成果有：在清华同方集群计算机上建立北京地区高分辨率中尺度数值预报业务系统，每天可提供两次有效的数值预报产品；利用卡尔曼滤波方法、自动站资料及数值预报产品建立北京地区9个自动站地面3小时的温度、风速、风向和24小时最高、最低温度预报方程并投入业务使用；采用MM5预报资料和前期研究成果建立北京城近郊区雾动力统计释用方法，大雾预报准确率为64.4%；建立了城市边界层稳定度的预报方程和预报判距；建立了北京夏季逐日用电量与气象条件的统计关系，可对逐日最大、最小和平均用电量进行预报。高分辨率数值预报产品应用在污染浓度预报中的动力释用促进了空气污染预报的发展，为预报人员提供了更加方便使用的预报工具。

【"超高产二系杂交小麦技术研究"取得成果】 北京市农林科学院杂交小麦研究中心在光温敏二系法杂交小麦研究的基础上，重点研究超高产杂交小麦组合"京麦10"和"京麦20"的高产制种技术，通过二系法制种中父母本行比、父母本播期、父母本高度差和父母本开花习性等方面的系统研究，在国际上率先建立起一套完善的二系杂交小麦高产制种技术体系。

【农村面源污染有望控制】 北京市农林科学院营养资源研究所在国家环保总局和北京市委、市政府的支持下与延庆县政府联合承担了"中国北方控制农村面源污染示范基地建设"项目。该项目将通过实施优化农业结构工程、农村村镇环境综合治理工程、面源污染控制监测与评价系统工程、生态环境治理等八大工程，把项目区建成物质、能量高效利用、生态环境良性循环、农村经济全面发展、面源污染得到全面控制的生态新农村。

【"京秀"小型西瓜荣摘瓜王桂冠】 北京市农林科学院蔬菜研究中心最新育成小型西瓜一代杂种——"京秀"。该品种成熟期短、果实周整美观、肉质脆嫩、口感好、无空心、少籽，中心糖度达13.5°，边糖达11°。"京秀"西瓜继市农科院"京欣一号"连续获大瓜综合组瓜王一等奖之后，荣获小型西瓜组综合瓜王一等奖，为北京市民的果盘子又添新品。

【北京农业又添新景——番茄树技术获得成功】 传统番茄栽培主要是一年两茬，生产上植株管理也多为低架栽培。这种栽培方式的缺点是产品上市时间过于集中，供应时间短，费时、费工且经济效益不显著。北京市农林科学院蔬菜研究中心成功培育出番茄长季节有机栽培品种——番茄树。番茄树的培育，不仅省工省种，而且通过延长番茄的生长期和结果期，达到周年供应，既解决了淡季蔬菜的市场供应，在春季水果淡季的时候，还可以代替水果消费，大大增加了经济效益。市农科院在韩村河农业科技示范基地种植的13棵番茄树已是硕果累累，单株结果可达8 000个以上，每平方米产量可达20千克。可以实现一年四季无限采摘，该项技术将成为北京农业的一道亮丽风景，此项采用基质栽培番茄树技术在国际上也属首创。

【小麦品种“夏壮30”抗白粉病基因的研究及利用】 小麦白粉病是造成小麦减产的主要病害之一。由于白粉病生理小种变化快，开发新的白粉病抗源便成为一项艰巨任务。调查结果证明，“夏壮30”对我国流行的白粉病小种表现高抗或免疫并抗性持久，是一优良白粉病抗源。为了开发利用这一抗源，北京市农林科学院农业生物技术研究中心对“夏壮30”抗白粉病基因的定位点为抗白粉病基因簇。这一发现为寻找与该基因簇紧密连锁的分子标记，克隆该基因簇之中的基因奠定了基础。

【鸡马立克氏病活疫苗填补国内空白】 鸡马立克氏病（MD）是一种恶性肿瘤传染病，该病遍布世界各养鸡地区，给养鸡业造成巨大经济损失。北京市农林科学院畜牧兽医研究所承担国家科技部、农业部“948”项目——鸡马立克氏病CVI988疫苗生产技术，在国内惟一获准从荷兰引进有效预防该病的鸡马立克氏病原始制苗种毒。通过应用细胞工程技术，自行研制出具有中国自主知识产权的生产工艺技术，产品通过农业部兽药审评委员会全面质量审核已获得农业部颁发的《新兽药证书》和生产批准文号，经国家五部委审核认定列入了《2002年国家重点新产品计划》。该产品的研制成功，填补了国内CVI988冷冻活疫苗生产工艺技术的空白，其全部质量标准达到国际同类产品的先进水平，为增强我国动物生物制品的国际竞争力做出了贡献。通过产业化生产和推广应用，降低了农民养鸡成本，改变了国外同类产品长期高价垄断控制中国市场的局面，切实服务于国内养鸡生产。

【改良面包烘烤品质转基因小麦培育成功】 北京市农林科学院农业生物技术研究中心承担的国家科技部基因专项课题“改良面包烘烤品质转基因小麦的培育”通过了专家验收。研究结果表明，转基因技术可作为改良小麦品质性状的有效方法之一，获得具有生产应用或育种价值的优质转基因小麦品系。研究得到农艺性状稳定、烘烤品质优良的转基因小麦品系5～6个，均属优质强筋类型。其籽粒蛋白质含量比对照提高8.8%～30.2%，面团流变特性明显改善。经国家粮食局科学研究测定，面团形成时间、稳定时间、最大拉伸阻力、延伸性等指标明显优于目前国内种植的各类优质强筋小麦。

【番茄红素综合研究开发通过鉴定】 该项目从番茄红素生产的源头入手，进行高番茄红素加工品种的选育。选育出在新疆吉昌地区种植的番茄红素含量达18.9毫克/100克鲜重的番茄新品种“北蔬3号”，其番茄红素含量远高于国家“九五”期间的8～9毫克/100克鲜重含量，其番茄红素含量水平达到了国内先进水平。北京市农林科学院蔬菜研究中心专家组采用先进技术去除有机溶剂残留，可使番茄红素树脂中的有机溶剂残留量降低90%左右，创造性地解决了化学提取番茄红素有机溶剂残留量高的难题。番茄红素软胶囊产品经过国家相关认证机构的检测，各项指标均符合国家相关标准，由于番茄红素具有很强的抗氧化能力，功能性试验结果证明具有延缓衰老的功能，为该产品迅速开发为具有较大市场潜力的功能食品奠定了理论和物质基础。

【人造卵赤眼蜂大量生产质量标准及检测方法的研究】 该项目是由北京市农林科学院植保环保研究所承担的市自然科学基金项目，通过了市基金委组织的专家验收。该项目详细研究了人造卵赤眼蜂的寄生率、单卵蜂数、个体大小、性比、畸形率、寿命和繁殖力等生物学参数，首次对这些参数之间的相互关系进行了探索，建立了相关模型，有助于深入开展赤眼蜂质量自动检测技术的研究。该研究首次提出了人造卵赤眼蜂大量生产的质量标准（草案）及产品分级标准，构建了检测人造卵赤眼蜂寄生率和活动性的图像自动识别硬件装置，开发了两套界面友好的用于分析寄生率和步行轨迹的软件系统，为其他类似天敌的生产中应用计算机视觉技术起到推动作用。

（张爱武　刘建波）

信息化建设

【国家农业信息化工程技术研究中心成立】 该中心技术依托单位为北京市农林科学院农业信息技术研究中心，是根据国家农业信息化建设的需要，针对我国农业信息化发展中的重大关键性、基础性和共性技术问题，进行农业信息技术系统化、配套化和工程化研究开发，不断推出具有市场前景的农业信息技术系列产品，为我国农业信息建设提供技术支撑的综合性研究机构。该中心的组建，不仅具有推进农业信息化、加快技术创新、推进新的农业科技革命的科学意义，而且通过开放服务，将产生较好的直接经济效益和给农业经营管理者、农民、农业企业带来巨大的社会经济效益。

（张爱武）

【农口综合信息平台建设取得实质性进展】 在农口综合信息平台的政务版（www.bjnw.gov.cn）、服务版（www.bjaginfo.gov.cn）上，通过农口局各相关单位和各区县信息中心之间信息资源联合共建的方式，分别运行着“郊区新闻”、“郊区休闲观光”、“郊区农业精品”、“农村合作经济组织”、“郊区龙头企业”、“群英荟萃（郊区先进典型）”、“农产品市场信息”、“农业产业化经营”、“郊区招商项目”、“郊区简介”等18个在线数据库。平台以企业级数据库MS SQL SERVER存贮和管理数据，自主开发了上千个动态网页应用程序（ASP），全面支持信息资源的分散采集加工、集中审核编排、统一外观样式控制（CSS），提供了灵活的共享应用模式，实现了农口信息联合发布的高质量、高效率、高价值。通过农口联合共建，全年共采集、编排和发布各类信息 10 万条以上，图片 1 000 多幅，每天在线发布的信息量在 100M 以上，主页访问量达到每月 15 万人次。

农口综合信息平台，除了广泛灵活地支持郊区经济信息发布外，还有效地促进了农口电子政务和政务公开工作。市农工委、农委各处室积极利用平台发布政务信息内容，全年累计发布 100 万字以上，使平台政务版能够突出反映农委和农口特色。政务公开信息更新速度快、内容及时准确，并在《首都之窗》显著位置建立了《京郊现代农业》专栏，进一步扩大了影响。在城乡经济信息中心的具体筹划下，市委农工委、市农委两委机关局域网建设和办公自动化应用工作也从无到有，上了新的台阶，提高了两委机关的办公现代化水平。城乡经济信息中心还配合市政府系统政务专网建设工作，组建了农口网络节点，完成了联通调试，已有 6 个农口业务数据库可供查询利用。

【开展乡镇数字化和信息化试点，探索农村信息化途径】 在市农委领导下，城乡经济信息中心具体组织各相关单位，在顺义区后沙峪镇进行了数字化试点建设工作。到 2002 年底建立了镇政府局域网，基于国产软件的办公自动化系统已投入试运行。在顺义区与后沙峪镇实现光纤网络连接的基础上，镇政府与歌华集团合作，铺设了到各村的光纤宽带网络，实现总投资 630 万元。信息网络的建设在促进后沙峪经济发展和社会进步方面已经初见成效。另外 7 个山区乡镇信息化试点的基本建设已经完成，共实现投资 80 多万元。

【利用现代信息技术，服务京郊企业和农民】 2002 年农产品产销信息协会以农民增收致富为主线，围绕农业产业化经营和农民专业合作经济组织发展服务，基于农口综合信息平台，开展了全方位的信息服务工作。编印《农业产业化经营工作简报》10 多期，组织开展了“2002 年京郊农业绿色精品展销会”现场展销工作，同时在农口综合信息平台上专门设立了展会宣传主页，发布了参展单位、参展产品的各种信息，通过网络面向全国进行网上长期展销。综合利用网络、刊物和热线电话等形式，继续开展针对农民的“信息赶集”活动，受到广泛欢迎。

为适应中国加入 WTO 的新形势，开创性地开展了国际农产品市场价格的监测和发布工作。每周监测全球 26 个城市和地区的四大类，近 50 个品种的市场信息，并选择性地在农口综合信息平台和《京郊日报》、《北京现代商报》、《北京青年报》、《中国食品报》等报纸上公开发布，扩大服务范围，反映良好。

（以上为市城乡经济信息中心提供）

【“多种媒体传播农业信息技术应用推广”项目通过验收】 北京市农林科学院农业信息研究所承担的市重点农业推广项目“多种媒体传播农业信息技术应用推广”针对京郊农业、农村、农民对信息的实际需求，利用“北京农业信息网”和“北京农业远程信息服务体系”等现代化方式及发行咨询报、举办培训班、发放多媒体光盘等传统方式，使大量新技术、新成果下乡、进村、入户。该项目利用现代多媒体技术传播与传授农业新技术是本市农业技术推广与农民技术培训史上一次重大尝试和突破，同时也是我市农业技术推广与培训走向现代化的重要标志。“北京农业信息网”和“北京农业远程信息服务体系”的建成，拉近了科研院所与农民的距离，为农民送去了专家群，为农户成立了学习实用技术的大课堂。

（张爱武）

【信息服务体系得到加强】 按照“抓住资源、打好基础、丰富内容，建好窗口”的指导思想，京郊农业信息化建设迈出了坚实的步伐。建立了以电视、广播、报纸、网络、热线电话和《市场简报》等多种渠道构成的信息发布体系，特别是在 10 个远郊区县通过电视台发布农产品行情信息，受到了农民的普遍欢迎。我市农村信息服务体系建设初见成效，全市共建立了 54 个符合农业部“六个一”要求的农村信息服务站；各基层信息服务站根据自身实际，采取灵活多样的形式进行信息服务，填补信息覆盖盲点，取得了很好的效果。加强了市、区（县）、乡（镇）三级信息员的培训工作，全市共登记注册农村信息员 1 235 人。建设并完善了北京市兽医卫生监督、种子管理、蔬菜服务信息等专业网站，实现了网上咨询、网上投诉和资源共享，为提高我市农业的现代化管理水平迈出了坚实步伐。

（于寒冰）

农民技术教育

【农村远程教育服务体系率先在京郊建成】 针对京郊农业、农村、农民对信息的实际需求，在市农委和市科委的支持下，市农科院信息所在全国率先建成农村远程信息服务体系。截止到 2002 年底，已在京郊 14 个区县的 85% 的乡镇及部分重点村建立农村远程教育接收站 211 个，并在西藏、新疆、四川等 8 省（自治区）建立了 30 个京外农村远程卫星教育接收站。已先后邀请了百名专家通过“卫星空中课堂”为农民培训授课，累计开展各种技术培训 450 项，直接受训农民达 30 万人次。

【“跨世纪青年农民科技培训工程”扩大试点】 “跨世纪青年农民科技培训工程”是农业部、团中央实施的农民培训工程。2002 年在抓好、总结好全国试点县怀柔县、密云县、延庆县、顺义区经验的基础上，又选择平谷、昌平、大兴、房山、门头沟 5 个条件较好的区县扩大试点，及时组织好郊区青年农民科技培训工作，努力培养一大批适应 21 世纪农业和农村经济发展需要的骨干农民，全年培训青年农民1万人次，截止到12月底，又有6 777名青年农民取得结业证书。

【农民绿色证书培训】 “农民绿色证书培训工程”是农口一项常规工作。2002年，全市共举办各类农民绿色证书培训班2 000多期，参加培训的农民近8万人次，其中2.3万农民取得绿色证书，全市累计获得绿色证书的农民已达到17万人，占全郊区务农劳动力的25%。

【科教兴村】 科教兴村是实现农业现代化的重要手段，目的是利用各种形式和渠道，组织农业科研及推广单位、大专院校的人才和技术进村，充分发挥首都的农业科技优势和人才优势，实施产学研一体化，从而推进郊区的农业和农村现代化建设。2002年选择了昌平区小汤山、平谷白各庄、顺义北郎中等10个村进行试点，到2002年底试点村已经确定，各项工作正在进行之中。

（刘建波）

中高级人才培养

【实施专业技术人才培养工程】 为做好培养、吸引和用好各方面人才工作，根据有关文件精神，市委农工委、市农委组织协调各单位实施“农口专业技术人才培养工程”，并下发了《关于组织实施“农口专业技术人才培养工程”的意见》（京农发［2002］37号）。年内，对人才资源状况进行了详细的调查摸底和统计分析，完成了数据采集和分析研究，建立了数据库。从12万名具有中专以上学历的人才资源中筛选出900多名科技骨干，从中又选拔出100名优秀人才作为重点培养对象。并按照《意见》要求，通过严格选拔、重点培养，面向21世纪的农口重点学科带头人队伍建设已经起步，预计3～5年内能够完成此项工作。

【组织开展干部教育培训】 组织区县局级领导干部认真学习江泽民同志“5·31”重要讲话和党的十六大精神。组织了国有企业事业单位党政一把手十六大精神培训班；与市委组织部共同举办了乡镇党委书记培训班；协调有关部门和单位开办了首期“国际MBA”班；与首都经贸大学合作，继续举办了一期研究生课程班；首次举办了优秀中青年科技骨干培训班。

（杨琦）

【举办WTO与农业产业化高级研修班】 市农委于2002年6月10日至15日，在北京农业职业学院举办了第一期WTO与农业产业化高级研修班。参加的人员有：区县、乡镇、村负责农村经济的主管领导，产业化龙头企业的负责人，高效科技园区的负责人，农业科技推广部门的技术人员，各局、总公司科技人员共280人。邀请国家计委、中央政策研究室、中国社科院、国务院体改办、中国农大等专家、学者授课。通过专家、学者重点宣讲和组织学员研讨，学员们对“入世”新形势的认识，尤其是如何利用WTO农业规划解决农业产业化发展中的一些热点、难点问题有了更深入的了解。此次活动已列入北京市人事局今年实施1 000名高级人才培训计划之中，是市人事局开展的一项继续教育办学重点工作，结业后由人事局颁发了结业证。

【举办社区产权制度改革高级研修班】 针对郊区正在积极推进社区产权制度的改革，迫切需要对改革方案的设计和操作者进行理论和具体操作方法的培训。为了抓好社区产权制度改革这项工作，市农委联合市农研中心于2002年11月25日至28日，邀请中国社科院、中国经济改革研究会、中国农大等资深学者和有丰富改革经验的主管官员，在北京市农业干部培训中心，举办了一期社区产权制度改革高级研修班。培训对象包括：郊区正在进行社区产权制度改革的县、乡、村级主管领导共131人。以授课形式为主，讲授：产权理论概述、农村社区产权制度改革的法律和政策依据、农村集体经济产权制度改革的必要性和紧迫性、我国农村社区产权制度建设的经验、本市农村社区股份合作制改革现状和主要做法、影响农村集体经济产权制度改革的制约因素及其对策等。此次培训活动列入北京市人事局2002年实施1 000名高级人才培训计划，是市人事局开展继续教育的重点工作之一，结业后由市人事局颁发结业证。

【北京市远程医学教育培训试播取得初步成功】 国家级星火培训基地北京市农林科学院农村远程教育及信息服务工程在京郊建立了一个比较完善的卫星数据网络。市农科院与市卫生局、好医生网站合作，在北京郊区进行农村远程医学培训，提高了农村卫生技术人员的素质，加快了农村卫生技术人员的结构调整，探索出一条利用远程信息技术为农村卫生技术人员提高整体素质的新途径。

（张爱武）

职称评定与奖励

【完成本年度政工职评工作】 按照市政工职评办的统一部署，农口各单位认真组织开展思想政治工作专业职务的评审工作。组织了农口高级政工师职称初审工作，共有65人申报高级政工师职称，经高评组评审，推荐了50人参加全市高级政工师的评审，有48人取得了高级政工师职称。此外各单位还评选出政工师99人，助理政工师、政工员142人。

（满欣）

【18人获得全国农业技术推广研究员任职资格】 按照农业部、人事部《关于从事农业技术推广工作的教学科技人员评聘专业技术职务的通知》和人事部、农业部《关于做好2002年农业技术推广研究员评聘工作的通知》精神，2002年12月25日，经全国农业技术推广研究员评审委员会评审和全国农业技术推

广研究员审定委员会审定通过，北京市有 18 人获得第五届全国农业技术推广研究员任职资格。他们是：班文有、李季、王俊英、吴绍宇、董慧明、刘宝存、郑建秋、李春玲、张秀德、张雪平、刘国栋、李乃光、胡胜强、周瑞君、苏建通、季志会、赵淑英、赵婴荣。

【农业专业技术人员职称评定结果】 2002 年全市共有 156 人申报了农业高级技术职称，其中农业技术系列 105 人，农业工程系列 51 人。在各专家组对参评人员进行答辩和评审的基础上，经评审委员会的评定，共有 119 人取得了农业技术高级职称，评审通过率为 76.3%，其中农业技术系列 75 人，农业工程系列 44 人。

【表彰发展现代农业“十佳”科技工作者】 为进一步推动郊区经济社会发展，加快农民致富步伐，中共北京市委农村工作委员会、北京市农村工作委员会、北京市人事局决定，对 2002 年度京郊经济发展做出突出贡献的科技人员予以表彰，授予刘钧贻、李荣旗、吴桂林、邢彦峰、张沅、李建文、张玉昌、孙素芬、常志来、侯顺利等 10 人为京郊发展现代农业“十佳”科技工作者荣誉称号，“十佳”科技工作者在市郊区工作会议上受到市领导接见和表彰。

（袁　文　刘建波　王海龙）

农民生活与社会保障

概　　述

2002年，郊区紧紧围绕增加农民收入这个中心任务，全面拓宽增收渠道。一是大力发展高科技农业、高附加值农产品，提高农业比较效益，增加农民收入。二是千方百计增加农民非农就业。农村劳动力向二、三产业转移，从事二、三产业的劳动力占劳动力总数的61.3%。三是切实解决农村低收入面的问题，按照“立足开发、突出重点、制定政策、分步推进、注重实效”的思路，建立农村社会救济和最低生活保障制度。四是进一步减轻农民负担，减少农民直接负担的各项收费。

农村劳动力就业

【农村劳动力就业基本情况】 2002年，北京14个郊区县共有农村住户128万户，农村人口357.6万人，农村劳动力资源数188.5万人，劳动力就业人员165.6万人，劳动力就业人数占劳动力资源总数87.8%。其中：近郊劳动力资源数295 437人，劳动力就业人数236 120人，占79.9%，比去年下降1.9个百分点；平原劳动力资源数776 461人，劳动力就业人数688 612人，占88.7%，比去年下降1.9个百分点；山区劳动力资源数813 538人，劳动力就业人数731 293人，占89.9%，比去年下降0.9个百分点。从事第一产业的劳动力就业人数比重下降到劳动力总数的38.7%，比去年下降了2.4个百分点；从事第二产业的劳动力就业人数比重上升到劳动力总数的29.4%，比去年上升了0.7个百分点；从事第三产业的劳动力就业人数比重上升到劳动力总数的31.9%，比去年上升1.6个百分点。随着北京产业结构的深化发展，劳动力就业人数下降，大批农业劳动力从第一产业转向第二、第三产业，因此，农村剩余劳动力对二、三产业的就业压力仍然很大。

【农村地区劳动力构成】 近郊农村劳动力就业人数增加，男性劳动力就业人数比女性劳动力就业人数低。朝阳、丰台、石景山和海淀4个近郊区，共有农村劳动力就业人数236 120人，占全市农村劳动力就业人数的14.3%，比上年增加了3 146人、增加了0.2个百分点。男性劳动力就业人数为115 639人，占劳动力总数的7.0%，比去年增加了1 886人、上升0.1个百分点；女性劳动力就业人数为120 481人，占劳动力总数的7.3%，比去年增加1 260人、上升0.1个百分点。男性劳动力的就业人数比女性劳动力就业人数少4 842人、低了0.3个百分点。

平原农村劳动力就业人数增加，男性劳动力就业人数比女性劳动力就业人数高。通州、顺义、昌平、大兴4个平原区，共有农村劳动力就业人数688 612人，占全市农村劳动力就业人数的41.6%，比去年增加0.1个百分点。男性劳动力就业人数为352 035人，占劳动力总数的21.3%，比去年增加了3 011人、上升0.2个百分点；女性劳动力就业人数为336 577人，占劳动力总数的20.3%，比去年增加98人。男性劳动力就业人数比女性劳动力就业人数高1个百分点。

山区农村劳动力就业人数减少，男性劳动力就业人数超过女性劳动力就业人数。门头沟、房山、平谷、怀柔、密云、延庆6个山区县，共有农村劳动力就业人数731 293人，占全市农村劳动力就业人数的44.2%，比上年减少0.3个百分点。男性劳动力就业人数为390 632人，占劳动力总数的23.6%，比去年减少0.1个百分点；女性劳动力就业人数为340 661人，占劳动力总数的20.6%，比去年减少0.1个百分点。男性劳动力就业人数超过女性劳动力就业人数49 971人（见表1）。

【农村各行业劳动力构成】 农村各行业的劳动力构成，反映农村劳动力资源在本市国民经济，特别是郊区经济中的分配状况。2002年，随着北京市农村城市化进程的加快，农村从事第一产业的劳动力大大减少到641 080人，占劳动力总数的38.7%，比去年下降了2.4个百分点；从事第二产业的劳动力增加到487 147人，占劳动力总数的29.4%，比去年上升了0.7个百分点；从事第三产业的劳动力大大上升到527 798人，占劳动力总数的31.9%，比去年增加1.6个百分点。第一、二、三产业的劳动力就业比例是：1.3:1:1.1。

表 1　农村就业人员地区分布　　单位：人

区县		2001 年			2002 年		
		男	女	合计	男	女	合计
北京市		855 246	798 196	1 653 442	858 315	797 710	1 656 025
近郊	朝阳区	49 033	50 724	99 757	53 317	53 861	107 178
	丰台区	34 411	38 122	72 533	34 632	37 961	72 593
	石景山区	3 674	2 714	6 388	3 169	3 454	6 623
	海淀区	26 635	27 661	54 296	24 521	25 205	49 726
平原	通州区	92 814	91 393	184 207	96 684	92 516	189 200
	顺义区	93 973	89 710	183 683	95 327	89 107	184 434
	昌平区	62 460	59 000	121 460	62 166	59 135	121 301
	大兴县	99 777	96 376	196 153	97 858	95 819	193 677
山区	门头沟区	22 503	18 927	41 430	21 501	18 419	39 920
	房山区	115 696	102 757	218 453	118 108	102 693	220 801
	平谷县	78 051	72 609	150 660	74 542	70 754	145 296
	怀柔县	43 228	37 129	80 357	43 197	36 920	80 117
	密云县	81 714	69 819	151 533	80 937	68 832	149 769
	延庆县	51 277	41 255	92 532	52 356	43 043	95 390

2002 年，第一产业劳动力继续向二、三产业转移，劳动力就业人数继续下降，但在第一产业内部的劳动力就业仍以农业为主。从事农业的劳动力有458 846人，比去年减少了43 677人；从事林业的劳动力有78 320人，比去年增加了5 194人；从事牧业的劳动力有92 539人，比去年增加了1 928人；从事渔业的劳动力有 11 375 人，比去年减少了 1 108 人。这四项劳动力就业结构在全部行业分布中所占的比重分别是 27.7%、4.7%、5.6%、0.7%；农业比上年下降了 2.7 个百分点，林业比上年上升了 0.3 个百分点，牧业上升了 0.1 个百分点，渔业下降了 0.1 个百分点。

2002 年，第二产业的发展速度有所上升，但从事农村工业的劳动力仍处在主导地位，与建筑业的比例是：2.1∶1。从事农村工业的劳动力有 329 647 人，占产业内部比重的 67.7%，比去年下降 1.7 个百分点，其中：从事乡镇工业的劳动力就业人数为110 483人，占农村工业劳动力人数的 33.5%；从事村及村以下工业的劳动力就业人数为 219 164 人，占农村工业劳动力人数的 66.5%。从事农村建筑业的人数有所增加，达 157 500 人，占产业内部比重的32.3%，比去年上升了 1.7 个百分点。这两项在全行业的分布中所占比重分别为：19.9%、9.5%。由于近年来房地产发展速度有所回升，因此，从事建筑业的劳动力就业人数增幅有所提高，比上年增加了 0.7 个百分点。

2002 年，第三产业劳动力就业人数继续上升。由于近年来郊区旅游事业的快速发展，增大了农村运输业和商饮业的劳动力就业能力，使这两个行业的就业人数比去年有所上升，并且在全行业中所占的比重也有所增加。农村运输业就业人数为 152 961 人，在行业内部所占比例为 29.0%，比去年上升 1.3 个百分点；从事商业、饮食业的就业人数为 145 290 人，占 27.5%，比去年上升 1.5 个百分点；从事其他行业的就业人数有 229 547 人，占 43.5%，比去年下降了 2.8 个百分点。运输、商饮和其他行业的劳动力在全行业分布中所占的比重分别为：9.2%、8.8%、13.8%（见表 2、表 3）。

表 2　农村劳动力就业结构

单位：人

	2001 年	2002 年	构成（%）	
			2001 年	2002 年
第一产业	678 743	641 080	41.1	38.7
第二产业	474 172	487 147	28.7	29.4
第三产业	500 527	527 798	30.3	31.9

表 3　农村就业人员行业结构

单位：人

项　目	2001 年	2002 年	构成（%）	
			2001 年	2002 年
农村就业人员	1 653 442	1 656 025	100	100
农业	502 523	458 846	30.4	27.7
林业	73 126	78 320	4.4	4.7
牧业	90 611	92 539	5.5	5.6
渔业	12 483	11 375	0.8	0.7
农村工业	329 135	329 647	19.9	19.9
其中：乡镇工业	110 632	110 483	6.7	6.7
村及村以下工业	218 503	219 164	13.2	13.2
农村建筑业	145 037	157 500	8.8	9.5
农村运输业	138 600	152 961	8.4	9.2
农村商业、饮食业	130 336	145 290	7.9	8.8
其他	231 591	229 547	14	13.8

【农村地区劳动力行业构成】　近郊朝阳、丰台、石景山、海淀 4 个区第一产业就业人数为 55 493 人，占近郊区全部产业就业人数的 23.5%，比上年减少 0.6 个百分点；由于城市的扩建和城市绿化带面积的加大，使得第二产业就业人数快速下降到 78 576 人，占 33.3%，比上年减少 2.6 个百分点；城郊运输业和商业、饮食业等配套服务设施的相应加快，使第三产业就业人数比去年上升了 3.2 个百分点，人数达到 102 051人，占近郊全部行业就业人数的 43.2 %。从事三产的农村运输和商业、饮食业的劳动力占近郊农村劳动力的比重，朝阳、丰台、海淀、石景山 4 个区分别为 22.1%、11.6%、8.2%、1.4%。

平原地区通州、顺义、昌平、大兴 4 个区，第一产业就业人数为 269 993 人，占平原地区全部产业就业人数的 39.2%，比去年下降 3.9 个百分点；第二产业就业人数为 197 350 人，占 28.7%，比去年上升 1.3 个百分点；第三产业就业人数为 221 269 人，占 32.1%，比去年上升 2.6 个百分点。农业就业人数排在全市第一位的是大兴有 73 614 人，比去年减少了 16 149人，占全市农业劳动力就业总数的 16%；第二位的是通州 61 545 人，占全市农业劳动力就业总数的 13.4%。第一产业中，从事牧业就业人数最多的是大兴 13 670 人，其次是顺义有 13 519 人。

山区门头沟、房山、平谷、怀柔、密云、延庆 6 个区县，第一产业就业人数减少，第二产业就业人数增加。第一产业的就业人数为 315 594 人，占山区全部产业总数的 43.2%，比去年减少 1.3%；第二产业的就业人数为 211 221 人，占 28.9%，比去年增加 1.3%；第三产业的就业人数为 204 478 人，占 28%，与去年持平。从数据上看，山区的农村劳动力就业主要是以农业产业为主，平谷区从事农业就业人数最多为 55 756 人，门头沟从事农业就业人数最少有6 861 人；二产劳动力就业人数有所上升，房山二产就业人最多增加了 4 385 人，其次是平谷增加了 3 834 人。在第一产业中，从事林业劳动力人数最多的是密云县为 13 901 人，比去年增加了 30.6%，其次是怀柔区 10 256人；从事牧业劳动力人数最多的是密云、房山，分别是14 499人、比去年减少了 2.5%和13 712 人、比去年增加了 3.1%（见表 4）。

表 4　农村就业人员行业的地区分布（2002 年）

单位：人

区　县		第一产业					第二产业			第三产业				合计
		农业	林业	牧业	渔业	小计	农村工业	建筑业	小计	运输	餐饮	其他	小计	
北京市		458 846	78 320	92 539	11 375	641 080	329 647	157 500	487 147	152 961	145 290	229 547	527 798	1 656 025
近郊	朝阳区	12 770	6 599	1 386	1 103	55 493	26 563	6 507	78 576	11 936	15 873	24 441	102 051	236 120
	丰台区	16 086	2 753	951	181		22 325	2 970		4 150	6 270	16 907		
	石景山区	807	93	137	0		2 246	116		348	931	1 945		
	海淀区	6 201	5 401	820	205		14 824	3 025		4 065	5 788	9 397		
平原	通州区	61 545	4 968	8 839	2 195	269 993	43 127	18 693	197 350	14 625	13 313	21 895	221 269	688 612
	顺义区	36 386	3 930	13 519	1 730		51 926	15 836		15 372	15 630	30 105		
	昌平区	29 071	7 306	5 479	669		19 384	10 418		14 834	10 777	23 363		
	大兴区	73 614	6 654	13 670	418		27 494	10 472		13 814	17 037	30 504		
山区	门头沟区	6 861	1 781	2 225	54	315 594	6 338	2 495	211 221	7 913	5 176	7 077	204 478	731 293
	房山区	49 714	7 347	13 712	640		46 917	31 802		32 489	24 424	13 756		
	平谷区	55 756	3 054	7 979	2 200		34 765	15 734		7 376	7 091	11 341		
	怀柔区	20 575	10 256	3 568	394		9 699	6 666		7 516	7 011	14 432		
	密云县	46 534	13 901	14 499	1 105		19 319	18 776		11 543	10 643	13 449		
	延庆县	42 926	4 277	5 755	481		4 720	13 990		6 980	5 326	10 935		

（陈　珊）

农民收入

【农民人均可支配收入增长较快】 据《北京市农村经济收益分配2002年度超级汇总统计资料》显示，郊区农村经济主要指标连续四年实现两位数增长，农民生活水平明显提高。2002年，郊区农民可支配收入总额实现215亿元，比上年增加14.4亿元，增长7.2%。农民人均可支配收入6 115元，比上年增加558元，增长10.1%（未扣除物价因素），增幅比上年下降1.4个百分点。

【农民人均可支配收入结构分析】 2002年，农民人均可支配收入中：工资性收入为1 496元，占人均可支配收入的24.5%；农民家庭经营收入4 507元，占73.7%；转移性收入29元，占0.5%；财产性收入为83元，占1.4%。农民人均可支配收入中：来自一产1 301元，占21.3%；来自二产1 502元，占24.6%；来自三产3 312元，占54.1%。第三产业是农民收入的主要来源。

从农民人均可支配收入行业结构上看：农民从农业中得到的收入为619元，占10.1%；从林业中得到的收入为91元，占1.5%；从畜牧业中得到的收入为540元，占8.8%；从渔业中得到的收入为51元，占0.8%；从工业中得到的收入为1 014元，占16.6%；从建筑业中得到的收入为488元，占8.0%；从交通运输业中得到的收入为836元，占13.7%；从商饮服务业中得到的收入为2 476元，占40.5%。

【乡镇企业为农民增收贡献大】 乡镇企业以农民致富增收为主线，以资产重组、结构调整、制度创新和推进企业集中布局为重点，大力推进乡镇企业二次创业，取得了突出成效，为郊区经济的发展，为农民致富增收做出了重大贡献。2002年，乡镇企业收入占农村经济总收入比重为54.3%，对农村经济增长的贡献率达到78%，拉动农村经济上升12.1个百分点。农民人均可支配收入中1/5来自乡镇企业。

【家庭经营成为农民收入的主体】 2002年，郊区农民家庭可支配收入达到161.4亿元，占农民可支配收入的75.1%。人均家庭可支配收入达到4 590元，占农民可支配收入的75.1%。农民家庭经营收入成为农民收入的主体；其中，农民从家庭第三产业中获得的收入已超过50%。

【集体经济是农民增收和就业的重要渠道】 2002年，在郊区农民人均可支配收入中，从集体经济中得到的收入1 360元，占22.3%；农村劳动力在乡村集体经济组织和企业就业人数达42万人，占24.3%。

农民收入水平的高低与村级集体经济发展水平密切相关。村级集体经济实力越强，农民收水平越高；集体经济实力薄弱，农民收入水平就低下。如表5、6所示：

表5 村级人均所有者权益与农民劳动所得对比表

单位：元、个

人均所有者权益	10万元以上	5～10万元	1～5万元	0.5～1万元	1 000～5 000元	500～1000元	500元以下
村数	50	81	550	375	1 347	640	995
人均劳动所得	13 737	10 180	7 690	6 622	5 607	4 956	4 621
其中集体所得	8 947	6 113	3 088	1 608	779	563	471

表6 村集体经济收入与农民人均劳动所得对比表

单位：元、个

村集体收入	>1亿元	5 000万～1亿	1 000～5 000万	500～1 000万	100～500万	<100万
村数	83	103	354	218	568	2 713
人均劳动所得	9 469	8 015	7 338	6 500	5 967	5 167
其中集体所得	5 400	3 951	2 790	1 541	1 100	609

【低收入村数量减少，农民生活水平有较大提高】 2002年，在市政府各项政策的引导下，全市消除了农民人均可支配收入低于1 500元的村。全市低于2 500元的村还有15个，占总村数的0.4%，比上年减少144个村，农民生活质量有了明显改善。

【地区间发展不平衡，农民收入差距继续拉大】 2002年，近郊农民人均可支配收入8 364元，比平原地区6 051元高出2 313元，高38.2%，比山区5 441元高出2 923元，高53.7%。农民人均可支配收入最高的村是朝阳区来广营乡立水桥村为39 524元，比人均可支配收入最低村平谷区黄松峪乡梨树沟村的1 935元高出19倍。

【仍有部分村在低收入线以下】 2002年，全市有半数以上的村收入在5 000～10 000元，仍有15个村处于低收入线以下。全市人均可支配收入10 000元以上的村有183个，占4.5%；5 000～10 000元的村2 230个，占55.2%；2 500～5 000元的村1 610个，占39.9%；2 500元以下的村有15个，占村总数的0.4%。

【区县农民收入分析】 2002年，区县农民人均可支配收入最高的是朝阳区，达到9 407元；最低的是门头沟区，为4 936元。

各区县农民人均可支配收入排序为：朝阳区9 407元，石景山区8 128元，海淀区7 930元，丰台区5 797元，顺义区6 137元，大兴区6 126元，通州区

5 997元，昌平区5 898元，房山区5 823元，怀柔区5 819元，延庆县5 478元，平谷区5 186元，密云县4 995元，门头沟区4 936元。

（李笑英）

农民消费

【农民消费水平提高】 据北京市农村社会经济调查队《2002年农村住户抽样调查年度资料》反映，2002年，农民人均消费总额5 548.75元，比上年增长8.8%；其中人均生活消费支出4 206.04元，占消费支出总额的75.8%，比上年人均消费支出增加了334.54元，增长8.6%。农民的生活质量进一步得到改善和提高，各种生活物品的消费均表现出较为明显的优质化趋向。

【农民全年消费支出结构】 2002年，农民全年人均消费总额5 548.75元。其中：人均家庭经营费用支出777.06元，占总支出的14.65%；人均生活消费支出4 206.04元，占总支出的75.8%；人均购置生产性固定资产支出68.19元，占总支出的1.23%；人均转移性支出425.28元，占总支出的7.67%；人均财产性支出50.38元，占总支出的0.91%；人均税费支出21.8元，占总支出的0.39%。农民全年消费支出结构如下图1：

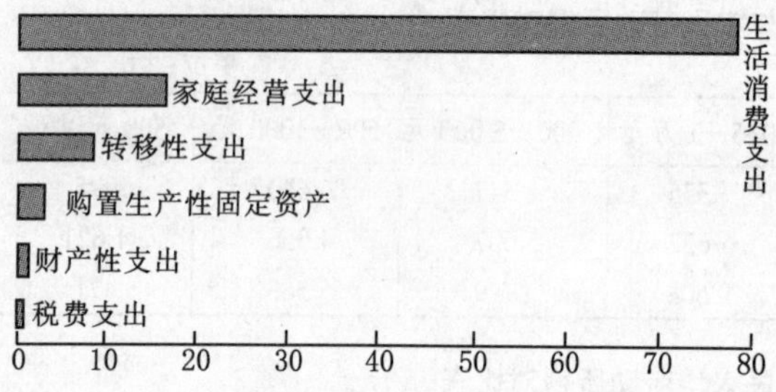

图1　2002年农民全年消费结构图（单位：%）

【农民生活消费支出结构】 2002年，农民生活消费总支出4 206.04元，占全年消费支出的75.8%。其中：食品支出占32.97%，衣着支出占7.49%，居住支出占16.99%，家庭设备用品及服务支出占6.7%，医疗保健支出占8.86%，交通和通讯支出占8.43%，文教娱乐支出占14.68%，其他消费占3.88%。各种生活消费支出结构如下图2：

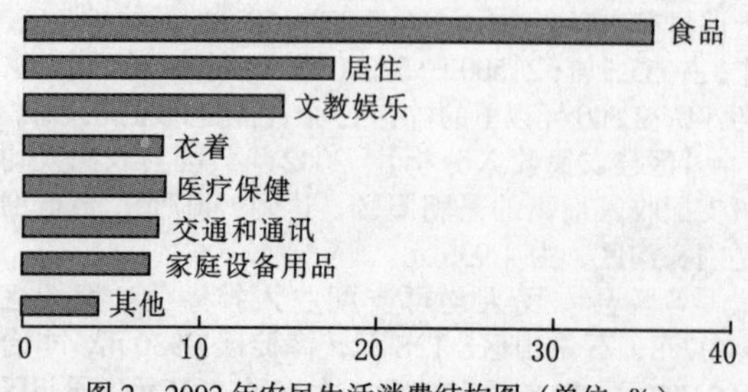

图2　2002年农民生活消费结构图（单位：%）

【食品消费向精细广方向发展】 2002年，农民人均食品消费支出1 386.63元，比上年人均增加33.4元，增长2.5%。食品消费方式增加、消费内容多样化，逐步由解决温饱转向注重食品营养和质量。其消费特点是：

恩格尔系数下降。2002年，京郊农民的恩格尔系数（即食品消费支出占生活消费支出的比例）为32.97%，比上年减少了2.03个百分点，表明农民生活水平继续得到提高。

主食消费支出下降，粮食消费总量持平，消费结构变化较大，精细粮消费减少，粗粮消费量增加。2002年，人均主食支出208.8元，占食品支出的15.1%，比上年减少了1.3个百分点，人均减少13.17元，表明主食消费支出已达到饱和。2002年农民人均消费粮食的总量为153.8千克，仅比上年增加了0.51千克，增长0.3%，粮食消费基本持平，但粮食消费结构发生了较大变化：精细粮小麦的人均消费量78.44千克，比2001年人均减少2.74千克，减少了3.4%；稻谷人均消费量36.8千克，与2001年人均消费36.77千克基本相当；粗粮玉米人均消费量27.38千克，比上年人均增加6.22千克，增长了29.4%，主要因为：随着生活水平的不断提高，温饱问题已基本解决，提高生活质量、食品讲究保健的需求使得窝窝头、贴饼子、菜团子等粗粮食品因含有丰富的营养成为餐桌新宠，从而加大了玉米的用量。

副食支出总量减少，其他食品支出增加。2002年，农民人均副食支出557.17元，占食品支出的40.2%，比2001年减少了1.4个百分点，人均减少5.79元，减少1%；人均其他食品支出398.72元，比2001年人均增加14.99元，增长3.9%。表明农民食品消费种类更加多样化。

食物消费结构多元化，食物品质提升。2002年农户主要食品消费与2001年相比，奶和奶制品、动植物油、时令鲜菜、猪牛羊肉等消费增加，食糖、白酒、啤酒和糕点的消费量也大幅上升。2002年农民人均奶及奶制品消费量13.9千克，比上年人均增加4.84元，增长53.4%；人均食糖、白酒消费量分别为2.18千克和9.02公斤，比上年人均增长均超过60%以上。其次是糕点消费一改往年下降势头，且档次提高，2002年人均消费3.4千克，比上年人均增加1千克，增长41.1%。第三是动植物油、牛羊肉和时令蔬菜也以10%左右的速度增长。2002年，动植物油年人均消费量15.33公斤，比上年人均增加1.98千克，增长14.83%；牛羊肉人均消费3.74千克，比上年人均增加0.46千克，增长14%；根茎块花类、茄果类和绿叶菜类蔬菜年人均消费量分别为21.07千克、17.37千克和10.75千克，比上年人均增加2.22千克、1.48千克和0.93公斤，增长均在9%以上。2002年农民人均年消费量增长在10%以上的食物见下图：

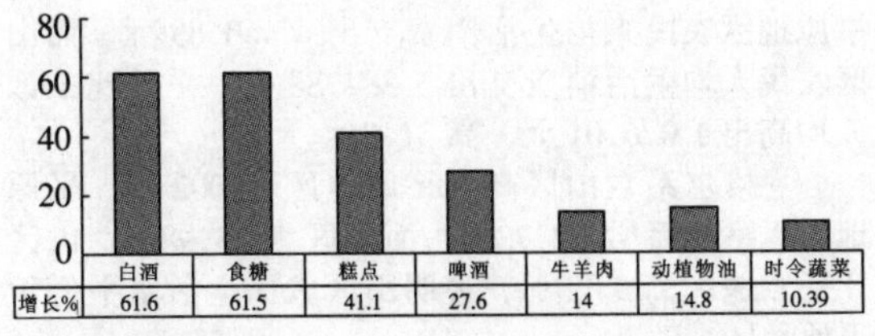

图 3

传统当家菜豆腐、白菜、家禽、蛋类等消费量减少。2002 年,豆类及豆制品年人均消费量 17.35 千克,比上年人均减少 3.49 千克,减少 16.8%;白菜人均消费量 40.48 千克,比上年人均减少 9.05 千克,减少 18.3%;家禽年人均消费量 2.92 千克,比上年人均减少 0.07 千克,减少 2.3%;蛋类及制品人均消费量 10.08 千克,比上年人均减少 0.05 千克,减少 0.5%。

在外饮食消费增长超过两位数。2002 年农民人均在外饮食消费 218.91 元，占食品消费支出的 15.9%，比上年人均增加 37.11 元，增长了 20.4%。其主要因素在于：餐饮业的迅速发展和社会化服务体系的建立完善，为农民在外就餐提供了更多的选择，同时随着信息时代的到来，农民走出家门的机会增多，朋友在外聚餐改变了传统的模式，成为信息交流和感情交流的媒介。

【衣着消费】 2002 年，农民衣着消费支出人均 315.18 元，占生活消费总支出的 7.49%，比上年的人均增加了 16.06 元，增长 5.4%；其中服装人均支出 153.97 元，占衣着支出 48.8%，比上年人均增加 14.83 元，增长 10.7%。

【居住消费增长】 随着农民收入的提高，改善和提高住房水平仍然是大多数农民的首选消费目标，强化室内装修，提高住房的舒适性和观赏性，仍是农民住房消费的热点。2002 年，农民居住消费支出总额人均 714.38 元，占生活消费支出总额的 16.99%，比上年人均增加 53.05 元，增长 8%。其中住房消费支出人均 425.3 元，占居住消费 59.5%，比上年人均增加 43.61 元，增长 11.4%；燃料消费支出人均 179.59 元，占居住消费 25.14%，比上年人均增加 4.17 元，增长 2.4%。

【家庭设备和产品上新档次】 农民家用电器和设备随着住房条件的改善和生活质量的提高也随之翻新。2002 年,农民家庭设备、用品及服务支出人均 281.98 元,占生活消费支出总额的 6.7%,比上年人均增加 9.89 元,增长 3.6%。家用设备的主要特点是:

现代产品迅速增长。代表现代生活的消费品(按增长速度高低排序)如移动电话、家用计算机、空调机、热水器、汽车等产品均以 20% 以上的速度增长,2002 年末,这些产品平均每百户拥有量分别是:移动电话 52 部、家用计算机 16 台、空调机 35 台、热水器 29 台、汽车 6 辆。其中农民百户汽车拥有量已经超过了城市居民(4 辆/百户),但农民汽车车型较低档化,仍以面包车为主,可以同时兼顾交通和运输。

实用型或必备型消费品需求仍呈上升趋势，有较大的发展空间。这些产品包括抽油烟机、组合音响、微波炉、影碟机、摩托车、电话机、电冰箱、彩色电视机、洗衣机、电风扇等。2002 年末，这些产品平均每百户拥有量分别是：抽油烟机 33 台、组合音响 33 台、微波炉 16 台、影碟机 30 台、摩托车 38 辆、电话机 96 部、电冰箱 91 台、彩色电视机 116 台、洗衣机 94 台、电风扇 152 台。有些传统的必备型消费品如冰箱、彩电、洗衣机、电扇等也逐渐走向高档化和智能化。部分中高档产品受农民消费习惯和文化修养的制约，2002 年没有变化，主要包括吸尘器、摄像机和中高档乐器等三种物品。传统耐用型消费品需求下降。如自行车平均每百户拥有 214 辆，比 2001 年减少了 6 辆；录放像机平均每百户拥有 15 台，比 2001 年减少 1 台；收录机平均每百户拥有 30 台，比 2001 年减少 2 台；黑白电视机平均每百户拥有 14 台，比 2001 年减少 2 台；寻呼机平均每百户拥有 20 台，比上年减少 9 台。

2002 年末，24 种主要耐用物品平均每百户拥有量及增长情况见下表：

表 7

	主要物品	单位	2002 年	2001 年	%
1	移动电话	部	52	30	173.3
2	家用计算机	台	16	12	133.3
3	空调机	台	35	27	129.6
4	热水器	台	29	24	120.8
5	汽车（生活用）	辆	6	5	120.0
6	抽油烟机	台	33	28	117.9
7	组合音响	台	33	28	117.9
8	微波炉	台	16	14	114.3
9	影碟机	台	30	27	111.1
10	照相机	架	32	29	110.3
11	摩托车	辆	38	35	108.6
12	电话机	部	96	90	106.7
13	电冰箱	台	91	86	105.8
14	彩色电视机	台	116	112	103.6
15	洗衣机	台	94	91	103.3
16	电风扇	台	152	150	101.3
17	吸尘器	台	6	6	100.0
18	摄像机	台	2	2	100.0
19	中高档乐器	件	2	2	100.0
20	自行车	辆	214	220	97.3
21	录放像机	台	15	16	93.8
22	收录机	台	30	32	93.8
23	黑白电视机	台	14	16	87.5
24	寻呼机	台	20	29	69.0

注:表中%为 2002 年是 2001 年的百分比,表 8～10 同。

【交通和通讯消费支出增加】 2002 年，农民人均交通和通讯消费 354.73 元，占生活消费支出的 8.43%，比上年人均增加 71.85 元，增长 25.4%。其中购置交通工具人均支出 84.15 元，比上年人均增长35.4%；购置通讯工具人均支出52.55元，比上年人均增长31.6%，人均邮电费支出114.5元，比上年增长25.1%。

【医疗保健消费增加】 2002年，农民的医疗保健消费支出增加，平均每人医疗保健支出372.46元，占全年生活消费支出的8.86%，比上年增加1.26个百分点，人均增加78.33元，增长26.6%。其中医疗卫生保健用品支出人均175.6元，占医疗保健消费支出的47.1%，比上年人均增加25.17元，增长了16.7%，表明农民的卫生保健意识逐渐提高。

【文教娱乐消费增长】 随着农村经济的发展和小城镇建设的加快，农民文化教育娱乐需求提高，消费增加。2002年，农民人均文教娱乐用品及服务支出为617.39元，占生活消费总支出的14.68%，比上年人均增加64.18元，增长11.6%。其中人均学杂费支出432.52元，比上年增长11.9%；人均购置机电消费品支出106.65元，比上年增长6.4%。

【其他商品及服务支出】 2002年，农民除以上各项外的其他商品及服务支出人均163.29元，占生活消费支出的3.88%，比上年人均增加7.88元，增长5.1%。其中人均商品性支出35.44元，比上年减少3.2%；人均服务性支出127.85元，比上年增长7.6%。

【人均现金支出增长】 随着农民收入水平的不断提高，农民手中的货币量增加，刺激了货币消费的增长。2002年，全年人均现金支出4 146.08元，占全年生活消费支出的98.57%，比上年增加了1.3个百分点，人均增加380.1元，增长了10.1%。

【不同地区农民生活消费水平】 各区县农民生活消费水平差别较大；其农村经济发展水平决定农民收入水平，收入水平又决定生活消费水平。各区县农民人均全年生活消费支出排序为：海淀区、朝阳区、石景山区、丰台区、昌平区、门头沟区、顺义区、大兴区、房山区、通州区、密云县、怀柔区、延庆县、平谷区。其总体趋势是近郊区好于平原地区，平原地区好于山区。各区县农民生活消费水平及增长情况见表8。

表8 各区县人均生活消费支出情况

	2002年	2001年	%
全市（元）	4 206.04	3 871.5	108.64
海淀	6 670.73	5 940.01	112.30
朝阳	6 342.95	5 891.55	107.66
石景山	5 929.26	4 864.06	121.90
丰台	5 872.58	5 128.32	114.51
昌平	5 306.21	4 737.37	112.01
门头沟	4 468.23	4 092.48	109.18
顺义	4 421.11	3 928.12	112.55
大兴	3 668.48	3 823.16	95.95
房山	3 627.21	3 296.17	110.04
通州	3 592.63	3 371.53	106.56
密云	3 261.57	3 123.38	104.42
怀柔	3 172.01	2 905.45	109.17
延庆	3 158.12	2 999.74	105.28
平谷	3 026.13	2 686.21	112.65

【平原地区农民生活明显好于山区】 2002年，平原地区农民人均生活消费支出4 460.89元，而山区农民人均生活消费支出3 384.88元，平原比山区人均高出1 076.01元，高31.8%。

恩格尔系数山区高于平原地区。2002年，平原地区恩格尔系数32.73%，而山区为33.98%，山区比平原地区高1.25%，说明山区农民生活水平低于平原地区。

【平原地区农民生活消费结构】 2002年，平原地区农民生活消费支出4 460.89元中，食品支出1 459.97元，占32.73%；衣着支出351.47元，占7.88%；居住支出762.56元，占17.09%；家庭设备用品及服务支出314.23元，占7.04%；医疗保健支出371.87元，占8.34%；交通和通讯支出379.92元，占8.52%；文化教育娱乐用品及服务支出636.16元，占14.26%；其他商品和服务消费支出184.71元，占4.14%。平原地区农民消费结构见下图：

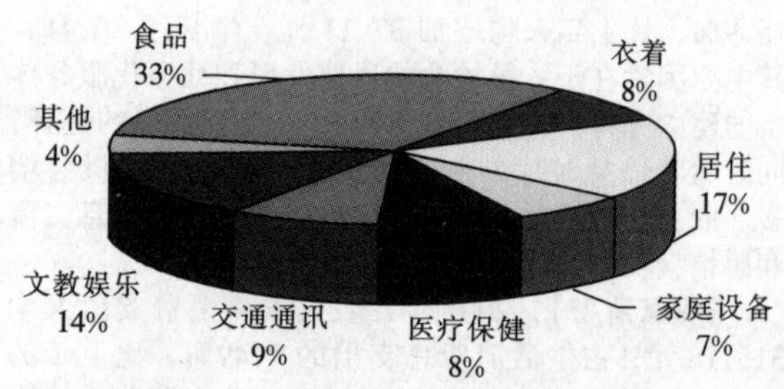

图4 平原地区农民生活消费结构图

【平原地区农民食品消费增长】 2002年平原地区人均食品消费支出1 459.97元，占生活消费支出32.73%，比上年人均增加39.81元，增长2.8%。其中人均主食支出214.98元，占食品支出14.72%，比上年人均减少7元，减少3.2%；人均副食支出594.8元，占食品支出40.74%，比上年人均减少5.87元，减少1%；人均其他食品支出432.28元，占食品支出29.61%，比上年人均增加17.76元，增长4.3%；人均在外饮食214.92元，占食品支出14.72%，比上年人均增加34.68元，增长19.2%。

【平原地区农民衣着支出增加】 2002年平原地区农民人均衣着支出351.47元，占生活消费支出7.88%，比上年人均增加20.2元，增长6.1%。其中人均服装支出175.22元，占衣着支出49.85%，比上年人均增加19.25元，增长12.3%

【平原地区农民居住支出增加】 2002年平原地区农民人均居住支出762.56元，占生活消费支出17.09%，比上年人均增加95.93元，增长14.4%。其中：人均住房支出453.69元，占居住支出59.5%，比上年人均增加90.82元，增长25%；人均燃料支出191.34元，占住房支出25.09%，比上年人均增加0.3元，增长0.2%。

【平原地区农民医疗保健支出增加】 2002年平

原地区农民人均医疗保健支出 371.87 元，占生活消费支出 8.34%，比上年人均增加 59.79 元，增长 19.2%。其中：人均医疗卫生保健用品支出 180.81 元，占医疗保健支出 48.62%，比上年人均增加 22.57 元，增长 14.3%。

【平原地区农民家庭设备及服务支出增加】 2002 年平原地区农民人均家庭设备用品及服务支出 314.23 元，占生活消费支出 7.04%，比上年人均增加 9.2 元，增长 3%。其中：人均耐用消费品支出 192.3 元，占家庭设备用品及服务支出 61.2%，比上年人均增加 36.77 元，增长 23.6%。

【平原地区农民交通及通讯支出增加】 2002 年平原地区农民人均交通及通讯支出 379.92 元，占生活消费支出 8.52%，比上年人均增加 71.64 元，增长 23.2%。其中：人均购置交通工具支出 92.35 元，占交通及通讯支出 24.31%，比上年人均增加 18.54 元，增长 25.1%；人均购置通讯工具支出 58.87 元，占交通及通讯支出 15.5%，比上年人均增加 15.27 元，增长 35%；人均邮电费支出 157.73 元，占交通及通讯支出 41.52%，比上年人均增加 31.11 元，增长 24.6%。

【平原地区农民文化教育娱乐用品及服务支出较快增长】 2002 年平原地区农民人均文化教育娱乐用品及服务支出 636.16 元，占生活消费支出 14.26%，比上年人均增加 66.48 元，增长 11.7%。其中：人均购置机电消费品支出 123.11 元，占文化教育娱乐用品及服务支出 19.35%，比上年人均增加 10.13 元，增长 9%；人均学杂费支出 427.43 元，占文化教育娱乐用品及服务支出 67.19%，比上年人均增加 45.6 元，增长 11.9%。

【平原地区农民其他商品和服务消费支出】 2002 年平原地区农民人均其他商品和服务消费支出 184.71 元，占生活消费支出 4.14%，比上年人均增加 8.38 元，增长 4.8%。其中：人均商品性支出 38.49 元，占其他商品和服务消费支出 20.84%，比上年人均减少 2.27 元，减少 5.6%；人均服务性支出 146.22 元，占其他商品和服务消费支出 79.16%，比上年人均增加 10.65 元，增长 7.9%。

平原地区农民生活消费变化情况见表 9。

表 9　2002 年平原地区农民生活消费增长情况

消费项目	2002 年	2001 年	%	消费项目	2002 年	2001 年	%
生活消费支出合计（元）	4 460.89	4 089.46	109.1	5. 医疗保健支出	371.87	312.08	119.2
1. 食品支出	1459.97	1420.16	102.8	其中：医疗卫生保健用品支出	180.81	158.24	114.3
其中：主食支出	214.98	221.98	96.8	6. 交通和通讯支出	379.92	308.28	123.2
副食支出	594.8	600.67	99.0	其中：购置交通工具支出	92.35	73.81	125.1
其他食品支出	432.28	414.52	104.3	购置通讯工具支出	58.87	43.6	135.0
在外饮食	214.92	180.24	119.2	邮电费支出	157.73	126.62	124.6
2. 衣着支出	351.47	331.27	106.1	7. 文化教育娱乐用品及服务支出	636.16	569.68	111.7
其中：服装支出	175.22	155.97	112.3				
3. 居住支出	762.56	666.63	114.4	其中：购置机电消费品支出	123.11	112.98	109.0
其中：住房支出	453.69	362.87	125.0	学杂费支出	427.43	381.83	111.9
燃料支出	191.34	191.04	100.2	8. 其他商品和服务消费支出	184.71	176.33	104.8
4. 家庭设备用品及服务支出	314.23	305.03	103.0	其中：商品性支出	38.49	40.76	94.4
其中：耐用消费品支出	192.3	155.53	123.6	服务性支出	146.22	135.57	107.9

【山区农民生活消费结构】 2002 年，山区农民生活消费支出 3 384.88 元中，食品支出 1 150.33 元，占 33.98%；衣着支出 198.26 元，占 5.86%；居住支出 559.15 元，占 16.52%；家庭设备用品及服务支出 178.06 元，占 5.26%；医疗保健支出 374.39 元，占 11.06%；交通和通讯支出 273.54 元，占 8.08%；文化教育娱乐用品及服务支出 556.89 元，占 16.45%；其他商品和服务消费支出 94.26 元，占 2.78%。山区农民消费结构见图 5。

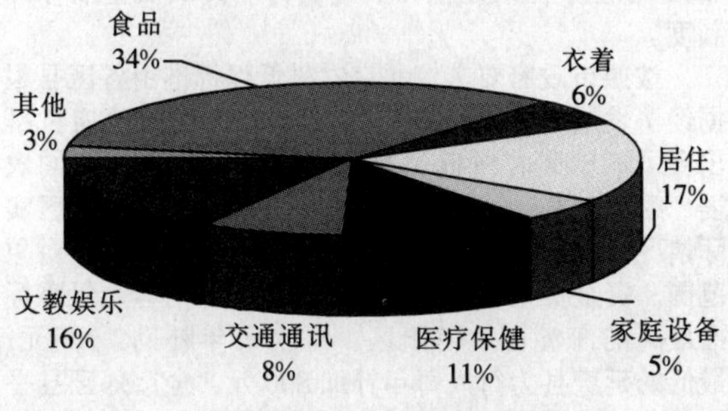

图 5　山区农民生活消费结构图

【山区农民食品消费微弱增长】 2002 年山区人均食品消费支出 1 150.33 元，占生活消费支出 33.98%，比上年人均增加 12.38 元，增长 1.1%。其中人均主食支出 188.9 元，占食品支出 16.42%，比上年人均减少 33.02 元，减少 14.9%；人均副食支出 435.91 元，占食品支出 37.89%，比上年人均减少 5.78 元，减少 1.3%；人均其他食品支出 290.6 元，占食品支出 25.26%，比上年人均增加 5.9 元，增长 2.1%；人均在外饮食 231.78 元，占食品支出

20.15%，比上年人均增加44.98元，增长24.1%。

【山区农民衣着支出增加】 2002年山区农民人均衣着支出198.26元，占生活消费支出5.86%，比上年人均增加2.55元，增长1.3%。其中人均服装支出85.5元，占衣着支出43.13%，比上年人均增加0.48元，增长0.6%。

【山区农民居住支出减少】 2002年山区农民人均居住支出559.15元，占生活消费支出16.52%，比上年人均减少85.12元，减少13.2%。其中：人均住房支出333.82元，占居住支出59.7%，比上年人均减少108.4元，减少24.5%；人均燃料支出141.73元，占住房支出25.35%，比上年人均增加16.53元，增长13.2%。

【山区农民医疗保健支出增加】 2002年山区农民人均医疗保健支出374.39元，占生活消费支出11.06%，比上年人均增加137.98元，增长58.4%。其中：人均医疗卫生保健用品支出158.81元，占医疗保健支出42.42%，比上年人均增加33.47元，增长26.7%。

【山区农民家庭设备及服务支出增加】 2002年山区农民人均家庭设备用品及服务支出178.06元，占生活消费支出5.26%，比上年人均增加11.93元，增长7.2%。其中：人均耐用消费品支出92.11元，占家庭设备用品及服务支出51.73%，比上年人均增加4.43元，增长5.1%。

【山区农民交通及通讯支出快速增长】 2002年山区农民人均交通及通讯支出273.54元，占生活消费支出8.08%，比上年人均增加72.37元，增长36%，表明山区农民与外界交往意识增强。其中：人均购置交通工具支出57.74元，占交通及通讯支出21.11%，比上年人均增加33.08元，增长134.1%；人均购置通讯工具支出32.17元，占交通及通讯支出11.76%，比上年人均增加3.99元，增长14.2%；人均邮电费支出96.73元，占交通及通讯支出35.36%，比上年人均增加21.22元，增长28.1%。

【山区农民文化教育娱乐用品及服务支出增加】 2002年山区农民人均文化教育娱乐用品及服务支出556.89元，占生活消费支出16.45%，比上年人均增加56.24元，增长11.2%。其中：人均购置机电消费品支出53.62元，占文化教育娱乐用品及服务支出9.63%，比上年人均减少5.51元，减少9.3%；人均学杂费支出448.91元，占文化教育娱乐用品及服务支出80.61%，比上年人均增加47.38元，增长11.8%。山区农民学习积极性增强，对子女教育也舍得投资。

【山区农民其他商品和服务消费支出】 2002年山区农民人均其他商品和服务消费支出94.26元，占生活消费支出2.78%，比上年人均增加6元，增长6.8%。其中：人均商品性支出25.63元，占其他商品和服务消费支出27.19%，比上年人均增加2.35元，增长10.1%；人均服务性支出68.63元，占其他商品和服务消费支出72.81%，比上年人均增加3.65元，增长5.6%。

山区农民生活消费变化情况如表10。

表10 2002年山区农民生活消费增长情况表

	2002年	2001年	%
生活消费支出合计（元）	3 384.88	3 170.55	106.8
1．食品支出	1 150.33	1 137.95	101.1
其中：主食支出	188.9	221.92	85.1
副食支出	435.91	441.69	98.7
其他食品支出	290.6	284.7	102.1
在外饮食	231.78	186.8	124.1
2．衣着支出	198.26	195.71	101.3
其中：服装支出	85.5	85.02	100.6
3．居住支出	559.15	644.27	86.8
其中：住房支出	333.82	442.23	75.5
燃料支出	141.73	125.2	113.2
4．家庭设备用品及服务支出	178.06	166.13	107.2
其中：耐用消费品支出	92.11	87.68	105.1
5．医疗保健支出	374.39	236.41	158.4
其中：医疗卫生保健用品支出	158.81	125.34	126.7
6．交通和通讯支出	273.54	201.17	136.0
其中：购置交通工具支出	57.74	24.66	234.1
购置通讯工具支出	32.17	28.18	114.2
邮电费支出	96.73	75.51	128.1
7．文化教育娱乐用品及服务支出	556.89	500.65	111.2
其中：购置机电消费品支出	53.62	59.13	90.7
学杂费支出	448.91	401.53	111.8
8．其他商品和服务消费支出	94.26	88.26	106.8
其中：商品性支出	25.63	23.28	110.1
服务性支出	68.63	64.98	105.6

（李　理）

社会保障

【农村社会救助】 2002年，市政府转发市民政局《关于建立和实施农村居民最低生活保障制度的意见》，在全市正式建立和实施农村居民最低生活保障制度。

按照市政府要求，北京农村低保标准由各区县根据经济发展水平自行确定。13个郊区县经政府批准出台了本地区农村低保实施办法，民政部门会同农委、财政、统计、物价、经管等有关部门根据本区实际情况，共同研究确定了农村低保的标准、保障对象范围、资金负担方式、申请审批程序等内容。保障标准最高的海淀区、朝阳区，每人每年补助2 160元；最低的延庆县为每人每年补助800元，全市郊区县平均保障标准为年1 256元。农村低保资金由区县财政负担，以现金形式按月或季度发放。到2002年底，本市农村保障人数已从原来的传统民政对象2万余人发展到近6万人。

实施农村居民最低生活保障制度。按照政府保障、保障基本生活的原则，由各区县根据实际情况确定一条保障标准；划定一个能够覆盖所有低收入群众又对特殊困难人员有所侧重的保障范围；建立一个实施社会救助与鼓励劳动生产相结合的基本生活保障机制；形成一个区县政府全额承担的资金负担方式；建立一个政府领导、民政主管、有关部门配合的工作体制；制定一个公开、公正、真实的申报、审批、发放程序；形成一套互相配套的优惠政策，从而构筑了农村居民最低生活保障制度的基本框架体系。

在实施过程中坚持以下原则：①坚持广泛覆盖的原则。凡家庭年人均收入低于保障标准的农村居民都可申请享受保障待遇。②坚持社会救助的原则，对特殊困难群体有所侧重。对农村五保户、孤老烈军属等优抚对象、原民政部门管理的精减退职老职工，国民党起义、投诚、宽释人员等特殊救济对象、无劳动能力的残疾人以及其他特殊生活困难人员，按照当地农村居民最低生活保障标准全额享受。农村五保户除享受最低生活保障待遇外，由区县和乡镇财政安排附加保障金的10%作为生活补助费，并确保其供养标准不低于当地上年人均收入的65%。③规范化管理的原则。建立健全机构，市和区县分别成立了由财政拨款、事业单位编制的低保工作服务中心；各乡镇和街道办事处的社会保障事务所，承担了城乡低保的收入核实、档案管理、数据统计及微机录入、发放保障金等事务性工作。规范工作机制。市政府批转的《市民政局关于建立和实施农村居民最低生活保障制度意见》以及市民政局、市农委、市财政局联合下发的《北京市农村居民最低生活保障制度实施细则》，对保障范围、保障标准、保障资金、申请审批及保障金发放各个环节进行规范，从而形成了较为规范的工作程序和工作机制。④兼顾其他社会保障制度原则。

（市民政局吕海燕　王珍）

【农村养老保险】 共有13个区县、194个乡镇、3 534个村、2 083个乡镇企业、31.98万人参加了农村养老保险，已有9 822人领取养老金。2002年参保数2.087万人，参保金额5 600万。制定了《北京市农村社会养老保险管理工作规程》，进一步明确市、县、区、乡、镇管理职责，对财务管理和监督稽核提出明确的要求。在怀柔区进行了完善农村养老保险制度建设试点，怀柔区政府出台《怀柔区农村社会保险试点办法》。

（市劳动和社会保障局陈惠明）

【农村救灾】 2002年，本市气候异常，上半年高温、少雨，旱情较为严重，进入汛期后，风雹、洪涝等灾害性天气频繁发生，致使农作物大面积受灾，经济损失比较严重，造成部分灾民生活困难。

据统计，2002年，全市农作物受灾面积12.5万公顷（其中，旱灾7.98万公顷，洪涝灾0.05万公顷，风雹灾4.47万公顷），成灾面积9.32万公顷(旱灾6.23万公顷，洪涝灾0.02万公顷，风雹灾3.07万公顷)，绝收面积2.10万公顷（旱灾1.18万公顷，洪涝灾0.01万公顷，风雹灾0.91万公顷)；受灾人口119万人次（旱灾66万人次，洪涝灾7万人次，风雹灾46万人次)，成灾人口78万人次（旱灾43万人次，洪涝灾3万人次，风雹灾32万人次)，共有4.38万人和2.26万头大牲畜出现饮水困难；因灾损坏房屋3 200余间。因灾造成直接经济损失9.79亿元，农业直接经济损失8.82亿元。

各级政府部门认真做好自然灾害救济工作，加大自然灾害救济经费投人，为顺利开展各项救灾工作提供强有力的财力支持。市和区县安排救灾经费预算971万元，其中，市级财政预算630万元，区县级341万元。全市救灾经费实际支出1 050万元。其中，因去年灾情较重，市级救灾经费超预算支出200万元，有730万元用于解决灾民的基本生活并已及时全额下拨给受灾地区；另外100万元用于采购救灾物资储备，并全部购置完成。区县级所结转的部分资金用于元旦春节期间安排受灾群众的基本生活。为保证救灾款物及时足额兑现到灾民手中。各级民政和财政部门采取有力措施切实加强救灾款物的使用和管理，保证了所有救灾款物的分配、使用均需按规定完成严格的报批和反馈程序，并按照统筹安排、专款专用、重点使用的原则，不搞平均分配，不作救济费使用，及时有效地保证了灾民、特别是重灾区、重灾户的基本生活。据统计，全年累计11.3万因灾生活困难户、28.29万人次得到口粮、衣被等生活救济，修缮住房600余间，救治伤病人口1.36万人次。

（市民政局吕海燕　王珍）

农村经济体制改革

概　述

2002年，郊区农村经济体制改革继续深化。坚持党在农村中的基本政策，稳定土地承包关系，农业承包合同更加规范化，土地流转进展平稳。推进集体经济改革，加强集体经济管理。切实减轻农民经济负担，支农资金增加，使农民得到实惠，促进了农村经济发展。

集体经济改革与管理

【推动社区集体经济产权制度改革】 2002年度全市农村工作会议提出：适应城市化要求，推进体制创新。城乡结合部、卫星城周边和小城镇地区要适应城市化的要求，在认真清产核资的基础上，推进集体经济的体制创新，按照“撤村不撤社、转居不转工、土地变资产、社员当股东”的思路，发育社区股份合作经济，建立新的管理体制和运行机制，实现集体经济的体制创新。落实会议精神，市委农工委、市农委采取了以下五项措施：

1. 对集体经济改革情况进行调查研究。5月15日，市农委召开了有各区县农委和经管站领导参加的会议，对调查工作进行了部署。会后，在各区县分别进行调查的同时，由市委农工委有关领导带队，抽调市委农工委研究室和市经管站人员组成调查组，用两个月的时间，深入到14个区县，特别是4个近郊区对城乡结合部地区农村集体经济改革和发展现状进行调查研究，取得了第一手资料。7月中旬，市委农工委派出考察组到广州市改造“城中村”情况进行了考察。

2. 组织专家对农村集体经济产权制度改革问题进行理论探索。市农研中心成立了《关于加快城乡结合部地区集体经济产权制度改革对策研究》课题组。提交了《从共同共有到按份共有的变革》的总报告、5份子报告、6份调查报告和4份考察报告。从理论与实践紧密结合的角度，提出了相应对策。

3. 起草政策性文件。从6月份开始，市委农工委和市农委组织写作班子起草了《中共北京市委、北京市人民政府关于深化农村集体经济改革，加强农村集体资产管理的通知》，先后提交市委常委会议和市政府常务会议进行了讨论。与此同时，继丰台区在2001年出台有关改革规范文件以后，海淀区和石景山区在2002年先后以区委、区政府文件的形式制定了农村集体经济产权制度改革的文件。

4. 明确任务，落实责任制。年初，市委农工委和市农委提出了“推动四个近郊区村级集体经济组织体制创新，使实行社区股份合作制改革的村达到20个”的任务。并把这个任务明确给市经管站。为完成这一任务，市经管站抽调专人负责对进行农村集体经济产权制度改革的村进行指导。丰台、海淀和石景山3个区先后成立了集体经济产权制度改革领导小组，设立了改革办公室，确定了专人。

5. 培训干部。11月26～28日，市委农工委和市农委在通州区举办了全市农村集体经济产权制度改革培训班，邀请国家和本市有关专家讲课，对150名区县、乡镇干部进行了培训。

截止到2002年12月底，全市已有丰台、海淀、石景山3个近郊区区委和政府制定和发布了关于进行社区股份合作制改革的政策性文件。已有24个村（队）将村经济合作社产权制度由社员共同共有变为社员按份共有。而其中有11个是过去花费10年时间完成的，有13个则是在2002年完成的，超额完成了预定任务。还有2个乡和10个村已经启动了改革进程。在大兴西红门、旧宫和通州永顺、梨园乡镇，也启动集体经济产权制度改革进程。

【农民专业合作经济组织指导管理工作取得新进展】 为了促进郊区农民增收，市委、市政府提出要在推动农业结构调整和农业产业化过程中，开展农民专业合作组织试点、示范，进一步提高农民组织化程度。一年来，市农委采取了五项措施，在较高起点上打开了这项管理工作的局面。一是对33个农民专业合作经济组织进行了资金扶持，共投放扶持资金650万元。二是在深入实际调查研究的基础上，召开了全市农民专业合作经济组织经验交流会。三是由市经管站编写了《农民专业合作组织的理论与实践》培训教材，10月23～26日，市农委在北京农业职业学院（香山）举办了农民专业合作经济组织干部培训班，培训办社骨干140多人。四是指导农民专业合作经济组织健全组织机构、规范内部管理，努力提高经济效益。五是对农民专业合作经济组织的理论进行了研究，召开了专家研讨会，提高了我市农民专业合作组织建设的理论水平。全市发展药材、饲草专业合作组织30多个、蔬菜专业合作组织130多个、畜牧专业合作组织800多个，乡级以上农业化作业服务组织90个。到2003年12月底，全市农民专业合作经济组织已经发展1 613个。

【农经管理手段和管理方法现代化实现创新】 为推动本市农经管理手段的现代化，在市农委的领导和市财政、计划等部门的大力支持下，市经管站组织力量开发了《北京市农村管理信息系统》软件，并通过了中国软件评测中心测评鉴定，制定了《北京市农村管理信息系统总体方案》。在对农村管理信息系统进行测试和试点取得成功的基础上，市委农工委和市农委下发了《关于农村管理信息化工作的实施意见》，并在昌平区北七家镇成功地召开了全市农村管理信息化工作现场会，举办了农村管理信息化领导干部培训班。到12月底，全市已有25个村的村务管理数据处理工作实现了现代化；有13个乡镇的会计服务中心使用《农村管理信息系统》对527个村的财务会计核算数据进行电子处理。与此同时，市经管站对农村经济收益分配统计制度、统计方法和统计手段进行了重大改革，开发了《北京市农村经济收益分配统计》软件系统，在全国率先实现了农村经济收益分配统计工作的超级汇总。目前全市已经采用该系统汇总了全市农村199个乡镇、4 042个村、11 340家企业的数据资料。农村财务管理体制改革工作继续深入发展。

【积极推进农村财务会计工作体制改革】 到2002年12月底，全市已有8个区县的54个乡镇对1 025个村进行了村账托管，占全市村合作社总数的25.45，比上年提高了11.3个百分点。有5个区县的1 674个村实行了以“两级审核、民主管理”为主要内容的村级财务双审制度，占全市村经济合作社总数的41.5%，比上年提高了11.3个百分点。在大力推进财务公开和民主理财的同时，继续加强了集体经济审计监督。市农委下发了《关于进一步加强农村集体经济审计工作的通知》。全市共对9 389个单位进行了审计，审计金额达545.6亿元，查出违法违纪金额1 076.4万元，查出损失浪费金额929.8万元，促进增收节支290.8万元，向司法机关移送案件5件，移送司法机关处理4人，受到党政纪律处分10人。

【加大对农村经营管理人才的培养】 经有关部门批准，市经管站成立了北京市农村经济管理培训学校。经市委农工委和市农委等有关部门批准，成立了《北京市农村合作经济经营管理志》编辑委员会，启动了农村合作经济管理史志资料的编写工作。

（黄中廷）

土地承包

【搞好农村土地流转情况调查】 2001年底，中共中央下发《关于做好农户承包地使用权流转工作的通知》后，市委、市政府立即责成市农委搞好调查，摸清底数，并拟定本市贯彻实施意见。在市农委的领导下，市经管站设计了一套（共8张）土地流转调查表，印制9 000套，下发到郊区每一个行政村进行全面调查，并编制了“农村土地流转调查超级汇总分析软件”，对3 999个村的所有数据实行超级汇总和认真分析。结果表明，郊区土地流转呈现以下特点：

1. 土地流转进展平稳，流转形式多样。据调查，截止到2001年底，郊区农村共有112 952户流转出土地，占农村总户数的9.3%；流转土地面积3.15万公顷，占农地总面积的8%。在区域布局上，平原流转多，山区流转少。到2001年底，平原地区有85 799个农户流转出土地，流转面积2.76万公顷，分别占流转总户数、流转总面积的76.8%和86.8%；山区有27 153个农户流转出土地，流转面积0.42万公顷，占流转总户数、流转总面积的24.0%和13.2%。在流转形式上，转让占大多数，其户数占流转总户数的71.7%，面积占流转总面积的78.6%；其次是转包、出租和反租倒包，其面积分别占流转总面积的11.1%、2.8%和2.7%；互换、入股占少数，面积加在一起仅占流转总面积的1.4%。

2. 土地流转主要是农民自愿的经济行为。调查发现，农户流出土地的内在原因主要有三个：一是农业的比较效益较低，农户从承包地中得到的收入在家庭总收入中所占比重很小；二是农户的劳动力主要从事二、三产业，没有时间和精力从事农业劳动；三是农产品价格较低，农户不再顾虑自身的农产品供应问题。外在原因是农业结构调整。据调查，在流转出的3.18万公顷土地中，农民自愿放弃土地的有2.45万公顷，占76.9%，其中退回集体的有2.07万公顷；农户暂时无力管理的有0.31万公顷，占9.7%；由于其他原因流转的有0.43万公顷，占13.4%。

3. 农业产业化成为土地流转的重要动因。调查发现，较大面积、较长期限，且以较高的租金接转农民流出的土地的，大都是各地农业结构调整中出现的，经营养殖小区、设施农业园、特菜基地、苗木花卉基地等。土地租赁、入股、反租倒包等流转形式，大都是在这样的背景下出现的。

4. 土地流转中农民的利益有不同形式的体现。由农户向其他农户、企业、个人流转的，补偿数额和方式由双方协商，一般是一定数量的现金或粮食等实物。土地转让中，受让方为流转方亲朋好友的，流转方有时候自愿放弃补偿。农户放弃承包或承包后又退回集体的，一般没有直接的经济补偿。集体经济组织向外租赁土地的，收取的土地租金一般不直接分配给农民，而是通过壮大集体经济实力，举办集体福利或公益事业等形式，体现农民的收益权；但采取反租倒包形式流转土地的，都将租金收入的全部或大部直接返还给农民。据调查，除顺义区外，有偿流转的土地达0.57万公顷，占74.8%，流转价格在50～499元之间的占较大比例。其中流转价格在每666.67平方米50元以下的有30公顷，占5.8%；流转价格在每666.67平方米50～199元的有0.25万公顷，占43%；流转价格在每666.67平方米200～499元的有0.23万公顷，占39.6 %；流转价格在每666.67平方米500元以上的有666.67公顷，占11.6%。

5. *土地流转的受让主体呈现多元化。*目前，本地农户和集体经济组织占受让主体的较大比例。据调查，受让方是本村农民的占11.1%；受让方是乡、村集体经济组织（含本村企业）的占81.5%；村外农民、城镇居民、农业企事业单位、科研机构下乡租地、包地的面积仅占7.4%。通过这次调查，摸清了郊区土地流转的总体情况，为市委、市政府制定土地流转政策提供了决策依据。

【农业承包合同规范化管理工作成效显著】 到2000年底，本市农村土地延包工作基本结束，土地承包管理工作的重点逐步转入到农业承包合同的规范化管理上。2002年，市农委指导各区县进一步抓好农业承包合同规范化管理工作，特别是加强对土地流转合同的管理，搞好承包合同纠纷的调解、仲裁工作，切实保护承发包双方的合法权益。一年来，郊区农业承包合同规范化管理工作取得了显著成效：一是进一步规范了合同的签订和鉴证工作。在落实土地延包政策过程中，各区县都统一印制了合同文本，特别是针对郊区土地流转工作的新形势，指导区县制定了统一的流转合同文本。同时，加强了合同鉴证工作，目前新签合同的鉴证率达到了100%。二是建立健全了县、乡、村三级合同档案管理制度。按照要求，各区县都建立了比较完善的农业承包合同档案管理制度，有的区县对合同档案实行了计算机管理，规范化程度进一步提高。三是依法及时调处合同纠纷。年内市财政、物价部门取消农业承包合同鉴证和承包合同纠纷调解仲裁收费项目以后，为了确保农业承包合同鉴证和承包合同纠纷调解仲裁工作的正常进行，市经管站向各区县下发了《关于取消承包合同鉴证、承包合同纠纷调解仲裁收费项目后解决工作经费来源的通知》，要求农经部门要坚定不移地继续做好农业承包合同鉴证和纠纷调解仲裁工作，决不能有丝毫动摇和松懈；区县和乡镇政府要确保开展农业承包合同鉴证和纠纷调解仲裁工作的经费来源。《通知》下发以后，各区县经管站认真贯彻执行，保证了农业承包合同鉴证和纠纷调解仲裁工作的顺利进行。四是提高了合同管理干部的素质。随着乡镇机构改革的不断深入，合同管理人员变动频繁，针对这种状况，各区县加大了培训工作力度，使各级合同管理人员素质进一步提高。2002年，平谷区对14个乡镇的经管干部、村主管领导、财会人员和两委班子成员进行了培训，共培训19场次，参加人员2 000余人。

【做好贯彻实施《中华人民共和国农村土地承包法》各项准备工作】 《中华人民共和国农村土地承包法》于2002年8月29日正式颁布后，市农委连续组织召开了各区县农工委书记座谈会、研究室主任座谈会、经管站长座谈会，大家就《农村土地承包法》的内容、核心和贯彻实施等问题展开了热烈的讨论。会后，市农委和市经管站深入郊区进行调研，与区县、乡镇、村有关干部和农民进行了座谈，同时，组织各区县经管站抽取了200个农户进行了《农村土地承包法》问卷调查，详细了解了京郊干部群众对土地承包的意见以及对贯彻《农村土地承包法》的认识。12月13日～18日，市经管站组织通州、海淀、密云等区县经管站负责合同管理工作的同志赴海南参加了农业部举办的《农村土地承包法》培训班，认真听了农业部农村经济体制与经营管理司、全国人大法工委、全国人大农委领导、专家主讲的《农村土地承包法颁布后面临的形势和任务》、《农村土地承包法中的物权特征》以及《农村土地承包法释义》的报告，普遍反映此次培训非常及时，收获很大，为认真贯彻落实《农村土地承包法》打下了良好的理论认识基础。

【开展农村土地承包及承包合同管理情况检查】 为巩固本市土地延包成果，进一步稳定郊区土地承包关系和加强承包合同规范化管理，并为贯彻落实《中华人民共和国农村土地承包法》做好准备，市经管站组织各区县于2002年12月至2003年1月开展了农村土地承包及承包合同管理情况的执法检查。结果表明：

1. *土地延包扫尾工作进展顺利，郊区农村土地承包关系总体稳定。*①到2002年底，本市应完成延包的3 030个村中，已有2 885个村完成了延包工作，占95.2%；已延包的耕地面积19.46万公顷。②已颁发土地承包经营权证书的区县有门头沟、大兴、通州、顺义、平谷、延庆、房山、昌平、怀柔9个区县，其中顺义、平谷、延庆发放率都在95%以上；2 234个村发放了土地承包经营权证书，403 595个农户领到了土地承包经营权证书。③目前本市郊区农村土地经营形式仍以家庭经营为主，实行家庭经营的耕地面积18.75万公顷，占耕地面积的62.5%；实行土地适度规模经营的5.97万公顷，占19.9%；对外租赁的2.55万公顷，占8.5%。

2. *土地流转有新的进展，流转形式以转让为主。*①土地流转面积有所增加。到2002年底，我市土地流转的总面积3.55万公顷，比2001年的3.18万公顷增加了0.37万公顷。增加的主要原因是：丰台王佐、平谷马坊等小城镇建设加快，农民将土地大量流转给集体。②土地流转以转让为主。转让面积2.68万公顷，占流转总面积的75.6%。③流转的土地来源于农民家庭经营的3.05万公顷，占流转总面积的86.1%。④到2002年底，已签订土地流转合同10.2万份，比上年增长13.2%。

3. *农业承包合同管理逐步走上规范化管理轨道。*①继续坚持“统一文本、统一签订、统一鉴证、统一建档、统一管理”的合同管理方式，到2002年底，郊区共签订农业承包合同64.3万份，其中当年新签合同3.5万份；鉴证合同52万份，鉴证率为80.9%。②积极采取措施，督促农民按时足额缴纳承包款。2002年，郊区农业承包合同应上缴承包费40 326万元，已上缴34 225万元，拖欠5 208万元，占应上缴金额的12.9%。朝阳区制定了有效的租金收取办法，利用计算机对合同进行动态管理，对一次性付清的租金实行专户管理，按年拨付使用，并定期以通报形式向村民公开。通过采取这些措施，仅东风乡当年租赁收入就增加1 300万元，集体和农民的合法权益得到了保证。③及时处理纠纷，维护当事人合法权益。2002年，我市共发生承包合同纠纷937起，已结案899起，结案率为95.9%。④组织培训，学习宣传《农村土地承包法》及相关法律法规。《农村土地承包法》颁布后，大兴、房山、门头沟、顺义、平谷、怀柔分别举办了区县级、乡镇级的讨论会、座谈会；房山区还利用农合网向全区干部群众宣传，取得了较好的效果。

（任玉玲）

减轻农民负担与农村税费改革

【建立涉及农民负担案件责任追究制】 8月9日，中共中央办公厅和国务院办公厅发出《关于对涉及农民负担案（事）件实行责任追究的暂行办法》的通知。按照中央通知精神，市委农工委、市农委配合市纪委和市监察局制定了《北京市实施〈关于对涉及农民负担案（事）件实行责任追究的暂行办法〉的办法》，分别明确了区县和乡镇党政一把手、区县和乡镇党政主管领导、村级组织主要负责人以及各级涉农部门、各级农民负担监督管理部门、各级司法机关对减轻农民负担工作负有的责任。规定：各级党委、政府要把减轻农民负担工作纳入干部考核范围，把征求农民负担监督管理部门的意见作为年终考核的必经程序，并将减轻农民负担工作的业绩作为干部奖惩和任免的一项重要标准。对涉及农民负担的案（事）件负有领导责任和直接责任的个人要追究责任。对不认真贯彻执行减轻农民负担法规、政策的，要公开批评教育；对违法、违纪加重农民负担的有关责任人员要给予党纪、政纪处分，决不姑息迁就。根据上述要求，在秋季农民负担管理执法检查中，通州区对不认真贯彻执行减轻农民负担法规、政策的个别乡镇党委书记和镇长，在全区干部大会上点名批评，使全区干部思想上受到震动，进一步增强了做好减轻农民负担工作的责任感。密云县采取“查处一点、净化一线”的做法，针对检查中发现的9所农村中小学校存在乱收费的问题，由县教委发出文件进行通报，责令校长写出书面检查，并取消了9所学校校长本学年度评先、评优资格。

【建立村级报刊订阅费用限额制度】 为从根本上解决农村报刊订阅负担过重的“老大难”问题，在对全市村级报刊订阅情况和费用开支情况进行抽样调查的基础上，市农工委、市农委、市监察局和市新闻出版局联合发出《关于实行村级报刊订阅费用限额制度的通知》，根据村级集体经济发展和农民收入水平，规定了四个档次的限额标准。市农民负担监督管理办公室印发了《北京市村级报刊订阅费用监督卡》。通过执法检查，表明实行村级报刊订阅费用限额制度和村级报刊订阅费用监督卡制度，是从根本上治理农民报刊订阅负担过重问题的重大举措，受到了农民群众和基层干部的热烈欢迎和支持。平谷区在实行限额制度的基础上，区委、区政府做出了规范区级党政机关和各部门报刊发行工作规定。怀柔区在实行限额制度中，把党的政策交给农民群众，让农民群众当家作主决定订哪些报纸、开支多少订阅费，效果十分明显。

【实行涉农价格和收费公示制度和完善农民负担监督卡制度】 在去年试点的基础上，2002年上半年，全市各乡镇和各行政村的涉农价格和收费公示栏和公示牌已经基本建立起来。同时，对农民负担监督卡进行了重新设计，除了保留原有的提留统筹和“两工”的内容以外，增加了涉及农民的主要收费项目、收费标准、收取办法公示和农民负担举报公示的内容。此外，按照中央减轻农民负担“八严禁”和市委、市政府制定的“八条纪律”，结合实际工作中经常发生的加重农民负担的问题，明确了“八不准”并列入当年的农民负担监督卡，发到了农户手中。由于实行了涉农价格和收费公示制度，极大地提高了涉农价格和收费的透明度。涉农收费公示和农民负担监督卡真正成为农民群众抵制乱收费、维护自身合法权益的“尚方宝剑”。

【开展减轻农民负担工作专项治理】 一是开展了农村中小学校收费专项治理，纠正了农村中小学校乱收费加重农民负担的行为。在此基础上，市政府决定从新学年开始，免除远郊区县中小学生杂费，对近郊区低收入户学生也给予免除杂费待遇，并提供助学金。据统计，此项措施出台以后全市每年减轻农民负担4 300万元。

二是开展了农村电费专项治理，加快了农村电网改造的进度，基本实现了城乡电费同网同价，实现了城乡电话费同网同价。在今年春秋两季农民负担管理执法检查中，我们都把治理在农村电网改造中加重农民负担问题作为重点内容，有效地遏制了在电网改造中要求农民出钱、出工、出物等现象。从今年6月份开始，绝大多数村农户生活用电的价格已经从原来的每度0.46元降到0.44元，仅此一项就减轻全市农民负担1 800万元。同时通过农村电网改造，减少了由于电路老化等原因造成的电损，大大地减少了村级集体经济组织对农户用电的额外补贴，全年共减轻村级集体经济组织负担3.6亿元。由于实行了城乡电话费同网同价，郊区一年减轻农民负担8 600万元。

三是开展了农民建房收费、农村生产资料价格和农机管理收费的专项治理。通过治理发现和解决了存在的个别问题，进一步规范了这三个方面的收费行为。

四是继续对在集体土地征占中加重农民负担问题进行专项治理。近两年来，市委、市政府都把治理拖欠和挪用农村集体经济组织土地征占补偿款问题列入反腐倡廉重点工作，市政府办公厅就此专门发出文件，市政府专门成立了清理建设用地拖欠占地补偿款协调小组。一年来各区县委和政府高度重视此项工作，按照市委、市政府的要求对存在拖欠和挪用问题的项目进行逐项清理。经清查有125个项目共计拖欠占地补偿款38.86亿元。经过积极催收，目前已经偿还26.71亿元，占68.7%；尚未全部偿还拖欠款的有54个项目，共计12.15亿元，占31.3%。问题比较突出的富华房地产公司拖欠朝阳区平房乡黄杉木店村1.18亿元征地款、市政府永定河治理工程占用门头沟区10个村60多公顷地未给予补偿等老大难问题都已得到较为圆满的解决。

五是对外来民工负担进行了专项治理。全市外来民工大体上在260万～280万之间。按照党中央和国务院的部署，我市在减轻外来民工负担方面采取了三项措施：取消了每月15元的外来人口服务费和施工队管理费、暂住证手续费，办理暂住证费由6元降至5元，卫生费由7元降至5元，以上几项措施共减轻民工负担5个多亿元。对拖欠外来民工工资的问题进行了清理。在市委副书记强卫同志的亲自过问下，市建委采取有力措施，督促本系统大型建筑企业清偿拖欠民工工资1.4亿元。专项治理向外地民工乱收费问题。朝阳区对个别村向民工收取外来人员计划生育押金和住房管理费的问题进行了清退。平谷区对乡镇企业雇佣外地民工签订劳动合同情况和同工同酬情况进行了检查，纠正了存在的问题，保护了民工的合法权益。

【开展农村税费改革配套改革】 昌平区委、区政府高度重视农村税费改革试点工作。通过改革达到了中央提出的保证农民负担切实得到减轻不反弹、保证农村教育经费不减少、保证基层政权和村级组织正常运转的目的。在此基础上，2002年着力抓了规范村级集体财务管理工作，全面实行村账托管和村账双审工作，并在全市率先进行了农村电算化试点，取得了新鲜经验。在继续巩固昌平试点的同时，在全市开展了配套改革工作，继续精简乡村干部、调整农村中小学布局、改革农村教育管理体制、建立了农民最低生活费保障制度、部分区县和乡镇对村级主要干部实行了财政固定补贴制度、对农业税纳税土地面积进行了清查核实、对税费改革对乡镇财政的影响程度进行了初步测算。这些都为今后全市全面推进农村税费改革奠定了基础。

【加强领导、健全机构、完善政策、群专结合，做好减轻农民负担工作】 市委、市政府十分重视减轻农民负担工作。1月份，在全市农村工作会议上，贾庆林书记和刘志华副市长就做好减轻农民负担工作提出了明确要求。3月，市政府办公厅就做好2002年度减轻农民负担工作专门发出文件。5月，刘淇市长、翟鸿祥和刘志华副市长就开展与农村税费改革有关的配套改革工作做出批示。8月12日，市委副书记杜德印就认真贯彻《中共中央、国务院〈关于对涉及农民负担案（事）件实行责任追究的暂行办法〉的通知》做出批示。9月4日，市委副书记强卫部署秋季农民负担执法检查工作。9月10日，市委常委会议听取了关于本市贯彻全国减轻农民负担电视电话会议情况的汇报。按照市委、市政府的要求，各区县和各乡镇党委、政府针对本地区、本部门在减轻农民负担工作中存在的问题制定了整改方案，召开村党支部、村委会和村经济合作社的全体干部会议进行贯彻、落实。经过多年的努力，市、区（县）和乡（镇）三级普遍设置了农村负担监督管理领导小组，代表同级党委、政府行使农民负担监督管理职能。在《北京市农民负担管理条例》的基础上，建立健全了提留统筹预决算制度、农民负担监督卡制度、农民负担举报查处制度、专项审计制度等一系列农民负担管理制度，并且根据实际工作的需要不断明确和完善了有关政策。今年又实行了涉农案（事）件责任追究制、村级报刊订阅费用限额制、涉农价格和收费公示制，进一步实现了农民负担管理的规范化和法制化。

（黄中廷）

个体工商户增长

【个体工商户总量指标快速增长】 2002年，本市郊区个体工商户累计达255 815户，比上年增长18.41%；注册资金累计31.13亿元，同比增长20.8%；从业人员达352 512人，同比增长15.99%。全年实现总产值达17.31亿元，销售总额133.74亿元，社会消费品零售额106.72亿元，同比分别增长44.73%、18.49%和20.17%，为促进郊区经济发展发挥了积极的作用。

【个体工商户实力不断增强】 2002年，郊区个体工商户实力不断增强，户均注册资金达1.22万元，同比提高2.52%。特别是从事第一产业的个体工商户累计达2 046户，户均注册资金高达10.9万元，同比增长35.95%和16.08%，其经济实力明显高于其他各行业。

【个体工商户第三产业占主导地位，第一产业增速最快】 2002年，郊区从事第三产业的个体工商户累计达238 432户，占郊区总户数比重高达93.2%；注册资金累计25.01亿元，所占比重达80.34%；从业人员达315 712人，所占比重达89.56%。从事第一产业的个体工商户户数最少，但增速最快。累计户数达2 046户，同比增长35.47%；注册资金累计2.23亿元，同比增长58.16%；从业人员达4 090人，同比增长41.33%；增幅高于第二产业31.05个百分点、32.74 个百分点和 38.87 个百分点；高于第三产业 16.68 个百分点、40.10 个百分点和 24.01 个百分点。

【郊区城镇个体工商户发展迅猛】 2002 年，郊区城镇个体工商户发展迅猛，累计达 142 241 户，同比增长 36.15%；从业人数增加，累计达194 732人，同比增长 39.15%（见表 1）。郊区城镇个体工商户的发展，成为解决郊区劳动力就业的主要渠道。

表 1　郊区个体工商户发展情况对比表

单位：户、人、亿元

项　目	2002 年			2001 年		
	户数	从业人员	注册资金	户数	从业人员	注册资金
合计	255 815	352 512	31.13	216 042	303 920	25.77
其中：城镇	142 241	194 732	15.50	104 472	139 945	11.99
比重（%）	55.60	55.24	49.79	48.36	46.05	46.53

【新兴行业增势强劲】 从郊区个体工商户从事的行业看，2002 年，从事第一产业的种养业仍保持快速发展，其中：种植业同比增长 50.23%，畜牧养殖业同比增长 38.68%。第三产业中的新兴行业增势强劲，其中：信息咨询服务业同比增长 132.27%，计算机应用服务业同比增长 11.46%，美容美发业同比增长 40.30%，娱乐服务业同比增长 44.9%，其他行业同比增长 64.47%（见表 2）。

表 2　郊区个体工商户部分行业发展情况对比表

行业名称	实有户数			注册资金（万元）		
	2002 年	2001 年	增长（%）	2002 年	2001 年	增长（%）
种植业	652	434	50.2	5 385.1	3 346.1	60.9
畜牧养殖业	882	636	38.7	14 340.7	8 435.6	70.0
信息咨询服务业	3 354	1 444	132.3	1 218.9	464.4	162.5
计算机应用服务业	467	419	11.5	892.2	743.0	20.1
美容美发业	8 585	6 119	40.3	8 324.8	6 883.1	20.9
娱乐服务业	142	98	44.9	246.5	157.4	56.6
其他行业	2 342	1 424	64.5	4 804.7	2 897.6	65.8

（市工商局晋爱军　林少芳）

精神文明建设

概　述

2002年郊区精神文明建设，以“三个代表”重要思想为指导，围绕中心，突出重点，服务大局，努力为郊区的改革发展提供有力的思想保证和舆论支持。以迎接、学习、宣传十六大和市第九次党代会为主线，深化干部理论学习，加强理论培训和宣传，在干部群众中兴起实践“三个代表”重要思想热潮，兴起学习贯彻十六大精神和市第九次党代会精神热潮，广大干部群众思想进一步统一，认识进一步提高。宣传郊区改革开放成就和现代化建设新局面，努力唱响“共产党好、社会主义好、改革开放好”的主旋律，进一步增强了干部群众建设有中国特色社会主义的理想信念和改革发展的信心。以实现首都公民道德建设“一年有突破”为目标，积极开展道德宣传和实践活动，进一步提高了农村群众的公德意识和文明素质。以我国加入世界贸易组织为契机，加强市经济知识宣传教育，增强干部群众开放意识、市场意识、效率意识和法律意识。以北京市第十三届农民艺术节为重点，推动农村群众文化活动蓬勃开展，郊区群众更加广泛地参与丰富多彩、健康向上的文化活动。以文明村镇创建活动为载体，推进郊区农村的精神文明建设，农民群众的文明素质和郊区的文明程度有了进一步提高。农口宣传思想工作和精神文明建设紧密结合郊区实际，扎扎实实地贯彻中央和市委的有关精神，在形式上力求创新，寓教于乐，为群众喜闻乐见，得到市委宣传部、首都文明办等部门的肯定，被评为2002年度宣传思想工作“创新奖”，所举办的“新歌新曲颂新风”道德宣传活动被首都文明办评为2002年度“最佳活动”奖。此外，在政治思想工作“双优”评比、优秀理论文章、灵山杯优秀党课报告评选中，均以优异成绩获得组织奖。

（张晓兰）

思想政治工作

【积极迎接党的十六大和市第九次党代会召开】 按照市委统一部署，把迎接党的十六大和市第九次党代会作为宣传思想工作的首要任务，积极营造团结奋进、昂扬向上的社会氛围。组织广大党员干部认真学习“三个代表”重要思想、江泽民同志“七一”重要讲话、党的十五届六中全会精神、《江泽民同志论有中国特色社会主义》等重点内容，宣传一批与时俱进、开拓创新、带领农民致富的先进典型的事迹，引导党员干部深刻领会、自觉实践“三个代表”，以饱满的热情和良好的精神状态迎接党的十六大和市第九次党代会召开。下发《关于做好迎接党的十六大宣传工作的通知》，要求各区县、单位要努力形成浓厚的学习氛围、积极的舆论氛围、良好的道德氛围、喜庆的文化氛围和热烈的环境氛围，以实际行动迎接党的十六大的胜利召开。市委农工委对各单位中心组学习、环境布置等工作加强了督促检查，郊区各区县、农口各局总公司都按照要求，组织开展了知识竞赛、征文、成就回顾展览和环境布置等形式的活动，掀起了热烈有序的宣传高潮。

【及时学习宣传党的十六大和市第九次党代会精神】 党的十六大、市第九次党代会闭幕后，为及时宣传贯彻大会精神，用新的目标鼓舞广大干部群众，用新的政策措施激励广大干部群众，调动干部群众为郊区率先基本实现农村现代化、全面建设小康社会而奋斗，市委农工委对农口学习宣传贯彻两会精神及时做出安排，在郊区和农口各单位掀起了学习宣传的热潮。一是在农工委、农委机关组织全体干部对十六大报告、新党章和市第九次党代会精神进行了认真学习，并围绕十六大报告提出的全面建设小康社会的目标和任务以及报告中蕴含的新的思想、观点、论断进行了深入的学习讨论，组织开展了学习交流活动。二是按照市委通知精神，及时下发文件，要求农口各级党组织把学习宣传贯彻党的十六大精神作为当前的一项重要政治任务，立即兴起学习宣传贯彻十六大精神的热潮，利用座谈、研讨、培训、报告等形式组织广大党员干部进行认真、深入地学习，农村地区要把十六大精神的学习作为基层干部冬季轮训的主要内容，把干部群众思想统一到十六大精神上来。三是组织郊区各区县、农口局公司领导干部、先进典型、基层干部等不同层次党员干部，召开了学习交流会，大家结合实际谈学习体会和发展思路，进一步加深了对十六大精神的理解和把握，提高了认识，统一了思想。四是对处级以上干部进行了集中培训，邀请中央党校、中央政策研究室、中央党史研究室等单位的领导、专家围绕十六大的主题、精髓、灵魂等核心内容进行辅导，帮助大家深入了解、深刻领会十六大的精神实质。各区县、各单位也都利用党校培训、专家辅导等形式，对乡处级领导干部、农村支部书记进行了培训，进一步深化了大家对十六大精神的理解。据不完全统计，全郊区和农口局、总公司参加培训的干部达到1万多人次。此外，为深入贯彻“三个代表”重要思想、落实市第九次党代会精神，配合市委宣传部，组织参加了《前线》杂志社专刊《“三个代表”与北京发展——北京市区县、工委书记访谈录》的组稿工作，以此为契机深入宣传了郊区改革开放和现代化建设成就以及今后的发展思路、工作目标和任务。

【深入开展精神文明建设创建活动】 按照全市“创一流，建首善”的总体目标要求，坚持软硬件建设并举，在郊区深入开展群众性精神文明创建活动。与首都文明办一起，组织了文明村镇学习观摩交流活动，推出了一批新的示范点，通过典型引路、表彰先进等形式，启发工作思路，加大创建工作力度，提高郊区和农口企业的文明程度和群众的文明素质。截至年底，远郊区首都文明乡镇达到41个，占乡镇总数25%；首都文明村达到161个；文明户54万户，占农户总数的49.09%；同时，以文明单位创建活动为载体，对农口局、总公司的精神文明建设工作开展了综合评比，严格进行首都文明单位和文明单位标兵的申报和审核，2001年度农口局、总公司共有35家单位获“首都文明单位”、6家单位获“首都文明单位标兵”称号；积极配合协调各有关部门对市气象局申报文明行业工作进行达标验收，于2003年4月份正式获得批准通过，并举行了揭牌仪式，为农口各局、总公司创建活动起到了示范作用。

【开展“抓住入世机遇、发展京郊经济”主题教育活动】 针对我国加入WTO对北京郊区农业和农村工作提出的新要求，在郊区组织开展了“抓住入世机遇、发展京郊经济”主题教育活动。各区县结合实际，适应经济全球化、农产品国际竞争的新形势，组织开办了学习WTO知识系列讲座、知识竞赛，对干部进行了集中培训，利用媒体广泛宣传WTO知识，帮助干部了解世贸组织规则、国际贸易知识，提高市场意识，把握国际市场供求关系的变化。通过教育活动，使郊区广大干部群众进一步树立起与时俱进、开拓创新的思想意识，增强抢抓历史机遇、加快经济发展的紧迫感；进一步增强深化农村改革、扩大农业开放的意识，积极依靠科技进步和体制创新，推进农业和农村经济的战略性调整，转变经济的增长方式；进一步增强市场、竞争、效率、质量、品牌意识，突破小农经济的狭隘眼界，认清自身的优势和差距，积极参与国际国内市场的竞争与合作；进一步增强按照WTO规则办事、积极应对加入WTO机遇和挑战的意识，加快农村经济发展和农民致富的步伐。同时，还会同《北京农村经济》、《京郊日报》、北京电台《今日京郊》栏目，开展了“入世京郊百人谈”征文活动，收到征文百余篇。

【深入宣传贯彻《公民道德建设实施纲要》】 为贯彻落实中央《公民道德建设实施纲要》，按照市委提出的公民道德建设“一年有突破”的目标要求，在郊区农村和农口局、总公司分别开展了以社会公德与家庭美德、职业道德为重点的公民道德建设宣传实践活动，累计发放宣传材料10余万份，组织开展了各种文艺宣传、知识竞赛、征文比赛等宣传活动。在此基础上，市委农工委还举办了“新歌新曲颂新风”活动，各区县根据鲜活的典型人物和感人事例，编排成文艺作品，通过小戏、小品、曲艺的形式表现出来，寓教于乐，受到了群众的喜爱。此项活动被首都文明办评为2002年度“最佳活动”奖。此外，还浓墨重彩地宣传了一批在农村改革发展中带有导向性的先进典型和道德新风的先进典型，用群众身边的鲜活事例来教育和影响群众，把《纲要》的贯彻落实引向深入。与北京电视台、《京郊日报》联合举办了“京郊十大新闻人物”评选活动。这次评选活动得到郊区广大干部群众的积极响应，仅投票参与的群众就达到12 000多人。此外，组队参加了市委宣传部组织的“公民道德电视知识竞赛”活动，获得了三等奖和组织奖。

（李　彬）

新闻宣传工作

【服务大局，宣传党的改革开放成果】 根据市委宣传部的统一安排，在全市“老劳模新奉献”系列报道中，组织十几家媒体对田雄、李德荣的先进事迹进行了集中采访和集中报道；在“‘三个代表’在基层”宣传活动中，积极联系《人民日报》等媒体，开展了郊区“三级联创”成郊宣传。配合市委宣传部组织的“基层行”采访活动，突出市九届党代会提出的“都市型郊区经济”的新概念，对近年来郊区现代农业的快速发展进行了深入的宣传报道；开展了“金秋时节看京郊，感受农村新变化”宣传活动，组织了“首都记者京郊行”、“农村党员风采录”、“百名农民话心声”等系列主题活动。此间，新华社记者采写了《“三个代表”进农村，党员思想大变样》，《北京日报》记者采写的《郊区的不便在变》、《“数字乡镇”现京郊》等文章，充分反映了全郊区各行各业、各条战线的优异成绩，增强了广大干部群众建设郊区的信心。

【突出主题　展示郊区现代化建设新成就】 加大了对重点工作的宣传力度，分别就高效农业园建设、农产品标准化生产、乡镇企业二次创业、山区水利富民工程等开展了专题宣传，围绕北京科博会、“现代农业科技与产业展”等重头活动开展了集中宣传。其中，中央电视台“新闻联播”播发的《2001年北京农民人均纯收入突破5 000元》，北京电视台“北京新闻”播发的《京郊农业结构调整促进了农业经济增长农民增收》,《人民日报》刊登的《燕山脚下领头雁——北京积极探索加强农村基层组织建设长效机制》,新华社采写的《北京加大减轻农民负担力度》,《农民日报》头版头条刊登的《北京市多管齐下保障食用农产品安全》和一版刊登的《作风好了民心齐》、《京郊农业走向现代化》,《北京日报》刊登的《京郊电视台联播信息》、《确保进京农产品质量安全》、《都市型引领郊区农业》,《北京晚报》二版整版刊登的《你了解今天京郊农民吗》,《北京青年报》四版整版刊登的《农业:大地变成景观了》等数十篇重点稿件均突出表现了农业农村的巨大变化,在社会上引起了很大反响。

【加强宣传干部队伍建设】 以实事求是的作风,进一步增强宣传干部队伍的凝聚力和战斗力。首先是加强思想教育,不断提高理论素养。组织农口局、总公司的宣传干部深入学习江总书记“七一”重要讲话、党的十五届六中全会、党的十六大和市委第九次党代会精神,通过开展调查研究、专题研讨、辅导报告、举办培训班等活动,推动宣传干部认真学习理论,不断总结经验,进一步提高思想理论水平。其次是认真抓好作风建设,不断提高业务能力。通过举办基层宣传部长等各类培训班,增强了宣传干部队伍的业务素质,提高了创新能力,进一步强化了宣传干部的政治意识、大局意识、责任意识和奉献意识,在工作中坚持深入基层、服务基层、服务群众,努力为群众办实事、办好事。

【举办北京市第五届农口好新闻评比活动】 为总结、反映2002年郊区农村宣传工作的情况和成效,鼓励新闻工作者深入农村、写出更多更好反映郊区两个文明建设和农村发展变化的好作品,市委农工委与市新闻工作者协会共同举办了北京市第五届农口“好新闻”评比活动。这次评选活动,共收到参评稿件89篇,其中中央新闻单位报送稿件20篇,市属新闻单位69篇;报刊文字类稿件53篇,音像类稿件36篇。经过由新闻界资深专家组成的评委会认真细致的评选,共有75篇作品获奖,其中一等奖19篇,二等奖24篇,三等奖32篇。一是参与积极,投稿踊跃。评比活动得到了各新闻单位的积极响应,共有22家新闻单位报送稿件,其中中央新闻单位7家,市属新闻单位15家。二是精品荟萃,质量上乘。这次参评作品质量较往届高,涉及的内容也相当广泛。不仅经济方面的报道比较充分,同时对基层民主政治建设、基层组织建设、农村环境建设、农村文化建设、公民道德建设等方面也有较多细致深入的报道,给评委们留下了深刻印象。三是主题鲜明,导向正确。参评稿件大都在选题上抓住了当前郊区农村改革发展的重点工作、关键问题和重大典型,具有较深的内涵和较强的导向性,对郊区农业结构调整、乡镇企业二次创业、山区水利富民综合开发、安全农产品建设等工作都进行了大量深入的报道,有特色、有分量、有力度,深刻反映了郊区改革开放和现代化建设取得的突出成就和北京农业发生的巨大变化,为郊区农村工作提供了十分重要的舆论支持。

(顾崇华)

农村文化体育工作

【第十三届农民艺术节规模大、特点突出】 北京市第十三届农民艺术节于2002年春节期间(农历腊月十五至正月十五)举办。本届艺术节是在党的十六大、市第九次党代会及市委九届二次全会胜利召开,京郊人民满怀信心全面建设小康社会的新形势下举办的。艺术节以“向着农村现代化、向往文明新生活”为主题,坚持重在基层、统分结合、寓教于乐的原则,在郊区城乡掀起了群众文化的热潮,营造了奋发有为、健康向上的发展氛围。据不完全统计,艺术节期间全市共组织各种文化活动3 000多场,参与群众近300万人次。一是群众的主体地位突出,人人都是演员,村村都有活动。本届农民艺术节九成以上的演员是来自京郊的普通群众。二是思想与艺术有机结合,主旋律贯穿始终。艺术节各项活动和节目都突出反映了在改革开放和现代化建设进程中京郊物质文明、精神文明的发展进步和人民生活的变迁,充满了对党和国家的热爱之情,在全郊区营造出了一种团结、向上、安定、祥和的节日文化氛围。三是与时俱进,积极创新。大场面、大背景展示郊区改革开放成就和美好未来,同时还利用电视媒体同步播放活动、利用互联网进行弘扬社会新风的征文活动,做到了群众艺术与现代媒体、大众媒体的结合。

【大型活动提升农民艺术节水平】 十三届农民艺术节期间,共组织了四项全市性的大型活动:一是举办农民艺术节开幕式暨2002年农民电视春节晚会。晚会注重把舞台表演与广场特点结合起来、把专业演员与群众节目结合起来、把台上表演与台下表演结合起来,通过“迎春篇”、“唱春篇”、“贺春篇”三个部分突出了“盛世欢歌闹新春”的中心思想,以大场面、高品位的节目内容深刻反映出郊区经济社会的发展变化和现代农民的精神面貌。晚会正月初四晚上黄金时段在BTV—1首播,随后又多次重播,在城乡引起极大反响,受到郊区普通群众和市委市政府主要领导的好评。二是举办北京市第五届乡村歌手大赛。13个区县经过预赛,共推荐74名选手参加了全市复赛,经过紧张激烈的角逐,33名选手(分为美声、民族、通俗三组)进入了决赛。2003年2月13日,在朝阳区文化馆进行的决赛中,房山区孙丽娜、昌平区尚彬彬、朝阳区周冰分别荣获了美声、民族、通俗唱法一等奖。三是举办“丰收赞歌献给党”京郊农民书画、摄影艺术大赛,共有270件作品入选。作品从各个角度反映了改革开放和现代化建设进程中,京郊物质文明、精神文明的发展进步,人民生活的变迁和京郊群众良好的精神风貌。经专家组认真评选,评选出一等奖作品10件、二等奖作品20件、三等奖作品34件、优秀奖作品66件。获奖作品于正月期间在北京图书馆展出。四是开展"农村新风在线"网上接力活动。利用市农委网站，共接到来自各郊区县、农口局、总公司及外埠稿件903篇，采用873篇，该栏目的点击率达数万人次，达到了"借助现代媒体、传播现代文明"的目的。为扩大艺术节影响，还将第十三届艺术节开幕式暨2002年农民电视春节晚会刻录成VCD，将北京市第五届乡村歌手大赛决赛歌曲录制成磁带，将京郊农民书画、摄影艺术大赛获奖作品汇编成画册，将"农村新风在线"网上接力活动的优秀文章汇编成书，形成"四个一"成果，发放给各有关单位和个人，从更深层次上推进了京郊的文化建设和思想道德建设，鼓舞郊区干部群众以崭新的精神状态和良好的道德风貌谱写北京新郊区两个文明建设的新篇章。

【各区县积极参与农民艺术节活动】 各区县在积极参加全市活动的同时，都紧密结合实际，因地制宜地组织开展了一系列丰富多彩、健康向上的文化活动，不仅活跃了群众的节日生活，为农民开辟了一个充分展现自我的舞台，而且抵制了封建迷信、赌博等陈规陋习，用先进文化占领农村阵地，推动了农村文化的繁荣和发展。怀柔区在明珠广场举办了为期3天的"迎新春文化大集"活动，来自基层的8支文艺代表队各亮绝活，精彩的舞蹈活力四射，北京新秧歌、腰鼓、花会使整个广场红红火火，专业文艺团体奉献的二人转、评剧、综艺表演等吸引了成千上万的观众。密云县组织的"万盏彩灯映密云"活动，以公园和广场为点、十里白河为线、整个城区为面，共展出大型灯饰30多组、彩灯上万盏，在6天的灯展活动中，观灯群众超过20万人次；昌平区组织了200多支秧歌花会队伍，举行花会表演120场，吸引观众12万余人。组织文艺演出96场，参演群众4 200余人，观众89 000人次。举办迎春画展3期，展出作品109幅。各级政府为这些文化活动共投入189.7万元。顺义区在春节前后组织了十大项活动：百名儿女吐心声、百场戏曲送下乡、百场歌舞献基层、百档花会闹新春、百名姐妹靓丽秀、千人秧歌抒情怀、千场电影乐农家、千副春联赶大集、千言万语颂党恩、万民同乐祝吉祥。大兴区组织了农村文化大院综合文艺节目汇演、"放歌绿海甜园——大兴区爱大兴、唱大兴原创作品新年音乐会"等活动。

【"三下乡"活动活跃农民文化生活】 配合市委宣传部等部门，组织开展了大型"燕山情"科技、文化、卫生"三下乡"活动，三场活动分别在平谷、门头沟、顺义举办，每场活动除精彩的文艺演出之外，还为当地群众送去农业实用技术、科技图书、医疗卫生、书法绘画艺术、农电维修等项目，带队领导还深入农户家庭进行慰问。慰问团所到之处，都受到群众的热烈欢迎。据了解，每场活动都吸引群众达数千人之多，活跃了农民群众的文化生活，把党的温暖送到了农村的千家万户。

（刘颖）

【农村基层文化设施建设速度加快】 2002年，各郊区县用于地方文化事业的经费总计9 933万元。建成地级文化馆13个、公共图书馆15个，总建筑面积8.8万平方米，有50%的文化馆已达到地市一级馆水平。有4个区县正在进行文化馆、图书馆的新建或改建。

乡镇、村文化设施和文化广场建设发展迅速。全市各乡镇基本都建有基础文化设施（文化站），其中综合性设置的有102个，单独设立的有91个，总面积11.6万平方米。全市4 039个行政村建有农村文化室1 315个，总面积22.2万平方米。建成各类文化广场575个，总面积425.5万平方米，总投资8.8亿元，年活动8万余场次。这些基层文化设施的建成，为广大群众就近参加文化活动创造了条件，促进了基层文化活动的开展。

【农村基层文化队伍壮大】 各郊区县形成了以基层文化工作者、文化志愿者、业余文艺团队三支队伍为重点的基层文化队伍网络。基层文化工作者队伍有3 000多人。其中，全市郊区县文、图两馆共有业务干部696人；文化站人员编制579人，实有专兼职人员711人。高级职称的有63人，中级职称的有228人。农村电影放映队89支，放映员174人。全市各郊区县共有文化志愿者队伍人数总计1 922人，平均年龄50岁，其中离退休人员占91%，大多是文艺工作者、中小学教师，还有许多文化名人。活跃在郊区县的业余文艺团队共有4 307支，总人数16.5万人。其中秧歌队2 214支，总人数7万多人，平均年龄近50岁。他们开展健康有益、自娱自乐的文化活动；积极参加文化广场、"五月的鲜花"歌咏活动的演出，开展"北京新秧歌"的创作、推广、比赛活动。

基层文化队伍带动了群众业余文艺创作的繁荣，涌现出一大批业余文艺创作的精品，两年来，小戏《要嫁妆》、小评剧《谁当家》等多部作品，百名业余文艺骨干在全国群星奖等文艺比赛中获奖。

【农村基层文化活动蓬勃开展】 全市性大型群众文化活动：春节花会、庙会，"五月的鲜花"群众歌咏活动，"文化广场"活动，已经成为北京市的品牌活动，规模大，导向性强，在郊区群众中有较大影响。各郊区县结合本地区社会经济的发展，开展了具有地区特色的文化活动，如：朝阳区的"朝阳国际艺术周"、大兴区的"大兴西瓜节"、延庆县的"冰雪节"等已形成了本地区文化品牌。文化下乡、农村电影放映，以及老年人、少年儿童、残疾人等特殊群体的文化活动也得到发展。市文化局专门组建了由专业文艺工作者组成的"燕山情"艺术团深入农村开展活动；农村电影放映2131工程正在推进之中。

（市文化局张　迁）

【京郊农民体育活动空前活跃】 按照《全民健身计划纲要》的要求，以"三个代表"重要思想为指针，以乡镇体育为重点，以活动与健身并举、重在建设为原则，京郊农民健身活动形成热潮。晨晚练队伍，村村有，镇镇有，体育人口从1998年的30%增加到40%，有的区县已经达到45%以上。在节假日或者农闲时间，农村体育赛事连绵不断，既有现代竞技项目，又有当地特色项目，参与人多。体育活动已经进入京郊农民家。

【乡镇体育设施进一步提高完善】 北京郊区9个区县在争创全国体育先进县活动中全部达标，实现“满堂红”。郊区已建健身工程877套，农民走出家门，就近就能参加体育活动。农民自家购买乒乓球桌、台球案等健身器材越来越多，体育健身已经成为农村新的时尚。体育检测器材也已经发到乡镇，为农民科学健身提供依据。郊区体质测试站已达到50余个。

【体育先进乡镇成批涌现】 按照新的体育先进乡镇标准，我市先后两批，评选52个乡镇为市级“亿万农民健身活动”先进乡镇。经过国家体育总局、中国农民体育协会检查、验收，我市累计有39个乡镇被评选为全国“亿万农民健身活动”先进乡镇。

【京郊基层体育组织机构相对健全】 全市195个乡镇、4 092个村建立了农民体育协会，60%村也建立了各种类型的体育组织。有秧歌协会、篮球协会、乒乓协会等，他们在开展农村体育活动，增强农民体质方面发挥了积极的作用。象棋村、武术村、哑铃村等体育特色村也给京郊增添了绚丽多姿的色彩。郊区社会体育指导员已达1 200多人。

（市农民体协王树华）

农村教育

【召开农村中小学建设工作会】 1月11日，市教委召开北京市农村中小学建设工作会议，总结“九五”期间推进农村中小学建设的成果和经验，贯彻落实全国和北京市基础教育工作会议精神。提出“十五”期间，以提高农村地区义务教育质量作为农村教育改革发展的重点，实现农村义务教育高标准、高质量，均衡发展。重点抓好三项工作：积极稳妥地做好中小学结构布局调整工作；以信息化带动农村基础教育的现代化；以实施新课程教材改革为契机，全面推进农村中小学素质教育。推进三项建设：办学条件标准化建设；骨干教师队伍建设；城乡学校合作交流项目建设。做好三个保障：提高认识，确保农村义务教育重中之重的位置；完善管理体制，落实政府责任；继续加大投入，确保农村义务教育持续健康发展。

【郊区县义务教育阶段公办学校免收学杂费】 9月开始，10个远郊区县实行义务教育阶段公办学校免收本市户口学生杂费，城近郊区公办学校免收本市“低保户”家庭学生杂费，总计全市有60万名学生享受免费义务教育。按照本市义务教育阶段学生交纳杂费的标准，此项举作市政府增加6 000万元公共财政支出。1986年，北京市实施九年义务教育学生免收学费，2002年免收部分学生杂费，本市义务教育不断发展。年内，市教委还为1万多名贫困家庭的学生免费提供教科书。

【为农村寄宿制学校配备接送学生用车】 9月1日，副市长林文漪代表市政府将133部学生用车作为向山区的孩子们送上的开学礼物，配备到全市农村寄宿制中小学，用于接送学生用车。在怀柔区渤海镇中学举行了此项仪式。市教委要求各区县加强车辆的使用管理，完善司机选派和管理制度，确保学生安全，切实做到为学生提供优质服务。“为农村寄宿中小学校改善生活条件，配备接送学生用车”是市政府为市民办的60件实事之一，市政府投入2 500万元，采购了133辆依维柯面包车。

【完善农村义务教育管理体制】 10月10日，市政府办公厅转发《国务院关于完善农村义务教育管理体制的通知》，进一步明确农村义务教育实行“在国务院领导下，由地方政府负责、分级管理、以县为主”的体制。把农村义务教育的责任从主要由农民承担转到主要由政府承担，把政府对农村义务教育的责任从以乡镇为主转到以县为主。一要建立稳定有效的农村义务教育经费保障机制，二要规范教师工资统一发放工作，三要严格管理农村中小学编制，四要推进办学条件标准化建设，五要加快农村中小学教育信息化。

【远郊区县普通中学规范化建设取得成果】 10月28日至11月1日，按照本市关于加强远郊区县普通中学规范化建设工作要求，市教委继续采取委托各区县教委组成联合验收组的形式，对10个远郊区县申报的58所学校进行了达标验收。2002年，市、区县两级政府投入远郊区县规范化学校建设及学校自筹共计1.14亿元，新建、改建教学用房8.86万平方米，新增专用教室389个，添置图书近60万册。参加验收学校办学条件均达到北京市颁布的办学条件一般标准，有5所学校还达到了较高标准。学校办学水平不断提高，为促进农村地区义务教育均衡发展奠定了坚实基础。实现远郊区县普通中学规范化建设目标7年来，各级政府和教育行政部门认真履行责任和义务，坚持“硬件达标，软件规范”的建设原则，共投入7.679亿元，改善了农村中学的办学条件，使292所学校全部达到规范化建设要求。其中，市级投入0.545亿元，区县及乡镇政府投入5.828亿元，学校自筹1.306亿元。学校广大干部教师全面贯彻教育方针，坚持面向全体学生，促进每一个学生全面发展，使农村地区初中教育的整体水平和教师、学生的整体水平得到提高。各区县和学校采取多种有效措施，在建设干部队伍、改革学校管理和教育教学等方面进行了创造性、针对性的实践和探索，积累了许多宝贵经验。

【实施课程教材改革实验】 年内，北京市基础教育课程教材改革实验范围从全市11个区县扩展到18个区县，覆盖到全郊区。其中海淀区、延庆县等3个区县参加全国义务教育课程教材改革实验，本市成为全国首家同时开展国家方案和省级方案的省（市），形成多样、开放的课改实验格局。市教委部署了全市高一实施国家普通高中新课程计划工作，并组织区县广泛开展研究性学习的研讨活动。

【保证农村学校师资需求】 年内，市、区县政府和教育行政部门在干部力量调配、人才引进、学历进修、业务进修、职称评定等方面对农村中小学采取倾斜政策。如优先保证农村地区的师资需求，为远郊区县引进本科以上学历师资 814 人。优先、优惠培训农村边远地区教师。面向全市农村地区启动了“特级教师行动计划”，组织特级教师巡回讲学团，分别赴门头沟、延庆和密云等区县进行讲学。参加讲学的特级教师 39 人次，讲学涉及中小学 12 个学科，做示范课 72 节，听课、评课 120 多节，做素质教育专题报告 30 余场，参加听课的干部教师 10 900 人。

【普及农村中小学信息技术教育】 年内，全市 10 个远郊区县相继建成区域网，实现与市教委骨干网的高速连通；建立了区域性信息技术传播中心，在教师培训、信息技术课及丰富学生的课余生活等方面发挥了积极作用。全市支持建设的 303 个校园网中，农村地区有 240 个，占总数的 79%。至此，全市农村中学和农村中心小学全部配齐计算机房，农村中学和一部分有条件的农村小学开设了信息技术课。

【27 项农村成人教育培训工程获表彰】 2 月 7 日，北京市教委批准 130 个项目为 2001 年度实施成人教育培训工程优秀培训项目。其中农村培训项目内容包括：农业生产技术培训、村民素质提高培训、农业现代化培训、乡镇企业职工培训、农民致富信息网络培训等。朝阳区来广营乡“绿色家园从业人员岗位培训”、海淀区东北旺乡“冬枣快速高效丰产栽培技术培训”、丰台区王佐乡“村民素质提高培训”等 27 个农村成人教育培训工程获表彰。

【推进农村职业教育】 年内，以市政府名义印发《关于大力推进职业教育改革与发展的意见》。其中关于农村职业教育工作目标是：完善现有区县、乡镇、村三级办学网络，充分发挥农村各类职业学校和培训结构的作用；整合区域内各类教育资源，统筹安排、合理配置乡镇、村成人文化技术学校的教学和管理人员。努力增加职业教育投入，改善农村职业教育和培训机构办学条件。各郊区县重点办好 3～5 所示范性乡镇文化技术学校和一批村办成人学校。从 2003 年开始，市、区县财政每年从支农科技开发推广经费中安排 20%用于农业劳动者的职业教育和培训。

【推进农村教育综合改革】 年内，市教委加强对科技推广示范培训项目的指导，并以开发项目为纽带，加大农、科、教结合的力度；进一步加强农村地区三级办学网络建设，进行示范性乡办成人文化技术学校的检查验收。进一步完善乡办成人文化技术学校的建设。建好一批示范性乡办、村办成人学校，并发挥多种功能，加强对农民的实用技术培训和社会文化生活教育，促进农村地区小城镇建设及农业的产业化和现代化。北京市教委组织部分专家对全市示范性成人学校进行督导检查，检查结果，25 个示范性成人学校达到合格标准的 19 所，占 76%，不合格的学校 6 所，占 24%。市农委、市科委、市教委共同签发了《关于开展北京市农村劳动者科技推广培训示范项目的通知》，在全市范围内确立市级农业科技推广培训示范项目 40 个。至年底，大兴庞各庄镇成人学校、房山青龙湖镇成人学校、昌平职业学校、密云新城子镇成人学校、顺义北务镇成人学校等单位获得农业科技推广培训项目一等奖；通州台湖镇成人学校、杨宋镇成人学校、房山长阳镇成人学校、大兴长子营镇成人学校等单位获得二等奖；门头沟妙峰山镇成人学校、延庆张山营镇成人学校、丰台长辛店镇成人学校等单位获得三等奖。

【建立农民远程教育网站】 年内，市农委、市科委、市教委开展广泛的农民培训工作，在 14 个郊区县进行远程教育网布点工作，至年底，全市开设立农民远程教育网点 211 个，农民远程教育重点开展以新品种、新技术的使用和推广为主要内容的实用技术和项目培训，对农民进行职业技能、现代化生产技术、信息技术、安全生产、环境保护、民主法制、职业道德和文明生活等教育，加快培养一批科技示范户、示范村和致富带头人，造就一批有文化、有技术、善经营、懂管理的新型农民。

【支持“彩虹工程”】 年内，市教委积极组织高校科技力量参与京郊农业建设，20 多所高等院校近百名专家博士与 25 个乡镇和 36 家企业建立联系，确立了 40 多个研究项目。北京工业大学、北京科技大学成立“彩虹工程”领导小组，拨出专项经费组织专家博士到各区县开展活动。北京市教委还投入 70 万元资金，支持首京贸等 7 所大学的科研人员就乡镇企业提出的 11 个重点难点问题进行攻关，推广和转化高校科研成果，建立产、学、研联合体，引进优秀人才进入乡镇企业。确定 11 个重点项目作为“彩虹工程”，帮助京郊农村发展二、三产业。这些项目主要分为三大类，一类是工业企业提高产品科技含量，推动产品结构调整和升级换代；第二类是农业及农副产品深加工项目；第三类是区域开发及旅游资源的规划项目。到年底完成了 3 个攻关项目。

（市教委任彧）

医疗卫生

【基本情况】 各郊区县从关心广大农村人口的身体健康出发，大力加强医疗卫生工作。多方筹集资金，改善医疗服务设施。对广大医护人员进行医德医风教育，实行医疗机构、医务人员、医疗设备、医疗技术“四准入”制度，加大监管检查力度，不断提高医疗服务水平。推行农村合作医疗制度和卫生村建设，农村的就医环境和卫生条件有了进一步改善。各郊区县都将加强农村医疗卫生工作作为社会主义精神文明建设的重要内容，抓紧抓好。

【加大投入改善医疗卫生设施】 各郊区县在2002年内，加大投入用于改善医疗卫生设施。门头沟区全年投入资金1 168万元，改造门诊和病房5 100平方米，购置万元以上医疗设备37件。房山区投资3 190万元，建成建筑面积12 000平方米、设有11个病区和1个手术区的良乡医院综合病房楼。昌平区建成区医院门诊楼并投入使用，总投资5 000余万元，建筑面积15 400平方米，更新添置了医疗设备，改善了就医环境，日均门诊量由原来的700～800人，增加到现在的1 200～1 400人次。平谷区多渠道筹资898万元，完成了一批重点医疗工程，改善了全区就医环境。密云县分项投资共3 000余万元，先后建成建筑面积7 000平方米的县医院急诊楼、建筑面积6 274平方米的中医院康复楼和建筑面积6 000平方米的创伤外科医院门诊病房综合楼，还投资1 000余万元，增设医疗服务项目和增添医疗设备，进一步提高了全区医务水平。

【各郊区县普遍建成急救分中心】 全市10个远郊区县，在2002年普遍建成北京市急救中心的本地区分中心，全面开通120通讯系统，加强了对急症重症及各种灾害事故等突发事件的处理能力，急救效率进一步提高。

【推行新型农村合作医疗制度】 为解决广大农村居民有病不敢治，有病没钱治，因病致贫，因病返贫的问题，各郊区县在广泛调查研究、征求意见的基础上，探索建立新型农村合作医疗制度。怀柔区是市政府确定的北京市农村合作医疗试点区（县)，全区农村推行以大病统筹为主要形式的农村合作医疗制度，到2002年，全区农村已有272个行政村的15.36万农业人口参加了合作医疗，分别占行政村总数的94%和农业人口总数的91.6%；其中11.47万人参加大病统筹，占常住农业人口的70%。为1 550人报销医药费124.24万元。昌平区参加农村合作医疗人数已达13.6万人，占到全区农村人口的54.4%。密云县参加农村合作医疗人数达到223 340人，占农村人口的79.9%。大兴区推行农村合作医疗，制定了试行方案，提出了配套措施，先行在旧宫、青云店、榆垡三个医疗消费水平不同的镇试点，总参保户数17 759户、57 204人，参保率达到70%，总筹资金数为514.84万元。从当年7月20日起持证看病，到12月20日共有609名患者报销医疗费用，金额达76.82万元，占筹资比例14.9%，最多的报销医药费3.4万元。平谷区在2002年，重点抓了农村合作医疗的巩固，解决合作医疗的连续性问题，并在巩固的基础上求发展。全区共有13个乡镇的91 481人参加了合作医疗，筹集资金1 179 390元，其中乡、村个人集资904 947元，财政补贴274 443元。

【加强医疗机构全行业管理】 各郊区县对本地区的医疗机构实行分级管理，建立健全医疗机构、从业人员、医疗技术、大型医疗设备准入制度，监管力度加大。怀柔区对全区医疗机构的审查率达到百分之百。2002年，清理整顿非法医疗机构10个，医疗执法638户次，监督检查医院，卫生院25个，村卫生室234个，企事业单位卫生室74个，私人诊所30个，美容美发点108个，监督检查院覆盖面达到85%以上，受到市政府的表彰。密云县在2002年内，医疗机构准入执行率为100%，医疗器械准入执行率为98%，医务人员上岗合格率为99%，医疗技术准入执行率为100%，监管力度进一步加强。

【实行药品、医疗器械集中招标采购】 为优化资源配置，节约资金，减轻患者负担，各郊区县医疗系统普遍推行药品、医疗器械集中招标采购。大兴区4家二级医院、32家一级医院实行招标采购，金额占到全部购药数的20%以上，可为患者减轻药品费负担205万元。平谷区实施“集中议价、质价相符、捆绑进药、现金结算”方式，推进药品集中招标采购工作。2002年完成药品招标采购量3 500万元，节约采购资金300万元，药品价格平均下降18个百分点，为患者减轻医药费负担285万元。密云县以乡镇为单位行政村统一进药还到百分之百，购药量达到85%以上。延庆县药品集中招标和采购总额已占县医院购药总金额的24%。

（宗　和）

计划生育

【计划生育村民自治】 2002年度北京市农村户籍育龄妇女总数1 028 690人，已婚育龄妇女827 237人，晚婚率61.45%。依据“依法管理、村民自治、优质服务、政策推动、综合治理”人口与计划生育工作新机制的要求，按照“建章立制、以制治村、民主管理、优质服务”精神，各区县把计划生育村民自治活动与农村“两个文明”建设紧密结合，规范计划生育基层基础工作，突出计划生育自治章程制定、合同管理、村务公开三个关键环节。全市约有70%以上的村实行了计划生育村民自治，调动了广大群众参与计划生育的积极性。

【计划生育法制建设】 年内，大力宣传《人口与计划生育法》，加快修改《北京市计划生育条例》及其配套规章，颁布实施《北京市社会抚养费征收管理办法》，完善计划生育行政审批制度，加强计划生育行政执法人员管理。市计生委召开“贯彻《人口与计划生育法》暨计划生育依法行政工作会议”，下发《北京市“十五”期间计划生育法制工作意见》等3个文件，与北京电视台联合举办“计划生育与法同行”专题宣传节目。发放《人口与计划生育法》挂图、布告、折页、宣传画，举办法律知识竞赛。11月5日市政府第55次常务会议审议通过、12月12日起正式实施的《北京市社会抚养费征收管理办法》共17条，对本市社会抚养费征收主体、征收对象、征收标准、征收程序等作了明确规定，在社会抚养费的征收过程中，首次采用了农村居民年人均纯收入的标准，使得农村社会抚养费的征收更规范、更易于操作。市计生委将《关于计划生育技术服务机构的市级审批规定》、《关于再生育子女的市级审批规定》、《〈计划生育技术服务人员合格证〉的市级审批规定》三项行政审批事项和行政核准事项《关于涉及计划生育技术服务内容广告的审查》，在"首都之窗"网页显著位置上公开，方便广大群众了解本市的计划生育政策、法规。加强对农村计划生育专干的培训，提高计划生育依法行政的水平。

【开展宣传教育活动】 以"婚育新风进万家"活动为主要载体，以普及生殖健康知识为主要内容，把计划生育与合格村建设、村民自治相结合，把计划生育宣传教育与精神文明创建活动相结合，各基层计划生育组织以走访慰问、文艺演出、巡回报告、举办展览、"大篷车三下乡活动"等多种形式开展计划生育、优生优育、避孕节育、生殖保健方面的宣传。本年度还突出宣传了"男性健康"和青春期教育。

【规划计生统计】 进一步规范了基层统计信息管理，对现居住地的所有妇女登记建卡，信息入机、实行同宣传、同管理、同服务、同考核。育龄妇女信息系统网络版、综合决策系统开发工作进展顺利。

【加强计生技术服务】 12月30日，市计生委、市财政局、市卫生局、市农委、市计委、市物价局联合下发《关于向农村实行计划生育的育龄夫妻免费提供避孕节育技术服务的通知》，对免费服务对象、免费技术服务项目、免费项目结算及收费标准、免费技术服务机构的管理和经费来源等进行了明确规定。对农村实行计划生育育龄夫妇免费享受避孕节育技术服务补贴经费约3 200万元，普遍提高了村计划生育专干的待遇，保证育龄群众依法享有避孕节育技术服务。以人为本，深化优质服务，积极稳妥地推行避孕方法知情选择。制定《北京市计划生育技术服务（指导）机构职业管理办法》、《北京市病残儿医学鉴定管理办法》，成立"北京市计划生育技术专家委员会"、"北京市技术服务机构、服务项目评审委员会"，新增了计划生育技术服务机构执业许可证的审批与校验、计划生育技术服务人员合格证的审批与校验和病残儿审批三项审批职能。计划生育技术服务人员上岗率达100%，具有中级职称的达37%。

【计划生育"三结合"】 市计生委等部门扶持农村计划生育低收入农户增收致富。2月7日，市计生委、市农委、市财政局、市农村信用联社联合发出《关于扶持农村计划生育低收入农户增收致富的意见》。由市财政贴息140万元，市农村信用联社发放贷款2 000万元，扶持10个远郊区县部分乡镇计划生育低收入户开展增收致富项目。通过一年的运作，基本上形成了以贴息贷款扶贫工作为核心、配合以多种形式经济扶持活动的"三结合"框架。到目前为止，10个远郊区县共计筹集使用各类计划生育"三结合"资金近3 700万元（包括市财政贴息贷款及各区县财政提供的风险担保金），累计扶持了4 101户计划生育低收入家庭，其中部分家庭的户年均收入已经有了较大增加。

【顺义区创办农村独生子女父母养老基金会】 顺义区为解决计划生育养老问题，创办了农村独生子女父母养老基金会，入会基金原则上由独生子女父母负担1/3～1/2，其余部分由镇、村两级集体资助，作为给予独生子女父母的一次性奖励。全区农村已有45 135户独生子女父母加入了养老基金会，占农村总独生子女户的87.7%，入会金额已达3 292.4万元。在此基础上推广建立村集体发放独生子女父母养老金制度，主要推行四种模式：一是村集体已发养老金的，独生子女父母提前5～10年（男55岁、女50岁）发放。二是村集体已发养老金的，独生子女父母提前5年（男55岁、女50岁）发放，并在原发标准的基础上增加10～40元。三是村集体没发养老金的，从独生子女父母开始发。四是有条件的村为独生子女父母入商业养老保险或社会养老保险。

（市计生委梅　林）

法 制 建 设

概 述

2002年，市农口加强法制建设。以“三个代表”重要思想为指导，以推进依法行政为核心，以率先基本实现农业和农村现代化为基本目标，以关系农业、农村工作全局、关系农民切身利益、农民普遍关注的热点、难点问题为重点，以开拓、提高、创新、发展为工作准则，认真履行宪法、法律赋予的职责，加强安全防范，保持社会稳定，做好农村少数民族工作，有效保障和促进了郊区经济持续、快速、健康发展，促进了各项社会事业的全面进步。

法制建设

【立法及政策措施清理】 2002年，围绕广大人民群众关心的食品安全问题，与市工商局、市法制办、市质量技术监督局等部门通力合作，制定出台《北京市食品安全监督管理办法》，进一步规范食品生产和经营行为，维护食品生产者、经营者和消费者的合法权益，加大惩处力度，提升了本市食品质量安全水平。完成了市人大、市政府交办的关于《中华人民共和国农业税收征收管理暂行条例（征求意见稿）》、《中华人民共和国清洁生产促进法（草案）》、《中华人民共和国农业机械化促进法（草案框架）》、《北京市农作物种子条例》、《北京市规章制定办法》、《北京市科学技术奖励办法》、《北京市水资源费征收管理办法（草案）》及《北京市公园条例（草案）》等20余项法规、规章草案的征求意见工作。适应我国加入WTO的形势，根据市委办公厅、市政府办公厅的有关文件精神要求，对截止到2000年底以前以市委农工委、市农委（市农办）名义下发的现行有效的7 450项文件进行了清理，对其中188项做出了废止决定并上网公布。根据市政府深化改革行政审批制度的精神要求，本着“简化程序、减少环节、明确条件、限定时限”的原则，2002年，对市农委负责的缴纳新菜地开发建设基金审批和饲料添加剂和添加剂预混合饲料生产企业的生产许可证的审核、产品批准文号的审批和备案登记等两项行政审批事项缩短了审批时限、制定了程序性规定并上网予以发布。

【行政执法】 加强对农口行政执法的组织、指导、协调和监督，市农口行政执法力度明显加大。全年，市农口有行政执法任务的局和单位共查处行政案件8 000余起，罚款金额近百万元，查处率达95%以上。有效推进了农口行政执法工作。为整顿和规范市场秩序，围绕直接关系农民利益的农资和直接关系城乡居民健康的肉品，认真扎实地依法开展了打假工作。仅上半年，全市农口打假共出动行政执法人员11 000人次，查处假冒伪劣商品总额近300万元，立案查处58起，结案43起，其中，标值10万元以上的大案要案2起。加大对饲料和饲料添加剂管理的执法力度。定期对全市饲料和饲料添加剂产品质量进行执法检查。全年共对300多家饲料生产经营企业和养殖企业的上千个样品进行了抽检，对不合格企业提出了整改措施，对极少数非法使用违禁药物的企业依法进行了查处。组织指导郊区各区县做好行政执法工作。帮助郊区各区县农口行政执法部门和单位制定和完善行政执法责任制，并进行检查和指导，行政执法工作进一步制度化和规范化。指导区县农委与所在区县的动物检疫监督、野生动物保护、农机安全监理等执法单位签订执法责任书，实行公开办事制度和责任追究制度，制定执法责任制百分考核目标，将执法目标量化，责任到人。帮助协调处理在执法过程中出现的矛盾。会同市农口行政执法部门查处行政案件，查处率达90%以上。

【行政执法监督工作】 指导各郊区县和农口行政执法部门建立健全行政处罚情况报告制度、重大行政处罚案件报告制度等各项行政执法监督检查制度。对农口经常性行政执法工作进行监督检查。今年我们重点对饲料和饲料添加剂管理、种子质量管理、动物检疫监督和野生动物保护、农机安全监理等方面的法律、法规、规章执行情况进行了不定期的监督检查。同时，在执法监督工作中注重与政府其他部门加强协调、密切配合，协同开展执法监督工作。如：2002年9月会同市农业局、市林业局等部门共同参加了市人大常委会受全国人大常委会委托对本市贯彻落实《种子法》情况进行的执法检查。会同市农业局等有关部门开展了农资市场大检查，检查内容涉及肥料、农药、种子、兽药、农机等主要生产资料，对制售假农资、坑农害农事件给予了严厉惩治。

法制宣传教育

【加强领导干部法制学习】 坚持领导干部学法用法制度，不断提高领导干部依法行政、依法决策水平。2002年初，制定《市委农工委、市农委关于在两委机关干部中认真组织学习法律基本知识的计划》和《北京市农村工作委员会法制宣传教育工作年度计划》，对农委自身和本系统的法制宣传教育工作提出了具体要求，进一步明确了坚持领导带头学法、学用结合和注重效果的制度。

【培训执法队伍】 加强对行政执法人员的培训，提高行政执法水平。强化行政执法队伍正规化建设，完善以培训考核和资格管理制度为核心的行政执法人员管理机制，逐步建立高素质的行政执法队伍。各区县政府和执法部门普遍建立行政执法人员培训考核制度。市农口农业、农机、渔政、林政、水政、农经等执法机构自上而下组织系列培训，农口执法队伍执法水平不断提高，今年农口未发生一起执法违法、执法不当的现象。

农口各行政执法部门自己编发了法制培训教材10多种，共印发20 000多册，包括《林业行政执法手册》、《农业法律法规汇编》和《案卷制作标准》等；举办重大宣传活动60次；法制文艺演出44场；在新闻媒体举办法制栏目120期；各单位都普遍设置了法制宣传栏。农口所属55个大中型企业建章建制170项，依法治理率达95%。

【引导基层干部群众学法用法】 采取多种形式的宣教活动，提高农民的法律素质。结合农村实际，选择与农村生产生活密切相关的法律法规开展宣传教育活动，注重针对性、实效性。针对农民群众文化水平普遍不是很高、居住分散、学法受农时限制等因素，采取了利用村民代表会、村民大会学法、送法下乡入户、设置法制宣传栏、利用有线广播宣传、法制文艺、有奖竞赛、集市学法等多种形式进行普法。发挥司法、行政执法机关及法律服务机构的职能作用，利用党校、干校和文明市民学校讲授法制课程，开展专家咨询、短期培训班等，向农民传授有关法律知识。除《宪法》、《婚姻法》、《治安管理处罚条例》外，还重点宣传了《环保法》、《矿产资源保护法》、《森林法》等与加强环境建设相关的法律法规，强化群众的环境保护意识。同时，我们大力宣传了《村民委员会组织法》等与农民民主权利相关的法律法规，增强广大农民群众的参政议政意识、民主意识和维权意识。此外，针对土地承包、计划生育、婚姻赡养、宅基地等方面问题，加大了宣传力度。一年中，郊区开展对农民的法制培训达50万人次。

全年围绕农民致富、农村稳定的难点、热点问题，组织开展法律下乡等大型宣传咨询活动。全郊区先后组织各种报告团500多场，听众达到30多万人次。同时，各区县都总结了一批致富典型，组成报告团走乡串村巡回报告，现身说法为农民传授致富经验和政策法规，起到了较好的示范作用。同时还把法制教育与文明村镇、文明户创建活动相结合，将农民的自律与他律结合起来，把遵纪守法的意识作为创建活动的重要内容，增强了农民学法、用法、守法的自觉性。

加强对村级干部的法制培训。各区县结合村党支部、村委会换届选举工作，对村党支部书记、村主任分批进行以“依法建制、以制治村，全面推进农村基层民主法制建设进程”为内容的培训，提高村干部依法管理村政事务的能力。

（李淑娟）

维护社会稳定

概　述

2002年，郊区以确保党的十六大和市九次党代会期间的安全稳定为重中之重，积极开展多种基层安全创建活动，全面落实社会治安综合治理的各项措施，保证了郊区的社会安定和政治稳定。一是继续组织本系统保持严打声势，对严重影响群众安全感的抢劫、抢夺等街头犯罪和其他刑事犯罪，进一步加大打击力度，对网吧、歌舞厅、洗浴中心、发廊等场所继续开展清理整顿。二是强化重点地区整治，严密对重点地区、场所和部位的控制。对在全市挂账的治安重点整治地区进行专项整治，治安混乱的一些重点地区面貌得到显著改观。在节日庆祝场所、繁华地区、环城乡结合部、旅游景点、宾馆周边地区等重点场所，以及交通、通讯、水电气热等重点部位，加强了防范和检查，消除一批治安隐患。三是狠抓了科技创安典型示范带动作用。召开了"远郊区县社会治安综合治理暨基层科技创安经验交流会议"，明确提出了提高和丰富基层创安手段的战略构想和具体做法，有效推动了郊区科技创安工作的开展。在各敏感时期对法轮功邪教组织重点人员、重点部位采取强有力的监控措施，确保了春节、全国两会、市党代会、十六大等敏感时期实现"零指标"。大力开展人民内部矛盾排查调处工作，认真接待处理各种来访、来信，积极处理解决各类矛盾。坚持"安全第一，预防为主"的方针和边检查边整改的原则，狠抓安全教育，不断增强广大职工群众的安全生产意识。

社会治安综合治理

【落实维护社会稳定责任制】 按照市委、市政府与市委农工委、市农委签订的《2002年度维护首都社会稳定，加强社会治安综合治理任务书》的要求，市农口将责任制层层分解和落实。2002年4月5日召开农口系统社会治安综合治理工作会议，部署维护农口系统稳定、加强社会治安综合治理的各项任务。市委农工委书记、市农委主任李进山强调：一要充分认识做好农口安全生产和社会治安综合治理工作的重要性，要克服麻痹松懈情绪，认清维护社会稳定、确保安全生产工作的艰巨性、长期性、复杂性，把思想认识统一到中央和市委有关会议精神和相关法律法规上来，狠抓贯彻落实。二要进一步加强对社会治安综合治理工作的领导。要建立健全领导体制，建立完善例会制度，继续实行目标管理，形成"一级抓一级，层层抓落实"的工作格局和责任体系。三要突出重点，务求实效。以"建首善，创一流"为目标，认真贯彻"打防结合，预防为主，标本兼治，重在治本"的方针，突出抓好隐患、矛盾排查和建立同"法轮功"邪教组织斗争的长效工作机制。四要做好基础工作，建立行之有效的制约机制。要加强基层治保队伍建设，积极推广和应用群防群治的成功经验和技访经验，不断加大对综治工作的基础投入。

根据会议安排，市委农工委、市农委与系统所属局（总公司）全部签订了《责任书》，共计18份；各局（总公司）与其下属二级公司分别签订《责任书》共计320份；远郊10个区县与首都综治委签订了《责任书》，区县同乡镇、街道办事处和辖区内基层单位签订《责任书》。责任制的层层分解落实，有效保证了农口的社会治安工作件件有人抓，事事有人管。

【推进严打整治斗争】 一是继续保持严打声势，对严重影响群众安全感的抢劫、抢夺等街头犯罪和其他刑事犯罪，进一步加大打击力度，对网吧、歌舞厅、洗浴中心、发廊等场所继续开展清理整顿。2002年，远郊10区县共立各类刑事案件15 637起，比去年17 820减少2 183起，下降12.2%，共破获各类刑事案件8 974起，比去年同期9 945减少971起，破案率为56.3%，破案率提高近2个百分点。在"严打"中，区县公安局成功地破获了市局挂牌督办的一系列重大案件，摧毁了20余个较大犯罪团伙，有力净化了社会治安。全年，郊区共清理取缔网吧（电子游戏厅）1 317家、整顿歌舞厅、洗浴中心、发廊等场所3 476家，娱乐场所的经营行为得到进一步规范。二是强化重点地区整治，严密对重点地区、场所和部位的控制。对在全市挂账的治安重点整治地区，各郊区县综治委成立了专项整治工作领导小组，继续按照什么问题突出就整治什么的原则，坚持严打、整治、建设相结合，制定了具体工作方案，治安混乱的一些重点地区取得了显著整治效果。同时，各区县对区县级80余处治安重点地区进行了滚动排查、滚动治理，治安秩序和环境状况也得到了明显改观。在节日庆祝场所、繁华地区、环城乡结合部、旅游景点、宾馆周边地区等重点场所，以及交通、通讯、水电气热等重点部位，不断加强防范和检查，消除了一批治安隐患，有效防止了各类案件和破坏活动的发生。三是加强各单位内部安全防范。系统各单位加强了流动人员、外聘人员以及出租房屋的管理；对内部办公区、食堂、招待所等重点部位加强安全检查和整治，及时消除了一些治安隐患，有效防止了破坏活动发生和治安案件发生；充分发挥专群结合、群防群治的优势，积极探索建立适合自身的社会治安综合治理新途径和新方法，切实做到了“看好自己的门，管好自己的人”，创造了安定祥和的内部发展、改革环境。

【科技创安得到进一步推广】 狠抓了典型示范带动作用，基层创安水平得到不断提高。积极构筑技防人防物防相结合的郊区治安防范保障体系，在有条件的和重点地区大力推广高科技防范设施、技术。10月份，市委农工委邀请市综治办有关领导在通州区召开了“远郊区县社会治安综合治理暨基层科技创安经验交流会议”，分析了郊区综治工作中存在的一些趋向性问题，针对这些问题交流了已经或即将采取的一些举措。通州区、顺义区、怀柔区杨宋镇、通州区马驹桥镇姚村就开展基层科技创安工作做了重点发言，同时实地参观了通州区马驹桥镇姚村、张湾镇皇木厂村、新华联小区等基层单位依靠科技做好农村、小区创安工作的具体做法和成效。通州区张湾镇皇木厂村、新华联小区始终把科技创安作为主要出发点，放在重要位置予以考虑，采用了一些新的科技产品和科学技术，如道路监视系统、红外线报警系统、楼宇对讲监视报警系统、巡更系统等等，依靠科技促进创安工作取得明显成效，产生了很好的社会效益和经济效益。顺义区认真建立完善科学规范的管理防范体系，加强科技防范网络的建设和整合，为打造绿色国际港新形象发挥了积极作用。

排查人民内部矛盾

【认真接待和处理各种来信来访】 将信访工作纳入到农口稳定工作的大格局中，把信访排调任务层层分解，逐步完善了“一级抓一级，层层抓落实”的工作格局和责任体系。全年，远郊10个区县及各局、总公司共发生到市以上集体访194批、4 261人次。其中，到中办国办信访局、中南海等重点地区的33批、705人次；围堵或滞留市委、市政府大门的16批、837人次；重访的39批、984人次。反映的主要问题有：①占地及拆迁补偿问题76批、1 034人次，占39.2%。②基层干部违纪问题46批、803人次，占23.7%。③企业改革中的劳资纠纷问题34批、692人次，占17.7%。④芦荟种植问题11批、1 069人次，占5.7%。⑤土地承包纠纷问题3批、136人次，占1.6%。⑥其他社会和经济管理类问题24批、527人次。全年共办理各种来信217封（重复件44件），其中反映干部问题的68件，企业改革和劳资福利待遇问题的28件，群众建议、咨询、求助的43件，芦荟问题6件，占地安置补偿问题23件，其他各种经济纠纷、社会管理问题45件。其中市委农工委、市农委领导批办54件，占全部信访件的31.7%。完成市领导批示的10余件信访件的调查、处理工作。对“通州区水库二期移民反映移民房屋质量问题”、“怀柔县西茶坞村村民派性重新抬头出现不安定现象”、“通州区宋庄镇管头村群众反映该村违法卖地42亩”、“延庆县张山营镇韩郝庄村群众联名信反映占地补偿问题”、“农科院占用宗教房产腾退问题”、“国家信访局关于反映朝阳区金盏乡等五区县个别乡镇村违法占地信访情况通报”、“朝阳区孙河乡康营村部分村民围堵机场高速公路问题”等一批信访批示件进行了认真调查，并在调查的基础上对存在问题提出了处理意见，使大部分问题得到了彻底解决。2002年，区县局级领导干部参加领导接待日246人次，共接待群众来访2 761批、12 157人次，处理重点、难点问题417余件，领导接待日受访办结率达到90.3%。通过坚持领导包案制度、领导干部信访接待日制度，加大协调督办力度，使大量矛盾纠纷化解在了基层，避免了越级集体上访问题，群体性上访规模扩大、批量上升的趋势得到控制。

【上半年郊区发生越级集体访的基本情况】 2002年1～6月份，远郊10区县共发生到市以上集体访77件105批、2 803人次，与上年同期71件、98批、2 127人次相比分别增长8.5%、7.1%和31.8%。呈现出以下几个明显特点：一是总量持续增长，仍处于集体访高发阶段。二是焦点、难点问题更加突出。反映农村基层干部违法违纪问题、乱占土地及占地补偿问题这两大类问题占到市以上集体访总量的61%，是郊区集体访的焦点和难点问题。三是矛盾的不易调和性不断加剧。上半年郊区发生的集体访中，围堵或滞留市委、市政府大门的有19批、1 134人次，占郊区农村到市集体访的19%；特别是在上访中，一些群众在反映问题过程中情绪激烈，扰乱了正常的工作、生活和社会秩序，破坏了正常的上访秩序。四是集体访的组织性越来越强。上半年，郊区80人以上形成大规模围堵的越级集体访共6批、1 012人次，均有幕后组织指挥者，矛盾更加复杂，增加了处理工作难度。

综合分析，上半年产生农村越级集体访的原因主要有以下几个方面：①郊区城市化进程中，政策落实问题是导致群体性矛盾的一个主要原因。如个别镇村落实土地承包政策不到位，影响了农民的利益；个别镇村违犯土地政策规定，随意开发建设，侵害农民利益；有些政策缺位，未能充分保护农民的利益等等。

②农村干群矛盾问题，是影响农村稳定不可忽视的一个重要因素。如一些基层干部党的宗旨意识减弱，民主意识不强，素质较低，缺乏带领农民致富的能力和水平等，引起群众不满，恶化了干群矛盾，致使反映干部问题的越级集体访成为当前农村问题的一个焦点问题。③部分地方基层组织化解矛盾不力，是影响农村稳定的一个重要方面。如少数农村基层组织不健全，凝聚力不够；有些村级领导体制和工作机制不顺畅、不规范，“两委”之间矛盾增多；个别乡镇对基层出现的问题处理不严，使一些问题反复出现，促使群众期望越级上访解决，造成大量矛盾上交。④有些群众看问题片面，法纪观念淡薄，致使群体性事件不断增多。个别群众民主意识、参与意识增强，在强调自己权利的时候忽视义务，在要求民主的时候不讲法制，为达到自己的目的，往往只强调自己的理由，提出不合理要求，甚至采取一些不正当手段，使单一的矛盾多元化、简单的矛盾复杂化，更加不易调和。⑤农业结构调整中部分农民不适应市场的变化，引发了一些新的矛盾问题。一些农户在农业结构调整中存在一定的盲目性，没有对市场情况进行认真研究，盲目跟风调整种植，加之有关部门宏观指导、信息服务不够，结果造成调整后的产品没有市场，遭受损失等。这些原因导致上半年郊区群众越级集体访呈一定的增长趋势。

【召开“北京郊区控制化解越级集体访工作经验交流会议”】 7月24日，市委农工委组织召开了“北京郊区控制化解越级集体访工作经验交流会议”，总结了上半年郊区信访排查工作成效，分析了存在的问题，提出了郊区下一步控制化解越级集体访工作、特别是做好十六大期间郊区稳定工作的具体目标，既“超前化解、减少总量，狠抓重点、杜绝重访，区县越级信访量要控制在市信访办下达的控制指标之内，十六大期间越级集体访争取全面实现零指标”，并提出了实现上述目标的主要工作措施。会议交流了顺义区南法信镇、大兴区安定镇、房山区河北镇、延庆县八达岭等单位控制化解越级集体访的一些做法和经验，会后，各区县进行了认真落实，8、9、10月份，郊区越级集体访持续下降，为十六大的召开创造了良好的社会环境。

会上，市委农工委书记、市农委主任李进山同志代表市委农工委、市农委向各郊区县乡镇党委书记、信访工作者以及各区县主管稳定工作的领导表示了衷心的问候和感谢，希望各级部门和有关领导倍加努力，集中力量解决好一批带有普遍性的矛盾问题。并提出以下具体要求：①深入落实“三个代表”要求，站在维护农民权益的角度，站在维护郊区政治稳定的高度，特别是从确保党的十六大顺利召开的大局出发，从根本上减少矛盾纠纷的产生。②对重点地区、重点乡镇、重点问题，重点抓。狠抓已排查出的130项重点矛盾的化解工作；对上半年超过2批的18个乡镇进行重点分析，实行领导包片，限期解决；继续下大力量解决好占地款拖欠问题和芦荟问题。③采取有力措施控制农村干群矛盾及“两委”矛盾的进一步发生。深入贯彻落实市委、市政府办公厅京办发［2001］26号转发的《市委组织部、市委农工委、市民政局关于充分发挥村党支部领导核心作用，进一步推进村民自治的意见》，强化党支部的领导核心地位，加强村党支部对村委会工作的领导，建立村“两委”联席会议制度；通过乡镇政府加强对村委会工作的监督和对村务工作的检查；加强对村主任的党性教育和培养，积极争取把“两委”关系问题逐步转变为党内问题来处理解决。④不断总结推广典型经验，提高郊区基层化解矛盾问题的能力。尽快总结推广本地区“三不出”的好经验、好做法，加强交流和相互学习。⑤加大对煽动群众闹事的个别人的控制打击力度。⑥加强对信访排调工作的领导，深化各项信访排查制度的落实，逐步建立起控制化解越级集体访的长效机制。要深入落实好矛盾排查制度和领导接待日制度；坚持领导干部下访制度；建立责任追究制度，进一步强化信访排查工作领导责任制。

【稳妥处理和解决“芦荟”问题】 2002年年初，密云、怀柔、平谷、大兴、顺义、通州、昌平等区县因种植芦荟问题而发生了多起群体上访事件，其中到市以上越级集体访共11批、1 069人次。种植户到市委、市政府和中央单位上访，并多次围堵市委市政府大门，反映因种植芦荟遭受经济损失，要求从重查处违法经营公司，解决遭受的损失问题。从调查情况看，芦荟问题涉及郊区7个区县，70多个乡镇的432个村，有10 514户，2 540个种植大棚，种植户投入达4.44亿元，有75%仍未收回，涉及38家经营公司。从上访的情况看，规模较大，每次上访上百人，涉及地区较广，不仅涉及北京郊区，还涉及河北、天津、山东等地，并呈现出有组织、有策划、有串联等特点。针对此问题，市里成立了以市委农工委、市农委牵头，市委政法委、市高法、市公安局、市工商局及相关区县为成员单位的处理芦荟问题协调领导小组，多次到区县调查、了解情况，直接接待和面对上访群众，对重要问题进行了认真研究，确定了尽最大努力，把农民的损失降到最小，把对社会的影响降到最小，把种植户的过激行为降到最小，确保农村稳定的具体工作目标。通过努力工作，协调小组召开了5次协调会议，提出了“关于当前处理郊区芦荟种植问题的八条意见”和“五条信访答复意见”。目前，95%以上种植户已经转产，一批涉案公司已被公安机关立案侦查，侦结完毕的部分案件已由检察机关提起公诉，进入审判程序。

【探索处理矛盾问题的新方法】 2002年，集中对农口各局、总公司进行了5次矛盾排查，共排查出重点矛盾纠纷70余件，目前除个别矛盾纠纷仍在处理之中外，其他矛盾基本得到解决，如农科院6号楼问题、大发公司平谷峪口养鸡场问题、大发济发公司改革问题等，通过坚持信访排查调处制度，领导干部信访接待日制度，使矛盾纠纷化解在了基层，避免了越级集体上访问题。同时，针对农口企业改革中不断出现的各种新情况、新问题，不断探索控制、化解新的方式、方法——现场协调联席化解制度，并取得了良好成效。针对大发济发公司、兴东方机械配件厂等企业改革中出现的职工和企业之间的矛盾和农科院“京农 8138”小麦种子问题引发河北 80 多人到农科院围堵大门等问题，积极主动深入企业，变职工上访为我们下访，协调有关信访、劳动、房地等管理部门共同到企业直接面对职工，做耐心细致的政策解释和思想教育工作，使职工情绪得到稳定，个别问题引导职工通过司法或劳动仲裁程序解决。通过我们与企业的共同努力，农科院“京农 8138”小麦种子问题当天就得到解决，济发公司解除合同的 67 人，已全部签订了补偿协议，兴东方机械配件厂 2000 年解除合同的 14 人要求增加补助费用的问题也基本得到控制和稳定，兴发公司终止、解除劳动合同的 95 人得到明确答复和妥善控制，较好地避免了这些人到市政府越级集体访问题。

【认真坚持“月通报、季分析”工作制度】 针对集中存在的占地补偿安置问题、干部违纪问题、芦荟问题、土地承包问题、劳资纠纷问题，继续坚持“月通报、季分析、半年总结”工作制度，每月对到市和到中南海等重点地区的集体访进行通报；每季度召开一次信访排查分析例会，对近期发生和可能引发集体访的矛盾问题进行分析，逐一落实化解措施；每半年全面总结一次信访情况，对反映出来的一些普遍性和突出性的矛盾问题进行重点研究，提出化解、控制建议，制定解决方案。今年，我们就农村信访反映出有些政策滞后问题，如农村社会保障制度与城市社会保障制度不衔接问题、占地拆迁安置补偿政策滞后与不统一问题、撤制村队的集体资产处置问题、旧村改造的相关政策缺位问题等七大问题，专题向市领导和有关部门进行了汇报，并在《北京信息专刊》刊登，对协调有关部门研究制定相关政策起到了一定的促进作用。全年，我们共编发《农口信息》（信访增刊）16 期，扩大了农口信访工作交流，及时为领导提供了有关信访和矛盾排查信息。

【2002 年农口越级集体访的几个特点】 一是上半年增加，下半年减少，总量和规模与上年基本持平，但问题和矛盾存量仍然较多。2002 年，农口越级集体访批量，与 2001 年的 191 批 4 414 人次相比基本持平，群体性上访规模扩大、批量上升的趋势得到一定控制。但近年来郊区改革和调整力度不断加大，城市化进程速度不断加快，民主化建设水平日益提高，新问题的产生和一些历史问题的积累，使郊区人民内部矛盾和问题仍然处在一个多发时期。二是政策不完善引发的矛盾突出显现，占地及拆迁安置补偿问题是焦点问题。农村社会保障制度与城市社会保障制度衔接问题、占地拆迁安置补偿政策的统一问题、撤制村队的集体资产处置问题、旧村改造的相关政策缺位问题等等，已经成为当前郊区群众信访的主要问题，是现阶段郊区的主流矛盾。而导致这些问题和矛盾产生的主要原因是部分政策不能完全适应当前形势的要求，滞后或缺位，以至基层操作时存在一定的随意性，引起群众的不满。2002 年，因占地及拆迁安置补偿问题到市以上集体访 76 批、1 034 人次、占集体访总量的 39.2%，与上年 47 批、935 人次、占当年集体访总量的 24.6% 相比，批次和人次分别增加 61.7%、10.6%，所占比重上升了 14.6 个百分点，是 2002 年信访的焦点问题。三是控制和化解工作普遍得到加强，农口稳定状况不断改善。2002 年，各区县、局总公司按照“三不出”的工作目标，采取了大量的控制措施，就地疏堵，有效避免了越级到市的上访。特别是“郊区控制化解越级集体访工作经验交流会议”后，各区县、局总公司按照会议具体要求，细致入微地开展控制化解工作，使信访反映的大多数矛盾得到妥善解决，一些不稳定隐患得到及时排除，农口稳定状况进一步向好的趋势发展。

同“法轮功”邪教组织斗争

【实现两个“0”指标】 在各敏感时期对重点人员、重点部位采取强有力的监控措施，全面实现了到天安门等重点地区的非法聚集活动“零”指标，以及有线电视接播“法轮功”反宣传节目“零”指标。全年，为确保春节、全国两会、市党代会、党的十六大等敏感时期不出现“法轮功”破坏滋事和反宣传活动，农口系统各单位对所有“法轮功”重点人员加强了重点监控，特别是两会和党的十六大期间，对一些重点人员实行专人值班，严防死守，动员社会、家庭、专兼职组织各方面力量加入到“打、控、揭、转、挖”工作中，确保没有发生任何到天安门等重点地区的非法聚集滋事活动，实现了“零”指标。同时，针对东北出现的在有线电视接播“法轮功”节目的问题，各局、总公司对本单位内部有线电视光接点、饭店办公楼的卫星接收系统等重要部位进行了认真检查，严格监控，落实了管理责任制，确保没有发生任何问题。

【加大追逃打击和摸排控制工作力度】 2002 年，农口各单位按照市委“610”的工作部署，采取了多种措施，加大对“法轮功”失踪人员的追逃力度，将出逃人员较快追回。目前农口系统重点练功人员中，绝大多数得到转化。2002 年，农口系统针对“法轮功”一般练习者进行了全面排查，做到了底数清、情况明。在 2002 年的各个重要时期，及时对他们进行访谈和排查，将所有人员纳入视线之内，准确掌握他们的工作和生活情况及思想动向，帮助解决一些具体困难和实际问题，把一些苗头性的问题消灭在基层、消灭在萌芽状态，较好地避免了问题的发生和扩大。

到目前为止，农口法轮功一般练习者的情况比较稳定，没有发生任何问题。

【巩固教育转化成果】 2002年市委农工委认真贯彻中央、市委关于与“法轮功”邪教组织斗争工作的方针政策，积极开展与“法轮功”邪教组织斗争，全面推进“打、控、揭、转、挖”五项工作，取得了显著成绩，牢牢掌握了斗争的主动权，已有的教育、转化成果得到进一步巩固。一是多次召开各局、总公司主管副书记、处长会议，听取汇报、掌握情况，对发现的问题及时提出整改意见。全年，共召开主管书记会议5次、主管处长会议4次，及时安排部署中央、市委610办公室提出的各种工作要求，掌握动态情况，对农口存在的问题，及时提出解决意见，确保了农口在各个重要时期的安全与稳定。二是全面加强了防控工作。各级党委和有关部门按照“消除于萌芽，化解于基层，拦截于外围”的要求，切实做到“看好自己的门，管好自己的人”，认真落实了责任制，对本单位“法轮功”重点分子采取了严防死盯的管控措施，对外来“法轮功”人员加强防范，形成群防群治的铜墙铁壁，有效防止了“法轮功”分子利用本单位设施、场所进行破坏活动。三是“四个纳入”的长效机制在重点单位得到开展。按照市委610的部署，市委农工委在北京市农业职业学院、北京市水利局两个单位开展了“四个纳入”的贯彻落实工作。两个单位的党政一把手亲自研究部署、亲自抓，单位所有职工广泛参与，把与“法轮功”斗争工作纳入到社会治安综合治理工作中、纳入到党的基层组织建设中、纳入到“三个代表”的具体实践活动中、纳入到精神文明建设中。两个单位通过建立“四个纳入”长效工作机制，把与“法轮功”的斗争不断引向深入。四是“反对邪教，崇尚文明”的宣传教育活动得到全面延伸。通过多种途径，利用电台、电视、展览、宣讲团等多种形式，深入揭露法轮功邪教毒害人民、残害生命的罪恶行经，揭露法轮功邪教组织的反动政治本质，宣传中央处理法轮功问题的有关政策，在农口系统广大党员、干部和群众中，大力营造了人人痛恨、人人揭批法轮功的良好社会舆论氛围。

【总结与“法轮功”邪教组织斗争经验】 农口系统在与“法轮功”邪教组织斗争的几年来，做到了认识到位、组织到位、措施到位、制度到位，取得了很大胜利，打击了“法轮功”分子的气焰，粉碎了“法轮功”邪教组织图谋的各种破坏活动，保卫了农口系统的安定，保卫了首都的稳定。在斗争中，及时总结了对“法轮功”邪教组织斗争所取得的经验。一是旗帜鲜明，高度重视，在斗争实践中逐步提高了对法轮功斗争的长期性、复杂性、艰巨性、尖锐性的认识，加强了领导，增强了工作主动性，成为农口夺取同“法轮功”邪教斗争胜利的根本保障。农口广大干部、群众深刻认识到“法轮功”邪教组织的反人类、反社会、反科学本质和社会危害性；认识到其与境内外敌对势力同流合污、相互勾结策应、分裂祖国的图谋；认识到北京作为主战场，斗争的异常严峻性；保持了高度的警惕性和政治敏锐性。二是强化了基层组织的作用，把对“法轮功”人员的教育、转化、监控措施和办法，通过居家委会、村民代表大会，纳入到群防群治中，形成了社会各界力量齐抓共管的工作格局，成为取得斗争主动权的重要条件。建立健全高效、战斗有力的组织是斗争取得胜利的保证。为加强农口与“法轮功”邪教组织的斗争，我们成立了以农工委书记为组长的领导小组，各局总公司的一把手作为小组成员，并设立专门办公室，各局总公司也均有专门部门负责此项工作；每个单位培训了专门的帮教人员，保证了与“法轮功”邪教组织斗争工作扎实、有力、高效地开展。三是认真落实责任制，切实落实了“打、控、转、揭、挖”各项工作措施，成为推动斗争不断深入的重要方法，并摸索形成了举办学习班、面对面谈话、现身说法、亲情感化、人盯人监控、依法从重处罚等一系列好的工作方式方法。每年年初市委农工委书记与各局总公司签订责任书，明确提出各个时期的任务目标，并确保各局总公司在重要时期和重要地域实现“零”指标。同时，建立了奖惩机制，对出现的重大责任事件，严格追究有关人员责任，并进行通报批评。四是深入摸排，总结工作典型，牢牢掌握斗争主动权，是我们巩固斗争成果的一条成功经验。各单位通过摸排，基本做到对“法轮功”组织和顽固分子的动态情况一目了然，加强了对重点人的打击力度和对法轮功宣传品的收缴、封禁。农口局（总公司）的对所有在职人员、人档分离人员、离退休人员进行了排查，建立了人档分离人员档案，基本掌握了本系统人档分离人员是否练“法轮功”的动态情况，增强了工作的针对性。同时，对一般练习者进行了动态监控。为全面清楚地掌握这些人的动态和情况，在很多已经转化人员不满意、不理解的情况下，我们采取“访主管领导、访同事、访家属、看日常表现”等“三访一看”办法，及时收集掌握有关信息，赢得了开展各项工作的主动权，进一步增强了反邪教工作的主动性、预见性和斗争信心。2002年，农口各单位在市委“610”办公室的指导下，在各有关部门及有关区县的大力支持下，齐心协力，密切配合，坚忍不拔，很好地完成了与“法轮功”邪教组织斗争的阶段性任务。

（涂宏汉）

党的建设

概述

2002年一年来，在邓小平理论和“三个代表”重要思想指引下，郊区农村党的建设不断加强。认真贯彻党的十五届六中全会、十六大和市九次党代会精神，加强基层领导班子建设和党风廉政建设，加强干部队伍建设和老干部工作，推进农村基层民主和法制建设，充分发挥党员模范带头作用，党组织得到不断巩固和发展。

领导班子建设

【领导班子建设指导思想与目标】 2002年，北京市农口领导班子建设工作，坚持以邓小平理论和“三个代表”重要思想为指导，认真贯彻落实党的十六大会议精神和中央、市委的各项指示部署，紧紧围绕北京市农村工作会议提出的各项任务和目标，以加强领导班子建设、提高干部素质、抓好干部队伍管理为重点，不断加强思想作风建设和制度建设，进一步巩固扩大“三讲”教育成果；优化领导班子结构，完善法人治理结构，加快建立符合社会主义市场经济要求的现代企业制度步伐；积极推进干部人事制度改革，努力探索建立优胜劣汰、奖惩分明、监督有效、充满活力的用人机制，营造有利于优秀人才脱颖而出的良好环境，为郊区率先基本实现现代化、推动农口改革开放、经济发展和社会进步提供组织保证。

【组织开展农口国有企业“三讲”教育活动整改措施落实情况检查】 按照农工委整体工作部署，年内组织了农口国有企业领导班子及成员开展“三讲”教育整改措施落实情况自查活动，在自查的基础上，对农口国有企业领导班子“三讲”教育整改措施落实情况进行了全面检查。从检查的总体情况看，农口各单位党委对落实“三讲”教育整改措施高度重视，态度坚决，每项措施都指定专人负责落实，保证整改措施落到实处，取得了比较明显的效果。通过落实和完善“三讲”教育整改措施，农口国有企业领导班子的精神状态进一步振作，思想和工作作风进一步改进，班子更加团结，解决自身问题能力明显增强。在此基础上，农工委召开了农口国有企业领导班子建设会议，农口局、公司、事业单位领导班子成员共80余人参加，三元集团、城乡建设集团、水产总公司、大发畜产公司几个单位从不同侧面介绍了加强领导班子建设、促进企业改革发展的主要做法和成功经验，李进山书记在大会上做了总结发言，对几年来农口国有企业领导班子建设取得的成绩给予了充分肯定，并对进一步加强领导班子提出了新的要求。会后，各单位结合自身实际，对加强领导班子自身建设进行了认真研讨，并制定了加强自身建设的意见，这些都为进一步加强国有企业领导班子建设打下了基础。

【开展对农口国有企业领导班子和领导干部民主评议工作】 为贯彻落实党的十六大精神，进一步加强农口国有企业领导班子建设和干部队伍管理，按照农工委总体工作部署，组织开展了对国有企业领导班子和领导干部民主评议工作。通过领导干部书面和口头述职的形式，了解领导班子和领导干部实践“三个代表”、贯彻执行党的路线方针政策情况，开拓进取、推进本单位改革发展情况，履行职责、完成分管工作情况，贯彻民主集中制、团结协作情况，深入基层、改进作风情况，联系群众、廉洁自律情况等等，同时，组织中层副职以上领导干部和部分群众代表对领导班子和领导干部进行 评议和民主测评，充分听取广大干部职工意见。根据民主评议意见，组织领导班子召开民主生活会，开展批评和自我批评，研究制定整改措施。通过开展民主评议工作，企业领导班子和领导干部的思想政治素质有了进一步提高，大局意识、民主意识、群众意识有了普遍增强，围绕企业改革发展目标，不断加强自身建设，各方面的工作都不断出现新的气象。

【完成农口系统全国和市人大代表、政协委员提名推荐工作】 按照市委关于十届全国人大代表，市十二届人大代表、常委，十届市政协委员、常委人选推荐提名工作安排意见及分配给农口的人选名额和结构要求，在听取意见的基础上，经农工委委员会研究，确定杨德宏等5位同志为十届全国人大代表推荐人选；确定田雄等4位同志为十二届市人大常委推荐人选；确定姜立贵等4位同志为市十二届人大代表推荐人选；确定张国良等4位同志为十届市政协常委推荐人选；确定赵志安等115位同志为十届市政协委员推荐人选。完成了各种材料的上报工作。

【对平谷、怀柔进行撤县设区干部考察】 按照市委关于做好平谷、怀柔撤县设区干部考察的要求，市委组织部、市委农工委组成联合考察组，进行平谷考察。共考察了近180名领导干部，在中层党政正职以上近800名干部中进行了民主推荐和民主测评，与中层党政正职以上领导干部400余人进行了考察谈话。通过考察，掌握了领导班子的思想作风和工作作风情况和存在的问题，并发现了一批优秀的后备干部，为进一步加强领导班子建设、大力培养选拔年轻干部提供了依据。

【完成三元集团、华都集团董事会组建工作】 按照农工委的部署，组织了对农工商总公司改制为三元集团公司后常委、董事会和经营层领导人员的考察和调整工作，完成了华都集团董事会的组建工作，加快了农口国有企业建立现代企业制度的步伐。同时，调整充实了部分企业领导人员，使企业领导班子在年龄结构、知识结构和专业结构等方面都有了较大改善，为企业发展注入了新的活力。

（李景辉）

基层组织建设

【"三级联创"活动取得新进展】 2002年，是北京市开展农村基层组织建设"三级联创"活动继续深化提高的重要一年。一年来，郊区各级党组织以"三个代表"重要思想为指导，紧紧围绕改革、发展、稳定的大局和农民增收这一中心任务，加大工作力度，积极开拓创新，使创建活动不断深化，取得了明显成效和新进展。一是巩固和发展"三个代表"重要思想学习教育活动的成果取得新进展，进一步解决了班子和队伍中存在的突出问题，并把一些好的做法制度化，初步建立了"干部经常受教育，农民长期得实惠"的长效机制；二是以村党支部书记为重点的基层干部队伍建设取得新进展，各区县按照"优化结构、提高素质、改进作风、增强活力"的目标要求，大力加强村党支部书记的培养选拔、培训教育、管理监督、激励约束，通过面向社会公开选拔，建立区县、乡镇、村统筹党支部书记报酬，实行养老保险等制度，使村党支部书记队伍建设得到有效加强；三是后进乡镇党委、村党支部的整顿转化工作取得新进展，通过郊区各级党组织的努力工作，上年确定的18个后进乡镇党委有13个实现了转化，212个后进村党支部有119个实现了转化，转化率分别达到72%和56%。四是农村党员队伍的教育管理取得新进展，各级党组织普遍加强了对党员的理论、政策和党性党风教育，进一步增强了广大党员的党性观念和宗旨意识，积极探索了新形势下党员发挥先锋模范的有效途径和载体，通过开展无职党员设岗定责、党员素质工程等活动，为党员发挥作用提供了舞台、创造了条件；五是探索基层党组织在创新农村经济制度和经济组织中发挥作用的途径、方式上取得新进展，通过宣传引导、服务扶持、组织协调、统筹规划等手段，把基层党组织的领导核心作用落实到了促进农村改革发展和农民增收致富的具体实践中，使党的政治优势、组织优势和密切联系群众优势在新的平台上有了新的发展和创新；六是农村基层民主政治建设取得新进展，各级党组织深入落实京办发〔2001〕26号文件，结合本地实际，认真制定和完善贯彻实施的具体办法，进一步推动了民主决策、民主管理和民主监督的落实，广大基层干部的民主意识明显增强，村务、乡镇政务公开继续深化，村"两委"关系进一步协调，党支部领导下的村民自治机制更加健全。总之，通过各级组织和广大干部的辛勤工作，2002年全市的"三级联创"活动进一步深化，农村基层组织建设的整体水平有了新的提高，有力地促进了农村的改革、发展和稳定。到2002年底，全市共有96个乡镇党委进入"六好"行列，占总数的49.7%；1 797个村党支部进入"五好"行列，占总数的45.4%。

【"三个代表"重要思想学习教育活动的整改措施得到有效落实】 2002年，郊区各级党组织继续狠抓"三个代表"学教活动整改措施的落实，逐级制定了周密的落实方案，明确了责任与分工，建立了严格的销账制度。各区县普遍把整改措施的落实同创建"六个好"乡镇党委和"五个好"村党支部及后进乡镇党委和村党支部的整顿建设紧密结合起来，使落实整改措施的责任更加具体、力度明显加大，形成了一级抓一级、层层抓落实的良好格局。同时，各区县还把落实"三个代表"整改措施同干部转变工作作风、为人民群众办好事、实事紧密结合起来，进一步建立健全了基层干部联系群众制度、及时化解农村矛盾制度，通过开展多种形式的民心工程，落实贴近群众需要的便民措施，有效解决了长期困扰农民生产生活的热点、难点、焦点问题，进一步密切了党群干群关系，使"三个代表"重要思想在全市农村焕发出了勃勃生机与活力。到2002年底，学教期间制定的48 638条整改措施98%以上已经得到有效落实。通过落实"三个代表"整改措施，郊区农村基层党组织的创造力、凝聚力和战斗力明显增强，党员干部执政为民意识、群众意识明显提高，党群、干群关系进一步融洽，"三个代表"学教活动成果得到了进一步巩固和发展，初步形成了"干部经常受教育，群众长期得实惠"的长效机制。

【农村基层民主政治建设取得新进展】 2002年全市郊区各级党组织坚持以"三个代表"重要思想为指导，按照党的建设新的伟大工程的战略部署，服务大局，紧贴中心，积极探索，大胆实践，大力推进农村基层民主政治建设，取得了明显成效。一是村民代表会议质量进一步提高，民主决策得到有效落实。各区县委按照京办发［2001］26号文件精神，普遍建立了村民代表会议制度，制定了村级议事规则和决策程序，对村民会议或村民代表会议讨论决定的事项、会议程序等都做出了明确规定。凡是村里的重大事项，如项目投资、财务收支等与群众密切相关的事项，都由村民代表会议讨论决策。村民代表会议每年至少召开两次，平时遇有需经村民会议或村民代表会议讨论决策的问题，做到随时召开。在村民代表会议召开之前，都要广泛征求村民意见，由党支部和村委会研究确定会议议题，并提前发给村民代表；会议召开时，既要做好村务工作报告，更要民主讨论决策有关重大问题。通过这些措施，村民代表会议制度得到进一步完善，村民代表会议的决策功能得到进一步提高，调动了村民参政议政的积极性、主动性，使民主决策落到了实处。二是村务公开和乡镇政务公开进一步深化，民主监督得到有效落实。在村务和政务公开100%的基础上，各区县委普遍加强了对“两个公开”工作的督促检查，进一步规范了公开的内容、程序和时间，创新公开的形式，强化监督组织和监督机制的建设，深化了“两个公开”的开展。在公开工作中，紧紧围绕农村改革、发展、稳定的中心任务，抓住群众关心、关注的热点问题，不断深化公开内容，扩展公开的范围，丰富公开的形式，健全公开的监督机制，努力在保证公开的真实性和经常性上下功夫，使民主监督进一步得到强化。三是《村民自治章程》进一步完善，依法建制、以制治村得到有效落实。各村坚持合法性、针对性、可行性、互约性、民主性的原则，结合实际进一步修改完善了《村民自治章程》。修订后的《村民自治章程》针对性和可操作性都明显增强，真正起到了监督和引导干部群众照章办事的作用，提高了约束力，把自我管理、自我教育、自我约束落到了实处。同时，为保障章程的有效实施，大多数村都由村委会与村民签订了遵章协议，并建立了村民自治管理档案，增强了自治章程的约束作用，使村民自治、民主管理逐步走上了法制化的轨道。四是农村“两委”关系进一步理顺，党支部领导下的村民自治运行机制得到巩固。郊区各区县进一步健全完善村级工作制度和村级事务决策程序，普遍建立村“两委”联席会议制度，大力加强对村干部的培训教育，积极推进村“两委”干部交叉任职，密切了村“两委”关系，初步建立起了村党支部领导下的村民自治运行机制，推动了农村基层民主政治建设健康发展。

【积极推进农村新型经济组织的发展】 2002年，全市郊区党组织根据农民致富的愿望和农村集体经济改革的需要，围绕党在农村的中心任务，体现发展是执政兴国第一要务，因势利导，积极推动，在新型合作经济组织发展壮大中起到了积极的促进作用。一是积极宣传引导，营造浓厚的舆论环境。通过组织农民到外地学习参观、请合作组织的负责人现身说法等活动，帮助更多的农民认识合作的重要性，认识通过经济纽带组织起来是迎接市场挑战的最有效形式，从而使农民得到了真正意义上的观念更新，农村新一轮改革具有了更广泛的群众基础。二是积极服务扶持，充分发挥基层党组织的资源优势。据不完全统计，全市有939个村为合作经济组织提供了4.45万公顷土地，174个村提供了1.24亿元资金，988个村提供了水电等服务设施，其他如优惠政策、信息服务等方面的扶持，也都对合作组织的发展起到了重要的推动作用。三是积极组织协调，形成培育发展新型合作经济组织的合力。基层党组织通过发挥合作组织与政府、科研、企业之间的媒介作用，运用合作经济平台，有效整合了社会力量，调动起了各方面的积极因素，为合作经济组织的发展创造了良好的外部环境和发展条件。四是充分发挥统筹规划作用，促进新型合作经济组织向理性化、规模化发展。区县委在政策、资金、科技信息等各方面全方位为农民专业合作提供宽松的外部环境；乡镇党委承上启下，把各项政策灵活地落实到了农村新一轮改革的实践之中，为农民的专业合作提供了政策环境和发展动力；村一级党组织和广大农民党员在发展农民专业合作组织中发挥了重要的先锋模范和示范带头作用，据统计，在郊区1 595个相对较规范的农民专业合作经济组织中，负责人是党员的362个，其中党支部书记担任负责人的215个，参加专业合作经济组织的党员达到14 662人。总之，通过积极推进新型经济、社会组织的发展，党的领导得到了充分的体现，全市郊区形成了上下联动，层层互动，一心一意谋发展的生动局面，同时也使党的政治优势、组织优势和密切联系群众优势在新的平台上有了新的发展和创新。

【农口局、总公司、事业单位基层组织建设取得新进展】 2002年，农口局、总公司、事业单位党组织以邓小平理论和“三个代表”重要思想为指导，认真落实中央和市委精神，紧紧围绕改革发展的中心任务，大力加强基层组织建设，取得了明显成效，各级党组织和广大党员实践“三个代表”重要思想的自觉性进一步提高，基层党组织的创造力、凝聚力和战斗力明显增强。一是大力加强领导班子建设，通过认真落实“三讲”教育整改措施，选好配强班子主要领导，强化政治理论学习等措施，使班子的思想水平和领导能力不断提高，更加适应形势发展的客观需要；二是大力加强干部队伍建设，通过加大培训力度，积极选拔、引进人才等措施，干部队伍的文化、专业结构不断得到改善，知识化、专业化水平逐步提高，整体素质进一步优化；三是积极探索基层党组织和党员发挥作用的有效途径，通过健全党的基层组织，落实党的组织生活制度，做好发展党员工作，开展形式多样的活动等，使党组织和党员作用发挥更加明显，党组织的政治核心地位得到巩固，党员发挥先锋模范作用的途径和舞台更加广阔；四是继续加强以厂务公开为重点的基层民主政治建设，通过健全完善职代会制度，规范以“三个重大”为重点的公开内容，创新公开的形式，推进厂务公开向“两头”延伸，使厂务公开工作不断深化，有效落实了职工的民主权利，调动了广大职工的积极性、主动性和创造性，推动了企业改革、发展和稳定。

【顺利完成乡镇党委换届工作】 2002年底，按照市委统一部署，全市郊区普遍进行了乡镇党委换届选举工作。本次换届选举各区县委紧密结合学习贯彻党的十六大和市九次党代会精神，按照“三个代表”重要思想和新时期、新任务对乡镇干部队伍的新要求，对换届选举工作加强领导，精心组织实施，广泛宣传发动，充分发扬民主，严格依法办事，保证了换届选举的正常顺利进行，13个郊区县191个乡镇全部圆满完成换届选举，共选出新一届党委班子成员1 399人。在新当选的1 399人中，平均年龄41岁，比上届降低了1.6岁，其中35岁以下的青年干部从上届的181人增加到252人。具有大专以上学历的1 307名，占93.4%，其中大学本科以上学历的由上届的42.9%提高到52.6%。学党政管理专业的占总数的26.2%，财经专业和企业管理的占37.3%，法律专业的11.7%。其中妇女干部占到了总数的13.7%，少数民族干部占3.6%，均比上届有所提高。同时，通过这次换届，广大基层干部和党员的民主意识得到强化，群众观念进一步增强；新一届乡镇党委的发展思路更加明晰，工作热情更加高涨，进一步形成了团结统一、奋发向上，开拓进取、学习创新，脚踏实地、求真务实的良好工作氛围，为郊区农村改革、发展和稳定提供了更加坚强有力的组织保证。

【圆满完成农口出席市九次党代会的代表选举工作】 按照市委关于选举市九次党代会代表的统一部署，市委农工委高度重视，精心进行了组织和指导，要求各选举单位坚持先进性和广泛性的统一，充分发扬民主，实行正确的集中，确保推选的代表既具有先进性，又具有广泛的代表性。

经过选举产生的农口出席市九次党代会的代表共146名（含市委提名16人），其中领导干部78名，占53.4%；各类专业技术人员39名，占26.7%。各条战线的先进模范人物29名，占19.9%。大专以上学历的140名，占95.9%；中学学历的6名，占4.1%。50岁以下党员105名，占71.9%。女党员39名，占26.7%。少数民族党员10名，占6.8%。各项比例均符合市委的有关要求，圆满地完成了农口出席市九次党代会代表的选举工作，农口广大党员也普遍受到了一次先进性教育和贯彻民主集中制教育。

（李伟书）

党风廉政建设

【党风廉政建设责任制进一步深化】 2002年，农口各级党委落实党风廉政建设责任制，突出重点，从制度延伸、落实责任、监督检查考核、强化追究、解决薄弱环节入手，加大工作力度，使党风廉政建设责任制继续得到有效贯彻，反腐倡廉的领导体制和工作机制得到巩固和提高。

(1) 抓好制度延伸，确保责任制落实到基层。基层单位党风廉政建设责任制的落实，直接涉及农口的稳定和发展。2002年在落实党风廉政建设责任制上，通过调研、指导、规范，下力量抓了向基层延伸工作。据不完全统计，责任制向3 316个行政村延伸，占远郊行政村总数的89.8%；责任制向6 570个科站队所延伸，占科站队所总数的95.7%；总公司、事业单位向三级单位延伸率达到70%。通过延伸，形成了从上到下的完整的责任体系，实实在在地强化了基层干部的党风廉政责任意识，减少了违纪问题的发生。

(2) 落实责任目标，形成压力传递机制。主要从三个方面构筑责任目标体系：一是按照一级抓一级的原则，实行分级负责制。各单位紧密围绕经济建设中心，结合本单位反腐倡廉工作实际，将责任内容细化，并将具体任务、标准和目标分解到所属下一级和部门，作为责任履行和责任考核的依据。二是按照“条块结合”的原则，实行分线负责制。把党政齐抓共管作为重要原则贯彻到责任目标体系建立过程中，对党政领导班子正副职按照工作分工明确分线，一岗双责。三是按照“谁主管、谁负责”的原则，对党风廉政建设和反腐败的工作任务实行分工包片负责制。明确牵头部门、协办部门，对各项重点工作标准、时限统 要求。

(3) 抓好监督检查，促进责任制执行到位。全年执行好四制：一是督查制。每半年对农口各单位党风廉政建设的情况进行了督查，对个别党风廉政建设力度不够的单位进行谈话。二是专题检查。对局、总公司贯彻落实农工委《关于国有企业重大决策、重要事项安排和重要人事任免管理的暂行规定》的落实情况、开展效能监察的情况、减轻农民负担及企业开展“回头看”活动情况，一项一项督促抓落实。三是定期汇报制。对于各单位党风廉政建设各项任务的完成情况，定期听取汇报，发现问题及时指出。四是年终全面考核检查。对各单位好的做法，取得的成绩给予充分肯定，对存在的问题进行反馈，并提出了明确的改进措施要求。

(4) 强化责任追究，维护责任制的严肃性。完善责任追究办法，并根据各单位查处大要案情况追问责任追究情况，以强化责任追究意识。全年农口共有46名干部因违反责任制受到责任追究。

【领导干部廉洁自律工作进一步加强】 (1) 加大检查监督力度，促进领导干部认真落实廉洁自律各项规定。贯彻落实中纪委四次全会提出的“四项规定”、中纪委五次全会提出的“五项规定”和中央关于国有企业“四条八不准”及“五条规定”、北京市提出的困难企业“五条五不准”规定以及中纪委七次全会提出的领导干部廉洁自律六条规定，对各单位贯彻落实情况进行检查，落实情况都比较好。纠正领导干部违反规定购车24起；压缩或制止出国（境）33个，72人次。各单位共制定有关廉洁自律方面的制度116个，促进了领导干部作风的转变，领导干部从政行为更加规范。

(2) 严格领导班子民主生活会制度，检查纠正存在的问题。农口各单位党委（党组）及所属二级单位领导班子于2002年6月底、7月初普遍召开了民主生活会。生活会前，各单位认真组织领导班子成员学习有关文件和规定，并开展谈心活动，同时召开了座谈会，广泛征求群众意见，据统计，农口各单位共召开各种形式的座谈会269个，参加人员2 730余人，个别走访150余人，收回征求意见调查问卷480份，收集意见、建议1 420余条。各单位领导班子结合群众提出的意见，进行了认真研究，制定了整改工作方案和措施。

(3) 深化改革，进一步规范领导干部职务消费行为。农口单位从实际出发，探索领导干部职务消费改革，取得一定成效。部分单位对领导干部用车、配备通讯工具、收入分配等进行了一些实质性改革，有的对招待费制度进行了改革，建立了一些新的制度。

【案件检查工作取得了明显成效】 出台《关于加强纪检监察机关案件管理工作的意见》，提出了“查办一案、教育一片，着眼治本、举一反三、扩大办案效果”的工作思路。在具体工作中坚持两手抓。一手督促指导区县、总公司纪委加大直查力度，重点突破有影响的大案要案；另一手是继续巩固和推进乡镇基层纪委办案，及时查处发生在群众身边的腐败问题。

2002年，农口各级纪检监察机关查处违纪案件工作取得新的进展。各级纪检监察机关共查处各类违纪案件368件，立案总数比上年增长2.5%，新立案334件，其中大要案101件，占新立案总数的30.24%；结案317件，结案率86.14%，共处分316人（涉及处级干部29人，农村党支部书记44人），其中，受党纪处分267人，受政纪处分73人，党政纪双重处分24人，受留党察看以上重处分172人。乡镇纪委办案在乡镇机构改革和纪检干部调整面大等不利条件下，使乡镇自办案件成果继续得到巩固和发展。全年有98个乡镇纪委有自办案件，占乡镇总数的63.2%，共查处党员干部违纪案件188件，同比上升19.75%。通过查办案件，为国家和集体挽回经济损失604万元。2002年市农村纪工委被中纪委评为案件管理先进单位。

【纠风工作持续开展】 从广大群众反映强烈的热点问题入手，坚持标本兼治，纠建并举的方针和谁主管、谁负责的原则，推进纠风工作持续开展。

(1) 减轻农民负担工作取得新的成效。进一步加强了对村提留、乡统筹和“两工”的管理，郊区各乡镇、村普遍依照法定程序，通过召开乡镇人代会、村社员代表大会或村民代表会议等形式，审议通过了2002年度村提留、乡统筹和“两工”预算。通过发放监督卡的形式，将2002年度农民应承担的村提留、乡统筹和“两工”分解落实到户。目前，全市除城乡结合部和已经进行农村税费改革的昌平区以外，已有80多万户农民领到了监督卡，占应发放到户的95%。年内，开展了农村中小学收费、农村电费、农村生产资料价格和农机管理收费、集体土地征占过程中加重农民负担问题等多项治理工作，组织了春冬两季农民负担监督管理执法检查，查处和纠正涉农案（事）件25起，退回农民各种钱物折合150万元。同时，协调有关部门制定了《北京市对涉及农民负担案（事）件实行责任追究的实施意见》。在郊区全面实行涉及农民负担案（事）件责任追究制、村级报刊订阅费用限额制、农村中小学收费一费制和涉农收费公示制等制度，使农民负担监督管理工作更加规范化，农民负担进一步减轻，大大低于市里规定的标准。据统计，年内中小学规范收费、免除杂费等减轻农民负担4 300万元；电网改造减轻农民负担1 800万元；电话费同网同价减轻农民负担8 600万元，减轻村集体经济组织负担3.6亿元；清理拖欠农民土地征占补偿款达26.71亿元。

(2) 纠正医药购销领域中的不正之风工作取得新进展。各区县对医药购销领域的不正之风深入进行了清理，通过剖析医药购销领域中不正之风的根源，督促各区县普遍建立和完善了相应制度，堵塞了漏洞，严格了管理，特别是在执行医疗机构药品集中采购、医药分开核算、分别管理等项制度上取得了良好成效。据统计，2002年药品集中采购金额达26 282余万元，中标药品的零售价格平均下降约20%，有效遏制了药品购销中的不正之风，减轻了患者负担。

(3) 加强行风评议工作，一些部门和行业的风气继续好转。各区县加大了对行政执法部门、垄断性行业、窗口单位的行风评议。一年来，各区县共有247个单位开展了行风评议工作，并得到了广大干部群众支持和参与，参加评议人数达75 150人。通过开展行风评议工作，促进了被评单位工作作风的转变，把“三个代表”重要思想落到了实处。

【源头预防和治理腐败工作力度不断加大】 (1) 积极推进干部人事制度改革，强化了对干部选拔任用工作的管理。年内，纪工委对各单位贯彻执行中央关于《深化干部人事制度改革纲要》和《党政领导干部选拔任用工作条例》等各项制度情况进行了检查，指导国有企业党委进一步规范了干部选拔任用程序，完善了干部管理监督的相关制度，强化了民主推荐、民主测评、民主决策等关键环节，扩大了任前公示制、公开选拔制和竞争上岗制度的使用范围。干部交流、回避、重点岗位转换、届中考核考察、廉政谈话等制度，都得到了较好落实，有效地减少了用人中的不正之风和干部管理中的以任代管现象。

(2) 加快行政审批制度改革，加强对权力的制约。今年，纪工委指导区县局继续推进行政审批制度改革，减少审批环节和审批项目数量，要求对保留的行政审批项目公开审批程序，提高审批工作的透明度，以加强监督和制约。对各区县经营性土地使用权出让、招标拍卖、建设工程项目招投标、政府集中招标采购、产权交易进入市场等四项制度落实情况进行了检查，有效规范了权力的运行，减少了权力腐败。据统计，今年各单位共精简了行政审批事项 1 939 项，政府集中采购金额44 663余万元，节约资金 4 573万元。

(3) 深化财政制度改革，加强对资金的监管。年内积极推进各区县部门预算，国库集中收付制度，“收支两条线”管理各项规定的落实工作，对“小金库”、“账外账”继续进行了清理。总结大兴区加大对领导干部经济责任审计、房山区实行会计集中核算、通州区实行村账托管的典型经验，并进行了农村村务管理电算化试点，加大了农村财务管理力度。有 4 个区县对部分行政事业单位实行了会计集中核算制度。远郊各区县实行村账双审的村有 2 624 个，占行政村总数的 71.1%；实行村账托管的村有 1 347 个，占行政村总数的 36.5%，实行电算化管理的村有 500 个，占行政村总数的 13.6%。

(4) 积极推进农口国有企业健全和完善制度，强化管理，堵塞漏洞，防患未然。对农口各总公司我们要求将党风廉政建设的各项要求融于企业管理、生产、经营的各个环节，从制度建设入手，规范各项管理。据检查，各企业在认真落实市委农工委制定的《关于国有企业重大决策、重要事项安排和重要人事任免管理的暂行规定》、《国有企业大额资金使用监管的暂行规定》等制度的同时，都结合自身实际，制定和完善许多管理方面的制度，诸如对企业资产、资金、物资、项目管理制度，企业民主管理制度，领导人员廉洁自律制度等等，通过制度建设，既规范了企业领导人员的行为，也规范了企业的管理，从而，在一定意义上减少了职务违纪，防止了国有资产流失。同时，各企业围绕效益、效率、质量、安全等经营管理中存在的问题，积极开展了企业的效能监察工作。今年，各企业及二级单位共确定效能监察选题立项 145 个，通过效能监察发现违纪线索 2 件，增收节支挽回经济损失 3 673.3 万元，追缴应收款 8 980 万元。

【开展党风廉政建设宣传教育月活动】 从 2002 年 5 月中旬至 6 月中旬，围绕树立正确的利益观这一主题，开展多种形式的党风廉政建设宣传教育活动。一是主要领导干部讲党课。在宣教月活动中，各单位都把党课教育作为一个重要环节来抓，农口 10 个区县、17 个局、总公司、事业单位中，有 25 名一把手、32 名副职结合各自单位党风廉政建设的实际讲了党课。据统计，在宣教月期间，各级领导干部共讲党课 1 590 次，90%以上的党员接受了党课教育。二是宣传勤政廉政典型。在宣教月活动中，各单位按照市纪委的要求，积极组织党员学习宣传优秀党员领导干部方工同志的先进事迹，据统计，各单位组织观看方工同志先进事迹报告会录像 200 余场次，受教育的党员干部达55 000余人。同时，各单位总结了一批身边正反典型，共推出先进典型 580 个，反面典型 35 个，利用典型开展宣传教育，增强党员干部廉洁自律的自觉性。三是组织征文活动。各单位广泛发动党员干部，以“树立正确的利益观”为主题，踊跃参加征文活动，共撰写稿件6 780余篇，其中向市纪委推荐优秀征文 203 篇。四是开展了作风建设大讨论。对照党的十五届六中全会提出的“八个坚持，八个反对”，各单位局处两级领导班子及领导干部就作风建设开展大讨论，查找作风建设方面存在的差距。在讨论的基础上，通过召开群众座谈会、领导班子专题民主生活会等形式，强化作风建设，不断巩固大讨论成果。

【认真部署国有企业领导人员执行廉洁自律规定情况“回头看”活动】 从 2002 年 6 月份开始，在农口国有企业系统，深入开展了国有企业领导人员执行廉洁自律规定“回头看”活动。

(1) 精心部署，周密安排。提出了实施方案，成立了活动领导小组。农口各国有企业也都相应成立了领导小组，形成了企业主要领导亲自抓，各部门相互配合，纪委具体负责实施的工作格局。各国有企业还都根据文件要求和农村纪工委的安排，提出了具体落实方案。

(2) 明确步骤，精心组织。为把“回头看”活动落到实处，明确了“回头看”活动的具体步骤和程序，将此项活动划分为三个阶段。一是学习重温，提高认识。各企业领导班子组织领导干部以理论中心组、自学等多种形式深入学习了党的十五届六中全会精神和中纪委七次全会精神，学习了江泽民同志在中纪委七次全会上的重要讲话以及“5·31”讲话；重温了中央、市委及市委农工委对国有企业领导人员提出的廉洁自律规定。同时，各企业还普遍组织开展了向优秀党员领导干部汪洋湖、方工等先进人物及本企业先进典型学习活动，也有的企业运用反面典型开展了警示教育。二是听取意见，自查自纠。各国有企业运用多种形式，征求职工群众对企业领导人员在作风建设和廉洁自律等方面提出意见和建议。据统计，各企业共召开各层次座谈会 40 余个，360 余人参加，征求意见和建议 240 余条。各企业结合专题民主生活会，对照有关纪律规定和群众意见和建议，以职务消费、权力使用、执行“三重一大”制度三个方面为重点，进行查纠，完善整改措施。三是民主评议，接受监督。在企业领导人员进行全面自查，完善整改措施的基础上，各企业通过厂务公开的形式向全体干部职工进行了通报，对职工群众关心的问题做出了承诺，自觉接受群众监督和评议，为促进整改注入了动力。

(3) 督促指导，促进整改。农村纪工委分阶段及时深入到各企业，对“回头看”活动进行督促指导，发现问题，及时纠正。把落实整改作为重中之重抓住不放，要求各企业“回头看”活动必须着眼于现实问题的解决，着眼于企业未来的发展。

通过开展“回头看”活动，企业领导人员对党风廉政建设重要性的认识有了新的提高，企业领导人员廉洁自律的自觉性得到新的增强，思想道德防线得到了加固，工作作风得到进一步转变，同时也促进了企业效益的提高。

【开展培训工作】 认真学习贯彻中纪委七次全会和全市纪检监察工作会议精神，农村纪工委于2002年3、4月份举办了两期远郊区县派驻纪检监察干部培训班，共有240多名远郊区县派驻纪检监察干部参加了培训。通过培训，大家受到了深刻的形势教育、政策教育和业务知识教育，认清了当前党风廉政建设和反腐败斗争形势，明确了做好纪检监察工作指导思想、工作方针和目标，坚定了做好工作的信心。2002下半年，为增强农口纪检监察干部对我国加入世界贸易组织对党风廉政建设影响的认识，增强工作的预见性和前瞻性，提高工作水平，农村纪工委就我国加入世界贸易组织对党风廉政建设的影响及对策，举办了专题报告会，农口各区县局总公司纪检监察干部270余人参加。

【开展“与时俱进”学习研讨活动】 各单位根据《北京市纪委监察局关于开展“纪检监察工作如何与时俱进”学习研讨活动的意见》精神，在农村纪工委的指导下，紧密结合本系统本单位实际，按照市纪委的安排部署，扎扎实实组织广大纪检监察干部开展了学习研讨活动。通过认真学习有关文件精神，召开专题会议研究部署学习研讨活动，周密部署、精心组织，活动取得了显著成效。通过深入调查研究，听取基层的建议和意见，问题找得准；通过认真研究，广泛讨论，下一步工作思路得到了明确，广大纪检干部深化了对“与时俱进”深刻思想内涵的认识，促进了思想观念转变和工作方式改进，推进了工作的开展。许多单位已经把研讨的成果运用到了工作中，使得工作有了明显改进。

（才庆学　张晓军）

老干部工作

【落实老干部工作要求】 截止到2002年底，农口共有离休干部5 099人，分布在北京市10个远郊区县及15个农口局、总公司、院校。其中正局级31人，副局级250人，正处级487人，副处级2 085人，科级以下2 246人；第一、二次国内革命战争时期参加革命的有12人，抗日战争时期参加革命的有1 236人，解放战争时期参加革命的有3 851人；老干部平均年龄76.5岁。

2002年农口老干部工作在市委农工委领导下，各级党组织以“三个代表”重要思想为指导，认真落实北京市第十五次老干部座谈会和农口老干部工作会的要求，扎实工作，开拓进取，使农口的老干部工作取得了新进展。体现在：①深入贯彻“三个代表”重要思想，老干部政治待遇进一步落实；②完善保障机制，老干部生活待遇进一步落实；③深化落实责任制，老干部工作领导力度进一步加强。

【老干部思想政治工作加强】 一是重视程度提高。各级党组织把老干部思想政治工作摆到了重要位置。加强研究部署，有计划有安排，常抓不懈，老干部思想政治工作做得有声有色，老干部思想稳定，乐观向上，身心健康。

二是针对性增强。各单位紧密联系老干部思想实际，有针对性地开展工作。在政治上更多地关心老同志，坚持定期向老同志通报情况、传达重要会议精神、阅读有关文件；加强在职领导和老干部的联系，开展谈心活动，交流思想，倾听意见和建议；组织老干部参观改革和建设的成果，使广大老同志及时了解社会发展、经济建设和党的建设情况，加深对“三个代表”重要思想的理解，保持积极向上的良好情绪。2002年，各单位组织老干部外出参观活动达7 192人次。

三是形式多样。各级党组织深入开展了“学习、实践三个代表”主题教育活动。采取多种形式把大量的思想政治工作融入其中。一方面通过组织老同志学习江泽民同志“七一”重要讲话、“5·31”重要讲话，学习有关的理论原著、辅导材料、理论刊物，领会两个讲话的精神实质；通过召开座谈会、恳谈会、开设专题论坛等形式，统一认识。据统计，2002年全系统共举办培训、辅导讲座178场次，参加人数21 711人次；交流会、座谈会82次，参加人数3 218人次。另一方面通过开展多种形式的教育活动，激励老同志自觉践行“三个代表”。

四是实效明显。通过一系列的思想政治工作，老干部队伍发生了一些显著变化：首先是理论水平提高，思想上与时俱进。广大老同志加深了对江泽民同志“七一”讲话、“5·31”讲话提出的新观点、新思想的理解，思想认识上更加开阔，理想信念更加坚定，表示要不断地加强学习，做到思想常新，理想永存，跟上时代步伐。其次是思想情绪稳定，精神状态良好。广大老同志能够从大局出发，看社会主流，看积极因素，因此大家越看越有信心，越看心情越舒畅。

【老干部生活待遇进一步落实】 第一，进一步健全了老干部“两费”保障机制。一是健全完善保障制度。不少单位通过制定报销制度，优先保证老干部医疗费及时报销；平谷等区县通过建立总公司一级的小统筹为老干部报销医疗费提供保证；顺义区成功地进行了企业离休干部统筹医疗的试点，这一措施受到了企业、离休干部和有关部门的欢迎。二是健全财政支持机制。各区县都建立了财政兜底机制，在年中和年底对本地困难企业临时拖欠老干部的“两费”集中进行一次性清欠。三是加强检查监督机制。各级党组织把落实老干部“两费”工作作为责任制的一项重要内容。市委农工委坚持了督察制度，各区县、局总公司对本地区本单位老干部“两费”的落实情况，实行随时监控，发现问题及时督促协调解决。这几项措施，有效保障了企业离休干部“两费”的落实。近两年农口老干部“两费”拖欠现象越来越少，拖欠时间越来越短。2002年农口没有发生拖欠老干部“两费”的现象。

第二，进一步加强对老干部的服务工作。适应老干部高龄多病期的服务需求，许多单位采取有力措施，努力为老干部做好各项服务。一是发挥社区优势，为老干部提供及时有效的服务。大兴区、门头沟区针对一些老干部行动不便，居住分散的情况，建立了老干部部门、居委会和社区服务组织三结合的老干部服务网络，专门设立了老干部服务卡，使这些老干部能享受到送医送药、送生活必需品等多项上门服务。二是怀柔、门头沟等一些单位建立了老干部工作人员与体弱多病老干部的联系制度。三是平谷、大兴等区县改进医疗服务措施，建立了老干部家庭病床、方便就诊制度。

第三，进一步加强了破产转制重组企业老干部的安置工作。怀柔、大兴、通州、昌平、密云等区县相继制定了改革调整企业老干部的具体安置办法，明确表示：不论企业怎样改、如何转，离休干部的两项待遇必须全部落实，各项服务标准不能降低。兴东方公司在企业改制中注重老干部安置工作，提前研究，确定了安置到位、待遇到位、管理到位、服务到位的“四到位”措施。怀柔、平谷、大兴、密云等区县将破产、转制企业离休干部“两费”纳入财政预算，由老干部局管理发放。

【老干部工作领导力度进一步加强】 多年来，各区县、局总公司一直认真落实老干部工作责任制，切实把老干部工作摆到重要位置，列入日程，建立了一套比较有效的层层负责的工作机制。在此基础上，2002年各个单位进一步深化老干部工作责任制的落实，加强了老干部工作的领导力度。各级领导、老干部部门能够切实负起责任。特别是各个区县、局总公司的党政“一把手”都能认真履行职责。一是对下严格要求。二是率先垂范，带头关心支持老干部工作，帮着出思路，解决实际问题。三是积极参加老干部的重要活动。各单位召开老干部工作会、团拜会以及各种文体活动，许多领导们都积极参加。四是加强了与老干部的联系。普遍建立了领导联系老干部制度，注意与老同志的沟通交流，每逢重要节日、老同志生病，都要前去看望。

深化责任制的另一个突出特点是，各单位在老干部工作上与时俱进不断创新。

【召开农口老干部工作会议】 会议总的要求是：深入学习贯彻党的十六大精神，以“三个代表”思想为指导，以老干部“高兴、舒畅、健康”为目标，以落实两项待遇为重点，紧紧围绕全党工作大局，扎实工作，开拓创新，全面落实全市第十六次老干部座谈会要求，努力开创老干部工作新局面。会上，怀柔区委介绍了注重实效，常抓不懈，不断强化老干部思想政治工作的经验；顺义区委介绍了从实际出发，建立和完善离休干部医药费保障机制的经验。会议报告总结了2002年农口老干部工作成绩，主要表现在三个方面：一是深入贯彻“三个代表”重要思想，老干部政治待遇进一步落实；二是完善保障机制，老干部生活待遇进一步落实；三是深化落实责任制，老干部工作领导力度进一步加强。

【举办党支部书记培训班】 市委农工委在市老干部党校举办了农口老干部党支部书记培训班，农口130名老干部党支部书记参加培训。培训班上，市委农工委副书记白仙畔通报了农口经济社会发展和党的建设情况，并就如何发挥老干部党支部书记作用，进一步加强老干部思想政治工作问题提出意见和要求。她指出，老干部党支部书记，是老干部思想政治工作的直接责任者，在引导老干部思想认识，为老干部释疑解惑工作中，老干部党支部书记最有资格、最令人信服、效果最佳。她要求老干部党支部书记要认真履行职责，积极开展多种形式的思想政治工作，用江泽民同志“七一”讲话、“5·31”讲话精神武装老干部头脑，以“四个正确看待”为主要内容加强老干部队伍的自我教育，努力化解老干部思想问题，理顺老干部情绪，让老同志的思想与时俱进，让老同志心里高兴、心情舒畅、身心健康，永葆革命青春。

【办好老年大学】 老年大学是新形势下加强老干部思想政治工作，化解矛盾、理顺情绪的一条有效途径。2002年把推广和提高老年大学作为一项重点工作，要求各区县尽快把老年大学办起来，积极推广通州、大兴开办老年大学的经验，年底，通州、大兴、怀柔、密云4个区县正式挂牌开办老年大学，2002年共开设26个专业、57个班次。昌平、延庆、顺义、平谷、门头沟、房山等区县都已经开设老年大学专业课。各区县共有学员达1 726名。老年大学满足了老同志的精神文化需求，老同志增长了知识、丰富了生活、陶冶了情操、促进了健康，实现了“老有所教、老有所学”。在加快老年大学建设的同时，各单位充分发挥老干部活动阵地的作用，积极开展丰富多彩的文娱、健身活动。2002年农口统一组织了老干部门球、台球比赛、笔会和书画展等活动，组织了农口系统老干部庆祝建党81周年文艺汇演，共有900多名老干部党支部书记、老干部代表和区县局老领导观看了文艺演出，市委副书记强卫和老干部一同观看演出并讲话。

【农口老干部工作新做法、新经验】 农口各级领导从实际出发，与时俱进探索和总结老干部工作的新做法、新经验，开创老干部工作新局面。主要是：

（1）成立“企业离休干部服务管理中心”。怀柔区的“中心”，隶属于区老干部局，事业编制，人员单列。把20个破产转制企业、35名离休干部管起来，经费按政策规定由区财政解决，做到安置到位、待遇到位、管理到位、服务到位。

（2）加强高龄养老服务。门头沟区发挥单位、部门、社区、家庭优势，搞好老干部高龄养老服务工作。把老干部高龄养老列入责任制，加强各级领导对高龄养老工作的责任意识。深入基层为老干部服务，教老干部防病保健知识、保健方法；教老干部老伴和儿女救护知识、急救措施。在社区为老干部开通热线电话、安装救护门铃、发助老卡、设医疗服务站，建立家庭病床、开展家政服务、助残服务、优抚对象服务，在老干部中评选“互敬互爱好老伴、尊老敬老好儿女”活动。

(3) 成立老干部党校。怀柔区在2002年8月成立老干部党校，对全区老干部进行马列主义理论、政治思想教育，培训老干部党支部书记。开设理论教育、党建工作、老年心理、法律知识和科技知识等课程。党校成立以来，已组织讲座12次，专题党课3次，收到了预期的效果。

(4) 开办老年大学。满足了老同志的精神文化需求，老同志增长了知识、丰富了生活、陶冶了情操、促进了健康，实现了“老有所教、老有所学”。

(5) 开设老干部“论坛”。房山区从1999年以来，开设老干部“论坛”，组织部分老同志，以有一定理论素养的为骨干，在较小范围内针对共同关心的热门话题，敞开思想，各抒己见，展开讨论，达成共识。“论坛”成为老干部解惑释疑、提高认识的好方式。

(6) 建立老干部谈心会。怀柔区2002年7月成立“老干部谈心会”。组织一部分渴望交流的老同志，围绕关心的话题，敞开心扉谈心、聊天。每人既是教育者，又是受教育者。区电视台把每次谈心会内容录制成电视节目，在区电视台播放，教育全区老干部。

(7) 成立老干部思想政治工作研究组。通州区2002年4月成立老干部思想政治工作研究组，由12个老干部先进党支部书记组成，其任务是讨论研究全区老干部政治理论学习的内容，率先在12个支部进行学习，然后在面上铺开，组织全区老干部学习，把全区老干部思想政治工作做活、搞扎实。

(8) 加强退休干部工作。在政治思想工作和精神文化活动上加强了对退休干部的管理和服务，使退休干部思想上与时俱进，精神生活更加充实，在本地区的改革发展稳定中发挥了更多的积极作用。现在农口各区县老干部局共管理退休干部2 549名。其中昌平管理副处级以上退休干部1 019名，怀柔管理全部行政事业单位退休干部850名，延庆管理正处级以上退休干部207名，大兴管理正处级以上退休干部185名，通州管理正处级以上退休干部180名，平谷、密云、顺义、门头沟、房山共管理副局级以上退休干部108名。

【顺义区实施企业离休干部医药费统筹取得成功经验】 2002年1月开始实施《顺义区离休干部医疗费管理暂行办法》。全区共有20个企事业、148名企业离休干部参加了统筹（其中有4个自收自支事业单位、13名离休干部），占全区企业离休干部总数的95%。在“方便就医、加强管理、减轻企业负担”的方针指导下，该区实施企业离休干部医药费统筹收到了良好的效果。

(1) 企业离休干部医药费报销有了保障。企业离休干部实行统筹后，在看病就医上享受与机关、事业单位离休干部同等的待遇。实行统筹后，企业离休干部看病同其他老干部一样，消除了报销难的后顾之忧。

(2) 解决了企业过去那种“没钱不敢看，有钱胡乱看”的问题。看病实行定点医院、门诊交费、双处方、报销逐项审查、建立个人看病档案等措施，杜绝了很多漏洞，减少了很多不必要的开支。

(3) 解决了老干部看病就医难的问题。老干部看病定点医院由2个变为4个，除在本区挑选2家医院以外，还可以在市区和基层挑选1家医院，在区下属的社区医疗点也可以看病，大大方便了老干部的看病就医。

(4) 减轻了企业的负担。全区参加统筹企业全年共上缴统筹基金80.5万元，1～10月，企业离休干部医药费支出107.2万、人均6 658元，超出部分由区财政兜底，减轻了企业负担。

(5) 消除了拖欠老干部医药费问题，减轻了老干部工作部门的工作负担。实行统筹后，企业离休干部的医药费报销纳入了良性轨道，使得老干部工作人员有更多的时间去为老同志服务。现在，顺义区医疗统筹得到了全区企业老干部的认可。实现了老干部满意、企业满意、老干部工作者三满意。

【农口老干部工作交流】 为了加强农口老干部工作信息、典型经验的交流，及时向有关领导、部门报告农口老干部工作情况，市委农工委老干部处编辑出版了《农口老干部工作交流》。2002年共出版12期。

（陈立玺）

区县经济社会发展

朝 阳 区

朝阳区区域面积470.6平方公里，人口229万，23个街道、24个乡（地区办事处）。农村地区375平方公里，常住人口47万人，其中农民人口17.5万人。24个乡中，除原有5个地区办事处外，2002年12月，又新增了洼里、来广营、十八里店、东风、平房、三间房、管庄、小红门和常营等9个地区办事处，同时承担农村和城市双重管理职能。

2002年，朝阳区农村紧紧把握推进农村城市化这一主题，以富裕农民为主线，按照规划引导发展，调整推动发展、环境促进发展的总体思路，实现了农村经济和社会的全面协调发展，农村城市化向前迈出了坚实步伐。

政治建设

2002年，以“三个代表”重要思想为指导，以争创全国文明城区为契机，以“三级联创”工作为载体，以增强基层组织的“三力”（创造力、凝聚力、战斗力）为目标，以推进农村城市化为主题，坚决贯彻落实“八个坚持、八个反对”的要求，解放思想，开拓创新，全区农村基层组织建设取得新成绩，政治文明建设成绩突出。

党 建

【圆满完成乡级换届选举工作】 2002年12月7日～23日，全区23个乡通过换届选举产生新一届党委。全区各乡新一届党委班子知识化、年轻化、专业化程度有了显著提高。

【村级组织建设取得新进展】 以“五个好”为目标，加大对村级组织的建设力度，健全区、乡抓基层组织建设责任体系，提高基层组织建设的水平。全区农村涌现出了十八里店乡十里河村等65个“五个好”村党支部及一批优秀共产党员和优秀党务工作者，形成了全区有重点，乡乡有亮点的良好局面。开展“强乡富民手拉手活动”，帮助后进支部解决实际问题，6个后进村实现了转化。

【开展丰富多彩活动迎接建党81周年】 通过知识竞赛、召开表彰会、讲党课、文艺汇演、图片展览、参观革命圣地等形式，热烈庆祝建党81周年。举办党建工作研讨会，研究探讨新时期、新形势下做好农村基层组织建设工作的新思路、新方法、新途径，为推进农村城市化进程提供坚强有力的组织保证。

政 务

【农口系统机构改革顺利完成】 2002年，顺利完成农口系统领导班子成员的调整、农工商总公司的撤消和乡机关干部的考核、录用、定岗、定责和过渡工作。24个乡机关定岗人数近900人，精简比例在40%左右。二级班子成员由原来的255人减少到190人，年龄结构和文化结构明显提高，45岁以下53.2%，降低了1.5%，大专以上学历的85.8%，提高了8.2%。机构改革的顺利实施，调动了机关干部工作的热情和积极性，有效地维护地区的稳定，促进了各项事业的健康、快速发展。

【完成农口事业单位人事制度改革】 经过各事业单位的共同努力，平稳、顺利、圆满实现人事制度改革工作目标。改革后，5个事业单位共有157名职工与单位签订了聘用合同，比改革前的在岗职工减少107名，减少59.5%；具有大专以上学历的人员共有79名，占50%，干部队伍结构优化，人员素质明显提高。

【乡级公务员初任培训工作顺利完成】 为提高乡级公务员的素质和规范管理，8月，对机构改革后过渡的753名乡级公务员进行了初任培训，全部顺利取得了资格证书。

【乡镇政务公开】 按照加强管理、强化监督、履行职责、提高效率的要求，将政务分为对外向社会公开和对内向本单位干部职工公开两部分，通过设立政务公开栏、宣传栏、电脑触摸屏、网上公开、设立热线电话以及下发文件、召开会议等多种形式，对所有公开的内容进一步明确和细化，做到政务公开的经常化和制度化。使机关的工作作风得到根本转变，为民服务的意识得到进一步强化，工作效率得到明显提高。

【村务公开】 按村委会组织法的要求，全区各乡行政村普遍建立了村务公开制度、民主评议村干部制度以及每年两次的民主日制度（1月15日、7月15日）。各村都成立了村民理财小组，并不断修改和完善《村民自治章程》，入户率达100%。

6月中旬，区纪委、区委组织部、区委农工委、区民政局、区经管站五个部门联合组成4个村务公开检查小组和2个村级财务检查小组，采取普查和抽查相结合的方式，对全区23个乡、163个行政村的村务公开情况进行了全面检查，并重点抽查了24个村。向村民代表和村民理财小组成员广泛征求了意见。通过村务公开，拓宽了民主监督渠道，强化了监督制约机制，基层广大干部自觉接受群众的监督意识明显增强，实践“三个代表”重要思想的自觉性明显提高，得到群众普遍认可。

（王　丰　赵金祥）

政法工作

【健全政法机构】 2002年农委机构改革，设立了法制科，12月20日成立了朝阳区农业综合执法大队，理顺了各执法部门的关系。

【强化行政执法工作】 重点开展了放心肉工程、剧毒杀鼠剂和高毒农药、瘦肉精和食人鲳专项整治工作。共检查肉类市场4 320个（次），肉类食品商场1 080个（次），夜查屠宰场81个（次），高速路口夜查36个（次）；检查饲料企业40家，兽药生产经营企业56家；农药生产厂家和农药经营门店17个，农药集贸市场13个。有效的净化了食品、农药市场，确保了人民群众生命安全。

【加强农业法制宣传力度】 组织区兽医卫生部门、区农机部门开展农业法律法规宣传咨询、兽医卫生知识的宣传活动，发放宣传材料110 000份、解答咨询7 500人次。

【信访排查与保稳定工作扎实开展】 2002年初制定并下发了《农村地区信访工作意见》,建立健全五项制度,在乡、村及重点企业建立了信访排查预报网络,形成了畅通的区、乡、村三级信访排查调处工作网络。对副书记和信访干部进行了专题培训。转变工作作风,变群众上访为干部下访,乡村两级干部主动深入基层了解民情民意,对农村地区人民内部矛盾进行排查,排查出19个问题,并组织专人与乡里共同研究解决方案。2002年,24个乡的城管监察分队顺利组建,4个乡“三警合一”指挥中心建设全面启动。

（王小宝）

【同“法轮功”邪教组织斗争】 按照中央和市、区提出的与“法轮功”等邪教组织做斗争的总体部署和“四个纳入”要求，各单位高度重视，制计方案，周密安排，狠抓落实，积极开展创建“四无社区”活动。加强了教育基地建设，提高帮教人员的工作能力，投入大量人力、物力、财力，认真做好对法轮功分子转化和深挖打击工作，加强了对社会重点部位、有线电视网络、光接点以及节假日和敏感时期的监控和防范力度，确保了全区农村在重大节日和敏感时期“零指标”的实现。

经济建设

2002年，全区农村经济总收入实现248.7亿元，比上年增长15.9%；实现利润21.7亿元，增长15.3%；农村区域税金实现19.4亿元，增长10%；农民人均劳动所得达到9 395元，增长12.9%。

农业

【全面实现整体退出商品粮生产调整目标】 全年调减粮田0.2万公顷，新增苗木966.67公顷、新开菜田200公顷、新增果树133.33公顷、花卉73.33公顷，成功实现了整体退出商品粮生产的调整目标，农业结构趋于合理和优化。到2002年底，全区耕地总面积1.01万公顷，其中：种植业3 800公顷，绿化、苗木4 226.67公顷，果树533.33公顷，花卉240公顷，养殖业及其他0.16万公顷。蔬菜、花卉、苗木、果树等高效种植业占耕地面积的比例由2001年的48.5 %，调整到2002年的54.5%，提高了6个百分点；高效种植业收入占农业总收入的比例，由2001年的58.2 % 调整到2002年的61.3%，增加3个百分点。

【创汇农业成为支柱产业】 蔬菜、食用菌、观赏鱼已经成为朝阳区的三个创汇支柱。出口基地规模2002年达到1 361公顷，比上年1 117公顷增长了21.8%；出口供货额1.43亿元（蔬菜9 145万元、食用菌1 255万元、观赏鱼3 900万元），比上年的1.1亿元，增长30%。三家企业新获农产品自营进出口权，使农产品直接出口的比例明显增大。创汇农业龙头+基地+农户的产业化模式基本形成。玉雪、六合、格林万德等公司有效促进了楼梓庄、崔各庄、黄港、孙河、豆各庄等乡的出口菜种植。2002年，全区出口菜基地面积已达到806.67公顷，出口蔬菜总量1.8万吨，创汇9 145万元。金世界养殖中心2002年成功实现了“五个5工程”，即养殖水面333.33公顷，实现产值5 000万元，建成5 000平方米的交易大厅，中高级技术人员达到50名，规模养殖户500户。有效带动了黑庄户乡观赏鱼的发展，全年出口观赏金鱼2 000多万尾，创汇3 900万元。

【旅游观光农业发展迅速】 全区对旅游观光农业资源进行调查摸底，在此基础上提出了旅游农业规划和开发总体思路，农游型、绿色产业型、运动休闲型和科普教育型四个特色旅游格局初现。蟹岛度假村、郁金香花园、朝来农艺园、莱太花卉商城、朝来足球活动中心等13家企业已具备观光旅游条件，多数景点具有生产实践、采摘垂钓、旅游观赏、餐饮娱乐、会议服务、休闲健身、科普教育等功能。2002年，农业观光游客达到150万人次，比2001年增加30万人次。农业旅游同比增长32%。都市农业园区和绿色产业精品项目已成为朝阳区靓丽的风景线。

【安全食用农产品与标准化基地建设上新台阶】 农产品生产基地的标准化、无公害化建设是农业结构调整重要内容，也是与人民群众生活息息相关的大事。加强了对农业标准化示范基地建设工作的宣传力度，积极推广了标准化、无公害生产栽培技术，以农业、畜牧、水产三个服务中心为依托，建立、完善了食用农产品质量监督检测体系，其中农业技术服务中心检测站获得了市级计量认证合格证书，水产中心建立了水产品及水环境监测中心。加强对产地环境和生产投入品的管理。2002年建成绿色食品和安全食品基地12个，面积833.33公顷，其中种植业10个，养殖业2个。市、区级农产品标准化示范基地12个，六合、格林万德、水产科技园三个企业已被认定为北京市农产品标准化生产示范基地，蟹岛种植、养殖有限公司今年取得了有机食品转换证书，并开发外埠基地1.2万公顷，标志我区食用安全农产品与标准化基地建设工作又上一个新台阶。

【精品农业发展强劲】 区内精品农业涵盖特菜、花卉、苗木、果树、特禽和名优水产品六大系列，引进推广名优品种300余个。全区精品农业面积4 809.33公顷，占耕地面积的47.5 %，同比提高了6.3个百分点，实现收入5.3亿元，占农业总收入的80%以上。通过发展名优种植、养殖品种，克服了农产品成本高，竞争乏力的局面，提高了经济效益。

【科技带动明显加强】 2002年全区共推广应用林地立体种植模式探讨、新优月季品种推广等10余项科技项目;从国内外引进板栗南瓜等名优品种30个，加快了农产品优质化进程;崔各庄乡马泉营村与北京凯正生物发展公司合作建立的鲁系黄牛采血试验场，其“人血代用品”血源研究项目是“863”生物领域的重大研究项目，目前进展顺利;编制了“信息与技术”专刊，向基层发放，直接面向农民提供市场信息和相应技术服务，引导农民以市场为导向，拓宽产业门路，对我区农产品进入国内外市场提供了技术支撑。

（汤泽山）

绿化隔离地区建设

【绿化隔离地区绿化建设快速推进】 17个绿化隔离带地区乡全年搬（拆）迁企业998家，腾退土地425.67公顷，实现绿化667.87公顷，栽种苗木130万株，使绿化隔离地区绿化总面积达到4 400公顷，形成了三个超万亩的绿色板块，连片、连带、连线的景观效果更加突出。建成了太阳宫公园、将台厂香公园、三间房康体公园等绿色精品工程。

【新村建设全面加快】 绿化隔离地区17个乡的旧村改造和新村建设开工总面积达到572.6万平方米，实现竣工318.4万平方米，已安排上楼农民1.34万户，3.4万人。极大地改善了农民居住环境，推进了农村城市化进程。

【温榆河生态走廊建设】 温榆河生态走廊建设是本区重点工程。温榆河在朝阳区境内全长约22.8公里，占温榆河干流总长的48%，沿河1.5~2公里宽的范围内，总面积约45.8平方公里。2002年，完成绿化253.33公顷，温榆河沿线已全部实现50米永久绿化带，机场路以南加宽到200米。2002年6月，温榆河生态走廊总体规划获得北京市批准。

（郭　新）

乡镇企业

【乡镇企业经济增长】 2002年乡镇企业实现营业收入102.2亿元，同比增长14.1 %；利润总额3亿元，同比增长11%。

【产业用地规划和工业小区发展】 全区共有产业用地59块，其中：39块产业用地已经完成了控制性详细规划。首规委正式批复了6个工业小区：小红门华东工业小区、来广营工业小区、高碑店北花园工业小区、高井工业小区、半壁店工业小区和高碑店工业小区。共入驻企业75家，实现收入23.5亿元，同比增长36.5%，利税1.8亿元，同比增长41.8%。

【重点项目进展顺利】 89个重点项目启动，落实资金30.4亿元，形成收入14.3亿元，安置劳动力就业3 861人，北京新燕莎集团、深圳华侨城集团、泰国正大集团、万科集团和普尔斯马特等一批知名企业纷纷落户朝阳。

【企业技术改造及质量管理】 2002年完成企业技改验收共6家，新报立项企业6家，投入技改资金8 574万元。千万元以上项目3个。

2002年朝阳区乡镇企业开发新产品71项，其中：达到国内先进水平的8项，华都宝拉建筑板材公司的PIR阻燃型聚氨酯达到了国际先进水平。

【第三产业蓬勃发展】 十八里店乡大洋路商业街、太阳宫乡莱太花卉特色市场以及南磨房乡亮都家具建材商城、燕莎奥特莱斯购物中心成为朝阳区农村第三产业发展的亮点，高碑店天翌房地产开发公司等19家房地产企业在开发建设中全年实现收入12亿元。

（秦　涛　杨景生）

农村经济管理

【农村合同管理系统展开】 农村土地承包主要采用以租赁经营为主、承包经营和集体经营为辅的承包形式。全区农村共签订土地租赁合同3 468份，租赁耕地2 333.33公顷，占耕地总面积的22.7%；签订农业承包合同4 710份，承包土地面积1 926.67公顷，占耕地总面积的18.7%；集体经营占用土地1 666.67公顷，占耕地总面积的16.2%。

2002年，针对承包合同中存在的一些问题，从抓规范化管理入手，通过开展法规宣传教育活动，增强了合同管理人员依法行政、依法管理的意识；严把合同签证关，完善了民主程序。要求签证时必须出具《村民代表大会民主议定书》，否则不予签证；合同签证率、兑现率继续保持较好水平。新签合同签证率达到100%，农业承包合同的兑现率为92%，土地租赁合同兑现率99%。

【农村集体资产管理不断加强】 认真开展2002年农村集体资产产权登记及年检工作，进一步核实了全区农村集体资产总量和结构，分析了资产增减变动原因及集体资产管理中存在的主要问题，并提出了加强集体资产管理的相关建议；开展了农村集体资产经营状况调查工作；开展了农村集体企业拆迁资产损失及账务处理情况的调研。通过报表分析和实地调研，掌握了我区农村近两年内因市政建设和绿化拆迁集体企业资产损失情况，以及存在的账务处理难题，为进一步加强集体资产监管，规范会计账务处理，缓解农村基层矛盾提供了现实依据。

【减轻农民负担情况检查】 按市统一布置，重点对农村集体土地征占收入收取情况，村提留、乡统筹和“两工”的提取、管理和使用情况，涉农价格和收费公示制度执行情况，村级报刊订阅情况，农村电网改造和电价情况等五个方面进行了多部门的联合检查。检查结果表明，本区农村较好地贯彻和落实了中央和北京市的政策、法规及相关的规定，管理监督工作基本到位。

【农村财务审计】 开展了三项审计：完成了乡财务收支状况的审计调查工作，基本摸清了农村公共产品供给现状，找出了乡级财务收支中存在的一些问题；完成了乡集体企业拍卖收入收取使用情况审计。对平房乡12集体企业转制资产拍卖收入收取、使用情况进行审计，加强了对集体资产拍卖收入的管理；对集体土地征用、占用、租赁收入的使用情况进行了审计。促进了集体土地征用、占用、租赁收入使用效益提高，维护了集体经济组织和群众的合法权益。加强了对全区农村审计系统业务开展的指导，建立了乡级审计上报制度。2002年，全区24个乡共进行了1 547次审计工作，审计总金额1 615 899万元。其中对乡机关审计41次，对乡企事业单位审计518次，对村委审计487次，村企事业单位审计501次。

【农村合作经济组织全面发展】 全区有农民专业合作经济组织9个，分布在楼梓庄、黑庄户、东坝、十八里店、崔各庄及南皋等乡。合作社型2个，协会型5个，中介型2个。全区合作经济组织入社农户总数2 472户，比2001年增加2 074户；2002年实现销售收入7 517万元，销售利润2 800万元，年户均增收3 288元。

【组建农村信息中心】 2002年，以阳光在线网络公司的技术支持为依托，以“朝阳农村信息网”为基础，制作网页6 000多页，内容涉及朝阳农村、政务公开、农村经济、招商引资等12个栏目，初步建成农口综合信息平台；二是完成农村信息化建设现状调查和《朝阳区农口信息化3年规范纲要》编制工作，启动了农口办公自动化系统示范项目。

（方学清　秦　涛）

深化农村改革

【撤销生产队经营管理体制全面完成】 乡、村、队“三级所有，队为基础”的旧体制，不利于整合资源，阻碍乡域经济更快发展，制约农民收入增长。2002年对楼梓庄、东风、太阳宫等8个乡仅存的49个生产队的经济管理体制进行了撤制改革。在区农委的积极指导和有关乡的精心组织下，全面完成了全区农村乡、村两级专业化经济管理体制的改革，为进一步整合土地、资本和人力资源，促进乡域经济和社区发展，加速农村城市化进程创造了体制条件。

【大屯乡乡级集体资产处置工作有序开展】 大屯乡撤乡级集体资产处置，在全国属首例。2002年，经过区委、区政府研究批准，成立了撤乡集体资产处置工作领导小组，组建了资产界定处置、体制改革、政策宣传和社会保障四个具体工作班子，乡级集体资产处置工作全面铺开。

首先，在全面完成村队集体资产处置工作的基础上，对全乡集体资产进行了全面清理，摸清了底数。其次，聘请会计事务所对全乡资产进行了资产评估，经朝阳区经管站等部门确认后，明确大屯乡实际资产；第三，统计、清理核定原大屯乡农民人数和劳动年限。第四，划分股权，进行股权量化。原则上集体资产全部量化，不留集体股。将股民划分为在职持股人和非在职持股人两种。目前，有关工作还在推进过程中，待集体资产量化完成后，将对原大屯乡农工商公司进行改制，组建北京华汇亚辰投资有限公司。

【乡镇企业产权制度创新进展】 2002年完成企业转制694家，占乡镇企业总数的58.1%；具体转制形式为：有限责任公司107家，股份合作制85家，出售18家，兼并31家，合资合作1家，关闭407家，转私营45家。

（佟庆　秦涛）

精神文明建设

2002年农村地区以争创全国文明城区为契机，以开展各类群众性文体活动为载体，以为民办实事为根本出发点，以环境整治为突破口，大力开展了公民道德教育、环境整治、绿化美化及为民办实事工作，创造了经济有序发展和社会文明进步的良好氛围，为全区争创全国文明区做出贡献。

创建活动

【文明单位创建】 在创建全国文明城区活动中，农村系统共涌现出：优秀单位28个，突出贡献单位

61个，突出贡献先进个人58人，先进个人362人。2002年农村系统共创建市级文明乡2个，市级文明村5个，市级文明居民区2个，区级文明乡6个，区级文明村14个，区级文明居民区13个，区级文明单位33个，区级文明共建单位21个。

【农村环境整治效果显著】 2002年是全区的环境整治之年。为了达到环境优美、群众满意、重点地区达到“十无”的目的，农村系统以拆除违法建设为重点，本着环境整治与社会稳定、经济发展、绿化美化及建设精品“四结合”的工作思路，形成了“拆、清、建、管、绿”五位一体的整治模式，提升了农村整体环境的管理水平，提高了都市化新农村的形象。2002年，农村地区共拆除违章建筑78万平方米，组织环境整治活动1 472次，整顿各类市场347个，绿化面积231.8万多平方米。“纠正不文明行为，整顿市容市貌”活动广泛开展，街头小广告在农村地区基本消灭，农村环境状况明显好转。

【扎扎实实推进了为民办实事工程】 投资近2亿元建设了电子城将府大道、东风中心路、南磨房亮丽街等17条亮丽大街，古塔公园、太阳宫公园、四惠公园等34个公园及134座文化娱乐广场、130所村级文明村民学校。投入资金3.62亿元，在改善环境卫生、整修道路、完善供水供电设施、劳动力安置等方面为群众办实事5 484件。新打水井72眼，改建公厕145座，卫生服务站3个，安排9 373户农民搬迁上楼。黑庄户等21个乡、136个村低压电网改造工程进展顺利，18个乡建成219座密闭式垃圾房，新修农村道路62条。

文体卫生

【农村文体活动丰富多彩】 一是农村地区新建室外健身场所113个，基本实现了村村都有活动场所的目标。建造了周庄、三岔河、平乐园、姚家园等一批建造水平高、活动项目全的村级活动场所。开展了社区图书室工程建设试点工作，在农村地区建立4个社区万册图书室。二是以落实《公民道德实施纲要》为主题，结合科技、文化、卫生三下乡，开展了农民教育和知识普及活动。三是结合第十二届农民艺术节举办，丰富农村地区的文化体育生活，区委先后开展了“赞美家乡”配乐诗朗诵、“朝阳大地舞翩跹”舞蹈大赛、“朝来杯”农民足球大赛、民间花会大赛等丰富多彩、参与性强的文体活动。

【加强畜牧兽医技术培训】 为使辖区内动物及其产品的生产、屠宰、加工、运输、仓储、购销单位合法经营，区畜牧兽医部门组织了专业技术培训班，从兽医卫生专业知识到相关法律法规根据经营情况的不同，对其分别进行上岗培训。全年共开办培训班8期，培训500余人次，对提高从业人员的守法意识和规范经营起到了很好的作用。

（冯福汉）

朝阳区主要领导人

区委书记	刘晓晨
副书记	李士祥　吴世民
	王力军（女）
	韩子荣（女）
常委	张洋　郝守谱
	肖兴国　辛燕琴（女）
	刘英男　朱家麒
区人大常委会主任	安训生
副主任	沈乃宏　张泰
	何淑云　任强
区长	李士祥
副区长	朱家麒　邱水平
	孙世超　宋连娣（女）
	戴继楼　李国
	关三多（2002年9月任）
区政协主席	李明
副主席	郝守谱　谢郁（女）
	窦君辉　王文
	高春锦　马万昌

朝阳区乡镇党政正职领导

	党委(工委)书记	乡长(办事处主任)
大屯乡	陈云铭	王文远
太阳宫乡	冷雪峰	张永贵
将台乡	王亚贵	左景全
高碑店乡	张富生	王金水
南磨房乡	张德亮	董万立
洼里乡	贾润琛	樊文桢
来广营乡	赵万友	陈晓东
平房乡	周坤	刘长永
十八里店乡	杨霆	王富丽（女）
小红门乡	兰学军	王洪刚
东风乡	张德明	张仲凯
三间房乡	张树安	葛强
常营乡	吕贵	崔文荣（女）
管庄乡	杨永	晏昭
金盏乡	王静诚	刘伯明
东坝乡	赵增华（女）	王德义
楼梓庄乡	王宝军	王德成
王四营乡	夏玉茂	马国勇
南皋乡	冯庆国	杨俊清
崔各庄乡	王海军	凌玉才
黄港乡	李云飞	刘大宏
孙河乡	刘新平	何志立
豆各庄乡	闻惠友	张士华
黑庄户乡	荣学强	张建顺

（佟庆　张晓宁）

海淀区

2002年海淀区农村工作的指导思想是：以邓小平理论为指针，认真贯彻党的十五大以来中央和北京市各项方针政策、落实中央和北京市农村工作会议精神，进一步解放思想，推进农村地区的改革和创新；以中关村科技园区建设为核心，以农业结构调整为重点，深化农村产业结构调整，加强农村地区基础设施建设和环境建设，推进城市化和城镇化进程，大力发展区域经济；以乡、村两级领导班子建设为中心，加强党的建设；实施便民工程；促进农村经济、精神文明、民主法制和社会各项事业全面发展。

主要工作成绩：农村经济总收入完成112.4亿元，比上年增长10.4%；农村经济纯收入22.1亿元，比上年增长9.8%；农民人均所得7 708元，实际增长9.1%。继续加快推进农业结构调整，北部地区完成800公顷农田的调整任务，南部建设绿化隔离地区343.93公顷，绿色种植、养殖等生态产业开始占据农业主导地位。乡镇企业实现利润总额5.6亿元，比上年增长86.7%。大力推进小城镇建设，温泉镇、西北旺镇顺利启动，苏家坨镇、上庄镇镇域规划已批复。

政治建设

2002年，海淀区深入开展了以提高农村基层党组织的凝聚力、战斗力为主要内容的农村基层组织创建活动。顺利完成了乡镇党委、政府换届选举工作。通过多种形式的宣传教育，提高了农村干部的法律素质和依法行政水平。认真开展乡镇机关“为纳税人服务”活动，进一步改进了乡镇机关的工作作风，提高了服务水平，密切了干群关系。乡镇政务公开、村级财务公开等工作取得了新进展。

党建

【认真学习贯彻十六大精神】 党的十六大胜利闭幕后，全区农村深入开展了学习贯彻十六大精神宣传教育活动。各乡镇党委、政府积极组织深入学习十六大报告，采取中心组学习、集中培训、举办专题讲座、演讲、知识竞赛等多种形式，并结合我区在全区开展的“开拓创新、加快发展、确保实现‘三个率先’目标大讨论活动”，运用多种宣传工具和手段，不断把学习引向深入。通过学习教育活动，全区农村广大干部、党员以十六大精神统一了思想，进一步提高认识、解放思想、振奋精神、开拓创新，更加增强了机遇意识和责任意识，把自己的全部力量投入到工作中去，为抢抓机遇，加快我区农村发展打好了思想基础。

【开展农村基层组织创建活动】 2002年是实施农村基层组织建设五年规划的第四年。这一年，全区的创建工作以领会精神、总结经验教训，查找问题、明确工作思路为新起点；以提高标准、加强领导，落实责任、改进不足，打好翻身仗、争创一流为贯彻始终的工作目标；认真学习贯彻党的“十六大”和市九次党代会精神，围绕中关村科技园区建设的大局，强化责任体系，严格奖惩制度，狠抓各项工作措施的落实，形成有目标、有责任、有压力的区、乡、村三级联动，以全面争创先进为总体工作要求，扎扎实实推进了农村创建工作的开展。经过全区各级党组织的共同努力和拼搏奋斗，创建工作的各项任务得到了具体落实，较好地实现了预期的工作目标。全区共创建“六好”乡（镇）党委6个、“五好”村党支部43个。

【增强基层党组织的凝聚力和战斗力】 用“三个代表”重要思想指导农村“创建”工作，组织乡、村两级党员、干部进行了广泛深入的学习，切实抓好整改措施的落实和农村各项工作的落实。通过认真学习、交流和讨论，大家进一步加深了对“三个代表”思想内涵的理解，在新形势下用理论武装头脑，进一步增强了党性，使党组织的凝聚力、战斗力得到增强。

【党员干部素质得到提高】 广大党员、干部按照区委要求，在开展创建工作中，将巩固“三个代表”学教活动成果，建立长效工作机制与解决群众关心的热点、难点问题结合起来，进一步增强了广大党员干部的大局意识、政治意识、责任意识。党员、干部通过设立党员责任区、党员联系户等方式到农户家中，到田间地头与村民讲政策、谈发展、倾听呼声和意见，不断改进工作方法，转变工作作风，用实际行动来实践党的宗旨，实践“三个代表”的要求。

乡镇党政机构换届选举

【乡镇党委换届选举】 区委对乡镇党委换届选举极为重视，采取具体措施确保乡镇换届选举顺利进行。换届前，区委抽调干部组成考察组，对全区乡镇班子成员和拟提拔人选111人进行了全面考察。考察共发出民主推荐表、测评表1 128份，进行个别谈话976人次。在认真学习、领会市委精神的基础上，制定《中共海淀区委关于做好乡镇领导班子人事安排工作和乡镇党委换届选举的意见》。在各乡镇党委选举的过程中，区委派出干部到现场进行工作指导。换届后，一大批年富力强的优秀中青年干部走上乡镇党委的领导岗位，党委班子成员的年龄、文化知识结构得到进一步改善，相关指标达到了市委规定的要求。

【乡镇人大换届选举】 此次乡镇人大换届选举工作从2002年9月中旬开始筹备，12月30日结束，历时4个月。全区10个乡镇（玉渊潭乡即将改制，不参与此次换届选举）总人口数176 320人，选民总数121 004人，划分选区229个，选民小组1 561个。广大选民认真行使民主权利，积极提名推荐代表候选人，10个乡镇应选代表总名额516人，共依法推荐初步候选人1 540人，是应选代表的2.98倍。经过充分酝酿和民主协商，最后根据较多数选民意见和法定差额比例，确定了乡镇人大代表正式候选人 750 名。经无记名秘密投票的方式，选出新一届乡镇人大代表 514 名。新当选的乡镇人大代表在平均年龄、专业结构、知识层次等方面，都较上届更加优化，更具广泛性、代表性。各乡镇在代表选出后的两个月内举行了新一届人民代表大会的第一次会议，依法选举产生了新的乡镇人大、政府领导班子。

【优化乡镇领导班子结构】 2002 年乡镇党委、政府换届选举后，乡镇领导班子成员的平均年龄 43.4 岁，比上一届下降了 1.6 岁；班子成员中具有大专以上学历的占到乡镇领导干部总数的 88%，比上届提高了 9%，大学以上的占总数的 41%，比上届提高了 15%。乡镇主要领导干部达到大专以上水平的占总数的 91%，其中大学以上的占总数的 55%。乡镇领导班子成员的专业结构比较合理，配备了思想政治工作、行政管理、农业及农村经济、经济管理和企业管理、教育、法律等专业的领导干部。从村党支部领导干部的情况来看，截止到 2002 年底，全区行政村党支部书记的平均年龄 47.07 岁，其中 45 岁以下的村党支部书记 100%具有高中、中专学历，村级主要干部达到高中、中专学历的占总数的 76%。

依法治区

【稳步推进农村民主法制建设】 认真贯彻村委会组织法和《全国村民自治示范活动指导纲要》等有关精神，以“一个章程(村民自治章程)、两项制度(村民代表会议和村务公开制度)、四个民主(民主选举、民主决策、民主管理、民主监督)”建设为主线，积极开展村民自治示范活动，稳步推进农村民主法制建设，保障农村基层群众的民主权利，有力地维护了全区社会的稳定，促进了全区农村社会进步和经济发展。

【村民代表会议】 海淀区委区政府下发《关于建立村民代表会议和村务公开情况报告制度的通知》，明确规定村民代表会议每年不得少于两次，1 月、7 月为村民代表会议召开的法定时间，从而使村民参政议政有了制度保障。建立了区委、区政府领导联系后进及经济薄弱村制度，调整充实了区村民自治工作领导小组成员，加强了部门之间的沟通、协调与配合。

【全面推行村务公开和财务公开】 实行村务公开、财务公开是实现民主监督的最有效方式。海淀区按照《北京市村务公开，民主管理若干规定》，实行了“村务八公开”，对群众普遍关心的财务管理、干部的工资标准和数额、民宅基地的审批等八方面提出了定期公开的明确要求。下发《关于进一步推进和完善村务公开，加强民主管理的实施意见》，对村务公开的内容、形式、程序、时间、管理与监督进一步提出了具体要求和标准。各乡镇党委、政府对村务公开工作也非常重视，普遍成立了领导小组，明确了党委书记是第一责任人。四季青、温泉、东升、永丰、北安河等乡还结合本乡（镇）实际，制发了关于推行村务公开、民主管理的具体意见和措施。

【为纳税人服务】 2002 年海淀区农村“为纳税人服务”的主题是“抓基层、抓窗口、抓创新、办实事”。各乡镇在此项工作中重点做到三个结合，即与“三个代表”学习教育活动和“立党为公、执政为民”活动相结合、与推进农村重点工作和解决当前农村中存在的突出问题相结合、与乡镇公务员过渡和提高干部素质相结合。各乡镇结合本单位的实际，改变工作作风，深入基层，及时发现问题、解决问题，对群众提出的意见，积极调研，能落实的决不推诿。这些行动，对转变工作作风，密切干群关系，化解潜在矛盾和问题，起到了重要作用，从而促进了农村的稳定。

行政执法

【规范行政执法行为】 海淀区政府制定了《关于进一步建立健全行政审批程序性规定和责任追究办法工作方案》，各农业执法单位制定了 21 项行政审批程序性规定，具体规范了每个审批事项的审批环节及每个环节的标准、负责人、权限、时限等要素。

【兽医卫生监督】 以《中华人民共和国动物检疫法》为原则，加强对动物和动物产品从饲养到屠宰、加工、经营各环节的监督检查和执法。共出动车辆 100 余车次、500 余人次，共检查辖区内经营动物产品的农贸市场 120 余个次、超市和商场 100 余个次，共检查动物产品 200 余吨。对海淀区 23 家取得许可证的动物诊疗机构进行了抽查，检查兽药生产经营单位 7 个，饲料生产厂 2 个，动物饲养场 9 个，个体养殖户 180 个。

【植物检疫】 对辖区内的种子生产企业进行产地检疫，对水稻、果树、花卉、蔬菜上的检疫对象进行了 12 次普查，并协助市里对国外引种隔离试种基地进行监控调查。针对近几年我区绿化任务重、造林面积大、苗木种类多、苗木来源广的特点，加大了对外调苗木检疫检验的力度，对 64.33 公顷 91 950 株主要树种进行抽检复检，占调入苗木 47 万株（不包括花灌木）的 20%。

【农机监理】 针对海淀区外地农用车和拖拉机较多、黑车非驾现象严重的实际情况，以清理农机“黑车非驾”安全整治活动为重点，加强路检路查，纠正违章。共检查车辆 620 余车次，纠正违章 280 多起，依法对违章车辆、人员罚款 8 000 余元，办理进京作业证 400 余个。通过执法检查，本区农机安全生产状况有了很大的改观，尤其是外埠在本区作业的农用车秩序得到治理，对消除安全隐患，维护本区群众的安全起到了良好的作用。

【林业执法】 2002 年全年共受理林业行政案件 4 起，其中滥伐 3 起、非法移植 1 起，损失林木 189 株、林木蓄积 1.367 立方米（其中滥伐果树 178 株，非法移植 6 株，滥伐其他林木 5 株），行政处罚

17 611.20元，补种树木945株，查处违法单位4起。

宣 传 教 育

【民主法制宣传教育】 制定并下发《海淀区〈关于充分发挥村党支部领导核心作用,进一步推进村民自治的意见〉的实施细则》和《海淀区关于进一步推进乡镇政务公开的意见》。全区11个乡镇政府建起了政务公开栏,88个村委会都建起了村务公开栏,在干群之间架起了理解信任的桥梁,赢得群众的普遍欢迎。

【农业法制宣传教育】 农业执法人员积极参加上级对口部门组织的执法人员培训,各执法单位内部还根据实际情况组织学习相关法律法规。对新出台的《最高人民法院关于行政诉讼证据若干问题的规定》进行集中学习、讨论,并针对自己的工作找不足,提出改进措施。结合区农业部门组织的科技下乡活动进行农业法规宣传活动,在今年的有关活动中,各农业执法部门共发放宣传资料5 500余份。林政、渔政、种子农药管理、农机监理、动植物检疫、森林公安等有关部门组织有关相关人和执法人员进行了相关法规培训。

经 济 建 设

2002年海淀区农村经济实现了新增长，农村经济总收入完成112.4亿元，比上年增加10.6亿元，增长10.4%；农村经济纯收入22.1亿元，比上年增加2.0亿元，增长9.8%。全区农村国内生产总值（GDP）完成21.3亿元，比上年增加1.6亿元，同比增长7.9 %。其中：第一产业2.0亿元，增长4.6%；第二产业6.0亿元，增长5.3 %；第三产业13.3亿元，增长9.6 %，二、三产业对经济增长的贡献率为91.8 %。农民人均纯收入7 945.4元，同比增加663.3元，增长9.1%。

农村经济管理

【农民负担监督工作取得新进展】 2002年共清理拖欠农村征占地款2.2亿元，据实核减农业税82.8万元，农业特产税26万元，是历年减负工作成绩较大的一年。根据市农工委、市农委和市纪委、市监察局联合下发的文件《北京市实施〈关于对涉及农民负担案（事）件实行责任追究的暂行办法〉的办法》有关精神，明确了各级领导对减负工作的责任，强化了监管力度。建立、完善了全区农村涉农价格监督网，制定了农村报刊订阅监督卡制度。通过财务公开检查和农民负担专项审计对全区11个乡镇及其所属行政村的农民负担执法情况、拖欠占地补偿款情况进行了全面统计，重点抽查了三提五统、乱收费、乱罚款、农村报刊订阅等群众关心的问题，未发现有违反规定情况。

【集体经济体制改革迈出坚实步伐】 为适应城市化进程的步伐，按照市、区有关精神，制定《关于海淀区城乡结合部地区乡村集体资产处置及集体经济体制改革试点工作的意见》。成立了6个联络小组和1个清产核资小组指导玉渊潭乡、东升乡、东北旺乡、海淀乡具体改革方案的制定和实施。2002年，玉渊潭乡完成老股金发放和劳龄清查工作，东升乡在广泛研究的基础上，开拓性地制定出了本乡的集体资产处置实施方案。区农村集体资产处置领导小组及时了解掌握改制单位清产核资的进度，监督、检查清产核资单位的具体工作。

【积极探索农村财务管理的有效实现模式】 为了促进村级财务管理规范化，在北部乡村推行村账托管和双审。此项工作有利于更好地落实财务制度，推进廉政建设。北部乡镇起草修改相关文件，清查资产，调整并监督交接账目。到2002年底，继聂各庄乡、北安河乡和上庄乡、东北旺乡的大部分村实行村账托管后，苏家坨乡8个村和上庄乡剩余的7个村全部实行村账托管。至此北部65个行政村70%实现了村账托管，其余的村也全部实行了村账双审。2002年北安河乡还率先在全区完成了乡机关直属4个事业单位集中记账，开创了全乡财务管理的新局面。

【加强农业承包合同管理】 一是坚持开展春秋两季大农业承包合同签订、落实情况方面的执法检查。完成了10个乡镇88个村的土地流转经营及责任制情况的调查，并通报检查情况，及时解决一些问题和隐患。二是加强领导，建立和完善农业承包合同管理体系。各乡镇村都配备了专（兼）职的承包合同管理人员，多数单位建立健全了乡村两级农业承包合同档案，并依据合同期限、签订时间、经营形式的不同，分类进行管理。三是各方面密切配合，相互沟通，为基层解决实际问题，规范各类农业承包合同样本，提供农业承包经营政策咨询服务。四是主动协助各乡镇做好农业承包合同纠纷调解工作，力争把问题解决在基层，把矛盾解决在萌芽状态，热情接待上访群众，努力化解矛盾。

【加强审计监督】 依据《北京市农村集体经济审计条例》和《海淀区农村集体经济审计若干规定》，制定审计规章制度，建立健全审计机构。截止到2002年底，全区11个乡（镇）全部建立健全了各项审计规章制度，有4个乡（镇）、31个村建立了审计机构。根据市委、市政府的要求，结合海淀区农村工作的特点，开展农村各项审计工作，对全区11个乡机关财务收支、乡镇集体企业拍卖收入的收支和土地征占用、租赁收入的收支情况的审计；完成11个乡（镇）机关干部年终分配及承包合同兑现的审计；完成永丰乡屯佃村、上庄乡梅所屯村和翠湖种业公司干部离任的审计；完成永丰乡东玉河村、小辛店村、小牛坊村、皇后店村和东北旺乡林业站领导干部经济责任审计；完成对聂各庄乡托管办的财务审计。各乡（镇）经管站和审计部门也在各自范围内开展审计工作，共审计乡镇所属企事业单位和二级公司144个次，查处违纪单位5个，违纪金额108.2万元，促进增收节支10万元；共审计村级（含村企）单位64个次，查处违纪单位2个，违纪金额20万元。在全区范围内召开审计工作会，对各乡（镇）的审计工作提出新要求。积极开展调查研究工作，全年完成审计报告13篇。

乡镇企业

【乡镇经济总量稳步增长】 2002年是海淀区实现中关村科技园区建设“三年大变样”的决战之年,全区乡镇企业以改革、发展、稳定为目标,以“入世”和中关村科技园区建设为契机,大力实施以发展高新技术产业为核心的经济结构调整,进一步优化投资和发展环境,全力推进经济体制改革和企业经营模式的转变;大力开展招商引资培育新的经济增长点,全区乡镇经济总量稳步增长,经济运行质量明显改善,实现了社会全面进步和区域经济持续、稳定、快速发展。

2002年全区乡镇企业共计3 351个。其中集体企业696个，占乡镇企业总数的20.8%；非公企业2 655个，占79.2%。年末共有员工62 558人，其中集体企业员工37 956人，占员工总数的60.7%；非公企业员工24 602人，占39.3%。全年完成营业收入76.6亿元，同比增长18.9%，其中乡镇工业完成22.3亿元，同比下降19.8%；利润总额完成5.6亿元，同比增长86.7%，其中乡镇工业7 462万元，同比增长28%；增加值完成15.8亿元，同比增长1.3%，乡镇工业完成4.8亿元，与去年同期持平；出口交货值完成9 223万元，同比增长9%。

【乡镇企业二次创业成效卓著】 乡镇企业“三项工程”建设形成新亮点。各乡镇对“三项工程”的认识进一步提高，工作积极性、主动性明显增强，全年申报和达到三项工程标准的项目水平不断提高。2002年全区1个工业小区、4个二三产业专业村、一个重组引进大项目得到了北京市政府资金支持，共获扶持资金140万元。

工业园区建设迈出可喜步伐。四季青四佟科技产业园区在园区管理、建设面积、入驻企业水平和吸纳就业人员等四项指标在全区名列前茅，2002年该工业园被北京市评定为全市55家重点工业园区之一。

二、三产业专业村建设取得新进展。温泉镇白家疃村以温泉商品集贸市场为中心，大力发展商品集贸市场，先后建起了颐阳路广发商贸中心、百旺超市等十几个具有一定规模的集贸设施，形成具有自身特色的商品集贸专业村。苏家坨西小营村借助村内聚集大量工业、三产企业的优势，积极发展二、三产业，已成为该乡农民走出一产，进入二、三产业的典型村，并荣获了“北京市文明村”等众多荣誉称号。目前全区在运行的3个工业小区总面积346.5万平方米，累计完成投资20.6亿元，当年新增企业54家，累计完成销售收入31 106万元，利润总额1 967万元。

【招商引资工作硕果累累】 2002年各乡镇坚决贯彻区委区政府提出“不求所有、但求所在、惟求发展”的区域经济指导思想，进一步改善和优化投资环境，广泛开展招商引资工作。仅在第五届中关村电脑节期间，各乡（镇）招商引资签约总金额就高达134.29亿人民币。其中：商业物流业项目签约金额77.19亿人民币；房地产项目签约金额52.95亿人民币；现代农业项目签约额2.5亿人民币；现代制造业项目签约金额1.6亿人民币。一批大型项目如东升乡与北京中坤锦绣房地产开发公司签订的大钟寺现代物流港、四季青乡政府与世纪金源投资集团签订的北京金源时代购物中心、与世界排名500强企业签订的金四季购物中心项目、与台湾联强国际集团签订的现代化电子物流服务中心等落户海淀区各乡镇。

【绿化隔离地区经济发展取得阶段性成果】 2002年海淀区绿化隔离地区内共搬迁企业113家，保留企业4家，关闭企业130家，拆除面积达148.48万平方米，完成了年初制订的计划指标。118家绿化隔离地区搬迁企业通过了市绿指安排的审计，共获市级拆迁补贴资金717万元。第一批申报绿色产业项目13个，其中万柳体育公园已取得北京市计委立项，海淀乡高尔夫球场已经完成了南九洞的施工，现已正式对外营业，万柳柳浪庄公园、青龙桥采摘园和树村休闲园也基本完成了绿化施工。

【企业产权制度改革取得新的突破】 继续推进企业改革,建立规范的现代企业制度,促进企业发展。2002年共有24户企业进行了产权制度改革,其中国有企业6户、集体企业17户、福利企业1户。改制的形式为股份合作制8户、有限责任公司15户、股份有限公司1户。截止到年底,全区完成多种形式改革的企业累计1 656户,其中改制企业551户(股份有限公司2户、有限责任公司238户、股份合作制311户),兼并企业89户,联营企业50户,拍卖、出售企业171户,长期租赁296户,关停注销285户,分立重组59户,托管18户,摘“红帽子”企业137户。

【技术改造和新产品开发】 2002年共实施技术改造、技术引进项目28项，计划总投资28 603.1万元，总用汇额1 408万美元。全部项目竣工达产后，预计可新增销售收入274 046万元，利润86 288万元，税金47 933万元。在全部28个项目中，上年结转项目11个，新开项目17个，主要集中在IT、新材料、印刷、生物医药、建筑等高新技术企业。年底已有17个项目竣工，完成投资7 591.1万元。全区工业企业自主开发、引进新产品和重大科技项目32项，全部项目计划投入资金19 126万元。预计全部项目完成后可年新增销售收入262 401万元，新增利税77 914万元。年内海淀区制定了“2002年海淀区工业系统技术创新工作指导意见”，以产、学、研合作方式作为中小企业提高技术创新能力和企业发展的依托，实现与高新技术企业的联姻，逐步探索“一乡一校”、“一企一所”的发展模式。

农村科技

【科技项目】 2002年海淀区组织实施科学技术发展计划，包括星火计划、科三费计划、农业技术推广计划等共滚动执行110项。滚动执行农业技术推广项目18项（其中新列7项，延续11项），据不完全统计，年产生经济效益864.6万元。农村工业企业及农业科技企业共列入74项（其中新列25项，延续49项），占全区新上项目的57%。农村科技经费投入700万元，约占科技计划项目总投入的58%。

【科技成果】 2002年农业科技项目取得了众多的成果。海淀区农科所承担的“海淀区农业土壤土质分析”经过三年的艰苦工作，摸清了全区农业土壤的耕地面积、作物种类、土壤的物理性状和养分状况，绘制了海淀区农业土壤图、土壤养分分级点位图，取得国内领先水平。北京锦绣大地农业股份有限公司的“利用深池浮板蔬菜栽培技术开发淡、海水蔬菜工厂”项目通过消化吸收国内外先进技术的科学原理，进行自主技术创新，成功地开发了水培蔬菜营养液配方、生长调控技术，做到周年生产、节水、产品无公害、产量高。该项目申请6项专利，填补了国内空白，达到国际先进水平。

【科技推广】 四季青乡玉泉山农工商公司的“矮化萱草新品种的引进推广”项目，引进6个矮化品种，经过近两年的扩大繁殖，证实矮化萱草绿化效果非常好，而且通过保护地加代扩繁向外地出售，供不应求，全年销售额达450万元。为解决大量林地前期效益低的问题，东北旺乡、上庄乡、东升乡在小试的基础上，安排“食用菌产业化生产示范推广项目”，聘请北京食用菌协会有关专家，建设菌种生产厂，启动了3.33公顷规模的林地种菇基地，示范种植2.1万平方米，666.67平方米收入近万元。三个乡分别引进了香菇、双孢菇、杏鲍菇、茶树菇、鸡腿菇等七八个品种，前景较好。

【广泛开展科技培训活动】 2002年海淀区五个农业远程教育站点利用信息网结合农民绿色证书培训共开展冬枣、花卉、苗圃、经济林、速生林、食用菌、农产品市场营销等内容培训，一年来培训近4 000人次。区科委组织农科所、组培室、四季青等单位的31名技术人员参加“绿色、无公害食品、农业标准化”及“农产品质量标准化体系建设”培训。区委、区政府组织在苏家坨乡开展了科技、卫生、文化三下乡活动，向农民赠送了技术书籍、科普读物、实用技术光盘、电脑等。

【科普工作再上新台阶】 2002年，区主管部门结合农村实际，积极推进以农民为主的科普示范小区建设。推动东升乡与小营及八达公司共同筹集资金近20万元，支持东升乡小营建立科普文化中心广场。建成1 000平方米的科普文化中心广场，建立120平方米的图书室、科普活动室，设置展示80块展板的科普画廊，购置健身器材，建立露天电影放映设施，铺设200平方米的绿地，为周边居民开展科普活动创造了条件。

【全国政协副主席胡启立考察中央液态冷热源环境系统】 2002年4月，全国政协副主席胡启立率全国政协“进一步改善北京市大气质量”专题调研组一行约40人，在副市长刘敬民等陪同下，来海淀区考察乡镇企业开发生产并在这里安装运行的中央液态冷热源环境系统。市政协副主席万嗣全作为调研组成员参加了考察。专题调研组认真听取了四季青乡四佟科技产业园区恒有源科技发展股份有限公司总经理徐生恒关于中央液态冷热源环境系统研发和推广情况的汇报，观看了外国语实验学校办公楼内的中央液态冷热源机房和室外的抽灌井，并到教室、体育馆、游泳馆考察了系统运行效果。胡启立充分肯定了中央液态冷热源环境系统，认为推广这一新的供暖（冷）方式，对于实施能源结构调整战略，改善北京大气质量，具有重要意义。胡启立勉励恒有源公司要进一步加强技术创新，为节能环保事业多做贡献。

农业 林业 水利

【种植业】 2002年全区种植业总面积约为5 393.33公顷。其中果树种植面积2 696.83公顷，比上年增加400公顷，增加17.6%，其中樱桃面积340公顷、冬枣面积为420.67公顷，分别比上年增加26.7%和32.8%；蔬菜耕地面积625.33公顷，其中冬贮大白菜面积127公顷，比上年减少5.5%；粮田面积2 070.73公顷，同比减少413.33公顷，减幅为17%。总体情况是粮田面积逐年缩减，特别是水稻种植面积今年不足万亩（653.33公顷），同比减少13.5%，而豆类、牧草及中草药种植面积有所增加。其中玉米573.33公顷（甜玉米近200公顷，青贮玉米366公顷），牧草、药材100公顷，豆类360公顷，杂粮面积增加20.8%。

【养殖业】 传统品种进一步压缩，绿色养殖、旅游观光、高科技园区成为养殖业发展的主导方向，对环境污染严重的传统养殖业正逐步退出本区。2002年生猪出栏2.5万头，比上年减少46.8%；蛋鸡存栏3万只，比上年减少60%；肉牛、肉鸡、獭兔及特禽的养殖逐渐占主导地位。畜牧业总产值达到0.9亿元，占农业总产值的26%。全区池塘养殖面积385公顷，以罗非、鲫鱼、鲂鱼、甲鱼等为主的名优品种产量有所增加，占总产量的21.3%。全年水产业总产值1 919万元，占农业总产值的5.5%。

【支农项目】 2002年度海淀区共落实大农业支农项目27个，项目总投资5 883.8万元，支农资金590万元。根据北京市农业政策，海淀区确定农业标准化生产示范基地、规范化养殖小区及安全食用农产品认证等市级建设项目11个，争取市扶持资金195万元，区配套50万元，合计245万元。标准化生产示范基地建设是北京市政府为市民办的60件实事之一，全市建立100家标准化基地，海淀境内共有四家：锦绣大地蔬菜基地、锦绣大地肉牛养殖基地、苏家坨乡佳明泰甲鱼养殖基地及四季青乡果林所樱桃种植基地。

【农民专业合作经济组织有了进一步发展】 截止到2002年底，海淀区有农民专业合作经济组织31个，其中：出资型10个、契约型4个、会员制型16个、综合型1个，带动农户2 751户。对10个专业组织进行了资金扶持，共投放扶持资金80万元。指导农民专业合作经济组织健全组织机构、规范内部管理，努力提高经济效益。上庄乡创新种植技术中心被市里确定为典型示范单位。

【农业龙头企业】 海淀区认真贯彻落实国家、北京市有关提高农业产业化经营水平的政策精神，利用政策引导、资金扶持等多项措施，鼓励农业龙头企业的发展。截止到2002年底，海淀区共有农业龙头企业23个，占地面积956.67公顷，总资产额超过10亿元，固定资产8亿元，年产值17亿元，年销售收入15.4亿元，年利润3.4亿元，带动农户0.4万户，从业人员0.2万人。其中：北京锦绣大地农业股份有限公司和北京大北农饲料科技有限责任公司还被确定为农业产业化国家重点龙头企业。

【林业产业化建设】 2002年海淀区进行林业产业化建设823.032公顷，栽植苗木1 238.66余万株。其中种植经济林330.8公顷，26.17万余株；景观林83.47公顷，57万株；速生林37.93公顷，5.65万株；苗圃370.832公顷，植苗1 149.9万株。三个重点绿化工程：温榆河绿化完成建设长度6.09公里，实现建设面积186.49公顷，栽植苗木149.29万株，其中建设景观林42.11公顷，经济林46.59公顷，苗圃79.11公顷；颐阳路绿化工程建设景观林35.416公顷，栽植2.5～3米的大规格油松以及各种花灌木22.25万株；北清路绿化工程全线完成整地26.53公顷，栽植乔灌木7.7万株，花卉13.13万株，铺设草坪12.52万平方米。山区完成生态林建设246.67公顷，种植侧柏、元宝枫、黄栌、火炬等针阔叶树木40万株，调整和改造了凤凰岭风景区的植被。

【林业资源】 海淀区公益林区划界定涉及全区12个乡、镇和林场，共区划界定公益林面积11 791公顷，占全区林业用地面积的80%。其中国家公益林7 027公顷，地方公益林4 764公顷。2002年完成古树名木重新普查、统计、汇总工作，全区共计古树名木1 590株，其中一级157株，二级1 433株。此次普查涉及村庄32个，养护责任单位34个，古树挂牌工作全面展开。

【绿化隔离地区建设】 截止到2002年底，海淀区绿化隔离地区共完成建设1 542.07公顷，由马坊生态林区、西小口生态公园、八家休闲公园、树村生态林区、万柳体育休闲区、青龙桥生态旅游观光园区、玉泉山和四季青"绿谷氧吧"区构成的京西北绿色生态隔离区骨架基本形成。万柳绿色广场、玉泉生态林区、西小口森林生态园和马坊生态林区，分别与颐和园、玉泉山、圆明园和昌平区东小口构成两大"万亩绿色板块"，为中关村科技园区中心区的建设、开发，为有效改变北京的气候条件状况，为北京人文奥运、科技奥运、绿色奥运的举办，创造了良好的环境条件。

【水利建设】 2002年春修工程"早动手、早部署、早发动"，以骨干河道治理为龙头抓紧万泉河综合治理工程建设；以农业结构调整水利配套工程建设为基础，大力推广节水农业；以温泉水利现代化为契机，将工程水利向资源水利、现代水利转化。各乡镇疏挖沟渠35条，总计18公里；疏挖排水沟28条，总计24公里；衬砌渠道2条，共1.8公里；铺管道5.1公里。

精神文明建设

2002年海淀区农村精神文明建设工作的基本特点是：高举一面旗帜（邓小平理论伟大旗帜），坚持一个指针（"三个代表"重要思想），贯彻一个精神（十六大精神），落实一个纲要（《公民道德建设实施纲要》），体现一个主题（"建海淀美好家园，做文明中关村人"），突出两个目标（建设世界一流科技园区和创建首都文明区）。深入开展文明村镇的创建活动，共评选首都文明乡镇3个，首都文明村14个，首都文明单位4个；海淀区文明乡镇2个，文明村8个。组织开展了丰富多彩的思想、道德、科技、文化教育活动，使村民的文明素质有了显著提高。

文教卫生

【海淀区第十二届农民艺术节取得圆满成功】 2002年元旦、春节期间，海淀区成功举办了第十二届农民艺术节。在历时一个多月活动时间内，参加艺术节活动区主要领导达130多人次，乡镇领导266人次，区文化馆、乡文化站下乡村指导排练245人次；区评剧团下乡演出40多场，区电影管理处为农民免费放电影35场，区图书馆送图书200余册，演出各类节目70场；村民直接参与活动的有28 000多人，受益群众达13万。同时还组织了全区秧歌、戏曲清唱等文艺调演，并选送优秀节目参加北京市农民艺术节比赛，获相声、小品二、三等奖。

【组织展览、演讲、培训等活动】 举办海淀区农业结构调整暨农村"三个代表"学习教育活动成果展，搜集整理反映"三个代表"学习教育和农业结构调整新经验、新面貌的材料，制成40余块展板，形象生动、图文并茂，展出20余天。组织全区农村展开"树立正确利益观"演讲比赛，来自10个乡镇基层的13名选手参加了决赛，最终四季青乡选手唐亚琴荣获一等奖。此次演讲活动内容丰富，密切联系实际，充分展示了全区农村党风廉政教育成果和农村青年的精神风貌。举办全区农村干部学习班，培训内容为海淀区农村面临的形势和任务、WTO与中国农业、党支部建设四项制度和村级财务管理与公开等，乡镇及村党政干部120多人参加。

【广泛开展农村成人教育工作】 随着海淀区农村城市化进程的加快,全区农村经济结构和劳动力就业结构面临着大调整。为适应这一变化,提高农民的再就业能力,海淀区启动了农村社区教育工作,成立农村成人学校,并开展了"村级成人教育示范校"评估活动,以加强农村教育基地建设和农村成人教育工作。全区11个乡镇都成立了社区教育委员会,共建立了40所成人学校和63个教学点,其中东升乡塔院村校、东升乡清河村校、东升乡学院路机动车检测厂厂校、温泉镇辛庄村校等4所村级学校获"海淀区示范村校"称号。为培养实用的劳动技能型人才,各个成人学校对农村劳动力开展了岗位培训和专业技能培训。全年"绿色证书"培训达到2 380人次;中关村社区学院与区农委、区农校联合面向农村地区招收培养"园林"高等职业专业学生;东北旺乡的"冬枣快速高效丰产栽培技术培训"获北京市成人教育培训工程优秀培训项目称号;聂各庄乡的"农民转岗培训"、四季青乡的"绿色证书"培训和区农校的"农民岗位培训"获海淀区成人教育培训工程优秀培训项目称号。

【推行农民大病统筹试点工作】 2002年，海淀区在继续支持农民在自愿的基础上参加合作医疗的同时，在永丰、上庄两乡开展了农民大病统筹试点工作。永丰乡和上庄乡政府分别组建了乡农民大病统筹管理委员会，按照"农民自愿、政府扶持、集体资助、互助互济"的原则，动员并组织农民加入以农民大病统筹为模式的新型合作医疗体系。两乡农民均按20元/人·年集资，区政府按15元/人·年补助，上庄乡政府按6元/人·年、永丰乡政府按30元/人·年进行补助。大病统筹资金由乡财政统一管理，专款专用。永丰乡以年度内农民住院一次性花费5 000元以上（含5 000元）为起点，5 000元～1万元报销20%；3万元以上～5万元报销25%；5万元以上～10万元报销30%；10万元以上报销最高为3万元。上庄乡以年度内农民住院费用在1万元以上（含1万元）为起点，报销比例为20%；当年的农民大病统筹结余资金，由农民大病统筹管理委员会在年底进行研究，对因患大病造成生活困难的农民进行适当补助。由于此项工作处于试点阶段，覆盖率还较低，以永丰乡为例，2002年度共有农业户口4 614人参加农民大病统筹，占农业人口总数的39%。

环境综合整治

【大力整顿和规范市场经济秩序】 整顿和规范市场经济秩序工作成效显著，建立了以区委区政府综合协调，部门组织实施，各方密切配合、联合行动的整顿工作机制，基本建立了职责清晰的市场监管和执法体系。2002年全区共出动执法人员56万余人次；执法检查各种生产经营场所64 526家（次）；取缔并捣毁制售假黑窝点245家；收缴盗版光盘及各类非法电子出版物2 000多个品种，共计56万余张（盘）；收缴非法出版发行、印刷图书近15万册；检查"网吧"、歌舞娱乐厅、发廊及洗浴桑拿场所3 579家次，其中对1 324家非法经营、存在安全隐患或证照不全的企业予以取缔、关闭或限期整改；查处商标侵权假冒案件463起，销毁侵权物品2 033件，罚没款金额共计241.9万余元；取缔非法食品加工经营点317户，销毁有毒有害食品及原料18.5万千克；查处非法医疗机构90家，依法取缔19家，没收非法所得、药品及各类器械价值约22.1万元。全年共受理各类举报案件2 092起，受理消费者投诉6 236件，结案率达84.7%。办理招投标工程项目63项，建筑面积136万平方米，工程招投标率和公开（邀请）招投标率达到了百分之百，总价比合成标的总价降低了2.41%；检查建筑工地697个（次），受检面积1 517.8万平方米，发现不安全隐患2 741起，处罚建筑违章案件13起。取缔无证集贸市场6个和4个非法经营聚集区，处罚并取缔无照摊商1 438个，拆除集贸市场内违章建筑12万余平方米，清理"三无"人员5 000余人。全年共完成了对51个单位的审计，延伸审计单位40个，查出违规金额39 181万元，应上缴财政收入38 823万元，已催缴入库28 634万元；完成了对16位领导干部的审计，查出各类违规违纪金额达7.26亿元。截止到11月30日，公安分局经侦队共受理经济案件1 856起，立案1 654起，占受理案件的89%；破案1 508起，占立案总数的91%；刑事拘留经济罪犯234人，逮捕142人，劳教7人，移送检察机关起诉121人，追缴赃款5 915.8万元。整顿交通秩序查处非法运营，全年共查处并集中销毁从事非法运营的无牌无证"摩的"、农用车、平板三轮车1 100余辆，对非司机驾驶的36人公开依法行政拘留。收容审查"三无"人员52人。检查汽车维修企业96户，查处违法、违章企业42户，处罚结案36户，暂扣维修设备和维修工具163台件，暂扣票据54本。一年来共查处无照经营、取缔露天烧烤、违反市容市貌等各类案件57 200起，拆除违法建设78万平方米，罚款980万元。整顿税收秩序，规范纳税行为，全年共对13 662个企业、市场和个体工商户进行了税收执法大检查，增加国税收入335.4万元，查补税款106.6万元。

【加强安全生产管理】 全面贯彻落实《中华人民共和国安全生产法》，通过多种形式对《安全生产法》进行广泛宣传，开展多层次培训，对《安全生产法》的落实情况进行了专项检查。自"6·16"蓝极速网吧重大纵火事故发生后，全区组成了100多个安全检查组对区域内企业和各类经营点开展了拉网式的大检查。全年共出动检查人员60 916人次，出动车辆10 217车次，重点对非法网吧经营等"四黑"场所、高压输电线下违章建筑、城乡结合部私搭乱建、特种设备安全、非法食品加工黑窝点，建筑工程施工现场和地下空间的安全进行了检查与集中整治。区领导高度重视安全生产工作，坚持四套班子领导带队进行夜查，全年共检查了155天，检查生产经营场所250个。通过检查发现并处理了一大批安全隐患，在很大程度上遏制了安全生产事故的发生。

【电力管理】 第二期农网改造正式启动，广大农民得到实惠。按照积极推进农电体制改革工作，实现“两改一同价”，减轻农民负担、增加农民收入、拉动地区经济增长的总体要求，在区经委、区供电分公司精心组织、各乡电管站的通力协助下，全区第二期农网建设与改造工程正式启动。第二期农电改造，共投入资金5 208万元，涉及11个乡镇，1个农场，82个村，32 905户农户。电网改造后，全区农村全部实现了一户一表，大大提高农村电网运行水平，改善农民用电质量，提高了农民生活水平。

【“黄土不露天”工程】 2002年6月，在海淀区北部地区全面启动“以保持生物多样性为原则，以提高和改善人民生活环境质量为目的”的“黄土不露天”建设工程。建设指标133.64公顷，由北部7乡镇实施完成。经过区乡50天的努力，全区采用30余种地被植物使135.87公顷景观林和主要景区景点的交通干道、主要村镇及其周围实现了“三季有花、四季常青、地被覆盖、黄土不露天”的建设效果。

【“垃圾不外露”工程】 根据北京市关于加快首都城市化进程的意见，区政府制定《海淀区城乡结合部垃圾密闭化管理工作方案》，要求各乡镇取消地撮式垃圾站，设置封闭式垃圾箱，并以乡镇、村为单位，统一垃圾箱的式样、规格和颜色。到2002年底，北部地区7乡镇共安装封闭式垃圾箱3 564个，建立日常保洁队伍76支，设保洁人员1 239人，以加强日常保洁，配备了259台运输车辆，做到日清日洁。对垃圾消纳场所严格管理，严禁乱堆乱放，及时做好填埋，并经常进行监测，防止对地下水和周边环境造成污染。

为企业服务

【建立企业服务体系】 根据《中华人民共和国中小企业促进法》的要求和北京市创建中小企业服务体系的总体规划，将为企业培训各类专业人员的工作纳入中小企业服务体系，为培训单位与企业搭建信息桥梁，及时为企业提供各种培训信息。2002年全区对4 000多名乡镇会计人员进行了新会计制度的培训；组织全区乡镇系统不具备规定学历的364人参加中、初级职称培训及考试；开办了4期施工企业项目经理安全资质培训班，520余人参加了培训，并通过了考核；组织区内3 308人参加特种作业考核。结合“四五普法”工作，举办了海淀区第一期企业厂长经理学法用法和经营管理知识培训班，全面实施新一轮教育工程。

【企业信息化工作取得新进展】 按照市政府开展电子政务和积极推进企业信息化工作的要求，为更好的服务企业，进一步提高办事效率和工作的水平，海淀区组织召开了推进企业信息化工作会议，邀请北京市质量管理协会的有关领导讲解网站建设与信息化工作的发展情况，组织了有关乡（镇）政府和企业共计29名同志参加了网站建设培训班并率先注册建立了海淀经委网站，设定20余个栏目并实现了链接。开设的栏目有领导介绍、经委职责、科室设置、企业减负、安全生产等。为做好为纳税人服务，做到政务公开，接受纳税人的监督，在网上专门开设“投诉与建议”专栏，并于9月10日实现了与海淀政府信息网的正式链接。为了充分发挥网站优势，服务区内企业，经委网站与四季青乡、温泉镇、东北旺乡、上庄乡、聂各庄乡、永丰乡和北安河乡等7个已注册的乡镇政府网站实现链接。同时，与四季青液压件厂、永大机电设备制造有限公司等7个企业网站成功链接。

【减轻企业负担工作】 贯彻落实北京市关于减轻企业负担的政策精神，年初对减负工作进行总体规划和部署，全面落实减负工作意见，先后对11个乡（镇）开展减负检查工作。以查基层、查薄弱环节、查突出问题为重点，全年共出动120人次，提出待定性问题6条，提出整改意见3条，使存在问题或问题苗头得到了纠正和制止。

小城镇建设

【温泉镇建设】 根据北京市建设小城镇的有关精神，海淀区政府在2001年初正式确定温泉镇为小城镇建设重点镇。2002年10月16日，温泉镇与实创总公司共同举行了小城镇启动仪式，同时启动名人居东路、杨桥庄新村农民住宅、中心区住宅等三项工程。根据全镇范围内农民住房、镇属区属企业房屋情况的入户摸底调查结果，结合多方面意见研究制定了详细的拆迁政策。依据有关的户籍管理规定，启动温泉小城镇户籍管理工作。海淀区成立小城镇建设开发项目评估委员会，协助做好小城镇建设开发工作，确保开发项目的质量。

【西北旺新村建设】 西北旺新村建设项目是根据北京市政府和中关村科技园区总体规划的要求，结合海淀区“撤乡建镇”的发展战略，实施启动的山后地区的第一个小城镇建设试点示范项目。西北旺新村项目享受北京市绿化隔离地区政策，对东北旺、西北旺、唐家岭、土井等4个行政村农村集体土地进行置换，重新整合，涉及范围16.9平方公里。截止到2002年底，安置房开工面积211 500平方米，其中住宅195 600平方米（共计2 365套），沿街底商9 950平方米，人防等其他配套设施5 950平方米。市政道路完工总长度4 800米，包括西北旺北环路、西北旺东环路、1#路、2#路、4#路、西北旺中路“两横四纵”一期市政工程各种管线及路面。管线累计完成雨水4 252米、污水3 497米、中水1 698米、天然气2 035米、上水2 972米、电信3 975米。

海淀区主要领导人

区委书记　朱善璐
副书记　周良洛（2002年3月任）
胡桂枝（女）　陈其耀
申建军　侯君舒
王洪秀（女）
李进山（2002年2月免）
常委　许健（2002年7月任）
乔江　王兴远　周卫民
周来升　刘建朝(2002年6月任)　王孝东（2002年2月免）
区人大常委会主任　胡桂枝（女）
副主任　王纪表　于淑清（女）
刘同生　唐永森　何豫生
区长　周良洛(2002年11月任)
李进山（2002年4月免）
副区长　许健(2002年7月任常务副区长)
孙宝启　伊欣欣
张宗林（2002年7月任）
赵建忠　蔡长敏(女)
于军（2002年7月任）
王孝东（2002年4月免）
区政协主席　王珍明
副主席　周来升　刘永平
李慈君（女）
沈三陵（女）　郑胜利
区纪委书记　王洪秀（女）

海淀区乡镇党政正职领导

	党委(工委)书记	乡长
玉渊潭乡	李森	刘树景
四季青乡	王德贵	王启明
东升乡	关成启	杨永安
海淀乡	赵小建	李良轩
东北旺乡	刘万德	曹仲晞
永丰乡	马士起	王福忱(女)
温泉镇	肖熙之	韩顺新
北安河乡	贾沫微	李殿安
苏家坨乡	李景奇	郝九富
上庄乡	张德山	孙庭芳
聂各庄乡	温荣斌	龚宗元

（赵明欣　吕嗣儒　王艳玲　于萍）

丰台区

丰台区地处城乡结合部，面积305.9平方公里。全区有6个乡镇，71个行政村，有农户60 672户，人口14.7万人，从业人员72 542人。实有耕地5 322.07公顷。

2002年，丰台区农村按照中央“新三步走”的发展战略和《北京市发展规划》要求，紧抓机遇，以结构调整为主线，以体制创新为动力，以农民增收为出发点，加快推进农村城市化进程，农村经济快速稳定健康发展。第三产业规模继续扩大，商业、物流业得到发展继续。加大第二产业调整力度，加强乡镇工业小区建设。加大了资产重组、招商引资力度。在绿化隔离地区的建设中，进一步调整产业布局，对一部分中小企业实施产业置换，让出有利位置，发展第三产业。第一产业继续向第二、三产业转化。传统农业不断向精品农业、观光农业发展，农业产业化发展取得了比较明显的效果。加大了对花卉基地研发和生产的投入，花卉的种植面积继续扩大，高档名优品种继续增加；继续发展旅游观光农业，加强农业设施建设。2002年农村国内生产总值比上年增长10%，达到20.7亿元，税收增长24%，达到3.48亿元。农民人均纯收入比上年增长9.2%，达到6 954元。

政治建设

党建

【创建活动在农村继续开展】 继续深入开展农村先进基层组织创建活动，有4个乡镇党委达到“六个好”标准，37个村总支进入了“五个好”行列。

【加强农村干部队伍教育、管理】 按照区委部署，全区农村采取多渠道、多形式地组织广大党员干部继续认真学习“三个代表”重要思想、“七一”讲话和“5·31”重要讲话精神，并与农村实际工作紧密联系，立足于解决实际问题。长辛店镇党委在全乡广大党员、干部中开展了“民心工程”，进一步落实了党员联系户制度、建立党员民情责任区、设立“连民心”卡、组织开展“党员、干部送温暖”活动，活动期间，村镇两级共为群众办好事、实事126件。通过狠抓基层干部作风建设，密切了党群、干群关系，树立了基层干部的良好形象，增强了基层班子的凝聚力和战斗力。

【狠抓主题教育活动】 2002年，在全区农村开展“论新村发展”的大讨论活动，举办有400多人参加的乡镇村干部培训班。在培训的基础上，各乡镇围绕转变机关作风、增强业务能力、提高办事效率，热情为基层服务，在机关干部中开展以“服务”为核心的讨论；在村级干部中开展以“创新”为核心的讨论；在农村党员中开展以“先进”为核心的讨论。在大讨论的基础上，开展了包括“党建论坛”、“村政建设论坛”、“经济论坛”、“青年论坛”四个专题的“我与农村城市化”的大讨论。

【圆满完成乡镇换届工作】 加强乡镇领导班子建

设，顺利完成5个乡镇党委、人大、政府的换届选举工作（老庄子因年底合并未换届）。

民主法制建设

【推进乡（镇）务、村务两公开】 以乡村实行“两公开”为载体，推行农村民主法制建设。全区各乡（镇）、村结合创建工作加强民主法制建设，努力推进“四个民主”，进一步深化和完善了政务公开和村务公开，建立健全了监督和管理机制。长辛店镇党委把加强民主政治建设，推行村务、政务、财务公开作为落实创建整改工作的一项具体措施，对基层民主管理进行了规范，实行了“八个统一”，即统一公开时间、统一公开内容、统一公开程序、统一“阵地”标准、统一监督制度、统一制度建设、统一档案管理、统一检查标准，全镇的村务公开、民主管理不断向规范化推进。

【健全《村民自治章程》和各项民主制度】 2002年，全区农村开展了年度“民主日”活动。制定下发《关于做好乡镇政务、村务公开的意见》，增强了“两个公开”的针对性和有效性，深化了乡镇政务公开和村务公开工作。全年有65个村实现了民主建设达标。采取多种形式和方法，加大“四五”普法宣传教育的力度，推进依法行政工作的落实，使干部群众的法制意识明显增强，依法治理工作水平明显提高。

经 济 建 设

农 业

【加大花卉生产投入】 2002年，不断加大对基础设施建设的投入，扩大生产规模。投资2 300万元，兴建了现代化联栋自控温室面积4.5万平方米。如：草桥村投资700万，建设了现代化温室1.7万平方米；白盆窑投资600万元，建成了1.5万平方米现代化温室，用于花卉的生产和销售；黄土岗投资400万元，兴建1万平方米现代化温室，用于花卉的生产；盛芳园投资200万元，完善了全场的道路、电力、供暖和节水灌溉等设施，同时建设了0.3万平方米现代化联栋温室。

【建设花卉园艺基地】 2002年，投资300万元，建成天景花卉园艺基地，该基地占地6.67公顷，其中有600平方米花卉展销厅，2.13公顷用于生产高档花卉苗木温室。

【加强花卉科技研发能力】 努力提高花卉生产的科技含量。投资1 000万元，兴建了占地面积6.67公顷的草桥精品花卉研发中心，该中心以开发培育火鹤、兰花、新几内亚凤仙品种为主。

【花卉创汇取得新进展】 日本花卉商与盛芳园签订了周年供货合同。2002年，对日出口切花火鹤3.6万支、切菊花8万支、康乃馨4.88万支，与日方建立起了稳定的贸易伙伴关系。

【积极引进花卉新品种】 引进了美国牵牛、新几内亚凤仙、仙客来、兰花等花卉新品种30个。

【成功举办花卉节】 2002年“五一”在世界公园成功举办了“花乡世界”花卉文化节，进一步扩大了丰台区花卉的知名度。

【花卉生产】 2002年年产盆花802.5万盆、切花402万支，种苗14.9万株，花灌木707.7万株，产值达10 760.4万元。

【粮食生产】 全区粮食播种面积2 790.2公顷，累计上市量7 061.03万千克。

【养殖业】 生猪存栏21 311头，比上年同期减少19.4%，生猪出栏27 620头，比上年同期减少30.3%，奶牛总存栏1 236头，比上年同期减少6.6%，产奶量338.61万千克，比上年同期减少5.5%。

【抓好种养业调整】 2002年，深入河西两镇对畜牧业的现状进行了认真调查，基本摸清了全区畜牧业的现状和存在问题，并制定了《丰台区畜禽场向绿色、环保型养殖企业发展的实施计划》，同时对全区13个养殖场、100多个养殖专业户进行了养殖技术培训，为今后的畜牧业调整做好准备。

【积极发展旱作农业】 利用荒山荒坡，发展大枣产业。完成了长辛店镇万亩大枣产业基地一期建设工作，共栽植优质冬枣、梨枣135.53公顷，12.4万株；完成酸枣嫁接冬枣、梨枣等新优品种54.7万株；还完成了王佐镇黄金梨基地初步建设工作，共栽植优质黄金梨33.33公顷，2万余株。

【标准化基地建设进展顺利】 作为市农业生产标准化基地的青龙湖农业开发有限公司，按照标准化基地的建设要求完成了各项工作，2002年通过市里验收。

【农民专业合作组织建设取得新进展】 2002年，全区农民专业合作经济组织建设在农业结构调整、带领农民致富等方面发挥了重要作用。发展比较好的农民专业合作经济组织有4家：长辛店果树协会、王佐绿业青贮服务中心、王佐苗木协会、王佐肉鸡协会。

林业　水利

【农村绿化】 绿化隔离地区共完成绿化面积488.6公顷，其中，生态林335.8公顷，公园23.27公顷，栽植各类苗木78.41万株。完成彩叶工程66.67公顷。完成永定河播草盖沙工程66.67公顷，共栽植拧条等抗旱沙生植物7.65万株。林间空地补植完成133.33公顷，其中长辛店镇53.33公顷、王佐镇33.33公顷、老庄子乡13.33公顷。全民义务植树29万株，全区近万人参加首都义务植树日的各类植树活动。

【中幼林抚育通过验收】 2002年，圆满完成市政府下达的山区中幼林抚育666.67公顷的重点建设任务，并顺利通过市级验收，工程质量优。

【重点绿化工程】 2002年，完成了被纳入国家六大重点绿化工程的京津风沙源治理工程的丰台区部分。其中，前山风景爆破整地造林66.67公顷、栽植树木7.1万株，林网建设29条，长32.03公里，植树9.68万株。该项目绿化工程在丰台区首次实行工程监理制，经过监理验收，造林合格率与面积核实率达到100%。

【太行山绿化】 2002年完成国家下达的太行山绿化工程33.33公顷，植树3.75万株。该项目工程被纳入北京市优质工程备选项目。

【加强护林防火基础设施建设】 2002年下半年，先后投资400多万元，在河西重点林区修建了高质量的防火公路16.5公里，完成了西庄店、航天三院2座防火瞭望塔的建设，在西部山区已基本建成“三点一线”的格局，为实现“及早发现、快速达到、整体扑灭”奠定了坚实的基础。此外，还完成了西部山区水源建设项目的后期工作，并将水引上了护林防火指挥部，为下一步走“以水灭火”的路子打好基础。

【建立林业公安派出所】 经区编委批准，成立了丰台区林业公安派出所。

【规划启动北宫森林公园建设项目】 2002年，利用河西浅山地区的地形地貌，规划建设了一个8平方公里，融军事科普、模拟狩猎、观光采摘、野外健身、体育竞赛为一体的森林旅游区。

【开展林业执法工作】 全年组织各类联合行政执法检查5次，开展行政执法宣传4次。核发林木采伐许可证64份，批准采伐林木3 061株折合立木蓄积1 697.57立方米；核发林木移植许可证18份，批准移植林木1 435株；与有关单位一起对永定河偷挖砂石料毁林案件进行了查处，扣压车辆6辆，抓获嫌疑人8名；对9家动物诊所违规进行了处罚。

【完成马草河治理工程】 马草河治理工程被列为市政府2002年为人民群众办的60件实事之一。治理重点工程京开公路至凉水河入口4.7公里主体工程已于9月份全部完工，共挖运土方49.6万立方米，挖填土方11万立方米，边墙浆砌石2.6万立方米，浇筑混凝土1.8万立方米，铺设无纺布7.5万平方米，安装护栏8 000米，铺设步道12 000平方米，建桥4座，建闸2座，拆除各类建筑2万平方米，拆改移管线19处25条，改移线杆103根，工程质量全面达到监理要求。

【青龙湖灌区改造工程】 2002年是实施此项工程的最后一年。继续完成三期9 050米支管线铺设和6台管道泵及附属设施的安装任务。此项工程的完工为王佐镇580公顷良田及果树林地提供了有效灌溉。

【太子峪小流域治理】 此工程列为市、区2002年度农建重点合同工程。共完成综合治理面积5.6平方公里，完成了其他蓄水工程、道路工程、水土保持工程建设任务，新建拦河闸2座，进行河道清淤200米，河道护砌440米。新建1 000立方米蓄水池3座，采用钢筋混凝土结构，铺设输水管线1 930米，新修区内混凝土道路2.75公里，混凝土路边沟2.75公里，新修部分道路两侧浆砌石石坎1 544米。新建集雨池16座，沟地坝47座，修整梯条田40公顷。完成57.33公顷经济林管灌工程，共铺设各级管道16 000米。

【王佐节水示范工程】 此项工程由国家计委、水利部批准立项，总面积267.17公顷。截止到2002年底，已完成中心区喷灌、微灌、管灌等节水面积37.33公顷，共铺设各级管道6 000多米。项目区内的多种节水灌溉形式与新兴小城镇农业旅游观光结合，有力地促进当地经济发展。

【水政执法力度加大】 全年查处各类水事案件88起，现场处罚和纠正轻微违法行为185起，坚决保证了“依法治水，依法管水”的顺利进行。

工　业

【乡镇企业经济运行态势良好】 2002年,乡镇企业运行态势良好,前两年投入项目的经济效益逐步显现。全区乡镇企业完成总收入74.2亿元,同比增长3.2%;增加值17.3亿元,增长16.2%;利润总额6.1亿元,增长－5.7%;工业增加值完成6亿元,增长29.1%;出口产品交货值1.53亿元,增长11%。

【工业小区、工业大院建设】 投入运营的白盆窑工业小区计划占地面积12.23公顷。已完成基础设施投资1 150万元,入区项目16个;入区项目总投资累计为13 350万元,解决当地农民就业300人。王佐中心镇工业区一期工程“北京王佐物流配送中心”项目的批复已经下达,该项目总建筑面积8万平方米,总投资1.2亿元。

【二、三产业专业村建设】 在已形成的二、三产业专业村中,王佐镇的南宫村和花乡的榆树庄村今年又有了长足发展。南宫村投资1.1亿元,兴建了世界地热博览园、投资3 000万元建起了1.5万平方米室内游泳馆。榆树庄继续加大投入,仓储物流东区、南区的运营和建设、双机组商品混凝土搅拌站的投产、改装厂生产线的改造,为该村集体经济的进一步壮大,注入了新的活力。

【加大项目重组力度】 2002年实施和投入运营的重组项目有15项,项目总投资12.2亿元,引进资金9亿元。已经投入运营的项目有6项,预计到2002年底,可实现营业收入4.2亿元、增加值3 346万元、利润总额1 596万元、上缴税金513万元,吸纳劳动力1 496人。

【加强技改和管理】 全年实施技改项目8项,完成投资6 279.2万元,其中5个项目已通过竣工验收,总投资在1 000万元以上的项目2个。

【加强乡镇企业职工教育培训工作】 2002年,共举办各类培训班25期,受训职工3 725人。其中:职称培训5期,受训332人;研究生班1期,88人;各类法人、经理上岗安全培训1 305人;《安全生产法》培训8期,培训2 000人。

【改制完成情况】 2002年,22个村启动了社区股份合作制改革,10个村完成了改制任务,全区完成改制的村累计已达到23个。开展了村级财务的例行审计工作。

第三产业

按照农村"十五"规划的要求,在合理规划的基础上,建设一批具备一定规模的物流中心和商业直销中心。"北京红星美凯龙家装电子城",于9月18日试营业;"北京家世界广场"实现营业。花乡榆树庄的仓储物流中心,已具备现代企业规模。同时,2002年加强了对现有各类购物中心、购物商场的管理,进一步提升了管理水平。大力发展了农产品加工及物流配送企业,促进农产品加工增值。2002年的重点项目有:新发地农产品加工园区和物流配送园区、北京丰科汇生物技术有限公司、长辛店绿山谷芽菜加工基地、王佐南宫净菜加工基地、王佐南宫净菜加工中心。

精神文明建设

创建活动

【开展公民教育】 全区农村深入开展《公民道德实施纲领》教育和争创文明村、文明单位、环境优美小区、"文明户"、"五好家庭"、"扶贫帮困送温暖"、书画摄影比赛、时装表演、花卉艺术节、秧歌大赛、演讲和征文活动、科技下乡、文化下乡、法律下乡、举办夏日文化广场等多种形式的精神文明创建活动。

【创建文明单位】 全区有12个村被评为环境优美村,33个村被评为区级文明村,12个村被评为首都文明村。草桥村进入全国精神文明建设先进村行列。

文教卫生

【举办农民艺术节】 2002年,丰台区协助市委农工委、北京电视台成功举办北京市第十三届农民艺术节开幕式暨春节电视晚会。

全区各乡镇组织村民积极参加农民艺术节各项活动,获40项奖励。

【乡、村加大教育投资力度】 全区各乡、村不断加大教育投资力度,努力改善办学条件。王佐镇政府筹集资金1 200万元,建设了占地3公顷8 600平方米的第二所中心小学,南宫中心小学和王佐中学操场投入建设。

【普教工作不断创新】 全区的普教工作认真开展教学观摩、经验交流等活动,加强对5所小学的各项管理,加强对青年教师的培训。

【加大对外地人口办学的监管力度】 南苑乡教委对乡域内5所外来人口办学的小学校进行了监督监控,发现问题及时上报区教委。

【重视成人教育】 各乡、村重视成人教育,认真贯彻北京市关于成人教育的实施意见,进一步落实社区教育各项工作目标及具体要求,结合本地的实际情况,对从业人员和再就业人员进行培训。

【贯彻落实《职业病防治法》】 全区各乡认真开展职业病防治工作,对区域范围内的印刷、箱包、家具行业进行了职业卫生专项检查。南苑乡进行为期一周的《职业病防治法》宣传活动,发放宣传材料1万多份,出板报50多期。

【逐步完善农村社会保障体系】 各乡、村正在积极进行认真细致的调查研究,摸清底数,在城市化进程中,努力探索解决农民社会保障问题的途径,并在集体经济发展的基础上,不断扩大养老保险金的发放率。

社会管理

【城市建设取得新进展】 2002年,完成了樊羊路一期建设工程,马家堡西路、丰北路西延、永定路南延、玉泉路南延、万寿路南延、大灰厂东路拓宽改造等重点道路正在加快建设。旧村改造成绩喜人,26个村的规划方案得到市批复,23个村已经开工。2002年开复工面积229万平方米,竣工面积94.3万平方米。完成了长辛店新区建设总体规划、王佐中心镇镇区和青龙湖旅游度假区控制性详细规划的编制工作。

【开展进村第一印象工程】 2002年,根据区委农工委、农委提出的《关于在全区农村开展"进村第一印象工程"活动的工作意见》,各乡均制定了周密的活动计划,建立了三级责任制(即乡领导包村、村领导包街、保洁员包片)对需要整治的街道进行调查摸底。在此项活动中,全区农村共粉刷墙体7.73万平方米,清理河沟3.67万米,硬化铺砌路面14.27万米。

【京石路整治工作进展顺利】 在京石路(丰台段)的整治工作中,共拆除25户住宅,面积3 826平方米,拆除9家遗存企业,建筑面积5 574平方米。

【控制大气污染卓有成效】 2002年,对全区农村范围内的沙石场分布情况进行了摸底调查,并提出关闭长辛店沙石厂的实施意见。

【加强对外地人和出租房屋管理】 2002年,研究制定了《丰台区关于加强对出租、承租房屋、厂房、场地进行生产经营的管理规定》,有力地维护了农村地区的社会秩序的稳定,有效地预防了各种安全隐患事故的发生。

【加大安全检查力度】 6月份,在全区农村地区对安全生产进行的拉网式检查,把安全隐患消灭在萌芽状态。

丰台区主要领导人

区　　委书　记　王子生

副书记	张大力	杜瑞琴（女）	
	初建华	王铁阳	
常　委	吕仕杰	陈继平	
	王志江	刘云广	
	张寿松	朱建民	
区人大常委会主　任	徐英豪		
副主任	李　贵	刘树玉	任光明
	王宗银	王亚南（女）	
区　　　　长	张大力		
副　区　长	朱建民	沙松平	
	胡　燕（女）	王成国	
	邓小刚	罗　杰	
区　政　协主　席	穆德荣（女）		
副主席	钟光璞	鲍顺新	杜荣军
	赵　仑	孙为壮	谭孟康
区　纪　委书　记	王铁阳		
副书记	刘庆军	宋铁健	

丰台区乡（镇）党政正职领导

	党委书记	乡（镇）长
卢沟桥乡	王苏维	杨德山
南苑乡	陈仲才	刘晶森（女）
花乡	李新民	王春兰
长辛店镇	李汉如	常　青
王佐镇	吴　恒	谢国民

（郑晓红）

石景山区

石景山区2002年获得全国社区建设示范区称号。辖8个街道办事处和农业委员会。有八宝山、向阳、景阳、衙门口、八角、古城、北辛安、八大处、刘娘府、五里坨、黑石头11个行政村和麻峪工贸中心。农业人口15 543人，占全区户籍人口的4.6%。

2002年，全区农村按照区委、区政府“一三一”基本工作思路，围绕建设现代工业区、绿色都市休闲旅游区和人居环境一流的文明区的奋斗目标，贯彻“适应城市化要求、完善管理制度、加快机制转换、推进产业现代化、致富于民”的方针，加大城市化力度，加快改革和调整步伐，推动农村经济持续发展和社会进步。

政治建设

党　建

【加强农村各级党组织和领导班子自身建设】 一是坚持理论学习，常抓不懈。提高学习“三个代表”重要思想的自觉性和针对性，注意理论联系实际，讲求实效。农工委处级理论中心组坚持自学与集中学习相结合，学习与工作相结合，紧密围绕当前农村工作和加快推进农村城市化进程进行研讨。古城农工商公司党总支以会议的形式，把学习理论与研究公司发展大计结合起来。二是应对中国加入世贸组织、北京申奥成功和石景山区加快推进农村城市化的新局势，抓紧学习现代科学文化知识，参加各种培训班、学习班。三是认真贯彻学习十五届六中全会《关于进一步加强和改进党的作风建设的决定》，领导班子和个人在思想作风、学风、工作作风、领导作风和干部生活作风等方面，有明显进步。四是坚持民主生活会制度，根据区纪委、区委组织部《关于召开2002年领导班子廉洁自律专题民主生活会的通知》要求，在认真学习、精心准备，广泛征求意见的基础上，农工委、农工商公司和所属企业分别召开了民主生活会。

【加强党员队伍教育管理】 以党员先进性教育为重点，搞好党员教育管理。一是坚持“三会一课”和党总支（支部）书记讲党课制度。二是采取组织学习、收看电教片、外出参观、走访等多种形式开展党员教育活动。三是开展“迎十六大争先创优”活动，农委系统评选出优秀党员81名，先进党支部11个，协商推荐区委表彰的先进党总支1个，优秀党员2名。对先进集体和优秀党员事迹在农村党员中广泛宣传。四是把推荐、选举市、区党代会代表的过程当作一次对党员进行党性观念和民主集中制的教育过程。五是开展庆祝中国共产党建党82周年系列活动，组织了50多名新党员集体入党宣誓仪式。农委所属单位分别组织到革命圣地延安参观学习、党史党建知识竞赛、讲党课、开座谈会、走访慰问老党员等多种形式的活动。按照“坚持标准、保证质量、改善结构、慎重发展”的方针做好党员发展工作，不断壮大党员队伍，增强党员队伍的活力，全年发展党员31人，转正33人。

【做好群众思想政治工作】 农村各级党组织以“三个代表”重要思想为指导，认真做好群众思想政治工作。农委机关建立副处级以上领导干部联系一个基层点制度，五里坨农工商公司建立每个总支委员联系一个困难户制度。八宝山农工商公司设立总支书记接待日，并进一步加强群众联络站力量，把村委会成员和年富力强的党员充实到群众联络站，经常到群众中走访。八大处农工商公司实行“片长”负责制，职代会吸收个体、退休职工代表参加。通过采取多种形式和方法，进一步密切了干群关系，结合生产、生活等实际问题，宣传党的方针政策，虚心听取群众的意见和建议，沟通思想，化解矛盾，为推动农村经济发展、推进农村城市化进程奠定了思想基础。

【进一步加强党风廉政建设】 认真贯彻《党风廉政建设责任制》，党政一把手对党风廉政建设负总责。建立健全各项监督制度，增强了集体决策、民主监督力度。古城农工商公司对住宅楼的分配、麻峪工贸中心为职工上“三险”北辛安农工商公司合作医疗制度的改革等都是领导班子讨论提出方案，经过职工代表大会通过后再实施。景阳农工商公司对核算单位的会计实行公司与企业双重管理,加大了财务管理力度。五里坨农工商公司加大村务公开力度,建职工住宅楼的各项开支,各单位职工年终分配、帮扶困难户名单等都张榜公布,增加了工作透明度。开展党风廉政教育月活动,采用讲党课、文艺表演、征文等多种形式,对党员干部进行反腐倡廉教育。农工委书记王东申以"牢固树立正确的权力观、地位观、利益观,努力为农村群众服务"为题,为农委机关全体干部和基层领导干部80多人讲了党课;农委机关各支部以"转变机关作风,优化政府服务环境"为主题,创作了歌曲、诗歌、三句半等形式的文艺节目16个;在以"树立正确的利益观"为主题的征文活动中,收集征文64篇。

人武工作

【开展民兵组织整训工作】 按照区武装部和预备役高炮四团的整组要求，对农村民兵组织进行认真整顿，参加民兵组织的485人，经过整编新建八二迫击炮连、六〇迫击炮连、基干民兵连、普通民兵连、陆军预备役高炮连等5个连和一个应急分队。抽调12名预备役骨干参加预备役某部集训，通过认真学习37炮理论和实际操作，经过考核，全部被评为优秀炮手。组织12名应急分队骨干到警卫师进行"警棍术"、"擒敌拳"、"盾牌术"等科目训练，全部取得了优异成绩。

经济建设

围绕加快农村城市化和"三区"发展目标，加快农村经济结构调整力度，大力发展三产，优化二产，压缩一产，经济发展进入全面城市化阶段。以定位发展规划为目标，加速推进城市化进程，初步形成了以阿尔西制冷企业为骨干的八宝山工业园（占地6.45公顷）、以沃尔玛为标志的京西时代购物广场（占地64公顷）、以生产食品和建材为主的八大处治政企业园（占地6.51公顷）和初具规模的古城中小科技企业基地（占地11.2公顷）4个较具实力的二、三产业基地，为全区经济发展增添了活力，为致富于民发挥了积极作用。完成绿化隔离带和绿隔地区的企业拆迁腾让工作，五环路沿线30余家企业搬迁正在进行。结合自身优势，按照主动谋划，不求所有，但求所在，不求所属，但求发展的思路，积极扩大经济合作，完成合作项目9项，其中1 000万元以上的5项，引进资金1.5亿元。

农村城市化经济再上新台阶，全年总收入29.9亿元，比上年增长22%，其中集体经济收入27.3亿元，占91.3%；个体私营经济收入2.6万元，占8.7%。在总收入中，第三产业保持主体上升，收入25.8亿元，占86.3%，比上年增加了3个百分点；第二产业收入3.7亿元，占12.4%，比上年减少2个百分点；农业收入0.4亿元，占1.3%，比上年减少1个百分点。上缴国家税金4 680.9万元，比上年下降14%。农民人均劳动所得8 128.4元，比上年增长18%。其中集体人均劳动所得5 299元，比上年下降16%。

农业

【加快旅游、观光、休闲农业建设】 适应农村城市化的要求，农村加快旅游、观光、休闲农业的建设。衙门口农工商公司投资280万元，用于休闲绿洲建设，新植绿化林木1 500株，植草坪10 000平方米。建水景3 600平方米，溪水200延长米，建微地型、假山11 780平方米，长廊180平方米。修绿洲园路976延长米、排水渠530延长米。建绿植餐饮生态大棚3 000平方米。建观光采摘园（13.33公顷），栽植桃、杏、枣、樱桃等果树2 505株。修建微喷灌溉系统管道15 034延长米。休闲绿洲累计投资830万元，基础设施基本完善，初具规模。八大处锦绣科技园建设开始启动，是集绿化、美化、观赏、采摘为一体的都市观光休闲园区。园区占地17.67公顷，建设周期2周，年内已投资82万元。修建垂钓水塘1公顷，铺设柏油路300延长米，改良果树、建绿化林地6.67公顷，植树11 000余株，植草坪2 500平方米。五里坨养殖用地已改建为北京兴泰花卉苗圃基地。黑石头绿色旅游产业开发进一步推进。

【加强农用物资监督管理】 为确保农用物资安全、有效，区农科所加强对区内农用物资市场的监督检查，多次对苹果园、古城、八角、杨庄等12处集贸市场进行检查，查获无生产厂家、无生产许可证非法高剧毒杀鼠药330袋，全部上缴市药检所统一销毁。按照市政府有关规定，区种子管理站与区种子公司分设，种子管理站加强种子检疫、检验，严把种子质量关。加强对种子经营企业的执法检查，确保种子使用安全、有效，让农民用上放心种子。

【农产品总量减少】 适应农村城市化发展，调整产业结构，农业逐步退缩，农产品产量减少。2002年末，耕地323公顷，全年蔬菜总产678.5万千克，比上年下降16.1%；果园158.67公顷，果品总产47.4万千克，比上年增长12.6%；累计养猪6 871头，出栏商品猪4 420头，比上年下降67.9%；鸡蛋总产116.6万千克，比上年下降13.5%；年末栏存奶牛345头，牛奶总产155万千克，比上年下降15.9%。全年农业总产值1 800.7万元，比上年下降26.7%，其中养殖业产值1 120.3万元，占62.2%；种植业产值656.4万元，占36.5%。

【加强外地来京农机管理】 区农机局针对本区农机数量不断减少，外地进区农机数量不断增加且流动性较大的特点，工作重点转向对外来农机的管理，确保安全生产和环保治理。2002年末，全区有大、中型拖拉机31台，小型拖拉机18台，农用汽车9辆，大型载重汽车16辆，推土机2台，装载机7台。拖拉机多数用于运输，田间作业的配套农具闲置。全年审验机手147名，检验拖拉机281台，尾气检测167台，出动检查44次，查车402辆（台），纠正违章118起。

乡镇企业

【乡镇企业经济大幅度增长】 按照农村城市化目标和实施区域经济战略要求，大力推进乡镇企业二次创业进程，加大农村集体企业改革力度和产业调整力度，提高企业经济运行质量和管理水平，发展为城市服务企业和区域经济企业。2002年末，乡镇企业204家，比上年减少2家，从业7 833人，比上年增长4%；总收入26.5亿元，占农村经济总收入88.6%，比上年增长40%，其中农业企业占1.3%，工业占12%，施工企业2%，交通运输1%，商品流通81%，旅游饮食服务占2.7%。工业和商品流通企业成为乡镇企业主体。全年，利润总额4 047万元，比上年增长13%；上缴国家税金3 715万元，比上年下降3%。

【加大工业结构调整力度】 围绕建设现代工业区的目标，落实工业企业集中发展规划，加大调整乡村工业力度，初步完成了工业由小散、科技含量低向园区化、规模化和科技含量高方向转化。五里坨农工商公司的环保塑料和麻峪工贸中心的建材产业的形成，标志着农委系统落实定位发展规划，中、东部农村集体工业、传统工业西移初见成效。古城中小科技企业基地，已入驻高科技企业19家，2002年收入7 000万元，增加值2 800万元，上缴税金600万元，经济效益显著提高。年末，全区农村集体工业企业79家，比上年减少11家，从业1 929人，比上年下降22%，收入3.2亿元，比上年增长10.7%。

【开拓商品流通市场】 适应城市化要求，在现有企业改制、改造和提高服务质量的同时，积极开拓市场。位于八角地区的北京时代购物中心，占地64公顷，规划建设成为购物、餐饮、休闲、娱乐为一体的大型综合商业中心。京城第一家沃尔玛会员制零售企业、东方家园建材城加紧建设；景阳农副产品物流中心、鲁谷商贸中心招商引资合作项目建设进入实施准备阶段；刘娘府农工商公司引入了新生活中心市场；玉泉电器城在朝阳区管庄开设了分店。2002年末，农村集体商业企业33家，比上年减少5家，从业1 778人，比上年增加189人；营业收入21.5亿元，占农村经济收入72%，比上年增长48%。另有私营个体商业企业114家，从业419人，营业收入3 335万元。

【饮食服务企业加快转换经营机制】 适应城市化要求，提高市场竞争力，饮食服务企业加快转换经营机制，扩大企业规模，提升档次，增强实力。八宝山农工商公司所属的双龙宾馆引入私营资本，组建为股份制企业，经改扩建，扩大了经营规模，集餐饮、休闲、娱乐为一体，经评定提升为三星级宾馆。八大处农工商公司所属斗源饭庄，盘活资产，引入大江南花园酒店。刘娘府农工商公司所属的仙府饭店，客房楼经营转为股份合作制。八角商贸服务中心，职工267人，全部为股东。八角饭店转换经营机制工作正在进行中。2002年，农村集体旅游饮食服务企业39家，比上年增加6家。从业2 070人，比上年增加510人；营业收入7 194万元，比上年增长18%。其中饮食企业9家，从业261人，比上年减少132人；营业收入1 656万元，比上年增长13%。另有私营个体饮食服务企业160家，从业428人，营业收入4 071万元。

【加强集贸市场食品卫生专项治理】 按照市、区对集贸市场食品卫生专项治理的要求，加强对农村13家集贸市场的治理力度，增强力量，加强管理，完善管理制度。市场管理人员由上年471人增至500人。贯彻“食品卫生专项治理”标准，加强对从业人员的“三证”监督管理，重点对熟食品、豆制品的加工制作、销售进行跟踪检查。加快推行食品由散装向包装转换，严格执行进、售货台账制度。对肉类坚持实行屠宰厂与市场挂钩制度。确保上市食品卫生达标，质量合格。严禁出售无价签、过期、腐烂、变质食品和搭车出售不合格商品，维护消费者合法权益。北方旧货市场被评为中国旧货协会先进集体，玉泉电器城、八角京西农副产品批发市场连续被评为“首都文明市场”。

农村城市化

【实行整建一次性农转居】 根据市九次党代会提出的要率先基本实现现代化的要求，经市委、市政府批准石景山区实行整建制一次性农转居，全区农业人口户籍于2002年12月1日整建制一次性变更为城镇居民。农转居相关问题，争取1年半内完成。整建制一次性农转居不同于以往征地转非。一是转居不征地。在不征地的前提下农转居。原农村集体土地性质不变；二是资产变股权，社员作股东，原农村集体经济组织继续保留，经过改革发展逐步改造成城镇新型的社区股份合作制企业；三是保障按政策。一次性农转居后，凡符合政策规定的转居人员需按政策补缴社会保险费，应由农工商公司（企业）自行筹集缴纳。实行整建制一次性农转居要遵循舆论先行，宣传到位的原则。试点先行，分批推进的原则。依法办事，民主决策，村务公开的原则。精心组织，确保稳定的原则。

【制定农转居相关政策】 区委、区政府在先期调查研究的基础上，制定《关于全区实行整建制一次性农转居工作的意见》。《意见》指出：整建制一次性农转居是全面推进石景山区城市化进程的重要举措。对加快推进农村城市化，彻底改变石景山区农村管理方式、生产方式、生活方式，实现“三区”定位发展目标，进一步提升石景山区现代化建设水平和城市管理水平，全面建设小康社会具有重要的现实意义。并对整建制一次性农转居的工作目标、工作原则、相关问题等作了全面部署并提出了具体要求。制定了《关于我区整建制一次性农转居人员劳动和社会保险工作意见》、关于贯彻《北京市撤制村队集体资产处置办法》实施农村集体经济股份合作制改革工作的意见、《关于全区整建制一次性农转居户籍变更工作的实施方案》、《关于全区实行整建制一次性农转居工作的纪律规定》等相关配套政策，为整建制一次性农转居工作提供了政策依据。

【加强对农转居工作领导】 石景山区是北京市委、市政府确定的整建制一次性农转居工作试点单位，区委、区政府将全区整建制一次性农转居工作列入今明两年工作重点，要求全区上下必须高度重视，切实加强对农转居工作的领导。一是成立以区委书记陈文占、区长侯玉兰为组长，以区委常委常务副区长祁红为副组长，市、区有关部门领导为成员的石景山区整建制一次性农转居工作领导小组，下设办公室。区政府专门抽调了26名机关干部作为联络员下派到各农工商公司，各农工商公司抽调了205名社队干部负责本单位农转居工作。各行政村建立了以党总支、村委会和农工商公司主要领导为主的转居工作领导小组，抽调得力人员组建了各行政村农转居工作办公室。区纪检监察部门成立了农转居工作监督机构，全过程参与这项工作，并负责受理群众投诉和举报。查处违法违纪行为。二是高度重视、责任落实。整建制一次性农转居及相关问题、涉及面广、情况复杂，全区各部委办、各局处、各有关单位要根据各自的工作职责，支持配合农转居及相关工作的开展。各有关单位，必须切实负起责任，工作重心要放到基层，精心组织，狠抓落实，把工作做深、做细、做扎实。三是积极推进，确保稳定。要及时研究解决农转居过程中出现的问题，处理好农转居工作与其他方面工作的关系。在区委、区政府的领导下，按计划分步骤地组织实施，全区各级组织，党员领导干部，特别是农村各级党组织和党员要在整建制农转居工作中发挥战斗堡垒作用和先锋模范作用，深入扎实地做好群众工作。要积极慎重地处理好各种矛盾，对在推进农转居过程中出现的问题，特别是不稳定因素要及时采取有效措施化解，同时做好信息反馈工作。

【积极做好农转居动员和骨干培训工作】 一是召开了各行政村党总支书记、村委会主任、农工商公司领导会议，对农转居工作进行研讨部署，对农转居工作提出了要求。二是召开了各农工商公司书记会。研究布置了农转居工作。三是举办了农委机关干部培训班，对有关工作进行了动员和部署。四是区劳动和社会保障局围绕社会保险、劳动关系、就业、建立档案等业务和政策，对各农工商公司和农委直属企业的主管经理、劳资及会计人员进行培训。五是区公安分局、各派出所就户籍变更对有关干警和农工商公司的工作人员进行培训。通过动员和培训，使工作人员明确了农转居工作的重要意义、相关政策和业务工作，为农转居工作的整体推进培养了骨干队伍。

【农转居工作取得阶段性成果】 一是圆满完成了农转居宣传工作。11月末至12月下旬，分三个阶段对农转居人员进行集中宣传。农工商公司分别召开党员、干部和职工大会，在村务公开栏张贴“整建制一次性农转居有关问题问答”，发放宣传材料（每户一册），“问答”（每人一册），大力宣传农转居的重要意义和相关政策。全区11个行政村设立了30个咨询接待站，接待群众咨询，认真做好宣传解释工作。区内报纸、电视台、网站也同时配合宣传。通过宣传，广大农转居人员了解了农转居相关政策规定，做到了家喻户晓，人人明白。同时这项工作也引起了新闻媒体的广泛关注，20多家中央和市级新闻单位对此进行了报道。宣传工作的开展为农转居工作的推进奠定了良好的思想基础。二是户口变更工作扎实推进。区公安分局对户口变更工作进行了精心准备和周密部署。12月1日正式启动，至12月23日全区7 051户，15 543名农转居人员户口审批工作全部完成。12月25日，区委、区政府举行了整建制一次性农转居户口发放仪式，区领导为农转居人员代表发放了新的居民户口本。三是农转居劳动和社会保险工作已启动，农转居人员纳入城市管理工作正在抓紧筹备。

精神文明建设

【开展创建文明单位活动】 农村精神文明建设以“建首善、创一流”为总体目标，按照“组织领导坚强有力，精神文明成绩显著，业务工作成绩突出，环境面貌整洁优美，社会秩序安定井然”的标准，深入开展创建文明单位活动。各级领导把创建文明单位活动摆在重要议事日程。制定创建文明单位计划，纳入工作安排。实行目标管理责任制，层层创建，加强监督检查，切实把创建文明单位活动内容落在实处。通过认真考核、检查验收，八宝山、八角、古城、北辛安、五里坨5个农工商公司和农委机关被评为区级文明单位，景阳农工商公司被评为首都文明单位。

【开展“民心工程”】 巩固扩大“三个代表”教育成果，坚持把为群众办实事、办好事落到实处，从群众根本利益出发，实实在在地解决群众生活中的问题，做到体民情、靠民智、关民生、谋民益、顺民意。农委系统全年投入280多万元用于解决用电、吃水、道路、就医、帮扶困难户等群众急需解决的问题。古城农工商公司为改善村民居住环境，投资兴建的“如意住宅小区”已于7月竣工，246户村民喜迁新居。又将投入500万元，用于建设二期配套设施。八宝山农工商公司党总支把百姓烦心的事，当作大事来抓，出资为5个自然村改造街巷道路、修建排水沟、安装路灯。八大处农工商公司在巩固合作医疗，进一步提高农民卫生保健水平的基础上，投资60多万元扩建八大处中医门诊部，方便了社区居民就近看病，深受群众欢迎。为改善农民居住环境。北辛安农工商公司党总支与古城街道共同出资30万元，用于北辛安新街封闭居民小区建设，并配置了健身设施，为村民提供了良好的健身休闲场所。

【开展“双学双比”活动】 “三八”期间，农工委表彰了在农村经济建设中做出突出贡献的5名女状元，在农村精神文明建设中起到表率作用的“五好文明家庭”10名。衙门口农工商公司所属新洁苑服务中心被评为区级“三八”红旗集体，厂长苏玉娥同志被评为区级“三八”红旗手标兵。

石景山区主要领导人

区委书记	陈文占
副书记	侯玉兰（女） 倪国锋 赵玉民 王英杰
常委	祁红 马刚 赵福奎 傅生柱 廉果 刘江平
区人大常委会主任	王建国
副主任	张秀莲（女） 米春垣 邱思达 黄晋
区长	侯玉兰（女）
副区长	祁红 李晓强（女） 孟令友 刘春锋 赵琦
区政协主席	刘国泰
副主席	陈国华 曹荣恒 孔令多 孙铁生 钟元元
区纪委书记	赵玉民
副书记	尹双曼（女） 孟凡柱

（赵朝全　于景兰　王桂和　吴宝玲）

门头沟区

门头沟区现辖潭柘寺、永定、龙泉、军庄、妙峰山、雁翅、斋堂、清水、王平9个镇；大峪、城子、东辛房、大台4个街道办事处。176个村民委员会，131个社区居委会。年末，全区户籍人口总户数为96 459户，总人数为235 498人，其中：居民人口160 714人，农业人口74 784人。

2002年，门头沟区委、区政府坚持以“三个代表”重要思想为指导，以发展为主题，以改革开放和创新为动力，大力加强“四区”建设，加快推进城市化建设步伐，全面促进社会各项事业发展，不断改善人民生活，较好地完成了年初确定的各项任务。

政治建设

2002年，在市委、市政府的正确领导下，全区各级党组织和广大干部群众高举邓小平理论伟大旗帜，以“三个代表”重要思想为指导，认真学习贯彻党的十六大精神，认真落实区委八届九次会议确定的总体要求和工作任务，紧紧围绕经济建设这个中心，团结奋斗，努力开拓，积极工作，圆满地完成了各项任务，各项事业取得了新的成绩。

党建

【区委八届九次全会召开】 1月18日召开。全会认真贯彻党的十五届六中全会和市委八届十次会议精神，全面落实中央和市委经济工作会议精神，总结2001年全区工作，部署2002年全区工作，进一步动员全区各级党组织和广大干部群众，以“三个代表”重要思想为指导，认清形势，紧抓机遇，改进作风，振奋精神，努力开创全区两个文明建设的新局面，以优异成绩迎接党的十六大胜利召开。

【区委八届十一次全会召开】 7月26日召开。全会的主要任务是：高举邓小平理论伟大旗帜，以“三个代表”重要思想为指导，认真贯彻落实北京市第九次党代会精神，总结2002年上半年工作情况，分析当前工作中存在的主要问题，研究下半年的工作重点，动员全区各级党组织和广大干部群众进一步解放思想，紧抓机遇，圆满完成全年各项工作任务，进一步加快推进全区改革开放和现代化建设步伐，以优异成绩迎接党的十六大胜利召开。

【深入学习“三个代表”重要思想】 年内，区委根据中央和市委统一要求，结合“5·31”讲话和市九次党代会精神，在全区范围内深入开展“三个代表”重要思想学习教育。区委下发《关于在全区深入学习“5·31”讲话的通知》和《关于学习贯彻市九次党代会精神的意见》，提出了严格要求，进行了具体部署，并将其列为各级党委理论学习中心组的主要学习内容之一，在中青年干部培训班上，“5·31”讲话被列为重要培训内容之一。区委理论讲师团多次深入基层专题宣讲“5·31”讲话精神。市九次党代会闭幕后，全区上下立即掀起学习贯彻党代会工作报告热潮，举办全区处级干部学习市九次党代会精神报告会，召开了由全区社会各界人士参加的座谈会。广大干部群众，特别是各级领导干部，深刻领会了江泽民同志“三个代表”重要思想的实质，为全面建设小康社会创造了良好的宣传思想氛围。

【巩固农村“三个代表”学教活动成果】 落实整改措施。全区各镇、村在学教活动中制定整改措施952条，边查边改687件。其中：办好事、实事436件，消除不稳定因素50件，整顿后进班子9个，落实农村政策62件。宣传先进典型。斋堂镇军响林业站被评为全国农村“三个代表”学习教育活动先进集体后，利用电台电视、文件材料和有关会议广泛宣传先进典型，在区有线电视台录播了45期“三个代表”在京西专题片。建立健全制度。9个镇共制定完善有关学风、工作作风方面的制度近200条，各村完善和制定了村规民约等村级管理制度。作好回访复查。复查中发放测评表4 757份，回收率100%，其中对村级开展“三个代表”教育情况满意的3 558份、比较满意的956份、不满意的127份。

【学习宣传贯彻十六大精神】 党的十六大胜利召开后，区委立即制定和下发了《关于在全区深入学习宣传贯彻党的十六大精神的通知》，召开动员会，层层组建宣讲小分队，深入全区宣讲。全区各级宣讲团人数达228人，宣讲团宣讲282场，听众达1.2万人次；以三级党校为阵地，举办党的十六大精神培训班200余期，培训人员达2万多人次；利用文艺、电视广播、橱窗、板报、书画笔会等多种形式加强宣传；通过学习宣传，取得了明显的实效。一是以党的十六大精神为武器，解决人民头脑中的疑难问题，把思想认识统一到党的十六大精神上来。二是以党的十六大精神指导和推进各项工作。结合全区开展的“我爱门头沟”主题教育，引导大家把学习党的十六大精神，具体化为“知家乡，爱家乡，建家乡”的实际行动，全区参与此项活动的人数达10万多人次。涌现出大量解放思想、与时俱进、奋发进取的动人事例。

【巩固农村党的基层组织】 全区农村共调整支部班子27个，调整支委以上干部36人，其中调整党支部书记21名。共有村级后备干部317人。加强“六个好”乡镇党委、“五个好”党支部建设和后进党委、后进党支部整顿工作。全区有4个镇达到“六个好”党委标准，占44.4%；有72个村达到“五个好”党支部标准，占全区农村党支部总数的45.4%，达到了市委要求。规范村务公开，制定了《村务公开规范化意见》，从6个方面对村务公开、财务公开进行了规范。搞好村级党支部和村委会工作，举办了两期培训班，培训了300名农村党支部书记和村委会主任。

【推进街道社区党建工作】 举办了街道社区党建经验交流会，推出了区检察院、大峪办事处和双峪社区居委会等在社区党建工作中取得突出成绩的单位和个人；举办了社区党建工作培训班，市委组织部主管领导做了专题讲演；督促各街道工委开展社区党建工作，大峪街道工委突出了规范化管理、城子街道工委把社区党员划分为两类和6个层次进行了分层管理、东辛房街道工委开展了街村共建、大台街道工委协助驻区企业作好再就业工作等。

【建立“门头沟区党建园地”】 党建园地共设党建基本知识、党建理论探讨、党建经验交流、党旗生辉、党的风采、党务公开、时事政策园地、中国共产党在门头沟等8个栏目。通过网络宣传，让外界了解门头沟区的党建。

【加强党课教育】 2002年区级领导为党员干部讲党课26讲，听课人数1 300余人次；区属二级班子领导干部讲党课285讲，听课人数1.6万余人次。组织部组建了11人的党课小教员队伍，到基层讲党课30余次，听课人数达3 000多人次。

【领导班子建设】 严格按照《党政领导干部选拔任用工作条例》办事，调整领导班子171个，调整处级领导干部182人次。

【公开选拔领导干部8名】 通过公开报名、笔试、面试、考察、书记会讨论、常委会研究、任前公示、体检等多个环节，有8名优秀人才充实到了领导班子中。其中女干部2人，研究生学历3人，35岁以下的6人，民主党派1人。

【培养选拔后备干部】 全年新选拔32人，调整93人，后备干部总数达到307人。并举办了37人参加的后备干部培训班。

【干部培训工作】 共举办领导干部培训班8期，培训干部2 300人次。完成局级干部调训14人次，处级干部调训41人次。

【任前公示和试用期考察工作】 对新提拔的77个领导干部全部进行了任前公示，通过公示，不予使用2人。对试用期满的28名干部进行了考察，27人按期转正，1人延长试用期。

【干部考核工作】 考核24名副区级以上领导干部，评定优秀4人，称职20人。考核84名党政机关处级领导干部正职，评定优秀13人，嘉奖3人。评定事业单位一把手优秀3人，副职干部升级奖励1人。考核228名区委口副处级领导干部（含正、副处待遇，检察院、法院副处职级），评定优秀30人。考核747名区委口科以下工作人员，评出优秀105人。

【镇机关干部构成】 全区各镇党政机关干部共有434人，平均年龄38.7岁，其中35岁以下的148人，大专以上278人。事业单位共有325人，平均年龄38.5岁，其中大专以上92人。

【镇机构改革工作顺利进行】 制定实施了《关于1998年乡镇机构改革内退人员有关政策的规定》，为1998年机构改革中22名内退人员办理了退休手续。科级干部实行了竞争上岗，82人通过竞争上岗。为各镇419名上岗人员办理了公务员过渡手续，重新审定了工龄、核定了工资。

【镇属事业单位机构改革工作】 制定实施了《门头沟区镇属事业单位机构改革方案》。全区镇属事业单位机构54个，精简18个，精简33%，事业单位人员编制325名，精简79人，精简20%。为理顺关系，提高工作效率，区委投入328万元，为改革后进入镇属事业单位的原乡镇补贴人员135人办理了招工及“三险”手续，为375人审定了工龄、核定了工资。

【知识分子工作】 全区共选拔青年知识分子204名，比1998年的93名提高了一倍多，知识结构和学历水平有明显改善。为企业引进科技干部5名，区内调配引进科技干部3名。

【抓纪检监察队伍建设】 新成立纪委（纪检组）5个，任命、调整纪委书记（纪检组长）21名。区纪委机关干部也进行了调整充实。对新任纪检监察干部，举办了两期纪检干部培训班，提高了纪检监察干部的业务水平和工作能力。

【抓党风廉政教育】 要求干部树立正确利益观，把怎样摆正位置、找准位置、坐好位置，以上党课的方式向处级以上领导讲明白。基层单位党政主要领导讲党课160场次，受教育者达9 000人次。

【抓制度建设】 全区各级组织和单位共制定和完善廉政制度686项，其中：区委、区政府7项，区纪委4项，基层单位675项。规范了干部的从政行为。例如，针对部分党政机关购置工作用车，区委制定了《关于区属党政机关购置工作用车的规定》，控制了购车攀比现象。

【推进行风监督】 在原有的68名委员担任行风监督员的基础上，又推荐4名委员担任药品监督管理局的行风监督员。及时召开行风监督员座谈会交流工作经验。

【开展民意测评】 对区“一站式”招商服务大厅进行了一次书面问卷测评。这次测评共向石龙工业区入驻企业、工商民营企业、个体户、到服务大厅办事的人员发放测评表250份，收回有效表158份。对入驻服务大厅的国税、地税、工商、规划等9个主要职能部门的服务态度、办事效率、勤政廉政三个方面进行了测评。根据测评情况，提出了“把好入驻关，建立岗位责任制，健全服务大厅管理机构，建立学习、考核、奖惩制度”等项建议。

【抓党风廉政建设责任制落实】 对党风廉政建设和反腐败斗争的全年任务进行分解，责任到人。抓点带面，促责任制向基层延伸，直至科、队、站、所和村。

【抓监督检查和责任追究】 区纪委坚持经常检查216人次，抽查了13个基层单位，对存在问题的单位，限期整改。对8名科处级领导干部进行了责任追究。

【抓领导干部廉洁自律】 纠正了个别镇级领导干部存在的“走读”现象。落实了党政机关工作人员到农村执行公务，不准用公款在社会上的经营饭店就餐的规定。对9镇21个村的干部执行《村级领导干部勤政廉政若干规定》情况进行了检查。严格控制了处级领导干部公款出国（境）考察学习活动。年内出国（境）79团次，共105人，压缩了4团次10人，节约经费16万元。按照市委的要求，区四大部门和区属75个处级领导班子，按时开展了区属企业领导执行廉洁自律规定“回头看”活动。制定下发了《落实厂务公开监督检查实施办法》，对京西百亿建材集团等18个企事业单位进行了抽查，促进了厂务公开的深入开展。

【建立处级领导干部廉政档案】 投入万余元，为全区处级以上领导干部建立廉政档案。廉政档案将领导干部的基本情况，住房情况，礼品、有价证券登记情况，配偶、子女从业情况和廉洁从政情况等记录在案；每人一档，按专业文书档案标准进行管理。

【加强案件查处和信访工作】 共受理信访举报232件次，同比增加12%。信访立案33件。对41名处级干部进行了谈话。查处违法违纪案27件，其中大要案10件，25人受到党纪政纪处分，为国家和集体挽回经济损失38万元。对上年审结的30起案件进行质量自查互查，合格28起，基本合格2起，合格率100%。

【纠风和执法监察工作】 制定了《加强行政执法部门科级干部行业作风建设实施意见》、《采购暂行办法》、《采购工作程序》、《采购实物调拨及结算暂行规定》。全年运用招投标方式，采购物品节约资金219万元。公路“三乱”得到控制，中小学乱收费进一步纠正，清退资金1.3万元。

政法工作

【狠抓行政执法】 区政府与各行政执法单位签订了依法行政责任书，强化行政责任，提高依法行政的意识和水平。

【“严打”成果显著】 全年共侦破各类刑事案件631起，打掉各类犯罪团伙46个，涉及成员174人；抓获各类犯罪嫌疑人437名；抓获负案在逃犯140名，同比提高84.2%；发案比上年同期下降。

【设立社区警务室】 门城地区建立社区警务站23个，增强社区防范力度和管理能力。

【加大科技创安力度】 在易发案的6个小区安装技防设施，通过验收投入使用，扩大了技防的覆盖面，提高了防范能力，在全市科技创安工作检查评比中，门头沟区被评为先进达标区县。

【发挥检察机关职能作用】 受理提请逮捕各类刑事犯罪案件242件333人，审查批准逮捕211件286人；受理移送审查起诉案件289件417人，经审查提起公诉265件337人；受理贪污贿赂等经济案件线索21件23人。立案侦查7件7人，比去年同期增加3件3人，为国家挽回经济损失50万元。受理群众来信来访119件。初查6件，转检察院有关部门51件，转其他部门26件，直接答复42件。

【加大司法审判力度】 全年共受理各类案件3 746件，审结3 738件，同比分别上升3.2%和3.5%，结案率98.1%。其中，受理各类刑事案件272件392人，受理各类民事案件2 182件，审结2 167件；受理各类执行案件1 277件，执结1 286件，执行标的5 233万元，执结率99.6%；受理行政诉讼案件4件，全部审结，执结非诉行政执行案件10件。

【发挥民事调解作用】 调解组织共调解各类民间纠纷4 698件，调解成功率为98.2%；防止矛盾纠纷激化92件；防止群体性上访事件20件，涉及1 178人。

【加强基层政法组织机构建设】 为加强基层政法单位的组织机构建设，全区设立了12个司法所。各镇都有了规范化的司法所，提供全方位的法律服务。

【完善农民负担监督机制】 在减负工作大检查

中，解决了2个镇10个村，自1992年以来，永定河防汛工程拖欠农民占地款2 702万元的问题。发放农民负担监督卡34 784份。

【加强民主理财】 起草《门头沟区农村集体组织民主理财管理工作暂行规定》，成立了区民主理财领导小组。推行“村账双审”、“村账镇管”。培训民主理财业务人员800余人次，在全区144个村开展了双审工作，占全区总村数77%。

【厂务公开】 全区152家国有、集体及其控股企业，74家教育、卫生单位全部实行了厂务（校务、院务）公开制度，民主测评满意度达到96%。

【完成28项重点工程】 为推动全区经济建设和精神文明发展，区政府提出28项重点工程。其中农业生产和生态建设11项，工业生产6项，市政工程4项，小城镇建设1项，教育3项，路桥3项。

【办成50项实事】 围绕群众关心的热点、难点问题，办成了50件实事。其中走路出行问题10件，卫生问题7件，吃水问题2件，美化环境问题1件，下岗就业问题3件，住宅问题4件，照明问题1件，与生产经营有关的问题2件，山区看电视问题1件，全民健身问题1件20处，消费者权益保护问题2件，法律服务问题1件，其他问题15件。

【政府信息工作加强】 《门头沟信息》报送500条，被《昨日市情》采用187条，市领导批示5条，门头沟区被市政府和市农口系统评为信息工作优秀单位。

人大、政协活动

【人大工作】 全年人大常委会共举行了12次会议，听取审议了“一府两院”和区人大委室的23项工作报告，检查了26部法律法规的贯彻实施情况，依法任免了44名国家机关工作人员，对两个委（队）和3名局长（主任）进行了评议，就财政预决算和镇人大换届选举等重大事项做出了6项决议、决定，筹备召开了区十二届人大四次、五次、六次会议。

【区十二届人大四次会议】 1月20日～22日在区百花宾馆召开。会议应出席代表158名，实出席151名。会议听取并审议了门头沟区区长刘永富关于门头沟区人民政府的工作报告；审议了门头沟区发展计划委员会主任翟云峰关于门头沟区2001年国民经济、社会发展计划执行情况和2002年国民经济、社会发展计划草案的报告，审查和批准了门头沟区2001年国民经济、社会发展计划执行情况报告和2002年国民经济、社会发展计划；审议了门头沟区财政局局长王兰栋关于门头沟区2001年财政预算执行情况和2002年财政预算草案的报告，审查和批准了门头沟区2001年财政预算执行情况的报告和2002年财政预算；听取并审议了门头沟区人大常委会主任李清云关于门头沟区人大常委会的工作报告；听取并审议了门头沟区人民法院院长马跃关于门头沟区人民法院的工作报告；听取并审议了门头沟区人民检察院检察长刘连长关于门头沟区人民检察院的工作报告。会议通过了关于以上6项报告的决议。

【区十二届人大五次会议】 7月18日在区百花宾馆召开。应出席代表154名，实出席代表136名。会议依据《中华人民共和国地方各级人民代表大会和地方各级人民政府组织法》，补选门头沟区人民政府区长。董瑞龙当选门头沟区人民政府区长。

【区十二届人大六次会议】 11月24日～25日在区百花宾馆召开。选举出席北京市第十二届人民代表大会代表20名。

【第三十三次常委会议】 3月27日举行。会议同意刘永富同志因工作调动辞去区长职务；根据区人大常委会主任会议的提请，会议决定任命董瑞龙为门头沟区人民政府副区长；会议决定由董瑞龙副区长代理门头沟区人民政府区长职务。

【第四十次常委会议】 9月27日举行。会议听取评议了区商委主任赵爱娟的述职报告。会议同意这个报告。会议通过了关于镇人民代表大会换届选举的决定，新一届镇人大代表在年底前选出；会议决定全区9个镇代表名额为450名；会议任命了各镇选举委员会组成人员。

【工作监督】 常委会先后听取和审议了区政府关于“石龙工业开发区十年开发建设”、“新型建材区总体发展规划”、“非公有制经济发展”等情况的报告。组织委员和代表视察了灵山、珍珠湖风景区、小尾寒羊养殖小区和退耕还林工作情况，分别提出了意见和建议。对石龙工业开发区的工作提出了进一步明确发展思路，大力发展高新技术产业；进一步改革管理体制，带动区域经济的整体发展；抓紧建立完善的政策支持体系，进一步优化投资环境；进一步加快高科技园区建设，尽快形成独具特色的产业发展体系等建议。针对发展非公有制经济工作中存在的问题和困难，提出了加大宣传力度，创造良好的发展环境；加大扶植力度，关注场地、资金等制约因素；加大管理力度，促其快速健康发展的建议。这些建议被区政府认真采纳，对石龙工业开发区和非公有制经济的发展发挥了积极的促进作用。

把实施科教兴区战略作为工作监督的着力点。常委会把山区教育工程摆在工作监督的重要位置，在连续三年进行跟踪监督的基础上，组织常委会组成人员视察了色树坟、斋堂、雁翅中学和斋堂、付家台中心小学，听取了区教委的工作汇报。为了规范医药市场管理和推动医疗服务达标活动，常委会组织委员和代表多次开展检查、视察活动，维护了门头沟区药品市场秩序，促进了医疗服务水平的不断提高。

把财政预算作为工作监督的切入点，促进经济和社会的协调发展。按照《预算法》、《北京市预算监督条例》的要求，常委会听取和审议了区政府关于2001年财政决算和审计工作的报告，批准了2001年财政决算；听取了区政府关于2002年1～9月预算执行情况和调整2002年支出预算的报告，批准了支出预算调整方案；深入有关部门和单位开展调查研究，了解经济和社会发展情况，为审查2003年财政预算草案提前做好准备。为了探索预算监督的新途径和新方法，坚持提前介入预算议题的审议，及时了解部门预算编制和政府采购工作情况，增强了预算监督的实效性。

【法律监督】 常委会组织委员和代表检查了《旅游管理条例》、《婚姻法》、《工会法》、《严格限制养犬的规定》、《食品卫生法》、《执业医师法》、《消费者权益保护法》、《体育设施管理条例》、《刑事诉讼法》、《监狱法》、《看守所条例》、《义务教育法》、《教育法》、《档案法》、《计划生育法》、《科学技术管理条例》等26部法律法规的贯彻实施情况，比上年增加了54%。

【人事任免】 全年依法任免国家机关工作人员51人次，其中区长、代区长、副区长5人次，区政府委办局领导27人次，区法院工作人员10人，区检察院工作人员6人，区人大工作人员3人。坚持新任命国家机关工作人员任前施政承诺制度，12名新任区长、局长（主任）在常委会上作了施政承诺发言。

【评议工作】 全年组织人大代表评议了区教委和城市管理监察大队。参加评议的60名代表，共开展调研活动23次，召开座谈会26次，走访94个单位，发调查问卷2 000份，归纳整理出87条意见和建议。

【代表工作】 常委会组织全体代表视察了妙峰山镇岭角村“灵溪科技活动中心”和军庄镇东山村“慧明”农庄的开发建设。本届人大四次会议期间代表提出的134条建议、批评和意见，除2件转市有关部门办理外，都已如期办理完毕并书面答复提建议的代表。通过办理代表“建议”，使王平地区永定河桥、区医院停车场、葡萄嘴路灯、道路改造、隔离栏绿化、电路改造、增开公共交通等一批群众关心的问题相继得到解决。常委会共收到代表来信9件，接待代表来访16人次；收到群众来信50件，接待群众来访93人次，常委会都认真办理。

【镇人大换届】 全区9个镇的人大换届选举工作圆满完成。12月24日为投票日，8.8万名选民分别在224个选区设的268个投票站和399个流动投票站投票。选民参选率达98.5%，选出了450名代表。

【召开区政协六届四次会议】 1月19日～21日区政协召开了六届四次会议，提出提案155件。从“四区”建设、整顿和规范市场经济秩序、重点工程和为民办实事项目、科教兴区、依法治区、提高全民思想道德素质等方面提出意见和建议，选择改革发展中的有关问题开展专题协商。

【加强提案办案工作】 全年共收到委员提案160件。立案处理15件，转作社情民意19件，共立案126件。年底前解决了89件，占立案总数的70.6%，列入计划逐步解决的23件，占立案总数的18.3%，留作参考的14件，占立案总数的11.1%，办复率达到100%。

【重视文史资料收集整理】 搜集史料线索，全年共征集稿件302篇，编辑出版了《京西古道》、《古今斋堂镇》两本专集和《门头沟文史》第十一辑。《京西古道》荣获了国家图书馆颁发的荣誉证书。

【反映社情民意】 区政协两次向委员发放《社情民意》征集信函，整理汇总社情民意近百件，区委、区政府主要领导在上报的5期《社情民意》上都作了批示，社情民意工作进一步得到重视。

群团活动

【工会组织及会员】 全区职工28 672人，工会会员27 531人，各委、镇、街道、局、公司、直属基层工会74个；基层工会599个；专兼职工会干部604个；直属事业单位2个。

【集体合同工作】 区工会着眼于新建企业集体合同签订工作，下发了《关于进一步加强平等协商和集体合同工作的意见》（门工发［2002］19号），在各镇、办事处、工商联等新建企业，新签集体合同85家。

【工会开展送温暖活动】 两节期间，各级工会筹集资金126.44万元，走访慰问3 278户，4 586人享受到一次性补助，其中特困职工700人，下岗职工221人，劳模先进人物31人。做好困难户的调查和网络动态管理，为困难职工家庭办理帮困卡348户。

【新建企业建会工作】 新建企业建会150家，入会3 133人。

【经济技术创新工程】 创新技术259项，创新工艺32项，创新产品11个，创新纪录52项，创新服务管理模式410项，创最佳操作法456项，职工计算机知识普及人数12 313人，实现技术公关152项，双增双节62项，实施合理化建议434件，全年共创效益453.1万元。

【劳模管理】 对全区106名劳模现状进行了调查，制定了《门头沟区市级以上劳模管理暂行办法》。

【共青团组织建设】 拥有团员11 158名，占全区青年总数的23.2%，当年新发展团员1 189名。有团委33个，团总支38个，基层团支部519个。

【加强青年政治思想教育】 结合纪念中国共产主义青年团成立80周年、“五四”爱国运动83周年，组织召开纪念会、参观、举行文字图片展、组织文艺汇演、举办团务知识竞赛等活动，重温共青团历史，接受爱国主义教育。

【保护母亲河生态监护活动】 3月9日起，全区开展首都青少年保护母亲河生态监护活动。区“青少年生态监护小队”正式成立。青少年们纷纷承诺为母亲河做好“环保十件小事”。团区委还组织中央、市属机关、大专院校团组织及市民到潭柘寺地区植树1.5万株。

【开展增收成才活动】 编辑出版8期团区委自办刊物——《门头沟区青年科技致富信息》，把农业生产技术信息传递给全区农村青年。

【青年人才工程】 初步完成“青年人才库”建设，探索建立青年人才的培训、管理、推荐工作机制。“青年人才库”已收录本区年龄35岁以下、大专以上学历的青年744人。

【青年爱心工程】 年内团区委共争取“希望之星(1+1)”奖学金、“学子阳光”、“爱心基金”等助学资金143 900元，使276名学生得到了资助。

【维护妇女的合法权益】 建立妇联领导信访接待日制度。重新注册了区妇联法律事务服务所，一年来共接待来信来访309件。

【培养农村妇女致富带头人】 组织镇妇联干部及部分女村长、女支部书记、种养殖大户、女致富带头人等36名，参加了市农村妇女骨干培训班。

【深化“双学双比”活动】 在全国农村妇女科技致富评比中，区妇联获全国“双学双比”先进集体；永定镇王燕敏、龙泉镇西辛房村党支部书记周锡珍双获全国“双学双比”女能手；斋堂镇白虎头村妇代会主任宋成惠带领全村妇女种植小枣，并形成品牌，获全国“三八”绿色奖章。

【开展扶贫助困活动】 资助贫困儿童13名，大学生7名，慰问贫困妇女15人，资助近3万余元。

【关注儿童成长】 开展《北京市学前教育条例》、《“十五”儿童发展规划》和《家教指导行动》宣传活动，有380多名教师和儿童参加了活动。对大村中心小学捐助4万元，建立了多媒体电脑教室。雁翅镇妇联与海淀区街道办事处妇联手拉手，8年累计捐助贫困学生57人，捐资20余万元，各种物品5万余件。

【小额贷款项目活动站正式成立】 小额贷款项目活动站成立，建立“姐妹互助创业家园”，为以下岗妇女为主体的妇女提供资金、技术、信息交流。采取资金循环使用方式，以千元起步，万元发展，实现“千元贷款连千家，千名姐妹富千家”的目标。

【妇联外事活动】 接待了39个非洲国家的驻华大使夫人。

经济发展

2002年，全区国内生产总值完成28.4亿元，比上年增长18%，比1997年增长142.7%；社会固定资产投资10亿元，比上年增长20.5%，比1997年增长143.9%；财政收入4.65亿元，比上年增长29.2%，比1997年增长130.3%；农村经济总收入39.8亿元，比上年增长20%，比1997年增长119.5%；社会消费品零售额22.1亿元，比上年增长9.6%，比1997年增长90.5%；城镇居民人均可支配收入10 210元，比上年增长14.4%，比1997年增长58.4%；农民人均收入5 095元，比上年增长13.1%，比1997年增长69.3%。

产业结构继续保持“三、二、一”格局，第一产业实现增加值0.53亿元；第二产业实现增加值10.1亿元；第三产业实现增加值17.8亿元。与上年比较，分别增长2.2%、27.8%、13.6%，三次产业增加值在GDP中所占比重分别为1.9%、35.5%和62.6%。

农　业

【制定农村经济扶持政策】 年内制定《关于推进农村经济结构调整　加快农民致富步伐若干政策意见》。《意见》对种植业、畜牧水产业、水利富民建设、农民专业合作经济组织、专业示范村、安全食品体系、乡镇企业、农业观光园区建设等8个方面给予政策奖励扶持，并印刷成小册子发给农户。

【加强合同管理　落实农村政策】 化解和处理了军庄镇18名群众反映荒山租赁、果树分配不均问题；军庄镇东杨坨村要求重新分地问题；斋堂镇沿河城三村未按规定延续农业合同问题。对76个农民专业合作组织进行了登记备案、检查。

【农村经济总量持续增长】 农村经济实现国内生产总值9.4亿元，同比增长20%；农村经济总收入39.8亿元，同比增长20.1%；财政所得9 869.9万元，同比增长19.2%；乡镇企业总收入35.3亿元，同比增长21%；乡镇企业利润3.2亿元，同比增长18%；生产性固定投资2.5亿元，同比增长21.7%；农民人均纯收入5 095元，比上年增加591元；非公有制经济收入占农村经济总收入的比重达到53.2%，比上年增长26.2%。

【农业结构调整整体水平提高】 全区实现第一产业增加值0.53亿元，同比增长2.2%。全年实现不变口径农业总产值0.97亿元，同比增长12.7%。其中：种植业2 834.7万元，同比增长6.8%；林业1 152.4万元，同比增长37.7%；畜牧业5 262.2万元，同比增长14.8%；渔业430.7万元，同比增长4%；农、林、牧、渔业在全部农业产值中所占比重分别为29.3%、11.9%、54.4%、4.4%。

【农业标准化生产示范基地】 北京仙潭珍禽园、北京碧琨特菜产销中心、永定镇上岸养殖园、北京慧明果林业试验农场、妙峰山镇樱桃沟村、雁翅镇太子墓村、斋堂镇灵桂金苹园共7个农业生产基地被市列为农业标准化生产示范基地，其中永定镇碧琨特菜产销中心被评为市级优质种植园。

【安全食品生产体系建设】 雁翅镇蔬菜类香椿、雁翅镇太子墓村果品类苹果、军庄镇东山村果品类梨、军庄镇果品类京白梨、北京慧明果林业实验农场畜禽类火鸡、斋堂镇九龙头农场果品类苹果、北京仙潭珍禽养殖场畜禽类冻珍禽、军响果品类杏仁和核桃、王平镇畜禽类鹧鸪、北京清泉肉食品生产销售中心畜禽类羊肉、妙峰山镇樱桃沟村果品类樱桃、北京物华园种植养殖中心蔬菜类萝卜菜、龙泉实业公司蔬菜类萝卜菜共13个通过了检测，达到了安全食品认证，获得了农产品安全生产基地认证。

【产量有降有升】 由于受播种面积减少等因素的

影响，全年粮食产量271.7万千克，同比下降31.5%。夏粮亩产270.6千克，秋粮亩产246.7千克。蔬菜产量2.29万吨，同比下降4.8%，其中特菜产量694吨，同比增长71.4%。

【农产品在国际博览会获奖】 “第五届中国北京国际科技产业博览会的现代农业科技与产品展”会上，区获得了最佳组织奖、优秀设计奖。参展的妙峰山“妙樱”牌大樱桃荣获产品金奖；京白梨、薄皮核桃、大杏扁、太子墓苹果、绒山羊、灵山牌山野菜荣获产品银奖。

【碧琨特菜产销中心】 碧琨特菜产销中心是永定镇冯村集体所有的特种蔬菜生产销售为一体的农业企业。它以北京市农林科学院为依托，开展了多种特种蔬菜种植，规模达到112.67公顷。年内新建了日光温室358个，育苗车间6 000平方米，净菜加工车间400平方米和一座容量200吨的冷库。并且带动了15个村近600个特菜种植户。

【畜牧业产量】 出栏羊10.31万只,同比增长5.6%;生猪出栏3.88万头,同比下降3.1%;出栏肉鸡33万只;出栏肉牛438头,同比增长49%;鸡蛋产量972吨,同比增长14%;牛奶产量7 250吨,同比增长58.2%。特禽栏存12万只,出栏19.5万只。

【养殖小区和专业户】 新增养羊一级小区50个，养殖小区总数达197个，入区户数3 377户，养殖品种40余种；养殖专业户达到3 328户，其中养羊专业户911户；并组织专业部门对养殖小区进行了种羊管理、饲草饲料加工、疫病防治等方面的技术指导。

【仙潭养殖场扩大规模】 仙潭养殖场集养殖、屠宰、销售为一体，养殖特禽10余种。在此基础上，该场开展以场带户活动，带动了180个珍禽养殖户，年销售各种珍禽达到了15万只。加工产品还通过了安全食品认证，进入了超市和连锁店。总收入500多万元。

【渔业生产面积增加　品种增多】 新开发10处养殖点，增加养殖水面7.33公顷，池塘养鱼面积达到35.2公顷。

【建成冷水鱼良种繁育示范基地】 引进金鳟、大西洋鲑、鲟鱼等，丰富了水产品种。

【兴建三处绿色养殖小区】 投资150万元，建成清水、燕家台、洪水口绿色养殖小区3处，当年产鲜鱼33.3万千克。

【开展肉羊杂交改良】 利用罗姆尼、无角陶赛特、波尔山羊、南江黄羊开展小尾寒羊、本地山羊的肉羊杂交改良，建成人工授精点9处，区种羊场向养羊小区提供精液1 500头份。

【设施农业发展】 设施农业总面积达到120公顷。其中碧琨特菜产销中心面积112.67公顷。

【10个农业观光园】 建成仙潭珍禽园、岢萝农梦园、瑞丰花果园、龙泉香杏园、东山梨花园、妙峰山樱桃园、王平翠泉村趣园、雁翅慕川富士园、斋堂灵桂金苹园和清水鹿鸣园10个农业观光园区。年累计接待游客15.8万人次；实现收入1 371.6万元，户均纯增收1 374元；吸纳农村劳动力就业1 320人，带动农户589户；园区带来的间接效益176.5万元。

【农家乐旅游休闲产业迅速崛起】 从事农家乐休闲产业的村54个，比上年增28.6%；开展农家乐活动的户425家，比上年增83.2%，其中32户评为市级民俗旅游定点单位。全年接待游人37.07万人，旅游收入1 265.2万元，分别比去年增长164.8%和178.1%。

【龙泉镇乳品公司扩建生产车间】 该公司与上海光明乳业公司合作，扩建乳品生产车间2 000平方米，装配10条自动挤奶生产线，年加工鲜奶能力实现7 300吨。通过了ISO9002质量体系认证。

【清泉屠宰加工厂建成】 新建了清泉屠宰厂，年屠宰能力1万只。

【完成农机销售340.8万元】 完成农机销售340.8万元，销售农用运输车52台，各种水泵18台，柴油机12台，拖拉机4台，配套农机具6套，养殖加工机械27台。

【农机监理】 按照市农机监理办法，全年审验拖拉机、农用车362台，审验驾驶员690名，发牌照487台。

【农机培训】 组织科技下乡和培训，为农民讲解农机实用技术和修理技术，帮助农民修理铡草机、粉碎机、水泵80余台次。

林业　水利　气象

【果品产量】 果品产量6 074吨，同比下降8.4%。

【人工造林和育林育灌】 完成人工造林1 633.96公顷，苗木成活率85%以上，其中用材林12公顷，经济林571.96公顷，防护林930公顷，特用林120公顷，飞播造林1 066.64公顷。完成封山育林育灌3 333.33公顷，义务植树27万株。

【新发展果树780公顷】 新发展果树780公顷，更新改造果树480公顷。

【养蜂14 200群】 全区蜂群总数量14 200群，蜂蜜产量27万千克，王浆产量4 137千克，养蜂总收入199.8万元。

【采伐木材2 481.8立方米】 采伐审批167件，采伐总株数81 721株，立木蓄积2 481.76立方米。

【森林防火指挥系统启动】 森林防火指挥系统工程正式启动，它具有先进的指挥调度、林火监测、瞭望功能，工程总投资230万元。

【古树名木挂牌工作全面完成】 全区共有古树名木1 271株，分布在150多个地方，区林业局对每株古树名木的数码照片进行了存档，并统一制作了铝合金树牌。

【退耕还林2 000公顷】 在101个村181块农田退耕，共2 000公顷，其中退耕造林1 000公顷，配套荒山造林 1 000 公顷。栽植树木 518.22 万株，成活率在 85%以上，其中新发展果树 780 公顷。

【水利工程建设】 新建水利工程 678 处，其中骨干工程 290 处，网络化五小工程 388 处，新增蓄水能力 20.9 万立方米，新增节水灌溉面积 2 200 公顷，实现五小网络化灌溉面积 1 266.67 公顷。建设集雨场 14.6 万平方米，打井工程 11 项。完成小流域综合治理 50 平方公里。被市政府授予 2002 年度山区水利富民综合开发先进区称号。

【完成京津风沙源治理 2000 公顷】 完成京津风沙源（门头沟区境）治理工程 15 平方公里，市水利基金工程 9.8 平方公里和国家生态环境治理 266.67 公顷。栽植苗木 31.36 万株。成活率 85%以上。

【解决了 4 个村人畜饮水问题】 投入资金 93 万元，打机井 4 眼，铺设了 1 条输水管道，解决了担礼、灰峪、何各庄、向阳口 4 个村 2 000 村民及其牲畜饮水难问题。

【节约用水 27.5 万立方米】 全面落实了《21 世纪初首都水资源可持续利用规划》，保护了水资源，全区节约用水 27.5 万立方米。

【气象】 据门头沟气象站观测，年平均气温 13.1℃，比历年平均值高 1°C，极端最高气温 41.4℃，极端最低气温 -13.5℃；总降水量 567.7 毫米，比历年平均值少 33.7 毫米。秋季（9～11 月）降水比历年偏多，汛期延长至 9 月下旬。12 月降雪连续 6 天，创历史一次降雪时间最长记录和 12 月降水量最大记录；年度日照总量 2 260 小时，略少于平均值。灾害性天气多于往年：大风日数 26 天，4 月一次大风，瞬时风速达到 25.6 米/秒（10 级）；沙尘天气又有增加；西部地区 7 月份出现了大暴雨和冰雹。

【斋堂地区遭雹灾】 7 月 24 日 13 时 30 分至 14 时 15 分，斋堂地区遭特大冰雹和飓风袭击，冰雹大如鸡蛋。109 国道多处树木被连根拔起，6 处电线杆折断，500 米有线电缆刮断，高铺的葡萄、九龙头的苹果、东斋堂的药材及粮食损失严重，直接经济损失 150 万元。

工　业

【区属企业深化产权制度改革】 年内，区经委已有 10 家企业完成产权制度改革，其中 8 家为有限公司，2 家为股份合作制。股本金为 1 254.5 万元，主要经营者占比例在 8.4%～60%不等，业务技术、骨干占比例在 16%～40%不等，涉及资产总额为 14 414.5万元。10 家企业全年实现销售收入 7 065.4 万元，利润总额 327.04 万元。分别占系统总量的 22%和 44%。

【区经委 12 家企业实施破产】 随着企业改革的不断深入，经委系统对长期亏损资不抵债的 12 家企业进行了破产工作。年内，有 7 家企业破产工作完成。分别是汽车齿轮厂、汽车制动毂厂、前甫公司、华普机械厂、线束厂、金鹏环保公司、腾云牧机厂，涉及资产 6 893.2 万元，负债 11 530 万元，其中银行借款本息 9 113.4 万元，其他应付款 2 022 万元，破产费用 251.7 万元。经委仅用 717.3 万元，破掉了 11 530万元的债务，将企业原有资产 4 655.3 万元全部回购。另外 5 家破产企业是：九龙机械厂、铅丝厂、兴农犁刀厂、乡镇企业供销公司、金闽达煤炭销售公司，将于 2003 年上半年结束。12 家企业破产完成后，可破掉债务 21 729.2 万元。

【吉诺公司挂牌成立】 汽车齿轮厂破产后，引进吉林省吉华公司实施资产重组。北京吉诺飞轮制造有限公司于 10 月正式挂牌成立。到年底，企业产值达到 313 万元，平均月产值达到以往月产值的 2 倍，达产后年产值将在 2 000 万元以上。

【耀华印刷公司引进项目投产】 该公司改制后，与世纪兴业印刷有限公司合作，从日本引进四台小森（3 台八色、1 台 10 色）轮转彩色印刷机，此设备可实现印刷多色、高速度、高效率、高产出。该项目于 5 月完成并投入生产，共投入资金 3 200 万元。

【石龙开发区引进企业 71 家】 年内，石龙开发区共引进企业 71 家，注册资金 43 410 万元。其中，引进投资建厂高科技企业 1 家，征用土地 1.23 公顷，注册资金 1 000 万元，项目计划投资 3 000 万元，一期工程建筑面积 5 786 平方米，计划 2003 年开工。在引进的注册企业中，注册资本 1 亿元以上的企业 1 家、5 000 万元以上的企业 1 家、1 000 万元以上的企业 18 家，入区和注册企业在科技含量和规模上较往年均有了新的提高。

【石龙网站投入使用】 11 月 28 日石龙网站正式开通。该网站分别从石龙概况、投资环境、优惠政策、地理位置、直属公司、入区企业等多方面对外进行宣传、介绍，并将网站首页与门头沟政府网站建立连接，使管委会与各部门之间联系更加便捷，也为打造“数字石龙”奠定了基础。

【乡镇企业二次创业又有新进展】 招商引资 8 000万元，增加收入 2.6 亿元，创利税 2 200 万元。完善了永定镇万隆、小园，斋堂镇西斋堂工业小区建设，入驻企业 50 家，总投资 1 亿多元，销售收入 2.7 亿元，实现利润 3 000 万元。

【乡镇工业小区】 重点建设永定镇万隆、军庄镇新港和斋堂镇西斋堂 3 个乡镇工业小区。新入区企业 12 家，总投入资金 7 000 万元，可新增销售收入 1 亿元，创利税 1 500 万元，并可解决 800 人就业。

【乡镇“两砖工程”建设】 年底，乡镇企业共建煤矸石、页岩空心承重砖生产线 10 条，总投入资金 1.35 亿元，年生产能力达到 5 亿块标砖以上。产品已经进入市场，年可增加销售收入 2 亿元，创利税 3 000 万元。

【三家企业通过国际质量认证】 兴华电器厂、科峰公路仪器厂、大峪化工厂三家企业通过 ISO9000 国际质量体系认证。

【海琨建筑材料厂第二条生产线投产】 北京海琨建筑材料厂投资 3 000 万元建造第二条生产线，投入生产。设计生产能力 1.2 亿块标砖。可实现销售收入 2 400 万元，创利税 800 余万元。

【城子金刚石厂获自营进出口权】 7月8日，北京城子金刚石厂通过了北京市外经贸委的严格评审，获得了人造金刚石的自营进出口经营资格，成为门头沟区第一家拥有产品自营进出口经营权的乡镇企业。

商业 对外贸易

【社会消费品零售额 22.1 亿元】 社会消费品零售额 22.1 亿元，同比增长 9.6%；比 1997 年 11.56 亿元增长 191.2%。其中区内企业完成 13.11 亿元，与去年同期基本持平。

【商品消费比重】 在全部消费品零售额中，“吃的商品”10.58 亿元，占 47.9%，比重最大；“烧的商品”2.07 亿元，比上年增长 13.5%，增速最快。

【商品流向】 居民消费 19.11 亿元，集团消费 2.99 亿元。

【成立了三个农业专业合作社】 建立了潭柘寺蜂产品、斋堂药材和雁翅干鲜果品三个专业合作社。合作社向农民提供科学技术和市场信息等服务，投入资金 1 万余元购置农药、器具及包装印刷品，帮助农民开拓致富门路。

【门头沟区商业联合会成立】 2002 年 11 月成立全区商业联合会，吸收首批会员 65 家。

【8 家物美便利店开业】 副食蔬菜总公司与物美合资组建北京京西物美便利超市有限责任公司，新开连锁便利店 8 家，实现销售收入 1 900 万元。

【善和药品公司完成整体改制】 北京医药善和药品公司吸收北京物美商城有限责任公司和主要经营者入股，吸引资金 500 多万元，共同组建医药用品有限责任公司，以门头沟区为经营本部，把经营的药品打入物美所属各家综合超市，进入首都大市场。

【首家上海华联超市在区开业】 区供销社与上海华联合作，在贸易大楼一层建立了上海华联综合超市，营业面积 1 000 平方米，年销售额可达 1 000 万元。

【同仁堂药店开业】 区善和药品公司与北京同仁堂药业合作，建立了同仁堂善和康分店，4 月 9 日开业。

【麦当劳、肯德基入区开店】 区百货商场、戴世隆超市引进麦当劳、肯德基入区开店，两店分别于 2002 年 4 月和 9 月开业。

【全区连锁经营发展迅速】 各类连锁店铺发展到 50 多家，涉及副食、百货、服装、医药、服务、餐饮六个行业十几个业种，连锁行业的年销售额已占到全区社会消费品零售额（区内部分）的 20% 以上，服务范围涵盖门城老区 40% 以上。

【捆绑减债和危困企业破产】 区供销社、华洋百货总公司和副食蔬菜总公司，实行整体捆绑偿债，核消债务 9 000 万元以上。滨河汽车运输公司等 9 家企业进行了破产运作，现已全部进入终结。商委系统破产企业共有 15 家，其中：粮食局 13 家，副食蔬菜公司 2 家；破产金额 13 674.94 万元；分流职工 407 人。

【出口商品销往 12 个国家和地区】 出口商品销往 12 个国家和地区，出口总额 7 471.3 万美元，比上年增长 17.2%。主要出口市场为日本，出口金额 2 689.1万美元，占出口总额的 36%；其次为韩国，出口金额 1 550.2 万美元，占出口总额的 20.7%。

【出口商品结构】 初级产品 5 857 万美元，占出口总额的 78.4%；工业制成品 1 233.1 万美元，占出口总额的 16.5%；煤炭出口金额为 5 383.7 万美元，占出口总额的 72.1%。

【“三资”企业】 “三资”企业达到 354 家，协议投资总额 4.64 亿美元，协议吸收外资 1.97 亿美元，实际利用外资 1.63 亿美元。其中新批“三资”企业 18 家，协议投资总额 516.5 万美元，协议吸收外资 365.5 万美元，实际利用外资 290 万美元。

【“三资”企业经营状况】 新增开业“三资”企业 4 家，累计开业 64 家，职工总人数 5 188 人。全年“三资”企业实现产值 6.1 亿元，销售收入 11.2 亿元；“三资”企业工业总产值 5.9 亿元。

建筑 建材 房地产业

【建筑行业产值增加】 实现建筑业总产值 11.07 亿元，比上年增长 30.8%。其中：建筑工程产值 10.2 亿元，比上年增长 28.1%，占建筑业总量的 92.2%。

【开复工面积增加】 单位工程施工个数 700 个，比上年增长 224.1%。单位工程竣工 417 个，比上年增长 265.8%。全年开复工面积 67.2 万平方米，比上年增长 62.2%，其中新开工面积 49.1 万平方米，比上年增长 112.1%；竣工面积 27.4 万平方米，比上年增长 22.8%，其中住宅面积 17.2 万平方米，比上年增长 46.8%。

【建筑业固定资产投入加大】 全年固定资产投资额达 5 亿元，比上年增长 150%；投资 1.4 亿元的煤矸石页岩空心砖生产线建设进展顺利，有 7 条煤矸石空心砖生产线完工。

【京西建设集团资质晋升一级】 京西建设集团资质升为一级，取得了国家房屋建筑工程总承包一级资质。

【优质工程通过认证】 5 项工程入围市结构长城杯和市优质工程。通过了 GB/T24001GB/T28001 即职业健康安全及环境管理两项体系的认证工作及 ISO9001—2000 版质量体系认证。

【建材工业发展良好】 实现建材工业总产值

5.24亿元，比上年增长25.9%，建材工业占工业生产总量达到24%，比上年增长6.3%。

【煤矸石砖销售3亿块】 8条煤矸石生产线全部达到了质量标准，全年共销售标砖近3亿块，销售额达5 000余万元，产品覆盖了石景山、丰台、海淀、房山、昌平5个区的市场。

【新港水泥厂二期技改工程完工】 新港水泥厂二期水泥磨技改工程如期完成，水泥年产达到70万吨。

【北京神州灵山叶腊石有限公司成立】 6月20日，京西百亿建材集团与赵家台叶腊石矿山等4家叶腊石企业，联合成立了北京神州灵山叶腊石有限公司。

【赛阳厂通过质量体系认证】 赛阳特种水泥厂通过ISO9001—2000版质量体系认证。

【京西建设集团改制】 京西建设集团由国有企业转变为国有控股企业。定名为“北京京西建设集团有限责任公司”，注册资金7 320万元。集团与各成员单位的关系转变为以资本为纽带的母子公司关系。集团包括门建有限责任公司、城建有限责任公司、立昌有限责任公司、京冠建筑有限责任公司、创力有限责任公司、冯建公司等6家子公司。

邮电　运输业

【邮政业务总量增加】 有邮政局所17处，邮政业务总量0.22亿元，同比增加20.6%。报纸744.7万份，杂志18.9万份，两者累计比上年增长10.1%。特快专递1.5万件，同比增长19.6%。国内长途电话359.7万张，同比增长1.3%，国际长途电话1.2万张，同比增6.4%。市内电话到达户8.3万户，市话话机总量8.4万部，比上年增15.5%。市话交换机总量10.8万门，增幅8.6%。住宅电话7.3万户，同比增长13.9%。IC卡电话335部，公用电话748部，ISDN用户1 260户，DDN专线41条，ADSL用户290个，IP用户131户。

【运输业】 公路运输实现收入2.5亿元，运输管理收入230万元。公路货运总量687万吨，同比增长40.8%；货物周转量50 017万吨，同比增长140.2%，旅客周转量2 088万人公里。

旅　游　业

【接待游客400万，收入4.5亿】 旅游业年接待游人400.5万人次，比上年增长26.9%。旅游“黄金周”期间接待游客84.9万人，比上年增长30%。实现旅游收入4.5亿元，比上年增长28.6%。

【旅游企业数量增加档次提高】 拥有旅游星级饭店12家，规模景点13家。新开发旅游项目15个。其中，龙泉宾馆四星级改造工作基本完成，京西水晶宫饭店、龙世源度假村、灵山度假山庄升为国家旅游二星级饭店；塔岭山庄、云山庄园升为国家旅游一星级饭店；斋堂双龙峡景区通过了北京市旅游局验收，正式对外开放。

【旅游业重点工程基本完成】 神州国旅京西分部挂牌营业，与3个街道办事处20家居委会联合建立了旅游服务热线；灵山景区垃圾处理厂工程完工；大台樱桃沟二星级厕所建设完工，灵山、双龙峡、爨底下二星级厕所改造通过初评；旅游景区设立了医务室；初步完成黄塔至百花山林场公路拓宽工程。

【民俗旅游生动活泼】 4月26日，“第五届京西大庙会”在潭柘寺开幕，为时1个月。5月，第十届妙峰山春季庙会召开。7月，“门头沟区京西山水游暨第四届灵山西藏风情节”，9月结束。8月28日，第五届京白梨采摘节开幕。

【龙凤山冰雪乐园营业】 12月18日，龙凤山冰雪乐园正式营业，并在此举办了“北京门头沟第二届银冬冰雪节”。

【北京龙凤山旅游度假村开业】 坐落在永定镇，以云南竹楼为特色的“北京龙凤山旅游度假村”落成并开始接待游客。

市　政　建　设

【双峪大街亮丽工程】 9月底完成双峪大街为主的亮丽工程 。工程投资近千万元，改造拓宽双峪路大街1.2公里；双峪路环岛铺设草坪2 000多平方米，沿线供电、广播、电信等电缆全部入地，人行步道铺设彩砖1.2公里，安装路灯58盏、步道灯42盏、装饰灯12盏、地射灯9盏，道路两侧种植银杏树160多棵。

【兴建滨河路雨水管道工程】 投资200万元兴建了滨河路雨水管道。铺设电信6孔甲式管道，铺设彩砖3 600平方米，雨水管道873米，检查井22座，双箅雨水口22处，电信管道356米，电信检查井4座。

【新桥大街绿化隔离带工程】 投资73万元，改造了新桥大街绿化隔离带。栽植大叶黄杨球400株，增添了蔓海姆月季1 067株，铺冷季型草坪3 840平方米。新铺装彩砖162平方米，更换栏杆2 400延长米，路牙4 800米，并提高了路牙15厘米，拆除旧栏杆2 400延长米。

【市政工程】 投资450万元，硬化东辛房矿后街、城子复兴后街、大峪二小西路、龙泉镇岳家坡路等40条小市政道路；铺设了20多条排水管道，全长1万米；污水管道2 776米。

【环境卫生】 投资50万元，新购置果皮箱74个，分别摆放在新桥大街和河滩地区。更新并摆放垃圾箱40个，修建厕所13座。

【城镇绿化美化】 卫星城和小城镇绿化美化40公顷，水闸至双峪环岛环保绿化13.3公顷，栽植花灌木5.4万丛，播草2.7万平方米，滨河世纪广场绿化6.67公顷。

【门支路环境整治】 投资700万元，全面整治了门支路，拆迁面积5 800多平方米。铺设了平均3米宽的人行步道。铺设路缘石4.6公里，砌方砖3.3公里，铺彩砖1.5公里，铺油58 000平方米，北侧栽种柏树墙3.5公里。

【专项整治】 对门城及周边地区的环境进行了专项整治。对74个养殖场、3个回收站和三家店拦河闸水面非法捕鱼进行了联合执法，清理违法出租房屋38处，384户。清理乱堆物料、私搭乱建93处，108、109国道两侧拆除违法建筑38处3 125平方米，门城地区拆除违章建筑9 941平方米，关闭砂石场6个。

【行政审批工作】 全年办理燃气企业资质、场站建设、滨河居住区CNG站建站、天龙液化气站扩建等审批项目各一件；户外广告审批348份；办理市渣土砂石准运证672个，区渣土砂石准运证333个，渣土消纳证55个；审批渣土坑2个；在3个小区推广了垃圾分类，并通过了验收。

【房改工作】 批复单位房改方案15个，住房基金316个单位，314万元；住房资金管理分中心累计收缴住房公积金5 600多万元，通过了审计，顺利归属市中心。

小城镇建设

【小城镇经济发展加快】 斋堂、潭柘寺两小城镇实现国内生产总值（GDP）2.04亿元，同比增长19.6%。其中一产0.16亿元，二产0.57亿元，三产1.31亿元。地方财政收入571万元，同比增长12%。固定资产总额2.57亿元，同比增长21.1%。农民人纯收入4 346元，同比增23.9%。消费品零售额5 108万元，同比增长3.2%。

【小城镇招商引资】 潭柘寺小城镇全年受理外埠入镇投资户280户，500人，其中批准119户，226人；受理本地区转户1 600户，2 200人，其中批准1 300户，1 900人。共聚集小城镇建设资金3 000万元。斋堂小城镇全年转非农业人口1 171人，其中外阜人员171人，本市1 000人，聚集资金1 000万元，引进商家80家，注册资金6 000万元。

【小城镇中心大街建设】 9月26日，潭柘寺小城镇中心大街拓宽亮丽美化工程竣工。道路长3公里，其中机动车道宽16米，绿化带宽3米，非机动车道宽8米。在镇政府前建成直径为64米的环岛，对环岛和大街两侧进行了绿化美化，对原道路通讯、电力设施进行移动改造，装灯138盏，铺设排水管道5 000米，遮挡墙3 000米，填土石方25万立方米。工程总投资2 600万元。

【斋堂小城镇建设工程】 完成109国道至桑峪路2公里的油路铺设工程；完成斋堂小城镇标志性建设不锈钢雕塑一座；完成沿河城修复工程中450米垃圾挡土墙工程；投资200万元，完成军响中心改建工程，建筑面积800平方米；完成东大街拓宽改造一期工程的拆迁工作，拆迁81户，面积14 325平方米，拆迁补偿金额500万元；完成小城镇绿化面积13.3公顷，总投资200万元，并通过市绿化办验收。

财政　税收　保险业　固定资产投资

【财税收入增加】 财政收入4.65亿元，同比增长29.2%，比1997年增长130.2%；其中共享收入完成4.03亿元，同比增长29.6%；固定税收完成0.37亿元，同比增长6.5%；税收总额完成13.09亿元，同比增长22.9%，其中：国税税收完成6.16亿元，同比增长30.5%，地税税收完成6.93亿元，同比增长16.9%。

【财政支出加大】 财政支出10.24亿元，同比增长11.5%，比1997年财政支出的3.70亿元，增长176.2%。其中：支援农业0.87亿元，同比增长15.7%；科教文卫支出2.23亿元，同比增长27.4%；公检法司支出0.78亿元，同比增长37.5%。

【金融保险运行良好】 金融机构存款余额66.76亿元，同比增长19.0%，比1997年增长107.7%；贷款余额25.82亿元，同比增长4.6%，比1997年增长50.2%；城乡居民储蓄额36亿元，同比增长16.7%；金融机构向区属单位发放贷款16.35亿元，同比增长10.4%。财险和寿险公司共完成保险业务收入6 931万元，同比增长30%，比1997年增长110.9%。

【固定资产投资】 全区固定资产投资10亿元，同比增长20.5%，比1997年增长216.5%。其中：计划立项投资5.7亿元。在计划立项投资中，基本建设投资1.76亿元，同比增长5.2%；更新改造投资0.27亿元，同比增长48.4%，房地产投资3.49亿元，同比减少2.1%，其他立项投资0.18亿元。

【城乡居民收入增加】 区属单位在岗职工平均工资16 614元，同比增加13.1%；城镇居民人均可支配收入10 209.7元，同比增长14.4%；农民人均纯收入5 095.4元，同比增加13.1%。

【物价水平低位运行】 总体物价水平保持低位运行态势，消费价格指数为98.2%，同比下降4.9%。

【招商服务大厅】 大厅入驻区属23个职能部门，全年接待外来办事人员21.6万人次，发放各类证照2.5万余份，登记受理1.3万份，年检8 852项，行政审批7 896项，注册资金20余亿元。

【电子政务】 完成区信息网的全面改版，栏目达到22个，涵盖了门头沟区政治、经济、文化、地理、人文等方面信息。信息网专线接入点173个。完成区电子政务办公系统（OA）的研发测试工作。

精神文明建设

2002年，以“三个代表”重要思想为指导，以改革开放为动力，大力推进社会主义精神文明建设，全区人民的道德素质不断提高；坚持依法治区战略，加强了社会主义民主法制建设；落实“科教兴区”战略，全面促进社会各项事业发展，不断提高人民生活水平。

创建活动

【迎十六大环境整治的活动】 组织了4次城市整治清洁日活动；两次高潮宣传日活动。全区干部群众共30万人次参与了环境整治。整治期间，共受理群众举报、来访368个，并做到件件有结果。

【精神文明建设百分考核】 参加精神文明建设百分考核单位有9个镇、4个办事处、75家处级单位。名列榜首的分别是永定镇、大峪办事处、财政局。

【“百颗星”表彰大会】 4月29日，2000—2001年度“两个文明建设百颗星”命名表彰大会在区影剧院召开，区人民检察院等24个先进集体和统计局王金荣等121名先进个人受到表彰，全区干部群众1 000余人参加大会。

【“我爱门头沟”主题教育活动启动】 9月11日，“京西金秋一日游”启动仪式在军庄镇东山京白梨基地举行。至此，“我爱门头沟”主题教育活动在全区展开，历时5个月，内容涉及参观游览、展览、大讨论、主题文艺演出、文化丛书发行、电视专题片拍摄、征文、摄影等八项活动的主题教育活动。

【开展公民道德教育】 上半年，围绕深入学习宣传贯彻中央《公民道德建设实施纲要》的精神，制定了《中共门头沟区委加强公民道德建设的意见》和以“四个三”为主要内容的教育计划。把《纲要》的学习列入各级党委（党组）中心组学习的主要内容，充分发挥各级党校的作用，对广大党员、干部进行培训。区委党校先后举办了两期处级干部培训班，两期农村党支部书记、村委会主任培训班。区委理论讲师团准备了5讲内容，深入到全区宣讲50余场。各基层单位组成100余支宣讲小分队，面对面地向群众宣传《纲要》精神。在此基础上举办了300支、参赛选手1 000余人参加的宣传《纲要》知识竞赛。

【举办“门头沟在前进”成就展】 11月9日，《门头沟在前进》——十五大以来成就展在百花宾馆三层会议厅举行。历时半个多月，参观人数突破2万人。

综合整治

【巩固斋堂地区整治成果】 针对斋堂地区非法开采活动反弹，安全隐患严重问题，区政府组成斋堂地区煤炭综合整治工作队，查处非法运煤车101辆，罚没非法煤炭1 386吨，罚款7万余元，移交斋堂派出所拘留28人。封煤熏口46个，封运煤道口42处；收缴了一大批矿产设备和非法爆炸物品。共查处涉嫌非法开采案件35起，查处违法犯罪人员568人，其中刑事拘留74人，治安拘留19人，收容遣送475人，遏制了该地区的违法活动。

【整治医疗市场】 落实卫生部“关于开展医疗卫生系统安全大检查的紧急通知”，对辖区内的医疗机构进行了清理整顿，共取缔非法医疗点8个，没收非法所得、药品和器械价值1 000元，清理聘用非卫生技术人员1人，拆除户外医疗广告2块，停播医疗广告2家。

【拉网检查网吧】 加大对社区及周边地区文化娱乐市场的检查力度。收缴盗版光盘2 443张，盗版磁带240盘，“口袋本”图书6 727册，吊销美容美发营业执照14家，取缔“黑网吧”14家，共罚没款4万元，没收电脑主机21台，显示器25台。

【加强安全食品检查】 为确保城乡居民吃上“放心肉”、“放心盐”，执法人员加大产地、公路、运输、市场检疫，进行行政执法检查1 475次，查处违法案件77起，检疫活畜禽8.3万头（只），鲜肉3 003.9吨，没收证照不全肉产品105千克。全区碘盐覆盖率达到98%以上。

科　技

【高新技术企业达到42家】 新发展高新技术企业14家，高新技术企业总数达到42家。完成技工贸总收入6亿多元，上缴税金1 800万元，实现利润900万元。

【保护知识产权】 协助发明人专利查询检索9项、修改专利申请6份，完成专利申请4项，完成“北京市2002年度专利实施基金”的申请2项。实施专利项目32项，创年产值6 000多万元。

【工程系列职称评定工作完成】 区工程系列职称评审会对参评38人进行评审，其中申报工程师19人，申报助理工程师16人，申报技术员3人。评定出工程师18名，助理工程师15名，技术员3名。

【实施星火计划和科技致富计划】 组织实施国家、市两级星火项目18项，其中，2002年国家级新列项目1项，市级新列项目12项，市级延续项目5项。组织实施科技致富项目9项，其中新列项目2项。星火计划项目（含科技致富项目）完成年产值（包括出口供货额）2亿多元。

【引进科技人才】 引进技术人才97人，其中引进高级技术人才14人；培训各种技术人员3 120人。

【培育高新技术产业】 新发展高新技术企业14家，高新技术企业总数达到42家。从业人员1 700人，其中科技人员和具有大专以上文化程度人员分别占1/3和2/3。经营领域涉及电子信息、环境保护、生物、光机电一体化等。技工贸总收入6亿多元，上缴税金1 800万元，实现利润900万元。

【科技开发实验基地】 2月8日门头沟区科技开发实验基地成立。拥有80平方米组培室一座，购置了仪器设备，改建60立方米的冷库3座，安装电热膜采暖设备，供暖面积4 000平方米。开展了核桃良种繁育、京西脆柿的开发、香白杏座果率的研究、京白梨减压气调冷藏技术研究与开发、长山核桃的开发等项目的科研工作。

【农业科研成果参加国际展出】 8月11～17日，在加拿大多伦多市召开的第26届国际园艺大会上，区科技开发实验基地的《应用同位素^{32}P研究接芽在核桃室外枝接中的作用》、《核桃单芽枝接研究》两篇论文参展。依据上述文章设计制作的两张展板(POSTER)也在大会展厅展出。这是门头沟区农业科研成果首次在国际会议上亮相，并得到国际同行的认可。

教　育

【教育经费增加】 教育经费1.44亿元，比上年增长23.2%。

【拥有学校82所】 全区共有各类学校82所，其中小学58所，普通中学21所，职业学校2所，工读学校1所。中小学教学班965个，其中小学552个，初中265个，高中76个，职高72个。中小学在校生25 422人，其中小学12 527人，初中9 386人，高中3 509人。初中升学率93.7%。

【加速远程教育二级站点的建设】 完成了妙峰山、军庄、龙泉、永定等4个镇的农村远程教育二级站建点工程，均启动使用；并完成潭柘寺、斋堂两镇站点的升级工作。

文化　文物

【少年馆业务楼投入使用】 6月1日，720平方米的少儿馆业务楼投入使用。开设了外借、阅览室、科幻阅读室、健身娱乐室，配备了自动化图书管理系统。

【开展征文、摄影、书画活动】 成功举办了第六、第七两届“京西颂”征文和首届、第二届“京西风采”摄影大赛。还举办了迎接“十六大”、“我爱门头沟”书画笔会，30多位书画爱好者创作了50多幅作品。

【参加两届文化艺术节】 参加了第十二届、第十三届文化艺术节。期间，参加市、区各类文化活动200场，演员近千人，观众达20万人次；基层活动百余场，观众万余人次；电影下乡279场，观众13万人次。“舞台有节目，社区办演出，山乡唱大戏，广场扭秧歌”，红红火火的群众文化活动形成了群山沸腾的新景观。

【基层文化建设】 有500平方米以上的文化广场6个，活动场点77个，文化站13个，社区文化室151个，农村电影放映队1个，流动文化车3辆，业余文艺演出队190支。其中秧歌表演队101支，民间花会队35支，合唱团、队15支，村剧团、戏剧团13支，艺术表演队11支。文化馆、图书馆业务人员34名；各社区文化指导员、志愿者47名。

【开展文物保护年活动】 2002年是门头沟区文物保护年，政府文化部门组织编纂的《门头沟文物志》、《门头沟文化丛书》正式出版。《门头沟文物志》获2002年北京市优秀图书一等奖，《门头沟文化丛书》被国家图书馆收藏。

【爨底下、三家店列为文化保护区】 市政府2002年9月19日制订《北京历史文化名城保护规划》，门头沟区的爨底下村和三家店村被列为历史文化保护区。

卫　生

【卫生事业】 全区共有区属医疗机构20个，其中：医院6个，乡镇卫生院8个，医疗站所6个。区属医疗机构床位675张，卫生技术人员1 027人，全年医疗服务部门门急诊量61万人次，出诊量2.2万人次，病人治愈率68.7%。完成业务收入8 009万元，比上年增长9.3%。

【老年病康复中心改造】 以区中医院为依托，投资106万元，改造病房10间，设置病床位20张，年底竣工并通过验收；投资71万元，兴建社区卫生服务中心1个，社区卫生服务站2所，房屋面积共计900平方米。

【建立4个治疗中心】 与北京大学人民医院、首都医科大学北京口腔医院和北京中医院合作，组建了区急救中心、口腔治疗中心、心血管病治疗中心和糖尿病防治中心。

【加强社区卫生服务建设】 全区城乡已建社区卫生服务中心5个、社区卫生服务站19个，覆盖服务人口超过70%。全年开展社区卫生服务诊疗人次30万人，比上年增长18.6%。

【加大投入改善卫生环境】 全年投入资金1 168万元，改造门诊和病房5 100平方米，购置万元以上医疗设备37件，争取新旧设备1 817件。

【传染病得到有效控制】 全年未发生传染病多发、爆发疫情；传染病发病率为268.4/10万；连续28年无脊髓灰质炎病例发生；辖区内儿童“四苗”接种率保持在99%以上。

【完成医疗机构分类管理工作】 区医疗机构分类管理委员会对在区内注册登记的286家医疗机构进行了审查，共核准医疗机构258家，其中政府办非营利性机构21家、营利性机构54家、非政府办非营利性机构182家、民办非营利性机构1家。撤并卫生院5个，注销医疗机构23个。

体　育

【群体活动蓬勃发展】 成功举办了2002首届“环北京”国际公路自行车赛门头沟赛段比赛。承办了2002年北京市首届农村体育先进乡镇运动会，并参加了46项群众体育活动与赛事，参加5 000余人次。向上一级体校输送运动员13名。

【学校体育健康发展】 全区51所中小学达标实施率100%，达标合格率97.1%。比上年提高了0.4个百分点。举办和参加了6项市、区级体育赛事。

【科学指导全民健身】 建立晨晚练辅导站19个，每天锻炼人数达到5 510人；培训社会体育指导员155名；参加国民体质测试2 400人，监测576人。

【竞技体育项目成绩优异】 在北京市第十一届运动会上，获得金牌26.5枚、银牌27枚、铜牌19枚，列郊区县首位。有3人打破4项次北京市青少年纪录。金牌总数列全市第八。其中，射击选手徐姗姗以579环的成绩打破了女子甲组小口径步枪3×20个人项目576环的北京市青少年纪录，同时，她还以394环的成绩打破女子甲组40发汽步枪393环的北京市青少年纪录。举重选手刘顺以抓举、挺举总成绩162.5千克打破该级别160千克的北京市青少年纪录；王凤瑛以抓举51公斤的成绩打破该级别50千克的北京市青少年纪录。田径比赛中，丙组刘爽获女子跳远金牌、李楠获女子400米跑金牌。

【完成40个全民健身工程】 全区4个办事处、16个社区居委会、9个乡镇的21个村配建全民健身工程40套，安装健身器材624件套。

【区体育中心改造工程完工】 总投资44万元，对区体育中心田径跑道和足球场的翻新改造工程，铺设了砂石、灰土、增设了排水道，并对场内部分区域进行了绿化，改善了区体育中心田径场和足球场的条件与环境。

【体育对外交往】 10月23日在北京东单体育馆门头沟区篮球队与澳大利亚纽省篮球队进行了一场国际篮球友谊赛，11月23～25日门头沟区应邀组队参加了北京第十八届华人篮球邀请赛。

广播电视

【加大广播电视宣传力度】 年内电视台播出新闻1 545条，专题68部，市台以上采用新闻120条、专题6部。广播电台播出新闻4 271条，专题20部，共计276期，市级以上电台采用和刊登新闻141条。广告部播出《信息高速路》47期，《温馨时光》47期，《欢心笑语》92期。

【在广播电视系统局优秀节目评比中创佳绩】 电视台选送的新闻《含辛茹苦18年，荒山植树30万》获京郊电视节目一等奖、北京新闻二等奖；《科技致富农家女》获京郊电视节目二等奖；专题《群防群治，保一方平安》获首都社会治安综合治理好新闻三等奖；广播电台选送的《农家女致富擂台赛》系列报道获京郊广播节目二等奖；《决不能因为贫困让一个学生失学》获京郊广播节目三等奖；《“十六大”特别报道——“四区”建设成绩显著》的作品被评为2002年度好新闻。

【区广播电视局机构调整】 1月1日，区广播电视局一分为二。原有线电视网络、设备经评估被北京歌华有线电视网络股份有限公司购并，北京歌华有线电视网络股份有限公司在门头沟设立分公司，原有线电视网络管理人员成为门头沟分公司的员工。以区广播电台、电视台为主成立门头沟区广播电视中心。

【广播电视局更名】 2002年5月16日，北京市门头沟区机构编制委员会下发2号文，根据市委、市政府批准的《北京市门头沟区机构改革方案》（京文［2001］133号）及市机构编制委员会批复（京编办事字［2001］204号）精神，北京市门头沟区广播电视局在行政管理职能并入区文化委员会后，更名为“北京市门头沟区广播电视中心”，为区政府所属相当正处级事业单位，归口区文化委员会管理。

【增加有线电视村30个】 新增30个有线电视村，入户2 891户，通过了市广播电视局组织的北京市自然村广播电视“村村通”验收小组的验收。

【广播电视中心大楼投入使用】 12月15日广播电视中心大楼建成投入使用。总建筑面积3 050平方米，投资1 000多万元，拥有大演播厅、小演播室、编辑机房、电视电话会议室等现代化设备。

社区建设

【社区治安好转】 建立了23个社区警务工作站，新桥小区、峪园南里、广场小区3个社区居委会安装了电视监控系统；制定了外来人口管理和出租房屋的管理办法；全年调解各类矛盾纠纷2 536件，调解成功率98%；处理来信来访1 930件，有效地预防了集体上访的发生。

【社区环境逐步改善】 全年街道系统共清运垃圾3 567吨，清理卫生死角1 761处，清除堆物堆料486处，清除残标和非法小广告18 437块，清除白色垃圾4 150千克，拆除私搭乱建433处，修建污水管道2 739米。

【社区服务不断完善】 街道社区服务96 156网络正式启动，服务热线已在各街道办事处社区服务中心开通。家政服务、旅游服务、医疗服务、便民修理服务、各种中介服务等普遍展开。182支社区志愿者服务队，3 173名志愿者活跃在各社区。

【社区居委会自身建设加强】 社区居委会制定了居民自治公约和自治章程。居委会干部实行公开招聘，民主选举，居委会干部的素质明显提高。

【完成垃圾二次转运工程】 垃圾二次转运工作全部完成。新增保洁员39人，为8个社区修建65个封闭式垃圾站，19处地搓垃圾站，67处车辆无法清运地段安排了专人进行二次转运。

【大峪街社区危电改造工程完工】 大峪街社区危电改造全部完工，安装电表720块，电杆119根，变压器5台，总投资280万元。解决了690户居民用电问题。

【完成旅游服务热线工程】 协助区旅游局将旅游便民服务热线直通各个社区居委会，热线挂牌服务。

人口与计划生育

【区计生委被评为全国先进集体】 全区计划生育率达到98.88%，晚育率86.51%。出生1 247人，出生率5.32‰，死亡率5.51‰，自然增长率-0.19‰。9月份区计生委被国家人事部和国家计生委评为全国计划生育系统先进集体。

【帮扶农村计划生育低收入家庭】 启动了新一轮扶持农村计划生育低收入家庭增收致富计划，利用市级200万元贷款扶助了199户计划生育低收入家庭。一次性拨款38万元，率先在全市农村解决了独生子女父母奖励费的拖欠问题。

社会保障

【为下岗职工提供社会保障】 筹集使用促进就业资金375万元，为下岗职工借支生活费103.4万元。

【就业和再就业】 两家市属再就业服务中心的52名下岗职工已经全部实现再就业。区职业介绍中心为1.4万人次的下岗、失业人员免费办理了求职登记。举办各种类型招工洽谈会148次，推荐各类求职人员6 892人次。为678名下岗职工、失业人员办理了自谋职业手续。开发社区就业岗位4 602个，安置下岗、失业人员4 324人。为12 115名外地来京务工人员办理了《就业证》，办证率达95%。接转城镇失业人员档案4 084份，为2 703名流动人员和56个单位的374名职工办理了寄存人事档案工作。

【职业培训】 培训各类人员7 727人次。其中：培训下岗、失业人员2 033人，在职培训1 644人。进行职业技能鉴定24 531人。

【社会保险工作】 全年参加养老保险的单位1 534个，按月缴纳养老保险费的在职职工5.1万人，离退休职工3.5万人，全年收缴养老保险金1.4亿元，基金收缴率99.5%。支付离退休人员基本养老金3.1亿元。参加失业保险的单位1 814个，参统人数6.3万人，收缴失业保险金1 775万元，基金收缴率99.6%，支付失业救济金3 000万元。参加基本医疗保险的单位1 582个，参保人员8.3万人，收缴基本医疗保险基金7 469万元，基金收缴率99.7%，支付基本医疗费4 405万元。参加工伤保险的单位1 971个，参保职工5.2万人，收缴工伤保险基金1 202万元，基金收缴率99.9%，支付工伤保险金1.2亿元。

【劳动关系协调与监察】 142家城镇企业的3 057人劳动合同期限届满。有2 361人与单位续订了劳动合同，占届满人数的77.2%。集体合同审核备案14家，涉及职工3 829人，补办《就业证》3 230人，补签劳动合同5 000多份，追缴社会保险费575万元。督促862户企业补办了社会保险登记。为89名职工追回拖欠工资近37万元。对31个违法情节严重的单位进行了经济处罚，收缴罚款10.53万元。受理劳动争议案件82起，涉及职工82人，结案率100%。为800余人追回工资、工伤待遇、经济补偿金、培训费、医疗费、生活费等各项待遇92万元。受理群众来信来访973件，结案率100%。

【工资保险工作】 为2 400名职工办理了退休审批手续。其中：正常退休448人，提前病退419人，特殊工种退休1 461人。为965户各类企业按不同行业性质进行了工伤费率核定。认定陈旧工伤和新工伤1 103人，并为其进行了工伤等级鉴定。

人民生活

【城镇居民收入稳步增长】 全区职工平均工资16 614元，比上年增长14.4%，比1997年的7 873元增加8 741元，增长111%。人均可支配收入10 209.7元，比1997年增加3 562.4元，增长53.6%。

【农民收入增长】 农民人均纯收入达到5 095.4元，比上年增长13.1%，比1997年增加2 086.4元，增长69.3%。已消除了人均2 500元以下低收入村。

【城乡居民个人储蓄增加】 城乡居民个人存款余额为36亿元，比上年增16.7%，比1997年增长87.8%。其中：城镇居民个人存款为30.1亿元，农民个人存款为5.9亿元。分别比上年增长18.4%和8.6%。

门头沟区主要领导人

区委书记	李建华
副书记	董瑞龙　黎　晶　陈梅生　张秀芳（女）
常委	曹际金　陈　清　沈　强　张进增　高连广
助理巡视员	孙　智
区人大常委会主任	李清云
副主任	孙建华　赵棣慧（女）　王清平　范　路
区长	董瑞龙
副区长	张进增　李慷云　宋继清　何震芳（女）　王兰栋
区政协主席	赵志安
副主席	安兴柱　韩立宝　杨秀玲（女）　安炳章　郭文明　王永华（女）

区　纪　委书 记　陈梅生
副书记　王全福　王真田

门头沟乡镇党政正职领导干部

	党委书记	镇　长
潭柘寺镇	安凤奎	徐建民
永 定 镇	闫永喜	刘建生
龙 泉 镇	郭殿海	高连发
军 庄 镇	高　见	董国柱
雁 翅 镇	曹志远	郝景儒
斋 堂 镇	谭　杰	贺建华
妙峰山镇	姜淑琴（女）	张广成
清 水 镇	张满仓	张旋里
王 平 镇	刘望鸿	李秀山

（高万庚 马晓军）

房　山　区

2002年，房山区把握机遇，创新思路，加速发展，完成各项任务。国内生产总值首次突破百亿元，实现108.4亿元，比上年增长15.1%。人均国内生产总值19 185元，比上年增加2 516元，增长15.1%。第一产业实现增加值11亿元，比上年增长14.9%；第二产业实现增加值47.6亿元，增长16.1%；第三产业实现增加值49.8亿元，增长14.2%。三次产业比例为：10.1∶43.9∶46.0。完成全社会固定资产投资53.7亿元，比上年增长102.1%。其中：生产性固定资产投资完成26.6亿元，增长85%；非固定资产投资完成27.1亿元，增长122.2%。

政 治 建 设

围绕迎接和学习贯彻党的十六大，深入开展“三个代表”重要思想学习教育活动，举办党的十六大精神学习班、专题辅导等多种形式的宣传教育。坚持民主集中制，建立健全了干部选任和监督管理机制，调整充实了乡镇和部分区直单位领导班子，干部队伍结构进一步优化。继续抓好基层创建工作，进行了保持党员先进性和“双向教育”试点，农村支部书记工职化管理、村级后备干部人才库建设顺利推开，进一步加强街道、社区、非公经济和民办社团的党组织建设；认真落实党风廉政建设责任制，进一步加大了从源头上预防和治理腐败的工作力度，党风廉政建设和反腐败斗争取得了新的明显成效。

党建　政务

【开展保持共产党员先进性主题教育】 2002年，区委以十渡镇、城关街道、周口店镇、石楼镇、大安山乡等乡镇为试点，在全体党员中开展“实践‘三个代表’争做时代先锋”和“对照党章找差距、率先垂范做奉献”保持共产党员先进性主题教育活动。在农村党员日常管理上，试行“分类定位，目标管理”制度，制定了“农村党员行为规范”，规范了“三会一课”制度。为使整改措施得到有效落实，区委在全区农村普遍开展了“无职党员设岗定责”和“党员联系户”活动。

【开展“双教”活动】 2002年，区委在全区农村基层干部群众中广泛开展了以“讲民主也要讲法制，讲权利还须尽义务”为主题的双向教育活动。“双教”活动以宣传《村民委员会组织法》、《信访条例》、《计划生育法》等10个法律法规为主要内容。区委成立了“双教”活动宣讲团负责对各乡镇宣讲团成员进行培训，各乡镇按照“一村一个宣讲员”的要求组成乡镇宣讲团负责本乡镇宣讲教育工作，全年共培训乡镇宣讲团成员246名；教育培训村级干部、党员、村民代表、民主理财小组成员及宣传骨干2.8万余人次，全区受教育群众达34.8万余人。

【召开学习贯彻党的十六大精神动员会】 11月20日，召开学习贯彻党的十六大精神动员暨报告大会，对全区贯彻学习和宣传党的十六大精神提出三点要求：一、要牢牢把握学习重点，即要把握好报告的主题；把握好十三年的基本经验；把握好党的十六大的灵魂；把握好全面建设小康社会的奋斗目标；把握好坚持党的思想路线；把握好经济、政治、文化建设和体制改革的各项任务和重大举措；把握好加强和改进党的建设这一根本保证。二、要采取多种形式学习贯彻党的十六大精神。区委决定，要以党委中心组学习为龙头，以处级以上干部学习为重点，以报告会、座谈会、研讨会、培训班等多种形式，组织广大党员干部学习。三、要精心组织，率先垂范；学习贯彻党的十六大精神，做到“四个结合”，即：要与深入学习马列主义、毛泽东思想、邓小平理论相结合；要与房山区经济和社会发展相结合；要与总结本地区本单位的工作成就和基本经济相结合；要与本职工作相结合。要抓紧做好当前各项工作，真正把党的十六大精神落到实处。

【市宣讲团到房山做党的十六大精神辅导讲座】 11月27日，邀请市委党的十六大精神宣讲团成员刘道福来区做学习贯彻党的十六大精神辅导讲座。这次讲座主要从党的十六大召开的历史背景、党的十六大在理论上的重大突破和今后党的建设基本走向和趋势这三大方面论述了党的十六大精神。区领导和区委理论学习中心组的成员、区离退休老领导及区直各部、委、办、局、中心、人民团体、总公司、燕山工委、各街道、乡镇的相关领导听取了讲座。

【完成处级干部学历清理工作】 11月，按照北京市委组织部、市委农工委要求，区委组织部对全区916名处级干部学历进行清理。经区委组织部反复审核，全区916名处级干部，具有研究生学历的106人，大学学历的401人，大学普通班学历的19人，大专学历的294人，中专学历的57人，高中学历的15人，初中学历的24人。其中，有学士学位的64人，硕士学位的2人。

【党政机关机构改革工作完成】 按照北京市委关于全市党政机关机构改革的精神，年初完成了全区党政机关机构设置、人员编制等问题的审核；退休政策的制定和提前退休人员的审批；退休人员工资的审核兑现等项工作。机构改革期间，经区委组织部审核办理提前退休的人员有555名，其中区直行政和事业单位188人，乡镇367人；办理离岗休息人员有71名。

【党政机关公开招考公务员】 根据党政机关改革后，机关存在空岗情况，区委组织部与区人事局共同组织了区直机关科级以下公务员招考工作，共面向社会公开招考107个职位。有820人报名，经过笔试、面试，录取81人。

【乡镇人大换届选举】 根据房山区人大常委会决定，12月24日为房山区乡镇人大换届选举的投票日。据统计，房山区参加这次乡镇人大换届选举的，共有20个乡镇、369 911名选民；划分为599个选区、2 805个选民小组；经过政党、团体联合推荐和选民10人以上联合提名，共提出初步候选人3 020人，经过充分讨论、反复协商，确定正式候选人1 797人，其中妇女577名，占32%；群众698名，占39%；少数民族44名，占20%。各项比例比较合理，为选举打下了好的基础。经过投票选举，将从1 797名正式候选人中产生乡镇人大代表1 188名。

【城市居民最低生活保障制度全面落实】 年内，房山区发放保障金和粮油帮困资金1046.1万元。农村居民最低生活保障制度全面落实，累计发放最低保障金381万元，发放特困补助金44.4万元。房山区成立了社会捐赠中心，全年共收到社会各界捐款98万元，衣被5.5万件。优抚对象优待标准实现与人均生活水平同步提高，全年发放优待金204万元。

【首家“社区教育服务中心”成立】 4月，房山区首家“社区教育服务中心”在良乡镇成立，中心旨在实施社区终身化教育，为社区居民学习科技、法律、生活常识等提供教育基地，使社区居民不断提高自身修养和思想道德素质，促进社区居民自治。

【残疾人康复指导中心成立】 10月，房山区残疾人康复中心在良乡医院成立。该中心总投资400万元，建筑面积1 200平方米，康复指导包括肢体康复、低视力康复、白内障复明训练，采用针灸、理疗、按摩等治疗方式，中心同时指导各乡镇、街道及社区开展残疾人康复工作。

【各乡镇成立社会保障事务所】 8月，房山区各乡镇社会保障事务所成立，事务所主要负责失业、工伤、外来务工人员和农村劳动力的就业管理与服务、社会保险、城乡低保、医疗救助、廉租住房、优抚对象审核及费用的发放等事务性工作。

【5项保险收缴率保持较高水平】 年内,全区养老保险有参统单位597家,缴费职工6.53万人,收缴养老保险金2.5亿元,收缴率为99.17%。失业保险参统单位714家,缴费职工9.34万人,收缴失业保险金2 979.85万元,收缴率93.36%。工伤保险参统企业316家,缴费人数5.96万人,收缴工伤保险基金819万元,收缴率99.5%。全区有享受公费医疗保险人数3.77万人,同比增加475人,增长1%,经费支出4 300万元。办理农村养老保险人数为989人,其中新增270人,收缴保费212.87万元。农村养老保险金累计投保人数2.7万人,保费总额0.3亿元。

【513家单位参加医疗保险制度改革】 年内,区劳动社会保障局加强对定点医疗机构的管理工作,督促企业建立补充医疗保险工作进度。全区参加城镇职工基本医疗保险的单位有513家,参统职工9.2万人,收缴基金约6 000万元,支付保险费约4 270万元。

【全年举办招聘洽谈会32次】 年内，职业介绍服务中心共举办招聘洽谈会32次，参会单位151家，参会人员4 922人，比上年同期增长63%；实际招聘2 150人，占参会人员的44%，比上年同期增长64%。

友好往来

【法国马尔梅松市代表团来房山进行友好访问】 1月28日，以法国国会议员市长波麦勒先生、副市长克罗斯先生等组成的法国巴黎大区马尔梅松市政府和企业代表团，来房山进行友好访问。代表团一行参观了北京房山服装有限公司、韩村河村和北潞园绿色生态小区。

【越南河内市委宣教部代表团来房山区访问】 4月22日，以河内市委宣教部副部长、哲学博士阮德向为团长的越南河内市委宣教部代表团来房山区进行访问。市委宣传部宋贵伦副部长和区委副书记郭先英、常委崔国民等陪同参观了区广播电视中心、云居寺和韩村河村。参观结束后进行了座谈。

【澳门特别行政区政府高级公务员访问房山区】 6月28日，澳门特别行政区政府高级公务员培训班一行14人访问房山区，副区长傅华向来宾介绍了区情。

政法工作

【全年审结各类案件12 474件】 年内，房山区法院共受理各类案件12 468件，审结12 474件，解决诉讼标的20.71亿元。其中审结各类刑事案件642件，民事、经济案件7 156件。

【房山区法院获得“全国人民满意好法院”称号】 7月6日，在全国法院队伍建设工作会议上，房山区法院被最高人民法院授予法院系统最高荣誉“全国人民满意好法院”称号。

【对缓刑和管制人员考察管理办法制定】 房山区

公安分局、检察院、法院联合制定了《关于被判处缓刑、管制人员考察管理工作实施办法》，在全国引起强烈反响，《人民法院报》、《法制日报》、新华社、香港《大公报》等50多家媒体相继对此进行报道。《办法》明确规定：对判处缓刑和管制的人员必须参加公益劳动，每月必须有不低于8小时的集中劳动时间，表现好的可以减刑。

经济建设

2002年，房山区解放思想、更新观念，积极进行产业结构深层次调整，全区经济保持快速、健康的发展，人民生活水平实现新提高。农民人均纯收入和在岗职工平均工资达到5 492元和13 561元，同比分别增长8.8%和10.6%。城镇居民人均住房面积为20.2平方米，农村居民人均住房面积为28.64平方米。产业结构调整取得历史性突破，四大建筑集团实现高资质就位，韩建集团获得特级资质并夺得鲁班奖；建材业调整实现根本性转变，水泥、新型墙体材料等一批产品升级换代项目陆续投产见效；农业产业化水平进一步提高，水利富民综合开发实现“五连冠”；第三产业继续保持加快发展的良好势头；以增量引进促存量整合，“引进强区”取得新成效，全年共引进项目345个，到位资金41.7亿元，226个项目已经竣工；各项改革取得新进展，国有、集体企业改制面达到79%，私营个体经济快速发展，在全区经济中发挥生力军作用。

农　业

【实现农业总产值（不变价）14.5亿元】 全年实现农业总产值（不变价）14.5亿元，比上年增长11.0%。其中：养殖业产值9亿元，增长7.3%，占农业总产值的62.1%；种植业产值4.6亿元，增长11.8%，占农业总产值的31.7%。

【农产品获7项大奖】 7月，在农业部等国家5部委和北京市政府举办的北京国际科技产业博览会上，现代农业科技与产品展评奖结果揭晓。房山区参评的良乡卓宸牛肉获得金奖，城关山冈紫苏、青龙湖食用菌、长阳润辉食用菌和延利奶制品、韩村河特菜、蒲洼山野菜均获得银奖，房山区荣获最佳组织奖和最佳设计制作奖。

【8个种养基地获市生产示范基地称号】 年内，房山区8个种养基地获农业化标准生产示范基地称号。其中，养殖业是长阳镇奶牛养殖小区、保合庄种猪养殖小区、良乡镇长荣农牧发展有限公司奶牛养殖小区、十渡镇西河流水鱼养殖小区。种植业是青龙湖镇庙耳岗食用菌技术开发中心、北京凯达恒业农业技术开发有限公司出口型红小豆生产基地、张坊镇磨盘柿生产基地、河北镇半壁店村磨盘柿生产基地。

【韩村河农家园度假村开村】 5月，韩村河镇农家园度假村开村。农家园度假村由北京龙乡苗木种植中心投资200多万元兴建，总占地面积16公顷，集旅游度假、餐饮娱乐、苗木花卉组培等多项功能于一体。该村有10个各具特色的农家小院，每个院子都种植了一种或几种果树和花卉，民居既体现农家特色，又有现代风格。

【确立区级标准化基地25家】 2002年，房山区确立了区级标准化基地25家。凯达恒业农业技术有限公司、青龙湖庙耳岗食用菌协会、卓宸畜牧有限公司等18家企业被列为市级标准化基地。其中：种植业11家，涉及品种58个；养殖业7家，涉及品种6个。推动了农业生产专业化，促进了生产措施的科技化和服务体系的社会化，实现了生产管理的企业化。

【43个产品获得认证】 年内，房山区卓宸牛肉、四马台仁用杏等34个产品获得北京市安全食品体系认证；福临菱枣、金北联红小豆等9个产品获得农业部绿色食品认证。

【全区注册农产品品牌66个】 全区注册农产品品牌66个，其中：种植品种26个，养殖品种3个，加工农产品37个。“靠山居”牌酱菜获得北京市著名商标，“御贡”牌磨盘柿在全国第六届名优果品展销会上获得“中华名果”称号。

【农村专业合作经济组织网站建立】 8月27日，由房山区农委、经管站共同开办的，北京市第一家农村合作经济组织网站——“房山农合网”开通，此网站为非经营性商务网站，网站主页分农经动态、供求信息、产品展示和政策法规等9个栏目。

【房山区被确定为出口小豆标准化生产示范基地】 7月，房山区被北京市政府确定为出口小豆标准化生产示范基地。该项目以北京凯达恒业农业技术开发有限公司为依托，发展订单农业，通过标准化管理，生产绿色食品，出口创汇。全区已种植小豆0.13万公顷，带动6 000余户农民种植，主要分布在阎村镇、周口店镇等乡镇，每667平方米比种玉米增收300元以上。

【首座智能温室大棚在韩村河村建成】 10月，房山区首座智能化温室蔬菜大棚在韩村河村高科技蔬菜园区建成并投入使用。这座温室大棚总投资200万元，占地3 328平方米，采用PC阳光板材料建成，有内外遮阳网、水帘风机、暖气等调温设备，棚内温度常年保持在26～27℃，安装了智能监测控制系统，监测调节室内外温湿度、光照等环境参数，并运用了先进的栽培技术和黄板诱杀技术，杀灭蔬菜害虫，避免虫害药害，保证了蔬菜的绿色品质。

【名优品种繁育基地落户房山】 2002年，北京市水产总公司水产研究所投资600万元，在十渡镇西河村建成名优品种繁育基地并投入生产。繁育基地共占地2.67公顷，建设流水养殖水面1.33公顷，孵化车间500平方米。主要研究和繁育冷水、亚冷水性水产养殖品种。每年可提供多个品种的苗种共计2 000万尾。该基地是暨中国水产科学研究院鲟鱼繁育技术工程中心之后落户房山区的第二大水产科研企业。

【国内史氏鲟鱼全人工繁育成功】 4～6月，在房山区十渡鲟鱼繁育技术工程中心专家的努力下，国内史氏鲟鱼全人工繁育成功。专家组对史氏鲟鱼进行人工采卵孵化，孵化史氏鲟鱼苗8 000尾。

林业 水利 气象

【完成各项绿化工程】 年内，房山区完成各项绿化指标。完成永定河绿色通道工程619.6公顷；爆破整地造林工程206.67公顷；国家生态环境建设工程287.3公顷；沙荒造林工程395.6公顷；河道绿化20公里；四旁植树100.76万株，其中，建设农田林网172.09公里、48.79万株；中心镇和建制镇绿化面积195.6公顷，增建两个公园30.13公顷；完成彩叶工程593.33公顷；增建纪念林6.67公顷；公路绿化57.3公里；退耕造林2 422.59公顷；中幼林抚育3 379.44公顷；飞播造林2 584公顷；封山育林1.43万公顷，其中增加封山育林4 666.67公顷。

【在首届中国梨王擂台赛中获两项金奖】 9月，房山区在首届“龙海杯”中国梨王擂台赛中获得两项金奖。大赛在14个优质品种奖中设立金奖5个，琉璃河镇贾河村选送的“京白梨”和务滋村选送的“雪花梨”分获金奖。

【山区水利富民工程投入资金4 180万元】 全年，房山区山区水利富民工程投入资金4 180万元，工日26.2万个、机械台班1.89万个，动用土石方215万立方米，共完成坝、闸、截流拦蓄水工程141处、五小网络工程1 066处、集雨场9.3万平方米、流动泵站35处，铺设引水管路9.5万米。三座庵、西太平、上石堡等35条小流域基本实现了五小工程区域网络化。增加和改善节水灌溉面积0.27万公顷，增加蓄水能力62.6万立方米，解决和改善山区3 100户、8 500人的饮水困难。

【9个村人、畜饮水工程竣工】 4月28日，区政府在河北镇杏园村举行仪式，庆祝河北镇、佛子庄乡9村人畜饮水工程竣工。河北镇、佛子庄乡9村饮水工程是根据市政府2001年7月13日《关于解决河北镇、佛子庄乡9村饮水困难有关问题的会议纪要》的有关要求，由区政府组织有关部门实施的。该项目于2002年4月24日全部竣工，共投资600余万元，完成土石方33 720立方米，新打岩石井4眼，总进尺2 109米，安装水泵23台套，铺设输水管线61 280米，建蓄水池27座，总蓄水能力3 250立方米。该工程项目的实施，彻底解决了区内9村1 789户、4 809人的饮水问题。

【银狐小流域工程取得阶段性成果】 国家级生态建设工程——佛子庄乡银狐小流域工程取得阶段性成果，工程涉及下英水等5个村，流域面积17.4平方公里，总投资800万元。该项目将开发银狐洞、英水岩溶洞，将下英水、中英水、西安3个村建设成为民俗旅游村等。已完成银狐洞至英水岩联结环路主体工程；3个民俗旅游村已完成基础设施建设，开始接待游人；区内人畜用水工程已完工并通过市区验收；区内非煤矿山企业已全部停产关闭。

【西太平水库除险加固工程竣工】 西太平水库位于十渡镇西太平村北，拒马河支流马鞍沟的一条支沟上，水库流域面积3.3平方公里，总库容13万立方米。该库是一座以拦蓄泉水、防洪、灌溉为主，发电、养鱼为辅的小二型水库。由于坝体未设挑流板及下游没有任何消能防冲措施，年年溢流，溢流时造成对下游坝脚的直接冲刷，最大冲坑深5～6米，严重威胁坝体安全。因而决定对该库进行除险加固。主要工程包括：非溢流坝顶加高；挑流设施新建；下游消能防冲刷设施新建及下游壅水坝新建。该工程于4月初动工，7月底竣工，工程总投资179.97万元。

【大石河综合治理三期工程竣工】 6月，大石河综合治理三期工程竣工。共治理马各庄至桥梁厂北，河道长5.5公里，两岸筑堤11公里，建桥2座，穿堤涵10座，护砌2 000米。大石河实施三期工程后，从桥梁厂北到路村基本形成了防洪体系，使大石河防洪能力从五年一遇提高到二十年一遇标准，可保护沿河两岸农田0.53万多公顷，改善排涝面积5万多亩，确保日降雨200毫米不涝地，在防洪标准内可保护全区6个乡镇、沿河两岸54个村、4.1万人、50多个企事业单位安全。

【大窖水库除险加固工程竣工】 6月，大窖水库除险加固工程完工。大窖水库位于史家营乡，是一座以防洪为主的小二型水库，原设计库容为56.5万立方米。由于坝体结构尺寸不能满足泄洪要求，且库区渗漏及库区淤积已达14米深，对坝体稳定不利。区水资源局在水文复核、结构复核的基础上按照国家现行防洪标准对大窖水库采取除险加固工程措施。该工程主要包括降低坝体溢流堰，拆除浆砌石120立方米；加固河岸溢洪道；库区清淤10万立方米及新建上游拦砂坝装铅丝笼1 000立方米。工程总投资213.93万元。

【两条小流域综合治理工程通过市级验收】 8月30日，由市水利局、市水保总站、市质量监督管理站的专家组成的验收小组，对北窖和万景仙沟两个小流域水土保持综合治理工程进行了验收。万景仙沟、北窖两条小流域共治理水土流失面积13.8平方公里，完成坡改梯田20公顷、坝地20公顷、造水土保持乔木林200公顷、经济林40公顷、封禁治理1 120公顷、打谷坊坝55道、打拦砂坝5座、修防护坝1 000米、建小塘坝6座、小水窖20个、小水池14座、挖水平条田50公顷、整树盘40公顷、挖鱼鳞坑90公顷、修路10公里、发展节水灌溉80公顷、其中管灌50公顷、小管出流30公顷，共动用土石方1.9万立方米，投入人工11.5万个工日，工程总投资372.4万元。

【磁家务橡胶坝竣工】 8月，磁家务橡胶坝工程竣工。该工程位于河北镇磁家务村北大石河上，工程包括橡胶坝工程和引水暗涵工程两部分，橡胶坝总长85米，高2.5米，引水暗涵进口设引水闸一座，暗涵总长1 950米。该工程于3月动工，总投资1 012.47万元，其中橡胶坝工程为444.47万元，引水暗涵工程为568万元。工程完工后可回灌地下水，保证两岸人民生活用水；提高崇青水库蓄水保证率；美化、改善周边环境；并可解决橡胶坝左岸30公顷地的灌溉问题。

【房山区水利富民工作荣获“五连冠”】 10月31日，北京市召开了山区水利富民综合开发总结表彰会，房山区被授予“2002年度北京市山区水利富民综合开发优秀区县”称号，长沟镇、青龙湖镇、十渡镇被评为先进乡镇，史家营乡金鸡台村、霞云岭乡四台村、河北镇半壁店村被评为先进村。自1997年10月实施山区水利富民工程以来，房山区连续5年荣获“北京市山区水利富民综合开发优秀区县”称号。

【2002年气象评价】 全年平均气温为13.1℃，较常年（11.7℃）偏高；本年度极端最低气温为-12.3℃，出现在12月14日和25日；极端最高气温为38.4℃，出现在7月14日。年度降水量为523.3毫米，较常年（582.7毫米）偏少；年日照总时数为2 223.3小时，较常年（2 621.3小时）偏少。

工业　建筑业

【实现工业总产值（不变价）83.5亿元】 全年实现工业总产值（不变价）84亿元，增长22.2%，实现利润总额6.7亿元，增长43.6%。其中：非公经济完成工业产值53亿元，工业利润4.5亿元，占全部工业比重分别为63.4%、69.4%。

【乡镇企业完成工业总产值73.6亿元】 年内，全区乡镇工业企业完成工业总产值73.6亿元，销售收入78.8亿元，工业增加值20亿元，利润总额6.4亿元，同比分别增长25.7%、25.7%、34%和32.6%。增长速度分别提高8.7、6.1、13.8和8.9个百分点。

【乡镇企业发展到4万余家】 全区乡镇企业发展到4万家，占全区企业总数的99.7%。其中乡办280家，村办536家，个体私营等各类非公企业39 081家。资产总额101亿元。年收入5 000万元以上企业30家，其中亿元以上企业10家，税收百万元以上企业47家。乡镇企业安置职工总数22.5万人，其中安置当地劳动力18.3万人，占全区农村劳动力总数的82%。

【增加非公企业975家】 年内，房山区完善《房山区加快私营个体经济发展的意见》，新增加非公企业975家，全区累计达到4 166家。非公企业工业产值和利润分别占全区工业的63.4%和69.4%。

【建筑业完成总产值52.3亿元】 年内，全区有84家建筑企业实现资质就位，其中特级企业1家，一级企业3家，二级13家，三级67家。全区建筑业总产值完成52.3亿元，比上年增长11.9%；实现增加值20.8亿元，增长11.8%；施工面积580万平方米，增长5.7%；新开工面积279万平方米，增长16.1%。

【良乡工业开发区入区企业488家】 良乡工业开发区在全区经济中发挥重要作用，年末累计入区企业488家，比上年增加60家。全年实现技工贸总收入38亿元，比上年增长22.6%；上缴税金1.7亿元，增长19.3%。

【4人获全国优秀乡镇企业家称号】 3月，经国家农业部评审，韩村河建筑集团董事长田雄继续保留“全国优秀乡镇企业家”称号。崇民防伪印刷集团总经理李树继续保留“全国乡镇企业家”称号。金鸡煤炭集团董事长刘增会和北京燕利包装制品有限公司经理肖悦被农业部授予“第四届全国乡镇企业家”称号。

【5个工业小区列入京郊重点乡镇工业区】 3月，在京郊乡镇工业区工作会议上，公布了55个重点工业小区名单，城关金马工业小区、长沟新世纪工业园区、阎村工业小区、窦店青云工业小区、大石窝石雕艺术商贸园区5个工业小区榜上有名。

【非煤矿山安全整治工作】 年内，全区关闭非煤矿山118家，取缔62家，并转91家，关闭率29.6%。北京市非煤矿山安全整治领导验收组对房山区的非煤矿山整治工作进行验收，抽验了河北镇、周口店镇等5个乡镇157座矿山，对房山区的整治工作给予肯定。

【韩村河建筑集团总公司获得鲁班奖】 12月，由韩村河建筑集团总公司施工的北京劳动力市场业务用房工程，被国家建设部和中国建筑业协会评为中国建筑工程鲁班奖。该工程位于北京陶然亭桥东北角，建筑面积2.07万平方米，采用框架剪力墙结构，工程于2000年5月开工，2001年9月竣工。

城镇建设

【房地产业投资完成57.2亿元】 年内，全区房地产业投资完成57.4亿元，比上年下降3.2%；商品房销售面积209.6万平方米，比上年增长24%；商品房销售额完成75.1亿元，比上年增长28.2%。

【3个公园改造工程完成】 房山朝曦公园、迎宾公园、碧桃园是房山广大群众休闲娱乐的重要场所，因基础设施不完善和年久失修而进行的改造工程，被列为2002年区政府为群众拟办的30件实事之一。“三园”占地面积8.53公顷，工程总投资250.5万元，于5月动工，9月完工。

【房山区土地整理储备分中心成立】 6月，房山区土地整理储备中心成立，该中心受区政府委托，依法进行集体土地征用和土地整理、收购、收回和置换，负责组织土地公开招标、拍卖、挂牌交易等工作。

【房山区与北京恩菲环保股份有限公司举行签约仪式】 6月26日，房山区政府与北京恩菲环保股份有限公司举行良乡污水处理厂BOT项目签约仪式。良乡污水处理厂BOT项目招标项目于1月在中国国际招标网和中国招标与采购网上登载招标公告，于1月14日开始发售招标文件，共有11家代理商、投资商购买了招标文件，北京恩菲环保股份有限公司以设计方案先进合理、技术指标、信益等方面突出而中标。房山区市政管理委员会主任张英与北京恩菲环保股份有限公司总经理许启明签订北京市房山区良乡卫星城污水处理厂BOT方式投资合作协议书。

【生活垃圾实行分类收集和处理】 房山区对部分居民小区和单位实行生活垃圾分类收集和处理，生活垃圾将分为可回收物、厨余垃圾、其他垃圾和电池四类收集；在北潞园、行宫园、西潞园、西厢和北京电力设备总厂等10个居民小区和单位实行。此项工作从7月开始，分为准备、实施、考核验收3个阶段进行，11月完成。

【《燕房卫星城总体规划》正式批复】 12月，市政府正式批复《燕房卫星城总体规划》。城市规划区总用地面积90.5平方公里，其中规划城镇建设用地面积35平方公里。规划人口21.5万人，其中常住人口18.8万人。批复要求：城市发展重点应放在对现有用地进行调整和加强城市道路、城市绿化及基础设施建设上，创造良好的居住和工作环境。

【加强颗粒物污染治理工作】 房山区加强颗粒物污染治理工作，减少颗粒物污染，采取关闭无开采许可证或开采许可证已到期的砂石场以及处于河道及河道两侧管理保护范围内、地面水源保护区、地下水源防护区的砂石场，共关闭砂石场18家；关闭石灰（灰粉）厂20家；与有关单位联合制定了关闭5家水泥厂的实施方案；加强工地扬尘防治工作的检查和管理，建立工地台账63个，明确了责任单位和责任人，并与区建设委员会、市政管委等单位联合对辖区内建筑、拆迁、市政、园林绿化等工地进行检查，对道路未硬化、渣土未覆盖的工地进行处罚。

【完成地下水监测工作】 9月，房山区环保局完成地下水监测工作，共监测城关自来水、顾册党校自来水、马刨泉、良乡城内自来水等9个地下水监测点，监测污染指标16项。结果表明，四毒指标（六价铬、挥发酚、氰化物、砷）除顾册党校六价铬有检出外，其余各点均呈未检出，微量元素各点浓度均低于检出限。9个监测点除顾册党校（此点地下水为非饮用水，只是对照监测）水质较差外，其他各点均符合国家《地下水质量标准》三类标准，水质较好。

【北方昊天温泉培训中心污水零排放】 11月，北方昊天温泉培训中心成为房山区首家“污水零排放”单位，该中心投资45万元安装了污水处理设施，日处理污水150吨，经处理后的污水用于人工湖、喷灌、养殖等，实现了水的循环利用，同时解决了污水排放和节约用水问题。经市节水事务管理中心专家实地考察后确认达到零排放标准。

邮政　电信

【邮电业务总量完成4 813.4万元】 全年完成邮电业务总量4 813.4万元，比上年增长20%。订销报纸2 141.4万份，下降1.7%；出口函件960.6万件，增长36.4%；收寄特快专递7.7万件，增长13.2%。年内完成电信业务收入1.6亿元。

【电信业务增加】 年内，全区固定电话用户实增2.1万户，固定电话用户发展到20.7万户；市话用户总数为20.4万户；公用电话实增303部，比上年增长12.7%。ISDN用户实增512户，宽带用户实增1 100户，电话普及率达到31.2线/百人。

商业　对外贸易

【社会消费品零售额实现53.5亿元】 年内，全区社会消费品零售额实现53.5亿元，比上年增长8.4%。其中：食品类完成14.8亿元，增长4.5%；穿着类完成8.4亿元，增长3.2%；日用品类完成20.9亿元，增长6.9%；燃料类完成9.4亿元，增长25.5%。

【商业网点达到9 600个】 年内，全区投资1.8亿元新建、扩建、改造商业网点115个，增加建筑面积10.5万平方米。商业网点达到9 753个，总建筑面积160万平方米，其中5 000平方米以上的大中型商业网点25个。

【连锁专卖店达84家】 年内，房山区引进和发展连锁店、专卖店28家，全区连锁店、专卖店经营覆盖的领域和范围拓展到零售、餐饮、生活服务三大行业22个业种，连锁店、专卖店总数为84家。其中“东来顺”、“张一元”、“同仁堂”、“亿客隆”、“麦当劳”、“肯德基”等国内外知名品牌和老字号商业企业开办的连锁店、专卖店为30家。

【社区便民商业网点工作启动】 按照北京市社区商业便民网点建设规划要求，区商委在良乡行宫园小区、西潞园小区、月华小区3个试点社区建立了7家以经营应急性、便民性生活日用品为主的社区便民服务示范网点。

【外贸出口总额完成7.8亿元】 年内，全区外贸出口总额完成7.8亿元，比上年增长22.7%。农产品出口额为3.5亿元，占全区外贸出口总额的45%，比上年的23.5%上升21.5个百分点。琉璃河镇的神州绿普蔬菜产销合作社、良乡镇的卓宸畜牧有限公司、大石窝镇的双大肉鸡养殖中心3家出口大户完成出口额2.4亿元，占农产品出口额的68.6%。

【年内实际利用外资2 207.09万美元】 年内，全区实际利用外资2 207.9万美元，比上年增长10%。累计批准外商投资企业达到400家，年内批准外商投资企业25家，比上年增加10家。

【区第一家外商独资企业利润再投资】 基康仪器（北京）有限公司是房山区于1998年3月批准设立的外商独资企业，注册在良乡开发区。经营范围为设计、制造、销售仪器仪表、自动化监控系统及其他机电产品。年生产销售10万套。公司自开业以来，经营状况良好。4月，该公司将利润190万元全部转作再投资。投资总额由原332万元增加到415万元。注册资本由原249万元增加到415万元。

旅　游

【旅游综合收入完成6.2亿元】 年内，房山区接待游客475万人次，比上年增长23.9%。其中：接待海外游客6.7万人次，增长6.3%；接待国内旅游者468.3万人次，增长24.2%。旅游综合收入完成6.2亿元，增长30.2%。

【石花洞荣获国家4A级景区】 3月，国家旅游局向社会公布的2002年第一批国家A级旅游区（点）名单中，石花洞风景区榜上有名，荣获国家4A级景区，是房山区继云居寺之后第二个获得国家最高级别的A级景区。

【拒马娱乐有限公司通过三项国际标准认证】 5月，经中国进出口商品质量认证中心北京评审中心审核，拒马娱乐有限公司同时通过了ISO9000质量管理体系、ISO14001环境管理体系和OHSAS18001职业安全卫生管理体系认证，成为全国首家同时通过三项国际标准认证的旅游企业。

【区内8个公园参与北京市公园登记】 房山区内8个公园参与北京市公园登记，即：昊天公园、白水寺公园被评为市一级公园；燕山公园、韩村河公园被评为市二级公园；燕华园、朝曦公园、青年园、迎宾公园被评为市三级公园。

【石花洞国家地质公园开园】 6月18日，北京市国土房管局和房山区委、区政府在石花洞共同举行北京石花洞国家地质公园揭碑开园仪式。国土资源部，中国矿业联合会，中国工程院，中国地质科学院，市国土房管局、旅游局、环保局，房山区领导及中国国家地质公园评审办公室有关领导，河北省、天津市有关部门的领导参加了仪式。北京石花洞国家地质公园是中国首家溶洞地质公园。公园内有北京的地下明珠——石花洞、华北的地下迷宫——银狐洞、国家重点文物保护单位万佛堂孔水洞以及唐人洞、清风洞等溶洞，已探明、考证的有100多座，构成了中国北方最大的岩溶洞穴群。公园地质景观种类齐全，具有典型性、多样性、自然性、完整性和稀有性，是一部地学知识的百科全书。

【四处“人文景观”列入市爱国主义教育基地参观点】 6～10月，北京市爱国主义教育基地领导小组结合本市爱国主义教育基地的特色和新的建设成就，在社会上推出“观古都北京风貌，展人文奥运风采——北京市爱国主义教育基地一日游活动”，活动所设计的26条观光线路中，房山区共有4处“人文景观”在其中，并占有5条线路。包括：房山韩村河——北京西周燕都遗址博物馆；北京西周燕都遗址博物馆——辽金城垣博物馆；云居寺石经陈列馆——石经山；平西抗日展馆——十渡；中国革命博物馆——房山韩村河——云居寺。

财政　金融

【财政收入完成8.2亿元】 年内，房山区财政收入完成8.2亿元，比上年增长33.3%。其中房山地区完成5.5亿元，增长40%；燕山地区完成2.7亿元，增长20%。

【税收完成17.5亿元】 年内，房山区各项税收完成17.5亿元，比上年增长27.2%。在各种税收中，增值税增长21.5%，营业税增长37.9%，企业所得税增长24.3%。

【各项存款余额增加】 年末，全区金融机构人民币存款余额为177.9亿元，比上年增加22亿元，增长14.2%。外币存款余额为1 639万美元，增加179万美元，增长12.3%。城乡居民储蓄余额达到110.4亿元，增加9.6亿元，增长9.5%。

【各类金融机构贷款余额71.4亿元】 年内，房山区各类金融机构贷款余额为71.3亿元，比上年增加4.5亿元，增长6.8%。其中工业贷款余额为25.8亿元，比上年减少5.8亿元；农业贷款余额为5.8亿元，比上年减少1.6亿元；建筑业贷款余额为7.9亿元，比上年增加1.7亿元。个人信贷业务继续快速增长，住房贷款余额为11.2亿元，比上年增长95.7%。

【政银企合作】 政银企合作在解决制约房山跨越式发展的资金瓶颈问题上取得突破，房山区与北京市建设银行签订授信额度15亿元的政银合作协议，与国家开发银行的政银合作协议授信额度达60亿元。

公路建设　交通

【综合运营能力增强】 年末，全区客运出租车营运车辆达到3 833辆。全年增加公共汽车路线8条。城镇公共交通运送乘客2 730万人次，比上年增长9%。运输业总收入达到47.5亿元，比上年增长20.3%，货物运输量完成7 500万吨，货物周转量46.5亿吨公里。

【京周公路改造工程竣工】 11月1日，京周公路改造工程举行竣工通车仪式。京周公路是北京通往房山、燕山石油化工集团总公司、周口店猿人遗址的市级公路，是房山区诸多干线公路的连接枢纽。京周公路改造工程列入房山区2002年为民办的30件实事之一。京周公路改造工程起点为京周公路阎村立交桥，终点为城关街道办事处东关环岛，道路全长7.714公里，原路为下行线，新建路为上行线，新路路基宽12.5米，路面宽11米，按平原一级路标准设计并施工，沿线穿越阎村镇、城关街道办事处。工程由房山区政府和北京市公路局共同投资1.1亿元，工程历时150天。

【京广铁路平交路口改造工程完工】 京广铁路平交路口改造工程于2001年10月25日动工，改造工程将路口改为立交路口，采用铁路上跨，公路下穿方式，共有长阳路、肖庄路、房窑路、紫码路、立教路5个工程，工程包括路基、路面、排水、防护等其他构造物。2002年11月20日，京广铁路平交路口改造工程完工，总投资2 261.03万元。

精神文明建设

以“新世纪、新房山、新发展”为主题，广泛开展教育活动，营造出“人心齐、抓机遇、求发展”的良好氛围，为实现跨越式发展提供了强大精神动力。深入贯彻《公民道德建设实施纲要》，持续开展文明创建活动，涌现出一批市级文明单位和文明村镇，金鸡台村荣获“全国文明村”称号。军警民共建工作取得新成果，连续三届被评为“首都双拥模范区”。实施科教兴房战略，科技、教育等各项事业持续发展。

创建活动

【“外地来房人员与房山文明建设同行”系列活动启动】 10月，由区委宣传部、精神文明办公室、燕山工委、建委、公安分局、房山报社等14家单位联合发起的“房山就是我的家，我为家乡添光彩”——外地来房山人员与房山文明建设同行”系列活动启动。该活动是全市正在开展的“建北京有我一份，办奥运有我一功——外地来京寻梦人与首都文明同行系列活动的组成部分。此项活动在外地来房山人员中开展演讲、征文活动，评选出“外来人员文明之星”。对建设房山、服务房山、发展房山有突出贡献者；艰苦创业、守法经营、积极纳税并热心公益的事业成功者；在当前整治市容市貌和纠正不文明行为中起带头作用或有重大立功表现者；品德高尚，在房山精神文明建设方面有突出表现者；多才多艺或身怀绝技为房山增光彩者；通过有组织推荐而成为“外来人员文明之星”。

【金鸡台村获得全国文明村称号】 10月28日，在人民大会堂召开的全国精神文明创建先进单位表彰会上，房山区金鸡台村获得全国文明村称号，成为北京市被表彰的9个村镇之一。

【军（警）民共建再结硕果】 7月30日，在首都军（警）民共建20周年庆祝大会上，房山区青龙湖中心小学与62312部队等3对共建单位荣获“首都军（警）民共建标兵”称号，大石窝镇与66116部队等5对共建单位被评为“首都军（警）民共建先进单位”，金守江、杨东升、董祥泰被评为“首都军（警）民共建先进个人”。

教　育

【全区有中小学校283所】 全区有中、小学校283所。其中，小学211所，1 840个班，在校生4.86万人，教职工5 188人（专任教师3 895人），小学入学率100%，巩固率100%，毕业及格率100%。中学72所（其中普通中学68所，职业中学4所），教学班1 526个（初中1 199个，高中327个）；在校生6.43万人；初中入学率98.1%，巩固率99.95%，毕业合格率98.5%；高中入学率34.4%，毕业合格率87.8%，应届高考录取率68.2%；教职工6 157人（专任教师4 397人）。

【全区有各类成人学校462所】 房山区有各类成人学校462所，其中成人高校（社区学院）2所，开设13个专业，在校生2 622人，教职工31人；成人中等学校3所，开设9个专业，在校生784人，教职工96人；职工学校22所，教职工319人，全年培训职工4.2万人次。

【北京良乡高教园区奠基】 10月28日，房山区举行了良乡高教园区奠基仪式。北京市副市长林文漪、北京市教委、市国资房管局、工商大学、首都医科大学、首都师范大学、中国社会科学院研究生院、北京理工大学、北京市政四建工程公司、泰跃集团及房山区的领导出席了奠基仪式。北京良乡高教园区位于良乡卫星城东南端，南邻规划中的六环路，距市区23公里。园区规划占地7.3平方公里，规划总建筑面积350万平方米，总投资约70亿元人民币。园区内包括教学科研区、中央景观及公共设施区、学生生活区、教工住宅区，高科技园区独立于园区外建设。中国社会科学院研究生院、北京理工大学、北京工商大学、首都师范大学、首都医科大学与房山区政府签订了合作协议。

【实施川区工程】 年内，房山区实施川区工程总投资6 331.8万元，其中北京市教委投入引导性资金974.8万元，区、乡两级投入配套资金5 357万元。主要进行6方面工程：投资376万元，为62所学校改善了供暖设备；投资909万元，完成了南梨园中学等7所中学9 740平方米专用教室建设；投资328万元，完成了22所学校的危旧电路改造任务；投资770万元，抢修危旧校舍9 163平方米；新建或改建学校34所，完成建筑面积4.83万平方米，投资3 740万元；投资208.8万元，为山区中小学配置钢琴、计算机、单双杠等教学设备2 165件（套）。

【推行学校收费公示制度】 9月初，区教育系统全面推行学校收费公示制度。公示范围包括义务教育阶段的借读费、寄宿费和非义务教育学校的学费、住宿费等。具体内容包括：收费项目、收费标准、收费依据、收费范围、计费单位、投诉电话、对家庭经济困难学生实行收费减免的政策等。

【1751名师生在全国书法绘画比赛中获奖】 7月，在全国第七届中小学生书法绘画作品比赛中，房山区教委被评为“全国组织工作先进单位”，南尚乐中心校、良乡三小等20个单位被评为“组织工作先进集体”，雷文宇、侯凤娟等84名教师荣获“辅导教师奖”。全区共有1 667名小学生在比赛中获奖，其中硬笔书法一等奖108名，软笔书法一等奖58名，绘画一等奖94名。

【对学生出入网吧加强管理】 6月20日至8月20日，房山区教委对学生出入网吧加强管理，会同工商、公安等部门对学生周边地区网吧进行检查，取缔非法经营的网吧；以《致学生家长一封信》的形式向家长进行宣传，促进家长对子女在节假日期间的管理，同时与家长签订《网络安全责任书》；将此项工作纳入学校法制工作和青少年自我保护教育工作之中；组织学生学习《全国青少年网络文明公约》；通过开展征文、知识竞赛、形式多样的主题班队会、团队活动和主题教育活动，引导学生安全、文明上网；开办更多的课外兴趣小组，引导学生参加学校、社区、少年宫等组织的课外活动。

【建立老教师资源库】 5至7月，房山区教委为缓解中学入学人数增加、教师资源不足的问题，根据对496名退休老教师年龄、身体健康状况、本人意愿和是否赋闲在家4项返聘标准调查，有62名教师符合条件，其中高中教师17人，初中教师45人，区教委编入了老教师资源库。

【青少年TTS技能与创新观摩活动】 4月19日，首都师范大学良乡附属实验学校举办了北京市青少年TTS技能与创新观摩活动。良乡附属实验学校介绍了开展TTS技能与创新活动的先进经验，展示了学生们的创造性思维与动手能力。各区县教委领导、英国TTS集团北京办事处负责人及各区县科技馆、少年宫领导100余人到现场观摩。

【获得6项胡楚南奖学金】 3月23日，北京市第四届胡楚南奖学金颁奖仪式在北京国际会议中心举行，房山区教师进修学校承担的北京市教育科学“九五”重点课题“中学地理、生物教学与环境道德教育的研究”获得“胡楚南优秀中学教学成果奖”，北京师范大学良乡附中李宏海、房山四中高天宇、琉璃河中学方芳、行宫园学校刘立军、交道中学苏冠岚5位同学获得“胡楚南优秀中学生奖”

【成人教育中心良乡教学区建成】 6月18日，成人教育中心良乡教学区建成。良乡教学区占地面积2.5万平方米，有学生宿舍楼2幢、教室及多功能厅78部、语音室2部、计算机房6部。有在校学生4 400人，其中住宿生800余人。截止到6月20日，入住办学单位有：北京广播电视大学房山分校、北京经济管理干部学院房山分院、中央党校函授学院北京工业党校分院房山学区、房山财贸中等专业学校、房山良乡干部职工学校6家单位。

【良乡地区社区文明市民学校成立】 7月3日，房山区教委与良乡镇政府在夏庄村举办了良乡地区社区文明市民学校授牌仪式。区领导为夏庄村、鱼儿沟村、太平庄村等11所社区市民学校颁发了牌匾。市民学校作为终身教育的重要组成部分，将对提高人的素质起到重要作用。

科　　技

【实施各类科技项目74项】 年内，全区组织实施各类科技项目74项，其中科研试验示范项目16项，科技成果推广项目13项，星火项目23项，科技致富项目5项，社会发展科技项目17项。这些项目的实施取得了社会效益和经济效益。其中星火项目实现产值3.18亿元，利税7 675.4万元；科技成果推广项目实现产值7 346万元，利润3 772.8万元；科技致富项目实现总收入1.58亿元，纯收入2 423万元。

【区首家科技企业孵化器成立】 年初，房山区首家科技企业孵化器——北京市房山区科技企业孵化器有限公司正式成立。该公司注册资金1000万元人民币。该孵化器的功能是为创业企业提供最适宜的生存环境，降低成本、规避风险、提高企业的成活率。其最重要的作用是创造条件最大限度地支持企业更快发展。截止到年底，有高盟化工有限公司、金海奥等5家企业入孵。

【全国科普示范区创建活动】 经市科协推荐，中国科协批准，房山区代表北京市18个区县，参加2002—2004年全国科普示范县（市）创建达标活动。根据《房山区创建全国科普示范区实施方案》和全国科普示范县（市）创建标准，全区有9个乡镇建成科普画廊；11个乡镇建成15个科技图书室，存书3万册；15个乡镇建立了17所农民技术学校；全区建立具有市级标准的科普示范村22个，科普示范基地19个，科普服务实体18个。

【5个科技计划项目通过市科委验收】 3月，房山区有5个科技计划项目通过市科委验收。即：由北京双斯特天然饮料有限公司、北京长寿保健品有限公司分别承担的市级星火计划项目“果品深加工及其产业化”、“食用菌加工及产业化——金针菇”，西南章造纸厂承担的区级星火计划项目“复印纸、涂布白板纸开发”，区水资源局、佛子庄乡石板房村分别承担的市科技致富项目“房山区农业综合节水技术推广”、“林果基地综合技术应用”。

【3个科技项目列入国家星火计划】 年内，房山区有3项科技项目列入国家星火计划，分别是：天维康高科技股份有限公司承担的天然维生素E精致胶丸产品开发、卓宸畜牧有限公司承担的精品牛羊肉加工及其产业化、东旺农药厂承担的混合脂肪酸铜水乳剂研究与开发。全区有6个科技项目被国家科技部批准为国家级星火计划项目。

【全年发展民营科技企业43家】 年内，全区新发展民营科技企业43家，累计达到284家，实现技工贸总收入2.6亿元，利税8600万元。主要涉及电子信息技术、新医药、生物技术、新材料技术、光机电一体化技术、高效节能和环境生态技术、现代农业技术等新技术领域。

【3家民营科技企业获“科技之光”称号】 12月10日，由北京市民营科技企业家协会、中关村管委会等单位组织的首届北京市民营科技创业人员和技术人员代表大会在北京友谊宾馆召开。房山希望饲料公司、科城粉末冶金技术开发中心、永昌盛给水设备厂获“科技之光”信用企业称号。创业玻璃钢门窗有限公司董事长周明江、永昌盛给水设备厂厂长孟繁星、科城粉末冶金技术开发中心经理王建民获“科技之光”优秀企业家称号。

【“创新家园”落成】 12月28日，房山区“创新家园”落成暨首届科技展览揭幕。“创新家园”位于良乡工业开发区金光路1号，工程总投资2 100万元，建筑面积6 950平方米。“创新家园”包含北京现代应用科学院、房山区科技企业孵化器和房山区科技活动中心。它融合了传统的科研机构、企业孵化器、风险投资基金、多元化控股集团四者优势，集创意、管理、投资、孵化于一体，是房山区科技创新的标志性工程。

文化　文物　广播电视

【加强网吧等娱乐场所管理】 6月，房山区加强网吧等娱乐场所管理，所有网吧立即停业整顿，并在整顿期间停止文化娱乐场所审批业务；召开文化、公安、工商等有关职能部门参加的协调会，分工协作，共同抓好本次整顿工作；对所有文化娱乐场所进行摸底调查，建立台账，确保底数清、情况明；从即日起，组织联合检查组，每天对电子游艺厅等文化娱乐场所进行检查，及时发现并解决存在的问题，坚决查处违规经营；加强宣传，公布举报电话，争取和发动广大群众积极参与整顿工作。

【大石窝镇被命名为北京民间艺术之乡】 大石窝石雕艺术在全国久负盛名，习练书画、雕刻在这里有着广泛的群众基础，出自大石窝镇艺人之手的书法、雕刻作品在北京市和全国比赛中多次获奖。7月，区文化委员会向市文化局递交申报“民间艺术之乡”的请示和有关材料，经检查验收，正式命名大石窝镇为“北京民间艺术之乡”。

【两个手风琴手在国际比赛中获金奖】 7月，在法国巴黎举办的第35届国际手风琴比赛上，申宝手风琴学校的张明月获得国际手风琴比赛三级组“金杯奖”；刘俐颉获得三级组“金牌奖”。

【区图书馆获全国集体优秀组织奖】 12月，在全国少工委、中国福利儿童时代社、中国少年儿童出版社、中国少年报社举办的“2002年全国争做合格小公民知识竞赛”中，房山区图书馆获全国集体优秀组织奖，区图书馆少儿部获全国集体优秀奖。

【4人分获“金色彼岸之声”奖】 10月，在中国音乐文学学会、中国唱片总公司、中央人民广播电台文艺中心举办的首届“金色彼岸之声”全国新人新作选拔大赛中，房山区业余歌手孙丽娜演唱的《龙乡，我的家园》获个人演唱金奖；陈光、张振儒分获《龙乡，我的家园》个人作曲、作词铜奖；张书萍获《房山，我的故乡》个人演唱铜奖；房山区文化馆获集体组织奖。

【琉璃河石桥修缮工程完工】 琉璃河石桥属北京市文物保护单位，因年久失修，桥面下沉，券洞开裂，被撞毁的望柱74根，栏板60块，被市政府列入2001年文物修缮工程，是北京市政府为市民办的“60件实事”工程。修缮工程于2001年5月29日开工，2002年7月29日竣工，总投资315万元，修复了桥北夹杆石4个，修缮桥南的护坡，进行了河底清淤、河底石铺墁，把原来的混凝土桥身栏板、望柱栏板换成石制材料。

【上方山修缮工程完工】 上方山始建于东魏时期，清代晚期仅存寺庵72座，经历年修缮，保存完好的有10余座。上方山诸寺修复工程被北京市政府列入2001年文物修缮工程，是北京市政府为市民办的“60件实事”工程。修复工程于2001年12月28日开工，2002年10月18日竣工，总投资60万元，修复了舍利院、虹桥庵、毗卢殿、舍利院廊子、西配殿。

【周口店北京人遗址移交房山区管理】 8月16日，由北京市副市长张茅与中国科学院副院长陈宜瑜签订了周口店北京人遗址共建协议。协议内容为：改变遗址现行管理体制，实行市院共建；成立周口店北京人遗址管理协调委员会；中国科学院将周口店北京人遗址保护范围内的土地和房屋产权无偿移交给北京市政府；北京市政府组建周口店北京人遗址管理处；中国科学院成立中国科学院古脊椎动物与古人类研究中心。10月30日，房山区政府与中国科学院古脊椎动物与古人类研究中心签订交接协议，房山区文化委员会正式接管周口店北京人遗址。

【广播电视事业稳步发展】 全年广播电台播出新闻3280篇，比上年增长11%，专题节目720组，总时长5760分钟，增长7%。电视台播出新闻5250条，增长7%；专题节目386组，总时长5790分钟，增长8%。全年制作、播出专题片31部，比上年增加4部。在北京市优秀广播电视节目评选中，获“北京广播电视奖”一等奖1个、二等奖2个、三等奖4个。

体　育

【房山区棋类运动分会成立】 1月7日，房山区体育总会棋类运动分会成立，通过健全组织、举办比赛、外出交流等方式推动全区棋类运动。

【全区32个晨晚练辅导站挂牌】 3月20日，房山区举办全民健身晨晚练辅导站授牌仪式，区领导为西潞园小区、北京电力设备总厂、南关村等32个辅导站授牌。每个辅导站都有固定的活动场地，配有秧歌类、武术类、操舞类健身辅导员，早晨、晚上有近万人参加健身活动。

【水上救生分会成立】 5月21日，房山区体育总会体育场馆暨水上救生分会成立。分会以普及水上安全知识，提高救生水平为目标，吸收辖区内体育场馆管理经营单位为团体会员，吸收个人为个人会员。在“自愿、平等、互利”原则的基础上，组织开展各项协作、技术咨询服务及交流等活动。

【第三届青龙湖龙舟邀请赛】 6月15日，房山区、丰台区共同举办第三届北京青龙湖龙舟邀请赛，本次比赛为共同携手争办2008年奥运会水上项目。来自全市各行业的29支代表队、400余名男女运动员参加了比赛。比赛项目为600米直道竞赛，青龙湖镇代表队获得冠军，装甲兵部队、舒华体育用品公司、丰台区王佐镇政府、房山区人民政府、房山水利公司分获二至六名。

【市动会上取得5.5枚金牌】 7月17日至8月11日，北京市举办了第十一届运动会，房山区120名运动员参加了篮球、足球、乒乓球、田径、摔跤、射击、举重、跆拳道、武术、皮划艇10个项目的比赛，取得了5.5枚金牌、3枚银牌、6枚铜牌，团体总分94分，居全市15位，房山区被北京市运动会组委会授予“突出进步奖”。

【区少儿门球队获全国亚军】 在河南省开封市举办的全国少儿门球比赛上，房山二小作为北京一队，饶乐府小学作为北京二队参加了乙组比赛。房山二小获得乙组亚军。

【房山区首届残疾人运动会】 4月11日，房山区体育局在房山区体育场举行了首届残疾人运动会，来自全区19个乡镇、燕山办事处和3个培智学校的500余名残疾人运动员参加了比赛。运动会设乒乓球、田径、举重、趣味四大项21个小项。

卫　生

【良乡医院综合病房楼落成】 3月，良乡医院综合病房楼落成，该工程是区四届二次人代会确定的三项民心工程之一，总投资3 190万元，建筑面积1.2万平方米，设有11个病区和1个手术区，配备中央空调、集中供氧、计算机网络等8大系统。

【房山四中成为捐献造血干细胞的学校】 6月20日，房山四中举行了“捐献造血干细胞志愿者行动”手挽手、心连心活动，有29名老师报名捐献造血干细胞，许多学生表示在自己年满18岁时加入到志愿者行列中来。这是北京市第一次以学校为基地捐献造血干细胞，是北京市群体性报名捐献的第一次，是由一个普通老师提出捐献造血干细胞的第一次，也是北京市远郊区县的第一次。

【房山儿童康复中心治理脑瘫弱智儿童】 中国红十字会房山儿童康复中心是1999年7月25日正式开始为脑瘫弱智儿童做康复训练的，每批收六七名轻型的脑瘫弱智儿童，经过耐心和专业的训练，效果非常明显。之后，康复中心把每批收治的脑瘫弱智儿童增到14个，年龄从3个月到14岁，医务人员增到17名。从2000年9月开始，聘请意大利康复专家在中心长期指导工作，为脑瘫弱智儿童进行作业治疗、物理治疗、语言治疗的全方位服务。并免费为11名脑瘫儿童做了矫形手术。截止到2002年，房山儿童康复中心为全国19个省市的856名脑瘫弱智儿童做了康复训练，康复有效率、满意率均为百分之百。

【各项预防保健指标达到市政府要求】 年内，房山区各项预防保健指标达到市政府要求，甲、乙类传染病发病率121.15/10万，病毒性肝炎发病率14.91/10万，无脊髓灰质炎和食物中毒事故发生，计划免疫全程接种率100%，以乡镇为单位儿童免疫接种率98%，新生儿乙肝疫苗接种率97%，结核病监化率97.7%、阴转率96%，精神病人管理率90%，孕产妇保健覆盖率99.37%，儿童系统管理率88.76%，孕产妇死亡率18.88/10万，婴儿死亡率6.85‰。

【急救中心房山分中心成立】 3月3日，北京市急救中心在房山区良乡医院成立房山急救分中心，全面开通120通讯系统。为健全北京市三级急救网络建设，加强对急危重症及各种灾害事故等突发事件处理能力，提高急救效率，奠定了基础。

【老年保健及疾病防治中心成立】 4月11日，北京市卫生新“三项建设”内容之一的房山区老年保健及疾病防治中心，在房山区中医医院成立。总投资500万元，建设规模1500平方米，设置病床60张，配备医疗、保健、康复、信息化管理系统等相关设施，为老年人群提供集医疗、预防、保健、康复、健康教育于一体的综合性老年保健服务。

人口与计划生育

【开展“六百”活动】 以“婚育新风进万家”活动为载体，房山区计划生育委员会与妇联等16个部门配合，开展了“六百活动”。即：“百场电影下乡、百村光盘入户、百篇好新闻评选、百题知识竞赛、百名好典型评选、百户独生子女好家庭运动会”。年内，在全区400多个村、居委会中传看2 300张健康系列光盘；以《新甜蜜事业》影片和4部计划生育科教片为主的“百场电影”入村放映，有167个村放映235场；23个乡镇500多个村（居）举办了《人口与计划生育法》“百题知识竞赛”；有106户独生子女家庭参加了“百户独生子女家庭”趣味运动会；组织了以“倡导科学文明进步的婚育观念，营造良好的社会舆论氛围，促进人口与计划生育事业的健康发展”为主题的“龙乡新风杯”百篇好新闻评选活动，收到参评新闻100余条，稿件100多篇。

【流动人口现居住地管理】 年内，区计划生育委员会与公安分局、卫生局、工商局、个体协会和企业主管部门配合，联合执法39次，对9个集贸市场、6个砖瓦厂、15个街面、91个村的3 800名流动人口进行了清理清查，开展孕检3 600人次；对重点地区的外来人口进行计划生育政策法规培训15次；规范达标村16个、达标市场6个。截止到12月底，全区共有外来人口成年育龄妇女6 376人，占总数的10%，办理《暂住证》的成年育龄妇女的国家《婚育证》办证率达到70%以上，签订外来人口三种类型责任书达到95%；已婚育龄妇女5 119人，孕检率、计划生育率达到85%以上。

【计划生育生殖健康技术服务中心成立】 8月，房山区计划生育技术咨询服务站通过市级验收，由北京市计划生育委员会颁发了《计划生育技术服务机构职业许可证》，正式更名为房山区计划生育生殖健康技术服务中心。该中心对服务项目进行了规范，服务项目有计划生育生殖健康技术指导、咨询和随访；避孕药具服务；避孕和节育的医学检查等。10月1日起，该中心对全区农村户籍育龄妇女实行计划生育基本手术项目免费服务。

房山区主要领导人

区委书记	杨德宏（女）
副书记	张效廉　倪有水
	郭先英（女）　范文彦
	王海平（3月免）
	张继增（3月任）
常委	李硕夫　崔国民
	宫兆良　孙新军
	苗立峰（7月任）
区人大常委会主任	刘文秀
副主任	李福田　李　瑞
	王福来　田　雄
区长	张效廉
副区长	李硕夫　梁　顺
	李惠英（女）　任全胜
	刘顺林　傅　华
区政协主席	游来柱
副主席	王晓芝（女）
	容桂英（女）
	许志远　马文仲
	万金峰　林　义
区纪委书记	王海平（3月免）
	张继增（3月任）
副书记	吴悦斌（1月免）
	李树民（3月任）
	马俊怀（3月任）

房山区乡镇办事处党政正职领导

	党委(工委)书记	乡长（办事处主任）
燕山办事处	倪有水	史全富
城关街道办事处	张　森	陆大勇
新镇街道办事处	李兴民	李兴民
良乡地区办事处、良乡镇	刘欣国	赵东升　马丽英
周口店镇	董瑞臣	周文海
琉璃河镇	刘焕忠	赵国富
窦店镇	徐宗军	樊毅平
石楼镇	赵　军	宋跃民
长沟镇	王占勇	吴会杰
张坊镇	谢延智	李　学
十渡镇	赵磊明	杨建波
河北镇	赵大栓	周德运
大石窝镇	张福志	陈建波
阎村镇	陈硕林	柳铁良
韩村河镇	赵永祥	孔庆远
青龙湖镇	杨东升	吴宝祥
长阳镇	刘文礼	苗宗启
佛子庄乡	李立新	朱文生
大安山乡	路建华	张海生
南窖乡	张广华	王永年
史家营乡	任正宽	吕守军
霞云岭乡	任玉海	李光明
蒲洼乡	曹　磊	李绍华

（贾　昉）

通州区

通州区位于北京东南部，面积912.34平方公里。辖10个镇、1个乡、4个街道。年末常住人口60.70万人，其中农业人口38.70万人。耕地面积3.86万公顷，粮食产量1.35亿千克，667平方米产550.96千克。2002年，全区工作以邓小平理论和“三个代表”重要思想为指导，以入世和迎奥运为契机，以经济建设为中心，以体制创新和科技进步为动力，以环境建设年为突破口，坚持科教兴区、依法治区，坚持“三个转变”，继续加快调整经济结构和优化产业布局，加快培育和壮大光基电产业、物流配送产业、文化产业、建筑房地产业四大经济增长点，扩大经济总量，提高经济增长质量和效益，继续推进城乡基础设施建设和生态环境建设，继续推进民主法制建设和精神文明建设，加强以保持党同人民群众血肉关系为核心的党的作风建设、思想建设和组织建设，推进党风廉政建设，全力维护社会稳定和政治稳定，促进社会各项事业的全面进步。2002年全区综合实力继续增强，经济运行质量明显提高。国内生产总值90亿元，全口径财政收入18.9亿元，提前三年完成“十五”计划任务。地方财政收入6.9亿元，固定资产投资完成42.3亿元。城镇居民人均可支配收入达到10 081元，增长18.5%，农民人均纯收入5 835元，增长10.6%。城乡居民储蓄余额118.5亿元，增长17.6%，居民消费结构升级、居住条件改善、生活质量提高。

政 治 建 设

2002年全区开展“三个代表”学教回查活动、“三讲”教育回头看活动取得成效。领导班子建设和干部队伍建设进一步加强。结合机构改革，实行竞争上岗，调整充实一批处科级领导班子，圆满完成乡镇党委换届工作。健全完善街道办事处党的基层组织，街道社区党建工作进一步加强。民主法制建设稳步推进。区人大及常委会积极推进依法治区工作，开展对区人大常委会任命的“一府两院”有关人员建立书面述职制度。开展“四五”普法教育；加强政府廉政建设，严厉查处各种违法违纪行为。狠抓政府执法部门的服务意识、服务水平和工作作风，开展民主测评活动。加强社会治安综合治理，加大投入，提高全区治安防范能力和科技创安水平。深入开展“严打”整治斗争，破获各类刑事案件1025件，抓获犯罪嫌疑人1380人。

党建 政务

【开展“三个代表”、党的“十六大”学习教育活动】 2002年，全区各级党组织以“三个代表”重要思想和党的“十六大”精神为指针，全年理论学习围绕“三个代表”重要思想为主线，分为两个学习阶段：党的“十六大”之前，以学习江泽民同志“七一”重要讲话、“五三一”重要讲话和《江泽民论有中国特色社会主义（专题摘编）》为重点；党的“十六大”之后，以学习党的“十六大”精神为主。针对不同学习阶段，分别做出具体安排，做到学习重点突出，组织安排有序。全区各级党委中心组坚持理论联系实际，围绕“三个代表”重要思想的深刻内涵和重大意义、党的最低纲领和最高纲领、增强党的阶级基础与扩大党的群众基础、如何看待新形势下的劳动和劳动价值理论、如何应对加入世贸组织的挑战、如何实现“绿色奥运、科技奥运、人文奥运”等重大理论和实际问题，进行认真学习、深入研讨，努力把科学理论转化为指导实践的强大武器。党的“十六大”胜利闭幕后，邀请中央党史研究室同志做党的“十六大”精神辅导报告；请党的“十六大”代表、区民政局局长李淑华座谈参加党的“十六大”的体会。全区共组织党的“十六大”宣讲报告34场。区委理论学习中心组撰写理论学习体会文章，发挥表率作用。

【区委二届第十一次全体扩大会议召开】 12月26日，区委二届第十一次全体扩大会议召开，区委书记崔君乐作了题为《抓住发展机遇 深化环境建设 加快建设北京新城区》的工作报告，会议确立建设“北京新城区”的战略目标，实施建设“京东工业基地”的战略任务，树立“率先基本”的发展思想。

【继续落实党风廉政建设责任制】 通州区对党风廉政建设和反腐败斗争的39项工作任务，按照谁主管谁负责的原则进行落实分工，确定20个牵头单位和54个协办单位，明确责任、内容、要求及完成时限。强化责任主体意识，对各项工作分管的区级领导、牵头单位和协办单位分别签订《责任分别认定通知书》。从全区142个处级单位到基层，层层明确责任范围，与基层签订党风廉政建设责任书，总数达到3 000余份。

【抓好基层党建规范化建设】 通州区把改革农村财务管理体制，规范农村干部经济活动，作为党风廉政建设的一项重要内容来抓。在稳定村级集体经济所有权、经营权、支配权的基础上，全区11个乡镇全部推行了村级财务“双层审计、村账托管、电算管理”制度。至年底，有459个村实行了村账托管，占行政村总数95%，加强了基层组织软环境建设。规范村级干部从政行为，促进农村稳定，推进农村民主政治建设。

【实施“党员素质工程”】 12月19日全区实施“党员素质工程”动员大会召开。会议要求各单位要认真学习贯彻党的“十六大”精神，用“三个代表”重要思想武装头脑，把握党的“十六大”的主题、灵魂、精髓，围绕发展这个主题开展工作，把握四个创新；要坚持发展是硬道理，并以此来统一全区党员思想。围绕建设“北京新城区”的战略目标，打造京东工业基地的战略任务和树立“率先基本”的发展思想，把全区建设成一个有产业支撑、设施完备、可持续发展的生态城、数字城、文化城、文明城；开展教育活动要围绕经济建设这个中心，结合本单位的实际，下大力气解决发展中存在的问题。

【领导班子结构进一步优化】 全区共调整处级干部325名，其中提拔任用53人（其中新任副处级干部37人），交流75人，轮岗41人，改任非领导职务64人，提前退休92人。调整后，处级干部总数由990人下降到927人，减少63人。处级班子结构发生了较大变化：大专以上学历799人，占干部总数86.2%，比调整前提高4.6个百分点。在新提拔任用的53名干部中，全部为大专以上文化程度，大学本科以上文化程度36名，占67.9%；40岁以下处级领导干部比例由原来的28.3%提高到35.3%。

【加大后备干部培养力度】 2002年重新确定后备干部队伍，正职后备干部58名，其中大学本科以上54名，占93.1%，比上年提高35个百分点；副职后备干部416名，其中大学本科以上235名，占56.5%，比上年提高20个百分点。健全后备干部培养责任制，明确培养方式和具体方法，确定后备干部培养联系人和培养锻炼措施，加强后备干部培养工作的检查监督，切实做到有推荐、有培养、有考核、有管理。

【严格执行《干部任用条例》】 年内，共对16名新任正处级干部、37名新任副处级干部、20名市人大代表候选人预备人进行了公示，进一步规范干部公示程序，扩大公示范围；对符合试用条件的15名副处级干部实行了试用期制，建立试任干部档案，对15名干部进行试任期满考察。

【加大街道社区党建工作力度】 2002年，健全4个街道工委工作机构，按副处级实职配备街道工委组织委员、宣传委员、纪委书记等12名，先后将68个居委会、97个家委会整合为38个社区居委会，并建立了党支部。4个街道工委全部建立了党建工作协调委员会和社区建设管理委员会。

【深入开展“创建”活动】 2002年，加强对创建工作的指导检查。组建了创建工作办公室，聘请部分老同志组成督察组，相应建立了创建督察制度、定期汇报制度和乡镇党委书记、党群书记履行创建工作职责的考核办法，确保创建工作责任制的落实。

【完成乡镇领导班子换届选举】 2002年圆满完成乡镇换届选举工作，共调整干部115名，其中提拔干部23名，交流轮岗的58名，改任非领导职务的34名。

【通州定位北京新城区】 11月30日，中共中央政治局委员、北京市委书记、市长刘淇到梨园镇曹园村调研基层党建工作，听取了区委书记崔君乐关于全区各项工作的情况汇报。刘淇指出，通州的区位优势这么好，离朝阳区CBD商务区这么近，要从全市对通州的要求来考虑加快工业化、城市化；通州区把区位优势转换为对通州定位的有利条件，要定位在北京的一个新城区。

【区二届人大四次会议举行】 1月20至22日，区第二届人民代表大会第四次会议召开，240名代表出席会议。会议听取并审议了《通州区人民政府工作报告》；听取并审议了区人大、区发展计划委员会、区财政局、区法院、区检察院所作的工作报告，会议对上述报告分别作出决议。会议补选卢晓明为北京市通州区人民政府区长；补选东晓钟为人民检察院检察长。大会共收到代表议案73件，议案审查委员会对所提出议案进行了审查。

【政协二届四次会议召开】 1月15至17日区政协二届四次会议举行。222名委员出席会议。会议听取并审议了政协常委会的工作报告和提案委员会的提案工作报告；听取并协商讨论了《政府工作报告》、《关于2001年通州区国民经济、社会发展计划执行情况和2002年计划草案的报告》、《关于2001年财政预算执行情况和2002年财政预算草案的报告》；分别召开了工业、农业、教育、体育、卫生、精神文明建设等6个专题座谈会。会议期间，共提出意见、建议39条。委员们撰写提案159件，经提案委员会审查立案153件。

【办理人大代表议案、建议】 区二届人大四次会议代表提出“关于加大工作力度，加快解决社区建设中几个问题”的议案，提出建议、批评和意见共134件，已全部如期办复。闭会期间收到的35件建议，也已按规定时间办复。为提高办理质量，常委会两次与政府有关部门召开部分代表和重点承办单位见面会，采取多种形式征求代表意见，对代表不满意的及时跟踪，督促补办或重办，及时组织代表视察重点建议办理情况，促进办理工作的落实。

【进一步规范厂务公开制度】 区委、区政府强化责任制，把此项工作纳入折子工程，进行重点督办，强化厂务公开内容、形式、程序、时间、监督、档案的“六个规范”。全区269个国有、集体及控股企业和事业单位，实现了推行厂务公开、建立厂务公开协调小组、落实“三个重大”公开全部达到100%。2002年，共公开重大事项1 261件，评议领导干部611名，民主测评满意率98%。

【面向社会公开招考国家公务员】 5月，通州区面向社会公开招考主任科员以下非领导职务国家公务员，本区17个单位面向社会公开招考94个职位的国家公务员，报名者经资格审查227人符合报考条件，通过公共科目笔试、专业科目笔试、面试、考核、政审、体检等层层选拔，有40人被录用为国家公务员。

【机构改革圆满结束】 到6月底，通州区机构改革圆满结束。全区有38个部门涉及机构撤并、合署、划转或更改名称。22个领导班子进行调整。本次改革，区委减少工委2个，与政府合并组建机构1个，与政府合署办公机构5个。区政府机构由40个减少到31个，乡镇机构由22个减少到11个。各部门内设机构由586个减少到385个。其中区直机关由264个减少到235个。街道办事处由56减到40个。乡镇由266个减到110个。全区各党政群机关精简行政编制468名，精简比例为19.6%。其中区直机关由1 166名减少到1 002名，乡镇由1219名减少到737名。全区党政群机关处级领导职数由519名减少到426名，实有处级干部由522名减少到424名。科级领导职数由800名减少到602名，实有科级干部由780名减少到468名。

【召开加强与驻通中央、市属企业联系和合作大会】 通州区召开加强与驻通中央、市属企业联系和合作促进区域经济发展大会。会上区领导强调：区委、区政府加强与驻通中央、市属企业联系，加强服务，做到五个一视同仁。即在解决困难和问题上一视同仁，在政策待遇上一视同仁，在认识上一视同仁，在表彰奖励上一视同仁，在服务工作上一视同仁。要了解和帮助他们解决困难，推动中央、市属企业不断发展壮大，促进通州区域经济发展。要解决中央、市属企业对通州的知情权问题。

政　法

【继续抓好科技创安工程】 本区在大力推行农村社区无线治安网络、科技创安小区、重点要害部位治安报警联网的基础上，根据卫星城地区治安情况复杂，社会面控制任务大的特点，一是投资1000万元，在卫星城地区安装集治安、交通管理和紧急处置于一体的闭路电视监视系统，对卫星城地区的路口、街巷、繁华地区和重要部位实行全方位的管理控制。二是发挥电子保安报警网络平台的作用。三是推进小区科技创安工程。全区177个居民小区已实现封闭管理的154个，占87%。安装楼宇对讲、监控探头等技防设施的小区达45个，占全部小区总数的25%。

【推进社区警务战略】 年内，通州区在社区建设中全面实施社区警务战略，建立和完善新的社区警务工作运行机制，落实社区治安综合治理措施，下发了《关于进一步改革和加强派出所工作的实施意见》、《通州分局社区警务具体实施意见》等加强社区警务具有指导性的文件。城区6个派出所建成社区警务站62个，占应建站总数的100%。按一区一警配备民警62名，并逐步给每个社区警务站配置保安员。

【严打整治取得显著战果】 全年共立年内刑事案件2528起，比上年同期减少746起，下降22.8%。共立刑侦管辖的年内案件2 177起，比上年减少348起，下降13.8%。加大对挂牌督办案件和黑恶势力团伙侦破力度，破获各类刑事案件1 443起，抓获犯罪嫌疑人1 380人，抓获网上逃犯187人，先后侦破市局督办的“1·14”绑架案、“8·15”杀人案等一批性质恶劣、影响严重的案件。

【建立民警接待日制度】 通州公安分局把每月第一、三周的周三上午定为民警接待日，每个接待日安排一名分局领导负责接待来访的民警和民警直系亲属。对反映出的问题及民警的实际生活困难，将5日内解决；对提出合理化建议并被采纳和反映队伍中重大问题和隐患经核实的同志，将给予一定的物质奖励。

【扎实推进预防和减少青少年违法犯罪工作】 2002年，通州区在原有“法制共建”基础上开展“法制副校长”工作，选派63名政治责任感强、觉悟高、经验丰富的政法干部到中小学校担任法律副校长、校外法制辅导员，协助学校开展法制教育工作，为中小学讲法制课105次，受教育学生达70 000余人次。

群团活动

【开展两节“送温暖活动”】 2002年元旦、春节期间，全区工会系统共筹措慰问金521 490元，参加慰问的工会干部279人，走访慰问困难职工、下岗职工、离退休人员等3 465人，把党和政府的关怀，工会组织的温暖送到千家万户。

【区工商联会员企业工会联合会成立】 4月29日，通州区召开工商联会员企业工会联合会成立大会。40余家民营企业工会代表参加了会议，90余家提出建会计划的会员企业代表列席会议。

【区首家街道工会联合会成立】 5月14日，通州区首家街道工会联合会在中仓街道办事处挂牌成立。街道联合会的成立，标志着本区新建企业建会工作又有新的拓展，为下一步社区建会打下良好的组织基础。

【新建企业建会工作取得新进展】 2002年，通州区新建企业组建工会309家，发展会员6 210人，完成市总工会下达的全年建会任务的122.5%。至此，通州区新建企业组建工会实有1 024家，会员42 548人。被市建会领导小组评为优秀单位。

【开展农村青年科普宣传活动】 年内，加强“共青团服务农民致富网”、“农村青年科技文化图书站”建设，完善《通州青年知识与信息》服务内容，通过“共青团科技兴农直通车”等形式将农业新知识、新技术、农业实用技术信息、科技图书直接提供到农民手中。通过举办“乡村青年文化节”、“三下乡”等活动，组织开展实用技术培训、科技赶集、科普竞赛、技能比武等形式加强与高校、科研院所的联系，提高农村青年掌握科技的本领。

【加强社区青年志愿服务】 团区委进一步加强社区阵地网络建设，建立健全以街道办事处团组织为核心的社区团组织网络，形成青年志愿者服务中心、青年志愿者服务站、爱心社（爱心辅导站）等服务组织体系。深入开展“周六志愿行动”、社区青年志愿者公益服务活动，为社区居民提供服务。

【开展“让环保进家庭”活动】 区妇联围绕环境建设年的中心工作，以家庭为切入点，在全区开展“让环保进家庭”活动。筹集资金30万元，制作15万个环保宣传购物提袋。在6月5日世界环保日举行通州区15万个环保、宣传、购物提袋发放，推进了妇女、儿童环保活动。

【“双学双比”活动见成效】 2002年通州区妇联继续开展“双学双比”活动，年收入万元以上的妇女已有40 070人，收入在5万元的妇女已达4 437人，收入超过10万元的妇女已达955人，其中经营资产在百万元以上的女能人有55人。

【深化“妇”字号基地建设】 “妇”字号基地建设，是本区“双学双比”活动的一项重点工作。全区组建和成立一批“三八”种、养殖协会、互助会、服务中心等“妇”字号服务组织和59个“妇”字号基地（其中种植业基地23个，养殖业25个，加工业11个）。年内，区级“妇”字号基地重点抓了扩大基地规模，加强规范化管理力度。张家湾“三八”反季节果品示范基地，不断引进新品种；

梨园妇女乌鸡服务中心投资新建冷库，开发深加工项目；“三八”花卉源基地不断完善设施工程和引进优新品种。

【“万名万元大嫂扶万户”活动】 “万名万元大嫂扶万户”活动是“双学双比”活动的一项形象工程。活动中积极参与农业结构调整，发挥致富带头人和女能手的作用。年内，全区有13 823名万元收入妇女扶助了21 724名妇女共同致富，被扶助户又扶助新户3 569户，形成连锁致富的格局。被扶助户年平均增加收入2 107元。

民政　劳动和社会保障

【完成社区居委会“三室一场一校”建设】 2002年，本区先后有27个社区居委会建成100平方米以上、具备“三室一场一校”（即日间照料室、文化活动室、卫生保健室、室外健身场、老年学校）功能建设标准的社区服务站工作，占全区38个社区居委会的71%，顺利完成市政府提出的到2002年底完成社区居委会服务站建设的70%的目标。

【完善城乡最低生活保障制度】 2002年，区城镇最低生活保障标准由月人均280元提高到290元。农村最低生活保障标准由年人均1 000元提高到1 200元，其中保障资金由区、乡镇、村按5:3:2负担，调整为由区、乡镇政府按7:3比例负担；低保制度不断完善。出台了《通州区人民政府农村最低生活保障制度实施意见》、《通州区城低保户廉租住房实施办法》和《建立实施城市特困人员医疗救助制度》，全方位、多渠道提高低保人员生活水平和生活质量。

【加大农村敬老院改造】 2002年筹资1500余万元对全区11所敬老院进行新建或扩建改造，提高办院档次，增添服务内容，同时充分发挥院内医疗、健康、文化娱乐服务设施功能对社会开放，面向全区老年人、残疾人、孤残儿童和有需要的村民提供服务，推进社会福利社会化。

【加大社会救助工作力度】 年内，启动扶贫济困春风行动，对全区100户特困家庭进行救助；为全区1 230户受灾群众下拨救灾款14万元，购买救济粮71 500千克，食用油6 310千克；深入开展“一助一”扶贫济困工作，全区共有213名领导与213户贫困户建立了“一助一”扶贫济困联系制度，通过为扶持户解决一次性启动资金、安置就业、帮助困难子女入学等多种途径，帮助特困户脱贫致富；下拨一次性临时救济金30余万元，为困难群众解决生产生活中的实际困难。开展“阳光助学”筹资35万元，重点解决困难户子女上学难问题。

【加强民间组织管理】 区民政局依法开展民办非企业单位登记管理工作，加强社团监督管理与队伍培训，维护社会稳定。2002年，共为全区17个民办非企业单位进行了注册登记，为3个民非单位做了变更登记。共新登记社团11个，注销4个，变更9个。

【社区就业推出新举措】 将辖区内6家劳务派出企业与街道办事处结成对子，具体负责一项社区就业项目。街道办事处负责岗位开发与置换，劳务派遣企业负责招聘下岗失业人员，并与其签订劳动合同，负责缴纳各项劳动保险，使下岗失业人员在社区实现正规就业。

【开发社区就业岗位】 2002年，共开发置换社区就业岗位4 000多个，安置下岗失业人员3 200余人；成立社区公益性就业组织4家，40名就业特困人员实现了托底就业；建立劳务派遣组织7家，安置下岗失业人员290人；发展社区就业实体725个，安置下岗失业人员1 000余名。

【开通就业服务动态管理网络】 劳动社会保障局投资200余万元开通失业人员动态管理网络，建立集职业介绍、职业指导、职业培训、职业技能鉴定、外地工管理、社区就业、农村富余劳动力管理为一体的城乡统筹就业网络系统，与4个街道办事处和11个乡镇就业服务所通过ISDN通讯设备全部实现互联，率先实现了就业信息的资源共享。

【农村劳动力就业取得丰硕成果】 在各乡镇组建劳动就业服务所，并成立通州区农村劳动力向二、三产业转移办公室。举办不同规模的招聘洽谈活动，共提供就业岗位7 250个，有13 000名求职者与用人单位达成就业意向。组织9 322名农村劳动力由一产业转向二、三产业，完成全年任务的103.6%，使得从事二、三产业人数累计达到126 100人，占全区农村劳动力总数的67.6%。

【医疗保险制度改革取得阶段性成果】 全区参加基本医疗保险单位达697家，共有参保职工83 457人（其中职介存档参统人数7 000人），新增参保职工1.8万人；共收缴基本医疗保险金8 614万元，收缴率达98%；共为9 009名患病职工支付医疗保险金4 838万元，为1 623名退休参保职工个人账户一次性充值32万元，为410名参加大病统筹患病职工报销医药费272万元。全区629家参保单位为70 261人建立了企业补充医疗保险，占全区参统人数的92.1%。清理职工拖欠医药费847万元，占拖欠总额的82.5%，提前完成市下达的任务指标。成立定点医疗机构领导小组，确定42家医疗单位为全市的定点医疗机构。

【社会保险扩面征缴工作卓有成效】 成立扩面征缴工作领导小组，确定重点方位，建立纵横联动制约机制，从扩面征缴、清欠、稽核检查三条主线同时出发，征缴养老、失业、工伤保险基金18 333万元，全面完成市下达指标。对242个单位进行稽核检查，37户企业为24 039人补缴社会保险费311.31万元；清理历年欠费1 348万元。

【农村社会养老保险】 全年收缴农村养老保险费239万元，同比增长102%，全区新增投保1 500人，已为538人按月发放养老金。

经济建设

2002年全区综合实力继续增强，区域经济结构调整取得阶段性成果，农业结构调整向纵深发展，农业产业化进程加快。形成蔬菜、林果花卉、养殖三大主导产业，培育了张家湾葡萄、潞城蔬菜、永乐店速生林等一批特色专业村镇。增强龙头企业的拉动作用。2002年国内生产总值90亿元，比上年增长17.6%。其中一、二、三产业的增加值分别为13.2亿元、39.5亿元、37.4亿元，比上年分别增长14.9%、23%和13.4%，产业结构改善为14.6∶43.8∶41.6。全口径财政收入18.9亿元，增长56.2%，提前三年完成"十五"计划任务。地方财政收入6.9亿元，增长46.1%。固定资产投资完成42.3亿元，比上年增长14.2%。全面推进标准化，改变农产品无标化生产、无标化上市。初步确立绿色安全食品体系，76家企业通过市级食品安全认证。工业发展成效显著。工业增加值在GDP中比重同比增加4.4个百分点。加大工业区基础设施和环境建设的投入，全年累计投资5亿元。招商引资效果明显，全年累计引进千万元以上企业147家，其中亿元企业24家。第三产业稳步发展，商业服务业活力增强，连锁、配送等新型业态加快发展，通糖连锁店全部实现了与物美重组。建筑业增加值完成8.7亿元，开复工面积418万平方米，房地产业实现销售面积100万平方米。交通运输、金融、旅游、信息咨询等产业有新的发展。

农　业

【农业结构调整向纵深发展】 全年新增蔬菜面积0.13万公顷，累计达到1.2万公顷，全年蔬菜总产量达10亿千克、林果花卉面积0.41万公顷，植树630.9万株，养殖专业户达到5.3万户，养殖业产值达到17.2亿元，产业布局发生显著变化。龙头企业带动能力不断增强，近百家农产品加工企业和农民之间形成了有机的利益联合体；通济达公司配送农产品10万吨，世纪东方绿舟绿色农产品超市正式营业。农产品安全体系初步建立，认定标准生产示范基地49家，76家企业通过市级食品安全认证，投资500万元建成农产品检测中心。都市型郊区农业、观光农业，大营生态农业旅游出具规模。农业招商成果显著，蒙牛集团、中绿食品公司等品牌企业落户通州。

【蔬菜种植业稳中有升】 2002年全区新增蔬菜面积0.13万公顷，累计达到1.2万公顷，其中新增设施面积333.33公顷，出口菜面积333.33公顷。全年蔬菜总产量达10亿千克，比上年增长6.1%。形成宋庄、潞城蔬菜专业镇及徐官屯生菜，大杜社、小杜社绿芦笋、双埠头出口菜等蔬菜专业村。

【养殖业经济发展势头良好】 2002年，养殖业继续发展，各类养殖专业户5.3万户，年累计出栏生猪50.6万头、肉牛2.59万头、商品肉鸡519万只、乌鸡700万只、肉鸭448万只；产鲜奶4万吨，鲜蛋1.5万吨。商品鱼上市1 550万千克，养殖业产值17.2亿元，占农业总产值60%，养殖业人均收入达到1 300元。形成毛庄奶牛、王庄观赏鱼、大辛庄乌鸡等专业村。

【加强绿色安全食品体系建设】 2002年本区申报市级标准化示范基地49家，其中种植业28家，养殖业21家。有10家被定为市级标准化生产示范基地，39家定为区级标准化生产示范基地。同时开展绿色认证，全区通过市级食用农产品安全生产认证等76家，其中蔬菜基地24家，果品基地17家，畜禽产品30家，水产品5家。

【世纪东方绿舟农产品配送超市开业】 该超市隶属通济达农业发展公司，以经营绿色安全农产品为主，经营面积1700多平方米，经营产品4500多种，其中在本区基地生产的产品500多种。超市总投资400万元，可安置200人就业。年配送能力达到10万吨，销售收入1.2亿元。

【规范发展合作经济组织】 年内，全区新发展农民合作经济组织30家，累计达到269家，带动种养农户3万户，带动种植面积1万公顷。从抓完善、抓管理入手，从协会的注册、办公场所、技术人员、必备资产、章程、责任等方面规范了宋庄镇绿美佳协会、张家湾镇葡萄协会、梨园乌鸡养殖合作社等30个农民专业合作经济组织。

【重组整合现有农民合作组织】 2002年围绕三大主导产业发展行业协会，成立区级奶牛协会、观赏鱼养殖协会、种植业服务协会等，提高科技水平，逐步完善行业产销一体化服务功能，增强协会的带动力、凝聚力和竞争力。

林业　水利　气象

【林果花卉业快速发展】 年内，新造林0.41万公顷，植树630.9万株，比计划超出76个百分点。其中，新发展经济林0.16万公顷，植树216万株；种植月季、玫瑰等花灌木400公顷，栽植草坪466.67公顷；种植大樱桃、精品梨等优新品种0.17万公顷，全区果树累计达到0.67万公顷。形成张家湾葡萄、永乐店速生林专业镇及沙古堆大樱桃、和合站优质桃等果品专业村。

【建设以"两河一路"绿色通道为主的林业五大工程】 2002年，通州区投资3965万元，完成了"两河一路"绿色通道工程及四环林建设工程；建设了以"古运河纪念林"为主的"运河生态公园"工程；实施农田林网建设工程及拔草盖沙工程。五大工程的建设，共动土方164万立方米，拆迁4.7万平方米，绿化面积0.36万公顷，植树537万株，河岸绿化23.8公里，公路绿化45条，长度97.2公里，防沙治沙绿化 33.33 公顷，播草覆沙 400 公顷。

【农田林网建设】 2002 年，采用永久性绿化带与速生林相结合，以张家湾、马驹桥、漷县、永乐店四镇 0.2 万公顷中低产田改造农田林网建设工程为重点，全区共完善更新农田林网 155 公里，植树 7.54 万株，新植农田林网 55 公里，植树 11.7 万株。

【京津风沙源治理工程启动】 2002 年，为了优化环境，京津风沙源治理工程本区启动，项目总投资 773 万元，其中国家和北京市支持 508 万元，项目建设范围包括潞城、西集、漷县、永乐店和于家务五个乡镇，完成 0.17 万公顷的农田林网建设。

【地下水自动检测系统建成】 6 月通州区地下水自动检测系统建成。该系统设立一个监测分中心，与市中心站联网，在徐辛庄、台湖、永乐店等镇建自动监测井 14 眼，与分中心联网，形成地下水自动监测网络，从根本上改变地下水监测站的落后状况，及时、准确、系统地掌握全区地下水动态信息；为全区地下水、地表水的联合调度运用和合理开发提供科学依据。

【通州区雨量遥测系统建成】 年内，投资 40 万元完成通州区雨量遥测系统建设。该系统采用先进的通讯、计算机技术，自动测量雨量站的降雨量，进行现场存储，并将雨情数据传送到中心站，完成雨量分析、统计、计算等任务，达到及时监测本地区降雨量，确定暴雨中心和降雨分布范围的作用。

【北运河潞湾橡胶坝建成蓄水】 潞湾橡胶坝位于甘棠大桥上游 160 米处，坝长 181.6 米，坝高 4 米，蓄水量 400 万立方米，回水面积 142 万平方米，工程总投资1 312万元。该工程建成后，为涵养回补地下水源、改善生态环境、促进经济和旅游事业发展起到重要作用。

【气候评价】 本年度气温高，降水少，蒸发量大，土壤失墒快，形成严重的冬季干旱。年平均气温为 14.3℃，比常年同期偏高 2.4℃，创历史同期最高值。总降水量 409.9 毫米，比常年同期偏少 151.7 毫米，属于枯水年份。日照时数为2 584.6小时，比常年同期偏少 26.9 小时。比上年同期偏多 235.1 小时。

【部分地区遭受暴雨冰雹袭击】 8 月 4 日，通州区出现大风冰雹天气，暴风雨裹挟着冰雹袭击通州部分地区，瞬间风力达 10 级，暴风雨夹带冰雹的最大直径达 60 毫米。全区内连根拔起、倾倒、歪斜树木 7 000余棵，共砸毁房屋1 650余间，此次灾害全区受伤人员 50 余名。全区 11 个乡镇，347 个村。受灾面积 14 292.73 公顷，绝收面积 1 535.13 公顷。灾害共造成直接经济损失 2.3 亿元。部分地区电力、供水、通讯设施损坏，造成停电，停水、通讯中断。

工　业

【工业持续、稳步、健康发展】 2002 年，区域工业完成现价总产值 126.25 亿元，同比增长 40.2%；完成销售收入 115.4 亿元，同比增长 36.2%；实现利润 5.77 亿元，同比增长 52.3%；完成工业增加值 30.8 亿元，同比增长 23%；上缴税金 7.76 亿元，同比增长 38.3%。工业运行各项指标创历史最好水平，第二产业增加值在国内生产总值所占比重增加 4.4 个百分点。

【加大招商引资力度】 2002 年，本区抓住环境建设年的机遇，利用地域、资源优势和优惠政策，大力招商引资，挖掘新的经济增长点，使全区工业招商引资呈现出良好的发展势头。至年底，全区共引进投资规模在1 000万元的企业 147 家，协议金额 115.02 亿元，到位资金 10.04 亿元。企业平均单体投资规模达到7 900万元。其中引进投资总额在亿元以上的企业 24 家；投资总额超过 3 亿元的企业 5 家。

【农产品加工业进一步发展】 全区已发展农产品加工企业 57 家，主要集中在果品加工、饲料加工、蔬菜加工、畜禽加工、食品加工、酿造等行业。共有从业人员 4 763人，全年完成总产值54 061万元，营业收入 44 601 万元，利润总额1 435万元，增加值 12 642万元，上缴税金2 020万元，出口交货额。57 家企业资产总额 59 876 万元，其中固定资产净值 33 988万元。

【大力推进区属企业重组转制】 2002 年，区属企业以重组转制为重点，以实现投资主体多元化为目标，大力推进产权制度改革。全区完成各类改制企业 15 家，其中兼并企业 6 家，破产企业 1 家，改造有限责任公司 4 家，组建股份有限公司 2 家，成立股份合作制企业 1 家，累计完成企业改制 39 家，改制面达 74%。另有 13 家企业进入改制程序。经过重组转制，核销不良资产 1.1 亿元，转移债务近 1.5 亿元，妥善转换职工身份1 500名。

【二、三产业专业村、龙头大户发展迅速】 至年底，全区共发展二、三产业专业村 51 个，其中从事二、三产业的农户 17 000 户，占专业村总户数的 73%；从事二、三产业劳动力 17 360 人，占专业村劳动力总数 87%；二、三产业经济收入 17 亿元，占专业村经济总收入的 92%。全区共有带动 30 个以上农户的龙头大户 37 户，带动 2 000 多农户从事家庭二、三产业，人均收入 4 200 元。

【提高乡镇工业园区建设水平】 全区有乡镇工业园区 14 个，入区企业 171 家，从业人员14 394人，全年实现总产值 15.05 亿元、营业收入 13.4 亿元、利润 7 871 万元、税金 6 838 万元。各乡镇全年投入工业园区基础设施建设资金 2.4 亿元，其中用于园区标志物建设 1 200 万元、道路 4 620 万元、绿化 300 万元、污水处理 2 150 万元、水厂 600 万元、供热 800 万元、通讯 1 700 万元。

【光基电产业基地各项工作取得较好成绩】 年内，北京市光基电一体化产业基地，以基础设施建设和招商引资为重点，坚持"高起点、规范化、市场化”的原则。一期起步区基础设施建设实现“十通一平”；招商引资取得实质进展，签约项目11个，协议总投资达到50亿元人民币，占地面积164.68公顷；光谷公司规范运作，市场融资取得较大突破。

【积极筹备成立行业协会】 年内，按照区政府的要求，通州区开展行业协会组建工作。对区域内各行业进行了调查摸底，认真作好吸纳入会会员的准备工作。在此基础上，积极筹备成立行业协会工作，至年底全区共组建8个行业协会。分别是通州区企业联合会、服装协会、经济体制改革研究会、出口企业协会、印刷协会、食品协会、化工协会、家具协会，有效发挥行业协会在政府与企业之间的桥梁和纽带作用。

外经外贸

【外商投资企业继续增长】 2002年，新发展外商投资企业40家，其中合资企业19家，合作企业4家，独资企业17家。协议总投资8 631.5万美元，同比增长15.8%；协议利用外资3 956.68万美元，同比增长40.8%；外商实际到位资金6 573万美元，同比增长6.5%。至年底，全区累计有外商投资企业333户，总注册资本56 000万美元，总投资91 660万美元。投资行业集中在服装加工制造、计算机应用、房地产、纺织等。

【25家外贸企业年内获自营进出口权】 2002年，区外经委努力工作，积极争取，在有关部门的大力支持下，为25家外贸出口企业争取了自营进出口权，目前全区共有自营进出口企业63家。

【外贸出口供货额同比增长2.3%】 2002年，全区共完成出口商品供货额10.32亿元，其中出口商品直接交货额5.65亿元，间接交货额4.67亿元。出口供货额列前三位的乡镇是：漷县镇、宋庄镇、西集镇，出口供货额分别为2.09亿元、1.76亿元和1.16亿元。

【外商投资企业上缴税收2.1亿元】 外商投资企业对通州区经济的贡献不断扩大，在解决劳动力就业的同时，全年共上缴国地两税2.1亿元人民币，同比增长40%。

商业　旅游

【商业经济形式稳步发展】 通州区结合商业系统企业实际，进行体制改革、整合资源、引进盘活、减员增效。整顿经济秩序、规范市场行为等方面取得较好成效。全区社会商品零售额完成41.5亿元，同比增长8.3%，商业税收1.36亿元，同比增长43%。年内，通糖与物美实现全面合作；区供销社15个基层店加盟北京市医药股份公司、新华与国美合作取得成效。

【通糖与物美实现重组】 5月，通州商业资产运营公司与大型企业物美集团组成通糖物美有限责任公司，原通糖65家连锁店和600多名员工全部进入新公司。至年底实现销售收入8 434万元，利润121.8万元，税收547.2万元。

【商业企业破产减债】 2002年，商业系统完成企业破产11家。自2000年开始运作企业破产以来，共完成了33个企业破产工作，三年来负债总额减少2.9亿元，净资产增加2.58亿元，资产负债率减少19个百分点，全系统减债5.01亿元，置换职工身份4 500人。

【再生资源市场建成营业】 年内，通州区围绕“环境建设年”的总体目标，对卫星城范围内的322个废品收购站点全部进行清理。在西杨庄、焦王庄、郝家府建了3个再生资源市场，市场总投资500万元，占地11.33公顷，总摊位190个。

【北京放心食品展示交易中心举行揭牌仪式】 12月23日，北京放心食品展示交易中心在八里桥市场举行揭牌仪式。副市长刘志华为“中心”揭牌，中央有关部委及市有关部门领导和区领导崔君乐、卢晓明等出席仪式。该中心是全国第一家经政府确认的进京放心食品展示交易中心，今后将为全国放心食品进京提供各项服务。

【商业执法成效显著】 全年共出动行政执法1000余人次，查获各类违法案件146起，查没私盐41吨，罚款4.26万元，取缔生猪注水窝点3个，配合市商委截获外地进京私盐204吨，注水生猪48头。

【十一旅游黄金周收入创历史新高】 共接待游客15.77万人，同比增长12.08%；实现旅游收入446.26万元，同比增长102.67%。其中台湖镇第五生产队在金秋风情周活动期间接待来自10余个区县的游客2万人，实现旅游收入50万元，仅捉蟹项目实现收入21.25万元。

【区旅游综合收入首次突破2亿元】 年内，39家旅游企业共接待游客205.3万人，旅游综合收入21801.73万元，比上年增长33.73%；上缴税费988.98万元，比上年增长15.5%。

【加大生态旅游开发】 2002年，通州区完成了台湖镇第五生产队集住宿、娱乐、民俗和农事体验于一体的农村实践园一期工程；张家湾镇葡萄采摘及千亩荷花塘初具规模；潞城镇完成了具备水上观光旅游的塘改湖一期工程。大营旅游度假村新建了“新奇百亩特果园”、“百亩银杏园”、“杜仲园”、“百亩玉兰园”、“百亩梅花园”，建成了各种风格的别墅50栋。新建大运河配送中心采摘观光园20公顷。

财政　金融

【财政收入稳步增长】 全区实现财政收入69 424万元，同比增长46.1%。其中共享税完成51 616万元，同比增长43.7%；固定税收完成9 663万元，同比增长63.7%；非税收入完成4 861万元，同比增长59.9%；基金收入完成3 284万元,同比增长23%。

【创新完善乡财政管理体制】 为调动各乡镇招商引资、扩大税源、增加收入的积极性。通州区出台并实施了《进一步完善乡镇财政管理体制方案》、《支持通州工业区、永乐经济开发区发展的意见》和《对纳税大户及企业领导班子的奖励办法》等一系列政策,2002年乡镇税收实现110058万元,占全区税收总额的58%,同比增长49.9%。11个乡镇全部实现正增长,超5千万元的乡镇9个,其中突破亿元的乡镇5个。乡镇收入实现区财力40 877万元,同比增长56%。

【银政合作支持重点项目建设】 2002年北京市建设银行、北京市工商银行、中国光大银行总行营业部、中国经济技术投资担保有限公司、北京首创集团向通州区人民政府提供信贷资金8.3亿元,有力地支持了光基电一体化基地、八通轻轨铁路、土地储备中心、区工业开发区等重大项目的基础设施建设。

【加大支农资金投入】 2002年支农总支出21 381万元,同比增长15%。重点支持农业深化调整,进行主导产业项目投资4 750万元,以农村民俗文化、风情为重点,支持占地26.67公顷的台湖第五生产对民俗旅游观光园建设;扶持和完善蔬菜食品生产基地和冷藏加工设施的建设,建成500立方米冷库,500立方米保鲜库和6 000平方米的主体车间,日配送量1万千克;重点支持市级11个标准养殖小区建设,投资1 000万元支持蒙牛乳业基础设施和动物安全防范体系建设;继续保持全区3:7的粮经比例。2002年,财政投资2 415万元重点支持了台湖观光园、新世纪园艺等5个高效园区和蒙牛乳业、通济达农业发展有限公司、大运河蔬菜配送中心等6家农产品龙头企业。

【加大医疗卫生和社会保障事业投入】 2002年,已有697家单位实行医疗保险改革,总计83 000人参加医疗保险,收缴医疗保险基金8 210万元;用于社会保障事业投入20 397.13万元,比上年增加4 885.13万元,增长31.49%。对7 781名城镇和农村享受最低生活保障人员拨付最低生活保障金741.73万元。

【加强住房资金管理见成效】 2002年,区财政拨付住房公积金962万元,11 650人享受住房公积金补贴,为200人办理提前退休住房公积金一次性补贴手续。在远郊区县第一个出台了廉租住房政策,截至12月底,本区城镇共有26户居民通过审批,区财政为符合条件的24户家庭发放了廉租住房补贴,累计补贴45 652元。

【个人所得税收入创历史新高】 2002年,个人所得税收入累计完成7 207万元,同比增长2 261万元,增长46%,完成计划的122%,创历史新高。

【金融业运营良好】 2002年底,各项存款余额186亿元,同比增长21.7%,其中人民币储蓄存款107.7亿元,同比增长18.2%;外币(美元)储蓄存款8 031万元,同比增长19.3%。各项贷款余额99.7亿元,同比增长18%,其中个人住房贷款增长迅速,余额为28.2亿元,比去年同期增长66.5%,不良贷款余额为19.8亿元,比去年同期增长13.5%。

城乡建设

【建筑系统各项经济指标再创新高】 2002年,房地产、建筑、建材产业完成税收5.32亿元,比上年增长47.8%。其中,房地产业完成税收3.02亿元,增长58.8%;建筑业完成税收1.6亿元,增长23.1%;建材业完成税收7 000万元,增长40%。全区开复工面积400万平方米,比上年增加85万平方米,增长26.9%;竣工面积219万平方米,比上年增长19.3%。

【完成建筑企业资质就位和企业改制工作】 年内,6家一级企业,34家二级企业,87家三级企业,6家劳务分包企业共133家企业通过了新资质就位,就位率77.1%。完成转制企业78家,其中有限责任公司65家,股份公司12家,民营企业1家。正在转制的企业39家,其中国有企业1家,集体企业38家。

【房地产交易成交额增长23%】 全年共办理房地产交易手续8 676件,84.7万平方米,总成交额19.36亿元,分别比上年增长13%、15%和23%。其中商品房交易7 270件、71万平方米,占总交易面积的83.8%;二手房共成交3.43万平方米,比上年增长30%。

【农村基础设施建设取得显著成效】 2002年,修建农村道路204.85公里,投资2.95亿元。其中,修建镇区、镇域道路106.85公里,修建村庄道路98公里。绿化美化完成投资1.06亿元,其中植树464.9万株,投资4 776.75万元。完成文化广场和镇村公园建设投资4 820万元。

【加快农村城市化步伐】 2002年,11个乡镇完成村镇、小城镇建设项目总投资32.15亿元。其中:完成乡镇、小城镇政府所在地建设项目投资16.98亿元;完成村庄建设项目投资15.17亿元。

【新村建设推动农村城市化进程】 到2002年底,旧村改造、新村建设累计开工546.9万平方米,竣工517.3万平方米,完成投资50.6亿元,其中本年开工144.2万平方米,竣工134.5万平方米,完成投资13.3亿元。农民上楼户累计2.29万户,入住人口7.56万人,其中,2002年村民上楼8120户,入住人口2.6万人。

【土地"二次详查"工作结束】 通州区共有土地面积9.06万公顷,其中:耕地4.26万公顷,占47.01%;园地0.47万公顷,占5.21%;林地0.51万公顷,占5.65%;草地0.103万公顷,占1.14%;居民点及独立工矿用地2.064万公顷,占22.77%;道路0.504万公顷,占5.57%;水域1.05万公顷,占11.61%；未利用土地0.094万公顷，占1.04%。

【天然气工程建设取得可喜成绩】 年底，本区投入各类资金11097万元。新华大街、新华南北街、运河大街、通州环路、杨庄路、永顺路、玉桥西路、中路、轻轨沿线等主要干线铺设天然气管道42公里，并建调压站5座。已有华兴园、新华联、达富园、西上园、潞河名苑、万福家园、翠屏里等小区的15 200多户居民用上燃气。同时，完成了20多座锅炉“煤改气”工程。

精神文明建设

2002年，城乡面貌有了新的改观，城市环境不断改善。高标准完成了新华南北路、内环路等一批重大道路改造工程，六环路宋庄段全线贯通，八通轻轨建设已完成工程量70%。加大城乡绿化美化力度，完成了“两河一路”绿色通道工程，实施了内环路、新华南北路、通胡路、通马路等道路的绿化美化。以群众性精神文明创建活动为载体，贯彻《公民道德建设实施纲要》，开展“学习孟宪峰，争做文明通州人”等一系列道德实践活动。稳步推进民主法制建设，进一步提高政府部门的依法行政水平。科教文卫体等社会事业协调发展。加快科技成果引进与转化及人才的培养，全面推进政府、企业、社区和村镇信息化建设。实施教育优先发展战略，整合教育资源，完成了一批农村中心校和农村完小的撤并，完成普通高中的扩招任务。加大文化市场管理力度，整治“网吧”工作取得阶段性成果。加强卫生执法监督，完成各项卫生防病工作指标，4个社区卫生服务站建成并投入使用。郊区最大的群众健身走廊在本区建成。体育事业成果丰硕，通州区运动员在远南残疾人运动会上获得9枚金牌。人口与计划生育工作全面完成各项指标，全区出生人口总数3 191人，计划生育率98.65%，人口出生率5.27‰。

创建活动

【开展“学习孟宪峰，争做文明通州人”活动】 一等功获得者、个体修鞋匠孟宪峰，几十年如一日坚持全心全意为人民服务，被群众誉为“身边的活雷锋”，被评为市先进个体劳动者、首都精神文明奖章获得者。2002年3至11月，全区广泛开展“学习孟宪峰 争做文明通州人”活动。全区各乡镇、街道、各委办局公司共有1 000多个基层单位，近十万人参加了《新时代的道德楷模——孟宪峰》读书征文演讲活动，上交优秀稿件5 000余篇，孟宪峰先进事迹得到了社会的广泛认同，他用自己的模范行动诠释了“爱国守法，明礼诚信，团结友善，勤俭自强，敬业奉献”公民基本道德规范。至年底，孟宪峰事迹报告团在驻京部队、中央国家机关、北京市和通州区做专场报告63场，直接受教育面达3万多人，学习孟宪峰成为本区各单位开展教育活动的重要内容，促进了《公民道德建设实施纲要》在本区的进一步深入落实。

【举行“国防教育街”开街仪式】 2002年7月29日，通州区“国防教育街”开街仪式在通州区吉祥路隆重举行。“国防教育街”，先后投资20余万元，在近500米长的道路两侧建立了20个用于展示国防教育知识的橱窗，定期更换内容，还建立了20米长的双拥共建长廊，设立了20个英模人物灯箱，在路南口设立了“元帅墙”。并将国防教育辐射到社区，为周边六个社区建起了“国防教育书架”、“国防知识园地”等，使社区居民不出门就可以受到国防知识的熏陶。

【举行公务员礼仪文化风采大赛】 11月16日通州区举办了“喜迎十六大礼仪文化风采大赛”。全区15家单位组建的参赛代表队通过自我介绍、礼仪知识问答、丰富多彩的才艺表演和礼仪展示等多种形式，充分展示了本区政府公务员良好的精神风貌和礼仪文化素质，劳动局、公安分局、潞河医院、于家务乡、中仓办事处、宋庄镇在比赛中表现出色，获得比赛的前三名。此次大赛是对本区礼仪文化系统活动的一个综合检验，是全区干部群众礼仪知识的一次展示。通过此次大赛，提高了广大干部群众的礼仪意识，展示了通州区人民良好的文明素质和精神风貌。

【搞好城乡整体文明创建】 全区新命名区级文明村108个；文明乡镇8个；文明十星户101户，累计达到1220户；新评出区级文明居民区25个，文明社区8个；文明单位30个，累计达到217个。

【青少年文明社区创建活动】 通州区结合“环境综合整治和纠正不文明行为”活动，组织红领巾小卫士、小小文明使者进入社区开展文明社区创建活动，在社区宣传争做文明市民、爱护环境的重要意义，积极参与社区建设和管理，帮助清洁卫生，维护社区环境。

城市管理

【新华南北街拓宽改造工程竣工】 工程北起北关环岛，南至果园环岛，全长3400米，总投资1.6亿元，历时5个月。改造后的道路红线宽60米，施工控制线宽42米，道路横断面采用三幅路型式。

【通州区园林绿化工作效果显著】 新增绿地109.94公顷，其中：公共绿地35.12公顷，道路绿地38.88公顷，居住区绿地13.89公顷，单位附属绿地6.49公顷，生产绿地15.54公顷；新增乔木3.98万株、灌木4.06万株、绿篱2 520株、其他347.70万株；新增草坪21.70万平方米；人均公共绿地12.70平方米；人均绿地77.14平方米；绿地率38.19%；绿化覆盖率41.52%。

【环境综合治理取得显著成效】 围绕全区环境建设年的总体部署，完成了新华南北路改造和京哈公路两侧纵深治理等市重点工程；完成区有机生物处理站和污水生化处理工程等区重点工程；完成了通惠河两岸环境综合治理，“两道、四河”环境综合治理；完成新华南北路等五条“林荫大道”绿化美化。全年共清运垃圾70.5万吨；捡拾白色污染32 442千克；拆临拆违18万平方米；拆除广告牌匾11 949块；整顿、取缔占路市场104个；关闭废品收购站点或煤厂374个；植树14 505.8万株；建绿地865万平方米；退耕还林2 774.4公顷；硬化路面131万平方米；粉刷油饰102万平方米；修建明排水道10.6万米、暗排水道5.7万米；建街心花园61个；集中清理整治脏乱点632个。全年共出动人员70.7万人，总投资50 562.3万元。

【提高农村环境整治水平】 年内，通州区按照“净化、硬化、绿化、美化”的标准，开展创建“示范村”活动，确定了漷县、马驹桥、宋庄、永乐店4个中心小城镇为创建重点，各安排15个行政村、其他乡镇各安排10个行政村为环境整治示范村。至年底，全区共有108个村达到“四化”标准，农村环境明显改变。

【区有机生物处理站竣工】 工程占地7 860平方米，建筑面积356.6平方米。共修路1 711.3米，地下贮粪池300立方米，绿化5 800余平方米。工程总投资1 070余万元，日处理粪便300吨，有效解决卫星城粪便无序排放问题。

【市政监察工作取得显著成效】 2002年，签订“门前三包”责任书1 477份；清理小广告65万余张；收缴乱发宣传品92万份；清理违章牌匾63块、条幅35幅；清理卫生死角71处；清运垃圾渣土900余方；粉刷油饰3 269平方米；办理散装货物车辆准运证2 200台次；办理《北京市渣土砂石运输车辆准运证》换证手续186台；查处违规运输车辆241台次。

【区污水处理厂主体工程采取BOT形式建设】 通州区污水处理厂是北京市郊区县第一个采用BOT形式进行建设的污水处理厂。位于张家湾镇土桥村，总投资1.7亿元，其中：污水处理厂主厂区投资1亿元，采取BOT形式投资建设；管网工程7 000万元，该项目已开工建设。

教　育

【合理调整中小学布局】 2002年，通州区通过整合教育资源，着力中小学合理布局、规模办学。农村中心校由上年的19所调整为11所，农村完小由上年的122所调整为115所。

【选派优秀教师支教】 为了促进全区小学教育均衡发展，通州区教委2001年做出《关于选派优秀小学教师到边远地区工作的意见》。从城区永顺、梨园两镇中心小学选派30名政治思想好，业务素质高，有较丰富的教育教学经验的优秀教师到区边远乡镇学校支教。选派的教师通过自愿报名，组织批准，支教两年。

【创建“绿色学校”工作启动】 9月，为加强对青少年的环境教育，提高青少年学生的环保意识，依据《北京市创建“绿色学校”暂行办法》和《北京市“绿色工程”评价标准》，通州区教育委员会、通州区环境保护局共同提出了《通州区中小学创建“绿色学校”实施方案》，决定从2002—2003学年度起在全区中小学每两年命名表彰一批区级“绿色学校”，力争每年有3到4所学校参加市级“绿色学校”评审。

【举办中外校长论坛】 10月18日，潞河中学举办《中外校长论坛》，来自国内20多所著名中学的校长和来自澳大利亚、新西兰、英国的校长出席了论坛会。潞河中学、北京四中、上海建平中学以及来自澳大利亚、英国的校长在会上做了演讲。通州区中小学校长聆听了论坛演讲。

【着力搞好成职教育】 2002年，成人教育立足岗前、岗中培训，立足成人教育五项培训工程，全年全区成人教育培训达37万人次并推出了新华办事处“社区教育培训工程”、台湖镇“万亩稻田养蟹新技术推广工程”、张家湾镇“双万亩葡萄标准化生产培训工程”、成教中心“农业现代化培训工程”、永乐店“半截河苜蓿草种植技术培训工程”等五项申报市优秀项目。

【组织村级党支部书记参加任职资格培训】 8月12日到9月30日，成教中心举办了三期156人参加的村级党支部书记任职资格培训班。培训班进行“邓小平理论，农村改革的巨大成就、基本经验及农村跨世纪发展的目标，党在农村的基本政策，市场经济基础知识，农村常用法律法规，农村现代化与农业产业化经营，农村基层民主法制建设，农村基层党组织建设、创建工作以及农村基层干部的党性修养、工作作风与工作方法”等9个专题讲座。支部书记们学完规定课程，经北京市农工委统一考试，成绩合格，由市委组织部颁发全市统一的村级党支部书记任职资格证书。

【成人高考报名人数增加】 2002年成人高考报名人数达到8 241人，比上年增加3 288人，增长66.38%。其中，报考大专、本科的考生有6 687人，报考高职的考生有1 554人。

科　技

【民营科技企业发展势头良好】 通州区实有民营科技企业102家，其中年内新发展18家。企业资金总额29.77亿元。2002年全区民营科技企业实现工业总产值12.38亿元，技工贸总收入11.88亿元，工业增加值2.78亿元，实现利润2 992万元，上缴税金7 863万元，出口创汇5 454万元。

【星火计划实施取得良好经济效益】 2002年通州区实施星火计划项目17项，其中新上项目6项，延续项目 11 项；项目完成产值103 341万元，利税 15 549.8 万元。其中新上项目完成产值12 400万元，利税1 004.8万元。

【农村远程教育及信息服务工程建设】 2002 年农村远程教育及信息服务终端站建设，重点放在专业协会科技示范村上，至年底，完成了永乐店镇、于家务乡、通州区养殖中心、种植中心、潞城镇大营科技示范村等 8 个点的卫星接收站的建设工作。至此，全区农业远程教育终端站总数已达 19 个。

【推进农业科技成果转化】 为了加速科技成果转化，促进科技成果推广、应用，通州区科委支持西集镇科委建设“通州区金桥科技孵化基地”，通过有偿科技合作、技术咨询论证、技术服务等方式引进科技成果，进行研究、示范、推广；为成果单位提供科技示范基地，开展科技攻关、科技招商、科技普及活动，促进京郊技术中介、成果转化。

【抓好科普示范基地建设】 年内，加大科普经费投入，狠抓西集樱桃科普示范基地和台湖村科普示范基地建设。其中，台湖科普示范基地已被列入市科协重点支持项目。基地占地面积 133.33 公顷，分为科普实践、科研实验、精品观光和生产推广四个园区。一期建设已经建成，并通过市级农村科普示范基地的验收。

文化　广播电视

【区图书馆充分发挥作用】 年内，区图书馆共接待读者 10 万余人次，流通图书 156 018 册次，阅览 26 123 人次，流通书刊 78 370 册次，接待来馆自习读者 7 500 余人次。区图书馆被市里列入“智慧2000”计算机信息网络十个试点馆之一。区图书馆重视发挥辐射示范作用，年内先后建成“新华社区分馆”和“西集镇分馆”，藏书分别达到 12 000 册和22 000册，拥有阅览席位 100 余个。

【乡镇、社区文化设施建设又有新突破】 年内，永乐店、漷县、张家湾、宋庄、于家务 5 个乡镇级文化广场先后建成并投入使用。此外，建成了于家务后伏村、潞城镇大营村、卜落垡村和张家湾镇南许场村 4 个村级文化广场。社区文化站和街道居家委会文化活动室也有新的发展。

【开展大规模群众文化活动】 年内，举办了“第十二届农民艺术节”活动、“文化三下乡”活动、“五月的鲜花”群众歌咏活动、“纪念毛泽东《在延安文艺座谈会上的讲话》发表 60 周年系列活动”、“夏日文化广场”活动和“党的光辉进万家”喜迎十六大文艺演出等活动。全年各种形式的演出 625 场次，电影放映3 000余场。

【加大文化市场管理力度】 年内，开展系列“扫黄”、“打非”工作，共举办书报刊、音像、印刷行业法规培训班 8 期，培训有关人员 710 人。共出动执法检查文化市场 610 人次，检查书报刊市场、音像市场、印刷行业 600 余家（次），会同公安、工商、经委、商委等部门联合检查 38 次，配合市新闻出版局吊销许可证 1 家，取缔书刊、音像及其他无证照经营摊点和游商 319 家，收缴非法出版物 9 984 册，各种非法广告 33 万张，非法音像制品 46 730 张（盘）。

【开展“网吧”及娱乐场所清理整治】 年内，对辖区内的“网吧”及娱乐场所进行大规模的清理整治。共出动执法人员 3 500 人次，拉网式检查 1 420 余户次，清理“网吧”260 家，责令 30 家证照不齐的“网吧”停业整顿，取缔擅自设立的“网吧”230 家。检查公共娱乐场所 601 家。

【两台节目重点突出】 2002 年，电台、电视台抓住迎接党的“十六大”、宣传党的“十六大”；强化环境年建设、经济建设及农村产业结构调整等重点，全方位多层面进行宣传报道。全年播出新闻 2 567 条，播出专题 1 422 期。

【电视台加大环境整治专项宣传力度】 开办了“整治通州环境，共创美好家园”专栏，组织采访了“马路市场出现反弹”等 9 条曝光新闻；新闻部接到群众热线电话 43 个，其中 80％的问题得到解决；先后播出环境整治方面的动态新闻 36 条，平均每天播出 2～3 条。

体育　卫生

【体育活动丰富多彩】 年内，共举办全区性各类大型活动 13 次，参加人数 5 000 人；承办市级大型活动 2 次，参加人数 1 500 人。成功地举办了“通州区首届城运会”、“首届环北京国际公路自行车比赛”等活动。全区参加体育锻炼人口达到 26 万人，全区体育经费开支 625 万元。

【学校体育】 落实《学校体育卫生条例》和《国家体育锻炼标准》，坚持两课一操和一小时锻炼时间，开展多种形式的课外活动。开展“达标”系列活动，全区 159 所中小学全部参加达标活动，实施面 100％，参加达标的学生79 608人，其中77 355 人达到合格标准，合格率 98.3％，比上年提高 0.2％。

【残运会取得优异成绩】 通州区运动员在市第六届残疾人运动会上荣获团体总分第二名，在世界残疾人田径锦标赛和第八届“远南”残疾人运动会上，共获金牌 11 枚、银牌 2 枚。

【加大全民健身工程配建】 年内，全区共配建 45 个全民健身工程，其中市级工程 1 个，标准工程 2 个，居家工程 42 个，总面积 2.16 万平方米，总投资 465 万元。

【推进社区卫生服务站建设】 2002 年，为适应医药卫生体制改革和医疗模式转变，为群众提供满意的医疗服务，通州区全面推进区卫生服务工作。全年共完成 3 个社区卫生服务中心，8 个社区卫生服务站的建设。

【联合执法检查打击违法售药行为】 通州药监分局联合工商分局，对无证经营药品的情况进行了专项检查，检查了徐辛庄、宋庄、胡各庄、牛堡屯、漷县6个乡（镇）的佳联便利超市、通糖连锁商店、通州百货商场、新华市场、人民商场、西门商业大厦等17个商店。对违反《药品管理法》，无证照经营药品医疗器械的柜台，依据《药品管理法》予以取缔，对现存的药品、医疗器械做了现场检查记录，对违法经营的药品、医疗器械进行了封存扣押，依据《药品管理法》，《医疗器械管理条例》予以没收违法所得并处罚款，违法情节较轻的予以警告，限期改正。

计划生育

【计生工作考核】 年内，重新调整了区人口与计划生育领导小组，对乡、镇、办事处的计生工作进行考核，变原来的单线综合考核为双线考核，即考核党政领导抓人口与计划生育工作、考核计生系统工作。既突出了党委和政府的工作，也促进基层党政领导重视人口与计生工作。

【加大计划生育宣传力度】 以婚育新风进万家活动为主线，以"一法三规"为重点，开展多种形式的宣传教育活动。2002年举办了《人口法》万人答卷活动；组织宣讲团深入全区103个村进行现场宣传、讲解37场，并入户发送各种法制宣传材料15万份，自制宣传品：纸杯10万个、《计生法》宣传折页15万册、中（英）板计生宣传折页3 000份、系列展板55套、手帕、毛巾4.5万条、楼门宣传袋1万个、其他自制宣传品1万件。

【以优质服务推动计划生育工作】 从优质服务入手，抓宣传培训、生殖健康检查工作。全区为已婚育龄妇女进行生殖健康检查达66 493人，查出各类疾病9 895例，对在检查中查出患有疾病的育龄群众，联系医院进行治疗，解决了群众的病痛。在宣传服务月活动中，为育龄群众进行避孕节育、优生优育、优质服务、知情选择等科普知识宣传、培训、咨询。组织培训、咨询73场，受教育群众19万人次，进村入户80 296户，发放宣传材料131 912份。与此同时，对外来人口进行环情检测及孕情检查，全年共为外地来京人员提供检查16 000余人次。

【扶助计生家庭开展致富工程】 2002年，继续开展扶助农村计生家庭致富工程。一是永乐店20户淡水养殖，利用幸福工程救助款10万元，带领20户开展淡水养殖；二是利用贴息贷款100万元，在潞城镇蔬菜配送中心带动下，1 800多户计生家庭种植绿色蔬菜；三是在永乐店利用贴息贷款100万元，建起特种水产养殖；四是在宋庄镇利用贴息贷款50万元进行爱宕梨种植；五是在于家务回族乡帮助10户计生家庭利用贴息贷款10万元进行家庭奶牛养殖。

通州区主要领导人

区委书记	崔君乐
副书记	卢晓明　石进贤　邓乃平　李章泽（3月任）
常委	苏文权（11月免）　刘辉　解昆（6月免）　杨林（女）　刘德龙（11月免）　史瑞堂　王春元(3月任)　张文山（12月任）　安铁军（6月任）
区人大常委会主任	曹文广
副主任	陈巨宗　朱启　李玉贤（女）　沈德海　金建华
区长	卢晓明
副区长	苏文权(11月免)　刘辉　杜宏谋　张少田　张树森　何凤慈（女）　刘德龙（11月任）
区政协主席	朱学民（1月免）　王玉辉（1月任）
副主席	鲁宗福　李汉良　叶永清　杨绍杰　黄念辉　张晓燕（女）
区纪委书记	邓乃平
副书记	赵丽丽（女，3月免）　赵潮英（女，3月任）　张希方

通州区乡镇党政正职领导

	党委书记	乡镇长
永顺镇	周鸿武	胡介报
梨园镇	董士清	刘卉
宋庄镇	罗明光（10月免）	李柏松（10月免）
	李柏松（10月任）	陈宇（10月代,12月任）
张家湾镇	陈国庆	邓乃庚
漷县镇	董维毅	郭辉
马驹桥镇	赵玉影	薄立军
西集镇	王春元（3月免）	彭殿军（3月免）
	彭殿军（3月任）	张玉震（3月任）
潞城镇	于世疆	姜富龙（代,7月免）
		崔松光（7月代,12月任）

台湖镇	禹学垠 (11月免) 张　华 (11月任)	张　华 (11月免) 王　晨 (11月任)
永乐店镇	王振良	张　洪
于家务回族乡	张德福 (10月免) 肖志刚 (10月任)	何志强

(刘玉兰　张洪林)

顺 义 区

顺义区位于北京市东北郊，城区距北京市区30公里。区域面积1 021平方公里。年末，常住人口54.5万人，其中农业人口39.9万人，区辖19个镇(地区办事处)、2个街道办事处、424个行政村。2002年，全区高举邓小平理论的伟大旗帜，以“三个代表”重要思想为指导，认真贯彻党的“十六大”精神，大力实施信息工业化发展战略，不断强化环境建设，全力打造顺义“绿色国际港”的新形象，经济继续快速增长，社会各项事业全面进步，人民生活水平进一步提高。

政 治 建 设

围绕学习、宣传、贯彻党的“十六大”精神加强党的建设，党组织的核心领导作用得到加强，党员的先锋模范作用得到发挥；人大充分发挥权力机关作用，认真履行宪法和法律赋予的职责；政协把握团结民主两大主题，积极参政议政；进一步规范了村级事物管理，积极推进基层民主政治建设；政法工作以依法行政、“四五”普法和“严打”整治为重点，取得了令人鼓舞的成效；群团工作开创了新局面。

党　建

【区委一届九次全体会议召开】 12月27日，中共北京市顺义区一届九次全体会议召开，经过讨论、审议，会议一致通过《同心全面建小康、打造绿色国际港、加快全区率先基本实现现代化步伐》的报告。

【学习宣传贯彻党的“十六大”精神】 11月18日，区委召开常委扩大会，组织区级四套班子党员领导干部传达学习党的十六大、十六届一中全会、十五届七中全会的主要精神，对全区学习、宣传、贯彻党的十六大精神工作进行了初步安排。11月19日，召开全区党员领导干部大会，传达十六大的会议精神。就全区学习、宣传、贯彻党的十六大精神进行布置。12月2日，北京市学习党的十六大精神宣讲团成员、王顺生教授围绕深入学习党的十六大精神到顺义作了题为《贯彻“三个代表”，全面建设小康社会》的专题报告。全区掀起学习、宣传、贯彻党的十六大精神热潮。

【干部队伍作风建设得到新的加强】 一是加强教育，增强改进作风的自觉性。结合贯彻党的十六大、“5.31”讲话、市九次党代会精神，开展形式多样的学习培训活动，将作风教育贯穿其中，增强了领导干部改进作风的自觉性。二是完善制度，提高作风建设水平。完善了党委工作八项制度、领导干部基层联系点和调研联系户制度、信访接待日制度、镇机关干部包村制度、农村基层干部走访村民群众制度及机关接待工作实行“首问负责制”，使作风建设有了更加可靠的制度保证。三是强化监督，推动作风建设落到实处。将作风建设纳入干部考察，把创新意识、创新能力及创新成果作为考察的重点内容，同时通过座谈和查阅记录，对领导班子和领导干部改进学风及执行民主集中制的情况进行了检查；认真落实党风廉政建设责任制，与区纪委共同加强了对领导班子民主生活会的检查指导，对25名处级班子党政“一把手”进行了离任审计，组织区级领导及820名处级干部进行了收入申报。

【干部培训工作不断完善】 一是注重需求调研，加强了工作的针对性。对全区处级党政领导干部进行了培训需求调查，研究制定了改进培训工作的对策措施。二是改进培训方法，增强了工作的实效性。加大了研讨交流的力度；加强了考核和管理。先后举办新任处级干部培训班、各镇主要领导干部法律法规培训班、处级女干部培训班、《干部任用条例》培训班等4个班次。三是扩大培训范围，提高了干部队伍素质。先后选送区、镇两级领导干部共40人次参加上级举办的各类培训班；举办高级知识分子培训班；组织参照管理人员开展了“讲英语”和“电子政务”学习活动。

【农村基层组织创建工作取得新进展】 一是围绕乡镇换届，做好干部调配工作。按照《干部任用条例》要求，区委抽调精干力量组成考察组对19个镇、地区办事处的领导班子、领导干部进行了全面考察。通过民主推荐和民主测评，选拔出了一批政治素质好、创新意识强、工作成效突出的乡镇主要领导干部，为全区各镇的建设和发展提供了强有力地政治保障和组织保证。二是健全了工作汇报制度，强化了检查和指导。采取听汇报、查材料、搞测评等多种方式，对创建“六好”、“五好”情况进行了检查。开展了后进镇村的整顿工作。坚持每季度召开一次各镇政工副书记和组织委员会，每半年召开一次镇党委书记会，区委主要领导定期听取情况汇报。三是加大典型示范的力度，推出了一批先进典型。以纪念“七一”为契机，命名表彰了一批先进典型；先后总结推广了马坡镇抓基层组织建设、仁和镇拓宽农民就业渠道、大孙各庄镇依托专业合作经济组织带领农民致富、北务镇抓村级干部培训以及北小营镇北小营村党支部妥善处理两委关系增强村级组织凝聚力、高丽营镇五村党员密切联系群众等典型经验。四是加强村级干部队伍建设，建立健全了工作机制。积极探索解决农村党支部书记后备人选匮乏这一突出问题，制定了《关于健全完善工作机制，加强村级干部队伍建设的意见》；成立了顺义区农村基层干部培训学校，切实加大培训力度；与有关部门联手组成法制宣讲团，加强对农村基层干部的法制培训；不断健全和完善农村党支部书记激励机制，提出了解决支部书记离职后经济待遇问题的初步方案。五是积极推进基层民主政治建设，进一步规范了村级事务管理。认真贯彻落实市两办印发的"两委"关系《意见》及顺义区的《实施方案》，进一步规范了村民代表大会程序、内容。同时，在部分镇进行了村级财务委托代理制度试点。

政　务

【区人大发挥地方国家权力机关作用】 2002年区人大共召开13次常委会议和20次主任会议，听取和审议了"一府两院"54项工作报告和汇报，组织代表进行了13次工作视察和执法检查，检查了30部法律法规的贯彻执行情况；完成了市人大交付的17部法律法规草案的征求意见工作；任免"一府两院"国家机关工作人员69名；开展了对发展计划委员会主任、教育委员会主任的述职评议和后沙峪法庭、仁和派出所的工作评议；督促检查"一府两院"办理代表所提建议、批评和意见145件；受理人民群众来信来访245件次；领导镇人大代表的换届选举，选举出新一届镇人大代表1 076名；组织召开了区一届人大第六次、第七次代表大会，选举产生了人民政府区长和22名出席北京市第十二届人民代表大会的代表。

【区政协参政议政效果显著】 2002年，区政协认真贯彻落实"三个代表"重要思想，牢牢把握团结民主两大主题，紧紧围绕区委、区政府中心任务，切实履行政治协商，民主监督，参政议政职能，做好政协工作。①配合区政府中心工作，主动邀请政府主管领导和有关负责人分别就推进城镇建设、农业结构调整、社会保障体系建设、环境建设等进行了情况通报和协商讨论，得到有关领导的重视，对推进各方面工作起到推动作用。②开展专委会对口协商。经委、科教文卫体委，提案委员会邀请政府及有关部门对各口工作进行视察讨论；分别就有关工作提出建议，为教工事业的发展和顺义新城建设等工作发挥了积极作用。③民主监督进一步加强。提案委员会在认真收集、整理、审查分析的基础上与有关部门做好分办工作，区政协一届五次会议以来所收提案182件，提案委员会对提案逐一审查、立案、分办、交办、督办，提案办复率100%。

【促进基层政权建设工作】 进一步宣传和贯彻《村委会组织法》，巩固顺义区第五届村委会换届选举成果，完善城市管理工作，提高城市管理工作水平。依法启动罢免程序，顺利完成了顺义区木林镇西沿头村罢免村委会工作，维护了法律的严肃性。在城市基层政权建设工作中，完成了各镇新建小区建立社区居委会的工作，经过审核，2002年共在新开发小区建立社区居委会10个，从而使顺义区的社区居委会总数达到48个。完成了顺义区面向社会公开招考社区专职工作者的招考工作，经过笔试、面试、体检、政审，从390名报考者中招考65名社区专职工作者，降低了社区居委会成员的年龄结构，提高了知识结构，提升了整体工作素质，促进了顺义区的城市基层政权建设。

【优化政务环境】 开展了"优化政务环境，人人争当人民满意公务员"活动，从公务员队伍的思想作风建设、制度建设和能力建设三个方面，加强全区公务员队伍的整体建设，在全区评选、表彰了26名人民满意的公务员，经委主任王玉奇同志和南法信镇政府分别获得了"北京市人民满意的公务员"和"北京市人民满意的公务员先进集体"的荣誉称号。加强了公务员队伍的规范管理，坚持日常月考核制度，探索了定性考核与定量考核相结合的办法，改进了奖励工作程序；录用大学应届毕业生和面向社会公开招考国家公务员93人；为镇、街道800多名公务员办理了过渡手续。有940人参加了公务员信息技术与电子政务培训，广泛开展了"公务员讲英语"活动，有1 260人次参加了MPA知识培训；有1 700人参加了公务员"科学技术的新发展与现代化建设"更新知识教育培训和考试。进一步深化行政审批制度改革，精简90项，保留186项，新增27项，全区总计拟保留行政审批事项213项（其中审批80项，核准44项，审核74项，备案15项）；30个承担行政审批职能任务的单位制定出了审批事项程序性规定和行政审批责任追究办法。

【人才资源开发工作】 建设"1＋1"人才队伍（计划建立100名区级学术技术带头人、1 000名45岁以下优秀中青年专业技术骨干队伍）工作启动。已初步建立了近300人的人才档案，举办了三期有560人次参加的专业技术人员计算机应用水平培训班，组织了计算机应用水平1 215个模块的考试工作。组织了2002年15个种类896人的全国职称外语统一考试，完成了全国会计中级资格考试工作，共有1 406人次参加。进一步规范了评审程序、标准和要求，加强了评审工作的指导，共向北京市相关评审委员会推荐高级人选103人；完成本区内中级技术职务评审452人，初级650人。办理和续签寄住证、外地人才应聘证、接转人事关系、解决引进人才夫妻分居等200余人次；办理专业技术人员家属农转非125人。为承天倍达、华大基因等公司引进外国智力工作收到初步效果。举办了春、秋两季人才大型招聘会，近200家单位参加了招聘活动，累计入市个人近万人；

每月逢八定期举办固定人才招聘会，入会招聘单位和求职者逐年增加，中高级人才免费登记人数逐渐形成规模；本地毕业生有647人回家乡工作，引进外地生源和接收档案332人。成功地开通了顺义人才网站；人事档案存量已达4700余份。事业单位人事制度改革工作平稳推进，全区卫生系统人事制度改革工作基本完成。

【加强外事管理，搞好来宾接待】 严格因公出国（境）审批制度，加强护照管理，做好在顺义区外国专家证件的申报工作。年内共审批因公出国（境）团组共119批211人，其中组团29批81人；随团90批130人，局级领导17人；处级领导99人；科（含科）级以下95人，政府团102批；经贸团15批；科技团2批。加强护照管理，严格护照管理制度，对回国人员的因公护照做到及时收缴，按规定进行管理；对于过期护照及时上交市外办进行注销。注重做好本区外国专家《外国专家证》的申报工作。为在本区工作的13名外国专家办理了《外国专家证》的延期和新办证工作（8名为延期，5名新办证）。专家证的办理为外国专家在顺义区经济建设中发挥作用和保证其利益打下了基础。年内共接待国内外来宾62批2 102人次，其中国内来宾35批1 429人次；国外来宾27批673人次。

【加强民族宗教侨务工作】 认真贯彻执行民族、宗教、侨务方面的各项方针政策，并对相关的镇、村干部进行了多种形式的培训。抓民族团结，发展经济，在5个民族村中，年上缴税金超过100万的就有3个，少数民族地区的群众生活有了明显增长，文体活动健康有序。加强并进一步完善了宗教活动场所的法制化管理，对基督教家庭聚会点深入调研并多次提出管理意见，宗教三级管理网络正逐步落实。加强了同新老归侨、侨眷和侨资企业的沟通，完善了服务体系。社区为少数民族、归侨、侨眷服务正日益深入。顺义区民族、宗教、侨务三项工作均被市主管部门评为先进单位，被国家民委评为普法先进单位。

政　法

【“严打”整治斗争成效显著】 为打出声威整出实效，采取党政领导、公安机关双挂账责任制，实施破案奖励机制，适时开展专项斗争和统一行动，保持了强有力的严打高压态势。全年立刑事案件2 779起，比上年同期减少626起，下降23.6%，破获各类刑事案件1 424起，抓获犯罪嫌疑人1 999人，打掉犯罪团伙121个。先后破获了“12.9”樱花园抢劫杀人案、“5.01”石门剁手伤害案、发案三年之久的“2.01”特大持枪抢劫取款车案、新中国成立以来最大的制造销售假公章、假证件、假文凭案、“8.24”空港万科花园价值亿元的特大盗窃古画、文物案等一系列有影响的刑事案件，市局挂账督办的10起案件全部破获，打击了犯罪，打出了警威。专项整治工作以石园大市场和新顺大街为治安重点整治地区，成立重点整治领导小组，明确职责任务，明确整治标准，制定工作制度，落实整治措施。专门成立市场综治办，市场办公室、派出所、工商所联合办公，重新组建市场治安联防队，由仁和派出所派驻民警常驻市场，指导和带领治安联防队员24小时执勤，治安秩序、市场经济秩序、环境卫生秩序和交通秩序大见成效，石园大市场和新顺大街秩序井然，面貌焕然一新。成立群防群治小组，加大对流动人口和出租房屋清理整顿力度，地下空间整治按照市里统一部署，组成领导小组和办公室联合执法，对全区101处、50 711平方米的地下空间进行清理整顿，规范制度，建立台账，提高了立体防范能力和安全管理水平。经首都综治委检查验收一次合格。

【依法审理各类案件】 法院依法行使审判权，全年新收各类案件11871件（不含上年旧存349件），结案11914件，结案率97.5%。与去年同期相比，收案上升3%，结案上升3.1%，未结案下降12.3%，呈现“两升一降”的良好态势。全年新收执行案件4 344件，上年旧存305件，执结4 405件，执行标的总金额1.7亿元。检察院充分发挥法律监督职能，批准、决定逮捕402件535人。受理移送审查起诉案件558件765人，决定起诉528件695人，结案率为94.6%，有罪判决率为99.8%。受理群众控告、申诉和举报498件。

【开展科技创安】 积极开展科技创安活动，不断提高科技强警和科技创安水平。一是建成了集无线、有线、网络化的现代指挥中心，开通了“综合信息查询”、“CCIE查询”和远程指纹比对系统，有针对性地搞好社区报警联网工程，快速准确调集警力，打击现行；二是建立起三级六大防范体系网络，以公安分局接警、处警为一级防范体系，组成城区主要街道的路面监控系统和重点要害单位紧急报警系统，加强对社会面的控制。以派出所接警、处警为二级防范体系，组成区域性双网复合报警系统，加强加油站防抢、防盗报警网络。以社区科技创安为三级防范系统，组成居民小区、新建社区、新农村小区的科技创安防范系统，加强居民住宅安全防范网络；三是典型带动，全面推进科技创安工程。推出了空港电子巡更和楼宇对讲系统，实施了李桥樱花园双向复合报警系统，126家重点单位、要害部位安装了防抢、防盗报警系统，与派出所联网安装380套双网复合报警系统，投资570万元安装公安分局指挥中心现代化电视监控系统。召开现场会，推广石园东苑小区、马坡花园、古城村、陶家坟村等基层科技创安典型经验，城区18个居民小区实行封闭式管理，22个小区安装监控系统。周界报警系统和楼宇对讲系统，年内利用技防设施协助破案151起，抓获案犯90名，提高了全区整体防范水平。

【搞好“四·五”普法教育】 结合依法治区工作，加快“四·五”普法进程，区普法办会同有关部门组建法制报告团，从公、检、法、司分别抽调3名有法律实践经验的同志到街道、镇、机关、企业、学校巡回进行法制教育。结合本地区的典型案例，以案讲法，联系实际宣传法制，针对性强效果显著，年内举办报告会29场，听众达22万人。

【充分发挥“九办一委”职能作用】 在抓好建委、市政管委、农委、计委、商委、经委等“十大委办”参与“严打”整治和综合治理工作的同时，重点强化了稳定办、严打办、外管办、技防办、普法办、安置办、扫黄办、社区办、未委办、教委“九办一委”职能作用。通过整合“九办一委”力量，启动“折子工程”，形成了齐抓共管的工作格局。

【建立综治委委员分组包片工作机制】 将全区各镇、街道、委办划分为3组14片，由人大、政协的领导担任组长，由公、检、法、司、民一把手和组织、人事、纪检、监察等主管领导担任片长，并坚持“五部委”定期的工作联系制度、例会制度和情况通报制度，形成了“社会治安社会治，综合治理综合抓”的整体合力。

【夯实基层基础工作，提升治安防范水平】 一是工作机构定编，加强基层政法综治领导力量。配齐、配强基层政法委书记、综治委主任。各镇、办事处综治办全部定编，综治办主任由一名副镇长担任，设专职副主任一名，享受正科级待遇，配备3～5名专职干部，确保了综治工作有人抓、有人管、有人干。二是整合各方力量，建立村（居）“六位一体”综治办。各村（居）建立治保、民调、联防、普法、帮教、卫生“六位一体”的综合治理办公室，做到组织、人员、职责、制度、措施、任务“六落实”，形成了法律法规有人教、治安信息有人报、矛盾纠纷有人调、重点对象有人帮、违法犯罪有人抓、环境卫生有人包的良好局面，加密了社会治安防范网络，使影响社会治安的各类不稳定因素和矛盾纠纷在基层得到有效化解。三是注意发挥基层两委（政法委、综治委）、两会（治保会、民调会）、两所（派出所、司法所）、两队（专职、义务联防队）、两长（村民小组长、居民楼门长）的职能作用。抓好所属机关、企事业单位内部的治安防范工作，特别是非公有经济组织内部的治安防范工作。村（居）委会注意抓好村民小组长、居民楼门长队伍建设，要求做到“记住户数，数清人数，把治安责任制落实到户”。2002年全区有208个村（居）未发生刑事案件，占44.9%，有280个村（居）没有犯罪的人员，占60.5%。2003年顺义区被首都综治委评为社会治安综合治理工作先进区。

群团活动

【工会工作扎实推进】 为促进《工会法》的贯彻实施，利用多种形式开展了《工会法》宣传活动。共发放宣传材料30 000册，组织了工会知识擂台赛和大型宣传咨询。积极履行工会的基本职责。共为职工提供法律政策咨询50人次，接待来访职工150人次；认真组织实施民主分开日活动，全区300家单位98%以上实行了厂务公开，职代会制度在厂务公开活动中进一步发展和完善；大力推进集体合同制度的发展和完善，区已有800多家企业建立了平等协商的集体合同制度。还就一些资产重组企业职工安置提出意见和建议；认真履行“帮扶第一责任人”职责，建立起困难职工预警预报制度，使符合低保条件的38户职工家庭全部享受生活保障。积极办好互助保险事业，保险储金已达0.92亿元，人会人数1.7万人，一年中，保险理赔132起，赔付金额46万元。广泛开展经济技术创新活动，提高职工队伍整体素质。共有60 000名职工参加了经济技术创新活动，创新技术349项，新工艺339项，新记录111项，新服务管理模式202项，最佳操作法421项；3.8万名职工学习了一门新知识，2.2万名职工掌握了一门新技能；实现技术革新239项，创效0.38亿元；双增双节707项，创效0.53亿元，提出合理化建议1.45万件，实施0.42万件，创效0.48亿元；还以开展安康杯竞赛为载体，大力抓了群众性安全生产和劳动保护工作。超额完成新建企业建会任务，全区有10个行政村于年内建立了村级企业工会联合会，有211家新建企业建立了工会组织，完成任务的140%；新发展会员6 053人，完成计划的151%。广泛开展了建设职工之家活动，巩固了工会建会成果。还成功举办了第一届职工运动会，加强了工会自身的改革和建设。

【创造性地开展团的工作】 年内，举行了顺义区第一次团代会，选举产生了新一届共青团顺义委员会。新建、调整、充实了一批基层团组织，使团干部进一步年轻化、知识化、专业化。团的工作在探索中发展，各项工作扎实推进，团的事业蒸蒸日上。加强青少年思想教育和引导，帮助青少年健康成长，开展形式多样富有成效的理论学习活动；结合共青团成立80周年开展“学团史、知团情、跟党走”主题教育活动；利用学雷锋月，开展“争做文明顺义人”活动。重视青年人才队伍建设和青年人才资源开发，青年人才工程和青年文明工程向纵深发展；结合“市民讲英语”活动，各单位团组织开展演讲比赛或英语技能比赛；在区直单位的企业中，围绕改革与发展，开展职业道德教育和职业技术技能培训，动员青工立足本质，开展创建性劳动，开展技术创新和服务创新活动，推动了行业文明程度和行业技能水平的全面提高；“双推”工作继续开展，各级团组织共推优416名，其中212人入党，8人走上副处级领导岗位，发展团员2 000多人；开展集中性青年志愿者服务活动2万人次，90%镇和40%的村成立了志愿者服务站和服务队；组织10多万青少年参加绿色环保行动。创建“青年文明街”，开展“青年文化节”，创建“青年文明号”。完善组织网络，进行法制教育，维护青少年合法权益，区镇村（校）三级未保网络基本形成，84所中小学的法制校长组织法制教育课、讲座、参观、展览200余次；组织全区十余所中心小学的1万名学生参加了第六届“话说未成年人保护法”大赛活动，还针对青少年的特点，采取侧面宣传教育方式，举办了“珍爱生命——安全在我心中”系列教育活动，强化了青少年珍惜生命意识，为优化青少年成长环境做出了积极的贡献。

【妇女儿童事业取得新进展】 紧密围绕“我与奥运同行，人人都是环境”积极开展“五好家庭”创评活动，共收到推荐稿508篇，从中评选出50户“五好文明家庭标兵”，100户“五好文明家庭”和50名“高龄健康老人”进行了表彰和奖励。目前全区17.1万户家庭中，已有7.97万户步入了“五好文明家庭”行列，约占总户数的46.7%。突出重点，不断深化“双学双比”活动，一批“双学双比”先进典型受到市妇联和全国妇联的表彰。在牛山镇建立起全市第一家农村妇女“农业信息体系”网站，推动了农村妇女科技致富工程的开展。贯彻落实妇女儿童规划，维护妇女儿童的合法权益，召开妇女儿童工作会议，各成员单位在会上对妇女儿童规划的各项量化指标进行签字承诺。组织8000名妇女参加全国妇联举办的《婚姻法》知识竞赛活动，获市妇联系统普法竞赛组织奖。当好妇女娘家人，共接待来信访144件次，对每件信访都给予了明确的重答复。坚持“急党政所急，帮妇女所需，尽妇联所能”的原则，认真办好“三八”家务服务公司，今年1～10月，共为用户提供服务员512人。还加大了对妇女干部的培训力度，完成了妇联的其他工作。

经济建设

年内，全区上下紧抓机遇，锐意进取，大力实施信息化发展战略，加快建立五大产业群落，培育五大品牌体系，在激烈竞争中经济快速发展。完成国内生产总值132.8亿元，同比增长14.5%；完成属地财税收入23.5亿元，同比增长27%，其中，地方财政收入7.95亿元，同比增长25%；完成农民人均纯收入5 850元，同比增长8%，城镇居民人均可支配收入11894元，同比增长17.3%。

农业

【农业产业结构发生显著变化】 一是主导产业生产规模不断扩大。种植业方面，新发展设施保护地146.7公顷，新增出口菜基地133.3公顷，西甜瓜基地由0.4万公顷增至0.47公顷。新发展果品0.17万公顷，形成了0.93万公顷优质果品产业带，其中，新增精品梨0.13万公顷，全区精品梨面积达到了0.47万公顷，新增牧草0.07万公顷，牧草种植面积达到0.47万公顷。养殖业方面，新建了2处万头规模的种猪场和10个高标准的种羊扩繁场，种畜禽和食草家畜生产规模进一步扩大。水产养殖中名特优小品种面积不断增加，达到666.7公顷，同比增长28%，尤其是随着北方最大规模的大闸蟹孵化养殖基地的建成，水产养殖业内部结构调整的步伐进一步加快。全区养殖业全年实现销售收入34亿元，占大农业总收入的比重达到61.8%。籽种产业蓬勃发展，全年实现销售收入8.69亿元，占农业总收入的15.8%，成为顺义农业的特色主导产业。二是主导产业显露出产业化雏形。围绕主导产业发展了包括燕泰、恒慧通、牵手、浩邦、天发瑞奇、光明健能、绿顿乳业在内的一大批加工型龙头企业和新特新葡萄协会等一批带动能力强的农民专业合作经济组织，建成了包括天天绿洁、沿河绿色食品有限公司在内的一批销售型龙头企业。

【农业综合开发】 基本完成南彩、北小营、龙湾屯果品苗木基地，天竺、仁和出口菜基地，后沙峪昌顺科技园区3个多种经营项目。就土地项目而言，大孙各庄、杨镇等8个镇完成改造面积0.41万公顷，铺设田间路80 820米，植树44 375棵，建桥涵等中小型水利建筑物482座。通过农业基础设施的改造、改善，带动了农业产业结构的调整，为加快一产业向二三产业转移奠定了基础。

【农业经济效益显著提高】 坚持实施农业产业化带动和科技带动，农业结构调整取得了扎实有效的成果，经济效益不断增长，农民收入稳步增加，结构调整的后发效应进一步显现。全年实现农业增加值21.4亿元，同比增长10.8%；实现农业总收入55亿元，同比增长10%。实现农民人均纯收入5 850元，同比增长8%。

【订单农业发展势头良好】 狠抓龙头企业配套原料基地建设，大力发展“订单农业”，为农产品加工企业落实配套原料基地1.37万公顷，带动牲畜饲养量149万头，带动禽类饲养量4 431.2万只。

【加大农贸市场基础设施建设】 投入资金2 300万元，支持农贸批发市场的发展。不断健全市场的软、硬件设施，先后对石门市场、北务市场、李桥市场、杨镇市场、牛山市场、龙湾屯市场、张镇市场等一批农贸批发市场进行了规范和改造，并着手筹建现代物流园区，以整合资源，提升管理水平。年内全区共实现市场交易额25.3亿元，其中，石门农贸批发市场实现交易20.6亿元，辐射全国二十余个省市一百余个县（市）。

【实现市场流通体系的转变】 农产品市场流通体系不断巩固完善，基本实现了“两个转变”，即入市主体由总量扩充向质量提升转变，注重引进知名品牌，发展营销大户；市场经营交易方式由传统型向现代配送型转变，充分发挥配送功能，提高外销配送比例。石门市场已被批准为市级一级农贸批发市场，升级改造工作稳步推进。基础设施建设加紧进行，西厢房屋、残留农药检测中心和市场主楼工程已陆续完工投入使用。介入了农村集期市场，提高其管理水平，规范其经营行为。市场环境整治效果明显，基本实现了治安秩序明显好转，环境卫生明显改善，突出问题明显减少，群众满意度明显提高。

【农产品配送业建设发展壮大】 年内共注册农产品配送企业12家，在全市共建配送网点400余个。以蔬菜、果品配送为主的有6家企业，包括沿河绿地瓜菜合作社、北务绿中名瓜菜配送中心、北京梨山果品公司、北京洁鲜康配送中心、天竺空港果蔬仓储公司、北京绿色天河农业公司；以肉类配送为主的有3家，包括鹏程肉品配送中心、绿健康宝配送中心、北京卡瑞特食品公司，其中卡瑞特以出口为主；综合配送的有3家，包括南彩天天绿洁配送中心、鑫绿都配送中心及北京盘中餐科技发展中心。配送产品主要销往本市大型超市、社区、机关团体、机场、宾馆饭店、大专院校及部分出口。所有配送企业全年完成果菜配送4 000万千克，其中自产3 000万千克，外购1 000万千克，占全区果菜总产量的3.8%；肉类全年配送3 160万千克。配送企业共带动1 491人就业，兴建基地总面积3 432.1公顷，带动农户13 550户。

【进一步落实农业科技推广工作】 一是落实百名农业专家与有关单位承担的试验、推广课题。实施与专家合作的课题63项，合作课题进展顺利。安排农业技术试验示范项目62项，农业技术推广项目39项。二是加强农业高效园区建设。三高科技农业示范区等49个农业高效园区在农业科技推广方面发挥了辐射、带动、示范作用。三是以“万人培训计划”为载体，加大对农民的培训力度，各单位落实技术培训3万人次，同时启动了“跨世纪青年农民培训工程”。四是加强农业科技推广示范基地建设。全区三家单位入选中国农学会评出的“全国农村科普示范基地”，四家单位入选中国科协评出的“全国农业科普示范基地”。五是抓农业高新技术的应用，用高新技术成果改造传统农业。组织培养、胚胎移植、转基因等现代农业技术的推广应用，提高了农业的整体产业素质和科技水平。

【参加北京国际周“现代农业科技与产品展”】 5月23～28日参加了在北京市海淀区锦绣大地展览中心举办的“第五届中国北京高新技术产业国际周暨中国北京国际科技产业博览会现代农业科技与产品展”，以突出“绿色食都——顺义”为主体，充分体现顺义农业科技含量和特色，参展品种100余个。并获得组委会“最佳设计奖”和“优秀组织奖”。

【北京顺义三高科技农业试验示范区】 北京三高科技农业试验示范区（以下简称三高示范区）继续保持较快发展速度。新引进科技含量较高、经济效益较好项目9个，协议资金14 600万元，年内完成投资2 690万元。投资400多万元，新建完善基础配套设施，完成了农业远程教育网的安装、调试，开通了三高网站，完成了三高局域网建设。先后被中国农学会、中国科协评为“全国农业科普示范基地”、“全国农村科普示范基地”。年内共接待参观考察32 632人次。为发挥首都区域比较优势，加快首都农业产业结构调整，建设有特色的首都现代农业经济，2002年11月6日，市科委、市农工委、顺义区政府签订了《关于共建北京顺义三高科技农业试验示范区的决定》，争取用5年时间，通过体制创新、科技创新与机制创新，把三高示范区建成一个能够开展持续科技创新、创造显著经济效益、发挥强烈辐射作用、带动广大农民致富、有利于生态环境建设的可持续发展的现代农业高科技产业园区。

【食用农产品安全体系建设快速发展】 截止到年底，区申报安全食品生产基地企业近200家，已经获北京市安全食用农产品认证单位60家，其中蔬菜基地27家、养殖企业26家、果品基地7家。果菜面积0.53万公顷，产量2.8亿千克，乳肉产量1亿千克，有商标产品22个。顺义区安全农产品基地的认证数量、基地生产规模、产品产量居全市第一位。通过北京市认证的农产品产量占全区总产量的60%。顺义区的出口菜基地先后被农业部、外经贸部列为国家级无公害农产品生产示范县。梨山果品公司生产的“宝岛”牌新世纪梨获得了ISO9000和英国皇家UKS认证。2002年顺义区顺利通过了国家“无公害蔬菜生产示范基地”的验收。

【农业标准化生产示范基地建设开始启动】 重点工作是在全区建立28个生产示范基地。其中有14个市级生产基地。农业标准化实施过程中，搜集了与生产基地现行有效的国家、行业、地方标准，共计300余册，编写了《顺义区农业标准化示范基地生产标准》手册共计5 000余册，顺义区农业标准化示范基地标准（蔬菜、果品、畜牧）汇编8 000本，制定了包括技术、管理、工作标准561项，完善了农业生产标准体系。

【举办顺义区第二届种猪精品拍卖会】 5月，成功举办了第二届种猪精品拍卖会，拍卖会上，12头公开拍卖的种猪平均成交价达到5万元，最高拍卖价高达8万元。拍卖会后种猪再次出现脱销局面。第二届种猪精品拍卖会的成功进一步拓宽了种猪销售市场，促进了种猪产业向更深层次发展。新建了北石槽大柳树营、龙湾屯四发、大孙各庄前六马等3个种猪场，种猪场总数达到21个。同时，通过拍卖会，使大多数种猪生产企业开始认识到，只有精品猪才会有市场，只有不断提高产品质量，才会取得最佳效益。为此，全区大部分种猪场都自觉建立了种猪性能测定制度，加大种猪选育与更新力度，绿健、后苏桥、北郎中、茶棚等部分经济、技术实力较强的种猪场从市场远景出发，开始进行大白、长白猪新品种的培育工作，力争通过5～7年努力，培育出具有顺义特色的名优种猪，为企业发展提供后劲。顺义区种猪产业已由过去追求数量效益型向质量效益型转变。全年共产销种猪15.5万头，实现产值3亿元，居全国首位。

【种羊产业化工程获得突出进展】 种羊产业化项

目被北京市科委正式列为重大科技项目，项目实施期限4年，即2002—2005年。年内，重点围绕种羊基地建设、测定站建设、引种、人工授精服务体系建设和胚胎移植技术应用等方面开展工作，取得了突出成效：新发展了9处种羊场，全区种羊场总数达到了18处，从山东、陕西等地引进小尾寒羊、关中奶山羊1万只，引进国外肉用种羊3 000只，其中直接从澳大利亚、新西兰引进1 100只；建成了种羊性能测定站并开始投入运营；成立了由3个人工授精服务中心、8个繁殖改良站为一体的人工授精服务网络；与专家教授合作完成了3 500例肉羊胚胎移植手术；与首都各科研院所合作，开展了有关饲料配比、种羊性能测定、肉羊最佳杂交组合筛选等多项科研课题研究。10月19日，借助全国养羊大会在顺义召开之际，隆重举办了北京地区首届种羊拍卖及展卖会。现场拍卖种羊15只，最高拍卖价达到13.8万元，吸引了全国各地两千多人的关注，取得了较好效果。通过此次种羊拍卖、展卖大型宣传活动，对外展示了顺义种羊产业的发展形象，对内起到了积极的推动作用。年内共产销种羊8 500只，实现产值4 300万元，种羊已销售到全国二十几个省、直辖市、自治区。

【发展草食家畜及畜牧籽种业调整养殖结构】 突出发展粮食饲料消耗小、对环境污染少、有利于农业可持续发展的草食家畜，奶牛、肉牛、肉羊出栏量均得到了较大提高。至年底奶牛存栏达到1.6万头，牛奶产量7万吨，同比分别增长33.3%和58.1%，产业的发展壮大引来了加工龙头，上海光明乳业、东北绿乐尔集团、河北天辰公司等大中型乳品加工企业陆续在顺义区投资建乳品加工厂，日加工鲜奶能力达到400吨，奶业产业化格局已经形成。年内出栏肉牛8.7万头，同比增长5%，出栏肉羊37.7万只，同比增长15.6%。湖北天发集团投资在顺义兴建的大型牛羊屠宰加工厂已破土动工。种畜产业科技含量高、价位高、效益好，纯收入是商品品种的十几倍，而且发展的空间十分广阔，顺义区在大力发展种猪、种羊等籽种产业同时发展了种奶牛生产，年内建成大孙各庄镇雄特种奶牛场，从澳大利亚直接引进纯种荷斯坦奶牛800头，在中国农业科学院畜牧研究所的支持下生产冻胚1500枚，实现经济效益150万元。

【健全畜牧防检疫体系】 健全畜牧防检疫体系，保证了畜牧业健康发展及市民的食肉安全。该体系包括1个畜牧兽医工作站、1个兽医卫生监督检验所和11个乡级兽医中心站。在防疫工作上，严格按照《中华人民共和国动物防疫法》的有关规定，扎实做好并认真监管全区动物防免疫工作，以防“五号病”和禽流感为重点，落实国家规定的计划免疫和强制免疫制度，“五号病”、禽流感等十三种疫苗的免疫注射率均达到100%。各项防疫措施得到较好的贯彻落实。此外，开展了猪瘟抗体监测、猪瘟强毒检测、口蹄疫抗体监测、禽流感H5、H7血凝试验等项目的疫情测报工作，还开展了细菌培养、药敏试验、消毒效果检测、寄生虫病检查及常见疫病的诊断化验项目，为全区畜牧业发展起到了保驾护航作用。区兽医卫生监督所是负责动物检疫监督的执法部门，现有监督员13人，检疫员126人，整体素质较高。在检疫过程中，严格按照《北京市家畜家禽检疫条例》规定，做好全区检疫监督执法工作，进行产地检疫、屠宰检疫、市场检疫，随时对全区屠宰场、肉类交易市场、个体摊位、商场及大牲畜交易市场、经营性冷库进行监督检查。年内，区监督所执法人员行程万余公里，对肉食品市场进行巡回检查，做到天天去市场、日日有检查、处处有执法，让病害肉无立足之地，通过检疫监督执法部门的不懈努力，顺义区连续八年未出现病害肉上市现象，为保证人民群众食肉安全做出了贡献。

【发展壮大农村经济组织】 农产品加工企业发展到87家，固定资产总额14.3亿元，实现销售收入33.7亿元，利润总额5.05亿元，上缴税金1.4亿元。带动农户2.23万户，吸纳本地劳动力就业9 437人。其中，年销售收入500万元以上的加工企业41家，年销售收入超亿元的企业4家，北京顺鑫农业股份有限公司和北京汇源饮料有限公司被评为国家级重点农业产业化龙头企业。农民专业合作经济组织得到进一步发展和完善，总数达到190个，入社农户4.18万户。

【启动农业观光采摘工程】 全区投入运营的园区39个，累计总投资64 248万元，总占地面积4 610.6公顷，举办观光、采摘活动19次，举办各类新闻发布会或开园仪式6次，接待游客33.2万人次，采摘各类瓜果、蔬菜1 540万千克，实现销售收入2 930万元。在投入运营的39个园区中，28个园区达到了高效园区标准，其中筛选出了第一批区级农业观光采摘园区11个，并制定了《顺义区观光农业景点建设标准》。

【农业机械特色化服务继续深入】 7 400公顷小麦再一次实现了秸秆禁烧和6 700公顷夏玉米的免耕覆盖播种，再一次被市农业局评为先进单位。“三秋”中全区完成机收青饲面积3 700公顷。区农机具研究所在原苏联六行玉米收获机的基础上改制青饲收获机成功，为闲置玉米收获机探索出一条新路。牧草机械累计达到120台，资产总值近2 000万元，全年增加紫花苜蓿种植1 000公顷，总面积累计达到4 000公顷。8月份引进、试验成功了苜蓿雨季防霉技术。区农机服务中心申报农业部“农区草地机械化”项目获成功。“三秋”中引进、示范了小麦保护性耕作机械化技术。全年共推广“小丰”牌微耕机480台。农机事故伤亡人数比上年下降了31人，同比下降了20.5%。

【进一步加大农业执法力度】 为加大农业执法力度，成立了严厉打击非法生产、销售、使用盐酸克伦特罗等违禁药品犯罪活动领导小组。全年共出动执法车辆278车次，执法人员1 234人次，发放宣传材料

3 500 份，查处案件 5 件，其中刑事案件 2 起，行政处罚 3 起。并加大了生猪肉食品抽测检测力度。全年共抽样 1 668 件，合格率为 99.7%。同时加强了农资市场的整治工作，使巨毒、高毒鼠药、农药得到了有效控制。

林业　水利　气象

【绿化造林成绩突出】 年内投资 4.5 亿元，共完成造林面积 0.47 万公顷，占计划任务 0.33 万公顷的 140%；植树 803 万株，占计划任务 300 万株的 267.7%；栽植花灌木 150 万株，占计划任务 20 万株的 750%；铺草坪 50 万平方米，占计划任务 20 万平方米的 250%；占计划任务 20 万平方米的 102%。重点实施了"五河四路"绿色通道工程，即：潮白河、温榆河、六环路、顺平路、京密和顺通路，实现道路绿化 100 公里、河道绿化 60 公里，新增绿化面积 0.26 万公顷，植树 392.2 万株，拆迁各种建筑物 20.4 万平方米，打井 154 眼。植树 392.2 万株，拆迁各种建筑物 20.4 万平方米，打井 154 眼。同时，进行了 93.3 公顷防风治沙、66.7 公顷山区爆破造林、66.7 公顷荒山义务植树和 3 个镇的 7 个重点村庄的小型公益林建设等工程，全区林木覆盖率一年增加 4 个百分点。受到了市委、市政府和首绿委的高度评价与肯定，区林业局荣获了全国绿化委员会、国家林业局"关注森林"组织奖，被北京市评为绿化先进单位，被区政府授予政绩突出单位。

【苗木发展规模】 苗木发展主要是加大科技含量，提高管理水平，大力调整树种结构，增加大规格常绿树、观赏落叶乔木、花灌木和有色树种的比例，向多品种、优树种发展，共新发展良种苗木面积 0.3 万公顷，全区累计面积达到了 0.46 万公顷。目前全区共有大小苗圃 537 个，其中万亩以上苗圃 1 个，千亩以上苗圃 6 个，繁育杨、柳、国槐、火炬、油松、桧柏等优良树种和品种 30 余个，达 100 多个品种，各类绿化美化苗木总计 1.6 亿株。

【林业病虫害监测与防治】 年内，对全区林业病虫害进行了监测，在全区范围内设立了 32 个测报点，分布于重点林区和果园，针对林业病虫害的发生情况，及时进行了防治。在防治过程中，林业病虫害主要以公路、河流、城镇、重点农田林网、片林、工业区和旅游风景区为主。采取了飞机防治与地面防治相结合，专业防治与群众防治相结合，共出动 1 200 人，调用农药 6 吨，全区防治总面积达 0.3 万公顷，投入 55 万元。果树病虫害防治主要以普遍防治为主，采用"K84"进行苗木消毒、大面积推广果实套袋、积极倡导使用高产、低残留的药剂、并使用 BT 乳剂等生物农药代替高毒、高残留的化学药剂，继续扩大使用灭幼尿（杀虫剂）、多抗霉素（杀菌剂）等生物制剂。

【果品基地建设】 果品基地建设主要以富裕农民为主线，突出顺义特色，发展名优品种，重点抓了果树标准化建设、科技和服务体系建设。并创新林业发展思路，把旅游观光和果品采摘结合起来，开辟了李桥新世纪梨、大孙各庄十里葡萄长廊等旅游专线，带动了农副产品的销售。全区共发展名特优果树 0.17 万公顷，植树 135 万株，完成果品产量 5 100 万公斤，新创产值 1.2 亿元，带动农民就业 1.3 万人。无公害安全食品认证达到了 21 家，辐射面积 0.4 万公顷，占全区果树面积的 46%，特别是梨山果品有限公司生产的"宝岛牌"新世纪梨，获得了北京首家 ISO9001 国际资格认证，畅销东南亚和欧洲等国家。良种苗木生产更是喜人，共出圃苗木 1 400 万株，创产值 1.26 亿元，带动农民就业 1.5 万人，果品生产和苗木生产分别都创历史最好水平。

【森林防火】 加大资金投入，森林防火基础工作加强。共投入资金 300 多万元，建立了现代化防火指挥中心，覆盖面积达全区 1 021 平方公里，并设立了防火警牌 200 余块，同时还在重点林区修建了防火瞭望塔、防火公路、解决了森林防火中的重点和难点问题，使森林防火工作基础水平有了很大提高。在搞好设施建设的同时，并加强了森林防火队伍的自身建设，严格落实森林防火责任制，签订防火责任书 380 份，2002 度森林火灾指标为零，同时，加大林木案件处理力度，积极开展"破案攻坚战"，2002 年共受理林木案件 79 起，查处 73 起，结案率达 94%。

【水资源管理和节水蓄水工程建设】 健全了水资源管理工作体制，撤消了河西、小中河、箭杆河、金鸡河四个管理所，成立了高丽营、仁和、南彩、张镇等四个水务所，明确了职能和管辖范围；制定了全区水资源开发、利用和保护的总体规划；加强了区节水办的工作，组织对全区用水户进行了普查，完成了高丽营镇纺织园区和河北村滑雪场的水资源论证工作，督促 30 多户用水单位改造用水设备，累计安装和使用新型节水器具 4 万套；以建设高标准节水示范园区为突破口，完成了 0.07 万公顷农田的节水技术改造，推广了水肥缓施剂等非工程节水技术；修建了龙道河吉祥庄闸，新建集雨蓄水工程 8 处，新增蓄水能力 123 立方米；制定了《汉石桥湿地保护区规划意见》。加大了污水处理和中水利用工作力度，区污水处理厂竣工投入使用，完成了赵全营镇北郎中村种猪污水处理一期工程，改造生态养殖小区 10 家。

【抗旱防汛】 按照市防汛抗旱指挥部指示精神，召开水管站长会议，布置全区抗旱工作，制定抗旱预案，健全了指挥部，检修抗旱设备 2 300 台套，加强对 7 个旱情监测点的管理，坚持 10 天观测一次土壤墒情。加强对抗旱工作的领导，做好抗旱打井保饮水等工作，新打机井 150 眼，其中为绿化重点工程打井 77 眼，打凿石井 29 眼，解决山区群众的饮水问题。健全了防汛组织机构，成立了防汛抢险队伍，组织了河道清障，储备了防汛物资，检修了防汛无线通讯和雨量遥测设备，下达了汛期闸坝等控制运行水位，完成了七分干清淤，小中河李天路弯道护砌等紧急度汛工程。疏挖主干排水沟983条，长980.76公里，修建配套建筑物532座，疏挖河道2公里，完成温榆河绿色生态走廊治理工程。

【气象观测】 年内各项指标分别为：地面气象观测错情率为0.4‰，天气预报准确率上半年（因下半年是转发）分别为：大风66.7%、低温78.7%、降水69.5%。2002年的气候概况年平均气温12.6℃，比历年平均值偏高0.7℃；极端最高气温为40.9℃，出现日期7月14日，极端最低气温为-12.2℃，出现日期为12月25.26日；年相对湿度为57%；年降水总量为491.9毫米，比历年平均降水偏少111.2毫米；全年日照时数为2 362.6小时；年无霜期为173天。

工 业

【区域经济布局进一步优化】 通过合理调整经济布局，形成了“空港产业区”、“林河产业区”、“区镇工业区”、“燕京产业链”、“顺鑫产业链”等一批企业密集区，成为区域工业发展水平较高，发展后劲足，对资金和技术有很强吸引力和吸收能力的地区与群体。

【企业改革取得重大进展】 企业重组力度加大。完善了顺鑫农业的法人治理结构，新组建了顺鑫农业发展集团有限公司。双峰建材集团与拉法基中国海外控股公司共同组建北京顺发拉法基水泥有限公司。截止到年底，22家工业企业依法破产，共核销不良债务21 128万元，另有6家工业企业已进入破产程序。累计有76家工业企业实现依法破产，核销不良债务11.8亿元。年内，个体企业已达14 711个。实现总收入45.7亿元，同比增长30.2%。改制为股份合作制、有限责任公司和股份有限公司的工业企业达79家。被列入市政府折子工程的要求进行产权主体多元化改造的21家国有中小企业，已按规定完成14家。

【企业技术进步】 实施技术改造项目共计131项，完成投资工作量共计11.6亿元。其中结转25项，新开项目106项。实施项目中，区属工业项目34项，完成投资工作量25.5亿元。镇属工业项目97项，完成投资工作量9亿元。乡镇企业新组建科研生产联合体64家，其中与科研单位联合14家，与国有大企业联合29家，与民营科技企业联合21家，引进人才331人，有28家企业开发新产品33种，产品均达到国内先进水平。

【汽车城落户顺义区】 经市委、市政府等多方面研究决定，在顺义区建立一座现代化的汽车城。汽车城建立在林河工业区的西侧，在原北京轻型汽车有限公司用地的基础上，规划在顺通公路以西，杜各庄村以南，六环路以东，区中心南环路以北的用地范围，作为汽车城的总体规划范围，总面积为6.3平方公里。已经成立的北京现代汽车公司将成为汽车城的主体企业，占地433.33公顷。总投资达百亿元以上。北京吉普汽车公司也将在汽车城设立年产15万辆越野车生产基地。一大批国内外的零部件厂家落户汽车城。使汽车城形成一条集产品开发、生产销售、服务贸易于一体的汽车产业链。

【工业区开发迈出新步伐】 区政府进一步加强领导，加大政策扶持力度，加大基础设施投入力度。2002年，全区18家工业区总规划面积3 713.87公顷，已开发1 464.53公顷，累计入区企业285家，完成投资56.9亿元，其中基础设施投资6.8亿元。工业区年实现销售收入36.9亿元，利润3.3亿元，分别占全区乡镇工业总数的45%和38%。

【部分企业荣获北京市名牌产品称号】 燕京啤酒集团生产的燕京啤酒、汇源饮料食品集团有限公司生产的汇源果汁、桑普电器有限公司生产的桑普室内加热器具、顺鑫农业股份有限公司牛栏山酒厂生产的牛栏山二锅头系列酒、华灯牌北京醇、牵手果蔬饮品有限责任公司生产的牵手果蔬汁被评为北京市名牌产品。其中：燕京啤酒被评为中国名牌产品。燕京啤酒集团公司被评为2002年全国质量管理先进企业。

【空港物流园成立】 经北京市人民政府批准，空港物流园区于6月6日成立，该园是北京市三大物流基地中的试点园区，也是北京市惟一航空一公路国际货运枢纽型物流园区。规划占地面积6.2平方公里，首期开发顺平路北侧3平方公里。主要吸引从事国际国内航空货物分拨配送、整理、加工、仓储、展示、展销等业务的企业，为北京市进出口货物集散和中外客商国际国内采购和分销提供物流平台。园区已与40余家中外企业进行了项目洽谈，其中与北京邮政局、华辉国际运输、宅急送、永和隆集团等9家企业签订合作意向，计划投资40亿元人民币。

【燕京啤酒年产量达208万吨】 燕京啤酒股份有限公司成功兼并了广西桂林漓泉和福建泉州啤酒。使被兼并的外埠啤酒厂达到13家，年啤酒产量达208万吨。10月，燕京啤酒成功发行了7亿元的可转让公司债券。集团公司通过了ISO14001环境管理体系认证，取得环境管理体系认证绿色证书。燕京啤酒集团公司技术中心被国家经贸委、财政部、国家税务总局、海关总署联系认定为国家级企业技术中心。

【顺鑫农业牵手新厂投产】 顺鑫农业牵手果蔬汁新厂投产，年设计生产能力为15万吨。顺鑫农业股份公司绿色安全产品物流信息中心成立。小店畜禽良种场被北京市政府命名为农业标准化示范基地。顺鑫农业鹏程分公司撰写的《实施“放心肉”工程》和北京牵手果蔬饮品有限责任公司撰写的《新鲜度牵手零库存》分别获得了北京市第十七届企业管理现代创新成果一等奖和二等奖。

【林河工业开发区引进投资过百亿元】 林河工业区吸引投资超过100亿元，有研硅股、北一大隈数控机床、京城重工、北京现代等60多家科技含量较高的企业先后落户园区，初步形成以微电子、光机电一体化、生物医药、汽车为支柱的现代制造业产业基地。

【专业村持续发展】 经过重点培育，年内已形成二、三产业特色专业村 53 个，53 个专业村总户数 22 773 户。二、三产业收入分别占全村总户数和经济总收入的 69.8%和 81.9%。专业村二、三产业劳动力28 208 人，占全区乡镇企业职工人数的 18.8%，已成为农民增收的重要渠道。

【乡镇企业进一步加大重组引资力度】 通过加强领导、完善政策、营造环境等措施，招商引资工作取得新的突破性进展。年内共落实 1 000 万元合同以上重组招商项目 88 个，计划投资 167 亿元，现已投入资金 14.7 亿元。其中：竣工项目 24 个，计划投资 6.3 亿元，完成投资 5.56 亿元。在建项目 36 个，完成投资 9.1 亿元。今年的重组招商项目个数和完成投资额分别比去年增长 109%和 172%。

城建城管　公路　交通　邮电

【建筑行业管理进一步加强】 以自查、抽查、联合执法检查为手段，从建设工程的招投标、开工、施工现场、工程质量、企业资质、建材等方面进行了全面的执法检查，检查覆盖率达到 100%，对检查中发现的问题依法进行限期整改、停工、补办手续及罚款的处理。加大了培训教育力度，年内完成了 800 多名项目经理的继续教育，完成了土建项目经理、安全员等 32 个岗位 3 690 人的复检验证工作。工程质量监督、监理工作进一步强化，质量监督覆盖率城镇达到 100%，监理工程质量合格率达到 100%，工程质量合格率达到 100%，优良率达到 33%。年内创市级优质工程 4 个、区级优质工程 4 个。施工现场管理水平不断提高，年内共创市级文明安全工地 11 个，区级文明安全工地 22 个。

【小城镇建设再上新台阶】 后沙峪、北小营、杨镇、马坡、高丽营五个中心镇，在完善设施，优化人居环境，吸引外来投资等方面，比上年又有新的发展。在吸引外资方面，五个小城镇签订协议资金 30.8 亿元。到位资金 3.76 亿元，同比增长 15%。在新项目不断涌入的同时，已投产多年的项目不断追加投资，今年追加投资的企业有 122 家，追加金额近亿元。由于招商引资的扩大，二、三产业迅速发展，增强了地区经济实力，年内，5 个镇共完成国内生产总值22 亿元，占全区农村部分的 34.5%，同比增长 23%。镇级地方财政收入完成 2.8 亿元，占全区镇级地方财政收入的 42%，同比增长 30%。

【规划管理取得阶段性成果】 完成了顺义城市发展战略研究及顺义新城概念性规划，完成了新城行政办公区控制性详细规划和修建性详细规划。编制完成了奥运场馆周边地区概念性规划及北京顺义汽车城总体规划和控制性详细规划。机场周边地区规划不断深入，在空港城规划纲要的指导下，编制完成了后沙峪镇域规划，新国际展览中心控制性详细规划和温榆河生态走廊顺义段规划。完成了机场周边地区村庄搬迁规划方案及顺义空港物流园区规划选址方案。规划执法力度进一步加大，配合区“两河四路”绿化整治，潮水泥厂防空地下室（273 平方米）进行了加固改造；投资 15 万元，对牛山酒厂防空地下室（376 平方米）进行了加固改造；投资 13 万元。对工程公司防空地下室（205 平方米）进行了加固改造；按计划报废回填早期人防工程 260 平方米。指挥通信工作，一是编制了《顺义区防空袭方案》；二是完成了国防动员潜力调查；三是积极开展人民防空教育，全区有 38 所中学。325 个教学班，15 012 名学生接受了人民防空知识教育。

【组建成立鑫浩投资中心】 为解决顺义区基础设施建设投资短缺的难题，经过半年多的酝酿，于 4 月 8 日在区会议中心举办了揭幕仪式，宣告北京鑫浩投资中心成立。中心将自来水公司、燃气公司、新型建材厂、市政维修管理处、水泥制品厂、市政工程管理处、垃圾处理厂、污水处理厂等单位的资产结构重新调整，为基础设施建设融集资金。今年已完成了污水南调工程、污水西调工程及其他市政重点工程的投资。

【新顺南北街、光明街改造】 新顺南北街工程北起中山街，南至顺通路立交桥，全长 2.3 公里，改造路面 5.29 万平方米，拆迁楼房绿化 6 200 平方米，隔离带绿化面积 7 360 平方米，两侧绿化带面积 13 754 平方米。2 300 米范围内市政管线全部入地，增设候车亭、垃圾筒等地上设施 160 个，照明灯 387 盏，铺装人行步道 2.36 万平方米，全部工程已竣工，共投资 5 000 万元。光明街改造的重点是五里仓至减河桥，长 3.3 公里。整个改造工作从共拆除老旧建筑物 5.4 万平方米，改建、新建自来水管线 1 250 米，天然气管线 2 300 米，排水主、支管线 4 100 米，入地供电电缆 3.1 万米，电信电缆 6 214 米，广播电视电缆 2 100 米。企业局至中山街东口路段全部翻新；光明南北街主路、辅路重新罩面；迁移了中山东街以南行道树；绿化隔离带全部采用绿化色块；建新南北区和双兴小区临街设置了花坛。建设了光明文化广场、区医院和区委东广场，新铺人行步道 3 万平方米。重新粉刷、装饰建筑物 28 座，新建了景墙和公益广告，对沿街广告牌进行整顿。新装路灯 144 盏，人行步道灯 280 盏，设置礼花灯 9 盏，椰树灯 10 盏，沿街主要公共建筑安装了轮廓灯和泛光灯。新建港湾车站 12 个，报刊亭 6 座，垃圾筒 100 个，公共电话亭 21 个，改建红绿灯 3 处。改造后的光明街，地上部分达到了新、绿、净、靓、美，地下部分达到了水、暖、电、气通的标准，地下市政管线老旧和容量不足的问题得到了彻底解决。新的光明街，在市政管线铺设、市政设施改造、公园建设、人行步道铺装、广场建设等方面，达到了城市道路改造的一流水平，成为代表顺义形象的样板大街。

【怡园公园成为新亮点】 怡园公园改造面积 3.84 公顷。主要改造项目 10 余个：拆除围栏 576

米、拆除并更新铺装面积10 000平方米，更新照明系统。改造绿化面积2.66公顷，湖底清淤200立方米，还包括服务设施更新、古建筑修缮、石桥翻新、地形调整等。新增项目7个，包括腊梅园、碧桃园等专类园建设，增加喷灌、广播、音响系统，增加儿童游乐设施，安装导游指示牌和植物标牌等。该工程3月17日启动，8月初竣工。改造后的怡园公园西侧完全开放，与新顺南北大街景观融合渗透，成为城区南部的一个亮点。

【幸福广场建成】 幸福广场建设于7月27日启动，9月底竣工。工程涉及动工面积1万平方米，广场建设面积6 200平方米，（包括水面240平方米，铺装2 760平方米，绿化2 900平方米），其他300平方米。工程项目主要有：土方工程、给排水工程、砌台工程、廊架亭子构建工程、广场铺装工程、景墙装饰工程、涌泉水景工程、照明、音响、喷灌系统工程，儿童游戏场工程等。为达到与周边环境融合，还对少年宫、影剧院、双青集团庭院进行了绿化改造，面积近4 000平方米。新建成的幸福广场，美观、大方、靓丽、开放，成为顺义闹市中心的一个亮点。

【城区污水南调、西调工程竣工】 污水南调工程北起减河，南至污水处理厂，全长10.8公里，在地下6～8米深范围内铺设直径1 400～2 200毫米水泥管10 800米，动土方53.5万立方米，并为马坡、牛山地区预留了接口。工程总投资5 400万元。工程材料、施工、监理全部采用招投标进行。5个标段共有1 000多名工人、45名专业技术人员和70台大型机械设备，3月25日动工，于7月底竣工。污水南调工程的竣工，使顺义城区7大污口的污水全部导入污水处理厂进行处理，顺义城区将不存在生活污水污染问题。污水西调工程于9月上旬动工，12月中旬竣工，自月牙河至污水处理厂全长4 500米，在4～12米深范围内铺设直径1.4～1.6米污水管4 500米，总动土约49.8万立方米。

【房地产管理工作加强】 年内完成老、旧房屋的安全修缮、安全检查和安全度汛任务，完成牛山、杨镇、仁和部分直管公房的出售，完成外来人口房屋租赁管理，小区物业管理取得较大进展，双裕小区生活垃圾分类收集和处理验收工作被评为市优小区。完成了年度供暖任务，确保室温全部达到16℃以上。加强了土地资源管理，开垦新增土地370.8公顷，完成了土地审批管理工作，共审批土地出让、转让、划拨84宗。组建了“北京市土地整理储备中心顺义分中心”，于12月18日持牌。加强了对违章违法用地的查处，拆除建筑面积530平方米，制止违法用地11.67万平方米。完成房地产评估39件，103万平方米，评估总额6.1亿元。推进住房制度改革，拟定了《建立住房公积金制度和发放工龄补贴实施细则》，已购公有住房（房改房）上市出售全面启动，截止到2002年底，全区已竣工交付使用的住宅楼房累计达1 438栋、73 400套、建筑面积618万平方米，其面积是房改前的10倍；城镇居民人均住房使用面积31.7平方米（建筑面积41平方米），是房改前的3.4倍。

【房地产业继续保持良好的发展势头】 房地产业共完成投资12亿元，比上年增长17%。完成国内生产总值2.93亿元，比上年增长18%。房地产开复工面积128.9万平方米，竣工74.9万平方米，分别比上年增长21%和15%。完成商品房销售额13亿元，比上年增长15%，实现销售利润1.39亿元，比上年增长14%。上缴税金9 237万元，比上年增长22%。新建小区普遍提高了设计标准，增加了科技含量，提高了物业管理水平。不仅功能齐全，居住舒适，区内环境也更加优美。经北京市规划学会组织的20余名建筑、设计专家综合评审，顺义区的龙府花园、马坡花园被评为“北京金牌住宅区”。

【园林绿化成绩突出】 全年完成园林建设和改造面积23.3万平方米，共植树54.5万株。其中，乔灌木9 033株，攀缘植物5 097株，竹子1 010株，月季5.68万株，绿篱、色块41.7万株，草本花卉5.6万株。铺草坪9.03万平方米。增加绿化面积9.71万平方米。城区绿化覆盖率由上年的43%提高到43.6%；人均公共绿地面积由上年的20.4平方米提高到21.4平方米；人均绿地面积由上年的51.75平方米提高到52.75平方米。上半年城区主要绿化工程有怡园、卧龙两公园改造、新顺南北大街改造及延长线行道树新植、府前西街绿化新建、居住小区绿化改造、城区街道、广场、公园、街头绿地苗木补植等，有效提高了城区景观效果。

【防震减灾工作得到加强】 一是抓紧地震监测网点建设和管理，提高地震监测预报能力。年内，顺义区“首都圈防震减灾示范区项目”圆满完成，使防震减灾技术装备水平和运行质量大幅度提高。二是依法推进抗震设防管理，把建设项目抗震设防纳入基本建设管理程序。本年共参加了高丽营住宅小区、顺沙路东海洪段两侧改造工程等9个项目的联合会审，并将顺义区城镇防震减灾纳入规划方案之中。三是对1998年制定的《顺义区破坏性地震应急预案》进行了内容调整和修订，并积极配合人防办开展人防条例宣传和紧急救援队伍的培训演练工作。四是采取多种形式加强防震减灾的宣传，增强了城市居民的防震减灾意识。

【环保工作出现新起色】 今年第七阶段控制大气污染工作中，重点完成了潮白河周边地区砂石场的清理整治工作。分别对木林、北小营、牛栏山、马坡四镇的30余家砂石场进行强制拆除。同时，狠抓大气污染防治工作。重点抓了炉灶和机动车尾气检查，对53家锅炉房限期整改，监测机动车7 321辆，对不合格的1 933辆限期整改达标。制订了《顺义区控制大气污染实施意见》，结合2008年奥运会将任务分解到各单位，与36家单位签订了责任书。并对城区400多家餐饮业进行治理，已有19家完成整治任务。另外严格执行“三同时”审批制度，审批建设项目577

个，禁批 62 个；完成地表水等常规监测数据 1 182 个，为搞好环保工作提供了可靠依据。

【充分发挥城管监察大队的职能作用】 始终狠抓执法工作和环境综合治理、城区的环境面貌发生了显著变化。城区街道基本达到了无流动商贩、无店外经营、无露天烧烤，广告牌匾规范统一；申奥大道沿线无违法建设、无私搭乱建、无乱设广告牌匾，城区火车站、汽车站和学校周边环境得到彻底改善；对践踏绿地的多发地段进行了严看死守，使破坏绿地的违法行为明显减少；车辆道路遗撒得到了有效控制，群众的来信来访明显减少。截止到 12 月底，共纠正各类违法行为 35 637 起，处罚 9 064 起。其中，查处违反市容环境行为的 4 373 起；查处违反园林绿化行为的 260 起；查处无照经营行为 3 735 起；查处违章占用非机动车道行为 532 起；查抄未发出去的小广告 677 209 张，规范各类广告牌匾 2 000 余块，协助文委查抄盗版 VCD 光盘 1 200 张，录音带 1 600 盘，书刊 600 册。

【环境卫生状况进一步改善】 全面完成了 9 个小区生活垃圾分类收集处理工作，安装厨余垃圾生化处理设备 12 台，垃圾分类收集容器 400 组。目前，城区已拥有 52 个单臂吊集装箱站，5 座密闭式集装箱清洁站，50 多部环卫专用车辆，承担着 14 个居民小区、240 多个单位、1 100 个垃圾桶站和 152 万平方米街道的清运保洁任务。城区垃圾日产日清，街道继续实行清扫责任制和 24 小时全天候保洁制度，全年共清运垃圾 4.6 万吨，抽运粪便 8 600 多吨。

【公路建设】 本年度公路建设的项目有顺通路拓宽工程、北京六环路（顺义段）工程、京承高速路顺义段工程、府前西街立交桥扫尾工程、机场北门路工程等，这些工程均已竣工。截止到年底，全区公路总长 1 651.82 公里，公路密度 161.8 公里/百平方公里，城区公路总长 238.5 公里，城区人均道路面积 38.5 平方米。

【交通管理工作进一步规范】 年内，完成了对全区客运车辆投放量、客流量和分布情况全面系统的调研，制订了客运线路 5 年发展规划。完成了 282 家企业《道路运输经营许可证》的审验核发，关闭了经营资质存在问题的 9 家企业。完成了水运公园 40 条船只的资质审查验收。新开 3 条客运线路和增延 2 条线路，增延里程 100 公里，客动站点增加到 527 个，客运线路已达 24 条，总长 696.7 公里。对辖区 1 194 辆出租车安装车载 IC 卡，2 家出租公司安装 GPS 调度系统，实行卫星定位：同时对 50% 出租车实行双班制，提高了运营效率；加强了对 711 辆人力三轮车的规范管理。全年完成客运量 812 万人次。完成了全区 6 623 户 9 680 部货运车辆的年审换证工作，全年货运量 1 579.6 万吨，货运周转量 36 537 万吨/公里。引进物流企业 8 家，并将 27 家化学危险品运输户重组为 6 家，便于集中管理；完成了驾驶员的培训工作，共培训 51 期 8 700 多人；对 300 名汽车维修质检员和企业厂长进行了法律、业务培训；免费检测汽车尾气 16 990 辆，治理 6 333 辆。对行业三大市场进行了稽查整顿，共出动 1 800 车次、6 000 人次，纠正违章 4 600 余起，处罚 754 起。

【邮电建设】 年内，电话总容量 26.02 万门，市话用户实增 17 542 户，市话总数达到 19.7 万户；公用电话实增 415 部，总数达到 1 557 部，ISDN 用户实增 1 029 户，总数达 3 867 户，发展宽带业务用户 1 881 户，总数达 2 902 户，全区电话普及率 35.3%。通邮楼房增加到 892 栋，邮路达到 49 条，总长 2 590 公里。

商业　对外经贸　旅游

【商业经济快速稳定增长】 全区共实现社会商品销售总额 82.2 亿元，同比增长 10.6%；实现社会消费品零售额 43.2 亿元，同比增长 8.6%；完成各类商品交易市场成交额 25.9 亿元，同比增长 14.3%。国合商业企业运行质量良好，经济指标平稳增长。共实现销售总额 34.7 亿元，同比增长 14.1%；实现社会消费品零售额 18.3 亿元，同比增长 22.5%；完成国内生产总值 3.7 亿元，同比增长 15.1%；实现利润 1.1 亿元，同比增长 18.8%；上缴税金 7 395 万元，同比增长 25.9%。

【商业发展的多样化特征日趋明显】 适应多样化消费需求的假日休闲商业、特色主题商业、绿色生态商业、科技文化商业不断发展。假日休闲消费不断增长，重要节日期间，城区各主要商场共完成销售额 1.48 亿元，同比增长 10% 以上。晚间消费市场得到完善，假日休闲消费体系进一步巩固。目前，假日休闲消费占全年销售的 40% 左右，晚间消费已经相当于全年增加 1 个月的销售额。小商品一条街、餐饮一条街等特色商业街区逐步得到规范并已初具规模。绿色消费体系进一步完善，在大中型商场开设多个绿色食品专柜，设立规范化清真食品专柜 5 个。此外，拍卖、租赁、典当等特殊服务行业也有了新的发展，相继成立了鑫新拍卖有限责任公司和顺通典当有限责任公司。

【重点项目建设进展顺利】 国泰大厦投资 2 100 万元进行了商场外立面装修和内部布局调整，增加营业面积 5 500 平方米，改善了购物环境。西单顺义大楼改扩建工程正在加紧施工，预计今年“十一”竣工投入使用。区社房地产开发进展加快，全年开发总面积 6.8 万平方米，实现销售收入 8 500 万元，利税 2 900万元。这些重点项目的建设为今后企业持续稳定发展增加了后劲，打下了坚实基础。

【新型商业和连锁经营规模继续扩大】 连锁经营已从最初的副食行业进一步向其他零售业、餐饮业和生活服务业拓展。目前，连锁经营已涉及到零售、餐饮、服务业三大类近五十个业种。连锁化经营在探索实现跨地区、跨部门和跨所有制联合发展上取得新进展。2002年共引进发展了连锁企业30余家，新开店铺百余个，新增营业面积5万平方米，增加销售额2亿元，其中在怀柔和河北等地新开店铺2家，区社隆华购物中心新开设为民综合服务站27家。小白羊、超市发等一批国内知名连锁企业纷纷落户顺义。餐饮业发展迅速，新引进了金百万、天外天、烧鹅仔等连锁企业。2002年，全区规模以上餐饮企业实现营业收入4 107.6万元，同比增长35.8%；上缴营业税金及附加201.5万元，同比增长33.9%。目前，新型商业态的销售额已占商业总销售额的15%以上。

【商企改革调整取得阶段性成果】 商业各部门结合自身特点，采取破产、重组、股份制等多种形式加大改革力度。全年依法破产立案5家，涉及债务7 274.5万元,其中银行贷款5 894.1万元，涉及职工950人；结案7家，免除债务3 109.1万元，其中银行贷款1 456.9万元，妥善安置职工578人。近两年来，商委系统破产工作共结案58家，免除债务8.01亿元，其中银行债务5.54亿元。盘活闲置资产工作取得新进展，全年共盘活闲置资产6 400万元。通过改革，全系统资产负债率下降了近10个百分点（70%），国有资本逐步从传统行业有序退出，目前国有资本比重由以前的80%已降到50%左右，为下一步进行国有商业企业涉及产权制度深层次改革打下了坚实的基础。

【社区商业建设取得初步进展】 为满足社区居民生活需求，构建社区商业网络，商委以便民早点和生鲜超市为突破口，积极发展社区商业服务业。一是构建早点经营网络。成立了专门的早点建设管理机构，制定了统一的管理标准。投资170万元建成2 000平方米卫生清洁、运转高效的现代化配送中心。50个早点经营网点已投入使用，可供应早点、主食近15个品种。早点网点（车）的营业绩效良好，居民反映热烈。二是建设社区生鲜超市。目前已建成2家鑫绿都生鲜超市，实现销售30万元。以上两项工作的开展，为进一步完善社区商业服务网络奠定了基础。

【流通秩序和市场环境明显改善】 加大依法管理工作力度，积极推进依法行政各项工作。依法管理规范市场秩序，加强对盐业市场和生猪屠宰行业的行政执法和监督检查。全年共出动执法人员2 628人次，查处违法户283户，查没违法食盐173.2吨，没收生猪产品12.9吨，罚款7 740元。检查美容美发和洗浴业217家，对其中21家经营不规范商户责令其限期整改，41家无照经营商户已按照有关规定移交工商部门处理。按照市商委统一部署，关闭了3家工艺未达标的小型屠宰厂。与有关部门密切配合，加强食品安全流通的监管工作。指导相关协会培训餐饮和美容美发从业人员600余人，进一步提高了服务质量。

【利用外资持续增长　外贸出口进一步扩大】 2002年实际利用外资1.15亿美元，同比增长1.4%；完成出口交货额65.3亿元，同比增长5.7%，再创历史新高；新批三资企业65家，投资总额1.88亿美元，同比增长26.7%；全区三资企业直接出口55.3亿元，同比增长18.6%，占全区出口的85%。“三资”企业上缴国税、地税税金9.05亿元，占全区总税收的38.5%。

【招商引资活动】 2002年5月，组织参加第五届中国北京高新技术专业国际周，发放宣传材料5 000余份,接待参观者上万人次，初步达成意向20余个。顺义第十一届啤酒节期间举办了投资项目推介、洽谈会。来自美国通用系统（中国）有限公司、法国阿尔萨斯发展署等50家知名客商和国内大专院校、公司及本区的工业企业计400多人参加了推介、洽谈会，3个项目现场签约。年内，还组织空港、林河两个市级开发区及7个区级开发区赴台湾开展招商活动，台湾中小企业家协会也到顺义参观考察，对在顺义投资表现出浓厚的兴趣。

【外资来源】 2002年，到顺义投资的国家和地区已有14个。其中办“三资”企业最多的是香港，已达到201家，外资额为5.3亿美元，分别占外资企业总数的36.5%和外资额的46.1%；其次为美国，“三资”企业已达到75家，外资额为0.96亿美元，分别占总数的13.4%和外资额的8.4%；第三位是日本，共举办“三资历”企业50家，外资额为1.57亿美元，分别占总数的9.1%和外资额的13.7%。

【出口商品结构】 2002年出口额在500万美元以上的商品有通讯设备、电子产品、服装，出口总额为6.39亿美元，占出口总额的80.9%。出口额在500万～1 000万美元以上的有电子产品、服装，出口总额为0.25亿美元，占出口总额的3.2%；出口额在3 000万美元以上的商品有通讯设备、电子产品，出口总金额5.24亿美元，占出口总额的68.6%。

【加强宣传，组织各类旅游活动】 组织全区旅游企业先后参加了“北方十省市旅游交易会”、“北京旅游文化节”、及“北京市旅游产品促销会”等，发放宣传材料6万余份，利用多种新闻媒介，多渠道全方位进行宣传，扩大了顺义区的知名度，树立了顺义旅游形象，收到了良好的社会效益与经济效益。全年共接待游客128.9万人次，旅游综合收入2.93亿元，分别比上年增长17.2%和12.7%，进一步宣传与完善“顺义观光一日游”线路，接待游客共2.3万人次，收入126万元。年内先后举办了“第六届沿河甜瓜采摘月”、“第八届槐花节”、“第十一届燕京啤酒节”、及“葡萄观光采摘节”等活动。

财政　金融　保险

【财税收入稳步增长】 2002年，全区属地内财税收入完成23.5亿元，同比增收5.05亿元，增长27%，地方财政收入完成7.95亿元，增长25%。其中区本级完成4.95亿元，同比增长5.3%；镇级完成3亿元，同比增长80.7%。财政支出根据“集中财力办大事，投入资金讲效益，勤俭节约办事业”的原则，在保证法定支出的基础上，向与人民切身利益密切相关的办实事工程倾斜，增加了市政设施、环境治理等基础设施建设投入，对重点工程给予资金保障，加大了社会保障力度。共完成支出6.35亿元，增长23%，其中，区本级支出完成11.3亿元，同比增加1.5亿元，增长15.3%；镇级支出完成4.54亿元，同比增加1.24亿元。基金预算支出完成0.52亿元。

【推进财政改革 提高理财水平】 一是继续细化部门预算，实行严格的定员定额原则。65个区级行政单位和19个镇全部编制了部门预算，并将单位预算内外收支全部纳入预算管理范围，为硬化预算约束奠定了基础。二是试行了国库集中收付制度，将全部财政性资金账户纳入国库管理，并逐步拓宽支付范围。三是不断完善政府采购工作。制定了采购资金支付办法，扩大了政府采购中直接支付的范围，全年共进行了194批次的政府采购，资金节约率达8.04%，并开通了政府采购网站。四是拓宽会计委派领域，进一步完善了会计委派制度，明确了委派会计的职责。

【金融态势运行平稳】 各行努力拓展优质信贷市场。全年贷款余额117.2亿元，增长20%，重点投向区属骨干企业、工业区入区企业以及市政工程建设，增加了农业结构调整贷款，促进了农业、农村经济的发展。各项存款余额稳步增长，人民币各项存款余额193.9亿元，增长18%，城乡居民储蓄累计余额首次突破100亿元，达到100.2亿元，增长16%。

【投融资担保体系初步形成】 相继成立了北京鑫浩投资中心和北京市鑫顺信用担保有限公司，全年累计为六个区级工业区、四家重点企业及五项重点工程融资25 335万元，其中鑫顺担保公司融资9 620万元，鑫浩投资中心融资15 715万元。光彩担保公司面向个私企业，提供贷款担保3 747万元，为110户个私经营户解决了资金困难。

【保险业务稳中有升】 保险品种及业务经营趋于多元化，保险业务收稳中有升。财险保费收入完成11 559万元，增长15.5%，机动车险占较高比重；寿险保费收入完成13 273万元，增长219%，主要是适应市场需求新开险种所致。

精神文明建设

紧紧围绕着“我与奥运同行，人人都是环境”主题，进一步加强了精神文明建设。重点开展了《公民道德建设实施纲要》宣传实践、精神文明“三大创建”、农村环境整治等工作，科技教育等各项社会事业取得新进展，区域文明程度和市民综合素质进一步提高，先后获“首都文明区”和“全国文明区”荣誉特号，营造了区域经济和社会发展的良好环境。

创建活动

【顺义先后被授予“首都文明区”和“全国文明区”光荣称号】 年内，按照“围绕一个主题，抓好两个载体，实现三个目标，突出四个重点，采取五项措施”的工作思路，扎实有效地开展了文明区创建活动。上半年，编写了反映顺义区精神文明建设成果的《文明之光》、《文明之花》和《顺义区精神文明建设宣传手册》，制作了反映顺义精神文明建设成果的展板。各单位按照区精神文明办的要求，结合各自实际，针对存在问题进行了认真整改。经首都精神文明建设委员会批准，于3月26日在首都精神文明建设工作大会上，正式命名顺义区为“首都文明区”。随后区委常委会研究决定，要全力争创全国文明区，并正式向首都文明委递交了“争创全国文明区”申报报告。经过全区上下干部群众的共同努力，10月29日在全国精神文明创建工作表彰大会上顺义区与宣武、朝阳一起又被评为全国文明区。

【文明富裕村创建活动全面展开】 为全面贯彻落实区委、区政府《关于在“十五”期间开展文明富裕村创建活动的决定》，年初，召开了全区文明富裕村、文明村镇建设动员大会。一年来，文明富裕村、文明村镇创建活动在各镇扎实有效地开展。一是完善了文明富裕村考核内容及办法。区相继4次召开考核部门、主管镇长参加的完善实施《办法》专题会议，把原来的《顺义区文明富裕村考核细则》中的三大项、26个考核指标细化为三大项、61个考核内容，使“办法”更加便于考核部门实施操作。二是深入基层检查指导工作。重点到首都文明乡镇和申报的文明富裕村、首都文明村、重点村了解创建工作情况，分类指导工作，及时总结经验帮助解决问题，进一步促进了文明村镇创建工作的深入开展。三是抓好典型，推广经验。首先抓了大孙各庄镇创建文明村镇及环境整治的先进典型，召开了现场会，为指导全区创建文明村镇及环境整治工作提供了宝贵经验。其次，在南法信镇召开了文明富裕村现场会，组织全区69个申报文明富裕村的书记参观学习，激励其进一步加快创建工作步伐。四是对申报的文明富裕村进行了年中检查。7月3日至7月7日，区文明办组织19个有关考评部门人员，深入到19个镇申报的69个文明富裕村进行了实地检查。五是对文明富裕村进行年底检查。文明富裕村创建工作得到了镇村领导的高度重视，物质投入大，整治建设力度大，整体创建工作取得了显著成绩，新农村建设日新月异，社会事业全面发展，人民生活安居乐业。

【军（警）民共建工作健康开展】 年初，区召开了军（警）民共建工作会，全面部署了共建工作。上半年，完成了组织调整、扩建共建对子、少年军校整组等工作。全区62个共建对子深入开展了共建文明村、文明社区等活动，并取得了较好的成绩。为加强少年军校建设，实施规范化管理，区投入20余万元，购置了少年军校军旗40面，校牌41块，服装2400套。并召开了少年军校命名大会，会后，各分校普遍开展了军训活动，区少年军校总校全年出动教员846

人次，对11所学校的13批、共4 800余名中小学生，进行了军姿、分列式、军体拳和国防知识等军事培训。军（警）民共建工作的深入开展，极大地改善了军民关系，有效的提升了广大群众和在校学生的国防知识和军事素养。

【城乡环境综合整治取得新突破】 按照北京实施奥运行动计划的要求，进一步加强了城区、农村、干线公路两侧的环境整治和环境建设，城乡环境面貌逐渐改善，绿地、广场、花园等“精品”、“亮点”工程明显增多。一是环境设施建设增添了新亮点。城区既光明街、府前街改造后，新顺大街、怡园、公厕进行了全面改造，建新等小区居民楼外立面装饰一新。大孙各庄、南法信、后沙峪、牛栏山等镇村新建一批花园、绿地，垒花墙、砌边沟，修建垃圾填埋场，撤垃圾池设桶。二是居民区环境整治增添了新内容。居民区在以往环境整治的基础上，重点开展了清理非法小广告、安全进社区、整顿占路摊点、清除游动商贩、规范服务网点等工作。三是村镇环境整治工作水平进一步提升。按照“进行环境八整治、建设村庄四亮点、实现管理五规范、达到七化为目标”的要求，发动群众大力开展环境综合整治。据统计，全区共有150多个村兴建了村级公园、广场、绿地200余处，总占地60多万平方米，共投资4 000多万元。四是深入组织开展“月末清洁日”活动，城乡环境不断改善。全年开展了“迎五一城乡卫生日”和“城市清洁日”活动。全区共出动干部、职工、学生和驻区部队官兵以及城、乡广大群众13.8万余人，动用各种车辆4 500余台次，清理潮白河左堤路卫生死角4 000延长米，平整土地3.52万平方米，城乡环境发生了显著变化。

科技　教育　信息　档案

【高新技术成果转化项目促进产业发展】 年内共发展高新技术企业8家，累计达到32家。高新技术企业完成技工贸总收入104.5亿元，实现工业增加值15.5亿元。共有9家企业被市科委批准为“高新技术成果转化项目”，占全市批准总数的12%，位居远郊区县首位；11个项目被市科委列为北京市重大科技成果推广项目；6个高科技项目成为国家级重点新产品；市级火炬计划项目达到9个，其中3个为国家级火炬计划项目。以三个市级开发区为重点的科技孵化创新体系初步形成。三高区孵化器运作良好，目前在孵企业14家。“空港工业区科技企业孵化基地”正式得到市科委的批准，2003年将正式启动。林河工业区孵化器工作也正在积极运作之中。市第五届科技之光信用企业奖，6名企业经营者获优秀科技企业家称号。

【民营科技企业成为全区经济发展增长点】 年内新发展民营科技企业60家，注册资金超过2亿元，其中注册资金达到1 000万元和500万元以上的分别达到8家。民营科技企业年内实现技工贸总收入12亿元，工业增加值4亿元。今年的民营科技企业发展呈现新特点，各镇（地区办事处）的民营科技企业发展势头强劲，扭转了过去以市级工业区引进为主的单一局面，大孙各庄、马坡等4个镇（地区办事处）发展民营科技企业在全区居领先地位；民营科技企业项目的科技含量普遍提高，生物基因技术、精密数控机床等高新技术得到广泛应用。把简化审批程序、转变工作作风作为今年民营科技企业工作的切入点，为民营科技企业主动提供服务，利用科技发展资金支持民营科技企业发展，共有8家民营科技企业得到资金支持，使民营科技企业走上良性循环的轨道。积极申报各类市级奖励，有效地调动了民营科技企业和经营者的积极性。年内有5家企业获市第五届科技之光信用企业奖，6名企业经营者获优秀科技企业家称号。

【科技对接活动新举措】 年内引进科技项目148项，协议金额83亿元。其中，已经投产21项，在建项目63项。新组建科研生产联合体34家，引进科技人才242人。为了将科技对接工作抓出实效，在招商引资的措施与机制上有所创新。对顺义区19个镇（地区办事处）的闲置资源进行了调查，使科技对接工作更有针对性，改变了过去盲目进行科技对接的局面；从规划布局、环境建设、完善政策等方面入手，帮助区级开发区整体包装，并将高丽营、杨镇等8个镇（地区办事处）相关材料上报市科委，从网上传到香港生产力促进局，从而拓宽了科技对接的渠道；通过北京各大专院校、各省市驻京办事处、国外驻京机构等多个机构积极引进科技要素，年内向各级开发区及各镇（地区办事处）推介项目600个；在北京邮电学院宾馆召开了各省市驻京办事处的科技项目对接洽谈会，组织南法信、马坡等十几个单位参加；抓住北京高新技术产业国际周、燕京啤酒节等有利时机，大力开展科技对接活动。

【科技发展资金导向作用明显】 为了支持科技企业发展和促进科技成果转化，积极利用国家、市级有关政策为基层服务。通过中小型科技企业创新基金、农业科技成果转化资金、星火、火炬、专利等多种形式，争取国家、市级科技资金支持1 100多万元，北京冶金工程联合开发研究中心、北京承天倍达过滤技术有限责任公司通过资金支持达到了提升产品的技术水平，调整产业结构，创造良好经济效益的目的；种羊产业化工程、顺义区奶牛服务体系建设则促进了农业布局优化，推动了农业龙头企业形成步伐。继续发挥区政府科技发展资金的作用，安排借转资金1 330万元，支持25个科技企业（项目），对新入区的37个科技企业进行了奖励。通过资金支持涌现了北京青之叶科技有限公司、北京迪蒙卡特机床有限公司等一批成长性良好、科技含量较高、市场前景广阔的科技型企业。这些企业全年可增加收入8.6亿元，利税1.45亿元。

【科技宣传和培训工作得到加强】 加大科技政策

宣传力度，用足用好科技政策。邀请市科委领导到顺义区宣讲了3次科技政策法规，来自基层单位的300余人参加了活动，并向各单位下发了《科学技术政策法规汇编》、《北京技术市场条例》等文件。以“科普之春”、“科技周”、“科技下乡”等活动为载体，广泛深入开展科技宣传、普及、培训工作。开通了19个镇的远程教育网，开展科普知识竞赛4次；组织科普讲座8次；科技下乡10次。全年完成科技培训12 000人次。“三高区”、安利隆等4个单位。

【举办中小学生健康知识竞赛】 1月12日，教委举办中小学生健康知识竞赛，中小学分别有8支代表队参加决赛。最后，尹家府中学和俸伯中学获得中学组一等奖，后沙峪中小和仁和中小获得小学组一等奖。从去年11月份开始，区教委在中小学生中广泛开展平衡膳食和常见病防治知识竞赛活动，240多名学生参加初赛，16支代表队的48名学生进入决赛。

【校长考评工作结束】 1月8日至17日，区教委对全区80名中小学校长和13名幼儿园园长进行年终考评。考评小组深入到学校，采取听汇报、查看资料、发放问卷调查、同师生座谈等办法对校长的工作进行定量和定性分析。3月，召开总结表彰会，三位校长在会上介绍经验。

【高考创历史新高】 8月，全区被大专以上院校录取3 059人，录取率达到89.2%，比上年增加了6.7个百分点；64人被清华和北大两所名校录取。共有3 430人参加高考。

【中考工作圆满结束】 全区初中毕业生13 017人，其中提前被区及市内各类学校录取2 866人，只毕业不升学的有620人。参加升学考试的学生9 531人，被各类高级中等学校录取8 247人，其中市、区重点高中录取1 932人、一般高中录取1 871人、中专录取3 442人、技校录取850人、职高录取152人。

【区教委获“京蒙教育对口支援工作先进集体”称号】 8月，顺义区教委被北京市教育委员会和内蒙古自治区教育厅授予“京蒙教育对口支援工作先进集体”称号。自2000年实施京蒙教育对口支援以来，顺义区教委同内蒙古自治区赤峰市巴林左旗结成对口帮扶关系。两年间，区教委及各中小学向巴林左旗对口支援校捐助了教学设备、实验设备及学生学习、生活用具、用品等大量物资，折合人民币38.6万元；直接捐助现金20.2万元；四次派干部教师深入到左旗开展支教活动；五次接待巴林左旗干部教师到我区考察学习。

【召开继续教育工作会议】 9月27日，教委召开“十五”教师继续教育工作会议，确定工作目标，即提高教师政治思想素质、业务素质、职业道德水平及现代教育信息技术应用能力，到“十五”末，全区幼儿教师60%达到大专学历；小学专任教师全部达到大专学历，其中20%达到本科学历；初中教师90%达到本科学历，其中10%达到研究生水平；高中和中等职业学校教师学历全部达到本科，其中30%达到研究生水平，中等职业学校专业教师的60%取得“双师证”。教委将进一步完善教师继续教育培训网络，增强培训内容的前瞻性、科学性、实效性和针对性。重点加强对骨干教师的培养，充分发挥典型的带头和辐射作用，同时加强校本培训，使学校成为教师教育的重要阵地。

【与巴林左旗签订教育对口支援协议】 10月，教委同巴林左旗教育局签订教育对口支援协议。协议规定：定期为巴林左旗举办教育管理干部及教师培训班；开展支教活动，定期选派干部、教师到巴林左旗进行挂职锻炼和带职培训；开展“手拉手”姊妹校结对子活动；无偿提供部分教学仪器设备、图书资料和文化体育器材，捐赠学习和生活用品；资助巴林左旗义务教育阶段特困生100名，每学年扶助款3万元。

【教委为748名困难学生减免费用23万元】 本学期，全区748名家庭困难学生的学习费用得到了减免，总额达230 766元。其中包括：264名高中学生的学费153 320元；部分小学1～4年级学生的课后管理费3 360元；部分学生的课本费39 891元、活动费8 210元、住宿费及毕业年级讲义费等各种费用25 985元。此举，缓解了贫困家庭的经济负担，有效地解决了家庭困难学生的就学问题。

【加强各项信息化基础设施建设】 年内基本建成与区外联系的信息网络出口、区内信息网络系统和公用信息平台，协调市、区有关部门完成了顺义与首都公用信息平台高速宽带连接网络。连通了市委机要局至顺义区委、市政府的机要网。基本完成了区信息中心至各镇、地区、各委、办、局的网络连接。铺设主干光纤网络370杆公里，管孔40公里。初步建成顺义区公用信息平台，可满足与各单位宽带互联互通的需要。到目前，累计宽带接入达80余家。充分利用网站做好政务公开和宣传工作。全年刊登信息1 400余条，其中被上级单位和其他网站采用的有1 000余条。完善招商引资项目库，组织录入各类招商项目100余个。区内网站总数达100余个，顺义网城访问次数突破了300万人次。积极抓好网上办公系统应用工作。年内网上审批项目达50个，网上办公系统已录入审批项目2 744个，从网上审批通过的达1 921个。

【档案工作成效显著】 顺义新档案馆7月1日正式投入使用。新档案建筑面积4 762平方米，外部造型美观，内部结构合理，服务功能齐备，设施设备先进，获全国档案馆建筑综合设计优秀奖。新馆从根本上改善了档案工作条件，适应了档案工作发展的需要。新馆开放后进行的《顺义走向辉煌》等展览引起轰动，接待中央、外省市及本地区参观者5 000多人次，受到社会各方面的一致好评。档案基础工作取得了新进展，计算机录入档案目录达20多万条，接收各类档案5 640卷，开放档案总数达17 090卷，全年共接待档案利用者1 155人次，提供利用纸质档案资料5 118卷（次）。

文化　广播电视

【群众文化喜收硕果】 获全国群星奖银奖1个、铜奖1个；第二届中国评剧票友大赛一等奖1个；北京市首届评剧票友大赛十大名票2个、优秀票友1个；北京市民间艺术之乡1个；北京市先进文化站1个、先进文化站长2个；北京市最佳文化广场1个；北京市示范性文化科技大院22个；北京市“五月的鲜花”美术、书法、摄影大赛获奖12个；音乐作品创作获奖10个；北京市优秀业余团队2个。

【三大系列活动丰富多彩】 以“二月新春”、“五月鲜花”、“十月金秋”为主题的三大系列文化活动开展的丰富多彩。全年共组织不同形式的演出500余场、吸引观众70多万人次。其中“仁和杯”歌手大赛、“南法信杯”秧歌大赛、“北务杯”龙狮舞比赛、“市政杯”《我与奥运同行、人人都是环境》演讲比赛，第七届电视征集春联大赛等活动直接参与者达数万人次。“五月鲜花”歌咏活动先后组织演唱会、文艺汇演120余场，演出节目2 400余个，参与活动人员18万多人次。第九届“十月金秋”书法、美术、摄影活动，基层举办展览37个、展出作品4 000余件，入选全区优秀作品展300余件，并成功的举办了首次拍卖活动，成交作品40件。成交额20 000余元。

【顺义区图书馆深化读者服务】 图书馆坚持“以人为本，服务至上”的原则，优化环境，深化服务，全年共接待读者106 214人次，同比增长1%；借阅书刊218 481册次，同比增长22%；新办图书证2 557个，同比增长24%，累计有效图书证8 802个，同比增长33%；订购报刊600余种，入藏图书4 755种，9 857册；下乡辅导30余次，举办读书活动15次。6月25日顺义区图书馆正式使用“智慧2000数字图书馆”操作系统，10月在白各庄分馆安装了“智慧2000数字图书馆”操作系统社区版，并与顺义区图书馆联网，实现了区域内图书馆的馆际互借和全市内公共图书馆的文献联合检索。图书馆举办的以“小公民思想道德建设行动”为主题的“争做优秀小公民”和“北京少年奥运建设行动有我”两大系列活动，其中“做合格小公民”书面知识竞赛、“做合格小公民”现场知识竞赛、由学生自编、自导、自演的“欢迎您到北京来”英语独幕剧比赛、“文明小使者”征文比赛、“我眼中的新北京、新顺义”、“文明小公民在我身边”摄影比赛等活动吸引了6 000余名小学生参加。先后举办了“崇尚科学，反对迷信”图片展、公民道德建设成果图片展和为迎接党的十六大召开而举办的社会主义建设成果展，吸引了众多读者驻足观看。

【文化产业蓬勃发展】 目前全区文化产品生产、经营、服务企业已达385家，从业人员达15 000余人，2002年行业产值12.11亿元，实现利税3.28亿元。其中有印刷企业116家，出版物发行单位和个人153家，文化娱乐经营场所120家，各类文化艺术培训学校8家。在区委、区政府领导的倡导下，区文化主管部门于2002年7月中旬至10月中旬，开展了历时三个月的文化产业发展大讨论，成功地实现了“从管脚下向管天下”的职能转变，大胆提出了在北务镇创建“北京印刷产业园，打造京城印刷服务港的构想”，受到了区委、区政府领导的高度重视，北京市新闻出版局已将此工程列为全市印刷市场整合的试点工程，并正式命名为北京印刷产业园。在短短的两个月的时间里，已有南京爱德印刷有限公司、中国丝网印刷协会等6家国内印刷知名企业与北务镇政府签订正式合同，投资总额达1.5亿元。年内通过举办第七届书刊印刷质量评展，英语知识演讲等活动，进一步提高了全区文化产业经营单位的产品质量和服务意识。《中国新闻出版报》、《中国文化报》、《北京法制报》等10家首都报刊，先后25次宣传报道了顺义区文化产业蓬勃发展的动态以及新闻消息。

【加强“扫黄”、“打非”市场监管】 2002年初，区“扫黄”办研究制定并实施了《顺义区“扫黄”“打非”领导小组成员单位“扫黄”、“打非”工作目标管理责任制》，全年共组织开展了三次“扫黄”、“打非”集中行动和“网吧”专项治理工作。文化、公安、工商、城管等部门密切配合，协同作战，组织联合执法检查78次，共出动执法人员3 568人次，执法车辆720车辆次，先后取缔非法经营音像制品摊点36个，个体书摊25个，“黑网吧”49个，收缴盗版光盘5 500余张、录音带7 800余盒、书刊2 000余册，电脑214台。在全区文化经营单位中开展了普及行业法规活动，年内举办法规培训班5期，参加培训人员达2 500余人次，成功举办了“后沙峪杯”《印刷业管理条例》知识竞赛活动，收到有效试卷5 500份，并举办了决赛。2002年7月由中宣部、公安部、国家新闻出版总署联合组成的中央督察组对顺义区文化市场进行了检查，给予了高度评价。同年10月，区人大40名代表视察了全区印刷企业。2002年8月，区文化委员会陈永祥同志被评为全国文化市场管理先进个人，受到国家文化部门的表彰。12月，区“扫黄”办被评为北京市“扫黄”、“打非”先进集体、区委夏占义书记被评为全市“扫黄”、“打非”工作先进个人，受到市“扫黄”、“打非”工作领导小组的表彰和奖励。区文化委员会连续5年在全市新闻出版工作会上做出版物市场管理典型发言。全区文化市场呈现出健康有序，蓬勃发展的良好态势。

【燕京啤酒节越办越红火】 以《走进绿色国际港》为主题的第十一届燕京啤酒节开幕式6月6日在顺义区体育场隆重举行。这是一台规模庞大、气势恢弘、色彩斑斓、制作精良的大型综艺晚会。演出汇聚了刘秉义、李扬、孙晓梅、韩红、满文军、江涛、汤灿、崔京浩等一大批知名艺术家，更有中国歌舞团的舞蹈节目加盟，为演出增加了色彩。值得一提的是创作节目《走进绿色国际港》，利用口技艺术表现出今日顺义“同心全面奔小康、打造绿色国际港”的新形象。有数万名各界人士观看了演出。6月7日和8日，还分别举办了《戏曲名家名段演唱会》和《顺义区“五月的鲜花”广场艺术演出》等系列活动。

【电视节目丰富多彩】 电视台充分发挥宣传、普及、服务功能，围绕“十六大”“环境建设”“打造绿色国际港”等重点工程展开大力度宣传。全年共采、编、播新闻2 680条，专题288期，上报中央市台新闻127条。宣传圆满完成了区委、区人大、区政府、区政协交办的各项任务，加大了对各委办局公司及基层的宣传报导力度，得到了各级领导的认可和广大观众的好评。《终于等到了这一天》、《羊倌“借腹生子”发“羊财”》获北京电视奖一等奖。涌现出了《每周视点》、《燕京娱乐城》、《与法同行》等一批群众喜闻乐见的精品节目。新闻专题部制作的专题《绿色国际港盛开文明花》、《跨世纪的辉煌》，文艺部制作的专题《顺义明星大拜年》、《为劳动者而歌》都在观众中引起强烈反响，深受好评。

【广播电视提高报导质量】 广播电台紧密配合区政府中心工作，发挥广播传媒优势，加大对全区政治、经济、生活的报导力度，增加现场报导的新闻及专题比重。使广播更具现场感，提高了收听率。全年共报导新闻和专题3 560条，上报市112条。其中《合作的力量》系列报导获北京新闻奖一等奖，北京广播奖一等奖。

卫生　体育　计划生育

【卫生事业全面发展】 区域内有卫生机构47个：有医院16个，其中部门办、社会办医院8个；有社区卫生服务中心22个。有输血站、疾病预防控制中心、卫生局卫生监督所、农村改水工作办公室、医疗器械修理所、人才服务中心卫生分中心、卫生学校等卫生职能部门。全区有床位2 038张、卫生职工3 483人，其中卫生技术人员2 806人、注册护士867人。执业医师（含执业助理医师）1 139人。全年因病死亡3 555人，占总死亡人数的94.77%。死因前10位依次为：脑血管病、心脏病、肿瘤、呼吸系统疾病、损伤和中毒、诊断不明、内分泌疾病、消化系统疾病、泌尿生殖系统疾病、神经系病。人均期望寿命值72.93岁，其中男性70.34岁，女性75.55岁。全年门诊诊疗2 578 929人次，同去年比上升12.68%；收治住院病人42 385人次，同比增长6.72%；出院42 434人次；床使用率69.57%，病床周转率32.05%，治愈28 468人、治愈率69.84%，好转10 435人、好转率25.60%，死亡386人。平均住院天数7.97日。全年无甲类传染病发生，痢疾发病555例、肺结核发病136例、病毒性肝炎发病87例、淋病发病57例。孕产妇死亡2人、死亡率78.24/10万，婴儿死亡14人、死亡率5.48‰。卫生系统实现业务收入2.5亿元，同比增长23%。卫生系统全年收到患者或患者家属送来的锦旗99面，牌匾25块，表扬信84封，花篮17个，拒收红包93人次。通过社会问卷调查，患者对医疗单位满意度在90%。全市卫生联合检查连续13年保持领先位置，马坡镇成为全市惟一的国家级卫生镇，几年来连续改造无害化厕所9万套。农村饮用水在供水设施设备再次改造和水质改良上取得较大成绩，除害灭病工作受到政府和社会的进一步重视。

【三项重大改革顺利开展】 人事制度改革全面推进，初步实现了人事工作由单位管理向社会管理的转变，建立起单位和职工的新型劳动合同关系，引入了竞争机制，实行了竞聘上岗，改善了院级领导、科室干部的年龄结构和知识结构，增强了职工的岗位意识、竞争意识和责任感、危机感，初步创造出管理和技术岗位能者上、庸者下的良好氛围。卫生监督体制改革按期完成，顺义区卫生防疫站分成顺义区卫生局监督所和顺义区疾病预防控制中心，年内先后出动卫生监督员960人次，车辆180台次。加强对辖区食品单位、大中小型企业、公共场所、生活饮用水、化妆品生产销售单位、卫生用品销售单位、医疗机构、有毒产品厂家、中小学校幼儿园、有放射源等被监管单位进行了监督检查，监督覆盖率比去年同期上升了150%。取缔非法医疗机构17个，游医23人。药械流通体制改革继续深化，全年公开集中招标药品、一次性使用无菌医疗器械和卫生耗材1 173种，招标总金额8 285万元，配送实际发生额6 388万元，让利于民638.6万元。卫生服务水平显著提高。南法信、张镇社区卫生服务中心落成并投入使用，小店、赵全营、仁和社区卫生服务中心实施了装修改造，新建社区卫生服务站75个，累计建站182个，完成规划建站任务的80%。一个覆盖全区、塔式结构、三个层面、“七个统一”标准、“六位一体”职能、经济便捷、连续有效的社区卫生服务网络基本形成。全年为社区居民提供近280万元的“免四费”服务，部分社区卫生服务组织推行了契约式服务模式，义务体检和免费建档工作深入开展。区医院急性心肌梗塞、肺炎、胃十二指肠溃疡、急性胰腺炎、糖尿病、脑梗塞、脑出血、胆石症伴胆囊炎、结节性甲状腺肿、前列腺增生、乳腺癌、剖腹产和正常分娩13种疾病治疗费用低于全市同级城镇职工医疗保险定点单位的平均值。

【特色专科建设步伐加快】 先后建立起介入治疗、肿瘤治疗和急诊救护中心，中风专科的地位和优势进一步加强。分别开展了无痛治疗肛肠手术、髋关节置换术、多种腔镜手术和冠状动脉造影、心脏介入治疗、肿瘤治疗等医疗项目。区医院实施介入治疗123例，创伤抢救成功率达到98.4%；中医院脑血管病治疗有效率达到89.32%。北京急救中心顺义分中心投入运营，市局配套设备全部到位，实现了与“120”信息平台的顺利切换，辐射区域4个方位的急救站列入首批急诊机构建设项目，覆盖全区的急救网络框架初具雏形。适应急救医护工作需要，开展了3名急诊学科带头人和35名急救医护骨干的培训。

【科教工作得到加强】 先后举办140多期、27 000多人次参加的医技护理知识培训班，800多人获得国家级和市级学分，参加继续教育的人员达到2 244人，参与率94.8%，达标1 801人，达标率76.09%。年内引进各类大学本科以上特殊学科人员45人，其中研究生5名，日本留学回国人员2人。先后派出20名二级医疗机构业务骨干参加市学科带头人学习。系统内29%的中专学历人员参加了续读大专学习，24%的大专人员参加了续读本科学习。全科医生三年培训规划已经确定，培训工作全面启动，选送了12人参加市级骨干学习班。参加区级全科医生培训170人，考试及格97人、及格率56.73%，超过北京市平均水平；目前全科医生培训合格173人，已完成预定方案目标的三分之一。年内各医院累计科研立项51个；其中区科委立项1个、与市三级医院协作项目4个，发表论文180篇。申报科学技术奖14项，获奖10篇、获奖率71%。中医院一科研项目在北京市首发基金项目中通过初审。

【提高群众健身参与意识】 利用广播、电视、橱窗、标语、体育下乡等方式，广泛开展全民健身活动的宣传，还与区电视台共同开设体育时空专栏，与有关镇共同举办了“体育科技下乡，圆百姓健康梦”宣传活动，共有4 000余人参加了健康咨询，体质测试活动。此项活动受到百姓的欢迎。

【广泛推动群体活动向纵深发展】 5月份，在区委、区政府的大力支持下，圆满地完成了“亿都川杯”第八届京港女子足球邀请赛和2002年全国聋人篮球锦标赛两项大赛。全年举办“工行杯”环城赛、“龙湾绿化杯”挖树坑比赛、“地税杯”桥牌赛等多项区级赛事。其中首届职工运动会参赛人数多、规模大、效果好。第三届北京市“空港杯”全国门球邀请赛，共168个队1 700人，活动规模和内容都比往年有所增加和创新。是北京市最大的一次门球比赛。

【参加市级活动成绩显著】 为展示全区职工的精神风貌，促进全民健身活动的进一步开展，体育局组织参加北京市第八届职工运动会的拔河、保龄球、广播体操、游泳、中国象棋等比赛。广播体操荣获一等奖。男子拔河以不败战绩荣登榜首；女子拔河屈居第二名。

【竞技运动保持较好水平】 在北京市十一届运动会上，顺义区来自17所学校的350名教练员、运动员参加了10个项目的比赛，获得金牌24枚，银牌17枚，铜牌21枚。团体总分和金牌数都排第十名，基本完成了预定目标。

【宣传《人口与计划生育法》】 2月6日，区计生委组织胜利街道办事处等15个单位在新顺南大街集中宣传《人口与计划生育法》；区计生委制作了《人口与计划生育法》录音带500盘，《人口与计划生育法》宣传折页10万份发到育龄群众家中；各镇、村人口学校配备了《人口与计划生育法》宣传挂图；全区开展了《人口与计划生育法》知识竞赛活动，经过了全区400多个单位参加的比赛基础上，49个队经过9场预赛，2场半决赛，8月28日，区计生委举办了《人口与计划生育法》决赛，评出了一、二、三等奖；4月15日，对全区副处级以上领导干部进行了《人口与计划生育法》的培训。

【狠抓基层规范化管理】 一是建立区级育龄妇女信息库。将全区21个镇级育龄妇女信息库合并成一个区级库，区级所有的计划生育统计数据全部从信息库中提取；二是加快了村级实行计算机管理的步伐。在2001年村级计算机试点的基础上，2002年底全区已有215个村安装了计算机软件。村级计划生育应用软件两个：一是计划生育宣传教育软件，二是育龄妇女信息资料软件。并对村级专干进行了计算机基本技能的培训；三是规范育龄妇女卡。育龄妇女卡片是记录育龄妇女婚育情况的最基础性资料。2002年全区全部重新更换了育龄妇女卡片，共计18万张。

【建立农村计划生育养老保障制度】 为调动农村独生子女父母实行计划生育的积极性，加大了建立独生子女父母养老保障制度的力度，区计生委派出专门人员，深入基层调查研究，积极探索在农村建立计划生育社会养老保障制度的可实行性方法。通过调查，主要推行四种模式：一是村已发给养老金的，独生子女父母提前5～10年（男50岁、女45岁）发放；二是村已发给养老金不但提前5年（男55岁、女50岁）发放，而且在原有标准的基础上适当增加额度；三是村从来没有发给养老金的，这次从独生子女父母开始发放；四是有条件的村为独生子女父母入社会养老保险或商业保险。到2002年底已有158个村建立了前三种模式，有163个村为独生子女父母入了社会养老保险或商业保险。

【坚持以人为本，全面开展优质服务】 全面实施计划生育优质服务“三大工程”，一是重点抓好以已婚育龄妇女生殖道感染疾病为主的妇女病普查普治工作，全区19个镇和部分单位开展了妇女病普查，共计普查育龄妇女36 683人。区计生委还免费为每个镇的一个贫困村已婚育龄妇女进行妇女病普查普治，共普查1 551人，发病人数676人，发病率达44%。查后大多数患病妇女给予了及时处理，病情较严重的建议到医院进行诊治。二是实施避孕节育优质服务工程，落实避孕节育方法的知情选择。区计生委技术服务中心人员深入基层，为35岁以下的已婚育龄妇女进行避孕节育和生殖健康知识培训，共计培训4 059人；三是实施出生缺陷干预工程，深入开展优生优育知识教育。一是利用婚前教育学校，开展优生优育知识培训，已培训10 000多对准备结婚的男女青年。二是利用镇村人口学校培训优生优育和孕产期知识，减少缺陷胎儿的出生。

民政　劳动　社会保障

【健全社会管理体系】 投资2 400万元，组建了650人的社区保安大队，完成了17个城市社区的封闭式管理，社区封闭后，发案率下降了97%。投资90万元建起城区社区卫生服务站15个，为社区成员提供24小时门诊和上门服务，并为60岁以上老人建立健康档案。投资300万元，建成19个城市社区文化活动站、34个室外健身场，硬化活动场地7万平方米。结合社区服务网络系统建设，投资138万元启动社区呼叫服务工程，在7个社区的1.5万个家庭和单位、4万人的范围内先行试点获得了成功。投资35万元建成街道服务网络中心9个，服务网点70余个，服务项目40余个，为居民提供服务达25万余次。

【健全完善优抚安置体系】 义务兵人均享受优待金5 000元以上，大部分镇、办事处的优待标准高于区统筹办下达的标准，天竺、后沙峪等镇优待金标准已经突破万元。随着全区经济发展，优待金标准已经形成了自然增长机制。全区共接收复退军人308人，其中退伍义务兵283人，转业士官25人。通过多渠道安置就业、扶持就业和自谋职业，城镇安置就业81人，自谋职业21人，自找工作单位5人。区里为自谋职业的城镇退伍军人发放一次性补助费93.5万元，安置率达到100%。227位农村退伍军人已被安置在区、镇企业及村办企业，使两用人才开发率达到95%以上。复退军人安置工作做到了“三满意”，即：政府满意，复退军人满意，部队满意。正式出台了《顺义区优抚对象医疗减免管理办法》及《实施细则》，重点优抚对象医疗难问题已从根本上得到解决。拨款40万元为33户优抚对象进行了危旧房屋改造。“两节”期间区、镇、村三级对全区2 830户重点优抚对象普遍进行了走访慰问，慰问款物折合人民币百万余元。军休干部的两个待遇落到了实处。

【开展双拥共建活动】 深入开展“爱心献功臣”活动，两节期间，区、镇两级党委政府走访优抚对象1 460户，占总数的50%，慰问款物总额达到87万元，为优抚对象办实事77件次，走访驻军18次，召开民政军地座谈会、联欢会、联谊会22次，区政府拨出资金680万元为驻军办实事9件次，如：66 055部队大院的天然气入户工程、66 168部队、武警十支队管区的低压电路改造等，军地、军民关系不断加强，军警民共建工作不断深入，各项优抚政策全面落实。顺义区被北京市委、市政府、卫戍区第三次授予“双拥模范区”称号。

【全面发展老龄事业】 2002年顺义区被市委、市政府确定为全国农村社区老龄工作试点，首先确定了六镇百村为农村社区老龄工作试点。通过老龄成员单位的相互协作和共同努力，首批20个示范村软硬件建设起点高、投资大，试点工作进展顺利，成效显著。重新组建了老年人协会，村主任任协会名誉会长，老年人占协会成员的2/3，严格按照章程办事，并充分发挥民主自治组织作用，通过试点村的实践，探索出一条组织规范化、决策民主化、管理制度化、活动经常化、内容多样化的运行机制。为在农村社区落实“六个老有”，村老年人协会下设“四组、四队”提高了老年人的参与率和收益率，从而达到提高老年人生活和生命质量的目的。在全区范围内开展了空巢家庭老人状况调查，通过调查，顺义区有空巢家庭老人9 175户14 416人，各村、居委会为他们建立了登记簿、维权簿、健康档案，对他们进行“多助一”和“一助一”的帮扶工作，使老年人在社区生活中感到社会主义大家庭的温暖。

【健全社会保障救济体系】 顺义区共有城市低保对象527户1 171人，全年发放低保资金190万元，粮油帮困金44万元。农村低保对象2 430户5 921人，全年发放低保资金394万元。城市居民最低生活保障标准由每月285元提高到290元，农村居民最低生活保障标准由每年1 100元提高到1 200元，全年增加保障资金74万元。2002年1月1日起顺义区实施了城市低保医疗救助制度，全年为城保对象51户51人解决了医疗救助资金18.1万元。年底顺义区开展了两节走访慰问活动，走访城乡低保对象2 967户7 102人，累计发放慰问金72.4万元。市、区两级政府出资54万元为32户农村特困户建房，为15个特困户修缮房屋。投资836万元对张镇、杨镇、大孙各庄等七家镇办敬老院进行改造，创办了农村社会福利中心，批准建立民办养老机构1家，全区养老机构达22家。集中供养五保对象313人，年内人均生活水平达3 500元以上。

【进一步加强见义勇为权益保护工作】 见义勇为权益保护工作体系初步形成。“倡导见义勇为精神，弘扬社会正气”的文明之风正在形成。两节期间，走访慰问见义勇为人员家庭37户，慰问款物达3万元。召开表彰会3次，公开对全区31名先进人物进行表彰和奖励，发放奖励金7万余元。依法确认的5名见义勇为人员被区政府授予“见义勇为积极分子”称号，其中1名还被北京市人民政府授予“首都见义勇为好市民”称号。为37名见义勇为荣誉人员办理了5折乘机优待证。区见义勇为权益保护工作被评为市级先进。

【完善扩展就业和再就业服务功能】 职介中心共组织22次洽谈会，其中大型洽谈会8次，接待335个次招聘单位，提供招聘岗位10 119个，参会求职人员12 147人次，初招7 140人，初招率61%。在4 069名城镇登记失业人员中有2 848人办理招工录取手续，就业率为69.72%，高与全市60%的平均水平。为145名失业职工办理了自谋职业手续。为936名农村劳动力办理农民合同制工人录用手续。为21名存档人员办理了出国研修手续。

【规范用工行为 稳定劳动关系】 一是加强合同管理。坚持季度报表和到企业调查相结合指导企业做好劳动合同的续签、中止和解除工作。全年签订劳动合同36 348份，累计审批集体合同124份。二是强化劳动保障年检制度，扩大劳动监管范围，全区参加年检单位2 000家，覆盖面达到95%。三是加大劳动保障监察力度。共检查各类型用工单位830家。下发劳动监察询问书95份，劳动监察指令书87份，为职工追回拖欠工资320万元，追缴拖欠各类保险金670万元。补签劳动合同4 000人次，补办用工手续3 900人次，经济处罚9家违法单位。四是充分发挥劳动争议仲裁作用。受理争议案件1 010起，同比增长92%，已全部结案。其中集体劳动争议案件48起，涉及职工968人。

【构筑社会保障体系】 年内，全区参加养老保险的单位598个，参加统筹职工48 065人，覆盖率达到99%（指人数），比去年净增7 058人，追缴历年欠费383万元，增加养老基金6 179万元。全年共收缴养老金18 249万元，其中补缴6 581万元，征缴率达到96%；参加医疗保险参统单位413个，参统职工44 822人，覆盖率为99%；为3 065人次支付医疗保险金3 295万元，其中划拨个人医疗账户2 041万元，支付医疗保险费1 254万元；参加失业保障的单位有550家，参统职工60 226人，覆盖率为99%；收缴失业基金1 224万元，支付892万元用于失业救济金、自谋职业补助费、医药费和社会保险补助费；工伤保险参加统筹单位407家，参统职工42 171人，覆盖率为97%，工伤保险金收缴330万元，支付193.4万元；农村社会保险参加行政村417个，参保农民58 700人，覆盖率为40%，全年收保费275万元，支付农民养老金57.4万元；共为1 276名工人办理了退休手续，其中正常退休的有279人，其他为病退或有毒有害作业退休，目前，全区退休职工共计13 947人。

顺义区主要领导人

区　委书记　赵　义（4月免）　孙政才（4月任/11月免）　夏占义（11月任）
副书记　孙政才（4月免）　李　平（4月任）　王立嵘　陶宝金（1月免）　夏占义（11月免）　高　富（2月任）赵立军（11月任）
常　委　马庚良（5月任）　王敬东（女）　胡尚云（5月免）　李长友（4月任）　刘志元（5月任）　张建军　徐传孝
区人大常委会主　任　赵如会
副主任　卢炳华　石光明　周庆禄　李福成　胡丽华（女）
区　长　孙政才（4月免）　李　平（4月代/7月任）
副　区　长　马庚良　李树藩　胡尚云（5月任）　冯可梁（女）　刘希模（4月免）　王振江　曾繁新（4月任）　李友生（11月任）
区　政　协主　席　陶宝金（1月任）
副主席　李宝祥　赵荣山　张嘉佩（女）　杭纯金　何平山
区　纪　委　书　记　高　富
副书记　张建军　杨忠群（女）

顺义区乡镇（办事处）党政正职领导

	党委（工委）书记	乡镇长（办事处主任）
仁和镇	周颖博	赵光国
马坡镇	吴耀新	张　波
南法信镇	吴建国	赵淑清(女)
李桥镇	丁文强	王国华
天竺镇	陈福刚	闻广平
后沙峪镇	李　成	赵英杰
高丽营镇	杭金亮	屈宝成
杨镇	李建东	张克服
赵全营镇	李守义	陈长旺
牛山镇	盛德利	李宏伟(女)
南彩镇	张晓峰	孙书林
北小营镇	张尚强	王振军
李遂镇	赵殿江	秦拥军
木林镇	单　林	郝晓玲(女)
龙湾屯镇	刘朕河	焦庆海
张镇	胡明才	王　泽
大孙各庄镇	赵振英	肖承继
北石槽镇	秦士友	聂燕山
北务镇	周霆钧	王学武
胜利街道办事处	段长山	
光明街道办事处	马玉兰（女）	

昌　平　区

昌平区位处首都西北部，素有“京师之枕”之称。现辖16个镇、1个街道、312个村民委员会、86个社区居民委员会。年底，全区户籍人口447 597人，其中非农业人口206 301人，农业户口241 296人。2002年，全区坚持以邓小平理论和“三个代表”重要思想为指导，牢牢把握发展这个党执政兴国的第一要务，进一步解放思想，深化改革，扩大开放，全区政治文明、经济文明、精神文明建设均取得了新的进展。

政治建设

区委坚持以邓小平理论和“三个代表”重要思想

为指导，深入学习贯彻党的十六大会议精神，全面加强了党的思想建设、组织建设、作风建设。区人大进一步加大对任命干部述职评议力度和对司法、行政执法部门的监督力度。区政府及各职能部门自觉接受区人大及其常委会监督，充分听取政协及各民主党派和人民团体的意见。区政协充分发挥政治协商、民主监督职能，引导委员围绕全区中心工作积极参政议政。工会、共青团、妇联等群团组织的桥梁纽带作用进一步发挥。

党建政务

【深入开展党的十六大精神学习宣传教育活动】 党的十六大闭幕以后，相继举办了区、处两级领导干部和组工干部党的十六大精神专题培训班。各基层党组织通过开展理论培训、专题讲座、知识竞赛、文艺演出等活动，在全区党员干部和群众中不断掀起学习宣传贯彻党的十六大精神的热潮。通过学习，广大党员干部实践“三个代表”重要思想的自觉性、坚定性进一步增强，步调更加一致，展现出了奋发有为、昂扬向上的精神风貌。

【召开区委一届九次全会】 贯彻市九次党代会精神，进一步研究昌平未来发展的重要工作，在立足于现有的基础、条件和潜能上，提出要把昌平建设成为投资创业首选之区、旅游休闲首选之区和生活居住首选之区的发展目标。

【召开区委一届十次全会】 学习贯彻落实党的十六大、中央经济工作会和市委九届二次全会精神，总结2002年工作，进一步明确建设“三个首选之区”的目标，安排部署2003年工作。

【深入开展“为人民服务是我们的宗旨”主题教育活动】 以庆祝建党81周年、迎接党的十六大和学习宣传贯彻党的十六大精神为主线，围绕主题，基层党委、党支部组织党员广泛进行“连民心、送温暖”、志愿者服务、义务劳动、扶贫帮困等一系列社会教育实践，从而使党组织的凝聚力、战斗力显著增强，党员先锋模范作用进一步发挥；在农村“两委”班子及其成员中深入开展“交心、融情、两促”活动，继续健全完善相关村务制度，规范村级干部行为，村干部政治素质和工作能力进一步提高。

【争创农村基层组织先进区活动】 强化监督考核，完善创建动态管理，评选出“六好”镇党委6个，“五好”村先进党支部50个，优秀共产党员200名。

【公开选拔副处级领导干部，深化干部人事制度改革】 面向全市对区委研究室、旅游局、规划局等9个单位副处级领导岗位进行公开招聘，继续推行处级领导干部任职试用期制和干部任前公示制度。

【继续深入开展党风廉政建设和反腐败斗争】 通过组织开展“党风廉政建设宣传教育月”和“改进行业作风、增强公仆意识”等专题教育活动，进一步增强各级领导班子和领导干部抓党风廉政建设的责任意识，提高了拒腐防变能力。继续开展行风评议和效能监察，纠正部门和行业不正之风工作取得新进展。继续加大处理信访举报和查办案件工作力度，全年共受理信访举报412件次，查结案件23件，其中大案要案11件；处理各级干部15人，一般党员8人，挽回经济损失200余万元。

【行政审批环境进一步改善】 进一步深化了行政审批制度改革，精简审批事项，简化审批程序，建立起经济发展服务中心“一站式”办公大厅，改革审批管理方式，有效促进了政府职能转变和制度创新。

【民主制度进一步完善】 区政府及各职能部门自觉接受区人大及其常委会监督，充分听取政协及各民主党派和人民团体的意见，全年办理人大代表建议、批评、意见171件，政协提案88件，办复率为100%。

【农村财务管理进一步规范】 推行“村账双审”和“村账托管”。全区共有311个村实行了“村账托管”或“村账双审”，其中250个村实行了“村账托管”，61个村实行了“村账双审”。

人大、政协工作

【区一届人大三次、四次会议召开】 1月17～21日召开了区一届人大三次会议，听取并审议批准了区人大、政府、法院、检察院的工作报告，审查批准了昌平区关于调整国民经济和社会发展“十五”计划纲要及其他的年度工作报告，做出了7项决议，依法补选了3名昌平区一届人大常委会委员和昌平区人民政府区长。11月20～21日召开了区一届人大四次会议，选出了23名出席北京市第十二届人民代表大会的代表。

【区人大常务委员会工作】 2002年，区人大常委会依法举行了7次会议，审议了27项议题，做出了5项决议、决定，任免国家机关工作人员79名，重点检查了13项法律、法规的实施情况，组织市、区、镇人大代表开展工作视察和执法检查活动18次；如期办复区一届三次人代会代表提出的168件建议，代表满意率达90%；受理代表和群众来信来访511件次，都进行了认真办理和督办；加强了常委会机关建设，增设城建环保委和研究室两个部门，调整了内设机构职能；加强了对镇人大工作的指导，组织人大主席工作研讨和经验交流会4次，指导各镇依法召开人代会。

【镇人大换届选举工作顺利完成】 历时3个多月，到2002年底，16个镇依法共选出镇人大代表870名，参选率达96.6%。各镇在选出新代表后的两个月内，召开了新一届镇人民代表大会，依法选出了镇人大、镇政府的领导组成人员。

【区政协一届三次会议召开】 1月17～20日召开了区政协一届三次会议，审议通过了《中国人民政治协商会议北京市昌平区第一届委员会常务委员会工作报告》；列席了北京市昌平区一届人大三次会议开幕式，听取并协商讨论了《政府工作报告》以及其他报告；通过了区政协一届三次会议决议。

【区政协常务委员会工作】 全年召开了六次常务委员会会议，先后重点听取了区政府关于山区建设情况、全区社会治安综合治理和交通运输管理工作情况、全区城乡建设与管理情况、全区再就业工作和最低生活保障工作情况、全区机构改革工作情况的通报，重点审议并原则通过了区政协常委会工作报告以及区政协一届四次会议的有关文件。

政法工作

【落实“四五”普法】 各单位全年开展全民法制宣传824次，全区普法教育面达95%。重点加强了各级领导干部、企业管理者、中小学生和外来人口等重点群体的宣传教育，全民法制意识进一步提高。依法治村、依法治企等基层依法治理工作取得新的成效。

【推进依法行政工作】 全年共接待行政复议来信来访20余件次，受理行政复议案件4件，并已全部结案。1～3季度实施行政处罚67 794起次，罚没金额2 166万元，比去年同期增长51.3%，其中银行代收1 717万元，与去年同期增长71.1%，有效杜绝了执行处罚单位坐支、截流现象的发生。目前全区共有行政执法任务的部门和单位58个，行政执法人员2 701人。

【开展综合治理工作】 取缔了全区范围内所有的砂石厂，集中力量对十三陵旅游风景区周边餐饮业和全区煤矿市场进行了整治，对辖区内10条公路进行了综合治理，加大了拆迁裁决力度，受理房屋拆迁裁决案件20余起。有效推动了昌平区的旧村、旧城改造。

【加强司法保障工作】 检察机关全年立案侦查职务犯罪案件11起，为国家、集体挽回经济损失451万多元；审判机关全年受理各类案件11 127件，比去年增长5.76%；办结各类案件10 883件（含旧存），比去年增长4.87%。认真开展了检务公开、审判公开等司法活动，深化司法改革，保证司法公正。

【继续深入开展严打整治斗争】 区公安机关全年受理刑事案件2 458起，比上年下降6.4%；其中重、特大案件减少368起，比上年下降20.7%；破获各类刑事案件1 432起，破案率58.3%，比上年提高21.8%。抓获刑事拘留以上人员1 143人。继续深入持久地开展基层安全创建活动，进一步加大对卖淫嫖娼、黄赌毒等社会丑恶现象的打击力度，强化治爆缉枪、特种行业和单位内部管理，全年检查娱乐服务场所等要害部位22处、重点防范部位573处、出租房屋1 870间、集体宿舍35个。

【有效防范和打击法轮功邪教组织各种违法活动】 坚持落实与法轮功斗争长效机制，深入开展了教育转化、深挖打击、巩固建设工作，全面推进“打、控、转、揭”四项工程，全区法轮功重点人员集中转化率为99%，继续保持了法轮功人员进京滋事“零”指标和非法插播广播电视案件“零”指标。

【积极开展人民内部矛盾排查调处工作】 坚持区委、区政府领导接待日制度，全年共接待群众来访432批1 619人次，阅批群众来信93件，协调解决重点难点问题60件。各镇（街道）和委、办、局、公司接待群众上访751批4 316人次，阅批群众来信871件。2002年昌平区基层到区里集体上访173批3 713人次，同比分别减少1.1%和16.7%。到市集体访12批256人次，分别比2001年下降36.8%和36.2%。

【加强外来务工人员管理】 全区有27万名外来人员办理了暂住证，办证率97.83%，并对18万名外来人员进行了法制培训。区司法局被评为对外来人员进行法制宣传教育工作先进单位。

群团活动

【全区团员基本情况】 至年底，全区共有14～35周岁青年109 209人，团员34 816人，其中女团员16 941人，少数民族团员2 006人，团员年度注册率100%。全年新发展团员4 236人，其中女团员2 296人。全区应建团单位是751家，已建立团组织的是678家，占总数的92.3%。全区建立了团组织的行政村有265个。全区共有各类支部1 134个，覆盖了社会力量举办学校、非公经济组织、农村、乡镇企业等。

【团组织“达标创优”活动】 2002年团区委被团市委评为北京市共青团组织“达标创优”竞赛活动组织奖，被团中央确定为“全国团建先进县（市）创建单位”，长陵镇团委被确定为“北京市第三批团建创新试点单位”。全区24个基层团委被评为昌平区“十优红旗团委”，8个基层团委获昌平共青团“团建创新奖”，90个团（总）支部被评为昌平区“六强标兵团（总）支部”，95人被评为昌平区“优秀团干部”，175人被评为昌平区“优秀共青团员”。

【北京市昌平区青年联合会成立】 于2002年9月19日成立，委员108位。

【妇联组织基本概况】 至年底，全区有妇联组织412个，其中镇、街道妇女联合会17个，工委系统妇女工作委员会14个，农村基层妇代会312个，企事业及居委会妇代会68个。妇联干部队伍稳定，有妇代会委员以上干部1 197人。

【“双学双比”竞赛活动】 据统计，近10年来，全区已有3万人（次）妇女参加了实用技术培训，其中：2 451人取得绿色证书，608名妇联取得了技术员职称，80%以上的劳动妇女每年都能学会1～2项农业实用新技术。区妇联重点加强了“双学双比”示范基地建设，共有区级示范基地36个，镇级基地46个。

【工会工作】 认真组织学习了新出台的《中华人民共和国工会法》，对全区最低生活保障的职工进行了摸底调查，完成了基层工会的换届工作，清理整顿了基层工会组织情况和职工入会情况，开展了经费计拨审计工作。

经济建设

2002年，全区按照“强二兴三优一”的产业发展思路，以“三园三区”（中关村科技园区昌平园、中关村科技园区生命科学园、小汤山现代农业科技示范园、以十三陵特区为龙头的旅游服务区、以回龙观和东小口经济适用房为主的文化居住区、以沙河高教园区为重点的教育产业区）建设为重点，不断加强区域经济结构调整，综合经济实力得到进一步增强。全年实现国内生产总值111.3亿元（在地口径），比上年增长30.2%；其中区属经济实现国内生产总值80.4亿元，比上年增长21.3%；一、二、三产业增加值分别为5.3亿元、35.6亿元、39.5亿元，比上年分别增长4.3%、36.5%、12.5%；一、二、三产业结构比例为6.6:44.:49.1。地方财政收入完成6.7亿元，比上年增长52.3%。城镇居民人均可支配性收入9 424元，比上年增长12.2%；农村居民人均可支配性收入5 751元，比上年增长11.6%。全年完成社会固定资产投资58.7亿元，比上年增长57.6%。

农业

【农业经济指标基本完成】 全区实现农业现价总产值12.8亿元，比上年增长4.1%。其中：种植业完成产值4.9亿元，比上年下降6.7%；林业完成产值1.5亿元，比上年增长130%；渔业完成产值6 600.3万元，比上年略有下降；畜牧业完成产值5.8亿元，与去年基本持平。全区农村经济总收入完成99.39亿元，比上年增长12.9%。

【农业投入进一步加大】 全区大农业投入2.24亿元，比上年增长8%；其中财政投入1.90亿元，增长11%，创历史最高水平。主要用于主导产业、农田水利、林业绿化、山区富民综合开发等基础性建设，进一步推进了全区农业结构调整和农业综合效益的提高。

【“六种农业”深入发展】 精品农业实现产值9.46亿元，比上年增长193.2%，占大农业产值的77.9%；籽（仔）种业实现产值4.26亿元，比上年增长93.1%；设施农业达到0.073万公顷，实现产值1.98亿元，比上年分别增长33.8%和37.4%；农产品加工实现产值19.6亿元，增值7.2亿元，增值率156.8%，比上年增长19.7%；农业出口创汇额实现3 894万美元，比上年增长190%；观光农业实现产值6 800万元，比上年增长116.3%，其中果品采摘突破100万人次，增加收入5 000多万元，荣获“京郊发展六种农业先进区”的称号。

【种植业结构趋向合理】 全区新发展牧草1 433公顷；发展名特优果树1 280公顷，其中新植1 167公顷，更新改造113公顷；发展林木种苗1 507公顷。目前，全区牧草面积3 867公顷，产值2 400余万元，比上年增长4.1%；果树12 733公顷，产值1.22亿元，比上年增长3.5%，其中苹果3 200公顷，总产量2 600万千克，产值7 280万元；林木种苗、花卉等经济作物5 800公顷，产值2.6亿元。全区生产粮食4 888.9万千克，比上年减少29%；生产干鲜果品5 717.3万千克，比上年增长3.5%。通过调整，农业种植结构进一步趋向合理，粮经比例由上年的80:20调整到现在的32:68。

【畜牧业平稳发展】 全区发展以肉羊为主的养殖小区76个，养殖专业户9 380户，出栏肉羊40万只，比上年增长19.4%；出栏肉牛1万头，与去年持平，奶牛存栏6 400头；出栏肉鸡1 010万只，比上年增长10.8%；出栏猪20.8万头，比上年减少6.7%。基本实现了由传统散养向舍养、科学饲养的转变。

【百善肉用种羊基地建设进一步完善】 基地已建成养殖小区4个，现拥有现代化羊舍90栋，年底共有存栏无角多赛特、小尾寒羊等优质种羊3 500多只；年处理能力10万吨的粪肥处理厂和4 000平方米的胚胎移植中心现已投入使用；年加工能力8万吨的饲料加工厂主体工程完工；年屠宰能力50万只肉羊的现代化屠宰厂前期规划已经完成，形成了产、加、销一体化的肉羊产业链条。

【温水鱼生产迈出新步伐】 全区池塘养殖面积达到489公顷，培育大规格罗非鱼种200万尾；全区生产鲜鱼706.7万千克，与去年持平。同时，已形成了鱼种供应、饲料生产、成鱼回收、生产加工、全程技术服务等较完整的产业链。

【小汤山现代农业科技示范园建设取得新发展】 园区入驻高科技企业54家，投资总额30多亿元，创汇额1.23亿元，形成了三益兰花、天元牧草、北林种苗等一批农产品特色品牌。2002年共接待中外观光游客10.7万余人次。

【农业标准化生产基地、农产品安全生产基地建设】 全区共有17家农业生产基地被确定为北京市农业标准化生产示范基地，其中，苹果标准化生产示范基地被确定为“国家级苹果标准化示范区”，在北京属首家。全区共有40家生产基地和企业被确定为北京市食用农产品安全生产基地，其中2002年通过认证的有13家。

【农业品牌增多】 全区累计注册农业名优品牌30多个，包括盛世富民、鲜绿安、天润园、金六环、金水、华都、京京、得利斯、十三陵、西峰山、阳坊胜利、都市绿洲等，其中“阳坊胜利”成为北京市著名商标。

【**30个低收入村扶持工作取得成效**】 2002年，全区确定对人均纯收入3 000元以下的30个行政村进行重点扶持，计划进行3年。30个行政村共涉及4 461户、13 027人，其中劳动力6 337人。2002年实现经济总收入11 498万元，比上年增长17.8%；纯收入5 268万元，比上年增长18.3%；农民人均劳动所得3 457元，比上年增长6%。有一半以上的村完成了低压线路改造，有16个村人畜饮水困难得到根本解决，并对9条总长31公里的公路进行了拓宽或硬化。

【**发展农民专业合作经济组织62个**】 带动企业39个、农户8 326个，人资总额17 597.7万元；马池口苗木协会和鲜绿安果业协会被列为市级示范单位。

林业 水利 气象

【**推进林业生态体系建设**】 进行了京津风沙源治理、隔离带建设、绿色通道建设、中幼林抚育等一批林业重点工程建设，完成退耕还林1 387公顷，配套荒山荒地造林1 333公顷，爆破造林233公顷，封山育林3 333公顷，飞播造林667公顷；在温榆河两岸种植永久绿化带220公顷，产业带407公顷；进行城铁西线绿化10.6公里，沙荒治理333公顷，中幼林抚育工程5 333公顷，开展全民义务植树102万株。全区现有林地面积6.68万公顷，森林资源总价值257亿元。全区的生态环境得到进一步改善，林木资源持续增长。

【**增强护林防火能力**】 投资150万元建成森林防火指挥中心，在蟒山、流村、崔村山区安装有3个监测探头，监控面积可达2万余公顷。全年深入林区、旅游景点等及时查处野外用火35起，火险隐患4处，保持了全年未发生森林火警、火灾，无直接经济损失的良好状况。

【**病虫害监测与防治工作**】 病虫害监测代表面积54.74%，覆盖率为91.92%；病虫害发生面积20公顷，发生率0.5‰；防治面积5 080公顷，防治率89.23%；检疫种苗面积973公顷，产地检疫率91.31%。全区没有大面积林木病虫灾害的发生。

【**水资源利用**】 全区总用水量20 350万立方米，其中农业用水11 329万立方米，工业用水2 343万立方米，生活用水6 678万立方米，分别占全区用水量的56%、12%和32%。全年实现节水1 000万立方米，其中城镇节水400万立方米，农业节水600万立方米。

【**山区水利富民五小工程网络化建设**】 总投资2 083万元，其中农民投资1 150万元，投工25万个；累计完成以集雨灌溉为中心的网络化建设798处，新建集雨场面积1.3万平方米、集雨树库43万个，集雨节灌面积达2 000公顷，完成拦蓄截流、塘坝、井站工程400余处，改善灌溉面积4 000公顷。山区人民的生产生活条件进一步得到改善。

【**农田水利基础设施建设**】 投资9 700万元，投工260余万个，投入机械近3万个台班，完成土石方1 000万立方米。在兴寿、小汤山等五个镇发展节水配套工程667公顷，在十三陵等六个镇发展高标准管灌配水333公顷，改善有效灌溉面积3 467公顷、除涝面积4 333公顷。

【**尚信橡胶坝工程完工**】 该坝建在沙河水库下游，坝高3米，回水长度3 510米，形成水面37公顷，单库蓄水量为120万立方米；每年可减少地下水开采150万立方米，并可回补地下水125万立方米，与温榆河昌平段下游的郑各庄橡胶坝和曹碾橡胶坝形成水资源的梯级利用。

【**商品水进山村**】 投资450万元，在山区21个村推广“一户一表、定量定价、以量计征”的用水制度，共安装水表5 680块，解决了山区饮用水水源不足的问题。

【**气象观测**】 年降雨量411.4毫米，比常年偏少25%；年平均温度13.1℃，比常年偏高1.0℃；年内极端最高气温41.2℃，出现在7月14日，创昌平地区有气象资料以来的最高值；全年日照时数2 470小时，占可照时数的56%；年蒸发量2 013.3毫米，比常年略多；年内出现8级以上的大风日数为10天。

工 业

【**工业整体实力增强**】 全区累计完成不变价工业总产值188.7亿元，比上年增长40.9%；其中区属工业完成不变价工业总产值104.3亿元，比上年增长27.3%。全区独立核算工业实现销售收入197.4亿元，比上年增长46%；其中区属独立核算工业实现销售收入102亿元，比上年增长38.7%。全区工业企业实现利润总额6.4亿元，比上年增长24.7%；其中区属工业实现利润总额4.3亿元，比上年增长29.5%。

【**中关村科技园区昌平园拉动区属工业效益作用明显**】 在区属工业中，昌平园完成不变价工业总产值62.3亿元，比上年增长41.2%，占区属工业总量的59.7%；完成销售收入64.8亿元，比上年增长53.3%，占区属销售收入的63.5%；实现利润总额3.4亿元，比上年增长41.9%，占区属工业利润总额的79.1%，昌平园已成为全区工业持续、快速增长的主力军。

【**中关村科技园区生命科学园建设进展顺利**】 总占地249公顷，其中一期工程130公顷，二期工程119公顷。一期工程已完成部分道路、沿路管线、中心区绿化等工程，天然气调压站和变电站已进入收尾阶段；二期工程已完成总建筑面积50 536平方米的北京生物医药孵化基地主体工程。部分入园项目建设陆续开展，目前已有8家公司正式签订入园合同。

【**企业产权制度改革步伐加快**】 2002年，全区共有107家国有、集体企业进行了产权制度改革（含事业单位转为企业并进行产权制度改革的2家）。其中改为有限责任公司的48家，改为股份合作制企业的27家，出售的29家，破产的3家，盘活存量2.3亿元，引进增量1.2亿元。

【昌平园新入驻高新技术企业360家】 新增注册资金30.4亿元，其中注册资金亿元以上的4家，5 000万元以上的16家，1 000万元以上的76家；股份制企业有327家，占新入驻企业总量的90.8%。

【中关村兴业高科技孵化器股份有限公司成立】 该公司由北京兴昌高科技发展总公司控股，北京三九万东药业有限公司等9家国内知名企业共同发起设立，注册资金10 025万元，主营高科技企业孵化、房地产开发、科技项目投资及高新技术和产品的开发及销售。

【昌平园出现首家境外上市公司】 12月12日,园区企业——北京赛迪顾问股份有限公司正式在香港创业板挂牌交易,这是国内首家登陆资本市场的咨询企业。

【昌平园“电子政务”进一步完善】 开发了交互式网上办公系统，首期实现新技术企业入园申请等七个网上审批模块；开发建立了昌平园门户网站，2002年3月底开始运行；开发了昌平园内部办公自动化系统，实现了统计报表的网上传送，共有1 000多家企业通过网络进行统计年报和月报的报送工作。

【工业小区、工业大院逐渐壮大】 全区15个镇级工业小区中已有13个完成了控制性详细规划。镇级工业区新入驻在建项目63个，项目计划总投资18.5亿元；其中23个项目已建成投产，完成投资5亿元。36个工业大院新入驻企业98个，项目投资1.87亿元。

【二、三产业专业村发展到31个】 从事二、三产业的农户有7 319户，劳动力13 370人，收入12.46亿元，分别占31个村总农户、劳动力总数和经济总收入的70%、84.4%和83%。

【招商引资工作再创新高】 全年引进项目308项，协议资金总额138亿元，协议引进外部投资128.4亿元，到位资金17.6亿元。其中：投资10亿元以上项目2个，1亿元以上15个，5 000万元至1亿元19个。

【加强安全生产监察】 全年共组织检查各类企业947家，查出事故隐患6 438条，办理安全施工许可证200余份；对149家非煤矿山和282家危险化学品企业进行了专项整治，关闭验收不合格的非煤矿山企业118家。

城建　公路　交通

【卫星城和小城镇建设步伐加快】 昌平卫星城旧城改造进一步展开，启动了19片沿街平房改造项目，沿街平房拆迁工作进展顺利，胡同硬化改造基本完成；回龙观、东小口文化居住区和小汤山、北七家等小城镇中心区建设取得新进展。完成了鼓楼南北大街、松园路、南环路、沙阳路以及永安环岛、水关环岛等一些道路的改造和部分道路路灯的安装等，进行路面罩油7.2万平方米，人行步道铺砖3.3万平方米，硬化胡同2.2万平方米，新装路灯502棵。完成了学府公园、赛场公园等5个公园的改造和水库路、中石路以及小汤山、北七家、阳坊三个小城镇的绿化美化建设。2002年新增绿地面积10.18公顷，全区人均绿地面积46.14平方米，人均公共绿地面积16.7平方米，城镇绿化覆盖率达到34.8%。在北京市首批公园注册登记名单中，我区昌平中心公园获得二级公园标准，学府公园、亢山广场、赛场公园、南口公园获得三级公园标准。

【市政设施建设取得新进展】 天然气入昌工程进展顺利，西线完成了沙河调压站建设，东线温榆河以南高压管道工程完工；昌平卫星城新铺设中压管道10公里，新增天然气用户8 000余户，目前总报装户达1.6万户，公服单位18个，日用气量7 000余立方米。昌平污水处理厂于4月4日开工建设，第一系列、第二系列主体工程基本完成。在南邵镇营坊村北侧筹建了占地2余公顷的粪便处理厂，建成后使卫星城及周边地区的粪便处理厂达到100%。完成昌平、南口公厕改造6座，购置垃圾专用车辆8辆，加工改装垃圾收集车30辆，更新果皮箱220只，新增邮政代办所8处、报刊亭18个。昌平卫星城的综合承载能力得到进一步提高。

【公路建设与养护力度加大】 昌崔路南邵北桥、定泗路、京银路等一批公路桥梁建设工程完工，全区累计投资公路建设与养护6 846.78万元，改、扩建油路面4.49万平方米、4.931公里，大修油路面5.3万平方米、7.534公里；新建桥梁1座、105.2延米，改扩建桥梁2座、103.6延米，道路绿化植树5 000株，成活率98.4%。

【全区道路运输行业快速发展】 全区从事营业性道路旅客运输企业12个，营运客车1 209辆，完成客运量1 801万人次，旅客周转量1.62亿人/公里；全区货物运输经营业户6 424户，拥有各类货车10 167辆、42 000吨位，完成货运量2 112万吨、货运周转量3.86亿吨/公里；全区各类汽车维修企业共280户，汽车维修7.95万车次。全区从业人员2万多人，客、货运输收入4.9亿元；汽车维修收入3 221万元。此外，全区有客运人力三轮车848辆，4处旅游景点游船60艘。

【区内公交客运线路增多】 全区拥有营运线路11条，临时线路8条；营运车154辆，座位3 000个；营运里程500公里。线路辐射全区250多个行政村，镇村通车率达到75%。

房地产业

【建筑业持续发展】 全区完成建筑业总产值42

亿元，比上年增长 37.5%。全区房屋建筑开复工面积 362.1 万平方米，比上年增长 19.3%；其中新开工面积 249.7 万平方米，比去年下降 2.2%。房屋竣工面积 239.2 万平方米，比上年增长 14.4%；其中住宅竣工面积 203.8 万平方米，比上年增长 16.8%。

【房地产业保持迅猛发展】 全年房地产开发企业完成投资 31.8 亿元，比上年增长 68.6%，占全区固定资产投资总额的 54%。全区房地产开发企业房屋施工面积 236.9 万平方米，比上年增长 18.8%；房屋竣工面积为 64.1 万平方米，与去年持平。商品房销售面积为 52.4 万平方米，比上年增长 35.7%；商品房销售额 20.2 亿元，比上年略有增长。

【加强房地产市场管理】 全年房屋产权登记 2.2 万件，登记各类房产面积 483.2 万平方米；土地确权登记 284 件，其中国有土地 135 件、集体土地 114 件、农村宅基地 35 件；房地产他项权利登记 5 070 件，融资额 75.4 亿元；办理注销抵押登记 536 件。全年房屋预售登记备案（含经济适用住房）1.5 万起；房屋立契过户 1.9 万起，面积 226.6 万平方米，成交金额 58.4 亿元；代征契税 1.1 亿元、印花税 300 万元。全年标准价改按成本价售房 2 305 套，建筑面积 13 万平方米；公有住房改成本价售房 1 658 套，建筑面积 9.5 万平方米。

【规范居住小区管理】 全区共有居住小区 80 个，其中实施物业管理小区 70 个；物业管理企业 88 家，其中在昌平区注册 70 家；已有 29 个小区组建了物业管理委员会，2002 年度审批居住小区管委会 15 个（其中 4 个属于换届选举）。全区共有优秀小区 27 个，其中国优 2 个、市优 11 个、区优 14 个。

旅 游 业

【旅游业取得长足发展】 全区各旅游单位全年累计接待游客 1 375.6 万人次，实现旅游经营收入 8.8 亿元，分别比上年增长 18.1% 和 38.9%。其中十三陵特区接待游客 580.6 万人次，实现经营收入 2.3 亿元，比上年分别增长 4.5% 和 15.9%。旅游消费水平进一步提高，全年人均旅游综合消费水平达到 64 元，比上年增长 16.3%。旅游产业总量不断扩大，全区旅游企业发展到 175 家，比上年增长 50.8%，旅游产业结构日趋合理，基本形成了“吃、住、行、游、娱、购”等六要素齐全的综合型旅游布局，游览内容不断扩充，拥有名胜古迹、自然景观、民俗风情等八大系列。

【明十三陵景区申报世界文化遗产前期准备工作完成】 成立了申报领导小组，完成了申报文本、VCD 光盘及幻灯片编纂制作，重新界定保护范围和建设控制地带，制定了《北京市明十三陵保护管理办法》和《昌平区人民政府实施〈北京市明十三陵保护管理办法〉的规定》，完成周边环境的拆迁整治工作，并顺利完成了国际古迹遗址理事会专家赴明十三陵景区考察评估的接待工作。

【国家 4A 级旅游景区达 6 家】 在 2001 年十三陵四大景区（长陵、定陵、昭陵、神路）被评为 4A 级旅游景区的基础上，2002 年居庸关长城景区和银山塔林景区也相继被国家旅游局评为 4A 级旅游景区。

【居庸关二期工程全面竣工】 2000 年 8 月 8 日开始动工，历时一年零八个月，总投资 1.8 亿元，复建了长 412 米、宽 10.3 米的居庸关古道和面积 12 600平方米的居庸关长城古客栈，新建立了南关办公区、关外停车场、北关仿古铺面房和动力站等。

【德陵抢修工程启动】 3 月 10 日正式开工，整个工程包括修复宝城、方城、明楼、祾恩门、三座门、陵墙、陵内外排水系统。计划投资 3 800 万元，将于 2003 年 7 月 1 日前竣工。

【民俗旅游渐成时尚】 新发展民俗村 20 个。全区民俗村总数达到 38 个，占全市民俗村总量的 23.7%，占全区山区半山区行政村的 22.3%。全年共接待游客 50 万人次，比上年增长 68.9%；实现旅游收入 2 094 万元，比上年增长 101.6%。

【旅游景区星级厕所达 15 座】 另建成生态厕所 1 座，极大改善了景区和民俗村的卫生状况。

商业 对外经贸

【商业经济活力增强】 全区商业全年实现增加值 8.21 亿元，占全区 GDP 的 10.2%；商业税收上缴 1.43 亿元，比上年增长 30.6%。实现社会消费品零售额 31.2 亿元，比上年增长 6.1%，其中：农口系统实现 91 330 万元，比上年增长 16.6%；城口系统实现 156 263 万元，比上年增长 2.9%。全区共新开西单商场天通苑购物中心、美廉美超市昌平店、大鸭梨、金百万等知名企业连锁店 22 家；全区大中型商业企业达到 54 个，新增加了 11 个，实现商品销售总额 25.6 亿元，比上年增长 44%，占全区商品销售总额 52%。

【社会消费品结构】 吃类商品实现零售额 10.6 亿元，比上年下降 5.2%；烧类商品实现零售额 4.3 亿元，比上年增长 3.1%；用类商品实现零售额 13.5 亿元，比上年增长 13.8%；穿类商品实现零售额 2.8 亿元，比年增长 27.9%。

【假日消费拉动商品经济增长】 春节、“五一”和“十一”期间，新世纪商城、阳光商厦、小白羊超市 6 号店、西单商场天通苑购物中心、美廉美超市昌平店、物美超市城北店等 9 户规模零售企业累计销售 1.21 亿元，占全年销售额的 20% 以上。

【国合商业企业产权制度改革步伐加快】 至年底，全系统 460 个经营单位中实行各种形式改革的 422 个，占总数的 92%；其中，实行产权改革的 381 家，占单位总数的 83%。

【吸引外商投资 4 537.24 万美元】 全区新批三资企业 52 家，比 2001 年增长 30%。其中：合资项目

23个；合作项目2个；独资项目27个。投资总额为10 914.82万美元，比上年增长56%；注册资本7 707.66万美元，比上年增长59%；协议外资额4 537.24万美元，比上年增长19%。

【外贸出口迅猛增长】 全区累计完成外贸出口供货额达8.64亿元，比上年增长了30.3%；辖区直接出口创汇1.02亿美元，比上年增长38.51%；区属直接出口创汇5 230.2万美元，比上年增长了22.1%。

财政 金融

【财政收入快速增长】 全区地方财政收入累计完成年度计划的132.5%。其中固定收入完成9 934万元，比上年增长65.2%；共享收入完成51 544万元，比上年增长53.9%；分级收入完成5 613万元，比上年增长23.7%。在税收当中，营业税入库29 049万元，比上年增长74.1%；增值税入库10 196万元，比上年增长33.7%；房产税入库3 395万元，比上年增长31.2%。

【金融业运行良好】 全区各金融机构存款余额201亿元，比上年增长25%；各项贷款余额134.7亿元，比上年增长43.2%。城乡居民储蓄余额96.8亿元，比上年增长25%。

【市场价格再度回落】 全区居民消费价格指数比上年下降2%，物价指数涨幅比最低年份（1999年）低1个百分点。

【城乡居民生活水平提高】 城镇居民百户拥有家用汽车2辆、洗衣机84台、电冰箱93台、彩电116台、家用电脑23台、电话94部、移动电话37部、家用空调57台、照相机57部；人均住房使用面积16.9平方米。农村居民百户拥有彩电114台、洗衣机83.5台、电冰箱95.5台、家用空调38台、汽车7台、家用电脑15台、电话96.5部、移动电话56.5部、照相机31.5台、摩托车35辆；人均生活用房面积40平方米。

精神文明建设

坚持“两手抓，两手都要硬”的方针，以服务首都的文化中心功能为核心，以促进社会全面进步和人的全面发展为目标，立足昌平现代化建设的实践，把精神文明建设作为建设“三个首选之区”的重要内容，积极开展精神文明创建活动，努力推动教育、科技、文化、卫生等社会各项事业的全面发展，培育和创造一流的市民素质、服务水平、文化氛围和社会风气。

创建活动

【加强思想道德教育】 大力实施以德治国方略，深入贯彻《公民道德建设实施纲要》，积极倡导“爱国守法、明礼诚信、团结友善、勤俭自强、敬业奉献”的基本道德规范，培养和弘扬民族精神；利用多种形式，广泛开展“文明昌平人标兵”、“争当人民满意的公务员”等专题教育活动；以“争做文明昌平人”为主题，深入开展社会公德、职业道德和家庭美德教育，针对农民、职工、干部、学生以及各行业的实际，通过典型引路、深入宣传、严格管理等多种措施，提高全区人民的政治素质和综合文明素质，创建首都文明区。

【深入开展群众性精神文明创建工作】 全区共创建市级文明单位27个，区级文明单位131个，文明镇8个，文明村96个，文明社区9个，文明居住区10个，文明旅游景区10个，先进文明市民学校38所。在2001年全区表彰113名文明昌平人标兵的基础上，2002年全区表彰了409名文明昌平人标兵和123个标兵集体。

【双拥共建活动取得新成绩】 全区共接收复退军人201名，其中城镇109名，（原城镇入伍61名，农转居3名，转业士官29名），农村92名，全年安置率达100%。驻昌部队和武警官兵在绿化美化环境、捐资助教、抢险救灾、义务服务等方面为昌平做出了重要贡献。2002年，区武装部被市政府和北京卫戍区评为先进单位，昌平区被北京市评为支持部队后勤保障社会化改革先进区，昌平区第五次荣获北京市双拥模范城县称号。

【积极推进全民健身运动】 全年共举办区级竞赛20项次，参与人员达3万人次，基层组织各种体育活动800余次，参与人数达18万人次。同时，狠抓基层体育基础设施建设，争取专项资金146万元为42个社区配建了健身器材，目前80个社区健身设施已全部投入使用。

教育 科技 信息 文化

【普教事业发展】 2002—2003学年度，全区有普通中学40所，职业中学2所；小学114所，特殊教育学校2所。全区教育系统有教职工7 499人，比上学年减少349人。全区共有在校学生42 508人。昌平一中、二中、职业学校这3所标志性学校建设工作进展顺利，24所学校基本完成校园网建设。

【中考、高考取得好成绩】 2002年全区4 701人参加中考，总及格率99%，升学率达到100%。参加高考考生2 031人，录取1 692人，总录取率83%，比2001年提高了7.7个百分点，超过市平均。242名高分段学生被全国重点大学录取。

【幼儿教育】 2002—2003学年度，全区共有幼儿园151所，比上学年增加3所；开设幼儿班486个，比上学年增加82个；在园幼儿8 355人，比上学年减少954人；教职工798人，比上学年增加29人。

【成人教育】 全年举办各类职工培训、专业技术培训 30 000 余人次；参加成人高考考生 8 182 人，同比增加 1 463 人；高自考报考 74 277 人，报考 243 526科次；高等教育学历文凭考试报考 12 417 人，报考 27 910 科次。

【沙河高教园区建设顺利进展】 完成了园区控规批复、市政基础设施立项及土地、农民、企业等基本情况调查评估等工作，并已确定北京航空航天大学、北京师范大学、北京邮电大学、中央财经大学、外交学院和市属 1 所重点院校共 6 所入驻，园区“两横一纵”主干道路及市政管线建设已完成大部分，共推出路床 5.8 公里，开挖雨、污水管沟 17.2 公里，埋设管道 16.8 公里。

【科技工作取得新突破】 全年共实施星火计划 18 项，其中国家级 1 项，市级 6 项，区级 11 项；实施科技致富计划 6 项；科技发展计划编制落实 33 项，完成科研成果 27 项，申请专利及获得软件著作权 9 项；完成科技推广计划 17 项；科技示范户 13 项(户)，带动周边 176 个专业户共同走上科技致富的道路，解决了 370 个农民的就业；组织申报 15 项科技骨干基金项目，其中有 6 个项目是高科技项目。

【昌平区农业科技信息网初具规模】 该项目是国家 863 科研成果推广项目。目前已投资 50 万元，完成了中心站和 32 家基层站点的建设任务，网点覆盖了全区 17 个镇。自建成以来，网络点击累计达到 6 000多次，通过网络引进招商项目 30 个。

【文化工作被评全国先进】 以开展“五月鲜花”、文化广场、艺术节等文化活动为载体，并坚持与国内外省市地区进行文化交流活动，深入基层开展科技、文化、科技、卫生“三下乡”活动，不断倡导新风尚，展示新面貌，增强文化氛围。全年共组织专场文艺演出 402 场，表演节目 4 960 个，参演人员 8 760 人；组织大型咨询、宣传、展览活动 20 次，露天电影放映 4 800 场，露天舞会 810 场，各项活动吸引群众 600 万人次。在第三届艺术节期间，进行文艺演出 94 场，吸引观众 5.5 万人次；组织秧歌花会队 93 支，表演 44 场，吸引观众 13.7 万人次。2002 年，昌平区被评为“全国文化工作先进区”。

【加大整顿力度，规范文化市场】 共取缔无证经营书店、音像店 145 家，收缴非法经营图书 6.5 万册、盗版录音带 7 310 盘、盗版光盘和非法电子出版物 15 889 张。在整顿网吧专项活动中，共查处非法经营网吧 420 余家，暂扣和没收电脑 915 台。

环境　体育　卫生　计划生育

【环境综合整治工作加强】 一是对城市铁路以及旧西路、清华专用路、北京农学院和华北电力大学专用路、昌怀路、安泗路、顺沙路等昌平境内 10 条主要公路进行重点治理，拆除建筑物总面积 6.6 万平方米，绿化总面积 50.4 公顷；二是垃圾分类收集工作基本落实。20 家居住小区全部达到一级标准，共投资约 500 万元，购置厨余垃圾处理设备 24 台，配备垃圾分类容器 1 260 组；三是完成 17 条环卫道路清扫权竞标承包工作。目前昌平卫星城实行清扫保洁承包的道路已有 18 条，清扫面积 62.8 万平方米，占全部清扫面积的 45%。

【竞技体育水平进一步提高】 在北京市第十一届运动会上，昌平区在十个远郊区县中获得总分第一名。昌平区运动员参加市级以上重大比赛共获金牌 13 枚、银牌 18 枚、铜牌 26 枚。昌平区向上级输送运动员 13 人，名列远郊区县榜首。在全市两年一次的体育工作综合评估活动中，连续第四次荣获体育工作优秀区（县）称号。

【卫生事业健康发展】 全区已建成社区医疗服务站 110 个，比上年增加 30 个。农村合作医疗达到 13.6 万人，占全区农业人口的 54.4%。全年完成门急诊 125.9 万人次，床位使用 40.4 万床日。全区无甲类传染病发生。

【区医院门诊楼建成并使用】 总投资 5 000 余万元，建筑面积 15 400 平方米，更新添置了高质量的医疗设备，就医环境得到彻底改善，日均门诊量由原来的 700～800 人次增加到现在的 1 200～1 400 人次，增幅达 50%。

【妇女儿童活动中心大楼落成】 该楼投资 1 200 万元，建筑面积达 5752.8 平方米，为妇女儿童提供了更加优越的活动场所。

【人口保持平稳增长】 2002 年全区共出生 2 543 人，其中男性 1 273 人，女性 1 270 人；计划生育率为 96%，人口自然增长率为 3.24‰。

民政　劳动和社会保障

【居（家）委会整合工作完成】 在原来 138 个居（家）委会的基础上，通过居委会调整和家委会转制，建立起 86 个新型社区居委会，并于 11 月份在全区 11 个街道、镇辖区内公开招考社区专职工作者 86 人。

【全年发放优抚费用 360 多万元】 全区共有优抚对象 544 户，1 632 人，发放优待总金额 142.5 万元，为优抚对象报销医药费 220 万元。

【社团、民办非企业单位平稳发展】 新登记社团 5 个，全区共有社团 33 个；年检社团 29 个，其中合格 24 个，基本合格 1 个，注销 3 个，撤销 1 个，年检合格率占社团总数 82%；新注册登记民办非企业单位 14 个，全区共有 51 个。

【再就业工作进展顺利】 下岗职工再就业率为 69.4%。城镇登记失业率为 0.85%，城镇失业人员再就业率达到 72.38%。

【举办人力资源招聘咨询洽谈会 102 场】 其中下岗职工专场洽谈会 12 场，参会单位 3 097 家，参加洽谈的求职人员 181 196 人次。通过职业介绍洽谈，供需双方达成意向 54 547 人次，求职成功率 30.2%。

【社会保险扩面征缴工作】 全区参加养老保险的企业已达 984 户，职工 60 220 万人，实际收缴养老保险金 16 667 万元，增长幅 23.2%；参加失业保险的企业达 838 户，职工 80 052 万人，实际收缴失业保险金 2 358.6 万元，增幅 42%；参加工伤保险的企业达 451 户，职工 55 096 万人，实际收缴工伤保险金 508 万元，增幅 13.4%。全区医疗保险基金支付 3 663.6万元，其中统筹基金支付 3 369.5 万元，大额互助基金支付 294 万元，划入个人账户 3 121.2 万元。

【劳动争议仲裁工作】 全区共受理劳动争议案件 358 起，结案率为 100%；进行公开审理劳动争议案件 309 起。

对外交往

【对外交往进一步扩大】 全年共接待访问昌平区的世界各地党、政、军等各界重要外宾团组 40 个 320 人，分别是上年的 250% 和 140%。还同韩国釜山广域市金井区、美国加理福尼亚州圣迭哥市等国外城市地区开展了友好交流。

【与日本板柳町的交流进一步加强】 11 月 20 日至 26 日昌平区文化交流团一行 14 人赴日本青森县板柳町进行友好交流。其中由来自马池口镇的 12 名农村妇女组成的业余表演队在日本板柳町表演了 5 场具有中国民族特色的大鼓舞和扇子舞，受到当地民众热情欢迎。

【强化赴境外培训】 昌平区共派赴境外进行各种培训人员 41 人次，占全年因公出访的 20%，是上年的 186%。

昌平区主要领导人

区委书记	赵凤桐
副书记	佟根柱 王振华（女） 李福忠 李庆
常委	王书合 洪起忠 张建利 王红专 李德海 朱光彤
区人大常委会主任	任宝贵
副主任	钟振声 李秀清（女） 郭守庚 郑祥和 张文良（不驻会）
区长	佟根柱
副区长	杨旭明 初世敏（女） 任学良 冯维利 张文祥 江明 陈秋生
区政协主席	刘德明
副主席	武宁（女） 沈玉宝 张仲民 张国良 李富和（不驻会）
区纪委书记	李福忠
副书记	杨富志 宋长锦
昌平区巡视员	白宗全

昌平区镇（街）党政正职领导

	党委(工委)书记	镇长(办事处主任)
昌平	田国瑞	赵海英
城北街道	金晖	尚大海
沙河	赵军	王玉禄
南口	沈树祥	金东彪
阳坊	洪起国	李利军
小汤山	李志武	荣超英
百善	裴卫东	李元和
北七家	李德海	徐金旺
崔村	王振国	朱华海
兴寿	韩耕	许克仲
东小口	赵亚群	徐平仪
南邵	王志刚	白向军
流村	董锦华	郭玉清
马池口	陈隽磊	刘向东
长陵	胡玉泉	王启苍
十三陵	林香堂	刘学亮
回龙观	洪波	杨玉宝

（贺军　王建成　周文健）

大兴区

2002 年全区认真学习、贯彻党的十六大，坚持“大背景定位、大范围组合、大市场运作”的工作方针，大胆解放思想，科学谋划未来，提出把大兴建设成为高新技术成果产业化基地和现代工业区、绿色安全食品生产基地和现代农业区、综合物流基地和现代商贸区，使大兴成为国际大都市现代化新区的发展目标。制定了“环境优先、规划先行、资源高效、科技推进、工业主导”的原则。明确了发展经济的主要任务是：构筑开放的区域经济发展格局、塑造有特色的区域功能形象、培育有竞争力的产业群体、建设一流的精品城镇。

政治建设

围绕加快率先基本实现现代化和建设国际化大都市现代化新区的奋斗目标，区委、区政府以邓小平理论和“三个代表”重要思想为指导，深入学习贯彻党的十六大精神，紧紧围绕全面建设小康社会的宏伟目标，认真履行宪法和法律赋予的职权，转变作风，与时俱进，开拓创新，加强各级领导班子建设，深入开展创建活动，做好人大代表和政协委员提案、议案工作，不断加强人大的依法监督和政协的民主监督。加强法制宣传教育，注重政法队伍建设。

党　建

【学习贯彻党的十六大精神】　一是采取多种形式学。全区各级党组织、各级领导干部,在学习党的十六大报告、新党章时,通过分专题辅导、举办培训班、召开研讨会、座谈会等多种形式,全面领会、吃透报告精神,准确把握报告总体要求、主要任务和工作部署。二是针对存在的问题学。解决思想解放程度不够的问题,坚持与时俱进;解决部分干部精神不振、全局观念不强等问题。三是结合实际学。与落实经济和社会发展的各项工作目标结合,与落实"民心工程"的各项工作任务结合,与保持农村稳定、增加农民收入、解决群众生产生活中的突出问题结合,真正把党的十六大精神落到实处,贯彻到改革发展稳定的实践当中。

【加强领导干部监督和管理】　加强对处级领导干部任期经济责任审计工作力度,全年完成12家单位、23名领导干部的经济责任审计;继续推行了领导干部任前公示制和对新任职干部试用期制,全年共对27名新任职领导干部进行了任前公示,对30名新任职领导干部实行了试用期制。(于振河)

【深入抓好领导干部廉洁自律工作】　从提高领导干部自律意识、责任意识出发,认真抓好《廉政准则》、"三项制度"和中央、市、区自律规定的落实。全年有84人次拒收礼品、礼金共计人民币3.07万元,有9人次上交礼品、礼金共计人民币1.24万元。

【加强党员教育管理】　结合当前形势,要求各镇党委要适时组织一些大的集中教育活动,使党员在活动中受到教育,增强荣誉感、责任感;村级党组织通过开展党员责任区、与群众手拉手、提合理化建议等活动调动了党员的积极性,同时村里决定重大事项时,本着先党内后党外、先党员后群众的原则,扩大党员的知情权、参与权,为党员发挥作用创造条件。在党员管理方面,坚持从严治党的方针,积极探索与社会主义市场经济相适应的管理模式,严格坚持行之有效的组织生活和党员教育制度,并在实践中不断地加以改进和创新,通过开展先进性教育、民主评议和加强日常管理,进一步提高了党员队伍的素质。

【对整改措施加强督促检查】　针对在"三个代表"学习教育中群众提出未完成406条的问题,区委明确提出:凡是目前能够解决的,要明确完成时限,立即着手解决;凡是目前还不具备条件,解决有一定困难的,要做出承诺,限期解决;对于目前解决不了的,要向群众解释清楚。为了进一步抓好督查,专门成立了"三个代表"回查工作领导小组,派出14个督查组和7个暗访组,深入镇村,严格督促指导把关。整改措施尚未落实和正在落实的还有28项,其中需要上下联动的5项。

【公开选拔副处级领导干部】　认真贯彻落实中央、市委《深化干部人事制度改革》精神,积极推进干部选拔任用制度改革,5月至8月,面向社会公开选拔了一批副处级领导干部。应聘者265名,进入面试的88人。16名应聘干部平均年龄34.78岁,年龄最小的27岁;硕士研究生6人,大学本科10人;高级职称4人,中级职称8人;民主党派成员2人,群众3人,女干部1人。

【调整镇级领导班子】　为认真做好换届选举的准备工作,按照镇换届选举工作的总体安排,区委组织部组成四个考察组,利用15天时间,对全区14个镇领导班子和领导干部进行了考察。共调整镇领导班子9个,涉及领导干部72人,异地交流干部27人,本地区岗位交流干部26人,新提拔干部26人,其中:从区直单位下派到镇12人,从镇调到区直单位的17人,改调研员退二线或退休的18人。

【加强村级"两委"建设】　一是规范两委关系。制定了《村级工作管理规则(试行)》,建立以村党支部为核心的村民自治运行机制。二是规范村级制度。形成以四项民主为核心内容的村级民主制度框架。建立了以党章、村民委员会组织法为依据的民主选举制度;以村民(社员)代表会为主要载体的民主决策制度;以村务公开、财务公开为重点的民主管理、民主监督制度,全区民主制度建设达标村达到了80%以上。三是规范村级档案。培养村干部照章理事的意识。全区村级建档硬件投入达到了数百万元,全区村级档案达标村达到97%以上。

(于振河)

政　务

【注重议案、提案落实】　政府各部门自觉接受人大依法监督和政协民主监督,定期向人大及其常委会报告工作,并认真执行其决议、决定,坚持重大问题决策的协商制度,主动听取政协及社会各界人士的意见。共办理人大议案、建议和政协委员提案227件,向人大报告工作18项。

【领导干部学法用法进一步加强】　依托区委党校,建立了区干部法律培训中心,以中心为载体,对科处级领导干部进行了《宪法》、《民法》等十几部法律知识的培训,提高了领导干部的法制观念、法律素质和依法行政水平。

【政府采购制度化规范化】　区政府制定了《大兴区政府采购办法》,使政府采购工作走向制度化、规范化。全年采购任务为3 400万元,比去年增加了39%。完成政府采购38次,采购金额为2 841万元,完成计划的83.6%,节约资金492.1万元。

【电子政务建设加快】　为全区101个行政、企事业单位接通专用光缆;建立大兴区政府网站—大兴信息网,月访问量达1万余次;完成全区政务办公系统并投入使用;对全区907名公务员进行计算机技术培训,同时完成各类培训1 000余人次;协助建立了劳动社保网、统计网和档案管理系统,为政府实现网络办公奠定了基础。

【抓好行政审批制度改革】　按照市政府要求,从改善经济发展环境、提高办事效率出发,对全区行政审批进行了调查清理。全区现有行政审批职能的单位35个,清理前承担审批事项283项,审核清理后保留行政审批234项,清理49项,其中,取消26项,改为行政管理的20项,合并3项。

【政府职能部门服务水平提高】 区政府把2002年定为“软环境建设年”,制定了《关于加强经济发展软环境建设的意见》和《大兴区加强软环境建设的监督措施和处罚办法》。委托零点调查公司对全区各职能部门的领导开创意识、人员专业水平、办事效率、服务态度等27项指标进行全面、科学的调查和评估。对调查结果中排在前三名的单位给予奖励和表扬,对后三名在全区进行通报批评。调查表明:全区软环境建设总体评分从2001年的3.788 8上升到2002年的3.857 4,同比上升1.8个百分点。被测评的政府职能部门得分都超过或接近“比较满意”的水平。

【进行领导干部任期经济责任审计】 完成对35个处级单位的审计工作,其中,包括21个区直党政机关、8个区直企业、4个镇,共52名领导干部,延伸审计100余家。通过开展领导干部任期经济责任审计工作,初步形成了组织监督与审计监督相结合的机制,对规范领导干部经济行为,客观评价领导干部,建设高素质领导干部队伍起到了积极的促进作用。

【积极引进人才】 全年共引进外埠生源大学毕业生283名、京外中高级管理和专业技术人才66名;为24家高新技术企业和民营科技企业的24名京外人才办理了《北京市工作居住证》,为21人办理了续签手续。

【认真做好公务员考核培训】 完成2001年度机关公务员考核工作。机关公务员参加考核总人数为3 536人,优秀539人,称职2 968人,基本称职2人,参加考核不定等次的为19人,未参加考核的8人。事业单位14 004人参加了考核,优秀1 968人,合格11 894人,基本合格2人,不合格5人,未定等次135人。举办初任公务员培训班4期,参加人员449名;科级任职培训班3期,参加培训人员335名;“电子政务”培训班六期,参加人员954名;组织了70个单位的1 600人进行“公务员讲英语”培训。

【专业技术职称评定】 全区七个系列评审委员会评定出初级1 246人、中级406人、推荐参加市高级评审委员会评审198人。组织8 440人次参加全国会计师资格、全国职称外语等级、税务、工商执法资格等各类考试及报名工作。

【实行民主公开】 建立健全了“职工代表活动日”、“职工代表活动月”制度,实行了民主评议干部制度、企业招待费开支情况报告制度、签订履行集体合同情况报告制度。进一步规范了企业职代会内容,全区国有、集体企业建立并实行厂务公开的已达99%,建立并实行业务招待费向职工代表会报告制度的国有、集体企业达99%。通过厂务公开,使职工的各项民主权利得到落实,调动了职工的工作积极性,促进了企业发展。

【认真履行人大职能】 1月20日至23日召开大兴区第一届人民代表大会第二次会议。大会共做出六项决议,批准了“一府两院”和人大常委会的工作报告,批准了大兴区2002年国民经济和社会发展计划、2001年区级财政预算执行情况和年财政预算。

【人大、政协评议政府职能部门】 区人大、区政协组织部分人大代表、政协委员、企业负责人及各镇主管工业的领导160余人,对16个政府职能部门为经济建设服务情况进行民主评议。评议内容包括依法行政、服务态度、办事效率、办事效果和廉政建设等方面。通过评议活动,16个被评议单位能够自觉接受社会各界监督,主动改进工作,积极转变工作作风,初步形成了人人为营造良好软环境做贡献的氛围。

【加强执法　注重时效】 区人大在执法注意做到两点:一是重心下移重视掌握第一手材料。在《食品卫生法》的执法检查中,不但进市场、查摊点,而且深入田间、地头与农民座谈详细了解生产过程。二是扩大执法检查参与面,检查组吸收了50多位代表和专家参加,不但扩大了执法检查的深度和广度,而且使检查结果更贴近实际,问题看得更清楚,建议提得更加切实可行。

【广泛宣传代表法】 在代表法颁布20周年之际,区人大采取多种形式进行了宣传:一是召开了有各界人士参加的学习代表法座谈会;二是在代表中开展了“我与代表法”的笔谈活动,有30多位代表写了10万字的体会文章;三是召开了代表活动积极分子表彰暨经验交流会。

【重视群众来信来访工作】 区人大常委会机关设立信访科后,进一步加强了同人民群众的联系,拓宽了了解民情民意的渠道,维护了人民群众的合法权益。全年共受理人民群众来信来访197件,全部按有关规定得到了妥善处理。

【围绕中心工作深入调研】 区政协各专委会、民主党派和委员深入调查研究,围绕全区工业园区建设、农业“两个体系”建设、城镇建设与管理、房地产开发、水资源保护、中小学教育、农村医疗保障等方面工作,完成了26篇专题调研,其中12篇在区政协一届二次全会中做了发言,为区委、区政府科学决策提供了参考依据。

【探索办理提案新思路】 区政协按照解放思想、开拓创新的要求,根据提案内容,分为工业、农业、城市建设与管理、文教、社区建设、软环境建设、党建与宣传工作7个专题,采取组织系列提案专题座谈会的形式,让委员与区领导面对面交流,增进理解与共识。区政协履行民主监督、参政议政职能,对167提案件,立案141件,经提案委员会积极协调,各承办单位认真办理,所有提案年内全部办复,委员对提案办理的满意率为95.7%。

【关注社情反映民意】 了解和反映社情民意是政协履行职能的重要形式,也是沟通党委、政府与人民群众联系的重要渠道。区政协全年共收集社情民意95件，编发《社情民意》18期，及时为党政领导决策提供了较有价值的信息。

政 法 工 作

【法制宣传教育工作】 一是加大了“四五”法制宣传教育工作的领导力度，调整工作机构规格，完善了领导小组、领导、联络员、成员工作职责及部门责任制等制度。二是在全区建立了一把手任组长的法制宣传教育工作体系；形成了区有法制宣讲团、镇(街道)、村、居委会、企业、学校普法有骨干并相互配合。三是组建由公、检、法、司等19个成员单位的领导参加的“四五”法律法规宣讲团。宣讲团深入基层镇、村、机关、企业、学校，根据群众的要求采用以案说法的形式宣传法律知识，受到基层干部群众的好评。

【普法宣传取得成果】 全区共举办法制专题广播3 200期，同比增长33%；制作法制内容的电视专题片8期；制作法制宣传橱窗2 300期，是去年的5倍；举办法制培训班650期，是去年的3倍；深入基层讲法制课460次，是去年的2.6倍；举办各类法律知识竞赛58余场；上街设站宣传260余次；法制赶集40次；解答咨询16 350人次；宣传各类法律法规40余部。

【加强基层司法队伍建设】 年初正式建立17个司法所，建立健全了各项规章制度，通过多方筹措资金，配备了电脑、传真机，基本实现了办公自动化。采取请进来、走出去的方式，根据不同时期的特点，有针对性地从业务知识、工作技能等进行培训。共调解民间纠纷497件，防止民间纠纷激化35件。

【人民调解组织进一步加强】 在8个镇、2个办事处建立了调解庭。建立调解委员会562个，落实调解人员1 587名，调解纠纷2 573件；防止民间纠纷激化52件，有力地维护了基层社会的稳定。

【公证工作服务水平提高】 本年是公证处改为事业单位的第一年，在服务意识和质量、公证业务量等方面都有了明显提高。共办理各类公证3 898件，同比增长13%，其中，民事证3 350件，同比增长14%；经济证150件，同比增长69%；涉外公证443件，内容涉及美、英、德、法、日等国家。

【律师工作出现新局面】 通过建立法律风险告知函和办案质量跟踪卡等制度，增加了律师办案的透明度，减少了投诉率，方便了当事人的监督。4个律师事务所应聘担任常年法律顾问40家，同比增长69%；共代理各类案件502件，同比增长28%。其中，刑事辩护及代理130件，民事诉讼代理313件，非诉讼法律事务39件，行政案件代理20件；代写法律文书291份，同比增长1.5倍；解答法律咨询1 665人次；为当事人挽回经济损失1 570万元。

【积极做好法律援助工作】 抓住司法所成立和公证处机构改革之机，把法律援助向全区14个镇、3个街道办事处和公证处延伸，形成了以法律援助中心为核心、17个司法所、5个社团工作站、4个律师事务所和1个公证处组成的法律援助网络，使特殊群体不出镇就能办理援助事项。共承办法律援助案件55件，同比增长22%。其中，法院指派的刑事辩护33件，民事代理17件，公证法律援助3件，行政法律援助2件，有力地维护了弱势群体的合法权益。

【“148”服务功能不断完善】 “148”从百姓关切的法律问题入手，公证、律师、法律援助、司法所等部门密切配合，形成法律服务网络，有效地维护了当事人的合法权益。使其更有效地发挥了“开心锁”、“连心桥”的职能作用，化解了大量矛盾。“148”法律服务热线解答电话咨询615人次，接待来访2 160人次，被北京市妇女联合会、市总工会、市人事局授予市“三八”红旗集体荣誉称号。

【深入开展“严打”整治斗争】 检察院全年共受理各类提请逮捕案件654件890人，批准逮捕589件805人，审结案件数同比上升13.9%；受理移送审查起诉案件730件1 083人，提起公诉679件1 004人。积极参与打黑除恶、反抢劫、反盗窃、打击克隆出租车、整顿和规范市场经济秩序等专项打击和整治行动，共批准逮捕“黑恶”犯罪、严重暴力犯罪、多发性犯罪案件388件556人，提起公诉354件584人。批准逮捕破坏市场经济秩序犯罪案件11件15人，提起公诉11件20人。

【教育挽救犯罪青少年】 在中小学校开展了法制讲座活动，制定并实施了《未成年人案后跟踪制度》。依照“教育、挽救”的方针，正确掌握政策和法律界限，受理未成年犯罪案件84件186人，对其中9人作不起诉处理。

【荣获全国人民满意检察院称号】 2月7日，在全国检察机关第五次“双先”表彰大会，大兴区检察院被最高人民检察院授予全国“人民满意检察院”称号。这是开展争创“五好”“两满意”活动，第二次荣获全国“人民满意检察院”称号。

【深化职务犯罪预防工作】 4月，区检察院与有关单位合作，建立了区国家机关预防职务犯罪网络和网络二级领导组织，承办了《预防工作简报》，并创办《大兴职务犯罪预防专刊》。通过组织网络成员单位参加庭审旁听、讲法制课、举办展览、座谈会和法律知识竞赛等形式，重点在金融、工业、商委、税务等系统开展各类法制宣传，起到了很好的教育警示作用。并积极开展建筑行业职务犯罪预防，研究、建立了招投标备案、监督及公示制度。

【强化诉讼监督，维护司法公正】 区检察院对提请逮捕和移送起诉的案件认真审查、严格把关，全年共监督立案3件3人，追捕3人，追诉9件18人，不批准逮捕5件6人，不起诉12件21人，做其他处理的64件92人。以规范监督程序为重点，与公安机关、法院签了刑事案件证据标准、常见罪名起诉证据标准、侦查阶段公诉部门提前介入及相互配合等多项规定，及时解决了诉讼环节中出现的实际问题。

【维护刑事申诉人合法权益】 区检察院对上访老户反映的问题、积压举报线索、刑事申诉和上级交办案件等进行了专项清理,坚持24小时受理和9小时接待制度,改造和扩建控申接待室,新设立了人大代表、政协委员专门接待室,坚持检察长接待日制度,开展举报宣传周等活动,受理信访案件145件,依法办理刑事申诉案件2件,切实解决人民群众申诉难、告状难的问题。

【拓展民事行政检察监督途径】 区检察院以维护当事人合法权益为重点,拓展了检察意见等监督方式。全年共受理民事申诉案件20件,立案4件,建议抗诉3件。对民事行政案件确有错误的判决和裁定,依法建议抗诉,对当事人申诉,而法院判决裁定正确的案件,采取新的息诉方式,以不予抗诉决定书的形式,全年不予抗诉17件。

【共建实践教学基地】 6月19日,区检察院与中国政法大学共同筹建的实践教学基地在该院举行签约暨揭牌仪式。这是中国政法大学首次以学校名义与政法机关共建实践教学基地。

【受理各类案件万余件】 区法院全年共受理各类案件10 105件,办结案件10 124件,收结案首次双突破万件关,分别比上年增长23.02%和23.42%。其中共办结各类刑事案件586件,判处罪犯871人,同上年相比分别增长5.59%和15.5%;审结各类民事案件5 164件,解决诉讼标的额5亿元,分别比上年上升16.41%和7.3%;审结行政诉讼案件46件;受理执行案件4 255件,办结执行案件4 298件,分别比上年增长32.55%和36.88%,执结标的额2.64亿元。

【加大犯罪打击力度】 深入开展严打整治,共破获各类刑事案件1 325起(年前积案71起),比去年多破案222起;其中破重大案件759起,破获经济案件102起,挽回经济损失210余万元。共打击处理刑事犯罪人员1 330人。打掉犯罪团伙105个,398人,抓获在逃犯178人,收缴各类赃证物总价值1 300余万元。

【加强公安设施建设】 圆满完成了公安三级网络光纤改造任务,架设了90米高的通讯铁塔。进一步完善了巡逻车GPS卫星定位调度系统和重点地区电视监控系统,全局有66辆巡逻车并入GPS卫星定位调度系统,32辆车安装了车载电台。完成分局警务中心大楼的设计、招标和启动开工。

【常住人口管理工作取得成效】 7月初开始,开展了常住人口户口清理核对纠错以及照片扫描等工作。9月16日,已有安定、金星、孙村、长子营、西红门、青云店、亦庄等七个派出所完成了常住人口户口清理核对及纠错工作,进一步精确了区公安分局538 821的人口数据库。使微机数据、底票人口数据和实有人口数据得到了统一,同时也进一步促进了内勤工作的规范化。

【举办"警察开放日"、"从警一日"活动】 10月在黄村火车站站前广场举办了"警察开放日"活动,主要通过展板展示、服务咨询、警民互动和文艺演出等形式向社会各界介绍了公安机关的职能作用和工作特点。近万名人民群众参加了开放日活动,人大代表、政协委员、警风监督员和企业领导代表76人参加了"从警一日"活动。通过与民警的24小时零距离接触,同吃、同住、同工作,亲身体验了公安干警的工作与生活。

【深入开展居民小区创安活动】 进一步推进了居民小区封闭工作,共封闭居民小区18个,至年底,辖区内99个居民小区全部实现了封闭管理。同时积极推进了小区技术防范,有22个小区达到科技创安要求。全局24个派出所149个责任区,有139个达到安全责任区标准,占93.2%。

【加强流动人口的管理】 本年全区流动人口高峰时达23万人,比上年增加7万人。出租房屋16 292户,63 456间。针对流动人口数量增幅较大的特点,大兴公安分局加强了办证工作,流动人口的办证率达到98.5%;对全区流动人口进行了大力度的清理整治。共审查流动人口31万人次,清理出租房屋25 310户次,清理流动人口易于落脚和从业的发廊、洗浴等复杂场所829家次,各类门店3 372家次,小服装加工厂234家次。从中收容"非法在京滞留"人员3 918人,打击处理流动人口犯罪人员656人。

青年、妇女工作

【举办青年文化节】 大兴区青年文化节从7月份拉开帷幕,历时4个月,共举办了"乡村放歌"——送文化到部队;"时代、青春、未来"——"日月星杯"青年歌手大奖赛;"关爱心灵、放飞希望"希望工程大型义卖暨送文化进社区活动;"新奥运、新大兴、新青年"——"新亚洲杯"英语知识大赛;庆"十·一"大兴区非公经济青年联谊会等七项大型活动。参与的驻区院校8所,文化团体5家,相关协调单位23家,非公企业10家,直接或间接参与活动的团员青年近4万人,占全区青年人数的1/3以上。

【《新大兴 新青年》创刊】 团区委于"五四"期间出版了反映全区共青团工作的首份刊物《新大兴 新青年》。刊物赠阅区四套班子领导;团市委、各区县团委;各镇、委、办、局(公司)、街道办事处的党政主要领导及基层团组织等。

【组建青年西甜瓜产销协会】 5月,团区委组织建立了"北京市大兴区青年西甜瓜产销协会",组织了一批有技术的青年瓜农,共同开发西甜瓜的市场领域,让青年农民更好的了解市场经济的发展与需求,逐步形成一个集科研、生产、销售为一体的青年农民队伍。

【开展社区学校共建活动】 团区委联合区委宣传部、教委开展"小手拉大手,文明路上一起走"主题教育活动。观音寺、车站北里等5个社区居委会和北京石油化工学院、北京田华艺术学校等5所学校签订"校区共建"协议书。300余名团员青年和青年志愿者在写有"讲文明、树新风、四要四不要"的横幅上签名。近

70家单位的800多名青年志愿者走上街头深入到社区中,开展便民利民活动。

【开展大型植树活动】 3月15日至4月15日,团区委开展以“人人造环境、共建新大兴”为主题的青少年志愿者植树月活动。在植树月中,建立了大兴区“保护母亲河生态监护站”,开设了监护网站,开通了监护热线。驻区7所高校共植“青年共建林”。

【一批单位个人受到表彰】 团区委被团中央评为“保护母亲河先进集体”,区非公经济团组织——申安集团团总支被团中央授予“全国五四红旗团支部”光荣称号,瀛海镇青年农民王铁柱被评为第六届“全国十大杰出青年农民”。黄村工商所被评为全国“优秀青少年维权岗”。

【启动“巾帼巧绘新大兴”科技致富工程】 区妇联组织成立了“巾帼巧绘”科技致富服务中心。为农村妇女提供政策、资金、信息、技术等的服务,带动了广大农村妇女增收致富。全年开展各类特色活动10余次,为妇女提供扶持资金及协调贷款3 300万元。据统计2002年,年收入在万元以上的农村妇女达27 000多人,5万元以上的3 700多人,10万元以上的250人,经营资产百万元以上的妇女有40人。

【“扶贫济困春风行动”助学青少年】 在区直机关中开展了“献上一份爱心,捐助一日工资,资助一个孩子,留下一片真情”爱心捐助活动,筹措资金14 000多元,为16名入学的贫困大学生每人资助800多元助学款。

【“双学双比”突出科技主题】 依托科技培训网络、科技服务网络、科技示范网络,开展各类科学技术培训260场,培训2万余人;建设“妇”字号基地25块,实现利润2000多万元。

【建立首批“巾帼维权示范岗”】 4月,在区法院、劳动局、民政局、司法局等职能部门建立了首批共8个“巾帼维权示范岗”。截止到年底,共为广大妇女提供法律咨询9 739人次,提供法律援助25件,提供免费代书、代理或辩护61件,提供就业岗位4 300多个,帮助2 300多名妇女走上了工作岗位。

经 济 建 设

2002年,全区人民继续坚持“三个代表”重要思想,不断加大产业结构调整力度,进一步强化工业主导地位,改善投资环境,全面扩充经济总量,提高整体竞争力,全区经济快速、健康发展。全年实现国内生产总值83.23亿元,比上年增长17.0%,增速比上年提高0.3个百分点。三次产业分别实现增加值14.03亿元、32.02亿元和37.17亿元,分别比上年增长7.3%、23.7%和15.5%,对全区经济增长的贡献率分别为7.9%、50.7%和41.01%,产业结构日趋优化。固定资产投资高速增长,全年完成固定资产投资82.9亿元。城镇居民人均可支配收入达9 684.8元,比上年增长9.4%农民人均纯收入达到5 538.3元,比上年增长10.6%。

全区农林牧渔业总产值(1990年不变价)实现20.6亿元,同比增长12.8%,其中种植业产值10.8亿元,同比增长0.8%,牧业产值9.26亿元,同比增长31.0%,提高6.3个百分点。农民人均收入实现5 540元,同比增长10.7%。

农 业

【建设生态农业,改善生产条件】 全年完成植树612万株,综合治沙1 946.67公顷,新育苗木498.4公顷;新建节水灌溉工程0.77万公顷,完成西瓜、蔬菜大棚重力滴灌设施安装1 000个,整治蓄排水渠道27条;0.96万公顷小麦全面实现禁烧,小麦秸秆还田面积0.73万公顷,占总面积的75.7%,秸秆综合利用0.23万公顷;全区投入秸秆禁烧机具2 420台件;种植业结构得到进一步调整,调减了粮田面积,重点发展了瓜菜、花卉等经济作物,粮经比由去年的27:73调整到今年的20:80。

【“兴果”、“兴牧”富民工程成效显著】 “兴果富民”工程中,完成老、劣、杂果树更新改造1 543.2公顷,超额完成任务54%,其中果树更新定植1 543.2公顷,128.17万株,高接换优393.07公顷,17.64万株,引进推广梨优新品种10个,引进其他名优品种20个;果实套袋7 100万个;进行果树平衡配方施肥试验示范106公顷,完成了14座果品冷库的建设,引进选果机6台,果品安全生产监测仪2台。

“兴牧富民”工程中,以提高畜禽种源质量为重点,建立了奶牛服务站,对奶牛养殖单位提供优种优质精液,共销售优种精液2万份;推广了奶牛胚胎移植技术,实施胚胎移植800头;建设种羊改良站14个;建设了种猪“资源”基地,引进优良种猪900头,改造了区种猪场,引进优良种猪200头;畜禽养殖小区发展到300个,其中新建养羊小区52个。在市、区政策扶持下,生猪出栏61.6万头,比上年增长22.2%;牛奶产量9.97万吨,增长49.9%;肉牛出栏3.3万头,增长48.6%;肉羊出栏62.3万只,增长54.9%;家禽出栏3 055.8万只,增长43.2%。奶牛存栏、鲜奶、鲜蛋、肉羊、肉鸽、獭兔、鸵鸟等产品产量居北京郊区县第一位。

【加强农产品安全和标准化两个体系建设】 投资400万元,建成了种植业和畜禽产业两个食用农产品检测中心,全区市级农产品安全生产基地及企业已达33个,市级标准化生产示范基地10个,推广《保护地西瓜栽培技术标准》0.14万公顷,制定了鸭梨、丰水梨、黄金梨为主栽品种的生产标准,以及奶牛、种猪、肉鸭养殖标准。规范了8个生猪屠宰厂和2个牛羊屠宰厂的生产管理,对全区36个农贸市场、700多个肉品摊位,8个兽药经营场所和兽药生产厂实施了监督检查,保证了市民的食肉安全和身体建康。

【农业产业化建设带动农民致富】 全区建设重点农产品加工龙头企业33家,年加工农产品25万吨,实现销售收入12亿元,利润1.1亿元,带动农户3万户,带动种植面积1万公顷,养殖规模132万头(只)。建立各类农民专业合作组织101个,新发展了区级奶业、观赏鱼、肉羊、西甜瓜、甘薯5个协会,农民专业合作经济组织带动农户近4万户,实现销售收入10亿元。

【举办系列活动,促进农业发展】 开展了以北京市民为对象的"倡导新的生活方式,享受都市田园风情"和"以文化立形象,以情结聚人气,以展示育商机"为发展理念的"春华秋实"系列活动。推出了首届梨王擂台赛、精品梨超市、"我家半亩园"果树、果园认养等农业观光旅游系列活动。

【科技兴农,引进优新品种】 全年引进国内外优新蔬菜品种500个,引进果品新品种200多个,西瓜新品种100个,白薯新品种30余个,引进花卉品种50余个,试验、示范、推广新品种和新技术等项目73项;积极进行院区、场区合作,先后与北京农工商联合总公司、中国农业科学院签订了科技合作协议。促进了农产品加工企业的技术改造,开发了新产品,扩大了加工规模,结合农业结构调整,聘请专家教授,对农民进行蔬菜、果品、花卉、畜禽等各种技术培训7.8万人次,经考核取得绿色证书的农民2 889人。

【强化管理,保证农村经济正常运行】 进一步推行村务公开、财务公开,实现民主理财,完善"村账双审"制度;抓好村级财务档案管理,60%以上的村财务档案管理达到一级水平;对集体资产经营状况、农民负担、年度收益分配情况进行了审核签证;加强依法治农,全面推行农业行政执法目标管理责任制,全年农口处理各类违法案件1 436起,有效保护了农民、法人和其他组织的合法权益,维护了农村市场秩序。

【扶持主导产业,促进农业发展】 制定了《推进农业主导产业发展、加快农民致富步伐若干政策意见》,继续加大对农业龙头企业、种养业主导产业的扶持力度,继续实施"银农合作"贷款项目,共确定放贷项目67个,放贷金额30 945万元。重点扶持农业产业化龙头企业,农民专业合作经济组织、安全和标准化生产基地、农业设施和高新技术推广应用等,同时加强了对重点农业建设项目的财政资金支持力度,仅农业龙头企业、农民专业合作经济组织、养殖业等项目,争取市财政支农资金980万元。

【中国首家肉羊养殖协会在大兴诞生】 由大兴肉羊产业化龙头企业——北京薛营康达清真食品有限公司和肉羊养殖农户组成的中国首家肉羊养殖协会——北京市大兴区庞各庄肉羊养殖协会成立。注册资金100万元,正式会员289户,预备会员639户,基础母羊存栏2.5万只。在协会带动下,仅庞各庄镇新建规模化、标准化养羊小区就达18个,羊舍195栋,建设面积37 700平方米,可增加母羊存栏2万只。

【本年农业气象】 年平均气温13.6℃,高于常年(12.0℃)1.6℃,是大兴地区历史上的最高值。其中春季气温达到15.6℃,比常年偏高2.5℃,3月平均气温是我区气象纪录中的最高值,5月平均气温仅次于1967年,为次高值,夏季气温持续较高,日极端最高气温≥30.0℃,日数为60天,比常年多五分之一;日极端最高气温≥35.0℃,日数为10天,比常年多二分之一。全年降水量411.8毫米,是常年值的74%。1999—2002年连续四年降水量都在290～420毫米之间,这四年气温都比较高,形成长期干旱。全年日照时数2 443.7小时,比常年偏少一成多,其中夏季日照时数比常年偏少100小时以上。春季出现12次扬沙天气,6月出现3次大风,为历史少见。

(焦彦芳)

工　业

【突出工业主导地位,加快工业化进程】 2月,为突出工业主导地位,加快推进工业化进程,区人民政府印发了《关于进一步突出工业主导地位,加快工业经济快速发展若干政策意见》。对工业区、引进大项目、二三产业专业村、农产品加工龙头企业、工业企业开发新产品等,提出了具体的扶持政策和奖励政策。

【成立经营实体,经营国有资产】 根据区委、区政府《关于进一步搞好资本、资产、资源的实施意见》,成立了北京兴展国有资产经营公司,其主要职能是整合区域内可利用资源,对授权资产进行监管,实现授权资产保值增值;发挥区政府筹集资金的主渠道和经营城市的载体作用,运用市场机制,对可利用的各种有形和无形资产进行包装立项、融通资金,重点为基础设施建设融资;遵循合规、谨慎、安全的原则,为区内企业融资提供担保,促进区域经济的快速发展。兴展公司已同北京光大银行首体支行达成融资意向,在兴展公司具备融资基本条件的前提下,融资规模将在2亿～5亿元左右。

【为中小企业组建担保平台】 3月8日区政府与北京市商业银行、中国经济技术投资担保有限公司、北京首创集团签订了联合开展中小企业信用担保和基础设施担保业务。累计受理担保94项,落实贷款资金3.017亿元,项目数量和金额列北京市区县之首。

【工业运行质量进一步提高】 全区工业总产值完成122亿元,与去年同比增长24.9%。工业销售收入完成111亿元,与去年同期比增长20.7%。工业利润完成4.38亿元,与去年同期比增长12.8%。工业增加值完成24.87亿元,与去年同比增长23.2%。工业出口交货值完成11亿元,与去年同比增长20.8%。

【银企、银政合作取得新突破】 区政府融资1.8亿元,用于9个工业园区基础设施建设。与商业银行合作融资2亿元,用于工业区基础设施建设。工业园区投资环境不断完善,15个镇工业园区入区的实体企业有305家,投资总额达54.3亿元,到位资金26亿元。投资规模在5 000万元以上的项目有34项。工业小区年收入达到5 000万元的企业有12家。镇工业园区基础设施累计投入资金达8.5亿元,新增投入2.6亿元，同比增长60%。新增入区项目87家，投资总额29亿元，到位资金6.6亿元。

【三大基地建设步伐加快】 北京生物工程与医药产业基地基础设施建设已投入2亿多元。精细化工基地落户安定镇，前期的各项工作正在紧张有序地开展。西红门服装城的发展建设规划已落实，招商引资的各项政策也陆续出台。

【农产品深加工企业发展迅速】 乡镇农产品深加工企业已达99家，占全区工业企业的4.5%，从业人员8 573人。年实现产值16.5亿元，收入15.7亿元，利润611.2万元，应交税金9 215万元。年销售收入达到500万元以上企业42家，其中：3 000万元以上的企业11家，自营出口企业6家，出口额2 751万元。已形成顺兴葡萄酒有限公司、兴起食品有限公司、宝金龙食品厂等龙头企业，带动农民向二三产转移，调整了产业结构。

【加大技改投入，实现科技创新】 全区继续加大技改投入，39个技改项目完成投资3.56亿元。其中设备投资3.11亿元，土建投资0.45亿元，完成建筑面积4.83万平方米。竣工项目30个，完成投资3.06亿元。

【积极鼓励企业开发新产品】 全区共计开发新产品82项，其中国际先进4项，填补国内空白6项，国内先进水平61项。项目总投资2.18亿元。四新产品开发223项，总投资1.11亿元。

【坚持实施名牌战略】 全区有5家通过ISO9000质量体系认证，9家企业产品被评为北京名牌产品，分别为奥宇模板、天普太阳能、星光影视设备、星伟台球、金陶洁具、滕氏制衣、顺兴葡萄酒、金恒生电脑、巴比龙服装，丰收葡萄酒有限公司的丰收牌葡萄酒被评为“中国名牌产品”并获“免检”。恒福利家具公司、大兴金属工业公司获得北京乡镇企业创名牌重点企业称号。统一石化公司的“统一”商标被评为“全国驰名商标”。拥有“全国驰名商标”2个，北京市著名商标14个，拥有中国名牌产品1个，北京市名牌产品10个。

【稳步推进国企改革，加快调整步伐】 全区进一步加大了企业改革的工作力度，加快了对区属国有、集体企业的兼并、改制、破产的步伐。已完成北京二锅头酒厂的转制工作，吸收职工个人股816.4万元，国有股200万元。大兴酒厂、大兴塑料厂已完成了破产审计工作，并具备了进入法律程序的条件。塑料十九厂已完成兼并转制工作。大兴磷肥厂、美兴公司开始全面审计。

【做好安全生产工作】 年初区政府与各镇、局(公司）共27家单位签订安全生产责任书，各主管单位与企业也逐级签订安全生产责任书，召开各类安全生产工作会议10次，举办安全生产知识培训班2期，80人次参加培训，举办特种作业人员培训班40期，培训各类人员1 200人次；组织8次安全生产大检查，共检查企业64个，发现事故隐患及时下达整改指令通知。全区伤亡事故和伤亡人数都控制在指标之内。

【区域联合发展经济】 为适应区域开放和区域合作的发展趋势和要求，实践京、津、冀“大北京”战略，大兴区与廊坊市经过多次协商，双方决定共同构筑全方位、宽领域、多层次、一体化的合作平台和格局。9月29日，大兴区与廊坊市签订了友好区市全面合作协议。

（王翠英）

外经　外贸

【加快“三资”运作步伐】 6月，区委召开第29次常委（扩大）会议，提出以“资本运作、资产盘活、资源整合”为着力点，以一批项目的实施为载体，经过3~5年的努力，把大兴整体建成功能布局比较合理、竞争优势比较明显、核心竞争力比较强的有利于搞活“三资”的区域。为此建立了“三资”项目领导小组，对“三资”实施项目进行了具体分工。同时要求各单位要结合自身实际，提出具体目标、措施，全面推进大兴区工业化、城市化、现代化进程。

【累计外贸出口增加】 全区外贸出口企业145家，历年累计出口总额4.75亿美元。本年外贸出口总额11.38亿人民币，同比增长25.4%。加工贸易进出口总额为4 937.27万美元，同比增长13.4%；其中出口总额为3 314.40万美元，同比增长11.7%，占全区出口总额的24.8%。

【出口商品结构与市场情况】 主要出口产品包括五金、电子、服装、机械、农副产品（蔬菜）、纺织品、医药产品、塑料制品、电子产品及玩具等。出口市场有日本、韩国、美国、俄罗斯、东南亚、欧洲、澳洲及非洲等，出口市场范围逐年扩大，多元化的市场格局正在形成。

【“三资企业”直接出口创汇】 “三资企业”直接出口总额为6 398.7万美元，同比增长40.3%占全区出口总额的46.5%。

【“三资企业”结构】 全区有外商投资企业297家，其中合资174家，独资113家，合作10家；二产占86%，一产占6%，三产占8%；投资总额5.06亿美元，注册资本4.08亿美元，其中合同利用外资2.5亿美元，外商到位外资1.74亿美元，外商入资率约70%。开业企业173家，开业率58%。

【新批外商投资企业结构】 新批外商投资企业45家。新批外企涉及14个国家和地区，占前三位的是我国台湾（10家）和香港（9家）、韩国（7家），占总数的59%。项目涉及13个行业，其中食品（6家）、机械（5家）、电子（4家）和化工（4家）位居前列。

【“三资企业”经营状况】 “三资企业”完成总产值21亿元，与去年持平；销售收入27.86亿元，同比增长20.6%，其中直接出口销售收入6 398.7万美元，比上年同期增长 40%，占全区出口总值的 46.5%；解决劳动就业人数 16 564 人；纳税 1.90 亿元，同比增长 21%。纳税过百万元的企业 23 家，吉百利公司、新美房地产公司、顺兴公司等企业纳税均过千万元。

【新上“三资企业”规模】 新批“三资企业”投资总额 5 090.51 万美元，平均投资规模 113 万美元；合同利用外资 3 007.37 万美元，平均外资规模 68 万美元。企业主要分布在西红门镇（7 家）、北臧村镇（4 家）、黄村镇（4 家）、安定镇（3 家）和旧宫镇（3 家）。

商业　旅游

【全区商业经济持续快速增长】 实现社会消费品零售总额 36.2 亿元，同比增长 12.5%，其中国有商业商品零售总额完成 9.8 亿元，同比增长 5.3%；国有商业综合利润完成 980 万元，同比增长 15%；全区商业增加值达到 4.96 亿元，同比增长 11.2%，纳税11 461.8万元，同比增长 9%，利润 26 574 万元，同比增长 16.6%；全区各类贸易市场（含地头市场）成交额 22.8 亿元，同比增长 16.8%。

【假日消费市场持续升温】 抓住有利时机，集中精力抓假日消费市场，年内全区组织了 3 次性大型营销活动，引导商家以现代营销方式满足消费者多样化需求，使群众休闲消费、娱乐消费、餐饮消费等均得到满足。据节日促销情况统计，春节期间 23 家大中型商场销售额同比增长 34%，中秋国庆期间增长 15.5%。

【实施名牌战略提高消费品位】 采取有力措施积极引导各商家向精品店发展，转变经营无精品、商品无名牌的状况，使各商家名牌商品比例逐步上升。星城商厦经营国内外名牌已达 632 个，年名牌销售额 1.4 亿元，占其总销售额的 90%。烟草专卖实施“中南海品牌工程”，主打“高级中南海”，销售同比翻一番。实施名牌战略引导了消费，提高了企业经济效益，促进了居民消费品位的提升。

【推行现代商业经营模式】 创办“北京市城市消费合作社大兴分社”。区商贸公司对所属餐饮企业进行了持卡消费试点。星城商厦实行会员卡消费制，持卡人数已达 5 830 人，年增加销售上千万元。区烟草公司实行“访送分离，城乡一体大配送”的营销模式，实现利润 1 711 万元、税收 412 万元。区药材公司等企业实行了计算机联网管理，提升了商业现代化水平。

【加大区内企业破产、改制力度】 区供销社所属 7 个企业已由法院依法裁定破产，破产企业总资产 2 309.93万元，总负债 5 915.66 万元，职工 330 人，其中退休职工 187 人。年内全系统共完成有限责任公司转制 14 个，股份合作制 1 个。

【非公有制社会商业快速发展】 通过一系列政策措施支持使非公有制社会商业迅速发展。全区社会商业实现利润 25 148 万元，同比增长 16.9%，税收 8 697万元，同比增长 11%。网点新增投资 4 455 万元，面积 32 220 平方米，共 454 个；新增市场 10 个，投资1 968 万元,面积 89 932 平方米。

【农产品流通规模进一步扩大】 农产品市场建设从过去零散的、小规模的地头市场、马路市场向目前大中小结合、结构合理的方向发展，其数量、规模均快速增长。全区市场已发展到 56 个，其中规范化的市场 33 个，占总数的 59%。市场占地面积 1 057 981 平方米（105.73 公顷），建筑面积 109 225 平方米，年零售额占全区社会消费品零售额的 16.3%，市场年批发额近百亿元。

【百年老字号挂牌命名】 挖掘、考证、扶持老字号，对采育镇富川斋山楂糕和黄村镇李营白水羊头两个历史均可上溯至明代的老字号风味食品挂牌命名。

【放心盐销售大幅增长】 采取疏堵结合，严打私盐，加强了盐政执法。共出动执法人员 500 人次，查处贩运私盐案 65 起，罚没非法私盐产品 284 吨。通过严打私盐，放心合格食盐销售年市指令性计划 3 600吨，8 月底就已全面完成，全年销售达 7 000 吨，完成年度销售计划指标的 190%。

【加强生猪定点屠宰管理维护放心肉】 全年共没收注水生猪 200 多头，捣毁私屠滥宰黑窝点 100 余个，没收私屠滥宰工具 300 余件；依法关闭了位于东黄垡、旧宫、后安定、桂村的 4 家定点屠宰场。

【加强餐饮业整顿】 为提高全区餐饮业经营服务标准化、科学化水平和市场竞争力，按照有关经营规范达标实施办法及评分标准，对全区 700 多家餐饮企业“清理、整顿、提高”，进行了集中整顿，重新评定和发证。对 220 户核发了全市统一的“经营规范达标证”。

【旅游业健康快速发展】 全区旅游突出绿甜园生态特色，加强宣传促销、市场开发和行业管理等工作力度，使旅游业得到了快速的发展。现有旅游区（点）13 家，星级饭店 7 家（其中四星二家，三星一家，二星级四家），旅游定点餐馆 5 家，旅游公司 4 家，民俗村 2 个、旅游接待户 31 家，2002 年旅游业收入实现 1.6 亿元，同比增长 59%，共接待游客 225 万人次，同比增长 67%。

【抓住黄金周机遇，拓宽旅游空间】 旅游黄金周接待工作基本实现了“安全、秩序、效益、质量”的四统一，通过不懈努力，旅游黄金周接待工作达到了“零投诉，零事故”，经济收入和游客数量迅猛增长，全年旅游黄金周总收入 1 632 万元，旅游人次达 26 万人次，均创历史新高，显示了“京南旅游”的发展潜力。

【制定旅游业发展总体规划】 围绕大兴区建设成为首都国际化大都市的新区的战略决策和目标，大兴区政府编制了《北京市大兴区旅游业发展总体规划》，提出了大兴区旅游业发展战略，总体定位。突出了以

“绿甜”优势资源为依托，客源市场为导向，旅游产品为核心，生态环境为基础，综合效益为目标的原则。

【节庆活动成为旅游新亮点】 2002年旅游节庆活动继续坚持理念创新，不断形成新思路，产生新突破，开创新局面，进一步提高了办节水平和节庆活动品味。突出了西瓜节主题，“同一首歌·走进北京大兴”、借科博会平台展示大兴形象的经贸洽谈、“城市街道汽车赛”等活动都体现了创新；推出“春华秋实”品牌推广系列活动。以“倡导新的生活方式，享受都市田园风情”为主题，进一步挖掘了都市农业旅游资源，拓展了旅游业的发展空间；镇级节庆活动的特色突出。采育镇以万亩葡萄基地为依托，打造“中国葡萄之乡”的品牌；庞各庄镇依托万亩梨花庄园举办赏花会和金秋百果采摘节，推出各种认养活动，实现了旅游与农业的对接；安定镇依托古桑园举办了桑葚节，形成有独特卖点的观光农业景观；魏善庄镇依托精品梨园承办了春华秋实活动，推出了大兴精品梨的品牌。通过各种节庆活动，对树立良好的区域形象，提高知名度，推动旅游经济发展起到了重要作用。

【发展民俗旅游，带动农民致富】 把发展民俗旅游、加快农民致富作为镇村旅游的重点，在留民营、庞各庄等重点镇，发展了民俗旅游接待户31家。去年9月北京电视台《元元说话》栏目对民俗旅游进行了报道，大大的激发城市居民来大兴观光游览、采摘的兴趣，仅庞各庄镇在“十一”黄金周期间就接待游客3万余人，其中一户一天就接待了300余人。

【两家四星级饭店揭牌】 坐落在北京经济技术开发区国富园大酒店暨中国电子商务中心4月12日正式挂牌为四星级饭店，北京天伦星明湖度假村于7月16日挂牌为预备为四星级饭店，弥补了大兴区无四星级饭店的空白，从整体上提升了大兴区饭店业的档次，扩大旅游业的知名度。

【38个国外宾盛赞“留民营”】 8月24日，中国第一个得到国际生态学界和联合国正式承认的生态农业第一村——大兴留民营村。来自38个国家的外交人员、驻京商社代表、专家学者共156名外宾，参加驻京外国朋友游游咱北京——欢乐在留民营一日游活动。外宾们参观文化公园、沼气站，进行果品采摘，中午到老乡家中做客，并动手参观包饺子比赛、品尝农家菜等。德国驻华使馆的一位官员说，“北京的建设和发展速度很快，让我们看不过来”，外国朋友纷纷表示要把自己亲眼看到的北京的投资环境介绍给国内的朋友，请他们到北京来发展。

城　建

【加强宏观调控改善投资结构】 全年共审批固定资产项目411项，累计计划投资额52.88亿元，同比增长21.5%。从投资结构看：一是基础设施、房地产业投资增长较平稳，兴丰大街改造、小城镇基础设施配套以及危旧房改造等重大工程进展较快，计划投资31.1亿元，同比增长12.60%；二是工业项目投资增幅较大，计划投资19.8亿元，同比增长42.90%；三是农业项目计划投资1.97亿元，同比下降10.30%。

【城市基础设施进一步完善】 全年投资6.75亿元，实施了以兴丰大街改造，卫星城北区基础设施配套建设，六环路大兴段拆迁绿化工程及城市景观建设工程为代表的10项重点工程。总投资6 836.4万元的兴丰大街改造工程于3月正式启动，11月竣工通车；卫星城北区基础设施工程完成了前高路、双高路、兴盛路等重点工程；金星路、后高路、翡翠城公路和金星公园一期也取得了阶段性成果，北区新城的雏形已开始显现。

【建筑业产值又有显著增长】 全区建筑业完成建安产值38.7亿元，比上年增长26.2%，上缴税收2.4亿元，同比增长36%，占全区财税总额的11.7%。建筑企业顺利完成资质就位。通过实施品牌战略，人才战略，科技战略，提升了建筑行业的整体水平，市质量协会已评定6项“长城杯”奖，使全区获“长城杯”奖的项目达到17项。

【房地产业又创新高】 全区房地产业投资总额60.9亿元，比上年增长80%；房地产销售总额37.12亿元，比上年增长38.6%，上缴税收3.47亿元；开复工面积437万平方米，其中新开工面积224万平方米，竣工面积161万平方米。

【规划工作再上新台阶】 《黄村卫星城总体规划》及物流园区控规和建成区控规已相继编制完成，使黄村卫星城规划区域内40平方公里内除两区外都已编制了控制性详细规划。全区14个镇的镇域总体规划和控规也已基本完成。全区土地利用规划的修编工作已接近尾声，全年共实现新征地和盘活国有土地0.1万公顷，为全区的经济加速发展打下了坚实的基础。加大规划执法力度，拆除违法违章建筑7.9万平方米。

财政　金融

【财政收入增幅较大】 全年财政收入完成82 492万元，比上年同期增加30 174万元，增长57.70%，居北京市郊区前列。财政支出完成157 901万元，比上年增加41 340万元，增长35.5%。

【筹集资金增强财政调控能力】 实施财政信誉担保，积极争取专项扶持资金，通过“银农、银企”合作和“国资抵押”等方式，争取扶持资金和银行贷款23.34亿元，其中批准银农合作项目61个，贷款资金3亿元，银企合作贷款2.9亿元。

【加强宏观调控改善投资结构】 全年共审批固定资产项目411项，累计计划投资额52.88亿元，同比增长21.5%。从投资结构看：一是基础设施、房地产业投资增长较平稳，兴丰大街改造、小城镇基础设施配套以及危旧房改造等重大工程进展较快，计划投资31.1亿元，同比增长12.60%；二是工业项目投资增幅较大，计划投资19.8亿元，同比增长42.90%；三是农业项目计划投资1.97亿元，同比下降10.30%。

【金融运行情况良好】 存款余额为1 476 304万元（含邮政储蓄存款64 213万元），比上年同期增加214 351万元，增长17%。其中储蓄存款781 313万元，同比增加118 302万元，增长17.84%；贷款余额为755 676万元，比上年同期增加159 888万元，增长26.84%。其中农业贷款142 921万元，同比增加27 445万元，增长23.77%。

【税收增幅显著】 共组织各项税收收入61 589万元，完成市局计划任务56 200万元的109.59%，同比增收10 327万元，增幅20.16%。其中："两税"累计入库52 187万元，完成全年计划48 790万元的106.96%，同比增收7 500万元，增幅16.79%。营业税累计入库324万元，完成全年计划370万元的87.57%；国有企业所得税累计入库3 022万元，完成全年计划770万元的392.47%；利息所得税累计入库2 857万元，完成全年计划3 290万元的86.84%；涉外企业所得税累计入库3 049万元，完成全年计划2 840万元的107.36%；个人所得税累计入库130万元，完成全年计划117万元的111.11%。

【强化税务稽查】 对重点税源实施动态监控管理。全年稽查组收共计2 211.4万元。其中,查处信访案件67件,查处税款、滞纳金、罚款20余万元,结案率100%。严格减免税管理,全年共办理减免税款3 000万元。严把出口退税关,全年办理出口退税1 740万元。

【加强审计监督拓宽审计领域】 全年完成审计及调查项目17个，延伸审计单位238个；对12个单位、21名党政领导干部进行任期经济责任审计。

精神文明建设

区委、区政府认真学习贯彻党的十六大精神，坚持政治文明、物质文明两手抓，社会各项事业繁荣发展。提出了争创全国文明区和首都文明区的争创目标，广泛深入开展了各种形式的活动。通过实施"科教兴区，城镇带动"战略，创新服务体系，促进了传统产业优化升级和高新技术企业发展；进一步加大了教育事业的投入，实施了素质教育；积极推进医疗卫生体制改革，探索了新型农村合作医疗试点；劳动和社会保障体系、民政等工作都出现了新局面。

创 建 活 动

【创建活动广泛】 根据《2002年大兴区精神文明建设工作要点》，全区14个镇、9个工委、3个街道办事处都结合各自实际和特点，制发了创建活动方案。459个行政村普遍开展创建文明村、文明户活动，西红门镇、瀛海镇、青云店镇等8个镇255个村全部开展了创建活动。涌现出一大批先进典型，其中，"首都文明单位标兵"6个、"首都文明单位"22个、"首都文明镇"5个、"首都文明村"23个、"首都文明居民区"9个、"首都军民共建标兵单位"10个、"共建先进单位"18个；区级文明单位、文明镇、文明村、文明社区、文明市民学校等达到了464个。

【创建首都文明区和全国文明区】 为全面提高大兴人的文明素质，建设新大兴、树立新形象，把大兴建成国际大都市现代化新区。12月18日，区委召开一届四次全会，讨论通过了区委、区政府《关于创建首都文明区和全国文明区的工作意见》，明确了创建工作的总体思路、基本原则和任务目标，制定了创建工作的各项保障措施。争取用明、后两年时间，实现创建首都文明区和全国文明区的目标。

【创建市民文明学校】 全区行政、企事业单位、14个镇、3个街道办事处，共创建市民文明学校305所。区总校向各市民文明学校发送《纲要》读本6 500册，发放学习宣传品、挂图3万多份，光盘2万多张。各学校结合各自实际，以科普、技能、法律知识、《纲要》等为主要内容，采取举办报告会、知识讲座、知识竞赛、演讲比赛、演唱会等多种形式，开展教育活动。

【利用多种形式开展宣传】 在新年、春节、"五一"等重要节日组织重大活动，营造强大宣传声势。组织开展了"爱区守法、明礼诚信"和"向不文明行为告别"等活动，8 000名中小学生深入15 000个家庭中，发放、宣讲《纲要》和法律知识。现场发放宣传材料3万多份。宣传周期间，组织12 000名志愿者深入社区、农村，发放科普、基本道德规范等宣传材料达5万份。区广播电台、电视台以办专题节目、新闻报道、打字幕等形式，广泛持久地开展宣传教育活动。各镇、各单位普遍开办了板报、橱窗、宣传栏、长久性标语。

【密切配合，形成创建合力】 在制定工作方案、评选条件和方法、分类指导和组织考评时，坚持与相关部门共同协商、协同实施。先后与区妇联认真研讨了"五好文明户"、"十星级文明户"的创建规划和考评方案；与区监察局、纠风办、软环境建设办公室和9个工委共同研讨制定实施方案。并确定2002年以21个窗口行业为重点，推进创建文明行业活动。在考评办法上，采取"四结合"的方式进行，一与全市的考评相结合；二与考评文明单位相结合；三与行风评议满意度测评相结合，凡在测评中处于中等以下的，视为不具备参加"规范化服务行业"考评资格；四与社会监督员的明察暗访和各工委的审核相结合。

【基层群众自治组织建设进一步加强】 按照有

利于服务管理、有利于开发利用社区资源、有利于社区依法自治的原则，对原居委会进行了科学调整，合理划分，现建有居委会 71 个，其中三个办事处辖区 51 个，亦庄镇 4 个、旧宫镇 16 个，并冠名社区。通过整合现有资源、置换、购买、新建等形式，改善和解决了居委会办公用房，落实了办公经费及社区专职工作者配备标准和待遇。通过向社会公开招考，313 名社区专职工作者走上了工作岗位。分四批对全区 535 名村主任进行集中培训。

【开展四进社区活动】 积极做好“科教、文体、法律、卫生”四进社区活动。规划的 98 个社区，有 41 个社区完善了健身体育设施，89 个社区健全了六位一体的卫生服务站，创办了市民文明学校 52 所，各社区广泛开展了法律讲座、科技培训、英语教学和文体活动。积极采取措施，推动创建活动的深入开展，清源办事处多方筹措资金，对 4 个社区实施封闭式管理，24 小时监控。

【社区服务设施更加完善】 基本建成一个区级、三个街道社区服务中心，70%的居委会建起了“三室一场一校”的社区服务站；建起区级社区信息网络和专用机房；设有 14 大类 180 余项服务内容；街道网络和社区服务呼叫系统全部开通；建成社区服务网点 105 个，社区卫生服务站 129 个，标准文化中心 10 个，镇级文化广场 8 个，村级文化广场 53 个，文大院 244 个，图书室 100 余个，各类成人教育培训机构 686 个，社区综合服务功能明显提高。

【加大力度，创建文明村镇】 在创建文明村镇活动中，全区各镇村普遍以“四抓”为手段，推动创建活动深入开展。抓典型。上半年召开先进典型表彰会、报告会、现场会 118 场次，以引导和带动文明村、文明户的创建活动；抓环境，在落实统一规划的基础上，各镇村大力开展了环境整治和绿化美化活动，进一步提高了农村环境水平；抓阵地。全区农村建成科技文化大院 100 多个、市民文明学校 200 多所，为广大农民提供了接受教育、学习科技文化知识、开展健康向上的文体活动的场所；抓队伍。在党支部、村委会的领导下，各村注重了队伍建设，如环境保洁队、治安防范队、歌舞演唱队、体育代表队等。（马振海）

【军（警）民共建稳步发展】 全区的军（警）民共建工作相关部门密切配合，共建对子已发展到 214 个、共建少年军（警）校 108 所，为促进军政军民团结和社会稳定发挥了积极作用。

【健全完善共建工作机制】 军地领导采取“三大举措”坚持“四项制度”。即把共建工作做到“四纳入”；实行一把手工程；凡军民共建的重大活动区领导都积极参加。四项制度是：议军议政制度；建立与驻军团以上单位和各镇定点挂钩制度；军政座谈会制度；现场办公制度。

【军地联动互助办实事】 军地处级以上领导干部深入基层指导和参与共建活动达 863 人次。军地互办实事 780 多件，互相支援树苗、瓜苗、菜苗 82 万多株，为部队培训两用人才 365 名，接收安置军嫂 69 名。军训学生两万多名。

（张树英）

环境整治

【实施“民心工程”，改善城乡环境】 安民心工程观音寺北里、南里和林校北里危改工程上半年全部完成；黄村老街及火神庙地区一期拆迁 500 余户，开工建设 12 万平方米；顺民心工程共修建镇级道路 64 条，182 公里，解决了 96 个村的百姓出行难问题；实施舒民心工程，积极推进了黄村卫星城环境综合整治 13 项专项整治工程，取得明显成效；积极推进农村地区环境综合整治，巩固提高“四化”标准的村庄达 150 个，实现基本达到“四化”标准的村庄 100 个，基本实施“两化”的村庄 100 个，完成治理“脏、乱、差”，环境明显改善的村庄 100 个。全面提升黄村卫星城和农村地区环境面貌。

【大气环境进一步得到改善】 对 292 个排污单位、250 家燃煤单位检查整顿，排放达标率达到 94%，锅炉合格率达到 85%；对 29 家采石场，砂石料加工厂进行清理整顿，关闭非法砂石场 17 个；加强施工工地管理，有效地减少了大气污染。

【交通运营秩序明显好转】 通过对汽车维修市场和客货运输市场秩序的整顿和规范，改善了交通运营秩序；在出租汽车、小公共汽车行业开展“优质服务创一流”竞赛活动，提高了从业人员的服务水平。加强交通执法，对 4 666 辆违章车辆进行了处罚，使“打黑”及卫星城专项治理取得了明显成效。

【加强停车场的建设和管理】 成立了机动车公共停车场管理中心。建立机动车停车泊位 900 余个，划定 62 个占道停车泊位，建自行车架位 8 000 余个，解决了主要街道机动车和非机动车乱停乱放问题，方便了行人，改善了交通秩序和市容环境。

【环卫事业加强】 区环卫中心抓制度、抓管理、抓落实，促进了环境卫生服务质量和服务水平的提高，进一步扩大了卫星城的保洁面积，由过去的 238 万平方米，扩大到 360 万平方米。通过用人机制的改革，保洁区内的保洁质量全面提高，街道达到了“边光、面净、无浮尘”的质量标准。

教育　科技

【成立职业教育集团】 为进一步整合教育资源，以“资源共享，优势互补，校企合作，共谋发展”为宗旨，制定了《大兴区人民政府关于成立北京市大兴区职业教育集团的意见》，12 月 19 日，成立大兴区职业教育集团，优化了学校和企业资源配置，最大限度的提高了资源利用效率，使学校办学和企业经营获得最佳效益。

【全国第一所绿色承诺学校成立】 4月2日，兴达中学召开全国第一所绿色承诺学校成立大会。会上兴达中学校长向广大青少年和市民发出倡议：珍爱生灵，节约资源，植绿护绿，抵制污染，保护母亲河，再造秀美山川。全国第一个持卡注册的绿色承诺者——兴达中学高一学生姚凯代表全校学生发言。团中央青农部副部长讲话呼吁全社会都来参加绿色承诺活动，从小事做起，天天环保。并将保护母亲河生态监护队队旗授予兴达中学团委的10个团支部。

【举办第一届校长论坛】 5月18日，大兴区第一届中学校长论坛会在校长大厦举行。北京教育学院教授贺乐凡、卢元锴、梅汝莉，北京教科所所长梁威，北京五中校长吴昌顺、北京大学博士生导师史静寰，分四个论题论证：《学校管理决策与办学思路》、《以校为本与特色校建设》、《以人为本与以德治校》、《队伍建设与学校发展》。论坛为校长搭建了一个平台，创建了一个平等交流的机会。

【黄村一中被评为"示范性普通高中"】 经过自评、区县审核，由来自中央、外省市和本市大学、教科所、教育督导室等的19名专家对该校教育教学改革、办学特色、设施设备使用效益、教育资源共享程度、依法治校情况多方评估，黄村一中均达标，被评为北京市"示范性普通高中"。

【举办招生咨询现场会】 5月18日，大兴区教委举办2002年职业学校、电视中专，电视大学招生咨询现场会。7所职成校领导、教师、学生代表参加此项活动。大兴区职业高中计划招生2 045人，开设航空服务，计算机网络技术等29个专业，职业中专大专招生1 700人，16个专业。各职成校利用展报、广播发放宣传品等形式做了广泛宣传，共接纳咨询人员10 000多人。发放宣传品17 000张。

【加强社会力量办学】 10月16日，大兴区政府召开"大兴区校外教育联席会"，全区27家成员单位的主管领导参加会议。各成员单位充分认识校外教育的重要性，发挥各自部门作用。在区内建立一种长效机制，使校外教育得以长期发展；充分整合社会资源，实现资源共享；发挥政府各职能部门作用，把资金、人力、物质投入列入工作日程和计划当中，为大兴的青少年健康成长贡献力量。

【设立教育奖励基金】 9月，北京仁和医院为了资助家境贫困优秀学生能享受义务教育特别设立"仁和"基金。每年提供20万元资金。10月，西红门镇日月星开发公司设立"日月星奖学金"，每年提供10万元，用于本镇奖励优秀学生。旧宫镇政府为鼓励教师开拓进取设立20万元教育奖励基金，用于鼓励全镇在中考、高考、全国和市级科技竞赛，以及教育科研工作中取得优异成绩的教师。

【接待外省市考察团】 10～11月，黄村七中接待由国家高级行政学院组织，在校长大厦学习的300多位西部地区校长，向他们介绍七中办学历程和取得的教学成果，参观了校容校貌和先进的教学设备。黄村一中接待市教委张学宜带领的福建省厦门市14位中小学校长。向他们介绍了一中办学思路和管理经验，同他们一起交流座谈、参观一中校园、图书馆、学生食堂、体育馆、操场。

【开展毕业生跟踪调研活动】 为发展职业教育，对职业高中毕业生进行了跟踪调研。根据北京经济技术开发区人事劳动局提供的数字，在开发区工作的职业学校的毕业生有3 528人，占开发区产业工人总数的11%。根据抽样调查，在大兴工业开发区401个企业中，我区职业学校毕业生占16%。数据显示职业高中毕业生大多数已成为社会欢迎的合格初等职业技术人才。

（褚希桂）

【发展成教培训紧缺人才】 大兴区成人教育中心完成紧缺人才培训46 202人次。其中对中高层管理人员进行WTO等知识培训1 550人次，继续教育5 400人次，计算机培训28 200人次（其中10 763人参加了计算机等级考试），进行英语培训11 052人次。

【培训农业现代人才】 年内，区成人教育中心完成农业现代化培训58 665人次，其中农村村级以上干部培训3 100人次，科技致富带头人培训675人次，绿色证书培训2 890人次，对农村剩余劳动力进行由一产向二、三产业转移培训108万人次（其中岗前培训4 945人，上岗率57%）。农民实用技术培训3.4万人次。

【进行企业教育培训】 区成人教育中心完成现代企业教育培训34 350人次。其中大中型企业经理和厂长培训320人次，中小型企业管理人员培训2 480人次，下岗待业人员培训6 100人次，工人岗位技术培训25 450人次，5 059人经职业鉴定所考核升为中级或初级工。

【开展社区教育工程培训】 区成人教育中心完成社区教育工程培训9.35万人次。其中外地来京务工经商人员培训8 500人，社会文化生活培训2.2万人，"三团"活动102期培训2.8万人，对社区居民开展政策法规、时事政治、科技知识、文化体育等各类培训3.5万人。

【民营科技企业稳步发展】 全区民营科技企业新增60家，实现技工贸总收入42亿元，占全区工业的38%，年销售收入超亿元的企业6家，年销售收入超5 000万元的企业22家，解决当地用工8 674人，其中农民工5 682人。为了加大民营科技企业服务力度，恢复了技术合同登记处，与区卫生局合作成立了民营科技企业家医疗保健队伍。

【技术创新工作实现新突破】 重点实施了"大兴区技术创新服务体系示范工程"。全区高新技术企业新增17家，总数达到57家，13个项目获得"北京市高新技术成果转化项目"认证，2家企业获得了北京市专利实施资金的支持；全年被授权专利40项，其中发明专利7项，实用新型专利17项，外观专利21项，实施专利210项。

【全力组织实施各类科技计划项目】 全年组织实施各类科技计划项目133项，其中延续项目72项，新立61项（国家级12项，市级30项，区级32项），这些项目的实施累计新增产值4.1亿元，累计新增利税8 764万元；在组织实施常规项目的同时，积极推进“十五”国家重大科技专项——北方大城市郊区奶业现代化生产技术集成与产业化示范工程、留民营农业可持续发展实验区的建设工作。

【进一步加强了区内外资源整合工作】 对区内高新技术应用、专业高技术人才、科技中介服务、闲置资源等进行了调查，提出了大兴区发展印刷包装业的对策和措施。组织首都科研院所、大专院校、高新技术企业与大兴区进行合作洽谈引进区外资金1.45亿元。

【大力推进科学普及工作】 全年组织各类科普活动90余次，参加群众15万余人次，解决农业技术难题20余项，创建了2个科普示范村，创建了长子营镇牛坊以宫廷黄鸡为重点项目的“北京市农村科普基地”。

（褚希桂）

体育　卫生　计划生育

【开展多种形式体育活动】 举办“区首届机关运动会”及第二届“万兴杯”迎新春环城长跑赛，推动全区全民健身活动的开展。组队参加“北京市第十一届运动会”，获金牌13.5枚，团体总分位居远郊区县第三名，被评为“精神文明代表团”并获得“突出进步奖”。34个社区和12个镇组队参加市体育局组织的“全民健身周”活动；参加“北京市首届社区运动会”，获得“优秀表演奖”、“优秀组织奖”、“精品展示奖”等多个奖项。年内新建立了“摔跤”和“健身秧歌”两个单项体育协会，群众性体育活动的组织基础进一步强化。

【医政管理进一步加强】 依法加强对医疗机构管理，全面提高医疗服务质量。全年新审批注册医疗机构17家，对179家医疗机构进行了年度机构校验和分类核定，其中非营利性医疗机构148家，营利性医疗机构31家。

【加强对卫生专业队伍的管理】 全年对974名取得医师执业资格证书的人员进行执业注册，累计达到1 325名；全年办理护士执业再注册808人。

【加大医疗市场整治力度】 出动执法人员417人次，取缔非法行医窝点175个，有效遏制了非法行医的上升势头。

【深入开展社区卫生服务工作】 采取多项措施加大管理力度。成立了“大兴区社区卫生服务管理中心”，专门从事社区卫生服务的管理工作，各个医院成立了社区卫生服务科；制定了加强社区卫生服务站管理与考核的一系列办法；有计划地加强社区卫生服务人员的培训。全年开工建设148个服务站，其中城镇33个，农村115个（平均4.78个村一个站）。共有120个卫生服务站投入运行。

【公共卫生和预防保健工作进一步加强】 以消灭脊髓灰质炎为中心，全面加强计划免疫工作。外来儿童查漏补种7 599人，补种率达到100%，建卡建证率均为100%。各项免疫接种率均保持在97%以上。

【加大卫生监督执法力度】 结合监督体制改革，开展联合执法和专项整治活动26次。加强外来人口的卫生监督，强化体检质量，《健康凭证》发放比上年增加160%。

【居民孕产妇及婴幼儿管理】 通过实施《大兴区居民孕产妇及婴幼儿管理系统实施办法》，黄村卫星城地区孕产妇系统管理率为92.15%，高危孕产妇管理率已达100%。新生儿疾病筛查率96.5%，婴儿死亡率5.46‰，0～6岁儿童系统管理率99.98%。

【构筑农民健康工程，探索新型农村合作医疗制度】 为解决广大农村居民“因病致贫、因病返贫”问题，不断提高农村人口素质和生活质量，在充分调研和广泛征求意见的基础上，区委、区政府根据我区农村实际情况，制定了新型农村合作医疗制度试行方案及配套文件。首先在旧宫、青云店、榆垡三个不同医疗消费水平的镇先行试点。应参保户数共计23 862户、81 701人，总参保户数为17 759户、57 204人，参保率为70 %，总筹资金额为514.84万元。自7月20日开始持证看病，截止到12月20日，共有609位农民到结算中心进行报销，报销费用76.82万元，占筹资比例14.92%，报销最多的为3.4万元。

【加大医药、器械集中招标采购力度】 全区4家二级医院，32家一级医院全部招标采购，完成抗生素类药品和心脑血管类、抗肿瘤药和清热解毒（内科用）中成药集中招标采购。招标采购用药金额达到购药金额的22%以上，减轻患者药品费负担205万元。全年共采购医疗器械280件，其中万元以上器械85件，优化了资源配置，节约了资金。

【人民健康水平提高】 全区期望寿命为74.70岁，其中男72.93岁、女76.52岁。前十位死因依次为脑血管病、新生儿病、心脏病、恶性肿瘤、呼吸系统疾病、损伤和中毒、诊断不明、糖尿病、泌尿生殖系病、消化系病。

【卫生设施进一步完善】 完成了区医院6 000平米的改扩建工程、中医院2 000平米改扩建工程，精神病医院综合楼二期4 000平米工程。完成了安定、礼贤、庞各庄、定福庄、瀛海、南各庄、垡上、孙村、芦城、太和等25个卫生院的修缮和改扩建工程。

【低生育水平保持平稳态势】 全区以稳定低生育水平，提高出生人口素质为重点，全面提升了计划生育工作水平。2002年度共出生2 726人。其中：计划内出生2 697人，计划生育率98.9%，晚育率77.5%，户籍人口自然增长率为－1.4‰，人均计划生育事业费投入5.83元。被市计生委考核为“达标单位”。

【签定计生责任书】 3月20日，区长与各镇长、区直委、办、局（公司）行政一把手签订100份责任书。对103个先进集体、280名计划生育先进工作者、100户少生快富模范家庭进行表彰，并兑现了2001年度计划生育目标管理奖。

【实行四大区域管理模式】 全区把14个镇和3个街道办事处划分为一、二、三类管理，明确了工作重点，特别对三类镇提出加大七个方面工作力度。同时，为理顺3个街道办事处计生管理工作，加大属地和现居住地管理工作力度，区计生委组织3个街道办事处的领导和计生工作人员去宣武区参观学习。理顺了管理工作思路，明确了管理范围和管理程序以及管理职责。

【成立生殖健康技术服务中心】 9月，大兴区计划生育生殖健康技术服务中心正式迁址挂牌。共投入资金40多万元对手术室、相关科室以及附属设施进行了改造装修，购置了医疗设备，顺利通过了国家和北京市专家组的验收，为4 500多人开展了生殖健康服务。

【帮助计生贫困户致富】 区政府把帮扶计划生育贫困户列入为群众办实事工作中，领导带头包户对360个人均收入1 600元的计生户，启用200万元贴息贷款，扶持计划生育低收入农户61户增收致富。

【推进计划生育村民自治管理】 全区各镇、村计生部门与育龄夫妇签订计生合同，共82 850份，签订率达95%以上，村村制定了专项或综合的村民自治章程，全区制定综合村民自治章程的有462个村，制定专项计划生育村民自治章程的有85个村。

【宣传精品进村入户】 全年发放年画5 000张，历书16 000本。发放《人口与计划生育法》贴画940套,《生殖健康系列》VCD光盘34套,编印《讲科学、促优生建设文明幸福家庭》画册5 040本,宣传手提袋8 000个,全部发放到各镇、村和育龄夫妇的手中。

文化　广播电视

【开展系列文化活动】 以重大节庆为载体，坚持“以文化立形象、以情节聚人气”的理念，形成了有大兴特色的系列的文化活动，做到全年有重点、季季有活动。即春季有赏花会；夏季有西瓜节文化演出、全国民间绝技大赛及文化广场活动；秋季有秧歌大赛；冬季有农民艺术节和新春龙灯会。

【兴建文化广场】 结合城乡环境改造，大力进行公园、文化广场等特色景观的建设。总投资5 000多万元。建设了12个特色公园和文化广场，总面积超过60公顷。80%以上的公园和文化广场都装配了体育健身器材，改善了环境和人民群众生活。

【文化活动丰富多彩】 举办“大兴区第十二届农民艺术节”,共60万人次参加11项大型活动。大兴区第十五届西瓜节期间,“同一首歌”走进大兴、“兴达之夜”企业家联谊会、“第三届中华民间绝技邀请赛”等重要文化活动受到各界好评。服务基层,举办“夏日广场”文化活动及“伟豪情”双百戏影送农村文化活动,共送戏下乡70余场,送电影下乡80余场。

【文学、美术创作日益繁荣】 开展“说大兴、写大兴、画大兴”活动，全区专业业余文艺爱好者进行了摄影、小说、音乐、舞蹈、戏曲等创作。全年在公开报刊上发表作品500余篇，举办展览和参加市内书画比赛20多次。

【举办专题节目，提高社会效益】 为了开辟新的听众市场，进一步增强广播的可听性，大兴人民广播电台与区医院、中医院、男科医院、供电局合作，新开办了《走近健康》、《健康你我他》、《温馨港湾》、《供电家园》等四个联办专题节目，节目播出时间比去年延长了1小时5分钟。各类专题节目1 882期，充分发挥了广播强化灌输的功能。

【积极搞好新闻宣传】 积极配合中心工作，坚持正确的舆论导向，突出重点，加大了宣传的力度，电台、电视台全年制作播出新闻稿件6 000条，其中电视台播出新闻3 163条，比去年增加763条。

民政　劳动社会保障

【社区工作进一步加强】 调整了区社区建设工作领导小组及办公室成员，召开了大兴区第一次城市管理工作会议，落实了成员单位工作职责和工作任务，建立并实施月工作计划制度，积极开始示范街道和示范社区评比活动，基本形成了“党委、政府领导，民政牵头，多方参与，合力推进”的社区建设格局。

【城乡救助工作成效显著】 全区享受城市低保732户1 524人，其中今年新增265户576人，经复审，撤消47户91人，增减低保标准111户291人，落实了应保尽保，动态管理。全年累计发放保障金和粮油补助310万元。

【开展扶困救灾工作】 拨发救灾款30万元，救灾粮款24万元；筹资64.75万元，为33户社救对象翻建维修危旧房149间；积极开展“春风行动”社会捐赠活动，接收捐款31万元，衣物近万件，支援内蒙古巴林左旗棉衣、棉被各1 000件，捐款20万元。

【拥军优属蓬勃开展】 元旦、春节、“八一”期间，全区投入98万元走访驻军44个，慰问各类优抚对象2 455户2 870人，为立功受奖义务兵发放奖金11 000元，发放优抚对象困难补助2.4万元，解决大病医疗补助13万余元。其间，区四套班子主要领导带领10个慰问组，走访慰问驻区团以上部队22家，优抚对象500余人。

【优抚安置政策得到落实】 接收退役士兵共计290人，其中城镇籍103名，农村籍187名；接收随军（调）家属78名，农村、城镇两个安置率100%，随军家庭就业率100%，同时，依据“大兴区城镇籍复退军人补助费发放管理办法”，对城镇退伍义务兵待分配期间生活费、自谋职业补助费和自联工作单位补助费全部按时足额发放到位。及时调整了近千名优抚对象抚恤补助标准；为24户优抚对象进行危房改造，翻建新房107间。

【民间组织管理水平进一步提高】 坚持培训发展和监督管理的方针，促进民间组织健康发展，全区社会团体50个，其中今年办理注册登记6个，变更登记10个，完成年检30个，合格率100%，正式启动民非企业登记管理工作，全区现有民非企业单位74个，其中法人单位49个，个体24个，合伙1个。

【加强婚姻、收养登记管理工作】 婚姻登记实行全区集中管理，强化了执法力度，全年办理结婚登记3 578对，离婚登记271对，收养登记19户，执法合格率100%，群众满意率100%。

【加大殡葬管理力度】 积极开展争创“四无镇”活动，平毁新旧坟2 344座，迁坟324座，查处土葬2起，全区火化率100%。查处经营违法丧葬用品个体工商户12家，没收销毁冥票、纸钱150千克。清明节期间，接待群众95 330人次，群众祭扫活动文明、安全无事故。

【社会福利生产持续稳步发展】 社会福利生产以体制改革和技术创新为主线，以提高企业内涵为重点，在抓骨干增效益、抓管理上水平、抓直属带全面上狠下功夫，福利生产持续稳步发展。全区121家福利企业，共计完成销售收入22 666万元，利税2 718万元，同比分别提高8%和10%。

【福利彩票发行工作成绩喜人】 福彩发行工作以稳定发展、创新增收为指导思想，积极开通3D游戏，首家福彩专卖店落户旧宫镇，弥补了区福彩销售形式上的空白。全年实现彩票销售额785万元，超额完成市下达的550万元销售任务的42.7%，比上年增长355万元，筹集福利金64.76万元。

【争先创优硕果累累】 积极开展全市民政系统同行业争先创优活动，采育镇、长子营镇、黄村镇、旧宫镇、亦庄镇和兴丰街道办事处荣获北京市民政工作全优镇、街；基层政权建设、婚姻登记、见义勇为权益保护、农村救灾救济和农村五保、民政信访、优抚、社会福利生产11项工作被评为北京市民政系统同行业一流工作，大兴区被评为北京市民政工作先进区。(金恩洪)

【劳动和社会保障体系逐步健全】 全区积极采取措施，拓宽就业渠道，大力推进就业和再就业工程，下岗职工再就业率100%，农村劳动力向二三产业转移达1.28万人，城镇登记失业率1.27%。

【劳动就业服务体系覆盖全区】 全区14个镇、3个街道办事处全部建立劳动保障科、劳动保障事务所和职业介绍所机构，工作人员全部到位。全年农村劳动力向二三产业转移11 037人，377名下岗职工和3 198名城镇登记失业人员实现就业。

【四项社会保险基金收缴及支付情况】 全区养老保险、失业保险、工伤保险和医疗保险基金，共计收缴20 744万元，比去年同期增长24%。支出26 072万元，其中：养老保险收缴11 991万元，支出19 800万元；失业保险收缴1 698万元，支出2 077万元；工伤保险收缴337万元，支出306万元；医疗保险收缴6 718万元，支出3 889万元。

【依法维护企业、职工合法权益】 全年共监察企业1 929家，督促企业与职工补签劳动合同9 166份，补缴社会保险费199.65万元，追回拖欠工资84.7万元。受理劳动争议案件1 012件，比去年同期增长76%。其中3人以上集体争议32件，100人以上集体争议3件。仲裁结案达到100%，为职工挽回经济损失570多万元。

【劳动争议预防网络基本形成】 全区劳动执法向基层延伸，14个镇共建立70人的镇（街）专职劳动保障监察队伍。第一个劳动仲裁分庭在瀛海镇成立，使市、区、镇（街）三级监察体系在我区初步形成。

人民生活

【城镇居民生活逐步提高】 城镇居民人均可支配收入达9 684.8元，比上年增长9.4%。全年人均可支配收入9 684.8元，比上年增长23.2%。其中人均交通通讯支出1 048.4元，比上年增长72.9%；人均医疗保健支出752.2元，比上年增长7.5%；娱乐文教及服务支出1 687.6元，比上年增长59.4%；人均居住支出1 102元，增长117.9%。

【农民收入不断增加】 农民人均收入达到5 538.3元，比上年增长10.6%。人均生活费支出3 668.5元，其中人均医疗保健支出310.4元，比上年增长38.4%；人均文教娱乐用品及服务支出539.3元，比上年增长5.5%。

【倡导新的生活方式】 引导广大干部群众树立新的生活观念倡导新的时尚追求。全区镇村、街道办事处，开展了家庭生活技能大赛和家庭趣味体育等比赛，电台、电视台开辟了“生活点滴”、“健康指南”节目。礼贤镇农民范保强荣获北京首届农家饭电视大赛最高奖——金橱帽奖和造型奖。

大兴区主要领导人

区委书记	牛有成
副书记	郭普金　张书领　王惠民　高树旺
常委	冯巨元　郑默杰（女）　杜保德　李永贵　马武英　李颖华
人大主任	杨书启
副主任	周树慧　张惟梅（女）　谢中兴　白永春　周静溪
区长	郭普金
副区长	冯巨元　金树东　张力兵　黄维荣　刘志茹（女）　张晓林
区政协主席	马万海

副主席	芦德才	江 怡（女）
	白 羽	
	于鲁明	刘生学
区纪委书记	高树旺	
副书记	吴英元	魏文元

大兴区乡镇党政正职领导

	党委书记	镇长
黄村镇	邵 恒	刘春起
北臧村镇	戴明超	梁建青
亦庄镇	牛占山	曹 辉
旧宫镇	庞林海	张 岭
瀛海镇	张贵海	白立成
西红门镇	衡焕儒	帅淑敏（女）
庞各庄镇	李学元	左东明
榆垡镇	刘学忠	金卫东
礼贤镇	郭金江	姜万祥
魏善庄镇	李春亭	张德广
青云店镇	常红岩（女）	董玉峰
安定镇	汪宝国	张 明
采育镇	郭宝东	贺 锐
长子营镇	许玉增	孟庆龙

（梁书旺　王卫健）

怀 柔 区

经国务院批复同意，建县630余年的怀柔县，从2001年12月30日，撤县设区，2002年4月16日怀柔区领导机关正式挂牌。怀柔由此进入了一个新的历史发展时期。

2002年内，怀柔区在市委、市政府的领导下，以迎庆“十六大”为动力，认真学习和实践“三个代表”重要思想，抓住奥运行动规划、入世行动计划起步和怀柔撤县设区三大历史机遇，与时俱进，奋力拼搏，推进了全区社会经济持续、快速、健康发展。国家统计局农调总队提供的资料统计表明，在全国上千个县（市）的综合考评中，怀柔的发展活力居于最前列，占到第三位。怀柔在前进。

政治建设

全区各级党组织和广大党员干部，推进党的建设新的伟大工程，健全党的作风建设的新机制，健全勤政廉政制度，切实加强基础工作，激发党的组织新的活力。各级行政机关推进民主和法制建设，依法治区，依法行政，全区生动活泼的政治局面进一步形成。

党 建

【区第一次党代会隆重举行】 中国共产党北京市怀柔区第一次代表大会4月7日至9日举行。中共怀柔区纪律检查委员会第一次会议同时举行。出席会议的303名代表分别听取了原怀柔县中共九届县委和县纪委的工作报告并通过相应决议，选举产生中共怀柔区第一届委员会委员、候补委员，县纪委委员，中共北京市委九次代表大会代表。在随后举行的两委一次全会上，分别选举产生区委常委和书记、副书记，区纪委常委和书记、副书记，部署了当前工作。

会议号召全区各级党组织、全体共产党员团结起来，全区人民团结起来，高举邓小平理论的伟大旗帜，坚持“三个代表”重要思想，团结一致，振奋精神，与时俱进，开拓创新，为繁荣稳定文明进步的新怀柔而努力奋斗，以实际行动迎接党的十六大召开。

【认真学习贯彻“三个代表”重要思想】 按照中央、市委要求，区委对区级和二级班子理论组“三个代表”重要思想学习及时做出安排部署。区级理论中心组坚持每半月集中学习研讨一次。重点学习“三个代表”重要思想、党的“十六大”精神，以及《公民道德建设实施纲要》、WTO有关知识等，还结合全区重点工作组织课题研讨，集思广益，统一思想，开拓思路，推动工作。

区二级班子中心组把加强理论学习、不断提高党员干部的综合素质作为一项重要任务，坚持制度，坚持经常，并注意不断提高理论学习的时效性和针对性，做到理论学习与重点工作相结合、与提高党员干部的素质相结合，与开展工作和解决实际问题相结合。各二级班子领导干部通过学习，结合实际，深入调研，写出了一批质量较好的体会文章和调研报告，区委职能部门从交来的156篇文章中，评选出55篇优秀文章，并通报表彰。

【学习宣传贯彻党的“十六大”精神】 在迎庆党的十六大的日子里，全区昂扬奋进，团结喜庆。宣传新闻部门大力宣传在党的领导下，怀柔建设突飞猛进，城乡面貌日新月异，各项事业蓬勃发展，加深了对改革开放的理解。还及时、充分报道了全区上下迎接、庆祝党的十六大召开，以及各部门、各单位结合实际，学习、贯彻、落实党的十六大精神的情况。

【区级领导班子选举及镇乡换届工作圆满完成】 在全区各级党组织和群众中，广泛开展了市九次党代表、市第十二届人代会代表、区一次党代会代表和镇乡党代会代表的推荐、选举工作。选举产生10名怀柔区出席市九次党代会代表、20名出席市第十二届人代会代表、305名区一次党代会代表。完成了撤县设区后首次（届）党代会、人代会、政协会的各项选举工作和镇乡党委、政府换届工作。在选举过程中严格按照有关规定和程序办事。

【加强领导班子、领导干部思想作风建设】 加大《党政领导干部理论学习考核工作试行办法》的落实力度，建立并试行领导干部理论学习体会文章评析制度，全区处级班子理论学习责任制进一步健全。狠抓“三个代表”重要思想学习教育活动整改措施落实，一批群众关心的热点问题得到解决。在镇乡、村干部中深入开展“知民情、解民忧、帮民富、连民心”活动，全区镇乡、村干部共走访村民 20 312 户，镇乡、村两级投资 1 465 万元，为群众排忧解难办好事、实事 997 件。完善了领导班子、领导干部思想作风建设的各项制度。认真落实群众信访接待日、联系困难户和联乡帮村等制度，并作为领导干部述职和年度考核的重要内容，促进了领导干部作风转变。完善领导干部深入基层调研制度，建立领导干部函询回复制度，加大重点谈话和诫勉制度的落实力度。在怀北镇劳动和社会保障局开展了“全程办事代理制”试点工作。

【加大领导干部调整交流力度】 结合镇乡换届，共考察领导班子 111 个，考察领导干部 857 人。调整领导班子 73 个，调整干部 200 人。其中调整正职 56 人，交流 90 人，改任同级非领导职务 20 人，降、免职 5 人，新提拔干部 75 人。调整后，全区处级领导班子的年龄、文化、专业、智能结构有了较大改善。制定《选派优秀年轻干部到村任职的意见》，选派 20 名优秀年轻干部到山区镇乡后进村和经济薄弱村任职，强化了干部的实践锻炼。

【健全农村基层组织责任制】 在总结农村基层组织建设经验的基础上，进一步明确了创建工作的目标和主要任务。健全了农村基层组织建设责任制，基本形成了一级抓一级，一级带一级，层层抓落实的齐抓共管工作格局。改进了创建工作的考核办法，做到了考核内容系统化，考核指标刚性化，考核结果公开化。经考核，有 8 个镇乡党委达到了“六好”标准，130 个村党支部达到了“五好”标准。采取排队抓尾的办法，对后进党委和后进支部集中力量进行整顿，1 个后进镇党委和 9 个后进党支部实现明显转化。开展第二轮区直单位联乡帮村工作，加大帮扶力度。联乡帮村单位共计投入资金 720 多万元，使农村的基础设施和组织阵地有了明显改观，增强了农村发展后劲，提升了村级党组织的形象。狠抓了农村民主政治建设。广泛实行“一箱一卡”制度，村民参与村政事务管理，实施民主监督的渠道进一步顺畅。对《村民自治章程》进行了修订和完善。狠抓了镇乡政务公开向村延伸和村务公开“五规范、一满意”的落实，政务、村务公开质量进一步提高。

【深入开展“强素质、促发展”教育活动】 为维护稳定，增加全区村级干部的法律意识，提高其依法办事能力，区委宣传部门与有关局（站）共同举办“强素质、促发展”教育活动。针对农村干部在工作、生产、生活中经常遇到的政策性、法规性、知识性问题，出了 200 多道案例题，向社会公布。各乡镇利用知识竞赛、座谈、讨论等方式组织干部群众积极参与。

【开展农村无职党员设岗定责活动】 制定《关于在农村无职党员中开展设岗定责工作的实施意见》，开展农村无职党员设岗定责活动。在全区 5 700 名具备设岗定责条件的农村党员中，有 4 968 名开始上岗履职，为农村社会稳定和经济发展起到了积极的促进作用。

【总结宣传推广先进事迹】 区委从密切党和人民的血肉联系，教育广大干部群众，提高广大党员干部的综合素质，促进经济和社会发展的认识和需要出发，着力总结、宣传、推广先进事迹。6 月集中力量，精心部署，对渤海镇渤海所村党总支书记张崇国一心为公，两袖清风，带领群众建设家乡的事迹进行总结、宣传和推广，在《北京日报》、北京电视台和区内“两台一报”宣传报道后，在全区干部群众和区内外社会上引起了强烈反响。7 月区委做出决定，号召全区共产党员和干部特别是农村基层干部向张崇国学习。全年还宣传了怀柔镇东关村党总支等一批先进典型，产生了积极效果。

【强化各级领导干部党风廉政建设主体意识】 2002 年，怀柔区委、区政府将党风廉政建设和反腐败工作任务分解为 35 项，落实到 23 个牵头单位和 64 个协办单位，并明确了每项任务的具体负责人，12 名区级领导细化分工，亲自抓落实。按照市委提出的要求，各级党政正职领导做到“五个亲自”；班子成员认真履行“三个抓好”；牵头部门做到“三个必须”；协办单位做到“两个确保”。

【规范各级领导廉洁自律行为】 年内先后出台《关于严格执行禁止领导干部自行驾驶公车规定的通知》、《关于重申禁止领导干部用公款公物操办婚丧喜庆事宜规定的通知》、《关于行政执法部门和司法机关领导干部驾驶公车规定的通知》，制定了《关于加强行政执法部门科级干部行业作风建设和若干规定》，在镇、乡推行了《群众电话约见领导干部制度》。这些制度、规定贯彻执行以来，各级领导干部的自我约束意识明显增强，领导干部的廉洁自律行为得到进一步规范。

【加强检查力度，落实责任追究】 2002 年，由区领导带头，聘请人大代表、政协委员、政府特约监察员和老干部参加，采取“听、看、测、谈、查、考、访”等方法，对 42 个党政机关和 10 个国有、集体企业落实党风廉政建设责任制情况进行重点检查，促进各级领导班子责任主体到位，并对 7 个单位的 11 名领导干部进行了责任追究。

【加大案件查处力度】 建立信访举报工作责任制，2002 年区纪检监察机关共受理信访 739 件，初查案件 94 件，立案 37 件，其中大要案 22 件，有 17 人受到党纪政纪处分。

【纠风和专项治理持续深入】 年内，对 4 家二级甲等医院使用的抗生素类等各种药品实行集中招标采购，药品价格虚高回落，直接让利于患者 101.24 万元。治理中小学乱收费成效明显，全区中小学发放收费监督卡达 100%，所有收费项目全部公开。认真组织春、秋两季农民负担大检查，全区农民负担监督卡发放率 100%，全区农民负担率保持在 1.47% 以下，共收回征占集体土地拖欠款 1 608.35 万元。取消 20

项不合理收费，全年为企业和社会减轻负担456万元。对32个行政、事业单位的审批项目进行了清理和审核，行政审批项目由435项减少到269项。完善政府采购制度，2002年共完成采购93次，采购金额5 400万元，节约资金1 080万元。采购方式由公开招标拓展到竞争性谈判、询价采购、分散采购等多种形式。

政　务

【怀柔撤县设区】 2001年12月30日，国务院向北京市人民政府发来国函［2001］175号文：《国务院关于同意北京市撤销怀柔县设立北京市怀柔区的批复》。文称："你市《关于撤销怀柔县设立怀柔区的请示》（京政文［2001］34号）收悉。同意撤销怀柔县，以原怀柔县的行政区域为怀柔区的行政区域。区人民政府驻怀柔镇。"

国务院的批复时间2001年12月30日即为怀柔区的建区时间。此批复经市领导刘淇、孟学农、翟鸿祥批阅后，于2002年1月16日由市政府办公厅复印全件转怀柔县政府和市民政局。经怀柔县领导阅示后，即着手进行撤县设区的各项准备工作。

【怀柔建置沿革】 怀柔位于北京市城东北部，北纬40°41′～41°04′，东经116°17′～116°63′之间。东邻密云，南接顺义，西南靠昌平，西界延庆，西北、北、东北分别与河北省的赤城、丰宁、滦平三县接壤。全县面积2 128.7平方公里（市统计资料为2 557.3平方公里）境内西部、北部多山，海拔多在500～1 500米之间，成为首都北京北面的天然屏障。

怀柔地方古属渔阳郡，唐开元四年（716年），在今顺义境内建县名怀柔。明洪武元年（1368年）十二月，割密云、昌平地置怀柔县，为今怀柔县建县之始。民国三年（1914年）北京地区设京兆地方，怀柔为京兆所属20县之一。民国十七年（1928年）直隶改河北省，怀柔为河北省属县之一。1938年7月，在中国共产党的领导下，在八道河乡头道梁村建立了平北第一个县级抗日政权——滦（平）昌（平）怀（柔）联合县政府。1945年抗日战争胜利后，建立了单一的怀柔县。1948年12月6日怀柔解放，此后一直属河北省管辖，1958年10月划归北京，仍称怀柔县。2001年12月30日经国务院批复撤县设区，称怀柔区。由设县到改区，经634年，标志着怀柔进入新的历史发展时期。

【怀柔区成立大会隆重举行】 4月16日，怀柔翻开了新的历史一页，怀柔区成立大会隆重举行，全区人民欢欣鼓舞。中共中央政治局委员、中共北京市委书记贾庆林在会上发表了重要讲话："对怀柔区的成立和首届区领导集体的产生表示热烈的祝贺，向长期以来为首都的建设和发展做出积极贡献的怀柔人民致以崇高的敬意"。"衷心祝愿怀柔的山川更加秀丽，怀柔的事业更加昌盛，怀柔的人民更加幸福"。各方面领导同志和代表以及怀柔广大干部群众和企业的代表共1 500多人参加了大会。

会上，宣读了《国务院关于北京市撤销怀柔县设立怀柔区的批复》和《中华人民共和国民政部贺词》，市领导龙新民、赵凤山、翟鸿祥、黄以云分别为新成立的区委、区人大、区政府、区政协揭牌，农民代表和驻军代表代表全区各界群众发言，市领导刘淇、于均波、陈广文也到会祝贺。

下午和晚上，怀柔区委、区政府举行了大型文艺演出和焰火晚会。

【县政府17项工作一个会】 怀柔县各级行政部门转变作风从减少会议做起。2002年2月21日上午，县政府将农业、工业、城建、审计、教育等17个部门会与县政府全会（扩大）一并举行，会议紧凑充实，受到广泛好评。

【开展依法行政工作】 进一步完善决策程序，明确了规范性文件的审核制度。制定《2002年行政执法单位考核办法》建立行政执法责任制，对各行政执法工作有法可依，有章可循。适应加入世界贸易组织和扩大改革开放的形势，对1980年以来发布的规范性文件及政策措施进行全面清理。经过两次清理，两次复查审核，共清理各类文件23 504份，经区委、区政府讨论，废止规范性文件和行政措施49件，镇乡政府废止40件，区各委、办、局废止31件。

【进行机构改革验收工作】 下发机构改革检查验收和总结通知并组织力量实施。对机构改革中的遗留问题及1998年合乡并镇提前退休人员待遇问题进行调查研究，提出解决方案；完成区人大、政协机关，检察院、法院的"三定"方案。

【改革行政审批制度】 对原怀柔县政府所属50个单位（其中行政机关40个，事业单位9个，企业1个）的行政审批事项进行调查清理，对报来的438项审批事业逐条逐项梳理鉴别，提出清理方案。共保留269项（审批94项、核准49项、备案35项），取消166项。对保留的项目制定了程序性规定和责任追究办法，上网公布，接受监督。

【推行事业单位人事制度改革】 以点带面，先易后难，分类实施，逐步到位。区教委系统25个单位、3 197人，区卫生系统所属医院等事业单位的1 678人，均与所属单位签订了聘用合同，试点工作胜利完成。

【推行公务员竞争上岗制度】 全区委、办、局和乡，镇有32个单位、466个职位竞争上岗，报名参加竞争的有1 420余人，与竞争职位比约为3∶1。通过竞争，466人正式上岗。

【公开招考公务员】 2002年本区拿出23个职位面向社会公开招考，172个报名参加笔试，81人参加面试，最后选出18名优秀合格人才录用。

【基层群众自治组织建设加强】 认真学习贯彻《村民委员会组织法》，对287个村的村委会主任进行了培训，修订、完善了287个村的《村民自治章程》，打印成册，每户一本。

【社区建设全面推进】 年内完成了全区居委会规模调整和家委会转制工作。城区由原来的 27 个居（家）委会调整为 22 个社区居委会，城区中 331 栋居民楼、2 619 个单元无人管理和城区中的每个单位全部纳入社区居委会管理。庙城、北房、杨宋、汤河口 4 个镇的 4 个居委会也调整为社区居委会。对全体社区居委会干部进行了两次培训。组织了第九次社区服务志愿者活动，参加活动的服务队有 141 个，人数达 7 002 人，志愿活动项目有 25 个。一个由政法搭台、民政牵头，各有关部门参与的社区建设工作局面初步形成。

【加强民间组织管理】 贯彻市民间组织管理工作会议精神，完善社团行政审批程序规定，提高社团管理工作透明度。年内新登记注册社团组织 15 个，变更 10 个，注销 4 个，依法对 76 个社团进行年检，合格 70 个，基本合格 2 个，不合格 4 个，均已妥善处理。

【加强民族工作】 全区已形成了一支由 348 人组成的少数民族干部队伍，党员和大专以上文化程度的占到 80%以上。2002 年由市出资 200 万元，区出资 200 万元，当地自筹 100 万元，喇叭沟门满族乡的喇叭沟门村至北辛店村的路修成了柏油路，促进了乡、村经济与社会发展。市民委和区政府还出资近 30 万元，对 3 所中小学的锅炉、校舍等设施更新改造，在有关部门的支持帮助下，长哨营、喇叭沟门两个民族乡筹资近 120 万元，在文化广播、街心公园配置了体育设施和音响器材，丰富了群众业余文体生活。

【城乡人民收入增长】 2002 年怀柔城镇居民人均可支配收入 11 060 元，比上年增长 7.8%；农民人均纯收入 5 302.8 元，同比增长 15.7%。

【怀柔发展活力居全国县（市）第三】 据国家统计局农调总队 2002 年初提供的最新统计资料数据表明，怀柔县在上千个县（市）的综合考评中，发展活力居第三名，仅次于江苏的太仓市和山东的东营市。综合指数位于第 39 位，也列全国前列。

发展活力主要反映一个地区社会发展的活跃程度，主要包括发展速度、贸易与外贸，投资三项指标。2001 年，怀柔县完成国内生产总值 43.3 亿元，新引进千万元以上投资项目 38 个，利用外资 4 500 万美元，出口创汇 1 800 万元，均较上年有大幅度增长。

人大、政协活动

【县委做出加强人大工作决定】 1 月 4 日，中共怀柔县委做出《关于进一步加强人大工作的决定》，为自 1980 年 1 月县人大建立以来首次。县委在《决定》中强调，加强县人大工作，是落实“三个代表”重要思想和党的十五届六中全会精神，巩固党的执政地位的必然要求，是新世纪推进全县改革开放和现代化建设的客观需要。《决定》指出，要切实加强和改善党对人大工作的领导。《决定》要求切实加强和改进人大工作。充分行使重大事项决定权，认真履行监督职能，努力增强监督的实效性，加强代表工作，提高代表素质，充分发挥人大代表的作用。《决定》全面分析了人大工作面临的新形势、新任务，对人民代表大会制度的性质，人大工作的法律地位、法定职权，切实保障人大代表依法执行代表职务，人大及其常委会自身建设等等这些方面的重要问题，作了进一步的阐明和明确规定。

县委关于加强人大工作决定的做出和贯彻实施，对于推进全县政治体制改革，扩大社会主义民主，健全社会主义法制，依法治县，加强全县现代化建设，具有十分重要意义。

【区一届人大一次会议隆重举行】 北京市怀柔区第一届人民代表大会第一次会议 4 月 12～14 日隆重举行。182 名代表组成 14 个代表团，参加全体会议和分组会议，听取、审议并通过了县政府工作报告，县十二届人大常委会工作报告，审议了法院、检察院工作报告，通过了政府工作报告决议和常委会工作报告决议，充分肯定了县人大过去三年来和县政府过去一年来的工作，并对新的区人大和区政府提出了要求和希望。会议选出了怀柔区第一届人民代表大会常务委员会主任、副主任和委员，怀柔区区长、副区长，区人民法院院长和区人民检察院检察长。

会议要求，全区干部群众要认真贯彻这次会议的精神，把握好撤县设区这一历史机遇，肩负起建设新怀柔的历史使命，在市委、市政府的正确领导下，通过全区人民的共同努力，为怀柔的经济快速发展和社会全面进步而努力奋斗。

【加大监督力度】 2002 年区人大常委会议先后听取审议区政府关于《中华人民共和国药品管理法》、国务院《建设工程质量管理条例》、《北京市家畜家禽检疫条例》和区人民法院关于《中华人民共和国行政诉讼法》等 6 部法律法规贯彻实施情况的报告。组织委员和代表对《中华人民共和国食品卫生法》、《中华人民共和国义务教育法》等法律法规的实施情况进行了视察和执法检查，针对存在的问题提出加强和改进工作的意见和建议，加大法律法规执行的监督力度。

常委会还围绕全区改革、发展、稳定的大局，把事关全局的工作作为监督重点。先后听取审议区人民政府关于 2001 年全县财政预算执行情况和其他财政收支的审计工作情况、2001 年财政决算情况、2002 年 1 至 6 月国民经济社会发展计划和财政预算执行情况、贯彻落实县人大常委会关于开展“严管城”和“四五”普法工作的决议情况等 9 项专题工作报告。组织委员和代表视察了居民小区科技创安、安全防范情况和区公安分局指挥中心及山区水利富民工程。

【提高代表议案和建议办理质量】 坚持及时召开交办会，适时召开建议办理汇报会，加强日常督办，实行办理工作“三访制”和重点难点建议主管区长负责制，加大了办理工作力度，解决一些遗留未决疑难建议，提高了办理工作质量。县十二届人大四次会议期间代表提出的1件议案、150件建议已全部如期办复；闭会期间收到的22件建议基本办理完毕；代表在走访选民日提出的402条建议也都转交有关部门进行了认真研究办理。

【开展评议活动】 2002年区人大常委会为加大对国家机关工作人员的监督力度，促进公安机关提高执法水平和办事效率，开展了对王建中副区长的述职评议和对怀柔公安分局12个基层派出所的民主评议，取得了较好效果。

【组织代表述职活动】 根据《县人大代表的述职办法》的有关规定，认真开展了代表述职工作。87名代表回到原选区，向选民代表进行述职，并接受评议。1 690名选民代表听取了代表述职，绝大多数选民代表对区人大代表的工作表示满意。自2001年《县人大代表述职办法》实施以来，已有143名代表进行了述职，占代表总数的78.6%。通过代表述职，进一步密切了代表与人民群众的联系，完善了人民代表大会制度。

【开展走访选民活动】 根据《关于县人大代表执行职务的决议》，2002年6月6日和12月12日，开展区人大代表走访选民活动。319名次区人大代表回到原选区走访联系选民8 400余人次，仅6月6日就收集意见和建议402条。

【加强调查研究】 围绕常委会的审议议题和代表视察、检查内容，常委会组成人员和机关各委室开展了广泛、深入的调查研究，共深入区直及基层单位400余个次，召开座谈会148个，参加座谈的人员达850余人次，写出调研报告24篇，为常委会会议审议议题、正确行使职权提供了一手材料。

【政协怀柔区一届一次会议举行】 中国人民政治协商会议北京市怀柔区第一届一次会议4月9日至11日举行，出席会议的135名区政协委员，听取了县五届政协常委会的工作报告并通过相应决议，讨论了区人代会的有关报告，选举产生政协怀柔区第一届委员会主席、副主席、秘书长、常务委员。会议要求全体政协委员要乘撤县设区的东风，与时俱进，高举邓小平理论伟大旗帜，认真贯彻“三个代表”重要思想，坚持服从和服务于改革发展稳定的大局，振奋精神，扎实工作，为怀柔在新起点上实现新的腾飞，贡献智慧和力量。

【区委做出加强政协工作决定】 中共怀柔区委于5月31日召开政协工作会议，做出《关于进一步加强人民政协工作的决定》。此次会议的召开和作出决议，是区委要加强和改进党对政协工作的领导，充分发挥新时期人民政协的重要作用，切实推进怀柔的社会主义民主政治建设。

《决定》提出，要深刻认识新时期人民政协工作的重要性，要努力开创政协工作的新局面，要切实加强和改进党对政协工作的领导。各级党政部门要认真贯彻落实《决定》，进一步为政协履行职能创造良好的条件。

《决定》要求全体政协委员要认真贯彻落实《决定》精神，加强学习，突出“团结、民主”两大主题，进一步搞好对口议政，认真改进专委会的工作作风，认真反映社情民意，积极开展各项活动。

【认真开展政治协商】 全年召开常委会议6次，主席会议8次，围绕山区低收入村脱贫、全区半年经济工作发展情况开展协商，积极建言献策；各专委会与农委、教委、规划、公安、法院、环保、体育等部门进行了对口协商，提出意见和建议。

【积极推进民主监督】 全年围绕公安队伍建设、民营企业发展、平原及区直属学校建设、山区水利富民工程、基层法庭建设、环保工作、群众性体育健身设施、山区农民增收等进行了13次视察考察活动，提出意见、建议40多条；广泛征集社情民意，以《社情民意》专刊的形式报送区委、区政府主要领导，受到高度重视，每期都有领导批示；有60余名政协委员被区20余个单位和部门聘为特邀监督员，参与了执法监督、公用事业、经济管理等职能部门的行风廉政建设的监督检查和评议工作。

【积极参政议政】 完成《怀柔区玉米制种产业发展的现状与建议》、《加快农民住宅现代化建设》、《怀柔区民营企业发展与对策》、《加快怀柔区文化设施建设》4份调研报告，分别形成常委会建议案、主席会议建议案，报送区委、区政府，促进怀柔经济社会发展。在委员中继续广泛开展了“四个一”活动，据不完全统计，一年来，经各界委员主动牵线搭桥，共在区内注册企业10余家，协议引进资金4亿余元。

【加强学习，推进规范化、制度化建设】 制定《特邀监督员工作简则》和《关于评选优秀政协委员的办法》。通过举办专题常委培训班、专门召开常委会、全体委员学习日等形式组织委员认真学习“三个代表”重要思想和中共十六大精神；贯彻《中共怀柔区委关于加强政协工作的决定》，学习统战理论和政协基本知识。通过学习，统一思想，提高参政议政水平。

【发挥委员主体作用】 全年评选出优秀调研报告4篇、优秀提案10件、优秀政协委员11名；在《怀柔报》和怀柔电视台开办了“展示委员风采”专题栏目，对10位委员发挥主体作用的事迹进行了宣传报道；全年委员参与活动率为99%。

【县政协委员提案全部办复】 怀柔县政协五届三次会议以来，政协委员提出71件提案，经提案委员会审查，立案65件，分别送交县内30个党政部门办理。到2002年1月县政协五届四次会议开幕前，已全部办复完毕。其中的7件优秀提案，连同4篇优秀调研报告，在五届四次全会上受到表彰。

【优秀人大代表受表彰】 怀柔县人大从2001年起，开展优秀人大代表评选活动，当年评出优秀人大代表19名，分布于15个乡镇各级，在2002年1月

28日举行的县十二届四次会议上，连同14件代表优秀建议，一道受到表彰。

政法工作

【积极稳妥推进司法改革】 2002年内，区法院建立了案件流程管理办法，对民事案件进行简繁分流；健全了内部执法监督机制，落实执法过错责任追究制度，抓好内外监督。区检察院加强了对刑事诉讼的法律监督，民事行政检察有新的起色。区公安分局完善内部监督机制，推行农村警务工作改革。全区政法系统各部门深入推进人事制度改革，全部推行中层干部竞聘上岗。以公正执法为重点，大力加强业务培训工作，开展岗位练兵，提高政法干警业务素质。

【依法调节社会经济关系】 区审判机关在2002年内，共审理一审民事、经济案件4 338件，审结案件4 278件，审结率达98.6%，比上年同期分别上升20.9%和20.7%。受理行政案件14件，比上年同期下降30%，结案率为100%。受理执行案件3 116件，执行3 011件，执结率为96.6%，比上年同期上升1.5个百分点，执行标的总金额11 549万元。

【刑事、治安案件总量下降，破案率上升】 2002年内，区公安机关共立刑事案件654起，比上年同期下降3.1%。共破获各类刑事案件371起，破案率为62.4%，同比提高7.3个百分点。共查处治安案件1 693起，同比减少3 282起，下降66%。检察机关审查批准逮捕的各类刑事案件251件，345人，提起公诉259件，398人。审判机关共审结一审刑事案件271件，363人。

【严厉打击经济犯罪】 2002年内，区检察机关大力查处贪污贿赂案件，为国家和集体挽回经济损失280余万元。并结合办案提出检察建议，积极开展职务犯罪预防工作。

【“治爆缉枪”行动成效明显】 区公安机关全年共收缴各类枪支62支，猎枪子弹4 000余发，炸药2 815千克，雷管40支，导火索177米，管制刀具137把，查处违法犯罪嫌疑人45人，分别作了刑事拘留、治安拘留和罚款处理，消除了不安全隐患。

【社会治安综合治理落到实处】 贯彻《北京市社会治安综合管理条例》，着力加强两级综治机构建设，人员、制度、责任三落实。年内对各镇乡、街道办事处主管政法工作的党（工）委副书记和综治干部进行了两次培训，各基层单位也采取了多种形式对辖区内的治保会主任、调委会主任进行了培训，把综治各项工作落到实处。

【火灾事故得到有效遏制】 2002年全区的消防工作，遵循“依法严管，确保安全”的原则，按照“普遍清查、澄清底数、区分情况、依法处理、消除隐患、确保安全”的具体要求，对火灾、火险及时扑救和排除，并消除了一批火灾隐患。全年共发生火灾151起，直接经济损失9.2万元，比上年同期下降72.3%。预防和遏制了重、特大火灾，特别是群死群伤性火灾事故的发生。

【安置帮教刑释解教人员】 2002年全区有帮教人员558人，其中刑满释放人员484人。各司法所配合各派出所，对帮教对象采取了以树立回归人员“自立、自强”信念为重点的帮教工作，对重点人员进行登记造册，实行严密的防范措施，防止其重新犯罪。当年重新犯罪率为2.5%，比上年下降0.1%。

【积极提供法律服务】 区司法行政机关2002年内，积极为受需要方（人）提供各种法律服务。律师事务所为33家企事业单位担任法律顾问，办理各类诉讼案件397件，非诉案件225件。发挥“148”法律服务专线作用，解答法律咨询331件，接待来访1 111件，1 555人次，办理法律援助案件280件。公诉部门办理公诉478件，涉及标的金额6 100万元。全区14个镇乡、2个街道办事处成立了司法所，雁栖镇成立了全市郊区第一家法律援助工作站。司法所组建以来，直接调处重大疑难纠纷154件，较好地发挥了人民调解第一道防线作用。区政法部门下发《关于人民调解协议书审核制的实施意见》，进一步明确了工作目标，法律依据、适用范围和实施步骤，确保了人民调解的权威性和严肃性。

【开展青少年法制教育工作】 各学校配置了专职法制校长共46人，充分利用《怀柔县中小学法制教材》，上好法制课。宣传《预防未成年人犯罪法》和《未成年人保护法》，预防和减少了未成人违法犯罪行为的发生。

【汤河口法庭获政法荣誉称号】 怀柔县法院汤河口法庭坚持公正、效率审判原则，从1999—2001年三年中共审结各类民事案件、经济案件1 000余件，年结案率达到98%以上，无一起超审限、再审案件，2002年初被市政法委、市人事局授予“北京市人民满意政法单位”荣誉称号，在全市54家法庭中惟一获此殊荣。

【“科技创安”工作全面铺开】 以区公安分局为中心，辐射整个怀柔城区22个主要路口和重点部位的科技治安防范监控系统显著发挥作用。居民区安装电子眼、楼宇对讲、红外线报警等技防设备已达25%以上。重点部门、重要部位、金融网点、商场仓库安装技防设备达100%。以杨宋镇为典型的农村科技防范模式在各镇乡全面推广。北房镇投资100余万元用于警务工作站建设和“科技创安”工作，形成了覆盖整个小城镇区域的电视监控系统和各村财务室的防盗报警连接系统。安全村、安全单位创建工作覆盖率达百分之百，全区287个行政村，89个局级单位，22个社区安全创建工作合格率达88%。

群团活动

【健全工会活动“三个机制”】 2002年以来，以贯彻《工会法》和《北京市实施〈工会法〉办法》为契机，突出机制作用，加大维权力度，依法维护职工的经济、政治和民主权利。

——民主管理机制进一步健全。重点抓了职代会、“民主日”、厂务公开三项制度的落实。新建企业职代会（职工大会）的建制率和召开率都在 80%以上。全区 186 个建立工会的单位，“民主日”活动面达到 97%，共审议报告 628 件，收到提案建议 873 条。进一步规范了厂务公开的内容、程序和方式，企业重大问题内容的公开取得新进展。

——平等协商机制进一步健全。抓好集体合同的签订工作，并注重提高合同质量和履行合同条款。建立区一级协调劳动关系三方机制（劳动行政部门代表政府，工会组织代表职工，企业协会等方面代表企业）。

——生活保障机制进一步健全。工会组织切实履行“第一责任人”职责，努力为职工办实事，帮助解决实际困难和问题。

【重点实施“三项工程”】 发挥工人阶级主力军作用，深入开展劳动竞赛，重点实施“经济技术创新”、“建言献策”、“‘安康杯’竞赛”三项工程。

——经济技术创新工程成绩突出。全区 289 个单位、职工 3 000 多人（占职工总数 94%）参加此项活动。全年实现技术革新 197 项，创区以上新纪录 134 项，经济技术方面的建议 1 954 项，技术培训 15 000 人次，创综合经济效益 2 200 万元。

——建言献策工程效果良好。全区 194 个企事业单位、10 931 人参加“红五月”合理化建议活动，提出合理化建议 3 121 条，已经实施 1 076 条，准备实施 1 866 条。

——“安康”工程取得实效。此项活动重点在各类生产企业开展，71 个单位、7 600 名职工参加了以“我要安全，我懂安全，人人尽责，确保安全”为主题的“安康杯”竞赛活动，使企业和职工的安全意识增强，伤亡事故减少，促使企业健康发展。

【全面加强“三项建设”】 各级工会组织全面加强思想建设、组织建设和作风建设。全年新组建工会组织 129 个，发展会员 3 318 名。全区工会组织达到 405 个，会员 28 904 名，职工入会率 90% 。各级工会紧密联系工会实际，更新观念，解放思想，增强大局意识，服务意识，开拓意识，切实转变工作作风，深入基层，深入职工，切实办实事，讲实效，工会作用进一步增强。

【抓好主题教育活动】 2002 年内，团区委在全体团员中，以团史教育、团员意识教育、团员责任与使命教育为主要内容，以“知团情、忆党史、树理想、爱家乡”的知识竞答，“理想、责任、挑战、人生”大讨论，“团旗在我心中”征文演讲为主要形式，深入开展“高举团旗跟党走”主题教育活动，进一步增强了广大团员和青年的荣誉感和使命感，激发了他们投身全区社会主义建设事业的积极性和创造性。

【开展“树典型、立旗帜”活动】 在全区共青团、少先队组织中开展“四‘十佳’”活动，评选出首届“建设怀柔十佳外来青年”、“怀柔十大青年创业带头人”、“十佳青少年希望之星”、“十佳少先队员”。分别在 2002 年庆祝“五四”、“六一”大会上进行了表彰，在全区青少年中掀起了“学榜样、学典型”的热潮。

【开展青少年绿色文明活动】 3 月 29 日，团区委和国家体育总局直属机关团委组织近百名国家队运动员和本区 600 名青少年共同植建“共青团绿色奥运友谊林”；在 14 个乡镇深入开展“创建青少年文明街路”活动；近万名青少年参加春季绿化美化活动，植树 2.3 万棵，栽花 3000 余棵，种草 1.1 万平方米，净化青少年文明街路 28 条；团区委和杨宋中学共同建立潮白河生态监护站，被团中央命名为“全国保护母亲河优秀生态监护站”。

【表彰妇女先进】 在 2002 年“三八”节庆祝大会上，130 多个（名）妇女工作先进集体、先进个人、巾帼致富带头人受到表彰。

【加强农村妇女培训】 以“三八”妇女学校为载体，对农村妇女突出实用技术、科技和绿色证书培训。到 2002 年，已举办各类实用技术和绿色证书培训班 75 期，参加培训的农村妇女 6 200 人。还利用闭路电视播放实用技术讲座 112 期，收看、学习人数到 2 万人次。有 151 名农村妇女获得绿色证书。

【规范基地建设】 发挥科技龙头带动作用，各基层妇联兴办集生产、培训、服务、示范为一体的“三八”科技示范基地和种植养殖基地。到 2002 年，建有各类示范基础 115 个，有 24 个基地按要求进行挂牌。带动 1.2 万个科技示范户、27 个科技示范村。有 1 889 名妇女成为种植大户，1 984 名妇女成为养殖大户。

【“巾帼建功”活动带动农村妇女致富】 2002 年农村妇女收入在万元以上的已突破万人，年收入在 5 万元以上的有 795 人，年收入在 10 万元以上的有 161 人；经营在百万元以上的 79 人。杨宋镇年丰村张秀兰，就是一个从打工妹到拥有百万固定资产的种植养殖大户。

【八成女党员收入超万】 怀柔现有农村女党员 3 000多名，年龄多在 40 岁以下，文化素质也较高，适应市场体制能力强，依托“农”字龙头企业，搞鸡、鸭等家禽养殖、温室棚菜、特菜种植，带头致富，收入逐步增长，2002 年 80%以上的女党员收入过万元。

【举办迎奥运怀柔妇女风采展示活动】 2002 年 3 月 24 日举办的此项活动，共有 24 个代表队，700 名农村妇女、机关干部、女教师、女医生、女大学生、女工人参加，展示了怀柔妇女身心文明、健康向上的风采。

【巾帼文明读书工程启动】 1 月 11 日，县妇联与北京泛舟横渡书刊发行公司共同建设的 NGO 书院怀柔分院成立，有价值 10 万余元的藏书，并可进行电脑及网络知识培训。“巾帼文明读书工程”由此启动。

【推进“光彩事业”】 区工商联把积极推进光彩事业作为加强非公有制经济人士思想政治工作、努力为社会做贡献的重要载体，精心组织，发展提高。全区有20余家会员企业积极投身于光彩事业，把扶贫事业不断引向深入。为贫困地区捐款捐物，救助贫困儿童，在山区兴办文化事业，款项达40多万元。北京柏来斯实业有限公司，到2002年底已在内蒙古磴口县投资4 000多万元，治理2.07万公顷荒漠化土地，被全国工商联评为光彩事业先进单位。

社会保障工作

【救济困难户】 年内为11户因大病造成家庭生活困难的给予救济，金额达5.4万元。为958名七十岁以上享受城市和农村享受低保的老人发放救助金9.58万元。市、区投资46.2万元，乡（镇）、村投资25万元，为62户特困户进行了危房改造，计273间。投资64万元，为30户优抚对象翻建房屋124间，为46户优抚对象修缮房屋154间。全年还下拨征地超转人员生活补助款2 252 390元，为620名20世纪60年代精简退职老职工下发生活补助款892 800元。

【灾情救助】 年内全区发生较大灾情4次，做到及时查、核、救助。通过政府采购形式，及时为9个乡（镇）下拨大米237 329千克，面粉237 040.5千克，购粮款达74.73万元。

【农村低保制度进一步完善】 年内对农村人均年收入1 000元以下的贫困户进行了全面调查，14个乡（镇）上报计2 810户，5 065人，全年共支出保障金2 205 347元，做到了及时下拨、下发。

【对城市居民低保工作进行了动态管理】 本年度内对城市居民低保工作，坚持个人申请制度、入户调查核实收入制度、审核批准制度、审批前后公示制度，确保了低于保障线以下的城市居民及时享受到政府的关怀，并保证了资金的不流失，做到公开、公正，得到社会认可。

7月份进行了调标、扩面工作。低保标准由285元调为290元，低保扩面增加275户、597人。年底全区共有1 040户、2 335人享受低保。全年支出保障金2 532 654元，粮油帮困补助金863 040元，保障人数和保障金比1996年的316人、21元，分别增长了7.3倍和12倍。

【300万元送温暖】 怀柔县委、县政府为使优抚对象和困难职工过上欢乐祥和的农历壬午年春节，2002年1月间，县、镇乡两级筹措资金300余万元，购备米、面、肉、油等节日用品，深入基层农户，对民政优抚对象、城镇特困居民和职工及老党员、老干部进行走访慰问，送去补助款和慰问品。

【全力做好五个“确保”】 年内为做好社会保障工作，提出了五个“确保”。即：确保下岗职工基本生活；确保离退休人员基本养老金；确保失业人员失业保险金和医疗补助费按时足额发放，确保工伤职工相关待遇及时拨付；确保患病职工医药费，离休老干部医疗费按规定及时报销。为86名下岗职工发放基本生活费和一次性自谋职业补助费146.6万元。24家再就业服务中心平稳撤销，4 000多名下岗职工全部出中心。为离退休人员发放基本养老金4 884万元，为失业人员发放失业保险金1 392.7万元，为工伤职工拨付工伤保险金及相关费用131.8万元，为患病职工报销医药费677.8万元，7名特困人员享受36万多元的医疗救助。

【加强职业培训工作】 2002年全年进行各类培训22 990人。其中：职业指导培训956人，转岗转业培训957人，就业前培训1 891人，岗位技术培训9 530人，军地两用人才培训31人，个体工商户及外地务工人员培训6 455人，技术等级培训3 161人。有2 706人通过职业技能鉴定，取得了职业资格证书。

【市场导向就业机制开始形成】 全年接待就业咨询14 150人次，接待招工单位1 873个，发布招工招聘信息1 873条，举办招工洽谈会220次，接待求职者35 285人次，通过双向选择有7 305人实现了就业、再就业。下岗职工基本生活保障向失业保险并轨顺利过渡，市场导向的就业机制开始形成。

【安置退役士兵就业】 2002年接收退役士兵195人，回农村109人，城镇户口86人全部安置就业，安置率达百分之百。经过细致工作，其中65人申请自谋职业，发放自谋职业一次性经济补助151.4514万元，自谋职业率达88.4%。

另通过多方联系，军地两用人才开发使用率达96%以上。还接收了14名无军籍职工。

【抓好弱势群众就业】 针对下岗职工、失业人员年龄偏大，文化、技能低状况，强化对这类人员的就业指导、技能培训和择业观念的教育。同时，发展劳动服务企业，开发社区就业岗位，用好、用足优惠政策。年内，新建劳服企业5家，开发社区就业岗位3550个，安置下岗职工、失业人员和特困人员就业3 500人。

【加强劳动争议监控处理】 完善劳动争议三方协调机制，加强重点时期、重点单位劳动争议的监控和处理，强化劳动争议仲裁工作。2002年全年受理劳动争议案件771起，结案767起，结案率99.5%。其中：仲裁处理364起，调解处理223起，其他方式处理131起，不予受理43起。在767起结案中，企业胜诉149起，劳动者胜诉457起，双方部分胜诉161起。

【四项社会保险的参统率和基金收缴率达98%以上】 全面推进社会保险工作。2002年，全区养老保险参统企业932家，参统职工30 980人，收缴养老保险基金7666万元。失业保险参统企业750家，参统职工33 978人，收缴失业保险基金952.2万元，医疗保险参统企业 541 家，参统职工 26 322 人，收缴医疗保险金 3 359.2 万元，工伤保险参统企业 505 家，参统职工 22 872 人，收缴工伤保险基金 227.3 万元。四项社会保险的参统率、基金收缴率，均达到 98%以上，超额 10.5 个百分点完成市下达的征缴任务。

【开展农村社会养老保险试点】 制定《怀柔区农村社会养老保险试点办法》，积极开展试点工作。到 2002 年底，农村养老保险累计投保人员 10 832 人，收缴保费 1 500 万元。

【民政福利经济稳步发展】 全区 95 家福利企业分布在 13 个镇乡，安置残疾人就业 858 人，残病职工占生产人员的 52%。共有职工人数 2 053 人，其中管理人员 410 人。2002 年完成销售收入 16 706 万元，利税 1 964 万元。

经济建设

2002 年，全区经济情况运行良好，继续保持快速健康发展势头。综合指标快速增长，经济运行质量稳步提高；招商引资又结硕果，发展后劲进一步增强；第二产业增势强劲，对全区经济拉动作用突出；结构调整步入理性化轨道，资源性农业建设成效显著；第三产业健康发展，区域服务功能更加完善；市政基础设施不断完善，城乡环境进一步改观是撤县设区后的第一个好年头。

农业

【主要经济指标超额完成】 2002 年实现农业总产值 9.8 亿元，比上年增长 10.5%；农业增加值 4.5 亿元，同比增长 7.1%；农民人均纯收入 5 320 元，同比增长 16.9%。

【种植业主导产业发展迅速】 怀柔区根据自身环境条件，积极培育和发展具有区域特色的种植业主导产业，在发展板栗、西洋参、饲草作物及专业村镇建设上，分别制度了相应的奖励扶持政策，并以农产品加工企业为龙头，以专业村为基础逐步形成了主导产品的区域化种植。山区乡镇积极发展板栗、仁用杏和大枣生产，全区板栗总面积达 1.8 万公顷，仁用杏达 0.233 万公顷、大枣达 0.17 万公顷。板栗种植分布于怀柔区的 12 个乡镇，仁用杏主要分布在怀柔区北部山区的五个乡镇，大枣主要分布在怀北、汤河口和长哨营三个乡镇。发展西洋参种植，区政府制定了每亩补贴 2 万元贴息贷款，天惠参业有限公司制定了“保技术、保回收、保底价”和提前预付参款的优惠政策。全区发展西洋参种植是近 20 年最快的一年，全区绿色保存面积达到 302.47 公顷，成为国内第三大西洋参种植基地。以怀昊伟商贸中心为龙头，在平原区形成了 466.67 公顷的绿色蔬菜种植区。利用山区自然隔离条件，扩大高油玉米和青贮玉米及高粱的制种面积，全区发展玉米制种面积 0.12 万公顷，较上年增加 0.02 万公顷。制种面积接近历史最高水平。

【种植结构调整处于平稳阶段】 2002 年全区粮食作物总面积 0.3 万公顷，较上年减少 0.107 万公顷，减少 26.2%；各类经济作物总面积为 1.19 万公顷，较上年增加 9.8%。全区粮经作物种植比例为 20:80,与上年的 27:73 相比调整幅度不大，粮食与经济作物的调整已趋于平稳调整阶段。

【全区种植业在调整中发展】 2002 年，全区耕地总面积为 1.49 万公顷。各类作物播种面积为：小麦 0.233 万公顷，较上年减少 0.093 万公顷；玉米播种面积 0.187 万公顷（不包括饲用玉米），较上年减少 0.087 万公顷；春杂粮 0.11 万公顷，较上年减少 0.013 万公顷；饲草作物 0.23 万公顷，较上年增加 0.073 万公顷；药材 0.044 万公顷，较上年增加 40 公顷；西洋参 0.03 万公顷，较上年增加 0.009 万公顷；蔬菜播种面积 0.153 万公顷，与上年相比略有下降；花生 0.113 万公顷，较上年减少 0.033 万公顷；玉米及蔬菜制种面积 0.12 万公顷，较上年增加 0.02 万公顷；耕地内栽植果树 0.43 万公顷，较上年增加 0.12 万公顷；花卉及果、林苗木面积 0.067 万公顷，较上年增加 0.033 万公顷。全区累计投资 4 000 多万元，建成标准化生产示范基地 9 个，示范基地总面积达 0.147 万公顷；设施农业和籽种均比上年有较大幅度增长；订单农业发展迅速，全区总面积达 0.36 万公顷，年产值 7 000 万元，纯收入超过 3 900 多万元。

【三大主导产业发展形势好】 板栗、红鳟鱼、西洋参是怀柔重点发展的三大主导产业。2002 年新栽植优质板栗 0.12 万公顷，总面积达到 1.767 万公顷，被国家林业局授予“中国板栗之乡”称号。冷水鱼养殖水面达到 33.87 公顷，产量 200 万千克，年繁育能力 2 000 万尾；虹鳟鱼产业获三个全国第一：苗种供应覆盖面全国第一，商品产量全国第一，销售量全国第一。新发展西洋参173.33 公顷（含晾地），总面积达到 466.67 公顷。

【农业标准化生产基地建设】 2002 年内，建成北京亚农兴农新技术开发有限公司、北京凯特威鹿业养殖技术中心、北京顺通虹鳟鱼养殖小区等 6 个农业标准化生产示范基地。同时，对申报的 23 个食用农产品安全生产基地中的 14 个进行了检测认证，补检了 2 个基地的产品并抽检了已经认证的 2 个基地，检测指标全部合格。

【开展联乡帮村活动】 此项活动涉及 10 个乡镇和 106 联乡帮村单位。在区有关方面的协调下，分别为被帮村制订了近期和远期帮扶发展计划，提出了 134 条帮扶措施，确定并实施发展种养业及三产项目 64 个，投资 305.5 万元，办好事、实事 67 件。

【农口企业转制有新进展】 区种子公司与中国种子集团公司合作成立股份制公司，保存了本区原有的优势产业，并为制种业的再度振兴和带动山区农民致富增添了新的活力。海内公司在成功改制的当年完成了基础设施改造，增强了企业生产能力，为进一步带动以板栗为主的干鲜果品生产打下有力基础。

【发展设施农业】 全区农业设施面积已达730.33公顷，较上年增加252.47公顷，增长52.8%。其中蔬菜设施面积66.87公顷，占总面积的9.2%；瓜果类设施面积11.33公顷，占1.6%；花卉设施面积67.2公顷，占9.2%；西洋参及药材设施面积584.87公顷，占80%。全区设施农业总产值已达5 801.2万元，同比增长22.5%。

【建立农业信息网络服务系统】 投资120多万元，在区种植业服务中心内建立农业信息网络服务中心，实现地区与14个乡镇的农业信息微机联网。通过微机联网和村级的信息宣传栏及时向农民提供各种服务信息，扩大农产品销售市场。

【完成农业标准化生产示范基地建设】 围绕板栗、仁用杏、大枣、西洋参、芦笋等优势种植业项目，按照市有关部门部署要求，共安排了9项种植业标准化生产示范基地，标准化生产示范面积为0.147万公顷。

【养殖业发展】 2002年全区养殖业奶牛存栏达到1万头，牛奶产量3 003千克，比上年分别增长18.2%和20.1%；年出栏肉牛1.85万头、肉羊3.9万只，肉鸡570万只，同比分别增长23%、2.6%、14%；梅花鹿存栏6 017只，同比增长50%；水产品总产量246万千克，同比增长10.8%。养殖业产值已经占到整个农业产值的60.9%。

【养殖业结构调整见成效】 一是养殖业布局更趋合理。杨宋、北房、庙城、桥梓、怀柔镇5个平原镇主要发展奶牛产业。山区的琉璃庙、九渡河、渤海、雁栖等乡镇，充分利用山泉水资源优势，结合水利富民工程和旅游发展冷水鱼产业。二是养殖业品种品质结构进一步优化。生猪、肉鸭、肉鸡等传统养殖保持稳定，重点发展草食动物和特色养殖，包括肉牛、杂交肉羊、梅花鹿以及奶牛、冷水鱼主导产业。三是养殖业结构调整带动种植业结构调整，年内全区种植优质牧草和饲用玉米、高粱等0.23万公顷，比去年增加0.073万公顷。

【发展冷水鱼观光渔业】 冷水渔业以繁育、养殖、加工、销售虹鳟鱼、金鳟和鲟鱼为主，已经成为怀柔观光休闲业发展的基础产业。全区419处33.87公顷的冷水鱼场中搞观光渔业的有317处，年内接待垂钓观光游客80万人次，创综合收入6 000万元，效益3 000万元。观光渔业年纯收入超百万元的场家已达15处。

【科技在养殖业发展中的贡献率进一步提高】 2002年科技在养殖业发展中的贡献率已达58%，比上年增加3个百分点。鲟鱼转口科技攻关项目有很大进展，鲟鱼苗种在开口期到体长15厘米，以前大部分渔场育苗成活率仅有10%左右；本年全区鲟鱼苗育苗总成活率55.7%，北京龙兴鲟鱼开发有限公司4月引进10万尾西伯利亚鲟鱼苗，达到体长15厘米时成活率高达92%。

水利 林业

【水利富民综合开发工作又上新水平】 2002年，怀柔县认真落实“政策带动，水利先行，综合开发，水利富民”的第二阶段水利富民综合开发指导思想，从自身实际出发，大力发展集雨集泉、节水灌溉和拦蓄三大重点工程，促进种植、养殖、旅游休闲三大产业发展。

全年水利富民工程建设总投资4 289.7万元，其中农民投资2 160万元，农民“五小工程”投入占总投资的50.4%。

在第二阶段水利富民工程中，坚持科学规划，技术创新，把强化工程质量放在第一位。到2002年9月，共完成五小蓄水工程560处，承担市合同任务的20.4%。其中完成：小水池40处，小水窖60座，小管道140处，小泵站264处，集雨集泉56处。完成集雨处面积2.95万平方米。完成集雨节灌面积0.15万公顷。完成小流域治理面积40平方公里。完成增坎井站拦蓄工程130处，打井160眼，新增蓄水能力90万立方米，新增改善灌溉面积0.219万公顷。

【山区水利富民综合开发获优秀区县第一名】 全年完成五小蓄水工程560处，超计划20.4%；完成集雨场面积2.95万平方米；完成节雨节灌面积0.15万公顷，超任务0.12万公顷；完成怀丰公路等四条公路沿线50平方公里的小流域治理任务；完成塘坝井站工程130处，打井160眼，新增蓄水能力90万立方米，新增改善灌溉面积0.219万公顷。全区水利富民工程总投资4 289.7万元，其中农建合同安排资金779.7万元，区转移支付资金1 350万元，农民投资2 160万元。

山区万公里绿色生态富民工程共完成：拦蓄工程32处，集雨、集泉工程20处，谷坊坝957道，拦沙坝16处，防护坝12处，蓄水池1处，垒树盘10.93公顷；爆破造林186.67公顷，大苗造林153.33公顷，彩叶林340公顷，退耕（还林）发展经济林333.33公顷，中幼林抚育0.87万公顷。

由于以上出色工作，怀柔区被评为2002年度北京市水利富民综合开发优秀区县中的第一名。

【林业三大体系建设取得突破性进展】 2002年全年围绕“高水平林业生态体系、高效益绿色产业体系、高水平森林资源安全保障体系”三大体系建设，重点实施并完成17项林业建设工程，共植树917.4万棵，栽花、灌153.3万丛，植绿篱8 700延长米，铺草坪10.53万平方米。

在生态体系工程建设中，山区工程突出百万公里生态富民工程建设，平原工程突出“五河十路”绿化通道建设，总体工程突出多树种、多彩叶。在高效益绿色产业体系建设中，板栗主导产业建设规模进一步扩大，旅游沿线观光果园建设取得新进展，推广使用先进果树实用技术，干鲜果品总产量达 4 600 万千克。在高水平森林资源安全保障体系建设中，加大林业宣传力度，强化林政资源管理，加强森林防火工作和病虫害防治，加大林业案件查处力度。通过三大体系建设，提升了怀柔林业建设水平。

【板栗主导产业建设和观光果园建设又获新进展】 全年新发展板栗栽植 0.12 万公顷。板栗标准化栽培示范工程完成 233.33 公顷，推广板栗良种 25 万株，完成采穗建设 66.67 公顷。在怀北、慕田峪等旅游沿线发展建观光果园 114.67 公顷，全年引进杏、梨、樱桃优良品种 23 个，试验成活率在 90%以上。

【两处重点造林绿化工程完成好】 这两处是潮白河绿化工程和雁栖河绿化工程。潮白河绿化工程全长 12.78 公里，造林 313.33 公顷，栽植树木 16.08 万株；雁栖河绿化工程全长 20.33 公里，造林 40 公顷，栽植树木 3.5 万株。

【加大林业宣传力度】 全年举办大型林业宣传咨询活动 4 次，发放各种宣传材料，图片 19 000 份，区、镇乡利用广播、电视宣传 1 060 次，书写防火标语7 500条，新建永久性防火碑 15 块，在重要的进山路口和景区，景点悬挂宣传横幅 60 条。

【强化林政资源管理】 全年办理采伐申请 349 份，采伐树木 20 871 株，累计蓄积量 8 000 立方米。对上一个年度（2001 年）林木采伐情况进行自查、抽查，发证合格率和凭证采伐率均为 100%。加强木材运输的检查监督与管理，汤河口林业木材检查站共检查通过本辖区车辆 3 000 车次，补办检疫证 650 份。加大林业案件查处力度，立案查处 37 件，结案 35 件，处理 5 个违法单位、30 名违法个人。加强野生动物保护，全年救活国家一、二级以上野生动物 36 只，一般保护动物 81 只。

【森林防火工作进一步加强】 年内区政府投资 150 万元，组建起重点负责怀柔北部山区山火扑灭工作的汤河口森林消防中队，争取市支持资金 100 万元，完成怀柔水库、红螺寺两个电子监测站建设。本防火年度内出动警力 1 060 人次，对全区 36 个防火指挥所及景区景点进行检查 172 次，发放隐患通知书 61 份，制止野外用火 120 人次，当场处罚和批评教育 120 人次，取得了连续七年无森林火灾的显著成绩。

【防治森林病虫害】 年内共设置国家、市、区三级测报点 160 个，监测点覆盖全区。春季在重点地区开展飞防 32 架次，飞防效果达 95%以上。秋季以防治板栗食叶害虫为重点，采用地面熏烟和常景喷雾相结合的措施除治害虫，防治率 93%，防治效果达 90%以上。实施产地检疫 653.33 公顷，产地检疫率达 93.02%，销毁带病（杨树冠瘿病）苗木 2 500 株。对全区春季重点工程造林苗木栽后病虫发生情况进行复检，面积 511.33 公顷、192 万株。对外调苗木复检 283.8 万株，外调鲜果检疫 2.3 万千克，木板检疫 290 立方米，有效地控制了检疫对象的传播。

【中央、市属单位领导来怀植绿】 4 月 6 日“北京市义务植树日”，外交部部长唐家璇、国土资源部部长田凤山等连同中央、市属单位干部职工 1 400 多人，来怀柔县桥梓镇苏峪口村北植树造林，共植树3 500多株。

当日，全县有 10 多万人参加植树活动，共植树 21.6 万株。

气象　生态环保

【加强气象地面测报基础性工作】 2002 年内，区气象局完善测报业务管理办法，明确业务工作基本要求，坚持怀柔、汤河口两个地面观测站质量互查制度，全年两站错情个数均不超过 1 个。

【全区 2002 年气候综合评价】

气候：全年平均气温接近常年。其特点是：冬季（1～2 月）为暖冬，春季（3～5 月）为暖春，秋季（9～11 月）为冷秋，夏季气温虽接近常年或略有偏高，但各月气温变化也比较大，6 月份偏低，7、8 月份偏高。年日照略有偏少，基本接近常年。年降水较常年明显偏少（南部近 4 成、北部 2 成），旱情严重，地下水位埋深继续下降。全年没有出现大范围的暴雨天气，但小范围的雷暴、冰雹等灾害性天气较多。

气温：平原地区年平均气温为 12.1℃，接近常年 11.9℃。但各月气温波动较大，1 月份为 -1.4℃，2 月份为 1.7℃，3 月份 8.5℃，比常年分别偏高 3.3℃、3.5℃和 3.4℃，均创历史新高。10 月份 9.5℃，较常年低了 3.5℃，创历史新低。年极端最低气温 -17.9℃。年极端最高气温为 41℃，与历史最高值持平。

北部山区年平均气温为 9.4℃，接近常年（9.3℃），气温变化特点和平原基本一致，波动也较大。1月份（-5.1℃）较常年（-8.4℃）高 3.3℃，是历史最高值。2 月份为 -1.7℃ 较常年（-4.3℃）高 2.6℃，成为仅次于 1998 年（-1.3℃）的第二个最高值。10 月份为 6.7℃ 较常年（10.4℃）低了 3.7℃。是有资料以来的最低值。年极端最低气温 -22.2℃。年极端最高气温为 39℃。

降水：平原地区降水为 424 毫米，较常年 667.3 毫米少 3 成多。其中 6 月份接近常年，4 月、10 月、12 月偏多，1 月、2 月、11 月无降水，其他月份偏少。

北部山区年降水为 391 毫米，较常年（490.9 毫米）少 2 成，其中 4 月、9 月、12 月偏多，1 月、2 月和 11 月无降水，其他各月份偏少或明显偏少。

日照：平原地区年日照时数为 2507.8 小时，较常年（2673.1 小时）略有偏少。全年除 1 月、2 月、3 月、7 月、11 月偏多外，其他月份偏少。

北部山区年日照数为 2 674.4 小时，较常年（2851.8 小时）略偏少。全年除 4 月、6 月、9 月、12 月偏少外，其他各月接近或基本接近常年。

【推进百公里生态一条川建设工程和首都绿色生态屏障工程】 在怀北镇至喇叭沟门乡111国道沿线，建设集农业生产功能、观光休闲功能与绿色生态功能于一体的综合农业建设工程。计划总投资8 870万元，建设工程包括水土保持工程、水源保护及涵养工程、节水灌溉工程、拦蓄集雨集泉工程、彩叶林造林工程、中幼龄林抚育管理工程和乡镇村绿化美化工程，涉及怀北、琉璃庙、汤河口、长哨营和喇叭沟门5个乡、镇。已完成谷坊坝1 800道，拦沙坝28道，集雨、集泉工程20座，拦蓄工程完成30座，完成护地坝7处，总长2 700米，干砌石5.5万方，垒树盘7.33公顷，水利工程完成总工程量的70%。五项造林工程已全部完成。其中：爆破造林186.67公顷，栽植树木26.6万株；大苗造林153.33公顷，植树19.1万株；彩叶林340公顷，植树20万株；退耕还林333.33公顷；中幼林抚育已完成0.2万公顷。

建设首都绿色生态屏障工程，共完成潮白河绿化、雁栖河绿化、水源地造林和怀丰路两侧爆破造林等四项重点绿化造林工程，造林总面积0.077万公顷，共计植树89.54万株。

工业　乡镇企业

【县属工业主要经济指标稳定增长】 全年实现工业总产值49亿元，销售收入45亿元，与上年同期相比分别增长16.7%、21.6%；实现工业利润1.7亿元，同比基本持平；工业增加值9.1亿元，同比增长4.6%；亏损面24.3%，同比下降2.6个百分点；亏损企业亏损额7 000万元，同比增亏2 600万元；资产负债率63.7%，同比下降2.4个百分点。

【企业改革稳步推进】 全年区属国有、集体工业企业有30家完成产权制度改革，为年计划的120%，较好地完成了市政府年初提出的“基本完成区直属国有集体工业企业产权制度改革”的任务。通过改革，国有、集体资本从一般竞争性领域退出11.6亿元，盘活场地250万平方米，厂房46万平方米，资产13.44亿元；了结债务2亿多元，引进到位资金8.6亿元，置换职工身份8632人。

【加大技改投入】 全年新开工工业技改项目16个，竣工投产项目14个，完成投资3.2亿元；技改引进资金1.7亿元，引进项目6个，开发新产品15个。全部竣工达产后，年可新增产值18亿元，收入16亿元，利润1.9亿元，税金1.1亿元，成为新的增长点。其中怀柔汽车厂中重型卡车生产线建设项目，完成投资1.1亿元。竣工后，年产中重型卡车3万辆，新增工业产值34亿元、销售收入34亿元、利润5 000万元。爱芬食品（北京）有限公司糖果生产线改造工程、北京海爵食品有限公司引进TBA/21果汁生产线项目、北京欧陆太平洋制罐有限公司500毫升罐生产线二期改造项目、北京红星股份有限公司葡萄酒过渡生产线和配电室改造项目、北京天惠参业股份有限公司天惠工业园建设项目等5个重点项目累计投入技改资金1.7亿元，年可新增产值3亿元，收入2.5亿元，利润3 500万元。

【区直工业招商引资有新进展】 全年区直属工业全年引进项目16个。其中投资1 000万元以上项目10个，总投资6.48亿元；外资项目3个，总投资7 400万元。已投产项目6个，在建项目6个，办理开工手续项目4个。这些项目建成达产后，年新增工业产值13.62亿元，销售收入14.63亿元，利税1.16亿元。

【加强安全生产管理】 开展对非煤矿山企业的专项整治工作，依法取缔101家，占同类企业总数的70%。2002年开展安全生产月活动，投资30余万元制发、张挂宣传刊物42 000余份，组织职工参加安全知识学习、竞赛10 000余人次，接待群众咨询10 000余人，举办专题广播300余次，营造了安全生产社会氛围，有力推动了安全生产工作。六种非正常死亡率均低于市安委办下达的指标，较好地完成了全区安全生产管理工作任务。国家安全生产监督管理局和本市经委系统推介了怀柔安全生产管理的作法和经验。

【推进社会化服务体系建设】 发挥中小企业服务中心作用，全年举办项目经理培训共26期，培训近6 000人次。成立怀柔汽车工业协会、怀柔饮料协会，开展服务行政、实施行业管理的新通道。派专人驻政府投资服务中心，规范审批、审核、核准类项目的行政审批程序。

【乡镇企业主要经济指标较快增长】 全区乡镇企业2002年完成工业总产值75亿元，工业销售收入70亿元，工业利润5亿元，工业增加值15.5亿元，与上年同期相比分别增长11%、14.7%、23.6%和15.8%。完成企业总收入106.5亿元，企业利润总额8亿元，企业增加值21.5亿元，同比分别增长12.6%、21%和18.7%；完成出口交货值4.05亿元，同比增长11%。

企业规模不断增大。全区乡镇企业营业收入500万元以上企业202家，规模以上企业收入占乡镇企业收入总量的71.9%。经济运行质量进一步提高。全年工业收入利润率7.1%，比上年提高0.5个百分点；工业增加值率达到21%，比上年提高1个百分点；工业产品销售率达到97.3%，比上年提高0.4个百分点。

【乡镇工业小区、工业园建设取得新进展】 全年乡镇工业小区、工业园区完成工业产值50.8亿元，工业收入51亿元，工业利润3.78亿元，增加值11.78亿元，分别占全区乡镇企业完成总量的66.4%、72.8%、75.6%和74.5%。乡镇工业小区、村工业园区的规模不断扩大，经济实力不断增强。2002年底，工业总产值超10亿的有2个，超5亿的有2个，超1亿的有5个，超5 000万元的5个。

【乡镇企业招商引资取得新成果】 2002年共签约各类工业项目92项，计划总投资16.7亿元。到11月底，共开工建设82项，竣工投产48项，完成投资9.93亿元，占计划总投资的59.5%。计划引进区外资金16.5亿元，实际到位9.86亿元，到位率59.8%。全部项目中，投资1000万元以上项目39个，其中1亿元以上的3个，5 000万元以上的5个。围绕优势骨干行业招商效果显著。新引进吴中仪表、华恒包装、红林制药、万特尔生物、四海饮料、莫哈夫食品、汇源PC瓶饮料等一批新企业，使乡镇企业优势骨干行业进一步壮大，产业集中度进一步提高。2002年底，乡镇企业食品饮料、包装印刷、汽车配件、电子通讯和生物医药五大行业完成的产值、收入、利润分别占乡镇集体企业完成总量的56.5%、57.5%和57%。

【乡镇企业技术改造力度加大】 全年共实施技术改造项目10项，总投资2.18亿元，比上年增加8 300万元。富乐工业园区内的统一、紫江、中富等三家企业上年投资1.48亿元陆续建成投产后，本年度又投资1.56亿元进行技改扩规。

【乡镇企业重组转制取得新进展】 全年共完成重组转制企业28家，其中组建有限责任公司15家，租赁10家，兼并2家，买断1家。盘活利用存量资产1.82亿元，计划引进区外资金2.4亿元，实际到位8 865万元，到位率36.8%。另外，结案破产企业1家，解除债务1 100万元。

【乡镇企业为吸纳劳力、农民增收做出新贡献】 到2002年底，全区乡镇企业从业人员达到54 000人，比上年增加3 832人，增长7.64%。当年乡镇企业提供的农民可支配收入79 880万元，比上年增加5 408万元，增长7.26%。

商业　服务　旅游

【社会消费品零售额完成17.5亿元】 全区各商业服务网点共完成社会消费品零售额15.4亿元，比上年同期增长14 %。全年实现商业增加值2.28亿元，与上年基本持平。

【区商委系统招商引资力度加大】 一是区直单位招商引资工作回升势头明显。区供销社引入翠微家园超市引进投资700万元，红螺食品集团引进投资150万元的饴糖加工项目，粮食局引进投资600万元的北京金鹏祥包装制品公司，机电公司与市物资总公司合作引进资金2 500万元兴建12 000平方米的机电大厦，京北大世界引进300万元开办舍宾女子健身俱乐部等等；二是乡镇流通业的招商引资工作取得了很好的实效，怀柔镇引进总投资4 000万元的晟富益建材市场，投资2 400万元的一期工程已完工投入使用。琉璃庙镇引进投资1 200万元的中油兴亚科技有限责任公司等。

【开拓社区服务】 针对本区社区商业网点较少，居民购物不便问题，区商委着力发展社区连锁商业，结合自身的实际和小区发展建设需要，本着便民、利民原则，加强社区居民服务，积极开设便民连锁超市。全区较大规模的便民连锁超市店已达到25家，知名的连锁餐饮企业达到8家，如肯德基、麦当劳、全聚德等，方便了社区居民生产生活。

【拓展新的经营领域】 一年来全区的流通业在拓展新的经营领域和开拓新的经营方式上，取得了较大突破。区供销社投资5 000万元建设3.6万平方米的康馨家园居民小区，与北京中都国际拍卖有限公司合作成立中都京东（北京）国际拍卖有限公司，投资350万元建成设有450个摊位的世纪园市场；还有康弘公司在全市首家引进了石火浴项目等。

【6家商业供销企业转制】 全区商业系统内区药材公司、华峰药店、区供销新综合批发公司、怀庆堂药店、兴华商场、桥梓供销社6家企业完成转制工作。

【全年接待游客700万人次】 全区旅游行业求新、求实、求发展，狠抓重点工程落实，旅游业稳步增长。全年接待游客700万人次，综合收入亿元。

【旅游整体运行质量进一步提高】 一是建成怀柔旅游咨询中心，于“五一”节投入使用；二是完成红螺山市级旅游度假区总体规划和控制性详规的制订、申报及审批工作；三是正式推出雾遥山自然风景区，完成北京怀北国际滑雪场二期工程（滑草场建设）并投入使用，美化了景区环境，提高了档次，并使冬季滑雪项目得到了合理延伸；四是红螺园、松秀园、大雁楼等宾馆饭店进行大规模装修改造，增加娱乐设施；五是完成了新建改造星级厕所22个。

【开展旅游宣传促销】 走出去，请进来，加大宣传促销力度。一是组织全区主要旅游企业以大篷车形式赴周边10几个大中城市开展大规模的专项促销活动，共签订旅游协议6 800份，发放旅游系列宣传品20万份，在当地引起轰动。二是邀请内蒙古、山西太原、大同旅行社分两批共80多家来怀考察座谈，并推出了怀柔旅游精选线路，宣传了怀柔、扩大了市场，促进了区域合作。三是利用电台、电视台、报刊等媒体做好各种形式宣传。北京、天津、河北、山西、云南、海南等地电视台的不同栏目做宣传怀柔旅游节目1 200多次，各类报刊发表怀柔旅游信息及文章2 500多篇，《北京日报》做了整版宣传，北京电视台天气预报栏目长年出现怀柔旅游画面。此外还积极组织参加市旅游局组织的如地坛公园书市、西单夏日文化广场等促销活动，均收到很好效果。

【节日旅游活动丰富多彩】 围绕四季游主题，组织推出民俗风情过大年、红螺庙会、春季赏花旅游月、消夏避暑节、宾馆饭店业务技能大赛、板栗旅游文化节等各种活动20余个，使旺季延长，热点不断，促进假日旅游高峰的形成，“春节”、“五一”、“十一”三个黄金周共接待游客116.6万人次，“五一”期间，更创下了日接待游客11.5万人次的最新纪录。假日旅游高峰还带动了相关产业发展。

【民俗旅游成为全区旅游新亮点】 制定并实施《关于促进本区农民发展民俗旅游的规定》，重点扶持有条件的农户发展民俗旅游并加强规范管理。当年新发展民俗旅游户 120 户，总数已达 2 080 户（处）。新建水冲式厕所 110 个，硬化整治村级街道 1.5 万平方米。1～11 月份，全区已接待民俗游客 180 万人次。民俗旅游的不断发展，使山区资源得到了有效利用，促进了产业结构调整及山区综合开发，富裕了当地农民。8 个民俗旅游专业村户均收入超过 12 000 多元，比上年增加 20%；官地、西庄、莲花池等重点村户均可超过 2 万元。付林玲垂钓场、顺通虹鳟鱼养殖中心、富华垂钓园及山吧等典型大户收入超百万元，民俗旅游成了农村的富民工程。

【冬季旅游火爆】 年初正值严冬，以“赏歌舞、踏冰雪、闻钟声、观日出、享民俗”为主要内容的怀柔冬季旅游火爆。县旅游部门精心组织了怀北国际滑雪场开业、卢庄民俗旅游村挂牌、红螺寺撞响迎新年钟声、慕田峪元旦登城观日出等冬季旅游系列活动，并以国家民委迎新年送戏下乡慰问演出为契机，在元旦期间热烈推出，拉开了全县冬季旅游序幕。元旦、春节期间，以“冰雪”和“民俗”为特色的冬季旅游活动丰富多彩。红螺寺春节黄金周举办民俗风情浓郁的红螺庙会，推出“岁寒三友”红螺游活动。“民俗风情过大年”活动增加了富有怀柔地方特色的花会、秧歌等民间系列文化活动。于 2001 年 12 月 31 日正式开张营业的怀北国际滑雪场是目前北京地区最大的滑雪场。元旦三日假期，全县旅游行业共接待游人 213 万人次，其中怀北滑雪场接待近 4 000 人次。

【三捧旅游紫金杯】 在 2 月举行的第九届“首都旅游紫金杯”表彰大会上，怀柔县共获得 13 个奖项，并连续第三次捧得“旅游紫金杯”。按照规定，代表全市旅游业最高荣誉的该杯将永驻怀柔。

【加强旅游市场管理】 加大旅游市场整治力度，成立怀柔旅游执法队并开展工作，规范市场经营秩序，净化旅游环境，树立良好形象。根据国家、市旅游局关于整顿和规范旅游市场秩序的安排部署，针对全区主要旅游沿线、重点区域存在举牌拉客，招手揽客以及私拉乱设不规范条幅标牌等影响整体形象的突出问题，发挥旅游联合执法队的监管作用，在强化日常监管的同时，结合旅游黄金周进行了集中整治和清理。特别是慕田峪长城商品市场不规范问题，通过周密组织、统一行动，得到彻底整治，取得了阶段性成果。

【规范市场经济秩序】 集中力量对全区的煤炭、成品油和集贸市场以及重点地区和场所进行专项整顿。查处各类经济违法行为 1 000 余起，罚没款 100 余万元，处罚了 4 家加油站，依法取缔了 2 家无证经营的加油站。

招商引资　对外经贸

【多渠道多形式开展招商引资工作】 一是调动招商局专职招商工作人员的工作积极性，主动出击进行招商；二是利用网络进行招商，积极宣传怀柔，建立项目库，充分发挥网络的时效性、广泛性，推出去、引进来；三是以商招商，通过各种渠道在社会上发展兼职招商人员，充分发挥他们社会经验丰富、关系网络健全的优势，与专职招商工作人员形成互补，共同招商。

【区投资服务中心不断提高服务水平】 区投资服务中心不断完善和加强进厅职能，努力扩大服务功能，增加进厅服务单位，由原来的 27 家增加到 32 家。加大了政府投资服务中心的服务半径，一年来各项工作取得好成绩。累计办事总量 10.4 万件次，其中办理手续 7.4 万件，提供咨询服务 2.9 万次，外出为企业投资者服务 2 561 人次，均比上年同期增近 30%。共发放各种证照 10244 份，较上年同期增长近 30%；累计为新办企业发照证 1601 个，实现企业注册资本金 11.7 亿元，其中，外资企业发批准证书 23 个，注册资本 0.85 亿元。累计收到留言表扬 1.58 万条，客户赠送锦旗 26 面。

【招商引资项目成功率高】 2002 年区招商局总计引进实体企业 27 家，投资总额 86 080 万元，合同利用外资 50 万美元；其中投资总额 5 000 万元以上的项目 8 个（区政府原下达的任务是投资 5 000 万元以上的项目 4 个）。另有 3 个项目正就合同细节进行商谈。所引进的项目中，竣工投产（试生产）15 个，投产率为 55.6%；在建项目 9 个，开工率为 33.3%，其中有 1 个在进行前期准备工作；项目成功率为 88.9%。

【精心组织外贸招商活动】 一是成功举办“怀柔区 2002 年投资信息发布会”，签订合作协议 4 个，总投资 9.6 亿元人民币。二是组织区内有关单位参加了第五届北京高新技术产业国际周、第六届京港经济合作研讨洽谈会、京台科技合作研讨洽谈会等重大外经贸活动，取得了良好效果。通过上述活动区外经贸委共直接引进项目 3 个，协议利用区外资金 2 000 万元。

【外商投资规模扩大】 全区累计新发展外商投资企业 30 家，协议总金额 1.8 亿美元，比上年同期增长 41.7%；注册资本 1.02 亿美元，同比增长 63.7%；合同利用外资 6 006 万美元，同比增长 11.1%；实际利用外资 4 500 万美元，同比增长 12.5%。全年利用外资的特点，一是外埠迁入企业明显增多，全年共迁入企业 10 家，总投资额 7743 万美元，合同利用外资 2119.6 万美元，分别占全年各项指标的 45.2%、35.2%；二是已批企业增资成为怀柔区利用外资的又一新增长点，预计到年底全区共有 16 家已批企业增资扩股，总投资额、注册资本、合同利用外资分别增加 3 928 万美元、1685.2 万美元、1 306 万美元，分别占当年发展总数的 23.1%、16.5%、21.7%。

【拓宽产品出口渠道】 一是今年申办进出口权企

业14家，为年计划的280%，其中自营进出口权企业5家，外贸流通经营权企业9家。二是组织区内富亿农板栗有限公司、怀昊伟商贸有限公司两家农业创汇企业赴新加坡、南非、法国参加了当地组织的食品博览会，取得了较好效果。富亿农公司会上与亚、欧的5家企业签订了购销合同，产品出口到加拿大、英国、新加坡等国。三是帮助区内13家出口企业申请中小企业国际市场开拓资金，申请项目33个，争取市财政资金支持370万元人民币。

【出口供货稳步增长】 到年底，全区进出口企业完成出口供货额5.2亿元人民币，比上年同期增长8.3%；直接出口创汇2 000万美元，同比增长7.6%。外贸出口增长的主要原因有四个方面：一是直接出口创汇稳定增长。到年底企业直接出口创汇达2 000万美元，增长7.6%。二是加工贸易企业出口增长迅速。目前全区有13家企业开展加工贸易业务，审批加工贸易合同170份，同比增加36份，其中进口总值700万美元，同比增长53.8%，出口总值1 600万美元，同比增长60.3%。三是三资企业直接出口创汇增长明显，外商投资企业成为推动出口的主要力量。“三资”企业直接出口创汇1 600万美元，同比增长20%，占全区企业直接出口创汇的80%。四是直接出口渠道进一步扩大。全年共申办进出口权企业14家，其中自营进出口权企业5家，外贸流通经营权企业9家。

【“三资”企业经营情况良好】 到年底全区共有145家“三资”企业开业、投产，共创产值37亿元人民币，实现收入30亿元人民币，上缴税收3.5亿元人民币，与上年同期相比，分别增长15%、30%、25%。外商投资企业税收占全区企业税收的46%，吸纳从业人员1.3万人，对全国经济发展作用很大。

【加强“三资”企业管理】 一是对全区“三资”企业进行联合年检，监督“三资”企业合法经营，有159家企业通过年检，占应检企业的100%。二是对已批外商投资企业合同、章程的履行情况进行监督，督促已批企业及时人资。三是按照外经贸部的统一安排，给区内150多家外商投资企业更换了新的批准证书。

【为“三资”企业提供良好服务】 一是定期组织重点企业协会政策法规宣讲会，全年组织了有关工商、劳动、卫生等方面的政策宣讲活动。二是人事、公安、外贸等部门会同，为区内的东明化学有限公司、红牛维他命饮料有限公司、欧陆太平洋制罐有限公司三家企业解决了外地高级管理人员的户口进京问题。三是为企业解决日常生产经营活动中出现的问题和困难。为统一饮品有限公司、海爵食品有限公司协调解决企业广告方面存在的问题，避免了企业造成不应有的经济损失。协调与北京海关、市商检局的关系解决了刮拉瓶盖有限公司、世气圣地服装有限公司、诚一食品有限公司、统一食品有限公司、丽达通讯设施（北京）有限公司等10几家企业的验厂、货物监管、出口保证金不足、监管物料时间倒挂、进口商品检验等方面存在的问题，理顺了企业进出口关系，并为企业挽回经济损失20多万元。四是定期向重点企业发放“对区政府职能部门服务态度，依法办事”征求意见函，征求企业意见和建议。

财政 税务 金融 保险

【全区财政实力进一步增强】 2002年，实现区域财政总收入160 600万元，比上年增长26.2%；实现地方财政收入54 792万元，同比增长31.2%，完成预算的117.1%。全年实现财政总支出149 145万元，同比增长16.3%，为预算的118.4%。

【财政保障能力有新提高】 2002年区财政支出确保党政机关正常运转和增资需要。农业、教育、科学、文化、卫生等事业支出均按法定比例增长。农业方面支出同比增长12.4%，教育资金同比增长20.6%，卫生事业费和社会保障支出同比分别增长31.7%和21.5%。为保障社会安全稳定，加强公检法司系统的软硬件建设，这方面的支出同比增长39.8%。此外还从资金上支持区政府实施的“便民工程”、机构改革以及撤县设区活动等。

【规范镇乡财政管理】 修改完善镇乡财政业务工作基础规程和考核办法，加大镇乡财政改革力度，14个镇乡普遍进行了部门预算改革，扩大了财政直接支付范围，对办公设备进行政府采购，对镇乡的预算外资金管理和收费票据的使用管理进行了清理整顿，制定并实施《镇乡财政预算工作意见》，重点解决镇乡财政监督薄弱问题。

【国税收入有新突破】 区国税局2002年累计组织入库税收收入80 204万元，完成年度计划任务指标72 200万元的111.1%，提前一个半月超过完成市下达的税收任务指标。

【提前70天完成全年地税征收任务】 怀柔地税局2002年共组织各项收入93 276万元，比上年增加21 582万元，增长30.1%，占区域财政总收入的58.1%。其中税收收入完成90 245万元，同比增加20 838万元，增长30%，完成年度计划78 000万元的115.7%，超时间进度15.7个百分点。三大主体税种：营业税完成50 238万元，占总收53.9%，企业所得税完成16 988万元，占总收入18%，个人所得税完成12 113万元，占总收13%。

【继续完善纳税服务体系】 2002年市地税局以全心全意为纳税人服务为宗旨，完善纳税服务体系。一是简化纳税人办理开业登记、变更登记和发票核定等十几个办税环节的手续。二是制定《纳税户网上申报工作规程》，方便纳税人，已有3 480户企业进行了网上登记。三是设计《饮食业定额有奖发票应交税款核查表》，大大提高了工作效率，从原来每5分钟查验一户，提高到现在每户用时不到2分钟，减少了纳税人排队等候时间。四是开通69698080咨询服务专线，给纳税人提供快捷服务。2002年纳税人综合满意度保持在98%以上。

【加强国税征收管理】 2002年区国税局进一步加强了国税征收管理工作。一是加强所得税征收管理。对所得税管理所人员进行了调理充实，与地税联系协作按时完成了182户新办所得税户的接收工作，目前已办理所得税登记1244户。按时完成104户企业2001年度所得税汇算清缴工作，汇算面100%；银行代扣个人所得税1 488万元，占任务1 810万元的82.2%。二是集中力量做好清理加油站及安装税控装置工作。对11家加油站及时进行了清理，查补税款16.4万元。同时与技术监督局通力合作，对51台加油机加装了税控装置，并进行了初始化。三是加强增值税管理，认真落实消费税各项政策调整。严把一般纳税人认定关，认真落实免、抵、退税管理办法，按时完成了一般纳税人年审、出口退税清算和增值税普查等项工作。四是完善了"金税工程"等各项工作流程和发行发售工作，增值税存根联采集率实现100%，认证有问题发票逐一登记台账并定期进行核对，较好地完成了各环节工作运转。五是进一步加强涉外税收管理，按时完成了2001年度126户外商投资企业所得税汇算清缴工作，汇算面100%。完成了年初确定的三个行业30户企业的审核评税，以及38户企业的涉外审计工作，并完成了149户涉外企业的联合年检工作。

【税源监控水平提高】 2002年区地税局以深化发票改革为突破口，税源监控水平有了进一步提高。一是重新修订了饮食业定额有奖发票版面、调整了布奖额度。1～7月份共售出有奖发票17 039本，征收税款435万元，同比增加45万元，增长12%，有8 000余人中奖，支付奖金30万元。8月份全市统一推行有奖发票，制定了比较详细的发票改革实施方案。对纳税人培训，理顺发票改革工作，销售新版发票17 195本，查验旧票800多户次，审核录入发票核定信息1 000多户次。二是认真做好推行纳税信誉等级工作。制定了《纳税信誉等级评定管理办法》，积极探索建立纳税人评级制度，实行A、B、C三类管理，确定了26户企业为A级纳税人。三是实行"个人所得税代扣代缴责任单位通知书"制度。实际扣缴率比上年提高13个百分点，入库税款8 064万元，同比增加2 851万元，增长54.6%。四是完善对税源户管理。制定了《纳税户管理工作规定》、《逾期登记督办》等10项制度，建立并推行了税企联系卡，使税企之间的联系更加畅通。

【规范税务稽查检查工作】 区地税局积极探索税务稽查检查工作规律，建立税务检查错案追究制度和典型案例通报制度，重点对偷逃税手段及税务检查的措施、方法等进行归纳总结，提高了稽查检查人员的能力。加大税务稽查检查力度，成立两个稽查所，规范专案检查、专项检查、日常检查、纳税清算工作程序。全年共对441户企业实施了检查，发现有问题327户，查补税款1 465.3万元，同比增加1 058.7万元，增长260.4%；加收滞纳金和罚款324.5万元，同比增加204.9万元，增长171.3%。

【金融系统存、贷款和储蓄上升】 全区金融系统8个单位（工行、农行、信用社、建行、中行、邮政、发行），2002年度存、贷款和储蓄均较上年上升。合计到年末的余额，存款835 115.4万元，较上年的741 807万元，增加93 308.4万元，增加12.6%；储蓄427 077.4万元，较上年的370 624万元增加56 453.4万元，增加15.2%；贷款510 173万元，较上年的493 511万元增加16 662万元，增加3.4%。

【提升保险服务质量】 怀柔保险支公司2002年进一步完善服务设施，提升服务质量，实行完损、核赔分离，分段划清职责，提高查勘完损工作效率，强化核赔监督功能。全年共实现保费收入4 017万元，承担社会风险金额近70亿元，共处理各险种理赔案件6 300多件，理赔金额达1 874万元。

【人寿保险保费增长三倍多】 怀柔在北京郊区人口少、面积大、山区多，开展人寿保险工作有难度，人保、寿保公司知难而进，改革创新，2002年实现保费收入单趸交保费1 380万元，比上年同期的317万元，增长335%。

城乡建设　市政管理

【加强城市规划设计】 会展中心规划初步编制完成；卫星城控制性规划的调整和报批工作完成；城市地下管网综合规划完成委托和基础资料的集中汇总；编制了黄花城长城旅游开发规划；红螺山市级旅游度假区西区的控制性详细规划，规划范围416公顷，控制性详细规划已批。

城市设计坚持树立精品意识、提高创造精品的能力。全年共完成建筑设计项目78项，建筑设计面积16.4万平方米，完成工程勘察项目31项。

【整顿、规范建筑市场】 对全区66家施工企业进行资质审查。严格外地队伍管理，本区建筑企业与外地施工企业签订《保障北京市建设行业稳定工作责任书》53份，注册外地人员7897人，同比增加24.6%。检查工地121个，建筑面积91.8万平方米，对检查中发现的各类安全隐患，当场发出限期整改通知书，全部落实了整改措施。

全年完成招投标项目75项，面积45.6万平方米，其中公开招标32项，面积31.3万平方米，占招标总面积的68.6%，合同备案率达到了100%。

【完成14条乡、村道路建设工程】 此项工程共涉及庄苗路、琉崎路、红螺旧路等14条乡、村路和安各庄桥加固工程，区政府进行补助性投资1000万元，道路总长67公里。

【完善山区无线通信网站布点建设】 北京移动通讯有限公司怀柔分公司陆续开通青龙峡、喇叭沟门、西岭宾馆、工联培训中心等 20 个基站。到 2002 年底，累计已达 70 个，达到了山区主要公路沿线、乡镇政府所在地、主要旅游区无线电话畅通。

【深入开展“严管城”建设】 执行区人大常委会《关于深入持久地开展“严管城”工作的决议》，抓重点，带一般；抓难点，促全局，采取集中整治与日常管理相结合，严格执法与说服教育相结合，职能部门与全民参与相结合的工作措施，广泛深入的开展了“严管城”建设活动。协调有关部门采取多种形式，加强“严管城”建设的宣传，共发放各类宣传材料 12 万份，更换宣传板报、橱窗、展板 518 期，悬挂宣传横幅 80 余条，使“严管城”宣传工作达到了预期效果。

【加强城区总体绿化管理】 对城区主要街道和公园的 1000 余株大树进行抹头修剪，栽植、补植各种苗木 19.1 万株，铺种草坪 8.8 万平方米，铺装草坪砖 3 343 平方米。同时定期对各门前三包单位和居住小区的绿化美化工作进行督促检查和指导。城区绿化美化总体管理水平明显提高。

【全区环境质量进一步提高】 一是加强了对饮用水源的保护。区环保局加大了对怀柔水库、怀沙河、怀九河、京密引水渠怀柔段、怀柔水厂和区水资源保护地的检查执法力度。二是严格控制新污染源，积极支持规模大、效益高、无污染的企业发展。环保局严把审批关，对新、改、扩建项目严格执行“三同时”审批制度，对无污染的项目，简化手续，从速办理。三是采取积极措施减少大气污染，狠抓烟控区的建设和管理，强化施工工地和地面扬尘的管理，与 21 个施工工地签订了环保责任书。并加强了机动车的尾气检测，对 164 辆超标车辆进行了限期治理。

【全区道路交通秩序明显好转】 2002 年全区道路交通管理有举措，开展了以创建“平安大道”，实施“畅通工程”为主要内容的交通安全专项整治行动，有力地促进了全区道路交通秩序明显好转。2002 年全区共发生各类交通事故 1 071 起，比上年同期下降 47.7%，伤 855 人，同比减少 174 人，下降 16.9%。

精神文明建设

以党的十五届六中全会精神和“三个代表”重要思想为指导，以迎庆党的“十六大”为契机，以宣传贯彻《公民道德建设实施纲要》为重要内容，全区社会主义精神文明建设工作不断加强，“雕塑精品城镇，做足山水文章”，成为提高全区整体文明程度的总的工作目标，城镇面貌更加净美，城乡人民的思想道德水平进一步提高，科技、教育、文艺文化、体育、医药卫生等方面不断取得新成绩。

创 建 活 动

【宣传贯彻《公民道德建设实施纲要》】 2002 年，按照中央和首都文明委的部署要求，在全区范围内，认真宣传贯彻 2001 年中央颁布的《公民道德建设实施纲要》和 12 月市委下发的《关于贯彻落实〈公民道德建设实施纲要〉的意见》，全面加强思想道德建设。

元旦、春节期间，全区在繁华路段、中心地区举办了大型宣传咨询活动；各单位、各地区也分别结合实际，开展了不同形势的咨询服务活动。利用广播、电视、报到和宣传橱窗、标语等广泛进行宣传。全区新增公民道德建设方面的标语 1 000 多条。汤河口镇村村建立了功德榜和曝光台，宣传思想道德建设方面的好人好事，鞭挞不文明行为。利用知识竞赛、演讲比赛、征文等形式普及公民道德知识。全区 14 个镇乡和大多数区直单位，都程度不同的开展了此项活动，群众参与面多在 80%以上。基层各文明市民学校均开始专门课程，强化公民道德教育。全区人民的文明道德素质也由此得到新的提高。

【开展公民道德建设评选活动】 全区制定了标准和评选办法，由基层推荐，公民投票确定最后人选，区委、区政府统一表彰。共评选出 2002 年度“公民道德建设标兵”15 名。

【修订完善思想道德规范准则】 在全区范围内，开展“弘扬怀柔精神，做文明怀柔人”具体标准宣传教育，各乡镇，各单位根据《纲要》规定要求，结合自身实际，制定和修订了具体的行为规范、准则。北房镇编写了《北房镇公民道德规范四字歌》，琉璃庙镇编印了《琉璃庙镇公民文明规范守则》，渤海镇编写了《渤海镇公民道德歌》，印发到每家每户。

【军地相互支援】 全区的军民共建点由原来的 41 个增加到 62 个。到 2002 年连续三年，区政府筹资 40 余万元，用于预备役高炮一团基础设施建设，积极协调为 66329 部队进行电路改造。为装备指挥技术学院提供土地 33.73 公顷，投资 800 万元修建了通往该院的“拥军路”。分别赠送 66329 部队和预备役高炮一团指挥车一辆。长哨营满族乡政府无偿提供 9 000平方米土地，并筹资 13 万元，支持 66420 部队建起了泗渡训练场。

驻怀部队支持区两个文明建设。一年来投入兵力 8 000 余人次参加本区绿化工程建设，出动车辆 1 000 余台次在重点绿化地区，栽大型树木 1 000 余棵，植树墙 5 000 多米，运送土石万余方。为驻地贫困生捐资助学 10 万余元。与 70 多位孤寡优抚对象签订帮困协议，与光荣院、敬老院结队子，看病送药，入户上门服务。一年来驻怀部队还帮助所在地区抗洪、固堤，扑灭山火 10 余次。

【“文明创建”结硕果】 到 2002 年，怀柔区是全国首批表彰的“全国创建文明村镇工作先进县”，全市首批表彰的“首都文明县”。全区有 8 个首都文明单位标兵，28 个首都文明单位，5 个首都文明乡镇，21 个首都文明村，11 个首都文明居民区，8 个首都文明景区。杨宋镇被中央文明委命名为“全国创建文明小城镇示范点”，北房镇被中央文明委评为“全国创建文明村镇工作先进单位”，龙湖花园居民区、第二幼儿园、辛营服装厂、汤河口镇东帽湾村、庙城镇李两河村被首都文明委命名为“创建文明城市、文明单位、文明村镇示范点”。

【表彰两个文明建设先进】 2002年2月1日，怀柔县2001年度社会主义物质文明建设、精神文明建设先进集体先进个人表彰大会隆重召开。在会上受到表彰的有：经济建设十佳企业10个，经济贡献百佳企业56个，科技工作先进乡镇4个，工业十大固定资产投资项目10个，十大非公制企业9个，先进乡镇工业小区5个，先进村级工业大院2个，先进出口创汇企业2个，农业产业化先进龙头企业2个，创农产品品牌单位5个，先进农业经济服务组织5个，先进主导产业专业村5个，先进二、三产业专业村9个，先进养殖小区5个，先进种养业龙头大户5个，六好乡镇党委6个，精神文明建设先进单位9个，建设怀柔贡献奖5个，环境整治先进乡镇5个，精神文明建设十佳活动10项，职业道德窗口示范单位10个，职业道德标兵10名，文明怀柔人标兵10名，五好文明家庭标兵10户。

科技　教育

【全年实施科技项目68项】 2002年全区科技工作，坚持科研、试验、示范、推广并举方针，全年组织实施国家、市、区级的星火计划、火炬计划、可持续发展示范项目及致富、科研、实验、推广项目共68项，完成总产值4亿元，实现利税3 300万元。

【支持高新技术产业发展】 贯彻实施《怀柔区促进高新技术企业发展有关政策的通知》和《怀柔区高新技术投资风险专用资金使用管理办法》，区政府安排500万元专项资金，用于高新技术企业的发展、奖励及贷款贴息。到2002年12月底，经认定，全区高新技术企业有33家（其中当年审批16家），有11家高新技术企业的11个项目申报了专款补助，有6家企业申请贷款贴息。据对25家高新技术企业统计，当年完成总产值6.8亿元，完成利税8 100万元。

【开展科普活动】 以宣传贯彻《科学普及法》为重点，全年组织大型科普宣传活动6次，科普展览7次，科技下乡67次。制作展板195块，放映科教片1 300场，发放宣传材料17万份。举办实用技术培训74次，510人获得绿色证书。

【农业园区建设启动】 在庙城镇建立全区首家市级星火技术密集区，当年9月经市科委正式批准。该园区农业生态园总体规划编制完成并逐步实施。建成世纪梨观光果园66.67公顷；完善牧草示范园建设，引进新品种95个；三个肉牛养殖小区出栏牛1 000头，牛羊存栏3 200头，采用“公司+农户”模式发展各种养殖户935户；发展花卉种植户100户；“一区二院”基础设施全部完工，建成标准化厂房4.6万平方米，各类企业陆续入驻。

【农村信息化步伐加快】 区农村信息化建项目当年列入国家“863”重点项目和市科委重大科技项目，同时列入全市四个示范区之一，总投资140万元。杨宋庄村已建成全市第一家“农民网络技术学校”。庙城、北房、九渡河、琉璃庙、汤河口、喇叭沟门6个镇乡建起了农村信息化视讯双向服务站点。新建16个卫星接收服务网点。全区已形成视讯双向教学、课件点播、卫星接收三套农村远程教育系统。

【3500名农民获技术职称】 县科委结合板栗、冷水鱼、西洋参三大主导产业发展状况，采取面授、声像等各种教育形式，多项措施并举培养乡土人才。到2002年一季度，已有3 500多名农民获得不同等级的技术职称，其中有29人被评为市级乡土拔尖人才，有2人获得国家高级农艺师职称。

【2001年度怀柔县科技进步奖评审公报】 2002年1月23日，怀柔县科学技术进步奖励评审委员会对2001年度怀柔县科学技术进步奖专业评审组的评审结果发表公报，43项通过专业评审。其中：工业一等奖3项，二等奖2项，三等奖2项；农业一等奖3项，二等奖5项，三等奖4项；医疗卫生一等奖3项，二等奖5项，三等奖7项；城市建设与管理三等奖1项，综合类一等奖2项，二等奖1项。

【加强教师队伍建设】 对青年骨干教师、班主任进行培训、考核，发挥其骨干示范作用。对区级优秀教师，市、区级骨干教师和学科带头人进行表彰奖励，本年内首次确定了对优秀班主任进行表彰的“‘明珠杯’优秀班主任”的表彰奖项。出台《怀柔区幼儿教师任职资格标准》，进行培训、考核，逐步使全区各类幼儿园教师做到持证上岗。

对学校主要领导进行现代学校管理和现代教育思想的培训。全面实行聘用合作制和结构工资制，双向选择，竞争择优上岗，科学定岗，以岗定薪，并向优秀人才和关键岗位倾斜。全区25所学校、3 223名教职工签订了聘用合同，134名教师签订了内部退休和离岗待退合同。全区教师队伍进一步优化。

【加强教育督导工作】 聘请兼职督学10人，特约督导员4人，2002年就学校安全工作和贯彻实施《北京市中小学德育整体化工作纲要》情况，进行专项督导检查，对检查出的问题及时整改。对区教育系统的46所中小学和区属教育培训单位的2002年度收费计划和收费项目，逐校、逐单位进行审核，规范收费行为，还对17所中小学的收费情况进行了抽查，没有发现乱收费现象。市物价局、市教委年内对本区教育系统的11个单位的2001年度收费情况进行了专项检查，给予了肯定评价。

【强化中小学德育工作】 加强德育工作的研究与实践，区教育局建立了“德育教研室”，各校也先后建立了心理健康教育咨询室，并确定了一批德育实践基地，以爱国、爱家乡等教育为主题广泛开展“永远跟党走”、“高举团旗跟党走”、“红领巾心向党”、“珍爱生命、珍惜健康”等方面的教育活动，举办心理健康教育讲座，提高学生思想道德和心理素质修养。

【农村中学全部通过规范化验收】 投资40万元用于学校硬件建设，九渡河、琉璃庙、宝山寺、杨宋4所农村中学通过规范化验收。至此，全区19所农村中学全部通过农村中学规范化检查验收。

【高考升学率超全市平均水平】 2002年高考，本区1 050名考生被各类高校录取。有229人升入全国重点大学，比上年增加69人，考入北大、清华的有9人。连续三年本区高考升学率超全市平均水平。

【校舍普查】 对14个镇乡和区直109所中小学校舍进行了普查，制定修缮方案，落实修缮宿舍，在暑假秋季开学前全部完成了修缮任务。

【京北职业技术学院成立】 京郊第一所高职学院，由区政府主办的北京京北职业技术学院，经市政府批准，于12月19日正式成立并举行揭牌仪式。京北职院并与北京建工学院，北京联合大学旅游学院、总装备部指挥技术学院联合办学，开设建筑类、旅游类、电子类等10多个高职专业。

【实施十大教育工程】 怀柔区在完成山区三年教育工程后，加大对平原和城区学校的建设力度2002年实施十大教育工程，总投资10 220万元，建筑面积55 000多平方米，包括少年宫、一中体育馆和教学楼、红螺寺中学学生公寓、杨宋中学教学楼和实验楼，怀北中学、建工分院科技楼等。

【怀柔一中打造一流教师队伍】 名校出名师，名师聚名校。怀柔一中通过培训和引进，不断加强师资队伍建设。坚持“全面育人，办有特色”的办学方针，努力打造一流教师队伍。学校有北京市学科带头人1名，市级骨干教师8名，2名教师夺得北京市“紫禁杯”优秀班主任特等奖。

怀柔一中先后获得“北京市科技教育示范校”、“北京市教育科研先进校”、“北京市优秀家长学校”、国家教育部“现代教育示范校”、“全国体育传统项目先进校”等多项荣誉，高考升学率一直保持在97%以上。

【三小数学获市奖】 在2002年夏举行的北京市迎春杯数学科普竞赛中，怀柔三小5名学生获“最佳创新奖”，参赛的另15名学生获“团结协作奖”。

【开展国防教育】 全年举办国防知识讲座20余场、各类国防知识竞赛活动30余项。筹资8万余元购置移动式充气大篷，创办“国防教育流动影院”，放映国防教育题材电影。筹资2万余元在主要桥梁、路段、地区，制作悬挂国防教育双拥工作宣传版及标语，开办国防教育宣传橱窗及专栏。筹资5万元充实和完善国防教育书架22个。筹资8万元对5个教育基地等进行了修缮。利用九渡河烈士陵园、沙峪纪念碑、导弹某师“英雄营”等国防教育基地开展活动，5 000余人受到教育。全区已形成了多角度、立体化的国防教育网络。

文化广电事业

【获“全国文化先进县”称号】 全面推进怀柔县文化事业发展，争创全国文化先进县（市、区）活动一举成功，2002年上半年，被国家文化部正式命名为“全国文化先进县（市、区）”。

【群众文艺活动丰富多彩】 2月1～3日，举办“迎马年新春，展怀柔精神”雁栖工业开发区第十二届群众艺术节，三天6场精彩文艺演出，每天观众4万余人。

4月16日，在明珠广场举办庆祝撤县建区的“怀柔腾飞”大型文艺演出。

广泛开展“五月鲜花”群众文艺汇演活动，共举办40余场文艺演出，参加活动的群众达6万余人次，并以此纪念毛泽东《在延安文艺座谈会上的讲话》发表60周年。

夏日文化广场活动从6月15日开始，到9月13日结束，历时三个月共举办演出14场，演出文艺节目246个，演员1 500名，连同基层自行组织的演出，参加活动的人员近31万人次。

全年共举办各类文艺演出300余场，演出节目5 000余个。

【加强文化馆、图书馆建设】 文化馆进一步完善内部设施，群众文化活动中心的功能日臻完善。2002年共举办各类文艺骨干培训班24期，培训人员330余人次。顺利通过市组织的市（地）级一级文化馆的检查验收。图书馆建立了电子阅览室，11月1日正式对外开放，为读者利用网络文献信息资源提供方便。开展送科技图书下乡，红领巾读书活动，吸引读者走进图书馆，利用图书馆。图书馆全年共接待读者15万人次，图书流动16万册次。

【做好文物保护单位的保护及保护性开发工作】 落实市政府60件实事，红螺寺钟鼓楼复建工程竣工。为做好黄花城的保护工作，开展了6次联合执法检查，在未开发长城处树立禁止攀登的警示牌，拆除设在此段长城及城楼上的铁梯、铁门及收费牌，责令停止收费，恢复长城原貌，治理周边环境。

【第十二届群众艺术节举行】 第十二届雁栖工业开发区群众艺术节，2月1～3日在明珠文化广场举行。国家、市级专业文艺院团和怀柔本县文艺工作者，为参加艺术节活动的群众，演出了综艺、杂技、曲艺、京剧等6场精彩节目。艺术节广场上，同时设精品住宅展销区、名优产品展卖区和文艺作品展览区。

【举办文明道德专场文艺演出】 从3月开始，举办“撒播现代文明，倡导道德新风”的文艺演出活动。区雁栖艺术团演出100场，演出文艺节目1 238个，24万余人次接受宣传教育。喇叭沟乡村村建立了文艺小分队。区各工委、各乡镇也自编自演了宣传文明道德知识和反映新时代、新怀柔道德风貌的文艺节目，群众在身心娱乐、潜移默化中受到了文明道德教育。

【文化市场执法检查力度加大】 2002年全区文化市场检查，区文化主管部门共出动执法检查人员597人次，出动执法检查车515辆次；其中会同公安、工商等部门联合执法87次。取缔无照经营书刊摊点7户，收缴违禁书刊2 000余册；取缔非法销售音像制品点8家，收缴非法盗版的淫秽音像制品2 000余张（盒）；依法取缔“网吧”互联网上网营业场所88家，收缴“网吧”电脑主机和显示器147套，取缔游艺机活动场所1家；配合市主管部门做好辖区内音像制品年检工作40家；依法责令2家娱乐场所限期整顿；举办经营者法规培训4次；组织印刷企业厂长及业务人员参加市文化系统的法规培训1次。

【保证广播电视播出与传输安全】 加大广播电视播出传输的执法检查力度，全年出动执法检查人员229人次，层层签订安全责任书385份，并对全区627家卫星地面接收设施进行专项治理整顿。对有线电视网络系统播出前端设置进行广泛调查，保证全区广播电视播出与传输安全工作万无一失。

【送电影下乡】 区电影服务中心贯彻落实“2131”工程，深入镇乡启动农村电影，开展送科教片下乡，送爱国主义优秀传统教育片入校活动。全年放映电影4 000余场。区文化主管部门和电影专业部门给予了充分肯定和支持。市文化局在无偿划拨各区县35毫米电影放映机的同时，无偿捐赠区电影服务中心和喇叭沟门满族乡各一台35毫米流动放映机和拷贝。中影集团与区文委联合举办了迎接党的“十六大”国产优秀影片首映式活动。

【广播电视节目调整改进】 2002年怀柔区广播电视以把握正确舆论导向为重点，以强化节目活力为突破口，抓好广播电视节目的改进与调整。全年区电视台共播出电视新闻208套，稿件1 800条，专题节目312期，区电台播出新闻730套，稿件8 120篇，其中专题785期，稿件1830篇，录制专题片12部。在市以上新闻单位发稿342条，比上年增加32条，有线电视播出专题节目60期，无线、有线电视和广播共播出文艺节目1 095套，其中电视连续剧1 750集，故事片750部。

体育　卫生　计划生育

【开展全民健身群众体育活动】 9月20～30日，举办全民健身宣传周，历时10天。健身周期间，举办退休职工运动会、农民象棋赛、青少年健身操大赛等区级比赛10项次，参与人数4 500人。带动各镇乡、居民办事处及区直属各单位举办体育活动73项次，参与人数达5.3万人次。全年还举办“宏怀杯”元旦环城长跑、职工登山比赛、“篮协杯”职工篮球赛、外商投资企业运动会等区级比赛22项次，参加人数1.5万人次。基层各单位共举办爬山、拔河、秧歌、趣味运动会等活动和比赛一百余项次，参与人数达14万人次。

【加强中小学体育工作】 坚持体教结合。区体育局、教委两家每年研究体育工作不少于2次。从1999年开始，共同制定试点校、传统校、竞赛等制度，共同对这些学校进行检查、评估、考核、奖惩，加强管理。通过共同努力，近两年，全区中小学生的竞技水平普遍提高。全区2000年举行的市中小学生田径运动会上，有7人次获得了第一名、17人次获第二名、12人次获得第三名，并获初中团体总分第四、高中团体总分第五，为历史最好。区体委还和区教委一起，共同培育体育特色学校。已初步形成独轮车、武术、民族体育等特色校7所，其中以庙城的独轮车、沙峪小学的武术、长哨营和喇叭沟门的少数民族体育特色校已形成一定影响。7月25日至8月2日，庙城小学的独轮车队代表中国在美国举行的第十一届世界独轮车大会暨世界独轮车锦标赛上获得24枚金牌、24枚银牌、9枚铜牌，为祖国赢得了荣誉。8月21～23日，庙城小学独轮车队代表北京参加了全国第八届独轮车锦标赛，取得19金、13银、16铜的优异成绩，又一次为首都增光。

【实现亚运会“零”的突破】 10月2日，在韩国釜山第十四届亚运会上，由本区输送的运动员付凤君，获得女子轻量级单人双桨金牌，这是本区运动员在最高级别比赛中获得的最好成绩，在怀柔区体育史上留下了光辉的一笔，为国家、为北京市和怀柔争了光。

【承办市级以上各类比赛】 2002年内，承接市级以上比赛5项。包括：市运会自行车比赛、中国环游自行车赛（国际2.7级）、中日青少年健身长走大会、国际长城越野赛、环北京国际公路自行车赛，均取得圆满成功，受到举办单位好评。其中承办的市运会自行车比赛在赛区评分中取得满分，获得最佳赛区荣誉称号，市体育局予以表彰。

【开展成人体质测试】 组织测试2 691人，重点是农村妇女。测试结束后，对1 500名农村妇女测试结果进行了身体素质分析。从测试结果看，本区农村妇女的身体素质好于全国平均水平，除体重、柔韧性两项指标稍差以外，其余包括灵敏性、腰腹肌、平衡能力等好于全国水平。

【5000人长跑庆新年】 1月1日元旦，怀柔县举办“宏怀房地产杯”环城长跑活动。来自全县各单位5 000名长跑爱好者分成学生组、职工组、农民组和老年组，分别参加3公里、5公里、10公里三种地段的长跑活动。

【全区医疗服务水平稳步提高】 2002年，全区医疗机构把确保医疗质量、提高服务水平作为全年核心工作抓紧抓好。区卫生局建立了医疗质量管理委员会，各医疗机构也建立了相应的医疗质量管理组织，对医疗质量实行全面管理。聘请市医院评审委员会专家对区二级医院，组织系统内专家对区一级医院乡镇卫生院，进行医疗质量检查，对提出的改进意见督促落实，促进了医疗质量、医疗水平的提高。适应新的《医疗事故处理条例》的出台，各医疗单位对医疗程序和医疗操作常规进行了修改、完善。实行医疗纠纷接待首办负责制。全年接待医疗纠纷45起，均按规定的程序处理，到年底已接待41起。

【农村医疗卫生工作加强】 加大对农村医疗卫生事业投入，建立区二级医疗机构对口支援山区卫生院制度。三家区二级医院采取人员流动、人员培训、技术指导、设备支援等方式，对口支援5家山区卫生院。2002年一年来，共向受支援方派驻医务人员8人；专家出诊220人次，指导手术58人次，开展培训及专家授课12次，培训技术人员300余人次，安排进修17人次，无偿支援医疗设备12件，进一步提高了乡镇卫生院的医疗能力和服务水平。对农村卫生室的就医环境、医疗文书书写、药品、一次性用品等方面加强了管理，村卫生室初步规范。对133个村卫生室的133名乡村医生进行了培训，其中119人考试考核合格，取得合格证。完成了全区个体医诊所、村卫生室的检查验收工作。

【推行农村合作医疗制度】 2002年内，在全区农村继续推行以大病统筹为主要形式的农村合作医疗制度。全区已有272个行政村的15.36万农业人口参加了合作医疗，分别占行政村总数的94%和农业人口总数的91.6%。其中11.47万人参加大病统筹，占常住农业人口的70%。为1 550人报销医药费124.24万元。怀柔区被市政府列为北京市农村合作医疗试点区（县）。

【加强医疗机构全行业管理】 对全区医疗机构实行分级管理，建立健全医疗机构、从业人员、医疗技术、大型医疗设备准入制度，监管力度加大，审查率达到100%。清理整顿非法医疗机构10个。医疗执法638户次，监督检查医院、卫生院25个，村卫生室234个，企事业单位卫生室74个，私人诊所30个，美容美发点108个，监督检查覆盖面达85%以上。医疗监督工作被评为市级先进，受到市政府的表彰。

【加强医德医风教育】 在全区医疗系统干部职工和医疗专业技术人员中，广泛深入进行职业责任、职业道德、职业纪律教育，认真落实以病人为中心、优质服务、树立医疗行业新风尚的要求，开展规范化服务医德医病创建活动。2002年卫生部门社会优质服务满意度达95%以上。据不完全统计，全区卫生系统全年收到表扬信142封，收锦旗31面，受表扬的医务人员3 700余人次。拒收红包25人次，合款26 000元，拒吃请510人次，拒收有价证券和实物等合款20 200元。

【规范医疗服务项目和收费标准】 对全区医疗机构开展的服务项目和医疗收费标准进行核查，对违反规定的项目予以取消。各医疗机构的医疗服务收费标准和药品价格实行明码标价，对患者公示。向门诊病人提供收费清单，住院病人一日一清单。2002年未发现因收费违规的投诉。

【推行药品集中招标采购】 本年度内药品招标范围内二级医院扩大到一级医院和乡镇卫生院，品种由抗生素扩大到心血管类药品、中成药。招标药品已达200余种，招标总金额663.96万元，平均降幅为9.4%，最高降价幅度为32.56%，累计为患者让利101.2万元。在药品招标采购中，未发现有违纪违法行为。

【加强急救医疗网络服务建设】 成立“北京急救中心怀柔分中心”，人员、设备、车辆、通讯四到位，并实现与北京急救中心联网，市、区两级急救网初步形成。制定全区《重大疫情、食物中毒和突发事故抢救预案》，完成14家医疗机构、22名急救人员的医疗急救培训。急救分中心成立后，接诊急诊21 981人次，留观急诊病人10 024人次，抢救1 151例数，抢救成功率达96.26%。

【重点传染得到有效控制】 规范传染病疫情报告程序，强化传染病疫情处理，加强对外地进怀人员急性肠道感染的检测工作，共检测8 377人，急性肠道感染人员传入屏障开始建立。全区无甲类传染病发生，乙类传染病6种，473例，发病率为155.62/10万，总发病率控制在市下达的指标之内。

【全面推进“婚育新风进万家”活动】 在全区范围内广泛深入“生育文化四个一”活动，即：每个村放一场计生内容电影；每个文化广场演一台计生文艺节目；向在场观众发一份计生宣传材料；出一本红螺文艺计生专刊。14个镇乡、287个行政村和两个街道办事处，28个居（家）委会，放映计划生育科教影片328场，观众达10万余人次。演出计划生育文艺节目50余场次，600余个节目。还发出计划生育宣传品20余万份。开展《人口与计划生育法》宣传活动，40万张（册）避孕节育知识读物送到广大育龄群众手中，计划生育政策，知识进千家、入万户。

【妇幼保健工作成效显著】 落实围产保健管理规定和高危孕产妇管理制度，推广使用和建立孕产妇系统管理卡、高危孕产妇登记册、产后访视信、母子健康档案，提高孕产妇系统管理率和围产儿管理率，孕产妇死亡率为零。婴儿死亡率7.3‰，控制在市下达的指标之内。计划免疫四苗全程接种率达到98.1%，高质量完成市下达的接种任务。

【规范计划生育服务工作】 全年完成各种计划生育手术13637例，手术并发病发生率为0.73/万，远远低于市5/万的控制指标。

【计划生育与控制人口指标圆满完成】 2002年全区出生1568人，计划生育率99.17%；人口出生率5.90%，死亡率5.74‰；人口自然增长率为−0.15‰。创造了全区经济与社会发展良好的人口环境。

【两卫生机构成立】 2002年元旦前夕，作为改革卫生体制，实现政事分开、依法行政、统一管理的重要内容，怀柔县卫生局卫生监督所和县疾病预防控制中心正式成立，依法开展卫生监督和疾病预防控制工作。

综合整治

【整治市容市貌】 9、10两个月份，以迎接党的“十六大”为契机，开展整治市容市貌和纠正不文明行为的统一行动。出动各类执行人员7 000余人次，青年志愿者4 500人次，专业人员15 000人次，参与群众10万余人次，查处无照经营摊点738个，拆除违章建筑88处，清除乱设广告牌匾623个，清除卫生死角950处，清除收缴违法小广告5万多张，各种不文明行为得到有效遏制。

【集中整治国道及旅游沿线】 在多年坚持治脏治乱的基础上，2002年将整治重点转移到治源治本、突出美化。101、111国道及怀沙路诸干线公路都设立了专职保洁员，变突击治理为日常管理，确保道路两侧无垃圾、无白色污染。各乡镇清河道、砌护坝、修水坝、栽彩林，生态治理与卫生环境治理结合，做足山水文章。

【加强商业执法】 全年共出动执法检查人员1 030人次。罚没私盐13 290千克。取缔6个私屠滥宰户。对全区480多家美容、美发、洗浴场所进行了执法检查，对其中50家有不符合规范要求的经营户发出了限期整改通知书，对20家严重违规的经营户进行了查封，收、扣营业执照47个。会同有关部门打击假冒伪劣不法行为20起。通过对私盐和私屠滥宰的打击，实现了年初“两个确保”任务的完成；认真实施了猪肉、蔬菜批发零售“厂场挂钩”和“厂地挂钩”制度，严格按照“监管源头、标准准入、扶持大户、品牌商品、包装上市、系统检测、网络营销、全程追索、动态管理、严格执法”的原则，基本上实现了肉、菜“放心”工程，落实完善了农副产品的市场警示退出制度。清理整顿美容、美发、洗浴场所，净化了服务环境。加强食品安全管理，保证了食品安全。一个良好的市场经济秩序和经营环境在全区逐步形成。

【进行公共场所卫生监督检查】 2002年全年共监督检查公共场所1 466户次，监督率达223%。监督检查集中供水单位、农村供水设施225户次。突击检查美容美发店388户次，检查各类化妆品1 104件。对不符合规定要求的，行政处罚364户次。

【食品卫生监督力度加大】 针对区内食品经营网点多，中小餐馆、集贸市场卫生较差的情况，2002年制订了食品卫生专项整治计划及预防食品中毒措施，集中力量开展了全方位的食品监督检查。对城镇地区食品生产经营网点进行了3次拉网式检查，对北部7个乡镇的348户食品经营网点进行检查，突击性检查早点、小吃店26次，检查学校食堂3所。全年共监督检查食品经营网点16 226户次，对查出的问题责令改正。行政处罚524户次，罚款16.4万元。通过监督检查，全区食品经营从业人员持证率和卫生许可证办证率由原来的40%～50%多，提高到80%以上。

【开展食品专项打假】 组织查抄食品制售黑加工点95个，没收、销毁不符合卫生要求的食品及原料9 500千克，饮料1 600箱，总价值6万余元，收缴非法加工器具3 500余件。

怀柔区主要领导人

区委书记	雷德才
副书记	戴景珠　郑一淳　张延昆　张同生
常委	武占刚　蔡淑敏（女）　池维生　吴德增　孙庆奎　张朝生
区人大常委会主任	梅占山
副主任	张凤玉（女）　王志会　赵建国　崔玉明　李凤仙（女）
区长	戴景珠
副区长	吴德增　王建中　王仕龙　彭玉华（女）　赵文广　何春录
区政协主席	石伟奎
副主席	柳长华　郎永和　张庭祥　藏福华（女）　郝树仁
区纪委书记	张同生
副书记	王　宠　冯天祥

怀柔区乡镇党政正职领导

	党委书记	乡（镇）长
怀柔镇	田文杰	史宗祥
杨宋镇	焦安琦	姜再明
北房镇	周相民	刘柏林
庙城镇	钟柏利	彭丽霞
桥梓镇	李树江	王玉山
雁栖镇	堵凤春	彭光强
渤海镇	李小红	线红卫
怀北镇	谢金明	张同发
宝山镇	杨万悦	单景民
九渡河镇	高　军	夏占利
汤河口镇	张金利	李树才
琉璃庙镇	胡建华	张书远
长哨营乡	李振林	彭光伟
喇叭沟门乡	周东金	彭明本

（刘　金　张中凡　姬桂珍　李宝德）

平谷区

平谷位于北京东北部，地处华北平原北端与燕山南麓相交地带，历史悠久，有“天汉之津梁，幽燕之关隘”之誉。2001年12月30日国务院批准北京市撤销平谷县设立平谷区。全区辖15镇、2乡，共275个行政村，总面积1 075平方公里。2002年底户籍总人口391 366人，其中农业人口274 780人，非农业人口116 586人。一年来，全区以邓小平理论和“三个代表”重要思想为指导，抓北京申奥成功和中国入世的机遇，坚持以富民强区为目标，重点加大投资力度，加快卫星城建设步伐，加大招商引资力度，扩大内外贸易，不断优化产业结构，带动区域经济快速发展，较好地完成了年初确定的各项工作任务，三个文明建设取得全面进步。

政治建设

全区坚持以“三个代表”重要思想和“七一”重要讲话为指导，深入贯彻党的十五届六中全会及市委八届八次、十次全会精神，抓住中国入世和北京申奥成功的机遇，围绕经济建设中心，全面加强党的建设、民主与法制建设，为促进区域经济发展和社会进步提供了强有力的思想、组织和政治保证。

党建政务

【区第一次党代会举行】 4月6日至8日，中共北京市平谷区第一次代表大会举行。会议选举产生了平谷区第一届委员会委员26名，候补委员5名；选举产生了平谷区纪律检查委员会委员19名。在一届一次会议上，选举产生中共北京市平谷区第一届委员会常务委员会5人。

【平谷区一届人大一次会议举行】 4月11日至12日，北京市平谷区第一届人民代表大会第一次会议召开。会议听取并审议了平谷县人民政府工作报告和平谷县人大常委会报告。选举产生区人大常委会正、副主任，区长、副区长，区法院院长，区检察院院长。

【中国人民政治协商会议北京市平谷区第一届委员会第一次会议召开】 4月9日至11日，中国人民政治协商会议北京市平谷区第一届委员会第一次会议召开。会议听取并审议了政协平谷县第九届届委员会常务委员会工作报告；听取并讨论了县人民政府工作报告；选举产生政协平谷区第一届常务委员会。

【区纪律检查委员会第一次全会召开】 4月7日，中共北京市平谷区纪委检查委员会第一次全会举行，选举产生了平谷区纪委检查委员会第一届委员会常务委员会。

【北京市平谷区成立大会隆重举行】 4月18日上午10时，北京市平谷区成立大会隆重举行。市委书记贾庆林，市委副书记、市长刘淇，市委副书记、市人大常委会主任于均波，市政协主席陈广文，市委副书记、市纪委书记程世峨，市领导李炳华、杜德印，市人民检察院检察长许海峰，北京卫戍区副政委陈根法等，出席成立大会。贾庆林同志代表市委、市人大常委会、市政府、市政协讲话，对平谷区成立和首届区领导集体的产生表示衷心祝贺。成立大会上，市政府有关负责人宣读了国务院关于平谷撤县设区的批复。市委副书记程世峨，市人大常委会副主任索连生，副市长刘敬民，市政协副主席黄以云分别为中国共产党北京市平谷区委员会、北京市平谷区人民代表大会常务委员会、北京市平谷区人民政府、中国人民政治协商会议北京市平谷区委员会揭牌。国家民政部行政区划与地名管理司副司长张炳善宣读了民政部的贺辞。

【“三个代表”重要思想学习重实效】 认真贯彻落实全国“三个代表”学习教育活动总结表彰会议精神，按照市委的统一部署，制定了《关于进一步落实“三个代表”整改措施的安排意见》，召开专题会议进行了具体工作部署。在整改活动中建立了销账制度。全区17个乡镇274个村建立了销账台账，针对出现的新问题制定整改措施，并限期销账。全区共落实“三个代表”整改措施1 598项，占总数的91.51%；制定新的整改措施246项，落实142项，占总数的65.4%，“三个代表”重要思想学习教育活动长效机制初步形成。

【巩固基层党建工作】 修订和完善了《六好乡镇党委考评手册》、《平谷区“五好”村支部民主建设制度达标、后进村转化工作验收细则》、《2002年度村级班子建设考评内容、标准及办法》，制定下发了《村级组织建设规范化管理实施细则》，深入开展“四级连动、四级连创”工作，推进了全区基层组织建设活动的健康发展。通过抓典型带动和督促检查等工作措施，提高了基层组织创建的整体水平。南独乐河镇、马昌营镇、峪口镇等11个乡镇被评为“六好”乡镇党委，授予平谷镇和平街村、东高村镇克头村、夏各庄镇龙家务村等17个村“五好”农村党支部称号。全区17个后进村已有一半以上明显转化；在非公企业中建立党组织33个，选派党建联络员32名；19个社区居委会建立了党支部。

【学习落实党的十六大精神】 下发《关于认真学习宣传贯彻党的十六大精神的通知》，多次组织全区副处级以上领导干部听取党的十六大文件学习辅导报告，成立了区委宣讲团，深入基层讲解党的十六大精神。通过学习，进一步统一了全区干部群众的思想，在区委一届三次全会上提出了实现全区经济和社会事业跨越式发展的目标，把加大开发区和工业园区基础设施建设力度，促进工业快速发展；运用经营城市理念加快城市建设；加大社会保障力度，促进社会稳定作为三项重点，以重点的突破带动各项工作全面发展。在党的十六大精神指引下，全区发展思路更加清晰，措施更加有力，目标更加明确。

【完成乡镇人大换届选举工作】 区人大常委会加强对乡镇人大工作指导，制定《乡镇人民代表大会基本规程》、《闭会期间开展代表小组活动试行办法》、《补选乡镇人大主席、副主席、乡镇长、副乡镇长的法律程序》、《乡镇人大主席团档案管理制度》等规范性文件。12月24日，全区20多万选民参加了投票选举，参选率为97%。依法选举产生新一届乡镇人大代表899名，其中女代表255名，群众代表312名，大专以上文化程度代表209名，分别占代表总数的28.3%、34.7%、23.2%，代表整体素质较上届有了新的提高。

【落实人大代表建议】 区人大常委会加大代表建议督办工作力度，一是在人代会闭会后及时会同“一府两院”召开交办会议；二是及时与政府沟通，以听取汇报、组织视察检查、征询代表意见等方式加强督办，对代表不满意的责成承办单位复查、补办；三是坚持重点建议重点督办。县十一届人大代表建议计83件，通过政府及职能部门的努力，全部建议均在法定时间内办复。落实解决61件，占总数的73.5%；列入计划解决的17件；因政策或资金等条件限制暂时不能解决并已向代表解释清楚的5件。

【政协参政议政渠道拓宽】 一是主动开展政治协商。区政协委员在一届一次会议期间听取并讨论了《政府工作报告》、《国民经济和社会发展计划报告》、《财政预决算报告》，就全区工业、农业、城市建设与管理等方面提出建议20余条；二是深入开展调查研究。区政协组织委员深入17个乡镇和20多个相关单位，召开座谈会10余次，政协常委会向区委、区政府报送重点调研报告4份，大部分得到采纳并转化落实；三是通过视察考察知情议政。围绕全区重点工作组织视察6次，考察5次；四是召开恳谈会专题议政。组织经济界委员召开了“非公经济发展”专题议政会，就巩固和发展非公经济提出了具体建议。

【深化政协提案工作】 各届政协委员积极运用提案形式履行民主监督职能，提案质量明显提高。共提出提案140件，审查立案133件，内容涉及经济建设、精神文明建设、民主法制建设等社会生活诸多领域。通过政协领导督办、提案者参与办案等行之有效的方法，促进了提案的采纳和落实，办复率继续保持100%，实事实办类提案落实率达73%。

【党风廉政建设责任制突出“五抓”】 即一抓任务分解，将责任落实到人。制定《2002年平谷区党风廉政建设和反腐败斗争主要任务及分工》，确立了42项主要任务，强化单位党政一把手第一责任人制度，量化任务指标；二抓责任延伸，扩大责任制度覆盖面。逐级签订责任书，将责任制延伸到农村支部、科队院所，形成“横到边，纵到底”的责任网络；三抓牵头单位，带动各项任务落实。建立牵头单位与各协作单位的工作联席制度，通报总结情况，协调解决工作中遇到的问题；四抓监督检查，推动责任制的落实。组成巡视检查组，采取听汇报、查记录、召开座谈会、民主测评等形式，加强检查测评；五抓责任追究，保证责任制落到实处。严格按照责任追究办法，对不认真履行职责，造成管理混乱，因失察失管致使下属出现违纪问题的，实施责任追究。全年共实施责任追究25件。

【试行主要领导干部廉政述职制度】 此项制度在韩庄镇、靠山集镇、南独乐河镇、交通局和环保局五个单位进行了试点。述职内容主要包括：本人贯彻执行《廉政准则》廉洁从政行为规范的六条规定和中纪委七次全会提出的廉洁自律规定情况，以及执行配备公务用车、组织人事纪律、领导干部配偶、子女从业、通讯费用、出国境旅游、购买装修住房、公务接待等规定情况；落实“八个坚持、八个反对”加强党的作风建设、班子建设情况；执行党风廉政建设责任制情况和工作建议等。通过试行述职制度，强化了廉政建设责任制的检查与考核力度，规范了领导干部廉洁从政行为，为下一步在全区范围内推广积累了经验。

【切实加强纪检案件查办力度】 制定四项措施：一是实行办案工作责任追究制度。对有案不查、瞒案不报的单位主要负责领导，依责任制追究其责任；二是加大区纪委直接查办案工作的力度；三是建立基层纪委书记办案工作例会制度，每季度召开一次案件线索和办案情况汇报会；四是实行办案工作联系人制度。区纪委3名干部分片负责指导和督促乡镇纪委的办案工作。共初查核实违纪案件线索38件，立案38件，审结26件，区纪委监察局直接查办案件8件。共处理违纪党员干部24人。其中警告5人，严重警告3人，撤销行政职务1人，留党察看5人，开除党籍11人。全区17个乡镇均有自办案件，乡镇自办案件率为100%。

政法工作

【深化“四五”普法工作】 根据宣教对象的不同接受特点，采取多种宣教方式，使法制宣传教育更加深入人心。一是充分发挥法制宣讲团和法制文艺小分队的优势，在农村广泛开展了面对面的、寓教于乐的法制宣传教育活动，受到了广大农民群众的欢迎。全年共举办法制讲座30余场，法制文艺演出23场，受教育群众达2万余人；二是以城区在校中学生为重点，采取图片展览的形式，举办了《反对邪教、崇尚科学》巡回展，深刻揭露李洪志及其“法轮功”的邪教本质，使近万名师生受到了教育；三是“以案讲法”，编辑播出《法制园地》、《金盾》专题节目52期156次，编发《举案说法100例》5万册，在市级以上宣传媒体播发各类宣传稿件400余篇，取得了较好的法制宣传教育效果。

【深入开展与法轮功邪教组织的斗争】 贯彻、落实市委提出的“摸排、深挖、巩固、建设”八字方针，深入开展与法轮功邪教组织的斗争，全年实现了法轮功人员进京滋事和插播两个“零”指标。在全区推广实行“四个纳入”长效工作机制，取得了较好的工作效果。

【保持“严打”高压态势】 以影响群众安全感的各类刑事犯罪为重点，适时开展了“打两抢”、“反两盗”、“打击经济犯罪”、“破大案、抓逃犯”等专项行动，破获了一批犯罪性质恶劣、影响大的重特大案件，惩处了一批严重刑事犯罪分子，保持了刑事发案稳中有降的工作目标。全年共立刑事案件933起，其中重大案件654起，分别比去年同期下降了7.4%和4.5%。破获各类刑事案件692起，破案率比去年同期提高了8.7%，其中破获重大案件422起，破案率为64.5%。抓获犯罪嫌疑人506名，其中抓获网上在逃犯140名。打掉团伙51个，抓获团伙成员191名。追缴赃款赃物折合人民币610万元。检、法部门依法坚持从重从快的“严打”方针，严惩各类犯罪分子。全年，检察机关依法批准逮捕183件270人，提起公诉240件367人。区法院严把审判关，及时审结刑事案件319件，依法判处刑事犯罪分子467人。

【建立社会治安综合治理长效机制】 一是坚持重点整治与专项整治相结合，净化社会治安环境。确定区医院为市挂账治安重点整治单位。在区综治委的统一组织协调下，以“各类案件明显减少，就医秩序明显改善，来院患者满意度明显提高”为目标，通过成立治安办公室、强化群防群治队伍及制度建设等措施，迅速改变了区医院治安混乱的旧貌，群众来院就医安全感大大增强。党的十六大期间，以区医院、新平北路等6处市、区挂帐地区为重点，集中开展了3次大规模清理整治，通过进一步落实治理措施，有效防止了反弹，巩固了整治成果。持续开展了专项治理整顿。首先，加强了对爆炸物品的管控。从爆炸物品的使用、储存环节入手，多次对区内所有使用单位、库点及涉爆人员等进行安全教育和拉网式安全检查，共查处违反危险物品管理规定案件39起，收缴炸药408千克，雷管829枚，导火索2 207米，处理违反危爆物品管理人员53名；其次，公安、工商、文化等部门联合行动，持续开展打击卖淫嫖娼、赌博、扫黄打非专项行动，加强对流动人口及出租房屋的管理。查获卖淫嫖娼人员56名，赌博人员122名，取缔黑网吧、黑游艺厅等违法经营单位48家，收缴淫秽光盘39张，收遣“三无”人员290人。二是人防、技防建设得到不断加强。结合重大活动安全保卫工作，实行专门力量与群防群治相结合，人防、物防、技防相结合，加强了社会面的控制。即：以交巡支队为主，强化全区高发案路段、繁华场所、高发案时段的控制，打击现行。及时调整乡镇联防队力量，由原来的4～6人增加到8～10人，重点加强辖区内居民小区、重点单位、要害部门的安全防范。各派出所组织社区民警、保安、自治组织和村级巡逻队开展巡逻。结合社区创安，在16个居民小区建立了社区警务站，建站率达70%，其中9个警务站达到了规范化要求。实施了以平谷镇地区为轴心，周边王辛庄镇、山东庄镇、夏各庄镇、东高村镇、大兴庄镇参加的“环城带治安防范工程”。通过在这一地区组建整体安全防范网络控制体系，统一组织，多警种和群防群治力量联动，使这一地区社会面控制达到了网络化，增强了打击、防范能力。通过群防，抓获犯罪嫌疑人121名，协助破获各类刑事治安案件186起，全区可防性入户案件较上年下降了55%。投资1 200余万元，全面实施技术防范工程。7个居民小区的1 472户安装了楼宇对讲系统和周界防范电视监控系统；10个镇在辖区重点单位、要害部位建立了红外线防盗报警系统或无线通信联网系统；完成了公安三级网建设、报警平台建设等。三是“两劳”回归人员安置帮教工作有了新突破。各有关部门积极努力,使今年释放的102名“两劳”回归人员全部得到了妥善安置,安置率达到100%;各帮教小组积极发挥帮教作用,从帮教对象的思想教育工作入手,对有重新犯罪苗头的人员进行重点帮教,重新犯罪率控制在0.9%。

组织　人事

【深化干部人事制度改革】 以被列为北京市深化干部人事制度改革试点单位为契机，在认真总结全区干部工作中正反两方面经验教训的基础上，率先在全市制定并实施了《领导干部选拔任用失察失误责任追究暂行办法》，对违反《干部任用条例》规定任用干部的责任者进行了查处。加大了领导干部公开选拔工作的力度，通过“加分制”、增设“群众监督席”、划定“特设岗”等措施不断完善公开选拔领导干部的途径，增强了干部选拔工作的透明度和公平性。制定并实施了《关于领导干部辞职的暂行规定》，完善了《不胜任现职处级领导干部认定标准与调整办法暂行规定》，初步形成了一套便于操作的推荐、考察、任用程序。全年共调整乡局级领导干部10批238人，新提拔干部101人，12名比较优秀的年轻干部走上了副处级领导岗位。经过调整，乡镇党政领导班子成员均具有大专以上文化程度，平均年龄由42.3岁下降到40.8岁，35岁以下干部所占比例由11%提高到21%，女干部所占比例由4%提高到了9.9%。

【党政机构改革工作创市优】 按照《北京市区县党政机构改革人员定岗分流的意见》，全区分流行政人员401人。其中提前离岗46人，提前退休313人，自谋职业20人，分流到企事业22人，并妥善解决了470名历史遗留人员分流问题。6月份，平谷区党政机构改革工作顺利通过市委组织部、纪检委、人事局、财政局、编办联合检查组的验收。区机构编制委员会办公室被评为市机构改革工作先进集体。

【丰富老干部政治生活】 成立老干部局党总支，组织开展丰富多彩，形式多样的政治活动。一是继续坚持集中和分片相结合的学习制度，共组织学习51场800多人次；二是加强情况沟通，密切联系。年初，区委、区政府的主要领导向原副县级以上老干部通报了我区经济和社会发展计划，年中又通报了上半年经济和社会发展情况及下半年工作任务。三是组织老干部参加政治活动。全年组织老干部召开团拜会、座谈会、参观活动6次。组织200多名离休老干部参加“逛京城”活动，参观了中关村高科技园区、北京西客站、申奥大道等。组织原副县级以上老干部和离休党支部书记参观了革命圣地西柏坡。

【提高老干部生活质量】 一是重点解决老干部“两难”问题。共解决拖欠医药费、离退休费40多万元，其中财政支持近30万元。实行了新的老干部就医管理办法，在区医院专设老干部综合门诊，取药由护士负责。继续放宽8种慢性疾病的药剂量为一个月，提高和统一各乡镇卫生院老干部拿药标准，为原副县级以上老干部就医提供方便。二是开展了丰富健康的文体活动。组织老干部文体活动12次，举办了全区老干部运动会，参加了市农口组织的“迎春杯”、“金秋杯”比赛。获市老年文艺调演铜奖。有三幅作品在市老龄委、老年协会举办的展览中获奖。投资100多万元，改、扩建了老干部活动场所，建成了多功能厅。

【区人事考试培训中心成立】 为不断提高国家行政、事业人员的综合素质，制定了《平谷区国家公务员教育培训十五规划》、《平谷区专业技术人员继续教育十五规划》、《在公务员中开展学法用法活动和依法行政的实施意见》等5个文件，成立了区人事考试培训中心。全年组织培训3次：举办了“科学技术的新发展和现代化建设讲座”，546名公务员参加学习，全部取得市人事局颁发的合格证书；在50岁以下公务员中开展了“信息化技术与电子政务”知识培训，847人参加培训及考试；开展“公务员讲英语”活动，培训了52名英语师资骨干。

民政　社会保障

【双拥工作跨入全市前列】 一是增加拥军资金投入，为驻军解决实际困难。筹集94万元为预备役炮兵训练基地装修炮库，落实66 362部队军官家属楼补贴款850万元，区领导为部队送慰问品和慰问金计42万元。各有关部门和文艺团体为部队送戏42场，丰富了官兵的文化生活。二是落实了优抚安置政策。制定了《北京市平谷区优抚对象医疗减免管理办法》，减免比例比市规定比例高5%～25%，全年优抚对象减免医疗减免125.7万元；为患重病优抚对象发放大病补助48.5万元，救助1 000多户；为30户优抚对象翻新住房，补助资金66.4万元；开展送温暖活动，送慰问品和慰问金计30多万元，“百局扶百户”活动落实帮扶资金3万元；全区落实优待金194.2万元，较上年增长11%。共接收退伍军人220名，鼓励自谋职业，提高补助标准（2.5万～3万元），落实补助金104万元。在7月31日市第五届双拥模范区县表彰大会上，平谷区被授予双拥模范区称号。

【落实居民最低生活保障制度】 城市居民低保方面，对全区低收入居民家庭进行调查，共入户950户，新认定低保户114家。目前全区1 121户2 463名城市居民享受低保，年发放保障金347万元。2 048户5 531人享受粮油供应帮困卡，合资金265万元。建立了特困人员医疗救助制度，制定了《关于实施我区城市特困人员医疗救助的意见》。农村居民最低生活保障制度建立，1 914户低收入家庭申请低保，区、乡镇两级政府共发放保障金173.1万元。

【社会福利和救灾救济事业全面发展】 完成8所乡镇敬老院改造任务，总投资838万元。全区五保户供养水平提高到人均2 600万元。年共支出救灾款120万元，以政府采购方式购买米、面13.3万千克，油0.45万千克，救助困难及受灾群众3 000多户。各级领导走访贫困家庭3 750户，送慰问品、慰问金计92.5万元。解决了57户农村贫困家庭住房难问题，共投入资金97.9万元。

【残疾人事业取得新进展】 通过直接帮扶、对口帮扶、社会帮扶等多种形式，为区内250户残疾人家庭300余名残疾人捐赠款物折合人民币10万多元，资助50余名残疾人子女入学，为10名残疾人及其子女安置了就业岗位，帮助30多户残疾人家庭开展了种植、养殖等生产项目。全区有1 000余名助残志愿者加入到扶贫助残行列。

【规范企业用工管理】 建立劳动关系预警预报工作机制，加强劳动合同管理，劳动合同签定率较上年增加8%。全区16 595名职工中今年有1 894人合同到期，其中续签合同1 495人，占总数的91%；终止劳动合同399人；解除劳动合同431人，比去年同期下降50%。加强劳动争议仲裁工作。共受理劳动争议案件280件，增长177.2%，三人以上集体争议案件11起，涉及职工210人，结案率为100%。加大劳动执法监察力度。对1 086家企业进行了执法检查，查处违法单位228家，为企业追回集资款和拖欠工资210万元。

【切实推进就业和再就业工作】 一是强化对失业人员技能培训和技能鉴定。对763名失业人员进行了职业指导培训，对417人进行了“成功求职策略”培训，培训率分别为96.3%、52.6%，对1 066名有技能培训要求的失业人员进行免费技能培训和鉴定，为938名合格人员推荐了就业岗位，占培训合格人员的91.6%。二是发挥市场导向作用，加强职业介绍工作。全年举办招工招聘洽谈会43场，接待用人单位205家，求职者6 700人，提供就业岗位3 320个，987名失业人员实现了再就业。三是多渠道开发就业岗位。全年开发置换社区就业岗位4 913个，安置失业人员3 590名。其中：保洁保绿703人，商品销售953人，家政服务331人，社区保安232人，物业管理248人，再生资源回收26人。目前全区城镇登记失业人员1 732人，失业率为1.82%。

【成立乡镇劳动保障事务所】 年初各乡镇18个劳动保障事务所正式成立并挂牌服务，全部配备了微机，6个乡镇与区职介中心实现了联网，发布用人信息1 860条，输出劳动力3 100名。全区农村求职登记人员5720人，事务所对求职人员情况进行了分类管理。

【社会保险统筹征缴稳步增长】 养老保险参统单位405家，缴费25 022人，收缴基金5 664万元，清理历年欠费130万元。新增农村养老保险参保131人，收取保费203万元。失业保险参统单位481家，参统36 661人，收取保险基金703万元。同比增加参保单位53家，人数1 636人，基金125万元。基本医疗保险参统单位398家，参统28 526人。其中在职职工19 808人，退休职工8 718人，收缴基金2 170万元。全年报销医疗费1 276人次，总金额444万元。工伤保险参统单位329家，缴费35 172人，收缴基金166.5万元。较上年增加98家，增加缴费15 395人，增加基金收缴54.8万元。

群团工作

【开展“四五四”团建争创活动】 制定下发《关于进一步加强非公有制经济组织团的建设工作意见》，在全区35个非公有制经济组织中建立了团组织，非公组织建团率达到了36.5%；新建6个致富带头人示范基地，建立了30多处科技培训基地，140多个青年活动场所。2002年，团区委被团市委评为“基础建设先进单位”。

【成立平谷区青年联合会】 12月29日，召开了平谷区青联一届一次全委会。109名青联委员选举产生常委19名，副主席6名，王红艳当选为平谷区青联第一届主席。

【妇联工作创历史新高】 区妇联先后被评为全国各民族妇女“双学双比”活动先进集体、北京市京郊妇女“双学双比”活动先进集体、北京市妇联系统信访工作先进集体、“我家与奥运”征文活动组织奖、《京郊日报》妇女专版通讯报道工作优秀组织奖。万庄子“三八”蟠桃园被授予全国“三八”绿色优质工程称号，区妇幼保健院荣获全国巾帼文明示范岗荣誉称号，刘淑环被评为全国“三八”红旗手，王立花、白凤云、刘淑环被授予全国“双学双比”女能手荣誉称号，孙文梅被授予全国“双学双比”优秀科技服务工作者称号，刘歧被评为全国“三八绿色奖章”获得者。

【完成三年企业建会目标】 全年组建工会159家，发展会员7 217人。三年来累计组建工会542家，发展会员36 986人，超额完成市总工会下达的三年建会任务，连续第三年被评为市级建会先进单位，同时被为2002年度市级工会干部教育、培训先进单位。

【广泛开展经济技术创新活动】 各级工会积极组织职工参加技术改造、技术攻关、技术比武活动。参加活动人数达27 000多人次，举办技术比赛117次，实现技术革新、技术攻关79项，双增双节98项，提合理化建议2 353条，实施470条，共创经济效益1 860万元。

【经济领域统战不断加强】 共引进项目5个，资金600余万元，实现税收500多万元。加强对非公企业的宣传服务工作，组织民营企业家参加了高级工商管理培训班，编辑出版了《平谷民营企业先进典型报告文学集》。各民主党派、非公经济组织和海外联谊会等共为全区百姓捐款物合计1 300多万元。完成了海外联谊会的换届工作。

经济建设

坚持以富民强区为目标，实施“二、三、一”发展战略，重点加大投资力度，推进卫星城建设，营造良好投资环境，强化招商引资，扩大内外贸易，优化产业结构，促进了区域经济持续健康发展。全年完成国内生产总值40.8亿元，比上年增长12%，其中：第一产业增加值9.1亿元，增长7.5%；第二产业增加值16.4亿元，增长17%；第三产业增加值15.3亿元，增长9.7%。实现财政收入4.4亿元，比上年增长24%，财政支出12.7亿元，剔除市拨专款，财政收支基本平衡。完成固定资产投资12亿元，比上年增长53.9%。完成出口供货额13.2亿元，比上年增长21%。社会消费品零售额达到16.5亿元，比上年增长11.3%。农民人均纯收入达到5 102元，比上年增长15%。城镇居民人均可支配收入10 972.8元，比上年增长13.8 %。

农业

【农业生产平稳增长】 全区完成农业总产值10.7亿元，比上年增长10.5%，其中：种植业产值4.6亿元，增长2.8%；牧业产值5.1亿元，比上年增长17.7%；主要农副产品产量均有较大幅度增长：肉鸡出栏971万只，增长17.3%；出栏猪34.8万头，增长18.3%；商品牛1.9万头，增长46.2%；果品产量19.1万吨，增长19.1%；肉牛出栏1.9万头，增长42.3%。

【主导产业规模不断扩大】 果品、蔬菜、畜牧成为全区三大农业经济支柱产业。果品产业：新发展果树面积0.16万公顷，新栽大桃0.087万公顷，发展北寨红杏、井峪柿子、苏子峪大枣等特色品种55万株，全区果树总面积达到2.37万公顷，其中大桃面积1.12万公顷，年产量达1.3亿千克；畜牧产业：养殖小区发展到117个，入区3 580户，其中养羊小区40个，肉鸡小区24个，养牛小区14个，特种养殖小区17个。猪、肉羊、肉牛、奶牛生产呈全面增长趋势，兔、蛋鸡生产有所下降，年实现畜牧产值5.1亿元，占农业总产值的48.7%；蔬菜产业：围绕15公里蔬菜带建设，新增菜田0.067万公顷，配套改造老菜田0.08万公顷，全区蔬菜生产面积达到0.67万公顷，年产鲜菜7.56亿千克，产值4.75亿元。出口菜基地0.167万公顷，年出口蔬菜2万吨，创汇5 740万元。设施蔬菜面积0.2万公顷，年产鲜菜1.23亿千克，产值2.45亿元。

【农业标准化生产全面推进】 一是制定《农业标准化生产五年发展规划》和2002年实施计划，确定了农业标准化生产的指导思想和总体发展目标；二是制定了大久保、八月脆等十几个大桃标准化生产标准和规程，被批准为北京市地方标准并在全市推广；三是建成了29个农业标准化生产示范基地，其中13个市标准化基地全部通过验收。0.67万公顷大桃基地被国家技术质量监督总局批准为国家级大桃标准化生产建设基地；四是普及农业标准化知识，举办了大桃标准化知识大赛，果农参与率达到80%。在全市农业标准化会议上，平谷区作为惟一的区县代表在会上介绍了经验。

【推广果树病虫害生物防治技术】 制定《平谷区关于严禁经销使用剧毒、高毒、高残留农药的规定》、《平谷区关于严格规范肥料生产、经营和使用的管理办法》，严格执行北京市有关生产安全绿色食品规定，全区建立病虫害测报点40个，其中建市级测报点5个，区级测报点5个，乡镇级测报点30个，在全区形成了分布均匀、覆盖面广的三级预测预报网，预测报面积达到2万公顷。积极推广果树套袋、树挂性诱剂、糖醋液等生物防治技术，农药使用量不断下降，病、虫果率分别控制在5.3%、3.8%以下。镇罗营镇北四岭村通过生物防治示范村建设，农药使用量减少50%以上。

【开拓国内外大桃销售市场】 国内方面，继续举办“北京王府井平谷精品大桃展示会”，城区销售网点由去年的50个发展到130个，精品大桃在北京市场年销售量达3 000万千克；在上海南京路召开了“平谷大桃展示会”；在青岛、长沙两市建立了平谷大桃销售网。国外方面，开拓了泰国、新加坡、韩国、意大利四个新市场，出口鲜桃60万千克。

【农产品加工企业带动能力增强】 区内农产品加工规模型企业发展到14家，完成产值3.3亿元，实现销售收入3.48亿元，比上年分别增长10%和20%。资产总额3.46亿元，同比增长7.9%。上缴税金1 525万元，增长35.2%。其中果品加工企业不断做大做强。泰华、华邦、平乐三家企业年加工果品3.75万吨，加工量同比增长38.9%；豪特酿酒公司加工红花甜高粱酒，带动生产基地333.33公顷；二是千喜鹤、超大、绿之宝等一批新的农产品加工、流通企业陆续引进。

【食用农产品安全生产体系建设】 一是加大宣传工作力度。召开食用农产品安全体系建设工作会议两次，印发《剧毒、高毒、高残留农药替代品种公告》3 000余份，组织宣传队伍到田间、地头为农民讲解安全食品生产知识；二是联合市肥土站、中国农业大学对全区17乡镇果园、菜地土壤健康状况进行了系统调查，详细掌握了农田土壤现状；三是积极推进安全农产品认证工作。全区45家企业、基地通过了安全食品认证，在北京十几家超市建立了平谷区安全农产品专营柜台。

【加快新技术新品种引进】 引进玉米、豆类、芦笋、中草药材等新品种16个；承担农业部、农科院及市土肥站、种子站、推广站试验、示范项目43项；完成《大桃安全生产施肥试验研究》、《紫花苜蓿高产栽培配套技术推广》、《栗蝇蜂防治技术和推广》课题研究。

【农业信息服务网络开通】 以农业部农村信息服务站建设试点为契机，在17个乡镇和农口单位建立信息服务站点23个，初步形成了覆盖全区的农业信息服务网络。9月23日，由区农委与广电中心共同开办的《农贸快讯》栏目正式开播，每天为农民提供北京市6家大型批发市场60余条农副产品的市场价格信息。

【农民专业经济合作组织形式多样】 合作组织的类型主要有三种：出资型。由农民出资，用产权连接的规范的合作经济组织；契约型。指农民不出资，用合同连接的农村合作经济组织，包括加工企业、贸易组织、农民龙头大户等；会员制型。指用会员制连接的农村合作经济组织，包括为农民提供产前、产中、产后的各类型服务协会。组建方式主要有公司+农户、专业技术协会+农户、能人+农户、基地+农户、中介组织+农户等十种类型。年内，在工商局、民政局、科协注册的农民专业经济合作组织达到310个，辐射带动农户近3万家。

【消除低收入村工作进展顺利】 通过落实区镇乡领导包乡包村目标责任制，制定优惠政策，加大领导和帮扶工作力度，全区39个低收入村人均纯收入达到3 033.9元，比上年提高18.9%，有32个村越过2 500元低收入线，占总数的82.1%。

【净化农用物资市场】 组织联合执法队，对全区200余家种子、农药、肥料生产经营单位进行全面检查，检查农药品种170个，处罚违法经营单位32家，立案5起，当场处罚27家，没收剧毒、高毒、高残留农药95.5千克，查扣和处理假种4 193.5千克、农药466.2千克，罚款4 300元，取缔无证经营单位4家。

【“桃王”拍卖创天价】 8月2日至4日，由区委、区政府和大华山镇果农在北辰购物中心举办精品大桃展，并进行了大桃拍卖活动，当场拍卖三个王牌大桃：巨桃5 888元、桃王4 288元、桃后4 188元，售出精品大桃2万多千克。本次活动的开展有效促进了大桃精品战略的实施。

水利　林业　气象

【山区水利富民实现“五连冠”】 全年新建水利富民工程3 100处，完成计划的100%，其中五小工程2 906处，水库干渠集雨大型蓄水池工程120处，蓄水31万立方米，塘坝、截流、井站工程12处，建集雨场7.25万平方米，人畜饮水工程26处，发展节水灌溉面积 0.393 万公顷，动土石 462 万立方米，用工 158 万个，总投资 5 380 万元，其中农民个人投资 3 223万元。山区水利富民综合开发工作以点多面广、网络化、机制新等优势，连续第五次被市政府授予“山区水利富民综合开发优秀区”称号。

【重点水利工程投资力度加大】 全年重点水利工程总投资额达到 2.6 亿元（其中国家和市资金 1.1 亿元）。先后完成了世行节水灌溉项目、洵河治理及马各庄橡胶坝工程、小龙河防险工段除险加固工程、黄松峪西干渠节水改造工程。其中，世行节水项目成立了用水协会和分会，制定了供水、用水、节水管理办法，完成了独乐河镇 120 公顷节水灌溉和峪口镇 346.67 公顷的节水灌溉工程的规划设计。在 5 月份世行组织的第三次检查中，世行官员给予了高度评价；洵河整治及马各庄橡胶坝工程按 10 年一遇筑堤，20 年一遇校核的城市防洪标准设计，治理河道 2 000 米，建 100 米宽橡胶坝一座，在上游形成了 25 万平方米的水面。

【加快建设节水型社会步伐】 一是组织上重视。制定了《北京市平谷区取水许可审批规定》、《北京市平谷区地下水补给回灌审批规定》、《北京市平谷区建井管理办法》，召开全区节水工作会议，全面部署节水工作任务，对节水先进单位和个人进行表彰；二是加大宣传工作力度。利用集市、重要节日、广播电视、报刊、网络会议等形式进行全方位节水知识宣传，培养费群众节水意识和保护水资源的意识；三是坚持典型引路，推进节水工作深入开展。树立马坊镇为节水工作试点，全镇实现节水 3 个 100%，即农户水表安装 100%，农用机井装表 100%，个人机井装表 100%；四是加强执法检查。6 月和 9 月，先后两次对全区 676 个用水单位的节水情况进行拉网式检查和复查。查出 14 个有自备井的单位没有纳入管理范围，初步堵住了漏管渠道。对 21 起无证取水案件进行了查处。丽都啤酒厂、将军关村等 3 个先进集体和 3 名先进个人出席了全市节约用水工作大会。全年实现节水 1 700 万立方米，征收水资源费 334 万余元。

【完成春季植树造林任务】 完成平原植树 81.2 万株，其中：新植林网 94 公里，植树 15 万株，完善更新林网 65 公里，植树 7 万株，城镇绿化面积 13.33 公顷，植树 10.4 万株（花灌木 60 万株），四旁植树 22.2 万株，沙荒造林 130 公顷，植树 10.2 万株。

【京津风沙源治理生态林建设】 平谷为国家计委、国家林业局确定的环京津周围风沙源治理重点地区之一。年完成爆破造林任务 186.67 公顷，平原农田林网建设 50 公里，封山育林 0.33 万公顷，飞播造林 0.067 万公顷，雨季撒播油松树子 3 000 千克，秋季直播橡子 5 万千克。栽植侧柏、黄栌、火炬等各种大规模苗木 25 万株。加大了彩叶树林的栽培力度，在靠山集、王辛庄、黄松峪三个乡镇完成造林 333.33 公顷，栽植彩叶树 15 万株。完成高标准农田林网建设 40 条，总长 65 公里（宽 20～30 米），完成年计划的 130%。完成中幼林抚育 0.67 万公顷，退耕还林 0.307 万公顷，林木病虫害发生面积 0.212 万公顷，有效防治 0.209 万公顷。

【完成顺平路绿化工程】 工程总长 12 公里，规划公路两侧绿色带各宽 200 米，其中内侧永久绿色带宽 25 米，外侧绿色带宽 175 米。共绿色 189.73 公顷，完成计划的 116%，栽植各类树种 30 个，共 37.9 株，铺草坪 2.7 万平方米，动土石 3.1 万立方米，拆除绿化带内建筑 52 处 3.82 万平方米。

【加大林政执法力度】 查处各类林业行政案件 40 起，较上年增加 7 起，行政罚款 7 万多元，补种树木 8 043 棵。其中滥伐案 17 起，盗伐案 14 件，毁林案 4 起，山火 3 起，破坏野生动物资源 2 起，案件侦破率为 90%。

【野生动物保护工作】 群众保护、放归野生各类动物 176 只。其中国家一级保护动物 1 只，二级保护动物 8 只，市级重点保护动物 167 只。对全区 49 个驯养殖场所进行了全面登记注册。

【防雹减灾进入全国前列】 根据市人影办提供的提前预警信息，严密监视天气演变过程和云层移动趋势，及时与民航首都机场塔台控制室、杨村机场军事航调室取得联系，适时指挥所辖 6 个炮点，依据天气情况组织焰弹增雨雪作业 12 次，高炮防雹作业 29 次，在比邻区县均遭受严重雹灾损失的情况下，全年境内未出现雹灾。区气象局被市气象局评为文明单位、思想政治工作先进集体。6 月 6 日，中央电视台在午间半小时栏目中以“实践三个代表在基层”为题，对平谷区开展人工防雹减灾的先进事迹进行了报道。

【年度气候评价】 冬季气温高于常年，降水偏少；春季温度偏高，降水少于常年，光照不足；夏季气温偏高，降水偏少，光照接近常年；秋季气温低于常年，降水偏少，光照不足。年平均气温为 12.4℃，较历年平均值（11.3℃）偏高 1.1 度；降水量为 401.1 毫米，比历年值（647.1 毫米）偏少 246 毫米；年日照时数为 2 403.9 小时，比历年平均值 2 710.4 小时偏少 306.5 小时。冰雹灾害少于常年，全年出现几次大风天气。未造成灾害。其中 8 月 26 日出现一次暴雨天气，降水量为 61.6 毫米，未形成灾害。降水预报准确率为 77%，低温 80%，大风 89%。地面观测错情 2 个。

工　业

【工业生产速度加快】 确立“工业强区”发展战略，加大资金投入力度和政策扶持，调整产业结构和产品结构，完成工业总产值（不变价）73 亿元，较去年增长 30.6%。其中：区办工业产值 22.5 亿元，同比增长 15.7%；乡镇村工业产值 50.5 亿元，增长 38.6%。区办工业实现利润总额 3.7 亿元，其中：区办工业利润 1.4 亿元，同比增长 38.9%；乡镇村办工业利润 2.34 亿元，增长 41.5%。工业销售总收入

57.6亿元，比去年增长25.6%，其中：区办工业13.94亿元，增长10.6%；乡镇村办工业43.65亿元，增长31.3%。

【重视大中型工业项目的引进】 全区引进大中型工业项目79个，5 000万元以上投资项目16个。其中：区属开发区引进14个，总投资1亿元以上项目3个（维达纸业公司3.1亿元，纳士塔建材公司2.25亿元，北京千喜鹤食品有限公司1.5亿元）；投资5 000万元项目1个（北京原野食品公司）。各乡镇引进项目65个，计划投资总额为27.3亿元，年内落实12.2亿元，占计划投资的63%，全部投产后可增加销售收入25亿元，增加税收2亿元。

【加大技术改造资金投入】 全年投入技术改造资金4.45亿元，实施技改项目36个，其中区办工业技改项目4个，分别是：水泥二厂立窑改旋窑项目，总投资1.3亿元；印刷厂设备更新改造，投资860万元；北京天利海化工有限公司甲基麦芽酚扩产技改项目和氧化镁回收技术改造项目，总投资500万元。乡镇企业实施技改项目32个，总投资3.01亿元，22个项目于年内竣工投产。技改项目新增销售收入5.26亿元，新增利润5 000万元。

【加快乡镇企业体制创新】 年内35家乡镇企业完成企业产权制度改革，通过改制，共收回集体资本金864万元，1.6亿的集体债务转移到改制后的企业，同时实现新增社会资金9 100万元，激活闲置资产7 263万元。全区完成改制乡镇企业总数已经达到398家。到2002年底，乡镇村集体企业资本金总额15.4亿元，其中个人资本金1.92亿元，比上年增加5 406万元，占总资本金的12.4%，较上年提高了4.7个百分点；法人资本金6.92亿元，比上年增加1.46亿元，占总资本金的44.9%，比上年提高了14.1个百分点。

【个体私营经济增势强劲】 实现总产值18.15亿元，增加值3.61亿元，营业收入17.62亿元，利润1.15亿元，上缴税金3 837万元，比上年分别增长114%、81.1%、84.7%、57.9%、119%，占全区乡镇企业比重分别为19.9%、22.4%、20.4%、24%、18.2%。个体私营企业主要经济指标增长幅度均高于全区乡镇企业增长幅度。

【乡镇企业创名牌】 北京平谷华通开关厂、北京燕兴隆新型墙体材料有限公司被评为国家级重点名牌乡镇企业。北京森杨覆铜板有限公司、同乐制帽厂被评为北京重点名牌乡镇企业。北京华邦食品有限公司生产的“华邦饮料”被评为北京市重点名牌产品。北京华通开关厂被农业部评为诚信建设先进企业。

【“三项工程”建设力度加大】 年内，12个乡镇工业小区完成基础设施资金投入2.11亿元，新增入区企业53家，完成销售收入23.07亿元，企业增加值5.61亿元，利润总额1.72亿元，比去年同期分别增长72.9%、76.7%和82.5%。峪口镇经济开发区等四个市级重点工业小区建设速度加快，东发工业园区迅速成型。北起刘家店镇，南至马坊镇并连接东高村镇一线的西南工业经济带建设全面启动。新入区企业超过20家，投资规模较大的有“北内”搬迁项目、奥新达体育设施有限公司、北京毛纺集团等。二、三产业专业村建设带动作用明显。全区44个二、三产业专业村年收入超过10亿元，安置农村劳动力就业2.1万人，农民人均纯收入达8 000元。

【开发区规模不断壮大】 兴谷、滨河开发区入驻企业已达到740家，较上年增加170家，项目总投资达到67.03亿元。2002年完成投资1.99亿元，新增固定资产1.79亿元，完成工业总产值32.35亿元，销售收入33.71亿元，上缴各种税金1.86亿元，实现企业利润1.68亿元。

【北京惟一韩国企业园在平谷落户】 位于兴谷开发区内，建设占地200公顷，是目前北京地区惟一以吸引和发展韩国汽车零配件企业和其他韩国企业而设立的园区。韩国企业园已吸引星宇（Sungwoo Hitech co.ltd）、日进（Iljin Group）、和信（Hwashin co.ltd）等企业入区，并相继进场施工，项目总投资4 675万美元，全部投产后每年销售收入10亿元人民币以上，将产生较好的社会和经济效益。“新韩工业”、“三洋化学”、“大圆钢业”等几家汽车配件企业正在考察兴谷投资环境，初步达成了落户和投资意向。

【“一站式”服务见成效】 进驻服务大厅的部门和单位计32家，其中政府职能部门24家；银行4家（农行、建行、工行、中行）；会计师事务所4家（律华、天成开元、泳泓胜、嘉仁和）。服务大厅坚持“窗口受理、内部运作、限时办理、一口收费”，全年办理工商企业登记3 665家，发放税务登记证6 319家，办理刻制印章9 252枚，发放企业代码证书5 115家，评审代码证书4 354家，环保局核准发放证书342份。

商业　旅游业

【商业经济平稳运行】 全年完成社会消费品零售额16.5亿元，比上年增长11.5%，其中：区直属商业企业综合销售收入完成7.29亿元，较上年下降7.7%；农村集市贸易成交额4.25亿元，较上年增长25.1%。

【完成一批重点商业建设项目】 中心商业区建设全面启动，完成拆迁11.6万平方米，开工面积19.5万平方米。麦当劳、肯德基、加洲牛肉面入驻我区。天客隆超市、小白羊超市连锁店及众信世纪商厦相继开业。天成开元市场服务中心开办的金海家园家装建材城一期工程、星宇昊建材城建成并投入运营，新增商业面积2万平方米。粮食局按期高质量地完成了“官庄国家粮食储备库建设工程”。该工程总投资2 750万元，建筑面积1.4万平方米，仓储能力达6 000万千克。同时，仓储能力1 500万千克、建筑面积达1 900平方米、投资800万元的区级地方粮食储备库已建成并投入使用。

【商农结合更加紧密】 区供销社产销合作社与农民签订收购合同，带动农户种植甜高粱200公顷，抗虫棉200公顷。农产品加工企业和基层供销社共收购大桃、核桃等干鲜果品1.52万吨，直接为农民增收1 957万元。海泰公司、平乐食品厂、豪特酿酒公司、吉盛客食品有限公司等农产品深加工企业充分发挥龙头带动作用，全年共出口各类果汁1 500吨，白酒250吨，罐头1 000吨，创汇220万美元。

【规范商业市场秩序】 加大执法力度，依法对食盐、烟草、粮食等经营市场进行整顿。全年共出动执法检查4 360人次，查处违法案件130起，较上年增长51%，没收劣质食盐13.4吨，假烟1.8万条，不合格猪肉77.5千克，废旧钢铁60吨，罚没款8.5万元，有效地打击了违法经营，维护了市场秩序。

【确定旅游整体发展思路】 重新编定《平谷旅游业发展总体规划》，确定了"北京平谷—绿色休闲之都"的产业发展定位，明确特色生态旅游、水上娱乐游、会议度假游、宗教文化游、观光民俗游、健体养生游为发展方向。确定了"两区三环带，整体休闲游"的旅游产业格局。"两区"指金海湖旅游度假区和城市会议度假区；"三环带"指北山外环带（刘店—华山—镇罗营—飞龙谷—黄松峪）、北山内环带（熊尔寨—花峪—罗家沟—大段洼—北寨）、浅山旅游环带（轩辕陵—峨眉山—大溶洞—靠山集—金海湖—北盘山）；"整体休闲园"即将全区作为一个大的旅游区进行建设，使平谷成为一个环境优美、处处可游、处处休闲的风景区。

【旅游业发展步入快车道】 全区旅游开发投入9 600万元，1个新景区投入开发建设，4个老景区进行了完善和提高，3家宾馆进行了改扩建，3家宾馆实现了定星和升星（碧海山庄被评定为三星，紫岳闻涛、金叶庄苑被评定为二星），新建和改建景区星级厕所10座，京东大峡谷景区完成了ISO9000质量体系认证和ISO14000环境体系认证工作。年内接待游客382万人次，实现旅游综合收入3.06亿元，分别比上年增长8.2%和48.4%。

【第四届桃花烟花节全面出新】 本次活动的主题是"塑造平谷全新形象，营造最佳投资环境"。在活动的筹办方式上，采取了媒体、公司和政府合作的形式，由区政府和北京龙世嘉蓝广告有限公司共同策划，并邀请北京贸促会、北京市旅游局、经济日报新闻发展中心共同主办。期间，推出新闻发布会、开幕式（含大型歌会、燃放烟花等）、招商引资经贸洽谈会、跨国公司平谷生态园奠基仪式、平谷中心商业区招标、奠基仪式、2002年中国旅游房地产发展论坛、阿迪力挑战科克伦"高空生存"纪录、系列旅游及民间绝技表演、平谷艺术精品展等九项大型活动，其规模、社会影响之大超过以往三届。

【阿迪力破"高空生存"世界纪录】 作为第四届北京平谷国际桃花烟花节的一项重大活动，阿迪力挑战"高空生存"世界纪录引起了全国乃至世界的广泛关注，全国70余家新闻单位对本次活动进行了报道。北京电视台现场直播了开幕式和闭幕式盛况，并开设了专题栏目每天进行跟踪报道，上海、海南、湖南等多家电视台进行了电视转播，产生了强烈的轰动效应。活动期间，来自美国、澳大利亚、加拿大、韩国、南非、瑞士等20余个国家和地区近千名游客和国内近30万名观众亲临现场观看助威。阿迪力是在4月16日11时登上架设在北京平谷金海湖上空的钢丝的。钢丝总长416米，高35米。他在钢丝上共呆了25天，累积行走123小时48分钟，这个成绩打破了由"空中王子"杰伊·科克伦在1981年创造的连续在钢丝上生存21天的世界纪录。此次活动进一步提高了平谷的知名度和国际影响力，树立了平谷全新的对外形象。

【全方位宣传平谷旅游资源】 聘请全国著名歌手满文军出任平谷旅游形象大使，邀请全国著名作词作曲家创作了平谷旅游形象之歌《桃花深处》，由满文军主唱。制作歌曲光盘10 000张，在社会上广为传唱；在政府信息网上开设了《平谷旅游天地》网页，及时而全面地向社会各界广泛介绍平谷旅游事业的发展情况。邀请8名专业摄影师、摄像师对区内风景区进行了90分钟航拍，摄取录像资料200余分钟，照片资料800多张，建立了旅游宣传资料库，为丰富旅游宣传积累了宝贵的第一手材料。

【民俗旅游靠特色求发展】 按照北京市《民俗旅游接待户管理办法》和《评定标准》，评选出85个典型户，统一了具有农家特色的服装，对农家饭菜进行了包装，初步形成了具有平谷特色的民俗旅游。全区从事民俗旅游农户已经达到1 200家，旅游接待人次30万，实现直接旅游收入1 800万元，涌现出渔子山村郑启宏等一批年收入超10万元的民俗旅游大户。

【成功举办三次大型旅游活动】 "第四届银冬游冰节"历时50天，接待游客66.3万人次，旅游收入3 483.5万元，同比分别增长10.5%和64.2%；"第四届北京平谷桃花烟花节"于4月16日召开至4月22日结束，吸引游客28万人次，旅游收入2 500万元，较去年增加33.3%、19.4%；"第六届平谷金秋采摘节"自9月7日至10月7日，历时一个月，接待游客46.7万人次，旅游收入3 438万元，比上年分别增加9.1%、39.4%。

【黄金周旅游见效益】 "五一黄金周"期间，全区接待游客65万人次，同比增长30%，旅游收入2 590万元，增长62%；"十一黄金周"接待游客19.4万人次，旅游收入1 180.2万元，同比分别增长15%、17%；"春节黄金周"期间接待游客4.18万人次，旅游收入668.7万元，较上年分别增长2%和22%。

外经　外贸

【招商引资工作取得实效】 区委、区政府确定

2002年为“招商引资年”，制定了《招商引资各项扶持奖励政策》，开展了多种形式的招商引资活动。全区共引进各类生产型项目239个，合同投资总额58.5亿元，其中区外投资52.1亿元，占89%。招商引资工作呈现如下几个特点：一是涉及领域广。招商领域从以国内招商为主向国内、国际招商兼顾转变。引进的企业项目涉及工业、农业、服务业三大产业的各个方面。在239个生产型项目中，工业项目172个，合同金额47.6亿元，实际到位资金25.6亿元；农业及农业深加工项目36个，合同金额3.8亿元，实际到位1.8亿元；建筑房地产项目5个，合同金额2.4亿元，实际到位资金1.2亿元；旅游项目9个，合同金额3.3亿元，实际到位资金0.9亿元；商业服务业项目15个，合同金额1.6亿元，实际到位资金0.93亿元。二是项目单体规模大。在落实的项目中，平均单体规模达到2 447万元。投资在3 000万元以上的项目50个，其中16个已经建成并投产。投资5 000万元以上项目27个。三是引进项目科技含量高。北京华通恒盛电器有限公司、健天数据加工公司、为现代汽车生产配套零部件的星宇、日进等韩资企业入驻平谷后，提高了我区现代制造业的整体水平。

【支持企业开拓国际市场】 区委、区政府制定《关于鼓励企业开拓国际市场扩大国际贸易的意见》，拿出专项资金用于扶持企业开拓国际市场。同时，积极支持区内企业申报国家和北京市开拓国际市场基金，用于扶持企业开展国际质量体系认证、设立境外窗口、参加国际展销会。全年有两批35家企业经国家外经贸部、财政部批准享受国家开拓国际市场基金的扶持；22家企业获得自营进出口权；24家企业获得ISO9000系列质量认证，区内获ISO系列质量认证企业总数达到了76家。

【三资企业提速发展】 全年新批三资企业21家，其中合资企业11家，独资企业9家，合作1家，老企业增资2家，增投资总额5 979.3万美元，合同利用外资3 100万美元，同比增长35%，实际利用外资1 407万元，与去年基本持平。2002年72家三资企业创产值13亿元，实现利润4 000万元，实现税收1.7亿元，总全区税收总额的39%。利润及税收同比分别增长25%、15%。

【出口供货额创历史新高】 全区完成出口供货额13.5亿元，同比增长24%，总量在全市十个远郊区县中名列第二位。其中乡镇企业完成12.2亿元，占全区总额的90%，同比增长了22.9%；完成直接出口创汇4 358万美元。

【建立4个国外出口创汇基地】 天企易德公司与俄罗斯圣彼得堡市涅维斯有限公司合资设立了“圣彼得堡北京城有限公司”；华奈达集团在瑞典组建了辐射北欧、东欧的“华奈达瑞典斯德哥尔摩公司”；光亚毛织厂利用俄罗斯非配额国家的优势，在圣彼得堡成立了国际合作公司；蓝鹰摩托车公司通过实地考察，根据越南无后三轮摩托车、大厂家不易开发的特点，在越南建立了后三轮摩托车生产基地。四个国外出口创汇基地均通过政府搭台，企业自行论证方式建立。

【建立公共保税仓库】 平谷区建立公共保税仓库申请已于2002年11月15日得到国家海关总署批准，并签署了关贸协作备忘录，建立了协调、协作机制，为今后改善投资环境，降低企业经营成本，开展国际贸易创造了条件。

【民营经济贡献率提高】 新发展民营企业1686户，比去年增加286户，增长20.2%。民营企业发展到了8 125家，注册资金253亿元，上缴税收6.02亿元，同比增长3.22亿元，增幅为119%，占全区税收总数的60.3%。

公路　交通　环保

【公路建设投资力度加大】 全年公路建设总投资7 179.42万元，完成新改建工程2项：密平路山区段新建工程，总投资3 579.4万元，动路基土石方9.87万立方米/5.48公里，路面4.9万平方米/5.48公里，桥梁96.2延米/座，涵洞632米/48道，浆沏3 263立方米；平蓟路改建工程为市公路局重点工程，总里程16公里。完成大修工程4项，总投资1 739.08万元，包括黄关路改建工程、云打路改建工程、胡陡路大修工程、平程路防护工程。完成中小修工程12项，养护公路31条，390.1公里，其中干线4条，65.8公里，区级公路27条，324.3公里。工程合格率为100%。年征收养路费4 262.45万元，完成年计划的103%。完成桥山路、小小路、密平路绿化工程8.8公里，新植落叶乔木6 171棵，常绿乔木185棵，花灌木572株，补植5年内小树444棵，灌木651株，绿化成活率达到98.4%。

【完善客运交通网】 结合本区客运现状、路况村庄人口分布情况，制定了《境内客运线路5年规划》和《平谷区至境外区县客运线路5年规划》。年内新增开线路3条：城区至塔洼线全程30公里；旺旺集团至打铁庄线26公里；崔庄子至兴隆庄全程22公里；新增运营汽车15辆。延长线路3条：化工总厂至黄松峪线延长到山东庄兵营；南山村至小渔阳线延长到中医院；银座大厦至打铁庄线延长到旺旺集团，新增站点33个，百姓出行难问题初步得到解决。

【建立环境监测体系】 一是建立了常规地表水、废水监测网。在全区重点地区和单位建立废水监测站点95个，对区内污染较重大企业排放的废水进行取样监测，及时准确地掌握废水排放情况。建立地表水监测站点10个，报市环保局有效数据856个，其中质量控制数据181个，项目受控率为100%，准确控制率为46.6%，数据受控率为26.8%，全年数据合格率为100%。二是建立了大气常规监测网。建成并启用空气自动监测系统站，主要监测空气中的SO_2、CO、NO_2、IP四种物质含量。全年二级及好于二级以上的天气达到234天，占全年总天数的64.1%。三是建立了噪声监测网。监测面积由上年的6.5平方公里扩大到9.44平方公里，区域噪声由104个网格扩大到106个网格，网格面积为3 000×300平方米。区域环境噪声昼夜平均值为51.7db（A），达标率为100%。道路交通噪声监测由7条主干线18条路扩大到9条路29条路段，获有效数据675个，数据合格率为100%。

【控制大气污染】 成立由区环保局、工商局、城管大队、技术监督局、广播电视中心组成的联合执法队，加大检查力度。加强建筑工地扬尘、噪声管理，对违章拆迁的星宇昊公司及银河旅社工地依法进行了处罚；加强工业粉尘管理，对中燕绿洲有机肥公司下发了限期整改通知书，并进行了处罚；取缔露天烧烤，加强餐饮业整治。共查抄露天烧烤360家，没收器具858件。绘制了城区内77家餐饮业污染源图，年内已有31家完成治理工作；对用煤企业进行夜查，控制燃煤污染源。抽查14个单位，对再排放超标的华奈达集团进行了重罚。

城　建

【建筑业支柱作用明显】 建筑业各项经济指标稳中有升：2002年，完成开复工面积365万平方米；创造产值45亿元；上缴税收3.8亿元，同比分别增长13.8%、9.3%和45.2%。

【提高建筑业综合水平】 一是队伍结构不断优化。全区99家企业通过资质就位，一级企业达到2家，二级企业上升到34家，形成一、二级企业主攻总承包市场，三级企业分占专业承包和劳务分包市场的格局。二是实现质量管理数据化。引进了回弹仪、钢筋扫描仪、气象色谱仪、热解析仪和甲醛分析仪等先进设备，增加了监督管理的科学性。三是改单纯的工程质量验收为工程综合验收。要求建筑不仅要坚固挺拔，而且要功能齐备，环境优美，顺应人们对居住环境的现代要求。天润公司承建的“安贞雅园4号楼、6号楼”、嘉铭公司承建的“首都医科大学图书馆工程”获得市级建筑结构长城杯奖。

【建材行业向节能环保方向发展】 严把建筑节能审批关。规定非节能建筑项目计委不得立项；规划部门不得进行施工图纸设计，不得测量放线；凡不加盖建筑节能印章的工程，不得进行招投标，建委不得办理开工许可和竣工备案手续；国土房屋管理局不得核发房产证。加大新型墙体材料的研发力度，推广建筑节能。福粮砖厂与其他建材生产企业合作研发了以页岩为主要材料的烧结多孔砖，其体积为黏土实心砖的2倍，其强度达到1.5兆帕，可以完全替代黏土实心砖，保温性能大大优于黏土实心砖。

【提高装饰行业管理水平】 对区内装饰行业进行整合，塑造品牌。通过建安永和家居装饰市场与各房地产开发和物业管理企业洽商承包合同，以整个小区为单位寻找工程项目，再与装饰企业签订承揽装饰工程的质量协议。全年签定协议4个。加强对室内空气污染的控制力度。投入100万元，购置检测设备，确保室内装饰空气污染数据测定具有科学量化依据。

【实施卫星城夜景亮化工程】 列入夜景亮化工程行政、企业事业单位92家。共安装轮廓灯27 000延长米，霓虹灯1 800平方米，草坪灯300盏，景观灯400组，射灯2 050盏，空中玫瑰灯1组。在街心花园、盘龙环岛、世纪广场南门、市政委门口、房地局绿地安装大型景观灯16盏，广场雕塑台灯2 200米，安装10 000米扫描聚光灯4盏。工程总投资1 100万元。

【小城镇建设步伐加快】 国家级小城镇峪口镇运用“经营城市”理念加快城市建设，投资5 000多万元完成8大工程：铺设开发区人行路方砖2.2万米，村级街道硬化2.4万余米；峪口至云峰寺路段1 500米拆迁工程按期完工；建排污管线3 600米，上水管线600米；建35kV变电站一座；中心大街商业楼主体工程竣工；建中心花园两座；完成小城镇亮化工程；小城镇绿化水平再上新台阶。市级小城镇马坊镇投资2 000多万元修建城镇及工业区道路7 000多米，路面面积8万多平方米，安装高标准路灯380盏，栽植高档次云杉800多棵，工业区实现了“六通一平”。龙河治理工程开工，年内完成全部土石方工程。

财政　金融

【财政、税收稳步增长】 全区完成财政收入4.4亿元，比上年增长24%，完成年度预算的112.7%。其中：市与区县共享收入3.68亿元，增长26.3%，完成年度预算的114.7%。财政支出10.01亿元，为预算的104.6%，同比增长19.3%。全区完成各项税收10.4亿元，较上年增长16.2%。其中：国税3.7亿元，增长6.5%；地税完成6.7亿元，增长22.3%。

【推进国库集中支付工作】 一是在系统总结上年科委、审计等四家单位实行工资统发试点经验的基础上，通过修改完善管理办法及应用软件，2002年工资统发单位增加到9个，统发工资额达到2 300万元；二是组织财政、监察和审计部门对全区所有行政事业单位银行账号进行了清理，共核销账户68个，解决了个别单位存在的“擅自开户、一行多户、公款私存、隐匿财政性资金”的问题，同时建立了账户备案制度；三是做好部门预算、国库支付与政府采购等改革的衔接工作，研究制定政府采购资金财政直接支付管理办法；四是公安、环保、法院等行政事业性收费纳入预算，实行收支两条线管理，通过银行，划转收入按有关规定缴入国库并核定部门支出。

【扩大政府采购范围】 全区政府采购预算单位达到113个，涉及项目377个，预算总金额7 057万元。其中98个单位的124个项目已经立项，项目预算金额 4 034 万元。资金节约率为 8.9%，节约资金 102 万元。同时规定下年预算申报、核定项目必须经政府采购审批后方可下达批复预算。

【金融、保险稳中有升】 年末全区各金融机构各项存款余额达 78.6 亿元，新增 9 亿元，比上年增长 13%，其中：储蓄存款余额 45 亿元，增长 5%；对公存款 33.6 亿元，增长 25.7%。贷款余额累计完成 48.3 亿元，新增 1.4 亿元，增长 2.8%。全年完成保险收入 6 733.4 万元，赔款支出 3 265.8 万元。

【建立经济发展和城市建设专项资金】 通过年初预算和预算超收安排 9 100 万元经济发展和城市建设专项资金。其中融资担保资金 3 100 万元，偿债基金 6 000 万元。将 8 000 万元的基金及市财政配套资金 2 000万元，共计 1 亿元与市财政、市中小企业发展投融资担保公司融资，累计形成 8 亿元的贷款规模。所融资金主要用于密三路（平谷段）、平蓟路的改造、洵河整治和开发区建设；安排 1 100 万元融资基金用于银政合作。通过政府担保基金的形式，为区内符合条件的 30 家中小企业向银行争取到了贷款资金。

【推行“村账托管”】 为加强财务管理，保障农村经济健康发展，制定《关于在全区推行“村账托管”工作的意见》，成立了工作领导小组，在乡镇经管部门设立“村级财务托管站”，统一选聘专职会计，代管村级财务账目。全区 17 个乡镇 140 个村实行了“村账托管”，占总村数的 51%。

精神文明建设

2002 年平谷区坚持“两手抓，两手都要硬”，认真贯彻落实党的各项方针政策，努力实践“三个代表”重要思想，结合党的十六大胜利召开和平谷撤县设区等大事喜事，紧紧围绕经济建设中心和全区的重点工作，坚持以科学的理论武装人，以正确的舆论引导人，以高尚的精神塑造人，以优秀的作品鼓舞人，唱响主旋律，打好主动仗，精神文明建设迈出了新步伐，为全区经济发展和社会进步提供了强有力的思想保证和智力支持。

宣传 思想

【广泛开展“一、十、百、千、万”系列宣传活动】 即：一本《纲要》进万家：印发《公民道德建设实施纲要》10 万册，保证区直单位干部职工人手一本，镇乡各村每户一本；十首歌曲大家唱：印发 10 首《公民道德规范歌曲》小册子 1 万本，以“五月歌咏”活动为载体，组织全区干部群众大唱公民道德规范歌；百场宣讲到基层：成立《纲要》宣传小分队，深入到镇（乡）、村、工委及区直单位，宣讲《公民道德建设实施纲要》的基本内容一百场；千条横幅城乡挂：印制宣传《纲要》及 20 字道德规范的横幅一千条，发放到基层，悬挂在村镇的街道两侧、主要路口、旅游景点等处，营造了较好的宣传环境；万人竞赛答题卡：组织全区干部群众参加“庄胜杯”首都公民道德建设知识竞赛和中宣部宣教局举办的“公民道德建设知识竞赛”活动，共上报答题卡 2 万余份，使公民基本道德规范深入人心。

【营造党的十六大宣传氛围】 编辑下发了 3 000 册《学习江泽民 5·31 讲话文件汇编》，组织 160 名科级以上干部 参加了“金秋时节看京城”活动，举办了“平谷区经济社会发展形势电视报告会”。党的十六大期间全区各单位、各镇乡及各村文明大院升国旗 668 面、插彩旗 3 000 多面、悬挂“热烈庆祝党的十六大胜利召开”等标语 1 000 余条，实施“亮丽工程”。为认真学习宣传贯彻党的十六大精神，邀请市委宣讲团副团长张文啟教授为全区副处级以上干部做了党的十六大精神辅导报告，刻制了 200 张党的十六大辅导报告的光盘，编辑下发了《十六大精神和新〈党章〉知识问答 100 题》3 000 册，组织区委理论学习中心组学习党的十六大精神体会交流会，成立了区委党的十六大精神宣讲团，百场宣讲到基层。通过一系列的学习、宣传、贯彻活动，营造了迎接、宣传、贯彻党的十六大的浓厚氛围。

【加强对外新闻宣传工作】 着眼于树立平谷整体形象，抓住关系全区经济发展的重大工程、重大活动，组织、策划一系列的宣传报道。年内在首都和海外近 30 家媒体发稿量突破 1 200 篇，比上年增加 200 篇。其中，《人民日报》刊发 11 篇；《京郊日报》头版头条 12 篇；经济类稿件占 60% 以上。撰写了《经营的魅力——解读平谷国际桃花烟花节》等多篇有深度有影响的好文章。编辑出版了《小树》——沈大军新闻作品集。制作《腾飞的平谷》画册及系列招商引资宣传品，拍摄《中国桃乡——平谷》和《山青水绿又一年》等电视专题片等，对外宣传了平谷的投资环境，为加快平谷经济发展发挥了舆论先导作用。

【编辑出版全区第一部理论专著】 坚持“讲学、评学、考学”的形式，年初进行了首次政工副书记理论考核，并将结果记入六好乡镇考核之中，以促进理论学习；区委理论讲师团成员结合实际宣讲邓小平理论、“三个代表”重要思想、5·31 讲话和党的十六大精神以及《公民道德建设实施纲要》，全年深入基层宣讲 260 多场，直接听众近 30 000 人。综合区委理论教育讲师团成立 3 年来的工作成果，从讲师团成员撰写的上百篇讲稿中精选 29 篇，编辑出版了平谷区第一部理论书籍——《以科学的理论武装人》，为基层理论工作者和党员干部进行理论学习、探讨提供了有益的教材。

【完善思想政治工作考核机制】 修订和完善了乡镇思想政治工作目标管理考核方案，重点对考核内容及标准做了较大的改动：首次请人大代表、政协委员、住区企业代表和镇乡党委代表对 80 个参评单位进行社会测评，占总分的 10%；首次将单位领导班子成员及单位干部职工违法违纪情况纳入目标管理考核，出现 1 例违法违纪案例从总分中加重扣除 20 分；明确了思想政治工作“达标单位”及“先进单位”的标准，形成了科学严谨又便于基层操作的考核方案。

文化　广播电视

【讲英语活动深入开展】　组织举办了讲英语观摩会和两场“疯狂”英语讲学活动，其中“疯狂”英语创始人李阳先生举办的英语讲座，受到 3 000 多名学生和机关干部的热烈欢迎；年内共举办不同形式、不同规模的英语大讲赛 25 场，参加“英语大讲赛”活动人员超过 10 000 人。举办了以“新北京、新奥运、新平谷”为主题的“北京平谷第二届英语大讲赛”，经过 3 场预赛，3 支工委代表队和 7 支乡镇代表队跻身决赛，受到了市有关领导和新闻媒体的好评。

【群众性文化活动异彩纷呈】　以四项传统文化活动为主线，举办了一系列丰富多彩的群众性文化艺术活动。第十二届农民艺术节以“新北京、新郊区、新农民”为主题，举办了平谷区第八届青年歌手演唱大赛、2002 年新春团拜大联欢、第七届民间秧歌大赛、第八届民间花会大赛、第二届“希望杯”青少年个人器乐比赛五项全区大型活动；“腾飞的平谷，时代的旋律”大型广场文艺演出，掀起了“五月鲜花”歌咏活动的高潮；文委和北京市文化局、北京电视台共同拍摄的《北京文化地图：十八区县群众文化巡礼—平谷篇》成为夏日文化亮点；“十月的祝福”、“党的光辉照万家”等文化活动为金秋艺术欣赏增色添彩。大型文化活动的举办带动了基层文化活动的广泛开展。全年共举办群众性文艺演出、艺术表演 900 场，放映电影 2 100 场次，送书下乡 1.1 万册，吸引区内外观众 140 万人次。

【文学艺术争奇斗艳】　市级以上报刊和展览发表、展出文艺作品 150 篇件。出版了《抚摩爱情》、《站在月亮的背后》、《篆书实用章法》、《邢凤玉书画集》、《作文技法歌谣》5 部文艺作品。书法家王友谊的作品被选定挂进了中南海中央常委会议室。耿明星的书法作品被收录在《书法美术 500 强作品集》。耿大鹏的摄影作品《神往》被首都图书馆永久珍藏，柴福善的散文《悬空寺》被收入山东高中语文自读课本。

【市级大赛摘金夺银】　在北京市第十二届农民艺术节小戏、小品、曲艺决赛中，平谷区小京剧《大桃又熟了》荣获优秀创作奖和表演一等奖，京东大鼓《鲜桃四季谣》荣获优秀创作奖和表演二等奖；在北京市书法、摄影、绘画大展中，《陕北轶事》、《路遇》分别荣获一二等奖；在中国北京首届全国赏石精品大展暨中华奇石展销会上，参展的 15 件轩辕石和金海石取得二金四银二铜的优异成绩。在“‘甲天下’第二届柳州国际奇石节”活动中，平谷区有 4 件作品分获银奖和铜奖。另外，在“全国首届自然艺术室内装饰礼品大展”中，6 人荣获一等奖，引起了社会的广泛关注。

【文化执法力度不断加大】　以“扫黄打非”为中心，取缔“三黑”（黑网吧、黑发廊、黑洗浴场所）及非法文化经营场所 196 家；检查出版物经营场所 1296 家次，印刷企业 380 家次，立案处罚 7 起，收缴非法出版物 2 288 册、VCD 光盘 4 308 张、录音带 3 255 盘、淫秽光盘 57 张，确保了平谷区出版物市场和各类文化市场健康、有序发展。

【“冰心奖”儿童图书馆落成】　完整保存“冰心奖”历届获奖图书 2 万余册，并建成全国惟一的“冰心奖”陈列室，建冰心高 4 米雕像一座，用大量的实物和图片全面展示冰心平凡而又伟大的一生，为广大读者提供了了解冰心、阅读“冰心奖”作品的理想场所。

【全面完成“双百四千”工程】　在巩固已有的有线电视网络的基础上，年内又为 35 个山区村铺通了有线电视网，解决了 4 000 户老百姓看电视难的问题。260 个村级文明大院相继建成，占全区总村数的 95%，且文明大院已配备电脑并上因特网。马昌营镇南定福村和峪口镇中桥村率先在全区建成了农民电子阅览室，方便了农民上网查询各种信息。为帮助农民掌握电脑操作技术，举办了“第二期农村科技信息员培训班”，使全区每个村都有了一名能熟练操作电脑的“农村科技信息员”。为此，平谷区的文明大院创建活动荣获市委宣传部 2002 年颁发的“北京市宣传思想工作创新奖”，其典型经验在全市推广。区委宣传部荣获市广播电视局颁发的“2002 年自然村广播电视‘村村通’先进集体”。

【电视节目可视性增强】　在确保《新闻联播》、《北京新闻》转播基础上，整合频道资源，对“两个电视频道”的节目进行重新定位，将无线频道定位于新闻时事综合频道，有线频道定位于影视文艺娱乐频道，并对节目的片头、片尾统一制作包装，增强节目质量。全年在电台、电视台共编发新闻稿件 5 500 条，制作完成了《阵地》、《文明行动》、《来自重点工程的报道》等 10 余个系列报道，开办播出《视点》、《心雨》、《乡村新发现》、《科技服务》、《金盾》等专题栏目 313 期，播出单本影视剧 810 部、电视剧 116 部、2 041 集，《小脚印》、《笑语欢歌》等自制节目 489 期。全年三台累计播出时间：有线频道 5 475 小时，无线频道 2 010 小时，广播频道 1 095 小时，丰富了荧屏，提高了人民的文化生活质量。

科技　教育　档案

【科技对区域经济发展的支撑作用明显增强】　科技综合管理工作在全市评比中获得“四连冠”。实施工业、农业、旅游、环保、信息、医疗等行业的科技项目 72 项，其中国家、市级项目 38 项，实现产值 11.2 亿元，利税 1.1 亿元，取得科技成果 20 项，推动了区域经济发展和社会进步。

【科技企业快速发展】 打破所有制界限和隶属关系，对科技企业予以重点支持，促进了高新技术企业、民营科技企业和科技类民办非企业类单位发展。新发展高新技术企业 8 家，累计达到 30 家，新发展民营科技企业 17 家，累计达到 182 家，新发展科技类民办非企业类单位 7 家，累计达到 11 家。同时加强引导，鼓励高新技术企业开展新技术、新产品研发，企业的科技创新和新产品研发能力明显提高，经济规模也迅速扩大。北京普析通用仪器有限公司承担了国家“十五”科技攻关、863、北京市星火等多项科技计划项目，年内实现技工贸总收入4 860万元，利税 707 万元，分别比上一年增长了 66% 和 27%。全年高新技术企业和民营科技企业实现技工贸总收入 14.8 亿元，工业总产值 14.68 亿元，上缴税金 1.02 亿元，成为区域工业经济增长的重要组成部分。

【信息化在京郊居领先水平】 坚持“统一规划，统一出口”，遵循“实用、实效、实际”原则，完善了基于有线电视网的宽带城域网，在全市率先实现了农村信息化的“村村通”和教育信息化的“校校通”；政务信息化普及程度和应用水平明显提高，完成了政府公共信息平台的全面升级，69 个单位建成了局域办公网，118 个单位安装了办公自动化系统，开通了由 1 个主会场和 39 个分会场组成的视频会议系统；信息中心通过了 ISO9000 国际质量体系认证，自主开发的 OA 系统获 OA’2001 典型应用系统证书，得到了 OA 国际学术研讨会专家组的充分肯定；建立了各乡镇政府、果办、技术监督局、白各庄、上镇村等 30 个农民远程教育基地和南定福村、兴隆庄村 2 个农民电子信息室；相继开发推广了“一网式”办公、供暖收费管理、绿色蔬菜果品物流配送和大桃市场网上客户服务等一批应用信息系统；与国家农业信息化工程技术研究中心共同承担了国家 863 计划中的“基于网络终端机（NC）的农村电子政务及电子农务应用示范工程”项目。

【推进科教兴村和农民素质教育】 加强农民素质教育和农村科技阵地建设，累计投入资金 1 000 多万元，专项支持农民科技文化大院建设，组织农民实用技术培训 13 万人次，劳动力培训率达到 98%，建成 260 个农民科技文化大院，其中有 2 个国家级、2 个市级和 9 个区级科普示范基地。大兴庄镇白各庄村通过落实科教兴村计划，建成了温室大桃高效科技园，并逐步培育了肉鸡孵化中心、温室蔬菜基地、奶牛养殖基地等支柱产业，被中国农学会确定为国家级科普示范基地和全国科教兴村试点村，村民人均纯收入达到 6 000 多元。

【加强科普工作】 制定《科普进社区规划》，加大科普投入，落实科普经费 160 万元，科普基础设施建设得到加强。开展了科普之春、科技周、科技交流学术月、爱科学月等系列科普活动，群众的参与程度提高。在科技周活动中，科技人员制作的 50 件展品，有 30 余件在北京市科技周期间参展。向市科协申报金桥项目 42 项。青少年科普工作成绩喜人，在北京市青少年科技创新大赛中，共获金牌 2 枚、银牌 22 枚，铜牌 17 枚，奖牌总数居远郊区县之首。推进科普活动的市场化运作，东升制药厂、上海大众汽车修理厂等企业积极投资科普事业，举办了“上海大众汽车童心杯”中小学生四驱车大赛，开展了科普进社区和科普进军营活动。

【技术市场日趋繁荣】 培育技术服务组织和中介服务机构 200 多个，在科技成果转化为现实生产力过程中发挥了重要作用；年内向国家专利局申请专利 9 项，实施专利 20 项，专利实施项目实现产值5 000万元，利税 900 万元；全年签订各类有偿技术服务合同 1.2 万份。

【防震减灾工作取得新进展】 建成数字化地震前兆观测网和强震观测网，完成了“平谷区地震灾害快速评估与辅助决策系统”基础资料收集调查工作，王都庄水位观测台观测资料连续 2 年获得北京市水位资料评比第一名。

【加强学校基础设施建设】 投入 20 326 万元，相继建成了六中教学楼、第一、第二职业高中宿舍楼、综合楼、黄松峪中学实验楼、三中综合楼等一批教育重点工程，建筑面积 22 623 平方米；投资 170 万元，用于半山区学校取暖工程，新增取暖面积 59 219平方米；投资 900 万元，完成了 10 个学校的校园网建设，为各学校配备计算机 700 台；投资 720 万元，新翻建房屋 898 间，改善了学校基础设施和办学条件。

【教育科研工作获奖】 平谷区被中央教科所评为“九五”国家重点课题实验研究“优秀实验区”。其中 4 篇结题报告获国家级一等奖，8 篇论文获二等奖，20 篇论文获三等奖。平中、六小等学校被评为优秀实验校。北师大平谷附中、教育科研管理中心、六小、华山学区的五项课题成为“北京市教育科学十五规划”立项课题。有两课被编入 2002 年 7 月出版发行的《九年义务教育综合实践活动资料》一书，另有 11 篇活动方案收入了与之配套的《九年义务教育综合实践活动教师用书》。黄松峪中学荣获 JIP 课题研究全国二等奖。

【开展“走进学校——平谷区小学素质教育系列展示活动”】 整个展示活动分城区、平原、山区校三个系列进行，现已成功举办了“走进城区小学展示活动”。即走进二小——实施小班化教育，促进学生全面而富有个性的发展；走进一小——努力拓展适合学生张扬个性的空间和舞台；走进五小——积极进行校本课程的开发和研究，为师生的自主发展搭建平台。此项活动体现了实施素质教育重在课堂教学改革实践的思想。

【构建德育体系】 一是初步构建全区大德育的内容体系，逐步实践“一魂”、“一重”、“一体两翼”为内容的体系内涵。二是以“班主任德育活动课”和“心理健康教育课”两课为载体，加强德育科研，推进国家级德育课题研究、试验。三是积极推进国家级德育课题——整体构建学校德育体系的研究与试验。

【中考改革和招生工作有序进行】 在继续实行毕业、升学两考分开的基础上，主动与高考“3 + X”模式接轨，增加两项考试内容，即开放性考试科目体、音、美和操作技能考查。全年参加中考人数8 677人，录取7 131人，录取率82.2%，其中市重点高中录取174人，区重点高中录取1350人，市、区属一般高中录取2308人，中专录取2 375人，技校录取679人，职业高中录取245人。

【高考再创佳绩】 全区共有2487人参加高考，其中文史类考生576人，理工类考生1 911人。文史类500分以上的有22人，最高分为594分；理工类600分以上有17人，500分以上有164人，最高分675分。共有1 974人被录取，录取率为79.57%。其中本科录取792人，专科录取1 154人，中专录取28人。22人被北大、清华、人大、复旦、南开、浙大、北师大录取。另外，还有187人参加高职班的考试，录取134人，其中本科16人专科118人，录取率为71.66%。

【调整职业学校布局】 立足市场，整合职业教育资源，实现了“一纯、一高、一综合”的纵向中、高职教一体，横向普、职教协调发展的办学格局。即：平谷第一职业学校办成拥有特色骨干专业、办学灵活的纯中等职业学校；平谷第二职业学校办成宽专业、高学历的高等职业教育学院；平中分校办成普教和职教并存、自愿分流的综合高中校。一方面及时高效地服务于区域经济发展，另一方面实现职业教育“内活”、“外联”、“超前”发展。

【发展成人教育】 以英语和计算机培训为重点抓好紧缺人才培训，对全区科级以上领导干部和专业技术人员进行了英语培训。加强英语学历教育，712人参加了英语专业大专及本科学历学习。对817名公务员进行了电子政务培训，810人参加了计算机专业大专和本科教育。推进区、街道、乡镇、村四级社区教育网络建设，建成了10个社区文明大院，启动了乡镇社区教育中心建设。加强农业现代化培训，1 200个农民参加了绿色证书培训，获得了绿色证书。

【档案基础设施建设全面加强】 区档案馆扩建工程进展顺利，1 600多平方米的侧楼主体工程现已竣工，进入内部砌筑阶段。档案馆室的现代化装备水平显著提高。为加强安全管理工作，区档案馆对原有的防护设施进行了新装和加固，投资维护了烟感火警报警系统，安装了先进的远红外线防盗报警平台系统，购置办公自动化设备。基层各档案室硬件设施设备有了较大改善。区法院建成了440平方米的档案室并配有先进的计算机管理系统。南独乐河镇、工商行平谷分行等单位把现代化档案室设计到新建的办公楼中。平谷中学等单位新配备了计算机、扫描仪、数码相机、档案目录柜、防磁柜等设备。目前全区各单位档案室计算机普及率达到70%以上，为档案数字化、网络化打下了基础。

【档案管理再上新水平】 全年有10个单位达标或晋级，其中峪口镇、大兴庄镇等5个机关档案目标管理晋升市一级；平谷中学、北师大平谷附中晋升科技事业档案目标管理国家二级；金通远建筑工程公司晋升国家二级；跃龙集团、天润公司达到民营企业档案管理市级标准；全区23个档案达标定级满三年的单位全部通过复检。此外，政府机关、南独乐河镇、区医院、物价局4个单位进行了“齐全归档”的试点工作，为解决归档不全的问题积累了宝贵经验。

【开发利用档案资源】 采取查卷、目录交流、电话及函查、复制摘抄等多种方式，在编史修志、工作查考、科学研究、宣传教育、服务群众等方面广泛地开发利用档案，解决了大量实际问题。年内接待查档1万余人次，查阅档案近25 000卷次，比上年有较大幅度增长，编写了大量的编研材料。特别是区档案馆完成了揭示馆藏内容的《珍藏历史，服务现实，着眼未来——档案开发利用展》的制作工作，为编研和办展增添了新内容。

计划生育　卫生　体育

【改革计划生育管理体制】 制定下发《平谷区加强以居住地为主计划生育管理的意见》，实行以居住地管理为主、户籍地追踪管理的办法，加强对现居住地内各类人员的计划生育管理工作。各乡镇与辖区内机关、团体、企事业单位包括各类私营企业全部签订了计划生育目标管理责任书；对区内人户分离人员全部实行了委托管理。外来人口管理严格按照《北京市外地来京人员计划生育管理规定》，与提供经营场所、出租房屋和用工单位及个人签订了计划生育责任书，并对金海商城、世纪隆商城等几个外来人口较多的农贸市场进行外来人口执法检查，建立了育龄妇女卡，有效控制了外来人口超生。年内，全区出生人口2 143人，计划生育率为95.1%，一孩率为85.6%，人均经费投入达到6.55元，完成了市政府下达的指标和任务。

【加强计生宣传教育】 以《人口与计划生育法》颁布实施为契机，开展了形式多样的宣传活动。制作发放了《人口与计划生育法》读本、《北京市计划生育条例》有关规定、生殖保健系列宣传品7.2万册和宣传扑克牌、宣传包、宣传杯等物品，并在各主要交通路口设立了大型公益广告牌，传播新的生育观念。区直单位广泛开展了《人口与计划生育法》知识竞赛活动。同时，利用人口学校，对育龄群众进行了计划生育政策法规、婚育知识、生殖保健知识培训，制定下发了《关于开展计划生育“五期”教育工作的意见》，在全区开展了青春期、新婚期、孕产期、避孕节育期、更年期等“五期”教育。年内培训新婚夫妇、一孩父亲母亲、更年期群众达到13 948人，营造了良好的计划生育氛围。

【开展“五送、五服务”活动】 五送，即：送知识、送技术、送宣传品、送药具、送温暖；五服务，即：新婚服务、孕后服务、产后服务、术后服务、避孕节育知情选择服务。通过开展上门服务，拉进了与育龄群众的距离，增进了相互间的理解和信任，提高了广大群众对计生工作的满意度。

【为独生子女家庭办实事】 建立联系独生子女困难户制度，采取减免学杂费、办理就医优惠卡、为独生子女家长入合作医疗、养老储蓄、社会保险、为独生子女家庭减免统筹款、提留款、优先安排就业等措施，解决他们的后顾之忧，促进了生育观念的转变。目前，全区已为18 572名独生子女入了互助会，其中农村入互助会15 649人，占入会总数的 90％以上。

【改善医疗设施设备】 全方位、多渠道筹措资金898 万元，完成了东高村中心卫生院综合业务楼、区医院病房楼、马昌营卫生院综合楼维修、老年病医院扩建等一批重点工程，更新了一批医疗设备，整治了院容院貌，为广大人民群众创造了良好的就医环境。

【发展社区卫生服务】 制定下发了《平谷区社区卫生服务发展规划》、《平谷区社区卫生服务站基本标准》、《平谷区高标准示范社区卫生服务站标准》及《平谷区高标准示范社区卫生服务站设备配置标准》，把社区服务站建设作为政府年内的“折子工程”来抓，建成社区卫生服务站 79 个，其中农村 64 个，城区 15 个。建成高标准社区卫生服务站 10 个，投资200 万元，基建面积 1 440 平方米。同时，以慢病管理为突破口，加强社区服务站的内涵建设，开展健康普查，建立个人和家庭健康档案，保证人民的身体健康。全区共建立家庭健康档案 4 338 份，个人健康档案 13 719 份。

【加大药品集中招标采购力度】 实施“集中议价、质价相符、捆绑进药、现金结算”方式，推进药品集中招标采购工作。全年完成药品招标采购量3 500万元，节约资金 300 万元，药品价格平均下降了 18 个百分点，让利于民 285 万元。

【深化卫生监督体制改革】 按照国务院和市有关文件精神，将区防疫站分为卫生监督管理所和疾病预防控制中心，职能上监督、监测分开，体制上单位、人员、管理三分开。卫生监督所负责各项卫生法律、法规的监督执法工作，医控中心负责全区卫生防病工作的各项业务及技术指导。通过改革，建立了体制畅通、结构合理、运转协调、行为规范的卫生监督和卫生防病服务的新体制，使各项工作运转良好，管理步入了正轨，监督、监测力度明显增强。

【推进农村合作医疗工作】 重点抓了合作医疗的巩固，解决合作医疗的连续性问题，在巩固的基础上求发展，截止到目前，全区有 13 个乡镇 91 481 人参加了合作医疗，集资 1 179 390 元，其中乡村个人集资 904 947 元，国家补贴 274 443 元，参加合作医疗人均 12.89 元。

【改水改厕取得新进展】 完成农村改水新项目 5 个，总投资 265 万元，收益人口 5 600 人，使全区农村自来水普及率达到 99.63％；创建市级卫生村 20 个，经验收合格 17 个；完成改厕 1 930 个；围绕“第十个城市清洁日活动”，在全区广泛开展爱国卫生运动。收到了较好的效果。

【开展全民健身竞赛活动】 举办了“怡美杯”春节环城赛、平谷区首届老年人健身秧歌大赛、第二届“篮协杯”暨“绿都杯”篮球赛和“平谷区第三届‘大桃杯’农民拔河赛”四次较大规模群体活动，70 余个单位，1 000 余名运动员参加，参与活动的群众达 10 000 人次。

【实施全民健身工程】 将全民健身工程列入政府为百姓办的十件实事之一，投资 226.5 万元，基建面积 29 200 平方米，建成健身工程 28 个，其中居家工程 25 个，青少年工程 2 个，标准工程 1 个。目前全区共有健身工程 43 个，总面积 49 200 平方米，每天到健身工程场所参加锻炼的群众达 5 900 多人，极大地满足了人民群众的健身需求。

【竞技体育取得好成绩】 区田径代表队在市级各类比赛中夺得金牌 10 枚，银牌 8 枚，铜牌 5 枚。在“百队杯”中小学生足球赛中，区足球代表队夺得男子初中组冠军。在北京市“百事可乐杯”暨北京市第十一届“振兴中华杯”中小学生足球比赛中，夺得男子初中组亚军。

【举办第 28 届“新星杯”全国儿童少年乒乓球锦标赛决赛】 此项赛事由平谷区人民政府、中关工委、中国宋庆龄基金会共同主办，设 8 个组别，历时 7 天，来自日本大阪和国内 21 个省市的 56 个代表队的 403 名运动员参赛。区乒乓球代表队夺得男子甲组团体、女子乙组团体和男子甲组单打 3 项冠军。

城管　精神文明创建

【优化市政基础设施建设】 围绕“扩城提位”战略，以撤县设区为契机，坚持以人为本，加强城市基础设施建设。年内新增绿地 12.5 万平方米，栽植各类苗木 193.8 万株，铺冷季型草坪 9 万平方米，修上水 7 662 米，修下水 718 米，道路处理面积 15 400 平方米，铺油盖被 336 404 平方米，铺彩色方砖步道 28 000 平方米，更换花岗岩道牙 7 482 米，其他道牙 22 161 米，新建绿地保护栏 1 943 米，总动土方 8 万立方米，在城区全面推动亮化工程，增加照明基础设施，全部工程总投资 5 000 万元。

【加强市容环境卫生工作】 完成了卫星城 38 条大街、8 条胡同、1 200 家门前座店、116 万平方米路面、14.7 万平方米绿地、8 座公厕的清扫保洁任务，对 6 个居民小区和各企事业单位、机关团体的日常垃圾做到及时清运、日产日清，共清运垃圾 26 600 吨、渣土 5 100 方、卫生填埋垃圾 26 600 吨，抽粪 920 次、共 4 600 吨，提高了城区的环境卫生质量。

【强化市政法规和制度建设】 制定了《加强城

市管理工作的意见》、《加强卫星城夜景照明工作意见》、《强化门前三包管理工作意见》、《2002年扫雪铲冰工作方案》、《平谷区城市夜景照明管理办法》及《户外广告管理规定》等一系列城市管理文件，为依法管理提供了保障。

【完善市政管理长效机制】 一是在林荫街、保安街开展绿化养护、卫生保洁“一街双长”责任制试点工作。通过自愿报名、竞争上岗、签署聘约、履行责任，使过去由行政命令逐步向政府委托、市场化管理这种宏观调控和微观放开结合起来的长效管理机制转变。二是推行“二十分钟工作法”。即每名负责清扫保洁工作的同志要在二十分钟内不间断巡视管辖区域，发现不洁物及时清扫，保证不出现问题。此工作法的推行，使城市街道保洁工作得到较大改善。

【加强城管监察】 以解决群众反映的重点难点问题为核心，重点加强对无照经营、店外经营、露天烧烤、施工现场、道路遗撒、私搭乱建、挤街占道、广告及牌匾等方面的清理，做到市容市貌统一、规范、干净、整洁。全年共查处违法行为4 289起，收罚没款66.17万元，没收各类物品8 612件，有效地改善了城区环境状况。

【加大农村环境整治力度】 坚持“以管理巩固成果、以建设提高品位、以检查促进整治”的指导思想，以“四化五无”为标准，以“环境示范村”建设为载体，以整治公路沿线乡镇、过境路、旅游景区、农村主要街道为重点，加强环境整治工作。乡镇、村累计投资2 093万元，建公园72个，绿化面积13.4万平方米，植树29万株，砌花墙9 300米，装护栏4 500米，硬化路面36万平方米，整修边沟1.89万米，装路灯1 928盏，涌现出蒋里庄、李蔡街、王辛庄、良庄子、蔡坨、南定福、新农村、克头等一批“环境示范村”，使这些村基本达到了“进村有景观、街道有绿化、娱乐有场地、休闲有公园”的标准，带动和提高了全区农村城市化水平。

【开展精神文明创建活动】 紧密结合部门实际和行业特点，在“组织建设、业务工作、学习培训、社会治安、绿化美化”等方面，实行量化管理，严格申报和考核程序，有效促进了全区精神文明创建工作的开展，树立了一批先进典型。全年评出“十星级文明户”13 773户，卫生局、峪口镇分别荣获“全国精神文明建设先进单位”和“全国创建文明村镇活动示范乡镇”称号，43个单位被评为首都精神文明先进单位，区级精神文明先进单位达到183个，军警民共建对子发展到40对，少年军校92所，其中，被首都军警民共建指导小组命名的标兵对子6个，先进对子7个，先进少年军校4所，在争创“首都双拥模范区”、促进军政军民团结等方面发挥了重要作用。

平谷区主要领导人

区 委书记 赵克忠
副书记 史贵升 王友江 李印泽 张庆朝
常委 王晓光（女） 刘军 陈军义（9月免） 费宝琦 尚延华 阎维宏
区人大常委会主任 王振林
副主任 赵凤兰（女） 王珍 曹来成 邢彦峰 韩梦熊
区长 史贵升
副区长 刘军 王春辉 王颖光 宋福蓁（女） 刘汉勤 李继合
区政协主席 韩凤武
副主席 胡玉才 李永来 吴祈琳（女） 宋庆华 刘廷海
区纪委书记 王友江
副书记 赵绍华 陈凤友
正局级巡视员 冯国元
助理巡视员 王志芬（女） 王定武 耿绍岩

平谷区乡镇党政正职领导

	党委书记	乡（镇）长
平谷镇	周　民	王英杰
王辛庄镇	何仕贵	王文忠
夏各庄镇	晏志和	李玉富
东高村镇	张宝利	贾学智
马坊镇	石来福	李　正
马昌营镇	周泽光	牛福生
韩庄镇	张国良	王国忠
山东庄镇	周福林	陈新华
独乐河镇	侯志光	阎国明
刘家店镇	张守旺	张宝友
大兴庄镇	刘庆善	周建林
峪口镇	白长河	石　越
镇罗营镇	王连江	付湘生
大华山镇	王　昕	金永来
靠山集镇	郭明山	卢忠民
黄松峪乡	宋小东	王福合
熊尔寨乡	刘光明	陈富彬

（王振国　白云冰　李海龙）

密　云　县

2002年，全县广大干部群众坚持以邓小平理论和“三个代表”重要思想为指导，以经济建设为中心，深入实施首都水源区发展战略，坚定不移地走环境立县、引进强县、科教兴县、依法治县之路，解放思想，团结拼搏，扎实工作。全县政治、经济和精神文明建设各项事业全面发展，先后获得“首都文明县”、“国家级无公害蔬菜生产示范基地县”、“北京市山区水利富民综合开发优秀县”和“全国双拥模范县”等称号。

全县共辖17个镇1个民族乡，有居委会66个、行政村341个，常住人口421 545人，农业人口120 088人。

政治建设

2002年，全县广大干部群众以“三个代表”重要思想为指引，大力加强政治文明建设。继续深入开展党风廉政建设，党员素质不断提高，基层党组织和民主建设明显加快，村级领导班子活力进一步增强，干部选拔制度进一步健全；政治协商和民主监督工作力度加大；群众性工作深入展开，加强了对青少年教育和组织建设，妇女儿童权益得到保障，老干部待遇不断提高、生活更加丰富；民族宗教工作成效显著，民族事务管理得到强化；全面推进“依法治县”战略，加强法制宣传，严厉打击各种形式犯罪活动，坚决打击“法轮功”邪教组织，确保公共安全，维护了社会稳定。

党建　政务

【思想作风建设不断加强】 7月在人民大学举办了由乡镇党委书记和县直主要领导70人参加的研讨培训班，在县委党校对部分副处级领导干部进行了理论集中学习辅导。认真组织二级班子民主生活会；深入开展了“立党为公，执政为民”主题教育活动；认真落实县委《关于加强和改进党的作风建设的实施意见》和干部接待日制度，深入基层开展调查研究，撰写调查报告，党员干部思想作风建设不断加强。对先进基层党委（党组）、优秀共产党员、优秀党务工作者进行了表彰。

【加强乡镇领导班子建设】 以乡镇换届为契机，从7月中旬开始，利用一个月时间，对19个乡镇领导班子、166名党政领导干部和工会主席、组宣纪专职委员及后备干部进行了全面考察，提出了《乡镇领导班子换届人事安排意见》。加大干部交流力度，对181名实职副职、正职领导干部和78名工会主席、组宣纪专职委员进行了交流调整，交流调整面分别达到了75%和63%，是多年来全县干部交流调整面最大的一次。

【深化农村基层组织建设】 提出了要进一步“巩固成果，创新载体，提高标准，改进方法，突出实效”的创建“六好”乡镇党委和“五好”村支部的总体思路，制定了《创建农村基层组织建设先进县的工作意见》和《密云县农村基层组织建设领导小组成员单位责任书》，与各乡镇党委和领导小组成员单位分别签订了党的建设和精神文明建设重点工作目标责任书。

【优化村级干部党员队伍结构】 制定出台《关于加强村级后备干部队伍建设的意见》，推行村支部成员“两推一选”，书记、主任一身兼，公职化管理和基层干部素质工程。10月份举办农村党支部书记培训班。发展农村新党员791人。全县的党员电教播放网点达646个，其中农村党员电教播放网点覆盖率达100%，有95%达到了“六有”标准。广泛开展了“创联帮”和“党员服务区”活动。

【农村基层民主政治建设稳步推进】 村民代表会议由原来一年两次发展到每季度召开一次，完善了村级重大事项民主决策程序。制定出台《村“两委”干部完成工作情况公开制度》、《村两委干部集中学习制度》、《村干部诫勉制度》。细化了财务公开内容，基本实现了群众想看什么就公布什么的目标。

【农村党小组建设取得新突破】 出台《关于加强农村党小组建设的意见》，建立了农村党小组台账，明确了农村党小组的性质、地位和职责任务，确定了50个农村党小组典型。村村建起了党员活动室，其中80%的村党员活动室达到了“五上墙、四具备、三存档”的标准。

【非公经济党组织建设加强】 在正圆集团、不老村矿泉水厂、宝城客运公司、中加集团、中道服饰有限公司等16家非公企业中建立了党组织，扩大了党组织在非公经济组织中的覆盖面，已具备建立党组织条件的非公经济组织全部建起了党组织。

【加强社区党建】 召开了县、乡镇、社区三级党建协调会，理顺了管理体制，在37个社区中，建起了35个社区党支部，初步形成了以社区党支部为基础，以社区党员为主体，社区内各单位党组织共同参与的新型社区党建工作格局。先后组织社区干部到上海、南京等地参观考察，提高了社区干部的整体素质。开展了“争创先进社区党支部”、“争创文明社区”、“一个支部一面旗，党员责任进社区”主题教育活动。

【加强党风廉政建设】 完善了《党风廉政建设责任书》和《党风廉政建设与反腐败斗争主要任务分工》，制定了《厂务公开工作实施意见》。纪检监察机关共受理信访举报804件次，办结率98.6%，其中纪内信访682件次，集体访43起1 134人次。查办案件47件，其中大要案13件，结案45件。

【标本兼治从源头治理腐败】 深入开展党风廉政教育，组织开展讲党课、宣传勤廉典型、征文、作风建设大讨论活动，县委书记为全县600名副处以上领导干部讲党课，在全市率先开展了“家庭助廉”活动，印发了《致全县领导干部家属的一封信》。

【加大执法监察力度】 抓好企业减负“三查”活动，取消不合理收费项目114项，涉及金额1 630.5万元。治理中小学乱收费，清退违规收费16.523 1万元。规范医药购销市场，推行药品集中采购，药品价格平均下降15.3%，取缔非法药品经营户2个。实施监察立项147个，做出监察决定、提出监察建议229条。

【加强纪检监察干部队伍建设】 对新任纪检监察

干部进行了培训，制定出台了《县纪委监察局机关加强纪律和改进作风的若干规定》，开展了“纪检监察工作与时俱进”大讨论活动。按照“少减或不减”的原则进行机构改革，乡镇纪委书记全部由党委副书记兼任。

【为民拟办实事全部完成】 年初县政府确定的30件实事和11件环保实事全部完成。高中扩招、小区电改、库北山区饮水难等一大批关系到群众切身利益的实际问题得到解决，全年办理群众来信2 053件，接待群众来访11 512人次，有效化解了社会矛盾，维护了大局稳定。

【精减行政审批事项】 全县第二批清理行政审批事项进入实质性阶段，完成对具有行政审批职能的33个行政事业单位、328项行政审批事项的全面检查，进入清理审核阶段。

【加强政府自身建设】 完成行政机构改革，开始进行行政机关国家公务员信息技术与电子政务知识培训，同时开展了英语培训。开展评选人民满意公务员活动。面向社会公开召考主任科员以下非领导职务公务员，共设定职位53个，经考试、面试严格招考，录用38名应试人员。

【稳妥办理机构改革手续】 对17个县直单位的208人和19个乡镇竞争上岗的719人统一办理了任免手续。177名提前离岗、提前退休的副乡局级以上干部办理了提前离岗、提前退休手续。

【健全干部选拔任用制度】 出台并实施了《关于贯彻〈党政领导干部选拔任用工作条例〉的实施意见》、《关于党政领导干部民主推荐工作的规定》、《关于实行领导干部考察工作责任制的规定》和《县委管理干部职务任免工作程序的规定》等8个文件，提高了群众在干部选拔任用工作中的“知情权、参与权、选择权、监督权”；举办了由各单位党政一把手、乡镇党委副书记和组织委员参加的学习《条例》培训班；认真坚持任前公示和试用期制度，全年对119名干部进行了任前公示，对38名领导干部实行了试用制。

【规范后备干部队伍】 组织召开了全县加强科级干部队伍建设工作会，明确了科级干部的管理权限、任免程序、职数设置；严格按照选人用人标准，在19个乡镇和县直单位大范围民主推荐了后备干部，全县共推荐出477名优秀青年干部，其中86人得到提拔重用。

【推行老干部工作“六坚持”】 坚持政治学习每月1～2次制度，通报情况制度，参观考察制度，重要会议、重大活动请老同志参加，重大问题听取老同志意见制度，定期阅读文件、传达上级会议精神制度，为老干部订阅二报一刊制度。

【老干部支部建设】 新建党支部5个，调整党支部书记4名，改选党支部班子11个，充实了老干部党支部组织力量。组织老干部开展了“与党同心，与时代同步”主题教育活动。

【落实老干部生活待遇】 坚持老干部工资台账登记制度和老干部“两费”发放情况月报、季报制度，确保各级老干部“两费”发放政策全面落实。为老干部实报实销门诊医药费135万元，解决副县级以上离休干部病房款1.74万元，为447名离退休老干部制发了急救信息卡。全年通过县财政为28名企业老干部解决拖欠离休费12.7万元，报销医药费14万元，为97名企业离休干部发放住房租金补贴10万元，兑现18个企业单位98位离休干部住房工资约110.55万余元。组织403余位老领导赴江西、山西进行健康疗养。

【丰富老干部生活】 举办春、秋两季老干部“康乐杯”运动会，共计历时15天，设立10个比赛项目，参赛单位34个，参赛老干部737人次。组建密云县老干部合唱团，同时组建了六支老干部活动队伍，参加老干部达187名。创办老年大学，首届186名老干部分别参加了五个专业的学习。行使《宪法》和《地方组织法》赋予的各项职权，全年共举行人大常委会会议9次，审议议题39个，作出决议14项，组织检查视察活动12次，依法任免政府组成人员22名，审判、检察人员55名，常委会工作人员20名，较好地发挥了地方国家权力机关的作用。

【加大监督工作力度】 县人大常委会第二十三次会议做出《关于密云县创建全国文明县城和首都文明县的决议》，对“双创”活动提出明确要求，加强了对创建工作的监督检查，推动了创建活动的顺利进行。通过推进争创文明行业活动，从改善服务态度，提高服务质量入手，对卫生局医疗工作开展了民月评议，共组织人大代表280名、群众和患者100多人参加评议，发出调查问卷565份。人大常委会于4月至11月组织开展了历时8个多月的“回头看”活动，将2001年开始组织开展的对农业部门和公安交巡队的民主评议活动延长到近两年时间。

【突出监督工作重点】 坚持干部述职评议制度，人大常委会在第二季度和第三季度按照县人大常委会《关于政府组成人员和人民法院院长、副院长、人民检察院检察长、副检察长述职评议（试行）办法》，对县农委主任、外经委主任进行了述职评议。通过加强对“两院”案件执法监督、积极探索加强预算监督办法、认真抓好乡镇人大换届选举等重点，采取检查、视察、听取报告等形式，加强监督工作力度。

【探索代表活动新途径】 8月份开展了“代表联系选民周”活动，188名代表参加了代表联系选民活动；活动周内共召开选民座谈会175次，参加座谈会和走访的选民5 254人，选民提出意见、批评和建议共206条。开展代表公示制试点，6月中旬对穆家峪镇12名县级人大代表全部在本选区进行了公示。

【做好信访工作】 全年共收到人大代表和群众来信160件，来访326人次，由人大常委会主要领导亲自批办的93件，占信访总数的58%，促进了涉及到城市拆迁、产业调整、案件执行等一批重点问题的解决。

【政协积极投身“双创”活动】 针对如何创建

“全国文明县城和首都文明县”工作进行了专题政治协商，制定《关于积极参加创建全国文明县城和首都文明县活动的意见》，举办“双创”工作报告会，就“创建”工作中如何实施素质工程、民心工程、环境工程以及如何创建文明社区、文明行业、文明村镇等问题提出了22条意见和建议。

【民主监督力度加大】 围绕“双创”工作，政协成立了由主席、副主席挂帅的6个民主评议小组，制定了开展视察评议的实施意见，先后对“三大工程”、“三大创建”工作重点项目，开展问卷调查、视察、评议等活动。组织视察、考察12次，提出意见和建议100余条，通过视察节日市场供应情况、乡镇工业园区建设、社区科技创安工作、板栗仁用杏基地建设、山区基础教育工作、助残事业发展情况等，充分发挥参谋助手作用。

【专委会工作取得新突破】 增设“城市建设和管理委员会”，原经济科技委员会分设为“经济委员会”和“科学技术委员会”两个机构，专委会调整到8个。发挥专委会组织优势、委员的人才优势和沟通上下、团结各界、贴近社会的三大优势，强化其履行职能的支柱功能、载体功能和渠道功能。

【加强政协自身建设】 共召开常委会7次，主席会议7次，各种座谈会、议政会、恳谈会20次，听取了计委、财政局、民政局、劳动和社会保障局、法院、检察院、文委、交通局、园林中心等部门和单位的情况通报。开展了多种形式的学习教育活动，组织了“爱国守法、明礼诚信、团结友善、勤俭自强、敬业奉献”为主题的公民道德知识竞赛和“学习十六大精神，做现代文明密云人”知识竞赛，开展了《常用英语50句》培训。全年在《人民政协报》、《中国政协》杂志等刊物上组织发表各类文章23篇，拍摄《委员风采》专题片9部。全年接待全国政协、外省市政协、市政协、区县政协及海外华人参观考察团31批、480余人次。

政法工作

【深入开展“四五”普法活动】 按照党中央关于开展“四五”普法活动的商品化部署，全县普法和依法治县工作全面展开。领导干部学法、用法、任前法律考试形成制度。广泛开展了对在校生和青少年的法制教育工作，坚持法制校长制度，效果良好。采取多种形式开展法制宣传教育活动，“中佳杯”领导干部法律知识竞赛活动受到全社会普遍关注和好评。

【法制宣传不断深入】 制定《密云县2002年法制宣传教育工作意见》，着重开展了领导干部、国家公务员、农民及外来人员法制宣传教育工作，在北京率先组织了领导干部法律知识竞赛活动，密云县司法局、人事局联合下发《关于加强公务员法制培训的工作意见》，下发了《密云县2002年农民法制宣传教育工作意见》。举办“反对邪教、崇尚科学”大型展览活动，共出展板1 000余块次，受教育面达30余万人次。

【加强司法行政队伍建设】 1月31日召开了全县基层司法所成立大会，完成了司法所组建的系列工作；公证处过渡为事业单位。制定了《密云县司法所管理办法》、《关于加强司法所建设充分发挥职能作用的意见》，组织全体司法所所长参加了市司法局组织的业务知识培训班。

【维护良好信访秩序】 把积极化解、妥善处理群体上访，依法维护良好信访秩序，作为保持社会稳定工作的重中之重。公安机关建立了人民内部矛盾纠纷排查制度，各派出所主动及时提供有关信息，司法机关依法积极稳妥地处理了大量矛盾纠纷，发挥了职能作用。公安机关及时制定了处置群体性事件的工作方案和预案，妥善处置了多起群体上访事件。

【人民调解工作取得新进展】 整顿健全各级调解组织670个、调解人员2 684人，调节各类矛盾纠纷3 205件，调解成功率98.4%，防止矛盾激化141件，防止民间纠纷引起的自杀案件21件、38人，防止民间纠纷转化为刑事案件69件、91人，制止群体性械斗33件、734人，防止群体性上访99件、4 777人次。

【刑释解教人员安置帮教工作】 对905个帮教组织进行重新登记造册并建档，对当年刑释解教的948人进行重点排查，并列出4种43名重点人员。帮助解决了2名特困人员最低生活保障金，为刑释解教人员解决实际困难128件。8月份组织到清河监狱开展了帮教慰问活动。

【“严打”整治实现预期目标】 全年共破各类案件736起，破案率为65.9%，同比上升15.8%。立刑事案件1 117起，当年案件947起，下降13.05%。党的十六大期间，相继破获入室盗窃、盗窃机动车和街头抢包、拎包的犯罪团伙，保持了党的十六大期间的社会稳定。连续开展了清理“外来人员”、出租房屋和“五不场所”以及打“双枪”等集中整治行动，扫黄打非、扫除社会丑恶现象。

【打击“法轮功”邪教】 深入开展对法轮功邪教组织的斗争和法轮功分子的教育转化工作。为维护党的十六大期间安全稳定，对涉嫌法轮功现行活动的84名骨干分子依法采取了拘留措施，确保了法轮功分子进京“零”指标的实现。

【强化法律服务】 “148”法律服务专线共受理电话咨询424件，接待来访1 265件；法律服务所共担任顾问184家，代理诉讼及非诉讼代理443件，协办公证和见证190件，代写法律文书1 060件，解答法律咨询6 000人次，避免和挽回经济损失1 587万元。办理各类公证470件，其中经济公证31件；国内民事公证280件；涉外经济民事公证159件；制定了《密云县法律服务进社区的实施意见》和《法律援助进社区的实施意见》，在全县建立了13个社区法律服务试点站。

群团活动

【加强青少年理论教育】 以“学理论、争先锋、促成才”为主题和“十六大精神进农家、进单位、进学校、进社区”活动。以永远跟党走为主题，开展了“戴团徽、举团旗、跟党走”的团员意识教育、团史知识竞赛、共青团辉煌历程图片展等活动，组织青少年为修建县烈士陵园捐款12万元，广泛开展了以遵纪守法、崇尚科学、抵制法轮功邪教为主的宣传教育活动。

【树立共青团品牌】 培育了张玉良等一批县级青年星火带头人，赵云峰等一批全国农村青年创业致富带头人。联合开展跨世纪青年农民科技培训工程，成立23支青年志愿者科技服务队。创办《科技致富窗》发放农业致富信息。

【实施青少年文明工程】 印发2万份“文明密云青少年承诺卡”,开展了“争做网络文明密云青少年知识竞赛”、“青少年文明一条街”、“青少年文明社区(广场、公园、绿地)”活动,成立了“共青团(少先队)在行动”青少年文明监察队。开展了评选首届密云县十大杰出青年、优秀共青团员、十佳少先队员活动。

【加强团的自身建设】 新成立非公经济团组织12个、社区团组织4个；各级团组织推优647名，其中269人加入党组织；新发展团员2 000多人。密云一小的张钰荣获北京市十佳少先队员称号。成立了青少年法律援助站，开展了创建优秀青少年维权岗活动，累计建成5个维权岗，27个维权站，处理侵犯青少年合法权益46起。

【实施巾帼致富工程】 聘请专家对全县220名妇联干部妇女骨干进行了家业结构调整布局及相关政策的培训，引导农村妇女科技致富，共有10 775名妇女参加了乡镇组织的养殖、种植、林果和民俗旅游等科技知识培训。

【加强“妇字号”基地建设】 通过三级妇联组织的努力，使全县妇女纷纷投入到“双学双比”活动中，新的妇字号基地和女经济带头人不断涌现，基层妇联共建妇字号基地30个，经济组织12个。

【丰富妇女文化生活】 三八期间举办了“万名妇女科学健身展示会”，乡镇开展了文艺表演、表彰会、培训讲座、法律咨询。组织五个乡镇240人开展知识竞赛活动，结合大众读书活动组织了“亚光亚”家族美德读书征文活动。

【维护妇女儿童权益】 开展新婚姻法宣讲工作，组织600名妇女参与市妇联权益部新婚姻法及司法解释知识竞赛，建立妇女儿童法律援助站。全年妇联共接待来信来访167件。开展了“贫困女童捐助”活动，获得捐资金1.4万元，65名贫困女童得到捐助。成立了扶助贫困女童基金会，共筹集资金6万元。

【企业集体合同签订工作】 通过平等协商和签订集体合同，进一步促进了劳动关系的协调和稳定。2002年底，全县共294家新建企业签订了集体合同，建制率达64%，覆盖职工26 000人，其中年内新签订企业227家。合同中除了涉及职工最低工资、生活福利、劳动卫生、社会保障等硬性条款外，又根据企业自身情况，做出相应的调整，保证了集体合同文本的严肃性、有效性和灵活性。

【加强新建企业工会建设】 以非公企业的建会工作作为年度工作重点，由原来的集中抓建会向常规建会转变。2002年，127家新建企业建立了工会组织，发展会员5 200人。年底，全县新建企业工会达到686家，会员达到15 726人，实现了国有、集体、外商投资企业、私营企业的建会率和职工入会率达到90%以上，完成了三年建会目标。

【加强企业民主管理工作】 县总工会研究制定并下发了《非公企业实行职代会制度的试行意见》，选定恒基伟业电子产品有限公司、佳乐食品有限公司等7家企业进行试点，先后有26家非公企业召开了职工代表大会或职工大会。发挥职代会作用，通过落实对企业重组、改制等重大决策的审议建议权和落实对职工分流安置方案等涉及职工切身利益重大问题的审议通过权，维护破产企业职工合法权益。全县45家国有、国有控股、集体企业和实行企业化管理的事业单位实行了厂务公开，教育、卫生系统普遍实行了校务公开和院务公开。

【关注困难职工群众生活】 全县各级工会组织共筹措送温暖资金150万元，慰问、救济困难职工6 400户。各基层的288支“贴心人服务队”为困难职工群众办好事、实事2 000余条。职工互助保险事业得到稳定发展，会员达到12 363人，其中年内新增会员602人，入保资金1 500万元，为出险职工赔付5.5万元。组织了27个单位1 100多名劳模、先进工作者及有毒有害岗位职工到外地疗养、休养。

民族 宗教

【民族宗教工作成效明显】 密云县有少数民族16个、2万余人；宗教团体一个，信教群众300余人。在认真贯彻落实市委关于进一步做好民族、宗教工作的部署和决定基础上，广泛深入地宣传马克思主义民族观和宗教观，尊重少数民族风俗习惯，大力发展少数民族区域经济文化，积极培养和选拔少数民族干部。顺利完成伊斯兰教协会换届工作；开展了基督教家庭聚会点的调查，提出了三项有效解决措施；积极参加了北京市民族知识电视竞赛活动，取得了竞赛优胜奖和组织奖。首次参加第六届市民族传统体育运动会，共有运动员、教练员170人参加，获得1枚金牌、5枚银牌、9枚铜牌，取得了团体总分第七名，参赛规模和比赛成绩均创历史最好水平，首次跨入市级先进行列，并荣获优秀组织奖和体育道德风尚奖。

【强化民族事务管理】 围绕“保稳定”中心，认真做好民族事务工作。坚持县内清真食品网点巡回检查制度，做到定期检查与不定期抽查相结合，及时处理了富民街顺城胡同“鑫溢小吃店”和“辉辉雅阁快餐店”违规经营清真食品事件，有效化解了民族矛盾。出台了《关于进一步加强清真食品餐饮店（点）和清真食品销售摊点（柜）管理的意见》，明确规定了清真餐饮、食品经营许可证、从业人员的条件和要求。

经济建设

2002年，密云县经济建设坚持以发展为主题，以结构调整为主线，以扩大经济总量、增加人民收入为目标，大力实施首都水源区发展战略，国民经济呈现快速发展的良好势头，经济结构战略性调整取得显著成果。国内生产总值、财政收入、农村经济总收入、固定资产投资等主要经济指标增长率均位居京郊前列。全年实现国内生产总值53.1亿元，同比增长22.5％。其中：第一产业增加值8.88亿元，增长13.7%；第二产业增加值26.42亿元，增长28%；第三产业增加值17.8亿元，增长19.5％。实现税收总额18.27亿元，增长108.7%。财政收入7.3亿元，增长132.9%。固定资产投资63亿元，增长40％。社会商品零售额20.44亿元，增长10.6%。农村经济总收入83.1亿元，增长22.7%。农民人均纯收入5 171元，增长13.6%。城镇居民人均可支配收入10 533元，增长13%。

农业

【农业发展取得突破性成效】 以农民增收致富为中心，以农业产业化经营为目标，以深化结构调整为主线，农业和农村经济持续保持快速发展的良好势头，基础设施明显改善，经济总量大幅增长，农民收入持续攀升。年内，农村经济总收入实现83.1亿元，同比增长22.7%；大农业总收入18.69亿元，同比增长14.4%；养殖业收入14.32亿元，同比增长18.8%。农业增加值8.88亿元，同比增长13.6%。各项主要经济指标增长幅度位居京郊前列，快速追赶京郊发达区县的态势已经形成。

【畜牧强县初具规模】 改变传统散养模式，全面推广舍饲养殖、人工授精等优新技术，以奶牛、肉羊为主导品种，突出小群体、大规模，养殖业快速发展，初步形成区域化布局、专业化发展、规模化生产、产业化经营的现代绿色养殖业格局。奶牛、肉羊大县形成规模，奶牛存栏达到1.61万头，三年增长16倍；肉羊存出栏达到57.4万只，三年翻了一番，两大主导养殖品种总量和增幅均位居京郊前列。肉鸡产业快速发展，年出栏总量2 501.7万只，同比增长25.1%。生猪、肉牛、鲜蛋、肉兔等传统大宗养殖品种总量同比稳中有升。

【特色果林大县形成】 在京郊率先完成全面退出传统粮食生产的基础上，新发展果树0.9万公顷，其中板栗0.64万公顷、仁用杏0.173万公顷，樱桃0.02万公顷，其他0.067万公顷，果林发展规模为前10年总和。建成2万公顷板栗、0.4万公顷仁用杏、200公顷樱桃基地，初步实现京郊板栗第一县、仁用杏大县建设目标。樱桃基地发展规模位居京郊第二位，果品基地总面积达到3.6万公顷，位居京郊第一。全年实现果品总产5 704.6万千克，果业收入达1.3亿元，板栗产量达到741万千克，比上年增长32.9%。精品果品产量1 200万千克，同比增长50%，创历史最高水平。

【无公害蔬菜基地建设】 基地规模达到0.533万公顷，生产经营农户1.5万户，建成设施蔬菜园区57个，全县设施总面积达到0.153万公顷。突出名特优新品种发展，推行定单农业，精品蔬菜进入首都17家超市和社区，“黍谷山”牌生菜打入了麦当劳餐厅，以色列硬质西红柿出口到俄罗斯市场。国家级无公害蔬菜基地生产示范县建设首批通过农业部专家组验收，并被评为先进县。全年蔬菜产量达到3.4亿千克。

【完成15万亩立体高效种植】 在1万公顷新栽植的各种果树档内推广以花生、甘薯等矮秆经济作物为主的立体高效种植，其中花生占65%（地膜花生占花生的39%），大豆、谷子、甘薯等占34%，其他作物占1%。全年花生播种面积0.82万公顷，达到历史最高记录，总产达到2 200万千克。

【落实兴渔富民规划】 结合水利富民拦蓄工程，开发山区流水养殖资源，大力发展精品渔业，新增养殖水面35.17公顷，新建休闲养鱼小区33个，累计建成40个。密水科技园等重点工程建设如期推进。年名优鱼总产550万千克，产值达到1.2亿元。

【“六种农业”进入京郊六强】 确定绿色农业发展方向，加快现代农业建设速度，六种农业发展取得新成效。年实现加工农业产值6.85亿元、精品农业7.04亿元、籽种农业2.55亿元、观光农业0.75亿元、创汇农业3.54亿元、设施农业2.84亿元，增幅分别达到12.1%、37.3%、5.4%、9.7%、9.6%和23.3%。在全市总排名位居第五位，被评为京郊发展“六种农业”先进县。

【苗种业开始起步】 围绕区域主导产业培育，苗种业发展取得初步成效。一是以板栗、仁用杏和观赏花卉苗木为主的苗木基地发展规模达到0.0253万公顷，其中绿化苗木0.061万公顷、果树苗木0.25万公顷，建板栗采穗园6个、122.6万公顷，可提供优种接穗500万株。二是突出蔬菜育苗中心建设，持续加大优新品种引进、试验、推广力度，带动无公害蔬菜生产基地健康发展。三是加快以肉羊、名优鱼为主的养殖业良繁体系建设，建成北京浅山牧业公司、田禾园种羊场、密水科技园等科技示范和技术服务推广龙头。

【农机化发展】 全县新增各类农机具2 884台件，投入资金4 106万元。农机保有量达到6.3万台件，农机总动力4亿千瓦，农机总值达到2.1亿元。完成机耕作业面积1.63万公顷，机收作业面积0.507万公顷，机播面积0.58万公顷，机铺膜面积

0.083万公顷。

【龙头企业引进和培育】 内蒙古伊利集团、湖南株州太子奶集团、源通果汁、互润食品集团等一批知名企业落户密云，农产品加工企业引进突破60家。在龙头带动下，奶牛、肉鸡、水产、蔬菜等产业化链已经形成，肉羊、板栗、仁用杏、葡萄等产业链初步得到衔接。投资3 000万元的物流配送中心建设正在积极筹备中。

【北京浅山牧业公司】 2002年初县畜牧中心系统职工以集资入股方式，成立了“北京浅山牧业有限责任公司”。公司占地12公顷，一期工程投资300万元，现已完成。现存种羊106只，其中利用胚胎移植技术纯繁外国优质种羊106只。第二批胚胎移植工程正在进行，计划扩繁200只以上。

【太子奶公司投产】 7月28日，北京太子奶生物科技股份有限公司在县工业开发区投产，生产基地占地13.33公顷，投资3.5亿元人民币，生产发酵乳酸菌太子奶系列饮品数十个及化妆品。预计达产后1年内实现产值3亿元，5年内达到30亿元，3年内可安置劳动力3 000人以上，解决以密云县为中心的周边区县奶源销售问题。

【标准化生产基地建设】 首批10个种养业标准化生产示范基地和6个主导产业示范基地建成并通过市级验收，主导农产品基地提质增效工程已经启动。标准养殖小区、标准果园和设施农业园等重点工程相继开工。

【牧草饲料基地扩规发展】 围绕畜牧强县建设，引进牧草饲料种植技术，以不老屯、太师屯、高岭、北庄、十里堡、西田各庄、东邵渠等乡镇为重点，扩大牧草饲料种植，累计种植规模达到11万公顷，年产牧草饲料35万吨，其中饲用玉米25万吨。

【农业法制工作力度加强】 农业系统行政执法人员达到300余人，全部经过培训合格持证上岗。加强对种子市场、农药和植物检疫、无公害蔬菜基地产品检测，组织联合执法整治行动19次，出动执法人员250人次。加大对13种畜禽疫病的强制免疫力度，防疫密度均达到96%以上，加强进京动物检疫、产地检疫、屠宰检疫和市场检疫的检疫力度，检疫率达到100%，开展执法检查158次、出动人员650人次，检查畜禽市场60次，摊位2 052个、饲养场258个。打击渔业违法行为，维护渔业生产秩序，全年累计执法332天、3 680人次。规范农机销售市场和农机维修市场管理，对全县360家维修和销售网点进行摸底调查，重新核发资质和等级证书，换发营业执照，加大对黑车非驾的打击力度。

林业　气象　水利

【林业生态体系建设】 完成人工造林0.313万公顷，植树752万株，全县有林地面积（含灌林地）达到13.33万公顷，林木覆盖率达到60.3%。完成退耕还林0.33万公顷，配套荒山造林0.233万公顷、植树385万株，飞播造林0.13万公顷，爆破造林0.013万公顷，封山育林0.8万公顷，建设采种基地0.013万公顷，种苗基地6.67公顷。完成潮白河绿色通道绿化12公里，建设面积274公顷，建设永久性绿化带74.67公顷，营造速生丰产林134.87公顷，植树16.2万株。完成京承公路绿化53.2公里，植树8.7万株。潮白河、十里堡等风沙危害严重地区完成造林200公顷，植树15万株，播草覆沙333.33公顷，栽植各类灌木44万株。

【义务植树活动】 全年参加义务植树活动达10万人，植树26万株，抚育43万株。20多个中央机关、40多位副部级以上领导、17所首都高校、近百名高校领导、上千名教授参加了密云县义务植树活动。

【护林防火】 组建100人的专业森林消防大队，成立了20人的护林防火巡查队，建成具有国内先进水平的护林防火指挥中心，新建防火瞭望监测塔2座，全县瞭望塔总数达到9座，建设无线电通讯转发塔1座，配备固定电台、车载转发台和对讲机27部，运输车11辆，指挥车1辆，灭火机125台，水枪20台支，灭火弹4 000余枚。年内全县未发生森林火警火灾，获得全市森林防火工作山区组第一名。

【林木病虫害防治】 严格按照“四率”指标指导病虫害防治和产地检疫工作。全年林木病虫害发生面积0.174万公顷，发生率为1.66%，有效防治率达到100%，高出市指标25个百分点。调查监测代表面积8.897万公顷，监测覆盖率85%，达到市标准。补入种苗产地检疫面积836.27公顷，检疫率达到100%。病虫害成灾率为零。

【加强林政资源管理】 进一步加强林地和林木采伐限额管理。依法批准采伐林木50.99万株，立木总蓄积19 597.41立方米。及时开展集体林权登记发证工作，完成2 138份林权登记证发证工作。完成第二次古树名木普查，增列古树938株，重点对183株古树名木进行养护，年内救护国家级野生动物26只，其中国家级野生动物25只。

【严厉打击林业违法活动】 受理查处各类林业案件10起，累积罚款61.59万元，补种树木7 175株；查扣非法收购、运输木材车辆9辆，没收木材30余方；整治非法经营野生动物摊点20余个、农贸市场14个、木材加工厂（点）60个，放飞候鸟280余只。古北口镇木材检查站全年过检车辆8 658次，查处无证车辆178辆。

【森林旅游业稳中有增】 云蒙山森林公园和五座楼森林公园进一步强化内部管理，完善基础设施，加大宣传力度，转变经营方式。全年实现综合收入400万元，其中云蒙山森林公园全年接待游客13万人次，综合收入350万元，比去年增长14.3%。

【加强气象服务】 编发气象信息48期，提供了近4 800份气象资料。积极开展人工增雨作业，年增雪2次、增雨11次，缓解了部分地区旱情和人畜饮水困难，增加了密云水库蓄水量。

【三大水利工程】 河川拦蓄以清水河、红门川河、汤河三条河川为主，共修建连拱闸截流蓄水工程60处，新增蓄水82万立方米。灌渠集蓄工程以沙厂、半城子、卸甲山、水漳、走马庄、大城子南干、北庄北干和仁山八条万亩以上灌渠为主，新建集蓄水工程42处，五小网络连接1 000处，新增蓄水能力17万立方米。公路集雨工程以县内主要公路共修建集雨工程202处，五小网络连接500处，新增蓄水能力3万立方米。

【库北山区遭受特大暴雨袭击】 8月1日7时20分，库北山区遭受33年来特大暴雨袭击，石城地区的对家河、郎房峪、石塘路等6个村5小时内降雨量达到280.2毫米，引起山洪暴发。全县上下积极抗洪救灾，受灾地区财产损失严重，无人员伤亡。

【流域治理美化山川工程】 积极推进和亚行贷款项目，全年投资1 739万元完成78平方公里治理面积。其中：京津风沙源小流域治理30平方公里，投资972万元；亚行贷款项目投资767万元。

【世行贷款节水灌溉项目】 主要以果树管灌和滴灌为主，其中穆家峪镇，西田各庄镇完成340公顷，太师屯镇完成270.4公顷，北庄镇完成200公顷。经济林与农田林网自营工程全部完成。

【积极组织抗旱】 落实年初制定的抗旱预案，以保人畜饮水、保春耕生产、保果树和经济作物为主，经济开展抗旱工作。投入抗旱资金672.5万元，共启动机电井1 500眼、泵站150处、流动抗旱设备3 000套，装机2.55万千瓦，机动运水车100辆，抗旱服务队投入抗旱1 500人次，全县投入抗旱总人数3万人，解决抗旱浇灌面积1.5万公顷，解决1.4万人、2 400头大牲畜用水困难。

山区建设

【水利富民工程进展顺利】 年内以集雨节灌、五小网络化建设为重点全面推进山区水利富民工程建设，完成水利工程3 389处，其中水利富民工程2 984处。集雨节灌工程1 000处，新建集雨场20.1万平方米，五小网络化工程1 984处。新增蓄水能力100.2万立方米，新增改善灌溉面积0.662万公顷。总投资达到5 020.7万元，其中农民投资3 559.7万元，投工133.3万个，机械台班3 762个。水利富民工程解决1 200户、3 300人，455头大牲畜饮水困难。年内，被评为“京郊山区水利富民综合开发优秀区县”；巨各庄镇、北庄镇、大城子镇被评为“北京市水利富民综合开发先进镇”；河南寨镇荆栗园村、古北口镇汤河村、高岭镇上甸子村被评为“北京市水利富民综合开发先进村”。

【扶贫工作取得阶段性成果】 县直单位新组建97个包村工作队深入村队，共筹集资金71万元，协调使用小额贷款800万元，新发展林果专业户4 800户、养殖专业户1 350户，从事主导产业的农户占总户数的80%，主导产业收入占农村经济总收入的63%以上。年底，20个低收入村全部超过农民人均劳动所得2 500元的低收入线，636户农民人均劳动所得1 500元以下的低收入户全部脱贫，实现了三年消除112个低收入村、1 532个低收入户两年消除的工作目标。

【加大山区搬迁力度】 县政府筹措资金，对生存条件极为恶劣的偏远山区村户实施搬迁，创造性采取资源置换、就业搬迁、分散搬迁、建设新村等有效方式，年内搬迁山区农户达到500户。对石城镇受灾的郎房峪、对家河两村，实行了整建制搬迁。

【山区小额信贷普遍推广】 大力推广大城子镇小额信用贷款试点经验，县政府安排300万元作为山区建设专项抵押资金，县农村信用联社以1:10的比例发放给农户，取得3 000万元的信贷规模，全年实际发放小额信用贷款2 000万元，支持700多个农户发展养殖业、种植业和民俗旅游业。10个边远山区乡镇人均纯收入达到3 800元，比上年人均净增500元。

农村经济管理

【加强农业承包合同管理】 进一步完善《密云县农业合同管理办法》，以大城子镇为试点获得成功后在全县推开。年内，直接调节合同纠纷25件，仲裁1件，进行合同签证5件。

【加强村级财务管理】 在北京郊区率先制定并实施了《密云县村合作经济组织内部往来票据管理办法》，于10月1日起，全县各村停止使用从不同渠道购买的内部复写收据，统一使用由经管站印制的内部往来票据和现金支出凭证，并制定严格管理制度，解决了各村使用票据不规范、票号不连接等问题。制定出台了《密云县农村会计电算化管理制度》，使“村账托管”工作更加规范。完成了对全县农村集体资产的年检、验证工作，起草了《密云县农村集体资产管理办法》，以冯家峪镇、北庄镇、十里堡镇三个镇为试点进行推广。

【减轻农民负担】 推广涉农价格和收费公示制，发放涉农价格公示牌400块；完善农民负担监督卡制度，发放农民负担监督卡12.5万份；实行村级报刊订阅费用限额制度、免收农村中小学杂费制度、村提留乡统筹预决算制度，强化监督检查，有效地减轻了农民负担。全年共受理农民负担举报及咨询电话300件，答复解释处理295件，结案率达98.3%。对全县18个乡镇、57个站办所、38个行政村、36所农村中小学、乡镇土地规划部门、农机员违规搭车等进行检查，共查处违规金额35.4万元，直接和间接减轻农民负担1 535.4万元。

【村级干部养老保险工作】 出台《密云县经管站关于解决我县农村干部参加养老保险的意见》、《密云县农村干部养老保险办法》，为北京市的农村社会养老保险工作提供了宝贵经验。

工　业

【工业经济指标】　全年实现工业增加值22.34亿元，同比增长29%；工业销售收入80.57亿元，增长25.5%；实现利润5.66亿元，增长45.2%。其中工业开发区实现工业增加值11.5亿元，完成科工贸总收入80亿元，增长60%；销售收入35亿元，增长37.8%；实现利润4.1亿元，增长36%。

【工业园区建设】　县工业开发区完成三期7平方公里开发任务，开始着手实施四期开发。截至2002年底，县工业开发区入区企业已达138家，比2001年增加28家，实现工业增加值11.5亿元，占全县工业增加值的51.5%。7个工业小区累计完成基础设施建设投入1.56亿元，入区企业111家，安置农村劳动力就业1.07万人，实现销售收入8.65亿元，增加值1.39亿元。

【企业改革稳步推进】　以建立现代企业制度、促进产业化升级为目标的企业转制工作取得突破性进展。全年完成企业改制48家，双龙水泥集团、龙凤酒厂、北京造艺家具有限公司等7家县属特困企业通过改制得以解困，共盘活闲置资产1.87亿元，2 238名职工得到妥善安置。全年共破产立案企业18家，涉及资产总额1.96亿元，负债4.92亿元。到年底已破产终结10家，为全县工业轻装上阵求发展创造了极为有利的条件。全年共完成技改项目39个，累计投入技改资金3.02亿元，使企业年可增加收入1.25亿元，利润1 050万元。

【企业运行质量明显提高】　全县工业企业产品销售率为97.7%，同比增加1.5个百分点；销售利润率为7.2%，同比增加0.8个百分点；规模以上工业企业利润率由2001年的4.7%提高到6.9%；县属企业彻底扭转亏损局面，实现利润1 065.2万元，比上年同期的亏损2 178万元净增3 243.5万元。

【招商引资成效显著】　通过举办招商洽谈会、以商招商等手段，全年引进工业项目157个，协议投资额55.78亿元，资金到位率50%。其中协议投资额在1 000万～5 000万元的项目29个；5 000万～1亿元的项目7个；亿元以上项目3个。

【民营工业发展迅速】　认真落实《北京市促进私营个体经济发展条例》和我县促进非公经济发展的若干政策，及时兑现奖励。截至2002年底，全县个体私营工业企业已发展到1 389家，实现工业增加值75 424万元，实现销售收入293 841万元，上缴税金6 843万元。同时，吸纳本县劳动力就业达32 925人。

【外向型经济较快发展】　全年新引进外商投资企业37家，实际利用外资2 558.5万美元，同比增长41.5%，出口总值6 384.28万美元，同比增长9%。服装加工业在全县外贸出口中的重要地位进一步提升。2002年全县服装加工业共实现出口供货额5.19亿元，同比增长31.5%，占全县出口总额的97.9%。

【15家企业进入乡镇企业百强】　华云建筑工程有限公司进入全市营业收入百强企业和利税总额百强企业、吉乐电子有限公司进入全市利税总额百强企业，北京中道服装服饰公司、北京远洋制衣公司、北京市渔阳服装厂、北京鑫密镁粉自动化设备研究、北京欧兰特实业集团公司、北京牡丹电子集团密云公司、北京十八子时装有限公司、北京市密云县服装五厂、北京嘉鸿制衣有限公司、北京旭日制衣有限公司、北京振华服装厂、北京奇特工贸有限公司、北京诚信制衣有限公司等13家企业进入全市出口百强企业。

建筑　建材

【主要经济指标完成情况】　年度建筑、建材、房地产开发业实现产值28.5亿元，同比增长31.3%；完成收入20.4亿元，同比增长21.3 %；上缴税金1.57亿元，同比增长29.7%；利润1.95亿元，同比增长64.3 %；实现增加值8.65亿元，同比增长47.5 %。主要经济指标均实现了年初计划增长20%以上，县外开复工面积532 512平方米，建安产值、收入、利润等主要经济指标均达到占总指标50%以上的预定目标。

【建筑业发展情况】　建筑业全年完成开复工总面积230万平方米，同比增长26.4%；其中新开工面积152万平方米，同比增长275%；实现建安产值20.4亿元，同比增长22.6%；实现收入14亿元，同比增长15.6%；上缴税金5 600万元，同比增长14.7 %；完成利润6 500万元，同比增长2.7%；实现增加值4.08亿元，同比增长21.9%。

【建材业发展情况】　建材业实现总产值8.09亿元，同比增长59.9%；销售收入6.42亿元，同比增长35.9 %；完成利润6 121万元，同比增长46.7 %；上缴税金4 132万元，同比增长68%；实现增加值2.62亿元，同比增长56.5%。

【房地产开发业发展情况】　全年共完成开复工总面积238万平方米，同比增长20.2%；上缴税金6 008万元,同比增长26.1%；实现增加值1.94亿元，同比增长131.9%；完成商品房投资额20.84亿元，同比下降13.7%。房屋销售面积553 520平方米，同比增长69.9%。

【建筑行业结构更趋合理】　历时两年的建筑行业重组转制工作全面结束，建筑施工企业从原来的59家调整为36家，总承包企业7家，5家为国家二级以上资质企业，初步形成了以高资质企业为龙头，专业队伍、劳务队伍为依托的宝塔式结构。4家进行了有限责任制改造，初具集团化规模，专业施工队伍绝大部分转制为民营企业。全行业共有专业技术、经济管理人员2 029人，占全行业从业总人数的13.53%，全行业总资产已达12.7亿元，净资产7.8亿元，建筑业的综合经济指标上升到全市第八位。密云卫星城建设两年以来，近50亿元造价的房屋建设工程60%

以上由本县建筑施工企业完成。

【建材业基地化格局初步形成】 全县共有建材生产企业136家，行业总资产6.12亿元，比“九五”末提高38.8%；净资产4.08亿元，比“九五”末提高31.6%；设备投资总额2.15亿元，比“九五”末提高34.4%；装机容量2.7万千瓦，比“九五”末提高57%。本县建材企业可生产14个门类40余种产品。水泥制品生产基地、隔墙板、保温板生产基地、门窗生产基地、墙材生产基地、新型装饰材料生产基地等基地化生产格局初步形成并初具规模。

【首家大型建材批发市场竣工】 市场位于密顺路东、南二环路南侧，由北京绿檀州商贸有限责任公司投资1 600万元建设，占地2万平方米，商业用房3 000平方米，能容纳建材批发户300家。

【房地产开发业势头强劲】 房地产开发业在我县精品卫星城建设中，继续发挥主力军作用。2002年在本县开发的企业37家，密西花园、沿湖美景、太阳家园、长安小区、檀城北区、檀州家园、行宫小区等十几个新建住宅小区已相继交付使用。密东广场、世纪家园、富民新区等本县高层住宅全部封顶进入装修，拆迁改造面积200多万平方米，极大地改善了人民群众居住条件，精品生态卫星城初具规模。

【加强施工管理】 建委及各大建筑施工、房地产开发企业，坚持把加强施工现场管理、文明安全施工放在工作的首位。专门成立了以建筑业安全生产工作领导小组，负责全县施工现场安全管理工作。全年共检查在施工地509项，建筑面积460万平方米，发限期整改通知书67份，停工20余起，检查覆盖率达100%。目前已有华云、东辰、宾阳、云城、坤宝等5个建筑公司11个施工现场被市建委评为文明安全工地，建筑工地达标率达到100%，全年未发生四级以上工伤事故。全县报监在施工程总计642项，378.6万平方米；竣工备案工程136项，建筑面积60万平方米；监督覆盖率、竣工备案工程合格率均达到100%，工程质量处于受控状态。

城镇建设

【卫星城建设】 2002年，密云县卫星城建设总建筑面积达到630.6万平方米，计划投资130.6亿元，实际完成投资54.1亿元。其中，城市基础设施建设完成投资5.2亿元，公园及绿地建设完成投资1.6亿元，机关办公楼建设完成投资4.5亿元，教育、卫生、文化、体育设施建设完成投资1.6亿元，宾馆及其他各类服务设施建设完成投资15亿元，各类住宅小区建设完成投资25.4亿元，临街建筑物外立面装修完成投资8 863万元。

【旧城拆迁改造】 全年拆迁3 500多户，35.2万平方米。城区内的一街、二街、四街和二街新村拆迁任务已全部完成，南菜园村已拆迁过半，季庄A区、B区及沙河旧村拆迁全面启动，县城核心区拆迁任务基本完成。

【“四横八纵”道路框架】 共完成檀西路、南更大街、长城环岛、新南路东延、果园西路、康复路、新北路东段、新东路改造、城后街东西段、南二环等24条道路建设，总长度24.3公里，杆线入地1.2公里，油路面23.93万平方米，铺设雨污管道11公里，步道硬化14万平方米，总投资3.2亿元。同步推进三线入地和道路绿化美化亮化工程，完成电缆光缆入地124.8公里，道路两侧均安装了新式高档次路灯，成为集交通、休闲于一体的现代化景观路、样板路。投资4 856万元，继续推进白河治理，新建两座大桥和两座橡胶坝。飞虹桥、云虹桥、滨河桥、太扬大桥、阳光大桥、潮汇大桥等六座大桥飞架白河两岸，城市道路更加便捷畅通。

【人居环境明显改善】 全年共完成开复工总面积232万平方米，其中，新开工面积133万平方米。密东广场、太扬家园、檀州家园、长安景苑、檀城东区、奥林公寓、鼓楼东区、世纪家园、行宫南区、宾阳西里、密西花园、富民新区等一批精品住宅小区已竣工或基本竣工。4 000多户居民喜迁新居。世豪大厦、云水大厦、山水大厦、长城大厦、财政局办公大楼、矿山公司办公楼、法院办公楼、博物馆、城建公司办公楼、市政综合楼全部竣工并相继投入使用。

【城市绿化美化】 新建了长虹、密西、白河、太扬、中加等12个公园，总面积42.8万平方米，已全部对外开放。同时投资570万元完成了20条道路、12块绿地的绿化任务，共栽植高大乔木4 136株、铺植色带及草坪1.1万平方米，县城人均绿地面积49.48平方米，绿化覆盖率41.40%。创建首都绿化花园式单位21个，花园式单位总数达到91个，花园式县城已基本建成。投资1754万元，完成了3座桥、12条路、7个公园的亮化工程。

【城市文化底蕴明显增强】 共安装各式节能彩灯85种近5万盏、高杆路灯近2 000盏，县城夜景更加绚丽多彩。投资2 000多万元，在城市各主要路口分别安装了“四季长青”、“城市变奏曲”、“日新月异”、“解放纪念碑”、“奔向未来”、“云鼎”等大型雕塑，在白河公园建成了望潮亭、邀月亭、留云亭3座亭阁，在法制公园建成了古今中外法制群雕雕塑。

【城市公用设施更加完备】 水厂、污水处理厂已投入正常运营，白河治理二期工程全面竣工，治理面积47.2万平方米，绿化面积38.3万平方米，工程总投资5 682.21万元。至此，8公里长的白河综合治理工程全面竣工。投资3 000多万元铺设自来水管网近60公里；投资70万元完成了垃圾填埋场办公区和场区建设以及道路硬化绿化美化工程；投资300余万元建成了3座一类公厕、9座地下密闭式垃圾站，在县城主要大街和公园安装景观式果皮箱近600个，安装候车亭55个、电话亭100个、报刊亭20个。

【潮汇大桥】 即潮白河汇合口大桥（连接工业开发区A区与B区），2001年10月开工至2002年5月

10日竣工通车，全长270米，完成土石方20.76万方，砼浇筑6 586方，钢筋制安624吨，共完成投资2 500万元。

【阳光大桥】 即沙河交通桥，全长89.7米，桥宽14.38米。工程于2月开工至6月竣工通车，完成土石方5 100方，砼浇筑1 288方，完成投资344万元。

【开发区橡胶坝工程】 工程位于水源九厂漫水桥上游129米处，坝左岸为绿岛别墅、右岸为工业开发区。全长86.8米，可蓄水12.57万立方米，回水面积9万平方米。工程于2001年11月开工2002年6月竣工，共完成土石方30.45万方，砼浇筑4 753方，防渗面积16.5万平方米，完成投资923万元。

【沙河橡胶坝工程】 位于沙河铁路桥下游，坝长77米，坝高2.6米，可蓄水20.98万立方米，形成水面14.18万平方米。工程于2001年11月开工至2002年5月竣工，完成土石方28.4万方，砼浇筑1 500方，砼护坡2.24万平方米，土工膜防渗16.5万平方米，完成投资953.86万元。

交通　公路

【客货运输】 全县共有长途旅客运输企业5家，个体客运户61户，大中型客运班车264辆，客运班车线路已达到40条，客运里程2 350公里，年班车客运1 503万人次，增长10.1%。全行业综合收入3.06亿元，同比增长8%；货物运输量503.9万吨，增长18.56%。完成交通运输业总收入3.05亿元，同比增长7.83%；税收1150万元，同比增长7.3%。

【加大交通企业改制力度】 全县6家客运企业、25家货运企业和132家汽车维修企业全部实现转制，投资主体多元化格局已经形成。其中，密云汽车站与北京市长途汽车公司达成一致，完成企业转制，彻底实现了政企分开。

【行业管理】 开展了汽车维修市场整顿、市内长途客运秩序、化学危险品运输秩序、“面的”秩序、水上安全“五项整顿”，全年查验车辆9 083辆，暂扣违章运营车辆证件2 201件次，扣车510辆。9月19日，交通局、精神文明建设办公室、县总工会、体育局、交巡大队联合在新北桥至十六局门口地段，举行了“交通杯”汽车驾驶技术比武。

【优化客运线网结构】 对宝城公司原有5条客运线路调整为12条，新开通夜班车线路2条，设置站点213个，覆盖密云镇、檀营乡、河南寨镇、十里堡镇、西田各庄镇、溪翁庄镇等乡镇。开通密云至黑龙潭、密云至司马台两条旅游专线，初步形成了以班车客运为干线、出租客运为连接，联系城镇和乡村的客运线网，实现了城乡交通一体化的目标。

【基础设施建设】 12月23日，汽车综合性能检测站迁入新农村新址，同月28日，汽车站迁入新农村新址。宝城公司投资210万元在县城内建成50个候车亭。

【举行战备应急车辆调用演习】 9月8日凌晨5点，交通、公安、人武、广播电视中心等部门联合，以密云水库出险为敌情，以应急物资抢运和人口疏散为任务，由7家交通运输企业，46辆客、货、维修车辆共同参与的密云县战备应急车辆调用演习，被中央电视台、《北京交通报》、《北京交通战备报》等媒体刊物报道。

【实施驾驶员运输从业准入制度】 3月，成立了营业性道路运输驾驶员职业培训中心，25日通过了市交通局的资质认定，共为1996年12月31日前初领驾照的货运驾驶员直接换证1129个，为1996年12月31日后初领驾照的驾驶员办培训班15期，经培训考核合格后发证1 710个，并于10月20日至12月20日对全县在岗客运驾驶员360人以及缓培的货运驾驶员500人进行了培训。10月1日起，对营业性道路运输驾驶员实行从业资格认证制度。

商　业

【经济运行良好】 全年实现社会商品零售额20.44亿元，同比增长10.6%；实现社会消费品零售额19.57亿元，增长10.9%；集贸市场成交额6.73亿元，增长13.4%。商业系统实现商品销售额8.42亿元，增长9.5%，其中实现商品零售额7.16亿元，增长15.1%；实现利润416万元，同比增长13倍；上缴税金2 086万元，增长31.8%。

【商业企业改革进展顺利】 除粮食局政策性企业、物资总公司民爆管理和药材公司按有关规定和上级要求不能转制外，商业企业转制面达到100%。副食品公司、物资总公司、食品公司、粮食局完成所属企业改制，其中副食品公司整体破产已结案；工业品公司燕赛购物中心破产工作正在进行；县社将云光商场、红云楼、集贸市场、沙河仓库部分场地出售，与县社脱离劳动人事关系。企业改制中，职工安置率达到100%。

【商业资产重组成效显著】 引进老家快餐店、永明眼镜店、口福居、嘉事堂药业等企业25个，共盘活闲置企业18个，盘活资产4 763万元。开展了以“倡导时尚消费，欢度国庆佳节”为主题的商业促销活动。基层供销社成立各类专业合作社，收购药材150吨，收购蜂产品100吨，为农民增加收入100余万元。

【加大商业执法力度】 把让群众吃上“放心肉”、“放心盐”列为为群众办的实事，加大商业执法力度，卫生、工商、公安等部门组成联合检查小组，抽查食品经营企业25家，共检查生猪市场110个次，没收不合格猪肉530千克；检查食盐营销网点2 880家，查处私盐28.2吨；全面整治了美容美发和洗浴行业。

旅　游

【主要指标】 全年共接待游客708.3万人次，综合收入10.11亿元，其中门票收入3 620.86万元，旅游税收1 857.54万元，同比分别增长38%、129.77%、22.7%和68.8%。

【旅游招商】 全年引进旅游招商项目35个，协议金额70.25亿元，实际投入资金8.46亿元。7月26、27日县政府在云湖度假村举办了密云首届旅游招商洽谈会，会上签约项目20个，协议金额64.13亿元。景区开发、酒店开发、动感游乐项目开发、观光旅游业、旅游房地产业正在逐渐成为投资热点和新的发展方向。

【强化旅游硬件建设】 完成旅游基础设施建设61项，累计投入资金20.7亿元。投资4 000万元建设雾灵山龙潭景区索道、司马台梯级蓄水和黍谷山庙宇修复、南山滑雪场二期开发、冶仙塔旅游环线等旅游设施。新开发景区有黍谷山、白道峪、雾灵山、响龙洞、龙云山、冶仙塔、响泉溪谷等7家。田园度假村、云湖度假村、云佛度假村、水库宾馆、中加会馆、檀州宾馆、雾灵山庄等10余家宾馆饭店进行了硬件改造。5个旅游乡镇23个民俗村4 000多个家庭从事民俗旅游经营，创收达到5 000万元，解决上万人就业。全县旅游产业已经形成。

【加大旅游宣传和促销】 年初组织十多个优秀旅游企业赴北京、天津、石家庄、唐山、承德、廊坊等周边城市进行整体宣传促销，组织企业赴中山公园参加第四届旅游资源展示会。在北京1、2、3套，北京有线、天津电视台、石家庄、唐山等多家电视开展了大量的宣传。4月20日，与中央电视台联手组织了"净山绿水密云行"大型综艺活动。同时还举办了黑龙潭飞行表演、白龙潭传统民俗庙会等活动。

【举办首届旅游冰雪节】 12月15日，首届密云旅游冰雪节在云佛山滑雪场开幕，形成了北京冬季旅游热点。冰雪节期间三大滑雪场共接待游客13万人次，综合收入达2 300万元，宾馆饭店入住率比上年同期增长20%以上。

【旅游市场进一步规范】 旅游、工商、卫生、环保等职能部门对全县旅游企业进行了综合大检查。制定了《密云县旅游民俗管理规定》，为达标民俗旅游户颁发了"密云县规范民俗旅游户"标牌；发布了《关于旅行社在密云境内设立分社、门市部的管理规定》；进行了小型度假村的专项检查。年内未发生重大旅游安全事故，全县旅游安全和旅游市场秩序有了明显改观。

招商引资

【引进强县成效显著】 全县共引进各类项目930个，其中落地实体项目362个，占引进项目总数的38.9%，协议投资额135.06亿元，实际到位资金60亿元。在引进项目中，协议投资额5 000万元以上的项目有50个，亿元以上的项目40个。北京京森源电器有限公司、北京理工世纪科技集团、北京宏业通信科技公司、天发投资控股有限公司等一批具备一定规模的高科技工业、农产品加工业企业纷纷落户密云县，有力推动了全县经济的快速发展。

【全方位宽领域招商】 在引进的落地项目中，工业项目157个，协议投资额55.78亿元，5 000万以上的重大项目16个；农业项目36个，协议投资额5.83亿元，5 000万以上的重大项目1个；房地产项目54个，协议投资额44.3亿元，5 000万以上的重大项目20个；旅游业项目38个，协议投资额26.07亿元，5 000万以上的重大项目13个；商业项目77个，协议投资额3. 08亿元。

【举办大型招商洽谈会】 8月28日，以"走进密云，携手发展"为主题在香港金钟太古广场万豪酒店成功举办香港招商洽谈会，到会各界嘉宾400余人，签约项目29个，协议总金额5.6亿美元。

【改善投资环境】 面对新形势，对全县招商政策分别于7月、12月进行了调整，使政策兼顾了引进企业利益与地方财政增长。在市委、市政府委托国家统计局北京市企业调查队开展的第四次外商投资企业对政府工作部门定期测评中，获得投资服务满意度第三名，软硬环境建设综合测评第一名。

外经外贸　对外交往

【利用外资大幅增长】 全年新批外商投资企业37家，投资总额9 541万美元，同比增长114%；合同外资总额3 257万美元，同比增长15%；实际利用外资2 558.5万美元，同比增长41.5%。项目平均投资规模258万美元，投资规模同比增幅为80%。

【引进外资结构日趋合理】 在引进的37个外资项目中,高科技类项目15家,占项目总数的40%;第三产业类项目8家,占项目总数的21%;农业及农产品深加工项目5家,占项目总数的13.5%。通过引进外资,有力地推动了全县经济结构的战略性调整。

【外经外贸税收大幅增长】 外经外贸系统共完成税收3.09亿元，占县税收总额的六分之一。其中涉外企业完成税收2.36亿元，增长131%；本系统引进企业纳税7 244万元，增长262%。

【出口继续稳步增长】 共有出口供货企业40家，拥有进出口经营权的企业51家，比2000年增长1倍。全年共实现直接出口总值6 384万美元，同比增长9%；实现出口供货额6.23亿元，增长10.6%。北大正园科技发展有限公司、华宇恒通商贸有限公司、昶太方强有限公司等企业新获得了进出口经营权，出口行业从传统服装、纺织行业拓宽到机电产品、高新技术产品等领域。

【外贸企业转制顺利完成】 原渔阳进出口贸易公司已完成破产程序，外贸公司对资产进行重新整合，利用原有外贸业务人员和业务渠道集资组建了金渔进出口贸易公司、华宇恒通商贸有限公司及燕大工贸集团。三家公司已全部实现出口创汇，为全县外贸行业下一步发展奠定了良好基础。

【投资环境再获好评】 在上年公布的由市委、市政府委托北京外商投资企业协会、北京台资企业协会、侨资企业协会开展的第四次外商投资企业对政府工作部门定期测评中，密云县获得投资服务满意度第三名，软、硬环境建设综合测评第一名，在北京市18个区县当中再次取得了较好的名次。

【开创外事工作新局面】 县委书记王洪钟率团赴韩国仁川南区进行友好访问，双方的交流与合作有了新的进展。长野县山之内町町长率团来我县访问，长野县山之内町成为密云县第二个对外友好交流的城市。密云二中分别与新西兰、新加坡的中学建立了初步联系。7月首次组织一中、二中16名师生参加赴日大型夏令营。成功完成了来自美、日、法、韩等国外宾、外商及记者的接待任务，全县对外交往渠道进一步拓展。全县共派出因公出国团组53批77人次，其中随团50批58人次。

财政　金融　审计

【财政收入保持高速增长】 全县财政收入完成7.3亿元，比上年同期增长133.9%，增幅居全市第一。完成各项税收18.2亿元，同比增长108.7%。引进企业累计缴纳税收15亿元，259家县工业开发区引进有税企业缴纳税收5.92亿元。房地产开发及建筑建材企业累计缴纳各项税收7.6亿元，占全县属地税收的比重达54%。全年实现旅游综合收入7.8亿元，同比增长1.3倍。

【财政支出】 全县财政支出实际完成15.2亿元，比上年增长38.9%。其中：县本级支出13.7亿元，比上年增长44.9%；乡镇财政支出1.5亿元，比上年增长1.3%。

【努力培植地方财源】 “坚持环境立县、引进强县”的方针，先后两次对全县引进企业扶持政策进行完善，深入落实财政优惠政策。2002年，县财政用于扶持企业发展资金达到4.5亿元，同比增长80.9%，有力地促进了引进企业的成长壮大，使县财政收入持续增长的后劲明显增强。2002年密云县县级财政实现收入6.6亿元，同比增长151.2%；乡镇财政收入完成6 532万元，同比增长37%，开创了18个乡镇财政收入全面增长的良好局面。

【落实重点项目资金】 2002年，在保证政权机关正常运转的前提下，筹集资金896万元，及时发放了机构改革提前离岗、提前退休及辞退人员191人的一次性补贴，确保密云县行政机关机构改革的顺利完成。为加快密云县城市建设步伐，接收安置南菜园占地转工106人。为推动企业重组转制改革，接收安置机械电子公司、檀州宾馆、双龙水泥集团等单位362人。

【加大农业投入】 全年用于农业方面的支出16 189万元，比上年增长21.4%。其中用于加快农业产业结构调整方面的资金4 134万元，重点保证了农田水利基本建设、绿色通道工程和无公害蔬菜生产示范基地建设等。投入1 968万元用于养殖小区建设；投资1 483万元完成山区水利富民工程1 814处；投资940万元完成了536户边远山区农民搬迁工作。

【支持科教事业发展】 全年用于教育方面支出26 066万元，比上年增长22.5%。在保证教师工资待遇落实的基础上，筹措资金8 607万元，保证了二中分校、三中、十里堡中心校等重点工程按期投入使用。为教育系统配备计算机等现代化的教学设备3万（台）件，科学事业费支出233万元，比上年增长10.9%。

【加大公检法司的投入】 2002年用于公检法司支出6 196万元，比上年增长26.5%，在加大政法部门经费保障力度的同时，新建了西滨河派出所。为公安部门装备了先进的指纹识别系统等高科技设备，大力支持了“科技强警”工程，为严厉打击违法犯罪，维护社会稳定提供了重要保障。

【全力支持社会保障体系建设】 2002年用于优抚社救和社会保障方面支出15 251万元，比上年增长22.3%。在完善密云县城市居民最低生活保障制度的基础上，建立实施农村居民最低生活保障制度。截止2002年底，密云县已有933人纳入了城镇低保范围，第一批享受农村低保的人数已达到2 175人，帮助913名下岗职工实现了再就业。

【推进预算管理制度改革】 结合密云县行政事业单位机构改革这一有利时机，对县直有财政经费拨款关系的59个一级预算单位、127个二级预算单位的2003年预算全部实行部门预算管理，细化了预算的编制。国库集中收付制度进一步深化，从2002年7月份开始，对县人事局、公安局等7个单位的人员工资试行了统一发放试点改革，取得了较好的效果。按照分步实施、逐步到位的原则，于2002年11月份，对县直40个行政单位人员工资全部实行了统一发放。

【政府采购工作】 按照《政府采购法》的要求，进一步完善了政府采购管理办法，扩大了采购范围和规模。采购项目已经涉及到会议定点、公务用车购置及管理、办公设备购置、春荒救灾粮采购、教育系统网络工程和财政统发工资等领域。2002年共完成政府采购金额3 176万元，比上年增长83.2%，节约资金266万元，资金节约率为7.7%。

【加强财政财务监督管理】 加强预算外资金的管理，推进“收支两条线”工作。按照收缴分离的原则，加大检查力度，对发现的隐瞒收入、坐收坐支问题及时进行了处理。全年纳入财政专户管理的预算外资金达19 181万元。在加强《会计法》执法检查的基础上，结合会计人员继续教育等工作，完成了对会计人员的业务培训，为提高财政财务管理水平打下了坚实基础。

【强化农村审计】 进一步规范和加强农村集体经济审计，制定了《密云县农村集体经济审计办法》、《密云县农村集体经济组织现金管理办法》，共完成1 100

个会计核算单位的审计工作,其中财务收支审计1 057个,经济效益审计4个,干部离任审计10个、审计金额11.2亿元,查处违法违纪金额15.9万元。

【加强财政干部队伍建设】 首次实行了科级干部竞争上岗制度，并对一般干部进行了岗位交流。开展党风廉政教育，继续抓好政治思想学习和业务培训工作。组织全局干部职工认真学习领会党的十六大精神。举办了多期信息技术与电子政务、日常英语、财政业务知识等培训，提高了财政干部的综合素质。

精神文明建设

2002年，密云县坚持以“三个代表”思想为指针，坚持“精神文明和物质文明两手抓、两手都要硬”的原则，在不断加强经济建设的同时，全面推进社会各项事业发展。争创全国文明县城和首都文明县的工作深入开展，顺利完成了“首都文明县”争创工作。深入开展各种形式的精神文明创建活动，广大公民的公德意识和文明素养明显提高；大力实施科技兴县战略，促进高新技术产业化发展；加快全县教育布局调整，加大教育硬件设施建设力度，不断改善中小学办学条件和提高教学质量，成人教育不断强化，教育信息化建设快速推进；文化体育事业蓬勃发展，以一大批新建成的文化体育设施为依托，广泛开展多种形式，多个层次的文化体育活动；文物保护工作得到明显加强，一大批文物古迹得到修复，一批珍贵史志资料编纂出版；医疗卫生事业又上新台阶，医疗设施进一步改善，妇幼保健、农村卫生事业和社区医疗服务取得长足发展，卫生防病工作进一步加强；认真做好优抚安置和帮扶工作，广泛开展社会救济。关心下岗职工生活，大力推进下岗职工再就业步伐。

创建活动

【创建全国文明县和首都文明县】 提出了用两年时间完成创建全国文明县和首都文明县的工作目标，县委、县政府成立了创建总指挥部，党政一把手担任总指挥，同时，成立了素质工程、环境工程、民心工程、创建文明社区、创建文明行业、创建文明村镇6个分指挥部，设立了创建办公室；制定了《中共密云县委、密云县人民政府关于创建全国文明县和首都文明县的工作意见》和《中共密云县委、密云县人民政府关于2002年创建全国文明县城、首都文明县工作实施方案》。1月22日，县委、县政府召开创建全国文明县和首都文明县动员大会；3月16日，召开了“三大工程”、“三大创建”工作会议；年底通过首都文明委验收，当年实现创建首都文明县目标。

【创建文明社区】 将密云镇原有的37个居民小区调整为22个社区，成立社区工作协调委员会；制定了文明社区共建方案，与105家驻区单位签定了共建协议，特别是军（警）民共建有了突破性进展，并于8月份被民政部授予全国双拥模范县称号；加强了“三室一中心”建设，组织了各类活动50场次，参与群众达3万余人；60%的社区达到文明社区标准，涌现了一批以花园社区、沿湖社区、东菜园社区为代表的示范精品社区。

【创建文明行业】 “窗口”行业广泛开展了文明单位、文明窗口、文明服务标兵的争创活动。公安局、工商局、太师屯法庭分别开展了以“警察文化”、“五四三二一”优质服务、六项便民措施等为中心内容的创建活动；党政机关深入开展了“立党为公、执政为民”主题教育活动，突出做好“三个一”，即：接好每一个电话，接待好每一个来访者，做好每一件事；在执法部门开展了“权力属于谁，掌权为了谁，纵权害了谁”大讨论和“争当人民满意政法单位”、“争当人民满意的执法工作者”活动。全面推行了社会承诺、政务公开制和首问责任制，并上墙公开，接受群众监督。

【创建文明村镇】 建立健全了领导机构和各项工作机制，并将创建文明村镇工作引入乡镇领导干部责任制，以创建文明乡镇、文明村、文明户为着力点，结合自身实际，抓特色，创亮点，开展了卓有成效的创建活动。全县评出8个文明乡镇、80个文明村和800个文明户，县级“科技、文化、卫生”特色村30个村，县级“科技、文化、卫生”特色户93户。其中太师屯镇被中央文明委授予全国文明乡镇称号。

【民心工程落到实处】 将任务分解，责任落实到人，每一项任务都由县政府领导牵头，责任单位行政一把手为责任人，并将民心工程列入县政府重点督查事项。年内为群众办的30件实事全部完成。

【素质工程见实效】 坚持以人为本，实施素质工程，制定下发了《中共密云县委关于贯彻落实〈公民道德建设实施纲要〉的意见》；向社会发放《纲要》、《意见》宣传册1万份，组织万人参加了北京市“庄盛杯”公民道德建设知识竞赛，并获得竞赛最高奖“优胜奖”；开展科技、卫生、文化三下乡活动，配合市“燕山情”文艺下乡演出4次；建立了各类文明市民学校243所，举办各类培训班200多期，3万多人受到培训，1 000多人获得绿色证书，近千人获得跨世纪青年农民培训证书，城乡文明素质明显提升。

教育

【继续加大布局调整】 全县共撤并28所小学,3所中学,新建1所纯高中校。11个乡镇形成了一镇一所中学,8个乡镇形成了各镇一所中心小学、下辖1～3所完小的办学格局。山区中小学寄宿制学校规模进一步扩大,住宿人数已达到中小学学生总数的九分之一。农村地区150所幼儿园全部纳入中心小学管理,并制定了相应的管理制度,使幼教管理进一步规范化,有力地促进了幼教质量的提高和小幼教育的衔接。

【中小学办学条件得到改善】 通过财政主体投

入、教育贷款、捐资助学等方式多渠道筹集资金用于学校基本建设。县级财政共投资 8 607 万元用于基建工程，总建筑面积达 60 873 平方米。资金投入比上年增加 3 000 多万元，教育投资总量达到历史最高水平，镇村两级累计投入 1 600 万元。其中，安排7 986万元用于八项重点工程，总建筑面积53 616平方米。投入 1 102.97 万元用于修缮工程，623 万元用于教学设备配备，124 万元用于 7 所中学的规范化验收，投资 287.7 万元对部分中小学进行了供暖改造。使全县中小学的校舍建设、供暖改造、设备配备等方面办学条件有了明显提高。

【干部教师队伍建设加强】 通过开展“适应新形势，做人民满意教师”、争创“优秀师德群体”、争当“优秀师德教师”、“十佳”班主任评选等活动，促进了干部教师队伍师德水平的进一步增强。22 名政治业务素质较高，具有大专及以上学历的同志走上了校级领导岗位。全县“九五”继续教育任务已全部完成，5 791 名中小学教师获得了继续教育结业证书。幼儿教师学历合格率达到 78%；小学专任教师学历合格率为 100%，大专及以上学历达到 53%；初中专任教师学历合格率达到 94%，本科及以上学历达到 46%；高中专任教师本科学历达到 92%，研究生班结业比例达到 29%；职高专任教师本科学历达到 70%，研究生班结业比例达到 16%；电大分校教师本科学历达到 100%。全县市级骨干教师达到 37 人，县级学科带头人 46 人，县级骨干教师 148 人。

【教学质量不断提高】 小学入学率保持 100%，年辍学率为 0，毕业合格率达 99.92%；初中入学率 99.64%，年辍学率为 0.88%，毕业合格率 98.89%，中考录取率达到 95.5%；高中阶段教育基本普及，普高招生比例达到了初三毕业生升学人数的 50%，高考上线率达到 75.88%，比全市平均高考上线率高出 6.18 个百分点。其中本科上线率为 52.20%，有 17 人考入清华大学和北京大学；职业高中毕业生升入高职的比例进一步增强，就业率保持在 95% 以上。在北京市第十八届小学生迎春杯数学竞赛活动中，密云县 20 个小队参加决赛，有 12 个小队获一等奖，占全市一等奖总数的 30%。在个人单项比赛中，密云县 38 名学生参赛，全部获奖，其中一等奖 21 名，总成绩名列远郊区县第一名。密云二小语文教师王蕊作为北京市惟一代表，参加全国教学评优大赛，荣获了二等奖，展示了密云县实施素质教育的水平。

【教育信息化建设加快】 建成教育网络管理中心，新建 12 个校园网，为 27 所学校配备了计算机教室，信息传播中心顺利通过了市教委的验收。建立健全教育培训体系，加强对干部教师的信息技术培训。年 5 月份，配合市教委成功地组织了“走进石城—小学素质教育系列展示”活动，受到与会专家的高度评价。在北京市第三届中小学师生电脑作品比赛中，有 17 篇作品获奖。在北京市评选的 10 个小学优秀校园网站中，石城寄宿小学和太师屯中心小学同时获奖。8 所学校承担了“十五”国家级课题“信息技术与学科教学整合”方面的研究。

【成教工作成效显著】 电大分校和成人教育中心参加大专和本科学历进修的在校生达到 2 845 人。高等教育自学考试 8 540 科次，在读生 2 030 人。成人大专及以上学历毕业生人数达 927 人。

【加强行业管理】 各校认真贯彻落实《关于治理农村中小学乱收费问题的通知》精神，严格执行中小学收费卡规定的收费项目和标准，公示举报电话，增强了工作的透明度。在各校收费自查的基础上，县物价局、监察局和教委分别对中小学收费工作进行了抽查，对个别学校存在的乱收费问题进行了及时处理，纠正违规行为 11 起，清退了全部违规收费。

科技　信息

【高新技术产业发展】 经过认定的高新技术成果转化项目 8 项，新发展高新技术企业 8 家，特审批认定的企业 8 家，密云县高新技术企业总数达到 58 家，居京郊各区县之首，其中工业开发区内企业 35 家，占 64.5%。县工业开发区高新技术产业孵化基地建设进展顺利，到位资金 200 万元，累计到位资金达 500 万元。科技部确立的科技重大专项——电动汽车研制基地已确定落户县工业开发区。北京汉业科技有限公司、北京牡丹电子集团密云公司和北京密云华都工业开发区有限公司被市科委评为“科技先导型示范企业”，密云县累计达已 4 家。

【大力发展民营科技企业】 共引进民营企业 105 家，其中注册资金 2 000 万元以上的 1 家，1 000 万元以上的 2 家，落地企业 9 家，完成技工贸收入 9.2 亿元，引进企业完成税收 5 579 万元。

【落实各类科技项目】 落实科技部农业成果转化基金项目 1 项，无偿科技资金支持 80 万元。批准市级农业科技致富项目 2 项，项目计划支持资金 260 万元，到位 100 万元。组织申报了杏新品种引进及产业化示范基地，饲用作物良种选育与推广等明年市县级家业科技项目 35 项，新申报国家级火炬计划 2 项，市级火炬计划 1 项，科技部中小企业创业基金 4 项，申报科技金桥项目 18 项。

【启动农业现代化培训工程】 一是农民岗位资格证书培训，年培训农民 1 500 人次，其中 800 人取得绿色证书，养殖业农民持证率不低于 30%；年保证 100 人取得农民技术职称。二是技术培训，年培训量达到从事种植、养殖农民总数的 20%。三是每年保证农业科技人员培训面达到 50%。2002 年组织市县科技专家举办畜牧养殖、林果等技术培训班 32 期，发放种类技术资料 3 万余份，培训达到 6 000 人次。

【科普工作扎实有效】 编写印发《农业实用技术手册》、《密云科技动态》等科普读物近万份；开展“学科学技术、走致富之路”为主题的科普之春活动和以“科学走进生活”为主题的科技周系列活动，发放技术资料3万份、科技书籍1万余册。

【"数字密云"工程深入开展】 投资300万元的"密云县综合信息平台"顺利建成并投入使用。该平台位于县政府办公楼内，建筑面积300多平方米，配有监控室、录入室和附属办公用房，新配备两台三层交换机、13台服务器、两回事台防火墙、若干台二层交换机和附属设备。全县光缆接入达50多家，其中15家接入电子政务网；政府60多家单位具备了网络环境，其中20多家接入电子政务网；计委、农委、统计局和人事局等单位建成局域网。全县网络终端接入PC机400多台。

【全县信息化调查】 7～8月间进行了全县信息化现状调查，共涉及109个单位，其中县直单位76个、乡镇19个、农民合作组织14个，涉及人员6 562人。调查显示，密云县计算机平均每个单位拥有量11.6台，其中机关单位平均14.8台，乡镇6.4台，上网计算机318台，平均每个单位3台；调查对象中会使用计算机人数2 700人，占41.5%，其中机关单位占49%。

生态环保

【环境质量明显提高】 空气环境质量二级和好于二级天数达到88.2%，其中一级天数占41%。完成城市环境目标管理考核各项指标，即降尘量为7.2吨/平方公里，区域环境噪声平均值为54.9分贝，交通干线噪声平均值为68分贝，烟尘控制区覆盖率100%，清洁能源使用率为99.51%，城市生活污水集中处理率为79%，污染防治设施运行率100%，秸秆禁烧面积6 037.57公顷，禁烧率为99.8%。

【密云水库环境综合整治】 5月28日，环保、公安、工商、规划、水产、城管大队和密云水库管理处抽调30名执法人员组成密云水库临时联合执法监察队，每日进库巡回检查，依法没收违章机动船3条、小划船55条，查处拉马旅游20起，查处游泳、乘船娱乐、进入一级保护区旅游69人，取缔一级保护区内有照餐饮点8个，无照餐饮点65个，查处违法建设4起。清除了潮河、白河水上漂流旅游项目，加强了密云水库护网大门和三号坝封闭路段管理。研究制定了密云水库库区取缔网箱养鱼实施方案。

【11件环保实事全面完成】 新增联片供热面积45.2万平方米，超出计划25.2万平方米；投资134万元，建地下密闭式垃圾站9座，改造一类公共厕所3座；在密云水库周围建设护网8.7公里；完成人工造林0.233万公顷；新增农田节水灌溉面积533.33公顷；农业生产化肥施用量比2001年累计减少12 450吨；完成密云水库上游小流域综合治理80平方公里；治理半城子地区含汞金矿尾矿砂2.6万吨；北京市密云建华铸钢厂烟尘治理设备通过县环保部门验收，正式投入使用；铺设燃气管道26.5公里，新增燃气用户4 020户；拆除县城小型、分散燃煤锅炉房53座。

【加大环境建设和治理力度】 新建长城环岛等6个公园，完成新中街等5段道路绿化工程，共栽植树木10万余株、铺设草坪12万余平方米。县城垃圾处理厂一期工程完工，并通过北京市环境卫生工程设计所和县环保局验收，县城内全部垃圾实现无害化处理。县污水处理厂和太师屯镇污水处理站运行良好，年处理污水849.61万吨，全部达标排放。11月3日晚，县委书记王洪钟主持召开县委常委扩大会议，亲自部署关闭砂石厂工作，半个月内彻底关闭拆除34家砂石厂。达岩电镀厂污水处理设施改造和建华铸钢厂烟尘源治理工程通过环保部门验收，全县97个有污染物排放的工业企业基本实现达标排放。

【创建全国生态示范区】 《密云县生态示范区建设总体规划》通过专家评审，开始正式实施。城镇GDP能耗水耗、退化土地治理率、灌溉定额、秸秆综合利用率、城市气化率和城市污水处理率等26项硬性考核指标全面达到验收标准。

【创建绿色学校活动】 评出县级"绿色学校"10所，其中4所成为市级"绿色学校"。组织全县小学校开展了"我爱地球妈妈"演讲比赛，2名学生在全市比赛中分获二、三等奖。

城管

【城市管理日趋完善】 制定颁发了《关于维护县城重点地区环境秩序的若干规定》、《关于市容环境卫生责任区的管理规定》、《关于禁止临街建筑物改变结构乱开门脸的规定》等一系列城市管理规定。充实了城管监察大队，成立了市政设施管护队和园林管护队。通过严格执法和完善城市管理规定，城市管理真正纳入了依法管理的轨道。

【加大城市执法力度】 城管大队认真履行职能，变分散执法为综合执法，加强对县城区547个"门前三包"责任单位的监督与管理，依法取缔城区200多处露天早点摊和烧烤，查处道路遗撒、垃圾乱倒等违法行为1 800多起；拆除不规范广告牌匾273块，打掉非法小广告窝点10个，收缴非法小广告43万张，罚款60余万元。对建成区各街道、公园花草树木、雕塑栏杆、电信设施、广告牌、垃圾桶、果皮箱、街道井箅井盖、路面、步道、栏杆等各种市政公用设施进行24小时昼夜巡察管护，查处损坏栏杆、井盖、雕塑等市政设施100余起。

【城市社区管理开始起步】 按照地域相同、居民认同、便于管理的原则，划分出22个城市社区，县城37个居委会建立了35个党支部，基本实现"一居一支"，为加强社区管理提供了组织保障。社区居委会以"一个支部一面旗，党员现任进社区"等主题活动，以"社区志愿者服务队"为载体，采取与社区单位结对子、搞共建等多种方式，组织开展了义务巡逻、义务服务等志愿活动。

【加强城管队伍建设】 已建立了一支包括城市管理行政执法、市政公共设施维护、环境卫生管理、园林绿化管护、社区管理队伍为主体的3 000多人的城市管理队伍。城管巡查管护队正式上岗执勤，管护队共30人，每晚7点至次日早7点执行夜间巡查任务，主要负责城区内道路护栏、花草树木、明亮设施、交通标志牌等市政设施和管护。成立白河沿岸管护巡查队，巡查队实行24小时巡查制。共组织23支社区联防队，配备联防队员186名。

【农村环境综合整治效果显著】 镇村累计投资1.5亿元，硬化村级道路近300个村，160万平方米，绿化道路260条，建镇村公园82个，栽植各种花木28万株，垒砌花墙14万延长米，临街建筑物粉饰100余个村近20万平方米，完成市县上账的环境整治重点工程13项，101国道等8条干线公路治理基本达到“进京第一印象”工程标准，拆违拆旧12.9万平方米，150个村基本达到“四化”标准。

文化 文物

【群众文化活动丰富多彩】 成功举办了“辉煌业绩大展示”、第三届新春文化书市、下乡助民乐等大型春节系列文化活动。在纪念毛泽东同志《在延安文艺座谈会上的讲话》发表60周年、庆祝建党八十一周年、国庆节和党的十六大召开期间，成功举办了四场大型文艺演出。密云大剧院组织放映782场，接待放文艺团体19次，观众达到14万人次，经营收入166.8万元；农村放映1 467场，发行拷贝595场，农村电影观众达200万人次。组织文化下乡助民乐文艺演出五次，送电影下乡2 062次，其中科技电影697场，送书下乡15次，共3万册。

【县图书馆新馆建成开馆】 图书馆新馆于2001年4月开工建设，12月完工，2002年6月3日开馆，增加各类图书10多万册。新馆建有“老人阅览室”、“少儿阅览室”、“电子阅览室”、“国防教育阅览室”等9个对外服务窗口。图书馆投资75万元用于网络化设施建设，成为全市第一个实现网络化运程服务的图书馆。开馆4个月共办理各种借阅证3 521个，书刊流通5万人次、7.8万册次。

【新建图书销售网点】 新华书店实现销售额2 180万元，同比增长4.8%，投资800万元在东转盘建设新址3 100平方米，投资90万元在太师屯镇建新址300平方米，大大地方便了群众购书。

【基层文化队伍建设】 5月13日，县委宣传部、县文化委员会对第一批十支县级文化品牌队伍进行了命名授旗表彰，充分调动了全县上下创建文化品牌的积极性。

【文化设施场所建设】 建成密虹公园鼓楼广场、全民健身园、密云大剧院广场等八大县级文化广场，建立太师屯、河南寨等十几个乡镇文化广场，带动了全县基层文化场所的建设。制定了《进一步规范文化广场活动方案》和《密云县文化广场管理办法》，引导群众性文化活动逐渐达到规范化。

【加大文物保护修复力度】 对古北口镇城北门、司马台望京楼、遥桥峪古城堡、鹿皮关二楼、黍谷山等文物进行了抢修，对古北口抗战纪念碑、番字牌石刻研究制定了化学保护施工方案。年底“密云历史文物展”、“刘桢祥献交文物展”、“杵臼文化展”和“今日新密云展”四个展览同时新建成的博物馆上展。

【史料书籍编纂】 《密云文物志》、《长城志》（密云部分）和《北京文物地图集（密云部分）》等书籍相继编纂完成。

【繁荣净化文化市场】 加强有关法规的宣传贯彻力度，分别对印刷业、发行业、音像业有关人员进行了法规培训和考试，建立了培训考核档案。对娱乐业和以上三种行业进行了年检换证工作，查处了违规、违章行为。以“网吧”等互联网上网服务场所为重点，开展了文化市场经济秩序清理整顿，以打击“黑网吧”和超范围经营为重点，对县城及周边乡镇进行了地毯式、拉网式联合大检查，经过多次检查整顿，使“网上服务”场所达到规范化管理。

广播电视

【加大广播电视宣传力度】 广播节目全年播出3 200小时，播出各类信息4 420篇；电视节目全年累计播出3 120小时，共采制播出新闻3 415条，总长4 600分钟，比去年增加近50%。播出经济一刻钟节目104期，观察节目50期，檀州四季风节目26期。配合密云县开展的创建工作、反腐败尧、严打整治等阶段性工作，在娱乐节目时段播出了《大连系列节目》、《长治久安之路》、《纪检专题片》、《批判法轮功》等教育类节目，形成多视角，全方位宣传格局，收到了良好的宣传效果。

【做好重大活动宣传报道】 准确及时报道了贾庆林、何鲁丽等十几位国家和市领导先后19次来密云调研情况。对赴港招商、石城遭受百年不遇洪水袭击做了及时全面的报道，对创建全国文明县城、首都文明县迎检工作、春季旅游促销、秋季旅游招商洽谈会、经营城市与区域发展市长论坛等大型活动进行了重点深入报道。对举办的“十五开局第一年十大经济新闻评选揭晓晚会”、“密云如此多娇”、“祖国——密云儿女永远跟党走”等大型活动进行了重点报道和全场实况录像。

【努力提高电视节目质量】 摄制了“美丽的密云”、“为有源头活水来”、“密云——北京东方的一颗明珠”、“经营城市”等三十余部电视专题片，比上年增加一倍以上。结合全县中心工作，阶段性地推出新的栏目，新开了“文明就差这一点”、“办实事暖民心”、“建言献策话创建”、“新起点新步伐——基层记者站节目展播”等十多个栏目，达到了月月有栏目、天天有话题。通过广电中心、县农委、质量技术监督局、县药监分局联合开办的“为农服务”和“行业天地”，及时把一些致富信息和科技知识传递给观众。

【加大硬件投入】 先后投资70余万元对播出系统和发射系统进行了设备更新改造，增加了一个配音站，四套UPS电源。所有记者站均顺利开展工作，保证密云新闻的每日播出。

卫生　体育

【加强医疗设施建设】 投资930万元、建筑面积7 000平方米的县医院急诊楼投入使用，计划总投资1 100万元、建筑面积6 274平方米中医院康复楼工程主体已完工，投资980万元、建筑面积6 000平方米的创伤外科医院门诊病房综合楼年底竣工并投入使用。投资763万元用于改善环境，绿化美化环境9 760平方米，硬化地面4 436平方米；投资280万元，新增服务项目69项，增加设备260台件。

【妇幼保健工作得到加强】 全县孕产妇系统管理率为87.49%，儿童系统管理率为92.3%。孕产妇死亡率为零，婴儿死亡率和5岁以下儿童死亡率分别为8.05‰和10.98‰，接近北京市《“十五”时期妇女儿童发展规划》终期目标。完成计划生育手术9 467例，手术并发症发生率为万分之二点八三。

【农村卫生事业发展】 全县以乡镇为单位行政村统一进药达到100%，购药量达到85%以上。“四有”使用率达到100%。全县开展合作医疗的行政村为256个，覆盖率为74.2%，加入合作医疗人数为223 340人，占农业人口的79.9%。

【社区卫生服务站建设】 在滨河沿湖小区、滨阳花园小区和东菜园小区建立了3个社区服务站，同时在穆家峪镇后梨园村、巨各庄镇久远庄村、十里堡镇靳各寨村、大城子镇墙子路村和北庄镇朱家湾村建立农村社区服务站12个。

【加强疫情检测工作】 全县发生乙类传染病7种542例，传染病总发病率130.01/10万，同比下降7.67%，其中病毒性肝炎44例，细菌性痢疾298例，淋病27例，肺结核75例。无多发及不暴发，疫情发生。对各类传染病均按要求进行了调查处理，并采取了进一步监控措施。

【加强医疗卫生检查和监管】 对医疗机构的“四种”准入制度进行了检查，其中医疗机构准入执行率为100%，医疗器械准入执行率为98%，医务人员上岗合格率为99%，医疗技术准入执行率为100%。出动检查人员28人次、车辆24次，纠正医疗机构名称不规范2家，取缔摞地摊非法牙医4名，查处义诊为名从事销售医疗器械一起。作出各种行政处罚52起，准确率100%，无复议、听证、诉讼发生。重点对中小学校、建筑工地的食堂以及医疗市场进行了整顿，共检查各类食品摊点208户次；对3 985户食品生产经营户实行监督，合格率为90.63%，处罚150起，全年未发生食物中毒及食源性疾患。监督监测公共场所552户次，合格率为96.2%；监督检查了98个供水线自备水源单位，合格率达到96%，全年未发生公共场所污染事故及生活饮用水污染事故。

【医疗服务工作】 全县医疗系统门诊总量919 074人次，同比增加5.27%。出院病人13 835人次，同比增加9.01%。平均住院日8.9天，同比下降12.83%。实现医疗收入4 433万元，同比上升8.13%，其中门诊收入2 195万元，住院收入2 238万元药品收入7 093万元，同比上升9.93%。

【推进卫生监督体制改革】 县卫生监督所和疾病控制中心两个机构于9月正式成立，其中卫生监督所编制为78人、疾病控制中心为66人。目前两个机构运转正常。

【群众体育活动蓬勃开展】 全年共组织县级竞赛30项次，参加人员4万人次，获得社会扶助22万元。3月2日，密云县首届全民健身体育大会召开。各乡镇和单位年内活动累计达到1 000次以上，14万人次参加。165个晨晚练点和66个居委会成为全民健身活动主体，每天参加锻炼人数达到万人。

【竞技体育取得突破】 在北京市第十一届运动会上，先后在自行车、田径、武术、举重等项目上取得佳绩，共获得金牌25枚、银牌10枚、铜牌18枚，11人28次打破北京市青少年纪录，金牌总数名列京郊第一。在全国少年比赛中，举重、自行车项目获金牌12枚。全年向市体校和专业队输送运动员14名。

【农村体育扎实推进】 全县确定了抓体育场地、资金投入、竞赛活动三项工作重点，加快农村体育发展。全县乡镇级活动68项次，投入经费1 262万元，农村体育人口达到40%。太师屯镇通过全国体育先进乡镇验收，获得“全国亿万农民健身先进乡镇”称号，十里堡镇被评为市级先进乡镇。

【体育健身设施增强】 完成“标准工程”2处，“居家工程”21处26套。完成全民健身体育园、滨河健身园、世纪体育健身园、明珠生态休闲园等精品工程。新建、改建文化广场159处，兴建健身场地面积42 068平方米。投资1 000万元，安装各类健身器械358件。

人口与计划生育

【全面完成年度工作目标】 全年出生人口3 012人，人口出生率为7.1‰，自然增长率为2.62‰。计划生育率97.88%，高出市下达指标3.88个百分点。人口出生率7.13‰，人口自然增长率3.86‰，分别比去年下降0.03和1.24个千分点。全县各单位计生工作全部达标，巨各庄、卫生局等9个单位荣获2002年计划生育工作先进单位，66个行政村连续六年实现无超生、无引产、无非婚生育，达到了计划生育模范村标准。23位同志荣获计划生育工作先进个人。

【加大计生工作投入】 乡镇人均计划生育事业费投入达到3元以上，基本兑现了农村独生子女父母奖励，179个行政村实现了用现金足额兑现比上年提高10个百分点；县财政直接安排资金兑现了3 000多个个体工商户的独生子女父母奖励。

【流动人口计划生育管理】 县政府对工作量较大的密云镇配备了专门人员，实现对户籍人口的同宣传、同管理、同服务、同考核，取得初步成效。对外来人口集中的地区进行了多次联合执法检查。在全市计划生育工作经验交流会上，密云县就加强城镇计划生育及流动人口管理工作进行了典型发言，得到了市领导和与会人员的充分肯定。

【推进计划生育优质服务】 维护育龄群众避孕节育权利，继续推行避孕方法和知情选择，指导群众安全、有效、适宜的避孕方法。农村38个行政村试点工作取得初步成果。全县已婚育龄夫妇综合避孕率达到92.43%，其中长效节育率达到75.42%。对全县22家从事计划生育技术服务的医疗单位进行了检查验收，确定了县妇幼保健院为计划生育中引手术定点医疗单位。2002年密云县被国家计生委列为国家级“生殖道感染综合防治工程”试点县，年初代表国家计生委接待了美国福特基金会关于计划生育—生殖健康项目的考察，考察团对密云县的计划生育优质服务工作给予了充分肯定。组织5万名农村已婚育龄妇女进行了生殖健康体检。

【推进计生工作规范化管理】 依法行政责任制进一步完善，依法行政水平进一步提高。继续推行计划生育村民自治，76.2%的行政村实现了计划生育村民自治，306个行政村计划生育率达到100%，288个行政村实现无超生、无非婚生育、无大月份引产。年农完成了9万张农村育龄妇女卡片的整理工作，18个乡镇全部实现了微机联网，信息管理进一步规范。

劳动和社会保障

【就业形势基本稳定】 913名下岗职工中756人实现再就业，再就业率达到82.8%。城镇登记失业人员1 671人，失业率为1.68%，失业人员再就业率达到65.97%。全县农村富余劳动力35 536人，其中县内工业园区安置7 800人；与市内105家大型企业建立因工劳务输出关系，输出劳动力13 000人。

【社会保险】 参加养老保险、医疗保险、失业保险和工伤保险单位达到1 679家，参保职工120 810人，累计征缴保险基金8 750.6万元。农村社会养老保险入保628人，收取保费71万元；完成了村级干部养老保险交接工作，共接收510名村干部的养老保险关系，核收养老保险基金315万元，其中121名60周岁以上的村干部从7月1日起开始领取养老金。

【关注下岗职工和离退休人员】 继续巩固和加强“两个确保”工作，为双龙水泥集团等两个再就业服务中心的下岗职工筹集发放基本生活保障金224万元，为失业人员发入失业保险金612.4万元，支付医疗补助费39.8万元，有效地保证了下岗职工、失业人员的基本生活。全县8 397名离退休职工5 421万元离退休金全部实现了社会化发放。

【加强劳动争议仲裁工作】 共受理劳动争议案件254件，结案243件，结案率为95.7%。指导企业加强劳动合同管理，共鉴证劳动合同3 278份，修订劳动合同、企业规章制度24份，涉及企业40家。

【劳动保障监察】 开展了以劳动合同管理和社会保险扩面征缴为重点的综合性劳动保障执法大检查，共为21家单位补办了社会保险手续,使3 795人补签了劳动合同,为800多名处地来京务工人员补发了《就业证》。配合交通局对非法小矿点进行了检查,通过检查规范了企业用工行为,共补签劳动合同321份。

民 政

【做好优抚安置工作】 走访慰问革命烈士家属276户、在乡伤残军人237人，抗日复员军人164人，发放慰问金、慰问品及生活补助20.31万元。解决优抚对象临时生活困补750户次、金额22.21万元，解决优抚对象大病医疗费减免57户、21.52万元。全年发放伤残军人抚恤金64.12万元，烈属抚恤金154.31万元，老复员军人定期补助609.24万元，精简退职人员补助55.95万元，全县群众优待金统筹37.96万元。

【落实复员退伍军人安置政策】 全年共接收退役士兵和转业士官293名，其中城镇籍退役士兵130人，转业士官24人（外地进京士官18名）。形成了政府指令性安置与双向选择相结合、自主择业与政府保底安置相结合、有偿转移与一次性经济补偿相结合的安置格局，城镇籍转退军人安置率100%，农村籍退役士兵离土务工推荐率达到100%，上岗工作达到145人。

【全面推进社区建设】 县级社区服务中心和17个乡镇福利服务中心建成并投入使用。老年公寓11月建成投入使用。社区服务网点74个，兴办社区服务实体57个，志愿者服务队90余支，志愿者总数达到2 900人，已有65%的社区达到了文明绿色社区标准。

【社会救助制度得到巩固】 审批享受城镇居民最低生活保障对象76户204人，月增加保障金21 371元。享受城镇居民最低生活保障金的共计440户933人，月发放保障金14万元，同时为433户926人发放了粮油帮困卡，月帮困补贴37 040元。制定并于10月1日实施了《密云县农村居民最低生活保障制度实施细则》（实行）和《关于建立农村居民最低生活保障制度的实施意见》，全县农村享受最低生活保障的1 418户2 159人。

【殡仪馆新建】 根据生态精品卫星城建设需要，投资近500万元对县殡仪馆进行了原址新建，悼念厅、整容厅、火化室、太平间等综合业务厅室面积达到1 524平方米，办公楼建筑面积1 540平方米。新建殡仪馆达到国家二级殡仪馆标准。平掉散坟643座，解决平坟纠纷5起。革命烈士陵园6月28日揭牌。

【社会福利事业】 县国税局、地税局、民政局共同清理认证，全县90家福利企业中有71家符合国家规定的福利企业标准，限期整改4家，取缔不符合标准福利企业15家。新发展福利企业3家，安置职工42人，其中安置残疾人18人。完成6家福利企业改制试点工作。发放“北京风采”电脑福利彩票286.88万元，销售即开型福利彩票14.2万元。全县福利企业实现收入4 959.4万元，创利税605.6万元，分别比上年增长103.6%和113.2%。

【开展救灾救济】 共筹集救灾款92万元，购买口粮15万千克，解决了9 450户28 200口人的吃粮问题。广泛开展“送温暖”活动，走访慰问困难户2 396户、敬老院18所，发放慰问金13.31万元，发放慰问品及年货折款20.82万元。

【完成社团年检工作】 全县有社团58个，需要参加年检的社团有47个，其中合格的有44个，不合格的2个。新成立5个社团，被注销的1个。全县社团人数78 284人。

【老龄工作稳步发展】 办理老年优待证500个，为34户空巢家庭老人安装了求助门铃。重阳节走访慰问60岁以上困难老人家庭3 409人，解决生活补助24.87万元。投入1 154.9万元改造敬老院，床位增至784张。

密云县主要领导人

县委书记　王洪钟
副书记　张　文　杜雨田
常　委　陈晓红（女）　王玉江　李文起　李祥志　李和平
县人大常委会主任　陈天立
副主任　王成绵　向德春　王德敏　郑伯海　曹乃良
县长　张　文
副县长　李和平　王春林（女）　刘福志　孙　奇　王广双
县政协主席　郑亚娟（女）
副主席　郑仲信　张文伶　苏和声　王森林　曹庆华
县纪委书记　杜雨田

密云县乡镇党政正职领导

	党委书记	乡（镇）长
密云镇	王广双（副县长兼）	王建国
河南寨镇	王　宇	李洪山
十里堡镇	张玉鲲	李元生
西田各庄镇	许宝生	孙绍志
溪翁庄镇	王稳东	王建忠
穆家峪镇	赵　宏	郭立新
太师屯镇	赵　岐	季宝生
北庄镇	郭进茂	孟晓军
巨各庄镇	郭瑞泉	崔春花（女）
大城子镇	杨建平	翟家明
东邵渠镇	刘立军	陈春旭
高岭镇	郑晓军	张艳生
不老屯镇	李振军	张　东
新城子镇	柳立权	任小凤（女）
古北口镇	朱锡才	张连富
冯家峪镇	蒋学甫	李连柱
石城镇	赵金祥	赵士杰
檀营乡	郭春友	赵旭光

（钱长春　唐亚东　彭守创）

延庆县

延庆县位于北京西北部，素有“夏都”之称。面积1 992.5平方公里，辖11个镇、4个乡和一个街道办事处。全县有373个行政村，2002年末总人口27.35万人，107 719户，其中农业人口19.75万人。全县工作以邓小平理论和“三个代表”思想为指导，深入贯彻市委八届六次全会和市经济工作会议精神，面对中国入世和申奥成功，以更积极的态度把握机遇、迎接挑战。以“推进产业化，迎接十六大”为总的思路，进一步解放思想，转变观念，深化改革，扩大开放。认真落实“十五”计划，坚持不懈实施“三动”（旅游牵动、城镇带动、科教推动）战略，加快经济结构战略性调整，全面推进产业化进程，加快三大基地建设步伐。切实转变政府职能，大力整顿市场经济秩序，发展各项社会事业，使人民生活质量进一步提高，经济社会全面进步。

政治建设

2002年全县政治工作以邓小平理论、“三个代表”重要思想和党的十五届六中全会精神为指导，紧紧围绕经济建设这个中心，为推进产业化发展提供了有利的思想保障、组织保障、精神动力以及政治环境与社会环境。党的思想建设、组织建设和作风建设进一步加强。机构改革和乡镇领导班子换届圆满完成，人大积极推进依法治县，政协积极参政议政，民主法制教育全面普及，勤政、廉政建设进一步加强，通过开展民主测评，政府部门的服务意识、服务水平明显提高；严厉打击各种刑事犯罪，加大对违法违纪行为的查处力度，社会治安明显稳定，社会、劳动保障制度进一步完善，群众生活明显改善。

党　建

【掀起宣传、学习、贯彻党的十六大精神热潮】 党的十六大闭幕后，县委及时下发了宣传学习党的十六大精神的工作通知，并邀请市委“学习贯彻党的十六大精神”讲师团为延庆县副处级以上领导干部、部分科级干部800多人做了专场辅导报告，掀起宣传学习贯彻党的十六大精神的热潮。各基层单位以研读报告、组织座谈会、观看辅导教育录像、邀请专家学者讲课等多种形势开展学习宣传活动。并选出8名学习骨干，组成“十六大宣讲团”，深入全县16个社区举办报告会30多场，受教育群众5万多人，四海镇还组织编写了十几个小节目，演出20余场，把党的十六大精神以文艺的形式送进了百姓家。

【深化创建活动内容】 “三级联创”工作以巩固“三个代表”学教成果，围绕“推进产业化，迎接十六大”的工作主题，提高了“三级联创”活动的整体水平。年底全县有7个乡镇党委达到“六个好”目标要求，占乡镇总数的47%；2个相对后进乡镇党委全部转化；有190个村实现“五个好”，占总数的52.7%；共培育树立典型示范村26个；60个低收入村全部实现增收；经整顿，有14个支部转变后进面貌，占后进支部总数的61%；278个村实现民主管理制度建设达标村目标，占77%，村级管理工作更加规范。

【加强基层阵地建设】 全年投入资金100万元用于79个大队部、破旧村的建设，年底，全县360个农村支部村村建有大队部，全县农村支部建立党员电教播放站比例达到95%以上。

【注重基层干部培养】 2002年，举办培训班6班次，累计参加人数270多人次；组织乡镇主要领导干部外出培训60多人次；有40名农村干部参加了“农村经济管理大专班”的学习；567名农村后备干部中，有150多人充实到村级两委班子中；发展农村党员517人，其中35岁以下的218人，占54%，推优入党的148人。全县50岁以下、初中以上文化的农村党员有近5 000人，全部参加了实用技术培训，并取得了绿色证书。

【抓低收入村增收，取得明显效果】 2002年，县委组织了60个包村工作队，233名包村工作队员，深入到60个低收入村驻村帮扶。县、乡镇、村对低收入村投入资金1 000多万元，帮助所包村改扩建养殖小区、发展家庭养殖业、调整种植结构、安装地下水管道、修进村路、建大队部等，为农民办实事394件，深受群众欢迎。年底60个低收入村全部完成增收目标。

【加大党政领导干部培训力度】 进一步加大对干部培训的力度，举办了县处级以下党政领导干部、中青年干部主体班、入党积极分子培训班等，共九期523人，通过培训和学习，使得各级干部的政治理论水平及业务素质得以有效提高。

【党风廉政建设责任制向基层延伸】 党风廉政责任制向基层延伸作为打造牢固政治基础和实现长治久安的战略性措施，到年底，全县机关955个科队站所和356个行政村，均已实行了党风廉政建设责任制。

政　务

【认真贯彻《党政领导干部选拔任用工作条例》】 制定并下发了《中共延庆县委关于学习贯彻〈党政领导干部选拔任用工作条例〉的意见》、《2002—2005年延庆县人才队伍建设工程实施纲要》中的党政人才队伍建设实施纲要。探索建立《干部考察工作责任制》、《干部考察预告制》；建立《党政领导干部选拔任用工作回避制度》、《干部选拔任用工作联席会议制度》；实行了《科级干部职务任免暂行办法》、《乡镇科级干部交流工作意见》、《延庆县党政机关正副处级非领导职务设置工作意见》。

【公开选拔了副处级领导干部】 面向社会公开选拔了10位副处级领导干部。完善了领导干部任前公示制度和新提拔党政领导干部试用期制度，对新提拔任用的处级领导干部全部实行了任前公示，对17名新提拔的党政领导干部实行了试用期。

【积极推进干部交流】 对在同一地区、同一职位任职时间较长的20位副处以上领导干部进行了岗位或异地交流。

【完成乡镇领导班子换届选举】 对15个乡镇领导班子和干部进行了换届前的全面考核，圆满完成了乡镇党委换届工作。乡镇考察工作后，调整干部80人，选拔年轻干部30人到乡镇任职。

【加大选拔培养优秀中青年干部】 在全县范围内通过民主推荐、组织推荐考察的方式选拔了287名后备干部。年底已提拔使用33人，实现了后备干部的备用结合。

【完成公务员过渡】 逐一核实乡镇行政定岗人员情况，完成598人的过渡审批手续，组织了宣誓仪式，颁发了任命书。

【加强公务员培训，提高干部素质】 295名乡镇公务员参加了初任培训；2 137人参加英语培训；698人参加了电子政务和信息技术培训；1 406人参加相关考试，合格率达到92%；573人参加职称晋升相关培训。

【清理规范性文件】 为适应加入WTO要求，共清理政策措施文件1 115件，其中与WTO相关文件49件，废止24件，保留25件。废止文件目录以政府文件延政发（2002）35号文件向全县制发。

【搞好代表活动，发挥代表作用】 建立和完善了《县人大常委会主任、驻会副主任、委员分片联系代表制度》；组织代表开展视察活动，使代表知情知政；开展“人大代表进法庭”工程，进一步发挥代表监督作用，同时促进法院依法审判、公正司法。

【认真组织代表，搞好述职评议】 抽调40名人大代表，组成4个小组，分别对县人民检察院、文化委员会、水资源局、旅游局四个单位一把手进行述职评议，开展调查，写出调查报告，督促工作，对代表提出的问题按时进行整改。

【政协委员积极做好提案工作】 2002 年，延庆县政协委员共提出提案 142 件，经提案委员会审查立案 140 件，转政府部门办理的提案 136 件，转县委部门办理的提案 4 件。已经解决和正在解决的 66 件，列入规划解决的 64 件，受财力或政策限制等因素解决不了的 10 件。

【开展民主监督工作】 推荐 40 多名政协委员担任县政府和司法机关、行政执法机关共 18 个单位的特约监督员、廉政监督员，参与了行风评议工作。召开了民主监督工作座谈会，邀请县政府办公室、监察局和部分被监督评议单位，与委员监督员座谈了开展民主监督工作的情况，交流了工作经验。

【积极考察活动】 政协常委会组织常务委员到山东曹县考察了畜牧业发展情况；组织农口委员到昌平科技园区考察了土地流转情况；组织教育界的委员到顺义区考察了普教工作。组织机关干部到江西、辽宁、河北等地学习交流政协工作。

【深入开展调查研究】 政协组织专题调研组，对城市管理体制改革、物业管理工作、山区农民脱贫致富情况、旅游产业发展情况等进行调查研究，形成 4 篇调研报告，其中《理顺城市管理体制，提高城市管理水平》的调查报告被《北京农村经济》2002 年第七期转载。

【深入开展行风评议工作】 对政府系统 30 个工作部门行风进行调查,7 月份对群众意见较集中的不满意率较高的 15 个政府行政部门进行了评议。评议活动历时 3 个月,给被评议单位提出意见和建议 144 条。

【对外友好关系继续得到巩固与发展】 2002 年共办理因公出国任务审批团组 69 批，出国人数达到 120 人，较上年增加 60%。

群团活动

【开展经济技术创新工程】 总工会在全县 78 个局、公司的 19 000 多名职工中开展了以“建设新北京，迎接新奥运”为主题的群众性经济技术创新工程活动。创新技术 32 项，新产品 118 个，创新记录 372 项，实现技术革新 43 项，创效益 375 万元；双增双节 36 项，创效益 320 万元；提出合理化建议 1 400 件，采纳 680 件，实施 460 件，创效益 430 万元。

【建立县总工会与县政府及有关部门联席会议制度】 下发《县总工会与县政府及各级行政部门联系与沟通的意见》。联席会制度的建立对各部门及时发现问题，解决问题奠定了基础，为职工维权畅通了渠道。

【抓好非公企业职代会试点和集体合同的签订工作】 在全县 7 个乡（镇）和开发区确定了 8 个基层非公企业作为试点单位，6 月 3 日召开了非公企业职代会和签订集体合同现场会，有力地推动非公企业厂务公开和集体合同的签订工作。

【参加市第八届职工运动会取得好成绩】 参加了市八运会象棋、围棋、桥牌、乒乓球四个项目的比赛，女子乒乓球队获得团体铜牌的好成绩，获得了“道德风尚奖”。

【“我们热爱音乐我们热爱地球”公益活动在延庆举行】 4 月 6 日，举办了“我们热爱音乐我们热爱地球”大型公益演出及植树活动。县主要领导和于洋、葛存壮等电影表演老艺术家及张信哲、羽泉、郁钧剑等歌手参加了此次活动。

【团县委举办首期暑期团校】 7 月 29～31 日，团县委在龙庆峡军训学校举办了为期三天的延庆县首期暑期团校，来自全县各乡镇、部门的 199 名团干部及优秀共青团员参加了学习。

【“延庆共青团”网站正式发布】 9 月 30 日，“延庆共青团”网站正式发布，并与团市委网站、县政府网站互联。

【北京市首家“雷锋纪念室”落户延庆】 12 月 18 日，延庆团县委在县十一学校举行了“雷锋纪念室”落成仪式。标志着北京市首家“雷锋纪念室”落户延庆。

【北京乡村青年文化节在延庆举行】 12 月 22 日，以“十六大精神进农家”为主题的第五届“北京乡村青年文化节”在延庆县影剧院拉开了帷幕。团市委书记关成华、副书记戴维、团中央青农部副部长白平胜、延庆县委书记王海平、副书记赵淑君、各区县团干部及 1 000 多名团员青年观看了演出。

【2002 年希望工程工作成绩喜人】 9 月 29 日，团县委成立了希望工程北京捐助中心延庆工作站。23 名新入学的贫困大学生获得“学子阳光”助学金。224 名贫困中小学生获得“希望之星”（1+1）奖学金。25 名特困教师和 40 名特困中小学生获得“爱心基金”。中国青少年发展基金会在延庆县 20 所小学建立了图书室，希望工程北京捐助中心和社会捐助图书 14 000 余册。

【举办“经纪人”培训班】 县妇联与县工商局联合举办两届“经纪人”培训班，县、乡、镇妇女干部、女状元、妇女骨干等 140 人参加了培训，全部获资格证书。

【韩书琴被评为“全国十大农民女状元”】 张山营镇前黑龙庙村妇代会主任韩书琴带领农民栽种葡萄，从 1991 年的 1.267 公顷增加到 2002 年的 66.667 公顷，栽苗 23 万株，使该村从 1992 年人均收入 400 多元增加到现在6 000多元。她们种的葡萄在全国第五届葡萄鉴评会上有三种获金奖。2002 年度，韩书琴被全国妇联评为“全国十大农民女状元”。

【开办老年大学】 11 月 14 日，延庆县第一所老年大学开办，共设有美术、书法、英语、声乐、舞蹈五个专业，不但为老年人提供了丰富的业余生活，也为老年人发挥余热，提高增长知识提供了一个学习的平台。

政法工作

【开展严打整治斗争，认真履行司法职能】 2002年，共发生各类刑事案件972起，同比下降8.8%；破获各类刑事案件857起，破案率比上年提高18.3个百分点；共查处各类违反治安管理案件2 781起，处理各类违反治安管理人员3 704名。检察院共受理公安机关提请批准逮捕的各类刑事案件189件285人，决定批准逮捕180件273人；受理公安机关移送审查起诉的各类刑事案件241件367人，经审查，决定提起公诉212件320人。共受理贪污贿赂案件26件31人，经初查决定立案4件4人，通过办案，为国家挽回损失30余万元。法院共受理各类案件5 798件，同比上升5.8%，审结各类案件5 615件，结案率为96.9%，同比上升0.4个百分点。未结案183件，同比下降5.2%。

【打击、监控法轮功邪教活动】 2002年全县破获法轮功案件13起，打掉法轮功窝点6处，处理法轮功分子43名，刑事拘留36人，逮捕3人，行政拘留6人，劳动教养23人，悔过8人，收缴法轮功宣传品6 000余份。

【内部单位开展专项行动，发案率明显下降】 2002年全县内部单位发案15起，比去年下降61.5%，重大案件立案9起，比去年下降72.7%，在4～7月的“百日无盗案”活动中，内部单位未发生案件的达到99%。

【加强外来人口控制，开展“万人百日”专项斗争】 2002年全县外来人口高达20 771人，有19 843人办理了暂住证，办证率为95.53%。全县共有出租房屋1 679户，4 829间，办理出租房屋安全合格证1 679套，办证率为100%，全年共检查用工单位1 315个，建筑工地89个，出租房屋1 698户，门店125个，市场摊位467个，饭馆旅店51个，娱乐场所78个，审查外来人口19 800人，有效地改善了社会环境。

【开展人民内部矛盾纠纷排查调处工作】 全县共排查出4批66件重点矛盾纠纷，逐一落实了调处责任制，并对部分重点、难点问题组织了专门工作组进行调处，引导群众通过法律途径解决问题，促进了社会秩序的稳定。

【落实“四五”普法规划，抓好普法和依法治县系统工程】 面向社会，推出了“便民法律服务卡”的新举措。结合延庆县实际指导沈家营司法所在沈家营中学设立延庆县第一个中学生宣讲团，深入农村，宣传各种法律知识。一年来，共参与宣传260余场，受教育人数达16万人次。

【安置帮教率提高】 调整健全了县、乡、村三级帮教网络，细化了帮教档案，在全面建档的基础上，认真做好本年度新回归人员96人的登记建档工作。深入到各村对“两劳”人员进行走访、谈话，协调安置帮教工作。全县帮教对象就业率达97%；帮教率达到99.5%；重新犯罪率2%。

【加强行政执法监督】 2002年前三季度，延庆县各行政执法单位共做出行政处罚决定17 860起，并全部实际执行，合计处罚金额为179万余元；各行政执法单位作出书面警告191次，没收违法所得及非法财物164起，合计金额312万余元。全县发生行政复议和行政诉讼案件为13件。法制办共接待行政复议27件次，指导通过其他途径解决25件，受理2件(劳动局、公安局)，审结2件。

【路政大队加强执法】 全年共查处路政案件803起，办理审批77件，清理广告牌135块，违法摊点594处，巡视总天数275天，巡视总里程137 500公里。

【人民调解工作】 年初对374个村级调委会和16个居委调委会、93个厂企调委会作了整顿，上半年对1 704名调解员普遍搞了一次培训。村级调委会调解民间纠纷1 614件，成功1 578件，成功率98%；司法所调解340件，成功331件，占97%，乡(镇)村两级共调解1 954件；防止矛盾激化74件。市首家村级标准化调解室在永宁镇盛世营村建成，标志着延庆县人民调解工作又迈上了一个新台阶。

【积极开展法律服务和法律援助】 共办理刑事案件42件，民事76件，代书141份，担任法律顾问18家。中心共接待咨询100人次，代书1份，办理刑事法律援助案件32件，民事法律援助案件9件。共办理公证313件，其中民事243件，经济21件，涉外49件，涉及标的800万元。

民政　劳动和社会保障

【城乡社会救助工作取得重要突破】 2002年，全县享受城乡居民最低生活保障的对象达到4 210户10 170人，全年支出保障资金710万元。春夏荒期间安排救灾款70万元，购买口粮40.2万千克，解决了3 300户7 000人的冬季吃菜困难；下拨募集衣被4.9万件，解决了8 500户2.7万人缺衣少被困难。发放临时救济款7.8万元，享受救济的336户939人；开展“扶贫济困春风行动”救助7户26人，发救助金0.5万元；开展“一对一”助学活动，资助贫困子女上学20名，发助学款0.7万元。春节期间广泛深入开展走访慰问社救对象3 552户7 961人，完成9处敬老院改建、新建任务，建筑面积9 768平方米，床位589张，总投资936万元。完成63户230间危房改造任务。

【落实优抚安置政策】 延庆县连续四次荣获“首都双拥模范县”称号，在全县建立了56个军警民共建单位，县政府投资20万元在全县15个乡镇设立了双拥共建宣传牌。安排资金60万元对30户优抚对象危旧住房进行维修改造；下拨临时补助款10万元，解决了300户优抚对象的临时生活困难。212名退伍军人得到妥善安置。

【加强社会行政事务管理】 依照法定程序和内容

对24个团体进行年检,合格率达到88%。共办理结婚登记1 760对,离婚登记160对,补办《夫妻关系证明书》245对,办理收养登记8件,执法合格率100%。全年火化尸体1 572具,其中火化区火化1 426具,非火化区28具,外省市69具,全年行政执法30次,处理偷埋土葬25例,有效地控制了偷埋土葬现象。

【积极开展康复工作】 为全县288名眼病患者进行检查,其中白内障患者93人,确定45名贫困白内障患者作为免费实施复明手术的对象,脱盲率达到100%。

【扶贫解困,安置就业】 落实160户160名残疾人每月50元的特困补助,截止到2002年底,已有823名农村特困残疾人享受特困补助,为50名城镇特困残疾人落实了每月40元的待业补助,为7名城镇特困残疾人落实了每月100元的特困补助。为14名因大病、重病和遭受自然灾害造成特殊困难的残疾人送去慰问金8 000元。安置43名残疾人就业。对于不能安置残疾人的单位以代偿形式收取残疾人就业保障金6.1万元。

【劳动力市场建设成果显著】 全年共开发7家劳务派遣企业,安置下岗失业人员810人;安置就业特困人员151名,筹建了再就业园区,安置下岗失业人员21名。下岗职工再就业率为100%,失业人员再就业率66.48%,城镇登记失业率控制在1.96%以内。

【社会保障功能逐步提高】 养老保险参统单位348户,参统职工14 533人;基本医疗保险参统单位214户,参统职工19 423人;失业保险参统单位269户,参统职工18 724人;工伤保险参统企业176户,缴费人数为13 336人,7家单位12名职工享受工伤保险待遇,农村养老保险参保人数为9 162人,132人享受农保养老金47 970元。

【健全多层次的医疗保险体系】 积极推行补充医疗保险工作力度,目前已有48户企业在商业保险公司建立了补充医疗保险,有38名职工享受医疗补助费52 859.36元。

【职业技能培训工作新进展】 开展了9个工种665人的职业技能培训,14个工种1 240人的再就业培训,免费职业指导培训3 260人,创业者培训168人,岗前培训70人,外地工就业转业培训890人,职业技能鉴定2 005人,鉴定合格取证1 928人,鉴定合格率96%。

【劳动关系和谐稳定】 劳动保障年检合格率达100%。对辖区内939家用人单位执行劳动保障监察,督促29家企业为2 850名职工补缴社会保险费285.46万元,共为职工追发工资242.12万元,清退风险抵押金6.5万元;妥善解决劳动争议,劳动争议结案率达100%。

经 济 建 设

2002年,全县人民紧紧围绕"推进产业化,迎接十六大"的工作方针,坚持以市场为导向,以产业结构调整为重点,以提高经济效益为中心,促进了经济持续稳定发展,三二一的产业发展格局进一步巩固,旅游观光度假、绿色食品安全生产、高新技术产品加工三大基地建设步伐不断加快,经济总量、经济实力日益增强。全年完成国内生产总值31.59亿元,比上年增长14.1%,其中:一产完成8.8亿元,增长9.4%,二产完成10.5亿元,增长16.4%,三产完成12.3亿元,增长15.9 %;实现财政收入2.33亿元,比上年增长25.8%;完成工农业总产值31.96亿元,比上年增长11.5%;农村经济总收入完成56.59亿元,比上年增长15.4%;农民人均纯收入达5 043元,比上年增长15.2%;城镇居民人均可支配收入达1.14万元,比上年增长13.4%。

农 业

【农业结构趋于合理】 菜田面积达到0.83万公顷,退耕还林0.44万公顷,果品面积突破1.33万公顷,畜牧业产值实现4亿元。产业格局初步形成。

【蔬菜生产向规模扩张和提高品质双重轨道发展】 2002年全县新增蔬菜面积0.07万公顷,累计达到0.83万公顷,完成蔬菜总产5.3亿千克,收入3.5亿元,其中出口菜1.3亿千克,创汇2 400万美元,新建蔬菜标准化基地533.33万公顷,启动了0.4万公顷绿色安全出口菜基地建设工程,通过了农业部无公害农产品基地示范县的验收。

【养殖业发展势头强劲】 全年累计实现奶牛存栏20 184头,鲜奶产量4 200万千克,生猪出栏16.21万头,鲜蛋产量1 262万千克,肉牛出栏2.6万头,肉羊11.6万只,肉鸡636万只,水产品总产295万千克,新建各类养殖小区69个,总数达到205个,畜牧业产值实现4亿元,占农业总产值的50.04%。

【绿色安全食品体系得到加强】 全县有8个种、养基地被列入市级标准化示范基地,36个企业和基地通过北京市食用农产品安全生产认证,0.4万公顷无公害蔬菜出口菜基地建设工程全面启动。

【成立了绿富隆农业股份有限公司】 绿富隆菜蔬公司实现了体制上的创新,完成了上市前的资产整和工作,成立了由五家股东组成的"北京绿富隆农业股份有限公司",蔬菜产业的龙头带动作用进一步加强。

【成立马铃薯高科技园区管理委员会】 2002年9月,在农业部、国家计委、财政部、科技部、市委、市政府的指导下,成立了延庆县国家马铃薯产业高科技园区管理委员会,并完成了园区的总体规划、设计工作,2002年12月30日被北京市科委批准为北京市高科技园区。

【巩固深化减轻农民负担成果】 继续坚持"多予、少取、放活"的工作方针,为全县296个村共52 562户发放了农民负担监督卡,并全面实施涉农价格公示制度。

水利 林业

【白河堡灌区节水改造工程通过竣工验收】 完成干渠3公里，修建节制闸1座，万方蓄水池1座，马车桥77座，集雨场4万平方米，安装“U”型槽31公里，改造支渠10.2公里，土工膜防渗2 364万平方米，混凝土板衬砌13.6万平方米，浆砌石0.9万立方米，动土方1.42万立方米。新增节水灌溉面积9 758亩。2002年11月27日通过市组织的专家组验收，被评为市水利系统优质工程。

【妫水河农场橡胶坝建成蓄水】 3月1日开工，到7月13日建成蓄水，历时135天。橡胶坝长241.6米，坝高4米，共3跨，每跨净宽80米，蓄水面积333.33公顷，蓄水量800万立方米，总造价2 173.2万元。蓄水后，形成了一条全长8公里的阶梯式绿波长廊，使延庆县城西部16座扬水站恢复了设计功能，为666.67公顷农田灌溉提供了水源保障，被评为2002年京郊亮丽工程之一。

【玉渡山水库竣工】 总投资1 042万元。水库于2000年11月6日开工，2002年10月25日完工。经北京市水利基本建设工程质量监督中心站评定，工程质量等级为优良。水库建成后，可以减少龙庆峡水库汛期下泄水量，提高水的利用率，改善本地生态环境，净化空气，发展延庆县旅游业。

【水土保持工程示范全市】 2002年共治理水土流失面积30平方公里。上辛庄水保试验基地面积100公顷，具备了水土流失自动监测功能，可进行小管出流、微喷试验，是我县乃至全市水土保持治理的科技示范、试验和环境教育基地。

【延庆县水资源委员会成立】 2002年6月成立延庆县水资源委员会，县长李长栓任主任，并于8月20日召开水资源委员会第一次全体会议，全县水资源管理向规范化管理迈进。

【水政执法队伍正式成立】 2002年9月1日正式成立了水政监察大队和三个水政监察分队，建立健全了20项水政监察工作制度，为水政执法依法行政奠定了基础。

【“中日友好万人友谊林”纪念碑揭幕仪式在八达岭长城脚下举行】 9月22日，在北京参加纪念中日邦交正常化30周年活动的近万名日本友人来到八达岭长城脚下，与中方代表参加了“中日友好万人友谊林”揭幕仪式，并携手共植友谊林。江泽民为纪念碑题词“中日友好万人友谊林”，钱其琛、贾庆林、布赫、蒋正华、宋健、胡启立、刘淇、何光韦、陈昊苏等领导与日本前首相桥本龙太郎、日本国土交通省大臣扇千景、日本保守党党首野田毅等友人共同植下一棵棵友谊之树。

【中国青少年“绿色家园”绿化基地在延庆县建立】 3月31日，由团中央、国家林业局和北京市人民政府共同举办的“中国青少年绿色家园”奠基及全国青少年防沙治沙誓师大会在八达岭镇营城子东山隆重举行。团中央书记处书记赵勇、国家林业局副局长祝列克、首绿办主任、市林业局局长宋希有、团市委副书记戴维、延庆县领导李长栓、赵淑君、姚志强和北京大学、清华大学、人民大学等北京九所高校的大学生、澳门同胞、奥地利友人、延庆八达岭中学等三所中学的师生共3 000余名绿色志愿者参加了活动。

【蜂产品获“国际科技产业博览会”银奖】 今年5月，延庆县的蜂蜜、王浆、花粉、蜂胶等四大类、二十余种蜂产品在第五届中国北京国际科技产业博览会上获银奖。

【林业局被授予“全国防沙治沙先进集体”荣誉称号】 6月17日延庆县林业局被授予“全国防沙治沙先进集体”荣誉称号。

【林业局被授予“全国自然保护区先进集体”荣誉称号】 县林业局被国家林业局授予“全国自然保护区先进集体”的荣誉称号。延庆县自1985年以来陆续建立了各种类型的自然保护区12个，其中国家级1个，省市级2个，县级6，县政府批准建立3个，12个当中林业局主管的有10个，总面积59 450公顷，占全县总面积的1/3。

【建成北京市最大湿地公园——妫河流域湿地公园】 该湿地公园主体由两部分组成，包括野鸭湖湿地自然保护区和三里河湿地公园。核心区总面积为1 180公顷，其中野鸭湖自然保护区1 100公顷，三里河湿地公园80公顷。两处湿地经妫河水域连成一片，形成完整的妫河流域湿地公园。

【农民保护野生动物获政府补偿】 延庆县7月份出台了《野生动物造成损害的补偿办法》。秋季共有244户农民的10.03公顷玉米、1.37公顷土豆、2.03公顷黄豆被野猪损害，县政府出资53 338.6元对受到损害农民进行补偿。

【森林防火指挥监测系统实现高科技】 现代化的森林防火指挥室于2002年度重点森林防火期投入使用。组建了第四支中队，专业队人数达到110人。此外，在永宁、旧县、井庄新建3座防火瞭望塔，使得延庆县妫川盆地周围3万公顷的林地得到监测。

气象 生态环保

【全国气象部门局务现场会在我县召开】 全国气象部门局务现场会年初在县气象局召开，全国气象部门纪检组对延庆县气象局的局务公开工作给予高度评价，并接待了江西、广东等十个省、地市气象局的领导前来考察。

【启动控制农村面源示范工程】 经国家环保总局批准，延庆做为全国此项工程北方惟一的一个试点，于2002年4月启动了控制农村面源污染工程。工程将在五年内通过实施农作物秸秆综合利用、环境友好型肥料推广、病虫害综合防治、面源污染检测评价系统、畜禽粪便资源利用、优化农业结构、生态环境治理、农村村镇环境综合整治和组织宣传技术培训九项工程，改善和保护生态环境。

【**建成三里河湿地生态公园**】 公园占地总面积86.67公顷，是延庆县第一个湿地生态公园。

【**空气自动监测子站正式运行**】 年初，空气自动监测子站正式运行，延庆县2002年二级和好于二级的天数占总数的71.8%，取得北京市第一。同时编写了延庆县2002年环境质量报告书。

【**关闭煤场**】 1～2月，为了控制高硫煤扩散，延庆县对京张公路沿线煤场实施关闭，共关闭煤场37家。

【**自然保护区建设**】 10月，经市人事局批准，县野鸭湖市级湿地自然保护区成立县属局级自然保护区管理处。

【**禁磷宣传活动**】 6月，为防止官厅水库富营养化，延庆县开展了大规模的禁磷宣传活动，收到良好效果。

【**无公害农产品监测体系建设**】 投资32万元，购买原子荧光仪、气相色谱仪等大型仪器，并开展重金属、农药残留等污染指标的监测工作。

工　业

【**工业经济保持良好运行态势**】 截止到2002年12月末，全县共有工业企业1 446家，其中年销售收入达100万元的企业约160家，年销售收入达500万元的规模以上企业及国有重点企业约47家。全年累计完成工业总产值（1990年不变价）23.98亿元，同比增长13%；产品销售收入21.86亿元，同比增长13.3 %；实现利润3 859.5万元，同比增长19.5%；共安置约1.9万多人就业。延庆经济技术开发区和八达岭工业开发区实现技工贸总收入94.9亿元，上交税金2 102万元。

【**通过招商引资增加经济总量**】 2002年全年共引进实体企业119个，协议引资总额599 476万元，实际到位资金121 322万元，资金到位率20.2%，其中延庆经济技术开发区新增入区企业60家，八达岭工业开发区新增入区企业46家，各乡镇工业小区共吸引入区企业100家。北京长塑电子科技有限公司、北京华坤科技发展公司、迪威尔石油天然气技术有限公司等一批大中型项目落户延庆。全县全年共新增投资10多亿元，新增就业岗位近千个。

【**确立工业“双十工程”**】 即建设十大企业、十大知名品牌工程。双鹤高科天然药物公司、卓欧制衣公司等4家企业实现税收超500万元或销售收入超5 000万元，“玫而美”、“普顿”等商标被评为“北京市著名商标”。

【**加快工业园区建设**】 2002年，全县开发区和乡镇工业小区全年共投入资金6 675万元用于基础设施建设，各工业园区基本达到“六通一平”或“八通一平”。

【**积极强化安全生产**】 全年共举办各类特种作业人员培训50期，培训专业技术人员2 700名，其中1 504人领到了《特种作业操作证》。安全检查覆盖率达98%以上，做到了全年火灾、食物中毒、游泳溺水及煤气中毒等6种非正常死亡事故未超标。

【**基本完成中小企业改革**】 完成了北京市八达岭乳品厂、延庆福利化工厂、延庆县建筑构件厂等21家国有和城镇集体中小企业的改革工作，使977名职工得到了妥善安置。

【**27家企业通过认证**】 2002年，延庆县斯必克·费尔特兰（北京）汽车产品有限公司、卓欧制衣公司、爱友恩太阳能研究所、华源亚太化学建材有限公司等24家企业通过了ISO9000质量管理体系和ISO14000环境管理体系认证；清华紫光制药厂、九龙制药厂、双鹤高科天然药物公司三家企业通过医药行业GMP认证。

【**优化调整产业结构**】 2002年依法关闭了48家验收不合格的非煤矿山企业，同时积极鼓励发展及引进先进技术及产品，初步形成了以新医药产业、新型建材、都市型工业、机械制造、农副产品加工、高新技术产业为发展重点的新的工业产业格局。目前，第一、二、三产业在国民经济中的比重为28∶32∶40，初步形成了以生态农业、生态工业、生态旅游、旅游商业、绿色房地产等为主导的具有较强竞争力和科技水平的生态产业体系雏形。

【**整顿和规范市场经济秩序**】 全年共检查各类企事业单位及个体工商户6万余户，查处案件2 000多起，涉案金额1 200多万元。

【**切实做好企业减负工作**】 2002年全年共查处“乱收费、乱办班、乱培训”等“三乱”案件两起，涉案金额146 820元。

【**积极开展经济技术协作**】 2002年，向对口扶贫单位内蒙古四子王旗捐助100万元现金及10吨价值约3万元的粮油物资，用于扶持四子王旗的种植业、养殖业、农田草牧场建设及救助受灾群众。

商业　对外经贸　旅游

【**市场需求旺盛、效益明显增长**】 全县实现社会消费品零售额28.4亿元，比上年增长11.3%；集贸市场成交额7.8亿元，比上年增长7.3%；商业从业人员27 500人，占全县人口总数的10%。

【**商业经济成分多元化、行业结构趋于合理**】 全县拥有各类商业服务设施6 334个，平均每万人拥有商业服务设施234个，达到全市平均水平。在商业服务设施中，个体私营占80%。按行业划分，商业4 364个占68.9%；饮食业1 158个占18.2%；服务修理业729个占11.5%；旅店业83个占1.3%。

【**废旧物资交易市场建成开业**】 县商委投资150万元兴建了延庆县第一家废旧物资交易市场——杨柳

绿废旧物资交易市场。该市场共占地15 000平方米，场内设有办公生活区和废旧物资经营交易区，预计废旧物资的年交易量可达3万吨。

【县供销社为农民增收688万元】 县供销社引导365户农民发展种植中药材66.67公顷，帮助山区农民解决土特产品销售。全年共推销中药材2 100吨，杏核15吨，核桃150吨，红果200吨，直接为农民增收688万元。

【外经外贸创历史纪录】 2002年，全县共完成出口供货额3.4亿元，全年共审批外商投资项目10个，投资总额3 373万美元，实际利用外资1 002.6万美元。

【旅游业经济效益良好】 2002年大力发展假日旅游、民俗旅游和生态旅游。全县共接待游人866万人次，比去年同期增长3%；实现营业收入8.62亿元，比去年同期增长8.62%；缴纳税金8 734.8万元，比去年同期增长33%。

【治理旅游景区环境】 在旅游黄金季节，首次派驻城管队员进驻八达岭、康西草原，查处各种问题235起。

【旅游基础设施不断改善】 石京龙滑雪场和阳光马术俱乐部二期工程、金色假日酒店等重点工程竣工并投入使用，修建星级旅游厕所10座。

【游游资源开发和建设取得新进展】 硅化木国家地质公园、玉渡山等一些新景区陆续接待游人。民俗旅游蓬勃发展，全县形成了23个民俗村、10个主题民俗村、400多个民俗户的规模。并取得了接待游人22.08万人次、收入750.7万元的好成绩。

【旅游管理体制改革取得突破性进展】 八达岭长城风景区和八达岭镇进行了体制改革，实现了镇区合一、政企分开、企企分开。成立了野鸭湖自然保护区。依法收回了水关长城的经营管理权。

【"海峡两岸观光休闲农业与乡村民俗旅游"大型研究会举行】 9月份，在县温泉度假村举办了"海峡两岸观光休闲农业与乡村民俗旅游"大型研究会，来自海峡两岸共计170多位代表参加了会议。大会共收集论文50多篇，约45万字。对延庆县提出建设性意见7条。

财政　审计　金融　保险

【财政收入超额完成年度预算任务】 2002年，延庆县财政收入完成2.33亿元，比上年增长25.8%，完成年度预算2.15亿元的108.2%。

【全县总财力首次突破10亿元】 2002年，全县财政总财力10.9亿元，全年财政支出10.16亿元，财政支出保证了退耕还林、风沙源治理工程的圆满完成；推动了奶牛、蔬菜、果品产业化发展；使妫川广场步行街、县城主要街道绿化美化亮化工程、妫水公园、延农路等项建设得以顺利实施；为硅化木地质公园、玉渡山旅游区、十一学校、玉海路、公检法办公楼、永宁古城恢复等项重点工程建设提供了有利的资金支持。

【加大审计执法力度，服务区域经济发展】 2002年，共完成审计（调查）项目37项，涉及被审计（调查）单位209户，查出违规行为金额3 561万元，核减工程造价58万元，应上交已上交财政金额3 470万元，应归还已归还原渠道资金33万元，提交审计报告22篇。

【完成本级财政预算执行情况审计】 2002年完成了对《2001年度本县预算执行情况和其他财政收支情况审计》，共审计101个单位，审计财政专项资金16 359万元，占当年财政总支出的19%。对违规单位进行了纠正。

【金融运行态势良好】 2002年社会各项存款余额达55.64亿元，同比增长12.8%，其中，城乡居民储蓄余额达31.80亿元，增长10.6%，银行贷款余额达34.01亿元，增长29.3%，其中：居民个人住房贷款余额达4.46亿元，增长98.2%。

【保险收入稳定增长，承保金额突破40亿元】 延庆人险、财险两个保险分公司全年保费收入达8 053万元，比上年增长74.6%；承保金额达40.6亿元。

建筑、城市及道路交通

【建筑业发展态势良好】 2002年，完成开复工300万平方米，比上年增长9%，建筑产值24.1亿元，比上年增长18.6%，上缴税收1亿元，比上年增长7.1 %。建筑业对第二产业规模扩张和县域经济的拉动贡献率分别达到47.4%和11.3%。

【建筑市场规模稳步扩大】 建雄集团去年开复工115万平方米，并进军江苏南京建筑市场。建安公司开复工比去年增加7万平方米，达到43.5万平方米。朝林公司开拓市场成效显著，去年开复工增加了5万平方米，达到15.5万平方米。环宇、明泰、方州、玉森等企业开拓北京市场，均显示出较强的竞争实力。

【施工现场管理得到加强】 全年发限期整改通知单80多份，停工整改2起，查处三家企业。开展塔吊治理，使一些老旧起重机械逐步退出工地。开展施工扬尘治理，严格控制夜间施工，噪声扰民得到有效控制。2001年全县创市级文明工地19个，县文明安全工地22个。

【工程质量稳步提高】 9项工程获市级优质工程，比上年增加2项，29项工程获县级以上优质工程。

【建筑市场进一步规范】 "建设工程承发包交易中心"共办理决标114项，建筑面积114.9万平方米。查处无证开工工程5项。

【建材业取得新进展】 对全县36家砖厂开展转产及关停工作。已有7家砖厂，利用页岩、粉煤灰、煤矸石生产机砖，可以保证工程上基本需要。

【步行街投入使用】 步行街全长580米，总面积约2.1万平方米，工程于2002年4月动工，同年6月竣工。

【天然气工程建设入户】 城市天然气管道入户安装工作顺利推进，截止2002年底，共铺装中压燃气管道70余公里，县城内天然气用户达到7 000户。

【成立交通培训中心】 2002年4月26日成立了“延庆县交通培训中心”。到2002年底共开办14期货运培训班，培训学员1 767人；开办一期客运驾驶员、乘务员培训班，培训学员94人，经考试合格后，全部领取了从业资格证书。

【县城公交车开通】 2002年11月3日，县城区公交车正式开通，开通了6条公交线路，配车40辆，线路总长86.4公里，东至沈家营、南至大榆树、西至西屯、北至郎庄，共设站点256个。

精神文明建设

全县广大党员干部认真学习、贯彻“十六大”精神，各项社会事业全面的进步，社会保障体系更加完善。精神文明创建活动质量提高。教育投入力度加大，教育布局更加合理，教育改革进一步深化。文化体育事业取得新成绩，群众文化生活丰富多彩；体育事业蓬勃发展，基础设施进一步加强，全民健身活动在全县广泛开展。卫生和计划生育工作力度加大，进一步提高医疗服务水平；计划生育工作经过艰苦的努力、扎实的工作，完成了市政府下达的工作指标，全县计划生育工作向良性健康方向发展。劳动就业和社会保障工作不断完善，拓宽就业渠道完善了城镇居民最低生活保障体系，实施了农村居民最低生活保障制度。社会治安综合治理、治安状况得到明显改善，加强了安全生产，进一步开展了普法教育和法律服务，坚持从严治政，提高了依法行政的水平。

创建活动

【广泛深入开展公民道德宣传教育活动】 确定了以《讲文明树新风，争做文明延庆人》为宣传教育的主题活动，在县城主要大街举办了《公民道德建设实施纲要》大型宣传教育活动并举行了知识竞赛，共发放宣传学习材料2万余份，受教育人数近10万人次。

【精神文明创建活动取得新进展】 全县共评选出10个文明乡镇；135个文明村；10个文明社区；6个文明景区。15个村荣获首都文明村称号，6个居民区荣获首都文明居民区称号，5个景区荣获首都文明旅游景区称号。

【农村环境整治与建设取得新突破】 组织开展多次大规模城乡清洁日活动，15万余人次参加活动；成立了15支共计170余人的专业保洁队，对县域800余公里的主要公路沿线环境进行了重点整治；56个行政村为环境建设文明村，有7个乡镇获得了环境整治先进乡镇称号。

【开展向全国文明村里炮村学习活动】 10月29日，八达岭镇里炮村荣获“全国创建文明村镇工作先进单位”称号。宣传部、文明办起草印发了《关于学习八达岭镇里炮村经验，深入开展创建文明村镇活动的通知》和《关于在全县广泛开展创建文明村镇活动的意见》，全县上下迅速掀起了学习先进、共创文明的热潮。

【农村街道硬化数量大质量好】 全县15个乡镇共有131个村的630条街路进行了硬化，硬化总长度183.6公里，总面积达71.4万平方米，县乡村三级总投入超过2 600万元。

【整治市容市貌】 12月份获得北京市“整治市容市貌和纠正不文明行为”优秀组织奖，4个单位获得先进集体奖，八达岭镇文明市民学校获得文明教育奖，有9人获得先进工作者奖，康庄镇小曹营村获得创建文明村镇活动示范点奖，延庆县推荐的“致富报告团活动”获得精神文明最佳活动奖。

【军民共建先进单位和个人受到表彰】 7月30日，沈家营镇西王化营村和91917部队获得首都军（警）民共建标兵单位，康庄小学和93424部队、康庄中学和66040部队、刘斌堡乡刘斌堡村和91917部队四大队获得首都军（警）民共建先进单位，王燕青、包喜全同志获得首都军（警）民共建先进个人。

【执法效果明显】 拆除县城内多年违法建设2 407.92平方米。规范乱贴乱挂行为，清除玻璃贴字1 500余处。清理、拆除非法灯箱、牌匾476块。

【严打非法小广告】 捣毁散发小广告黑窝点15个，收缴未散发的小广告16万余份，清理主要街道喷涂、张贴、刻画的非法广告16 230处。在全市整治市容市貌和纠正不文明行为工作总结大会上，获得了市级先进集体奖和办案立功奖。

【公安、城管联合治理步行街】 2002年9月开始，公安城管联合对步行街等繁华地段进行治理，纠正各类违章行为464起，暂扣“板的”113辆。

科技

【完成科普培训和“金桥”项目】 举办各种类型实用技术培训班500多期，培训5万人次；绿色证书培训29期，培训人数2 500人，取得绿色证书的有2 100人。完成引进“金桥”项目9项。

【科普示范基地落户延庆】 “延庆县果树科技生态示范基地”，被中国农学会评为“全国科普示范基地”。张山营镇前黑龙庙“葡萄科普示范基地”作为北京市科协重点示范基地，得到市科协重点资金扶持。

【实施星火计划】 实施星火计划6项，开发新产品8类20余种。国家级星火计划1项；市级星火计划5项。

【实施科技致富工程】 实施市级科技致富项目6

项，总投资1 555万元，实现产值2 118万元。新立市级科技致富项目3项。延续项目3项。

【发展高新技术产业】 新发展高新技术企业两家：北京爱友恩新能源技术研究所和北京清华新思维科技发展有限公司。“都梁滴丸”项目和“甲磺酸左氧氟沙星输液（利复星）”项目被认定为北京市高新技术成果转化项目（一般项目）；太阳能灯TXD12V/1－2被国家五部委批准为国家重点新产品。

【科技成果璀璨】 66项科技成果申报参评，评选出一等奖6项、二等奖22项、三等奖22项。申报课题数量比去年增长了20%。

【建设农村远程教育站点】 新建农村远程教育站点7个。县果品公司、畜牧服务中心、农业技术推广站、绿延禽业养殖中心、大榆树镇、永宁镇和延庆镇小河屯村。延庆农村远程教育站点已达到13个。旧县镇大柏老奶牛研究所和珍珠泉乡站点被评为市级优秀站点。

教育

【开展干部任职交流】 1月，教工委、教委成立干部交流工作小组，68名校（科）级正职干部，涉及小学22所31人、中学18所25人、直属单位8个12人，进行了任职交流，比例为60%。

【启动第五轮学校管理体制改革】 4月26日，启动了第五轮（2002—2005年）中小学内部管理体制改革。全系统86个法人单位，全部参加校长目标责任制改革。

【市特级教师讲学团来延庆讲学】 4月9～11日，在北京市教委副主任李观政的带领下，北京市特级教师讲学团到延庆讲学。本县48位骨干教师、学科带头人、优秀干部向市特级教师拜师结对子。

【第一所九年一贯制学校建成】 2002年建成本县第一所九年一贯制学校——十一学校，这是一所外语实验学校，学校占地面积4万平方米，建筑面积8千平方米，按现代化标准设计了语音教室、计算机房、实验室、音乐教室、心理咨询室等15个专用教室。除了选拔县级以上骨干教师和学科带头人为任课教师外，还特聘请了外籍教师任教，9月正式招生开学。

【信息技术传播中心通过市级验收】 5月29日，市教委对北京市中小学信息技术教育传播中心——延庆分中心进行验收。通过对“整体设计方案”、“软硬件配备”、“配套设施”、“综合布线系统设计”、“规章制度”、“测试文档”、“施工质量”等方面的考察，延庆信息技术传播中心通过验收。

【16所学校建成校园网】 康庄、张山营、旧县、八达岭、永宁、赵庄6所中学，民族、大榆树、太平庄、康庄、八达岭、旧县、大柏老、井庄、永宁9所小学及十一学校16所学校建立校园网，并与北京教育信息网连接，受益学生26 857人，占全县学生总数的59%。到年底，共有27所学校建立了校园网。

【2 491名教师获得计算机国家A级证书】 1～10月，县教育科研中心现代教育技术部组织全县中小学教师参加计算机模块考试，5 941人次参加14 934个模块的考试，有2 491人取得计算机国家A级证书。年底，全县已有3 789名教师获得此证书。

【延庆县被定为课程改革实验区】 延庆县被确定为北京市国家基础教育改革实验区，启动了小学一年级、高中一年级全部课程和高中二年级生物课程改革。

【参与三项国家级重点课题研究】 延庆代表北京市承担了国家级课题：“艺术教育在素质教育中的地位和作用”，“整体构建学校德育体系的深化研究与实验”、“影响学生教师因素的分析与对策研究”三项国家级重点课题的研究。

【校园文化建设】 3月，启动了县级“绿色学校”创建活动。本年，康庄小学、赵庄中学2所学校通过了市级校园环境示范校验收；8所中小学通过了县级校园环境示范校验收；3所学校被评选为市级“绿色学校”，18所学校被评为县级“绿色学校”。

【延庆职教与国际接轨】 5月，延庆第一职业学校与英国魁维亚教育中心达成协议：双方合作举办旅游、烹饪两个专业的职高班。28名学生分两批赴英国留学。有13名学生赴俄罗斯就读大学。

【本县教师出国讲学第一人】 6月23日，延庆教育科学研究中心科研员张志严登上了新加坡教育部组办的华文师资培训班的讲台，开始了为期2个月的讲学，成为延庆县出国讲学第一人。

【高考创历史最好成绩】 共有899人考入本、专科，升学率创延庆县高考历史最好成绩，达到62.7%，比去年提高了4.7个百分点。在431名本科生中，重点大学198人，其中考取北京外国语大学小语种专业3人，填补了本县考取这所大学的空白，考取清华、北大8人；考取高职本专科104人。

【成人各类教育工程】 2002年，完成农民和职工各类成人培训7万人次。其中英语培训5 000人次，社区市民文化生活、法律、科普等培训10 000人次，农村实用技术和绿色证书培训38 000人次，全县各行业、企事业单位的岗位培训10 000人次，计算机、学历等其他培训7 000人次。

【长城旅游学院成为北京市第七家导游资格培训基地】 10月份成功完成了180名人员的导游考试申报及考试工作。

文化　广播　电视宣传

【举行大型纪念活动】 5月18日在妫川广场举办以“纪念毛泽东《在延安文艺座谈会上的讲话》发表60周年”为主题的大型文化庆祝活动。来自全县各机关、学校、居委会以及社办的19支文艺团队，共688人参加了演出。演出汇集了合唱、舞蹈、武术、秧歌、太极扇等多种形式。

【夏日文化广场活动丰富多彩】 在消夏避暑节期间每逢周末在妫川广场举办了10场丰富多彩的文艺节目，节目大多是业余作者创编表演的，参加的演职人员达1 200人次，观众近30万人，整个活动收到了良好的社会效果。

【送文艺下乡活动红红火火】 文化馆组织业余演出队走乡串镇，把好节目、好作品喜气洋洋地送到农村百姓家。跑遍了10余个乡镇，后演出20余场，参与演职人员540人次。

【组织举办2003年冰雪狂欢节】 为丰富第八届冰雪节、第十七届冰灯艺术节活动的内容，打造冬季旅游文化品牌，举办了2003年冰雪狂欢节。此项狂欢活动从2002年12月24日至2003年2月5日，共举行7场，来自俄罗斯、美国、马来西亚、新加坡、日本、中国等国家的58个演出团体参加了表演，演出人员8 000余人，观众达10万多人次。

【送科技电影下乡】 在全县15个乡镇245个行政村开展了送科技电影下乡活动。共放映科教电影及故事片等1 056场，受到老百姓的热烈欢迎。

【文化市场专项整治活动】 2002年4～9月份，对全县的“网吧”进行摸排整顿，共出动执法人员400余人次，车辆170余辆次，检查“网吧”500余家次，取缔非法“网吧”48家，收缴电脑48台。

【确保十六大广播电视信号播出安全】 2002年8～10月份，进行了广播电视信号安全传输专项整顿工作，对全县的112个光接点，200余座小前端及有线电视线路、机房进行了安全检查，共出动执法人员270余人次，车辆60余辆次。

【图书馆正式成为北京市少年儿童馆延庆分馆】 6月1日县图书馆正式挂牌，成为北京市少年儿童馆延庆分馆。

【文物考古挖掘新发现】 2002年4月10日至4月28日，对颖泽洲住宅小区二期工程进行了抢救性考古勘探和发掘，此次勘探面积约20 000平方米，先后发现汉唐至明清的古墓葬46座，并组织人力对其中9座价值较大的汉唐时期古墓葬进行了抢救发掘，出土陶器、铁器、铜镜等珍贵文物30多件。2002年7月初，对南菜园北京延庆住宅产业化科技园建设工地的大面积汉代墓葬群，进行了抢救性考古勘探和发掘。勘探出东汉至明代的古墓葬12座，发掘清理了7座，出土鎏金铜簪、银簪、铁镜、铜镜、铜腰带以及陶器等各类珍贵文物40余件，汉代五铢钱币30余斤。

【严厉查处文物案件】 2002年12月12日，公安局康庄检查站，截获明清钱币130余斤，约15 000余枚，经初步鉴定此批钱币属出土文物，并依法予以追缴。这是自10月28日新《中华人民共和国文物保护法》颁布以来，公安与文物部门联合破获的第一起文物违法案件。

【电台节目丰富多彩】 新增了《午间茶座》、《今日延庆镇》、《普教园地》、《公安时空》五个栏目。广播新闻开办了《推进产业化、迎接十六大》、《党旗下的辉煌》、《落实三个代表，为民办实事》、《丰收的田野》等挂牌栏目。全年电台共播发各类稿件4 912篇。制作新闻节目360套、专题节目365套、联办节目672套、文艺节目730套。

【电视台业务扩张成绩显著】 实现了天天有新闻的目标。开办了《一周新闻综述》、《农业、农村、农民》、《绿色家园》、《金盾之光》、《检察时空》、《法制广角》、《法庭内外》、《红绿灯》、《延庆教育》、《旅游天地》、《妫川大舞台》、《七彩连万家》、《妫川故事》13个专题栏目。一年来，共播出128期，电视台在中央台和市台共发出对外宣传报道80条。

【事业建设积极主动】 抓好“村村通”民心工程，今年共完成了6个乡镇12个自然村的“村村通”工程任务，使173户山区老百姓看上了中央1套和北京1套的电视节目。

【外宣工作获得四项“宇虹奖”】 《五洲聚首——300位外国元首、政府首脑与八达岭长城》获外宣出版物二等奖；外宣文章《万里长城八达岭　和平时代最强音》获得外宣文章提名奖；“第七届元旦国际万人登山活动”获得外宣活动提名奖；县委宣传部获得优秀组织提名奖。

【“致富典型报告团”受到农民热烈欢迎】 组织了23名致富典型的报告团，到贫困村中进行巡回演讲41场98人次，听众1.5万人次，通过广播、电视、报纸受益的群众约4万人，启发群众的致富欲望和致富思路。被评为“首都精神文明建设最佳活动奖”。

【成功举办了首届杏花节暨征诗征联大赛活动】 香营乡举办了首届杏花节，收到了来自全国各地以及国外诗、联稿件4 122件，并出版了优秀诗联专辑。

卫生　体育　计划生育

【医疗卫生工作取得新进展】 全年完成总门诊量70万人次，住院12万人次，医疗总收入和总支出突破亿元大关。全县社区服务站累计43家，推出了便民药房、导医服务、绿色通道等一系列便民措施，推行了一日收费清单制度。

【推进卫生村建设】 15个北京市卫生村建设稳步推进，安装无害化厕所2 300套，完成永宁镇中心水厂工程和34个村自来水的更新改造，11 500户29 000人受益。

【社区卫生服务管理中心开业】 县域内惟一一所集社区卫生管理和卫生服务相结合的卫生医疗机构——延庆县社区卫生服务管理中心于12月开业。配备了500毫安X光机加影增强设备、全身彩超、全自动生化仪、十二导自动分析心电图机等先进医疗设备。

【大力纠正医药购销不正之风】 今年集中招标采购药品总金额460万元，药品集中招标和采购总额占县级医院购药总金额的24%。另外，加大了监督执法力度，1~6月份，共取缔非法行医者28人次，无证行医16起，非法医疗机构26家；没收药品521种，折合人民币20 276.5元，清理销毁假劣和过期药品总值52 000元。

【成功举办第三届全民运动会】 5~7月份,成功举办了第三届全民运动会,全县11个工委、15个乡镇办事处派队参加比赛。从各单位组织的预选赛,到最后参加总决赛,共有3万多人次参与了全运会的活动。参与人数和比赛项目设置等方面均超过上两届。

【各种赛事活动拉动地方经济】 一年来举办了"2002年万人登八达岭长城比赛"；"玉渡山风景区国际登山比赛"、"北京国际铁人三项赛"和"北京市全运会举重比赛"等，共吸引游客20多万人，直接为拉动经济发展做出贡献。

【圆满完成市政府下达的任务指标】 2002年，计划生育率达到95.94%，比去年同期提高了近13个百分点，完成了市政府下达的任务指标。

【建立计划生育经费管理机制】 出台了《关于计划生育经费的管理办法》及其实施细则，在全市率先实行了"收支两条线"、专款专用。经费管理机制的建立，使工作的开展有了充分的保证，从根本上解决了计划生育经费不足的老大难问题。

【建立提供免费技术服务机制】 育龄群众可到县内18家定点机构中的任何一家直接就诊或入院，各定点服务机构开辟绿色通道，免挂号、免收费程序，做到优先就诊、优先检查、优先手术。

【建立体系完备的目标管理机制】 出台《关于村、居（家）委会完成计划生育目标管理责任制的奖励办法》，对符合条件的村、居（家）委会给予奖励。

【完善了利益导向机制】 设立了全市第一个"独生子女意外伤害公益基金"，为81对主动退二胎指标的育龄夫妇给予16.2万元的奖励，为独生子女家庭提供130万元资金办理了养老保险，发放200万元贴息贷款帮助196个计划生育家庭走上脱贫致富道路。

延庆县主要领导人

县委书记	王海平
副书记	李长栓（1月任） 赵淑君（女） 梁玉文 赵安良（3月任）
常委	赵振山 赵双利 高文树 郭振清（3月任） 孙文锴（3月任）
县人大常委会主任	刘明耀
副主任	张文宗 张志俊 周诚维 郭同林
县政协主席	王孝彬（1月任）
副主席	宋献坤(4月任) 俞本发 吴缙山 赵淑娟（女） 宋果福
县长	李长栓（1月任）
副县长	郭振清(3月任) 姚志强 谷艳兰（女） 龚善（4月任） 吴守荣
县纪委书记	梁玉文
副书记	赵海元 卫福奎

延庆县乡镇党政正职领导

	党委书记	乡镇长（办事处主任）
延庆镇	武　克	鲁世宽
永宁镇	侯林兴	王剑明
张山营镇	史绍全	程移勤（女）
八达岭镇	李　满	王永军（女）
旧县镇	孙占林	蒋润泉
千家店镇	孙思升	周尚平
四海镇	祁文广	郝晨东
大榆树镇	孙自广(12月免)	辛德才（9月免）
	李保民(12月任)	武　岗（9月任）
沈家营镇	王忠东	张凤舞
井庄镇	张树坡	魏振明
香营乡	哈云潮	曹怀利
刘斌堡乡	常爱国（11月免）	张普明
大庄科乡	高　英	周学森
珍珠泉镇	孙　江	李凤云

延庆县城镇工作委员会书记　姚志国

延庆县城镇办事处主任　姚志国

（哈云海　徐志中）

市农口国有企业

北京华都集团有限责任公司

一、概　　况

2002年，华都集团公司坚持以经济建设为中心，深入贯彻“三讲”整改方案和“十五”规划，按照全年工作部署稳步推进整体经济发展。一是进一步调整产业结构和产品结构，基本形成了以食品业为主导，以畜牧业为基础的产业框架，2003年1月，华都集团公司被正式批准为农业产业化国家级龙头企业。二是严抓资金管理，妥善处理和解决历史遗留的资金问题，加强融资和投资管理，既保证了集团公司生产经营的正常运行，又最大限度地降低了集团公司的经济损失。三是围绕农业产业化经营模式，继续加强食品安全管理体系和畜禽防疫体系建设，确保产业链正常运转。四是从集团公司整体经济发展需要出发，进一步转变职能部室的工作作风，使各部室间团结协作，逐步从管理型向服务指导型转变。五是以制度建设和信用信誉体系建设为切入点，通过完善经理办公会制度、派出董事制度、经营者考核制度和信誉档案制度，不断加强企业管理。在系统内部形成了资源有偿共享、政令畅通的良好局面，银行信用和商业信誉有一定程度提高，在系统内初步建立起良好的经济秩序。六是国内、国际两个市场一起抓，采取以高附加值产品市场为重点的营销策略，不断挖掘市场潜力，扩大产品销售规模，完善营销体系建设。七是以开发“奥运食品”为发展目标，通过引进先进技术、设备和人才，大力开发新产品，不断提高高质量和深加工能力，经济效益不断提高，主营产品毛利率达到7.9%，比去年同期增长2.2个百分点。八是不断扩大经营规模，调整结构，加快企业改制步伐。

通过以上工作，集团公司全面完成了年初制定的各项任务，实现了用两年时间总体经济初步进入良性发展轨道的目标。各项主要经济指标与2001年同期相比有较大幅度增长：总资产达到152 593.6万元，增长5.9%；所有者权益36 015.4万元，增长8.2%；资产负债率76.4%，下降0.5个百分点；总资产周转率0.72，增长0.15；实现总收入10.7亿元，增长33.6%；实现利润1 578.1万元，增长21.4%；出口创汇2 668万美元，增长91.9%；参股企业投资收益700万元以上；房地产开发货币收入超过5 000万元；职工人均收入约12 862元，同比增长10%以上。

二、机构设置及下属单位

集团公司本部机构设置与上年同。下属单位情况如下表：

华都集团公司分公司

名　　称	地　　址	电　　话
北京华都集团有限责任公司进出口分公司	西城区德胜门外冰窖口75号	82079019
北京华都集团有限责任公司良种基地	大兴区庞各庄镇幸福村北	89287681

华都集团公司全资子公司

名　　称	地　　址	电　　话
北京市华都肉食品公司	安定门外北苑六王坟3号	64231503
北京市种禽公司	昌平区北七家镇东沙各庄	69752048
北京市华都宏育公司	大兴区北臧村八园子	60279948
北京市兽医生物药品厂	朝阳区安外大屯	64914506
北京市华都建筑总公司	朝阳区曙光里甲8号楼	64676962
北京市华都新兴实业公司	海淀区圆明园二河开21号	62526397
北京市畜牧机械厂	永定门外东高地南三公里	67994037
北京市华都牧工商设计院	西直门外上园村甲3号	62255487
北京华都安然物业管理中心	安定门外外馆东街50号	64274578
北京市牧工商华都经济技术开发公司	西城区德胜门外冰窖口75号	82079098

华都集团公司控股公司

名　　称	地　　址	电　　话
北京华都肉鸡公司	昌平区小汤山镇沟流路101号	61711415
北京市华都花木公司	西城区德胜门外冰窖口75号	62011812

华都集团公司参股公司

名　　称	地　　址	电　　话
北京市华都峪口禽业有限责任公司	平谷区峪口镇兴隆庄	61906828
北京华都饲料有限责任公司	大兴区西红门镇南宏康路11号	60250417
北京华都种猪繁育有限责任公司	怀柔区北房镇安各庄	61667247
北京渔阳出租汽车公司	宣武区西便门内大街56号	63178488

华都集团公司合资公司

名　　称	地　　址	电　　话
北京肯德基有限公司	朝阳门北大街富华大厦A座6层	65545888

三、主要活动

1. *华都集团成为农业产业化国家级龙头企业*。2003年1月，华都集团公司被正式批准为农业产业化国家级龙头企业。为改善企业经营管理，加强技术改造和技术进步，提高产品质量，增强企业市场竞争力，提高农产品加工水平和综合效益奠定了基础。

2. *农业产业化发展模式初步形成*。集团公司不断完善龙头企业“公司+中介组织+农户”的一体化经营模式，扩大生产规模，增强龙头企业的带动作用，解决农民就业近3万人。其中：华都肉鸡公司通过80多个中介组织，带动农户2 752户，通过采取规范化、标准化饲养方式，农户饲养商品肉鸡平均每只可获利1.5元，同时，也为公司生产加工安全鸡肉食品提供了安全可靠的商品肉鸡原料。

3. *集团公司肉鸡企业获多项荣誉*。2002年1月，北京华都肉鸡公司被市农村工作委员会评为“京郊农业产业化龙头企业”；2002年被昌平区人民政府评为“农产品加工先进龙头企业”；在昌平区外贸工作会议上获得“优秀出口企业奖”；消防工作被评为全区“消防工作先进集体”。

4. *商品肉鸡生产规模继续扩大*。华都肉鸡公司商品肉鸡社会放养量在2001年的基础上继续扩大，今年达到100%，全年共放养商品肉鸡2 316.4万只，同比增长37.3%；屠宰商品肉鸡2 117.1万只，同比增长16.6%；加工鸡肉产品4.41万吨，同比增长17%；销售鸡肉产品4.61万吨，同比增长21.7%，其中：出口鸡肉产品1.11万吨，同比增长57.1%，创汇2 668万美元；2002年10月中旬，该公司熟食二期扩建工程破土动工，新建熟食车间面积9 200多平方米，年生产熟食可达1万吨，生产加工规模和出口创汇能力将进一步扩大。

5. *调整扩大蛋种鸡饲养规模*。峪口禽业公司海兰祖代鸡场新建6栋祖代鸡舍，使祖代鸡存栏规模达到8万套；同时，还改造了旧鸡舍，使鸡舍全部设备实现自动化，生产水平有了较大提高。10月份通过租赁王辛庄鸡场，建成了存栏1.2万套祖代鸡的祖代二场，扩大了三黄鸡父母代种鸡的饲养规模，平均饲养量从3万只增加到4.2万只，种蛋销售量达到742.9万枚，实现了三黄种鸡饲养的扭亏为盈。通过以上调整，集团公司的蛋种鸡年平均饲养量达到37万套，其中：纯系1.8万只，祖代6.8万套，增加了1.6万套；父母代28.4万套。

6. *种猪饲养规模继续扩大*。卸甲山种猪场重新启动后，增加基础母猪540头，提高了供种能力，全年销售种猪7 325头，同比增长35.3%，其中销售纯种猪、原种猪2 242头，二元猪销售5 083头，全年实现利润120万元。

7. *建立标准化养殖示范基地*。2002年初，集团公司所属4个养殖企业（良种基地、肉鸡公司父母代种鸡场、峪口海兰父母代种鸡场、华都种猪繁育公司原种猪场）被列入本市首批农业标准化生产示范基地，集团公司成立了标准化示范基地领导小组。经过培训和一年的工作，4个养殖企业都建立起了本企业的标准化体系，制定了生产技术标准、管理标准、工作标准，实行了产前、产中、产后标准化管理，生产水平有了较大提高。制定了养殖企业畜产品（包括种蛋、种雏、种猪）企业标准，并在北京市技术监督局进行备案，使集团公司产品生产全部实现了有标生产。制定了企业各项工作标准，关键岗位标准明示上墙，加大了职工标准化培训力度，促进了养殖企业生产指标的提高。2002年11月，4个标准化示范基地全部通过市农委、市技术监督局验收，取得了验收合格证，其中北京华都集团有限责任公司良种基地被评为市级优秀标准化示范基地单位，北京市峪口禽业有限责任公司被评为市级先进标准化示范基地单位。

8. *加强安全食品生产规范化管理*。在贯彻落实《集团食用农产品安全生产实施办法》的基础上，一是建立了华都集团畜禽养殖、兽药疫苗使用、饲料添加剂的登记备案及成套表格填写制度，严格生产过程管理；二是通过加强疫苗、兽药采购管理，严格监控禁用药物；三是配备先进的药物残留检测仪器，加强防疫、检测队伍的力量，把好回收“毛鸡”质量检测关，保证回收“毛鸡”质量，使安全食品生产从源头到整个生产过程的管理进一步规范化。

9. 食品加工企业全部通过“安全食品”认证。集团所属食品加工企业根据“安全食品”生产要求，不断改进和完善食品加工工艺和生产过程管理，努力改进加工原料产地的生产环境，建立食品检测室，配备先进的检测设备，对食品加工的原材料、产成品进行检测，基本实现了养殖生产、屠宰加工、储运销售全过程的质量控制，使集团系统3个食品加企业的产品全部通过了“安全食品”认证。

10. 华都产品获“名牌产品”和金奖。集团公司坚持不懈的狠抓产品质量，主产品始终保持“优质、安全、营养、方便”的特色，9月份“华都牌禽肉速冻产品”被市质量技术监督局评为“北京名牌产品”。在“第五届中国北京国际科技产业博览会现代农业科技与产品展”上北京华都肉鸡公司、北京市华都峪口禽业公司生产的禽肉产品获得金奖。在北京市质量管理协会举办的“3·15”用户满意名优企业评选活动中，华都种猪有限责任公司的种猪产品、峪口有限责任公司的“烤鸡系列、烤肉系列、速食三黄鸡”等产品获得“用户满意产品”证书。“3·15”期间，北京华都肉鸡公司被市质量管理协会授予“质量管理规范单位”称号。

11. 新产品开发。集团公司全年开发各类新产品20多个，其中：华都肉鸡公司推出了“香酥鸡米花”、“香葱鸡柳”、“香辣蝴蝶翅”等7个鸡肉新产品；峪口禽业公司烤鸡厂推出“新速食鸡”等3个新产品；生药制品推出“新减”、“新支减三联”等4个新产品；饲料业推出水产类、牛、羊等复合予混料、复合维生素等6大类新产品。新产品的开发，带动了企业销售量的大幅度增长，提高了产品的赢利能力，促进了经济效益的提高。

12. 科研成果获奖。由北京市峪口禽业公司承担的“洛岛红纯系自别雌雄及相关基因的研究”项目，2002年经市科委评审获“北京市科技进步二等奖”。该项目经过3年的研究工作，发现了“洛岛红纯系鸡”羽色自别雌雄的新规律，运用该规律在“洛岛红纯系鸡”内进行雏鸡羽色自别雌雄的准确率达到98.6%，通过遗传试验，初步确定这一规律为“洛岛红型鸡”特有的、可以稳定遗传的“伴性性状”。该研究项目将这一新规律应用于4万只“洛岛红型”鸡的规模生产实践中，不但提高了“洛岛红型”雏鸡的鉴别准确率，而且大大降低了雏鸡死亡率，使由“翻肛鉴别”造成的死亡率15%～20%降到0。该研究项目首次确认“洛岛红鸡”是继“芦花鸡”之后第二个可以纯繁自别雌雄的标准品种，其应用前景非常广阔，目前，该项目达到国内领先、国际先进水平。

13. 加强资产财务管理。一是内部分工调整；二是完成了有关项目的可行性研究报告和项目的财务分析；三是根据国家农业产业化龙头企业的有关要求，编制了集团公司财务会计管理修正方案和申报材料；四是修改了集团公司的年度计划管理方式；五是为集团公司的发展筹措了资金；六是根据集团公司安排对有关企业进行了内部审计。制定工作计划调整了财务管理人员的工作分工。按财务管理、会计管理两个主要方面的管理模式对现有人员进行了重新分工，根据新的工作内容和原有的分工原则基础上，调整了工作内容和岗位责任，初步适应集团公司管理的要求。同时，明确了岗位责任。人员的调整为集团公司今后的加强管理打下坚实的基础。根据集团公司目前的现状和发展趋势，分步骤完成了部分集团公司财务管理制度的探讨，制定了部分财务管理制度，为2003年财务管理制度的制定、执行创造了有利条件。

14. 统计及统计管理。按市政府的有关要求，完成了统计工作“在地统”的交接工作。根据“在地统”工作交接的基本要求，认真做准备方案，及时开会布置企业进行统计“双轨制”试运行，在各地区统计部门的指导帮助下，完成了统计管理体制改革的平稳过渡。集团公司被评为市级统计工作先进单位、统计主管被评为市级先进个人。为了提高集团公司整体管理水平，继续完善了集团公司统计管理方案的编制工作。在2001年度编制集团公司统计管理工作方案的基础上，继续完善了统计工作方案的具体内容和管理程序。为了准确高效的反映生产经营的实际情况，部分统计报表由原来的手工汇总改为计算机汇总。

15. 计划管理有新法。提出了各企业编制综合计划的概念，调整了计划管理的基本方法。2003年度生产经营计划由每个全资企业、控股企业编制销售计划、生产计划、财务计划、投资计划、能源计划、人力资源计划、科研发展综合计划并报集团公司主管部门。改变了由集团公司下达计划，各企业执行又执行不下去需要调整的计划管理矛盾，为加强集团公司对所属企业监管力度，提高集团公司管理水平创造了条件。

16. 实现资产管理新模式。根据企业发展的需要，核销了北京市种禽公司、北京华都饲料有限责任公司牧达饲料厂、良种基地等部分企业资产近1 000万元。对集团公司内部企业的资产进行了调配，将北京华都肉食品公司、北京市种禽公司闲置设备调配到北京华都肉鸡公司使用，价值约150万元，充分发挥了集团公司现有闲置资产的作用。

17. 企业改制工作方案出台。根据集团公司“十五”规划和近期计划，加强了企业改制工作力度，制定了集团公司整体改制方案。按照集团公司食品加工业、生物制药业、制种业、其他行业的发展板块模式，对各企业草拟了改制、发展方案并得到集团公司董事会的原则同意。

18. 掀起学习贯彻“十六大”精神的热潮。11月8日，党的十六次全国代表大会胜利召开后，集团公司党委按照中央及市委的统一部署，研究制定了集团公司《关于深入学习贯彻“十六大”精神的意见》。在集团公司党委领导下，各单位党组织利用理论中心组学习、支部生活和全体党员领导干部大会，以及通过板报、内部信息、内部广播等形式，及时传达学习贯彻党的“十六大”精神，下发《“十六大”报告学习辅导》和新《党章》，邀请北京市学习贯彻“十六大”精神宣讲团成员做专题辅导报告，在广大干部职工中掀起了学习贯彻党的“十六大”精神的热潮。

19. 选举产生北京市第九次党代会代表。3月15日，集团公司党委常委扩大会以无记名投票方式，提请市委农工委和市委组织部审查，选举集团公司党委书记、董事长赵黎明同志作为集团公司参加北京市第九次党代会代表。此次推荐工作，集团公司党委按照党章规定和市委、市农工委的要求，周密细致地制定了推荐参加北京市第九次党代会代表候选人的工作方案，逐级召开了动员会，统一部署了推荐选举工作的具体意见。各级党组织在推荐选举工作依照法定程序，充分发扬民主，坚持“两上两下、民主集中”的原则，确保100％的党组织和90％以上的党员参与选举活动，即使全体党员干部接受了一次党性教育，也确保了推荐提名的真实有效。

20. 加强企业领导干部队伍建设。2002年，集团公司组织人事部门尝试引入较为科学的企业经营者效绩考评体系，对集团公司11个重点企业的领导班子进行了全面的考核及评价。制定实施了《关于建立领导干部信誉档案制度的意见》，在广大领导干部中牢固树立实事求是、诚实守信的意识，规范企业经营行为。坚持“提高理论素养和提高现代企业实际管理能力并举”的培训工作思路，通过开展各类培训班，各级领导干部进一步转变观念，开拓思路，全面提高自身综合素质。坚持企业经营者述职评议制度，并与企业“厂务公开”结合起来，将评议结果向企业干部职工进行公开，接受监督。完善以“双文明建设责任书”为核心的激励与约束机制，最大限度地调动和激发了领导干部的积极性。

21. 企业文化建设有新突破。北京市华都峪口禽业有限责任公司在企业文化建设方面，结合企业特点提出了“追求人与企业完美融合”的价值体系，“公司、员工、代理商、顾客是一个完美的价值链条”，明确企业使命是“首先让客户致富，然后才有自己的发展”，企业生存的理由是“保证公司上万家客户和数百名员工的家庭幸福”。为将企业的这些经营理念根植于每位员工心中，峪口禽业公司加强了员工培训，并在集团公司范围内率先创办了自己的报纸《峪禽人》，为大力宣传企业理念，增强员工间的交流与沟通搭建了一个良好的平台。目前，北京华都峪口禽业有限责任公司正在营造着一种积极、团结、开拓、创新的文化氛围，推动着企业健康快速的发展。

22. 人才队伍建设取得新进展。集团公司人力资源部从“以食品业为主”的发展需要出发，加大企业经济建设所需专业人才引进力度，全系统引进90多名大中专毕业生，进一步改善了集团公司的人才结构；初步建立了集团公司人才库，实行数据库动态管理；与有关部门配合，制定了集团公司青年科技带头人培养计划；有计划地选派部分中青年骨干参加境外培训和研究生学历培训；加强集团公司本部与基层企业、基层企业之间的干部交流力度，3名在集团本部锻炼1年的研究生交流到基层企业工作，目前均已走上了企业关键岗位。

23. 效能监察工作取得实效。集团公司将“提高企业经济运行质量”等14个企业经济运行中的难点问题列为“2002年企业效能监察选题立项”的重点开展效能监察，实施“管理的再管理”。通过深入开展效能监察工作，堵塞管理漏洞，提高管理效能，各企业共挽回经济损失近80万元，节约采购资金200万元以上。华都肉鸡公司开展的“劳动效能推进”活动获得市农村纪工委优秀效能监察成果表彰及奖励，集团公司“以大宗原材料采购为重点的效能监察工作”在全市国有企业效能监察工作会上进行了经验交流。

24. 纪检监察工作为企业经济建设保驾护航。为进一步加强对企业经济活动的监督监察力度，保证企业经济平稳运行，集团公司纪委监察室在充分调研的基础上，会同资产财务部对各企业的重大投资、重点工程项目和重要经济活动加大了监督检查力度，出台了集团公司内部审计制度和离任审计工作细则，规范了集团内部审计工作程序。直接参与企业安全生产监察工作，与企业管理部联合下发了《关于加强安全生产管理责任追究办法》，做到关口前移，变事后查处为事前监督。在华都肉鸡公司熟食加工扩建项目开始之时即直接参与安全生产监察工作，保证了工程项目的顺利实施。

25. 加强企业民主管理。集团公司党委坚持依靠职工群众办企业和党委统一领导，党政齐抓共管，各部门密切配合，广大职工积极参与的原则，把涉及企业重大决策、经营管理重大问题，职工切身利益以及领导班子廉政建设作为重点，认真组织实施了“厂务公开”工作。10月份，对全系统“厂务公开”工作进行了全面检查，为继续完善集团公司“厂务公开”工作，集团党委初步拟订了集团公司“厂务公开”工作制度，使“厂务公开”工作在向基层延伸的基础上又向集团公司领导层进行了延伸。

北京华都集团公司党政领导班子成员

党委书记　赵黎明

副 书 记　张立昌　唐万杰

常　　委　杨家声　徐继光　卢自君（4月任）　薛刚魁（4月任）

董 事 长　赵黎明（兼）

副董事长　张立昌　唐万杰

董　　事　杨家声　徐继光　卢自君（4月任）　薛刚魁（4月任）

总 经 理　张立昌

副总经理　杨家声　徐继光　卢自君
总畜牧兽医师　王世敏（11月任）
（张广安　祝立清　魏淼　赵亚威　于凤林）

北京三元集团有限责任公司

一、概　况

北京三元集团有限责任公司通过采取结构调整、重组转制等一系列改革措施，聚大放小，在全系统初步构建起“条块结合，以条为主”的集团化母子公司体制框架。至2002年底，重组转制后的北京三元集团有限责任公司拥有13个国有农场、18个专业化公司以及41个中外合资合作企业和5家境外企业。

二、机构设置及下属单位

所属二级单位31家：

名　称	地　址	邮　编	电　话
北京三元食品股份有限公司	西城区鼓楼西大街75号	100009	64033841
北京三元绿荷奶牛养殖中心	大兴区旧宫镇德裕街5号	100076	67994031
北京三元绿化工程有限公司	朝阳区东三环北路乙8号	100026	65042446
北京三元出租汽车公司	大兴区旧宫西路15号	100016	87967058
北京三元石油有限公司	德外北沙滩甲6号	100085	64855290
北京三元置业有限公司	朝阳区酒仙桥南十里居	100016	64386647
北京三元种业股份有限公司	朝阳区裕民中路4号	100029	82012678
北京三元农业有限公司	德外北沙滩甲6号	100085	64855094
北京三元建设集团有限公司	大兴区亦庄旧头路39号	100176	67875884
北京金星鸭业中心	大兴县南郊德茂庄德裕街7号	100076	67965680
北京养猪育种中心	德外清河南镇	100085	62948058
北京奶牛中心	德外清河南镇	100085	62948009
北京市华成商贸公司	朝阳区安慧里2区4楼	100101	64912729
北京市牛奶公司	西城区鼓楼大街75号	100009	64013386
北京市圆山大酒店	西城区裕民路2号	100029	62357183
北京光明饭店	朝阳区亮马桥路	100016	64672613
北京市华农物资公司	西城区德外安德路77号	100011	62015011
市农工商总公司职工大学	丰台区和义街	100076	67992903
东郊农场	朝阳区机场路和平农场站北	100015	64366134
南郊农场	大兴县旧宫西路93号	100076	67991460
西郊农场	海淀区上庄乡	100094	62471210
北郊农场	德外回龙观	102208	81792863
双桥农场	双桥东路	100024	65895517
东北旺农场	海淀区东北旺乡东北旺村南	100094	62975635
长阳农场	房山区长阳镇北广城村西	102445	80351259
南口农场	昌平区南口镇东	102202	69781500
卢沟桥农场	丰台区小屯路113号	100071	83695265
巨山农场	海淀香山南路82号西院	100093	83087788
朝阳农场	朝阳区楼梓庄乡东	100018	84311375
永乐店农场	通州区永乐店镇德仁务村北	101105	69568706
延庆农场	延庆县城西	102100	61111856

中外合资合作企业41家。其中主要有麦当劳、荷美尔、艾莱发喜食品加工有限公司、安德鲁水果食

品有限公司、美大咖啡有限公司、太阳葡萄酒有限公司、北京盛福大厦、光明饭店、东苑公寓、三全公寓有限公司、朝阳公寓、北京香江花园别墅房地产开发、建兴房地产开发有限公司、匹比包装制品公司、太洋药业、崇启机动车服务有限公司、朝阳高尔夫俱乐部、中国荷兰畜牧示范培训中心、中国以色列示范农场、杭州丘比食品有限公司。

海外企业5家。香港京泰农工商有限公司、京农工商澳洲有限公司、莫斯科（天客隆）北京烤鸭店、美国北农有限公司、澳大利亚三元经贸有限公司。

三、主要活动

1. 北京三元集团有限责任公司挂牌仪式隆重举行。根据北京市人民政府京政函［1999］63号文批复，北京市农工商联合总公司更名为北京三元集团有限责任公司，统一管理和运作市政府授权范围内的国有资产，并依法承担其保值增值的责任。按照市政府国有资产授权经营的总体要求，集团公司对原有的管理体制、经营机制、运作模式进行改革，开拓企业集团化经营的新阶段。经过三年运作，完善法人治理结构，明确主导产业和发展战略，于2002年10月16日在人民大会堂北京厅隆重举行了北京三元集团有限责任公司挂牌仪式。农业部总经济师贾幼陵、中共北京市委副书记强卫、北京市副市长刘志华到会。市属各委、办、局、区、县的领导同志，三元集团有限责任公司的领导，公司所属合资企业的中外方经理和各二级单位的主要领导共200余人参加了挂牌仪式。贾幼陵、强卫同志共同为北京三元集团有限责任公司揭牌。集团公司党委书记、董事长包宗业致辞，回顾了北京农工商几十年的奋斗历史以及自1998年场乡体制改革以来所实行的一系列改革措施和取得的成绩。贾幼陵和北京控股有限公司常务副总裁白金荣同志分别致贺辞。刘志华同志代表市政府对挂牌后的北京三元集团公司表示祝贺，并提出了希望和要求：一是要实施走出去战略，以自身的优势去寻求国外资源，开拓市场；二是要努力把三元集团培育为具有国际竞争力的企业集团；三是规范股份制改革，进一步推进现代化企业制度改革；四是加强企业文化建设，培育“三元”知名品牌。

2. 场乡体制改革工作进行顺利。根据市委、市政府的决定，从1998年下半年起对农工商总公司的场乡体制进行了政企分离和农村与国企经济分离为主要内容的改革。改革后的北京农工商联合总公司成为国有经济为基干、独立运作于市场的企业。这次改革，既是对沿袭已久的传统体制的巨大冲击，也为我们建立符合市场经济要求的新体制提供了前所未有的机遇。面对这场改革，全系统广大党员、群众认识统一，步调一致，因势利导，不仅经受住了改革带来的种种考验，还适时抓住机遇，趁势而上。通过近五年来持续不断地抓结构调整、重组转制、扭亏增盈等一系列重大举措，促进了经济的快速发展，稳定了大局，也为今后的进一步发展奠定了坚实的基础。

——结构调整取得新进展。从市场经济条件下新的功能定位出发，本着“有所为有所不为”的原则，集团公司着力营造在资源、人才、技术、市场上有相对优势的行业，形成了新形势下的三大主导产业，构成复合型的优势产业。一产方面，养殖业作为主导，奶牛存栏及年产奶量分别占全市的24.5%和32%，在奶牛、瘦肉型猪、北京鸭育种以及花卉、蔬菜、粮食籽种等方面，拥有国内一流的良种和技术优势；二产方面，以奶、肉、蛋、禽、果为主的食品加工业成为支柱产业，全面发展，在北京及全国市场占有相当份额。其中三元食品已成为全国著名品牌。以资本为纽带组建的具有国家一级建筑业资质的三元建设集团公司，年开复工面积近百万平方米；三产方面，本着全方位服务首都、服务市民的宗旨，集团公司自主或以合作方式相继开发建设了一大批高品质商住小区，开办了多家上档次的宾馆、饭店和写字楼；在对石油销售、出租汽车行业整合的基础上，有计划的进行扩充；仓储物流、物业管理等新型服务业也有较快发展。到2001年，三大主导产业在集团公司经济总量（GDP）已占绝对比重。其中以种业为主的精品农业占一产GDP的89.6%；食品加工业占二产GDP的58.4%；地产经营业占第三产业GDP80%。

——重组转制开创新局面。根据市政府关于国有资产授权经营的总体要求，我们积极推行“聚大放小”的策略。一方面在全系统范围内以资本为纽带，实施跨地区、跨部门、跨所有制的资源整合，聚大重组，实行专业化经营、产业化运作、集团化管理，先后组建三元食品等13家专业化公司。同时按照北京市有关国企改制的十一种模式“放小”主导产业以外的基层企业，集团公司基层法人企业由1998年底的520家缩减到2001年底的288家，压缩45%，小企业改制工作已基本完成。重组转制使长期以来系统内块块为主的经营管理格局发生了根本变化，基本形成了以专业化公司为主体，连同农场和其他企业共同组成“条块结合，以条为主”的新构架。

——经济效益创造新水平。深入开展的产业调整与大规模的重组转制有力推动了集团公司“三改一加强”和扭亏增盈工作，实现了经济效益连续快速增长。四年来利润总额以年均16%的速度增长；基层企业亏损面由48%下降到20%；企业的资产负债结构有所改善，全员劳产率由1.91万元提高到3.2万元，增长68%；职工人均收入平均年增长达18%。

——“三个对接”增添新内涵。集团公司不断拓展“对接”的领域和范围：与高等院校、科研院所对接，先后完成了国家及北京市重大科研课题16项，科技对一、二产业的增长贡献率均高于全市平均水平；与京郊和全国农业产业化对接，发挥双方优势，实现企业增收、农民致富。集团公司系统培育的小麦、玉米高产抗病新品种，北京鸭配套系统，优质奶牛冻精、优良奶牛组合胚胎，都是深受广大用户欢迎的拳头产品。集团公司通过打造乳品加工龙头企业每年为京郊养牛农户提供奶源收入2亿元以上，带动5 000多户农民依靠养牛业走上了致富之路；三元食品公司为保证市民喝上放心奶，主动修改有关收奶标准，增加多项新的检测指标，成为国内第一家主动实现与国际标准接轨的乳品加工企业。

——资产运营结出新硕果。我们正在推行的专业化经营与集团化管理的模式使集团公司开始能够集中使用全系统的资金和资源，为进入更广泛领域进行大规模资产运作创造了条件。2001年以来，集团公司以实施低成本扩张和强优战略为指导，抓住机遇，果断决策，进行了成功的收购、兼并和出让，资本经营硕果累累，一年的资产运营总量达8亿元以上。

——党的建设取得新成绩。四年来，各级党组织始终坚持不懈地把思想建设放在首位，通过深入开展以“讲学习、讲政治、讲正气”为主要内容的党性党风教育和“三个代表”重要思想学习教育活动，各级领导班子和广大党员的思想政治理论素质和党性修养进一步提高。不断深化干部人事制度改革，全系统各级领导班子的年龄结构、知识结构、专业结构有了明显改善，一大批年轻的优秀人才走上领导岗位。积极探索新形势下加强国有企业党的建设的新途径，全面贯彻实施集团公司基层党组织工作条例细则。加大纪检监察工作力度，认真落实党风廉政建设责任制，积极开展效能监察，重点查处和纠正了一批违法违纪案件，领导干部廉洁自律和源头治理工作取得了阶段性成果。

——群团工作出现新气象。坚持全心全意依靠职工办企业的方针，充分发挥工会组织的积极作用，认真履行维护职能，在全系统全面开展厂务公开工作，加大职工互助保险工作力度，关心照顾困难职工。认真贯彻市委关于党建带团建文件精神，加强党对共青团和青年工作的领导。根据《北京市老干部工作领导责任及目标考核责任》的要求，切实抓好老干部政治、生活两项待遇的落实。高度重视计划生育工作，将其列为领导班子考核的一项重要指标，集团公司已连续十年获北京市计划生育红旗单位称号。在开展群众性思想政治工作中，党组织引导发动工会、共青团结合实际实施“四项工程”，即——素质工程、凝聚工程、榜样工程、形象工程，营造浓厚的企业文化氛围，增强了集团公司的凝聚力和向心力。

3. 集团公司第一次党代会召开。2002年12月9日，中国共产党北京三元集团有限责任公司第一次代表大会召开。大会的主题是：高举邓小平理论伟大旗帜，以“三个代表”重要思想为指导，认真贯彻党的十六大精神，全面落实小康社会的建设任务，实现五年经济翻番、体制创新的目标，动员和团结全系统广大党员、群众，解放思想，与时俱进，努力开创集团公司改革发展与各项工作的新局面。会议全面客观的回顾了北京农垦五十三年的历史和取得的成就，总结了场乡体制改革四年来的成功经验，并提出了集团公司经济发展、体制改革的目标任务。会议选举产生了中国共产党北京三元集团有限责任公司第一届委员会委员、常委和书记、副书记；选举产生了中国共产党北京三元集团有限责任公司第一届纪律检查委员会委员、书记和副书记。

4. 集团公司确立明确的经营方针。按照集团公司职能，从实际出发，以市场为导向，继承发扬艰苦奋斗的优良传统，厉行改革，与时俱进，加快集团化运作步伐，增加集团资产控制力，对外竞争力，科技创新力，对首都郊区经济的辐射力，强化集团整体运行质量，开拓前进。确立三大主导产业：（一）以种禽、种畜和籽种为基础的高效精品农业；（二）以名牌产品为支撑的食品加工业；（三）以地产房产经营为龙头的社会服务业。强化科研实力，目前集团公司拥有科研机构12家，有博士9名、硕士82名，中高级专业技术人员1500余名。有主要科研机构6家：北京奶牛研究所、北京SPF猪育种中心、三元奶品开发中心、太洋药业开发中心、三元农业研发中心、三元花卉研究所。面对我国加入WTO后的新机遇和挑战，集团公司制定了三个对接的行动计划，即：技术与大专院校、科研院所对接；市场与京郊农业产业化对接；质量与国际标准对接。积极寻求与高科技领域的合作；努力实施资源优化配置，提高企业综合素质；开展多样化合作方式，务实的敬业精神，促进集团公司的发展。

5. 集团公司2002年工作成效显著。2002年，集团公司以党的十六大精神统揽全局，全面贯彻落实“三个代表”重要思想，确立了经济工作发展的“深化、提升、强优、严管、稳定”十字方针，在各项工作中认真贯彻执行，加强领导和运作，取得了可喜的新成就，为全面实现集团公司第一次党代会提出的“经济翻番、体制创新”目标任务奠定了坚实的基础。

一是深化改革，促进集团公司的稳步发展。随着北京三元集团有限责任公司法人治理结构的建立和正式挂牌运营，集团公司向建立现代企业制度迈进，初步建立国有资本出资人制度，基本形成了国有资产管理监督运营体系构架，进一步明确集团公司五项功能定位，实现职能转换；经过一年积极运作，三元食品国内A股上市已获监证会批准。集团公司以自身为主发起设立三元种业股份有限公司重组上市工作正在紧锣密鼓按程序进行。三元农业实现了产权多元化和投资主体多元化，建立了规范的法人治理结构。三元置业提出实施公司制改造的具体方案。集团公司确定的110家“放小”企业，基本完成改制任务，其中有半数企业在改制过程中实现了产权多元化，使集团公司所属企业朝现代企业制度的建立迈出了坚实的一步。各农场结合实际，对盘活闲置资产和培育新的经济增长点，进行了有效尝试和探索。各二级单位建立面向市场经营机制的步伐加快，努力实现改变体制和转变机制的有效结合。

二是以“提升”和“强优”为重点，提高基础管理水平。修订、完善集团公司管理标准文件；被确定的5家标准化体系建设试点单位中的三元出租公司、金星鸭业中心已通过市技术监督局的验收，并获得“北京市企业标准化体系建设先进单位”称号。三元建设公司正在进行ISO14000、ISO18000环保和安全两大体系认证，该公司近20家工程创市、区级优质工程和文明工地，多家下属单位获“北京市推行全面质量管理先进企业”及“用户满意企业”称号。三元石油公司、三元置业公司已完成标准的审查，进入标准修改和宣传贯彻阶段。入选北京市百家标准化生产示范基地的南口原种猪场、中以示范牛场、北郊黑猪原种猪场等五家企业已完成市级验收。中以示范农场、北京黑猪、金星鸭业、南口原种猪场被列入农业部安全食品建设基地。在提升科技创新能力方面，集团公司在奶牛、猪、鸭、花卉、作物良种、乳品加工、医药、建筑等优势产业中竞得18项科研项目，在承担的国家“863”计划、“十五”科技攻关等44个项目和课题中，有5项获得市、部级奖励。

三是经济运行呈现持续快速发展的良好态势。2002年集团公司主要经济指标均达到两位数增长。全年实现国内生产总值9.1亿元，比上年同期增长11.4%；实现主营业务收入34.36亿元，比上年增长11.8%；国有企业上缴税金1.23亿元，比上年增长22.6%；在34家二级单位中，实现增盈的有16家，扭亏为盈的有9家，正增长的企业占总数的76.5%。全系统实现了国有资产的保值增值，为企业进一步发展增强了实力，创造了条件。

四是对外开放实现新突破。集团公司合资合作企业在市场开发、销售收入、出口创汇等方面继续保持增长势头。中日合资的北京丘比公司所生产的沙拉酱，在我国新型调味品市场连续几年保持市场占有率第一；麦当劳食品公司、艾莱发喜公司、光明饭店分别实现利润比上年同期增长15%～100%。全系统实现出口创汇总额比上年增长60%。对外经济合作力度进一步加大，“走出去”的开放战略取得明显成效。香港京泰农工商分公司拓展进出口业务，进出口贸易总额达1.1亿元港元；京农工商澳洲有限公司和莫斯科天客隆烤鸭店经营实现盈利。集团公司所属卉隆干燥花公司、太洋药业、中美合资的百麦公司、荷美尔公司以及南口水泥构件厂产品或技术出口稳步增长。

五是大力加强企业文化建设。2002年，以集团公司更名挂牌和第一次党代会召开为契机，根据新世纪的时代特征，结合新时期经济发展的战略定位，集团公司针对不同企业的文化背景，大力加强企业形象的宣传，提出了“脚踏实地，创造美好生活”的企业核心理念，扩大了集团公司的知名度和社会影响力。集团公司每一个使用“三元”品牌的企业和产品都体现出最优的质量、最佳的服务、最高的信誉，在市场竞争中打响了“三元”品牌。

在发展经济的同时，集团公司进一步加大了党的建设、工会等群众组织建设和干部人事制度改革工作力度，为实现党的十六大提出的宏伟目标和推进首都现代化建设发挥了积极的作用。

6．获市、部级奖科研成果丰硕。北京鸭良种推广及饲养配套技术的应用获农牧业丰收奖三等奖。在实施该项目的两年中，共推广良种北京鸭父母代种鸭13万只，其中在京郊的顺义、大兴、昌平等地推广2.5万只，在河北省安新、遵化、任丘等地区推广5.5万只，在天津蓟县推广1.5万只，辽宁省盘锦地区推广2.5万只，在其他省市推广1万余只，创效益8 000多万元。

应用生化遗传标记选育北京黑猪瘦肉系的研究获北京市科学技术进步二等奖。此项研究是以猪脂肪组织中四种脂肪酸合成酶活性作为生化遗传标记，并与数量遗传学常规育种技术相结合，率先在我国自己培育的北京黑猪中应用，选育提高猪的瘦肉率，取得明显效果。经过五个世代的选育，北京黑猪瘦肉率由52.76%提高到59.28%，背膘降到2.21cm，腿臀比提高到31.22%，母猪初产10.76头/窝，经产11.54头/窝。育肥全期平均日增重685克以上，瘦肉比2.13∶1，优良性状性能全面提高，使瘦肉型北京黑猪成为北京生产优质肉和我国加入WTO后，开辟国际市场的重要资源，有很大的竞争潜力，技术水平为国内领先。

应用集成技术培育高产奶牛群的研究获北京市农业技术推广三等奖。主要研究内容包括黑白花奶牛良种选育技术、奶牛饲养新技术的应用、高产奶牛兽医保健配套新技术等已完成预期目标和任务；建立了奶牛饲养核心群并开展饲养新工艺研究和应用，用动物模型BLUP遗传评定方法和外貌鉴定，在北京市和奶牛中心良种场选择组建200头高产奶牛核心群，确定了高产奶牛饲养方案，执行高产奶牛兽医保健配套新技术，提高了奶牛核心群成年当量年单产、乳脂率和乳白率。高效超数排卵和胚胎移植技术应用获得成功。通过高产奶牛饲养保健综合措施，酮病、临床乳房炎、蹄病、母牛产后子宫炎发病率降低，产犊间距缩短，经济效益和社会效益显著。

麦虫牙防治技术研究与推广获北京市农业技术推广二等奖。此课题于1998年列入北京市科技项目计划，2001年4月通过验收。内容为通过研究不同小麦品种间对蚜虫的耐性，得出高耐、中耐、弱耐三种水平的小麦品科类型，指导麦蚜的防治；通过田间观察摸清和掌握麦蚜天敌的种类、数量、田间自然消长规律，以达到利用天敌控制麦蚜和提高生物农药防蚜效果和作用；选择生物农药、化学农药进行单一和复配试验，筛选出高效低毒和无公害药剂配方；对打药机械进行技术改造；摸索出一整套麦蚜综合防治技术措施，在生产防治中推广应用。成果推广：南郊农场1999年示范33.33公顷，2000年推广200公顷，2001年推广533.33公顷，占发生面积的88.9%，三年平均防治效果95%。2000—2001年在京郊主要产麦区累计推广 0.85 万公顷。1999—2001 年推广麦蚜防治新技术包括南郊农场、大兴、房山、怀柔、密云、通州区累计 0.92 万公顷，防治效果 95%。共挽回小麦产量损失 507.5 万千克，挽回产值 541.5 万元。PC 透光板温室引进创新及推广应用，获北京市农业技术推广奖三等奖。1998 年巨山农场引进了美国 Conly’s6500PC 板温室，通过消化吸收其关键技术，与相关厂家合力开发完成了适合我国国情的新型透光板节能型日光温室。主要特点是采用 PC 波浪型透光板作为温室的覆盖材料；温室框架采用具有导水功能的“几字”钢型材；采用齿轮齿条等开窗传动机械，增加温室最大通风量；改进结构提高温室蓄热性能、抗寒能力，降低职工劳动强度，使绿叶类菜较常规温室缩短生育期 1/3，果类菜提早成熟 26 天左右。1999—2001 年三年间与合作单位在全国推广，建造了 110 栋国产化大型现代化温室，在中国农科院气象所试验站、北京市农科院蔬菜研究中心，以及北京、河北、山东、东北、新疆、湖北等地推广了 50 余公顷带导水槽的“几字钢”结构的新型日光温室。1999—2001 年累计推广新型日光温室和连栋温室面积 84.03 公顷，三年累计增收 128.4 万元，节支 66.7 万元。对改变设施农业、推动蔬菜产业发展，起到了促进和带头作用。

2002 年获市级奖励的成果，还有纪委开展效能监察取得成效。全年追缴企业应收款7 577.8万元，减少非生产性开支 486.9 万元，规范物资采购节约资金1 036.6 万元。其中：北京三元绿荷奶牛养殖中心、北京三元石油有限公司效能监察项目被市委农工委评为优秀成果奖。计划生育工作 2002 年被评为全市红旗单位。从 1992 年起已连续 11 年获此奖励。

北京三元集团公司领导班子成员

董 事 长　包宗业
副董事长　张福平
董　　事　邵桂林　范学珊　王力刚　宋春来
　　　　　高青山
党委书记　包宗业
副 书 记　张福平　邵桂林
常　　委　包宗业　张福平　邵桂林　范学珊
　　　　　彭　玲（女）　马　辉　郑立明
纪委书记　彭　玲（女）
经　　理　张福平
副 经 理　范学珊　王力刚　高圣永　谢　磊
总经济师　薛　刚

（刘远英　穆丽　蔡朝晖）

北京市水产总公司

一、概　述

北京市水产总公司是以水产业为主、多元化发展的集团性国有独资公司。公司下属 24 个全资和控股子公司，主要致力于海淡水鱼养殖、远洋捕捞、水产品加工、饲料生产、科研、仓储运输、批发市场、观赏动植物等近十大行业的生产经营，年经营额交易额近 40 亿元，在北京水产品市场占有率约在 60%。

2002 年总公司积极调整产业结构，培育水产产业实力；加快发展资产经营和外向型产业，扩大经营业务，提高经济效益；进一步深化机构改革，增强企业活力；继续加强企业管理，降低成本，积极开展“增收节支”活动，企业的经营业绩进一步提高。全年实现总收入 2.5 亿元；实现盈利 2 800 万元；总资产达到 10.5 亿元；净资产增加 0.1 亿元，达到 3 亿元，比上年增长 3.3%；职工人均年收入达到 17 000 元，比上年增加 1 000 元，增长 6.3%。圆满完成了年初制定的各项经济指标。

二、机构设置及下属单位

总公司本部设置以下工作部门：办公室、政工部、国际业务部、投资发展部、计划财务部、审计部、远洋部、工业部、养殖部、市场部、房地产部、人力资源部、物业管理中心。直属的二级公司有 23 家。见表 1。

表 1　水产总公司直属二级公司

二级公司名称	地　　址	电　话
国家淡水渔业工程技术研究中心	丰台区永外角门路 18 号	67586098
北京市万泉实业公司	海淀区巴沟村	62552215
北京市海运兴水产食品公司	朝阳区太阳宫乡南湖渠	64734454
北京市四道口水产公司	海淀区四道口路甲 1 号	62115308
北京市海味品公司	宣武区广安门外鸭子桥路甲 45 号	63271257
北京市京渔水产物资公司	东城区东四南大街 157 号	65254785
北京龙之都工贸有限公司	丰台区丰台路 40 号	63834118
北京市水产总公司永定门水产公司	丰台区马家堡路 21 号	67225129
北京市水产实业公司	丰台区木樨园果园 42 号	67216146

（续）

二级公司名称	地　　址	电　话
北京市友谊饲料公司	朝阳区京顺路东辛店	64358274
北京北水淡水养殖有限公司	通州区徐辛庄镇北窑上村	89567861
北京市焕发水产良种养殖示范基地	密云县溪翁庄镇	69012493
烟台北京远洋渔业公司	山东省蓬莱市登州路35号	5654388
烟台北水水产有限责任公司	山东省烟台市西南河路134号	6246100
烟台北水远洋运输有限责任公司	山东省烟台市二马路155号	6600479
蓬莱京渔工贸基地	蓬莱市经济技术开发区长沙路3号	5605912
北京首洋水产食品工业有限公司	密云县溪翁庄镇七孔桥西	69011630
北京市天水房地产公司	宣武区广安门外鸭子桥24号金翔大厦B305	63440966
北京市板桥水产养殖场	顺义区赵全营镇	60442037
北京冠龙水产技术开发有限公司	朝阳区金盏乡北马房村东渔场	85381636
北京市怀柔水产养殖场	怀柔县火车站东	69644378
北京市北水飞时科贸有限公司	海淀区四道口路甲1号	62139229
北京市水产总公司密云分公司	密云县九松山副坝西侧	69012556

三、主要活动

1. *养殖基地建设成效显著*。一是对两家养殖单位进行了整合，组建成北水养殖有限公司，加强了精品鱼和水产种苗的生产实用技术的研究实验。二是养殖品种结构进一步优化。先后引进南方鲆、香鱼、胭脂鱼等国内外名优品种，使名优养殖品种达14个。全年名优品种产量达到75万千克，占淡水鱼总产量的50%左右。三是种苗实现了规模化、基地化生产。全系统工厂化养殖设施达到5万平方米，共生产名优苗种8 480万尾，其中锦鲤、金鱼等观赏鱼苗种560万尾。四是标准化生产示范基地建设开始起步。汇瀛中心、北水养殖公司、焕发基地申报了北京市标准化生产示范基地，并通过了市质量技术监督检验局、市农委、市农业局联合验收，被市农委确定为第一批标准化基地入围单位。尤其是焕发基地已被国家绿色食品审批权威机构批准正式挂牌为绿色食品生产基地。

2. *水产品加工取得了突破性进展*。总公司对首洋公司的加工厂进行了改造升级，扩大了生产规模，提高了加工产品质量标准，使该加工厂年加工能力达到800吨。同时，在广泛调研、深入考察的基础上，与温州安达集团达成在京合建第一期规模为年销5 000万元的淡水鱼加工厂项目协议。全年加工渔制品350吨，实现产值650万元，出口创汇100万元。

3. *品牌建设初见成效*。一是成功注册了“北水”品牌，使企业真正拥有自主知识产权，提升了企业的无形资产；二是加强了品牌的宣传工作。总公司通过多种形式，进行了以“北水”品牌为核心内容的多种方式的宣传报导，提高了品牌的社会知名度，其中首洋公司水产品加工厂烤制的池沼公鱼荣获北京市农业博览会绿色产品称号，成为北京市第一家绿色水产食品。当前，“北水”牌系列产品已经上市销售，受到消费者的欢迎。

4. *远洋渔业开始探索产业化经营之路*。在巩固过洋性近海捕捞作业和鱿鱼钓作业的基础上，总公司投资了2 200万元，向大连4 810厂订造了一艘总载量为520吨的金枪鱼钓船，进一步提高了远洋捕捞的技术装备水平和捕捞能力，同时转变经营理念，开始探索金枪鱼的产业化经营。全年捕捞水产品6 340吨，销售收入4 160万元。

5. *水产科技工作开创了新局面*。2002年总公司召开了科技工作会议，确定了以科技为先导，促进企业结构调整，提升企业管理水平的发展战略，出台了《北京市水产总公司科技管理办法》和《北京市水产总公司渔业科技发展“十五”规划》，全面部署了涉及养殖业、渔用饲料业、远洋渔业、水产品加工业、渔业信息等六个方面的科技兴企的行动方案。全年完成国家和市级科研项目11个，其中二个项目分别获市科技进步二等奖。

6. *市场经营水平日益提高，新建市场进展顺利*。各经营市场的企业不断加强市场规范化管理，提高硬件设施，完善服务功能，为客户提供全方位的服务，从而保证了各市场平稳发展。全年市场租金总收入达7 400万元。筹建中的市场项目进展顺利。新发地水产品中央批发市场项目与合作方已达成合作意向；海运兴水产配送项目与合作方已正式签定了合同；永定门市场总体改造扩建项目正在申请立项；海味品公司的新发地水产综合批发市场现已投入运营。

7. *大力开展外向型经济工作，加快了与国际市场接轨*。总公司投资12万美金在日本大阪注册成立了“北水株式会社”，以农副产品、水产品及其他加工食品销售为主，为“北水”产品进入日本市场建立直销渠道。该会社10月1日正式运营，截止年底，销售量已达400多吨。

8. *房地产开发进展顺利*。总公司延续的房地产项目建设进展顺利，储备项目进入实施开发阶段。角门“未来假日花园”一期年底已经完工入住；延庆一场、板桥渔场、三元厂址土地开发等储备项目正在作开发前的准备工作，为下一步进入实施创造了条件；海运兴项目已经正式启动，目前已完成拆迁工作。

9. *生物制药业成为新的经济增长点*。2002年总公司所属单位水产科学研究所投资200万元与中国水科院合资、合作组建了北京鑫洋生物技术有限公司，开发、生产、经营绿色无公害新型药物、生物制剂、水质改良剂及水产疫苗等。全年生物制药业实现销售收入1 000万元。

10. *蓬莱工贸基地建设初具规模*。2002年总公司在蓬莱工贸基地已有2 000吨气调库容的基础上，又新建了3 000吨气调库，使工贸基地的总容量达到5 000吨，为规模化储藏经营果蔬打下了基础。

11. *扩大了制冰规模*。2002年总公司新建一个建筑面积为1 500平方米的生产车间，日产能力达60吨的制冰厂，该项目投产后，占领了60%以上的北京市场。

12. *继续深化改革，启动总公司公司化改造*。2002年总公司把企业经营管理体制和产权制度改革作为重点工作来抓。一是对总公司机关后勤进行了改革，机关后勤划归总公司物业管理中心，进行单独核算、单独管理，为最终实现后勤服务社会化迈出第一步；二是启动了总公司公司化改造。按照市政府关于中小型国有企业要完成改制工作的要求，总公司成立了改革领导小组，下设办公室，开始对公司化改造问题进行调研。

13. *企业党的建设卓有成效*。一是各级党组织都切实加强了党员干部的思想理论学习。制定了党委理论中心组的学习计划，组织党员干部认真学习了江泽民同志在纪念中国共产党成立80周年大会上的讲话和市九次党代会、党的“十六大”的有关文件，进一步提高了广大党员干部的思想理论水平。二是积极开展了民主评议和党内“争优创先”活动。三是切实加强了企业党的组织建设，调整和充实了部分二级单位党委（总支）班子。四是加强了对党员领导干部管理，建立了对企业中层管理人员年度考核制度。五是突出抓好领导干部的作风建设，认真开展“立党为公、执政为民”教育活动，落实党风廉政建设责任制等工作取得了新成果，企业党组织的创造力、凝聚力、战斗力进一步增强。

北京市水产总公司党政领导班子成员

党　委书　记　张世光
　　副书记　张连印　张力翔
纪委书记　孙满城
总 经 理　张连印
副总经理　孙新庄（5月份退休）
　　　　　郭大民
　　　　　梁玉琦
　　　　　于　波
总工程师　苏建通
总经济师　杜　慧

（邵继华　张红兵）

北京市大发畜产公司

一、概　　况

2002年，大发畜产公司被市政府评为“农业产业化先进龙头企业”及“京郊农产品出口创汇先进单位”，通过实行产、加、销一体化经营，企业成效显著。一是公司生产的“北京艾维茵”肉种鸡因生产性能优异，国内市场占有率升至56%，成为国内肉种鸡的当家品种；二是公司最新研制并已大规模生产的“京双”牌无抗生素饲料产量达27万吨，创历史新高；三是“双大”肉鸡系列产品因其质量优异，在国内市场占有率稳步提高，2002年北京市场占有率达45%，并在全市开设了105家专卖店，巩固了北京市场第一的位置。

2002年生产经营情况：生产祖代种雏鸡41.4万套，五年来增长232%；生产父母代种雏鸡634万套，五年累计增长288%；生产商品代雏鸡5 497万只，五年累计增长45.6%；加工肉鸡3 395万只，五年累计增长36.6%；生产鸡肉制品7.66万吨，销售7.4万吨，五年累计增长80%；熟食制品产量五年来由零增长到8 429吨，全年实现销售收入14.1亿元，五年累计增长82%。五年来，通过走农业产业化道路，尤其是公司与养殖户紧密合作，共担风险，共同发展，公司经济效益和社会效益取得巨大进步，目前总规模位居国内肉类生产企业前十名。

在党的建设方面，2002年主要抓了以下几个方面的工作，一是重视领导班子团结，特别是党政一把手的团结；二是党委注重完善干部考核机制，结合经营业绩考核开展干部民主测评，建立了一整套行之有效的干部制约监督考核机制；三是做好“三讲”回查工作，落实各项整改措施；四是建立健全各级组织机构，从加强制度建设入手，加大源头上预防和治理腐败力度；五是加强基层组织和工会建设，发挥党组织的核心作用和党员先锋模范作用。

二、机构设置及下属单位

公司机关设置以下处（室）：综合处、财务处、组宣处（党委办公室）、监察处（与综合处合署办公）。公司下属的二级公司有7家，见表1。

表 1　大发畜产公司下属二级公司

名　　称	地　　址	电　　话	传　　真	邮　　编
北京家禽育种有限公司	北京市朝阳区华严北里 1 号健翔山庄	62051469	62049594	100029
北京大发正大有限公司	北京市顺义区杨镇杜庄村北	61458688	61458667	101309
北京市济发工贸公司	北京市海淀区肖家河东村甲 1 号	62895410	62895410	100091
北京广发兴发实业公司	北京市大兴区卫星城南 7 号	69243940	69241940	102600
北京市大发物资供应公司	北京市朝阳区十八里乡周村 2 队	67320922		100023
北京新华食品工业公司	北京市延安县康卫镇起步区	61163491		102101
北京市神龙宇发实业公司	北京市平谷县城关乡新平北路环岛北	69961026		101200

三、主要活动

1. 实施机关改革，提高工作效率。为能更好地发挥总公司在决策、监督及服务等方面的作用，年初总公司对机关进行了大刀阔斧的改革，将原来的五个职能处室合并精简为三个，重新明确了各处室职能，提高了办事效率。

2. 打破传统观念，激活用人机制。在全系统推行人事制度改革，引入竞争机制，同时大胆起用年轻干部，实施事业部总经理负责制。

3. 合资企业大发正大公司成功申报国家级农业产业化重点龙头企业。这为公司进一步扶持农民，富裕农民，为企业的发展壮大奠定了基础。

4. 加强防疫工作，确保种业稳步推进。由于多年来坚持“防疫第一、预防为主、防重于治、防治结合”的防疫原则，在极其困难的大环境下仍保证了种禽的正常生产，全年无大疫情发生，祖代、父母代种鸡整体生产指标创历史最佳，祖代及父母代种雏的国内市场占有率进一步提高，产销量创历史记录，巩固了“北京艾维茵”国内肉鸡第一品牌的地位。父母代种鸡场总体产蛋指标达到 AVIAN 标准的 98%，且商品代雏鸡质量良好，对社会基地规模的壮大起到重要贡献。

5. 调整产品结构，末端产品整合初见成效。大发正大把握住现代市场发育特点，通过加强熟食深加工产品的研发和市场拓展，熟食品种日渐丰富，产品质量逐步提高，全年内销熟食较上年增长 164%，并在市场上树立了“双大”熟食品牌的新形象。

6. 引进外资，基地建设取得重大进展。大发正大通过努力，引进 600 万美元外资，对京郊农民的 12 个规模肉鸡场进行标准化改造，形成了年出栏 1 200万只合格出口毛鸡的生产能力。大发正大负责回收农民养殖的毛鸡，并在农民的饲养技术、生产管理等方面给予大力支持，双方紧密合作，共同发展，成功解决了出口毛鸡的鸡源问题，为公司对日大规模出口鸡肉奠定了坚实的基础。

7. 企业效能监察工作取得明显成绩。各公司的效能监察工作始终围绕企业的生产经营等经济工作来进行，融汇于企业管理和各项生产经营任务之中，选对了题，立好了项，为企业带来明显效益。总公司、大发正大和家禽育种公司被确认为市农口效能监察的三个典型，家禽育种公司和大发正大公司通过效能监察，全年共多创效益 3 000 多万元，被市委农村纪工委评为效能监察先进企业，并给予表彰奖励。

8. 大发正大公司通过国家安全食品认证。

北京市大发畜产公司党政领导班子成员

党　委书　记　李庆余
　　　副书记　尹彦勋　宋卫东（7 月任）
　　总 经 理　尹彦勋
　　副总经理　宋卫东(兼)　常景兰　王永昆
　　　　　　　郭怀顺（7 月任）
　　总畜牧师　方国裕

（沈秋平）

北京兴东方实业有限责任公司

一、概　况

2002 年，北京兴东方实业有限责任公司以“三个代表”重要思想为指导，大力推进改革，培育新的经济增长点，形成了多支点支撑的新格局。农机工业开发生产的日光温室设施、畜牧机械、养殖机械、田园机械等市场销售持续看好；商业公司进行了调整改革，除经销传统的农机产品外，靠汽车和外贸拉动了经济增长。2002 年总公司经济运行各项经济指标完成情况明显好于上年，经济工作呈现出较好的发展态势。全年完成销售收入 5.2 亿元，同比增长 50%；工业增加值完成 1 800 万元，同比增长 13%；完成出口销售额 1 551.4 万元，超计划 3.43%；扣除停产企业因素，实现利润 175 万元。完成任务较好的企业有：农机公司销售收入完成 3.4 亿元，同比增长 92.1%；农机研究所销售收入完成 5 500 万元，同比增长 24.9%；嘉源公司的挤奶机继续呈现良好的发展势头，销售额完成 1 500 万元。企业改革、改制工作取得阶段性进展。

二、机构设置及下属单位

北京兴东方实业有限责任公司内设五部二室，即经济运营部、投资发展部、财务部、企业改革部、党群工作部和办公室、监察审计室。下属单位十五个（见下表）。

北京兴东方实业有限责任公司下属单位一览表

单　位	地　址	电　话
北京市农业机械研究所	德外西三旗	82913004
北京嘉源易润工程技术有限公司	海淀区复兴路2号	63280802
北京市农业机械公司	宣武区广外红居南街1号	63260787
北京优力凯置业有限责任公司	朝阳区大黄庄	65746390
北京市农机物资供应公司	朝阳区双桥中路	85393043
北京市小型动力机械厂	丰台区马家堡路88号	67562447
北京市机械设备厂	丰台区南苑大泡子	67992255
北京拖拉机公司	昌平区沙河镇沙阳路	69731054
北京联合收割机发展集团	朝阳区双桥中路	65895565
北京市化油器厂	大兴区西黄村	61280269
北京森力技术发展公司	海淀区复兴路2号	63273336—3505
北京万达热浸铝有限公司	通州区富豪村北	89551471
北京市农业机械总公司干部学校	宣武区思源胡同8号	63014962
北京市华成建筑设计事务所	海淀区复兴路2号	63273336—3303
北京市农机总公司培训中心	昌平区二拨子	62938608

三、主要活动

1.*培育新的经济增长点，扩大发展空间。*依据发展是硬道理，要生存必须发展的工作方针，总公司一手抓解困，一手抓发展，加大产品结构调整力度，重点发展设施农业产品，把优势企业作大作强，新的经济增长点成绩显著。从增长速度上看，农机公司、农机研究所实现了较大幅度的增长。从调整经营结构上看，农机公司的汽车经营，研究所的日光温室，嘉源公司的挤奶机等产品市场不断扩大，并带动了企业的发展。农机研究所全年项目工程、产品销售合同总金额达一亿多元，其中与西藏拉萨新签订的“国家高原科技园区藏药种植”80万平方米日光温室项目，一期2 700万元的合同9月份已正式开工。嘉源公司生产的挤奶设备旺销，现已占领北京市场80%左右的份额，并已打开云南、湖北、河北、河南、陕西、山东、内蒙、新疆等地的挤奶机市场；在节水设备设施方面，嘉源公司充分利用国家的节水政策，争取到多方支持，参与城市绿化，抢占节水设备市场。农机公司除经销传统的农机产品外，靠汽车和外贸拉动了经济增长，今年完成收入2.8亿元，比去年同期增长了85.4%。物资公司今年全力抓好斯泰尔汽车的代理销售工作，扩大双桥库的运营范围，今年收入比去年增长了20.8%。优力凯公司在朝阳区大黄庄开发建设的4幢高层住宅楼建筑已于2001年底竣工，2003年3月底入住，在建筑质量上已入围北京市“长城杯”。

2.*投资发展取得新进展。*农机公司投资组建的汽车“四位一体”销售服务中心已经完成，在经营中将会发挥更大作用。嘉源公司的节水超市在山东寿光、山西太原建立设备直销中心，并着手建立面向农户的直销网络；嘉源公司今年出资110万元与武汉大学云水公司实现重组，建立了武大易润水科技研发中心，为逐步创立“易润”品牌产品体系建立了科技发展平台；北京嘉源朝阳科技发展有限公司已经被批准为北京市高新技术企业。优力凯公司、小动力厂在房地产开发项目上，多渠道向外寻找可开发的土地资源。研究所的“小型山地拖拉机及其配套农机具”的研究，饲料膨化技术与相关设备项目，“果园专用管理机”、“保护地电耕机”开发工作已经完成；“工大牌”用于温室的热风炉已经完成开发并形成批量生产；市科委重点支持项目“北京市设施农业工程技术研究中心”已经正式挂牌运作，目前正积极创造条件争取建成国家级研究中心；LW—4型连栋日光温室获得北京市先进技术推广应用一等奖。小型动力机械公司环保热电膜项目已投资200万元，新组建的北京如日升科技有限公司已经完成注册。这些新产品、新项目的研制与开发，将为兴东方公司扩大生存空间打下坚实的基础。

3.*外经外贸工作。*2002年总公司累计完成出口销售额1 551.40万元。出口国家，除了原来的美国、日本外，又打入了韩国、朝鲜和坦桑尼亚等国外市场。出口产品，除传统的农机挂车、农机配件外，提高了出口产品的科技含量，在出口的成套设备中，如养牛设备、温室设备中增加了计算机控制系统。

2002年总公司组织企业参加了经贸部的埃及、尼罗河流域招商引资项目发布会。嘉源公司通过参加中国赴阿联酋大型国际展览会，经与百余家客户的接触，进一步了解了阿拉伯国家对滴灌带需求的情况，坚定开发国际市场的信心。

4. *拓宽再就业渠道，妥善安置下岗职工*。总公司妥善分流安置下岗职工，通过政策引导和大量的思想政治工作，改变了下岗职工的就业观念和思想认识，增强了市场竞争就业意识，拓宽了就业渠道实现了再就业，为企业发展和维护社会稳定做出了贡献。年初公司系统内11个再就业服务中心共有下岗职工1 186人，到12月底已全部得到安置。其中进入劳务派遣组织的821人，办理退休及内退的29人，办理协保、大龄保护的53人，有283人实现了自主就业。结合改革改制工作，在把职工由“企业人”变为“社会人”的同时，积极创造条件支持其尽快实现再就业。全年转换身份500人，利用企业存量和闲置资产再就业安置180人。

5. *厂务公开、效能监察、增收节支工作成绩显著*。2002年总公司系统进一步深化厂务公开工作，继续推进在“三个重大”公开的过程中抓突破，注重企业改革改制、下岗职工分流安置等方案的公开，物资采购公开及工程招投标的公开和重大问题的公开，使厂务公开工作规范化。坚持多种形式公开制度，从总公司机关到各基层单位都建立了公开栏、意见箱、领导接待日等制度。配合上级审计机关，在企业改革中加强了财务的服务和监督职能，积极参与企业的改制工作，在资产评估、筹集资金、企业重组、分流安置工作中发挥了应有作用，收到了较好的效果。

效能监察工作与企业民主管理紧密结合。通过开源节流、加强管理、降低成本费用，增加收入237万余元；追回三年以上的外部欠款384万余元；发现并查处案件，挽回经济损失4.2万元；建立健全规章制度15个，为加强和改善管理、堵塞漏洞，提高经济效益，起到了较好的促进作用。

6. *企业改革、改制工作取得阶段性进展*。总公司将企业改革、改制工作列在首位，专门成立了企业改革部负责具体工作。各企业都成立了一把手任组长的企业改革工作小组，责任到人，狠抓落实。总公司结合企业实际按“一企一策”分类指导，各职能部室协同配合。改革不简单是资产重组，更加重视了人的关键作用。注重对原国有企业职工进行身份转换，一方面分流安置了富余职工，另一方面为改制后企业建立新机制创造了条件。到目前，小动力厂完成了阶段性改制任务，共成立一大六小七个有限责任公司。农机公司和物资公司分别将主业改制成立了有限责任公司，正在进行注册工作。嘉源公司积极支持挤奶机械产品作大作强，吸引社会投资成立新公司，建立了新机制。机械设备厂针对企业难以摆脱困境的现实，先行将所有在职职工进行分流安置，与301名职工解除合同，利用闲置资产组织5个小型企业，使部分职工实现了再就业。

北京兴东方实业有限责任公司党政领导班子成员

党　委书记　张　耕
副书记　吕振清　张朝星
纪委书记　毛东山
总 经 理　吕振清
副总经理　郭德昌　尹　杰
段义绵　蔡福栋

（陈之喆）

北京城乡建设集团有限责任公司

一、概　　述

北京城乡建设集团有限责任公司（简称北京城乡建设集团）成立于1981年，是北京市人民政府授权资本运营和生产经营的国有独资企业。注册资本金总额30 293.3万元人民币，现有总资产32亿元，净资产4亿元。2002年集团公司在建筑安装、房地产开发为主业，兼营建筑勘探、设计、装饰以及设备安装、基础施工、市政和环保工程、防水工程、古建工程、饭店、物业管理等产业结构的基础上，又进一步扩大经营范围，通过重组、合并、设立等方式，新增了外埠分公司、水利建设工程等经营项目，企业综合实力得到了发展壮大。集团公司具有国家房屋建筑工程施工总承包一级、市政公用工程总承包一级资质以及对外经营权。为ISO9000质量管理体系、ISO14001环境管理体系和OHSMS18000职业、安全、卫生管理体系认证单位。集团公司目前拥有分公司、全资子公司、控股公司和参股公司30余家，拥有外埠分公司5家，现有各类技术管理骨干5 500余人。截止到2002年，累计创市优以上工程140项，其中国有鲁班奖11项，长城杯57项。工程优良品率、竣工率居全市同行业之首。集团公司被建设部授予全国工程建设管理先进单位和安全生产先进单位称号。连续6年被市工商局授予“重合同守信誉”单位称号。

2002年城乡建设集团以改革改制为动力，以打造企业核心竞争力为重点，全面提高企业管理水平，进一步扩大了资本运营和生产经营的实力。全年工作实现了五大突破。

一是主要经济指标大幅攀升，实现了历史性突破。全年产值经营额完成49亿元（含水利企业7.8亿元），按可比口径计算，为年计划的102.3%，同比增长36.7%；其中，施工产值完成33亿元（含水利企业6.8亿元），按可比口径计算，为年计划的106.4%，同比增长37%；开发投资额完成8.4亿元，为年计划的105.8%，同比增长45%；开发销售额完成5.4亿元，为年计划的112.2%，同比增长46%。开复工面积完成456万平方米，比上年增加

100万平方米，同比增长54%。房地产开发面积76.7万平方米，为年计划的111.2%，同比增长14.6%。税前利润7 500万元，扣除弥补潜亏，实际利润5 000万元，同比增长25%。上述经济指标是在2001年大大突破历史最高水平的基础上，再一次实现了历史性的突破。

二是企业改革改制的力度加大，在建立新体制、新机制上实现了突破性进展。集团母公司的管理体制和运营机制得到了进一步完善。按照逐步实行"四统一"（统一经营、统一管理、统一结算、统一纳税）的原则，制定了集团母公司的运营体制和管理办法，并制定了工程招投标、财务、成本、会计等配套的管理办法，分公司和直属项目部的相关管理办法。新组建的陕西、珠海、黑龙江等几个外埠分公司均有了良好开端，步入良性运行轨道。随着新机制和一系列新办法的逐步规范运行，集团母公司作为法人实体，实施资本经营和生产经营相结合，逐步转向资本经营为主的进程大大加快；建立"三个中心"（集团公司成为投资决策中心、二级公司成为利润结算中心、项目部成为成本控制中心）新体制的进程大大加快。改革、转制进一步促进了资源的整合和优化配置，提升了企业素质。所属施工建安企业全部完成资质就位，通过资质就位，集团系统共取得房屋建筑工程、装修装饰工程、市政公用工程、公路路面工程等总承包和专业施工资质11项，共计13个一级资质，34个总包和专业施工二级资质。国有小企业的改制工作基本完成，解决了多年来困扰企业的负盈不负亏的沉重负担。

三是在落实迎战奥运五项行动纲领上取得了突破性进展。城乡品牌的美誉度在业内得到了普遍认可。在"双百方针"（即：百分之百的施工现场都要达到市级文明施工现场标准；百分之百的施工工程质量都要到达市级优质工程的标准）的鞭策和激励下，工程质量和文明现场管理又上了一个大台阶。全年共创结构长城杯19项，建筑面积82.6万平方米，结构市优率达81.47%；创建市级文明工地33项，其中市级样板工地1项。中央电视台音像资料馆工程获得2002年度全国科技示范工程的美誉。所属施工企业全部通过了ISO9002、ISO14001、OHS18000三个国际先进管理标准的认证。人才战略计划进一步深入贯彻落实。全年引进各类专业人才231人，其中本科以上及具有各类专业技术职称人才占89%。在中、高级管理人员中普及计算机和英语的培训正在深入进行，全年完成各类专业培训及继续教育8 000多人次。415名专业技术人员晋升了专业技术任职资格，其中中高级职务53人。青年顶尖人才的深造有了良好开端，第一批选送的出国深造人员已圆满完成了学业。企业党建和精神文明建设进一步加强，集团公司被北京市委授予"思想政治工作优秀单位"的荣誉。

四是在强化企业管理，全面提高企业管理水平上取得了突破性进展。突出体现在各项管理工作在总结历史经验的基础上积极创新，建立健全了一系列企业管理制度，提高了依法治企，靠制度实施管理的科学管理水平。在总结多年来成功的管理方法和作业方法基础上，编制了具有城乡建设集团特色的企业工法；清理了230余项陈旧过时的管理文件和制度；结合企业新的实践，修订及新建了30余项管理制度，使企业的各主要管理部门和主要管理工作，基本做到了有章可循，初步形成了具有城乡建设集团管理特色的管理规范体系和企业工法。强化了管理，提高了依法经营、遵规守纪和用法律手段保护企业合法权益的意识和能力。

五是在打造企业的核心竞争力上取得了突破性进展。精心培育了几个敢为天下先、政治素质高、经济技术实力强的骨干企业，培育了几十个大项目经理班子，为企业强筋壮骨，培养锻炼了一批企业的领军人才，增强了竞争能力和经济实力。

二、机构设置及下属单位

2002年集团公司机关部室机构为1室7部1中心，即：党政办公室；党委工作部；工程管理部；群众工作部；企业管理部；资产财务管理部；人力资源管理部；总承发包部；投资发展研究中心。

集团公司所属二级公司（单位）37个，其中建筑施工企业10个，房地产开发企业3个，水利企业12个，其他企业7个，事业单位1个，外埠分公司5个。见表1、表2、表3、表4、表5、表6。

表1　建筑施工企业

单　位	地　址	电　话
北京城乡一建设工程有限责任公司	北京市海淀区新街口外大街5号	62021117
北京城乡欣瑞建设有限公司	北京市宣武区广安门内登莱胡同22号	63834432
北京市城乡建设第三建筑工程公司	北京市丰台区草桥北街甲一号	63540480
北京城乡昊都建设有限公司	北京市宣武区广安门外南街57号	63441077
北京城乡中昊建设有限责任公司	北京市崇文区永外东滨河路11号	87274581
北京市城乡建设第八建筑工程公司	北京市朝阳区华威北里24号楼	87772346
恒万实业有限公司	北京市朝阳区樱花园16号	64449514

（续）

单　位	地　址	电　话
北京城乡建设集团有限责任公司建兴建筑工程分公司	北京市宣武区广安门外鸭子桥路 6 号	63478027
北京紫荆市政工程有限公司	北京市丰台区莱户营东街乙 363 号	63492189
北京城乡建设设备安装工程公司	北京市丰台区六里桥南里 9 号楼明翔中心	63869518

表 2　房地产开发企业

单　位	地　址	电　话
北京城乡房屋建设开发公司	北京市东城区兴华路 9 号 5 层	84277205
北京鑫兆房地产开发公司	北京市东城区兴华路 9 号 5 层	84277205
北京金博宏房地产开发有限公司	北京市宣武区广安门外鸭子桥路 6 号	63564190

表 3　水利企业

单　位	地　址	电　话
北京水利发展有限公司	北京市海淀区普惠北里 10 号	68255588—1001
北京金河水务建设有限公司	北京昌平区沙河镇西沙屯	80762420
北京通成达水务建设有限公司	北京市朝阳区静安里 30 楼	84552995
北京翔琨水务建设有限公司	北京市海淀区西三旗安宁路	62911155—3208
北京京水建设工程有限公司	北京市海淀区黑山沪羊场 1 号	62895392
北京京水房地产公司	北京市朝阳区向军北里 9 号楼	65070059
北京市水利建设承发包公司	北京市朝阳区向军北里 9 号楼	65085892
北京京润园林绿化工程公司	北京市顺义区后沙峪镇裕民大街 6 号	69454472
北京市水工机械厂	昌平区沙河镇巩华城大街 88 号	69731584
北京市水利物资贸易公司	北京市西城区德外安德路 77 号	62022949
北京市天利电器工业公司	北京市昌平区沙河镇展思门路 58 号	69732702
北京环城游泳管理中心	北京市海淀区厂洼西街 10 号院 44 门 101 号	68425086

表 4　其他企业

单　位	地　址	电　话
北京市城乡建筑材料经营开发公司	北京市朝阳区望京工业区东路	64381662
北京华美博大环境工程有限公司	北京市安定门外大街 88 号中路大厦 506 室	64280011
北京市城乡建筑设计院	北京市宣武区广安门外鸭子桥路 6 号	63264108
北京万隆酒店	北京市宣武区广安门外鸭子桥路 6 号	63262211
城隆物业管理有限公司	北京市宣武区广安门外鸭子桥路 6 号	63262211

表 5　事业单位

单　位	地　址	电　话
北京城乡建设学校	北京市朝阳区安外北苑羊坊甲 2 号	64232581

表 6　外埠分公司

单　位	地　址	电　话
陕西分公司	西安市迎宾大道 80 号信合大厦 5 层	029—6287232—555
珠海分公司	珠海市柠溪大道丰达花园 1 号楼 5B	0756—2286689
黑龙江分公司	哈尔滨市南岗区永新街 140 号龙电花园 O 座	0451—2299074
沈阳分公司	沈阳市和平区振兴街 9—17 号	024—23875335
甘肃分公司	兰州市庆阳路金运大厦 24 层	0931—8449188—8012

三、主要活动

1.*制定"五个突破"的工作目标，谋求快速发展。*年初，集团党委根据去年制定的五年发展计划，考虑到企业发展的实际情况和具体的市场环境，制定了2002年要实现五个突破的具体工作目标，即：第一，主要经济指标实现历史性突破。施工企业开复工面积确保484万平方米；房地产开发的开复工面积确保68万平方米；产值经营额确保完成40亿元，其中施工和市政工程产值达到31亿元，房地产开发及其他多种经营额达到8亿元以上；利润总额确保完成7 000万元，力争达到1亿元；工程质量：结构市优率达到50%，竣工市优率达到40%，争创长城杯工程14个；安全生产杜绝重大工伤事故，全年因工死亡继续力争实现"0"指标。第二，加大改革改制的力度，在建立新体制、新机制上取得突破性进展。要深化集团母公司的改革和改制。深入推进二级公司的改制。深入推行动态项目管理。力争在年内全面完成小企业的改制工作。第三，在落实迎战奥运五项行动纲动上取得突破性进展。第四，强化企业管理，在全面提高企业管理水平上取得突破性进展。在企业管理方面，抓住三个重点，力争取得突破。要在加强企业财务成本管理、工程招投标、预算合同管理和建章建制，依法治企，规范企业经营管理行为上狠下功夫，争取在年内出台具有城乡建设集团特色、能够代表先进生产力发展要求、体现先进的企业管理文化的企业工法。第五，要在培育"五虎"，打造城乡建设集团的核心竞争力上取得突破性进展。

2.*制定迎奥运五项行动纲领。*城乡建设集团广大职工受到申奥成功的鼓舞，集团上下士气勃发。集团公司党政领导班子在全面地分析了社会环境可能发生的变化和集团的具体情况后，决定把申奥成功激发的爱国热情和民族自豪感，及时引导到深入贯彻江泽民同志"三个代表"的重要思想，为迎战奥运扎实工作，创建规范化、现代化、素质高、实力强的一流企业上来，经研究确定了抢抓机遇，乘势而上，迎战奥运的五项行动纲领，以此来调动全体员工的积极性、主动性和创造性。五项行动纲领简要内容如下：确立"城乡品牌"，创建全优集团；推出"双百方针"，实施"形象工程"；加强科学管理，坚持科技创新；全面启动人才战略，提高员工队伍整体素质；加强党组织建设和精神文明建设，造就一支高素质干部队伍，建设先进的企业文化。确立了"城乡品牌"构成的"精品、履约、安全、服务、绿色"的十字方针。"五项行动纲领"将成为今后几年企业做强做大的"总纲"。

3.*新的市场营销战略，积极开拓外埠市场。*在认真研究市场的基础上，集团公司积极拓展创新思路，开拓外埠市场，借助外地的优惠政策，借助和使用外地的优秀人才，借助和充分利用外地的市场环境条件，借助外地的经济实体的力量，本着互利互惠、诚信合作的原则，分别筹备组建了西安、黑龙江、沈阳、珠海、甘肃等分公司，发展壮大自己，树立北京城乡品牌。其中西安、黑龙江公司已中标5万多平方米工程任务，沈阳、珠海、甘肃公司也已筹建完毕，这是我们以实施西部大开发战略为契机，开拓外埠市场的一个较大突破。集团公司向外拓展，迈出了坚实的一步。

4.*接收水利企业，保证移交企业的稳定和生产经营的正常开展。*按照北京市党政机关企业移交工作办公室京交接办［2002］7号文通知精神，原北京市水利局所办的12家企业整体移交北京城乡建设集团有限责任公司。8月21日，举行了企业移交仪式，对这12家企业加入城乡建设集团表示了热烈的欢迎。在移交前水利局对原11家企业打捆，成立了北京水利发展公司（2002年7月12日注册），集团公司本着"尊重历史，承认现实，着眼发展，与时俱进"的原则对水利企业进行了接收。要求水利企业要着眼发展，要树立市场意识，积极开拓市场；要创新机制，创新体制，创新企业内部的经济结构，在发展中解决企业存在的问题。在一些具体政策上要贯彻与时俱进的思想，企业划归城乡集团，就要逐步纳入城乡集团各项管理范畴，从过去政府式的行政管理，变为资产管理和企业经营管理，要实现国有资产的保值增值，保证其在市场存在的价值，努力发展自己，与城乡建设集团原有企业共同奋斗，把城乡建设集团打造成一艘现代化的"航空母舰"，为国家、为企业、为职工创造更大的利益。水利企业的加入，实现了强强联合，优势互补，延伸了城乡建设集团的产业架构，在市场中形成了更为有力的竞争优势。

5.*精心培育"五虎"，打造城乡建设集团核心竞争力。*集团公司领导班子确立了在城乡建设集团内培育五个敢为天下先、政治素质高、经济技术实力强的骨干企业，并形象地称之为"五虎"，他们应该是城乡建设集团核心竞争力的集中体现。这是集团公司在打造企业的核心竞争力方面创造的一种工作模式，集团公司制定了"五虎"企业的经营规模、市场占有率、品牌形象以及员工队伍素质等具体标准和初期、中期、远期即5年发展目标，旨在促进企业拼搏进取，奋勇争先。

6.*营造大项目经理班子，为企业培养后备人才。*城乡建设集团制定了造就60～80个高素质的大项目经理班子的工作目标，着力抓好大项目经理班子的培养和配备，以培养大型项目经理班子为载体，加快人才队伍建设和人才机制的形成。把有培养前途的大学本科生、硕士生放在大项目经理部去培养和锻炼，为其早日成才创造条件。为此，集团公司决定今后建筑施工企业的主要负责人和总工程师、总会计师、总经济师一般都要经过大项目经理部的锻炼，使其在实践中增长才干，提高素质。企业的主要经营者，尽量从优秀的大项目经理中选任，要使大项目经理部成为企业培养优秀人才的熔炉和学校。一批素质好、实力强的大项目经理部应运而生，成为企业核心竞争力的基础和保障。

北京城乡建设集团党政领导班子成员

党委书记　姜立贵
党委副书记　聂玉河　王殿平
常　　委　高永成　王春雷　张安全　果连荣
董 事 长　姜立贵
副董事长　聂玉河
董　　事　王殿平　高永成　王春雷　肖长明
　　　　　何丽华
总 经 理　聂玉河
副总经理　高永成（常务）　王春雷　王晓维
　　　　　崔建忠
总工程师　吴培庆
总经济师　肖长明
总会计师　孙宝珩

（曹民英　翟新伟）

北京市农工商开发贸易公司

一、概　　况

2002年，北京市农工商开发贸易公司以邓小平理论和"三个代表"重要思想为指导，根据新的形势和公司实际，以发展为主题，以调整为主线，以改革为动力，克服困难，开拓进取，艰苦奋斗，在主导产业建设、经营结构调整、推进企业改革、加强党建和思想政治工作等方面，都取得了突破性进展，全年共实现经营额2.5亿元，基本达到了年初确定的任务目标。

二、机构设置及下属单位

公司设3个处室，即办公室、综合处、计财处。下属单位8个，见下表。

北京市农工商开发贸易公司所属单位

单位名称	地　址	电　话
北京市正大贸易公司	朝阳区劲松南路1号	67737456
北京市恒泰通商贸发展公司	朝阳区东三环南路13号	67718587
北京市兴业乡镇物资公司	朝阳区松榆西里18号	67328770
北京海文物业管理有限责任公司	朝阳区劲松南路1号	67731206
北京市基建工程管理处	通州区东关	89521441
北京国际蛋制品有限公司	顺义区南彩镇俸伯	89470646
北京野生动物森林有限公司	大兴区榆垡镇	89214144
北京濒危动物驯养繁殖中心	大兴区榆垡镇东胡林	89213437

三、主要活动

1. 北京野生动物园建设再上新台阶。2003年，公司继续把北京野生动物园建设作为全局工作的重点，在2001年8月建成开园的基础上，按照"创新、精品、一流"的发展思路，进一步加大工作力度，在四个方面取得了新的进展：

一是抓园区建设。为了满足游客求新、求变的心理和观赏需要，"五一"旅游黄金周期间，新增了鳄鱼表演和鸵鸟园，在动物散放区推出了笼网式观赏车；"十一"旅游黄金周期间，又引进首次进京的国宝——黔金丝猴，并进一步推出了笼网式投食观赏车。这些新亮点，吸引了大量游客。为了使园区布局和游线更趋合理和方便游客，增建了近万平方米的第二散放区停车场及附属走廊，增加了运营车辆，对部分景区场馆的分布和动物数量进行了调整充实。为给游客提供一个资源品位优良，秩序井然规范、游览舒适，出入便捷，安全清洁的旅游环境，进一步完善了各项环境设施。通过以上措施，园区建设跨上了新台阶。继2001年10月被评为北京"新八景"之后，今年"十一"前夕在市旅游局对全市34家主要景区、景点的测评中，北京野生动物园的游客满意度达到97.4%，环境秩序综合得分114分，总排位由第二十位跃升到第八位，充分显示了它已经在全市景点中的重要地位。

二是抓市场营销。野生动物园分别与新闻媒体和有关部门建立了良好的合作关系，通过新闻报道、广告、科普教育等多种方式，加强宣传工作，提高了游客的认知度。在市场开发方面，加强营销队伍建设，细分营销市场，分别与300多家旅行社签订了合作协议。为了扩大影响吸引客源，组织精干人员赴京南周边地区开展路演推介活动。为了解决散客交通不便的困难，开设了三条节假日旅游专线车。根据"团队为主，散客为辅，主题公园，假日经济"的市场定位，制定了既规范又灵活的票务政策等，从而使来园的游客大幅度增加，仅4月份游客就达12万人次，在同行业已经跃居一流水平。全年累计接待游人近60余万人次，实现收入4 000万元，实现利润1 000余万元，完成了年初确定的任务目标，它有力地说明和实现了一流的园子、一流的管理、一流的效益，使野生动物园的建设和发展迈上了一个新的台阶。

三是抓动物的饲养和保护。开园一年来，园内各种动物不但生态良好，而且繁殖成活率达到了95%以上。据统计，开园以来累计繁殖金丝猴等珍贵兽类动物70余头，绿尾虹雉、丹顶鹤等珍贵鸟类600余只，创造了国内同类动物园开园初期动物成活和繁殖的最好成绩，得到了国家和北京市主管部门、国内外动物界同行的肯定，同时也为开展动物交流，提高动物产值和效益，打下了基础。

四是抓管理。主要包括建立接待咨询和投诉处理制度，人身安全和动物安全的管理制度，财务、票务、营销、动物饲料进出库、劳动用工、奖罚等规章制度，对员工培训、考核制度等，从而形成了有序高效的运行机制。

2. *重点经营和开发项目取得新进展*。在贸易方面，公司克服化肥市场进一步开放、郊区加大农业结构调整、资金严重短缺给化肥经营带来的重大影响，共经营化肥 56 000 吨，其中进口二铵 26 000 吨，国产尿素 25 000 吨，国产碳铵 5 000 吨，完成经营额 8 000万元，实现利润 300 万元。针对市场形势的变化，给饲料深加剂经营带来的影响，公司进一步调整经营策略和经营品种，加大液体蛋氨酸的销售，开发预混料市场，年共销售蛋氨酸 1 050 吨，维生素 200 吨，预混料 80 吨，实现经营额 3 800 余万元。金穗公司是总公司按照公司加农户生产经营模式建立的甜玉米食品加工企业，与农户建立了紧密的利益联结机制，对农民致富具有较强地带动作用，符合农业产业化经营方向，总公司进一步加大对金穗公司的培育和发展力度。2002 年，甜玉米种植面积达到 266.67 公顷，加工速冻玉米 760 吨，完成销售收入 800 万元实现了扭亏为盈。

海文物业公司完成了海文大厦年度大修工作，进一步提高了对海文大厦的物业管理和服务水平；松榆西里小区物业管理工作步入正轨，完成了小区煤改气工程；海文写字间经营情况良好，全年写字间月均出租率达到 85%以上；富华大酒楼经营情况比较稳定；世纪英才公司利用北京市电子政务建设的时机，寻求新的经济增长点，实现经营转型取得了突破。

公司基建工程管理处坚持以建筑业房地产业为主、多种经营为辅的经营方针，商业楼万米工程和绿化配套工作已全部完工，售出商品房 90%，可收回资金 2 400 余万元；近 2 000 平方米的商业楼已经出租开业，年租金收入 40 万元；承建市农干院图书馆 3 700 平方米的建筑工程已全部竣工并验收合格；房地产二期 11 600 平方米的建筑工程已经完成地上三通一平和地下基础处理工作。

3. *继续推进公司改革*。主要抓了以下工作：一是总公司机关调整了处室的职能和任务，进一步完善了办公制度和办事规则；机关用车和司机实行了物业化和社会化管理。改革后公司机关保留了三个处室，全部人员精简到 19 人，工作效率明显提高。二是通过产权制度改革，华丰公司和润发公司分别由全民所有制改制为有限责任公司，两个企业均已按照法定程序完成了新公司的登记注册工作。蛋制品公司在压缩费用、精简人员、管好设备、清欠货款的同时，重点抓好出售转制工作，经过不懈努力，取得了实质性进展，已经与顺义农行和北京富荣兴旺蛋制品公司达成出售转制意向，多年来困扰我们的蛋制品公司问题有望得到解决。三是认真贯彻落实北京市有关就业和再就业政策，加大宣传力度，促使职工转变就业观念，推动企业下岗职工基本生活保障向失业保险并轨，建立了企业补充医疗保险制度，依法规范劳动关系，妥善处理劳动争议，化解矛盾。通过认真细致的工作，恒泰通代管的中实公司、基建工程处接管的物资公司、已停业的二级公司基本完成了人员的清理工作。四是进一步加强了企业管理。海文物业公司通过建立并严格执行各项管理制度和考核办法，规范企业行为，企业管理走上了科学化、专业化、规范化的轨道，该公司实行的《奖金考评实施细则》规定了上到公司书记、经理，下到一线普通职工的岗位责任和奖罚标准；对部门、班组负责人岗位实行了公开竞聘等，进一步增强了企业干部职工的责任心，逐步形成了以“严格管理、严格考核”为核心，以“扎实、周到、高效、创新”为内容，以“一流的员工、一流的管理、一流的服务、一流的效益”为目标的海文物业企业文化。正大贸易公司进一步加大劳动人事改革力度，除已经退休的职工档案和总公司管理的干部档案外，其余员工档案已全部转到了人才交流中心，实行社会化管理。其他二级公司，如兴业公司、恒泰通公司、基建工程处等，也都根据各自的实际情况，加强了企业管理工作。

4. *进一步加强党建和思想政治工作*。一是认真抓好理论学习。公司两级理论中心组重点学习了江泽民同志“三个代表”重要思想和中央制订的《公民道德建设实施纲要》、《市委关于贯彻〈公民道德建设实施纲要〉的意见》以及现代科技知识和时事政治等。学习中注重理论联系实际，如联系部分企业干部对改制的不正确认识，以及在企业发展中存在的畏难情绪，有针对性地进行学习，开展工作，有效地解决了问题，提高了认识，促进了公司改革和发展。

二是加强组织建设。进一步健全、完善了公司书记办公会和党政联席办公会议事规则，凡属涉及公司全局的重大事项，都要经过领导班子集体讨论研究决定；在领导班子中实行了集体领导与分工负责相结合的制度；建立和完善了企业领导人员的选拔、使用、考核、激励、监督、培训等管理制度，初步建立了适应现代企业制度要求的选人用人机制，针对公司领导班子自身存在的年龄结构、专业结构不合理问题，通过吸收部分二级公司经理列席公司领导班子会议、分任务、压担子、交方法等，加大了对年轻干部的培养力度。

三是加强作风建设。公司党委组织二级公司副经理以上干部，学习中纪委 6 条规定和市纪委下发的《廉洁从政手册》，在进行自查的基础上，总公司和二级公司领导班子分别召开了民主生活会。按照市委要求，相继在公司系统党员、干部中开展了“树立正确利益观”的学习教育活动和作风建设大讨论活动。在作风建设大讨论活动中，与三讲“回头看”活动和“专题民主生活会"结合在一起统一安排，组织公司系统副经理以上干部学习中央"关于加强和改进党的作风建设的决定"等有关文件，各单位领导班子成员自查纠正在作风建设方面存在的问题，召开了党员、职工代表座谈会，征求对领导干部工作作风的意见，领导班子召开民主生活会，有针对性地制定了整改措施。

四是加强民主管理和民主监督。总公司对二级公司厂务公开加强了监督，对于资产规模较大、经营状况较好的企业，定期听取工作汇报，直接掌握企业重要工作进展情况。对关停企业的厂务公开工作加强了监管，保证国有资产不流失并对下岗职工给予了妥善安置。公司系统健全了工会组织，根据修改后的《工会法》，突出抓了集体合同和职代会工作，维护职工的经济权益和民主权利，落实了职代会对涉及职工切身利益重大问题的审议通过权。加强效能监察，总公司重点对公司系统档案清理工作进行效能监察，清退档案30余份，占应清总数的1/2，各二级公司的效能监察项目也都较好的完成。

五是加强日常思想政治工作。公司系统建立健全了思想政治工作常态运行机制，实行党委统一领导、党委"一把手"负总责、各方面分工负责的领导责任制，做到任务明确，职责清晰，一级抓一级，层层抓落实。深入开展了与"法轮功"邪教组织的斗争，加大对"法轮功"人员的监控力度和教育转化工作，完成了市里下达的"零"指标任务。加强了来信来访接待工作，公司主要领导牵头，定期排查不稳定因素，研究消除各种隐患的具体措施，把问题解决在萌芽状态，保证了公司系统各项工作的正常运行。

北京市农工商开发贸易公司
党政领导班子成员

党委书记　陈瑞钧
副 书 记　熊万华　张进宽
总 经 理　熊万华
副总经理　陈　健　孝启富　桑宝荣　王廷森

（杨玉刚）

北京市郊区旅游实业开发公司

一、概　况

2002年北京市郊区旅游实业开发公司（以下简称郊旅公司）工作的指导思想是：始终坚持以邓小平理论和江泽民同志"三个代表"重要思想为指导，认真贯彻落实党的十五届六中全会精神和中央经济工作会议的各项战略部署；抓紧落实企业"三讲"教育整改方案，扩大"三讲"成果；继续深化企业改革，不断完善法人治理结构，大力推进现代企业制度建设和企业机制创新；紧跟入世后的形势发展，积极调整企业结构，提高市场竞争力；转变观念，振奋精神，扎实工作，迎难而上；全面完成企业两个文明建设的各项任务，以优异成绩迎接党的十六大的胜利召开。

全年，全公司完成营业收入约14亿元，实现利润约1.05亿元。其中，城乡贸易中心股份有限责任公司完成营业收入12.5亿元，实现利润近1亿元；其他企业完成营业收入1.4亿元，实现利润481万元。

二、机构设置及下属单位

公司本部设7个处室：经理办公室、企业管理处、财务处、人事劳资处、组织宣传处、工会、老干部处。公司下设6个二级公司和一个物业管理单位，见下表：

北京市郊区旅游实业开发公司下设单位

名　称	地　址	电　话
北京城乡贸易中心股份有限公司	北京市海淀区复兴路甲23号	68298225
北京城乡旅游汽车出租有限责任公司	北京市朝阳区东直门外六公坟	64725131
北京新华国际旅游有限公司	北京市海淀区复兴路甲23号	68214878
北京市旅游房地产开发有限公司	北京市海淀区普惠南里13号楼	68218378
北京市旅游建筑工程公司	北京市海淀区普惠南里13号楼	68217677
北京市京旅建筑设计有限责任公司	北京市海淀区复兴路甲23号	68223688
北京市郊区旅游实业开发公司大厦管理处	北京市海淀区复兴路甲23号	68296876

三、主要活动

1. 完善法人治理结构，推进现代企业制度创新。针对企业改制后存在的"三会"权限不明确问题，进一步完善法人治理结构，努力健全与法人治理结构相适应的制度。为此，郊旅公司系统各改制企业按照现代企业制度的"三会"权限，建立财务收支审批权限制度。董事会、经理、主管经理进行三级考核，解决粗放管理问题。明确董事会对股东大会、经理对董事会、主管副经理对经理的经济责任和岗位责任并与企业的经济效益挂钩，既负盈又负亏，促进了企业管理，减少了管理漏洞。城乡汽车公司对新项目投资额权限做出规定：10～30万元的投资，由董事会审议批准；30万元以上项目由董事会报股东大会审议批准。其他企业也健全了新项目投资审批制度。

2. 坚持以市场为导向，不断促进企业发展。城乡贸易中心股份有限责任公司在不断调整、不断创新、不断进取中求发展。针对行业发生的巨大变化和竞争日趋激烈的局面，采取五项具体措施，树立城乡公司和城乡华懋整体思想，对内强强联合，对外统一形象，充分利用现有面积，形成合力，实现 1+1＞2 的战略目标。为此，城乡公司和城乡华懋重新明确了重点商品经营范围和市场定位。

3. 管理创新、经营创新。城乡华懋为搞好经营，提出了管理创新和经营创新的新思路。在管理创新上，推行品牌取胜策略、全过程管理策略和结构优化策略。在经营创新上，通过数据分析、监控和筛选优良品牌的商品，及时调整商品结构，带动整体销售的增长。通过引进、培育，把优良厂家引进商厦。

4. 开展星级服务。城乡公司和城乡华懋以“以人为本，诚信为基，顾客至上，服务一流”为宗旨，开展以全面提升商品品牌、商品质量、服务质量、服务环境水平为主要内容的星级服务管理工作。以星级服务为目标，开展了岗位技能大练兵、大比武活动。星级服务赋予“服务创新、管理创新”的内容，提高了企业综合管理水平和员工素质，增强了企业竞争力。

5. 介入高科技领域见成效。城乡贸易中心股份有限责任公司相对控股的大用软件公司拓展的经营步伐加快，被信息产业部评为电信行业优秀系统集成商，获得了国家计算机信息系统集成二级资质，成为全国仅有的三十家二级资质软件企业之一，确立了在同行业中的竞争地位。大用软件已承接了日本 NEC 公司路由器产品软件开发测试及美国国家半导体公司 IC 设计软件移植的项目，还获得了国家科技部和中小企业创新基金项目和信息产业部电子发展基金项目的支持。此外，大用软件重点开发的多媒体会议产品已成为国家教育部指定的网络会议产品。

6. 增强市场意识，调整经营结构，拓宽发展思路。城乡旅游汽车公司董事会、经营班子从分析市场形势、分析资产状况、分析制约企业发展的主要矛盾入手，通过结构调整，解决旅游大客车经营亏损问题。主要措施一是以租代卖，将部分大客车出租为期三年，用收回的资金收购运营小客车。二是更新部分大客车，新车收取管理费，保证其产生净利润。三是部分大客车退出竞争激烈的旅游市场，进入班车市场。结构调整后，大客车运营实现了扭亏为盈。

7. 积极开展多种经营。新华旅游集团公司 7 月取得出境游经营许可证。面对全市出境游组团社由 9 家增加到 41 家，旅游接待呈微利的状况，在做好出境游各项基础工作外，坚持旅游业务与相关服务业务并重，继续进行结构调整，积极开展多种经营。形成了以多种经营促旅游接待业务，又以旅游接待业务带动相关业务发展的经营模式。

8. 多种形式创效益，壮大企业实力。总建筑面积 6 万平方米，项目投资预算 1.5 亿元的大兴“建兴家园”项目，是以本系统的房地产开发公司为龙头，本系统建筑、设计等公司参股，发挥“联合体”优势的一次成功尝试。该项目现已累计实现销售收入 6 000多万元。一期生活区绿化、物业管理初具规模，二期工程已完成 80% 的工作量，从而巩固了以资产为纽带的联合体。

9. 树立“责任重于泰山”意识，确保企业安全稳定。各单位与公司签订了企业安全稳定《责任书》。由于坚持“安全是企业第一效益”的思想，安全稳定工作摆上重要工作日程，常抓不懈，工作落实，为企业健康发展创造了前提条件。

10. 认真学习、宣传、贯彻党的十六大精神。党的十六大胜利召开后，公司党委及时下发了《关于组织领导干部及全体党员认真学习十六大报告的通知》。公司党委举办了郊旅公司系统领导干部十六大精神学习班，联系企业实际进行认真学习交流。学习围绕主题，抓住灵魂，把握精髓，明确任务，联系实际。公司系统按照十六大报告提出的“发展要有新思路，改革要有新突破，开放要有新局面，各项工作要有新举措”的要求，总结过去，规划未来，为制定好 2003 年企业改革发展计划，奠定了坚实的思想基础。

11. 努力加强企业领导班子思想建设。公司党委以“三个代表”重要思想武装干部头脑，把加强领导班子思想建设，做为全年领导干部学习的主要任务。公司领导班子理论学习中心组带头学习江泽民同志“5.31”重要讲话，所属企业坚持中心组学习制度，很多领导干部联系实际撰写学习“三个代表”重要思想心得体会。通过“三个代表”重要思想的学习，各级领导干部更加明确了把发展经济做为企业“第一要务”的指导思想，集中精力抓改革，一心一意促发展。

12. 巩固“三讲”教育成果，加强领导班子作风建设。为巩固和扩大“三讲”教育成果，进一步加强领导班子作风建设，公司党委制定了《关于贯彻〈中共中央关于加强和改进党的作风建设的决定〉的意见》，公司领导班子成员认真落实《意见》，切实改进作风，深入基层，到生产经营第一线，具体指导，狠抓落实，使企业的经营管理工作有了明显改善。完成了“三讲”教育整改方案落实情况的检查工作，进一步促进了各项整改措施的落实。

13. 深化干部人事制度改革，加强领导班子组织建设。公司党委采取有力措施加强组织建设。一是进行班子考核。在对城乡汽车公司领导班子考核时，广泛听取中层干部意见，进行民主评议和任期经济责任审计。考核后，调整了经营班子。新一届领导班子上任后，优化资产结构，扩大运营规模，加强企业管理，企业经营工作有了明显进步。二是进一步深化干部人事制度改革。建筑工程公司经民主推荐聘任的领导干部，试用期满后向职工代表述职并进行民主评议和民主测评，在公司党委研究后正式聘任。三是做好干部培训工作。开展企业干部培训工作专项调查。这次调查，对今后加强公司系统干部培训工作有重要的指导作用。

14. 认真开展“党风廉政建设宣传月”活动。在“宣传月”中，5名领导干部讲党课，全系统600多各级领导干部、党员接受了党课教育。通过录像、宣讲等形式，既宣传了先进典型的事迹，也使干部受到了反面典型的警示教育。同时，各单位联系实际，修订廉政建设制度。城乡汽车公司规范了领导干部职务消费行为，严格了领导干部有关报销制度。大厦管理处、建筑工程公司等单位都修订、完善了“三重一大”制度，加强了对领导干部的监督，提高了科学决策水平。

15. 大力推进效能监察工作，提高企业管理水平。效能监察工作是新形势下企业纪检监察工作的一项新任务，也是企业纪检监察工作为经济工作服务的一个切入点。为此，公司党委、纪委把加强效能监察工作做为全年纪检监察工作的重点，坚持围绕企业生产经营工作中的重点、难点和热点问题选题立项，开展效能监察；坚持纪检监察部门与业务部门紧密结合，共同推进工作；坚持把效能监察工作重点放在制度建设上，规范管理。全年，实施的6个效能监察项目取得了较明显效果。其中，城乡贸易中心股份有限责任公司“行政费用使用支出”、大厦管理处“技术改造和装修工程”两个项目经过效能监察，分别节约支出102万元和104万元。

16. 深入贯彻落实《工会法》。为深入学习贯彻新的《工会法》和《北京市实施＜工会法＞办法》，公司系统各级工会组织广泛宣传，通过举办培训班，开展了知识竞赛等活动，《工会法》普及率达90%以上。广大工会干部法律意识进一步提高，依法治会、依法维权能力普遍增强，有效维护了职工队伍的稳定。

17. 加强企业民主管理、民主监督制度建设。企业厂务公开主体得到进一步规范，党政纪工齐抓共管的工作机制得到进一步健全。由于厂务公开制度不断深化，企业业务招待费得到有效控制，据统计，全系统共节约业务招待费90余万元。

北京市郊区旅游实业开发公司党政领导班子成员

党委副书记　周和平（主持工作）
　　　　　　许秀英
常　　　委　李青山　徐再城
纪委书记　徐再城
经　　　理　周和平
副　经　理　李青山　贺志仁　王禄征　王建文

（韩振中　郭燕平）

北京市农产品中央批发市场管理委员会

一、概　　况

北京农产品中央批发市场是市政府投资兴办的大型农产品批发市场，是农业部确定的全国重点批发市场之一，也是国际批发市场联盟的理事会成员单位。市场总体占地62.33公顷，主要由农产品交易区、仓储加工区、市政基础设施区和商业住宅区构成。北京农产品中央批发市场管理委员会是市政府的派出机构（正局级事业单位），代行市政府的有关职能，负责本市场的总体规划和资本运营工作。北京农通实业开发总公司（国有独资企业）是管委会的经营公司，注册资本金10 000万元，负责市场的开发建设和经营管理工作。

2002年，管委会、总公司坚持以“三个代表”重要思想为指导，坚持以经济建设为中心，紧紧围绕市场开发建设的两大主业展开工作，与时俱进，团结奋斗，开拓进取，各项工作取得可喜成果。截止到12月底全系统实现营业收入15 104万元，比2001年增加3 542万元、增长30.60%；实现利税1 287万元，比2001年增加240万元、增长15.99%；所有者权益29 152万元，比2001年增加791万元、增长2.79%；资产总额达到52 501万元。

二、机构设置及下属单位

管委会机关与总公司本部合署办公，设一室三处：办公室、组织人事处、计划财务处、企业发展处。下属单位有一部六公司，见下表：

管委会、总公司下属单位

名　　称	地　　址	联系电话
总公司国际贸易部	北京市丰台区万柳桥甲3号	63486502
北京金谷森经济发展有限公司	北京市丰台区新发地168号	83729569
北京银地房地产开发有限责任公司	北京市丰台区黄土岗262号	83729580
北京蓝德实业有限公司	北京市丰台区万柳桥甲3号	63440102
北京四季常青绿化服务中心	北京市丰台区黄土岗甲500号	83793062
北京市先河建筑工程公司	北京市丰台区银地西路12号	63735195
北京芳馨小灵通学生营养配餐中心	北京市丰台区广外骆驼湾37号	63263848

三、主要活动

1．改革挖潜，全面提升中央批发市场的竞争力。一是在2001年实行中层干部竞聘上岗的基础上，实行了全员竞聘上岗制度。在“平等自愿，双向选择”的前提下，按岗设人，增效减员，自上而下，层层选拔，形成了从总经理到部门经理直至普通员工之间的聘用机制。二是对目标责任制全面实行量化管理和百分制考核，从收入指标、费用指标、管理指标三方面制定了针对不同层次的详实可靠的责任制，职责明确，指标清晰，奖罚分明。三是深入挖掘潜力扩大经营面积。投入600多万元新建摊位91间、改建摊位66间、清腾摊位55间，折合面积6 800平方米，使批发市场交易设施面积达45 000多平方米。四是抓住机遇，成功引入原小井市场经营商户400多家，使市场商户总数达700多家、摊位出租率达100%。到12月底，市场年交易总量24万余吨，其中：粮油12万吨、特菜10万吨，交易额达12亿元。过去只有在重大节日期间才能见到的人流物流兴旺景象，完全被现在商贾云集、日日车水马龙的景象所代替，营业收入（986万元）达历史最高水平，基本上完成了从开发建设向规范经营的过渡。

2．采取有效措施，全力推进房地产开发建设速度。一是努力克服困难，广泛开辟融资渠道加大基础资金投入，确保项目资金的需求。二是积极协调有关部门，认真、及时做好开工前期的各项（规划、设计、建设、施工及水、电、气等）准备工作。三是主动协调、帮助、解决建设施工单位遇到的困难和问题，想方设法促进建设速度。四是以需求为导向，不断调整户型结构，使商品与市场更加适应。五是加强工程管理，提高施工质量，以精品、样板工程促进在建工程竣工后的验收工作。六是完善市政配套设施（路、管、线等6 933米）和绿化（20 000平方米）工程。七是引入销售代理公司的竞争机制（两家公司），全力推进商品住宅的销售工作。八是强化“服务第一，业主至上”的意识，加强物业管理。2002年房地产开发建设有了长足的进展，开复工面积99 673平方米，并实现当年开工当年竣工；销售收入达到13 931万元。

3．开发运作新项目，培育经济增长点。在深入分析、广泛调研、精心运作的基础上，大胆吸纳民营企业和自然人资金，于9月份成立了产权多元化的股份有限公司——北京芳馨小灵通学生营养配餐中心，并经两个月的试运营于11月顺利转入正常运营（4 500份左右/日均）。批发市场与市水产总公司合作的水产交易大厅建设，年底已经竣工。一些新的房地产开发项目也正在筹备运作当中。

4．努力盘整现有资产。千方百计，想方设法，对现有不良或效益低下的资产进行盘整：积极与市园林局南郊花圃接洽、运作6.93公顷土地的置换项目，到年底已完成启动前的有关准备工作；积极与市、区规划部门取得联系，尽最大努力调整土地使用性质，使已征用土地发挥更大效益；加大蓝德大厦的盘整工作力度，完成了与纪家庙公司的转让协议，其他手续正在紧锣密鼓地进行当中。

5．完成6.13公顷土地的征地拆迁工作。下定决心，克服困难，不惜投入大量资金和精力，于8月份底完成了对白盆窑四队6.13公顷土地及36户居民的征地拆迁工作，使多年未能解决的老大难问题得到圆满解决，为批发市场整体开发用地和银地家园二期工程建设创造了有利条件。

6．加强企业改革试点工作。本着“强强联合，优势互补”的原则，吸纳有资金和设备优势的民营企业——北京冠京工贸有限公司为合作伙伴，对先河建筑工程公司进行股份制改造，成立了具有现代法人治理结构、较强市场竞争力的新的股份制企业——北京冠京先河建筑有限公司。先河公司改制的成功，为推动农通总公司及所属公司在建立现代法人治理结构和人事管理、分配机制、财务管理、社会保障等方面改革的全面深入奠定了基础。

7．加强安全生产，消除安全（火灾）隐患。在做好完善制度、落实责任、督促检查等安全基础工作的同时，投资280万元，于10月份完成B、C两厅经营商户在经营、办公、吃住（三合一）的隔离，从根本上消除了多年来想解决而未能解决的安全（火灾）隐患。在北京市公安局消防局2002年度消防工作的考核中被评为先进集体。

8．加强党的建设和领导班子建设。坚持以“三个代表”重要思想和党的十六大精神统一思想、提高认识、指导工作，领导班子更加团结有力、作风更加扎实硬朗，员工的精神更加振奋、综合素质显著提高，为企业的发展从思想上、组织上奠定了坚实基础。在认真学习、收听、收看党的十六大报告、讲座的基础上，管委会、总公司于11月27～29日组织了以《“十六大”报告》为主题，由各公司副经理、各处副处长以上干部参加的集中封闭式培训，将“十六大”精神贯通于实际工作，既务实又务虚，通过集中学习、收听收看、自学、小组讨论、大会交流等形式，大家进一步加深了对“三个代表”重要思想的理解，精神更加振奋，对国家对企业的前途充满信心。认真贯彻落实党风廉政建设责任制，不断从源头上推进预防和治理腐败的工作。加强党务工作的制度建设，建立和完善了9项工作制度。坚持每月至少一次的理论中心组学习和党内民主生活会制度，各级领导班子的战斗力、凝聚力得到明显加强。从讲政治的高度，持之以恒地抓好维护稳定和社会安定工作，为经济发展创造良好的环境。全力支持工会、共青团等群众组织开展工作，通过不同渠道增进团结，鼓舞干劲，调动各层面员工的生产积极性。

北京农产品中央批发市场管理委员会党政领导班子成员

党　委书　记　王云峰（12月30日调出）

李福珍（12月30日主持工作）
委　员　张石林　韩继芳
李福珍（1月18日任职）
管委会主　任　王云峰（12月30日调出）
李福珍（12月30日主持工作）
副主任　张石林　韩继芳
李福珍（1月18日任职）

（刘秀山）

北京农业集团有限公司

一、概　　况

2002年北农集团实现了由以上市为主向以实业经营为主的转变，初步形成了以高技术科研、生产、销售为龙头，以高端房产为主业的公司产业结构，为2003年乃至今后北农集团的发展奠定了基础。2002年北农集团完成怡禾房地产项目、紫峰房地产项目、鲟鱼项目和生物高科技项目4个实体项目的前期调研、投资、管理工作。截止到2002年底，集团累计共完成投资38 920万元，其中怡禾国际公寓项目完成投资34 000万元，湖光山舍别墅项目完成投资3 000万元，生物高科技提取项目完成投资1 500万元，鲟鱼项目完成投资420万元。4个投资项目全年实现销售收入4 060万元。

二、主要活动

1．怡禾国际公寓项目进入全面开工阶段。怡禾国际公寓项目位于CBD核心区域，到2002年12月底前，《建设用地规划许可证》、《国有土地使用证》、《建设工程规划许可证》、《建筑工程施工许可证》和《商品房预售许可证》办理齐全。拆迁工作、土建工程设备、招标工作圆满完成，并进入全面开工建设阶段，护坡、挖土方正在展开。2002年12月25日楼盘正式开盘销售，到年底内部认购29套，意向客户226家。

2．湖光山舍别墅项目已竣工九栋样板房。湖光山舍别墅坐落在怀柔红螺寺山前，2002年公司办理了《建设用地规划许可证》、《国有土地使用证》、《建设工程规划许可证》、《建筑工程施工许可证》和《商品房预售许可证》等各种法律手续以及银行按揭，并已竣工九栋样板房；建设完毕包括污水处理厂、天然气站、500米长的小区公路、480平方米深的饮用水井和上水管道等工程；物业管理到场。从2002年9月26日起，项目一期工程正式对外销售，截止到2002年12月底，有67位客户签定了房产保留协议，交纳定金的36户，已换签的有20户，销售面积达到4 000平方米。

3．开发生物技术提取项目。2002年5月，集团组建控股公司—北京怡禾生物工程有限公司，负责开发生物技术提取项目。截止到2002年底，建成包括生产车间、办公楼、科研楼、综合楼等在内的建筑面积4 280平方米的厂区，完成厂区内的供水、排水、供暖、供电、道路、通讯工作，生产线所需的工艺设备也全部到厂。2002年完成99％紫杉醇技术开发的初试、调试工作，产品纯度达到99.5％以上，综合收率达到75％以上。同时分别与美国、日本、加拿大等公司建立联系，其中与美国IVAX公司初步达成年供100公斤半成品的协议。

4．兴办农业养殖项目。集团投资420万元、拥有35％股份的鲟鱼养殖项目，2002年，培育鱼苗100万尾，销售成鱼15万尾，销售收入440万元，储备4～7年产的鲟鱼种亲鱼3 000余尾。项目通过国家各类相关检查验收，取得有关“准入”证件，被列为北京市水产养殖业标准化生产示范基地、鲟鱼种鱼培育基地和食用农产品安全认证基地。

5．健全集团内部管理制度，稳妥推进企业改革。2002年北农集团在完善内部运行机制、加强企业基础管理方面主要作了以下工作：一是建立党支部，成立集团公司工会，筹备建立北农集团团委。二是加强内部管理，建立了职工失业、医疗、工伤、养老四项保险；三是按照十六大报告指明的深化国有企业改革方向，讨论并拟订了北农集团股权、分配等方面的改制方案。

北京农业集团有限公司
党政领导班子成员

董事长　刘福海
副董事长　赵玉和
董　　事　包宗业　孙新庄　尹　杰　杨学书
吴　颐
党委书记　刘福海
党委副书记　赵玉和（兼）　于兆海
总经理　赵玉和
副总经理　张继光　吴　颐　朱法科

（吴　颐　于和琴）

市农口行政、事业机构

中共北京市委农村工作委员会
北京市农村工作委员会

2002年，以"三个代表"思想为指导，积极围绕中心工作，以建设高素质的干部队伍、创造高效率的机关工作为目标，市委农工委、市农委机关建设主要开展了以下三方面工作：

一、以提高实践"三个代表"能力为重点，加大对机关干部的政治业务学习培训力度，学习的自觉性、系统性明显提高

1. *重点组织学习了市第九次党代会精神、江泽民同志"5.31"重要讲话和党的十六大报告。*学习采取以中心组学习统领、辐射两委机关干部学习的办法。全委上下原原本本读文件，带着问题听辅导，联系实际谈体会。坚持自学与集中学习相结合、研读原文与重点辅导相结合、日常学习与专题分类培训相结合、撰写体会文章与组织心得交流相结合，分层次、分阶段、多形式，开展了比较系统的学习。先后共组织了近20次集中学习、交流活动。主要特点有，一是两委领导、处长带头先学一步、学深一步，为学习提供了强有力的组织保证。在学习十六大报告中，两委主要领导和七位处长先后在学习交流会上作了较为深刻的发言；二是不走形式，结合实际、注重实效，把运用文件精神指导实践、推动工作作为学习的出发点和落脚点。学习交流不空谈，有深度，注意与郊区实际、处室工作、小家建设紧密结合，起到了启发思路、深化认识的作用。三是政治意识敏锐，高度重视学习，自觉性、主动性较强，出勤率明显提高。四是周密部署，加强督导。支部认真制定系统的学习计划，严格考勤，分管领导定期专门听取各支部学习进展汇报。通过深入系统的学习，机关干部对三个代表深刻思想内含有了更加全面的把握，对十六大报告主题"旗帜"、"创新"、"发展"、"保证"等有了更加深刻的理解；结合郊区发展实际，深化认识、明晰了工作思路，自觉把正确认识转化到实际工作中，以创新的思维方式、工作方法和更加开阔的视野，积极研究、探索新形势下做好本质工作的思路、途径和办法；提高了学到深处、谋到深处、干到实处的责任意识；初步形成关注政治学习、认真参加学习的好风气。

2. *积极创造条件，支持干部开展全方位、高层次的业务学习培训。*肩负着北京郊区率先基本实现现代化艰巨任务的两委机关干部，从拓展自身知识、学习本职工作所需的新技能出发，克服工学矛盾，积极参加各种专业培训。根据《2001—2005年北京市干部教育培训规划》要求，协助党委支持干部开展全方位高层次的业务学习培训。按期抽调三名处级干部参加了市委党校组织的处级干部理论进修班。通过学习考察，参加培训的同志自觉写出了《认真学习贯彻"三个代表"重要思想，加快农口国有企业的改革与发展》等体会文章；积极推荐2名干部参加了市直机关党校举办的《WTO与我国政府工作》专题培训班；依照市委组织部、市人事局、市科委通知精神，与干部处配合，采取自学教材和VCD辅导相结合的方式，开展了《科学技术的新发展与现代化建设讲座》培训，本着不走形式、不难为大家、但学有所获的原则，在有限的时间里帮助两委干部通览了21世纪科技发展趋势、信息、生物、纳米技术及中国农业新发展与现代农业建设等知识，并通过统一考试；为推进"四五"普法工作、提高依法行政水平，根据中宣部、人事部、司法部关于在公务员中广泛开展学法用法和依法行政培训活动的通知精神和市依法治市领导小组的要求，配合法制处、以《公务员依法行政读本》为教材，在机关干部中系统开展了法律基本知识的学习，其间，还请法制处同志进行了重点法律知识辅导讲座；适应"新北京、新奥运"的要求，自出教员、开始启动机关干部公务英语学习活动。一位农委副主任还利用业余时间，参加了市委组织部举办的局级干部英语培训班，并顺利通过口语测试；机关干部不满足已有的大本以上学历文凭，紧张工作之余，抓紧自学"充电"。有三名处级干部由组织部选调出国深造四个月；一名处长正在参加MBA班学习；有四名年轻干部参加了首经贸大MPA研究生课程班的学习；有三名处以上干部正在功读博士学位；有三名年轻干部已经或即将拿到硕士学位；有两名同志正在报考中央党校研究生学历培训。另外还开展了电子政务等培

训。呈现出不同以往的学习特点是：学历层次提高。机关干部已不满足已有的大本学历，“充电”领域拓宽：知识涉及英语、电子政务、WTO知识、MPA、MBA、经济、法律等；培训形式多样：有业余有短期脱产、有在大院内的还有在著名高等学府培训的，更有走出国门深造的。通过以上党校、各种专业培训和学历、学位培训，使机关干部近一步了解掌握了当代世界经济、政治、科技、法律、文化、行政管理、世贸组织等领域的最新发展和相关知识，给机关带来的影响不仅仅是工作水平的提高，更带来了崇尚学习、崇尚知识、崇尚创新的风气。结合学习，还组织机关干部参观了中关村昌平工业园区及一站式办公现场，帮助大家深化认识、增强高标准做好本职工作、自觉服务大局的意识。

二、以多种形式的教育、创建活动为载体，努力深化机关思想政治工作，不断推进机关组织建设、廉政建设和作风建设

1. 加强机关干部队伍组织建设。市委农工委、市农委不断加强机关干部队伍建设，改善干部队伍结构，进一步增强机关干部队伍的凝聚力、战斗力和活力。2002年先后提拔处长3名，其中40岁以下1名，41～44岁2名；副处长2名，其中31岁1名，37岁1名；核定行政职务7人，调研员1人，助理调研员3人，主任科员2人，副主任科员1人。安排在总公司任副局职的3人。2002年市委农工委直属事业单位未有变动，到2002年底市委农工委直接管理相当正处级事业单位仍为北京市农林系统老干部活动中心、中共北京市委农村工作委员会宣传教育中心。市农委直接管理的相当正处级的事业单位原为2个，北京市农村建设办公室、北京市人工影响天气办公室。增加北京市特需农产品服务中心，市编办于2002年9月批准成立的［京编办市（2002）159号］，为全额拨款事业单位。

2. 认真组织开展了党风廉政建设宣传教育月活动。以“树立正确的利益观”为主题，五六月间在两委机关中深入开展了教育月活动。下发了活动计划和召开专题民主生活会意见，各支部书记认真履行了第一责任人的职责。重点开展了以下四项活动：一是开展讲党课活动。李进山同志以“党员干部要加强党性修养，牢固树立正确的利益观”为题、为两委机关干部上了一堂深刻生动的党课；二是学习勤政廉政典型。组织两委领导和全体机关干部观看了优秀党员领导干部方工同志事迹录像和话剧《汪洋湖》；三是在党课、典型教育的基础上，两委各支部有22位同志联系思想工作实际，认真参加了“树立正确的利益观”征文活动；四是以如何树立正确的利益观、进一步改进作风为题，各支部分别召开了民主生活会。在查找问题的基础上，边教育边整改，重新修订了整改措施。召开了两委领导干部的民主生活会，根据征求的群众意见，专门制定了《关于加强两委领导班子成员与机关干部联系的有关规定》和《关于建立重点工作及经济形势分析季度通报制度的规定》。为推进两委机关自身建设，进一步保护、发挥和调动机关干部的积极性、主动性和创造性提供了制度保证。通过教育月活动，进一步强化了机关干部的公仆意识和廉正意识；有效地推动了“立党为公、执政为民”教育活动的持续开展；进一步明确了加强和改进工作作风的努力方向；增进了干群、处室间的沟通与联系，推动了机关党建工作和思想政治工作的有效开展。

下半年对以上两项规定进行了认真落实：两委领导干部注意与机关干部不定期开展交流；有三位处以上领导分别就郊区经济发展、小城镇建设和国有企业改革情况向两委干部进行了通报，受到了机关干部的欢迎。

3. 加强了对年轻干部的思想教育管理。针对年轻干部比重大、人员新的情况，党委、工会和各支部注意及时掌握他们的思想动态、要求和遇到的困难，有的放矢开展思想工作。如对有些处室干部变动出现的思想波动和矛盾，党委工会从两委工作大局出发，积极为领导、处室分忧，一人一事、因人而异开展了深入细致的思想工作，及时理顺情绪，化解矛盾，收到较好的效果。“五四”青年节前夕，以“提高青年干部素质、创新扎实工作”为题召开了35岁以下青年干部座谈会。大家联系思想、工作实际，敞开思想，畅所欲言。交流的过程，成为很好的自我教育、相互激励的过程。通过座谈，干部间沟通了思想，加深了了解，振奋了精神，增强了合力。座谈会不仅受到年轻干部的欢迎，感到收获很大，我们党委、工会同志也深受教育。会后将座谈情况及时向领导进行了沟通和反馈。还及时组织三位出国学习的同志向机关干部进行了学习汇报。党委工会日常还注意以开展丰富多彩的活动为载体，积极为年轻干部施展才华创造条件。

4. 继续开展争优创先活动。根据新的形势和任务要求，年初会同机关党委经过征求各支部意见，重新修订了机关党委《关于开展“创建先进党支部，争当优秀共产党员”活动的意见》，并制定了活动的评选办法。工会继续开展了评比表彰优秀工会干部和“文明职工小家”活动。经过工会小组推荐，有4名同志分别被评为优秀工会积极分子、优秀工会干部和优秀职工之友，办公室被评为“文明职工小家”。

5. 注意抓好党委、工会组织的基础建设。从方便离退休干部活动的实际出发，经过认真筹备，先后成立了离退休干部一、二支部，规范了支部生活，积极为他们看阅书报、文件及开展活动提供帮助：完成了支部书记增补改选和两名预备党员的转正工作；重新核定了党费、会费的收缴数额；组织各工会小组着重学习了新的《工会法》；研究制定了《两委工会困难补助规定》；配合市总工会开展了“两委机关职工队伍状况的调查”，分别召开了4个座谈会，两委14名同志参加，另有3名同志参加了个人访谈，问卷调查20余份。他们给予的总体评价是：“两委机关有一

支优化、精干、高效的公务员队伍，是一个高素质、过得硬的职工群体。”认真下发了《关于选举出席北京市第九次党代表大会代表工作的安排意见》，圆满完成了市党代会代表的推选工作；及时组织两委机关干部学习了《党政领导干部选拔任用工作条例》、《指导手册》和胡锦涛同志在全国学习贯彻《条例》电视电话会议上的讲话。

机关党委本着从大处着眼、小事入手，突出重点活动、完善基础建设，积极推进了机关队伍整体素质的提高和党委工作的进一步制度化、规范化。

三、通过积极组织开展形式多样的文体活动，两委机关的凝聚力和战斗力进一步增强，推进了机关的精神文明建设

1. *精心组织、积极参加市直机关运动会*。认真组织参加了历时半年的市直机关第一届运动会。从机关干部实际情况出发，除桥牌、篮球外组织报名参加了登山、游泳、乒乓球、保龄球、广播操、趣味运动等全部项目。两委有半数以上干部报名参加，必选推广项目广播操参与面达 90% 以上。参赛前我们在昌平蟒山森林公园启动了两委今后将在春秋季坚持开展的登山活动，有 40 余位同志参加。研究室、种植业处、纪工委、组织处、法制处 5 个处室全员参加，获两委登山活动优秀组织奖。市直运动会期间我们共获得了运动会团体奖、摄影比赛优秀奖、广播操三等奖、刘颖、经贸处分获“我与健康”征文二、三等奖，李淑娟、王东、张晓军、袁文同志获群众体育健身活动积极分子奖。透过两委机关干部参加运动会表现出的一幕幕感人事例，说明两委干部是一支能打硬仗的队伍，表现出很强的集体观念和顽强的意志品质。从一般干部到处长到两委领导都积极支持参与、任劳任怨拼搏，这是良好工作作风的体现。通过组织参赛，不仅涌现出一批健身骨干、推动了机关娱乐健身活动的有序开展、增进了干部自觉健身的意识、活跃了机关生活，也为了解干部，有效开展思想政治工作提供了机会，加强了上下级、干部间的沟通，增强了两委机关的凝聚力、战斗力，展示、弘扬了两委干部团结一心、奋发向上的良好精神风貌。通过活动极大地促进了两委机关的精神文明建设，两委机关的凝聚力、战斗力得到大大增强。

2. 认真组织参加了由市委统战部、市民委组织的北京市民族知识电视竞赛活动，由 17 个区县、10 个工委组成的 27 个代表队，经过初赛、复赛，最终由农职院代表两委的代表队以小组第一的成绩闯入 6 队的决赛，获得集体三等奖、优秀个人奖和优秀组织奖，为农口赢得了荣誉。

3. *全方位深入开展送温暖活动*。春节前，精心筹备、成功举办了两委机关春节团拜会，各处室积极配合，自编自演了丰富多彩的节目；节前还会同老干部处等处室，走访看望了全体退休干部；平时坚持及时探望病困干部，今年先后探望了 10 位生病住院的干部，并积极为他们寻医找药。配合老干部处料理了两位去世同志的后事；积极想办法力所能及地帮助机关干部解决了一些生活中遇到的困难；“三八”妇女节邀请洪绍光教授为机关干部举办了“健康新概念”讲座，并发放了学习材料和健康手册，受到干部普遍欢迎、反响强烈，不仅女同志受益也使两委全体干部乃至家属都受益匪浅；“六一”节以慰问信和小礼物的方式向机关干部子女表示了节日问候；尽全力为全体干部做好劳保和重大节日的福利工作；会同办公室组织完成了机关献血工作，随后又到每位献血同志家中探望，并认真安排他们的休假；协助办公室共同完成了分房、向灾区捐赠衣被等工作。

市委农工委、市农委领导班子成员

市委农工委	书　记	赵凤山（2月28日免）
		李进山（2月28日任）
	副书记	白仙畔　聂玉藻　崔砚青
	委　员	张凤福　赵根武　高　华
		张　新　党明（6月免）
		雷显武（10月任）
农村纪工委	书　记	高　华
市农委	主　任	赵凤山（3月29日免）
		李进山（3月29日任）
	副主任	聂玉藻　张凤福　安　钢
		赵根武
	委　员	张贵忠　刘春广

（郝霞　李黎　满欣）

北京市农业局

一、概　况

2002 年农业局的工作指导思想是以邓小平理论和江泽民同志“三个代表”重要思想为指导，以国际国内两个市场为导向，调整农业结构，优化产业升级，实现生产力跨越式发展；以保护农业生态环境为基础，以依法行政为保证，以科技创新为动力，实现农业增效、农民增收，全面提高人民生活水平。

2002 年农业局的工作思路一是大力推行农业标准化，抓好检验检测体系建设，适应国际经济一体化的需要；二是强化服务体系建设，为农业结构调整和农民增收提供强有力的技术支撑；三是推进“绿色农业”发展，抓好生态农业建设，促进农业可持续发展；四是优化农业产业化工程，增强龙头企业的辐射带动作用；五是农业法制工作再上新水平，为农业健康发展提供有力保证；六是加大良种工程实施力度，努力推进农业科技创新，为农业发展注入不竭动力；七是抓好全局精神文明建设，以崭新的面貌迎接党的十六大和市九次党代会的胜利召开。

2002 年农业局的工作成绩概括有以下四点：

1. *农业结构调整取得阶段性成果，带动农民增*

收能力明显增强。种植业粮经饲三元结构的框架初步确立。从占耕地面积的数量看，粮食作物为11.44万公顷，各种经济作物为17.47万公顷，纯饲草面积3.27万公顷（不含不带穗青贮玉米田），粮经饲三元结构比例为35∶55∶10。养殖业作为主导产业的地位进一步巩固。全市出栏生猪、肉牛和肉羊分别比去年增长了1.7%、15.5%和35%。肉类总产量达70万吨，同比增长8%。畜禽养殖产值达到125亿元，同比增长10%。渔业总产值10.7亿元，比去年增长了5%。农业产业化发展势头强劲。目前郊区加工出口企业已近70家，其中蔬菜加工企业40多家，具有自营进出口权企业13家。规模化养殖小区在七个山区县新增50个。

2. 适应入世需要，农业标准化体系、质量认证体系和检验检测体系趋于完善。农业标准化体系建设初见成效，组织制定了2002—2005年农业地方标准计划，初步确定了农业各行业标准93项；制定了4个北京市地方标准；8项国家和地方标准已进入讨论阶段；4项无公害食品行业标准制定工作正式启动。计量认证体系进一步健全。市农药检定所首次通过了市级计量认证，市新型肥料质检站进行了增项。朝阳、延庆和锦绣大地三个作为填补空白的区（县）级和农业企业质检机构通过了市级计量认证。市级农业检测体系趋于完善，目前检测范围已涵盖了种子、肥料、饲料、兽药、农业机械、农业环境、畜牧业环境等农业各主要方面。

3. 强化服务职能，农业信息网络体系建设迈出新步伐。“两库”建设取得进展。北京市农产品商品标准数据库实现了600多个品种、规格的农产品信息的网上查询；北京市农业外贸信息查询数据库初步具备了网上开放、服务社会的能力。“三网”建设成效明显。北京市农产品交易信息网市场联网总数从去年的20个增加到今年的25个，全年信息采集量在500万条以上；京郊农业生产管理信息系统的框架已初步形成；初步实现了全局的办公自动化和电子化。“一窗”即信息发布窗口建设向深层次拓展，已形成了由电视、广播、报纸、网络、热线电话和《市场简报》等组成的多渠道、立体化信息发布体系。北京市农村信息服务体系建设初步见效，建立了54个符合农业部“六个一”要求的农村信息服务站；登记注册农村信息员1 235人。

4. 实施“走出去”战略，农产品出口创汇取得新进展。在我局积极组织、指导、帮助下，以北京市绿富隆菜蔬公司、大兴三绿公司等大型蔬菜企业为骨干，成立了由80多家会员参加的北京外贸菜蔬协会。并于今年7月份组织有关单位赴新加坡举办了“北京蔬菜新加坡推介会”，与新加坡果蔬出入口公会在出口蔬菜的贸易、服务、管理等方面达成合作意向，并与新加坡有关方面签订了三项协议。其中，北京市绿富隆公司与新加坡新南京国际贸易公司签定了140吨的绿菜花供货合同。创汇渔业增长明显，2002年全年实现直接出口创汇317.9万美元，同比增长24.5%。

二、机构设置

1. 市农业局设11个职能处室和机关党委、老干部处。11个职能处室包括：办公室、政策法规处、科技教育处、农村能源生态处（北京市农村能源办公室）、粮经作物管理处、蔬菜管理处、畜牧兽医管理处（北京市畜牧管理办公室）、农业机械化管理处（北京市农业机械化管理办公室）、水产管理处（北京市水产管理办公室）、计划财务处、人事处和市监察局派驻机构——监察处。

2. 局属单位及主要职能。北京市农业技术推广站：负责种植业的技术试验、示范；产前、产中、产后服务；科技培训宣传；新技术的总结推广。

北京市土肥工作站：负责土肥技术试验、示范、推广；土壤调查土肥检测；科技宣传培训；解决生产技术问题。

北京市种子公司：承担良种的引进、培育、试验、示范、种子的繁育、销售和推广；备荒种子的储备。

北京市良种繁殖场：挂靠种子公司。承担国内外农作物品种的引进试验。进行农作物良种的繁育。

北京市种子管理站：贯彻种子方针、政策、法规，执法检查；质量监督。

北京市植物保护站：承担农作物的病虫草鼠害的预测预报、防治技术和农药的推广应用；植物检疫和农药法规的管理和执行。

北京市优质农产品产销服务站：组织开发优质农产品的生产、提供良种、协调销售、产后加工等等。

北京市农业物资供应站：负责全市磷肥、复混肥行业的归口管理；进行腐殖酸产品的开发利用。已经没有相应的管理职能。

北京市农业环境监测站（北京市绿色食品办公室）：制定农业环境保护规划，分析、监测环境质量，评审工程项目及环境污染事故调查。负责绿色食品的申报审核，组织质量检验。

北京市畜牧兽医总站（市防五办）：依法实施兽（畜）禽防疫检疫和监督管理。负责全市动物检疫、灭病工作；掌握疫情动态，组织指导区县疫病净化；落实防治措施；开展季节性防疫；畜牧兽医技术推广，普及；人员培训。兽药的药政管理；兽药有关法律法规贯彻执行并监督检查（包括生产、经营、使用、进出口）；依法核发生产、经营许可证；指导郊区兽药管理工作。负责落实国务院有关“防五”工作的各项指标及相关法律法规，做好北京地区五号病防治工作。

北京市兽医实验诊断所：负责畜禽疫病诊断、卫生检验、疑难病研究、兽医纠纷的裁决。

北京市畜牧兽医技术服务中心：负责郊区兽医技术人员培训。

北京市动物检疫站：负责动物及其产品检验，畜禽的委托检疫管理，对郊区检疫工作培训指导；贯彻落实动物检疫和家畜禽防疫等法规；负责组织做好全市动物检疫以及铁路、航空等途径进出的畜产品的检疫；检疫业务的指导。

北京市兽医卫生监督检验所：负责对从事动物及产品生产经营者执行兽医卫生法规情况的监督检查。落实动物检疫法和家畜禽检疫条例，执法并监督检查，受理案件、处理纠纷；管理兽医卫生有关证照；相关人员的培训考核；负责家畜生产、屠宰场地和建设项目的审批与验收。

北京市兽药监察所：负责兽药质量检验监督，技术仲裁、现场调查、抽检兽药产品、进出口兽药通关验放。负责兽药（含进口）质量检验并定期抽检；兽药地方性标准的修订；兽药药检技术的交流培训。

北京市饲料监察所：依法开展质量检验监督工作，为社会出具公正的检测数据。负责饲料产品质量监督检验，新产品检验评定；样品检测服务。

北京市畜牧业环境监测站：负责畜禽养殖场所的环境监测。

北京市牧草技术推广站：负责牧草品种引进、栽培技术研究与推广。

北京市水产技术推广站：负责全市水产技术引进推广、技术培训、试验示范、技术总结、技术咨询、信息交流。

北京市渔政监督管理站：贯彻执行渔业法、野生动物保护法、水污染保护法等法律法规。实行渔政执法监督，培训执法人员，负责增殖工作；依法核发养殖、捕捞许可证；保护水生野生动物。

北京市渔业环境保护监测站：养殖水域的水质检验；鱼品质量检测；处理养殖水域污染事件。

北京市水生野生动物救治中心：宣传贯彻执行野生动物保护法。查处违法行为。对濒危珍稀野生物种进行救治、驯养繁殖。

北京市农机试验鉴定推广站：负责农机技术试验鉴定、质量监督、示范推广。

北京市农业机械监理总站：负责农机执法监督，农机检验、核发牌证；进行驾驶员、操作员、农机监理人员的培训考核及年检年审；制定农机安全运行地方性标准，农机安全宣传教育，处理农机事故，有关档案和统计工作。

北京市八一农机化学校：农机化中专教育。

北京市农业干部培训中心：负责农业技术人员培训和会议的各种服务。

北京市农业印刷服务中心：为农业单位印刷文件、资料、书刊、报表，完成上级布置的其他任务指标。

北京市农业局后勤服务中心：负责机关的后勤保障。以及绿化、安全保卫、房管、房改工作。

北京市农民体育协会：发展农民体育运动，开展经验交流，组织竞赛，人才培训，承办市政府委托组织全国及北京的农民体育运动会。主席岳福洪，秘书长王树华。

北京农业杂志社：出版发行《北京农业》刊物。

北京市农业局老干部活动站：负责组织离退休干部政治学习、文娱活动、生活服务。

北京市农村能源行业协会：负责全市农村能源行业管理。会长高振南。

三、主要工作

1. *重大科技项目实现四个历史性突破。*一是“绿色食品生产、检测技术研究及示范基地建设”和“北京市种猪遗传评估体系建立及产业化工程”两个项目首次列入了2002年北京市科技计划重大项目并顺利启动。二是农业科技跨越计划项目实现了零的突破，北京市农业技术推广站主持的“蔬菜全程无害化生产技术的集成配套与示范应用”项目先后通过了农业部组织的初审和终审答辩，首次列入了2002年农业科技跨越计划。三是项目组织管理实现了新突破，首次设立了农业科技示范推广项目计划。四是项目经费总额实现了新的突破。

2. *科研攻关与示范推广并重，效果显著。*一是开展六项农业技术攻关。其中绿色食品蔬菜生产、检测关键技术及示范基地建设取得实质性进展；畜禽良种工程及产业化建设取得突破；经济作物高效栽培技术研究进一步深入；“生物菌肥制剂研究开发”项目研究取得初步成果；农业机械化研究取得新进展；信息技术进一步向农业生产和流通领域渗透。小麦免耕播种技术、舍饲养羊(养牛)配合饲料技术、蔬菜产地商品化处理及超市配送配套技术等八项技术示范项目顺利实施。多类型优质饲草综合配套技术、冬春裸露农田防风固土技术、畜禽主要疫病及烈性传染病诊断和综合防制技术等10项先进适用技术在郊区广泛推广。

3. *启动北京市农业转基因生物安全监管工作。*加强组织领导，成立了农业转基因生物安全管理领导小组。通过各种新闻媒体和多种形式进行广泛宣传，初步建立了一支由60人组成的取得农业行政执法证的转基因生物安全执法队伍。开展摸底调查，初步掌握了全市农业转基因生物基本情况。严把审核关，加强对安全评价申报工作的管理。组织专家评审，确定中国农业大学为北京地区农业转基因生物（产品）检验机构。

4. *制定奥运会动物防疫保障计划。*按照北京奥申委向国际奥委会的承诺，首先必须保障马术比赛参赛马匹伴侣动物的健康；其次必须确保在奥运会和残奥会之前及举办期间不能发生重大动物疫病流行；第三必须确保奥运期间供应的动物源性食品安全。起草了《建设北京市动物疫病控制和动物产品安全保障体系》报告和有关无马属动物疫病区(DFZ)建设方案。

5. *大力实施北京市食品放心工程，取得初步成效。*实施科学化、规范化管理，先后起草制定了《北京市实施“场地挂钩”外埠蔬菜生产基地认定及管理办法》、《蔬菜安全生产管理操作指南》、《蔬菜产品入市经营衔接及追溯程序》等，参与制定和修改了《北京市肉菜放心工程实施方案》、《北京市蔬菜安全卫生标准》。加强对本市及外埠蔬菜生产基地的认证和认定，按照《北京市实施“场地挂钩”外埠蔬菜生产基地认定及管理办法》的要求，对本市128家获得市安全农产品认证的蔬菜生产基地进行了认证；对外省市申报的具有省级以上的252家基地进行了认定，成为北京市第一批实施“场地挂钩”蔬菜生产基地。

6. 食用农产品安全生产体系初步建立。一是狠抓安全农产品生产基地和企业认证工作。截止到2002年底，全市共认证安全食用农产品生产基地和企业329个，其中蔬菜类120个，果品类50个，水产品14个，畜禽产品103个，加工类两个。确定了108家为北京市第四批安全食用农产品达标单位，并于9月28日在《北京日报》上公布。二是加强了安全食用农产品标准化基地建设工作。全市共确定了112家农业标准化生产示范基地，26家安全农产品标准生产示范基地在生产中普遍推行了生产记录卡制度，建立了较为完善的生产投入品采购、保管和使用制度，顺利通过了验收。三是加大了农产品质量的监督检测工作力度。2002年2月对全市12个区县的67个经过认证的安全蔬菜生产企业和基地进行了检测，产品检测合格率达到97.1%。12月对100家认证基地（其中畜牧类和蔬菜类各50家）进行监督抽测。在2002年大白菜上市期间，对全市7个大白菜主产区县的质量进行了抽测，总体合格率为99.32%，其中经过认证的基地产品合格率达到100%。

7. 生态农业建设取得显著成效。怀柔、平谷两个国家级生态农业示范县共实施29个子项目，涉及乡镇31个、农户近10万个。在粮田、果品、蔬菜、安全食品基地建设，种养结合生态模式，资源保护和生态环境建设，特色农业开发、农业生态环境监测与治理等方面取得了显著的生态、经济和社会效益。生态农业示范村建设项目正式启动，分别确定了通州大营和怀柔北宅两个试点村。生态农业示范园区建设成效明显，全年完善和新建规模化生态农业示范园区9处。在全市推广能源生态示范户2 700户。

8. 环境保护和污染治理工作取得阶段性成果。在完成第七阶段大气污染治理工作任务基础上，采取留茬免耕、保护性耕作、人工种草和增加越冬作物等多种技术手段，完成“治理裸露农田130万亩，削减大气扬尘1.1万吨”的第八阶段大气污染防治任务。2002年“三夏”期间通过采取多种形式的秸秆综合利用机械化技术措施，全市4.73万公顷小麦全面实现秸秆禁烧，在全市9个区县新建16个资源化利用试点。完善和新建畜禽粪便资源化项目11个，其中6个主体工程已经完工。完成国家重点生态环境建设项目——京津风沙源治理工作，在门头沟、昌平、延庆、怀柔、密云和平谷六个区县完成7万亩的人工种草任务。此外，还完成了“北京市农业生态良性循环技术”农业部丰收计划项目任务，狠抓了生态家园富民工程建设。

9. 努力抓好宝山镇水利富民综合开发示范点工作。大力推广农业先进适用技术，落实玉米制种面积333.33余公顷，推广果树间作牧草技术66.67公顷，全镇“仁用杏”总面积扩大到0.18万公顷，规划设计了种羊改良基地、引进优质种公羊2头，建设了4个为控制污染和疫病传播的粪便处理池。建立远程教育接收点，为其配置卫星接收设备，培训管理人员一名，赠送了30多套声讯培训材料，并利用远程教育网进行制种质量控制技术、优良种公羊人工授精技术、优良种公牛冷冻精液及相关技术知识培训。

10. 全面加强农业法制工作。出台了《北京市农作物种子条例》，修订完善了《北京市家畜家禽检疫条例》、《北京市农业机械管理条例》等地方性法规，制定了《进京动物及动物产品检疫监督管理办法》和《北京市畜禽定点屠宰管理办法》等19个规范性文件。为适应加入世贸组织的新形势，清理了627项与世贸组织规则不相适应的政策措施。加大农业行政执法力度，开展了种子、农药、肥料、兽药、农机、肉品和有害生物入侵的专项整治，查处了一批非法制售生物制剂等大案、要案。2002年，全市累计出动执法人员1.1万人次，查处各类违法案件7 000多件，为农民挽回经济损失1亿多元，进一步整顿和规范了市场经济秩序，为保护郊区农民利益和维护首都经济社会的协调发展做出了贡献。

11. 深化行政审批制度改革，全面推进政务公开。把推行政务公开作为全年依法行政工作的重要内容之一，采取各种方式，把管理职能中关系到农民和农业企业切身利益、人们关心的决策和信息公布于众。按照行政审批制度建设有关工作要求，对承担的25项行政审批事项逐一按照规范化的要求制定了行政审批程序性规定，从受理、审核、审定到告知逐项分解。把标准、办理人员、岗位职责、工作时限、条件、审批权限、办理程序细化分解，同时简化审批程序，缩短办事环节和期限，加强审批监管，并按照全市统一部署，将所有行政审批事项上网公开。重点工作还建立了举报制度和消费者投诉受理制度，同时印制了有关行政审批事项的宣传材料，供当事人免费索取。

12. 全面推进事业单位人事制度改革。在2001年10个事业单位聘用合同制改革试点的基础上，在全局所属单位全面推进，促进事业单位自主用人、个人自主择业、科学分类管理新体制的形成，为人力资源的合理配置和优秀人才脱颖而出创造了良好环境。认真贯彻执行《党政领导干部选拔任用工作暂行条例》，在干部考察、考核的基础上，加大对领导班子、领导干部调整交流的力度，推进处级干部选拔制度创新，北京市种子管理站处级干部竞争上岗试点公开选拔工作圆满成功，为进一步深化事业单位人事制度改革积累了有益的经验。

13. 深入开展调查研究，努力提高工作效率。局党组把深入开展调查研究作为今年的一项重点工作，针对京郊农业发展进程中具有宏观性、前瞻性、全局性的重大问题，确定了事关全局发展的九个方面25

个调研课题，经过各课题组广泛深入的调查研究，全部形成了调研报告并编成调研文集，为领导层进行科学决策和指导郊区农业发展提供了可靠的保证。

市农业局党政领导班子成员

局　　长　程贤禄
副 局 长　刘亚清　李继扬　杨铭华　尹幼奇
助理巡视员　黄灿然
总农艺师　毛振宾
党组书记　程贤禄
副 书 记　刘亚清
成　　员　李继扬　杨铭华
　　　　　刘建才（纪检组长）

（于寒冰）

北京市林业局

一、概　　况

北京市林业局是北京市政府主管全市林业工作的职能部门，负责本市郊区林业生态环境建设和林业产业的行政管理，行使林业的行政执法职权。2002年全市绿化林业系统广大干部职工，全面贯彻党的十六大和市九代会精神，认真实践“三个代表”重要思想，按照市委、市政府和首都绿化委员会的总体部署，以发展为主题，以建设高标准的绿色生态体系、高效益的绿色产业体系、高水平的森林资源安全保障体系，构筑三道绿色生态屏障（山区、平原、城市隔离地区），建设生态城市为目标，坚持生态优先、景观优美、产业优化、高质高效的原则，以大工程带动大发展，全面实施《“绿色奥运—2008”生态环境建设行动计划》，与时俱进，开拓创新，在全市城乡掀起了绿化美化和林业建设的新高潮。全面完成了2002年度各项任务指标，完成了市政府折子工程和“为市民办60件实事”的绿化造林工程，廉政建设、依法行政工作有了新的进展，为建生态城市、办绿色奥运奠定了坚实基础。据统计，全市郊区完成造林4万公顷，植树5 770多万株，全市林木覆盖率达到45.5%，比去年增加1.5个百分点。城市绿化覆盖率达到39%，人均绿地达到40平方米。

二、机构设置

直属单位一览表

单位名称	地　址	电　话
北京市林业勘察设计院	北京市西城区裕民中路8号	62042137
北京市林业管理总站	北京市西城区裕民中路8号	62364515
北京市林业保护站	北京市西城区裕民中路8号	62045510
北京市野生动物保护站	北京市西城区裕民中路8号	62052244－1286
北京市林木种苗管理站	北京市西城区裕民中路8号	62032491
北京市林业宣传中心	北京市西城区裕民中路8号	62052244－8204
北京市林业信息咨询服务中心	北京市西城区裕民中路8号	62052244－6230
北京市林政稽查大队	北京市西城区裕民中路8号	82024300
北京市林业局后勤服务中心	北京市西城区裕民中路8号	62051089
北京市林业局林业干部培训学校	北京市西城区裕民中路8号	62052244－6230
北京市林业局老干部管理站	北京市西城区裕民中路8号	62052244－6230
北京市林业局基金管理站	北京市西城区裕民中路8号	62052244－6410
北京市林业局水源保护站	北京市西城区裕民中路8号	62010830
北京市西山试验林场	北京市海淀区香山四王府	62598493
北京市共青林场	北京市顺义区义宾北区1号楼	69443555
北京市八达岭林场	北京市延庆县八达岭	81181020
北京市十三陵林场	北京市昌平区北郝庄	69742241
北京市蚕种场	北京市房山区良乡	89354583
北京市天竺苗圃	北京市东郊首都机场路西平街12号	64561659
北京市大东流苗圃	北京市昌平区大东流乡南路	61711842
北京市温泉苗圃	北京市海淀区温泉	62455329
北京市黄垡苗圃	北京市大兴区黄垡	89215260
北京市琅山苗圃	北京市石景山区苹果园	68838119
北京市南大荒苗圃	北京市石景山区古城路	68842379

直属协会、学会一览表

单位名称	地　址	法人代表
北京果树协会	西城区裕民中路8号	康德铭
北京花卉协会	西城区裕民中路8号	单昭祥
北京爱鸟养鸟协会	西城区裕民中路8号	李永芳
北京野生动物保护协会	西城区裕民中路8号	李永芳
北京林学会	西城区裕民中路8号	于志民

三、主要工作

1. 绿色生态体系基本建成，三道绿色生态屏障已经形成。一是城市隔离地区绿化任务提前完成，实现绿化面积 1 665 公顷，植树 656.4 万株。绿化总面积累计达 106.67 平方公里，三年新增绿地 64.3 平方公里。提前实现了市委、市政府提出的“用三年时间完成 100 平方公里绿化任务”的预定目标。二是以“五河十路”为重点的绿色通道建设再创佳绩，实现绿化 740 公里，增加绿化面积 1.2 万公顷。三是城市中心区绿化美化建设取得新的进展。城八区累计建设万米大绿地 50 块，总面积达 214 公顷。四是卫星城、中心镇绿化美化步伐加快，新增林地、绿地面积 897 公顷。五是防沙治沙工程有了新的突破。营造固沙林 2 667 公顷，实施封沙育草、播草覆盖工程，共完成 3 333 公顷，植树 367.3 万株，有效地缓解了就地扬沙、扬尘的状况。六是山区绿色生态屏障建设继续推进，营造密云、怀柔水库上游水源涵养林 5 333 公顷，新增封山育林面积 2 万公顷，飞播造林 1.3 万公顷。完成爆破造林1 386.8公顷，实施彩叶工程 3 333 公顷。七是退耕还林工程全面启动，共完成退耕地造林 1.53 万公顷，配套荒山造林 1.5 万公顷。八是开创了在全国大规模中幼林抚育的先河，一年完成抚育 4.7 万公顷。九是林业国际合作交流进一步加强，引进资金 550 万美元。

2. 绿色产业体系基本构成，林业富民工程取得实效。一是果品产业发展势头持续高涨，果品生产实现增产增收。共发展果树 2.76 万公顷 2 718 万株，果品产量达 6.9 亿千克，出口果品 4 639 万千克，分别比去年增长 43.4%、7.8%、17%。果品收入 14.6 亿元，比去年增收 1 亿元，创历史最好水平。二是花卉产业建设再上新台阶，花卉种植总面积达 3 067 公顷，年产切花 6 378 万枝，盆花 2 226 万盆，种苗、种球 2 137 万株，年产值达到 4.4 亿元。全市蜜蜂饲养量达 14.5 万群，产蜜 450 万千克，总产值 5 000 多万元。三是种苗产业健康发展，全市累计育苗总面积达到 2.47 万公顷，比去年增加 22%。圃苗木 1.2 亿株。四是速生丰产林快速发展，共营造速生林 3 667公顷，植树 242 万株。五是森林旅游产业规模不断扩大，共接待游客 210 万人次，实现总收入 8 000万元，创利润 800 多万元。

3. 森林资源安全保障体系日趋完善，绿化造林质量和管理水平全面提升。一是森林防火基础工作明显加强。成立了北京市森林消防总队，启动直升机航空护林灭火工作。7 个山区县和顺义区相继建成了比较现代化的森林防火指挥室，山区新建及改扩建 31 座防火瞭望塔，在重点林区增加了 7 套电视自动监控系统。全市没有发生重大森林火灾和人员伤亡事故，共发生一般森林火灾 1 起，森林火警 3 起，过火面积 26 公顷。二是林政资源管理工作扎实有序，各级林政管理部门认真贯彻执行《北京市关于在本市工程建设中进一步加强林木保护的通知》（京政发［2002］17 号），狠抓林地管理和林木采伐审批，加强林木采伐的限额管理，把好林木采伐审核审批关。深入开展林权登记发证、古树名木养护和对全市木材经营（加工）单位的清理整顿工作，并取得实效。三是积极开展“破案攻坚战”，严厉打击乱砍滥伐林木和破坏野生动物资源的违法犯罪行为。各级森林公安机关共受理并查破各类案件 286 起。四是湿地保护工作迈上新台阶，目前，全市已建成湿地保护区 6 个，面积达 2 万公顷。进一步加强野生动物保护，建立了北京市野生动物救护中心。五是“首都绿化管理年”活动成效显著，使全市绿化林业建设从重造轻管向造管并重，质量为先转变。经国家林业局检查验收，我市荣获全国营造林质量奖。六是森林病虫害防治水平明显提高。共防治森林病虫害 2.72 万公顷，防治率为 91.84%；实施监测覆盖 53.46 万公顷，监测覆盖率为 95.72%；实施种苗产地检疫 1.62 万公顷，检疫率为 97%；病虫成灾面积 140 公顷，成灾率为 0.25‰，全面完成了国家林业局下达我市的“四率”指标任务。七是科技支撑力度日益增强。充分发挥林业科技的支撑作用，广泛开展技术推广和科研攻关，与中国林科院、北林大等开展科技合作 24 项。编制实施《中幼林抚育技术规程》等 5 项地方标准。提高适用科技在绿化林业工程建设中推广应用水平，重点工程造林良种使用率达 38%，比去年提高 1 个百分点。局办机关高标准局域网建设基本完成，林业综合数据库已基本建立，办公自动化软件平台已经建成，政府绿化林业网站功能进一步完善，市重点生态工程信息管理系统正式启动。

4. 直属经营单位经济稳步发展。各直属经营单位紧紧抓住“绿色奥运”带来的机遇，围绕首都生态建设，调整产业结构，强化主业，截至年底，各单位共完成总收入 2.1 亿元，实现利润 1 000 万元，基本与 2001 年同期持平。全系统共完成园林绿化工程 40 余项，总收入 3 000 余万元，创利 200 多万元。在苗木生产方面，充分发挥首都人才、技术、管理、信息等方面的优势，通过租用土地，投入近千万元，新扩建苗圃 166.67 多公顷。温泉苗圃、黄垡苗圃获得“全国特色种苗基地”称号，大东流苗圃、琅山苗圃被评选为“全国质量信得过苗圃”。

5. 努力实践“三个代表”重要思想，思想政治工作和精神文明建设取得新成绩。一是加强领导班子和干部职工的学习教育，在全系统营造了良好的氛围，掀起了学习贯彻十六大的持续热潮。二是加强基层领导班子和领导干部队伍建设，深化事业单位人事制度改革，实行了全员聘任，进一步改善了班子结构。三是精神文明建设取得了较好的效果。结合学习宣传贯彻十六大，组织了“庆祝十六大，颂歌献给党”专题文艺汇演；举办了全市绿化林业系统第二届职工运动会；组织干部职工参加了第一届市委市直属机关运动会；开展了文明单位评比、北京市林业系统评比表彰、首都绿化美化先进评比表彰等一系列评比表彰活动。通过大型活动和评比表彰，弘扬了主旋律，增强了广大干部职工的工作积极性和主人翁责任感，创造了良好工作、生活氛围。

首都绿化委员会办公室市林业局领导班子

宋希友　首都绿化办主任、市林业局局长、党组书记
李树旺　首都绿化办副主任、市林业局副局长、党组副书记（正局级）
甘　敬　首都绿化办副主任、市林业局副局长、党组成员
康德铭　首都绿化办副主任、市林业局副局长、党组成员
王苏梅　首都绿化办副主任、市林业局副局长、党组成员（3月任职）
冯端翊　首都绿化办、市林业局纪检组组长，党组成员
张　皎　首都绿化办副主任、市林业局副局长（12月调出）
周冰冰　首都绿化办、市林业局总工程师（9月退休）
谭天鹰　首都绿化办、市林业局助理巡视员
黄德峰　首都绿化办、市林业局党组成员、助理巡视员（5月任职）、人事处处长
高士武　首都绿化办市林业局党组成员、联络处处长（7月改任办公室主任）

（张云飞）

北京市水利局

一、概　述

2002年是北京水利改革、创新、发展取得突破的一年，全市水利系统职工更新观念，求真务实，真抓实干，按照“保护水资源，保证水安全，建设生态水环境，实现水利现代化”的目标要求，圆满完成了全年水利发展的各项任务。调整治水思路、更新治水观念取得新突破。三项改革取得新成果。一是实现政企分开。二是完成事业单位人事制度改革，21个单位3 338名职工签订了聘用合同。三是推进水资源统一管理体制。市政府成立了由主管副市长为组长的水务协调领导小组，统一协调、管理全市涉水事务工作，得到了各级领导的支持，各单位、各部门的配合，区县水利局陆续改为水资源局。14个郊区县实现了节水工作统一管理，9个区县按流域组建水务站，全市流域水务站已达到71个。全面落实《21世纪初期首都水资源可持续利用规划》，水资源保护、节约取得新成效。以“保住密云，挽救官厅”为重点的水资源保护工作取得重要进展。制定严格的供水计划，强化节水管理。2002年度供水34.72亿立方米，比计划少供3.52亿立方米，实现了连续四年用水负增长。全面实施取水许可制度。继续上调水价，每立方米综合水价由3.43元提高到4.07元。全面征收水资源费。2002年防汛工作局部地区发生了暴雨灾害，由于各级防汛部门准备充分，处置得当，没有造成人员伤亡。各部门、各单位顾全大局、服从水资源统一调度，在压缩供水指标的基础上继续狠抓节水和用水结构调整，市管大型水库和各区县中型水库仍然保证了大旱之年的供水安全。5万多座五小工程连成网络，在抗旱中发挥了效益。同时组织了10万人次，1 600余辆拉水车参加抗旱下乡服务，解决了1.2万人的饮用水困难。重点工程和郊区水利建设取得新业绩。区水利建设本着与农业产业结构调整相结合，与农村城市化建设相结合，与农民致富相结合，与建设生态屏障相结合的治水新思路，各项工作都取得了新进展。各区县启动建设一大批水环境工程。丰台区治理的马草河，东城区治理的菖蒲河、密云县治理的白河、延庆县治理的妫河、亦庄开发区治理的凉水河等，都取得了很好的效果。

二、下属单位

单　位	地　址	邮　编	电　话
北京市官厅水库管理处	河北省怀来县	075441	0313－6877066
北京市密云水库管理处	密云县溪翁庄	101512	69012552（总机）
北京市十三陵水库管理处	昌平区十三陵	102200	60713399（总机）
北京市城市河湖管理处	海淀区亮甲店1号永安东里3号楼	100036	88117766（总机）、88118401（办）
北京市京密引水管理处	怀柔县城关	101400	69659153、69641821（总机）
北京市永定河管理处	丰台区卢沟桥城北路2号	100072	83892277（总机）、83891806（办）
北京市潮白河管理处	顺义区马坡乡向阳闸	101300	69402828、69403403（总机）
北京市北运河管理处	通州区新华北街62号	101100	69543701（总机）69535354、69552640（办）
水利基本建设工程质量监督中心站	海淀区翠微路甲3号	100036	68213366转4301或4303

（续）

单　　位	地　　址	邮编	电　　话
北京市水利规划设计研究院 北京市水利科学研究所	海淀区车公庄西路21号	100044	68411155（办）、88416460（党办）
北京市水利自动化研究所	海淀区翠微路甲3号	100036	68213366转3412、3415
北京市水文总站	海淀区阜石路17号西院	100039	68215419、68214244
北京水利水电学校	朝阳区定福庄东里1号	100024	65762977（总机）、65762428（办）
北京市水利水电技术中心	丰台区西三环南路乙6号（银河大厦七层AB座）	100036	63450673(办)、63450677(技术科)
北京市水利局房屋管理处	海淀区复兴路20号院东区5楼	100840	66806092、66806093（房管科）
市政府防汛抗旱指挥部办公室	海淀区翠微路甲3号	100036	68273706、68213324（办）、68213366转3207
北京市水土保持工作总站	海淀区翠微路甲3号	100036	68213366转3313、68246271（办）
北京市水利局党校	石景山刘娘府南河沿3号	100041	88731113（总机）、88731156（办）
北京市水政监察大队	海淀区亮甲店1号永安东里3号楼	100036	88117766（总机）
北京市水利局后勤服务中心	海淀区翠微路甲3号	100036	68213366转2101 68272199
北京水利医院	海淀区玉渊潭南路19号	100036	68254804（总机）、68254799（办）
北京市节水事务管理中心	海淀区车公庄西路21号	100044	68479089、68479086（办）
清河整治工程建设管理处			62905275(办)、62905808、62905254
通惠河指挥部			65772372、65779204
永定河滞洪水库建管处			80350941（总）转2009（办）2010
北环水系指挥部	西城区西外大街135号	100037	88384838、88384948、88384840、88384845

三、主要工作

1. 郊区水利建设。本着与农业产业结构调整相结合，与农村城市化建设相结合，与农民致富相结合，与建设生态屏障相结合的治水新思路，各项工作都取得了新进展。一是完成五小水利工程1.1万处，新增蓄水能力380万立方米，初步形成了水资源调配网络化系统。二是水土保持生态建设，完成综合治理水土流失面积335平方公里，建设生态村21个。完成1万公顷退耕还林和1万公顷荒山造林任务。三是开始实施《郊区水环境“碧水田园”十百千建设规划》，新建设了一批乡村水环境工程，怀柔北房镇、顺义北郎中村建设污水集中处理利用示范设施。四是小城镇供水515工程顺利实施，新开工16处，新增供水能力9万立方米。郊区已累计建设小城镇供水38处，解决70万人的集中供水。五是调整产业结构和用水结构，强化节水管理，新建成节水灌溉面积2.67万公顷，地下水超采区封井1 200眼。

2. 防汛抗旱工作。全市各防汛抗旱指挥部共储备了30余种防汛抢险救灾物资。落实各级抢险队伍20万人。对37座病险水库、永定河等重点河道堤防、闸坝、重点市政排水管线、危旧房屋、人防工事、山区山洪泥石流易发区等重点防汛部位进行了度汛检查。组织了形式多样的防汛培训班，受训总数达5 100人次。同时各防汛抗旱指挥部结合所辖防汛任务，全面进行了通信指挥、雨水情测报、机闸启闭、应急排水、快速抢修、转移避险等演练和演习，演练总数达6万人次。依法清除河道障碍，查处违法、违章1 365起，拆除沿河违章1万平方米，清除影响行洪排水障碍35处。

3. 节水执法检查。全年共检查用水单位2 309个，其中施工工地200多处、机关院校600多家、厂矿企业近300家、宾馆饭店招待所480多家、经营性营业场所近500家。共查出继续使用明令淘汰的用水器具近万个、发现跑冒滴漏150多处、未办理节水设施“三同时”手续的29个、未按规定使用循环水的洗车点近50处、城市园林绿化灌溉实行大水漫灌的17处。全市累计对128个有严重浪费用水的单位进行了处罚并限期整改。全年共接听举报监督电话500多个，处理率达98%。

4. 水政执法建设。市人大对《北京市城市河湖保护管理条例》执行情况进行了专门检查，充分肯定了在城市河湖保护、管理方面做出的成绩。加大执法力度，市属8个水管单位相继成立水政监察大队，郊区11个区县成立了水政监察大队，全市水政监察队伍基本成形。一年来共查处违反水法规案件3 572起。密云水库取缔73处经营点，拆除清河5 800平方米违章建筑、京密引水渠边建材市场，三家店库区清除违法“绝户网”，打了一系列执法硬仗。贯彻市政府砂石禁采令，全市水利系统和各区县积极配合，吊销执照、封堵运输路口、罚没采砂设施，我局与各有关部门配合执法检查45次，基本遏制了河道内乱采砂石的现象。

5. *水利工程建设管理*。加强工程的“四制”管理和质量监督，全年所有水利工程实行了招投标制度。进行了五次工程质量大检查和工程评优工作，工程质量管理水平进一步提高。对多年未进行竣工验收的104个工程项目进行集中清理，完成验收102项，建设管理长期悬而不决的问题基本解决。

6. *资产清查工作*。行政事业单位和水利管理单位开展了清产核资，对各类资产摸清了家底。根据资产清理暴露出来的问题，制定了加强资产管理的新措施。制定了《关于行政事业性收费和罚没收入实行收支两条线管理实施细则》、《关于局部门预算资金拨付管理实施细则》、《水利工程供水经营性资金缴拨管理实施细则》等强化资产管理的规范性文件。

7. *局内基本建设*。一是局办公楼所占土地取得了合法产权；二是防汛抗旱自动化指挥中心大楼已经封顶，进入内外装修阶段；三是宝联住宅楼竣工，又一批干部职工喜迁新居；四普惠北里家属楼改造项目已获批准，各项开工准备就绪，职工居住条件将会进一步改善。

8. *城市河道截污工作*。2002年城市河湖管理部门对管辖范围内18条河道的排水口重新进行了调查核实，查证雨水和污水口共计1 804个，其中排污口1 207个，并对700多个重点排污口进行逐一建档，定期观测。向200多个相关单位发放了《限期治理》的通知书，重点治理了永定河引水渠、西土城河、小月河雨污口，全年共治理排污口193个，安装拦污栅66个，永定河引水渠、西土城河、小月河的水质有了明显改观。遏制城市河湖发生水害。采用水量调度，放养食藻鱼类，水体曝气，种植水净化植物等多种措施，在入城水量大幅度减少的条件下，除个别水域，城市河湖没有发生大面积水害。

9. *水利科技*。2002年一批重大科技研究项目顺利实施，完成近10项重大科研项目建议书、可行性研究报告等立项准备工作。共有2项列入重大攻关项目，它们是《官厅水库流域水质改善关键技术研究》以及《北京市城市河湖水体富营养化防治技术研究与示范》。全年共开展科研项目19项，新批准实施的局级以上科技项目11项，续延科技项目8项。

10. *教育与培训工作*。组织了28个各种专业培训、岗位培训等短期培训班，有7 265人次参加，涉及思想政治、水政执法、水资源管理、纪检监察、安全生产、信息化建设等方面。全部完成了“在局机关公务员中开展《加入WTO基础知识》、《公务员讲英语》及《信息技术与电子政务》等三项基础知识培训”的工作。13个单位557名公务员、专业技术与管理干部进行《科学技术的新发展与现代化建设》考试，全部合格。全局近3 000名专业技术人员实施《继续教育登记手册》制度。学历教育有来自局属各单位及部分区县水资源局共203人参加学习。对事业单位符合取得人事局岗位证书条件的42名技术工人核发了人事局的岗位证书。

11. *国际合作与交流工作*。2002年继续执行的多边合作项目有《北京饮用水源保护及泥石流防治工程》、《北京市节水灌溉项目》;《水资源可持续管理——雨洪控制与地下水回灌》。2002年开展了与德国合作的《官厅水库流域水环境治理技术示范工程》项目。全年共接待境外及港澳台团组共18个，人员达165人。共派出团组41个赴欧美等国家进行技术交流和业务考察，达143人次，其中水利局系统109人次。

12. *信息化建设*。按照“一河一库一中心”的水利信息化总体构架，上半年完成信息化建设总体规划，重点建设项目下半年启动。密云水库自动化系统工程的通讯、水工、水文、施工监理四个标段已经完成公开招标，全面进入施工阶段；数字永定河项目规划开始接受市计委组织的专家评审；“防汛抗旱及水资源调度指挥中心”的功能定位、建设目标及其建设周期、建设内容等前期工作已准备就绪；局属单位公网部分的建设，已完成设计院、水电中心、水文总站等12个单位的光缆连接，初步实现部分信息资源的互联互通；局机关与市委、市政府无纸化办公系统已完成宽带网建设。

13. *基层党组织建设*。2002年，全局16个单位的基层党组织已到届，按照基层党组织工作条例完成了换届选举工作。结合换届选举工作，对部分单位的领导班子进行调整，提拔和任用了一批年轻干部，优化了领导班子的年龄和知识结构。2002年，共提拔优秀中青年干部16人，其中10人按照规定实行了任前公示和试用期一年的制度。调整中，9名同志因年龄原因改任非领导职务。

制定了市水利局《关于实行处级领导干部任前公示制的意见》和《关于不胜任现职领导干部的认定标准与调整办法》，修订和完善了《处级领导干部选拔任用工作制度》和《加强后备干部队伍建设的意见》，加强了干部选拔任用工作的规范化、严肃性和透明度。各单位积极开展内容丰富、形式多样的党组织活动，增强基层党组织的战斗力和凝聚力。

14. *宣传和思想教育活动*。以江泽民“5·31”讲话为主要内容，抓好各单位理论中心组学习，组织召开了学习贯彻“三个代表”重要思想的座谈研讨会、改革与发展讲座，组织了党的作风建设问卷调查和党员思想状况调查，开展了《公民道德实施纲要》的学习宣传活动和《治水人的故事》演讲比赛活动等。十六大召开后，全局召开动员会，学习和传达十六大精神，组织了两期处级干部培训班。在精神文明建设中，总结推广经验，召开了汇报会和现场会，分别推荐了北运河管理处和城市河湖管理处为全国及水利部的精神文明单位。

15. *党风廉政建设和反腐败工作*。2002年制定了《北京市水利局2002年党风廉政建设和反腐败工作要点》，结合实际从7个方面抓紧落实。建立和健全了党风廉政建设责任制相关配套制度。开展党风廉政宣传教育月活动，认真抓好廉洁自律专题民主生活会，制定下发了《北京市水利局关于实行诫勉谈话制度的暂行规定》，实行了局领导信访接待日制度。通过贯彻落实制度，完善了局处科三级责任制。

16. 实现政企分开。制定了局属企业脱钩实施方案，将13个直属企业进行打捆、合并，组建北京水利发展公司，为整体移交创造条件。8月15日，市水利局局长焦志忠与局城乡建设集团公司董事长姜立贵签订移交协议书，所属12个企业实现政企分开，正式移交北京市城乡建设集团公司，实现了整体移交，保证企业和职工合法利益，确保职工队伍稳定，整个改革过程无一例上访。

17. 事业单位人事制度改革。成立了局改革领导小组，制定了《北京市水利局关于深化事业单位人事制度改革的实施办法》、《北京市水利局事业单位实行聘用合同制实施细则》。按照动员发动、制定细则、具体落实、总结提高四个阶段，有步骤地推动事业单位人事制度改革工作。8月至11月集中三个月时间，完成了有关“四定”方案的制定，并经职代会讨论通过正式实施，3 338名职工签订了聘用合同，实现竞争上岗。全局22个事业单位顺利完成聘用制合同的签定工作。

市水利局党政领导班子成员

党组书记　刘宝善
党组副书记　焦志忠　徐维浩（7月离任）
成　　员　孙国升　吴文桂（4月免职）
　　　　　李艳萍　苏长生
　　　　　毕小刚（12月任职）
市纪检委驻水利局纪检组组长　李艳萍
局　　长　焦志忠
副 局 长　孙国升　徐维浩（7月离任）
　　　　　张　宁　毕小刚（9月任职）
总工程师　吴文桂（4月免职）
助理巡视员　李国钤

（王民洲）

北京市气象局

2002年气象工作的指导思想和要求是：以邓小平理论和“三个代表”重要思想为指导，进一步贯彻落实江泽民总书记“七一”重要讲话和党的十五届六中全会精神，全面落实全国气象局长会议和北京市经济工作会议精神，以“新北京、新奥运”为主题，加入世贸组织为契机，筹办奥运会为动力，进一步解放思想、实事求是、与时俱进、坚持科技进步与创新，加快气象现代化建设，努力提高天气气候预报预测准确率和服务水平，积极拓展服务领域，加强气象科学研究和气象科学实验，认真做好各项气象服务工作，推进高新技术产业发展，继续进行事业结构战略性调整和人才战略的实施，加强作风建设，巩固文明气象系统的成果，以优异成绩迎接党的十六大召开。

一、机构设置

市气象局机关设办公室（行政管理处）、业务科技处、计划财务处、人事教育处、政策法规处、直属机关党委（与思想政治工作处合署办公）、监察审计处（与党组纪检组合署办公）、离退休干部办公室。直属处级事业单位有气象台、北京城市气象研究所（北京城市气象工程技术研究中心）、观象台、专业气象台、气候中心（气象档案馆）、信息网络中心、技术装备中心、后勤服务中心、市避雷装置安全检测中心、气象学会（与减灾协会联合办公）、万云科技开发有限公司。

本年度全市气象部门在编职工564人，其中干部506人，工人58人。学历结构：博士5人，硕士31人，本科生104人，大专生183人，中专生113人。职称结构：高级职称57人（其中正研级高工3人），中级职称188人。

二、主要工作

1. 做好气象决策服务和公众服务。全市气象职工在全年各项工作中，重点为首都做好气象决策服务和公众服务，继续开拓新的气象服务工作领域。在决策气象服务中，自新年起市气象台每周一早晨给市政府值班室传真发送每周天气预报，使市政府领导能够及时了解到一周天气预报展望，以便决策参考。3月份第九届全国人大、政协第五次会议“两会”召开期间，气象人员提前走访了“两会”会务部门，了解服务需求与制定气象服务方案。3月1日～17日为“两会”会务部门提供各类短、中期预报专报24期，遇特殊天气则加强天气会商，及时通过电话、传真等手段进行跟踪服务，会后“两会”会务部门负责人对气象服务工作表示感谢。为做好为十六大服务气象服务保障工作，十月底气象台领导专门走访了十六大总务组了解对气象服务的要求，十六大期间专门安排天气雷达值班开机进行天气监测保障工作。针对大会服务需求专门制作了十六大气象服务专报每天发送至大会总务组。除月、旬、周天气预报，每天36小时预报等常规预报内容外，在专报中还发布生活指数、生活提示和空气质量内容预报。会后为方便各地代表顺利返程，加发了全国各主要城市的天气预报。从10月31日起到11月17日总计发布气象服务专报25期。及时周到的预报服务，为十六大的顺利召开做出了气象工作者的应有贡献。11月底中共十六大秘书处总务组（中共中央直属机关事务管理局）专门给市气象局发来感谢信，对十六大在京召开期间，气象工作者们全力以赴为大会提供有力保障和优质服务做出的贡献给予表扬与感谢。此外还为全市第八届职工运动会、市机关运动会、历史影片《邓小平》及首都绿化带航拍等一批重要活动提供了优良气象保障服务。

在公众气象服务方面，自新年起将北京电视台6频道每晚“北京新闻”之后天气预报节目进行了改版，增添了新的内容，在过去的本市24小时天气预报和旅游气象预报之后增添了48小时及72小时的天气预报，改版后的天气预报节目中还增加了生活气象指数预报服务。使首都地区的观众对北京天气预报从当天与次日直到第三天的天气概况都能够预先有所了解。2月5日市气象局举行了“预约天气预报”新闻发布会，在全国率先向社会开展了“预约天气预报”服务。气象服务用户能够通过电话、网站等方式，主动向气象部门提出服务需求，以根据用户的需求提供有针对性的个性化服务；对有特殊需求的用户可以采取跟踪连续滚动方式提供最新的预报产品。年内市专业台为30多家单位用户和数千个人用户提供了预约预报服务。这一举措大大提高了天气预报服务的主动性和针对性，受到了群众的应用和欢迎。春季北京出现9次沙尘天气，特别是3月20日的强沙尘暴天气对北京环境产生了严重影响，市气象台对此都做出了准确预报，发布了9次沙尘天气报告，分析沙尘形成原因、移动路径和影响区域，提前报告上级部门与通过有关媒体通知群众做好防御准备，取得较好的服务效果。

5月23日召开汛期气象服务工作会议，安排布置全局防汛抗旱服务工作。汛期期间对北京汛期出现的主要明显降水过程和连阴雨基本都做出了预报，为市领导和防汛部门提供了及时决策服务。6月1日通过电视台、“121”公众媒体和“221”气象热线电话正式向社会公开发布北京地区相对湿度预报，为社会群众服务。6月24～25日出现大到暴雨天气，有5站降雨超过60毫米，门头沟达到183毫米。气象台23日即做出预报，但预报量级偏小，24日夜间发现可能出现较大降水时，立即向市政府和防汛指挥部汇报，及时收集降雨实况提供服务，由于服务及时，有关部门积极采取措施，全市未出现重大灾情事故。8月1日北部密云、怀柔山区出现局部大暴雨，密云县石城镇4小时降水超过280毫米，引发山洪和泥石流，由于市和区县气象部门加强监测，及时向防汛部门发出临近预报警报，密云县气象局领导与县政府领导一起亲临一线到山区组织抢险，在山洪和泥石流到来之前一小时将2 000多名群众安全撤离险地，避免了人员伤亡。气候中心向市政府及时提供了干旱遥感监测、农气灾害监测公报等产品，为组织生产防灾减灾提供了科学依据。加强了农业生产关键季节的气象服务工作，及时向生产部门提出农业气象信息和生产措施建议，对夺取夏粮丰收起到很好的保障作用。年内全市气象部门为蔬菜、果树、牧草、花卉、动物养殖等特色农业、高新农业的气象服务取得较好效益，受到用户欢迎，仅北京世纪田园农业发展公司种植的菊花，有效利用气象服务就避免经济损失近300万元。气象部门通过新闻媒体提供的公众气象服务更加赋有人文特色，贴近群众生活，气象新闻日益成为人们关注的热点。全年接待新闻记者采访上百次，《北京青年报》、《北京晨报》都增加了气象专版，北京人民广播电台有关分台都采取每小时播一次天气信息，体育台、音乐台将播预报改为“说天气”，使节目更加生动灵活，得到了听众认可和好评，交通台称赞专业气象台的预报编辑已经成为他们的“明星”。专业气象台新开发了“春季郊游踏青”、“空气浴”、“露天劳动效率”等气象指数服务产品，发布的50多种气象指数已经成为群众生产、生活、出行的重要依据。12月15日本市出现了今冬首场全市性小雪天气，14日市气象台早晨提前准确预报出这场降雪，市政府根据预报正式启动降雪天气应急方案，保证了全市交通安全和道路的畅通。12月19日～23日，北京出现了历史上持续时间最长的降雪天气，气象部门均做出了预报并及时进行服务，为有关部门采取播撒融雪剂等有力措施，保障全市道路畅通和市民出行做出了贡献，事后市政管委给中国气象局写信表示感谢。

为缓解本市长期干旱缺水状况，市人工影响天气办公室抓住每一次有利天气过程，增加人工增雨的作业次数和时间，全年共计开展飞机人工增雨10次，飞行30小时，高炮、气球增雨作业13次，在密云、海淀进行高山地基作业9次，初步统计人工作业增加降水量约1.76亿立方米。另进行高炮人工防雹作业22次，保护地域未出现冰雹灾害，人工影响天气作业取得较好的效果。

2. 气象业务与现代化建设。本年度市气象部门气象业务建设有了新进展，市气象局检定风洞设备在密云县气象局安装完毕，1月底由生产厂家、国家气象计量站、市技术装备中心等单位共同对该设备进行了测试验收，投入气象风速仪器的检定使用。在气象通讯领域使用新的远程NT服务器替代了原BJT服务器其全部任务，市气象局原BJT远程通讯服务器自1996年以来，担负着区县站、市防汛办及政府各职能部门各种远程资料传输和气象服务等任务，已工作近7年，因机器硬件老化严重于4月15日起停用，由新的远程NT服务器替代其全部任务。4月上旬前将剩余的6个高山站和观象台的地面、高空业务通讯系统切换完毕。新服务器具有更强大更完备的气象数据资料通讯传输功能，从汛期正式担负起全局所有与区县站的通讯及部分资料处理和交换任务。

为做好北京奥运会气象服务筹备工作，年内成立了北京奥运会气象服务筹备工作办事机构，编制奥运气象行动计划并正式开展北京奥运会部分气象观测项目，7～8月间在城近郊区部分台站增加了特殊气象观测项目：在顺义区局增加酸雨观测项目，采集降水样品并测量pH值和电导率；在昆玉河与怀柔气象站旁红螺湖增加水体温度观测项目，包括气温和水面下1厘米、20厘米、50厘米处水温等观测；调整了紫外线观测仪采集数据时间间隔，每10分钟采集1次数据；在近郊区及顺义等城近郊气象站开展逐时能见度观测，以积累奥运会期间气象资料。在顺义乡村赛马场、大学生体育馆、工人体育场三处新安装了四要素自动气象站。对于地面臭氧浓度、氮氧化物、一氧化碳、负离子等项目的观测，奥运场馆气象要素观测和系留气球低空探测等项目也按照计划在积极筹备中。为加强北京地区水汽监测，由北京城市气象研究所承担了市科委“北京地区地基 GPS 遥感大气水汽应用研究”项目，其中 GPS 站网建设经招标确定先在房山区安装 8 台，在良乡、坨里、窑上、韩村河四处安装双频接收站，官道、琉璃河、坨里、窦店乡四处安装单频接收站。每个站均架设了温度、湿度、气压三要素自动气象站。GPS 观测资料和气象站的资料以考盘形式保存，所建仪器设备处于正常工作状态。

年内全国首家雷电防护装置和产品的专业测试机构“北京雷电防护装置测试中心”建成，12 月 18 日在南郊旧宫东气象局大院举行了揭牌仪式正式投入运行。中心现有建筑面积 600 余平方米，由中国气象局和北京市计委投资，引进了具有国际先进水平的瑞士哈佛来公司雷电防护装置测试设备，是目前国内乃至亚洲最大的有关雷电防护装置和产品性能的测试机构，可承担国内低压配电和通信系统的雷电防护装置和产品性能的测试工作，也可对其他通讯和电子类产品相关参数性能进行例行试验及测试。它的建成填补了我国雷电防护装置测试领域的一项空白。经过两年时间筹建正式投入运行工作。

在基本建设工作方面年内对密云县上甸子大气本底污染监测站进行了扩建改造，于 10 月底竣工。年内完成了市气象局业务楼外装修，人工影响天气业务楼主体基建工程完工。大兴区新的气象观测场于年底搬迁至城南并正式开始观测。

3. 科研教育。按照中国气象局“大力推进科技创新，不断提高气象业务和服务科技含量”和北京市正在实施的“新北京、新奥运”发展战略的要求，把科技创新、加强气象科学研究和进行科学试验有机的结合起来，将北京奥运会气象服务保障作为科研重点，6 月 14 日邀请驻京气象专家对北京奥运会气象保障科技试验研究项目可行性方案进行了论证，该项目主要包括大气探测、气象预报、人工影响天气三大领域内的科研课题。8 月 8 日市科委以京科计发〔2002〕458 号文件下发了“关于北京市科技计划重大项目‘奥运会气象保障科学技术试验与研究项目批复的通知’”，把该项目作为市重大科技项目组织实施，并原则同意该项目包括的“环境大气综合探测资料四维数据库技术研究、城市精细预报技术研究、奥运期间人工防雹、消雨作业试验研究”三大研究内容和目标，对项目的主要考核指标、经费等做了规定和安排，市气象局作为项目依托单位负责组织和管理工作等实施。北京“气象信息海量存储及网络支撑系统建设工程项目”得到市计委批准。年内新立项《奥运会气象保障科学技术与研究》、《奥运气象保障技术研究》、《无人驾驶飞机人工影响天气探测和播撒试验研究》等 7 项省部级科研课题。全年中在研课题 25 项。《北京城市规划建设与气象条件及大气污染关系研究》、《北京山区小气候资源开发与利用研究》等 5 项课题结题验收。

《北京地区高分辨率数值预报产品适用技术的研究》、《北京市城近郊空气污染预测预报研究》获得 2002 年度北京市科技进步二等奖。

在积极开展局校合作方面，12 月 27 日市气象局与南京大学大气科学系就气象科学研究、资源共享和人才培养等共同签署了合作协议，以适应首都国民经济建设和社会发展的气象科技服务的要求，推进提高气象科技水平，特别是 2008 年奥运会气象科技服务的需求。

积极加强国际科技合作与促进交流，年内派出 22 人次出国、出境进行有关科技项目考察与交流，接待了美国、德国、澳大利亚、俄罗斯、希腊等 10 多个国外气象代表团及专家来访，有 14 位国外专家学者来市气象局做了包括奥运会气象服务、中尺度天气预报、城市环境气象、人工影响天气等领域的科技讲座。确定了与美国国家大气研究中心（NCAR）关于中小尺度预报、与澳大利亚关于奥运气象服务、与欧洲（德国、丹麦等）关于城市环境服务等三方面的国际合作思路。正在向世界气象组织申请加入 WWRP－FDP 计划，另积极争取北京市智力引进办的支持，批准外国专家来市气象局讲学 4 个项目。

年内职工接受业务科技等各类非学历培训 370 人(次)，其中市局办班 9 期，培训 240 人(次)。举办有关科技讲座 38 次，146 课时，听讲人员 772 人(次)。

年内有 55 人参加学历教育，其中博士生 4 人；硕士生 1 人；本科生 19 人；专科生 31 人。2 人参加党校研究生学位教育。

4. 气象行政法规建设。为履行《中华人民共和国气象法》职责和中国气象局 3 号令精神，加强对本市社会防雷工作行政管理，逐步规范防雷工程市场，促进提高防雷工作队伍人员素质，1 月 19 日举办了首次全市防雷工程专业技术人员资格考试。有近 20 个部门和系统的 98 名防雷工程专业技术人员参加了资格考试。49 人考试通过获得了防雷工程专业技术资格证。4 月下旬举办了全市气象行政执法人员培训班，62 名执法人员参加了培训，学习了有关法学概论、人工影响天气管理条例、气象资料共享管理办法等方面的法律法规知识，以提高全市执法队伍的行政执法素质和执法水平。

《北京市防御雷电灾害若干规定》作为北京市第一部《气象法》的配套地方法规，经 7 月 16 日市人民政府第 50 次常务会议审议通过，7 月 29 日由刘淇市长签发北京市人民政府第 102 号令，自 9 月 1 日起实施。

《北京市防御雷电灾害若干规定》共分 15 条，对在全市防御和减轻雷电灾害，保护国家财产和人民生命财产安全；开展防雷减灾工作和防雷科普宣传；安装防雷装置及防雷工程设计施工及开展防雷装置检测；雷电灾害调查和鉴定及违反本规定的处罚等做了规定。为在本市开展防雷减灾工作提供了依法行政的依据。8月29日市政府法制办和市气象局联合举行了《北京市防御雷电灾害若干规定》新闻发布会，向驻京中央和地方新闻单位通报实施贯彻该规定情况。年内有9个区县政府出台了当地的防雷管理办法，使防雷减灾管理工作得到进一步规范与加强。

5. *领导班子进行调整*。2月28日，市气象局领导班子进行了调整，中国气象局局长秦大河到会宣布了调整决定（中共中国气象局党组中气党发（2002）13号文件）：经研究并征得中共北京市委同意，谢璞任北京市气象局局长、党组书记；王晓云任市气象局副局长、党组成员；陈玉成任市气象局助理巡视员。免去恽耀南市气象局局长、党组书记职务，办理退休手续；免去刘燕辉北京市气象局副局长、党组成员职务，另行安排工作。秦大河代表中国气象局党组对上一届领导班子多年来在首都气象事业发展中所做的工作给予充分肯定。

6. *改革与结构调整工作*。按照中国气象局关于北京市国家气象系统机构改革方案的主要内容和精神，年内完成了全市区县气象局改革，依据北京城市、地域、功能等调整了区县气象技术结构；采取核对岗位与双向选择竞争上岗等政策办法，建立了区县气象部门新型事业机构和运行机制，160人竞争上岗，21人办理了提前退休手续，对分流职工做了妥善安排。通过改革，全市区县气象局领导班子得到了一定的改善，区县局领导班子平均年龄为45岁，比改革前53岁下降了8岁；大专以上学历占区县局领导65.5%，比改革前有较大的提高。

2月份中国气象局批准了北京城市气象研究所改革实施方案，纳入中国气象局“一院八所”，成为国家级气象科研机构。经过国内外专家两次讨论，确定了该研究所的四个领域和10个方向，将原设的6个研究室调整为4个研究室，突出城市气象科学研究的特色，定位于建立城市气象科学创新基地，开展城市气象的应用基础研究和应用技术开发，研究重点是城市可持续发展、防灾减灾有关的领域及2008年北京奥运会气象服务的科学技术等。改革过程中公开向社会招聘高级研究人员，经中国气象局八大专业气象科学研究所所长公开招聘答辩考评、专业评审委员会推荐，聘请美国国家大气研究中心（NCAR）高级研究员、资深科学家郭英华博士担任北京城市气象研究所名誉所长。7月25日举行了北京城市气象研究所名誉所长聘任仪式，北京市副市长林文漪、中国气象局副局长郑国光等出席，向郭英华博士颁发了聘任证书。公开向社会招聘高级研究人员，经过动员和岗位资格审查与公开竞争答辩及其他聘用手续，聘任了21名首批进岗研究人员：包括研究员一级3人；副研究员一级1人；副研究员二级5人；其他为助理研究员，建立了客座研究人员库，形成了固定岗、客座岗、流动岗的科研新格局。8月2日中国气象局北京城市气象研究所召开成立会，公布了招聘情况。

11月初完成了中国气象局大气探测技术中心组建工作，接收了中国气象科学研究院检定所27人整建制划。

7. *气象科技服务与产业*。全市气象部门科技服务与产业发展迈出新步伐，突出科技服务主业，促进产业发展，全局年内科技产业整体经营增长率比2001年增长10%。

以市局所属万云公司为龙头的科技产业，主要项目包括电视声像信息广告、报刊电话气象服务、防雷工程、网络软件开发及其他附营业务。区县气象局还有各自特色的房地产开发租赁、木器加工、气球庆典、装修与餐饮业等经营项目，全市气象科技产业与经营实体15家，从事人员占全局职工总数的30%以上。与市电信部门合作对本市“121”气象服务电话业务系统进行了技术改造，采用先进的通信技术和设备搭建了新的“121”气象服务专用信息平台。在保持原“121”气象服务电话咨询拨打方便，操作简单的基础上，增添了定时、定点的精细预报，增加了语音信箱和人工服务，提供天气实况、热点气象追踪及天气与农业等新的气象信息服务内容，专门开设了英语信箱，还将陆续开通体育场馆预报、体育气象预报及多语种气象预报。考虑大众服务的需求，“121”电话在头20秒时间内对每日预报基本信息仍免费服务，其他气象信息按照每分钟0.30元收取信息费。7月1日起新的“121”气象服务电话专用信息平台投入使用，成为百姓生活的参谋和助手。

8. *精神文明建设*。继续开展精神文明创建活动，据市文明办委托市统计局的统计数据资料，气象行业在社会问卷调查中，公众意见满意率99.3%；社会调查综合满意率为98.6%；气象服务工作得到了群众的认可。3月26日在首都精神文明建设大会上全市气象行业被首都精神文明建设委员会授予“首都文明行业”称号，获得“首都文明行业”匾牌。同时怀柔、丰台、延庆、密云、大兴、平谷、昌平7个区县气象局被命名为“首都文明单位”称号。5个区县气象局建成市级花园式单位。3月31日市气象局召开“首都文明行业”揭牌仪式暨深化精神文明建设大会。北京市副市长刘志华和中国气象局副局长刘英金、市文明办主任赵东鸣、市农工委书记李进山、副书记崔砚青等有关领导同志以及首都文明行业考评委气象组成员，新闻单位记者等参加了大会。刘志华和刘英金为市气象局获得“首都文明行业”匾牌揭牌。会上通过了市气象局党组《关于深化精神文明建设工作的意见》，对全局创建工作提出了新的要求。

在丰富职工文体活动中，广泛开展了普及广播操、太极拳、健身操等活动。70余职工参加了北京市直属机关工委“第一届北京市直属机关运动会”并获得“团体奖”。其中在团体比赛项目中广播操、太极拳获得一等奖；保龄球获得第九名；“摄影展”获得二等奖；一篇征文获得“我与健康”征文比赛一等奖。在全市第八届职工运动会上，广播操获得二等奖及组织单位优秀奖和特殊贡献奖，展现了市气象部门文明行业的良好精神风貌。

年内各级领导和广大职工在学习、实践“三个代表”重要思想过程中，认真学习江泽民同志“5.31”重要讲话和十六大精神，5月份在全局开展了党风廉政建设宣传教育月活动，制定了整改措施，开展了讲党课和征文活动，学习方工、汪洋湖等共产党员先进事迹。8月起开展了“转变机关作风，树立机关良好形象”教育活动，着力解决机关作风方面存在的突出问题，进一步健全和规范机关工作规则，精简会议和文件，使机关工作提高到一个新水平。

9.学会工作。北京减灾协会召开第二次代表大会选举产生新的理事会和监事会。3月31日北京减灾协会召开第二次代表大会，80多位协会单位的成员和代表到会，听取了北京减灾协会第一届理事会工作报告和关于修改章程的说明，选举产生第二届理事会和监事会，通过了大会工作报告和新的协会章程。刘志华副市长当选为新一届减灾协会会长。恽耀南当选为协会秘书长。

10.举办“第二届京、台大城市灾害防御问题研讨会”。5月13日至22日，北京减灾协会组织北京各方面减灾专家和有关人员28人赴台湾，举办“第一届京、台大城市灾害防御问题研讨会”。10月14日由市科协、北京减灾协会举办了“第二届京、台大城市灾害防御问题研讨会”，首都城市减灾防灾学者近百人与台湾财团法人消防教育学术研究基金会专家团一行18人到会，共同研讨大城市减灾防灾问题。北京市副市长、北京减灾协会会长刘志华、市科协常务副主席田小平以及首都减灾防灾有关单位领导同志出席了开幕式。刘志华在讲话中希望通过会议交流，使学术团体和广大人民群众在大城市现代化进程中，进一步发挥作用，增强对各种自然和人为灾害的应急综合防御能力，加强海峡两岸防灾减灾工作的合作，促进两岸减灾学术水平的提高，在北京2008年奥运会的综合安全保障做好各项筹备工作中发挥积极作用。海峡两岸学者进行了学术交流发言，分别介绍了在城市防灾减灾有关方面的研究成果和经验。

11.北京气象学会召开第17次会员代表大会。11月7日，北京气象学会召开了第17次会员代表大会，首都地方、部队、民航等系统气象界的会员代表60余人参加会议，听取并通过了第16届理事会工作报告和修改《北京气象学会章程》的报告；选举产生了第17届理事会和监事会。选出理事48人，常务理事24人。理事长为李泽椿院士，谢璞兼任秘书长。

市气象局党政领导班子成员

党组书记　谢　璞（2月份任职）
　　　　　恽耀南（2月份免职）
成　　员　杨宝忠　胡　荷
　　　　　王晓云（2月份任职）
　　　　　刘燕辉（2月份免职）
市气象局局长　谢　璞
　　　副局长　杨宝忠　王晓云（2月份任职）
　　　　　　　刘燕辉（2月份免职）
局纪检组长　胡　荷
局助理巡视员　陈玉成

（曹冀鲁　李　勇）

北京市乡镇企业局

一、概　况

2002年，在市委、市政府的正确领导下，在党的十六大精神鼓舞下，京郊乡镇企业认真贯彻落实“三个代表”的重要思想，与时俱进，开拓创新。编制和下达了乡镇企业主要经济指标指导性计划，总收入、利润总额、增加值、出口产品交货值增幅均在15%以上。年初，市委、市政府将“继续推进乡镇企业二次创业，加快郊区50个乡镇工业小区的基础设施建设，为农村剩余劳动力创造不低于5万个非农就业岗位”作为北京市2002年在直接关系群众生活方面拟办的60件重要实事之一，列入了市政府折子工程。根据市委、市政府的总体要求，市乡镇企业局全方位、多层次、宽领域地推动乡镇企业二次创业，引导农村富余劳动力在城乡、地区之间有序流动，拓展农民就业空间。到2002年11月10日，京郊乡镇企业新增劳动力就业已达5.5万人，职工总数超过112万人。

二、直属企事业单位

北京市乡镇企业大厦　电话　84637088
北京市乡镇企业局后勤服务中心　电话　84648127
北京市乡镇企业职工培训中心　电话　84638323
北京市乡镇企业信息咨询服务中心　电话　84638321
北京市乡镇企业协会　电话　84638322

以上单位地址均为朝阳区慧新东街6号

三、主要工作

1.加大工作力度，进一步推进乡镇工业小区建设，加快农村工业化步伐。2002年初，市农口召开“京郊乡镇工业区工作会议”，市农委主任李进山、副主任张凤福、乡镇企业局局长夏连生、副局长雷占泉、汪进军、陈志峰出席会议，各区县主管副区县长、乡镇企业局局长和主管副局长、55个重点乡镇工业区所在地的乡镇党委书记和市计委、财政局有关负责人参加了会议。与会人员参观了大兴区和通州区的六个乡镇工业园区。李进山主任在大会上讲话，张凤福副主任对京郊乡镇企工业区建设情况进行了总结，汪进军副局长宣读了关于确定重点乡镇工业区的通知，通州区副区长张树森、大兴区副区长黄维荣作典型发言，我局夏连生局长主持了会议并对贯彻好会议精神提出了具体要求。截止到2002年底，55个重点乡镇工业区已开发面积39.2平方公里，完成基础设施投资47.2亿元，入区企业1 530个，入区企业总投资266.3亿元，园区职工人数10.8万人。累计已有381项投资千万元以上的大项目落户京郊。

2.“彩虹工程”正式启动，加快了乡镇企业科技进步步伐。乡镇企业局会同团市委、市科协等有关部门，共同出台了《关于开展“首都高校专家博士帮助京郊农村发展二三产业活动”（简称“彩虹工程”）的实施意见》，郊区乡镇企业与首都各高校密切合作，以项目为纽带，采用咨询策划、人才引进、技术攻关、职工培训、课题研究等多种形式，围绕乡镇企业在二次创业中存在重点、难点问题开展了卓有成效的活动。“彩虹工程”正式实施以来，已有40个项目和北京20所大学对接成功，“彩虹工程”取得阶段性成果。如11月6日，科技大学彩虹工程博士团与朝阳区楼梓庄公司签约仪式正式举行，科技大学将在今后一年内为玉雪公司在企业产权结构基本框架研究、企业市场开拓和营销策略研究、企业集团化发展模式及框架研究等10个领域提供全方位的技术咨询服务，玉雪集团提供30万元研究经费。12月初，密云县北京中马水泵公司与北京工业大学专家组达成协议，出资10万元由工业大学专家组为其研制具有自主知识产权产品的新型潜水泵。此外，科大、工大、首都经贸大学还分别与怀柔、丰台、密云等区县签定了合作协议。市教委出资70万元支持立项的11个项目正在顺利实施，其中部分项目取得阶段成效。朝阳区莱太花卉有限公司和北京工业大学合作的莱太街区的整体规划、昌平区沙河镇与北京建工学院合作的该镇镇域规划及卫星城市政管网的规划与设计等项目已经形成了评估策划书；朝阳区格林万德农业技术公司和北京农学院合作的蔬菜育苗项目、朝阳区崔各庄乡与北京农学院合作的1 000亩苗木养护项目正在实施。

3.农业产业化和农产品加工业取得进展。已经形成了食品、粮食、畜禽、饲料、蔬菜、果品、酿造等10个农产品加工行业。建立了具有一定规模的蔬菜、畜产、果品产业化体系。到2002年底，京郊乡镇企业农副产品加工企业共有527家，拥有职工46 259人，带动农户20万户。完成销售收入96.49亿元，利润总额5亿元，增加值19.54亿元，税金总额4.52亿元，出口交货值8.85亿元，比2001年均有大幅度增长。根据农业部“关于组织申报2002年国家重点龙头企业、农产品加工国债技术改造项目的紧急通知”精神，组织申报了2002年国家重点龙头企业、农产品加工国债技术改造项目，共计申报14个项目。根据市农委、市财政局下发的“关于推进农村经济结构调整加快农民致富步伐若干政策意见”和“关于申报2002年扶持京郊农产企业项目的通知”要求，组织2002年扶持京郊农产品加工企业项目的申报工作，共申报项目50项。经有关部门审定，对23个项目给予了资金扶持，扶持资金为990万元。资金拨付后，市农委、市财政局、市乡镇企业局组成联合检查小组，对项目进行情况和资金到位情况进行了检查。

4.近郊乡镇企业为全市绿化隔离带地区建设做出贡献。到年底，朝阳、丰台、海淀、昌平、大兴、石景山等六个区累计搬迁、关闭企业2 534家，占绿化隔离地区企业总数3，672家企业的69%。2002年关闭搬迁企业1 775家，为年度计划1 500家的118.3%。截止到2002年10月底乡镇企业共为绿化隔离带腾退绿地1 116公顷。根据京政办发［2001］37号文件“关于促进本市绿化隔离地区经济发展的若干意见”和京总指发［2001］14号文件“关于本市绿化隔离地区搬迁企业申请贷款贴息有关问题的通知”的精神，乡镇企业局与市绿指、市财政局协商，并经市领导批准，决定对截止到2002年6月底已关闭搬迁并申报补偿的1 508家企业进行专项审计，对审计合格的企业予以贴息。市财政贴息额为2 358.5万元。根据京政发［2001］37号文、京总指发［2001］15号文“关于申报规划绿地内保留企业有关问题的通知”和京总指发［2002］4号文“关于印发本市绿化隔离地区规划绿地范围内保留企业的环境保护和绿化美化标准的通知”精神，乡镇企业局对朝阳、丰台、海淀、大兴、昌平、石景山等六个区正式申报保留的267家企业进行了审查，初步认定其中149家企业经济效益较好、规模较大、吸纳当地劳动力就业较多，有可实施绿化、环保和技术改造余地为保留企业。并于2002年6月12日正式行文上报市绿化隔离地区建设总指挥部。

5.加强领导班子建设。2002年上半年乡镇企业局系统深入学习了江泽民同志“三个代表”重要思想和“七一”讲话，下半年组织学习了江泽民“5·31”讲话，迎接党的十六大胜利召开和深入学习宣传贯彻十六大精神。

局、处两级理论学习中心组采取自学、听辅导和交流座谈等形式组织学习，加深理解基本理论问题，深刻领会“三个代表”思想，提高实践“三个代表”的自觉性。

全年共举办了两期理论学习培训班，一是九月份，局党组举办了有机关处长、各单位党政一把手参加的封闭学习，重点学习“5·31”讲话和进行党建工作交流，这次学习培训班作为迎接十六大的重要工作对处级领导干部是个促进和提高，同时为十六大的召开奠定了思想基础。二是党的十六大闭幕后不到两个星期局党组又举办了为期三天的处以上领导干部培训班，33人参加，培训班采取自学与讨论交流相结合、学习原文与看辅导相结合，局领导带头讲体会、谈要点、提要求，同志们认真钻研重点问题，深刻领会精神实质。

市乡镇企业局结合实际首次出台了思想政治工作

量化考核十条标准，使得该项工作具有了很强的操作性。应把领导班子建成一个团结的、锐意改革、开拓创新、有群众威信的、有工作实绩的班子；要看以“三个代表”重要思想为主要学习内容的教育活动开展的如何，是不是有计划安排、有督促检查、有针对性和实效性；要看党的基层组织活动开展是否生动活泼，做到经常化、制度化，党员作用发挥的好；要看贯彻落实党风廉政建设责任制、廉洁自律、遵纪守法、党风党纪教育情况。不发生违法违纪问题；做好效能监察工作，完成效能监察的课题；关心群众生活，职工队伍稳定，不出现集体上访和其他滋事事件，不发生法轮功分子的非法闹事活动；认真做好离退休干部管理服务工作，落实政治、生活待遇；开展形式多样的群众性的文体活动，加强精神文明建设和综合治理工作；努力完成本单位的经济工作任务，发挥党组织的监督保证作用；努力完成局党组交办的其他各项任务。

6. *坚持开展“创争”活动，努力实践“三个代表”重要思想*。市乡镇企业局在全系统积极开展“创建先进基层党组织，争当优秀共产党员”的“创争”活动，加强了党的领导，促进了基层党组织建设和发挥党员的先锋模范作用。

2002年6月26日，局党组召开了“庆七一”表彰大会，参加大会的有局机关全体、二级单位领导班子成员，基层党支部书记及优秀共产党员等90多人。大会由局党组书记、局长夏连生同志主持。汪进军副局长宣布“关于表彰2002年度先进基层党组织和优秀共产党员的决定”，授予城镇建筑公司、先河科技开发公司、鼎力达建筑材料公司、京利华经济技术开发公司、局后勤服务中心等五个单位党组织“先进基层党组织”的荣誉称号；授予杜长宝等15名同志“优秀共产党员”的光荣称号。会上，局党组领导向他们颁发了奖牌、证书和奖品。

会上，先进基层党组织代表建筑公司党委书记杜长宝、先河科技开发公司党总支书记张存鹏以及优秀共产党员代表京利华开发公司高光同志先后发言，畅谈了他们努力实践“三个代表”，发挥党组织战斗堡垒作用和党员先锋模范作用的作法和体会。

雷占泉副局长在讲话中说：在“七一”前夕，召开这个大会，一方面是为了表彰这两年来局系统涌现出的先进基层党组织和优秀共产党员，交流党建工作的经验和体会；另一方面是庆祝党的生日，进一步学习、宣传“三个代表”思想，推动局系统党的建设，以实际行动迎接党的十六大召开。

7. *开展庆祝建党八十一周年活动*。“七一”前夕，局机关及所属各单位组织了不同形式的纪念活动。建材、开发、先河公司，局机关等单位分别组织干部职工参观了革命圣地西柏坡，辽沈战役纪念馆和井冈山革命根据地，进行老党员重温入党誓词和新党员入党宣誓活动，使广大党员受到深刻的革命传统教育；建筑公司走访了困难的老党员和离退休党员，组织他们参观北京新面貌，给他们送去了党的温暖。“七一”前夕各单位普遍开展了讲党课和收看优秀共产党员“方工事迹”录相报告。还有的单位组织观看了庆“七一”电影活动。

8. *认真做好离退休干部的管理服务工作*。今年，市乡镇企业局针对机构改革后离退休干部人员增多、不同年龄的同志增多、离退休干部思想比往年活跃的特点，不断研究和改进对老同志的管理服务工作，实行分层次管理、分年龄段管理的办法，老干部工作开展得生动活泼，收到较好效果，受到离退休干部欢迎，保持了系统的稳定。一是坚持每月一次的日常活动，组织政治理论学习和思想交流。二是认真组织老干部支部成员参加市里举办的报告会、培训班等活动，并及时将国家大事、市有关老干部的文件内容传达给离退休干部。三是满足老同志关心乡镇企业发展的“知情权”。组织老干部参观水泥厂、袜厂和桑德环保集团等乡镇企业；局领导两次向离退休干部通报全市乡镇企业及直属单位的经济情况和有关重要工作，听取他们的意见和建议。四是认真落实“两项待遇”，从不拖欠工资和医药费，并和在职一样发给过节、过年费。五是两次组织外出参观休养、考察活动，有延庆古崖居、松山、国际敬老院、神堂峪、蓝天牧场等地，使大家开阔了眼界，联络了感情，加强了交流，每次都开心快乐、团结平和。六是时刻关心年老病重的老干部，随时到医院看望，逢节过年发给生活补贴，并帮助他们切实解决生活中的实际困难。

9. *举办第二届职工运动会*。北京市乡镇企业局系统第二届职工运动会于2002年5月18日在北京联合大学运动场开幕。参加开幕式的有局机关及局属十一个企事业单位400多人。开幕式由雷占泉副局长主持，副局长汪进军、陈志峰出席，局党组书记、局长夏连生致开幕词。由机关干部、公司职员组成的170名运动员进行了广播操表演，随后各项竞赛、田径赛及趣味性比赛项目开始。通过第二届职工运动会的举行加强了我局所属各企事业单位的精神文明建设，进一步活跃了群众性体育活动，促进了局系统经济工作和各项工作的进一步发展。

市乡镇企业局党政领导班子成员

党组书记　夏连生
成　　员　雷占泉　汪进军
局　　长　夏连生
副 局 长　雷占泉　汪进军　陈志锋

（吴晓平　范馥芳　张庆堂）

北京市农林科学院

2002年北京市农林科学院在市委、市政府的领导下，以邓小平理论和“三个代表”重要思想为指导，坚持以改革促发展、坚持科技创新无止境，坚持为郊区农业现代化服务的办院方针不动摇，一切工作从实际出发，全院科技事业稳步向前推进。

一、下属单位

单位名称	办公地点	邮编	电话号码
植保环保研究所	西郊板井北京市农林科学院内	100089	51503330
农业综合发展研究所	西郊板井北京市农林科学院内	100089	51503311
农业科技信息研究所	西郊板井北京市农林科学院内	100089	51503304
植物营养与资源研究所	西郊板井北京市农林科学院内	100089	51503325
农业信息技术研究中心	西郊板井北京市农林科学院内	100089	51503423
农林牧科技开发中心	西郊板井北京市农林科学院内	100089	51503280
玉米研究中心	西郊板井北京市农林科学院内	100089	51503404
草业与环境发展研究中心	西郊板井北京市农林科学院内	100089	51503297
农业生物技术研究中心	西郊板井北京市农林科学院内	100089	51503293
杂交小麦研究中心	西郊板井北京市农林科学院内	100089	51503402
蔬菜研究中心	西郊板井北京市农林科学院内	100089	51503362
畜牧兽医研究所	西郊板井北京市农林科学院内	100089	51503351
林业果树研究所	香山瑞王坟甲12号	100089	62591506

二、主要工作

1. *以科技资源重组为切入点，积极推进科技体制改革*。为了进一步加强我院科技创新能力，加快学科建设步伐，搭建全院科技创新平台，努力建设一支精干的高水平的科技队伍，积极推进了以科技资源重组、实行全员聘用制为主的科技体制改革。

2. *优化科技资源，增强作物领域科技创新能力*。2002年对作物研究所、农业信息技术研究中心、玉米研究中心、农业生物技术研究中心、杂交小麦工程技术研究中心、草业与环境研究发展五个中心的科技资源、物质资源、人力资源进行了重组。将作物所的人、财、物以课题组为单位，分别进入以上5个中心。这一举措，彻底解决了原作物所科研力量分散、开发单干、创收无序、不正常竞争的局面。这次科研资源的重组，使作物所原有各专业研究力量更加集中，科技创新能力进一步增强。

3. *涌现出一批科技创新的生长点*。经科技部批准，成立了国家农业信息化工程技术研究中心。这是继国家蔬菜工程技术研究中心之后，在农林科学院成立的第二个国家级工程中心，标志着农林科学院在地方农业科研队伍中，总体水平又向前迈进了一大步。在农业部和市科委的支持下，2002年又先后成立了国家玉米原原种基地、北京农村远程信息服务工程技术中心、杂交小麦工程技术研究中心、新型肥料研究发展中心和北京市生物防治技术工程中心。这些专业中心的建立，符合重点专业重点扶持、优先发展的方针，有利于农林科学院的改革与创新，有利于首都农业高新技术的发展，符合农业产业结构调整、农民致富和首都农业现代化发展的方向。

4. *深化人事制度改革，全员聘用制工作圆满完成*。根据上级的有关精神，按照公开、公平、公正、竞争、择优的原则，全员聘用制工作在试点的基础上于年初开始历时10个月，现已顺利完成。这项工作是国家对事业单位用人制度上的一次重大转变。通过改革逐步实现事业单位人事管理由身份管理向岗位管理转变，由国家用人向单位用人转变。全员聘用合同制的实施将更加灵活用人制度，对今后改革与发展诸多方面的工作起到积极的推动作用。

5. *以科技创新为目标，科研综合实力再上新台阶*。经过多年的努力，科研实力不断提高，在农业信息技术、农业生物技术、农作物育种、禽病疫苗研究等部分领域达到了国内领先水平，科研工作继续保持旺盛发展的势头。

6. *科研项目再创佳绩*。2002年新上科研项目56项，其中国家863计划项目8项，农业成果转化项目2项，国家星火计划1项，农业部质检中心项目1项，原原种基地项目1项，北京市科技合同项目16项，国家自然科学基金4项，北京市自然科学基金12项，北京市科技新星项目11项。全院在研科研项目188项。目前，在研的国家级项目共计49项，接近“九五”期间的总和，而经费量已相当于“九五”期间的3倍。

7. *重点研究领域取得新成果*。2002年获得国家科技进步奖1项、北京市科技进步奖8项，市推广奖3项，获奖率达80%。推荐的“桃、油桃系列品种育种与推广”获得国家科技进步二等奖，“蔬菜种质资源收集评价利用创新”获得了北京市科技进步一等奖，连续五年保持了每年都有市级以上一等奖奖励的五连冠佳绩。

8. *自主知识产权成果资源储备丰厚*。2002年，自主知识产权成果资源储备工作取得巨大进展。12个品种通过了各级审定委员会的品种审定或认定，审定品种总数自“九五”以来累计达79个，其中4个品种获得了植物新品种保护；八氢番茄红素脱饱和酶(PDS)等3个酶的编码基因率先在国际基因库进行登记，获得了国际知识产权保护；15个计算机管理软件系统进行了著作权登记；17项成果完成了专利申请，1项专利成果获得了专利实施资金资助。这些具有自主知识产权成果的取得，充分体现出雄厚的成果资源以及较强的竞争实力。

9. 国际合作与交流得到加强。目前共执行国际合作项目9项，引智项目13项，有4名留学归国人员获得了国家人事部和北京市资助。国际合作与交流工作已成为科技事业发展的一个重要组成部分。

10. 以为郊区农业生产服务为宗旨，科技示范推广工作呈现多元化发展趋势。科技示范推广工作作为科研工作与郊区农业生产实际相联系的桥梁与纽带，一直给予着高度的重视。2002年示范推广工作紧紧围绕市科委提出的"加快科技园区建设，促进传统产业的结构调整和升级，使农业由主要追求数量向注重质量效益转变"的要求，以最终富裕农民为目的，积极采取多种形式为郊区农民提供有效的服务。

11. 优良新品种大面积推广应用，使广大农民走上致富之路。育种工作是我院科研工作的龙头，新品种的不断推陈出新，广泛应用，为农业、为农民带来了较高的经济效益。2002年又有一批新选育的品种在京郊示范推广。蔬菜研究中心目前推广的品种就达100余个，推广地区遍及全国各地，推广面积266.67万公顷。玉米中心育成的"京早13号"在北京推广近5.33万公顷，成为北京地区夏玉米主栽品种，同时将育成的适合鲜食和加工的早中晚熟系列甜糯玉米新品种大面积推广应用。植环所在通州、顺义、房山等地推广种植了一批高档食用菌新品种，取得了较好的社会经济效益。这些新品种的推广应用，使广大农民真正得到了实惠。

12. 充分利用自然资源优势，山区科技扶贫工作取得新成绩。在门头沟清水镇科技扶贫开发工作取得显著成效的基础上，2002年山区的科技开发工作的重点是调查、分析北京山区农业资源的优势，研究可持续利用优化模式，为山区农业新阶段结构调整与生态屏障建设提供科学依据。同时，还向山区推广了一批实用技术，如：营资所大面积推广的"燕山板栗标准化生产技术"。通过系列配套技术措施的推广应用，使我市板栗栽培水平普遍提高，累积增收800万元。信息所的授粉蜂良种繁育基地，在延庆、昌平发展养蜂户300个。畜牧所在门头沟清水镇开展的青壳蛋鸡养殖示范推广在多年工作的基础上，今年又引进种鸡1 000套、商品鸡2 000只，此项工作得到了门头沟区政府、镇政府和农民的欢迎，得到了市委、市政府的充分肯定，被授予"支援山区建设先进单位"称号。

13. 积极探索多种示范推广机制，区县科技合作得到进一步延伸。一如既往地继续加强与顺义区、通州区、门头沟等区县的科技合作。为顺义的三高科技园区、朝阳王四营、大兴长子营、小汤山高科技园区等各个市级园区提供强有力的科技支撑。营资所研制的新型缓释肥在10个区县推广了1 180吨，示范面积达1 600公顷。林果所与通州区科协、西集镇政府签定了共建大樱桃科普示范基地，以20公顷核心基地，带动周边266.67公顷樱桃园的发展。玉米中心与平谷组建了鲜食玉米加工龙头企业—北京绿之宝食品有限公司，通过以公司加农户的形式，负责收购、加工、销售鲜食玉米产品5 000吨，带动1 200多户农民走上了致富之路。

14. 运用现代化信息传播手段，全面提高农民科技文化素质。2002年农业科技信息研究所的农业远程教育在京郊又建成105个接收站点，站点总数达到219个，覆盖了14个区县。同时还在西藏、新疆、福建、吉林等8个外省市建立了30个京外服务站点。农业信息技术研究中心以自身优势，借助于现代通信工具，通过呼机、手机、电话三网合一，为京郊广大农民提供快速的农业信息咨询与技术服务。通过以上措施，农林科学院的科技成果、北京农业的科技优势能够迅速传遍京郊，对首都农业现代化进程起到了极大的推动作用。

15. 以不断整合全院科技产业资源为手段，科技产业实力进一步增强。2002年，全院科技产业工作加强机制创新，增强市场开拓力度，突出经济效益。通过组建北京农科院种业科技有限公司，进一步整合全院科技产业资源，优化产业结构，为种业开发搭建了广阔的操作平台，科技产业工作呈现出以下发展特点：

公司制企业逐步扩大，国有经营性资产管理进一步加强。目前，院控股有限责任公司已达22家，占企业总数的73.4%。其中300名职工出资已近450多万元。全院职工的广泛参与，对企业多元化产权制度的建立起到了关键作用，为企业建立良好的激励和约束机制起到了决定性作用。农村远程教育和玉米深加工等项目的成功运作，充分证明了多元化产权制度的优越性。公司制企业的成长还为建立合理的劳动用工及分配制度等进行了有益的尝试和借鉴。

近两年来，通过对国有经营性资产占用登记、审核以及国有控股公司制企业财务的年度审计，国有经营性资产的管理逐步走向法制化和制度化，全院国有经营性资产管理进一步规范。

加强管理，科技企业竞争能力进一步提高。蔬菜种子与禽病疫苗是院两大支柱产业。"翎羽"公司通过技术创新，注重产品质量，强化管理与操作规范，大幅降低生产成本，全年销售超过600万元，成为我院又一创收大户。在以国家科技部等5部委牵头对全国科技新产品评比中，该企业产品CVI988疫苗获得全国推荐科技新产品证书。"京研益农"公司，不断完善内部管理机制，一年来所销售的种子达到了出厂合格率100%的质量标准。该企业在全国建立示范基地30多个，拥有一批稳定的客户群，已达到中型种子公司的规模。

成立种业公司，种子产业走上快速发展轨道。2002年完成了北京农科院种业科技有限公司的组建工作，并相继完成种业公司下属的玉米研究中心、杂交小麦研发中心、营养技术开发中心等三个分公司的设立。种业公司的成立使玉米种子、小麦种子的销售能够合法地在全国范围内开展，对种子经营及相关企业的发展起到极大的促进作用,为下一步全院成立农科集团和科技体制改革进一步深化,打下了坚实的基础。

16. *党建取得新成绩*。按照“三个代表”的要求,以迎接十六大和学习、宣传、贯彻十六大精神为中心,强化党的思想政治建设。按照中央、市委总的要求,在全院开展了学习、宣传、贯彻江总书记“5.31”重要讲话和“三个代表”重要思想的活动。进一步把全院职工的思想统一到了邓小平理论和“三个代表”重要思想上来,统一到了中央、市委的重大决策上来,统一到了院党委关于2002年工作总体部署上来,讲大局、讲团结、讲稳定,为十六大召开营造昂扬向上、安全稳定、团结奋进、开拓创新的良好氛围。

17. *坚持开展干部理论学习教育,夯实领导班子的思想理论基础*。院党委把抓好领导干部的理论学习作为搞好各级领导班子作风建设的着眼点。坚持执行领导班子议事和决策制度。按照“集体领导、民主集中、个别酝酿、会议决定”的原则,凡重大事项,特别是涉及人、财、物及院发展方向问题,都经过集体议事。落实党风廉政建设责任制,加大对各级领导干部的党风廉政教育力度。开展了以“树立正确利益观”为主题的征文活动;组织各基层支部(总支)委员及机关全体党员70多人上了一次有关“树立正确的利益观”的党课。在完善院党风廉政建设责任制中,新制定了《党风廉政建设责任制四项配套制度实施细则》、《关于对违反党风廉政建设责任制行为实施责任追究的规定(试行)》和《2002年党风廉政建设分工意见》三个配套制度,进一步用制度和机制来保障廉政建设。

18. *认真搞好各级干部的培训工作,不断优化领导班子结构*。全年共对15名正处、副处级干部进行了提拔、交流和调整,共有20多名局、处级干部分别参加了市委组织的各类知识讲座、外语培训、研究生班等,7名优秀专业技术干部参加了市委举办的读书班。进一步完善干部队伍的宏观管理。按照市委的部署,对61名处级干部的学历学位进行了审查和清理工作。认真贯彻执行院老干部工作领导责任制,切实抓好离退休党支部建设,坚持定期召开老干部座谈会,通报院内大事,并做到随时走访慰问。加强党对工会、共青团工作的领导,抓好党建带团建工作。前不久成功地召开了共青团北京市农林科学院委员会第七次团员大会,选举产生了新一届共青团委员会,使共青团组织更加坚强,共青团队伍更加壮大。

19. *与时俱进,探索工作新方法,提高基层党组织战斗力*。年初,院党委召开了2002年党建和思想政治工作会议,会上有13个党支部(总支)书记围绕新时期如何做好党建工作进行了交流。继续推行了院《党建和思想政治工作目标考核责任制》,把责任制考核作为院党委指导各项工作任务落实的基本工作方式之一。2001年评出畜牧所、蔬菜中心、行政处三个优秀党支部(总支)。在党员教育管理上,适应形势要求,拓宽工作领域,突出教育重点,改进方式方法。通过学习新党章,开展警示教育,组织党员到革命老区参观学习,进行革命传统教育的系列活动,着重解决理想信念、宗旨意识、组织纪律等问题。今年发展党员7名,转正10名,全院党员总数已达569名。

20. *加强精神文明建设*。从职工群众的实际精神需求出发开展工作,在全院组织《工会法》学习知识竞赛;积极开展送温暖活动,帮助弱势群体走出困境,在两节期间走访劳模、老专家、离退休干部、困难职工80余户126人,投入慰问金近13万元;贴心人服务队常年坚持为职工服务,组织活动17次。以人为本的送温暖活动拉近了各级领导与群众的距离,使精神文明建设成为职工群众的自觉行动,增强了精神文明建设的作用。以形式多样的群众性精神文明创建活动为载体。一是组织80多名职工参加了北京市第八届职工运动会;组织300多名职工参加了秋季登山比赛活动。二是组织“庆七一,凝聚在党旗下”大型歌咏比赛,全院共有11个代表队500多人参加,抒发职工热爱党、热爱祖国、热爱美好生活的情怀。三是积极推荐先进模范人物,大力开展向先进集体和先进人物学习活动。今年全院共有10名职工获得国家和北京市授予的各类奖励,还获得了北京精神文明建设委员会授予的“首都文明单位称号”。

市农林科学院党政领导班子成员

党委书记　陶铁男
副书记　李云伏　王　丽(女)
纪检书记　肖兰(女)
常委　秦树福　陈　刚
院长　李云伏
副院长　秦树福　王金洛

(张爱武)

北京市农村经济研究中心

一、主要业务部门

单位名称	办公地址	电话
北京市城郊经济研究所	朝阳区北沙滩7号院2号楼14层	64838993
北京市农业与农村资源区划办公室	西城区裕民中路6号	62023040
北京市城乡经济信息中心	朝阳区北沙滩7号院2号楼17层	64853980
北京市农村合作经济经营管理站	西城区裕民中路6号	62014063
编刊室	海淀区板井北京市农林科学院内	88430070
培训部	西城区裕民中路6号	62063373

二、主要工作

1. 认真完成了市委、市政府及有关部门交办的调研任务。2002年是农研中心承担市委、市政府调研任务最多、投入力量最大的一年。先后组织了20多名调研骨干参加了市委常委会确定的《推进郊区城市化》《农业结构调整与农业产业化》等重点课题的调研任务和报告起草工作，这两个课题分别阐述了郊区今后推进城市化的主要思路和在总结了郊区5年来结构调整的主要经验基础上，提出了通过农业产业化带动农业结构调整的主要思路。参与完成了市农委组织的山区《绿色生态富民工程纲要》调研课题，为制定山区五年富民计划作出了重要贡献；参与起草了《中共北京市委关于认真贯彻〈中共中央关于做好农户承包地使用权流转工作的通知〉的意见》并承担了市政府下达的农村耕地资源调研任务。

2. 围绕农村改革发展中的难点问题开展调研取得一批新成果。根据市第九次党代会的精神，就郊区城市化问题、农村集体资产管理体制问题、信息化推动郊区跨跃式发展问题、郊区观光休闲农业发展等郊区农村改革发展中的重点、难点问题开展了深入调研，取得了初步成果。农研中心确定的《农村社会保障体系研究》、《郊区信息化促进工业化发展研究》、《农村集体经济管理体制研究》等重点调研课题也取得了阶段性成果，有的已经结题。这些成果为郊区制定相关政策提供了必要的参考依据。2002年，农研中心共完成调研成果27项，总字数121.3万字，其中出版专著3本、105万字，在正式刊物发表文章19篇。获北京市科技进步三等奖1项，北京市人民政府优秀调研成果二等奖1项，北京市涉台调研课题二等奖2项。

3. 申报国家级、市级社科基金项目取得新突破。先后共有六项课题申报成功并获得资助。2002年的课题申报工作实现了两个“第一次”，城郊所第一次承担了国家级重点科研项目（《经济全球化背景下东部地区农业发展模式研究》），第一次承担了市级自然科学基金项目（《北京市都市型产业模式运行机制和制度创新研究》）。这两个项目的完成，不仅将对本市农业和农村现代化提供决策支持，而且会对我国东部地区农业政策的制定提供重要的参考依据。此外中心还完成了一批市科委、市教委、市台办等有关部门委托的调研项目。

4. 北京市农业农村现代化乡镇试点工作全面铺开。帮助顺义区大孙各庄、房山区十渡和丰台区王佐等三个试点乡镇制定了发展规划，试点工作取得新的进展，为总结经验，制定政策提供了重要依据。在八个乡镇实施了数字化乡镇试点，硬件设施建设基本完成。圆满完成了昌平区北七家的农村管理信息化试点，开发的《北京市农村管理信息系统》通过了国家软件评测，试点经验由市农委召开会议在郊区推广。房山区梨村试验区等两个国家级农业资源持续高效利用实验区建设项目高标准完成，初步发挥了良好的经济效益和典型示范作用。

5. 减轻农民负担工作取得新进展。2002年，在市委农工委和市农委的领导下，建立了涉农负担案件责任追究制，进一步明确了各级领导对减负工作的责任，强化了监管力度；建立了村级报刊订阅费用限额制度，找到了一条从源头上治理加重农民报刊订阅负担的途径；实行了涉农价格和收费公示制度、完善了农民负担监督卡制度，提高了涉农价格和收费的透明度；开展了减轻农民负担工作的专项治理，包括农村中小学校收费专项治理、农村电费专项治理、对在集体土地征占中加重农民负担问题的专项治理，以及对外来务工经商人员收费进行专项治理等，全市共减轻集体经济组织和农民负担36.7亿元，是历年来农民减轻负担最多、农民群众受益最大的一年。此外还巩固了农村税费改革试点成果，为今后全面推进税费改革奠定了基础。

6. 农民专业合作组织规范化管理得到加强。按照市委、市政府赋予的职责，采取有力措施，在较高起点上打开了对农民专业合作组织管理服务的新局面。在深入调研基础上，协助市农委召开了全市农民专业合作组织经验交流会；编写教材、协助市农委培训专业合作社办社骨干140多人；指导农民专业合作经济组织健全组织机构、规范内部管理，提高了经济效益；组织有关专家，加强农民专业合作经济理论研究，提高了农民专业合作组织建设的理论水平。年内全市农民专业合作经济组织发展到2 030个，其中实现规范化管理的1 613个。

7. 集体经济体制创新取得新进展。通过深入乡村，总结经验、解决疑难问题、指导区县制定政策、培训基层干部等措施，使村级集体经济产权制度改革取得重要成果。到2002年底，近郊区已有24个村经济合作社产权制度由社员共有变为按股份共有，超额完成了市农口下达的任务，不仅探索了村经济合作社的内部运行机制，也推动了农村城市化健康发展。部分远郊区县也开始了集体经济产权制度改革。

8. 加快了农经管理手段和方法的创新。组织制定了《北京市农村管理信息系统总体方案》，开发了“北京市农村管理信息系统”软件，并通过了中国软件评测中心的测评鉴定。在试点基础上，市委农工委和市农委召开了全市农村管理信息化工作现场会，举办了农村管理信息化领导干部培训班，全市有25个村村务管理实现了信息化，有13个乡镇会计服务中心使用“农村管理信息系统”，对527个村的会计数据进行电子化处理；开发了《北京市农村经济收益分配统计》软件系统，在全国率先实现了农村收益分配统计的超级汇总，共汇总了全市农村199个乡镇、4 042个村、11 340家企业的数据资料。

9. 稳步推进村级财务双审制和托管制。全市有1 674个村实行了村级财务双审制度，占全市村经济合作社总数的41.5%。对9 389个单位进行了审计，审计金额545.6亿元，共查出违法违纪金额1 076.4万元、损失浪费金额929.8万元，促进增收节支290.8万元，使集体经济审计监督得到进一步加强。根据农村经济发展的需要，在1 025个村实行了村账托管，占全市村社总数的25.5%，有效地解决了村级财务管理中存在的问题。

10．信息化建设取得新成绩。以农口信息平台建设为龙头，带动农口信息化建设取得长足发展。首先是以市农委政府网站为基础，搭建了农口综合信息平台，使电子政务功能逐步完善，网上资源得到丰富。全年开发了18个数据库，近千个ASP程序，主页访问量达到每月15万人次，比原来提高20多倍。在"首都之窗"显著位置建立了"京郊现代农业"专栏，使农委网站在全市评比中一举从后进跨入先进行列。其次是适应中国入世后农业企业对国际市场信息的需求，对国际农产品市场行情展开监测工作，监测范围包括全球26个城市和地区的四大类、近50个品种的多种信息，每周监测的数据项在10万以上，并将行情价格每周一次在《京郊日报》发布。三是利用电视等大众传媒在郊区组织农产品市场供求信息的发布，在全国率先基本完成了农产品市场信息进村入户工程，对京郊企业和农民增收致富起到了重要促进作用。四是依托农产品产销信息协会，组织农产品购销服务，联合新发地市场举办了"2002年京郊农业绿色精品展销会"，京郊有12个区县和市农产品生产加工龙头企业等近百家生产单位，直接面向市场展示了京郊生产的绿色农产品精品，丰富了首都国庆市场，获得了较好的经济效益。

11．观光农业和区划工作取得新进步。一是在广泛调查的基础上，开展了观光农业对策研究，提出了政策建议。做好观光休闲农业的服务自律工作，并着手进行成立北京市观光休闲农业协会的筹备工作。二是为实现农业资源管理科学化，成功应用3S技术完成了北京市农业资源调查，建立完整的空间图形图像和文字表格数据库，目前已完成一期基础数据库建设工作，为实现农业资源区划数据库的空间化和综合集成奠定了基础；高标准完成了国家级农业资源持续高效利用实验区建设项目，初步发挥了该项目的典型示范作用。

12．培训工作取得新突破。争取市委农工委、市农委支持，与中国农科院、美国温洛克国际农业开发中心联合创办了北京市农口领导干部国际MBA班，首期招生50多人，对新形势下培养高级管理人才、实现农口领导干部培训与国际接轨进行了有益探索。其中安排中心4人参加了农业MBA班的学习。此外，成立了北京市农村经济管理培训学校。受市农委委托，举办了"WTO与农业产业化经营发展"、"北京市社区产权制度改革"两期高级研修班，培训各区县、乡镇主管领导、龙头企业负责人、农业科技推广人员250余人。配合培训，编辑了"WTO与农业产业化经营研究参考资料"7.5万字。

13．编办质量有了新提高。按时完成了《北京农村经济》的出刊任务，通过调整栏目，扩大稿源，办刊质量有了进一步提高。在经费较紧的情况下，较好地完成了2002年度160万字《北京农村年鉴》的编辑出版任务。编辑完成了3期、20万字的《调研参考资料》，编辑印刷了40多万字的《2001年北京农村研究报告》一书。成功开展了"京郊党建"和"走进WTO"两个征文活动，为大兴区和市产业化办公室编辑出版了二期专刊。

14．对外学术交流和学会工作继续加强，中心的影响和知名度进一步扩大。一是组织专家为我市开展研讨咨询活动。与大兴区委区政府发起"大兴——首都新世纪发展空间高层研讨会"；组织专家考察了郊区农业产业化，为财政支农政策的调整献计献策；陪同中央有关单位领导、专家、学者及外宾考察郊区，为宣传郊区工作、加强对外交流收到良好的效果。二是重视和组织参与境内外学术交流，进一步拓展了交流的渠道和领域。与市农委产业化办公室合作组织了赴台考察，多次应邀参加了全国性的和市台办组织的对台交流活动，较好完成了涉台课题调研任务。2002年，中心研究人员共应邀参加各种国内学术交流会议49人次，提交论文及交流材料24篇。

市农研中心党政领导班子成员

党组书记	张凤福（兼）
党组副书记	焦守田
党组成员	贺东升　张秋锦 王瑞华　席承奉
纪检组长	王瑞华
机关党委书记	王瑞华
主任	焦守田
副主任	贺东升　张秋锦　席承奉

（农研办）

北京农业职业学院

一、概　况

北京农业职业学院由北京市政府于2001年6月29日批准成立，由原北京市农业管理干部学院和原北京市农业学校合并组建而成。是北京地区惟一一所独立设置的从事高等农业职业教育的综合性学院。学院以高等农业职业教育为主，同时举办中等职业教育、成人教育、社区教育、现代远程教育及各类培训，并开展各种科技服务和技术咨询等活动。在为京郊培养各类高、中级职业技术与管理应用型人才的同时，积极参与郊区的现代化建设。

组成学院的两校具有丰富的教育资源和雄厚的教育基础，两校合并实现了高等教育和中等职业教育的优势互补，是北京市农业教育资源的战略性整合，为学院的快速健康发展奠定了坚实基础。原北京市农业管理干部学院，建校于1984年，属经济与管理类成人高校，为北京农业系统培养了一大批优秀农业经济与管理人才，积累了丰富的成人高等教育的办学经验，在成人高校综合评估中被评为A级和成人高校示范校；原北京市农业学校，建校于1958年，属普通中等职业学校，建校44年来，已经向社会累计输送了1.3万名中等专业技术人才，并短期培训各种实用技术人才5万余人次；在全国中专办学水平评估中被评为A级，是教育部确定的国家级重点中专学校，北京市职业教育现代化标志学校。

2002年4月25日，北京农业职业学院举行隆重的成立大会。市委副书记龙新民、副市长张茅、市政协副主席朱育诚、市教委主任耿学超等领导出席成立大会，并为学院揭牌。来自全国100多所兄弟院校、友邻单位的嘉宾参加了大会，22个兄弟院校向大会发来贺电。学院成立后在全体教职员工的共同努力下，学院各项事业蓬勃发展。学院机构改革、干部聘用工作圆满完成；第一次党代会和职代会胜利召开；教育教学改革进一步深化；学生管理和招生就业工作成绩显著；办学条件有明显地改善，后勤产业有了突飞猛进地发展。

二、机构设置

学院合并组建过程中，对原两校的机构进行了相应的改革和调整，院第一次党代会选举产生了新一届院党委和纪委，院第一次职代会选举产生了工会委员会。学院下设：党委办公室、院长办公室、人事处、保卫处、计划财务处、教务处、教育教学督导研究室、学生处、团委、培训处、科研处、图书馆、后勤服务中心、实训管理中心等14个职能部门；设畜牧兽医系、园艺系、经济管理系、财会金融系、社区管理系、信息管理系、农业工程系和基础部等8个教学系部；设北京市农业广播电视学校、北京市农村实用技术服务中心和北京农业职业教育研究所共3个附属教育研究机构。学院设有实习农场，总计26个中层单位。

三、主要工作

1. *引入干部竞争机制，顺利完成中层干部的竞争上岗工作。*学院在调整中层单位的基础上，于6月中旬至7月中旬，进行了中层干部公开选拔聘用工作，中层干部实行竞争上岗。此次竞争上岗是根据市机构编制委员会京编委［2001］18号《关于核定北京农业职业学院机构编制的批复》文件精神，本着公开、平等、竞争、择优的原则进行的。竞聘采取自愿报名、资格审查、面试答辩、民主测评等程序确定初步人选。由院领导、工会委员、教师代表、工人代表组成的评委小组对其进行面试答辩打分，综合考核。教学系部等其他单位的职位则采取自愿报名、学院提名、民主测评、任前公示的方式确定人选。通过竞争选拔，全院共聘用47位中层干部，其平均年龄45.3岁。具有大学本科以上学历的38人，占80.9%，具有高级职称的26人，占55.3%。由此，学院初步形成了一支年富力强且具有较高政治和业务素质的中层干部队伍。

2. *成功地召开了第一次党代会和第一次职代会。*11月5日至6日，中共北京农业职业学院第一次代表大会召开。101名正式代表参加了会议，另有29名同志列席会议。周文济同志代表上届党委作了题为“全面贯彻‘三个代表’重要思想，为创建一流的职业学院而努力奋斗”的工作报告。报告回顾了学院成立以来的各项工作，肯定了建院半年来两校加强融合，增进了解，促进学院建设和发展的良好势头；总结了建院以来在党的建设、机构设置、人事制度改革、教育教学等方面所取得的成绩。报告提出了学院今后几年工作的指导方针、基本思路和奋斗目标。大会选举产生了院第一届党委委员、纪委委员。当选党委委员的有：周文济、聂玉藻、党明、王振如、刘福田、李俊英、周广和、张同德、张金柱、王福海、李明非；当选纪委委员的有：党明、张金柱、宋丽润、武树景、姚睿。会后，分别召开了两委一次全会。党委一次全会选举周文济同志为党委书记；党明、刘福田同志为党委副书记，并通过了新一届党委《关于加强自身建设的意见》；纪委一次全会选举党明同志为纪委书记，张金柱同志为纪委副书记。

12月4日，学院工会第一届会员（职工）代表大会召开。参加会议的正式代表109名，列席代表12名。李明非同志代表大会筹备组作了题为”与时俱进，坚持创新，开创新时期工会工作的新局面”的工作报告。大会选举产生了第一届工会委员会、经费审查委员会及女教职工委员会；大会希望新一届工会委员会抓住机遇，扎实工作，努力开拓工会工作的新局面，为实现工会工作在新形势下的新突破而努力奋斗。会后，分别召开了三委一次全会。工会委员会一次全会选举李明非同志为工会主席，李秀兰，高久凤同志为副主席。经审委员会一次全会选举王宗慧同志为经审委员会主任。女工委员会一次全会选举高久凤同志为女工委员会主任、赵素英同志为女工委员会副主任。

3. *统一了思想认识，确定了发展方针。*根据学院两地办学的实际情况，本着“讲团结、促融合、保稳定、求发展”的原则，全院南北两区教职员工进一步统一思想认识，找准自身位置。经过认真分析和反复论证，将全院教职工的思想认识统一到了“一院一制，两地办学，统一协调”的管理原则上来；统一到“开门、开放、开发”的“三开式”办学理念上来；统一到了力争使学院发展实现“一年一个样、三年大变样、五上台阶、十年创一流”的规划上来；统一到“为首都实现农业现代化，实现全面小康培养高级应用型人才”的主体培养目标上来；统一到了创建全国一流高等农业职业学院的宏伟目标上来。目前全院上下步调一致，精神振奋，形成了良好的开局。

要实现学院建设的发展目标，必须要以十六大精神为指导，全面贯彻”三个代表”重要思想，继续深化改革，加快建设，形成以普通高等农业职业教育为主，成人学历教育与短期培训相结合，高等教育与中专教育相衔接的开放式办学格局；积极探索以素质教育为基础，以综合能力培养为目标，以复合型、应用型人才培养为重点的教育教学模式；以北京农业、农村经济发展急需专业及原有优势专业为主体，构建专业结构和课程体系；培养具有一定理论基础和较强实践能力、适应生产第一线需要的高级管理和高级技术应用人才。

4. *以能力培养和素质教育为中心，继续深化教育教学改革*。学院提出教学工作要实现两个转变：一是从成人高等教育向普通高等职业教育转变，二是由普通中专教育向高等职业教育转变。要积极探索以素质教育为基础，以综合能力培养为目标，以复合型、应用型人才培养为重点的教育教学模式；构建具有自身特色的专业结构和课程体系；培养具有一定理论基础和较强实践能力、适应生产第一线需要的高级管理和高级技术应用人才。围绕实现两个转变这一中心，学院不断加快教育教学改革步伐，努力探索招生就业工作新思路，各项工作都有新突破。

5. *适应社会发展需要，改造和新设部分专业*。2002年学院设有畜牧兽医、园艺、财会金融、经济管理以及基础部等七系一部，设高职专业17个，中职专业26个。其中当年新设置电子商务、工商管理、投资与理财、装饰与装潢、社区管理和生物技术6个专业，同时继续论证开发适应社会需要的新专业。专业结构日趋合理，相关教学计划的修订完善工作进一步加快。

6. *顺利通过多项评估，办学水平再上新高*。本着以评促改，以评促建，以评促发展的原则，2002年，学院通过了多项教育教学评估，有力地促进了学院教育教学改革的进一步深化。

10月26日至27日，教育部评估团专家就畜牧兽医系申报教育部首批“高校高职高专教育教学改革试点专业”进行了评估。专家们通过听取该系教学改革工作汇报，实地考察教学场地和设施及查阅相关资料，对该系的教学方法计划、实习基地及产教结合的办学方式进行了详细的了解和考察。目前，畜牧兽医系已顺利通过评估，被教育部正式批准为首批“高校高职高专教育教学改革试点专业”。

11月14日学院还以总分第一名的好成绩通过了市教委组织的《学校体育工作条例》评估验收检查。专家组对学院的体育工作做出了较高的评价。在10月北京市工商管理培训资格院校评估会议上，学院以第三名的好成绩顺利通过中级资格院校评估。学院已累计为各区、县培训中级工商管理人员1 200余人，为郊区的经济发展做出了积极的贡献。顺利通过这些评估，是对学院教学工作取得丰硕成果的最好肯定。

7. *各项科研工作蓬勃开展，高规格科研工作开始启动*。2002年，学院除立项并实施了“十五”期间教育部重点课题《职业学校实行弹性学制和学分制的研究》等课题的研究工作外，一些相关专业技术领域的科研工作也取得了突破性的进展。3月31日，由侯引绪老师主持，李玉冰、黄功俊、乔立东老师合作进行的山羊胚胎移植试验取得成功，两只胚胎移植羊顺利降生。从而填补了学院在胚胎移植方面的空白，并将大大加快此项技术产业化步伐。由于在实验过程中严格了模拟农户饲养环境，简化了操作应用程序，利用简单易行的冲卵方式冲卵，并尽量采用国产药物，使成本降低达40%，使得该项成果更加易于推广。

围绕学院教学实习基地的建设，一批重点项目和科研工作取得了新突破。9月底，学院园艺植物品种园在科技园区建成。品种园占地6 000平方米，计划种植中草药、宿根花卉、草坪及地被植物等品种共约350个。目前已种植130多个品种，其余品种将在两至三年内引种完成。它的建成不仅满足了园艺等系相关课程教学的需要，也为相关专业教师的科研活动创造了有利条件。此外，11月底科技园区矮生紫薇扩繁实验获得成功，数万株矮生紫薇播种苗、扦插苗、组培苗陆续成活，并已从中选育出了五个优良品种作为今后进一步扩繁的主要对象。矮生紫薇是将乔木紫薇经过矮化处理以后培育出的低矮的露地木本地被植物，是园林绿化的优良品种。它的扩繁成功无疑将为学院园林产业的发展带来新的飞跃。

在技术类学科科研工作不断取得成绩的同时，学院管理类学科的研究工作也取得了新的成果。12月，由教研督导室李季圣教授任主编的《农产品营销理论与实务》一书，被批准为北京市“2002年高等教育精品教材建设”项目；信息管理系刘红老师主持的教改项目“多媒体在高职高专英语教学课堂及课下的应用”，被批准为北京市“2002年高校教学内容和教学方法改革立项”项目。这是学院继2001年被批准二项精品教材和一项教学改革项目后再度被获准的市教委立项项目。此外，学院《学报》在北京市新闻出版局组织的“北京市2001年度市属社科期刊质量评定暨第六届优秀社科期刊”评选中以96分的高分，在同类期刊中名列前茅，高居高等职业技术类学院学报榜首，并被评为一级期刊。

8. *以多种形式全面参与郊区经济建设工作，发挥技术优势，服务京郊农业*。2002年，学院继续通过下属的市农村广播电视学校和市农村实用技术服务中心等机构，积极开展各种形式的科技下乡，技术咨询工作。2002年，学院继续开办各类成人培训班，共举办各级各类培训4 000余人次；并与市妇联、锦绣大地股份有限公司、各郊区县及乡镇等联合组织培训，受到各界的普遍好评。这些工作的开展在为郊区经济发展贡献力量的同时，学院也锻炼了教师，扩大了影响，提高了知名度；为进一步开展校外培训，推进开发式办学战略积累了有益的经验。例如：6月24

日～7月13日，畜牧兽医系和锦绣大地农业股份有限公司合作，对其养殖生产一线的31名员工进行了养殖技术培训。培训内容涉及牛羊饲养管理、繁殖技术等四个方面。通过培训，使学员的专业养殖技术有了不同程度的提高，对公司生产技术水平的提高将起到积极作用。

实用技术服务中心下属专家咨询热线继续发挥积极作用，除做好日常热线服务外，还多次大规模组织教师进行科技下乡服务工作。9月13日～14日，热线教师应邀参加了团市委组织的送技术下乡支援郊区受灾农民系列活动。教师们来到怀柔和通州两区，以赠送实用技术图书、光盘、资料以及现场咨询等方式切实帮助8月初因遭受暴雨、冰雹灾害造成重大损失的受灾农户进行生产自救、尽快恢复生产，并在以后的很长一段时间里，通过热线为广大农民提供了长期的技术帮助，深受广大农民的好评。

多年来，学院一直关注京郊水利事业的发展，重视支援山区水利工程建设，充分发挥自身优势，参与水利富民工程建设，解决各种技术问题，在为京郊培养输送了大量的水利建设人才的同时，还积极主动地派遣专业教师深入乡镇为山区群众服务。在10月30日举行的北京市山区水利富民综合开发总结表彰大会上，学院被市委农村工作委员会、市农村工作委员会授予“北京市支援山区建设先进单位”荣誉称号。10月，学院还派教师参加了北京市边远山区绿色生态富民工程纲要的调研工作，并把水利高职函授教育纳入议事日程，为山区的水利建设提供长期的技术支持。

9. 联合办学取得新进展，对外友好交流合作不断深入。加强对外交流与合作，走出去，请进来，是学院推进“三开式”办学思路的重要举措。9月1日，学院与美国派克兰学院签订了《联合举办A.A.S.教育项目协议书》和《校际交流协议》。聂玉藻院长和美方Zelema·Harris院长代表双方在协议书上签了字。根据协议规定，学院可以在会计、园林及电子商务三个专业与派克兰学院联合招收符合北京高招录取条件的学生，实行两校双重教育和学籍管理。学生毕业后在取得农职院毕业证书的同时，还将取得派克兰学院的准学士学位证书；符合相关条件的园林专业毕业生可转入美国依利诺州一些大学继续学士学位的学习。此外，双方将在农业教育、管理科学及中美文化等领域开展更为广泛和深入的交流合作。这是学院成立以来首次与国外院校达成合作办学协议，也标志着学院为实践“三开式”办学模式迈出了坚实的一步。2002年，学院还与城乡建设总公司达成了全面合作的协议，拉开了校企合作的序幕。

10. 学生管理和招生就业工作取得了新成绩。2002年截止年底，学院共有在校生5 263人。当年招生1 972人，其中普通高职662人，成人大专230人，中职1 080人，较好地完成了招生计划。当年毕业950人，中职就业率达到91.2%，高职就业率为62.5%。院属北京农业广播电视学校在校生1 700余人，毕业500余人；另有专修班在校生500余人，毕业352人。

本着从严管理、疏导结合的方针，学院进一步理顺了对学生的管理机制。学院一贯重视加强学生的思想政治教育和法制教育，经常开展各种专题讲座活动。12月16日，学院邀请“优秀法官”、电影《法官妈妈》的原型尚秀云同志来院举行法制专题讲座。她围绕“珍惜清白历史、做遵纪守法的好学生”的主题，通过未成年人如何学会用法律武器保护自己和守法要从培养自己良好的品德行为做起两个方面，用生动典型的案例，精深的法律素养和慈爱妈妈的口吻，教导大家要珍惜青春，热爱生活，从遵守校纪校规做起，做遵纪守法的好学生。讲座收到了很好的教育效果。

为了做好学生就业工作，学院各系部开拓思路，开展了多种形式的就业指导工作。10月28日，为进一步“适应社会需求，面向人才市场，指导毕业生自主择业”，农业工程系举办了一场“模拟招聘会”。“北京城建集团”等六家“单位”和该系毕业班的240余名同学参加了“招聘会”。新颖的组织形式，真实的招聘气氛，让毕业生们真正做了一次提前热身。根据同学们的应聘表现，还评选出了“最佳应聘者”。此外，其他系也及时组织了就业指导讲座等活动，使广大毕业生及时了解当前就业形势，掌握求职技巧，熟悉相关法规政策，有力地推动了就业工作的开展。同时，在一定程度上也使在校生对社会的人才需求趋势有了新的认识，激发了他们的学习积极性。

2002年，学院还积极组织学生参加校内外的各类比赛，并取得好成绩。4月27日～28日，在市中等职业学校第三届“大自然杯”插花比赛上，学院获得高职组冠军。由园艺系派出的8名教师和27名学生分别参加了全部四个项目的比赛，郑志勇老师及7名学生获得一等奖。学院还获得了大会组织奖。学院团委、学生处千方百计开展各类活动，丰富学生的课余生活。自10月18日起，由园艺系学生会文艺部举办的交谊舞晚会每周五都在综合楼前广场定期举行。在舞蹈协会同学的带领下，周末不能回家的同学都聚在一起，广场上热闹非凡，翩翩舞姿为校园的夜晚平添了许多欢乐的气氛。

11. 学院基本建设进展迅速，院办产业再创高额利润。2002年是学院发展史上基本建设任务最重最多的一年，也是完成任务最好的一年。目前，学院总占地面积78.6公顷，分南北两个校区。学院总建筑面积13.5万平方米，绿化用地面积37.4万平方米；全年基本建设开工、竣工面积3.5万平方米。2002年底，学院固定资产达14 680万元，用于教学的资产4 594.6万元，其中当年新增224.6万元。拥有50个现代化的实验、实训教室，包括20个可应用现代教育技术的专业教室；先后两次获得世界银行贷款(共800万元)支持，实验室仪器设备达到国际先进水平，实验开出率达98%以上。学院有图书馆两座，藏书23.8万册，电子阅览室座位近百个。

2002年，学院先后完成了学生公寓、图书馆、后勤服务楼等工程的建设，教学生活环境大为改观。8月，学院南校区新学生公寓楼正式竣工并投入使用。该工程于2001年1月开工，总建筑面积达到5 600平方米，总投资700万元。楼内共有163个房间，每间可住6人，每个房间都设计了独立的卫生间，使在校高职学生的住宿条件得到了明显改善。8月底，学院南校区后勤服务楼落成并正式投入使用。该工程总投资400万元，总建筑面积3 100平方米。医疗保健室迁入新楼后，分设诊疗室、注射室、观察室、消毒室等房间，师生的医疗条件有了质的飞跃。实习商店的面积增加到200平方米，更好地满足了广大师生的需要。11月底，学院北区图书馆新馆正式投入使用。新馆总建筑面积3 760平方米，总投资640万元。工程于2002年3月动工，主体结构于8月份完成。新馆新设网络中心和电子阅览室，能提供电子信息检索、查询和浏览，光盘阅读，视频点播等服务项目；增添了读者检索电脑，书库书架由原来的103个增加到224个；同时开辟了工具书阅览区，并扩大了期刊部阅览室面积。图书搬迁中，工作人员共整理书刊10万余册。

此外，2002年学院还完成了南区培训中心、一号、三号学生公寓及锅炉房的装修，污水处理和蓄水池改扩建工程；北区教学楼及食堂装修，以及南区电网电路改造等工程。2002年底在建的重点工程有：18 000平方米综合办公楼、80亩校园景区、塑胶标准田径运动场、南区1 000米主干路等项目。这些工程的建设和改造，将大大改善学院教育教学的硬件条件，提升学院的办学水平和能力。

截止2002年年底，学院所属实验农场当年产值达到2 592万元，比上年增长48.1%；实现利润403.2万元，达到历史最高水平，有力地带动了学院校办产业的发展。实验农场通过引进新品种，加强饲养管理等措施，全年实现销售商品代母雏437.07万只，比上年增长56.6%；生产饲料10 366.6吨，比上年增长22.1%。在立足传统产业的基础上，学院还积极探索校办产业新的增长点，在园林工程、产品配送、种业开发及餐饮服务等方面都取得了新进展。

学院领导班子成员

党委书记　周文济
院　　长　聂玉藻（兼）
党委副书记　党　明　刘福田
常务副院长　王振如
副 院 长　李俊英　周广和

中国农业科学院蔬菜花卉研究所
北京奶牛中心
北京市水利局
北京华都集团公司
北京大发正大——双大食品
北京城乡建设集团有限责任公司
北京农业集团有限公司
北京市国土资源和房屋管理局
北京市农村信用合作社
现代农装科技股份有限公司
北京科高大北农饲料有限责任公司
北京市温泉苗圃
北京京都菇业有限公司
京鹏温室工程公司
伟豪铝业集团
北京南辰天虹农艺有限公司
统一润滑油
北京天惠参业股份有限公司
北京市通信公司
华北电力集团北京供电公司
北京市农业技术推广站
北京市农林科学院玉米研究中心
北京市农林科学院植物营养与资源研究所
北京杂交小麦工程技术研究中心
北京市兽医实验诊断所
北京市兽医卫生监督检验所
北京水利水电学校
北京蔬菜研究中心
北京市水产技术推广站
北京市植物保护站
北京市京旅建筑设计有限责任公司
北京市兽药饲料监察所
北京市畜牧业环境监测站
北京达华农业庄园有限责任公司
北京市万泉寺出租汽车公司

中国农业科学院蔬菜花卉研究所

中国农业科学院蔬菜花卉研究所是中国农业科学院所属的专业研究所之一，创建于1958年。作为国内学科设置齐全、研究力量雄厚的综合性蔬菜花卉科研机构，以应用研究为主，同时面向生产，大力加强开发研究和技术服务，并开展国内外学术交流和人才培养，编辑出版全国的专业刊物，是全国蔬菜学科重要的学术研究中心。现有在职职工192人，其中中国工程院院士1人，研究员16人，副研究员40人；具有博士学位的14人、硕士学位的27人；有博士生导师6人。

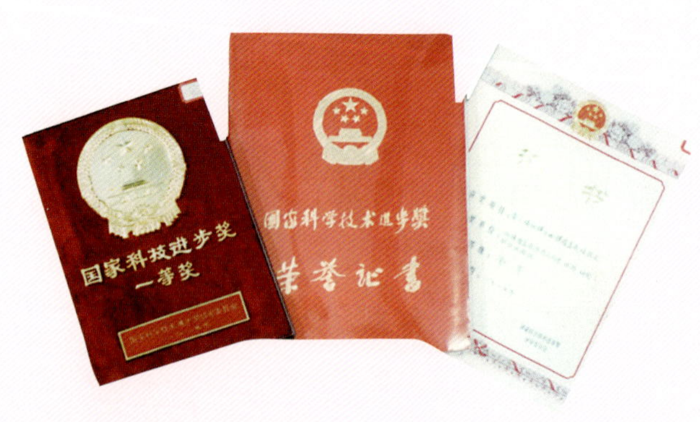

主要研究方向有5个方面：蔬菜、花卉种质资源收集、创新、保存和评价；蔬菜、花卉遗传育种；蔬菜、花卉栽培与采后处理技术；蔬菜、花卉病虫害防治；蔬菜、花卉生物技术与分子育种。

近20年来，共获得国家级、省部级等科技成果奖150余项。收集保存了3万余份蔬菜种质资源。共育成新品种160多个，不少成为各地蔬菜生产中的主栽品种，以"中蔬"牌商标注册，畅销全国各地，部分种子还远销国外。另外，该所还有多项高新技术开发成熟， 可以推广应用。蔬菜花卉研究所两次评为全国农业科研机构综合能力优秀单位和综合能力百强单位，并连续6年获得农业部、财政部、科技部颁发的科技成果转化一等奖，多次获得科技部和北京市的"金桥奖"，为促进我国蔬菜花卉科技和生产作出了突出贡献。

北京奶牛中心

北京奶牛中心隶属北京三元集团有限责任公司，是一家集奶牛管理、生产、技术推广、培训、服务；乳品和精液质量检测监督；生物工程技术研发为一体的产业化、高科技企业。中心下辖6个部室和种公牛站、奶牛良种场、奶牛新技术公司、北京市乳品质量监督检验站、农业部牛冷冻精液质检中心等，其中种公牛站和良种场是首批通过农业部验收的国家级重点种畜场。目前分别饲养优秀荷斯坦种公牛100头和高产母牛1 000余头，全年可产冻精300万剂，优秀组合胚胎10 000枚。常年进行牛冷冻精液和优秀组合胚胎的生产及推广，推广面积覆盖了除台湾省以外的我国31个省、市、自治区。冷冻精液、优秀组合胚胎产量、市场占有率、市场增长率、经济效益连续 7年全国第一，对我国奶牛的改良发挥着重要作用。1999年12月经国家发展计划委员会批准，国家"99"生物高技术"奶牛胚胎工程产业化"重大项目由该中心正式承建，该项目投资7 700万元，目前，该项目一期工程现已建成投产，并被国家计委挂牌为"国家高技术产业化重大示范工程"。

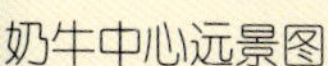

奶牛中心远景图

主要业务范围：

生产和提供优秀种公牛的优质精液，优秀基因组合的鲜、冻胚胎；
实施奶牛育种方案，开展育种工作、选育优秀荷斯坦种公牛；
生物工程技术的研发、推广；
奶牛饲料的开发、利用，饲养技术和新工艺的研发和推广；
乳与乳制品的质量检测、仲裁服务和检测项目的开发；
提供奶牛用的各类兽药、器械；
对奶牛场提供全方位的优质服务，诸如奶牛场设计、饲养工艺配套设施、牛场管理及技术规范等；
奶牛常发病的防治；
专业技术培训。

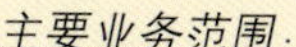

良种牛场

科技人员正在进行科学试验

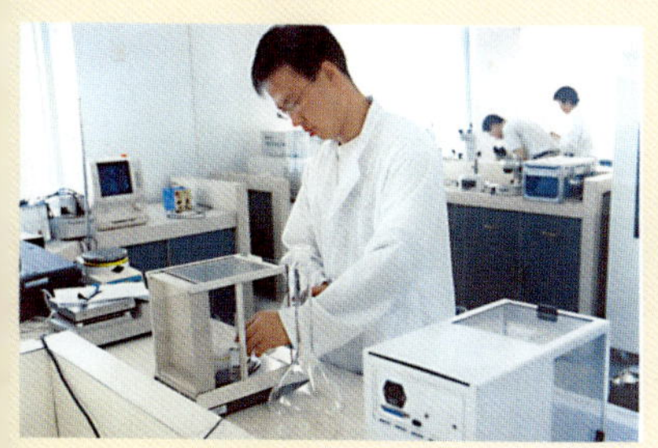

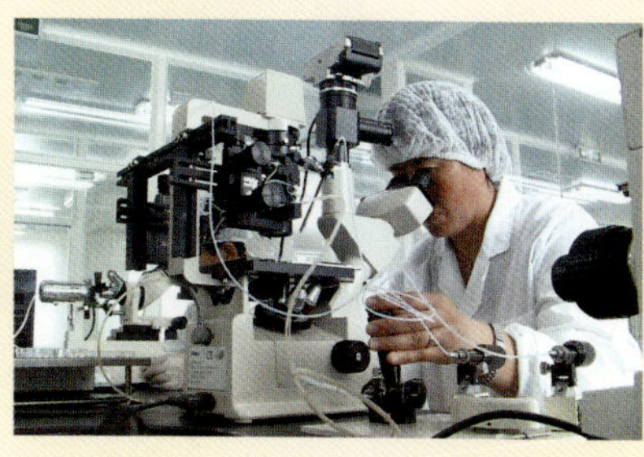

北　京　市

焦志忠局长向人大代表介绍全市水环境治理情况

水利局是市政府水行政主管部门，负责全市水利行业和水资源的统一管理，负责全市防汛抗旱、水土保持、水利建设的综合管理。

主要职责是：负责起草并实施水利方面的地方性法规、规章和制度，编制并实施全市水利发展战略规划、中长期和年度计划；负责全市水资源的统一管理、监测、调查评价和保护；主管全市的河道、水库、湖泊；负责全市的防汛抗旱、农田水利、人畜饮水、乡镇供水、小水电和水土保持工作；负责全市水文工作的行业管理，配合有关部门制定并实施有关水利的财务政策及价格、信贷等经济调节措施；主管全市的水利科技、教育、技术合作与交流推广工作。

永定河的抑制扬尘沙地平整初见成效

南水北调北京段入水口团城湖

长河东端

水　利　局

整治后的京密引水渠

美丽的昆玉河

正在施工中的转河

密云水库白河大坝

北京华都集团公司

CQC

质量体系认证证书

兹证明

北京华都肉鸡公司

北京市昌平县小汤山镇沟流路101号

建立的质量体系，按照以下质量体系标准评审合格，特发此证。

认证范围：肉鸡饲料；肉鸡产品的生产加工

证书号：1100/992740　　认证标准：ISO9002:1994

发证日期：1999年9月1日　　有效期：2002年8月31日

CNAB

主任：李怀林

中国进出口商品质量认证中心

北京华都肉鸡公司成立于1982年，位于北京市昌平区小汤山镇东南，占地面积67万平方米，隶属于北京华都集团有限责任公司。公司现有员工2 800多人，是我国最早建成的大型现代化肉鸡生产企业。拥有祖代、父母代种鸡、商品代肉鸡养殖、饲料生产、肉鸡屠宰、加工一条龙生产加工体系。公司通过了ISO9001国际质量体系认证，北京市"食用农产品安全认证"和HACCP体系验证、华都速冻系列产品荣获"北京市名牌产品"称号。

近年来，华都肉鸡产品在国内外市场占有率逐年提高，产品销往国内20几个省市，在北京市场拥有1 600多家客户组成的连锁销售网络，出口市场已建起颇具实力的销售渠道，产品远销日本、中东、东南亚等国家和地区。

华都屠宰车间

华都产品——冰鲜鸡

华都产品——鸡米花

北京城乡建设集团有限责任公司

北京城乡建设集团有限责任公司是以建筑安装、房地产开发为主业，兼营市政、环保、地铁、水利施工建设、建筑勘探、设计、装饰装璜、园林绿化、物业管理、钢结构工程等产业结构多元化的大型企业集团。

城乡建设集团组建二十余年来，坚持党的基本路线，以改革统揽全局，锐意创新，以人为本，企业整体优势和综合实力不断增强。集团公司具有国家一级房屋建筑施工工程总承包资质、一级房地产开发企业资质、一级市政工程总承包资质和对外经营权，为ISO9002、ISO14000和OHS18000认证单位。集团拥有分公司和子公司30余家，企业资产注册资本金3亿元，企业净资产8.4亿元，年建安施工500万平方米以上，是首都城乡建设一支重要力量。建设者们严格履行"用我们的智慧和信誉雕塑顾客满意的工程"的质量方针，精品建筑迭出。截止到2001年，累计创建竣工市优工程119项，长城杯工程16项，鲁班奖工程12项，市优工程率居全市同行业领先地位。集团公司被建设部授予"全国工程质量管理先进单位"；被中国施工企业管理协会命名为"全国优秀施工企业"；被北京市委授予"北京市思想政治工作优秀单位"称号。

天玉大厦

凯富大酒店

鑫兆佳园

北京农业集团有限公司

一、北京怡禾房地产开发公司

北京怡禾房地产开发公司是由北京农业集团有限公司和北京永安兴业房地产开发公司共同出资，于2001年7月登记注册的有限责任公司，注册资金4 680万元人民币。该公司开发建设的"怡禾国际中心"是北京市2002年60项重大项目之一。"怡禾国际中心"位于北京市朝阳区光华西里，是中央商务区（CBD）的核心地带。该项目占地近3万平方米，总建筑面积近20万平方米。

怡禾房地产景观图

二、北京怡禾生物工程有限公司

北京怡禾生物工程有限公司是北京农业集团有限公司和北京怡禾房地产开发有限公司共同出资，于2002年5月登记注册的有限责任公司，注册资本为1 500万元人民币，是一家以研究、开发、生产和销售天然医药原料、植物药和生物制品为主业的高科技公司，科研生产基地位于北京通州工业开发区。主要产品为紫杉醇及其副产品，具备了年产紫杉醇100千克以上的能力。

北京市怡禾生物工程有限公司

三、北京龙兴鲟鱼开发有限公司

北京龙兴鲟鱼开发有限公司是北京农业集团有限公司控股企业，2000年5月创立，公司以开发研究培育鲟鱼亲鱼，鱼卵采集孵育种，名贵冷水鱼鱼卵孵化、苗种培育、亲鱼培育、成鱼养殖和销售为主业。

目前公司拥有资产总值3 000万元，两个鲟鱼繁育基地，三个养殖基地，一个千吨以上的饲料加工厂。2002年公司被列为北京市水产养殖标准化生产示范基地及北京市食用农产品安全认证单位并在北京市农委科教处的鲟鱼全人工繁育招标项目中一举中标。

北京怡禾生物工程车间

龙兴鲟鱼

北京市国土资源和房屋管理局

北京土地开发整理规划编制工作动员暨培训会议

根据“大城市、小郊区”的特点，土地管理侧重于国有土地方面，集体土地利用管理相对滞后。2000年，市国土房管局机构改革组建了集体土地利用处，集体土地利用与管理工作逐步得到加强。

一、集体建设用地利用与管理

1.小城镇建设用地。全市10个远郊区县，125个镇，30个乡。为确保全市33个中心镇发展需要，我局下发了《关于小城镇建新用地指标置换有关问题的通知》和《关于加快实施土地置换和土地周转有关问题的通知》文件，并在下达2001年和2002年度土地利用计划时分别给中心镇单列了345公顷和363公顷的建设用地指标，妥善解决了小城镇建设用地问题。

2.农村居民点建设用地。全市10个远郊区（县）共有5 672个自然村，3 702个行政村，其中规划的中心村有1 514个，农村总人口303万人。据调查，农民住宅占地总面积91 029公顷，人均占地面积为301.5平方米（0.45亩），农民人均住宅和村落占地面积较大，整理潜力较大。

北京市土地开发整理年度总结表彰暨下一年度开发整理合同签定会议

为切实做好旧村改造工作，出台了《北京市集体土地上房屋拆迁管理办法》，有力地促进了全市的旧村改造工作。

3.集体建设用地流转。为促进农村经济发展，加强和规范郊区集体土地的重新配置和再利用。我局2001年下半年开始着手研究集体土地流转政策。目前，经市政府同意我局印发了《北京市农民集体建设用地使用权流转试点办法》，选择具有代表性的两个乡先行试点，有利于盘活集体土地资产，促进农村经济的持续快速发展。

二、农用地管理

荷兰土地整理专家参观考察北京市国家投资土地开发整理项目

1.耕地保护。土地现状调查结果表明：1992年全市耕地总面积为40.8万公顷，2002年耕地总面积为27.5万公顷，十年间，净减少耕地13.3万公顷，平均每年1.33万公顷。市委市政府十分重视耕地保护工作，组织编制了市、区（县）、乡（镇）三级土地利用总体规划，规定了基本农田保护区，落实了用途管制制度、农用地转用和征地审批制度，实施了建设用地预审制度，切实加强耕地保护工作。

2.土地开发整理。我市基本建立了土地开发整理专项资金。1998—2002年五年间市级财政共投入资金近3.5亿元，共开发整理新增耕地近1.1万公顷，新增园地0.13万多公顷，基本上实现了非农业建设占用耕地的占补平衡。为争取国家投资，到2002年底全市共组织完成16个国家投资土地开发整理项目的立项申报工作，建设规模达7 443.8公顷，项目建成后可以新增耕地1 769.8公顷。自2000—2002年连续三年实现全市建设用地占用耕地与土地开发整理补充耕地的平衡工作，为全市经济发展提供了保障。

荷兰土地整理专家参加北京市国家投资土地开发整理项目开工仪式

塘　坝

健全管理机制　改革创新发展

北京市农村信用合作社

2002年，北京市农村信用合作社联合社（以下简称“市联社”）认真贯彻中央和市政府农村工作会议和金融工作会议精神，在积极支持京郊农民、农业和农村经济发展的同时，信用社的各项业务得到长足发展。截至2002年末，全市信用社各项存款余额和贷款余额分别达674.4亿元、346.2亿元，信用社总资产达1 370亿元，实现总收入36.7亿元，获纯益2.29亿元。

北京市农村信用联社与北京市电信公司签订代理电话费业务合作协议

——健全法人治理结构，抗风险能力进一步增强。2002年，市、区两级联社基本实现了理事长、主任分任制，全年信用社系统股本金余额达5.54亿元，区县联社资本充足率显著提高。

——坚持服务“三农”的办社宗旨，信贷支农成效显著。结合北京市大城市小郊区、城近郊区与边远山区经济环境差异明显的特点，重点支持了“三高”农业、规模化农业的发展以及小城镇和城市绿化带建设；密切银政、银农、银企合作，促进了郊区绿色环保农业、农副产品加工业、高科技农业的发展；配合山区农业结构调整，全面推广了农户小额信用贷款和农户联保等深受农民欢迎的贷款业务，重点扶持了特色林果、绿色养殖、休闲旅游三大主导产业，累计向15 000余户农民发放农户贷款7.5亿元。为富裕农民、推动京郊农业结构调整和农村经济的稳健发展作出了重要贡献。

——充分发挥系统网络的支持作用，中间业务蓬勃发展。2002年，开发了按揭贷款程序、代签农行银行汇票系统、人行账户信息管理系统、现代化支付系统及银行信贷登记咨询系统；开办了代理城区电话费业务、代理寻呼机费业务、代理保险业务和代理北京市国税局个体工商户税款业务等，全年中间业务交易额达3 962万元；推出了带有农户小额信用贷款功能的信通便民卡，全年累计发卡量达1 866张，其中农户小额信用贷款用卡674张，通过信通卡发放贷款1 049万元。

——充分发挥对农村信用社的资金清算与营运职能，资金使用效益不断提高。2002年，市联社在债券市场上积极开展债券的承销或分销业务，实现收益2.04亿元，荣获“2001—2002年度全国银行间债券市场突出进步自营结算成员”称号。

北京市农村信用社联合社新址办公楼

信用社贷款支持的农户喜摘丰收果实

现代农装科技股份有限公司

现代农装科技股份有限公司是以中央直属大型科技企业——中国农业机械化科学研究院为主发起人，联合钢铁研究总院、清华紫光股份有限公司、北京首创资产管理有限公司和机械科学研究院共同发起设立的从事现代农业装备开发、生产及经营的高新技术企业。公司以原中国农业机械化科学研究院农业装备领域五个研发实力雄厚、经营业绩突出的研究所重组改制而成。公司注册地为北京市中关村科技园区。并已通过ISO9001质量体系认证。公司现是国家农业机械工程技术研究中心的四个分中心（收获机械、耕种机械、节水灌溉、饲养机械）依托单位，并建有收获机械试验室、耕种及植保机械试验室、节水灌溉试验室。

ZNJ-503型自走式半喂入水稻联合收割机

公司设有技术中心、市场营销部、国际贸易部、设施农业事业部、节水灌溉事业部、畜禽机械事业部、收获后加工事业部、工程机械事业部、环保工程事业部和两个生产基地（现代农装固安生产基地、现代农装湖州联合收割机有限公司），形成了集科研开发、科研成果转化和生产、市场营销于一体的格局。现有职工400多人，其中专业技术人员180人；专业技术人员中，硕士学历以上21人、大学学历127人；研究员15人，高级职称技术人员78人。丰富的人力资源为公司的长远发展奠定了坚实的基础。

全喂入收割机

业务定位：现代农业装备的技术开发、生产与经营。主要包括田间机械化作业装备、设施农业装备、畜禽饲养与饲料加工机械、节水灌溉装备、收获后加工设备、环保工程及设备的设计、开发、制造与经营，以及工程机械开发与维修、关键零部件加工七大专业领域。

主要产品：半喂入水稻联合收割机、自走式青贮饲料联合收割机、自走式玉米联合收割机、高速水稻插秧机、悬挂式喷杆喷雾机、饲草打捆机、牛饲料搅拌喂料车、有机肥设备、饲料膨化机、粗饲料压块机组、畜禽舍用喷雾降温设备、种子加工设备、大型喷灌设备、移动式高扬程输水成套设备、中空玻璃加工设备、公路路缘成型机和工程机械关键零配件等产品，并可专业维修进口沥青摊铺机。**可承建的工程项目有**：饲料加工工程；种子加工工程；粮食烘干加工工程；粮食储运、中转库工程；板栗、杏仁剥壳去衣加工成套设备；棉花烘干、清理和加工工程；养鸡、养猪场的成套设备；养牛、挤奶成套设备；牧草机械化种植、养护、收获及综合加工工程；暖通工程；农田、园林绿化节水灌溉工程和农业园区及温室等交钥匙工程项目。公司将充分利用在农业机械和农机工程领域中拥有的科研开发实力及长期积累的研发成果，坚持"求新、求实、求变"的企业文化精髓，树立"诚信守法、锐意开拓、稳健发展"的经营风格，为农民富裕、农业现代化，及农村小康社会和国家公路等基础设施的建设，提供现代装备。

XDNZ-2008型自走式青贮饲料收割机

P2000S型湿法膨化机

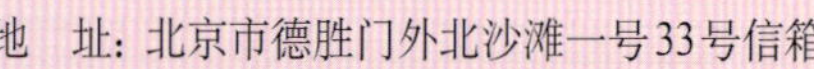

公司的宗旨是：用现代科技装备现代农业。

地　址：北京市德胜门外北沙滩一号33号信箱
邮　编：100083
电　话：(010) 64883506、64882496
传　真：(010)64878452
E-mail：MAE@caams.org.cn
http://www.xdnz.com.cn

XDNZ630型水稻高速插秧机

全日粮搅拌喂料车

2BMC-20牧草精量播种机

圆型喷灌机

圆型喷灌机

北京科高大北农饲料有限责任公司

公司法人代表、总经理：徐信兵

北京科高大北农饲料有限责任公司，坐落在怀柔区青春路北环岛49号，注册地在怀柔区雁栖镇，成立于1996年10月，系大北农集团在北京的高科技产业基地之一。公司占地面积18 000平方米，其中建筑面积9 930平方米；公司现有员工158人，其中大专以上学历员达40%；有粉碎、搅拌、制粒等大型机组组成的年产浓缩饲料和全价饲料12万吨的生产线两条。公司成立以来成功地开发、生产了大北农牌、龙农牌、智慧牌浓缩料和全价料3个品牌2个系列100多个品种饲料。产品投放市场后受到普遍好评，产品整体覆盖北京、天津、河北、山东、辽宁、内蒙古等地，年销量近十万吨，销售额超亿元。其中大北农牌乳猪全价饲料“551”先后荣获“北京市名优产品称号”，全国食品工业“科技进步优秀项目奖”，北京市第四届“科技之光”优秀产品奖。公司先后被国家和北京市各级政府部门授予“百强企业”、“经济发展尖兵”、“优秀乡镇企业”、“科技先导型企业”，特别是被中国农业银行分行授予“AAA级信用企业”称号，2003年2月被怀柔区人民政府评为2002年度“创农产品品牌单位”荣誉称号。2001年12月公司通过了ISO9001：2000国际质量

公司厂貌

“大北农奖学金”颁奖仪式暨
邵根伙博士报告会

体系认证。2002年12月公司被北京技术市场管理办公室授予“金桥奖”，是北京市农业产业化经营重点的龙头企业。

2001年底，大北农在北京怀柔雁栖开发区征地15.2公顷建设大北农科技园。2002年9月，总投资1亿元左右的大北农科技园破土动工，主要有预混料厂、配合饲料厂、全价饲料厂、总部办公区、集团培训大楼、员工生活区组成，将建成包括科研中心、产业中心、管理中心、农业教育培训中心等在内的集生产、科研、培训于一体的全方位的农业高科技园区，成为国内最大的农业高科技产业基地之一。

建设中的大北农科技园

北京市温泉苗圃

书记、主任：黄玉忠

温泉苗圃创建于1952年，50年来为首都绿化美化提供优质苗木上亿株，1997年被林业部命名为“全国国有苗圃十大标兵单位”，2001年被全国绿化委、人事部、国家林业局评为“全国绿化先进单位”，2002年被国家林业局评定为“全国特色种苗生产基地”、“全国无检疫对象苗圃”，多次被评为北京市绿化林业系统先进单位。

温泉苗圃位于海淀区温泉镇，是北京市林业局直属苗圃，总面积45.3公顷，作业面积37.3公顷，拥有固定资产500万元，在圃产值过千万元；在职职工37人，其中具有大专以上学历17人；专业技术人员具有中级以上职称的6人，育苗技工全部取得了高级从业资格证书。

小区绿化

办公大楼

华山松

北京京都菇业有限公司

北京京都菇业有限公司位于通州区八里桥市场中路3号，主要生产平菇、灵芝、香菇、木耳、猴头、鸡腿菇等食药用菌品和灵芝盆景、灵芝茶、灵芝孢子粉、灵芝贵香、京都素食菇品、深加工菇粉精品等，占据北京各大超市。本公司为北京市食用农产品安全体系建设达标单位，并获北京质量管理协会用户委员会指定的“用户满意产品”等称号。京都素食是长寿的基础，京都菇业将为您提供一座良好的生命保养中心。

灵芝的益处古今药理与临床研究均证明，灵芝确有防病治病、延年益寿之功效。灵芝的功效表现在：有明显的止咳、祛痰、平喘作用。对增强冠状血管循环、减低动脉粥样硬化有明显的疗效。并且灵芝多糖、有机锗能提高人体免疫力，增强抗病能力；灵芝酸能调节人体植物神经、恢复肠胃功能，改善睡眠，增强记忆；灵芝腺苷能抑制血小板过度凝聚，防止脑血栓、灵芝纤维素能防止血管硬化，降低血液粘稠度。在目前发现灵芝是抗肿瘤的最好药材之一。

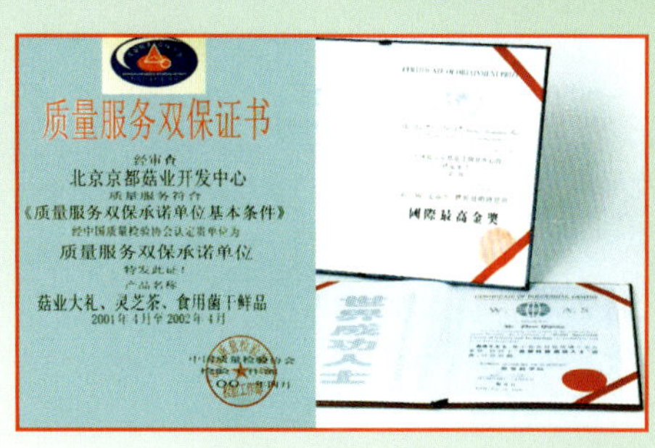

大棚灵芝

猴头菌：猴头蘑、对脸蘑、鸳鸯、猴椅子、猴菇等名。本菌为名贵食药用菌，原为宫筵名菜，今为大众美味，含有蛋白质、多糖多肽、十七种氨基酸等营养成分。能增强机体的免疫功能，对促消化、治疗十二指肠溃疡有很好的疗效，同时对神经衰弱有独特疗效。鲜品猴头可爆炒肉类，做肉类汤料。

松茸：是世界的著名食用菌。其味美，含丰富的人体必需氨基酸和微量元素等成分，具有强身、益肠胃、止痛、理气化痰、驱虫及治疗糖尿病和抗癌作用，是日本皇室贡品；其鲜品可炒肉。

鸡腿菇：又名鸡腿蘑、毛头鬼伞。此菌宜在未开伞之前采食，质地脆而滑，鲜而不腻，口感极佳，烘干者香味尤为浓烈。该菌具有益胃、清神、治痔等功能。民间用于治疗消化不良、精神疲乏和痔疮，还有治疗糖尿病、扁桃体炎、喉炎、声音嘶哑、外出血、食道引起的胃出血、感冒、咳嗽的功效。鲜品可炒、做汤。京都菇业进锁店已经开业，在海淀、西城、朝阳、石景山各区域均有分布，届时欢迎您的光顾！

灵芝高香

食用仙人掌

伟 豪 铝 业 集 团

伟豪铝业集团是一家以科研，开发、生产，经营铝板，带、箔为主的民营股份制高科技企业，由北京伟豪铝业有限责任公司、丹东伟豪铝业有限公司、北京伟豪铝业销售有限公司、北京伟豪铝业金属材料研究所组成，已顺利通过ISO9002国际质量体系认证，并取得了自营进出口权。

总经理：张正喜

伟豪铝业集团拥有一条国内先进的铝箔生产线，主要产品为电解电容器用230l负极合金铝箔、正极高压高纯铝箔、正极低压高纯铝箔以及空调箔、电缆箔，其各项技术指标均处于国内领先地位，达到国外同类产品水平，是国内电解电容器铝箔的主要供应商。

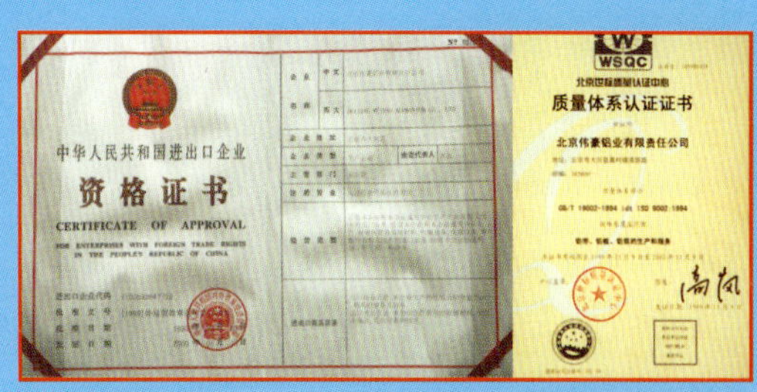

伟豪铝业集团以“爱国、敬业、协作、服务”为企业精神，以“方便、快捷”为经营理念，竭诚为社会提供一流的产品和服务。同时，伟豪欢迎各界朋友来伟豪参观、指导、合作，共同推动材料工业的发展，民族工业的振兴。

北京南辰天虹农艺有限公司

北京南辰天虹农艺有限公司是一家以科研、开发、加工、销售食用菌及其深加工系列产品、食用菌专用机械、食用菌菌种为主的外向型高科技农业企业，公司下设食用菌菌种中心、食用菌种植基地、食品营养研究所、食品加工厂等独立机构。产品除满足国内市场需求外，还远销日本、韩国、东南亚及欧美等国际市场。

猴头菇

白灵菇

菌种中心

“天虹蕈宝”系南辰天虹食品营养研究所营养烹饪专家精心研制，集营养学、烹饪学、药膳学之大成，以优质食用菌为原料，选用宫廷御膳、中华名肴等特殊工艺加工成方便食品，开创营养、美食、健康新概念的食用菌深加工系列食品。

“天虹薯脯”用大兴庞各庄产138号优质红薯为原料，具有糖分小、水分适度等特点，经特殊的生产工艺和高温灭菌精致而成，具有质地柔软、色泽红润、口感香甜纯正，具有独特的“烤薯”风味，与目前市场上的薯干、薯条有着本质的区别，系天然的绿色食品，经常食用能滋补强身、养颜美容，素有“红薯换健康”的美誉。

烘干车间　　菌种中心　　液体菌种车

"统一石化"公司全景图—精心构筑的现代化生产环境

统一

Monarch®

统一润滑油

中国驰名商标

北京统一石油化工有限公司坐落于京郊大兴芦城开发区，是国内较大的专业生产润滑油及辅料的民营企业，以生产"统一"牌润滑油系列产品著称于市场。

"统一石化"前身是成立于1993年的"北京帝王高级润滑油有限公司"，产品进入市场后销量逐年增加，于1995年注册了"统一"商标。经过近十年的拼搏，"统一"已由当初占地仅10亩，年销售额不足1000万元人民币，员工不足百人的小厂发展壮大成为总投资额2.9亿元人民币，总占地350亩，拥有员工1100多人，年生产能力超过20万吨，年销售额近7亿元人民币，年上缴利税5000万元人民币，产品覆盖汽车用油、摩托车用油、工业用油、工程机械用油及润滑脂、刹车油、不冻液、汽车护理产品等众多石油化工领域的大型现代化企业。

2002年，"统一"商标被国家工商总局批准认定为"中国驰名商标"及"全国重点保护商标"。公司与美孚，乙基，润英联等国际知名企业合作，采用国际先进生产技术和全自动设备，全面引进世界著名品牌的基础油，添加剂和技术配方，严格按照ISO9001质量体系控制生产，以多元化的新产品满足市场需要。产品品种达10000余种，质量堪与世界品牌媲美。产品先后通过美国石油学会API SL、SJ、CH-4、CI-4/SL、CF-4认可，大众、保时捷、康明斯、东风、宝马、辛辛那提机械公司原厂认证等多项国际权威认可。

"统一石化"建立了行销全国的销售网络，在全国31个省市区建立办事处、总经销商等层次不同的直供批发网点1300多家， 并深入对二级网点进行了服务管理，所有的县级市都设有形象鲜明的直供批发商店。可直接为消费者提供同行业中一流的快捷便利的供应服务保障。用户遍及汽车制造、摩托车制造、钢铁、采矿、工程、油田、农业、电梯等各个行业。除了标准产品之外，更有大量专业性的定制产品，满足不同的客户需求。公司建有同业中领先的汽车护理专业互联网站（www.tongyilubricant.com）和800免费服务热线为用户提供最迅速专业的全程服务。

2003年，公司动工兴建了三期工程，建设了占地16000平方米的立体仓储办公区主体工程，进一步引进国际先进生产检测设备；全面实施了著名的ERP企业管理系统，努力实现全面电子信息化管理和一站式物流办公；斥资6429万元人民币投标央视黄金时段广告，进一步推广品牌形象，为参与更大规模市场竞争，实现年12亿元的销售目标奠定了坚实的基础，在实现"做中国高端润滑油的专业制造商"目标的道路上更阔步前进。

主罐区－
23480m³强大储存

领先技术－
先进的现代化
全自动生产设

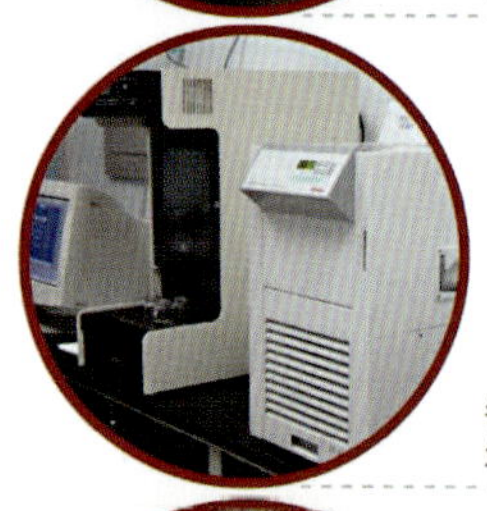

每一滴"统一"油
均经过严格科学

规模庞大－
可以满足全国供
的仓储库

标准－
世界权威机构的
通过美国康明斯原
CES 20075认可

欢迎访问统一石化网站：www.tongyilubricant.com或www.monarch.com.cn，免费电话：8008101162 客服中心：61231

北京天惠参业股份有限公司

中央政治局常委全国政协主席贾庆林同志视察公司基地并听取公司董事长侯顺利同志汇报工作

天惠工业园一角

北京天惠参业股份有限公司是从事西洋参及松果菊等名贵药用植物种植，并以此为主要原料研究开发保健食品和药品，实施产业化经营的专业公司。

公司现有总资产10 355万元，固定资产5 005万元，净资产4 857万元；员工168人，大专以上学历人员132人，各级各类专业技术人员85人，其中高级技术人员38人。

公司自20世纪70年代开始引种栽培西洋参，成为我国西洋参产业的奠基者和开拓者。经过二十多年的发展，现已形成集科研、种植、加工和销售于一体的产业化经营格局。公司经过多年的发展和积累，建立了一支强劲的专业技术队伍。公司的西洋参栽培、种苗繁育和产品加工技术处于国际领先水平，曾获得国家科技进步二等奖、卫生部科技进步一等奖、卫生部颁发的全国第一个西洋参生产许可证等多项荣誉。

公司秉承“以市场为导向，以科研为后盾，以质量为保证，以品牌为生命”的理念，以增进企业效益和提高参农收入为中心，在市、区两级政府的大力支持下，公司采取“公司＋合作社＋农产”的运作方式，通过“四保”优质服务、银行贷款支持、政府贴息扶持等有效措施，建立起了一个稳定的西洋参种植基地。公司除在北京市郊区县种植西洋参外，还在山东和东北西洋参种植基地收购鲜西洋参，形成了跨省区跨地域种植和经营西洋参的产业规模。

公司发展的西洋参产业1997年被列为全国“三高”农业示范项目，西洋参产业现已成为怀柔区三大农业支柱产业之一。2000年和2001年公司连续被评为“北京市农业产业化经营重点龙头企业”，2002年被评为“京郊农业产业化先进龙头企业”。公司的发展得到了国家领导人的亲切关怀，2002年胡锦涛总书记和中共中央常委贾庆林同志分别视察了公司基地，对公司发展的西洋参产业给予了充分肯定。

加拿大西洋参协会与香港今日集团董事局来公司交流

北京市通

党委书记、总经理：赵继东

北京市通信公司（简称北京通信）隶属中国网络通信集团公司，经营除移动通信、寻呼通信以外的所有电信和信息业务，是北京地区实力雄厚、品牌强劲的基础电信运营商，其前身是北京市电信公司。

北京通信的实力已经基本达到世界一流电信运营企业的水平，不仅拥有规模宏大的、与世界通信科技发展同步的综合通信网络，而且拥有帧中继网、分组交换网、数字数据网、ATM宽带网、多媒体通信及国际互联网等多种先进的电信网络；同时拥有以NO.7信令网、数字同步网、电信管理网为基础的电信支撑网络。

目前，北京通信拥有公众网电话交换机容量780万门，市话用户达到580万户；国内、国际长途电话可通达世界所有开通长途电话的国家和地区；各类宽带接入、智能通信、数据、互联网、信息等类业务不断增长。

在长期发展中，北京通信不断积累着运营经验，形成了为市场所认可的多种形式的服务体系。客户可以通过电话、互联网以及营业厅等多种方式咨询业务、办理业务并享受完善的售后服务。

北京通信承载着119年的厚重历史，从1884年北京设电报局开始，北京通信就踏上了自己的服务历程；北京通信同时洋溢着年轻的气息，截至2002年11月，北京通信在岗员工9 147名，平均年龄为35岁，大专以上学历占53.3%。

秉承“一切从客户需要出发”的企业理念，北京通信从语音业务到数据业务，从窄带业务到宽带业务，从日常通信到应急通信，全方位、多层次的服务于政府机构、普通百姓以及商业客户，用强大的网络支撑着北京与世界的充分交流，诠释着每个人的信息生活。

北京通信充分认识到这是一个需要开放与合作的时代，希望借助自己的网络资源和各方广泛合作，不断开创和完善新的服务领域和服务方式，推进北京的信息化建设，推动中国信息产业的发展，更好地满足小康社会的通信需求。

北京市通信公司总部大楼

信—公—司

隶属于北京通信公司的郊区电信局下辖八区二县即通州、房山、门头沟、昌平、顺义、大兴、密云、怀柔、平谷、延庆等十个远郊区电信局、郊区查号台。现有员工2 034人，服务面积15 061．92平方公里，是北京市行政区域16 807.8平方公里的89.61%，服务于232个乡镇、3 647个行政村，人口450万，其中农业人口259万，农户约100万户。现郊市、郊区（县）间和郊区（县）到乡镇通信传输都实现了光缆化，京郊农村已实现村村通程控电话。在配合首都经济圈的建设中，率先打造“数字郊区”，并为之做出不懈努力，先后与怀柔、昌平、密云、门头沟等区县签定建设宽带网络协议；与北京市教委合作在京郊校园进行“校校通”宽带工程，实行网上教学，远程电化教育。截止到目前，郊区电信已经建成了大容量、高质量、遍布京郊城乡的现代通信网络。 交换机容量达到2 058 713端口；实占率达到1 576 919端口；数字容量608端口；实占率达 32.57%；电话用户到达156万户；宽带用户到达22 377户；来电显示电话用户49万户；公用电话用户13 222部；电话普及率每百人32部。目前郊区小灵通用户以达31 899户。服务方面，目前，装、移机平均等待时限4天，同时，根据郊区具体情况，整合资源，加大投入力度，进行线路网络优化工程，

在郊区各区县开办IP电话超市，受到社会普遍认同。

远郊区县第一个网上教学
单位：怀柔区喇叭沟门

北京通信的线务人员
为京郊深山区架设光缆

为用户服务做到用心、优质

通信工作人员为昌平地区进行装机配线

小灵通天线

农网建设与改造

——华北电力集团北京供电公司

北京市农业技术推广站

北京市农业技术推广站(北京市土肥工作站)，现有职工101人，其中专业技术人员66人，高级技术人员25名。主要负责制定农业技术推广计划并组织实施，负责农业新技术和新品种的研究、引进、试验、示范和推广；研究耕地资源的合理利用与开发，推进土壤、土质的改造和保护，推广科学施肥技术，参与新型肥料的研究、开发、引进、推广和经营。挂靠在该站的北京市新型肥料质量监督检验站，负责肥料质量监督检验及服务工作。

签订优质麦订单：以技术产业化为依托，与企业签订优质小麦购销合同。

近年来，该站坚持“科经一体，富民兴站”的方针，每年研究、开发、引进，并向农村推广具有较高技术水平的“实用、效益型”技术数十项，为农民增加的效益以亿元计算。以“九五”国家科技攻关项目——控制作物种子出苗技术，整体研究达到国际先进水平，获得发明和实用新型两项专利，专利技术使用权已被新疆引进，用于西部开发，解决早播棉花烂种和积温不足等问题。培育、研制、开发出的“一特”牌系列作物品种、系列肥料，深受用户欢迎，在国内市场上具有很高的知名度和信誉度。以暑宝、花蜜为主的无籽西瓜系列品种销往各个省市，出口到欧洲和东南亚；生菜系列品种、水晶系列彩色甜椒、多彩樱桃番茄等系列蔬菜品种畅销20多个省市，并为香港和加拿大等地引进。

番木瓜：南果北种

水晶系列彩色甜椒

花棚内景

北京市农林科学院玉米研究中心

中心主任：赵久然

北京市农林科学院玉米研究中心，是经北京市政府批准成立的专门从事玉米研究及开发的科研机构。中心主任赵久然博士，男，40岁，中共党员、研究员。现任北京市农林科学院玉米研究中心主任、北京农科院种业科技有限公司副总经理、北京绿之宝食品有限公司董事长，兼任北京市政府农业顾问、中国作物学会副秘书长等职。

在1997年成立时7个人、8万元启动经费基础上，中心率先深化科研体制改革，打造出技术创新体系，发展成为科研人员50多名，资产逾千万元，年产值上千万元的高科技企业。选育出的15个优质玉米新品种，均通过审定。其中京科8号、京科15号两品种经权威部门评估，并经市财政局确认其无形资产价值2 630多万元，入股北京农科院种业公司，注册资金5 000万元，具有在全国范围销售农作物种子的资质。

主持完成和正在进行的国家863、部、市重点项目26项，获国家科技进步特等奖1项、北京市科技进步二等奖2项等多项奖励。

利用自主开发国内领先的DNA指纹图谱技术面向全国提供种子纯度及真伪检测服务，年检测样品1 000多份，预防大量伪劣假冒种子流入市场，避免数亿元的经济损失。

响应市政府精神，依托自身鲜食玉米研发优势，在平谷注册创办了北京绿之宝食品有限公司，主要从事甜糯玉米等种植、加工和出口业务。实施订单农业，带动农民致富。其产品获美国食品与药品管理局FDA认证，出口创汇。

蔬菜之王“芦笋”的研发是中心下一个工作重点，已在京郊发展生产示范基地数千亩。此外，还开发了饲苋1号、菊苣等饲草品种10多个，为京郊多元化种植结构调整作出贡献。

高产、优质的玉米新品种——京科8号

“蔬菜之王”芦笋

优质饲草品种—皖草2号

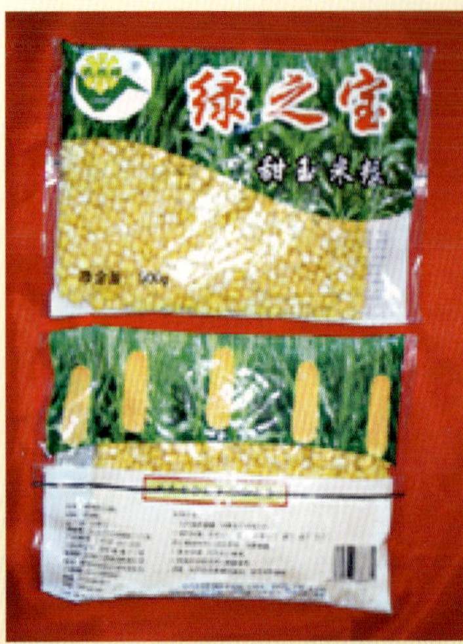

绿之宝公司产品—甜玉米粒

北京市农林科学院植物营养与资源研究所

所长：刘宝存

本所原名“土壤肥料研究所”，始建于1978年5月，是在原北京市农业科学院土壤肥料研究室基础上组建而成的。1993年更名为植物营养与资源研究所。经过二十余年的努力，本所已经发展成为一个集科研、推广、产业化为一体的以土壤、植物营养、农业微生物、山区资源与常绿植物为主的研究机构。全所现有员工41名，其中科技人员32名，工人9名。在科研人员中高级职称12人，中级职称18人，具有硕士学位以上12人。全所固定资产754万元。共承担各类项目188项，取得科研成果63余项，国家专利7项。总体居于全国同类科研机构前列。

办公大楼

沸石包衣尿素及其复肥：此项技术曾获得国家级新产品证书，市科技进步奖、国家发明专利、市推广奖等荣誉称号。沸石长效复混肥是以沸石包衣尿素作为主要的氮原料并与其他氮、磷、钾化肥及有机肥、微量元素等混配而成，它的最大特点是氮长效并具有保水抗旱作用。经大面积推广应用，在多种作物及蔬菜上效果非常显著，并具有显著的经济、社会和生态效益。它与普通复混肥相比可使氮素利用率提高十个百分点，使作物增产15%以上；并且可实现一次性施肥，不追肥、不脱肥，还有改善作物品质的作用，因此具有广阔的应用前景。

控释肥料连续化生产设备

北京斯格利复合肥制造有限公司

缓释可控包膜尿素肥：此项技术1997年通过了由北京市科委组织有关专家的验收鉴定。此种肥料改变了传统的施肥方式，可进行一次底施并和种子直接接触。肥料在土壤中的缓释速度达到可控、不烧苗、不伤根，这样可大大提高肥料利用率。在减少肥料用量的情况下，不减产并有增产作用；同时可节省劳动力投入；减少化肥对环境的污染。这种肥料用于水田、沙质土壤及蔬菜作物上效果尤为明显。通过田间试验表明，可节省1/3左右的肥料施用量而不减产，并提高肥料利用率三十个百分点，并且利用价格低廉，来源广泛的包膜材料，简化了生产工艺，大大降低了生产成本。研制出的我国喷涂式尿素包膜加工设备获国家专利。该项技术填补了国内空白，在国内处于领先水平。

不同肥料品种

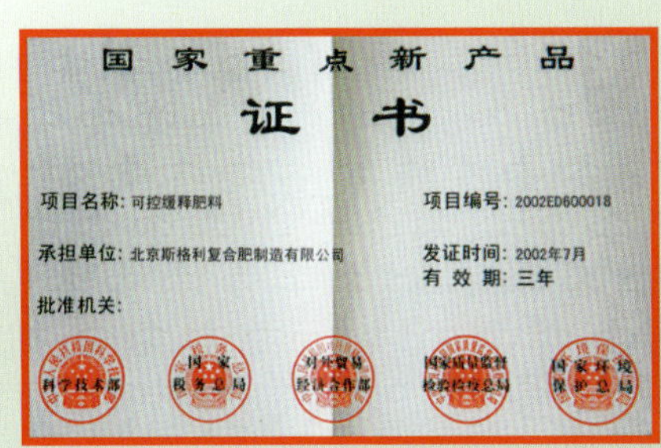

国家重点新产品

证书

项目名称：可控缓释肥料　项目编号：2002ED600018

承担单位：北京斯格利复合肥制造有限公司　发证时间：2002年7月

有效期：三年

批准机关：

不同释放天数控释肥料

北京杂交小麦工程技术研究中心

北京杂交小麦工程技术研究中心(BHWRC)是北京市专门从事小麦杂种优势利用研究与种业产业化的高新技术研究机构。中心以“立足科技创新、发展高新种业”为指导思想，以“开放、流动、竞争、协作”为运行机制，充分发挥北京市二系杂交小麦研究与应用的领先优势，加速杂交小麦种业的发展，为北京市率先实现农业现代化服务。中心现有科技人员26人，其中研究员2人，副研究员5人，博士和硕士8人。

中心主任：赵昌平

研究目标：①依据我国首创的光温敏二系法杂交小麦理论与实践，将中心建成融科学研究、试验示范和种业开发为一体的，并具国际领先水平的专业研究与应用机构。②系统研究小麦光温敏不育的遗传规律、生理代谢和温光反应特性。③利用分子生物学技术，开展小麦光温敏不育基因的定位与克隆研究。④本着立足北京、面向全国的方针，全面加速北京杂交小麦的种业产业化进程。

工作进展：北京杂交小麦工程技术研究中心，在“十五”期间先后主持和参加科研项目14项，其中国家高技术863项目2项，国家自然科学基金和北京市自然科学基金5项，农业部重点项目1项，北京市重点项目8项。“九五”以来，获省部级科研成果奖6项，通过审定品种4个，在国内外刊物和国际学术会议上发表论文22篇，制作专业录像片一部。2000—2002年二系法杂交小麦全面进入大面积中试制种，杂交小麦已在京、津、冀、鲁、鄂等地大面积生产示范达2 000公顷以上，产生了显著的社会经济效益。以上研究整体水平处国际领先地位，为我国杂交小麦的大面积生产应用及其种业产业化发展作出重要贡献。

有关领导视察小麦制种基地

已鉴定高配合力不育系BS210

二系杂交小麦进入中试制种

北京市兽医实验诊断所

北京市兽医实验诊断所是1978年5月在原北京市兽医院的基础上改建的，至今已有22年的历史。目前，隶属于北京市农业局，为全额事业单位。1993年12月通过了北京市技术监督局的计量认证，成为法定的诊断出证单位。2000年农业部批准北京市兽医实验诊断所为华北地区和北京地区动物疫病监测中心。

市领导检查工作

主要的任务是依据农业部的各项检验规程和各级主管部门的有关规定，对畜禽疾病进行公正、准确、及时的诊断检验。主要是为北京市及周边地区的畜牧业发展服务，对造成重大经济损失的畜禽疑难病症进行科学研究并提出防治措施；对国外驻华机构和使馆及国内各种宠物进行疫苗注射和疾病防治；并承担着对区县兽医站专业技术人员进行技术培训，完善基础化验设备，建立化验手段，推广监测诊断技术的任务。

（撰稿人：李志军）

地址：朝阳区亚运村慧忠寺96号　　邮编：100101
联系电话：64974708　（传真）64891950

北京市兽医卫生监督检验所
北京市动物检疫站
北京铁路兽医检疫站

北京市兽医卫生监督检验所、北京市动物检疫站和北京铁路兽医检疫站（以下简称两站一所）位于北京市海淀区西直门外上园村甲3号隶属于北京市农业局。目前，人员编制59人，其中本科以上学历的占87%。两站一所下设铁路航空检疫、城郊监督执法、宣传培训和监督检验四个业务科室，主要负责全市动物防疫监督证、章、标志的发放与管理，动物检疫员、动物防疫监督员和兽药监督员的培训考核，兽医医政、兽药药政和种畜禽管理方面的大案要案的查处以及有关法律法规的宣传、贯彻等工作，负责组织实施北京市辖区内的动物检疫和动物防疫监督工作，同时还承担着本市范围内7个5 000吨以上级冷库、44个大型养殖场、5个大型肉类联合加工厂的检疫监管工作和进出本市的27个铁路路口、36个公路路口以及首都机场国内航线的检疫监督工作。近年来，两站一所在所长李全录同志的带领下，坚持“内抓管理、外树形象、科技为本、服务至上”的治所方针，努力营造团结、奋进、开拓、进取的所站文化，在全国范围内率先推行动物产品检疫标志，并实施了《进京动物及动物产品检疫监督管理办法》，有效地保证了京郊畜牧业的健康发展和首都市民食肉放心。

所长：李全录

地址：北京市海淀区西外上园村甲3号
联系电话：62255752　　邮政编码：100044
网址：http://www.aqs.com.cn

北京水利水电学校

北京水利水电学校创建于1953年，由北京市水利局负责领导和管理，是本市唯一一所水利类中等专业学校。学校位于北京市朝阳区定福庄东里1号，学校现有水工、工民建、机电、计算机及应用、饭店服务与管理等12个专业，现有基础和专业实验室12个，配有多媒体语音室和电教演播室，计算机房三个，配有计算机110多台，校园网已开通。购置有CAD绘图机和先进的测量仪器，基本实现了办公自动化。近年投资557万元兴建了一座3 200平方米的现代化图书馆。近年多次被评为北京市中职骨干示范学校、省部级重点校，2003年被评为北京市中职教育先进校。

党委书记：张长贵　　校长：周德育

近几年来陆续开办各种类型的业余班，是全国计算机等级考试点。并开展了各级各类水利专利培训，并成为北京广播电视大学水利工作站，招收大专和本科专业学生。

学校还联合开办市委党校分部大专、本科班；与密云职校、京水旅游学校、丰台八中、延庆职高、民办兴华大学等开展联合办学；与中国农大联合开办农田水利工及机电类大专班。

本校已具备一定的办学规模和办学实力，并形成多形式、多层次、多渠道办学格局。市教委评估专家用“健康、成熟、发展”六个字来评价学校整体工作，鼓励学校积极发展，不断取得新的成绩。

学校图书馆

北京蔬菜研究中心

北京蔬菜研究中心始建于1958年，隶属北京市农林科学院。“中心”占地11公顷，总建筑面积为21 000平方米。现有在岗职工140名，其中：科技人员73名，具有高级职称的31名，博士学位11名，硕士学位27名。经过四十余年的建设，现已发展成为一所设备先进、专业配套、科技力量雄厚，在国内综合实力位居一流水平的蔬菜专业研究机构。1995年被科技部正式认定为“国家蔬菜工程技术研究中心”。

“中心”立足北京、面向全国，实行科研、开发、培训相结合的方针。主要研究任务是围绕蔬菜持续发展和产业化生产，研究解决蔬菜产前、前中、产后的关键技术问题，注重多学科的综合配套研究和科研成果的产业化开发。

“中心”每年承担国家及省部级攻关研究项目近50项，近年来共取得重大科研成果30余项，累计创社会经济效益近20亿元。在京内外共建立了八个国家蔬菜工程中心中试基地，30多个科技咨询服务基点，累计为全国各地培训基层科技人员近2万人次。

“中心”先后与日本、美国、英国、德国、法国等10多个国家开展双边或多边科技合作，承担并完成了联合国计划开发署的国别项目和亚太地区区域等项目，并连续10年为40多个发展中国家举办蔬菜国际培训班，累计培训了200多名各国技术管理人才，在国际上赢得了良好的声誉。

中心主任：陈殿奎

通讯地址：北京市农林科学院蔬菜研究中心(北京2443信箱)

邮政编码：100089

电话号码：(010)51503032/3033　传　真：(010)88446286

网　　址：WWW. bvrc. com. cn　E—mail：bvrc@bvrc. com. cn

北京市水产技术推广站

北京市技术推广站成立于1980年12月，是集科研、实验示范、推广于一体的行政事业单位。

站长：殷守仁

2000年，随着北京市政府机构改革，我站整建制划归北京市农业局，并将北京市渔业环境监测站、北京市鱼病防治站同时挂靠我站，实行三站合一办公，行使三站职能。

20多年来，我站共承担科研、推广项目近600项，引进名优品种30余种，数量上亿尾，推广先进养殖技术及水行动物病害防治措施10余项，共培训技术人员4万人次。获部、市级奖40余项，其中《池塘养鱼高产技术大面积综合试验》项目，获得北京市政府科技进步一等奖、国家进步奖三等奖；《池塘两万亩低产变高产技术推广应用》项目，获得农业部丰收计划一等奖；《名特优水产品健康养殖技术——淡水池塘主养鲫鱼高产高效技术》项目，获得农业部丰收计划三等奖。

为加大推广力度和提高推广水平，我站先后在海南省文昌市和通州区小务村建立两个共占地13公顷繁、育种和水产生态养殖基地，为北京市和周边地区提供了大量优质种苗，取得了较好的经济效益和社会效益。

我站于2001年开始筹建中心实验室，面积446平方米，总投资1 000多万元。另外，在此基础上，我站又积极申请筹建部级水产品质检中心。目前，农业部已将我站纳入第四批部级质检中心的建设规划，到2005年，该中心将建成投入使用。届时将会对北京市水产业发展起到巨大推动作用。

北京市植物保护站

北京市植物保护站隶属于北京市农业局下属事业单位，主要负责全市粮、经、饲等农作物主要病、虫、草、鼠害的测报、防治的试验、示范、推广植保新技术工作；负责国内调出调入粮食、蔬菜、花卉、牧草、药材等植物的种子、苗木引种审批、隔离试种等工作；负责北京市的农药初审登记、农药样品质量检测、农药执法及监管工作，并负责农药试验、示范、推广及农药安全（农药残留检测）使用工作。

站长：李国强

我站在科研和推广方面取得了显著的成效，自1980年以来，共获国家级、农业部、北京市级各类奖55项。其中国级奖2项。部、市级一等奖5项，二等奖15项，三等奖33项。这些科研成果的推广应用取得了明显的经济效益和社会效益。

地址：北三环中路9号　　邮编：100029

电话：62078044　传真：62016348

北京市京旅建筑设计有限责任公司

北京市京旅建筑设计有限责任公司组建于1988年，原名北京市京旅建筑设计公司，1999年9月改制成有限责任公司，具有建筑工程设计甲级资质。2001年通过ISO9001质量认证。主营工业与民用建筑设计，兼营建筑工程技术咨询等业务。

设计公司现有职工41人，其中一级注册建筑师7人，二级注册建筑师2人，一级注册结构工程师4人，高级工程师9人，工程师13人，建筑、结构、给排水、暖通、电气、概预算等专业人才齐全，具有独立完成大型民用建筑工程项目、工业项目的总体规划、工程咨询、技术开发、工程设计等多种服务能力。

设计公司一贯奉行“精心设计，优质服务，创一流产品”的质量方针，奉行“以质量求生存，以信誉求发展”的企业宗旨，先后向业主提供了大量各具特色的优秀设计作品。其中有医院、宾馆、商住楼、科技试验楼、厂房等。如：北京城乡华懋商厦，于1999年获首规委颁发的优秀设计一等奖；平谷中医院于1999年获首规委颁发的优秀设计二等奖；北京清河三街四区1号住宅楼于1999年获首规委颁发的优秀设计三等奖；北京卫戍区业务综合楼1996年获首规委颁发的优秀设计二等奖；定福庄一小、北京四十八中于1994年分别获该奖项的二、三等奖；1993年我公司的住宅设计方案荣获“北京市优秀住宅设计方案”二等奖。同时，我公司还完成了北京安贞桥大厦、角门商住楼、酒仙桥鸵房营高层住宅、立业大厦、北科大厦、北京市八十中高中示范校等多项工程，得到业主、同行及有关领导的好评。

北京市兽药饲料监察所

北京市兽药饲料监察所始建于1981年，隶属北京市农业局，是北京市对兽药、饲料质量进行监督、检验的法定技术机构，是北京市动物性产品中兽药残留检测的法定技术机构。

所长：周德刚

主要职责：负责北京市辖区内兽药饲料质量监督、检验、技术仲裁工作；承担北京市兽药饲料地方标准的制定、参与部分国家兽药标准的起草、修订工作及兽药饲料检验新技术、新方法的研究工作；指导兽药饲料生产经营企业质检机构建设，并提供技术咨询、服务；参与北京市兽药厂的考核验收工作，进行技术把关；负责北京市辖区内兽药饲料检验技术交流和技术培训；负责北京市辖区内兽药残留检测项目的实施；负责对实施生产许可证、生产登记证、质量认证、批准文号、免税、安全工程和绿色食品工程等的饲料产品进行检验工作；负责受理北京市进口兽药报验工作、进口兽用生物制品报验、抽样和粘贴专用标志工作；负责北京市辖区内兽用生物制品质量监督工作；负责北京市辖区内兽用生物制品厂（或中试车间）的兽用生物制品的批签发工作。

北京市畜牧业环境监测站（牧草站）

（农业部畜牧环境监督检验测试中心）

站长：刘成国

北京市畜牧业环境监测站（牧草站）是负责全市畜牧环境质量监督检验测试等工作的行政事业单位，也是农业部畜牧环境质量监督检验测试中心。全国畜禽环境质量监测行业中的排头兵。全站现有职工20名，其中博士2名、硕士4名、大学生14名，具有高级职称人员4名、中级职称人员9名、初级职称人员7名，专业对口率为100%。其北京市牧草技术推广站负责北京市的牧草技术推广、选种引种、牧草种子检验等工作。

北京达华农业庄园有限责任公司

北京达华农业有庄园有限公司位于北京昌平区北七家镇鲁疃村西，占地约20公顷，其中建筑面积8 700平方米，苗圃面积76 000平方米，水产面积98 000平方米，是一个集农业、林业、养殖业为一体地现代化农业示范基地，初步形成产业规模，形成农林、养殖综合发展地立体生态体系。

董事长：杜永林

基地坐落地温榆河畔，以纯天然农业、林业作物为主，园内果实累累，名贵树木郁郁葱葱，庭院花卉争奇斗艳。基地内水产养殖基地每年出产各种鱼类达几万斤。

基地内的湿地自然保护区中，生长着茂密的芦苇、野生的草本植物，栖息着大量的野生动物。

达华庄园拥有优质温泉井1座，出水温度约70℃，水量充足，为地热资源的综合利用开辟了广阔地前景。

基地还面向全国进行培训工作，已举办培训班29期，培训干部和技术人员约2 000人，取得良好的效果。

达华庄园诚挚欢迎各界朋友光临、合作。

北京达华农业有庄园有限公司

北京市万泉寺出租汽车公司

BEIJINGSHI WANQUANSI TAXI INC

地址：北京市丰台区椰子井甲5号
邮编：100054
电话：010-63403123 63453690
传真：010-63442546
网址：www.wqstaxi.com

总经理：张广斌

公司花园式的办公环境

北京市万泉寺出租汽车公司地处交通便利的二环菜户营南路，占地面积18万多平方米，是一个富有朝气的花园式大型集团化企业。公司成立于1993年2月14日，经过十年创业，公司从当初的45辆运营车发展成为拥有运营车3000多辆，并将业务拓展到汽车修理、汽车租赁、油气销售、餐饮服务、旅游等领域，被北京市政府列为出租汽车行业的品牌企业。

公司以“以人为本、遵规守法、安全兴业、绿色经营、优质服务、持续改进”为经营理念，以“太湖绿”为公司运营车标准色，成为北京市出租汽车行业首家统一车身颜色、注重品牌经营的企业。在日常的经营管理中，公司以“员工满意，乘客满意，管理无污染，无违规”为目标，努力为社会提供多方位的优质服务。

公司制定了“以人为本、人尽其才”的人才战略，在公司200余名管理人员当中，具有大专以上学历的占80%，其中获得博士、硕士学位的有7名。公司的各项管理制度完善，1999年10月，通过了ISO9002：1994版国际质量管理体系认证，成为北京市出租汽车行业首家通过此认证的企业。2002年8月，公司通过标准化体系验收。2002年12月，公司通过ISO9001：2000版国际质量管理体系认证。2003年4月，公司通过ISO14001环境管理体系认证和OSHMS18001职业安全健康管理体系认证，成为全国出租汽车行业首家通过“三标”认证的企业。

为建立有特色的企业文化，公司编印《企业文化手册》、《企业CIS手册》、《司机手册》和各项完备的规章制度。除此之外，还经常开展丰富多彩的文体活动，2000年5月，公司组建了职工运动队，每年举行职工运动会；2001年4月，由公司承办的全国出租行业首届大型文艺汇演“的士之光”晚会获得圆满成功。2001年6月，在北京市出租汽车行业服务英语电视大奖赛中取得优异成绩。各项活动的开展既陶冶了情操，又增强了企业员工的团队精神。

公司长期以来，积极参与各种社会公益活动，组织、参与“扶贫济困春风行动”、向“的士爱心”公益基金捐款、赞助“的士希望小学”、参加首都“的士林”植树活动等等。在全国人民共同抗击“非典”的过程中，公司不但通过民政部及有关部门向医护人员捐款捐物献爱心，我公司30多名的哥还积极参与了“送天使回家”公益活动和丰台区委、区政府举办的慰问医护人员等活动。

由于管理规范、业绩突出，公司受到社会各界人士的赞誉，并多次受到各级政府和行业协会的表彰。2000年，被市政府评为“十佳企业”，有三名司机获“百优司机”称号；2001年在“建设新北京，办好新奥运，窗口文明从我做起”活动中，被评为“先进企业”，有33名司机获“的士之星”的称号，同年还获得交通部颁发的2000-2001年度出租汽车客运“文明企业”称号；2002年被评为全国出租汽车行业“先进出租汽车企业”、“首都文明单位标兵”。公司总经理张广斌荣获第四届“全国乡镇企业家”等荣誉称号。

多年来公司一直受到各级领导、社会各界朋友及广大乘客的大力支持与帮助，为此我们深受鼓舞。在新的世纪里，公司将一如继往地与时俱进、开拓创新，搞好首都窗口文明建设，把“万泉寺”这个品牌奉献给首都、奉献给人民！

北京市委书记刘淇来公司视察工作

蓬勃发展的三产企业

万泉寺加油加气站
万泉寺精实修理厂
万泉缘饭庄
万泉汽车租赁

市农口社会团体

顾问团

北京市人民政府第8届专家顾问团涉及农业农村经济方面的顾问名单

农经顾问组

秦其明　中国地方志指导小组办公室
谭向勇　中国农业大学
张晓山　中国社科院农村发展研究所
唐　忠　中国人民大学农经系
王济民　中国农科院农村经济研究所
张路雄　中国经济体制改革研究会
孟福增　中国农业银行北京市分行
史际春　中国人民大学法学院

山区建设顾问组

李永芳　市政协区县联委会
李志民　中国农业大学经济管理学院
王有年　北京农学院
孙久文　中国人民大学区域经济研究所
李胜利　中国农业大学动物科技学院

乡镇企业管理顾问组

曹永康　中国建材科学院
许惠渊　中国农业大学乡镇企业研究所
张同录　北京科技大学校办产业处
吕　薇　国务院发展研究中心技术经济部
赵瑾璐　北京理工大学人文社科院

畜牧顾问组

吴常信　中国农业大学动物科技学院
张　沅　中国农业大学动物科技学院
贾志海　中国农业大学科技学院
刘玉满　中国社会科学院农村发展研究所
王爱国　中国农业大学动物科技学院
赵德明　中国农业大学动物医学院
张仲秋　中国兽医药品监察所
杨　宁　中国农业大学动物科技学院

粮食及经济作物顾问组

李鸿祥　北京市农林科学院作物所
田中玉　北京市品种审定委员会
韩建国　中国农业大学草地研究所
胡跃高　中国农业大学作物学院
兰　进　中国协和医科大学药用植物研究所
胡小松　中国农业大学食品学院
赵久然　北京市农林科学院玉米研究中心

蔬菜顾问组

钱传范　中国农业大学基础学院应用化学系
李明远　北京市农林科学院植保环保所
刘宜生　中国农业科学院蔬菜研究中心
陈殿奎　北京市农林科学院蔬菜研究中心
李　武　北京市农林科学院蔬菜研究中心

林果顾问组

王礼先　北京林业大学水土保持学院
王汝谦　中国农业科学院
江泽慧　中国林业科学研究院
尹伟伦　北京林业大学
雷加富　国家林业局植树造林司
杨忠岐　中国科学院森林保护研究所
张启翔　北京林业大学园林学院
刘　勇　北京林业大学资源与环境学院
王贵禧　中国林业科学研究院林业研究所
韩振海　中国农业大学园艺学院

水资源顾问组

张光斗　清华大学
六振达　北京市水利局
贺伟程　水利电力科研院水资源所
侯景岩　北京市地矿总公司
段巧甫　水利部水土保持司
吴季松　水利部水资源司
孙保平　北京市林业大学水土保持学院
张建云　水利部水文局

（杨武林）

协　会

1. 北京市家禽业协会

北京市家禽业协会，主要开展家禽行业调研、学术、技术、信息交流、专业培训、咨询服务、编辑专业刊物。协会成立以来开展的主要工作：组织行业调研为政府制定养殖业政策提供依据；组织本市的企业参加各种形式的展会，帮助畜牧企业不断提高形象、在行业知名度，从而进一步提高产品的竞争力。如2002年国际集约化畜牧展会计划于2003年4月在北京举行，全市有100多家畜牧企业参加；北京国际农业科技周，全市有8家龙头加工企业参加；组织畜牧生产、加工企业开展ISO国际质量及HACCP安全体系认证，帮助企业不断提高其产品竞争力。组织全市企业参加“中加食品安全研讨会”，接受国际食品安全体系认证知识培训；协助市政府开展集约化规模养殖场和养殖小区建设，按照“环境优先、生态优先、效益优先”的原则，新建、改建、扩建了一批拥有完善规章制度、较强带动能力带动养殖小区和规模化畜禽场，为全市畜牧业的持续发展奠定了坚实的基础。在对外交往中，组织接待国外的畜牧业考察团，提高企业知名度，全年先后接待了泰国30多名畜牧兽医人员、埃及4名畜牧兽医人员、宁夏、山东、上海、辽宁等地的畜牧考察团，参观我市出口加工企业、龙头企业等，受到来团代表及企业的好评。根据经济形势发展需要，拟将北京市家禽业协会更名为北京畜牧兽医协会。

2. 北京艾维茵肉鸡协会

(1) 做好信息交流。协会主办的《艾维茵信息》在同行业中享有较高的信誉，坚持做到：

力求内容丰富。信息从市场、饲养管理、卫生防疫、家禽育种、综合防治等诸方面进行交流。通过交流满足行业内不同要求。

求真务实。信息来源于从业的一线人员。具有较强的代表性和实用性，可以直接用于生产经营管理。

(2) 架筑北京家禽育种有限公司与会员单位间的桥梁。

协会采取深入会员单位、通过走访、座谈、询问了解会员单位对产品的反映，宣传北京家禽育种有限公司的主体工作，产品开发、产品特征，经营战略思想。使会员单位与公司及时沟通，密切合作，共同发展。

(3) 促进技术交流提高生产管理水平。

艾维茵肉鸡协会，是饲养艾维茵肉鸡的品种协会。在同品种性能的基础上，提高生产技术水平，做好卫生防疫是十分重要的。为此针对会员单位的技术应用，生产水平和管理水平的不一，做好技术交流，努力学习先进技术，被视为协会的日常工作。在这方面做了两项工作：

一是深入现场，举办培训班。去年，协会先后在山东、江苏、陕西等三省举办了三期培训班。就饲料管理、疫病防治、综合防疫等生产之急需进行座谈与交流，满足了会员单位的需要。

二是组织会员单位赴泰国、德国、法国等进行现场考察、参观国际家禽博览会，开阔了眼界，学到了不少的新技术，更好地用于生产实践；了解了国际禽业动态，为企业谋略与发展提供依据。

今后，协会将一如既往起到会员单位与育种公司和政府的桥梁作用，研究入世后我国禽业应对国际市场的策略，尽快同国际市场接轨。

3. 北京市奶业协会

(1) 完成市社团办进行的行业调查，因2000—2001年连续两年年检优秀，2002年奶业协会年检免检。向社团办全面总结和汇报全市奶业基本情况，奶协全年工作情况和自身建设及优势和可能承担的各种职能。

(2) 定时收集全市奶牛养殖动态，每月10日前完成上月份全市奶牛月报，年末进行汇总，印制全市年度奶牛生产年报，为各级有关领导部门对奶牛养殖概况的了解，为领导部门对行业决策提供参考。

(3) 配合市农委养殖处对区县奶牛养殖情况进行调查，并对重点奶牛养殖区县的奶牛小区、合作社的建设规定管理、奶牛场技术咨询等方面，当好政府与奶牛养殖小区的桥梁与纽带。及时满足生产单位的要求，宣传政府的有关政策，协调奶牛养殖部门与加工部门在原料奶收购、执行收购合同中的一些问题，为全市奶业产业化积极工作。

(4) 参与市政府对区县奶牛养殖的扶持补贴和政府对奶业的招标制标工作，深入到有关区县对奶牛合作社做具体现场调查，并提供对达标的挤奶设备、冷链保鲜设备的型号、使用环节和受援单位奶厅和储奶间（奶库）的设计等项服务。

(5) 加大培训力度和技术咨询。2002年为大兴、顺义、延庆等区县进行专题研讨。针对各区县奶牛养殖的具体问题举办奶牛育种、繁殖、饲养、牛病防治、奶牛场管理等技术培训班18期，参加培训人员557人次，取得良好的效果。为政府撰写北京奶业产业化情况汇报，分析全市奶业发展状况和存在问题供领导参考。

(6) 协助顺义区、大兴区筹建区县奶业协会，向区县行业部门提供奶协性质、任务章程、机构的设置和参加协会条件等，并于2002年内已正式建成顺义区奶业协会和大兴区奶业协会。

(7) 完成了农委科技处下达的集约化奶牛养殖小区综合配套技术项目的课题总结，计划向市有关单位申报鉴定验收。从该项目实施以来，由于各区县和各试点奶牛合作社的积极配合达到了预期目的，各项指标都达到实施前的考核指标要求。受到试点单位和领导部门的好评。

(8) 组织北京市奶业有关部门参加中国奶业协会第四次会员代表大会。推荐北京市参加中国奶业协会理事单位，协助修改章程及日常的筹备工作，组织人员参加会议。

(9) 召开了市奶业协会第五届第三次常务理事会，会议接受了调离奶业战线工作的6位常务理事的要求，辞去了市协常务理事职务。理事长周诗平同志因年老身体不适等提出辞去原北京奶业协会理事长职务和申请，通过第三次常务理事会讨论，接受了以上7位同志的申请，征得原理事单位的同志和挂靠单位的同意，选举范学珊同志接替周诗平任北京奶业协会理事长，郭维健、陈历俊、鲁梦武、侯书江、张振新、张春良6位同志为第五届奶业协会常务理事。会议还听取了奶协2002年的工作汇报，并责成秘书处报请市社团办更换法人。

(10) 根据北京市三年来奶牛快速发展实际和奶牛养殖结构的变化，区县奶牛养殖已达11.3万余头，成为我市奶牛养殖的主体（已占全市奶牛饲养数量78%），近年来市政府引导农民从庭院养牛逐步向专业化、集约化饲养的奶牛养殖小区、奶牛合作社发展。各区县制定了优惠政策，政府对已建合作社给予设备的扶持，至目前为止没有一份较为准确、可靠的统计。为摸清区县奶牛养殖的情况和进一步加快区县奶牛品质改进，制定合理的选种选配计划，开展北京奶牛繁育体系的建设。由市农委主持，市奶业协会牵头在全市区县、乡镇、村屯逐户进行奶牛普查工作。为了统一全市普查工作，使这一系统工作顺利进行，由市奶协编写普查办法和制定普查细则，并计划年后举办全市性奶牛普查培训班，从而保障这项工作的顺利开展。

4. 北京市花卉协会

一是抓会展促发展，先后举办或参加了北京迎春花卉年会、香港花卉展览以及中国插花艺术大赛，拉动了北京花卉消费，扩大了对外交流。二是抓切花月季生产技术规程，带动花卉产品质量全面提高。三是抓龙头企业建设带动高效生产示范园建设，形成了丰台花乡、朝阳王四营、昌平小汤山等多片大型花卉生产基地。

5. 北京市野生动物保护协会和爱鸟养鸟协会

一是以“关爱生灵，保护鸟类”为主题，广泛开展了“爱鸟周”和“野生动物宣传月”活动。据统计，全市共设主会场和分会场15个，宣传站点100个，开展执法活动110次，救护动物1 243只，放生动物1 102只，接受宣传人数达42万人。二是历时2年的《北京雨燕资源调查及其保护研究》这一深受广大市民关注的科研课题，通过了市科委的验收和专家的鉴定。三是与市科协在丰台南宫联合举办《走进科普的春天》科普周活动启动仪式，其中有保护野生动物的、有环境保护的、有航天科技的等等，联合制作的27块展版也在这里展出了一周。

6. 北京市农产品产销信息协会

农产品产销信息协会的工作紧密结合为农民增收致富的主线进行。2002年紧密围绕农业的产业化经营和农民专业合作经济组织服务，结合农口综合信息平台建设，开展了全方位的网上宣传活动；根据市农业产业化办公室的需要，编印《农业产业化经营工作简报》10多期；组织开展了“2002年京郊农业绿色精品展销会”的现场展销工作，作为京郊首次在政府支持下，由专业协会运作的大型展销会，取得了一定的效果。京郊12个区县（门头沟、石景山未参加）和市农产品生产加工龙头企业等近百家生产单位，通过100个摊位，直接面向市场展示了京郊生产的绿色农产品精品，丰富了首都的国庆节市场。市场意识强、准备充分的参展企业都获得了较好的经济效益。同时通过这次活动，也使我们更深入地了解了京郊农产品精品产销方面的情况，为进一步搞好京郊农产品产销信息服务打下了基础。

7. 北京市饲料工业协会

(1) 完成了第三届理事会换届大会，产生了第四届理事会。第四届理事会共有理事143人，企业经理、厂长、技术总监占95%，大专以上学历占90%；常务理事33人，企业董事、总经理占98%，大专以上学历100%；会长、副会长、秘书长、副秘书长、监事22人，大型企业总经理占98%，大专以上学历占100%。体现了协会以企业为本、协会整体素质的提高，并逐步过渡到企业办（民办）协会的路子上去，和国际办协会接轨。

(2) 加强协会秘书处工作。协会工作人员本着精干，一专多能的原则进行了调整，和市饲料办合署办公时，有11人（包括刊物编辑），现协会和编辑部（已办杂志社），原则上分开进行工作，协会工作人员4人。同时承担了一部分行业管理工作；杂志社编辑部5人，负责刊物编辑出版工作，平时分开工作，中心任务需要时一起合并进行，全员实行合同聘用制，自收自支、自律。协会拟申请社团编制。

(3) 完成了147家饲料添加剂、预混料生产企业许可证年检年审工作，其中10家因关、停、并、转报农业部注销，并对16家企业进行了实地核查，未发现违法添加使用违禁药品和添加剂的行为。同时，对今年42个新办添加剂、预混料生产企业许可证申请，进行了初审核查评定，上报农业部批准发证的31个，尚有11个待批。对已领证的企业，办理了产品批准文号核批手续，共核批文号930个。

(4) 对已登记注册发给登记证的配合料、浓缩料、饲料原料、牧草加工和饲料经营企业办理了企业名称、法人、厂地等变更手续及有效期延期手续，为256个企业及时到税务部门办理免征增值税手续提供了方便。并对109个新办登记备案的企业进行了注册备案登记，建立了企业档案发给了登记证。

(5) 召开饲料质量检查结果通报会，对农业部第一批质量检查结果通报不合格的企业，于8月上旬和市农委、市饲料监察所一起，召开了通报会，通报了不合格的企业及不合格项目，要求限期进行整改，写出检查整改报告，有异议、情况不符的，调查核实取证澄清，上报农业部全国饲料办。

(6) 继续组织饲料检化验员、中控室操作员和设备维修员的培训考核鉴定持证上岗工作，其中检化验员 2 期 60 多人，中控室操作员一期 20 多人，设备维修员 2 期 60 多人，明年将继续举办。

(7) 推动饲料企业通过 ISO9000 质量体系认证工作，企业通过质量管理体系认证，标志着企业在产品质量管理和企业管理上又登上了一个新的台阶，全市先后有 23 个企业通过了 ISO9000 质量体系认证，有的还通过了 ISO14000 环境认证，为通过 HAGGP 管理体系认证做准备。同时推动高新技术企业发展，对新办企业要求本着四高标准兴办：起点高、科技含量高、人才素质高、管理水平高。目前全市已获高新技术企业证书的企业 35 个。

(8) 对添加剂和预混料生产企业开展整改活动，根据湖南全国生产许可证工作会议精神要求，召开了专业会议进行了传达，并提出了整改要求，要求企业写出整改计划报告。在设备工艺、检化验室、技术人员等方面，在明年 2 月份以前，改造完善配套完毕，3 月份年检时，达不到要求的不予年检。

(9) 对饲料统计员进行培训。根据农业部办公厅印发的经国家统计局批准的《全国饲料工作综合统计报表制度》，按照福建全国饲料统计工作会议要求，先安排了 2 期统计员培训班，重点企业 100 多人参加，宣讲了统计法，掌握了饲料统计信息系统和新统计制度的使用，填报方法和要求，并进行测试。

(10) 起草制定《天然物饲料添加剂使用通则》。为促进饲料安全工程的开展，倡议并受全国饲料标准化委员会委托，承担了《天然物饲料添加剂使用通则》的起草制定任务。历经数月调研，多次修改，在湖北全国标委会评审会上原则通过，待报国家技术监督局批准发布，这个通则一旦发布，将进一步促进饲料安全工程的顺利实施。

(11) 参加了市体改办、并于行业协会情况调查活动和市社团办关于入世后，行业协会作用问题的座谈会，并提出了关于加强行业协会建设，充分发挥行业协会作用的建议。

(12) 参加全国饲料百强企业和科技进行企业、先进个人的评选推荐工作，我市够百强企业报名条件的共 10 个，评选结果尚未公布。科技进步企业北京有 4 个，“大北农”、“资源”、“九州大地”和“友谊”，发给了奖牌和证书。

(13) 办理协会刊物《饲料与畜牧》杂志工商注册。《饲料与畜牧》杂志创刊 15 年来，一直以协会编辑部的名义编辑出版发行，未在工商部门登记注册，一旦全国再有同名刊物出现就会发生谁先注册，谁是侵权的官司问题。因此，经市农委同意，办理《饲料与畜牧》杂志社的登记注册手续。

(14) 年终召开了协会第四届理事会、部分理事、常务理事会议，总结了 2002 年协会工作，讨论贯彻农业部《关于促进饲料业持续健康发展若干意见》的报告稿，征求了意见。

8. 北京市农机流通协会

一、召开了三次会议

(1) 2002 年 3 月 15 日，召开了一次全体会员大会，会议主要内容是：总结协会 2001 年工作，会员之间相互介绍 2001 年工作情况，交流农机、物资流通工作中的经验体会及 2002 年工作打算，同时布置了协会 2002 年的工作安排，通过这次会议，会员单位之间相互更加了解，起到了相互学习、相互借鉴，以更加做好本单位工作的作用，同时对农机流通行业总的形势，情况也更加清楚了，明确了协会工作的重点，对协会进一步发展起到了积极的促进作用。

(2) 7 月 12 日召开了全体理事会议，主要内容是总结近三年来行业优质服务活动的情况，评选优质服务活动的先进单位，个人并推荐出席全国同行业优质服务活动的先进单位和个人。通过这次会议，大家进一步认识到：当前农机流通行业竞争更加激烈，重要手段就是搞好服务、不断提高服务手段、水平，比如努力创造条件，建立“四位一体”（主机、配件、维修、信息）销售模式，汽车销售实行“一条龙服务”（凡购车者，负责办理一切手续）。这方面，市农机公司，大兴农机公司做的不错，销售成倍增长，他们的经验对协会会员启发很大。在此基础上评出先进单位两个（大兴区农机公司、密云县农机公司），先进个人三名：市公司经理王祖南，大兴区公司经理杨彦光，昌平区公司经理韩树茂。使大家学有榜样，赶有目标。

(3) 11 月 20 日，召开全体理事会。会议主要内容是传达全国农机流通行业优质服务会议精神，有关领导讲话和下发文件材料，同时交流改革的情况。这次会议使会员单位对全国农机流通行业的形势和优质服务工作有了一个更加清醒、全面的认识，通过交流改革改制情况，使协会对会员单位改革改制的情况有了一个全面了解，同时根据国家有关法律法规，对会员单位改革改制过程中有关资产、人员等问题处置提出了一些建议和应注意的地方，应该说推动了行业成员的改革、改制工作。

二、组织了两次社会活动

(1) 4 月 15 日，由协会主办，大兴区农机公司承办在大兴区农机公司汽车展场内举办了一次为期一天的汽车、农用车、拖拉机产品展示，协会全体成员，大兴区有关领导及用户 300 多人参加了产品展示活动，通过产品展示，宣传推广了新产品，宣传了农机流通行业形象，扩大了影响，对行业成员单位的销售起到了积极的作用。

(2) 12 月 19 日组织协会成员单位赴广西学习考察。共有 7 个成员单位，12 名同志参加了此次考察活动，主要考察了广西区农机流通行业经营、改革情况及对越南边贸开展情况。通过学习考察，对兄弟省市同行业的情况有了了解，许多方面值得我们学习借鉴，对农机边贸情况也有了一定了解，对搞好自己的经营、改革还是很有作用的。

9. 北京市乡镇企业协会

2002年，北京市乡镇企业协会在市农委、市乡镇企业局的领导下，在市经委行管办的指导下，贯彻中央、北京市市委、市政府关于农村工作和乡镇企业的方针政策，紧密结合京郊乡镇企业“二次创业”，开展工作，组织多形式的各类活动，为促进郊区乡镇企业的持续、快速发展和全面深化乡镇企业“二次创业”发挥了协会应有的作用。全年主要工作如下：

（1）全年共编辑、发行了6期《北京乡镇企业》杂志和7期《北京乡镇企业协会快讯》，向企业宣传贯彻了国家和北京市有关农村工作和乡镇企业的各项方针政策和法律法规；积极宣传报道了京郊在“二次创业”中涌现出的先进乡镇、成功企业和优秀企业家的典型经验和成功做法；向全社会展示了京郊乡镇企业的风采，进一步扩大了刊物的知名度和影响力。

（2）为进一步做好杂志宣传工作，增强宣传的针对性和力度，由14位协会副会长和监事成立了《北京乡镇企业》办刊理事会，理事会的成立为办刊质量的稳步提高提供了保证。

（3）为更好地为会员提供有针对性的服务，协会新成立了社会活动部，并与有关单位合作，在推动京郊乡镇企业信息化建设和为企业提供人才中介服务等方面开展工作。

（4）组织会员赴海外考察学习，今年共组织会员4批60余人次赴欧洲、美国和台湾参观考察。通过考察活动，企业家们开拓了眼界，转变了观念，学习到国外企业的先进经营管理经验，对于促进京郊乡镇企业尽快与国际接轨，开拓国际市场、发展外向型经济大有好处。

（5）先后组织会员参加了“WTO与中国民营企业发展战略论坛”、“非洲经贸情况推介会”、“延边自治州经贸洽谈会”、“奥运会市场开发和奥运经济工作”报告会等大型活动。

10．北京郊区对外经济贸易促进会

在市农委和市社团办的领导下，积极贯彻农委的郊区工作方针，从社团的特点和实际出发，本着自我发展自我完善的发展方针，做了一定的工作，取得了一定的社会效果。主要是：结合农村村级建设，组织130人赴河南三街村的村务考察；结合乡、镇机关建设，组织100人赴广东南海市的电子政务考察；结合郊区小城镇建设，组织350人赴宁波、上海，组织部分人员赴西欧，北欧及澳洲小城镇建设考察；结合七一党的生日，组织550名农村党员赴西柏坡进行党在我心中的主题活动。通过考察活动，提高了我会办公室、培训部及交流部以及绿桥服务中心在郊区的影响和知名度，也为本会的自身发展创造了一定的经济效益。此外，信息服务中心在建立郊区经贸信息网开展信息服务方面也做了大量的工作。

11．北京果树产业协会

北京果树产业协会于2002年12月16日正式成立。协会第一批会员共133个，其中团体会员94个，个人会员39名。会员组成主要是郊区各种类型的果树农民经济合作组织、区县行业协会、加工销售企业、科研、教学管理等部门，以及一些热心于果树产业的管理、教学、科研人员。法人代表：康德铭。此协会的宗旨是：①搞好信息网络建设，为会员和社会提供及时准确的果树产业信息。②建立行业自律规范制度，促进北京果树产业化升级。③加强调查研究工作，发挥桥梁和纽带作用。④积极开拓果品销售市场，加大果品销售力度。⑤参与制定果树生产标准，推进果树产业标准化的快速发展。⑥做好反倾销、反垄断、反补贴及反对假种苗工作，保护好农民的利益。⑦搞好国内外协会间的交流，加强协会自身建设。⑧收购、经营好果袋厂，为果农提供优质价低的生产资料。该协会的成立对于进一步推进郊区特色果品产业化建设，使全市分散的果树合作经济组织形成合力，对增强北京果品竞争力有很大作用。此协会主办的《北京市果品信息》（会刊）已出版。

12．北京市农村能源行业协会

①4月26日，北京市新能源与可再生能源协会第二次代表大会胜利召开，会议通过第一届理事会工作报告和协会章程修改报告，选举产生了第二届理事会及领导成员，聘请了协会名誉理事长和顾问。协会设立办公室、培训咨询部、市场信息部、产品质检服务部。协会下设三个专业委员会，即太阳能利用专业委员会、节能炉具专业委员会和生物质能、新型燃料专业委员会。

②6月10日，市社团办正式批准北京市农村能源行业协会更名为“北京市新能源与可再生能源协会”。

③3月18日～21日，与中国资源综合利用协会可再生能源专业委员会和中国沼气学会联合召开“中—欧沼气工程商品化发展研讨会”，中外专家和养殖场负责人共50余人参加了会议，就中国沼气工程的发展如何走商品化道路、沼气工程建设如何融资、沼气工程发展如何与环境和可持续发展相结合等问题进行了研讨。

④完成“民用生物质成型燃料及设备推广项目”申请报告，编辑了《环保节能炉具和新型燃料企业与品牌专辑》，入编企业达29家。

⑤积极参与项目的评审、鉴定和咨询工作，与北京节能中心联合组织太阳能利用专家对太阳能热水器生产企业申报的项目进行了评审，完成了“创宇”、“天昊”两个节能炉具新产品的认证和密云、朝阳沼气工程立项的评审工作。

⑥12月2日～6日，成功举办了“太阳能利用工”培训班，协会所属的8个企事业单位太阳能技术骨干32人参加了培训和技能鉴定，并取得了劳动部颁发的“职业资格证书”。

⑦12月20日，组织召开了“北京市新能源与可再生能源应用与发展研讨”年会。会议对北京市新能源与可再生能源的应用现状、存在问题及发展方向进行研讨，并通过了“北京市新能源与可再生能源应用

与发展建议书”。

13. 北京减灾协会

北京减灾协会召开第二次代表大会选举产生新的理事会和监事会。3月31日北京减灾协会召开第二次代表大会，80多位协会单位的成员和代表到会，听取了北京减灾协会第一届理事会工作报告和关于修改章程的说明，选举产生第二届理事会和监事会，通过了大会工作报告和新的协会章程。刘志华副市长当选为新一届减灾协会会长。恽耀南当选为协会秘书长。

举办“第二届京、台大城市灾害防御问题研讨会”。5月13日～22日，北京减灾协会组织北京各方面减灾专家和有关人员28人赴台湾，举办“第一届京、台大城市灾害防御问题研讨会”。10月14日由市科协、北京减灾协会举办了“第二届京、台大城市灾害防御问题研讨会”，首都城市减灾防灾学者近百人与台湾财团法人消防教育学术研究基金会专家团一行18人到会，共同研讨大城市减灾防灾问题。北京市副市长、北京减灾协会会长刘志华、市科协常务副主席田小平以及首都减灾防灾有关单位领导同志出席了开幕式。刘志华在讲话中希望通过会议交流，使学术团体和广大人民群众在大城市现代化进程中，进一步发挥作用，增强对各种自然和人为灾害的应急综合防御能力，加强两岸防灾减灾工作的合作，促进海峡两岸减灾学术水平的提高，在北京2008年奥运会的综合安全保障做好各项筹备工作中发挥积极作用。海峡两岸学者进行了学术交流发言，分别介绍了在城市防灾减灾有关方面的研究成果和经验。

14. 北京市城郊经济研究会

学术交流方面。2002年，研究会积极参与全国性学术团体活动，开展地区之间的学术交流。作为中国农业经济学会会员，参加了在浙江省绍兴市举办的中国农业经济学会年会暨论提高农产品国际竞争力学术研讨会，我会常务副会长焦守田同志提交的“浅议政府在提高农产品国际竞争力中的作用”一文以及常务理事张强同志提交的“以饮食文化输出作为东部农业走出去的战略先导”一文均被收录在《论提高农产品国际竞争力》（中国农业出版社出版）一书中。作为中国城郊经济研究会的常务理事单位，我会派代表参加了在山东济南市举办的中国城郊经济研究会2002年年会。

2002年5月，组织驻京中央和市属单位的专家第二次对北京市农业产业化经营进行专题考察。2天的时间，专家们考察了怀柔区、顺义区、通州区和大兴区的10余个农业产业化项目基地，随后会同市财政局领导一起召开农业产业化研讨会，取得了较好效果。

我会继续进行对台农业交流活动。2002年7月与市农委农业产业化办公室合作，组织了北京市农业产业化考察团赴台湾进行考察并取得良好效果。此外，我会还接待了台湾来访的农经专家，考察了北京市郊区的农产品批发市场建设及台资企业。

学术研究方面。2002年完成了北京市社会科学界联合会委托我会的两个科研项目“北京市城乡一体化研究”和“北京农业合作经济组织发展前景及需要解决的问题研究”。

15. 北京市农民体育协会

2002年主要工作情况：深入开展亿万农民健身活动、促农村体育工作的开展。

①4月，成功举办了第十一届“沙河南一村”杯农民象棋赛，来自京郊13个区县的52名运动员参加了比赛，并选拔出优秀选手参加了在云南举办的全国农民象棋赛，获得体育道德风尚奖。

②6月，组织30多名乡镇文化站长和体育骨干指导员参加中国农民体协举办的大秧歌学习班，并在全市推广，评选出丰台区卢沟桥乡代表北京参加了全国农民大秧歌比赛，获得了第四名。

③10月，与市体育局共同举办了全市体育先进乡镇运动会，13个区县23个乡镇的330名运动员参加了健身路径、跳绳、干部投篮、家庭组合等运动项目的比赛，为开展京郊农村体育活动起了推动作用。

④组织对市级先进乡、镇进行联合检查验收，顺义马坡镇、昌平北七家镇、密云太师屯镇和延庆康庄镇被评为全国体育先进乡、镇。

16. 北京市盆景艺术研究会

沿着正确的发展方向前进

（1）创立具有北京风格特点的盆景艺术，是本会的基本任务。本会制定了盆景艺术三个五年研究与发展规划，把继承传统精华，借鉴先进经验，弘扬古都特色，创立北京风格为指导原则。在百花齐放、推陈出新，北方树种和本地取材为主，自然美与艺术美相结合，清新自然，健康蓬勃，丰富多彩的创作指导原则下开展活动。

（2）发挥组织领导作用，落实2002年的工作计划。

（3）加强队伍建设，积极认真地开展学术交流活动，提高会员素质。将原研究会的成员进行组织整顿，自动退会40余人，严肃了组织纪律。设计了四个专业委员会，即：树木、山水、雅石、盆与架专业委员会负责专业理论与技术创新研究。设立了四个部，即科研、宣教、开发、组联部，负责计划，协调、指导、保障研究工作的开展。设立顾问组及监事会，负责检查、监督全会工作，提供改进和处理意见。根据研究工作的特点和规律，强调目标管理责任制，长计划、短安排。选题实施“指定性”和“自觉性”相结合，充分发挥会员的专长和兴趣。

主要工作成绩

（1）盆景理论研究。2002年会员马文其、卢乃骅、李特、刘洪、薛平、石万钦等同志分别在《花木盆景》、《中国花卉报》、《中国花卉园艺》等报刊杂志上发表了盆景技艺、雅石欣赏等文章15篇。马文其同志出版了盆景理论研究2本，并与刘洪同志参加了第四届德国盆栽联盟会，进行了学术交流。

(2) 盆景技术研究。研究会成员用北方和北京树木盆景资源的杂木类及松柏类和部分花朵制作的各类树桩盆景作品50余盆，其中卢乃骅同志1人就创作100余盆北京风格特色作品，为研究会建立了研究基地，作品艺术表现造型奇巧、粗犷浑厚、气韵苍古，具有古都风情。制作的山水盆景以北京的燕山石、房山石、斧辟石的中小型盆景50余件，会员刘宗仁创作的作品丰富。

(3) 雅石艺术。研究会成员现收藏各类雅石1 000余件，其中卢乃骅、刘天明、薛平同志较多，北京产的奇石也有一定数量。

(4) 盆景盆收藏。研究会少部分会员收藏元、明、清及近代紫砂工艺盆100余件。

(5) 创新盆。近年来石万钦发明试制了一种艺景盆，在五博会获奖，并申请了专利拍片介绍推广。

(6) 举办学术理论研究交流活动。组织全体参展会员进行作品赏析、艺术创作、经验介绍交流技艺活动4次，有效地提高了会员盆景技艺和理论水平，为研究会的工作打下良好基础。

(7) 以展览促创作，促提高。2002年研究会分别在北京植物园、团结湖公园等公共场所举办展览活动1次，送展作品126件，并应邀在外省市、国际展览中参展。累计送展树桩盆景、山水盆景作品40件、雅石藏品40块，共获国际、国内金、银、铜奖6项，在市内的展览活动中评出一等奖16个，二等奖18个，三等奖15个，优秀奖4个，为美化首都、支持北京申奥工作做出了有益的贡献。

(8) 研究会员周国良、卢乃骅、薛平、刘天明的盆景作品藏盆、奇石、艺术品收藏作品、藏品被中央二台生活频道录制了节目在全国播放，提高了研究会在北京地区和全国的知名度。

(9) 2002年10月马文其、卢乃骅、薛平、刘宗仁制作的树桩盆景、山水盆景，被中国人民解放军金盾出版社录制了VCD光盘向全国发行，为研究会增添了荣誉，也为盆景事业的普及和提高贡献了力量。

(10) 努力适应市场经济，严格执行财务管理制度。

17. 北京商品协会

该协会于1994年成立，业务主管单位：北京市农村工作委员会；业务范围：对商品生产和商品经营以及市场动态和趋势进行研究，为主管部门决策提供建议；为企业主行业提供服务：促进地区和行业间开展横向经济联合，对经济事业进行协调；组织考察研修活动，培养经贸人才；利用人才聚集优势编印书刊，开展咨询服务等；办公地点：朝阳区酒仙桥路乙21号。邮编：100016。

2002年主要活动情况：在各主管部门的统一安排下，派出专业人员，参加了“北京经济发展与产业结构升级”、“中关村科技园区创新文化建设”、连锁商业发展、“社区建设与发展”的专题调查研究，撰写了调研报告。在市农委的统一安排下，指派专人参与了北京农业志中的《种植业志》、《水产志》、《林业志》的编审工作，通过终审正式出版。以国美、大中、苏宁三个电器经营企业为主，进行企业诊断，就企业经营方向、经营策略、经营空间、经营人才提出改进建议。

18. 北京食用菌协会

该学会于1982年3月9日成立，1992年8月31日重新注册登记。挂靠单位：北京市农林科学院植保环保研究所。业务主管单位：北京市科学技术协会。法人：陈文良。业务范围：开展食用菌行业调查，提出促进行业发展的合理化建设性意见，组织食用菌学术技术交流活动，开展科学技术普及工作。办公地址：海淀区板井村北京市农林科学院，邮编：100089。

2002年主要活动情况：一是积极组织开展学术活动。3月9日，在中国农科院土肥所举办食用菌研究和产业化发展学术报告会，邀请国际著名食用菌专家、世界食用菌学会副主席张树庭教授作了“国际食用菌（药用菌）研究和产业化发展动态及中国加入世贸组织后食用菌行业应采取的对策”的报告。9月14日，举办了“北京食（药）用菌产业发展战略暨新技术报告会”。5月16～17日，组织专家赴怀柔区，与怀柔区农副产品产销协会联合举办科技周讲座与咨询活动。在今年科技周活动中受到了市科协表彰，获得了组织工作奖。为拓宽食用菌市场，促进国内食用菌消费，以创造食用菌产业的持续、健康、快速发展的环境，由该会组织专家撰写了15种食用菌的营养成分和医疗保健作用及食用方法的科普材料，除该会《北京食用菌信息》会刊每期刊登1～2种食用菌外，还在《健康世界》杂志上陆续发表。二是积极参与国内外食用菌产业的重要活动。3月上旬，该会有关专家和企业家参加了由国际蘑菇学会、中国食用菌协会与河南省联合举办的“2002中国泌阳国际香菇技术与营销研讨会”。7月4日，中共中央政治局委员、全国人大常务委员会副委员长姜春云视察北京朝阳区玉雪食用菌生产基地，张金霞研究员作了“食用菌菌种和产品安全”问题的汇报，陈文良研究员作了“北京食用菌生产发展情况与对策”的汇报。三是开展食用菌生产情况普查，及时向市政府和中国食用菌协会报告生产情况，提出建议。四是开展金桥工程和厂会协作，积极开展金桥工程项目《珍稀食用菌优良品种及配套技术推广》，为拓宽金桥工程项目，于2002年9月同北京金信食用菌有限公司签订了协议书。

学　会

1. 北京农学会

该学会于1985年成立。挂靠单位：北京市农林科学院。业务主管单位：北京市科学技术协会。法人：袁世畴。业务范围：进行综合性学术研讨（区域经济、生态农业等）、决策咨询、科技成果推广等。

办公地址：海淀区板井村北京市农林科学院，邮编：100089。

2002 年主要活动：在郊区做了五场有关农业生产结构调整的科普性报告，听众达 1 000 人次，和农民、基层干部建立了直接的联系；成立了专家小组，带着三个项目进驻顺义北郎中村，对郊区农业生产结构调整做一些实事。7 月 14 日，由宋秉彝理事长亲自主持，市农办支持的节水新技术研究项目组织了专家现场观摩、验收，该项目成功的解决了渗灌技术的难题——堵口，达到了渗灌技术节水、节电、省工三大目的，已被大兴区定为大兴模式，并获得了国家专利，专利号为 96069。这是学会承担硬科学研究的成功范例。这项技术计划将首先在昌平、密云果园示范推广。8 月 30 日，在怀柔召开了本市第一次优质芦笋产业发展对策研讨会，重点讨论了优质芦笋在本市的发展状况、前景、存在的问题和对策。9 月 7～8 日，北方地区农业结构战略性调整学术研讨会筹备会议在北京市农林科学院举行。9 月 22～23 日，在北京市科技活动中心举办了第四届青年科学家论坛，参加会议的首都青年科学家共 290 多人，在京的青年院士李家洋和副教授以上的青年学者、国家“863”、“973”学术带头人几乎都参加了会议。

2．北京作物学会

该学会于 1959 年成立。挂靠单位：北京市农林科学院作物所。业务主管单位：北京市科学技术协会。法人：李鸿祥。业务范围：团结在京中央及地方有关科研单位、大专院校、农业生产领导及推广部门专家、教授及工程技术人员定期开展学术研讨，交流学术论文。积极配合农业生产领导部门做好科普及技术咨询，培训农村科技人员，不断提高本会会员的科学技术水平，提高劳动者的科技素质，为京郊农业经济建设做出应有的贡献。办公地址：海淀区板井村北京市农林科学院作物所，邮编：100089。

2002 年主要活动：经一年的征集论文和准备，在年底召开了一次综合性学术年会，提交论文 33 篇，论文及报告的内容主要包括：粮食作物、经济作物(包括中草药生产)、饲草作物；新技术（包括信息技术、生物技术、新材料）等方面的最新研究成果，推广及生产经验总结等。学会组织的“京红 5 号红小豆推广项目”经两年实施，9 月组织验收鉴定，评为金桥工程项目一等奖。配合市科协组织的科技周活动，学会组织小麦、玉米、豆类等方面科技人员，在这期间分别到房山、平谷、顺义等区县下乡宣传、推广新品种，普及科学知识，受到当地农民的欢迎。8 月份，饲草作物学组在密云县召开一次小型研讨会，就京郊饲草生产的现状、经验和问题进行了广泛的交流，认为饲草生产在京郊是个新的产业，以前经验不多，主要的问题仍然是：品种、栽培技术、加工、销售等方面，特别是饲草生产中的标准化问题是个大问题，它将影响到京郊饲草生产的健康发展，会议要求大家分头做工作，在年底的综合年会上拿出高水平的论文。

3．北京蔬菜学会

该学会于 1960 年 7 月成立。挂靠单位：北京市农林科学院蔬菜研究中心。业务主管单位：北京市科学技术协会。法人：王永健。业务范围：开展蔬菜科技理论研究、学术交流、科技普及、技术开发推广、专业培训、咨询服务。办公地址：海淀区板井村北京市农林科学院蔬菜研究中心，邮编：100089。

2002 年主要活动：首先是开展学术交流活动。3 月 8 日，在北京蔬菜研究中心举办了岩棉培国际研讨会，会上就岩棉产品的不同种类及不同构造、岩棉适用的国家和地区；蔬菜、花卉岩棉培水分管理技术；世界各国废旧岩棉处理方法等进行了研讨。5 月 16 日，特邀日本岛根大学农业部驹田旦教授（Komada Hajimu）做了题为“土传病害”的学术报告。第二是在“科技周”中搞了一系列活动。5 月 10 日，北京蔬菜学会、北京植病学会、北京昆虫学会三个学会联合组织专家就蔬菜、花卉病虫害进行了考察；5 月 12 日，应延庆县科协邀请，参加延庆县科技周开幕式，果树、蔬菜方面植保专家 10 人参加了此项科普活动；5 月 17 日，北京蔬菜学会、植病学会、果树学会、昆虫学会、畜牧兽医学会联合到平谷区东高村进行科技咨询活动；5 月 18、19 日，北京市科协在陶然亭公园组织的科技周活动之一“科技走进生活”大型科普游园活动。北京蔬菜学会组织了部分专家参加了此项活动。专家们向游人介绍和讲解了“食品与健康”、“无公害蔬菜”、“家庭养花技术”等科普知识。9 月 15 日，北京蔬菜学会、北京植病学会、昆虫学会、畜牧兽医学会组织专家到大兴区为农民进行技术咨询，指导他们科学生产。第三是积极参加市委宣传部组织的科技“三下乡”咨询活动。9 月 15 日，大兴区在庞各庄镇举办“采摘节”活动。应大兴区科协邀请，市科协联合办公室组织北京植病学会、北京昆虫学会、北京蔬菜学会、北京畜牧兽医学会等参加此项活动。9 月 25 日，根据市委宣传部要求，市科协联合办公室组织北京植病学会、北京昆虫学会、北京蔬菜学会、北京果树学会、北京畜牧兽医学会赴门头沟区妙峰山镇参加“燕山情”三下乡活动。第四是学会的金桥工程项目《蔬菜净菜包装与半成品加工技术项目》圆满完成。

4．北京土壤学会

该学会于 1957 年 7 月成立。挂靠单位：北京市农林科学院植物营养与资源研究所。业务主管单位：北京市科学技术协会。法人：黄鸿翔。业务范围：开展土壤学理论研究、学术交流、科技开发、科普宣传、咨询服务等活动。办公地址：海淀区板井村北京市农林科学院营资所内，邮编：100089。

2002 年主要活动：5 月 14 日，召开了“无公害农产品标准及实施办法的研讨会”，与会者认为：无公害农产品的标准，以化学肥料方面考虑，如硝酸盐含量的标准，有国家标准，有地方标准，应统一基本尺度，避免地方上保护主义。减少化肥的污染，首先要科学施肥，定量化施肥、推广叶面肥和生物肥及有机肥的施用。8月6日，召开“叶面肥与应用技术”座谈会。5月18～19日，参加了在陶然亭公园举办的以“绿色进万家”为主题的科技活动。5月20日，北京土壤学会和北京市土肥站在北京市大兴县采育镇举办“粪污综合治理与有机肥加工使用现场会”。5月16日，学会与山区课题组赴密云县深山区石城镇和大城镇开展技术下乡、技术咨询、科普宣传等活动。9月，举办了“缓控释肥和有机肥造粒技术”、“生物肥料”、“无公害食品与化肥及有机肥料”系列报告会、“北京市与外省市土壤和肥料学术”交流会、“长效复混”推广会。9月13日，学会与中国农科院土肥所协作召开了“中日专家学术报告会”。会上，日本北海道大学农学部植物营养学研究室主任M.Osaki教授作了题为“根际营养研究进展”的报告。5月18日，学会青年科技人员随北京市“科技新星”赴怀柔区北房镇梨园庄进行科普下乡活动。学会与北京市房山区斯格达肥料有限公司进行协作，9月26日在北京市科学技术协会进行了厂会协作的签字。

5．北京昆虫学会

该学会于1950年成立。挂靠单位：北京市农林科学院植保环保研究所。业务主管单位：北京市科学技术协会。法人：张芝利。业务范围：开展昆虫学理论研究、学术交流、科学考察、咨询服务、专业培训、编辑专业刊物。办公地址：海淀区板井村北京市农林科学院植保环保研究所，邮编：100089。

2002年主要活动：认真组织会员做好科技下乡、科技咨询、科技服务等活动。按照市科协安排，在科协联合办公室组织下，春节前夕该会专家赴平谷区大兴庄乡白各庄村参加“燕山情”三下乡活动，专家们带去了有关病虫害防治科普图书200册、光盘100盘赠给当地科协组织。1月31日，应大兴区科协要求，赴大兴区科协参加学会与示范村村会合作座谈会，通过座谈交流增强了学会专家与示范村的联系，通过示范村建设，让更多的农业科技成果转化为生产力，为农业发展共同努力。3月4日，参加由市科协、市消协联合在平谷区峪口镇开展“净化市场环境，崇尚科学消费”宣讲、咨询活动，在活动中发放科技资料2万多份并针对如何识别假冒伪劣农药，如何安全使用农药，如何经济安全合理地开展病虫害防治，以及生产无公害蔬菜、果树等有关病虫害防治技术，进行了讲解咨询。5月，应平谷区科协的邀请，北京昆虫学会会同蔬菜、果树、昆虫、畜牧等学会专家赴平谷区东高村进行现场咨询指导。9月25日，根据市委宣传部要求，市科协联合办公室组织部分学会专家赴门头沟区妙峰山镇参加“燕山情”三下乡活动。5～7月，围绕技术周组织专家积极参加大型科普活动、送科技下乡、举办科普报告会。5月10日，北京昆虫学会与北京植病学会、北京蔬菜学会联合组织25名专家对三元农业集团格瑞公司高科技农业园区及巨山农场特色蔬菜生产园区进行了考察，针对生产中存在的问题，专家们均提出了建设性意见。为天坛、北海、香山公园等免费提供害虫生物生态防治等方面的技术咨询。今年“会员日”主题为“昆虫与WTO及绿色奥运”，结合“会员日”活动，在9月份学术月中开展了以为“绿色奥运保驾护航学术研讨会”——“环境植物保护及食用农产品安全问题及对策”为重点活动的一系列学术活动，取得了预期的效果。

6．北京林学会

2002年，先后完成了中德技术合作北京密云水库流域的保护与经营项目区的各项工程的调查和施工设计、台湾青枣的引进与种植和北京茶菊示范基地建设。此外，还召开了为“绿色奥运”保驾护航研讨会，引起了较大反响。“北京山区荒溪分类山洪泥石流危险区制图及灾害预报系统的建立”项目获得北京市科学进步二等奖，“水源保护林培育、经营与管理”项目获得“中国林业建设梁希奖”。

7．北京气象学会

北京气象学会在北京市科协的领导下，遵照工作计划，以市科协各项重点任务为契机，2002年度重点在学术、科普、组织建设等方面开展工作。

在气象科普宣传工作中，3月23日北京气象学会与北京市气象局联合举办市气象台、气象科普馆、市专业气象台、市人工影响天气办公室等对社会开放大型活动。近千市民到市气象台参观学习气象知识。进一步贯彻落实中央关于加强科普工作的精神，加大了气象科普宣传的力度。气象科普馆进一步改善、充实了气象科普馆展品，争取到市科委专项经费制作了风云二号、风云三号气象卫星模型和一些展版，在对外开放中暑期接待参观的团队19次，1 700余人次，年内接待参观者3 600余名。在北京市科技周活动中，5月18～19日参加了市科协在陶然亭公园举行的科技咨询活动，气象专家、科技工作者现场解答了观众提出的各种问题，向市民发放了大气探密、天气预报知识、气象与人体健康、锻炼气象指数等气象科普知识数十种近5 000份，气象科普宣传工作取得了较好成效。

在推进“安全奥运”工作中，积极为领导决策服务，努力为奥运做贡献。7月26日，北京气象学会与北京减灾协会、北京系统工程学会共同组织了北京市第二十二次科学技术专家季谈会。李泽椿院士等7位专家就2008年北京奥运期间的安全保障将面临的严峻形势和重大问题、气象和地震等自然灾害风险、奥运安全文化建设以及建立北京奥运综合安全减灾应急指挥体系等分别作了发言，提出了一系列“安全奥运”建议。市委副书记强卫和有关委、办、局领导听取了专家的发言。市领导表示将认真考虑研究专家的有关建议，把“绿色奥运、科技奥运、人文奥运”理念与“安全奥运”结合，确保北京奥运会成为最出色的奥运会，也是最安全的奥运会。

在气象学术交流工作中，于9月19～20日举办了“2002年度气象科技创新学术交流会”，中央与地方、军队和院校、民航地理等气象系统的驻京所属会员单位60余人，提交气象科学各个学科领域的66篇近年研究成果论文与会，38人做了学术交流报告，成为北京气象学会历史上征集到中青年论文最多的一次交流会。由学会学术委员会评选出了19篇中青年优秀论文，为获奖者颁发了证书奖品。通过学术交流进一步激励促进了首都气象工作者科研工作和创新意识。

11月7日，北京气象学会召开了第17次会员代表大会，首都地方、部队、民航等系统气象界的会员代表60余人参加会议，听取并通过了第16届理事会工作报告和修改《北京气象学会章程》的报告；选举产生了第17届理事会和监事会。选出理事48人，常务理事24人。理事长为李泽椿院士，谢璞兼任秘书长。

年内，北京气象学会被市科委、市科协、市人事局授予“北京市先进科普工作集体”。

8．北京水利学会

2002年组织水利专家参加市政府第23次科学技术专家座谈会，就“充分利用雨水、再生水，为奥运营造良好水环境”问题与市领导座谈，提出了切实可行的建议。积极参加全市重大科技活动。与有关单位联合举办了2002年北京雨水与再生水利用国际研讨会，考察了北海公园团城古代雨水利用工程和“中德合作雨洪控制与利用项目”的雨水与再生水利用示范工程。会议收到论文42篇，会上交流25篇。还组织参加了“中英城市水环境学术研讨会”、“北京城市河湖富营养化问题学术研讨会”、“京台青年科技工作者论坛”等活动。获市科协2002年北京科技交流学术月组织工作一等奖、科技周组织工作奖。组织全国政协科技界部分委员和中国科协生物多样性保护基金会部分专家40人考察了密云水库上游潮河、白河，提出建立水源保护地、水土保持、进行生态移民等建议。开展科普宣传活动，宣传保护水源和城乡水环境、节约用水等内容，受到市民欢迎。组织水利专家完成了昌平区东沙河河道综合治理等10项技术咨询工作。专家建议《建设小区雨水、再生水利用系统的建议》、《挽救金代莲花池水系遗迹的建议》两条得到市领导的重视和批示，有1条获北京科技学术月专家建议一等奖、3条获二等奖、2条获鼓励奖。

9．北京植病学会

该学会于1951年9月14日成立。挂靠单位：北京市农林科学院植保环保研究所。业务主管单位：北京市科学技术协会。法人：梅汝鸿。业务范围：开展植物病虫害的防治及检疫研究、学术交流、科普宣传、咨询服务等活动。办公地址：海淀区板井村北京市农林科学院，邮编：100089。

2002年主要活动情况：在科协联合办公室组织下，春节前夕赴平谷区大兴庄乡白各庄村参加“燕山情”三下乡活动，专家们带去了有关病虫害防治科普图书200册、光盘100盘赠给当地科协组织。3月4日，参加由市科协、市消协联合在平谷区峪口镇开展的“净化市场环境，崇尚科学消费”宣讲、咨询活动，在活动中发放科技资料2万多份。3月29日，应大兴区科协和长子营镇科协要求，组织专家赴长子营镇参加了无公害蔬菜生产示范村——北蒲洲村生产技术研讨会。7月11日，蔬菜病害专业组组织有关专家考察了延庆县无公害蔬菜基地生产，通过考察，专家们认为延庆县在开展建设无公害蔬菜生产基地工作中做了大量工作，在病虫害防治技术中应大力推广综合防治技术，合理运用灯光诱杀、生物防治技术、高效低残留农药，做好病虫害防治工作。农经作物专业组于8月份组织有关专家对延庆玉米丝黑穗病、大兴的玉米粗缩病及参加区域试验的玉米品种的抗病性进行了调查与鉴定。8～9月农经作物专业组有关专家对京郊大豆、红小豆开展病虫草害发生情况考察，重点对房山的红小豆，通州、平谷的大豆进行现场调查。在调查基础上与当地植保站共同拟定了红小豆生产技术操作规程，为标准化生产提供技术保障。根据京郊种植业结构调整，中药材种植面积不断扩大，农经作物专业组组织专家于9月中旬，对通州药用植物种植情况、病害发生情况进行了考察、调查。9～11月农经作物专业组组织有关专家4次考察了大桃生产期病害及冷藏病害，并聘请美国加州大学戴维斯分校Kearney农业中心研究员骆勇先生对平谷主要冷藏公司进行冷藏病害的调查与座谈。林果专业组针对京郊林果生产需要，组织专家对各区县技术人员培训，全年共举办培训班15期，培训1 100余人次。

10．北京畜牧兽医学会小动物分会

该学会成立于2000年2月23日。挂靠单位：北京市农林科学院畜牧兽医研究所。业务主管单位：北京市科学技术协会。法人：于双墨。业务范围：畜牧、兽医、学术研究、成果交流、科普宣传、编辑专业刊物。办公地址：海淀区板井村北京市农林科学院，邮编：100089。

2002年主要活动情况：积极参加第五届科技交流学术月活动。分会会长王金洛率领专家利用双休日到密云县番字牌乡举办“科技三下乡扶贫”讲座，为农民致富提出一整套行之有效的科技知识和实用技术。黄宗洲副会长领队组织专家到贫困山区门头沟进行《燕山情》扶贫咨询活动。分会利用“科技月”的大好时机，参加“绿色进万家”科普活动，提倡文明的生活方式，普及绿色生态、环保知识，深入宣传“绿色奥运”理念，科学养护宠物及防治人畜共患病为主题的咨询服务，免费发放科普宣传资料。分会组织专家以野生动物保护与驯养为主题的参观考察活动。到北京动物园、北京海洋馆、走访澳大利亚籍专家林英涛和张梦雪。他们为分会提出了很多很好的建议，收获很大。分会为营造有利于优秀青年科技人才脱颖而出的学术氛围，发挥青年在新世纪科技学术中的突出作用，积极参加市科协举办的青年学术演讲比赛。针对“申奥”成功实现科技奥运、人文奥运、绿色奥运，为北京“2008年奥运会献计献策，踏实做事”，为政府决策与实施提供信息的新思路。分会积极筹备了“2008年北京奥运会期间赛马及犬疫病控制策略”的研讨会。

11. 中国畜牧兽医学会禽病学分会

该学会于1982年成立，为二级学会。挂靠单位：北京市农林科学院畜牧兽医研究所。业务主管单位：北京市科学技术协会。周蛟为理事长。业务范围：团结全国禽病工作者，对危害我国养禽业的重大疫病进行科普宣传。定期召开有国内外专家参加的全国禽病学术研讨会。组织专家参加农业部、中国科协有关禽病免疫预防的研讨及相关政策制定。办公地址：海淀区板井村北京市农林科学院，邮编：100089。

2002年主要活动情况：1月，分会部分会员赴开罗，参加了世界禽病学会“第12届国际禽病研讨会”。7月28～30日，协助全国畜牧兽医总站成功举行了“99北京国际禽病会议暨展览会”，会议收到来自于美国、英国、澳大利亚、德国、俄罗斯等20多个国家和地区的科学家寄来的论文共109篇，出版中英文论文集各一本。近300位中外科学家和学者参加了这次会议。世界禽病学会主席J. Lioyd Spencer博士和美国农业部禽病和肿瘤研究所R.L. Witter博士等近20位世界著名的科学家在会上作了专题学术报告。9月25～28日，在杭州成功举行了中国畜牧兽医学会禽病学分会第10次学术研讨会，这次会议共征集论文301篇，会议期间还就禽流感、新城疫、马立克氏病等目前对我国养禽业危害较大的疾病进行了热烈的讨论。9月26日，协助全国畜牧兽医总站在杭州召开了全国10省市禽流感防治工作座谈会。

12. 中国园艺学会草莓分会

该学会成立于2001年9月，为二级学会。挂靠单位：北京市农林科学院林业果树研究所。业务主管单位：北京市科学技术协会。理事长：许维升。业务范围：在全国范围内从事草莓新品种、新技术和新产品的推广工作。办公地址：海淀区板井村北京市农林科学院，邮编：100089。

2002年主要活动情况：草莓分会理事长许维升先生和秘书长张运涛同志先后去我国海南省、广东深圳、潮州、山西忻州等地进行了实地考察，摸清了当地的草莓生产面积、品种组成、存在问题和市场行情。通过考察认为，充分利用我国南方冬季温暖的气候条件，大力发展适销对路的草莓新品种，是我国草莓生产今后发展的方向。利用山西省忻州夏秋冷凉的优势，发展草莓的秋季生产供应，对于解决鲜草莓的淡季供应问题是很有意义的。3月19～22日，在河南漯河举办了“草莓栽培管理技术经验交流会”，会上草莓分会秘书长张运涛副研究员做了“我国草莓生产现状和展望”的学术报告。分会今年组织出版了《草莓研究进展》、《南方草莓高效益栽培》、《果树保护地栽培问答——草莓》。主持起草了由我国农业部提出的“草莓无公害生产技术标准”和“草莓生产技术规程”，参加了“欧盟草莓有机食品标准”的翻译和修订工作，这些标准的制订将为我国草莓业的健康发展提供可靠的法规依据。

（曹桂玲　张云飞　张爱武　于寒冰　梅克义
范馥芳　曹冀鲁　刘　树　王民洲）

北京市郊区经济工作先进集体、先进个人

中共北京市委农村工作委员会 北京市农村工作委员会 北京市人事局 关于表彰郊区经济工作先进集体和先进个人的决定

（2003年2月22日）

2002年，在市委、市政府的正确领导下，郊区广大干部群众以“三个代表”重要思想为指导，认真学习、宣传、贯彻党的十六大精神，紧紧围绕富裕农民这个中心任务，按照市农村工作会议提出的“农业结构调整要有新突破、绿色安全食品体系建设要有新举措、农业科技含量要有新提高、二三产业要上新水平、小城镇建设要出新亮点、山区水利富民要出新成果”的工作思路，全面提高郊区经济的总体规模和水平，进一步加快农民增收步伐，郊区两个文明建设取得显著成效。这些成绩的取得，是郊区广大干部群众全面贯彻“三个代表”重要思想和党在农村的各项政策的结果；是市委、市政府正确领导和关心的结果；是郊区广大干部群众辛勤劳动的结果；是社会各界大力支持的结果。

为进一步推动郊区经济社会发展，加快农民致富步伐，中共北京市委农村工作委员会、北京市农村工作委员会、北京市人事局决定，对2002年度北京市郊区经济工作先进集体和先进个人予以表彰，接受朱新礼等28名同志为北京市郊区经济工作先进个人荣誉称号；授予顺义区等128个单位为北京市郊区经济工作先进集体荣誉称号；希望受到表彰的先进集体和个人，发扬成绩、再接再厉，为推动郊区经济快速发展做出新的贡献。

郊区广大干部群众要以这些先进集体和先进个人为榜样，学习他们与时俱进、勇于开拓的创新精神；学习他们一心一意带领农民增收致富的奉献精神；学习他们埋头苦干、扎实工作的敬业精神。赶超先进，争创一流，努力使郊区的各项工作走在全国的前列。

当前，郊区已经进入城乡一体化协调发展的新阶段，具有快速发展的巨大潜力，面临着良好的发展机遇。郊区广大干部群众要深入贯彻落实党的十六大精神，按照市委、市政府提出的“新北京、新奥运”的战略构想，突出抢抓机遇，优化环境，加快发展的主题，确立全市一盘棋的思想观念，树立强烈的发展意识，深化改革，扩大开放，勇于创新，扎实工作，全面推进农业现代化、郊区工业化、农村城市化进程，为率先基本实现现代化而努力奋斗。

一、京郊经济发展杰出典型荣誉称号

（连续三年当选京郊经济发展“十大”杰出典型授予杰出典型荣誉称号）

田　雄　房山区韩建集团有限公司董事长

李福成　北京燕京啤酒集团董事长、总经理

于　洋　北京锦绣大地农业股份有限公司董事长

闻宝恒　顺义区赵全营镇北郎中村党支部书记

二、京郊经济发展“十大”杰出典型

朱新礼　北京汇源饮料食品集团有限公司董事长、总裁

张玉玺　北京市丰台区新发地农副产品批发市场总经理

霍振祥　北京统一石油化工有限公司董事长

吴　恒　丰台区王佐镇党委书记、南宫恒业集团董事长

付秀平　北京市蟹岛绿色生态度假村有限公司总经理
黄福水　昌平区北七家镇郑各庄村党总支书记
刘　勇　怀柔区怀柔镇大中富乐村党支部书记
邢仲山　通州区梨园镇大稿村党总支书记、京洲企业集团公司董事长、总经理
刘增会　房山区史家营乡金鸡台村党总支书记
佘　锋　北京华都肉鸡公司总经理

三、京郊发展现代农业“十佳”科技工作者

刘钧贻　北京资源亚太饲料科技有限公司总裁、教授
李荣旗　北京锦绣大地农业股份有限公司副总经理、高级工程师
吴桂林　北京薛营康达清真食品有限公司董事长、研究员
邢彦峰　平谷区果品办公室主任、高级工程师
张　沅　中国农业大学动物科技学院博士生导师、教授
李建文　西北农林大学教授
张玉昌　北京兴奥利华农业科技开发有限公司总工程师、博士
孙素芬（女）　北京市农林科学院信息所所长、副研究员
常志来　怀柔区水资源局副局长、工程师
侯顺利　北京天惠参业股份有限公司董事长、经济师

四、京郊发展“六种农业”先进区县

顺义区　房山区　平谷区　大兴区
密云县　通州区　昌平区

五、京郊发展二、三产业先进区县

通州区　大兴区　顺义区　怀柔区　昌平区

六、京郊经济发展先进乡镇

（一）京郊第一产业发展先进乡镇
朝阳区楼梓庄乡
海淀区聂各庄乡
丰台区花乡
门头沟区妙峰山镇
房山区青龙湖镇
大兴区魏善庄镇
通州区潞城镇
顺义区大孙各庄镇
密云县十里堡镇
昌平区崔村镇
怀柔区渤海镇
延庆县康庄镇
平谷区东高村镇
（二）京郊二三产业发展先进乡镇
房山区城关镇
怀柔区怀柔镇
大兴区西红门镇
丰台区卢沟桥乡
朝阳区南磨房乡
通州区永顺镇
顺义区仁和镇
海淀区四季青乡
门头沟区永定镇
昌平区东小口镇
平谷区马昌营镇
密云县密云镇
延庆县旧县镇
房山区良乡镇
大兴区黄村镇

七、京郊小城镇建设先进镇

大兴区榆垡镇
通州区漷县镇
房山区长沟镇
密云县太师屯镇
顺义区后沙峪镇
怀柔区北房镇
昌平区小汤山镇
延庆县康庄镇
平谷区峪口镇
门头沟区潭柘寺镇

八、京郊民俗旅游先进村镇

门头沟区妙峰山镇
房山区十渡镇
昌平区长陵镇
怀柔区怀北镇
密云县新城子镇
顺义区龙湾屯镇山里辛庄村
通州区潞城镇大营村
大兴区庞各庄镇梨花村
平谷区黄松峪乡刁窝村
延庆县千家店镇辛栅子村

九、京郊环境建设先进村镇

顺义区南法信镇
房山区十渡镇
昌平区南邵镇
怀柔区喇叭沟门满族乡
延庆县千家店镇
门头沟区妙峰山镇上苇甸村
通州区梨园镇曹园村
大兴区榆垡镇西黄垡村
平谷区峪口镇蔡坨村
密云县密云镇李各庄村

十、京郊先进工业区

北京天竺空港工业开发区

北京密云工业开发区
北京大兴工业开发区
北京通州工业开发区
大兴区榆垡镇工业区
通州区漷县镇工业区
顺义区北小营镇宏大工业区
怀柔区怀柔镇富乐工业区
房山区长沟镇新世纪工业区
昌平区沙河镇工业区

十一、农业产业化经营国家重点龙头企业

北京顺鑫农业股份有限公司（第一批）
北京市丰台区新发地农副产品批发市场（第一批）
北京三元食品股份有限公司（第一批）
北京资源亚太饲料科技有限公司（第一批）
北京汇源饮料食品集团有限公司（第二批）
北京御香苑畜牧有限公司（第二批）
北京锦绣大地农业股份有限公司（第二批）
北京华都集团有限责任公司（第二批）
北京大发正大有限公司（第二批）
北京大北农饲料科技有限责任公司（第二批）
北京八里桥农产品中心批发市场有限公司（第二批）

十二、京郊农业产业化经营先进单位

（一）先进龙头企业
北京天惠参业股份有限公司（怀柔区）
北京华邦食品有限公司（平谷区）
北京丰收葡萄酒有限公司（大兴区）
北京盛世富民清真食品有限责任公司（昌平区）
北京卓宸畜牧有限公司（房山区）
北京富亿农板栗有限公司（怀柔区）
北京金星鸭业中心（北京三元集团有限责任公司）
北京万福喜食品有限公司（大兴区）
北京密云水库水产品加工厂（北京市水产总公司）
北京格林万德农业科技有限公司（朝阳区）
（二）先进农民专业合作经济组织
庞各庄西甜瓜产销联合体（大兴区）
北郎中生猪产销合作社（顺义区）
北京新特新葡萄产供销合作社（顺义区）
长阳奶牛合作社（房山区）
通州区梨园敖凤乌鸡养殖合作社（通州区）
河南寨镇荆栗园村农民蔬菜协会（密云县）
大柏老奶牛合作总社（延庆县）
北京仙潭珍禽养殖合作社（门头沟区）
北京昌平鲜绿安林果协会（昌平区）
平谷区大桃产销协会（平谷区）

十三、京郊外贸出口先进企业

北京华都肉鸡公司
北京市绿富隆菜蔬公司（延庆县）
北京三绿蔬菜有限责任公司（大兴区）
北京神州绿普果菜产销合作社（房山区）
北京高高科技开发中心（平谷区）
北京天釜服装有限公司（朝阳区）
北京鹏达制衣公司（昌平区）
北京华阳服装厂（平谷区）
北京阿奇夏米尔工业电子有限公司（顺义区）
北京瑞驰钻石厂（门头沟区）

十四、京郊农业标准化示范基地

朝阳区六合农业公司崔各庄出口菜标准化生产示范基地
丰台区北京青龙湖农业产业开发有限公司南洛平标准化生产示范基地
海淀区北京锦绣大地农业股份有限公司四季青蔬菜标准化生产示范基地
门头沟区北京碧琨特菜产销中心永定镇标准化示范基地
房山区长荣农牧发展有限公司陆广达奶牛标准化生产示范基地
昌平区北京盛世富民清真食品有限责任公司百善肉羊标准化生产示范基地
顺义区北京顺鑫农业股份有限公司小店种猪选育场茶棚标准化生产示范基地
顺义区北京梨山果品有限公司沿河标准化生产示范基地
通州区京东大运河农产品配送中心潞城标准化生产示范基地
大兴区北京资源亚太饲料科技有限公司原种猪厂西枣林标准化生产示范基地
平谷区大华山镇小峪子大桃标准化生产示范基地
怀柔区北京顺通虹鳟鱼养殖中心田仙峪虹鳟鱼标准化生产示范基地
密云县河南寨镇荆栗园蔬菜标准化生产示范基地
延庆县康庄镇小丰营蔬菜标准化生产示范基地
华都集团庞各庄蛋种鸡标准化生产示范基地
三元集团三元绿荷奶牛养殖中心中以示范牛场标准化生产示范基地
水产总公司北京市汇瀛水产良种开发中心小汤山精品种鱼标准化生产示范基地
大发畜产公司北京家禽育种有限公司西田各庄原种场肉种鸡标准化生产示范基地

十五、京郊农业科技与推广获奖项目及先进科技工作者

（一）北京市科学技术一等奖
蔬菜种质资源收集评价利用创新
先进科技工作者：陈　杭（女）
（二）北京市科学技术二等奖
应用生化遗传标记选育北京黑猪瘦肉系的研究
先进科技工作者：张曼夫
洛岛红型纯系鸡自别雌雄及其相关基因的研究

先进科技工作者：孙　皓
森林资源与生态环境3S技术应用基础研究
先进科技工作者：冯仲科
（三）北京市农业技术推广一等奖
北京市农区鼠害持续治理技术推广
先进科技工作者：郭喜红
桃树冠瘿病防治技术示范推广
先进科技工作者：陶万强
LW—4型连栋日光温室推广
先进科技工作者：杨仁全
山区水利富民五小工程配套技术推广
先进科技工作者：徐维浩

十六、京郊平原水利建设先进区县

（一）农田水利基本建设先进区
通州区　海淀区
（二）农田水利基本建设水环境先进区
朝阳区
（三）农田水利基本建设农业节水先进区
顺义区

十七、京郊山区三年水利富民综合开发优秀、先进区县

（一）优秀区县
怀柔区　　平谷区　　房山区　　密云县
（二）先进区县
延庆县　　昌平区　　门头沟区

十八、京郊妇女“双学双比”活动先进集体、先进个人

（一）京郊妇女“双学双比”活动先进集体
北京万福喜食品有限公司（大兴区）
昌平区兴寿镇妇女联合会
平谷区娘子军果品运销协会
房山区河北镇妇女联合会
怀柔区妇女发展互助会
通州区妇女联合会
门头沟区妇女联合会
密云县新城子镇花园村养鱼合作社
顺义区南法信镇妇女联合会
延庆县妇女联合会
（二）京郊妇女“双学双比”活动先进个人
文艳萍（女）　朝阳区太阳宫乡妇联主席
刘淑华（女）　海淀区温泉星华种植部总经理
张桂琴（女）　北京绿山谷芽菜有限公司经理（丰台区）
齐秀芝（女）　房山区“巧姑靓嫂”经济发展促进会副会长
刘桂英（女）　通州区漷县镇妇联主席
邓贵连（女）　门头沟区龙泉“三八”特菜基地经理
李玉芹（女）　顺义区木林镇魏家店村葡萄基地负责人
刘少先（女）　延庆县延庆镇谷家营村填鸭场场长
张秀华（女）　平谷区黄松峪乡妇联主席
许桂华（女）　北京多源奶牛养殖合作社社长(怀柔区)

大　事　记

2002年农口大事记

1月

5日　中共中央政治局委员、市委书记贾庆林到顺义调研，察看了北京时空通用生物技术有限公司利用生物基因技术生产各种特色苗木情况，听取了顺义区农业和农村工作汇报。贾庆林强调：当前搞好农业和农村工作必须认真研究增加农民收入的问题。市委常委、秘书长杜德印，副市长刘志华陪同调研。

8日　北京市科教兴村与村域经济发展座谈会召开，会议指出科教兴村要做好规划，帮助当地确定主导产业，提高农民组织化程度，全面提高农民素质。具体实施时要纳入京郊的总体发展规划。

10日　农村纪工委召开远郊区县一季度案件排查会。

11日　市委农工委召开老干部工作会，会议由市委农工委书记、市农委主任赵凤山主持会议，市委农工委副书记白仙畔作大会工作报告。大会表彰了近两年来在农口老干部中和老干部工作战线上涌现出的先进集体和先进个人，密云县委、顺义区委做了典型发言。刘志华到会，并在讲话中强调：要提高认识，增强做好老干部工作的自觉性；以落实两项待遇为重点，全面做好农口老干部工作；加强老干部工作队伍建设，更好地为老干部服务；加强领导，努力把农口老干部工作提高到新水平。

12日　贾庆林到延庆调研，在讲话中指出：一是要营造与国际化大都市相适应的文化氛围，促使经济更加自觉地走可持续、良性发展道路。二是结构调整要尊重规律，因地制宜，充分发挥示范引导和典型引路的作用，要发挥农业服务中心、农技推广站的作用。三是要以农民专业经济合作组织为龙头，提高农业产业的组织化程度。要树立品牌意识，大力发展绿色安全食品，要以农民投资为主体，加快发展民俗旅游业。杜德印、刘志华等领导陪同调研。

19日　北京市农村工作会议召开。副市长刘志华做了工作报告，市委书记贾庆林到会，讲话要求高度重视农业和农村工作，加快郊区现代化步伐，应在更大空间和更高层次上调整结构，切实增加农民收入。

22日　2002年市农口政治工作会议召开，会议由市委农工委副书记白仙畔主持，赵凤山作工作报告。刘志华副市长到会并讲话，强调：一是要把思想切实统一到中央和市委对当前形势的分析上来，强化发展的意识和紧迫感，采取有力措施，加快发展步伐，进一步开创郊区现代化建设的新局面；二是要从全局的高度充分认识加强党的建设和思想政治工作的重要性，为各项事业的发展提供坚强的思想和组织保证；三是要紧紧围绕应对入世和迎奥运、农民增收、农村稳定三个方面的工作开展党的建设和思想政治工作。要深入学习江总书记“七一”重要讲话，进一步贯彻落实“三个代表”重要思想。要狠抓干部队伍作风建设，进一步密切党群干群关系。要加大环境整治力度，推动郊区精神文明上新水平。要加强农村基层组织建设，进一步巩固党在农村工作的基础。

30日　中共中央总书记、国家主席、中央军委主席江泽民到北京市考察工作，看望企业和农村的干部群众。他在房山区韩村河村考察时，兴致勃勃地看了这个村的大棚菜种植基地，参观了韩村河村展览室，并到农户家，给农民拜年、问候。江泽民说希望你们发展得更好。

2月

7日　市农委与市农业局联合下发了《关于加强饮料和养殖企业管理，依法查处非法使用盐酸克伦特罗行为的规定》。

19日　市农委与市农村信用合作社联合社合发《关于开展农户小额信用贷款的实施意见》。

3月

8日　我市召开抗旱及春修水利电视电话会议。刘志华在会上作了题为《加强领导　提高认识　迅速掀起春修抗旱工作高潮》的讲话。

13日　刘志华在房山区就当前旱情调研时强调：一、各区县要彻底摸清旱情，采取有效措施，确保山区人畜饮水；二、要采取滴灌、管灌或其他新的有效节水措施，确保春播不出现问题；三、继续加快水利富民基础设施工程建设，要以农民投入为主，充分发挥农民的积极性；四、加大退耕还林、调整农业结构的工作力度，有效利用水资源。

23日　贾庆林就农业和农村工作到房山区调研，他在讲话中强调：山区农民致富是郊区农村工作的重要内容，要增加农民收入就必须加快农业和农村经济结构调整，大力发展农业产业化经营，积极推动传统农业向现代农业转变。市委常委、秘书长杜德印，副市长刘志华，市委农工委书记、市农委主任李进山陪同调研。

4月

5日　农口系统召开安全生产、社会治安综合治理和计划生育工作会议。会议由市委农工委副书记崔砚青主持，崔砚青和市农委副主任安钢分别就

2001年农口系统安全生产、社会治安综合治理及计划生育工作进行了总结，对2002年的工作进行了安排和部署。李进山代表市委农工委、市农委与农口局、总公司、事业单位的负责人就农口系统社会治安综合治理、安全生产和计划生育工作签订了责任书，同时提出要求：一、充分认识做好农口安全生产、社会治安综合治理和计划生育工作的重要性，把思想认识统一到中央和市委有关会议精神和相关法律法规上来，同时要认清工作的艰巨性、长期性和复杂性，克服麻痹松懈情绪，牢固树立长期作战的思想。二、加强对安全稳定和计生工作的领导，认真落实领导责任制。建立健全领导体制和例会制度，继续实行目标管理，落实领导责任制，逐步形成“一级抓一级，层层抓落实”的工作格局和责任体系。三、突出重点，务求实效。在社会稳定工作中突出抓好两个环节：一是要深入落实人民内部矛盾排查调处制度，二是要深化同“法轮功”邪教组织的斗争。在安全生产工作中，突出抓好两个方面：一是要加强对重点企业、重点部位加强防范，严防安全事故的发生。二是定期组织安全检查，及时消除安全隐患。在农口计划生育工作中要坚持“利益导向”的原则，努力实现工作思路和工作方法的转变。四、做好基础工作，搞好干部的队伍建设，建立行之有效的制约机制。

12日 市支农支山工作会议召开。李进山主持，会议对2001年度市农村信用社支农支山先进单位及个人进行了表彰，市信用联社与大兴区政府签订了“银政合作协议”，四区县信用社分别与四家龙头企业签订了合作协议。刘志华对支农支山工作提出要求：一是市农村信用联社要继续加大对我市现代农业、农村二三产业和中心镇建设的金融支持力度，推进农业产业结构调整向纵深发展，加大对小城镇建设的支持力度，加快农村城市化进程；二要认真学习和实践“三个代表”重要思想，切实改进工作作风，深入农户，及时调查了解农民的资金需求和困难，克服“惜贷”思想，为农户提供满意的金融服务；三要继续增加扶贫投入，按照农户自主申请、自主使用、自主还贷的原则，重点在农户集中的7个山区县全面推行农户小额信用贷款，建立农户信用评定制度，建立一批信用村镇。

同时，要求各级政府要帮助信用联社完善法人治理结构，积极推进增资扩股工作和统一区县联社法人的试点工作，进一步提高农村信用社资本充足率，增强抗风险能力；要集中部分财力，给予必要的政策。要帮助农村信用社规避金融风险，改善和营造良好的农村信用环境；要为信用社的改制和发展提供支持和帮助，帮助信用社做好信贷支农工作，为京郊农民提供更加优质、快捷、高效的金融服务创造良好的条件。

15日 李进山到密云县调研。检查了部分乡镇水利富民综合开发、退耕还林、兴渔富民工程、养殖小区和卫星城建设情况，察看了伊利集团北京乳品厂等农产品龙头加工企业和劳动密集型企业。李进山指出，农业结构调整中要大力培育农产品龙头加工企业，积极推进农业产业化进程，带动农民增收致富，形成有本地优势的几条产业链；抓好传统的劳动密集型企业引进、发展工作，帮助农村富裕劳动力向二、三产业转移，解决就业问题；继续加快农村环境综合整治，加大绿化美化和治脏治乱力度。

16日 全国政协专题调研组与市农口就我市沙尘问题进行研讨，会议达成共识：一是沙尘已严重影响我市的工作生活环境，对沙尘问题的研究和防治应列入各级政府重要议事日程；二是研究数据显示北京沙尘源为境外、华北中部沙化地带和本市农田、河床及沙石场，但以境外和华北中部为主；三是目前防沙治沙的主要方法是绿化、退耕还林还草和农田免耕，要加强农田免耕的推广工作和相应的科学研究；四是市农口围绕防沙治沙在农业结构调整、增加覆盖和改进耕作方式等方面做了大量的工作，并取得了一定成效。

18日 市人工影响天气工作会议召开。市委农工委副书记、市农委副主任聂玉藻代表市农委对此项工作提出要求：一是要真正把人工影响天气工作作为一项公益事业认真对待，各区县都要把此项工作纳入规划和财政预算；二是要深入探讨“人影”工作的发展机制，加强专业技术研究，使其得到不断地创新和发展；三是要以国家《人工影响天气管理条例》为指导，依法开展工作。

25日 北京农业职业学院正式成立。该院是经市政府批准，在北京市农业管理干部学院和北京市农业学校的基础上组建成立的，是目前本市规模最大的高等职业学校。龙新民、张茅、朱育诚、赵东鸣等市领导，市委农工委李进山和市教委耿学超等参加了的揭牌仪式。龙新民在表示祝贺的同时，对学院建设提出希望：要以邓小平理论、“三个代表”重要思想为指导，认真贯彻执行党的教育方针，要面向首都的现代化，面向郊区经济和社会发展的要求，立足农业科研和教学工作，培养实用型、复合型优秀人才，为北京农业的发展做出应有的贡献。

5月

8日 李进山到顺义调研。在察看了空港工业区、燕京啤酒集团公司、“三高”农业示范区等龙头企业后，李进山强调指出：要结合入世积极调整农业结构，大力推进农业产业化进程，提高农村的组织化程度，带领农民增收致富；要加快农村富余劳动力向二、三产业转移，增加农民就业岗位，解决农民的就业问题；小城镇建设要加大招商引资力度，加快二、三产业发展步伐，促进农业产业升级和劳动生产率的提高。

9～10日 李进山先后到门头沟区、通州区等郊区调研，对郊区经济结构调整工作提出了指导意见。

10日 李进山在华都集团调研时指出：农口企业求得持续稳定的发展，可在夯实基础的前提下，走与国内外大公司嫁接的道路。一是有利于企业迅速扩大规模，降低投资风险；二是充分利用企业原有的行业优势，进行强强合作，使产业上规模，上水平；三是有利于企业产业结构的调整，改善资本结构和投资结构，加大改革的步伐，真正建立现代化企业制度。

10日 市农委、市技术监督局等相关单位，在通州召开了北京市农业标准化生产示范基地建设工作会议。会上，市农委领导与各郊区县主管领导签订了基地建设责任书。100个农业标准化生产基地是在安全食用农产品生产体系建设的基础上，从基础设施比较完善、产品有品牌、获得绿色食品或市安全食品认证的企业中挑选出来的，基地将严格按照农业部颁发的标准及北京市地方标准等相关行业标准组织生产，以确保生产的农产品的安全性和产品质量，并通过标准化示范基地的带动，进一步提高我市食用农产品的安全性，加快我市农业标准化工作步伐。

11日 由市农委牵头，市计委、市规划委、市绿办、市公安局、市财政局、市房地局等相关部门联合举办了“小城镇管理干部培训班”，对37个中心镇和小城镇的主管领导及区县主管部门领导进行了培训，共120余人参加。培训内容主要有：小城镇的综合改革和发展；农村城市化的现状与问题；小城镇规划编制的原则；中国加入WTO后小城镇面临的机遇与挑战；小城镇环境保护及水资源综合利用等一系列新时期小城镇管理者急需掌握和关心的问题。

20日 市农口召开郊区县宣传部长会。崔砚青代表市委农工委对郊区宣传思想工作提出要求：要继续深入贯彻“七一”讲话和十五届六中全会精神，围绕农民增收、农村稳定的工作大局，突出重点，加大宣传工作力度，为郊区改革开放和现代化建设提供有力的思想保证和精神动力，为党的十六大和市九次党代会召开营造昂扬向上、团结奋进、开拓创新的良好氛围。同时各区县宣传部门要在目标具体化、阵地网络化、手段信息化、载体多样化、主体社会化等方面进行深入研究，努力提高宣传思想工作的针对性和实效性。

6月

2日 本市召开专门工作会议全面部署防汛抗旱工作。刘志华强调防汛抗旱工作重点要抓好以下几方面：一是加强领导，落实责任制，提供防汛抗旱组织保障。二是加强检查，抓好培训，搞好演习。三是加强依法防洪，健全机构。四是加快病险水库的除险加固和应急准备。五是加强预测、预报，做好信息服务。

4日 北京永定河防汛工作会召开。会前，永定河防汛指挥部组织成员单位领导及永定河沿线区县主管领导进行了拉练检查，对三家店拦河闸、石景山广宁中路防洪堵口、卢沟桥分洪枢纽和大宁滞洪水库等防洪工程的建设和防洪设施的维护情况进行了检查。市农委主任、永定河防汛指挥部指挥李进山对加强防汛工作提出要求：一是要统一思想，充分做好“防大汛，抢大险，抗大灾”的思想准备；二是要落实好防汛责任制，加强调度人员的业务学习培训工作，提高其指挥调度能力，保证防汛工作科学有序进行；三是认真抓好防汛准备工作，做到组织、预案、物资、人员四落实；四是加强汛前检查工作，及时查堵漏洞，排除隐患；五是继续发扬军民团结万众一心的抗洪精神，齐心协力共同做好防汛工作。

5日 北京郊区经济发展与合作交流会召开。会议由聂玉藻主持，郊区县主管副区长、首都金融部门和郊区农业企业负责人40余人参加了交流会。李进山介绍了北京农业与农村经济发展的情况，与会企业、金融部门负责人就投资项目与投资环境问题进行了广泛交流。刘志华参加了交流会并强调：金融是现代经济的核心与枢纽，首都金融部门要继续加大对我市农业、农村二、三产业和中心镇建设的金融支持力度，以推动农业产业结构的战略性调整；农口及区县政府要整合地区资源，搭好台，为金融投资部门与农业企业加强联系创造条件；农业企业特别是上市公司要摆正位置，要充分运用经济杠杆的作用，用资金调配资源，不断提高自身的市场竞争力和占有率。

9日 市农口召开深入学习贯彻市九次党代会精神座谈会。市委农工委、市农委处级以上干部、农口局公司、郊区县主管领导参加了座谈会。李进山对农口深入学习贯彻九次党代会精神提出意见：一、充分认识市第九次党代会的重要性，把思想统一到大会精神上来。二、深刻领会和把握市第九次党代会的精神实质，着眼首都发展大局，进一步明确郊区今后五年的发展重点和方向。三、认真搞好市第九次党代会精神的学习、贯彻和宣传，进一步激发干部群众建设首都、发展郊区的热情。

12日 白仙畔就基层组织工作到门头沟区调研。先后到该区妙峰山镇万亩玫瑰园、樱桃基地和鸵鸟养殖场进行了实地调研。白仙畔强调：随着“三级联创”工作的不断深入，党的基层组织建设与经济发展更加紧密结合，切忌出现“两张皮”现象，党的基层组织要在农村产业结构调整过程中，在龙头企业带动经济发展的产业链中，充分发挥带动、示范和服务职能。

15日 贾庆林到延庆县调研，先后察看了龙庆峡水系源头、上游水库和山戎墓以及玉渡山风景区旅游资源开发情况后，庆林指出：郊区利用独特的自然景观和良好的生态环境，开发旅游业不仅丰富了市民生活，同时可以促进地区经济发展。要树立做成精品旅游区的指导思想，在道路、水系、旅游服务设施等各方面，高标准高品位地搞好配套。要始终把旅游资源的开发和环境保护紧密地结合起来，要运用先进的理念和可持续发展的要求，边建设边保护。杜德印、蔡赴朝、谭维克、李进山等领导陪同调研。

16日 召开农口局公司和直属单位行政一把手会，通报了海淀区石油研究所大院网吧火灾事件，传达了市长刘淇在紧急会上的讲话。李进山对加强农口防火及安全生产工作提出要求：一是各单位要充分认识当前安全生产和防火工作的极端重要性。一把手负总责、亲自抓，认真落实安全生产和防火责任制。二是立即开展一次以防火为重点的安全生产大检查，把娱乐场所和出租房屋作为重点。检查要全面彻底，不留死角，不走过场，通过“拉网式”检查，认真查找薄弱环节和问题，采取坚决措施加以纠正。三是要举一反三，从这次事件中吸取经验教训，认真排查安全生产方面的问题和隐患，有针对性地采取改进措施，确保农口不出现火灾和重大安全生产事故。

20日 农口第五期研究生课程班结业。由市委农工委委托中国政法大学和首都经济贸易大学以及市农业职业学院举办的第五期法律和金融两个专业研究生课程班结业，共有115名农口在职领导干部参加，取得结业证书。通过对领导干部进行规范化的教育培训，干部的自身素质和履行岗位职责的能力有了明显提高。

21日 市委副书记强卫到密云调研。先后察看了伊利集团北京乳品厂等农产品龙头加工企业和高科技企业，检查了部分山区乡镇退耕还林、养殖小区和卫星城建设进展情况。强卫指出：一是要坚持“支部建在连上”的传统，抓好党的基层组织建设，要按照“三个代表”的要求带领农民增收致富，使党支部真正成为群众致富的有力依靠；二是郊区在完善“龙头企业+合作组织+农户”的产业化格局的基础上发展行业协会，建立产业与市场的有序链接，促进农业产业健康发展；三是健全农村安全稳定的长效工作机制，认真抓好社会稳定和安全生产，同时加大社会治安综合治理投入，不断强化基层基础工作；四是学习先进的城市建设和管理经验，按照市第九次党代会提出的“高水平经营城市”要求，积极探索“经营城市”理念，加快郊区城镇现代化进程。韩秀峰、李进山陪同调研。

23日 北京市农业标准化工作召开。李进山主持，会议对我市近年来的农业标准化工作进行总结，并对下阶段工作进行部署。刘志华副市长到会并提出要求：一、实施农业标准化，必须以质量为中心，以市场为导向，以科技为动力，以生产为基础，全面提高农产品质量，促进农产品市场流通，为增加农民收入发挥基础保障作用；二、要加强领导，各部门要密切配合，通力合作，各级政府要做好协调、指导、服务工作，从组织上保障这项工作的开展。三、重点抓好典型示范，带动标准化整体水平的提高。

26日 农口召开纪念中国共产党建党81周年座谈会。会议由白仙畔主持，远郊区县、农口局公司主管副书记参加了会议，房山区委、兴东方实业公司、昌平区、通州区的代表做了典型发言。李进山就农口学习贯彻江总书记“5.31”重要讲话，抓好农口党的建设提出三点意见：一是要认真学习和深刻领会江总书记“5·31”重要讲话精神，进一步增强贯彻“三个代表”要求的自觉性和坚定性；二是以“三个代表”重要思想为指导，全面加强和改进农口党的建设工作；三是要努力实践“三个代表”，全面推进农口的改革与发展。同时提出，按照“三个代表”要求加强农口党的建设，必须牢牢把握住以下三个方面：一是要紧紧围绕党的中心任务来抓党的建设；二是要把提高各级领导班子的领导水平和各级干部的素质作为党的建设的首要任务；三是要积极推进党的建设的创新。

26日 农口召开北京市小城镇工作会议。市农委副主任赵根武主持，小城镇联席会成员单位领导、远郊区县主管区县长和小城镇党政一把手参加了会议。李进山对我市小城镇工作进行了总结，并对下阶段工作进行了部署，要求：郊区要力争把小城镇建设成为绿色、繁荣、文明的精品小城镇，应做到“四高”：一要坚持高起点规划；二要坚持高标准设计；三要坚持高质量建设；四要坚持高水平管理。在发展小城镇经济工作中要做到“五个结合”：一是与农业产业结构调整相结合，发展符合首都经济特点的二三产业；二是与农业产业化相结合；三是与乡镇企业二次创业相结合；四是与北京城市经济体系布局相结合；五是与发展个体私营经济相结合。

7月

2日 贾庆林到平谷区调研，在察看了工业开发区北京老才臣食品有限公司和北京岐黄制药有限公司经营情况后，指出：发展高新技术产业是振兴区域经济的重要途径，要充分利用当前国际、国内有利时机，努力培植和发展一批无污染、高科技企业。在察看了京东大峡谷景区、鱼子山抗日战争纪念馆后，强调：发展生态旅游建设，一定要处理好生态旅游开发与生态资源保护的关系，把生态资源优势变为经济优势；要紧紧围绕自然特色、民俗风情，加强农村民俗旅游的发展，引导农民保护好生态环境。杜德印、蔡赴朝、刘志华等市领导陪同。

5日 农口召开紧急会，重申郊区要加强生产安全工作：一是各区县要认真落实安全生产责任制；二是各区县、街道、乡镇的主要领导要亲自挂帅，对辖区内的安全生产工作进行彻底检查；三是要利用电视、报纸和培训班等形式加强对群众的安全教育，树立安全防范意识；四是严格遵守安全事故报告制度，确保信息渠道畅通。

5日 刘志华检查十三陵水库防汛工作，他指出：一是各级领导要充分认识当前防汛形势的严峻性，落实24小时责任制，确保措施到位；二是各区县对“病险”水库要采取有效措施，加大监测力度；三是认真做好防汛准备工作，做到信息预报提前，抢险措施有力。市政府副秘书长丁向阳陪同检查。

6日 强卫到延庆县调研。在先后视察了夏都公园、康庄镇奶牛养殖小区、标准化菜田，清华紫光药厂和玉渡山景区后，强卫指出：一、第一产业要不断提高产品的附加值。要认真研究组织方式，把农户与市场紧密地结合起来，提高农民的收益。二、区县工业的发展要突出自己的特色，要通过发挥各自的优势搞特色工业，形成区域特色经济增长点。三、对于大景区的开发建设，政府首先要做基础性工作，然后考虑用市场的办法来发展旅游，不断提高景区的档次和品位。

8日 农委召开“发展山区环保建材产业”座谈会。由市农委委员刘春广主持，针对房山、门头沟两区关闭“五小”企业导致财政收入下降、农民失业等问题而召开的座谈会，有市建委、市经委、市房地局等单位领导参加。与会领导就房山区、门头沟区利用废弃煤矸石资源，生产页岩空心砖项目的可行性进行研讨，一致认为：大力发展山区环保型建材产业，对促进山区加快产业结构调整和扭转农民收入下降的问题有重要意义。

9日 我市召开雨季造林工作现场会。刘志华对各区县雨季造林的准备工作给予充分肯定，同时提出要求：一是加强领导，提高认识，认真做好雨季造林的组织工作；二是集中力量，狠抓重点工程，全面完成雨季造林任务；三是增加科技含量，坚持高标准、高质量，确保雨季造林成效；四是深入开展首都绿化质量管理年活动，巩固绿化成果，提高绿化水平。

9日 丰台驻军举行防汛抢险演习，丰台驻军成功地进行了人工提闸和堵口演习。永定河防汛指挥部指挥李进山对防汛工作提出了新要求：一定要树立抗大灾、抢大险的意识，认真做好思想和物质准备，充分估计防汛工作中可能出现的问题和困难，将工作做细做扎实，做到措施到位、人员到位、责任到位，认真演练，确保集体利益和人民生命财产的安全。

13日 按照强卫的指示，市农委组织远郊区县主管区县长、卫星城及中心镇领导，在密云县召开了经营城市现场会，赵根武主持。与会人员参观了密云卫星城建设情况，听取了密云县领导的经验介绍，一致认为密云县经营城市“六个结合”的做法值得学习借鉴。“六个结合”：经营城市与优化区域发展环境相结合；经营城市与经济结构调整、产业布局调整相结合；经营城市与招商引资，培育经济发展后劲紧密结合；经营城市和改善居住条件，提高人民生活水平相结合；经营城市和经济、政治体制改革有机结合；经营城市与文化设施合理布局、加强精神文明建设相结合。

18日 强卫到大兴区调研。先后到黄村镇小营村、海子角村及榆垡镇西黄垡村察看了村务公开开展情况，指出：农村要将村务公开工作作为维护村民利益和农村社会稳定的大事抓细抓实；目前，农村富余劳动力增多逐渐成为影响农村社会稳定的一个重要因素，要认真做好农村劳动力的转移工作，解决好农民的就业问题，解除他们的后顾之忧，工作中要注意与党的富民政策保持一致，要以利于地区的长远发展和社会稳定为出发点，保护好农民的利益，关键是要让农民满意。

18日 市委副书记阳安江到房山区调研时强调：纪检干部要加强学习，改进工作作风，围绕党委、政府的中心工作，加大力度治理腐败、查办大要案、纠正部门行业不正之风，切实发挥好纪检监察工作在经济建设中的特殊作用。

19日 农口宣传思想工作会议召开。要求农口各部门：一是要以党的十六大为契机，组织好对“三个代表”重要思想和“5．31”重要讲话的学习，进一步统一思想；二是按照公民道德建设“一年有突破”的目标要求，积极组织开展道德教育和道德实践活动；三是要以文明行业、单位创建活动为载体，推进职工现代化素质教育，提高企业的精神文明建设水平。崔砚青到会，并提出农口国有企业要适应新形势，积极探索宣传思想工作的新途径，树立企业新形象，塑造企业新精神的要求。

24日 农口召开郊区控制化解越级上访工作经验交流会议。会上，李进山对郊区信访工作提出要求：一是从贯彻落实“三个代表”重要思想的高度，切实维护群众利益，近期集中力量化解一批侵害农民利益的问题；二是狠抓重点矛盾化解和越级访重点乡镇，努力控制到市和中央集体访的发生；三是坚持村务财务公开，强化对村财务和村干部的审计与监督管理；四是总结推广控制化解农村集体访的典型经验，实现农村信访小问题不出村，一般问题不出乡镇，大矛盾不出区县的郊区信访工作“三不出”；五是严肃处理组织煽动群众上访闹事的极少数人；六是建立和完善矛盾排查、领导接待日、领导下访、责任追究等长效机制。

29日 市农口召开半年经济形势分析会。会议由刘志华主持，会议对农口上半年经济工作进行了总结，并确定下半年重点工作：一是继续提高农业产业化经营水平；二是全面提升郊区农产品质量和市场竞争力；三是加快农村工业化进程；四是进一步推进郊区城市化进程；五是提高山区可持续发展能力；六是坚持党对农村工作的领导，推动农村社会进步，保持农村社会稳定。强卫副书记作了重要讲话，对下一步工作提出明确要求：一、以“三个代表”的重要思想统揽郊区农村各项工作，创一流的业绩迎接党的十六大。二、突出农业和农村工作的重点，努力提高郊区各项工作的水平。三、切实加强农村党的建设，增强基层党组织的战斗力。

8月

1日 强卫到锦绣大地农业股份公司调研，指出：锦绣大地的生产经营起点高、规模大、效益好。实现了三个结合：一是一、二、三产业的有机结合；二是先进生产力和传统生产方式的有机结合；三是多元化投资机制和现代经营管理方式的有机结合。“锦绣大地”的成功实践为农业技术力量发挥作用提供了平台，使农民的观念发生了巨大的转变，对传统的农业形成巨大的冲击，对北京农业及其他行业的改革发展均有借鉴意义。同时，希望公司领导继续对规模化经营和农业产业链的培育进行不断地探索。

2日 农业部副部长韩长赋到顺义调研。韩部长对郊区工作作出指示：一是要用发展工业的思路来发展农业，按照建设城市的思路来建设农村；二是要通过结构调整，推进产业化的发展，不断提高农业效益，进而促进农村的城市化建设；三是要不断发展壮大龙头企业，使其真正起到辐射和带动作用，加快农业产业化经营的步伐。

2日 强卫到房山区调研。实地查看了大石窝镇石雕艺术园区、长沟镇小城镇建设情况等，听取了全区工作情况汇报后，强卫强调指出：房山区要努力做好三个方面的工作：一是要通过引导、扶植，将经济规模做大做强，形成规模效应；二是要加大环境建设力度，改善投资环境，促进旅游业发展；三要加强与大企业的合作，发挥其经济拉动作用。

3日 农口在密云县召开防汛救灾现场会，听取了密云、怀柔防汛救灾工作汇报，实地察看密云县石城镇地区灾情，聂玉藻代表市委农工委、市农委对防汛抗灾工作提出要求：一是受灾的县乡要迅速研究方案，落实责任，解决灾民在产生生活中迫切需要解决的问题，并做好部分灾民搬迁问题；二是市有关部门要采取不同方式帮助县乡村组织灾民发展生产、恢复生活，将损失降到最低限度；三是全面落实各项防汛责任、防汛措施和防汛抢险预案，提高防大汛能力；四是要对泥石流易发区进行再检查，确保防汛万无一失。

2日 强卫到平谷调研，对小城镇建设、经济带建设和开发区建设分别指出：一是小城镇建设要注重产业化发展对人才的集聚效应，推动农村城市化的发展；二是在农村要用典型示范、利益引导和科技帮扶的做法，带动农民致富；三是经济开发区要注重环境的建设，营造良好的投资氛围。韩秀峰、李进山陪同调研。

5～6日 强卫、刘志华先后到密云、通州视察灾情，实地到田间地头及农户察看群众受灾情况，并代表市委、市政府表示亲切慰问。他们指出：一、受灾区县要采取一切措施积极组织群众进行生产自救，将灾害造成的损失降低到最低程度，尽快恢复正常的生产生活秩序；二、努力做好群众的思想工作，调动群众参加生产自救的积极性，保证灾区社会稳定；三、继续高度警惕，充分准备，提高防大汛、抗大灾能力。

6～7日 市人大视察小城镇建设工作。部分市人大常委、代表先后到大兴、通州、顺义、怀柔和密云等区县视察了小城镇建设情况，听取了李进山关于郊区小城镇规划建设的情况汇报。于均波参加视察活动并在座谈会上作了重要讲话：要以“三个代表”重要思想指导小城镇的建设工作，按照庆林在市九次党代会上提出的“四高”标准，加强领导，抓好典型，认真落实市委、市政府30号文件精神，将京郊小城镇建设成有首都特色的精品小城镇。同时要求市有关部门要关注和支持小城镇工作，为小城镇建设服务好。赵凤山、刘志华、刘正民等参加了视察活动。

10日 刘淇到门头沟区调研，对郊区经济社会发展提出要求：一是要扩大固定资产投资规模，高标准搞好卫星城和小城镇建设，以此为突破口加大招商引资力度；二是要进一步深化产业结构调整，引导农村富余劳动力向二、三产业转移，加快农民增收致富步伐；三是要全力做好安全稳定工作和再就业工作，重点解决一批与群众生活息息相关的问题，为群众办实事办好事，确保地区稳定，以优异的成绩迎接党的十六大胜利召开。刘志华、黄承祥等陪同调研。

12日 农口召开专题会议再次强调生产安全工作。会议对华都集团和农工商总公司发生的两起事故进行了通报，李进山再次强调农口公司要加强安全生产工作：一是各单位领导要提高对安全生产长期性和重要性的认识，将安全工作列入各级领导的议事日程；二是要抓好职工的安全教育工作，安全生产的意识要深植于最基层，灌输到每个职工；三是要建立严格的安全制度，每个敏感部门、岗位、环节均要建立相应的安全制度规程，并要狠抓落实；四是近期各单位要对重要岗位、环节，对照发生的事故，举一反三，进行彻底检查，发现隐患及时消除；五是要加强责任追究，严查事故原因和责任。

14日 农口系统党建工作经验交流会召开。城乡建设集团、农工商总公司、水产公司、农业局和兴东方公司等五个单位作了大会发言，李进山提出几点意见：一是要提高对党建工作的重要性和紧迫性的认识，强化党要管党意识；二是要突出重点，狠抓队伍建设，不断提高班子的思想水平和领导能力，进一步增强基层党组织的凝聚力和战斗力，进一步强化领导干部的民主监督；三是研究新情况，解决新问题，积极推进党建工作的改进和创新。

16日 农口召开国有企业半年经济分析会。与会企业负责人分别就本企业经济运行、体制改革情况和工作计划进行了广泛交流。李进山对国有企业发展工作提出意见：一是要以产权制度改革为重点，建立完善的企业法人治理结构，抓好国有企业的改革工作，同时做好资不抵债企业的破产工作；二是农口企业要加强与郊区的合作，主动调整经营结构，培育新的经济增长点；三是对本行业资产进行整合，转让不盈利企业，增强优势企业的知名度和竞争力；四是加快人才选拔培养，造就高素质的职工干部队伍。

17日 贾庆林到农口企业太洋药业公司调研。在听取了该公司近年来的经济发展和科研开发情况的汇报后，贾庆林强调指出：要把生物工程和新医药发展为振兴北京现代制造业的支柱产业，坚持科技创新、体制创新，把生物工程和新医药业做大做强，促进首都经济的快速发展。杜德印、刘海燕等市领导陪同调研。

19日 强卫到市农科院调研。强卫副书记在听取了院领导的工作汇报，并察看了农业远程教育和农业信息技术研究的工作情况后，给予充分肯定：农科院在自身发展、推动郊区农业科技进步和农业发展方面做出了很大的成绩，特别是在精准农业的研究推广方面的贡献很大，充分证明了“科技是第一生产力”。同时强卫对农科院的工作提出三点要求：一是要坚持为郊区农业服务的宗旨不动摇；二是坚持科技创新无止境；三是坚持体制改革促发展，继续为郊区农业现代化建设做出更大的贡献。崔砚青陪同调研。

22日 贾庆林到大兴区调研。在察看了青岛嘉园、庞各庄镇康达种羊基地、大兴花卉生产示范基地和庞各庄镇高接换优精品梨园后，贾庆林对大兴区房地产业和种、养业所取得的成绩给予了充分肯定，并强调指出：区县发展第一产业一定要找准各自的位置，充分发挥特色农业的生产优势，扩大种植规模，实现产业化经营，以科技为依托，提高市场竞争力，创出自己的品牌。强卫、杜德印陪同调研。

24日 国家部委及市领导就马铃薯产业发展项目到延庆县调研。农业部刘坚副部长、财政部张佑才副部长及国家计委、科技部、农业部、中国农科院的有关领导、专家对大力推进马铃薯产业化发展及在延庆建设专业性高科技园区项目的可行性进行了广泛的论证，一致认为：面对国际农产品激烈竞争，马铃薯是我国具有潜在竞争优势的产业，将之作为系统工程加速发展是正确的战略性选择。强卫参加了研讨会，并表示：一、这项工作与北京市用高科技促进郊区农业发展、提高农民收入的指导思想相吻合，与北京农业现代化发展方向相一致，北京市要落实温家宝副总理“把小土豆做成大产业”的批示精神，发挥自身的优势，积极参与，并大力支持国家马铃薯产业高科技园区的建设；二、延庆作为北京的西北部山区，具备适宜的地质、气候条件，便利的交通和区位优势，北京雄厚的农业科技力量和优惠的政策均会促进高科技园区的建设工作顺利开展，并承担起服务西部开发、辐射全国的职能；三、市委、市政府要加大对高科技园区建设的服务和扶持力度，组织相关部门进行深入研究，并以园区为龙头推进延庆经济的整体发展。延庆县要按照部委领导的要求，积极征求有关部门和专家的意见建议，把项目规划等基础性工作做得更具体、更细致和更扎实。李进山、聂玉藻和市计委有关领导参加了调研。

28日 农工委召开农口局总公司稳定工作会议，对当前农口系统存在的矛盾隐患和不安定因素进行分析，并就做好近期稳定工作进行部署，提出要求：一是要正确认识当前形势，从讲政治、讲大局的高度充分认识稳定工作的重要性；二是要以强烈的责任感深入细致地开展工作，防止突发性群体事件的发生，确保十六大期间越级集体访全面实现“零指标”的工作目标；三是继续做好对“法轮功”人员的“打、控、揭、转、挖”工作，深化与“法轮功”邪教组织的斗争；四是对重点部位、重点群体加强检查，严防各种社会治安案件和事故的发生，做好安全生产；五是加强昼夜值班制度，确保信息畅通。

29日 强卫到怀柔区调研。察看了小城镇建设、农业产业化进程、工业园区发展和全程办事代理制试点情况后，强卫强调指出：一是郊区应在发展生产力的同时，深入研究解决好农民与土地的关系等涉及生产关系的问题，以此促进生产力进一步发展；二是郊区要加快卫星城建设，大力推进农村城市化进程，逐步承担起分流城市人口的职能；三是各级党委和政府要以人为本，把富裕农民作为根本要务来抓，解决好困难群体的脱贫致富问题；四是各级领导要把安全稳定工作作为一项政治任务来抓，以优良的环境、美好的形象和安全稳定的社会秩序迎接“十六大”的召开。

29日 市法制办和市气象局联合举行了《北京市防御雷电灾害若干规定》新闻发布会。《北京市防御雷电灾害若干规定》经市政府常务会通过，于9月1日正式实施，是《中华人民共和国气象法》颁布实施后本市出台的第一部与其相配套的政府规章，使我市在做好防雷减灾和安全生产工作方面有章可循。

29日 李进山和市科委领导到顺义调研，就该区建设三高科技农业试验示范区进行研究，李进山强调，三高科技园区要创新工作思路，建立全新机制，使园区既能起到示范作用，又能把实用技术应用并普及到农业生产中，发挥出农业园区的龙头带动作用，促进农业产业化经营，带动农户共同致富。

29日 市农口召开小城镇工作会，传达了全国规划建设会议精神，通报了市人大视察小城镇的有关情况，要求各区县要继续抓好小城镇试点工作，工作中要注意对历史名镇、名村的保护，加强环境建设，力争将小城镇建设成为精品。市规委、市国土局、市环保局、市水利局的有关处室负责人也参加了会议，并提出了意见和建议。

9月

1日 市政府为山区寄宿制学校赠车仪式在怀柔举行，市政府把为140所农村寄宿制学校配置接送学生用车列入为市民办的60件实事之一，日前以政府采购的方式投资2 600万元，购进“依维柯”双排座汽车133辆，分别赠送给怀柔、密云、延庆等7个山区县寄宿制学校。林文漪参加了配备学生用车仪式。

4日 市农委召开山区消除低收入村汇报会。会上，七个山区县主管领导在会上进行汇报交流，李进山全面分析了当前所面临的形势和任务，提出下一步要做好八方面工作：一、围绕绿色生态屏障建设，山区在做好退耕还林工作的同时，搞好产业结构调整；二、继续深入搞好山区水利富民综合开发工程，改善和提高生产条件；三、加大对低收入地区发展二、三产业项目的扶持力度，培育龙头企业，提高带动低收入村户发展的能力；四、发挥小城镇的集聚作用和拉动作用，促进农民就业和农民增收；五、加大信贷支持力度，发放农户小额信用贷款，解决投入问题；六、加强山区领导班子建设和各界帮扶的力度；七、实施搬迁工程，解决部分低收入村增收难问题；八、充分利用山区良好的生态环境资源和休闲功能，大力发展山区休闲旅游业。

4日 我市召开贯彻全国减轻农民负担会议电视电话会。强卫代表市委、市政府就切实做好北京市的减轻农民负担工作，提出三点意见：一、高度重视减轻农民负担工作的重要意义；二、认真贯彻落实中央关于减轻农民负担的各项任务。一是认真实行涉及农民负担案件责任追究制度，二是认真贯彻落实中央对村级报刊订阅费用限额控制制度，三是继续搞好涉及农民的价格和收费公示制度，四是认真落实农村中小学收费“一费制”，五是认真搞好农村税费改革试点和配套改革；三、加强对减轻农民负担工作的领导。基层单位要加强对中央精神的学习，制定落实中央和市委市政府要求的具体措施，加强执法检查力度，确保减负工作取得实效。

6日 强卫到北京市农工商总公司调研，察看了所属企业生产情况，给予高度评价，同时提出：一、企业应树立更高的追求目标，要有争创一流的奋斗理念，合理配置资源，力争做大做强；二、国有企业发展必须加大改革力度，推进产权多元化，一方面吸引资金，增加投入，有了大投入才会有大产出，另一方面可以降低企业风险；三、企业文化是培育企业理念的灵魂，是企业重要的发展资源。大力培育企业文化，不仅能调动职工积极性，凝聚企业力量，还可以起到宣传企业扩大影响的作用。韩秀峰、李进山陪同调研。

13日 强卫到昌平区调研，在与区领导座谈时指出：农村工作要进一步解放思想、开拓创新、与时俱进，一是要大力扶持农业龙头企业，发展合作组织和中介机构，搞好土地确权、流转工作，促进农业产业化发展；二是要加快小城镇建设，加强对农村社会保障制度等问题的研究，推进城市化进程。同时希望昌平区积极发挥自身的区位空间优势，抓住重点和机遇，进一步整合资源，加快发展。近期，区委、区政府要加大工作力度，抓好十六大期间的安全稳定工作。

13日 农村纪工委召开乡镇纪委办案工作研讨会。高华在会上指出，乡镇纪委办案工作必须紧紧围绕经济建设中心，服从服务于改革开放稳定大局；必须坚持以责任制为龙头，逐步完善工作机制；必须加强协调配合，形成强有力的办案领导体制；必须与源头治理相结合，促进整改；必须坚持分类指导，提高乡镇纪委办案能力。在工作中进一步提高认识，强化思想基础，明确案件查处重点，提高办案综合效果。

17日 杜德印到顺义区调研，对该区农业结构调整和农村基层党建工作给予了充分肯定，同时强调：一、农村基层党组织要把“三个代表”重要思想与农村的经济建设结合起来，将党的建设落到实处；二、农村基层党组织在农民致富过程中要起到宣传、引导、示范的作用，同时发挥组织、协调作用，做好服务工作；三、充分发挥农村基层党组织的领导核心作用，大力促进专业合作经济组织的发展。

17日 农口系统老干部工作研讨会召开。白仙畔到会并提出要求：一要进一步明确老干部工作的标准，让老干部高兴、舒畅、健康；二要认真领会“两手抓，两手都要硬”的思想，切实保障老干部的生活待遇和政治待遇；三要认真做好三方面工作，一是加强政治理论的学习、辅导工作，二是在落实老干部生活待遇上不留死角，三是深入研究、切实解决老年大学、高龄养老问题。

20日 农口对郊区农民负担开始专项审计，审计工作主要针对四方面内容：一是村提留乡统筹费的预决算制度是否建立并有效执行；二是农民直接承担的村提留乡统筹费的数额是否超标；三是财务收支是否符合中央和市有关财务制度；四是使用中有无平调、挪用等现象。专项审计工作分两个阶段进行，9月底以前为区县乡镇审计阶段，10月份为市级抽查、总结阶段。

25日 市“燕山情”文化科技卫生三下乡慰问团到门头沟妙峰山镇慰问演出。

26日 市委农工委、市老干部局联合举办了农口老干部党支部书记培训班，白仙畔在讲话中指出，要充分认识落实老干部政治待遇，做好老干部思想政治工作的重要性和紧迫性，适应老干部队伍的新情况，以老干部“高兴、舒畅、健康”为目标，努力加强老干部思想政治工作。同时要积极引导老干部做到“四个正确看待”：一要正确看待自己的光荣历史，消除不平衡心理；二要正确看待改革开放的巨大成就和负面影响，克服消极、埋怨情绪；三要正确看待腐败现象和反腐败的成绩，化解对党的担忧和疑虑；四要正确看待学习的必要性，努力充实精神文化生活。

28日 农口召开国有企业领导班子建设会议，会议由白仙畔主持，城乡建设集团等四个单位进行了经验交流，李进山提出全面提升国有企业班子建设的整体水平要做好五方面工作：一是加强学习，努力提高领导班子的思想政治素质和领导水平；二是进一步健全完善民主集中制，积极探索、建立现代企业制度下的领导体制和决策机制；三是进一步加强团结，努力增强班子的整体合力；四是进一步转变作风，努力建设一个真抓实干、密切联系群众的领导班子；五是大力培养选拔年轻干部，努力改善领导班子结构。

10月

10日 农村纪工委召开远郊区县纪委落实案件检查责任制和四季度案件线索排查会。市纪委张厚崑、马燕军等到会听取汇报。张厚崑充分肯定了远郊区县纪委在案件检查工作中取得的成绩，同时要求各单位：一要明确思想、继续加大查办案件工作力度；二要努力拓展案源，确保初核成案率；三要提高办案质量，充分发挥查办案件工作的综合效应；四要通过乡镇党委换届工作，加强乡镇纪检干部队伍建设。

11日 农口召开农民专业合作经济组织经验交流会议。聂玉藻作了题为《整体推进，重点突破，规范管理，全面提高我市农民专业合作经济组织发展水平》的工作报告。李进山要求各级党委、政府要充分认识发展农民专业合作经济组织的重要性和紧迫性，要把其作为当前和今后一个时期农村工作的一件大事抓紧、抓好、抓实。一是要转变政府职能，为农民专业合作经济组织的发展创造良好条件；二是落实政策，尊重农户和专业合作经济组织的经营自主权，尤其是要尊重农户的土地承包经营权；三是改进工作作风，深入实际调查研究，帮助农户和专业合作经济组织解决实际困难。

12日 贾庆林到怀柔区调研。先后察看了该区杨宋镇小城镇、北房镇西洋参基地、雁栖工业开发区的建设情况后，贾庆林指出：郊区要培育和发展特色农业，带动农民增收致富的关键是开拓市场，提高效益；劳动密集型企业要确保产品质量，安排好职工的生活；开发区发展一定要服从于环境生态建设，要对入驻企业严格把关，不能搞有污染的企业，现有企业要通过建立污水处理系统，做到零排放，确保实现净水、净土、净天。强卫、杜德印等市领导陪同调研。

14日 由市科协、北京减灾协会举办的“第二届京、台大城市灾害防御问题研讨会”在市气象局召开，刘志华到会并要求进一步增强大城市在现代化进程中对各种自然和人为灾害的应急综合防御能力，促进海峡两岸减灾学术水平的提高，牢固树立安全意识，做好北京奥运会安全保障的筹备工作。

21日 白仙畔就基层组织创建活动到房山区调研。对做好基层组织创建工作，白仙畔强调：一、农村基层组织创建活动事关农村的稳定与发展，在工作中必须脚踏实地，突出针对性，做到有的放矢；二、要不断创新，根据客观实际拿出相应的举措和办法，同时及时总结经验，使创建工作逐渐完善提高；三、要与时俱进，及时与当前飞速发展的农村新经济组织的发展相融合，不断增强农村广大党员干部队伍的活力，提高农村集体经济实力。

21日 京津风沙源治理工程研讨会日前在京举行。北京、天津、山西、河北等省市的主管领导和相关部门的负责共30余人参加了研讨会。刘志华代表北京市政府对天津、内蒙、河北、山西等省市为改善首都环境做出的贡献表示感谢，同时强调，一、风沙源治理工程与首都环境质量密切相关，各部门要以高度的政治责任感来对待，高质量、高水准完成风沙源治理任务；二、风沙源治理工程是人民生活水准提高的客观需要和必然要求，同时此项工作的开展也要与农民增收工作相结合，通过风沙源治理的开展促进农民收入的提高；三、北京与四省市不仅要加强风沙源治理工作的交流合作，还要在经济、功能上进行互补，形成大的生态经济圈。

23日 郊区社会治安综合治理暨基层科技创安经验交流会议召开。会议就社会治安综合治理暨基层科技创安进行了经验交流，并对当前郊区综治工作中的趋向性问题进行了深入分析。崔砚青代表市委农工委对郊区综治工作提出要求：一、统一思想，明确任务，切实增强做好当前郊区综治工作的紧迫性，确保十六大期间的稳定安全；二、突出重点，加大力度，努力做好当前各项综治工作，切实落实四个“防止”、两个“确保”；三、加强领导，狠抓落实，全面提高郊区综治工作和科技创安水平。

24日 市委农工委副书记崔砚青主持召开农口系统安全稳定工作会议，要求各单位：一要保证思想认识到位，把做好十六大的安全稳定工作作为第一位政治任务，决不能麻痹大意；二要保证排查摸底到位，对各种可能产生的不稳定因素做到心中有数；三要保证工作措施到位，加强对主要矛盾的化解、对各种治安案件和破坏活动的防范，以及对法轮功分子的控制；四要保证领导责任到位，层层落实责任制和责任追究制度；五要保证昼夜值班到位，确保信息畅通。

25日 市农委举办“北京市农民专业合作经济组织培训班”。农口有关单位领导，各区县农委、经管站负责人，主管乡镇长和农民专业合作经济组织规范化管理示范单位负责人共140余人参加了培训。培训班课程由中国社科院、中国农科院、北京大学、农业部经管总站和市人大农委的专家、教授讲授，主要内容有：合作社的基本原则、国内外农民专业合作经济组织发展的现状、趋势及前景展望，WTO对农民专业合作经济组织发展的机遇与挑战及如何建立健全农民专业合作经济组织的内部管理制度等。

29日 刘志华带队检查森林防火和食品安全工作，在察看了丰台、房山区的森林防火准备工作后，提出要求：一是各区县要高度重视防火工作，主要领导要亲自检查准备情况；二是防火工作要从源头抓起，加强防火意识的宣传教育工作；三是要多采用现代化技防手段，加大森林防火基础建设的投入力度，同时加强防火专业队伍的建设和训练，提高防范和控制能力；四是要加强与部队和城市消防队伍的互助合作，增加防火力量。同时要求农口要加强对食品安全生产的管理力度，提高农民的组织化程度，农产品加工要严格按照标准进行，确保市民吃上放心菜、放心肉。

31日 市山区水利富民综合开发总结表彰会议召开。会议由聂玉藻主持，刘志华作了题为《与时俱进，开拓进取，为建设山川秀美的新山区而努力奋斗》的工作报告，提出了2003年山区水利富民综合开展的主要工作任务：一是认真完成山区水利富民工程任务；二是加快建设山区第一道绿色生态屏障；三是进一步加快山区主导产业发展；四是认真做好边远山区搬迁工作；五是进一步推动山区城镇化建设；六是制定边远山区新的发展规划。强卫在会上对山区水利富民工作提出新的要求：一是要充分认识新形势下加快山区建设与发展的现实意义；二是要坚持与时俱进，积极探索和实践山区现代化的现实途径；三是要加强领导，创新机制，努力开创山区工作的新局面。

11月

4～5日 市人大代表视察我市乡镇企业。市人大主任于均波、市人大副主任赵凤山带队，刘志华陪同，先后察看了昌平、顺义和通州三个区的乡镇企业发展情况，听取了市农委的总体情况汇报。于均波对我市乡镇企业发展给予高度评价，同时对加快乡镇企业的发展提出意见：一、充分认识发展乡镇企业是农业产业结构调整、农村稳定和农民增收的需要，进一步统一思想，把发展乡镇企业放在重要位置；二、要抓住入市和申奥成功为北京带来的巨大商机，充分利用首都的区位、科技、人才和市场优势，大力进行产业结构调整，乘势而上，实现乡镇企业的跨跃式发展；三、要加强领导、扎实工作，开创京郊乡镇企业工作新局面。一是要加大乡镇企业的体制改革力度，增强企业和产品的市场竞争力；二是制定合理的政策吸引储备资金和人才充实乡镇企业，增强企业发展潜力；三是乡镇企业要依法经营，依法管理，保障职工的合法权益。

5日 全市农村管理信息化工作现

场会召开，会议由市委农工委委员张新主持。赵根武对市经管站认真组织开发《北京农村管理信息系统》和昌平区北七家镇的成功试点工作进行总结回顾，并就全郊区推进农村管理信息化工作进行了部署，提出力争在五年内全市100%的乡镇和90%的村基本实现农村管理信息化，初步达到市、区县、乡镇、村四级数据网络传输和信息共享的总体目标。农业部经管司陈晓华司长到会，并对我市农村管理信息化工作给予充分肯定和高度评价。同时表示，农业部经管司、经管总站将继续加强与北京市的合作，尽可能地给予支持，以加快京郊农村管理信息化建设的步伐。

6日 市科委、市农委与顺义区政府就共建三高科技农业试验示范区进行项目签约，副市长林文漪出席签字仪式。示范区将向以下几方面发展：一是形成以农业产业化为基础的农业股份制企业集团；二是形成在国内外市场具有强竞争力的农业产业群；三是构建以农业协会为主体要素集成的新型农业技术服务体系；四是培育优势集成的区域持续科技创新基地。

11日 市农委、市农业局召开专题会议，全面部署本市饲料及畜产品中“瘦肉精”等违禁药品的专项整治工作。整治工作从11月中旬开始至12月底结束，共分自查整改、监督检查和评定总结三个阶段进行，对全市饲料和饲料添加剂以及兽药生产、经营企业和个人，动物养殖场（户），动物购销单位和个人，动物屠宰加工厂，动物产品销售市场，非正规饲料研究机构等涉及饲料和蓄产品生产流通的各环节进行整治。

15日 首绿办、市农委对郊区中心镇绿化美化工作进行了联合检查，总体反映，郊区各区县对绿化美化工作高度重视，投入力度很大，镇域内的过境路绿化隔离带、街道和居民小区等重要区域均实施了绿化美化工程，还兴建了街心公园、体育公园等一批绿化美化精品工程，使中心镇的环境大大改善，为中心镇的可持续发展奠定了良好的环境基础。

19～21日 农口举办领导干部学习十六大精神培训班。两委领导班子成员、农口局、总公司、事业单位党政正职和副书记，两委机关各处处长，共约80人参加了培训学习，形式以领导干部自学、讨论为主，并邀请中央党校、中央党史办和“学习时报”编辑部等单位的专家学者进行辅导。李进山在开班动员会上对学习工作提出了要求：一是要着眼大局，增强责任感和使命感，深刻认识十六大的重要意义，从而提高学习的主动性和自觉性；二是要处理好工学矛盾，充分利用学习时间，加强与老师的交流，密切联系实际，提高学习效果；三是要突出重点，把握精髓，学以致用，推进农口改革发展的各项工作。

21日 强卫在农口领导干部学习十六大精神培训班上提出学习领会十六大精神要把握好六个方面的问题：一是关于高举旗帜问题。要深刻认识邓小平理论、“三个代表”重要思想是马列主义、毛泽东思想的继承和发展，与党的十三年来的实践相结合，深入学习理解邓小平理论和“三个代表”重要思想理论体系；二是关于创新问题。创新不仅是二十一世纪的时代特征，也成为党的思想路线的重要组成部分；三是关于坚持发展问题。发展作为执政兴国的第一要务，能否解决发展问题，将关系到人心向背和事业成败；四是关于目标问题。十六大明确提出了二十年全面建设小康社会的目标，成为全党继续向前迈进的动力；五是关于抓住关键的问题。作为一个多民族的国家，要凝聚全民族的力量，就必须全面加强党的建设，十六大提出要对党的领导方式和执政方式进行改革和完善，充分体现了党的时代性和先进性；六是关于增强忧患意识。报告提出我党要居安思危，增强忧患意识，也说明我们党更加清醒，更加成熟。

26日 副市长孟学农、刘敬民到大兴区就小城镇建设情况进行调研。孟学农强调：城镇建设要充分体现规划的前瞻性，要营造文化内涵，同时要充分考虑农民的利益问题。区县要以“十六大”精神为指导，牢牢把握发展是第一要务的问题，加快小城镇建设，大力推进农村城市化进程，全面建设小康社会。刘敬民强调：加快农村城市化进程是富裕农民、发展农村经济，全面建设小康社会的突破点，今后的小城镇建设要依托首都，大背景定位，高标准规划，努力提高小城镇规划水平，突出“人文”含义，着力营造特色风格与文化内涵，建设精品小城镇。

28日 社区产权制度改革高级研修班结业。该班由市农委组织，进行社区产权制度改革的县、乡、村级主管领导148人参加了相关法律、政策依据和产权理论的培训，此次培训活动列入北京市人事局今年实施1 000名高级人才培训计划。

29日 我市召开郊区水利工作会。市农田水利基本建设指挥部各成员单位负责人、各区县主管区县长等80余人参加会议，与会人员参观了朝阳、通州区冬修水利工作现场，交流了通州等区县的典型做法。市农田水利基本建设指挥部确定了2003年郊区水利建设的重点。聂玉藻在讲话中强调，各区县要以与时俱进的思想开展工作，不断思考实现郊区水利现代化问题，思考天上、地表、地下及中水“四水联调”问题，用新思路搞好郊区水利建设规划，把水利建设和农业的标准化管理结合起来，实现水利建设实现可持续发展。

12月

2日 刘淇到通州区深入调研基层学习贯彻十六大精神情况。在视察并听取了基层单位相关汇报后，刘淇指出：学习贯彻十六大精神是当前和今后一个时期的首要政治任务，郊区各级党员干部要静下心来，认真阅读原文，把思想统一到十六大报告的精神上来，并联系自身的思想实际，联系京郊发展的实际，研究规划，加快发展步伐。同时强调，郊区发展要广泛吸引人才，要引导大学生毕业到京郊创业，要引导青年干部到农村基层锻炼，进而形成支撑加快郊区工业化、城市化进程的人才群。强卫、孙政才、刘志华等陪同调研。

2日 2002年度减轻农民负担工作总结会召开。通州、大兴、平谷、密云、怀柔、延庆、门头沟等区县作了大会发言，各自介绍了在减轻农民负担、维护农村稳定方面取得的新经验。李进山对近期开展的秋季农民负担管理执法检查工作进行总结，并对进一步做好减负工作提出意见：一是认真学习党的十六大精神，进一步提高对减轻农民负担工作的认识；二是全面贯彻落实减轻农民负担的各项法规政策；三是继续开展减轻农民负担的专项治理工作；四是稳定土地承包政策，加强农村集体资产管理；五是加强领导，健全机构，提高农民负担管理干部的素质。

3日 本市召开了农田水利基本建设电视电话会议，对全国农田水利基本建设电视电话会议精神进行贯彻落实。刘志华在会上指出，各区县要突出“节水、蓄水、供水、保水、治污”

的主题，抓住水资源统一调度的核心，开辟山区、近郊和平原三个战场，完成6大任务：一是切实加大节水措施的力度。抓好配置节水、计量节水、管理节水和工程节水。二是加快治污步伐和再生水利用工作。三是制定抗旱预案，确保人畜饮水。四是增加蓄水，广辟抗旱水源。五是加快集中供水工程建设步伐。六是保护水源地。

11日 刘志华率市乡镇换届选举检查组到大兴区检查镇人大换届选举工作时提出：要加强对镇选举委员会工作人员的培训，加强言行的规范化，工作章程要合法、细致，要把做好镇人大代表换届选举工作作为对广大人民群众的一次民主与法制的教育。

19日 我市召开加强剧毒杀鼠剂和高毒农药管理工作电视电话会议。会议由聂玉藻主持，农业局、经贸委、公安局、工商局的领导分别讲了意见。刘志华到会，并就强化我市对高毒农药特别是剧毒杀鼠剂管理提出意见：一是要提高认识，加强对剧毒杀鼠剂和高毒农药专项整治工作的领导；二是抓好农药生产、管理和使用等环节，把专项整治工作抓好抓细；三是各个部门要明确职责，各司其责，团结协作；四是加强宣传和群众监督力度，严厉打击利用剧毒化学品违法犯罪活动。

19日 李进山到通州区调研工业区建设情况，在察看工业区基础设施建设和康博特尔等入区企业后强调：要按照十六大提出的“发展要有新思路，改革要有新突破，开放要有新局面，各项工作要有新举措”的要求，紧密结合实际，在工业区建设上要本着高起点、超前规划的原则，多引进知名度高的企业，加快工业化进程。从解决农民就业的角度出发，实现农民致富、农村稳定，推进城市化进程，促进民族乡全面发展。张凤福陪同调研。

20日 市供销社召开参与农业产业化经营工作会。会议主题是供销社将积极参与北京市的各项农业综合开发、扶贫开发等农业综合项目。聂玉藻到会并讲话，他提出，北京正在逐步走向城乡一体化，供销社也要把握机遇，以现有的产业群为基础，积极发展食品加工业，兴办现代农副产品物流配送业，开拓农村市场，以实现资源、政策共享，共同发展的目标。

23日 北京现代索娜塔轿车正式下线。贾庆林、刘淇、李融荣、石广生、孟学农、孙政才、刘海燕、张予等领导出席了下线仪式。刘海燕指出，作为“振兴首都现代制造业”的龙头项目，北京现代公司从今年4月签约到今天新车正式下线，用实际行动创造了现代速度，凝聚成了汽车精神，为北京汽车工业创造了新的辉煌。

（李　昀）

统 计 资 料

农村基本情况

	计量单位	编号	北京	朝阳区
一、乡镇政府个数	个	01	196	24
(一)乡政府	个	02	54	24
(二)镇政府	个	03	142	
二、村委员会个数	个	04	4 032	166
三、乡村户数	户	05	1 280 110	109 090
四、乡村人口	人	06	3 576 378	246 351
男	人	07	1 729 935	115 398
女	人	08	1 846 443	130 953
五、劳动力资源数	人	09	1 885 436	129 016
其中:劳动年龄内	人	10	1 744 600	127 953
六、从业人员数	人	11	1 656 025	107 178
其中:劳动年龄内	人	12	1 582 639	106 115
(1)按性别分组	人	13	1 656 025	107 178
男	人	14	858 315	53 317
女	人	15	797 710	53 861
(2)按国民经济行业分组	人	16	1 656 025	107 178
农林牧渔业从业人员	人	17	641 080	21 858
农业	人	18	458 846	12 770
林业	人	19	78 320	6 599
牧业	人	20	92 539	1 386
渔业	人	21	11 375	1 103
农村工业从业人员	人	22	329 647	26 563
乡办工业	人	23	110 483	8 848
村办工业	人	24	132 720	12 531
村以下办工业	人	25	86 444	5 184
建筑业从业人员	人	26	157 500	6 507
交通、运输仓储业和邮电通讯业从业人员	人	27	152 961	11 936
批发、零售、贸易、餐饮业从业人员	人	28	145 290	15 873
其他从业人员	人	29	229 547	24 441
七、农村社会基础设施				
自来水受益村数	个	30	3 945	166
通汽车村数	个	31	4 028	166
通电话村数	个	32	4 030	166

丰台区	石景山区	海淀区	门头沟区	房山区	通州区
6	1	10	9	21	11
4	1	9		6	1
2		1	9	15	10
81	12	88	189	463	483
60 129	7 239	55 876	34 261	164 485	146 977
150 291	15 776	134 255	91 695	477 228	401 620
68 410	7 081	62 858	44 474	231 421	191 001
81 881	8 695	71 397	47 221	245 807	210 619
83 431	10 845	72 145	49 581	248 034	213 211
77 233	9 386	70 050	46 030	222 121	194 029
72 593	6 623	49 726	39 920	220 801	189 200
70 804	6 574	47 818	38 472	204 289	181 746
72 593	6 623	49 726	39 920	220 801	189 200
34 632	3 169	24 521	21 501	118 108	96 684
37 961	3 454	25 205	18 419	102 693	92 516
72 593	6 623	49 726	39 920	220 801	189 200
19 971	1 037	12 627	10 921	71 413	77 547
16 086	807	6 201	6 861	49 714	61 545
2 753	93	5 401	1 781	7 347	4 968
951	137	820	2 225	13 712	8 839
181		205	54	640	2 195
22 325	2 246	14 824	6 338	46 917	43 127
5 342	619	6 948	1 648	7 231	12 941
14 330	1 597	6 858	3 412	18 105	17 801
2 653	30	1 018	1 278	21 581	12 385
2 970	116	3 025	2 495	31 802	18 693
4 150	348	4 065	7 913	32 489	14 625
6 270	931	5 788	5 176	24 424	13 313
16 907	1 945	9 397	7 077	13 756	21 895
81	12	88	183	463	483
81	12	88	189	463	483
81	12	88	189	463	483

农村基本情况

	计量单位	编号	顺义区	昌平区
一、乡镇政府个数	个	01	19	17
（一）乡政府	个	02		
（二）镇政府	个	03	19	17
二、村委员会个数	个	04	426	309
三、乡村户数	户	05	133 305	100 734
四、乡村人口	人	06	409 665	267 742
男	人	07	197 147	129 444
女	人	08	212 518	138 298
五、劳动力资源数	人	09	205 209	141 728
其中：劳动年龄内	人	10	194 154	131 465
六、从业人员数	人	11	184 434	121 301
其中：劳动年龄内	人	12	179 160	116 590
(1) 按性别分组	人	13	184 434	121 301
男	人	14	95 327	62 166
女	人	15	89 107	59 135
(2) 按国民经济行业分组	人	16	184 434	121 301
农林牧渔业从业人员	人	17	55 565	42 525
农业	人	18	36 386	29 071
林业	人	19	3 930	7 306
牧业	人	20	13 519	5 479
渔业	人	21	1 730	669
农村工业从业人员	人	22	51 926	19 384
乡办工业	人	23	24 907	5 693
村办工业	人	24	18 109	8 365
村以下办工业	人	25	8 910	5 326
建筑业从业人员	人	26	15 836	10 418
交通、运输仓储业和邮电通讯业从业人员	人	27	15 372	14 834
批发、零售、贸易、餐饮业从业人员	人	28	15 630	10 777
其他从业人员	人	29	30 105	23 363
七、农村社会基础设施				
自来水受益村数	个	30	426	309
通汽车村数	个	31	426	309
通电话村数	个	32	426	309

大兴区	平谷区	怀柔区	密云县	延庆县	农场局
14	17	14	18	15	
	2	2	1	4	
14	15	12	17	11	
539	275	287	341	373	
115 549	94 442	69 339	113 116	75 568	
375 077	302 795	180 711	314 825	208 347	
181 875	150 146	89 452	157 060	104 168	
193 202	152 649	91 259	157 765	104 179	
216 313	153 400	90 220	169 876	102 427	5 549
198 809	144 251	82 164	153 889	93 066	5 362
193 677	145 296	80 117	149 769	95 390	5 514
185 239	137 963	76 654	142 129	89 086	5 510
193 677	145 296	80 117	149 769	95 390	5 514
97 858	74 542	43 197	80 937	52 356	2 766
95 819	70 754	36 920	68 832	43 034	2 748
193 677	145 296	80 117	149 769	95 390	5 514
94 356	68 989	34 793	76 039	53 439	5 514
73 614	55 756	20 575	46 534	42 926	1 014
6 654	3 054	10 256	13 901	4 277	72
13 670	7 979	3 568	14 499	5 755	4 368
418	2 200	394	1 105	481	60
27 494	34 765	9 699	19 319	4 720	
10 734	13 415	3 057	6 918	2 182	
8 441	12 070	3 940	6 147	1 014	
8 319	9 280	2 702	6 254	1 524	
10 472	15 734	6 666	18 776	13 990	
13 814	7 376	7 516	11 543	6 980	
17 037	7 091	7 011	10 643	5 326	
30 504	11 341	14 432	13 449	10 935	
539	264	267	297	367	
539	275	287	340	370	
539	275	287	339	373	

耕地面积情况

指 标 名 称	编号	北 京	朝阳区
一、年初耕地总资源	01	4 229 237	96 345
二、年内增加	02	17 620.5	
其中：新开荒地	03	9 887.5	
园地改为耕地	04	5 745	
三、年内减少	05	508 298.2	18 342
其中：基建占地	06	124 959.9	5 356
其中：国家基建占地	07	38 246.5	2 814
退耕还林还草占地	08	222 041.5	10 442
耕地改为园地	09	118 989.8	1 592
四、年末耕地总资源	10	3 738 559.3	78 003
（一）常用耕地面积	11	3 644 057	65 358
其中：水　田	12	68 079	6 031
水 浇 地	13	2 924 256.3	50 399
（二）临时性耕地	14	94 502	12 645
其中：25 度对上陡坡耕地	15	16 984	
小于 2 米的沟渠路田埂等设施用地占耕地总资源的比重%	16	12.4	8

指 标 名 称	编号	顺义区	昌平区
一、年初耕地总资源	01	576 580	334 845
二、年内增加	02	863	1081.5
其中：新开荒地	03		255.5
园地改为耕地	04	42	826
三、年内减少	05	27 092	65 566.2
其中：基建占地	06	10 649	48 458.9
其中：国家基建占地	07	4 751	7 948.5
退耕还林还草占地	08	6 041	8 173
耕地改为园地	09	2 226	6 093.3
四、年末耕地总资源	10	550 351	270 360.3
（一）常用耕地面积	11	549 096	270 280
其中：水　田	12	2 513	2 326
水 浇 地	13	535 137	204 871.3
（二）临时性耕地	14	1 255	80
其中：25 度对上陡坡耕地	15		
小于 2 米的沟渠路田埂等设施用地占耕地总资源的比重%	16	9	1.9

单位：亩

丰台区	石景山区	海淀区	门头沟区	房山区	通州区
62 607	4 845	75 618	49 956	596 644	611 209
1 898		238	951	8 147	50
		20	784	7 343	
1 100		71	167	734	
6 308	860	9 671	11 624	139 544	32 311
1 277	102	1 833	606	16 442	13 173
1 211	61	1 119	261	3 338	7 494
4 419		5 097	5 272	79 380	13 308
554		2 541	5 746	21 530	5 680
58 197	3 985	66 185	39 283	465 247	578 948
56 058	3 985	66 185	39 065	444 684	576 313
302		14 638		11 103	24 919
28 370	3 704	13 193	10 900	411 050	546 869
2 139			218	20 563	2 635
			50	15 165	
			45	9	12

大兴区	平谷区	怀柔区	密云县	延庆县	农场局
658 473	216 472	224 058	305 061	416 524	28 860
1 246	113	779		2 254	
30		635		820	
1 216	11	144		1 434	
26 871	25 769	44 925	85 631	13 784	530
15 111	4 912	2 602	2 629	1 809	160
5 671	1 349	657	1 346	226	
2 712.5	6 018	25 790	48 308	7 081	
5 987.5	13 717	14 308	34 194	4 821	
632 848	190 816	179 912	219 430	404 994	28 330
622 358	190 816	170 875	217 754	371 230	28 330
2 385		1 068		2 794	
517 920	181 786	135 015	146 947	138 095	23 600
10 490		9 037	1 676	33 764	
		1 444		325	
11.2	4	6			1

农业机械化情况

项目名称		农业机械总动力					主要农业机械与设备			
		合计	柴油发动机动力	汽油发动机动力	电动机动力	其他机械动力	大中型拖拉机		小型拖拉机	
计量单位		千瓦	千瓦	千瓦	千瓦	千瓦	台	千瓦	台	千瓦
全市合计	保有量	3 817 907.4	2 067 057.06	866 605.54	884 244.8	0	10 784	470 738.7	20 040	227 148.07
	其中新增	155 128.93	117 144.43	31 774	6 210.5	0	435	7 802	171	1 999.3

项目名称		主要农业机械与设备									
		手扶拖拉机		大中型配套农具	小型拖拉机配套农具	农用排灌电动机		农用排灌柴油机		联合收割机	
计量单位		台	千瓦	部	部	台	千瓦	台	千瓦	台	千瓦
全市合计	保有量	6 601	68 590.58	20 016	11 874	77 318	613 259.3	1 766	13 557	4 544	261 933.93
	其中新增	33	242	114	204	240	3 195	81	979	71	2 627

项目名称		主要农业机械与设备								
		自走式收割机		机动脱粒机		农用运输车		节水灌溉机械	机电井	农用水泵
计量单位		台	千瓦	台	千瓦	辆	千瓦	套	眼	台
全市合计	保有量	2 955	242 605.92	8 488	72 936	58 965	622 933.4	12 114	20 626	54 924
	其中新增	533	43 172.06	70	215	1 479	19 163.33	124	615	283

农村电气化和农业化学化

	计量单位	编号	北京
一、农村电气化情况			
1. 农村用电量	万千瓦小时	01	357 699.1
2. 乡、村及村以下办水电站	处	02	36
装机容量	千瓦	03	16 790
发电量	千瓦小时	04	14 136 790
二、农用化肥施用量			
1. 按实物量计算	吨	05	460 654.2
氮肥	吨	06	264 221
磷肥	吨	07	43 691.5
钾肥	吨	08	18 561.9
复合肥	吨	09	134 179.8
2. 按折纯量计算	吨	10	148 764
氮肥	吨	11	83 093.1
磷肥	吨	12	11 579.1
钾肥	吨	13	5 474.3
复合肥	吨	14	48 617.4
三、农用塑料薄膜使用量	吨	15	12 456.2
其中：地膜使用量	吨	16	5 272.4
地膜覆盖面积	亩注	17	460 782.5
四、农药使用量（按实物量算）	吨	18	4 700
五、农用柴油使用量	吨	19	65 479.4
附记：1. 农田有效灌溉面积	亩	20	3 295 262.7
2. 旱涝保收面积	亩	21	2 848 903.7
3. 机电排灌面积	亩	22	3 033 924.8
其中：喷滴灌面积	亩	23	1 388 869

注：15 亩＝1 公顷。

农作物播种面积及占用耕地面积情况

单位：亩

	合计		1.粮食作物		2.经济作物		3.其他作物		其中：蔬菜作物		瓜果类作物	
	播种面积	占用耕地面积	播种面积	占用耕地面积	播种面积	占用耕地面积	播种面积	占用耕地面积	播种面积	占用耕地面积	播种面积	占用耕地面积
甲	1	2	3	4	5	6	7	8	9	10	11	12
北京市	5128134	3140026	2534370	1715862	316842	256426	2276922	1167738	1831123	846613	129974	92167

		合计		1.一种一收		2.二种二收		其中：两茬粮食		一茬粮食一茬非粮作物		3.其他	
		播种面积	占用耕地面积	播种面积	占用耕地面积	播种面积	占用耕地面积	播种面积	占用耕地面积	播种面积	占用耕地面积	播种面积	占用耕地面积
甲		1	2	3	4	5	6	7	8	9	10	11	12
一、粮食作物	01	2534370	1715862	1126166	1010117	1386045	689101	1192215	596105	71855	35294	22159	16644
（一）夏粮	02	712754	360495	12994	11833	693188	345376	605182	302593	53018	26680	6572	3286
（二）秋粮	06	1821616	1355367	1113172	998284	692857	343725	587033	293512	18837	8614	15587	13358
二、经济作物	01	316842	256426	284948	235709	14478	7263	1506	744	12972	6519	17416	13454
三、其他作物	11	2276922	1167738	356412	323262	562824	275978	510898	249444	51926	26534	1357686	568498
（一）蔬菜	12	1831123	846613	95765	83903	460295	224713	435386	211687	24909	13026	1275063	537997
（二）瓜果类	13	129974	92167	53852	53615	62182	31093	62042	31023	140	70	13940	7459
（三）饲料	17	264513	181205	163296	143303	37168	18584	10636	5318	26532	13266	64049	19318
其中：牧草	18	150610	100894	109878	92273	1315	657	6	3	1309	654	39417	7964
（四）绿肥	19	220	110			220	110	220	110				
（五）花卉	20	18967	16622	12531	12074	2179	1089	2059	1029	120	60	4257	3459
（六）其他	21	32125	31021	30968	30367	780	389	555	277	225	112	377	265

全年粮食实产分析

面积：亩
亩产：公斤
总产：万公斤

	上年			本年			本年比上年增减					
							绝对量			百分比（%）		
	播种面积	亩产	总产	播种面积	亩产	总产	播种面积	亩产	总产	播种面积	亩产	总产
	1	2	3	4	5	6	7	8	9	10	11	12
北京市	3206585	327.19	104916.6	2534370	324.77	82309.4	-672215	-2.42	-22607.2	-21.0	-0.7	-21.5

耕地面积

	上年			本年			本年比上年增减					
							绝对量			百分比（%）		
	耕地面积	亩产	总产	耕地面积	亩产	总产	耕地面积	亩产	总产	耕地面积	亩产	总产
	1	2	3	4	5	6	7	8	9	10	11	12
北京市	2058961	509.56	104916.9	1715862	479.70	82309.4	-343099	-29.86	-22607.5	-16.7	-5.9	-21.5

全年粮食实际产量

面积：亩
亩产：公斤
总产：万公斤

单位名称	全年粮食					夏收粮食					秋收粮食				
	播种面积	亩产	耕地面积	亩产	总产量	播种面积	亩产	耕地面积	亩产	总产量	播种面积	亩产	耕地面积	亩产	总产量
甲	1	2	3	4	5	6	7	8	9	10	11	12	13	14	15
北京市	2534370	324.77	1715862	479.70	82309.4	712754	341.48	360495	675.17	24339.4	1821616	318.23	1355367	427.71	57970.0

经济作物实际产量

面积：亩
亩产：公斤
总产：万公斤

单位名称	合计		一、油料				1. 花生				2. 芝麻				3. 向日葵			
	播面	耕地	播面	亩产	耕地	总产	播面	亩产	耕地	总产	播面	亩产	耕地	总产	播面	亩产	耕地	总产
甲	1	2	3	4	5	6	7	8	9	10	11	12	13	14	15	16	17	18
北京市	316842	256426	235993	196.85	178746	4645.5	229151	199.86	172905	4579.8	2500	53.60	2265	13.4	4095	120.64	3329	49.4

单位名称	4. 其他			二、棉花				三、烟叶			四、药材			五、其他		
	播面	耕地	总产	播面	亩产	耕地	总产	播面	耕地	总产	播面	耕地	总产	播面	耕地	总产
甲	19	20	21	22	23	24	25	26	27	28	29	30	31	32	33	34
北京市	247	247	2.9	46612	75.02	46483	349.7	341	32	3.1	32360	29629	446.6	1536	1536	39.4

瓜类实际产量

面积：亩
亩产：公斤
总产：万公斤

单位名称	合计					1. 西瓜					其中：(1) 大棚西瓜			
	播种面积	亩产	耕地面积	亩产	总产量	播种面积	亩产	耕地面积	亩产	总产量	播种面积	亩产	耕地面积	总产量
甲	1	2	3	4	5	6	7	8	9	10	11	12	13	14
北京市	129974	3303.4	92167	4658.4	42935.7	118751	3387.6	83552	4814.7	40228.5	43343	3198.1	31105	13861.6

单位名称	(2) 地膜西瓜				2. 其他瓜类				其中：甜瓜				3. 草莓			
	播种面积	亩产	耕地面积	总产量	播种面积	亩产	耕地面积	总产量	播种面积	亩产	耕地面积	总产量	播种面积	亩产	耕地面积	总产量
甲	15	16	17	18	19	20	21	22	23	24	25	26	27	28	29	30
北京市	75119	3495.2	51360	2656.1	10214	2545.5	7808	2600.0	7446	2652.9	6033	1975.4	1009	1062.4	807	107.2

蔬菜及特种作物播种面积（一）

单位：亩

指　　标		北京	朝阳区	丰台区	石景山区	海淀区	门头沟区	房山区	通州区
一、蔬菜	001	1831123	82326	43273	2447	17848	10610	83895	350501
1. 叶菜类	002	862546.1	50734	26268	926	9578	4939	37818	182595
2. 茄果菜类	022	271969.1	7954	4815	499	2903	1819	11899	43699
3. 瓜菜类	028	215627.4	6185	4826	347	2418	1555	11990	34926
4. 块根、块茎菜类	037	174892.1	1899	2294	62	786	876	8228	23562
5. 菜用豆类	045	143041	4282	2099	405	1183	920	4595	19908
6. 葱蒜类	049	106118.2	1260	1737	208	353	478	4619	35239
7. 水生菜类	057	22161	7463			405		165	7920
8. 食用菌（干鲜混合）	062	4001.1	453	30		202	15	1640	477
9. 其他蔬菜类	074	30767	2096	1204		20	8	2941	2175
在蔬菜合计中：出口菜小计	076	81288	22093			240		1865	3500
菜籽小计	077	3141		26		14		101	1434
特菜小计	078	190944	30393	2832		475	546	2664	35212
二、特种作物									
1. 花卉									
（1）鲜切花	079	8989.6	707	166		23	353	1127	1304
（2）盆栽类（盆景、观赏植物）	090	9053.5	786	2599		349	47	304	885
（3）人工草坪	091	728965.5	3479	697		421	390	1166	387929
2. 药材	092	32915	1138			261	1133	7665.5	6034

蔬菜及特种作物播种面积（二）

单位：亩

指　　标		顺义区	昌平区	大兴区	平谷区	怀柔区	密云县	延庆县	农场局
一、蔬菜	001	325 970	48 531.6	461 779.4	156 918	22 360	55 039	169 315	310
1. 叶菜类	002	140 614	22 481.8	206 724.3	63 745	11 537	24 243	80 275	68
2. 茄果菜类	022	56 274	7 621.1	81 590	22 485	2 327	7 193	20 869	22
3. 瓜菜类	028	40 561	8 455.4	67 209	19 089	2 330	8 007	7 708	21
4. 块根、块茎菜类	037	26 940	3 693.6	44 322.5	9 604	3 325	8 268	41 021	11
5. 菜用豆类	045	17 094	2 860	35 673	33 460	1 233	2 918	16 397	14
6. 葱蒜类	049	22 536	1 720.2	23 155	7 405	1 339	3 597	2 465	7
7. 水生菜类	057	3 363	578	2 266		1			
8. 食用菌(干鲜混合)	062	585	303.5	32.6	52	31	150	30	
9. 其他蔬菜类	074	18 003	818	807	1 078	237	663	550	167
在蔬菜合计中:出口菜小计	076	18 720	650	1 740	5 700	300	50	26 430	
菜籽小计	077	490		100		87	90	799	
特菜小计	078	55 179	3 979	11 686	7 093	19	1 735	39 132	
二、特种作物									
1. 花卉									
(1) 鲜切花	079	551	2 538	813.6	1 019	100	201	61	26
(2) 盆栽类（盆景、观赏植物）	090	435	1 050.5	1 881	158	396	108	55	
(3) 人工草坪	091	5 794	78 552	229 587.5	110	20 623	100	117	
2. 药材	092	2 761	60	2 083	1 220	8 930.3	457	1 172.2	

蔬菜及特种作物生产产量（一）

单位：吨

指　　标		北京市	朝阳区	丰台区	石景山区	海淀区	门头沟区	房山区	通州区
一、蔬菜	001	5 456 330.3	139 973	89 978	6 785	58 005	22 881	247 131	991 119
1. 叶菜类	002	2 679 512.8	78 653	54 051	3 153	37 925	11 744	130 407	546 810
2. 茄果菜类	022	795 548	21 005	9 916	1 567	7 265	3 780	25 681	121 911
3. 瓜菜类	028	694 440.1	14 529	10 313	1 154	7 948	3 445	35 169	109 789
4. 块根、块茎菜类	037	523 113.5	3 794	5 342	138	1 271	1 483	22 514	62 631
5. 菜用豆类	045	314 946.9	6 239	5 006	519	1 497	1 596	7 303	44 281
6. 葱蒜类	049	306 808.1	3 056	2 807	254	574	677	9 934	80 750
7. 水生菜类	057	42 818	11 659			396		247	18 126
8. 食用菌(干鲜混合)	062	16 633.8	838	83		1 120	18	8 375	2 938
9. 其他蔬菜类	074	82 509	200	2 460		9	138	7 501	3 883
在蔬菜合计中：出口菜小计	076	121 544	8 315					2 435	8 000
菜籽小计	077	697		3		1		28	138
特菜小计	078	438 511.3	26 281	5 170		1 343	694	12 939	102 532
二、特种作物									
1. 花卉									
(1) 鲜切花	079	1 324 688.2	39 409	29 740		874	4 150	247 350	402 050
(2) 盆栽类(盆景、观赏植物)	090	567 307.6	22 828	57 198		4 919	2 200	78 884	42 652
(3) 人工草坪	091	11 675 011.8	1 449 832	366 836		277 373	70 000	372 658	3 416 372
2. 药材	092	7 154.33	65			10	9.43	1 762.7	3 042

蔬菜及特种作物生产产量（二）

单位：吨

指　　标		顺义区	昌平区	大兴区	平谷区	怀柔区	密云县	延庆县	农场局
一、蔬菜	001	1 185 677	130 447.3	1 263 579	419 821	43 141	339 819	517 745	229
1. 叶菜类	002	557 933	66 258.7	540 865.1	177 238	26 882	170 381	277 122	90
2. 茄果菜类	022	183 814	19 570.1	236 000.9	59 510	3 060	34 356	68 069	43
3. 瓜菜类	028	151 880	21 558.8	208 608.3	53 630	3 884	44 427	28 075	30
4. 块根、块茎菜类	037	96 595	8 104.2	115 897.3	22 467	5 553	62 478	114 812	34
5. 菜用豆类	045	50 280	7 003.2	75 837.7	80 482	1 313	10 921	22 658	11
6. 葱蒜类	049	81 728	4 037.4	79 784.7	21 989	2 034	12 967	6 207	9
7. 水生菜类	057	7 087	777	4 525					
8. 食用菌(干鲜混合)	062	679	982.8	50	90	245	957	258	
9. 其他蔬菜类	074	55 681	2 155	2 010	4 415	169	3 332	544	12
在蔬菜合计中：出口菜小计	076	22 690	700	3 300	5 920	430		69 754	
菜籽小计	077	214		9		28	33	231	12
特菜小计	078	130 343	8 117.3	41 752	7 732	36	2 589	98 983	
二、特种作物									
1. 花卉									
(1) 鲜切花	079	2 912	228 139.2	48 664	20 328	41 147	133 815	120 010	6 100
(2) 盆栽类（盆景、观赏植物）	090	37 463	34 090.6	62 795	1 316	16 812	5 500	200 650	
(3) 人工草坪	091	2 401 050	2 049 191.8	1 005 713		208 566		57 420	
2. 药材	092	254	83	464.6	11	1 337.2	32.5	82.9	

干鲜果品产量生产情况

	单位	编码	北京市		单位	编码	北京市
一、果品产量	吨	01	700 196.4	桃	吨	24	244 870.3
1. 干果产量	吨	02	31 099.6	葡萄	吨	25	50 972.4
核桃	吨	03	10 283.1	柿子	吨	26	62 933.9
板栗	吨	04	16 139.9	鲜杏	吨	27	11 265.6
杏核	吨	05	3 512.1	红果	吨	28	13 970.2
白果	吨	06		鲜枣	吨	29	2 985.2
榛子	吨	07	63	李子	吨	30	7 009.4
松子	吨	08	18	樱桃	吨	31	761.5
其他	吨	09	1 083.5	猕猴桃	吨	32	67
2. 鲜果产量	吨	10	669 096.8	石榴	吨	33	10
苹果	吨	11	144 392.5	其他	吨	34	4 850
其中：金冠	吨	12	4 663.5	二、花椒产量	公斤	35	273 830.78
元帅	吨	13	7 688.3	三、果园面积	亩	36	1 348 700
新红星	吨	14	10 645.5	其中：苹果	亩	37	203 442.8
国光	吨	15	28 965.6	梨	亩	38	182 076
红富士	吨	16	76 151.8	猕猴桃	亩	39	6 482
秦冠	吨	17	2 074	葡萄	亩	40	72 201.7
梨	吨	18	125 008.8	桃	亩	41	264 776.8
其中：苹果梨	吨	19	2 520	四、年末实有零星果树数	株	42	6 434 344
鸭梨	吨	20	53 798.5	其中：苹果树	株	43	405 011
雪花梨	吨	21	19 141	梨树	株	44	546 886
酥梨	吨	22	14 252	附：草莓产量	吨	45	689.2
香梨	吨	23	1 595.3				

设施农业面积及产量（一）

	计量单位	编号	北京市	朝阳区	丰台区
设施面积合计	亩	01	352 065.4	7 445	8 333
按类型划分					
1. 温室	间	02	719 133	34 202	37 989
其中：蔬菜	间	03	555 486	32 255	25 808
占地面积	亩	04	47 310.5	1 513	1 681
2. 日光温室	间	05	605 308	14 102	5 799
其中：蔬菜	间	06	470 862	13 057	3 385
占地面积	亩	07	44 253.8	837	393
3. 大棚	个	08	82 001	1 016	1 800
其中：蔬菜	个	09	56 179	859	1 478
占地面积	亩	10	93 211.2	1 457	1 915
4. 中、小棚	个	11	450 041	8 710	12 482
其中：蔬菜	个	12	209 961	6 547	12 005
占地面积	亩	13	126 121.8	3 405	4 328
5. 阳畦	个	14	118 898	1 611	220
其中：蔬菜	个	15	84 221	1 567	220
占地面积	亩	16	41 168.1	233	16
按品种划分					
1. 蔬菜	亩	17	248 951.2	6 690	7 194
2. 花卉	亩	18	9 239.6	660	1 083
3. 瓜类	亩	19	66 605.5	1	
4. 果类	亩	20	13 829	41	46
5. 其他	亩	21	13 440.1	53	10
产量					
1. 蔬菜	吨	22	1 478 575	35 542	33 683
其中：特菜	吨	23	188 094.9	7 243	2 316
2. 花卉					
其中：切花	百支	24	701 529	27 285	20 640
盆花	百盆	25	297 088.1	17 059	45 227
3. 瓜类	吨	26	227 578.7	3	
其中：特瓜	吨	27	15 097		
4. 果类	吨	28	9 450	20	5
其中：特果	吨	29	1 917	1	
5. 其他	吨	30	17 462.7		30

石景山区	海淀区	门头沟区	房山区	通州区
526	4 055	2 134	22 538	49 602
5 400	16 836	450	11 708	164 768
5 400	13 086	410	9 399	154 635
135	1 250	63	5 807	7 011
	1 921	12 314	5 924	95 093
	1 139	12 189	4 117	72 622
	144	1 632	3 771	7 142
225	1 338	100	2 721	5 543
225	1 097	72	1 967	5 323
226	1 456	133	3 977	7 331
306	1 669	412	8 665	28 942
306	1 595	337	7 054	22 965
153	1 037	286	4 193	15 547
690	396	110	13 506	34 786
690	379	110	6 871	32 004
12	168	20	4 790	12 571
526	3 253	2 042	14 566	43 381
	261	65	1 104	1 281
	16	10	3 272	947
	490	7	3 171	908
	35	10	425	3 085
2 825	35 017	2 911	60 902	285 587
	24 046	694	10 129	25 672
	2 369	4 150	61 377	427 152
	8 276	2 260	43 133	50 852
	3	8	10 432	3 734
	2	8	380	
	136	3	2 894	1 918
	40	1	199	117
	242		1 060	3 214

设施农业面积及产量（二）

	计量单位	编号	顺义区	昌平区	大兴区
设施面积合计	亩	01	92 692	9 587.9	97 905.5
按类型划分					
1. 温室	间	02	266 742	10 472	115 990
其中：蔬菜	间	03	220 774	8 955	59 529
占地面积	亩	04	18 762	1 057.5	5 079
2. 日光温室	间	05	32 981	7 364	137 687
其中：蔬菜	间	06	29 918	4 576	117 176
占地面积	亩	07	8 020	1 179	6 850.8
3. 大棚	个	08	35 984	1 547	18 366
其中：蔬菜	个	09	25 511	1 210	8 872
占地面积	亩	10	33 572	2 105.4	21 525.8
4. 中、小棚	个	11	33 659	2 390	338 876
其中：蔬菜	个	12	11 107	2 250	132 668
占地面积	亩	13	23 509	1 781.4	62 424.4
5. 阳畦	个	14	14 240	7 550	6 810
其中：蔬菜	个	15	12 292	4 542	4 373
占地面积	亩	16	8 829	3 464.6	2 025.5
按品种划分					
1. 蔬菜	亩	17	67 326	5 415.2	55 228
2. 花卉	亩	18	455	2 010.1	995.5
3. 瓜类	亩	19	21 068	179.5	41 016
4. 果类	亩	20	2 712	754	658
5. 其他	亩	21	1 131	1 229.1	8
产量					
1. 蔬菜	吨	22	383 595	25 476	364 748
其中：特菜	吨	23	74 108	5 719.9	30 957
2. 花卉					
其中：切花	百支	24	2 790	50 743	30 890
盆花	百盆	25	20 915	29 215.1	58 613
3. 瓜类	吨	26	94 869	1 290.7	116 939
其中：特瓜	吨	27	11 474	8	3 225
4. 果类	吨	28	2 448	396	927
其中：特果	吨	29	1 247	126	165
5. 其他	吨	30	1 094	5 047.7	

平谷区	怀柔区	密云县	延庆县	农场局
28 342	7 490	19 135	2 140	140
52 178	293	1 023	23	1 059
23 058	130	973	21	1 053
1 878	95	2 870	17	92
285 963	3 292	2 616	252	
209 255	618	2 565	245	
12 123	519	1 076	567	
1 770	1 692	9 759	91	49
1 685	444	7 390	38	8
2 356	5 100	11 821	188	48
11 376	506	2 017	31	
11 233	206	1 665	23	
6 252	507	2 665	34	
7 201	17 638	2 093	12 047	
7 193	60	1 883	12 037	
5 733	1 269	703	1 334	
23 713	1 239	16 270	2 052	56
387	653	178	63	44
10	70	16		
3 993	553	436	20	40
239	4 975	2 235	5	
127 636	3 000	114 748	2 688	217
4 376	554	2 214	66	
23 932	12 464	10 177	1 210	26 350
1 158	14 705	2 795	2 880	
42	38	220		
471	83	82	48	19
21				
60	560	6 155		

林业生产情况

一、当年造林面积

单位名称	合计	其中：国有造林面积	按造林方式分		按林种用途分				
			人工造林面积	飞机播种造林面积	1. 用材林	其中：速生丰产林	2. 经济林	其中：鲜果林	3. 防护林
甲	1	2	3	4	5	6	7	8	9
合计(万亩)	71.87	0.67	55.64	16.22	5.31	5.00	19.38	11.24	41.57
合计(公顷)	47 910.73	445.17	37 095.49	10 815.24	3 542.79	3 335.45	12 918.87	7 493.43	27 710.72

单位名称	二、迹地更新面积			三、低产林改造面积	四、年末实有封山育林		五、森林管护面积
	小　计	其中：人工更新面积	其中：人工促天		小　计	其中：本年新封面积	
甲	A19	A20	A21	A22	A23	A24	A25
合计(万亩)	0.59	0.59		0.09	143.42	41.07	772.12
合计(公顷)	394.34	394.34	—	57.33	95 610.91	27 382.47	514 748.80

单位名称	十一、幼林抚育作业面积(公顷次)	十二、幼林抚育实际面积	十三、成林抚育面积		十四、抚育改造出材量(立方米)		十五、年末实有母树林面积	十六、年末实有种子园数量	
			小　计	其中：中幼龄林抚育面积	小　计	其中：中幼龄林抚育出材量		面积	个数
甲	A33	A34	A35	A36	A37	A38	A39	A40	A41
合计(万亩)	82.61	44.66	114.43	102.12			0.07	0.21	
合计(公顷)	55 070.42	29 775.03	76 289.52	68 078.14	4 200.61	4 200.61	47.30	140.03	2.00

		按造林地域分						
4. 薪炭林	5. 特种用途林	1. 平原造林					2. 山区造林	
		小 计	在平原造林面积中				小 计	其中：爆破造林
			城镇绿化	隔离地区	绿化通道	沙荒造林		
10	11	12	13	14	15	16	17	18
	5.61	22.63	0.51	1.95	10.11	2.21	49.23	2.04
—	3 738.35	15 089.16	337.64	1 297.48	6 740.68	1 474.59	32 821.57	1 359.96

六、零星(四旁)植树(万株)	七、林木种子采集量(公斤)	八、育苗面积		九、当年苗木产量(万株)	十、当年花卉种植面积	
		小 计	其中：本年新育苗面积		小 计	其中：草坪面积
A26	A27	A28	A29	A30	A31	A32
		35.91	12.47		4.28	1.83
727.82	2 650.00	23 941.23	8 313.58	9 422.40	2 854.77	1 219.94

十七、全部木材采伐量(立方米)		十七、村及村以下合作组织生产的木材产量(立方米)		十八、果树更新面积	补充资料					
小计	其中：村及村以下				全民义务植树株数(万株)	在绿化通道范围中			在隔离地区范围中的草坪面积	播草盖沙面积
						苗圃面积	草坪面积	水面面积		
A42	A43	A44	A45	A46	A47	A48	A49	A50	A51	
			0.58		2.52	0.07	0.03	0.11	4.87	
130 326.61	97 624.89	53 726.53	384.52	645.54	1 682.15	46.99	16.71	75.90	3 249.45	

牧业生产（社会口径）（一）

	计量单位	编　号	北　京
一、牧业产品出栏量（出售和自宰）			
1. 生猪	头	001	4 747 118
毛重	吨	002	461 000.9
2. 肉牛	头	003	268 067
毛重	吨	004	139 947.1
3. 羊	只	005	2 638 840
毛重	吨	006	124 706
（1）山羊	只	007	728 179
毛重	吨	008	26 884.7
（2）绵羊	只	009	1 910 661
毛重	吨	010	97 821.3
4. 驴	头	011	7 058
毛重	吨	012	1 443
5. 骡	头	013	1 177
毛重	吨	014	1 416.8
6. 马	匹	015	1 746
毛重	吨	016	692.2
7. 家禽	只	017	181 901 393
活重	吨	018	446 347.1
其中：（1）肉鸡	只	019	126 845 296
活重	吨	020	298 028.3
（2）淘汰鸡	只	021	7 741 406
活重	吨	022	15 455.5
（3）鸭	只	023	46 268 598
活重	吨	024	129 473.3
（4）鹅	只	025	123 761
活重	吨	026	443
8. 兔	只	027	4 343 274
活重	吨	028	10 991.1
9. 其他	只	029	849 991
二、牧业产品产量			
1. 鲜蛋产量	吨	030	152 144.5
其中：鸡蛋产量	吨	031	147 779.5
鸭蛋产量	吨	032	3 926
鹅蛋产量	吨	033	266
鹌鹑蛋产量	吨	034	9
2. 鲜奶产量	吨	035	550 933.3

牧业生产（社会口径）（二）

	计量单位	编号	北京
其中：牛奶产量	吨	036	550 805.3
羊奶产量	吨	037	128
3. 毛类产量			
(1) 羊毛产量	吨	038	1 802.9
其中：山羊毛产量	吨	039	396.9
绵羊毛产量	吨	040	1 380
其中：细羊毛	吨	041	44
半细羊毛	吨	042	75
(2) 羊绒产量	吨	043	127.6
(3) 兔毛产量	吨	044	15
4. 珍禽特畜产品产量			
(1) 火鸡	只	045	128 987
(2) 珍珠鸡	只	046	159 257
(3) 山鸡	只	047	930 934
(4) 乌鸡	只	048	6 041 839
(5) 肉鸽	只	049	3 521 483
(6) 鸵鸟	只	050	13 603
(7) 鹌鹑	只	051	73 110
(8) 貂	只	052	3 304
(9) 鹿	只	053	3 589
(10) 狐	只	054	46 256
(11) 其他	只	055	6 844 524
三、肉类总产量	吨	056	735 452
1. 猪、牛、羊肉	吨	057	426 059
(1) 猪肉	吨	058	334 396.3
(2) 牛肉	吨	059	49 220
(3) 羊肉	吨	060	42 442.4
2. 驴肉	吨	061	713
3. 骡肉	吨	062	183.3
4. 马肉	吨	063	286.2
5. 家禽	吨	064	294 631
其中：(1) 鸡肉（肉鸡+淘汰鸡）	吨	065	193 213.8
(2) 鸭肉	吨	066	98 679.3
(3) 鹅肉	吨	067	891
6. 兔肉	吨	068	6 385.2
7. 其他	吨	069	7 194.2
四、牲畜年末存栏			

牧业生产（社会口径）（三）

	计量单位	编号	北京
（一）大牲畜年末存栏	头	070	309 900
其中：从事农事劳役的	头	071	29 002
1. 牛	头	072	274 253
（1）黄牛	头	073	123 161
其中：肉用牛	头	074	111 252
（2）乳牛	头	075	151 092
其中：成乳牛	头	076	104 281
2. 马	匹	077	4 811
3. 骡	头	078	10 608
4. 驴	头	079	20 228
大牲畜存栏中：当年生仔畜	头	080	76 497
1. 牛	头	081	72 787
（1）黄牛	头	082	26 110
其中：肉用牛	头	083	23 600
（2）乳牛	头	084	46 677
2. 马	匹	085	639
3. 骡	头	086	255
4. 驴	头	087	2 816
大牲畜存栏中：能繁殖的母畜	头	088	119 960
1. 牛	头	089	112 188
（1）黄牛	头	090	22 568
其中：肉用牛	头	091	18 419
（2）乳牛	头	092	89 620
2. 马	匹	093	1 374
3. 驴	头	094	6 398
（二）生猪年末存栏	头	095	2 597 118
能繁殖母猪	头	096	230 779
后备母猪	头	097	51 047
育肥猪	头	098	1 623 712
仔猪	头	099	676 001
种公猪	头	100	12 889
后备公猪	头	101	2 690
（三）山绵羊年末存栏	只	102	1 752 445
1. 山羊	只	103	597 574
其中：奶山羊	只	104	14 550
绒山羊	只	105	288 674
2. 绵羊	只	106	1 154 871

牧业生产（社会口径）（四）

	计量单位	编号	北京
其中：细毛羊	只	107	25 764
半细毛羊	只	108	90 701
小尾寒羊	只	109	193 277
山绵羊年末存栏中能繁殖的母畜	只	110	861 464
1. 山羊	只	111	284 904
其中：奶山羊	只	112	5 466
绒山羊	只	113	139 913
2. 绵羊	只	114	576 560
其中：细毛羊	只	115	11 480
半细毛羊	只	116	33 955
小尾寒羊	只	117	106 823
（四）家禽年末存栏			
1. 产蛋鸡	只	118	12 084 919
其中：成母鸡	只	119	10 231 403
其中：种鸡	只	120	817 646
2. 肉鸡	只	121	14 577 152
其中：种鸡	只	122	1 140 226
3. 鸭	只	123	6 340 040
其中：北京鸭	只	124	2 670 351
4. 鹅	只	125	63 877
五、兔年末存栏	只	126	848 725
六、珍禽特畜存栏			
1. 火鸡	只	127	16 228
2. 珍珠鸡	只	128	25 685
3. 山鸡	只	129	155 850
4. 乌鸡	只	130	775 001
5. 肉鸽	只	131	1 426 330
6. 鸵鸟	只	132	13 632
7. 鹌鹑	只	133	49 676
8. 貂	只	134	2 076
9. 鹿	只	135	11 407
10. 狐	只	136	29 953
11. 其他	只	137	4 818 433
七、其他养殖			
1. 年末养蜂箱数	箱	138	113 282
2. 蜂蜜产量	公斤	139	2 789 407.2
3. 蚕茧产量	公斤	140	2 698

牧业生产（非农户口径）(一)

	计量单位	编号	北京
一、牧业产品出栏量（出售和自宰）			
1. 生猪	头	001	1 637 970
毛重	吨	002	156 143.1
2. 肉牛	头	003	79 200
毛重	吨	004	36 771.5
3. 羊	只	005	230 805
毛重	吨	006	10 586
(1) 山羊	只	007	22 929
毛重	吨	008	821
(2) 绵羊	只	009	207 876
毛重	吨	010	9 765
4. 驴	头	011	1 212
毛重	吨	012	331
5. 骡	头	013	2
毛重	吨	014	2
6. 马	匹	015	1 000
毛重	吨	016	450
7. 家禽	只	017	49 845 744
活重	吨	018	124 200.3
其中：(1) 肉鸡	只	019	29 687 520
活重	吨	020	68 725
(2) 淘汰鸡	只	021	1 794 633
活重	吨	022	3 450.3
(3) 鸭	只	023	18 036 595
活重	吨	024	51 053
(4) 鹅	只	025	4 000
活重	吨	026	12
8. 兔	只	027	1 365 195
活重	吨	028	3 207
9. 其他	只	029	42 252
二、牧业产品产量			
1. 鲜蛋产量	吨	030	32 664.6
其中：鸡蛋产量	吨	031	32 559.6
鸭蛋产量	吨	032	98
鹅蛋产量	吨	033	7
鹌鹑蛋产量	吨	034	
2. 鲜奶产量	吨	035	247 174

牧业生产（非农户口径）（二）

	计量单位	编号	北京
其中：牛奶产量	吨	036	247 174
羊奶产量	吨	037	
3. 毛类产量			
（1）羊毛产量	吨	038	100
其中：山羊毛产量	吨	039	2.8
绵羊毛产量	吨	040	97
其中：细羊毛	吨	041	
羊细羊毛	吨	042	6
（2）羊绒产量	吨	043	
（3）兔毛产量	吨	044	2
4. 珍禽特畜产品产量			
（1）火鸡	只	045	200
（2）珍珠鸡	只	046	30 200
（3）山鸡	只	047	141 910
（4）乌鸡	只	048	724 060
（5）肉鸽	只	049	1 840 000
（6）鸵鸟	只	050	776
（7）鹌鹑	只	051	14 500
（8）貂	只	052	2 370
（9）鹿	只	053	683
（10）狐	只	054	27 010
（11）其他	只	055	852 227
三、肉类总产量	吨	056	225 932
1. 猪、牛、羊肉	吨	057	136 784
（1）猪肉	吨	058	116 009.1
（2）牛肉	吨	059	14 128.9
（3）羊肉	吨	060	6 645.5
2. 驴肉	吨	061	319
3. 骡肉	吨	062	
4. 马肉	吨	063	150
5. 家禽	吨	064	85 247
其中：（1）鸡肉（肉鸡＋淘汰鸡）	吨	065	44 494
（2）鸭肉	吨	066	40 066
（3）鹅肉	吨	067	10
6. 兔肉	吨	068	2 053.4
7. 其他	吨	069	1 379
四、牲畜年末存栏			

牧业生产（非农户口径）（三）

	计量单位	编号	北京
(一) 大牲畜年末存栏	头	070	82 114
其中：从事农事劳役的	头	071	78
1. 牛	头	072	81 680
(1) 黄牛	头	073	22 028
其中：肉用牛	头	074	20 611
(2) 乳牛	头	075	59 652
其中：成乳牛	头	076	38 904
2. 马	匹	077	42
3. 骡	头	078	209
4. 驴	头	079	183
大牲畜存栏中：当年生仔畜	头	080	27 165
1. 牛	头	081	27 147
(1) 黄牛	头	082	4 363
其中：肉用牛	头	083	3 823
(2) 乳牛	头	084	22 784
2. 马	匹	085	
3. 骡	头	086	1
4. 驴	头	087	17
大牲畜存栏中：能繁殖的母畜	头	088	37 759
1. 牛	头	089	37 685
(1) 黄牛	头	090	3 800
其中：肉用牛	头	091	3 643
(2) 乳牛	头	092	33 885
2. 马	匹	093	4
3. 驴	头	094	70
(二) 生猪年末存栏	头	095	951 315
能繁殖母猪	头	096	101 322
后备母猪	头	097	18 344
育肥猪	头	098	571 845
仔猪	头	099	254 060
种公猪	头	100	5 031
后备公猪	头	101	713
(三) 山绵羊年末存栏	只	102	101 934
1. 山羊	只	103	21 127
其中：奶山羊	只	104	1 608
绒山羊	只	105	5 448
2. 绵羊	只	106	80 807

牧业生产（非农户口径）（四）

	计量单位	编号	北京
其中：细毛羊	只	107	
半细毛羊	只	108	3 088
小尾寒羊	只	109	23 577
山绵羊年末存栏中能繁殖的母畜	只	110	50 976
1. 山羊	只	111	7 484
其中：奶山羊	只	112	945
绒山羊	只	113	4 083
2. 绵羊	只	114	43 492
其中：细毛羊	只	115	
半细毛羊	只	116	1 385
小尾寒羊	只	117	16 371
（四）家禽年末存栏			
1. 产蛋鸡	只	118	2 384 967
其中：成母鸡	只	119	1 955 210
其中：种鸡	只	120	596 534
2. 肉鸡	只	121	5 393 900
其中：种鸡	只	122	1 211 000
3. 鸭	只	123	2 483 100
其中：北京鸭	只	124	1 655 600
4. 鹅	只	125	
五、兔年末存栏	只	126	171 869
六、珍禽特畜存栏			
1. 火鸡	只	127	58
2. 珍珠鸡	只	128	9 000
3. 山鸡	只	129	19 470
4. 乌鸡	只	130	186 180
5. 肉鸽	只	131	144 700
6. 鸵鸟	只	132	893
7. 鹌鹑	只	133	1 300
8. 貂	只	134	400
9. 鹿	只	135	1 057
10. 狐	只	136	19 905
11. 其他	只	137	32 510
七、其他养殖			
1. 年末养蜂箱数	箱	138	120
2. 蜂蜜产量	公斤	139	80 400
3. 蚕茧产量	公斤	140	2 500

水面利用情况

单位：亩

单位名称	现有水面面积							已利用水面										
	合计	大水库	中小水库	池塘	流水养鱼	湖泊	工厂化	合计		大水库		中小水库		池塘		流水养鱼	湖泊	工厂化
								数量	其中国营	数量	其中国营	数量	其中国营	数量	其中国营			
北京市	336 432.9	195 800	30 171	108 522.8	1 939.1	0	0	321 090.4	215 978	195 800	195 800	24 762	17 597	98 870.3	2 581	1 658.1		

成鱼产量情况

单位：千克

单位名称	合计		大水库		中小水库		池塘		流水养鱼	湖泊	其他	合计中：网箱产量	全年销售量	全年销售额（万元）
	产量	其中：国营	产量	其中：国营	产量	其中：国营	产量	其中：国营						
北京市	73 676 081	2 986 250	4 553 800	784 800	1 301 100	1 010 000	64 096 591	1 191 450	3 654 590	0	70 000	1 759 000	51 777 136	70 503.43

单位名称	本年成鱼产量合计	成鱼产量按品种分类					
		白鲢	花鲢	鲤鱼	草鱼	名特优	其他
合计	73 676 081	9 705 802	5 716 830	19 127 642	10 462 277	28 648 530	15 000

单位名称	其中：名特优品种分类														
	鲫鱼	罗非鱼	鳊鲂鱼	淡水白鲳	叉尾鱼	鲶鱼	黑水	虹鳟鱼	甲鱼	河蟹	池沼公鱼	大银鱼	加州鲈鱼	罗氏沼虾	其他
北京市	11 620 092	2 681 386	4 885 944	472 100	265 000	1 113 497	416 828	2 126 644	277 800	334 000	1 250 000	0	36 670	158 300	3 010 269

鱼苗、鱼种生产情况

单位名称	鱼种产量														蟹苗产量		鱼苗产量（万尾）	育种池（亩）
	合计		鲢鳙鱼		鲤鱼		草鱼		鲫鱼		鲂鱼		其他					
	万尾	千克	万尾	千克	万尾	千克	万尾	千克	万尾	千克	万尾	千克	万尾	千克	万尾	千克		
北京市	11084.5	10774856	2514.05	2512238	3048.5	3425461	1958.85	2042709	1736.9	1235842	879.3	615810	1005.7	705813.65	0	0	61747.5	11012

鱼种放养情况

单位名称	秋放鱼种										春放鱼种				越冬鱼种	
	小计		水库		池塘		其他		小计：五寸以上		数量	重量	其中：五寸以上		数量	重量
	数量	重量	数量	重量	数量	重量	数量	重量	数量	重量			数量	重量		
北京市	106094.75	4702742.26	100356	304000	5527.55	4357133.66	96.2	41608.6	4946.5	3710687.66	6980.7	3395911.16	3133.8	2542250.11	2166.5	1821262.65

养殖小区生产情况

	编号	个数	技术人员	入区户数	设计规模（头·只）		产品产量（头·只·吨）	
					存　栏	本季实际存栏	累　计	其中：本季
养殖小区								
1. 养猪	01	400	528	4 887	809 097	453 614	726 867	
2. 肉牛	02	176	223	2 049	66 650	34 351	75 879	
3. 乳牛	03	375	581	5 887	112 574	78 916	206 745	
4. 羊	04	505	658	8 317	637 487	371 644	669 648	
5. 肉鸡	05	257	411	3 013	9 279 076	4 012 761	19 838 444	
6. 蛋鸡	06	48	74	466	1 266 543	734 932	156 704	
7. 鸭	07	175	214	1 323	3 663 699	1 656 009	8 875 462	
8. 兔	08	94	149	1 339	850 178	425 491	1 825 111	
9. 其他	09	245	331	3 303	3 952 838	1 644 258	6 025 975	
(1) 乌鸡	10	22	39	780	995 600	320 013	2 226 496	
(2) 鸵鸟	11	19	25	217	24 842	13 353	10 618	
(3) 特禽	12	36	38	422	1 892 640	574 810	662 389	
(4) 鹿	13	34	38	320	12 262	4 195	2 183	
(5) 皮毛兽	14	2	2	58	4 800	1 920	2 510	
(6) 观赏鸟	15	4	4	41	16 120	13 124	27 000	
(7) 其他	16	102	165	1 518	1 922 325	1 321 819	3 445 003	
附：养殖小区个数(个)	17	2 166						
技术人员数(人)	18	3 209						
入区户数(户)	19	30 912						

农、林、牧、渔业增加值

	代码	合计	农业				林业	牧业	渔业
			合计	种植业	其他农业	其中：农民家庭兼营商品性工业			
甲	乙	1	2	3	4	5	6	7	8
一、总产值	01	2 303 968.0	900 788.2	884 802.3	15 985.9	13 421.4	128 115.6	1 172 347.0	102 717.2
二、中间消耗	02	1 323 493.7	433 637.3	429 185.4	4 451.9	4 274.2	60 850.4	772 688.5	56 317.5
（一）中间物质消耗	03	1 238 063.4	383 583.8	379 430.4	4 153.4	3 977.2	58 296.9	742 093.7	54 089.0
（二）对非物质生产部门的劳务支出	04	85 430.3	50 053.5	49 755.0	298.5	297.0	2 553.5	30 594.8	2 228.5
三、增加值	05	980 474.3	467 150.9	455 616.9	11 534.0	9 147.2	67 265.2	399 658.5	46 399.7
（一）固定资产折旧	06	66 421.8							
（二）劳动者报酬	07	572 180.9							
（三）生产税	08	15 556.1							
（四）生产补贴（一）	09	10 364.3							
（五）营业盈余	10	336 679.8							

农林牧渔业总产值综合统计（一）

甲	乙	按1990年不变价格计算 本年	上年	本年为上年%
甲	乙	1	2	3
农林牧渔业总产值	01	1 344 568.0	1 210 253.8	111.1
一、农业产值	02	572 141.5	543 961.0	105.2
（一）种植业	03	562 166.9	535 630.0	105.0
1. 主产品产值	04	555 009.3	527 193.8	105.3
（1）谷物	05	38 879.2	50 171.8	77.5
其中：稻谷	06	883.6	2 608.5	33.9
小麦	07	16 382.4	23 132.8	70.8
玉米	08	21 001.5	23 694.8	88.6
（2）豆类	09	4 686.1	5 955.5	78.7
其中：大豆	10	3 878.0	5 315.3	73.0
（3）薯类	11	1 560.4	1 592.5	98.0
（4）油料	12	6 852.7	6 251.5	109.6
其中：花生	13	6 761.6	6 090.8	111.0
（5）棉花	14	2 334.4	9 894.6	23.6
（6）烟叶	15	7.9	8.6	91.9
（7）中药材	16	8 434.5	4 829.6	174.6
（8）蔬菜（含菜用瓜）	17	326 332.0	302 701.0	107.8
（9）食用菌（干鲜混合）	18	6 748.7	6 384.3	105.7
（10）水果（含果用瓜）	19	104 524.8	97 537.3	107.2
其中：苹果类	20	17 273.9	16 940.6	102.0
（11）花卉园艺	21	44 824.4	31 208.4	143.6
（12）其他农作物	22	9 824.2	10 658.7	92.2
其中：饲料作物	23	9 736.4	10 610.6	91.8
2. 副产品产值	24	7 157.6	8 436.2	84.8
（1）粮食作物	25	6 191.7	7 450.0	83.1
（2）其他副产品	26	965.9	986.2	97.9
（二）其他农业	27	9 974.6	8 331.0	119.7
1. 采集野生植物	28	2 888.8	2 418.7	119.4
2. 农民家庭兼营商品性工业	29	7 085.8	5 912.3	119.8
二、林业产值	30	69 664.5	49 541.0	140.6

单位：万元

按现行价格计算			按生产者价格计算		
本　年	上　年	本年为上年%	本　年	上　年	本年为上年%
4	5	6	7	8	9
2 303 968.1	2 140 682.7	107.6	2 224 833.8	2 023 376.1	110.0
900 788.3	897 041.4	100.4	852 609.1	828 045.0	103.0
884 802.4	880 778.3	100.5	836 623.2	812 175.1	103.0
876 084.7	870 376.4	100.7	828 024.3	802 064.8	103.2
83 683.7	114 347.5	73.2	79 835.2	104 195.5	76.6
2 481.1	7 187.9	34.5	2 234.0	6 307.0	35.4
30 715.5	45 458.3	67.6	29 163.6	41 641.5	70.0
48 663.3	59 490.3	81.8	46 671.4	54 139.4	86.2
10 843.8	14 002.0	77.4	10 184.3	11 841.1	86.0
9 422.3	12 856.8	73.3	8 829.7	10 764.6	82.0
6 912.2	5 346.2	129.3	5 877.3	4 504.1	130.5
14 955.0	12 898.0	115.9	14 614.9	12 113.7	120.6
14 638.4	12 399.2	118.1	14 309.4	11 618.2	123.2
4 192.4	18 157.5	23.1	4 099.6	15 616.8	26.3
24.9	27.9	89.2	23.9	26.7	89.5
7 785.3	13 407.9	58.1	7 673.0	13 302.1	57.7
507 546.8	468 565.1	108.3	476 723.1	436 396.9	109.2
7 151.2	7 594.9	94.2	6 984.3	7 146.2	97.7
162 189.8	155 814.8	104.1	152 691.3	138 607.2	110.2
26 322.8	25 238.0	104.3	24 795.4	23 729.2	104.5
54 716.5	43 644.0	125.4	53 690.9	42 257.5	127.1
16 083.1	16 570.6	97.1	15 626.5	16 057.0	97.3
15 938.8	16 393.0	97.2	15 488.9	15 879.4	97.5
8 717.8	10 401.9	83.8	8 598.9	10 110.3	85.1
7 531.1	9 007.7	83.6	7 489.5	8 925.8	83.9
1 186.7	1 394.2	85.1	1 109.4	1184.5	93.7
15 985.9	16 263.1	98.3	15 985.9	15 869.9	100.7
2 564.5	2 485.3	103.2	2 564.5	2 401.1	106.8
13 421.4	13 777.8	97.4	13 421.4	13 468.8	99.6
128 115.6	95 335.0	134.4	124 740.7	92 280.5	135.2

农林牧渔业总产值综合统计（二）

甲	乙	按1990年不变价格计算 本 年	上 年	本年为上年%
		1	2	3
（一）营林	31	50 175.7	30 237.9	165.9
（二）林产品	32	14 521.7	13 864.4	104.7
（三）村及村以下竹木采伐	33	4 967.1	5 438.7	91.3
三、牧业产值	34	637 694.7	553 215.3	115.3
（一）牲畜	35	255 619.6	229 371.8	111.4
1. 大牲畜繁殖、增长、增重	36	65 086.8	51 200.5	127.1
其中：牛	37	60 460.6	40 304.9	150.0
2. 猪	38	162 529.1	156 082.8	104.1
3. 羊	39	25 012.6	15 689.0	159.4
4. 其他	40	2 991.1	6 399.5	46.7
（二）家禽的饲养	41	202 819.3	195 831.2	103.6
其中：鸡	42	126 146.9	110 005.4	114.7
鸭	43	61 296.0	45 964.8	133.4
（三）活的畜禽产品	44	111 402.9	108 210.5	103.0
其中：蛋类	45	68 629.5	73 837.6	92.9
奶类	46	38 250.2	29 812.6	128.3
羊毛	47	1 597.6	1 763.1	90.6
羊绒	48	2 770.9	2 479.8	111.7
（四）捕猎	49			
（五）其他饲养动物	50	64 131.4	19 801.8	323.9
（六）其他动物产品	51	3 721.4		
四、渔业产值	52	65 067.3	63 536.5	102.4
其中：养殖	53	65 067.3	63 536.5	102.4
1. 鱼类	54	50 926.5	48 214.8	105.6
2. 虾蟹类	55	1 180.7	1 186.6	99.5
3. 贝类	56			
4. 其他	57	12 960.1	14 135.1	91.7

单位：万元

按现行价格计算			按生产者价格计算		
本 年	上 年	本年为上年%	本 年	上 年	本年为上年%
4	5	6	7	8	9
93 858.4	62 041.3	151.3	91 398.6	61 133.9	149.5
27 951.8	26 162.9	106.8	27 262.4	24 050.2	113.4
6 305.4	7 130.8	88.4	6 079.6	7 096.4	85.7
1 172 347.0	1 052 350.9	111.4	1 148 536.3	1 011 321.5	113.6
571 346.7	521 283.7	109.6	560 302.3	499 225.3	112.2
137 944.6	121 809.0	113.2	134 096.9	116 549.1	115.1
131 442.7	100 231.9	131.1	127 626.6	95 584.5	133.5
342 341.1	335 519.0	102.0	338 001.6	320 990.7	105.3
79 454.5	56 482.0	140.7	77 257.3	54 248.6	142.4
11 606.5	7 473.7	155.3	10 946.5	7 436.9	147.2
338 026.6	333 164.0	101.5	329 142.8	323 505.3	101.7
218 715.8	208 979.6	104.7	212 925.1	201 766.5	105.5
100 639.6	82 308.1	122.3	98 359.5	80 009.6	122.9
182 572.2	168 960.1	108.1	178 824.3	159 519.5	112.1
66 540.1	73 105.7	91.0	64 855.0	69 555.1	93.2
110 254.0	90 099.9	122.4	108 506.9	84 373.0	128.6
2 862.1	2 628.2	108.9	2 669.2	2 569.3	103.9
2 762.8	2 840.4	97.3	2 642.8	2 736.5	96.6
74 032.9	28 943.1	255.8	74 088.3	29 071.4	254.8
6 368.6			6 178.7		
102 717.2	95 955.4	107.0	98 947.7	91 729.1	107.9
102 717.2	95 955.4	107.0	98 947.7	91 729.1	107.9
86 191.9	78 532.2	109.8	82 473.6	74 407.1	110.8
3 555.4	3 231.5	110.0	3 523.8	3 214.3	109.6
12 969.9	14 191.7	91.4	12 950.3	14 107.7	91.8

郊区县乡镇企业基本情况

区　县	企业个数（个）	从业人员（人）	总收入（万元）	利润总额（万元）	税金（万元）	增加值（万元）
合　计	134 025	1 135 814	14 078 611	983 581	443 981	3 098 499
朝　阳	1 194	71 409	1 022 884	30 598	33 727	172 454
丰　台	1 977	67 462	741 672	61 112	22 998	172 628
石景山	—	—	—	—	—	—
海　淀	3 351	62 558	765 901	56 157	26 445	157 734
门头沟	9 257	31 853	353 395	31 691	9 691	74 421
房　山	41 818	204 034	2 831 745	241 465	51 048	615 966
通　州	14 756	141 456	1 355 715	102 017	68 116	373 088
顺　义	15 476	149 595	1 256 082	100 342	50 204	325 270
昌　平	4 929	66 123	941 084	55 960	32 642	225 354
大　兴	13 796	111 514	1 812 986	113 036	73 695	363 742
平　谷	3 672	65 861	863 344	50 491	21 112	161 297
怀　柔	6 856	53 154	1 118 649	84 266	23 378	228 055
密　云	11 489	76 029	562 968	30 081	16 557	140 354
延　庆	5 454	34 766	452 186	26 365	14 368	88 136

郊区县外贸出口商品交货总额

区　县	出口商品交货总额（万元）	农副产品出口交货额（万元）	区　县	出口商品交货总额（万元）	农副产品出口交货额（万元）
合　计	768 722.2	150 204.2	顺　义	98 597.1	22 268.7
朝　阳	42 507.1	13 047.6	昌　平	57 138.0	973.0
丰　台	7 985.4	—	大　兴	122 686.7	23 194.0
石景山	2 054.6	—	平　谷	104 747.4	10 873.9
海　淀	13 160.6	7 287.0	怀　柔	34 275.6	2 381.2
门头沟	5 718.8	469.8	密　云	64 925.5	1 385.0
房　山	78 132.4	35 143.5	延　庆	33 553	20 290.0
通　州	103 240.0	12 890.5			

郊区县外商投资情况

区 县	开业三资企业（户）	外商实际投资（万美元）	区 县	开业三资企业（户）	外商实际投资（万美元）
合 计	3 400	79 257	顺 义	150	9 063.9
朝 阳	965	21 865	昌 平	176	1 922.5
丰 台	155	1 870	大 兴	154	1 437.2
石景山	88	4 106.4	平 谷	57	1 263.4
海 淀	1 135	27 213.2	怀 柔	115	1 608.0
门头沟	59	97.3	密 云	81	2 558.5
房 山	66	318.6	延 庆	21	20.0
通 州	178	5 913.0			

边远山区乡镇基本情况

项 目	单 位	2001年	2002年	项 目	单 位	2001年	2002年
土地面积	平方公里	7 211	7 660	乡镇企业总收入	万元	1 035 947	1 241 637
总户数	户	245 821	241 680	乡镇企业利润总额	万元	77 075	95 879
总人口	人	648 668	641 000	工业小区个数	个	18	19
乡镇增加值	万元	476 558	558 375	工业小区销售总额	万元	184 608	270 680
第一产业	万元	116 283	125 157	接待旅游人次	万人次	650.2	902.9
第二产业	万元	166 202	201 730	旅游收入	万元	53 233	84 045
第三产业	万元	194 073	231 488	农林牧渔业总产值	万元	232 063	257 306
地方财政收入	万元	39 247.0	51 588.6	农副产品出口供货额	万元	8 288	9 289
农民人均劳动所得	元	3 700	4 250	果园面积	公顷	32 800	42 239

郊区增加值

单位：千元

项　　目	2002年	2001年	2002年为2001年%	构成%	
				2002年	2001年
增加值合计	72 046 367	62 609 918	115.1	100.0	100.0
第一产业	9 804 743	9 308 117	105.3	13.6	14.9
第二产业	29 348 533	25 804 161	113.7	40.7	41.2
工业	22 397 051	19 727 757	113.5	31.1	31.5
建筑业	6 951 482	6 076 404	114.4	9.6	9.7
第三产业	32 893 091	27 497 640	119.6	45.7	43.9
农林牧渔服务业	186 575	240 865	77.5	0.3	0.4
地质勘察业、水利管理业	155 595	105 023	148.2	0.2	0.2
交通运输和仓储业	4 049 798	3 277 425	123.6	5.6	5.2
邮电通讯业	917 953	843 977	108.8	1.3	1.3
批发和零售贸易业及餐饮业	6 373 228	5 662 491	112.6	8.8	9.0
金融保险业	2 286 876	2 084 792	109.7	3.2	3.3
房地产业	6 543 389	4 330 427	151.1	9.1	6.9
社会服务业	4 745 465	4 411 534	107.6	6.6	7.0
卫生、体育、社会福利业	845 873	792 982	106.7	1.2	1.3
教育、文艺及广播电影电视业	2 372 598	1 872 190	126.7	3.3	3.0
科学研究和综合技术服务业	838 872	291 014	288.3	1.2	0.5
国家机关、党政机关和社会团体	2 348 755	1 823 463	128.8	3.3	2.9
其他行业	1 228 113	1 761 456	69.7	1.7	2.8

郊区增加值构成项目

单位：千元

项　　目	增加值	劳动者报酬	生产税净额	固定资产折旧	营业盈余
增加值合计	72 046 367	34 536 554	8 555 792	12 239 565	16 714 456
第一产业	9 804 743	5 749 565	138 890	617 251	3 299 038
第二产业	29 348 533	14 066 224	5 224 281	3 983 115	6 074 914
工业	22 397 051	10 362 006	4 116 238	3 375 529	4 543 278
建筑业	6 951 482	3 704 218	1 108 043	607 585	1 531 636
第三产业	32 893 091	14 720 766	3 192 622	7 639 199	7 340 504
农林牧渔服务业	186 575	128 661	3 975	25 321	28 618
地质勘察业、水利管理业	155 595	95 051	12 041	23 684	24 819
交通运输和仓储业	4 049 798	1 821 150	404 571	688 055	1 136 022
邮电通讯业	917 953	131 586	49 824	407 933	328 611
批发和零售贸易及餐饮业	6 373 228	3 102 367	749 552	805 368	1 715 941
金融、保险业	2 286 876	567 356	241 463	144 489	1 333 568
房地产业	6 543 389	670 640	1 013 717	3 712 500	1 146 532
社会服务业	4 745 465	2 361 747	490 987	975 228	917 503
卫生、体育、社会福利业	845 873	770 183	208	95 554	−20 072
教育、文艺及广播电影电视业	2 372 598	2 110 262	16 501	275 749	−29 914
科学研究和综合技术服务业	838 872	345 512	113 034	70 127	310 199
国家机关、党政机关和社会团体	2 348 755	2 040 515	6 212	240 048	61 980
其他行业	1 228 113	575 736	90 537	175 143	386 696

农村经济收益分配

单位：万元

项　　目	2001 年	2002 年	2002 年比 2001 年±%
营业收入	14 904 562.4	17 229 005	15.6
营业成本	13 178 700.7	13 692 095.6	3.9
利润总额	853 069.3	2 367 077.1	177.5
可供分配利润	733 541.7	2 231 838.1	204.3
未分配利润	157 014.1	194 246	23.7
全年税金总额	407 334	506 417.1	24.3
年末生产性固定资产原值	3 534 543	2 011 797.9	-43.1

注：北京市农村经济统计指标口径从 2002 年开始进行了修改，故 2002 年利润总额、可供分配的利润比上年增长较高。

全市财政收入

单位：万元

项　　目	决算数	项　　目	决算数
一、一般预算收入合计	5 339 900	农业税	5 879
其中：增值税	666 884	耕地占用税	10 399
营业税	2 277 893	契税	168 680
企业所得税	1 024 446	国有资产经营收益	8 270
个人所得税	612 931	国有企业计划亏损补贴	-516 958
资源税	2 876	行政性收费收入	149 064
城市维护建设税	249 144	罚没收入	93 550
房产税	251 121	海域场地矿区使用费收入	11 622
印花税	78 327	专项收入	185 259
城镇土地使用税	32 944	二、基金收入合计	669 694

全市财政支出

单位：万元

项　　目	决 算 数	项　　目	决 算 数
一、一般预算支出合计	6 283 496	文体广播事业费	141 881
其中：基本建设支出	643 100	教育事业费	858 185
企业挖潜改造资金	413 647	科学事业费	87 806
地质勘探费	7 078	卫生经费	379 281
科技三项费用	63 704	社会保障补助支出	94 275
流动资金	—	行政管理费	352 020
支援农村生产支出	134 634	城市维护费	332 346
农业综合开发支出	35 553	政策性补贴支出	42 057
农林水利气象等部门的事业费	64 770	专项支出	145 807
工业交通等部门的事业费	29 166	二、基金支出合计	556 255

农村信用社存款情况

单位：万元

项　　目	年末余额	项　　目	年末余额
各项存款合计	6 743 614	通　州	513 358
1. 集体存款	3 577 348	顺　义	582 015
2. 储蓄存款	3 166 266	昌　平	539 929
按区县分：		大　兴	533 386
朝　阳	918 723	平　谷	318 586
丰　台	865 384	怀　柔	276 774
石景山	167 967	密　云	215 353
海　淀	1 089 413	延　庆	131 332
门头沟	120 195	营业部	86 502
房　山	384 697		

农村信用社贷款情况

单位：万元

项　　目	年末余额	项　　目	年末余额
各项贷款合计	3 462 566	房　山	216 225
1. 农户贷款	75 107	通　州	306 395
2. 农村经济组织贷款	433 655	顺　义	338 106
3. 农村工商业贷款	2 432 650	昌　平	253 052
4. 其他贷款	521 154	大　兴	259 934
按区县分：		平　谷	196 813
朝　阳	405 037	怀　柔	144 993
丰　台	320 198	密　云	164 150
石景山	72 692	延　庆	100 682
海　淀	553 786	营业部	99 437
门头沟	31 066		

郊区县农村经济营业收入

单位：万元

区　县	2001 年	2002 年	区　县	2001 年	2002 年
合　计	14 904 562.4	17 229 005.0	顺　义	1 382 551.0	1 497 189.0
朝　阳	2 057 847.5	2 318 022.4	昌　平	851 685.5	964 554.2
丰　台	1 056 467.0	1 166 016.7	大　兴	1 558 114.0	1 872 502.9
石景山	236 951.0	286 650.3	平　谷	768 184.0	918 046.5
海　淀	821 872.0	931 960.1	怀　柔	1 079 542.2	1 242 212.1
门头沟	328 739.0	391 825.2	密　云	677 511.1	815 612.2
房　山	2 504 661.0	3 070 721.4	延　庆	490 286.1	565 947.0
通　州	1 090 151.0	1 187 745.0			

农口国有企业经济指标

单位名称＼指标	销售收入（万元）	利润（万元）	税金总额（万元）	总资产（万元）	所有者权益（万元）	职工收入（元）
合计	1 559 652	24 976	35 589	2 163 018	726 456	15 734
三元集团	351 000	12 000	16 000	938 653	279 792	15 869
郊旅公司	150 000	10 468	5 589	216 669	175 176	23 000
华都集团	106 571	1 649	606	152 593	36 015	16 147
城乡建设集团	490 000	5 382	9 228	468 168	104 697	19 552
兴东方公司	50 000	173	727	118 306	58 727	15 315
水产总公司	250 000	2 800	1 592	101 427	25 077	17 000
大发畜产公司	123 719	−6 869	264	10 209	−70	10 882
农工商开发公司	18 758	−575	270	77 582	8 058	17 578
北农集团	4 500	−150	216	79 411	38 984	22 000
中央批发市场	15 104	98	1 097	52 501	29 152	19 500

农村住户全年收支情况

项目	计量单位	数量		2002 年为 2001 年的%
		2002 年	2001 年	
一、调查户数	户	2 710	2 710	100.0
二、户均常住人口	人	3.46	3.46	100.0
三、户均整半劳动力	人	2.33	2.28	102.2
四、平均每一劳动力负担人口	人	1.48	1.52	97.4
五、人均生产性固定资产原值	元	1 745	1 736	100.5
六、人均住房面积	平方米	32.57	31.01	105.1
七、人均纯收入	元	5 880	5 274	111.5
（一）生产性纯收入	元	5 130	4 772	107.5
1. 工资性收入	元	3 672	3 357	109.4
其中：在非企业中劳动得到	元	1 188	1 105	107.5
在企业中劳动得到	元	1 784	1 707	104.5
2. 家庭经营纯收入	元	1 458	1 415	103.0
（1）一产收入	元	674	791	85.2
其中：农业	元	400	504	79.4
牧业	元	235	229	102.6
（2）二产收入	元	134	70	191.4
（3）三产收入	元	650	554	117.3
（二）转移性和财产性收入	元	750	502	149.4
八、人均生活消费支出	元	4 206	3 871	108.6
（一）食品支出	元	1 387	1 353	102.5

（续）

项　　目	计量单位	数　量		2002年为2001年的%
		2002年	2001年	
其中：主食	元	209	222	94.1
副食	元	557	563	98.9
（二）衣着支出	元	315	299	105.4
（三）居住支出	元	714	661	108.0
（四）家庭设备用品及服务支出	元	282	272	103.7
（五）医疗保健	元	372	294	126.5
（六）交通与通讯	元	355	283	125.4
（七）文化教育娱乐用品及服务	元	617	553	111.6
（八）其他商品及服务	元	164	156	105.1
九、人均家庭经营费用支出	元	777	747	104.0
其中：农业	元	180	198	90.9
牧业	元	218	188	116.0
十、人均购置生产性固定资产支出	元	68	56	121.4
十一、人均税费支出	元	22	23	95.6

（北京市农村社会经济调查队、市经管站等单位供稿）

北京市海淀区植物组织培养技术实验室
北京市海淀区农业科学研究所
顺义区马坡镇
顺义区北小营镇
门头沟区科技开发试验基地
通州区宋庄镇小堡村
通州区永顺镇
通州工业开发区
大兴区高度重视林业工作
北京大兴三绿菜蔬有限责任公司
顺义区林业局
平谷区果品产业协会
蟹岛度假村
昌平区委、区政府
昌平区兴寿镇
昌平区城南街道办事处
朝阳区太阳宫乡
首都空港后花园——南法信镇
北京天竺出口加工区

北京天竺空港工业区
金鱼之乡——朝阳区黑庄户乡
昌平区崔村镇
迅速崛起的马池口镇
昌平区北七家镇
燕山深处的璀璨新星——宝山镇
北京之源——房山区琉璃河
现代化的城市乡村——海淀区门头村
大兴区采育镇
丰台区王佐镇
顺义区李桥镇
通州区梨园镇
通州区宋庄镇
朝阳区高碑店乡
怀柔区北宅村委员会
北京市怀柔对外贸易有限公司
温泉古镇——昌平区小汤山
北京小汤山现代农业科技示范园

北京市海淀区植物组织培养技术实验室

国家科学技术进步奖

证　书

为表彰国家科学技术进步奖获得者，特颁发此证书。

项目名称：甜（辣）椒花药培养单倍体育种技术的研究与应用

奖励等级：二　等

获 奖 者：北京市海淀区植物组织培养技术实验室

证书号：J-201-2-13-D01

"甜（辣）椒花药培养单倍体育种技术的研究与应用"项目，建立并完善了甜（辣）椒花培育种新技术，获得2001年度国家科技进步二等奖。

技术创新：成功地解决了甜（辣）椒花药培养的一系列技术难题。①接种污染率控制在1%左右；②单倍体植株移栽成活率和加倍成功率稳定在98%以上；③能从甜椒和辣椒的每一个品种或杂交种中获得单倍体植株，根据育种要求每年能获得上千株甜（辣）椒单倍体植株，从而使该技术成为实用技术；④建立了从杂交种、品种快速育成新的品种、杂交种和育种材料的一套花培育种实用技术。通常，采用常规育种技术育成一个稳定的自交系需5年以上，育成一个新的品种或杂交种至少也要8年以上，而花培育种所需时间分别是3年和5年，缩短了育种时间。

选育品种：采用花培技术，在国内外首次育成花培品种"海花三号"。获奖前后有6个甜（辣）椒品种或杂交种，经过了北京市和其他省（市）农作物品种审定委员会的审定。还培育出一批有实用价值的品系和育种材料，供有关单位应用。

推广应用：育成的"海花三号"等系列品种和杂交种，已在生产上推广应用，表现出明显的早熟性及丰产性，至2000年已在全国236个市、592个区县范围内推广和试种，累计推广面积16.2万公顷，实现社会经济效益16.28亿元。

此外，还有两项技术获得国家发明专利：2003年1月，该室有"繁殖韭菜母本和杂交种的方法"及"建立洋葱的雄性不育无性系和保持系的方法"两项技术，由国家知识产权局授予了发明专利。

甜椒花培单倍体苗

花培品种海花三号

亲本之一为花培品系的海丰五号甜椒杂交种

亲本之一为花培品系的海丰十四号辣椒杂交种

Carefully Chosen Vegetable

北京市海淀区农业科学研究所

金灿

海农六号

海农六号：1998年通过北京市农作物品种审定委员会审定。中熟、高产、抗病、质佳、耐贮耐运。

海农七号

海农八号

海农八号：1999年通过北京市农作物品种审定委员会审批。该品种中熟、高产、抗枯萎病兼抗炭疽病、质佳、耐贮耐运。

银铃一号冬瓜

绿绣一号苦瓜

抗病 耐热 高产

金灿南瓜

海粉三号

顺义区马坡镇

勇于开拓的马坡镇领导集体

党委书记：吴耀新

马坡镇聚源工业区

第二十九届奥林匹克水上运动中心和马术馆

马坡镇位于首都东北郊，坐落在风景宜人的潮白河畔，距市区30公里，首都机场8公里，101国道和京承铁路贯穿全境。辖区总面积35.1平方公里，有21人行政村，2.3万口人。

近几年来，镇党委带领马坡人民开拓进取，求实创新，"三个文明"建设呈现出良好的发展态势。目前，经济发展突飞猛进，高尔夫球场、赛马场、乡村乐园为主的体育产业，阿奇电子、庆东锅炉、ABC锅炉为代表的机电产业，吉顺源食品、芦荟化妆品、高科技杜仲胶提炼为主的农产品深加工产业、新城启动的建筑产业，已成为全镇经济的重要增长点。卫星城建设初具规模，智能化花园居住小区环境优美、建筑风格别致，成为市民的投资热点；依潮白河沿岸的8大别墅区集世界风情，吸引国际友人休闲、度假、娱乐；镇域内村庄绿树环抱，鲜花盛开，整洁清新，成为都市乡村的典范。

2002年，全镇完成国内生产总值4.1亿元，税收5 000万元，实现农村经济总收入7.8亿元，农民人均劳动所得7 108元。先后荣获"全国小城镇改革试点镇"、"全国精神文明创建活动先进单位"、"国家级卫生镇"、"全国体育先进镇"等荣誉称号。

2008年奥运会，马术、赛艇、皮划艇三个项目在马坡举行，顺义新城北移，未来的马坡将成为吸引首都市民旅游、休闲、度假、娱乐的一个重要基地。

北京高尔夫集团公司

顺义区北小营镇

党委书记：张尚强

团结务实的北小营镇领导集体

北小营镇位于北京市区东北35公里，毗邻潮白河畔。全镇占地面积55.8平方公里，下辖17个自然村，有3.2万人口。2000年，经北京市人民政府批准为北京市中心镇。

北小营镇坚持以环境立镇，立足于可持续发展战略，不断推进全镇的工业化和城市化进程。2002年，该镇被北京市政府评为"环境综合整治优秀镇"。良好的环境吸引众多企业在该镇落户，截至到2002年底，该镇的区级宏达工业区共有入区企业27家，总投资额近20亿元，形成一批如汇源果汁、怡生园国际会议中心、后鲁构建、前鲁鸭场等国内知名品牌。2002年，全镇实现国内生产总值5.4亿元，农民人均纯收入10 863元，两税收入首次突破亿元大产，被顺义区委区政府命名为"二、三产业优秀镇"。

北京汇源饮料食品集团

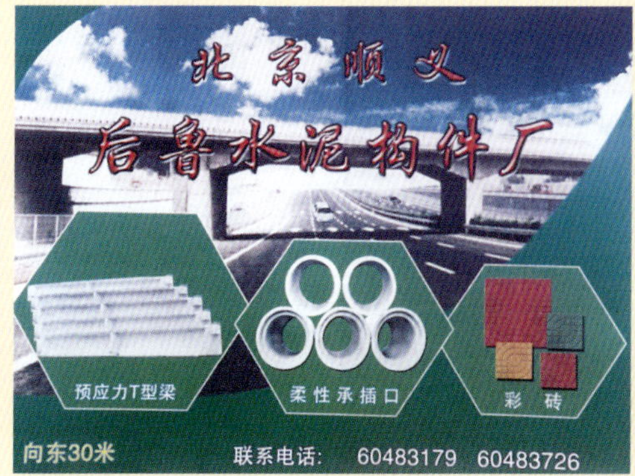

亿元企业——后鲁水泥构件厂

北京市申办2008年奥运会成功，水上运动中心场馆将在该镇境内建成。奥运场馆建设和北京市环潮白河旅游项目开发，为北小营发展旅游业提供了更广阔的空间。永利家园、鑫程苑景低密度住宅区、喜邦生态园等一批项目正在加紧建设中，不久，这里将成为集旅游、度假、怡养、娱乐为一体的良好休闲场所。

这里是您创业的沃土、这里是您理想的家园。

北京怡生园国际会议中心

农民住宅楼——永利家园

银奖
门头沟区科技开发试验基地

通州区宋庄镇小堡村

村党支部书记、村委会主任：崔大柏

小堡村位于宋庄镇政府北部，南临旧京榆公路。1999年以来调整产业结构，经济发展迅速。先后建立南北二个工业园区。总设计面积3.97平方公里，其中北工业园区“宋庄镇佰富苑工业园区”，为北京市重点扶持的郊区65家工业区之一。工业园区先后引进企业72家，年税收1 000万元。村内80%以上的剩余劳动力得到安置，530多名农民成为“蓝领”，挣上了工资。2002年，全村实现生产总值1.2亿元，人均可支配收入8 800元。

精神文明建设成果显著。小堡村致力创造良好的生活环境，建成日处理污水150吨的两个村民生活污水处理厂，村民文化生活健康丰富，村内建有街心公园、文化广场等群众活动场所及灯光球场、游泳池及台球室等体育设施。和首都图书馆合作建立的首图小堡分馆，村民闲暇时间看书学习形成时尚。村内建起了秧歌队、小乐队、文艺创作队、老年书画小组、乒乓球队、篮球队等。小堡村连续4年评为首都文明村、连续10年评为区级文明村。

小堡村警务站

村游泳池

佰富苑工业区

村民在图书室学习

村党支部、村委会办公大楼

村工业园区生产车间

通州区永顺镇

北京顺房地产开发公司开发建设乔嘉园小区

大型社区——珠江国际城

北京富新达电动拖车公司生产的电动拖车处于国内领先水平

风景秀丽的华龙公园

镇办首届农民运动会

通州工业开发区

北京通州工业开发区位于通州卫星城的东南方，距新华大街5公里。1992年5月经市政府批准建立，于2000年12月被市政府确认为市级工业开发区。扩区建成后规划面积将达到5.1平方公里。依附优越的交通条件、配套以完备的基础设施和高效的服务体系，这里已成为中外客商投资的一方热土。

通州工业开发区一景

交通便利：开发区距天安门25公里，北靠京津公路，西邻京秦铁路专线，南望京沈高速路，周边有京哈高速路，北京六环路，即将开通的八通线轻轨列车终点站距开发区1公里。首都国际机场距开发区仅22公里，驱车直达只需半小时，距天津港只需一小时路程，交通十分便利，四通八达。

设施完备：开发区基础设施达到"八通一平"标准。水、电、暖、工业用汽全部统一供给；排污实行雨污分流；电话、宽带网、有线电视全部到位；天然气正在建设中。完备的基础设施配套能力为客商投资提供了有力的保障。

服务完善：有意于在开发区投资的企业我们将在注册、土地、开工等手续上实行"一条龙"服务，并承诺"今日事今日办"。"企业的需要就是我们的工作"是每位工作人员的座右铭。

美国通美晶体工业园

入驻企业：目前来自于美国、日本、法国、德国、瑞士、澳大利亚、韩国、哈萨克斯坦、香港等国家和地区的众多跨国公司和国内知名企业落户通州开发区。截止到2002年底，开发区已累计批准成立企业400余家，其中法国阿托菲纳工业园、美国通美AXT工业园是开发区内的园中园。

通州工业工发区现已成为以新材料、新医药、电子、精细化工为支柱的新技术、新材料的产业基地，成为通州区对外开放的窗口。我们竭诚欢迎各位领导、来宾到通州工业开发区参观指导，我们将以极大的热忱期待着与投资者的合作。通州工业开发区将以一流服务欢迎各界人士来此投资兴业，一展辉煌。

吉林森林工业股份公司北京公司

中澳北玻安全玻璃有限公司

咬定绿色不放松　产业生态获双赢

——大兴区高度重视林业工作

贾庆林、牛有成视察大兴果品生产基地

大兴区把造林绿化作为优化发展环境，发展区域经济，农民增收致富的重要工作常抓不懈。2002年在造林绿化工作中，认真实践“三个代表”重要思想，坚持以经济建设为中心，以富民为主线，以办“绿色奥运”为动力，充分发挥了广大农民在造林绿化中的主体作用，实施了永定河绿色通道建设等十余项重点林业生态工程，及以更新改造、高接换优为重点的“兴果富民”等林业富民工程，取得了较大成绩。全区共植树612万株(墩)，绿化面积2 400公顷；综合治沙1 946公顷，完成老杂劣果树更新改造1 543公顷，145.81万株；全区花卉生产面积达533公顷，产值 1.2亿元。林木病虫害防治达到了全市领先水平；连续13年无森林火灾发生。到2002年底，全区林地总面积达到30 466公顷，活立木总蓄积达173万立方米，林木覆盖率达到30.1%。

刘淇视察大兴区魏善庄精品梨示范基地

2003年大兴区把造林绿化和兴果富民工程列在为群众拟办的五十件实事的前两位来抓。把绿化造林与大兴区国家级生态环境示范区建设相结合、与文明区建设相结合、与广大农民的致富相结合。全区安排京九铁路、五环路一期等十二项绿化重点工程。

到目前，全区已完成绿化投资8 000余万元，造林0.29万公顷，植树516.8万株（墩），育苗195公顷，综合治沙1 900公顷。完成老杂劣果树更新改造1 924公顷， 梨树高接换优586公顷。

大兴区在今后的绿化造林工作中，继续全面贯彻执行党的十六大精神和“三个代表”重要思想及北京市农村工作精神，紧紧围绕“绿色奥运”主题，按照“全方位规划，大工程带动，高标准要求，多途径发展”的思路，通过加快公路河道绿化、农田林网及过熟林更新、沙荒地综合治理、城镇绿化及“兴果富民”、“兴花富民”工程，推进林业产业化建设进程，建设良好的生态环境，营建高附加值的经济林，全面提升全区生态环境质量，增加农民收入，为首都绿化事业的发展做出更大贡献。

宋希友视察大兴精品梨园

宋希友检查杨树伐根嫁接低产林改造工程

现任区委书记沈宝昌参加植树劳动

树龄400年的古梨树

北京大兴三绿菜蔬有限责任公司

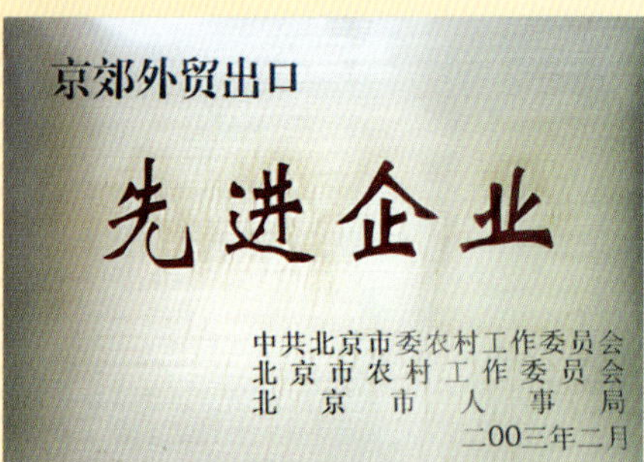

北京大兴三绿菜蔬有限责任公司地处首都南郊大兴，京开高速公路贯穿辖区南北，四环、京石、京津、外二环等高速公路构成了大兴区四通八达的公路网络，为本区的农产品运销提供了得天独厚的硬件条件。

大兴区蔬菜生产面积1.46万公顷，西甜瓜0.53万公顷，果品面积1万公顷，品种达一百多个。产品畅销国内外，有"首都南菜园"和"绿海甜园"之美誉。

北京大兴三绿菜蔬有限责任公司于1999年5月成立。公司主营鲜蔬菜、水果，注册商标为"三绿"，是国家农业部首批认定的无公害蔬菜专营企业。2002年公司通过了ISO9001：2000国际质量体系标准的认证工作。"三绿"荣获2002年度北京市著名商标。

公司现有职工165人，其中专业技术人员60人。公司内部设置严格按照ISO9001：2000国际质量认证体系，科学合理地设有基地生产、采购、冷链处理、加工车间、配送和市场开发、营销等有效的质量管理部门。现有固定资产2 200万元，厂区建筑面积6 000多平方米，其中保鲜冷库2 000平方米。三绿市场和加工车间4 300平方米。四层办公楼一座，办公运输车10部，选果机、清洗机、蔬菜分割、切割机等配套设施齐全，经济实力相当雄厚。

公司现经营本市超市蔬菜专柜30多家，单位配送6家，外埠销售网点3个，年销售额达2 000多万元，创纯利润200万元。年出口蔬菜8万吨，出口供货额达2 400万美元。发展基地0.2万公顷，带动农户10 000多户。

公司完善的生产管理服务体系使三绿果蔬产品始终保持着强劲的市场竞争力。

三绿公司加工车间

三绿公司与蓝岛联营果菜专柜

顺义区林业局

顺义林业局2002年全区投资4.5亿元，在共完成造林面积0.47万公顷基础上，重点实施了“五河四路”绿色通道工程，即：潮白河、温榆河、六环路、顺平路、京密和顺通路，实现道路绿化100公里、河道绿化60公里，新增绿化面积0.26万公顷，植树392.2万株，完成了93.3公顷防风治沙、66.7公顷山区爆破造林、66.7公顷荒山义务植树和3个镇的7个重点村庄的小型公益林建设等工程，全区林木覆盖率一年增加4个百分。受到了市委、市政府和首绿化委的高度评价与肯定，区林业局荣获了全国绿化委员会、国家林业局“关注森林”组织奖，被北京市评为绿化先进单位，被区政府授予政绩突出单位。

局长：孙绍洲

2002年在苗木发展上，主要是加大科技含量，提高管理水平，大力调整树种结构，增加大规格常绿树、观赏落叶乔木、花灌木和有色树种的比例，向多品种、优树种发展。目前全区共有大小苗圃537个，各类绿化美化苗木总计1.6亿株。年内，对全区林业病虫害进行了监测，在全区范围内设立了32个测报点，分布于重点林区和果园，针对林业病虫害的发生情况，及时进行了防治。

在奥运场馆周边建设的“绿色奥运林”

2002年度森林防火基础工作明显加强，资金投入大幅度增加。共投入资金300多万元，建立了现代化防火指挥中心，覆盖面积达全区1 021平方公里，在搞好设施建设的同时，并加强了森林防火队伍的自身建设，严格落实森林防火责任制，2002年度森林火灾指标为零。

2002年，果品基地建设，主要以富裕农民为主线，突出顺义特色，发展名优品种，重点抓了果树标准化建设、科技和服务体系建设。并创新林业发展思路，把旅游观光和果品采摘结合起来，开辟了李桥新世纪梨、大孙各庄十里葡萄长廊等旅游专线，极大程度地带动了农副产品的销售。全区共发展名特优果树0.17万公顷，植树135万株，完成果品产量5 100万千克，新创产值1.2亿元，带动农民就业1.3万人。无公害安全食品认证达到了21家，特别是梨山果品有限公司生产的“宝岛牌”新世纪梨，获得了北京首家ISO9001国际资格认证，畅销东南亚和欧洲等国家。良种苗木生产更是喜人，共出圃苗木1 400万株，创产值1.26亿元，带动农民就业1.5万人，果品生产和苗木生产分别都创历史最好水平。

双河农业观光樱桃

温榆河高点工程

平谷区人民政府

——果品产业协会

果品协会会长：傅朝永

秘书长：邢彦峰

平谷区人民政府果品办公室是平谷区为促进果品生产发展而成立的职能部门，负责全区果品生产的行政管理，果品产业的规划设计，技术培训，技术研究及产前、产中、产后系列化服务。

果品办成立12年来，在历届区县委、区县政府的正确领导下，以服务农民，富裕农民为己任，发扬奉献精神、敬业精神、创新精神，大力实施区县委、区县政府提出的大桃一品带动战略、绿色经济发展战略、科技兴果战备的精品战略。大幅度提高了果农的整体素质和果品生产的管理水平，使果品产业建设得到了长足发展，果农的收入连年迈上新台阶。

平谷区是京郊果品生产第一区和享誉全国的大桃产区。先后被国家林业局、农业部授予“全国经济林建设先进县”、“中国名特优经济林桃之乡”、“中国优质桃基地县”。

北京市平谷县

中国名特优经济林

桃 之 乡

国 家 林 业 局

中国经济林协会

2000年3月

蟹岛度假村

北京蟹岛绿色生态度假村位于机场辅路绿化带南侧，占地面积180公顷，其中90%用于种植养殖业，10%用于旅游度假休闲业，以“前店后园”为经营格局。公司自1998年成立自今，始终坚持以生态农业为依托，以产销“有机食品”为最大特色，以餐饮、娱乐、健身为载体，成为集种植、养殖、加工、旅游、休闲度假、农业观光于一体的高科技环保型农业企业，并初步形成农业旅游产业化集团公司模式。2000年9月，蟹岛度假村被国家环保总局、中国环境科学学会正式确定为北京绿色生态园基地，并成为北京市朝阳区推动农业产业化结构调整的重点示范单位之一。

蟹岛度假村因地制宜，以市场为导向，确立了“有机、环保、可持续发展”的经营理念，坚持“以农为本，大力发展特色农业旅游”的发展方针，在建设“高产、优质、高效”生态农业的基础上，将农业与旅游两种产业有机结合，“以园养店，以店促园”，开辟了一条高效的农业旅游途径，形成了“农游合一”的综合模式。

蟹岛度假村在经营中充分体现京郊农村特有的乡土人情风格。现经营项目设施有：可容纳千人同时就餐的“开饭楼”，展现农家淳朴风味的“田禾源”，塞外风情的“牧民人家”蒙古餐厅；综合性大型康乐宫，可四季垂钓的“蟹宫”；特色农家小院，仿古农庄及功能齐备、设施齐全的11个各类会议室；乐趣无穷的“宠物乐园”。另外还有民俗特色服务、大田农业观光、大棚采摘等农业实践项目。

“让成功始于双手，让绿色成为永恒”，在蟹岛这块纯情的土地上，蟹岛人正以特有的勤劳和智慧与时俱进，开拓进取，开创属于自己的美好明天。

保龄球场

大型宴会厅

游泳馆

农业观光区

全面加快现代化建设步伐

区委书记赵凤桐、区长佟根柱陪同
市长刘淇、副市长刘志华在昌平区调研

2002年，在北京市委、市政府领导下，昌平区委、区政府坚持以邓小平理论和“三个代表”重要思想为指导，深入贯彻十六大精神，紧紧围绕创建“投资创业、旅游休闲、生活居住”三个首选之区的目标，按照“强二兴三优一”产业发展思路，以“三园三区”建设为重点，解放思想，紧抓机遇，与时俱进，开拓创新，全区经济和社会各项事业快速发展。

一、经济持续快速健康发展，综合实力显著增强。完成国内生产总值111.9亿元，地方财政收入6.71亿元，分别比上年增长21.3%和52.3%；实现区域税收30.9亿元，增长54.2%，首次突破20亿元大关；完成社会固定资产投资58.7亿元，增长57.6%；城镇居民人均可支配性收入达9425元，农民人均纯收入达5751元，分别增长12.2%和11.6%。

明十三德陵修复工程

二、经济结构调整进一步深化，三次产业协调发展。中关村昌平园新发展企业360家，上缴税费6.5亿元，比上年增长56%。中关村生命科学园市政建设基本完工。中科院沙河产业基地建设启动。全区引进投资项目308项，到位资金17.6亿元。全区房产交易面积达152.2万平米，成交金额39.3亿元。顺利完成明十三陵申报世界文化遗产前期各项工作。居庸关古客栈等一批旅游设施投入使用。全区粮经比例调整到32∶68，形成肉羊、苹果、牧草和林木种苗等4个主导产业。

三、各项改革不断深入，对外开放水平进一步提高。对107家国有、集体企业进行了改制。规范农村财务管理，250个村实行村账托管，61个村实行村账双审。劳动就业和社会保障制度改革稳步推进，城镇登记失业率控制在2%，城镇失

昌平卫星城夜景

京郊最大的妇女儿童活动中心在
昌平区建成投入使用

努力创建三个首选之区

业人员再就业率达72.4%。新批三资企业52家，投资总额1.1亿美元。实现外贸出口供货额8.6亿元，增长30.3%。

四、城市化进程日趋加快，城乡环境面貌明显改善。基本完成卫星城东扩、沙河高教园区等重点地区控制性详细规划和西部地区规划编制工作。完成鼓楼南北大街改造等23件为民办实事项目。启动19片沿街平房改造项目，完成拆迁6万平米。小汤山、北七家等重点小城镇的基础设施进一步完善。对辖区内10条主要公路和十三陵等重点地区环境进行了集中整治。全区林木覆盖率达49.1%，人均公共绿地面积16.7平方米。

五、社会各项事业全面发展，人民生活品质不断提高。实施科技推广等各项计划83项。信息化建设完成办公自动化系统和交互式办公系统的开发，具有审批职能的部门初步实现网上办公。沙河高教园区基础设施建设积极推进。开展了一系列深受群众欢迎的文化娱乐活动。为42个社区配置了健身器材。区医院门诊楼、120急救中心投入使用。农村合作医疗达13.6万人，占全区农村人口的54.4%。全区计划生育率达96%，人口自然增长率控制在1.16‰。

面向新世纪，昌平区委、区政府将带领全区人民，按照党的十六大确定的“全面建设小康社会”和北京市提出的“在全国率先基本实现现代化”的要求，抢抓机遇、加快发展，开拓创新、与时俱进，脚踏实地、真抓实干，加快全区经济社会发展步伐，为早日实现“三个首选之区”和“全面小康社会”的目标而努力奋斗。

中关村生命科学园签约仪式隆重举行

昌平区优美的生态环境

中关村科技园区昌平园

小汤山现代农业科技园花卉温室

振翅腾飞的昌平

兴寿镇地处北京正北中轴线上，昌平卫星城东部，镇域面积157平方公里，人口2.6万。南距六环路3公里，东距京承高速路5公里，首都机场25公里，南离亚运村22公里，立汤路至兴寿快车道的扩建工程即将竣工。京密引水渠穿镇而过。公路、铁路、电信形成网络。有日供水3万立方米供水厂一个。自投资金2 500万元，在工业园区新建35千伏变电站已交付使用，对原有3.5万伏升为11万伏的变电站改造工程年底投付使用。充足的水电资源，优越的地理位置和良好的基础设施，为兴寿镇带来了无限发展商机。

兴寿镇工业区招商项目签字仪式

变电站

兴寿镇人杰地灵，物华天宝。在党的十六大精神指引下，兴寿镇党委确立了“一镇三区”的发展目标。以中心镇建设带动工业园区、旅游开发区、农业科技园区的发展，加快全镇各项事业的全面发展。

建设工业园区走强镇之路

兴寿镇把工业园区和工业大院的总体规划和基础设施建设作为招商引资的首要任务，建成了占地110公顷的工业园区。完成了水、电、路、绿化工作，现有14家企业入区，工业大院引进项目19个。目前，工业小区和工业大院已招商引资2.8亿元，今年可实现税收2 500万元。随着招商引资的发展，又规划出工业新区133公顷。

依托旅游开发走繁荣之路兴寿依山傍水，具有著名的人文景观和丰富的自然资源。最负盛名的铁壁银山，是“燕平八景”之一。另有大杨山森林公园，内有上百种动物、上千种植物，是人们沐浴身心的天然氧吧。优美的环境吸引了全国70多位艺术家在此安家落产，画家村诞生在上苑，成为兴寿镇一道独特的文化风景线。市级10.5平方公里的桃峪口旅游度假开发区，云集了静之湖四星级酒店、桃花坞宾馆等数十家商号，日接待

重镇——兴寿镇

能力2 000人以上。镇内百里绿色走廊正在兴建六大开发区，这里将成为人们旅游休闲、生活居住的首选之区。西湖、湖门等4个村的民俗游活动，每年接待中外游客数十万人。

“翼寿”草莓“童子一号”

打造农业科技园走富民之路

依托北京现代农业示范园，带动兴寿农业科技园的发展是富裕农民的一条有效途径。2002年兴寿镇拿出300万元作为扶持基金，奖励农户种植“翼寿”草莓“童子一号”，共建成温室大棚240栋，农民直接增收400万元，种植户当年纯收入10 000元左右。兴寿镇对种植草莓给予政策扶持，打造成京郊草莓镇。400公顷牧草的种植推动了畜牧养殖业的发展，全镇现有养殖户达1 000多户，畜禽23.7万只。水产养殖业也是兴寿镇农业的支柱，山泉垂钓、罗非鱼、淡水虾等养殖水面达200公顷，鲜鱼产量80万千克。特色林果业以板栗、核桃、苹果为主。

肉牛养殖基地

如今，兴寿镇人民安居乐业、百业俱兴，预示着一个腾飞的未来。兴寿镇将以优惠政策、优质服务和优美环境为仁人志士创造良好的投资发展空间，兴寿镇真诚地欢迎各界朋友前来投资、洽谈、开发、合作！

桃峪口旅游度假区

银山塔林

昌平区城南

继往开来打造发展平台

城南街道工委书记：王振国　　城南街道办事处主任：赵海英

昌平区城南街道办事处位于京北30公里的燕山脚下，昌平卫星城南部。区域面积14.13平方公里，总人口3.26万，下辖5个社区居委会，6个村委会。交通极为便利，距离北京市中心仅30公里，110国道、八达岭高速公路和众多市、区级公路形成横贯东西、纵穿南北的交通网络，驱车仅25分钟便可抵达首都机场。

城南街道办事处有着良好的投资环境，各种基础设施完备，自然环境优美（空气质量常年保持在2级以上），地热资源丰富，为区域经济腾飞提供了广阔的发展空间。2002年，实现农村经济总收入5.89亿元，上缴国家税金8 008万元，分别比1999年增长25.7%和291%，促进了社会进步及一方文明。

新世纪之初，城南街道办事处按照昌平区委、区政府建设"三个首选"之区的发展要求（投资创业、旅游休闲、生活居住），实施建设生态城市的战略目标，致力打造了四个发展平台，即东部投资创业区、西部生态旅游区、规模生活居住区、南部物流信息商贸区，促进了资产、资本的整合和经济快速发展，加快了全面小康建设进程。目前四个发展平台已呈现出勃勃生机，成为有识之士投资创业的热土。随着四个经济发展平台建设的不断丰富和完善，城南街道办事处将成为京北大地上一颗璀璨的"明珠"。

城南街道办事处在进一步推进城市化进程，大力加强城市管理和社区建设的同时，进一步理顺关系，转变职能，确定街道在城市管理中的基础地位，全面提升城市现代化管理水平。为实现预定目标，城南街道办事处在今后的工作中重点完成以下五项任务：

1、强化服务意识、拓展服务领域。按照"小政府，大社会"的格局，以更新观念、转变职能为前提，认真研究和探索新的机制所带来的新的变化，提高服务意识，强化服务功能，从工作方法和工作思路上有一个根本性的转变，积极培育

北京全程超越实验学校　　水屯批发市　　城南街道办事处办公楼

街道办事处

再创辉煌全面奔向小康

和发展社会服务体系，做大、做活、做好城市管理和社区服务这篇文章。

2、加快城市化进程。在目前已建成的居住小区基础上，加快水屯、北郝庄、介山、凉水河、山峡、化庄居住小区的建设，做好旧县、邓庄旧村改造前的准备工作，力争用三年左右的时间，把辖区内的村庄全部建设成现代化的居住小区。

科技企业孵化基地

3、继续抓好经济工作。在居民委员会和村委会并存的前提下，坚持社区经济和村域经济共同发展的原则，保证各项经济指标年增幅不低于30%，使地区经济达到一个新水平。

4、加强街道、社区党的建设。我们要坚持街道党组织的领导核心作用，符合条件的逐步成立社区党总支。注重发挥党员在社区建设中的作用，并在教育方法、活动形式上有所创新，以适应新形势的需要，走出社区党建工作的新路子。

旧县果园

5、推进社区建设。我们要在现有的五个社区居委会的基础上，继续推进本地区社区建设。我们将在介山村完成农转非后，建立社区居委会；南郝庄在郝庄家园入住居民达到规模后，建立社区居委会；其余的四个村本着成熟一个发展一个的原则，逐步建立社区居委会，不断扩大社区规模，推进社区建设。

天龙源温泉俱乐部

今后，城南街道办事处将以提升城镇建设水平、提速经济发展、加快城市化进程等多项工作为新起点，在区委、区政府的正确领导下，与全街道人民一起，励精图治、开拓创新、与时俱进，肩负起历史赋予我们的重任，把各项事业推向新阶段。努力将城南街道办事处建设成为区位优势明显、科教水平先进、文化氛围浓厚、经济繁荣、环境优美、社会稳定的现代化大社区。用实际行动实践“三个代表”，为创建“三个首选之区”而加倍努力工作。我们坚信：城南街道办事处的明天会更加美好，城南街道办事处一定会为昌平卫星城的建设与发展做出更大的贡献。

城南旧村奶牛场

迎着朝阳奋进

太阳宫乡北临东四环路，南临东北三环路，处在北京CBD与奥运村之间的枢纽地带，地理位置优越。太阳宫乡辖区面积5.9平方公里，辖3个行政村，14个居委会，常住人口21 138人，流动人口29 389人。

太阳宫乡党委书记：冷雪峰

在新世纪的今天，面对新时期、开辟新境界，太阳宫乡党委以“三个代表”重要思想为指针，认真落实太阳宫乡第十次党代会精神，以“家乡现代，百姓富裕”为目标，以加强和改进党的建设为保障，以经济建设为中心，以提高人民生活水平为根本出发点，科学地认识和把握“时代特征”，乘势而上，开拓奋进，努力向着率先实现城市化而不断努力。

党组织建设取得丰硕成果。太阳宫乡党委按照“三级联创”的总体要求，狠抓农村党的建设，努力探索新时期党建工作的新途径、新方法，把创建“六好”党委、“五好”支部活动贯穿于全乡的各项工作中。几年来，太阳宫乡党委坚持以“三级联创”为主线，抓住申奥成功、朝阳区“三化四区”和绿化隔离地区建设、争创文明乡和创建首都文明区、全国文明城区等机遇，认真开展了“三个代表”重要思想学习教育活动，全面加强了党的建设。在广大党员、干部、群众的共同努力下，太阳宫乡连续三年被评为区级“六个好”乡党委，2个村被评为区级“五个好”党支部，2003年又荣获朝阳区先进基层党组织称号。

经济效益大幅度提高。近年来，太阳宫乡产业结构不断优化，产业脉络不断清晰，新兴产业蓬勃兴起。围绕乡域改造形成的“开发建筑产业链”与具有乡域特色的“花卉经营产业链”相结合的发展格局，连同北三环沿线的商饮服务业的稳步发展，进一步促进了太阳宫乡经济发展的步伐。

第十届乡党委、纪委领导班子

的太阳宫乡

同时，太阳宫公园一期工程、太阳中心文化广场、四环路百米绿化精品工程等项目，进一步改善了生态环境．提高了百姓的生活质量。2000—2002年，全乡经济总收入26亿元，三年实现利润3亿元，2002年，全乡资产总额达到17.9亿元，人均所有者权益达到12.3万元。2001年，太阳宫乡被评为朝阳区经济十强乡。

太阳宫乡乡长：张永贵

“三个文明”建设快速发展。太阳宫乡坚持思想道德建设与为民办实事相结合，广泛组织开展群众性精神文明创建活动，牢固树立首都意识、首善意识、奥运意识、公德意识，创建学习型地区、学习型家庭等创建工作在太阳宫乡广泛开展。太阳宫乡投资80余万元装修改造了1 500平方米的集文化、教育、体育、卫生为一体的芍药居北里社区服务中心，进一步完善了社区功能，丰富了地区居民的文体生活，推动地区精神文明建设快速发展。

在新世纪里，太阳宫乡将面临新的机遇和挑战，迎接新的任务和希望。在“三个代表”重要思想的指引下，太阳宫乡必将迎着朝阳不断奋进，成为经济繁荣、政治稳定、百姓安居、环境优美的新农村。

太阳宫乡投资建设的北京市第三条特色商业街——莱太花卉街

太阳宫乡与香港冠城集团合作开发项目签约仪式

太阳宫乡首栋农民回迁楼入住仪式

首都空港后花园

镇党委书记：吴建国

地处京郊毗邻首都国际机场的顺义区南法信镇，以“空港后花园”的美誉而闻名遐迩。南法信镇总面积20.6平方公里，辖16个行政村，常住人口13 000人，外来人口8 000余人。

近年来，南法信镇高歌猛进，捷报频传。在连续三年被评为“首都文明镇”的基础上，又跨入了“全国文明镇”的先进行列。并荣获了“全国群众体育工作先进镇”、“北京市人民满意的公务员集体”、“北京市环境综合整治先进镇”、顺义区“六好党委”和“思想政治工作先进单位”等光荣称号。2002年，镇机关各科室获得区级以上先进集体荣誉41个、有50人次获得区级以上先进个人称号。被评为“北京市思想政治工作先进个人”的镇党委书记吴建国同志，光荣地出席了北京市第九次党代表大会。

现代化农业基地：金谷源

2002年全镇实现国内生产总值28 000万元，农村经济总收入92 165万元，农村经济纯收入18 431万元，农民人均劳动所得6 546元，税收总额3 650万元。全镇连续5年实现经济总量年递增20%。

镇属晨光工业区傲居龙头企业之首，基础设施配套，物业管理一流，服务及时到位，成为投资置业的首选之区。目前，开通了宽带网络、有线电视，引进了天然气供应，实现了七通一平。已入住企业41家，引进资金6.5亿元。

金谷农业园四季如春。南法信镇农业结构调整注重与绿化美化环境相结合，并与大专院校密切合作，从而农业结构调整一步到位，在京郊率先成为“无粮”镇。精品农业、设施农业、观光农业的优势，在本镇得到充分展现。

华英住宅园风光如画。南法信镇华英园住宅小区创造一流的人居环境，首期开发的5万平方米住宅，采用欧式建筑风格，容积率达到1比1，绿化美化体现园林特色，并与北京六环高速路绿色长廊融为一体，广泛吸引了社会关注，已安排批量居民入住。

晨光建材城购销两旺。南法信镇充分利用得天独厚的区位优势，着力发展商业、服务业。先后引进4 000万元，在顺平路南侧建起了“晨光建材城”和“晨光家

北京南大电缆厂

——南　法　信　镇

马家营工业大院(佳百益工业园区)

居广场”两个“姊妹城”，相对集中安置了200名农民就业。

民营企业家各显神通。良好的投资环境成为民营企业家们的乐园，他们在这里大显身手，放手一搏。投资1.1亿元的新上项目北京南大电缆厂，从谈到建成试产，仅用半年时间，提前一年投产可使该企业增加1.5亿元的销售收入。镇党委从支持民营企业发展着手，在这个新项目开业的同时，就为其建立了党支部、工青妇等党群组织，使其处于有利的竞争位置。军威彩钢有限公司，在短短两年产值达到1 000万元以上。

文化娱乐业丰富多彩。南法信镇沿顺平路和顺沙路两侧建起了汇源宫大酒店、在水一方大酒店、顺烟大酒楼等十余家餐饮服务项目，舞厅、歌厅设施齐备。

乡村都市化景色宜人。为加快乡村都有市化进程，南法信镇在行政村实行社区化管理，村村开通环形路，主街道全部硬化、亮化、绿化、美化，街口设置值班室，安装了造型各异的铁艺大门。

南法信杯秧歌大赛

镇政府办公楼

北京天竺空港工业区

北京天竺空港工业区管委会
北京天竺出口加工区管委会

办公大楼——蓝天大厦

北京天竺空港工业区于1994年1月经北京市人民政府批准成立，总规划面积6.6平方公里。目前已开发3.61平方公里，已投入使用的建筑面积100万平方米。工业交通便利，距首都机场仅1 000米，沿京津塘高速公路驱车1小时50分钟即可达天津塘沽港。

2002年工业区主要经济指标保持了持续快速发展，均有大幅度提高。总收入164.04亿元，同比增长13.15%；出口交货值6.83亿美元，同比增长41.12%；国内生产总值23.85亿元，同比增长17.49%；总产值147亿元，同比增长31.18%；利润总额7.25亿元，同比增长3.57%。截止目前，空港工业区共吸引入区企业268家，吸引投资158亿元人民币。

招商引资具有以下5个显著特点：

1、形成了以电子信息产业为主导的产业格局。区内有以北京JVC电子产业有限公司、爱立信、松下为代表的29家电子信息类企业，投资总额24亿元人民币。2002年，电子信息类企业完成销售收入85.69亿元人民币。

2、临空产业呈现出蓬勃发展的态势。区内为机场服务的相关企业23家，投资总额52亿元。

3、医药产业发展初具规模。目前已有日本东菱药业、韩国韩美制药、国内上市公司四环药业、高科技企业盈东生物等17家企业投资建厂，总投资4.1亿元人民币。

4、国际跨国公司云集。入区企业中有以美国的皇冠制罐、欧洲的空中客车等为代表的国际跨国公司60家，投资总额达75亿元。跨国公司中排名世界500强的有20家。

5、形成了高新技术产业群。已投产企业中，经北京市科委认定的高新技术企业有16家。其中华大基因研究中心的科学家们在工业区内完成了人类基因测序1%的任务，与国际组织一起破译了人类基因框架结构图。安泰科技股份有限公司是经国家认定的高新技术企业，正在建设占地14.8公顷的新材料产业园。

部分入园的国际知名企业和跨国公司徽标

北京天竺出口加工区

北京天竺出口加工区于2000年4月经国务院批准成立，是全国首批15家出口加工试点之一，是首都北京唯一一家国家级出口加工区。出口加工区为海关实施封闭管理的特殊区域，实行境内关外的监督管理模式，按国际惯例操作运行，为出口加工型企业提供更为便利的经营环境。

SMC（北京）制造有限公司奠基典礼

北京天竺出口加工区位于空港工业区A区，总规划面积1.251平方公里，目前已全部开发完毕。区内建有海关报关大楼、检验检疫楼、1万平方米监管库、1万平方米验货场、4万平方米标准化厂房，市政设施达“七通一平”的条件。

北京天竺出口加工区按照功能规划分为：管理和服务区、海关监管区、标准化厂房集中区、加工企业集中区。其发展目标为：建成首都外向型企业最集中、出口规模最大、对外开放程度最高的地区，成为北京市高新技术产业化先导区、出口创汇重点区、加工贸易示范区。出口加工区鼓励发展科技含量高、产品体积小、附加值高、无污染企业和仓储物流企业入驻。

2001年6月，北京天竺出口加工区通过国家八部委的联合验收，正式封关运作。原北京市市委书记贾庆林，海关总署署长牟新生为加工区揭牌。目前，加工区已吸引入区企业8家，投资总额3亿美元。其中，日本SMC公司投资2亿美元，在加工区内兴建亚太地区最大的气动元件生产、加工和出口基地，预计2003年下半年正式开工生产。

金鱼之乡——朝阳区黑庄户乡

黑庄户乡位于北京市东南部，辖区面积25平方公里。近年来在乡党委的带领下，以“三个代表”为指导思想，大力实施区域经济战略。充分利用自身的有利条件，以发展观赏鱼为主导产业，带动相关产业发展。

现代化观赏鱼养殖场

黑庄户乡饲养宫廷金鱼有二百多年的历史，饲养的宫廷金鱼体态优美，色彩艳丽，在国内外观赏鱼市场享有美誉。

聘请新加坡规划大师（首规委顾问）刘太格先生规划设计以观赏鱼产业为主的精品农业产业带正在逐步实现，最终形成全国乃至亚洲最大的高档、优质观赏鱼养殖和生产加工基地，观赏鱼交易中心、鱼文化交流中心、鱼文化教育中心、鱼文化旅游度假村。

黑庄户乡现有观赏鱼养殖水面近300公顷，农民养殖户六百余家，销售产值4 976万元，出口2 000万尾，出口创汇176万美元（直接出口30万美元，间接出口146万美元）。

以观赏鱼养殖发展中心为龙头企业，建有5 000平方米交易大厅和居于全国先进水平的观赏鱼出口包装车间，是北京宫廷金鱼主要的繁育基地和销售中心。按照公司＋农户的发展模式，发挥着观赏鱼养殖户与国际国内市场沟通联系的桥梁作用。2002年又通过引进热带鱼丰富我乡观赏鱼养殖品种。中心经过多年实践和研究，孵化繁育出50多个新品种。不断提供给养殖户，解决了养殖品种老化、品种少的问题。

交易大厅

总投资二千多万元，将于2003年10月投入使用的8万平方米现代化观赏鱼养殖场将成为国内最先进、规模最大的现代化养殖场，其中部分达到或超过了国际水平。中心使用后将按国际市场需求，养殖以外销为主的观赏鱼品种，生产出高品质的观赏鱼，对带动周边地区的发展将起到示范作用，带动观赏鱼养殖上新水平。

我乡有自备铁路一条，位于北京市朝阳区双桥中路，临北京双桥火车站货场500米；临京沈高速路1公里、京通快速路2公里、京津塘高速公路10公里；临市区三环路8公里、五环路2公里；可直接办理全国各地的火车整车及20吨集装箱的收发业务。各种市政基础设施为可持续建设和发展提供了充分便利的条件。黑庄户乡人民愿与您携手共创美好明天！

自备铁路　郎各庄农业观光园　康城花园　观赏鱼交易大厅外景

昌平区崔村镇

崔村镇位于京城北部，昌平卫星城正东面，南与六环北面相接，镇域面积62平方公里，其中山场面积占55%，是一个半山区镇。镇辖12个行政村，1.3万人。镇内京密运河、昌怀公路、京通铁路横贯东西，48路香堂至静安庄小公共汽车直达崔村，交通十分便捷。

伴随着中国改革的春风，崔村镇正在由农业向工业化、乡村向城市化转变。2002年，崔村镇实现农村经济总收入55 734万元，纯收入10 132万元，国内生产总值17 955万元，人均劳动所得5 800元，完成财政收入1 500万元。

为认真贯彻落实昌平区委、区政府关于全面建设"三个首选"之区的奋斗目标。

镇党委书记：金东彪

镇长：朱华海

2003年崔村镇党委、镇政府将以九大任务兴崔村，即：一，努力做"三个代表"的忠实实践者；二、实现三个首选之区；三、搞好三个产业——强二、兴三、优一；四、抓好三个苹果品牌（三个村是真顺村、大辛峰村、香堂村）；五、建一个占地三千亩的新工业区；六、改造建设占地三千亩的中心城镇；七、抓好三条沟建设（八家沟、西峪沟、翠花山）；八、推出三个民俗旅游村（香堂村、真顺村、西峪村）；九、落实好三个服务——对投资者精心服务；对入驻企业全方位服务；对百姓搞好服务。为完成好这九大任务，我们将继续以经济建设为中心，与时俱进，开拓进取，借北京奥运项目建设、昌平城区东扩之势，不断加快全镇经济发展步伐，按照全面建设小康社会的目标，全面提升各项事业发展水平。

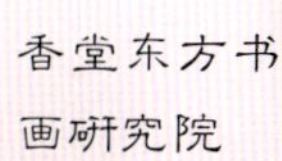

香堂东方书画研究院

北京京师育联德国椰鲁新型塑钢设备

崔村镇香堂文化新村

迅速崛起的马池口镇

马池口镇位北京最具有发展潜力的昌平区核心位置，东邻中关村科技园区昌平园，西伴南口群山，南接海淀中关村科技园区发展区，北依昌平卫星城。全镇总面积58.4平方公里，辖20个行政村，1个社区居委会，现有人口5.2万人，是昌平独具特色的平原大镇。

昌平区马池口镇党委书记：陈隽磊

马池口镇区位优越，交通发达。八达岭高速、温南公路纵穿南北；北京六环路、昌流路、水南路横贯东西，镇域内的昌平火车站是京包、京通铁路的重要客货两用枢纽站。镇内有6路、7路、8路、20路等中巴车，交通十分便利。

马池口镇通讯、邮政、电力事业发展迅速，有6075、6077两个程控电话支局，已形成了高密度集的电话网络；已建成的马池口邮政支局，为连接国内外通讯联络和信息传播提供了最为迅捷、方便的良好保证。镇内现有110千伏变电站和10千伏开闭站各一座，电力充足，日供水2万吨的水厂已投入使用；全长9公里的水南路扩建、天然气主干管道引进工程已经启动。

8.81平方公里的埝头工业区建设全面展开，已有清华阳光、华恒汉方、文盛印刷等16家企业入驻工业区，2002年底，全镇实现国内生产总值3.56亿元，税收4410万元。

1999—2000年度被评为“六好”乡镇党委标兵、连续四年被昌平区评为农村基层组织“六好”党委、郊区环境整治标兵乡镇、首都社会治安综合治理先进单位、首都精神文明先进单位等称号。

北京昌裕乐器有限公司

镇政府办公楼

目光投向马池口，机遇财富处处有！马池口镇政府和全镇人民，热忱欢迎国内外企业、海内外朋友前来了来投资兴业，共同发展。

电话：60756460　60758411

邮编：102202

http://www.Bjchp.gov.cn/mchk

E—mail:mckz6460@sohu.com.cn

地址：北京市昌平区马池口镇北小营村东

昌平区北七家镇

昌平区委常委：
北七家镇党委书记：李德海

镇长：徐金旺

北京市昌平区北七家镇位于昌平、朝阳、顺义三区交界处，东距首都机场17公里，西距京昌高速公路10公里，南距规划中的奥运村2公里，北接风景秀丽的温榆河。全镇总面积60平方公里，辖21个行政村，地区人口25万人。

北七家镇地理环境优越，交通便利。京汤快速路纵穿南北，定泗公路横贯西东，京承高速公路和城市铁路5号线在镇域内设有站口，358、850、417、等20余条线路直通市区。

镇域内地下水资源及地热资源非常丰富且水质优良。15公里长的温榆河绿色生态走廊自西北向东南环镇而过，占北七家镇面积近20平方公里。镇域内市政设施完善，通讯便捷。豪华典雅的别墅、林立的高楼在茂密的绿林中时隐时现，集旅游、观光、度假、休闲为一体，古典和现代气息兼备的都市农庄迎合了现化人“亲近自然，贴近土地”的新的生活理念。茂密的林圃，飘洒的花香使北七家镇成为人类理想的家园。优越的地理环境和人文环境，全国小城镇综合改革试点在户籍政策、土地出让金返还、税收减免等方面的极大优势使北七家成为投资者青睐的投资热地。

镇政府办公大楼

北七家镇属京北经济发达的黄金三角区域，是北京市城市建设重心进一步北移所要发展的核心区域。随着城市化进程的加快，镇党委、镇政府提出了“兴三、强二、优一”的发展战备，并逐步形成以“三园六区”、“都市绿洲”高效农业示范园的房地产开发为龙头的经济发展模式。

2002年全镇国内生产总值实现5亿元，税收1.4亿元，镇级财政收入7 300万元，分别比2001年增长43%、131%和56%。全镇各项建设事业生机勃勃，呈现出催人奋进的良好局面。到2005年，全镇经济发展的目标是：保持镇域经济20%以上的速度增长，主要经济指标力争三年实现翻两番，到2005年，全镇经济总收入达到20亿元，国内生产总值达到8亿元，上缴税金达到5亿元，镇级财政收入突破1亿元，全镇固定交资产投资额达到50亿元，人均收入超过1万元。城镇规划、建设、管理和经营水平进一步提高，综合实力和竞争能力跨入全国小城镇先进行列，为昌平区委提出的争创“三个首选之区，两个中等偏上”做出贡献。努力把我镇打造成全国一流水平的生态精品小城镇。

小城镇建设

燕山深处的璀璨新星——宝山镇

A Bright New Star is shining in Deep Yan shan Mountains

宝山镇政府办公大楼

宝山镇位于怀柔区北部，交通便利，距怀柔城区78.5公里，距北京110公里，距首都机场94公里。滦赤路、宝四路于此交汇，可直达延庆、丰宁、赤城等地，是首都后花园的绿色屏障。

2001年11月，原宝山寺乡与碾子乡合并建立宝山镇。面对撤乡建镇新形势、新挑战，宝山镇充分发挥强强联合的优势，坚持以经济建设为中心，经济发展为第一要务，全面实施“优化一产，强化二产，鼓励支持发展三产”的总体发展思路，山区狠抓农业产业结构调整，坚持以增收富民总揽工作全局，逐步形成了以高效种植业、绿色养殖业、特色林果业为主的“三大主导产业”。

平原工业区加大招商引资力度，不断优化发展环境，基础设施明显改善。宝山镇工业区位于怀柔雁栖工业开发区内，区内基础设施良好，具备“七通一平”的标准，紧临101国道，距怀柔城区5公里、怀柔火车站5公里，交通便利，区位优越。工业一区总占地面积14.7万平方米，分为工业一区和工业二区，现有土地10公顷，现代化标准厂房2万多平方米。宝山镇工业区已逐渐成为集机械加工、五金工具、医药及食品饲料为一体的现代化工业小区。

宝山镇物华天宝，人杰地灵，镇域内风景秀丽，环境优美，气候宜人，蕴含巨大的发展潜力，是投资者的理想选择。一个开发建设中的宝山新镇，正在首都西北大地上迅速崛起！

特菜生产基地

高标准仁用杏示范园

宝山镇工业区标准化厂房

北京之源——房山区琉璃河

有"首都南大门"之称的房山区琉璃河镇，东邻大兴区，南接河北省涿州市，面积110平方公里，人口6.2万人，辖47个行政村，4个居委会，农业人口4.68万人，是房山区面积最大、行政村最多的乡镇。境内有京广铁路、京石高速路、京保公路等，大石河、小清河、永定河流经域内，交通便利，气候宜人，物产丰富。

琉璃河镇历史悠久，境内有建于公元前1045年的国家级文物保护单位——西周燕都遗址，它的发掘将北京建城的历史向前推进了2000年，是北京城的发祥地，琉璃河因此被称为"北京之源"。此外，境内还有大石桥、岫云观和金门闸等古文物。

2000年10月，经市委政府批准，琉璃河镇被确定为重点建设的33个小城镇之一。镇党委、镇政府根据本镇的实际情况，将琉璃河小城镇定位于"以古为特色、贸工农综合发展的绿色生态型小城镇"，并提出全力打造"北京之源"这一文化品牌，全面提升琉璃河镇的文化品位。2001—2002年，全镇用于城镇基础设施建设的总投资达到2.65亿元，建设了长达2 200米的琉璃河仿古商业大街、标志性建筑"伯矩鬲"、占地20公顷的大型绿色广场等，一个以古为特色的绿色生态小城镇已初具规模。

2003年，全镇将以市郊区工作会议精神为指导，紧紧围绕小城镇建设这一中心，打造"北京之源"文化品牌和绿色生态小城镇为主线，重点搞好"两街、三区和四项重点工程"。两街：即汇元步行街和琉璃河东西大街的开发建设，三区：即泽高科技工业园区和金果林、银果林住宅小区开发建设工程，四项重点工程：即政府科技楼及配套工程，洄城、李庄（城镇中心区内）旧村改造工程，高尔夫球场扩建工程，小城镇绿化工程。力争实现国内生产总值10亿元，财政收入实现5 000万元。

现代化的城市乡村——海淀区门头村

门头村位于四季青乡西北部，下辖11个自然村，总面积约10平方公里，6 000余人，有汉、苗、蒙、回、满等民族，少数民族人口约占全村人口的六分之一。1990年被市民委列为少数民族村；1997年被市民委评为民族团结进步文明村；1998—2002年被评为海淀区文明村；2001—2002年被评为市级文明村；党总支书记萨继承同志也被评为全国劳动模范和北京市劳动模范，并被选为第十一届市人大代表。2002年全村集体经济收入5 684万元、纯收入1 753万元、劳均分配15 561元，提取公共积累631万元。全村共有党员211人，其中退休老党员124人。

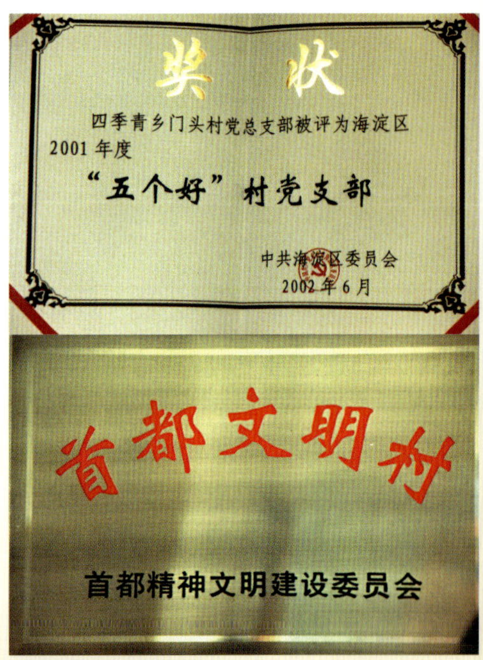

按照“三个代表”重要思想的要求，近年来，门头村各项事业取得巨大发展。以修路拆迁为契机，整体规划村镇建设，目前一个具有现代化气息的村民住宅——别墅式二层楼群已建成，全村7 000多平方米的道路全部硬化，并安装了路灯。投资300余万元打深水井5眼，并改造了自来水管道，解决了村民饮用水干净和安全问题。调整第二产业发展第三产业，目前，达兴电控厂、四季青印刷厂已成为本村经济发展的骨干企业，隋园酒楼和综合楼已经建成并发挥了效益；利用区位优势，调整现有农业种植结构，发展精品高效和观光旅游农业，效果显著；加强精神文明建设，丰富村民业余文化生活。从1997年开始，成立了老年秧歌队、治安巡逻队，建成了健身喷泉公园。公园里配备了儿童娱乐设施、健身器材及高雅别致的灯饰；村委会重视民族团结工作，每逢节假日都给80岁高龄的苗族老人赠送慰问金及慰问品，帮助老人拆洗被褥，为老人免费体检。特别是在党的建设方面，重视发展少数民族党员。现全村少数民族党员共30名，占村中党员总数的14%。

新世纪，新形象，门头村领导班子将充分利用本村的区位优势，与时俱进，加快现代化村镇建设，加快第三产业的开发与建设，创造一个人民富裕、环境优美、道德高尚、民族团结、治安稳定、交通便利、文化生活丰富的村镇。

大兴区采育镇

采育镇位于北京市东南，京津冀的交汇处，自古为外埠进京枢纽，是古浑河的冲击平原。面积71.6平方公里，人口3.2万人，是环渤海经济圈的“金三角”，北京中心镇之一。这里交通便利，各项基础设施完备，公路四通八达，京津塘高速路在采育设有出入口，104国道，北京公路七环穿镇而过。镇中心距北京市区25公里，距天津市区70公里，到首都机场和天津机场仅需40分钟。

采育镇素有“京南吐鲁番”的美誉，2万亩的葡萄观光园，品种达100多个，并注册了“京采”牌商标，2002年6月30日被中国特产之乡推荐暨宣传组委会授予“中国葡萄之乡”的称号。每年的8月18—22日，采育举办葡萄文化节。

采育镇党委书记郭宝东向北京市副市长牛有成（原大兴区委书记）汇报工作

采育镇人民政府镇长贺锐在第四届中国特产文化节上

采育工业园

采育镇现有企业136家，包括建筑业、新型建材、机械加工业、服务业、农产品加工业、模具模板业等。京津塘大兴采育科技园，园区规划占地5平方公里，首期开发2.9平方公里，园区基础设施完备，已达“七通一平”，入区企业均以环保型、高科技项目为主，园区设有电子工程区、生物工程区、仓储区、农产品深加工区和集休闲、娱乐、培训为一体的多功能园区。

全镇农业产业化进程稳步发展，以顺兴葡萄酒公司、薯干出口基地、宜生源酱菜加工基地为龙头，带动了3 050个农户向产业化迈进。

2001年2月15日，采育镇被市政府确定为北京市33个中心小城镇之一，为采育发展带来了新的机遇。现小城镇的总体规划已经完成，基础实施建设工程已经启动，加快了采育镇的城市化进程。

采育工业园区一角

采育镇万亩葡萄观光园

丰台区王佐镇

王佐镇地处丰台区西南，与房山区、门头沟区交界，距市中心25公里，总面积61.33平方公里，下辖8个中心村，总人口3.2万人。王佐镇2000年被列入北京市33个小城镇之一；2002年被评为北京市乡镇级唯一的可持续发展实验区；2003年初镇党代会将全镇今后发展目标定为：国际化、花园式旅游小城市。

王佐镇旅游资源丰富，主要以南宫旅游景区和青龙湖郊野休闲度假区为主，集秀美的自然风光与现代化农村、农业、农民于一体；融休闲的湖光山野情趣与地热温泉水文化于一身，是“新北京一日游”的一条特色旅游线路。

南宫村为王佐镇8个中心村之一，村党委1999年以来连续4次被评为北京市“五个好”先进基层党组织和“五个好”标兵单位；1999年被评为全国精神文明创建工作先进单位；2001年被评为全国先进基层党组织。南宫村现有村民3 000多人，共810户，目前大多数村民住进了别墅式新居，人均住房50平方米。村属企业20多家，主要以旅游等第三产业和建筑业为支柱，全部解决农民就业。2003年村级收入达3.25亿元，农民人均收入1.5万元。

北京青龙湖公园欧式沙滩浴场

南宫温泉垂钓中心

南宫高效农业园温泉种植基地

游人参观南宫新村

南宫温泉水世界一角

南宫地热科普展览中心

顺义区李桥镇

在首都国际机场东面，潮白河的西面有一片辽阔的绿色宝地，这就是被市政府授予“经济结构调整十佳乡镇”之一的李桥镇。

“宝岛”牌新世纪梨，“沿特”特瓜特菜，让李桥镇名扬天下。农业是李桥镇的传统产业，为了推动农业产业化的发展，他们建立了以高科技园区、特菜基地和梨山果品公司为龙头的万亩特瓜、特菜产业区和万亩优质梨产业区，带动了农民致富。

机场东扩，潮白河综合开发，未来空港城兴建，让这里充满了无限商机，吸引了一大批有实力的投资者。薄涛制衣、首安工业消防股份有限公司、环宇电器、首钢轧辊都把这里当作投资宝地。

如今，这里又引进了东方太阳城、朝阳区教委培训中心等一批旅游大项目。为打造绿色国际港的靓丽码头，李桥镇建立了高标准的农业科技园，高起点的工业园，高档次的旅游园，李桥将真正成为投资家的风水宝地。

北京首安工定消防工程有限公司

镇政府办公大楼

薄涛制衣（中国）有限公司

王学文(纪检书记)、单增友（人大主席)、丁文强(党委书记)王国华（镇长）

李桥高科技园区（农业）

张辛村（花园村）

通州区梨园镇

梨园镇地处通州南部新城，区域面积25平方公里，总人口34 000人，人均年纯收入7 350元。其地理位置优越，距建国门16公里，交通便捷，南有京沈路，东有北京外二环路，京津公路横穿全境。

近几年，梨园镇人民在区委、区政府的正确领导下，以建设富裕文明的南部新城为目标，加快旧村的改造步伐，26个行政村中已有4个村的农民全部上楼，还有20个村将进行旧村改造建设。按照“一河两线三城”的卫星城总体发展框架，区委、区政府把基础设施建设投入重心南移，使全镇基础设施建设实现了“八通一平”，具备了较完善的路、水、电、气及通信系统。随着已经通车的八通轻轨贯穿梨园全境和高档居住区的初具规模，为梨园镇的长远发展创造了良好的投资环境。目前，全镇现有工业企业270多家，主要涉及到建筑装饰材料、生物医药、机械制造、食品加工、家具等行业。目前，来本镇房地产开发的投资者达20多家。梨园镇党委、政府紧紧围绕通州南部新城建设，坚持与时俱进、开拓创新。以城市建设为依托，调整改造一产，优化提升二产，加速发展建设三产，建市兴商，以市兴镇，建设功能齐全、布局合理、环境优美的集休闲、科技、商贸为一体的南部新城。

现任北京市委书记刘淇到梨园镇视察工作

彩色木地板流水线生产车间

恒帝隆联体别墅

强力家具

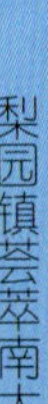
梨园镇荟萃南大街

通州区宋庄镇

宋庄镇位于首都东部，通州卫星城北部，距天安门24公里，地处潮白河与温榆河之间，西北距首都机场2公里，面积115.1平方公里，人口5.6万，辖47个行政村。1999年9月被国务院体改办正式批准为全国小城镇试点镇，并荣获全国精神文明创建活动示范点、首都文明乡镇等称号。2002年，实现国内生产总值10亿元，上缴税收1.7亿元，人均可支配收入6 999元。

宋庄镇荣膺“全国精神文明创建活动示范点

宋庄镇交通便捷、基础设施配套齐全，北京六环、京榆公路、通顺公路、京哈高速公路、京承铁路、京秦电气化铁路穿镇而过，镇内设有客货两用的张辛火车站。924路、930路、388路等公交车可提供出行便利。镇内建有变电站4座，分别是22万伏、11万伏、2个3.5万伏，确保全镇生产生活用电。总装机容量7.9万门的电信局，可随时安装程控电话，办理连接互联网等业务。邮电局、卫生院、敬老院、文化站、幼儿园、学校一应俱全。特别是位于疃里小区的北京中加学校是中国和加拿大合作建立的境外办学机构，也是北京市第一所中外合作办学的学校。私立树人学校是一所集幼儿园到高中和出国留学预备为一体的全日制寄宿学校。

潞洲中学

疃里新村

宋庄镇环境优美，资源丰富。温榆河、潮白河、小中河、中坝河、运潮减河穿流而过，地下水资源极其丰富，被北京市政府命名为净水保护区。全镇有苗木、花卉、蔬菜、果品0.32万公顷，享有“京东苗木花卉第一镇”的美誉。与此同时，镇党委、政府狠抓环境建设，全镇建有街心花园23个，做到三季有花、四季常绿，被评为市级环境建设样板镇。

通州区宋庄供水一厂

宋庄镇各项事业蓬勃发展。全镇建设工业园区22个，入驻企业300多家。现有国际知名企业西班牙潘瑞克食品加工中心、福日科光电子有限公司等入驻。宋庄镇房地产业前景喜人，按照北京市总体规划，现已建成疃里新村、丛林庄别墅、绿色家园别墅、白庙新村等。体育旅游产业发展迅速，香港建恒集团投资兴建的“北京华骏育马有限公司”是亚洲最大的集育马、训马、赛马于一体的大型体育、旅游、娱乐场所，韩国投资的占地133公顷的高尔夫球场、四星级的运河苑度假村成为宋庄镇的新亮点。在特色农业上，全镇形成了特菜、特果专业村等，金果工程富裕了农民，生产的特菜出口到韩国、日本等国家。

朝阳区高碑店乡

作为京畿文化的一部分，高碑店有着古老的历史。通惠河——我国水利工程壮举，京杭大运河的龙头，在其乡域内流过，正是这条悠远的古河，哺育了一代又一代精明、干练、豁达、勤奋的高碑店人。他们在这片土地上劳作、耕耘、收获。

地区工委书记：张富生

如今，高碑店正以前所未有的气魄日益加快建设步伐，加速农村城市化进程，提升城市管理水平。

高碑店乡地处京东长安街延长线上，乡域面积1 533.6公顷，辖区内有中央市属单位68家。1993年成立地区办事处，行使城市管理职能，辖区内有17个居委会，7个家委会，5个村委会，总人口达10万余人。

优美的居住环境

近年来，在区委、区政府的正确领导下，高碑店以房地产开发为先导，大力发展区域经济；以社区建设为契机，加快农村城市化进程；以争创精神文明示范为动力，带动社会各项事业全面进步，乡域经济综合实力不断增强，区域环境整体建设发生巨大变化，人民群众生活水平显著改善。2002年实现经济总收入23亿元、利润总额1.52亿元，上缴税金9 000万元，同比增长30%、20%、35%，经济综合实力继续在朝阳区名列前茅。

北京华都良机钢结构有限公司

今日高碑店

时光荏苒。高碑店和朝阳一起走过勤奋的昨天，也必将和朝阳一同走向辉煌的未来。

怀柔区北宅村委员会

党支部书记：谢长明

市委副书记强卫、区委书记雷德才到北宅村视察

青山环绕，绿水长流，怀柔区桥梓镇北宅村，是位于怀柔水库上游的一个美丽的小山村，有耕地171公顷，果林60公顷，农户600户，人口1 800人。

6年前，北宅村还是一个后进村。自1997年7月谢长明担任党支部书记后，这个村两个文明建设驶上快车道。谢长明和党支部一班人，对多年亏损的集体企业大刀阔斧地整顿、改制，使12个企业全部盈利，年创利润260万元。他们又大抓招商引资，鹅和鸭农庄、龙祥湖度假村、星加月等一批特色项目落户北宅村，北宅村成了京郊有名的旅游观光专业村。随之经济迅速腾飞，2002年，北宅村总收入达到1.5亿元，人均劳动所得7 100元。精神文明建设也乘势而起，村里投资200多万元整修街道，建了3个街心公园，栽植各种花木1.5万株，建了可容纳30人同时洗浴的“天仙浴池”，还建了文化站和农贸市场……。村民福利大大提高：集体给1 800名村民上了大病医疗保险，对60岁以上老人每年给予120～200元养老补贴，对考上大学的每人奖励500元。

北宅村连续5年被评为首都精神文明村，连续3年被评为市先进村民委员会，党支部是北京市五好村党支部标兵，谢长明是市第九次党代会代表、县人大代表、北京市劳动模范。

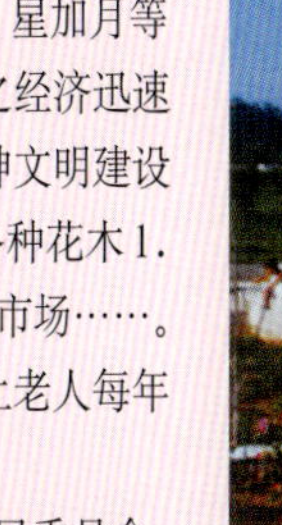

村级公园

北京市怀柔对外贸易有限公司

北京市怀柔对外贸易有限公司成立于1998年7月，是一家从事进出口贸易、板栗及其他农产品的生产、加工、销售，以及冷库仓储等项业务经营、具有综合性进出口权的股份制企业。

公司旗下现有两个全资子公司：北京富亿农板栗有限公司、北京庆成农产品加工有限公司。

2002年4月，公司顺利通过ISO9001质量管理体系认证和ISO14001环境管理体系认证，2002年3月获得了中国绿色食品发展中心颁发的使用绿色食品标志的许可证书。2002年3月，公司被北京市政府确定为市级农业龙头企业。公司在国内外食品博览会上多次获得了奖项。

为了更好的利用怀柔这一资源优势、良好的基础设施优势、极具发展前景的产业优势，不辜负市、区两级政府的领导、信任和支持，公司全体同仁将不懈努力，着力将“富亿农”牌怀柔甘栗打造成一个享誉全球的知名品牌，再创辉煌！

温泉古镇—昌平区小汤山

镇党委书记、人大主席：荣超英

镇政府镇长：吴小利

小汤山镇地处昌平卫星城东南10公里，面积70.1平方公里，辖24个行政村，总人口3.5万人。小汤山镇以其得天独厚的地理资源、四通八达的便捷交通、扑朔迷离的神话传说、风格迥异的绿化园林而蜚声海内外，被誉为“温泉古镇”。亚洲最大的航空博物馆就坐落在域内的大汤山脚下。

1994年，小汤山镇被北京市政府确定为全市小城镇建设试点之一，1995年被原国家体改委等十一个部委确定为国家小城镇综合改革试点。近年来，在国家、市、区领导及有关部门的大力支持和帮助下，按照“发挥优势、用好政策、加快发展、突出特色”的指导思想，以经济建设为中心，凭借资源、区位、环境三大独特优势，全镇国民经济和社会各项事业都得到了较快的发展。几年来全镇共引进项目81个，总开复工面积88万平方米、竣工面积76万平方米，引进资金46.8亿元，北京龙脉温泉度假村、九华山庄国际保健俱乐部、地热特菜基地、鲜切花种植基地、金秋苑特菜种植基地、小汤山高科技农业示范区等一大批旅游、度假、康复疗养、观光项目相继在小汤山安家落户。1999年以来分别被北京市政府、国家建设部授予“北京市村镇建设示范镇”和“全国小城镇建设先进镇”称号。

2002年全镇实现农村经济总收入89658万元，国内生产总值42739.3万元，人均纯收入11794元，上缴税金4325.3万元。2002年4月，被联合国开发计划署确定为中国可持续发展小城镇。2003年8月，被国家环保总局评为“全国环境优美镇”。

小汤山镇的发展目标是：力争用三五年的时间把小汤山镇建设成为布局合理、功能齐全、环境优美、秩序井然、经济繁荣、特色突出的新型小城镇。

北京小汤山现代农业科技示范园

北京小汤山现代农业科技示范园是北京市第一家国家级农业科技园区，已分别被国家科技部、北京市政府、国家外国专家局等部门批准为“国家级农业园区”、“北京市科普教育基地”、“引进国外智力成果推广基地”、“北京市爱国主义教育基地”等。园区规划面积为111.6平方公里，核心区面积30平方公里。依据高新农业项目特点将其规划为七区一园，即：花卉示范区、林木种苗示范区、水产养殖示范区、设施农业示范区、乳羔羊养殖示范区、加工农业区、休闲度假区以及籽种农业示范园。目前，园区已有北方国家级林木种苗示范基地、国家淡水渔业工程技术研究中心、精准农业项目、台湾三益兰花基地等51家现代农业高新科技企业入驻，总投资达30亿元，其中大型设施达到60万平方米，形成了小汤山特菜、林木种苗、花卉、高档淡水鱼、肉用乳羔羊等一批优势产业。

小汤山农业园融自然风光与现代农业为一体，是市民旅游休闲的好地方。

图书在版编目（CIP）数据

北京农村年鉴. 2003/《北京农村年鉴》编委会编. 北京：中国农业出版社，2003.10
ISBN 7-109-08518-X

Ⅰ.北… Ⅱ.北… Ⅲ.农业统计-统计资料-北京市-2003-年鉴 Ⅳ.F327.1-66

中国版本图书馆 CIP 数据核字（2003）第 083562 号

中国农业出版社出版
（北京市朝阳区农展馆北路 2 号）
（邮政编码 100026）
出版人：傅玉祥
责任编辑 姚 红 柯文武 穆祥桐 王琦瑢 张 欣

中国农业出版社印刷厂印刷 新华书店北京发行所发行
2003 年 10 月第 1 版 2003 年 10 月北京第 1 次印刷

开本：787mm×1092mm 1/16 印张：40.5 插页：62
字数：1483 千字 印数：1～2 200 册
定价：200.00 元
（凡本版图书出现印刷、装订错误，请向出版社发行部调换）